略号	書名	出版社	刊行年月
聖　書	聖書人名事典	バベルプレス	2010.4
世　建	世界の建築家図鑑	原書房	2012.10
世史語	世界史用語集	山川出版社	2014.10
世人新	世界史のための人名辞典 新版	山川出版社	2010.6
世人装	世界史のための人名辞典 新装版	山川出版社	2014.4
世　数	世界数学者事典	日本評論社	2015.9
世　帝	世界帝王事典	新紀元社	2015.11
中　史	96人の人物で知る中国の歴史	原書房	2017.3
中人小	中国人名小辞典	ブックショップマイタウン	2017.7
南ア新	南アジアを知る事典 新版	平凡社	2012.5
20思	20世紀思想家事典	誠信書房	2001.10
ネーム	クリエーターのための人名ネーミング辞典	学研教育出版	2014.12
ノ物化	ノーベル賞受賞者人物事典 物理学賞・化学賞	東京書籍	2010.12
バレエ	オックスフォードバレエダンス事典	平凡社	2010.5
バ　ロ	あなたとバロック音楽	横尾幸雄	2014.7
ピ曲改	ピアノ作曲家作品事典 改訂版	ヤマハミュージックメディア	2011.6
姫　全	お姫さま大全	講談社	2011.3
物　理	人物でよむ物理法則の事典	朝倉書店	2015.11
ポプ人	ポプラディアプラス人物事典 1〜5	ポプラ社	2017.1
魅　惑	魅惑のハイCテノール大辞典	文芸社	2009.9
メジャ	メジャー・リーグ人名事典 改訂新版	言視舎	2013.8
メル1	メルロ＝ポンティ哲学者事典 第1巻	白水社	2017.8
メル2	メルロ＝ポンティ哲学者事典 第2巻	白水社	2017.6
メル3	メルロ＝ポンティ哲学者事典 第3巻	白水社	2017.3
メル別	メルロ＝ポンティ哲学者事典 別巻	白水社	2017.11
ユ　人	ユダヤ人名事典	東京堂出版	2010.12
ユ著人	ユダヤ著名人名鑑 私家版	Elulu Publishers	2000.6
ラテ新	ラテンアメリカを知る事典 新版	平凡社	2013.3
ル　ネ	ルネサンス人物列伝	悠書館	2012.7

外国人物レファレンス事典

古代－19世紀
Ⅲ（2010-2018）

1
欧文名［A-K］

日外アソシエーツ

BIOGRAPHY INDEX

30,000 Foreign Historical Figures Before 1900,
Appearing in 65 Volumes of
56 Biographical Dictionaries and Encyclopedias
published in 2010-2018

1
A - K

Compiled by
Nichigai Associates, Inc.

©2019 by Nichigai Associates, Inc.

Printed in Japan

本書はディジタルデータでご利用いただくことができます。詳細はお問い合わせください。

●編集スタッフ●
小川 修司／高橋 朝子／成田 さくら子／木村 月子／青木 竜馬／尾崎 稔

刊行にあたって

　本書は、歴史上（古代から19世紀まで）の外国人がどの人名事典等にどのような表記で掲載されているかを一覧できる総索引として弊社が刊行した「外国人物レファレンス事典 古代－19世紀」（1999年刊）及び「同 Ⅱ」（2009～2010年刊）の追補新版である。前版同様、アルファベットから引ける「欧文名」（2分冊）、漢字の画数順に引ける「漢字名」、カナ表記から引ける「索引」で構成する。人名見出しの下には人物同定の判断材料に加えて人物の概要がわかるよう、活動年代（世紀）、地域・肩書・職業などのプロフィールを簡潔に示した。

　今版でも前版と同様、西洋人などは比較的異なりの少ない欧文綴りを見出しとしてローマ字アルファベット順に排列、中国・朝鮮など漢字表記の人名は漢字名見出しを総画数順に排列した。原音表記と中国での漢字名の両方が用いられる人物（インド、中央アジア、ベトナムなどの地域）は、同じ人物を欧文名ではアルファベット表記から、漢字名では漢字表記からそれぞれ検索できるようにした。人名見出しの下には、各事典に記載されている見出し表記と生没年を一覧できるように並記した。また、索引では各事典で用いられた全てのカナ表記から本文人名見出しの所在を引くことができる。

　索引の対象となった事典は、別表に示した56種65冊である。前版編集後の10年間に刊行された事典のほか、1990年以降に刊行され前版では収録対象にならなかった事典も含めている。前版同様に基本となる総合人物事典、分野別人物事典に加え、各分野の専門事典、日本史分野の代表的な事典も収録に加えた。専門事典には、専門用語や地名とともに人名項目も多数含まれており、各分野の人物を調査する時の基本ツールとなる。

　近年では、古代から近代までの世界史を対象とした人名事典よりも、地

域や主題を限定した人名事典・専門事典が多く刊行されている。これらの事典を索引対象に加えた結果、これまでの人名事典では取り上げられなかった人物も今版では数多く収録された。今版で収録した人物3万人のうち、1万人以上が今回新たに収録された人物である。

　編集にあたっては、誤りのないよう努めたが、膨大な人名を扱うことから、人物確認に不十分な点もあるかと思われる。お気づきの点はご教示いただければ幸いである。

　本書が、外国人物調査の際の基本ツールとして、前版、および日本人を対象とする「人物レファレンス事典」シリーズ同様に多くの図書館・大学・学校等で利用されることを祈りたい。

2018年10月

日外アソシエーツ

凡　例

1．本書の内容

　(1) 本書は、国内の代表的な人物事典、歴史事典、専門事典に掲載されている、19世紀以前に活躍した外国人（西洋人・東洋人）の総索引である。欧文または漢字で表記された人名見出しのほか、その人物の活動年代、地域・国名、身分・肩書・職業、業績など、人物の特定に最低限必要なプロフィールを補記し、その人物がどの事典に、どのような表記で掲載され、生没年がどう記載されているかを明らかにしたものである。

　(2) 分冊の構成は以下の通り。

　　　1－2　　欧文名
　　　3　　　　漢字名
　　　4　　　　索　引

2．収録範囲と人数

　(1) 前版編集後の2010〜2018年に刊行された事典、および1990年以降に刊行され前版では収録対象にならなかった事典、併せて56種65冊に掲載されている、19世紀以前に活躍した外国人を収録した。収録人物の下限は1880年までに生まれた人物とした。収録対象事典の詳細は別表「収録事典一覧」に示した。

　(2) 原則として実在の人物を収録し、小説の登場人物など架空の人物は除いた。神話・伝説上の人物は、専門事典に掲載されている人物を主に収録した。

　(3) 「欧文名」の収録人数は31,684人、事典項目数はのべ51,339項目である。

3．記載事項

　　本書の各項目は次の要素から成る。

　　(1) 人名見出し

（2）人物説明
　　（3）掲載事典

（1）人名見出し（欧文名）
　1）原則として同一人物は各事典での表記に関わらず一項目にまとめた。まとめるに際しては欧文名を見出しとし、多くの事典に掲載されている一般的な綴りを採用した。
　2）欧文綴りの採用にあたっては、地域・国を同じくする同名の人物が各事典の翻字法の微妙な差異によって離ればなれとなることのないよう、適宜統一をはかった。

（2）人物説明
　1）活動年代
　　　活動年代として、人物が活躍した世紀を人名見出しの末尾に〈　〉に入れて示した。
　2）プロフィール
　　　人物の地域・国名、身分・肩書・職業・業績などを簡潔に記載した。

（3）掲載事典
　1）その人物が掲載されている事典を ⇒ の後に略号で示した。（略号は別表「収録事典一覧」を参照）
　2）各事典における人名見出しおよび生没年を（　）に入れて示した。見出しは各事典における日本語表記（漢字・かな表記）を示したが、欧文表記を見出しに採用している事典は、欧文表記およびそのカナ・漢字表記を示した。見出し形は各事典の見出しに採用された表記・読みを示し、それ以外の欧文綴り、ピンイン表記などは割愛した。
　3）生没年に複数の説がある場合は、／（スラッシュ）で区切って示した。
　4）紀元前は生没年の先頭に「前」で示した。紀元後を示す「後」は、紀元前に生まれ紀元後に没した人物の没年のみに示した。
　5）事典に生没年の記載がなく、活動・活躍年代、在位年が記載されている場合は、それぞれ（活動）（在位）で示した。

4．排　列

　(1) 人名見出しの姓の ABC 順、名の ABC 順に排列した。
　(2) 冒頭の al-、as-、at-、el-、il- 等の冠詞、Sir、Dame、Lord、Dr. 等の称号は排列上無視し、斜体で示した。またアクサンテギュなどのアクセント記号も無視した。
　(3) Mc は Mac とみなして排列した。
　(4) 排列順位が同一の人物は、おおむね活動年代順とした。

5．収録事典一覧

　(1) 本書で索引対象にした事典の一覧を次ページ（および見返し）に掲げた。
　(2) 略号は、本書において掲載事典名の表示に使用したものである。
　(3) 掲載は、略号の読みの五十音順とした。

収録事典一覧

略号	書　名	出版社	刊行年月
アア歴	アジアにおけるアメリカの歴史事典	雄松堂書店	2011.3
アフ新	アフリカを知る事典 新版	平凡社	2010.11
アメ新	アメリカを知る事典 新版	平凡社	2012.4
岩世人	岩波世界人名大辞典 2分冊	岩波書店	2013.12
エデ	音楽用語・作曲家	ヤマハミュージックメディア	2016.11
王妃	ヨーロッパの王妃・プリンセス200人	新人物往来社(新人物文庫)	2013.3
オセ新	オセアニアを知る事典 新版	平凡社	2010.5
オペラ	オペラ事典	東京堂出版	2013.9
覚思	覚えておきたい人と思想100人	清水書院	2014.9
覚思ス	覚えておきたい人と思想100人 スマート版	清水書院	2016.8
学叢思	学術辞典叢書 第5巻 思想家人名辞典	学術出版会	2010.9
学叢歴	学術辞典叢書 第10巻 歴史辞典	学術出版会	2010.11
科史	科学史人物事典	中央公論新社	2013.2
韓現文	韓国近現代文学事典	明石書店	2012.8
韓朝新	韓国朝鮮を知る事典 新版	平凡社	2014.3
近中	近代中国人名辞典 修訂版	霞山会	2018.3
芸13	世界芸術家辞典 改訂増補版	エム・エフ・ジー	2013.10
現アカ	現代アメリカ人物カルチャー事典 英文用例付	丸善	2001.11
皇国	ヨーロッパの皇帝・国王200人	新人物往来社(新人物文庫)	2013.1
広辞7	広辞苑 第7版	岩波書店	2018.1
実音人	実用・音楽人名事典 クラシック/洋楽編	ドレミ楽譜出版社	2009.5
失声	失われた声を求めて	Du Books	2014.10
19仏	カリカチュアでよむ19世紀末フランス人物事典	白水社	2013.6
新カト	新カトリック大事典 1〜4,別巻	研究社	1996.6〜2010.9
図聖	図説聖人事典	八坂書房	2011.12
図哲	図解哲学人物＆用語事典	日本文芸社	2015.9
スパイ	スパイ大事典	論創社	2017.5

略号	書　名	出版社	刊行年月
聖　書	聖書人名事典	バベルプレス	2010.4
世　建	世界の建築家図鑑	原書房	2012.10
世史語	世界史用語集	山川出版社	2014.10
世人新	世界史のための人名辞典 新版	山川出版社	2010.6
世人装	世界史のための人名辞典 新装版	山川出版社	2014.4
世　数	世界数学者事典	日本評論社	2015.9
世　帝	世界帝王事典	新紀元社	2015.11
中　史	96人の人物で知る中国の歴史	原書房	2017.3
中人小	中国人名小辞典	ブックショップマイタウン	2017.7
南ア新	南アジアを知る事典 新版	平凡社	2012.5
20思	20世紀思想家事典	誠信書房	2001.10
ネーム	クリエーターのための人名ネーミング辞典	学研教育出版	2014.12
ノ物化	ノーベル賞受賞者人物事典 物理学賞・化学賞	東京書籍	2010.12
バレエ	オックスフォードバレエダンス事典	平凡社	2010.5
バ　ロ	あなたとバロック音楽	横尾幸雄	2014.7
ピ曲改	ピアノ作曲家作品事典 改訂版	ヤマハミュージックメディア	2011.6
姫　全	お姫さま大全	講談社	2011.3
物　理	人物でよむ物理法則の事典	朝倉書店	2015.11
ポプ人	ポプラディアプラス人物事典 1～5	ポプラ社	2017.1
魅　惑	魅惑のハイCテノール大辞典	文芸社	2009.9
メジャ	メジャー・リーグ人名事典 改訂新版	言視舎	2013.8
メル1	メルロ＝ポンティ哲学者事典 第1巻	白水社	2017.8
メル2	メルロ＝ポンティ哲学者事典 第2巻	白水社	2017.6
メル3	メルロ＝ポンティ哲学者事典 第3巻	白水社	2017.3
メル別	メルロ＝ポンティ哲学者事典 別巻	白水社	2017.11
ユ　人	ユダヤ人名事典	東京堂出版	2010.12
ユ著人	ユダヤ著名人名鑑 私家版	Elulu Publishers	2000.6
ラテ新	ラテンアメリカを知る事典 新版	平凡社	2013.3
ル　ネ	ルネサンス人物列伝	悠書館	2012.7

【A】

Aah-mes〈前16世紀?〉
エジプトの王室書記官。
⇒岩世人（アアメス）

Aakjaer, Joppe〈19・20世紀〉
デンマークの小説家,詩人。『怒りの子等』（1912）が代表作。
⇒岩世人（オーケア　1866.9.10–1930.4.22）

A-anni-padda〈前26・25世紀〉
バビロニアのウル第1王朝の祖メス・アンニ・パッダの子。
⇒岩世人（アアネパダ（アアンネパ））

Aarne, Antti〈19・20世紀〉
フィンランドの民俗学者。
⇒岩世人（アールネ　1867.12.5–1925.2.2）

Aaron〈前15～13世紀〉
イスラエル人の最初の祭司長（旧約）。モーセの兄。
⇒岩世人（アロン）
　岩世人（ハールーン）
　ネーム（アロン）
　新カト（アロン）
　図聖（アロン）
　聖書（アロン）

Aaron〈11世紀〉
福者,修道者,クラクフの大司教。
⇒新カト（アーロン〔クラクフの〕　?–1059.10.9）

Aaron, ben-Elijah〈14世紀〉
カライ派の聖書注解者。
⇒ユ人（アロン,ベンエリヤ　1328?–1369）
　ユ著人（Aaron ben Elijah　アーロン・ベン・エリヤ　1328?–1369）

Aaron, Pietro〈15・16世紀〉
イタリアの音楽理論家,作曲家。
⇒バロ（アーロン,ピエートロ　1480–1545）

Aaron ben Joseph ha-Rofe〈13・14世紀〉
スペインのカライ派の学者,作家。
⇒ユ著人（Aaron ben Joseph ha-Rofe　アーロン・ベン・ヨセフ・ハ＝ローフェ　1250?–1320?）

Aaron of Lincoln〈12世紀〉
イギリスの金貸し業者。リンカーンのアロンと通称される。
⇒ユ人（アロン（リンカーンのアロン）　1123–1186）

Aaron of York〈12・13世紀〉
イギリスの金貸し業者。ヨークのアロンと通称される。
⇒ユ人（アロン（ヨークのアロン）　1190–1268）

Aaronsohn, Aaron〈19・20世紀〉
ニリ・スパイグループの組織者,農業技術者。
⇒ユ人（アロンソン,アロン　1876–1919）

'aarpakšad
旧約聖書,セムの第3子でシェラの父。
⇒岩世人（アルパクシャド）

Aars, Kristian Birch-Reichenwald〈19・20世紀〉
ノルウェーの哲学者,神学者。
⇒岩世人（オーシュ　1868.9.25–1917.8.4）

Aasen, Ivar Andreas〈19世紀〉
ノルウェーの言語学者,詩人。著書『ノルウェーにおけるランスモールの試み』（53）。
⇒岩世人（オーセン　1813.8.5–1896.9.23）

Abadía, Juan de la〈16・17世紀〉
スペイン人ドミニコ会助修士。
⇒新カト（フアン・デ・ラ・アバディア　1580–1627.10.29）

Abadie, Paul〈19世紀〉
フランスの建築家。
⇒岩世人（アバディ　1812.12.10–1884.8.2）

Abad Santos, Pedro〈19・20世紀〉
フィリピンの農民運動活動家。
⇒岩世人（アバド・サントス　1876.1.31–1945.1.15）

Abāghā Khān〈13世紀〉
イル汗朝第2代の王。在位1265～81。
⇒岩世人（アバガ　1234–1282）

Abai Kunanbaev〈19・20世紀〉
カザフの詩人,啓蒙家。詩において封建制の搾取体制を批判した。
⇒岩世人（アバイ・クナンバーエフ　1845.7.29–1904.6.23）

Abaris
ギリシア神話,伝説的なアポロンの神官。
⇒岩世人（アバリス）

Abas
ギリシア神話,メタネイラの子。
⇒岩世人（アバス）

Abas
ギリシア神話,リュンケウスの子。
⇒岩世人（アバス）

Aba Samuel〈11世紀〉
アールパード家出身のハンガリー王。
⇒世帝（アバ・シャームエル　?–1044）

A

Abauzit, Firmin〈17・18世紀〉
フランスの啓蒙哲学者,神学者,科学者。正統プロテスタントの教義を自然主義的に解釈。
⇒岩世人（アボージット　1679.11.11–1767.3.20）

Abba Arikha〈3世紀〉
バビロニアのユダヤ教学者。
⇒ユ著人（Abba Arikha　アバ・アリハ　?–247?）

Abbahu〈3・4世紀〉
パレスチナのユダヤ教学者。
⇒ユ人（アバフー　279–320）
ユ著人（Abbahu　アバフ　279?–320）

'Abbās I〈16・17世紀〉
ペルシアのサファビー朝第5代王。在位1587～1629。サファビー朝の最盛期を生む。
⇒岩世人（アッバース1世（大帝）　1571.1.27–1629.1.19）
ネーム（アッバース1世　1571–1629）
世人新（アッバース1世（大王）　1571–1629）
世人装（アッバース1世（大王）　1571–1629）
世史語（アッバース1世　1571–1629）
世帝（アッバース1世　1571–1629）
ポブ人（アッバース1世　1571–1629）
学叢歴（アッバス1世　?–1628.1）

'Abbās II〈17世紀〉
ペルシアのサファヴィー朝第7代王。在位1642～66。
⇒世帝（アッバース2世　1632–1666）

'Abbās III〈18世紀〉
近代ペルシア（イラン）の統治者。
⇒世帝（アッバース3世　1732?–1739/1740）

'Abbāsah〈8世紀頃〉
アラビアの女性。アッバース朝のカリフ,ハールーヌル・ラシードとハーディーの姉妹。
⇒岩世人（アッバーサ）

al-'Abbās b.'Abdu'l-Muṭṭalib〈6・7世紀〉
アラビアの商人。預言者マホメットの叔父。
⇒岩世人（アッバース　579頃–653頃）
世人新（アッバース〈アル〉　579頃–653頃）
世人装（アッバース〈アル〉　579頃–653頃）
世史語（アル＝アッバース　565頃–653）
ポブ人（アル・アッバース　565頃–652頃）

'Abbās bn al-Aḥnaf, Abū al-Fadl〈8・9世紀〉
アッバース朝の宮廷詩人。
⇒岩世人（アッバース・イブン・アフナフ　750頃–808以降/803/807）

'Abbās Ḥilmī II〈19・20世紀〉
エジプトのムハンマド・アリー王朝第7代王。在位1892～1914。最後のエジプト副王。
⇒岩世人（アッバース・ヒルミー2世　1874.8.14–1944.12.21）

'Abbās Mīrzā〈19世紀〉
イランの皇太子。カージャール朝第2代ファテ・アリー・シャーの子。イランの近代化に貢献。
⇒岩世人（アッバース・ミールザー　1789–1833）

Abbate, Niccolo dell'〈16世紀〉
イタリアの画家。マニエリスモの画家。フォンテンブロー派をつくる。
⇒岩世人（ニッコロ・デッラバーテ　1509頃–1571）
芸13（アバーテ,ニッコロ・デル　1509頃–1571）

Abbatini, Antonio Maria〈17世紀〉
イタリアの作曲家。
⇒バロ（アッバティーニ,アントーニオ・マリア　1609/1610–1677/1679）

Abbaye〈3・4世紀〉
バビロニアのユダヤ教学者。プンベディタの神学院長。
⇒ユ著人（Abbaye　アバイエ　278–338）

Abbe, Cleveland〈19・20世紀〉
アメリカの気象学者。
⇒岩世人（アッベ　1838.12.3–1916.10.28）

Abbe, Ernst Karl〈19・20世紀〉
ドイツの物理学者。天文台長兼気象台長,カール・ツァイス社の会長。
⇒岩世人（アッベ　1840.1.23–1905.1.14）
広辞7（アッベ　1840–1905）
学叢思（アッベ,エルンスト　1840–1905）
物理（アッベ,エルンスト　1840–1905）

Abbon〈10・11世紀〉
ベネディクト会修道院長。聖人。祝日11月13日。
⇒新カト（アッボン〔フルーリの〕　945/950–1004.11.13）

Abbot, Charles〈18・19世紀〉
イギリスの法律学者,裁判官。
⇒学叢思（アボット,チャールス　1762–1832）

Abbot, George〈16・17世紀〉
カンタベリー大主教。カルビン派の指導者。世襲君主体制を擁護しチャールズ1世と対立。
⇒岩世人（アボット　1562.10.19–1633.8.4）
新カト（アボット　1562.10.19–1633.8.4）

Abbot, Joel〈18・19世紀〉
アメリカの海軍士官。ペリ提督の下,先任艦長として浦賀に到着,日本の開港に成功。
⇒岩世人（アボット　1793.1.18–1855.12.14）

Abbott, Charles Greeley〈19・20世紀〉
アメリカの天文学者。スミソニアン天体物理学研究所長。在職1907～44。
⇒岩世人（アボット　1872.5.31–1973.12.17）

Abbott, Edwin Austin〈19・20世紀〉
イギリスの牧師,言語学者。著書 "A Shakespearian grammar"（1870）。

⇒岩世人（アボット　1838.12.20–1926.10.12）
Abbott, Evelyn〈19・20世紀〉
イギリスの古典学者。オクスフォード大学司書。
⇒岩世人（アボット　1843.3.10–1901.9.3）
Abbott, Jacob〈19世紀〉
アメリカの牧師，児童文学者。少年ロロを主人公にした一連の小説で有名。
⇒岩世人（アボット　1803.11.14–1879.10.31）
Abbott, Lyman〈19・20世紀〉
アメリカの牧師，編集者。J.アボットの子。"The Outlook"の編集者。
⇒岩世人（アボット　1835.12.18–1922.10.22）
　学叢思（アボット，ライマン　1835–?）
Abbott, William Louis〈19・20世紀〉
アメリカの博物学者。
⇒アア歴（Abbott,William Louis　ウイリアム・ルイス・アボット　1860.2.23–1936.4.2）
Abbt, Thomas〈18世紀〉
ドイツの哲学者。
⇒岩世人（アプト　1738.11.25–1766.11.3）
　学叢思（アプト，トマス　1738–1766）
'Abd al-'Azīz〈19世紀〉
オスマン・トルコ帝国第32代スルタン。在位1861～76。
⇒岩世人（アブデュルアズィズ　1830.2.9–1876.6.4）
　世人新（アブデュル＝アジズ　1830–1876）
　世人装（アブデュル＝アジズ　1830–1876）
　世帝　（アブドゥル・アジーズ　1830–1876）
'Abd al-Ḥafīẓ, Mulai Hafiz〈19・20世紀〉
モロッコのスルタン。在位1908～12。
⇒岩世人（アブドゥルハフィーズ・イブン・ハサン　1875–1937.4.4）
'Abd al-Ḥayy〈14・15世紀〉
ペルシアの画家。
⇒岩世人（アブドゥルハイイ）
'Abd al-Jabbār al-Hamadānī al-Asadābādī〈10・11世紀〉
ムウタズィラ学派の神学者，イスラーム法学者。
⇒岩世人（アブドゥルジャッバール　932-937–1024/1025）
　新カト（アブド・アル・ジャッバール　932/937–1024/1025）
Abdallah Mirza〈15世紀〉
ティムール朝の君主。
⇒世帝（アブドゥッラー　?–1451）
'Abd al-Laṭīf al-Baghdādī〈12・13世紀〉
バグダードの神学者，哲学者，医者，天文学者。
⇒岩世人（バグダーディー，アブドゥッラティーフ　1162-1163–1231-1232）
　新カト（バグダーディー　1162–1231.11.10）

Abdal-Latif Mirza〈15世紀〉
ティムール朝の君主。
⇒世帝（アブドゥッラティーフ　?–1450）
'Abd al-Majīd I〈19世紀〉
オスマントルコ帝国の第31代スルタン。在位1839～61。「ギュル・ハネの憲章」(39)を発布。
⇒岩世人（アブデュルメジト　1823.2.23–1861.6.25）
　ネーム（アブデュルメジト　1823–1861）
　世人新（アブデュル＝メジト1世　1823–1861）
　世人装（アブデュル＝メジト1世　1823–1861）
　世史語（アブデュルメジト1世　1823–1861）
　世帝　（アブドゥル・メジト1世　1823–1861）
　ポプ人（アブデュルメジト1世　1823–1861）
'Abd al-Malik bn Marwān〈7・8世紀〉
ウマイヤ朝第5代カリフ。在位685～705。シリアのアラブ軍を再編成し，イラクを再征服。
⇒岩世人（アブドゥルマリク　647–705.10）
　世人新（アブド＝アルマリク　646/647–705）
　世人装（アブド＝アルマリク　646/647–705）
　世帝　（アブドゥル・マリク　647–705）
'Abd al-Mu'min bn 'Alī〈11・12世紀〉
北アフリカのアル・ムワッヒド朝初代のカリフ。在位1130～63。
⇒岩世人（アブドゥルムウミン　1094/1106–1163.5.18?）
'Abd al-Muṭṭalib ibn Hāshim〈6世紀〉
預言者ムハンマドの祖父，養育者。
⇒岩世人（アブドゥルムッタリブ）
'Abd al-Qādir〈19世紀〉
アルジェリアの反仏民族運動の指導者。
⇒岩世人（アブドゥルカーディル・ジャザーイリー　1807.9.26–1883.5.26）
　世人新（アブド＝アルカーディル（アブデル＝カーデル）　1807–1883）
　世人装（アブド＝アルカーディル（アブデル＝カーデル）　1807–1883）
'Abd al-Qādir bn Tujyabī al-Ḥāfiẓ al-Marāghī〈14・15世紀〉
イラン，ティムール朝の音楽家。
⇒岩世人（アブドゥルカーディル　?–1434/1435）
'Abd al-Raḥmān〈13世紀〉
モンゴルのイスラム教徒商人。
⇒岩世人（アブドゥッラフマーン）
'Abd al-Raḥmān〈19世紀〉
新疆ホータンでのムスリム反乱の指導者。
⇒岩世人（アブドゥッラフマーン　?–1865）
'Abd al-Raḥmān I〈8世紀〉
イベリア半島の後ウマイヤ朝の創始者。在位756～788。
⇒岩世人（アブドゥッラフマーン1世　(在位) 756–788）
　ネーム（アブド・アッラフマーン1世　731–788）

A

世人新（アブド＝アッラフマーン（ラフマーン）1世　731–788）
世人装（アブド＝アッラフマーン（ラフマーン）1世　731–788）

'Abd al-Raḥmān III〈9・10世紀〉
後ウマイヤ朝第8代の君主。在位912～961。コルドバをイスラム文芸の中心地に発展させた。
⇒岩世人（アブドゥッラフマーン3世　891–961）
世人新（アブド＝アッラフマーン（ラフマーン）3世　889/891–961）
世人装（アブド＝アッラフマーン（ラフマーン）3世　889/891–961）
世史語（アブドゥッラフマーン3世　891–961）
ポプ人（アブド・アッラフマーン3世　889–961）

'Abd al-Raḥmān Khān〈19・20世紀〉
アフガニスタンのバーラクザーイー朝第4代の王。在位1880～1901。96年アフガニスタン統一。
⇒岩世人（アブドゥッラフマーン・ハーン　1844–1901.10.1）

'Abd al-Razzāq al-Samarqandī〈15世紀〉
イラン，チムール朝の政治家，歴史家。著書『幸運の両星の出現』（2巻）。
⇒岩世人（サマルカンディー，アブドゥッラッザーク　1413.11.7–1482）
南ア新（アブドゥッ・ラッザーク・アッサマルカンディー　1413–1482）

'Abd al-Ṣamad Shīrāzī〈16世紀〉
イラン出身のムガル朝画家，書家。
⇒岩世人（アブドゥッサマド・シーラーズィー）

'Abd al-Wahhāb, Muḥammad bn〈18世紀〉
アラビアの復古主義思想家。ワッハーブ運動を展開。
⇒岩世人（イブン・アブドゥルワッハーブ，ムハンマド　1703–1792）
世人新（ムハンマド＝ブン＝アブド＝アルワッハーブ　1703–1792）
世人装（ムハンマド＝ブン＝アブド＝アルワッハーブ　1703–1792）
世史語（イブン＝アブドゥル＝ワッハーブ　1703–1792）
ポプ人（イブン・アブドゥル・ワッハーブ　1703–1792）

Abdenagō
ダニエルの3人の友の一人。ヘブル名はアザリア（旧約）。
⇒岩世人（アベド・ネゴ）
聖書（アベド・ネゴ）

Abderhalden, Emil〈19・20世紀〉
スイスの生化学者。ドイツで活動した。〈アブデルハルデンの反応〉を発見。
⇒岩世人（アブデルハルデン　1877.3.9–1950.8.7）

'Abdîšo 'bar Bĕrikhâ〈13・14世紀〉
カルデア教会の主教，神学者。
⇒新カト（アブディショー・バル・ベリカ　?–1318.11）

Abdon〈3・4世紀〉
聖人，殉教者。祝日7月30日。ローマで殉教。フランス南部ペルピニャン教区の守護聖人。
⇒新カト（アブドンとセンネン　?–3世紀）
図聖（アブドンとセンネン　?–304頃）

Abdul-Hak Hamit Tarhan〈19・20世紀〉
トルコの詩人，文学者，外交官。
⇒岩世人（アブデュルハク・ハーミト・タルハン　1852.1.2–1937.4.12）
ネーム（アブドルハック＝ハーミト　1852–1937）

Abdul Hamid, Sultan〈19・20世紀〉
マレー半島西岸のクダ王国の第25代王。在位1882～1943。
⇒岩世人（アブドゥル・ハミド　1864.6.4–1943.5.13）

'Abdu'l Ḥamit I〈18世紀〉
オスマン・トルコ帝国の第27代スルタン。在位1774～89。アフメト3世の次子。
⇒岩世人（アブデュルハミト1世　1725.5.20–1789.4.7）
世帝（アブデュルハミト1世　1725–1789）

'Abdu'l Ḥamit II〈19・20世紀〉
オスマントルコ帝国第34代のスルタン。在位1876～1909。
⇒岩世人（アブデュルハミト2世　1842.9.22–1918.2.10）
世人新（アブデュル＝ハミト2世　1842–1918）
世人装（アブデュル＝ハミト2世　1842–1918）
世史語（アブデュルハミト2世　1842–1918）
世史語（アブデュルハミト2世　1842–1918）
世帝（アブデュルハミト2世　1842–1918）
ポプ人（アブデュルハミト2世　1842–1918）
ユ人（アブデュル・ハミット2世　1842–1918）

'Abdu'l-Ḥaq, Maulvī〈19・20世紀〉
パキスタンの教育家，ウルドゥー語学者。ウルドゥー語の普及発展に寄与。
⇒岩世人（アブドゥル・ハック　1870.8–1961.8）

Abdullah, Muhammad Eunos〈19・20世紀〉
シンガポールの政治家。
⇒岩世人（アブドゥラ，ユノス　1876–1933.12.12）

'Abdullāh al-Ta'ā'īshī〈19世紀〉
スーダンのマフディーであるムハンマド・アフマドの後継者。
⇒岩世人（アブドゥッラーヒ・タアーイーシー　1846–1899）

Abdullah bin Abdul Kadir Munshi〈18・19世紀〉
マラヤの文学者，歴史編纂者。著『アブドゥッラー物語』。

⇒岩世人（アブドゥラ・ビン・アブドゥル・カーディル　1796.4/8-1854.10）
　広辞7（アブドゥッラー　1796-1854）

Abdullah Cevdet〈19・20世紀〉
トルコの思想家。
⇒岩世人（アブドゥッラー・ジェヴデト　1869-1932.11.29）

'Abdullāh ibn Saba'
イスラーム初期のユダヤ教からの改宗者。
⇒岩世人（アブドゥッラー・イブン・サバー）

Abdullah Muhammad Syah II〈19世紀〉
マレー半島西岸のペラック王国の第24代王。在位1874～76。
⇒岩世人（アブドゥラ・ムハンマド・シャー2世〔在位〕1874-1876）

'Abdu'r-Razzāq bin Faḍlu'llāh〈14世紀〉
イランのサルバダール朝の創始者。在位1337～38。
⇒岩世人（アブドゥッラザーク・イブン・ファドゥルッラー　〔在位〕1337-1338）

Abdürreşid İbrahim〈19・20世紀〉
タタール人ウラマー。
⇒岩世人（アブデュルレシト・イブラヒム　1857-1944）

Abeel, David〈19世紀〉
アメリカ最初の中国派遣プロテスタント宣教師。
⇒アア歴（Abeel, David　デイヴィッド・アビール　1804.6.12-1846.9.4）
　岩世人（アビール　1804.6.12-1846.9.4）

Abegg, Richard〈19・20世紀〉
ドイツの化学者。溶液の氷点に関する研究を行い（1894～98），原子価に関する学説を提出（99）。
⇒岩世人（アベック　1869.1.9-1910.4.3）

Abel
アダムの第2子。牧畜を業とした（旧約）。
⇒岩世人（アベル）
　ネーム（アベル）
　新カト（アベル）
　聖書（アベル）

Abel〈13世紀〉
デンマーク王。
⇒世帝（アーベル　1218-1252）

Abel〈16世紀〉
ドイツの作曲家。
⇒バロ（アーベル, ?　1510頃?-1560頃?）

Abel, Christian Ferdinand〈17・18世紀〉
ドイツのヴィオラ・ダ・ガンバ奏者，ヴァイオリン奏者。
⇒バロ（アーベル，クリスティアン・フェルディナント　1683頃?-1737）

Abel, Clamor Heinrich〈17世紀〉
ドイツの宮廷作曲家。
⇒バロ（アーベル，クラーモル・ハインリヒ　1634-1696.7.25）

Abel, Félix Marie〈19・20世紀〉
フランスの聖書学者，パレスティナ地理学者。
⇒新カト（アベル　1878.12.29-1953.3.24）

Abel, *Sir* Frederick Augustus〈19・20世紀〉
イギリスの化学者。火薬の研究，鋼の製造の権威。
⇒学叢思（エーベル，フレデリック・オーグストゥス　1827-1902）

Abel, Heinrich〈19・20世紀〉
オーストリアのイエズス会司祭。
⇒新カト（アーベル　1843.12.15-1926.11.23）

Abel, John Jacob〈19・20世紀〉
アメリカの生化学者。副腎ホルモンのエピネフリン（アドレナリン）の研究は有名。
⇒岩世人（アーベル　1857.5.19-1938.5.26）
　学叢思（エーベル，ジョン）

Abel, Karl Friedrich〈18世紀〉
ドイツのビオラ・ダ・ガンバ奏者，作曲家。名手クリスチアン・フェルディナントの息子。
⇒バロ（アーベル，カルル・フリードリヒ　1723.12.22-1787.6.20）
　岩世人（アーベル　1723.12.22-1787.6.20）

Abel, Niels Henrik〈19世紀〉
ノルウェーの数学者。アーベルの方程式を発見（1828）。
⇒岩世人（アーベル　1802.8.5-1829.4.6）
　広辞7（アーベル　1802-1829）
　世数（アーベル，ニールス・ヘンリック　1802-1829）

Abel, Othenio〈19・20世紀〉
古生物学者。古生物の生態を復元する古生物学の主唱者。
⇒岩世人（アーベル　1875.6.20-1946.7.4）

Abélard, Pierre〈11・12世紀〉
フランスの神学者，哲学者。著作『肯定と否定』。
⇒バロ（アベラール，ピエール　1079-1142.4.21）
　岩世人（アベラルドゥス　1079-1142.4.21）
　ネーム（アベラール　1079-1142）
　広辞7（アベラール　1079-1142）
　学叢思（アベラルドゥス，ペトルス　1079-1142）
　新カト（アベラルドゥス　1079-1142.4.21）
　世人新（アベラール　1079-1142）
　世人装（アベラール　1079-1142）
　世史語（アベラール　1079-1142）
　ポプ人（アベラール，ピエール　1079-1142）
　メル1（アベラルドゥス〔フランス名アベラー

ル〕，ペトルス　1079–1142）

Abelin, Johann Philipp〈17世紀〉
ドイツの歴史家。近代的新聞の先駆〈Theatrum Europaeum〉を創刊。
⇒岩世人（アーベリン　?–1634.9.12）

Abell, John〈17・18世紀〉
イギリスの作曲家，ファルセット歌手，リュート奏者。
⇒バロ（アーベル，ジョン　1650–1724）

Abell, John〈17・18世紀〉
スコットランドの歌手，リュート奏者，ヴァイオリン奏者。
⇒バロ（エイブル，ジョン　1653–1716以降）

Abel-Rémusat, Jean-Pierre〈18・19世紀〉
フランスの言語学者。
⇒岩世人（アベル＝レミュザ　1788.9.5–1832.6.3）

Abendanon, J.H.〈19・20世紀〉
オランダ領東インドの教育省長官。インドネシア人に対する教育の普及を指導，女子教育を発展させた。
⇒岩世人（アベンダノン　1852.10.14–1925.12.13）

Abercrombie, *Sir* Leslie Patrick〈19・20世紀〉
イギリスの建築家，都市計画家。
⇒岩世人（アバクロンビ　1879.6.6–1957.3.23）

Abercromby, *Sir* Ralph〈18・19世紀〉
イギリスの英雄的軍人。エジプトに派遣されアブキル湾に上陸作戦を行った（1801）。
⇒岩世人（アバクロンビ　1734.10.26頃–1801.3.28）

Abercromby, *Sir* Ralph〈19世紀〉
イギリスの気象学者。雲の科学的分類に貢献。
⇒岩世人（アバクロンビ　1842–1897.6.21）
　ネーム（アバクロンビ　1842–1897）
　学叢思（アバークロンビイ，ラルフ　1842–1897）

Aberdeen, George Hamilton Gordon, 4th Earl of〈18・19世紀〉
イギリスの政治家。クリミヤ戦争勃発時の諸党派連合内閣の首相。
⇒岩世人（アバディーン　1784.1.28–1860.12.14）

Aberdeen, Ishbel Maria Gordon, Marchioness of〈19・20世紀〉
イギリスの婦人運動指導者。国際婦人会議の議長・組織者（1893～1936）。
⇒岩世人（アバディーン　1857.3.14–1939.4.18）

Aberdeen, John Campbell Gordon, 1st Marquis of A. and Temair〈19・20世紀〉
イギリスの政治家。アイルランド総督（1886, 1905～15），カナダ総督（1893～98）を歴任。

⇒岩世人（アバディーン　1847.8.3–1934.3.7）

Abernethy, John〈18・19世紀〉
イギリスの外科学者，解剖学者。動脈瘤に対して外腸骨動脈を結紮する手術の創始者。
⇒岩世人（アバネシー　1764.4.3–1831.4.28）
　ネーム（アバネシ　1764–1831）

Abert, Hermann〈19・20世紀〉
ボヘミア出身のドイツの音楽学者。
⇒ネーム（アーベルト　1871–1927）

Abhayākaragupta〈11・12世紀〉
インドの末期仏教の学匠，密教者。
⇒岩世人（アバヤーカラグプタ）

Abhinavagupta〈10・11世紀〉
インドの学者。カシミールのシバ派に属し，再認識学派に重要な役割を果した。
⇒岩世人（アビナヴァグプタ）
　南ア新（アビナヴァグプタ　生没年不詳）

Abiathar
祭司アヒメレクの息子（列王記上）。
⇒聖書（アビアタル）

ʻAbīd ibn al-Abraṣ〈6世紀〉
アラブの詩人。
⇒岩世人（アビード・イブン・アブラス）

ʻAbīd ibn Sharya al-Jurhumī〈7世紀〉
アラブの歴史伝承者。
⇒岩世人（アビード・イブン・シャルヤ　?–685–705）

Abi-eshuh〈前18・17世紀〉
バビロニアの統治者。在位前1711～1684。
⇒世帝（アビ・エシュフ　（在位）前1711–前1684）

Abigail
ナバルの妻。ナバルの死後ダビデの妻（旧約）。
⇒聖書（アビガイル）

Abijah〈前10世紀〉
ヘブライ諸王国の統治者。在位前913～910。
⇒聖書（アビヤ）
　世帝（アビヤム　?–前911?）

Abïlay Khan〈18世紀〉
カザフ中ジュズの君主。在位1771～81。
⇒岩世人（アブライ・ハン　1711?–1781?）

Abildgaard, Peter Christian〈18・19世紀〉
デンマークの獣医。牛疫を研究。
⇒ネーム（アビルゴール　1740?–1801）

Abilgaard, Nicolai Abraham〈18・19世紀〉
デンマークの歴史画家。コペンハーゲン・アカデミーの校長（1789～）。
⇒岩世人（アビルゴー　1743.9.11–1809.6.4）

Abimeleck〈前12世紀頃〉
士師ギデオンの子。父の死後シケムの王(士師記)。
⇒新カト(アビメレク　前12世紀頃)
聖書(アビメレク)

Abishai
ダビデの甥。
⇒聖書(アビシャイ)

*al-*__Abīwardī, Abū al-Muẓaffar Muḥammad__〈11・12世紀〉
アラブ系の詩人。
⇒岩世人(アビーワルディー　1064頃-1113.9.4)

Abner〈前11世紀頃〉
サウルの叔父ネルの子(旧約)。
⇒岩世人(アブネル)
新カト(アブネル　前11世紀頃)
聖書(アブネル)

Abner of Burgos〈13・14世紀〉
反ユダヤ扇動運動の犠牲者の一人。
⇒ユ著人(Abner of Burgos　ブルゴスのアブネル　1270?-1340)

Aboab, Isaac 1st.〈14世紀〉
ラビ文学者、説教者。
⇒ユ著人(Aboab,Isaac 1st.　アボアブ、イツハクI世　14世紀末)

Abondante, Giulio〈16世紀〉
イタリアのリュート奏者。
⇒バロ(アボンダンテ、ジューリオ　1520頃?-1587頃)

About, Edmond François Valentin〈19世紀〉
フランスの作家。代表作『パリの結婚』(1856)。
⇒岩世人(アブー　1828.2.14-1885.1.17)
19仏(エドモン・アブー　1828.2.14-1885.1.16)

Abrabanel, Isaac〈15・16世紀〉
ユダヤ人の政治家、哲学者、神学者、注解者。
⇒岩世人(アブラヴァネル　1437-1508)
新カト(アブラバネル　1437-1508/1509)
ユ人(アブラベネル、イサク・ベンユダ　1437-1508)
ユ著人(Abrabanel,Don Isaac ben Judah　アブラベネル、ドン・イサク・ベン・ユダ　1437-1508)

Abra de Raconis, Charles François d'〈16・17世紀〉
フランスの論争神学者、司教。
⇒新カト(アブラ・ド・ラコニ　1580頃-1646.7.16)

Abraha, al-Ashram al-Habashī〈6世紀頃〉
アビシニアの武将。
⇒岩世人(アブラハ)

Abraham〈前20世紀〉
イスラエル人の祖(創世記)。
⇒岩世人(アブラム)
岩世人(イブラーヒーム)
岩世人(アブラハム)
ネーム(アブラハム)
広辞7(アブラハム)
新カト(アブラハム)
聖書(アブラハム)
ポプ人(アブラハム　生没年不詳)
学叢歴(アブラハム)

Abraham〈4・5世紀〉
聖人、司教、隠修士。祝日2月14日。シリアのキュロス近郊に生まれる。
⇒新カト(アブラハム〔カルハイの〕　350頃-422以後)

Abraham〈5世紀〉
聖人、修道院長。祝日6月15日。ユーフラテス川岸に生まれる。
⇒新カト(アブラハム〔サン・シルグの〕　?-476/447)

Abraham〈17世紀〉
マロン教会の聖書学者、教会史家。
⇒新カト(アブラハム〔ハーキルの〕　1605.2.18-1664.7.15)

Abraham, ben-Moses ben-Maimon〈12・13世紀〉
エジプトのユダヤ人社会の長老。マイモニデスのひとり息子。
⇒ユ人(アブラハム、ベンモーゼス・ベンマイモン　1186-1237)
ユ著人(Abraham ben Moses ben Maimon　アブラハム・ベン・モーゼス・ベン・マイモン　1186-1237)

Abraham, Mar〈16世紀〉
インド、ケララ州アンガマリのトマス・キリスト教徒の主教。
⇒新カト(アブラハム　1508頃-1597.2)

Abraham, Max〈19・20世紀〉
ドイツの理論物理学者。剛体電子論を提唱するなど、電磁気理論の改良を行った。
⇒岩世人(アブラハム　1875.3.26-1922.11.16)

Abraham, William〈19・20世紀〉
イギリスの労働組合指導者、政治家。
⇒学叢思(アブラハム、ウィリヤム　1842-1922)

Abraham a Santa Clara〈17・18世紀〉
ドイツの説教者。
⇒岩世人(アブラハム・ア・ザン(ク)タ・クララ　1644.7.2-1709.12.1)
新カト(アブラハム・ア・サンタ・クララ　1644.7.2-1709.12.1)

Abraham ben David of Posquières

〈12世紀〉
フランス・プロヴァンスのユダヤ人医師, 歴史家。タルムードの大家。
⇒ユ人 (アブラハム, ベンダビッド (ポスケル, ラバド2世) 1125–1198)
 ユ著人 (Abraham ben David of Posquières ポスキエレスのアブラハム・ベン・ダヴィド 1125–1198)

Abraham ben Hayyim dei Tintori (Dei Pinti), Mastero (The Dyer)
〈15世紀〉
イタリアのペザロでヘブライ語活字を作って印刷した最初の人。
⇒ユ著人 (Abraham ben Hayyim dei Tintori (Dei Pinti), Mastero (The Dyer) マステルのアブラハム・ベン・ハイーム・ティントーリ 15世紀)

Abraham ben Shlomo of Torrutiel
〈15・16世紀〉
「セーフェル・ハ=カバラー (伝承の書)」の著者。
⇒ユ著人 (Abraham ben Shlomo of Torrutiel トルティエルのアブラハム・ベン・シュロモ 1482?–?)

Abraham ibn Daud Halevi 〈12世紀〉
スペイン, トレドのユダヤ人の史料編修者, 哲学者。
⇒ユ人 (イブン・ダウド, アブラハム・ベンダビッド・ハレビ (ラバド1世) 1110頃–1180頃)
 ユ著人 (Ibn Daud, Abraham ben David Halevi イブン・ダウド, アブラハム・ベン・ダヴィッド・ハレヴィ 1110?–1180?)

Abrahams, Israel 〈19・20世紀〉
ユダヤ教のラビ。ケンブリッジでタルムード, ラビ文学の講師。
⇒ユ人 (アブラハムス, イスラエル 1858–1924)
 ユ著人 (Abraham, Israel アブラハム, イスラエル 1858–1925)

Abramowitz, Raphael 〈19・20世紀〉
ロシアの革命家。
⇒ユ著人 (Abramowitz, Raphael アブラモヴィツ, ラファエル 1880–1963)

Abravanel, Jehuda 〈15・16世紀〉
ユダヤ人の哲学者, 医者。
⇒岩世人 (アブラヴァネル 1460頃–1523以降)
 ユ著人 (Abrabanel, Judah アブラバネル, ユダ 1460–1521/1535)

Abrikosov, Aleksei Ivanovich 〈19・20世紀〉
ソ連邦の医学者。肺結核第1期の解剖学的研究で有名。
⇒岩世人 (アブリコーソフ 1875.1.6/18–1955.4.9)

Absalom 〈前11・10世紀〉
ダビデの3男 (サムエル記)。
⇒岩世人 (アブサロム)
 新カト (アブサロム 前11世紀末–前10世紀初頭)
 聖書 (アブサロム)

Absalon 〈12・13世紀〉
デンマークの大司教。ワルデマール1世の宰相。コペンハーゲン城塞の建設を指揮。
⇒岩世人 (アブサロン 1128頃–1201.3.21)
 新カト (アブサロン〔ルンドの〕 1128.10–1201.3.21)

Abt, Franz 〈19世紀〉
ドイツの作曲家。後期ロマン派に属し, 独唱歌曲, 男性四重合唱曲に佳作が多い。
⇒岩世人 (アプト 1819.12.22–1885.3.31)

Abū 'Abdullāh al-Ablah 〈12世紀〉
アッバース朝のアラビア語詩人。
⇒岩世人 (アブー・アブドゥッラー・アブラフ ?–1183/1184)

Abū al-Aswad al-Du'alī 〈7世紀〉
バスラ (現イラク) で活動したアラブの詩人, 文法家。
⇒岩世人 (アブー・アスワド ?–688/689/717–720)

Abū al-Faraj al-Iṣfahānī al-Qurashī
〈9・10世紀〉
アラブ系シーア派の文学者。
⇒岩世人 (アブー・ファラジュ・イスファハーニー (イスパハーニー) 897–967.11.20)

Abū al-Faraj al-Wa'wā', al-Ghassānī al-Dimashqī 〈10世紀〉
シリアのアラブ詩人。
⇒岩世人 (アブー・ファラジュ・ワアワー ?–980–1000頃)

Abū al-Fidā' Ismā'īl 〈13・14世紀〉
シリアの豪族, 歴史家, 地理学者。
⇒岩世人 (アブー・フィダー 1273–1331)

Abū al-Ḥasan Khān Ghaffārī 〈19世紀〉
イランの画家。
⇒岩世人 (アブー・ハサン・ハーン・ガッファーリー 1814–1866)

Abū al-Khayr 〈15世紀〉
シャイバーン朝の事実上の始祖。在位1428～68。
⇒岩世人 (アブルハイル・ハン 1412–1468)

Abū al-Khayr Khān 〈17・18世紀〉
カザフ小ジュズの君主。在位1716～48。
⇒岩世人 (アブルハイル・ハン 1693?–1748.8.1)

Abū al-Sāj Dīwdād 〈9世紀〉
アゼルバイジャン地方を支配したサージュ朝の祖。
⇒岩世人 (アブー・サージュ・ディーウダード ?–879)

Abū al-Shīṣ Muḥammad al-Khuzā'ī

⟨8・9世紀⟩
イラクのアラブ系詩人。
⇒岩世人（アブー・シース　748頃-812頃）

Abū 'Amr ibnu'l-'Alā⟨7・8世紀⟩
バスラ派のアラビア語学者。
⇒岩世人（アブー・アムル・イブン・アラー　684-689-770(-772)）

Abū Bakr⟨6・7世紀⟩
イスラム国家の初代カリフ。在位632～634。
⇒岩世人（アブー・バクル・スィッディーク　573頃-634.8.23）
ネーム（アブー・バクル　570-634）
広辞7（アブー・バクル　573頃-634）
世人新（アブー＝バクル　572/573-634）
世人装（アブー＝バクル　572/573-634）
世史語（アブー・バクル　573頃-634）
ポプ人（アブー・バクル　573頃-634）

Abu Bakr⟨15世紀⟩
フィリピン諸島南部のスールー王国の基礎を築いたイスラーム伝道者。
⇒岩世人（アブー・バクル　?-1480?）

Abū Bakr al-Khwārizmī, Muḥammad ibn al-'Abbās⟨10世紀⟩
イラン系でシーア派のアラブ文学者。
⇒岩世人（アブー・バクル・フワーリズミー　934/935-993.11/1002/1003）

Abū Bakr Muḥammad al-Ishbīlī⟨12世紀⟩
セビーリャ出身のアラブ系医学者，文人。
⇒岩世人（アブー・バクル・ムハンマド　1110/1111/1113/1114-1198/1199）

Abū Dā'ūd Sulaimān⟨9世紀⟩
イスラムの伝承学者。著書『言行録集』は6大伝承集の一つで，ハンバル派法学によって重視される。
⇒岩世人（アブー・ダーウード　817-889.2.22）

Abū Dharr al-Ghifārī⟨7世紀⟩
イスラームの預言者ムハンマドの教友。
⇒岩世人（アブー・ザッル　?-652）

Abū Dhu'ayb Khuwaylid al-Qatīl⟨7世紀⟩
アラビア半島のフザイル部族出身の詩人。
⇒岩世人（アブー・ズアイブ　?-649頃）

Abū Dulaf Mis'ar ibn al-Muhalhil⟨10世紀⟩
アラビアの詩人。
⇒岩世人（アブー・ドゥラフ）

Abū Dulāma Zand ibn al-Jawn⟨8世紀⟩
アッバース朝のアラブ詩人，道化師。
⇒岩世人（アブー・ドゥラーマ　?-777/778頃）

Abū Firās al-Ḥārith bn Sa'īd bn Ḥamdān⟨10世紀⟩
シリアの詩人。
⇒岩世人（アブー・フィラース　932/933-968.4.4/3.12）

Abū Ḥanīfa al-Nu'mān Ibn Thābit⟨7・8世紀⟩
イスラム4大法学派の一つ，ハナフィー学派の祖。彼の思想は問答の形で後世に伝えられた。
⇒岩世人（アブー・ハニーファ　699/680-767頃）
広辞7（アブー・ハニーファ　699頃-767）
新カト（アブー・ハニーファ　699頃-767）

Abū Ḥātim al-Sijistānī⟨9世紀⟩
バスラのアラビア語学者。
⇒岩世人（アブー・ハーティム・スィジスターニー　?-859.4(-869.7)）

Abū Hurayra⟨7世紀⟩
イスラームの預言者ムハンマドの教友。ハディース（預言者言行）伝承者。
⇒岩世人（アブー・フライラ　?-678/679）

Abū Isḥāq b.Hilāl aṣ-Ṣābī⟨10世紀⟩
アラビア散文の名家。
⇒岩世人（サービー　925.11.24-994.11.19）

Abū Isḥāq (Busḥaq) Shīrāzī⟨15世紀⟩
ティムール朝治下ペルシアの詩人。
⇒岩世人（シーラーズィー，アブー・イスハーク　?-1424/1427）

Abū Isḥāq Injū⟨14世紀⟩
イラン国ファールスの統治者，詩人。
⇒岩世人（アブー・イスハーク・インジュー　1321-1359）

Abū Kāmil Shujā' ibn Aslam⟨9・10世紀⟩
イスラム教徒の数学者。エジプトで活躍。
⇒岩世人（アブー・カーミル　（活躍）850頃-930頃）

Abū'l-'Abbās as-Saffāḥ⟨8世紀⟩
アッバース朝の第1代カリフ。在位750～754。
⇒岩世人（サッファーフ，アブー・アッバース　724頃-754.6）
世人新（サッファーフ（アブー＝アルアッバース）723頃-754）
世人装（サッファーフ（アブー＝アルアッバース）723頃-754）
世帝（アブー・アルアッバース　723-754）

Abulafia, Abraham Ben Samuel⟨13世紀⟩
初期ヘブライ神秘主義者の一人。預言的カバラの代表者。
⇒新カト（アブラフィア　1240-1292頃）
ユ人（アブラフィア，アブラハム・ベンサムエル　1241-1292頃）
ユ著人（Abulafia,Abraham ben Samuel　アブ

ラフィア, アブラハム・ベン・サムエル 1240–1291?)

A

Abū'l-'Alā' Aḥmad al-Ma'arrī〈10・11世紀〉
アラブの詩人。抒情詩集『火打石のひらめき』, 散文集『許しのことづて』など。
⇒岩世人 (アブー・アラー・マアッリー 973.12.26–1057.5.9/10/20)
　広辞7 (マアッリー 973–1057)

Abū'l-'Atāhiya〈8・9世紀〉
アラブの詩人。最初の哲学的アラブ詩人。
⇒岩世人 (アブー・アターヒヤ 747-8–826.9.15 (異説あり))

Abū'l-Fazl〈16・17世紀〉
インド, ムガル帝国のアクバル大帝の重臣。『アクバル・ナーメ』『アーイーネ・アクバリー』の著者。
⇒岩世人 (アブル・ファズル 1551–1602.8.19)
　新カト (アブル・ファズル 1551.1.14–1602.8.22)
　南ア新 (アブル・ファズル 1551–1602)

Abū'l Ghāzī Bahādur Khān〈17世紀〉
ヒワ・ハン国のハン。在位1643〜。ブハラ・ハン国と激戦を続けた。
⇒岩世人 (アブール・ガーズィー 1603–1663)

Abū'l-Wafā, al-Būzajān〈10世紀〉
イスラム教徒の数学, 天文学者。著書『完全の書』『幾何学の書』など。
⇒岩世人 (アブー・ワファー 940.6.10–998/988/997)
　世数 (アブール-ワファ・アル-ブジャニ, ムハマド・ベン 940–998)

Abū Madyan Shu'ayb〈12世紀〉
マグリブのイスラーム神秘家 (スーフィー)。
⇒岩世人 (アブー・マドヤン 1126頃–1197)

Abū Ma'shar Ja'far bn Muḥammad〈8・9世紀〉
アラビアの天文学者。
⇒岩世人 (アブー・マアシャル 786頃–886.3.8)
　新カト (バルヒー 787.8.10–886.3.9)

Abū Miḥjan al-Thaqafī〈7世紀頃〉
アラビアの詩人。
⇒岩世人 (アブー・ミフジャン 7世紀頃)

Abū Mikhnaf, Lūṭ bn Yaḥyā al-Azdī〈7・8世紀〉
アラビアの歴史家。
⇒岩世人 (アブー・ミフナフ ?–774)

Abū Muslim al-Khurāsānī〈8世紀〉
アッバース家の革命運動の指導者。
⇒岩世人 (アブー・ムスリム 727頃–755.1)

Abundus
聖人, スペイン人殉教者。祝日12月14日。

⇒新カト (ユストゥスとアブンドゥス 生没年不詳)

Abū Nuwās, al-Ḥasan bn Hāni' al-Ḥakamī〈8・9世紀〉
アラブの詩人。酒, 恋, 諷刺, 頌詩, 狩猟他の詩作でアッバース朝の黄金時代を飾った。
⇒岩世人 (アブー・ヌワース 747–762頃–813(–815)頃)
　広辞7 (アブー・ヌワース 755頃–813頃)

Abū Sa'īd〈14世紀〉
イル・ハン国の第9代君主。在位1316〜35。
⇒岩世人 (アブー・サイード (イル・ハン朝の) 1304–1335)

Abū Sa'īd ibn Abī al-khayr〈10・11世紀〉
ペルシアの神秘主義者, 詩人。神秘主義思想を四行詩で表現し大衆の教化に努めた。
⇒岩世人 (アブー・サイード 967–1049)

Abū Sa'īd Tīmūrīyeh〈15世紀〉
イランのティムール朝第7代君主。在位1452〜67。
⇒岩世人 (アブー・サイード (ティムール朝の) ?–1469)
　世帝 (アブー・サイード 1424–1469)

Abū Shāma, Shihāb al-Dīn al-Muqaddasī〈12・13世紀〉
シリアの歴史家, 文学者。
⇒岩世人 (アブー・シャーマ 1203.1.10–1268.6.13)

Abū Sufyān〈6・7世紀〉
ウマイヤ朝の創設者ムアーウィヤの父。
⇒岩世人 (アブー・スフヤーン ?–653頃)

Abū Ṭāhir〈12世紀〉
ペルシアの陶工一族の祖。
⇒岩世人 (アブー・ターヒル 12世紀末)

Abū Ṭāhir Sulaimān〈10世紀〉
カルマト派教団の指揮者。
⇒岩世人 (アブー・ターヒル・スライマーン 907–944)

Abū Ṭālib ibn 'Abd al-Muṭṭalib〈6・7世紀〉
預言者ムハンマドの伯父で, クライシュ族の支族ハーシム家の家長。
⇒岩世人 (アブー・ターリブ ?–619)

Abū Tammām, Ḥabīb bn Aws al-Ṭā'ī〈8・9世紀〉
アラブの詩人。バグダードの宮廷に仕え小アジア遠征軍に加わり, 戦争詩に秀作が多い。
⇒岩世人 (アブー・タンマーム 804 (諸説あり) –843/846.8.29)

Abū 'Ubayd al-Qāsim bn Sallām〈8・

9世紀〉
アラビアの法学者。
⇒岩世人（アブー・ウバイド・カースィム　773–837）

Abū ‘Ubayda Ma‘mar〈8・9世紀〉
アラビア語文法学者。
⇒岩世人（アブー・ウバイダ　728–824/825）

Abū ‘Uthmān Sa‘īd〈9世紀〉
アッバース朝期の詩人。
⇒岩世人（アブー・ウスマーン・サイード　?–873頃）

Abū Ya‘lā al-Farrā’〈10・11世紀〉
イスラーム法学者，政治理論家。
⇒岩世人（アブー・ヤアラー・ファッラー　990–1066）

Abū Yūsuf Ya‘qūb〈8世紀〉
イスラム法学者，ハナフィー学派創設者の一人。現存する唯一の著作は『租税の書』。
⇒岩世人（アブー・ユースフ　731–798.4.21）

Abū Zayd al-Balkhī, Aḥmad bn Sahl〈9・10世紀〉
アラビアのアッバース朝の地理学者。
⇒岩世人（アブー・ザイド・バルヒー　?–934.10.1）

Abū Zayd al-Hilālī〈11世紀〉
アラブ系ヒラール部族の詩に歌われた黒人の主人公。
⇒岩世人（アブー・ザイド・ヒラーリー）

Abū Zayd Sayyid Shams al-Dīn al-Ḥasanī〈12・13世紀〉
ペルシアの陶工。
⇒岩世人（アブー・ザイド）

Acamapichtli〈14世紀〉
アステカ帝国の統治者。
⇒世帝（アカマピチトリ　?–1395）

Acarie, Barbe〈16・17世紀〉
フランスの神秘体験家。
⇒岩世人（アカリー　1566.2.1–1618.4.18）
　新カト（アカリー　1566.2.26–1618.4.18）

Ācārya, Bhānubhakta〈19世紀〉
ネパールの詩人。
⇒岩世人（アーチャリヤ　1814.7–1869.9）

Acca Larentia
ローマ神話上の人物。
⇒岩世人（アッカ・ラレンティア）

Accius, Lucius〈前2・1世紀〉
ローマの悲劇詩人。ラテン語悲劇の完成者。
⇒岩世人（アッキウス　前170頃–前85頃）

Accolti, Bernardo〈15世紀〉
イタリアの詩人。
⇒バロ（アッコルティ，ベルナルド　1450頃?–1500頃?）

Accursius, Franciscus〈12・13世紀〉
イタリアの法学者。
⇒岩世人（アックルシウス　1185頃–1263）

Acerbi, Giuseppe〈19・20世紀〉
イタリアのテノール歌手。
⇒魅惑（Acerbi,Giuseppe　1871–?）

Acestes
伝説的なシチリア王。
⇒岩世人（アケステス）

Ach, Narziss Kaspar〈19・20世紀〉
ドイツの心理学者。ブルツブルク学派の指導者の一人。
⇒岩世人（アッハ　1871.10.29–1946.7.25）

Achaimenēs〈前7世紀〉
ペルシア帝国アカイメネス王朝の祖。在位前700〜675。
⇒岩世人（アカイメネス（アケメケス）（在位）前700–前675）

Achaios
ギリシア神話，アカイア人の祖。
⇒岩世人（アカイオス）

Achar
ユダ部族の一員で，カミルの子（旧約）。
⇒聖書（アカン）

Achard, Charles〈19・20世紀〉
フランスの医者。パラチフスB菌の発見者でパラチフス症を記載。
⇒岩世人（アシャール　1860.7.24–1944）

Achard, Franz Karl〈18・19世紀〉
ドイツの化学者。
⇒岩世人（アシャール　1753.4.28–1821.4.20）

Achates
ローマ神話，アイネイアスの忠実な部下。
⇒岩世人（アカテス）

Achatius〈2世紀〉
殉教者，聖人。
⇒図聖（アカキウス　2世紀前半没）

Achenbach, Andreas〈19・20世紀〉
ドイツの画家。デュッセルドルフ派の指導者。ドイツの近代風景画，海洋画の創始者の一人。
⇒岩世人（アッヘンバッハ兄弟　1815.9.29–1910.4.1）

Achenbach, Oswald〈19・20世紀〉
ドイツの画家。Andreasの弟。
⇒岩世人（アッヘンバッハ兄弟　1827.2.2–1905.2.1）

Achenwall, Gottfried〈18世紀〉
ドイツの統計学者。〈Statistik〉なる名称を初め

て用いた。
⇒岩世人（アッヘンヴァル　1719.10.20–1772.5.1）
ネーム（アッヘンヴァール　1719–1772）
学叢思（アーヘンヴァル，ゴットフリード　1719–1772）

A

Achery, Luc d'〈17世紀〉
フランスのベネディクト会会員，古文書学者。
⇒新カト（アシュリ　1609.5.28–1685.4.29）

Acheson, Edward Goodrich〈19・20世紀〉
アメリカの化学者，発明家。
⇒岩世人（アチソン　1856.3.9–1931.7.6）
ネーム（アチソン　1856–1931）

Achia
シロの預言者（旧約）。
⇒聖書（アヒヤ）

Achille de Secondigné〈19世紀〉
フランスのジャーナリスト，作家。
⇒19仏（アシール・ド・スゴンディニェ　1846.2.20–?）

Achilles
ギリシア神話の英雄。ペレウスと女神テティスの子。ホメロスの叙事詩『イリアス』の主要人物。
⇒岩世人（アキレウス）
ネーム（アキレウス）

Achilleus〈3・4世紀〉
ローマの殉教者，聖人。祝日5月12日。
⇒新カト（ネレウスとアキレウス　1–2世紀）
図聖（ネレウスとアキレウス　?–304頃）

Achilleus Tatios〈2・3世紀〉
ギリシアの修辞家，小説家。作品『レウキッペとクレイトフォン物語』。
⇒岩世人（アキレウス・タティオス）

Ackermann, Konrad Ernst〈18世紀〉
ドイツの俳優。ドイツ近代劇の先駆者の一人。
⇒岩世人（アッカーマン　1712.2.1–1771.11.13）

Ackermann, Louise Victorine〈19世紀〉
フランスの女流詩人。
⇒岩世人（アケルマン　1813.11.30–1890.8.2）

Acollas, Émile〈19世紀〉
フランスの法学者，政治学者。
⇒19仏（エミール・アコラス　1826.6.24–1891.10.17）

Acosta, Joaquín〈19世紀〉
コロンビアの軍人，政治家，地理学者。
⇒岩世人（アコスタ　1800.12.29–1852.2.21）

Acosta, José de〈16世紀〉
スペインのイエズス会宣教師。博物学関係の著作も多い。
⇒岩世人（アコスタ　1540–1600.2.15）
新カト（アコスタ　1540頃–1600.2.15）
ラテ新（アコスタ　1540–1600）

Acosta, María Soledad Torres〈19世紀〉
病人奉仕マリアのしもべ修道女会創立者。聖人。祝日10月11日。マドリードに生まれ，同地で没す。
⇒新カト（マリア・ソレダド・トレス・アコスタ　1826.12.2–1887.10.11）

Acquaviva, Rodolfo〈16世紀〉
インド宣教に献身したイタリアのイエズス会士。
⇒新カト（アクアヴィーヴァ　1550.10.2–1583.7.3）

Acrotatus〈前3世紀〉
スパルタ連合王国の統治者。在位前265〜260。
⇒世帝（アクロタトス　（在位）前265–前262）

Acton, John Emerich Edward Dalberg, 1st Baron〈19・20世紀〉
イギリスの歴史家。『ケンブリッジ近代史叢書』（13巻，02〜12）を監修。
⇒岩世人（アクトン　1834.1.10–1902.6.19）
ネーム（アクトン　1834–1902）
新カト（アクトン　1834.1.10–1902.6.19）

Acton, Sir John Francis Edward〈18・19世紀〉
イギリス貴族，海軍将校。フランス生れ。1785年ナポリ王国首相。
⇒岩世人（アクトン　1736.6.3–1811.8.12）

Acuña, Cristóbal de〈16・17世紀〉
スペインのイエズス会宣教師，アマゾン探検者。
⇒岩世人（アクーニャ　1598.5.15–1670.1.14）

Acuña, Pedro Bravo de〈16・17世紀〉
スペイン人のフィリピン群島長官。
⇒岩世人（アクーニャ　?–1606.6.24）

Adad-nirāri I〈前14・13世紀〉
アッシリア王。在位前1306頃〜1274。
⇒岩世人（アダド=ニラリ1世　（在位）前1307–前1274）
世帝（アダド・ニラリ1世　（在位）前1307–前1275）

Adad-nirāri II〈前10・9世紀〉
アッシリア王。在位前910〜889。
⇒岩世人（アダド=ニラリ2世　（在位）前911–前891）
世帝（アダド・ニラリ2世　（在位）前911–前891）

Adad-nirāri III〈前9・8世紀〉
アッシリア王。在位前810〜782。
⇒岩世人（アダド=ニラリ3世　（在位）前810–前783）
世帝（アダド・ニラリ3世　（在位）前810–前783）

Adai Khan〈15世紀〉
北元の皇帝。
⇒世帝（アダイ・ハーン　　在位）1425–1438）

Adair, James〈18世紀〉
インディアンとの交易商。著書『アメリカ・インディアン史』（75）は史料として重要。
⇒岩世人（アデア　1709頃–1783）

Adalar〈8世紀〉
アングロ・サクソンの出身の司祭。「ドイツ人の使徒」と呼ばれる。
⇒新カト（アダラル　?–754.6.5）

Adalbald〈7世紀〉
聖人。祝日2月4日。メロヴィング朝フランク王ダゴベルト1世の宮廷で活躍。
⇒新カト（アダルバルト　?–645頃）

Adalbéron〈10世紀〉
フランス東部ロレーヌ出身の聖職者。
⇒新カト（アダルベロ〔ランスの〕　920/930–989.1.23）

Adalbert〈12世紀〉
ザルツブルク大司教。
⇒新カト（アダルベルト〔ザルツブルクの〕　1145/1146–1200）

Adalbert〈12世紀〉
マインツの大司教。
⇒新カト（アダルベルト〔マインツの〕　?–1137.6.23）

Adalbert of Magdeburg〈10世紀〉
司教。聖人。
⇒岩世人（アダルベルト（マクデブルクの）　920年代後半–981.6.20）
　新カト（アダルベルト〔マクデブルクの〕　?–981.6.20）

Adalbert von Bremen〈11世紀〉
ハンブルク, ブレーメンの大司教。ゴーゼック伯。
⇒岩世人（アダルベルト　1000頃–1072.3.16）
　新カト（アダルベルト〔ブレーメンの〕　1000頃–1072.3.16）

Adalbert von Prag, St.〈10世紀〉
カトリックの聖人。プラハの司教。
⇒岩世人（アダルベルト（プラハの）　956頃–997.4.23）
　新カト（アダルベルト〔プラハの〕　956頃–997.4.23）
　図聖（アダルベルトゥス（プラハの）　956頃–997）

Adalhard〈8・9世紀〉
北フランスのコルビー大修道院長。大修道院の規約（アーダルハルトの規約）は有名。
⇒新カト（アダラルド〔コルビーの〕　751頃–826.1.2）
　図聖（アダルハルドゥス（コルビーの）　751頃–826）

Adam
神にかたどって創造された人類の始祖（創世記）。
⇒岩世人（アーダム）
　岩世人（アダム）
　ネーム（アダム）
　新カト（アダム）
　図聖（アダム）
　聖書（アダムとエバ）

Adam, Adolphe Charles〈19世紀〉
フランスの作曲家。コミックオペラ, バレエの分野で成功。
⇒岩世人（アダン　1803.7.24–1856.5.3）
　バレエ（アダン, アドルフ・シャルル　1803.7.24–1856.5.3）
　エデ（アダン, アドルフ（シャルル）　1803.7.24–1856.5.3）

Adam, Johann〈18世紀〉
ドイツのホルン奏者, ヴァイオリン奏者, バレエ作曲家。
⇒バロ（アーダム, ヨハン　1705頃–1779.11.13）

Adam, Juliette〈19・20世紀〉
フランスの女流作家。自由主義的反教権主義的な政治論文や小説を書いた。
⇒岩世人（アダン　1836.10.4–1936.8.23）
　19仏（ジュリエット・アダン　1836.10.4–1936.8.23）

Adam, Karl〈19・20世紀〉
ドイツのカトリック神学者。34年ナチスに追われたが, のち復帰。主著『カトリシズムの本質』（24）。
⇒岩世人（アダム　1876.10.22–1966.4.1）
　新カト（アダム　1876.10.22–1966.4.1）

Adam, Louis〈18・19世紀〉
ドイツのピアノ奏者, 教育者, 理論家。
⇒バロ（アダム, ルイ　1758.12.3–1848.4.8）

Adam, Paul (Auguste Marie)〈19・20世紀〉
フランスの自然主義作家。代表作は4部作『時と人生』（1899～1903）。
⇒岩世人（アダン　1862.12.7–1920.1.1）
　19仏（ポール・アダン　1862.12.7–1920.1.1）

Adam, Robert John〈18世紀〉
イギリスの建築家, 室内装飾家。新古典主義様式の復活を導いた。
⇒岩世人（アダム　1728.7.3–1792.3.3）

Adam de Givenchi〈13世紀〉
フランスのトルヴェール, 聖職者。
⇒バロ（アダム・ド・ジヴァンシー　1200頃–1250頃）
　バロ（ジヴァンシー, アダム・ド　1200頃–1250頃）

Adam de La Halle〈13世紀〉
フランスの吟遊詩人, 劇作家。代表作『葉陰の

劇』(1272頃),『ロバンとマリオンの劇』(85頃)。
> ⇒バロ (ド・ラ・アール, アダン 1237頃-1290)
> 岩世人 (アダン・ド・ラ・アル 1235頃-1285以後)
> ネーム (アダン・ド・ラ・アール 1230?-1287?)
> 広辞7 (アダン・ド・ラ・アル 1235頃-1288頃)

Adam de Saint-Victor 〈12世紀〉
ブルターニュ出身のフランスの詩人, 音楽家, 続唱作者。アウグスティノ会修道士。
> ⇒バロ (サン・ヴィクトール, アダン・ド 1080頃?-1146.1)
> 岩世人 (アダム [サン=ヴィクトールの] ?-1192/1146)
> 新カト (アダム [サン・ヴィクトルの] 1110頃-1180頃)

Adam Goddamus (Godham, Wodham, Whodam Woodham, de Vodronio) 〈13・14世紀〉
イギリスのフランシスコ会神学者で唯名論者オッカムのウィリアム (ウィリアム・オッカム) の理解者。
> ⇒岩世人 (ヴォデハム 1298頃-1358)

Adami, Giovanni Matteo 〈16・17世紀〉
イタリアの宣教師。
> ⇒新カト (アダミ 1576-1633.10.22)

Adami, Giuseppe 〈19・20世紀〉
イタリアの台本作家。
> ⇒オペラ (アダーミ, ジュゼッペ 1878-1946)

Adam Marsh 〈13世紀〉
イギリスのフランシスコ会士, 神学者。
> ⇒岩世人 (アダム・マーシュ ?-1258.11.18)
> 新カト (アダム [マーシュの] 1190頃-1258.11.18)

Adamnan 〈7・8世紀〉
大修道院長。聖人。アイルランド生まれ。
> ⇒新カト (アダムナヌス [アイオーナの] 628頃-704)

Adams, Arthur Hyman 〈19世紀〉
アメリカの海外伝道会宣教医師。1874年来日し, 浪花教会を創立。
> ⇒岩世人 (アダムズ 1847.10.24-1879.11.23)

Adams, Charles Francis 〈19世紀〉
アメリカの外交官。南北戦争の頃駐英大使として活躍。
> ⇒岩世人 (アダムズ 1807.8.18-1886.11.21)

Adams, Charles Kendall 〈19・20世紀〉
アメリカの歴史家。ヨーロッパのセミナー方式をアメリカに紹介。
> ⇒岩世人 (アダムズ 1835.1.24-1902.7.26)

Adams, Francis 〈19世紀〉
イギリスの社会主義者。
> ⇒学叢思 (アダムス, フランシス 1862-1893)

Adams, George Irving 〈19・20世紀〉
アメリカの地質学者。
> ⇒アア歴 (Adams, George Irving ジョージ・アーヴィング・アダムズ 1870.8.17-1932.9.8)

Adams, Henry Brooks 〈19・20世紀〉
アメリカの歴史家, 小説家。主著『ジェファーソンとマジソン統治下の合衆国史』(9巻), 小説『民主主義』, 自叙伝『ヘンリー・アダムズの教育』。
> ⇒アメ新 (アダムズ 1838-1918)
> 岩世人 (アダムズ 1838.2.16-1918.3.27)
> 新カト (アダムズ 1838.2.16-1918.3.27)

Adams, Henry Carter 〈19・20世紀〉
アメリカの経済学者。イーリとともにアメリカにおける歴史学派の代表者。
> ⇒岩世人 (アダムズ 1851.12.31-1921.8.11)

Adams, John 〈18・19世紀〉
アメリカの政治家, 法律家。初代副大統領, 第2代大統領 (1797~1801)。
> ⇒アメ新 (アダムズ 1735-1826)
> 岩世人 (アダムズ 1735.10.19-1826.7.4)
> 広辞7 (アダムズ 1735-1826)

Adams, John 〈19・20世紀〉
イギリス・アメリカの教育家。
> ⇒岩世人 (アダムズ 1857.7.2-1934.9.30)

Adams, John Couch 〈19世紀〉
イギリスの天文学者。海王星発見者の一人。
> ⇒岩世人 (アダムズ 1819.6.5-1892.1.21)
> 科史 (アダムズ 1819-1892)
> 広辞7 (アダムズ 1819-1892)

Adams, John Quincy 〈18・19世紀〉
アメリカの政治家。第6代大統領 (1824~28)。
> ⇒アメ新 (アダムズ 1767-1848)
> 岩世人 (アダムズ 1767.7.11-1848.2.23)

Adams, Samuel 〈18・19世紀〉
アメリカ独立戦争における愛国派の指導者。マサチューセッツ州知事。
> ⇒アメ新 (アダムズ 1722-1803)
> 岩世人 (アダムズ 1722.9.16-1803.10.2)

Adams, Walter Sydney 〈19・20世紀〉
アメリカの天文学者。シリウス伴星のスペクトル線偏位を確認。
> ⇒岩世人 (アダムズ 1876.12.20-1956.5.11)

Adams, William 〈16・17世紀〉
日本に来た最初のイギリス人。日本名三浦按針。
> ⇒岩世人 (アダムズ 1564-1620.5.16/26)
> 広辞7 (アダムズ 1564-1620)
> 新カト (アダムズ 1564.9.24-1620.5.26)
> ポプ人 (アダムズ, ウィリアム 1564-1620)

Adamson, Patrick 〈16世紀〉
スコットランド教会の聖職者, セント・アンド

ルーズ大主教。
⇒新カト（アダムソン　1537.3.15–1592.2.19）

Adamson, Robert〈19・20世紀〉
イギリスの哲学者。カント研究者として著名。主著 "On the Philosophy of Kant" (1879)。
⇒岩世人（アダムソン　1852.1.19–1902.2.5/8）
　メル3（アダムソン, ロバート　1852–1902）

Adamson, William〈19・20世紀〉
イギリスの政治家, 労働運動指導者。
⇒岩世人（アダムソン　1863.4.2–1936.2.23）

Adam von Bremen〈11世紀〉
ドイツの年代記著述者。北ヨーロッパ諸国の事跡をまとめた。
⇒岩世人（アダム（ブレーメンの）　?–1085以前）
　新カト（アダム〔ブレーメンの〕　?–1081頃）

Adam von Fulda〈15・16世紀〉
ドイツの作曲家, 評論家。トルガウの選帝侯フリードリヒに仕えた。
⇒バロ（アーダム・フォン・フルダ　1445頃–1505）
　バロ（フルダ, アーダム・フォン　1445頃–1505）

Adánez, Isidoro〈19・20世紀〉
日本宣教師, ドミニコ会員。スペインのサモラ生まれ。
⇒新カト（アダネス　1879.8.10–1958.2.7）

Adanson, Michel〈18・19世紀〉
フランスの植物学者。〈科〉の造語者。
⇒岩世人（アダンソン　1727.4.7–1806.8.3）
　ネーム（アダンソン　1727–1806）

Adapa
古代メソポタミア神話で, エア神が作りだした人間。
⇒岩世人（アダパ）
　ネーム（アダパ）

Adashev, Aleksei Feodorovich〈16世紀〉
ロシアの政治家。イワン4世の親政開始時(1547)の指導的政治顧問。
⇒岩世人（アダーシェフ　?–1561）

Adauctus〈3・4世紀〉
殉教者。聖人。
⇒新カト（アダウクトゥス　?–303/305頃）
　図聖（フェリクスとアダウクトゥス　?–305頃）

Addams, Jane〈19・20世紀〉
アメリカの女流社会事業家。アメリカ最初のセツルメント, フル・ハウスをシカゴに建設(1889)。ノーベル平和賞を受賞(31)。
⇒アメ新（アダムズ　1860–1935）
　岩世人（アダムズ　1860.9.6–1935.5.21）
　広辞7（アダムズ　1860–1935）
　新カト（アダムズ　1860.9.6–1935.5.21）
　ポプ人（アダムズ, ジェーン　1860–1935）

Adderley, James Granville〈19世紀〉
イギリスのキリスト教社会主義者。
⇒学叢思（アッダレー, ジェームス・グランヴィル　1861–?）

Addington, Henry, 1st Viscount Sidmouth〈18・19世紀〉
イギリスの政治家。リヴァプール内閣の内相(1712)。
⇒岩世人（アディントン　1757.5.30–1844.2.15）

Addison, Christopher Addison, 1st Viscount〈19・20世紀〉
イギリスの医者, 政治家。
⇒岩世人（アディソン　1869.6.19–1951.12.11）

Addison, Joseph〈17・18世紀〉
イギリスの随筆家, 評論家, 政治家。評論, 随筆新聞『スペクテーター』(1711～12)を創刊。
⇒岩世人（アディソン　1672.5.1–1719.6.17）
　ネーム（アディソン　1672–1719）
　広辞7（アディソン　1672–1719）
　新カト（アディソン　1672.5.1–1719.6.17）

Addison, Thomas〈18・19世紀〉
イギリスの医師。アジソン氏病（青銅病, ブロンズ病）を発見。
⇒岩世人（アディソン　1795.4–1860.6.29）
　広辞7（アディソン　1793–1860）

Adelard of Bath〈11・12世紀〉
イギリスのスコラ哲学者。東方を旅してアラビア科学を西洋に紹介。
⇒岩世人（アデラルドゥス（バスの）　1070–1146以降）
　新カト（アデラルドゥス〔バースの〕　1070頃–1146頃）

Adelgundis von Maubeuge〈7世紀〉
ベネディクト会修道女, 女子大修道院長, 聖人。
⇒新カト（アーデルグンデ　?–700頃）
　図聖（アーデルグンディス（モビュージュの）　630頃–694）

Adelheid, St.〈10世紀〉
神聖ローマ皇帝オットー1世（大王）の后。ブルグント王ルドルフ2世の娘, 聖女。
⇒岩世人（アーデルハイト　931頃–999.12.16/17）
　新カト（アーデルハイト　931頃–999.12.16/17）
　図聖（アーデルハイト　931頃–999）

Adelman〈11世紀〉
神学者, 北イタリアのブレッシアの司教。
⇒新カト（アデルマン〔リエージュの〕　?–1061頃）

Adelrich〈10世紀〉
隠修士, 福者。
⇒図聖（アーデルリヒ　?–973）

Adelung, Johann Christoph〈18・19世

紀〉
ドイツの言語学者。ドイツ語の文法,辞書の著者として標準的ドイツ語の確立に貢献。
⇒岩世人（アーデルング　1732.8.8–1806.9.10）

Adémar de Chabanne〈10・11世紀〉
南フランスの年代記編者,修道士。
⇒岩世人（アデマール・ド・シャバンヌ　989頃–1034）
　新カト（アデマルス〔シャバンヌの〕　988–1034）

Adenauer, Konrad〈19・20世紀〉
西ドイツの政治家。ドイツ連邦共和国の初代首相（1849〜63）。
⇒岩世人（アデナウアー　1876.1.5–1967.4.19）
　ネーム（アデナウアー　1876–1967）
　広辞7（アデナウアー　1876–1967）
　新カト（アデナウアー　1876.1.5–1967.4.19）
　世人新（アデナウアー　1876–1967）
　世人装（アデナウアー　1876–1967）
　世史語（アデナウアー　1876–1967）
　ポプ人（アデナウアー，コンラート　1876–1967）
　ユ人（アデナウアー，コンラート　1876–1967）

Adenet "le Roi"〈13・14世紀〉
フランスの吟遊詩人。作品に王の武勲詩『大足のベルト』,古代模倣の長篇物語『クレオマデス』（1275〜85）。
⇒バロ（アドネ,?　1230頃?–1280頃?）

Adeodatus II (Deusdeditus)〈7世紀〉
ローマ教皇。在位672〜676。
⇒新カト（アデオドトゥス2世　?–676.6.17）

Adhémar〈11世紀〉
フランスの司教,第1回十字軍の教皇使節。
⇒新カト（アデマル〔ル・ピュイ〕　?–1098.8.1）

Adīb〈19・20世紀〉
ペルシアの詩人。
⇒岩世人（アディーベ・ピーシャーヴァリー　1844–1930）

Adīb-e Nīshābūrī〈19・20世紀〉
ペルシアの文人。
⇒岩世人（アディーベ・ニーシャーブーリー　1864/1865–1925/1926）

Adickes, Erich〈19・20世紀〉
ドイツの哲学者。カント文献学者で,カントの遺稿の編者。
⇒岩世人（アディケス　1866.6.29–1928.7.8）
　ネーム（アディケス　1866–1928）

Al-ʻĀdid〈12世紀〉
イスラム・エジプトの統治者。
⇒世帝（アーディド　1150–1171）

Al-ʻĀdil Abū Bakr I〈12・13世紀〉
イスラム・エジプトの統治者。在位1200〜1218。
⇒世帝（アル・アーディル　1145–1218）

Al-ʻĀdil Abū Bakr II〈13世紀〉
イスラム・エジプトの統治者。在位1238〜1240。
⇒世帝（アル・アーディル2世　1221頃–1248）

Ādityawarman〈14世紀〉
スマトラ島中西部ムラユ王国の王。在位1347〜75。
⇒岩世人（アーディティヤワルマン　（在位）1347–1375）

Adju〈13世紀〉
中国,元の武将。諡は武宣,のち武定。モンゴル,ウリャンハ部の出身。モンゴルの南宋平定に従事。
⇒岩世人（アジュ　1226–1280（世祖至元17））

Adler, Alfred〈19・20世紀〉
オーストリアの精神病学者,心理学者。『個人心理学』の学派をうちたてた。
⇒岩世人（アードラー　1870.2.7–1937.5.28）
　ネーム（アドラー　1870–1937）
　広辞7（アドラー　1870–1937）
　新カト（アドラー　1870.2.7–1936.5.28）
　20思（アドラー，アルフレート　1870–1937）
　ユ人（アドラー，アルフレッド　1870–1937）
　ユ著人（Adler,Alfred　アードラー，アルフレッド　1870–1937）

Adler, Cyrus〈19・20世紀〉
アメリカのユダヤ学学者。ユダヤ史学会を創立,事典を編纂。
⇒ユ人（アドラー，サイラス　1863–1940）

Adler, Dankmar〈19世紀〉
アメリカの建築家。ドイツに生れ1854年渡米。シカゴの音楽堂（1887〜89）が主作品。
⇒ユ著人（Adler,Dankmar　アドラー，ダンクマール　1844–1900）

Adler, Felix〈19・20世紀〉
アメリカの宗教教育者。倫理協会の設立者。子供の労働の廃止を提唱。
⇒学叢思（アドラー，フェリックス　1851–?）
　ユ人（アドラー，フェリックス　1851–1933）
　ユ著人（Adler,Felix　アドラー，フェリックス　1851–1933）

Adler, Friedrich〈19・20世紀〉
オーストリアの社会主義者。社会主義労働者インタナショナルの書記（23〜）,第二次大戦勃発直前に辞職。
⇒岩世人（アードラー　1879.7.9–1960.1.2）

Adler, Georg〈19・20世紀〉
ドイツの社会経済学者,社会主義史家。国際労働法の提唱者。
⇒岩世人（アードラー　1863.5.28–1908.6.11）
　学叢思（アドラー，ゲオルグ　1863–1908）

Adler, Guido〈19・20世紀〉
オーストリアの音楽学者。『オーストリア音楽集成』(1894〜1938)を編集。
⇒岩世人（アードラー　1855.11.1–1941.2.15）
　ユ著人（Adler,Guido　アドラー, グイード　1855–1941）

Adler, Max〈19・20世紀〉
オーストリアの社会民主主義者。オーストリア・マルクス主義の理論家。主著『思想家としてのマルクス』(1908)。
⇒岩世人（アードラー　1873.1.15–1937.6.28）
　学叢思（アドラー, マクス　1873–?）

Adler, Moritz〈19・20世紀〉
ハンガリーの画家。
⇒ユ著人（Adler,Moritz　アドラー, モーリッツ　1826–1902）

Adler, Nathan Marcus〈19世紀〉
大英帝国の首席ラビ。
⇒ユ人（アドラー, ナタン（ネイサン）・マーカス　1803–1890）

Adler, Viktor〈19・20世紀〉
オーストリアの社会民主主義者。社会民主党の創設者。
⇒岩世人（アードラー　1852.6.24–1918.11.12）
　学叢思（アドラー, フィクトル　1852–1918）
　ユ人（アドラー, ヴィクトル　1852–1918）
　ユ著人（Adler,Viktor　アドラー, ビクトル　1852–1918）

Adlgasser, Anton Cajetan〈18世紀〉
ドイツのオルガン奏者, 作曲家。
⇒バロ（アードルガッサー, アントン・カイェタン　1729.10.1–1777.12.22）

Admētos
ギリシア神話, テッサリアのフェライ王フェレスの子。
⇒岩世人（アドメトス）

'Adnān
アラブ人の二大系統の一つである北アラブ人の始祖。
⇒岩世人（アドナーン）

Adnet, Mathieu〈19世紀〉
フランスのパリ外国宣教会宣教師。
⇒新カト（アドネ　1813.12.8–1848.7.1）

Ado〈9世紀〉
フランスのヴィエンヌの司教, 歴史家, 聖人。
⇒新カト（アド〔ヴィエンヌの〕　800頃–875.12.16）

Adolf〈12・13世紀〉
オスナブリュックの司教。聖人。祝日6月30日。ドイツのヴェストファーレン州のテクレンブルク伯家の出身。
⇒新カト（アドルフ〔オスナブリュックの〕　1185頃–1224.6.30）

Adolf von Nassau〈13世紀〉
ドイツ王。在位1292〜?。ナッサウ伯。
⇒岩世人（アドルフ（ナッサウの）　1250頃–1298.7.2）
　世帝（アドルフ・フォン・ナッサウ　1250頃–1298）

Adolphus, John〈18・19世紀〉
イギリスの歴史家。
⇒岩世人（アドルファス　1768.8.7–1845.7.16）

Adolphus Frederick〈18世紀〉
スウェーデン王。在位1751〜1771。
⇒世帝（アドルフ・フレドリク　1710–1771）

Ādonijah〈前11世紀〉
ダビデの第4子（列王紀略）。
⇒聖書（アドニヤ）

Adonis
ギリシア神話, アッシリア王テイアスの娘ミュルナの子。
⇒岩世人（アドニス）
　ネーム（アドニス）

Adorastos
ギリシア神話, テーバイ攻めの七勇士の総大将。
⇒岩世人（アドラストス）

Adoratskii, Vladimir Viktorovich〈19・20世紀〉
ソ連のマルクス学者。
⇒岩世人（アドラッキー　1878.8.7/19–1945.6.5）
　ネーム（アドラーツキー　1878–1945）
　広辞7（アドラツキー　1878–1945）

Adret, Solomon ben Abraham〈13・14世紀〉
律法編纂者。タルムードに関する論文などがある。
⇒ユ人（アドレット, ソロモン・ベンアブラハム（ラシバ）　1235–1310）

Adrevaldus〈9世紀〉
神学者, ベネディクト会会員。
⇒新カト（アドレヴァルドゥス〔フルーリの〕　820頃–878/879）

Adriani, Nicolaus〈19・20世紀〉
オランダ聖書協会の宣教師, 言語学者。
⇒岩世人（アドリアニ　1865.9.15–1926.5.1）

Adriansen, Emanuel〈16・17世紀〉
フランドルのリュート奏者, 教師, 市民夜警団長。
⇒バロ（アドリアーンセン, エマヌエル　1554頃–1604.2.27）

Adrichem, Floris van〈16世紀〉
フランドルのオルガン奏者。
⇒バロ（アドリヘム, フローリス・ファン　1550頃?–1600頃?）
　バロ（フローリス, ファン・アドリヘム　1550

頃?–1600頃?〉

Aduarte, Diego Francisco〈16・17世紀〉
フィリピン宣教師、司教、ドミニコ会員。
⇒岩世人（アドゥアルデ　1566–1635）
　新カト（アドゥアルテ　1569–1636）

'Adud al-Dawla, Abū Shujā 'Khusrū〈10世紀〉
イランのブワイ朝ファールス分派2代目の王。在位949〜982。
⇒岩世人（アドゥドゥッダウラ　936.9.24–983.3.26）

Adur Narseh〈3・4世紀〉
ササン朝ペルシアのシャー。
⇒世帝（アードゥルナルセ　?–309）

Ady Endre〈19・20世紀〉
ハンガリーの詩人。代表作『血と金』『死者を率いて』など。
⇒岩世人（アディ　1877.11.22–1919.1.27）
　新カト（アディ　1877.11.22–1919.1.27）

Aed〈9世紀〉
スコットランド王。在位876〜878。
⇒世帝（エイ　?–878）

Aëdon
ギリシア神話上の人物。
⇒岩世人（アエドン）

Aegidius〈6〜8世紀〉
プロヴァンスの隠修士。聖人。祝日9月1日。6〜7世紀あるいは8世紀の人物ともいわれる。
⇒新カト（アエギディウス　生没年不詳）

Aegidius (Assisi)〈12・13世紀〉
イタリアのフランシスコ会修道士、福者。
⇒新カト（アエギディウス〔アッシジの〕　1190頃–1262.4.22）

Aegidius (Lessines)〈13・14世紀〉
ベルギー出身のドミニコ会哲学者、自然科学者。
⇒メル1（アエギディウス（レシーヌの）　?–1304）

Aegidius Romanus〈13・14世紀〉
イタリアのアウグスティヌス会士、スコラ哲学者、神学者。
⇒岩世人（アエギディウス・ロマヌス　1247–1316.12.22）
　新カト（アエギディウス〔ローマの〕　1243頃–1316.12.22）

Aehrental, Alois Lexa von〈19・20世紀〉
オーストリアの外交官、伯爵。
⇒岩世人（エーレンタール　1854.9.27–1912.2.17）

Aelfheah〈10世紀〉
ウィンチェスター司教。聖人。祝日3月12日。
⇒新カト（アルフヘア〔ウィンチェスターの〕　?–951.3.12）

Aelfheah〈10・11世紀〉
カンタベリ大司教。聖人、殉教者。祝日4月19日。
⇒新カト（アルフヘア〔カンタベリの〕　954–1012.4.19）

Aelfric〈10・11世紀〉
イギリスの聖職者、著作家。エインシャムの僧院長。3巻の説教集、聖書聖訓（2巻）と聖者列伝が有名。
⇒岩世人（アルフリック　955頃–1020）
　新カト（アルフリック　950/955頃–1020）

Aelianus, Claudius〈2・3世紀〉
古代ローマの著述家。
⇒岩世人（アエリアヌス　170頃–235頃）

Aelius Gallus〈前1世紀〉
古代ローマの将軍。
⇒岩世人（アエリウス・ガッルス）

Aelst, Willem van〈17世紀〉
オランダの静物画家。特に花を題材としフランスやフィレンツェで制作。57年以後アムステルダムに定住。
⇒岩世人（ファン・アールスト　1627–1687以後）

Aeltsen, Pieter〈16世紀〉
オランダの歴史画、風俗画家。主作品『ヤン・ファン・デル・ビーストのキリスト降架の祭壇画』(1546)。
⇒岩世人（アールツェン　1507/1508–1575.6.3（埋葬））

Aemilianus, Marcus Aemilius〈3世紀〉
ローマ皇帝。在位253。
⇒世帝（アエミリアヌス　207–253）

Aemilianus Cucullatus〈6世紀〉
隠修士、聖人。
⇒図聖（アエミリアヌス　?–574）

Aemilius Paullus Macedonicus, Lucius〈前3・2世紀〉
古代ローマの将軍。
⇒岩世人（アエミリウス・パウッルス　?–前160）

Aenēās
ローマ神話中の古代トロヤの英雄、ローマの建国者。
⇒岩世人（アイネイアス（アイネアス））
　ネーム（アイネアス）

Aereboe, Friedrich〈19・20世紀〉
ドイツの農業経営学者。主著『農業経営学総論』(1917)で、農業経営のいわゆる有機体説の理論を確立。
⇒岩世人（エーレボー　1865.7.23–1942.8.2）

Aerios〈4世紀〉
ポントスの司祭。4世紀の少数派アエリオス派の主唱者。
⇒新カト（アエリオス　300頃–375頃）

Aëropus II〈前4世紀〉
マケドニア王国の統治者。在位前397〜394。
⇒世帝（アエロポス2世　?−前393）

Aesculapius
ギリシア神話,医神。
⇒岩世人（アスクレピオス）
　ネーム（アスクレピオス）

Aetios〈1・2世紀〉
ギリシアの自然学説史家。
⇒岩世人（アエティオス）

Aetios〈4世紀〉
金細工人,旅医者。アエティオス派の主唱者。もと奴隷。
⇒新カト（アエティオス〔アンティオケイアの〕　300頃−366頃）

Aētios〈6世紀〉
ギリシアの医者。
⇒岩世人（アエティオス〔アミダの〕　（活躍）530−560頃）

Aetius, Flavius〈4・5世紀〉
ローマの軍人,政治家。西ローマ帝国を実質上支配。
⇒岩世人（アエティウス　390頃−454）
　ネーム（アエティウス　395?−454）

Afanasiev, Aleksandr Nikolaevich〈19世紀〉
ロシアの民族学者。著作に『自然に関するスラブ人の詩的見解』(1866〜69)。
⇒岩世人（アファナーシエフ　1826.7.12−1871.10.23）
　広辞7（アファナーシエフ　1826−1871）

Al-Afdal〈12世紀〉
アイユーブ朝のスルタン。
⇒世帝（アル・アフダル　1169頃/1170−1196/1225）

Affonso, Mvemba-Nzinga〈15・16世紀〉
コンゴ民族の王。
⇒新カト（アフォンソ　1455頃−1543）

Affré, Agustarello〈19・20世紀〉
フランスのテノール。90年パリ・オペラ座でデビュー。以降20年にわたって同オペラ座で活動。
⇒失声（オーギュスト・アッフレ　1858−1931）
　魅惑（Affré,Agustarelle　1858−1931）

Affre, Denis Auguste〈18・19世紀〉
フランスの聖職者。パリ大司教(40)。
⇒岩世人（アフル　1793.9.27−1848.6.27）
　新カト（アフル　1793.9.28−1848.6.27）

al-Afghani, Jamal al-Din〈19世紀〉
イスラムの思想家,政治運動家。
⇒岩世人（アフガーニー　1838/1839−1896）
　広辞7（アフガーニー　1838−1897）

新カト（アフガーニー　1838/1839−1897.3.9）
世人新（アフガーニー　1838/1839−1897）
世人装（アフガーニー　1838/1839−1897）
世史語（アフガーニー　1838−1897）
ポプ人（ジャマール・アッディーン・アフガーニー　1838−1897）

Afonso I〈16世紀〉
コンゴ王国の王。在位1506〜45。
⇒岩世人（アフォンソ1世　1456−1542/1543）

Afonso II〈12・13世紀〉
ポルトガル王。在位1211〜23。
⇒世帝（アフォンソ2世　1185−1223）

Afonso III〈13世紀〉
ポルトガル王。在位1248〜79。
⇒世帝（アフォンソ3世　1210−1279）

Afonso IV〈13・14世紀〉
ポルトガル王。在位1325〜57。
⇒世帝（アフォンソ4世　1291−1357）

Afonso V〈15世紀〉
ポルトガル王。在位1438〜81。アフォンソ法典を編纂。
⇒岩世人（アフォンソ5世　1432.1.15−1481.8.28）
　世帝（アフォンソ5世　1432−1481）

Afonso Henriques〈12世紀〉
ポルトガル建国の王。在位1143〜85。ポルトガル征服者の名。
⇒岩世人（アフォンソ1世　1109頃−1185.12.6）
　世帝（アフォンソ1世　1109−1185）

Afra〈3・4世紀頃〉
伝説上の人物かと思われる殉教者,聖人。
⇒新カト（アフラ〔アウグスブルクの〕　?−300/304頃）
　図聖（アフラ　?−304頃）

Afrāsiyāb
歴史的イランの北方領域トゥーラーンの支配者。
⇒岩世人（アフラーシヤーブ）

Africanus, Julius Sextus〈2・3世紀〉
古代のキリスト教著作家。主著はキリスト教最古の年代記『年代史』。
⇒岩世人（アフリカヌス　?−240以後）
　新カト（ユリウス・アフリカヌス　?−240以後）

Africanus, Leoni〈15・16世紀〉
アラブの旅行家,歴史家,文学者。ムーア人の王族の一人。旅行記を底本に『アフリカ誌』を著した。
⇒アフ新（レオ・アフリカヌス　1489以後−1550以前）
　岩世人（レオ・アフリカヌス　1488−1548）
　ルネ（レオ・アフリカヌス　1490頃−1554頃）

Afshīn〈9世紀〉
サラセンのイラン系の将軍。アッバース朝第8代カリフ・ムウタスィムに仕えた。

⇒岩世人（アフシーン　?–841）

Aftalion, Albert〈19・20世紀〉
フランスの経済学者。景気変動論の権威。
⇒岩世人（アフタリオン　1874.10.21–1956.12.6）

Aga, Íbrahim〈17世紀〉
トルコの作曲家。
⇒バロ（アガ，イブラヒム　1600頃?–1660頃?）

Agabos
使徒時代のユダヤのキリスト教預言者（新約）。
⇒岩世人（アガボ）
　聖書（アガボ）

Agag
アマレク人の王（旧約）。
⇒岩世人（アガグ）

Agamemnōn
ギリシア神話の伝説上のミュケナイ王。トロイ戦争の総指揮官。オレステス・エレクトラの父。
⇒岩世人（アガメムノン）
　ネーム（アガメムノン）

Aganippe
ギリシア神話上の人物。
⇒岩世人（アガニッペ）

Agape〈3世紀〉
聖人，殉教者。祝日2月15日。
⇒新カト（アガペ［アンティオケイアの］　?–250頃）

Agapetus〈3世紀〉
聖人，殉教者。祝日8月18日。アウレリアヌス帝の迫害によってローマ近郊のパレストリーナで殉教。
⇒新カト（アガペトゥス［パレストリーナの］　260頃–274頃）

Agapetus I, St.〈5・6世紀〉
ローマ教皇。在位535～536。
⇒新カト（アガペトゥス1世　?–536.4.22）

Agapetus II〈10世紀〉
ローマ教皇。在位946～955。デンマーク布教に成功。
⇒新カト（アガペトゥス2世　?–955.12）

Agapios〈9・10世紀〉
シリアのヒエラポリスのメルキト教会の主教，歴史家。
⇒新カト（アガピオス［ヒエラポリスの］　9–10世紀）

Agapitus〈3世紀〉
殉教者，聖人。
⇒図聖（アガピトゥス　?–270頃）

Agardh, Karl Adolf〈18・19世紀〉
スウェーデンの植物学者。藻類の分類をなす。

⇒岩世人（アガルド　1785.1.23–1859.1.28）

Agasias〈前1世紀頃〉
ギリシアの彫刻家。
⇒芸13（アガシアス　前1世紀）

Agasse, Jacques-Laurent〈18・19世紀〉
スイスの画家。
⇒芸13（アガス，ジャック・ロラン　1767–1848）

Agassiz, Alexander（Emmanuel Rodolphe）〈19・20世紀〉
アメリカの海洋学者，自然科学者。アメリカ海洋学の先駆者。
⇒岩世人（アガシ　1835.12.17–1910.3.27）

Agassiz, Jean Louis Rodolphe〈19世紀〉
アメリカの地質学者，動物学者。アルプス地方の氷河を研究。
⇒岩世人（アガシ　1807.5.28–1873.12.24/14）
　学叢思（アガッシー，ジャン・ルイ・ロドルフ　1807–1873）

Agastya
聖仙。
⇒ネーム（アガスティヤ）

Agatea, Marío〈17世紀〉
イタリアの聖職者，歌手，指揮者，楽器製作者。
⇒バロ（アガテーア，マリオ　1623-1628–1699.1.28以前）

Agatha〈3世紀頃〉
シチリア島の聖女。
⇒岩世人（アガタ）
　新カト（アガタ　250頃）
　図聖（アガタ　?–250頃）

Agatharchos〈前5世紀〉
ギリシアの画家。アイスキュロスの悲劇の舞台装置をも制作。
⇒岩世人（アガタルコス）
　芸13（アガタルコス　前5世紀）

Agathias〈6世紀〉
ビザンチン時代の歴史家，詩人。『ユスチニアヌス帝治世史』（全5巻，未完）を著す。
⇒岩世人（アガティアス　532頃–580頃）

Agatho, St.〈7世紀〉
ローマ教皇。在位678～681。
⇒新カト（アガト　?–681.1.10）

Agathoklēs〈前4・3世紀〉
シラクサの僭主，のちに王。
⇒岩世人（アガトクレス　前361/前360–前289/前288）

Agathōn〈前5世紀〉
ギリシアの三大悲劇詩人の継承者。

⇒岩世人（アガトン　前447頃-前401頃）

Agathonike〈2・3世紀?〉
聖人, 殉教者。祝日4月13日。
⇒新カト（カルポス, パピュロスとアガトニケ　?-150頃/250頃）

Agauē
ギリシア神話, カドモスの娘, ペンテウスの母。
⇒岩世人（アガウエ）

Agazzari, Agostino〈16・17世紀〉
イタリアの作曲家。シエナ市聖堂の楽長とオルガン奏者をつとめた。
⇒バロ（アガッツァーリ, アゴスティーノ　1578.12.2-1640.4.10）

Agēnōr
ギリシア神話, フェニキアのシドンまたはテュロス王。
⇒岩世人（アゲノル）

Agēsilaos〈前5・4世紀〉
スパルタ王。在位前399〜360。アルキダモス2世の子。
⇒岩世人（アゲシラオス2世　前444-前359）
　世帝（アゲシラオス2世　前444-前360）

Agēsipolis〈前4世紀〉
古代ギリシア, スパルタのアギス家の王。
⇒世帝（アゲシポリス1世　?-前380）

Agesipolis II〈前4世紀〉
スパルタ連合王国の統治者。在位前371〜370。
⇒世帝（アゲシポリス2世　?-前369）

Āghā Khān I〈19世紀〉
インドのイスラム教イスマーイール派教長。シャー・ハリールッラーの子。
⇒岩世人（アーガー・ハーン　1804-1881）

Āghā Khān III〈19・20世紀〉
イスラム, シーア派の指導者。全インド・ムスリム連盟の初代総裁。
⇒岩世人（アーガー・ハーン　1877.11.2-1957.7.11）
　南ア新（アーガー・ハーン3世　1877-1957）

Āghā Muhammad Khān〈18世紀〉
イランのカジャール朝の創始者。在位1796〜97。
⇒岩世人（アーカー・モハンマド・ハーン　1742-1797.6.17）
　世人新（アーガー＝ムハンマド＝カーン　1742-1797）
　世人装（アーガー＝ムハンマド＝カーン　1742-1797）
　学叢歴（アガ・ムハメド　?-1797）

Ägidius〈8世紀〉
サン・ジル修道院の初代院長。聖人。祝日9月1日。ペストの守護聖人。

⇒図聖（アエギディウス　?-720頃）

Agilbert〈7世紀〉
パリ司教。聖人。祝日10月11日。
⇒新カト（アギルベルト　?-680頃.10.11）

Agilolf von Köln〈8世紀〉
ベネディクト会士, 司教, 聖人。
⇒図聖（アギロルフ（ケルンの）　?-751頃）

Agincourt, Jean-Baptiste-Louis-Georges〈18・19世紀〉
フランスの芸術史家。中世初期の美術を初めて方法的に研究。
⇒岩世人（アジャンクール　1730.4.5-1814.9.24）

Agis II〈前5世紀〉
スパルタ王。在位前427以後〜400/398。アルキダモス2世の子。
⇒世帝（アギス2世　?-前401/前400）

Agis III〈前4世紀〉
スパルタ王。在位前338〜331。アルキダモス3世の子。
⇒岩世人（アギス3世　（在位）前338-前330）
　世帝（アギス3世　?-前331）

Agis IV〈前3世紀〉
スパルタ王。在位前244〜241。土地や富の集中を改め, 市民への土地再分配などの社会改革を企てた。
⇒岩世人（アギス4世　前262頃-前241）
　世帝（アギス4世　前265-前241）

Aglen, *Sir* Francis Arthur〈19世紀〉
イギリス人の中国海関総税務司。ハートの後を継いで総税務司に就任（1911〜28）。
⇒岩世人（アグレン　1869.10.17-1932.5.26）

Aglipay, Gregorio〈19・20世紀〉
フィリピン独立教会の建設者。
⇒岩世人（アグリパイ　1860.5.5-1940.9.1）
　新カト（アグリパイ　1860.5.5-1940.9.1）

Aglovale
円卓の騎士の一人。
⇒ネーム（アグロヴァル）

Agnellus〈6世紀〉
ナポリのサン・ガウディオゾ修道院の院長。聖人。祝日12月14日。ナポリ, グアルチーノ, ルッカで, 守護の聖人として崇敬されている。
⇒新カト（アグネルス〔ナポリの〕　?-596頃）

Agnes〈3・4世紀〉
ローマの殉教者, 聖女。4世紀にローマに聖アグネスの聖堂が建てられた。
⇒岩世人（アグネス）
　新カト（アグネス〔ローマの〕　?-304頃）
　図聖（アグネス　?-304頃）

Agnes (Bohemia)〈13世紀〉
ボヘミアのクララ会修道女、福者。
⇒新カト（アグネス［ボヘミアの］　1205頃−1281/1282.3.6）

Agnes d'Assisi, St〈12・13世紀〉
イタリアのクララ会修道女。聖人。祝日11月16日。アッシジのクララの妹。
⇒新カト（アニェーゼ［アッシジの］　1197−1253.8.27）

Agnès de Jèsus〈17世紀〉
神秘家、ドミニコ会観想修道女。フランスのル・ピュイに生まれる。
⇒新カト（アグネス［イエスの］　1602.11.17−1634.10.19）

Agnes di Montepulciano〈13・14世紀〉
イタリアのドミニコ会修道女、聖人。
⇒新カト（アニェーゼ［モンテプルチアーノの］　1264/1274−1317.4.20）

Agnesi, Maria Gaetana〈18世紀〉
イタリアの数学者、学者。
⇒物理（アニェージ、マリーア・ガエターナ　1718−1799）
　世数（アニェージ、マリア・ガエターナ　1718−1799）

Agnes (Poitiers)〈6世紀〉
フランスの女子修道院長、聖人。
⇒新カト（アグネス［ポアティエの］　?−589頃）

Agnes von Waiblingen〈11・12世紀〉
神聖ローマ皇帝ハインリヒ4世の娘。
⇒王妃（アグネス　1072−1143）

Agnew, David Hayes〈19世紀〉
アメリカの外科医。脱腸、唾液瘻他種々の外科手術方式の改良者。
⇒岩世人（アグニュー　1818.11.24−1892.3.22）

Agnew, Eliza〈19世紀〉
アメリカの宣教師。
⇒アア歴（Agnew,Eliza　イライザ・アグニュー　1807.2.2−1883.6.14）

Agnodice〈前4世紀〉
古代ギリシアの婦人科医師。
⇒岩世人（アグノディケ　（活躍）前3世紀頃）

Agobard〈8・9世紀〉
フランク人の神学者、聖人。
⇒岩世人（アゴバール（リヨンの）　769−779−840）
　新カト（アゴバルドゥス［リヨンの］　769−840）
　ユ人（アゴバルド　779−840）

Agoncillo, Felipe〈19・20世紀〉
フィリピンの法律家、政治家。
⇒岩世人（アゴンシリョ　1859.5.26−1941.9.29）

Agorakritos〈前5世紀〉
古代ギリシアの彫刻家。『ラムヌースのネメシス像』の作者。
⇒岩世人（アゴラクリトス　（活躍）前440−前400頃）

Agostini, Agostino〈16世紀〉
イタリアの歌手、聖職者、参事会員。
⇒バロ（アゴスティーニ、アゴスティーノ　1520頃?−1569.9.20）

Agostini, Lodovico〈16世紀〉
イタリアの作曲家。
⇒バロ（アゴスティーニ、ロドヴィーコ　1534−1590.9.20）

Agostini, Paolo〈16・17世紀〉
イタリアの作曲家、オルガン奏者。
⇒バロ（アゴスティーニ、パオロ　1583−1629.10.3）

Agostini, Pietro Simone〈17世紀〉
イタリアの軍人、作曲家。
⇒バロ（アゴスティーニ、ピエトロ・シモーネ　1635頃−1680.10.1）

Agostino Roscelli〈19・20世紀〉
イタリアの聖人。祝日5月7日。修道会創立者。
⇒新カト（アゴスティノ・ロシェリ　1818.7.27−1902.5.7）

Agoston, Peter〈19・20世紀〉
ハンガリー社会民主主義者、大学教授。
⇒学叢思（アゴストン、ペーター　?−1924）

Agravain
円卓の騎士の一人。
⇒ネーム（アグラヴェイン）

Agrell, Johan Joachim〈18世紀〉
スウェーデンのチェンバロ奏者、ヴァイオリン奏者、儀典長。
⇒バロ（アグレル、ユーハン・ユーアキム　1701.2.1−1765.1.19）

Agresta, Agostino〈16・17世紀〉
イタリアの作曲家、歌唱教師。ジョヴァンニ・A.A.の弟。
⇒バロ（アグレスタ、アゴスティーノ　1575-1585頃−1617以降）

Agricola〈4世紀〉
聖人、殉教者。祝日11月4日。
⇒新カト（ウィタリスとアグリコラ　?−305頃）

Agricola, Alexander〈15・16世紀〉
オケゲム派作曲家。1500〜06年ブルグント王国の宮廷楽団に属す。
⇒バロ（アグリコーラ、アレクサンダー　1446−1506.8）
　岩世人（アグリコラ　1445頃−1506.8.15）

Agricola, Georgius〈15・16世紀〉
ドイツの医学,哲学,博物学者。鉱物分類の基礎をつくる。著書 "De Re Metallica" (56)。
⇒岩世人（アグリコラ　1490/1494.3.24–1555.11.21）
ネーム（アグリコラ　1494–1555）
広辞7（アグリコラ　1494–1555）

Agricola, Georg Ludwig〈17世紀〉
ドイツの作曲家。
⇒バロ（アグリコーラ,ゲオルク・ルートヴィヒ　1643.10.25–1676.2.20）

Agricola, Gnaeus Julius〈1世紀〉
ローマの将軍。ブリテン諸地域を征服。73年貴族に列せられ,77～84年ブリタニア総督。
⇒岩世人（アグリコラ　40頃–93）
学叢歴（アグリコラ　37–93）

Agricola, Johann〈15・16世紀〉
ドイツ人のルター派の宗教改革者。福音至上律法無用論の唱導者。
⇒岩世人（アグリコラ　1492/1494–1566.9.22）
新カト（アグリコラ　1492/1494.4.20–1566.9.22）

Agricola, Johannes〈16・17世紀〉
ドイツの作曲家,教師。
⇒バロ（アグリコーラ,ヨハネス　1564.11.29–1601以降）

Agricola, Johann Friedrich〈18世紀〉
ドイツの作曲家,オルガン奏者,著述家。51年宮廷作曲家,59年グラウンの死後宮廷楽団の指揮者。
⇒バロ（アグリコーラ,ヨハン・フリードリヒ　1720.1.4–1774.12.2）

Agricola, Johann Paul〈17世紀〉
ドイツのオルガン奏者。
⇒バロ（アグリコーラ,ヨハン・パウル　1638/1639–1697.5.3）

Agricola, Martin〈15・16世紀〉
ドイツの音楽理論家。楽器と奏法,記譜法を研究。
⇒バロ（アグリコーラ,マルティン　1486.1.6–1556.6.10）

Agricola, Michael Olavi〈16世紀〉
フィンランドの宗教家。『フィンランド史』の著作を通じて国語の近代化に貢献。
⇒岩世人（アグリコラ　1510頃–1557.4.9）

Agricola, Rodolphus〈15世紀〉
オランダの人文主義者。主著 "De inventione dialetica"(79) など。
⇒岩世人（アグリコラ　1444.2.17–1485.10.27）
新カト（アグリコラ　1443/1444–1485.10.27）

Agricola, Stephan〈15・16世紀〉
ドイツの福音主義の神学者。
⇒新カト（アグリコラ　1491–1547.4.10/11）

Agricola, Wolfgang Christoph〈17世紀〉
ドイツのオルガン奏者,公務員,公証人。
⇒バロ（アグリコーラ,ウォルフガング・クリストフ　1600-1610頃–1659頃）

Agrippa, Marcus Vipsanius〈前1世紀〉
古代ローマの軍人。アウグスツスの友人。植民市,公共施設の建設にも尽力。
⇒岩世人（アグリッパ　前62頃–前12）
ネーム（アグリッパ　前63?–前12）
広辞7（アグリッパ　前63頃–前12）
学叢歴（アグリッパ　前63–後12）

Agrippas〈2世紀頃〉
ギリシア懐疑派の哲学者。
⇒学叢思（アグリッパ）

Agrippa von Nettesheim, Heinrich Cornelius〈15・16世紀〉
ルネサンスのドイツ哲学者。『秘密哲学』(1410)では,宇宙有機体説をとる。
⇒岩世人（アグリッパ〔ネッテスハイムの〕　1486.9.14–1535.2.18）
広辞7（アグリッパ　1486–1535）
新カト（アグリッパ〔ネッテスハイムの〕　1486.9.14–1535.2.2/18）

Agrippina Major, Vipsania〈前1・後1世紀〉
アグリッパの娘,ゲルマニクスの妻。
⇒岩世人（アグリッピナ（大）　前14頃–後33）

Agrippina Minor, Julia〈1世紀〉
大アグリッピナの娘。夫クラウディウス帝を毒殺。
⇒岩世人（アグリッピナ（小）　15.11.6–59.3）
ネーム（アグリッピナ　15–59）
世人新（アグリッピナ（小アグリッピナ）　15–59）
世人装（アグリッピナ（小アグリッピナ）　15–59）
王妃（小アグリッピナ　15–59）

Aguado y Garcia, Dionysio〈18・19世紀〉
スペインのギター奏者。ギター三脚支持のトリペディソノの考案者。
⇒バロ（アグアード・イ・ガルーシア,ディオニシオ　1784.4.8–1849.12.29）

Aguéli, Ivan〈19・20世紀〉
スウェーデンの画家。
⇒岩世人（アグエーリ　1869.5.24–1917.10.1）

Aguesseau, Henri François d'〈17・18世紀〉
フランスの大法官。贈与,遺言,相続の補充指定に関する王令を編纂し,慣習法の統一に寄与。
⇒岩世人（アゲソー　1668.11.27–1751.2.9）

A-gui〈18世紀〉
中国,清代の満州人の官僚,将軍。姓はジャンギ

ヤ（章佳）氏。32年イリ（伊犁）将軍となった。
⇒岩世人（アグイ　1717（康熙56）-1797（嘉慶2））

Aguiar, Alexandre de〈16世紀〉
ポルトガルの作曲家。
⇒バロ（アギアル，アレクサンドル・デ　1550頃?-1600）
　バロ（アレクサンドル・デ・アギアル　1550頃?-1600）

Aguiari, Lucrezia〈18世紀〉
イタリアのソプラノ。
⇒オペラ（アグヤーリ，ルクレツィア　1743-1783）

Aguiar Pereira, Manuel de〈17世紀〉
ポルトガルの遣日特派使節。
⇒岩世人（アギアール）

Aguilar, Grace〈19世紀〉
イギリスの宗教思想家。
⇒ユ人（アギィラー，グレース　1816-1847）

Aguilera de Heredia, Sebastián〈16・17世紀〉
スペインのオルガン奏者，作曲家。
⇒バロ（アギレーラ・デ・エレーディア，セバスティアン　1565頃?-1627.12.16）
　バロ（エレーディア，ベズロ・デ　1575頃?-1648）
　バロ（エレーディア，セバスティアン・アギレーラ・デ　1565頃?-1627.12.16）

Aguinaldo, Emilio〈19・20世紀〉
フィリピン革命の最高指導者。99年1月，マロ—ロス憲法を発布しフィリピン共和国を樹立。
⇒岩世人（アギナルド　1869.3.22-1964.2.6）
　ネーム（アギナルド　1869-1964）
　広辞7（アギナルド　1869-1964）
　世人新（アギナルド　1869-1964）
　世人装（アギナルド　1869-1964）
　世史語（アギナルド　1869-1964）
　ポプ人（アギナルド，エミリオ　1869-1964）

Aguirre, José Saenz d'〈17世紀〉
枢機卿，ベネディクト会員。スペイン生まれ。
⇒新カト（アギレ　1630.5.24-1699.8.19）

Aguirre Cerda, Pedro〈19・20世紀〉
チリの政治家。大統領（1938〜41）。人民戦線内閣を組織。
⇒岩世人（アギーレ・セルダ　1879.2.6-1941.11.25）
　世人新（アギーレ＝セルダ　1879-1941）
　世人装（アギーレ＝セルダ　1879-1941）

Agung〈17世紀〉
インドネシア，マタラム王国の第3代王。在位1613〜45。ジャワ全土をほぼ征服。
⇒岩世人（アグン，スルタン　1591?-1646）

Agus, Giuseppe〈18世紀〉
イタリアの作曲家。
⇒バロ（アグス，ジュゼッペ　1725頃-1800頃）

Agus, Joseph〈18世紀〉
イタリアのヴァイオリン奏者，教師。ジュゼッペ・アグスの息子。
⇒バロ（アグス，ジョーゼフ　1749-1798）

Agustín, Antonio〈16世紀〉
スペインのカトリック司教，法学者。
⇒岩世人（アグスティン　1517.2.26-1586.5.31）

Aha〈前30世紀〉
エジプト第1王朝初期の王。在位前3000〜2975頃。
⇒岩世人（アハ　（在位）前3000-前2975頃）

Ahab〈前9世紀〉
イスラエル王。在位前877〜856（旧約）。
⇒岩世人（アハブ）
　新カト（アハブ　?-前852頃）
　聖書（アハブ）
　世帝（アハブ　?-前850?）

Ahad Ha-Am〈19・20世紀〉
ロシア系ユダヤ人のタルムッド学者，哲学者，随筆家。ユダヤ・ナショナリズムのシオニスト。
⇒岩世人（アハド・ハアーム　1856.8.18-1927.1.2）
　ユ人（アハッド・ハ・アム（アシェル・ヒルシュ・ギンツベルグ）　1856-1927）
　ユ著人（Ahad Ha-am　アハド・ハ＝アム　1856-1927）

Ahalya
聖仙ガウタマの妻。
⇒ネーム（アハリヤー）

Aha of Bei Hattim〈5・6世紀〉
バビロニアの学者。
⇒ユ著人（Aha（Ahai）of Bei Hattim　ベイハッティムのアハ　5世紀-6世紀）

Aha of Shabha〈7・8世紀〉
プンベディータのユダヤ教神学院の学者。
⇒ユ著人（Aha（Ahai）of Shabha　シャブハのアハ（アハイ）　680-752）

Ahaz〈前8世紀〉
ユダの王。在位前733〜718（旧約）。
⇒岩世人（アハズ　（在位）前735-前715）
　新カト（アハズ）
　世帝（アハズ　前755?-前715?）

Ahern, George Patrick〈19・20世紀〉
アメリカの軍人，森林官。
⇒アア歴（Ahern, George P(atrick)　ジョージ・パトリック・アハーン　1859.12.29-1942.5.13）

Ahimaaz Ben Paltiel〈11世紀〉
南イタリアのカプーアの年代記作家で詩人。
⇒ユ著人（Ahimaaz Ben Paltiel　アヒマアズ・ベン・パルティエル　1017-?）

Ahithophel
アブサロムの第1参謀（サムエル記下）。

⇒聖書（アヒトフェル）

Ahle, Johann Georg〈17・18世紀〉
ドイツのオルガン奏者,作曲家,理論家,詩人。歌曲,器楽曲など作品多数。
⇒バロ（アーレ,ヨハン・ゲオルク　1651.6.12–1706.12.2）

Ahle, Johann Rudolf〈17世紀〉
ドイツのオルガン奏者,作曲家。ミュールハウゼンの聖ブラジウス教会オルガン奏者（1654～）。
⇒バロ（アーレ,ヨハン・ルードルフ　1625.12.24–1673.7.9）

Åhlström, Olof〈18・19世紀〉
スウェーデンのオルガン奏者,教育者,官吏,出版業。
⇒バロ（オールストレム,オローフ　1756.8.14–1835.8.11）

Ahmad〈13世紀〉
中国,元の政治家。
⇒岩世人（アフマド　?–1282.4.27（世祖至元19.3.18））

Ahmad, Dr.Haji Abdullah〈19・20世紀〉
インドネシア,西スマトラの近代派のウラマー。
⇒岩世人（アフマッド,アブドゥラ　1878–1933）

Ahmad, Wan〈19・20世紀〉
マレー半島東岸のパハン王国の創始者。在位1881～1914。
⇒岩世人（アフマッド,ワン　(在位)1881–1914）

Aḥmad I〈15世紀〉
デカンのバフマニー王国の統治者。在位1422～1436。
⇒岩世人（アフマド・シャー・バフマニー　?–1436.4/6）

Aḥmad al-Badawī, Aḥmad bn ʿAlī bn Ibrāhīm〈12・13世紀〉
イスラム教スーフィー（神秘主義）派の聖者。
⇒岩世人（アフマド・バダウィー　1199–1276.8.25）

Aḥmad al-Manṣūr〈16・17世紀〉
マラケシュを都にモロッコを治めたサアド朝最盛期の君主。在位1549～1659。
⇒岩世人（アフマド・マンスール　1549–1603）

Aḥmad Mūsā〈14世紀〉
ペルシアの伝説的な大画家。
⇒岩世人（アフマド・ムーサー　14世紀前半）

Aḥmad Shāh〈18世紀〉
ムガル帝国の統治者。在位1748～1754。
⇒世帝（アフマド・シャー　1725–1775）

Aḥmād Shah Durrānī〈18世紀〉
アフガニスタンの創始者,初代の王。在位1747～73。

⇒岩世人（アフマド・シャー・ドゥッラーニー　1722–1773）

Aḥmad Shauqi〈19・20世紀〉
エジプトの詩人,小説家,劇作家。近代の三大詩人といわれる。
⇒岩世人（アフマド・シャウキー　1868–1932.10.14）

Aḥmad Sirhindī〈16・17世紀〉
インドのイスラム神学者。
⇒南ア新（アフマド・シルヒンディー　1564–1624）

Aḥmad ʿUrābī〈19・20世紀〉
エジプトの軍人,民族主義者。
⇒ネーム（アラービ・パシャ　1841–1911)
　世人新（ウラービー（オラービー；アフマド＝ウラービー）　1839/1841–1911)
　世人装（ウラービー（オラービー；アフマド＝ウラービー）　1839/1841–1911)

Ahmed I〈16・17世紀〉
オスマン帝国第14代スルタン。在位1603～17。メフメト3世の子。
⇒岩世人（アフメト1世　1590.4.18–1617.11.22)
　世帝（アフメト1世　1590–1617)

Ahmed II〈17世紀〉
オスマン帝国の統治者。在位1691～1695。
⇒岩世人（アフメト2世　1643.2.25–1695.2.6)
　世帝（アフメト2世　1643–1695)

Ahmed III〈17・18世紀〉
オスマン・トルコ帝国第23代スルタン。在位1703～30。
⇒岩世人（アフメト3世　1673–1736)
　世人新（アフメト3世　1673–1736)
　世人装（アフメト3世　1673–1736)
　世帝（アフメト3世　1673–1736)

Ahmed Paşa〈15世紀〉
オスマン朝期の叙情詩人。
⇒岩世人（アフメト・パシャ　?–1496)

Ahmed Rıza〈19・20世紀〉
オスマン帝国末期の政治家,思想家。
⇒岩世人（アフメト・ルザー　1858–1930.2.26)

Ahmed Tevfik Paşa〈19・20世紀〉
オスマン帝国末期の政治家。
⇒岩世人（アフメト・テヴフィク・パシャ　1845.2.11–1936.10.8)

Ahmet Jevdet Pasha〈19世紀〉
オスマン・トルコ帝国の歴史家,政治家。
⇒岩世人（アフメト・ジェヴデト・パシャ　1823–1895.5.24/25)

Ahmet Mithat〈19・20世紀〉
トルコの作家,啓蒙家。新聞『統一』『真理の伝達者』を発刊。主著『舟乗りハサン』『農夫フサイン』。

⇒ネーム（アフメト・ミトハト 1844-1912）

Aḥmet Pasha Humbaraci〈17・18世紀〉
フランスの軍人, 冒険者。フランス・トルコ同盟の成立に努力し, またトルコ軍, 殊に砲兵の改革に尽した。
⇒岩世人（アフメト・パシャ（フンバラジュ）1675.7.14-1747.5.23）

Aḥmet Ṭashköpru-Zādeh〈15・16世紀〉
オスマン・トルコ帝国の伝記作者。
⇒岩世人（アフメト・タシュキョプリュザーデ 1495-1561）

Ahmet Vefik Pasha〈19世紀〉
オスマン・トルコ帝国の政治家。
⇒岩世人（アフメト・ヴェフィク・パシャ 1813?-1891.4.1）

Aho, Juhani〈19・20世紀〉
フィンランドの作家。フィンランド・リアリズム文学の第一人者。
⇒岩世人（アホ 1861.9.11-1921.8.8）

Ahrens, Heinrich〈19世紀〉
ドイツの法哲学者。
⇒岩世人（アーレンス 1808.7.14-1874.8.2）

*al-***Aḥsā'ī, Shaikh Aḥmad**〈18・19世紀〉
イランのゼンド朝, カージャール朝期の神学者。イスラム教シーア派の異端派シャイキー派の創始者。
⇒岩世人（アフサーイー, アフマド 1753-1826）

Ahuizotl〈15・16世紀〉
テノチティトラン・アステカ族8代目の王。在位1486〜1502。
⇒世帝（アウィツォトル ?-1502）

Aiakos
ギリシア神話, ゼウスとアイギナの子。
⇒岩世人（アイアコス）

Aiās
ギリシア神話の英雄。オイレウスの子。
⇒岩世人（アイアス）

Aiās
ギリシア神話の英雄。サラミス王テラモンの子。
⇒岩世人（アイアス）

Aibak, Qutb al-Dīn〈12・13世紀〉
インドのムスリム王朝の創始者。在位1206〜10。クトゥブ・ミナールの建設に着手。
⇒岩世人（アイバク ?-1210/1211）
　世人新（アイバク〈インドの奴隷王朝〉 ?-1210）
　世人装（アイバク〈インドの奴隷王朝〉 ?-1210）
　世史語（アイバク ?-1210）
　ポブ人（クトゥブッディーン・アイバク ?-1210）
　南ア新（アイバク ?-1210）

Aichel, Johann Santin〈17・18世紀〉
ドイツの建築家, 画家。作品にはゼードレッツ, ザール, クラッタリ, ゼーラウ等の修道院附属聖堂がある。
⇒岩世人（アイヒェル 1677.2.3-1723.12.7）

Aichinger, Gregor〈16・17世紀〉
ドイツのオルガン奏者, 作曲家。ベネツィア楽派の影響を示す。
⇒バロ（アイヒンガー, グレゴール 1564/1565-1628.1.21）

Aidan of Lindisfarne, St.〈7世紀〉
ノーサンブリア司教。リンディスファーン島に修道院を設立。
⇒岩世人（エイダン ?-651.8.31）
　新カト（エイダン〔リンディスファーンの〕?-651.8.31）

Aidesios〈3・4世紀〉
アレクサンドリア出身の哲学者, 聖人, 殉教者。祝日4月8日。アレクサンドリアのアイデシオスと呼ばれる。
⇒新カト（アイデシオス ?-307/308）

Aidesios〈4世紀〉
エチオピアの伝道者, 聖人。祝日10月27日。エチオピアのアイデシオスと呼ばれる。フルメンティオスの仲間。
⇒新カト（アイデシオス 4世紀）

Aiētēs
ギリシア神話, 黒海東岸のコルキス王。太陽神ヘリオスの子, メデイアの父。
⇒岩世人（アイエテス）

Aife
ケルト神話の女戦士。
⇒ネーム（オイフェ）

Aigeus
ギリシア神話のアテナイ王。
⇒岩世人（アイゲウス）

Aigistos
ギリシア神話, ミュケナイ王アトレウスの弟であるテュエステスの息子で, アガメムノンの従兄弟。
⇒岩世人（アイギストス）

Aiguebelle, Paul Alexandre Neveue d'〈19世紀〉
フランスの軍人。清国に派遣され, 太平天国の乱で仏清混成軍（花緑頭軍）司令官。
⇒岩世人（エグベル 1831-1875）

Aikhenvald, Yulii Isaevich〈19・20世紀〉
ロシアの文学批評家。印象主義的批評の代表者。
⇒岩世人（アイヘンヴァリド 1872.1.12/24-1928.12.17）

Ailianos〈1・2世紀〉
ギリシアの軍事学者。1世紀末から2世紀初頭に

かけて執筆。
⇒岩世人（アイリアノス）

Ailill mac Máta
『アルスター伝説群』に登場するコナハト王。
⇒岩世人（アリル）
ネーム（アリル・マク・マータ）

Ailly, Pierre d'〈14・15世紀〉
フランスの枢機卿，神学者。動乱期のカトリック教会の内部からの教会改革の首唱者。
⇒岩世人（アイイ　1350-1420.8.9）
　新カト（アイイ　1350頃-1420.8.9）
　世人新（ダイイ　1350-1420）
　世人装（ダイイ　1350-1420）
　メル1（ダイイ〔アイイ〕，ピエール　1350-1420）

Aimeric de Péguihan〈12・13世紀〉
フランスのトルバドゥール。
⇒バロ（アイメリック・ド・ペギャン　1175頃-1225頃）
　バロ（ペギャン，アイメリック・ド　1175頃-1225頃）

Aineas
ユダヤのルッダの人。ペテロに中風を癒された（新約）。
⇒岩世人（アイネア）

Aineias〈5・6世紀〉
ガザ出身のキリスト教徒哲学者。
⇒岩世人（アイネイアス（ガザの））
　新カト（アイネイアス〔ガザの〕　430頃-518）

Aineias Taktikos〈前4世紀〉
古代ギリシアの作家。
⇒岩世人（アイネイアス（アイネアス））

Ainesidēmos〈前1世紀頃〉
ギリシアの懐疑論者。10の根拠（トロポイ）をあげた。
⇒岩世人（アイネシデモス）
　学叢思（アイネシデモス）
　メル1（アイネシデモス　前1世紀）

Ainí〈19・20世紀〉
タジキスタン（ソ連）の作家，学者，社会活動家。主著『ブハラの死刑執行人』など。
⇒岩世人（アイニー　1878.4.15/27-1954.7.15）

Ainsworth, William Harrison〈19世紀〉
イギリスの作家。『ジャック・シェパード』（39）など，一連の盗賊小説を著した。
⇒岩世人（エインズワース　1805.2.4-1882.1.3）

Aiolos
ギリシア神話，ヒッポテスの子。
⇒岩世人（アイオロス）

Aiolos
ギリシア神話，ヘレンの子。
⇒岩世人（アイオロス）

Airlangga〈10・11世紀〉
インドネシア，東ジャワ・クディリ朝の王。在位1006~49頃。
⇒岩世人（アイルランガ（エルランガ）　1001頃-1052頃）

Airy, *Sir* **George Biddell**〈19世紀〉
イギリスの天文学者。グリニッジ天文台長。
⇒岩世人（エアリ　1801.7.27-1892.1.4）

Aischinēs〈前4世紀〉
ギリシアの雄弁家，政治家。アッチカ十大雄弁家の一人。
⇒岩世人（アイスキネス　前397頃/前390頃-前322/前315頃）
　広辞7（アイスキネス　前390頃-前315頃）

Aischylos〈前6・5世紀〉
ギリシアの三大悲劇詩人の一人。アッチカ悲劇の形式の完成者。
⇒岩世人（アイスキュロス　前525/前524-前456/前455）
　オペラ（アイスキュロス　前525-前456）
　ネーム（アイスキュロス　前525-前456）
　広辞7（アイスキュロス　前525-前456）
　学叢思（アイスキュロス　前525-前456頃）
　新カト（アイスキュロス　前525-前456）
　世人新（アイスキュロス　前525-前456）
　世人装（アイスキュロス　前525-前456）
　世史語（アイスキュロス　前525-前456）
　ポプ人（アイスキュロス　前525-前456）
　学叢歴（エスキロス　前525-前456）

'Ā'ishah bint Abī Bakr〈7世紀〉
預言者マホメットの3番目の妻。第4代カリフ・アリーに武力をもって対抗。
⇒岩世人（アーイシャ　613頃-678.7）

'Ā'ishah bint Ṭalhah〈8世紀〉
アラブ人の理想的女性。
⇒岩世人（アーイシャ・ビント・タルハ）

Aisōpos〈前7・6世紀〉
ギリシアの寓話作家。『イソップ物語』の作者と伝えられる。アイソポス。
⇒岩世人（アイソポス）
　ネーム（アイソポス）
　広辞7（イソップ　前6世紀頃）
　学叢思（エソップ）
　世人新（アイソポス（イソップ）　前620頃-前560頃）
　世人装（アイソポス（イソップ）　前620頃-前560頃）
　ポプ人（イソップ　前620?-前560?）

Aistulf〈8世紀〉
ランゴバルドの王。在位749~756。ロンバルジア統一を志す。
⇒岩世人（アイストゥルフ　?-756.12）

Aitchison, *Sir* **Charles Umpherston**

〈19世紀〉
イギリスのインド行政官。インド外交文書集の第1版(1892)を編集。
⇒岩世人（エイチソン　1832.5.20-1896.2.18)

A

Aithra
ギリシア神話, トロイゼン王ピッテウスの娘。
⇒岩世人（アイトラ）

Aitken, Robert Grant〈19・20世紀〉
アメリカの天文学者。3000以上の連星を発見。
⇒岩世人（エイトケン　1864.12.31-1951.10.29）

Aivasovskii, Ivan Konstantinovich
〈19世紀〉
ロシアの海洋画家。
⇒岩世人（アイヴァゾフスキー　1817.7.17-1900.4.19）
　広辞7（アイヴァゾフスキー　1817-1900）
　芸13（アイヴァゾフスキー, イワン・コンスタンティノーヴィチ　1817-1900）

Ajalbert, Jean〈19・20世紀〉
小説家。
⇒19仏（ジャン・アジャルベール　1863.6.10-1947.1.14）

Ajātaśatru Vedehiputta〈前5世紀〉
中インド, マガダ国ビンビサーラ王の王子。父王を幽閉・餓死させて即位したが, のち釈迦に帰依して仏教を保護。
⇒岩世人（アジャータシャトル）
　広辞7（阿闍世　あじゃせ）
　南ア新（アジャータシャトル　生没年不詳）

Ajige〈17世紀〉
中国, 清前期の皇族, 将軍。太祖ヌルハチの第12子。
⇒岩世人（アジゲ　1605.8.28（万暦33.7.15)-1651.11.28（順治8.10.16)）

Ajita Kesakambalin
仏教成立以前の六師外道の一人。唯物論, 快楽論を説き, 旧来のバラモン教の権威をことごとく否定。
⇒岩世人（アジタ・ケーサカンバリン）
　学叢思（アジタ・ケサカンバーラ　阿耆多翅舎欽婆羅=Ajita Kesakambhala）

Ajivako
インドの思想家。
⇒学叢思（アジーヴァコ）

Akakios〈4世紀〉
カイサレイア司教。アレイオス派のなかでも穏健なホモイオス派の指導者。
⇒岩世人（アカキオス）
　新カト（アカキオス〔カイサレイアの〕　?-366頃）

Akákios（Béroia）〈4・5世紀〉
シリアのベレア（現アレッポ）主教。在職378。
⇒新カト（アカキオス〔ベロイアの〕　322頃-432頃）

Akákios（Melitēnē）〈5世紀〉
アルメニアのメリテネ（現トルコ領マラティア）主教。
⇒新カト（アカキオス〔メリテネの〕　?-438頃）

Akakios of Constantinople〈5世紀〉
コンスタンチノープルの総司教。
⇒岩世人（アカキオス　?-489）
　新カト（アカキオス〔コンスタンティノポリスの〕　420頃-489）

Akalaṅka〈8世紀〉
インドのジャイナ教空衣派の学僧。
⇒岩世人（アカランカ）

Akamas
ギリシア神話, テセウスの子。
⇒岩世人（アカマス）

Akastos
ギリシア神話, ペリアスの子。
⇒岩世人（アカストス）

al-'Akauwak 'Alī b.Jabala〈8・9世紀〉
アッパース朝のアラビア語詩人。
⇒岩世人（アカウワク　776-777-828-829）

Akbar, Jalāl ud-Dīn Muhammad
〈16・17世紀〉
インド, ムガル帝国第3代皇帝。在位1556〜1605。
⇒岩世人（アクバル　1542.10.15/11.23-1605.10.27/25/26)
　ネーム（アクバル　1542-1605）
　広辞7（アクバル　1542-1605）
　新カト（アクバル　1542.10.15-1605.10.25/26）
　世人新（アクバル（大帝）　1542-1605）
　世人装（アクバル（大帝）　1542-1605）
　世史語（アクバル　1542-1605）
　世帝（アクバル　1542-1605）
　ポプ人（アクバル　1542-1605）
　南ア新（アクバル　1542-1605）
　学叢歴（アクバル　1542-1605）

Akbar II〈19世紀〉
ムガル帝国の第16代皇帝。
⇒世帝（アクバル2世　1760-1837）

Akbar Allāhābādī〈19・20世紀〉
インドのウルドゥー語詩人。
⇒岩世人（アクバル, アラーハーバーディー　1846.11.16-1921.2.15）

a Kempis, Joannes Florentius〈17・18世紀〉
フランドルの作曲家, オルガン奏者。
⇒バロ（ア・ケンピス, ヨハネス・フロレンティウス　1635.8.1-1711以降）
　バロ（ケンピス, ヨハネス・フロレンティアス・ア　1635.8.1-1711以降）

a Kempis, Nicolaus〈17世紀〉
フランドルのオルガン奏者。
⇒バロ（ア・ケンピス, ニコラウス　1600頃–1676.8.11）
　バロ（ケンピス, ニコラウス・ア　1600頃–1676.8.11）

Akeroyde, Samuel〈17・18世紀〉
イギリスのヴァイオリン奏者, 都市楽師。
⇒バロ（アクロイド, サミュエル　1650頃?–1706）

Akhbārī, Muḥammad〈18・19世紀〉
イランにおける十二イマーム・シーア派のアフバール学派の法学者。
⇒岩世人（アフバーリー, ムハンマド　?–1818）

Akhenre Merenptah-Siptah〈前12世紀〉
古代エジプト第19王朝〈テーベ〉の統治者。在位（前1294頃～前1185頃）, 前1193～1186。
⇒世帝（サプタハ　（在位）前1192–前1187）

al-Akhfash al-Awsaṭ〈8・9世紀〉
アラビア語文法学者。
⇒岩世人（アフファシュ　?–825(-835)）

Akhigan, Andreas〈17世紀〉
シリアのアレッポのカトリック東方教会主教, アンティオケイアの総主教。総主教在職1662～77。
⇒新カト（アンドレアス・アキジャン　?–1677.7.24）

al-Akhṭal, Ghiyāth b.Hārith（Ghauth）〈7・8世紀〉
アラブの詩人。ウマイヤ朝三大詩人の一人。
⇒岩世人（アフタル　640頃–710頃）

Akiba Ben Joseph〈1・2世紀〉
パレスチナ人の説教師, 律法学者。ベネ・ベラクにアカデミーを設立。
⇒岩世人（アキバ　50–135頃）
　新カト（アキバ・ベン・ヨセフ　50頃–135頃）
　ユ人（アキバ, ベンヨセフ　50–135）
　ユ著人（Akiva (ben Joseph)　アキバ（ベン・ヨセフ）　50?–132?）

Akis
ギリシア神話, パンの子。
⇒岩世人（アキス）

Aknin, Joseph ben Judah ben Jacob ibn〈12・13世紀〉
哲学者, 詩人。
⇒ユ人（Aknin, Joseph ben Judah ben Jacob ibn　アクニン, ヨセフ・ベン・ユダ・ベン・ヤコブ・イブン　1150?–1220）

Akrisios
ギリシア神話の英雄。
⇒岩世人（アクリシオス）

Akropolítēs, Geōrgios〈13世紀〉
東ローマ帝国の歴史学者, 政治家。テオドルス2世の師傅。
⇒岩世人（アクロポリテス　?–1282）

Aksakov, Ivan Sergeevich〈19世紀〉
ロシアの思想家, 詩人, 社会活動家。作家セルゲイ・T・アクサーコフの子。主著叙事詩『放浪者』。
⇒岩世人（アクサーコフ　1823.9.26–1886.1.27）
　新カト（アクサーコフ　1823.10.8–1886.2.8）

Aksakov, Konstantin Sergeevich〈19世紀〉
ロシアの思想家, 歴史家, 文学者。セルゲイ・T・アクサーコフの子。
⇒岩世人（アクサーコフ　1817.3.29–1860.12.7）
　新カト（アクサーコフ　1817.4.10–1860.12.19）

Aksakov, Sergei Timofeevich〈18・19世紀〉
ロシアの作家。作品に『家族の記録』(56)『孫バグロフの幼年時代』(58) など。
⇒岩世人（アクサーコフ　1791.9.20–1859.4.30）
　ネーム（アクサーコフ　1791–1859）

Akselrod, Liubovi Isaakovna〈19・20世紀〉
ロシアの女流哲学者, 社会民主主義者。
⇒岩世人（アクセリロート　1868–1946.2.5）

Akselrod, Pavel Borisovich〈19・20世紀〉
ロシアの社会民主主義者。
⇒岩世人（アクセリロート　1850.8.25–1928.4.16）

Aktaiōn
ギリシア神話の狩人。
⇒岩世人（アクタイオン）
　ネーム（アクタイオン）

Akusilaos〈前5世紀〉
ギリシアのアルゴスの人。
⇒岩世人（アクシラオス）

'Alā' al-Dīn〈13・14世紀〉
中国に至ったムスリムのシャイフ（長老）。
⇒岩世人（アラーウッディーン）

'Alā-al-dīn Khiljī〈13・14世紀〉
インド, デリー諸王朝のハルジー朝第2代王。在位1296～1316。ハルジー朝の実際上の建設者。
⇒岩世人（アラーウッディーン・ハルジー　?–1316.1）

'Alā al-Dīn Muḥammad〈12・13世紀〉
ホラズム・シャー朝の王。在位1200～20。チンギス・ハンの侵入を受けた。
⇒岩世人（アラーウッディーン・ムハンマド　（在位）1200–1220）

Alacoque, St Marguerite Marie〈17世

紀〉
フランスの聖女。マリア訪問会修女。
⇒岩世人（アラコック　1647.7.22–1690.10.17）
　新カト（マルグリット・マリー・アラコック　1647.7.22–1690.10.17）
　図聖（アラコック, マルグリット・マリー　1647–1690）

Aladyin, Alexis〈19・20世紀〉
ロシアの革命家、第一回国会の議員。
⇒学叢思（アラディーン, アレキシス　1873–?）

Alain〈19・20世紀〉
フランスの哲学者。
⇒岩世人（アラン　1868.3.3–1951.6.2）
　広辞7（アラン　1868–1951）
　新カト（アラン　1868.3.3–1951.6.2）
　メル3（アラン（本名エミール＝オーギュスト・シャルティエ）　1868–1951）

Alamán y Escalade Lucas〈18・19世紀〉
メキシコの政治家、歴史家。外相・内相として、強く王制を主張。
⇒岩世人（アラマン　1792.10.17–1853.6.2）
　ラテ新（アラマン　1792–1853）

'Ālamgīr II〈18世紀〉
ムガル帝国の統治者。在位1754～1759。
⇒世帝（アーラムギール2世　1699–1759）

Alanus de Insulis〈12・13世紀〉
フランスのシトー会修道士、神学者、詩人。全科博士の名をもつ。
⇒岩世人（アラヌス（インスリスの）　1128頃–1202）
　新カト（アラヌス〔リールの〕　1115/1128–1202/1203）
　メル1（アラヌス（リールの）　1114/1128?–1202/1203?）

Alanus de Rupe〈15世紀〉
フランスのドミニコ会員、司祭。近代のロザリオ信心の確立・推進者。
⇒新カト（アラヌス・デ・ルペ　1428頃–1475.9.8）

Alaquš Digit Quri〈12・13世紀〉
トルコ系遊牧部族オングートの族長。
⇒岩世人（アラクシュ・ディギト・クリ　?–1212頃）

Ālāra Kālāma〈前5世紀〉
釈迦が出家後最初に教を乞うた仙人。
⇒岩世人（アーラーラ・カーラーマ）
　広辞7（阿羅邏仙人　あららせんにん）

Alarcón y Ariza, Pedro Antonio de〈19世紀〉
スペインの作家。代表作は『三角帽子』（74）。
⇒岩世人（アラルコン　1833.3.10–1891.7.19）
　ネーム（アラルコン　1833–1891）
　広辞7（アラルコン　1833–1891）

Alaric I〈4・5世紀〉
西ゴート王。在位395～409。東ローマ皇帝アルカディウスからイリリクス属州知事職を贈られた。
⇒ネーム（アラリック　370?–410）
　新カト（アラリック1世　370頃–410）
　世人新（アラリック1世　370頃–410）
　世人装（アラリック1世　370頃–410）
　世史語（アラリック王　（在位）395–410）
　ポプ人（アラリック王　370?–410）
　皇国（アラリック1世　?–410）

Alaric II〈5・6世紀〉
西ゴート王。在位484～507。『西ゴート人のためのローマ法』を編集。
⇒岩世人（アラリック2世　（在位）484–507）
　新カト（アラリック2世　465頃–507）

Alas y Ureña, Leopoldo García de las〈19・20世紀〉
スペインの小説家、クラリンClarínの筆名で知られる批評家。
⇒岩世人（アラス・イ・ウレーニャ　1852.4.26–1901.6.13）
　新カト（アラス　1852.4.25–1901.6.13）

Ala-ud-Daulah〈15世紀〉
第3代シャー・ルフの孫で、ウルグ・ベクの甥。反乱を起こして追放された。
⇒世帝（アラー・ウッダウラ　生没年不詳）

Alaungpaya〈18世紀〉
ビルマ、コンバウン朝の初代王。在位1752～60。モン族の支配に抗して反乱を起こした。
⇒岩世人（アラウンパヤー　1714–1760.5.11）
　世帝（アラウンパヤー　1714–1760）

Alaungsithu〈11・12世紀〉
ビルマ、パガン朝第4代の王。在位1113～67。
⇒岩世人（アラウンスィートゥー　1086?–1167）
　世帝（アラウンシードゥー　1087–1167?）

Alawi
ミンダナオ島北部の初期イスラーム伝道者。
⇒岩世人（アラウィ）

al-'Alawī, Aḥmad〈19・20世紀〉
イスラームの神秘家（スーフィー）。アラウィー教団の名祖。
⇒岩世人（アラウィー, アフマド　1869–1934）

Alba, Fernando Alvarez de Toledo, Duque de〈16世紀〉
スペインの将軍、公爵。
⇒岩世人（アルバ　1507.10.29–1582.12.11）
　新カト（アルバ〔トレドの〕　1508.10.29–1582.12.12）

Albalagh, Isasc〈13世紀〉
翻訳家。哲学者。
⇒ユ著人（Albalagh,Isasc　アルバラグ, イサク　13世紀）

Alban〈3世紀〉
イングランド最初の聖人, 殉教者。祝日6月22日。
⇒新カト（オールバン　?–3世紀後半）

Albanèse, Egide-Joseph-Ignace-Antoine〈18世紀〉
イタリアの歌手, 教師。
⇒バロ（アルバネーズ, エジド・ジョゼフ・イニャス・アントワーヌ　1729–1800）

Albani, Alessandro〈17・18世紀〉
ローマの貴族。教皇クレメンス11世の甥。枢機卿に任ぜられ(1721), ヴィンケルマンの保護者。
⇒岩世人（アルバーニ　1692.10.15–1779.12.11）
　スパイ（アルバニ, アレッサンドロ　1692–1779）

Albani, Francesco〈16・17世紀〉
イタリアの画家。
⇒岩世人（アルバーニ　1578.3.17–1660.10.4）
　芸13（アルバニ, フランチェスコ　1578–1660）

Albanus von Mainz〈4・5世紀〉
殉教者, 聖人。
⇒図聖（アルバヌス（マインツの）　?–406頃）

Albéniz, Isaac Manuel Francisco〈19・20世紀〉
スペインのピアノ奏者, 作曲家。
⇒岩世人（アルベニス　1860.5.29–1909.5.18）
　エデ（アルベニス, イサーク（マヌエル・フランシスコ）　1860.5.29–1909.5.18）
　ネーム（アルベニス　1860–1909）
　広辞7（アルベニス　1860–1909）
　ピ曲改（アルベニス, イサーク　1860–1909）

Albéniz, Mateo Antonio Perez de〈18・19世紀〉
スペインのチェンバロ奏者, 理論家。
⇒バロ（アルベニス, マテオ・アントーニオ・ペレス・デ　1755頃–1831.6.23）

Alber, Matthäus〈15・16世紀〉
ドイツのヴュルテンベルクの宗教改革者。
⇒新カト（アルバー　1495.12.4–1570.12.1）

Alberch Vila, Pedro〈16世紀〉
スペインのオルガン奏者, 参事会員, オルガン建造者, オルガン鑑定者。
⇒バロ（アルベルク・ビラ, ペドロ　1517–1582.11.16）
　バロ（ビラ, ペドロ・アルベルク　1517–1582.11.16）

Alberdi, Juan Bautista〈19世紀〉
アルゼンチンの法律学者。『アルゼンチン共和国政党組織の基礎と要点』(52)。
⇒ラテ新（アルベルディ　1810–1884）

Alberdingk Thijm, Josephus Albertus〈19世紀〉
オランダの詩人, 評論家。
⇒岩世人（アルベルディンク・テイム　1820.8.13–1889.3.17）

Albergati, Pirro Capacelli〈17・18世紀〉
イタリアの作曲家。
⇒バロ（アルベルガーティ, ピルロ・カパチェルリ　1663.9.20–1735.6.22）

Alberic〈11・12世紀〉
フランスのシトー修道院第2代院長, 聖人。
⇒新カト（アルベリクス〔シトーの〕　?–1108/1109.1.26）

Albero, Sebastian Ramonde〈17・18世紀〉
スペインのオルガン奏者。
⇒バロ（アルベーロ, セバスティアン・ラモンデ　1690頃?–1750頃?）

Alberoni, Giulio〈17・18世紀〉
イタリアの枢機卿, 政治家。パルマ公に仕え, 1716年から19年までスペインの首相。
⇒岩世人（アルベローニ　1664.5.21–1752.6.26）

Albert, Alexandre Martin〈19世紀〉
フランスの社会主義者。1848年の臨時政府の閣員として, 労働者のために尽力。
⇒岩世人（アルベール　1815.3.27–1895.5.27）
　学叢思（アルベール, アレキサンドル・マルタンディ　1815–1895）

Albert, Federico〈19世紀〉
イタリア人の修道会創立者。
⇒新カト（アルベルト　1820.10.16–1876.9.30）

Albert, Francis Charles Augustus Emmanuel of Saxe-Coburg-Gotha, Prince-Consort of England〈19世紀〉
イギリス女王ヴィクトリアの夫。エドワード7世の父。
⇒岩世人（アルバート　1819.8.26–1861.12.14）

Albert, François Decombe〈18・19世紀〉
フランスのダンサー, 振付家。
⇒バレエ（アルベール, フランソワ・デコンブ　1787/1789.4.10–1865.7.19）

Albert, Heinrich〈17世紀〉
ドイツの詩人, オルガン奏者, 作曲家。おじのH. シュッツに音楽を学ぶ。
⇒バロ（アルベルト, ハインリヒ　1604.7.8–1651.10.6）

Albert, Joseph〈19世紀〉
ドイツの写真師。従来の写真術を改良しアルベルト・タイプなる撮影法を完成。
⇒岩世人（アルベルト　1825.3.5–1886.5.5）

Albert I Leopold Clement Marie

A

Meinrad〈19・20世紀〉
ベルギー王。在位1909〜34。第1次世界大戦後の復興に努力。
⇒岩世人（アルベール（アルベルト）1世　1875.4.8-1934.2.17）
ネーム（アルベール1世　1875-1934）
皇国（アルベール1世　（在位）1909-1934）

Alberti〈15世紀〉
イタリアの作曲家。
⇒バロ（アルベルティ,?　1410頃?-1460頃?）

Alberti, Domenico〈18世紀〉
イタリアの作曲家、歌手、チェンバロ奏者。アルベルティ・バスとして知られる伴奏音型の創始者。
⇒バロ（アルベルティ,ドメニーコ　1717-1740/1746.10.14）
岩世人（アルベルティ　1710頃-1746.10.14）
エデ（アルベルティ,ドメニコ　1710-1740）

Alberti, Gaspalo〈15・16世紀〉
イタリアの歌手、作曲家。
⇒バロ（アルベルティ,ガスパロ　1480頃-1560頃）

Alberti, Giuseppe Matteo〈17・18世紀〉
イタリアのヴァイオリン奏者。
⇒バロ（アルベルティ,ジュゼッペ・マテオ　1685.9.20-1751）

Alberti, Johann Friedrich〈17・18世紀〉
ドイツのオルガン奏者。
⇒バロ（アルベルティ,ヨハン・フリードリヒ　1642.1.11-1710.6.14）

Alberti, Leon Battista〈15世紀〉
イタリアの建築家、芸術理論家、人文主義者。
⇒岩世人（アルベルティ　1404.2.14-1472.4.25）
ネーム（アルベルティ　1404-1472）
広辞7（アルベルティ　1404-1472）
新カト（アルベルティ　1404.2.8-1472.4.19/25）
スパイ（アルベルティ,レオン・バッティスタ　1404-1472）
世数（アルベルティ,レオーネ・バッティスタ　1404-1472）
ルネ（レオン・バッティスタ・アルベルティ　1404-1472）

Albertieri, Luigi〈19・20世紀〉
イタリアのダンサー、バレエ・マスター。
⇒バレエ（アルベルティエリ,ルイジ　1860-1930.8.25）

Albertinelli, Mariotto〈15・16世紀〉
イタリアのフィレンツェ派の画家。
⇒岩世人（アルベルティネッリ　1474.10.13-1515.11.5）
芸13（アルベルティネルリ,マリオット　1474-1514）

Albertini, Ignazio〈17世紀〉
イタリアのヴァイオリン奏者。
⇒バロ（アルベルティ,イニャツィオ　1644-1685.9.22）

Albertus〈12・13世紀〉
エルサレムの総大司教。聖人。祝日9月14日。
⇒新カト（アルベルトゥス〔エルサレムの〕　1149頃-1214.9.24）

Albertus Cantor〈12世紀〉
フランスの歌手。
⇒バロ（アルベルトゥス・カントル　1130頃?-1180頃）

Albertus de Saxonia〈14世紀〉
パリで学んだオッカム主義哲学者、自然学者。
⇒岩世人（アルベルト・フォン・ザクセン　1316頃-1390.7.8）
メル1（アルベルト・フォン・ザクセン　1316頃-1390）

Albertus Magnus, St, Graf von Bollstädt〈12・13世紀〉
ドイツのスコラ哲学者、神学者、自然学者、教会博士、聖人。ドミニコ会士。中世スコラ哲学の巨峰の一人。
⇒岩世人（アルベルトゥス・マグヌス　1193(-1200)-1280.11.15）
広辞7（アルベルトゥス・マグヌス　1200頃-1280）
学叢思（アルベルトゥス・マグヌス　1193-1280）
新カト（アルベルトゥス・マグヌス　1200頃-1280.11.15）
図聖（アルベルトゥス・マグヌス　1200頃-1280）
メル1（アルベルトゥス・マグヌス　1193/1206?-1280）

Albert von Trapani〈14世紀〉
カルメル会士、聖人。
⇒図聖（アルベルトゥス（トラーパニの）　?-1307）

Alberus, Erasmus〈16世紀〉
ドイツの詩人、神学者。
⇒岩世人（アルバー　1500頃-1553.5.5）

Albicastro, Henricus〈17・18世紀〉
スイスの作曲家。
⇒バロ（アルビカストロ,ヘンリクス　1660頃-1730頃?）

Albinoni, Tomaso〈17・18世紀〉
イタリアの作曲家。初期オペラ・ブッファの作曲家。
⇒バロ（アルビノーニ,トンマーゾ　1671.6.14-1751.1.17）
岩世人（アルビノーニ　1671.6.8-1751.1.17）
オペラ（アルビノーニ,ト（ン）マーゾ　1671-1750）
エデ（アルビノーニ,トマゾ（ジョヴァンニ）　1671.6.8-1751.1.17）
広辞7（アルビノーニ　1671-1751）

Albinos〈2世紀〉
ギリシアのプラトン主義の哲学者。ガイオスの弟子。

⇒岩世人（アルビノス　（活動）150頃）
Albinus〈8世紀〉
カンタベリのセント・ピーター・セント・オーガスティン修道院長。
⇒新カト（アルビヌス〔カンタベリの〕　?-732）
Albinus, Bernhard Siegfried〈17・18世紀〉
ドイツの解剖学者、生理学者、外科医。記述的解剖学の優れた研究者かつ改革者。
⇒岩世人（アルビーヌス　1697.9.24-1770.9.9）
　ネーム（アルビヌス　1697-1770）
Albo, Joseph〈14・15世紀〉
中世ユダヤの哲学者。主著『原理』。
⇒新カト（アルボ　1380頃-1440/1444）
　ユ人（アルボ, ヨセフ　1380?-1444）
　ユ著人（Albo,Joseph　アルボ, ヨセフ　?-1444?）
Alboin〈6世紀〉
ランゴバルド王。在位561〜72。ゲピート王国を全滅させた。
⇒岩世人（アルボイン　?-572）
Alboni, Marietta〈19世紀〉
イタリアの歌劇歌手（コントラアルト）。
⇒オペラ（アルボーニ, マリエッタ　1826-1894）
Albornoz, Gil Alvarez Carillo de〈13・14世紀〉
スペインの聖職者。トレドの大司教。
⇒岩世人（アルボルノス　1300-1310-1367.8.23）
　新カト（アルボルノス　1295-1367.8.23）
Albrecht, Eugen〈19・20世紀〉
ドイツの医学者。壊死・変性壊疽の研究、腫瘍の病理学的研究などを行った。
⇒ネーム（アルブレヒト　1872-1908）
Albrecht, Friedrich Rudolf〈19世紀〉
オーストリア大公。陸軍元帥。
⇒岩世人（アルブレヒト（オーストリア大公・テシェン公）　1817.8.3-1895.2.18）
Albrecht I〈13・14世紀〉
神聖ローマ皇帝、ドイツ王、オーストリア大公。ルドルフ1世の長子。
⇒岩世人（アルブレヒト1世　1255-1308.5.1）
　世帝（アルブレヒト1世　1255-1308）
Albrecht I der Bär〈12世紀〉
ブランデンブルク辺境伯。異名熊伯。
⇒岩世人（アルブレヒト1世（熊伯）　1100頃-1170.11.18）
Albrecht II〈14・15世紀〉
ドイツ王。強力で好戦的な君主。
⇒岩世人（アルブレヒト2世　1397.8.10-1439.10.27）
　世帝（アルブレヒト2世　1397-1439）
　世帝（アルベルト　1397-1439）

世帝（アルブレヒト　1397-1439）
Albrecht II von Brandenburg〈15・16世紀〉
最後のドイツ騎士団長、最初のプロシア公。
⇒岩世人（アルブレヒト（プロイセンの）　1490.5.17-1568.3.20）
　新カト（アルブレヒト〔プロイセンの〕　1490.5.17-1568.3.20）
　世人新（アルブレヒト　1490-1568）
　世人装（アルブレヒト　1490-1568）
Albrecht V〈16世紀〉
バイエルン公。在位1550〜79。ミュンヘンに国立図書館と美術館を設けたが、莫大な負債を残した。
⇒岩世人（アルブレヒト5世　1528.2.29-1579.10.24）
Albrechtsberger, Johann Georg〈18・19世紀〉
オーストリアの作曲家、オルガン奏者、教育家。ベートーベンやフンメルの師。作品『テ・デウム』が有名。
⇒バロ（アルブレヒツベルガー, ヨハン・ゲオルク　1736.2.3-1809.3.7）
　岩世人（アルブレヒツベルガー　1736.2.3-1809.3.7）
　新カト（アルブレヒツベルガー　1736.2.3-1809.3.7）
Albrecht von Mainz〈15・16世紀〉
マインツの大司教。免罪符を販売。宗教改革運動の開始を招いた。
⇒岩世人（アルブレヒト2世（マインツの）　1490.6.28-1545.9.24）
　新カト（アルブレヒト〔ブランデンブルクの〕　1490.6.28-1545.9.24）
Albrici, Bartolomeo〈17世紀〉
イタリアの歌手、鍵盤楽器奏者、教師。
⇒バロ（アルブリチ, バルトロメオ　1640頃-1687以降）
Albrici, Vincenzo〈17世紀〉
イタリアの歌手、鍵盤楽器奏者、教師。
⇒バロ（アルブリチ, ヴィンチェンツォ　1631.6.26-1696.8.8）
Albuquerque, Affonso de〈15・16世紀〉
ポルトガル領インド第2代総督。インド方面ポルトガル領の事実上の開拓者、航海者。
⇒岩世人（アルブケルケ　1462頃-1515.12.16）
　ネーム（アルブケルケ　1453-1515）
　新カト（アルブケルケ　1453/1460-1515.12.16）
　世人新（アルブケルケ　1453-1515）
　世人装（アルブケルケ　1453-1515）
　南ア新（アルブケルケ　1456-1515）
Alcáçova (Alcáçeva), Pedro de〈16世紀〉
キリシタン時代の日本宣教師、イエズス会員。
⇒新カト（アルカソヴァ　1525頃-1579）

A

Alcalá Zamora, Niceto〈19・20世紀〉
スペインの政治家。共和国大統領(1931～36)。
⇒岩世人（アルカラ＝サモーラ　1877.7.6-1949.2.18）

Alcetas II〈前5世紀〉
マケドニア王国の王。
⇒世帝（アルケタス2世　?-前448）

Alciato, Andrea〈15・16世紀〉
イタリアの法学者。ローマ法の歴史的研究を試み、また人文主義的法学を開拓。
⇒岩世人（アルチャート　1492.5.8-1550.1.12）

Alcina (Alzina), Francisco Ignacio〈17世紀〉
スペイン出身のイエズス会宣教師。
⇒新カト（アルシナ　1610.2.2-1674.8.30）

Alcock, Sir Rutherford〈19世紀〉
イギリスの外交官。幕末の初代駐日全権大使。著書に日本見聞録『大君の都』。
⇒岩世人（オールコック　1809.5-1897.11.2）
　ネーム（オールコック　1809-1897）
　広辞7（オルコック　1809-1897）
　ポプ人（オールコック、ラザフォード　1809-1897）

Alcok, John I〈18・19世紀〉
イギリスの歌手、オルガン奏者。
⇒バロ（オルコック、ジョン1世　1715.4.11-1806.2.23）

Alcok, John II〈18世紀〉
イギリスの歌手、オルガン奏者、教師。
⇒バロ（オルコック、ジョン2世　1740.1.28-1791.3.27）

Alcott, Amos Bronson〈18・19世紀〉
アメリカの教育家、社会改革論者、哲学者。
⇒岩世人（オールコット　1799.11.29-1888.3.4）

Alcott, Louisa May〈19世紀〉
アメリカの女流作家。代表作『若草物語』(68～69)。
⇒岩世人（オールコット　1832.11.29-1888.3.6）
　ネーム（オルコット　1832-1888）
　広辞7（オルコット　1832-1888）
　新カト（オルコット　1832.11.29-1888.3.6）

Alcuin〈8・9世紀〉
イギリスの神学者、教育家。
⇒バロ（アルクイン,?　735-804.5.19）
　岩世人（アルクイン　735頃-804.5.19）
　ネーム（アルクイン　735?-804）
　広辞7（アルクィヌス　735?-804）
　学叢思（アルクイン　735頃-804）
　新カト（アルクイン　730頃-804.5.19）
　世人新（アルクイン　735-804）
　世人装（アルクイン　735-804）
　世史語（アルクイン　735頃-804）
　ポプ人（アルクイン　735頃-804）
　メル1（アルクイン〔ラテン名アルクィヌス〕735頃-804）

Aldegrever, Heinrich〈16世紀〉
ドイツの画家、銅版画家。
⇒芸13（アルデグレファー、ハインリヒ　1502-1555以前）

Alder, Cosmas〈15・16世紀〉
スイスの作曲家。
⇒バロ（アルダ、コスマス　1497頃-1553）

Alderotti, Taddeo〈13世紀〉
イタリアの医者、医学教育者。
⇒岩世人（アルデロッティ　1223頃-1295頃）

Aldhelm, St.〈7・8世紀〉
イギリスの文学者、聖職者。マームズベリーの僧院長(675～709)、シャーボーンの初代司教。
⇒新カト（アルドヘルムス　640頃-709.5.25）

Aldomar, Pedro Juan〈15・16世紀〉
スペインの歌手。
⇒バロ（アルドマール、ペドロ・フアン　1470頃?-1520頃?）

Aldrich, Henry〈17・18世紀〉
英国教会の聖職、作曲家、建築家、神学者。
⇒バロ（オールドリッチ、ヘンリー　1648.1.22-1710.12.14）

Aldrich, Nelson Wilmarth〈19・20世紀〉
アメリカの政治家、財政専門家。保護貿易論者。
⇒岩世人（オールドリッチ　1841.11.6-1915.4.16）

Aldrich, Thomas Bailey〈19・20世紀〉
アメリカの小説家、詩人、編集者、随筆家。代表作『悪童物語』(70)。
⇒ネーム（オールドリチ　1836-1907）

Aldridge, Ira Frederick〈19世紀〉
アフリカの黒人悲劇俳優。
⇒岩世人（オールドリッジ　1807.7.24-1867.8.7）

Aldridge, Robert〈18世紀〉
アイルランドのダンサー、教師。
⇒バレエ（オルドリッジ、ロバート　1738頃-1793）

Aldrovandi, Ulisse〈16・17世紀〉
イタリアの博物学者。ボローニャ大学内にヨーロッパ最初の植物園を創設した(1567)。
⇒岩世人（アルドロヴァンディ　1522.9.11-1605.5.1）
　ネーム（アルドロヴァンディ　1522-1605）

Aldrovandini, Giuseppe Antonio Vincenzo〈17・18世紀〉
イタリアの作曲家。
⇒バロ（アルドロヴァンディーニ、ジュゼッペ・アントーニオ・ヴィンチェンツォ　1672/1673-

1707.2.9)

Aleandro, Girolamo〈15・16世紀〉
イタリア人の枢機卿,人文主義者。ルターの宗教改革に反対する教皇側の重要人物。
⇒岩世人（アレアンドロ　1480.2.13–1542.2.1）
　新カト（アレアンドロ　1480.2.13–1542.2.1）

Aleardi, Aleardo〈19世紀〉
イタリアの詩人。国家統一運動に加わり,愛国主義の詩を発表。主著『歌集』(64)。
⇒岩世人（アレアルディ　1812.11.14–1878.7.17）
　ネーム（アレアルディ　1812–1878）

Alecsandri, Vasile〈19世紀〉
ルーマニアの劇作家,詩人。1848年の革命の中心的指導者。
⇒岩世人（アレクサンドリ　1821.7.21–1890.8.22）
　ネーム（アレクサンドリ　1821–1890）

Aleijadinho, Antonio Francisco Lisboa〈18・19世紀〉
植民地時代ブラジルの彫刻家,建築家。
⇒岩世人（アレイジャディーニョ　1738頃?–1814.11.18）
　ラテ新（アレイジャディーニョ　1738–1814）

Aleksandar Obrenović V〈19・20世紀〉
セルビア王。在位1889～1903。憲法を改正。
⇒岩世人（アレクサンダル・オブレノヴィチ　1876.8.2–1903.5.29）

Aleksandr I, Pavlovich Romanov〈18・19世紀〉
ロシア皇帝。在位1801～25。ウィーン会議で神聖同盟を提唱。
⇒岩世人（アレクサンドル1世　1777.12.12–1825.11.19）
　ネーム（アレクサンドル1世　1777–1825）
　広辞7（アレクサンドル一世　1777–1825）
　新カト（アレクサンドル1世　1777.12.12–1825.11.19）
　世人新（アレクサンドル1世　1777–1825）
　世人装（アレクサンドル1世　1777–1825）
　世史語（アレクサンドル1世　1777–1825）
　世帝（アレクサンドル1世　1777–1825）
　ポプ人（アレクサンドル1世　1777–1825）
　ユ人（アレクサンドル1世　1777–1825）
　皇国（アレクサンドル1世　?–1825）
　学叢歴（アレクサンドル1世　1777–1825）

Aleksandr I, von Battenberg〈19世紀〉
ブルガリア公。在位1879～86。ロシア皇帝アレクサンドル2世の甥。
⇒岩世人（アレクサンダル1世　1857.4.5–1893.11.17）

Aleksandr II, Nikolaevich Romanov〈19世紀〉
ロシア皇帝。在位1855～81。1861年農奴解放を布告。
⇒岩世人（アレクサンドル2世　1818.4.17–1881.3.1）
　広辞7（アレクサンドル二世　1818–1881）
　世人新（アレクサンドル2世　1818–1881）
　世人装（アレクサンドル2世　1818–1881）
　世史語（アレクサンドル2世　1818–1881）
　世帝（アレクサンドル2世　1818–1881）
　ポプ人（アレクサンドル2世　1818–1881）
　ユ人（アレクサンドル2世　1818–1881）
　皇国（アレクサンドル2世　?–1881）
　学叢歴（アレクサンドル2世　1818–1881）

Aleksandr III, Aleksandrovich Romanov〈19世紀〉
ロマノフ朝最後の皇帝。在位1881～94。
⇒岩世人（アレクサンドル3世　1845.2.26–1894.10.20）
　広辞7（アレクサンドル三世　1845–1894）
　世人新（アレクサンドル3世　1845–1894）
　世人装（アレクサンドル3世　1845–1894）
　世帝（アレクサンドル3世　1845–1894）
　ユ人（アレクサンドル3世　1845–1894）
　皇国（アレクサンドル3世　(在位)1881–1894）

Aleksandra Fyodrovna〈19・20世紀〉
最後のロシア皇帝ニコライ2世の皇后。ビクトリア女王の孫。
⇒岩世人（アレクサンドラ　1872.5.25/6.6–1918.7.16）
　姫全（アレクサンドラ・フョードロヴナ　1872–1918）
　王妃（アレクサンドラ・フョードロヴナ　1872–1918）
　王妃（アレクサンドラ・フョードロヴナ　1798–1860）

Aleksandr Iaroslavich Nevskii〈13世紀〉
古代ロシアの英雄,聖人。ウラディミル大公。在位1252～63。
⇒岩世人（アレクサンドル・ネフスキー　1220頃–1263.11.14）
　ネーム（ネフスキー　1220–1263）
　新カト（アレクサンドル・ネフスキー　1220頃–1263.11.14）

Alekseev, Evgenii Ivanovich〈19・20世紀〉
ロシアの軍人,提督。1904年2月日露戦争勃発時に極東ロシア陸海軍総司令官。
⇒岩世人（アレクセーエフ　1843.5.11–1917.5.27）
　ネーム（アレクセーエフ　1843–1909）

Alekseev, Mikhail Vasilievich〈19・20世紀〉
ロシアの将軍。
⇒岩世人（アレクセーエフ　1857.11.3/15–1918.9.25）
　世数（リャブノフ,アレクサンドル・ミハイロヴィチ　1857–1918）

Aleksei I, Mikhailovich Romanov〈17世紀〉
ロシア皇帝。在位1645～76。ロマノフ朝第2

代目。
⇒岩世人（アレクセイ　1629.3.9-1676.1.29）
ネーム（アレクセイ・ミハイロヴィチ　1629-1676）
世帝（アレクセイ・ミハイロヴィチ　1629-1676）

A

Aleksei II, Petrovich, Romanov〈17・18世紀〉
ロシア皇太子。ピョートル1世の息子。
⇒岩世人（アレクセイ　1690.2.18-1718.6.26）
ネーム（アレクセイ・ペテロヴィチ　1690-1718）

Aleksei Aleksandrovich〈19・20世紀〉
ロシアの提督。日露戦争の際のロシア艦隊の総司令官。
⇒岩世人（アレクセイ　1850.1.2-1908.11.1）

Alemán, Mateo〈16・17世紀〉
スペインの作家。悪者小説『グスマン・デ・アルファラーチェ』(99)の作者。
⇒岩世人（アレマン　1547.9.28-1613以降）
ネーム（アレマン　1547-1614?）

Alencar, José Martiniano de〈19世紀〉
ブラジルの小説家、ジャーナリスト、政治家、法曹家。
⇒岩世人（アレンカール　1829.5.1-1877.12.12）
ネーム（アレンカール　1829-1877）

Aleni, Giulio〈16・17世紀〉
イタリアのイエズス会士。
⇒岩世人（アレーニ　1582-1649.8.3）
新カト（アレーニ　1582-1649.8.3）

Aleotti, Giovanni Battista〈16・17世紀〉
イタリアの建築家。主作品「フェララの教会鐘楼の上層および大学」「パルマのファルネーゼ劇場」。
⇒岩世人（アレオッティ　1546-1636.12.12）

Alès, Adhémar d'〈19・20世紀〉
フランスの神学者、イエズス会会員。
⇒新カト（アレス　1861.12.2-1938.2.14）

Alesius, Alexander〈16世紀〉
スコットランド出身のメランヒトン派（フィリップ派）の神学者。
⇒新カト（アレシウス　1500.4.23-1565.3.17）

Alessandri, Felice〈18世紀〉
イタリアの作曲家。
⇒バロ（アレスサンドリ, フェリーチェ　1747.11.24-1798.8.15）

Alessandri Palma, Arturo〈19・20世紀〉
チリの政治家。大統領(20～24,25)。チリの民主化に努めた。
⇒岩世人（アレッサンドリ・パルマ　1868.12.20-1950.8.24）
ラテ新（アレサンドリ　1868-1950）

Alessandro Sauli〈16世紀〉
パヴィア司教、バルナバ修道会総会長。聖人。祝日10月11日。
⇒新カト（アレッサンドロ・サウリ　1534.2.15-1592.10.11）

Alessi, Galeazzo〈16世紀〉
イタリアの建築家。バロック初期の名匠。
⇒新カト（アレッシ　1512-1572.12.30）

Aletrino, Arnold〈19・20世紀〉
オランダの小説家、医者。
⇒岩世人（アレトリノ　1858.4.1-1916.1.17）

Alexander〈10世紀〉
東ローマ帝国の統治者。
⇒世帝（アレクサンドロス　870-913）

Alexander〈12世紀〉
イングランドの貴族、リンカーンの司教。
⇒新カト（アレクサンダー〔リンカーンの〕　1100頃-1148）

Alexander〈15・16世紀〉
ポーランド王。
⇒世帝（アレクサンデル　1461-1506）

Alexander, Abraham, Sr〈18・19世紀〉
アメリカの初期入植者。
⇒ユ人（アレグサンダー、アブラハム・シニア　1743-1816）

Alexander, Samuel〈19・20世紀〉
イギリスの哲学者。新実在論の立場で独特の形而上学を展開。
⇒岩世人（アレグザンダー　1859.1.6-1938.9.13）
ネーム（アレグザンダー　1859-1938）
新カト（アレクサンダー　1859.1.6-1938.9.13）
20思（アレグザンダー, サミュエル　1859-1938）
メル3（アレクサンダー, サミュエル　1859-1938）
ユ人（アレグザンダー, サムエル　1859-1938）

Alexander, Thomas Theron〈19・20世紀〉
アメリカの長老教会宣教師、神学者。明治学院教授。
⇒岩世人（アレグザンダー（アレクサンダー）　1850.10.8-1902.11.14）

Alexander I〈11・12世紀〉
スコットランド人の王。マルカム・カンモアとマーガレット王妃の5男。
⇒世帝（アレグザンダー1世　1078-1124）

Alexander I, St.〈1・2世紀〉
ローマ教皇。在位105～115。
⇒新カト（アレクサンデル1世　?-115）
図聖（アレクサンデル1世　?-116頃）

Alexander I, Theopator Euergetes (Balas)〈前2世紀〉
セレウコス王国の統治者。在位前150～145。

⇒世帝（アレクサンドロス1世 （在位）前150–前146/前145）

Alexander II〈前4世紀〉
マケドニア王。
⇒世帝（アレクサンドロス2世 ?–前368）

Alexander II〈11世紀〉
教皇。在位1061～73。聖職売買などに反対し、皇帝ハインリヒ4世と対立。
⇒岩世人（アレクサンデル2世 ?–1073.4.21）
新カト（アレクサンデル2世 1030頃–1073.4.21）

Alexander II〈12・13世紀〉
スコットランド王。在位1214～49。ウィリアム1世の子。
⇒世帝（アレグザンダー2世 1198–1249）

Alexander II（Zabinas）〈前2世紀〉
セレウコス王国の統治者。在位前128～122。
⇒世帝（アレクサンドロス2世 （在位）前129/前128–前123）

Alexander III〈12世紀〉
教皇。在位1159～81。中世最大の教皇の一人。1179年ラテラノ公会議で教皇選挙法を成立。
⇒岩世人（アレクサンデル3世 ?–1181.8.30）
ネーム（アレクサンデル3世 ?–1181）
新カト（アレクサンデル3世 1105頃–1181.8.30）

Alexander III〈13世紀〉
スコットランド王。在位1249～86。アレクザンダー2世の子。
⇒世帝（アレグザンダー3世 1241–1286）

Alexander IV〈13世紀〉
ローマ教皇。在位1254～61。
⇒新カト（アレクサンデル4世 ?–1261.5.25）

Alexander V〈14・15世紀〉
対立教皇。在位1409～10。フランシスコ会士、唯名論をとる神学者。
⇒新カト（アレクサンデル5世 1340頃–1410.5.3）

Alexander VI〈15・16世紀〉
教皇。在位1492～1503。1498年急進的世俗化に反対したサボナローラを処刑。
⇒岩世人（アレクサンデル6世 1431.1.1–1503.8.18）
広辞7（ボルジア 1431–1503）
新カト（アレクサンデル6世 1431/1432.1.1–1503.8.18）
世人新（アレクサンデル6世 1431–1503）
世人装（アレクサンデル6世 1431–1503）

Alexander VII〈16・17世紀〉
教皇。在位1655～67。フランスとの対立により屈辱的なピサ条約締結（1664）。
⇒岩世人（アレクサンデル7世 1599.2.13–1667.5.22）
新カト（アレクサンデル7世 1599.2.13–1667.5.22）

Alexander VIII〈17世紀〉
教皇。在位1689～91。フランスと和解。
⇒新カト（アレクサンデル8世 1610.4.22–1691.2.1）

Alexander Halesius〈12・13世紀〉
フランスのスコラ学者。フランシスコ会学派創始者の一人。
⇒岩世人（アレクサンデル（ヘールズの） 1185頃–1245.8.21）
学叢思（アレクサンダー、ハレシウスの ?–1245）
新カト（アレクサンデル〔ヘールズの〕 1170/1185頃–1245.8.21）

Alexander Severus, Marcus Aurelius〈3世紀〉
ローマ皇帝。在位222～235。軟弱な対外政策のため、軍隊により殺された。
⇒岩世人（セウェルス・アレクサンデル 208頃–235）
新カト（アレクサンデル・セウェルス 208/209.10.1–235.3.19）
世帝（アレクサンデル・セウェルス 208–235）
ユ人（アレクサンデル・セウェルス（マルクス・アウレリウス・セウェルス・アレクサンデル） 208–235）

Alexanderson, Ernst Frederick Werner〈19・20世紀〉
アメリカ（スウェーデン生れ）の電気技師、発明家。
⇒岩世人（アレグザンダソン 1878.1.25–1975.5.14）
ネーム（アレグザンダソン 1878–1975）

Alexander von Roes〈13世紀〉
ドイツの聖職者、歴史家。
⇒岩世人（アレクサンダー（ロースの） 1225頃–1300以前）
新カト（アレクサンデル〔レースの〕 13世紀後半）

Alexandra Croline Mary〈19・20世紀〉
イギリスの王妃。
⇒王妃（アレクサンドラ 1844–1925）

Alexandre D'aphrodise〈2・3世紀〉
哲学者。アリストテレスの注解者。
⇒メル1（アレクサンドロス（アフロディシアスの） 2世紀後半–3世紀）

Alexandre de Viledieu〈12・13世紀〉
フランスのフランシスコ会修道僧、数学教師。
⇒世数（アレクサンドル（ヴィレディーユの） 1175頃–1240）

Alexandrine Auguste Herzogin zu Mecklenburg〈19・20世紀〉
デンマーク王クリスチャン10世の妃。
⇒王妃（アレクサンドリーネ 1879–1952）

Alexandros〈前4世紀〉
モロッソイの王。在位前342～31。

⇒岩世人（アレクサンドロス　前362頃–前331）

Alexandros〈前3世紀〉
古代ギリシアのマケドニア王。
⇒世帝（アレクサンドロス5世　?–前294）

A

Alexandros〈1世紀〉
クレネ人シモンの子。父はイエスの十字架を負わされた（新約）。
⇒新カト（アレクサンドロとルフォス）

Alexandros〈3世紀〉
聖人, 古代パレスチナの殉教者。祝日3月28日。
⇒新カト（プリスコス, マルコスとアレクサンドロス　?–257/258）

Alexandros〈3世紀〉
エルサレム司教。聖人。祝日3月18日。殉教者, オリゲネスの後援者。
⇒新カト（アレクサンドロス〔エルサレムの〕　?–250/251）

Alexandros〈3・4世紀〉
聖人, 司教。祝日。ローマ教会8月28日, ギリシア教会8月31日。
⇒新カト（アレクサンドロス〔コンスタンティノポリスの〕　238–337）

Alexandros I〈前5世紀〉
マケドニア第10代の王。在位前495頃～50。マケドニア軍隊の創立者。
⇒岩世人（アレクサンドロス1世　（在位）前495頃–前452頃）
　世帝（アレクサンドロス1世　（在位）前498–前454）

Alexandros III〈前4世紀〉
マケドニア王。在位前336–323。ギリシア, ペルシア, インドに及ぶ大帝国の創建者。
⇒岩世人（アレクサンドロス3世（大王）　前356–前323）
　ネーム（アレクサンドロス　前356–前323）
　広辞7（アレクサンドロス三世　前356–前323）
　新カト（アレクサンドロス　前356.7–前323.6.10）
　世人新（アレクサンドロス3世（大王）　前356–前323）
　世人装（アレクサンドロス3世（大王）　前356–前323）
　世史語（アレクサンドロス大王　（在位）前336–前323）
　世史語（アレクサンドロス大王　前356–前323）
　世帝（アレクサンドロス3世　前356–前323）
　ポプ人（アレクサンドロス大王　前356–前323）
　皇国（アレクサンドロス大王　（在位）前336–前323）
　学叢歴（アレキサンドル大王　前356–前323）

Alexandros IV〈前4世紀〉
アレクサンドロス大王の遺児。
⇒岩世人（アレクサンドロス4世　前323–前310頃）
　世帝（アレクサンドロス4世　前323–前309）

Alexandros Aitōlos〈前4・3世紀〉
ギリシアの悲劇註釈学者。

⇒岩世人（アレクサンドロス（アイトリアの）　前315頃–?）

Alexandros Akoimētos〈4・5世紀〉
ギリシアの修道者。聖人。祝日1月15日。
⇒新カト（アレクサンドロス・アコイメートス　350頃–430頃）

Alexandros Janneus〈前2・1世紀〉
ユダヤのハスモン朝の王。在位前103～76。
⇒ユ人（ヤンナイ（ヤネウス）, アレクサンデル　前1世紀）

Alexandros of Alexandria〈3・4世紀〉
アレクサンドリアの主教。
⇒新カト（アレクサンドロス〔アレクサンドリアの〕　?–328）

Alexandros of Aphrodisias〈2・3世紀〉
ギリシアのアリストテレス派の哲学者。
⇒岩世人（アレクサンドロス（アフロディシアスの））
　学叢思（アレクサンドロス, アフロディシアスの）

Alexandros Polyhistōr〈前2・1世紀〉
ギリシアの著述家。
⇒岩世人（アレクサンドロス・ポリュイストル　前105頃–前40頃）

Alexandros (Tralles)〈6・7世紀〉
東ローマ帝国の医学者, 医学編述者。主著『医術に関する12章』。
⇒岩世人（アレクサンドロス（トラレスの））

Alexis〈前4・3世紀〉
ギリシアの中喜劇作家。一部新喜劇に属す。
⇒岩世人（アレクシス　前372頃–前270頃）

Alexis, Paul〈19・20世紀〉
フランスの自然主義作家。
⇒岩世人（アレクシ　1847.6.16–1901.7.28）
　19仏（ポール・アレクシ　1847.6.16–1901.7.28）

Alexis, Willibald〈18・19世紀〉
ドイツの作家, 歴史小説家。
⇒岩世人（アレクシス　1798.6.29–1871.12.16）

Alexius〈4・5世紀〉
〈神の人〉と讃えられた聖人。
⇒岩世人（アレクシウス　?–417）
　新カト（アレクシオス）
　図聖（アレクシウス　5世紀頃）

Alexius I Commenus〈11・12世紀〉
東ローマ皇帝。在位1081～1118。第1回十字軍を利用して小アジア西部の失地を回復。
⇒岩世人（アレクシオス1世コムネノス　1057頃–1118.8.15）
　新カト（アレクシウス1世・コムネノス　1057頃–1118.8.15）
　世人新（アレクシオス1世〈コムネノス〉　1048–1118）
　世人装（アレクシオス1世〈コムネノス〉　1048–1118）

世帝（アレクシオス1世　1048–1118）
皇国（アレクシオス1世コムネノス　（在位）1081–1118）

Alexius II〈12世紀〉
東ローマ皇帝。在位1180～83。
⇒世帝（アレクシオス2世　1169–1183）

Alexius III Angelus〈12・13世紀〉
東ローマ皇帝。在位1195～1203。
⇒世帝（アレクシオス3世　1156–1211）

Alexius IV〈12・13世紀〉
東ローマ皇帝。在位1203～04。
⇒世帝（アレクシオス4世　1182–1204）

Alexius V〈12・13世紀〉
東ローマ皇帝。在位1204。第4回十字軍の攻撃で捕えられ，死刑となる。
⇒世帝（アレクシオス5世　?–1204）

Alexjev, Fëdor Iakovlevich〈18・19世紀〉
ロシアの画家。
⇒岩世人（アレクセーエフ　1753/1754?–1824.11.11）
　芸13（アレクセーエフ, フョードル・ヤコヴレヴィッチ　1753–1824）

Aleyn, Dominus Johannes〈14世紀〉
イギリスの歌手，聖職者，参事会員。
⇒バロ（アリン（アラヌス），ドミヌス・ヨハネス　1320頃?–1373）

Alfano, Franco〈19・20世紀〉
イタリアの作曲家。プッチーニの死後，遺作歌劇「トーランドット」を完成。
⇒岩世人（アルファーノ　1876.3.8–1954.10.27）
　オペラ（アルファーノ, フランコ　1875–1954）

Alfaric, Prosper〈19・20世紀〉
フランスの宗教学者。
⇒岩世人（アルファリック　1876.5.21–1955.3.28）
　新カト（アルファリック　1876.5.21–1955.3.28）

Alfaro, Eloy〈19・20世紀〉
エクアドルの軍人，政治家。大統領（1895～1901, 06～11）。
⇒岩世人（アルファロ　1842.6.25–1912.1.28）

Alfasi, Isaac Ben Jacob〈11・12世紀〉
ユダヤ人の律法博士，法典編集者。
⇒ユ人（アルファシ, イサク・ベンヤコブ　1013–1103）
　ユ著人（Alfasi, Isaac ben Jacob (Known as Rif) アルファーシー, イサク・ベン・ヤコブ　1013–1103）

Alfield (Aufield), Thomas〈16世紀〉
イングランドのカトリック司祭，殉教者。
⇒新カト（オルフィールド　1552–1585.7.6）

Alfieri, Vittorio, conte di〈18・19世紀〉
イタリアの詩人，劇作家。イタリア悲劇の創始者。
⇒岩世人（アルフィエーリ　1749.1.16–1803.10.8）
　ネーム（アルフィエーリ　1749–1803）
　広辞7（アルフィエーリ　1749–1803）
　新カト（アルフィエーリ　1749.1.16–1803.10.8）

Alfiero, Giuseppe〈17世紀〉
イタリアの作曲家。
⇒バロ（アルフィエロ, ジュゼッペ　1630–1665.1.21）

Alfonso I, el Batallador〈11・12世紀〉
アラゴン，ナバル王。在位1104～34。ムーア王国の都市サラゴサを攻め落した（1118）。
⇒岩世人（アルフォンソ1世（戦闘王）　1072/1073–1134）
　世帝（アルフォンソ1世　1073頃–1134）

Alfonso II〈12世紀〉
アラゴン王。在位64～。バルセロナ伯（62～）。バルセロナと合併していたアラゴンは，彼の統治下で発展。
⇒世帝（アルフォンソ2世　1157–1196）

Alfonso III〈13世紀〉
アラゴン王。在位1285～91。貴族に多くの特権を与えた。
⇒世帝（アルフォンソ3世　1265–1291）

Alfonso IV〈13・14世紀〉
アラゴン王。在位1327～36。ハイメ2世の子。北アフリカのムーア王国とは外交関係をもつ。
⇒世帝（アルフォンソ4世　1299–1336）

Alfonso V, el Magnánimo〈14・15世紀〉
アラゴン王。在位1416～58。1420年シチリア王，42年ナポリ王。
⇒岩世人（アルフォンソ5世（大度王）　1396–1458.6.27）
　新カト（アルフォンソ5世〔アラゴンの〕　1396–1458.6.27）
　世帝（アルフォンソ5世　1396–1458）

Alfonso VI〈17世紀〉
ポルトガル王。在位1656～67。ジョアン4世をついで即位。
⇒岩世人（アフォンソ6世　1643.8.21–1683.9.12）
　世帝（アフォンソ6世　1643–1683）

Alfonso VI, el Bravo〈11・12世紀〉
レオン王。在位1065～1109。カスティリア王。在位1072～1109。フェルナンド1世の次子。
⇒岩世人（アルフォンソ6世（勇敢王）　?–1109）
　世帝（アルフォンソ6世　1040頃–1109）

Alfonso VII, El Emperador〈12世紀〉
レオン＝カスティリア王。在位1126～57。ブルゴーニュのレイモンの息子。
⇒岩世人（アルフォンソ7世（皇帝）　1105–1157）
　世帝（アルフォンソ7世　1105頃–1157）

A

Alfonso VIII〈12・13世紀〉
カスティリア王。在位1158〜1214。1212年キリスト教十字軍を組織し、イスラム軍を撃破。
⇒世帝（アルフォンソ8世　1134頃–1214）

Alfonso X, el Sabio〈13世紀〉
レオン＝カスティリア王。在位1252〜84。学問、文学の保護者。『七部法典』を編纂。
⇒バロ（アルフォンソ10世　1221.11.23–1284.4.4）
　岩世人（アルフォンソ10世〔賢王〕　1221.11.23–1284.4.4)
　ネーム（アルフォンソ10世　1226?–1284）
　新カト（アルフォンソ10世　1221.11.26–1284.4.4)
　世帝（アルフォンソ10世　1221–1284）
　世帝（アルフォンソ10世　1180–1284）

Alfonso XI〈14世紀〉
レオン＝カスティリア王。在位1312〜50。44年にアルヘシラスを占領。
⇒世帝（アルフォンソ11世　1311–1350）

Alfonso XII〈19世紀〉
スペイン王。在位1874〜85。イサベル2世の子。
⇒岩世人（アルフォンソ12世　1857.11.28–1885.11.25）

Alfonso de Zamora〈15・16世紀〉
スペイン・サラマンカ大学東洋語学教授。
⇒ユ著人（Alfonso de Zamora　アルフォンソ・デ・ザモラ　1474–1506）

Alfred the Great〈9世紀〉
イギリス、ウェセックスの王。在位871〜899。南イングランドを統一。
⇒岩世人（アルフレッド〔大王〕　848頃–899.10.26）
　広辞7（アルフレッド　848頃–899）
　新カト（アルフレッド大王　アルフレッドだいおう　849–899.10.26）
　世人新（アルフレッド大王　849–899）
　世人装（アルフレッド大王　849–899）
　世史語（アルフレッド大王　849–899）
　世帝（アルフレッド大王　849–899）
　ポプ人（アルフレッド大王　848?–899）

Alfric〈10・11世紀〉
カンタベリ大司教。聖人。祝日8月28日。
⇒新カト（アルフリック〔カンタベリの〕　?–1005.8.28）

Alfvén, Hugo Emil〈19・20世紀〉
スウェーデンの指揮者、ヴァイオリン奏者、作曲家。「スウェーデン狂詩曲」など多数を作曲。
⇒岩世人（アルヴェーン　1872.5.1–1960.5.8）

Algardi, Alessandro〈16・17世紀〉
イタリアの彫刻家、建築家。
⇒岩世人（アルガルディ　1598–1654.6.10）
　ネーム（アルガルディ　1595–1654）
　芸13（アルガルディ, アレッサンドロ　1595–1654）

Algarotti, Francesco〈18世紀〉
イタリアの思想家、小説家。諸芸、諸学に通じた教養人。
⇒岩世人（アルガロッティ　1712.12.11–1764.5.3）

Alger, Horatio, Jr.〈19世紀〉
アメリカの児童文学者、牧師。
⇒広辞7（アルジャー　1832–1899）

Algerus〈11・12世紀〉
ベルギーのリエージュ出身の神学者、教会法学者。教会法学の発達に影響を与えた。
⇒新カト（アルゲルス〔リエージュの〕　1050頃–1131頃）

Algué, José〈19・20世紀〉
スペインの気象学者、聖職者。台風の研究家として知られる。
⇒岩世人（アルゲ　1856.12.28–1930.5.27）

Alhazen〈10・11世紀〉
アラビアの物理学者、天文学者。
⇒岩世人（イブン・ハイサム　965頃–1041頃）
　ネーム（アルハーゼン　965?–1038）
　広辞7（イブン・ハイサム　965頃–1041頃）
　学叢思（アルハーゼン　965–1039）
　新カト（イブン・アル・ハイサム　965–1040頃）
　物理（ハイサム, イブン・アル＝　965–1040）
　世人新（イブン＝アルハイサム（アルハーゼン）　965頃–1039頃）
　世人装（イブン＝アルハイサム（アルハーゼン）　965頃–1039頃）
　世数（アル・ハイタム（またはアルハゼン）、アブ・アリ・アル・ハサン・イブン　965–1039）

Ali〈19・20世紀〉
フィリピンのミンダナオ島マギンダナオ地方の対米反乱指導者。
⇒岩世人（アリ　?–1905）

Ali, Said〈18・19世紀〉
インドネシア、スマトラ島中部のシアック王国の第7代王。在位1791〜1821。
⇒岩世人（アリ, サイド　?–1821.2.1）

'Alī I〈16世紀〉
ビジャープル王国の統治者。在位1558〜1579。
⇒岩世人（アリー・アーディル・シャー　1543頃–1580.4.9）

Alibert, Jean Louis Marc〈18・19世紀〉
フランスの皮膚科医。種々の皮膚疾患を分類し、彼の名を冠したものもいくつかある。
⇒岩世人（アリベール　1766.5.12–1837.11.6）

'Alī Bey〈18世紀〉
エジプトの支配者。カフカズ出身のエジプト・マムルーク貴族。
⇒岩世人（アリー・ベイ　1728–1773.4.20）

'Alī bn Abī Tālib〈7世紀〉
イスラムの第4代カリフ。ラーシドゥーン（正統

派カリフ)最後の人。在位656～61。
⇒岩世人(アリー　?-661.1.24)
広辞7(アリー　600頃-661)
世人新(アリー　600頃-661)
世人装(アリー　600頃-661)
世史語(アリー　600頃-661)
ポプ人(アリー　600頃-661)
学叢歴(アリ　661)

Alice Maud Mary, Princess〈19世紀〉
イギリスの王女。
⇒王妃(アリス・モード・メアリ　1843-1878)

Alice Rich〈13世紀〉
ベネディクト会修道女。聖人。祝日8月15日。オックスフォード近郊アビンドンに生まれる。
⇒新カト(アリス・リッチ　?-1270頃)

Aliénor d'Aquitaine〈12・13世紀〉
フランス王妃,のちにイングランド王妃。
⇒岩世人(エレオノール(アキテーヌの;ギュイエンヌの)　1122-1204)
新カト(エレオノール〔アキテーヌの〕　1122頃-1204)
王妃(アリエノール・ダキテーヌ　1122-1204)

Ali Fethi Okyar〈19・20世紀〉
トルコの軍人,政治家。
⇒岩世人(アリー・フェトヒ・オクヤル　1880-1943.5.7)

Ali Haji, Raja〈19世紀〉
インドネシア,リアウ・リンガ諸島のリアウ・リンガ王国のブギス人王族。
⇒岩世人(アリ・ハジ,ラジャ　1809頃-1870頃)

ʿAlī Hamadānī〈14世紀〉
クブラウィー教団のスーフィー。
⇒岩世人(アリー・ハマダーニー　1314.10.22-1385.1.19)

ʿAlī ibn al-ʿAbbās al-Majūsī〈10世紀〉
アラビア医学の大家。
⇒岩世人(アリー・イブン・アッバース・マジュースィー　?-982(-994))

ʿAlī ibn al-Jahm al-Sāmī〈9世紀〉
アッバース朝のアラブ詩人。
⇒岩世人(アリー・イブン・ジャフム　?-863.9/10)

ʿAlī ibn ʿĪsā〈9世紀〉
アラビア,アッバース朝の眼科医。6眼科医中最も有名。
⇒岩世人(アリー・イブン・イーサー)

ʿAlī ibn Muḥammad〈9世紀〉
イラクで起きたザンジュの乱の指導者。
⇒岩世人(アリー・イブン・ムハンマド　?-883)

ʿAlī Khān Zanganah〈17世紀〉
イランのサファヴィー朝後期の宰相。
⇒岩世人(アリー・ハーン・ザンガナ　1611-1689)

ʿAlī Mubārak〈19世紀〉
近代エジプトの技術・行政官僚。『新編地誌』ほか,多数の水利技術書を著す。
⇒岩世人(アリー・ムバーラク　1823-1893.11.15)

Alion, Isaac Alfred〈19・20世紀〉
オランダの商人。
⇒岩世人(アリオン　1848.3.19-1918.1.13)

Âlî Pasha, Mehmet Emin〈19世紀〉
オスマントルコ帝国の指導的政治家。首相や外相,とりわけ外交面で活躍。
⇒岩世人(アーリ・パシャ　1814-1871.9.7)
ネーム(アーリ・パシャ　1815-1871)

Alison, Sir Archibald〈18・19世紀〉
スコットランドの歴史家。
⇒岩世人(アリソン　1792.12.29-1867.5.23)

ʿAlī Vardī Khān〈17・18世紀〉
インドのベンガル,ビハール,オリッサ(現オディシャ)3州の総督。在職1740～56。
⇒岩世人(アリーヴァルディー・ハーン　1676-1756.4.9)

Alkabez, Solomon ben Moses Ha-Levi〈16世紀〉
セファラード系カバリスト,神秘的詩人。
⇒ユ人(アルカベツ,ソロモン・ベンモーゼス・ハレビ　1505頃-1571)
ユ著人(Alkabez,Solomon ben Moses Ha-Levi　アルカベツ,ソロモン・ベン・モーゼス・ハ＝レヴィ　1505-1572/1584)

Alkaios
ギリシア神話,ペルセウスの子,アンフィトリュオンの父。
⇒岩世人(アルカイオス)

Alkaios〈前7・6世紀〉
ギリシアの抒情詩人。兄たちとともに貴族派の闘士として参戦。女流抒情詩人サッフォーと同郷同期。
⇒岩世人(アルカイオス　前620頃-?)
ネーム(アルカイオス　前620?-?)

Alkaios ho Messēnios〈前3・2世紀〉
ギリシアの諷刺詩作家。
⇒岩世人(アルカイオス(メッセネの))

Alkalai, Judah ben Solomon Hai〈18・19世紀〉
セファルディ系のラビで近代シオニズム運動の先覚者。
⇒ユ人(アルカライ,ユダ・ベンソロモン・ハイ　1798-1878)
ユ著人(Alkalai,Judah ben Solomon Hai　アルカライ,ユダ・ベン・ソロモン・ハイ　1798-1878)

Alkamenes〈前5世紀〉
ギリシアの彫刻家。前5世紀後半にアテネで

制作。
⇒岩世人（アルカメネス）
ネーム（アルカメネス）
芸13（アルカメネス　前5世紀）

Alkan, Charles Henri Valentin〈19世紀〉
フランスのピアノ奏者, 作曲家。
⇒岩世人（アルカン　1813.11.30–1888.3.29）
ピ曲改（アルカン, シャルル・ヴァランタン　1813–1888）
ユ著人（Alkan,Charles Henri Valentin　アルカン, シャルル・アンリ・ヴァランタン　1813–1888）

Alkēstis
ギリシア神話の人物。
⇒岩世人（アルケスティス）

Alkibiades〈前5世紀〉
アテネの政治家, 将軍。
⇒岩世人（アルキビアデス　前450–前404）
ネーム（アルキビアデス　前450?–前404）
学叢歴（アルキビアデス　前450–前404）

Alkidamas〈前5・4世紀〉
ギリシアの修辞家, ソフィスト。
⇒岩世人（アルキダマス　（活動）前5–4世紀）

Alkinoos
ギリシア神話, ナウシトオスの子。スケリア島のファイアケス人の王, アレテの夫, ナウシカアの父。
⇒岩世人（アルキノオス）

Alkinoos〈2世紀頃〉
中期プラトン主義の著作家。
⇒岩世人（アルキノオス　（活動）2世紀頃）

Alkiphrōn〈2世紀頃〉
ギリシアの作家。
⇒岩世人（アルキフロン）

Alkmaiōn
ギリシア神話, アンフィアラオスとエリフュレとの子。
⇒岩世人（アルクマイオン）

Alkmaion ho Krotoniates〈前6・5世紀〉
ギリシアの思想家, 医学者。ピタゴラスの弟子。
⇒岩世人（アルクマイオン（クロトンの）　前490–前430）
ネーム（アルクマイオン）

Alkman〈前7世紀〉
ギリシアの抒情詩人。現存する最古の合唱隊歌の作者。前7世紀後半頃スパルタで活躍。
⇒岩世人（アルクマン　（活動）前7世紀後半）

Alkmēnē
ギリシア神話の英雄ヘラクレスの母。
⇒岩世人（アルクメネ）
ネーム（アルクメネ）

Alkyonē
ギリシア神話, アイオロスの娘。ケウクスの妻。
⇒岩世人（アルキュオネ）

Allain-Targé, François〈19・20世紀〉
フランスのジャーナリスト, 政治家。
⇒19仏（フランソワ・アラン＝タルジェ　1832.5.7–1902.7.16）

Allan, Maud〈19・20世紀〉
カナダのダンサー。
⇒バレエ（アラン, モード　1873.8.27–1956.10.7）

Allard, Marie〈18・19世紀〉
フランスのバレリーナ。
⇒バレエ（アラール, マリー　1742/1738.8.14–1802.1.14）

Allatius, Leo〈16・17世紀〉
イタリアのカトリック学者。
⇒新カト（アラティウス　1586–1669.1.19）

Allchin, George〈19・20世紀〉
アメリカのアメリカン・ボード宣教師, 讃美歌研究家。
⇒岩世人（オルチン　1852.1.10–1935.11.28）

Allegrain, Christophe-Gabriel〈18世紀〉
フランスの彫刻家。
⇒芸13（アルグラン, クリストフ　1710–1785）

Allegri, Gregorio〈16・17世紀〉
イタリアの作曲家。9声部の『ミゼレーレ』はカトリック教会音楽の傑作。
⇒バロ（アッレグリ, グレゴリオ　1582–1652.2.7）
岩世人（アッレーグリ　1582–1652.2.7）
ネーム（アレグリ　1582–1652）
新カト（アレグリ　1582.1652.2.17）

Allegri, Lorenzo〈16・17世紀〉
イタリアのリュート奏者。
⇒バロ（アッレグリ, ロレンツォ　1573頃–1648.7.15）

Allemane, Jean〈19・20世紀〉
フランスの社会主義者。90年革命的社会主義労働党を創立。
⇒岩世人（アルマーヌ　1843.8.25–1935.6.6）
学叢思（アルマーヌ, ジャン　1843–?）

Allen, Charles Grant Blairfindie〈19世紀〉
イギリス（カナダ生れ）の自然科学者, 小説家。ダーウィン説を採った。
⇒岩世人（アレン　1848.2.24–1899.10.24）
学叢思（アレン, チャールズ・グラント　1848–1899）

Allen, David Oliver〈18・19世紀〉
アメリカの宣教師。

⇒アア歴（Allen,David Oliver　デイヴィッド・オリヴァー・アレン　1799.9.14–1863.7.19）

Allen, Ethan〈18世紀〉
バーモントの政治家。アメリカ独立戦争で活躍。
⇒岩世人（アレン　1738.1.21–1789.2.12）

Allen, Henry Tureman〈19・20世紀〉
アメリカの陸軍軍人。
⇒アア歴（Allen,Henry T(ureman)　ヘンリー・テュアマン・アレン　1859.4.13–1930.8.30）

Allen, Horace Newton〈19・20世紀〉
アメリカのプロテスタント宣教師, 医師, 外交官。
⇒アア歴（Allen,Horace N(ewton)　ホラス・ニュートン・アレン　1858.4.23–1932.12.11）
　岩世人（アレン　1858.4.23–1932.12.11）

Allen, Joel Asaph〈19世紀〉
アメリカの博物学者。
⇒学叢思（アレン, ジョエル・アサフ　1838–?）

Allen, Richard〈18・19世紀〉
アメリカの「アフリカ・メソジスト監督教会」創立者。
⇒岩世人（アレン　1760.2.14–1831.3.26）

Allen, William〈16世紀〉
イギリスの枢機卿, 神学者。フランスのドゥイに神学校を創設, 聖書の英語訳（ドゥイ・ランス訳）にも従事。
⇒岩世人（アレン　1532–1594.10.16）
　新カト（アレン　1532–1594.10.16）

Allen, William〈18・19世紀〉
イギリスの博愛家, 化学者。
⇒学叢思（アレン, ウィリアム　1770–1843）

Allen, William〈19世紀〉
イギリスの労働運動者。
⇒学叢思（アレン, ウィリヤム　1813–1874）

Allen, Young John〈19・20世紀〉
アメリカのメソジスト派宣教師。
⇒アア歴（Allen,Young J(ohn)　ヤング・ジョン・アレン　1836.1.3–1907.5.30）
　岩世人（アレン　1836.1.3–1907.5.30）

Allen, Zachariah〈18・19世紀〉
アメリカの自然科学者, 発明家。
⇒学叢思（アレン, ザカリア　1795–1882）

Allenby, Edmund Henry Hynman, 1st Viscount〈19・20世紀〉
イギリスの軍人。
⇒岩世人（アレンビー　1861.4.23–1936.5.14）
　ユ人（アレンビー, エドムンド・ヘンリー・ハインマン, 子爵　1861–1936）
　ユ著人（Allenby,Edmond Henry Hynman　アレンビー, エドムンド・ヘンリー・ハインマン　1861–1936）

Alley, Stephen〈19・20世紀〉
イギリスのインテリジェンス・オフィサー。1917年の革命時にロシアで諜報活動を行なった。
⇒スパイ（アレイ, スティーヴン　1876–1969）

Alleyn, Edward〈16・17世紀〉
イギリスの名優。リチャード・バーベッジのライバル。
⇒岩世人（アレン　1566–1626.11.25）

Allison, Richard〈16・17世紀〉
イギリスの町楽師, クラヴィコード奏者?。
⇒バロ（アリソン, リチャード　1550頃?–1606以降）

Allo, Ernest-Bernard〈19・20世紀〉
フランスの聖書学者, ドミニコ会会員。
⇒新カト（アロ　1873.2.5–1945.1.19）

Allori, Alessandro〈16・17世紀〉
イタリアの画家。
⇒岩世人（アッローリ　1535.5.31–1607.9.22）

Allori, Christofano〈16・17世紀〉
イタリアの画家。代表作『ホロフェルネスの首を持つユディト』。
⇒岩世人（アッローリ　1577.10.17–1621.4.1）

Allouez, Claude Jean〈17世紀〉
フランス出身のイエズス会宣教師。
⇒新カト（アルーエ　1622.6.6–1689.8.27/28）

Allston, Washington〈18・19世紀〉
アメリカの画家, 作家。
⇒芸13（オールストン, ワシントン　1779–1843）

Almagro, Diego de〈15・16世紀〉
クスコ, ペルーの征服者。ピサロと協力してインカ帝国を征服後チリ遠征を行った。
⇒岩世人（アルマグロ　1464/1475–1538.7.8）
　ネーム（アルマグロ　1464?–1538）
　ラテ新（アルマグロ　1480?–1538）

Almain, Jacques〈15・16世紀〉
フランスの神学者。
⇒新カト（アルメン　1480頃–1515）

Alma-Tadema, *Sir* Laurence〈19・20世紀〉
イギリス（オランダ生れ）の画家。風俗画の作がある。
⇒岩世人（アルマ＝タデマ　1836.1.8–1912.6.25）
　学叢思（アルマ・タデマ, サー・ローレンス　1836–1913）
　芸13（アルマ・タデマ, ローレンス　1836–1912）

Almeida, Antonio de〈16世紀〉
ポルトガルの来中国イエズス会士。
⇒新カト（アルメイダ　1556–1591.10.17）

Almeida, Fernando de〈17世紀〉
ポルトガルの聖職者, 巡察官。

⇒バロ (アウメイダ, フェルナンド・デ 1600頃–1660.3.21)

Almeida, Francisco António de〈18世紀〉
ポルトガルの作曲家。
⇒バロ (アウメイダ, フランシスコ・アントーニオ・デ 1702頃–1755)
バロ (アルメーダ, フランシスコ・アントーニオ・デ 1700頃–1760頃)

Almeida, Francisco de〈15・16世紀〉
ポルトガル領インド初代総督。軍人。
⇒岩世人 (アルメイダ 1450頃–1510.3.1)
世人新 (アルメイダ 1450頃–1510)
世人装 (アルメイダ 1450頃–1510)
南ア新 (アルメイダ 1450–1510)

Almeida, Inácio António de〈18・19世紀〉
ポルトガルの作曲家。
⇒バロ (アウメイダ, イナシオ・アントーニオ・デ 1760.2.18–1825.10.25)

Almeida, João de〈16世紀〉
ポルトガルの日本貿易船隊司令官。
⇒岩世人 (アルメイダ ?–1584 (-1590))
新カト (アルメイダ 1559–1584.3)

Almeida, Luis de〈16世紀〉
ポルトガルの貴族, イエズス会士。日本に渡り, 九州で貿易と布教を行う。
⇒岩世人 (アルメイダ 1525–1583.10)
ネーム (アルメイダ 1525–1583)
広辞7 (アルメイダ 1525頃–1583)
新カト (アルメイダ 1525–1583.10)
ユ著人 (Almeida, Luís de アルメイダ, ルイス・デ 1525?–1583)

Almeyda, Carlos Francisco〈18・19世紀〉
スペインの作曲家。
⇒バロ (アルメイザ, カルロス・フランシスコ 1760頃?–1820頃?)

Almirall i Llozer, Valentí〈19・20世紀〉
スペイン, カタルーニャ地方の政治家, ジャーナリスト。
⇒岩世人 (アルミライ 1841.3.8–1904.6.20)

Almosnino, Moses ben Baruch〈16世紀〉
サロニカのラビ, 学者, 説教者。
⇒ユ著人 (Almosnino, Moses ben Baruch アルモスニーノ, モーセ・ベン・バルーフ 1515?–1580?)

Almqvist, Carl Jonas Love〈18・19世紀〉
スウェーデンの作家。急進的思想のため白眼視された。主著『野ばらの書』(14巻, 33～51)。
⇒岩世人 (アルムクヴィスト 1793.11.28–1866.9.26)
ネーム (アルムクヴィスト 1793–1866)

Alodia〈9世紀〉
聖人, 乙女殉教者。祝日10月22日, モサラベ典礼暦では10月21日。
⇒新カト (ヌニロとアロディア ?–851.10.21/22)

Alonso Rodríguez〈16・17世紀〉
イエズス会の信徒修道士。聖人。祝日10月31日。
⇒新カト (アロンソ・ロドリゲス 1532頃–1617.10.31)

Alonto, Alauya〈19・20世紀〉
フィリピンのムスリム指導者。
⇒岩世人 (アロント ?–1952)

Aloysius, Gonzaga〈16世紀〉
イタリアのイエズス会士, 聖人。
⇒岩世人 (アロイシウス 1568.3.9–1591.6.21)
新カト (アロイシウス・ゴンザーガ 1568.3.9–1591.6.21)
図聖 (ゴンザーガ, アロイシウス 1568–1591)

Alp Arslān, Adudu'd-Daulah Abū-Shujā'〈11世紀〉
セルジューク朝第2代の統治者。宰相ニザームル・ムルクの補佐を得て黄金時代を現出。
⇒岩世人 (アルプ・アルスラン 1029/1033/1039–1072)
世帝 (アルプ・アルスラーン 1029–1072)

Alphaios〈3・4世紀〉
聖人, 殉教者。祝日11月17日。ディオクレティアヌス帝による迫害の際に, ザッカイオスとともに殉教。
⇒新カト (アルファイオス ?–303.11.17)

Alphen, Hieronymus van〈18・19世紀〉
オランダの文学者。
⇒岩世人 (ファン・アルフェン 1746.8.8–1803.4.2)

Alphonsus Liguori〈17・18世紀〉
創設者また神学者。聖人。ナポリ近くの生まれ。
⇒新カト (アルフォンソ・マリア・デ・リグオーリ 1696.9.27–1787.8.1)
図聖 (リグオーリ, アルフォンソ・マリア・デ 1696–1787)

Alphonsus Rodriguez〈16・17世紀〉
イエズス会の信徒修道士。聖人。セゴヴィア生まれ。
⇒岩世人 (ロドリゲス 1533–1617.10.31)
図聖 (ロドリゲス, アロンソ 1531–1617)

Alpini, Prospero〈16・17世紀〉
イタリアの植物学者。エジプトの植物を記述し, また初めてコーヒーの木に関して正確な記載をした。
⇒岩世人 (アルピーニ 1553.11.23–1617.2.5)

Alptigīn〈10世紀〉
アフガニスタンのトルコ系ガズニー朝権力の創

始者。在位962〜963。トルコ人奴隷出身。
⇒岩世人（アルプテギン　（在位）962-963）

'Alqama ibn 'Abada al-Tamīmī al-Faḥl〈6世紀〉
アラビアの詩人。
⇒岩世人（アルカマ・イブン・アバダ　6世紀）

Alrici〈17世紀〉
イタリアの作曲家。
⇒バロ（アルリーチ,?　1600頃?-1660頃?）

Alroy, David（Menachem ben-Solomon）〈12世紀〉
偽メシア。モスルの東アマディア（イラク）出身。ユダヤの王と自称し, ダビデ王の名を取ってダビデと名乗った。
⇒ユ人（アルロイ, ダビッド（メナヘム・ベンソロモン）　12世紀）

Alt, Rudolf von〈19・20世紀〉
オーストリアの画家。多くの都市風景を水彩で描き, 建築物および風景の特性を綿密に描出している。
⇒岩世人（アルト　1812.8.28-1905.3.12）

Altamíra y Crevéa, Rafael〈19・20世紀〉
スペインの歴史家, 法律家。共和主義者。
⇒岩世人（アルタミーラ・イ・クレベア　1866.2.10-1951.6.1）

Altan Khan〈16世紀〉
モンゴルの実力者。チンギス・ハンの後裔, タヤン・ハンの孫。
⇒岩世人（アルタン・ハーン　1507-1582）
　ネーム（アルタン・ハン　1507-1582）
　広辞7（アルタン・ハン　1507-1582）
　世人新（アルタン＝ハン　1507-1582）
　世人装（アルタン＝ハン　1507-1582）
　世史語（アルタン・ハン　1507頃-1582）
　世帝（アルタン・ハーン　1507-1582）
　ポプ人（アルタン・ハン　1507-1582）
　学叢歴（俺答　?-1582（万暦10））

Altdorfer, Albrecht〈15・16世紀〉
ドイツの画家, 版画家。1505年以後, レーゲンスブルク市政府のために制作。
⇒岩世人（アルトドルファー　1482(-1485)頃-1538.2.12）
　ネーム（アルトドルファー　1480?-1538）
　広辞7（アルトドルファー　1480頃-1538）
　新カト（アルトドルファー　1480頃-1538.2.12）
　芸13（アルトドルファー, アルブレヒト　1480頃-1538）

Altenberg, Peter〈19・20世紀〉
オーストリアの短篇作家。
⇒岩世人（アルテンベルク　1859.3.9-1919.1.8）
　ネーム（アルテンベルク　1859-1919）
　ユ著人（Altenberg,Peter　アルテンベルク, ペーター　1859-1919）

Altenburg, Johann Ernst〈18・19世紀〉
ドイツのトランペット奏者, 作曲家, 理論家。
⇒バロ（アルテンブルク, ヨハン・エルンスト　1734.6.15-1801.5.14）

Altenburg, Michael I〈16・17世紀〉
ドイツの聖職者, 教師。
⇒バロ（アルテンブルク, ミヒャエル1世　1584.5.27-1640.2.12）

Altenburg, Michael II〈18世紀〉
ドイツのトランペット奏者。
⇒バロ（アルテンブルク, ミヒャエル2世　1700頃?-1760頃?）

Altenstein, Karl, Freiherr von Stein zum〈18・19世紀〉
プロイセンの行政家。蔵相（1808〜10）, 最初の文相（17〜40）。
⇒岩世人（アルテンシュタイン　1770.10.1-1840.5.14）

Altgeld, John Peter〈19・20世紀〉
アメリカの法律家, 政治家。南北戦争後初の民主党のイリノイ州知事に就任（1892〜96）。
⇒岩世人（オールトゲルド　1847.12.30-1902.3.12）

Althaia
ギリシア神話上の人物。
⇒岩世人（アルタイア）

Altham, John〈16・17世紀〉
イギリスのイエズス会宣教師。
⇒新カト（オールサム　1589-1640.11.5）

Althoff, Friedrich〈19・20世紀〉
ドイツ（プロイセン）の官僚政治家。
⇒岩世人（アルトホフ　1839.2.19-1908.10.20）

Althusius, Johannes〈16・17世紀〉
ドイツ人の法学者, 政治学者。バーゼルでローマ法を研究。
⇒岩世人（アルトゥジウス　1557?-1638.8.12）
　学叢思（アルトゥジウス, ヨハネス　1557-1638）

Altichiero da Zevio〈14世紀〉
イタリアの画家。ヴェローナ派の創始者。
⇒岩世人（アルティキエーロ　1330頃-1393）
　芸13（アルティキエロ・ダ・ゼヴィオ　1320頃-1385頃）

Altmann〈11世紀〉
パッサウ司教, 教会改革者。聖人。祝日8月8日。ヴェストファーレン地方の生まれ。
⇒新カト（アルトマン〔パッサウの〕　1015頃-1091.8.8）

Altmann, Richard〈19世紀〉
ドイツの組織学者。細胞原形質の基本単位は顆粒であると唱えた。

⇒岩世人（アルトマン　1852.3.12–1900.12.8）

Altnikol, Johann Christoph〈18世紀〉
ドイツのオルガン奏者, 作曲家。
⇒バロ（アルトニコル, ヨハン・クリストフ　1720.1.1–1759.7.25）

Alto von Altomünster〈8世紀〉
ドイツのカトリック伝道者, 聖人。
⇒図聖（アルト（アルトミュンスターの）　?–8世紀後半）

Altrock, Nicholas〈19・20世紀〉
アメリカの大リーグ選手（投手）。
⇒メジャ（ニック・アルトロック　1876.9.15–1965.1.20）

Altschevsky, Ivan〈19・20世紀〉
ロシアのテノール歌手。
⇒魅惑（Altschevsky,Ivan　1876–1917）

Alughu〈13世紀〉
チャガタイ＝カン（汗）国の統治者。在位1261〜1266。
⇒岩世人（アルグ　?–1266〈世祖至元3〉）

al-Ālūsī, Shihāb al-Dīn〈19世紀〉
バグダード出身の法学者, 啓典解釈学者。
⇒岩世人（アールースィー, シハーブッディーン　1802–1854）

Alva, Alonso Perez de〈15・16世紀〉
スペインの歌手, 聖職者。
⇒バロ（アルバ, アロンソ・ペレス・デ　1470頃?–1519頃以降）

Alva, Pedro〈16世紀〉
スペインのオルガン奏者。
⇒バロ（アルバ, ペドロ　1540頃?–1600頃?）

Alvarado, Diego de〈16・17世紀〉
ポルトガルのオルガン奏者, 作曲家。
⇒バロ（アルバラード, ディエゴ・デ　1580頃?–1643.2.12）

Alvarado, Pedro de〈15・16世紀〉
スペインの中央アメリカ征服者。コルテスのメキシコ征服に従軍（19）。
⇒岩世人（アルバラード　1485頃–1541.7.4）
ラテ新（アルバラド　1485–1541）

Alvarado Rivera, María Jesús〈19・20世紀〉
ペルーのフェミニスト。先住民の地位向上にも尽力。
⇒ラテ新（アルバラド　1878–1971）

Álvares, Antonio〈16・17世紀〉
キリシタン時代の日本宣教師。イエズス会員。ポルトガルのサン・ゴンサロ・デ・アマランテ生まれ。

⇒新カト（アルヴァレス　1552頃–1615.3.12）

Álvares, Francisco〈15・16世紀〉
ポルトガルの司祭。
⇒岩世人（アルヴァレス　1465–1536頃/1541頃）

Álvares, Gonçalo〈16世紀〉
ポルトガルのイエズス会宣教師, 東洋巡察師。
⇒岩世人（アルヴァレス　1527–1573.7.21）
新カト（アルヴァレス　1526頃–1573.7.21）

Álvares, Manuel〈16世紀〉
ポルトガルのイエズス会士。
⇒岩世人（アルヴァレス　1526–1582/1583.12.30）

Alvarez, Albert〈19・20世紀〉
フランスのテノール。94年マスネの「ナヴァールの女」世界初演に参加。
⇒魅惑（Alvarez,Albert　1860–1933）

Alvarez, Jorge〈16世紀〉
ポルトガルの東洋貿易船船長。
⇒岩世人（アルヴァレス）

Alvarez, José María〈19・20世紀〉
スペインの日本宣教師, ドミニコ会管区長。
⇒新カト（アルバレス　1871.3.16–1937.10.28）

Álvarez, Juan〈18・19世紀〉
メキシコの将軍, 政治家。メキシコ皇帝マクシミリアンの軍隊と闘って名声をあげた。
⇒岩世人（アルバレス　1790.1.27–1867.8.21）

Álvarez de Paz〈16・17世紀〉
スペインの神秘家, イエズス会士。預言の力を有したと伝えられ, 霊的生活に関する著書がある。
⇒岩世人（アルバレス・デ・パス　1561–1620）
新カト（アルバレス・デ・パス　1560–1620.1.17）

Álvarez Quintero, Joaquín〈19・20世紀〉
スペインの劇作家。兄との合作により20世紀前半のスペイン演劇界を風靡。
⇒岩世人（アルバレス・キンテーロ兄弟）

Álvarez Quintero, Serafín〈19・20世紀〉
スペインの劇作家。弟との合作により20世紀前半のスペイン演劇界を風靡。
⇒岩世人（アルバレス・キンテーロ兄弟）

Alvear, Carlos María de〈18・19世紀〉
アルゼンチンの将軍, 政治家。
⇒岩世人（アルベアル　1789.10.25–1852.11.3）

Alvear, Marcelo Torcuato de〈19・20世紀〉
アルゼンチンの政治家。大統領（1922〜28）。
⇒岩世人（アルベアル　1868.10.4–1942.3.23）

Alveldt, Augustin von〈15・16世紀〉
ドイツの神学者,フランシスコ会員,ルターの論敵。
⇒新カト (アールフェルト　1480頃-1532/1535)

Alwida
バルト海に出没した伝説の女海賊。
⇒ネーム (アルビダ)

Alwood, Richard〈16世紀〉
イギリスの作曲家,聖職者。
⇒バロ (オルウッド,リチャード　1500頃?-1550頃?)

Alyattes〈前7・6世紀〉
リュディアの王。在位前619～560。
⇒岩世人 (アリュアッテス　(在位)前617-前560)

Alypius (Alipius)〈4・5世紀〉
北アフリカのタガステの司教,聖人。
⇒新カト (アリピウス　360頃-430頃)

Alzheimer, Alois〈19・20世紀〉
ドイツの精神医学者,神経病理学者。
⇒岩世人 (アルツハイマー　1864.6.14-1915.12.19)
ポプ人 (アルツハイマー,アロイス　1864-1915)

Alzog, Johannes Baptist〈19世紀〉
ドイツのカトリック教会史家。フライブルク大学教授(1853～)。
⇒岩世人 (アルツォーク　1808.6.29-1878.3.1)
新カト (アルツォグ　1808.6.29-1878.3.1)

Alzon, Emmanuel-Marie-Joseph-Maurice Daudé d'〈19世紀〉
フランスの司祭,修道会創立者。
⇒新カト (アルゾン　1810.8.30-1880.11.21)

al-Aʻmā al-Tuṭīlī, Abū al-ʻAbbās (Jaʻfar) Aḥmad〈12世紀〉
アンダルスのアラブ系詩人。
⇒岩世人 (アアマー・トゥティーリー　?-1130/1131)

Amadei, Fillippo〈17・18世紀〉
イタリアのチェロ奏者。
⇒バロ (アマーデイ,フィリッポ　1683頃-1735)

Amadeo, Giovanni Antonio〈15・16世紀〉
イタリア・ルネサンスの建築家,彫刻家。
⇒岩世人 (アマデーオ　1447-1522.8.27/28)

Amadeus IX, Bl.〈15世紀〉
サヴォイア家の統治者。在位1465～1472。
⇒図聖 (アマデウス9世　1435-1472)

Amadeus (Lausanne)〈12世紀〉
フランスのシトー会修道士,司教,聖人。
⇒新カト (アマデウス〔ローザンヌの〕　1110.1.21-1159.8.27)

Amadeus of the Heart of Jesus〈19・20世紀〉
アメリカの修道女。
⇒新カト (アマデイアス　1846.7.2-1919.11.10)

Amador de los Rios, José〈19世紀〉
スペインの歴史家。マドリード大学教授。
⇒岩世人 (アマドール・デ・ロス・リオス　1818.4.30-1878.2.17)

Amagat, Emil Hilaire〈19・20世紀〉
フランスの物理学者。高圧に関する多くの研究がある。
⇒岩世人 (アマガ　1841.1.2-1915.2.15)
物理 (アマガ,エミール　1841-1915)

Amagat, Louis〈19世紀〉
フランスの医師,政治家。
⇒19仏 (ルイ・アマガ　1847.7.13-1890.7.4)

Amai Pakpak〈19世紀〉
ミンダナオ島ラナオ地方のムスリム指導者。
⇒岩世人 (アマイ・パクパク　?-1895)

Amalarius Symphosius〈8・9世紀〉
カロリング期の司教,典礼学者。
⇒岩世人 (アマラリウス〔メスの〕　775頃-850頃)
新カト (アマラリウス　770頃-850頃)

Amalaswintha〈6世紀〉
東ゴート王国の統治者。在位534。
⇒岩世人 (アマラスンタ　498頃-535.4.30)
王妃 (アマラスンタ　?-535)

Amalberga von Gent〈8世紀〉
処女,聖人。
⇒図聖 (アマルベルガ〔ガンの〕　?-8世紀)

Amalia, Anna〈18・19世紀〉
ザクセン・ヴァイマル(ドイツ)の公妃。フリードリヒ2世(大王)の姪。
⇒バロ (アマーリア,アンナ2世　1739.10.24-1807.4.10)
岩世人 (アンナ・アマーリア　1739.10.24-1807.4.10)

Amalia, Anna I〈18世紀〉
ドイツの貴族,音楽の庇護者,アマチュア音楽家。ザクセン=ワイマール公E.A.コンスタンティン夫人。
⇒バロ (アマーリア,アンナ1世　1723.11.9-1787.3.30)

Amalie von Solms-Braunfels〈17世紀〉
オランダ総督・オラニエ公フレデリック・ヘンドリックの妃。
⇒王妃 (アマーリエ　1602-1675)

Amalricus de Bèna〈12・13世紀〉
フランスのスコラ哲学者。エリウゲナ的汎神論のかどで断罪された。

⇒岩世人（アマルリック・ド・ベーヌ ?–1206/1207）
学叢思（アマルリック ?–1206頃）
新カト（アマルリクス〔ベーヌ〕 ?–1206頃）
メル1（アマルリック・ド・ベーヌ〔ラテン名アマルリクス〕 ?–1206/1207?）

Amandus (Maastricht)〈6・7世紀〉
メロヴィング王朝期のフランドル人への伝道者、聖人。
⇒新カト（アマンドゥス〔マーストリヒトの〕 584頃–676/684.2.6）
図聖（アマンドゥス（マーストリヒトの） ?–679–684）

Amangkurat I〈17世紀〉
インドネシア、マタラム王国第5代の王。在位1646～77。
⇒岩世人（アマンクラット1世 1619?–1677）

Aman-Jean, Edmond François〈19・20世紀〉
フランスの画家、版画家。サロン・デ・チュイルリーの創設者の一人。
⇒岩世人（アマン＝ジャン 1858.1.13–1936.1.23）
芸13（アマン・ジャン、エドモン・フランソア 1860–1936）

Amann, Émile〈19・20世紀〉
フランスのカトリック神学者、教理史家。
⇒新カト（アマン 1880.6.4–1948.1.10）

'Am'aq Bukhārī〈12世紀〉
大セルジューク朝最後の主サンジャールの時代のペルシア詩人。
⇒岩世人（アムアク・ブハーラーイー ?–1147/1148）

Amaral, João Maria Ferreira do〈19世紀〉
ポルトガルの澳門（マカオ）総督。
⇒岩世人（アマラル 1803.3.4–1849.8.22）

Amari, Michele〈19世紀〉
イタリアの政治家、東方学者、歴史家。
⇒岩世人（アマーリ 1806.7.7–1889.7.16）

Amaru〈7・8世紀〉
インドのサンスクリット詩人。恋愛抒情詩『アマルの百頌詩集』がある。
⇒岩世人（アマル）
南ア新（アマル 生没年不詳）

Amasis Painter〈前6世紀〉
古代ギリシアの陶工家。
⇒岩世人（アマシス〔活躍〕前6世紀中頃）

Amati, Andrea〈16世紀〉
イタリアのヴァイオリン製作者。イタリア・クレモナ派の創始者で、ヴァイオリンの形状を確立。
⇒岩世人（アマーティ 1511以前–1577）

Amati, Scipione〈17世紀〉
イタリア人。支倉六右衛門の訪欧中、一行と共にスペインを経てローマに入り、教皇謁見の際には通訳をした。
⇒岩世人（アマーティ）
新カト（アマティ 17世紀初頭）

Amator
聖人。祝日8月20日。ルッカの隠修士といわれる。
⇒新カト（アマトール〔ルッカの〕 生没年不詳）

Amator〈4・5世紀〉
オセールの司教。聖人。祝日5月1日。精神病を癒やす守護聖人として崇敬された。
⇒新カト（アマトール〔オセールの〕 ?–418.5.1）

Amator〈9世紀〉
聖人、殉教者。祝日4月30日。スペインのマルトス生まれ。
⇒新カト（アマトール〔コルドバの〕 ?–855.4.30）

Amberger, Christoph〈16世紀〉
ドイツの画家。主作品「カルル5世像」。
⇒岩世人（アンベルガー 1505頃–1561/1562）
芸13（アムベルガー、クリストフ 1500頃–1561–1562）

Ambiela, Miguel de〈17・18世紀〉
スペインの指揮者、理論家。
⇒バロ（アンビエーラ、ミゲル・デ 1666.9.29–1733.3.29）

Ambiorix〈前1世紀〉
ベルガエ族の指導者。
⇒岩世人（アンビオリクス）

Ambros, August Wilhelm〈19世紀〉
オーストリアの音楽史家、音楽批評家、作曲家。主著『音楽の歴史』（62～82）。
⇒岩世人（アンブロス 1816.11.17–1876.6.28）
ネーム（アンブロース 1816–1876）

Ambrose, Isaac〈17世紀〉
イギリスの非国教派の牧師。
⇒新カト（アンブローズ 1604–1664）

Ambrosi, Luigi〈19・20世紀〉
イタリアの哲学者。ピサ大学哲学史教授。
⇒岩世人（アンブロージ 1870.3.17–1925.1.17）

Ambrosius, Aurelius〈4世紀〉
イタリアの聖職者、教会博士。聖人。古代西教会の四大教会博士の一人。アリウス派と抗争した雄弁な説教家。
⇒バロ（アンブロシウス、サン・アウレリウス 333–339頃–397.4.4）
岩世人（アンブロシウス 333頃–397.4.4）
ネーム（アンブロシウス 340?–397）
広辞7（アンブロシウス 339頃–397）
学叢思（アンブロジウス）
新カト（アンブロシウス 337/339–397.4.4）

図聖（アンブロシウス　339頃-397）
世人新（アンブロシウス　339頃-397）
世人装（アンブロシウス　339頃-397）
メル1（アンブロシウス（聖）　333/340?-397）

Ambrosius Autpertus〈8世紀〉
ベネディクト会大修道院院長，神学者。聖人。祝日7月19日。
⇒新カト（アンブロシウス・アウトペルトゥス　?-784.1.30）

Amcazâde Hüseyin Paşa, Köprülüzâde〈17・18世紀〉
オスマン帝国の軍人，政治家。
⇒岩世人（アムジャザーデ・ヒュセイン・パシャ，キョプリュリュザーデ　?-1702）

Amedeo Ferdinando Maria di Savoia〈19世紀〉
アオスタ公，スペイン王。在位1870～73。イタリア王ヴィットーリョ・エマヌエレ2世の第2子。
⇒岩世人（アメデーオ　1845.5.30-1890.1.18）

Ameghino, Florentino〈19・20世紀〉
アルゼンチンの地質学者，古生物学者。
⇒岩世人（アメギーノ　1854.9.18-1911.8.6）

Amelia〈18・19世紀〉
イギリス王ジョージ3世の娘。
⇒王妃（アミーリア　1783-1810）

Amel-Marduk〈前6世紀〉
バビロニアの統治者。在位前561～560。
⇒岩世人（アメル・マルドゥク　（在位）前561-前560）

Amenhotep I〈前16世紀〉
エジプト第18王朝の王。在位前1545～24。パレスチナまで領土を拡大。
⇒岩世人（アメンヘテプ1世　（在位）前1525-前1504頃）
ネーム（アメンヘテプ1世）
世帝（アメンヘテプ1世　（在位）前1551-前1524頃）

Amenhotep II〈前15世紀〉
エジプト第18王朝の王。在位前1448～22。
⇒岩世人（アメンヘテプ2世　（在位）前1428-前1397頃）
世帝（アメンヘテプ2世　（在位）前1453-前1419頃）

Amenhotep III〈前15・14世紀〉
エジプト第18王朝の王。在位前1413～1377。エジプト最盛期の最後の時代を治めた。
⇒岩世人（アメンヘテプ3世　（在位）前1388-前1351/前1350頃）
世帝（アメンヘテプ3世　（在位）前1386-前1349頃）

Amenhotep IV〈前14世紀〉
エジプト第18王朝の王。在位前1379～62。宗教改革運動をおこし，アマルナに遷都。

⇒岩世人（アメンヘテプ4世　（在位）前1351-前1334頃）
ネーム（イクナートン）
広辞7（アメンヘテプ　（在位）前1351-前1334）
世人新（アメンホテプ4世（イクナートン）　生没年不詳　（在位）前1351頃-前1334頃）
世人装（アメンホテプ4世（イクナートン）　生没年不詳　（在位）前1351頃-前1334頃）
世史語（アメンホテプ4世（イクナートン）　（在位）前1351頃-前1334頃）
世帝（アメンヘテプ4世　（在位）前1350-前1334頃）
ポプ人（アメンホテプ4世　生没年不詳）

Ament, William Scott〈19・20世紀〉
アメリカの宣教師。
⇒アア歴（Ament,William Scott　ウイリアム・スコット・エイメント　1851.9.14-1909.1.6）

Amerbach, Bonifatius〈15・16世紀〉
バーゼル（スイス）の法学者，美術品蒐集家。エラスムスの友人，相続者。
⇒岩世人（アーメルバッハ　1495.10.11-1562.4.24）

Amerbach, Johannes〈15・16世紀〉
ドイツの印刷業者。
⇒岩世人（アーメルバッハ　1430頃-1513）

Amerling, Friedrich von〈19世紀〉
オーストリアの画家。
⇒岩世人（アーマーリング　1803.4.14-1887.1.14）

Amerman, James Lansing〈19・20世紀〉
アメリカの改革派教会宣教師，神学者。東京一致神学校，明治学院神学部で英語，神学を教授。
⇒岩世人（エイマーマン（アメルマン）　1843.8.13-1928.9.6）

Amery, Leopold Charles Maurice Stennett〈19・20世紀〉
イギリスの政治家。
⇒岩世人（エイメリー　1873.11.22-1955.9.16）
ユ人（アメリー，レオポルド・ステネット　1873-1955）

Ames, James Barr〈19・20世紀〉
アメリカの法律学者。法制史に〈ケース・メソッド〉を適用普及。
⇒岩世人（エイムズ　1846.6.22-1910.1.8）

Amesias〈前8世紀〉
ユダ王国第9代の王。在位前800～783（旧約）。
⇒聖書（アマツヤ）
世帝（アマツヤ　前825?-前783?）

Amesius, William〈16・17世紀〉
イギリスのピューリタンの代表的神学者。
⇒新カト（アメシウス　1576-1633.11.14）

Amherst, Jeffrey Amherst, Baron〈18世紀〉
イギリスの軍人。
⇒岩世人（アマースト　1717.1.29-1797.8.3）

Amherst, William Pitt〈18・19世紀〉
イギリスの政治家,外交官。中国名,阿美士徳。
⇒岩世人（アマースト　1773.1.14–1857.3.13）
　ネーム（アマースト　1773–1857）
　世人新（アマースト　1773–1857）
　世人装（アマースト　1773–1857）
　世史語（アマースト　1773–1857）
　ポプ人（アマースト, ウィリアム・ピット　1773–1857）

Amiable, Louis〈19世紀〉
フランスの弁護士,政治家。
⇒**19仏**（ルイ・アミアーブル　1837.2.16–1897.1.23）

Amici, Giovanni Battista〈18・19世紀〉
イタリアの天文学者,光学者。光学器械の改良に努め現代の顕微鏡光学の基礎を確立。
⇒岩世人（アミーチ　1786.3.23–1868.4.10）

al-Āmidī, Sayf al-Dīn〈12・13世紀〉
イスラーム法学者,神学者。
⇒岩世人（アーミディー　1156/1157–1233.11）

Amiel, Henri Frédéric〈19世紀〉
フランス系スイスの文学者,哲学者。ドイツの音楽,詩に心酔,外国詩の訳詩集を発表。
⇒岩世人（アミエル　1821.9.27–1881.5.11）
　ネーム（アミエル　1821–1881）
　広辞7（アミエル　1821–1881）
　学叢思（アミエル,アンリー・フレデリック　1821–1881）
　メル2（アミエル,アンリ＝フレデリック　1821–1881）

Amigoni, Jacopo〈17・18世紀〉
イタリアの画家。ドイツの城や教会のために,ロココ風の天井画や祭壇画を描いた。
⇒岩世人（アミゴーニ　1682–1752）
　芸13（アミゴーニ,ジャコポ　1685–1752）

al-'Āmilī, Zayn al-Dīn〈16・17世紀〉
イスラームの十二イマーム・シーア派の法学者。
⇒岩世人（アーミリー, ザイヌッディーン　1506.3.6–1602.6）

Amin〈16・17世紀〉
中国,清の太祖ヌルハチの甥。1627年朝鮮を征服。
⇒岩世人（アミン　1585/1586（万暦13/14）–1640（崇徳5））

al-Amīn, Muḥammad b. Hārūnu'r-Rashīd〈8・9世紀〉
サラセンのアッバース朝第6代のカリフ。在位809～13。
⇒岩世人（アミーン　787頃–813.9）
　世帝（アミーン　787–813）

Amiot, Jean Joseph Marie〈18世紀〉
フランスのイエズス会士。
⇒岩世人（アミオ　1718.2.18–1793.10.9）
　新カト（アミヨ　1718.2.8–1793.10.8）

Al-Āmir〈11・12世紀〉
イスラム・エジプトの統治者。在位1101～1130。
⇒世帝（アーミル　1096–1130）

Amira, Karl von〈19・20世紀〉
ドイツの法学者。北部ゲルマン法を厳格な文献学的基礎によって再構成。また法史と一般文化史とを結合した。
⇒岩世人（アーミラ　1848.3.8–1930.6.22）

Amīr Aḥmad Mīnāī, Munshī〈19世紀〉
インドにおけるウルドゥー語詩人,学者。
⇒岩世人（アミール　1828–1900.10.13）

Amīr Alī, Sayyid〈19・20世紀〉
インドのイスラム教学者。
⇒岩世人（アミール・アリー　1849.4.6–1928）
　南ア新（アミール・アリー　1849–1928）

Amīre Kabīr, Mīrzā Taqī Khān〈19世紀〉
ガージャール朝国王ナーセロッディーン・シャーの宰相。在職1848～51。
⇒岩世人（アミーレ・キャビール　1807–1852.1.9）

Amīrī〈19・20世紀〉
イランの詩人,評論家。
⇒岩世人（アミーリー　1860-1–1917）

Amīr khusrau, Dehlvī〈13・14世紀〉
インドのペルシア語詩人。イスラムの諸王朝の宮廷詩人。
⇒岩世人（アミーレ・フスロー　1253–1325）
　広辞7（アミーレ・フスラウ　1253–1325）
　南ア新（アミール・フスロー　1253–1325）

Amlaíb〈10世紀〉
スコットランド王。
⇒世帝（アムライフ　?–977）

Amled
ヴァイキング時代のデンマークの伝説上の王子。
⇒岩世人（アムレズ）

Amman, Dehlvī Mīr〈18・19世紀〉
インドのウルドゥー語散文家。フォート・ウィリアム大学で散文教材を作成。
⇒岩世人（ミール・アンマン）

Amman, Jost〈16世紀〉
ドイツの画家。
⇒岩世人（アマン　1539.6.13–1591.3.17）
　芸13（アムマン, ヨスト　1539–1591）

Ammanati, Bartolommeo〈16世紀〉
イタリアの建築家,彫刻家。代表作にフィレンツェのポンテ・サンタ・トリニタ（1567～70）など。

⇒岩世人（アンマナーティ　1511.6.18–1592.4.13/22）
芸13（アムマナティ，バルトロメオ　1511–1592）

Ammann, Johann Konrad〈17・18世紀〉
アムステルダムで活動したスイスの医者。
⇒岩世人（アンマン　1669.11.23–1724.5.18）

Ammann, Othmar Hermann〈19・20世紀〉
スイスの建築技師。世界最大の懸吊橋ゴールデン・ゲート・ブリッジ（サンフランシスコ）を築造。
⇒岩世人（アンマン　1879.3.26–1965.9.22）

'Ammār b.'Alī al-Mawṣilī, Abū'l-Qāsim〈11世紀頃〉
アラビアの眼科医。
⇒岩世人（アンマール・マウスィリー）

Ammerbach, Elias Nikolaus〈16世紀〉
ドイツのオルガン奏者，編曲家。
⇒バロ（アマーバハ，エリーアス・ニコラウス　1530–1597.1.29）

Ammianus Marcellinus〈4世紀〉
ローマの歴史家。当時のほとんどの戦争に参加して,31巻の歴史書を執筆。
⇒岩世人（アンミアヌス・マルケッリヌス　330頃–395頃）
広辞7（アンミアヌス・マルケリヌス　330頃–395頃）
新カト（アンミアヌス・マルケリヌス　335頃–400頃）

Ammi-ditana〈前17世紀〉
バビロニアの統治者。在位前1683〜1647。
⇒世帝（アンミ・ディタナ　（在位）前1683–前1647）

Ammi-saduqa〈前17世紀〉
バビロニアの統治者。在位前1646〜1626。
⇒岩世人（アンミ・ツァドゥカ　（在位）前1646–前1626頃）
世帝（アンミ・サドゥカ　（在位）前1646–前1626）

Ammon〈3・4世紀〉
エジプト，ニトリア砂漠の隠修士。聖人。祝日10月4日。
⇒新カト（アンモン　280頃–350頃）

Ammon, Otto〈19・20世紀〉
ドイツの人類学者。人類学的社会学に多くの創見を示している。
⇒岩世人（アモン　1842.12.7–1916.1.14）

Ammonios〈3世紀〉
アレクサンドリアで活躍した聖書学者。著書『モーセとイエスの調和』。
⇒新カト（アンモニオス〔アレクサンドリアの〕（活躍）220頃）

Ammonios〈5世紀〉
457年，レオ1世宛の手紙に署名したアレクサンドリアの司祭たちの一人。
⇒新カト（アンモニオス〔アレクサンドリアの〕）

Ammonios〈5世紀〉
アレクサンドリアの哲学塾の学頭。キリスト教に改宗した。
⇒新カト（アンモニオス〔アレクサンドリアの〕）

Ammonios〈6世紀〉
アレクサンドリアで活躍した神学者。キリスト単性説を支持する人々と論争した。
⇒新カト（アンモニオス〔アレクサンドリアの〕　6世紀）

Ammōnios Sakkas〈2・3世紀〉
アレクサンドリアの哲学者。新プラトン主義の創始者の一人。
⇒岩世人（アンモニオス・サッカス　（活動）3世紀前半）
新カト（アンモニオス・サッカス　175–242頃）

Amner, John〈16・17世紀〉
イギリスの歌手，オルガン奏者，聖職者。
⇒バロ（アムナー，ジョン　1579.8.24–1641.7.28）

Amnōn
ダビデの長男。母はエズレル出身のアヒノアム（旧約）。
⇒岩世人（アムノン）
聖書（アムノン）

Amodei, Cataldo〈17世紀〉
イタリアの指揮者，教育者。
⇒バロ（アモデーイ，カタルド　1650頃?–1695）

Amo-ghavajra〈8世紀〉
中国，唐代の僧。サンスクリット名アモーガバジュラ。不空金剛の略称。
⇒岩世人（不空　ふくう　705–774（大暦9））
広辞7（不空　ふくう　705–774）

Amon〈前7世紀〉
ユダ王国第15代の王。マナセの息子で後継者（旧約）。
⇒世帝（アモン　前664?–前640）

Amon, Blasius〈16世紀〉
オーストリアの作曲家。
⇒バロ（アモン，ブラジウス　1558頃–1590.6.1-21）

Amontons, Guillaume〈17・18世紀〉
フランスの実験物理学者。
⇒岩世人（アモントン　1663.8.31–1705.10.11）

Amor Ruibal, Ángel María〈19・20世紀〉
スペインのカトリック神学者。
⇒新カト（アモル・ルイバル　1869.3.11–1930.11.4）

Amort, Eusebius〈17・18世紀〉
ドイツのカトリック神学者, 哲学者。
⇒新カト（アモルト　1692.11.15–1775.2.5）

Amory, Thomas〈17・18世紀〉
イギリスの作家。風変りな自伝的小説を書いた。
⇒岩世人（エイモリー　1691頃–1788.11.25）

Amos〈前9・8世紀〉
北イスラエル王国の最初の記述預言者。国民の罪を糾弾し, 神の裁き, 国家の滅亡, 民の虜囚を預言。
⇒岩世人（アモス）
　学叢思（アモス　前780–前740）

Amouroux, Charles〈19世紀〉
フランスの社会主義者。
⇒学叢思（アムールー, シャルル　1843–1885）

Ampel, Sunan〈15世紀〉
ジャワの伝説的な9人のイスラーム布教者〈ワリ・ソンゴ〉の一人。
⇒岩世人（アンペル, スナン　1401頃–1481頃）

Ampère, André Marie〈18・19世紀〉
フランスの数学者, 物理学者。アンペールの法則の発見などで電気力学の基礎を築く。
⇒岩世人（アンペール　1775.1.22–1836.6.10）
　科史（アンペール　1775–1836）
　ネーム（アンペール　1775–1836）
　広辞7（アンペール　1775–1836）
　学叢思（アンペール, アンドレ・マリー　1775–1836）
　物理（アンペール, アンドレ＝マリ　1775–1836）
　世人新（アンペール　1775–1836）
　世人装（アンペール　1775–1836）
　ポプ人（アンペール, アンドレ＝マリー　1775–1836）
　メル2（アンペール, アンドレ＝マリ　1775–1836）

Ampère, Jean-Jacques Antoine〈19世紀〉
フランスの歴史家。
⇒岩世人（アンペール　1800.8.12–1864.3.27）

Ampferer, Otto〈19・20世紀〉
オーストリアの地学者。造山運動に関する理論がある。
⇒岩世人（アンプフェラー　1875.12.1–1947.7.9）

Amphiaraos
ギリシア神話, アルゴスの英雄。
⇒岩世人（アンフィアラオス）

Amphiktyōn
デウカリオンの子。
⇒岩世人（アンフィクテュオン）

Amphilochios〈4世紀〉
イコニオンの司教。聖人。祝日11月23日。ナジアンゾスのグレゴリオスのいとこ。
⇒新カト（アンフィロキオス　340/345頃–394/404頃）

Amphion
ギリシア神話, ゼウスとアンティオペの息子。
⇒岩世人（アンフィオン）

Amphitryōn
ギリシア神話, ペルセウスの孫, ティリュンスの王アルカイオスの子。
⇒岩世人（アンフィトリュオン）

Ampion
ギリシア神話で, アンティオペの息子で竪琴の名手。
⇒ネーム（アンピオン）

Amram, ben-Sheshna（Amram Gaon）〈9世紀〉
バビロニアの礼拝書の編さん者。現存する最古の礼拝書の編さん者。
⇒ユ人（アムラム, ベンシェシナ（アムラム・ガオン）　?–875頃）

'Amr bn Kulthūm〈6世紀〉
古代アラビアの詩人。ジャーヒリーヤ時代の詩集『ムアッラカート』中に主要作品がある。
⇒岩世人（アムル・イブン・クルスーム）

'Amr ibn al-'Āṣ〈6・7世紀〉
アラビアの武人, 政治家, エジプト征服者。
⇒岩世人（アムル・イブン・アース　?–663）

'Amr ibn Layth〈9・10世紀〉
西アジアのサッファール朝2代の王。在位878～900。
⇒岩世人（アムル・イブン・ライス　?–902）

Amschel, Conrad〈16・17世紀〉
ドイツの鉛細工職人, マイスタージンガー, 自衛団員。
⇒バロ（アムシェル, コンラート　1590頃?–1650頃?）

Amsdorf, Nikolaus von〈15・16世紀〉
ドイツのプロテスタント神学者。
⇒岩世人（アムスドルフ　1483.12.3–1565.5.14）
　新カト（アムスドルフ　1483.12.3–1565.5.14）

Amundsen, Roald（Engelbreth Gravning）〈19・20世紀〉
ノルウェーの極地探検家。1903～06年に北極洋の北西航路を初通過に成功。
⇒岩世人（アームンセン　1872.7.16–1928.6）
　ネーム（アムンセン　1872–1928）
　広辞7（アムンゼン　1872–1928）
　世人新（アムンゼン（アムンセン）　1872–1928）
　世人装（アムンゼン（アムンセン）　1872–1928）
　世史語（アムンゼン　1872–1928）
　ポプ人（アムンゼン, ロアルド　1872–1928）

Amursanā〈18世紀〉
オイラートのホイト部の長。清に来投し,親王に封ぜられ,北路副将軍としてジュンガルの征討に参加。
⇒岩世人(アムルサナー 1722?–1757.9.21)

Amussat, Jean Zuléma〈18・19世紀〉
フランスの外科医。腸管の手術や膀胱結石の検査法等に新しい考案をした。
⇒岩世人(アミュサ 1796.11.21–1856.5.13)

Amvrosy〈19世紀〉
ロシア正教会の長老(克肖者)。
⇒岩世人(アムヴローシー(オプチナ修道院の) 1812.11.21/23–1891.10.10)

Amykos
ギリシア神話,ポセイドンの子。
⇒岩世人(アミュコス)

Amymonē
ギリシア神話上の人物。
⇒岩世人(アミュモネ)

Amyntas I〈前6・5世紀〉
マケドニアの王。在位540〜498。
⇒世帝(アミュンタス1世 (在位)前547–前498)

Amyntas III〈前4世紀〉
マケドニアの王。在位前393/2〜70。フィリッポス2世の父。
⇒世帝(アミュンタス3世 ?–前370)

Amyntas IV〈前4世紀〉
マケドニア王。在位前360〜59。ペルディッカス3世の子。
⇒世帝(アミュンタス4世 ?–前336)

Amyot, Jacques〈16世紀〉
フランスの古典学者,翻訳家。
⇒岩世人(アミヨ 1513.10.30/29–1593.2.7/6)
　広辞7(アミヨ 1519–1593)
　新カト(アミヨ 1513.10.30–1593.2.6)

Amyraut, Moïse〈16・17世紀〉
フランスのカルヴィニズム神学者,説教者。
⇒新カト(アミロー 1596–1664.1.8)

Anacletus, St.〈1世紀〉
ローマ教皇。在位76〜88。
⇒新カト(アナクレトゥス ?–88)

Anacletus II〈12世紀〉
教皇インノケンティウス2世の対立教皇。在位1130〜38。
⇒新カト(アナクレトゥス2世 ?–1138.1.25)

Ana de Austria〈16世紀〉
フェリペ2世の4番目の妃。神聖ローマ皇帝マクシミリアン2世の娘。
⇒王妃(アナ 1549–1580)

Ana de San Bartolomé〈16・17世紀〉
スペインの跣足カルメル会修道女。
⇒新カト(アナ・デ・サン・バルトロメ 1549.10.1–1626.6.7)

Anakreōn〈前6・5世紀〉
ギリシアの抒情詩人。『アナクレオンテイア』という後世の模作集が現存。
⇒岩世人(アナクレオン)
　ネーム(アナクレオン 前560?–?)
　広辞7(アナクレオン 前6世紀)
　新カト(アナクレオン 前6世紀–前5世紀前半)
　世人新(アナクレオン 前570頃–前485頃)
　世人装(アナクレオン 前570頃–前485頃)

Anan, ben-David〈8世紀〉
バビロニア出身,アナン派の創始者。
⇒ユ人(アナン,ベンダビッド 8世紀)

Ānanda〈前5世紀〉
釈迦の十大弟子の一人でその従弟。
⇒岩世人(アーナンダ)
　ネーム(アーナンダ)
　広辞7(阿難 あなん)

Ananda〈13・14世紀〉
モンゴル帝国の王族。
⇒岩世人(アナンダ ?–1307.6.2(大徳11.5.2))

Ānandavardhana〈9世紀〉
インドのサンスクリット文学詩論家。詩論書『ドゥヴァニ・アーローカ』など。
⇒岩世人(アーナンダヴァルダナ)

Ananias
エルサレム初代キリスト教会の会員(使徒行伝)。
⇒岩世人(アナニア)
　新カト(アナニアとサフィラ)
　聖書(アナニアとサフィラ)

Ananias of Damascus〈1世紀〉
ダマスクスのキリスト教徒。
⇒岩世人(アナニア)
　聖書(アナニア)

Ananias of Jerusalem〈1世紀〉
エルサレムの大祭司,ネベデウスの子。
⇒岩世人(アナニア)

Anastasia〈3・4世紀〉
聖女。ディオクレチアヌス帝による迫害で殉教。
⇒新カト(アナスタシア〔シルミウムの〕 ?–304)
　図聖(アナスタシア(シルミウムの) ?–304頃)

Anastasia〈6世紀〉
コンスタンティノポリスの貴族の娘。聖人。祝日3月10日,8月28日。
⇒新カト(アナスタシア〔エジプトの〕 6世紀初–576/577)

A

Anastasios〈7世紀〉
教会著述家。聖人。祝日4月21日。シナイ山で修道生活を送った。
⇒新カト（アナスタシオス〔シナイの〕　?-700頃）

Anastasios I〈6世紀〉
アンティオケイアの司教。聖人。祝日4月20日。在位559～70,593～99。
⇒新カト（アナスタシオス1世〔アンティオケイアの〕　?-599）

Anastasios Apokrisiarios〈7世紀〉
聖人。祝日10月11日。証聖者マクシモスの弟子。コンスタンス2世の宗教法令に反論したため、追放された。
⇒新カト（アナスタシオス・アポクリシアリオス　?-666.10.11）

Anastasius I〈5・6世紀〉
東ローマ皇帝。在位491～518。対外関係を改善し、マルモラ海から黒海にいたる長城を建設。
⇒岩世人（アナスタシウス1世　430頃-518.7.10）
　新カト（アナスタシウス1世　430頃-518.7.8/10）
　世帝（アナスタシウス1世　431-518）

Anastasius I, St.〈4世紀〉
ローマ教皇。在位399～401。
⇒新カト（アナスタシウス1世　?-401.12.19）

Anastasius II〈5世紀〉
ローマ教皇。在位496～498。
⇒新カト（アナスタシウス2世　?-498.11.19）

Anastasius II〈8世紀〉
東ローマ皇帝。在位713～15。
⇒世帝（アナスタシオス2世　?-719）

Anastasius III〈9・10世紀〉
ローマ教皇。在位911～913。
⇒新カト（アナスタシウス3世　?-913.6頃）

Anastasius IV〈11・12世紀〉
ローマ教皇。在位1153～1154。
⇒新カト（アナスタシウス4世　1080頃-1154.12.3）

Anāthapiṇḍika
インドの仏教徒。祇園精舎を建てた。
⇒岩世人（アナータピンディカ）

Anatolia〈3世紀〉
聖人,殉教者。
⇒岩世人（ウィクトリアとアナトリア　生没年不詳）

Anatolios〈3世紀〉
ラオディケイアの司教。聖人。祝日7月3日。アレクサンドリア生まれ。
⇒新カト（アナトリオス〔ラオディケイアの〕　?-280頃）

Anatólios〈5世紀〉
コンスタンティノポリス総主教。在職450～458。
⇒新カト（アナトリオス〔コンスタンティノポリスの〕　400頃-458.7.3）

Anatoly〈19世紀〉
ロシア正教会司祭。
⇒岩世人（アナトーリー　1838.12.5-1893.12.10）

Anaukpetlun〈16・17世紀〉
ビルマ,タウングー朝の王。在位1606～1628。
⇒岩世人（アナウッペッルン　1578.4?-1628.5.29）
　世帝（アナウッペルン　1578-1628）

Anawrahta〈11世紀〉
ビルマ,パガン朝の創建王。在位1044～77。碑文ではAniruddha王と記す。
⇒岩世人（アノーヤター　1014-1077）
　世帝（アノーヤター　1015-1078）

Anaxagoras of Clazomenae〈前5世紀〉
ギリシアの哲学者。万物の生成変化を否定。著作『自然について』。
⇒岩世人（アナクサゴラス　前500頃-前428頃）
　ネーム（アナクサゴラス　前500?-前428?）
　広辞7（アナクサゴラス　前500頃-前428頃）
　学叢思（アナクサゴラス　前500-前428）
　世人新（アナクサゴラス　前500頃-前428頃）
　世人装（アナクサゴラス　前500頃-前428頃）
　世数（アナクサゴラス（クラゾメナイの）　前500頃-前428）
　メル1（アナクサゴラス　前500頃-前428頃）

Anaxarchos〈前4世紀〉
古代ギリシアの哲学者。
⇒岩世人（アナクサルコス　前380-前320頃）

Anaximandros of Miletus〈前7・6世紀〉
ギリシアのミレトス学派哲学者。タレスの弟子。アルケ（原理）という用語を哲学に初導入。
⇒岩世人（アナクシマンドロス　前610頃-前540頃）
　広辞7（アナクシマンドロス　前610頃-前540頃）
　学叢思（アナクシマンドロス　前611頃-前545頃）
　世人新（アナクシマンドロス　前611/前610-前547/前546）
　世人装（アナクシマンドロス　前611/前610-前547/前546）
　メル1（アナクシマンドロス　前610/前611?-前540/前546?）

Anaximenes of Miletus〈前6世紀〉
ギリシアのミレトス学派哲学者。アナクシマンドロスの弟子。水を原理としたタレスの一元論を発展させた。
⇒岩世人（アナクシメネス　前585-前525頃）
　ネーム（アナクシメネス　前585?-前528?）
　広辞7（アナクシメネス　前585-前525頃）
　学叢思（アナクシメネス　前585-前528頃）
　メル1（アナクシメネス　前585/前550?-前525/前480?）

al-Anbārī, Abū Bakr Muḥammad〈9・10世紀〉
クーファ派のアラブ文法学者,伝承学者。
⇒岩世人（アンバーリー　885.1.2-940.9.16/939.9.

28)

Anchieta, José de〈16世紀〉
ブラジルのイエズス会修道士。スペイン生れ。
⇒岩世人（アンチエタ　1534.3.19–1597.6.9）
　新カト（アンシエタ　1534.3.19–1597.6.9）
　ラテ新（アンシエタ　1534–1597）

Anchieta, Juan de〈15・16世紀〉
スペインの作曲家。
⇒バロ（アンチエータ, フアン・デ　1462–1523.7.30）

Anchisēs
ギリシア神話中のトロヤの王族の一人。
⇒岩世人（アンキセス）
　ネーム（アンキセス）

Ancona, Mario〈19・20世紀〉
イタリアのバリトン。90年トリエステでデビュー。
⇒ユ著人（Ancona,Mario　アンコーナ, マリオ　1860–1931）

Ancre, Marquis d'〈16・17世紀〉
フランス（フィレンツェ生まれ）の政治家。
⇒岩世人（アンクル　?–1617）

Ancus Marcius〈前7世紀?〉
伝説的なローマ第4代の王。在位前640～616とされる。
⇒岩世人（アンクス・マルキウス）

Anda y Salazar, Simón de〈18世紀〉
スペイン領フィリピン総督。在職1762～64,70～76。
⇒岩世人（アンダ・イ・サラサール　1709.10.28–1776.10.29）

Andersen, Hans Christian〈19世紀〉
デンマークの作家。『人魚姫』『みにくいアヒルの子』など童話文学の最高傑作を多数創作。
⇒岩世人（アンデルセン（アナセン）　1805.4.2–1875.8.4）
　広辞7（アンデルセン　1805–1875）
　学叢思（アンデルセン, ハンス・クリスティアン　1805–1875）
　世人新（アンデルセン　1805–1875）
　世人装（アンデルセン　1805–1875）
　ポプ人（アンデルセン, ハンス・クリスチャン　1805–1875）

Andersen, Tryggve〈19・20世紀〉
ノルウェーの作家。代表作『高等法官の時代』（1897）,『たそがれに向って』（1900）。
⇒岩世人（アンネシェン　1866.9.27–1920.4.10）

Andersen Nexø, Martin〈19・20世紀〉
デンマーク（ドイツ系）の作家。農民, 勤労者, 労働運動などをテーマにした社会小説がある。
⇒岩世人（アナセン・ネクセー　1869.6.26–1954.6.1）
　ネーム（アナスン・ネクセ　1869–1954）
　広辞7（アンデルセン・ネクセー　1869–1954）

Anderson, David Lawrence〈19・20世紀〉
アメリカの宣教師。
⇒アア歴（Anderson,David Lawrence　デイヴィッド・ローレンス・アンダースン　1850.2.4–1911.2.16）

Anderson, Elizabeth Garrett〈19・20世紀〉
イギリスの女医の草分け。女性で最初のオルデブラ市長。
⇒岩世人（アンダーソン　1836.6.19–1917.12.17）

Anderson, James〈18・19世紀〉
スコットランドの篤農家。差額地代説の創唱者。
⇒岩世人（アンダーソン　1739–1808.10.15）
　学叢思（アンダーソン, ジェームス　1736–1808）

Anderson, John〈18世紀〉
イギリスの科学者。
⇒学叢思（アンダーソン, ジョン　1726–1796）

Anderson, John〈19世紀〉
イギリスの考古学者。雲南探検（1868～69,74～75）で科学部主任。
⇒岩世人（アンダーソン　1833.10.4–1900.8.15）

Anderson, Sir John〈19・20世紀〉
英領マラヤの植民地行政官。
⇒岩世人（アンダーソン　1858.6.23–1918.3.24）

Anderson, John Joseph〈19・20世紀〉
アメリカの大リーグ選手（外野, 一塁）。
⇒メジャ（ジョン・アンダーソン　1873.12.14–1949.7.23）

Anderson, Roy Scott〈19・20世紀〉
アメリカの冒険家, 金融業。
⇒アア歴（Anderson,Roy S (cott)　ロイ・スコット・アンダーソン　1879?–1925.3.12）

Anderson, Sherwood (Berton)〈19・20世紀〉
アメリカの作家。代表作『オハイオ州ワインズバーグ』(19)。
⇒アメ新（アンダーソン　1876–1941）
　岩世人（アンダーソン　1876.9.13–1941.3.8）
　広辞7（アンダーソン　1876–1941）
　新カト（アンダソン　1876.9.13–1941.3.8）

Anderson, Thomas〈19世紀〉
スコットランドの化学者。ピリジンや骨油の成分を発見し, 農業化学にも貢献が多い。
⇒岩世人（アンダーソン　1819.7.2–1874.11.2）

Anderson, Thomas McArthur〈19・20世紀〉
アメリカの軍将校。
⇒アア歴（Anderson,Thomas McArthur　トマス・

マッカーサー・アンダースン　1836.1.21–1917.5.8）

Anderson, William Brennan〈19・20世紀〉
アメリカの宣教師。
⇒アア歴（Anderson,William Brennan　ウイリアム・ブレナン・アンダースン　1868.12.7–1940.1.8）

Anderson, William Gilbert〈19・20世紀〉
アメリカの体育学者。アメリカ体育促進協会を創設。
⇒岩世人（アンダーソン　1860.9.9–1947.7.7）

Anderson, William Hart〈19・20世紀〉
アメリカの軍将校、実業家。
⇒アア歴（Anderson,William H（art）　ウイリアム・ハート・アンダースン　1871.5.12–1954）

Anderssen, Karl Ernst Adolf〈19世紀〉
ドイツのチェスプレーヤー、数学教師。
⇒岩世人（アンデルセン　1818.7.6–1879.3.31）

Andersson, Johan Gunnar〈19・20世紀〉
スウェーデンの考古学者、地質学者。1914〜25年中国に滞在し、周口店の北京原人などを発見。
⇒岩世人（アンダション　1874.7.3–1960.10.29）
　広辞7（アンダーソン　1874–1960）
　世人新（アンダーソン（アンデルソン）　1874–1960）
　世人装（アンダーソン（アンデルソン）　1874–1960）

Andersson, Lars〈15・16世紀〉
スウェーデンのルター派宗教改革者。
⇒新カト（アンデルソン　1470/1480頃–1552.4.29/14）

Andokidēs〈前6世紀〉
ギリシアの陶工、陶器画家。
⇒岩世人（アンドキデス　（活動）前6世紀後半）

Andokidēs〈前5・4世紀〉
アテネの弁論家、政治家。伝プルタルコスの『アテネの10人の弁論家』の一人。
⇒岩世人（アンドキデス　前440頃–前390頃）

Andrada, Antonio de〈16・17世紀〉
ポルトガルのイエズス会宣教師。
⇒岩世人（アンドラーダ　1580–1634.3.19）
　新カト（アンドラデ　1580–1634.3.19）

Andrada e Silva, José Bonifácio de〈18・19世紀〉
ブラジルの政治家、地理学者。
⇒岩世人（アンドラーダ・エ・シルヴァ　1765.6.13–1838.4.6）

Andrade, Gomes Freire de〈18・19世紀〉
ポルトガルの軍人。
⇒岩世人（アンドラーデ　1757.1.27–1817.10.18）

Andrae, Ernst Walter〈19・20世紀〉
ドイツの考古学者、アッシリア学者。
⇒岩世人（アンドレー　1875.2.18–1956.7.28）

Andral, Gabriel〈18・19世紀〉
フランスの医学者。屍体解剖で見られる病変を臨床症状と対比し、診断に役立たせようとした。
⇒岩世人（アンドラル　1797.11.6–1876.2.13）
　学叢思（アンドラル, ガブリエル　1797–1876）

András I〈11世紀〉
ハンガリー王国の統治者。在位1046〜1060。
⇒岩世人（アンドラーシュ1世　?–1060）
　世帝（アンドラーシュ1世　1015–1060）

András II〈13世紀〉
ハンガリー王国の統治者。在位1205〜1235。
⇒世帝（アンドラーシュ2世　1177–1235）

András III, the Venetian〈13世紀〉
ハンガリー王国の統治者。在位1290〜1301。
⇒世帝（アンドラーシュ3世　1265–1301）

Andrássy, Gyula, Gróf〈19世紀〉
ハンガリーの政治家、外交官。オーストリア=ハンガリー帝国成立後（1867）、ハンガリー初代首相。
⇒岩世人（アンドラーシ（大）　1823.3.3–1890.2.18）
　ネーム（アンドラーシ　1823–1890）

Andrássy Gyula〈19・20世紀〉
ハンガリーの政治家、伯爵。
⇒岩世人（アンドラーシ（小）　1860.6.30–1929.6.11）

André〈13世紀〉
フランス出身のドミニコ会宣教師、教皇使節。
⇒新カト（アンドレ〔ロンジュモーの〕　13世紀初頭–1270）

André, Johann〈18世紀〉
ドイツの作曲家、音楽出版人。
⇒バロ（アンドレ, ヨハン　1741.3.28–1799.6.18）

André, John〈18世紀〉
イギリスの軍人。
⇒スパイ（アンドレ, ジョン　1750–1780）

André, Yves Marie〈17・18世紀〉
イエズス会士。マルブランシュの伝記作者。
⇒メル2（アンドレ（神父）, イヴ=マリー　1675–1764）

Andrea〈13・14世紀〉
イタリア出身のフランシスコ会員、中国宣教師、司教。
⇒新カト（アンドレア〔ペルージアの〕　1270頃–

1329頃)

Andreä, Jakob〈16世紀〉
ドイツのルター派神学者。和協信条の主要作者。
⇒岩世人（アンドレーエ　1528.3.25–1590.1.7）
　ネーム（アンドレエ　1528–1590）
　学叢思（アンドレーエ，ヤコブ　1528–1590）
　新カト（アンドレーエ　1528.3.25–1590.1.7）

Andreä, Johann Valentin〈16・17世紀〉
ドイツのルター派神学者，宗教的著作家，詩人。
⇒岩世人（アンドレーエ　1586.8.17–1654.6.27）
　新カト（アンドレーエ　1586.8.17–1654.6.27）

Andrea da Barberino〈14・15世紀〉
イタリアの騎士道物語作者。
⇒岩世人（アンドレア・ダ・バルベリーノ　1370頃–1431頃）

Andreas〈前1・後1世紀〉
イエスの12使徒の一人。聖ペテロの兄弟。
⇒岩世人（アンデレ）
　ネーム（アンデレ）
　新カト（アンデレ）
　図聖（アンデレ）
　聖書（アンデレ）

Andreas〈6・7世紀〉
カッパドキアのカイサレイアの主教。
⇒新カト（アンドレアス〔カイサレイアの〕　6–7世紀）

Andreas〈14世紀〉
スコラ神学者，フランシスコ会員。
⇒新カト（アンドレアス〔ヌシャトーの〕　14世紀）

Andreas de Florentia〈14・15世紀〉
イタリアの作曲家。
⇒バロ（アンドレアス・デ・フロレンツィア　1360頃?–1415頃）
　バロ（フロレンツィア，アンドレアス・デ　1360頃?–1415）

Andreas de St.-Victor〈12世紀〉
イギリス出身の修道参事会員，大修道院長，聖書注釈者。
⇒岩世人（アンドレアス（サン＝ヴィクトールの）　1110–1175.10.19）

Andréas (Krētē, Creta)〈7・8世紀〉
クレタ島ゴルテュナの大主教，神学者，讃美歌作者，聖人。
⇒新カト（アンドレアス〔クレタ〕　660頃–740.7.4）

Andreas-Salomé, Lou〈19・20世紀〉
ドイツの女流作家。主著『フロイトへの感謝』(31)。
⇒岩世人（アンドレアス＝ザロメ　1861.2.12–1937.2.5）

Andreas Salos〈5世紀?〉
聖人。祝日10月2日。

⇒新カト（アンドレアス・サロス）

Andree, Karl Theodor〈19世紀〉
ドイツの地理学者。『世界貿易の地理学』(3巻，1862–77)を著した。
⇒岩世人（アンドレー　1808.10.20–1875.8.10）

Andreev, Leonid Nikolaevich〈19・20世紀〉
ロシアの小説家，劇作家。十月革命でフィンランドへ亡命。
⇒岩世人（アンドレーエフ　1871.8.9/21–1919.9.12）
　ネーム（アンドレーエフ　1871–1919）
　広辞7（アンドレーエフ　1871–1919）
　学叢思（アンドレーエフ，レオニード　1871–1919）

Andrei Iurievich Bogolyubskii〈12世紀〉
ロシアの東北ルーシ，スズダリの公。在位1157～74。キエフ，ノブゴロドを占領。
⇒岩世人（アンドレイ・ボゴリュープスキー　1111頃–1174.6.29）

Andreini, Isabella〈16・17世紀〉
イタリアの舞台女優。
⇒ルネ（イザベッラ・アンドレイーニ　1562–1604）

Andreis, Felix de〈18・19世紀〉
イタリアの宣教師。アメリカに渡り，セント・ルイスにラザリスト会最初の修道院を建設した(1818)。
⇒新カト（アンドレイス　1778.12.12/13–1820.10.15）

Andrej Bobòla〈16・17世紀〉
聖人，殉教者。祝日5月16日。イエズス会会員。
⇒新カト（アンジェイ・ボボラ　1591–1657.5.16）

Andreoli, Giorgio di Pietro〈15・16世紀〉
イタリアの工芸家。
⇒芸13（アンドレオーリ，ジョルジョ）

Andrew, George Findlay〈19・20世紀〉
イギリスの宣教師。
⇒岩世人（アンドリュー）

Andrew Avellino〈16・17世紀〉
司祭。聖人。ナポリ近くの生まれ。
⇒新カト（アンドレア・アヴェリーノ　1521–1608.11.10）

Andrewes, Lancelot〈16・17世紀〉
イギリス国教会の司祭。『欽定英訳聖書』(11)翻訳グループの長。
⇒岩世人（アンドリューズ　1555–1626.9.25）
　新カト（アンドルーズ　1555.1626.9.25）

Andrews, Charles〈19世紀〉
フランスの天文学者。

⇒学叢思（アンドルーズ, シャルル）

Andrews, Charles Freer〈19・20世紀〉
英国教会のインド宣教師。
⇒新カト（アンドルーズ　1871.2.21–1940.4.4）

Andrews, Elisha Benjamin〈19・20世紀〉
アメリカの教育家, 浸礼教徒。
⇒学叢思（アンドリュース, エリシア・ベンジャミン　1844–?）

Andrews, John Miller〈19・20世紀〉
イギリス（北アイルランド）の政治家。
⇒岩世人（アンドリューズ　1871.7.17–1956.8.5）

Andrews, Thomas〈19世紀〉
アイルランドの化学者。臨界温度および臨界圧を発見。
⇒岩世人（アンドリューズ　1813.12.19–1885.11.26）
ネーム（アンドルーズ　1813–1885）

Andreyanova, Elena〈19世紀〉
ロシアのダンサー。
⇒バレエ（アンドレヤノワ, エレーナ　1819.7.13–1857.10.26）

Andrian-Werburg, Leopold von〈19・20世紀〉
オーストリアの外交官, 詩人。
⇒ユ著人（Andrian,Leopold von　アンドリアン, レオポルド・フォン　1875–1951）

Andrieu, François〈14世紀〉
フランスの作曲家。
⇒バロ（アンドリュー, フランソワ　1330頃?–1380頃?）

Andrieu Contredit d'Arras〈13世紀〉
フランスのトルヴェール、ミンストレル。
⇒バロ（アンドリュー・コントルディ・ダラース　1200頃?–1248）
バロ（コントルディ・ダラース, アンドリュー　1200頃?–1248頃）

Andrieux, Louis〈19・20世紀〉
フランスの政治家。
⇒19仏（ルイ・アンドリュー　1840.7.23–1931.8.27）

Androgeōs
ギリシア神話, クレタ王ミノスとパシファエとの子。
⇒岩世人（アンドロゲオス）

androgynos
ギリシア神話で, 両性具有の人間。
⇒ネーム（アンドロギュノス）

Andromache
ギリシア神話の女性。ヘクトルの妻。

⇒岩世人（アンドロマケ）

Andromeda
ギリシア神話のエチオピア王女。ペルセウスの妻。
⇒岩世人（アンドロメダ）
姫全（アンドロメダ）
ネーム（アンドロメダ）

Andronicus
アンティオコス4世の遠征中の代理者。
⇒新カト（アンドロニコ）

Andronicus
アンティオコス4世によってゲリジム山の総督に任ぜられた人物。
⇒新カト（アンドロニコ）

Andronicus
ローマの信徒。
⇒新カト（アンドロニコ）

Andronicus I Comnenus〈12世紀〉
東ローマ皇帝。在位1183～85。前皇帝アレクシウス2世を殺害し, 即位。
⇒岩世人（アンドロニコス1世コムネノス　1118/1120–1185.9.12）
世帝（アンドロニコス1世　1123–1185）

Andronicus II Palaeologus〈13・14世紀〉
東ローマ皇帝。在位1282～1328。東西教会の統一政策を破棄, 海軍を廃止。
⇒岩世人（アンドロニコス2世パライオロゴス　1259/1260–1332.2.13）
新カト（アンドロニクス2世　1259/1260–1332.2.13）
世帝（アンドロニコス2世　1259–1332）

Andronicus III Palaeologus〈13・14世紀〉
東ローマ皇帝。在位1328～41。
⇒岩世人（アンドロニコス3世パライオロゴス　1297.3.25–1341.6.15）
世帝（アンドロニコス3世　1297–1341）

Andronicus IV〈14世紀〉
東ローマ帝国の統治者。在位1376～1379。
⇒世帝（アンドロニコス4世　1348–1385）

Andronicus of Kyrrhos〈前1世紀〉
古代ギリシアの建築家。
⇒岩世人（アンドロニコス（キルルホスの））

Andronikos〈3・4世紀〉
聖人, 殉教者。祝日10月11日。ディオクレティアヌス帝の時代にタルソスの近くで殉教。
⇒新カト（タラコス, プロボスとアンドロニコス　?–304頃）

Andrónikos Kamáteros〈12世紀〉
ビザンティンの論争神学者。
⇒新カト（アンドロニコス・カマテロス　12世紀）

Andrónikos Rhódios〈前1世紀〉
ギリシアの哲学者。ペリパトス学派の人。アリストテレスを除いて10代目の学頭。
⇒岩世人（アンドロニコス（ロドスの））

Andros, *Sir* **Edmund**〈17・18世紀〉
イギリスのアメリカ植民地総督。ヴァージニア総督（92～98）として好評を得た。
⇒岩世人（アンドロス　1637.12.6–1714.2.24）

Androuet du Cerceau, Baptiste〈16・17世紀〉
フランスの建築家。
⇒岩世人（アンドルーエ・デュ・セルソー　1560頃–1602以前）

Androuet du Cerceau, Jacques〈16世紀〉
フランスの建築家。
⇒岩世人（アンドルーエ・デュ・セルソー　1515頃–1584頃）

Androuet du Cerceau, Jacques〈16・17世紀〉
フランスの建築家。
⇒岩世人（アンドルーエ・デュ・セルソー　?–1614）

Androuet du Cerceau, Jean〈17世紀〉
フランスの建築家。
⇒岩世人（アンドルーエ・デュ・セルソー　?–1649以後）

An Du'o'ng vu'o'ng〈前3世紀〉
ベトナム、蜀王朝の創始建業の主たる蜀泮の称号。紀元前257年から207年まで在位。
⇒岩世人（アンズオン王）

Anelli, Angelo〈18・19世紀〉
イタリアの台本作家。
⇒オペラ（アネッリ，アンジェロ　1761–1820）

Anerio, Felice〈16・17世紀〉
イタリアの作曲家。ローマにおけるポリフォニー教会音楽の作曲家。
⇒バロ（アネーリオ，フェリーチェ　1560頃–1614.9.27）
　ネーム（アネリオ　1560–1614）
　新カト（アネーリオ　1560頃–1614.9.26/27）

Anerio, Giovanni Francesco〈16・17世紀〉
イタリアの作曲家，歌手。
⇒バロ（アネーリオ，ジョヴァンニ・フランチェスコ　1567頃–1630.6.11）
　新カト（アネーリオ　1567頃–1630）

Anet, Jean-Jacques-Baptiste〈17・18世紀〉
フランスのヴァイオリン奏者，作曲家。
⇒バロ（アネ，ジャン・ジャック・バティスト　1676.1.2–1755.8.14）

Anfortas
〈聖杯伝説〉に現れる聖杯の守護者，漁夫王。
⇒岩世人（アンフォルタス）

Anfossi, Pasquale〈18世紀〉
イタリアの作曲家。
⇒バロ（アンフォッシ，パスクアーレ　1727.4.5–1797.2）

Angas, George French〈19世紀〉
イギリス出身の画家。
⇒オセ新（アンガス　1822–1886）

Ang Chan II〈18・19世紀〉
カンボジア，ポスト・アンコール時代の王。
⇒岩世人（アン・チャン2世　1792–1834）

Ang Duon〈18・19世紀〉
カンボジアの君主。在位1847～59。フランスの援助を求めた。
⇒岩世人（アン・ドゥオン　1796–1859）

Ángela de la Cruz〈19・20世紀〉
聖人，修道会創立者。祝日3月2日。
⇒新カト（アンヘラ・デ・ラ・クルス　1846.1.30–1932.3.2）

Angela（Foligno）〈13・14世紀〉
イタリアのフランシスコ会修道女，神秘思想家。
⇒岩世人（アンジェラ（フォリーニョの）　1248–1309.1.4）
　新カト（アンジェラ〔フォリーニョの〕　1248頃–1309.1.4）

Angela Merici〈15・16世紀〉
聖女。1505年女子修道会ウルスラ会を創立。
⇒岩世人（メリチ　1474.3.21–1540.1.27）
　新カト（アンジェラ・メリチ　1474頃–1540.1.27）
　図聖（メリチ，アンジェラ　1474–1540）

Angelbert〈9世紀〉
フランスの作曲家。
⇒バロ（アンジェルベール，?　810頃?–860頃?）

Angelico, Giovanni〈14・15世紀〉
イタリアの画家。
⇒学叢思（アンジェリコ，ジオヴンニ　1387–1455）

Angelis, Girolamo de〈16・17世紀〉
イタリア人イエズス会士。1602年来日。伏見，駿府で布教，迫害のもとで蝦夷に渡る。
⇒岩世人（アンジェリス　1568–1623.12.4）
　学叢思（アンジェリ，ジェローム・ドゥ　1568–1623）
　新カト（アンジェリス　1568–1623.12.4）

Angell, James Burrill〈19・20世紀〉
アメリカのジャーナリスト，外交官。
⇒アア歴（Angell,James B（urrill）　ジェイムズ・バーリル・エンジェル　1829.1.7–1916.4.1）

Angell, James Rowland〈19・20世紀〉
アメリカの心理学者。機能心理学（シカゴ学派）の指導者。
⇒岩世人（エンジェル　1869.5.8-1949.3.4）
　学叢思（エンジェル，ジェイムズ・ローランド　1869-?）

Angell, Sir Norman〈19・20世紀〉
イギリスの経済学者，平和運動家。1933年ノーベル平和賞受賞。
⇒岩世人（エンジェル　1872.12.26-1967.10.7）

Angelus der Karmelit〈13世紀〉
カルメル会士，殉教者，聖人。
⇒図聖（アンゲルス（カルメル会の）　?-1220/1225）

Angelus Silesius〈17世紀〉
シレジアの神秘主義者，詩人。ルター派とカトリックとの対立を反論。
⇒岩世人（アンゲルス・シレージウス　1624.12.25-1677.7.9）
　新カト（アンゲルス・シレジウス　1624-1677.7.9）

Ang Eng〈18世紀〉
カンボジア，ポスト・アンコール時代の王。
⇒岩世人（アン・エーン　1772-1796）

Anghiera, Pietro Martire d'〈15・16世紀〉
スペインの歴史家。
⇒岩世人（アンギエラ　1457.2.2-1526.10）

Ang Im〈17・18世紀〉
カンボジア，ポスト・アンコール時代の王。在位1700～01,14～22,29。
⇒岩世人（アン・エム　（在位）1700-1701,1714-1722,1729）

Angiolieri, Cecco〈13・14世紀〉
イタリアの詩人。ダンテの詩のパロディー作者として有名。
⇒岩世人（アンジョリエーリ　1260頃-1312.2以前）

Angiolini, Gaspero〈18・19世紀〉
イタリアのダンサー，振付家，バレエ・マスター，作曲家。
⇒バロ（アンジョリーニ，ガスペロ　1731.2.9-1803.2.6）
　岩世人（アンジョリーニ　1731.2.9-1803.2.6）
　バレエ（アンジョリーニ，ガスペロ　1731.2.9-1803.2.6）
　オペラ（アンジョリーニ，ガスペロ　1731-1803）

Angle, Edward Hartley〈19・20世紀〉
アメリカの矯正歯科医。顎骨骨折の際の下顎歯の保持法其他矯正歯科学に種々の貢献をした。
⇒岩世人（アングル　1855.6.1-1930.8.11）

Anglés, Rafael〈18・19世紀〉
スペインの聖職者，鍵盤楽器奏者。

⇒バロ（アングレス，ラファエル　1730頃-1816.2.9）

Ang Non〈17世紀〉
カンボジア，ポスト・アンコール時代の副王。
⇒岩世人（アン・ノーン　?-1689）

Ang Non〈18世紀〉
カンボジア，ポスト・アンコール時代の王。在位1775～79。
⇒岩世人（アン・ノーン　?-1779）

Angot, Charles Alfred〈19・20世紀〉
フランスの気象学者。中央気象台長（1907）。
⇒岩世人（アンゴー　1848.7.4-1924.3.16）

Angoulême, Charles de Valois, Duc d'〈16・17世紀〉
シャルル9世の庶子。1619年アングレーム公となる。
⇒岩世人（アングレーム　1573.4.28-1650.9.24）

Angoulême, Louis Antoine de Bourbon, Duc d'〈18・19世紀〉
フランスの最後の王太子。シャルル10世の長子。
⇒岩世人（アングレーム　1775.8.6-1844.6.3）
　世帝（ルイ・アントワーヌ　1775-1844）

Ang Saur〈17・18世紀〉
カンボジア，ポスト・アンコール時代の王。在位1675～95,96～1700,01～02,05～06。
⇒岩世人（アン・ソー　（在位）1675-1695,1696-1700,1701-1702,1705-1706）

Ångström, Anders Jonas〈19世紀〉
スウェーデンの物理学者。スペクトル分析に貢献，太陽中の水素の存在を発見。
⇒岩世人（オングストレム　1814.8.13-1874.6.21）
　ネーム（オングストレーム　1814-1874）
　広辞7（オングストレーム　1814-1874）
　物理（オングストローム，アンデルス　1814-1874）

Anguissola, Sofonisba〈16・17世紀〉
イタリアの女性画家。
⇒岩世人（アンギッソーラ　1532頃-1625.11）
　芸13（アンギッソラ，ソフォニスバ　1532頃-1625）
　ルネ（ソフォニスバ・アンギッソーラ　1532頃-1625）

Aṅgulimāla
ブッダの弟子の一人。指鬘外道。
⇒岩世人（アングリマーラ）
　広辞7（央掘摩羅　おうくつまら）

Anguste Viltoria von Schleswig-Holstein-Sonderburg-Augustenburg〈19・20世紀〉
ドイツ皇帝・プロイセン王ヴィルヘルム2世の妃。
⇒王妃（アウグステ・ヴィクトリア　1858-1921）

Anianus〈7・8世紀〉
殉教者, 聖人。
⇒図聖（マリヌスとアニアヌス）

Anicetus, St.〈2世紀〉
ローマ教皇。在位155～166。
⇒新カト（アニケトゥス　?-166）

Anilaeus〈1世紀〉
バビロニアに国を作った兄弟。
⇒ユ人（アニラエウスとアシナエウス　1世紀）

Animuccia, Giovanni〈16世紀〉
イタリアの作曲家。バチカン聖ピエトロ大聖堂の楽長（1555～）。
⇒バロ（アニムッチャ, ジョヴァンニ　1514頃-1571.3.25）

Animuccia, Paolo〈16世紀〉
イタリアの作曲家。
⇒バロ（アニムッチャ, パオロ　1510頃?-1560頃?）

Aniruddha
釈迦の十大弟子の一人。ブッダの説法中居眠りしたのを恥じ, 不眠の誓いをたて, 失明。
⇒岩世人（アニルッダ）
　広辞7（阿那律　あなりつ）

Anīs, Mīr Babar Alī〈19世紀〉
インドの詩人。ウルドゥー語詩壇随一のマルスィヤ（悲歌）作家。
⇒岩世人（アニース　1802-1874）
　南ア新（アニース　1802-1874）

Anitta〈前18世紀〉
カニシュの王。在位前18世紀。
⇒岩世人（アニッタ　（在位）前18世紀）

Anker, Albert〈19・20世紀〉
スイスの画家, 挿絵画家。ゴットヘルフの農民物語の挿絵は有名である。
⇒岩世人（アンカー　1831.4.1-1910.7.16）

Anker, Nini Roll〈19・20世紀〉
ノルウェーの女流作家。
⇒岩世人（アンケル　1873.5.3-1942.5.20）

Ankhesenamen〈前14世紀〉
ツタンカーメンの妃。ネフェルティティの娘。
⇒姫全（アンケセナーメン　前1348-前1325）

Ankhkheprure Semenkhkare〈前14世紀〉
古代エジプトの統治者。在位（前1550頃～前1294頃）前1338～1335。
⇒世帝（スメンク・カ・ラー　（在位）前1336-前1334頃）

Anna
エルサレムの女預言者（新約）。
⇒岩世人（アンナ）
　聖書（アンナ）

Anna
サムエルの母で, エフライムびとエルカナの妻（旧約）。
⇒新カト（ハンナ）
　聖書（ハンナ）

Anna〈14世紀〉
ビザンツ皇帝アンドロニコス3世パライオロゴスの妃。
⇒岩世人（アンナ（サヴォイアの）　1306?-1365頃）

Anna Comnena〈11・12世紀〉
ビザンチン時代の歴史家。皇帝アレクシウス1世の長女。史書『アレクシアス』（48年以後）を残す。
⇒岩世人（アンナ・コムネネ　1083.12.2-1148/1154）

Anna Ivanovna〈17・18世紀〉
ロシア女帝。在位1730～40。枢密院を廃止し, 独裁権を確立。
⇒岩世人（アンナ・イヴァーノヴナ　1693.1.28-1740.10.17）
　世帝（アンナ　1693-1740）
　皇国（アンナ・イワノヴナ　（在位）1730-1740）

Anna Maria Luisa De'Medici〈17・18世紀〉
トスカーナ大公コジモ3世の娘。
⇒王妃（アンナ・マリーア・ルイーザ・デ・メディチ　1667-1743）

Anna O.〈19・20世紀〉
S.フロイトの精神分析療法の創始に関係した古典的ヒステリー患者。
⇒岩世人（アンナ・O　1859.2.27-1936.5.28）

Anna Petrovna〈18世紀〉
ロシアの皇女。
⇒王妃（アンナ・ペトロヴナ　1708-1728）

Annat, François〈16・17世紀〉
フランスの神学者, イエズス会員。
⇒新カト（アナ　1590.2.5-1670.6.14）

Annat, Pierre〈17・18世紀〉
フランソア・アナの甥。キリスト教教育司祭修道会の総会長。
⇒新カト（アナ　1638-1715）

Anne, Princess Royal and Princess of Orange Princess〈18世紀〉
オランダ総督・オラエニ公ウィレム4世の妃。イギリス王ジョージ2世の娘。
⇒王妃（アン　1709-1759）

Anne, Queen of Great Britain and Ireland〈17・18世紀〉
イギリス, スチュアート朝最後の国王。在位1702～14。大ブリテン連合王国を創建。
⇒岩世人（アン　1665.2.6-1714.8.1）
　広辞7（アン　1665-1714）

A

Anne, St.〈前1・後1世紀〉
聖処女マリアの母、キリストの祖母。
⇒新カト（アンナ）
　図聖（アンナ）

Anne Boleyn (Bullen)〈16世紀〉
イギリス王ヘンリ8世の2番目の妃、エリザベス1世の母。
⇒岩世人（アン・ブーリン　1500頃–1536.5.19）
　ネーム（アン・ブーリン　1507–1536）
　新カト（ブーリン　1507頃–1536.5.19）
　世人新（ブーリン（アン＝ブーリン）　1507–1536）
　世人装（ブーリン（アン＝ブーリン）　1507–1536）
　王妃（アン・ブーリン　1507–1536）

Anne d'Autriche〈17世紀〉
フランス国王ルイ13世の妃。ルイ14世幼少期の摂政。
⇒岩世人（アンヌ・ドートリシュ　1601.9.22–1666.1.20）
　新カト（アンヌ・ドートリッシュ　1601.9.22–1666.1.20）
　王妃（アンヌ・ドートリッシュ　1601–1666）

Anne de Bretagne〈15・16世紀〉
ブルターニュ公フランソア2世の娘。シャルル8世およびルイ12世の王妃。
⇒岩世人（アンヌ・ド・ブルターニュ　1477.1.26–1514.1.9）
　王妃（アンヌ・ド・ブルターニュ　1477–1514）

Anne de France〈15・16世紀〉
フランス王ルイ11世の長女。弟シャルル8世の摂政（1483～91）。
⇒岩世人（アンヌ・ド・フランス　1460/1461–1522.11.14）

Anne Jagiełło〈16世紀〉
ポーランドの王妃。
⇒世帝（アンナ・ヤギェロンカ　1523–1596）
　王妃（アンナ・ヤギエロ　1503–1547）

Annenkov, Pavel Vasilevich〈19世紀〉
ロシアの批評家。
⇒岩世人（アーンネンコフ　1813.6.19–1887.3.8）

Annenskii, Nikolai Fëdorovich〈19・20世紀〉
ロシアの経済学者、統計学者、政論家。
⇒岩世人（アンネンスキー　1843.2.28–1912.7.26）

Anne of Bohemia〈14世紀〉
イギリス王リチャード2世の最初の妃。
⇒王妃（アン　1367–1394）

Anne of Cleves〈16世紀〉
イギリス王ヘンリー8世の4番目の妃。
⇒岩世人（アン（クレーヴズの）　1515.9.22–1557.7.16）

Anne of Denmark〈16・17世紀〉
スコットランド王ジェームズ6世の妃、チャールズ1世の母。
⇒岩世人（アン（デンマークの）　1574.12.12–1619.3.2）
　王妃（アン・オブ・デンマーク　1574頃–1619）

Anniceris〈前3世紀〉
キュレネ学派の哲学者。
⇒メル1（アンニケリス　前3世紀）

Anning, Mary〈18・19世紀〉
イギリスの考古学者。
⇒岩世人（アニング　1799.5.21–1847.3.9）

Anno (Hanno) II (Köln)〈11世紀〉
ケルンの大司教、聖人。
⇒岩世人（アンノー2世　1010頃–1075.12.4）
　新カト（アンノ2世〔ケルンの〕　1010–1075.12.4）
　図聖（アンノ（ケルンの）　1010頃–1075）

Anquetil-Duperron, Abraham Hyacinthe〈18・19世紀〉
フランスの東洋学者。ウパニシャッドのペルシア語訳であるウプネカットをラテン語訳（1802）。
⇒岩世人（アンクティル＝デュペロン　1731.12.7–1805.1.17）

Ansalone〈16・17世紀〉
イタリアの作曲家。
⇒バロ（アンサローネ,?　1570頃?–1630頃?）

Ansalone, Giacinto〈16・17世紀〉
シチリア出身のドミニコ会宣教師。
⇒ネーム（アンサローネ　1598–1634）

*al-***Anṣārī, Abū Ayyūb**〈7世紀〉
預言者ムハンマドの教友。
⇒岩世人（アンサーリー、アブー・アイユーブ　?–669/672）

*al-***Anṣārī, Abū Zayd**〈9世紀〉
アッバース朝期のアラビア語学者。
⇒岩世人（アンサーリー、アブー・ザイド　?–830）

Anṣārī Herātī〈11世紀〉
イランの詩人、神秘主義者。
⇒岩世人（アンサーリー・ハラウィー　1006–1088）

Ansbert〈7世紀〉
ルーアン大司教。聖人。祝日2月9日。
⇒新カト（アンスベルト　?–693.2.9）

Anschütz, Gerhard〈19・20世紀〉
ドイツの法学者。ドイツ憲法およびワイマール

憲法の解釈者。
⇒岩世人（アンシュッツ　1867.1.10–1948.4.14）

Anseele, Edward〈19・20世紀〉
ベルギーの政治家。
⇒岩世人（アンセール　1856.7.26–1938.2.8）
　学叢思（アンセール，エドゥアール　1856–1900）

Ansegis〈8・9世紀〉
フォントネルの修道院長。聖人。祝日7月20日。
⇒新カト（アンセギス〔フォントネルの〕　770頃–833.7.20）

Anselm〈8・9世紀〉
フリウリ公。聖人。祝日3月3日。ベネディクト会会員。
⇒新カト（アンセルム〔ノナントラの〕　720頃–803.3.3）

Anselmi, Giuseppe〈19・20世紀〉
イタリアのテノール。
⇒失声（ジュゼッペ・アンセルミ　1876–1929）
　魅惑（Anselmi, Giuseppe　1876–1929）

Anselmus II〈11世紀〉
ルッカの司教。聖人。祝日3月18日。
⇒新カト（アンセルムス2世〔ルッカの〕　1040頃–1086.3.18）

Anselmus Cantaberiensis〈11・12世紀〉
カンタベリーの大司教，神学者。スコラ学の父と呼ばれる。主著『モノロギオン』。
⇒岩世人（アンセルムス（カンタベリの）　1033–1109.4.21）
　ネーム（アンセルムス　1033–1109）
　広辞7（アンセルムス　1033–1109）
　学叢思（アンセルム，カンタベリーの　1033–1109）
　新カト（アンセルムス〔カンタベリの〕　1033–1109.4.21）
　図聖（アンセルムス（カンタベリーの）　1033–1109）
　世人新（アンセルムス〈カンタベリの〉　1033–1109）
　世人装（アンセルムス〈カンタベリの〉　1033–1109）
　世史語（アンセルムス　1033–1109）
　ポブ人（アンセルムス　1033–1109）
　メル1（アンセルムス（聖，カンタベリーの）　1033–1109）

Anselmus de Laon〈11・12世紀〉
スコラ哲学者。エリウゲナの影響下に命題集なる形式を創始。
⇒岩世人（アンセルム（ランの）　1050–1117）
　新カト（アンセルムス〔ランの〕　?–1117.7.15）

Anselmus (Havelberg)〈12世紀〉
イタリア出身の大司教，ギリシアへの国家全権公使。
⇒岩世人（アンセルムス（ハーフェルベルクの）　1099頃–1158.8.12）
　新カト（アンセルムス〔ハーフェルベルクの〕　12世紀初頭–1158.8.12）

Ansgar, St.〈9世紀〉
ハンブルク，ブレーメンの最初の大司教，聖人。「北欧の使徒」と称される。
⇒岩世人（アンスガー　801.9.8–865.2.3）
　新カト（アンスガル　801頃–865.2.3）
　図聖（アンスガル　801–865）

Ansky, Solomon〈19・20世紀〉
ロシア生まれのイディッシュ語の劇作家，随筆家，民俗学者。
⇒岩世人（アン＝スキ　1863–1920.11.8）
　ユ人（アンスキー（ソロモン・ザインヴィル・ラポルト）　1863–1920）

Anson, (Cap) Adrian Constantine〈19・20世紀〉
アメリカの大リーグ選手（一塁，三塁，外野）。
⇒メジャ（キャップ・アンソン　1852.4.11–1922.4.14）

Anson, George Anson, Baron〈17・18世紀〉
イギリスの提督。
⇒岩世人（アンソン　1697.4.23–1762.6.6）

Anson, *Sir* William Reynell〈19・20世紀〉
イギリスの法律学者。著作『契約法論』（1879）は19世紀における同問題の典型的入門書。
⇒岩世人（アンソン　1843.11.14–1914.6.4）
　学叢思（アンソン，サー・ウィリアム・レイネル　1843–1905）

Antalkidas〈前4世紀〉
スパルタの将軍，政治家。
⇒岩世人（アンタルキダス）

'Antara bn Shaddād〈6・7世紀〉
古代アラビアの詩人。名詩選『ムアッラカート』に作品が入れられた7人の詩人の一人。
⇒岩世人（アンタラ）

Antasari, Pangeran〈19世紀〉
インドネシア，ボルネオ島南東部のバンジャルマシン王国の紛争の指導者。
⇒岩世人（アンタサリ，パンゲラン　1809–1862.10）

Antegnati, Costanzo〈16・17世紀〉
イタリアのオルガン奏者，オルガン建造家，理論家。
⇒バロ（アンテニャーティ，コスタンツォ　1549.12.9–1624.11.14）

Antelami, Benedetto〈12・13世紀〉
イタリア・ロマネスクの彫刻家，建築家。代表作パルマ大聖堂の浮彫『キリスト降架』(78)。
⇒岩世人（アンテーラミ　1150頃–1230頃）
　広辞7（アンテラミ　1150頃–1220頃）
　新カト（アンテーラミ　1150頃–1230頃）

Antēnōr
ギリシア神話、トロイア方の長老。
⇒岩世人（アンテノル）

Antenor〈前6・5世紀〉
ギリシアの彫刻家。前6世紀末から前5世紀初めに活躍。
⇒岩世人（アンテノル）

Antenoreo, Onofrio〈15・16世紀〉
イタリアの人文主義者。
⇒バロ（アンテノレオ，オノフリオ　1470頃?-1514頃以降）

Anterus, St.〈3世紀〉
ローマ教皇。在位235～236。
⇒新カト（アンテルス　?-236.1.3）

Antes, John〈18・19世紀〉
アメリカの作曲家。
⇒バロ（アンテス，ジョン　1740.3.24-1811.12.17）

Anthelm〈12世紀〉
フランスのカルトゥジオ会士。
⇒新カト（アンテルムス〔シニャンの〕　1107-1178.6.26）

Anthemius〈5世紀〉
西ローマ皇帝。在位467～472。ギリシア人で哲学者。
⇒岩世人（アンテミウス　?-472）

Anthemius of Tralles〈5・6世紀〉
ギリシアの建築家。イシドロスとともにハギア・ソフィアを造営。
⇒岩世人（アンテミオス〔トラレスの〕　6世紀前半）
世数（アンテミウス〔トラレスの〕　5世紀末-534頃）

Anthenor〈前3世紀〉
ギリシアの彫刻家。
⇒芸13（アンテノル　前3世紀）

Anthes, Georg〈19・20世紀〉
ドイツのテノール。20年よりブダペスト国立オペラの第1演出家として活動。
⇒魅惑（Anthes, Georg　1863-1923）

Anthimos〈3・4世紀〉
ニコメデイアの司教。聖人、殉教者。祝日、ローマ教会4月24日、ギリシア教会9月3日。
⇒新カト（アンティモス〔ニコメデイアの〕　?-303）

Anthimos〈6世紀〉
コンスタンティノポリスの総主教。在職535～36。キリスト単性説の支持者。
⇒新カト（アンティモス〔コンスタンティノポリスの〕　?-548以後）

Anthonello da Caserta〈14・15世紀〉
イタリアの作曲家。
⇒バロ（アントネッロ・ダ・カゼルタ　1360頃?-1410頃?）

Anthony, Susan Brownell〈19・20世紀〉
アメリカの女性社会運動家。「全国婦人参政権協会」の創立者、会長（1892～1900）。
⇒アメ新（アンソニー　1820-1906）
岩世人（アンソニー　1820.2.15-1906.3.13）

Antico, Andrea〈15・16世紀〉
イタリアの楽譜出版業、木版彫刻師、後期フロットラ作曲家。
⇒バロ（アンティーコ，アンドレア　1480頃?-1539頃以降）

Antigonē
ギリシア神話上の人物。
⇒岩世人（アンティゴネ）
ネーム（アンティゴネ）

Antigonos I〈前4世紀〉
アレクサンドロス大王の武将。大王の死後、帝国再統一を目指したが失敗。
⇒岩世人（アンティゴノス1世　前382頃-前301）
ネーム（アンティゴノス1世　前382?-前301）
世人新（アンティゴノス1世　前382頃-前301）
世人装（アンティゴノス1世　前382頃-前301）

Antigonos II Gonatas〈前4・3世紀〉
マケドニアの王。アンチゴノス1世の孫。ピュロスやエジプトを破り王国を確立。
⇒岩世人（アンティゴノス2世　前320頃-前239）
世帝（アンティゴノス2世　前319-前239）

Antigonos III Doson〈前3世紀〉
マケドニアの王。別名ドーソン。
⇒岩世人（アンティゴノス3世　前262頃-前221）
世帝（アンティゴノス3世　前263-前221）

Antigonos ho Karystios〈前3世紀〉
ギリシアの著作家。
⇒岩世人（アンティゴノス〔カリュストスの〕）

Antigonus（Mattathias）〈前1世紀〉
ハスモン王国の統治者。在位前40～37。
⇒ユ人（アンティゴノス2世　前1世紀）

Antimachos of Colophon〈前5・4世紀〉
ギリシアの詩人、学者。ヘレニズム文学の先駆者。叙事詩『テーベ物語』を書く。
⇒岩世人（アンティマコス）

Antinoos
ギリシア神話、ペネロペイアの求婚者の一人。
⇒岩世人（アンティノオス〔アンティヌース〕）

Antinous〈2世紀〉
ハドリアヌス帝の寵愛を受けた美少年。
⇒岩世人（アンティノオス　110頃-130）

Antiochos〈5・6世紀〉
修道者。
⇒新カト（アンティオコス〔マル・サバの〕　5-6

Antiochos I Soter〈前4・3世紀〉
セレウコス朝シリアの王。セレウコス1世の子。
⇒岩世人（アンティオコス1世（救済者）　前324頃–前261）
　世帝（アンティオコス1世　前323–261）

Antiochos II Theos〈前3世紀〉
セレウコス朝シリアの王。在位前261～247。
⇒世帝（アンティオコス2世　前286–前246）

Antiochos III Megas〈前3・2世紀〉
セレウコス朝シリアの王。在位前223～187。
⇒岩世人（アンティオコス3世（大王）　前242頃–前187）
　ネーム（アンティオコス3世）
　世帝（アンティオコス3世　前241–前187）

Antiochos IV Epiphanes〈前3・2世紀〉
セレウコス朝シリアの王。在位前175～163。通称エピファネス（現神王）。
⇒岩世人（アンティオコス4世（示顕者）　前215頃–前164）
　新カト（アンティオコス4世　?–前163）
　世帝（アンティオコス4世　前215?–前164/前163）

Antiochos V Eupator〈前2世紀〉
セレウコス朝シリアの王。在位前164～62。
⇒世帝（アンティオコス5世　前172–前162/前161）

Antiochos VI Epiphanes Dionysos〈前2世紀〉
セレウコス朝シリアの王。アレクサンドロス・バラスの子。
⇒世帝（アンティオコス6世　（在位）前145–前142/前141）

Antiochos VII Sidetes〈前2世紀〉
セレウコス朝シリアの王。在位前138～129。
⇒世帝（アンティオコス7世　前159?–前129）

Antiochos VIII Grypos〈前2・1世紀〉
セレウコス朝シリアの王。在位前145～113, 前111～96。
⇒世帝（アンティオコス8世　（在位）前125–前96）

Antiochos of Ascalon〈前2・1世紀〉
ギリシアの哲学者。第5アカデメイアを建設。
⇒岩世人（アンティオコス（アスカロンの）　前130–前120頃–前68頃）
　学叢思（アンティオコス）
　メル1（アンティオコス（アスカロンの）　前130/前120?–前69/前68?）

Antiokhos IX, Philopator〈前2・1世紀〉
古代ギリシア、セレウコス朝の王。
⇒世帝（アンティオコス9世　（在位）前113–前95）

Antiokhos X〈前1世紀〉
古代ギリシア、セレウコス朝末期の王。
⇒世帝（アンティオコス10世　（在位）前95–前83/前82）

Antiokhos XI〈前1世紀〉
古代ギリシア、セレウコス朝末期の王。
⇒世帝（アンティオコス11世　（在位）前95?–前92?）

Antiokhos XII, Dionysus〈前1世紀〉
古代ギリシア、セレウコス朝末期の王。
⇒世帝（アンティオコス12世　（在位）前87–前84）

Antiokhos XIII, Philadelphus (Asiatikos)〈前1世紀〉
古代ギリシア、セレウコス朝末期の王。
⇒世帝（アンティオコス13世　?–前64）

Antiope
ギリシア神話でテーバイのニュクテウスの娘。
⇒岩世人（アンティオペ）
　ネーム（アンティオペ）

Antipater, the Idumaean〈前1世紀〉
ヘロデ王の父。ヘロデ王朝を築く。
⇒ユ人（アンティパトロス　?–前43）

Antipater I〈前3世紀〉
マケドニア王国の統治者。在位前297～294。
⇒世帝（アンティパトロス2世　?–前294）

Antipatros〈前4世紀〉
マケドニアの将軍。アレクサンドロス大王に仕えた。
⇒岩世人（アンティパトロス　前399頃–前319）

Antipatros〈前3・2世紀〉
小アジア出身のストア派の哲学者。
⇒岩世人（アンティパトロス　前210–前130頃）

Antipatros Etesias〈前3世紀〉
古代ギリシアのマケドニア王。
⇒世帝（アンティパトロス・エテシアス　（在位）前279）

Antipatros ho Sidōnios〈前2・1世紀〉
ギリシアのエピグラム作家。
⇒岩世人（アンティパトロス（シドンの））

Antiphanēs〈前5・4世紀〉
ギリシアの中喜劇作家。
⇒岩世人（アンティファネス　前404頃–前330頃）

Antiphōn〈前5世紀〉
ギリシアの雄弁家。アッチカ十大雄弁家の最初の人。
⇒岩世人（アンティフォン　前480頃–前411）
　世数（アンティフォン、ソフィースト　前5世紀）

Antisell, Thomas〈19世紀〉
日本渡来のアメリカ人。北海道開拓使顧問ケープロンと共に来日し（1871），彼を助けて開拓に従事。
⇒岩世人（アンティセル　1817–1893.6.14）

Antisthenēs〈前5・4世紀〉
ギリシアの哲学者。キュニコス派の祖。
⇒岩世人（アンティステネス　前455頃-前360頃）
　ネーム（アンティステネス　前444?-前399?）
　広辞7（アンティステネス　前455頃-前360頃）
　学叢思（アンティステネス）
　メル1（アンティステネス　前455/前444?-前365/前360?）

Antoine, André〈19・20世紀〉
フランスの俳優、演出家。1887年自由劇場を結成し、フランスに自由主義演劇を紹介。
⇒岩世人（アントワーヌ　1858.1.31-1943.10.19）
　19仏（アンドレ・アントワーヌ　1857.1.31-1943.10.19）
　ネーム（アントワーヌ　1858-1943）

Antoine, Jacques Denis〈18・19世紀〉
フランスの建築家。ガブリエルに次ぐ18世紀最大の建築家で、新古典主義をとった。
⇒岩世人（アントワーヌ　1733.8.6-1801.8.24）

Antoíne, Marco〈18世紀〉
フランスの貴族、狩猟官、作曲家。ダンピエール侯爵。
⇒バロ（アントワーヌ, マルコ　1730頃?-1790頃）

Antokol'sky, Mark Matveevich〈19・20世紀〉
ロシアの彫刻家。
⇒芸13（アントコリスキー, マルク・マトヴェーヴィッチ　1843-1902）
　ユ人（アントコルスキー, マルク　1843-1902）
　ユ著人（Antokolsky, Mark Mordecai　アントコルスキー, マルク・モルデカイ　1843-1902）

Anton, Paul〈17・18世紀〉
ドイツのルター派神学者。
⇒新カト（アントン　1661.2.12-1730.10.19）

Antonacci〈18世紀〉
イタリアの作曲家。
⇒バロ（アントナッチ,?　1700頃?-1760頃?）

Antonelli, Abundio〈16・17世紀〉
イタリアの作曲家、教師。
⇒バロ（アントネッリ, アブンディオ　1570頃?-1629/1629以前?）

Antonelli, Alessandro〈18・19世紀〉
イタリアの建築家。
⇒岩世人（アントネッリ　1798.7.14-1888.10.18）

Antonelli, Cornelio〈16世紀〉
イタリアの作曲家。
⇒バロ（アントネッリ, コルネリオ　1550頃?-1600頃?）

Antonelli, Giacomo〈19世紀〉
イタリアの聖職者。
⇒岩世人（アントネッリ　1806.4.2-1876.11.6）
　新カト（アントネリ　1806.4.2-1876.11.6）

Antonelli, Giovanni Battista〈19・20世紀〉
イタリアのエンジニア。
⇒岩世人（アントネッリ　1858-1944）

Antonelli, Giulio Cesare〈16・17世紀〉
イタリアの作曲家、参事会員。
⇒バロ（アントネッリ, ジュリオ・チェーザレ　1590頃?-1649）

Antonello da Messina〈15世紀〉
イタリアの画家。作品『聖セバスチアヌス』など。
⇒岩世人（アントネッロ・ダ・メッシーナ　1430頃-1479.2.14/15）
　ネーム（アントネルロ・ダ・メッシーナ　1430?-1479）
　新カト（アントネロ・ダ・メッシーナ　1430頃-1479.2.14/25）
　芸13（アントネロ・ダ・メッシーナ　1430頃-1479）

Antonia Minor〈前1・後1世紀〉
アントニウスとオクタウィアの娘。クラウディウス帝の母。
⇒岩世人（アントニア(小)　前36.1.31-後37.5.1）

Antoninus〈3・4世紀〉
聖人。祝日9月30日。
⇒新カト（アントニヌス〔ピアチェンツァの〕　3-4世紀）

Antoninus〈9世紀〉
聖人、修道院長。祝日2月14日。
⇒新カト（アントニヌス〔ソレントの〕　?-830頃.2.14）

Antoninus Florentinus〈14・15世紀〉
フィレンツェの大司教。在位1446～。聖人。サン・マルコ修道院を建てた(1436)。
⇒岩世人（アントニヌス　1389.3.1-1459.5.2）
　新カト（アントニヌス〔フィレンツェの〕　1389.3.1-1459.5.2）
　図聖（アントニヌス(フィレンツェの)　1389-1459）

Antoninus Pius, Titus Aurelius Fulvus Boionius Arrius〈1・2世紀〉
ローマ皇帝。在位137～161。5賢帝の一人。キリスト教迫害を禁止。
⇒岩世人（アントニヌス・ピウス　86.9.19-161.3.7）
　ネーム（アントニヌス・ピウス　86-161）
　新カト（アントニヌス・ピウス　86.9.19-161.3.7）
　世人新（アントニヌス・ピウス　86-161）
　世人装（アントニヌス＝ピウス　86-161）
　世史語（アントニヌス＝ピウス帝　(在位)138-161）
　世帝（アントニヌス・ピウス　86-161）
　ポプ人（アントニヌス・ピウス帝　86-161）
　学叢歴（アントニウス・ピウス　86-161）

Antonio〈16世紀〉
日本26聖人の一人。祝日2月5日。
⇒新カト（アントニオ　1584–1597.2.5）

Antonio, Don〈16世紀〉
ポルトガル・アヴィス朝マヌエル幸運王の第2王子ドン・ルイスの子。
⇒ユ著人（Antonio,Don　アントニオ，ドン　1531–1595）

Antonio dal'Organo〈15・16世紀〉
イタリアの宮廷音楽家。
⇒バロ（アントーニオ・ダ・ロルガーノ　1490頃?–1540頃?）

Antonios〈8・9世紀〉
オリュンポス山の隠修士。聖人。祝日12月1日，11月11日。
⇒新カト（アントニオス〔小〕　785–865.11.11）

Antonius〈6世紀〉
聖人，隠修士。祝日12月28日。
⇒新カト（アントニウス〔レランスの〕　?–521以前）

Antonius, Marcus〈前1世紀〉
ローマの軍人，政治家。カエサル暗殺後，第2回三頭政治を組織。
⇒岩世人（アントニウス　前82–前30）
　ネーム（アントニウス　前82?–前30）
　広辞7（アントニウス　前82–前30）
　世人新（アントニウス　前82–前30）
　世人装（アントニウス　前82–前30）
　世史語（アントニウス　前82–前30）
　ポプ人（アントニウス，マルクス　前82?–前30）
　学叢歴（アントニウス　前83–前30）

Antonius Andreas〈13・14世紀〉
スペインのフランシスコ会学者。
⇒新カト（アントニウス・アンドレアス　1280頃–1320頃）

Antonius de Padua, St〈12・13世紀〉
聖人，教会博士。フランシスコ会士としてイタリアに布教。
⇒岩世人（アントニウス〔パドヴァの〕　1195–1231.6.13）
　新カト（アントニウス〔パドヴァの〕　1195.8.15?–1231.6.13）
　図聖（アントニウス〔パドヴァの〕　1195–1231）

Antonius Eremitus〈3・4世紀〉
カトリックの聖人。305年頃隠修士院の制度を設け，観想的共同生活に入る。
⇒岩世人（アントニオス〔エジプトの〕　251頃–356頃）
　広辞7（アントニオス　251頃–356）
　新カト（アントニオス〔エジプトの〕　251/252–356.1.17）
　図聖（アントニウス〔大〕　?–356）

Antonovich, Maksim Alekseevich〈19・20世紀〉
ロシアの民主主義的啓蒙家，唯物論哲学者，文芸批評家。
⇒岩世人（アントノーヴィチ　1835.4.27/5.9–1918.11.14）

Anton Ulrich, Herzog von Braunschweig-Wolfenbüttel〈17・18世紀〉
北ドイツ，ブラウンシュヴァイク地方の公爵。宗教問題についてライプニッツと親しく文通。
⇒岩世人（アントン・ウルリヒ　1633.10.4–1714.3.27）

An-t'ung〈13世紀〉
中国，元の宰相。モンゴルの札剌亦児（ジャライル）族出身。
⇒岩世人（アントン　1245–1293（世祖至元30））

Anu〈18・19世紀〉
ラオス，ヴィエンティアン国王。在位1804～29。
⇒岩世人（アヌ　1767–1829）

Anunciación, Juan de la〈17・18世紀〉
スペインのカトリック神学者，カルメル会会員。
⇒新カト（フアン・デ・ラ・アヌンシアシオン　1633.11.3–1701.8.3）

Anusapati〈13世紀〉
シンガサリ王国の王。
⇒世帝（アヌサパティ　?–1248）

Anushtigīn, Charcha'ī〈11世紀〉
イランのフワーリズム・シャー朝の創始者。在位1077～97。
⇒岩世人（アヌシュテギン　（在位）1077–1097）

Anwarī, Auhad al-Dīn Muhammad〈12世紀〉
ペルシア最高の頌詩詩人。代表作『ホラーサーンの涙』。
⇒岩世人（アンヴァリー　?–1189(-1191)）
　広辞7（アンヴァリー　1116頃–1189/1191）

Anysios〈4・5世紀〉
テサロニケの司教。聖人。祝日12月30日。
⇒新カト（アニュシオス　?–407頃）

Anytē〈前4・3世紀〉
ギリシアの女流詩人。
⇒岩世人（アニュテ）

Anzalone, Giaccint〈17世紀〉
イタリアの音楽教育者。
⇒バロ（アンツァローネ，ジャチント　1606.3.13–1656）

Anzengruber, Ludwig〈19世紀〉
オーストリアの劇作家，小説家。主著，戯曲『偽善農夫』(72)。
⇒岩世人（アンツェングルーバー　1839.11.29–1889.12.10）
　ネーム（アンツェングルーバー　1839–1889）
　学叢思（アンツェングルーベル，ルドヴィヒ

1839–1889）

Anzer, Johann Baptist von〈19・20世紀〉
ドイツのプロテスタント宣教師。
⇒岩世人（アンツァー　1851.5.16–1903.11.24）
　新カト（アンツァー　1851.5.16–1903.11.24）

Anzilotti, Dionisio〈19・20世紀〉
イタリアの法学者。ローマ大学国際法教授（1911〜）。
⇒岩世人（アンツィロッティ　1869.2.20–1950.8.23）

Aozaraza, Miguel de〈16・17世紀〉
スペイン生まれの宣教師。聖人。祝日9月28日。トマス西と15殉教者の一人。ドミニコ会員。
⇒新カト（ミゲル・デ・アオザラザ　1598.2.7–1637.9.29）

Apáczai Csere, János〈17世紀〉
ハンガリーの改革派教会の神学者、教育者、哲学者。
⇒岩世人（アパーツァイ　1625.6.10–1659.12.31）

Apaffy Mihály I〈17世紀〉
トランシルバニア公。
⇒岩世人（アパフィ・ミハーイ1世　1632.11.3–1690.4.15）

Aparisi y Guijarro, Antonio〈19世紀〉
スペインの詩人、ジャーナリスト。
⇒新カト（アパリシ・イ・ギハーロ　1815.5.22–1872.11.8）

Apel, Nikolaus〈15・16世紀〉
ドイツの聖職者、神学者、作曲家。
⇒バロ（アーペル、ニコラウス　1475頃–1537）

Apel, Paul〈19・20世紀〉
ドイツの作家。
⇒岩世人（アーベル　1872–1946）

Apellēs〈前4世紀〉
古代ギリシアの画家。
⇒岩世人（アペレス　（活躍）前4世紀後半）
　芸13（アペレス）

Apelles〈2世紀〉
アレクサンドリアとローマで教えたグノーシス主義者。
⇒新カト（アペレス　2世紀後半）

Apelt, Ernst Friedrich〈19世紀〉
ドイツの哲学者。イェナ大学教授（1856〜）。フリースの弟子。
⇒岩世人（アーペルト　1812.3.3–1859.10.27）

Aphrahat〈3・4世紀〉
東シリアの最古の教父。ササン朝ペルシア生まれ。「ペルシアの賢者」とも呼ばれる。
⇒新カト（アフラハト　270頃–345頃）

Apianus, Petrus〈16世紀〉
ドイツの地理学者、天文学者。経度測定の方法の考案、地図や地球儀の作製によって、地理学界に貢献。
⇒岩世人（アピアヌス　1495.4.16–1552.4.21）

Apīcius, Caelius〈1世紀〉
古代ローマの料理書の著者。古代ローマの料理書として唯一伝存する『料理法について』（10巻）の著者。
⇒岩世人（アピキウス）

Apil-Sin〈前19世紀〉
バビロニアの統治者。在位前1830〜1813。
⇒世帝（アピル・シン　（在位）前1830–前1813）

Apokaukos, Alexios〈14世紀〉
ビザンツの政治家、文人。
⇒岩世人（アポカウコス　?–1345.6.11）

Apollinaire, Guillaume de Kostrowitsky〈19・20世紀〉
フランスの詩人。ダダイスム、シュールレアリスムなど新しい詩、芸術の創造に影響を与えた。
⇒岩世人（アポリネール　1880.8.26–1918.11.9）
　ネーム（アポリネール　1880–1918）
　広辞7（アポリネール　1880–1918）
　世人新（アポリネール　1880–1918）
　世人装（アポリネール　1880–1918）
　ポプ人（アポリネール、ギヨーム　1880–1918）

Apollinários, Klaúdios〈2世紀〉
ヒエラポリスの司教、弁証家。
⇒新カト（アポリナリオス〔ヒエラポリスの〕　2世紀後半）

Apollinaris〈1世紀〉
殉教者、聖人。ラヴェンナの司教。
⇒岩世人（アポリナリオス　?–76頃）

Apollinaris〈4世紀〉
フォデキアの司教。神学者。アポリナリウス説を唱える。
⇒岩世人（アポリナリオス（ラオディキアの）　315頃–390頃）
　学叢思（アポリナリス　?–390）
　新カト（アポリナリオス〔ラオディケイアの〕　310/315–390頃）

Apollinaris of Ravenna〈2世紀〉
司教また殉教者。聖人。
⇒新カト（アポリナリス〔ラヴェンナの〕　?–2世紀中葉）
　図聖（アポリナリス（ラヴェンナの）　?–200頃）

Apollodōros〈前5・4世紀〉
古代ギリシアの画家。色彩の混合による陰影描法を展開。
⇒岩世人（アポロドロス　（活躍）前425–前400年頃）

Apollodōros of Athens〈前2世紀〉
ギリシアの学者。著書は歴史,地理,神学ほか多岐にわたったが,現存するのは断片のみ。
⇒岩世人（アポロドロス）

Apollodōros of Damascus〈1・2世紀〉
古代ギリシアの建築家。トラヤヌス帝時代にローマで活躍。
⇒岩世人（アポロドロス（ダマスクスの）　2世紀初期）

Apollōnía (Alexandrías)〈3世紀〉
聖女。アレクサンドリアで殉教。鎮歯痛,歯医者の保護聖人。
⇒新カト（アポロニア〔アレクサンドリアの〕　?-248/249頃）
　図聖（アポロニア　?-249頃）

Apollōnios〈前1世紀〉
ギリシアの彫刻家。
⇒岩世人（アポロニオス）

Apollonios〈4世紀〉
聖人,隠修士。祝日10月22日,1月30日。
⇒新カト（アポロニオス〔エジプトの〕　?-395頃）

Apollōnios, Pergais〈前3・2世紀〉
ギリシアの数学者。387の定理を含む円錐曲線論 "Konikon biblia" 8巻を著す。
⇒岩世人（アポロニオス（ペルゲの））
　ネーム（アポロニオス　前262?-前190?）
　広辞7（アポロニオス　前262頃-前190頃）
　世数（アポロニオス（ペルガの）　前262-前190）

Apollōnios Dyskolos〈2世紀〉
ギリシアの文法学者。
⇒岩世人（アポロニオス）

Apollōnios of Tyana〈1世紀〉
新ピタゴラス派のギリシアの賢者,宗教家。
⇒岩世人（アポロニオス（テュアナの））
　学叢思（アポロニウス,ティアナの　?-97）
　新カト（アポロニオス〔テュアナの〕　?-97頃）
　メル1（アポロニオス（テュアナの）　?-97）

Apollōnios Rhodios〈前3世紀〉
ギリシアの叙事詩人。大英雄叙事詩『アルゴナウチカ』（4巻）の著者。
⇒岩世人（アポロニオス・ロディオス　前295頃-前215頃）
　広辞7（アポロニオス　前295頃-?）

Apollōnios Sophistēs〈1世紀〉
アレクサンドリアの文法学者。
⇒岩世人（アポロニオス）

Apollonius〈2世紀〉
聖人,殉教者。祝日4月21日。
⇒新カト（アポロニウス〔ローマの〕　?-185頃）

Apollōs
イエス・キリストの伝道者（新約）。アレクサンドレイア生れのユダヤ人。
⇒岩世人（アポロ）
　新カト（アポロ）
　聖書（アポロ）

Aponius〈5世紀〉
雅歌のラテン語注解書の著者。
⇒新カト（アポニウス　?-5世紀前半）

Appar〈6・7世紀〉
インドのタミル語のシヴァ派宗教詩人。『デーヴァーラム』第4～6品に約3100の詩節が残る。
⇒南ア新（アッパル　生没年不詳）

Appell, Paul Emile〈19・20世紀〉
フランスの数学者。解析学,微分幾何学,理論力学に功績が多い。
⇒岩世人（アペル　1855.9.27-1930.10.23）
　世数（アッペル,ポール・エミール　1855-1930）

Appenzeller, Benedictus〈15・16世紀〉
フランドルの作曲家。
⇒バロ（アペンツェラー,ベネディクトス　1480-1488頃-1551-1558以降）

Appenzeller, Henry Gerhard〈19・20世紀〉
アメリカのメソジスト教会宣教師。朝鮮に渡り（1885）,京城を中心として布教。
⇒アア歴（Appenzeller, Henry G (erhard)　ヘンリー・ゲアハード・アペンツェラー　1858.2.6-1902.6.11）
　岩世人（アペンツェラー　1858.2.6-1902.6.11）

Appert, Nicolas François〈18・19世紀〉
パリの料理人。食料品を加熱滅菌して罐詰にする方法を考案した（1809）。
⇒岩世人（アペール　1749.11.17-1841.6.1）
　ネーム（アペール　1749-1841）

Appia, Adolphe〈19・20世紀〉
スイスの舞台装置家。立体的,彫塑的な舞台空間を創造,現代舞台美術の先駆者。
⇒岩世人（アッピア　1862.9.1-1928.2.29）

Appiani, Andrea〈18・19世紀〉
イタリアの画家。教皇ピオ6世とナポレオン1世の知遇を得た。
⇒岩世人（アッピアーニ　1754.5.23-1817.11.8）
　芸13（アッピアニ,アンドレア　1754-1817）

Appiani, Louis〈17・18世紀〉
イタリアのカトリック宣教師。
⇒岩世人（アッピアーニ　1663.3.22-1732.8.29）
　新カト（アッピアーニ　1663.3.22-1732.8.29）

Appianos Alexandrios〈1・2世紀〉
ギリシアの歴史家。著作『ローマ史』24巻は,特に前1世紀のローマ内乱の史料として貴重。

⇒岩世人（アッピアノス　90年代前半–160頃）

Appleseed, Johnny〈18・19世紀〉
フォーク・ヒーロー。
⇒アメ新（アップルシード　1774–1847）

Appleton, Nathan〈18・19世紀〉
アメリカの実業家。
⇒岩世人（アプルトン　1779.10.6–1861.7.14）

Apponyi Albert Georg, Gróf〈19・20世紀〉
ハンガリーの政治家，伯爵。
⇒岩世人（アポニ　1846.5.29–1933.2.7）

Apries〈前6世紀〉
エジプト第26王朝の王。在位前588～568。
⇒岩世人（アプリエス　（在位）前589–前570）

Apringius〈6世紀〉
ポルトガルのベジャの司教。
⇒新カト（アプリンギウス　6世紀中葉）

Apuleius, Lucius〈2世紀〉
ローマの著述家。カルタゴと故郷のマダウロスで詩人，哲学者，修辞家として活躍。
⇒岩世人（アプレイウス）
　ネーム（アプレイウス）
　広辞7（アプレイウス　125頃–?）
　学叢思（アプレイアス，マダウラの）
　新カト（アプレイウス〔マダウラの〕　125頃–170以降）

Āqā Khān Kermānī〈19世紀〉
イランの近代改革思想家，歴史家。
⇒岩世人（アーカー・ハーン・ケルマーニー　1853–1896.7）

Āqā Mīrak〈16世紀〉
サファヴィー朝期の画家。
⇒岩世人（アーカー・ミーラク）

Aqhat
ウガリットの叙事詩『アクハト』に登場する英雄。神の職人からもらった弓を持つ狩人。
⇒ネーム（アクハト）

Aquanus, Adam〈15・16世紀〉
フランドルの作曲家。
⇒バロ（アクアヌス，アダム　1492頃–1540頃?）

Aquaviva, Claudius〈16・17世紀〉
イタリアの聖職者。イエズス会第5代総会長。
⇒岩世人（アクァヴィーヴァ　1543頃(9.14)–1615.1.31）
　新カト（アクアヴィーヴァ　1543.9.14–1615.1.31）

Aquila
ポントス州出身のキリスト者夫妻（使徒言行録）。

⇒岩世人（アキラ）
　新カト（アキラとプリスカ（プリスキラ））
　聖書（アキラとプリスキラ）

Aquila Ponticus〈2世紀〉
小アジアの学者。130年頃活動。
⇒岩世人（アクィラ・ポンティクス　（活動）130年頃）

Aquilinus von Mailand〈10・11世紀〉
殉教者，聖人。ミラノで殉教。
⇒新カト（アクイリヌス〔ミラノの〕　970頃–1015頃）
　図聖（アクィリヌス（ミラノの）　970頃–1015頃）

Aquino, Melchora〈19・20世紀〉
フィリピンの愛国者。
⇒岩世人（アキノ　1812.1.6–1919.3.2）

Aquino de Belen, Gaspar〈18世紀〉
フィリピンの文学者，翻訳者。
⇒岩世人（アキノ・デ・ベレン）

'Arābī Pasha〈19・20世紀〉
エジプトの軍人，独立運動の指導者。農民出身。政府への大衆的な反抗運動を組織化した（アラビの反乱）。
⇒岩世人（アラービー，アフマド　1841頃.4.1–1911.9.21）
　広辞7（アラービー　1841–1911）
　ポプ人（アラービー・パシャ　1841–1911）

Arachnē
ギリシア神話の機織女。
⇒岩世人（アラクネ）

Arago, Dominique François Jean〈18・19世紀〉
フランスの天文学者，物理学者。
⇒岩世人（アラゴ　1786.2.26–1853.10.2）
　ネーム（アラゴ　1786–1853）
　広辞7（アラゴー　1786–1853）
　学叢思（アラゴ，ドミニク・フランソワ　1786–1853）

Araja, Francesco〈18世紀〉
イタリアの作曲家。
⇒バロ（アライア，フランチェスコ　1709.6.25–1770）

Arakcheev, Aleksei Andreevich〈18・19世紀〉
ロシアの軍人，政治家。アレクサンドル1世の信頼を得て陸相，国家会議（ソビエト）軍事部議長。
⇒岩世人（アラクチェーエフ　1769.9.23–1834.4.21）

Aralov, Semyon Ivanovich〈19・20世紀〉
ソビエト軍の情報機関（GRU）の初代局長。在職1918～19。
⇒スパイ（アラロフ，セミョーン・イワノヴィチ

1880–1969）

Aramburo, Antonio〈19・20世紀〉
スペインのテノール歌手。
⇒魅惑（Aramburo, Antonio　1838–1912）

Arana Goiri, Sabino de〈19・20世紀〉
スペイン，バスク地方主義運動の創始者。
⇒岩世人（アラーナ　1865.1.26–1903.11.25）

Aranaz y Vides, Pedro〈18・19世紀〉
スペインの指揮者，聖職者。
⇒バロ（アラナス・イ・ビデス，ペドロ　1740.5.2–1820.9.24）
　バロ（ビデス，ペドロ・アラナス・イ　1740.5.2–1820.9.24）

Aranda, Luis de〈17世紀〉
スペインのオルガン奏者。
⇒バロ（アランダ，ルイス・デ　1600頃?–1660）

Aranda, Pedro Pablo Abarca de Bolea, conde de〈18世紀〉
スペインの政治家，軍人。カルロス3世に仕え啓蒙専制政治の実現に努め，農業改革などを行った。
⇒岩世人（アランダ　1719.8.1–1798.1.9）
　ネーム（アランダ　1718–1799）

Arañés, Juan〈16・17世紀〉
スペインの聖職者，作曲家。
⇒バロ（アラニェス，フアン　1590頃?–1649/1649以降）

Araneta, Gregorio〈19・20世紀〉
フィリピンの法律家，政治家，事業家。
⇒岩世人（アラネタ　1869.4.19–1930.5.9）

Arantius, Julius Caesar〈16世紀〉
イタリアの解剖学者，医師。
⇒岩世人（アランティウス　1530頃–1589.4.7）

Aranyi, Desider〈19・20世紀〉
ハンガリーのテノール。ブダペスト国立オペラに所属。
⇒魅惑（Aranyi, Desider（Dezsö）　1859–1923）

Arany János〈19世紀〉
ハンガリーの詩人。
⇒岩世人（アラニュ　1817.3.2–1882.10.22）
　ネーム（アラニュ　1817–1882）
　新カト（アラニュ　1817.3.2–1882.10.24）

Arator〈5・6世紀〉
キリスト教ラテン詩人。
⇒新カト（アラトル　490頃–556頃）

Aratos〈前4・3世紀〉
ギリシアの詩人。ヘレニズム時代の教訓詩人の代表。主著『天界現象』。
⇒岩世人（アラトス　前315頃–前240頃）

Aratus of Sicyon〈前3世紀〉
シキオンの政治家。対マケドニアの戦いでアカイア同盟に加わった。
⇒岩世人（アラトス　前271–前213）

Araujo, Juan de〈17・18世紀〉
スペインのオルガン奏者，聖職者，参事会員，理論家。スペインオルガン楽派の代表的作曲家。
⇒バロ（アラウホ，フアン・デ　1646–1712/1714）

Araujo, Pedro de〈17世紀〉
ポルトガルのオルガン奏者，教育者。
⇒バロ（アラウージョ，ペドロ・デ　1620頃?–1684）

Arauxo, Francisco Correa de〈16・17世紀〉
スペインのオルガン奏者，聖職者。
⇒バロ（アラウホ，フランシスコ・コレーア・デ　1576/1577頃–1654.10.31）

Arbás, Celestino〈19・20世紀〉
スペインの日本宣教師，ドミニコ会員。
⇒新カト（アルバス　1880.2.1–1948.10.1）

Arbeau, Thoinot〈16世紀〉
フランスの司祭，舞踊理論家。
⇒岩世人（アルボー　1520/1519.3.17–1595/1596.7.21）
　バレエ（アルボー，トワノ　1520/1519.3.17–1595/1596.7.21）
　新カト（アルボー　1520.3.17–1595.7.23）

Arber, Agnes〈19・20世紀〉
イギリスの植物学者，哲学者。
⇒岩世人（アーバー　1879.2.23–1960.3.22）

Arbogast〈4世紀〉
フランク人のローマ将軍。
⇒岩世人（アルボガスト　?–394.9.8）

Arbogast, Louis François Antoine〈18・19世紀〉
アルザス出身の数学者。ストラスブルク大学の総長を務めた。
⇒世数（アルボガスト，ルイ・フランソワ・アントワーヌ　1759–1803）

Arbogast (Strasbourg)〈6世紀〉
ストラスブールの司教，同市の保護聖人。
⇒岩世人（アルボガスト）
　新カト（アルボガスト〔ストラスブールの〕　6世紀）

Arboleda, Julio〈19世紀〉
コロンビアの詩人，政治家。反乱を指導して，大統領となったが（1860），間もなく暗殺された。
⇒岩世人（アルボレダ　1817.7.9–1862.11.13）

Arbués, Petrus de〈15世紀〉
スペイン人の聖人。アウグスチノ修道参事会会士。

⇒新カト（ペドロ・アルブエス　1441/1442–1485.
　　9.17)

Arbuthnot, John〈17・18世紀〉
イギリスの詩人，評論家。評論集 "History of
John Bull"（1712）がある。
　⇒岩世人（アーバスノット　1667.4.29（受洗）–
　　1735.2.27）

**Arbuzov, Aleksandr
Erminingeldovich**〈19・20世紀〉
ソ連邦の有機化学者。有機燐化合物の研究，化
学史研究で知られ，スターリン賞を受く（46）。
　⇒岩世人（アルブーゾフ　1877.8.30/9.11–1968.1.
　　22）

Arcadelt, Jacob〈16世紀〉
ネーデルラントの作曲家。ベネチア楽派のマド
リガル作曲家。
　⇒バロ（アルカデルト，ヤーコブ　1505/1515頃–
　　1568.10.14）
　　岩世人（アルカデルト　1507頃–1568.10.14）
　　ネーム（アルカデルト　1510?–1568）
　　新カト（アルカデルト　1505頃–1568.10.14）

Arcadius, Flavius〈4・5世紀〉
東ローマ皇帝。在位383–408。帝国分裂後の東
帝国初代皇帝。
　⇒岩世人（アルカディウス　377/378–408.5.1）
　　ネーム（アルカディウス　377–408）
　　広辞7（アルカディウス　377–408）
　　新カト（アルカディウス　377–408.5.1）
　　世帝（アルカディウス　377–408）
　　世帝（アルカディウス　337–408）

Arch, Joseph〈19・20世紀〉
イギリスの説教者，改革家。農業労働者の地位
改善のため一生を捧げた。
　⇒岩世人（アーチ　1826.11.10–1919.2.12）

Archelaos〈前5世紀頃〉
ギリシアの哲学者。アナクサゴラスの弟子。
　⇒岩世人（アルケラオス）
　　学叢思（アルケラオス）

Archelaos〈前5・4世紀〉
マケドニア王。
　⇒岩世人（アルケラオス1世　（在位）前413–前399）
　　世帝（アルケラオス1世　（在位）前413–前399）

Archelaos II〈前5・4世紀〉
マケドニア王国の王。
　⇒世帝（アルケラオス2世　（在位）前396?）

Archelaus〈前1・後1世紀〉
ヘロデ大王の息子。紀元前4年～後6年にかけて
のユダヤ人の支配者（マタイによる福音書）。
　⇒岩世人（アルケラオ）
　　新カト（アルケラオ）
　　ユ人（アルケラウス　?–16頃）

Archer, Fred（erick James）〈19世紀〉
イギリスの競馬の騎手。
　⇒岩世人（アーチャー　1857.1.11–1886.11.8）

Archer, Frederick Scott〈19世紀〉
イギリスの彫刻家，写真研究家。写真の湿板感
光膜にコロディオンを使用する方法を発明した
（1850）。
　⇒岩世人（アーチャー　1813–1857.5.2）

Archer, Thomas〈17・18世紀〉
イギリスの建築家。主作品はウェストミンス
ターのセント・ジョン聖堂。
　⇒岩世人（アーチャー　1668頃–1743.5.23）

Archer, Walter E.〈19・20世紀〉
イギリスの鮭・鱒類の研究家。
　⇒岩世人（アーチャー　1855–1917）

Archer, William〈19・20世紀〉
イギリスの演劇評論家。
　⇒岩世人（アーチャー　1856.9.23–1924.12.27）

Archermus〈前6世紀〉
ギリシアの彫刻家。キオス島の彫刻家ミキアデ
スの子。デロス島出土の『飛翔するニケー像』
の作者。
　⇒岩世人（アルケルモス）

Archestratos〈前4世紀〉
古代ギリシアの詩人。シチリア島ゲラ出身。代
表作『ヘデュパテイア』など。
　⇒岩世人（アルケストラトス）

Archias, Aulus Licinius〈前2・1世紀〉
ギリシアの詩人。
　⇒岩世人（アルキアス　前118頃–?）

Archidamos II〈前5世紀〉
古代ギリシアスパルタの王。在位前469～427。
前464年ヘロットの乱を鎮圧。
　⇒岩世人（アルキダモス2世　（在位）前469頃–前
　　427）
　　世帝（アルキダモス2世　?–前427）

Archidamos III〈前4世紀〉
古代ギリシアスパルタの王。在位前360～338。
神聖戦争（前355～346）ではフォキス人を支援。
　⇒岩世人（アルキダモス3世　前400頃–前338）
　　世帝（アルキダモス3世　?–前338）

Archidamos IV〈前4・3世紀〉
古代ギリシアスパルタの王。
　⇒世帝（アルキダモス4世　?–前275）

Archidamos V〈前3世紀〉
古代ギリシアスパルタの王。
　⇒世帝（アルキダモス5世　（在位）前228–前227）

Archilei, Vittoria〈16・17世紀〉
イタリアのソプラノ歌手。
　⇒バロ（アルキレイ，ヴィットリア　1550–1620頃/

1620以降)
オペラ（アルキレーイ，ヴィットリア 1550–1618以降）

Archilochos Parios〈前8・7世紀〉
ギリシアのイアンボスとエレゲイアの詩人。
⇒岩世人（アルキロコス）
広辞7（アルキロコス 前7世紀）

Archimēdēs〈前3世紀〉
ギリシアの数学者，物理学者，技術者。てこの原理やアルキメデスの原理を発見。
⇒岩世人（アルキメデス 前287頃–前212）
広辞7（アルキメデス 前287頃–前212）
学叢思（アルキメデス 前287–前212）
物理（アルキメデス 前287–前212）
世人新（アルキメデス 前287–前212）
世人装（アルキメデス 前287–前212）
世史語（アルキメデス 前287–前212）
世数（アルキメデス（シラクサの） 前287頃–前212）
ポブ人（アルキメデス 前287–前212）

Archippos
コロサイのキリスト教徒（新約）。
⇒岩世人（アルキポ）

Archytas〈前5・4世紀〉
ギリシア，ピタゴラス派の哲学者，数学者。プラトンとも親交。
⇒岩世人（アルキュタス）
ネーム（アルキュタス 前428?–?）
世数（アルキタス（タレントの） 前428頃–前360頃）

Arcimboldo, Giuseppe〈16世紀〉
イタリアの画家。62年から87年までルドルフ2世の宮廷画家として仕え伯爵に叙せられた。
⇒岩世人（アルチンボルド 1527頃–1593.7.11）
広辞7（アルチンボルド 1527頃–1593）
芸13（アルチンボルド，ジュゼッペ 1527–1593）
ルネ（ジュゼッペ・アルチンボルド 1527?–1593）

Arco, Georg, Graf von〈19・20世紀〉
ドイツの電気技術者。高周波発振装置を用いる無電送信方法を開拓。
⇒岩世人（アルコ 1869.8.30–1940.5.5）

Ardabīlī, Muḥaqqiq〈16世紀〉
イランのサファヴィー朝初期の十二イマーム・シーア派法学者，神学者。
⇒岩世人（アルダビーリー ?–1585）

Ardashīr I Pābhaghān〈3世紀〉
サン朝ペルシアの初代王。在位226～241。パルチアのアルサケス王朝を討ちサン朝を創設。
⇒岩世人（アルダシール1世 （在位）226頃–241）
ネーム（アルデシール1世）
広辞7（アルダシール （在位）224–241頃）
新カト（アルダシール1世 ?–241）
世人新（アルダシール1世 ?–241/242）
世人装（アルダシール1世 ?–241/242）
世史語（アルダシール1世 （在位）前224–前241頃）
世帝（アルダシール1世 ?–241）
ポブ人（アルダシール1世 ?–241?）

Ardashīr II〈4世紀〉
サン朝ペルシアの統治者。在位379～383。
⇒世帝（アルダシール2世 （在位）379–383）

Ardashīr III〈7世紀〉
サン朝ペルシアの統治者。
⇒世帝（アルダシール3世 621–629）

Arden, Elizabeth〈19・20世紀〉
カナダの美容師，実業家。
⇒岩世人（アーデン 1878/1884.12.31–1966.10.18）

Ardigo, Roberto〈19・20世紀〉
イタリア実証主義の哲学者。人間の認識は感覚のみを起源とするという。
⇒岩世人（アルディーゴ 1828.1.28–1920.9.15）
ネーム（アルディゴ 1828–1920）
学叢思（アルディゴ，ロベルトー 1828–?）
新カト（アルディゴー 1828.1.28–1920.10.15）

Ardoin〈10・11世紀〉
イヴレア侯，ロンバルディア王。在位1002～13。
⇒岩世人（アルドゥイーノ 955頃–1015）

Arduino, Giovanni〈18世紀〉
イタリアの地質学者。北イタリアの岩石を第一紀，第二紀，第三紀および火山岩に三分類。
⇒岩世人（アルドゥイーノ 1714.10.16–1795.3.21）

Arends, Leopold Alexander Friedrich〈19世紀〉
ドイツの言語学者。各字母に速記記号を附するアレンツ式速記術を考案した（1850）。
⇒岩世人（アレンツ 1817.12.4–1882.12.22）

Arène, Paul Auguste〈19世紀〉
フランスの詩人，物語作家。プロヴァンス出身。
⇒岩世人（アレーヌ 1843.6.26–1896.12.17）
19仏（ポール・アレーヌ 1843.6.26–1896.12.17）

Arenskii, Anton Stepanovich〈19・20世紀〉
ロシアの作曲家，ピアノ奏者。作品，オペラ『ボルガ河畔の夢』（92）など。
⇒岩世人（アレンスキー 1861.6.30–1906.2.12）
ネーム（アレンスキー 1861–1906）

Aretaeus of Cappadocia〈2・3世紀〉
ギリシアの医者。カッパドキア生れ。
⇒岩世人（アレタイオス）

Arethas〈6世紀〉
聖人，殉教者。祝日10月24日。
⇒新カト（アレタス ?–523/524）

Arethas〈9・10世紀〉
東ローマ帝国の聖職者，カイサリアの大主教。

⇒岩世人（アレタス　?-932以後）

Aretino, Niccolò Cieco〈15世紀〉
イタリアの音楽家, 詩人, 俳優。
⇒バロ（アレティーノ, ニッコロ・チェーコ　1430頃?-1480頃?）

Aretino, Pietro〈15・16世紀〉
イタリアの詩人, 劇作家。ジュリオ・デ・メディチらの寵を受け, 政治詩や諷刺詩を発表。
⇒岩世人（アレティーノ　1492.4.20-1556.10.21）
　ネーム（アレティーノ　1492-1556）
　広辞7（アレティーノ　1492-1556）
　ルネ（ピエトロ・アレティーノ　1492-1556）

Areus〈前4・3世紀〉
スパルタ王。在位前309〜265。
⇒岩世人（アレウス　?-前265（前264））
　世帝（アレウス1世　?-前265）

Areus II〈前3世紀〉
スパルタ連合王国の統治者。在位前260〜252。
⇒世帝（アレウス2世　（在位）前262-前254）

Arévalo, Rodrigo de〈15世紀〉
スペインの作曲家。
⇒バロ（アレバロ, ロドリーゴ・デ　1410頃?-1460頃?）

Argaeus II〈前4世紀〉
マケドニア王国の統治者。在位前387〜386。
⇒世帝（アルガイオス2世　（在位）前393-前392）

Argand, Aimé〈18・19世紀〉
スイスの化学者。〈アルガン・ランプ〉の発明者。
⇒岩世人（アルガン　1750.7.5-1803.10.14）

Argand, Jean Robert〈18・19世紀〉
スイスの数学者。複素数研究の先駆者。
⇒世数（アルガン, ジャン・ロベール　1768-1822）

Argelander, Friedrich Wilhelm August〈18・19世紀〉
ドイツの天文学者。
⇒岩世人（アルゲランダー　1799.3.22-1875.2.17）
　ネーム（アルゲランダー　1799-1875）

Argenson, Marc Antoine René de Voyer, Marquis d'〈18世紀〉
フランスの貴族。ポーランド, ベネチアの大使を歴任。ヨーロッパ史を研究, 蔵書家としても知られた。
⇒岩世人（アルジャンソン　1722.11.22-1787.8.15）

Argenson, Marc Pierre de Voyer, Comte d'〈17・18世紀〉
フランスの貴族。警察総官代理, トゥレーヌの代官を勤め, 陸軍学校創設に尽力。
⇒岩世人（アルジャンソン　1696.8.16-1764.8.27）

Argenson, Marc René de Voyer, Marquis d'〈17・18世紀〉
フランスの貴族。パリの警察総官代理, オルレアン公フィリップの印章保管係を歴任。
⇒岩世人（アルジャンソン　1652.11.4-1721.5.8）

Argenson, René Louis de Voyer, Paulmy, Marquis d'〈17・18世紀〉
フランスの貴族, 法律家。ルイ15世の宮廷で国際政治に活躍。
⇒岩世人（アルジャンソン　1694.10.18-1757.1.26）

Argentré, Bertrand d'〈16世紀〉
フランスの法学者。〈各地方独立主義〉の見地から慣習法と封建法とを擁護。
⇒岩世人（アルジャントレ　1519.5.19-1590.2.13）

Argentré, Charles du Plessis d'〈17・18世紀〉
フランスのカトリック神学者。
⇒新カト（アルジャントレ　1673.5.16-1740.10.27）

Arghezi, Tudor〈19・20世紀〉
ルーマニアの詩人。詩集『ふさわしい言葉』(27), 評論集『黒い門』(30), 小説『リーナ』(41)など。
⇒岩世人（アルゲージ　1880.10.23/11.5-1967.7.14）
　ネーム（アルゲージ　1880-1967）

Arghūn Khān〈13世紀〉
イランを統治したモンゴルのイル・ハン国の第4代ハン。在位1284.8.11〜91.3.9。
⇒岩世人（アルグン　1255-1291）

Argišti I〈前8世紀〉
カルディア（古代アルメニア）国王。在位前781〜60。
⇒岩世人（アルギシュティ1世）

Argišti II〈前8・7世紀〉
カルディア（古代アルメニア）国王。在位前714〜685頃。
⇒岩世人（アルギシュティ2世　（在位）前8世紀末-前7世紀初）

Argos
ギリシア神話, 船大工。
⇒岩世人（アルゴス）

Arguedas, Alcides〈19・20世紀〉
ボリビアの作家。
⇒岩世人（アルゲダス　1879.7.15-1946.5.6）

Argüelles Álvarez, Agustín de〈18・19世紀〉
スペインの政治家。
⇒岩世人（アルグェリェス　1776.8.28-1844.3.26）

Arγun Aqa〈13世紀〉
イル・ハン国（フレグ・ウルス）のイラン総督。
⇒岩世人（アルグン・アカ　?-1275）

Argyll, Archibald Campbell, 1st Marquis and 8th Earl of〈16・17世紀〉
スコットランドの契約派貴族。
⇒岩世人（アーガイル　1605-1607–1661.5.27）

Argyll, Archibald Campbell, 5th Earl of〈16世紀〉
イギリスの政治家。
⇒岩世人（アーガイル　1538–1573.9.12/13）

Argyll, Archibald Campbell, 9th Earl of〈17世紀〉
スコットランドの王党派貴族。
⇒岩世人（アーガイル　1629.2.26–1685.6.30）

Argyll, John Campbell, 2nd Duke of〈17・18世紀〉
スコットランドの貴族。
⇒岩世人（アーガイル　1680.10.10–1743.10.4）

Argyll Robertson, Douglas Moray Cooper Lamb〈19・20世紀〉
スコットランドの医者。
⇒岩世人（アーガイル・ロバートソン　1837–1909.1.3）

Argyriades, Panagiotes〈19世紀〉
フランスの社会主義者。
⇒学叢思（アルジリアド，パナジオート　1832–?）

Argyropoulos, Isaac〈15世紀〉
イタリアのオルガン奏者，オルガン建造家。
⇒バロ（アルギロプーロス，イザーク　1440頃?–1490頃?）

Argyropulos, Johannes〈15世紀〉
西方で教えたビザンティンの学者。
⇒岩世人（アルギュロプロス　1415頃–1487.6.26）

Ariadnē
ギリシア神話のクレタ王ミノスの娘。
⇒岩世人（アリアドネ）
ネーム（アリアドネ）

Arias de Saavedra, Hernando〈16・17世紀〉
スペインの植民地総督。
⇒岩世人（アリアス・デ・サーベドラ　1561–1634）

'Arīb ibn Sa'īd〈10世紀〉
アンダルス（現スペイン）の歴史家。
⇒岩世人（アリーブ・イブン・サイード　?–980-981頃）

Arikbuge〈13世紀〉
中国，元の王族。ツルイの子。
⇒岩世人（アリク・ボケ（アリク・ブケ）　?–1266（世祖至元3））
世人新（アリク＝ブケ（阿里不哥）　?–1266）
世人装（アリク＝ブケ（阿里不哥）　?–1266）
世帝（アリク・ブガ　?–1266）

Arik-dinilu〈前14世紀〉
アッシリア王。在位前1318〜06。
⇒岩世人（アリク・デン・イリ　（在位）前1317–前1306）
世帝（アリク・デン・イリ　（在位）前1319–前1308）

Arintero, Juan González〈19・20世紀〉
スペインのドミニコ会員，護教論家，神秘神学者。
⇒新カト（アリンテロ　1860.6.24–1928.2.20）

Ariōn〈前7・6世紀〉
ギリシアのレスボス島のディチュランボス詩人。
⇒岩世人（アリオン）
広辞7（アリオン　前7・6世紀）

Ariosti, Ottavio Malachia〈17・18世紀〉
イタリアの歌手，オルガン奏者，聖職者，ヴィオラ・ダモーレ奏者，教師。
⇒バロ（アリオスティ，オッターヴィオ・マラキア　1666.11.5–1729頃）

Ariosto, Ludovico〈15・16世紀〉
イタリアの詩人，劇作家。イタリア喜劇の創始者。
⇒岩世人（アリオスト　1474.9.8–1533.7.6）
オペラ（アリオスト，ルドヴィーコ　1474–1533）
ネーム（アリオスト　1474–1533）
広辞7（アリオスト　1474–1533）
新カト（アリオスト　1474.9.8–1533.7.6）

Ariovistus〈前1世紀頃〉
スエウィ族の王。ガリア諸族を破ったが，カエサルに敗れる。
⇒岩世人（アリオウィストゥス）

Ariq Qaya〈13世紀〉
モンゴル帝国の武人，政治家。
⇒岩世人（アリク・カヤ　?–1286（世祖至元23））

Aristagoras〈前6・5世紀〉
ミレトスの政治的指導者。イオニアに反乱を引起し，ペルシア戦争に導いた。
⇒岩世人（アリスタゴラス　?–前496頃）

Aristarchos
テサロニケの聖人。パウロの弟子。
⇒岩世人（アリスタルコ）
新カト（アリスタルコ）

Aristarchos of Samos〈前4・3世紀〉
古代ギリシアの天文学者。地動説の先駆者。
⇒岩世人（アリスタルコス（サモスの）　前310頃–前230頃）
ネーム（アリスタルコス　前310?–前230?）
広辞7（アリスタルコス（サモスの）　前310頃–前230頃）
学叢思（アリスタルコス）
世人新（アリスタルコス〈サモスの〉　前310頃–前230頃）
世人装（アリスタルコス〈サモスの〉　前310頃–前230頃）
世史語（アリスタルコス　前310頃–前230頃）

世数（アリスタルコス，(サモスの)　前310–前230）
ポプ人（アリスタルコス　前310?–前230?）

Aristarchos of Samothrace〈前3・2世紀〉
ギリシアの文献学者。ホメロスの研究で知られる。
⇒岩世人（アリスタルコス　前216頃–前144頃）
広辞7（アリスタルコス（サモトラケの）　前216頃–前144）

Aristeidēs〈前6・5世紀〉
古代ギリシア、アテネの政治家、将軍。サラミスの海戦ではテミストクレスを助けた。
⇒岩世人（アリスティデス　前520以前–前468頃）
ネーム（アリスティデス　前520?–前468?）
学叢歴（アリスティデス　?–前468頃）

Aristeidēs〈前4世紀〉
ギリシアの画家。
⇒岩世人（アリスティデス）

Aristeídēs〈2世紀〉
キリスト教神学者。
⇒岩世人（アリスティデス（アテナイの））
新カト（アリスティデス　2世紀前半活躍）

Aristeídēs, Aílios〈2世紀〉
ギリシアの修辞学者，弁論家。
⇒岩世人（アリスティデス　117/129–189）

Aristippos〈前5・4世紀〉
ギリシアの哲学者。ソクラテスに師事。
⇒岩世人（アリスティッポス　前435–前355頃）
ネーム（アリスティッポス　前435?–前356?）
広辞7（アリスティッポス　前435頃–前355頃）
学叢思（アリスティッポス　前455–前355）
メル1（アリスティッポス　前435–前355頃.）

Aristoboulos I〈前2世紀〉
古代ユダヤの王。在位前105～104。
⇒新カト（アリストブロス　（在位）前104–前103）
ユ人（アリストボルス1世、ユダ　前1世紀）

Aristoboulos II〈前1世紀〉
古代ユダヤの王。在位前69–63。
⇒新カト（アリストブロス　（在位）前67–前63）
ユ人（アリストボルス2世　?–前49）

Aristoboulos III〈前1世紀〉
古代ユダヤの王。在位前36–35。
⇒新カト（アリストブロス　（在位）?–前35）

Aristoboulos of Cassandreia〈前4・3世紀〉
アレクサンドロス大王配下の歴史家。軍事の専門家。
⇒岩世人（アリストブロス）

Aristobulus
ローマ在住のユダヤ人家長で、おそらくヘロデ家の関係者。

⇒新カト（アリストブロス）

Aristobulus of Paneas〈前2世紀〉
アレクサンドリア在住のユダヤ人哲学者。アリストテレス学派に属し、『モーセ五書注解書』を書いた。
⇒新世人（アリストブロス）
学叢思（アリストブーロス）
新カト（アリストブロス）
新カト（アリストブロス）

Aristogeiton〈前6世紀〉
古代アテネの貴族。ハルモディオスと共に僭主を暗殺し、圧制から解放しようと企てた。
⇒岩世人（アリストゲイトン　?–前514）

Aristomachos〈前3世紀〉
古代ギリシア、アルゴスの僭主。
⇒岩世人（アリストマコス　?–前224）

Ariston〈2世紀〉
護教家。パレスチナのペラ出身。
⇒新カト（アリストン〔ペラの〕　2世紀）

Aristonikos
アレクサンドリアの文法学者。
⇒岩世人（アリストニコス）

Aristonikos〈前2世紀〉
ペルガモンの王位僭称者。
⇒岩世人（アリストニコス　?–前128）
世人新（アリストニコス　?–前128）
世人装（アリストニコス　?–前128）

Aristōn of Chios〈前3世紀〉
ギリシア、ストア派の哲学者。ゼノンの弟子。
⇒岩世人（アリストン（キオスの）（活動）前3世紀中頃）
メル1（アリストン（キオスの）　前3世紀半ば）

Aristophanēs〈前5・4世紀〉
ギリシア古喜劇の詩人。喜劇を通じて反戦論を唱え、国家社会の問題を取上げて批判した。
⇒岩世人（アリストファネス　前445頃–前385頃）
ネーム（アリストファネス　前450?–前385?）
広辞7（アリストファネス　前445頃–前385頃）
学叢思（アリストファネス）
新カト（アリストファネス　前445頃–前385頃）
世人新（アリストファネス　前445頃–前385頃）
世人装（アリストファネス　前445頃–前385頃）
世史語（アリストファネス　前450–前385頃）
ポプ人（アリストファネス　前445?–前385?）
学叢歴（アリストファネス　前450–前380）

Aristophanēs of Byzantine〈前3・2世紀〉
ギリシアの文献学者。アレクサンドリア図書館長。
⇒岩世人（アリストファネス（ビザンティンの）　前257頃–前180頃）
広辞7（アリストファネス　前257頃–前180頃）

Aristotelēs〈前4世紀〉
ギリシアの哲学者。プラトンの弟子,アレクサンドロス大王の師。
  ⇒岩世人(アリストテレス　前384–前322)
　　覚思(アリストテレス　前384–前322)
　　覚思ス(アリストテレス　前384–前322)
　　広辞7(アリストテレス　前384–前322)
　　学叢思(アリストテレス　前384–前322)
　　新カト(アリストテレス　前384–前322)
　　物理(アリストテレス　前384–前322)
　　図哲(アリストテレス　前384–前322)
　　世人新(アリストテレス　前384–前322)
　　世人装(アリストテレス　前384–前322)
　　世史語(アリストテレス　前384–前322)
　　世数(アリストテレス　前384–前322)
　　ポプ人(アリストテレス　前384–前322)
　　メル1(アリストテレス　前384–前322)
　　学叢歴(アリストテレス　前384–前322)

Aristoxenos〈前4世紀〉
ギリシアの哲学者,古典古代における最初の音楽理論家。『和声学の諸原理と諸要素』が現存。
  ⇒岩世人(アリストクセノス　前375–前360–?)
　　学叢思(アリストクセノス)
　　メル1(アリストクセノス(タラスの)　前375/前350?–?)

Ari Thorgilsson〈11・12世紀〉
アイスランドの歴史家。『アイスランド人の書』(1120年代)『植民の書』などを残す。
  ⇒岩世人(アーリ・ソルギルソン　1067/1068–1148)

Arius〈3・4世紀〉
ギリシアの神学者。異端とされたアリウス主義の祖。
  ⇒岩世人(アレイオス　250頃–336)
　　ネーム(アリウス　250?–336)
　　広辞7(アレイオス)
　　学叢思(アリウス)
　　新カト(アレイオス　260頃–336)
　　世人新(アリウス　250頃–336)
　　世人装(アリウス　250頃–336)
　　ポプ人(アリウス　250頃–336)
　　メル1(アレイオス〔アリウス〕　250/280?–336)

Arjun, Guru〈16・17世紀〉
インドのシク教第5祖。在位1581〜1606。
  ⇒岩世人(アルジュン(アルジャン)　1563–1606.6)

Arjuna
インド古代叙事詩《マハーバーラタ》中の主要人物。
  ⇒岩世人(アルジュナ)
　　ネーム(アルジュナ)

Arkas
ギリシア神話,ゼウスとカリストの子。アルカディアにその名を与えた始祖。
  ⇒岩世人(アルカス)

Arkesilaos〈前4・3世紀〉
ギリシアの哲学者。クラテスを継いでアカデメイア学頭となる。
  ⇒岩世人(アルケシラオス　前315–前242/241)
　　ネーム(アルケシラオス　前316?–前241)
　　学叢思(アルケシラオス　前315–前241)
　　メル1(アルケシラオス　前315–前242/前241?)

Arkwright, *Sir* Richard〈18世紀〉
イギリスの発明家,企業家。
  ⇒岩世人(アークライト　1732.12.23–1792.8.3)
　　ネーム(アークライト　1732–1792)
　　広辞7(アークライト　1732–1792)
　　学叢思(アークライト,サー・リチャード　1732–1792)
　　世人新(アークライト　1732–1792)
　　世人装(アークライト　1732–1792)
　　世史語(アークライト　1732–1792)
　　ポプ人(アークライト,リチャード　1732–1792)

Arlington, Henry Bennet, Earl of〈17世紀〉
イギリスの政治家。
  ⇒岩世人(アーリントン　1618.9.6頃–1685.7.28)

Arlington, Lewis Charles〈19・20世紀〉
アメリカの政府役人。
  ⇒アア歴(Arlington,Lewis Charles　ルイス・チャールズ・アーリントン　1859.10.2–?)

Arlotto, Piovano〈14・15世紀〉
イタリアの聖職者。
  ⇒岩世人(ピオヴァーノ・アルロット　1396.12.25–1484.12.26)

Arlt, Ferdinand〈19世紀〉
オーストリアの眼科学者。19世紀最大の眼科学者の一人。
  ⇒岩世人(アールト　1812.4.18–1887.8.7)

Armbruster, Henri〈19世紀〉
フランスのパリ外国宣教会宣教師。函館などで布教活動を行った。
  ⇒新カト(アルンブリュステ　1842.6.23–1896.1.26)

Armellini, Mariano〈17・18世紀〉
イタリアのベネディクト派歴史家。
  ⇒新カト(アルメリーニ　1662.12.10–1737.5.4)

Armellini, Mariano〈19世紀〉
ローマのキリスト教考古学者。
  ⇒新カト(アルメリーニ　1852.2.17–1896.2.24)

Armenault, Daniel〈18世紀〉
オランダの長崎商館長。
  ⇒岩世人(アルムノー　?–1778.10.3)

Armfelt, Gustaf Mauritz〈18・19世紀〉
スウェーデンの政治家。グスタフ3世,4世に仕え,駐ウィーン大使(1802)。

⇒岩世人（アルムフェルト　1757.3.31–1814.8.19）

Arminius〈前1・後1世紀〉
ゲルマンのチェルスキ族の族長。トイトブルクの森でローマ軍を破った（後9）。
⇒岩世人（アルミニウス　前18/前16–後19/後21）

Arminius, Jacobus〈16・17世紀〉
オランダの神学者。アルミニウス派の始祖。自由な精神を重んじ、画一化したカルバン主義を批判。
⇒岩世人（アルミニウス　1560.10.10–1609.10.19）
学叢思（アルミニウス、ヤコブ　1560–1609）
新カト（アルミニウス　1560.10.10–1609.10.19）

Armstrong, James F.〈19世紀〉
アメリカの海軍将校。
⇒アア歴（Armstrong,James F.　ジェイムズ・F・アームストロング　1817.11.20–1873.4.19）

Armstrong, John〈18世紀〉
スコットランドの医者、文学者。
⇒岩世人（アームストロング　1709–1779）

Armstrong, Sir William George〈19世紀〉
イギリスの発明家、企業家。水力起重機を発明、クリミヤ戦争の際にアームストロング砲を発明。
⇒岩世人（アームストロング　1810.11.26–1900.12.27）
広辞7（アームストロング　1810–1900）
学叢思（アームストロング、ウィリアム・ジョージ　1810–1900）
ポブ人（アームストロング、ウィリアム　1810–1900）

Arnaldus〈13・14世紀〉
スペインの医学者、自然哲学者。
⇒岩世人（アルノー（ヴィルヌーヴの）　1238頃–1312頃）
新カト（アルナルドゥス〔ビリャヌエバの〕　1240頃–1311）

Arnaud, Henri〈17・18世紀〉
イタリアのヴァルドー派の牧師。
⇒岩世人（アルノー　1641.9.20–1721.9.8）
新カト（アルノー　1641.9.30–1721.12.5）

Arnaud, Ignace〈17・18世紀〉
フランスの神学者、イエズス会員。
⇒新カト（アルノー　1677.10.10–1752.6.4）

Arnaudov, Mihail Petrov〈19・20世紀〉
ブルガリアの文学研究者、民俗学者。
⇒岩世人（アルナウドフ　1878.10.5/17–1978.2.18）

Arnauld, Antoine〈17世紀〉
フランスの神学博士、哲学者。『頻繁な聖体拝受について』（43）以降多数の理論を出版。
⇒岩世人（アルノー　1612.2.6–1694.8.8）
ネーム（アルノー　1612–1694）
新カト（アルノー　1612.2.5/6–1694.8.8）

メル2（アルノー、アントワーヌ　1612–1694）

Arnauld, Guillaume〈13世紀〉
福者、異端審問官、ドミニコ会会員。
⇒新カト（ギヨーム・アルノー　?–1242）

Arnauld, Henri〈16・17世紀〉
フランスのヤンセン派の聖職者。
⇒岩世人（アルノー　1597.10.30–1692.6.8）

Arnauld d'Andilly, Robert〈16・17世紀〉
フランスの宗教著作者。
⇒新カト（アルノー・ダンディイ　1588–1674.9.27）

Arnaut de Mareuil〈12・13世紀〉
フランスマルイユ地方の吟遊詩人。12世紀末活躍。
⇒バロ（アルノー・デ・マロイユ　1150頃?–1200以降）
バロ（マロイユ、アルノー・デ　1150頃?–1200以降）

Arnaut de Zwolle, Henri〈15世紀〉
ネーデルラントの医者、オルガン奏者、理論家、天文学者。
⇒バロ（アルノー・ド・ズヴォル、アンリ　1400頃?–1466.9.6）

Arnd, Karl〈18・19世紀〉
ドイツの経済学者。A.スミスの影響を受けて自由貿易論を主張。
⇒岩世人（アルント　1788.11.11–1877.8.21）
学叢思（アルント、カール　1788–1877）

Arndt, Adolf〈19・20世紀〉
ドイツの国法学者。
⇒学叢思（アルント、アドルフ　1849–?）

Arndt, Eduard Louis〈19・20世紀〉
アメリカの宣教師。
⇒アア歴（Arndt,E(duard) L(ouis)　エデュアード・ルイス・アーント　1864–1929.4.17）

Arndt, Ernst Moritz〈18・19世紀〉
ドイツの愛国詩人。主著『時代の精神』（06）。
⇒岩世人（アルント　1769.12.26–1860.1.29）
ネーム（アルント　1769–1860）

Arndt, Johann〈16・17世紀〉
ドイツのプロテスタント神学者。
⇒岩世人（アルント　1555.12.27–1621.5.11）
学叢思（アルント、ヨハン　1555–1621）
新カト（アルント　1555.12.27–1621.5.11）

Arne, Michael〈18世紀〉
イギリスの作曲家。
⇒バロ（アーン、マイケル　1740–1786.1.14）

Arne, Thomas Augustine〈18世紀〉
イギリスの作曲家。『アルフレッド』など多くのオペラを作曲。

⇒バロ（アーン，トマス・オーガスティン　1710.3.12–1778.3.5）
　岩世人（アーン　1710.3.12–1779.3.5）
　オペラ（アーン，トマス・オーガスティン　1710–1778）

Arneth, Alfred von〈19世紀〉
オーストリアの歴史家。
⇒岩世人（アルネト　1819.7.10–1897.7.30）

Arnim, Achim von〈18・19世紀〉
ドイツの詩人,小説家,劇作家。
⇒岩世人（アルニム　1781.1.26–1831.1.21）
　ネーム（アルニム　1781–1831）
　広辞7（アルニム　1781–1831）
　新カト（アルニム　1781.1.26–1831.1.21）

Arnim, Bettina von〈18・19世紀〉
ドイツの女流作家。C.ブレンターノの妹で,A.アルニムの妻。
⇒岩世人（アルニム　1785.4.4–1859.1.20）

Arnim, Hans von〈19・20世紀〉
ドイツの古典学者。プラトンの著作年代の言語的統計的研究,ストア学派とアリストテレスの研究がある。
⇒岩世人（アルニム　1859.9.14–1931.5.25）

Arnndts, Ludwig〈19世紀〉
ドイツの法学者,カトリック教の信者。
⇒学叢思（アルンツ,ルドヴィヒ　1803–1872）

Arno〈8・9世紀〉
ドイツの聖職者。
⇒岩世人（アルノー　740頃–821.1.24）

Arnobius〈3・4世紀〉
ディオクレチアヌス帝時代ローマの修辞学者。キリスト教に改宗し護教家となる。ラクタンチウスは弟子。
⇒岩世人（アルノビウス）
　新カト（アルノビウス〔シッカの〕　?–327頃）

Arnobius〈5世紀〉
北アフリカ出身の修道士。
⇒新カト（アルノビウス（小）　5世紀中葉）

Arnold, Benedict〈18・19世紀〉
アメリカの軍人。独立戦争で活躍したが,途中イギリス側に寝返り,渡英。
⇒岩世人（アーノルド　1741.1.3–1801.6.14）
　スパイ（アーノルド,ベネディクト　1741–1801）

Arnold, Sir Edwin〈19・20世紀〉
イギリスの詩人,ジャーナリスト。
⇒岩世人（アーノルド　1832.6.10–1904.3.24）

Arnold, Friedrich〈19世紀〉
ドイツの解剖学者,生理学者。脳,神経他に多くの新発見がある。
⇒岩世人（アルノルト　1803–1890）

Arnold, Gottfried〈17・18世紀〉
ドイツの神学者。分派教会史をまとめ異端者の意義を認めた。
⇒岩世人（アルノルト　1666.9.5–1714.5.30）
　学叢思（アーノルド,ゴットフリード　1666–1714）
　新カト（アルノルト　1666.9.5–1714.5.30）

Arnold, Henry〈20世紀〉
フランスの彫刻家。
⇒芸13（アーノル,アンリ　?）

Arnold, Julean Herbert〈19・20世紀〉
アメリカの領事。
⇒アア歴（Arnold,Julean H(erbert)　ジュリアン・ハーバート・アーノルド　1876.7.19–1946.7.21）

Arnold, Matthew〈19世紀〉
イギリスの詩人,評論家。オックスフォード大学の詩学教授として盛名をはせた(57～67)。
⇒岩世人（アーノルド　1822.12.24–1888.4.15）
　広辞7（アーノルド　1822–1888）
　学叢思（アーノルド,マシュウ　1822–?）
　新カト（アーノルド　1822.12.24–1888.4.15）

Arnold, Samuel〈18・19世紀〉
イギリスの作曲家,オルガン奏者,楽譜出版者。
⇒バロ（アーノルド,サミュエル　1740.8.10–1802.10.22）

Arnold, Thomas〈18・19世紀〉
イギリスの教育家。1828年ラグビー・スクールの校長。パブリック・スクールの近代的原型を作り上げた。
⇒岩世人（アーノルド　1795.6.13–1842.6.12）
　広辞7（アーノルド　1795–1842）
　学叢思（アーノルド,トーマス　1795–1842）
　新カト（アーノルド　1795.6.13–1842.6.12）

Arnold, Sir Thomas Walker〈19・20世紀〉
イギリスの東洋学者。
⇒岩世人（アーノルド　1864.4.19–1930.6.9）

Arnoldi, Bartholomäus von Usingen〈15・16世紀〉
中世末期のドイツの唯名論者。
⇒新カト（アルノルディ・フォン・ウージンゲン　1462頃–1532.9.9）

Arnoldus〈12世紀〉
修道院長,著作家,クレルヴォーのベルナルドゥスの伝記作者。
⇒新カト（アルノルドゥス〔ボヌヴァルの〕　?–1156以降）

Arnoldus Brixiensis〈12世紀〉
イタリアの教会改革運動家。
⇒岩世人（アルノルドゥス　1100頃–1155）
　学叢思（アーノルド,ブレスキアの　1100–1155）

新カト（アルノルドゥス〔ブレッシアの〕 1100頃–1155）

Arnold von Arnoldsweiler〈9世紀頃〉
リュート奏者。聖人。シャルルマーニュ帝に仕え、貧者を助けた。
⇒新カト（アルノルドゥス〔アルノルズヴァイラーの〕 9世紀頃）
図聖（アルノルト〔アルノルツヴァイラーの〕 9世紀頃）

Arnolfo di Cambio〈13・14世紀〉
イタリアの建築家、彫刻家。
⇒岩世人（アルノルフォ・ディ・カンビオ 1245頃–1302）
新カト（アルノルフォ・ディ・カンビオ 1245頃–1310頃）

Arnould, Arthur〈19世紀〉
フランスのジャーナリスト、政治家。
⇒19仏（アルチュール・アルヌー 1833.4.17–1895.11.26）

Arno von Reichersberg〈12世紀〉
ドイツの代表的な神学者。著作家ゲルホーは弟。
⇒新カト（アルノー〔ライヒャースベルクの〕 1100頃–1175.1.30）

Arnstein, Fanny von〈18・19世紀〉
ドイツのサロン主催者。
⇒ユ人（アルンシュタイン、ファニー・フォン 1757–1818）
ユ著人（Arnstein,Fanny von アルンシュタイン、ファニー・フォン 1757–1818）

Arnstein, Nathan Adam〈18・19世紀〉
フリー・メーソン・ロッジ「アジア兄弟団」会員。ウィーンのユダヤ人名望家の一人。
⇒ユ著人（Arnstein,Nathan Adam アルンシュタイン、ナタン・アダム 1748–1813）

Arnulf〈11世紀〉
中世イタリアの歴史家。
⇒新カト（アルヌルフ〔ミラノの〕 ?–1077以降）

Arnulf（Metz）〈6・7世紀〉
フランスのメスの司教、聖人。
⇒新カト（アルヌルフ〔メッスの〕 582頃–640/1.7.18）
図聖（アルヌルフス（メスの） 582頃–640）

Arnulf von Bayern〈10世紀〉
バイエルン大公。
⇒岩世人（アルヌルフ（バイエルンの） ?–936.7.14）

Arnulf von Kärnten〈9世紀〉
ケルンテン大公、東フランク王。在位887～899。
⇒岩世人（アルヌルフ（ケルンテンの） 850頃–899.12.8）
新カト（アルヌルフ 850頃–899.12.8）
世帝（アルヌルフ 850頃–899）

Arnuwanda I〈前15・14世紀〉
ヒッタイト王国の統治者。在位前1410～1386。

⇒岩世人（アルヌワンダ1世）
世帝（アルヌワンダ1世 （在位）前1400頃?–前1375頃）

Arnuwanda II〈前14世紀〉
ヒッタイト王国の統治者。在位前1322。
⇒岩世人（アルヌワンダ2世）
世帝（アルヌワンダ2世 （在位）前1320–前1318）

Arnuwanda III〈前13世紀〉
ヒッタイト王国の統治者。在位前1219～1218。
⇒岩世人（アルヌワンダ3世）
世帝（アルヌワンダ3世 （在位）?–前1214）

Aron, Hermann〈19・20世紀〉
ドイツの電気工学者。
⇒岩世人（アーロン 1845.10.1–1913.8.29）

Arosenius, Ivar Axel Henrik〈19・20世紀〉
スウェーデンの画家。
⇒芸13（アロセニウス、イヴァル 1878–1909）

Árpád〈9・10世紀〉
ハンガリーの国民的英雄。マジャール人の最初の大公（896～907頃）、アールパード朝の建設者。
⇒岩世人（アールパード ?–907?）

*al-*Arqam ibn Abī al-Arqam〈6・7世紀〉
預言者ムハンマドの教友。
⇒岩世人（アルカム 594頃–673/675）

Arresti, Giulio Cesare〈17世紀〉
イタリアのオルガン奏者。
⇒バロ（アッレスティ、ジュリオ・チェーザレ 1625–1692–1694）

Arrhenius, Svante August〈19・20世紀〉
スウェーデンの化学者、物理学者。電解質の水溶液中での電離説を提唱（1884）。1903年ノーベル化学賞を受賞。
⇒岩世人（アレニウス 1859.2.19–1927.10.2）
科史（アレニウス 1859–1927）
ネーム（アレニウス 1859–1927）
広辞7（アレニウス 1859–1927）
学叢思（アレニウス 1859–?）
物理（アレニウス、スヴァンテ 1859–1927）
20思（アレニウス、スヴァンテ（アウグスト） 1859–1927）
ノ物化（スヴァンテ・アウグス・アレニウス 1859–1927）
ポブ人（アレニウス、スバンテ 1859–1927）

Arrhianos〈1・2世紀〉
ギリシアの歴史家、ローマ帝政期の政治家。
⇒岩世人（アリアノス 85頃–160頃）

Arriaga, Manuel José de〈19・20世紀〉
ポルトガルの政治家。革命運動に従事し、共和国初代大統領となる（1911～15）。
⇒岩世人（アリアガ 1840.7.6–1917.3.5）

Arriaga, Pablo José de〈16・17世紀〉
スペインのイエズス会宣教師。
⇒新カト（アリアーガ　1564-1622.9.6）

Arriaga, Rodrigo de〈16・17世紀〉
スペインのイエズス会司祭。
⇒新カト（アリアーガ　1592.1.17-1667.6.7）

Arrigoni, Giovanni Giacomo〈17世紀〉
イタリアのオルガン奏者。
⇒バロ（アッリゴーニ, ジョヴァンニ・ジャーコモ　1610頃?-1663以降）

Arrol, *Sir* **William**〈19・20世紀〉
スコットランドの橋梁建築家。
⇒岩世人（アロル　1839.2.13-1913.2.20）

Arrowsmith, Aaron〈18・19世紀〉
イギリスの地理学者, 地図製作者。
⇒岩世人（アロースミス　1750-1823）

Arrowsmith, John〈18・19世紀〉
イギリスの地理学者, 地図製作者。Aaronの甥。
⇒岩世人（アロースミス　1790-1873）

Arroyo, Alonso de〈16・17世紀〉
キリシタン時代の日本宣教師, イエズス会員。
⇒新カト（アロヨ　1592.4.22-1644）

Arsakes I〈前3世紀〉
イラン系遊牧民パルニ族の族長。アルサケス朝パルティア国を創始。在位前250～247頃。
⇒ネーム（アルサケス1世）
　世帝（アルサケス1世　?-前211?）
　ポプ人（アルサケス1世　生没年不詳）

Arsakes II〈前3世紀〉
安息国のアルケサス朝2代の王。
⇒世帝（アルサケス2世　?-前191?）

Arsakios〈4世紀〉
皇帝リキニウスのライオンの番人。聖人。祝日8月16日。ペルシア生まれ。地震を予言し, その犠牲者となった。
⇒新カト（アルサキオス〔ニコメデイアの〕　?-358.8.24）

Arseniev, Vladimir Klavdievich〈19・20世紀〉
ソ連の探検家, 民俗学者。著書『ウスリー紀行』。
⇒岩世人（アルセーニエフ　1872.8.29/9.10-1930.9.4）

Arsénios Autōreianós〈13世紀〉
コンスタンティノポリス総主教。
⇒岩世人（アルセニオス・アウトレイアノス　1200頃-1273.9.30）

Arsenius〈4・5世紀〉
エジプトの砂漠で修行した修道者, 聖人。
⇒新カト（アルセニオス　354頃-445頃）

Arsinoe I〈前4・3世紀〉
エジプト・プトレマイオス朝の女王。トラキア王リュシマコスの娘。プトレマイオス2世の第1の妻。
⇒岩世人（アルシノエ1世　前300頃-?）
　世帝（アルシノエ1世　前305-前248以後）

Arsinoe II〈前4・3世紀〉
エジプト・プトレマイオス朝の女王。プトレマイオス1世の娘。
⇒岩世人（アルシノエ2世　前316頃-前270）
　世帝（アルシノエ2世　?-前260）

Arsinoe III〈前3世紀〉
エジプト・プトレマイオス朝の女王。プトレマイオス3世の娘。
⇒世帝（アルシノエ3世　前246/245-前204）

Arsinoe IV〈前1世紀〉
エジプト・プトレマイオス朝の女王。プトレマイオス・アウレテースの末娘。
⇒世帝（アルシノエ4世　前63-前41）

Arslān, Shakīb〈19・20世紀〉
シリアの汎アラブ主義政治家, 著述家。
⇒岩世人（アルスラーン, シャキーブ　1869-1946）

Arsonval, Jacques Arsène d'〈19・20世紀〉
フランスの物理学者。
⇒岩世人（アルソンヴァル　1851.6.8-1940.12.31）

Artabanos I〈前3・2世紀〉
パルティア, アルサケス朝第3代の王。在位前211～191。
⇒世帝（アルタバヌス1世　?-前122）

Artabanos II〈1世紀〉
パルティア王。在位10～40。
⇒世帝（アルタバヌス2世　?-38）

Artabanos III〈1世紀〉
パルチアの王。在位80～81。
⇒世帝（アルタバヌス3世　?-90?）

Artabanos IV〈3世紀〉
パルティア帝国最後の王。在位212/3～224。
⇒世帝（アルタバヌス4世　?-224）

Artabazos〈前4世紀〉
ペルシアの将軍。ファルナバズスの子。
⇒岩世人（アルタバゾス　前387頃-前325頃）

Artaxerxes I〈前5世紀〉
ペルシアのアケメネス朝の王。在位前465～424。キプロス島沖でのアテネ海軍に敗戦。
⇒岩世人（アルタクセルクセス1世　（在位）前465-424）
　世帝（アルタクセルクセス1世　?-前424）

Artaxerxes II〈前5・4世紀〉
ペルシアのアケメネス朝の王。在位前404～

Artaxerxes III〈前4世紀〉
ペルシアのアケメネス朝の王。在位前358〜336。エジプトに侵入。
⇒岩世人（アルタクセルクセス3世　（在位）前359-前338）
　世帝（アルタクセルクセス3世　前425-前338）

Artaxerxēs IV〈前4世紀〉
アケメネス朝ペルシアの王。
⇒世帝（アルタクセルクセス4世　?-前336）

Artaxerxēs V〈前4世紀〉
アケメネス朝ペルシアの王。
⇒世帝（アルタクセルクセス5世　?-前329）

Artedi, Peter〈18世紀〉
スウェーデンの博物学者。魚類を研究。
⇒学叢思（アルテディ、ペテル　1705-1735）

Artemas
パウロの同伴者。
⇒新カト（アルテマス）

Artemidoros〈前2・1世紀〉
エフェソスのギリシア人。前2世紀末頃地中海沿岸、スペイン沿岸を航海し、航海記や地理書を書いた。
⇒岩世人（アルテミドロス）

Artemidōros ho Daldianos〈2世紀頃〉
ギリシアの作家。
⇒岩世人（アルテミドロス（ダルディスの）　（活動）2世紀頃）

Artemios〈4世紀〉
聖人、殉教者。祝日10月20日。異教の神殿破壊で訴えられ、ユリアヌス帝によって処刑された。
⇒新カト（アルテミオス　?-362頃）

Artemisia I〈前6・5世紀〉
カリアの女王。ペルシアの宗主権のもとにあった。クセルクセスの遠征には5艘の船を率いて参加。
⇒岩世人（アルテミシア1世）

Artemisia II〈前4世紀〉
カリアの女王。在位前353〜352。マウソロスの妹であり妻。
⇒岩世人（アルテミシア2世　?-前351）

Artemon〈3世紀〉
ローマで活動したモナルキアニスムスの主張者。
⇒新カト（アルテモン　?-270頃）

Artevelde, Jacob van〈13・14世紀〉
フランドルの政治家。百年戦争初期に活躍。
⇒岩世人（アルテフェルデ　1287頃-1345）

Arthur〈5・6世紀〉
イギリスの伝説的国王、国民的英雄。
⇒岩世人（アーサー）
　ネーム（アーサー・ペンドラゴン）
　新カト（アーサー）
　ポプ人（アーサー王　生没年不詳）

Arthur, Chester Alan〈19世紀〉
アメリカの政治家。第21代大統領（1881〜85）。ペンドルトン連邦公務員法（83）を制定。
⇒アメ新（アーサー　1830-1886）
　岩世人（アーサー　1830.10.5-1886.11.18）

Arthur, Prince of Wales〈15・16世紀〉
イングランドの王太子。ヘンリー8世の夭折した兄。
⇒岩世人（アーサー（王太子）　1486.9.19-1502.4.2）

Arthur I〈12・13世紀〉
ブルターニュ公国の統治者。在位1187〜1203。
⇒岩世人（アーサー（ブルターニュの）　1187-1203頃）

Artigas, José Gervasio〈18・19世紀〉
ウルグアイ建国の父。
⇒岩世人（アルティガス　1764.6.19-1850.6.19）
　ラテ新（アルティガス　1764-1850）

Artom, Isaac〈19世紀〉
イタリアの外交官。
⇒ユ人（アルトム、イサク　1829-1900）

Artôt, Marguerite Joséphine Désirée〈19・20世紀〉
ベルギーのメゾソプラノ（のちソプラノ）。
⇒岩世人（アルトー　1835.7.21-1907.4.3）

Artsybashev, Mikhail Petrovich〈19・20世紀〉
ロシアの作家。十月革命後はポーランドへ亡命。
⇒岩世人（アルツィバーシェフ　1878.10.24/11.5-1927.3.3）
　広辞7（アルツィバーシェフ　1878-1927）
　学叢思（アルツィバーシエフ　1878-?）

Artusi, Giovanni Maria〈16・17世紀〉
イタリアの音楽理論家、作曲家。モンテベルディの『第2の作法』の理念と戦った論争で有名。
⇒バロ（アルトゥージ、ジョヴァンニ・マリア　1540頃-1613.8.18）

Arundel, Thomas〈14・15世紀〉
イギリスのイングランドの聖職者、政治家、アランデル伯リチャード・フィッツアランの3男。
⇒岩世人（アランデル　1353-1414.2.19）

Arundel, Thomas Howard, 21st Earl of〈16・17世紀〉
イギリスの政治家、芸術品収集家。
⇒岩世人（アランデル　1585.7.7-1646.9.24）

Arup, Erik〈19・20世紀〉
デンマークの歴史家。
⇒岩世人（アーロブ　1876.11.22–1951.9.23）

Āryabhaṭā〈5・6世紀〉
インドの数学者, 天文学者。天文学と球面三角法の研究, 正弦に関する三角関数表の作成などの業績がある。
⇒岩世人（アーリヤバタ　476頃–550頃）
ネーム（アーリヤバッタ　476?–?）
世数（アールヤバタⅠ　476頃–550頃）
南ア新（アーリヤバタ　476–?）

Āryadeva〈2・3世紀〉
インドの仏教学者。
⇒岩世人（アーリヤデーヴァ）
広辞7（提婆　だいば　3世紀頃）
学叢思（ダイバ　提婆=Deva　200前後–?）

Āryaśūra〈3～6世紀〉
インドの仏教詩人。サンスクリットの仏教説話集『菩薩本生鬘論』の作者。
⇒岩世人（アーリヤシューラ）

Arzelá, Cesare〈19・20世紀〉
イタリアの数学者。
⇒世数（アルツェラ, チェザレ　1847–1912）

Asa〈前10・9世紀〉
分離王国時代の南ユダ第3代の王。在位前915頃～875頃。
⇒聖書（アサ）
帝（アサ　?–前870?）

Asa, Abraham ben Isaac〈17・18世紀〉
イスタンブールのラビ。
⇒ユ著人（Asa,Abraham ben Isaac　アサ, アブラハム・ベン・イサク　17世紀–18世紀）

Asadī, Abū Manṣūr Alī bn Aḥumad〈11世紀〉
ペルシアの叙事詩人。
⇒岩世人（アサディー　?–1072）

Asaf, Ha Rofe〈6世紀〉
メソポタミアの医者。
⇒ユ人（アサフ, ハ・ロフェ　6世紀）

Asam, Cosmas Damian〈17・18世紀〉
ドイツ, ババリアの画家, 建築家。
⇒岩世人（アザム兄弟　1686.9.27（受洗）–1739.5.10）
新カト（アザム兄弟　アザムきょうだい　1686.9.27/28–1739.5.10）
芸13（アザム兄弟　1686–1739）

Asam, Egid Quirin〈17・18世紀〉
ドイツ, ババリアの彫刻家, 画家。
⇒岩世人（アザム兄弟　1692.9.1（受洗）–1750.4.29）
新カト（アザム兄弟　アザムきょうだい　1692.9.1–1750.4.29）

芸13（アサム兄弟　1692–1750）

Asam, Hans Georg〈17・18世紀〉
ドイツの建築家, フレスコ画家。
⇒新カト（アザム兄弟　アザムきょうだい　1649–1711）

Asaṅga〈4世紀〉
インドの仏教僧。弥勒菩薩に会って大乗空観を受け, みずからを阿僧伽（アサンガ, 無着）と称する。
⇒岩世人（アサンガ　395頃–470頃）
広辞7（無着;無著　むじゃく　4・5世紀頃）
学叢思（ムジャク　無著=Asanga　450頃–?）
新カト（アサンガ　310頃/395頃–390頃/470頃）
世人新（アサンガ（無著〈無着〉）　むじゃく　310頃–390頃）
世人装（アサンガ（無著〈無着〉）　むじゃく　310頃–390頃）

Asbjørnsen, Peter Christen〈19世紀〉
ノルウェーの民話研究家。
⇒岩世人（アスビョルンセン　1812.1.15–1885.1.6）
ネーム（アスビョルンセン　1812–1885）

Asbury, Francis〈18・19世紀〉
アメリカでのメソジスト監督教会の最初の監督。
⇒岩世人（アズベリー　1745.8.20–1816.3.31）
新カト（アズベリ　1745.8.20–1816.3.31）

Ascanius
ギリシア・ローマ神話, アイネイアスの子。
⇒岩世人（アスカニウス）

Ascellino, Nicolas〈13世紀〉
モンゴルへの教皇使節。ドミニコ会員。ロンバルディアの出身。
⇒岩世人（アスラン）
新カト（アシェリーノ　13世紀）

Asch, Sholem〈19・20世紀〉
イディシュ文学作家。1909年に渡米。主著『町』（1904）, 『ぬす人モッケ』（16）。
⇒岩世人（アッシュ　1880.11.1–1957.7.10）
ユ人（アッシュ, ショーレム　1880–1957）
ユ著人（Asch,Sholem(Shalom)　アッシュ, ショーレム　1880–1957）

Ascham, Roger〈16世紀〉
イギリスの教育家, 人文学者。エリザベス女王の個人教師。
⇒岩世人（アスカム　1515–1568.12.30）
ネーム（アスカム　1515–1568）

Aschoff, Karl Albert Ludwig〈19・20世紀〉
ドイツの病理学者。細網内皮細胞系統, 虫垂炎, 心臓疾患等の正常並に病理解剖研究に多くの業績がある。
⇒岩世人（アショフ　1866.1.10–1942.6.24）
ネーム（アショッフ　1866–1942）

Ascoli, Alberto Abram〈19・20世紀〉
イタリアの医師で教育者。結核治療に対するワクチン接種のパイオニア。
⇒ユ著人（Ascoli,Alberto Abram　アスコリ, アルベルト・アブラム　1877–1957）

Ascoli, Giulio〈19世紀〉
イタリアの数学者。
⇒世数（アスコリ, ジュリオ　1843–1896）

Ascoli, Graziadio Isaia〈19・20世紀〉
イタリアの言語学者。方言研究の先駆者。イタリアの方言の模範的分類を示し, 生きた方言の重要性を強調。
⇒岩世人（アスコリ　1829.7.16–1907.1.21）

Ascōnius Pediānus, Quīntus〈前1・後1世紀〉
古代ローマ帝政期の文法学者。
⇒岩世人（アスコニウス・ペディアヌス　前9頃–後76頃）

Aselli, Gasparo〈16・17世紀〉
イタリアの医師, 解剖学者。犬を解剖して乳糜管を発見した（1623頃）。
⇒岩世人（アセッリ　1581–1626）

Asen I, Ivan〈12世紀〉
第2ブルガリア王国のアセン王朝の創建者。
⇒世帝（イヴァン・アセン1世　?–1196）

al-**A'shā, Maimūn b.Qais**〈6・7世紀〉
アラビアの詩人。吟遊詩人の一人。酒と酒宴に関する絶唱を残した。
⇒岩世人（アアシャー　565以前–629頃）

Ashared-apil-Ekur〈前11世紀〉
アッシリアの統治者。在位前1075～1074。
⇒世帝（アシャレド・アピル・エクル　（在位）前1076–前1074）

al-**Ash'ari, Abū al-Ḥasan 'Alī**〈9・10世紀〉
イスラム神学者。唯一の能動者, 唯一の原理としての神の全能を強調, トマス・アクィナスの関心をひく。
⇒岩世人（アシュアリー, アブー・ハサン　873.4–935.6）
　広辞7（アシュアリー　873–935）
　新カト（アシュアリー　873/874–935）

Ashbee, Charles Robert〈19・20世紀〉
イギリスのデザイナー, 建築家, 作家。
⇒岩世人（アシュビー　1863.5.17–1942.5.23）

Ashburton, Alexander Baring, 1st Baron〈18・19世紀〉
イギリスの財政家, 政治家。1834～35年ピール内閣の通商, 鉱業相。
⇒岩世人（アシュバートン　1773.10.27–1848.5.12）

Asher ben Jehiel〈13・14世紀〉
ドイツ系避難民の学者。
⇒ユ著人（Asher ben Jehiel　アシェル・ベン・イェヘル　1250–1328）

Ashi〈4・5世紀〉
バビロニアのユダヤ教学者。
⇒ユ人（アシ（ラッバナ）　335–427）
　ユ著人（Ashi　アシ　335/352/375?–427/428）

Ashkenazi, Solomon〈16・17世紀〉
ドイツ系イタリア・ユダヤ人の医師, 旅行家。
⇒ユ著人（Ashkenazi,Solomon　アシュケナージ, ソロモン　1520?–1602）

Ashley, *Sir* William James〈19・20世紀〉
イギリスの経済史家, 経済学者。
⇒岩世人（アシュリー　1860.2.25–1927.7.23）
　ネーム（アシュリー　1860–1927）
　学叢思（アシュレー, サー・ウィリアム・ジェームズ　1860–?）

Ashmole, Elias〈17世紀〉
イギリスの考古学者, 古物収集家。
⇒岩世人（アシュモール　1617.5.23–1692.5.18）
　ネーム（アシュモール　1617–1692）

Ashmore, William〈19・20世紀〉
アメリカの宣教師。中国に渡り, 汕頭（スワトー）の新教会において活躍, 同地を南中国伝道の中心とした。
⇒アア歴（Ashmore,William　ウイリアム・アッシュモア　1824.12.25–1909.4.21）
　岩世人（アシュモア　1824.12.25–1909.4.21）

Ashmun, Jehudi〈18・19世紀〉
アメリカの会衆派牧師。
⇒岩世人（アシュマン　1774–1828）

Al-**Ashraf Mūsā**〈13世紀〉
イスラム・エジプトの統治者。在位1250～1254（共治）。
⇒世帝（アル・アシュラフ・ムーサー　1245–?）

Ashur-bel-kala〈前11世紀〉
アッシリアの統治者。在位前1073～1056。
⇒世帝（アッシュール・ベル・カラ　（在位）前1074–前1056）

Ashur-dan I〈前12世紀〉
アッシリアの統治者。在位前1178～1133。
⇒世帝（アッシュール・ダン1世　（在位）前1179–前1134）

Ashur-dan II〈前10世紀〉
アッシリアの統治者。在位前934～912。
⇒世帝（アッシュール・ダン2世　（在位）前934–前912）

Ashur-dan III〈前8世紀〉
アッシリアの統治者。在位前772～755。
⇒世帝（アッシュール・ダン3世　（在位）前772–前

Ashur-etel-ilani〈前7世紀〉
アッシリアの統治者。在位前626～623。
⇒世帝（アッシュール・エティル・イラニ　（在位）前627–前623）
　学叢歴（アッスル・エデイル・イリ）

Ashur-nadin-apli〈前13世紀〉
アッシリアの統治者。在位前1206～1203。
⇒世帝（アッシュール・ナデン・アプリ　（在位）前1200頃–?）

Ashur-nirari III〈前13・12世紀〉
アッシリアの統治者。在位前1202～1197。
⇒世帝（アッシュール・ニラリ3世　（在位）前1193–前1187）

Ashur-nirari IV〈前11世紀〉
アッシリアの統治者。在位前1018～1013。
⇒世帝（アッシュール・ニラリ4世　（在位）前1019–前1013）

Ashur-nirari V〈前8世紀〉
アッシリア王国の王。
⇒世帝（アッシュール・ニラリ5世　（在位）前754–前745）

Ashur-rabi II〈前11・10世紀〉
アッシリアの統治者。在位前1012～972。
⇒世帝（アッシュール・ラビ2世　（在位）前1013–前972）

Ashur-resh-ishi I〈前12世紀〉
アッシリアの統治者。在位前1132～1115。
⇒世帝（アッシュール・レシュ・イシ1世　（在位）前1133–前1116）

Ashur-resh-ishi II〈前10世紀〉
アッシリアの統治者。在位前971～967。
⇒世帝（アッシュール・レシュ・イシ2世　（在位）前972–前967）

Ashwatthama
インドの叙事詩『マハーバーラタ』に登場する戦士。
⇒ネーム（アシュヴァッターマン）

Ashwell, Thomas〈15・16世紀〉
イギリスの歌手。
⇒バロ（アシュウェル，トマス　1478頃–1513以降）

Âşık Paşa〈13・14世紀〉
オスマン帝国初期の詩人。
⇒岩世人（アーシュク・パシャ　1271/1272–1332/1333）

Âşık Qərib
アゼルバイジャンの民衆説話の主人公。
⇒岩世人（アーシュク・ケリブ）

Asinaeus〈1世紀〉
バビロニアに国を作った兄弟。
⇒ユ人（アニラエウスとアシナエウス　1世紀）

Asioli, Francesco〈17世紀〉
イタリアのギター奏者、教師。
⇒バロ（アジオーリ，フランチェスコ　1645-1650–1676以降）

Āsiya
古代エジプトの王ファラオの妻。
⇒岩世人（アースィヤ）

Askalaphos
ギリシア神話、ニンフのオルフネと河神アケロンとの子。
⇒岩世人（アスカラフォス）

Aske, Robert〈16世紀〉
イギリスの反乱指導者。
⇒岩世人（アスク　1500頃–1537）

Askeladden
ノルウェーの昔話に登場するキャラクター。
⇒岩世人（アスケラッデン）

Askew, Anne〈16世紀〉
イギリスのプロテスタント殉教者。リンカンシャーの旧家の娘。
⇒岩世人（アスキュー　1521頃–1546.7.16）

Askew, R.〈16世紀〉
イギリスのリュート奏者。
⇒バロ（アスキュー,R.　1550頃?–1600頃?）

Askia Muhammad〈16世紀〉
ガオ（ソンガイ）帝国の王。在位1492～1532。
⇒岩世人（アスキア・ムハンマド　?–1532）

Asklēpiadēs〈前3世紀〉
ギリシアのエピグラム詩人。『パラティン詩集』に約40篇の詩がある。
⇒岩世人（アスクレピアデス）

Asklēpiadēs〈前2・1世紀〉
ギリシアの医者。気管切開の創始者、固体病理学説の祖。
⇒岩世人（アスクレピアデス（ビテュニアの）　前1世紀頃）

Askr
北欧神話、最初に創造された人間の男。
⇒ネーム（アスク）

al-Aṣmaʿī, ʿAbd al-Malik bn Qurayb〈8・9世紀〉
アラビアの言語学者（バスラ派）。
⇒岩世人（アスマイー　739頃–828）

Asnyk, Adam〈19世紀〉
ポーランドの詩人、劇作家。抒情詩によって知られる。
⇒岩世人（アスニク　1838.9.11–1897.8.2）

Aśoka〈前3世紀〉
インド,マウリヤ朝第3代の王。在位前268頃～232頃。インド全土の大部分を統一した最初の王。
⇒岩世人（アショーカ　（在位）前268–前232頃）
広辞7（アショーカ王　（在位）前268–前232）
学叢思（アソカ王　阿育王　?–前223）
世人新（アショーカ　?–前232頃）
世人装（アショーカ　?–前232頃）
世史語（アショーカ　（在位）前268頃–前232頃）
世帝（アショーカ　（在位）前268–前232頃）
ポプ人（アショカ王　生没年不詳）
南ア新（アショーカ　生没年不詳）
学叢歴（阿育王　（在位）前272–前232）

Asola, Giovanni Matteo〈16・17世紀〉
イタリアの聖職者。
⇒バロ（アゾーラ,ジョヴァンニ・マッテオ　1532頃/1532以前–1609.10.1）

Aspar, Flavius Ardaburius〈5世紀〉
アラン人のローマ将軍。東ローマの艦隊を率いた。
⇒岩世人（アスパル　?–471）

Aspasia〈前5世紀頃〉
古代ギリシアの女性。前445年頃からペリクレスと同棲。ソクラテスと談論する知的女性。
⇒岩世人（アスパシア　?–前428以後）
世人新（アスパシア　生没年不詳）
世人装（アスパシア　生没年不詳）
学叢歴（アスパシア）

Aspdin, Joseph〈18・19世紀〉
イギリスのレンガ積み職人,発明家。
⇒岩世人（アスプディン　1779–1855.3.20）

Aspelin, Johannes Reinhold〈19・20世紀〉
フィンランドの考古学者。シベリアのエニセイ川上流を調査（1887～89）。
⇒岩世人（アスペリーン　1842.8.1–1915.5.29）

Aspelmayr, Franz〈18世紀〉
オーストリアの作曲家,ヴァイオリン奏者。
⇒バロ（アスペルマイアー,フランツ　1728.4.2–1786.7.29）

Aspertini, Amico〈15・16世紀〉
イタリアの画家,彫刻家。
⇒岩世人（アスペルティーニ　1474/1475–1552.11.19）

Aspilcueta, Martin〈15・16世紀〉
スペインの教会法学者,倫理神学者。
⇒新カト（アスピルクエタ　1493.5.13–1586.6.21）

Asquith, Herbert Henry〈19・20世紀〉
イギリスの政治家。1886年自由党で政界入り。08～16年首相。著書『イギリス議会50年』(26)。
⇒岩世人（アスキス　1852.9.12–1928.2.15）
ネーム（アスクィス　1852–1928）
広辞7（アスキス　1852–1928）
世人新（アキレス　1852–1928）
世人装（アキレス　1852–1928）
学叢歴（アスクィス,ハーバート・ヘンリー　185?–?）

Assarakos
ギリシア神話,トロイア王トロスの子。カピュスの父,アンキセスの祖父,アイネイアスの曾祖父。
⇒岩世人（アッサラコス）

Asselijn, Thomas〈17・18世紀〉
オランダの劇作家。
⇒岩世人（アセレイン　1620頃–1701）

Asseline, Eustache de Saint-Paul〈16・17世紀〉
フランスのカトリック神学者。
⇒新カト（ユスタシュ・ド・サン・ポール・アスリーヌ　1573–1640.12.26）

Assemani, Giuseppe Aloysio〈18世紀〉
シリアの東洋語学者。ローマのサピエンツィア校東洋語学教授。
⇒岩世人（アッセマーニ　1710頃–1782.2.9）

Assemani, Giuseppe Simone〈17・18世紀〉
シリア出身の東洋学者,司教。バチカン図書館長。
⇒岩世人（アッセマーニ　1687.8.27–1768.1.13）

Assemani, Simone〈18・19世紀〉
シリアの言語学者。
⇒岩世人（アッセマーニ　1752.2.19–1821.4.7）

Assemani, Stefano Evodio〈18世紀〉
シリア人のヴァティカン図書館司書。
⇒岩世人（アッセマーニ　1707.4.15–1782.11.24）

Asser, John (Menevia)〈9・10世紀〉
イギリスの修道士。『アルフレッド王の事蹟』を著した。
⇒岩世人（アッサー　?–910）
新カト（アッセリウス　?–909/910）

Asser, Tobias Michael Carel〈19・20世紀〉
オランダの法律家。
⇒岩世人（アッセル　1838.4.28–1913.11.29）
ユ人（アセル,トビアス・ミハエル・カレル　1838–1913）
ユ著人（Asser,Tobias Michael Carel　アセル,トビアス・ミカエル・カレル　1838–1913）

Assmann, Richard〈19・20世紀〉
ドイツの気象学者。テスラン・ド・ボールとともに成層圏の発見者。
⇒岩世人（アスマン　1845.4.14–1918.5.28）

Assurbanipal〈前7世紀〉
アッシリア王。在位前669～626。
⇒岩世人（アッシュルバニパル　（在位）前668–前627）
ネーム（アッシュールバニパル）
世人新（アッシュル＝バニバル　生没年不詳（在位）前669/前668–前627）
世人装（アッシュル＝バニパル　生没年不詳（在位）前669/前668–前627）
世史語（アッシュル＝バニパル　（在位）前668–前627）
世帝（アッシュールバニパル　（在位）前668–前627）
ポプ人（アッシュール・バニパル　生没年不詳）

Aššur-nāṣir-pal I〈前11世紀〉
古代アッシリア王。在位前1013～1020。
⇒世帝（アッシュールナツィルバル1世　（在位）前1050–前1031）

Aššur-nāṣir-pal II〈前9世紀〉
アッシリア王。在位前884～59。
⇒岩世人（アッシュル＝ナツィルバル2世　（在位）前883–前859）
世帝（アッシュールナツィルバル2世　（在位）前883–前859）

Aššur-uballiṭ I〈前14世紀頃〉
アッシリア王。在位前1364～1328。
⇒岩世人（アッシュル＝ウバリト1世　（在位）前1363–前1328）
世帝（アッシュール・ウバリト1世　（在位）前1365–前1330）

Aššur-uballiṭ II〈前7世紀〉
アッシリア王。在位前612～06。
⇒岩世人（アッシュル＝ウバリト2世　（在位）前611–前609）
世帝（アッシュール・ウバリト2世　（在位）前612–前609）

Astafieva, Seraphine〈19・20世紀〉
ロシアの女流舞踊家。
⇒バレエ（アスタフィエワ, セラフィマ　1876–1934.9.13）

Astarābādī, Hilālī〈16世紀〉
イランの詩人。
⇒岩世人（アスタラーバーディー, ヒラーリー　?–1529頃）

Astarābādī, Muḥammad Amīn〈17世紀〉
イスラム教のシーア派神学におけるアクバーリー派の創始者。
⇒岩世人（アスタラーバーディー, ムハンマド・アミーン　?–1623/1624）

Astarābādī, Saḥābī〈16・17世紀〉
イランのサファヴィー朝前期の詩人。
⇒岩世人（アスタラーバーディー, サハービー　?–1601/1602）

Astaritta, Gennaro〈18・19世紀〉
イタリアの作曲家。
⇒バロ（アスタリッタ, ジェンナーロ　1745-1749頃–1803以降）

Asterios〈4世紀〉
アレイオス派の神学者。カッパドキア出身, 修辞学の教師となった後, キリスト教に改宗。
⇒新カト（アステリオス〔ソフィストの〕　?–341以後）

Asterios〈4・5世紀〉
ポントスのアマセイアの司教。聖人。祝日10月30日。
⇒新カト（アステリオス〔アマセイアの〕　350頃–450頃）

Astley, Sir Jacob, Baron〈16・17世紀〉
イギリスの将軍。
⇒岩世人（アストリー　1579–1652.2.27）

Astley, Philip〈18・19世紀〉
イギリスの近代サーカスの創始者。元騎兵隊下士官。
⇒岩世人（アストリー　1742.1.8–1814.10.20）

Astolfo
シャルルマーニュ伝説上の聖騎士。
⇒ネーム（アストルフォ）

Aston, Francis William〈19・20世紀〉
イギリスの化学者, 物理学者。ネオンの同位体分離を研究, 22年ノーベル化学賞受賞。
⇒岩世人（アストン　1877.9.1–1945.11.20）
ネーム（アストン　1877–1945）
広辞7（アストン　1877–1945）
ノ物化（フランシス・ウィリアム・アストン　1877–1945）

Aston, Hugh〈15・16世紀〉
イギリスの作曲家, 聖職者。器楽様式, 変奏曲形式の開拓者。多くの教会用声楽曲を残す。
⇒バロ（アストン, ヒュー　1485頃–1558.11?）

Aston, William George〈19・20世紀〉
イギリスの外交官。1864年公使館通訳生として来日, 日本文化の研究に従事。
⇒岩世人（アストン　1841.4.9–1911.11.22）
広辞7（アストン　1841–1911）

Astor, John Jacob〈18・19世紀〉
アメリカの毛皮業者。1811年, オレゴンにアストリアを建設。
⇒岩世人（アスター　1763.7.17–1848.3.29）

Astor, Nancy Witcher, Viscountess
〈19・20世紀〉
イギリスの女流政治家。イギリスで婦人が参政権を獲得してのち最初の選挙に当選（1919）。
⇒岩世人（アスター　1879.5.19–1964.5.2）

Astorch, Ángela María〈16・17世紀〉
女子カプチン・フランシスコ修道会修道院長。
バルセロナに生まれる。
⇒新カト（アストルシュ　1592.9.1–1665.12.2）

Astorga, Emanuele Gioacchino Cesare Rincón d'〈17・18世紀〉
イタリア（シチリア）の作曲家。主作品「Stabat Mater」(1707頃)。
⇒バロ（ダストルガ，エマヌエル・ジオアッキーノ・チェザーレ・リンコン　1680.3.20–1757頃）
　岩世人（アストルガ　1680.3.20–1757?）

Astrain, Antonio〈19・20世紀〉
スペインのイエズス会士，歴史家。
⇒新カト（アストライン　1857.11.17–1928.1.4）

Astruc, Jean〈17・18世紀〉
フランスの医学者。ルイ15世の侍医。梅毒に関する研究が著名。
⇒岩世人（アストリュク　1684.3.19–1766.5.5）
　新カト（アストリュク　1684.3.19–1766.5.5）
　ユ著人（Astruc, Jean　アストリュク，ジャン　1684–1766）

Asturaro, Alfonso〈19・20世紀〉
イタリアの社会学者。
⇒学叢思（アスツラロ，アルフォンゾ　?–1915頃）

al-Asṭurlābī, ‘Alī bn ‘Īsā〈9世紀〉
バグダッドに住んだ天文学者。
⇒岩世人（アストゥルラービー，アリー）

Astyagēs〈前6世紀頃〉
メディア王。在位前585～前550。
⇒岩世人（アステュアゲス　(在位)前585–前550）

Astyanax
ギリシア神話，ヘクトルとアンドロマケの子。
⇒岩世人（アステュアナクス）

Aśvaghoṣa〈1・2世紀〉
古代インドのサンスクリット仏教詩人。古典サンスクリット文学興隆の先駆者。代表作『仏陀の生涯』。
⇒岩世人（アシュヴァゴーシャ　100頃–160頃）
　広辞7（馬鳴　めみょう　2世紀頃）
　学叢思（メミョー　馬鳴＝Asvaghosa　60頃–?）

Asy'ari (Asjari), Mohammad Hasyim (Hasjim)〈19・20世紀〉
インドネシアの宗教家。宗教組織ナフダトゥル・ウラマ（NU）の設立者。
⇒岩世人（アシャリ，ハシム　1871.2.14–1947.7.25）

Atahualpa Inca〈16世紀〉
インカ帝国の最後の王。在位1532～33。
⇒岩世人（アタワルパ　1500頃–1533.8.29）
　ネーム（アタワルパ　?–1533）
　世帝（アタワルパ　1502–1533）
　ラテ新（アタワルパ　?–1533）

Atahualpa Juan Santos〈18世紀〉
ペルーにおける，スペイン人支配に対する反乱の指導者。
⇒ラテ新（アタワルパ　?–1755頃）

Atalantē
ギリシア神話の女性の英雄。
⇒岩世人（アタランテ）
　ネーム（アタランテ）

Atget, Jean Eugène Auguste〈19・20世紀〉
フランスの写真家。パリの風物，歴史的建造物，市民の商売，生活等を撮影記録。
⇒岩世人（アジェ　1857.2.12–1927.8.4）
　広辞7（アジェ　1857–1927）
　芸13（アッジェ，ウージェーヌ　1856–1927）

Athalaricus〈6世紀〉
東ゴート王。在位526～534。
⇒岩世人（アタラリック　516–534.10.2）

Athaliah〈前9世紀〉
ユダの女王。在位前844～39。
⇒新カト（アタルヤ　?–前836）
　聖書（アタルヤ）
　世帝（アタルヤ　?–前837?）

Athamas
ギリシア神話，アイオロスの子，テバイ王。
⇒岩世人（アタマス）

Athanasios
聖人，殉教者。祝日東方教会4月23日。
⇒新カト（アタナシオス）

Athanásios (Athōnítēs)〈10・11世紀〉
ビザンティン出身のアトス山共住修道院創設者。
⇒新カト（アタナシオス〔アトスの〕　920頃–1003頃）

Athanasius, Magnus〈3・4世紀〉
アレクサンドリアの司教，神学者。
⇒岩世人（アタナシオス　296頃–373）
　広辞7（アタナシオス　295頃–373）
　学叢思（アタナシウス　293–373）
　新カト（アタナシオス　295頃–373.5.2）
　世人新（アタナシウス　295頃–373）
　世人装（アタナシウス　295頃–373）
　世史語（アタナシウス　295頃–373）
　ポブ人（アタナシウス　296頃–373）
　メル1（アタナシオス　295/296?–373）

Athanodoros〈前5世紀〉
ギリシアの彫刻家。
⇒芸13（アタノドロス　前5世紀末）

Athelstan〈9・10世紀〉
アングロ・サクソン時代のイングランド王。在位924～40。全イングランドを統一。

⇒岩世人（アセルスタン　893/894–939.10.27）
世帝（アゼルスタン　895–939）

Athēnagoras〈2世紀〉
アテネの哲学者，キリスト教護教家。神の三位一体説を基礎づけ一神論の合理的証明を見出。
⇒岩世人（アテナゴラス　2世紀後半）
ネーム（アテナゴラス）
学叢思（アテナゴラス）
新カト（アテナゴラス　2世紀後半）

Athēnaios〈2・3世紀〉
エジプト，ナウクラティス生れのギリシアの作家，文法学者。
⇒岩世人（アテナイオス）
ネーム（アテナイオス）

Athenais Eudoxia〈5世紀〉
ローマ皇帝テオドシウス2世の妃。
⇒岩世人（アテナイス・エウドキア　400頃–460頃）

Athēnodōros〈前1世紀〉
ギリシア（ロドス島出身）の彫刻家。ラオコーン群像の制作者の一人。
⇒岩世人（アテノドロス）

Athenodoros〈3・4世紀〉
聖人，司教。祝日12月7日。グレゴリオス・タウマトゥルゴスの弟。
⇒新カト（アテノドロス　215頃–304頃）

Athittayawong〈17世紀〉
タイ，アユタヤ朝の王。
⇒世帝（アーティッタヤウォン　?–1637?）

Atiman, Adrian〈19・20世紀〉
アフリカ出身のカテキスタ，タンザニアの医師。
⇒新カト（アティマン　1866頃–1956.4.25）

Atīśa, Dīpāṅkara Śrījñāna〈10・11世紀〉
インドの仏教者。
⇒岩世人（アティシャ　982–1054）
広辞7（アティシャ　982–1054）

Ātish, Ḥaidar Alī〈19世紀〉
インドのウルドゥー語詩人。
⇒岩世人（アーティシュ　1778–1846）

Atkinson, Anna Peck〈19・20世紀〉
アメリカのメソジスト監督派教会宣教師。東京築地海岸女学校，英和女学校各校長。
⇒岩世人（アトキンソン　1860–1958.4.18）

Atkinson, Fred Washington〈19・20世紀〉
アメリカの教育者。
⇒アア歴（Atkinson, Fred (Washington)　フレッド・ワシントン・アトキンスン　1865.5.23–1941.10.21）

Atkinson, John Laidlaw〈19・20世紀〉
アメリカのアメリカン・ボード宣教師。仏教関係の著述も多い。
⇒岩世人（アトキンソン　1842.8.12–1908.2.17）

Atkinson, Robert William〈19・20世紀〉
イギリスの化学者。1874年来日し，東京開成学校で化学を教授。
⇒岩世人（アトキンソン　1850–1929.12.10）
ネーム（アトキンソン　1850–1929）
広辞7（アトキンソン　1850–1929）

Atkinson, Thomas Witlam〈18・19世紀〉
イギリスの建築家，旅行家。マンチェスター，リヴァプールの教会建築に携わった。
⇒岩世人（アトキンソン　1799.3.6–1861.8.13）

Atl, Dr.〈19・20世紀〉
メキシコの画家，版画家，著述家。
⇒岩世人（アトル　1875.10.3–1964.8.14）

Atlasov, Vladimir Vasilevich〈17・18世紀〉
ロシアのシベリア征服者。
⇒岩世人（アトラーソフ　?–1711）

Atra-ḫasīs
《アトラ・ハシス物語》で語られる洪水物語の主人公。
⇒岩世人（アトラ・ハシス）
ネーム（アトラ・ハシス）

Atreidēs
ギリシア神話，〈アトレウスの後裔〉の意。
⇒岩世人（アトレイデス）

Atreus
ギリシア神話の英雄。
⇒岩世人（アトレウス）

Atsīz〈12世紀〉
中央アジアのホラズムシャー朝の君主。在位1127～56。
⇒岩世人（アトスズ　〔在位〕1127–1156）

Attaignant, Pierre〈15・16世紀〉
フランスの音楽出版家。音符と譜線部分を一つの活字のように組合わせた印刷法を発明。
⇒バロ（アテニャン，ピエール　1494頃–1551/1552）

Attala〈6・7世紀〉
ボッビオの修道院長。聖人。祝日3月10日。
⇒新カト（アッタラ〔ボッビオの〕　570頃–627.3.10）

Attalos I〈前3・2世紀〉
ペルガモン王。在位前241～197。エウメネス1世の養子。
⇒岩世人（アッタロス1世〔救済者〕　前269–前197）

Attalos II〈前3・2世紀〉
ペルガモン王。在位前160～138。アッタロス1

世の2男。東方におけるローマの番犬の役割を果す。
⇒岩世人（アッタロス2世（愛兄王）　前220-前138）

Attalos III 〈前2世紀〉
ペルガモン王。在位前138～133。アッタロス2世の甥。
⇒岩世人（アッタロス3世（愛母王）　前171頃-前133）

Attār, Farīd al-Dīn 〈12・13世紀〉
ペルシアの神秘主義者, 詩人。代表作『鳥の言葉』『神秘の書』散文『神秘主義聖者列伝』。
⇒岩世人（アッタール　1142-1145～1230頃）
広辞7（アッタール　1145頃-1221/1229頃）

Attavante, Marco 〈15・16世紀〉
イタリアの挿絵画家。
⇒新カト（アッタヴァンテ　1425-1517以後）

Atterbom, Per Daniel Amadeus 〈18・19世紀〉
スウェーデンの作家。
⇒岩世人（アッテルブム　1790.1.19-1855.7.21）
ネーム（アッテルボム　1790-1855）

Atterbury, Francis 〈17・18世紀〉
イギリスの高位聖職者。1711年オックスフォード教会の首席牧師に就任。
⇒岩世人（アタベリー　1662.3.6-1732.2.15）
新カト（アタベリ　1663.3.6-1732.3.4）

Atticus, Titus Pomponius 〈前2・1世紀〉
ローマの著述家。キケロの親友で文通の相手。
⇒岩世人（アッティクス　前110-前32.3）

Attikos 〈5世紀〉
コンスタンティノポリスの総主教。在職406～25。
⇒新カト（アッティコス〔コンスタンティノポリスの〕　?-425.10.10）

Attila 〈5世紀〉
フン族の王。在位434～453。ゲルマン諸族を征服して, 中央ヨーロッパを支配（433～441）。
⇒岩世人（アッティラ　406頃-453）
ネーム（アッティラ　406-453）
広辞7（アッティラ　406?-453）
新カト（アッティラ　?-453）
世人新（アッティラ　406頃-453）
世人装（アッティラ　406頃-453）
世史語（アッティラ王　（在位）433-453）
ポプ人（アッティラ　406?-453）
皇国（アッティラ　（在位）434-453）
学叢歴（アッチラ　406-445）

Attiret, Jean Denis 〈18世紀〉
フランスのイエズス会士, 画家。中国で清の乾隆時代に活躍。
⇒新カト（アティレ　1702.7.31-1768.12.8）

Attis
ギリシア神話, 河神サンガリオスの娘ナナの子。
⇒岩世人（アッティス）

Attius Clausus
ローマのクラウディウス氏の祖。
⇒岩世人（アッティウス・クラウスス）

Atto 〈9・10世紀〉
ヴェルチェリの司教, 著作家, 教会法学者。
⇒新カト（アットー〔ヴェルチェリの〕　885頃-961.12.31）

Attwood, Thomas 〈18・19世紀〉
イギリスの政治改革運動家, 貨幣理論家。チャーティスト運動を支持。
⇒岩世人（アトウッド　1783.10.6-1856.3.6）

Atwater, Wilbur Olin 〈19・20世紀〉
アメリカの農学者, 栄養学者。
⇒岩世人（アトウォーター　1844.5.3-1907.9.22）

Atwood, George 〈18・19世紀〉
イギリスの数学者, 物理学者。
⇒岩世人（アトウッド　1745.10.15（受洗）-1807.7.11）

Atwood, Wallace Walter 〈19・20世紀〉
アメリカの地理学者, 地質学者。「Economic Geography」誌の創刊者で編集者（25～）。
⇒岩世人（アトウッド　1872.10.1-1949.7.24）
ネーム（アトウッド　1872-1949）

Atzberger, Leonhard 〈19・20世紀〉
ドイツのカトリック教義学者。
⇒岩世人（アツベルガー　1854.6.23-1918.3.10）

Aubanel, Théodore 〈19世紀〉
フランスの詩人。主著『アビニョンの娘たち』（85）。
⇒岩世人（オーバネル　1829.3.26-1886.10.31）
19仏（テオドール・オーバネル　1829.3.26-1886.10.31）

Auber, Daniel François Esprit 〈18・19世紀〉
フランスの作曲家。
⇒岩世人（オベール　1782.1.29-1871.5.12/13）
バレエ（オーベール, ダニエル=フランソワ=エスプリ　1782.1.29-1871.5.12/13）
オペラ（オベール, ダニエル=フランソワ=エスプリ　1782-1871）

Aubert, Jacques 〈17・18世紀〉
フランスのヴァイオリン奏者, 作曲家。
⇒バロ（オーベール, ジャック　1689.9.30-1753.5.17/18）

Aubert, Jean 〈18世紀〉
フランスの建築家。多くの邸宅を建築し, またシャーリの修道院の再建工事に与った。
⇒岩世人（オベール　?-1741）

Aubert, Louis〈18・19世紀〉
フランスのヴァイオリン奏者・作曲家。
⇒バロ（オーベール, ルイ 1720.5.15–1783以降）

Aubignac, François Héldin, Abbé d'
〈17世紀〉
フランスの小説家,劇評家。主著『演劇実際論』(57)。
⇒岩世人（ドービニャック 1604.8.4–1676.7.25）

Aubrey, John〈17世紀〉
イギリスの好事家。著作に『雑録』(96)。
⇒岩世人（オーブリー 1626.3.13–1697.7.7（埋葬）

Aubry, Jean-Baptiste〈18・19世紀〉
フランスのベネディクト会会員。
⇒新カト（オーブリ 1736.4.26–1809.10.4）

Aubry, Jean-Baptiste〈19世紀〉
フランスの神学者,パリ外国宣教会会員。
⇒新カト（オーブリ 1844.10.5–1882.9.19）

Aubusson, Pierre d'〈15・16世紀〉
フランスの聖職者。ヨハネ騎士修道会総長(1476〜1503)。
⇒岩世人（オービュソン 1423–1503.7.13）
　新カト（オービュソン 1423–1503.7.3）

Auckland, George Eden, 1st Earl of
〈18・19世紀〉
イギリスの政治家。第2次メルボーン内閣でインド総督に任ぜられた。
⇒岩世人（オークランド（イーデン） 1784.8.25–1849.1.1）

Auckland, William Eden, 1st Baron
〈18・19世紀〉
イギリスの政治家,外交官。商務院総裁(06〜07)。
⇒岩世人（オークランド（イーデン） 1745.4.3–1814.5.28）

Au-Co
赤鬼国の王,駱竜君の妻。
⇒岩世人（アウコー）

Audebrand, Philibert〈19・20世紀〉
フランスの作家。
⇒**19仏**（フィリベール・オードゥブラン 1815.12.31–1906.9.10）

Audefroi le Bastart〈12・13世紀〉
フランスのトルヴェール。
⇒バロ（オドフロワ・ル・バスタール 1170頃–1230）

Audley, Thomas, Baron A. of Walden〈15・16世紀〉
イギリスの政治家。
⇒岩世人（オードリー 1487/1488–1544.4.30）

Audouin, Jean Victor〈18・19世紀〉
フランスの昆虫学者。パリ植物園教授(1833〜)。
⇒岩世人（オードゥアン 1797.4.27–1841.11.9）

Audran, Gérard I〈17・18世紀〉
フランスの銅版画家。ルイ14世の宮廷銅版画家。
⇒岩世人（オードラン 1640.8.2–1703.7.26）

Audubon, John James Laforest〈18・19世紀〉
アメリカの動物画家。『アメリカの鳥類』(27〜38)を刊行。
⇒**アメ新**（オーデュボン 1780/1785–1851）
　岩世人（オーデュボン 1785.4.26–1851.1.27）
　ネーム（オーデュボン 1785–1851）
　芸13（オーデュボン, ジョン・ジェームズ 1785–1851）

Auenbrugger von Auenbrugg, Joseph Leopold〈18・19世紀〉
オーストリアの医師。打診法の創始者。
⇒岩世人（アウエンブルッガー 1722.11.19–1809.5.18）
　ネーム（アウエンブルッガー 1722–1809）

Auer, Carl, Freiherr von Welsbach
〈19・20世紀〉
オーストリアの化学者。
⇒岩世人（アウアー 1858.9.1–1929.8.4）

Auer, Ignaz〈19・20世紀〉
ドイツの社会民主党員。ゴータ大会(1875)の後,党書記に就任し,ドイツ国会議員(77〜90)。
⇒岩世人（アウアー 1846.4.19–1907.4.10）
　学叢思（アウエル, イグナーツ 1846–1907）

Auer, Leopold〈19・20世紀〉
ハンガリーのヴァイオリン奏者,教育者。68年よりロシア王室音楽協会を主宰。
⇒岩世人（アウアー 1845.6.7–1930.7.15）
　ネーム（アウアー 1845–1930）
　ユ人（Auer, Leopold von アウアー, レオポルド・フォン 1845–1930）

Auerbach, Berthold〈19世紀〉
ドイツの作家。ドイツ農民文学の祖。
⇒岩世人（アウエルバッハ 1812.2.28–1882.2.8）
　ユ著人（Auerbach, Berthold アウエルバッハ, ベルトホルト 1812–1882）

Auerbach, Heinrich〈15・16世紀〉
ドイツのライプチヒ大学医学教授,の市参事会員。
⇒岩世人（アウエルバッハ 1482–1542）

Auerhammer, Josepha Barbara von
〈18・19世紀〉
オーストリアのピアノ奏者,作曲家。
⇒バロ（アウエルンハンマー, ヨゼーファ・バルバラ・フォン 1758.9.25–1820.1.30）

バロ（ヨゼーファ・バルバラ・フォン・アウエルンハンマー　1758.9.25–1820.1.30）

Auernheimer, Raoul〈19・20世紀〉
オーストリアの作家。
⇒岩世人（アウエルンハイマー　1876.4.15–1948.1.6）

Auersperg, Anton Alexander, Graf von〈19世紀〉
オーストリアの詩人。
⇒岩世人（アウエルスペルク　1806.4.11–1876.9.12）

Auffmann, Joseph Anton〈18世紀〉
ドイツのオルガン奏者, 作曲家。
⇒バロ（アウフマン, ヨーゼフ・アントン　1720頃–1773以降）

Aufrecht, Theodor〈19・20世紀〉
ドイツのインド学者, 言語学者。ボン大学でサンスクリットと印欧語を教えた。
⇒岩世人（アウフレヒト　1822.1.7–1907.4.3）

Aufschnaiter, Benedict Anton〈17・18世紀〉
オーストリアの教会音楽作曲家。
⇒バロ（アウフシュナイター, ベネディクト・アントン　1665.2.21–1742.1.24）

Augeias
ギリシア神話, ヘリオス（あるいはポセイドン）の子。
⇒岩世人（アウゲイアス）

Augereau, Pierre François Charles, Duc de Castiglione〈18・19世紀〉
フランスの軍人。イタリア戦で功をなし, ナポレオンからカスティリョーネ公の称号を受けた。
⇒岩世人（オージュロー　1757.10.21–1816.6.12）

Auget, Paul〈16・17世紀〉
フランスの歌手, 教師。
⇒バロ（オジェ, ポール　1592頃–1660.3.22）

Augier, Guillaume Victor Emile〈19世紀〉
フランスの劇作家。代表作『ポワリエ氏の婿』（54）。
⇒岩世人（オージエ　1820.9.17–1889.10.25）
19仏（エミール・オージエ　1820.9.17–1889.10.25）

Augouard, Prosper-Philippe〈19・20世紀〉
アフリカ赤道地帯で活動した聖霊修道会宣教師。
⇒新カト（オグアール　1852.9.16–1921.10.7）

August〈16世紀〉
ザクセン選帝侯。在位1553～86。
⇒岩世人（アウグスト　1526.7.31–1586.2.11）

August, Peter〈18世紀〉
ポーランドの鍵盤楽器奏者, 教師, 音楽顧問, 娯楽監督, 司書。
⇒バロ（アウグスト, ペーター　1726–1787.2.16）

Mlle Augusta〈19・20世紀〉
フランスのダンサー。
⇒バレエ（オーギュスタ嬢　1806.9.17–1901.2.17）

Augustinus, Aurelius〈4・5世紀〉
初期西方キリスト教会最大の教父。ヒッポの司教。主著に『告白』『神の国』など。
⇒岩世人（アウグスティヌス　354.11.13–430.8.28）
覚思（アウグスティヌス　354.11.13–430.8.28）
覚思ス（アウグスティヌス　354.11.13–430.8.28）
ネーム（アウグスティヌス　354–430）
広辞7（アウグスティヌス　354–430）
学叢思（アウグスティヌス, アウレリウス　354–430）
新カト（アウグスティヌス　354.11.13–430.8.28）
図哲（アウグスティヌス　354–430）
図聖（アウグスティヌス　354–430）
世人新（アウグスティヌス〈アウレリウス〉354–430）
世人装（アウグスティヌス〈アウレリウス〉354–430）
世史語（アウグスティヌス　354–430）
ポプ人（アウグスティヌス　354–430）
メル1（アウグスティヌス（聖）　354–430）
ユ人（アウグスティヌス　354–430）

Augustinus Cantobriensis〈6・7世紀〉
イギリスの聖人。ローマの聖アンドレアス修道院長ののち, 初代カンタベリー大司教。
⇒岩世人（アウグスティヌス（カンタベリの）　?–604/605.5.26）
新カト（アウグスティヌス〔カンタベリの〕550頃–604/605.5.26）
世人新（アウグスティヌス〈カンタベリの〉　?–604頃）
世人装（アウグスティヌス〈カンタベリの〉　?–604頃）

Augustinus de Ancona〈13・14世紀〉
イタリアの神学者, 教会政治論者。
⇒岩世人（アウグスティヌス（アンコナの）　1270–1273–1328.4.2）
新カト（アウグスティヌス・トリウンフス　1270頃–1328.4.2）

Augustus, Gaius Octavius〈前1・後1世紀〉
ローマ帝国初代皇帝。在位前27～後14。
⇒岩世人（アウグストゥス　前63.9.23–後14.8.19）
ネーム（オクタウィアヌス　前63–前14）
広辞7（オクタウィアヌス　前63–後14）
新カト（アウグストゥス　前63.9.23–後14.8.19）
世人新（アウグストゥス〈オクタウィアヌス〉前63–後14）
世人装（アウグストゥス〈オクタウィアヌス〉前63–後14）
世史語（オクタウィアヌス　前63–後14）
世帝（アウグストゥス　前63–後14）

ポプ人（オクタウィアヌス帝　前63–後14）
皇国（アウグストゥス　（在位）前27–後14）
学叢歴（アウグスツス　前63–後14）
学叢歴（オクタヴィアヌス　前63–後14）

Aulard, François Victor Alphonse〈19・20世紀〉
フランス革命研究家。主著『フランス革命政治史』(1901)。
⇒岩世人（オラール　1849.7.19–1928.10.23）

Aulen, Gustav Emmanuel Hildebrand〈19・20世紀〉
スウェーデンの神学者。
⇒岩世人（アウレーン　1879.5.15–1977.12.16）
　新カト（アウレン　1879.5.15–1977.12.16）

Aulen, Johannes〈15世紀〉
ドイツの作曲家。
⇒バロ（アウレン, ヨハンネス　1450頃?–1500頃?）

Auletta, Domenico I〈18世紀〉
イタリアのオルガン奏者。ピエトロ・アウレッタの息子。
⇒バロ（アウレッタ, ドメニーコ1世　1723–1753）

Auletta, Pietro〈17・18世紀〉
イタリアの作曲家。
⇒バロ（アウレッタ, ピエトロ　1698頃–1771.9）

Aumale, Henri Eugène Philippe Louis d'Orléans, Duc d'〈19世紀〉
フランスの将軍, 歴史家。ルイ＝フィリップ王の四男。
⇒岩世人（オマール　1822.1.16–1897.5.7）
　19仏（アンリ・ドルレアン［オマール公］　1822.1.16–1897.5.7）

Aumann, Franz Josef〈18世紀〉
オーストリアの歌手, 聖職者, 指揮者。
⇒バロ（アウマン, フランツ・ヨーゼフ　1728.2.24–1797.3.30）

Aumer, Jean-Louis〈18・19世紀〉
フランスのダンサー, 振付家。
⇒バレエ（オーメール, ジャン＝ルイ　1774/1776.4.21–1833.7）

Aurangābādī Sirāj, Sayyid Shāh Sirāju'd-Dīn〈18世紀〉
インドのウルドゥー語詩人。
⇒岩世人（スィラージ　1712–1763）

Aurangzēb, Mohī al-Dīn Mohammed〈17・18世紀〉
インド, ムガル帝国第6代皇帝。在位1658～1707。
⇒岩世人（アウラングゼーブ　1618.11.3–1707.3.3）
　ネーム（アウラングゼーブ　1618–1707）
　広辞7（アウラングゼーブ　1618–1707）
　世人新（アウラングゼーブ　1618–1707）
　世人装（アウラングゼーブ　1618–1707）
　世史語（アウラングゼーブ　1618–1707）
　世帝（アウラングゼーブ　1618–1707）
　ポプ人（アウラングゼーブ　1618–1707）
　南ア新（アウラングゼーブ　1618–1707）

Aureli, Aurelio〈17・18世紀〉
イタリアの台本作家。
⇒オペラ（アウレーリ, アウレリオ　17世紀前半–1708以降）

Aurelianus, Lucius Domitius〈3世紀〉
ローマ皇帝。在位270～275。
⇒岩世人（アウレリアヌス　214頃–275）
　ネーム（アウレリアヌス　214?–275）
　新カト（アウレリアヌス　214.9.9–275.9）
　世帝（アウレリアヌス　214–275）

Aurelianus (Arles)〈6世紀〉
アルルの大司教。在職546～551。聖人。祝日6月16日。
⇒新カト（アウレリアヌス［アルルの］　?–551.6.16）

Aurelianus (Reomensis)〈9世紀〉
フランスの音楽家, グレゴリオ聖歌の最初期の理論家。
⇒新カト（アウレリアヌス［レオメの］　9世紀）

Aurelius〈5世紀〉
カルタゴの司教。聖人。祝日7月20日。
⇒新カト（アウレリウス［カルタゴの］　?–427/430.7.20）

Aurelius Victor, Sextus〈4世紀頃〉
ローマの著述家。アウグスツスからコンスタンチウスまでの『皇帝伝』を著す。
⇒岩世人（アウレリウス・ウィクトル）

Aurientis, Pierre〈19・20世紀〉
フランスのパリ外国宣教会宣教師。京都帝国大学文学部でフランス語を教授。
⇒新カト（オーリアンティス　1854.4.1–1922.10.25）

Aurisicchio, António〈18世紀〉
イタリアのオルガン奏者, 指揮者, 教育者。
⇒バロ（アウリシッキオ, アントーニオ　1710頃–1781.9.3/4）

Ausonius〈3世紀〉
アングレームの初代司教。聖人, 殉教者。祝日5月22日。
⇒新カト（アウソニウス［アングレームの］　3世紀後半）

Ausonius, Decimus Magnus〈4世紀〉
ローマ帝制末期の詩人, キリスト教徒の世俗文学の始祖。
⇒岩世人（アウソニウス　310頃–393頃）
　新カト（アウソニウス　310頃–394頃）

Austen, Jane〈18・19世紀〉
イギリスの女流作家。作品に『分別と多感』(1811),『エマ』(15),『説得』(18) など。
⇒岩世人（オースティン　1775.12.16–1817.7.24）
　ネーム（オースティン　1775–1817）
　広辞7（オースティン　1775–1817）
　新カト（オースティン　1775.12.16–1817.7.18）

Austin, Alfred〈19・20世紀〉
イギリスの詩人。
⇒岩世人（オースティン　1835.5.30–1913.6.2）

Austin, James Philip〈19・20世紀〉
アメリカの大リーグ選手（三塁）。
⇒メジャ（ジミー・オースティン　1879.12.8–1965.3.6）

Austin, John〈18・19世紀〉
イギリスの法学者。分析法学の始祖。
⇒岩世人（オースティン　1790.3.3–1859.12.1）
　広辞7（オースティン　1790–1859）
　学叢思（オースティン・ジョン　1790–1850）

Austin, Mary Hunter〈19・20世紀〉
アメリカの女流小説家,随筆家。
⇒岩世人（オースティン　1868.9.9–1934.8.13）

Autbertus von Cambrai〈7世紀〉
司教,聖人。
⇒図聖（アウトベルトゥス（カンブレの）　?–669）

Autolukos〈前4世紀〉
古代ギリシアの数学者,天文学者。
⇒世persons（アウトリュコス（ピタネの）　前360頃–前300頃）

Autolykos
ギリシア神話,ヘルメスの子。オデュッセウスの母方の祖父。
⇒岩世人（アウトリュコス）

Automedōn
ギリシア神話,ディオレスの子。
⇒岩世人（アウトメドン）

Auwers, Georg Friedrich Julius Arthur〈19・20世紀〉
ドイツの位置天文学者。連星の軌道,恒星の視差他恒星の位置を研究。
⇒岩世人（アウヴェルス　1838.9.12–1915.1.24）
　ネーム（アウヴェルス　1838–1915）

Aux-Cousteaux, Artus〈16・17世紀〉
フランスの歌手,参事会員。
⇒バロ（オ・クストー,アルテュス　1590頃–1656）

Auxentius〈4世紀〉
ミラーノのアリオス（アリウス）派司教。
⇒新カト（アウクセンティウス〔ミラノの〕　?–374）

Auxilius〈9世紀〉
司祭,著述家。フランス生まれといわれるが,生没年や生地は不明。
⇒新カト（アウクシリウス〔ナポリの〕　9世紀）

Ava, Frau〈11・12世紀〉
ドイツ語圏の詩人。
⇒岩世人（アヴァ（フラウ・アヴァ）　1060頃–1127.2.7?）

Avancini, Pietro〈19世紀〉
イタリアの教区司祭。宣教師養成学校の創立者。
⇒新カト（アヴァンチーニ　1832–1874.4.7）

Avanzini, Nikolaus〈17世紀〉
イタリアのイエズス会員,著作家。
⇒新カト（アヴァンツィーニ　1611.12.1–1686.12.6）

Avanzolini, Girolamo〈17世紀〉
イタリアの聖職者,司書,著述家。
⇒バロ（アヴァンツォリーニ,ジローラモ　1600頃–1678頃）

Aveling, Edward〈19世紀〉
イギリスの社会主義論説家。マルクス主義の解説者。
⇒学叢思（アーヴェリング,エドワード　1852–?）

Aveling, Edward Bibbens〈19世紀〉
イギリスの社会主義者。
⇒岩世人（エイヴリング　1849.11.29–1898.8.2）

Avellaneda, Alonso Fernández de〈16・17世紀〉
スペインの作家。セルバンテス作『ドン・キホーテ』の第1部に対して第2部を書いた(1614)。或る作家の筆名。
⇒岩世人（フェルナンデス・デ・アベリャネーダ）

Avellaneda, Francisco de〈16・17世紀〉
フランシスコ会員。スペインのセビリャ生まれ。
⇒新カト（フランシスコ・デ・アベリャネダ　?–1618）

Avellaneda, Nicolás〈19世紀〉
アルゼンチンの政治家。大統領 (1874～80)。1880年ブエノスアイレス市を連邦行政区に編入。
⇒岩世人（アベジャネーダ　1837.10.3–1885.11.24）

Avenarius, Ferdinand〈19・20世紀〉
ドイツの詩人。
⇒岩世人（アヴェナリウス　1856.12.20–1923.9.22）

Avenarius, Philipp〈16・17世紀〉
ドイツのオルガン奏者,作曲家。
⇒バロ（アヴェナーリウス,フィリップ　1553頃–1610以降）

Avenarius, Richard〈19世紀〉
ドイツの哲学者。「経験批判論」の創始者。主

著『純粋経験の批判』(88〜90)。
⇒岩世人 (アヴェナリウス 1843.11.19–1896.8.18)
ネーム (アヴェナリウス 1843–1896)
広辞7 (アヴェナリウス 1843–1896)
学叢思 (アヴェナリウス, リヒァルト 1843–1896)
新カト (アヴェナリウス 1843.11.19–1896.8.18)
メル2 (アヴェナリウス, リヒァルト 1843–1896)

Aventinus〈6世紀〉
シャルトルの司教。聖人。祝日2月4日。
⇒新カト (アウェンティヌス〔シャルトルの〕 ?–533以前)

Aventinus, Johannes〈15・16世紀〉
ドイツの人文主義者, 歴史家。
⇒岩世人 (アヴェンティヌス 1477.7.4–1534.1.9)

Avenzoar〈12世紀〉
スペインのアラブ系医師。ムワヒッド朝の創設主アブドル・ムウミンの侍医で大臣。
⇒岩世人 (イブン・ズフル 1091 (-1094)–1162)

Avercamp, Hendrik Berentsz.〈16・17世紀〉
オランダの風景画家。主作品『城の近くでスケートをする人たち』。
⇒岩世人 (アーフェルカンプ 1585.1.27 (受洗)–1634.5.15 (埋葬))
芸13 (アーフェルカンプ, ヘンドリック 1585–1634)

Averescu, Alexander〈19・20世紀〉
ルーマニアの将軍, 政治家。
⇒岩世人 (アヴェレスク 1859.3.9–1938.10.3)

Averie, Master〈15・16世紀〉
イギリスの歌手。
⇒バロ (エイヴリー, マスター 1470頃–1543頃)

Averroës〈12世紀〉
アラビア哲学者。アリストテレスのすぐれた注釈により, スコラ学に強い影響を与えた。
⇒岩世人 (イブン・ルシュド 1126–1198.12.11)
ネーム (イブン・ルシュド 1126–1198)
広辞7 (イブン・ルシュド 1126–1198)
学叢思 (アヴェロエス 1126–1196)
新カト (アヴェロエス 1126–1198.2.10)
世人新 (イブン=ルシュド (アヴェロエス) 1126–1198)
世人装 (イブン=ルシュド (アヴェロエス) 1126–1198)
世史語 (イブン=ルシュド (アヴェロエス) 1126–1198)
ポブ人 (イブン・ルシュド 1126–1198)
メル1 (イブン・ルシュド 1126–1198)

Avery, Benjamin Parke〈19世紀〉
アメリカのジャーナリスト, 外交官。
⇒アア歴 (Avery, Benjamin Parke ベンジャミン・パーク・エイヴァリー 1828.11.11–1875.11.8)

Avery, Oswald Theodore〈19・20世紀〉
アメリカの細菌学者。生物の遺伝情報がDNA (デオキシリボ核酸) であることを発見・証明 (1944)。
⇒岩世人 (エイヴリー 1877.10.21–1955.2.20)

Avianus, Johannes〈16・17世紀〉
ドイツの教師, 説教師, 教区監督。
⇒バロ (アヴィアーヌス, ヨハネス 1560頃?–1617.1.22)

Aviat, Léonie Françoise de Sales〈19・20世紀〉
フランスの聖人。祝日1月10日。フランソア・ド・サル奉献修道女会創立者。
⇒新カト (レオニー・フランソアーズ・ド・サル・アヴィア 1844.9.16–1914.1.10)

Avidius Cassius, Gaius〈2世紀〉
古代ローマの政治家。シリア知事。
⇒岩世人 (アウィディウス・カッシウス 130頃–175)

Ávila, Juan de〈15・16世紀〉
スペインの祭司, 神秘派神学者。アンダルーシア州に派遣され, 有名な説教者となった。
⇒岩世人 (フアン・デ・アビラ 1500.1.6–1569.5.10)

Avila Giron, Bernardino de〈16・17世紀〉
スペインの貿易商人。
⇒岩世人 (アビラ・ヒロン)
新カト (アビラ・ヒロン 16–17世紀)

Aviles, Manuel Leitão de〈16・17世紀〉
ポルトガルの歌手。
⇒バロ (アヴィレス, マヌエウ・レイタン・デ 1580頃?–1630.9.13/10.25)
バロ (マヌエウ・レイタン・デ・アヴィレス 1580頃?–1630.9.13/10.25)

Aviruddhako〈前6・5世紀?〉
インドの思想家。
⇒学叢思 (アヴィルッダーコ)

Avison, Charles〈18世紀〉
イギリスのオルガン奏者, 作曲家。協奏曲, ソナタなどの作品が多い。評論『音楽表現に関する評論』で有名。
⇒バロ (エイヴィソン, チャールズ 1709.2.16–1770.5.9/10)

Avitus, Alcimus Ecdicius〈5・6世紀〉
ウィーン司教, 聖人。
⇒岩世人 (アウィトゥス 460頃–518.2.5)
新カト (アウィトゥス〔ヴィエンヌの〕 450頃–518/525頃)

Avitus, Marcus Maecilius

Eparchius〈4・5世紀〉
西ローマ皇帝。在位455～56。
⇒岩世人（アウィトゥス　?-456）

Avogadro, Amedeo, Conte di Quaregna e Ceretto〈18・19世紀〉
イタリアの物理学者, 化学者。
⇒岩世人（アヴォガドロ　1776.8.9-1856.7.9）
　ネーム（アヴォガドロ　1776-1856）
　広辞7（アボガドロ　1776-1856）
　学叢思（アヴォガドロ, アメデオ　1776-1856）
　物理（アヴォガドロ, アメデオ　1776-1856）
　ポプ人（アボガドロ, アメデオ　1776-1856）

Avondano, Joan Baptista Andre I〈18・19世紀〉
ポルトガルの作曲家。イタリア系ポルトガルの音楽家一族。
⇒バロ（アヴォンダーノ, ジョアン・バプティスタ・アンドレ1世　1750頃?-1810頃?）

Avondano, Pedro Antonio〈18世紀〉
ポルトガルのヴァイオリン奏者, 書記, 騎士。
⇒バロ（アヴォンダーノ, ペドロ・アントーニオ　1714.4.16-1782）

Avossa, Giuseppe〈18世紀〉
イタリアの教師, 指揮者。
⇒バロ（アヴォッサ, ジュゼッペ　1708-1796.1.9）

Avral, Augustin〈19世紀〉
フランスの社会主義者。
⇒学叢思（アヴラール, オーギュスタン　1840-?）

Avvakum, Petrovich〈17世紀〉
ロシアの僧。1650年代の教会改革に反対し分離派教徒を熱烈に指導したため迫害を受けた。
⇒岩世人（アヴァクーム　1620/1621-1682.4.14）
　新カト（アヴァクーム　1620/1621-1682.4.14）

'Awfī, Muhammad〈13世紀〉
イランの詩人伝記者, 詩人。13世紀前半に活動。
⇒岩世人（アウフィー　?-1232以降）

Awhadī Marāgaī, Rukn al-Dīn〈14世紀〉
イランの神秘主義詩人。
⇒岩世人（アウハディー・マラーギー・イスファハーニー　1281-1282-1337-1338）

Axayacatl〈15世紀〉
アステカ族6代目の王。在位1469～81。
⇒世帝（アシャカトル　?-1481）

Axenfeld, Karl Theodor Paul Polykarpos〈19・20世紀〉
ドイツの眼科医。化膿転位性眼炎, 匐行性角膜潰瘍の原因等の研究がある。
⇒岩世人（アクセンフェルト　1867.6.24-1930.7.29）
　ネーム（アクセンフェルト　1867-1930）

Axling, William〈19・20世紀〉
アメリカの北部バプテスト派教会宣教師。
⇒アア歴（Axling, William　ウイリアム・アクスリング　1873.8.16-1963.2.24）

Ayala, Antonio de〈19世紀〉
フィリピンの企業家。
⇒岩世人（アヤラ　1804/1805-1876.2.15）

Ayala, Fernando de〈17世紀〉
スペインの遣日特派使節。
⇒岩世人（アヤーラ）

Ayāz ibn Aymaq, Abū al-Najm〈11世紀〉
トルコ人奴隷。アフガニスタンのガズナ朝のスルタンであるマフムード・ガズナヴィーに愛された。
⇒岩世人（アヤーズ・イブン・アイマク　?-1057/1058）

Aybak, al-Muʿizz ʿIzz al-Dīn〈13世紀〉
エジプトのバハリー・マムルーク朝第2代スルタン。在位1250～57。
⇒岩世人（アイバク　?-1257）
　世人新（アイバク〈エジプトのマムルーク朝〉　?-1257）
　世人装（アイバク〈エジプトのマムルーク朝〉　?-1257）

Aye〈前14世紀〉
エジプト第18王朝のファラオ。
⇒世帝（アイ　(在位)前1327-前1323頃）

Ayers, Thomas Wilburn〈19・20世紀〉
アメリカの医療宣教師。
⇒アア歴（Ayers, Thomas Wilburn　トマス・ウイルバーン・エアーズ　1858.12.22-1954.1.5）

Aylewaard, Richard〈17世紀〉
イギリスの歌手, オルガン奏者。
⇒バロ（エイルワード, リチャード　1626-1669.10.15）

Ayllón, Lucas Vázquez de〈15・16世紀〉
スペインの探検家。
⇒岩世人（アイリョン　1475頃-1526頃）

Ayrer, Jakob〈16・17世紀〉
ドイツの劇作家。
⇒岩世人（アイラー　1543頃-1605.3.26）

Ayrton, Edmund〈18・19世紀〉
イギリスのオルガン奏者, 指揮者, 歌手。
⇒バロ（エアトン, エドムンド　1734.11.19-1808.5.22）

Ayrton, Hertha〈19・20世紀〉
イギリスの物理学者。
⇒物理（エアトン, ハータ　1854-1923）

Ayrton, William Edward〈19・20世紀〉
イギリスの電気工学者, 物理学者。御雇い教師として工部大学校で電信学, 物理学を教授。
⇒岩世人（エアトン　1847.9.14–1908.11.8）
　科史（エアトン　1847–1908）
　広辞7（エアトン　1847–1908）
　学叢思（エアトン, ウィリアム・エドワード　1847–1908）

Aytoun, William Edmonstoune〈19世紀〉
スコットランドの詩人。ブラウニングらのパロディー『ボン・ゴーチエのバラード』(45)などが有名。
⇒岩世人（エイトン　1813.6.21–1865.8.4）

Ayūb Khān〈19・20世紀〉
アフガニスタンの族長。在位1880～81。アブドゥル・ラハマーンに敗れて(81)イランに亡命。
⇒岩世人（アユーブ・ハーン　1855–1914）

Ayurbarwada〈13・14世紀〉
中国, 元の第4代皇帝。在位1311～20。諱はアユルバリバトラ（愛育黎抜力八達）。
⇒岩世人（アユルバルワダ　1285.4.9（世祖至元22.3.4）–1320.3.1（延祐7.1.21））
　世帝（仁宗　じんそう　1285–1320）

Ayurširidara, Biligtü khaghan〈14世紀〉
中国, 北元の初代皇帝。在位1371～78。アユルシリダラともいう。父は元朝最後の皇帝順帝。
⇒岩世人（アユルシリダラ　?–1378）
　世帝（アーユシュリーダラ・ハーン　（在位）1370–1378）

Ayuuki〈17・18世紀〉
トルグート（カルムイク）のハン。
⇒岩世人（アユーキ　1641?–1724.2.19）

Āzād, Muḥammad Ḥusain〈19・20世紀〉
インドの近代ウルドゥー文学開拓者, 散文家, 批評家, 詩人, ペルシア語学者。
⇒岩世人（アーザード　1834頃–1910.1.22）

Azais, Hyacinthe〈18世紀〉
フランスの歌手, 教師, 理論家。
⇒バロ（アザイス, イアサント　1741.4.4–1795頃）

Azam Shah, Muhammad〈17・18世紀〉
インド, ムガール帝国の皇帝。
⇒世帝（アーザム・シャー　1653–1707）

Azaña y Díaz, Manuel〈19・20世紀〉
スペイン第2共和制下の政治家。王制の廃止に成功, 1931～33年首相, 内政改革を実施。
⇒岩世人（アサーニャ　1880.1.10–1940.11.3）
　ネーム（アサニャ　1880–1940）
　広辞7（アサニャ　1880–1940）
　世人新（アサニャ　1880–1940）
　世人装（アサニャ　1880–1940）
　世史語（アサーニャ　1880–1940）
　ポプ人（アサーニャ, マヌエル　1880–1940）

Āzar〈18世紀〉
ペルシア詩人伝作者, 詩人。
⇒岩世人（アーザル　?–1780/1781）

Āzarī Isfarā'inī〈15世紀〉
ペルシアの詩人。
⇒岩世人（アーザリー・イスファラーイーニー　?–1461/1462）

Āzar Kayvān〈16・17世紀〉
ゾロアスター教照明学派の祖。
⇒岩世人（アーザル・カイヴァーン　1529-1533–1609-1618頃）

Āzarmēdukht〈7世紀〉
ササン朝ペルシアの統治者。在位631～632。
⇒世帝（アーザールメードゥフト　?–631）

Ažbe, Anton〈19・20世紀〉
スロベニアの画家。
⇒岩世人（アジュベ　1862.5.30–1905.8.6/5）

Azef, Evno Fishelevich〈19・20世紀〉
ロシアのスパイ。革命史上最大の内通者。プレーヴェ内相を暗殺(1904)。
⇒岩世人（アゼフ　1870–1918.4.24）
　スパイ（アゼフ, イェフノ（ユージーン）　1869–1918）
　ユ著人（Azev,Evno Fishelevich　アゼフ, エブノ・フィシェレヴィッチ　1869–1918）

Azevedo, Ignacio de〈16世紀〉
ポルトガル出身のイエズス会宣教師。
⇒新カト（アゼヴェド　1526–1570.7.15）

al-Azharī, Abū Manṣūr Muḥammad〈9・10世紀〉
イラン系のアラビア語学者。
⇒岩世人（アズハリー　895/896–980）

Azim ud-Din I〈18世紀〉
フィリピン諸島南部のスールー王国の第19代スルタン。在位1735～48,64～74。
⇒岩世人（アズィム・ウッディン1世　（在位）1735–1748,1764–1774）

al-'Azīz bi-Allāh, Abū Manṣūr Nizār〈10世紀〉
ファーティマ朝第5代の君主。在位975～96。
⇒岩世人（アズィーズ　955–996.10.14）
　世帝（アズィーズ　955–996）

Al-'Azīz 'Uthmān〈12世紀〉
イスラム・エジプトの統治者。在位1193～1198。
⇒世帝（アル・アジーズ　?–1198）

Aznar Cabanas, Juan Bautista〈19・20世紀〉
スペインの海軍軍人, 政治家。
⇒岩世人（アスナール　1860.9.5–1933.2.19）

Azo〈12・13世紀〉
中世イタリアの法律学者。
⇒岩世人（アーゾ　1190以前–1220以後）

Azorín〈19・20世紀〉
スペインの随筆家, 評論家, 小説家。
⇒岩世人（アソリン　1873.6.8–1967.3.2）
　ネーム（アソリン　1874–1967）

Azriel of Gerona〈13世紀〉
カバリスト。
⇒ユ著人（Azriel of Gerona　ゲローナのアズリエル　13世紀初）

Azuela, Mariano〈19・20世紀〉
メキシコの作家。メキシコ革命文学の先駆者。代表作『虐げられし人々』(15)。
⇒ネーム（アスエラ　1873–1952）
　ラテ新（アスエラ　1873–1952）

Azzaiolo, Fillippo〈16世紀〉
イタリアの歌手。
⇒バロ（アッザイオーロ, フィリッポ　1520頃?–1570頃?）

az-Zuhrī〈12世紀〉
スペインのアラブ系地理学者。
⇒岩世人（ズフリー）

【 B 】

Baab Ullah (Babullah), Sultan〈16世紀〉
インドネシア, マルク諸島のテルナテ王国の最盛期の王。在位1570～83。
⇒岩世人（バーブ・ウラー　?–1583）

Baader, Benedikt Franz Xaver von〈18・19世紀〉
ドイツの哲学者, 神学者。批判哲学を批判,「神的知の認識」を説いた。
⇒岩世人（バーダー　1765.3.27–1841.5.23）
　学叢思（バーデル, フランツ・ザヴィエル　1765–1841）
　新カト（バーダー　1765.3.27–1841.5.23）
　メル3（バーダー, フランツ＝クサーヴァー・フォン　1765–1841）

Baader, Johannes〈19・20世紀〉
ドイツの作家, 建築家。
⇒岩世人（バーダー　1875.6.22–1955.1.15）

Baasha〈前10・9世紀〉
ヘブライ諸王国の統治者。在位前908～886。
⇒世帝（バシャ　?–前877?）

Bab, Julius〈19・20世紀〉
ドイツの文学者, 劇作家。文学者や俳優の伝記を書いたが, のち亡命して(1933), ニューヨークで活動。
⇒岩世人（バーブ　1880.12.11–1955.2.12）
　ユ著人（Bab, Julius　バーブ, ユリウス　1880–1955）

Bāb, Sayyid Mīrzā ʻAlī Muḥammad〈19世紀〉
バーブ教の開祖。
⇒岩世人（バーブ　1819.10.20–1850.7.9）
　世人新（サイイド＝アリー＝ムハンマド　1819/1820–1850）
　世人装（サイイド＝アリー＝ムハンマド　1819/1820–1850）
　世史語（サイイド＝アリー＝ムハンマド　1819–1850）

Bābā Afẓal Kāshānī〈12・13世紀〉
ペルシア語の著作で知られる思想家, 詩人。
⇒岩世人（バーバー・アフザル・カーシャーニー　?–1213/1214）

Babai〈6・7世紀〉
シリアのネストリオス派の神学者。
⇒新カト（バーバイ　550頃–628）

Bābak Khurramī〈9世紀〉
イラン系のイスラム教シーア派の過激分子の一派ホッラミーの指導者。
⇒岩世人（バーバク・ホッラミー　?–838）

Baba Rabbah〈4世紀〉
サマリアびとの司祭長。
⇒ユ人（ババ, ラッバー（大長老）　4世紀）

Babata〈2世紀〉
エンゲディの主婦。
⇒ユ人（ババタ　2世紀）

Bābā Ṭāhir ʻUryān〈11世紀〉
ペルシア語詩人。4行詩の先駆者の一人。
⇒岩世人（バーバー・ターヒル・ウルヤーン　?–1055以降）

Babbage, Charles〈18・19世紀〉
イギリスの数学者。計算機械の創始者として有名。
⇒岩世人（バベッジ　1791/1792.12.26–1871.10.18）
　科史（バベッジ　1791–1871）
　広辞7（バベッジ　1792–1871）
　世数（バベジ, チャールズ　1792–1871）
　ポプ人（バベッジ, チャールズ　1791–1871）

Babbi, Pietro Giovanni Cristoforo Bartolomeo Gasparre〈18・19世紀〉
イタリアのヴァイオリン奏者。

⇒バロ（バッビ，ピエトロ・ジョヴァンニ・クリストーフォロ・バルトロメーオ・ガスパルレ　1745.5.6–1814.11.19）

Babbitt, Irving〈19・20世紀〉
アメリカの評論家。倫理性と古典的伝統に帰れと主張。著書『新ラオコーン』(10)など。
⇒岩世人（バビット　1865.8.2–1933.7.15）

Babbitt, Isaac〈18・19世紀〉
アメリカの技術者。今日もっとも広く用いられる白色軸受合金〈バビット・メタル〉の発明者として知られる。
⇒岩世人（バビット　1799.7.26–1862.5.26）

Babel, Desiderius〈15・16世紀〉
フランドルの作曲家。
⇒バロ（バベル，デジデリウス　1480頃?–1530頃?）

Babell, William〈17・18世紀〉
イギリスの鍵盤楽器奏者，ヴァイオリン奏者，編曲家。
⇒バロ（バベル，ウィリアム　1690頃?–1723.9.23）

Baber, Edward Colborne〈19世紀〉
イギリスの外交官。
⇒岩世人（ババー　1843.4.30–1890.6.16）

Babes, Victor〈19・20世紀〉
ルーマニアの細菌学者。テクサス熱の病原体バベシアを発見。
⇒岩世人（バベス　1854.7.4–1926.10.19）

Babeuf, François-Noël〈18世紀〉
フランスの革命家，共産主義者。「バブーフの陰謀」の主謀者。
⇒岩世人（バブーフ　1760.11.23–1797.5.28）
　ネーム　（バブーフ　1760–1797）
　広辞7　（バブーフ　1760–1797）
　学叢思　（バブーフ，フランソア・ノエル　1760–1796）
　世人新　（バブーフ　1760–1797）
　世人装　（バブーフ　1760–1797）
　世史語　（バブーフ　1760–1797）
　ポプ人　（バブーフ，フランソワ・ノエル　1760–1797）

Babington, Anthony〈16世紀〉
エリザベス1世の暗殺を企てた陰謀家。
⇒岩世人（バビントン　1561.10–1586.9.20）
　スパイ（バビントン，アンソニー　1561–1586）

Babinski, Joseph François Felix〈19・20世紀〉
ポーランド系フランスの精神医学者。ヒステリーの研究などで有名。
⇒岩世人（ババンスキー　1857.11.17–1932.10.29）

Babrios, Valerius〈1・2世紀〉
ギリシアの寓話詩人。『イソップ譚詩集』の著者。
⇒岩世人（バブリオス）

Babujab〈19・20世紀〉
モンゴルの独立運動家。
⇒岩世人（バボージャブ　1875–1916.10.18）

Bābur, Ẓahīr al-Dīn Muhammad〈15・16世紀〉
インド，ムガル帝国の創始者。在位1526～30。
⇒岩世人　（バーブル　1483.2.14–1530.12.26）
　ネーム　（バーブル　1483–1530）
　広辞7　（バーブル　1483–1530）
　世人新　（バーブル　1483–1530）
　世人装　（バーブル　1483–1530）
　世史語　（バーブル　1483–1530）
　世帝　（バーブル　1483–1530）
　ポプ人　（バーブル　1483–1530）
　南ア新　（バーブル　1483–1530）
　学叢歴　（バベール　1483–1530）

Babushkin, Ivan Vasilievich〈19・20世紀〉
ロシアの革命家。レーニンの指導した労働者サークルで革命的活動をはじめ(1893)，ペテルブルグおよびエカテリノスラフの〈労働者階級解放闘争同盟〉の積極的な一員として活動。
⇒岩世人（バーブシキン　1873.1.3–1906.1.18）

Babylas〈3世紀〉
オロンテス川のアンティオケイアの司教。聖人，殉教者。祝日1月24日。
⇒新カト（バビュラス　?–250頃）

Baccelli, Guido〈19・20世紀〉
イタリアの医師。政治家。動脈瘤のバチェリ手術，破傷風療法などを残した。
⇒岩世人（バッチェッリ　1832.11.25–1916.1.11）

Bacchos〈3・4世紀〉
殉教者，聖人。祝日10月7日。ローマ帝国の将校。遊牧民の守護聖人。
⇒新カト（バッコスとセルギオス　?–303頃）

Baccusi, Ippolito〈16・17世紀〉
イタリアの指揮者。
⇒バロ（バックージ，イッポーリト　1550頃–1609）

Bach, Alexander, Freiherr von〈19世紀〉
オーストリアの政治家。1848年11月反革命に成功。59年対イタリア戦争に敗北して引退。
⇒岩世人（バッハ　1813.1.4–1893.11.12）

Bach, Carl Philipp Emanuel〈18世紀〉
ドイツの作曲家。ハイドン，モーツァルトに影響を与えた。
⇒バロ（バッハ，カール・フィリップ・エマヌエル　1714.3.8–1788.12.14）
　岩世人　（バッハ　1714.3.8–1788.12.14）
　エデ　（バッハ，カール・フィリップ・エマヌエル　1714.3.8–1788.12.14）
　新カト　（バッハ　1714.3.8–1788.12.14）
　ピ曲改　（バッハ，カルル・フィリップ・エマヌエル

1714–1788）

Bach, Caspar〈16・17世紀〉
ドイツの町楽師, ファゴット奏者。
⇒バロ（バッハ, カスパル　1578頃–1640以降）

Bach, Christoph〈17世紀〉
ドイツの町楽師。
⇒バロ（バッハ, クリストフ　1613.4.19–1661.9.12）

Bach, Ernst Carl Gottfried〈18・19世紀〉
ドイツの作曲家。
⇒バロ（バッハ, エルンスト・カール・ゴットフリート　1738.1.12–1801.7.21）

Bach, Ernst Christian〈18・19世紀〉
ドイツの作曲家。
⇒バロ（バッハ, エルンスト・クリスティアン　1747.9.28–1822.9.29）

Bach, Georg Christoph〈17世紀〉
ドイツの作曲家。
⇒バロ（バッハ, ゲオルク・クリストフ　1642.9.6–1697.4.24）

Bach, Georg Michael〈18世紀〉
ドイツの作曲家。
⇒バロ（バッハ, ゲオルク・ミヒャエル　1703.9.27–1771.2.18）

Bach, Gottlieb Friedrich〈18世紀〉
ドイツのオルガン奏者, 画家。
⇒バロ（バッハ, ゴットリープ・フリードリヒ　1714.9.10–1785.12.25）

Bach, Heinrich II〈17世紀〉
ドイツの町楽師, オルガン奏者。
⇒バロ（バッハ, ハインリヒ2世　1615.9.16–1692.7.10）

Bach, Johann I〈17世紀〉
ドイツの町楽師。
⇒バロ（バッハ, ヨハン1世　1602–1632.12.9）

Bach, Johann II〈17世紀〉
ドイツの作曲家, 聖職者。
⇒バロ（バッハ, ヨハン2世　1621–1686.9.12）

Bach, Johann Aegidius I〈17・18世紀〉
ドイツの指揮者, ヴィオラ奏者, オルガン奏者。
⇒バロ（バッハ, ヨハン・エギディウス1世　1645.2.11–1716.11.22）

Bach, Johann Aegidius II〈18世紀〉
ドイツの作曲家, 教師。
⇒バロ（バッハ, ヨハン・エギディウス2世　1709.8.9–1746.5.17）

Bach, Johann Ambrosius〈17世紀〉
ドイツの町楽師, ヴァイオリン奏者, 指揮者, オルガン奏者, トランペット奏者。大バッハの父。

⇒バロ（バッハ, ヨハン・アンブロージウス　1645.2.22–1695.2.20）

Bach, Johann Andreas〈18世紀〉
ドイツのオーボエ奏者, オルガン奏者。
⇒バロ（バッハ, ヨハン・アンドレーアス　1713.9.7–1779.10.25）

Bach, Johann Bernhard I〈17・18世紀〉
ドイツの鍵盤楽器奏者。
⇒バロ（バッハ, ヨハン・ベルンハルト1世　1676.11.25–1749.6.11）

Bach, Johann Bernhard II〈17・18世紀〉
ドイツのオルガン奏者。
⇒バロ（バッハ, ヨハン・ベルンハルト2世　1700.11.24–1743.6.7）

Bach, Johann Christian I〈17世紀〉
ドイツのヴァイオリン奏者, 町楽師, 指揮者。
⇒バロ（バッハ, ヨハン・クリスティアン1世　1640.8.17–1682.7.1）

Bach, Johann Christian II〈17・18世紀〉
ドイツの楽師。
⇒バロ（バッハ, ヨハン・クリスティアン2世　1696–1750頃?）

Bach, Johann Christian IV〈18世紀〉
ドイツの作曲家。ロンドンで活躍, イギリスのバッハとして知られた。
⇒バロ（バッハ, ヨハン・クリスティアン4世　1735.9.5–1782.1.1）
　岩世人（バッハ　1735.9.5–1782.1.1）
　エデ（バッハ, ヨハン・クリスティアン　1735.9.5–1782.1.1）
　新カト（バッハ　1735.9.5–1782.1.1）
　ビ曲改（バッハ, ヨハン・クリスチャン　1735–1782）

Bach, Johann Christian V〈18・19世紀〉
ドイツの教師, 鍵盤楽器奏者。
⇒バロ（バッハ, ヨハン・クリスティアン5世　1743.7.23–1814）

Bach, Johann Christoph I〈17・18世紀〉
ドイツの鍵盤楽器奏者。
⇒バロ（バッハ, ヨハン・クリストフ1世　1642.12.4–1703.3.31）

Bach, Johann Christoph II〈17世紀〉
ドイツの町楽師, ヴァイオリン奏者。
⇒バロ（バッハ, ヨハン・クリストフ2世　1645.2.22–1693.8.28）

Bach, Johann Christoph III〈17・18世紀〉
ドイツのオルガン奏者, 教師。
⇒バロ（バッハ, ヨハン・クリストフ3世　1671.6.

16–1721.2.22)

Bach, Johann Christoph IV〈17・18世紀〉
ドイツのオルガン奏者。
⇒バロ（バッハ, ヨハン・クリストフ4世　1673.1.13–1727.7.30）

Bach, Johann Christoph V〈17・18世紀〉
ドイツのハープシコード奏者, 教師, ハープシコード製作者。
⇒バロ（バッハ, ヨハン・クリストフ5世　1676.8.29–1740頃）

Bach, Johann Christoph VI〈17・18世紀〉
ドイツの指揮者。
⇒バロ（バッハ, ヨハン・クリストフ6世　1685.8.17–1740.5.15）

Bach, Johann Christoph VII〈17・18世紀〉
ドイツのオルガン奏者, 教師, 商人。
⇒バロ（バッハ, ヨハン・クリストフ7世　1689.9.12–1740.2.28）

Bach, Johann Christoph VIII〈18世紀〉
ドイツの作曲家, 教師。
⇒バロ（バッハ, ヨハン・クリストフ8世　1702.11.12–1756.11.2）

Bach, Johann Christoph Friedrich〈18世紀〉
ドイツの作曲家。
⇒バロ（バッハ, ヨハン・クリストフ・フリードリヒ　1732.6.21–1795.1.26）
　エデ（バッハ, ヨハン・クリストフ・フリードリヒ　1732.6.21–1795.1.26）

Bach, Johann Christoph Georg〈18・19世紀〉
ドイツのオルガン奏者。
⇒バロ（バッハ, ヨハン・クリストフ・ゲオルク　1747.5.8–1814.12.30）

Bach, Johann Elias〈18世紀〉
ドイツの作曲家, 秘書, 家庭教師, 学校の監督。
⇒バロ（バッハ, ヨハン・エリーアス　1705.2.12–1755.11.30）

Bach, Johann Ernst I〈17・18世紀〉
ドイツのオルガン奏者。
⇒バロ（バッハ, ヨハン・エルンスト1世　1683.8.5–1739）

Bach, Johann Ernst II〈18世紀〉
ドイツのオルガン奏者, 法律家, 官吏。
⇒バロ（バッハ, ヨハン・エルンスト2世　1722.1.30–1777.9.1）

Bach, Johann Friedrich I〈17・18世紀〉
ドイツのオルガン奏者, 教師, オルガン建造者。
⇒バロ（バッハ, ヨハン・フリードリヒ1世　1682頃–1730.2.8）

Bach, Johann Friedrich II〈18世紀〉
ドイツのオルガン奏者, 教師。
⇒バロ（バッハ, ヨハン・フリードリヒ2世　1706.10.22–1743.5.30）

Bach, Johann Georg I〈18世紀〉
ドイツのオルガン奏者, 公証人, 官吏。
⇒バロ（バッハ, ヨハン・ゲオルク1世　1751.10.2–1797）

Bach, Johann Gottfried Bernhard〈18世紀〉
ドイツのオルガン奏者。
⇒バロ（バッハ, ヨハン・ゴットフリート・ベルンハルト　1715.5.11–1739.5.27）

Bach, Johann Günther I〈17世紀〉
ドイツのオルガン奏者, 鍵盤楽器とヴァイオリンの製造者。
⇒バロ（バッハ, ヨハン・ギュンター1世　1653.7.17–1683.4.10）

Bach, Johann Günther II〈18世紀〉
ドイツの町楽師, 歌手, ヴィオラ奏者, 教師。
⇒バロ（バッハ, ヨハン・ギュンター2世　1703.4.4–1756.10.24）

Bach, Johann Hans I〈16・17世紀〉
ドイツのパン職人, 織物工, 楽師。
⇒バロ（バッハ, ヨハン・ハンス1世　1550頃–1626）

Bach, Johann Hans II〈16・17世紀〉
ドイツのフィドル奏者, 道化師。
⇒バロ（バッハ, ヨハン・ハンス2世　1555頃–1615.12.1）

Bach, Johann Hans III〈17世紀〉
ドイツの町楽師, オルガン奏者。バッハ家一族最初の作曲家。
⇒バロ（バッハ, ヨハン・ハンス3世　1604.11.26–1673.5.13）

Bach, Johann Heinrich I〈18世紀〉
ドイツの写譜家, オルガン奏者, 楽師, 教師。
⇒バロ（バッハ, ヨハン・ハインリヒ1世　1707.8.4–1783.5.20）

Bach, Johann Heinrich II〈18世紀〉
ドイツの鍵盤楽器奏者。
⇒バロ（バッハ, ヨハン・ハインリヒ2世　1709.11.4–1770頃）

Bach, Johann Jacob I〈17・18世紀〉
ドイツの教師, オルガン奏者。
⇒バロ（バッハ, ヨハン・ヤーコブ1世　1655.9.12–1718.12.11）

Bach, Johann Jacob II〈17世紀〉
ドイツの町楽師。
⇒バロ（バッハ, ヨハン・ヤーコプ2世　1668.8.14–1692.4.29）

Bach, Johann Jacob III〈17・18世紀〉
ドイツの町楽師, オーボエ奏者。
⇒バロ（バッハ, ヨハン・ヤーコプ3世　1682.2.11–1722.4.16）

Bach, Johann Lorenz〈17・18世紀〉
ドイツのオルガン奏者, 教師。
⇒バロ（バッハ, ヨハン・ローレンツ　1695.9.10–1773.12.14）

Bach, Johann Ludwig〈17・18世紀〉
ドイツの作曲家。
⇒バロ（バッハ, ヨハン・ルートヴィヒ　1677.2.4–1731.3.1）

Bach, Johann Michael I〈17世紀〉
ドイツのオルガン奏者, 聖職者, 楽器製造業, 官吏。
⇒バロ（バッハ, ヨハン・ミヒャエル1世　1648.8.9–1694.5.17）

Bach, Johann Michael III〈18・19世紀〉
ドイツの法律家, オルガン奏者, 理論家, 教師。
⇒バロ（バッハ, ヨハン・ミヒャエル3世　1745.11.9–1820）

Bach, Johann Nikolaus I〈17世紀〉
ドイツの町楽師, ヴィオラ・ダ・ガンバ奏者。
⇒バロ（バッハ, ヨハン・ニコラウス1世　1653.2.5–1682.7.30）

Bach, Johann Nikolaus II〈17・18世紀〉
ドイツのオルガン奏者, 鍵盤楽器製造業。
⇒バロ（バッハ, ヨハン・ニコラウス2世　1669.10.10–1753.11.4）

Bach, Johann Philipp〈18・19世紀〉
ドイツの鍵盤楽器奏者, 画家。
⇒バロ（バッハ, ヨハン・フィリップ　1752.8.5–1846.11.2）

Bach, Johann Samuel〈17・18世紀〉
ドイツの町楽師, 教師。
⇒バロ（バッハ, ヨハン・ザムエル　1694.6.4–1720.7.1）

Bach, Johann Sebastian〈17・18世紀〉
ドイツのオルガン奏者, 作曲家。バロック音楽の統合者で音楽史上最大の作曲家の一人。
⇒バロ（バッハ, ヨハン・ゼバスティアン　1685.3.21–1750.7.28）
　岩世人（バッハ　1685.3.21–1750.7.28）
　バレエ（バッハ, ヨハン・ゼバスティアン　1685.3.21–1750.7.28）
　エデ（バッハ, ヨハン・ゼバスティアン　1685.3.21–1750.7.28）
　広辞7（バッハ　1685–1750）
　学叢思（バッハ, ヨハン・セバスティアン　1685–1750）
　実音人（バッハ, ヨハン・セバスチャン　1685–1750）
　新カト（バッハ　1685.3.21–1750.7.28）
　世人新（バッハ　1685–1750）
　世人装（バッハ　1685–1750）
　世史語（バッハ　1685–1750）
　ビ曲改（バッハ, ヨハン・セバスチャン　1685–1750）
　ポプ人（バッハ, ヨハン・セバスチャン　1685–1750）

Bach, Johann Stephan〈17・18世紀〉
ドイツの作曲家。
⇒バロ（バッハ, ヨハン・シュテファン　1665頃以前–1717.1.10）

Bach, Johann Valentin〈17・18世紀〉
ドイツの町楽師。
⇒バロ（バッハ, ヨハン・ヴァレンティーン　1669.1.6–1720.8.12）

Bach, Joseph〈19・20世紀〉
ドイツのカトリック神学者。
⇒新カト（バッハ　1833.3.4–1901.9.24）

Bach, Julius Carl von〈19・20世紀〉
ドイツの機械工学者。
⇒岩世人（バッハ　1847.3.8–1931.10.10）

Bach, Melchior〈17世紀〉
ドイツの町楽師。
⇒バロ（バッハ, メルヒオル　1603–1634.9.7）

Bach, Nikolaus〈17世紀〉
ドイツの町楽師。
⇒バロ（バッハ, ニコラウス　1618–1637.10.1）

Bach, Nikolaus Ephraim〈17・18世紀〉
ドイツのオルガン奏者, 官吏, 教師。
⇒バロ（バッハ, ニコラウス・エーフライム　1690.11.26–1760）

Bach, Philipp Christian Georg〈18・19世紀〉
ドイツの作曲家, 聖職者。
⇒バロ（バッハ, フィリップ・クリスティアン・ゲオルク　1734.4.5–1809.8.18）

Bach, Samuel Anton〈18世紀〉
ドイツの大臣, 官吏, オルガン奏者, 画家。
⇒バロ（バッハ, ザムエル・アントン　1713.4.26–1781）

Bach, Tobias Friedrich I〈17・18世紀〉
ドイツのオルガン奏者。
⇒バロ（バッハ, トビーアス・フリードリヒ1世　1695.7.21–1768.7.1）

Bach, Tobias Friedrich II〈18・19世紀〉
ドイツの作曲家。

⇒バロ（バッハ、トビーアス・フリードリヒ2世　1723.9.22–1805.1.18）

Bach, Wilhelm Friedemann〈18世紀〉
ドイツのオルガン奏者、作曲家。
⇒バロ（バッハ、ヴィルヘルム・フリーデマン　1710.11.22–1784.7.1）
岩世人（バッハ　1710.11.22–1784.7.1）
エデ（バッハ、ヴィルヘルム・フリーデマン　1710.11.22–1784.7.1）
ピ曲改（バッハ、ヴィルヘルム・フリーデマン　1710–1784）

Bach, Wilhelm Friedrich Ernst〈18・19世紀〉
ドイツの鍵盤楽器奏者、教師。
⇒バロ（バッハ、ヴィルヘルム・フリードリヒ・エルンスト　1759.5.24–1845.12.25）

Bachaumont, Louis Petit de〈17・18世紀〉
フランスの文筆家。ドゥーブレ夫人のサロンの中心的存在。
⇒岩世人（バショーモン　1690.6.2–1771.4.29）

Bachchah-e Saqaw〈19・20世紀〉
アフガニスタンの反乱軍の指導者。
⇒岩世人（バッチャエ・サカーウ　?–1929.10）

Bacheler, Otis Robinson〈19・20世紀〉
アメリカの医療宣教師。
⇒アア歴（Bacheler,Otis Robinson　オーティス・ロビンスン・バチェラー　1817.1.17–1901.1.1）

Bachelie, Louis〈19・20世紀〉
フランスの数学者。
⇒世数（バシュリエ、ルイ　1870–1946）

Bachi, Raphael〈18世紀〉
フランスの細密画家。
⇒ユ著人（Bachi,Raphael　バチ、ラファエル　1717–1767）

Bachiarius〈4世紀〉
スペイン出身の修道士、神学者。
⇒新カト（バキアリウス　350頃–?）

Bachofen, Johann Caspar〈17・18世紀〉
スイスの教師、ヴァイオリン弦商、指揮者。
⇒バロ（バッハオーフェン、ヨハン・カスパル　1695.12.26–1755.6.23）

Bachofen, Johann Jakob〈19世紀〉
スイスの法律家、民族学者。主著『母権』(61)がある。
⇒岩世人（バッハオーフェン　1815.12.22–1887.11.25）
学叢思（バハオーフェン　1815–1887）
新カト（バハオーフェン　1815.12.22–1887.11.25）

Bachrach, Emil M.〈19・20世紀〉
アメリカの実業家。

⇒アア歴（Bachrach,Emil [Emmanuel] M.　エミール [エマニュエル]・M・バクラク　1874.7.4–1937.9.28）

Bachya ben-Joseph ibn-Paquda〈11世紀〉
スペイン系ユダヤ人の詩人、哲学者。
⇒新カト（バヒヤー・ベン・ヨセフ　11世紀頃）
ユ人（バヒヤ、ベンヨセフ・イブンパクダ　11世紀）

Baciccio, Giovanni Battista〈17・18世紀〉
イタリアの画家。ナボナ広場のサンタ・アグネーゼ聖堂のフレスコ画（68〜71）が代表作。
⇒岩世人（バチッチャ　1639–1709.3.26以降）

Bacilly, Bénigne de〈17世紀〉
フランスの作曲家、歌手、理論家。
⇒バロ（バシイ、ベニーニュ・ド　1625頃–1690.9.27）

Baciolini, Ugo〈15世紀〉
イタリアの歌手、詩人。
⇒バロ（バチョリーニ、ウーゴ　1440頃?–1490頃?）

Backhouse, Sir Edmund Trelawny〈19・20世紀〉
イギリスの中国研究家。ロンドンのケンブリッジ大学中国研究所長(13)。
⇒岩世人（バックハウス　1873.10.20–1944.1.8）

Backhuysen, Ludolf〈17・18世紀〉
オランダの海洋画家、版画家。
⇒岩世人（バックハイゼン　1630.12.28–1708.11.6/7）

Backoffen, Hans〈15・16世紀〉
ドイツの彫刻家。墓碑や磔群像などを制作。後期ゴシックのバロック様式の代表者。
⇒芸13（バックオーフェン、ハンス　?–1519）

Backus, Isaac〈18・19世紀〉
アメリカのバプテスト教会の指導者、歴史家。宗教の自由、地方教会の独立のために活躍。
⇒岩世人（バッカス　1724.1.9–1806.11.20）

Bacon, Alice Mabel〈19・20世紀〉
アメリカの教育家。来日し、津田英学塾で英語を教授。
⇒アア歴（Bacon,Alice Mabel　アリス・メイベル・ベーコン　1858.2.26–1918.5.2）

Bacon, Francis, Baron Verulam〈16・17世紀〉
イギリスの哲学者。近代イギリス経験論の創始者。
⇒岩世人（ベーコン　1561.1.22–1626.4.9）
覚思（ベーコン　1561.1.22–1626.4.9）
覚思ス（ベーコン　1561.1.22–1626.4.9）
広辞7（ベーコン　1561–1626）
学叢思（ベーコン、フランシス　1561–1626）

新カト（ベーコン　1561.1.22–1626.4.9）
図哲（ベーコン，フランシス　1561–1626）
世人新（ベーコン〈フランシス〉　1561–1626）
世人装（ベーコン〈フランシス〉　1561–1626）
世史語（フランシス＝ベーコン　1561–1626）
ポプ人（ベーコン，フランシス　1561–1626）
メル2（ベーコン，フランシス　1561–1626）

Bacon, Nathaniel〈17世紀〉
アメリカのベーコンの乱の指導者。1676年農民を糾合して蜂起。
⇒岩世人（ベーコン　1647頃–1676.10.26）

Bacon, *Sir* Nicholas〈16世紀〉
イギリスの政治家。1558年枢密顧問官，59年国璽尚書。国教会の確立に貢献。
⇒岩世人（ベーコン　1510.12.28–1579.2.20）

Bacon, Roger〈13世紀〉
イギリスの哲学者，自然科学者。哲学に経験的方法を導入して，哲学を神学から区別。
⇒岩世人（ベーコン　1212頃–1292頃）
広辞7（ベーコン　1212頃–1292頃）
学叢思（ベーコン，ロージャー　1214–1294）
新カト（ベーコン　1214頃–1292頃）
世人新（ベーコン〈ロジャー〉　1214頃–1294）
世人装（ベーコン〈ロジャー〉　1214頃–1294）
世史語（ロジャー＝ベーコン　1214頃–1294）
ポプ人（ベーコン，ロジャー　1214?–1292?）

Bacot, Jacques〈19・20世紀〉
フランスの東洋学者。
⇒岩世人（バコ　1877.7.4–1965.6.25）

Bādarāyaṇa〈前1～後2世紀頃〉
インドの哲学者，宗教家。正統バラモン系統の哲学派ベーダーンタ学派の開祖と言われる。
⇒岩世人（バーダラーヤナ）
学叢思（バーダラーヤナ　1前後–?）
南ア新（バーダラーヤナ　生没年不詳）

Badaruddin II, Sultan Mahmud〈18・19世紀〉
インドネシア，スマトラ島東南部のパレンバン王国の第16,18,20代王。在位1804～12,13,18～21。
⇒岩世人（バダルディン2世，マフムード　1768–1852）

Badarzewska, Tekla〈19世紀〉
ポーランドの女流ピアノ奏者，作曲家。『乙女の祈り』(59)が有名。
⇒ネーム（バダジェフスカ　1834–1861）

Badé, Guillaume〈15・16世紀〉
フランスのヒューマニスト，古典学者。王立教授団設立に尽力。
⇒岩世人（ビュデ　1468.1.26–1540.8.20）
広辞7（ビュデ　1468–1540）
新カト（ビュデ　1468.1.26–1540.8.22）

Bade, William Frederic〈19・20世紀〉
アメリカの考古学者。カリフォルニア大学のパレスティナ考古学研究所所長。
⇒岩世人（ベード　1871.1.22–1936.3.4）

Baden-Powell, Baden Henry〈19・20世紀〉
イギリスのインド行政官，土地制度研究家。
⇒岩世人（ベイデン＝パウエル　1841–1901.1.2）

Baden-Powell, Robert Stephenson Smyth, 1st Baron〈19・20世紀〉
イギリスの軍人。ボーイ・スカウト，ガール・スカウトを組織。
⇒岩世人（ベイデン＝パウエル　1857.2.22–1941.1.8）
スパイ（ベーデン＝パウエル，サー・ロバート　1857–1941）

Bader, Gershom (Gustav)〈19・20世紀〉
ヘブライ語，イディッシュ語によるジャーナリスト，作家。
⇒ユ著人（Bader,Gershom (Gustav)　バーダー，ゲルショム（グスタフ）　1868–1953）

Badia, Carlo Agostino〈17・18世紀〉
イタリアの作曲家。
⇒バロ（バディーア，カルロ・アゴスティーノ　1672–1738.9.23）

Badī' al-Zamān al-Hamadānī, Abū al-Faḍl Aḥmad〈10・11世紀〉
アラブの文学者。
⇒岩世人（バディーウッズマーン・ハマダーニー　969.5.4–1008.2.22）

Badi' al-Zaman Mirza〈15・16世紀〉
ティムール朝の君主。
⇒世帝（バディー・ウッザマーン　?–1517）

Badia y Leblich, Domingo〈18・19世紀〉
スペインの旅行家。
⇒岩世人（バディア・イ・レブリク　1767–1818）

Badley, Brenton Hamline〈19世紀〉
アメリカの宣教師。
⇒アア歴（Badley,Brenton Hamline　ブレントン・ハムリン・バドリー　1849–1891.11.20）

Badley, Brenton Thoburn〈19・20世紀〉
アメリカの宣教師。
⇒アア歴（Badley,Brenton Thoburn　ブレントン・ソウバーン・バドリー　1876.5.29–1949.2.1）

Badoaro, Giacomo〈17世紀〉
イタリアのオペラ台本作家。
⇒オペラ（バドアーロ，ジャコモ　1602–1654）

Badoglio, Pietro〈19・20世紀〉
イタリアの軍人，政治家。1943年臨時政府首相

兼外相として連合国に無条件降伏。
　⇒岩世人（バドリオ　1871.9.28–1956.11.1)
　　ネーム（バドリオ　1871–1956)
　　広辞7（バドリオ　1871–1956)
　　世人新（バドリオ　1871–1956)
　　世人装（バドリオ　1871–1956)

Badr al-Dīn Lu'lu'〈12・13世紀〉
ザンギー朝家臣、のちに独立。
　⇒岩世人（バドルッディーン・ルウルウ　1179以前–1259)

Baeck, Leo〈19・20世紀〉
ドイツ系ユダヤ人の哲学者、ラビ。
　⇒岩世人（ベック　1873.5.23–1956.11.2)
　　ユ人（ベック, レオ　1873–1956)
　　ユ著人（Baeck,Leo　ベック, レオ　1873–1956)

Baeck, Samuel〈19・20世紀〉
レオ・ベックの父。ラビ、哲学者。
　⇒ユ著人（Baeck,Samuel　ベック, ザームエール　1834–1912)

Baedeker, Gottschalk〈18・19世紀〉
ドイツの出版業者。エッセンにゲー・デー・ベーデカー書店を設立（1798）。
　⇒岩世人（ベーデカー　1778.7.13–1841.3.23)

Baekeland, Leo Hendrik〈19・20世紀〉
アメリカの化学者。ベルギー生れ。1889年渡米。
　⇒岩世人（ベイクランド　1863.11.14–1944.2.23)

Baekelmans, Lode〈19・20世紀〉
ベルギーの作家。フラマン語で書く。写実主義的手法による作品が多い。代表作『船室』(12)。
　⇒岩世人（バーケルマンス　1879.1.26–1965.5.11)

Baelz, Erwin von〈19・20世紀〉
ドイツの医師。東京大学医学部教師。新潟県下のツツガムシ病なども調査。
　⇒岩世人（ベルツ　1849.1.13–1913.8.31)
　　広辞7（ベルツ　1849–1913)
　　学叢思（ベルツ, エルヴィン　1849–1913)
　　ポプ人（ベルツ, エルウィン・フォン　1849–1913)

Baenre Merenptah〈前13世紀〉
古代エジプトの統治者。在位前1213〜1203。
　⇒岩世人（メルエンプタハ　(在位)前1213–前1203)
　　世帝（メルエンプタハ　(在位)前1212–前1202頃)

Baer, Karl Ernst von〈18・19世紀〉
ドイツの動物学者。脊椎動物比較発生学の建設者。
　⇒岩世人（ベーア　1792.2.17–1876.11.28)
　　学叢思（ベール, カール・エルンスト・フォン　1792–1826)

Baerwald, Paul〈19・20世紀〉
アメリカの銀行家、ユダヤ人救援機関ジョイントの会長。
　⇒ユ人（ベーアウォルド, ポール　1871–1961)

Baeumker, Clemens〈19・20世紀〉
ドイツの哲学史家。カトリックの立場に立つ。
　⇒岩世人（ボイムカー　1853.9.16–1924.10.7)
　　新カト（ボイムカー　1853.9.16–1924.10.7)

Baeyer, Johann Friedrich Wilhelm Adolf von〈19・20世紀〉
ドイツの有機化学者。ノーベル化学賞受賞（1905)。
　⇒岩世人（バイアー　1835.10.31–1917.8.20)
　　広辞7（バイヤー　1835–1917)
　　学叢思（ベーエル, アドルフ・フォン　1835–1915)
　　ノ物化（フォン・バイヤー　1835–1917)
　　ユ人（バイヤー（バイエル）, アドルフ・フォン　1835–1917)
　　ユ著人（Bäyer,Johan Friedrich Wilhelm Adolf von　バイエル, ヨハン・フリードリッヒ・ヴィルヘルム・アドルフ・フォン　1835–1917)

Baeza, Juan Bautista de〈16・17世紀〉
キリシタン時代のイエズス会員。スペイン南部ハエン司教区ウベダの出身。
　⇒新カト（バエサ　1558頃–1626.5.7)

Baffin, William〈16・17世紀〉
イギリスの航海家。1615年北西航路の発見を試み, ハドソン海峡を調査。
　⇒岩世人（バフィン　1584?–1622.1.23)

Bagay, Nicolas de la Cruz〈18世紀〉
フィリピンの印刷・銅版師。
　⇒岩世人（バガイ　1702?–1771?)

Bagehot, Walter〈19世紀〉
イギリスのジャーナリスト, 経済学者。週刊誌『エコノミスト』の主筆。
　⇒岩世人（バジョット　1826.2.3–1877.3.24)
　　学叢思（バジョット, ウォルター　1826–1877)

Bagge, Charles Ernest〈18世紀〉
フランスの貴族, ヴァイオリン奏者, 芸術愛好家, 楽器収集家, 教師。男爵。
　⇒バロ（バジュ, シャルル・エルネスト　1722.2.14–1791.3.24)

Baggesen, Jens Immanuel〈18・19世紀〉
デンマークの詩人。作品に韻文の短篇集『ユーモラスな話』(85)『迷宮』(92〜93) など。
　⇒岩世人（バゲセン　1764.2.15–1826.10.3)

al-Baghadadi, Abu Mansur ibn Tahir〈10・11世紀〉
イラク出身の数学者。
　⇒世数（アル・バグダディ, アブ・マンスール・イブン・タヒール　980頃–1037)

al-Baghdādī, 'Abd al-Qāhir〈11世紀〉
イスラーム神学者, 分派学者。
　⇒岩世人（バグダーディー, アブドゥルカーヒル　?–1037)

al-Baghdādī, Abū al-Barakāt Hibat

B

Allāh〈11・12世紀〉
ユダヤ教徒の哲学者。11世紀後半から12世紀後半に活動した。
⇒岩世人（バグダーディー，アブー・バラカート 1062–1152）
新カト（バグダーディー 1077頃–1164/1165頃）

al-Baghdādī, al-Khaṭīb〈11世紀〉
イラクのイスラーム伝承学者，人名学者。
⇒岩世人（バグダーディー，ハティーブ 1002.5.11–1071.9.5）

al-Baghdādī, Khālid〈18・19世紀〉
イスラームの神秘家。
⇒岩世人（バグダーディー，ハーリド 1776–1827）

Baginda〈14世紀〉
フィリピン諸島南部スールー諸島の初期ムスリム支配者。
⇒岩世人（バギンダ 一説に14世紀末）

Bagley, William Chandler〈19・20世紀〉
アメリカの教育学者。コロンビア大学ティーチャーズ・カレッジ教授（17～40）。
⇒岩世人（バグリー 1874.3.15–1946.7.1）

Baglione, Giovanni〈16・17世紀〉
イタリアの画家，著述家。
⇒岩世人（バリオーネ 1566頃–1643.12.30）

Baglivi, Giorgi〈17・18世紀〉
イタリアの解剖学者。
⇒岩世人（バリーヴィ 1668.9.8–1707）

Bagot, Jean〈16・17世紀〉
フランスのカトリック神学者。
⇒新カト（バゴ 1591.7.11–1664.8.22）

Bagyidaw〈18・19世紀〉
ビルマ，コンバウン朝の王。在位1819～37。ボウドーパヤーの孫。
⇒岩世人（バジードー 1784.7.23–1846.10.15）
世帝（バジードー 1784–1846）

Bahā' al-Dīn〈13世紀〉
中国に渡来したムスリム。
⇒岩世人（バハーウッディーン）

Bahā' al-Dīn al-'Āmilī〈16・17世紀〉
サファヴィー朝期の十二イマーム・シーア派法学者，哲学者，神学者。
⇒岩世人（バハーウッディーン・アーミリー 1547–1621）

Bahā' al-Dīn Zuhayr al-Azdī〈12・13世紀〉
エジプトのアラブ詩人。
⇒岩世人（バハーウッディーン・ズハイル 1186.2.27–1258.11.2）

Bahā' Allāh〈19世紀〉
イランの宗教家，バハーイー教の始祖。
⇒岩世人（バハーオッラー 1817.11.12–1892.5.29）

Bahādur Shāh〈16世紀〉
インド，グジャラート・ムスリム王朝第11代王。在位1526～37。
⇒岩世人（バハードゥル・シャー 1506–1537.2.13）

Bahādur Shāh I〈17・18世紀〉
インドのムガル王朝の王。第7代（1707～12）。
⇒岩世人（バハードゥル・シャー1世 1643–1712.2.27）
世帝（バハードゥル・シャー1世 1643–1712）

Bahādur Shāh II〈18・19世紀〉
インドのムガル王朝最後の王。在位1837～58。
⇒岩世人（バハードゥル・シャー2世 1775.10–1862.11.7）
世帝（バハードゥル・シャー2世 1775–1862）
南ア新（バハードゥル・シャー2世 1775–1862）

Bahaman, Dato〈19世紀〉
マレー半島東岸のパハン王国のムラユ人貴族。
⇒岩世人（バハマン，ダト）

Baharām I〈3世紀〉
ササン朝ペルシアの統治者。在位273～276。
⇒世帝（バハラーム1世 ?–276）

Baharām II〈3世紀〉
ササン朝ペルシアの統治者。在位276～293。
⇒世帝（バハラーム2世 ?–293）

Baharām III〈3世紀〉
ササン朝ペルシアの統治者。在位293。
⇒世帝（バハラーム3世 ?–293）

Baharām IV〈4世紀〉
ササン朝ペルシアの統治者。在位388～399。
⇒世帝（バハラーム4世 ?–399）

Baharam V〈5世紀〉
ササン朝ペルシアの王。在位420～438。蛮勇さで知られる。
⇒岩世人（バフラーム5世 （在位）420–438）
世帝（バハラーム5世 406–438）

Baharām VI, Chōbīn〈6世紀〉
ササン朝ペルシアの統治者。
⇒世帝（バハラーム6世 ?–591）

Bahlōl Lūdhī〈15世紀〉
インドのローディー王朝の始祖。在位1451～89。
⇒岩世人（バフルール・ローディー ?–1489.7.12）

Bahnsen, Julius〈19世紀〉
ドイツの哲学者。性格学の創始者の一人。
⇒岩世人（バーンゼン 1830.3.20–1881.12.7）

Bähr, Georg〈17・18世紀〉
ドイツの建築家。ドレスデンで，聖マリア教会を建築。
⇒岩世人（ベール 1666.3.15–1738.3.16）

新カト (ベーア 1666.3.15–1738.3.16)

Bahr, Hermann〈19・20世紀〉
オーストリアの評論家,劇作家。20世紀初頭の文芸思潮の理論的指導者。
⇒岩世人 (バール 1863.7.19–1934.1.15)
　学叢思 (バール,ヘルマン　1863–?)
　新カト (バール　1863.7.19–1934.1.15)

***al*-Baḥrānī, Yūsuf ibn Aḥmad**〈17・18世紀〉
イランにおけるザンド朝時代の学者。
⇒岩世人 (バフラーニー,ユースフ　1695/1696–1772)

Bahrdt, Carl Friedrich〈18世紀〉
ドイツのプロテスタント神学者。
⇒岩世人 (バールト　1741.8.25–1792.4.23)

Bahya ben Asher ben Hlava〈13世紀〉
注解者。説教師。カバリスト。
⇒ユ著人 (Bahya ben Asher ben Hlava　バハヤ・ベン・アシェル・ベン・ラバ　13世紀)

Bahya ben Joseph ibn Pakuda〈11世紀〉
ユダヤの宗教哲学者。スペインのイスラム王朝下で活躍。『精神の義務』(1080頃)を著した。
⇒ユ著人 (Bahya ben Joseph ibn Pak(q)uda　バハヤ・ベン・ヨセフ・イブン・バクーダ　?–1080?)

Baïf, Jean Antoine de〈16世紀〉
フランスの詩人。ユマニスト。作品に『韻文作品集』(73),『詩の贈り物』(74)など。
⇒バロ (バイーフ,ジャン・アントワーヌ・ド　1532.2.19–1589.10)
　岩世人 (バイフ　1532.2.19–1589.10)

Bailey, Buckworth〈19世紀〉
イギリスの牧師。来日し,『万国新聞紙』を発行 (1867)。
⇒岩世人 (ベイリー)

Bailey, Liberty Hyde〈19・20世紀〉
アメリカの園芸学者,植物学者。植物分類学の権威。
⇒岩世人 (ベイリー　1858.3.15–1954.12.25)

Bailey, Samuel〈18・19世紀〉
イギリスの哲学者,経済学者。シェフィールド銀行を創設。
⇒岩世人 (ベイリー　1791.7.5–1870.1.18)

Bailie, Joseph〈19・20世紀〉
アメリカの農学者。
⇒アア歴 (Bailie,Joseph　ジョゼフ・ベイリー　1860.7.11–1935.11.5)

Baillarger, Jules Gabriel François〈19世紀〉
フランスの精神医学者。エスキロルの弟子。学士院会員 (1847)。
⇒岩世人 (バイヤルジェ　1809.3.25/26–1890.12.31)

Bailleux, Antoine〈18世紀〉
フランスの楽譜出版業,教師,著述家。
⇒バロ (バイユー,アントワーヌ　1720頃–1798頃)

Baillie, *Sir* James Black〈19・20世紀〉
イギリスの哲学者。ヘーゲルの『精神現象学』を英訳 (10)。
⇒メル3 (ベーリー,ジェームズ・ブラック　1872–1940)

Baillie, Matthew〈18・19世紀〉
イギリスの医師,病理学者。強心剤処方を改良。
⇒岩世人 (ベイリー　1761.10.27–1823.9.23)

Baillou, Luigi de〈18・19世紀〉
イタリアのヴァイオリン奏者。
⇒バロ (バイユー,ルイジ・ド　1735頃–1809頃)

Bailly, Henry de〈16・17世紀〉
フランスの歌手,教師。
⇒バロ (バイイ,アンリ・ド　1580頃?–1637.9.25)

Bailly, Jean Sylvain〈18世紀〉
フランスの政治家,天文学者。1789年「テニスコートの誓い」の議長,パリ市長。
⇒岩世人 (バイイ　1736.9.15–1793.11.12)
　世人新 (バイイ　1736–1793)
　世人装 (バイイ　1736–1793)

Bailly, Louis〈18・19世紀〉
フランスのカトリック神学者。
⇒新カト (バイイ　1730–1808.4.25)

Baily, Edward Hodges〈18・19世紀〉
イギリスの彫刻家。
⇒芸13 (ベーリー,エドワード　1788–1867)

Bain, Alexander〈19・20世紀〉
イギリスの哲学者,心理学者。スコットランドの教育制度の改革に貢献。
⇒岩世人 (ベイン　1818.6.11–1903.9.18)
　学叢思 (ベーン,アレクサンダー　1818–?)

Bain, Harry Foster〈19・20世紀〉
アメリカの鉱山技師。
⇒アア歴 (Bain,H(arry) Foster　ハリー・フォスター・ベイン　1872.11.2–1948.3.9)

Bainvel, Jean-Vincent〈19・20世紀〉
フランスのカトリック神学者。
⇒新カト (バンヴェル　1858.8.4–1937.1.29)

Bainville, Jacques〈19・20世紀〉
フランスの歴史家,評論家。王党主義運動に参加。
⇒岩世人 (バンヴィル　1879.2.9–1936.2.9)

Bairam Khān〈16世紀〉
インド,ムガル帝国の武将。
⇒岩世人（バイラム・ハーン　?–1561.1.31）

Baird, Esther E.〈19・20世紀〉
アメリカの宣教師。
⇒アア歴（Baird,Esther E.　エスター・E・ベアード　1861.4.19–1950.8.15）

B

Baird, William Martyn〈19・20世紀〉
アメリカの宣教師。
⇒アア歴（Baird,William M(artyn)　ウイリアム・マーティン・ベアード　1862.6.17–1931.11.28）
岩世人（ベアード　1862.6.16–1931.11.28）

Baire, René Louis〈19・20世紀〉
フランスの数学者。実変数函数論を研究。
⇒岩世人（ベール　1874.1.21–1932.7.5）
世数（ベール,ルネ・ルイ　1874–1932）

Baitogogo
ブラジルの先住民ボロロ族の神話の登場人物。
⇒岩世人（バイトゴゴ）

Baius, Michael〈16世紀〉
フランドルの神学者。バユス主義思想の創始者。
⇒岩世人（バーユス　1513–1589.9.16）
新カト（バーユス　1513–1589.9.16）

Baius (de Bay), Jacques〈16・17世紀〉
ベルギー出身のカトリック神学者。M.バーユスの甥。
⇒新カト（バーユス　?–1614.10.13）

Bajer, Fredrik〈19・20世紀〉
デンマークの政治家、著作家、平和主義者。1891年国際平和事務局設立に助力。
⇒岩世人（バイア　1837.4.21–1922.1.22）

Bājī Rāo I〈18世紀〉
インド,マラータ王国の第2代宰相。在職1722～40。王国の実権は宰相家が握った。
⇒岩世人（バージー・ラーオ1世　1700.8.18–1740.4.28）

Bājī Rāo II〈18・19世紀〉
インド,マラータ王国最後の宰相。在職1796～1818。
⇒岩世人（バージー・ラーオ2世　1775–1851.1.28）

Baju, Anatole〈19・20世紀〉
フランスの作家。
⇒19仏（アナトール・バジュ　1861.3.8–1903）

Bakar, Abu〈19世紀〉
マラヤのトゥムンゴン（太守）、ジョホールのスルタン。
⇒岩世人（バカル、アブ　1833.2.3–1895.6.4）

Bakchylidēs〈前6・5世紀〉
ギリシアの抒情詩人。合唱隊歌をつくった。競技祝勝歌14篇などが残っている。
⇒岩世人（バッキュリデス）

Baker, *Sir* Benjamin〈19・20世紀〉
イギリスの土木技術者。ロンドンの地下鉄道、タワー・ブリッジを設計、施工。
⇒岩世人（ベイカー　1840.3.31–1907.5.19）

Baker, Charles Fuller〈19・20世紀〉
アメリカの動物学者。
⇒アア歴（Baker,Charles Fuller　チャールズ・フラー・ベイカー　1872.3.22–1927.7.21）

Baker, George Pierce〈19・20世紀〉
アメリカの演劇学者。アメリカで最初の実践的な演劇講座をハーバード大学に開設。
⇒岩世人（ベイカー　1866.4.4–1935.1.6）

Baker, George Stephen〈19・20世紀〉
イギリスの造船家。船型試験と船型の権威。
⇒岩世人（ベイカー　1877–1949.8.15）

Baker, James Marion〈19・20世紀〉
アメリカの外交官。
⇒アア歴（Baker,James Marion　ジェイムズ・マリオン・ベイカー　1861.8.18–1940.11.21）

Baker, John Earl〈19・20世紀〉
アメリカの技師、団体理事。
⇒アア歴（Baker,John Earl　ジョン・アール・ベイカー　1880.8.23–1957.7.27）

Baker, Lafayette C.〈19世紀〉
南北戦争時にワシントンで活動した北軍のスパイマスター。
⇒スパイ（ベイカー、ラファイエット・C　1826–1868）

Baker, Newton Diehl〈19・20世紀〉
アメリカの政治家。陸軍長官。メキシコ遠征（16）、第一次大戦（14～18）に活躍。
⇒岩世人（ベイカー　1871.12.3–1937.12.25）

Baker, Ray Stannard〈19・20世紀〉
アメリカの作家。筆名David Grayson。
⇒岩世人（ベイカー　1870.4.17–1946.7.12）

Baker, *Sir* Samuel White〈19世紀〉
イギリスの探検家。アフリカを探検。
⇒岩世人（ベイカー　1821.6.8–1893.12.30）

Baker, Sharley〈19・20世紀〉
イギリスのウェズリー派伝道団の宣教師。
⇒オセ新（ベーカー　生没年不詳）

Bakewell, Robert〈18世紀〉
イギリスの家畜改良家。畜産物としての家畜の生産に成功。
⇒岩世人（ベイクウェル　1725–1795.10.1）

Bakfark, Bálint〈16世紀〉
ハンガリーのリュート奏者、作曲家。

⇒バロ（バクファルク，バーリント 1507.8.15?–1578.8.15）

Bakh, Aleksei Nikolaevich〈19・20世紀〉
ソ連邦の生化学者。生化学の課題が物質代謝にあることを指摘した最初の人。
⇒岩世人（バッハ 1857.3.5/17–1946.5.13）

Bakhita, Giuseppina〈19・20世紀〉
スーダン出身の聖人。祝日2月8日。カノッサ修道女会の修道女。
⇒新カト（ジュゼッピナ・バキタ 1869–1947.2.8）

Bākī, Mahmud Abdülbaki〈16世紀〉
オスマン・トルコ帝国の宮廷詩人。スレイマン1世の死をうたった荘厳な哀悼の詩で知られる。
⇒岩世人（バーキー 1526–1600）

Bakis
ギリシアのボイオティアの予言者。
⇒岩世人（バキス）

al-**Bakrī al-Aunabī**〈11世紀〉
スペインのイスラム系の地理学者。
⇒岩世人（バクリー 1014–1094）

Baksieev, Vasili Nikolaevitch〈19・20世紀〉
ロシアの画家。
⇒芸13（バクシェーエフ，ワシーリ・ニコラエーヴィッチ 1876–1945）

Bakst, Léon Nikolaevich〈19・20世紀〉
ロシアの舞台装置家。バレエの装置や衣装を創造。
⇒岩世人（バクスト 1866.4.28/5.10–1924.12.27）
　バレエ（バクスト，レオン（本名Lev Rosenberg） 1866.5.10–1924.12.27）
　ユ人（バクスト，レオン（レヴ・サムイロヴィチ・ローゼンベルク） 1867–1924）
　ユ著人（Bakst,Leon バクスト，レオン 1866–1924）

Bakunin, Mikhail Aleksandrovich〈19世紀〉
ロシア生れの無政府主義思想家。「社会民主同盟」を結成。
⇒岩世人（バクーニン 1814.5.18–1876.6.19）
　ネーム（バクーニン 1814–1876）
　広辞7（バクーニン 1814–1876）
　学叢思（バクーニン，ミハエル 1814–1876）
　新カト（バクーニン 1814.5.30–1876.7.1）
　世人新（バクーニン 1814–1876）
　世人装（バクーニン 1814–1876）
　世史語（バクーニン 1814–1876）
　ポプ人（バクーニン 1814–1876）
　メル3（バクーニン，ミハイル 1814–1876）

Balaám〈前9世紀?〉
モアブの予言者。バラムの託宣を発した（旧約）。

⇒岩世人（バラム）
　新カト（バラム）
　聖書（バラム）

Bālacanda〈16・17世紀〉
インドの画家。
⇒岩世人（バールチャンド 16世紀末–17世紀中葉）

al-**Balādhurī, Aḥmad bn Yaḥyā**〈9世紀〉
アラビアの歴史家。『諸国征服史』の著者。
⇒岩世人（バラーズリー ?–892）

Balaguer i Cirena, Víctor〈19・20世紀〉
スペイン，カタルーニャ地方の政治家，歴史家，詩人。
⇒岩世人（バラゲー・イ・シレーナ 1824.12.11–1901.1.14）

Balai〈5世紀〉
シリアの讃美歌作者。
⇒新カト（バライ 5世紀）

Bālājī Bājī Rāo〈18世紀〉
インド，マラータ王国の3代目宰相。在職1740〜61。
⇒岩世人（バーラージー・バージー・ラーオ 1721.12.8–1761.6.23）

Bālājī Vishvanāth〈17・18世紀〉
インド，マラータ王国シャーフー王の初代宰相。在職1713〜20。
⇒岩世人（バーラージー・ヴィシュヴァナート 1680–1719.4.2）

Balakirev, Mili Alekseevich〈19・20世紀〉
ロシアの作曲家。五人組の一人。
⇒岩世人（バラーキレフ 1836.12.21–1910.5.16）
　エデ（バラキレフ，ミリイ・アレクセイエヴィチ 1837.1.2–1910.5.29）
　ネーム（バラキレフ 1837–1910）
　広辞7（バラキレフ 1837–1910）
　学叢思（バラキレフ，ミリー・アレキセイウィッナ 1836–1910）
　ビ曲改（バラキレフ，ミリー・アレクセイエヴィッチ 1837–1910）
　ポプ人（バラキレフ，ミリ・アレクセイビチ 1837–1910）

al-**Bal'amī, Abū ‘Alī**〈10世紀〉
ペルシアの宰相。アラビア史書の訳者でもある。
⇒岩世人（バルアミー ?–996）

al-**Balansī, Abū ‘Ubayda Muslim**〈10世紀〉
アンダルスのアラブ系地理学者。
⇒岩世人（バランスィー 10世紀前半）

Bālaputra〈9世紀〉
インドネシア（スマトラ），スリウィジャヤ王国の王。
⇒岩世人（バーラプトラ）

Balard, Antoine Jérôm〈19世紀〉
　フランスの化学者。
　⇒岩世人（バラール　1802.9.30–1876.3.30）

Balāsh〈5世紀〉
　ササン朝ペルシアの王。在位484～488。
　⇒世帝（バラーシュ1世　（在位）484–488）

Balassa Bálint, Baron〈16世紀〉
　ハンガリーの詩人。連作『アンナに捧げる詩』（78～83）などが有名。
　⇒岩世人（バラッシ　1554.10.20–1594.5.30）

Balban, Ghiyāth al-Dīn〈13世紀〉
　インド、デリー諸王朝最初の奴隷王朝の王。在位1266～87。
　⇒岩世人（バルバン（バラバン）　1206-1210頃–1287）

Balbastre, Claude Bénigne〈18世紀〉
　フランスの鍵盤楽器奏者、教師。
　⇒バロ（バルバートル、クロード・ベニーニュ　1727.1.22–1799.5.9）

Balbi, Giambattista〈17世紀〉
　イタリアの舞踏監督、舞台美術家。
　⇒オペラ（バルビ、ジャンバッティスタ）

Balbi, Lodovico〈16・17世紀〉
　イタリアの作曲家。
　⇒バロ（バルビ、ロドヴィーコ　1545頃–1604.12.15）

Balbín, Bohuslav〈17世紀〉
　チェコの歴史家、作家。
　⇒岩世人（バルビーン　1621.12.3–1688.11.29）

Balbina〈2世紀〉
　聖人、処女殉教者。祝日3月31日。教皇アレクサンデル1世により受洗。
　⇒新カト（バルビナ　?–130頃）
　　図聖（バルビナ　?–130頃）

Balbinus, Decimus Caelius Calvinus〈2・3世紀〉
　ローマ皇帝。在位238。イタリア諸市の叛逆を指導し、皇帝となる。
　⇒岩世人（バルビヌス　?–238）
　　世帝（バルビヌス　?–238）

Balbo, Cesare, conte〈18・19世紀〉
　イタリアの政治家、歴史家、文芸評論家。イタリア国家統一運動期の穏健派の指導者。
　⇒岩世人（バルボ　1789.11.21–1853.6.3）

Balboa, Vasco Núñez de〈15・16世紀〉
　スペインの冒険家。ヨーロッパ人として初の太平洋発見者。
　⇒岩世人（バルボア　1475頃–1519.1.15）
　　オセ新（バルボア　1475?–1519）
　　広辞7（バルボア　1475?–1519）
　　世人新（バルボア　1475頃–1519）
　　世人装（バルボア　1475頃–1519）
　　世史新（バルボア　1475頃–1519）
　　ポプ人（バルボア、バスコ・デ　1475?–1519）
　　ラテ新（バルボア　1475?–1519）

Bălcescu, Nicolae〈19世紀〉
　ルーマニアの政治家、歴史家。ワラキアの民族革命(48)の指導者。
　⇒岩世人（バルチェスク　1819.6.29–1852.11.29）

Balch, Emily Greene〈19・20世紀〉
　アメリカの経済学者。
　⇒岩世人（ボルチ　1867.1.8–1961.1.9）

Baldassare, Pietro〈17・18世紀〉
　イタリアの作曲家、聖職者。
　⇒バロ（バルダッサーレ、ピエトロ　1690頃以前–1768以降）

Balde, Jakob〈17世紀〉
　アルザス生れのラテン語詩人。ラテン語で抒情詩を書いた。
　⇒新カト（バルデ　1604.1.4–1668.8.9）

Baldensperger, Wilhelm〈19・20世紀〉
　フランスのプロテスタント神学者。ストラスブール大学教授。アルザス出身。
　⇒岩世人（バルダンスペルジェ　1856.12.12–1936.7.30）

Baldi, Bernardino〈16・17世紀〉
　イタリアの数学史家、詩人。
　⇒岩世人（バルディ　1553.1.5–1617.10.10）

Baldinucci, Antonio〈17・18世紀〉
　イエズス会員、大衆説教者。フィレンツェ生まれ。
　⇒新カト（バルディヌッチ　1665.6.13–1717.11.7）

Baldinucci, Filippo〈17世紀〉
　イタリアの美術研究家。フィレンツェのメディチ家に仕えた。
　⇒岩世人（バルディヌッチ　1625.6.3–1697.1.1）

Baldovinetti, Alesso〈15世紀〉
　イタリアの画家。『受胎告知』(1457)が有名。
　⇒岩世人（バルドヴィネッティ　1425–1499.8.29）
　　ネーム（バルドヴィネッティ　1425?–1499）
　　芸13（バルドヴィネッティ、アレッソ　1425頃–1499）

Balduinus II〈13世紀〉
　コンスタンティノープルのラテン帝国の皇帝。在位1228～61。
　⇒岩世人（ボードゥアン2世　1217–1273）
　　新カト（ボードゥアン2世　1219–1273）

Balduin von Trier〈13・14世紀〉
　ドイツのカトリック司教。
　⇒岩世人（バルドゥイン（トリーアの）　1285/1286–1354.1.21）

Baldung Grien, Hans〈15・16世紀〉
ドイツの画家。作品にフライブルク大聖堂の祭壇画（12～16）など。
⇒岩世人（バルドゥング　1484-1485–1545）
新カト（バルドゥング　1485/1486頃–1545）
芸13（バルドゥング・グリーン，ハンス　1484-1485–1545）

Baldus de Ubaldis, Baldeschi〈14世紀〉
イタリアの法学者。
⇒岩世人（バルドゥス　1327頃–1400.4.28）

Baldwin, Frank Dwight〈19・20世紀〉
アメリカの陸軍将校。
⇒アア歴（Baldwin,Frank D（wight）　フランク・ドワイト・ボールドウィン　1842.6.26–1923.4.12）

Baldwin, James Mark〈19・20世紀〉
アメリカの哲学者，心理学者。進化論に立ち発生的社会心理学を説いた。
⇒岩世人（ボールドウィン　1861.1.12–1934.11.8）
学叢思（ボールドウィン，ジェームズ・マーク　1861–?）

Baldwin, John I〈15世紀〉
イギリスの作曲家。
⇒バロ（ボールドウィン，ジョン1世　1440頃?–1490頃）

Baldwin, John II〈16・17世紀〉
イギリスの歌手，編纂者。
⇒バロ（ボールドウィン，ジョン2世　1560以前–1615.8.28）

Baldwin, (Lady) Charles Busted〈19・20世紀〉
アメリカの大リーグ選手（投手）。
⇒メジャ（レディ・ボールドウィン　1859.4.8–1937.3.7）

Baldwin, Marcus Elmore〈19・20世紀〉
アメリカの大リーグ選手（投手）。
⇒メジャ（マーク・ボールドウィン　1863.10.29–1929.11.10）

Baldwin, Mathias William〈18・19世紀〉
アメリカの工業家。世界有数の機関車工場を経営。
⇒岩世人（ボールドウィン　1795.12.10–1866.9.7）

Baldwin, Stephen Livingston〈19・20世紀〉
アメリカの宣教師。
⇒アア歴（Baldwin,Stephen Livingston　スティーヴン・リヴィングストン・ボールドウィン　1835.1.11–1902.7.28）

Baldwin of Bewdley, Stanley Baldwin, 1st Earl〈19・20世紀〉
イギリスの政治家。1923年首相，31年枢密院議長，35年首相。
⇒岩世人（ボールドウィン　1867.8.3–1947.12.13）
広辞7（ボールドウィン　1867–1947）
世人新（ボールドウィン　1867–1947）
世人装（ボールドウィン　1867–1947）

Bale, John〈15・16世紀〉
イギリスの聖職者，劇作家。T.クロムウェルの保護を受けた。代表作は『ジョン王』（48頃）。
⇒岩世人（ベイル　1495.11.21–1563.11）
新カト（ベイル　1495.11.21–1563.11）

Balestier, Joseph B.〈18・19世紀〉
アメリカの領事。
⇒アア歴（Balestier,Joseph B.　ジョセフ・B・バレスティア　（活躍）1785–1852）

Balfe, Michael William〈19世紀〉
アイルランドの歌手，オペラ作曲家。代表作はオペラ『ボヘミアン・ガール』（43）。
⇒岩世人（バルフ　1808.5.15–1870.10.20）

Balfour, Arthur James Balfour, 1st Earl of〈19・20世紀〉
イギリスの政治家。保守党議員。1902～05年首相。
⇒岩世人（バルフォア　1848.7.25–1930.3.19）
広辞7（バルフォア　1848–1930）
世人新（バルフォア　1848–1930）
世人装（バルフォア　1848–1930）
ポプ人（バルフォア，アーサー・ジェームズ　1848–1930）
ユ人（バルフォア，アーサー・ジェームズ・バルフォア，伯爵　1848–1930）

Balfour, Francis Maitland〈19世紀〉
イギリスの動物形態学者。『比較発生学』（80～81）の著者として有名。
⇒岩世人（バルフォア　1851.11.10–1882.7.19）

Balfour, Henry〈19・20世紀〉
イギリスの人類学者。
⇒岩世人（バルフォア　1863.4.11–1939.2.9）

Baliani, Carlo〈17・18世紀〉
イタリアの作曲家。
⇒バロ（バリアーニ，カルロ．1680頃–1747.2.16）

Balilla〈18世紀〉
イタリアの愛国少年。
⇒岩世人（バリッラ　1735.10.26–1781.9.30）

Balin, Sir
円卓の騎士サー・バランの兄。
⇒ネーム（ベイリン）

Balitung, Rakai Watukura Dyah〈9・10世紀〉
中部ジャワの古マタラム王国の王。在位898～910。
⇒岩世人（バリトゥン　（在位）898–910）

Balkhī, Abū Shakūr〈10世紀〉
サーマーン朝のペルシア語詩人。
⇒岩世人（バルヒー、アブー・シャクール　915頃-?）

Ball, Dyer〈18・19世紀〉
アメリカの医師。
⇒アア歴（Ball,Dyer　ダイアー・ボール　1796.6.3-1866.3.27）

Ball, James Dyer〈19・20世紀〉
イギリスの植民地政治家。香港政庁の通訳、中国人保護官等を歴任し、中国在住35年。
⇒岩世人（ボール　1847.12.4-1919.2.21）

Ball, John〈14世紀〉
イギリスの牧師。W.タイラーの農民一揆の指導者の一人。
⇒岩世人（ボール　?-1381.7.15）
　学叢思（ボール、ジョン　1338-1381）
　世人新（ジョン＝ボール　?-1381）
　世人装（ジョン＝ボール　?-1381）
　世史語（ジョン＝ボール　?-1381）
　ポプ人（ボール、ジョン　1338?-1381）

Balla, Giacomo〈19・20世紀〉
イタリアの画家。未来派運動の創立者の一人。
⇒岩世人（バッラ　1871.7.24-1958.3.1）
　ネーム（ジャコモ・バッラ　1871-1958）
　芸13（バッラ、ジャコモ　1871-1958）

Ballagh, James Hamilton〈19・20世紀〉
アメリカの改革派（カルバン系）教会宣教師。来日し、日本基督公会を設立。
⇒アア歴（Ballagh,James Hamilton　ジェームズ・ハミルトン・バラ　1832.9.7-1920.1.29）
　岩世人（バラー　1832.9.7-1920.1.29）
　新カト（バラ　1832.9.7-1920.1.29）

Ballagh, John Craig〈19・20世紀〉
アメリカの教育家。来日し、築地大学校（バラー塾）校長、明治学院で英語、数学、天文学を教授。
⇒岩世人（バラー　1842.9.25-1920.11.15）

Ballanche, Pierre Simon〈18・19世紀〉
フランスの宗教、社会思想家。主著『文学、芸術との関連で考えられる感情について』(1801)。
⇒メル3（バランシュ、ピエール＝シモン　1776-1847）

Ballande, Hilarion〈19世紀〉
フランスの俳優、作家。
⇒19仏（イラリオン・バランド　1820.7.6-1887.1.26）

Ballantine, Henry〈19世紀〉
アメリカの宣教師。
⇒アア歴（Ballantine,Henry　ヘンリー・バランタイン　1813.3.5-1865.11.9）

Ballantine, Henry〈19・20世紀〉
アメリカの領事。
⇒アア歴（Ballantine,Henry　ヘンリー・バランタイン　1846.11.16-1914.10.30）

Ballantyne, Robert Michael〈19世紀〉
イギリスの小説家。『サンゴ島』(57) など少年向きの冒険小説を書いた。
⇒岩世人（バランタイン　1825.4.25-1894.2.8）

*al-***Ballanūbī, Abū al-Ḥasan 'Alī al-Anṣārī**〈11世紀〉
シチリアのヴィッラノーヴァ出身のアラブ詩人。
⇒岩世人（バッラヌービー　?-1050/1051）

Ballard, Robert II〈16・17世紀〉
フランスの楽譜出版業、リュート奏者、教師。
⇒バロ（バラール、ロベール2世　1575頃-1650以降）

Ballerini, Antonio〈19世紀〉
イタリアのイエズス会倫理学者。
⇒新カト（バレリーニ　1805.10.10-1881.11.27）

Ballerini, Girolamo〈18世紀〉
イタリアの教会史家、神学者。P.バレリーニの弟。
⇒新カト（バレリーニ　1702.1.29-1781.4.23）

Ballerini, Pietro〈17・18世紀〉
イタリアの教父学者、教会法学者。
⇒新カト（バレリーニ　1698.9.7-1769.3.28）

Ballin, Albert〈19・20世紀〉
ドイツの船主。ハンブルク・アメリカ汽船会社の重役として著名。
⇒岩世人（バリーン　1857.8.15-1918.11.9）
　ユ人（バリン、アルベルト　1857-1918）
　ユ著人（Ballin,Albert　バーリン、アルベルト　1857-1918）

Balliol, John de〈13・14世紀〉
スコットランド王。在位1292～96。反英抵抗の先頭にたったが敗れ、王国をエドワード1世に譲った。
⇒岩世人（ベイリオル（ベリオール）　1248/1250-1314）
　世帝（ジョン・ベイリャル　1249-1315）

Balliol (Baliol), Edward de〈13・14世紀〉
スコットランド王位僭称者。王位僭称期間1332～56。
⇒岩世人（ベイリオル（ベリオール）　1282頃-1364.1）
　世帝（エドワード・ベイリャル　1283?-1364?）

Ballon, Claude〈17・18世紀〉
フランスのダンサー、教師、振付家、王立舞踊アカデミー総裁。
⇒バレエ（バロン、クロード　1671-1744.5.9）

Bally, Charles〈19・20世紀〉
スイスの言語学者。ソシュールの後継者。

⇒岩世人（バイイ　1865.2.4-1947.4.10）
広辞7（バイイ　1865-1947）

Balmaceda, José Manuel〈19世紀〉
チリの政治家。
⇒岩世人（バルマセーダ　1840.7.19-1891.9.19）
ラテ新（バルマセダ　1840-1891）

Balmer, Johann Jakob〈19世紀〉
スイスの物理学者。水素のスペクトルに規則性を見出し、バルマーの公式にまとめた。
⇒岩世人（バルマー　1825.5.1-1898.3.12）
物理（バルマー、ヨハン・ヤコブ　1825-1898）

Balmes, Jaime Luciano〈19世紀〉
スペインの哲学者、政治評論家。
⇒岩世人（バルメス　1810.8.28-1848.7.9）
新カト（バルメス　1810.8.28-1848.7.9）

Balmis, Francisco Xavier de〈18・19世紀〉
スペインの医者。
⇒岩世人（バルミス　1753.12.2-1819.2.12）

Bal'mont, Konstantin Dmitrievich〈19・20世紀〉
ロシアの詩人。前期象徴主義の代表者。
⇒岩世人（バリモント　1867.6.3/15-1942.12.24）
広辞7（バーリモント　1867-1942）

Balogh, Gigmont〈17世紀〉
ハンガリーの作曲家。
⇒バロ（バログ、ジグモント　1620頃?-1680頃?）

Balta, José〈19世紀〉
ペルーの政治家、軍人。陸・海軍大臣（1865～68）ののち大統領（68～72）。
⇒岩世人（バルタ　1814-1872.7.26）

Baltard, Victor〈19世紀〉
フランスの建築家。中央市場（1852～59）（鉄構造）、サン・トーギュスタン教会堂等を建築。
⇒岩世人（バルタール　1805.6.10-1874.1.13）
世建（ヴィクトール・バルタール　1805-1874）

Baltazar Francisco〈18・19世紀〉
フィリピンのタガログ語による詩人、劇作家。
⇒岩世人（バルタサール　1788.4.2-1862.2.20）

Balthasar〈前1世紀〉
東方の三博士の一人。
⇒図聖（三王（カスパル、メルキオル、バルタサル））

Baltus, Jean-François〈17・18世紀〉
フランスのカトリック神学者、イエズス会員。
⇒新カト（バルテュ　1667.6.8-1743.5.5）

Baltzar, Thomas〈17世紀〉
ドイツの町楽師、ヴァイオリン奏者、指揮者。
⇒バロ（バルツァー、トマス　1630頃-1663.7.27）

Baluze, Etienne〈17・18世紀〉
フランスの歴史家。特に教会史の史料を集成。
⇒岩世人（バリューズ　1630.11.24-1718.7.20）

Balzac, Honoré de〈18・19世紀〉
フランスの小説家。
⇒岩世人（バルザック　1799.5.20-1850.8.18）
広辞7（バルザック　1799-1850）
学叢思（バルザック、オノレ・ドゥ　1799-1850）
新カト（バルザック　1799.5.20-1850.8.18）
世人新（バルザック　1799-1850）
世人装（バルザック　1799-1850）
世史語（バルザック　1799-1850）
ポプ人（バルザック、オノレ・ド　1799-1850）

Balzac, Jean Louis Guez de〈16・17世紀〉
フランスの文人。作品に『君主』(31)、『キリスト教徒ソクラテス』(52)など。
⇒岩世人（バルザック　1597.5-1654.2.8）

Bamberger, Eugen〈19・20世紀〉
ドイツの化学者。
⇒ユ著人（Bamberger,Eugen　バンベルガー、オイゲン　1857-1932）

Bamberger, Heinrich〈19世紀〉
オーストリアの医師、教育者。
⇒ユ著人（Bamberger,Heinrich　バンベルガー、ハインリッヒ　1822-1888）

Bamberger, Ludwig〈19世紀〉
ドイツの財政家。ビスマルクの財政顧問として活躍。
⇒岩世人（バンベルガー　1823.7.22-1899.3.14）
ユ人（バンベルガー、ルトヴィヒ　1823-1899）
ユ著人（Bamberger,Ludwig　バンベルガー、ルートヴィヒ　1823-1899）

Bamberger, Simon〈19・20世紀〉
アメリカの実業家、ユタ州知事。在職1916～20。
⇒ユ人（バンベルガー、サイモン　1846-1926）

Ban, Johan Albert〈16・17世紀〉
ネーデルラントの聖職者、参事会員、音楽理論家。
⇒バロ（バン、ヨハン・アルベルト　1597/1598-1644）

Bāṇa〈6・7世紀〉
インドの作家、詩人。ハルシャ王の宮廷に仕えた。
⇒岩世人（バーナ）

Banākatī, Abū Sulaimān Dā'ūd〈14世紀〉
イランにおけるイル汗朝期の歴史家、詩人。
⇒岩世人（バナーカティー　?-1329-1330）

Banaster, Gilbert〈15世紀〉
イギリスの歌手。
⇒バロ（バナスター、ギルバート　1445頃-1487.8.

Bancel, Louis〈17世紀〉
カトリック神学者、ドミニコ会の会員。
⇒新カト（バンセル　1628頃–1685.12.22）

Banchieri, Adriano〈16・17世紀〉
イタリアの作曲家。ミサ、マドリガルなどを作曲。
⇒バロ（バンキエーリ、アドリアーノ・トマーゾ　1568.9.3–1634）

Bancroft, Edgar Addison〈19・20世紀〉
アメリカの駐日アメリカ大使。
⇒アア歴（Bancroft,Edgar Addison　エドガー・アディスン・バンクロフト　1857.11.20–1925.7.28）

Bancroft, Edward〈18・19世紀〉
イギリスのスパイ、発明家。
⇒スパイ（バンクロフト、エドワード　1744?–1821）

Bancroft, Frank Carter〈19・20世紀〉
アメリカの大リーグ選手（監督）。
⇒メジャ（フランク・バンクロフト　1846.5.9–1921.3.30）

Bancroft, George〈18・19世紀〉
アメリカの歴史家、政治家、外交官。『アメリカ合衆国史』（10巻、34～74）を執筆。
⇒岩世人（バンクロフト　1800.10.3–1891.1.17）

Bancroft, Hubert Howe〈19・20世紀〉
アメリカの歴史家。主著『太平洋諸州の原住民』（74～75）。
⇒岩世人（バンクロフト　1832.5.5–1918.3.2）

Bancroft, Richard〈16・17世紀〉
イギリス、カンタベリー大主教。反清教の説教で有名。
⇒新カト（バンクロフト　1544.9.12–1610.11.2）

Bandello, Matteo〈15・16世紀〉
イタリアの小説家。主著『小話集』Novelle（54～73）。
⇒岩世人（バンデッロ　1484頃–1562.9.13）
　広辞7（バンデッロ　1485–1561）
　新カト（バンデロ　1485–1561/1562.9.13）

Bandholtz, Harry Hill〈19・20世紀〉
アメリカの陸軍将校。
⇒アア歴（Bandholtz,Harry H (ill)　ハリー・ヒル・バンドホルツ　1864.12.18–1925.5.7）
　岩世人（バンドホルツ　1864–1925.5.11）

Bandiera, Attilio〈19世紀〉
イタリアの軍人。海軍将校。
⇒岩世人（バンディエーラ兄弟　1810.5.24–1844.7.25）

Bandiera, Emilio〈19世紀〉
イタリアの軍人。海軍将校。
⇒岩世人（バンディエーラ兄弟　1819.6.20–1844.7.25）

Bandinelli, Baccio〈15・16世紀〉
イタリアの彫刻家、画家。
⇒岩世人（バンディネッリ　1488.10.17–1560.2.7）

Bandini, Salustio Antonio〈17・18世紀〉
イタリアの聖職者、経済学者。
⇒学叢思（バンディニ、サルスティオ・アントニオ　1677–1760）

Bandula〈18・19世紀〉
ビルマ、コンバウン朝の軍人。
⇒岩世人（バンドゥーラ　1782–1825.4.1）

Banér, Johan〈16・17世紀〉
スウェーデンの軍人。グスタフ2世のもとでロシア、ポーランド、リボニア戦線に活躍。
⇒岩世人（バネール　1596.6.23–1641.5.10）

Banerjea, *Sir* Surendranath〈19・20世紀〉
インドの民族運動初期の指導者。国民自由連合を結成。
⇒岩世人（バネルジー　1848.11.10–1925.8.6）
　世人新（バネルジー　1848–1925）
　世人装（バネルジー　1848–1925）
　南ア新（バナルジー　1848–1925）

Banerjee, Kali Charan〈19・20世紀〉
インド国民運動の穏和派。
⇒学叢思（バナジー、カリ・チアラン　1847.2.9–1907.2.6）

Báñez, Domingo〈16・17世紀〉
スペインの神学者。イエズス会士L.モリナとの論争で知られる。
⇒岩世人（バニェス　1528.2.29–1604.10.21）
　新カト（バニェス　1528.2.29–1604.10.21）

Bánffy Dezso〈19・20世紀〉
ハンガリーの政治家。
⇒岩世人（バーンフィ　1843.10.28–1911.5.24）

Banfield, Edmund James〈19・20世紀〉
オーストラリア、グレート・バリア・リーフの孤島ダンク島で生涯を終えた隠者。
⇒オセ新（バンフィールド　1852–1923）

Bang, Bernhard Laurits Frederik〈19・20世紀〉
デンマークの獣医学者。
⇒岩世人（バング　1848.6.7–1932.6.22）

Bang, Herman Joachim〈19・20世紀〉
デンマークの小説家。出世作『希望なき種族』（80）。舞台での朗読を得意とした。
⇒岩世人（バング　1857.4.20–1912.1.29）

Bang Kaup, Willi〈19・20世紀〉
ドイツの言語学者。古代トルコ語などを研究。

Banister, John I〈17世紀〉
イギリスのヴァイオリン奏者,フラジオレット奏者,教師。
⇒バロ（バニスター,ジョン1世　1630–1679.10.3）

Banister, John II〈17・18世紀〉
イギリスのヴァイオリン奏者,教師。
⇒バロ（バニスター,ジョン2世　1660頃?–1725頃）

Banks, *Sir* **Joseph**〈18・19世紀〉
イギリスの博物学者。
⇒岩世人（バンクス　1743.2.13–1820.6.19）
　オセ新（バンクス　1743–1820）
　科史（バンクス　1743–1820）

Ban Muang〈13世紀〉
タイ,スコータイ朝の王。
⇒世帝（バーンムアン　（在位）1238?–1279）

Banti, Guido〈19・20世紀〉
イタリアの医師。バンティ症候群を記載。
⇒岩世人（バンティ　1852.6.8–1925.1.8）

Bantock, *Sir* **Granville**〈19・20世紀〉
イギリスの作曲家。管弦楽のための『オマル・ハイヤーム』(06)などを作曲。
⇒岩世人（バントック　1868.8.7–1946.10.16）

Banū Mūsā, Aḥmad〈9世紀〉
イスラーム科学者。
⇒岩世人（バヌー・ムーサー）

Banū Mūsā, al-Ḥasan〈9世紀〉
イスラーム科学者。
⇒岩世人（バヌー・ムーサー）

Banū Mūsā, Muḥammad〈9世紀〉
イスラーム科学者。
⇒岩世人（バヌー・ムーサー　?–873）

Banville, Théodore Faullain de〈19世紀〉
フランスの詩人,劇作家。
⇒岩世人（バンヴィル　1823.3.14–1891.3.13）
　19仏（テオドール・ド・バンヴィル　1823.3.14–1891.3.13）
　ネーム（バンヴィル　1823–1891）

Baptista, Francisco Xavier〈18世紀〉
ポルトガルのチェンバロ奏者。
⇒バロ（バプティスタ,フランシスコ・ザヴィエル　1730頃?–1790頃?）

Baptiste, Ludwig Albert Friedrich〈17・18世紀〉
ドイツの舞踊家,ヴァイオリン奏者。
⇒バロ（バプティステ,ルートヴィヒ・アルベルト・フリードリヒ　1700.8.8–1764頃）

Baptistin〈17・18世紀〉
フランスの作曲家。
⇒バロ（バティスタン,?　1660頃?–1720頃?）

*al-***Bāqillānī, Abū Bakr Muḥammad**〈10・11世紀〉
イスラーム神学者。
⇒岩世人（バーキッラーニー　940頃–1013）

*al-***Bāqir, Muḥammad**〈7・8世紀〉
イスラーム・シーア派第5代イマーム。
⇒岩世人（バーキル,ムハンマド　676/677/678.9–735/736）

Bar, Karl Ludwig〈19・20世紀〉
ドイツの法学者。特に刑法およびドイツ国際私法の理論において指導的地位を占めた。
⇒岩世人（バール　1836.7.24–1913.8.20）
　学叢思（バール,カール・ルドヴィヒ　1836–?）

Bara, Joseph〈18世紀〉
フランス革命期の少年英雄。
⇒岩世人（バラ　1779.7.30–1793.12.7）

Barabbas〈1世紀〉
新約聖書福音書中の人物。
⇒岩世人（バラバ）
　新カト（バラバ）
　聖書（バラバ）

Baraga, Frederic〈18・19世紀〉
アメリカ・インディアンへのローマ・カトリック宣教師。
⇒新カト（バラガ　1797.6.29–1868.1.19）

Baraguay-d'Hilliers, Achille, Comte〈18・19世紀〉
フランスの軍人。二月革命後,秩序党指導者。普仏戦争(70～71)ではパリ軍司令官。
⇒岩世人（バラゲー＝ディリエ　1795.9.6–1878.6.6）

Baraguay-d'Hilliers, Louis〈18・19世紀〉
フランスの軍人。ナポレオン1世の指揮下に,イタリア戦争に参加(1796～97)。
⇒岩世人（バラゲー＝ディリエ　1764.8.13–1812.1.6）

Barajas, Francisco de〈17世紀〉
スペインのフランシスコ会宣教師。
⇒岩世人（バラハス　1590–1640頃）
　新カト（バラハス　?–1640頃）

Barak
旧約聖書中の人物。士師記,ヘブル書に現れる。
⇒聖書（バラク）

Baranī, Ziyā'o al-Dīn〈13・14世紀〉
イランの歴史家。
⇒岩世人（ズィヤー・バラニー　1285頃–1360/1361/1357頃）

Barante, Amable Guillaume Prosper Brugière, Baron de〈18・19世紀〉
フランスの歴史家, 外交官。
⇒岩世人　(バラント　1782.6.10–1866.11.21)

Bárány, Robert〈19・20世紀〉
スウェーデンの医師。オーストリア出身。
⇒岩世人　(バーラーニ　1876.4.22–1936.4.8)
ユ人　(バーラーニ, ロベルト　1876–1936)
ユ著人　(Bárány, Robert　バラニー, ロバート　1876–1936)

Baraq〈13世紀〉
チャガタイ・ハン国第7代のハン。在位1266~71。
⇒岩世人　(バラク　?–1271 (世祖至元8))

Barassi, Ludovico〈19・20世紀〉
イタリアの法学者。
⇒岩世人　(バラッシ　1873–1956)

Barastole〈18世紀〉
フランスの鍵盤楽器奏者。
⇒バロ　(バラストル,?　1700頃?–1760頃?)

Barat, Madeleine Sophie, St.〈18・19世紀〉
フランスの聖女。「イエズスの聖心会」の創立者。
⇒岩世人　(バラ　1779.12.12–1865.5.25)
新カト　(マドレーヌ・ソフィー・バラ　1779.12.12–1865.5.25)

Baratynskii, Evgenii Abramovich〈18・19世紀〉
ロシアの詩人。おもな作品に『真実』(24),『嵐』(24),『最後の死』(27) など。
⇒岩世人　(バラトゥインスキー　1800.2.19–1844.6.29)
広辞7　(バラトゥインスキー　1800–1844)

Bārbad
ササン朝最高の楽師, 詩人。
⇒岩世人　(バールバド)

Barbaja, Domenico〈18・19世紀〉
イタリアの興行主, 芸術監督。
⇒オペラ　(バルバーヤ, ドメニコ　1778–1841)

Barbara〈3・4世紀〉
初代キリスト教会における殉教者, 聖女。生涯は『黄金伝説』に描かれた。
⇒岩世人　(バルバラ　?–240/306)
新カト　(バルバラ　?–306)
図聖　(バルバラ (ニコメディアの)　?–306頃)

Barbari, Jacopo de'〈15・16世紀〉
イタリアの画家, 版画家。代表作『聖母と聖人のいる風景』。
⇒岩世人　(バルバリ　1440頃–1516頃)

芸13　(バルバリ, ヤコポ・デ　1445頃–1516)

Barbarigo, Gregorio Giovanni Gaspare〈17世紀〉
パドヴァの司教, 枢機卿。聖人。祝日6月18日。ヴェネツィアの名門に生まれる。
⇒新カト　(グレゴリオ・バルバリーゴ　1625.9.16–1697.6.18)

Barbarino, Bartolomeo〈16・17世紀〉
イタリアの歌手。
⇒バロ　(バルバリーノ, バルトロメーオ　1560頃?–1617頃以降)

Barbaro, Ermolao〈15世紀〉
イタリアの聖職者, 人文主義者, 外交官。アクィレーイアの大司教。
⇒岩世人　(バルバロ　1453/1454.5.21–1493.6.14)

Barbaro, Giosafat (Giosaphat)〈15世紀〉
イタリアの旅行家, 外交官。
⇒岩世人　(バルバロ　1413–1494)

Barbaros Hayreddin〈15・16世紀〉
オスマン・トルコ帝国の提督。地中海における同帝国海軍の制海権を確立。
⇒岩世人　(バルバロス・ハイレッディン・パシャ　1483?–1546)
ルネ　(ハイレディン・バルバロッサ　?–1546)

Barbascemin〈4世紀〉
セレウケイア・クテシフォンの司教。聖人。祝日1月14日。
⇒新カト　(バルバシュミン　?–346.1.9)

Barbatus〈7世紀〉
イタリア中南部ベネヴェントの司教。聖人。祝日2月19日。ベネヴェントの守護聖人。
⇒新カト　(バルバトゥス　612頃–682)

Barbauld, Anna Laetitia〈18・19世紀〉
イギリスの女流詩人。小説家S.リチャードソンの書簡集の編者。
⇒岩世人　(バーボールド　1743.6.20–1825.3.9)

Barbe, Anthoine I〈16世紀〉
フランドルの作曲家, 教師, 聖職者。
⇒バロ　(バルベ, アントワーヌ1世　1510頃?–1564.12.2)

Barbe, Anthoine II〈16・17世紀〉
フランドルの歌手, オルガン奏者。
⇒バロ　(バルベ, アントワーヌ2世　1547以前–1604.2.13)

Barbe, Anthoine III〈16・17世紀〉
フランドルのオルガン奏者, 修理師, 調律師, 音楽教師, 理論家。
⇒バロ　(バルベ, アントワーヌ3世　1573以降–1636.6.10)

Barbella, Emanuele〈18世紀〉
イタリアのヴァイオリン奏者, 教師。
　⇒バロ　(バルベッラ, エマヌエーレ　1718.4.18–1777.1.1)

Barbella, Francesco〈17世紀〉
イタリアのヴァイオリン奏者, 教師。
　⇒バロ　(バルベッラ, フランチェスコ　1600頃?–1660頃?)

Barberi, Domenico〈18・19世紀〉
イタリアのカトリック聖職者。
　⇒新カト　(バルベーリ　1792.6.22–1849.8.27)

Barberiis, Melchiore de〈16世紀〉
イタリアのリュート奏者, ギター奏者, 聖職者。
　⇒バロ　(バルベリイス, メルキオーレ・デ　1500頃?–1549頃)

Barberis, Alberto〈19世紀〉
イタリアの新トマス学派の哲学者。
　⇒新カト　(バルベリス　1847.1.14–1896.7.2)

Barbes, Armand〈19世紀〉
フランスの政治家。パリ市庁に蜂起政府の樹立を試みたが失敗して投獄。
　⇒岩世人　(バルベス　1809.9.18–1870.6.26)
　　学叢思　(バルベ, アルマン　1809–1870)

Barbetta, Giulio Cesare〈16・17世紀〉
イタリアのリュート奏者。
　⇒バロ　(バルベッタ, ジュリオ・チェーザレ　1540頃–1603以降)

Barbey d'Aurevilly, Jules Amédée〈19世紀〉
フランスの小説家。伝記的エッセー『ダンディスムとG.ブランメル』(51) などがある。
　⇒岩世人　(バルベー・ドールヴィイ　1808.11.2–1889.4.23)
　　新カト　(バルベー・ドールヴィイ　1808.11.2–1889.4.23)

Barbier, Henri Auguste〈19世紀〉
フランスの詩人。
　⇒岩世人　(バルビエ　1805.4.29–1882.2.13)
　　新カト　(バルビエ　1805.4.29–1882.2.13)

Barbier de Meynard, Casimir Adrien〈19・20世紀〉
フランスの東洋学者。
　⇒岩世人　(バルビエ・ド・メナール　1826.2.6–1908.3.31)

Barbieri, Clelia〈19世紀〉
悲しみの聖母の小さき姉妹会の創立者。聖人。祝日7月13日。
　⇒新カト　(バルビエーリ　1847.2.13–1870.7.13)

Barbingant〈15世紀〉
フランドル?の作曲家。
　⇒バロ　(バルバンガン, ?　1420頃?–1470頃)

Barbireau, Jacob〈15世紀〉
フランドルの歌手。
　⇒バロ　(バルビロー, ヤーコブ　1420頃–1491.8.8)

Barbo, Ludovico〈14・15世紀〉
イタリアのベネディクト会改革者, トレヴィーゾの司教。
　⇒新カト　(バルボ　1382–1443.9.19)

Barbon, Nicholas〈17世紀〉
イギリスの医学者, 銀行家, 経済学者。火災保険事業創始者として有名。
　⇒岩世人　(バーボン　1640頃–1698)

Barbosa, Duarte (Odoardo)〈16世紀〉
ポルトガルの航海家。
　⇒岩世人　(バルボーザ　?–1545)

Barbosa, Durte (Odrado)〈15・16世紀〉
ポルトガルの航海家。
　⇒南ア新　(バルボサ　1480頃–1521)

Barbour, John〈14世紀〉
スコットランドの詩人。『スコットランド王ロバート・ブルースの生涯と事績』の作者として有名。
　⇒岩世人　(バーバー　1316頃–1395.3.15)

Barbusse, Henri〈19・20世紀〉
フランスの小説家。『砲火』(16) でゴンクール賞受賞。
　⇒岩世人　(バルビュス　1873.5.17–1935.8.30)
　　ネーム　(バルビュス　1873–1935)
　　広辞7　(バルビュス　1873–1935)
　　学叢思　(バルビュス, アンリー　1874–?)
　　世人新　(バルビュス　1873–1935)
　　世人装　(バルビュス　1873–1935)
　　ポプ人　(バルビュス, アンリ　1873–1935)

Barclay, John〈18世紀〉
スコットランド教会の牧師。
　⇒新カト　(バークレイ　1734–1798.7.29)

Barclay, Robert〈17世紀〉
イギリスのクエーカー教徒。イースト・ニュージャージの名義上の知事となった。
　⇒岩世人　(バークリー　1648.12.23–1690.10.3)
　　新カト　(バークレイ　1648.12.23–1690.10.3)

Bar Cochba〈2世紀〉
ハドリアヌス帝時代, パレスチナにおけるユダヤの第2次反ローマ革命の指導者。
　⇒岩世人　(バル・コクバ　?–135)
　　新カト　(バル・コクバ　?–135)
　　ユ人　(バルコフバ (シメオン・バルコフバ)　1–2世紀)
　　ユ著人　(Bar Kokhba (Kocheba)　バル・コホバ (コセバ)　?–135)

Barcos, Martin de〈16・17世紀〉
フランスのカトリック神学者。
⇒新カト（バルコス　1600-1678.8.22）

Bar-Daisān (Bardēsánēs)〈2・3世紀〉
シリアのエデッサ生れのキリスト教思想家。
⇒バロ（バルダイサン,?　154.7.11-222）
　新カト（バル・ダイサン　154-222）

Bardel, Claude〈19・20世紀〉
フランスの司教。
⇒新カト（バルデル　1851.2.21-1926.2.19）

Bardenhewer, Otto〈19・20世紀〉
ドイツのカトリック聖書学者,教父学者。
⇒新カト（バルデンホイアー　1851.3.16-1935.3.23）

Bardesanes〈3世紀〉
シリアの詩人。
⇒バロ（バルデサーネス,?　230頃?-280頃?）

Bardi, Giovanni de〈16・17世紀〉
イタリアの作曲家,音楽研究家。
⇒バロ（バルディ,ジョヴァンニ・デ　1534.2.5-1612.9）
　岩世人（バルディ　1534.2.5-1612.9）
　オペラ（バルディ,ジョヴァンニ・マリーア　1534-1612）
　オペラ（バルディ,ジョヴァンニ・マリーア,デイ・コンティ・ディ・ヴェルニオ　1534-1612）

Bardili, Christoph Gottlieb〈18・19世紀〉
ドイツの哲学者。理性的実在論を主張。
⇒岩世人（バルディーリ　1761.5.18-1808.6.5）
　学叢思（バルディリ,クリストッフ・ゴッドフリート　1761-1808）

Bardoux, Agénor〈19世紀〉
フランスの作家,政治家。
⇒19仏（アジェノール・バルドゥ　1829.1.15-1897.11.23）

Barents, Willem〈16世紀〉
オランダの航海者。アジアへの北東回りの航路を探索。
⇒岩世人（バーレンツ　1550頃-1597.6.20）

Barère de Vieuzac, Bertrand〈18・19世紀〉
フランスの政治家。1789年の全国三部会に参加し,92年国民公会議員。
⇒岩世人（バレール・ド・ヴュザック　1755.9.10-1841.1.13）

Baretti, Giuseppe Marc' Antonio〈18世紀〉
イタリアの文芸評論家。渡英し,イタリア文学の普及に尽力。
⇒岩世人（バレッティ　1719.4.24-1789.5.5）

Bar-Giora, Simeon〈1世紀〉
第一次ユダヤの反乱の指導者。
⇒ユ人（バル・ギオラ,シメオン　1世紀）

bar-hadad I〈前9世紀〉
ダマスカスのアラム人王国の王。
⇒岩世人（バル・ハダド1世）

bar-hadad II〈前9世紀〉
ダマスカスのアラム人王国の王。
⇒岩世人（バル・ハダド2世）

Barham, Richard Harris〈18・19世紀〉
イギリスの牧師,ユーモア作家。韻文物語『インゴルズビー物語』(40)が有名。
⇒岩世人（バラム　1788.12.6-1845.6.17）

Bar Hebraeus〈13世紀〉
北シリアのヤコブ派の聖職者であり,著作家かつ翻訳家。
⇒岩世人（バル・ヘブラエウス　1225-1226-1286.7）
　新カト（バルヘブラエウス　1225頃-1286.7.30）
　ユ人（Bar Hebraeus,Johanan　バール・ヘブラェウス,ヨハナン　1226-1286）

Bari, Seh〈16世紀〉
インドネシア,ジャワのイスラーム化初期のイスラーム教義書の著者。
⇒岩世人（バリ,セ）

Baric, Jules〈19・20世紀〉
フランスの風刺画家。
⇒19仏（ジュール・バリック　1825.4.14-1905.6.27）

Bariēsous
キュプロス島のパポスのユダヤ人魔術師,偽預言者。
⇒岩世人（バルイエス）
　新カト（バルイエス）

Bar-Ilan (Berlin), Meir〈19・20世紀〉
宗教シオニズムの指導者。
⇒ユ人（バル・イラン（ベルリン）,メイル　1880-1949）

Baring, Maurice〈19・20世紀〉
イギリスのジャーナリスト,著述家。
⇒岩世人（ベアリング　1874.4.27-1945.12.14）
　新カト（ベアリング　1874.4.27-1945.12.14）

Bar Kepha, Moses〈9・10世紀〉
ヤコブ教会の神学者。メソポタミアのバラド生まれ。
⇒新カト（バル・ケファ　815頃-903.2.12）

Barker, Ernest〈19・20世紀〉
イギリスの政治哲学者。民主主義の本質を「討論による政治」であると結論づけた。
⇒岩世人（バーカー　1874.9.23-1960.2.17）
　学叢思（バーカー,アーネスト　1874-?）

Barker, Thomas〈18・19世紀〉
イギリスの画家。風景画をよくした。代表作は『森の住人』および『老トム』。
⇒岩世人（バーカー　1769–1847）

Barker, Thomas Jones〈19世紀〉
イギリスの画家。肖像画家として知られ、また普仏戦争（1870～71）に従軍して戦争画を描いた。
⇒岩世人（バーカー　1815–1882.3.27）

Barkiyaruq〈11・12世紀〉
セルジューク朝のスルタン。
⇒世帝（バルキヤールク　1080/1081–1104）

Barkla, Charles Glover〈19・20世紀〉
イギリスの物理学者。X線について研究。1917年ノーベル物理学賞受賞。
⇒岩世人（バークラ　1877.6.7–1944.10.23）
　ネーム（バークラ　1877–1944）
　ノ物化（チャールズ・グロバー・バークラ　1877–1944）

Barklai-de-Tolli, Mikhail Bogdanovich〈18・19世紀〉
帝政ロシア（スコットランド系）の将軍。
⇒岩世人（バルクライ＝デ＝トーリ　1761.12.16–1818.5.14）

Barlaam〈8世紀〉
中世の聖者伝説の主人公。
⇒新カト（バルラアムとヨアサフ（ヨサファト））

Barlaam〈14世紀〉
ギリシアの修道士。天文学者，数学者，哲学者としても知られる。
⇒岩世人（バルラアム　?–1348）
　新カト（バルラアム　1290頃–1350）

Barlach, Ernst〈19・20世紀〉
ドイツの彫刻家，版画家，著作家。木彫やブロンズで表現主義の作品を制作。
⇒岩世人（バルラッハ　1870.1.2–1938.10.24）
　ネーム（バルラハ　1870–1938）
　広辞7（バルラッハ　1870–1938）
　芸13（バルラッハ，エルンスト　1870–1938）

Barlow, Ambrose〈16・17世紀〉
イングランドの司祭。聖人。祝日9月10日。イギリス40聖人殉教者の一人。
⇒新カト（アンブローズ・バーロウ　1587.11.30–1641.9.10）

Barlow, Joel〈18・19世紀〉
アメリカの詩人。ロシア遠征のナポレオン軍と行動をともにした。
⇒岩世人（バーロー　1754.3.24–1812.12.26）

Barlow, *Sir* Thomas〈19・20世紀〉
イギリスの医者。メラー＝バーロー病を研究。
⇒岩世人（バーロー　1845.9.4–1945.1.12）

Barnabas, Joseph〈1世紀頃〉
初期キリスト教の使徒の一人，聖人。
⇒岩世人（バルナバ）
　新カト（バルナバ）
　図聖（バルナバ）
　聖書（バルナバ）

Barnard〈8・9世紀〉
ヴィエンヌの大司教。聖人。祝日1月22日。農民の守護聖人。
⇒新カト（バルナルド　778–842.1.22）

Barnard, Edward Emerson〈19・20世紀〉
アメリカの天文学者。天体写真家。16の彗星と木星の第5衛星などを発見。
⇒岩世人（バーナード　1857.12.16–1923.2.6）

Barnard, Henry〈19世紀〉
アメリカの教育改革者。
⇒岩世人（バーナード　1811.1.24–1900.7.5）

Barnato, Barney〈19世紀〉
南アフリカの資本家，投機家。
⇒ユ人（バルナト，バーニー（バーネット・イサークス）　1852–1897）

Barnave, Antoine Pierre Joseph Marie〈18世紀〉
フランスの革命家。『フランス革命序説』（1792，出版1843）を書いた。
⇒岩世人（バルナーヴ　1761.9.21–1793.11.29）
　ネーム（バルナーヴ　1761–1793）
　世人新（バルナーヴ　1761–1793）
　世人装（バルナーヴ　1761–1793）

Barnes, Barnabe〈16・17世紀〉
イギリスの詩人，劇作家。ソネット連作を発表。
⇒岩世人（バーンズ　1571.3.6（受洗）–1609.12（埋葬））

Barnes, George Nicoll〈19・20世紀〉
イギリスの政治家，労働運動指導者。
⇒岩世人（バーンズ　1859.1.2–1940.4.2）

Barnes, Roscoe Charles〈19・20世紀〉
アメリカの大リーグ選手（二塁，遊撃）。
⇒メジャ（ロス・バーンズ　1850.5.8–1915.2.5）

Barnett, *Dame* Henrietta Octavia Weston〈19・20世紀〉
イギリスの社会改革家，作家。
⇒岩世人（バーネット　1851.5.4–1936.6.10）

Barnett, Samuel Augstus〈19・20世紀〉
イギリス国教会牧師，社会改良家。大学生の社会活動を組織。主著『実践的社会主義』（88）。
⇒学叢思（バーネット，サムエル・オーガスタス　1844–?）

Barnett, Samuel Johnson〈19・20世紀〉
アメリカの電気学者。回転による磁化現象〈バーネット効果〉を発見した(14)。
⇒岩世人（バーネット　1873.12.14–1956.5.22）

Barnfield, Richard〈16・17世紀〉
イギリスの詩人。作品に『やさしい羊飼い』(94)など。
⇒岩世人（バーンフィールド　1574.6.13(受洗)–1620.2.6(埋葬)）

Barni, Jules Romain〈19世紀〉
フランスの哲学者, 政治家。
⇒岩世人（バルニ　1818.6.1–1878.7.4）

Barnie, William Harrison〈19世紀〉
アメリカの大リーグ選手(捕手)。
⇒メジャ（ビリー・バーニー　1853.1.26–1900.7.15）

Barnum, Phineas Taylor〈19世紀〉
アメリカの興行師。サーカス「地上最大のショー」を興行。
⇒アメ新（バーナム　1810–1891）
　岩世人（バーナム　1810.7.5–1891.4.7）

Barocci, Federigo〈16・17世紀〉
イタリアの画家。バロック絵画の先駆者とされる。代表作『エジプト避難途上の休息』(73)。
⇒岩世人（バロッチ　1535頃–1612）
　芸13（バロッチ, フェデリゴ　1528-1535–1612）

Barodet, Désiré〈19・20世紀〉
フランスの政治家。
⇒19仏（デジレ・バロデ　1823.7.27–1906.4.18）

Baroja y Nessí, Pío〈19・20世紀〉
スペインの小説家。短篇集『暗い生活』(1900), 『知恵の木』(11)など。
⇒岩世人（バローハ　1872.12.28–1956.10.30）
　広辞7（バロッハ　1872–1956）
　学叢思（バローハ, ピオ）

Baron, Ernst Gottlieb〈17・18世紀〉
ドイツのリュート奏者, ティオルバ奏者, 著述家。
⇒バロ（バロン, エルンスト・ゴットリープ　1696.2.7–1760.4.12）

Baron, Vincent〈17世紀〉
フランスのカトリック神学者, 説教家。
⇒新カト（バロン　1604.5.17–1674.1.21）

Barone, Enrico〈19・20世紀〉
イタリアの数理経済学者。パレート理論を発展させた。
⇒岩世人（バローネ　1859.12.22–1924.5.14）

Baroni, Leonora〈17世紀〉
イタリアの女性歌手, 作曲家, ヴィオラ・ダ・ガンバ奏者, テオルボ奏者。
⇒バロ（バローニ, レオノーラ　1611.12–1670.4.6）

Baronius, Caesar〈16・17世紀〉
イタリアのカトリック教会史家。
⇒岩世人（バロニウス　1538.10.31–1607.6.30）
　新カト（バロニウス　1538.10.31–1607.6.30）

Barontius〈7・8世紀〉
メロヴィング朝時代のブールジュ教区ロンゴレの修道士。
⇒新カト（バロンティウス　?–720頃）

Barqūq, al-Malik al-Zāhir〈14世紀〉
エジプトのブルジー・マムルーク朝初代スルタン。在位1382～89, 90～99。
⇒岩世人（バルクーク　?–1399.6.20）

Barrande, Joachim〈18・19世紀〉
フランスの地質学者。ベーメン(ボヘミア)のシルル系を研究し, カンブリア系の存在を確認。
⇒岩世人（バランド　1799.8.11–1883.10.5）

Barras, Paul François Jean Nicolas, Vicomte de〈18・19世紀〉
フランスの政治家, テルミドール派の指導者。国民公会軍の司令官としてロベスピエール派を逮捕。
⇒岩世人（バラス　1755.6.30–1829.1.22）

Barré, Antonio〈16世紀〉
フランスの歌手, 楽譜印刷業。
⇒バロ（バーレ, アントーニオ　1505頃–1561）

Barré, Nicolas〈17世紀〉
フランスの神学者, 教育者。
⇒新カト（バレ　1621.10.21–1686.5.31）

Barré (Barrae, Barret), Leonardo〈16世紀〉
フランスの歌手。
⇒バロ（バーレ, レオナルド　1520頃?–1555以降）

Barreira, Baltasar〈16・17世紀〉
ポルトガルのイエズス会員。アフリカへの宣教師。
⇒新カト（バレイラ　1538–1612.6.4）

Barrès, Auguste Maurice〈19・20世紀〉
フランスの小説家, 政治家。フランス・ナショナリズム運動の知的推進者。
⇒岩世人（バレス　1862.8.19–1923.12.4）
　19仏（モーリス・バレス　1862.8.19–1923.12.4）
　広辞7（バレス　1862–1923）
　学叢思（バレス, モーリス　1862–1923）
　新カト（バレス　1862.8.19–1923.12.4）

Barreto, Manuel〈16・17世紀〉
ポルトガルのイエズス会宣教師。
⇒岩世人（バレット　1564–1620.6.29）
　広辞7（バレト　1564–1620）
　新カト（バレト　1563頃–1620.9.30）

Barrett, James Erigena〈19・20世紀〉
アメリカの大リーグ選手(外野)。
⇒メジャ (ジミー・バーレット 1875.3.28–1921.10.24)

Barrett, John〈19・20世紀〉
アメリカの外交官。
⇒アア歴 (Barrett,John ジョン・バレット 1866.11.28–1938.10.17)

Barrett, Robert Lemoyne〈19・20世紀〉
アメリカの地理学者。
⇒アア歴 (Barrett,Robert Lemoyne ロバート・ルモワン・バレット 1871.5.28–1969.3.5)

Barrias, Louis-Ernest〈19・20世紀〉
フランスの折衷主義の彫刻家。
⇒岩世人 (バリアス 1841.4.13–1905.2.4)

Barrie, *Sir* James Matthew〈19・20世紀〉
イギリスの劇作家,小説家。
⇒岩世人 (バリー 1860.5.9–1937.6.19)
　広辞7 (バリー 1860–1937)
　ポプ人 (バリー,ジェームズ 1860–1937)

Barrière, Jean〈18世紀〉
フランスのチェロ奏者。
⇒バロ (バリエール,ジャン 1705頃–1747.6.6)

Barringer, Daniel Moreau〈19・20世紀〉
アメリカの鉱山技師,地質学者。
⇒岩世人 (バリンジャー 1860.5.25–1929.11.30)

Barrios, Justo Rufino〈19世紀〉
グアテマラの政治家。自由主義者による革命に加わり,大統領(1873〜85)となる。
⇒岩世人 (バリオス 1835.7.19–1885.4.2)
　ラテ新 (バリオス 1835–1885)

Barros, Ambrosio de〈16・17世紀〉
キリシタン時代のポルトガル人イエズス会員。インド西部ディウの生まれ。
⇒新カト (バロス 生没年不詳)

Barros, João de〈15・16世紀〉
ポルトガルの歴史家。33〜67年インド植民庁の長官を務めた。
⇒岩世人 (バロス 1496頃–1570.10.20/21)

Barrot, Camille Hyacinthe Odilon〈18・19世紀〉
フランスの政治家。王政復古期に立憲君主派としてルイ・フィリップを支持。
⇒岩世人 (バロー 1791.7.19–1873.8.6)

Barrow, Edward Grant〈19・20世紀〉
ヤンキース黄金時代のGM。
⇒メジャ (エド・バーロウ 1868.5.10–1953.12.15)

Barrow, George〈19・20世紀〉
イギリスの岩石学者,地質学者。
⇒岩世人 (バロー 1853.12.11–1932.7.23)

Barrow, Isaac〈17世紀〉
イギリスの聖職者,古典学者,数学者,物理学者。ケンブリッジ大学初代ルカス数学教授職(64)。
⇒岩世人 (バロー 1630.10–1677.5.4)
　新カト (バロー 1630.10–1677.5.4)
　世数 (バロウ,アイザック 1630–1677)

Barrows, David Prescott〈19・20世紀〉
アメリカの教育者。
⇒アア歴 (Barrows,David Prescott デイヴィッド・プレスコット・バロウズ 1873.6.27–1954.9.5)
　岩世人 (バローズ 1873.6.27–1954.9.5)

Barry, *Sir* Charles〈18・19世紀〉
イギリスの建築家。1826年にブライトンのピーター聖堂の設計コンクールに当選。
⇒岩世人 (バリー 1795.5.23–1860.5.12)

Barry, James〈18・19世紀〉
イギリスの画家。作品に『ウルフ将軍の死』(76),『人類文化の発展』(77〜83)など。
⇒岩世人 (バリー 1741.10.11–1806.2.22)

Barry, (Shad) John C.〈19・20世紀〉
アメリカの大リーグ選手(外野,一塁)。
⇒メジャ (シャド・バリー 1878.10.27–1936.11.27)

Barsanoúphios〈6世紀〉
ガザ近郊の聖セリドス修道院の修道士。
⇒新カト (バルサヌフィオス ?–540頃)

Barsanti, Francesco〈17・18世紀〉
イタリアのフルート・オーボエ奏者,作曲家。イングランド,スコットランドで活躍。
⇒バロ (バルサンティ,フランチェスコ 1690–1772.12)

Barsimon, Jacob〈17世紀〉
ニューアムステルダム(ニューヨーク)に到着した最初のユダヤ人と考えられる。
⇒ユ人 (バルシモン,ヤコブ 17世紀)

Barsumas〈5世紀〉
キリスト単性説を唱えたエウテュケスの支持者。シリアのサモサタの生まれ。
⇒新カト (バルスマス ?–457.2.1)

Bart, Jean〈17・18世紀〉
フランスの海将。
⇒岩世人 (バール 1650.10.21–1702.4.27)

Bartei, Girolamo〈16・17世紀〉
イタリアの聖職者,オルガン奏者,教師。
⇒バロ (バルテーイ,ジローラモ 1565頃–1618以降)

Bartels, Adolf〈19・20世紀〉
ドイツの文学史家,作家。イェナ大学教授(1905～)。
⇒岩世人 (バルテルス　1862.11.15–1945.3.7)

Barth, Heinrich〈19世紀〉
ドイツの地理学者,歴史家,言語学者,アフリカ探検家。50年サハラを横断。
⇒アフ新 (バルト　1821–1865)
　岩世人 (バルト　1821.2.16–1865.11.25)

Barth, Paul〈19・20世紀〉
ドイツの哲学者,教育学者,社会学者。教育学に社会学を導入。
⇒岩世人 (バルト　1858.8.1–1922.9.30)

Barthel, Johann Caspar〈17・18世紀〉
ドイツの教会法学者。国家教会主義,司教制主義を唱えた。
⇒新カト (バルテル　1697.6.10–1771.4.8)

Barthélemon, François-Hippolyte〈18・19世紀〉
フランスのヴァイオリン奏者,ヴィオラ・ダ・モーレ奏者。
⇒バロ (バルテルモン, フランソワ・イポリート　1741.7.27–1808.7.20)

Barthélemy, Joseph〈19・20世紀〉
フランスの憲法学者。
⇒岩世人 (バルテルミ　1874.7.9–1945.5.14)

Barthélemy Saint-Hilaire, Jules〈19世紀〉
フランスの哲学者,政治家。議会でナポレオン3世と対立。
⇒岩世人 (バルテルミ・サンティレール　1805.8.19–1895.11.24)

Barthez, Paul Joseph〈18・19世紀〉
フランスの医者。
⇒岩世人 (バルテス　1734.12.11–1806.10.15)

Bartholdi, Frédéric Auguste〈19・20世紀〉
フランスの彫刻家。『自由の女神』像の設計者として有名。
⇒岩世人 (バルトルディ　1834.4.2–1904.10.4)
　19仏 (オーギュスト・バルトルディ　1834.4.2–1904.10.4)

Bartholinus, Casper〈17・18世紀〉
デンマークの解剖学者。バルトリン腺を発見。
⇒岩世人 (バルトリヌス　1655.9.10–1738.6.11)

Bartholinus, Erasmus〈17世紀〉
デンマークの物理学者。
⇒岩世人 (バルトリヌス　1625.8.13–1698.1.14)

Bartholinus, Thomas〈17世紀〉
デンマークの解剖学者。胸管,リンパ系の発見者。
⇒岩世人 (バルトリヌス　1616.10.20–1680.12.4)

Bartholomaeus〈10・11世紀〉
グロッタフェラータの4代目修道院長。聖人。祝日11月11日。
⇒新カト (バルトロマエウス〔グロッタフェラータの〕　981頃–1055/1065)

Bartholomaeus〈13・14世紀〉
ヴェネツィア湾西側のトルチェロ島の司教,ドミニコ会員,歴史家,神学者。
⇒新カト (バルトロマエウス〔ルッカの〕　1236頃–1327)
　新カト (プトロマエウス〔ルッカの〕　1236–1327)

Bartholomaeus de Podio〈14世紀〉
ドミニコ会員。1318年,教皇ヨアンネス22世の使節としてアルメニアを訪問し,マラーガとクルナに定住した初のラテン教会の司教となった。
⇒新カト (バルトロマエウス・デ・ポディオ　?–1333)

Bartholomaios〈1世紀〉
イエス・キリストの十二使徒の一人(新約)。
⇒岩世人 (バルトロマイ)
　岩世人 (ナタナエル)
　ネーム (バルトロマイ)
　新カト (バルトロマイ)
　新カト (ナタナエル)
　図聖 (バルトロマイ)
　聖書 (ナタナエル)

Bartholomé, Paul Albert〈19・20世紀〉
フランスの画家,彫刻家。
⇒岩世人 (バルトロメ　1848.8.29–1928.11.2)
　芸13 (バルトロメ, アルベール　1848–1928)

Barthou, Jean Louis〈19・20世紀〉
フランスの政治家,弁護士。ロカルノ条約を目指して外交工作を開始したが,暗殺された。
⇒岩世人 (バルトゥー　1862.8.25–1934.10.9)

Barthromae, Christian〈19・20世紀〉
ドイツの言語学者,イラン学者。
⇒岩世人 (バルトロメー　1855.1.21–1925.8.9)

Bartimaeus
エリコで物乞いをしていた盲人(マルコによる福音書)。
⇒聖書 (バルティマイ)

Bartlett, John〈16・17世紀〉
イギリスのリュート奏者。
⇒バロ (バートレット, ジョン　1560頃?–1610頃)

Bartlett, Murray〈19・20世紀〉
アメリカの教育者。
⇒アア歴 (Bartlett,Murray　マリー・バートレット　1871.3.29–1949.11.13)

Bartolaia, Ludovico〈16・17世紀〉
イタリアの作曲家。
⇒バロ（バルトライア, ルドヴィーコ　1590頃?–1650頃?）

Bartol'd, Vasilii Vladimirovich〈19・20世紀〉
ロシアの東洋学者。
⇒岩世人（バルトリド　1869.11.3/15–1930.8.19）
ネーム（バルトリド　1869–1950）
広辞7（バルトリド　1869–1930）

Bartoli, Daniello〈17世紀〉
イタリアのイエズス会宣教師, 文学者, 歴史家。
⇒岩世人（バルトーリ　1608.2.12–1685.1.12）
新カト（バルトリ　1608.2.12–1685.1.13）

Bartoli, Erasmo〈17世紀〉
イタリアの歌手, オルガン奏者。
⇒バロ（バルトーリ, エラズモ　1606–1656.7.15）

Bartoli, Matteo Giulio〈19・20世紀〉
イタリアの言語学者。ロマンス諸言語の研究家。
⇒岩世人（バルトーリ　1873.11.22–1946.1.23）

Bartolini, Lorenzo〈18・19世紀〉
イタリアの彫刻家。
⇒岩世人（バルトリーニ　1777–1850.1.20）

Bartolini, Orindio〈16・17世紀〉
イタリアの歌手。
⇒バロ（バルトリーニ, オリンディオ　1580頃–1640）

Bartolino da Padova〈14・15世紀〉
イタリアの修道僧, 作曲家。
⇒バロ（バルトリーノ・ダ・パドヴァ　1350頃–1405頃）

Bartolome del Cort〈16・17世紀〉
スペインの作曲家。
⇒バロ（バルトロメ・デル・コルト　1590頃?–1650頃?）

Bartolomeo da Bologna〈14・15世紀〉
イタリアの聖職者, オルガン奏者。
⇒バロ（バルトロメーオ・ダ・ボローニャ　1370頃?–1425頃）

Bartolomeo da Padva〈14世紀〉
イタリアの作曲家。
⇒バロ（バルトロメーオ・ダ・パドヴァ　1310頃?–1360頃?）

Bartolomeo degli Organi〈15・16世紀〉
イタリアの歌手, オルガン奏者。
⇒バロ（バルトロメーオ・デリ・オルガーニ　1474.12.24–1539）

Bartolommeo, Fra〈15・16世紀〉
イタリアの画家。主作品『最後の審判』。
⇒岩世人（フラ・バルトロメオ　1472.3.28–1517.10.6）
ネーム（フラ・バルトロメオ　1472–1517）
新カト（バルトロメーオ　1472/1475–1517）
芸13（バルトロメオ, フラ　1472–1517）
芸13（フラ・バルトロメオ　1472–1517）

Bartolotti, Angelo Michele〈17世紀〉
ギター・ティオルバの奏者, 理論家。
⇒バロ（バルトロッティ, アンジェロ・ミケーレ　1610頃?–1669以降）

Bartolus de Sassoferrato〈14世紀〉
イタリアの法学者。バルトリストと呼ばれる後期註釈学派の主要な代表者。
⇒岩世人（バルトルス　1313/1314–1357.7.13）

Barton, Clara〈19・20世紀〉
アメリカ赤十字の創立者。主著『赤十字の歴史』(82)。
⇒岩世人（バートン　1821.12.25–1912.4.12）

Bartsch, Johann Adam Bernhard, Ritter von〈18・19世紀〉
オーストリアの銅版画家。
⇒岩世人（バルチュ　1757.8.17–1821.8.21）

Bartsch, Karl〈19世紀〉
ドイツの言語学者。フランスおよびドイツの古詩（ニーベルンゲンリート, クドルン等）を校訂, 出版。
⇒岩世人（バルチュ　1832.2.25–1888.2.19）

Bartsch, Rudolf Hans〈19・20世紀〉
オーストリアの作家。
⇒学叢思（バルチュ, ルドルフ・ハンス　1870–?）

Baruch〈前7・6世紀〉
旧約聖書の人物。
⇒岩世人（バルク）
聖書（バルク）

Baruch, ben-Samuel〈19世紀〉
冒険旅行家。
⇒ユ人（バルーフ, ベンサムエル　?–1834）

Baruch, Bernard Mannes〈19・20世紀〉
アメリカの政治家, 財務官。国連原子力委員会のアメリカ代表として, バルーク案を作成。
⇒岩世人（バールック　1870.8.19–1965.6.20）
ユ人（バルック（バルーフ）, バーナード・マンネス　1870–1965）
ユ著人（Baruch,Bernard Mannes　バルク, バーナード・マンネス　1870–1965）

*al-***Bārūdī, Maḥmūd Sāmī**〈19・20世紀〉
エジプトの政治家, 詩人。1882年首相となったが, イギリス軍に敗北, セイロンに流刑された。
⇒岩世人（バールーディー, マフムード・サーミー　1839–1904）

Barye, Antoine Louis〈18・19世紀〉
フランスの彫刻家。ロマン派彫刻の代表。『蛇

と闘う獅子』(33)など。
⇒岩世人（バリー　1796.9.24-1875.6.29)
　広辞7（バリー　1795-1875)
　芸13（バリー, アントアーヌ・ルイ　1795-1875)

Baryphonus, Henricus〈16・17世紀〉
ドイツの教師, 音楽理論家。
⇒バロ（バリフォヌス, ヘンリクス　1581.9.17-1655.1.21)

Barzaeus, Gasper〈16世紀〉
イエズス会宣教師。ゴアのサン・パウロ学院院長およびインド管区副管区長。
⇒新カト（バルザエウス　1515-1553.10.18)

Barzana, Alonso de〈16世紀〉
スペインの宣教師, 言語学者。
⇒岩世人（バルサーナ　1530-1597.12.31)
　新カト（バルサナ　1530-1597.12.31)

Barzellotti, Giacomo〈19・20世紀〉
イタリアの哲学者。
⇒岩世人（バルツェロッティ　1844-1917)

Barzillai
ダビデを支えたギレアドの人（サムエル記下）。
⇒聖書（バルジライ）

Basanavičius, Jonas〈19・20世紀〉
リトアニアの医者, 国民運動指導者。
⇒岩世人（バサナーヴィチュス　1851.11.11/23-1927.2.16)

Basard, Jean-Baptiste〈16・17世紀〉
フランスのリュート奏者, 教師, 全書編纂者, 法律家, 医学者, 貴族, 理論家。初期リュート音楽の代表的な作曲家。
⇒バロ（ブサール, ジャン・バティスト　1567-1625)

Basava〈12世紀頃〉
インドの宗教家。
⇒岩世人（バサヴァ）

Basāvana〈16世紀〉
インドのムガル朝のアクバル帝の宮廷画家。
⇒岩世人（バサーワン　（活躍）16世紀後半）

Basch, Victor Guillaume〈19・20世紀〉
フランスの美学者。
⇒岩世人（バシュ　1865.8.18-1944.1.10)
　ユ人（バッシ, ヴィクトル・ギョーム　1863-1944)

Baschet〈17世紀〉
フランスの作曲家。
⇒バロ（バシェ,?　1600頃?-1660頃?)

Bascom, John〈19・20世紀〉
アメリカの著述家, 教育家。
⇒学叢思（バスコム, ジョン　1827-?)

Basco (Vasco) y Vargas, José〈18・19世紀〉
スペインの総督, 海軍軍人。総督在任1778～87。フィリピンで画期的な経済開発を行った。
⇒岩世人（バスコ　1731/1733.5.30-1805)

Basedow, Johannes Bernhard〈18世紀〉
ドイツ啓蒙期の教育改革者。「汎愛学舎」を創立し, 児童の情操教育を重視。
⇒岩世人（バゼドー　1723.9.11-1790.7.26)
　学叢思（バゼドー, ヨハン・ベルンハルト　1723-1790)
　新カト（バゼドー　1724.9.11-1790.7.25)

Basedow, Karl Adolf von〈18・19世紀〉
ドイツの医者。
⇒岩世人（バゼドー　1799.3.28-1854.4.11)

Bashford, James Whitford〈19・20世紀〉
アメリカのメソジスト教会宣教師, 教育家。
⇒アア歴（Bashford,James W (hitford)　ジェイムズ・ホイットフォード・バシュフォード　1849.5.29-1919.3.18)
　岩世人（バシュフォード　1849.5.27-1919.3.18)

Bashkirtseva, Mariia Konstantinovna〈19世紀〉
ロシアの女流画家, 音楽家, 作家。パステル画をサロンに出品して名声を博したが, 若くしてパリに没。
⇒岩世人（バシキールツェヴァ　1858.11.11/12/23/24-1884.10.31)

Bashshār ibn Burd〈7・8世紀〉
アッバース朝のアラビア語詩人。
⇒岩世人（バッシャール・イブン・ブルド　713-715頃-783-785)

Basile, Ernesto〈19・20世紀〉
イタリアの建築家。
⇒岩世人（バジーレ　1857.1.31-1932.8.26)

Basile, Giambattista〈16・17世紀〉
イタリアの詩人, 小説家。民話の採録集『物語のなかの物語』(34)が代表作。
⇒岩世人（バジーレ　1575頃-1632.2.23)

Basile Baroni, Adriana〈16・17世紀〉
イタリアのソプラノ歌手。
⇒オペラ（バジーレ＝バローニ, アドリアーナ　1580頃-1640)

Basileidēs〈2世紀〉
シリア出身のグノーシス派有数の人物。独特の神学的世界観を主張した。主著『福音書注解』。
⇒岩世人（バシレイデス　?-140頃)
　新カト（バシレイデス　?-140頃)
　メル1（バシレイデス　?-130/140?)

Basileios〈5世紀〉
セレウケイアの大司教。在職431～59頃。

⇒新カト（バシレイオス〔セレウケイアの〕　?-468以降）

Basíleios (Ánkyra) 〈4世紀〉
アンキュラの主教。
⇒新カト（バシレイオス〔アンキュラの〕　?-364頃）

Basili, Andrea 〈18世紀〉
イタリアの聖職者，鍵盤楽器奏者，トロンボーン奏者，理論家。
⇒バロ（バジーリ，アンドレーア　1705.12.16-1777.8.28）

Basiliscus 〈5世紀〉
東ローマの帝位簒奪者。支配20ヵ月にして追放され，斬首された。
⇒世帝（バシリスクス　?-476）

Basilissa 〈3・4世紀〉
エジプトの聖人，殉教者。祝日1月6日。
⇒新カト（ユリアヌスとバシリッサ　?-304頃）

Basilius 〈4世紀〉
カッパドキアの3教父の一人。聖人，教会博士，正統信仰擁護の立場を貫いた。著作『聖霊論』。
⇒岩世人（バシレイオス〔カッパドキアの〕　330頃-379頃）
　広辞7（バシレイオス　330頃-379）
　新カト（バシレイオス〔カイサレイアの〕　330頃-379.1.1）

Basilius I 〈9世紀〉
東ローマ皇帝。在位867～886。
⇒岩世人（バシレイオス1世　830-836頃-886.8.29）
　新カト（バシリウス1世　830/835-886.8.29）
　世人新（バシレイオス1世　812/827-886）
　世人装（バシレイオス1世　812/827-886）
　世帝（バシレイオス1世　?-886）

Basilius II 〈10・11世紀〉
東ローマ皇帝。在位976～1025。同帝国最大の版図を築いた。
⇒岩世人（バシレイオス2世　958-1025.12.15）
　世帝（バシレイオス2世　958-1025）
　皇国（バシレイオス2世　?-1025）

Basilla
ローマで殉教した女性。聖人。殉教を記念する例として最も古く,354年には祝日が定められていた。祝日は5月20日。
⇒新カト（バシラ）

Basilla
スミュルナで殉教した乙女。聖人。生涯とその死については不詳。祝日は8月29日。
⇒新カト（バシラ）

Basilla 〈1世紀〉
65年頃に殉教したローマの貴族の女性。聖人。祝日は4月15日。
⇒新カト（バシラ　?-65頃）

Basilla 〈2・3世紀〉
304年にローマで殉教した女性。聖人。祝日は9月22日。
⇒新カト（バシラ　?-304）

Basilla 〈3世紀〉
ニコメデイアで殉教した乙女。聖人。ライオンの前に裸で投げ出され9歳で殉教した。しもやけに悩む人，母乳で子どもを育てようとする母親の守護聖人。祝日は9月3日。
⇒新カト（バシラ　?-296頃）

Basir, Joseph ben Abraham ha-kohen ha-Ro'eh Al- 〈11世紀〉
ユダヤ人哲学者。
⇒ユ著人（Basir, Joseph ben Abraham ha-kohen ha-Ro'eh Al-　バジール，ヨセフ・ベン・アブラハム・ハ=コーヘン・ハ=ローエ・アル=　11世紀初）

Basiron, Philippe 〈15世紀〉
フランドルの作曲家。フランドル楽派。
⇒バロ（バジロン，フィリップ　1445頃-1497.2.6以前）

Baskervill, John 〈18世紀〉
イギリスの活字鋳造者，印刷者。
⇒岩世人（バスカヴィル　1706-1775.1.8）

Basly, Déodat-Marie 〈19・20世紀〉
フランスの神学者，フランシスコ会会員。
⇒新カト（バスリ　1862.10.11-1937.7.14）

Basly, Emile Joseph 〈19・20世紀〉
フランスの社会主義者。
⇒学叢思（バスリー，エミール・ジョゼフ　1854-?）

Bass, Johann Hermann 〈19・20世紀〉
ドイツの医学史家。主著『医学史の基礎』(76)，『医師と医学の地位の発達史』(96)。
⇒岩世人（バース　1838.10.24-1909.11.10）

Bassa, Ferrer 〈13・14世紀〉
スペインの画家。アラゴンの宮廷画家として活躍。
⇒芸13（バッサ，フェレール　1290頃-1348）

Bassani, Giovanni Battista 〈17・18世紀〉
イタリアの作曲家。作品はオペラ，オラトリオ，ヴァイオリン・ソナタなど多数。
⇒バロ（バッサーニ，ジョヴァンニ・バティスタ　1657頃-1716.10.1）

Bassani, Girolamo 〈17・18世紀〉
イタリアのヴァイオリン・オルガンの奏者，教師。
⇒バロ（バッサーニ，ジロラーモ　1690頃?-1750頃?）

Bassano, Antonio II 〈16・17世紀〉
イタリアのコルネット奏者。

⇒バロ（バッサーノ，アントーニオ2世　1590頃?–1660以降）

Bassano, Augustine〈16・17世紀〉
イタリアのリュートと管楽器の奏者。
⇒バロ（バッサーノ，オーガスティン　1550頃?–1603頃）

Bassano, Giovanni〈16・17世紀〉
イタリアの作曲家，コルネット奏者。
⇒バロ（バッサーノ，ジョヴァンニ　1558頃–1617.7?）

Bassano, Jacopo da〈16世紀〉
イタリアの画家。ベネチアに工房を開き，風俗画を一つのジャンルにまで高めた。
⇒岩世人（バッサーノ　1517頃–1592.2.13）

Bassano, Jerome〈16・17世紀〉
イタリアの皮革商，コルネット奏者。
⇒バロ（バッサーノ，ジェローム　1570頃?–1631）

Bassano, Lodovico〈16世紀〉
イタリアのフルート奏者，コルネット奏者。
⇒バロ（バッサーノ，ロドヴィーコ　1543頃–1593）

Basselin, Olivier〈15世紀〉
フランスの詩人。酒の歌の作家として有名。
⇒バロ（バスラン，オリヴィエ　1400頃?–1450頃）

Basset, René Marie Joseph〈19・20世紀〉
フランスの東洋学者。
⇒岩世人（バセ　1855.7.24–1924.1.4）

Bassevi of Treuenberg, Jacob ben-samuel〈16・17世紀〉
プラハの宮廷財政家。
⇒ユ人（バッセビ，ヤコブ・ベンサムエル　1570–1634）
ユ事典（Bassevi of Treuenberg,Jacob　トロイエンブルクのバシェヴィ，ヤコブ　1570–1634）

Bassi, Amedeo〈19・20世紀〉
イタリア・オペラのテノール。
⇒失声（アメデオ・バッシ　1872–1949）

Bassi, Luigi〈18・19世紀〉
イタリアのバリトン。
⇒オペラ（バッシ，ルイージ　1766–1825）

Bassianus〈4・5世紀〉
イタリア北部ローディの司教。在職374～409。ローディの守護聖人。祝日1月19日。
⇒新カト（バッシアヌス　生没年不詳）

Basso, Sébastien〈17世紀〉
フランスの自然哲学者。原子論の代表者の一人。
⇒岩世人（バソー）

Bastable, Charles Francis〈19・20世紀〉
アイルランドの経済学者。ダブリン大学経済学教授（1882～1932）。
⇒岩世人（バスタブル　1855–1945.1）

Bastāmī, Bayāzīd（Abū Yazīd） Ṭayfūr ibn 'Īsā〈9世紀〉
初期のイスラーム神秘家（スーフィー）。
⇒岩世人（バスターミー　?–874）

Bastian, Adolf〈19・20世紀〉
ドイツの民族学者。1869年から民族学誌を編集。ダーウィニズムに反対。
⇒岩世人（バスティアン　1826.6.26–1905.2.2）

Bastian, Henry（Charlton）〈19・20世紀〉
イギリスの生物学者。
⇒学叢思（バスティアン，ヘンリー・チャールトン　1837–1915）

Bastiat, Claude Frédéric〈19世紀〉
フランスの経済学者，自由貿易論者。
⇒岩世人（バスティア　1801.6.29–1850.12.24）
学叢思（バスティア，フレデリク　1801–1850）

Bastien-Lepage, Jules〈19世紀〉
フランスの画家。作品に『春の歌』（74），『干し草』（78）など。
⇒岩世人（バスティアン＝ルパージュ　1848.11.1–1884.12.10）
芸13（バスティアン・ルパージュ，ジュール　1848–1884）

Baston, Guillaume-André-René〈18・19世紀〉
フランスのカトリック神学者。
⇒新カト（バストン　1741.11.29–1825.9.26）

Baston, John〈17・18世紀〉
イギリスの管楽器奏者。
⇒バロ（バストン，ジョン　1670頃?–1733）

Bat'a, Tomáš〈19・20世紀〉
チェコスロヴァキアの靴製造業者。
⇒岩世人（バチャ　1876.4.3–1932.7.12）

Bataille, Félix Henry〈19・20世紀〉
フランスの詩人，劇作家。詩集『白い家』（95），戯曲『君の血』（97）の著者として有名。
⇒岩世人（バタイユ　1872.4.4–1922.3.2）

Bataille, Gabriel〈16・17世紀〉
フランスのリュート奏者，作曲家。王室音楽楽長（1617～）。
⇒バロ（バターユ，ガブリエル　1575頃–1630.12.17）

Bataille, Nicolas〈14・15世紀〉
フランスのタピスリー作家。
⇒岩世人（バタイユ　1330-1340頃–1405頃）

Bataillon, Pierre〈19世紀〉
マリスト修道会司祭，オセアニア宣教師。フラ

ンスのサン・シール・レ・ヴィーニュ生まれ。
⇒新カト（バタイヨン　1810.1.6–1877.4.11）

Bataly, Ferencz〈17世紀〉
ハンガリーの作曲家。
⇒バロ（バタイ, フェレンツ　1600頃?–1660頃?）

Batcheler, Daniel〈16・17世紀〉
イギリスのリュート奏者, 官吏。
⇒バロ（バチェラー, ダニエル　1574頃–1610以降）

Batchelor, John〈19・20世紀〉
イギリスの宣教師, アイヌ研究家。著に『アイヌ語・英語・日本語辞典』(1905)。
⇒岩世人（バチェラー　1854.3.20–1944.4.2）
　ネーム（バチュラー　1854–1944）
　広辞7（バチェラー　1854–1944）

Bates, Ann〈18世紀〉
イギリスのスパイ。アメリカ独立戦争で活躍した。
⇒スパイ（ベイツ, アン）

Bates, Daisy Mae〈19・20世紀〉
イギリスのソーシャル・ワーカー。オーストラリア原住民の中で生涯の大半を送った。
⇒オセ新（ベーツ　1861–1951）

Bates, Henry Walter〈19世紀〉
イギリスの昆虫学者。蝶類を主とする昆虫の擬態を研究, 説明。
⇒岩世人（ベイツ　1825.2.8–1892.2.16）
　ラテ新（ベーツ　1825–1892）

Bates, John Coalter〈19・20世紀〉
アメリカの陸軍将校。
⇒アア歴（Bates,John C(oalter)　ジョン・コウルター・ベイツ　1842.8.26–1919.2.4）

Bateson, Mary〈19・20世紀〉
イギリスの歴史学者。
⇒岩世人（ベイトソン　1865.9.12–1906.11.30）

Bateson, Thomas〈16・17世紀〉
イギリスの作曲家。
⇒バロ（ベートソン, トマス　1570–1630）
　バロ（ベイトソン, トマス　1570–1575頃–1630.3）

Bateson, William〈19・20世紀〉
イギリスの動物学者, 遺伝学者。遺伝におけるメンデル法則を支持。
⇒岩世人（ベイトソン　1861.8.8–1926.2.6）

Bathilde〈7世紀〉
フランク王国の王妃。
⇒新カト（バティルディス　?–680.1.30頃）
　図聖（バティルディス　?–680頃）

Báthory Erzsébet〈16・17世紀〉
ハンガリーの貴族。"血の伯爵夫人"の異名をとる大量少女虐殺者。

⇒王妃（エリザベート・バートリ　1560–1614）

Báthory Zsigmond〈16・17世紀〉
トランシルバニア（ジーベンビュルゲン）公。在位1581～98,1600～01。
⇒岩世人（バートリ　1572–1613.3.27）

Bathsheba〈前10世紀〉
ヘブル王国の将軍ウリヤの妻。夫の死後, ダビデの妻となる。ソロモンの母（旧約）。
⇒岩世人（バト・シェバ）
　新カト（バト・シェバ）
　聖書（バト・シェバ）

Bati, Luca〈16・17世紀〉
イタリアの作曲家, 参事会員。
⇒バロ（バーティ, ルーカ　1550頃–1608.10.17）

Batiffol, Pierre〈19・20世紀〉
フランスのカトリック教会史家。1907年著書『聖餐論』(05)などが禁書となる。
⇒岩世人（バティフォル　1861.1.27–1929.1.13）
　新カト（バティフォル　1861.1.27–1929.1.13）

Batiushkov, Konstantin Nikolaevich〈18・19世紀〉
ロシアの詩人。『レーテの岸辺の幻』(09)の作者として有名。
⇒岩世人（バーチュシコフ　1787.5.18–1855.7.7）

Batlle y Ordoñez, José〈19・20世紀〉
ウルグアイのジャーナリスト, 政治家。
⇒岩世人（バジェ・イ・オルドニェス　1856.5.21–1929.10.20）
　ラテ新（バッジェ・イ・オルドーニェス　1856–1929）

Bâton, Charles〈18世紀〉
フランスのハーディ・ガーディ奏者, 著述家。
⇒バロ（バトン, シャルル　1700頃–1754以降）

Batoni, Pompeo Girolamo〈18世紀〉
イタリアの画家。新古典主義者。主作品『凱旋するベネチア』(37)など。
⇒岩世人（バトーニ　1708.1.25–1787.2.4）
　ネーム（バトーニ　1708–1787）
　芸13（バトーニ, ポンペオ　1708–1787）

Bà Triệu〈3世紀〉
北部ベトナムで中国に反乱した女性。
⇒岩世人（バー・チエウ　3世紀）

Batson, Matthew A.〈19・20世紀〉
アメリカの陸軍将校。
⇒アア歴（Batson,Matthew A.　マシュー・A・バトスン　1867?–1917.1.15）

al-Battānī, Abū 'Abd allāh Muḥammad ibn Jābir ibn Sinān〈9・10世紀〉
アラビアの天文学者。アルバタニウスの名で知られる。

⇒岩世人（バッターニー　858頃-929）
新カト（バッターニー　858頃-929）
世数（アル・バッターニ（またはアルバテグニウス），モハメド・イブン・ジャビル・イブン・シナン・アブ・アブダラ　850頃-929）

Batten, Adrian ⟨16・17世紀⟩
イギリスのオルガン奏者・歌手。
⇒バロ（バットゥン，アドリアーン　1585頃-1637）
バロ（バテン，エイドリアン　1591.3.1-1637）

Batteux, Charles ⟨18世紀⟩
フランスの美学者。著作に『芸術論』(46)。
⇒岩世人（バトゥー　1713.5.6-1780.7.14）

Batthyány Lajos ⟨19世紀⟩
ハンガリーの政治家。責任内閣制の初代首相を務めた。
⇒岩世人（バチャーニュ　1807.2.14-1849.10.6）

Battiferra degli Ammannati, Laura ⟨16世紀⟩
イタリアの女流詩人。
⇒ルネ（ラウラ・バッティフェッラ・アンマナーティ）

Battiferri, Luigi ⟨17世紀⟩
イタリアのオルガン奏者・聖職者。
⇒バロ（バッティフェッリ，ルイージ　1607頃-1682以降）
バロ（バティフェッリ，ルイージ　1608頃-1682以降）

Battishill, Jonathan ⟨18・19世紀⟩
イギリスの作曲家，オルガン奏者。
⇒バロ（バティシル，ジョナサン　1738.5-1801.12.10）

Battista da Crema ⟨15・16世紀⟩
ドミニコ会会員，霊的著作家。イタリアのクレマ出身。
⇒新カト（バッティスタ　1460頃-1534.1.2）

Battistini, Mattia ⟨19・20世紀⟩
イタリアのバリトン。〈ベル・カント唱法〉の優れた歌い手として知られた。
⇒岩世人（バッティスティーニ　1856.2.27-1928.11.7）
オペラ（バッティスティーニ，マッティーア　1856-1928）

Battre, H. ⟨14・15世紀⟩
フランスの作曲家。
⇒バロ（バトル，H.　1390頃?-1440頃）

Batu ⟨13世紀⟩
キプチャク・ハン国の1代ハン。在位1227〜55。
⇒岩世人（バトゥ　1207頃-1256）
広辞7（バトゥ　1207-1255）
世人新（バトゥ　1207-1255）
世人装（バトゥ　1207-1255）
世史語（バトゥ　1207-1255）
ポプ人（バトゥ　1207-1255）

学叢歴（抜都　?-1257（宝祐5））

Batz, Jean, Baron de ⟨18・19世紀⟩
フランス革命期の王党派の指導者。ルイ16世，マリー・アントワネットの救出に失敗。
⇒スパイ（ド・バッツ，ジャン　1754-1822）

Baucardé, Carlo ⟨19世紀⟩
イタリアのテノール歌手。
⇒オペラ（バウカルデ，カルロ　1825頃-1883）

Bauch, Bruno ⟨19・20世紀⟩
ドイツの哲学者。新カント派。主著『批判哲学における幸福と個人』(02)。
⇒岩世人（バウフ　1877.1.19-1942.2.27）
メル2（バウフ，ブルーノ　1877-1942）

Bauchant, André ⟨19・20世紀⟩
フランスの画家，舞台装置家。1921年サロン・ドートンヌに入選。主作品『天地創造の日』。
⇒岩世人（ボーシャン　1873.4.24-1958.8.12）
芸13（ボーシャン，アンドレ　1873-1942）

Baudeau, Nicholas ⟨18世紀⟩
フランスの経済学者。
⇒岩世人（ボードー　1730-1792）

Baudelaire, Charles Pierre ⟨19世紀⟩
フランスの詩人，評論家。詩集『悪の華』(57)でフランス近代詩を確立。
⇒岩世人（ボードレール　1821.4.9-1867.8.31）
ネーム（ボードレール　1821-1867）
広辞7（ボードレール　1821-1867）
学叢思（ボードレール，シャール・ピエール　1821-1867）
新カト（ボードレール　1821.4.9-1867.8.31）
世人新（ボードレール　1821-1867）
世人装（ボードレール　1821-1867）
世史語（ボードレール　1821-1867）
ポプ人（ボードレール，シャルル　1821-1867）

Baudelocque, Jean Louis ⟨18・19世紀⟩
フランスの産科医。骨盤計測学の進歩に貢献。
⇒岩世人（ボードロック　1745.11.30-1810.5.2）

Baudet, Dulary ⟨18・19世紀⟩
フランスの社会主義者。
⇒学叢思（ボーデ，デュラリー　1791-1878）

Baudin, Alphonse Jean-Baptiste Victor ⟨19世紀⟩
フランスの政治家。
⇒岩世人（ボダン　1811.10.23-1851.12.3）

Baudot, Anatole de ⟨19・20世紀⟩
フランスの建築家。パリ，モンマルトルのサン・ジャン教会堂を建築。
⇒岩世人（ボードー　1834-1915）

Baudot, Jean Maurice Emilie ⟨19・20

世紀〉
フランスの電気技術者。高速度印字電信機を発明。
⇒岩世人（ボードー（ボドー）　1845.9.11–1903.3.28）

Baudouin I〈11・12世紀〉
エルサレム王。在位1100～18。
⇒岩世人（ボードゥアン1世　1058–1118.4.2）
　新カト（ボードゥアン1世　1058–1118.4.2）
　皇国（ボードワン1世　?–1118）

Baudouin I〈12・13世紀〉
東ローマ皇帝。在位1204～05。
⇒岩世人（ボードゥアン1世　1171/1172–1205/1206）
　新カト（ボードゥアン1世　1171–1205/1206）
　皇国（ボードワン1世　（在位）1204–1205）

Baudouin II〈12世紀〉
エルサレム王。在位1118～31。
⇒新カト（ボードゥアン2世　?–1131.8.21）

Baudouin III〈12世紀〉
エルサレム王。在位1143～62。
⇒皇国（ボードワン3世　（在位）1143–1162）

Baudouin IV〈12世紀〉
エルサレム王。在位1174～85。
⇒皇国（ボードワン4世　（在位）1174–1185）

Baudouin de Courtenay, Jan Ignacy Niecisław〈19・20世紀〉
ポーランドの言語学者。
⇒岩世人（ボードゥアン・ド・クルトネ　1845.3.13–1929.11.3）

Baudrexel, Philipp Jakob〈17世紀〉
ドイツの聖職者、参事会員、指揮者。
⇒バロ（バウドレクセル、フィリップ・ヤーコプ　1627.5.2–1691.3.23）

Baudri de Saint-Gilles d'Asson, Antoine de〈17世紀〉
フランスのジャンセニスムの思想家。
⇒新カト（ボードリ・ド・サン・ジル・ダソン　1617–1668）

Baudrillart, Henri Joseph Léon〈19世紀〉
フランスの経済学者。
⇒学叢思（ボードリヤール、アンリ・ジョセフ・レオン　1821–1892）

Baudrillart, Henri Marie Alfred〈19・20世紀〉
フランスのカトリック聖職者、歴史家。
⇒岩世人（ボードリヤール　1859.1.6–1942.5.19）
　新カト（ボードリヤール　1859.1.6–1942.5.19）

Baudry, Paul Jacques Aimé〈19世紀〉
フランスの画家。1850年ローマ賞を獲得し、ローマでラファエロを研究。
⇒岩世人（ボードリー　1828.11.7–1886.1.17）
　芸13（ボードリー、ポール・ジャック・エーメ　1828–1886）

Bauduin, Albertus Johannes〈19世紀〉
オランダの商人、外交官。
⇒岩世人（ボードゥイン　1829.6.24–1890.7.25）

Bauduin, Anthonius Franciscus〈19世紀〉
オランダの軍医。1862年長崎養生所教師として来日。H.ヘルムホルツ発明の検眼鏡を日本に伝えた。
⇒岩世人（ボードゥイン　1822.6–1885.6）
　広辞7（ボードイン　1820–1885）

Bauer, Bruno〈19世紀〉
ドイツの神学者、哲学者、歴史家。極端な無神論の立場を取った。
⇒岩世人（バウアー　1809.9.6–1882.4.13）
　広辞7（バウアー　1809–1882）
　学叢思（バウエル、ブルノー　1809–1882）
　新カト（バウアー　1809.9.6–1882.4.15）
　メル3（バウアー、ブルーノ　1809–1882）
　ユ著人（Bauer, Bruno　バウアー、ブルーノ　1809–1882）

Bauer, Evgeny Frantsevich〈19・20世紀〉
帝政ロシアの映画監督、舞台美術家、脚本家。
⇒岩世人（バウエル　1865–1917.6.9）

Bauer, Gustav〈19・20世紀〉
ドイツの政治家。首相（1919）。ヴェルサイユ条約に調印し、ヴァイマル憲法を決議。
⇒岩世人（バウアー　1870.1.6–1944.9.16）

Bauer, Hans〈19・20世紀〉
ドイツの言語学者。
⇒岩世人（バウアー　1878.1.16–1937.3.6）

Bauer, Louis Agricola〈19・20世紀〉
アメリカの地磁気学者。
⇒岩世人（バウアー　1865.1.26–1932.4.12）

Bauer, Stephen〈19・20世紀〉
オーストリアの社会主義者。
⇒学叢思（バウエル、ステフェン　1865–?）

Bauer, Walter〈19・20世紀〉
ドイツの福音主義神学者。新約聖書のギリシア語研究に貢献。
⇒岩世人（バウアー　1877.8.8–1960.11.17）
　新カト（バウアー　1877.8.8–1960.11.17）

Bauer, Wilhelm Sebastian Valentin〈19世紀〉
ドイツの発明家。対デンマーク戦争（1848～50）に刺激されて潜航艇を発明（49）。
⇒岩世人（バウアー　1822.12.23–1875.6.20）

Bauernfeld, Eduard von〈19世紀〉
オーストリアの劇作家。著書『告白』(34) など。
⇒岩世人（バウエルンフェルト（バウアンフェルト）1802.1.13–1890.8.9）

Bauerschmidt〈18世紀〉
ドイツのハープ奏者?。
⇒バロ（バウアーシュミット,? 1730頃?–1790頃?）

Bauhin, Gaspard〈16・17世紀〉
スイスの博物学者,解剖学者。既知植物の総目録をつくった。
⇒岩世人（ボーアン 1560.1.17–1624.12.5）

Bauldeweyn, Noel〈15・16世紀〉
フランドルの作曲家,聖歌隊歌唱長。
⇒バロ（バウルデヴェイン, ノエル 1480頃–1530）

Baum, Lyman Frank〈19・20世紀〉
アメリカの作家。
⇒岩世人（ボーム 1856.5.15–1919.5.6）

Bauman, Nikolai Ernestovich〈19・20世紀〉
ロシアの革命家。レーニンの〈イスクラ〉紙の積極的な協力者の一人。
⇒岩世人（バウマン 1873.5.17–1905.10.18）

Baumann, Emile〈19・20世紀〉
フランスの小説家。主著 "La fosse aux lions" (11)。
⇒新カト（ボーマン 1868.9.24–1941.11.24）

Baumann, Julius〈19・20世紀〉
ドイツの哲学者。観念的実在論の立場に立つ。
⇒岩世人（バウマン 1837.4.22–1916.8.14）

Baumé, Antoine〈18・19世紀〉
フランスの化学者。ボーメ比重計の発明は有名。
⇒岩世人（ボーメ 1728.2.26–1804.10.15）

Baumeister, Friedrich Christian〈18世紀〉
ドイツの哲学者。ヴォルフ主義者。
⇒岩世人（バウマイスター 1709.7.17–1785.10.8）

Bäumer, Gertrud〈19・20世紀〉
ドイツの女流作家,評論家。ドイツの婦人運動の促進に努めた。
⇒岩世人（ボイマー 1873.9.12–1954.3.25）

Bäumer, Suitbert〈19世紀〉
ドイツのカトリック典礼学者。
⇒新カト（ボイマー 1845.3.28–1894.8.12）

Baumgarten, Alexander Gottlieb〈18世紀〉
ドイツの哲学者,美学者。美学という名称の創唱者。
⇒岩世人（バウムガルテン 1714.7.17–1762.5.26）
広辞7（バウムガルテン 1714–1762）
学叢思（バウムガルテン, アレクサンデル・ゴットリープ 1714–1762）
新カト（バウムガルテン 1714.7.17–1762.5.27）

Baumgarten, Siegmund Jakob〈18世紀〉
ドイツのルター派神学者。
⇒岩世人（バウムガルテン 1706.3.14–1757.7.4）

Baumgartner, Alexander〈19・20世紀〉
ドイツの聖職者,文学史家。
⇒新カト（バウムガルトナー 1841.6.27–1910.10.5）

Baumgartner, Matthias〈19・20世紀〉
ドイツの哲学者。新スコラ哲学の立場に立つ。
⇒岩世人（バウムガルトナー 1865.2.20–1933.6.22）

Baumstark, Anton〈19・20世紀〉
ドイツのセム語学者,典礼学者。
⇒新カト（バウムシュタルク 1872.8.4–1948.5.31）

Baur, Erwin〈19・20世紀〉
ドイツの植物学者,遺伝学者。メンデル遺伝学の発達に貢献したほか,植物の育種についても功績がある。
⇒岩世人（バウル 1875.4.16–1933.12.3）

Baur, Ferdinand Christian〈18・19世紀〉
ドイツの神学者。テュービンゲン学派の創始者。主著『コリント教会内のキリスト派』(31) など。
⇒学叢思（バウル, フェルディナント・クリスティアン 1792–1860）
新カト（バウア 1792.6.21–1860.12.2）

Baur, Harry〈19・20世紀〉
フランスの舞台,映画俳優。主演作品『資本家ゴルダー』(30)『にんじん』(32) など。
⇒ユ著人（Baur, Harry ボール, アリ 1880–1943）

Baur, Jean〈18世紀〉
フランスのハープ奏者。
⇒バロ（ボール, ジャン 1719–1773以降）

Bautain, Louis-Eugène-Marie〈18・19世紀〉
フランスの司教,哲学者,神学者。
⇒新カト（ボータン 1796.2.17–1867.10.15）

Bautista, Ambrocio Rianzares〈19・20世紀〉
フィリピンの政治家。
⇒岩世人（バウティスタ 1830.12.7–1903.12.4）

Bautista Porres y Tamayo, Pedro〈16・17世紀〉
スペインのフランシスコ会宣教師。
⇒岩世人（ペドロ・バウティスタ 1571–1630.12.10）
新カト（ペドロ・バウティスタ・ポレス・イ・タ

マヨ　1572–1630.12.30）

Bavink, Bernhard〈19・20世紀〉
ドイツの自然哲学者。
⇒岩世人（バーヴィンク　1879.6.30–1947.6.27）

Bavink, Hermann〈19・20世紀〉
オランダの神学者。オランダ・カルヴァン主義の代表者。
⇒岩世人（バーフィンク　1854.12.13–1921.7.29）

Bavo〈7世紀〉
痛悔者。聖人。ブラバント生まれ。
⇒図聖（バヴォ　?–653頃）

Bawden, Samuel Day〈19・20世紀〉
アメリカの宣教師。
⇒アア歴（Bawden,Samuel D (ay)　サミュエル・デイ・ボーデン　1868.12.2–1946.8.3）

Bax, Ernest Belfort〈19・20世紀〉
イギリスの社会主義者。
⇒学叢思（バックス, エルンスト・ベルフォート　1854–?）

Bax, Jacques〈19世紀〉
ベルギー出身の淳心会員, モンゴル宣教の先駆者。
⇒新カト（バクス　1824.6.26–1895.1.4）

Baxter, Richard〈17世紀〉
イギリスの神学者。調停的カルバン主義に属した。主著『改宗した牧師』(56) など。
⇒岩世人（バクスター　1615.11.12–1691.12.8）
　新カト（バクスター　1615.11.12–1691.12.8）

Baxter, Robert Dudley〈19世紀〉
イギリスの経済学者, 実際家。
⇒学叢思（バックスター, ロバート・ダッドレー）

Bay, Harry Elbert〈19・20世紀〉
アメリカの大リーグ選手 (外野)。
⇒メジャ（ハリー・ベイ　1878.1.17–1952.3.20）

Bayan〈13世紀〉
中国, 元初の功臣。
⇒岩世人（バヤン　1236–1295.1.11（世祖至元31.12.25））
　学叢歴（伯顔　1236（端平3）–1294（至元31））

Bayan〈14世紀〉
中国, 元末の権臣。メルキト (蔑児吉𣆶) 氏の人。順帝のもとで中書右丞相となる。
⇒岩世人（バヤン　?–1340（順帝至元6））

Bayan Möngke Jinong〈15世紀〉
北元の皇帝。
⇒世帝（バヤン・モンケ・ボルフ晋王　(在位) 1479–1487）

Bayard, Hippolyte〈19世紀〉
フランスの写真発明家, 写真家。

⇒岩世人（バイヤール　1801.1.20–1887.5.14）

Bayazit I〈14・15世紀〉
オスマン・トルコ帝国第4代のスルタン。在位1389〜1402。「雷王」と称される武人。
⇒岩世人（バヤズィト1世　1360?–1403）
　世人新（バヤジット1世　1360–1403）
　世人装（バヤジット1世　1360–1403）
　世史語（バヤジット1世　1360–1403）
　世帝（バヤズィト1世　1360–1403）
　ポブ人（バヤジット1世　1360?–1403）
　学叢歴（バジアシッド）

Bayazit II〈15・16世紀〉
オスマン・トルコ帝国のスルタン。第8代 (1481〜1512)。
⇒岩世人（バヤズィト2世　1447/1448–1512.6.10）
　世帝（バヤズィト2世　1447–1512）

Baybars al-Bunduqdārī I〈13世紀〉
エジプト, バフリ・マムルーク朝第4代のスルタン。在位1260〜77。
⇒岩世人（バイバルス　1228頃–1277）
　広辞7（バイバルス　1228頃–1277）
　世人新（バイバルス1世　1223/1228/1233–1277）
　世人装（バイバルス1世　1223/1228/1233–1277）
　世史語（バイバルス　1228–1277）
　ポブ人（バイバルス　1228?–1277）

*al-***Baydāwī, 'Abdullāh**〈13・14世紀〉
クルアーン解釈学者。
⇒岩世人（バイダーウィー　?–1316頃）

Bayer, Johann〈16・17世紀〉
ドイツの天文学者。
⇒岩世人（バイアー　1572–1625.3.7）

Bayes, Thomas〈18世紀〉
イギリスの数学者。死後出版された論文が, 確率論に多大な影響を与えた。
⇒世数（ベイズ, トーマス　1702–1761）

Bayhaqī〈11世紀〉
ペルシアの歴史家。
⇒岩世人（バイハキー, アブル・ファズル　995–1077）

Bayinnaung〈16世紀〉
ビルマ, タウングー朝の第3代王。在位1551〜81。
⇒岩世人（バインナウン　1516–1581.11）
　世帝（バインナウン　1516–1581）

Bayle, Antoine-Laurent〈18・19世紀〉
フランスの精神医学者。
⇒岩世人（ベール　1799.1.13–1858.3.29）

Bayle, Pierre〈17・18世紀〉
フランスの懐疑論的哲学者。啓蒙主義の先駆。
⇒岩世人（ベール　1647.11.18–1706.12.28）
　広辞7（ベール　1647–1706）

学叢思（ベール, ピエール 1647–1706）
新カト（ベール 1647.11.18–1706.12.28）
メル2（ベール, ピエール 1647–1706）

Baylis, Lilian Mary〈19・20世紀〉
イギリスの劇場経営者。オールド・ビック劇場でシェークスピア全作品など上演。
⇒バレエ（ベイリス, リリアン 1874–1937）
ユ人（バイリス, リリアン・マリー 1874–1937）

Bayliss, Sir William Maddock〈19・20世紀〉
イギリスの生理学者。ホルモン研究の先駆者。
⇒岩世人（ベイリス 1860.5.2–1924.8.27）

Baynes, Thomas Spencer〈19世紀〉
イギリスの論理学者。セント・アンドルーズ大学の哲学および修辞学教授（1864～）。
⇒岩世人（ベインズ 1823.3.24–1887.5.31）

Bayreuth, Wilhelmine von〈18世紀〉
ドイツの貴族、プロイセンの王女。オペラの興隆に貢献。
⇒バロ（バイロイト, ヴィルヘルミーネ・フォン 1709.7.3–1758.10.14）

Bāysunqur Mīrzā ibn Shāhrukh〈14・15世紀〉
ティムール朝の王子。
⇒岩世人（バーイスンクル・ミールザー 1397–1433）

al-Bayṭār, Abū Bakr〈14世紀〉
エジプトの獣医学者。
⇒岩世人（バイタール, アブー・バクル ?–1340）

Bazaine, Achille François〈19世紀〉
フランスの将軍。メキシコ遠征の最高司令官。
⇒岩世人（バゼーヌ 1811.2.13–1888.9.23）
学叢歴（バゼーヌ 1811–1888）

Bazard, Saint-Amand〈18・19世紀〉
フランス, 炭焼党の創立者。サン＝シモン主義者。
⇒岩世人（バザール 1791.9.19–1832.7.29）
学叢思（バザール, サン・タマン 1791–1832）

Bazhov, Pavel Petrovich〈19・20世紀〉
ソ連の作家。
⇒岩世人（バジョーフ 1879.1.15/27–1950.12.3）
ネーム（バジョーフ 1879–1950）

Bazille, Jean-Frédéric〈19世紀〉
フランスの画家。印象主義に属する。代表作に『家族の集り』(67)。
⇒岩世人（バジール 1841.12.6–1870.11.28）
芸13（バジール, フレデリック 1841–1870）

Bazin, Antoine Pierre Louis〈18・19世紀〉
フランスのシナ学者。主として元代の戯曲を研究。
⇒岩世人（バザン 1799.3.26–1863.1）

Bazin, René François Nicolas Marie〈19・20世紀〉
フランスの小説家。作品に『死に行く大地』(99),『オベルレー一家』(01) など。
⇒岩世人（バザン 1853.12.26–1932.7.20）
学叢思（バザン, ルネ 1853–?）
新カト（バザン 1853.12.26–1932.7.20）

Bazylik, Cyprian〈16世紀〉
ポーランドの作曲家, 書記官, 騎士, 著述家, 翻訳家, 印刷業者。
⇒バロ（バズィリク, ツィプリアン 1535頃–1600以降）

Beach, Amy (Marcy)〈19・20世紀〉
アメリカの作曲家。
⇒エデ（ビーチ, エイミー（マーシー） 1867.9.5–1944.12.27）

Beach, Harlen Page〈19・20世紀〉
アメリカの宣教師, 神学者。イェール大学神学部教授（1906～21）。
⇒岩世人（ビーチ 1854.4.4–1933.3.4）

Beach, Thomas M.〈19世紀〉
イギリスのスパイ。
⇒スパイ（ビーチ, トーマス・M 1841–1894）

Beadsley, Aubrey Vincent〈19世紀〉
イギリスの画家。主作品は『サロメ』の挿絵(94)など。
⇒岩世人（ビアズリー 1872.8.21–1898.3.16）
ネーム（ビアズリー 1872–1898）
広辞7（ビアズリー 1872–1898）
新カト（ビアズリ 1872.8.21–1898.3.16）
芸13（ビアズリー, オーブリー 1872–1898）

Beal, Samuel〈19世紀〉
イギリスの中国仏教学者。中国に渡り, 宗教を研究。
⇒岩世人（ビール 1825.11.27–1889.8.20）

Beall, John〈19世紀〉
南部連合のスパイ。
⇒スパイ（ビール, ジョン 1835–1865）

Bean, Robert Bennett〈19・20世紀〉
アメリカの人類学者。
⇒アア歴（Bean, Robert Bennett ロバート・ベネット・ビーン 1874.3.24–1944.8.27）

Beána, Mathias Juan de〈17世紀〉
スペインの歌手。
⇒バロ（ベアーナ, マティアス・フアン・デ 1620頃–1680頃）

Beard, Charles Austin〈19・20世紀〉
アメリカの政治学者, 歴史学者。都市行政の権

威で関東大震災後の東京の再建に協力。
⇒アア歴（Beard,Charles A（ustin） チャールズ・オースティン・ビアード 1874.11.27-1948.9.1）
アメ新 （ビアード 1874-1948）
岩世人 （ビアード 1874.11.27-1948.9.1）
広辞7 （ビアード 1874-1948）
20思 （ビアード，チャールズ A（オースティン） 1874-1948）

Beard, George Miller〈19世紀〉
アメリカの医者。神経の機能的疾患を研究して、神経衰弱症という名称を初めて用いた（1869）。
⇒岩世人 （ビアード 1839.5.8-1883.1.23）

Beard, John〈18世紀〉
イギリスのテノール歌手。
⇒オペラ （ビアード，ジョン 1717-1791）

Beardsley, James Wallace〈19・20世紀〉
アメリカの技師。
⇒アア歴（Beardsley,James Wallace ジェイムズ・ウォレス・ビアズリー 1860.9.11-1944.5.15）

Bearsted, Marcus Samuel, First Viscount〈19・20世紀〉
シェル石油のイギリス側創業者。
⇒ユ人 （ベアステッド，マルクス・サムエル，伯爵 1853-1927）

Beato, Felix〈19・20世紀〉
イギリスの写真家。横浜ベアト写真館経営。
⇒岩世人 （ベアト 1834-1909.1.29）
広辞7 （ベアト 1825-1909）
芸13 （ベアト，フェリックス 1825-1907）

Beaton, David〈15・16世紀〉
イギリスの政治家、聖職者。
⇒岩世人 （ビートン 1494頃-1546.5.29）

Beatrice Mary Victoria〈19・20世紀〉
イギリスの王女。
⇒王妃 （ベアトリス 1857-1944）

Beatrice Portinari〈13世紀〉
フィレンツェの婦人。ダンテの理想の女性。
⇒岩世人 （ベアトリーチェ 1266-1290.6.8）
世人新 （ベアトリーチェ 1266-1290）
世人装 （ベアトリーチェ 1266-1290）

Beatrix〈3・4世紀〉
聖人、ローマの殉教者。祝日7月29日。
⇒新カト （ベアトリクス ?-303頃）
図聖 （シンプリキウス，ファウスティヌスとベアトリクス ?-304頃）

Beatrix〈13世紀〉
ベルギーの霊的著作家、シトー会修道女。
⇒新カト （ベアトリクス〔ナザレトの〕 1200頃-1268.8.29）

Beatriz〈14・15世紀〉
ポルトガル女王。先王フェルナンド1世の娘。

⇒世帝 （ベアトリス 1372-1408）

Beatriz, de Dia〈12世紀〉
フランスの貴族、トルバドゥール。
⇒バロ （ベアトリツ，デ・ディア 1150頃?-1200頃?）

Beatriz da Silva〈15世紀〉
聖人、修道女会創立者。祝日8月17日。ポルトガル人貴族の娘。
⇒新カト （ベアトリス・ダ・シルヴァ 1426頃-1490/1492）

Beattie, George William〈19・20世紀〉
アメリカの教育者。
⇒アア歴（Beattie,George William ジョージ・ウィリアム・ビーティー 1859.4.10-1949.5.16）

Beattie, James〈18・19世紀〉
イギリスの哲学者、詩人。『吟遊詩人』（71〜74）の作者として知られる。
⇒岩世人 （ビーティ 1735.10.25-1803.8.18）

Beattie, Rolla Kent〈19・20世紀〉
アメリカの植物学者。
⇒アア歴（Beattie,R（olla）Kent ローラ・ケント・ビーティー 1875.1.14-1960.6.2）

Beatty, David Beatty, 1st Earl of the North Sea and of Brooksby〈19・20世紀〉
イギリスの軍人。1911年W.チャーチル内閣の海相。
⇒岩世人 （ビーティ 1871.1.17-1936.3.12）

Beatus〈1・2世紀〉
聖人、宣教師。祝日5月9日。ブリテン島出身。
⇒新カト （ベアトゥス 1-2世紀頃）
図聖 （ベアトゥス ?-112）

Beatus〈8世紀〉
スペインの神学者、司祭、修道者。
⇒岩世人 （ベアトゥス）
新カト （ベアトゥス〔リエバナの〕 750頃-799頃）

Beatus Rhenanus〈15・16世紀〉
ドイツの歴史家、人文主義者。
⇒岩世人 （ベアトゥス・レナヌス 1485.8.23-1547.7.20）
新カト （レナヌス 1485.8.22-1547.7.20）

Beauchamp, Pierre〈17・18世紀〉
フランスの舞踊家。パリ・オペラ座の最初の振付師。バレエの基本の5つのポジションを考案、舞踊譜を発明。
⇒バロ （ボーシャン，ピエール 1636-1705）
岩世人 （ボーシャン 1631.10.30（受洗）-1705）
バレエ （ボーシャン，ピエール 1631.10.30-1705）

Beauduin, Lambert〈19・20世紀〉
ベルギーの典礼学者。
⇒新カト （ボーデュアン 1873.8.4-1960.1.11）

Beaufort, *Sir* Francis〈18・19世紀〉
イギリスの海軍軍人、気象学者、海洋学者。「ビューフォート風力階級表」を考案。
⇒岩世人（ボーフォート（慣ビューフォート）1774.5.27–1857.12.17）

Beaufort, Henry〈14・15世紀〉
イギリスの大法官、枢機卿。ヘンリー4,5,6世の3代の治世に絶大な勢力をふるった。
⇒岩世人（ボーフォート　1375?–1447.4.11）

Beaufort, *Lady* Margaret, Countess of Richmond〈15・16世紀〉
イングランド王ヘンリー7世の母。イギリスの学問の保護者。
⇒岩世人（ボーフォート　1443.5.31–1509.6.29）
　王妃（マーガレット　1443–1509）

Beauharnais〈18世紀〉
フランスの貴族。ナポレオン1世の妻ジョゼフィーヌの前夫。
⇒岩世人（ボアルネ　1760.5.28–1794.7.23）

Beauharnais, Eugène Rose de〈18・19世紀〉
フランスの政治家、軍人。A.V.ボーアルネの子。ナポレオンのイタリア王位相続者。
⇒岩世人（ボアルネ　1781.9.3–1824.2.21）

Beauharnais, Hortense Eugénie Cécile〈18・19世紀〉
オランダ王妃。在位1806～10。ナポレオン3世の母。
⇒王妃（オルタンス・ド・ボアルネ　1783–1837）

Beaujon, Antonie〈19世紀〉
オランダの経済学者。
⇒学叢思（ボージョン、アントニー　1853–1890）

Beaujoyeux, Balthasar de〈16世紀〉
イタリア＝フランス人のヴァイオリン奏者、作曲家、振付家。
⇒バロ（バルタザール・ド・ベルジョイソ　1535頃以前–1587頃）
　バロ（ボージョワイユ、バルタザール・ド　1535頃以前–1587頃）
　岩世人（ボージョワイユ　?–1587頃）
　バレエ（ボージョワユー、バルタザール・ド　16世紀初頭–1587頃）

Beaulieu, Eustorgde〈15・16世紀〉
フランスのオルガン奏者、聖職者、教師、詩人。
⇒バロ（ボリュー、ウストール・ド　1495頃–1552.1.8）

Beaulieu, Lambert de〈16世紀〉
フランスの歌手。
⇒バロ（ボリュー、ランベール・ド　1540頃?–1590）

Beaumanoir, Philippe de〈13世紀〉
フランスの法学者、作家。

⇒岩世人（ボーマノワール　1252/1254–1296.1.7）

Beaumarchais, Pierre Augustin Caron de〈18世紀〉
フランスの劇作家。
⇒バロ（ボーマルシェ、ピエール・オーギュスタン・カロン・ド　1732.1.24–1799.5.18）
　岩世人（ボーマルシェ　1732.1.24–1799.5.18）
　オペラ（ボーマルシェ、ピエール・オギュスタン・カロン・ド　1732–1799）
　ネーム（ボーマルシェ　1732–1799）
　広辞7（ボーマルシェ　1732–1799）
　スパイ（ボーマルシェ、ピエール　1732–1799）
　ポブ人（ボーマルシェ、ピエール　1732–1799）

Beaumont, Francis〈16・17世紀〉
イギリスの劇作家。
⇒岩世人（ボーモント　1584–1616.3.6）
　新カト（ボーモント　1584–1616.3.6）

Beaumont, (Ginger) Clarence Howeth〈19・20世紀〉
アメリカの大リーグ選手（外野）。
⇒メジャ（ジンジャー・ボーモント　1876.7.23–1956.4.10）

Beaumont, Jean Baptiste Armand Louis Léonce Elie de〈18・19世紀〉
フランスの地質学者。『フランス地質図』(41)を完成。
⇒岩世人（ボーモン　1798.9.25–1874.9.21）

Beaumont, William〈18・19世紀〉
アメリカの軍医。消化の過程を研究し、生理学に重要な貢献をした。
⇒岩世人（ボーモント　1785.11.21–1853.4.25）

Beauneveu, André〈14・15世紀〉
フランスの画家、彫刻家。『ベリー公詩篇書』の挿絵画家。
⇒岩世人（ボーヌヴー　1360頃–1413/1403）
　芸13（ボーヌヴー、アンドレ　1361–1402）

Beaunier, André〈19・20世紀〉
フランスの作家。
⇒新カト（ボーニエ　1869.9.22–1925.11.9）

Beauquier, Charles〈19・20世紀〉
フランスの政治家、著述家。
⇒19仏（シャルル・ボーキエ　1833.12.19–1916.8.12）

Beauregard, Pierre G.T.〈19世紀〉
南部連合の士官。南北戦争中に大規模なスパイ網を組織した。
⇒スパイ（ボーリガード、ピエール・G・T　1818–1893）

Beaurepaire, Nicolas Joseph〈18世紀〉
フランスの軍人。
⇒岩世人（ボールペール　1740–1792）

Beauvarlet-Charpentier, Jean-Jacques〈18世紀〉
フランスのオルガン奏者。
⇒バロ（ボヴァルレ・シャルパンティエ, ジャン・ジャック　1734.6.28–1794.5.6）

Beauvilliers, Antoine〈18・19世紀〉
フランスの料理人、レストラン経営者。
⇒岩世人（ボーヴィリエ　1754–1817）

Beauzée, Nicolas〈18世紀〉
フランスの文法家。
⇒岩世人（ボーゼ　1717.5.9–1789.1.24）

Beaverbrook, William Maxwell Aitken〈19・20世紀〉
イギリスの政治家、新聞経営者。カナダ生れ。
⇒岩世人（ビーヴァブルック　1879.5.25–1964.6.9）
　ネーム（ビーヴァーブルック　1879–1964）

Beazley, *Sir* Charles Raymond〈19・20世紀〉
イギリスの歴史学者。特に中世の地理学史および地理的知識の発達史に力を注いだ。
⇒岩世人（ビーズリー　1868.4.3–1955.2.1）

Bebel, Ferdinand August〈19・20世紀〉
ドイツの政治家。1875年ドイツ社会主義労働党を創設。
⇒岩世人（ベーベル　1840.2.22–1913.8.13）
　ネーム（ベーベル　1840–1913）
　広辞7（ベーベル　1840–1913）
　学叢思（ベーベル, アウグスト　1840–1913）
　世人新（ベーベル　1840–1913）
　世人裝（ベーベル　1840–1913）
　世史語（ベーベル　1840–1913）
　ポプ人（ベーベル, アウグスト　1840–1913）

Beccafumi, Domenico〈15・16世紀〉
イタリアの画家、彫刻家。マニエリスムの主要画家。作品にシエナ政庁の天井画（29～35）など。
⇒岩世人（ベッカフーミ　1484–1551）
　芸13（ベッカフーミ　1485-1486–1551）

Beccaria, Cesare Bonesana〈18世紀〉
イタリアの刑法学者、哲学者、経済学者。
⇒岩世人（ベッカリーア　1738.3.15–1794.11.28）
　ネーム（ベッカリーア　1738–1794）
　広辞7（ベッカリーア　1738–1794）
　学叢思（ベッカリア, マルケーゼ（侯爵）・チェザレ・ボネサナ・デ　1738–1794）

Becchi, Marco-Antonio di〈16世紀〉
イタリアのリュート奏者。
⇒バロ（ベッキ, マルコ・アントーニオ　1522.12.19–1568以降）

Becher, Johann Joachim〈17世紀〉
ドイツの化学者。医者, 経済学者, 冒険家。
⇒岩世人（ベッヒャー　1635–1682）
　学叢思（ベッヒャー, ヨハン・ヨアヒム　1625–1682）

Becher, Karl〈19世紀〉
ドイツの統計学者。統計の整備と統計学の発展に寄与。
⇒岩世人（ベッヒャー　1823.10.2–1896.6.20）

Bechstein, Friedrich Wilhelm Carl〈19世紀〉
ドイツのピアノ製作者。グランド・ピアノは世界的名声を得た。
⇒岩世人（ベヒシュタイン　1826.6.1–1900.3.6）

Bechstein, Ludwig〈19世紀〉
ドイツの小説家、愛国詩人。ドイツの伝説、童話の収集家としても著名。
⇒岩世人（ベヒシュタイン　1801.11.24–1860.5.14）

Beck, Carl Gottlieb〈18・19世紀〉
ドイツの出版者。ネルトリンゲンに出版社を創立（1763）。
⇒岩世人（ベック　1732.4.20–1802.12.20）

Beck, Franz Ignaz〈18・19世紀〉
ドイツの作曲家。
⇒バロ（ベック, フランツ・イグナーツ　1734.2.15–1809.12.31）

Beck, Hans〈19・20世紀〉
デンマークのダンサー、振付家、バレエ・マスター。
⇒バレエ（ベック, ハンス　1861.5.31–1952.6.9）

Beck, Jakob Sigismund〈18・19世紀〉
ドイツの哲学者。カントの弟子。
⇒岩世人（ベック　1761.8.6–1840.8.29）
　学叢思（ベック, ヤコブ・ジギスムント　1761–1840）

Beck, Johann Hector〈17世紀〉
ドイツの楽器奏者、楽譜編纂者。
⇒バロ（ベック, ヨハン・ヘクトル　1620頃?–1680頃?）

Beck, Johann Tobias〈19世紀〉
ドイツのプロテスタント神学者。実在論的・聖書的神学を代表。
⇒岩世人（ベック　1804.2.22–1878.12.28）
　新カト（ベック　1804.2.22–1878.12.28）

Beck, Karl Isidor〈19世紀〉
ドイツの青年ドイツ派詩人。
⇒ユ著人（Beck, Karl Isidor　ベック, カール・イシドァー　1817–1879）

Beck, Karl Joseph〈19・20世紀〉
スイスのキリスト教社会主義者。
⇒学叢思（ベック, カール・ジョゼフ　1858–?）

Beck, Ludwig〈19・20世紀〉
ドイツの鉄の技術史家。大著『鉄の歴史』（5巻、1884～1903）で有名。

⇒岩世人（ベック　1841.7.10–1918.7.23）

Beck, Ludwig〈19・20世紀〉
ドイツの上級大将。ドイツ陸軍参謀本部初代総長。反ナチ抵抗運動を指導し、44年一揆を起した。
⇒岩世人（ベック　1880.6.29–1944.7.20）

Becke, Friedrich Johann Karl〈19・20世紀〉
オーストリアの結晶学、岩石学者。顕微鏡を用いた岩石学研究に業績をあげる。
⇒岩世人（ベッケ　1855.12.31–1931.6.18）

Becker, Adolf von〈19・20世紀〉
フィンランドの画家。
⇒岩世人（ベッカー（ベッケル）　1831.8.14–1909.8.23）

Becker, August〈19世紀〉
ドイツの社会主義記者。
⇒学叢思（ベッケル、アウグスト　1810–?）

Becker, Carl Lotus〈19・20世紀〉
アメリカの歴史家。ビアード、ターナーとともに「新史学」を代表する。
⇒岩世人（ベッカー　1873.9.7–1945.4.10）
20思（ベッカー、カール（ロータス）　1873–1945）

Becker, Christoph Edmund〈19・20世紀〉
ドイツ出身のサルヴァトール修道会員、インドへの宣教師、宣教師育成者。
⇒新カト（ベッカー　1875.10.22–1937.3.30）

Becker, Dietrich〈17世紀〉
ドイツの作曲家。
⇒バロ（ベッカー、ディートリヒ　1623–1679）

Becker, George Ferdinand〈19・20世紀〉
アメリカの地理学者。
⇒アア歴（Becker,George Ferdinand　ジョージ・ファーディナンド・ベッカー　1847.1.5–1919.4.20）

Becker, Lydia Ernestine〈19世紀〉
イギリスの女性権利論者。
⇒岩世人（ベッカー　1827.2.24–1890.7.18）

Becker, Nikolaus〈19世紀〉
ドイツの詩人。ラインの歌の作者として有名。
⇒岩世人（ベッカー　1809.10.8–1845.8.28）

Becket, Thomas à, St.〈12世紀〉
イギリスの聖職者、政治家、殉教者。1155年ヘンリー2世の大法官。
⇒岩世人（ベケット　1118頃–1170.12.29）
広辞7（ベケット　1118–1170）
新カト（トマス・ベケット　1117/1118–1170.12.29）
図聖（トマス・ベケット　1118–1170）
世人新（ベケット〈トマス＝ア〉　1118頃–1170）
世人装（ベケット〈トマス＝ア〉　1118頃–1170）

Beckford, William Thomas〈18・19世紀〉
イギリスの小説家。財産家で国会議員。主著『バセック』（86）。
⇒岩世人（ベックフォード　1760.9.29–1844.5.2）

Beckley, Jacob Peter〈19・20世紀〉
アメリカの大リーグ選手（一塁）。
⇒メジャ（ジェイク・ベックリー　1867.8.4–1918.6.25）

Beckmann, Ernst Otto〈19・20世紀〉
ドイツの化学者。ベックマン転移反応、ベックマン温度計の発見、発明で知られる。
⇒岩世人（ベックマン　1853.7.4–1923.7.13）

Beckmann, Johan〈18・19世紀〉
ドイツの技術学の創始者。テヒノロギー（技術学）と名づける新しい学問を切り開いた（72）。
⇒岩世人（ベックマン　1739.6.5–1811.2.3）

Beckmann, Johann Friedrich Gottlieb〈18世紀〉
ドイツの作曲家。
⇒バロ（ベックマン、ヨハン・フリードリヒ・ゴットリープ　1737.9.6–1792.4.25）

Beckwith, John〈18・19世紀〉
イギリスのオルガン奏者。
⇒バロ（ベックウィス、ジョン　1750.12.25–1809.6.3）

Beckx, Pierre Jean〈18・19世紀〉
ベルギーの聖職者。イエズス会総会長（53）。
⇒岩世人（ベクス　1795.2.8–1887.3.4）
新カト（ベクス　1795.2.8–1887.3.4）

Béclard, Jules〈19世紀〉
フランスの医師。
⇒19仏（ジュール・ベクラール　1817.9.17–1887.2.9）

Becque, Henry François〈19世紀〉
フランスの劇作家。代表作『からすの群』（82）、『パリの女』（85）など。
⇒岩世人（ベック　1837.4.28–1899.4.12）
広辞7（ベック　1837–1899）

Bécquer, Gustavo Adolfo〈19世紀〉
スペインの詩人。詩集『調べ』（60～61）は死後出版。
⇒岩世人（ベッケル　1836.2.17–1870.12.22）
広辞7（ベッケル　1836–1870）

Becquerel, Antoine César〈18・19世紀〉
フランスの物理学者。
⇒学叢思（ベクレル、アントアヌ・セザル　1788–1878）

Becquerel, Antoine Henri〈19・20世紀〉
フランスの物理学者。1896年ウラン鉱から放射線を検出。
⇒岩世人（ベクレル 1852.12.15–1908.8.25）
　広辞7（ベクレル 1852–1908）
　学叢思（ベクレル, アントアヌ・アンリ 1852–1908）
　物理（ベクレル, アントワーヌ・アンリ 1852–1908）
　世人新（ベクレル 1852–1908）
　世人装（ベクレル 1852–1908）
　ノ物化（アントワーヌ・アンリ・ベクレル 1852–1908）
　ポプ人（ベクレル, アントワーヌ・アンリ 1852–1908）

Bečvařovskŷ, Antonín František〈18・19世紀〉
ボヘミアのオルガン奏者、教師。
⇒バロ（ベチュヴァジョフスキ, アントニーン・フランチシェク 1754.4.9–1823.5.15）

Béda, Noël〈15・16世紀〉
フランスのカトリック神学者。
⇒新カト（ベダ 1470頃–1537.1.8）

Beda, Venerabilis〈7・8世紀〉
イギリスの歴史家、神学者、科学者、年代学者。
⇒岩世人（ベーダ〈ベード〉 673/674–735.5.26）
　広辞7（ベーダ 673頃–735）
　学叢思（ベダ）
　新カト（ベダ・ヴェネラビリス 672/673–735頃）
　図聖（ベダ・ウェネラビリス 673/673–735）
　メル1（ベーダ（・ウェネラビリス） 673/674?–735）

Beddoe, Dan〈19・20世紀〉
イギリスのテノール。
⇒魅惑（Beddoe, Dan 1863–1937）

Beddoes, Thomas Lovell〈19世紀〉
イギリスの詩人、劇作家、医師。代表作『死神の滑稽小話』（50）。
⇒岩世人（ベドーズ 1803.7.20–1849.1.26）

Bedeli, Artemiĭ〈18・19世紀〉
ウクライナ生まれの作曲家、聖職者。
⇒バロ（ベデリ, アルテミー 1750頃?–1810頃?）

Bédier, Charles Marie Joséph〈19・20世紀〉
フランスの文学研究家、文献学者。主著『叙事伝説』（4巻, 08～21）。
⇒岩世人（ベディエ 1864.1.28–1938.8.29）

Bedivere, Sir
アーサー王の円卓の騎士の一人。
⇒ネーム（ベディヴィア）

Bedjan, Paul〈19・20世紀〉
カトリック宣教師、東方学者。ヴィンセンシオの宣教会の会員。主な編纂作品に「殉教者と聖人たちの行伝」全7巻、「カルデア聖務日課書」全3巻がある。
⇒新カト（ベドヤン 1838.11.27–1920.6.9）

Bedyngham, John〈15世紀〉
イギリスの歌手、権標棒持者。
⇒バロ（ベディンガム, ジョン 1422頃–1459/1460.5）

Beebe, Charles William〈19・20世紀〉
アメリカの動物学者、探検家。
⇒岩世人（ビービ 1877.7.29–1962.6.4）

Beebe, Frederick Leonard〈19・20世紀〉
アメリカの大リーグ選手（投手）。
⇒メジャ（フレッド・ビービー 1879.12.31–1957.10.30）

Beecham, Thomas〈19・20世紀〉
イギリスの製薬業者。
⇒岩世人（ビーチャム 1820.12.3–1907.4.6）

Beecham, *Sir* Thomas〈19・20世紀〉
イギリスの指揮者。ロンドン・フィルハーモニーなどを創立。
⇒岩世人（ビーチャム 1879.4.29–1961.3.8）
　実音人（ビーチャム, トーマス 1879–1961）

Beecher, Catharine Esther〈19世紀〉
アメリカの教育家、文筆家。
⇒岩世人（ビーチャー 1800.9.6–1878.5.12）

Beecher, Henry Ward〈19世紀〉
アメリカの会衆派の牧師。
⇒岩世人（ビーチャー 1813.6.24–1887.3.8）
　学叢思（ビーチャー, ヘンリイ・ワード 1813–1884）

Beecher, Lyman〈18・19世紀〉
アメリカの長老派教会の牧師。アメリカ奴隷制度反対協会の設立者。
⇒岩世人（ビーチャー 1775.10.12–1863.1.10）

Beechey, Frederick William〈18・19世紀〉
イギリスの海軍軍人、地理学者。フランクリンの北極探検に随行。
⇒岩世人（ビーチー 1796.2.17–1856.11.29）

Beecke, Notger Ignaz Franz von〈18・19世紀〉
ドイツの作曲家。
⇒バロ（ベーケ, ノトガー・イグナツ・フランツ・フォン 1733.10.28–1803.1.2）

Beer, Johann〈17世紀〉
ドイツの小説家。"Die Teutschen-Winter-Nächte"（82）など。
⇒バロ（ベーア, ヨハン 1655.2.28–1700.8.6）
　岩世人（ベーア 1655.2.28–1700.8.6）

B

Beer, Max〈19・20世紀〉
社会運動史家。ドイツ生れ。
⇒学叢思 （ベーア、マクス 1864–?）

Beer, Michael〈18・19世紀〉
ドイツの詩人、劇作家。
⇒ユ著人 (Beer,Michael ベーア、ミヒァエル 1800–1833)

Beer, Rachel (Richa)〈19・20世紀〉
イギリスの新聞発行者、編集者。
⇒ユ人 （ビア、ラヘル（リカ、ラケル） 1858–1927）

Beer, Wilhelm〈18・19世紀〉
ドイツの天文学者。月面のおもな特徴を正確に作図。
⇒ユ著人 (Beer,Wilhelm ベーア、ウィルヘルム 1791–1850)

Beerbohm, *Sir* Max〈19・20世紀〉
イギリスの文学者。諷刺小説『ズレイカ・ドブソン』(11)で有名。
⇒岩世人 （ビアボーム 1872.8.24–1956.5.20）
芸13 （ビアボーム、マックス 1872–1956）

Beer-Hofmann, Richard〈19・20世紀〉
オーストリアの作家。主著は小説『ゲオルクの死』(1900)。
⇒岩世人 （ベーア＝ホーフマン 1866.7.11–1945.9.26）
ユ著人 (Beer-Hofmann,Richard ベーア＝ホフマン、リカルド 1866–1945)

Beernaert, Auguste Marie François〈19・20世紀〉
ベルギーの政治家。ハーグ万国平和会議(1899, 1907)で活躍。1909年ノーベル平和賞受賞。
⇒岩世人 （ベールナール 1829.7.26–1912.10.6）

Beesley, Edward Spencer〈19・20世紀〉
イギリスの大学教授、実証主義者、著述家。
⇒学叢思 （ビースレー、エドワード・スペンサー 1831–?）

Beethoven, Ludwig I van〈18世紀〉
フランドルの作曲家。
⇒バロ （ベートーヴェン、ルートヴィヒ1世・ヴァン 1712–1773.12.24）

Beethoven, Ludwig van〈18・19世紀〉
ドイツの作曲家。ウィーン古典派様式を完成、西洋音楽の巨匠の一人。
⇒岩世人 （ベートーヴェン 1770.12.16–1827.3.26）
バレエ （ベートーヴェン、ルートヴィヒ・ヴァン 1770.12.16頃–1827.3.26）
オペラ （ベートーヴェン、ルードヴィヒ・ヴァン 1770–1827）
エデ （ベートーヴェン、ルートヴィヒ・ヴァン 1770.12.16–1827.3.26）
広辞7 （ベートーヴェン 1770–1827）
学叢思 （ベートーヴェン、ルドヴィヒ・フォン 1770–1827）
実音人 （ベートーヴェン、ルートヴィッヒ・ヴァン 1770–1827）
新カト （ベートーヴェン 1770.12.17–1827.3.26）
世人新 （ベートーヴェン 1770–1827）
世人装 （ベートーヴェン 1770–1827）
世史語 （ベートーヴェン 1770–1827）
世史語 （ベートーヴェン 1770–1827）
ピ曲改 （ベートーヴェン、ルードヴィッヒ・ヴァン 1770–1827）
ポプ人 （ベートーベン、ルートウィヒ・ファン 1770–1827）

Beeton, Isabella Mary〈19世紀〉
イギリスの料理本の著者。
⇒岩世人 （ビートン 1836–1865）

Beets, Nicolass〈19・20世紀〉
オランダの作家、牧師。ヒルデブランドの筆名で散文集『カメラ・オブスクュラ』を発表。
⇒岩世人 （ベーツ 1814.9.13–1903.3.13）

Begas, Reinhold〈19・20世紀〉
ドイツの彫刻家。
⇒岩世人 （ベガス 1831.7.15–1911.8.3）
芸13 （ベガス、ラインホルト 1831–1911）

Begha〈7世紀〉
アイルランドの聖女。
⇒新カト （ベガ 6–7世紀）

Behaghel, Otto〈19・20世紀〉
ドイツの言語学者。主著『ドイツ語統辞論』(4巻,23～32)。
⇒岩世人 （ベーハーゲル 1854.5.3–1936.10.9）

Behaim, Martin〈15・16世紀〉
ドイツの航海者、地理学者。現存する世界最古の地球儀を作った。
⇒岩世人 （ベーハイム 1459頃–1507.7.29）

Beham, Barthel〈16世紀〉
ドイツの画家、版画家。H.S.ベーハムの弟。
⇒岩世人 （ベーハム兄弟 1502頃–1540）

Beham, Hans Sebald〈16世紀〉
ドイツの画家。木版画挿絵を多く残した。主作品は『農夫の祭り』(37)。
⇒岩世人 （ベーハム兄弟 1500–1550）

Beheim, Michael〈15世紀〉
ドイツの作曲家。
⇒バロ （ベーハイム、ミヒャエル 1416.9.29–1474頃）

Behn, Aphra〈17世紀〉
イギリスの劇作家、小説家。
⇒岩世人 （ベイン 1640.12.14?–1689.4.16）
広辞7 （ベイン 1640–1689）
スパイ （ベーン、アフラ 1640–1689）

Behn, Fritz〈19・20世紀〉
ドイツの彫刻家。動物を彫刻。

⇒岩世人（ベーン　1878.6.16–1970.1.26）

Behr, Wilhelm Joseph〈18・19世紀〉
ドイツの国法学者。
⇒学叢思（ベール，ウィルヘルム・ヨゼフ　1775–1851）

Behrend, Jakob Friedrich〈19・20世紀〉
ドイツの商法学者。著『商法教科書』（1880～96）で有名。
⇒岩世人（ベーレント　1833.9.13–1907.1.9）

Behrens, Peter〈19・20世紀〉
ドイツの建築家，工業デザイナー。ウィーンの美術アカデミー教授。
⇒岩世人（ベーレンス　1868.4.14–1940.2.27）
ネーム（ベーレンス　1868–1940）

Behring, Emil Adolf von〈19・20世紀〉
ドイツの細菌学者。北里柴三郎とともに破傷風の血清療法を創案。ノーベル生理・医学賞を受賞（01）。
⇒岩世人（ベーリング　1854.3.15–1917.3.31）
広辞7（ベーリング　1854–1917）

Beijerinck, Martinus Willem〈19・20世紀〉
オランダの微生物学者。微生物の生態学的研究の端緒を作った。
⇒岩世人（ベイエリンク　1851.3.16–1931.1.1）

Beilby, *Sir* George Thomas〈19・20世紀〉
イギリスの工業化学者。石油蒸溜方法を改良。
⇒岩世人（ベイルビー　1850.11.17–1924.8.1）

Beilis, Menahem Mendel〈19・20世紀〉
ロシアで起きた血の中傷事件の犠牲者。
⇒ユ人（ベイリス，メナヘム・メンデル　1874–1934）

Beilshtein, Fyodor Fyodorovich〈19・20世紀〉
ロシア（ドイツ系）の化学者。
⇒岩世人（バイルシュタイン（ベイリシテイン）1838.2.17–1906.10.18）

Beissel, Johann Conrad〈17・18世紀〉
ドイツ出身の作曲家，聖職者。
⇒バロ（バイセル，ヨハン・コンラート　1690.3.1–1768.7.6）

Beit, Alfred, *Sir*〈19・20世紀〉
ハンブルク生まれの南アフリカローデシアのダイヤモンド鉱山主。
⇒ユ人（ベイト，サー・アルフレッド　1853–1906）
ユ著人（Beit,Alfred,Sir　バイト，アルフレート　1853–1906）

Bekhterev, Vladimir Mikhailovich〈19・20世紀〉
ロシアの神経病理学者。精神反射学を提唱。主著『客観的心理学』（07～10），『反射学論集』

（21）。
⇒岩世人（ベーフテレフ　1857.1.20/2.1–1927.12.24）

Bekker, August Immanuel〈18・19世紀〉
ドイツの古典学者。主著『プラトン』（16～23）。
⇒岩世人（ベッカー　1785.5.21–1871.6.7）

Bekovich-Cherkassky, Aleksandr〈17・18世紀〉
カフカースの貴族。
⇒岩世人（ベコーヴィチ＝チェルカッスキー　?–1717）

Bektāsh〈13・14世紀〉
トルコのベクタシュ教団の始祖。イスラム教の伝説的な聖徒。
⇒岩世人（ベクタシュ　?–1270?）

Bekwark, W.G.〈16世紀〉
ハンガリーのリュート奏者（名手）。
⇒バロ（ベクヴァルク,W.G.　1507–1576）

Béla I〈11世紀〉
ハンガリー国王。在位1060～1063。
⇒世帝（ベーラ1世　1016–1063）

Béla II〈12世紀〉
ハンガリー国王。在位1131～41。
⇒世帝（ベーラ2世　1110–1141）

Béla III〈12世紀〉
ハンガリー王。在位1173～96。
⇒岩世人（ベーラ3世　1148–1196.4.16）
世帝（ベーラ3世　1148–1196）

Béla IV〈13世紀〉
ハンガリー国王。在位1235～70。
⇒岩世人（ベーラ4世　1206–1250.4.26）
世帝（ベーラ4世　1206–1270）

Belasco, David〈19・20世紀〉
アメリカの演出家，劇作家，劇場経営者。
⇒岩世人（ベラスコ　1853.7.25–1931.5.14）
ユ著人（Belasco,David　ベラスコ，デヴィッド　1853–1931）

Belcher, *Sir* Edward〈18・19世紀〉
イギリスの海軍士官。東インド諸島の調査に従事。
⇒岩世人（ベルチャー　1799.2.27–1877.3.18）

Belgrand, Marie François Eugène〈19世紀〉
フランスの土木技術者。パリに大規模な上水道の給水網と下水網を設計。
⇒岩世人（ベルグラン　1810.4.23–1878.4.8）

Belgrano, Manuel〈18・19世紀〉
アルゼンチンの革命指導者。北部軍司令官。
⇒岩世人（ベルグラーノ　1770.6.3–1820.6.20）

ラテ新　(ベルグラノ　1770–1820)

Bélin, Guillaume〈16世紀〉
フランスの歌手, 参事会員。
⇒バロ　(ベラン, ギヨーム　1500頃–1568.12.3)

Bélin, Julien〈16世紀〉
フランスのリュート奏者(名手)。
⇒バロ　(ベラン, ジュリアン　1523-1530頃–1584以降)

Belinskii, Vissarion Grigor'evich〈19世紀〉
ロシアの評論家。ヘーゲル哲学を研究, 多くの文学評論を書いた。
⇒岩世人　(ベリンスキー　1811.5.30–1848.5.26)
　ネーム　(ベリンスキー　1811–1848)
　広辞7　(ベリンスキー　1811–1848)
　学叢思　(ベリンスキー, ヴィサリオン・グリゴリーウィッチ　1810–1848)
　新カト　(ベリンスキー　1811.6.11–1848.6.7)

Belisarius〈6世紀〉
東ローマ, ユスチニアヌス帝時代の将軍。ナポリ, ローマを落し, イタリア半島を東ローマ領に奪ުる。
⇒岩世人　(ベリサリウス　505頃–565.3)
　広辞7　(ベリサリオス　505頃–565)
　新カト　(ベリサリオス　505頃–565)

Belissen, Laurent〈17・18世紀〉
フランスの歌手?, 指揮者。
⇒バロ　(ベリサン, ロラン　1693.8.8–1762.2.12)

Bell, Alexander Graham〈19・20世紀〉
アメリカの物理学者。電話機の発明者として著名。のちベル電話会社を設立。
⇒アメ新　(ベル　1847–1922)
　岩世人　(ベル　1847.3.3–1922.8.2)
　広辞7　(ベル　1847–1922)
　学叢思　(ベル, アレキサンダー・グラハム　1847–1922)
　世人新　(ベル　1847–1922)
　世人装　(ベル　1847–1922)
　世史語　(ベル　1847–1922)
　ポプ人　(ベル, グラハム　1847–1922)

Bell, Andrew〈18・19世紀〉
イギリス, スコットランド生れの牧師, 教育家。相互式教授法の開拓者。
⇒岩世人　(ベル　1753.3.27–1838.1.28)
　広辞7　(ベル　1753–1838)

Bell, *Sir* Charles〈18・19世紀〉
イギリスの医師, 解剖学者。1811年『新しい脳解剖の思想』を発表, 29年王立協会賞を受賞。
⇒岩世人　(ベル　1774.11.8–1842.4.28)

Bell, *Sir* Charles Alfred〈19・20世紀〉
イギリスの植民地官吏, チベット学者。チベットのラマ教, 風俗, 歴史等に関する研究がある。
⇒岩世人　(ベル　1870.10.31–1945.3.8)

Bell, Gertrude Margaret Lowthian〈19・20世紀〉
イギリスの女流考古学者, 旅行家。メソポタミアの戦後統治にも貢献。
⇒岩世人　(ベル　1868.7.14–1926.7.11)

Bell, Henry〈18・19世紀〉
スコットランドの技術家。ヨーロッパにおける最初の蒸気船を製作。
⇒岩世人　(ベル　1767.4.7–1830.11.14)

Bell, Henry Haywood〈19世紀〉
アメリカの海軍将校。
⇒アア歴　(Bell,Henry Haywood　ヘンリー・ヘイウッド・ベル　1808.4.13–1868.2.19)

Bell, *Sir* Issac Lowthian〈19・20世紀〉
スコットランドの冶金化学者, 工業家。
⇒岩世人　(ベル　1816.2.15–1904.12.20)

Bell, J(ames) Franklin〈19・20世紀〉
アメリカの陸軍将校。
⇒アア歴　(Bell,J(ames) Franklin　ジェイムズ・フランクリン・ベル　1856.1.9–1919.1.8)

Bell, John〈18・19世紀〉
スコットランドの外科医, 解剖学者。イギリスにおける外科学の進歩に貢献。
⇒岩世人　(ベル　1763.5.12–1820.4.15)

Bell, Richard〈19・20世紀〉
イギリスの東洋学者, アラブ学者。
⇒岩世人　(ベル　1876–1952)

Bell, Vanessa〈19・20世紀〉
イギリスの画家, 装飾デザイナー。
⇒岩世人　(ベル　1879.5.30–1961.4.7)

Bella, Stefano della〈17世紀〉
イタリアの銅版画家。主要作品『パリのポン・ヌフ風景』(46)。
⇒岩世人　(ベッラ　1610.5.18–1664.7.22)

Bellamy, Edward〈19世紀〉
アメリカの小説家。社会改革家。ユートピア小説『顧みれば』(88)は名高い。
⇒アメ新　(ベラミー　1850–1898)
　岩世人　(ベラミー　1850.3.26–1898.5.22)
　学叢思　(ベラミー, エドワード　1850–1898)

Bellamy, Joseph〈18世紀〉
アメリカの組合教会牧師。ベスリヘムの牧師。
⇒岩世人　(ベラミー　1719.2.20–1790.3.6)

Bellarmino, Francesco Romulo Roberto〈16・17世紀〉
イタリアの枢機卿, 神学者, 聖人。
⇒岩世人　(ベッラルミーノ　1542.10.4–1621.9.17)
　学叢思　(ベラルミノ, ロベルト　1542–1621)
　新カト　(ロベルト・ベラルミーノ　1542.10.4–1621.9.17)

Bellasio, Paolo〈16世紀〉
イタリアのオルガン奏者。
⇒バロ（ベッラージオ, パオロ　1554.5.20–1594.7.10）

Bellavere, Vincenzo〈16世紀〉
イタリアのオルガン奏者。
⇒バロ（ベッラヴェーレ, ヴィンチェンツォ　1540頃?–1587.9）

Bellavitis, Giusto〈19世紀〉
イタリアの数学者。パドヴァ大学教授, イタリア王国元老院議員。
⇒世数（ベラヴィティス, ジュスト　1803–1880）

Belleau, Rémy〈16世紀〉
フランスの詩人。
⇒岩世人（ベロー　1528–1577.3.6）

Bellecourt, P.Dushesne de〈19世紀〉
幕末の駐日フランス外交官。1859年来日, 親幕政策をとった。
⇒岩世人（ベルクール　1817.2.23–1881.7.23）

Belle-Isle, Charles Louis Auguste Fouquet, Duc de〈17・18世紀〉
フランスの軍人。
⇒岩世人（ベリール（ベル＝イール）　1684.9.22–1761.1.26）

Bellelli, Fulgenzio〈17・18世紀〉
イタリアの神学者, アウグスチノ会員。
⇒新カト（ベレリ　1675–1742.1.22）

Bellerophōn
ギリシア神話, コリントスのシシュフォスの孫。
⇒岩世人（ベレロフォン（ベレロフォンテス））
　ネーム（ベレロフォン）

Bellers, John〈17・18世紀〉
イギリスのクェーカー教徒慈善家。主著『産業カレッジ設立の提案』（1695～96）。
⇒学叢思（ベラース, ジョン　1654–1725）

Bellessort, André〈19・20世紀〉
歴史家, 批評家。
⇒新カト（ベルソール　1866.3.19–1942.1.2）

Belleville, Jacques de〈16・17世紀〉
フランスの作曲家。
⇒バロ（ベルヴィユ, ジャック・ド　1590頃?–1640頃?）

Belli, Domenico〈16・17世紀〉
イタリアの作曲家。
⇒バロ（ベッリ, ドメニーコ　1580頃?–1627.5.5）

Belli, Girolamo〈16・17世紀〉
イタリアの作曲家。
⇒バロ（ベッリ, ジローラモ　1552–1620頃）

Belli, Giulio〈16・17世紀〉
イタリアの作曲家。
⇒バロ（ベッリ, ジュリオ　1560–1621以降）

Belli, Giuseppe Gioacchino〈18・19世紀〉
イタリアの詩人。主要作品は『ベリのロマネスク・ソネット集』（86～89）。
⇒岩世人（ベッリ　1791.9.7–1863.12.21）
　広辞7（ベッリ　1791–1863）

Bellincioni, Gemma〈19・20世紀〉
イタリアのソプラノ。
⇒オペラ（ベッリンチョーニ, ジェンマ　1864–1950）

Bellini, Gentile〈15・16世紀〉
イタリアの画家。J.ベリーニの長男。ベネチア派の基礎を築いた。
⇒岩世人（ベッリーニ　1429–1507.2.20）
　広辞7（ベッリーニ　1429–1507）
　新カト（ベリーニ　1429頃–1507.2.23/3.7）
　芸13（ベリーニ, ジェンティーレ　1429頃–1507）
　ルネ（ジェンティーレ・ベッリーニ　1429?–1507）

Bellini, Giovanni〈15・16世紀〉
イタリアの画家。J.ベリーニの2男。主作品はフラリ聖堂の『聖母子』（88）。
⇒岩世人（ベッリーニ　1430頃–1516.11.29）
　広辞7（ベッリーニ　1430頃–1516）
　学叢思（ベルリニ, ジオヴァンニ或いはジアンベルリニ　1428–1516）
　新カト（ベリーニ　1430/1435–1516）
　芸13（ベリーニ, ジョヴァンニ　1430頃–1516）

Bellini, Jacopo〈15世紀〉
イタリアの画家。ウンブリア派。主作品『キリスト磔刑』。
⇒岩世人（ベッリーニ　1400頃–1470頃）
　広辞7（ベッリーニ　1400頃–1470頃）
　新カト（ベリーニ　1400頃–1470/1471）
　芸13（ベリーニ, ヤコポ　1400頃–1470-1471）

Bellini, Vincenzo〈19世紀〉
イタリアのオペラ作曲家。『ノルマ』（31）が高い評価を得た。
⇒岩世人（ベッリーニ　1801.11.3–1835.9.24）
　オペラ（ベッリーニ, ヴィンチェンツォ　1801–1835）
　エデ（ベッリーニ, ヴィンチェンツォ　1801.11.3–1835.9.23）
　ネーム（ベリーニ　1801–1835）
　広辞7（ベッリーニ　1801–1835）
　学叢思（ベルリーニ, ヴィンチェンゾ　1801–1835）
　実音人（ベルリーニ, ヴィンチェンツォ　1801–1835）

Bellinsgauzen, Faddei Faddeevich〈18・19世紀〉
ロシアの海将, 探検家。南極地方を探検（1819～21）。

⇒岩世人（ベリンスガウゼン　1778.9.9–1852.1.13）

Bellinzani, Paolo Benedetto〈17・18世紀〉
イタリアの作曲家，聖職者，検閲官。
⇒バロ（ベッリンツァーニ，パオロ・ベネデット　1690頃?–1757.2.25）

Bellman, Carl Michael〈18世紀〉
スウェーデンの詩人。作品は諷刺歌，宗教詩，恋歌，パロディーなど。
⇒バロ（ベルマン，カール・ミカエル　1740.2.4–1795.2.11）
　岩世人（ベルマン　1740.2.4–1795.2.11）

Bello, Andrés〈18・19世紀〉
ベネズエラの詩人，法学者，文法学者。代表作『熱帯地域の農耕への歌』(26)。
⇒岩世人（ベジョ　1781.11.29–1865.10.15）
　ラテ新（ベーリョ　1781–1865）

Belloc, Joseph Hilaire Pierre〈19・20世紀〉
イギリスの詩人，歴史家，随筆家。徒歩旅行記『ローマへの道』(02)が有名。
⇒岩世人（ベロック　1870.7.27–1953.7.16）
　新カト（ベロック　1870.7.27–1953.7.16）

Belloc-Giorgi, Maria Teresa〈18・19世紀〉
イタリアのソプラノ歌手。
⇒オペラ（ベロック＝ジョルジ，マリア・テレーザ　1774–1855）

Bellori, Giovanni Pietro〈17世紀〉
イタリアの美術史家，考古学者。
⇒岩世人（ベッローリ　1613.1.15–1696.2.19）

Bellotto, Bernardo〈18世紀〉
イタリアの画家。宮廷画家として『ドレスデンの風景』(57)『ワルシャワの風景』(68)を描いた。
⇒岩世人（ベッロット　1721.1.30–1780.11.17）
　芸13（カナレット，ベルナルド　1720–1780）
　芸13（ベロット，ベルナルド　1721–1780）

Belmont, August〈19世紀〉
アメリカの金融業者。ニューヨーク市にアウグスト・ベルモント商会を設立。53～57年オランダ駐在大使。
⇒ユ人（ベルモント，オーガスト　1816–1890）
　ユ著人（Belmont, August　ベルモント，オーガスト　1816–1890）

Beloch, Karl Julius〈19・20世紀〉
ドイツ生れの古代史家。主著は『ギリシア，ローマ世界人口』(86)。
⇒岩世人（ベロッホ　1854.1.21–1929.2.1）

Belon, Pierre〈16世紀〉
フランスの博物学者。海産動物，鳥類等を研究。

⇒岩世人（ブロン　1517–1564.4）

Belot, Gustave〈19・20世紀〉
フランスの哲学者。
⇒メル3（ベロ，ギュスターヴ　1859–1929）

Below, Georg von〈19・20世紀〉
ドイツの歴史家。法制史，都市制度の研究家。
⇒岩世人（ベロー　1858.1.19–1927.10.20）

Bēl-šarra-uṣur〈前6世紀〉
新バビロニア帝国最後の王。
⇒岩世人（ベルシャザル（ベルシャツァル））
　聖書（ベルシャツァル）

Belsham, Thomas〈18・19世紀〉
イギリスのユニテリアン派牧師。
⇒岩世人（ベルシャム　1751–1829.11.11）

Beltrami, Eugenio〈19世紀〉
イタリアの数学者。超空間の幾何学を開拓。
⇒岩世人（ベルトラミ　1835.11.16–1900.2.18）
　世数（ベルトラミ，ユージェニオ　1835–1900）

Beltrami, Luca〈19・20世紀〉
イタリアの建築家。
⇒岩世人（ベルトラミ　1854.11.13–1933.8.8）

Belyaev, Ivan Dmitrievich〈19世紀〉
ロシアの歴史家。
⇒岩世人（ベリャーエフ　1810.7.15–1873.11.19）

Belyi, Andrei〈19・20世紀〉
ロシアの詩人，小説家，評論家。象徴主義の文学運動の指導者。主著，詩集『るり色のなかの黄金』(04)。
⇒岩世人（ベールイ　1880.10.14/26–1934.1.8）
　ネーム（ベールイ　1880–1934）
　広辞7（ベールイ　1880–1934）

Belzomi, Giovanni Battista〈18・19世紀〉
イタリアの探検家，発掘家。
⇒岩世人（ベルツォーニ　1778.11.5–1823.12.3）

Bem, Jósef〈18・19世紀〉
ポーランドの軍人。ポーランド人の蜂起(30～31)，革命(48)に活躍。
⇒岩世人（ベム　1794.3.14–1850.12.10）

Bembo, Antonia〈17・18世紀〉
イタリアの歌手。
⇒バロ（ベンボ，アントーニア　1670頃–1730頃?）

Bembo, Pietro〈15・16世紀〉
イタリアの人文主義者，詩人。主著『俗語の散文』(25)は最初のイタリア語文法書。
⇒岩世人（ベンボ　1470.5.20–1547.1.19）
　広辞7（ベンボ　1470–1547）
　新カト（ベンボ　1470.5.20–1547.1.18）

Bemetzrieder, Antoine (Anton)〈18・19世紀〉
フランスの音楽理論家, 作曲家。
⇒バロ（ベメッツリーデル, アントワーヌ　1743/1748–1817頃）

Benaiah
ダビデ王の護衛隊長。
⇒聖書（ベナヤ）

Ben-Asher, Aaron ben-Moses〈9・10世紀〉
ティベリアのマソリット。ティベリアに5代続いた有名なマソラ編集一家の最後の代。
⇒ユ人（ベンアシェル, アロン・ベンモーゼス　9–10世紀）
　ユ著人　(Ben-'Asher (Melamed), Aharon Ben Moshe　ベン=アシェル, アーロン・ベン・モーシェ　10世紀初)

Benavente y Martínez, Jacinto〈19・20世紀〉
スペインの劇作家。代表作『奥様』(08)、『作られた利害』(09)。1922年ノーベル文学賞受賞。
⇒岩世人（ベナベンテ　1866.8.12–1954.7.14）
　ネーム　（ベナベンテ　1866–1954）
　広辞7　（ベナベンテ　1866–1954）

Benavides, Miguel de〈16・17世紀〉
スペインのドミニコ会宣教師。フィリピンに渡り(86)、布教に貢献。
⇒岩世人（ベナビデス　1552–1605.7.26）
　新カト（ベナビデス　1552–1605.7.26）

Bencini, Antonio〈17・18世紀〉
イタリアのチェンバロ奏者(名手)。
⇒バロ（ベンチーニ, アントーニオ　1680頃?–1742以降）

Bencini, Giuseppe〈17・18世紀〉
イタリアのチェンバロ奏者(名手)。
⇒バロ（ベンチーニ, ジュゼッペ　1670頃–1730頃）

Bencini, Pietro Paolo〈17・18世紀〉
イタリアの指揮者。
⇒バロ（ベンチーニ, ピエトロ・パオロ　1670頃–1755.7.6）

Benda, Bernhardine Juliane〈18世紀〉
ドイツの作曲家。
⇒バロ（ベンダ, ベルンハルディーネ・ユリアーネ　1752.5.14–1783.5.9）

Benda, Franz〈18世紀〉
ドイツのヴァイオリン奏者。ロイヤル・オーケストラのコンサート・マスター。
⇒バロ（ベンダ, フランティシェク　1709.11.22–1786.3.7）
　岩世人（ベンダ　1709.11.22–1786.3.7）

Benda, Friedrich Ludwig〈18世紀〉
ボヘミアのヴァイオリン奏者, 作曲家。
⇒バロ（ベンダ, フリードリヒ・ルードヴィヒ　1752.9.4–1792.3.20/27）

Benda, Friedrich Wilhelm Heinrich〈18・19世紀〉
ボヘミアのヴァイオリン奏者, 作曲家。
⇒バロ（ベンダ, フリードリヒ・ヴィルヘルム・ハインリヒ　1745.7.15–1814.6.19）

Benda, Georg〈18世紀〉
ドイツの作曲家。ゴータ侯の宮廷楽長を勤めた。
⇒バロ（ベンダ, イルジー・アントニーン　1722.6.30–1795.11.6）
　岩世人（ベンダ　1722.6.30–1795.11.6）

Benda, Heinrich〈18・19世紀〉
ドイツのヴァイオリン奏者。
⇒バロ（ベンダ, ハインリヒ　1754–1806以前）

Benda, Jan Jiří〈18世紀〉
ドイツのヴァイオリン奏者, 作曲家。
⇒バロ（ベンダ, ヤン・イルジー　1713.8.30–1752.1）

Benda, Johann Friedrich Ernst〈18世紀〉
ドイツの作曲家。
⇒バロ（ベンダ, ヨハン・フリードリヒ・エルンスト　1749.10.10–1785.2.24）

Benda, Joseph〈18・19世紀〉
ボヘミアのヴァイオリン奏者。
⇒バロ（ベンダ, ヨーゼフ　1724.5.7–1804.2.2）

Benda, Julien〈19・20世紀〉
フランスの思想家, 評論家。主著『知識人の背任』(27)。
⇒岩世人（バンダ　1867.12.26–1956.6.8）
　広辞7　（バンダ　1867–1956）
　20思　（バンダ, ジュリアン　1867–1956）
　ユ著人（Benda, Julien　バンダ, ジュリアン　1867–1956）

Benda, Karl Hermann Heinrich〈18・19世紀〉
ボヘミアのヴァイオリン奏者。
⇒バロ（ベンダ, カール・ヘルマン・ハインリヒ　1748.5.2–1836.3.15）

Benda, Maria Carolina〈18・19世紀〉
ドイツの歌手, ピアノ奏者。
⇒バロ（ベンダ, マリア・カロリーナ　1742.12.27–1820.8.2）

Bendall, Cecil〈19・20世紀〉
イギリスのインド学者, 東洋学者。密教の研究, 考古学, 古銭学などに功績をあげた。
⇒岩世人（ベンドール　1856.7.1–1906.3.14）

Bendavid, Lazarus Eleazar〈18・19世紀〉
ドイツの数学者, 哲学者, 教育者。

⇒ユ著人（Bendavid, Lazarus Eleazar　ベンダヴィッド, ラツァルス・エリエツァル　1762–1832）

Bendemann, Eduard Julius Friedrich von〈19世紀〉
ドイツの画家。
⇒ユ著人（Bendemann, Eduard Julius Friedrich von　ベンデマン, エドゥアルド・ユリウス・フリードリッヒ・フォン　1811–1889）

Bendixen, Friedrich〈19・20世紀〉
ドイツの銀行家, 経済学者。貨幣指図証券説を主張。
⇒岩世人（ベンディクセン　1864.9.30–1920.7.29）

Bendixson, Ivar Otto〈19・20世紀〉
スウェーデンの数学者。
⇒世数（ベンディクソン, イーヴァル・オットー　1861–1935）

Bendusi, Francesco〈16世紀〉
イタリアのオルガン奏者。
⇒バロ（ベンドゥージ, フランチェスコ　1500頃?–1553頃）

Benecke, George Friedrich〈18・19世紀〉
ドイツのゲルマン学者。中世ドイツ語を言語学的に考察。
⇒岩世人（ベネッケ　1762.6.10–1844.8.21）

Benedek, Ludwig August, Ritter von〈19世紀〉
オーストリアの軍人。
⇒岩世人（ベネデク　1804.7.14–1881.4.27）

Beneden, Edouard van〈19・20世紀〉
ベルギーの動物学者。生殖細胞で染色体数が半減することを発見。
⇒岩世人（ベネーデン　1846.3.5–1910.4.26）

Benedetti, Michele〈18世紀〉
イタリアのバス歌手。
⇒オペラ（ベネデッティ, ミケーレ　1778–19世紀）

Benedetti, Pietro〈16・17世紀〉
イタリアの作曲家。
⇒バロ（ベネデッティ, ピエトロ　1585頃–1649.7.14以降）

Benedetti, Vincent, Comte de〈19世紀〉
フランスの外交官。ベルリン駐在大使（1864～70）。
⇒岩世人（ベネデッティ　1817.4.29–1900.3.28）

Benedetto〈16・17世紀〉
カプチン・フランシスコ修道会員。伯爵家の子息。イタリアのウルビーノ生まれ。
⇒新カト（ベネデット〔ウルビーノの〕　1560.9.13–1625.4.29/30）

Benedict〈16・17世紀〉
神秘主義的著述家, カプチン・フランシスコ修道会員。イングランド南東部のカンフィールド出身。
⇒新カト（ベネディクト〔カンフィールドの〕　1562–1610.11.21）

Benedict, Sir Julius〈19世紀〉
イギリス（ドイツ生れ）の作曲家, 指揮者。ドルリー・レーン等の劇場の音楽監督をした。
⇒岩世人（ベネディクト　1804.11.27–1885.6.5）

Benedict, Laura Watson〈19・20世紀〉
アメリカの人類学者。
⇒アア歴（Benedict, Laura Watson　ローラ・ワトスン・ベネディクト　1861.5.5–1932.12.13）

Benedict Joseph Labre〈18世紀〉
托鉢修道士。聖人。ブーローニュ近くの生まれ。
⇒新カト（ブノア・ジョゼフ・ラーブル　1748.3.26–1783.4.16）
図聖（ラーブル, ブノア・ジョゼフ　1748–1783）

Benedictus〈10・11世紀〉
スロヴァキアのゾボルの隠修士。聖人。祝日7月17日。ゾエラルドゥスの弟子。
⇒新カト（ゾエラルドゥスとベネディクトゥス　?–1012頃）

Benedictus I〈6世紀〉
教皇。在位574～579。
⇒新カト（ベネディクトゥス1世　?–579.7.30）

Benedictus II, St.〈7世紀〉
ローマ教皇。在位684～685。
⇒新カト（ベネディクトゥス2世　?–685.5.8）

Benedictus III〈9世紀〉
教皇。在位855～858。
⇒新カト（ベネディクトゥス3世　?–858.4.7）

Benedictus IV〈10世紀〉
ローマ出身の教皇。
⇒新カト（ベネディクトゥス4世　?–903.7/8）

Benedictus V〈10世紀〉
教皇。在位964～966。
⇒新カト（ベネディクトゥス5世　?–966.7.4）

Benedictus VI〈10世紀〉
教皇。在位973～974。
⇒新カト（ベネディクトゥス6世　?–974.7）

Benedictus VII〈10世紀〉
教皇。在位974～983。
⇒新カト（ベネディクトゥス7世　?–983.7.10）

Benedictus VIII〈11世紀〉
教皇。在位1012～24。
⇒新カト（ベネディクトゥス8世　?–1024.4.9）

Benedictus IX〈11世紀〉
教皇。在位1032～45, 45, 47～48。

⇒新カト（ベネディクトゥス9世 ?-1055頃）
Benedictus X〈11世紀〉
対立教皇。在位1058〜59。
⇒新カト（ベネディクトゥス10世 ?-1073以後）
Benedictus XI〈13・14世紀〉
教皇。在位1303〜04。福者。
⇒岩世人（ベネディクトゥス11世 1240-1304.7.7）
　新カト（ベネディクトゥス11世 1240-1304.7.7）
Benedictus XII〈14世紀〉
第3代アビニョン教皇。在位1334〜42。
⇒新カト（ベネディクトゥス12世 1285頃-1342.4.25）
Benedictus XIII〈14・15世紀〉
対立教皇。在位1394〜1423。アラゴンの貴族出身。
⇒岩世人（ベネディクトゥス13世 1342頃-1423.5.23）
　新カト（ベネディクトゥス13世 1327頃-1423.5.23/11.29）
Benedictus XIII〈17・18世紀〉
教皇。在位1724〜30。
⇒新カト（ベネディクトゥス13世 1649.2.2-1730.2.21）
Benedictus XIV〈17・18世紀〉
教皇。在位1740〜58。
⇒岩世人（ベネディクトゥス14世 1675.3.31-1758.5.3）
　新カト（ベネディクトゥス14世 1675.3.31-1758.5.3）
Benedictus XV〈19・20世紀〉
教皇。在位1914〜22。15年研学聖省、17年東方教会聖省を設置。
⇒岩世人（ベネディクトゥス15世 1854.11.21-1922.1.22）
　新カト（ベネディクトゥス15世 1854.11.21-1922.1.22）
Benedictus (Aniane)〈8・9世紀〉
フランスのベネディクト会の改革者，聖人。
⇒岩世人（ベネディクトゥス（アニアーヌの） 750頃-821.2.11）
　新カト（ベネディクトゥス〔アニアヌの〕 750頃-821.2.11）
　図聖（ベネディクトゥス（アニアーヌの） 750頃-821）
Benedictus a Nursia, St.〈5・6世紀〉
キリスト教の聖人。ベネディクト会の始祖。1964年全ヨーロッパの守護聖人とされた。
⇒岩世人（ベネディクトゥス（ヌルシアの） 480頃-543.3.21）
　ネーム（ベネディクトゥス 480?-543?）
　広辞7（ベネディクトゥス 480頃-547頃）
　新カト（ベネディクトゥス〔ヌルシアの〕 480頃-547/560.3.21）
　図聖（ベネディクトゥス（ヌルシアの） 480頃-547）

世人新（ベネディクトゥス（ヌルシアの） 480頃-547）
世人装（ベネディクトゥス（ヌルシアの） 480頃-547）
世史語（ベネディクトゥス 480頃-547頃）
ポプ人（ベネディクトゥス 480?-547?）

Benediktov, Vladimir Grigor'evich〈19世紀〉
ロシアの詩人。代表作『詩集』(1835)。
⇒岩世人（ベネジークトフ 1807.11.5-1873.4.14）
Benedix, Julius Roderich〈19世紀〉
ドイツの喜劇作家。のち劇作および劇場監督として活躍。
⇒岩世人（ベネディクス 1811.1.21-1873.9.26）
Beneduce, Alberto〈19・20世紀〉
イタリアのテクノクラート官僚。
⇒岩世人（ベネドゥーチェ 1877.3.29-1944.4.26）
Beneke, Friedrich Eduard〈18・19世紀〉
ドイツの哲学者，教育学者。批判的経験論の立場をとる。
⇒岩世人（ベネケ 1798.2.17-1854.3.1）
　学叢思（ベネケ，フリードリヒ・エドゥアルト 1798-1854/1856）
Benelli, Sem〈19・20世紀〉
イタリアの劇作家，詩人。代表作『嘲笑の饗宴』(09)。
⇒学叢思（ベネルリ，セム 1876-?）
Benevoli, Orazio〈17世紀〉
イタリアの作曲家。ミサやプサルム，モテトなどの教会音楽を作曲。
⇒バロ（ベネヴォーリ，オラツィオ 1605.4.19-1672.6.17）
　新カト（ベネヴォリ 1605.4.19-1672.6.17）
Benfey, Theodor〈19世紀〉
ドイツの言語学者，サンスクリット語学者。
⇒岩世人（ベンファイ 1809.1.28-1881.6.26）
Bengel, Johann Albrecht〈17・18世紀〉
ドイツの神学者。ルター派。
⇒岩世人（ベンゲル 1687.6.24-1752.11.2）
　新カト（ベンゲル 1687.6.24-1752.11.2）
Beniamín
ヤコブの12人の息子の末の子。ラケルの子でヨセフとは実の兄弟（旧約）。
⇒新カト（ベニヤミン）
　聖書（ベニヤミン）
Benigni, Umberto〈19・20世紀〉
イタリアの教会史家，ジャーナリスト。
⇒新カト（ベニーニ 1862.3.30-1934.2.26）
Bénilde〈19世紀〉
聖人，教育者。祝日8月13日。フランスのテュレ生まれ。

⇒新カト（ベニルド　1805.6.14–1862.8.13）

Benincasa, Ursula〈16・17世紀〉
イタリアの修道女。女子テアチノ会を設立（1583）。
⇒岩世人（ベニンカーサ　1547.10.21–1618.10.20）
　新カト（ベニンカーサ　1550.10.21–1618.10.20）

Bening, Simon〈15・16世紀〉
フランドルの写本装飾画家。
⇒岩世人（ベニング　1483頃–1561）

Benjamin, Judah Philip〈19世紀〉
イギリス生れのアメリカの法律家、政治家。熱心な南部分離主義者で、南北戦争後はイギリスに亡命。
⇒ユ人（ベンジャミン，ジュダ・フィリップ　1811–1884）
　ユ著人（Benjamin,Judah Philip　ベンジャミン，ユダー・フィリップ　1811–1884）

Benjamin ben Yerach〈14世紀〉
祈禱歌の詩人。
⇒ユ著人（Benjamin ben Yerach　ベンヤミン・ベン・イェラッハ　14世紀）

Benkendorf, Aleksandr Khristoforovich〈18・19世紀〉
ロシアのドイツ系軍人、政治家。伯爵。1825年デカブリストの反乱を鎮圧。
⇒岩世人（ベンケンドルフ　1781/1783.6.23–1844.9.23）

Benlloch y Vivó, Juan〈19・20世紀〉
スペインの司教、枢機卿。
⇒新カト（ベンリョホ・イ・ビボ　1864.12.26–1926.2.14）

Bennet, Charles Edwin〈19・20世紀〉
アメリカの古典学者。ラテン語学に精通。
⇒岩世人（ベネット　1858.4.6–1921.5.2）

Bennet, John I〈15世紀〉
イギリスの作曲家、聖職者。
⇒バロ（ベネット，ジョン1世　1400頃–1450頃）

Bennet, John II〈16・17世紀〉
イギリスの作曲家。
⇒バロ（ベネット，ジョン2世　1575–1580頃–1625頃）

Bennet, John III〈18世紀〉
イギリスのオルガン奏者。
⇒バロ（ベネット，ジョン3世　1725–1730頃–1784.9）

Bennett, Albert Arnold〈19・20世紀〉
アメリカの北部バプテスト派教会宣教師。来日し、バプテスト神学校校長。
⇒岩世人（ベネット　1849.4.16–1909.10.12）

Bennett, Cephus〈19世紀〉
アメリカの宣教師、印刷業者。
⇒アア歴（Bennett,Cephus　シーファス・ベネット　1804.3.20–1885.11.26）

Bennett, Charles Wesley〈19・20世紀〉
アメリカの大リーグ選手（捕手）。
⇒メジャ（チャーリー・ベネット　1854.11.21–1927.2.24）

Bennett, Enoch Arnold〈19・20世紀〉
イギリスの小説家。代表作『老妻物語』（08）。エドワード朝時代の作家。
⇒岩世人（ベネット　1867.5.27–1931.3.27）
　広辞7（ベネット　1867–1931）

Bennett, John Hughes〈19世紀〉
イギリスの生理学者。
⇒岩世人（ベネット　1812.8.31–1875.9.25）

Bennett, Sir William Sterndale〈19世紀〉
イギリスのピアノ奏者、指揮者、作曲家。
⇒岩世人（ベネット　1816.4.13–1875.2.1）

Bennigsen, Rudolf von〈19・20世紀〉
ドイツの政治家。1859年国民同盟を設立。73–79年プロシア代議院議長。国民自由党党首。
⇒岩世人（ベニクセン　1824.7.10–1902.8.7）

Benno von Meißen, St.〈11・12世紀〉
ドイツの聖職者。1066年マイセンの司教。1523年列聖。
⇒新カト（ベンノ〔マイセンの〕　?–1105/1107）
　図聖（ベンノ〔マイセンの〕　1010–1106）

Benois, Alexandre〈19・20世紀〉
ロシア生れの舞台装置家。代表作は『レ・シルフィード』など。
⇒岩世人（ブノワ〔ベヌア〕　1870.4.21/5.3–1960.2.9）
　バレエ（ブノワ，アレクサンドル　1870.5.4–1960.2.9）

Benoist, Michel〈18世紀〉
フランスのイエズス会士。中国に行き、乾隆帝の命によって円明園に噴水を造った。
⇒岩世人（ブノワ　1715.10.8–1774.10.23〔乾隆39.9.19〕）

Benoit〈15世紀〉
イタリアの歌手。
⇒バロ（ブノワ,?　1400頃?–1448以降）

Benoit, Pierre Léopold Léonard〈19・20世紀〉
ベルギーの作曲家。フランドル音楽運動の首唱者。
⇒岩世人（ブノワ　1834.8.17–1901.3.8）

Benoît-Lévy, Edmond〈19・20世紀〉
フランスの弁護士、文筆家。

⇒**19仏**（エドモン・ブノワ=レヴィ　1858–1929）

Benrouge〈16世紀〉
　フランスの作曲家。
　⇒バロ（ベンルージュ,?　1530頃?–1580頃?）

Benrubi, Isaak〈19世紀〉
　ドイツの哲学者。フランス哲学の研究者。
　⇒岩世人（ベンルービ　1876.5.24–1943）

ben Shanab, Muḥammad〈19・20世紀〉
　アルジェリア植民地期の代表的アラブ・イスラーム学者。
　⇒岩世人（ベン・シュネブ　1869–1929）

Benson, Arthur Christopher〈19・20世紀〉
　イギリスの文学者。聖職者E.W.ベンソンの子。
　⇒岩世人（ベンソン　1862.4.24–1925.6.17）

Benson, Edward Frederic〈19・20世紀〉
　イギリスの小説家。聖職者E.W.ベンソンの子。小説 "The Capsina"（99）など。
　⇒岩世人（ベンソン　1867.7.24–1940.2.29）

Benson, Edward White〈19世紀〉
　イギリスのカンタベリー大主教。
　⇒岩世人（ベンソン　1829.7.14–1896.10.11）

Benson, *Sir* **Frank Robert**〈19・20世紀〉
　イギリスの俳優。劇団を結成し、シェークスピアのほとんど全作品を上演。
　⇒岩世人（ベンソン　1858.11.4–1939.12.31）

Benson, Robert Hugh〈19・20世紀〉
　イギリスの小説家。聖職者E.W.ベンソンの子。主著 "The last invisible"（03）。
　⇒岩世人（ベンソン　1871.11.18–1914.10.19）
　新カト（ベンソン　1871.11.18–1914.10.19）

Bent, Silas〈19世紀〉
　アメリカの海軍将校、海洋学者。
　⇒アア歴（Bent,Silas　サイラス・ベント　1820.10.10–1887.8.26）

Bentham, George〈18・19世紀〉
　イギリスの植物学者。J.ベンサムの甥。主著『オーストラリア植物誌』。
　⇒岩世人（ベンサム　1800.9.22–1884.9.10）
　学叢思（ベンサム、ジョージ　1800–1884）

Bentham, Jeremy〈18・19世紀〉
　イギリスの法学者、倫理学者、経済学者。功利主義の基礎を築いたことで有名。政治運動にもたずさわった。
　⇒岩世人（ベンサム　1748.2.15–1832.6.6）
　覚思（ベンサム　1748.2.15–1832.6.6）
　覚思ス（ベンサム　1748.2.15–1832.6.6）
　広辞7（ベンサム　1748–1832）
　学叢思（ベンザム（ベンタム）、ジェレミー　1748–1832）

　新カト（ベンサム　1748.2.15–1832.6.6）
　世人新（ベンサム　1748–1832）
　世人装（ベンサム　1748–1832）
　世史語（ベンサム　1748–1832）
　ポプ人（ベンサム、ジェレミー　1748–1832）
　メル3（ベンサム、ジェレミー　1748–1832）

Bentinck, *Lord* **William Cavendish**〈18・19世紀〉
　イギリスの軍人。初代インド総督として活躍。
　⇒岩世人（ベンティンク　1774.9.14–1839.6.17）
　南ア新（ベンティンク　1774–1839）

Bentinck, *Lord* **William George Frederick Cavendish**〈19世紀〉
　イギリスの政治家。穀物法撤廃法案に反対。
　⇒岩世人（ベンティンク　1802.2.27–1848.9.21）

Bentley, Arthur Fisher〈19・20世紀〉
　アメリカの政治社会学者、哲学者。主著『政治過程論』（08）など。
　⇒岩世人（ベントリー　1870.10.16–1957.5.21）

Bentley, Edmund Clerihew〈19・20世紀〉
　イギリスの推理作家。彼の名をとって「クラリヒュー」と呼ばれる四行の諧謔詩を得意とした。
　⇒岩世人（ベントリー　1875.7.10–1956.3.30）

Bentley, Richard〈17・18世紀〉
　イギリスの古典学者。『ファラリス書簡集』が偽物であることを説明。
　⇒岩世人（ベントリー　1662.1.27–1742.7.14）

Bentley, Wilson Alwyn〈19・20世紀〉
　アメリカの雪研究家。
　⇒岩世人（ベントリー　1865.2.9–1931.12.23）

Benucci, Francesco〈18・19世紀〉
　イタリアのバス（ブッフォ）歌手。
　⇒オペラ（ベヌッチ、フランチェスコ　1745–1824）

Benussi, Vittorio〈19・20世紀〉
　イタリアの心理学者。形態知覚の研究から表象産出説を提唱。
　⇒岩世人（ベヌッシ　1878.1.17–1927.11.24）

Ben-Yehuda, Eliezer〈19・20世紀〉
　ユダヤ人の現代ヘブライ語辞典編纂者、医師。現代ヘブライ語の復活を唱道。
　⇒ユ人（ベンエフダ、エリエゼル（エリエゼル・イツハク・パールマン）　1858–1922）
　ユ著人（Ben-Yehuda,Eliezer　ベン＝イェフダー、エリエゼル　1858–1922）

Benyovzky, Moric August Aladar〈18世紀〉
　ハンガリーの軍人、冒険家。回想記『ベニョフスキー航海記』がある。
　⇒岩世人（ベニョフスキ　1744.9–1786.5.23）

Benz, Carl Friedrich ⟨19・20世紀⟩
ドイツの技術者,発明家。自動三輪車を製作(85)。
⇒岩世人（ベンツ　1844.11.25-1929.4.4）
広辞7（ベンツ　1844-1929）
ポプ人（ベンツ,カール　1844-1929）

Beowulf
英文学最古の叙事詩《ベーオウルフ》にうたわれた英雄。
⇒岩世人（ベーオウルフ）
ネーム（ベオウルフ）

Berab (Beirab), Jacob ⟨15・16世紀⟩
ヨセフ・カロの師。パレスチナのサフェドに住み香料商人として巨万の富を動かした。
⇒ユ著人（Berab (Beirab),Jacob　ベーラブ, ヤアコブ　1474-1546）

Bérain, Jean Louis ⟨17・18世紀⟩
フランスの装飾図案家。ルイ14世に仕えた。同名の息子（1678〜1726）は彫版師。
⇒芸13（ベラン, ジャン　1637-1711）

Béranger, Pierre Jean de ⟨18・19世紀⟩
フランスのシャンソン作者。
⇒岩世人（ベランジェ　1780.8.19-1857.7.16）
ネーム（ベランジェ　1780-1857）
広辞7（ベランジェ　1780-1857）

Berardi, Angelo ⟨17世紀⟩
イタリアの作曲家,理論家。
⇒バロ（ベラルディ, アンジェロ　1635-1694.4.9）

Berardus ⟨13世紀⟩
イタリアのフランシスコ会の殉教者。
⇒新カト（ベラルドゥスとその仲間　?-1220.1.16）

Berchem, Claes Pietersz ⟨17世紀⟩
オランダの画家。オランダの後期バロック美術の画家。
⇒岩世人（ベルヘム　1620.10.1（受洗）-1683.2.18）

Berchem, Jacquet de ⟨16世紀⟩
フランドルの作曲家。
⇒バロ（ベルヘム, ジャケ・ド　1505頃-1565）
バロ（ヤケト・ド・ベルヘム　1505頃-1565）

Berchem, Max von ⟨19・20世紀⟩
スイスのイスラム学者。イスラムの碑文の研究家として知られていた。
⇒岩世人（ファン・ベルヘム　1863.3.16-1921.3.7）

Berchet, Giovanni ⟨18・19世紀⟩
イタリアの詩人。愛国精神と独立を唱え,反オーストリア運動に参加。
⇒岩世人（ベルシェ　1783.12.23-1851.12.23）

Berchmans, Jan ⟨16・17世紀⟩
ベルギーのイエズス会修練生,聖人。
⇒新カト（ヤン・ベルフマンス　1599.3.13-1621.8.13）
図聖（ベルフマンス, ヤン　1599-1621）

Berchtold, Leopold, Graf von ⟨19・20世紀⟩
オーストリアの政治家。1914年サラエボ事件を機にセルビアに対し最後通牒を発した。
⇒岩世人（ベルヒトルト　1863.4.18-1942.11.21）

Berdiaev, Nikolai Aleksandrovich ⟨19・20世紀⟩
ロシアの哲学者。東方神秘主義者。
⇒岩世人（ベルジャーエフ　1874.3.6/3.18-1948.3.23/24）
ネーム（ベルジャーエフ　1874-1948）
広辞7（ベルジャーエフ　1874-1948）
新カト（ベルジャーエフ　1874.3.6-1948.3.23）
20思（ベルジャーエフ, ニコライ（アレクサンドロヴィチ）　1874-1948）
メル3（ベルジャーエフ, ニコライ（ニコラ）　1879-1948）

Berdyczewski (Bin-Gorion), Micha Josef ⟨19・20世紀⟩
ロシアのヘブライ語及びイーデッシュ語作家。
⇒ユ人（ベルディチェフスキー（ビン・ゴリン）, ミハ・ヨセフ　1865-1921）
ユ著人（Berdichevsky,Micah Joseph　ベルディチェヴスキー, ミッシャ・ヨセフ　1865-1921）

Berengaria ⟨12・13世紀⟩
カスティリア王アルフォンソ8世の長女。幼い弟のエンリケ1世に代って王国を統治。
⇒世帝（ベレンゲラ　1180-1246）
王妃（ベレンゲラ　1180-1246）

Berengario I ⟨10世紀⟩
最初のイタリア王。ブルグント王ルドルフ2世に敗れた。
⇒岩世人（ベレンガリオ1世　850頃-924.4.7）

Berengario II ⟨10世紀⟩
イタリア王。在位950〜963。神聖ローマ皇帝オットー1世に敗れた。
⇒岩世人（ベレンガリオ2世　900頃-966.8.6）

Berengario da Carpi, Giacomo ⟨15・16世紀⟩
イタリアの解剖学者,外科学者。
⇒岩世人（ベレンガリオ　1460頃-1530.11.24）

Berengarius ⟨10・11世紀⟩
フランスのカトリック神学者。『聖餐論』(70)により論争をまき起こした。
⇒岩世人（ベレンガリウス　999/998-1088.1.6）
新カト（ベレンガリウス〔トゥール〕の　1000頃-1088.1.6）
メル1（ベレンガリウス（トゥール）の　998/999?-1088）

Berengarius ⟨12世紀⟩
フランスの神学者,アベラルドゥスの弟子。

⇒新カト（ベレンガリウス〔ポアティエの〕　12世紀）

Berenguer y Fusté, Dámaso〈19・20世紀〉
スペインの軍人,政治家。
⇒岩世人（ベレンゲール　1873.8.4–1953.5.19）

Berenice〈1世紀〉
古代ユダヤの貴族夫人。
⇒ユ人（ベレニス　28–?）

Berenice I〈前4・3世紀〉
エジプトの女王。
⇒世帝（ベレニケ1世　前340–前279-前268）

Berenice II〈前3世紀〉
古代エジプト王プトレマイオス3世の妻。クレネ王マガスの娘。
⇒世帝（ベレニケ2世　前267/前266–前221）

Berenice III〈前1世紀〉
古代エジプトの女王。
⇒世帝（ベレニケ3世　前120–前80）

Berenice IV〈前1世紀〉
プトレマイオス朝エジプトの皇女。クレオパトラの姉。カッパドキアの王子アルケラオスと結婚。
⇒世帝（ベレニケ4世　前77–前55）

Berenson, Bernard〈19・20世紀〉
アメリカの美術史家。イタリア絵画の様式,技法についての分析に活躍。
⇒岩世人（ベレンソン　1865.6.26–1959.10.6）
広辞7（ベレンソン　1865–1959）
20思（ベレンソン,バーナード　1865–1959）
ユ人（ベレンソン（ヴァルブロエンスキ）,バーナード　1865–1959）
ユ人著（Berenson,Bernard　ベレンソン,バーナード　1865–1959）

Beresford, Charles William de la Poer, 1st Baron〈19・20世紀〉
イギリス（アイルランド生れ）の提督。海峡艦隊司令長官（07–09）,下院議員（10–16）。
⇒岩世人（ベレスフォード　1846.2.10–1919.9.6）

Beresford, John Davys〈19・20世紀〉
イギリスの小説家。"Jacob Stahl"（11）以下の三部作で著名。
⇒岩世人（ベレスフォード　1873.3.7–1947.2.2）

Beresford, William Carr, 1st Viscount〈18・19世紀〉
イギリスの軍人。
⇒岩世人（ベレスフォード　1768.10.2–1854.1.8）

Beretta, Caterina〈19・20世紀〉
イタリアのダンサー,教師。
⇒バレエ（ベレッタ,カテリーナ　1839.12.8–1911.1.1）

Berezin, Ilya Nikolaevich〈19世紀〉
ロシアの東洋学者。
⇒岩世人（ベレージン　1818.7.19–1896.3.22）

Berezovskiĭ, Maksim Sozontovich〈18世紀〉
ウクライナ生まれの歌手。
⇒バロ（ベレゾーフスキー,マクシム・ソゾントヴィッチ　1745.10.27–1777.4.2）

Berg, Günter Heinrich von〈18・19世紀〉
ドイツの法律学者。
⇒学叢思（ベルグ,ギュンテル・ハインリヒ・フォン　1765–1843）

Berg, Lev Semyonovich〈19・20世紀〉
ソ連邦の地理学者,生物学者。魚類分類学に関する名著で有名。
⇒岩世人（ベルグ　1876.3.2/14–1950.12.24）

Berg, Max〈19・20世紀〉
ドイツの建築家。ブレスラウ市に『世紀館』（13）を建てた。
⇒岩世人（ベルク　1870.4.17–1947.1.24）

Berg, Ragnar〈19・20世紀〉
スウェーデンの栄養学者。
⇒岩世人（ベリ　1873.9.1–1956.3.31）

Bergaigne, Abel Henri Joseph〈19世紀〉
フランスのインド学者,言語学者。主著『リグ・ベーダ讃歌によるベーダの宗教』（78–83）。
⇒岩世人（ベルゲーニュ　1838.8.31–1888.8.6）

Bergamini, Lamberto (Umberto)〈19・20世紀〉
イタリア?のテノール歌手。
⇒魅惑（Bergamini,Lamberto (Umberto)　1880–?）

Bergeat, Alfred Edmund〈19・20世紀〉
ドイツの火山学者,鉱床学者。火山配列と地質構造の関係などを研究。
⇒岩世人（ベルゲアト　1866.7.17–1924.7.30）

Bergemann, Paul〈19・20世紀〉
ドイツの教育学者。理想主義的な社会的教育学説を提唱。
⇒岩世人（ベルゲマン　1862.10.20–1946.10.8）

Bergen, Paul David〈19・20世紀〉
アメリカの宣教師。
⇒アア歴（Bergen,Paul David　ポール・デイヴィッド・バーゲン　1860.7.19–1915.8.8）

Berger, Augustin〈19・20世紀〉
チェコのダンサー,振付家,バレエ・マスター。
⇒バレエ（ベルゲル,アウグスティン　1861.8.11–1945.6.1）

Berger, Georges〈19・20世紀〉
フランスの政治家。
⇒19仏（ジョルジュ・ベルジェ　1834.10.5-1910.7.8）

Berger, Hans〈19・20世紀〉
ドイツの精神病,神経病学者。脳電位を測定する器械を考案,発表。
⇒岩世人（ベルガー　1873.5.21-1941.6.1）

Berger, Johann Erich〈18・19世紀〉
ドイツの哲学者。ロマン主義的自然観を説いた。
⇒岩世人（ベルガー　1772.9.1-1833.2.22）

Berger, Rudolf〈19・20世紀〉
チェコスロヴァキアのバリトン,テノール。1898年からベルリン宮廷オペラに出演。
⇒魅惑（Berger,Rudolf　1874-1915）

Berger, Victor Louis〈19・20世紀〉
アメリカの社会主義者。オーストリア生れ。社会党創立（1897）に努めた。1911年から,下院議員。
⇒学叢思（バージャー,ヴィクター　1860-?）

Bergerat, Émile〈19・20世紀〉
フランスの作家。
⇒19仏（エミール・ベルジュラ　1845.4.25-1923.10.13）

Bergh, Johan Edvard〈19世紀〉
スウェーデンの画家。
⇒岩世人（ベリ　1828.3.29-1880.9.23）

Bergh, Sven Richard〈19・20世紀〉
スウェーデンの画家。J.E.ベリの子。
⇒岩世人（ベリ　1858.12.28-1919.1.29）

Bergh van Eyringa, Gustaaf Adolf van den〈19・20世紀〉
オランダのプロテスタント神学者。ヘーゲル学徒。
⇒岩世人（ファン・デン・ベルク　1874.6.27-1957.5.26）

Bergier, Nicolas-Sylvestre〈18世紀〉
フランスのカトリック神学者。
⇒新カト（ベルジエ　1718.12.31-1790.4.9）

Bergiron, Nicolas-Antoine〈17・18世紀〉
フランスの写譜家,司書。
⇒バロ（ベルジロン,ニコラ・アントワーヌ　1690.12.12-1768.4.27以前）

Bergius, Karl Julius〈19世紀〉
ドイツの国家学者,官房学者。
⇒学叢思（ベルギウス,カール・ユリウス　1804-1871）

Bergk, Theodor〈19世紀〉
ドイツの古典学者。
⇒岩世人（ベルク　1812.5.12-1881.7.20）

Bergman, Torbern Olof〈18世紀〉
スウェーデンの化学者,鉱物学者。
⇒岩世人（ベリマン　1735.3.20-1784.7.8）

Bergmann, Anton〈19世紀〉
フランドルの作家。代表作『エルネスト・スタース』(74)。
⇒岩世人（ベルフマン　1835.6.29-1874.1.21）

Bergmann, Ernst von〈19・20世紀〉
ドイツの外科医。ロシア生れ。脳外科の発展に貢献,外科手術の滅菌法についても功績が多い。
⇒岩世人（ベルクマン　1836.12.16-1907.3.25）

Bergmann, Gustav von〈19・20世紀〉
ドイツの医学者。E.ベルクマンの子。
⇒岩世人（ベルクマン　1878.12.24-1955.9.16）

Bergmann, Julius〈19・20世紀〉
ドイツの哲学者。
⇒学叢思（ベルクマン,ユリウス　1840-1904）

Bergognone, Il〈15・16世紀〉
イタリアの画家。ボルゴニョーネともいう。
⇒岩世人（ベルゴニョーネ　1453頃-1523.5.21）

Bergson, Henri Louis〈19・20世紀〉
フランスの哲学者。1928年ノーベル文学賞受賞。
⇒岩世人（ベルクソン　1859.10.18-1941.1.4）
ネーム（ベルクソン　1859-1941）
広辞7（ベルクソン　1859-1941）
学叢思（ベルグソン,アンリ　1859-?）
新カト（ベルクソン　1859.10.18-1941.1.4）
世人新（ベルクソン　1859-1941）
世人装（ベルクソン　1859-1941）
20思（ベルクソン,アンリ（ルイ）　1859-1941）
ポプ人（ベルクソン,アンリ　1859-1941）
メル3（ベルクソン,アンリ=ルイ　1859-1941）
メル3（ベルクソン,アンリ　1859-1941）
ユ人（ベルクソン,アンリ　1859-1941）
ユ著人（Bergson,Henri Louis　ベルグソン,アンリ・ルイ　1859-1941）

Bering, Vitus Jonassen〈17・18世紀〉
デンマーク生れのロシアの航海者。のちにベーリング海峡と呼ばれる海峡を発見。
⇒岩世人（ベーリング　1681.8.12-1741.12.8）
ネーム（ベーリング　1681-1741）
広辞7（ベーリング　1681-1741）
世人新（ベーリング　1681-1741）
世人装（ベーリング　1681-1741）
世史語（ベーリング　1681-1741）
ポプ人（ベーリング,ビトウス　1681-1741）

Bériot, Charles Auguste de〈19世紀〉
ベルギーのヴァイオリン奏者,作曲家。オペラ歌手である妻と共に各国を巡演。

⇒岩世人（ベリオ　1802.2.20–1870.4.8）

Berke〈13世紀〉
キプチャク＝カン（金帳汗）国の統治者。在位1257〜1267。
⇒岩世人（ベルケ　?–1266/1267）

Berkeley, George〈17・18世紀〉
イギリスの哲学者，聖職者。『視覚新説論』(09)『人知原理論』(10)を著した。
⇒岩世人（バークリー　1685.3.12–1753.1.14）
　ネーム（バークリー　1685–1753）
　広辞7（バークリー　1685–1753）
　学叢思（バークレー, ジョージ　1685–1752）
　新カト（バークリ　1685.3.12–1753.1.14）
　図哲（バークリー, ジョージ　1685–1753）
　メル2（バークリー, ジョージ　1685–1753）

Berkey, Charles Peter〈19・20世紀〉
アメリカの地質学者。
⇒アア歴（Berkey, Charles Peter　チャールズ・ピーター・バーキー　1867.3.25–1955.8.22）

Berlage, Hendrik Peterus〈19・20世紀〉
オランダの建築家。作品アムステルダム株式取引所（1898〜1903）。
⇒岩世人（ベルラーヘ　1856.2.21–1934.8.12）

Berlepsch, Hans Hermann von〈19・20世紀〉
ドイツの政治家。商工相(1890)。
⇒岩世人（ベルレプシュ　1843.3.30–1926.6.2）

Berlepsch, Karl Rudolf Hans Freiherr von〈19・20世紀〉
ドイツの鳥学者。
⇒岩世人（ベルレプシュ　1857.10.18–1933.9.2）

Berlichingen, Götz von〈15・16世紀〉
ドイツ農民戦争の指導者。ドイツのロビン・フッドといわれる。
⇒岩世人（ベルリヒンゲン　1480–1562.7.23）

Berlin, Johan Daniel〈18世紀〉
ドイツのオルガン奏者，理論家。
⇒バロ（ベッリーン, ヨハン・ダニエル　1714.5.12–1787.11.4）

Berlin, Johan Henrich〈18・19世紀〉
ノルウェーの作曲家。
⇒バロ（ベッリーン, ヨハン・ヘンリク　1741–1807）

Berlin, Naphtali Zevi Judah〈19世紀〉
ロシアのユダヤ学者でラビ。
⇒ユ著人（Berlin, Naphtali Zevi Judah　ベルリン, ナフタリ・ツヴィ・ユダ　1817–1893）

Berliner, Emile〈19・20世紀〉
ドイツ系アメリカの発明家。1904年蓄音器レコードを発明。
⇒ユ人（バーリナー（ベルリナー）, エミール　1851–1929）

Berlinghiero, Berlinghieri〈13世紀〉
イタリアの画家。
⇒岩世人（ベルリンギエーロ　?–1243以前）

Berlioz, Alexandre〈19・20世紀〉
フランスのパリ外国宣教会宣教師。
⇒岩世人（ベルリオーズ　1852.9.12–1929.12.30）
　新カト（ベルリオーズ　1852.9.12–1929.12.30）

Berlioz, Louis Hector〈19世紀〉
フランス・ロマン主義の作曲家。「標題音楽」の創始者。『幻想交響曲』(30)が有名。
⇒岩世人（ベルリオーズ　1803.12.11–1869.3.8）
　バレエ（ベルリオーズ, エクトール　1803.12.11–1869.3.8）
　オペラ（ベルリオーズ, エクトル　1803–1869）
　エデ（ベルリオーズ, エクトル　1803.12.11–1869.3.8）
　ネーム（ベルリオーズ　1803–1869）
　広辞7（ベルリオーズ　1803–1869）
　学叢思（ベルリオーズ, エクトル　1803–1869）
　実音人（ベルリオーズ, エクトル　1803–1869）
　新カト（ベルリオーズ　1803.12.11–1869.3.8）
　世人新（ベルリオーズ　1803–1869）
　世人装（ベルリオーズ　1803–1869）
　ポプ人（ベルリオーズ, エクトール　1803–1869）

Berlitz, Maximilian Delphinius〈19・20世紀〉
アメリカ（ドイツ生まれ）の語学教育家。
⇒岩世人（ベルリッツ　1852.4.14–1921.4.6）

Bermejo, Bartolomé〈15世紀〉
スペインの画家。油絵の技術をスペインに紹介。作品は『シロスの聖ドミニコ』(74)など。
⇒岩世人（ベルメーホ　1440頃–1495.3.28以降）
　芸13（ベルメーホ, エル　?–1498?）

Bermeo, Diego〈16・17世紀〉
フランシスコ会員。日本宣教長。スペインのトレド生まれ。
⇒新カト（ベルメオ　?–1609.12.12）

Bermijn, Alphonse〈19・20世紀〉
ベルギー出身の淳心会員，モンゴルへの宣教師。
⇒新カト（ベルミン　1853.1.3–1915.2.16）

Bermudo, Juan〈16世紀〉
スペインの音楽理論家。
⇒バロ（ベルムード, フアン　1510頃–1565頃）

Bernabei, Ercole〈17世紀〉
イタリアの作曲家。
⇒バロ（ベルナベーイ, エルコーレ　1621/1622–1687.12.5）

Bernabei, Giuseppe Antonio〈17・18世紀〉
イタリアの作曲家。
⇒バロ（ベルナベーイ, ジュゼッペ・アントニオ　1649–1732.3.12）

Bernacchi, Antonio Maria〈17・18世紀〉
イタリアのカストラート歌手（コントラルティスタ）。
⇒バロ （ベルナッキ, アントーニオ・マリーア　1685.6.23-1756.3.13）
　オペラ （ベルナッキ, アントニオ・マリーア　1685-1756）

Bernadette Soubirous〈19世紀〉
フランスの聖女。1933年列聖。
⇒岩世人 （ベルナデット・スビルー　1844.1.7-1879.4.16）
　ネーム （ベルナデッタ　1844-1879）
　新カト （ベルナデット・スビルー　1844.1.7-1879.4.16）
　図聖 （ベルナデット・スビルー　1844-1879）

Bernard, Claude〈19世紀〉
フランスの生理学者。初めて内分泌の語を用いた。
⇒岩世人 （ベルナール　1813.7.12-1878.2.10）
　広辞7 （ベルナール　1813-1878）
　世人新 （ベルナール　1813-1878）
　世人装 （ベルナール　1813-1878）

Bernard, Emile〈19・20世紀〉
フランスの画家，著述家。季刊紙『美の革新』を発行。
⇒岩世人 （ベルナール　1868.4.28-1941.4.16）
　芸13 （ベルナール, エミール　1868-1931）

Bernard, Joseph〈19・20世紀〉
フランスの彫刻家。主作品は『瓶を持つ少女』(10)。
⇒岩世人 （ベルナール　1866.1.17-1931.1.7）
　芸13 （ベルナール, ジョゼフ　1866-1931）

Bernard, Martin〈19世紀〉
フランスの社会主義者。革命家。
⇒学叢思 （ベルナール, マルタン　1808-1883）

Bernard, Tristan〈19・20世紀〉
フランスの劇作家，小説家。戯曲『ニッケル・めっきの足』(95)で評判を得た。
⇒岩世人 （ベルナール　1866.9.7-1947.12.7）
　ユ著人 （Bernard,Tristan　ベルナール, トリスタン　1866-1947）

Bernard de Chartres, Bernardus Carnotensis〈11・12世紀〉
シャルトル学派のスコラ哲学者。
⇒岩世人 （ベルナール（シャルトルの）　?-1127頃）
　新カト （ベルナルドゥス〔シャルトルの〕　1060頃-1126頃）
　メル1 （ベルナルドゥス〔フランス名ベルナール〕（シャルトルの）　?-1127頃）

Bernard Guy〈13・14世紀〉
ドミニコ修道会士。
⇒岩世人 （ギー　1261-1331）
　新カト （ベルナルドゥス・グイドーニス　1261頃-1331.12.30）

Bernardi, Bartolomeo〈17・18世紀〉
イタリアの作曲家。
⇒バロ （ベルナルディ, バルトロメオ　1660頃-1732.5.23）

Bernardi, Steffano〈16・17世紀〉
イタリアの作曲家。
⇒バロ （ベルナルディ, ステッファーノ　1585頃-1636）

Bernardin de Saint-Pierre, Jacques Henri〈18・19世紀〉
フランスの作家。ロマン主義の先駆者の一人。『ポールとビルジニー』で知られる。
⇒岩世人 （ベルナルダン・ド・サン＝ピエール　1737.1.19-1814.1.21）
　ネーム （サン＝ピエール　1737-1814）
　広辞7 （ベルナルダン・ド・サン・ピエール　1737-1814）
　学叢思 （サン・ピエール, ベルナルダン　1737-1814）
　新カト （ベルナルダン・ド・サン・ピエール　1737.1.19-1814.1.21）
　ポプ人 （ベルナルダン・ド・サン＝ピエール, ジャック＝アンリ　1737-1814）

Bernardino〈15世紀〉
フランシスコ会原会則派の宣教師。イタリアのフェルトレ生まれ。
⇒新カト （ベルナルディーノ〔フェルトレの〕　1439-1494.9.28）

Bernardino, Giovanni〈16世紀〉
イタリアの作曲家。
⇒バロ （ベルナルディーノ, ジョヴァンニ　1540頃?-1590頃?）

Bernardinus (Siena), St.〈14・15世紀〉
イタリアのフランシスコ会神学者, 聖人。
⇒岩世人 （ベルナルディーノ（シエナの）　1380.9.8-1444.5.20）
　新カト （ベルナルディヌス〔シエナの〕　1380.9.8-1444.5.20）
　図聖 （ベルナルディーノ（シエナの）　1380-1444）
　ルネ （聖ベルナルディーノ・ダ・シエナ　1380-1444）

Bernardo〈16世紀〉
鹿児島で最初にフランシスコ・ザビエルから受洗した信徒の一人。
⇒新カト （ベルナルド〔鹿児島の〕　?-1557）

Bernardo del Carpio〈9世紀〉
スペインの半伝説的英雄。
⇒世数 （ベルヌーイ, ヤーコブ（ジャックとも）　1654-1705）

Bernardus〈11世紀〉
イタリア北部アオスタの助祭長。聖人。祝日6月15日。
⇒新カト （ベルナルドゥス〔アオスタの〕　?-1081頃）
　図聖 （ベルナルドゥス（アオスタの）　?-1081頃）

Bernardus〈12世紀〉
哲学者, 詩人, 人文主義者。シャルトル学派の一員。
⇒新カト（ベルナルドゥス〔トゥールの〕 1100頃–1160頃）

Bernardus Claravallensis〈11・12世紀〉
フランスの神秘家, 修道院改革者, 聖人。第2十字軍を興した。
⇒バロ（ベルナール・ド・クレルヴォー 1091–1153.1.20）
岩世人（ベルナルドゥス（クレルヴォーの） 1090頃–1153.8.20）
広辞7（ベルナール 1090頃–1153）
学叢思（ベルナルドゥス, クレールヴォーの 1091–1153）
新カト（ベルナルドゥス〔クレルヴォーの〕 1090頃–1153.8.20）
図聖（ベルナルドゥス（クレルヴォーの） 1090–1153）
世史語（ベルナルドゥス（聖ベルナール） 1090–1153）
ポプ人（ベルナルドゥス 1090頃–1153）
メル1（ベルナルドゥス（聖）〔フランス名ベルナール〕（クレルヴォーの） 1090?–1153）

Bernart de Ventadour〈12世紀〉
フランスのトルバドゥール。
⇒バロ（ベルナール・デ・ヴァンタドゥール 1127/1130頃–1180/1195）
岩世人（ベルナール・ド・ヴァンタドゥール 1147以前–1170以降）

Bernasconi, Andrea〈18世紀〉
イタリアの作曲家。
⇒バロ（ベルナスコーニ, アンドレーア 1706頃–1784.1.27/29）

Bernauer, Agnes〈15世紀〉
ドイツの女性。彼女を題材としたヘッベルの戯曲（1855）は有名。
⇒岩世人（ベルナウアー 1410頃–1435.10.12）

Bernays, Michael〈19世紀〉
ドイツの文学史家。J.ベルナイスの弟。
⇒岩世人（ベルナイス 1834.11.27–1897.2.25）

Berneker, Erich〈19・20世紀〉
ドイツのスラヴ語学者。『語源的スラヴ語辞典』（08～14）を編集。
⇒岩世人（ベルネカー 1874.2.3–1937.3.15）

Berner, Albert Friedrich〈19・20世紀〉
ドイツの刑法学者。
⇒学叢思（ベルネル, アルベルト・フリードリヒ 1818–?）

Bernetti, Tommaso〈18・19世紀〉
イタリアの枢機卿, 教皇庁国務官。在職1828～29, 1831～36。
⇒新カト（ベルネッティ 1779.12.29–1852.3.21）

Berneux, Siméon François〈19世紀〉
フランスのパリ外国伝道協会宣教師。朝鮮で布教。
⇒岩世人（ベルヌー 1814.5.14–1866.3.8）
新カト（ベルヌー 1814.5.14–1866.3.8）

Bernger von Horheim〈12世紀〉
ドイツのミンネゼンガー。シュヴァーベン出身。
⇒バロ（ベルンガー・フォン・ホルハイム 1150頃–1200頃）

Bernhard, Christoph〈17世紀〉
ドイツのプロテスタント教会音楽家, 理論家。
⇒バロ（ベルンハルト, クリストフ 1628.1.1–1692.11.14）
岩世人（ベルンハルト 1628.1.1–1692.11.14）

Bernhard, William Henry〈19・20世紀〉
アメリカの大リーグ選手（投手）。
⇒メジャ（ビル・バーナード 1871.3.16–1949.3.30）

Bernhardi, August Ferdinand〈18・19世紀〉
ドイツの文学者。諷刺物語および戯曲の集成を編集。
⇒岩世人（ベルンハルディ 1769.6.24–1820.6.2）

Bernhardi, Friedrich von〈19・20世紀〉
ドイツの軍人, 軍事著述家。主著『ドイツと来るべき戦争』（12）。
⇒岩世人（ベルンハルディ 1849.9.22–1930.7.10）
学叢思（ベルンハルディ, フリードルヒ・フォン 1849–?）

Bernhardt, Sarah〈19・20世紀〉
フランスの女優。当り役は『フェードル』『椿姫』。
⇒岩世人（ベルナール 1844.10.22–1923.3.26）
19仏（サラ・ベルナール 1844.10.22–1923.3.26）
ネーム（ベルナール 1844–1923）
広辞7（ベルナール 1845–1923）
ユ人（ベルナール, サラ（ヘンリエッテ・ロジーネ・ベルナール） 1844–1923）
ユ著人（Bernhardt, Sarah ベルナール, サラ 1844–1923）

Bernhard von Baden〈15世紀〉
バーデン辺境伯, 福者。
⇒図聖（ベルンハルト（バーデンの） 1428頃–1458）

Bernhard von Sachsen-Weimar〈17世紀〉
ドイツの三十年戦争新教派将軍。スウェーデン軍を率いて活躍したが, のちフランスに走った。
⇒岩世人（ベルンハルト（ザクセン＝ヴァイマルの） 1604.8.16–1639.7.18）

Bernheim, Ernst〈19・20世紀〉
ドイツの歴史家。主著『歴史研究と歴史哲学』（80）。
⇒岩世人（ベルンハイム 1850.2.19–1942.3.3）
ネーム（ベルンハイム 1850–1942）

広辞7（ベルンハイム　1850–1942）
学叢思（ベルンハイム、エルンスト　1850–?）

Bernheim, Hippolyte〈19・20世紀〉
フランスの精神医学者。催眠術、暗示の研究がある。
⇒岩世人（ベルネーム　1840.4.17–1919.2.20）

Bernheim-Jeune, Alexandre〈19・20世紀〉
フランスの画商、出版業者。
⇒岩世人（ベルネーム＝ジューヌ　1839.4.3–1915.3.2）

Berni, Francesco〈15・16世紀〉
イタリアの詩人。滑稽詩を純文学の水準にまで高めた。
⇒岩世人（ベルニ　1497?–1535.5.26）
　新カト（ベルニ　1497/1498–1535.5.26）

Bernier, François〈17世紀〉
フランスの旅行家。ムガル帝国のアウラングズィーブの侍医を務めた（59～67）。
⇒岩世人（ベルニエ　1620.9.25–1688.9.22）
　南ア新（ベルニエ　1620–1688）

Bernier, Nicolas〈17・18世紀〉
フランスの作曲家、オルガン奏者。フランス語のカンタータの創始者。
⇒バロ（ベルニエ、ニコラ　1666.5.5/6–1734.7.6）

Bernières-Louvigny, Jean de〈17世紀〉
フランスの霊的著作家。
⇒新カト（ベルニエール・ルヴィニ　1602–1659.5.3）

Berníkē
アグリッパ1世の娘。アグリッパ2世の妹（新約）。
⇒聖書（ベルニケ）

Bernini, Giovanni Lorenzo〈16・17世紀〉
イタリアの彫刻家、建築家。バチカン宮殿の建築や彫刻に従事。
⇒岩世人（ベルニーニ　1598.12.7–1680.11.28）
　ネーム（ベルニーニ　1598–1680）
　広辞7（ベルニーニ　1598–1680）
　新カト（ベルニーニ　1598.12.7–1680.11.28）
　芸13（ベルニーニ、ジャンロレンツォ　1598–1680）

Bernini, Pietro〈16・17世紀〉
イタリアの彫刻家。ジョバンニ・ロレンツォの父。
⇒芸13（ベルニーニ、ピエトロ　1562–1629）

Bernis, François Joachim de Pierre de〈18世紀〉
フランスの政治家、枢機卿。ルイ15世の寵を得て政治に関与。
⇒岩世人（ベルニス　1715.5.22–1794.11.2）

新カト（ベルニス　1715.5.22–1794.11.2）

Berno〈9・10世紀〉
クリュニー大修道院の初代院長。在職910～27。ブルゴーニュ出身。
⇒新カト（ベルノ〔クリュニーの〕　850頃–927.1.13）

Bernolák, Anton〈18・19世紀〉
スロヴァキアの標準語制定者。啓蒙主義期の民族覚醒運動を代表する人物。
⇒岩世人（ベルノラーク　1762.10.3（受洗）–1813.1.15）

Bernoldus〈11世紀〉
教会法学者、年代記作者。シュヴァーベン地方出身。
⇒新カト（ベルノルドゥス〔コンスタンツの〕　1050頃–1100.9.16）

Berno (Reichenau)〈10・11世紀〉
ドイツのライヒェナウの修道院長。
⇒バロ（ベルノ・フォン・ライヒェナウ　980頃?–1048）
　新カト（ベルノ〔ライヘナウの〕　?–1048）

Bernoulli, Daniel〈17・18世紀〉
スイスの理論物理学者。ベルヌーイの定理などを発表。
⇒岩世人（ベルヌーイ　1700.2.8–1782.3.17）
　ネーム（ベルヌーイ　1700–1782）
　広辞7（ベルヌーイ　1700–1782）
　物理（ベルヌイ、ダニエル　1700–1782）
　世数（ベルヌーイ、ダニエル　1700–1782）

Bernoulli, Jakob I〈17・18世紀〉
スイスの数学者。積分という語をライプニツとの間で協定（96）。
⇒岩世人（ベルヌーイ　1654.12.27–1705.8.16）
　学叢思（ベルヌーリ、ヤコブ　1654–1705）

Bernoulli, Johann I〈17・18世紀〉
スイスの数学者。数学者J.ベルヌーイの弟。
⇒岩世人（ベルヌーイ　1667.7.27–1748.1.1）
　世数（ベルヌーイ、ヨハン（1世）（ヨハンはジャンとも）　1667–1748）

Bernoulli, Johann III〈18・19世紀〉
スイスの数学者。法学博士、のちにベルリン天文台長。
⇒世数（ベルヌーイ、ヨハン（3世）（ヨハンはジャンとも）　1744–1807）

Bernoulli, Nikolaus I〈17・18世紀〉
スイスの数学者。彼の業績は無限級数と確率論にある。
⇒世数（ベルヌーイ、ニコラウス（1世）　1687–1759）

Bernoulli, Nikolaus II〈17・18世紀〉
スイスの数学者。二十七歳にしてベルン大学教授。
⇒世数（ベルヌーイ、ニコラウス（2世）　1695–1726）

Bernshtein, Sergei Natanovich〈19・20世紀〉
ソ連邦の数学者。スターリン賞を受賞(1941)。
⇒岩世人（ベルンシテイン　1880.2.22/3.5–1968.10.26）
　世数（ベルンシュタイン, セルゲイ・ナタノヴィチ　1880–1968）

Bernstein, Aron David〈19世紀〉
ドイツの作家。古典的ユダヤ物語の作家。ベルリンのユダヤ教改革派の創始者の一人。
⇒ユ著人（Bernstein,Aron David　ベルンシュタイン, アーロン・ダヴィッド　1812–1884）

Bernstein, Eduard〈19・20世紀〉
ドイツ社会民主党の理論家, 修正主義の提唱者。
⇒岩世人（ベルンシュタイン　1850.1.6–1932.12.18）
　ネーム（ベルンシュタイン　1850–1932）
　広辞7（ベルンシュタイン　1850–1932）
　学叢思（ベルンシュタイン, エデュアルト　1850–?）
　世人新（ベルンシュタイン　1850–1932）
　世人装（ベルンシュタイン　1850–1932）
　世史語（ベルンシュタイン　1850–1932）
　ポブ人（ベルンシュタイン, エドゥアルト　1850–1932）
　ユ著人（Bernstein,Eduard (Edward)　ベルンシュタイン, エドゥアルト　1850–1932）

Bernstein, Felix〈19・20世紀〉
ドイツの数学者。
⇒世数（ベルンシュタイン, フェリックス　1878–1956）

Bernstein, Henry Léon Gustave Charles〈19・20世紀〉
フランスの劇作家。喜劇『泥棒』(06)など。
⇒岩世人（ベルンスタン　1876.6.20–1953.11.27）
　ユ著人（Bernstein,Henri　ベルンスタン, アンリ　1876–1953）

Bernstein, Nathan Osipovitch〈19世紀〉
ロシアの医学者で, 市民のリーダー。
⇒ユ著人（Bernstein,Nathan Osipovitch　ベルンシュタイン, ネーサン・オシポヴィチ　1836–1891）

Bernstorff, Andreas Peter Count von〈18世紀〉
デンマークの政治家。外相としてデンマークの中立維持に努めた。
⇒岩世人（ベアンストーフ　1735.8.28–1797.6.21）

Bernstorff, Johann Hartwig Ernst〈18世紀〉
デンマーク（ドイツ出身）の政治家。
⇒岩世人（ベアンストーフ　1712.5.13–1772.2.18）

Bernstorff, Johann-Heinrich, Graf von〈19・20世紀〉
ドイツの外交官。ドイツの国際連盟加入を促進。
⇒岩世人（ベルンシュトルフ　1862.11.14–1939.10.6）

Bernward〈10・11世紀〉
中世ドイツの画家, 建築家, 工芸家。ヒンデスハイムに聖堂と修道院を建造。
⇒岩世人（ベルンヴァルト（ヒルデスハイムの）　960頃–1022.11.20）
　新カト（ベルンヴァルト〔ヒルデスハイムの〕　960頃–1022.11.20）
　図聖（ベルンヴァルト（ヒルデスハイムの）　960頃–1022）

Bērōsos〈前3世紀頃〉
バビロニア・ベルの地の祭司。バビロニアの歴史を書いた。
⇒岩世人（ベロッソス）

Berquin, Louis de〈15・16世紀〉
フランスの宗教改革者, 最初のプロテスタント殉教者のひとり。
⇒新カト（ベルカン　1490–1529.4.17）

Berr, Henri〈19・20世紀〉
フランスの歴史家。『史学総合雑誌』を創刊。
⇒岩世人（ベール　1863.1.31–1954.11.19）

Berrenni, Augustino〈19世紀〉
イタリアの犯罪学者, 社会主義者。
⇒学叢思（ベレンニ, アウグスティノ　1859–?）

Berruguete, Alonso〈15・16世紀〉
スペインの彫刻家, 画家, 建築家。カルロス5世の宮廷画家を務めた。
⇒岩世人（ベルゲーテ　1488頃–1561.9.13–26）
　新カト（ベルゲーテ　1485–1561）
　芸13（ベルゲテ, アロンソ　1486頃–1561）

Berruguete, Pedro〈15・16世紀〉
スペインの画家。主作品『聖ドミニクスとアルビ教』。
⇒岩世人（ベルゲーテ　1450頃–1503）

Berruyer, Isaac-Joseph〈17・18世紀〉
フランスのカトリック神学者, 聖書釈義家, イエズス会会員。
⇒新カト（ベリュイエ　1681.11.7–1758.2.18）

Berry, Arthur D.〈19・20世紀〉
アメリカの宣教師。
⇒アア歴（Berry,Arthur D.　アーサー・D・ベリー　1872.8.7–1941.2.11）

Berry, Charles Ferdinand, duc de〈18・19世紀〉
フランスのルイ18世の王弟アルトア伯の次子。
⇒岩世人（ベリー　1778.1.23–1820.2.13）

Berry, John Cutting〈19・20世紀〉
アメリカの眼科医, プロテスタント宣教師。

1872年来日，西日本で宣教医として活躍。
⇒アア歴（Berry,John Cutting ジョン・カティング・ベリー 1847.1.16–1936.2.8）
岩世人（ベリー 1847.1.16–1936.2.9）

Berryer, Nicolas-René〈18世紀〉
フランスのスパイマスター。
⇒スパイ（ベリエ，ニコラ＝ルネ 1703–1762）

Bersson〈17世紀〉
スウェーデンのリュート奏者。
⇒バロ（ベーソン，? 1610頃?–1670頃?）

Bert, Paul〈19世紀〉
フランスの生理学者，政治家。「現代航空医学の父」といわれる。
⇒岩世人（ベール 1833.10.19–1886.11.11）
19仏（ポール・ベール 1833.10.19–1886.11.11）

Bertali, Antonio〈17世紀〉
イタリアの作曲家。
⇒バロ（ベルターリ，アントーニオ 1605.3?–1669.4.17）

Bertani, Lelio〈16・17世紀〉
イタリアの作曲家。
⇒バロ（ベルターニ，レリオ 1550頃–1620頃）

Bertati, Giovanni〈18・19世紀〉
イタリアの台本作家。ウィーンの宮廷詩人。
⇒オペラ（ベルターティ，ジョヴァンニ 1735–1815）

Berteau, Martin〈18世紀〉
フランスのチェロ奏者。
⇒バロ（ベルトー，マルタン 1700頃–1771.1.23）

Bertheaume, Isidore〈18・19世紀〉
フランスの作曲家。
⇒バロ（ベルテオーム，ジュリアン 1752頃–1802.3.19/20）
バロ（ベルトーム，イシドール 1752–1802.3.19/20）

Berthelot, Pierre Eugène Marcelin〈19・20世紀〉
フランスの化学者。有機化合物の合成などを行った。フランスアカデミー会員，文相，外相も勤めた。
⇒岩世人（ベルトロ 1827.10.25–1907.3.18）
広辞7（ベルトロー 1827–1907）

Berthelot, René〈19・20世紀〉
フランスの著作家，哲学者。P.ベルトロの子。
⇒岩世人（ベルトロ 1872.8.18–1960.6.16）

Berthier, Guillaume-Joseph〈18世紀〉
フランスのイエズス会員，歴史家，編集者。
⇒新カト（ベルティエ 1704.4.7–1782.12.15）

Berthier, Joachim-Joseph〈19・20世紀〉
フランスのカトリック神学者，ドミニコ会会員。

⇒新カト（ベルティエ 1848.12.31–1924.12.21）

Berthier, Louis Alexandre〈18・19世紀〉
フランスの元帥。
⇒岩世人（ベルティエ 1753.2.20–1815.6.1）

Berthieu, Jacques〈19世紀〉
聖人，殉教者。祝日6月8日。イエズス会員。フランスのサン・フルール教区の出身。マダガスカルで21年間宣教に努めた。
⇒新カト（ジャック・ベルテュー 1838.11.27–1896.6.8）

Berthold von Garsten〈12世紀〉
ベネディクト会士，大修道院長，聖人。
⇒図聖（ベルトルト（ガルステンの） ?–1142）

Berthold von Henneberg〈15・16世紀〉
ドイツのマインツ大司教，選帝侯。15世紀末にドイツ帝国改革を推進。
⇒岩世人（ベルトルト（ヘンネベルクの） 1441?–1504.12.21）
新カト（ヘンネベルク 1441–1504.12.21）

Berthold von Moosburg〈13・14世紀〉
ドイツのドミニコ会神学者，新プラトン主義者。
⇒岩世人（ベルトルト（モースブルクの） 1300以前–1361以降）

Berthold von Regensburg〈13世紀〉
中世ドイツの民衆説教家。
⇒岩世人（ベルトルト（レーゲンスブルクの） 1200/1210頃–1272.12.13/14）
新カト（ベルトルト〔レーゲンスブルクの〕 1210頃–1272.12.14）

Bertholet, Alfred〈19・20世紀〉
スイスの旧約神学者。
⇒岩世人（ベルトレート 1868.11.9–1951.8.24）

Berthollet, Claude Louis, Comte de〈18・19世紀〉
フランスの化学者。塩素漂白を発見（1789）。
⇒岩世人（ベルトレ 1748.12.9–1822.11.6）

Bertholon, César〈19世紀〉
フランスの政治家。
⇒19仏（セザール・ベルトロン 1818.1.18–1885.1.6）

Bertholusi, Vincenzo〈16・17世紀〉
イタリアのオルガン奏者。
⇒バロ（ベルトルージ，ヴィンチェンツォ 1560頃?–1608）

Berti, Carlo〈16・17世紀〉
イタリアの聖職者，オルガン奏者。
⇒バロ（ベルティ，カルロ 1555頃–1602.9.2以前）

Berti, Giovanni-Lorenzo〈17・18世紀〉
イタリアのカトリック神学者，教会史家，アウグ

スチノ会会員。
⇒新カト（ベルティ　1696.6.27–1766.5.26）

Berti, Giovanni Pietro〈16・17世紀〉
イタリアの歌手、オルガン奏者。
⇒バロ（ベルティ，ジョヴァンニ・ピエトロ　1580頃?–1638）

Bertillon, Alphonse〈19・20世紀〉
フランスの人類学者。犯罪者の鑑定方式を考案。
⇒岩世人（ベルティヨン　1853.4.22/24–1914.2.13）
学叢思（ベルティヨン，アルフォンス　1853–1914）

Bertin〈7世紀〉
宣教師。聖人。クータンス生まれ。
⇒新カト（ベルタン　615頃–698.9.5）

Bertin, Louis Emile〈19・20世紀〉
フランス海軍軍人。軍艦の設計、改良に活躍。
⇒岩世人（ベルタン　1840.3.23–1924.10.22）

Bertin, Maurice〈19・20世紀〉
フランシスコ会司祭。パリ生まれ。来日宣教師。
⇒新カト（ベルタン　1870.7.4–1968.7.8）

Bertin, Rose〈18・19世紀〉
フランスの婦人服飾仕立師。王妃マリー・アントアネットの衣装係。
⇒岩世人（ベルタン　1747.7.2–1813.9.22）

Bertinoro, Obadiah ben Abraham Yare di〈15・16世紀〉
イタリアのラビ、ミシュナーの注解者。
⇒ユ著人（Bertinoro,Obadiah ben Abraham Yare di　ベルディノロ，オバデア・ベン・アブラハム・ヤイール・ディ　1450?–1516）

Berto, Jacques de〈16・17世紀〉
フランスの作曲家。
⇒バロ（ベルト，ジャック・ド　1580頃?–1640頃?）

Bertola De' Giorgi, Aurelio〈18世紀〉
イタリアの詩人。ドイツ文学を最初にイタリアに紹介。
⇒岩世人（ベルトーラ　1753–1798）

Bertoldo, Sper'in dio〈16世紀〉
イタリアのオルガン奏者。
⇒バロ（ベルトルド，スペリン・ディオ　1530頃–1570.8.15）

Bertoldo di Giovanni〈15世紀〉
イタリアの彫刻家。
⇒岩世人（ベルトルド・ディ・ジョヴァンニ　1420–1491.12.28）

Berton, Pierre Montan〈18世紀〉
フランスの作曲家、指揮者。
⇒バロ（ベルトン，ピエール・モンタン　1727.1.7–1780.5.14）

Bertoni, Ferdinando Gioseffo〈18・19世紀〉
イタリアのオルガン奏者。
⇒バロ（ベルトーニ，フェルディナンド・ジオゼッフォ　1725.8.15–1813.12.1）

Bertoni, Gaspare〈18・19世紀〉
聖痕修道会創設者。聖人。祝日6月12日。
⇒新カト（ガスパーレ・ベルトーニ　1777.10.9–1853.6.12）

Bertoni, Giulio〈19・20世紀〉
イタリアの言語学者。トリノ大学、ローマ大学でロマンス語言語学の講座を担当。
⇒岩世人（ベルトーニ　1878.8.26–1942.5.28）

Bertouch, Georg von〈17・18世紀〉
ドイツの作曲家、軍人。
⇒バロ（ベルトゥーフ，ゲオルク・フォン　1668.6.19–1743.9.14）

Bertram〈6・7世紀〉
フランスのル・マンの司教。在職586～623。聖人。祝日6月30日。
⇒新カト（ベルトラム〔ル・マンの〕　550頃–623頃.6.30）

Bertram (Meister Bertram)〈14・15世紀〉
ドイツの画家。フランドル的表現の先駆者。
⇒岩世人（ベルトラム・フォン・ミンデン　1340-1345頃–1414/1415）
芸13（ベルトラム　1335頃–1410-1415頃）

Bertrán (Beltrán), Luis〈16世紀〉
スペインのドミニコ会士、聖人。
⇒図聖（ベルトラン，ルイス　1526–1581）

Bertrand〈12世紀〉
フランスのコマンジュの司教。聖人。祝日10月16日。
⇒新カト（ベルトラン〔コマンジュの〕　11世紀半ば–1123.10.16）

Bertrand, Aloysius〈19世紀〉
フランスの詩人。散文詩集『夜のガスパール』(42)の著者として知られる。
⇒岩世人（ベルトラン　1807.4.20–1841.4.29）
広辞7（ベルトラン　1807–1841）
新カト（ベルトラン　1807.4.20–1841.4.29）

Bertrand, Antoine de〈16世紀〉
フランスの作曲家。3巻のシャンソン集、宗教曲集などを残した。
⇒バロ（ベルトラン，アントワーヌ・ド　1530-1540頃–1580-1582頃）

Bertrand, Henri Gratien, comte〈18・19世紀〉
フランスの軍人、軍事技師。ナポレオン配下の将軍の一人。ナポレオン没落後の伴侶。

⇒岩世人（ベルトラン　1773.3.28–1844.1.31）

Bertrand, Joseph Louis François〈19世紀〉
フランスの数学者。幾何学を専攻。
⇒岩世人（ベルトラン　1822.3.11–1900.4.3）
世数（ベルトラン，ジョゼフ・ルイ・フランソワ　1822–1900）

Bertrand, Louis〈19・20世紀〉
ベルギーの社会主義者。
⇒学叢思（ベルトラン，ルイ　1856–?）

Bertrand, Louis Marie Emile〈19・20世紀〉
フランスの小説家，評論家。作品に『恋人ペペート』(04) など。
⇒岩世人（ベルトラン　1866.3.20–1941.12.6）

Bertran Exarch, Luis〈16・17世紀〉
スペイン人ドミニコ会司祭，日本205福者の一人。
⇒新カト（ベルトラン　1596–1627.7.29）

Bertulf〈7世紀〉
ボッビオの第3代大修道院長。聖人。祝日8月19日。
⇒新カト（ベルトゥルフ　?–639/640.8.19）

Beruete, Aureliano de〈19・20世紀〉
スペインの文筆家，画家，収集家。
⇒岩世人（ベルエテ　1845.9.27–1912.1.5）

Bérulle, Pierre de〈16・17世紀〉
フランスの聖職者，政治家。リシュリューとの不仲により宮廷から失脚。
⇒岩世人（ベリュル　1575.2.4–1629.10.2）
　新カト（ベリュル　1575.2.4–1629.10.2）

Bervi, Vasilii Vasilievich〈19・20世紀〉
ロシアの社会，政治評論家。筆名Flerovskii。
⇒岩世人（ベールヴィ　1829.4.28/5.10–1918.10.4）

Beryllos〈3世紀〉
ボストラの司教。
⇒新カト（ベリュロス　?–244以降）

Berzelius, Jöns Jacob, Baron〈18・19世紀〉
スウェーデンの化学者。電気化学的二元論 (19) や化学記号の創案 (13) などの功績がある。
⇒岩世人（ベルセーリウス　1779.8.20–1848.8.7）
　ネーム（ベルセーリウス　1779–1848）
　広辞7（ベルセーリウス　1779–1848）
　学叢思（ベルツェリウス，エーンス・ヤコブ　1779–1848）
　ポプ7（ベルセリウス，ヨンス・ヤーコブ　1779–1848）

Berzsenyi Dániel〈18・19世紀〉
ハンガリーのロマン派詩人。
⇒岩世人（ベルジェニ　1776.5.7–1836.2.24）

Besant, Annie〈19・20世紀〉
イギリスの女性社会改革家。新マルサス主義者。
⇒岩世人（ベザント　1847.10.1–1933.9.20）
　学叢思（ベザント，アンニー　1847–?）
　新カト（ベザント　1847.10.1–1933.9.20）
　南ア新（ベサント　1847–1933）

Besant, *Sir* Walter〈19・20世紀〉
イギリスの小説家，博愛事業家。代表作『あらゆる種類あらゆる身分の人間たち』(1882)。社会事業にも尽力。『ロンドン大観』(1902～12)。
⇒岩世人（ベザント　1836.8.14–1901.6.9）

Beschi, Constanzo Giuseppe〈17・18世紀〉
イエズス会の南インド宣教師，タミル語学者，文学者。主著は，聖ヨセフの生涯を題材にした叙事詩『テームバーヴァニ』と『タミル語総合辞典』。
⇒新カト（ベスキ　1680.11.8–1747.2.4）

Beseler, Georg〈19世紀〉
ドイツの法学者，政治家。主著『民衆法と法曹法』(43)。
⇒岩世人（ベーゼラー　1809.11.2–1888.8.28）

Beslay, Charles〈18・19世紀〉
フランスの社会主義者。
⇒学叢思（ベスレー，シャルル　1795–?）

Besler, Samuel〈16・17世紀〉
ドイツの作曲家，教育者。
⇒バロ（ベスラー，ザムエル　1574.12.15–1625.7.19）

Besnard, Paul Albert〈19・20世紀〉
フランスの画家。1874年ローマ大賞受賞。1913年フランス・アカデミー総裁。
⇒岩世人（ベナール　1849.6.2–1934.12.4）
　ネーム（ベナール　1849–1934）
　芸13（ベナール，ポール・アルベール　1849–1922）

Besold, Christoph〈16・17世紀〉
ドイツの法律学者，経済学者。
⇒学叢思（ベゾルト，クリストフ　1577–1638）

Besozzi, Alessandro II〈18世紀〉
イタリアのオーボエ奏者（名人）。
⇒バロ（ベゾッツィ，アレスサンドロ2世　1702.7.22–1793.7.26）

Besozzi, Paolo Girolamo〈18世紀〉
イタリアのファゴット奏者，オーボエ奏者。
⇒バロ（ベゾッツィ，パオロ・ジローラモ　1704.4.17–1778）

Besredka, Alexandre〈19・20世紀〉
ロシア生れの病理学者。
⇒岩世人（ベスレドカ　1870.3.27/4.8–1940.2.28）

Bessarion, Johannes〈15世紀〉
ビザンチン出身の人文主義者,神学者。ローマ教会に改宗し,1439年枢機卿。
⇒岩世人　(ベッサリオン　1403.1.2–1472.11.18)
ネーム　(ベッサリオン　1403–1472)
学叢思　(ベッサリオン　1395–1472)
新カト　(ベッサリオン　1403.1.2–1472.11.18)

Besse, Jean-Martial〈19・20世紀〉
フランスのベネディクト会員,教会史家,ジャーナリスト。
⇒新カト　(ベス　1861.10.29–1920.7.26)

Bessel, Friedrich Wilhelm〈18・19世紀〉
ドイツの天文学者,数学者。天文学上の計算法にベッセル関数を創案。
⇒岩世人　(ベッセル　1784.7.22–1846.3.17)
広辞7　(ベッセル　1784–1846)
物理　(ベッセル,フリードリヒ・ヴィルヘルム　1784–1846)
世数　(ベッセル,フリードリヒ　1748–1846)

Bessemer, *Sir* Henry〈19世紀〉
イギリスの発明家。1855年ベッセマー製鋼法(転炉法)を発明し,その企業化に成功。
⇒岩世人　(ベッセマー　1813.1.19–1898.3.15)
ネーム　(ベッセマー　1813–1898)
ポブ人　(ベッセマー,ヘンリー　1813–1898)

Bessenyei György〈18・19世紀〉
ハンガリーの詩人,劇作家。ハンガリー文学興隆のために努力。代表作,『ブダの悲劇』(87)。
⇒岩世人　(ベシェニェイ　1747–1811.2.24)

Bessette, André〈19・20世紀〉
カナダの修道士。聖人。祝日1月6日。
⇒新カト　(アンドレ・ベセット　1845.8.9–1937.1.6)

Bessieux, Jean-Rémi〈19世紀〉
フランス出身の宣教師,西部アフリカ宣教の開拓者。
⇒新カト　(ベッシュー　1803.12.24–1876.4.30)

Besteiro, Julián〈19・20世紀〉
スペイン社会党の指導者。マドリード大学の論理学教授。
⇒岩世人　(ベステイロ　1870.9.21–1940.9.27)

Bestuzhev, Aleksandr Aleksandrovich〈18・19世紀〉
ロシアの作家,デカブリストの一人。筆名マルリンスキー。
⇒岩世人　(ベストゥージェフ　1797.10.23–1837.6.7)

Bestuzhev-Ryumin, Aleksei Petrovich〈17・18世紀〉
ロシアの政治家,外交官,伯爵。1744年宰相。
⇒岩世人　(ベストゥージェフ=リューミン　1693.5.22–1766/1768.4.10)

Bestuzhev-Ryumin, Mikhail Pavlovich〈19世紀〉
ロシアの革命家。デカブリストの蜂起(1825.12)で連隊を指揮。
⇒岩世人　(ベストゥージェフ=リューミン　1803/1801.5.23–1826.7.13)

Betanzos, Domingo de〈15・16世紀〉
スペインのドミニコ会宣教師。
⇒新カト　(ベタンゾス　1480–1549.9.13)

Bethe, Albrecht〈19・20世紀〉
ドイツの生理学者。
⇒岩世人　(ベーテ　1872.4.25–1954.10.19)

Bethell, Ernest Thomas〈19・20世紀〉
イギリス人,大韓毎日申報社創立者。
⇒岩世人　(ベセル　1872.11.3–1909.5.1)
韓朝新　(ベセル　1872–1909)

Bethléem, Louis〈19・20世紀〉
フランスのカトリック司祭。
⇒新カト　(ベトレエム　1869.4.7–1940.8.18)

Bethlen, Gábor〈16・17世紀〉
トランシルバニア公。在位1613～29。ハンガリー新教徒の指導者。
⇒岩世人　(ベトレン　1580.11.5–1629.11.15)
新カト　(ベトレン　1580–1629.11.15)

Bethlen, Graf Stefan〈19・20世紀〉
ハンガリーの反動的貴族主義者。
⇒学叢思　(ベテーレン,グラフ(伯)・ステファン)

Bethlen István〈19・20世紀〉
ハンガリーの政治家。
⇒岩世人　(ベトレン　1874.10.8–1946.10.5)

Bethmann Hollweg, Theobald von〈19・20世紀〉
ドイツの政治家。1907年内相,09～17年ドイツ帝国宰相。
⇒岩世人　(ベートマン=ホルヴェーク　1856.11.29–1921.1.2)

Bettelheim, Bernard Jean〈19世紀〉
プロテスタント宣教師,医者。1846年より那覇で布教。聖書の琉球語訳,通訳などを行う。
⇒岩世人　(ベッテルハイム　1811.6–1870.2.9)
ネーム　(ベッテルハイム　1811–1870)
新カト　(ベッテルハイム　1811.6–1870.2.9)

Bettendorf, Johann Philipp〈17世紀〉
ルクセンブルク出身のイエズス会員,ブラジルへの宣教師。
⇒新カト　(ベッテンドルフ　1625.8.25–1698.8.5)

Betterton, Thomas〈17・18世紀〉
イギリスの王政復古期の俳優。J.ドライデンの翻案によるシェークスピア作品を上演。
⇒岩世人　(ベタートン　1635頃–1710.4.28)

Betti, Enrico〈19世紀〉
イタリアの数学者。
⇒物数（ベッティ，エンリコ　1823–1892）

Bettinelli, Saverio〈18・19世紀〉
イタリアの詩人，悲劇作家。作品『クセルクセス』(71) など。
⇒岩世人（ベッティネッリ　1718.7.18–1808.9.13）

Bettini, Etienne〈16世紀〉
イタリアの作曲家。
⇒バロ（ベッティーニ，エティエーヌ　1530頃?–1580頃?）

Bettini, Giovanni〈16・17世紀〉
イタリアのオルガン奏者。
⇒バロ（ベッティーニ，ジョヴァンニ　1590頃?–1630頃?）

Betts, Arlington Ulysses〈19・20世紀〉
アメリカの実業家。
⇒アア歴（Betts,Arlington U (lysses)　アーリントン・ユリシーズ・ベッツ　1868.12.1–1957）

Betune, Michel de〈17世紀〉
フランスのアンジェリカ奏者（名手）。
⇒バロ（ベテューヌ，ミシェル・ド　1607–1670頃?）

Beuckelaer, Joachim〈16世紀〉
フランドルの画家。
⇒岩世人（ビューケラール　1534頃–1574頃）

Beuno〈7世紀〉
ウェールズのクリュノグの修道院長，聖人。
⇒新カト（ベウノ　?–642/660）

Beurse, Pierre〈15・16世紀〉
フランスの作曲家。
⇒バロ（ビュールス，ピエール　1460頃?–1510頃?）

Beust, Friedrich Ferdinand, Graf von〈19世紀〉
オーストリアの政治家。宰相，外相として，反プロシア政策を推進。
⇒岩世人（ボイスト　1809.1.13–1886.10.24）
　学歴（ボイスト）

Beuth, Peter Christian Wilhelm〈18・19世紀〉
ドイツ（プロイセン）の官吏。
⇒岩世人（ボイト　1781.12.28–1853.9.27）

Bevan, Edward John〈19・20世紀〉
イギリスの工業化学者。クロスと共に，人造絹糸を作ることに成功。
⇒岩世人（ベヴァン　1856.12.11–1921.10.17）

Beveridge, Albert Jeremiah〈19・20世紀〉
アメリカの政治家。1899〜1911年連邦上院議員。
⇒岩世人（ビヴァリッジ　1862.10.6–1927.4.27）

Beveridge, William〈17・18世紀〉
英国教会のセント・アサフ教区主教。
⇒新カト（ベヴァリジ　1637.2.21（受洗）–1708.3.5）

Beveridge, William Henry Beveridge, 1st Baron, of Tuggal〈19・20世紀〉
イギリスの法律，経済学者。主著『失業問題』(09)，『自由社会における完全雇用』(44)。
⇒岩世人（ビヴァリッジ　1879.3.5–1963.3.16）

Bevin, Elway〈16・17世紀〉
イギリスの作曲家。
⇒バロ（ベヴィン，エルウェイ　1554頃–1638.10.19）

Bewick, Thomas〈18・19世紀〉
イギリスの版画家。近代木版画の父と呼ばれた。
⇒岩世人（ビュイック　1753.8.12–1828.11.8）

Bewley, Luther Boone〈19・20世紀〉
アメリカの教育者。
⇒アア歴（Bewley,Luther B (oone)　ルーサー・ブーン・ビューリー　1876.4.28–1967.12.29）

Beyer, Ferdinand〈19世紀〉
ドイツのピアノ奏者，作曲家。『バイエル・ピアノ教則本』によって知られている。
⇒ネーム（バイエル　1803–1863）

Beyer, Wilhelm〈18・19世紀〉
ドイツの彫刻家，陶器原型製作者。シェーンブルンの庭園彫刻は，彼の指導下にでき上った (73〜80)。
⇒岩世人（バイアー　1725.12.27–1806.3.23）

Beyle, Leon〈19・20世紀〉
フランスのテノール。1898〜1914年パリ・オペラ・コミークの第1テノール。
⇒失声（レオン・ベイル　1871–1922）
　魅惑（Beyle,Leon　1871–1922）

Beyschlag, Willibald〈19世紀〉
ドイツのプロテスタント神学者。カルルスルーエの宮廷附説教者 (56〜)。
⇒岩世人（バイシュラーク　1823.9.5–1900.11.25）
　学叢思（バイシュラーク，ヴィリファルト　1823–1900）

Bezaleel
聖所建設工事の主任技術者，現場監督（出エジプト記）。
⇒聖書（ベツァルエル）

Bèze, Théodore de〈16・17世紀〉
フランスの改革派神学者。著書『カルバン伝』(63)，『フランスにおける改革派教会史』(3巻，80) など。
⇒岩世人（ベーズ　1519.6.24–1605.10.13）
　学叢思（ベザ，テオドール　1519–1605）

新カト（ベザ　1519.6.24–1605.10.13）

Bezold, Carl Christian Ernst〈19・20世紀〉
ドイツのセム学者，アッシリア学者。大英博物館所蔵の楔形文書の目録を完成。
⇒岩世人（ベーツォルト　1859.5.18–1922.11.21）

Bezold, Gustav von〈19・20世紀〉
ドイツの美術史家。ゲルマン美術館長（1892～1900）。
⇒岩世人（ベーツォルト　1848.7.17–1934.4.22）

Bezold, Wilhelm von〈19・20世紀〉
ドイツの気象学者，地球磁気学者。プロイセン中央気象台長（85）。
⇒岩世人（ベーツォルト　1837.6.21–1907.2.17）

Bézout, Étienne〈18世紀〉
フランスの数学者。
⇒世数（ベズー，エチエンヌ　1730–1783）

Bezprym〈10・11世紀〉
ポーランド王。
⇒世帝（ベスプリム　986/987–1032）

Bezruč, Petr〈19・20世紀〉
チェコスロバキアのチェコの詩人。詩集『シレジアの歌』（06）の作者。
⇒岩世人（ベズルチ　1867.9.15–1958.2.17）

Bezzenberger, Adalbert〈19・20世紀〉
ドイツの言語学者。バルト海沿岸諸国語の言語学を研究。
⇒岩世人（ベッツェンベルガー　1851.4.14–1922.10.31）

Bhadravarman I〈4・5世紀〉
中部ベトナムの国家林邑（後のチャンパー）の王。
⇒岩世人（バドラヴァルマン1世）

Bhagiratha
苦行を行ってガンジス川（女神ガンガー）を地上に招来した王。
⇒ネーム（バギーラタ）

Bhāmaha〈7・8世紀〉
インドの古典サンスクリット文学の修辞学者。
⇒岩世人（バーマハ）

Bhandarkar, Ramkrishna Gopal〈19・20世紀〉
インドの東洋学者。宗教改革者としても活動。
⇒岩世人（バンダルカル　1837.7.6–1925.8.24）

Bharata〈4世紀?〉
インド最初の音楽理論家。演劇，舞踊，音楽に関する理論書『ナティヤシャーストラ』の著者といわれる。
⇒岩世人（バラタ）

Bhāratchandra〈18世紀〉
インドのシャクティ派詩人。王命により『アンナダー女神讃歌』（1752）を書いた。
⇒岩世人（バーラトチャンドラ　1712–1760）

Bhāravi〈6世紀〉
インドの詩人。サンスクリット叙事詩『キラータールジュニーヤ』（キラタとアルジュナの格闘）を著した。
⇒岩世人（バーラヴィ）
　南ア新（バーラヴィ　生没年不詳）

Bhartṛhari〈5・6世紀〉
インドの文法学者，哲学者。
⇒岩世人（バルトリハリ）
　学叢思（バルトリハリ　Bhartr-hari）
　南ア新（バルトリハリ　生没年不詳）

Bhāsa〈3・4世紀〉
古代インドの劇作家。『スバプナバーサバダッター』ほか13種のサンスクリット劇の作家と言われる。
⇒岩世人（バーサ）
　南ア新（バーサ　生没年不詳）

Bhāskara Acharya〈12世紀〉
インドの数学者。のちの近代数学の理論を論じた。
⇒世数（バースカラII（またはバースカラチャリア）1114–1185頃）
　南ア新（バースカラ2世　1114–?）

Bhātkhaṇde, Viṣṇu Nārāyaṇ〈19・20世紀〉
インドの音楽学者。
⇒南ア新（バートカンデー　1860–1936）

Bhaṭṭa, Divākara Prakāśa〈18・19世紀〉
北インドのカシュミールの詩人。
⇒岩世人（バッタ）

Bhaṭṭa-Nārāyaṇa〈7・8世紀〉
インドのサンスクリット劇作家。
⇒岩世人（バッタ・ナーラーヤナ）

Bhaṭṭi〈6・7世紀〉
インドのサンスクリット叙事詩人。
⇒岩世人（バッティ）

Bhavabhūti〈8世紀〉
中インド，パドマプラの劇作家。『マーラティー・マーダバ』ほか2篇のサンスクリット劇の作者。
⇒岩世人（バヴァブーティ）
　南ア新（バヴァブーティ　生没年不詳）

Bhavavarman I〈6世紀〉
クメール王国（アンコール朝）の統治者。
⇒岩世人（バヴァヴァルマン1世）

Bhavya, Bhāvaviveka〈5・6世紀〉
インド大乗仏教の中観派の学僧。独自の論証に

よって空の理論を展開。
⇒岩世人（バーヴィヴェーカ（バヴィヤ；バーヴァヴィヴェーカ）490-570頃）
広辞7（清弁　しょうべん　490頃-570頃）
学叢思（ショーベン　清弁=Bhaviveka）

Bhoja〈11世紀〉
インド古典期の文人。マーラヴァ地方のパラマーラ朝ダーラーの王。
⇒岩世人（ボージャ　（在位）1010-1055）

Bhūṣaṇa〈17・18世紀〉
インドのヒンディー語詩人。
⇒岩世人（ブーシャン　1613?-1715?）

Bialik, Hayyim Nahman〈19・20世紀〉
ロシア系ユダヤ人のヘブライ詩人。代表作『孤児の時代』(34)。
⇒岩世人（ビアリク　1873.1.9-1934.7.4）
ユ人（ビアリク、ハイム・ナフマン　1873-1934）
ユ著人（Bialik,Hayyim (Chaim) Nahman (Nachman)　ビアリック、ハイム・ナーマン 1873-1934）

Bianchi, Francesco〈18・19世紀〉
イタリアの作曲家。
⇒バロ（ビアンキ、フランチェスコ　1752-1810.11.27）

Bianchi, Luigi〈19・20世紀〉
イタリアの数学者。
⇒岩世人（ビアンキ　1856.1.18-1928.6.6）
世数（ビアンキ、ルイジ　1856-1928）

Bianchini, Domenico〈16世紀〉
イタリアのモザイク師、リュート奏者（名手）。
⇒バロ（ビアンキーニ、ドメニコ　1510頃-1576頃）

Bianchini, Francesco〈16世紀〉
イタリアのリュート奏者。
⇒バロ（ビアンキーニ、フランチェスコ　1500頃?-1550頃?）

Bianciardi, Francesco〈16・17世紀〉
イタリアのオルガン奏者（名手）、理論家。
⇒バロ（ビアンチャルディ、フランチェスコ　1571-1572頃-1607.3.1-9.21）

Biard, Pierre〈16・17世紀〉
フランスのイエズス会修道士、宣教師。
⇒新カト（ビアール　1568-1622.11.17）

Bias, Fanny〈18・19世紀〉
フランスのダンサー。
⇒バレエ（ビアス、ファニー　1789.6.3-1825.9.6）

Bias ho Priēnaios〈前6世紀〉
ギリシアの政治家。
⇒岩世人（ビアス（プリエネの）　前600頃/前590頃-前530頃）

Biber, Carl Heinrich〈17・18世紀〉
ドイツの作曲家。
⇒バロ（ビーバー、カール・ハインリヒ　1670頃?-1730頃?）

Biber, Heinrich Ignaz Franz von〈17・18世紀〉
ボヘミアのヴァイオリン奏者、作曲家。
⇒バロ（ビーバー、ハインリヒ・イグナーツ・フランツ・フォン　1644.8.12-1704.5.3）
岩世人（ビーバー　1644.8.12-1704.5.3）

Bibescu, Gheorghe Dimitrie〈19世紀〉
現在のルーマニア南部バラヒア侯国太守。在位1842～48。ルーマニアの統一に努めた。
⇒岩世人（ビベスク　1804-1873.6.1）

Bibiana〈4世紀〉
処女、殉教者、聖人。
⇒図聖（ビビアナ　?-363）

Bibiena, Ferdinando〈17・18世紀〉
フェレンツェの建築家。アレオッティのテアトロ・ファルネーゼの建設に協力。
⇒オペラ（ビビエーナ、フェルディナンド　1657-1743）

Bibiena, Francesco〈17・18世紀〉
フィレンツェの建築家。宮廷の催しの演出や装置を担当。
⇒オペラ（ビビエーナ、フランチェスコ　1659-1739）

Bibulus, Marcus Calpurnius〈前1世紀〉
ローマの政治家、軍人。ポンペイウスを支持し、カエサルと戦ったが敗れてまもなく死んだ。
⇒岩世人（ビブルス　?-前48頃）

Bichat, Marie François Xavier〈18・19世紀〉
フランスの解剖、外科医学者。組織学に貢献。主著『解剖学』(1801)。
⇒岩世人（ビシャ　1771.11.14-1802.7.21）
メル2（ビシャ、マリ=フランソワ=グザヴィエ　1771-1802）

Bichitr〈17世紀〉
ムガル朝の宮廷画家。
⇒岩世人（ビチトル　17世紀前半）

Bichurin, Nikita Iakovlevich〈18・19世紀〉
ロシアの神父、東洋学者。主著『蒙古誌』(1823)。
⇒岩世人（ビチューリン　1777.8.29-1853.5.11）

Bickel, Luke Washington〈19・20世紀〉
アメリカのバプテスト派教会宣教師、福音丸船長。
⇒アア歴（Bickel,Luke Washington　ルーク・ワシントン・ビッケル　1866.9.21-1917.5.11）
岩世人（ビッケル　1866.9.21-1917.5.11）

Bickersteth, Bishop Edward〈19世紀〉
英国国教会宣教師。来日し,日本聖公会結成に尽力。
⇒岩世人（ビカーステス 1850.6.26–1897.8.5）

Bickmore, Albert Smith〈19・20世紀〉
アメリカの博物学者。
⇒アア歴（Bickmore,Albert Smith　アルバート・スミス・ビックモア 1839.3.1–1914.8.12）

Biddle, James〈18・19世紀〉
アメリカの海軍軍人。日本にも来航し,徳川幕府と折衝。
⇒アア歴（Biddle,James　ジェイムズ・ビドル 1783.2.18–1848.10.1）
　岩世人（ビドル 1783.2.18–1848.10.1）
　広辞7（ビッドル 1783–1848）

Biddle, John〈17世紀〉
イギリスの宗教改革者。イングランドのユニテリアン派の創始者。
⇒岩世人（ビドル 1615.1.14–1662.9.22）
　新カト（ビドル 1615.1.14–1662.9.22）

Biddle, Nicholas〈18・19世紀〉
アメリカの銀行家。
⇒岩世人（ビドル 1786.1.8–1844.2.27）

Bidel, François〈19・20世紀〉
フランスの猛獣使い。
⇒19仏（フランソワ・ビデル 1839.10.23–1909.12.24）

Bidermann, Jakob〈16・17世紀〉
ドイツの詩人。
⇒新カト（ビーダーマン 1578–1639.8.20）

Bīdil, Mīrzā 'Abd al-Qādir ibn 'Abd al-Khāliq Arlās〈17・18世紀〉
インドのペルシア語詩人。
⇒岩世人（ビーディル 1644–1711）

Bidloo, Govard〈17・18世紀〉
オランダの解剖学者,外科学者。
⇒岩世人（ビドロー 1649.3.12–1713.3.30）

Bie, Oscar〈19・20世紀〉
ドイツの音楽批評家。
⇒ユ著人（Bie,Oscar　ビー,オスカル 1864–1938）

Biechteler von Greiffenthal, Matthias Sigismund〈17・18世紀〉
オーストリアの作曲家,教師,貴族。
⇒バロ（グライフェンタール,マティアス・ジーギスムント・ビーヒテラー・フォン 1670頃–1744頃）
　バロ（ビーヒテラー・フォン・グライフェンタール,マティアス・シーギスムント 1670頃–1744頃）

Biedermann, Alois Emanuel〈19世紀〉
スイスのプロテスタント神学者。チューリヒ大学教授（50）。
⇒学叢思（ビーデルマン,アロイス・エマヌエル 1819–1885）
　メル3（ビーダーマン,アロイス・エマヌエル 1819–1885）

Biefve, Edouard de〈19世紀〉
ベルギーの画家。
⇒芸13（ビエーフ,エドゥアール・ド 1809–1882）

Biel, Gabriel〈15世紀〉
ドイツのスコラ哲学者,神学者。W.オッカムの注釈を集成。
⇒岩世人（ビール 1418頃–1495.12.7）
　学叢思（ビール,ガブリエル 1430–1495）
　新カト（ビール 1410頃–1495.12.7）

Bielschowsky, Albert〈19・20世紀〉
ドイツの文学史家。
⇒岩世人（ビールショフスキー 1847.1.3–1902.10.21）

Bienaymé, Irenée Jules〈18・19世紀〉
フランスの数学者,工学者。
⇒世数（ビエネーメ,イレネー-ジュール 1796–1876）

Bienvenu, Léon〈19・20世紀〉
フランスのジャーナリスト,作家。筆名「トゥシャトゥ」。
⇒19仏（レオン・ビアンヴニュ[トゥシャトゥ] 1835.3.25–1911.1）

Bier, August Karl Gustav〈19・20世紀〉
ドイツの外科医。部分的炎症の療法として能動的および受動的充血による方法を提唱した。
⇒岩世人（ビーア 1861.11.24–1949.3.12）

Bierbauer, Louis W.〈19・20世紀〉
アメリカの大リーグ選手（二塁）。
⇒メジャ（ルー・バイアーバウアー 1865.9.23–1926.1.31）

Bierbaum, Otto Julius〈19・20世紀〉
ドイツの作家,ジャーナリスト。
⇒岩世人（ビーアバウム 1865.6.28–1910.2.1）

Bierce, Ambrose Gwinnett〈19・20世紀〉
アメリカのジャーナリスト,作家。『悪魔の辞典』（1906）で有名。
⇒岩世人（ビアス 1842.6.24–1914頃）
　広辞7（ビアス 1842–1914頃）
　新カト（ビアース 1842.6.24–1914）

Bierens de Haan, David〈19世紀〉
オランダの数学者。
⇒岩世人（ビーレンス・デ・ハーン 1822.5.3–1895.8.12）

Biermer, Magnus〈19・20世紀〉
スイスの経済学者。

⇒学叢思（ビールマー，マグヌス　1861–?）

Bierstadt, Albert〈19・20世紀〉
アメリカの画家。
⇒岩世人（ビアスタット　1830.1.7–1902.2.18）
芸13（バイアスタット，アルバート　1830–1902）

Biffi, Antonio〈17・18世紀〉
イタリアの作曲家。
⇒バロ（ビッフィ，アントーニオ　1666/1667–1733.2?）

Bigaglia, Diogenio〈17・18世紀〉
イタリアの作曲家。
⇒バロ（ビガーリャ，ディオジェニオ　1676頃–1745頃）

Bigandet, Paul-Ambroise〈19世紀〉
フランス出身のパリ外国宣教会員，ビルマへの宣教師。司教。
⇒新カト（ビガンド　1813.8.13–1894.3.19）

Bigard, Jeanne〈19・20世紀〉
聖ペトロ事業会の創立者。
⇒新カト（ビガール）

Bigard, Stéphanie〈19・20世紀〉
聖ペトロ事業会の創立者。
⇒新カト（ビガール）

Bigelow, Frank Hagar〈19・20世紀〉
アメリカの気象学者。
⇒岩世人（ビグロー　1851.9.10–1924.3.2）

Bigelow, William Sturgis〈19・20世紀〉
アメリカの医師。来日し，日本美術，仏教研究を行う。
⇒アア歴（Bigelow,William Sturgis　ウイリアム・スタージス・ビゲロウ　1850.4.4–1926.10.6）

Biggs, Hermann Michael〈19・20世紀〉
アメリカの細菌学者，公衆衛生学者。
⇒岩世人（ビッグズ　1859.9.29–1923.6.28）

Bigler, Regina Marie〈19・20世紀〉
アメリカの医療宣教師。
⇒アア歴（Bigler,Regina M(arie)　レジーナ・マリー・ビグラー　1860.3.29–1937.12.15）

Bigot, Georges Ferdinand〈19・20世紀〉
フランスの画家。日本美術を愛好し，その研究のため来日。
⇒岩世人（ビゴー　1860.4.7–1927.10.10）
広辞7（ビゴー　1860–1927）
芸13（ビゴー，ジョルジュ　1860–1927）
ポプ人（ビゴー，ジョルジュ　1860–1927）

Bigottini, Émilie〈18・19世紀〉
フランスのダンサー。
⇒バレエ（ビゴッティニ，エミリ　1784.4.16–1858.4.28）

Bihārīlāl〈16・17世紀〉
インドのヒンディー（ブラジ・バーシャー）詩人。作詩法の権威，チョーベー（四ヴェーダに通じたバラモン）。
⇒岩世人（ビハーリー　1595?–1663頃）

Bihlmeyer, Karl〈19・20世紀〉
ドイツのカトリック神学者，教会史家。
⇒新カト（ビールマイアー　1874.7.7–1942.3.27）

Bihzād, Kamāl al-Dīn, Ustād〈15・16世紀〉
ペルシアの細密画家。生年は1450～60年の間と推定。
⇒岩世人（ビフザード　?–1535-1536）

Bijleveld, Willem〈17世紀〉
オランダ東インド会社の商務員。
⇒岩世人（ベイレフェルト　1619頃–1649頃）

Bik, Pieter Albert〈18・19世紀〉
オランダの出島商館長。
⇒岩世人（ビック（ビク）　1798.7.18–1855.4.10）

Bilāl bn Rabāḥ〈7世紀〉
イスラム教団最初のムウアッジン（祈りの時を知らせて信徒を呼び集めるもの）。
⇒岩世人（ビラール　?–638/639/641/642）

Bilczewski, Józef〈19・20世紀〉
リヴォフの大司教。聖人。祝日3月20日。
⇒新カト（ユゼフ・ビルチェフスキ　1860.4.26–1923.3.20）

Bildad
ヨブの友人のひとり。
⇒聖書（ビルダド）

Bilderdijk, Willem〈18・19世紀〉
オランダの詩人，弁護士。オランダにおけるロマン主義の開拓者。
⇒岩世人（ビルデルデイク　1756.9.7–1831.12.18）

Biles, Sir John Harvard〈19・20世紀〉
イギリスの造船家。グラスゴー大学教授（1891～1921）。
⇒岩世人（バイルズ　1854–1933.10.27）

Bilfinger, George Bernhard〈17・18世紀〉
ドイツの哲学者。主著『哲学的解明』（1725）。
⇒岩世人（ビルフィンガー　1693.1.23–1750.2.18）
学叢思（ビルフィンゲル，ゲオルク・ベルンハルト　1693–1750）

Bilgä Khaghan〈7・8世紀〉
東突厥のカガン。在位716～734。フトルク（骨咄禄）の子。
⇒岩世人（ビルゲ・カガン　684–734）
広辞7（毘伽可汗　ビルゲ・かがん　684–734）

Bilhaṇa〈11世紀〉
インドの詩人。『偸盗五十頌』などの作者。
⇒岩世人（ビルハナ）
南ア新（ビルハナ　生没年不詳）

Bilharz, Alfons〈19・20世紀〉
ドイツの医者，哲学者。ジグマリンゲンの州立病院長（1878～）。
⇒岩世人（ビルハルツ　1836.5.2–1925.5.23）

Bilhildis von Altenmünster〈7・8世紀〉
ベネディクト会士，女子大修道院長，聖人。
⇒図聖（ビルヒルディス（アルテンミュンスターの）?–734頃）

Bilio, Luigi〈19世紀〉
イタリアのカトリック神学者。
⇒新カト（ビーリオ　1826.3.25–1884.1.30）

Billaud-Varenne, Jean Nicolas〈18・19世紀〉
フランスの革命家。公安委員として恐怖政治を推進。
⇒岩世人（ビヨー＝ヴァレンヌ　1756.4.23–1819.6.13）

Billerbeck, Paul〈19・20世紀〉
ドイツのプロテスタント神学者。
⇒岩世人（ビラーベック　1853.4.4–1932.12.23）

Billiart, Julie〈18・19世紀〉
ナミュール・ノートルダム修道女会創立者。聖人。祝日4月8日。
⇒新カト（ジュリー・ビリヤール　1751.7.12–1816.4.8）

Billing, Auguste Lucien〈19・20世紀〉
フランスのパリ外国宣教会宣教師。静岡で布教活動を行った。
⇒新カト（ビリング　1871.2.16–1955.11.7）

Billing, Gottfrid〈19・20世紀〉
スウェーデンのルター派神学者，政治家。
⇒岩世人（ビッリング　1841.4.29–1925.1.14）

Billings, John Shaw〈19・20世紀〉
アメリカの外科医。医学文献目録を刊行。
⇒岩世人（ビリングズ　1838.4.12–1913.3.11）

Billings, William〈18・19世紀〉
アメリカの作曲家。
⇒バロ（ビリングズ，ウィリアム　1746.10.7–1800.9.26）
　エデ（ビリングズ，ウィリアム　1746.10.7–1800.9.26）

Billot, Jean-Baptiste〈19・20世紀〉
フランスの軍人，政治家。
⇒19仏（ジャン＝バティスト・ビヨ　1828.8.15–1907.5.31）

Billot, Louis〈19・20世紀〉
フランスのイエズス会神学者。近代主義に反対する立場をとった。
⇒新カト（ビヨ　1846.1.12–1931.12.18）

Billroth, Albert Christian Theodor〈19世紀〉
オーストリアの外科医。近代腹部外科の創始者。
⇒岩世人（ビルロート　1829.4.26–1894.2.6）
　広辞7（ビルロート　1829–1894）

Billuart, Charles-René〈17・18世紀〉
フランスの神学者，説教者，ドミニコ会員。
⇒新カト（ビリュアール　1685.1.18–1757.1.20）

Billy the Kid〈19世紀〉
アメリカの無法者。ニューメキシコ開拓地で21人を殺し，おたずね者になった。
⇒アメ新（ビリー・ザ・キッド　1859–1881）
　広辞7（ビリー・ザ・キッド　1859?–1881）

Bimbisāra〈前5世紀頃〉
中インドのマガダ国王，シャイシュナーガ王朝の第5世。深く釈尊に帰依。
⇒岩世人（ビンビサーラ　（在位）前546頃–前494頃）
　広辞7（頻婆娑羅　びんばしゃら）
　南ア新（ビンビサーラ　前546頃–前494頃）

Binchois, Gilles〈15世紀〉
フランドルの作曲家。教会音楽を作曲。
⇒バロ（バンショワ，ジル　1400頃–1460.9.20）
　岩世人（バンショワ　1400頃–1460.9.20）
　新カト（バンショア　1400頃–1460.9.20）

Binder, Julius〈19・20世紀〉
ドイツの法哲学者。
⇒岩世人（ビンダー　1870.5.12–1939.8.28）

Binder, Pierre〈12・13世紀〉
フランスの作曲家。
⇒バロ（ビンダー，ピエール　1180頃?–1230頃?）

Bindesbøll, Michael Gottlieb Birckner〈18・19世紀〉
デンマークの新古典主義の建築家。
⇒岩世人（ビネスボル　1800.9.5–1856.7.14）

Binding, Karl〈19・20世紀〉
ドイツの法学者，歴史学者。ライプチヒ（73～1913）大学教授。歴史法学派に属し，ローマ法・ゲルマン法の歴史を研究。
⇒岩世人（ビンディング　1841.6.4–1920.4.7）

Binding, Rudolf Georg〈19・20世紀〉
ドイツの詩人，小説家。短篇小説『身代り』（12）で有名。
⇒岩世人（ビンディング　1867.8.13–1938.8.4）

Bindusāra〈前3世紀〉
インドの仏教徒。マウリヤ王朝の創始者チャンドラグプタの子で，第2代の王位についた。

⇒世帝（ビンドゥサーラ　（在位）前293頃–前268頃）

Binet, Alfred〈19・20世紀〉
フランスの心理学者。知能検査の基礎を確立。
⇒岩世人（ビネー　1857.7.8–1911.10.18）
　広辞7（ビネー　1857–1911）
　学叢思（ビネー, アルフレッド　1857–1911）
　20思（ビネー, アルフレッド　1857–1911）

B Binet, Jacques Philippe Marie〈18・19世紀〉
フランスの数学者，天文学者。
⇒世数（ビネ, ジャック・フィリップ・マリー　1786–1856）

Bing, Samuel〈19・20世紀〉
ドイツの画商。のちフランスに帰化。
⇒岩世人（ビング　1838.2.26–1905.9.6）

Bingham, Caleb George〈19世紀〉
アメリカの画家。
⇒岩世人（ビンガム　1811.3.20–1879.7.7）
　芸13（ビンガム, ジョージ・ケイラブ　1811–1879）

Bingham, Hiram〈19・20世紀〉
アメリカの探検家。インカの遺跡を研究。
⇒岩世人（ビンガム　1875.11.19–1956.6.6）
　ラテ新（ビンガム　1875–1956）

Bingham, John Armor〈19世紀〉
アメリカの法律家，外交官。駐日アメリカ公使。
⇒アア歴（Bingham, John A (rmour)　ジョン・アーマー・ビンガム　1815.1.21–1900.3.19）
　岩世人（ビンガム　1815.1.21–1900.3.19）

Bini, Pasquale〈18世紀〉
イタリアの作曲家。
⇒バロ（ビーニ, パスクアーレ　1716.6.21–1770.4）

Binney, Joseph Getchell〈19世紀〉
アメリカの宣教師。
⇒アア歴（Binney, Joseph G (etchell)　ジョゼフ・ゲッチェル・ビニー　1807.12.1–1877.11.26）

Binnya Dala〈18世紀〉
下ビルマのモン王国の最後の王。在位1747～57。
⇒岩世人（ビンニャダラ　?–1774.12）

Binyon, Laurence〈19・20世紀〉
イギリスの美術研究家，詩人，劇作家。東洋美術の研究で知られる。
⇒岩世人（ビニヨン　1869.8.10–1943.3.10）

Biolley, Henri〈19・20世紀〉
スイスの森林官。ヨーロッパの森林経営に多大の寄与をした。
⇒岩世人（ビオレ　1858.6.17–1939.10.22）

Bion〈前4・3世紀〉
ボリュステネス出身の哲学者。どの派にも属さず報酬を受けながら各地を流浪。
⇒岩世人（ビオン（ボリュステネスの）　前325頃–前255頃）

Biōn〈前2・1世紀〉
ギリシアの牧歌詩人。
⇒岩世人（ビオン）

Bioni, Antonio〈17・18世紀〉
イタリアの作曲家。
⇒バロ（ビオーニ, アントーニオ　1698–1739以降）

Biot, Edouard Constant〈19世紀〉
フランスのシナ学者。
⇒岩世人（ビオ　1803.7.2–1850.3.12）

Biot, Jean Baptiste〈18・19世紀〉
フランスの物理学者。円偏光を発見。
⇒岩世人（ビオ　1774.4.21–1862.2.3）
　学叢思（ビオー, ジャン・バプティスト　1774–1862）
　物理（ビオ, ジャン＝バティスト　1774–1862）

Bīrbal, Rāja〈16世紀〉
インドのヒンディー語詩人。ムガル朝の，アクバル王の寵臣。
⇒岩世人（ビールバル　1528–1586）

Birch, James Wheeler Woodford〈19世紀〉
イギリスの植民地行政官。
⇒岩世人（バーチ　1826.4.3–1875.11.2）

Birchensha, John〈17世紀〉
アイルランドの作曲家。
⇒バロ（バーチェンシャ, ジョン　1620頃?–1681.5.14）

Bircher-Benner, Maximilian Oskar〈19・20世紀〉
スイスの医者。チューリヒ山の療養所長。
⇒岩世人（ビルヒャー＝ベンナー　1867.8.22–1939.1.24）

Bird, Isabella Lucy〈19・20世紀〉
イギリスの女性旅行家。来日し『日本奥地旅行』を刊行。
⇒岩世人（バード　1831.10.15–1904.10.7）
　ポプ人（バード, イザベラ　1831–1904）

Birge, Edward Asahel〈19・20世紀〉
アメリカの生物学者，湖沼学者。湖水中の酸素の研究（1911）で近代湖沼学の基礎を作った。
⇒岩世人（バージ　1851.9.7–1950.6.9）

Birger, Magnusson〈13・14世紀〉
ノルウェー王。在位1290～1318。弟と内戦を繰返し，彼を殺した。
⇒岩世人（ビルイェル・マグヌッソン　1200頃–1266.10.21）

Birgitta, St. 〈14世紀〉
スウェーデンの神秘家,聖女。教皇のアビニョンからローマへの帰還に尽力。
⇒岩世人（ビルギッタ　1302/1303–1373.7.23）
新カト（ビルギッタ〔スウェーデンの〕　1302/1303–1373.7.23）
図聖（ビルギッタ（スウェーデンの）　1302/1303–1373）

Birin 〈7世紀〉
ウェセックス王国の首都ドーチェスターの初代司教。聖人。祝日12月3日。ベネディクト会修道士。
⇒新カト（ビリン　?–648/650）

Biringuccio, Vannoccio 〈15・16世紀〉
イタリアの冶金学者。
⇒広辞7（ビリングッチョ　1480–1539頃）

Birkbeck, George 〈18・19世紀〉
イギリスの医師。ロンドン職工学院を設立。
⇒岩世人（バークベック　1776.1.10–1841.12.1）

Birkeland, Kristian Olaf Bernhard 〈19・20世紀〉
ノルウェーの物理学者。極光,地磁気研究を行った。
⇒岩世人（ビルケラン　1867.12.13–1917.6.18）
科人（ビルケラン　1867–1917）

Birkenstock, Johann Adam 〈17・18世紀〉
ドイツの作曲家。
⇒バロ（ビルケンシュトック,ヨハン・アーダム　1687.2.19–1733.2.26）

Birkmeyer, Karl von 〈19・20世紀〉
ドイツの法学者。
⇒学叢思（ビルクマイエル,カール・フリードリヒ　1847–?）

Birnbaum, Karl 〈19・20世紀〉
ドイツの精神医学者。ベルリンのブーフ精神病院長。
⇒岩世人（ビルンバウム　1878.8.20–1950.3.31）
ユ著人（Birnbaum, Karl　ビルンバウム,カール　1878–1950?）

Birnbaum, Nathan 〈19・20世紀〉
オーストリアのシオニスト,宗教思想家。
⇒岩世人（ビルンバウム　1864.5.16–1937.4.2）
ユ人（ビルンバウム,ナタン　1864–1937）
ユ著人（Birnbaum, Nathan　ビルンバウム,ナターン　1864–1937）

Biron, Armand de Gontaut, Baron de 〈16世紀〉
フランスの軍人。宗教戦争では,アンリ3世の側で活躍。
⇒岩世人（ビロン　1524–1592.7.26）

Biron, Ernst Johann 〈17・18世紀〉
ラトビア生れのロシアの政治家。女帝アンナ・イワーノブナの寵臣として,権力を握った。
⇒岩世人（ビロン　1690.11.23–1772.12.17）

Birot, Louis 〈19・20世紀〉
フランスのカトリック司祭,著作家。
⇒新カト（ビロ　1863.10.7–1936.9.10）

Birraux, Joseph François 〈19・20世紀〉
パリ外国宣教会会員。来日宣教師。フランスのベルネクス生まれ。
⇒新カト（ビロー　1867.7.16–1950.11.9）

Birrell, Augustine 〈19・20世紀〉
イギリスの政治家,文人。アイルランド相を勤めたが,ダブリンの復活祭蜂起により引責辞職。
⇒岩世人（ビレル　1850.1.19–1933.11.20）

Birrenkoven, Willi 〈19・20世紀〉
ドイツのテノール。1890～93年ケルン,1893～1912年ハンブルクの歌劇場に所属。
⇒魅惑（Birrenkoven, Willi　1865–1955）

al-Bīrūnī, Abū Raihān Muhammad ibn Ahmad 〈10・11世紀〉
アフガニスタン,ガズニー朝の宮廷文人。
⇒岩世人（ビールーニー　973–1050以後）
広辞7（ビールーニー　973–1050以後）
新カト（ビールーニー　973.9.4–1050以降）
世数（アル・ビールーニー,アブ・アル・ライハン・ムハンマド・ベン・アーマッド　973–1048）
南ア新（ビールーニー　973–1050以後）

Bischof, Karl Gustav Christoph 〈18・19世紀〉
ドイツの地質学者,化学者。化学的地質学または地球化学の先駆者。
⇒岩世人（ビショーフ　1792.1.18–1870.11.30）

Biscop, Benedict 〈7世紀〉
ベネディクト会の大修道院長。聖人。祝日1月12日。
⇒新カト（ベネディクト・ビスコップ　628頃–689/690.1.12）

Bishndās 〈17世紀〉
インドのムガル朝の画家。
⇒岩世人（ビシュンダース）

Bishop, Edmund 〈19・20世紀〉
イギリスの礼拝学者。
⇒新カト（ビショップ　1846.5.17–1917.2.19）

Bishop, Sir Henry Rowley 〈18・19世紀〉
イギリスの作曲家,指揮者。エディンバラ（1841）およびオクスフォード（48）の各大学音楽教授。
⇒岩世人（ビショップ　1786.11.18–1855.4.30）
ポプ人（ビショップ,ヘンリー・ローリー　1786–1855）

Bismarck-Schönhausen, Otto Eduard Leopold, Fürst von〈19世紀〉
プロシア、ドイツの政治家。ドイツ帝国初代宰相。
⇒岩世人（ビスマルク　1815.4.1–1898.7.30）
　ネーム（ビスマルク　1815–1898）
　広辞7（ビスマルク　1815–1898）
　学叢思（ビスマルク、オットー・フォン　1815–1898.7）
　新カト（ビスマルク　1815.4.1–1898.7.30）
　世人新（ビスマルク　1815–1898）
　世人装（ビスマルク　1815–1898）
　世史語（ビスマルク　1815–1898）
　ポプ人（ビスマルク、オットー・フォン　1815–1898）
　学叢歴（ビスマルク　1815–1898）

Bissolati, Leonida〈19・20世紀〉
イタリアの政治家、活動家。
⇒岩世人（ビッソラーティ　1857.2.20–1920.5.6）

Bitōn
ギリシア神話、クレオビスの兄弟。
⇒岩世人（ビトン）

al-Bitrūjī, Abū Isḥāq Nur al-Dīn〈12・13世紀〉
スペインのアラブ系天文学者。
⇒岩世人（ビトルージー　?–1204頃）

Bitti, Bernardo〈16・17世紀〉
イタリア出身の聖職者、画家、彫刻家。
⇒岩世人（ビッティ　1548–1610）

Bittner, Jacob〈17・18世紀〉
ドイツの作曲家。
⇒バロ（ビットナー、ヤーコブ　1650頃?–1710頃?）

Bizarelli, Louis〈19・20世紀〉
フランスの政治家。
⇒19仏（ルイ・ビザレリ　1836.7.25–1902.6.19）

Bizet, Georges〈19世紀〉
フランスの作曲家。『アルルの女』の付随音楽オペラ『カルメン』などを残した。
⇒岩世人（ビゼー　1838.10.25–1875.6.3）
　オペラ（ビゼー、ジョルジュ　1838–1875）
　エデ（ビゼー、ジョルジュ　1838.10.25–1875.6.3）
　広辞7（ビゼー　1838–1875）
　学叢思（ビゼエ、ジョルジ　1838–1875）
　実音人（ビゼー、ジョルジュ　1838–1875）
　世人新（ビゼー　1838–1875）
　世人装（ビゼー　1838–1875）
　ポプ人（ビゼー、ジョルジュ　1838–1875）
　ユ著人（Bizet,Georges　ビゼー、ジョルジュ　1838–1875）

Bizzozero, Giulio〈19・20世紀〉
イタリアの解剖学者。
⇒岩世人（ビッツォツェーロ　1846.3.20–1901.4.8）

Bjerknes, Vilhelm Frimann Koren〈19・20世紀〉
ノルウェーの気象学者、海洋学者。気圧の絶対単位（ミリバール）の導入などで有名。
⇒岩世人（ビャルクネス　1862.3.14–1951.4.9）

Bjørnson, Bjørnstjerne Martinius〈19・20世紀〉
ノルウェーの小説家、劇作家。作品に『幸福な若者』(60)など。国民の指導者としても活躍。
⇒岩世人（ビョルンソン　1832.12.8–1910.4.26）
　広辞7（ビョルンソン　1832–1910）
　学叢思（ビョルンソン、ビョルスチェルネ　1832–1910）

Blache, Jean-Baptiste〈18・19世紀〉
フランスのダンサー、振付家。
⇒バレエ（ブラーシュ、ジャン＝バティスト　1765.5.17–1834.1.24）

Black, Greene Vardiman〈19・20世紀〉
アメリカの歯科医、歯科病理学者、細菌学者。
⇒岩世人（ブラック　1836.8.3–1915.8.31）

Black, John Reddie〈19世紀〉
イギリスのジャーナリスト。明治初期の日本で新聞を創刊し、活躍。
⇒岩世人（ブラック　1826–1880.6.11）

Black, Joseph〈18世紀〉
スコットランドの化学者。炭酸ガスを再発見し、苛性化の理論を確立した(54)。
⇒岩世人（ブラック　1728.4.16–1799.12.6）

Black, Robert Franklin〈19・20世紀〉
アメリカの宣教師。
⇒アア歴（Black,Robert F(ranklin)　ロバート・フランクリン・ブラック　1870.8.28–1952.10.29）

Black Hawk〈18・19世紀〉
アメリカ・インディアンのソーク族・フォックス族酋長。
⇒岩世人（ブラック・ホーク　1767–1838.10.3）

Blackhole, Andrew〈16・17世紀〉
スコットランドの作曲家。
⇒バロ（ブラックホール、アンドルー　1535/1536–1609.1.3）

Blackmar, Frank W.〈19・20世紀〉
アメリカの社会学者。
⇒学叢思（ブラックマー、フランク　1854–?）

Blackmore, Richard Doddridge〈19世紀〉
イギリスの小説家、詩人。
⇒岩世人（ブラックモア　1825.6.7–1900.1.20）

Blackshear, Charles Cotton〈19・20世

紀〉
アメリカの化学者。
⇒アア歴（Blackshear,Charles Cotton　チャールズ・コットン・ブラックシア　1862.12.10-1938.10.27）

Blacksmith, Henry〈13世紀〉
イギリスの作曲家。
⇒バロ（ブラックスミス，ヘンリー　1230頃?-1262.9）

Blackstone, Sir William〈18世紀〉
イギリスの法学者。大著『イギリス法釈義』（65～69）で有名。
⇒岩世人（ブラックストン　1723.7.10-1780.2.14）
　学叢思（ブラックストン，ウィリアム　1723-1780）

Blackwell, George〈16・17世紀〉
イギリスのカトリック司祭。
⇒新カト（ブラックウェル　1545頃-1612.1.25）

Blackwood, Algernon Henry〈19・20世紀〉
イギリスの小説家。
⇒岩世人（ブラックウッド　1869.3.14-1951.12.10）

Blaeu, Willem Janszoon〈16・17世紀〉
オランダの数学者，地理学者，天文学者。地球図，天空図および地図を刊行。
⇒岩世人（ブラウ　1571-1638.10.18）

Blagoev, Dimitǎr〈19・20世紀〉
ブルガリアの思想家。ブルガリア社会民主党を結成し（91），ブルガリアでマルクス主義を広めた。
⇒岩世人（ブラゴエフ　1856.6.14/26-1924.5.7）

Blahoslav, Jan〈16世紀〉
ボヘミア（ベーメン）の一致兄弟団の指導者。
⇒バロ（ブラホスラフ，ヤン　1523.2.20-1571.11.24）
　岩世人（ブラホスラフ　1523.2.20-1571.11.24）

Blaine, James Gillespie〈19世紀〉
アメリカの政治家。1881,89~92年国務長官。第1回汎会議開催（89）に尽力。
⇒岩世人（ブレイン　1830.1.31-1893.1.27）

Blainville, Charles Henri de〈18世紀〉
フランスのチェロ奏者，音楽理論家，作曲家。
⇒バロ（ブランヴィル，シャルル・アンリ・ド　1710-1777以降）

Blainville, Henri Marie Ducrotay de〈18・19世紀〉
フランスの博物学者。下等動物の組織学的研究を行った。
⇒岩世人（ブランヴィル　1777.9.12-1850.5.1）

Blair, Hugh〈18世紀〉
スコットランドの聖職者，詩人。

⇒岩世人（ブレア　1718.4.7-1800.12.27）

Blair, Robert〈17・18世紀〉
スコットランドの詩人・牧師。
⇒岩世人（ブレア　1699.4.17-1746.2.4）

Blaise, Adolfe Benoît〈18世紀〉
フランスの作曲家。
⇒バロ（ブレーズ，アドルフ・ブノワ　1710頃?-1772）

Blake, Sir Henry Arthur〈19・20世紀〉
イギリスの外交官。
⇒岩世人（ブレイク　1840.1.8-1918.2.13）

Blake, Robert〈16・17世紀〉
イギリスの軍人。清教徒革命期の議会軍の提督，イギリス海軍の建設者。
⇒岩世人（ブレイク　1598.9.27頃-1657.8.7）

Blake, William〈18・19世紀〉
イギリスの詩人，画家，神秘思想家。予言思想家としても知られた。
⇒岩世人（ブレイク　1757.11.28-1827.8.12）
　広辞7（ブレーク　1757-1827）
　学叢思（ブレーク，ウィリアム　1757-1827）
　新カト（ブレイク　1757.11.28-1827.8.12）
　芸13（ブレーク，ウィリアム　1757-1827）
　ポプ人（ブレイク，ウィリアム　1757-1827）

Blake, William Philipps〈19・20世紀〉
アメリカの地質学者。北海道開拓使顧問。
⇒アア歴（Blake,William Phipps　ウイリアム・フィップス・ブレイク　1825.6.21-1910.5.22）
　岩世人（ブレイク　1826.6.1-1910.5.22）

Blakeslee, Albert Francis〈19・20世紀〉
アメリカの植物学者，遺伝学者。チョウセンアサガオの単数体を発見。
⇒岩世人（ブレイクスリー　1874.11.9-1954.11.16）

Blakeslee, George Hubbard〈19・20世紀〉
アメリカの極東問題研究者。
⇒岩世人（ブレイクスリー　1871.8.27-1954.5.5）

Blakiston, Thomas Wright〈19世紀〉
イギリスの軍人，動物学者。津軽海峡に動物分布上の境界線（ブラキストン・ライン）を設定。
⇒岩世人（ブレイキストン（ブラキストン）　1832.12.27-1891.10.15）
　広辞7（ブラキストン　1832-1891）

Blamont, François Colin de〈17・18世紀〉
フランスの作曲家。
⇒バロ（ブラモン，フランソワ・コラン・ド　1690.11.22-1760.2.14）

Blamont, Nicolas de〈17・18世紀〉
フランスの作曲家。
⇒バロ（ブラモン，ニコラ・ド　1660頃?-1720頃）

Blampin, Thomas〈17・18世紀〉
フランスの神学者、サン・モール修族ベネディクト会の会員。
⇒新カト（ブランパン 1640–1710.2.13）

Blanc, Auguste Alexandre Philippe Charles〈19世紀〉
フランスの美術史家、批評家。美術評論誌"Gazette des Beaux Arts"を創刊。
⇒岩世人（ブラン 1813.11.15–1882.1.17）

Blanc, Jean Joseph Charles Louis〈19世紀〉
フランスの政治家、歴史家。
⇒岩世人（ブラン 1811.10.29–1882.12.6）
19仏（ルイ・ブラン 1811.10.29–1882.12.6）
広辞7（ルイ・ブラン 1811–1882）
学叢思（ブラン, ルイ・ジャン・ジョセフ 1813–1882）
世人新（ブラン（ルイ＝ブラン） 1811–1882）
世人装（ブラン（ルイ＝ブラン） 1811–1882）
世史語（ルイ＝ブラン 1811–1882）
ポプ人（ブラン, ルイ 1811–1882）

Blanc, Marie Jean Gustave〈19世紀〉
フランスの聖職者。パリ外国伝道協会の朝鮮教区司祭。
⇒岩世人（ブラン 1844.5.6–1890.2.21）
新カト（ブラン 1844.5.6–1890.2.21）

Blancas de San José, Francisco〈16・17世紀〉
スペイン人のドミニコ会士。
⇒岩世人（ブランカス・デ・サン・ホセ 1560–1614）

Blanchard, Esprit Joseph Antoine〈17・18世紀〉
フランスの作曲家。
⇒バロ（ブランシャール, エスプリ・ジョゼフ・アントワーヌ 1696.2.29–1770.4.19）

Blanchard, Jean Pierre〈18・19世紀〉
フランスの気球操縦者。1785年最初のイギリス海峡気球横断を行った。
⇒岩世人（ブランシャール 1753.7.4–1809.3.7）

Blanche, Jacques Emile〈19・20世紀〉
フランスの画家、グラフィック・デザイナー、批評家。
⇒芸13（ブランシュ, ジャック・エミール 1861–1942）

Blanche de Bourgogne〈13・14世紀〉
シャルル4世の妃。
⇒王妃（ブランシュ・ド・ブルゴーニュ 1296–1326）

Blanche de Castille〈12・13世紀〉
フランス王ルイ8世の妃。長男ルイ9世の摂政母后を務めた。
⇒岩世人（ブランシュ・ド・カスティーユ 1188–1252）
王妃（ブランシュ・ド・カスティーユ 1188–1252）

Blanche D'evreux〈14世紀〉
フィリップ6世の2番目の妃。
⇒王妃（ブランシュ・デヴルー 1331–1398）

Blanco, Francisco〈16世紀〉
スペインのフランシスコ会宣教師、聖人。
⇒新カト（フランシスコ・ブランコ 1567頃–1597.2.5）

Bland, Hubert〈19・20世紀〉
イギリスの社会主義者、著述家。
⇒学叢思（ブランド, ヒューバート 1856–1914）

Blandina〈2世紀〉
リヨンの殉教者、聖人。
⇒新カト（ブランディナ ?–177）
図聖（ブランディナ ?–177）

Blanford, Henry Francis〈19世紀〉
イギリスの気象学者、地質学者。新設気象局の初代局長（74）。インドの気象事業の基礎を築いた。
⇒岩世人（ブランフォード 1834.6.3–1893.1.23）

Blankenburg, Christian Friedrich von〈18世紀〉
ドイツの文学・美学研究者。プロイセンの貴族で士官、啓蒙主義者の一人。
⇒岩世人（ブランケンブルク 1744.1.24–1796.5.4）

Blankenburg, Quirinus Gerbrandszoon van〈17・18世紀〉
ネーデルラントの作曲家。
⇒バロ（ブランケンブルク, クィリヌス・ヘルブランツゾーン・ファン 1654–1739.5.12）

Blanlo, Jean〈17世紀〉
フランスのカトリック神学者。
⇒新カト（ブランロ 1617.6.24–1657.4.4）

Blanpain, Narcisse〈19世紀〉
フランスの印刷業者、作家。
⇒19仏（ナルシス・ブランパン 1839.12.3–1893以降）

Blanqui, Adolphe Jérôme〈18・19世紀〉
フランスの経済学者。サン・シモンの影響を受けた。
⇒岩世人（ブランキ 1798.11.21–1854.1.28）

Blanqui, Louis Auguste〈19世紀〉
フランスの社会主義者、革命家。フランス革命およびバブーフ主義の直接的継承者の一人。
⇒岩世人（ブランキ 1805.2.7–1881.1.1）
ネーム（ブランキ 1805–1881）
学叢思（ブランキ, ルイ・オーギュスト 1805–1881）

世人新（ブランキ　1805-1881）
世人装（ブランキ　1805-1881）
メル3（ブランキ, ルイ＝オーギュスト　1805-1881）

Blarer, Ambrosius〈15・16世紀〉
ドイツの宗教改革者。ルターを知り, 修道院長を辞してコンスタンツで宗教改革に携わる（25〜）。
⇒岩世人（ブラーラー　1492.4.4-1564.12.6）

Blasco, Eusebio〈19・20世紀〉
スペインの作家。
⇒19仏（エウセビオ・ブラスコ　1844-1903）

Blasco Ibáñez, Vicente〈19・20世紀〉
スペインの小説家。自然主義小説『わら小屋』(98) などで知られる。
⇒岩世人（ブラスコ・イバニェス　1867.1.29-1928.1.28）
ネーム（イバニェス　1867-1928）
ネーム（ブラスコ・イバニェス　1867-1928）
広辞7（ブラスコ・イバニェス　1867-1928）
学叢思（イバーニェス, ヴィチェンテ・ブラスコ　1867-1927）

Blasis, Carlo〈18・19世紀〉
イタリアの舞踊家。スカラ座の王室舞踊アカデミーのディレクターを勤めた。
⇒岩世人（ブラジス　1795/1197.11.4-1878.1.15）
バレエ（ブラジス, カルロ　1795/1797.11.4-1878.1.15）

Blasius, Matthieu Frédéric〈18・19世紀〉
フランスの作曲家, 指揮者。
⇒バロ（ブラジウス, マチュー・フレデリック　1758.4.24-1829）

Blasius, St.〈4世紀頃〉
セバステ（トルコ）の司教。救難聖人の一人。
⇒新カト（ブラシオス〔セバステの〕　?-4世紀初め）
図聖（ブラシウス（セバステの）　?-316頃）

Blau, Felix Anton〈18世紀〉
ドイツのカトリック啓蒙主義者。
⇒新カト（ブラウ　1754.2.15-1798.12.23）

Blavatsky, Elena Petrovna〈19世紀〉
ロシア生れの女流神智学者。1875年ニューヨークに神智学協会を創設。
⇒岩世人（ブラヴァツキー　1831.8.12-1891.5.8）
新カト（ブラヴァツキー　1831.8.12-1891.5.8）

Blavet, Michel〈17・18世紀〉
フランスのフルート奏者, 作曲家。王室楽団やオペラ座で, フルートの第一人者として活躍。
⇒バロ（ブラヴェ, ミシェル　1700.3.13-1768.10.28）

Blech, Leo〈19・20世紀〉
ドイツの作曲家, 指揮者。ベルリンのシャルロッテンブルク国立オペラ劇場の指揮者兼音楽監督（49〜）。
⇒岩世人（ブレッヒ　1871.4.22-1958.8.25）

Blechen, Karl Eduard Ferdinand〈18・19世紀〉
ドイツの画家。1831年ベルリン・アカデミーの風景画教授。
⇒岩世人（ブレッヒェン　1798.7.29-1840.7.23）
芸13（ブレッヒェン, カルル　1798-1840）

Bleibtreu, Karl〈19・20世紀〉
ドイツ自然主義の小説家, 評論家。
⇒岩世人（ブライブトロイ　1859.1.13-1928.1.30）

Bleichroeder, Gerson〈19世紀〉
ドイツの金融業者。
⇒岩世人（ブライヒレーダー　1822.12.22-1893.2.19）

Blemmýdēs, Mētrophánēs〈14世紀〉
ギリシアの作曲家。
⇒パロ（ブレミュデス, メトロファーネス　1310頃?-1360頃）

Blemmýdēs, Nikēphóros〈12・13世紀〉
ビザンチンの学者。アリストテレス哲学の注釈にすぐれた業績がある。
⇒岩世人（ブレンミュデス　1197/1198-1272頃）
新カト（ブレミュデース　1197-1272頃）

Blémont, Émile〈19・20世紀〉
フランスの詩人。
⇒19仏（エミール・ブレモン　1839.7.17-1927.2.8）

Blériot, Louis〈19・20世紀〉
フランスの飛行家, 飛行機設計家。ドーヴァー海峡の横断飛行に初めて成功（1909）。
⇒岩世人（ブレリオ　1872.7.1-1936.8.3）
ネーム（ブレリオ　1872-1936）

Bles, Henri met de〈16世紀〉
オランダの画家。幻想的な風景画を描いた。
⇒岩世人（ブレス　1510頃-?）

Blesilla〈4世紀〉
聖人。祝日1月22日。ローマのパウラの娘でエウストキウムの姉。
⇒新カト（ブレシラ　364/367-383/384）

Bleuler, Eugen〈19・20世紀〉
スイスの精神医学者。精神分裂症という概念を初めて導入。
⇒岩世人（ブロイラー　1857.4.30-1939.7.15）
広辞7（ブロイラー　1857-1939）

Bleyer, Georg〈17世紀〉
ドイツの作曲家。
⇒バロ（ブライヤ, ゲオルク　1647.10.28-1694以降?）

Bleyer, Gottfried von〈17世紀〉
ドイツの作曲家。
⇒バロ（ブライヤ，ゴットフリート・フォン　1640頃?-1700頃?）

Bleyer, Nicolaus〈16・17世紀〉
ドイツの作曲家。
⇒バロ（ブライヤー，ニコラウス　1591.2.2-1658.5.3）

Blicher, Steen Steensen〈18・19世紀〉
デンマークのロマン派詩人，小説家。デンマーク小説の祖とされる。小説『村の書記の日記』(24) など。
⇒岩世人（ブリカー　1782.10.11-1848.3.26）

Bligh, William〈18・19世紀〉
イギリスの海軍将校。
⇒岩世人（ブライ　1754.9.9-1817.12.7）
オセ新（ブライ　1754-1817）

Blind, Karl〈19・20世紀〉
ドイツの革命家。
⇒学叢思（ブリンド，カール　1826-1907）

Bliss, William Dwight Porter〈19・20世紀〉
アメリカの聖公会司祭，キリスト教社会主義者，「社会福音」の活動家。
⇒学叢思（ブリス，ウィリアム・ドワイト・ポーター　1856-?）

Blitheman, John〈16世紀〉
イギリスのオルガン奏者，作曲家。
⇒バロ（ブライズマン，ジョン　1525頃-1591.5.23）

Bloch, Edward〈19世紀〉
アメリカの出版業者。
⇒ユ人（ブロッホ（ブロック），エドワード　1816-1881）

Bloch, Ernest〈19・20世紀〉
スイスに生れのユダヤ人作曲家。
⇒岩世人（ブロッホ　1880.7.24-1959.7.15）
エデ（ブロッホ，エルネスト　1880.7.24-1959.7.15）
新カト（ブロッホ　1880.7.24-1959.7.15）
ユ人（ブロッホ，アーネスト　1880-1959）
ユ著人（Bloch,Ernest　ブロッホ，エルネスト　1880-1959）

Bloch, Iwan〈19・20世紀〉
ドイツの皮膚科医。近代的性科学の建設者の一人。
⇒岩世人（ブロッホ　1872.4.8-1922.2.19）

Bloch, Joseph〈19・20世紀〉
ドイツの社会主義者，ジャーナリスト。
⇒ユ人（Bloch,Joseph　ブロッホ，ヨーゼフ　1871-1936）

Bloch, Jules〈19・20世紀〉
フランスの東洋学者，サンスクリットおよびインド諸方言学者。
⇒岩世人（ブロック　1880.5.1-1953.11.29）

Blochet, Edger〈19・20世紀〉
フランスの東洋学者。パリ国立図書館写本部でイスラム史料の整理，校刻などを行った。
⇒岩世人（ブロシェ　1870.12.12-1937.9.5）

Blockland, Cornelius〈16世紀〉
フランドルの作曲家。
⇒バロ（ブロックラント，コルネリウス　1540頃?-1590頃?）

Blodget, Henry〈19・20世紀〉
アメリカの宣教師。
⇒アア歴（Blodget,Henry　ヘンリー・ブロッジト　1825.7.25-1903.5.23）

Bloemaert, Abraham〈16・17世紀〉
オランダの画家。
⇒岩世人（ブルーマールト　1566-1651.1.13）
芸13（ブロエマェルト，アブラハム　1564-1651）

Blois, Louis de（Blosius）〈16世紀〉
ベルギーのベネディクト会士。
⇒新カト（ブロア　1506.10-1566.1.7）

Blok, Aleksandr Aleksandrovich〈19・20世紀〉
ロシア，ソ連の詩人。
⇒岩世人（ブローク　1880.11.16/28-1921.8.7）
広辞7（ブローク　1880-1921）
学叢思（ブローク，アレクサンドル・アレクサンドロウィッチ　1880-1921）

Blok, Petrus Johannes〈19・20世紀〉
オランダの歴史家。主著 "Geschiedenis van het Nederlandsche volk"(1892～1908)。
⇒岩世人（ブロック　1855.1.10-1929.10.24）

Blomberg, Werner von〈19・20世紀〉
ドイツの軍人。ナチスの政権獲得と共に陸相兼陸軍司令官(33)，元帥となる(36)。
⇒岩世人（ブロンベルク　1878.9.2-1946.3.14）

Blomhoff, Jan Cock〈18・19世紀〉
オランダの長崎出島オランダ商館長。日本での英語教育の先駆け。
⇒岩世人（ブロムホフ（コック・ブロムホフ）　1779.8.5-1853.10.13）

Blommaert, Jonkheer Philip Marie〈19世紀〉
ベルギー（フランドル）の学者。
⇒岩世人（ブロマールト　1809.8.24-1871.8.14・

Blondel, Charles Aimé Alfred〈19・20世紀〉
フランスの精神病学者，心理学者。主著『集合

心理学序説』(28)。
⇒メル3（ブロンデル, シャルル　1876–1939）

Blondel, Jacques François〈18世紀〉
フランスの建築家, 建築史学者。建築史学を確立。
⇒岩世人（ブロンデル　1705.9.8–1774.1.9）

Blondel, Maurice〈19・20世紀〉
フランスのカトリック哲学者。主著『思惟』(2巻,34)『存在と存在者』(35)。
⇒岩世人（ブロンデル　1861.11.2–1949.6.4）
　新カト（ブロンデル　1861.11.2–1949.6.4）
　メル3（ブロンデル, モーリス　1861–1949）

Blondel, Nicolas-François〈17世紀〉
フランスの建築家, 建築理論家。主作品にサン・ドニ門（71, パリ）, 主著『建築教科書』(75)がある。
⇒岩世人（ブロンデル　1617–1686.1.21）

Blondel de Nesle〈12世紀〉
ピカルディー出身のトルヴェール。
⇒バロ（ネル, ブロンデル・ド　1150頃–1200）
　バロ（ブロンデル・ド・ネル　1150頃–1200頃）

Blondlot, René〈19・20世紀〉
フランスの物理学者。ナンシー大学教授。
⇒科史（ブロンロー　1849–1930）

Blondy, Michel〈17・18世紀〉
フランスのダンサー, 振付家, 教師。
⇒バレエ（ブロンディ, ミシェル　1676/1677–1739.8.6）

Bloomer, Amelia Jenks〈19世紀〉
アメリカの女性解放運動家。初期の女権拡張運動に貢献した。
⇒岩世人（ブルーマー　1818.5.27–1894.12.30）

Bloomfield, Maurice〈19・20世紀〉
アメリカのインド学者。主著『アタルバ・ベーダの讃歌』(97)。
⇒岩世人（ブルームフィールド　1855.2.23–1928.6.13）
　南ア新（ブルームフィールド　1855–1928）

Bloomfield, Robert〈18・19世紀〉
イギリスの詩人。『農家の少年』(1800)が知られる。
⇒岩世人（ブルームフィールド　1766.12.3–1823.8.19）

Blount, James Henderson, Jr.〈19・20世紀〉
アメリカの弁護士, 裁判官。
⇒アア歴（Blount,James Henderson,Jr　ジェイムズ・ヘンダスン・ブラント・ジュニア　1869.3.3–1918.10.2）

Blow, John〈17・18世紀〉
イギリスの作曲家, オルガン奏者。
⇒バロ（ブロウ, ジョン　1649.2.23–1708.10.1）
　オペラ（ブロウ, ジョン　1649–1708）
　エデ（ブロウ, ジョン　1649.2.23–1708.10.1）
　新カト（ブロウ　1649.2.23（受洗）–1708.10.1）

Blowitz, Henri〈19・20世紀〉
フランスのジャーナリスト。
⇒19仏（アンリ・ブロヴィッツ　1825.12.28–1903.1.18）

Bloy, Léon Henri Marie〈19・20世紀〉
フランスの小説家, ジャーナリスト。
⇒岩世人（ブロワ　1846.7.11–1917.11.3）
　新カト（ブロア　1846.7.11–1917.11.3）

Blücher, Gebhard Leberecht, Fürst Blücher von Wahlstatt〈18・19世紀〉
プロシアの軍人。
⇒岩世人（ブリュッヒャー　1742.12.16–1819.9.12）
　学叢歴（ブリュツヘル　1742–1819）

Blue, Victor〈19・20世紀〉
米西戦争中にスパイとして活動したアメリカの海軍士官。
⇒スパイ（ブルー, ヴィクター　1865–1928）

Blum, Ernest〈19・20世紀〉
フランスの劇作家, ジャーナリスト。
⇒19仏（エルネスト・ブルム　1836.8.15–1907.9.22）

Blum, Julius（Blum Pasha）〈19・20世紀〉
オーストリアの財務家。
⇒ユ人（ブルム, ユリウス（ブルム・パシャ）　1843–1919）

Blum, Léon〈19・20世紀〉
フランスの政治家。1936年社会主義者, ユダヤ人として初めて人民戦線内閣の首相に就任。
⇒岩世人（ブルム　1872.4.9–1950.3.30）
　広辞7（ブルム　1872–1950）
　世人新（ブルム　1872–1950）
　世人装（ブルム　1872–1950）
　世史語（ブルム　1872–1950）
　ポプ人（ブルム, レオン　1872–1950）
　ユ人（ブルム, レオン　1872–1950）
　ユ著人（Blum,Léon　ブルム, レオン　1872–1950）

Blum, René〈19・20世紀〉
フランスのバレー団主宰者。
⇒岩世人（ブルム　1878.3.13–1942.9.28）
　バレエ（ブリュム, ルネ　1878.3.13–1942.9.28/1943.4.28）

Blum, Robert〈19世紀〉
ドイツの政治家。1848年の三月革命では, ザクセンの自由党を組織。
⇒岩世人（ブルーム　1807.11.10–1848.11.9）

Blum, Robert Frederick〈19・20世紀〉
アメリカの画家。
⇒アア歴（Blum,Robert Frederick　ロバート・フレデリック・ブルーム　1857.7.9–1903.6.8）

Blume, Clemens〈19・20世紀〉
ドイツの音楽学者、讃美歌学者。
⇒新カト（ブルーメ　1862.1.31–1932.4.8）

Blumenbach, Johann Friedrich〈18・19世紀〉
ドイツの生理学者、比較解剖学者。自然人類学の創始者といわれる。
⇒岩世人（ブルーメンバッハ　1752.5.11–1840.1.22）

Blumenthal, Oskar〈19・20世紀〉
ドイツの劇作家、劇評家。ベルリンの「レッシング座」創設者、支配人（1888～97）。
⇒岩世人（ブルーメンタール　1852.3.13–1917.4.24）

Blumhardt, Christoph Friedrich〈19・20世紀〉
ドイツのプロテスタント神学者。
⇒岩世人（ブルームハルト　1842.6.1–1919.8.2）

Blumhardt, Johann Christoph〈19世紀〉
ドイツの宗教家。硫黄泉場ボルを本拠として（52～）、按手と神の愛を説き、多くの病人を癒した。
⇒岩世人（ブルームハルト　1805.7.16–1880.2.25）
　新カト（ブルームハルト　1805.7.16–1880.2.25）

Bluntschli, Johann Kaspar〈19世紀〉
スイスの法学者、政治家。私法、国家学、国際法の各分野に活躍。
⇒岩世人（ブルンチュリ　1808.3.7–1881.10.21）

Boabdil〈16世紀〉
スペインのナスル朝最後の君主。在位1482～83,86～92。
⇒岩世人（ムハンマド11世　?–1533頃/1534頃）
　皇国（ボアブディル　（在位）1482–1492）

Boadicea〈1世紀〉
古代ブリタニアにいたイケ人の王プラスタグスの妻。
⇒岩世人（ボウディッカ　?–62）
　王妃（ブーディカ　?–60頃）

Boardman, George Dana〈19世紀〉
アメリカのバプテスト教会牧師、ビルマへの宣教師。
⇒アア歴（Boardman,George Dana　ジョージ・デイナ・ボードマン　1801.2.8–1831.2.11）

Boas, Franz〈19・20世紀〉
アメリカの文化人類学者。ドイツ生れ。主として北アメリカのインディアンの言語、宗教を調査。
⇒アメ新（ボアズ　1858–1942）
　岩世人（ボアズ　1858.7.9–1942.12.21）
　広辞7（ボアズ　1858–1942）
　新カト（ボアズ　1858.7.9–1942.12.21）
　20思（ボアズ, フランツ　1858–1942）
　ユ人（ボーアズ, フランツ　1858–1942）

Boaz
ベツレヘムの富農。ダビデ王の曽祖父。
⇒聖書（ボアズ）

Bobadilla, Nicolás Alfonso de〈16世紀〉
イエズス会の創立期の会員の一人。スペインのボバディリャに生まれる。
⇒新カト（ボバディリャ　1511/1507–1590.9.23）

Bobcelli, Giovanni Battista〈16世紀〉
イタリアの作曲家。
⇒バロ（ボブチェッリ, ジョヴァンニ・バティスタ　1550頃?–1600頃?）

Boberg, Gustav Ferdinand〈19・20世紀〉
スウェーデンの建築家。
⇒岩世人（ブーベリ　1860.4.11–1946.5.7）

Bobillier, Étienne〈18・19世紀〉
フランスの数学者。
⇒世数（ボビリエ, エチエンヌ　1798–1840）

Bobillot, Jules〈19世紀〉
フランスの軍人。
⇒19仏（ジュール・ボビヨ　1860.9.10–1885.3.19）

Böblinger, Hans der Ältere〈15世紀〉
ドイツの建築家。
⇒岩世人（ベーブリンガー　?–1482.1.4）

Böblinger, Matthäus〈15・16世紀〉
ドイツの建築家。
⇒岩世人（ベーブリンガー　1450–1505）

Bo Bo Aung〈19世紀〉
ビルマの超能力者。
⇒岩世人（ボーボーアウン）

Boborykin, Pëtr Dmitrievich〈19・20世紀〉
ロシアの自然主義作家。代表作『峠』（94）。
⇒岩世人（ボボルイキン　1836.8.15/27–1921.8.12）

Bobrzyński, Michał〈19・20世紀〉
ポーランドの歴史家、政治家。
⇒岩世人（ボブジンスキ　1849.9.30–1935.7.3）

Boccaccio, Giovanni〈14世紀〉
イタリアの小説家、詩人。最大の傑作は『デカメロン』（ほぼ49～51）である。
⇒岩世人（ボッカッチョ　1313–1375.12.21）
　ネーム（ボッカチオ　1313–1375）

広辞7（ボッカッチョ　1313-1375）
学叢思（ボッカチオ, ジオバンニ　1313-?）
新カト（ボッカッチョ　1313-1375.12.21）
世人新（ボッカチオ　1313-1375）
世人装（ボッカチオ　1313-1375）
世史語（ボッカチオ　1313-1375）
ポプ人（ボッカチオ, ジョバンニ　1313-1375）

Boccherini, Luigi〈18・19世紀〉
イタリアの作曲家, チェリスト。1787年プロシア宮廷音楽家の称号を受けた。
⇒バロ（ボッケリーニ, ルイージ　1743.2.19-1805.5.28）
　岩世人（ボッケリーニ　1743.2.19-1805.5.28）
　エデ（ボッケリーニ,（ルドルフォ）ルイージ　1743.2.19-1805.5.28）
　ネーム（ボッケリーニ　1743-1805）
　広辞7（ボッケリーニ　1743-1805）
　実音人（ボッケリーニ, ルイージ　1743-1805）

Bocchi, Romeo〈17世紀〉
イタリアの経済学者。
⇒学叢思（ボッキ, ロメオ　生没年不詳）

Boccrdo, Gerolamo〈19・20世紀〉
イタリアの経済学者。
⇒学叢思（ボッカルド, ジェロラモ　1829-1904）

Bôcher, Maxime〈19・20世紀〉
アメリカの数学者。ハーヴァード大学教授（1894）。
⇒岩世人（ボッシャー　1867.8.28-1918.9.12）
　世数（ボッシャー, マキシム　1867-1918）

Bock, Hieronymus〈15・16世紀〉
ドイツの植物学者, 医者, 本草家。主著 "New Kreutterbuch"（39）。
⇒岩世人（ボック　1498-1554.2.21）

Böck, Richard〈19・20世紀〉
ドイツの統計学者。
⇒学叢思（ボェック, リヒャルト　1824-1907）

Böckh, Philipp August〈18・19世紀〉
ドイツの古代学者。主著『アテナイ人の財政』（17）。
⇒岩世人（ベック　1785.11.24-1867.8.3）

Böckler, Hans〈19・20世紀〉
ドイツの労働運動家, 政治家。
⇒岩世人（ベックラー　1875.2.26-1951.2.16）

Böcklin, Arnold〈19・20世紀〉
スイスの画家。ドイツのミュンヘン派に影響。作品『死者の島』など。
⇒岩世人（ベックリン　1827.10.19-1901.1.16）
　ネーム（ベックリン　1827-1901）
　広辞7（ベックリーン　1827-1901）
　学叢思（ベックリン, アーノルド　1827-1901）
　芸13（ベックリーン, アルノルト　1827-1901）

Böckmann, Wilhelm〈19・20世紀〉
ドイツの建築家。国会議事堂を設計。
⇒岩世人（ベックマン　1832.1.29-1902.10.22）

Bocquet, Charle〈16・17世紀〉
フランスの作曲家。
⇒バロ（ボケ, シャルル　1570頃?-1615以前）

Bocskay István〈16・17世紀〉
ハンガリーのプロテスタント指導者（国民的英雄）。1605年トランシルバニア大公。
⇒岩世人（ボチカイ　1557.1.1-1606.12.29）

Bodawpaya〈18・19世紀〉
ビルマ, コンバウン朝の第5代王。
⇒岩世人（ボードーパヤー　1745.3.11-1819.6.5）
　世帝（ボードーパヤー　1745-1819）

Böddecker (Boedecker, Bedecker), Philippe Friedrich〈17世紀〉
ドイツの作曲家。
⇒バロ（ベデッカー, フィリップ・フリードリヒ　1607.8.5-1683.10.8）

Bode, Boyd Henry〈19・20世紀〉
アメリカの哲学者, 教育学者。進歩的教育の代表者の一人。
⇒岩世人（ボーダ　1873.10.4-1953.3.29）

Bode, Johann Elert〈18・19世紀〉
ドイツの天文学者。惑星の平均距離に関する実験的法則（ボーデの法則）を樹てた。
⇒岩世人（ボーデ　1747.1.19-1826.11.23）
　科史（ボーデ　1747-1826）
　広辞7（ボーデ　1747-1826）

Bode, Wilhelm von〈19・20世紀〉
ドイツの美術史家。1906～20年にプロシアすべての王立美術館の総監督を務めた。
⇒岩世人（ボーデ　1845.12.10-1929.3.1）

Bodel, Jean〈12・13世紀〉
フランスの詩人, 劇作家。主作品に『聖ニコラ劇』（1198～1202）など。
⇒バロ（ボーデル, ジャン　1165-1170頃-1209.10.1/1210.2.2）
　岩世人（ジャン・ボデル　1165頃-1210頃）
　広辞7（ジャン・ボデル　1165頃-1210）

Bodelschwingh, Friedrich von〈19・20世紀〉
ドイツのプロテスタント神学者, 社会事業家。ドイツ最初の労働者コロニーを創設（82）。
⇒新カト（ボーデルシュヴィンク　1831.3.6-1910.4.2）

Bodelschwingh, Friedrich von〈19・20世紀〉
ドイツの牧師。同名の父の子。教育機関などを設立。
⇒新カト（ボーデルシュヴィンク　1877.8.14-1946.

Bodenheimer, Max Isidor〈19・20世紀〉
ドイツのシオニスト。
⇒ユ人（ボーデンハイマー，マックス・イサドル　1865-1940）
　ユ著人（Bodenheimer,Max Isidor　ボーデンハイマー，マックス・イシドール　1865-1940）

Bodenschatz, Erhard〈16・17世紀〉
ドイツの作曲家。
⇒バロ（ボーデンシャッツ，エルハルト　1576-1636）

Bodenstein, Ernst August Max〈19・20世紀〉
ドイツの化学者。ベルリン大学教授（1923～36）。
⇒岩世人（ボーデンシュタイン　1871.7.15-1942.9.3）

Bodhidharma〈5・6世紀〉
中国，南北朝時代の禅宗の創始者。
⇒岩世人（菩提達摩　ぼだいだるま　?-495/536（太和19/大同2））
　広辞7（達磨　だるま　?-530?）
　学叢思（ボダイダルマ　菩提達摩　?-528.10.5）
　世人新（達磨（達摩）　だるま　生没年不詳）
　世人装（達磨（達摩）　だるま　生没年不詳）
　中人小（达磨　?-528）
　ポプ人（達磨　だるま　?-528?）
　学叢歴（達磨　?-528（梁大通2））

Bo-dhisena〈8世紀〉
インドの仏教僧。730年日本に渡来。行基とも会見し，僧正となった。
⇒広辞7（婆羅門僧正　バラモン・そうじょう　704-760）

Bodi Alagh Khan〈16世紀〉
北元の皇帝。
⇒世帝（ボディ・アラク・ハーン　?-1547）

Bodichon, Barbara Leigh Smith〈19世紀〉
イギリスの女子教育拡張運動，女子参政権運動の指導者。
⇒岩世人（ボディション　1827.4.8-1891.6.11）

Bodin, Jean〈16世紀〉
フランスの政治学者。1576年ブロアの三部会に出席。主著『国家論6巻』（76）。
⇒岩世人（ボダン　1530-1596）
　ネーム（ボーダン　1530-1596）
　広辞7（ボーダン　1530-1596）
　学叢思（ボーダン，ジャン　1530-1596）
　新カト（ボダン　1530-1596.6）
　世人新（ボーダン　1530-1596）
　世人装（ボーダン　1530-1596）
　世史ател（ボーダン　1530-1596）
　ポプ人（ボーダン，ジャン　1530?-1596）
　メル1（ボダン，ジャン　1530-1596）

Bodley, *Sir* Thomas〈16・17世紀〉
イギリスの学者，外交官。オックスフォード大学にボドリー図書館を寄付。
⇒岩世人（ボドリー　1545.3.2-1613.1.28）

Bodmer, Johann Jakob〈17・18世紀〉
スイスの評論家，作家。代表著作『文学における不可思議なものについての批判的論文』（40）。
⇒岩世人（ボードマー　1698.7.19-1783.1.2）

Bodo-Eleazar〈9世紀〉
スペインのユダヤ教改宗者。もとルイ1世（敬虔王）の聴罪司祭。
⇒ユ人（ボド，エレアザル　9世紀）
　ユ著人（Bodo　ボード　9世紀）

Bodoni, Giambattista〈18・19世紀〉
イタリアの印刷者，活字彫刻者。
⇒岩世人（ボドーニ　1740.2.16-1813.11.29）

Boeckh, August〈18・19世紀〉
ドイツの古典，古物研究家。
⇒ユ著人（Boeckh,August　ベーク，アウグスト　1785-1867）

Boecler, Johann Heinrich〈17世紀〉
ドイツの歴史学者，国家学者。
⇒学叢思（ベェークラー，ヨハン・ハインリヒ　1611-1672）

Boehm, *Sir* Joseph Edgar〈19世紀〉
オーストリアの彫刻家。
⇒芸13（ベーム，エドガー　1834-1890）

Boelen, David〈18世紀〉
オランダの長崎商館長。
⇒岩世人（ブーレン　1720-1775.3.20）

Boëly, Jean-François〈18・19世紀〉
フランスのテノール，作曲家。
⇒バロ（ボエリ，ジャン・フランソワ　1739-1814）

Boemondo d'Altavilla〈11・12世紀〉
アンティオキア侯。
⇒岩世人（ボエモンド　1050/1058-1111.3.7）

Boerhaave, Hermann〈17・18世紀〉
オランダの医学者。ライデン大学医学の名を全ヨーロッパに高めた。
⇒岩世人（ブールハーフェ　1668.12.31-1738.9.23）
　広辞7（ブールハーフェ　1668-1738）

Boësset, Antoine〈16・17世紀〉
フランスの作曲家。16世紀のシャンソンの様式で作曲。
⇒バロ（ボエセ，アントワーヌ　1586-1643.12.8）

Boesset, Claude Jean-Baptiste〈17・18世紀〉
フランスの作曲家。
⇒バロ（ボエセ，クロード・ジャン・バティスト

Boesset, Jean-Baptiste〈17世紀〉
フランスの作曲家。
⇒バロ（ボエセ，ジャン・バティスト　1614–1685）

Boethius, Anicius Manlius Severinus〈5・6世紀〉
ローマの学者，哲学者，神学者，政治家。『三位一体論』『エウテュケス駁論』『哲学の慰めについて』著。
⇒岩世人（ボエティウス　480頃–524/526.10.23）
　広辞7（ボエティウス　480頃–525頃）
　学叢思（ボエティウス，アニキウス・マウリウス・セヴェリウス　475–525）
　新カト（ボエティウス　475/480–524頃）
　世数（ボエティウス，アニシウス・マンリウス・セヴェリムス（仏ボエス）　475頃–524）
　メル1（ボエティウス　480頃–524）

Boēthos〈前2世紀〉
ギリシアの彫刻家。
⇒岩世人（ボエトス）

Boetianus〈7世紀〉
聖人。祝日5月22日。伝説ではフルサに従った一人で，隠修士となり，殉教したとされる。
⇒新カト（ボエティアヌス　7世紀）

Boetius〈13世紀〉
デンマークの哲学者。
⇒新カト（ボエティウス〔ダキアの〕　?–1284以前）

Bofarull i Mascaró, Pròsper de〈18・19世紀〉
スペインの歴史家，アーキビスト。
⇒岩世人（ボファルイ・イ・マスカロ　1777.8.31–1859.12.29）

Boffrand, Gabriel-Germain〈17・18世紀〉
フランスの建築家。ロココ様式の創始者の一人。
⇒岩世人（ボフラン　1667–1754）

Bogardus, James〈18・19世紀〉
アメリカの発明家。
⇒世建（ジェームズ・ボガーダス　1800–1874）

Bogart, Ernest Ludlow〈19・20世紀〉
アメリカの経済史家。アメリカ経済学会会長(31)。
⇒岩世人（ボガート　1870.3.16–1958.11.4）

Bogdanov, Aleksandr Aleksandrovich〈19・20世紀〉
ロシアの思想家，医師。前進党を組織しG.プレハーノフ，レーニンなどと対立。
⇒岩世人（ボグダーノフ　1873.8.10/22–1928.4.7）

Bogdanova, Nadezhda〈19世紀〉
ロシアのダンサー。
⇒バレエ（ボグダノワ，ナデジダ　1836.9.2–1897.9.5/9.3）

Bogdanovich, Ippolit Fëdorovich〈18・19世紀〉
ロシアの詩人。叙事詩『ドゥシェンカ』(78～83)が有名。
⇒岩世人（ボグダノーヴィチ　1743.12.23–1803.1.6）

Boγda Qaγan〈19・20世紀〉
モンゴル国のハーン。在位1911～24。
⇒岩世人（ボグド・ハーン　1869–1924.5.20）

Boggs, Eli M.〈19世紀〉
アメリカの海賊，反逆的なアメリカ人船乗り。
⇒アア歴（Boggs,Eli M.　イーライ・M・ボッグズ）

Bogolepov, Mikhail Ivanovich〈19・20世紀〉
ソ連邦の経済学者。財政問題の専門家。
⇒岩世人（ボゴレーポフ　1879.1.9/21–1945.8.7）

Bogomil〈10世紀〉
ブルガリアの司祭。バルカン半島に興隆したボゴミール派の祖。
⇒岩世人（ボゴミール）
　新カト（ボゴミール　10世紀前半）

Bogoraz-tan, Vladimir Germanovich〈19・20世紀〉
ソ連邦の人類学者，言語学者，作家。北太平洋沿岸住民を調査。
⇒岩世人（ボゴラス　1865.4.15/27–1936.5.10）

Bogoslovskij, Mihail〈19・20世紀〉
ロシアの歴史家。
⇒岩世人（ボゴスロフスキー　1867.3.13/25–1929.4.20）

Bograshov(Boger), Chaim〈19・20世紀〉
イスラエルの教育者，シオニスト指導者。
⇒ユ人（ボグラショフ(ボーゲル)，ハイム　1876–1963）

Bohdanowicz, Bazyli〈18・19世紀〉
ポーランドの作曲家。
⇒バロ（ボフダノヴィッチ，バズィリ　1740–1817.2.6）

Böhlau, Helene〈19・20世紀〉
ドイツの女流作家。
⇒学叢思（ベーラウ，ヘレーネ　1859–?）

Böhm〈17世紀〉
ドイツの教師，オルガン奏者。ゲオルク・ベームの父。
⇒バロ（ベーム,?　1630頃?–1690頃?）

Böhm, Dominikus〈19・20世紀〉
ドイツの建築家。カトリック教会建築に現代的構造を用いた。

⇒岩世人（ベーム　1880.10.23–1955.8.6）
Böhm, Georg〈17・18世紀〉
ドイツのオルガン奏者,作曲家。
⇒バロ（ベーム,ゲオルク　1661.9.2–1733.5.18）
Böhm, Theobald〈18・19世紀〉
ドイツのフルート奏者,作曲家。ベーム式フルートの発明者。
⇒岩世人（ベーム　1794.4.9–1881.11.25）
広辞7（ベーム　1794–1881）
Böhm-Bawerk, Eugen von〈19・20世紀〉
オーストリアの経済学者。ウィーン学派を形成。
⇒岩世人（ベーム＝バーヴェルク　1851.2.12–1914.8.27）
学叢思（ベーム・バヴェルク,オイゲン・フォン　1851–1914）
Böhme, Jakob〈16・17世紀〉
ドイツの神秘主義的哲学者。主著『曙光』(12),『恩恵の選びについて』『キリストへの道』(23)。
⇒岩世人（ベーメ　1571–1624.11.16/17）
広辞7（ベーメ　1575–1624）
学叢思（ベーメ,ヤコブ　1575–1624）
新カト（ベーメ　1575.4.24頃–1624.11.17）
メル1（ベーメ,ヤーコプ　1571/1575?–1624）
Böhmer, Justus Henning〈17・18世紀〉
ドイツの法学者。
⇒岩世人（ベーマー　1674.1.29–1749.8.23）
Böhmert, Karl Victor〈19・20世紀〉
ドイツの経済学者。
⇒学叢思（ベーメルト,カール・フィックトル　1829–?）
Böhtlingk, Otto von〈19・20世紀〉
ドイツのサンスクリット学者。『大サンスクリット辞典』(7巻,53〜75)を共編。
⇒岩世人（ベートリンク　1815.6.11–1904.4.1）
南ア新（ベートリンク　1815–1904）
Boiardo, Matteo Maria, conte di Scandiano〈15世紀〉
イタリアの詩人。主著に長篇叙事詩『恋するオルランド』。
⇒岩世人（ボイアルド　1441–1494.12.19）
広辞7（ボイアルド　1441頃–1494）
新カト（ボイアルド　1441頃–1494.12.21）
Boie, Heinrich Christian〈18・19世紀〉
ドイツの詩人。「ゲッティンゲン詩社」の一員。
⇒岩世人（ボイエ　1744.7.19–1806.2.25）
Boieldieu〈18・19世紀〉
フランスのピアノ奏者。
⇒バロ（ボワルディウ,?　1750頃?–1810頃?）
Boieldieu, François-Adrien〈18・19世

紀〉
フランスの作曲家。1800年歌劇『バグダードの太守』が成功。
⇒岩世人（ボワエルデュー　1775.12.16–1834.10.8）
ネーム（ボワエルデュー　1775–1834）
広辞7（ボイエルデュー　1775–1834）
Boileau-Despréaux, Nicolas〈17・18世紀〉
フランスの詩人,評論家。『詩法』(74)で知られる。
⇒岩世人（ボワロー　1636.11.1–1711.3.13）
広辞7（ボワロー　1636–1711）
新カト（ボアロー・デプレオー　1636.11.1–1711.3.13）
Boinville, Alfred Chastel de〈19世紀〉
フランスの建築家。
⇒岩世人（ボワンヴィル　1850–1897.4.25）
Boisbaudran, Paul Emile Lecoq de〈19・20世紀〉
フランスの化学者。分光分析,稀土類の研究で有名。
⇒岩世人（ボワボードラン　1838.4.18–1912.5.28）
Boisgelin, Jean de Dieu Raymond de Cucé de〈18・19世紀〉
フランスの枢機卿。
⇒新カト（ボアジュラン　1732.2.27–1804.8.22）
Boisguillebert, Pierre Le Pesant, Sieur de〈17・18世紀〉
フランスの行政官,経済学者。重農主義の先駆者とみられる。
⇒岩世人（ボワギルベール　1646.2.17–1714.10.10）
学叢思（ボアギルベル,ピエール　1646–1714）
Boismenu, Alain Marie Guynot de〈19・20世紀〉
フランス出身のイエズスの聖心布教会員,パプア・ニューギニアへの宣教師,司教。
⇒新カト（ボアムニュ　1870.12.27–1953.11.5）
Boismortier, Joseph Bodin de〈17・18世紀〉
フランス後期バロックの作曲家。オペラ『ダフニスとクロエ』など多くの曲を作曲。
⇒バロ（ボワモルティエ,ジョセフ・ボダン・ド　1689.12.23–1755.10.28）
岩世人（ボワモルティエ　1689.12.23–1755.10.28）
Boissel, François〈18・19世紀〉
フランス社会主義者。革命家。
⇒学叢思（ボアセル,フランソア　1727–1807）
Boisserée, Melchior〈18・19世紀〉
ドイツの美術学者。S.ボアスレの弟。
⇒岩世人（ボワスレ　1786.4.23–1851.5.14）

Boisserée, Sulpiz〈18・19世紀〉
ドイツの美術学者。
⇒岩世人（ボワスレ 1783.8.2–1854.5.2）

Boissonade de Fontarabie, Gustave Emile〈19・20世紀〉
フランスの法学者。日本政府に招聘されて来日。日本の近代法整備に貢献。
⇒岩世人（ボワソナード 1825.6.7–1910.6.27）
ネーム（ボアソナード 1825–1910）
広辞7（ボアソナード 1825–1910）
ポプ人（ボアソナード，ギュスターブ・エミール 1825–1910）

Boissy d'Anglas, François Antoine de〈18・19世紀〉
フランスの政治家。国民公会議員として共和暦第3年憲法の草案を作成。
⇒岩世人（ボワシ・ダングラース 1756.12.8–1826.10.20）

Boito, Arrigo〈19・20世紀〉
イタリアの詩人、作曲家。『オテロ』『ジョコンダ』などの台本作家として有名。
⇒岩世人（ボーイト 1842.2.24–1918.6.10）
オペラ（ボイト，アルリーゴ 1842–1918）

Boito, Camillo〈19・20世紀〉
イタリアの建築家、著述家。
⇒岩世人（ボーイト 1836.10.30–1914.6.28）

Bojer, Johan〈19・20世紀〉
ノルウェーの小説家。主著『行進』(96)、『海辺の人々』(29)。
⇒岩世人（ボイエル 1872.3.6–1959.7.3）
学叢思（ボーエル，ヨハン 1872–?）

Bokemeyer, Heinrich〈17・18世紀〉
ドイツの作曲家。
⇒バロ（ボーケマイヤー，ハインリヒ 1679.3–1751.12.7）

Bökeykhan, Älikhan〈19・20世紀〉
カザフ人の知識人、政治家でアラシュ・オルダ自治政府の議長。
⇒岩世人（ボケイハン 1866?–1937.9.27）

Bol, Ferdinand〈17世紀〉
オランダの画家。作品は『エジプトへの逃避』(44)『ナシを持つ婦人』(51) など。
⇒岩世人（ボル 1616.6.24(受洗)–1680.7.24(埋葬)）

Bolad〈13・14世紀〉
中国元朝ならびにイル・ハン国（フレグ・ウルス）の政治家。
⇒岩世人（ボラト ?–1312）

Bolaños, Luis de〈16・17世紀〉
スペインのフランシスコ会宣教師。
⇒新カト（ボラニョス 1539/1550–1629.10.12）

Boldini, Giovanni〈19・20世紀〉
イタリアの画家。多くの肖像画を描き，1872年以来パリに住み、シャンゼリゼ展に出品。
⇒岩世人（ボルディーニ 1842.12.31–1931.1.11）
芸13（ボルディーニ，ジョヴァンニ 1842–1931）

Boldrino, Francesco〈16・17世紀〉
キリシタン時代のイエズス会員。ローマ生まれ。
⇒新カト（ボルドリーノ 1575–1633.12.8）

Bolechowski, Józef〈18・19世紀〉
ポーランドの作曲家。
⇒バロ（ボレホフスキ，ユゼフ 1750頃?–1810頃?）

Bolesław I, the Brave〈10・11世紀〉
ポーランド国王。在位992〜1025。1025年王号取得を実現、国家建設の偉業を達成。
⇒岩世人（ボレスワフ1世（勇敢王） 967頃–1025）
世人新（ボレスワフ1世（勇敢王） 966–1025）
世人装（ボレスワフ1世（勇敢王） 966–1025）
世帝（ボレスワフ1世 966/967–1025）

Bolesław II, the Bold〈11世紀〉
ポーランド王。在位1076〜79。
⇒岩世人（ボレスワフ2世（大胆王） 1039–1083）
世帝（ボレスワフ2世 1042–1081/1082）

Bolesław II Rogatka〈13世紀〉
ポーランド王。
⇒世帝（ボレスワフ2世ロガトカ 1225頃–1278）

Bolesław III, the Wrymouth〈11・12世紀〉
ポーランド国王。在位1102〜38。国家統合を推進し、国土防衛に貢献。
⇒岩世人（ボレスワフ3世（歪口王） 1086–1138）
世帝（ボレスワフ3世 1085–1138）

Bolesław IV, the Curly〈12世紀〉
ポーランド王国の統治者。在位1146〜1173。
⇒世帝（ボレスワフ4世 1120–1173）

Bolesław V, the Chaste〈13世紀〉
ポーランド王国の統治者。在位1243〜1279。
⇒世帝（ボレスワフ5世 1226–1279）

Bolγai〈13世紀〉
モンゴル帝国に仕えたモンゴル人（ケレイト人）宰相。
⇒岩世人（ボルガイ ?–1264（世祖至元1））

Bolingbroke, Henry St.John〈17・18世紀〉
イギリスの政治家、文人。陸相(1704〜08)、枢密顧問官(10)などを歴任。
⇒岩世人（ボーリングブルック 1678.9.16–1751.12.12）

Bolívar, Simón〈18・19世紀〉
ラテンアメリカ独立運動の指導者。1719年大コロンビア共和国樹立を宣言、大統領に就任。

⇒岩世人（ボリバル　1783.7.24–1830.12.17）
ネーム（ボリバル，シモン　1783–1830）
広辞7（ボリーバル　1783–1830）
新カト（ボリバル　1783.7.24–1830.12.17）
世人新（ボリバル（シモン＝ボリバル）　1783–1830）
世人装（ボリバル（シモン＝ボリバル）　1783–1830）
世史語（シモン＝ボリバル　1783–1830）
ポプ人（ボリバル，シモン　1783–1830）
ラテ新（ボリバル　1783–1830）

Boll, Franz〈19・20世紀〉
ドイツの言語学者。古代の天文学および占星術の研究がある。
⇒岩世人（ボル　1867.7.1–1924.7.3）

Bollaert, Pauwels〈16世紀〉
フランドルの作曲家。
⇒バロ（ボラールト，ポーウェルス　1510頃?–1560頃?）

Bolland, Gerardus Johannes Petrus〈19・20世紀〉
オランダの哲学者。ヘーゲル学派の代表者で，キリスト教的コスモポリタン的自由主義を主張。
⇒岩世人（ボラント　1854.6.9–1922.2.11）

Bolland, Jean〈16・17世紀〉
フランドルのイエズス会士。聖者伝の基礎となった『聖人行伝』を創刊（43）。
⇒岩世人（ボランドゥス　1596.8.13–1665.6.12）
新カト（ボランドゥス　1596.8.13–1665.9.12）

Bologna, Giovanni da〈16・17世紀〉
イタリア（フランドル系）の彫刻家。フィレンツェに赴き，メディチ家の宮廷画家となる。
⇒岩世人（ジャンボローニャ　1529–1608.8.13）
芸13（ジョヴァンニ・ダ・ボローニア　1529–1608）
芸13（ジャンボローニャ　1529–1608）

Bolotnikov, Ivan Isaevich〈16・17世紀〉
ロシアの農民反乱の指導者。
⇒岩世人（ボロートニコフ　?–1608.10.18）

Bölsche, Willhelm〈19・20世紀〉
ドイツの作家，自然哲学者。
⇒岩世人（ベルシェ　1861.1.2–1939.8.31）

Bolsec, Jérôme-Hermès〈16世紀〉
フランスの宗教思想家，カルヴァンの論敵。
⇒新カト（ボルセク　?–1584/1585）

Bol'shakov, Nikolaj〈19・20世紀〉
ロシア・ウクライナのテノール歌手。
⇒魅惑（Bol'shakov,Nikolaj　1874–1958）

Boltin, Ivan Nikitich〈18世紀〉
ロシアの歴史家。主著『ルクレール氏のロシア史にたいする註釈』（2巻,88）。
⇒岩世人（ボールチン　1735.1.1–1792.10.6）

Boltraffio, Giovanni Antonio〈15・16世紀〉
イタリアの画家。主作品『コシモ家のマドンナ』『マドンナ』など。
⇒芸13（ボルトラッフィオ，ジョヴァンニ・アントニオ　1467–1516）

Boltzmann, Ludwig〈19・20世紀〉
オーストリアの物理学者。
⇒岩世人（ボルツマン　1844.2.20–1906.9.6）
科史（ボルツマン　1844–1906）
広辞7（ボルツマン　1844–1906）
物理（ボルツマン，ルードヴィッヒ・エドゥアルト　1844–1906）

Bolyai, Farkas Wolfgang〈18・19世紀〉
ハンガリーの数学者。子J.ボヤイの非ユークリッド幾何学の創始を用意。
⇒岩世人（ボーヤイ　1775.2.9–1856.11.20）

Bolyai Janos Johann〈19世紀〉
ハンガリーの数学者。非ユークリッド幾何学発見者の一人。
⇒岩世人（ボーヤイ　1802.12.15–1860.1.27）
世数（ボヤイ，ヤーノシュ　1802–1860）

Bolz, Oskar〈19・20世紀〉
ドイツのテノール。
⇒魅惑（Bolz,Oskar　1875–1935）

Bolzano, Bernhard〈18・19世紀〉
オーストリアの哲学者，論理学者，数学者。
⇒岩世人（ボルツァーノ　1781.10.5–1848.12.18）
ネーム（ボルツァーノ　1781–1848）
学叢思（ボルツァーノ，ベルンハルト　1781–1848）
新カト（ボルツァーノ　1781.10.5–1848.12.18）
世数（ボルツァーノ，ベルナルト・プラシダス・ヨハン・ネポムク　1761–1848）
メル3（ボルツァーノ，ベルンハルト　1781–1848）

Bombelli, Rafael〈16世紀〉
イタリアの数学者。
⇒岩世人（ボンベッリ　1526.6–1572）
世数（ボンベッリ，ラファエル　1526–1573）

Bona, Giovanni〈17世紀〉
イタリアの枢機卿，フイヤン修族シトー会の総会長，典礼学者。
⇒新カト（ボーナ　1609.10.12–1674.10.28）

Bonagiunta Orbicciani〈13世紀〉
イタリアの詩人。
⇒岩世人（ボナジュンタ　1220頃–1290頃）

Bonald, Louis Gabriel Ambroise, Vicomte de〈18・19世紀〉
フランスの哲学者，政治家。『政治宗教権力論』（96）を出し王党派の論客として擡頭。
⇒岩世人（ボナルド　1754.10.2–1840.11.23）
学叢思（ボナール，ルイ・ヴィコント（子爵）・ドゥ　1753–1840）

新カト（ボナルド　1754.10.2–1840.11.23）
メル3（ボナルド（子爵），ルイ・ガブリエル・アンブロワーズ　1754–1840）

Bonang, Sunan〈15・16世紀〉
1500年頃のジャワの伝説的な9人のイスラーム布教者〈ワリ・ソンゴ〉の一人。
⇒岩世人（ボナン，スナン　1465頃–1525頃）

Bonaparte, Carlo Maria〈18世紀〉
ナポレオンIの父。コルシカの貴族。
⇒岩世人（ボナパルト　1746.3.29–1785.2.24）

Bonaparte, Jérôme〈18・19世紀〉
ナポレオンIの弟。
⇒岩世人（ボナパルト　1784.11.15–1860.6.24）
皇国（ジェローム・ボナパルト　（在位）1807–1813）

Bonaparte, Joseph〈18・19世紀〉
ナポレオン1世の兄。ナポリ王（06～08），スペイン王（08～13）。
⇒岩世人（ボナパルト　1768.1.7–1844.7.28）
世人新（ジョセフ（ジョセフ＝ボナパルト）1768–1844）
世人装（ジョセフ（ジョセフ＝ボナパルト）1768–1844）
皇国（ジョゼフ・ボナパルト　?–1844）

Bonaparte, Louis〈18・19世紀〉
ナポレオン1世の弟。オランダ王（06～10）。
⇒岩世人（ボナパルト　1778.9.2–1846.7.25）
世人新（ルイ（ルイ＝ボナパルト）　1778–1846）
世人装（ルイ（ルイ＝ボナパルト）　1778–1846）
皇国（ルイ・ボナパルト　（在位）1806–1810）

Bonaparte, Lucien〈18・19世紀〉
ナポレオンIの弟。カニノおよびムジニャノ公。クーデタを計画，ナポレオンの軍事独裁の端を開く。
⇒岩世人（ボナパルト　1775.5.21–1840.6.29）

Bonaparte, Maria Letizia〈18・19世紀〉
コルシカの貴族夫人。
⇒岩世人（ラモリノ　1750.8.24–1836.2.2）
王妃（マリア・レティツィア・ボナパルト　1750–1836）

Bonaparte, Marie Anne Elisa〈18・19世紀〉
ナポレオンIの妹。トスカナ大公夫人（08）。
⇒岩世人（ボナパルト　1777.1.3–1820.8.6）
王妃（エリザ・ボナパルト　1777–1820）

Bonaparte, Marie Anunciade Caroline〈18・19世紀〉
ナポレオン1世の妹。ナポリ女王（08）。
⇒岩世人（ボナパルト　1782.3.25–1839.5.18）
王妃（カロリーヌ・ボナパルト　1782–1839）

Bonaparte, Marie Pauline〈18・19世紀〉
ナポレオン1世の妹。グアスタラ公夫人と称した（06）。
⇒岩世人（ボナパルト　1780.10.20–1825.6.9）
王妃（ポーリーヌ・ボナパルト　1780–1825）

Bonaparte, Nopoléon Joseph Charles Paul, Prince de Napoléon〈19世紀〉
ナポレオン1世の甥。ナポレオン3世に自由主義の立場から反対。
⇒岩世人（ボナパルト　1822.9.9–1891.3.17）

Bonar, James〈19・20世紀〉
イギリスの経済学者。イギリス古典学派およびオーストリア学派についての研究者として評価される。
⇒学叢思（ボーナー，ジェームス　1852–?）

Bonatz, Paul〈19・20世紀〉
ドイツの建築家。1911年F.ショラーと共同事務所を開く。
⇒岩世人（ボーナッツ　1877.12.6–1956.12.20）

Bonaventura〈16世紀〉
日本26聖人の一人。
⇒新カト（ボナヴェントゥラ　?–1597.2.5）

Bonaventura, St.〈13世紀〉
イタリアの神学者。1273年アルバノ枢機卿，司教。フランシスコ会の哲学の基礎を確立。
⇒岩世人（ボナヴェントゥラ　1221–1274.7.15）
広辞7（ボナヴェントゥラ　1217頃–1274）
学叢思（ボナヴェントゥラ　1221–1274）
新カト（ボナヴェントゥラ　1217–1274.7.15）
図聖（ボナヴェントゥラ　1221頃–1274）
メル1（ボナヴェントゥラ（聖）　1221–1274）

Bonchamp, Charles Melchior Artus, Marquis de〈18世紀〉
フランスの軍人。ヴァンデ地方の農民が革命政府に反乱を起した際（1793）の指揮者。
⇒岩世人（ボンシャン　1760.5.10–1793.10.18）

Bonci, Alessandro〈19・20世紀〉
イタリアのテノール。
⇒失声（アレッサンドロ・ボンチ　1870–1940）
オペラ（ボンチ，アレッサンドロ　1870–1940）
魅惑（Bonci, Alessandro　1870–1940）

Bond, George Phillips〈19世紀〉
アメリカの天文学者。W.C.ボンドの子。土星の衛星ヒュペリオンを発見。
⇒岩世人（ボンド　1825.5.20–1865.2.17）

Bond, Sir Robert〈19・20世紀〉
ニューファウンドランドの政治家。カナダとの合併に終始反対。
⇒岩世人（ボンド　1857.2.25–1927.3.16）

Bond, Thomas Henry〈19・20世紀〉
アメリカの大リーグ選手（投手）。
⇒メジャ（トミー・ボンド　1856.4.2–1941.1.24）

Bondeli, Suzanne Julie〈18世紀〉
スイスの文芸サロンの主宰者。
⇒岩世人（ボンデリ　1732.1.1–1778.8.8）

Bondfield, Margaret Grace〈19・20世紀〉
イギリスの女流政治家。イギリス初の女性大臣，第2次マクドナルド内閣の労働相（29～31）。
⇒岩世人（ボンドフィールド（ボンフィールド）　1873.3.17–1953.6.16）

Bondolfi, Pietro〈19・20世紀〉
ベトレヘム外国宣教会の創立者。ローマ在住のスイス人家庭に生まれる。
⇒新カト（ボンドルフィ　1872.4.10–1943.6.27）

Bonelli, Giovanni Battista〈16・17世紀〉
イエズス会員。日本の管区代表者，日本管区顧問。イタリアのローディ生まれ。
⇒新カト（ボネリ　1585–1638.11.4）

Boner, Hans〈15・16世紀〉
ポーランドのドイツ系商人。
⇒岩世人（ボーナー　1463以前–1523）

Boner, Ulrich〈14世紀〉
スイスの作家。寓話集『宝石』は，筆写により広く流布し，ドイツ最初の印刷本の一つ。
⇒岩世人（ボーナー　1280頃–1349以降）
　新カト（ボーナー　1324頃–1350頃）

Bonfanti, Marie〈19・20世紀〉
イタリア生まれのバレリーナ。
⇒バレエ（ボンファンティ，マリー　1845.2.16–1921.1.25）

Bonfrère, Jacques〈16・17世紀〉
ベルギーの聖書学者，イエズス会士。
⇒新カト（ボンフレール　1573.4.12–1642.5.9）

Bonham, *Sir* Samuel George〈19世紀〉
イギリスの香港総督，駐中国貿易監督官。
⇒岩世人（ボナム　1803.9.7–1863.10.8）

Bonheur, Rosa〈19世紀〉
フランスの女流画家，彫刻家。1894年女性最初のレジオン・ド・ヌールの最高勲章を受章。
⇒芸13（ボヌール，ロザ　1822–1899）

Bonhoeffer, Karl〈19・20世紀〉
ドイツの精神医学者。ボンヘファー氏症候群を記載（1897）。
⇒岩世人（ボンヘッファー　1868.3.31–1948.12.4）

Boni, Giacomo〈19・20世紀〉
イタリアの建築家，考古学者。古代ローマのフォールムを発掘（1898～1904）。
⇒岩世人（ボーニ　1859.4.25–1925.7.10）

Boni, Guillaume〈16世紀〉
フランスの作曲家。
⇒バロ（ボニ，ギヨーム　1515頃–1594）

Bonifacio, Andres〈19世紀〉
フィリピンの民族運動家。秘密結社カティプナンを結成し（1892），フィリピンの独立と統一を画策。
⇒岩世人（ボニファシオ　1863.11.30–1897.5.10）
　世人新（ボニファシオ　1863–1897）
　世人装（ボニファシオ　1863–1897）

Bonifacio, Juan〈16・17世紀〉
スペインの人文主義者，教育家，イエズス会員。
⇒新カト（ボニファシオ　1538–1606.3.4）

Bonifacius〈5世紀〉
西ローマ帝国の将軍，アフリカ総督。在職425～31。マルセイユを防衛して名をあげた。
⇒岩世人（ボニファキウス　?–432）

Bonifacius II〈6世紀〉
教皇。在位530～2。最初のドイツ人教皇。
⇒新カト（ボニファティウス2世　?–532.10.17）

Bonifacius III〈7世紀〉
教皇。在位607。コンスタンチノープル総大司教の野望を押えた。
⇒新カト（ボニファティウス3世　?–607.11.12）

Bonifacius VII〈10世紀〉
教皇。在位974,974～5。2人の教皇を殺したと目され，正当性を疑われている。
⇒新カト（ボニファティウス7世　?–985.7）

Bonifacius VIII〈13・14世紀〉
教皇。在位1294～1303。1302年教皇権を主張した大勅書（ウナム・サンクタム）を発布。
⇒岩世人（ボニファティウス8世　1235–1303.10.11）
　ネーム（ボニファティウス8世　1235?–1303）
　広辞7（ボニファティウス八世　（在位）1294–1303）
　新カト（ボニファティウス8世　1235–1303.10.11）
　世人新（ボニファティウス8世　1235–1303）
　世人装（ボニファティウス8世　1235–1303）
　世史語（ボニファティウス8世　1235–1303）
　ポプ人（ボニファティウス8世　1235?–1303）

Bonifacius IX〈14・15世紀〉
ローマ教皇。
⇒新カト（ボニファティウス9世　1355頃–1404.10.1）

Bonifatios〈3・4世紀〉
ローマ人執事。聖人，殉教者。祝日5月14日。
⇒新カト（ボニファティオス〔タルソスの〕　3–4世紀）

Bonifatius〈5世紀〉
聖人，北アフリカの殉教者。祝日7月2日。

⇒新カト（リベラトゥス、ボニファティウスとその仲間　5世紀）

Bonifatius〈12・13世紀〉
ローザンヌ司教。聖人。祝日2月19日。
⇒新カト（ボニファティウス〔ローザンヌの〕1182/1183–1261.2.19）

Bonifatius, Wynfrith〈7・8世紀〉
イギリスの宣教者、殉教者、聖人。
⇒岩世人（ボニファティウス　672頃–754.6.5）
　広辞7（ボニファティウス　672頃–754）
　新カト（ボニファティウス　672/675頃–754.6.5）
　図聖（ボニファティウス　675頃–754）

Bonifatius I, St.〈5世紀〉
ローマ教皇。在位418～422。
⇒新カト（ボニファティウス1世　?–422.9.4）

Bonifatius IV〈7世紀〉
ローマ教皇。在位608～615。
⇒新カト（ボニファティウス4世　?–615.5.8）

Bonifatius V〈7世紀〉
ローマ教皇。在位619～625。
⇒新カト（ボニファティウス5世　?–625.10.25）

Bonifatius VI〈9世紀〉
ローマ教皇。在位896。
⇒新カト（ボニファティウス6世　?–896.4）

Bonilla y San Martín, Adolfo〈19・20世紀〉
スペインの哲学史家、評論家。マドリード大学教授（1905）。
⇒岩世人（ボニーリャ　1875.9.27/23–1926.1.17）

Bonin, Charles Eudes〈19・20世紀〉
フランスの外交官、探検家。論文に『甘粛回教徒とその最後の反乱』(10)。
⇒岩世人（ボナン　1865.6.26–1929.9.30）

Bonington, Richard Parkes〈19世紀〉
イギリスの画家。
⇒岩世人（ボニントン　1801.10.25–1828.9.23）
　芸13（ボニントン、リチャード・パークス　1802–1828）

Bonini, Alexander〈13・14世紀〉
スコラ学者、フランシスコ会総長。イタリアのピエモンテ地方アレッサンドリアの出身。
⇒新カト（アレクサンデル・ボニーニ　?–1314）

Bonini, Severo〈16・17世紀〉
イタリアの作曲家。
⇒バロ（ボニーニ、セヴェーロ　1582.12.23–1663.12.5）

Bonitz, Hermann〈19世紀〉
ドイツの古典文献学者。著作に『アリストテレス索引』。
⇒岩世人（ボーニッツ　1814.7.29–1888.7.25）

Boniventi, Giuseppe〈17・18世紀〉
イタリアの作曲家。
⇒バロ（ボニウェンティ、ジュゼッペ　1670-1673頃–1728頃）

Bonizzi, Vincenzo〈16・17世紀〉
イタリアの作曲家。
⇒バロ（ボニッツィ、ヴィンチェンツォ　1580頃?–1630.7.17）

Bonjol (Bondjol), Imam〈18・19世紀〉
インドネシア、西スマトラのイスラーム指導者。
⇒岩世人（ボンジョル、イマム　1772–1864.11.8）

Bonnand, Clément〈18・19世紀〉
フランス出身の宣教師。
⇒新カト（ボナン　1796.5.29–1861.5.21）

Bonnard, Pierre〈19・20世紀〉
フランスの画家。
⇒岩世人（ボナール　1867.10.3–1947.1.23）
　ネーム（ボナール　1867–1947）
　広辞7（ボナール　1867–1947）
　芸13（ボナール、ピエール　1867–1947）
　ポプ人（ボナール、ピエール　1867–1947）

Bonnat, Léon Joseph Florentin〈19・20世紀〉
フランスの画家。1888年エコール・デ・ボザールの教授、のち学長。
⇒岩世人（ボナ　1834–1922/1923）
　広辞7（ボナ　1833–1922）
　芸13（ボンナ、レオン　1833–1922）

Bonnechose, Henri-Marie-Gaston de〈18・19世紀〉
フランスの枢機卿、ルーアン大司教。
⇒新カト（ボンヌショーズ　1800.5.30–1883.10.28）

Bonnejoy, Ernest〈19世紀〉
フランスの医師。
⇒19仏（エルネスト・ボヌジョワ　1833–1896）

Bonnemère, Eugène〈19世紀〉
フランスの歴史家、作家。
⇒19仏（ウジェーヌ・ボヌメール　1813.2.20–1893.11.3）

Bonner, Edmund〈16世紀〉
イギリスの聖職者。1539年ロンドン主教。
⇒新カト（ボナー　1500頃–1569.9.5）

Bonnet, Charles〈18世紀〉
スイスの博物学者、哲学者。『有機体論考』(62)、『哲学的新生説』(69～70）を発表。
⇒岩世人（ボネ　1720.3.13–1793.5.20）
　学叢思（ボンネ、シャール　1720–1793）
　新カト（ボネ　1720.3.13–1793.5.20）
　メル2（ボネ、シャルル　1720–1793）

Bonnet, Franciscus〈19・20世紀〉
フランスの聖フランシスコ会宣教師。長崎神学校校長。
⇒岩世人（ボンヌ　1855.5.25–1912.1.11）
　新カト（ボンヌ　1855.3.25–1912.1.11）

Bonnet, Louis Marie〈18世紀〉
フランスの画家。
⇒芸13（ボンネ，ルイ　1743–?）

Bonnet, Maxime Jules César〈19・20世紀〉
パリ外国宣教会会員。来日宣教師。フランスのモンブノア生まれ。
⇒新カト（ボネ　1878.2.27–1959.3.19）

Bonnet, Pierre〈16世紀〉
フランスの作曲家。
⇒バロ（ボネ，ピエール　1560頃?–1610頃?）

Bonnet, Pierre-Ossian〈19世紀〉
フランスの数学者。微分幾何学を確立発展させた。
⇒世数（ボネ，ピエール・オシアン　1819–1892）

Bonnetty, Augustin〈18・19世紀〉
フランスの哲学者,歴史家。
⇒新カト（ボネッティ　1798.5.9–1879.3.26）

Bonno, Giuseppe〈18世紀〉
オーストリアの作曲家。
⇒バロ（ボンノ，ジュゼッペ　1711.1.29–1788.4.15）

Bonomelli, Geremia〈19・20世紀〉
イタリアのカトリック聖職者。
⇒新カト（ボノメリ　1831.9.12–1914.8.3）

Bonomi, Ivanoe〈19・20世紀〉
イタリアの政治家。首相（1921～2,44.6～45.6）。
⇒岩世人（ボノーミ　1873.10.18–1951.4.20）

Bononcini, Antonio Maria〈17・18世紀〉
イタリアの作曲家。G.B.ボノンチーニの弟。
⇒バロ（ボノンチーニ，アントーニオ・マリア　1677.6.18–1726.7.8）
　岩世人（ボノンチーニ　1677.6.18–1726.7.8）

Bononcini, Giovanni Battista〈17・18世紀〉
イタリアの作曲家。オペラ『セルセ』で作曲家として認められる。
⇒バロ（ボノンチーニ，ジョヴァンニ　1670.7.18–1747.7.9）
　岩世人（ボノンチーニ　1670.7.18–1747.7.9）
　オペラ（ボノンチーニ，ジョヴァンニ　1670–1747）

Bononcini, Giovanni Maria〈17世紀〉
イタリアの音楽家。モデナの聖堂附楽長。
⇒バロ（ボノンチーニ，ジョヴァンニ・マリア1世　1642.9.23–1678.11.18）
　岩世人（ボノンチーニ　1642.9.23–1678.11.18）

Bononcini, Giovanni Maria II〈17・18世紀〉
イタリアの作曲家。
⇒バロ（ボノンチーニ，ジョヴァンニ・マリア2世　1678.11.18–1753.11）

Bonosus〈4・5世紀〉
ナイッススの司教,ボノースス派の祖。
⇒新カト（ボノッス　4世紀末）

Bonpland, Aimé Jacques Alexandre〈18・19世紀〉
フランスの博物学者。ブエノスアイレス大学の植物学教授（18～21）。
⇒岩世人（ボンプラン　1773.8.22–1858.5.4）
　ラテ新（ボンプラン　1773–1858）

Bonporti, Francesco Antonio〈17・18世紀〉
イタリアの作曲家,司祭。
⇒バロ（ボンポルティ，フランチェスコ・アントーニオ　1672.6.11–1749.12.19）

Bonsels, Waldemar〈19・20世紀〉
ドイツの作家。
⇒岩世人（ボンゼルス　1880.2.21–1952.7.31）

Bonsirven, Joseph-Paul〈19・20世紀〉
新約聖書学者,ラビ文学研究者,イエズス会司祭。フランスのラヴォール生まれ。
⇒新カト（ボンシルヴァン　1880.1.25–1958.2.12）

Bontempelli, Massimo〈19・20世紀〉
イタリアの小説家,詩人。ノベチェンティズモを唱え,C.マラパルテと雑誌「ノベチェント」を創刊,1930年代モダニズム文学運動の主導者。主著『最後のエバ』(23)。
⇒岩世人（ボンテンペッリ　1878.5.12–1960.7.21）

Bontempi, Giovanni Andrea〈17・18世紀〉
イタリアの作曲家,理論家,カストラート歌手。
⇒バロ（ボンテンピ，ジョヴァンニ・アンドレア　1624頃–1705.7.1）

Bonvesin da la Riva〈13・14世紀〉
イタリアの詩人,著述家。第三会士と称される在俗の修道士。
⇒岩世人（ボンヴェシン・デ・ラ・リーヴァ　1250頃–1313/1315）

Boodin, John Elof〈19・20世紀〉
スウェーデン生まれアメリカの哲学者。
⇒新カト（ボーディン　1869.9.14–1950.11.14）

Booksteijn, Pieter〈17・18世紀〉
オランダの出島商館長。4期駐在。
⇒岩世人（ボークステイン　1680頃–?）

Boole, George〈19世紀〉
イギリスの数学者,論理学者。代数論理学の創始者。
⇒岩世人(ブール　1815.11.2–1864.12.8)
広辞7(ブール　1815–1864)
学叢思(ブール, ジョージ　1815–1864)
数(ブール, ジョージ　1815–1864)

Boole Stott, Alicia〈19・20世紀〉
アイルランド生まれイギリスの数学者。
⇒数(ブール・ストット, アリシア　1860–1940)

Boone, Daniel〈18・19世紀〉
アメリカの開拓者。ケンタッキーにブーンズボローを建設(75),アメリカの西部発展の基礎をつくった。
⇒アメ新(ブーン　1734–1820)
岩世人(ブーン　1734.11.2–1820.7.26)

Boone, William Jones〈19世紀〉
アメリカ聖公会宣教師。
⇒アア歴(Boone,William Jones,Sr　ウイリアム・ジョーンズ・ブーン・シニア　1811.7.1–1864.7.17)
岩世人(ブーン　1811.7.1–1864.7.17)

Boone, William Jones, Jr.〈19世紀〉
アメリカの宣教師。
⇒アア歴(Boone,William Jones,Jr　ウイリアム・ジョーンズ・ブーン・ジュニア　1846.4.17–1891.10.5)

Bo'orču〈12・13世紀〉
モンゴル帝国建国の功臣。
⇒岩世人(ボオルチュ)

Booth, Charles〈19・20世紀〉
イギリスの海運業経営者,統計学者,社会改良家。
⇒岩世人(ブース　1840.3.30–1916.11.23)
学叢思(ブース, チャールズ　1840–?)

Booth, Edwin Thomas〈19世紀〉
アメリカの俳優。J.B.ブースの息子。シェークスピア他の古典劇に活躍。
⇒アメ新(ブース　1833–1893)
岩世人(ブース　1833.11.13–1893.6.7)

Booth, Eugene Samuel〈19・20世紀〉
アメリカのアメリカン・リフォームド教会宣教師。横浜フェリス女学校第2代校長。
⇒アア歴(Booth,Eugene Samuel　ユージーン・サミュエル・ブース　1850.8.16–1931.2.9)

Booth, Evangeline Cory〈19・20世紀〉
救世軍を設立したW.ブースの第7子。父の意志を継ぎ,カナダ,アメリカで活躍。
⇒岩世人(ブース　1865.12.25–1950.7.17)

Booth, John Wilkes〈19世紀〉
アメリカの俳優。J.B.ブースの子。大統領リンカーンを暗殺。
⇒岩世人(ブース　1838.5.10–1865.4.26)
スパイ(ブース, ジョン・ウィルクス　1838–1865)

Booth, Joseph〈19・20世紀〉
オーストラリア人宣教師。晩年南アフリカで活躍した平和主義者。
⇒アフ新(ブース　1851–1932)

Booth, William〈19・20世紀〉
イギリスの救世軍創立者。教会外の大衆伝道の必要性を認め,1878年救世軍を創立。
⇒岩世人(ブース　1829.4.10–1912.8.20)
広辞7(ブース　1829–1912)
学叢思(ブース, ウィリアム　1829–1912)
新カト(ブース　1829.4.10–1912.8.20)

Bopp, Franz〈18・19世紀〉
ドイツの言語学者。
⇒岩世人(ボップ　1791.9.14–1867.10.23)
広辞7(ボップ　1791–1867)

Boqumu〈13・14世紀〉
中国,元初の賢相。
⇒岩世人(ブクム　1255–1300(大徳4))

Borah, William Edgar〈19・20世紀〉
アメリカの法律家,政治家。ルーズヴェルトのニュー・ディールに強く反対。
⇒アメ新(ボラー　1865–1940)
岩世人(ボラ　1865.6.29–1940.1.19)

Bōrān〈7世紀〉
ササン朝ペルシアの統治者。在位630～631。
⇒岩世人(ボーラーン　?–630)
世帝(ボーラン　590–632)

Borch, Gera(e)rd ter〈17世紀〉
オランダの肖像画家,風俗画家。
⇒芸13(ボルフ, ヘラルト・テル　1617頃–1681)

Borchardt, Carl Wilhelm〈19世紀〉
ドイツの数学者。
⇒世数(ボルヒャルト, カール・ヴィルヘルム　1817–1880)

Borchardt, Rudolf〈19・20世紀〉
ドイツの作家。ロマン文化に結びつくきびしい芸術形式の代表者。主著『ヨーラムの書』(1907)。
⇒岩世人(ボルヒャルト　1877.6.9–1945.1.10)
ユ著人(Borchardt,Rudolf　ボルヒャルト, ルドルフ　1877–1945)

Borchgrevinck, Melchior〈16・17世紀〉
ネーデルラントの作曲家。
⇒バロ(ボーグレーヴィンク, メルキオー　1570頃–1632.12.20)

Borchsenius, Valborg〈19・20世紀〉
デンマークのダンサー,教師。
⇒バレエ(ボルフゼニウス, ヴァルボルク　1872.11.

19–1949.1.5)

Borda, Jean-Charles de〈18世紀〉
フランスの数学者,天文学者,物理学者。ボルダの振子(1790)などで有名。
⇒岩世人 (ボルダ 1733.5.4–1799.2.20)
　世数 (ボルダ,ジャン=シャルル・ド 1733–1799)

Bordas-Demoulin, Jean-Baptiste
〈18・19世紀〉
フランスの哲学者。
⇒新カト (ボルダス・ドムーラン 1798.2.21–1859.7.24)
　メル2 (ボルダス=ドゥムラン,ジャン=バティスト 1798–1859)

Bordeaux, Henry〈19・20世紀〉
フランスの小説家。主著『ロックビラール家』(06),『足跡の上の雪』(11)。
⇒岩世人 (ボルドー 1870.1.25–1963.3.29)
　新カト (ボルドー 1870.1.25–1963.3.29)

Borden, Sir Robert Laird〈19・20世紀〉
カナダの政治家。1911年首相,第1次世界大戦後はカナダの国際的地位の向上に努力。
⇒岩世人 (ボーデン 1854.6.26–1937.6.10)

Borden, William Alanson〈19・20世紀〉
アメリカの図書館司書。
⇒アア歴 (Borden,William A (lanson) ウイリアム・アランスン・ボーデン 1854.4.4–1931.11.16)

Bordes, Jean de〈16・17世紀〉
フランスの神学者。
⇒新カト (ボルド 1560–1620.4.2)

Bordet, Jules Jean Baptiste Vincent〈19・20世紀〉
ベルギーの細菌学者。1819年ノーベル生理・医学賞受賞。
⇒岩世人 (ボルデ 1870.6.13–1961.4.6)

Bordeu, Théophile de〈18世紀〉
フランスの医師。現代の内分泌論の原型説を唱えた。主著『腺と機能の解剖学的研究』(52)。
⇒岩世人 (ボルドゥ 1722.2.21–1776.11.24)

Bordone, Paris〈15・16世紀〉
イタリアの画家。主作品『キリストと三博士』『ビーナスとフローラ』など。
⇒岩世人 (ボルドーネ 1500.7.5–1571.1.19)
　芸13 (ボルドーネ,パリス 1500–1571)

Bordoni, Faustina〈18世紀〉
イタリアのメゾソプラノ。
⇒オペラ (ファウスティーナ 1700–1781)

Borek, Krzysztof〈16世紀〉
ポーランドの作曲家。
⇒バロ (ボレク,クシシュトフ 1520頃?–1570頃)

Borel, Félix Édouard Justin Émile
〈19・20世紀〉
フランスの数学者,政治家。ボレル集合の導入で知られる。海軍大臣(25〜40)なども勤めた。
⇒岩世人 (ボレル 1871.1.7–1956.2.4)
　世数 (ボレル,フェリクス・エデュアール・ジュスタン・エミール 1871–1956)

Borel d'Hauterive, Pétrus〈19世紀〉
フランスの詩人,小説家。詩集『ラプソディー』(32),幻想小説集『シャンパベール』(33)を書いた。
⇒岩世人 (ボレル 1809.6.29–1859.7.14)

Borelli, Giovanni Alfonso〈17世紀〉
イタリアの数学,物理学,天文学,生理学者。
⇒岩世人 (ボレッリ 1608.1.28–1679.12.31)

Boretti, Giovanni Antonio〈17世紀〉
イタリアの作曲家。
⇒バロ (ボレッティ,ジョヴァンニ・アントーニオ 1640頃–1672.12.17)

Borgatti, Giuseppe〈19・20世紀〉
イタリアのテノール。ミラノ・スカラ座の主要メンバー。
⇒失声 (ジュゼッペ・ボルガッティ 1871–1950)
　オペラ (ボルガッティ,ジュゼッペ 1871–1950)
　魅惑 (Borgatti,Giuseppe 1871–1950)

Borges, Manoel〈16・17世紀〉
ポルトガルの宣教師。
⇒新カト (ボルジェス 1583–1633.8.16)

Borghese, Antonio D.R.〈18・19世紀〉
イタリアの作曲家。
⇒バロ (ボルゲーゼ,アントーニオD.R. 1750頃?–1810頃?)

Borghesi, Bartolommeo〈18・19世紀〉
イタリアの考古学者。とくに貨幣金石文の研究に従事。
⇒岩世人 (ボルゲージ 1781.7.11–1860.4.16)

Borghi, Giovanni Battista〈18世紀〉
イタリアの作曲家。
⇒バロ (ボルギ,ジョヴァンニ・バッティスタ 1738.8.25–1796.2.25)

Borgia, Cesare〈15・16世紀〉
イタリアの政治家。1502年ロマーニャ公の地位につく。
⇒岩世人 (ボルジア 1475.9–1507.3.12)
　ネーム (ボルジア 1475–1507)
　広辞7 (ボルジア 1475–1507)
　新カト (ボルジア 1475–1507.3.12)
　世人新 (ボルジア(チェザレ=ボルジア) 1475–1507)
　世人装 (ボルジア(チェザレ=ボルジア) 1475–1507)
　ポプ人 (ボルジア,チェーザレ 1475–1507)

ルネ　(チェーザレ・ボルジア　1475–1507)

Borgia, Lucrezia〈15・16世紀〉
ロドリーゴ・ボルジア(教皇アレクサンデル6世)の娘。フェララ公妃として多くの芸術家から敬愛された。
⇒岩世人　(ボルジア　1480.4.18–1519.6.24)
　姫全　(ルクレツィア・ボルジア　1480–1519)
　広辞7　(ボルジア　1480–1519)
　新カト　(ボルジア　1480–1519.6.24)
　王妃　(ルクレツィア・ボルジア　1480–1519)

Borgognone, Ambrogio〈15・16世紀〉
イタリアの画家。ミラノ派の画家。聖シンプリチアノ聖堂などの玄関にフレスコ画を描いた。
⇒芸13　(ボルゴニョーネ, アンブロジオ　1445頃/1473頃–1523-1524)

Boril〈13世紀〉
中世ブルガリアの統治者。在位1207～1218。
⇒世帝　(ボリル　(在位)1207–1218)

Boris, Vladimirovich〈10・11世紀〉
ロシアの殉教者, 聖人。キエフ大公ヴラジーミル1世の子。
⇒岩世人　(ボリースとグレープ　?–1015)
　新カト　(ボリスとグレープ　?–1015)

Boris I, Michail〈9・10世紀〉
ブルガリアのツァー。在位852～89。
⇒岩世人　(ボリス1世　?–907)
　新カト　(ボリス　?–907.5.7)
　世帝　(ボリス1世　?–907)

Boris II〈10世紀〉
中世ブルガリアの統治者。在位967～971。
⇒世帝　(ボリス2世　931以前–977)

Boris Godunov, Fëdorovich〈16・17世紀〉
ロシアの皇帝。在位1598～1605。
⇒岩世人　(ボリス・ゴドゥノフ　1552–1605.4.13)
　ネーム　(ボリス・ゴドゥノフ　1552–1605)
　広辞7　(ボリス・ゴドゥノフ　1552頃–1605)
　新カト　(ボリス・ゴドゥノフ　1552頃–1605)
　世帝　(ボリス・ゴドゥノフ　1552–1605)

Boris Ivanovich Morozov〈16・17世紀〉
ロシアの貴族。
⇒岩世人　(モロゾフ　1590–1661.11.1)

Borisov-Musatov, Viktor El'pidiforovich〈19・20世紀〉
ロシアの画家。
⇒岩世人　(ボリーソフ＝ムサートフ　1870.4.2–1905.10.26)

Borlet〈14・15世紀〉
フランスの作曲家。
⇒バロ　(ボルレ, ?　1360頃?–1410頃?)

Borms, August〈19・20世紀〉
ベルギーの政治家。
⇒岩世人　(ボルムス　1878.4.14–1946.4.12)

Born, Bertrand de〈12・13世紀〉
フランスの吟遊詩人。
⇒バロ　(ベルトラン・デ・ボルン　1140-1145頃–1205-1210頃)
　岩世人　(ベルトラン・ド・ボルン　1140頃–1215以前)

Born, Stephan〈19世紀〉
ドイツの社会主義者。ドイツ最初の労働組合「労働者友愛会」を結成。
⇒岩世人　(ボルン　1824.12.28–1898.5.4)

Börne, Ludwig〈18・19世紀〉
ユダヤ系ドイツのジャーナリスト, 自由主義的革命思想家。弾圧を受けてパリに亡命。
⇒岩世人　(ベルネ　1786.5.6–1837.2.12)
　広辞7　(ベルネ　1786–1837)
　ユ著人　(Börne, Ludwig　ベールネ, ルートヴィヒ　1786–1837)

Borne, Max von dem〈19世紀〉
ドイツの水産学者。水産学一般および養魚に関する研究が多い。
⇒岩世人　(ボルネ　1826.12.20–1894.6.14)

Bornhak, Conrad〈19・20世紀〉
ドイツの法律学者。ベルリン大学教授(1898～)。国際法, 国法学の権威。
⇒岩世人　(ボルンハーク　1861.3.21–1944.2.16)
　学叢思　(ボルンハック, コンラード　1861–?)

Bornier, Henri de〈19・20世紀〉
フランスの作家。
⇒19仏　(アンリ・ド・ボルニエ　1825.12.24–1901.1.28)

Bornitz, Jakob〈16・17世紀〉
ドイツの経済学者。
⇒学叢思　(ボルニッツ, ヤコブ　16世紀後半–17世紀前半)

Borodin, Aleksandr Porfirevich〈19世紀〉
ロシアの作曲家。「五人組」の一人。交響詩『中央アジアの草原で』などを作曲。
⇒岩世人　(ボロディン　1833.10.31–1887.2.15)
　バレエ　(ボロディン, アレクサンドル　1833.11.12–1887.2.27)
　オペラ　(バラディーン(ボロディン), アレクサーンドル・ポルフィーリイェヴィチ　1833–1887)
　エデ　(ボロディン, アレクサンドル(ポルフィーリェヴィチ)　1833.11.12–1887.2.28)
　ネーム　(ボロディン　1833–1887)
　広辞7　(ボロディン　1833–1887)
　実音人　(ボロディン, アレクサンドル　1833–1887)
　世人新　(ボロディン　1833–1887)
　世人装　(ボロディン　1833–1887)

ポブ人（ボロディン，アレクサンドル　1833-1887）

Borommakot〈17・18世紀〉
タイ，アユタヤ朝第33代の王。在位1733～58。
⇒岩世人（ボーロムコート　1681?-1758.4)
　世帝（ボーロマラーチャーティラート3世　?-1578?)

Borommaracha II〈17世紀〉
タイ，アユタヤ朝の王。
⇒世帝（ボーロマラーチャー2世　（在位）1628-1629)

Borommaracha III〈18世紀〉
タイ，アユタヤ朝の王。
⇒世帝（ボーロマラーチャー3世　?-1767)

Borommarachathirat I〈14世紀〉
タイ，アユタヤ朝の王。
⇒世帝（ボーロマラーチャーティラート1世　?-1388)

Borommarachathirat II〈15世紀〉
タイ，アユタヤ朝の王。
⇒世帝（ボーロマラーチャーティラート2世　?-1448)

Borommarachathirat IV〈16世紀〉
タイ，アユタヤ朝の王。
⇒世帝（ボーロマラーチャーティラート4世　?-1533)

Borommarachathirat IV〈18世紀〉
タイ，アユタヤ朝の王。
⇒世帝（ボーロマラーチャーティラート4世　（在位）1758-1758)

Boroni, Antonio〈18世紀〉
イタリアの作曲家。
⇒バロ（ボローニ，アントーニオ　1738-1792.12.21)

Borovikovsky, Vladimir Lukitch〈18・19世紀〉
ロシアの画家。主作品『エカテリーナ2世』。
⇒岩世人（ボロヴィコフスキー　1757.7.24-1825.4.6)
　芸13（ボロヴィコフスキー，ウラディミール・ルーキッチ　1757-1825)

Borralho, Emmanuel〈16・17世紀〉
キリシタン時代,日本で司祭職に就いたリスボン出身のポルトガル人。
⇒新カト（ボラーリョ　?-1623.8.23)

Borri, Cristoforo〈16・17世紀〉
イタリアのイエズス会宣教師。
⇒岩世人（ボッリ　1583-1632.5.24)
　新カト（ボリ　1583-1632.5.24)

Borromeo, Carlo〈16世紀〉
イタリアのカトリック聖職者，聖人。1578年聖アンブロジオ献身会を創立。

⇒岩世人（ボッロメーオ　1538.10.2-1584.11.3)
　図聖（ボロメオ，カルロ　1538-1584)

Borromini, Francesco〈16・17世紀〉
イタリアの建築家，彫刻家。作品にローマのサン・カルロ・アレ・クァトロ・フォンターネ聖堂など。
⇒岩世人（ボッロミーニ　1599.9.25-1667.8.3)
　新カト（ボロミーニ　1599.9.25-1667.8.2)

Borrono, Pietro Paolo〈16世紀〉
イタリアの作曲家。
⇒バロ（ボッローノ，ピエトロ・パオロ　1500頃?-1550頃)

Borrow, George Henry〈19世紀〉
イギリスの旅行家，文献学者，文筆家。『ラベングロー』(51)や『ロマニー・ライ』(57)で有名。
⇒岩世人（ボロー　1803.7.5-1881.7.26)

Bors
円卓の騎士の一人。
⇒ネーム（ボールス)

Borsig, August〈19世紀〉
ドイツの機械製造業者。
⇒岩世人（ボルジヒ　1804.6.23-1854.7.6)

Börte〈12・13世紀〉
モンゴル，チンギス・ハンの第1皇后。
⇒岩世人（ボルテ)
　姫全（ボルテ　12世紀終わり-13世紀初め)

Bortkiewicz, Ladislaus von〈19・20世紀〉
ドイツの経済学者，統計学者。ベルリン大学教授(07)。
⇒岩世人（ボルトキエーヴィチ　1868.8.7-1931.7.15)

Bortnianskii, Dmitrii Stepanovich〈18・19世紀〉
ロシアの音楽家。宮廷聖歌隊長に任ぜられた(79～)。
⇒バロ（ボルトニャンスキー，ドミトリー・スチェパノヴィッチ　1751-1825.10.10)
　新カト（ボルトニャンスキー　1751.10.28-1825.9.28)
　新カト（ボルトニャンスキー　1751-1825.10.10)

Boru, Brian〈10・11世紀〉
アイルランド中世の大王。
⇒岩世人（ブライアン・ボルー　941頃-1014.4.23)

Borzymski, Jan Borzym-〈16・17世紀〉
ポーランドの作曲家。
⇒バロ（ボジムスキ，ヤン・ボジム　1590頃?-1650頃)

Bosanquet, Bernard〈19・20世紀〉
イギリス新ヘーゲル主義の最後の哲学者。
⇒岩世人（ボーザンケト　1848.6/7.14-1923.2.8)

学叢思（ボザンケット，バーナード　1848–1923）
メル3（ボーザンケット，バーナード　1848–1923）

Bosboom-Toussaint, Anna Louisa Geertruida〈19世紀〉
オランダの作家。
⇒岩世人（ボスボーム＝トゥサーン　1812.9.16–1886.4.13）

Boscán de Almogáver, Juan〈15・16世紀〉
スペインの詩人。B.カスティリオーネの『廷臣論』の翻訳で名高い。
⇒岩世人（ボスカン　1490頃–1542.9.21）

Boscawen, Edward〈18世紀〉
イギリスの提督。
⇒岩世人（ボスコーエン　1711.8.19–1761.1.10）

Bosch, Carl〈19・20世紀〉
ドイツの工業化学者。1919年バディシェ・アニリン・ウント・ソーダ会社社長。
⇒岩世人（ボッシュ　1874.8.27–1940.4.26）
　広辞7（ボッシュ　1874–1940）
　ノ物化（カール・ボッシュ　1874–1940）

Bosch, Cornelis〈16世紀〉
ネーデルラントの画家，銅版画家。
⇒芸13（ボス，コルネリス　1510頃–?）

Bosch, Hieronymus〈15・16世紀〉
オランダの画家。代表作『七つの大罪』『馬鹿の治療』など。
⇒岩世人（ボス　1450頃–1516.8.9（埋葬））
　広辞7（ボス　1450頃–1516）
　新カト（ボス　1450頃–1516.8.9）
　芸13（ボス，ヒエロニムス　1450頃–1516）

Bosch, Robert August〈19・20世紀〉
ドイツの電気技術者，工業家。
⇒岩世人（ボッシュ　1861.9.23–1942.3.9）

Boschi, Giuseppe Maria〈17・18世紀〉
イタリアのバス歌手。
⇒オペラ（ボスキ，ジュゼッペ・マリーア）

Boscovich, Ruggiero Giuseppe〈18世紀〉
イタリアの数学者，天文学者，物理学者。
⇒岩世人（ボスコヴィチ　1711.5.18–1787.2.13）
　新カト（ボスコヴィチ　1711.5.18–1787.2.13）
　世数（ボスコヴィッチ，ルッジェーロ・ジュゼッペ　1711–1787）
　メル2（ボスコヴィチ，ルッジェーロ＝ジュゼッペ　1711–1785）

Bose, *Sir* Jagadish Chandra〈19・20世紀〉
インドの物理学者。カルカッタ州大学教授（1885〜1915）。
⇒岩世人（ボース　1858.11.30–1937.11.23）

Bosio, Antonio〈16・17世紀〉
イタリアの考古学者，カタコンベ（地下墓所）研究の開拓者。
⇒新カト（ボシオ　1575頃–1629）

Boskop, Cornelis Symonszoon〈16世紀〉
ネーデルラントの作曲家。
⇒バロ（ボスコープ，コルネリス・シモンズゾーン　1531以前–1573.10.9）

Boss, Lewis〈19・20世紀〉
アメリカの天文学者。
⇒岩世人（ボス　1846.10.26–1912.10.5）

Bosse, Abraham〈17世紀〉
フランスの版画家。
⇒岩世人（ボス　1604–1676.2.14）

Bossi, Marco Enrico〈19・20世紀〉
イタリアの作曲家，オルガン奏者。ローマのサンタ・チェチーリア音楽院院長。
⇒岩世人（ボッシ　1861.4.25–1925.2.20）

Bossinensis, Franciscus〈15・16世紀〉
ボスニアの作曲家。
⇒バロ（ボッシネンシス，フランシスクス　1460頃–1511頃）

Bossuet, Jacques Bénigne〈17・18世紀〉
フランスの聖職者，説教家，神学者。
⇒岩世人（ボシュエ　1627.9.27–1704.4.12）
　広辞7（ボシュエ　1627–1704）
　学叢思（ボシュエー，ジャック・ベニーニュ　1627–1704）
　新カト（ボシュエ　1627.9.27–1704.4.12）
　世人新（ボシュエ　1627–1704）
　世人装（ボシュエ　1627–1704）
　世史語（ボシュエ　1627–1704）
　ポプ人（ボシュエ　1627–1704）

Boston, Thomas〈17・18世紀〉
スコットランドの宗教家。
⇒岩世人（ボストン　1676.3.17–1732.5.20）

Boström, Christoffer Jakob〈18・19世紀〉
スウェーデンの哲学者。人格主義的唯心論を主張。
⇒岩世人（ブーストレム　1797.1.1–1866.3.22）
　学叢思（ボストレーム，クリストフェル・ヤコブ　1797–1866）
　メル2（ブーストレム，クリストファ・ヤコブ　1797–1866）

Boswell, James〈18世紀〉
スコットランド生れの弁護士，著作家。S.ジョンソンの伝記『ジョンソン伝』(91)の著者。
⇒岩世人（ボズウェル　1740.10.29–1795.5.19）
　ネーム（ボズウェル　1740–1795）
　広辞7（ボズウェル　1740–1795）

botal

新カト（ボズウェル　1740.10.29–1795.5.19）

Botallo, Leonardo〈16世紀〉
イタリアの解剖学者、外科医。ボタロ孔（心臓の卵円孔），ボタロ動脈管（胎児動脈管）を発見、記載。
⇒岩世人（ボタロ）

Botaneiates, Nikēphóros III〈11世紀〉
ビザンツ皇帝。在位1078～81。
⇒世帝（ニケフォロス3世　1002–1081）

Bötel, Heinrich〈19・20世紀〉
ドイツのテノール。
⇒魅惑（Bötel,Heinrich　1854–1938）

Botero, Giovanni〈16・17世紀〉
イタリアの作家、政治経済学者。主著『国家理由論』『普遍的報告』など。
⇒学叢思（ボテロ、ジオヴァンニ　1540–1617）

Botev, Christo〈19世紀〉
ブルガリアの詩人、革命家。
⇒岩世人（ボテフ　1847.12.25–1876.5.20）

Both, Jan〈17世紀〉
オランダの画家。イタリア風の風景画を描いた。
⇒岩世人（ボト　1618–1652）

Botham, Mark〈19・20世紀〉
イギリスの宣教師。
⇒岩世人（ボサム　?–1921）

Bothwell, James Hepburn, 4th Earl of〈16世紀〉
スコットランドの貴族。
⇒岩世人（ボスウェル　1534/1535–1578.4.14）

Botkin, Vasilii Petrovich〈19世紀〉
ロシアの自由主義作家、評論家。雑誌『祖国の記録』および『同時代人』に参加。
⇒岩世人（ボートキン　1811.12.27–1869.10.10）

Botta, Carlo Giuseppe Guglielmo〈18・19世紀〉
イタリアの歴史家、政治家、医師。1815年フランスに帰化。アカデミー会員になる。
⇒岩世人（ボッタ　1766.11.6–1837.8.10）

Botta, Paul Emile〈19世紀〉
フランス（イタリア生れ）の考古学者。
⇒岩世人（ボッタ　1802.12.6–1870.3.29）

Bottegari, Cosimo〈16・17世紀〉
イタリアの作曲家。
⇒バロ（ボッテガーリ、コージモ.　1554–1620）

Bottesini, Giovanni〈19世紀〉
イタリアのコントラバス奏者、作曲家、指揮者。『アイーダ』などを作曲。
⇒オペラ（ボッテジーニ、ジョヴァンニ　1821–1889）

Böttger, Johann Friedrich〈17・18世紀〉
ドイツの錬金術師、陶芸家。1707年ヨーロッパで初めて磁器の製造に成功。
⇒岩世人（ベットガー　1682.2.4–1719.3.13）
　芸13（ボットゥガー、ヨハン・フリードリヒ　1682–1719）

Botticelli, Sandro〈15・16世紀〉
イタリアの画家。フィレンツェ派初期ルネサンスに活躍。作品に『ヴィーナスの誕生』『春』など。
⇒岩世人（ボッティチェッリ　1444/1445.3.1–1510.5.17）
　ネーム（ボッティチェリ　1445–1510）
　広辞7（ボッティチェリ　1444/1445–1510）
　学叢思（ボティチェルリ、アレッサンドロ　1447–1510）
　新カト（ボッティチェリ　1444/1445–1510.5.17）
　芸13（ボッティチェリ、サンドロ　1444/1445–1510）
　世人新（ボッティチェリ　1444/1445–1510）
　人人装（ボッティチェリ　1444/1445–1510）
　世史語（ボッティチェリ　1444頃–1510）
　ポブ人（ボッティチェリ、サンドロ　1445?–1510）
　ルネ（サンドロ・ボッティチェッリ　1445–1510）

Bötticher, Karl〈19世紀〉
ドイツの考古学者。ベルリンの高等建築学校教授（1831～）。
⇒岩世人（ベッティヒャー　1806.5.29–1889.6.19）

Botticini, Francesco di Giovanni〈15世紀〉
イタリアの画家。主作品『キリスト磔刑と聖者たち』(75)。
⇒岩世人（ボッティチーニ　1446/1447–1498.1.16）
　芸13（ボッティチーニ、フランチェスコ　1446–1447–1497）

Bottomley, Gordon〈19・20世紀〉
イギリスの詩人、劇作家。
⇒岩世人（ボトムリー　1874.2.20–1948.8.25）

Bottrigari, Ercole〈16・17世紀〉
イタリアの音楽理論家、作曲家。
⇒バロ（ボットリガーリ、エルコーレ　1531.8.24–1612.9.30）

Boubert〈15世紀〉
フランスの作曲家。
⇒バロ（ブベール,?　1430頃?–1480頃?）

Boubouli (Bouboulina), Laskarina〈18・19世紀〉
ギリシア独立戦争の指導者。
⇒岩世人（ブブリ（ブブリナ）　1771.5.11–1825.5.22）

Bouchardon, Edme〈17・18世紀〉
フランスの彫刻家。新古典主義様式を確立。代

Boucheljon, Johannes〈17世紀〉
オランダの長崎商館長。
⇒岩世人（ボヘリオン（ブシェリオン））

Boucher, Émile〈19世紀〉
フランスの詩人、編集者。
⇒19仏（エミール・ブーシェ　1854.7.29-?）

Boucher, François〈18世紀〉
フランスの画家。ルイ15世の宮廷首席画家も勤めたロココ期の作家。
⇒岩世人（ブーシェ　1703.9.29-1770.5.30）
ネーム（ブーシェ　1703-1770）
広辞7（ブーシェ　1703-1770）
芸13（ブーシェ, フランソワ　1703-1770）
世史語（ブーシェ　1703-1770）
ポブ13（ブーシェ, フランソワ　1703-1770）

Boucher, Jean〈16・17世紀〉
フランスのカトリック神学者、フランシスコ会員。
⇒新カト（ブーシェ　?-1631.7.20）

Boucher de Crèvecoeur de Perthes, Jacques〈18・19世紀〉
フランスの考古学者、地質学者。
⇒岩世人（ブーシェ・ド・クレーヴクール・ド・ペルト　1788.12.10-1868.8.5）

Boucicault, Dionysius Lardner〈19世紀〉
アイルランドの劇作家、俳優。
⇒岩世人（ブーシコー　1820.12.26-1890.9.18）

Boucicaut, Aristide Jacques〈19世紀〉
フランスの実業家。
⇒岩世人（ブシコー　1810.7.14-1877.12.26）

Boudin, Eugène Louis〈19世紀〉
フランスの画家。印象派の先駆者。96年レジオン・ドヌール勲章を受けた。
⇒岩世人（ブーダン　1824.7.12-1898.8.8）
芸13（ブーダン, ウジェーヌ　1824-1898）

Bouelles, Charles de〈15・16世紀〉
フランスの哲学者、神学者、人文主義者。
⇒岩世人（ブエル　1479-1567.2.24）

Bougainville, Louis Antoine, comte de〈18・19世紀〉
フランスの航海者、軍人。1766〜69年世界一周。
⇒岩世人（ブーガンヴィル　1729.11.11-1811.8.31）
オセ新（ブーゲンビル　1729-1811）

Bougaud, Louis-Victor-Emile〈19世紀〉
フランスのカトリック神学者。
⇒新カト（ブーゴー　1824.2.26-1888.11.7）

Bouglé, Célestin〈19・20世紀〉
フランスのÉ.デュルケム学派の社会学者。主著『価値社会学』（22）。
⇒学叢思（ブーグレ）
メル3（ブーグレ, セレスタン　1870-1940）

Bouguer, Pierre〈17・18世紀〉
フランスの天文学者、数学者。子午線測定のため、政府からペルーに派遣された（1735）。
⇒岩世人（ブゲール　1698.2.16-1758.8.15）
世数（ブゲール, ピエール　1698-1758）

Bouguereau, Adolphe William〈19・20世紀〉
フランスの画家。1850年ローマ賞を受賞。
⇒岩世人（ブグロー　1825.11.30-1905.8.19）
芸13（ブグロー, ウィリアム　1825-1905）

Bouhélier, Saint-Georges de〈19・20世紀〉
フランスの作家。
⇒19仏（サン=ジョルジュ・ド・ブーエリエ　1876.5.19-1947.12.20）

Bouhours, Dominique〈17・18世紀〉
フランスの文人、イエズス会士。
⇒岩世人（ブウール　1628.5.15-1702.5.27）
新カト（ブウール　1628.5.15-1702.5.27）

Bouillaud, Jean Baptiste〈18・19世紀〉
フランスの医師。ブイヨー症候群などの名を残している。
⇒岩世人（ブイヨー　1796.9.16-1881.10.29）

Bouillé, Charles〈15・16世紀〉
フランスの人文主義者、哲学者。主著『知恵について』。
⇒岩世人（ブイエ　1472頃-1553頃）

Bouillier, Francisque〈19世紀〉
フランスの哲学者。
⇒岩世人（ブイエ　1813.7.12-1899.9.25）

Boulainvilliers, Henri, comte de〈17・18世紀〉
フランスの歴史家、哲学者。著書『フランス旧政府の歴史』（27）など。
⇒メル2（ブーランヴィリエ, アンリ・ド　1658-1722）

Boulanger, Georges Ernest Jean Marie〈19世紀〉
フランスの将軍、政治家。
⇒岩世人（ブーランジェ　1837.4.29-1891.9.30）
19仏（ジョルジュ・ブーランジェ　1837.4.29-1891.9.30）
ネーム（ブーランジェ　1837-1891）

世人新（ブーランジェ　1837–1891）
世人装（ブーランジェ　1837–1891）
ポプ人（ブーランジェ, ジョルジュ　1837–1891）

Boulay de la Meurthe, Antoine Jacques Claude Joseph〈18・19世紀〉
フランスの政治家、著述家。
⇒岩世人（ブレ・ド・ラ・ムルト　1761.2.19–1840.2.2)

Boule, Pierre Mercellin〈19・20世紀〉
フランスの考古学者。パリの国立自然誌博物館の教授。
⇒岩世人（ブール　1861.1.1–1942.7.4）

Boulenger, Hippolyte-Emmanuel〈19世紀〉
ベルギーの画家。
⇒芸13（ブーランジェ, イポリート　1837–1874）

Bouley, Henri Marie〈19世紀〉
フランスの獣医。獣医教育委員長 (66)、学士院会員 (68)、同総裁 (85)。
⇒岩世人（ブレ　1814.5.17–1885.11.30）

Boulle, André Charles〈17・18世紀〉
フランスの家具製作者。王族の宮廷用の家具を作った。
⇒岩世人（ブール　1642.11.11–1732.2.28）

Boullée, Étienne Louis〈18世紀〉
フランスの建築家。建築アカデミー会員。ベルサイユ宮殿の改築計画などに活躍。
⇒岩世人（ブレー　1728.2.12–1799.2.6）

Boulton, Matthew〈18・19世紀〉
イギリスの技術者、企業家。
⇒岩世人（ボールトン　1728.9.3–1809.8.18）

Bouquet, Jean-Claude〈19世紀〉
フランスの数学者。
⇒世数（ブーケ, ジャン-クロード　1819–1885）

Bouquier, Gabriel〈18・19世紀〉
フランスの政治家。行政監督代理人 (1787)、国民公会代議士 (1792〜95)。
⇒岩世人（ブキエ　1739.11.10–1810.10.6）

Bourbaki, Charles Denis Sauter〈19世紀〉
フランスの軍人。普仏戦争には近衛軍を率いてメッツに戦った。
⇒岩世人（ブルバキ　1816.4.22–1897.9.27）

Bourbon, Charles, Duc de〈15・16世紀〉
フランスの軍人。
⇒岩世人（ブルボン公シャルル　1490.2.17–1527.5.6）

Bourbon, Louis Henri de Bourbon-Condé, Duc de〈17・18世紀〉
フランスの政治家。1723年首相に就任。
⇒岩世人（ブルボン公ルイ・アンリ　1692.8.18–1740.1.27）

Bourdaloue, Louis〈17・18世紀〉
フランスのイエズス会修道士、説教師。
⇒岩世人（ブルダルー　1632.8.20–1704.5.13）
新カト（ブールダルー　1632.8.20–1704.5.13）

Bourdelle, Émile Antoine〈19・20世紀〉
フランスの彫刻家、画家。代表作は『アルベアル将軍の記念碑』(23) など。
⇒ネーム（ブールデル　1861–1929）
広辞7（ブールデル　1861–1929）
芸13（ブールデル, アントワーヌ　1861–1929）
ポプ人（ブールデル, エミール=アントワーヌ　1861–1929）

Bourdichon, Jean〈15・16世紀〉
フランスの画家。
⇒岩世人（ブルディション　1457頃–1521）

Bourdon, Georges〈19・20世紀〉
フランスのジャーナリスト。
⇒岩世人（ブルドン　1868–1938.11）

Bourgelat, Claude〈18世紀〉
フランスの獣医。リヨンに最初の獣医学校を設立 (1762)。
⇒岩世人（ブルジュラ　1712.3.27–1779.1.3）

Bourgeois, Emile〈19・20世紀〉
フランスの歴史家。初め古代および中世史を研究、のち近・現代の外交史を専攻。
⇒岩世人（ブルジョワ　1857.7.24–1934.8.25）

Bourgeois, Léon Victor Auguste〈19・20世紀〉
フランスの政治家。国際連盟の熱心な提唱者。ノーベル平和賞受賞 (1920)。
⇒学叢思（ブルジョア, レオン・ヴィクトル・オーギュスト　1851–1925）

Bourgeois, Loys〈16世紀〉
フランスの作曲家、理論家。『ダビデ詩編曲集』が重要。
⇒バロ（ブルジョア, ロワ　1510-1515–1561以降）

Bourgeois, Thomas-Louis Joseph〈17・18世紀〉
フランスの作曲家。
⇒バロ（ブルジョア, トマ・ルイ・ジョセフ　1676.10.24–1750/1751）

Bourgeoys, Marguerite〈17世紀〉
フランスの修道会創立者、福者。
⇒新カト（マルグリット・ブールジョア　1620–1700.1.12）

Bourget, Ignace〈18・19世紀〉
モントリオールの第2代司教。
⇒新カト（ブールジェ　1799.10.30–1885.6.8）

Bourget, Paul Charles Joseph〈19・20世紀〉
フランスの小説家，評論家。小説に『嘘』(87)，『弟子』(89) など。
⇒岩世人（ブールジェ　1852.9.2–1935.12.25）
　19仏（ポール・ブールジェ　1852.9.2–1935.12.25）
　広辞7（ブールジェ　1852–1935）
　学叢思（ブールジェ, ポール　1852–1923）
　新カト（ブールジェ　1852.9.2–1935.12.25）

Bourignon, Antoinette〈17世紀〉
ベルギーの宗教家，静寂主義者。あらゆる宗教組織を攻撃し，スコットランドで多くの追随者を得た。
⇒岩世人（ブリニョン　1616.1.13–1680.10.30）

Bourne, *Sir* **Frederick Samuel Augustus**〈19・20世紀〉
イギリスの司法官，外交官。領事として中国に赴任 (1876)。
⇒岩世人（ボーン　1854.10.3–1940.8.23）

Bourneville, Désiré-Magloire〈19・20世紀〉
フランスの医師，政治家。
⇒19仏（デジレ=マグロワール・ブルヌヴィル　1840.10.21–1909.5.30）

Bournonville, Antoine〈18・19世紀〉
フランスのダンサー，振付家，バレエ団監督。オーギュスト・ブルノンヴィルの父。
⇒バレエ（ブルノンヴィル, アントワーヌ　1760.5.19–1843.1.11）

Bournonville, August〈19世紀〉
デンマークの舞踊家，振付師。『ナポリ』(42) などの作品を作った。
⇒岩世人（ブルノンヴィル　1805.8.21–1879.11.30）
　バレエ（ブルノンヴィル, オーギュスト　1805.8.21–1879.11.30）

Bournonville, Jean de〈16・17世紀〉
フランスの作曲家。
⇒バロ（ブルノンヴィル, ジャン・ド　1585頃–1632.5.27）

Bournonville, Valentin de〈17世紀〉
フランスの作曲家。
⇒バロ（ブルノンヴィル, ヴァランタン・ド　1610頃–1663.12以降）

Boursin, Elphège〈19世紀〉
フランスのジャーナリスト。
⇒19仏（エルフェージュ・ブルサン　1836.5.21–1891.2.27）

Bouset, Wilhelm〈19・20世紀〉
ドイツの神学者。
⇒学叢思（ブーセット, ヴィルヘルム　1865–1920）

Bousquet, Marie-Julien-Sylvain〈19・20世紀〉
フランスのパリ外国宣教会宣教師。
⇒新カト（ブスケ　1877.11.19–1943.3.10）

Bousset, Jean-Baptiste〈17・18世紀〉
フランスの作曲家。
⇒バロ（ブセー, ジャン・バティスト　1662–1725.10.3）

Bousset, René Drouard de〈18世紀〉
フランスの作曲家。
⇒バロ（ブセー, ルネ・ドルアール・ド　1703.12.11–1760.5.19）

Boussinesq, Valentin Joseph〈19・20世紀〉
フランスの数学者。
⇒岩世人（ブシネスク　1842.3.13–1929.2.19）

Boussingault, Jean Baptiste Joseph Dieudonné〈19世紀〉
フランスの農芸化学者。
⇒岩世人（ブサンゴー　1802.2.2–1887.5.11）

Bouteiller, Jehan de〈19世紀〉
フランスのジャーナリスト，政治家。
⇒19仏（ジュアン・ド・ブーテイエ　1840.1.26–1885.9.6）

Boutens, Pieter Cornelis〈19・20世紀〉
オランダの詩人。
⇒岩世人（バウテンス　1870.2.20–1943.3.14）

Bouterwek, Friedrich〈18・19世紀〉
ドイツの哲学者，美学者。絶体的潜勢力説の創始者として知られる。
⇒岩世人（ブーテルヴェク　1766.4.15–1828.8.9）
　学叢思（ブーテルヴェク, フリードリヒ　1766–1828）

Boutmy, Guillaume〈18世紀〉
フランドルの作曲家。
⇒バロ（ブトミー, ギョーム　1723.6.15–1791.1.22）

Boutmy, Jacques Adrien〈17・18世紀〉
フランドルの作曲家。
⇒バロ（ブトミー, ジャック・アドリアン　1683–1719）

Boutmy, Jean-Joseph〈18世紀〉
フランドルの作曲家。
⇒バロ（ブトミー, ジャン・ジョゼフ　1725.4.29–1782）

Boutmy, Josse〈17・18世紀〉
フランドルの作曲家。

⇒バロ（ブトミー, ジョス　1697.2.1–1779.11.27）

Boutmy, Laurent-François〈18・19世紀〉
フランドルの作曲家。
⇒バロ（ブトミー, ロラン・フランソワ　1756.6.19–1838.11.2）

Boutroux, Etienne Emile Marie〈19・20世紀〉
フランスの唯心論哲学者。
⇒岩世人（ブートルー　1845.7.28–1921.11.22）
学叢思（ブートルー, エミール　1845–1921）
新カト（ブトルー　1845.7.28–1921.11.22）

Bouts, Dierick〈14・15世紀〉
ネーデルラントの画家。主作品に『最後の晩餐』など。
⇒岩世人（バウツ　1415頃–1475）
新カト（バウツ　1420頃–1475）
芸13（バウツ, ディーリック　?–1475）
芸13（ボウツ, ディルク　1400-1410–1475）

Bouvet, Joachim〈17・18世紀〉
フランス出身のイエズス会宣教師。中国に渡り、康熙帝の信任を得た。『皇輿全覧図』『康熙帝伝』で著名。
⇒岩世人（ブーヴェ　1656.7.18–1730.6.28）
新カト（ブーヴェ　1656.7.18–1730.6.28）
世人新（ブーヴェ（中国名：白進〈白晋〉）　はくしん　1656–1730）
世人装（ブーヴェ（中国名：白進〈白晋〉）　はくしん　1656–1730）
世史語（ブーヴェ（白進）　1656–1730）
ポプ人（ブーベ, ジョアシャン　1656–1730）

Bouvier, Alexis〈19世紀〉
フランスの作家。
⇒19仏（アレクシ・ブーヴィエ　1836.1.15–1892.5.18）

Bouvier, Jean-Baptiste〈18・19世紀〉
フランスの神学者、ル・マンの司教。
⇒新カト（ブーヴィエ　1783.1.17–1854.12.29）

Bouvy, Edmond〈19・20世紀〉
フランスの神学者、アウグスチノ会員。
⇒新カト（ブーヴィ　1847.5.17–1940.7.3）

Bouzignac, Guillaume〈16・17世紀〉
ラングドック地方出身のフランスの作曲家。
⇒バロ（ブージニャック, ギヨーム　1592以前–1641以降）

Boveri, Theodor Heinrich〈19・20世紀〉
ドイツの動物学者。主著『細胞学』(1887～1907)。
⇒岩世人（ボーヴェリ　1862.10.12–1915.10.15）

Bowditch, Henry Pickering〈19・20世紀〉
アメリカの生理学者。

⇒岩世人（バウディッチ　1840.4.4–1911.3.13）

Bowditch, Nathaniel〈18・19世紀〉
アメリカの数学者、天文学者。
⇒岩世人（バウディッチ　1773.3.26–1838.3.16）

Bowdler, Thomas〈18・19世紀〉
イギリスのシェークスピア学者。
⇒岩世人（バウドラー　1754.7.11–1825.2.24）

Bowen, Arthur John〈19・20世紀〉
アメリカの宣教師教育者。
⇒アア歴（Bowen,Arthur J（ohn）　アーサー・ジョン・ボウエン　1873.1.12–1944.7.28）

Bowen, George〈19世紀〉
アメリカのメソジスト派宣教師、インドで活躍。
⇒アア歴（Bowen,George　ジョージ・ボウエン　1816.4.30–1888.2.5）

Bowen, Sir George Ferguson〈19世紀〉
イギリスの外交官。
⇒岩世人（ボウエン　1821.11.2–1899.2.21）

Bower, Sir Hamilton〈19・20世紀〉
イギリスの軍人、探検家。
⇒岩世人（バウアー　1858–1940）

Bowerman, Frank Eugene〈19・20世紀〉
アメリカの大リーグ選手（捕手）。
⇒メジャ（フランク・バワーマン　1868.12.5–1948.11.30）

Bowie, James〈18・19世紀〉
テキサス独立運動の英雄。
⇒岩世人（ボウイ　1796–1836.3.6）

Bowie, Walter〈19世紀〉
南部連合のスパイ。
⇒スパイ（ボウイ, ウォルター　1838–1864）

Bowles, Gilbert〈19・20世紀〉
アメリカのキリスト友会宣教師。来日し、普連土女学校理事長。
⇒アア歴（Bowles,Gilbert　ギルバート・ボウルズ　1869.10.16–1960.10.9）

Bowles, Samuel〈19世紀〉
アメリカの新聞経営者。
⇒岩世人（ボールズ　1826.2.9–1878.1.16）

Bowles, William Lisle〈18・19世紀〉
イギリスの詩人、聖職者。『ソネット集』(89)はワーズワス、コールリッジらに大きい影響を与えた。
⇒岩世人（ボールズ　1762.9.24–1850.4.7）

Bowley, Sir Arthur Lyon〈19・20世紀〉
イギリスの統計学者。
⇒岩世人（バウリー　1869.11.6–1957.1.21）
学叢思（ボーレー, アーサー・リオン　1869–?）

Bowman, Isaiah〈19・20世紀〉
アメリカの地理学者。
⇒岩世人（ボーマン　1878.12.26–1950.1.6）

Bowman, *Sir* William〈19世紀〉
イギリスの解剖学者，生理学者，眼科医。1880～3年イギリス眼科学会初代会長。
⇒岩世人（ボーマン　1816.7.20–1892.3.29）

Bowne, Bordon Parker〈19・20世紀〉
アメリカの哲学者。ボストン大学教授（1876）。ハウイソンとともに人格主義を説いた。
⇒岩世人（バウン　1847.1.14–1910.4.1）

Boworadet〈19・20世紀〉
タイの王族，親王。
⇒岩世人（ボーウォーラデート　1877.4.2–1953.11.16）

Bowring, *Sir* John〈18・19世紀〉
イギリスの外交官，言語学者，著作家。
⇒岩世人（バウリング（慣ボウリング）　1792.10.17–1872.11.23）

Boxhorn, Marcus Suerius〈17世紀〉
オランダの政治学者。
⇒学叢思（ボックスホルン，マルクス・スエリウス　1602–1653）

Boyce, William〈18世紀〉
イギリスの作曲家，オルガン奏者。王室オーケストラの作曲家などを務めた。
⇒バロ（ボイス，ウィリアム　1711.9.11–1779.2.7）
　エデ（ボイス，ウィリアム　1711.9.11–1779.2.7）

Boycott, Charles Cunningham〈19世紀〉
イギリスの貴族領地管理人。小作人たちの非暴力の抵抗行動にあい，領地を立去る。
⇒岩世人（ボイコット　1832.3.12–1897.6.19）

Boyd, Andrew Kennedy Hutchinson〈19世紀〉
スコットランドの聖職者。
⇒岩世人（ボイド　1825.11.3–1899.3.1）

Boyd, Belle〈19世紀〉
アメリカ南北戦争時のスパイ。
⇒スパイ（ボイド，ベル　1844–1900）

Boyd, John Parker〈18・19世紀〉
アメリカの冒険家。
⇒アア歴（Boyd,John Parker　ジョン・パーカー・ボイド　1764.12.21–1830.10.4）

Boyd, Zachary〈16・17世紀〉
スコットランドの聖職者。グラスゴー大学総長に選ばる（1634～35,45）。
⇒岩世人（ボイド　1585頃–1653）

Boyden, Seth〈18・19世紀〉
アメリカの発明家。エナメル革の製法（19），黒心可鍛鋳鉄（26）を発明。
⇒岩世人（ボイデン　1788.11.17–1870.5.31）

Boyd-Orr of Brechin Mearns, John Boyd Orr, 1st Baron〈19・20世紀〉
イギリスの農業科学者。初代国連食糧農業機関FAO事務総長。49年度ノーベル平和賞受賞。
⇒岩世人（ボイド・オア　1880.9.23–1971.6.25）

Boyen, Hermann von〈18・19世紀〉
プロシアの軍人。陸相となり，軍制改革を完成。
⇒岩世人（ボイエン　1771.6.23–1848.2.15）

Boyer, Jean〈16・17世紀〉
フランスの作曲家。
⇒バロ（ボワイエ，ジャン　1590頃?–1648.5.16以前）

Boyer, Jean Pierre〈18・19世紀〉
ハイティの政治家。ペシオン，クリストフと共にデサリーヌ打倒新政府樹立に努めた。
⇒岩世人（ボワイエ　1776.2.28–1850.7.9）

Boyle, Henry J.〈19・20世紀〉
アメリカの大リーグ選手（投手）。
⇒メジャ（ヘンリー・ボイル　1860.9.20–1932.5.25）

Boyle, John Anthony〈19・20世紀〉
アメリカの大リーグ選手（捕手，一塁）。
⇒メジャ（ジャック・ボイル　1866.3.22–1913.1.6）

Boyle, Richard Vicars〈19・20世紀〉
イギリスの鉄道技師。工部省鉄道寮建築師長として来日。
⇒岩世人（ボイル　1822–1908.1.3）

Boyle, Robert〈17世紀〉
イギリスの物理学者。真空ポンプを完成し，気体に関する法則を発見。
⇒岩世人（ボイル　1627.1.25–1691.12.30）
　広辞7（ボイル　1627–1691）
　学叢思（ボイル，ロバート　1626–1692）
　物理（ボイル，ロバート　1627–1691）
　世人新（ボイル　1627–1691）
　世人裝（ボイル　1627–1691）
　世史語（ボイル　1627–1691）
　ポプ人（ボイル，ロバート　1627–1691）

Boyleau, Simon〈16世紀〉
フランスの作曲家。
⇒バロ（ボワロー，シモン　1530頃?–1600頃?）

Boylesve, René Tardivaux〈19・20世紀〉
フランスの小説家。『マドモアゼル・クロック』（99）などの作品がある。
⇒岩世人（ボワレーヴ　1867.4.14–1926.1.14）

Boym, Michele〈17世紀〉
ポーランドのイエズス会士。中国に渡来して（1649）伝道に従事し，永明王の宮廷で活躍。

⇒岩世人（ボイム　1612–1659.8.22）
新カト（ボイム　1612–1659.8.22）

Boys, Sir Charles Vernon〈19・20世紀〉
イギリスの実験物理学者。捩り秤の改良型で重力の常数を決定し,地球の平均密度を5.5270と算出。
⇒岩世人（ボイズ　1855.3.15–1944.3.30）

Boysset, Charles〈19・20世紀〉
フランスの政治家。
⇒19仏（シャルル・ボワセ　1817.4.29–1901.5.22）

Boyvin〈16世紀〉
フランスの作曲家。
⇒バロ（ボワヴァン,?　1510頃?–1560頃?）

Boyvin, Jacques〈17・18世紀〉
フランスのオルガン奏者,作曲家。
⇒バロ（ボワヴァン, ジャック　1649頃–1706.6.30）

Bozzacchi, Giuseppina〈19世紀〉
イタリアのダンサー。バレエ史上最も劇的で短い一生を送ったダンサーの一人。
⇒バレエ（ボッザッキ, ジュゼッピーナ　1853.11.23–1870.11.23）

Bozzi（Bozi, Bozio）, Paolo〈16・17世紀〉
イタリアの作曲家。
⇒バロ（ボッツィ, パオロ　1550頃–1628頃）

Bracci, Pietro〈18世紀〉
イタリアの彫刻家。
⇒芸13（ブラッチ, ピエトロ　1700–1773）

Brace, Charles Loring〈19世紀〉
アメリカの社会改革家。
⇒学叢思（ブレース, チャールズ・ローリング　1826–1890）

Bracelli, Virginia Centurione〈16・17世紀〉
イタリアの聖人,修道女会創立者。祝日12月15日。
⇒新カト（ヴィルジニア・チェントゥリオーネ・ブラチェッリ　1587.4.2–1651.12.15）

Brachet, Albert〈19・20世紀〉
ベルギーの動物学者。実験発生学の研究がある。
⇒岩世人（ブラシェ　1869.1.1–1930.12.27）

Brachet, Auguste〈19世紀〉
フランスの言語学者。主としてフランス語の歴史的文法を研究。
⇒岩世人（ブラシェ　1844.7.29–1898）

Brachvogel, Albert Emil〈19世紀〉
ドイツの作家。初め彫刻家,30歳から文学に転じた。
⇒岩世人（ブラッハフォーゲル　1824.4.29–1878.11.27）

Brack, Alexandre Marie〈19・20世紀〉
フランスの社会主義者。
⇒学叢思（ブラック, アレキサンドル・マリエ　1861–?）

Brack, Georg〈15・16世紀〉
ドイツの作曲家。
⇒バロ（ブラック, ゲオルク　1480頃?–1517以降）

Brackenridge, Hugh Henry〈18・19世紀〉
アメリカの詩人,小説家。共和党（のち民主党）の指導者としても活躍。
⇒岩世人（ブラッケンリッジ　1748–1816.6.25）

Brackmann, Albert〈19・20世紀〉
ドイツの歴史家。教皇関係の古文書を整理刊行し,また中世ドイツの皇帝政を研究。
⇒岩世人（ブラックマン　1871.6.24–1952.3.17）
新カト（ブラクマン　1871.6.24–1952.3.17）

Braconnier, Jean〈15・16世紀〉
フランスの作曲家。
⇒バロ（ブラコニエ, ジャン　1460頃?–1512）

Bracquemond, Félix Henri Félix Joseph Auguste〈19・20世紀〉
フランスの画家,版画家。鳥獣を好んで描いた。印象派の若い画家たちに版画を教えた。
⇒岩世人（ブラックモン　1833.5.22–1914.10.29）

Bracton, Henry de〈13世紀〉
イギリスの法律家,裁判官。中世イギリス法を集大成した『イギリス法律慣習法』（50〜56）で有名。
⇒岩世人（ブラクトン　1216–1268）

Braddon, Mary Elizabeth〈19・20世紀〉
イギリスの女流小説家。
⇒岩世人（ブラッドン　1835.10.4–1915.2.4）

Brade, William〈16・17世紀〉
イギリスのヴァイオリン奏者,ヴァイオル奏者,作曲家。
⇒バロ（ブレイド, ウィリアム　1560-1563–1630.2.26）

Bradford, William〈16・17世紀〉
初期アメリカ移民の一人。
⇒アメ新（ブラッドフォード　1590–1657）
岩世人（ブラッドフォード　1590.3.19–1657.5.9）

Bradford, William〈17・18世紀〉
アメリカ（イギリス生れ）の印刷業者。
⇒岩世人（ブラッドフォード　1663.5.20–1752.5.23）

Bradlaugh, Charles〈19世紀〉
イギリスの社会改革家。

⇒岩世人（ブラッドロー　1833.9.26–1891.1.30）
　19仏（チャールズ・ブラッドロー　1833.9.26–1891.1.30）
　学叢思（ブラッドラフ, チャールズ　1833–1891）

Bradley, Andrew Cecil〈19・20世紀〉
イギリスの文学者, 批評家。哲学者F.ブラッドリーの弟。オックスフォード大学詩学教授などを務めた。
⇒岩世人（ブラッドリー　1851.3.26–1935.9.2）

Bradley, Charles William〈19世紀〉
アメリカの領事。
⇒**アア歴**（Bradley,Charles William　チャールズ・ウイリアム・ブラッドリー　1807.6.27–1865.3.8）

Bradley, Dan Beach〈19世紀〉
アメリカの宣教師, 医師。
⇒**アア歴**（Bradley,Dan Beach　ダン・ビーチ・ブラッドリー　1804.7.18–1893.6.23）
　岩世人（ブラッドリー　1804.7.18–1873.6.23）

Bradley, Francis Herbert〈19・20世紀〉
イギリスの哲学者。功利主義や功利主義的倫理学に反対。
⇒岩世人（ブラッドリー　1846.1.30–1924.9.18）
　広辞7（ブラッドリー　1846–1924）
　学叢思（ブラッドレー, フランシス・ハーバート　1846–1924）
　新カト（ブラッドリ　1846.1.30–1924.9.18）
　メル3（ブラッドリー, フランシス　1846–1924）

Bradley, George Washington〈19・20世紀〉
アメリカの大リーグ選手（投手, 三塁）。
⇒**メジャ**（ジョージ・ブラッドリー　1852.7.13–1931.10.2）

Bradley, Humphery〈16・17世紀〉
フランドルの技師。
⇒岩世人（ブラッドレー　?–1639）

Bradley, James〈17・18世紀〉
イギリスの位置天文学者。
⇒岩世人（ブラッドリー　1693.3–1762.7.13）
　ネーム（ブラッドリー　1693–1762）

Bradley, William Joseph〈19・20世紀〉
アメリカの大リーグ選手（三塁）。
⇒**メジャ**（ビル・ブラッドリー　1878.2.13–1954.3.11）

Bradshaw, John〈17世紀〉
イギリスの裁判官。
⇒岩世人（ブラッドショー　1602.12.10頃–1659.10.31）

Bradstreet, Anne〈17世紀〉
アメリカ最初の女流詩人。
⇒岩世人（ブラッドストリート　1612頃–1672.9.16）

Bradwardine, Thomas〈13・14世紀〉
カンタベリーの大司教, 数学者。
⇒**新カト**（ブラッドウォーディン　1300頃–1349.8.26）
　世数（ブラッドワーディン, トーマス　1290–1349）

Brady, Mathew B.〈19世紀〉
アメリカの写真家。南北戦争に際し多数の戦争写真を撮った。
⇒**アメ新**（ブラディ　1823–1896）
　岩世人（ブレイディ　1823?–1896.1.15）
　芸13（ブラディ, マシュー　1823–1896）

Braederlam, Melchior〈14世紀〉
フランドルの画家。
⇒**芸13**（ブレーダラム, メルヒオール　?–1400頃）

Braga, Gaetano〈19・20世紀〉
イタリアのチェロ奏者, 作曲家。『天使のセレナード』がとくに親しまれている。
⇒**オペラ**（ブラーガ, ガエターノ　1829–1907）

Braga, Joaquim Teófilo Fernandes〈19・20世紀〉
ポルトガルの詩人, 文学史家。ポルトガル共和国臨時大統領（1910,15）。
⇒岩世人（ブラガ　1843.2.24–1924.1.28）

Braganza, Theotonio de〈16・17世紀〉
ポルトガルの聖職者。イエズス会の日本伝道の後援者で, 日本滞在イエズス会宣教師の書簡出版を斡旋。
⇒岩世人（ブラガンサ　1530.8.2–1602.3.29）
　新カト（ブラガンサ　1530.8.2–1602.7.29）

Bragg, Sir William Henry〈19・20世紀〉
イギリスの物理学者。
⇒岩世人（ブラッグ　1862.7.2–1942.3.12）
　科史（ブラッグ, W.H.　1862–1942）
　広辞7（ブラッグ　1862–1942）
　学叢思（ブラッグ, ウィリアム・ヘンリー　1862–?）
　20思（ブラッグ, ウィリアム（ヘンリー）　1862–1942）
　ノ物化（ウィリアム・ヘンリー・ブラッグ　1862–1942）

Brahm, Otto〈19・20世紀〉
ドイツの文芸批評家, 劇団主宰者。H.イプセンの『幽霊』などを上演。
⇒岩世人（ブラーム　1856.2.5–1912.11.28）
　ユ著社（Brahm,Otto　ブラーム, オットー　1856–1912）

Brahmagupta〈6・7世紀〉
インドの数学者, 天文学者。
⇒岩世人（ブラフマグプタ　598–660頃）
　世数（ブラフマグプタ　598–660頃）
　南ア新（ブラフマグプタ　598–665以後）

Brahms, Johannes〈19世紀〉
ドイツの作曲家。交響曲,協奏曲,室内楽などを数多く作曲。
⇒岩世人（ブラームス　1833.5.7–1897.4.3）
　バレエ（ブラームス,ヨハネス　1833.5.7–1897.4.3）
　エデ（ブラームス,ヨハネス　1833.5.7–1897.4.3）
　広辞7（ブラームス　1833–1897）
　学叢思（ブラームス,ヨハンネス　1833–1897）
　実音人（ブラームス,ヨハネス　1833–1897）
　新カト（ブラームス　1833.5.7–1897.4.3）
　世人新（ブラームス　1833–1897）
　世人装（ブラームス　1833–1897）
　ピ曲改（ブラームス,ヨハネス　1833–1897）
　ポプ人（ブラームス,ヨハネス　1833–1897）

Braid, James〈18・19世紀〉
イギリスの外科医。催眠法を初めて医術に応用。
⇒岩世人（ブレイド　1795–1860.3.25）

Braid, James〈19・20世紀〉
イギリスのゴルファー。
⇒岩世人（ブレイド　1870.2.6–1950.11.27）

Braig, Carl〈19・20世紀〉
ドイツの哲学者,神学者。
⇒新カト（ブレイク　1853.2.10–1923.3.24）

Braille, Louis〈19世紀〉
フランスの盲目教育家,オルガン奏者。点字の発明者。
⇒岩世人（ブライユ　1809.1.4–1852.1.6）
　ポプ人（ブライユ,ルイ　1809–1852）

Brain, David Leonard〈19・20世紀〉
アメリカの大リーグ選手（三塁,遊撃）。
⇒メジャ（デイヴ・ブレイン　1879.1.24–1959.5.25）

Brainin, Reuben〈19・20世紀〉
ヘブライ語,イディッシュ語の作家。
⇒ユ著人（Brainin,Reuben　ブライニン,ルーベン　1862–1939）

Bräker, Ulrich〈18世紀〉
スイスの作家。主著,自伝『トッケンブルクの哀れな男の生涯と本当の冒険』(89)。
⇒岩世人（ブレーカー　1735.12.22–1798.9）

Bramah, Joseph〈18・19世紀〉
イギリスの技術家,発明家。
⇒岩世人（ブラマ　1748.4.13–1814.12.9）

Bramante, Donato d'Angelo〈15・16世紀〉
イタリアの建築家,画家。ローマのサン・ピエトロ・イン・モントリオ修道院の小聖堂などを建築。
⇒岩世人（ブラマンテ　1444–1514.3.11）
　ネーム（ブラマンテ　1444–1514）
　広辞7（ブラマンテ　1444–1514）
　新カト（ブラマンテ　1444–1514.3.14）
　芸13（ブラマンテ,ドナト　1444頃–1514）
　世人新（ブラマンテ　1444–1514）
　世人装（ブラマンテ　1444–1514）
　世史語（ブラマンテ　1444–1514）
　ポプ人（ブラマンテ,ドナート　1444?–1514）

Bramantino〈15・16世紀〉
イタリアの画家,建築家。ミラノのサン・ナザロ聖堂のトリブルツィオ礼拝堂(1511)などを建築。
⇒岩世人（ブラマンティーノ　1465頃–1530頃）
　芸13（ブラマンティーノ　1465–1466頃–1530）

Bramhal, John〈16・17世紀〉
英国教会の聖職者。
⇒岩世人（ブラムホール　1594–1663.6.25）
　新カト（ブラムホール　1594.11.18（受洗）–1663.6.25）

Branca, Wilhelm von〈19・20世紀〉
ドイツの地質学者。
⇒岩世人（ブランカ　1844.9.9–1928.3.12）

Brancati di Lauria, Lorenzo〈17世紀〉
イタリアの神学者,枢機卿。
⇒新カト（ブランカティ・ディ・ラウリア　1612.4.10–1693.11.30）

Brancusi, Constantin〈19・20世紀〉
ルーマニアの彫刻家。原始美術やモダンアート運動に興味を示した。
⇒岩世人（ブランクーシ　1876.2.21–1957.3.16）
　広辞7（ブランクーシ　1876–1957）
　芸13（ブランクーシ,コンスタンティン　1876–1957）
　ポプ人（ブランクーシ,コンスタンティン　1876–1957）

Brand, Hennig〈17世紀〉
ハンブルクの商人,錬金術師。
⇒岩世人（ブラント　1630?–1710?）

Brand, John Otway Percy〈19・20世紀〉
イギリスのジャーナリスト,中国研究家。
⇒岩世人（ブランド　1863.11.15–1945.6.23）

Brandeis, Louis Dembitz〈19・20世紀〉
アメリカの法律家。ユダヤ人としては最初の最高裁判所判事(1916～39)に任命された。
⇒アメ新（ブランダイス　1856–1941）
　岩世人（ブランダイス　1856.11.13–1941.10.5）
　ユ人（ブランダイス,ルイス・デンビッチ　1856–1941）
　ユ著人（Brandeis,Louis Dembitz　ブランダイス,ルイス・デンビッツ　1856–1941）

Brandenburg, Erich〈19・20世紀〉
ドイツの歴史家。主著『世界戦争の諸原因』(25)など。
⇒岩世人（ブランデンブルク　1868.7.31–1946.1.22）

Brandes, Carl Edvard〈19・20世紀〉
デンマークの作家。
⇒学叢思（ブランデス，カール・エドファード・コーエン　1847-?）

Brandes, Georg Morris Cohen〈19・20世紀〉
ユダヤ系デンマークの思想家，文芸評論家。雑誌『19世紀』を出版。
⇒岩世人（ブランデス　1842.2.4-1927.2.19）
　ネーム（ブランデス　1842-1927）
　広辞7（ブランデス　1842-1927）
　学叢思（ブランデス，ゲオルグ・モリス・コーエン　1842-1926）

Brandes, Jan Laufens Andries〈19・20世紀〉
オランダの東洋学者。
⇒岩世人（ブランデス　1857.1.13-1905.6.26）

Brandis, Christian August〈18・19世紀〉
ドイツの哲学史家。ギリシア哲学史家として知られる。
⇒岩世人（ブランディス　1790.2.13-1867.7.21）

Brandl, Alois〈19・20世紀〉
オーストリアの英語学者。『シェークスピア年鑑』の刊行者（1898～1919）。
⇒岩世人（ブランドル　1855.6.21-1940.2.5）

Brandolini, Aurelio〈15・16世紀〉
イタリアの作曲家。
⇒バロ（ブランドリーニ，アウレリオ　1460頃?-1510頃?）

Brandolini, Raffaele〈15・16世紀〉
イタリアの作曲家。
⇒バロ（ブランドリーニ，ラッファエーレ　1470頃?-1520頃?）

Brandon, Richard〈17世紀〉
イギリスの死刑執行人。
⇒岩世人（ブランドン　?-1649.6.20）

Brandt, Jobst vom〈16世紀〉
ドイツの貴族，官吏，判事，作曲家。
⇒バロ（ブラント，ヨープスト・フォム　1517.10.28-1570.1.22）
　バロ（ヨープスト・フォム・ブラント　1517.10.28-1570.1.22）

Brandt, Max August Scipio von〈19・20世紀〉
ドイツの外交官。駐清プロシア公使。1860年来日，日普修好通商条約の締結に尽力。
⇒岩世人（ブラント　1835.10.8-1920.8.24）

Brangwyn, *Sir* Frank〈19・20世紀〉
イギリスの画家。ロンドンのスキンナーズ・ホールの大壁面画（1904～09）を制作。
⇒岩世人（ブラングウィン　1867.5.13-1956.6.11）

Branly, Edouard Eugène Désiré〈19・20世紀〉
フランスの物理学者。無線通信技術の発達に貢献。
⇒岩世人（ブランリ　1844.10.23-1940.3.25）

Bran mac Febail
アイルランドのケルト系伝承《ブランの航海》の主人公。
⇒岩世人（ブラン・マク・フェヴィル）

Bransfield, (Kitty) William Edward〈19・20世紀〉
アメリカの大リーグ選手（一塁）。
⇒メジャ（キティ・ブランズフィールド　1875.1.7-1947.5.1）

Brant, Sebastian〈15・16世紀〉
ドイツの詩人，法律家。人間の愚かさを描いた『愚者の船』（94）が有名。
⇒岩世人（ブラント　1457/1458-1521.5.10）
　新カト（ブラント　1458頃-1521.5.10）

Branting, Karl Hjalmar〈19・20世紀〉
スウェーデンの政治家，ジャーナリスト。首相を3回務めた。平和主義者として21年ノーベル平和賞を受賞。
⇒岩世人（ブランティング　1860.11.23-1925.2.24）
　ネーム（ブランティング　1860-1925）
　学叢思（ブランティング，カール　1860-?）

Brantôme, Pierre de Bourdeilles〈16・17世紀〉
フランスの回想録作者，軍人，廷臣。生涯の大半を漫遊と戦争の参加に費やした。
⇒岩世人（ブラントーム　1540頃-1614.7.15）

Branwen
アイルランド王と結婚したウェールズの美女。
⇒ネーム（ブランウェン）

Brasidas〈前5世紀〉
スパルタの名将。ペロポネソス戦争前期に活躍。
⇒岩世人（ブラシダス　?-前422）

Brassai Sámuel〈18・19世紀〉
ハンガリーの哲学者。哲学のほか自然科学，言語学，音楽，神学などの方面でも仕事をした。
⇒岩世人（ブラシャイ　1800.7.15-1897.6.24）

Brassart, Johannes〈15世紀〉
フランス，フランドルの作曲家。
⇒バロ（ブラッサール，ヨハネス　1390頃?-1445）

Bratianu, Ion〈19世紀〉
ルーマニアの政治家。ロシアとトルコに対するルーマニア人の反乱で活躍。76～88年首相を勤めた。
⇒岩世人（ブラティアヌ（大）　1821.6.2-1891.5.16）

Brătianu, Ion Constantin〈19・20世紀〉
ルーマニアの政治家。伯父ディミトリーのあと相に就任。
⇒岩世人（ブラティアヌ（小）　1864.8.20–1927.11.24）

Braulio〈6・7世紀〉
スペインの司教、著述家、聖人。
⇒新カト（ブラウリオ　?–651）

Braun, John Friedrich〈18世紀〉
イギリスの作曲家。
⇒バロ（ブラウン、ジョン・フリードリヒ　1709–1764）

Braun, Alexander〈19世紀〉
ドイツの植物学者。
⇒岩世人（ブラウン　1805.5.10–1877.3.29）

Braun, Hans Wolfgang〈17世紀〉
ドイツの砲術家。オランダ船ブレダム号の砲手として日本に来航（1639）。
⇒岩世人（ブラウン　1609.10.30–1655以降）

Braun, Jean Danier〈17・18世紀〉
ドイツの作曲家。
⇒バロ（ブラウン、ジャン・ダニエル　1690頃?–1750頃?）

Braun, Johann Georg Franz〈17世紀〉
ボヘミアの作曲家。
⇒バロ（ブラウン、ヨハン・ゲオルク・フランツ　1630以前–1675以降）

Braun, Joseph〈19・20世紀〉
ドイツの美術史家、考古学者。イエズス会会員。
⇒新カト（ブラウン　1857.7.8–1947.7.8）

Braun, Karl Ferdinand〈19・20世紀〉
ドイツの物理学者。1897年ブラウン管を発明し、1909年ノーベル物理学賞受賞。
⇒岩世人（ブラウン　1850.6.6–1918.4.20）
　広辞7（ブラウン　1850–1918）
　学叢思（ブラウン、フェルディナント　1850–?）
　物理（ブラウン、カール・フェルディナンド　1850–1918）
　ノ物化（カール・フェルデナント・ブラウン　1850–1918）
　ポブ人（ブラウン、カール・フェルディナント　1850–1918）

Braun, Lily〈19・20世紀〉
ドイツの社会主義者。
⇒学叢思（ブラウン、リリー　1865–?）

Braun, Otto〈19・20世紀〉
ドイツの政治家。印刷工出身。再三首相の地位についた（～33）。
⇒岩世人（ブラウン　1872.1.28–1955.12.15）

Braune, Wilhelm〈19・20世紀〉
ドイツのゲルマン語学者。
⇒岩世人（ブラウネ　1850.2.20–1926.11.10）

Brauner, František August〈19世紀〉
チェコの政治家。
⇒岩世人（ブラウネル　1810.1.22–1880.6.21）

Brauns, David〈19世紀〉
ドイツの御雇い教師。東京大学で地質学他を教授。
⇒岩世人（ブラウンス　1829?–1893.12.1）

Brauns, Heinrich〈19・20世紀〉
ドイツの政治家。
⇒新カト（ブラウンス　1868.1.3–1939.10.19）

Braunsberger, Otto〈19・20世紀〉
ドイツのカトリック教会史家、イエズス会士。
⇒新カト（ブラウンスベルガー　1850.2.21–1926.3.27）

Bravais, Auguste〈19世紀〉
フランスの物理学者。特に天体の運動に関する研究のほか気象学、測地学、物理学に関し多くの論文を発表。
⇒岩世人（ブラヴェ　1811.8.28–1863.3.30）

Bravo-Murillo, Juan González〈19世紀〉
スペインの政治家、弁護士。保守反動派の議員となり、首相となった（51～52）。
⇒岩世人（ブラボ・ムリーリョ　1803.6.24–1873.2.11）

Brawijaya〈16世紀〉
ジャワの伝承に現れるマジャパヒト王国最後の王。在位1500頃。
⇒岩世人（ブラウィジャヤ）

Bray, John Francis〈19世紀〉
イギリス（アメリカ生れ）の社会主義者、労働運動家。
⇒岩世人（ブレイ　1809–1895）
　学叢思（ブレー、ジョン・フランシス　19世紀初葉）

Brayssing, Grégoire〈16世紀〉
ドイツの作曲家。
⇒バロ（ブレサン、グレゴワール　1510頃?–1560頃?）

Brayton, Durlin L.〈19世紀〉
アメリカの宣教師。
⇒アア歴（Brayton, Durlin L.　ダーリン・L・ブレイトン　1837.10.27–1900.4.23）

Brazza, Pierre Paul François Camille Savorgnan de〈19・20世紀〉
フランスの探検家、行政官、仏領コンゴの創設者。コンゴ上流部と大西洋を結ぶ鉄道を建設。
⇒岩世人（ブラザ　1852.1.26–1905.9.14）
　19仏（ピエール・サヴォルニャン・ド・ブラザ　1852.1.26–1905.9.14）

Bréal, Michel〈19・20世紀〉
フランスの言語学者。「意味論」の提唱者。
⇒岩世人（ブレアル　1832.3.26-1915.11.25）
　広辞7（ブレアル　1832-1915）

Breasted, James Henry〈19・20世紀〉
アメリカの歴史家、近東学者。
⇒岩世人（ブレステッド　1865.8.27-1935.12.2）

Brébeuf, Jean de, St.〈16・17世紀〉
フランス出身のイエズス会宣教師。カナダの守護聖人。
⇒新カト（ジャン・ド・ブレブーフ　1593.3.25-1649.3.16）

Brebis, Johannes〈15世紀〉
フランスの作曲家。
⇒バロ（ブレビス、ヨハンネス　1430頃?-1478.12/1479.1頃?）

Breckinridge, John Cabell〈19世紀〉
アメリカの政治家。
⇒岩世人（ブレッキンリッジ　1821.1.16-1875.5.17）

Brécourt〈17世紀〉
フランスの作曲家。
⇒バロ（ブレクウル,?　1630頃?-1690頃?）

Bredemers, Henry〈15・16世紀〉
フランドルの作曲家。
⇒バロ（ブルドゥメール、アンリ　1472頃-1522.5.20）

Bredero, Gerbrand Adriaenszoon〈16・17世紀〉
オランダの詩人、画家。
⇒岩世人（ブレデロー　1585.3.16-1618.8.23）

Bredig, Georg〈19・20世紀〉
ドイツの化学者。白金の触媒作用を研究し、電気分解によるコロイドの製法（ブレーディヒの法）を考案。
⇒岩世人（ブレーディヒ　1868.10.1-1944.4.24）

Bredikhin, Fëdor Aleksandrovich〈19・20世紀〉
ロシアの天文学者。彗星の尾を研究。
⇒岩世人（ブレジーヒン　1831.11.26-1904.5.1）

Bredsdorff, Jacob Hornemann〈18・19世紀〉
デンマークの音声学者。
⇒岩世人（ブレスドーフ　1790.3.8-1841.6.16）

Bréguet, Abraham Louis〈18・19世紀〉
フランスの時計製造業者。軸受に初めてルビーを用いた。
⇒岩世人（ブレゲ　1747.1.10-1823.9.17）

Bréguet, Louis Charles〈19・20世紀〉
フランスの飛行機設計家。ブレゲ型飛行機の創始者。
⇒岩世人（ブレゲ　1880.1.2-1955.5.4）

Bréhier, Emile François〈19・20世紀〉
フランスの哲学史家。『哲学雑誌』の主筆。アカデミー・フランセーズ会員。
⇒岩世人（ブレイエ　1876.4.12-1952.2.3）
　新カト（ブレイエ　1876.4.12-1952.2.3）
　メル3（ブレイエ,エミール　1876-1952）

Bréhier, Louis〈19・20世紀〉
フランスの歴史家、美術史家。ビザンティンおよびロマネスク美術に関する著書がある。
⇒岩世人（ブレイエ　1868.8.5-1951.10.13）

Brehm, Alfred Edmund〈19世紀〉
ドイツの動物学者。動物の生態について詳細な研究を行った。
⇒岩世人（ブレーム　1829.2.2-1884.11.11）

Breitengraser, Wilhelm〈15・16世紀〉
ドイツの作曲家。
⇒バロ（ブライテングラーザー、ヴィルヘルム　1495頃-1542.12.2）

Breitenstein, Theodore P.〈19・20世紀〉
アメリカの大リーグ選手（投手）。
⇒メジャ（テッド・ブライテンスタイン　1869.6.1-1935.5.3）

Breithaupt, August〈18・19世紀〉
ドイツの鉱物学者。主著 "Handbuch der Mineralogie"（36～37）。
⇒岩世人（ブライトハウプト　1791.5.16-1873.9.22）

Breithaupt, Johann Christian〈18世紀〉
ドイツの測量器械製造業者。カッセルに機械工場を設け（1762）、測量器械を製造。
⇒岩世人（ブライトハウプト　1736.6.23-1799.4.1）

Breitinger, Johann Jakob〈16・17世紀〉
スイスの神学者、チューリヒ教会の指導者。
⇒新カト（ブライティンガー　1575.4.19-1645.4.1）

Breitinger, Johann Jakob〈18世紀〉
スイスの神学者、哲学者、教育者、美学者。
⇒岩世人（ブライティンガー　1701.3.1-1776.12.14）
　新カト（ブライティンガー　1701.3.1-1776.12.14）

Breitkopf, Johann Gottlob Immanuel〈18世紀〉
ドイツの出版業者。
⇒岩世人（ブライトコプ　1719.11.23-1794.1.29）

Breitscheid, Rudolf〈19・20世紀〉
ドイツの政治家, 経済学者。
⇒岩世人（ブライトシャイト　1874.11.2–1944.8.24）

Brelles, Georget de〈15世紀〉
フランスの作曲家。
⇒バロ（ブレル, ジョルジェ・ド　1450頃?–1500頃?）

Breme, Ludovico di〈18・19世紀〉
イタリアの作家。
⇒岩世人（ブレーメ　1780–1820.8.15）

Bremer, Fredrika〈19世紀〉
スウェーデンの女流作家。
⇒岩世人（ブレーメル　1801.8.17–1865.12.31）

Brémond, Antonin〈17・18世紀〉
第63代ドミニコ会総長。フランスのカシス生まれ。
⇒新カト（ブレモン　1692.8.7–1755.6.11）

Bremond, Henri〈19・20世紀〉
フランスの宗教, 文学の研究家。1923年アカデミー・フランセーズ会員。
⇒岩世人（ブレモン　1865.7.31–1933.8.17）
　新カト（ブレモン　1865.7.31–1933.8.17）

Brendanus, St.〈5・6世紀〉
アイルランドの聖人。クロンフェルトに修道院を創始し, ケルト諸族に布教。
⇒岩世人（ブレンダヌス　484–577-583）
　ネーム（ブレンダン）
　新カト（ブレンダン　486頃–578頃）

Brenguier, François-Xavier Louis〈19・20世紀〉
パリ外国宣教会会員。フランスのミヨー生まれ。来日宣教師。
⇒新カト（ブランギエ　1871.10.11–1946.4.5）

Brennan, Christopher John〈19・20世紀〉
オーストラリアの詩人, 学者。象徴主義などヨーロッパの文学運動をオーストラリアに導入。
⇒オセ新（ブレナン　1870–1932）

Brenner, Friedrich〈18・19世紀〉
ドイツのカトリック神学者。
⇒岩世人（ブレンナー　1784.1.10–1848.8.20）

Brennus〈前4世紀頃〉
ガリアの王。ローマを攻略したと伝承される（前390）。
⇒岩世人（ブレンヌス）

Brennus〈前3世紀〉
マケドニアに侵入したガリア人の首長（前279頃）。
⇒岩世人（ブレンヌス）

Brent, Charles Henry〈19・20世紀〉
アメリカの監督教会の監督。教会の合同を目的とする「信仰と職制」運動の発起者および促進者。
⇒アア歴（Brent, Charles Henry　チャールズ・ヘンリー・ブレント　1862.4.9–1929.3.27）
　岩世人（ブレント　1862.4.9–1929.3.27）
　新カト（ブレント　1862.4.9–1929.3.27）

Brentano, Clemens〈18・19世紀〉
ドイツ後期ロマン派の詩人, 小説家。
⇒岩世人（ブレンターノ　1778.9.8–1842.7.28）
　広辞7（ブレンターノ　1778–1842）
　学叢思（ブレンタノ, クレメンス　1778–1842）
　新カト（ブレンターノ　1778.9.9–1842.7.28）

Brentano, Franz〈19・20世紀〉
オーストリアの哲学者, 心理学者。主著『アリストテレスの心理学』(67),『経験的心理学』(74)。
⇒岩世人（ブレンターノ　1838.1.16–1917.5.17）
　広辞7（ブレンターノ　1838–1917）
　学叢思（ブレンタノ, フランツ　1838–?）
　新カト（ブレンターノ　1838.1.16–1917.3.17）
　メル3（ブレンターノ, フランツ　1838–1917）

Brentano, Lujo〈19・20世紀〉
ドイツの経済学者。労働組合結成の権利を認め, 労働保険, 工場法による労働保護の必要を主張。
⇒岩世人（ブレンターノ　1844.12.18–1931.9.9）
　ネーム（ブレンターノ　1844–1931）
　学叢思（ブレンタノ, ルーヨー　1844–?）

Brentner, Johan Joseph Ignaz〈17・18世紀〉
ボヘミアの作曲家。
⇒バロ（ブレントナー, ヨハン・ヨーゼフ・イグナーツ　1689.11.3–1742.6.28）

Brenz, Johann〈15・16世紀〉
ドイツの宗教改革者。ルター主義を擁護し, ビュルテンベルクの改革を指導。
⇒岩世人（ブレンツ　1499.6.24–1570.9.11）
　新カト（ブレンツ　1499.6.24–1570.9.11）

Brès, Guy de〈16世紀〉
南ネーデルラントの宗教改革者, プロテスタント殉教者。
⇒新カト（ブレ　1522頃–1567.5.31）

Brès, Madeleine〈19・20世紀〉
フランスの医者。
⇒岩世人（ブレス　1839–1925）

Brescianello, Giuseppe Antonio〈17・18世紀〉
イタリアの作曲家。
⇒バロ（ブレシャネッロ, ジュゼッペ・アントーニオ　1690頃–1758.10.4）

Bresnahan, Roger Phillip〈19・20世紀〉
アメリカの大リーグ選手（捕手, 外野）。

⇒メジャ（ロジャー・ブレスナハン　1879.6.11–1944.12.4）

Bresslau, Harry〈19・20世紀〉
ドイツの歴史家，古文書研究家。中世史を研究。
⇒岩世人（ブレスラウ　1848.3.22–1926.10.27）
　ユ著人（Breslau,Harry　ブレスラウ，ハリィ　1848–1926）

Bretel, Jehan〈13世紀〉
フランスの作曲家。
⇒バロ（ブルテル，ジャン　1210頃–1272）

Breteuil, Louis Auguste le Tonnelier, Baron de〈18・19世紀〉
フランスの政治家，外交官。カロンヌの反対者達の中心人物で国王の権力維持に努めた。
⇒岩世人（ブルトゥイユ　1733.3.7–1807.11.2）

Breton, Jean-Germain〈19・20世紀〉
フランスのカトリック神学者。
⇒新カト（ブルトン　1852.5.28–1931.8.4）

Breton, Joseph Jean-Baptiste〈19・20世紀〉
パリ外国宣教会会員。来日宣教師。フランスのトゥール教区出身。
⇒新カト（ブルトン　1875.12.27–1957.7.25）

Breton, Nicholas〈16・17世紀〉
イギリスの詩人。詞華集『イギリスの詩泉』（1600）に収められた抒情詩で記憶される。
⇒岩世人（ブレトン　1554/1555–1626頃）

Breton, Raymond〈17世紀〉
フランスのドミニコ会宣教師。
⇒新カト（ブルトン　1609.9.3–1679.1.8）

Bretón de los Herreros, Manuel〈18・19世紀〉
スペインの劇作家，詩人。主著は『マルセラ』（31），『井の中の蛙』（40）。
⇒岩世人（ブレトン・デ・ロス・エレロス　1796.12.19–1873.11.8）

Bretonneau, Pierre Fidele〈18・19世紀〉
フランスの伝染病学者。1825年初めて気管切開に成功。
⇒岩世人（ブルトノー　1778.4.3–1862.2.18）

Bretschneider, Karl Gottlieb〈18・19世紀〉
ドイツの神学者。
⇒岩世人（ブレトシュナイデル　1776.2.11–1848.1.22）

Bretshneider, Emily Vasilevich〈19・20世紀〉
ドイツ系のロシアの東洋学者。
⇒岩世人（ブレトシネイデル　1833–1901）

Brett, Thomas〈17・18世紀〉
英国教会主教，典礼学者，臣従拒誓者。
⇒新カト（ブレット　1667–1744.3.5）

Breu, Jörg〈15・16世紀〉
ドイツの画家。
⇒芸13（ブロイ，ヨエルク　1475頃–1537）

Breuer, Hans〈19・20世紀〉
ドイツのテノール。
⇒魅惑（Breuer,Hans　1868–1929）

Breuer, Josef〈19・20世紀〉
オーストリアの生理学者，内科医。フロイトとの共著『ヒステリーの研究』（95）がある。
⇒岩世人（ブロイアー（ブロイエル）　1842.1.15–1925.6.20）
　ユ著人（Breuer,Josef　ブロイヤー，ヨセフ　1842–1925）

Breuil, Henri Edouard Prosper〈19・20世紀〉
フランスの考古学者。先史時代の美術分野のパイオニア的存在。
⇒岩世人（ブルイユ　1877.2.28–1961.8.14）
　新カト（ブルイユ　1877.2.28–1961.8.14）

Bréval, Jean-Baptiste Sébastien〈18・19世紀〉
フランスの作曲家，チェロ奏者。
⇒バロ（ブレヴァル，ジャン・バティスト・セバスティアン　1753.11.6–1823.3.18）

Bréval, Lucienne〈19・20世紀〉
フランスのソプラノ。
⇒ユ著人（Bréval,Lucienne　ブレヴァル，リュシェンヌ　1869–1935）

Brewer, John Sherren〈19世紀〉
イギリスの歴史家。
⇒岩世人（ブルーアー　1810.3–1879.2.16）

Brewster, Caleb〈18・19世紀〉
アメリカのスパイ。独立戦争で活躍した。
⇒スパイ（ブリュースター，カレブ　1747–1827）

Brewster, Sir David〈18・19世紀〉
イギリスの物理学者。
⇒岩世人（ブルースター　1781.12.11–1868.2.10）
　科史（ブルースター　1781–1868）
　学叢思（ブルースター，ダヴッド　1781–1868）

Brewster, William Nesbitt〈19・20世紀〉
アメリカの宣教師。
⇒アア歴（Brewster,William N（esbitt）　ウイリアム・ネズビット・ブルースター　1862.12.5–1916.11.12）

Breza, Garcia de〈15・16世紀〉
スペインの作曲家。

⇒バロ（ブレサ, ガルシア・デ　1480頃?-1530頃?）

Březina, Otakar〈19・20世紀〉
チェコの詩人。チェコの象徴主義の代表。
⇒岩世人（ブジェジナ　1868.9.13-1929.3.25）

Brialmont, Henri Alexis〈19・20世紀〉
ベルギーの軍人、城塞設計家。
⇒岩世人（ブリアルモン　1821.5.25-1903.7.20）

Brianchon, Charles Julien〈18・19世紀〉
フランスの数学者。
⇒岩世人（ブリアンション　1785.12.19-1864.4.29）
世数（ブリアンション, シャルル・ジュリアン　1783-1864）

Briand, Aristide〈19・20世紀〉
フランスの政治家。
⇒岩世人（ブリアン　1862.3.28-1932.3.7）
ネーム（ブリアン　1862-1932）
広辞7（ブリアン　1862-1932）
学叢思（ブリアン, アリスティド　1862-?）
世人新（ブリアン　1862-1932）
世人装（ブリアン　1862-1932）
世史語（ブリアン　1862-1932）
世史語（ブリアン　1862-1932）
ポプ人（ブリアン, アリスティド　1862-1932）

Briant, Alexander〈16世紀〉
イングランドのイエズス会士、殉教者。
⇒新カト（アレグザンダ・ブライアント　1556頃-1581.12.1）

Brianza, Carlotta〈19・20世紀〉
イタリアのダンサー。
⇒バレエ（ブリアンツァ, カルロッタ　1867-1935/1930）

Briceño, Luis de〈17世紀〉
スペインのギター奏者。
⇒バロ（ブリセーニョ, ルイス・デ　1590頃?-1650頃?）

Briçonnet, Guillaume〈15・16世紀〉
フランス宗教改革期の聖職者。フランス人文主義者の集団を指導。
⇒新カト（ブリソネ　1472-1534.1.24）

Bricout, Joseph〈19・20世紀〉
フランスのカトリック著作家、司祭。
⇒新カト（ブリク　1867.11.6-1930.11.29）

Bricriu
『アルスター物語群』に登場する、コンホヴァル・マク・ネサの臣下。
⇒ネーム（ブリクリウ）

Bridge, Frank〈19・20世紀〉
イギリスの作曲家、指揮者、ビオラ奏者。室内楽の作品が多い。
⇒岩世人（ブリッジ　1879.2.26-1941.1.10）

Bridgens, R.P.〈19世紀〉
アメリカの建築家。明治初年に来日し、民間建築師として東京、横浜で働いた。
⇒岩世人（ブリジェンス　1819.4.19-1891.6.9）

Bridges, Robert Seymour〈19・20世紀〉
イギリスの詩人、批評家。桂冠詩人。代表作に『新詩集』(29)、『美の遺言』(29)など。
⇒岩世人（ブリジェズ　1844.10.23-1930.4.21）

Bridgman, Elijah Coleman〈19世紀〉
プロテスタント会衆派宣教師。広東で布教。
⇒アア歴（Bridgman, Elijah C（oleman）　イライジャ・コウルマン・ブリッジマン　1801.4.22-1861.11.2）
アメ新（ブリッジマン　1801-1861）
岩世人（ブリッジマン　1801.4.22-1861.11.2）

Bridgman, Eliza Jane〈19世紀〉
アメリカの宣教師。
⇒アア歴（Bridgman, Eliza Jane Gillet　イライザ・ジェイン・ジレット・ブリッジマン　1805.5.6-1871.11.10）

Briegel, Wolfgang Carl〈17・18世紀〉
ドイツの作曲家、教会音楽家。
⇒バロ（ブリゲール, ウォルフガング・カール　1626.5-1712.11.19）

Briesemeister, Otto〈19・20世紀〉
ドイツのテノール。ブレスラウ・オペラに所属（1895〜）。
⇒魅惑（Briesemeister, Otto　1866-1910）

Briesmann, Johannes〈15・16世紀〉
宗教改革期のドイツの神学者。
⇒新カト（ブリースマン　1488.12.31-1549.10.1）

Brieux, Eugène〈19・20世紀〉
フランスの劇作家。
⇒岩世人（ブリュー　1858.1.19-1932.12.7）
学叢思（ブリュー, ウージェーヌ　1858-?）
新カト（ブリュー　1858.1.19-1932.12.7）

Briggs, Charles Whitman〈19・20世紀〉
アメリカの宣教師。
⇒アア歴（Briggs, Charles W（hitman）　チャールズ・ホイットマン・ブリッグズ　1874.7.17-1962.3.24）

Briggs, Francis Clayton〈19・20世紀〉
アメリカのバプテスト派教会宣教師。
⇒岩世人（ブリッグズ　1863.2.16-1918.1.19）

Briggs, George Weston〈19・20世紀〉
アメリカの宣教師。
⇒アア歴（Briggs, George Weston　ジョージ・ウエストン・ブリッグズ　1874.9.21-1966.4.18）

Briggs, Henry〈16・17世紀〉
イギリスの数学者、天文学者。

⇒岩世人（ブリッグズ　1551.2–1630.1.26）
　ネーム（ブリッグズ　1556?–1631）
　世数（ブリッグス, ヘンリー　1561–1630）

Bright, John〈19世紀〉
イギリスの下院議員, 演説家。グラッドストン内閣の商相（68～70）。
⇒岩世人（ブライト　1811.11.16–1889.3.27）
　広辞7（ブライト　1811–1889）
　学叢思（ブライト, ジョン　1811–1889）
　世人新（ブライト　1811–1889）
　世人装（ブライト　1811–1889）
　世史語（ブライト　1811–1889）
　ポプ人（ブライト, ジョン　1811–1889）
　学叢歴（ブライト　1811–1889）

Bright, Richard〈18・19世紀〉
イギリスの医師。腎臓病について研究, ブライト病の名を残した。
⇒岩世人（ブライト　1789.9.28–1858.12.18）
　広辞7（ブライト　1789–1858）

Brigid, Bridget〈5・6世紀〉
聖女。アイルランドの守護聖人。
⇒岩世人（ブリジッド（キリデアの）　451–453–523/525）
　新カト（ブリギッド〔キルデアの〕　452/456–524頃）
　図聖（ブリギダ（キルデアの）　453頃–523/525）

'bri gung 'jig rten mgon po〈12・13世紀〉
チベット仏教のパグモドゥ・カギュ派八大支派の一つディグン・カギュ派の創始者。
⇒岩世人（ディグン・ジクテンゴンボ　1143–1217）

Brihadratha〈前2世紀〉
マウリア帝国の統治者。在位前187～180。
⇒世帝（ブリハドラタ　（在位）前192/前187–前185/前180）

Briktius von Tours〈4・5世紀〉
司教, 聖人。
⇒新カト（ブリクティオ　?–444）
　図聖（ブリクティウス（トゥールの）　?–444頃）

Bril, Paul〈16・17世紀〉
フランドルの風景画家。イタリアで活躍。
⇒岩世人（ブリル　1554–1626.10.7）
　芸13（ブリル, パウル　1554–1626）

Brill, Gerow Dodge〈19・20世紀〉
アメリカの農学者。
⇒アア歴（Brill, Gerow D(odge)　ジェロウ・ドッジ・ブリル　1864.4.2–1931.9.10）

Brillat-Savarin, Anthelme〈18・19世紀〉
フランスの司法官, 文人。
⇒岩世人（ブリヤ=サヴァラン　1755–1826）
　ネーム（ブリヤ・サヴァラン　1755–1826）

Brinckmann, Justus〈19・20世紀〉
ドイツの美術史家。ハンブルクの美術工芸博物館の設立に尽し館長となる（1877）。
⇒岩世人（ブリンクマン　1843.5.23–1915.2.8）

Brindley, James〈18世紀〉
イギリスの技術者。ワースリー～マンチェスターの運河など, 多数の運河を建設。
⇒岩世人（ブリンドリー　1716–1772.9.27）

Brinell, Johann August〈19・20世紀〉
スウェーデンの技術者。パリ万国博覧会（1900）に, 初めて金属材料の硬さを測定する装置を陳列。
⇒岩世人（ブリネル　1849.11.21–1925.11.17）

Brinkley, Francis〈19・20世紀〉
イギリスの海軍士官。海軍砲術学校他で教鞭をとり, ジャパン・メイル紙を刊行。日本紹介に尽力。
⇒岩世人（ブリンクリー　1841.12.30–1912.10.12）
　広辞7（ブリンクリー　1841–1912）

Brinkmann, Theodor〈19・20世紀〉
ドイツの農業経営学者。
⇒岩世人（ブリンクマン　1877.7.24–1951.8.11）

Brioschi, Antonio〈18世紀〉
イタリアの作曲家。
⇒バロ（ブリオスキ, アントーニオ　1700頃?–1760頃?）

Brioschi, Francesco〈19世紀〉
イタリアの数学者。不変式論, 群論, 楕円函数論, 数理物理学を研究。
⇒岩世人（ブリオスキ　1824.12.22–1897.12.13）
　世数（ブリオスキ, フランチェスコ　1824–1897）

Briot, Charles Auguste Albert〈19世紀〉
フランスの数学者。
⇒世数（ブリオ, シャルル・オーギュスタン　1817–1882）

Brisbane, Albert〈19世紀〉
アメリカの社会思想家。フーリエリズム主唱者。パリでフーリエに学んだ。
⇒岩世人（ブリスベーン　1809.8.22–1890.5.1）
　学叢思（ブリスベン, アーサー　1809–1890）

Briseis
ギリシア神話, カリアのレレクス人の王ブリセウスの娘。
⇒岩世人（ブリセイス）

Brissac, Henri〈19・20世紀〉
フランスの社会主義者。
⇒学叢思（ブリサク, アンリ　1833–1906）

Brisson, Eugène Henri〈19・20世紀〉
フランスの政治家。首相（1885,98）。極左翼に

籍をおいた。
⇒岩世人（ブリソン　1835.7.31–1912.4.14）
19仏（アンリ・ブリソン　1835.7.31–1912.4.13）

Brisson, Louis Alexandre Alphonse〈19・20世紀〉
フランスの神学者,修道会創立者。
⇒新カト（ブリソン　1817.6.23–1908.2.2）

Brissot, Jacques Pierre〈18世紀〉
フランス革命期のジロンド派の指導者。立法議会,国民公会の議員を勤めた。
⇒岩世人（ブリソ　1754.1.15–1793.10.31）
学叢思（ブリソー,ジャン・ピエル　1754–1793）
世人新（ブリッソ　1754–1793）
世人装（ブリッソ　1754–1793）
世史語（ブリッソ　1754–1793）

Britannicus, Tiberius Claudius Caesar〈1世紀〉
ローマ帝政初期の皇子。
⇒岩世人（ブリタンニクス　41–55）

Brithwald〈7・8世紀〉
カンタベリの大司教。在職693〜731。聖人。祝日1月9日。
⇒新カト（ブリスウォルド〔カンタベリの〕　650頃–731.1.13）

Brito, Estêvān de〈16・17世紀〉
ポルトガルの作曲家。
⇒バロ（ブリート,エシュテヴァン・デ　1575頃–1641.5.25-12.2?）

Britta
フランスのトゥーレーヌ地方で崇敬される聖人。祝日1月28日および29日。
⇒新カト（マウラとブリッタ　生没年不詳）

Brittan, Harriet Gertrude〈19世紀〉
アメリカのアメリカン・メソジスト監督派教会宣教師。横浜にブリテン学校（横浜英和女学校の源）を創立。
⇒岩世人（ブリテン　1822.6–1897.4.30）

Briuchanov, N.P.〈19・20世紀〉
ソ連の政治家。
⇒学叢思（ブリュハノフ　1878–?）

Brivio, Giuseppe Ferdinando〈17・18世紀〉
イタリアの作曲家。
⇒バロ（ブリヴィオ,ジュゼッペ・フェルディナンド　1690頃?–1758頃）

Brixi, František Xaver〈18世紀〉
チェコのオルガン奏者,作曲家。約400曲の教会声楽曲を中心に,500曲あまりが残されている。
⇒バロ（ブリクシ,フランティシェク・クサヴァ　1732.1.2–1771.10.14）

Brixi, Hieronymus〈18・19世紀〉
ボヘミアの作曲家。
⇒バロ（ブリクシ,ヒエロニムス　1738–1803）

Brixi, Jan Josef〈18世紀〉
ボヘミアの作曲家。
⇒バロ（ブリクシ,ヤン・ヨーゼフ　1712頃–1762.4.27）

Brixi, Šimon〈17・18世紀〉
チェコの作曲家,オルガン奏者。
⇒バロ（ブリクシ,シモン　1693.10.18–1735.11.2）

Brixi, Václav〈17・18世紀〉
ボヘミアの作曲家。
⇒バロ（ブリクシ,ヴァーツラフ　1690頃?–1750頃）

Brixi, Václav Norbert〈18・19世紀〉
ボヘミアの作曲家。
⇒バロ（ブリクシ,ヴァーツラフ・ノルベルト　1738.9.20–1803.4.15）

Brixi, Viktorin Ignáz〈18・19世紀〉
ボヘミアの作曲家。
⇒バロ（ブリクシ,ヴィクリーン・イグナーツ　1716.6.26–1803.3.30）

Brizeux, Auguste〈19世紀〉
フランスの詩人。
⇒新カト（ブリズー　1803–1858）

Broadhurst, Henry〈19・20世紀〉
イギリスの政治家。労働党の独立に反対,自由党と行動を共にした。
⇒岩世人（ブローダースト　1840.4.13–1911.10.11）

Broca, Paul〈19世紀〉
フランスの医者,自然人類学者。1859年パリ人類学会を創設,臨床外科医としても活躍。
⇒岩世人（ブロカ　1824.6.28–1880.7.8）

Broccardi, Carlo〈19・20世紀〉
イタリアのテノール歌手。
⇒魅惑（Broccardi,Carlo　1877–1953）

Brocco, Giovanni〈15・16世紀〉
イタリアの作曲家。
⇒バロ（ブロッコ,ジョヴァンニ　1460頃?–1510頃?）

Brochard, Victor Charles Louis〈19・20世紀〉
フランスの哲学者,哲学史家。ソルボンヌ大学古代哲学史教授。
⇒岩世人（ブロシャール　1848–1907.11.25）
メル2（ブロシャール,ヴィクトール＝シャルル＝ルイ　1848–1907）

Brochero, José Gabriel del Rosario〈19・20世紀〉
アルゼンチンのカトリック司祭。
⇒岩世人（ブロチェーロ　1840.3.17–1914.1.26）

Brock, *Sir* **Thomas**〈19・20世紀〉
イギリスの彫刻家。
⇒芸13（ブロック，トーマス　1847–1922）

Brockdorff, Kay von〈19・20世紀〉
ドイツの哲学者。特にホッブスの研究で知られる。
⇒岩世人（ブロックドルフ　1874.4.17–1946.1.29）

Brockdorff-Rantzau, Ulrich, Graf von〈19・20世紀〉
ドイツの外交官。
⇒岩世人（ブロックドルフ＝ランツァウ　1869.5.29–1928.9.8）

Brockelmann, Carl〈19・20世紀〉
ドイツの東洋学者、セム語学者。イスラム学、言語学、トルコ学などで新分野を開拓。
⇒岩世人（ブロッケルマン　1868.9.17–1956.5.6）

Brockes, Barthold Heinrich〈17・18世紀〉
ドイツの詩人。「ドイツ語使用協会」を設立（1715）。
⇒岩世人（ブロッケス　1680.9.22–1747.1.16）
ネーム（ブロッケス　1680–1747）

Brockhaus, Friedrich Arnold〈18・19世紀〉
ドイツの出版業者。
⇒岩世人（ブロックハウス　1772.5.4–1823.8.20）

Brockhaus, Heinrich〈19・20世紀〉
ドイツの美術史家。フィレンツェ美術史研究所長（1897〜1912）。
⇒岩世人（ブロックハウス　1858.3.3–1941.10.24）

Brockman, Fletcher Sims〈19・20世紀〉
アメリカの団体理事。
⇒アア歴（Brockman,Fletcher Sims　フレッチャー・シムズ・ブロックマン　1867.11.18–1944.11.2）

Brodaty, Henryk〈13世紀〉
ポーランドの作曲家。
⇒バロ（ブロダティ，ヘンリク　1210頃?–1260頃?）

Broder, Berl〈19世紀〉
イディッシュ語民謡作家。
⇒ユ著人（Broder,Berl　ブローダー，バレル　1815–1868）

Brodhun, Eugen Heinrich Eduard Ernst〈19・20世紀〉
ドイツの実験物理学者。色彩や光度について研究し、ルンマー・ブロートフンの光度計を作った（1889）。
⇒岩世人（ブロートフン　1860.10.15–1938.9.19）

Brodie, *Sir* **Benjamin Collins**〈18・19世紀〉
イギリスの外科医。心身相関現象に最も早く注目、記載した。主著『関節疾患の病理学的外科学的観察』。
⇒岩世人（ブロディ　1783.6.9–1862.10.21）

Brodie, (Steve) Walter Scott〈19・20世紀〉
アメリカの大リーグ選手（外野）。
⇒メジャ（スティーヴ・ブローディー　1868.9.11–1935.10.30）

Bródy Sándor〈19・20世紀〉
ハンガリーの作家。
⇒ユ著人（Bródy,Sándor　ブローディ，シャンドール　1863–1924）

Broeck, Abraham van den〈16世紀〉
オランダの遣日使節。
⇒岩世人（ブルック　1579–?）

Broederlam, Melchior〈14・15世紀〉
フランドルの画家。活動期1387年頃〜1409年頃。
⇒芸13（ブルーデルラム，メルキオール（活動）1387頃–1409頃）

Broek, Jan Karel van den〈19世紀〉
オランダの長崎出島商館医。
⇒岩世人（ブルーク　1814.4.14–1865.5.23）

Brønsted, Johannes Nicolaus〈19・20世紀〉
デンマークの物理化学者。爆鳴気、電池の起電力を測定（09）、酸、塩基の新定義を提唱（22）。
⇒岩世人（ブレンステド（ブレンステズ）　1879.2.12–1947.12.17）
20思（ブレンステッド，ヨハネス（ニコラウス）　1879–1947）

Brögger, Waldemar Christofer〈19・20世紀〉
ノルウェーの地質鉱物学者。
⇒岩世人（ブレッゲル　1851.11.10–1940.2.17）

Broggia, Carlo Antonio〈17・18世紀〉
イタリアの経済学者。
⇒学叢思（ブロッジャ，カルロ・アントニオ　1683–1767）

Broglie, Achille Charles Léonce Victor, Duc de〈18・19世紀〉
フランスの政治家。王政復古期に貴族院議員（1814）。
⇒岩世人（ブロイ　1785.11.28–1870.1.25）

Broglie, Auguste-Théodore-Paul de〈19世紀〉
カトリック護教家、哲学者。
⇒新カト（ブロイ　1834.6.18–1895.5.11）

Broglie, Claude Louis Victor,

Prince de〈18世紀〉
フランスの軍人。
⇒岩世人（ブロイ　1756.9.22–1794.6.27）

Broglie, Count Charles François de〈18世紀〉
フランス国王ルイ15世配下のスパイ。
⇒スパイ（ブロイ伯，シャルル・フランソワ　1719–1781）

Broglie, Jacques Victor Albert, 4th Duc de〈19・20世紀〉
フランスの政治家，歴史家。第4代ブロイ公。
⇒岩世人（ブロイ　1821.6.13–1901.1.19）
　新カト（ブロイ　1821.6.13–1901.1.19）

Broglie, Maurice, Duc de〈19・20世紀〉
フランスの物理学者。β線スペクトル，X線，γ線を研究。
⇒岩世人（ブロイ　1875.4.27–1960.7.14）

Broglie, Victor François, Duc de〈18・19世紀〉
フランスの元帥。
⇒岩世人（ブロイ　1718.10.19–1804.3.29）

Brollo, Bartolomeo〈15世紀〉
イタリアの作曲家。
⇒バロ（ブロッロ，バルトロメオ　1400頃?–1450以降）

Brollo, Basilio〈17・18世紀〉
入華フランシスコ会員。中国学関係の著作が多く，中羅辞典と中国語の文法書がよく知られる。ヴェネツィア共和国のジェモナに生まれる。
⇒新カト（ブロロ〔ジェモナの〕　1648.3.25–1703.7.16）

'brom ston rgyal ba'i 'byung gnas〈11世紀〉
チベット仏教カダム派の開祖。
⇒岩世人（ドムトン・ゲルワイジュンネー　1011–1064）

Brongniart, Adolphe Théodre〈19世紀〉
フランスの古植物学者。古生代の植物を研究。反進化論の有力者。
⇒岩世人（ブロニャール　1801.1.14–1876.2.18）

Brongniart, Alexandre〈18・19世紀〉
フランスの地質学者，鉱物学者。
⇒岩世人（ブロニャール　1770.2.5–1847.10.7）

Brongniart, Alexandre Théodore〈18・19世紀〉
フランスの建築家。古代復帰主義者。パリでフランシスコ会修道院を制作(1783)。
⇒岩世人（ブロニャール　1739–1813）

Bronn, Heinrich Georg〈18・19世紀〉
ドイツの動物学者，古生物学者。
⇒岩世人（ブロン　1800.3.3–1862.7.5）

Bronnemüller, Elias〈17・18世紀〉
ドイツの作曲家。
⇒バロ（ブロンヌミューラー，エリアス　1666–1726）

Bronner, Georg〈17・18世紀〉
ドイツの作曲家。
⇒バロ（ブロンナー，ゲオルク　1667.2.17–1720.3.8）

Bronson, Miles〈19世紀〉
アメリカの宣教師。
⇒アア歴（Bronson, Miles　マイルズ・ブロンスン　1812.7.20–1883.11.9）

Brontë, Anne〈19世紀〉
イギリスの女流小説家。ブロンテ三姉妹の末妹。
⇒岩世人（ブロンテ　1820.1.17–1849.5.28）
　広辞7（ブロンテ　1820–1849）
　ポプ人（ブロンテ姉妹　1820–1849）

Brontë, Charlotte〈19世紀〉
イギリスの女流小説家。ブロンテ三姉妹の長姉。
⇒岩世人（ブロンテ　1816.4.21–1855.3.31）
　広辞7（ブロンテ　1816–1855）
　新カト（ブロンテ　1816.4.21–1855.3.31）
　世人新（ブロンテ〈姉;シャルロッテ〉　1816–1855）
　世人装（ブロンテ〈姉;シャルロッテ〉　1816–1855）
　ポプ人（ブロンテ姉妹　1816–1855）

Brontë, Emily Jane〈19世紀〉
イギリスの女流小説家。シャーロットの妹。
⇒岩世人（ブロンテ　1818.7.30–1848.12.19）
　ネーム（ブロンテ，エミリー　1818–1848）
　広辞7（ブロンテ　1818–1848）
　世人新（ブロンテ〈妹;エミリー〉　1818–1848）
　世人装（ブロンテ〈妹;エミリー〉　1818–1848）
　ポプ人（ブロンテ姉妹　1818–1848）

Bronzino, Angiolo〈16世紀〉
イタリアの画家，詩人。トスカナ大公コシモ1世の宮廷画家としてフィレンツェで活動。
⇒岩世人（ブロンツィーノ　1503.11.17–1572.11.28）
　ネーム（ブロンツィーノ　1503–1572）
　新カト（ブロンズィーノ　1503.11.17–1572.11.28）
　芸13（ブロンツィーノ，アーニョロ　1503–1572）

Brooke, Charles Anthony Johnson〈19・20世紀〉
ボルネオのサラワク国のラジャ(王)。
⇒岩世人（ブルック　1829.6.3–1917.5.17）

Brooke, Sir James〈19世紀〉
イギリスの軍人，探検家。1830年東インド諸島を経て中国まで旅行。

⇒岩世人（ブルック　1803.4.29–1868.6.11）

Brooke, John Mercer〈19・20世紀〉
アメリカの海軍科学者。咸臨丸の技術指導を行った。
⇒アア歴（Brooke,John M (ercer)　ジョン・マーサー・ブルック　1826.12.18–1906.9.14）

Brooke, Stopford Augustus〈19・20世紀〉
アイルランドの宗教家、文芸批評家。すぐれた英詩論を残している。
⇒岩世人（ブルック　1832.11.14–1916.3.18）

Brooks, John Graham〈19・20世紀〉
アメリカの経済学者。
⇒学叢思（ブルックス、ジョン・グラハム　1846–?）

Brooks, Phillips〈19世紀〉
アメリカ監督教会の牧師。著書『イエスの感化』(79)のほかに讃美歌の作詞もした。
⇒岩世人（ブルックス　1835.12.13–1893.1.23）

Brooks, William Keith〈19・20世紀〉
アメリカの動物学者。海産動物について多くの研究がある。
⇒岩世人（ブルックス　1848.3.25–1908.11.12）

Brooks, William Penn〈19・20世紀〉
アメリカの農学者。札幌農学校で農学、植物学を教授。
⇒アア歴（Brooks,William P (enn)　ウイリアム・ペン・ブルックス　1851.11.19–1938.3.8）

Broom, Robert〈19・20世紀〉
イギリスの人類学、古生物学者。パラントロプス・クラシデンス(49)などを発見。
⇒岩世人（ブルーム　1866.11.30–1951.4.6）

Broomhall, Marshall〈19・20世紀〉
イギリスの中国内地会宣教師。
⇒岩世人（ブルームホール　1866.7.17–1937.10.24）

Broqueville, Charles Comte de〈19・20世紀〉
ベルギーの政治家。第一次大戦中はル・アーヴルの亡命政権を率いてドイツ占領軍に抵抗。
⇒岩世人（ブロックヴィル　1860.12.4–1940.9.5）

Brorson, Hans Adolph〈17・18世紀〉
デンマークの詩人、牧師。リーベ司教。讃美歌集『信仰のまれなる宝石』(39)を出版。
⇒岩世人（ブローソン　1694.6.20–1764.6.3）

Broschi, Riccardo〈17・18世紀〉
イタリアの作曲家。
⇒バロ（ブロスキ、リッカルド　1698頃–1756）

Brosmann à Sancto Hieronymo, Damasus〈18世紀〉
モラヴィアの作曲家。

⇒バロ（ブロスマン・ア・サンクト・ヒエロニモ、ダマズス　1731.9.7–1798.9.16）

Brossard, Sébastien de〈17・18世紀〉
フランスの作曲家、理論家。『音楽辞典』(03)により著名。
⇒バロ（ブロサール、セバスティアン・ド　1655.9.12–1730.8.10）

Brosse, Salomon de〈16・17世紀〉
フランスの建築家。1615年頃からルクセンブルク宮殿建築の着工。
⇒岩世人（ブロス　1562/1565/1571頃–1626）

Brotelande, Marie-Charles-Alexandre〈19・20世紀〉
パリ外国宣教会会員。来日宣教師。フランスのシレー生まれ。
⇒新カト（ブロトランド　1849.6.15–1908.9.15）

Brottier, Daniel Jules-Alexis〈19・20世紀〉
聖霊修道会のフランス人司祭、宣教師。
⇒新カト（ブロティエ　1876.9.7–1936.2.28）

Brougham, Henry Peter, Baron Brougham and Vaux〈18・19世紀〉
イギリスの政治家。ロンドン大学創設にも参画。
⇒岩世人（ブルーム　1778.9.19–1868.5.7）

Broughton, Jack〈18世紀〉
イギリスのボクサー。
⇒岩世人（ブロートン　1703頃–1789.1.8）

Broughton, William Robert〈18・19世紀〉
イギリスの軍人、探検家。プロビデンス号艦長として日本に来航。
⇒岩世人（ブロートン　1762.3.22–1821.3.12）

Brouncker, William〈17世紀〉
イギリスの数学者、政治家。
⇒世数（ブラウンカー、ウィリアム　1620–1684）

Broune, Richard III〈17・18世紀〉
イギリスの作曲家。
⇒バロ（ブラウン、リチャード3世　1650頃?–1710.5.21）

Broussais, François Joseph Victor〈18・19世紀〉
フランスの医師。著書『病理学に応用された生理学』(22)がある。
⇒岩世人（ブルセ　1772.12.17–1838.11.18）

Brousse, Paul〈19・20世紀〉
フランスの政治家。
⇒岩世人（ブルース　1844.1.23–1912.4.1）
　学叢思（ブルース、ポール　1854–?）

Brouthers, (Dan) Dennis Joseph

〈19・20世紀〉
アメリカの大リーグ選手（一塁）。
⇒メジャ（ダン・ブルーザーズ　1858.5.8–1932.8.2）

Brouwer, Adriaen〈17世紀〉
フランドルの画家。主作品は『酒盛りする百姓たち』。
⇒岩世人（ブラウエル　1605/1606–1638.2.1（埋葬））
　芸13（ブローワァー、アドリアェン　1605頃–1638）

Brouwer, Hendrik〈16・17世紀〉
オランダ領東インド総督。平戸に来着し（1612.8）、スペックスに代って商館長となる（〜14）。
⇒岩世人（ブラウエル　1581.4頃–1643.8.7）

Brown, Antoinette Blackwell〈19・20世紀〉
アメリカ初の女性牧師。
⇒岩世人（ブラウン　1825.5.20–1921.11.5）

Brown, Barnum〈19・20世紀〉
アメリカの化石ハンター、古生物学者。
⇒岩世人（ブラウン　1873.2.12–1963.2.5）

Brown, Charles Brockden〈18・19世紀〉
アメリカ最初の職業小説家。恐怖小説を次々と発表。
⇒岩世人（ブラウン　1771.1.17–1810.2.22）

Brown, Eliphalet, Jr.〈19世紀〉
アメリカの芸術家。
⇒アア歴（Brown,Eliphalet,Jr　エリファレット・ブラウン・ジュニア　1816–1886.1.23）

Brown, Ernest William〈19・20世紀〉
アメリカの天文学者。月の位置表を完成（19）。
⇒岩世人（ブラウン　1866.11.29–1938.7.22）

Brown, Ford Madox〈19世紀〉
イギリスの画家。歴史画、宗教画を描き、ステンド・グラスも制作。
⇒岩世人（ブラウン　1821.4.16–1893.10.6）
　芸13（ブラウン、フォード・マドックス　1821–1893）

Brown, Henry Jacob〈19・20世紀〉
アメリカの宣教師。
⇒アア歴（Brown,Henry J(acob)　ヘンリー・ジェイコブ・ブラウン　1879.12.9–1959.9.23）

Brown, John〈18世紀〉
イギリスの医師。生命現象を刺激に対する反応の興奮性としてとらえたブラウン説で有名。
⇒岩世人（ブラウン　1735.5.17–1788.10.17）

Brown, John〈18・19世紀〉
アメリカの奴隷制廃止論者。ブラウンの反乱を起して逮捕され、絞首刑。
⇒アメ新（ブラウン　1800–1859）

岩世人（ブラウン　1800.5.9–1859.12.2）
広辞7（ブラウン　1800–1859）
世人新（ブラウン〈ジョン〉　1800–1859）
世人装（ブラウン〈ジョン〉　1800–1859）

Brown, John I〈15世紀〉
イギリスの作曲家。
⇒バロ（ブラウン、ジョン1世　1440頃?–1490頃?）

Brown, Joseph Rogers〈19世紀〉
アメリカの発明家、工場主。自動分度機（1850）等を製作し、測定器具および加工機械の進歩に寄与。
⇒岩世人（ブラウン　1810.1.26–1876.7.23）

Brown, Lancelot〈18世紀〉
イギリスの造園家。自然の風景を取り入れた新しい庭園様式を確立。
⇒岩世人（ブラウン　1716–1783.2.6）

Brown, Mordecai Peter Centennial〈19・20世紀〉
アメリカの大リーグ選手（投手）。
⇒メジャ（モーデカイ・ブラウン　1876.10.19–1948.2.14）

Brown, Nathan〈19世紀〉
アメリカのバプテスト派教会宣教師。
⇒アア歴（Brown,Nathan　ネイサン・ブラウン　1807.6.22–1886.1.1）
　アメ新（ブラウン　1807–1886）
　岩世人（ブラウン　1807.6.22–1886.1.1）

Brown, Peter〈17・18世紀〉
イギリスの聖職者、神学者、哲学者。すべての知識を感覚によるものとし、同時に啓示の光を認めた。
⇒岩世人（ブラウン　1669–1735）

Brown, Robert〈18・19世紀〉
スコットランドの植物学者。花粉のブラウン運動を発見。
⇒岩世人（ブラウン　1773.12.21–1858.6.10）
　科史（ブラウン　1773–1858）
　広辞7（ブラウン　1773–1858）
　学叢思（ブラウン、ロバート　1773–1858）
　ポプ人（ブラウン、ロバート　1773–1858）

Brown, Roy Howard〈19・20世紀〉
アメリカの宣教師、教育者。
⇒アア歴（Brown,Roy Howard　ロイ・ハワード・ブラウン　1878.5.2–1958.12.28）

Brown, Samuel Robbins〈19世紀〉
アメリカのアメリカン・オランダ改革派教会宣教師。横浜修文館校長。
⇒アア歴（Brown,Samuel Robbins　サミュエル・ロビンズ・ブラウン　1810.6.16–1880.6.20）
　アメ新（ブラウン　1810–1880）
　岩世人（ブラウン　1810.6.16–1880.6.20）
　広辞7（ブラウン　1810–1880）
　新カト（ブラウン　1810.6.16–1880.6.19）

Brown, Sidney George〈19・20世紀〉
イギリスの電気技術者、発明家。
⇒岩世人（ブラウン　1873.7.6–1948.8.7）

Brown, Thomas〈18・19世紀〉
イギリスの哲学者。連想心理学の確立に貢献。
⇒岩世人（ブラウン　1778.1.9–1820.4.2）
　学叢思（ブラウン、トーマス　1778–1820）
　メル2（ブラウン、トマス　1778–1820）

Brown, Thomas Tarlton〈19・20世紀〉
アメリカの大リーグ選手（外野）。
⇒メジャ（トム・ブラウン　1860.9.21–1927.10.25）

Brown, William Adams〈19・20世紀〉
アメリカのプロテスタント神学者。長老教会牧師として全世界運動を指導（1924〜）。
⇒岩世人（ブラウン　1865.12.29–1943.12.15）

Browne, Edward Granville〈19・20世紀〉
イギリスの東洋学者。
⇒岩世人（ブラウン　1862.2.7–1926.1.5）

Browne, Edward Harold〈19世紀〉
英国教会聖職、ウィンチェスター主教。
⇒新カト（ブラウン　1811.3.6–1891.12.8）

Browne, George Edward〈19・20世紀〉
アメリカの大リーグ選手（外野）。
⇒メジャ（ジョージ・ブラウン　1876.1.12–1920.12.9）

Browne, John Ross〈19世紀〉
アメリカの旅行家、作家、外交官。
⇒アア歴（Browne, J(ohn) Ross　ジョン・ロス・ブラウン　1821.2.11–1875.12.8）

Browne, Robert〈16・17世紀〉
イギリスの宗教家。英国教会からの最初の分離主義者で、組合教会主義の父と称される。
⇒岩世人（ブラウン　1550頃–1633）
　新カト（ブラウン　1550頃–1633.6.2以降）

Browne, *Sir* Thomas〈17世紀〉
イギリスの医者、作家。ナイト爵（1671）。『医師の宗教』で有名。
⇒岩世人（ブラウン　1605.10.19–1682.10.19）
　学叢思（ブラウン、サー・トマス　1605–1682）

Brownell, Clarence Ludlow〈19・20世紀〉
アメリカの御雇い教師。早稲田大学、富山県立富山中学校で英語を教授。
⇒アア歴（Brownell, Clarence Ludlow　クラレンス・ラドロウ・ブラウネル　1864.6.6–1927.2.3）

Browning, Elizabeth Barrett〈19世紀〉
イギリスの女流詩人。『天使の群れ、その他の詩』(38) などで有名。R.ブラウニングの妻。
⇒岩世人（ブラウニング　1806.3.6–1861.6.29）
　広辞7（ブラウニング　1806–1861）
　新カト（ブラウニング　1806.3.6–1861.6.29）

Browning, (Pete) Louis Rogers〈19・20世紀〉
アメリカの大リーグ選手（外野、三塁、二塁）。
⇒メジャ（ピート・ブラウニング　1861.6.17–1905.9.10）

Browning, Robert〈19世紀〉
イギリスの詩人。ビクトリア朝の代表詩人。主要作品『指輪と書物』(68〜95)。
⇒岩世人（ブラウニング　1812.5.7–1889.12.12）
　広辞7（ブラウニング　1812–1889）
　学叢思（ブローニング、ロバート　1812–1889）
　新カト（ブラウニング　1812.5.7–1889.12.12）
　ポプ人（ブラウニング、ロバート　1812–1889）

Brown-Séquard, Charles Edouard〈19世紀〉
イギリスの生理学者。コレージュ・ド・フランスの実験医学の教授。内分泌腺を研究。
⇒岩世人（ブラウン＝セカール　1817.4.8–1894.4.1）

Brownson, Orestes Augustus〈19世紀〉
アメリカの聖職者、文筆家。ユニバーサリスト派の牧師、ユニテリアン派の牧師、カトリックと遍歴。
⇒岩世人（ブラウンソン　1803.9.16–1876.4.17）
　新カト（ブラウンソン　1803.9.16–1876.4.17）

Bruant, Aristide〈19・20世紀〉
フランスのシャンソン歌手。
⇒19仏（アリスティッド・ブリュアン　1851.5.6–1925.2.11）

Bruant, Léibral〈17世紀〉
フランスの建築家。パリの廃兵院を設計し、その初期の工事を指導。
⇒岩世人（ブリュアン　1635頃–1697）

Bruce〈13・14世紀〉
スコットランドの貴族。
⇒岩世人（ブルース　1280頃–1318.10.14）

Bruce, *Sir* David〈19・20世紀〉
イギリスの病理、細菌学者。熱帯病の病原の調査研究で知られる。
⇒岩世人（ブルース　1855.5.29–1931.11.29）

Bruce, Edward Bright〈19・20世紀〉
アメリカの実業家。
⇒アア歴（Bruce, Edward B (right)　エドワード・ブライト・ブルース　1879.4.13–1943.1.26）

Bruce, *Sir* Frederick William Adolphus〈19世紀〉
イギリスの外交官。
⇒岩世人（ブルース　1814.4.14–1867.9.19）

Bruce, Henry James〈19・20世紀〉
アメリカの宣教師。

⇒アア歴（Bruce, Henry James　ヘンリー・ジェイムズ・ブルース　1835.2.5–1909.5.4）

Bruce, John〈18・19世紀〉
イギリスのインド史家，政治家。
⇒岩世人（ブルース　1745–1826.4.16）

Bruce, Thomas, 7th Earl of Elgin and 11th Earl of Kincardine〈18・19世紀〉
イギリスの外交官，美術蒐集家。
⇒岩世人（ブルース　1766.7.20–1841.11.14）

Bruceral, Jacques〈17世紀〉
イタリアの作曲家。
⇒バロ（ブリュスラール，ジャック　1620頃?–1680頃?）

Bruceral, Louis〈17世紀〉
イタリアの作曲家。
⇒バロ（ブリュスラール，ルイ　1620頃?–1680頃?）

Bruch, Max〈19・20世紀〉
ドイツの作曲家，指揮者。主作品はカンタータ『美しいエレン』(67)など。
⇒岩世人（ブルフ　1838.1.6–1920.10.2）
エデ（ブルッフ，マックス（カール・アウグスト）　1838.1.6–1920.10.2）

Bruck, Arnold von〈16世紀〉
スイス系のフランドルの作曲家。
⇒バロ（ブルック，アーノルト・フォン　1500頃–1554.2.6）

Brück, Heinrich〈19・20世紀〉
ドイツのカトリック教会史家，司教。
⇒新カト（ブリュック　1831.10.25–1903.11.5）

Bruck, Karl Ludwig, Freiherr von〈18・19世紀〉
オーストリアの政治家。商相(1848〜51)。ツンフト制度，国内関税を廃止。
⇒岩世人（ブルック　1798.10.18–1860.4.23）

Brücke, Ernst Wilhelm von〈19世紀〉
ドイツの生理学者。視・聴覚の生理学の研究などに貢献。
⇒岩世人（ブリュッケ　1819.9.6–1892.1.7）

Brucker, Johann Jakob〈17・18世紀〉
ドイツの哲学史家。
⇒岩世人（ブルッカー　1696.1.22–1770.11.26）

Brückner, Eduard〈19・20世紀〉
オーストリアの地理学者，気候学者。
⇒岩世人（ブリュックナー　1862.7.29–1927.5.20）

Brückner, Heinrich Aroasüss〈16・17世紀〉
ドイツの作曲家。
⇒バロ（ブリュックナー，ハインリヒ　アロアジュース　1560頃?–1620頃?）

Brückner, Johann〈16世紀〉
ドイツの作曲家。
⇒バロ（ブリュックナー，ヨハン　1500頃?–1550頃?）

Bruckner, Josef Anton〈19世紀〉
オーストリアの作曲家，オルガン奏者。
⇒岩世人（ブルックナー　1824.9.4–1896.10.11）
エデ（ブルックナー，アントン　1824.9.4–1896.10.11）
広辞7（ブルックナー　1824–1896）
実音人（ブルックナー，アントン　1824–1896）
新カト（ブルックナー　1824.9.4–1896.10.11）
ポプ人（ブルックナー，アントン　1824–1896）

Brudieu, Joan〈16世紀〉
フランスの作曲家。
⇒バロ（ブリュデュー，ジョアン　1520頃–1591.4.22–5.10）

Brudieu, Juan〈15・16世紀〉
スペインの作曲家。
⇒バロ（ブルジェウ，フアン　1480頃?–1530頃?）

Brueghel, Jan〈16・17世紀〉
フランドルの画家。「ビロードのブリューゲル」または「天国のブリューゲル」と呼ばれる。
⇒岩世人（ブリューゲル　1568–1625.1.13）
芸13（ブリューゲル，ヤン（父）　1568–1625）

Brueghel, Pieter〈16・17世紀〉
フランドルの画家。
⇒岩世人（ブリューゲル（子）　1564/1565–1637/1638）
ネーム（ブリューゲル，ピーテル　1564–1638）

Brueghel, Pieter, the Elder〈16世紀〉
フランドルの画家。風俗画，風景画などを残した。
⇒岩世人（ブリューゲル（父）　1525–1530頃–1569）
広辞7（ブリューゲル　1525頃–1569）
新カト（ブリューゲル　1525/1530頃–1569.9.9）
芸13（ブリューゲル，ピーテル（父）　1525–1530–1569）
世人新（ブリューゲル　1520/1525/1530頃–1569）
世人装（ブリューゲル　1520/1525/1530頃–1569）
世史語（ブリューゲル　1528頃–1569）
ポプ人（ブリューゲル，ピーテル　1525?–1569）
ルネ（ピーテル・ブリューゲル（父）　1525頃–1569）

Brueys, David-Augustin de〈17・18世紀〉
フランスのカトリック著述家。
⇒新カト（ブリュエス　1640–1723.11.25）

Brugère, Louis-Frédéric〈19世紀〉
フランスのカトリック神学者，司祭。
⇒新カト（ブリュジェール　1823.10.23–1888.4.11）

Brüggemann, Hans〈15・16世紀〉
ドイツの木彫家。
⇒岩世人（ブリュッゲマン　1480頃–1540頃）
芸13（ブリュッゲマン，ハンス　1480頃–1540頃）

Brugha, Cathal〈19・20世紀〉
アイルランドの独立運動指導者。
⇒岩世人（ブルハ　1874.7.18–1922.7.7）

Brugmann, Karl〈19・20世紀〉
ドイツの言語学者。インド＝ヨーロッパ語族の比較言語学を専攻。
⇒岩世人（ブルークマン　1849.3.16–1919.6.29）
広辞7（ブルークマン　1849–1919）

Bruguera i Morreras, Juan Bautista〈18世紀〉
スペインの作曲家。
⇒バロ（ブルゲーラ，イ・ムレーラス，フアン・バウティスタ　1710頃?–1770頃?）

Bruguière, Barthélémy〈18・19世紀〉
パリ外国宣教会所属カトリック司祭。
⇒岩世人（ブリュギエール　1792.2.12–1835.10.7）
新カト（ブリュギエール　1792.2.12–1835.10.20）

Bruhier, Antoine〈15・16世紀〉
フランスの作曲家。
⇒バロ（ブリュイエ，アントワーヌ　1480頃?–1530頃?）

Bruhns, Friedrich Nicolaus〈17・18世紀〉
ドイツの作曲家。
⇒バロ（ブルーンス，フリードリヒ・ニコラウス　1637.2.11–1718.3.13）

Bruhns, Georg〈17・18世紀〉
ドイツの作曲家。
⇒バロ（ブルーンス，ゲオルク　1666.11–1742.1.18）

Bruhns, Nikolaus〈17世紀〉
ドイツの作曲家，オルガン奏者，ヴァイオリン奏者。作品に，12曲の教会カンタータなど。
⇒バロ（ブルーンス，ニコラウス　1665.12–1697.3.29）

Bruillard, Philibert de〈18・19世紀〉
グルノーブル司教，ラ・サレット宣教会創立者。
⇒新カト（ブリュイヤール　1765.9.11–1860.12.15）

Brulé, Gace〈12・13世紀〉
フランスの作曲家。
⇒バロ（ブリュレ，ガース　1159頃–1220頃）

Brumel, Antoine〈15・16世紀〉
ネーデルランドの作曲家。作品は『聖母のミサ』など教会音楽が多数。
⇒バロ（ブリュメル，アントワーヌ　1460頃–1515頃）
新カト（ブリュメル　1460頃–1515頃）

Brummell, George Bryan〈18・19世紀〉
イギリスの代表的ダンディ。19世紀初頭のメンズ・モードに多大の感化を及ぼした。
⇒岩世人（ブランメル　1778.6.7–1840.3.30）

Brun, Johan Nordahl〈18・19世紀〉
ノルウェーの詩人，聖職者。
⇒岩世人（ブルン　1745.3.21–1816.7.26）

Bruna, Pablo〈17世紀〉
スペインの作曲家。
⇒バロ（ブルーナ，パブロ　1611.6.22–1679.6.26/27）

Brunck, Richard François Philippe〈18・19世紀〉
フランスの古典学者。
⇒岩世人（ブランク　1729.12.30–1803.6.12）

Brunckhorst, Arnold Matthias〈17・18世紀〉
ドイツの作曲家。
⇒バロ（ブルンクホルスト，アルノルト・マティーアス　1670–1725）

Brunel, Isambard Kingdom〈19世紀〉
イギリスの造船，土木技術者。1837年世界最初の大西洋横断定期汽船を建造。
⇒岩世人（ブルーネル　1806.4.9–1859.9.15）
世建（イザムバード・キングダム・ブルネル　1806–1859）

Brunel, Jacques〈16世紀〉
フランスの作曲家。
⇒バロ（ブリュネル，ジャック　1500頃?–1564）

Brunel, Sir Marc Isambard〈18・19世紀〉
イギリス（フランス生れ）の技術者，発明家。
⇒岩世人（ブルーネル　1769.4.25–1849.12.12）

Brunelleschi, Filippo〈14・15世紀〉
イタリアの建築家，発明家。フィレンツェのサンタ・マリア・デル・フィオーレ大聖堂のドームを完成。
⇒ネーム（ブルネレスキ　1377–1446）
広辞7（ブルネレスキ　1377–1446）
新カト（ブルネレスキ　1377–1446.4.15/16）
世人新（ブルネレスキ　1377頃–1446）
世人装（ブルネレスキ　1377頃–1446）
世史語（ブルネレスキ　1377頃–1446）
世建（フィリッポ・ブルネレスキ　1377–1446）
ポプ人（ブルネレスキ，フィリッポ　1377–1446）
ルネ（フィリッポ・ブルネレスキ　1377–1446）

Brunelli, Antonio〈16・17世紀〉
イタリアの作曲家，音楽理論家。
⇒バロ（ブルネッリ，アントーニオ　1575–1630以前）

Brunet, Jules〈19・20世紀〉
フランスの軍人。

⇒岩世人（ブリュネ　1838.1.2–1911.8.12）

Brunetière, Ferdinand〈19・20世紀〉
フランスの評論家。裁断批評の代表者。主著『自然主義の小説』(83) など。
⇒岩世人（ブリュンティエール　1849.7.19–1906.12.9）
ネーム（ブリュンティエール　1849–1906）
広辞7（ブリュンティエール　1849–1906）
新カト（ブリュンティエール　1849.7.19–1906.12.9）

Brunetti, Domenico〈16・17世紀〉
イタリアの作曲家。
⇒バロ（ブルネッティ, ドメニーコ　1580頃–1646.4-5.7）

Brunetti, Gaetano〈18世紀〉
イタリアの作曲家。
⇒バロ（ブルネッティ, ガエターノ　1744–1798.12.16）

Brunetti, Giovan Gualberto〈18世紀〉
イタリアの作曲家。
⇒バロ（ブルネッティ, ジョヴァン・グアルベルト　1706.4.24–1787.5.20）

Brunetti, Giuseppe〈18世紀〉
イタリアの作曲家。
⇒バロ（ブルネッティ, ジュゼッペ　1735-1745頃–1780以降）

Brunfels, Otto〈15・16世紀〉
ドイツの神学者，植物学者。
⇒岩世人（ブルンフェルス　1488–1534.11.23）

Brunhes, Gabriel〈19・20世紀〉
フランスのカトリック神学者，司教。
⇒新カト（ブリュヌ　1874.9.5–1949.2.24）

Brunhes, Jean〈19・20世紀〉
フランスの地理学者。1912年以後コレージュ・ド・フランスの教授。
⇒岩世人（ブリュン　1869.10.25–1930.8.25）

Brunhilda〈6・7世紀〉
アウストラシア王ジゲベルトの妃。摂政として実権をふるい，のち失脚し死刑。
⇒王妃（ブルンヒルド　543頃–613）

Brunhilde
ドイツおよび北欧の伝説上の女王。
⇒岩世人（ブリュンヒルト）

Bruni, Antonio Bartolomeo〈18・19世紀〉
イタリアの作曲家。
⇒バロ（ブルーニ, アントーニオ・バルトロメーオ　1757.1.28–1821.8.6）

Bruni, Leonardo Aretino〈14・15世紀〉
イタリアの人文学者，歴史家。『フィレンツェ史』をラテン語で著述。

⇒岩世人（ブルーニ　1369–1444.3.9）
学叢思（ブルニ, レオナルド　1369–1444）
新カト（ブルーニ　1370頃–1444.3.9）
ルネ（レオナルド・ブルーニ　1369頃–1444）

Brunn, Heinrich von〈19世紀〉
ドイツの考古学者。
⇒岩世人（ブルン　1822.1.23–1894.7.23）

Brunner, Constantin〈19・20世紀〉
ドイツの哲学者。
⇒メル3（ブルンナー, コンスタンティン　1862–1936）

Brunner, Heinrich〈19・20世紀〉
オーストリアの法制史学者。中世法制史研究に業績を残した。
⇒岩世人（ブルンナー　1840.6.21–1915.8.11）

Brunnov, Filipp Ivanovich〈18・19世紀〉
ロシアの外交官。駐英大使(1840～54)。
⇒岩世人（ブルーンノフ　1797.8.31–1875.4.12）

Bruno〈11世紀〉
創設者。聖人。ケルン生まれ。
⇒岩世人（ブルーノ（ケルンの）　1032頃–1101.10.6）
新カト（ブルノ　1030頃–1101.10.6）
図聖（ブルーノ（カルトゥジア会）　1030/1035–1101）

Bruno, Giordano〈16世紀〉
後期ルネサンスの哲学者。その宇宙観は近代的宇宙観の先駆とされる。
⇒岩世人（ブルーノ　1548–1600.2.17）
広辞7（ブルーノ　1548–1600）
学叢思（ブルーノ, ジョルダノ　1548–1600）
新カト（ブルーノ　1548–1600.2.17）
物理（ブルーノ, ジョルダーノ　1548–1600）
世人新（ブルーノ（ジョルダーノ＝ブルーノ）　1548–1600）
世人装（ブルーノ（ジョルダーノ＝ブルーノ）　1548–1600）
世史語（ジョルダーノ＝ブルーノ　1548–1600）
ポブ人（ブルーノ, ジョルダノ　1548–1600）
メル1（ブルーノ, ジョルダノ　1548–1600）
ルネ（ジョルダーノ・ブルーノ　1548–1600）

Bruno (Köln), St〈10世紀〉
ドイツの聖職者，聖人。オットー1世の弟。政治家としても手腕を発揮。
⇒岩世人（ブルーノ（ケルンの）　925.5–965.10.11）
新カト　925.5–965.10.11）
図聖（ブルーノ（ケルンの）　925–965）

Bruno (Querfurt), St〈10・11世紀〉
ドイツの聖職者，聖人。東方異教徒のための大司教として，キエフなどの各国に伝道。
⇒岩世人（ブルーノ（クヴェアフルトの）　974頃/978頃–1009.3.9?）

Brunot, Ferdinand Eugène〈19・20世紀〉
フランスの言語学者。主著『フランス語史』(1905〜38)。
⇒岩世人(ブリュノ 1860.11.6–1938.1.31)

Bruno von Würzburg〈11世紀〉
司教、聖人。
⇒図聖(ブルーノ(ヴュルツブルクの) ?–1045)

Brunschvicg, Léon〈19・20世紀〉
フランスの観念論哲学者。フランス哲学会(1901)の創立者の一人。
⇒岩世人(ブランシュヴィック 1869.11.10–1944.1.18)
　新カト(ブランシュヴィク 1869.11.10–1944.1.18)
　20思(ブランシュヴィック, レオン 1869–1944)
　メル3(ブランシュヴィック, レオン 1869–1944)

Brunswick, John M.〈19世紀〉
スポーツ用具メーカーの経営者。
⇒ユ著人(Brunswick, John M. ブランスヴィック, ジョン・M 1819–1886)

Brunswig, Alfred〈19・20世紀〉
ドイツの哲学者。主著 "Das Grundproblem Kants"(14)。
⇒岩世人(ブルンスヴィヒ 1877.6.13–1927.6.22)

Brunton, Richard Henry〈19・20世紀〉
イギリスの技師。灯台局技師として来日、灯台建設に従事。
⇒岩世人(ブラントン 1841.12–1901.4.24)
　ボブ人(ブラントン, リチャード 1841–1901)

Brunton, *Sir* Thomas Lauder〈19・20世紀〉
イギリスの医師。心臓血管系に及ぼす薬物の作用の研究で著名。
⇒岩世人(ブラントン 1844.3.14–1916.9.16)

Brusa, Giovanni Francesco〈18世紀〉
イタリアの作曲家。
⇒バロ(ブールザ, ジョヴァンニ・フランチェスコ 1700頃–1768以降)

Brush, Charles Francis〈19・20世紀〉
アメリカの発明家、電気技術者。
⇒岩世人(ブラッシュ 1849.3.17–1929.1.15)

Brutskus, Boris Davidovich〈19・20世紀〉
ロシアの経済学者。
⇒岩世人(ブルックス 1874.10.3/15–1938.12.7)

Brutus, Lucius Junius〈前6世紀頃〉
古代ローマの貴族。ローマ王を追放し、共和政を樹立。
⇒岩世人(ブルートゥス ?–前509)

Brutus, Marcus Junius〈前1世紀〉
古代ローマの人。カエサルの暗殺者として有名。
⇒岩世人(ブルートゥス 前85–前42)
　ネーム(ブルートゥス 前85–前42)
　広辞7(ブルートゥス 前85–前42)
　世人新(ブルートゥス 前85–前42)
　世人装(ブルートゥス 前85–前42)
　世史語(ブルートゥス 前85–前42)
　ボブ人(ブルートゥス, マルクス・ユニウス 前85–前42)

Bruyn, Bartholomäus〈15・16世紀〉
ドイツの画家。肖像画を得意とした。
⇒岩世人(ブルイン 1493–1555.4.22以前)
　芸13(ブルイン, バルテル 1493–1555)

Bryan, Albert〈17世紀〉
イギリスの作曲家。
⇒バロ(ブライアン, アルバート 1621頃–1671)

Bryan, Charles Page〈19・20世紀〉
アメリカの外交官。駐日アメリカ大使。
⇒アア歴(Bryan, Charles Page チャールズ・ペイジ・ブライアン 1856.10.6–1918.3.17)

Bryan, Robert Thomas〈19・20世紀〉
アメリカの宣教師。
⇒アア歴(Bryan, Robert Thomas ロバート・トマス・ブライアン 1855.10.14–1946.4.3)

Bryan, Samuel Magill〈19・20世紀〉
アメリカの郵便技師。日本への外国郵便制度導入に貢献。
⇒アア歴(Bryan, Samuel M(agill) サミュエル・マギル・ブライアン 1847.9.20–1903)

Bryan, William Jennings〈19・20世紀〉
アメリカの政治家。金権政治を否定し、帝国主義反対を唱え、大雄弁家として知られた。
⇒アメ新(ブライアン 1860–1925)
　岩世人(ブライアン 1860.3.19–1925.7.26)

Bryant, Sophie〈19・20世紀〉
イギリス(アイルランド)の数学者、教育家、女性解放運動家。
⇒岩世人(ブライアント 1850.2.15–1922.8.29)

Bryant, William Cullen〈18・19世紀〉
アメリカの詩人、ジャーナリスト。初期の詩に『水鳥に』など。
⇒アメ新(ブライアント 1794–1878)
　岩世人(ブライアント 1794.11.3–1878.6.12)
　新カト(ブライアント 1794.11.3–1878.6.12)

Bryaxis〈前4世紀〉
ギリシアの彫刻家。アテナイの人。
⇒岩世人(ブリュアクシス)

Bryce, James〈19・20世紀〉
イギリスの法学者、政治学者、政治家。主著『近代民主制』(1921)が著名。

⇒アメ新（ブライス 1838-1922）
　岩世人（ブライス 1838.5.10-1922.1.22）
　学叢思（ブライス, ジェームズ 1838-1922）
Bryennios, Philotheos〈19・20世紀〉
ギリシア正教大主教, 教会史家。『12使徒の教訓（ディダケー）』の写本発見者。
⇒新カト（ブリュエンニオス 1833.3.26-1918）

Brygos〈前5世紀〉
ギリシアの陶画家, 陶工。
⇒岩世人（ブリュゴス）

Bryullov, Karl Pavlovich〈18・19世紀〉
ロシアの画家。ロマン主義の画風をロシアに広めた。
⇒岩世人（ブリューロフ 1799.12.12-1852.6.11）
　芸13（ブリューロフ, カルル・パヴロヴィッチ 1799-1852）

Bryusov, Valerii Iakovlevich〈19・20世紀〉
ロシアの詩人, 評論家。ロシアにおける象徴主義運動の出発点を築いた。
⇒岩世人（ブリューソフ 1873.12.1/13-1924.10.9）
　ネーム（ブリューソフ 1873-1924）
　広辞7（ブリューソフ 1873-1924）

bstan pa tshe ring〈17・18世紀〉
チベットの王。
⇒岩世人（テンパ・ツェリン 1678-1738）

Buana, Seri Teri
マレー半島西岸のマラッカ王国王家の始祖で、シンガプラ王国の創始者。
⇒岩世人（ブアナ, スリ・トゥリ）

Buber, Martin〈19・20世紀〉
オーストリア生れのユダヤ系宗教哲学者, 社会学者。対話の哲学の代表者。
⇒岩世人（ブーバー 1878.2.8-1965.6.13）
　広辞7（ブーバー 1878-1965）
　新カト（ブーバー 1878.2.8-1965.6.13）
　20思（ブーバー・マルティン 1878-1965）
　メル別（ブーバー, マルティン 1878-1965）
　ユ人（ブーバー, マルティン 1878-1965）
　ユ著人（Buber,Martin ブーバー, マルチン 1878-1965）

Buber, Solomon〈19・20世紀〉
マルチン・ブーバーの祖父。ミドラッシュ文学に関する著書がある。
⇒ユ著人（Buber,Solomon ブーバー, ソロモン 1827-1906）

Bucer, Martin〈15・16世紀〉
ドイツのプロテスタント宗教改革者。
⇒岩世人（ブーツァー 1491.11.11-1551.2.28）
　ネーム（マルチン・ブツァー 1491-1551）
　学叢思（ブッツェル, マルティン 1491-1551）
　新カト（ブーツァー 1491.11.11-1551.2.28）

Buch, Baron Christian Leopold von〈18・19世紀〉
ドイツの地質学者, 地理学者。ジュラ系研究の基礎を築いた。
⇒岩世人（ブーフ 1774.4.26-1853.3.4）

Buchan, Sir John, 1st Baron Tweedsmuir〈19・20世紀〉
スコットランドの著述家。情報部長（17～18）, カナダ総督（35～40）。
⇒岩世人（バハン（バカン） 1875.8.26-1940.2.11）
　スパイ（バカン, ジョン 1875-1940）

Buchanan, David〈18・19世紀〉
イギリスの経済学者, ジャーナリスト。自由貿易を主張し, スミスの著作を編集。
⇒岩世人（ブキャナン 1779-1848.8.13）

Buchanan, George〈16世紀〉
スコットランドの歴史家, 学者。メアリー女王の家庭教師を務めた。
⇒岩世人（ブキャナン 1506.2.1頃-1582.9.28）
　学叢思（ブカナン, ジョージ 1506-1582）
　新カト（ブキャナン 1506.2.1-1582.9.29）

Buchanan, James〈18・19世紀〉
アメリカの政治家。第15代大統領（1857～61）。
⇒アメ新（ブキャナン 1791-1868）
　岩世人（ブキャナン 1791.4.23-1868.6.1）
　ネーム（ブキャナン 1791-1868）

Buchanan, John Young〈19・20世紀〉
イギリスの海洋学者。
⇒岩世人（ブキャナン 1844-1925.10.16）

Buchanan, Joseph Ray〈19・20世紀〉
アメリカの社会主義者。
⇒学叢思（ブカナン, ヨセフ・レー 1851-?）

Buchanan, Robert Williams〈19・20世紀〉
イギリスの詩人, 小説家・劇作者。
⇒岩世人（ブキャナン 1841.8.18-1901.6.10）

Buchberger, Michael〈19・20世紀〉
ドイツのカトリック神学者。
⇒新カト（ブフベルガー 1874.6.8-1961.6.10）

Bücheler, Franz〈19・20世紀〉
ドイツの古典学者。ラテン語, 古代イタリア方言の研究がある。
⇒岩世人（ビューヒェラー 1837.6.3-1908.5.3）

Bücher, Karl〈19・20世紀〉
ドイツの経済学者, 新歴史学派の代表者。新聞の社会学的研究に先鞭をつけた。
⇒岩世人（ビューヒャー 1847.2.16-1930.11.12）

Bucherer, Alfred〈19・20世紀〉
ドイツの物理学者。電子論に関する研究がある。

⇒岩世人（ブーヘラー 1863.7.9–1927.4.16）

Buchez, Philippe Joseph Benjamin〈18・19世紀〉
フランスの哲学者, 政治家。二月革命直後に一時大統領を務めた。
⇒岩世人（ビュシェ 1796.3.30–1865.8.11）
　学叢思（ビュシェ, フィリップ・ジョゼフ・バンジャマン 1796–1865）
　メル3（ビュシェ, フィリップ 1796–1865）

Buchmann, Frank Nathan Daniel〈19・20世紀〉
アメリカの宗教家, MRA（道徳再武装）運動創始者。
⇒岩世人（ブックマン 1878.6.4–1961.8.7）
　新カト（ブックマン 1878.6.4–1961.8.7）

Buchner, Eduard〈19・20世紀〉
ドイツの生化学者。無細胞のアルコール酸酵を発見（96）, ノーベル化学賞受賞（07）。
⇒岩世人（ブーフナー 1860.5.20–1917.8.13）
　広辞7（ブフネル 1860–1917）
　学叢思（ブフネル, エドゥアルト 1860–1917）
　ノ物化（エドゥアルト・ブフナー 1860–1917）

Büchner, Georg〈19世紀〉
ドイツの劇作家, 医者。
⇒岩世人（ビューヒナー 1813.10.17–1837.2.19）
　オペラ（ビューヒナー, ゲオルク 1813–1837）
　広辞7（ビューヒナー 1813–1837）
　学叢思（ビュヒネル, ゲオルゲ 1813–?）
　新カト（ビュヒナー 1813.10.17–1837.2.19）

Buchner, Hans〈15・16世紀〉
ドイツのオルガン奏者, 作曲家。『フンダメントゥム』（20頃）の作者。
⇒バロ（ブフナー, ハンス 1483.10.26–1538）

Buchner, Hans Ernst Angass〈19・20世紀〉
ドイツの細菌学者, 免疫学者。E.ブフナーの兄。体液免疫説を主唱。
⇒岩世人（ブーフナー 1850.12.16–1902.4.5）

Büchner, Ludwig〈19世紀〉
ドイツの医師, 唯物論哲学者。1855年『力と質料』を著した。
⇒岩世人（ビューヒナー 1824.3.29–1899.5.1）
　学叢思（ビュヒネル, ルドヴィヒ 1824–1899）
　新カト（ビュヒナー 1824.3.29–1899.4.30）

Buchner, Philipp Friedrich〈17世紀〉
ドイツの作曲家。
⇒バロ（ブフナー, フィリップ・フリードリヒ 1614.9.11–1669.3.23）

Buck, Carl Darling〈19・20世紀〉
アメリカの言語学者。ラテン語とギリシア語の研究に貢献。
⇒岩世人（バック 1866.10.2–1955.2.8）

Buck, Gurdon〈19世紀〉
アメリカの外科医。ニューヨーク病院外科部に勤務（1837～）。
⇒岩世人（バック 1807.5.4–1877.3.6）

Buck, *Sir* Peter Henry〈19・20世紀〉
ニュージーランドのマオリ学者, 作家。
⇒オセ新（バック 1877–1951）

Buck, Philo Melvin〈19・20世紀〉
アメリカの宣教師。
⇒アア歴（Buck,Philo M(elvin) ファイロウ・メルヴィン・バック 1846.5.15–1924.9.8）

Buckenberger, Albert C.〈19・20世紀〉
アメリカの大リーグ選手（監督）。
⇒メジャ（アル・バッケンバーガー 1861.1.31–1917.7.1）

Buckingham, Benjamin Horr〈19・20世紀〉
アメリカの海軍将校。
⇒アア歴（Buckingham,Benjamin H(orr) ベンジャミン・ホア・バッキンガム 1848.2.11–1906.1.16）

Buckingham, George Villiers, 1st Duke of〈16・17世紀〉
イギリスの貴族。ジェームズ1世の寵臣として清教徒革命の遠因をつくった。
⇒岩世人（バキンガム 1592.8.20–1628.8.23）

Buckingham, George Villiers, 2nd Duke of〈17世紀〉
イギリスの貴族。清教徒革命によって大陸に亡命。のち王政復古に尽力。
⇒岩世人（バキンガム 1628.1.30–1687.4.16）

Buckland, William〈18・19世紀〉
イギリスの地質学者。
⇒岩世人（バックランド 1784.3.12–1856.8.14）

Buckle, Henry Thomas〈19世紀〉
イギリスの歴史家。主著『イギリス文明史』（57～61）がある。
⇒岩世人（バックル 1821.11.24–1862.5.29）
　広辞7（バックル 1821–1862）
　学叢思（バックル, ヘンリー・トーマス 1821–1862）

Bucky, Gustav〈19・20世紀〉
アメリカの放射線科医。ドイツ生れ。ブッキー線の発見者。
⇒ユ著人（Bucky,Gustav ブッキー, グスタフ 1880–1963）

Budd, William〈19世紀〉
イギリスの医師。
⇒岩世人（ブッド 1811.9.14–1880.1.9）

Budde, Gerhard〈19・20世紀〉
ドイツの教育学者。オイケン哲学の影響下に,

人格教育, 個性尊重の立場から「精神論的教育学」を説いた。
⇒岩世人（ブッデ　1865.2.19–1944.3）

Budde, Karl Ferdinand Reinhard〈19・20世紀〉
ドイツの旧約聖書学者。旧約聖書の註釈を書いた。
⇒岩世人（ブッデ　1850.4.13–1935.1.29）

Buddeus, Johann Franz〈17・18世紀〉
ドイツのルター派神学者。
⇒岩世人（ブッデウス　1667.6.25–1729.11.19）
　新カト（ブッデウス　1667.6.25–1729.11.19）

Buddhadatta〈5世紀〉
インドの仏教徒。南方上座部マハーヴィハーラ派の註釈家。
⇒岩世人（ブッダダッタ）

Buddhaghosa〈4・5世紀〉
インドの仏教学者。430年頃セイロンに渡り, 全三蔵にパーリ語の注釈書を作った。
⇒岩世人（ブッダゴーサ）
　学叢思（ブツオン　佛音＝Buddhayhosa）
　南ア新（ブッダゴーサ　生没年不詳）

Buddhaguhya〈8・9世紀〉
インドの仏教者。インド瑜伽部密教の三大学匠の一人。
⇒岩世人（ブッダグフヤ　8–9世紀）

Buddha Gupta〈5世紀〉
インド人海商。ベンガル湾海域で活動した。
⇒岩世人（ブッダ・グプタ　（活動）400頃）

Buddhapālita〈5・6世紀〉
インドの中期中観派の思想家。帰謬派の祖ともされる。
⇒岩世人（ブッダパーリタ　470頃–540頃）
　広辞7（ブッダパーリタ　470頃–540頃）

Buddhaśrījñāna〈8世紀〉
インドの密教思想家。
⇒岩世人（ブッダシュリージュニャーナ　8世紀後半頃）

Budenz József〈19世紀〉
ハンガリーの言語学者。ドイツ生れ。
⇒岩世人（ブデンツ　1836.6.13–1892.4.15）

Budhagupta〈5世紀〉
グプタ帝国の統治者。在位475～500。
⇒世帝（ブダグプタ　（在位）476頃–495頃）

Budhasvāmin〈8・9世紀頃〉
古代インドのサンスクリット詩人。
⇒岩世人（ブダスヴァーミン）

Buerger, Leo〈19・20世紀〉
アメリカの医師。
⇒ユ著人（Buerger, Leo　ビュルガー, レオ　1879–1943）

Buff, Charlotte〈18・19世紀〉
ドイツの女性。ゲーテの『若きヴェルテルの悩み』に出るロッテのモデル。
⇒岩世人（ブフ　1753.1.11–1828.1.16）

Buffalo Bill〈19・20世紀〉
アメリカ西部の開拓者。
⇒アメ新（バッファロー・ビル　1846–1917）

Buffardin, Pierre-Gabriel〈17・18世紀〉
フランスの作曲家。
⇒バロ（ビュファルダン, ピエール・ガブリエル　1690頃–1768.1.13）

Buffenoir, Hippolyte〈19・20世紀〉
フランスの作家。
⇒19仏（イポリット・ビュフノワール　1847.10.16–1928.7.3）

Buff-Giessen, Hans〈19・20世紀〉
ドイツのテノール。
⇒魅惑（Buff-Giessen, Hans　1862–1907）

Buffier, Claude〈17・18世紀〉
フランスの哲学者。ポーランド生れ。主著『第一真理と判断の源泉とについて』(17)を発表。
⇒メル2（ビュフィエ（神父）, クロード　1661–1737）

Buffinton, Charles G.〈19・20世紀〉
アメリカの大リーグ選手（投手）。
⇒メジャ（チャーリー・バフィントン　1861.6.14–1907.9.23）

Buffon, Georges Louis Leclerc, Comte de〈18世紀〉
フランスの博物学者。のちの進化論に道を開いた。
⇒岩世人（ビュフォン　1707.9.7–1788.4.16）
　ネーム（ビュフォン　1707–1788）
　広辞7（ビュフォン　1707–1788）
　学叢思（ビュフォン, ル・コント（伯爵）ドゥ　1707–1788）
　世人新（ビュフォン　1707–1788）
　世人装（ビュフォン　1707–1788）
　世数（ビュフォン, ジョルジュ・ルイ・ルクレール・ド　1707–1788）
　ポプ人（ビュフォン, ジョルジュ＝ルイ　1707–1788）
　メル2（ビュフォン, ジョルジュ＝ルイ・ルクレール・ド　1707–1788）

Bufnoir, Claude〈19世紀〉
フランスの民法学者。
⇒岩世人（ビュフノワール　1832.1.3–1898.2.11）

Bugeaud de la Piconnerie, Thomas Robert, Duc d'Isly〈18・19世紀〉
フランスの軍人。パリ司令官として1834年の民衆蜂起を弾圧したことで有名。
⇒岩世人（ブジョー　1784.10.15–1849.6.10）

Bugenhagen, Johann〈15・16世紀〉
ドイツの宗教改革者。ルターの聖書翻訳を助けた。
⇒岩世人（ブーゲンハーゲン　1485.6.24-1558.4.20）
　新カト（ブーゲンハーゲン　1485.6.24-1558.4.20）

Bugge, Elseus Sophus〈19・20世紀〉
ノルウェーの言語学者。北欧の言語,文学,神話を研究し,またエッダおよびルーン文字碑文を刊行。
⇒岩世人（ブッゲ　1833.1.5/4-1907.7.8）

Buglio, Ludovico〈17世紀〉
イタリアのイエズス会士。
⇒岩世人（ブッリオ　1606.1.26-1682.10.7）
　新カト（ブリオ　1606.1.25-1682.10.7）

Buguet, Henry〈19・20世紀〉
フランスのジャーナリスト,劇作家。
⇒19仏（アンリ・ビュゲ　1845.11.18-1920.6.10）

Bühler, Johann Georg〈19世紀〉
オーストリアの東洋学者,インド学者。
⇒岩世人（ビューラー　1837.7.19-1898.4.8）
　南ア新（ビューラー　1837-1898）

Bühler, Karl〈19・20世紀〉
ドイツ,オーストリア,アメリカの心理学者。ゲシュタルト心理学,発達心理学および言語心理学で著名。
⇒岩世人（ビューラー　1879.5.27/17-1963.10.24）
　20思（ビューラー,カール　1879-1963）
　メル3（ビューラー,カール　1879-1963）

Buhlūl〈8・9世紀〉
アラブの禁欲主義者。
⇒岩世人（ブフルール　?-805頃）

al-**Buḥturī, Walīd bn 'Ubayd Allāh**〈9世紀〉
シリアのアッバース朝の詩人。
⇒岩世人（ブフトゥリー　819-822-897-899）

Buini, Giuseppe Maria〈17・18世紀〉
イタリアの作曲家。
⇒バロ（ブィーニ,ジョゼッペ・マリーア　1680頃?-1739.5.13）

Bùi Quang Chiêu〈19・20世紀〉
ベトナムの政治家。
⇒岩世人（ブイ・クアン・チエウ　1873-1945.9.29）

Buisan〈16・17世紀〉
ミンダナオ島にあったマギンダナオ王国第6目の首長。在位1597頃～1619頃。
⇒岩世人（ブイサン　(在位)1597頃-1619頃）

Buisson, Ferdinand-Édouard〈19・20世紀〉
フランスの教育家。人間法連盟の総裁などを勤め,ノーベル平和賞受賞（1927）。
⇒岩世人（ビュイソン　1841.12.20-1932.2.16）

Bùi Thị Xuân〈18・19世紀〉
ベトナム,西山朝の名相陳光耀将軍の夫人。
⇒岩世人（ブイ・ティ・スアン　?-1802）

Bukh, Niels Ebbesen〈19・20世紀〉
デンマークの体操家。基本体操を考案,指導普及に努めた。
⇒岩世人（ブク　1880.6.15-1950.7.7）

Bukharev, Aleksandr Matveevich〈19世紀〉
ロシアの聖職者,神学者。
⇒岩世人（ブーハレフ　1824-1871.4.2）

al-**Bukhārī, Abū'Abdullāh Muḥammad**〈9世紀〉
イラン系のイスラム伝承学者。97巻の『真正集』を著した。
⇒岩世人（ブハーリー　810-870）

Bukhārī, Shawkat〈17世紀〉
イランのサファヴィー朝末期の詩人。
⇒岩世人（ブハーリー,シャウカト　?-1695頃）

Bukovac, Vlaho〈19・20世紀〉
ユーゴスラヴィアの画家。
⇒岩世人（ブコヴァツ　1855-1922.4.23）

Būlān, Khazar〈8世紀〉
ウクライナ地方にあったユダヤ教に改宗した国家の王侯。
⇒ユ著人（Būlān,Khazar　ハザル汗国大公ブラン　8世紀）

Bülau, Friedrich〈19世紀〉
ドイツの国家学者,経済学者。
⇒学叢思（ビューロー,フリードリヒ　1805-1856）

Bulavin, Kondratii Afanasbevich〈17・18世紀〉
ドン・コサックの主領。「ブラービンの乱」(1707-08)の指導者。
⇒岩世人（ブラーヴィン　1660頃-1708）

Bulfinch, Charles〈18・19世紀〉
アメリカの建築家。主作品はマサチューセッツ州会議事堂(87)など。
⇒岩世人（ブルフィンチ　1763.8.8-1844.4.15）

Bulgakov, Sergei Nikolaevich〈19・20世紀〉
ロシアの経済学者,神学者。神学体系の確立とエキュメニズム運動に貢献。
⇒岩世人（ブルガーコフ　1871.7.16/28-1944.7.13）
　新カト（ブルガーコフ　1871.6.16-1944.7.13）

Bulkeley, Morgan Gardner〈19・20世紀〉
ナ・リーグの初代会長。
⇒メジャ（モーガン・バルクリー　1837.12.26–1922.11.6）

Bull, George〈17・18世紀〉
イギリスの神学者。
⇒新カト（ブル　1634.3.25–1710.2.17）

Bull, John〈16・17世紀〉
イギリスの作曲家、オルガン、バージナル奏者。アンベルスの大聖堂のオルガン奏者など勤めた。
⇒バロ（ブル、ジョン　1562/1563–1628.3.12/13）
　エデ（ブル、ジョン　1562頃–1628.3.12）
　新カト（ブル　1562頃–1628.3.12/13）

Bull, Ole Bornemann〈19世紀〉
ノルウェーのヴァイオリン奏者。作品にはヴァイオリン協奏曲のほか、愛国的テーマによる小曲が多い。
⇒岩世人（ブル　1810.2.5–1880.8.17）

Bullant, Antoine〈18・19世紀〉
フランスの作曲家。
⇒バロ（ビュラン、アントワーヌ　1750頃–1821.6?）

Bullant, Jean〈16世紀〉
フランスの建築家、著述家。マニエリスモの作家。
⇒岩世人（ビュラン　1515頃–1578.10.13/10）

Bulle, Heinrich〈19・20世紀〉
ドイツの考古学者。ギリシアの劇場を研究し、『考古学提要』(1913)を編集。
⇒岩世人（ブーレ　1867.12.11–1945.4.6）

Buller, Charles〈19世紀〉
イギリスの政治家。
⇒岩世人（ブラー　1806.8.6–1848.11.29）

Buller, Sir Redvers Henry〈19・20世紀〉
イギリスの将軍。ビクトリア十字勲章を受けた。
⇒岩世人（ブラー　1839.12.7–1908.6.2）

Bullet, Pierre〈17・18世紀〉
フランスの建築家。
⇒岩世人（ビュレ　1639頃–1716）

Bullinger, Johann Heinrich〈16世紀〉
スイスの宗教改革者。ツウィングリの後継者としてチューリッヒの宗教改革を完成。
⇒岩世人（ブリンガー　1504.7.18–1575.9.17）
　学叢思（ブリンゲル、ハインリヒ　1504–1575）
　新カト（ブリンガー　1504.7.18–1575.9.17）

Bullock, Charles Jesse〈19・20世紀〉
アメリカの経済学者。ハーヴァード大学経済学教授（08〜35）。財政学を専攻。
⇒岩世人（ブロック　1869–1941）

Bulman, Barick〈16世紀〉
イギリスの作曲家。
⇒バロ（バルマン、バリック　1560頃?–1600以降）

Bülow, Bernhard Heinrich, Fürst von〈19・20世紀〉
ドイツの政治家、外交官。帝国宰相、プロシア首相として3B政策の推進を図った。
⇒岩世人（ビューロー　1849.5.3–1929.10.28）
　世人新（ビューロー　1849–1929）
　世人装（ビューロー　1849–1929）

Bülow, Dietrich Adam Heinrich, Baron von〈18・19世紀〉
プロシアの軍人、軍事著作家。
⇒岩世人（ビューロー　1757–1807）

Bülow, Hans Guido, Freiherr von〈19世紀〉
ドイツの指揮者、ピアノ奏者。ワーグナーの作品を主に演奏。
⇒岩世人（ビューロー　1830.1.8–1894.2.12）
　オペラ（ビューロー、ハンス・フォン　1830–1894）
　ネーム（ビューロー　1830–1894）

Bülow von Dennewitz, Friedrich Wilhelm, Graf〈18・19世紀〉
プロシアの軍人。解放戦争、ワーテルローの会戦などで活躍。
⇒岩世人（ビューロー　1755.2.16–1816.2.25）

Bulygin, Aleksandr Grigorievich〈19・20世紀〉
ロシアの政治家。「ブルイギン国会」と言われる制限選挙資格を定めた。
⇒岩世人（ブルイギン　1851.8.6–1919.9.5）

Bunau-Varilla, Philippe Jean〈19・20世紀〉
フランスの技師。パナマ運河建設に尽力。
⇒岩世人（ビュノー＝ヴァリヤ　1859.7.26–1940.5.18）

Bunge, Nikolai Khristianovich〈19世紀〉
ロシアの経済学者、政治家。蔵相(1881)。
⇒岩世人（ブンゲ　1823.11.11–1895.6.3）

Buniakovskii, Viktor Iakovlevich〈19世紀〉
ロシアの数学者。
⇒世数（ブニャコフスキ、ヴィクトル・ヤコフレヴィッチ　1804–1889）

Bunin, Ivan Alekseevich〈19・20世紀〉
ロシアの詩人、小説家。ノーベル文学賞受賞者(1933)。
⇒岩世人（ブーニン　1870.10.10/22–1953.11.8）
　広辞7（ブーニン　1870–1953）

Bunker, Alonzo〈19・20世紀〉
　アメリカの宣教師。
　⇒アア歴（Bunker, Alonzo　アロンゾ・バンカー
　　1837.1.30-1912.3.8）

Bunker, Dalzell Adelbert〈19・20世紀〉
　アメリカの宣教師。
　⇒アア歴（Bunker, Dalzell A (delbert)　ダルイェル・アデルバート・バンカー　1853.8.10-1932.11.23）

Bunsen, Christian Karl Josias, Freiherr von〈18・19世紀〉
　ドイツの外交官，神学者，言語学者。
　⇒岩世人（ブンゼン　1791.8.25-1860.11.28）

Bunsen, Robert Wilhelm Eberard〈19世紀〉
　ドイツの化学者。
　⇒岩世人（ブンゼン　1811.3.31-1899.8.16）
　　科史（ブンゼン　1811-1899）
　　広辞7（ブンゼン　1811-1899）
　　学叢思（ブンゼン，ロベルト・ヴィルヘルム
　　　1811-1899）
　　物理（ブンゼン，ロベルト・ヴィルヘルム　1811-1899）

Bunyan, John〈17世紀〉
　イギリスの説教者，宗教文学者。非合法説教のため，投獄された。
　⇒岩世人（バニヤン　1628.11.30（受洗）-1688.8.31）
　　ネーム（バンヤン　1628-1688）
　　広辞7（バニヤン　1628-1688）
　　学叢思（バンヤン，ジョン　1628-1688）
　　新カト（バニヤン　1628.11.30-1688.8.31）
　　世人新（バンヤン（バニヤン）　1628-1688）
　　世人装（バンヤン（バニヤン）　1628-1688）
　　世史語（バンヤン　1628-1688）

Bunyaširi〈15世紀〉
　明代モンゴルのカン。
　⇒世帝（オルジェイ・テムル・ハーン　（在位）1408-1412）

Buon, Bartolomeo〈15世紀〉
　イタリアの建築家，彫刻家。
　⇒岩世人（ブオン　1405頃-1467頃）

Buonamente, Giovanni Battista〈16・17世紀〉
　イタリアの作曲家。
　⇒バロ（ブオナメンテ，ジョヴァンニ・バッティスタ　1580頃?-1642.8.29）

Buonarroti, Filippo Michele〈18・19世紀〉
　イタリア生れのフランスの革命家。『いわゆるバブーフの陰謀の歴史』(28)を書き，バブーフ主義を解明。
　⇒岩世人（ブオナッローティ　1761.11.11-1837.9.16）

　　ネーム（ブオナロッティ　1761-1837）
　　学叢思（ブオナロッティ，フィリッポ・ミケル　1761-1830）
　　世人新（ブオナローティ　1761-1837）
　　世人装（ブオナローティ　1761-1837）

Buonfere, Pedro〈16世紀〉
　ポルトガル出身のフランシスコ会司祭。
　⇒新カト（ブオンフェレ　16世紀）

Buontalenti, Bernardo〈16・17世紀〉
　イタリアの建築家。トスカナ大公の保護を受けフィレンツェで活躍。
　⇒岩世人（ブオンタレンティ　1523/1531/1536-1608.6.6）

Buquoy, Georg Franz August de Longeueval〈18・19世紀〉
　ベルギーの経済学者。
　⇒学叢思（ブコイ，ゲオルグ・フランツ・アウグスト・ド・ロンゲヴァル　1781-1851）

Burali-Forti, Cesare〈19・20世紀〉
　イタリアの数学者。数学基礎論とベクトル解析の研究で著名。主著『数学的論理学』(94)。
　⇒世数（ブラリ-フォルチ，チェザレ　1861-1931）

Burāq Ḥājib〈12・13世紀〉
　イランにおけるクトルグ・ハン朝の創始者。在位1222～34(35)。
　⇒岩世人（ブラーク・ハージブ　?-1234/1235）

Burbage, Richard〈16・17世紀〉
　イギリスの俳優，劇場経営者。ハムレットなど，シェークスピアの主要な役を最初に演じた。
　⇒岩世人（バーベッジ　1568頃-1619.3.13）

Burbank, Luther〈19・20世紀〉
　アメリカの園芸家。種なしスモモなど，多くの新種，改良種の育成に成功。
　⇒岩世人（バーバンク　1849.3.7-1926.10.11）
　　ネーム（バーバンク　1849-1926）
　　ポプ人（バーバンク，ルーサー　1849-1926）

Burberry, Thomas〈19・20世紀〉
　イギリスの服飾デザイナー，実業家。
　⇒岩世人（バーバリー　1835.8.27-1926.4.4）
　　ポプ人（バーバリー，トーマス　1835-1926）

Burchiello〈15世紀〉
　イタリアの風刺詩人。
　⇒岩世人（ブルキエッロ　1404-1449）

Burck, Joachim a〈16・17世紀〉
　ドイツのオルガン奏者，聖職者，書記，公証人，参事会員。
　⇒バロ（モラー，ヨアヒム　1546頃-1610.5.24）
　　バロ（ブルク，ヨアヒム・ア　1546-1610.5.24）

Burckhardt, Jacob Christopher〈19世紀〉
　スイスの歴史家，美術研究家。主著『世界史的

諸考察』(1905)。
⇒岩世人（ブルクハルト　1818.5.25–1897.8.8）
　ネーム　　（ブルクハルト　1818–1897）
　広辞7　　（ブルクハルト　1818–1897）
　学叢思　　（ブルクハルト，ヤコブ　1818–1897）
　新カト　　（ブルクハルト　1818.5.25–1897.8.8）
　世人新　　（ブルクハルト　1818–1897）
　世人装　　（ブルクハルト　1818–1897）

Burdach, Karl Friedrich〈18・19世紀〉
ドイツの生理学者。中枢神経系統の解剖に関する業績があり，また脊椎後索に彼の名を残している。
⇒岩世人（ブールダッハ　1776.6.12–1847.7.16）

Burdenko, Nikolai Nilovich〈19・20世紀〉
ソ連の医学者，神経外科医。
⇒岩世人（ブルデンコ　1876.5.22/6.3–1946.11.11）

Burdett, *Sir* **Francis**〈18・19世紀〉
イギリスの政治家。1796年以後たびたび下院議員に選ばれた。
⇒岩世人（バーデット　1770.1.25–1844.1.23）

Burell, John〈14・15世紀〉
イギリスの作曲家。
⇒バロ（バレル，ジョン　1390頃?–1440頃?）

Buret, Eugène〈19世紀〉
フランスの社会主義者。
⇒学叢思（ビューレ，ウージェーヌ　1811–1842）

Bürger, Gottfried August〈18世紀〉
ドイツの詩人。『レノーレ』(74)が有名。
⇒岩世人（ビュルガー　1747.12.31–1794.6.8）

Burges, William〈19世紀〉
イギリスの建築家。聖堂や学校の建築設計に活躍。
⇒岩世人（バージェス　1827.12.2–1881.4.20）

Burgess, Ebenezer〈19世紀〉
アメリカの宣教師。
⇒アア歴（Burgess,Ebenezer　エベニーザー・バージェス　1805.6.26–1870.1.1）

Burgess, Georgia Anna Burrus〈19・20世紀〉
アメリカの宣教師。
⇒アア歴（Burgess,Georgia (Anna) (Burrus)　ジョージア・アナ・バラス・バージェス　1866.7.19–1948.9.25）

Burgess, James〈19・20世紀〉
イギリスの考古学者，インド学者。
⇒岩世人（バージェス　1832.8.14–1916.10.3/5）

Burgess, Joseph〈19・20世紀〉
イギリスの社会主義者，労働指導者。
⇒学叢思（バージェス，ジョゼフ　1853–?）

Burgevine, Henry Andrea〈19世紀〉
アメリカの冒険家。中国に至り,1863年常勝軍の指揮官となる。
⇒アア歴（Burgevine,Henry Andrea　ヘンリー・アンドリア・バージヴァイン　1836–1865.6.26）

Burghausen, Hans von〈14・15世紀〉
ドイツの建築家。
⇒岩世人（ブルクハウゼン　1360頃–1432.8.10）

Bürgi, Jobst〈16・17世紀〉
スイスの宮廷時計師，数学者，天文学者。
⇒岩世人（ビュルギ　1552.2.28–1632.1.31）
　世数　　（ビュルギ，ヨプスト　1552–1623）

Burgkmair, Hans〈15・16世紀〉
ドイツの画家，木版画家。ベネチア派の様式をドイツに伝えた。
⇒岩世人（ブルクマイアー　1473–1531）
　芸13　（ブルクマイル，ハンス　1473–1531）

Burgmüller, Johann Friedrich Franz〈19世紀〉
ドイツの作曲家。日本でピアノ教則本を作曲。
⇒バレエ（ブルクミュラー，フリードリッヒ　1806.12.4–1874.2.13）
　エデ　（ブルグミュラー，ヨハン・フリードリヒ・フランツ　1806.12.4–1874.2.13）

Burgos, Javier de〈18・19世紀〉
スペインの政治家，ジャーナリスト。
⇒岩世人（ブルゴス　1778.10.22–1848.1.22）

Burgos, José A.〈19世紀〉
フィリピン生れのスペイン人聖職者，マニラ大聖堂の神学教師。
⇒岩世人（ブルゴス　1837.2.9–1872.2.17）

Burgoyne, John〈18世紀〉
イギリスの軍人，政治家，劇作家。喜劇『女相続人』(86)が有名。
⇒岩世人（バーゴイン　1723.2.4–1792.8.4）

Burgstaller, Aloys〈19・20世紀〉
ドイツのテノール。
⇒魅惑（Burgstaller,Aloys　1871–1945）

Burguillos, Pedro de〈16・17世紀〉
スペイン人のフランシスコ会宣教師。
⇒岩世人（ブルギリョス　?–1615.9.25）
　新カト（ブルギリョス　?–1615.9.25）

Burgundio〈12世紀〉
ピサ生まれの法律家，翻訳家。ギリシア語に優れ，多数の古典をラテン語訳した。
⇒新カト（ブルグンディオ〔ピサの〕　1110頃–1193.10.30）

Buri, Maximilian von〈19・20世紀〉
ドイツの刑法学者。
⇒学叢思（ブーリ，マキシミリアン　1825–1902）

Burian, Karel〈19・20世紀〉
チェコスロヴァキアのテノール。1902年にドレスデン宮廷オペラと契約。
⇒魅惑（Burrian,Carl (Burian,Karel)　1870–1924)

Buridan, Jean〈13・14世紀〉
フランスの哲学者。精神的決定論で有名。
⇒岩世人（ビュリダン　1300以前–1358以後)
　広辞7（ビュリダン　1300以前–1358以後)
　メル1（ビュリダン, ジャン　1300頃–1358頃)

Būrī ibn Ayyūb, Abū Sa'īd Majd al-Dīn Tāj al-Mulūk〈12世紀〉
アラブの政治家、軍人。
⇒岩世人（ブーリー・イブン・アイユーブ　1161.11/12–1183.6.17)

Burislav
スラブ神話で、ヴェンドランド一帯を支配していた王。
⇒ネーム（ブリスラヴ)

Burkamp, Wilhelm〈19・20世紀〉
ドイツの哲学者。主著 "Naturphilosophie der Gegenwart" (30)。
⇒岩世人（ブルカンプ　1879.1.20–1939.8.26)

Burkard von Beinwil〈12世紀〉
バインヴィールの司祭。聖人。祝日5月18日。
⇒図聖（ブルカルト（バインヴィールの）　?–1192頃)

Burke, Edmund〈18世紀〉
イギリスの政治家、著述家、美学者。30年間、ホイッグ党の一派を指導。
⇒岩世人（バーク　1729.1.12–1797.7.8)
　広辞7（バーク　1729–1797)
　学叢思（バーク, エドマンド　1729–1797)
　新カト（バーク　1729.1.12–1797.7.8)
　世人新（バーク　1729–1797)
　世人装（バーク　1729–1797)

Burke, Robert O'Hara〈19世紀〉
アイルランドの探検家。オーストラリア南北縦断に初めて成功。
⇒オセ新（バーク　1821–1861)

Burke, William Blount〈19・20世紀〉
アメリカの宣教師。
⇒アア歴（Burke,William B (lount)　ウイリアム・ブラント・バーク　1864.6.12–1947.12.19)

Burkett, Jesse Cail〈19・20世紀〉
アメリカの大リーグ選手（外野）。
⇒メジャ（ジェシー・バーケット　1868.12.4–1953.5.27)

Burkhard von Wüzburg〈8世紀〉
ベネディクト会士、司教、聖人。
⇒図聖（ブルクハルト（ヴュルツブルクの）　?–754)

Burkitt, Francis Crawford〈19・20世紀〉
イギリスの聖書学者。新約学、教父学を中心とする。
⇒岩世人（バーキット　1864.9.3–1935.5.11)

Burkli, Karl〈19・20世紀〉
スイスの社会主義者。
⇒学叢思（ビュールクリ, カール　1823–1901)

Burla (Bourla), Yehudah〈19・20世紀〉
エルサレム生まれのヘブライ語作家。
⇒ユ著人（Burla (Bourla), Yehudah　ブルラ, イェフダー　1866–1969)

Burlamaqui, Jean Jacques〈17・18世紀〉
スイスの法学者。
⇒岩世人（ビュルラマキ　1694.7.24–1748.4.3)

Burlingame, Anson〈19世紀〉
アメリカの政治家、外交官。ヨーロッパ諸国と中国の間の外交上の困難打開に努力。
⇒アア歴（Burlingame,Anson　アンスン・バーリンゲイム　1820.11.14–1870.2.23)
　岩世人（バーリンゲイム　1820.11.14–1870.2.23)

Burlington, Richard Boyle, 3rd Earl of〈17・18世紀〉
イギリスの建築家。
⇒岩世人（バーリントン　1694.4.25–1753.12.4)

Burmeister, Joachim〈16・17世紀〉
ドイツの理論家、作曲家。
⇒バロ（ブルマイスター, ヨアヒム　1564–1629.3.5)

Burmeister, Willy〈19・20世紀〉
ドイツのヴァイオリン奏者。ヨアヒムに師事（～1885）。我国にも来演した(1923)。
⇒岩世人（ブルメスター　1869.3.16–1933.1.16)

Burn, Sir Richard〈19・20世紀〉
イギリスのインド学者。『インド帝国地名辞典』（第3版,1905）の共編者。
⇒岩世人（バーン　1871.2.1–1947.7.26)

Burne-Jones, Sir Edward Coley〈19世紀〉
イギリスの画家、デザイナー。中世の騎士物語などのロマン的題材を描いた。
⇒岩世人（バーン＝ジョーンズ　1833.8.28–1898.6.17)
　ネーム（バーン＝ジョーンズ　1833–1898)
　広辞7（バーン・ジョーンズ　1833–1898)
　学叢思（バーン・ジョンズ, サー・エドワード　1833–1898)
　芸13（バーン・ジョーンズ, エドワード・コーリィ　1833–1898)

Burnes, Sir Alexander〈19世紀〉
イギリスの探検家、行政官。カブール駐在インド情報員の時、暗殺された。

⇒岩世人（バーンズ　1805.5.16–1841.11.2）

Burnet, Gilbert〈17・18世紀〉
イギリスの聖職者。歴史家, 神学者。従軍牧師としてオランダからイギリスに同行。
⇒岩世人（バーネット　1643.9.18–1715.3.17）

Burnet, John〈19・20世紀〉
イギリスのギリシア哲学研究家。『プラトン全集』の校訂などを行った。
⇒岩世人（バーネット　1863.12.9–1928.5.26）

Burnett, Frances Eliza Hodgson〈19・20世紀〉
イギリス系アメリカの女流小説家。『小公子』(86)の著者として有名。
⇒岩世人（バーネット　1849.11.24–1924.10.29）
　広辞7（バーネット　1849–1924）
　ポプ人（バーネット, フランシス・ホジソン　1849–1924）

Burney, Charles〈18・19世紀〉
イギリスのオルガン奏者, 音楽学者。『音楽史解説』(76〜89)などを執筆。
⇒バロ（バーニー, チャールズ　1726.4.7–1814.4.12）
　岩世人（バーニー　1726.4.7–1814.4.12）

Burney, Frances D'Arblay〈18・19世紀〉
イギリスの女流小説家, 日記作者。小説『エブリーナ』(78)が評判となる。
⇒岩世人（バーニー　1752.6.13–1840.1.6）
　ネーム（バーニー　1752–1840）

Burney, Henry〈18・19世紀〉
イギリスの軍人, 外交官。
⇒岩世人（バーニー　1792.2.27–1845.3.4）

Burnham, Daniel Hudson〈19・20世紀〉
アメリカの建築家。シカゴ派のリーダー。『リライアンス・ビル』(90〜95)などを建設。
⇒岩世人（バーナム　1846.9.4–1912.6.1）

Burnouf, Eugène〈19世紀〉
フランスの言語学者, 東洋学者。仏教原典などを研究。
⇒岩世人（ビュルヌフ　1801.4.8–1852.5.28）

Burns, John〈19・20世紀〉
イギリスの政治家。
⇒岩世人（バーンズ　1858.10.20–1943.1.24）
　学叢思（バーンズ, ジョン　1858–?）

Burns,（Oyster）Thomas P.〈19・20世紀〉
アメリカの大リーグ選手（外野, 遊撃）。
⇒メジャ（オイスター・バーンズ　1864.9.6–1928.11.11）

Burns, Robert〈18世紀〉
スコットランドの詩人。主作品『二十日鼠に寄せる』(85)。
⇒岩世人（バーンズ　1759.1.25–1796.7.21）
　広辞7（バーンズ　1759–1796）
　学叢思（バーンズ, ロバート　1759–1796）
　新カト（バーンズ　1759.1.25–1796.7.21）

Burns, Thomas Everett〈19・20世紀〉
アメリカの大リーグ選手（三塁, 遊撃）。
⇒メジャ（トム・バーンズ　1857.3.30–1902.3.19）

Burns, William Chalmers〈19世紀〉
イギリスの長老教会宣教師。
⇒岩世人（バーンズ　1815.4.1–1868.4.4）

Burnside, William〈19・20世紀〉
イギリスの数学者。
⇒世数（バーンサイド, ウィリアム　1852–1927）

Burr, Aaron〈18・19世紀〉
アメリカの政治家。独立戦争に参加。
⇒アメ新（バー　1756–1836）
　岩世人（バー　1756.2.6–1836.9.14）

Burroughs, Edgar Rice〈19・20世紀〉
アメリカの小説家。ターザンを主人公にした小説を30冊以上発表。
⇒岩世人（バローズ　1875.9.1–1950.3.19）
　広辞7（バロウズ　1875–1950）

Burroughs, William Seward〈19世紀〉
アメリカの発明家。
⇒岩世人（バローズ　1855.1.28–1898.9.15）

Burrows, Herbert〈19・20世紀〉
イギリスの社会主義者。
⇒学叢思（バーロース, ハーバート　1845–?）

Burrus, Sextus Afranius〈1世紀〉
ローマの近衛総督。在職51〜62。
⇒岩世人（ブッルス　?–62）

Burte, Hermann〈19・20世紀〉
ドイツの作家, 詩人。本名Strübe。
⇒岩世人（ブルテ　1879.2.15–1960.3.21）

Burthogge, Richard〈17・18世紀〉
イギリスの哲学者。主観主義的観念論の立場に立つ。
⇒岩世人（バーソッグ　1638頃–1700頃）

Burton, John Hill〈19世紀〉
スコットランドの歴史家。『デービッド・ヒューム伝』(46)の著者として有名。
⇒岩世人（バートン　1809.8.22–1881.8.10）

Burton, *Sir* Richard Francis〈19世紀〉
イギリスの探検家, 外交官, 東洋学者。
⇒岩世人（バートン　1821.3.19–1890.10.20）
　広辞7（バートン　1821–1890）
　スパイ（バートン, サー・リチャード　1821–1890）

Burton, Robert〈16・17世紀〉
イギリスの古典文学研究家,牧師。『憂鬱の解剖』(21)の著者。
⇒岩世人（バートン　1577.2.8–1640.1.25）

Burton, William Kinninmond〈19世紀〉
イギリスの衛生工学者。東京帝国大学工科大学で衛生工学を教授。
⇒岩世人（バートン（慣バルトン）　1856.5.11–1899.8.5）

Burty, Philippe〈19世紀〉
フランスの美術評論家。ゴンクールの友人で,彼およびゴンズと共に日本美術の紹介につとめた。
⇒岩世人（ビュルティ　1830.2.11–1890.6.3）

Burwer, Thomas〈17世紀〉
イギリスの作曲家。
⇒バロ（ブルワー,トマス　1611–1670頃?）

Bury, Bernard de〈18世紀〉
フランスの作曲家。
⇒バロ（ビュリ,ベルナール・ド　1720.8.20–1785.11.19）

Bury, John Bagnell〈19・20世紀〉
イギリスの古典学者,歴史学者。古代ローマ帝政後期をめぐる歴史著作を多く発表。
⇒岩世人（ベリー（ビュリー）　1861.10.16–1927.6.1）

Bus, César de〈16・17世紀〉
フランスの教育者。
⇒新カト（ビュス　1544.2.3–1607.4.15）

Busby, Thomas〈18・19世紀〉
イギリスの音楽評論家,作曲家,オルガン奏者。
⇒バロ（バスビー,トマス　1755.12–1838.5.28）

Busch, Daniel〈17世紀〉
オランダの出島商館付外科医。
⇒岩世人（ブッシュ）

Busch, Emil〈19世紀〉
ドイツの光学器械製作者。
⇒岩世人（ブッシュ　1820.8.6–1888.4.1）

Busch, Johannes (Jan)〈14・15世紀〉
オランダ出身の司祭。デヴォーチオ・モデルナ「新しい信心」運動の指導者。
⇒新カト（ブッシュ　1399.8.10–1479/1480）

Busch, Wilhelm〈19・20世紀〉
ドイツの詩人,諷刺画家。漫画の先駆者。
⇒岩世人（ブッシュ　1832.4.15–1908.1.9）
　芸13（ブッシュ,ヴィルヘルム　1832–1908）

Busenbaum, Hermann〈16・17世紀〉
ドイツ生れのイエズス会神学者。
⇒岩世人（ブーゼンバウム　1600頃–1668.1.31）
　新カト（ブーゼンバウム　1600.9.19–1668.1.31）

Busenello, Giovanni Francesco〈16・17世紀〉
イタリアの詩人,オペラ台本作家。
⇒オペラ（ブゼネッロ,ジョヴァンニ・フランチェスコ　1598–1659）

Bushell, Stephen Wootton〈19・20世紀〉
イギリスの東洋学者。北京のイギリス公使官附軍医(1868～99)。
⇒岩世人（ブッシェル　1844.7.28–1908.9.19）

Bushing, Anton Friedrich〈18世紀〉
ドイツの統計学者。
⇒学叢思（ビュッシング,アントン・フリードリヒ　1724–1793）

Bushnell, Horace〈19世紀〉
アメリカの神学者。宗教的自由主義の父と称される。
⇒岩世人（ブッシュネル　1802.4.14–1876.2.17）
　新カト（ブッシュネル　1802.4.14–1876.2.17）

***al*-Buṣīrī, Sharafu'd-Dīn Muḥammad**〈13世紀〉
エジプトの詩人。
⇒岩世人（ブースィーリー　1212.3.7–1294-1296頃）

Būsiris
ギリシア神話,ポセイドンの子,エジプト王。
⇒岩世人（ブシリス）

Buslaev, Fëdor Ivanovich〈19世紀〉
ロシアの言語学者。名著『ロシア語歴史文法』(1858)をもって知られる。
⇒岩世人（ブスラーエフ　1818.4.13–1897.7.31）

Büsleh, Johann Georg〈18世紀〉
ドイツの経済学者。
⇒学叢思（ブッシュ,ヨハン・ゲオルク　1728–1800）

Busnois, Antoine〈15世紀〉
フランドルの作詞家,作曲家。晩年はブリュージュのサン・ソヴール教会の合唱長。
⇒バロ（ビュノワ,アントワーヌ　1430頃–1492.11.6）
　岩世人（ビュノワ　1430頃–1492.11.6以前）

Busolt, Georg〈19・20世紀〉
ドイツのギリシア史家。
⇒岩世人（ブーゾルト　1850.11.13–1920.9.2）

Busoni, Ferruccio Benvenuto〈19・20世紀〉
イタリアの作曲家,ピアノ奏者。未完のオペラ『ファウスト博士』などを発表。
⇒岩世人（ブゾーニ　1866.4.1–1924.7.27）
　オペラ（ブゾーニ,フェルッチョ　1866–1924）
　エデ（ブゾーニ,フェルッチョ（ダンテ・ミケラン

ジェロ・ベンヴェヌート） 1866.4.1–1924.7.27)
広辞7（ブゾーニ 1866–1924）
20思（ブゾーニ,フェッルッチョ（ダンテ・ミケランジェリオーロ・ベンヴェヌート） 1866–1919)
ピ曲改（ブゾーニ,フェッルッチョ・ベンヴェヌート 1866–1924)

Buß, Franz Joseph Ritter von〈19世紀〉
ドイツの法律家,政治家。
⇒新カト（ブス 1803.3.23–1878.1.31)

Busse, Carl〈19・20世紀〉
ドイツの詩人,小説家,評論家。上田敏訳「山のあなたの空遠く」で有名。
⇒岩世人（ブッセ 1872.11.12–1918.12.3)
広辞7（ブッセ 1872–1918)
ポプ人（ブッセ,カール 1872–1918)

Busse, Ludwig〈19・20世紀〉
ドイツの哲学者。来日し,東京帝国大学文科大学でヨーロッパ哲学を教授。
⇒岩世人（ブッセ 1862.9.27–1907.9.13)
学叢思（ブッセ,ルドヴィヒ 1862–1907)
新カト（ブッセ 1862.9.27–1907.9.13)

Büssenbach, Rudolf〈16世紀〉
ドイツの作曲家。
⇒バロ（ビュッセンバッハ,ルドルフ 1520頃?–1570頃?)

Bustanai, Ben-Chaninai〈7世紀〉
バビロニアのレシュ・ガルータ（離散社会の長）。
⇒ユ人（ブスタナイ（ブスタニ）,ベンハニナイ 618頃–670)

al-Bustānī, Butrus〈19世紀〉
アラブの文筆家。アラブを中心とした近代アラブ文芸復興運動の指導者。
⇒岩世人（ブトルス・ブスターニー 1819–1883.5.1)

Bustelli, Franz Anton〈18世紀〉
スイスの陶器原型作者。『キューピット』などの像を制作。
⇒岩世人（ブステリ 1723.4.12–1763.4.18)

al-Bustī, Abū al-Fatḥ ʻAlī〈10・11世紀〉
イラン系のアラビア語,ペルシア語詩人。
⇒岩世人（ブスティー ?–1009-1011/1013)

Bustijn, Pieter〈17・18世紀〉
ネーデルラントの作曲家。
⇒バロ（ビュステイン,ピーター 1649.7.25–1729.11.22)

Bustini, Alessandro〈19・20世紀〉
イタリアの作曲家。サンタ・チェチーリア音楽院学院長。
⇒オペラ（ブスティーニ,アレッサンドロ 1876–1970)

Busto, Pietro〈16・17世紀〉
イタリアの作曲家。
⇒バロ（ブスト,ピエトロ 1560頃?–1610頃?)

Bu-ston〈13・14世紀〉
チベット,サキヤ派ラマ教の学僧。
⇒岩世人（ブトン・リンチェンドゥプ 1290–1364)
広辞7（ブトゥン 1290–1364)

Bustos, Mariano〈18世紀〉
スペインの作曲家。
⇒バロ（ブストス,マリアーノ 1740頃?–1800頃?)

Butcher, Samuel Henry〈19・20世紀〉
イギリスのギリシア学者。ラングと共にホメロスの『オデュッセイア』を英訳した（1897)。
⇒岩世人（ブッチャー 1850.4.16–1910.12.29)

Bute, John Stuart, 3rd Earl of〈18世紀〉
イギリスの政治家。首相としてフランスとの間にパリ条約を締結。
⇒岩世人（ビュート 1713.5.25–1792.3.10)

Buterne, Jean-Baptiste〈17・18世紀〉
フランスの作曲家。
⇒バロ（ビュテルヌ,ジャン・バティスト 1650頃–1727.3.28)

Butler, Alban〈18世紀〉
イギリスのカトリック司祭,聖人伝作家。
⇒新カト（バトラー 1710.10.10–1773.5.15)

Butler, Benjamin Franklin〈19世紀〉
アメリカの弁護士,軍人,政治家。アメリカ人民党の主唱者。
⇒岩世人（バトラー 1818.11.5–1893.1.11)

Butler, Edward Cuthbert〈19・20世紀〉
イギリスのベネディクト派修道院長,歴史家。
⇒新カト（バトラー 1858.5.6–1934.4.1)

Butler, Esther〈19・20世紀〉
アメリカの宣教師。
⇒アア歴（Butler,Esther エスター・バトラー 1850.5.10–1921.8)

Butler, Joseph〈17・18世紀〉
イギリスの神学者,哲学者。『説教集』(26),『法と自然と宗教のアナロジー』(36)を残した。
⇒岩世人（バトラー 1692.5.18–1752.6.16)
学叢思（バトラー,ジョセフ 1692–1752)
新カト（バトラー 1692.5.18–1752.6.16)

Butler, Josephine Elizabeth〈19・20世紀〉
イギリスの女流社会改革家。
⇒岩世人（バトラー 1828.4.13–1906.12.30)

Bütler, Maria Bernarda〈19・20世紀〉
スイス出身の聖人,宣教師。祝日5月19日。扶助

者マリアのフランシスコ修道会創立者。
⇒新カト（マリア・ベルナルダ・ビュトラー　1848.5.28–1924.5.19）

Butler, Nicholas Murray〈19・20世紀〉
アメリカの教育家。ニューヨーク教員養成カレッジを設立。1931年ノーベル平和賞受賞。
⇒岩世人（バトラー　1862.4.2–1947.12.7）
　広辞7（バトラー　1862–1947）

Butler, Samuel〈17世紀〉
イギリスの諷刺詩人。
⇒岩世人（バトラー　1613.2.14（受洗）–1680.9.25）
　広辞7（バトラー　1612–1680）

Butler, Samuel〈19・20世紀〉
イギリスの小説家, 画家, 音楽家。作品にユートピア小説『エレホン』（72）など。
⇒岩世人（バトラー　1835.12.4–1902.6.18）
　広辞7（バトラー　1835–1902）

Butler, William〈19世紀〉
アメリカの宣教師。
⇒アア歴（Butler,William　ウイリアム・バトラー　1818.1.30–1899.8.18）

Butlerov, Aleksandr Mikhailovich〈19世紀〉
ロシアの有機化学者。唯物論的認識のもと, 有機化合物の化学構造論を確立。
⇒岩世人（ブートレロフ　1828.9.16–1886.8.17）

Bütschli, Otto〈19・20世紀〉
ドイツの動物学者, 細胞学者。
⇒岩世人（ビュッチュリ　1848.5.3–1920.2.3）

Butt, Isaac〈19世紀〉
アイルランドの政治家。自治運動を展開。
⇒岩世人（バット　1813.9.6–1879.5.5）

Butte, George Charles Felix〈19・20世紀〉
アメリカの弁護士, 政府役人, 植民地行政官。
⇒アア歴（Butte,George C(harles Felix)　ジョージ・チャールズ・フェリックス・ビュート　1877.5.9–1940.1.18）

Butterfield, William〈19世紀〉
イギリスの建築家。ゴシック・リバイバルの指導者の一人。主作品『オール・セインツ』（50）など。
⇒岩世人（バタフィールド　1814.9.7–1900.2.23）

Button, *Sir* Thomas〈16・17世紀〉
イギリスの提督。1612年北西航路探求の命を受け, ハドソン湾西岸などを探検。
⇒岩世人（バトン　1575頃–1634.4.8頃）

Buttstett, Franz Vollrath〈18・19世紀〉
ドイツの作曲家。
⇒バロ（ブットシュテット, フランツ・フォルラート　1735.4.2–1814.5.7）

Buttstett, Johann Heinrich〈17・18世紀〉
ドイツの作曲家, オルガン奏者, 理論家。
⇒バロ（ブットシュテット, ヨハン・ハインリヒ　1666.4.25–1727.12.1）

Buttstett, Johann Samuel〈18世紀〉
ドイツの作曲家。
⇒バロ（ブットシュテット, ヨハン・ザムエル　1700頃?–1740頃?）

Butu, Abdul Baqui〈19・20世紀〉
スールー王国末期の宰相, フィリピン議会議員。
⇒岩世人（ブトゥ　1865–1938）

Butzbach, Johannes〈15・16世紀〉
ドイツの人文主義者。
⇒岩世人（ブッツバッハ　1478–1526.12.29）
　新カト（ブッツバッハ　1478–1516.12.29）

Buus, Jacques〈16世紀〉
フランドル楽派の作曲家。51〜64年に, ウィーンで宮廷礼拝堂のオルガン奏者をつとめた。
⇒バロ（ビュース, ジャック　1505–1565.8.18-9.1）

Buxtehude, Dietrich〈17・18世紀〉
デンマークの作曲家, オルガン奏者。リュベックの聖母マリア教会のオルガン奏者。
⇒バロ（ブクステフーデ, ディズリク　1637–1707.5.9/16）
　岩世人（ブクステフーデ　1637頃–1707.5.9）
　エデ（ブクステフーデ, ディートリヒ　1637–1707.5.9）
　ネーム（ブクステフーデ　1637–1707）
　広辞7（ブクステフーデ　1637頃–1707）
　新カト（ブクステフーデ　1637頃–1707.5.9）

Buxtehude, Johann〈17世紀〉
デンマークの作曲家。
⇒バロ（ブクステフーデ, ヨハン　1602–1674）

Buxton, Barclay Fowell〈19・20世紀〉
イギリスの聖公会宣教師。
⇒岩世人（バクストン　1860.8.16–1946.2.5）

Buyan Sechen Khan〈16・17世紀〉
北元の皇帝。
⇒世帝（ブヤン・セチェン・ハーン　(在位)1592–1603）

Buys-Ballot, Christoph Hendrik Didericus〈19世紀〉
オランダの気象学者。
⇒岩世人（ボイス・バロット　1817.10.10–1890.2.3）

Buysse, Cyriel〈19・20世紀〉
ベルギーの小説家。『きょうとあした』誌の創刊者の一人。
⇒岩世人（バウセ　1859.9.20–1932.7.25）

Buytenhem, Hendrick van〈17世紀〉
オランダの長崎商館長。
⇒岩世人（バイテンヘム）

Buzomi, Francesco〈16・17世紀〉
イタリアの宣教師。
⇒岩世人（ブゾーミ　1575–1639.7.1）

Buzurg ibn Šahriyār al-Rāmhurmuzī〈10世紀頃〉
イランの航海者。
⇒岩世人（ブズルグ・イブン・シャフリヤール）

Buzzell, Annie Syrena〈19・20世紀〉
アメリカのバプテスト派教会宣教師。仙台尚絅女学校、遠野聖光幼稚園を創立。
⇒岩世人（ブゼル　1866.8.3–1936.2.5）

Byerman, Simon〈16世紀〉
フランスの作曲家。
⇒バロ（ビャルマン、シモン　1528頃–1599）

Byng, John〈18世紀〉
イギリスの海軍軍人。
⇒岩世人（ビング　1704.10.29頃–1757.3.14）

Bynkershoek, Cornelius van〈17・18世紀〉
オランダの法律家。国際法の実定法学派の巨頭とされる。海洋主権などについて研究。
⇒岩世人（バインケルスフーク　1673.5.29–1743.4.16）

Byrd, William〈16・17世紀〉
イギリスの作曲家、オルガン奏者。
⇒バロ（バード、ウィリアム　1542/1543–1623.7.4）
　岩世人（バード　1540頃–1623.7.4）
　エデ（バード、ウィリアム　1543–1623.7.4）
　広辞7（バード　1540頃–1623）
　新カト（バード　1540頃–1623.7.4）

Byrd II, William〈17・18世紀〉
アメリカ植民地時代の政治家。大タバコ・プランター、毛皮商人たる父1世の財を継ぐ。
⇒岩世人（バード　1674.3.28–1744.8.26）

Byrnes, James Francis〈19・20世紀〉
アメリカの政治家。対ソ強硬派。
⇒岩世人（バーンズ　1879.5.2–1972.4.9）

Byron, George Gordon Noel, 6th Baron〈18・19世紀〉
イギリスの詩人。男爵。
⇒アア歴（Georgeson,C(harles) C(hristian) チャールズ・クリスチャン・ジョージスン　1851.6.26–1931.4.1）
　岩世人（バイロン　1788.1.22–1824.4.19）
　オペラ（バイロン、ジョージ・ゴードン　1788–1824）
　広辞7（バイロン　1788–1824）
　学叢思（バイロン卿　1788–1824）
　新カト（バイロン　1788.1.22–1824.4.19）
　世人新（バイロン　1788–1824）
　世人装（バイロン　1788–1824）
　世史語（バイロン　1788–1824）
　ポプ人（バイロン、ジョージ　1788–1824）

Byron, John〈18世紀〉
イギリスの提督。1741年世界周航に参加中、チリ沖で遭難。のち海軍少将に昇進。
⇒岩世人（バイロン　1723.11.8–1786.4.10）
　オセ新（バイロン　1723–1786）

Bystrzycki〈17・18世紀〉
ポーランドの作曲家。
⇒バロ（ビストシツキ,?　1690頃?–1750頃?）

Byteryng, Thomas〈14・15世紀〉
イギリスの作曲家。
⇒バロ（ビタリング、トマス　1370頃?–1420頃?）

Byutsov, Evgeny Karlovich〈19・20世紀〉
ロシアの外交官。
⇒岩世人（ビューツォフ　1837–1904）

Bywater, Ingram〈19・20世紀〉
イギリスの古典学者。古代哲学、特にアリストテレスの研究家。
⇒岩世人（バイウォーター　1840.6.27–1914.12.8）

Bzovius, Abraham〈16・17世紀〉
ポーランドの教会史家、ドミニコ会員。
⇒新カト（ブゾヴィウス　1567–1637.1.31）

【C】

Caballero, Antonio〈17世紀〉
スペイン出身の中国宣教師、フランシスコ会員。
⇒新カト（カバリェロ　1602.4.20–1669.5.13）

Caballero, Fernán〈18・19世紀〉
スペインの女流作家。代表作『かもめ』(49)。
⇒岩世人（カバリェーロ　1796.12.25–1877.4.7）
　ネーム（カバリェロ　1796?–1877）

Caballone, Michele〈17・18世紀〉
イタリアの音楽教師、理論家。
⇒バロ（カバルローネ、ミケーレ　1692–1740.1.19）

Caballos, F.〈16世紀〉
スペインの作曲家。スペイン楽派。
⇒バロ（カバリョス,F　1540頃?–1590頃?）

Caballos, R.〈16世紀〉
スペインの作曲家。スペイン楽派。

⇒バロ（カバリョス,R 1540頃?-1590頃?）

Cabanel, Alexandre〈19世紀〉
フランスの画家。歴史画，寓意画，肖像画を多く制作。代表作『ビーナスの誕生』(63)。
⇒岩世人（カバネル 1823.9.28-1889.1.23）
芸13（カバネル，アレキサンドル 1823-1889）

Cabanilles, Juan Bautista José〈17・18世紀〉
スペインの作曲家，オルガン奏者。イベリア・オルガン楽派後期の大家。
⇒バロ（カバニーリュス，フアン・バティスタ・ホセ 1644.9.4/5-1712.4.29）
新カト（カバニリェス 1664.9.4-1712.4.29）

Cabanis, Pierre Jean Georges〈18・19世紀〉
フランスの哲学者，医学者。主著『人間の肉体と精神の関係』(02)。
⇒岩世人（カバニス 1757.6.5-1808.5.5）
広辞7（カバニス 1757-1808）
学叢思（カバニース，ピエール・ジョルジュ 1757-1808）
メル2（カバニス，ピエール＝ジャン＝ジョルジュ 1757-1808）

Cabasa, Manuel〈18世紀〉
スペインのオーボエ，フラウト・トラヴェルソの奏者。
⇒バロ（カバーサ，マヌエル 1740頃?-1800頃?）

Cabet, Étienne〈18・19世紀〉
フランスの空想的社会主義者。1840年に『イカリー旅行』を出版。
⇒岩世人（カベ 1788.1.1-1856.11.8）
学叢思（カベー，エティエンヌ 1788-1859）

Cabeza de Vaca, Álvar Núñez〈15・16世紀〉
スペインの探検家。
⇒岩世人（カベサ・デ・バカ 1490頃-1564）

Cabezón, Antonio de〈15・16世紀〉
スペインのオルガン奏者，作曲家。作品集に『鍵盤楽器，ハープおよびリュート曲集』(78)がある。
⇒バロ（カベソン，アントーニオ・デ 1510.5.3-1566.3.26）
岩世人（カベソン 1510頃-1566.3.26）
新カト（カベソン 1510頃-1566.3.26）

Cabezón, Hernando de〈16・17世紀〉
スペインのオルガン・チェンバロの奏者。
⇒バロ（カベソン，エルナンド・デ 1541.9.7-1602.10.1）

Cabezón, Juan de〈16世紀〉
スペインのオルガン奏者。スペインの音楽家一族。
⇒バロ（カベソン，フアン・デ 1515頃-1566.5.18）

Cable, George Washington〈19・20世紀〉
アメリカの小説家。
⇒岩世人（ケイブル 1844.10.12-1925.1.31）

Caboto, Giovanni〈15世紀〉
イタリアの航海探検家。1497年6月24日新大陸を発見。
⇒岩世人（カボート 1450頃-1498）
世人新（カボート（カボット）〈父;ジョヴァンニ〉 1450頃-1498）
世人装（カボート（カボット）〈父;ジョヴァンニ〉 1450頃-1498）
世史語（カボート（父子） 1450頃-1499）
ポブ人（カボート父子 1450?-1498）
ルネ（ジョン・カボット 1451頃-1498）

Caboto, Sebastiano〈15・16世紀〉
イタリアの航海者。1497年新大陸への北方航路を探索。
⇒岩世人（カボート 1476(-1482)-1557）
世人新（カボート（カボット）〈子;セバスティアーノ〉 1472/1476/1480-1557）
世人装（カボート（カボット）〈子;セバスティアーノ〉 1472/1476/1480-1557）
世史語（カボート（父子） 1476頃-1557）
ポブ人（カボート父子 1476?-1557）

Cabral, Francisco〈16・17世紀〉
ポルトガル人のイエズス会士。第2代日本布教長。
⇒岩世人（カブラル 1533-1609）
新カト（カブラル 1533-1609.4.16）
ポブ人（カブラル，フランシスコ 1528-1609）

Cabral, João〈16世紀〉
キリシタン時代のポルトガル人イエズス会宣教師。
⇒新カト（カブラル 1538頃-1575.4）

Cabral, Pedro Álvarez〈15・16世紀〉
ポルトガルの航海者。1500年4月22日ブラジルを発見。
⇒岩世人（カブラル 1467頃-1520頃）
広辞7（カブラル 1467頃-1520頃）
世人新（カブラル 1467頃-1520頃）
世人装（カブラル 1467頃-1520頃）
世史語（カブラル 1460頃-1526）
ポブ人（カブラル，ペドロ・アルバレス 1467?-1520?）
ラテ新（カブラル 1467頃-1520）

Cabrera, Luis〈19・20世紀〉
メキシコの法律家。蔵相（14〜17,19〜20），メキシコ市で弁護士開業（20〜）。
⇒岩世人（カブレーラ 1876.7.17-1954.4.12）

Cabrera, Miguel〈17・18世紀〉
植民地時代のメキシコの画家。
⇒岩世人（カブレーラ 1695.2.27-1768.5.16）

Cabrera, Ramón, Conde de Morella

〈19世紀〉
スペインの軍人。
⇒岩世人（カブレーラ　1806.12.27–1877.5.24）

Cabrera de Cordoba, Luis〈16・17世紀〉
スペインの歴史家。イタリアで官吏生活をし、またフェリペ2世の歴史を書いた。
⇒岩世人（カブレーラ・デ・コルドバ　1559–1623）

Cabrillo, Juan Rodríguez〈15・16世紀〉
スペインの航海者。ポルトガル人。カリフォルニア太平洋沿岸を探記し、サンディエゴ湾などを発見(42)。
⇒岩世人（カブリーリョ　?–1543.1.3）

Cabrini, Francesca Saverio〈19・20世紀〉
イエスの聖心宣教修道女会の創立者。聖人。祝日12月22日。
⇒新カト（フランチェスカ・サヴェリオ・カブリーニ　1850.7.15–1917.12.22）

Cabrol, Fernand〈19・20世紀〉
フランスのベネディクト会士、典礼学者。ソレームのベネディクト修道院院長(1890)。
⇒岩世人（カブロル　1855.12.11–1937.6.4）
　新カト（カブロル　1855.12.11–1937.6.4）

Čabui〈13世紀〉
クビライの皇后。
⇒岩世人（チャブイ　?–1281.3.20（世祖至元18.2.29））

Caccini, Francesca〈16・17世紀〉
イタリアの歌手、チェンバロ奏者、作曲家。
⇒バロ（カッチーニ、フランチェスカ　1587.9.18–1640頃）
　オペラ（カッチーニ、フランチェスカ（通称：チェッキーナ）　1587–1637?）

Caccini, Giulio〈16・17世紀〉
イタリアの作曲家、歌手。現存する最古のオペラ『エウリディーチェ』(1600)を作曲。
⇒バロ（カッチーニ、ジュリオ　1545頃–1618.12.10）
　岩世人（カッチーニ　1551.10.8–1618.12.10）
　オペラ（カッチーニ、ジュリオ　1551–1618）
　エデ（カッチーニ、ジュリオ　1551.10.8–1618.12.10）
　ネーム（カッチーニ　1550?–1618）

Caccini, Orazio〈16世紀〉
イタリアの作曲家。
⇒バロ（カッチーニ、オラツィオ　1540頃?–1590頃?）

Caccini, Settimia〈16・17世紀〉
イタリアの歌手。
⇒バロ（カッチーニ、セッティミア　1591.10.6–1638頃）

Caccioli, Andrea〈12・13世紀〉
アッシジのフランチェスコの弟子。
⇒新カト（カッチョーリ　1194–1254.6.3）

Cáceres, Andrés Avelino〈19・20世紀〉
ペルーの政治家。大統領(1886〜90)に当選。
⇒岩世人（カセレス　1836.11.10–1923.10.10）

Cachin, Marcel〈19・20世紀〉
フランスの共産党指導者。共産党結成時(20)に指導的な役割を演じた。
⇒岩世人（カシャン　1869.9.20–1958.2.12）
　学叢思（カッシャン、マルセユ　1869–?）

Cachon, l'Abbé Mermet de〈19世紀〉
フランスのイエズス会宣教師。1858年、日仏通商条約締結の際、全権グロの通訳として江戸におもむく。
⇒岩世人（メルメ　1828.9.11–1871頃）
　新カト（メルメ　1828.9.11–1871頃）

Cadalso y Vázquez, José de〈18世紀〉
スペインの小説家、軍人。代表作『へぼ学者』(72)。
⇒岩世人（カダルソ　1741.10.8–1782.2.27）

Ca da Mosto, Alvise〈15世紀〉
ベネチアの貴族、航海者。ポルトガルから派遣されてアフリカ西岸を航海。
⇒アフ新（カダ・モスト　1432–1488）
　岩世人（カダ・モースト　1432頃–1483.7.16）

Cadbury, William Warder〈19・20世紀〉
アメリカの医師。
⇒アア歴（Cadbury,William W (arder)　ウイリアム・ウォーダー・キャドベリー　1877.10.15–1959.10.15）

Cade, John〈15世紀〉
イングランドの農民一揆の指導者。通称Jack。
⇒岩世人（ケイド　?–1450.7.12/13）

Cadéac, Pierre〈16世紀〉
フランスの作曲家。
⇒バロ（カデアック、ピエール　1510頃?–1556頃）

Cadet, Auguste〈19世紀〉
フランスの薬学者、政治家。
⇒19仏（オーギュスト・カデ　1821.3.23–1891.2.21）

Cadière, Léopold (-Michel)〈19・20世紀〉
フランスのカトリック司祭、学者。
⇒岩世人（カディエール　1869.2.14–1955.7.6）

Cadilhac, Hippolyte Louis〈19・20世紀〉
フランスのパリ外国宣教会宣教師。
⇒新カト（カディヤック　1859.3.15–1930.11.19）

Cadol, Édouard〈19世紀〉
フランスの劇作家、小説家。

⇒**19仏**（エドゥアール・カドル　1831.2.11–1898.6.2）

Cadorna, Luigi〈19・20世紀〉
イタリアの軍人。第1次世界大戦時の参謀総長。
⇒岩世人（カドルナ　1850.9.4–1928.12.21）

Cadorna, Raffaele〈19世紀〉
イタリアの軍人。トリノの軍司令官（73～77）。
⇒岩世人（カドルナ　1815.2.9–1897.2.6）

Cadoudal, Georges〈18・19世紀〉
フランスの王党反乱指導者。〈梟党〉の首領。
⇒岩世人（カドゥーダル　1771.1.1–1804.6.25）

Caecilia〈2・3世紀〉
伝説的なローマ教会の殉教者、聖人。
⇒新カト（カエキリア〔ローマの〕　3世紀頃）
図聖（セシリア　?–3世紀）

Caecilia Metella
ローマの女性。
⇒岩世人（カエキリア・メテッラ）

Caecilianus〈4世紀〉
カルタゴの司教。
⇒新カト（カエキリアヌス〔カルタゴの〕　?–342頃）

Caecilius Statius〈前2世紀〉
ローマの喜劇作家。
⇒岩世人（カエキリウス　?–前167頃）

Caedmon〈7世紀頃〉
イギリスの宗教詩人。神のお告げを受け、「讃美歌」を作詩。
⇒岩世人（カドモン　?–670頃）
新カト（ケドモン　（活躍）658–680）

Caelestius〈4・5世紀〉
ブリタニア出身のペラギウス主義者。
⇒新カト（カエレスティウス　?–431以後）

Caelius Rufus, Marcus〈前1世紀〉
ローマ共和政末期の政治家。キケロの友人。
⇒岩世人（カエリウス・ルフス　前88/前87頃–前48.3）

Caer Ibormeith
オイングスの恋人。
⇒ネーム（カイル・イヴィルメト）

Caesar, Gaius Julius〈前1世紀〉
ローマ共和政末期最大の軍人、政治家。ローマのガリア支配を確立。
⇒岩世人（カエサル　前100.7.13–前44.3.15）
広辞7（カエサル　前100頃–前44）
学叢思（ケーザル、ユリウス　前100–前44.3.15）
新カト（カエサル　前102頃–前44.3.15）
世人新（カエサル〔シーザー〕　前102頃–前44）
世人装（カエサル〔シーザー〕　前102頃–前44）
世史語（カエサル　前100–前44）
ポプ人（カエサル、ユリウス　前100–前44）
ユ人（ユリウス、カエサル〔シーザー〕　前100頃–前44）
学叢歴（ケーザル　前100–前44）

Caesar, Johann Melchior〈17世紀〉
ドイツの作曲家。
⇒バロ（カイザー、ヨハン・メルヒオール　1648頃–1692.10.18）
バロ（ツェーザル、ヨハン・メルヒオール　1648頃–1692.10.18）

Caesarius〈5・6世紀〉
フランスの司教、聖人。アルルの司教（502～42）。
⇒岩世人（カエサリウス〔アルルの〕　470頃–543.8.27）
新カト（カエサリウス〔アルルの〕　470頃–542/543.8.27）

Caesarius〈12・13世紀〉
ドイツのシスティン会修道士、著作家。ケルンの人。
⇒岩世人（カエサリウス〔ハイスターバッハの〕　1180頃–1240頃）
新カト（カエサリウス〔ハイスタバハの〕　1180頃–1240頃）

Caetani, Leone〈19・20世紀〉
イタリアのイスラム学者。『イスラム年代記』を刊行（1905～26）。
⇒岩世人（カエターニ　1869.9.12–1935.12.25）

Caezar, Martinus〈17世紀〉
オランダの出島商館長。1670年から3期在勤。
⇒岩世人（セーザル　?–1679.11.29）

Cafaro, Pasquale〈18世紀〉
イタリアの音楽教師、指揮者。
⇒バロ（カファーロ、パスクアーレ　1716?.2.8–1787.10.25）

Cafasso, Giuseppe〈19世紀〉
イタリアの司牧者、司祭養成者、倫理神学者、聖人。祝日6月23日。
⇒新カト（ジュゼッペ・カファッソ　1811.1.15–1860.6.23）

Caffarelli〈18世紀〉
イタリアのカストラート歌手。
⇒オペラ（カッファレッリ　1710–1783）

Caffiéri, Jacques〈17・18世紀〉
フランスの彫刻家、鋳金家、彫金家。彫刻作品『ブザンバル男爵像』のほか、装飾デザインにすぐれた。
⇒芸13（キャフィエリ、ジャック　1678–1755）

Caffiéri, Jean Jacques〈18世紀〉
フランスの彫刻家、鋳金家、彫金家。J.キャフィエリの息子。
⇒岩世人（カフィエリ　1725.4.30–1792.6.21）
芸13（キャフィエリ、ジャン・ジャック　1725–1792）

Čaγan〈13世紀〉
モンゴル国の武将。
⇒岩世人（チャガン　?-1255）

Čaγan〈14世紀〉
モンゴル帝国の政治家。
⇒岩世人（チャガン　?-1321（至治1）頃）

Cagliati, P.〈16・17世紀〉
イタリアの作曲家。
⇒バロ（カリャーティ,P.　1590頃?-1650頃?）

Cagliostro, Alessandro, conte di〈18世紀〉
イタリアの眼科医, 錬金術師, 魔術師。魔術をもって病人治癒, 死者蘇生を行うと称しヨーロッパ諸国を巡遊。
⇒岩世人（カリオストロ　1743.6.8-1795.8.26）

Cagnacci, Guido〈17世紀〉
イタリアの画家。
⇒岩世人（カニャッチ　1601.1.19-1663）

Cagniard de la Tour, Charles〈18・19世紀〉
フランスの物理学者, 技術者。サイレンを用いて音の振動数を発見する方法を発明。
⇒岩世人（カニャール・ド・ラ・トゥール　1777.3.31-1859.7.5）

Cagnola, Luigi〈18・19世紀〉
イタリアの建築家。バロック風の建築をし, ミラノの凱旋門は彼の傑作とされている。
⇒岩世人（カニョーラ　1762.6.9-1833.8.14）

Cahan, Abraham〈19・20世紀〉
アメリカの小説家。
⇒岩世人（カーハン　1860.7.7-1951.8.31）
　ユ人（カハン, アブラハム　1860-1951）
　ユ著人（Cahan,Abraham　カーン, エイブラハム　1860-1961）

Cahensly, Peter Paul〈19・20世紀〉
ドイツのカトリック信徒, 社会運動指導者。
⇒新カト（カヘンスリ　1838.10.28-1923.12.25）

Cahusac, Louis de〈17・18世紀〉
フランスの台本作家, 劇作家, 舞踏理論家。
⇒バレエ（カユザック, ルイ・ド　1700/1706.4.6-1759.6.22）

Caiaphas〈1世紀〉
エルサレムの大祭司。在職紀元18～36年（マタイによる福音書）。
⇒聖書（カイアファ）

Caietaine, Fabrice Marin〈16世紀〉
フランスの作曲家。
⇒バロ（ケターヌ, ファブリス・マラン　1530頃?-1580頃?）

Caietan, Fabrice Marin〈16世紀〉
イタリアの作曲家。
⇒バロ（カユタン, ファブリース・マラン　1540頃?-1595頃?）

Caignet, Denis〈16・17世紀〉
フランスの作曲家。
⇒バロ（ケーニェ, ドニ　1555頃-1625.11.T）

Caillau, Armand-Benjamin〈18・19世紀〉
フランスの教父学者, 聖人伝作家。
⇒新カト（カイヨー　1794.10.22-1850.7.4）

Caillaux, Joseph Pierre Marie Auguste〈19・20世紀〉
フランスの政治家。
⇒岩世人（カイヨー　1863.3.30-1944.11.21）

Caillebotte, Gustave〈19世紀〉
フランスの画家, 印象派絵画の蒐集家。代表作『アルジャントゥーユのセーヌ川風景』。
⇒岩世人（カイユボット　1848.8.19-1894.2.21）
　芸13（カイユボット, ギュスターヴ　1848-1894）

Cailletet, Louis Paul〈19・20世紀〉
フランスの物理学者, 工学者。鉄工場主。
⇒岩世人（カイユテ　1832.9.21-1913.1.5）

Caillié, René Auguste〈18・19世紀〉
フランスの探検家。トンブクツーにヨーロッパ人として初めて足を入れた。
⇒アフ新（カイエ　1799-1838）
　岩世人（カイエ　1799.11.19-1838.5.17）

Caílte mac Rónáin
フィアナ騎士団の一人。
⇒ネーム（キルタ・マック・ロナン）

Caimo, Gioseppe〈16世紀〉
イタリアのオルガン奏者。
⇒バロ（カイモ, ジョゼッペ　1545頃-1584.10.31以前）

Cain
アダムとイブの子。弟アベルを殺害（創世記）。
⇒岩世人（カービール）
　岩世人（カイン）
　ネーム（カイン）
　新カト（カイン）
　聖書（カイン）

Cain, Auguste-Nicolas〈19世紀〉
フランスの彫刻家。
⇒岩世人（カン　1821.11.10-1894.8.6）

Caine, Sir Thomas Henry Hall〈19・20世紀〉
イギリスの小説家。主著『罪の影』（1885）, 『マン島人』（94）など。
⇒岩世人（ケイン　1853.5.14-1931.8.31）

Caird, Edward〈19・20世紀〉
イギリスの哲学者。新ヘーゲル学派の指導者。
⇒岩世人（ケアード　1835.3.22–1908.11.1)
　学叢思（ケアード，エドワード　1835–1908)
　新カト（ケアード　1835.5.23–1908.11.1)

Caird, Sir James〈19世紀〉
イギリスの経済学者。政府の農業行政に携わった。
⇒岩世人（ケアード　1816–1892.2.9)

Caird, John〈19世紀〉
イギリスの神学者。
⇒岩世人（ケアード　1820.12.15–1898.7.30)

Cairnes, John Elliott〈19世紀〉
イギリスの経済学者。
⇒岩世人（ケアンズ　1823.12.26–1875.7.8)
　学叢思（ケアンズ，ジョン・エリオット　1823–1875)

Cairns, Hugh McCalmont, 1st Earl〈19世紀〉
アイルランドの司法官，政治家。アイルランドの利益擁護に努めた。
⇒岩世人（ケアンズ　1819.12.27–1885.4.2)

Cairoli, Benedetto〈19世紀〉
イタリアの政治家。1878,79～81年の2度首相。
⇒岩世人（カイローリ　1825.1.28–1889.8.8)

Caitanya〈15・16世紀〉
インドの哲学者。ヴィシュヌ派の一分派・ヴィシュヴァンバラ・ミシュラの創始者。
⇒岩世人（チャイタンニャ　1485/1486–1533/1534)
　学叢思（チャイタンヤ　1485–?)
　南ア新（チャイタニヤ　1485–1533)

Caius, John〈16世紀〉
イギリスの内科医。ゴンビル・キーズ・カレッジを創立。
⇒岩世人（カイウス　1510.6.10–1573.7.29)

Caius (Gaius), St.〈3世紀〉
ローマ教皇。在位283～296。
⇒新カト（カイウス　?–295/296.4.22)

Caix d'Hervelois, Louis de〈17・18世紀〉
フランスのヴィオラ・ダ・ガンバ奏者，作曲家。
⇒バロ（ケ・デルヴロア，ルイ・ド　1670/1680頃–1760)
　バロ（デルヴロア，ルイ・ド・ケ　1670/1680頃–1760)

Cajetanus, Jacobus〈15・16世紀〉
ルネサンスの神学者，ドミニコ会修道士。1508年ドミニコ会総長。
⇒岩世人（カエタヌス　1469.2.20–1534.8.9)
　新カト（カイエタヌス　1469.2.10–1534.8.10)

Cajetanus, Tiene〈15・16世紀〉
イタリアのテアティノ修道会の創始者のひとり，聖人。
⇒図聖（カエタヌス（ティエネの）　1480–1547)

Cajori, Florian〈19・20世紀〉
アメリカ（スイス生れ）の科学史家。物理学史および数学史に関する多くの著作がある。
⇒岩世人（カジョリ　1859.2.28–1930.8.14)

Čaka〈13世紀〉
中世ブルガリアの統治者。在位1299～1300。
⇒世帝（チャカ　?–1300)

Cakkraphat〈16世紀〉
タイ，アユタヤ朝第17代の王。在位1548～69。
⇒岩世人（チャックラパット　1512?–1569.1/4)
　世帝（チャクラパット　1512–1569)

Çakmak, Fevzi, Mustafa〈19・20世紀〉
トルコの軍人，政治家。
⇒岩世人（チャクマク，フェヴズィ　1876–1950.4.12)

Cakobau, Seru〈19世紀〉
フィジーにおける歴史上最大の首長。
⇒オセ新（ザコンバウ　1817?–1882)

Cakraningrat IV〈18世紀〉
インドネシア，西マドゥラの領主。在位1718～46。
⇒岩世人（チャクラニングラット4世　?–1753)

Calabria, Giovanni〈19・20世紀〉
イタリアの聖人，司祭，カラブリア修道会の創立者。祝日12月4日。
⇒新カト（ジョヴァンニ・カラブリア　1873.10.8–1954.12.4)

Calafato, Eustochia Smeralda〈15世紀〉
クララ会の女性神秘家。聖人。祝日1月20日。
⇒新カト（エウストキア・ズメラルダ・カラファト　1434.3.25–1485.1.20)

Calamity Jane〈19・20世紀〉
開拓時代のアメリカ西部の無法女。「平原の女王」といわれた。
⇒アメ新（カラミティ・ジェーン　1852頃–1903)

Calamy, Edmund〈17世紀〉
イギリスの非国教派（長老主義）牧師。
⇒新カト（カラミ　1600.2–1666.10.29)

Caland, Willem〈19・20世紀〉
オランダのサンスクリット学者。古代インドの祭式学を研究。
⇒岩世人（カーラント　1859.8.27–1932.3.23)

Calcidius〈4・5世紀〉
古代ローマの哲学者。

⇒岩世人（カルキディウス）
Caldara, Antonio〈17・18世紀〉
イタリアの作曲家。オペラ、オラトリオなど多数作曲。
⇒バロ（カルダーラ、アントーニオ　1670–1736.12.28）
　岩世人（カルダーラ　1670頃–1736.12.28）
　オペラ（カルダーラ、アントニオ　1670–1730）
　エデ（カルダーラ、アントニオ　1670–1736.12.26）
Caldecott, Randolph〈19世紀〉
イギリスの挿絵画家。『ロンドン・ソサイエティ』などの雑誌に挿絵を寄稿。
⇒岩世人（コールデコット　1846.3.22–1886.1.12）
　ポプ人（コルデコット、ランドルフ　1846–1886）
Calderón, Francisco〈16・17世紀〉
キリシタン時代のスペイン人イエズス会宣教師。
⇒新カト（カルデロン　1555頃–1618.12.4）
Calderón de la Barca, Pedro〈16・17世紀〉
スペインの劇作家、宮廷詩人。スペイン古典演劇の確立者。
⇒岩世人（カルデロン・デ・ラ・バルカ　1600.1.17–1681.5.25）
　ネーム（カルデロン・デ・ラ・バルカ　1600–1681）
　広辞7（カルデロン・デ・ラ・バルカ　1600–1681）
　学叢思（カルデロン・デ・ラ・バルカ　1600–1681）
　新カト（カルデロン・デ・ラ・バルカ　1600.1.17–1681.5.25）
Calderwood, Henry〈19世紀〉
スコットランドの神学者、哲学者。グラスゴー大学倫理学教授などを務めた。
⇒岩世人（コールダウッド　1830.5.10–1897.11.19）
　学叢思（カルダーウッド、ヘンリー　1842–1897）
　新カト（コールダウッド　1830.5.10–1897.11.19）
Caleb
モーセがカナンの地に送った12人の偵察隊のひとり。
⇒聖書（カレブ）
Calegari, Antonio〈18・19世紀〉
イタリアの指揮者、オルガン奏者、教師、理論家。
⇒バロ（カレガーリ、アントーニオ　1757.2.17–1828.7.22）
Calegari, Francesco Antonio〈17・18世紀〉
イタリアの聖職者、音楽理論家。
⇒バロ（カレガーリ、フランチェスコ・アントーニオ　1656–1742.11.12）
Calenson, Giraut de〈13世紀〉
フランスのトルヴェール。
⇒バロ（カランソン、ジロー・ド　1230頃?–1280頃?）

Calepino, Ambrogio〈15・16世紀〉
イタリアの辞書編集者、アウグスティノ会修道士。
⇒岩世人（カレピーノ　1435–1511）
　新カト（カレピーノ　1440頃–1510頃）
Calestani, Vincenzo〈16・17世紀〉
イタリアの音楽教師。
⇒バロ（カレスターニ、ヴィンチェンツォ　1589.3.10–1617以降）
Caletti-Bruni, Giovanni Battista〈16・17世紀〉
イタリアのオルガン奏者。
⇒バロ（カレッティ・ブルーニ、ジョヴァンニ・バティスタ　1577.3.26–1642以前）
Calgacus〈1世紀〉
イギリスの北ブリテンのカレドニアの首長。
⇒岩世人（カルガクス）
Calhoun, John Caldwell〈18・19世紀〉
アメリカの政治家。1825～32年副大統領。
⇒アメ新（カルフーン　1782–1850）
　岩世人（カルフーン　1782.3.18–1850.3.31）
Calhoun, William James〈19・20世紀〉
アメリカの弁護士、外交官。
⇒アア歴（Calhoun,William James　ウイリアム・ジェイムズ・カルフーン　1848.10.5–1916.9.19）
　新カト（カルフーン　1848.10.5–1916.9.19）
Caligula, Gaius Julius Caesar Germanicus〈1世紀〉
ローマ皇帝。在位37～41。残虐な政治を行った。
⇒岩世人（カリグラ　12.8.31–41.1.24）
　新カト（カリグラ　12.8.31–41.1.24）
　世帝（カリグラ　12–41）
　皇国（カリグラ　（在位）37–41）
　学叢歴（カリグラ　12–41）
Calixtus, Georg〈16・17世紀〉
ドイツのルター派神学者。
⇒岩世人（カリクスト　1586.12.14–1656.3.19）
　新カト（カリクス（トゥス）　1586.12.14–1656.3.19）
Calixtus III, Alfonso Borgia〈14・15世紀〉
教皇。在位1455～58。トルコの侵略に対して、十字軍を説き、1456年ベルグラード防衛に成功。
⇒岩世人（カリストゥス3世　1378.12.31–1458.8.6）
　新カト（カリストゥス3世　1378.12.31–1458.8.6）
Callahan, James Joseph〈19・20世紀〉
アメリカのメジャーリーガー。
⇒メジャ（ニクシー・キャラハン　1874.3.18–1934.10.4）
Calleja del Rey, Félix María, Conde

de Calderón〈18・19世紀〉
スペインの軍人。
⇒岩世人（カリェーハ・デル・レイ　1753.11.1-1828.7.24）

Callendar, Hugh Longbourne〈19・20世紀〉
イギリスの実験物理学者。蒸気機関の研究,水の比熱の測定等を行った。
⇒岩世人（カレンダー　1863-1930.1.21）

Calles, Plutarco Elías〈19・20世紀〉
メキシコの政治家。
⇒岩世人（カリェス　1877.9.25-1945.10.19）
　ラテ新（カリェス　1877-1945）

Callistus I, St.〈3世紀〉
ローマ教皇。在位217〜222。
⇒新カト（カリストゥス1世　?-222/223）
　図聖（カリストゥス1世　?-222）

Callistus II〈12世紀〉
ローマ教皇。在位1119〜1124。
⇒新カト（カリストゥス2世　?-1124.12.13/14）

Callot, Jacques〈16・17世紀〉
フランスの版画家。エッチングの技巧の研磨に専心し,独自の技法をあみだす。
⇒岩世人（カロ　1592-1635.3.24）
　広辞7（カロ　1592頃-1635）
　芸13（カロ,ジャック　1592-1593-1635）

Calmet, Augustin〈17・18世紀〉
フランスのカトリック神学者。
⇒新カト（カルメ　1672.2.26-1757.10.25）

Calmette, Albert Léon Charles〈19・20世紀〉
フランスの細菌学者。1891年サイゴンにパスツール研究所を設立し,蛇毒血清を開発。
⇒岩世人（カルメット　1863.7.12-1933.10.29）

Calonne, Charles Alexandre de〈18・19世紀〉
フランスの政治家。財務総監（1783〜87）。
⇒岩世人（カロンヌ　1734.1.20-1802.10.30）
　学叢歴（カロンヌ　1734-1802）

Calov, Abraham〈17世紀〉
ドイツのルター派神学者。聖書に根拠をもつ神学のみを認めた。
⇒岩世人（カロフ　1612.4.16-1686.2.25）
　新カト（カロヴィウス　1612.4.16-1686.2.25）

Calpurnius Siculus, Titus〈1世紀〉
ローマの牧歌詩人。50〜60年頃活躍。
⇒岩世人（カルプルニウス・シクルス）

Calungsod, Pedro〈17世紀〉
聖人,殉教者。祝日4月1日。フィリピン青年の守護聖人。
⇒新カト（ペドロ・カルングソッド　1654頃-1672.4.2）

Calvani, Luigi〈18世紀〉
イタリアの解剖学者。
⇒ネーム（カルヴァーニ　1737-1798）

Calvé, Emma〈19・20世紀〉
フランスのソプラノ。1882年ブリュッセルでデビュー。当り役は『カルメン』。
⇒岩世人（カルヴェ　1858.8.15-1942.1.6）

Calvert, Cecil（Cecilius）〈17世紀〉
アメリカのメリランド植民地創設者,第2代ボールティモア卿。
⇒岩世人（カルヴァート　1605.8.8-1675.11.30）

Calvert, George, 1st Baron Baltimore〈16・17世紀〉
イギリスの政治家。1619年国務相。
⇒岩世人（カルヴァート　1579-1632.4.15）

Calvet, Jean〈19・20世紀〉
フランスの文学史家。
⇒新カト（カルヴェ　1874.1.17-1965.1.26）

Calvière, Antoine〈17・18世紀〉
フランスのオルガン奏者,作曲家。
⇒バロ（カルヴィエール,アントワーヌ　1695-1755）

Calvin, Jean〈16世紀〉
フランスの宗教改革者。1536年『キリスト教綱要』を出版。
⇒岩世人（カルヴァン　1509.7.10-1564.5.27）
　覚思（カルヴァン　1509.7.10-1564.5.27）
　覚思ス（カルヴァン　1509.7.10-1564.5.27）
　ネーム（カルヴァン　1509-1564）
　広辞7（カルヴァン　1509-1564）
　学叢思（カルヴィン,ジャン　1509-1564）
　新カト（カルヴァン　1509.7.10-1564.5.27）
　世人新（カルヴァン　1509-1564）
　世人装（カルヴァン　1509-1564）
　世史語（カルヴァン　1509-1564）
　ポブ人（カルバン,ジャン　1509-1564）
　ルネ（ジャン・カルヴァン　1509-1564）

Calvisius, Sethus〈16・17世紀〉
ドイツの音楽理論家,作曲家,数学者,天文学者。
⇒バロ（カルヴィシウル,ゼートゥス　1556.2.21-1615.11.24）
　岩世人（カルヴィシウス　1556.2.21-1615.11.24）

Calvus, Gaius Licinius Macer〈前1世紀〉
ローマの詩人,雄弁家。
⇒岩世人（カルウス　前82-前47以前）

Calzabigi, Ranieri Simone Francesco Maria (de')〈18世紀〉
イタリアの詩人。歌劇の改革に努め,歌劇「Orfeo,1762」等の台本を書いた。

⇒岩世人（カルツァビージ 1714.12.23–1795.7）
オペラ（カルツァビージ, ラニェーリ・デ 1714–1795）

Camargo, Marie Anne de Cupis de〈18世紀〉
フランスのバレリーナ。1726年『舞踊の性質』でデビュー。
⇒岩世人（カマルゴ 1710.4.15（受洗）–1770.4.28）
バレエ（カマルゴ, マリー 1710.4.15（受洗）–1770.4.28）

Camathewi〈7世紀〉
タイのハリプンチャイ（ハリプンジャヤ）王国の女王。在位663～70。
⇒岩世人（チャーマテーウィー （在位）663–670）

Cambacérès, Jean Jacques Régis de, Duc de Parme〈18・19世紀〉
フランスの法律家, 政治家。ブリュメール（1799.11.）18日のクーデター後第2統領に就任。
⇒岩世人（カンバセレス 1753.10.18–1824.3.8）

Cambefort, Jean de〈17世紀〉
フランスの作曲家。
⇒バロ（カンブフォール, ジャン・ド 1605–1661.5.4）

Cambert, Robert〈17世紀〉
フランスのオペラ作曲家。フランスにおける最初のオペラ『ポモナ』を作曲, 上演（71）。
⇒バロ（カンベール, ロベール 1627/1628頃–1677.2/3）
岩世人（カンベール 1628頃–1677）
オペラ（カンベール, ロベール 1627頃–1677）

Cambiaso, Luca〈16世紀〉
イタリアの画家。フレスコ画を描く。人体素描でも有名。代表作『蠟燭の聖母』。
⇒岩世人（カンビアーゾ 1527.10.18–1585.9.6）

Cambini, Giuseppe Maria Gioacchino〈18・19世紀〉
イタリアの作曲家, ヴァイオリン奏者。1770年代以後フランス革命の前後に活躍。
⇒バロ（カンビーニ, ジュゼッペ・マリア・ジョアッキーノ 1746.2.13–1825.12.29）

Cambio, Perissone〈16世紀〉
フランドルの歌手。
⇒バロ（カンビオ, ペリッソーネ 1520頃–1550）

Cambó, Francisco〈19・20世紀〉
スペインの政治家, 実業家。
⇒岩世人（カンボ 1876.9.2–1947.4.30）

Cambon, Jules Martin〈19・20世紀〉
フランスの行政官。アメリカ, スペイン, ドイツ駐在大使を歴任。
⇒岩世人（カンボン 1845.4.4–1935.9.19）

Cambon, Pierre Joseph〈18・19世紀〉
フランスの政治家, 革命家。フランス革命に際し, 財政安定に貢献。
⇒岩世人（カンボン 1754/1756.6.17–1820.2.15）

Cambon, Pierre Paul〈19・20世紀〉
フランスの外交官。スペイン, トルコ, イギリス駐在大使を歴任。
⇒岩世人（カンボン 1843.1.20–1924.5.28）

Cambridge, George William Frederick Charles, 2nd Duke of〈19・20世紀〉
イギリスの軍人。ジョージ3世の末子で, ヴィクトリア女王の従弟。
⇒岩世人（ケンブリッジ 1819.3.26–1904.3.17）

Camden, William〈16・17世紀〉
イギリスの好古家, 歴史家。故事を研究し, 1600年"Britannia"を刊行。
⇒岩世人（キャムデン 1551.5.2–1623.11.9）

Cameraco〈15世紀〉
イタリアの歌手。
⇒バロ（カメラーコ,? 1410頃?–1460頃?）

Camerarius, Joachim〈15・16世紀〉
ドイツの古典学者, ルター派の神学者。チュービンゲン大学古典学教授。
⇒岩世人（カメラリウス 1500.4.12–1574.4.17）
新カト（カメラリウス 1500.4.12–1574.4.17）

Camerarius, Rudolph Jacob〈17・18世紀〉
ドイツの植物学者, 医者。雄蕊, 雌蕊がそれぞれ雄器, 雌器なることを明らかにした（94）。
⇒岩世人（カメラリウス 1665.2.12–1721.9.11）

Camerloher, Placidus Cajetan von〈18世紀〉
ドイツの作曲家, 聖職者, 参事会員, 教師。
⇒バロ（カメルロハー, プラツィドゥス・カイェタン・フォン 1718.8.9–1782.7.21）

Cameron, John〈16・17世紀〉
スコットランドの神学者。人道主義的カルバン主義契約神学の先駆者。ユグノー派の指導者。
⇒新カト（カメロン 1579–1625.11.27）

Cameron, Julia Margaret〈19世紀〉
イギリスの女流写真家。作品にはビクトリア朝時代の名士の肖像写真が多い。
⇒岩世人（キャメロン 1815.6.11–1879.2.26）

Cameron, Richard〈17世紀〉
スコットランド教会の分離小派カメロン派の創始者。国王否認を宣して王軍と戦い, 戦死。
⇒岩世人（キャメロン 1648頃–1680.7.22）

Cameron, Verney Lovett〈19世紀〉
イギリスの探検家。ヨーロッパ人で初めて赤道

下のアフリカを横断。著書に『アフリカ横断』(77) など。
⇒岩世人（キャメロン　1844.7.1–1894.3.26）

Camescasse, Ernest〈19世紀〉
フランスの政治家。
⇒19仏（エルネスト・カメカッス　1838.9.23–1897.6.8）

Camilla
ローマ神話，ウォルスキ人の王メタブスの娘。
⇒岩世人（カミッラ）

Camillus, Marcus Furius〈前5・4世紀〉
ローマの救済者，第2の建設者。
⇒岩世人（カミッルス　?–前365）

Camillus of Lellis〈16・17世紀〉
カミロ会の創設者，聖人。
⇒岩世人（カミッルス・デ・レッリス　1550.5.25–1614.7.14）
　新カト（カミロ・デ・レリス　1550.5.25–1614.7.14）

Cammaerts, Emile〈19・20世紀〉
ベルギーの詩人，評論家。1908年よりイギリスに定住。
⇒岩世人（カマルツ　1878.3.16–1953.11.2）

Cammarano, Salvatore〈19世紀〉
イタリアの台本作家。
⇒オペラ（カンマラーノ，サルヴァトーレ　1801–1852）

Camões, Luís Vaz de〈16世紀〉
ポルトガルの詩人。叙事詩『ウス・ルジーアダス』(72) を出版。
⇒岩世人（カモンイス　1525頃–1580.6.10）
　ネーム（カモンイス　1524–1580）
　広辞7（カモンイス　1525?–1580）
　新カト（カモンイス　1524/1525–1580.6.10）

Campagnola, Domenico〈15・16世紀〉
イタリアの版画家，画家。最初の職業図案家。
⇒岩世人（カンパニョーラ　1500頃–1564頃）

Campagnola, Giulio〈15・16世紀〉
イタリアの版画家。画家，彫刻家，詩人。
⇒岩世人（カンパニョーラ　1482頃–1516頃）

Campagnoli, Bartolomeo〈18・19世紀〉
イタリアのヴァイオリン奏者。
⇒バロ（カンパニョーリ，バルトロメオ　1751.9.10–1827.11.6）

Campanella, Tommaso〈16・17世紀〉
イタリアの哲学者。ドミニコ会士。
⇒岩世人（カンパネッラ　1568.9.5–1639.5.21）
　ネーム（カンパネラ　1568–1639）
　広辞7（カンパネラ　1568–1639）
　学叢思（カンパネラ，トマッソ　1568–1639）
　新カト（カンパネラ　1568.9.5–1639.5.21）

メル1（カンパネッラ，トマーゾ　1568–1639）

Campantar〈7世紀〉
インドのタミルのシヴァ派宗教詩人。『デーヴァーラム』第1～3品に4100余の詩節が残る。
⇒南ア新（サンバンダル　生没年不詳）

Campanus, Novariensis〈13世紀〉
イタリアのノヴァラ出身の数学者，天文学者。
⇒世数（カンパヌス，ジョアンヌ　13世紀前半–1296）

Campau, (Count) Charles Columbus〈19・20世紀〉
アメリカの大リーグ選手（外野）。
⇒メジャ（カウント・キャンポー　1863.10.17–1938.4.3）

Campbell, Alexander〈18・19世紀〉
アメリカの宗教指導者。
⇒岩世人（キャンベル　1788.9.12–1866.3.4）
　新カト（キャンベル　1788.9.12–1866.3.4）

Campbell, Charles William〈19・20世紀〉
イギリスの外交官。上海副領事 (1899～1900)，北京公使館書記官 (06～11) 等を歴任。
⇒岩世人（キャンベル　1861.10.21–1927.5.27）

Campbell, Sir Colin, Baron Clyde〈18・19世紀〉
イギリスの軍人。
⇒岩世人（キャンベル　1792.10.20–1863.8.14）

Campbell, John, 1st Baron C.of St. Andrews〈18・19世紀〉
イギリスの法律家，政治家。
⇒岩世人（キャンベル　1779.9.17–1861.6.24）

Campbell, John Mcleod〈18・19世紀〉
スコットランドの神学者。
⇒岩世人（キャンベル　1800.5.4–1872.2.27）

Campbell, Lewis〈19・20世紀〉
イギリスの古典学者。聖アンドルーズ大学教授 (1863～94)。
⇒岩世人（キャンベル　1830.9.3–1908.10.25）

Campbell, Reginald John〈19・20世紀〉
イギリスの牧師。新神学を提唱 (1906)。
⇒岩世人（キャンベル　1867–1956.3.1）

Campbell, Thomas〈18・19世紀〉
イギリスの詩人。作品『希望の喜び』(99)，『ワイオミングのガートルード』(09) など。
⇒岩世人（キャンベル　1777.7.27–1844.6.15）

Campbell, William〈19・20世紀〉
スコットランド出身の台湾宣教師。著書に『蘭人治下の台湾』など。
⇒岩世人（キャンベル　1841–1921.9.9）

Campbell-Bannerman, *Sir* Henry
〈19・20世紀〉
イギリスの政治家。自由党内閣首相（1905～08）。
⇒岩世人（キャンベル＝バナマン　1836.9.7–1908.4.22）

Campe, Joachim Heinrich〈18・19世紀〉
ドイツの教育家、文学者。
⇒岩世人（カンペ　1746.6.29–1818.10.22）
　学叢思（カンペ，ヨアヒム・ハインリヒ　1746–1818）

Campe, Julius Johann Wilhelm〈18・19世紀〉
ドイツの出版者。
⇒岩世人（カンペ　1792.2.18–1867.11.14）

Campeggio, Lorenzo〈15・16世紀〉
イタリアの教会政治家。
⇒岩世人（カンペッジ　1472(-1474)–1539.7.25）
　新カト（カンペッジョ　1474–1539.7.19）

Camper, Pierre〈18世紀〉
オランダの解剖学者。比較解剖学の業績に加え、カンペルの顔面角を身体計測点として採用、人類学にも貢献。
⇒岩世人（カンペル　1722.5.11–1789.4.7）

Camphausen, Gottfried Ludolf〈19世紀〉
ドイツの政治家。プロシア首相。
⇒岩世人（カンプハウゼン　1803.1.10–1890.12.3）

Camphausen, Otto von〈19世紀〉
ドイツの政治家。プロシア蔵相。自由貿易主義者。
⇒岩世人（カンプハウゼン　1812.10.12–1896.5.18）

Camphijs, Johannes〈17世紀〉
オランダの長崎オランダ出島商館長。
⇒岩世人（カンプハイス（慣カンフェイス）　1634.7.18/1635.7.14–1695.7.18）

Camphuysen, Dirk Rafaelsz〈16・17世紀〉
オランダの詩人、神学者、牧師。
⇒岩世人（カンプハウゼン　1586–1627.7.19）

Campin, Robert〈14・15世紀〉
フランドルの画家。
⇒芸13（カンピン，ロベルト　1380以前–1444）

Campion, François〈17・18世紀〉
フランスのギター奏者、テオルボ奏者。
⇒バロ（カンピオン，フランソワ　1686–1748.1/2）

Campion, St Edmund〈16世紀〉
イギリスのイエズス会士。
⇒岩世人（キャンピオン　1539.1.25–1581.12.1）
　新カト（エドマンド・キャンピオン　1540.1.25–1581.12.1）
　ルネ（エドマンド・キャンピオン　1540–1581）

Campion, Thomas〈16・17世紀〉
イギリスの医師、詩人、作曲家、フルート奏者。
⇒バロ（キャンピオン，トマス　1567.2.12–1620.3.1）
　岩世人（キャンピオン　1567.2.12（受洗）–1620.3.1（埋葬））

Campioni, Carlo Antonio〈18世紀〉
フランスの作曲家。
⇒バロ（カンピオーニ，カルロ・アントーニオ　1720.11.16–1788.4.12）

Campioni, Inigo〈19・20世紀〉
イタリアの軍人。
⇒ネーム（カンピオーニ　1878–1944）

Campoamor y Campoosorio, Ramón de〈19・20世紀〉
スペインの詩人。「ガウチョ詩」の代表的詩人。主著『悲歌』(1846)。
⇒岩世人（カンポアモール　1817.9.24–1901.2.11）

Campomanes, Conde de, Pedro Rodríguez〈18・19世紀〉
スペインの政治家、経済学者。枢密院議長、王室歴史学会会長を歴任。
⇒岩世人（カンポマネス　1723.7.1–1803.2.3）

Campra, André〈17・18世紀〉
フランスの作曲家。作品にオペラ『ベネチアの謝肉祭』など。
⇒バロ（カンプラ，アンドレ　1660.12.4–1744.6.29）
　岩世人（カンプラ　1660.12.4–1744.6.29）
　バレエ（カンプラ，アンドレ　1660.12.4（受洗）–1744.6.29）
　オペラ（カンプラ，アンドレ　1660–1744）
　広辞7（カンプラ　1660–1744）
　新カト（カンプラ　1660.12.4–1744.6.29）

Camps, Leonard〈16・17世紀〉
オランダの平戸商館長。平戸のオランダ商館長（21～23）。
⇒岩世人（カンプス　?–1623.11.21）

Camus, Jean-Pierre〈16・17世紀〉
フランスの小説家、司教。代表作『アガトンフィル』など。
⇒岩世人（カミュ　1584.11.3–1652.4.25）
　新カト（カミュ　1584.11.3–1652.4.25）

Canale, Floriano〈16・17世紀〉
イタリアの歌手、オルガン奏者、参事会員。
⇒バロ（カナーレ，フロリアーノ　1550頃–1603）

Canalejas y Méndez, José〈19・20世紀〉
スペインの政治家。法相(1888)、蔵相(89)、首相(1910～11)などを歴任。
⇒岩世人（カナレハス　1854.7.31–1912.11.12）

Canaletto, Antonio〈17・18世紀〉
イタリアの画家，銅版画家。主作品は『スコーラ・ディ・サン・ロッコ前の行列』『サン・マルコ広場』など。
⇒岩世人（カナレット　1697.10.8–1768.4.20)
　広辞7（カナレット　1697–1768）
　芸13（カナレット　1697–1768）

Canavas, Joseph〈18世紀〉
イタリアのヴァイオリン奏者。
⇒バロ（カナヴァス，ジョゼフ　1714–1776.9.26)

Canavasso, Giovanni-Battista〈18世紀〉
イタリアのチェロ奏者。
⇒バロ（カナヴァッソ，ジョヴァンニ・バティスタ　1713.3.25–1784.6.7）

Cáncer de Barbastro, Luis〈16世紀〉
スペイン出身のドミニコ会宣教師。
⇒新カト（カンセール・デ・バルバストロ　1510–1549）

Candabaradāī〈12世紀〉
インドの詩人。
⇒岩世人（チャンドバルダーイー　1126–1192）
　南方新（チャンド・バルダーイー　生没年不詳）

Candid, Pieter〈16・17世紀〉
オランダの画家。ミュンヘンの宮廷画家（1568～）。祭壇画や壁画を描いた。
⇒岩世人（カンディド　1548頃–1628.3)
　芸13（カンディド，ペーター　1548頃–1628）

Candida María de Jesús Cipitria y Barriola〈19・20世紀〉
聖人，修道会創立者。祝日8月9日。
⇒新カト（カンディダ・マリア・デ・ヘスス　1845.5.31–1912.8.9）

Caṇḍīdās〈15世紀頃〉
インド，ベンガルの詩人。代表作は『スリクリシュノキルトン』など。
⇒岩世人（チャンディーダース）

Candidius, Georgius〈16・17世紀〉
ドイツの改革派教会宣教師。
⇒岩世人（カンディディウス　1597–1647.4.30）

Candido, Lodovico〈17・18世紀〉
イタリアのヴァイオリン奏者。
⇒バロ（カンディード，ロドヴィーコ　1660頃？–1720頃？）

Candidus von Fulda〈9世紀〉
ドイツの修道者，芸術家。
⇒岩世人（カンディドゥス（フルダの）　?–845頃）

Candler, Asa Griggs〈19・20世紀〉
アメリカの実業家。1892年コカ・コーラ社を創設。

⇒ポプ人（キャンドラー，エイサ　1851–1929）

Candolle, Alphonse Louis Pierre Pyrame de〈19世紀〉
スイスの植物学者。父A.P.カンドルの"Prodromus"後巻を完成した。
⇒岩世人（カンドル　1806.10.28–1893.3.9)
　広辞7（カンドル　1806–1893）

Candolle, Augustin Pyrame de〈18・19世紀〉
スイスの植物学者。植物の分類を行った。
⇒岩世人（カンドル　1778.2.4–1841.9.9)
　学叢思（ドゥ・カンドル，オーギュスタン・ピラーム　1778–1841)

Candrabhanu, Śrī Dharmaraja〈13世紀〉
マレー半島のターンブラリンガ（現ナコンシータムマラート）国王。
⇒岩世人（チャンドラバーヌ　?–1262）

Candrakīrti〈7世紀〉
スマトラ，シュリーヴィジャヤの高僧。
⇒岩世人（チャンドラキールティ）
　広辞7（月称　げっしょう）

Cañete, Manuel〈19世紀〉
スペインの作家，評論家。抒情詩，戯曲を書き，演劇史の研究もある。
⇒岩世人（カニェーテ　1822.8.6–1891.9.4)

Canina, Luigi〈18・19世紀〉
イタリアの建築家，考古学者。
⇒岩世人（カニーナ　1795.10.23–1856.10.17)

Canis de Hondt, Cornelius〈16世紀〉
フランドルの作曲家。
⇒バロ（カニス・デ・オント，コルネリウス　1510–1520頃–1561.2.15）

Canisius, Petrus〈16世紀〉
ドイツの神学者，教会博士，聖人。〈ドイツの第2の使徒〉と呼ばれるイエズス会士。
⇒岩世人（カニシウス　1521.5.8–1597.12.21)
　新カト（ペトルス・カニシウス　1521.5.8–1597.12.21）
　図聖（カニシウス，ペトルス　1521–1597）

Cañizares, José de〈17・18世紀〉
スペインの劇作家。性格喜劇を書いた。
⇒岩世人（カニサレス　1676.7.4–1750.9.4)

Cankar, Ivan〈19・20世紀〉
スロベニア（ユーゴスラビア）の詩人，小説家，劇作家。
⇒岩世人（ツァンカル　1876.5.10–1918.12.11)

Cannabich, Johann Christian〈18世紀〉
ドイツのヴァイオリン奏者，指揮者，作曲家。マ

ンハイム楽派の指導的音楽家。交響曲など作品多数。
⇒バロ（カナビヒ、ヨハン・クリスティアン・イノツェンツ・ボナベントゥーラ　1731.12.28–1798.1.20）
　岩世人（カナビヒ　1731.12.28–1798.1.20）

Cannabich, Martin Friedrich〈18世紀〉
ドイツのフルート奏者、オーボエ奏者。
⇒バロ（カンナビヒ、マルティン・フリードリヒ　1700頃–1753）

Cannan, Edwin〈19・20世紀〉
イギリスの経済学者。
⇒岩世人（キャナン　1861.2.3–1935.4.8）
　学叢思（キャナン、エドウィン　1861–?）

Canning, Charles John, Earl of〈19世紀〉
イギリスの政治家。G.カニングの3男。外務次官、郵政大臣を経て、1856年以降インド総督。
⇒岩世人（カニング　1812.12.14–1862.6.17）
　ネーム（カニング　1812–1862）

Canning, George〈18・19世紀〉
イギリスの政治家、外交官。外相、インド監督局総裁を歴任。27年首相。
⇒岩世人（カニング　1770.4.11–1827.8.8）
　広辞7（カニング　1770–1827）
　世人新（カニング　1770–1827）
　世人装（カニング　1770–1827）
　世史語（カニング　1770–1827）
　ポプ人（カニング、ジョージ　1770–1827）

Cannizzaro, Stanislao〈19・20世紀〉
イタリアの化学者。「カニッツァーロ反応」の発見（1853）で有名。
⇒岩世人（カニッツァーロ　1826.7.13–1910.5.9）
　広辞7（カニッツァーロ　1826–1910）

Cannon, Annie Jump〈19・20世紀〉
アメリカの女流天文学者。28万6千余の恒星スペクトルを分類。
⇒物人（キャノン、アニー・ジャンプ　1863–1941）

Cannon, Walter Bradford〈19・20世紀〉
アメリカの生理学者。人体の恒常性に関する概念を導き出した。
⇒岩世人（キャノン　1871.10.19–1945.10.1）

Cano, Alonso〈17世紀〉
スペインの画家、彫刻家、建築家。
⇒岩世人（カノ　1601.3.19（受洗）–1667.9.3）
　新カト（カーノ　1601–1667）
　芸13（カノ、アロンソ　1601–1667）

Cano, Juan Sebastian del〈15・16世紀〉
スペインの航海者。別称エルカノ。マゼランの世界周航に参加。
⇒岩世人（カノ　1476頃–1526.8.4）

Cano, Melchor〈16世紀〉
スペインの神学者。ドミニコ会士。
⇒岩世人（カノ　1509.1.6–1560.9.30）
　新カト（カーノ　1509.1.6–1560.9.30）

Canonica, Luigi〈18・19世紀〉
スイスの建築家。専らイタリアで活動し、ミラノのアカデミア・ディ・ブレラの教授。
⇒岩世人（カノーニカ　1764.3.9–1844.2.7）

Canova, Antonio〈18・19世紀〉
イタリアの彫刻家。
⇒岩世人（カノーヴァ　1757.11.1–1822.10.13）
　ネーム（カノーヴァ　1757–1822）
　広辞7（カノーヴァ　1757–1822）
　新カト（カノーヴァ　1757.11.1–1822.10.13）
　芸13（カノーヴァ、アントニオ　1757–1822）

Cánovas del Castillo, Antonio〈19世紀〉
スペインの政治家。1875～97年まで4回、首相。
⇒岩世人（カノバス・デル・カスティーリョ　1828.2.8–1897.8.8）

Canrobert, François Certain de〈19世紀〉
フランスの軍人。ルイ・ナポレオン（ナポレオン3世）の幕僚（1850）、元帥（56）。
⇒岩世人（カンロベール　1809.6.27–1895.1.28）
　19仏（フランソワ・カンロベール　1809.6.27–1895.1.28）

Cantacuzino, Constantin Stolnic〈17・18世紀〉
ルーマニアの人文主義者。ルーマニアの歴史を書く。
⇒岩世人（カンタクジーノ　1660–1716）

Cantacuzino, Gheorghe〈19・20世紀〉
ルーマニアの政治家。
⇒岩世人（カンタクジーノ　1832.9.22–1913.3.23）

Cantagrel, François〈19世紀〉
フランスのジャーナリスト、政治家。
⇒19仏（フランソワ・カンタグレル　1810.6.27–1887.2.7）

Cantelli Francesco Paolo〈19・20世紀〉
イタリアの数学者。
⇒世数（カンテリ、フランチェスコ・パオロ　1875–1966）

Canth, Minna Ulrika Wilhelmina〈19世紀〉
フィンランドの女流小説家、劇作家。社会問題を提起。
⇒岩世人（カント　1844.3.19–1897.5.12）

Cantillon, Richard〈17・18世紀〉
アイルランドの経済学者。重農主義の先駆者。
⇒岩世人（カンティロン（カンティヨン）　1697/

1680–1734.5.14）
学叢思（カンティヨン、リシャール　?–1734）

Cantin, Louis〈19世紀〉
フランスの実業家。
⇒**19仏**（ルイ・カンタン　1822–1893.4.11）

Cantius〈3・4世紀〉
聖人、殉教者。祝日5月31日。
⇒**新カト**（カンティウス　?–304頃）

Canton, John〈18世紀〉
イギリスの自然科学者。摩擦された物体の帯びる電気には正負の2種ある事を発見。
⇒**岩世人**（カントン　1718.7.31–1772.3.22）

Cantoni, Carlo〈19・20世紀〉
イタリアの新カント派の哲学者。主著"Emanuele Kant"（79～84）など。
⇒**岩世人**（カントーニ　1840.11.20–1906.9.11）
　メル2（カントーニ、カルロ　1840–1906）

Cantor, Georg Ferdinand Ludwig Philip〈19・20世紀〉
ドイツの数学者。集合論を確立。
⇒**岩世人**（カントル　1845.3.3–1918.1.6）
　広辞7（カントル　1845–1918）
　学叢思（カントール、ゲオルグ　1845–?）
　世数（カントル、ゲオルク・フェルディナント・ルトヴィッヒ・フィリップ　1845–1918）
　メル別（カントール、ゲオルク・フェルディナント・ルートヴィヒ・フィリップ　1845–1918）
　ユ著man（Cantor,Georg Ferdinand Ludwig Philip　カントル、ゲオルグ・フェルディナント・ルードヴィヒ・フィリップ　1845–1918）

Cantor, Moritz Benedict〈19・20世紀〉
ドイツの数学史家。
⇒**岩世人**（カントル　1829.8.23–1920.4.10）

Cantù, Cesare〈19世紀〉
イタリアの歴史家、文芸評論家、小説家。
⇒**岩世人**（カントゥ　1804.12.5–1895.3.15）

Cão, Diogo〈15世紀〉
ポルトガル人航海士。コンゴ河を発見、流れを下ってアフリカ西海岸に到達した。
⇒**岩世人**（カウン　15世紀中頃）

Cao Ba Quat〈19世紀〉
ベトナム阮朝期の詩人。字は周臣、菊堂、および敏軒と号した。作品に『菊堂詩草』など。
⇒**岩世人**（カオ・バー・クアット　1809–1855）

Cao Xuân Dục〈19・20世紀〉
ベトナムの官吏。嗣徳帝の学部尚書。字は慈発、号は竜岡。
⇒**岩世人**（カオ・スアン・ズック　1842?–1923.6.5）

Capart, Jean〈19・20世紀〉
ベルギーのエジプト学者。ブリュッセルの王室美術歴史博物館館長（1925～）。

⇒**岩世人**（カパール　1877.2.21–1947.6.16）

Cape, Jonathan〈19・20世紀〉
イギリスの出版者。
⇒**岩世人**（ケイプ　1879.11.15–1960.2.10）

Capece, Antonio〈17世紀〉
キリシタン時代のイエズス会員、殉教者。
⇒**新カト**（カペチェ　1606.8.11–1643.3.25）

Čapek, Jan〈14・15世紀〉
ボヘミアの作曲家。
⇒**バロ**（チャペック、ヤン　1390頃?–1440頃?）

Capellen tot den Pol, Joan Derk van der〈18世紀〉
オランダの政治家。
⇒**岩世人**（カペレン・トット・デン・ポル　1741.11.2–1784.6.6）

Capelli, Iacobus〈13世紀〉
フランシスコ会員。ミラノで異端審問官として活躍した。
⇒**新カト**（ヤコブス・カペリ　生没年不詳）

Capellini, Carlo〈17世紀〉
イタリアのオルガン奏者。
⇒**バロ**（カペッリーニ、カルロ　1640頃?–1683.6）

Capello, Bianca〈16世紀〉
トスカナ大公妃。
⇒**岩世人**（カペッロ　1548–1587.10.20）

Capello, Giovanni Francesco〈16・17世紀〉
イタリアの聖職者、オルガン奏者。
⇒**バロ**（カペッロ、ジョヴァンニ・フランチェスコ　1570頃?–1619以降）

Capet, Lucien〈19・20世紀〉
フランスのヴァイオリン奏者。カペー・カルテットを組織。
⇒**岩世人**（カペー　1873.1.8–1928.12.18）

Capillas, Francisco Fernández de〈17世紀〉
スペイン出身の宣教師。聖人。祝日7月9日。ドミニコ会員。明末清初、中国における最初の殉教者。
⇒**新カト**（フランシスコ・フェルナンデス・デ・カピリャス　1607.8.24–1648.1.15）

Capirola, Vincenzo〈15・16世紀〉
イタリアの貴族、リュート奏者。
⇒**バロ**（カピローラ、ヴィンチェンツォ　1474–1548以降）

Capitanio, Bartholomea〈19世紀〉
カトリックの聖人。「バルトロメア・カピタニオとヴィンセンティア・ゲロサ」と併称される女性。

⇒新カト（バルトロメア・カピタニオ　1807.1.13–1833.7.26）

Capito, Wolfgang Fabricius〈15・16世紀〉
ドイツの旧約学者。宗教改革に参加。
⇒岩世人（カピト　1481/1487–1541.11.4）
　新カト（カピト　1478.12–1541.11.4）

Caplet, André〈19・20世紀〉
フランスの作曲家。
⇒岩世人（カプレ　1878.11.23–1925.4.22）

Capmany de Montpalau i Surís, Antoni de〈18・19世紀〉
スペイン、カタルーニャ地方の政治家、歴史家、言語学者。
⇒岩世人（カプマニ　1742.11.24–1813.11.14）

Caporale, Andrea〈18世紀〉
イタリアのチェロ奏者。
⇒バロ（カポラーレ、アンドレア　1700頃?–1757）

Capoul, Victor〈19・20世紀〉
フランスのテノール。1891年にはヴェルディの「オテロ」アメリカ初演に出演。
⇒19仏（ヴィクトル・カプール　1839.2.27–1924.2.18）
　魅惑（Capoul, Victor　1839–1924）

Cappell, Jan van de〈17世紀〉
オランダの画家。美術品コレクターでもあった。
⇒岩世人（ファン・デ・カペレ　1626.1.25（受洗）–1679.12.22（埋葬））

Cappelletti, Giovanni Vincenzo〈19世紀〉
イタリアの建築家。1876年来日し、工部大学校で建築を教授。
⇒岩世人（カッペッレッティ　1843.6.6–1891頃）

Capponi, Marchese Gino〈18・19世紀〉
イタリアの歴史家、政治家。
⇒岩世人（カッポーニ　1792.9.13–1876.2.3）

Capranica, Domenico〈14・15世紀〉
イタリア人の枢機卿、神学者、教会法学者。修道院改革を遂行。
⇒新カト（カプラーニカ　1400.5.31–1458.8.14）

Capreolus〈4・5世紀〉
カルタゴの司教。在職427～。聖人。
⇒新カト（カプレオルス〔カルタゴの〕　?–437）

Capreolus, Johannes〈14・15世紀〉
フランスのドミニコ会士、トマス派の哲学者、神学者。
⇒岩世人（カプレオルス　1380頃–1444.4.7）
　新カト（カプレオルス　1380頃–1444.4.7）

Capretto, Pietro〈15・16世紀〉
イタリアの作曲家。

⇒バロ（カプレット、ピエトロ　1460頃?–1510頃?）

Capricornus, Samuel Friedrich〈17世紀〉
ボヘミア生れの作曲家。
⇒バロ（カプリコルヌス、ザムエル・フリードリヒ　1628.12.21–1665.11.10）
　バロ（ボックスホーン、ザムエル・フリードリヒ　1628.12.21–1665.11.10）

Caprioli, Antonio〈15・16世紀〉
イタリアの作曲家。
⇒バロ（カプリオーリ、アントーニオ　1470頃?–1520頃?）

Caprivi, Georg Leo, Graf von〈19世紀〉
ドイツの政治家、軍人。83～8年海相、90年宰相。
⇒岩世人（カプリーヴィ　1831.2.24–1899.2.6）

Caproli, Carlo〈17世紀〉
イタリアの作曲家。
⇒バロ（カプローリ、カルロ　1615-1620–1692-1695）

Capron, Henri〈18世紀〉
フランスのチェロ奏者、興行主、教育者。
⇒バロ（キャプロン、ヘンリー　1740頃?–1795）

Capron, Horace〈19世紀〉
アメリカの農政家。1871年北海道開拓使顧問として来日。
⇒アア歴（Capron, Horace　ホラス・キャプロン　1804.8.31–1885.2.22）
　アメ新（ケプロン　1804–1885）
　岩世人（ケプロン（ケイプロン）　1804.3.31–1885.2.22）
　広辞7（ケプロン　1804–1885）
　ポプ人（ケプロン、ホーレス　1804–1885）

Capron, Nicolas〈18世紀〉
フランスのヴァイオリン奏者、作曲家。
⇒バロ（カプロン、ニコラ　1740頃–1784.9.14）

Capsali, Moses ben Elija〈15・16世紀〉
クレタの人。著『セーデル・エリヤフー・ズータ』(1523)は、オスマン帝国の歴史とそこに居住するスファラッド系ユダヤ人の歴史を書く。
⇒ユ著人（Capsali, Moses ben Elija　カプサリ、モース・ベン・エリヤ　1483?–1555）

Capuana, Luigi〈19・20世紀〉
イタリアの小説家、評論家。
⇒岩世人（カプアーナ　1839.5.28–1915.11.29）

Capus, Alfred〈19・20世紀〉
フランスの作家、ジャーナリスト。喜劇作家として知られる。
⇒岩世人（カピュ　1858.11.25–1922.11.1）

Capuzzi, Giuseppe Antonio〈18・19世

紀〉
　イタリアのヴァイオリン奏者,教師。
　⇒バロ（カプッツィ,ジュゼッペ・アントーニオ　1755.8.1–1818.3.28）

Čaqundorji〈17世紀〉
　外モンゴル（ハルハ）の首長。
　⇒岩世人（チャホンドルジ　?–1699）

Cara, Marchetto〈15・16世紀〉
　イタリアの歌手,リュート奏者（名人）,詩人。
　⇒バロ（カーラ,マルケット　1470頃–1525.12）

Carabellese, Pantaleo〈19・20世紀〉
　イタリアの哲学者。
　⇒新カト（カラベレーゼ　1877.7.6–1948.9.19）

Caracalla, Marcus Aurelius Antoninus〈2・3世紀〉
　ローマ皇帝。在位198～217。ローマに大浴場を建設。
　⇒岩世人（カラカッラ　188–217.4.6）
　　ネーム（カラカラ　188–217）
　　広辞7（カラカラ　188–217）
　　新カト（カラカラ　188–217.4.8）
　　世人新（カラカラ　188–217）
　　世人装（カラカラ　188–217）
　　世史語（カラカラ帝　(在位)198–217）
　　世帝（カラカッラ　186/188–217）
　　ポプ人（カラカラ帝　188–217）
　　ユ人（カラカラ,マルクス・アウレリウス・アントニウス　186–217）
　　皇国（カラカラ　(在位)209–217）

Caraccioli, Galeazzo Marchese di Vico〈16世紀〉
　イタリアのプロテスタント亡命者。
　⇒新カト（カラッチョリ　1517–1586.5.7）

Caracciolo, Domenico, Marchese di Villamaina〈18世紀〉
　ナポリ王国の開明的貴族,外交官,政治家。
　⇒岩世人（カラッチョロ　1715.10.2–1789.7.16）

Caracciolo, Francesco〈16・17世紀〉
　イタリアの聖職者,聖人。マリアニ会の創立者（1588）。
　⇒岩世人（カラッチョロ　1563.10.13–1608.6.4）
　　新カト（フランチェスコ・カラッチョロ　1563.10.13–1608.6.4）

Caracciolo, Francesco〈18世紀〉
　ナポリの提督。フランス軍と共和派の樹立したパルテノペア共和国に加わり,海軍司令官となった（99）。
　⇒岩世人（カラッチョロ　1752.1.18–1799.6.29）

Caracciolo, Landolfo〈14世紀〉
　イタリアの神学者,大司教,フランシスコ会員。
　⇒新カト（カラッチョロ　13世紀末–1351）

Caradoc
　円卓の騎士の一人。
　⇒ネーム（カラドック）

Caraffe, Charles-Placide〈18世紀〉
　フランスのヴァイオリン奏者。
　⇒バロ（カラフ,シャルル・プラシード　1730頃–1756.10.24）

Caragiale, Ion Luca〈19・20世紀〉
　ルーマニアの劇作家。
　⇒岩世人（カラジャーレ　1852.1.30–1912.6.9）

Caraka〈1・2世紀〉
　インド古代の医者。医書『チャラカ本集』は現存最古のインド医書。
　⇒岩世人（チャラカ）

Caran d'Ache〈19・20世紀〉
　フランスの諷刺画家,挿絵画家。
　⇒19仏（カラン・ダッシュ　1858.11.6–1909.2.26）

Carathéodory, Constantin〈19・20世紀〉
　ドイツの数学者。実変数函数論の研究がある。
　⇒岩世人（カラテオドリー　1873.9.13–1950.2.2）
　　広辞7（カラテオドリ　1873–1950）
　　世数（カラテオドリ,コンスタンチン　1873–1900）

Carausius, Marcus Aurelius Mausaeus Valerius〈3世紀〉
　ブリタニアで皇帝を詐称したローマ人。3世紀末頃に活動。
　⇒岩世人（カラウシウス　?–293）

Caravaggio, Michelangelo Merisi da〈16・17世紀〉
　イタリアの画家。初期イタリア・バロック様式を確立。代表作は『キリストの埋葬』。
　⇒岩世人（カラヴァッジョ　1571.9.29–1610.7.18）
　　ネーム（カラバッジョ　1571–1610）
　　広辞7（カラヴァッジョ　1571–1610）
　　新カト（カラヴァッジョ　1571頃–1610.7.18）
　　芸13（カラヴァッジオ,ミケランジェロ　1573–1610）
　　ポプ人（カラバッジョ　1571–1610）

Carbonchi, Antonio〈16・17世紀〉
　イタリアのギター奏者。
　⇒バロ（カルボンキ,アントーニオ　1580頃?–1640–1643）

Carcano, Giulio〈19世紀〉
　イタリアの作家。イタリア統一後,新政府の役人となる（60）。
　⇒岩世人（カルカーノ　1812.8.7–1884.4.29）

Cardano, Girolamo〈16世紀〉
　イタリアの数学者,医者。
　⇒岩世人（カルダーノ　1501.9.24–1576.9.21）
　　広辞7（カルダーノ　1501–1576）

学叢思（カルダノ, ジロラモ　1501–?）
スパイ（カルダーノ, ジェロラモ　1501–1576）
世数（カルダーノ, ジロラモ　1501–1576）
メル1（カルダーノ, ジロラモ　1501–1576）

Cardenal, Peire〈12・13世紀〉
フランスのトルバドゥール。
⇒バロ（カルデナール, ペイレ　1180頃–1278頃）

Cárdenas, Bernardino de〈16・17世紀〉
ボリビアのフランシスコ会宣教師, 作家, パラグアイの司教。
⇒新カト（カルデナス　1579–1668.10.20）

Cardim, Antonio Francisco〈16・17世紀〉
ポルトガルのイエズス会宣教師。インドシナをはじめ諸方に伝道した。
⇒岩世人（カルディム（カルディン）　1596–1659.4.30）
新カト（カルディム　1595–1659.4.30）

Cardon, Jean-Baptiste〈18・19世紀〉
フランスのハープ奏者。
⇒バロ（カルドン, ジャン・バティスト　1760–1803.3.1）

Cardon, Jean-Guillain〈18世紀〉
フランスのヴァイオリン奏者。
⇒バロ（カルドン, ジャン・ギラン　1732.1.18–1788.10.18）

Cardonne, Jean-Baptiste〈18世紀〉
フランスの小姓, 歌手, クラヴサン奏者。
⇒バロ（カルドンヌ, ジャン・バティスト　1730.6.26–1792.8以降）

Cardoso, Frey Manuel〈16・17世紀〉
ポルトガルの歌手, 聖職者, オルガン奏者, 指揮者。
⇒バロ（カルドーソ, フレイ・マヌエル　1566.12.11–1650.11.24）

Cardot, Richard〈14・15世紀〉
フランスの作曲家, 歌手, 参事会員, 聖職者。
⇒バロ（カルド, リシャール　1380–1470.2.25）

Cardozo, Abraham Miguel〈17・18世紀〉
スペインの医師で神秘主義者。
⇒ユ人（カルドーゾ, アブラハム・ミゲル　1626–1706）
ユ著人（Cardozo,Abraham Miguel　カルドーソ, アブラハム・ミゲル　1626–1706）

Cardozo, Benjamin Nathan〈19・20世紀〉
アメリカの法律学者。プラグマチズムの法思想の代表者。
⇒岩世人（カードーゾ　1870.5.24–1938.7.9）
20思（カルドーゾ, ベンジャミン N（ネイサン）　1870–1938）
ユ人（カードーゾ, ベンジャミン・ネィサン　1870–1938）
ユ著人（Cardozo,Benjamin Nathan　カードーゾ, ベンジャミン・ネイサン　1870–1938）

Carducci, Giosuè〈19・20世紀〉
イタリアの詩人, 古典文学者。1906年度ノーベル文学賞受賞。
⇒岩世人（カルドゥッチ　1835.7.27–1907.2.16）
ネーム（カルドゥッチ　1835–1907）
広辞7（カルドゥッチ　1835–1907）
新カト（カルドゥッチ　1835.7.27–1907.2.16）

Carducho, Vicente〈16・17世紀〉
イタリア出身のスペインの画家, 芸術理論家。
⇒岩世人（カルドゥーチョ　1576/1578–1638）

Cardwell, Edward, Viscount〈19世紀〉
イギリスの政治家。第1次グラッドストーン内閣の陸相（68〜74）。陸軍の大改革を行った。
⇒岩世人（カードウェル　1813.7.24–1886.2.15）

Carême, Antonin〈18・19世紀〉
フランスの料理人, 菓子職人。
⇒岩世人（カレーム　1784–1833）

Caresana, Cristoforo〈17・18世紀〉
イタリアの歌手, オルガン奏者。
⇒バロ（カレザーナ, クリストフォロ　1640頃?–1709.9.13）

Carestini, Giovanni〈17・18世紀〉
イタリアのカストラート歌手。
⇒オペラ（カレスティーニ, ジョヴァンニ　1700–1760）

Carew, Thomas〈16・17世紀〉
イギリスの詩人。代表詩『恍惚』。
⇒岩世人（ケアリ（カルー）　1595頃–1640.3.22以前）

Carey, Henry〈17・18世紀〉
イギリスの道化劇作家, オペラ作家。作品は『ウォントリーの竜』（1734）など。
⇒バロ（ケアリ, ヘンリー　1687.8.27–1743.10.5）
岩世人（ケアリ　1685頃–1743.10.4）

Carey, Henry Charles〈18・19世紀〉
アメリカの経済学者, 社会学者。
⇒岩世人（ケアリ　1793.12.15–1879.10.13）
学叢思（ケリー, ヘンリー・チャールズ　1793–1879）

Carey, James〈19世紀〉
アイルランドの独立運動者。
⇒岩世人（ケアリ　1837–1883.7.29）

Carey, William〈18・19世紀〉
イギリスのバプテスト教会の牧師, 東洋学者。インドにおける近代布教活動のパイオニア（1793）。
⇒岩世人（ケアリ　1761.8.17–1834.6.9）

新カト（ケアリ　1761.8.17–1834.6.9）

Cǎrinus, Marcus Aurelius〈3世紀〉
ローマ皇帝。在位283～285。
⇒世帝（カリヌス　?–285）

Carissimi, Giacomo〈17世紀〉
イタリアの作曲家。カンタータ，オラトリオの最初の大家。代表作『イェフテ』。
⇒バロ（カリッシミ，ジャーコモ　1605.4.18–1674.1.12）
　岩世人（カリッシミ　1605.4.18–1674.1.12）
　エデ（カリッシミ，ジャコモ　1605.4.18–1674.1.12）
　新カト（カリッシミ　1605.4.18–1674.1.12）

Caritas〈2世紀〉
殉教者，聖人。ミラノ出身のキリスト教徒。
⇒新カト（フィデス，スペスとカリタス）
　図聖（ソフィアと3人の娘　?–130頃）

Carjat, Étienne〈19・20世紀〉
フランスの素描家，写真家。
⇒19仏（エティエンヌ・カルジャ　1828.3.28–1906.3.9）

Carl, Francis Augustus〈19・20世紀〉
アメリカの政府役人。
⇒アア歴（Carl, Francis Augustus　フランシス・オーガスタス・カール　1861.7.16–1930.1.5）

Carl, Katherine Augusta〈19・20世紀〉
アメリカの画家。
⇒アア歴（Carl, Katherine Augusta　キャサリン・オーガスタ・カール　?–1938.12.7）

Carleton, Nicholas〈16・17世紀〉
イギリスの歌手，鍵盤楽器奏者。
⇒バロ（カールトン，ニコラス　1570–1575頃–1630）

Carletti, Francesco〈16・17世紀〉
イタリアの商人。
⇒岩世人（カルレッチ（カルレッティ）　1573/1574–1636）

Carlevaris, Luca〈17・18世紀〉
イタリアの画家。
⇒芸13（カルレヴァリス，ルカ　1665–1731）

Carli, Giovanni Rinaldo, Conte〈18世紀〉
イタリアの天文学者，経済学者，古代研究家。神聖ローマ皇帝ヨゼフ2世に進言して宗教裁判を廃止させた。
⇒岩世人（カルリ　1720.4.11–1795.2.22）
　学叢思（ガルリ，ジアン・リナルド　1720–1795）

Carlin, James Joseph〈19・20世紀〉
アメリカの教育者。
⇒アア歴（Carlin, James Joseph　ジェイムズ・ジョゼフ・カーリン　1872.4.14–1930.10.1）

Carlir, Nicole〈15・16世紀〉
フランドルの作曲家。
⇒バロ（カルリール，ニコル　1490頃?–1540頃?）

Carlisle, George William Frederick Howard, 7th Earl of〈19世紀〉
イギリスの政治家。
⇒岩世人（カーライル　1802.4.18–1864.12.5）

Carlo〈17世紀〉
聖人，神秘思想家。祝日1月6日。フランシスコ会員。
⇒新カト（カルロ〔セッツェの〕　1613.10.19–1670.1.6）

Carlo III of Durazzo〈14世紀〉
ナポリ・シチリア王国，ハンガリー王国の統治者。
⇒世帝（カーロイ2世　1345–1386）

Carlo Alberto〈18・19世紀〉
サルジニア国王。在位1831～49。
⇒岩世人（カルロ・アルベルト　1798.10.2–1849.7.28）
　新カト（カルロ・アルベルト　1798.10.2–1849.7.28）
　世人新（カルロ＝アルベルト　1798–1849）
　世人装（カルロ＝アルベルト　1798–1849）
　学叢歴（アルバート，チャールズ　1798–1840）

Carloman〈8世紀〉
フランク国王。在位768～771。
⇒世帝（カールマン　751–771）

Carloman〈9世紀〉
東フランク王国の統治者。
⇒岩世人（カールマン　830頃–880）
　世帝（カールマン　830–880）

Carloman〈9世紀〉
フランス王国の統治者。在位879～884。
⇒世帝（カルロマン2世　866–884）

Carlos I〈19・20世紀〉
ポルトガル王。在位1889～1908。
⇒岩世人（カルロス1世　1863.9.28–1908.2.1）
　世帝（カルルシュ1世　1863–1908）
　皇国（カルロス1世　?–1908.2）

Carlos II〈17世紀〉
スペイン・ハプスブルク朝の最後の王。在位1665～1700。
⇒岩世人（カルロス2世　1661.11.6–1700.11.1）
　世人新（カルロス2世　1661–1700）
　世人装（カルロス2世　1661–1700）
　世帝（カルロス2世　1661–1700）
　皇国（カルロス2世　（在位）1665–1700）

Carlos III〈18世紀〉
スペイン王。在位1759～88。
⇒岩世人（カルロス3世　1716.1.20–1788.12.14）
　新カト（カルロス3世　1716.1.20–1788.12.14）

世帝（カルロス3世　1716–1788）
Carlos IV〈18・19世紀〉
スペイン王。在位1788～1808。カルロス3世の子。
⇒岩世人（カルロス4世　1748.11.11–1819.1.20）
世帝（カルロス4世　1748–1819）

Carlos Luis de Borbón y Braganza〈19世紀〉
スペインの王位要求者。
⇒岩世人（カルロス・ルイス　1818.1.31–1861.1.13）

Carlos María de Borbón y Austria-Este〈19・20世紀〉
スペインの王位要求者。
⇒岩世人（カルロス・マリア　1848.3.30–1909.7.18）

Carlos María Isidro de Borbón〈18・19世紀〉
スペインの王位要求者。
⇒岩世人（カルロス・マリア・イシドロ　1788.3.29–1855.3.10）

Carlos Pawllu Inca〈16世紀〉
インカ帝国の皇帝。
⇒世帝（カルロス・パウリュ・インカ　?–1582）

Carlota Joaquina〈18・19世紀〉
ポルトガルの王妃。
⇒岩世人（カルロタ・ホアキナ　1775.4.25–1830.1.7）

Carlson, Augustus B.〈19世紀〉
アメリカの宣教師。
⇒アア歴（Carlson,Augustus B.　オーガスタス・B・カールスン　1846.8.16–1882.3.29）

Carlton, Richard〈16・17世紀〉
イギリスの歌手、聖職者。
⇒バロ（カールトン, リチャード　1558頃–1638頃）

Carlyle, Thomas〈18・19世紀〉
イギリスの著述家、歴史家。
⇒岩世人（カーライル　1795.12.4–1881.2.5）
広辞7（カーライル　1795–1881）
学叢思（カーライル, トーマス　1795–1881）
新カト（カーライル　1795.12.4–1881.2.4/5）
世人新（カーライル　1795–1881）
世人装（カーライル　1795–1881）
メル3（カーライル, トマス　1795–1881）

Carmagnola〈14・15世紀〉
イタリアの傭兵隊長。ミラノ公ビスコンチに仕えて領地と貴族称号を得た。
⇒岩世人（カルマニョーラ　1380(-1385)–1432.4.7）

Carmen, Johannes〈14・15世紀〉
フランスの作曲家。
⇒バロ（カルマン, ヨハンネス　1370頃?–1420頃）

Carmichael, Robert Daniel〈19・20世紀〉
アメリカの数学者。
⇒世数（カーマイケル, ロバート　1879–1967）

Carmona, António Óscar de Fragoso〈19・20世紀〉
ポルトガルの軍人、政治家。
⇒岩世人（カルモナ　1869.11.24–1951.4.18）

Carmontelle, Louis〈18・19世紀〉
フランスの作家、画家。〈箴言劇〉を創始。
⇒岩世人（カルモンテル　1717.8.15–1806.12.26）

Carnarvon, George Edward Stanhope Molyneux Herbert, 5th Earl of〈19・20世紀〉
イギリスのエジプト学者。H.カーターとともにトゥトアンクアメンの墓を発見。
⇒岩世人（カーナーヴォン　1866.6.26–1923.4.5）

Carnarvon, Henry Howard Molyneux Herbert, 4th Earl of〈19世紀〉
イギリスの政治家。植民相（66～67,74～78）。
⇒岩世人（カーナーヴォン　1831.6.24–1890.6.28）

Carnegie, Andrew〈19・20世紀〉
アメリカの鉄鋼王。ホームステッド製鋼工場、カーネギー鉄鋼株式会社を経営。
⇒アメ新（カーネギー　1835–1919）
岩世人（カーネギー　1835.11.25–1919.8.11）
広辞7（カーネギー　1835–1919）
学叢思（カーネギー, アンドリュー　1835–?）
世人新（カーネギー　1835–1919）
世人装（カーネギー　1835–1919）
ポプ人（カーネギー, アンドリュー　1835–1919）

Carneiro Leitão, Melchior Miguel〈16世紀〉
マカオで活躍したイエズス会宣教師。
⇒新カト（カルネイロ・レイタン　1516頃–1583.8.19）

Carnes, Jonathan〈18・19世紀〉
アメリカのマサチューセッツ州セイラムの船長。
⇒アア歴（Carnes,Jonathan　ジョナサン・カーンズ　?–1827.12.7）

Carnot, Lazare Hippolyte〈19世紀〉
フランスの政治家。大カルノの子。文相(1848)。71年国民議会議員、75年終身上院議員。
⇒岩世人（カルノー　1801.8.6–1888.3.15）

Carnot, Lazare Nicolas Marguerite〈18・19世紀〉
フランスの政治家、数学者。通称大カルノー。
⇒岩世人（カルノー　1753.5.13–1823.8.2）
世数（カルノー, ラザール・ニコラ・マルゲリート　1753–1823）

Carnot, Marie François Sadi〈19世紀〉
フランスの政治家。第3共和制の第4代大統領(1887～94)。大カルノーの孫。
⇒岩世人(カルノー 1837.8.11–1894.6.24)
19仏(サディ・カルノー 1837.8.11–1894.6.24)

Carnot, Nicolas Léonard Sadi〈18・19世紀〉
フランスの物理学者。熱機関の効率を研究。
⇒岩世人(カルノー 1796.6.1–1832.8.24)
科史(カルノー 1796–1832)
広辞7(カルノー 1796–1832)
学叢思(カルノー, ニコル・レオナール・サディ 1796–1832)
物理(カルノー, サディ 1796–1832)
ポプ人(カルノー, サディ 1796–1832)

Caro, Elme-Marie〈19世紀〉
フランスの哲学者。
⇒岩世人(カロ 1826.3.4–1887.7.13)

Caro, Heinrich〈19・20世紀〉
ドイツの有機化学技術者。アリザリンの工業的製造法を考案。カロ酸を発見。
⇒岩世人(カロ 1834.2.13–1910.9.11)
ユ著人(Caro, Heinrich カロ, ハインリッヒ 1834–1910)

Caro, Nikodem〈19・20世紀〉
ドイツの化学者。空中窒素固定の石灰窒素法を研究し,1898年にこれを完成。
⇒ユ著人(Caro, Nikodem カロ, ニコデム 1871–1935)

Caro, Rodorigo〈16・17世紀〉
スペインの詩人,考古学者。洗煉された詩風を以って知られる。
⇒岩世人(カロ 1573.10.4–1647.8.10)

Carol I〈19・20世紀〉
ルーマニア初代の国王。在位1881～1914。
⇒岩世人(カロル1世 1839.4.8–1914.9.27)
皇国(カロル1世 (在位)1881–1914)

Carolan, Turlough〈17・18世紀〉
アイルランドの作曲家。
⇒バロ(カロラン, トゥールロッホ 1670–1738)

Caroline Matilda〈18世紀〉
デンマーク=ノルウェーの女王。
⇒王妃(キャロライン・マティルダ 1751–1775)

Caroline of Ansbach, Wilhelmina〈17・18世紀〉
イギリス王ジョージ2世の妃。聡明にして文学を好み,夫に対して強い影響力をもっていた。
⇒岩世人(キャロライン 1683.3.1–1737.11.20)
王妃(キャロライン 1683–1737)

Caroline of Brunswick, Amelia Elizabeth〈18・19世紀〉
イギリス王ジョージ4世の妃。
⇒岩世人(キャロライン 1768.5.17–1821.8.7)
王妃(キャロライン 1768–1821)

Carolus-Duran, Charles Auguste Emile〈19・20世紀〉
フランスの画家。代表作『手袋をはめた婦人』(1867)。1904年アカデミー・デ・ボーザール会員。
⇒岩世人(カロリュス=デュラン 1837.7.4–1917.2.18)
広辞7(カロリュス・デュラン 1837–1917)
芸13(カロルス・デュラン 1837–1917)

Caron, Firminus〈15世紀〉
フランドルの作曲家。フランドル楽派。
⇒バロ(カロン, フィルミヌス 1440頃?–1490頃)

Caron, François〈16・17世紀〉
江戸時代初期の平戸オランダ商館長。在職1639～41。
⇒岩世人(カロン(大) 1600–1673.4.5)
広辞7(カロン 1600–1673)
新カト(カロン 1600–1673.4.5)

Caron, François〈17・18世紀〉
オランダの改革派教会宣教師。平戸に生れる。アンボイナ島に渡って土人の教化に尽力。
⇒岩世人(カロン(小) 1634–1705)

Caroso, Marco Fabritio〈16・17世紀〉
イタリアのリュート奏者,舞踏教師,音楽理論家。
⇒バロ(カローゾ, マルコ・ファブリッチオ 1535–1610頃)

Carossa, Hans〈19・20世紀〉
ドイツの詩人,小説家。医者。
⇒岩世人(カロッサ 1878.12.15–1956.9.12)
ネーム(カロッサ 1878–1956)
広辞7(カロッサ 1878–1956)
新カト(カロッサ 1878.12.15–1956.9.12)
ポプ人(カロッサ, ハンス 1878–1956)

Caroubel, Pierre Francisque〈16・17世紀〉
イタリアのヴァイオリン奏者,ヴィオール奏者。
⇒バロ(カルーベル, ピエール・フランシクス 1560頃?–1611.7?)

Carp, Petrache〈19・20世紀〉
ルーマニアの政治家。保守派の指導者,首相(1900～01.11～12)。
⇒岩世人(カルプ 1837.6.28–1919.6.19)

Carpaccio, Vittore〈15・16世紀〉
イタリアのベネチア派の画家。代表作は『聖女ウルスラ伝』(90～95),『2人の遊女』など。
⇒岩世人(カルパッチョ 1455頃–1525頃)
ネーム(カルパッチョ 1455?–1525?)
広辞7(カルパッチョ 1455頃–1525頃)

学叢思（カルパッチオ、ヴィットル　1450–1522）
新カト（カルパッチオ、ヴィットル　1465頃–1525）
芸13（カルパッチオ、ヴィットーレ　1455頃–1525-1526）

Carpeaux, Jean Baptiste〈19世紀〉
フランスの彫刻家。1854年『ヘクトル』でローマ大賞受賞。
⇒岩世人（カルポー　1827.5.11–1875.10.11/12）
広辞7（カルポー　1827–1875）
芸13（カルポー、バティスト　1827–1875）

Carpenter, Edward〈19・20世紀〉
イギリスの著述家、社会改革家。主著は"Towards Democracy"(83)。
⇒岩世人（カーペンター　1844.8.29–1929.6.28）
広辞7（カーペンター　1844–1929）
学叢思（カーペンター、エドワード　1844–?）

Carpenter, Frank Watson〈19・20世紀〉
アメリカの植民地行政官。
⇒アア歴（Carpenter,Frank Watson　フランク・ワトソン・カーペンター　1871.6.16–1945.2.28）

Carpenter, (Hick) Warren William〈19・20世紀〉
アメリカの大リーグ選手(三塁)。
⇒メジャ（ヒック・カーペンター　1855.8.16–1937.4.18）

Carpenter, John Alden〈19・20世紀〉
アメリカの作曲家。代表作は、管弦楽曲『乳母車の冒険』(1915)、バレエ曲『摩天楼』(26)。
⇒岩世人（カーペンター　1876.2.28–1951.4.26）

Carpenter, Joseph Estlin〈19・20世紀〉
イギリスの神学者、宗教学者。ユニテリアニズムの有力な指導者。
⇒岩世人（カーペンター　1844.10.5–1927.6.2）

Carpenter, Josse Fairfield〈19・20世紀〉
アメリカの技術者。圧搾空気の研究に従事。
⇒岩世人（カーペンター　1853.8.8–1901.3.6）

Carpenter, Mary〈19世紀〉
イギリスの女性社会事業家。貧民学校、工業学校などを設立し、貧民子女の教育にあたった。
⇒岩世人（カーペンター　1807.4.3–1877.6.14）
広辞7（カーペンター　1807–1877）

Carpenter, Nathanael〈16・17世紀〉
イギリスの哲学者、地理学者。イギリス人として科学的地理学を書いた最初の人。
⇒岩世人（カーペンター　1589–1628頃）

Carpenter, William Benjamin〈19世紀〉
イギリスの生理学者。深海調査にも参加した(68〜71)。
⇒岩世人（カーペンター　1813.10.29–1885.11.19）

Carpi, Fernando〈19・20世紀〉
テノール歌手。教師。
⇒魅惑（Carpi,Fernando　1876–1959）

Carpini, Giovanni de Piano〈12・13世紀〉
イタリアの旅行家。
⇒岩世人（カルピニ　1200頃–1252.8.1）
広辞7（カルピニ　1182頃–1252）
新カト（ヨアンネス［ピアン・デル・カルピネの］　1190頃–1252.8.1）
世人新（カルピニ(プラノ＝カルピニ)　1182頃–1252）
世人装（カルピニ(プラノ＝カルピニ)　1182頃–1252）
世史語（プラノ＝カルピニ　1182頃–1252）
ポプ人（カルピニ、ジョバンニ・ダ・ピアン・デル　1200頃–1252）

Carpophorus
聖人、殉教者。祝日7月20日。イタリア北部ヴィチェンツァで崇敬される。
⇒新カト（レオンティウスとカルポフォルス　生没年不詳）

Carpus〈1世紀〉
キリスト教初期のトロアスの信徒。
⇒新カト（カルポ　1世紀）

Carpzow, Benedikt〈16・17世紀〉
ドイツの刑法学者。異端者裁判では裁判官として、2〜3万の死刑の判決を下した。
⇒岩世人（カルプツォフ　1595.5.27–1666.8.30）

Carr, Edward Ellis〈19・20世紀〉
アメリカの記者、キリスト教社会主義者。
⇒学叢思（カー、エドワード・エリス　1866–?）

Carr, Henry〈19・20世紀〉
カナダの教育者、バシリウス司祭修道会総会長、トロントの教皇庁立中世研究所の創設者。
⇒新カト（カー　1880.1.8–1963.11.28）

Carr, Herbert Wildon〈19・20世紀〉
イギリスの哲学者。
⇒岩世人（カー　1857.1.16–1931.7.8）

Carr, Robert〈17世紀〉
イギリスの作曲家。
⇒バロ（カー、ロバート　1630頃?–1690頃）

Carr, Robert, Viscount Rochester, Earl of Somerset〈17世紀〉
スコットランドの政治家。国王ジェームズ1世の寵臣。
⇒岩世人（カー　1585/1586?–1645.7）

Carra, Jean-Louis〈18世紀〉
フランスのジャーナリスト、政治家。
⇒岩世人（カラ　1742.3.9–1793.10.31）

Carracci, Agostino〈16・17世紀〉
イタリアの画家。
⇒岩世人（カッラッチ　1557.8.15–1602.2.23）
広辞7（カラッチ　1557–1602）
芸13（カラッチ, アゴスティーノ　1557–1602）

Carracci, Annibale〈16・17世紀〉
イタリアの画家。
⇒岩世人（カッラッチ　1560.11.3–1609.7.15）
広辞7（カラッチ　1560–1609）
新カト（カラッチ　1560.11.3–1609.7.15）
芸13（カラッチ, アニーバレ　1560–1609）

Carracci, Lodovico〈16・17世紀〉
イタリアの画家。
⇒岩世人（カッラッチ　1555.4.21–1619.11.13）
広辞7（カラッチ　1555–1619）
芸13（カラッチ, ロドヴィコ　1555–1619）

Carranza, Bartolomé de〈16世紀〉
スペインの神学者。トレドの大司教（1557）。
⇒岩世人（カランサ　1503–1576.5.2）
新カト（カランサ　1503頃–1576.5.2）

Carranza, Ramon〈19・20世紀〉
スペイン海軍の駐在士官。
⇒スパイ（カランザ, ラモン）

Carranza, Venustiano〈19・20世紀〉
メキシコ革命の指導者, 大統領。在職1917～20。
⇒岩世人（カランサ　1859.12.29–1920.5.20）
世人新（カランサ　1859–1920）
世人装（カランサ　1859–1920）
世史語（カランサ　1859–1920）
ポプ人（カランサ, ベヌスティアーノ　1859–1920）
ラテ新（カランサ　1859–1920）

Carrara, Francesco〈19世紀〉
イタリアの法律家, 政治家。
⇒岩世人（カッラーラ　1805.9.18–1888.1.15）

Carré de Malberg, Raymond〈19・20世紀〉
フランスの公法学者。
⇒岩世人（カレ・ド・マルベール　1861.11.1–1935.3.21）

Carreira, António〈16世紀〉
ポルトガルのオルガン奏者。
⇒バロ（カレーイラ, アントーニオ　1525頃–1597）

Carrel, Alexis〈19・20世紀〉
フランスの外科医, 社会学者, 生物学者。組織培養法を発見。
⇒岩世人（カレル　1873.6.28–1944.11.5）
広辞7（カレル　1873–1944）

Carreño, María Teresa〈19・20世紀〉
ベネズエラの女流ピアノ奏者, 作曲家。ルビンシテインに師事し, 欧米各国に巡演。
⇒岩世人（カレーニョ　1853.12.22–1917.6.12）

Carrera, José Miguel de〈18・19世紀〉
チリの政治家, 独立運動の指導者。
⇒岩世人（カレーラ　1785.10.15–1821.9.4）

Carrera, Rafael〈19世紀〉
グアテマラの独裁者, 大統領。在職1847～65。
⇒岩世人（カレーラ　1814.10.24–1865.4.14）

Carrère, John Merven〈19・20世紀〉
アメリカ（ブラジル生れ）の建築家。
⇒岩世人（カレール　1858–1911）

Carriera, Rosalba Giovanna〈17・18世紀〉
イタリアの女流画家。ルイ15世の肖像などを描く。
⇒岩世人（カッリエーラ　1675.10.7–1757.4.15）
芸13（カリエラ, ロザルバ　1675–1757）

Carrier-Belleuse, Albert-Ernest〈19世紀〉
フランスの彫刻家。代表作は『ナポレオン3世』。
⇒岩世人（カリエ＝ベリューズ　1824.6.12–1887.6.4）

Carrière, Eugène〈19・20世紀〉
フランスの画家, 彫刻家。作品に『若い母親』(73)『母性愛』『接吻』『思想』など。
⇒岩世人（カリエール　1849.1.17–1906.3.27）
ネーム（カリエール　1849–1906）
広辞7（カリエール　1849–1906）
芸13（カリエール, ウージェーヌ　1849–1906）

Carrière, Joseph〈18・19世紀〉
フランスの倫理神学者, サン・スルピス司祭会総長。
⇒新カト（カリエール　1795.2.19–1864.4.23）

Carrière, Moritz〈19世紀〉
ドイツの哲学者, 美学者。
⇒岩世人（カリエール　1817.3.5–1895.1.19）
学叢思（カリエール, モリツ　1817–1895）

Carrington, Edward〈18・19世紀〉
アメリカの商人。
⇒アア歴（Carrington,Edward　エドワード・キャリントン　1775.11.2–1843.12.23）

Carrión, Francisco〈16世紀〉
キリシタン時代のイエズス会宣教師。メディナ・デル・カンポ出身のスペイン人。
⇒新カト（カリオン　1552–1590.7.23）

Carroll, Charles〈18・19世紀〉
アメリカの独立革命の指導者。上院議員（89～92）。
⇒新カト（キャロル　1737.9.19–1832.11.14）

Carroll, Charles Joseph〈19・20世紀〉
アメリカの鉄道技師。

⇒アア歴（Carroll,Charles J（oseph）　チャールズ・ジョゼフ・キャロル　1877.9.18–1941.7.9）

Carroll, Frederick Herbert〈19・20世紀〉
アメリカの大リーグ選手（捕手, 外野）。
⇒メジャ（フレッド・キャロル　1864.7.2–1904.11.7）

Carroll, James〈19・20世紀〉
アメリカ陸軍の軍医。黄熱病の病原体がウイルスであることを実証。
⇒岩世人（キャロル　1854–1907）

Carroll, John〈18・19世紀〉
アメリカのボールティモア初代司教。
⇒岩世人（キャロル　1735.1.8–1815.12.3）
　新カト（キャロル　1735.1.8–1815.12.3）

Carroll, Lewis〈19世紀〉
イギリスの文学者, 数学者。
⇒岩世人（キャロル　1832.1.27–1898.1.14）
　広辞7（キャロル　1832–1898）
　世人新（キャロル　1832–1898）
　世人装（キャロル　1832–1898）
　ポプ人（キャロル, ルイス　1832–1898）

Carrothers, Christopher〈19世紀〉
アメリカの長老派宣教師。1869年（明治2）来日し, 築地大学校, 長老派教会などを創立。
⇒岩世人（カロゾルス（カロザーズ））

Carsey,（Kid）Wilfred〈19・20世紀〉
アメリカの大リーグ選手（投手）。
⇒メジャ（キッド・カーシー　1872.10.22–1960.3.29）

Carson, Adam Clarke〈19・20世紀〉
アメリカの判事。
⇒アア歴（Carson,Adam C（larke）　アダム・クラーク・カーソン　1869.1.14–1941.5.23）

Carson, Arthur E.〈19・20世紀〉
アメリカの宣教師。
⇒アア歴（Carson,Arthur E.and Carson,Laura L. Hardin　アーサー・E・カーソン, ローラ・L・ハーディン・カーソン　1860.8.6–1908.4.1）

Carson, Christopher〈19世紀〉
アメリカ人のガイド。インディアンとの交渉で活躍。愛称キット。
⇒アメ新（カーソン　1809–1868）

Carson, Edward Henry, Baron of Duncairn〈19・20世紀〉
アイルランド出身のイギリスの政治家, 弁護士。
⇒岩世人（カーソン　1854.2.9–1935.10.22）

Carson, Laura L.Hardin〈19・20世紀〉
アメリカの宣教師。
⇒アア歴（Carson,Arthur E.and Carson,Laura L. Hardin　アーサー・E・カーソン, ローラ・L・ハーディン・カーソン　1858.9.28–1942.7.19）

Carstens, Asmus Jakob〈18世紀〉
ドイツの歴史家, 肖像画家。古典主義の指導者。
⇒岩世人（カルステンス　1754.5.10–1798.5.25）
　芸13（カルステンス, ヤコブ　1754–1798）

Cartagena, Juan de〈16・17世紀〉
スペインのカトリック神学者。
⇒新カト（フアン・デ・カルタヘナ　1563–1618.7.10）

Cartailhac, Emile〈19・20世紀〉
フランスの先史考古学者。アルタミラ洞窟壁画の研究で名高い。古生物学の進展にも貢献。
⇒岩世人（カルタヤック　1845.2.15–1921.11.25）

Cartan, Elie Joseph〈19・20世紀〉
フランスの数学者。接続の幾何学の発見者。
⇒岩世人（カルタン　1869.4.9–1951.5.6）
　広辞7（カルタン　1869–1951）
　世数（カルタン, エリー　1869–1951）

Carter, Charles Thomas I〈18・19世紀〉
アイルランドの歌手, オルガン奏者。
⇒バロ（カーター, チャールズ・トマス1世　1740頃–1804.10.12）

Carter, Edward Clark〈19・20世紀〉
アメリカの団体理事。
⇒アア歴（Carter,Edward Clark　エドワード・クラーク・カーター　1878.6.9–1954.11.9）

Carter, Howard〈19・20世紀〉
イギリスのエジプト考古学者。王家の谷でツタンカーメンの石室を発掘。
⇒岩世人（カーター　1874.5.9–1939.3.2）
　ポプ人（カーター, ハワード　1874–1939）

Carteret, Sir George〈17世紀〉
イギリスの政治家。アメリカ植民地の大土地所有者。
⇒岩世人（カートレット　1610.5.6?–1680.1.14）

Carteret, Philip〈18世紀〉
イギリスの海軍人, 航海者。バイロンの世界周航で第2船を指揮して南太平洋を航した（1766）。
⇒岩世人（カートレット　1733.1.22–1796.7.21）

Cartier, Jacques〈15・16世紀〉
フランスの探検家, 航海者。ニューファンドランド付近の諸島を発見。
⇒岩世人（カルティエ　1491–1557.9.1）

Cartier, Louis-François〈19・20世紀〉
フランスの宝石商。
⇒岩世人（カルティエ　1819–1904）
　ポプ人（カルティエ, ルイ＝フランソワ　1819–1904）

Cartouche, Louis Dominique

Gartauszien〈17・18世紀〉
フランスの義賊。
⇒岩世人（カルトゥーシュ　1693–1721.11.28）

Cartwright, Alexander Joy〈19世紀〉
最初のクラブチーム "ニューヨーク・ニッカーボッカーズ" を結成した人物。
⇒岩世人（カートライト　1820.4.17–1892.7.12）
　メジャ（アレグザンダー・カートライト　1820.4.17–1892.7.12）

Cartwright, Edmund〈18・19世紀〉
イギリスの自動織機の発明者。
⇒岩世人（カートライト　1743.4.24–1823.10.30）
　ネーム（カートライト　1743–1823）
　広辞7（カートライト　1743–1823）
　学叢思（カートライト, エドマンド　1743–1823）
　世人新（カートライト　1743–1823）
　世人装（カートライト　1743–1823）
　世史語（カートライト　1743–1823）
　ポブ人（カートライト, エドマンド　1743–1823）

Cartwright, John〈18・19世紀〉
イギリスの議会改革主義者。憲法情報協会 (1780), ハムデン・クラブ (1812) を創設。
⇒岩世人（カートライト　1740.9.17–1824.9.23）

Cartwright, Thomas〈16・17世紀〉
イギリスの清教徒の指導者。
⇒岩世人（カートライト　1535–1603.12.27）
　新カト（カートライト　1535–1603.12.27）

Carus, Julius Viktor〈19・20世紀〉
ドイツの動物学者。世代交替および動物学史の研究で知られている。
⇒岩世人（カールス　1823.8.25–1903.3.10）

Carus, Karl Gustav〈18・19世紀〉
ドイツの比較解剖学者, 自然科学者, 哲学者, 画家。昆虫を含む無脊椎動物について研究。
⇒岩世人（カールス　1789.1.3–1869.7.28）
　芸13（カルス, カルル・グスタフ　1789–1869）

Carus, Marcus Aurelius〈3世紀〉
ローマの皇帝。在位282～283。メソポタミアに進攻。
⇒岩世人（カルス　?–283）
　世帝（カルス　224/230/234–283）

Carus, Paul〈19・20世紀〉
アメリカのドイツ系哲学者。シカゴ大学教授。
⇒岩世人（ケイラス　1852.7.18–1919.2.11）

Caruso, Enrico〈19・20世紀〉
イタリアのテノール。1903年『リゴレット』でメトロポリタン歌劇場にデビュー, 以後毎年出演。
⇒岩世人（カルーゾ　1873.2.27–1921.8.2）
　失声（エンリコ・カルーゾ　1873–1921）
　オペラ（カルーゾ, エンリーコ　1873–1921）
　ネーム（カルーソー　1873–1921）
　広辞7（カルーソー　1873–1921）
　実音人（カルーソ, エンリコ　1873–1921）
　魅惑（Caruso,Enrico　1873–1921）

Caruso, Luigi〈18・19世紀〉
イタリアの音楽教師。
⇒バロ（カルーゾ, ルイージ　1754.9.25–1822）

Caruthers, Robert Lee〈19・20世紀〉
アメリカの大リーグ選手（投手, 外野）。
⇒メジャ（ボブ・カルザース　1864.1.5–1911.8.5）

Carvajal, Luis de〈15・16世紀〉
スペインの神学者, フランシスコ会員。
⇒新カト（カルバハル　1500–1552.8）

Carvalhal, Jorge de〈16世紀〉
キリシタン時代のポルトガル人イエズス会日本宣教師。
⇒新カト（カルヴァリャル　1549頃–1592.5.5）

Carvalho, Diego de〈16・17世紀〉
ポルトガルのイエズス会司祭。1609年来日布教。24年殉教。日本名長崎五郎右衛門。
⇒岩世人（カルヴァーリョ　1578–1624.2.22）
　新カト（カルヴァリョ　1578–1624.2.22）

Carvalho, Francisco〈16・17世紀〉
キリシタン時代のポルトガル人イエズス会員。
⇒新カト（カルヴァリョ　1569頃–1649.6.2）

Carvalho, Gaspar〈16・17世紀〉
キリシタン時代のポルトガル人イエズス会員。
⇒新カト（カルヴァリョ　?–1614.10.16）

Carvalho, João de Sousa〈18世紀〉
ポルトガルの音楽教育者。
⇒バロ（カルヴァリョ, ジョアン・デ・ソーザ　1745.2.22–1798）

Carvalho, Lopo Sarmento de〈17世紀〉
ポルトガルの日本貿易船隊司令官。
⇒岩世人（カルヴァーリョ　?–1646）

Carvalho, Miguel〈16・17世紀〉
ポルトガルのイエズス会宣教師。日本に潜入 (1621), 活動2年にしてバスケス等と共に長崎で処刑される。
⇒新カト（カルヴァリョ　1579–1624.8.25）

Carvalho, Valentin〈16・17世紀〉
ポルトガルのイエズス会宣教師。来日 (1598)。
⇒岩世人（カルヴァーリョ　1558–1631）
　新カト（カルヴァリョ　1559–1631）

Carvalho, Vicente de San Antonio〈16・17世紀〉
キリシタン時代の宣教師, 日本205福者の一人。殉教者, アウグスチノ会員。
⇒新カト（カルヴァリョ　1590.4.5–1632.9.3）

Carver, George Washington〈19・20世

紀〉
アメリカの化学者。黒人奴隷の出身。貧困な南部諸州の農業改革を指導。
⇒岩世人（カーヴァー　1864–1943.1.5）

Carver, John〈16・17世紀〉
イギリスの総督。メイフラワー号でアメリカのプリマスに移住した一団の指導者。
⇒岩世人（カーヴァー　1576頃–1621.4.5）

Carver, Thomas Nixon〈19・20世紀〉
アメリカの経済学者。アメリカ経済学会長（16〜）。著書『社会正義論』等。
⇒岩世人（カーヴァー　1865.3.25–1961.3.8）

Carvor（Carver）, Robert〈15・16世紀〉
イギリスの音楽家。
⇒バロ（カーヴァー, ロバート　1487–1546頃以降）

Cary, Henry Francis〈18・19世紀〉
イギリスの牧師、翻訳家。ダンテの『神曲』などを英訳。
⇒岩世人（ケアリ　1772.12.6–1844.8.14）

Cary, John〈18世紀〉
イギリスの商人、経済学者。主著『イギリス貿易論』（1695）。
⇒岩世人（ケアリ　1649.3頃–1717/1722）

Cary, Otis〈19・20世紀〉
アメリカのアメリカン・ボード宣教師。
⇒アア歴（Cary,Otis　オーティス・ケアリー　1851.4.20–1932.7.23）

Casal, Julián del〈19世紀〉
キューバの詩人。作品に『雪』（1892）、『胸像と詩』（1893）など。
⇒岩世人（カサル　1863.11.7–1893.10.21）

Casali, Giovanni Battista〈18世紀〉
イタリアの作曲家。
⇒バロ（カザーリ, ジョヴァンニ・バッティスタ　1715頃–1792.7.6）

Casals, Pablo〈19・20世紀〉
スペインのチェリスト。カザルス音楽祭を主催。
⇒岩世人（カザルス　1876.12.29–1973.10.22）
　ネーム（カザルス　1876–1973）
　広現7（カザルス　1876–1973）
　実音人（カザルス, パブロ　1876–1973）
　ポプ人（カザルス, パブロ　1876–1973）

Casanova de Seingalt, Giovanni Giacomo〈18世紀〉
流浪と漁色の旅に生きたイタリア人。足跡はヨーロッパの大半に印され、知己は君侯からペテン師におよんだ。
⇒岩世人（カザノーヴァ　1725.4.2–1798.6.4）
　ネーム（カザノヴァ　1725–1798）
　広現7（カザノーヴァ　1725–1798）
　スパイ（カサノヴァ, ジョヴァンニ・ジャコモ　1725–1798）

Casanovas, Narciso〈18世紀〉
スペインのオルガン奏者、作曲家。
⇒バロ（カソノーバス, ナルシーソ　1747.2.17–1799.4.1）

Casati, Gabrio〈18・19世紀〉
イタリアの政治家。
⇒岩世人（カザーティ　1798.8.2–1873.11.13）

Casaubon, Isaac〈16・17世紀〉
フランスの古典学者。ジュネーヴ（1582〜96）、モンペリエ（96〜99）各大学のギリシア語教授。
⇒カゾボン　1559.2.18–1614.7.12）

Casella, Pietro〈13世紀〉
イタリアの最古のマドリガーレ作曲家。
⇒バロ（カゼッラ, ピエトロ　1240頃?–1295頃）

Casellas, Jaime de〈17・18世紀〉
スペインの作曲家、指揮者、教師。
⇒バロ（カゼーリャス, ハイメ・デ　1690.10.8–1764.4.27）

Casely-Hayford, Joseph Ephraim〈19・20世紀〉
ゴールドコースト（ガーナ）民主主義運動の先駆的指導者。
⇒岩世人（ケイスリー・ヘイフォード　1866.9.29–1930.8.11）

Casembroot, François de〈19世紀〉
オランダの海軍士官。
⇒岩世人（カセンブロート　1817.7.26–1895.4.14）

Casement, Sir Roger David〈19・20世紀〉
アイルランドの独立運動家。
⇒岩世人（ケイスメント　1864.9.1–1916.8.3）
　スパイ（ケースメント, サー・ロジャー（デイヴィッド）　1864–1916）

Casey, Daniel Maurice〈19・20世紀〉
アメリカの大リーグ選手（投手）。
⇒メジャ（ダン・ケイシー　1862.11.20–1943.2.8）

Casey, James Patrick〈19・20世紀〉
アメリカのメジャーリーガー。
⇒メジャ（ドク・ケイシー　1870.3.15–1936.12.31）

Casilda〈11世紀〉
中世スペインの聖人。祝日4月9日。
⇒新カト（カシルダ〔トレドの〕　11世紀）

Casimir〈15世紀〉
王子。聖人。クラクフ生まれ。
⇒新カト（カジミエシュ　1458.10.3–1484.3.4）
　図聖（カジミエシュ　1458–1484）

Casimir-Périer, Jean Paul Pierre

〈19・20世紀〉
フランスの政治家。首相,大統領を歴任。
⇒岩世人（カジミール=ペリエ　1847.11.8–1907.3.11）

Casini, Giovanni Maria〈17・18世紀〉
イタリアの作曲家。
⇒バロ（カジーニ,ジョヴァンニ・マリア　1652.12.16–1719.2.25）

Caslon, William〈17・18世紀〉
イギリスの活字彫刻家。読易い活字の型を案出し,欧米に広く行われた。
⇒岩世人（カズロン　1692–1766.1.23）

Casorati, Felice〈19世紀〉
イタリアの数学者。
⇒世数（カゾラチ,フェリチェ　1835–1900）

Caspar, Karl Josef〈19・20世紀〉
ドイツの画家。主作品にバンベルクの聖堂の壁画がある。
⇒岩世人（カスパル　1879.3.13–1956.9.21）

Caspari, Otto〈19・20世紀〉
ドイツの哲学者。ダーウィン主義を支持。
⇒岩世人（カスパーリ　1841.5.24–1917.8.28）

Caspar Schaemburger〈17世紀〉
江戸時代初期のオランダ商館の医者。
⇒学叢思（カスパル）

Caspicara〈18世紀〉
植民地時代のエクアドルの彫刻家。
⇒岩世人（カスピカーラ　1723–1796）

Cassagnac, Paul Granier de〈19・20世紀〉
フランスの新聞記者。ボナパルト党のスポークスマン。
⇒岩世人（カサニャック（グラニエ・ド・カサニャック）　1843.12.2–1904.11.4）
　19仏（ポール・ド・カサニャック　1842.12.2–1904.11.4）

Cassander, Georg〈16世紀〉
ドイツのカトリック神学者。宗教的合理主義の有力な代表者。
⇒岩世人（カッサンダー　1518/1515.8.24–1566.2.3）
　新カト（カッサンダー　1513.8.24–1566.2.3）

Cassatt, Mary〈19・20世紀〉
アメリカの女流画家,版画家。母子像を主なテーマとする。
⇒アメ新（カサット　1844–1926）
　岩世人（カサット　1845.5.22–1926.6.14）
　芸13（カサット,メアリー　1845–1926）

Casse, Germain〈19世紀〉
フランスの政治家。

⇒19仏（ジェルマン・カッス　1837.9.23–1900.12.9）

Casseda, Diego de〈17世紀〉
スペインの指揮者。
⇒バロ（カセーダ,ディエーゴ・デ　1630頃?–1694.10)

Cassel, Sir Ernest Joseph〈19・20世紀〉
イギリスの財政家。
⇒ユ人（カッセル,サー・アーネスト・ジョセフ　1853–1921）

Cassel, John〈19世紀〉
イギリスの出版業者。
⇒岩世人（カッセル　1817.1.23–1865.4.2）

Cassel, Karl Gustav〈19・20世紀〉
スウェーデンの経済学者。主著『購買力平価説』(22)。
⇒岩世人（カッセル　1866.10.20–1945.1.15）

Cassian of Imola〈3・4世紀〉
殉教者,聖人。
⇒図聖（カッシアヌス（イモラの）　?–4世紀初）

Cassianus, Johannes〈4・5世紀〉
修道士,神学者。405年ローマの司祭。
⇒岩世人（カッシアヌス　360頃–430頃）
　新カト（カッシアヌス　360頃–430頃）

Cassini, Giovanni Domenico〈17・18世紀〉
イタリア生れのフランスの天文学者,地図学者。
⇒岩世人（カシニ　1625.6.8–1712.9.14）
　科史（カッシーニ　1625–1712）
　ネーム（カッシーニ　1625–1712）
　広辞7（カッシーニ　1625–1712）
　学叢思（カシニー,ジョヴァンニ・ドメニコ　1625–1712）
　世数（カッシーニ,ジョヴァンニ・ドメニコ　1625–1712）

Cassiodorus, Flavius Magnus Aurelius〈5・6世紀〉
ローマの政治家,歴史家。主著に『年代記』『雑録』『ゴート史』など。
⇒岩世人（カッシオドルス　490頃–585頃）
　新カト（カッシオドルス　485/490–580頃）

Cassirer, Bruno〈19・20世紀〉
ドイツの出版者。
⇒岩世人（カッシーラー　1872.12.12–1941.10.29）

Cassirer, Ernst〈19・20世紀〉
ドイツのユダヤ人哲学者。
⇒岩世人（カッシーラー　1874.7.28–1945.4.13）
　ネーム（カッシーラー　1874–1945）
　広辞7（カッシーラー　1874–1945）
　学叢思（カッシーレル,エルンスト　1874–?）
　新カト（カッシーラー　1874.7.28–1945.4.13）
　世人新（カッシーラ　1874–1945）

世人装（カッシーラ 1874–1945）
20思（カッシーラー, エルンスト 1874–1945）
メル3（カッシーラー, エルンスト 1874–1945）
ユ著人（Cassirer,Ernst カッシーラ, エルンスト 1874–1945）

Cassiser, Paul〈19・20世紀〉
ドイツの画商、出版業者。
⇒ユ著人（Cassiser,Paul カッシーラ, パウル 1871–1926）

Cassius Longinus, Gaius〈前1世紀〉
ローマの政治家。前44年カエサルを暗殺。
⇒岩世人（カッシウス ?–前42）
ネーム（カッシウス ?–前42）
広辞7（カシウス ?–前42）

Cassius Longinus, Gaius〈1世紀〉
ローマの法学者。
⇒岩世人（カッシウス）

Cassius Vicellinus, Spurius〈前6・5世紀〉
古代ローマの執政官。
⇒岩世人（スプリウス・カッシウス ?–前485）

Cassola, Francesco〈17世紀〉
イタリア出身の日本宣教師、イエズス会員。
⇒新カト（カッソーラ 1603頃–1643）

Casson, Herbert N.〈19・20世紀〉
アメリカの雑誌記者。
⇒学叢思（カッソン, ハーバート 1869–?）

Castagnary, Jules-Antoine〈19世紀〉
フランスの美術批評家、ジャーナリスト。
⇒岩世人（カスタニャリ 1830.4.11–1888.5.11）
19仏（ジュール=アントワーヌ・カスタニャリ 1830.4.11–1888.5.11）

Castagno, Andrea del〈15世紀〉
イタリアの画家。代表作、聖アポロニア聖堂の『最後の晩餐』。
⇒岩世人（カスターニョ 1421–1457.8.19）
新カト（カスターニョ 1423頃–1457.8.19）
芸13（カスターニョ, アンドレア・デル 1423–1457）

Castaldi, Bellerofonte〈16・17世紀〉
イタリアの収集家、ティオルバとギターの奏者、詩人、彫刻家、冒険家。
⇒バロ（カスタルディ, ベルレロフォンテ 1580-1581–1649.9.27）

Castanheda, Fernão Lopes de〈16世紀〉
ポルトガルの歴史家。『ポルトガル人によるインドの発見と征服の歴史』(51～61)の著者。
⇒岩世人（カスタニェーダ 1500?–1559）

Castanier, Jean-Baptiste〈19・20世紀〉
フランスのパリ外国宣教会宣教師。
⇒岩世人（カスタニエ 1877.1.7–1943.3.12）
新カト（カスタニエ 1877.1.7–1943.3.12）

Castel, José〈18世紀〉
スペインの作曲家。
⇒バロ（カステル, ホセ 1720頃?–1781以降）

Castelar y Ripoll, Emilio〈19世紀〉
スペインの政治家、歴史家。1873～74年第1共和制の首席。
⇒岩世人（カステラール・イ・リポル 1832.9.7–1899.5.25）

Castellani, Aldo〈19・20世紀〉
イタリアの病理学者、細菌学者。
⇒岩世人（カステラーニ 1877–1971.10.6）

Castellani, Charles〈19・20世紀〉
フランスの画家。
⇒19仏（シャルル・カステラニ 1838.5.24–1913.12.1）

Castellet, Domingo〈16・17世紀〉
スペインのドミニコ会宣教師。肥前に布教されていたが、のち捕われて火刑に処せられた。(24)長崎で火刑に処せられた。
⇒新カト（カステリェト 1592.10.17–1628.9.8）

Castelli, Ignaz Franz〈18・19世紀〉
オーストリアの詩人、劇作家。低地オーストリアの方言文学の創始者。
⇒岩世人（カステリ 1781.3.6–1862.2.5）

Castellio, Sebastianus〈16世紀〉
フランスの神学者、人文主義者。
⇒新カト（カステリオ 1515頃–1563.12.29）

Castello, Dario〈16・17世紀〉
イタリアのヴァイオリン奏者、管楽器奏者。
⇒バロ（カステッロ, ダリオ 1580–1640頃）

Castello, Giovanni Battista〈16・17世紀〉
イタリアの管楽器奏者。
⇒バロ（カステッロ, ジョヴァンニ・バティスタ 1590頃?–1650頃?）

Castelnau, Noël Marie Joseph Edouard, vicomte de Curières de〈19・20世紀〉
フランスの軍人、政治家。第一次大戦時の参謀総長。
⇒岩世人（カステルノー 1851.10.24–1944.3.19）

Castelnuovo, Guido〈19・20世紀〉
イタリアの数学者。代数幾何学に貢献。曲面との代数的対応についての基礎理論を作り上げる。
⇒世数（カステルヌオヴォ, ギド 1865–1952）

Castelo Branco, Camilo, visconde

de Correia Botelho〈19世紀〉
ポルトガルの小説家。主著『幸福はいずこに』(56),『無頼漢』(80)。
⇒岩世人（カステロ・ブランコ 1825.3.16–1890.6.1)

Casti, Giambattista〈18・19世紀〉
イタリアの詩人。ヴェネツィアの宮廷詩人となったが, のちパリに定住 (1798)。
⇒岩世人（カスティ 1724.8.29–1803.2.5)
オペラ（カスティ, ジョヴァンニ・バッティスタ 1724–1803)

Castigliano, Carlo Alberto〈19世紀〉
イタリアの技術者。静力学, 特に弾性論の分野ですぐれた研究がある。
⇒岩世人（カスティリアーノ 1847.11.9–1884.10.25)

Castiglione, Baldassare, conte di Novilara〈15・16世紀〉
イタリアの詩人, 外交官。主著田園詩『ティルシ』(06),『廷臣論』(13～18)。
⇒岩世人（カスティリオーネ 1478.12.6–1529.2.7)
広辞7（カスティリョーネ 1478–1529)
新カト（カスティリョーネ 1478.12.6–1529.2.2)
ルネ（バルダッサーレ・カスティリオーネ 1478–1529)

Castiglione, Giovanni Antonio〈16世紀〉
イタリアの作曲家。
⇒バロ（カスティリョーネ, ジョヴァンニ・アントーニオ 1500頃?–1550頃?)

Castiglione, Giovanni Benedetto〈17世紀〉
イタリアの画家。通称イル・グレケット。モノタイプを発案。
⇒芸13（カスティリオーネ, ジョヴァンニ・ベネデット 1616–1670)

Castiglione, Giuseppe〈17・18世紀〉
イタリアのイエズス会士, 画家。中国で活動。作品に『円明園全図』(37) など。
⇒岩世人（カスティリオーネ 1688.7.19–1766.7.16)
ネーム（カスティリオーネ 1688–1766)
広辞7（カスティリョーネ 1688–1766)
新カト（カスティリョーネ 1688.7.19–1766.7.16)
芸13（カスティリオーネ, ジュゼッペ 1688–1766頃)
世人新（カスティリオーネ ろうせいねい 1688–1766)
世人装（カスティリオーネ ろうせいねい 1688–1766)
世史語（カスティリオーネ (郎世寧) 1688–1766)
ポプ人（カスティリオーネ, ジュゼッペ 1688–1766)

Castiglioni, Arturo〈19・20世紀〉
アメリカ (イタリア生れ) の医学史家。イェール大学教授 (43～)。
⇒岩世人（カスティリオーニ 1874.4.10–1952.1.21)

Castil-Blaze〈18・19世紀〉
フランスのバレエ評論家。
⇒バレエ（カスティユ＝ブラーズ 1784.12.1–1857.12.11)

Castilla y Marquesado, Ramón〈18・19世紀〉
ペルーの軍人, 政治家。大統領 (1845～51, 54～62)。
⇒岩世人（カスティージャ 1797.8.31–1867.5.30)

Castillo, Bernard Clavigo del〈16・17世紀〉
スペインのオルガン奏者。
⇒バロ（カスティリョ, ベルナルド・クラビーホ・デル 1550頃–1626)

Castillo, Diego Martinez del〈16・17世紀〉
スペインのオルガン奏者, オルガン鑑定師。
⇒バロ（カスティーリョ, ディエゴ・マルティネス・デル 1544頃–1601.5.11)

Castillo, Hernando del〈16世紀〉
中世のスペインの抒情詩集 "Cancionero general" (1511) の出版者。
⇒岩世人（カスティーリョ)

Castillo, Juan del〈16・17世紀〉
スペインの聖職者。
⇒岩世人（カスティーリョ 1596.9.14–1628.11.17)

Castillo Andraca y Tamayo, Francisco del〈18世紀〉
ペルーの詩人。
⇒新カト（カスティーリョ・アンドラーカ・イ・タマヨ 1716.4.2–1770.12)

Castle, Eduard〈19・20世紀〉
オーストリアのゲルマン学者, 文学史家。ウィーン大学教授 (1945～)。
⇒岩世人（カストレ 1875.11.7–1959.6.8)

Castle, William Ernest〈19・20世紀〉
アメリカの動物学者。遺伝学の研究で知られる。
⇒岩世人（カッスル 1867.10.25–1962.6.3)

Castlereagh, Robert Stewart, Viscount〈18・19世紀〉
イギリスの政治家。第2代ロンドンデリー侯。
⇒岩世人（カスルレイ 1769.6.18–1822.8.12)
世人新（カースルレー 1769–1822)
世人装（カースルレー 1769–1822)

Castorius〈3・4世紀〉
殉教者, 聖人。
⇒図聖（戴冠聖人, 4人の ?–305頃)

Castrén, Mattias Aleksanteli〈19世紀〉
フィンランドの言語学者。著書『オスチャーク語文法の研究』(58)など。
⇒岩世人（カストレーン　1813.12.2～1853.5.7）

Castro, Alfonso de〈15・16世紀〉
スペインの神学者，フランシスコ会員。
⇒新カト（アルフォンソ・デ・カストロ　1495-1558.2.3）

Castro, Cipriano〈19・20世紀〉
ベネズエラの独裁者，大統領。在職1901～08。
⇒岩世人（カストロ　1858.10.12～1924.12.5）

Castro, João de〈15・16世紀〉
ポルトガルの軍人。インド総督(45～48)。
⇒岩世人（カストロ　1500.2.27-1548.6.6）

Castro, Juan Blas del〈16・17世紀〉
フランドルのリュート奏者。フランドル学派。
⇒バロ（カストロ, フアン・ブラス・デル　1555頃-1631.8.6）

Castro, Juan de〈16世紀〉
スペインのドミニコ会宣教師。フィリピンに渡り(1587)，同地の司教としてマニラで没。
⇒岩世人（カストロ　1527.9.30-1592.6.9）
　新カト（カストロ　1527.9.30-1592.6.9）

Castro, Mateos de〈17世紀〉
最初のインド人司教。
⇒新カト（カストロ　1604-1677.7.20頃）

Castro, Rosalía de〈19世紀〉
スペインの女流詩人。「近代派」の先駆者。
⇒岩世人（カストロ　1837.2.24-1885.7.15）

Castro Palao, Fernando〈16・17世紀〉
スペインの倫理神学者。蓋然論者。
⇒岩世人（カストロパラオ　1583-1633.12.1）
　新カト（カストロ・パラオ　1581-1633.12.1）

Castroverde, Pedro Poveda〈19・20世紀〉
スペインの聖人。祝日7月28日。司祭，殉教者。
⇒新カト（ペドロ・ポベダ・カストロベルデ　1874.12.3-1936.7.28）

Castro y Bellvís, Guillen de〈16・17世紀〉
スペインの劇作家。
⇒岩世人（カストロ　1569.11.4-1631.7.28）

Castrucci, Pietro〈17・18世紀〉
イタリアのヴァイオリン奏者，楽器考案者。
⇒バロ（カストルッチ, ピエトロ　1679-1752.2.29）

Casulana, Maddalena〈16世紀〉
イタリアの作曲家。
⇒バロ（カズラーナ, マッダレーナ　1540頃?-1590頃?）

Caswell, Jesse〈19世紀〉
アメリカの宣教師。
⇒アア歴（Caswell,Jesse　ジェシー・キャズウェル　1809.4.17-1848.9.25）

Catalan, Eugéne Charles〈19世紀〉
ベルギーの数学者。
⇒世数（カタラン, ユージェーヌ・シャルル　1814-1894）

Catalani, Alfredo〈19世紀〉
イタリアの歌劇作曲家。ミラノ音楽院作曲教授(1886)。
⇒岩世人（カタラーニ　1854.6.19-1893.8.7）
　オペラ（カタラーニ, アルフレード　1854-1893）

Catalani, Giuseppe〈17・18世紀〉
イタリアの著名な典礼学, 典礼注規学者。
⇒新カト（カタラーニ　1698.6.14-1764.8.10）

Catalani, Jordanus〈13・14世紀〉
フランス出身のドミニコ会宣教師, 司教, 殉教者。
⇒新カト（カタラーニ　?-1336頃）

Catalani, Ottavio〈16・17世紀〉
イタリアのオルガン奏者, 教師。ローマ楽派。
⇒バロ（カタラーニ, オッタヴィオ　1580頃?-1644以降）

Cataldi, Pietro Antonio〈16・17世紀〉
イタリアの数学者。連分数の取扱いを開拓した(1613)。
⇒岩世人（カタルディ　1548.4.15-1626.2.11）
　世数（カタルディ, ピエトロ・アントニオ　1548-1626）

Cataldo, Giuseppe Maria〈19・20世紀〉
イタリア人イエズス会士, アメリカ・インディアンへの宣教師。
⇒新カト（カタルド　1837.3.17-1928.4.9）

Catalina de Austria〈16世紀〉
フィリップ美公の娘で, ジョアン3世の妃。
⇒王妃（カタリナ　1507-1578）

Catalina Micaela de Austria〈16世紀〉
フェリペ2世の次女。サヴォイア公カルロ・エマヌエーレ1世の妃。
⇒王妃（カタリーナ　1567-1597）

Catanoso, Gaetano〈19・20世紀〉
イタリアの聖人。祝日4月4日。修道会創立者。
⇒新カト（ガエターノ・カタノソ　1879.2.14-1963.4.4）

Catel〈18・19世紀〉
フランスの作曲家。
⇒バロ（カテル,?　1750頃?-1810頃?）

Catena〈16世紀〉
イタリアの家畜泥棒, 強盗, 盗賊団の首領。

⇒ルネ (カテナ ?-1581)

Catena, Vincenzo di Biagio〈15・16世紀〉
イタリアの画家。主作品は、ベネチアのサンタ・マリア・マテル・ドミニ聖堂の祭壇画、『聖家族』など。
⇒岩世人 (カテーナ 1470頃-1531.9)
芸13 (カテーナ, ヴィンチェンツォ 1480-1531)

Catharina Alexandrina〈3・4世紀〉
迫害時代のアレキサンドリアの伝説的殉教者。十四救難聖人の一人。
⇒岩世人 (カタリナ(アレクサンドリアの) ?-307頃)
広辞7 (カタリナ(アレクサンドリアの) 4世紀)
新カト (カタリナ〔アレクサンドリアの〕)
図聖 (カタリナ(アレクサンドリアの) ?-4世紀初)

Catharina Boloniensis〈15世紀〉
聖女。ボローニャ・クララ会修院長。
⇒新カト (カテリーナ〔ボローニャの〕 1413.9.8-1463.3.9)

Catharina de Genova〈15・16世紀〉
イタリアの神秘家、聖女。
⇒岩世人 (カタリナ(ジェノヴァの) 1447-1510.9.15)
新カト (カテリーナ〔ジェノヴァの〕 1447-1510.9.15)

Catharina de Siena〈14世紀〉
イタリアのドミニコ会修道女、聖女。
⇒岩世人 (カタリナ(シエナの) 1347.3.25-1380.4.29)
広辞7 (カタリナ(シエナの) 1347-1380)
新カト (カテリーナ〔シエナの〕 1347頃-1380.4.29)
図聖 (カタリナ(シエナの) 1347-1380)

Catharina of Ricci〈16世紀〉
ドミニコ会女子修道院長、聖女。
⇒新カト (カテリーナ・デ・リッチ 1523.4.25-1590.2.2)

Catharinus, Ambrosius〈15・16世紀〉
イタリアのミノリの司教、神学者、ドミニコ会員。
⇒新カト (カタリヌス 1484頃-1553.11.8)

Cathbad
コンホヴァル・マク・ネサの父で、戦士。
⇒ネーム (カトバト)

Cathelineau, Jacques〈18世紀〉
バンデーの反乱(1793.5)の指導者。
⇒岩世人 (カトリノー 1759.1.5-1793.7.11)

Cather, Willa Sibert〈19・20世紀〉
アメリカの女流小説家。『われらの一人』(22)でピュリッツァー賞受賞。
⇒岩世人 (キャザー 1873.12.7-1947.4.24)
広辞7 (キャザー 1873-1947)

新カト (キャザー 1873.12.7-1947.4.24)

Cathérine de Médicis〈16世紀〉
フランス、アンリ2世の王妃。フランソア2世、シャルル9世、アンリ3世の母、シャルル9世の摂政。
⇒岩世人 (カトリーヌ・ド・メディシス 1519.4.13-1589.1.5)
姫全 (カトリーヌ・ド・メディシス 1519-1589)
ネーム (カトリーヌ・ド・メディシス 1519-1589)
新カト (カトリーヌ・ド・メディシス 1519.4.13-1589.1.5)
世人新 (カトリーヌ=ド=メディシス 1519-1589)
世人装 (カトリーヌ=ド=メディシス 1519-1589)
世史語 (カトリーヌ=ド=メディシス 1519-1589)
ポプ人 (カトリーヌ・ド・メディシス 1519-1589)
王妃 (カトリーヌ・ド・メディシス 1519-1589)
ルネ (カトリーヌ・ド・メディシス 1519-1589)

Catherine Howard〈16世紀〉
イギリス国王ヘンリー8世の5番目の妃。
⇒岩世人 (キャサリン・ハワード 1518-1524頃-1542.2.13)
王妃 (キャサリン・ハワード 1521頃-1542)

Catherine Labouré〈19世紀〉
幻視者。聖人。コート・ドール生まれ。
⇒新カト (カトリーヌ・ラブレ 1806.5.2-1876.12.31)

Catherine of Aragon〈15・16世紀〉
イギリス国王ヘンリー8世の最初の妃。メアリー1世の母。
⇒岩世人 (キャサリン(アラゴンの) 1485.12.16-1536.1.7)
新カト (キャサリン〔アラゴンの〕 1485.12.16-1536.1.7)
世人新 (キャサリン(カザリン) 1485-1536)
世人装 (キャサリン(カザリン) 1485-1536)
王妃 (キャサリン 1485-1536)

Catherine of Braganza〈17・18世紀〉
ポルトガル王女。イギリス国王チャールズ2世の妃。
⇒岩世人 (キャサリン(ブラガンザの) 1638.11.25-1705.12.31)
王妃 (キャサリン 1638-1705)

Catherine of Valois〈15世紀〉
イングランド王ヘンリー5世の妃。フランス王シャルル6世の娘。
⇒岩世人 (キャサリン(ヴァロワの) 1401.10.27-1437.1.3)
王妃 (キャサリン 1401-1437)

Catherine Parr〈16世紀〉
イギリス国王ヘンリー8世の6番目の妃。
⇒岩世人 (キャサリン・パー 1512-1548.9.5)
王妃 (キャサリン・パー 1512頃-1548)

Cathrein, Victor〈19・20世紀〉
スイスの神学者。諸民族間の統一的倫理観を探求。
⇒岩世人（カトライン 1845.5.8-1931.9.10）
新カト（カトライン 1845.5.18-1931.9.10）

Catilina, Lucius Sergius〈前2・1世紀〉
ローマ共和政末期の「カティリナ事件」の首謀者。キケロに探知されて失敗。
⇒岩世人（カティリナ 前108頃-前62.1）

Catinat, Nicolas de〈17・18世紀〉
フランス最初の元帥。
⇒岩世人（カティナ 1637.9.1-1712.2.25）

Catlin, George〈18・19世紀〉
アメリカの画家,旅行家,作家。アメリカ・インディアンの研究に専念(1829〜)。
⇒岩世人（カトリン 1796.7.26-1872.12.23）
芸13（カトリン,ジョージ 1796-1872）

Cato, Diomedes〈16・17世紀〉
ポーランドのリュート奏者。
⇒バロ（カトー,ディオメデス 1570頃-1615頃）

Cato Censorius, Marcus Porcius〈前3・2世紀〉
ローマの著述家,政治家,雄弁家。著書『農業論』はローマ最古の散文として現存。
⇒岩世人（カトー（大） 前234-前149）
広辞7（カトー（大） 前234-前149）
世人新（カトー（大カトー） 前234-前149）
世人装（カトー（大カトー） 前234-前149）

Cato Uticensis, Marcus Porcius〈前1世紀〉
ローマの政治家。大カトーの曾孫。
⇒岩世人（カトー（小） 前95-前46.4）
広辞7（カトー（小） 前95-前46）

Catroux, Georges〈19・20世紀〉
フランスの軍人。
⇒岩世人（カトルー 1877.1.29-1969.12.21）

Cats, Jakob〈16・17世紀〉
オランダの詩人,政治家。主著『古い時代と新しい時代の鏡』(32)。
⇒岩世人（カッツ 1577.11.10-1660.9.12）

Catt, Carrie Chapman〈19・20世紀〉
アメリカの婦人参政権運動と平和運動の指導者。全国婦人参政権協会議長(1915〜47)。
⇒岩世人（キャット 1859.1.9-1947.5.9）

Cāttanār〈6世紀頃〉
インドのタミルの仏教叙事詩『マニメーハライ（宝石の帯）』の作者。
⇒岩世人（シータライ・サーッタナール）

Cattaneo, Carlo〈19世紀〉
イタリアの文学者,数学者,法律学者,言語学者,民族学者。
⇒岩世人（カッターネオ 1801.6.15-1869.2.6）

Cattaneo, Lazzaro〈16・17世紀〉
イタリアのイエズス会士。インド,マカオを経て韶州に赴き(1594),M.リッチと共に伝道に従事。
⇒岩世人（カッターネオ 1560-1640.1.19）
新カト（カッタネオ 1560-1640.1.19）

Cattell, James McKeen〈19・20世紀〉
アメリカの心理学者。アメリカ心理学界創始期の指導者の一人。個体差,精神測定研究に貢献。
⇒岩世人（キャッテル 1860.5.25-1944.1.20）
学叢思（キャッテル,ジェームス・マッキーン 1860-?）

Cattiaux, François-Xavier〈19世紀〉
フランスの医師,政治家。
⇒19仏（フランソワ＝グザヴィエ・カティオ 1827.10.14-1898.8.26）

Catullus, Gaius Valerius〈前1世紀〉
ローマの抒情詩人。ローマ独特の恋愛詩エレゲイアの先駆者。
⇒岩世人（カトゥッルス 前84頃-前54頃）
ネーム（カトゥルス 前84?-前54?）
広辞7（カトゥルス 前84頃-前54頃）

Catulus, Quintus Lutatius〈前2・1世紀〉
ローマの軍人。
⇒岩世人（カトゥルス 前150頃-前87）

Cauchie, Alfred-Henri-Joseph〈19・20世紀〉
ベルギーの教会史家。
⇒新カト（コーシ 1860.10.26-1922.2.22）

Cauchy, Augustin Louis, Baron〈18・19世紀〉
フランスの数学者。級数論,整数論,微分方程式論,関数論,行列式論など,重要な研究を残した。
⇒岩世人（コーシー 1789.8.21-1857.5.23）
広辞7（コーシー 1789-1857）
物理（コーシー,オーギュスタン＝ルイ 1789-1857）
世数（コーシー,オーギュスタン-ルイ 1789-1857）

Caulaincourt, Marquis Armand Augustin Louis de〈18・19世紀〉
フランスの軍人,外交官。ナポレオン1世の幕僚,外相などを務めた。
⇒岩世人（コランクール 1772.11.9-1827.2.19）

Caullery, Maurice〈19・20世紀〉
フランスの動物学者。発生,遺伝,進化を研究。
⇒岩世人（コールリ 1868.9.5-1958.7.13）

Caus, Salomon de〈16・17世紀〉
フランスの王室建築家,同技師,物理学者。ドイ

ツのハイデルベルク城庭園を作った。
⇒岩世人（コー　1576頃-1626）

Caussade, Jean-Pierre de〈17・18世紀〉
フランスのカトリック聖職者。
⇒岩世人（コサード　1675.3.7-1751.12.8)
　新カト（コーサード　1675.3.7-1751.12.8)

Causse, Antoine〈19・20世紀〉
フランスのプロテスタント神学者。ストラスブール大学旧約学、宗教学の教授。
⇒岩世人（コース　1877-1947）

Caussin de Perceval, Armand Pierre〈18・19世紀〉
フランスの東洋学者。主著『イスラム教以前のアラビア民族史論』(1847～48)。
⇒岩世人（コサン・ド・ペルスヴァル　1795.1.13-1871.1.15）

Cavaccio, Giovanni〈16・17世紀〉
イタリアのオルガン奏者、歌手、詩人。
⇒バロ（カヴァッチョ、ジョヴァンニ　1556頃-1626.8.11）

Cavaignac, Jean-François-Edouard〈19・20世紀〉
パリ外国宣教会司祭、来日宣教師。
⇒新カト（カヴェニャク　1875.3.29-1917.4.18）

Cavaignac, Louis Eugène〈19世紀〉
フランスの将軍。1848年アルジェリア総督。帰国後陸軍大臣。
⇒岩世人（カヴェニャック　1802.10.15-1857.10.28)
　世人新（カヴェニャック　1802-1857）
　世人装（カヴェニャック　1802-1857）

Cavaillé-Coll, Aristide〈19世紀〉
フランスのオルガン製作者。また製作上幾多の改良を成就。
⇒岩世人（カヴァイエ＝コル　1811.2.4-1899.10.13）

Cavalca, Domenico〈13・14世紀〉
イタリアのドミニコ会員、著述家。
⇒新カト（カヴァルカ　1260/1270頃-1342.11）

Cavalcanti, Guido〈13世紀〉
「清新体」派の詩人。ダンテの最良の友。
⇒岩世人（カヴァルカンティ　1255頃-1300.8.29)
　広辞7（カヴァルカンティ　1250頃-1300）

Cavalcaselle, Giovanni Battista〈19世紀〉
イタリアの美術史学者。イタリア絵画史研究の基礎を確立。
⇒岩世人（カヴァルカゼッレ　1819.1.22-1897.10.31）

Cavalieri, Caterina〈18・19世紀〉
オーストリアのソプラノ歌手。
⇒オペラ（カヴァリエーリ、カテリーナ　1760-1801）

Cavalieri, Emilio de'〈16・17世紀〉
イタリアの作曲家。モノディー様式を創始したカメラータの一人。
⇒バロ（カヴァリエーリ、エミーリオ・デル　1550頃以前-1602.3.11）
　オペラ（カヴァリエーリ、エミリオ・デ　1550?-1602）
　新カト（カヴァリエーリ　1550以前-1602.3.11）

Cavalieri, Francesco Bonaventura〈16・17世紀〉
イタリアの学僧数学者。微分積分学の黎明期に多大の貢献をした。
⇒岩世人（カヴァリエーリ　1598-1647.11.30）
　学叢思（カヴァリエリ、ボナヴェントウラ・フランチェスコ　1598-1647）
　新カト（カヴァリエーリ　1598-1647.11.30）
　世数（カヴァリエリ、ボナヴェントゥラ・フランチェスコ　1598-1647）

Cavalieri, Mario del〈16世紀〉
イタリアの作曲家。
⇒バロ（カヴァリエーリ、マリオ・デル　1540頃?-1580頃）

Cavallera, Ferdinand〈19・20世紀〉
フランスのイエズス会神学者、教父学者。
⇒新カト（カヴァレラ　1875.11.26-1954.3.10）

Cavalli, Pietro Francesco〈17世紀〉
イタリアのオペラ作曲家。『ジャソーネ』(49)はじめ40曲余のオペラの他、宗教音楽を作曲。
⇒バロ（カヴァッリ、ピエトロ・フランチェスコ　1602.2.14-1676.1.14)
　岩世人（カヴァッリ　1602.2.14-1676.1.14)
　オペラ（カヴァッリ、フランチェスコ　1602-1676)
　新カト（カヴァリ　1602.2.14-1676.1.14）

Cavallini, Pietro〈13・14世紀〉
イタリアの画家。
⇒岩世人（カヴァリーニ　（活動）1273-1308）
　新カト（カヴァリーニ　1250頃-1334頃）
　芸13（カヴァリーニ、ピエトロ　1250頃-1334）

Cavallotti, Felice Carlo Emmanuele〈19世紀〉
イタリアのジャーナリスト、政治家。
⇒岩世人（カヴァッロッティ　1842.10.6-1898.3.6）

Cavazzi, Giovanni Antonio〈17世紀〉
イタリアの宣教史家。カプチン・フランシスコ修道会員。
⇒新カト（カヴァッツィ　1621.10.13-1678.7.18）

Cavazzoni, Girolamo〈16世紀〉
イタリアのオルガン奏者、作曲家。
⇒バロ（カヴァッツォーニ、ジロラモ　1525頃-1577/1578）

Cavazzoni, Marco Antonio〈15・16世紀〉
イタリアのオルガン奏者, 作曲家。
⇒バロ（カヴァッツォーニ, マルコ・アントーニオ 1490頃–1560頃）

Cavell, Edith Louisa〈19・20世紀〉
イギリスの看護婦。
⇒岩世人（カヴェル 1865.12.4–1915.10.12）
スパイ（キャヴェル, エディス・ルイーザ 1865–1915）

Cavendish, *Lord* **Frederick Charles**〈19世紀〉
イギリスの政治家。
⇒岩世人（キャヴェンディシュ 1836.11.30–1882.5.6）

Cavendish, Henry〈18・19世紀〉
イギリスの物理学者, 化学者。1766年水素を発見, のち静電気力の逆2乗則を発見。
⇒岩世人（キャヴェンディシュ 1731.10.10–1810.2.24）
科史（キャヴェンディシュ 1731–1810）
ネーム（キャベンディシュ 1731–1810）
広辞7（キャヴェンディシュ 1731–1810）
学叢思（キャベンディッシュ, ヘンリー 1731–1810）
物理（キャヴェンディシュ, ヘンリー 1731–1810）
ポプ人（キャンベンディッシュ, ヘンリー 1731–1810）

Cavendish, Michael〈16・17世紀〉
イギリスのリュート歌曲とマドリガルの作曲家。『エアとマドリガル集』(98)を出版。
⇒バロ（キャヴェンディッシュ, マイケル 1565頃–1628.7.5?）

Cavendish, Thomas〈16世紀〉
イギリスの航海家。3人目の世界周航者。
⇒岩世人（キャヴェンディシュ 1560.9.19?–1592.5/6）
オセ新（キャベンディシュ 1560–1592）

Caventou, Joseph Bienaimé〈18・19世紀〉
フランスの薬学者。葉緑素を研究し, キニンを発見した(1820)。
⇒岩世人（カヴァントゥー 1795–1877）

Cavillon〈16世紀〉
フランスの作曲家。
⇒バロ（カヴィヨン,? 1510頃?–1560頃?）

Cavour, Camillo Benso, conte di〈19世紀〉
イタリアの政治家。イタリアの独立と統一の基礎を築いた。61年3月イタリア新王国の初代首相に就任。
⇒岩世人（カヴール 1810.8.10–1861.6.6）
広辞7（カヴール 1810–1861）
学叢思（カヴール, カミロ 1810–1861）
新カト（カヴール 1810.8.10–1861.6.6）
世人新（カヴール 1810–1861）
世人装（カヴール 1810–1861）
世史語（カヴール 1810–1861）
ポプ人（カブール, カミーロ・ベンソ 1810–1861）
学叢歴（カヴール 1810–1861）
学叢歴（カブール 1810–1861）

Caxton, William〈15世紀〉
イギリス最初の印刷業者。『カンタベリー物語』など約100種類の書物を出版。
⇒岩世人（カクストン 1422頃–1491）
ネーム（カクストン 1422?–1491）
広辞7（キャクストン 1422?–1491）
新カト（キャクストン 1422頃–1491）
ルネ（ウィリアム・キャクストン ?–1492）

Cayley, Arthur〈19世紀〉
イギリスの数学者。解析幾何学, 楕円函数論などを研究。
⇒岩世人（ケイリー 1821.8.16–1895.1.26）
学叢思（ケーレー, アーサー 1821–1895）
世数（ケイリー, アーサー 1821–1895）

Cayley, *Sir* **George**〈18・19世紀〉
イギリスの航空科学者。固定翼の飛行機の原理を初めて明らかにした。
⇒岩世人（ケイリー 1773.12.27–1857.12.15）

Caylus, Anne Claude Philippe de Tubières, Comte de〈17・18世紀〉
フランスの考古学者。小アジアを調査。
⇒岩世人（ケリュス 1692.10.31–1765.9.5）

Cazalès, Jacques Antoine Marie de〈18・19世紀〉
フランスの政治家。大革命の際に三部会貴族議員(1789)となる。
⇒岩世人（カザレス 1758.2.1–1805.11.24）
学叢思（カザレ, ジャック・アントアヌス・マリー 1752–1805）

Cazalis, Henry〈19・20世紀〉
フランスの詩人。仏教の影響をうけた。
⇒岩世人（カザリス 1840.3.9–1909.7.1）
19仏（アンリ・カザリス 1840.3.9–1907.7.1）

Cazin, Jean Charles〈19・20世紀〉
フランスの画家, 銅版画家, 陶芸家。
⇒岩世人（カザン 1841.5.25–1901.3.27）

Cazot, Jules〈19・20世紀〉
フランスの政治家。
⇒19仏（ジュール・カゾ 1821.2.11–1912.11.27）

Cazotte, Jacques〈18世紀〉
フランスの作家。
⇒岩世人（カゾット 1719.10.7–1792.9.25）

Cazzati, Maurizio〈17世紀〉
イタリアの作曲家, オルガン奏者。ボローニャの大聖堂, 宮廷礼拝堂の楽長を歴任。
⇒バロ (カッツァーティ, マウリッツィオ 1620頃-1677)

Ceán-Bermúdez, Juan Agustín〈18・19世紀〉
スペインの美術史家。
⇒岩世人 (セアン＝ベルムデス 1749.9.17-1829.12.3)

Céard, Henry〈19・20世紀〉
フランスの自然主義作家。ゾラの友人, 弟子。小説『あるすばらしい一日』など。
⇒岩世人 (セアール 1851.11.18-1924.8.16)
19仏 (アンリ・セアール 1851.11.18-1924.8.16)

Ceballos, Francisco〈16世紀〉
スペインの音楽家。
⇒バロ (セバーリョス, フランシスコ 1520頃?-1571)

Ceballos, Rodrigo de〈16世紀〉
スペインの作曲家。
⇒バロ (セバーリョス, ロドリーゴ・デ 1525-1581)

Ceballos, Visente〈16世紀〉
スペインの作曲家。
⇒バロ (セバーリョス, ビセンテ 1522頃-1570頃?)

Cebrián〈16世紀〉
スペインの作曲家。
⇒バロ (セブリアン, ? 1510頃?-1560頃?)

Cecchetti, Enrico〈19・20世紀〉
イタリアの舞踊家, 舞踊教師。舞踊教授法チケッティ・メソードを確立。
⇒岩世人 (チェケッティ 1850.6.21-1928.11.13)
バレエ (チェケッティ, エンリコ 1850.6.21-1928.11.13)

Cecchino, Tomaso〈16・17世紀〉
イタリアの作曲家。
⇒バロ (チェッキーノ, トマーゾ 1580頃-1644.8.31)

Cecco d'Ascoli〈13・14世紀〉
イタリアの詩人, 天文学者。異端思想により, 火刑を受けた。主著は俗語詩集『アチュルバ』。
⇒岩世人 (チェッコ・ダスコリ 1269?-1327.9.16)

Cecere, Carlo〈18世紀〉
イタリアの作曲家。
⇒バロ (チェチェーレ, カルロ 1706.11.7-1761.2.15)

Čech, Svatopluk〈19・20世紀〉
チェコの詩人, 小説家。文芸集団「ルフ」の代表者。
⇒岩世人 (チェフ 1846.2.21-1908.2.23)

Cecil, Edgar Algernon Robert, 1st Viscount Cecil of Chelwood〈19・20世紀〉
イギリスの政治家。ボールドウィン内閣に国璽尚書, ランカスター公領尚書(24～27)を歴任。
⇒岩世人 (セシル 1864.9.14-1958.11.24)

Cecil, Wilhelm, Baron Burghley〈16世紀〉
イギリスの政治家。郷紳出身。エリザベス1世に40年間仕えた。
⇒岩世人 (セシル 1520/1521.9.18-1598.8.4)

Cecilia〈2・3世紀〉
ローマ教会の殉教者, 聖女。
⇒岩世人 (カエキリア ?-230/176)

Ceillier, Remi〈17・18世紀〉
フランスの教父学者。
⇒新カト (セリエ 1688.5.14-1763.5.26)

Cek Ko-po〈15世紀〉
インドネシア, 中部ジャワのドゥマック国の始祖。
⇒岩世人 (チェック・コポ)

Čelakovský, František Ladislav〈18・19世紀〉
チェコの詩人, スラブ文献学者。代表作『ロシアの歌の反響』など。
⇒岩世人 (チェラコフスキー 1799.3.7-1852.8.5)

Celano, Tomaso da〈12・13世紀〉
イタリアの作曲家。
⇒バロ (チェラーノ, トマーソ・ダ 1190-1200頃-1255-1260)

Céleste, Céline〈19世紀〉
フランスの舞台女優。
⇒バレエ (セレスト夫人 1810.8.6-1882.2.18)

Celestino, Eligio〈18・19世紀〉
イタリアの作曲家。
⇒バロ (チェレスティーノ, エリージョ 1739.3.20-1812.1.24)

Celli, Gianon〈16・17世紀〉
イタリアの作曲家。
⇒バロ (チェッリ, ジャノン 1580頃?-1630頃?)

Cellier, Alfred〈19世紀〉
イギリスの作曲家, 指揮者。代表作は"Drothy"(1886)。
⇒岩世人 (セリアー 1844.12.1-1891.12.28)

Cellini, Benvenuto〈15・16世紀〉
イタリア・ルネサンス期の彫刻家, 金工家, 作家。作品に『金製の塩入れ』『コシモ1世の胸像』など。
⇒岩世人 (チェッリーニ 1500.11.3-1571.2.13)

ネーム （チェリーニ 1500–1571）
広辞7 （チェッリーニ 1500–1571）
新カト （チェリーニ 1500.11.3–1571.2.13/14）
芸13 （チェルリーニ, ベンベヌト 1500–1571）
ルネ （ベンヴェヌート・チェッリーニ 1500–1571）

Cellot, Louis〈16・17世紀〉
フランスの神学者。
⇒新カト （セロ 1588.9.25–1658.10.20）

Celsius, Anders〈18世紀〉
スウェーデンの天文学者。1742年百分度目盛りを案出。
⇒岩世人 （セルシウス 1701.11.27–1744.4.25）
ネーム （セルシウス 1701–1744）
広辞7 （セルシウス 1701–1744）
学叢思 （セルシウス, アンデレス 1701–1744）
物理 （セルシウス, アンデレス 1701–1744）
ポブ人 （セルシウス, アンデレス 1701–1744）

Celsus〈2世紀〉
ローマの哲学者。『真の言葉』を著した。
⇒岩世人 （ケルスス）

Celsus〈4世紀?〉
聖人, ミラノの殉教者。祝日7月28日。
⇒新カト （ケルススとナザリウス 生没年不詳）

Celsus, Aulus Cornelius〈前1・後1世紀〉
ローマの医学著述家。『大百科全書』(25～35)を著した。
⇒岩世人 （ケルスス （活躍）1世紀）

Celsus, Publius Juventius〈1・2世紀〉
ローマの法学者。
⇒岩世人 （ケルスス 77以前–129以後）

Celtis, Konrad〈15・16世紀〉
ドイツの人文主義者, ラテン語詩人。ドイツ人初の桂冠詩人。『4つの恋物語』(02) など。
⇒岩世人 （ツェルティス 1459.2.1–1508.2.4）

Cennini, Cennino di Drea〈14・15世紀〉
イタリアの画家。『絵画論』(37頃) を著す。
⇒岩世人 （チェンニーニ 1370頃–1440頃）
芸13 （チェンニーニ, チェンニーノ 1390頃–1440頃）

Censorinus〈3世紀〉
ローマの文法学者。
⇒岩世人 （ケンソリヌス）

Ceolfrith〈7・8世紀〉
ジャロウ・ウェアマスの大修道院長。聖人。祝日9月25日。
⇒新カト （セオルフリト 630頃–716.9.25）

Cephisodotos II〈前4・3世紀〉
ギリシアの彫刻家。
⇒芸13 （ケフィソドトス2世）

Cerano〈16・17世紀〉
イタリアの画家, 建築家。
⇒岩世人 （チェラーノ 1557頃–1633）

Cercamon〈12世紀〉
フランスのガスコーニュ出身のジョングルール。ギョーム・ダキテーヌに続く古い世代の詩人。
⇒バロ （セルカモン,? 1090頃?–1145頃）

Čerengdorji〈19・20世紀〉
モンゴルの政治家。
⇒岩世人 （ツェレンドルジ 1868–1928.2.13）

Cererols, Joan〈17世紀〉
カタルーニャの作曲家。
⇒バロ （セレロールス, ホアン 1618.9.9–1680.8.27）

Ceretino〈16世紀〉
イタリアの作曲家。
⇒バロ （チェレティーノ,? 1520頃?–1570頃?）

Cerfberr, Anatole〈19世紀〉
フランスのジャーナリスト。
⇒19仏 （ジュール・クリストフとアナトール・セルベール 1835.7.6–1896.8.19）

Ceriani, Antonio Maria〈19・20世紀〉
イタリアの聖書本文学, オリエント学ならびに典礼学者, 司祭。
⇒新カト （チェリアーニ 1828.5.2–1907.3.2）

Cerioli, Costanza〈19世紀〉
イタリアの聖人。祝日12月24日。聖家族姉妹会と聖家族兄弟会を創立, 女子修道会の初代総長となった。
⇒新カト （コスタンツァ・チェリオリ 1816.1.28–1865.12.24）

Černohorský, Bohuslav Matěj〈17・18世紀〉
チェコのオルガン奏者, 作曲家。
⇒バロ （チェルノホルスキー, ボフスラフ・マチュー 1684.2.16?–1742.7.1?）

Cernuschi, Enrico〈19世紀〉
イタリアの政治家, 経済学者, 美術蒐集家。死後〈チェルヌースキ美術館〉が創立された (98)。
⇒岩世人 （チェルヌスキ 1821–1896.5.12）

Cerqueira, Luis de〈16・17世紀〉
ポルトガル出身のイエズス会士, 日本司教。1598年長崎に上陸。
⇒岩世人 （セルケイラ 1552–1614.2.16）
広辞7 （セルケイラ 1552–1614）
新カト （セルケイラ 1551–1614.2.16）

Cerreto, Scipione〈16・17世紀〉
イタリアの作曲家, 理論家。
⇒バロ （チェレット, スキピオーネ 1551頃–1633頃）

Cerrito, Fanny〈19・20世紀〉
イタリアのバレリーナ。自身の作品に『ロシーダ』(45),『ゲンマ』(54)など。
⇒岩世人(チェリート 1817.5.11–1909.5.6)
バレエ(チェリート,ファニー 1817.5.11–1909.5.6)

Certon, Pierre〈16世紀〉
フランスの作曲家。「王室礼拝堂の音楽家」の称号を賜る。
⇒バロ(セルトン,ピエール 1515頃–1572.2.23)

Ceruti, Roque〈17・18世紀〉
イタリアの作曲家。
⇒バロ(チェルーティ,ロークエ 1683頃–1760.12.6)

Cerutti, Roque〈18世紀〉
ペルー?の作曲家。
⇒バロ(セルーティ,ローケ 1700頃?–1760頃?)

Cervantes Saavedra, Miguel de〈16・17世紀〉
スペインの小説家。
⇒岩世人(セルバンテス 1547.10.9頃–1616.4.22)
オペラ(セルバンテス,ミゲル・デ 1547–1616)
ネーム(セルバンテス 1547–1616)
広辞7(セルバンテス 1547–1616)
学叢思(セルヴァンテス・ザーヴェドラ,ミゲル・デ 1547–1616)
新カト(セルバンテス 1547.9.29–1616.4.22)
世人新(セルバンテス 1547–1616)
世人装(セルバンテス 1547–1616)
世史語(セルバンテス 1547–1616)
ポプ人(セルバンテス,ミゲル・デ 1547–1616)

Cerveau, Pierre〈16・17世紀〉
アンジェ出身のフランスの作曲家。
⇒バロ(セルヴォ,ピエール 1550頃?–1604)

Cervellón, María de〈13世紀〉
メルセデス女子修道会の創立者。聖人。祝日9月19日。バルセロナで,カタルーニャ貴族の旧家に生まれる。
⇒新カト(マリア・デ・セルベヨン 1230.12.12–1290.9.19)

Červený, Václav František〈19世紀〉
チェコの楽器製作者。金属吹管楽器製作所を設立(1842)。
⇒岩世人(チェルヴェニー 1819.9.27–1896.1.19)

Cerveri de Gerona〈13世紀〉
スペインの作曲家。
⇒バロ(セルベリ,デ・ヘローナ 1250頃?–1300頃?)

Cervetto, Jacobo Basevi〈17・18世紀〉
チェリスト。
⇒ユ著人(Cervetto,Jacobo Basevi チェルヴェット,ジャコボ・バセヴィ 1682–1783)

Cesalpino, Andrea〈16・17世紀〉
イタリアの博物学者。植物自然分類法上画期的な分類を行う。主著『植物学』(83)。
⇒岩世人(チェザルピーノ 1519頃–1603.2.23)

Cesare, Giovanni Martino〈16・17世紀〉
イタリアの作曲家。
⇒バロ(チェーザレ,ジョヴァンニ・マルティーノ 1590頃–1667.2.6)

Cesari, Antonio〈18・19世紀〉
イタリアの著述家。純粋なイタリア語の保存に努めた。
⇒岩世人(チェーザリ 1760.1.17–1828.10.1)

Cesarini, Carlo Francesco〈17・18世紀〉
イタリアの作曲家。
⇒バロ(チェザリーニ,カルロ・フランチェスコ 1664頃–1730頃)

Césaris, Johannes〈14・15世紀〉
フランドルの作曲家。
⇒バロ(セザリス,ヨハネス 1370頃?–1420以降)

Cesaro, Ernesto〈19・20世紀〉
イタリアの数学者。級数におけるチェザーロの求和法の発見で知られる。
⇒岩世人(チェザーロ 1859.3.12–1906.9.12)
世数(チェザロ,エルネスト 1859–1906)

Cesarotti, Melchiorre〈18・19世紀〉
イタリアの詩人,評論家。ギリシア古典ほか多数の外国文学作品を翻訳。主著『言語哲学試論』(85)。
⇒岩世人(チェザロッティ 1730.5.15–1808.11.4)

Ceska, Anton〈19・20世紀〉
ポーランドの神言会宣教師。
⇒新カト(チェスカ 1877.12.8–1951.4.29)

Ceslaus〈12・13世紀〉
ポーランド貴族出身のドミニコ会司祭,修道院長。
⇒新カト(ケスラウス 1184–1242.7.15)

Céspedes, Carlos Manuel de〈19世紀〉
キューバ独立運動の先駆者。革命派の大統領。スペイン軍に殺された。
⇒岩世人(セスペデス 1819.4.18–1874.3.22)

Céspedes, Gregorio de〈16・17世紀〉
スペインのイエズス会宣教師。1577年来日,九州,関西に布教。
⇒岩世人(セスペデス 1551–1611)
新カト(セスペデス 1551–1611)

Céspedes, Pablo de〈16・17世紀〉
スペインの画家,彫刻家。コルドバの大聖堂に『最後の晩餐』や,セビリア大聖堂の円天井に装飾画を制作。
⇒新カト(セスペデス 1538/1548–1608)

Cesti, Don Remigio〈17・18世紀〉
イタリアの作曲家。
⇒バロ（チェスティ，ドン・レミージョ　1635頃–1710-1717）

Cesti, Marc'Antonio〈17世紀〉
イタリアの作曲家。メディチ家の楽長ののち，1666～69年ウィーン宮廷副楽長。
⇒バロ（チェスティ，アントーニオ　1623.8.5–1669.10.14）
　オペラ（チェスティ，アントーニオ　1623–1669）
　エデ（チェスティ，アントーニオ（ピエトロ）　1623.8.5–1669.10.14）

Cestius, Epuls〈前1世紀〉
ローマの富裕層出身の護民官，法務官。
⇒岩世人（ケスティウス　?–前12）

Ceulen, Ludolf van〈16・17世紀〉
オランダの数学者。円周率πの値をアルキメデスの方法で35桁まで算出。
⇒岩世人（ファン・ケーレン　1540.1.28–1610.12.31）
　世数（ファン・クーレン，ルドルフ　1540–1610）

Céva, Tommaso Giovanni〈17・18世紀〉
イタリアの数学者。初等幾何学のチェバの定理で有名。
⇒岩世人（チェーヴァ　1647.12.7–1734.6.15）
　世数（チェヴァ，ジョヴァンニ　1647–1734）
　世数（チェヴァ，トンマーゾ　1648–1737）

Ceviscos, Juan〈17世紀〉
スペインの太平洋航路の船長。
⇒岩世人（セビスコス）

Cézanne, Paul〈19・20世紀〉
フランスの画家。後期印象派の代表者。
⇒岩世人（セザンヌ　1839.1.19–1906.10.22）
　19仏（ポール・セザンヌ　1839.1.19–1906.10.22）
　広辞7（セザンヌ　1839–1906）
　学叢思（セザンヌ，ポール　1839–1906）
　新カト（セザンヌ　1839.1.19–1906.10.23）
　芸13（セザンヌ，ポール　1839–1906）
　世人新（セザンヌ　1839–1906）
　世人装（セザンヌ　1839–1906）
　世史語（セザンヌ　1839–1906）
　ポプ人（セザンヌ，ポール　1839–1906）

Chaadaev, Pëtr Iakovlevich〈18・19世紀〉
ロシアの思想家。1827～31年『哲学書簡』を執筆。
⇒岩世人（チャーダーエフ　1794.5.27–1856.4.14）
　ネーム（チャダーエフ　1794–1856）
　広辞7（チャーダーエフ　1794–1856）
　新カト（チャアダーエフ　1794.6.7–1856.4.26）

Chabanon, Michel-Paul-Guy de〈18世紀〉
フランスの作曲家。

⇒バロ（ジャバノン，ミシェル・ポール・ギ・ド　1729/1730–1792.7.10）

Chabas, Paul Émile Joseph〈19・20世紀〉
フランスの画家。1889年に国家賞，1900年に金賞を獲得。
⇒芸13（シャバ，ポール　1869–1937）

Chabert, Charles〈19世紀〉
フランスの社会主義者。
⇒学叢思（シャベル，シャルル　1818–?）

Chabot, François〈18世紀〉
フランスの革命家。国民議会議員（1792）。ダントン派と目され，パリで処刑された。
⇒岩世人（シャボ　1756.10.23–1794.4.5）
　新カト（シャボー　1756.10.23–1794.4.5）

Chabrier, Alexis Emmanuel〈19世紀〉
フランスの作曲家。印象派音楽の先駆者。
⇒岩世人（シャブリエ　1841.1.18–1894.9.13）
　オペラ（シャブリエ，エマニュエル　1841–1894）
　エデ（シャブリエ，エマニュエル（アレクシ）1841.1.18–1894.9.13）
　実音人（シャブリエ，エマニュエル　1841–1894）
　ピ曲改（シャブリエ，（アレクシス）エマニュエル　1841–1894）

Chadwick, Sir Edwin〈18・19世紀〉
イギリスの公衆衛生医。公衆衛生学の確立者の一人。1842年報告書『労働者の衛生状態』を出す。
⇒岩世人（チャドウィック　1800.1.24–1890.7.6）
　世人新（チャドウィック　1800–1890）
　世人装（チャドウィック　1800–1890）

Chadwick, Hector Munro〈19・20世紀〉
イギリスの人類学者。ケンブリッジ大学考古学・人類学科を創設。
⇒岩世人（チャドウィック　1870.10.22–1947.1.2）

Chadwick, Henry〈19・20世紀〉
アメリカ，メジャーリーグでただ一人の殿堂入りを果たした記者。
⇒メジャ（ヘンリー・チャドウィック　1824.10.5–1908.4.29）

Chaffee, Adna Romanza〈19・20世紀〉
アメリカの軍人。米西戦争，エルケネーの戦いで活躍。
⇒アア歴（Chaffee,Adna（Romanza）　アドナ・ロマンザ・チャフィー　1842.4.14–1914.11.1）

Chaffey, George〈19・20世紀〉
カナダ生れの灌漑技術者，実業家。オーストラリアの灌漑事業の先駆者。
⇒オセ新（チャフィー兄弟　1848–1932）

Chaffey, William〈19・20世紀〉
カナダ生れの灌漑技術者，実業家。オーストラリアの灌漑事業の先駆者。

⇒オセ新（チャフィー兄弟　1856-1926）

Chagas, Carlos Ribeiro Justiniano
〈19・20世紀〉
ブラジルの医師。シャガス病を記載。
⇒岩世人（シャガス　1879.7.9-1934.11.8）

Chaghan Temür〈14世紀〉
中国，元末の武将。字は廷瑞，諡は献武。ボロテムルと並ぶ軍閥に成長し元軍を支えた。
⇒岩世人（チャガン・テムル　1328（致和1）-1362.7-8（至正22.6））

Chaghatai Khan〈13世紀〉
チャガタイ・ハン国初代のハン。在位1227～42。チンギス・ハンの第2子。
⇒岩世人（チャガタイ　?-1242）
　ネーム（チャガタイ　?-1242）
　広辞7（チャガタイ　?-1242）
　世人新（チャガタイ＝ハン　?-1242）
　世人装（チャガタイ＝ハン　?-1242）
　学叢歴（察合台）

Chaikovski, Pëtr Ilich〈19世紀〉
ロシアの作曲家。作品にバレー組曲『白鳥の湖』，交響曲『悲愴』など。
⇒岩世人（チャイコフスキー　1840.4.25-1893.10.25）
　バレエ（チャイコフスキー，ピョートル　1840.5.7-1893.11.6）
　オペラ（チャイコーフスキイ，ピョートル・イリイーチ　1840-1893）
　エデ（チャイコフスキー，ピョートル・イリイチ　1840.5.7-1893.11.6）
　広辞7（チャイコフスキー　1840-1893）
　実音人（チャイコフスキー，ピョトル　1840-1893）
　新カト（チャイコフスキー　1840.5.7-1893.11.6）
　世人新（チャイコフスキー　1840-1893）
　世人装（チャイコフスキー　1840-1893）
　世史語（チャイコフスキー　1840-1893）
　ピ曲改（チャイコフスキー，ピョトル・イリイチ　1840-1893）
　ポプ人（チャイコフスキー，ピョートル・イリイッチ　1840-1893）

Chairachathirat〈16世紀〉
タイ，アユタヤ朝の王。
⇒世帝（チャイヤラーチャーティラート　?-1547）

Chairēmōn〈1世紀〉
ローマの思想家。後期ストア派。
⇒岩世人（カイレモン）

Chajes, Hirsch Perez〈19・20世紀〉
1918年よりウィーンの主席ラビ。
⇒ユ著人（Chajes,Hirsch (Zevi) Perez　ハイエス，ヒルシュ・ペレツ　1876-1927）

Chalamet, Arthur〈19世紀〉
フランスの政治家。
⇒19仏（アルチュール・シャラメ　1822.12.19-1895.12.5）

Chalcondylas, Demetrius〈15・16世紀〉
ギリシアの人文主義者。1447年イタリアに渡り，ギリシア語を教授。
⇒岩世人（カルコンディラス　1424頃-1511）

Chalfant, Frank Herring〈19・20世紀〉
アメリカの宣教師。
⇒アア歴（Chalfant,Frank H (erring)　フランク・ヘリング・チャルファント　1862.5.29-1914.1.14）

Chalgrin, Jean-François Thérèse
〈18・19世紀〉
フランスの古典主義の建築家。アカデミー会員。エトワール広場の凱旋門の設計者。
⇒岩世人（シャルグラン　1739-1811.1.20）

Chaliapin, Fyodor〈19・20世紀〉
ロシアのバス歌手。
⇒オペラ（シャリヤピン，フョードル　1873-1938）

Chalier, Marie-Joseph〈18世紀〉
フランスの政治家。
⇒岩世人（シャリエ　1747-1793.7.18）

Challamel, Augustin〈19世紀〉
フランスの文学者。
⇒19仏（オーギュスタン・シャラメル　1819.3.18-1894.10.19）

Challe, Robert〈17・18世紀〉
フランスの作家。代表作『フランス名婦伝』など。
⇒岩世人（シャール　1659.8.17-1721.1.27）

Challemel-Lacour, Paul Armand〈19世紀〉
フランスの政治家，学者。イギリス駐在大使(1880)，外相(83)，上院議長(93)。
⇒岩世人（シャルメル＝ラクール　1827.5.19-1896.10.26）
　19仏（ポール・シャルメル＝ラクール　1827.5.19-1896.10.26）

Challoner, Richard〈17・18世紀〉
イギリスのカトリック司教，著作家。
⇒新カト（チャロナー　1691.9.29-1781.1.12）

Chalmers, George〈18・19世紀〉
イギリスの歴史家。主著『カレドニア』(07～24)など。
⇒岩世人（チャマーズ　1742.12.26-1825.5.31）

Chalmers, James〈19・20世紀〉
イギリスの会衆派宣教師，南太平洋開拓伝道先駆者。
⇒新カト（チャーマーズ　1841.8.4-1901.4.8）

Chalmers, John〈19世紀〉
イギリスの宣教師。香港に渡り(1852)，聖書の漢訳を完成。

⇒岩世人（チャマーズ　1825–1900）

Chalmers, Thomas〈18・19世紀〉
イギリスの神学者。スコットランドの説教家。1843年「スコットランド自由教会」を創設。
⇒岩世人（チャマーズ　1780.3.17–1847.5.30）
　学叢思（チャルマーズ, トマス　1780–1847）
　新カト（チャーマーズ　1780.3.17–1847.5.31）

Chalon, Alfred Édouard〈18・19世紀〉
スイス=イギリスの画家, 挿絵画家。
⇒バレエ（シャロン, アルフレッド・エドゥアール　1780.2.15–1860.10.3）

Chalybaeus, Heinrich Moritz〈18・19世紀〉
ドイツの哲学者。ヘーゲル主義の汎神論的基調に反対して思弁的有神論を主張。
⇒岩世人（ハリボイス　1796.7.3–1862.9.22）

Chamaileōn〈前4・3世紀〉
ギリシアの著述家。
⇒岩世人（カマイレオン）

Chamberlain, Arthur Neville〈19・20世紀〉
イギリスの政治家。J.チェンバレンの2男。
⇒岩世人（チェンバレン　1869.3.18–1940.11.9）
　ネーム（チェンバレン　1869–1940）
　広辞7（チェンバレン　1869–1940）
　世人新（チェンバレン〈ネヴィル〉　1869–1940）
　世人装（チェンバレン〈ネヴィル〉　1869–1940）
　世史語（ネヴィル=チェンバレン　1869–1940）
　ポプ人（チェンバレン, ネビル　1869–1940）

Chamberlain, Basil Hall〈19・20世紀〉
イギリスの言語学者, 日本学者。1873～1911年滞日。
⇒岩世人（チェンバレン　1850.10.18–1935.2.15）
　広辞7（チェンバレン　1850–1935）

Chamberlain, Elton P.〈19・20世紀〉
アメリカの大リーグ選手（投手）。
⇒メジャ（エルトン・チェンバレン　1867.11.5–1929.9.22）

Chamberlain, Houston Stewart〈19・20世紀〉
ドイツの政治哲学者。アーリアまたはゲルマン人種の優越性を唱えた。
⇒岩世人（チェンバレン　1855.9.9–1927.1.9）
　新カト（チェンバレン　1855.9.9–1927.1.9）

Chamberlain, Jacob〈19・20世紀〉
アメリカのオランダ改革派のインド派遣宣教師。
⇒アア歴（Chamberlain, Jacob　ジェイコブ・チェインバレン　1835.4.13–1908.3.2）

Chamberlain, Joseph〈19・20世紀〉
イギリスの政治家。1888年自由党を分裂させ, 自由統一党を結成。

⇒岩世人（チェンバレン　1836.7.8–1914.7.2）
　広辞7（チェンバレン　1836–1914）
　世人新（チェンバレン〈ジョゼフ〉　1836–1914）
　世人装（チェンバレン〈ジョゼフ〉　1836–1914）
　世史語（ジョゼフ=チェンバレン　1836–1914）
　ポプ人（チェンバレン, ジョセフ　1836–1914）
　ユ人（チェンバレン, ジョセフ　1836–1914）
　学叢歴（チャンバーレン　1836–1875）

Chamberlain, Sir Joseph Austen〈19・20世紀〉
イギリスの政治家。J.チェンバレンの長子。
⇒岩世人（チェンバレン　1863.10.16–1937.3.16）
　広辞7（チェンバレン　1863–1937）

Chamberlain, William Isaac〈19・20世紀〉
アメリカの宣教師。
⇒アア歴（Chamberlain, William I (saac)　ウイリアム・アイザック・チェインバレン　1862.10.10–1937.9.27）

Chamberlayne, Edward〈17・18世紀〉
イギリスの出版者, 著者。
⇒岩世人（チェンバレン　1616.12.13–1703.5.27（埋葬））

Chamberlayne, John〈17・18世紀〉
イギリスの出版者, 翻訳家。
⇒岩世人（チェンバレン　1669–1723.11.2）

Chamberlin, Thomas Chrowder〈19・20世紀〉
アメリカの地質学者。氷河地質学の研究等で知られる。
⇒岩世人（チェンバリン　1843.9.25–1928.11.15）

Chambers, Sir Edmund Kerchever〈19・20世紀〉
イギリスのシェイクスピア学者・演劇史家。
⇒岩世人（チェンバーズ　1866.3.16–1954.1.21）

Chambers, Ephraim〈17・18世紀〉
イギリスの辞書編集者。
⇒岩世人（チェンバーズ　1680頃–1740.5.15）

Chambers, Robert〈19世紀〉
スコットランドの出版者, 著述家。"Books of days"（62～64）等を刊行。
⇒岩世人（チェンバーズ　1802.7.10–1871.3.17）

Chambers, Sir William〈18世紀〉
イギリスの建築家。1761年王室建築家となる。作品『サマセット・ハウス』(75)など。
⇒岩世人（チェンバーズ　1723.2.23–1796.3.8）

Chambiges, Martin〈15・16世紀〉
フランスの建築家。サンス, トロアなどの諸寺院工事に参加。
⇒岩世人（シャンビージュ　?–1532.8.29）

Chambiges, Pierre I〈16世紀〉
フランスの石工棟梁。
⇒岩世人（シャンビージュ ?–1544）

Chambiges, Pierre II〈16世紀〉
フランスの建築家。
⇒岩世人（シャンビージュ）

Chambon, Jean Alexis〈19・20世紀〉
フランスのパリ外国宣教会宣教師。
⇒岩世人（シャンボン　1875.3.17–1948.9.8）
　新カト（シャンボン　1875.3.18–1948.9.8）

Chambonnières, Jacques Champion de〈17世紀〉
フランスのクラブサン奏者，作曲家。フランス宮廷に仕えた。
⇒バロ（シャンボニエール，ジャック・シャンピオン・ド　1602頃–1672.5.4）

Chambord, Henri Charles Ferdinand Marie Dieudonné d'Artois, Comte de〈19世紀〉
フランス，ブルボン家最後の王位相続人。フランス王位の継承を請求し続けたが成功しなかった。
⇒岩世人（シャンボール　1820.9.29–1883.8.24）
　世帝（アンリ・ダルトワ　1820–1883）

Chambray, Louis Franchois〈18・19世紀〉
フランスの作曲家。
⇒バロ（シャンブレ，ルイ・フランソワ　1737.5.23–1807.4.1）

Chamfort, Sebastien Roch Nicolas〈18世紀〉
フランスのモラリスト。代表作『箴言，省察』『性格，逸話』(95)。
⇒岩世人（シャンフォール　1741.4.6?–1794.4.13）
　新カト（シャンフォール　1741.4.6–1794.4.13）

Chaminade, Cécile Louise Stéphanie〈19・20世紀〉
フランスの女流ピアノ奏者，作曲家。ゴダールの弟子。
⇒岩世人（シャミナード　1857.8.8–1944.4.13）
　エデ（シャミナード，セシル（ルイーズ・ステファニ）1857.8.8–1944.4.13）

Chaminade, Guillaume Joseph〈18・19世紀〉
フランスの司祭。「汚れなきマリア会」の創立者(1817)。
⇒新カト（シャミナード　1761.4.8–1850.1.22）

Chamisso, Adalbert von〈18・19世紀〉
ドイツの詩人，植物学者。フランス革命のためベルリンに移住。
⇒岩世人（シャミッソー　1781.1.30–1838.8.21）
　広辞7（シャミッソー　1781–1838）

Chamorro Vargas, Emiliano〈19・20世紀〉
ニカラグアの政治家。
⇒岩世人（チャモロ　1871.5.11–1966.2.26）

Champagnat, Marcellin-Joseph-Benoît〈18・19世紀〉
フランスの聖人，司祭，マリスト教育修道士会創立者。祝日6月6日。
⇒新カト（マルスラン・ジョゼフ・ブノア・シャンパニャ　1789.5.20–1840.6.6）

Champaigne, Philippe de〈17世紀〉
フランスの画家。ルイ13世の宮廷画家。最初の絵画アカデミー会員。代表作『死せるキリスト』『など』。
⇒岩世人（シャンパーニュ　1602.5.26–1674.8.12）
　新カト（シャンパーニュ　1602.5.26–1674.8.12）
　芸13（シャンパーニュ，フィリップ・ド　1602–1674）

Champein, Stanislas〈18・19世紀〉
フランスの作曲家。
⇒バロ（シャンパン，スタニスラス　1753.11.19–1830.9.19）

Champfleury〈19世紀〉
フランスの大衆小説家。代表作は『モランシャールの市民たち』(55) など。
⇒岩世人（シャンフルーリ　1821.9.10–1889.12.6）

Champion, Antoine〈16世紀〉
フランドルの作曲家。
⇒バロ（シャンピオン，アントアーヌ　1550頃?–1600頃）

Champion, Jacques II〈16・17世紀〉
フランスの作曲家。
⇒バロ（シャンピオン，ジャック2世　1555以前–1642）

Champion, Nicolas〈17世紀〉
フランスの作曲家。
⇒バロ（シャンピオン，ニコラ　1620–1625頃–1662以前）

Champion, Thomas〈16世紀〉
フランスの作曲家。
⇒バロ（シャンピオン，トマ　1525頃?–1580以降）

Champlain, Samuel de〈16・17世紀〉
フランスの探検家。フランス領カナダの初代総督。
⇒岩世人（シャンプラン　1567/1570–1635.12.25）

Champlitte, Guillaume de〈12世紀〉
フランスの作曲家。
⇒バロ（シャンプリット，ギヨーム・ド　1150頃?–1200頃?）

Champmeslé, Marie〈17世紀〉
フランスの女優。ブルゴーニュ座，コメディー・

フランセーズ座などの花形女優。
⇒岩世人（シャンメレ　1642.2.18–1698.5.15）

Champollion, Jean François〈18・19世紀〉
フランスの考古学者。エジプト学の創始者。
⇒岩世人（シャンポリオン　1790.12.23–1832.3.4）
　ネーム（シャンポリオン　1790–1832）
　広辞7（シャンポリオン　1790–1832）
　世人新（シャンポリオン　1790–1832）
　世人装（シャンポリオン　1790–1832）
　世史語（シャンポリオン　1790–1832）
　ボブ人（シャンポリオン，ジャン・フランソワ　1790–1832）

Champollion, Jean Jacques〈18・19世紀〉
フランスの古代学, 古文書学者。
⇒岩世人（シャンポリオン＝フィジャック　1778.10.5–1867.5.9）

Champsaur, Félicien〈19・20世紀〉
フランスの作家。
⇒19仏（フェリシアン・シャンソール　1858.1.10–1934.12.22）

Chan〈19世紀〉
タイの結合双生児。「シャム双生児」の語源となった兄弟。
⇒岩世人（インとチャン　1811.5.11–1874.1.17）

Chance, Frank Leroy〈19・20世紀〉
アメリカのメジャーリーガー。
⇒メジャ（フランク・チャンス　1876.9.9–1924.9.15）

Chancellor, *Sir* John〈19・20世紀〉
英委任統治領パレスチナの第3代高等弁務官。在職1928〜31。
⇒ユ人（チャンセラー, サー・ジョン　1870–1952）

Chancellor, Richard〈16世紀〉
イギリスの航海家。1553年ロシア皇帝と会見。これによって55年モスクワ会社が設立された。
⇒岩世人（チャンスラー　?–1556）

Chancy, François de〈17世紀〉
フランスの歌手, リュート奏者, 作曲家。
⇒バロ（シャンシー, フランソワ・ド　1600頃?–1656.8）

Chandler, John Hasset〈19世紀〉
アメリカの実業家。
⇒アア歴（Chandler,John Hasset　ジョン・ハセット・チャンドラー　活躍1843–1878）

Chandler, John Scudder〈19・20世紀〉
アメリカの宣教師。
⇒アア歴（Chandler,John Scudder　ジョン・スカダー・チャンドラー　1849.4.12–1934.6.19）

Chandler, Seth Carlo〈19・20世紀〉
アメリカの天文学者。ハーヴァード大学天文台員（81〜85）。
⇒岩世人（チャンドラー　1846.9.17–1913.12.31）

Chandragupta〈前4・3世紀〉
インド, マウリヤ朝の祖。在位前317頃〜296頃。インド史上初めて北インド全域を支配。
⇒岩世人（チャンドラグプタ　（在位）前317頃–前293頃）
　ネーム（チャンドラグプタ）
　広辞7（チャンドラグプタ　（在位）前317頃–前293頃）
　世人新（チャンドラグプタ　?–前297頃）
　世人装（チャンドラグプタ　?–前297頃）
　世史語（チャンドラグプタ王　（在位）前317–前296頃）
　世帝（チャンドラグプタ　（在位）前321/前317–前297/前293）
　ボブ人（チャンドラグプタ　生没年不詳）
　南ア新（チャンドラグプタ　生没年不詳）

Chandragupta I〈4世紀〉
インド, グプタ朝の創始者。在位320〜335頃。ガンジス川中流域を征服、「王中の大王」と称した。
⇒岩世人（チャンドラグプタ1世　（在位）320–350頃）
　広辞7（チャンドラグプタ一世　（在位）320頃–335頃）
　世人新（チャンドラグプタ1世　生没年不詳（在位）320頃–335頃/350頃）
　世人装（チャンドラグプタ1世　生没年不詳（在位）320頃–335頃/350頃）
　世史語（チャンドラグプタ1世　（在位）320–335頃）
　世帝（チャンドラグプタ1世　（在位）320頃–330頃/335頃）
　ボブ人（チャンドラグプタ1世　生没年不詳）
　南ア新（チャンドラグプタ1世　生没年不詳）

Chandragupta II〈4・5世紀〉
インド, グプタ朝第3代の王。在位385〜413頃。
⇒岩世人（チャンドラグプタ2世　（在位）380–415頃）
　広辞7（チャンドラグプタ二世　（在位）376頃–414頃）
　世人新（チャンドラグプタ2世（超日王）　ちょうにち　生没年不詳（在位）376/380–415頃）
　世人装（チャンドラグプタ2世（超日王）　ちょうにち　生没年不詳（在位）376/380–415頃）
　世史語（チャンドラグプタ2世　（在位）376頃–414頃）
　世帝（チャンドラグプタ2世　（在位）376頃–415頃）
　ボブ人（チャンドラグプタ2世　生没年不詳）
　南ア新（チャンドラグプタ2世　生没年不詳）

Chanel, Gabrielle〈19・20世紀〉
フランスの女流服飾デザイナー。
⇒ネーム（シャネル　1833–1971）

Changarnier, Nicolas〈18・19世紀〉
フランスの将軍, 政治家。大統領ルイ・ナポレ

オンによって陸相に任命されたが，王党派に荷担し追放された。
⇒岩世人（シャンガルニエ　1793.4.26-1877.2.14）

Channing, Edward〈19・20世紀〉
アメリカの歴史家。『合衆国史』6巻（05～25）でピュリツァー賞受賞。
⇒岩世人（チャニング　1856.6.15-1931.1.7）

Channing, William Ellery〈18・19世紀〉
アメリカの牧師，著述家。1825年全米ユニテリアン協会を創立。
⇒岩世人（チャニング　1780.4.7-1842.10.2）
　学叢思（チャンニング，ウィリアム・エラリー　1780-1842）
　新カト（チャニング　1780.4.7-1842.10.2）

Chanoine, Charles Sulpice Jules〈19・20世紀〉
フランスの軍人。徳川幕府が招いたフランス陸軍軍事教官団の団長。
⇒岩世人（シャノワーヌ　1835.12.8-1915.12.9/29）

Chan Reachea〈16世紀〉
カンボジア，ポスト・アンコール時代の王。在位1529～67。
⇒岩世人（チャン・リエチエ　?-1567）

Chantal, Jeanne-Françoise Frémyot de〈16・17世紀〉
フランスの聖人，修道女。祝日8月12日。シャンタル男爵夫人。マリア訪問会創設者。パリの修道院長。
⇒岩世人（シャンタル　1572.1.23-1641.12.13）
　新カト（ジャンヌ・フランソアーズ・フレミヨ・ド・シャンタル　1572.1.28-1641.12.13）
　図聖（シャンタル，ジャンヌ・フランソアーズ・フレミオー・ド　1572-1641）

Chantepie de la Saussaye, Pierre Daniel〈19・20世紀〉
オランダのプロテスタント神学者，宗教学者。教会的，倫理的調停神学の代表者。
⇒岩世人（シャントピ・ド・ラ・ソセー　1848.4.9-1920.4.20）

Chantôme, Paul〈19世紀〉
フランスの司祭，神学者。
⇒新カト（シャントーム　1810頃-1877.10.7）

Chantrey, *Sir* Francis〈18・19世紀〉
イギリスの彫刻家，肖像画家。
⇒岩世人（チャントリー　1781.4.7-1841.11.25）

Chanute, Octave〈19・20世紀〉
アメリカの航空技術者。複葉の翼に支柱と張線を使う構造を考案。
⇒岩世人（シャヌート　1832.2.18-1910.11.24）
　学叢思（シャニュート，オクターヴ　1832-1910）

Chapdelaine, Auguste〈19世紀〉
フランスのカトリック宣教師。中国西林で伝道に従事。匪徒の反乱を煽動したとして斬首された。
⇒岩世人（シャプドレーヌ　1814-1856.2.29）
　ネーム（シャプドレーヌ　1814-1856）
　新カト（オーギュスト・シャプドレーヌ　1814.1.6-1856.2.27）

Chapelain, Jean〈16・17世紀〉
フランスの詩人，評論家。アカデミー・フランセーズの設立メンバーの一人。
⇒岩世人（シャプラン　1595.12.4-1674.2.22）

Chapelle, Placide Louis〈19・20世紀〉
アメリカの聖職者。
⇒アア歴（Chapelle,Placide Louis　プラシード・ルイ・シャペル　1842.8.28-1905.8.9）

Chaperon, François〈17世紀〉
フランスの作曲家。
⇒バロ（シャプロン，フランソワ　1640頃?-1698）

Chapin, Aaron Lucius〈19世紀〉
アメリカの経済学者。古典派経済学を通俗的に祖述。
⇒岩世人（チェイピン　1817-1892）

Chapin, Lyman Dwight〈19世紀〉
アメリカの宣教師。
⇒アア歴（Chapin,Lyman Dwight　ライマン・ドワイト・チェイピン　1836.9.18-1894.6.29）

Chaplin, Charles Josuah〈19世紀〉
フランスの画家，版画家。主作品,テュイルリ宮花の間の天井壁画（61）。
⇒岩世人（シャプラン　1825.6.8-1891.1.20）

Chaplin, Winfield〈19・20世紀〉
アメリカの土木技師。東京開成学校で土木工学を教授。
⇒アア歴（Chaplin,Winfield S (cott)　ウィンフィールド・スコット・チャプリン　1847.8.22-1918.3.12）
　岩世人（チャップリン　1847.8.22-1918.3.12）

Chapman, George〈16・17世紀〉
イギリスの詩人，劇作家。ホメロスの翻訳家。
⇒岩世人（チャップマン　1559頃-1634.5.12）
　ネーム（チャップマン　1559?-1634）
　広辞7（チャップマン　1559頃-1634）

Chapman, Herbert〈19・20世紀〉
イングランドのサッカー監督。
⇒岩世人（チャップマン　1878.1.19-1934.1.6）

Chapman, John Curtis〈19・20世紀〉
アメリカの大リーグ選手（外野）。
⇒メジャ（ジャック・チャップマン　1843.5.8-1916.6.10）

Chappe, Claude〈18・19世紀〉
フランスの技術家。視信号を用いた通信機を発明。

⇒岩世人（シャップ　1763-1805）

Chappotin de Neuville, Hélène de〈19・20世紀〉
マリアの宣教者フランシスコ修道会の創立者。
⇒新カト（シャポタン・ド・ヌヴィル　1839.5.21-1904.11.25）

Chappuis, Jean〈16世紀〉
フランスの教皇令資料編纂者。
⇒新カト（シャピュイ　1500頃）

Chaptal, Jean Antoine, Comte de Chanteloup〈18・19世紀〉
フランスの化学者，政治家。硫酸，明礬，ソーダの製造，葡萄酒醸造の改良を行った。
⇒岩世人（シャプタル　1756.6.4-1832.7.30）
　学叢思（シャプタル，ジャン・アントアヌ　1756-1832）

Chapu, Henri Michel Antoine〈19世紀〉
フランスの彫刻家。1855年ローマ賞受賞。代表作は『ジャンヌ・ダルク』(70) ほか。
⇒岩世人（シャピュ　1833.9.23-1891.4.21）
　芸13（シャプュ，アンリ　1833-1891）

Charcot, Jean Martin〈19世紀〉
フランスの精神医学者。サルペトリエール学派の指導者。
⇒岩世人（シャルコ　1825.11.29-1893.8.16）
　19仏（ジャン＝マルタン・シャルコー　1825.11.29-1893.8.16）
　広辞7（シャルコー　1825-1893）

Chardavoine, Jehan〈16世紀〉
フランスの音楽家。
⇒バロ（シャルダヴォワーヌ，ジャン　1538.2.2-1580頃）

Chardin, Jean〈17・18世紀〉
フランスの旅行家。中東，インドへ旅行。
⇒岩世人（シャルダン　1643.11.16-1713.1）

Chardin, Jean Baptiste Siméon〈17・18世紀〉
フランスの画家。アカデミー会員。作品に『洗濯女』『手紙の封をする婦人』など。
⇒岩世人（シャルダン　1699.11.2-1779.12.6）
　ネーム（シャルダン　1699-1779）
　広辞7（シャルダン　1699-1779）
　芸13（シャルダン，ジャン・バティスト・シメオン　1699-1779）
　ポプ人（シャルダン，ジャン＝バティスト　1699-1779）

Chardon, Charles-Matthias〈17・18世紀〉
フランスの神学者，ベネディクト会会員。
⇒新カト（シャルドン　1695.9.22-1771.10.20）

Chardonnet, Louis Marie Hilaire Bernigaud, Come de〈19・20世紀〉
フランスの化学者。人絹を発明。
⇒岩世人（シャルドネ　1839.5.1-1924.3.12）
　広辞7（シャルドネ　1839-1924）

Charibert I〈6世紀〉
フランク王国の統治者。在位561～567（パリ王）。
⇒世帝（カリベルト1世　520頃-567）

Charibert II〈7世紀〉
フランク王国の統治者。
⇒世帝（カリベルト2世　?-632）

Charisius, Flavius Sosipater〈4世紀〉
アフリカ出身のラテン文法学者。
⇒岩世人（カリシウス　4世紀末）

Charitōn〈1・2世紀〉
ギリシアの恋愛冒険物語作家。現存する最古の小説『カイレアスとカリロエ物語』の作者。
⇒岩世人（カリトン　（活動）紀元前後）

Charles, Jacques Alexandre César〈18・19世紀〉
フランスの物理学者。気体の物理的性質を研究し，シャルルの法則を見出した。
⇒岩世人（シャルル　1746.11.12-1823.4.7）
　広辞7（シャルル　1746-1823）
　学叢思（シャール，アレキサンドル　1746-1823）
　ポプ人（シャルル，ジャック＝アレクサンドル＝セザール　1746-1823）

Charles, Michel〈18・19世紀〉
フランスの数学者，数学史家。主著『幾何学における方法の起源と発展に関する概観』(37)。
⇒岩世人（シャースル　1793.11.15-1880.12.18）
　世数（シャール，ミシェル　1793-1880）

Charles I〈9世紀〉
西フランク国王，禿頭王の呼称。西ローマ皇帝カール2世ルートヴィヒ1世の第4子。
⇒世帝（シャルル1世　823-877）

Charles I〈13世紀〉
フランス王ルイ8世の子。
⇒バロ（ダンジュー，シャルル1世　1226-1285.1.7）
　岩世人（シャルル・ダンジュー　1226-1285.1.7）
　新カト（シャルル・ダンジュー　1226.3-1285.1.7）

Charles I〈16・17世紀〉
イギリス，スチュアート朝の国王。在位1625～49。
⇒岩世人（チャールズ1世　1600.11.19-1649.1.30）
　広辞7（チャールズ一世　1600-1649）
　新カト（チャールズ1世　1600.11.19-1649.1.30）
　世人新（チャールズ1世　1600-1649）
　世人装（チャールズ1世　1600-1649）
　世史語（チャールズ1世　1600-1649）
　世帝（チャールズ1世　1600-1649）
　ポプ人（チャールズ1世　1600-1649）

皇国（チャールズ1世　?-1649）
学叢歴（チャールズ1世　(在位)1625-1649）

Charles II〈17世紀〉
イギリス，スチュアート朝の国王。在位1660～85。
⇒岩世人（チャールズ2世　1630.5.29-1685.2.6）
広辞7（チャールズ二世　1630-1685）
新カト（チャールズ2世　1630.5.29-1685.2.6）
世人新（チャールズ2世　1630-1685）
世人装（チャールズ2世　1630-1685）
世史語（チャールズ2世　1630-1685）
世帝（チャールズ2世　1630-1685）
ポブ人（チャールズ2世　1630-1685）

Charles III le Simple〈9・10世紀〉
カロリング朝末期のフランス王。在位893～923。ノルマン侵入の時代に即位。
⇒岩世人（シャルル3世（単純王）　879.9.17-929.10.7）
世帝（シャルル3世　879-929）

Charles IV le Bel〈13・14世紀〉
カペー朝最後のフランス王。在位1322～28。イギリス王領のアジュネーとバザデーの回収に成功。
⇒岩世人（シャルル4世（端麗王）　1294-1328.1.31）
世人新（シャルル4世（端麗王）　1294-1328）
世人装（シャルル4世（端麗王）　1294-1328）
世帝（シャルル4世　1294-1328）

Charles V〈17世紀〉
ロートリンゲン〔ロレーヌ〕公国の統治者。在位1675～1690。
⇒岩世人（カール5世（ロートリンゲンの）　1643.4.3-1690.4.18）

Charles V le Sage〈14世紀〉
フランス王。在位1364～80。賢明王と呼ばれる。
⇒岩世人（シャルル5世（賢明王）　1338.1.21-1380.9.16）
広辞7（シャルル五世　1337-1380）
世人新（シャルル5世（賢明王）　1337-1380）
世人装（シャルル5世（賢明王）　1337-1380）
世帝（シャルル5世　1337-1380）
皇国（シャルル5世　(在位)1364-1380）

Charles VI, le Bien-Aimé〈14・15世紀〉
フランス王。在位1380～1422。
⇒岩世人（シャルル6世（親愛王）　1368.12.3-1422.10.21）
世人新（シャルル6世（最愛王）　1368-1422）
世人装（シャルル6世（最愛王）　1368-1422）
世帝（シャルル6世　1368-1422）
皇国（シャルル6世　(在位)1380-1422）

Charles VII, le Victorieux〈15世紀〉
フランス王。在位1422～61。
⇒岩世人（シャルル7世（勝利王）　1403.2.22-1461.7.22）
広辞7（シャルル七世　1403-1461）
新カト（シャルル7世〔勝利王〕　1403.2.22-1461.7.22）
世人新（シャルル7世（勝利王）　1403-1461）
世人装（シャルル7世（勝利王）　1403-1461）
世史語（シャルル7世　1403-1461）
世帝（シャルル7世　1403-1461）
ポブ人（シャルル7世　1403-1461）
皇国（シャルル7世　(在位)1422-1461）
学叢歴（シャルル7世　1403-1461）

Charles VIII〈15世紀〉
フランス王。在位1483～98。
⇒岩世人（シャルル8世　1470.6.30-1498.4.7）
新カト（シャルル8世　1470.6.30-1498.4.7）
世人新（シャルル8世（温厚王）　1470-1498）
世人装（シャルル8世（温厚王）　1470-1498）
世帝（シャルル8世　1470-1498）
皇国（シャルル8世　(在位)1483-1498）
学叢歴（チャールズ8世　1470-1497）

Charles IX〈16世紀〉
フランス王。在位1560～74。生来虚弱で意志も弱く，母后が実権を握った。
⇒岩世人（シャルル9世　1550.6.27-1574.5.30）
新カト（シャルル9世　1550.6.27-1574.5.30）
世人新（シャルル9世　1550-1574）
世人装（シャルル9世　1550-1574）
世史語（シャルル9世　1550-1574）
世帝（シャルル9世　1550-1574）
ポブ人（シャルル9世　1550-1574）

Charles X〈18・19世紀〉
フランス王。アルトア伯として知られる。
⇒岩世人（シャルル10世　1757.11.9-1836.11.6）
世人新（シャルル10世　1757-1836）
世人装（シャルル10世　1757-1836）
世史語（シャルル10世　1757-1836）
世帝（シャルル10世　1757-1836）
ポブ人（シャルル10世　1757-1836）
皇国（シャルル10世　(在位)1824-1830）
学叢歴（シャルル10世　1757-1836）

Charles Borromeo〈16世紀〉
司教また枢機卿。聖人。マジョーレ湖近くの生まれ。
⇒新カト（カルロ・ボロメオ　1538.10.2-1584.11.3）

Charles d'Orléans, duc〈14・15世紀〉
フランスの抒情詩人。オルレアン宗家の後継者として，百年戦争の時代に活躍。
⇒岩世人（シャルル・ドルレアン　1394.11.24-1465.1.4/5）
ネーム（シャルル・ドルレアン　1394-1465）
広辞7（シャルル・ドルレアン　1394-1465）

Charles Edward Louis Philip Casimir Stuart〈18世紀〉
イギリスの王位僭称者。「大僭称者」の長男。自らチャールズ3世と称した。
⇒岩世人（チャールズ・エドワード　1720.12.31-1788.1.30）

Charles Felix〈18・19世紀〉
サヴォイア家の統治者。在位1821～1831。

⇒岩世人（カルロ・フェリーチェ　1765.4.6–1831.4.27)

Charles le Téméraire〈15世紀〉
フランスのブルゴーニュ公。王に対抗し、独立貴族の連合体として「公益同盟」を結成。
⇒岩世人（シャルル（勇胆公）　1433.11.10–1477.1.5)
　世人新（シャルル勇胆公（豪胆公）　1433–1477)
　世人装（シャルル（豪胆公）　1433–1477)

Charlevoix, Pierre François Xavier de〈17・18世紀〉
フランスの歴史家、探検家。イエズス会士。ミシシッピー川を下って布教した。
⇒岩世人（シャルルヴォア　1682.10.24–1761.2.1)
　新カト（シャルルヴォア　1682.10.25–1761.2.1)

Charlotte Corday d'Armont, Marie Aline Anne〈18世紀〉
フランスのジロンド党員。マラーの暗殺者。
⇒岩世人（コルデ・ダルモン　1768.7.27–1793.7.17)

Charlotte Elisabeth de Bavière〈17・18世紀〉
フランス王ルイ14世の弟、オルレアン公フィリップの妃。
⇒岩世人（シャルロット（シャルロッテ）・エリザベト　1652.5.27–1722.12.8)

Charmes, Marie Julien Joseph François〈19・20世紀〉
フランスのジャーナリスト。芸術のための芸術に反対し一種の文学的進化論に立った。
⇒19仏（フランシス・シャルム　1848.11.21–1916.1.4)

Charmidēs〈前5世紀〉
古代ギリシア、アテネの貴族。ソクラテスの弟子。
⇒岩世人（カルミデス　前450頃–前403)

Charondas〈前6世紀〉
古代ギリシアの立法家。カタニア（シチリア）、カルキディケの植民都市などの法律を制定。
⇒岩世人（カロンダス）

Charpentier, Georges〈19・20世紀〉
パリの出版業者。
⇒岩世人（シャルパンティエ　1846.12.22–1905.11.15)

Charpentier, Gustave〈19・20世紀〉
フランスの作曲家。1887年カンタータ『ディドン』で、ローマ大賞受賞。
⇒岩世人（シャルパンティエ　1860.6.25–1956.2.18)
　オペラ（シャルパンティエ, ギュスターヴ　1860–1956)
　ネーム（シャルパンティエ　1860–1956)

Charpentier, Jacques Marie Bauvalre〈18世紀〉
フランスの作曲家。
⇒バロ（シャルパンティエ, ジャック・マリ・ボーヴァルレ　1740頃?–1800頃?)

Charpentier, Marc-Antoine〈17・18世紀〉
フランスの作曲家。作品に『アシスとガラテアの愛』(78)など。
⇒バロ（シャルパンティエ, マルカントアーヌ　1643–1704.2.24)
　岩世人（シャルパンティエ　1643–1704.2.24)
　新カト（シャルパンティエ　1645/1650頃–1704.2.24)

Charrière, Isabelle Agnès Élisabeth de〈18・19世紀〉
スイスの女流作家。書簡体小説が著名。
⇒岩世人（シャリエール　1740.10.20–1805.12.27)

Charron, Isidor-Adolphe〈19・20世紀〉
パリ外国宣教会司祭。フランスのセー教区生まれ。
⇒新カト（シャロン　1867.3.14–1952.8.4)

Charron, Pierre〈16・17世紀〉
フランスの哲学者、神学者。
⇒岩世人（シャロン　1541–1603.11.16)
　学叢思（シャロン, ピエール　1541–1603)
　新カト（シャロン　1541–1603.11.16)
　メル1（シャロン, ピエール　1541–1603)

Charskaya, Lidiya Alekseevna〈19・20世紀〉
ロシアの少女小説作家。
⇒岩世人（チャールスカヤ　1875.1.19/31–1937.3.18)

Charśnicki, K.〈17世紀〉
ポーランドの作曲家。
⇒バロ（ハルシニツキ, K.　1640頃?–1700頃?)

Chartier, Alain〈14・15世紀〉
フランスの詩人。王室公証人として仕え、また聖職禄も得た。
⇒岩世人（アラン・シャルティエ　1385頃–1435頃)
　新カト（シャルティエ　1385頃–1435頃)

Chase, John Calvin〈19・20世紀〉
アメリカの政治家。
⇒学叢思（チェーズ, ジョン・カルヴィン　1870–?)

Chase, Salmon Portland〈19世紀〉
アメリカの法律家、政治家。
⇒岩世人（チェイス　1808.1.13–1873.5.7)

Chase, William Merritt〈19・20世紀〉
アメリカの画家。1878年ニューヨーク西10番街にアトリエを開く。
⇒芸13（チェイス, ウィリアム・メリット　1849–1916)

Chassériau, Théodore〈19世紀〉
フランスの画家。主作品『水浴のスザンナ』(39) ほか、サン・メリ聖堂壁画など。
⇒岩世人（シャセリオー　1819.9.20–1856.10.8）
　ネーム（シャセリオー　1819–1856）
　広辞7（シャセリオー　1819–1856）
　新カト（シャセリオー　1819.9.20–1856.10.8）
　芸13（シャセリオー，テオドール　1819–1856）

Chastan, Jacques-Honoré〈19世紀〉
フランスの朝鮮へのカトリック宣教師，韓国殉教103聖人の一人。
⇒新カト（ジャック・オノレ・シャスタン　1803.10.7–1839.9.21）

Chateaubriand, François-René, Vicomte de〈18・19世紀〉
フランスの小説家，政治家。上院議員，イギリス駐在大使，外務大臣などを歴任。
⇒岩世人（シャトーブリアン　1768.9.4–1848.7.4）
　ネーム（シャトーブリアン　1768–1848）
　広辞7（シャトーブリアン　1768–1848）
　学叢思（シャトーブリアン，フランソア・ルネ　1768–1848）
　新カト（シャトーブリアン　1768.9.4–1848.7.4）
　世人新（シャトーブリアン　1768–1848）
　世人装（シャトーブリアン　1768–1848）

Chateaubriant, Alphonse de〈19・20世紀〉
フランスの小説家。『デ・ルールディヌ氏』(11) でゴンクール賞，『荒地』(23) でアカデミー賞受賞。
⇒岩世人（シャトーブリアン　1877.3.25–1951.5.2）

Chatelain, Eugèn〈19・20世紀〉
フランスの社会主義詩人。
⇒学叢思（シャテラン，ウーゼン　1829–1902）

Châtelain de Couci〈12・13世紀〉
フランスの武人（ソワソン北方のクーシ城主），トルヴェール。
⇒バロ（クーシ，シャトラン・ド　1165頃–1203.5/6）
　バロ（シャトラン・ド・クーシ　1165頃–1203.5/6）

Châtelet, Gabrielle Émilie le Tonnelier de Breteuil, Marquise du〈18世紀〉
フランスの女流数学者，物理学者，哲学者。
⇒岩世人（シャトレ　1706.12.17–1749.9.10）
　科史（シャトレ侯爵夫人　1706–1749）

Chatrian, Alexandre〈19世紀〉
フランス，アルザス地方出身の作家。エルクマンとの共同筆名で活動。
⇒岩世人（エルクマン＝シャトリアン）
　19仏（エルクマン＝シャトリアン　1826.12.18–1890.9.3）

Chatron, Jules Auguste〈19・20世紀〉
フランスのパリ外国宣教会宣教師。
⇒新カト（シャトロン　1844.4.20–1917.5.6）

Chatterji, Bankim Chandra〈19世紀〉
インドの小説家。〈インドのスコット〉〈ベンガル小説の父〉と呼ばれる。
⇒岩世人（チャタジー　1838.6.27–1894.4.8）
　南ア新（バンキムチャンドラ　1838–1894）

Chatterton, Thomas〈18世紀〉
イギリスの詩人。自身の創作を，中世の文書や各種の写本と称して発表。
⇒岩世人（チャタトン　1752.11.20–1770.8.24）
　新カト（チャタトン　1752.11.20–1770.8.24）

Chaucer, Geoffrey〈14世紀〉
イギリスの詩人。「英詩の父」といわれる。代表作『カンタベリー物語』(1393～1400)。
⇒岩世人（チョーサー　1340頃–1400.10.25）
　広辞7（チョーサー　1340頃–1400）
　学叢思（チョーサー，ジェフリー　1340–1400）
　新カト（チョーサー　1340頃–1400.10.25）
　世人新（チョーサー　1340頃–1400）
　世人装（チョーサー　1340頃–1400）
　世史語（チョーサー　1340頃–1400）
　ポプ人（チョーサー，ジェフリー　1340?–1400）

Chauliac, Guy de〈14世紀〉
中世ヨーロッパ最高の伝説的名外科医。法王の侍医を務めた。
⇒岩世人（ショリアック　1300頃–1368）

Chaumet, Joseph〈19・20世紀〉
フランスの宝飾デザイナー。
⇒岩世人（ショーメ　1852–1928）

Chaumette, Pierre Gaspard〈18世紀〉
フランスの革命家。パリのコミューン検事総長として，マリー・アントアネット告発に関与。
⇒岩世人（ショーメット　1763.5.24–1794.4.13）

Chaumont, Alexandre〈17・18世紀〉
フランス人海軍士官。
⇒岩世人（ショーモン　?–1710.1.28）

Chaumont, Denis〈18・19世紀〉
中国で宣教したパリ外国宣教会員，同会総長。
⇒新カト（ショーモン　1752.11.16–1819.8.25）

Chaumont, Lambert de Saint-Théodore〈17・18世紀〉
フランドルの作曲家。
⇒バロ（ショーモン，ランベール・ド・サン・テオドール　1615頃–1712.4.23）

Chauncy, Charles〈16・17世紀〉
アメリカ（イギリス生れ）の牧師，教育者。ハーヴァード大学学長(54～72)。
⇒岩世人（チョーンシー　1592.11.5–1672.2.19）

Chauncy, Charles〈18世紀〉
アメリカのピューリタン牧師。
⇒岩世人（チョーンシー　1705.1.1–1787.2.10）

Chausson, Ernest Amadée〈19世紀〉
フランス近代の作曲家。「国民音楽協会」に入り，協会のために活躍。作品に『愛と海の詩』『隊商』など。
⇒岩世人（ショーソン　1855.1.20–1899.6.10）
　エデ（ショーソン，(アメデ)エルネスト　1855.1.20–1899.6.10）
　ネーム（ショーソン　1855–1899）
　ピ曲改（ショーソン，エルネスト　1855–1899）

Chautard, Jean-Baptiste〈19・20世紀〉
フランスの厳律シトー会修道院長。
⇒新カト（ショータール　1858.3.12–1935.9.29）

Chauveau, Jean Baptiste Auguste〈19・20世紀〉
フランスの獣医学者。リヨン獣医学校校長（1875）。
⇒岩世人（ショーヴォー　1827.11.21–1917.1.4）

Chauvin, Nicolas〈18・19世紀〉
ナポレオン1世時代のフランス兵士。
⇒岩世人（ショーヴァン）

Chauvon, François〈17・18世紀〉
フランスの作曲家。
⇒バロ（ショヴォン，フランソワ　1680頃–1740頃？）

Chavannes, Emanuel Edouard〈19・20世紀〉
フランスの中国学者。ヨーロッパの東洋学者。著書に『司馬遷史記』(05)など。
⇒岩世人（シャヴァンヌ　1865.10.5–1918.1.29）
　広辞7（シャヴァンヌ　1865–1918）

Chavara, Kuriackos Elias〈19世紀〉
インドの司祭，汚れなきマリアのカルメル会（シリア・マラバル典礼）の創立者，初代総長。
⇒新カト（チャヴァラ　1805.2.10–1871.1.3）

Chavoin, Jeanne-Marie〈18・19世紀〉
マリスト修道女会の創立者。フランスのクトゥーヴル生まれ。
⇒新カト（シャヴォアン　1786.8.27–1858.6.30）

Chế Bồng Nga〈14世紀〉
チャンパーの王。
⇒岩世人（チェー・ボン・ガー　?–1390）

Chebroux, Ernest〈19・20世紀〉
フランスのシャンソニエ。
⇒19仏（エルネスト・シュブルー　1840.9.28–1910）

Chebychev, Pafnutiy Lvovich〈19世紀〉
ロシアの数学者。「チェビシェフの関数」，「チェビシェフの不等式」で知られる。

⇒岩世人（チェブイショフ（チェビシェフ）　1821.5.4–1894.11.26/12.8）
　広辞7（チェビシェフ　1821–1894）
　学叢思（チャビチェフ，パフヌティ・ルヴォヴィッチ　1821–1894）
　世数（チェビシェフ，パフヌティ・ルヴォヴィッチ　1821–1894）

Chédeville, Esprit Philippe〈17・18世紀〉
フランスのミュゼット奏者，オーボエ奏者。
⇒バロ（シェドヴィユ，エスプリ・フィリップ　1696–1762.3.9）

Chédeville, Nicolas〈18世紀〉
フランスのミュゼット奏者。
⇒バロ（シェドヴィユ，ニコラ　1705–1782.8.6）

Chédeville, Pierre〈17・18世紀〉
フランスのミュゼット奏者，オーボエ奏者。
⇒バロ（シェドヴィユ，ピエール　1694–1725.9.24）

Cheffontaines, Christophe de〈16世紀〉
フランスの神学者。
⇒新カト（シェフォンテーヌ　1512–1595.5.26）

Cheikho, Louis〈19・20世紀〉
アラビアの古典学者。イエズス会士。アラビア語雑誌『東方』を刊行（1898～1923）。
⇒岩世人（シャイホー　1859–1927）
　新カト（シェイコ　1859.2.5–1927.12.7）

Cheirōn
ギリシア神話，ケンタウロス族中の最も賢明な医者。
⇒岩世人（ケイロン）

Chekhov, Anton Pavlovich〈19・20世紀〉
ロシアの小説家，劇作家。ロシアの文豪の一人とされる。作品に戯曲『かもめ』『桜の園』など。
⇒岩世人（チェーホフ　1860.1.17–1904.7.2）
　広辞7（チェーホフ　1860–1904）
　学叢思（チェーホフ，アントン　1860–1904）
　新カト（チェーホフ　1860.1.17–1904.7.2）
　世人新（チェーホフ　1860–1904）
　世人装（チェーホフ　1860–1904）
　ポプ人（チェーホフ，アントン　1860–1904）

Chelčiský, Peter〈14・15世紀〉
ボヘミアの俗人神学者。
⇒岩世人（ヘルチツキー　1380頃–1457頃）

Chelleri, Fortunato〈17・18世紀〉
イタリアの作曲家。
⇒バロ（ケッレーリ，フォルトゥナート　1686-1690–1757.12.11）

Chelmsford, Frederic John Napier Thesiger, 3rd Baron and 1st Viscount〈19・20世紀〉
イギリスの政治家。インド総督。インド人の自

治を拡大したが,ガンジーなどの反対で各地に騒擾が起こった。
⇒岩世人(チェムスフォード　1868.8.12–1933.4.1)

Chemnitz, Bogislaus Philipp〈17世紀〉
ドイツの歴史家。スウェーデンの女王クリスティーナの顧問官。
⇒岩世人(ケムニッツ　1605.5.9–1678.5.19)

Chemnitz, Martin〈16世紀〉
ドイツのプロテスタント神学者。ブラウンシュヴァイクなどの地方の宗教改革に尽力。
⇒岩世人(ケムニッツ　1522.11.9–1586.4.8)
　新カト(ケムニッツ　1522.11.9–1586.4.8)

Chên-hai〈12・13世紀〉
モンゴル帝国の武将。
⇒岩世人(チンカイ　1169–1252)

Chénier, André-Marie de〈18世紀〉
フランスの詩人。18世紀最大の抒情詩人。
⇒岩世人(シェニエ　1762.10.30–1794.7.25)
　広辞7(シェニエ　1762–1794)

Chénier, Marie Joseph Blaise de〈18・19世紀〉
フランスの詩人,劇作家,政治家。
⇒岩世人(シェニエ　1764.8.28–1811.1.10)

Chennevières-Pointel, Charles-Philippe〈19世紀〉
フランスの美術行政官,文筆家。
⇒岩世人(シュヌヴィエール＝ポワンテル　1820.7.23–1899.4.1)

Chénon, Paul Philippe Joseph Emile〈19・20世紀〉
フランスの法制史学者。地方史や宗教史の研究を行った。
⇒岩世人(シェノン　1857.5.16–1927.4.11)

Cherbuliez, Victor〈19世紀〉
スイスの作家。
⇒岩世人(シェルビュリエ　1829.7.19–1899.7.2)

Chérel, Jean Félix Marie〈19・20世紀〉
フランスのパリ外国宣教会宣教師。
⇒岩世人(シェレル　1868.7.9–1948.3.21)

Cherepnin, Nikolai Nikolaevich〈19・20世紀〉
ソビエトの指揮者,作曲家。
⇒バレエ(チェレプニン,ニコライ　1873.5.15–1945.6.26)

Chéret, Jules〈19・20世紀〉
フランスの画家,石版画家。
⇒岩世人(シェレ　1836.5.31–1932.9.23)
　19仏(ジュール・シェレ　1836.5.31–1932.9.23)

Chericoff, Edgni〈19・20世紀〉
ロシアの作家。
⇒学叢思(チェリコフ,エジュニ　1864–?)

Chernov, Victor Mikhailovich〈19・20世紀〉
ロシアの革命家。社会革命党の指導者。1917年臨時連合政府の農林相。
⇒岩世人(チェルノーフ　1873.11.25/12.7–1952.4.15)

Chernyshevskii, Nikolai Gavrilovich〈19世紀〉
ロシアの小説家,哲学者。農民の武装蜂起による革命を説いた。小説『何をなすべきか』(63)が有名。
⇒岩世人(チェルヌイシェフスキー　1828.7.12–1889.10.17)
　広辞7(チェルヌイシェフスキー　1828–1889)
　学叢思(チェルニチェウスキー,ニコライ・ゴリローヴィッチ　1828–1889)
　世人新(チェルヌイシェフスキー　1828–1889)
　世人装(チェルヌイシェフスキー　1828–1889)
　ユ著人(Chernyshevsky,Nikolay Gavrilovich チェルニシェフスキー,ニコライ・ガブリロヴィッチ　1828–1889)

Chéron, André〈17・18世紀〉
フランスの作曲家。
⇒バロ(シェロン,アンドレ　1695.2.6–1766.10.7)

Cherry, William Thomas〈19・20世紀〉
アメリカの印刷業者,宣教師。
⇒アア歴(Cherry,William T(homas) ウイリアム・トマス・チェリー　1872.10.11–1941.10.12)

Chersiphrōn〈前6世紀〉
ギリシアの建築家。
⇒岩世人(ケルシフロン　前6世紀半ば)

Cherubini, Luigi Carlo Zanobio Salvatore Maria〈18・19世紀〉
イタリアの作曲家。
⇒バロ(ケルビーニ,ルイージ・カルロ・ゼノービオ・サルヴァトーレ・マリア　1760.9.14–1842.3.15)
　岩世人(ケルビーニ　1760.9.8/14–1842.3.15)
　オペラ(ケルビーニ,ルイージ　1760–1842)
　エデ(ケルビーニ,ルイージ(カルロ・ゼノビオ・サルヴァトーレ・マリア)　1760.9.14–1842.3.13)
　ネーム(ケルビーニ　1760–1842)
　広辞7(ケルビーニ　1760–1842)
　新カト(ケルビーニ　1760.9.8/14–1842.3.15)

Chesbro, John Dwight〈19・20世紀〉
アメリカの大リーグ選手(投手)。
⇒メジャ(ジャック・チェズブロ　1874.6.5–1931.11.6)

Cheselden, William〈17・18世紀〉
イギリスの外科医,解剖学者。初めて人工開瞳術に成功。最後の理容・外科協会会長(1744～45)。

⇒岩世人（チェゼルデン　1688.10.19–1752.4.10）

Cheshire, Fleming Duncan〈19・20世紀〉
アメリカの領事。
⇒アア歴（Cheshire,Fleming Duncan　フレミング・ダンカン・チェシア　1849.3.4–1922.6.13）

Chesneau, Ernest〈19世紀〉
フランスの美術批評家，美術行政官。
⇒岩世人（シェノー　1833.4.9–1890.2.21）

Chesnut, Eleanor〈19・20世紀〉
アメリカの医療宣教師。
⇒アア歴（Chesnut,Eleanor　エレナー・チェスナット　1868.1.8–1905.10.25）

Chesnut, Mary Boykin〈19世紀〉
アメリカの日記作家。
⇒岩世人（チェスナット　1823.3.31–1886.11.22）

Chesnutt, Charles Waddell〈19・20世紀〉
アメリカの黒人小説家。短篇集『女魔法使い』(99)で，「アメリカ最初の黒人作家」と呼ばれた。
⇒岩世人（チェスナット　1858.6.20–1932.11.15）

Chesterfield, Philip Dormer Stanhope, 4th Earl of〈17・18世紀〉
イギリスの政治家，外交官。書簡集『息子への手紙』(74)で知られる。
⇒岩世人（チェスタフィールド　1694.9.22–1773.3.24）

Chesterton, Gilbert Keith〈19・20世紀〉
イギリスのジャーナリスト，著作家。
⇒岩世人（チェスタトン　1874.5.29–1936.6.14）
　ネーム（チェスタートン　1874–1936）
　広辞7（チェスタートン　1874–1936）
　新カト（チェスタトン　1874.5.29–1936.6.14）

Chetham, John〈17・18世紀〉
イギリスの作曲家。
⇒バロ（チェタム，ジョン　1700以前–1746.6.26）

Chettle, Henry〈16・17世紀〉
イギリスの劇作家，パンフレット作家。復讐劇『ホフマンの悲劇』(02)など。
⇒岩世人（チェトル　1560頃–1607頃）

Chevalier, Charles I〈16世紀〉
フランスの作曲家。
⇒バロ（シュヴァリエ，シャルル1世　1530頃?–1587以降）

Chevalier, Charles III〈16・17世紀〉
フランスの作曲家。
⇒バロ（シュヴァリエ，シャルル3世　1570頃?–1620頃）

Chevalier, Jules〈19・20世紀〉
フランスの男子聖心宣教会，聖心の聖母の侍女修道会の創立者。
⇒新カト（シュヴァリエ　1824.3.15–1907.10.21）

Chevalier, Michel〈19世紀〉
フランスの経済学者，政治家。サン＝シモン主義者。上院議員。
⇒岩世人（シュヴァリエ　1806.1.13–1879.11.28）
　学叢思（シュバリニ，ミシェル　1806–1879）

Chevalier, Ulysse〈19・20世紀〉
フランスの書誌学者，歴史家。
⇒新カト（シュヴァリエ　1841.2.24–1923.10.27）

Chevreul, Michel Eugène〈18・19世紀〉
フランスの化学者。コレジュ・ド・フランス教授(1830〜79)。
⇒岩世人（シュヴルール　1786.8.31–1889.4.9）
　19仏（ウジェーヌ・シュヴルール　1786.8.31–1889.4.9）

Chey Chettha〈16・17世紀〉
カンボジア，ポスト・アンコール時代の王。在位1618〜25。
⇒岩世人（チェイ・チェッター　?–1625）

Cheyne, John〈18・19世紀〉
スコットランドの医者。『チェーン・ストーク氏呼吸』を記載。
⇒岩世人（チェイン　1777.2.3–1836.1.31）

Cheyne, Thomas Kelly〈19・20世紀〉
イギリスの神学者。イギリスにおけるヴェルハウゼン派の代表者。
⇒岩世人（チェイニ　1841.9.18–1915.2.16）

Chézy, Antoine de〈18世紀〉
フランスの土木技術者。
⇒岩世人（シェジー　1718.9.1–1798.10.4）

Chézy, Wilhelmine Christiane von〈18・19世紀〉
ドイツの女流作家。詩，小説のほかC.ヴェーバーの歌劇『オイリュアンテ』の歌詞を書いた。
⇒岩世人（シェジー　1783.1.26–1856.1.28）

Chiabrera, Gabriello〈16・17世紀〉
イタリアの詩人。ギリシア古典の韻律をイタリアの詩形式に導入。
⇒岩世人（キアブレラ　1552.7.8–1637.10.14）
　オペラ（キアブレラ，ガブリエッロ　1552–1638）

Chiara, Giussepe〈17世紀〉
イタリアのイエズス会宣教師。のち棄教して帰化，日本名は岡本三右衛門。
⇒岩世人（キアラ　1602–1685.8.24）
　新カト（キアーラ　1602頃–1685.8.24）

Chiarini, Pietro〈18世紀〉
イタリアの作曲家,教師,チェンバロ奏者。
⇒バロ (チアリーニ,? 1710頃?–1770頃?)
バロ (キアリーニ,ピエトロ 1710頃?–1765頃)

Chiaveri, Gaetano〈17・18世紀〉
イタリアの建築家。ドレスデンでバロック風のカトリック宮廷聖堂を建築(1735～55)。
⇒岩世人 (キアヴェーリ 1689–1770.3.5)

Chicherin, Boris Nikolaevich〈19・20世紀〉
ロシアの歴史家。
⇒岩世人 (チチェーリン 1828.5.26–1904.2.3)

Chicherin, Georgi Vasilievich〈19・20世紀〉
ソ連の政治家。第1次大戦中ロンドンで反戦運動,ロシア政治亡命者救援運動を組織。
⇒岩世人 (チチェーリン 1872.11.12/24–1936.7.7)
学叢思 (チチェリン 1872–?)

Chijs, Jacobus Anne van der〈19・20世紀〉
オランダの植民史家。東インド総督府の官吏。バタヴィアの文書館初代館長(92～1905)。
⇒岩世人 (シェイス 1831.6.1–1905.1.23)

Chikhachov, Pëtr Aleksandrovich〈19世紀〉
ロシアの旅行家,地理学者,地質学者。科学調査官としてアルタイ地方などを旅行。
⇒岩世人 (チハチョーフ 1808.8.16–1890.10.13)

Chilam Balam〈15・16世紀〉
中米マヤの預言者,最高神官。
⇒ネーム (チラム・バラム 15世紀–16世紀初頭)

Chilcot, Thomas〈17・18世紀〉
イギリスの作曲家。
⇒バロ (チルコット,トマス 1700頃–1766.11.24)

Child, Charles Manning〈19・20世紀〉
アメリカの動物学者。ロックフェラー派遣教授として来日し,東北帝国大学で講義(30～31)。
⇒岩世人 (チャイルド 1869.2.2–1954.12.19)

Child, Jacob Tripler〈19・20世紀〉
アメリカの教育者,外交官。
⇒アア歴 (Child,Jacob T(ripler) ジェイコブ・トリプラー・チャイルド 1833.1.19–?)

Child, Sir Josiah〈17世紀〉
イギリスの商人。1677年東インド会社総裁。『新貿易論』(90)などで重商主義を説いた。
⇒岩世人 (チャイルド 1630–1699.6.22)
学叢思 (チャイルド,ジョシア 1630–1699)

Child, Lydia Maria〈19世紀〉
アメリカの女流小説家,社会改革家。旧姓Francis。長篇『ホボモク』(24)など。
⇒岩世人 (チャイルド 1802.2.11–1880.10.20)
学叢思 (チャイルド,リディア・マリア(フランシス) 1820–1880)

Child, William〈17世紀〉
イギリスのオルガン奏者,作曲家。
⇒バロ (チャイルド,ウィリアム 1606/1607–1697.3.23)

Childars, Robert Erskine〈19・20世紀〉
アイルランドのスパイ小説家,民族主義者。共和国軍IRAに参加。主著『砂丘の謎』(03)。
⇒岩世人 (チルダーズ 1870.6.25–1922.11.24)
スパイ (チルダース,ロバート・アースキン 1870–1922)

Childebert I〈6世紀〉
フランク王国の統治者。
⇒世帝 (キルデベルト1世 496頃–558)

Childebert II〈6世紀〉
フランク王国の統治者。
⇒世帝 (キルデベルト2世 570頃–595?)

Childebert III〈7・8世紀〉
フランク王国の統治者。
⇒世帝 (キルデベルト3世 683–711)

Childebert the Adoptive〈7世紀〉
フランク王国の統治者。
⇒世帝 (キルデベルト3世 ?–661)

Childeric〈7世紀〉
フランク王国の王。
⇒世帝 (キルデリク ?–632)

Childéric I〈5世紀〉
メロヴィング朝のフランク王。
⇒岩世人 (ヒルデリヒ1世 437頃–482頃)

Childeric II〈7世紀〉
フランク王国の統治者。
⇒世帝 (キルデリク2世 653–675)

Childerich III〈8世紀〉
メロビング朝最後のフランク王。在位743～51。
⇒世帝 (キルデリク3世 ?–754)

Childers, Robert Caesar〈19世紀〉
イギリスのインド学者。
⇒岩世人 (チルダーズ 1838–1876.7.25)

Childs, (Cupid) Clarence Algernon〈19・20世紀〉
アメリカの大リーグ選手(二塁)。
⇒メジャ (キューピッド・チャイルズ 1867.8.8–1912.11.8)

Chilembwe, John〈19・20世紀〉
マラウイ(旧英領ニヤサランド)の独立教会運動指導者,反英運動指導者。

⇒岩世人（チレンブウェ　1871?–1915.2.3）
世人新（チレンブエ　1865–1915）
世人装（チレンブエ　1865–1915）

Chillingworth, William〈17世紀〉
イギリスの神学者，論争家。
⇒岩世人（チリングワース　1602.10–1644.1.30）
新カト（チリングワース　1602.10.12–1644.1.30）

Chilōn〈前6世紀?〉
スパルタの民選長官（エポロス）。ギリシア七賢人の一人。
⇒岩世人（キロン）

Chilperich II〈7・8世紀〉
ネウストリア王。在位715～720。アウストラシア王。在位719～720。
⇒世帝（キルペリク2世　675頃–720）

Chilpericus I〈6世紀〉
フランク王国のネウストリア分王国の王。在位561～584。
⇒世帝（キルペリク1世　539頃–584）

Chimalpopoca〈15世紀〉
アステカ帝国の統治者。在位1416～1427。
⇒世帝（チマルポポカ　?–1427）

Chinchon, Diego de〈16・17世紀〉
スペインの宣教師。
⇒岩世人（チンチョン　?–1617.8.31）

Chinggis Khan〈12・13世紀〉
モンゴル帝国の建設者。初代ハン。在位1206～27。
⇒岩世人（チンギス・カン　?–1227.8）
広辞7（チンギス・ハン　1162/1167–1227）
新カト（チンギス・ハーン　1167頃–1227）
世人新（チンギス＝ハン（太祖〈元〉）　たいそ　1155/1161/1162/1167–1227）
世人装（チンギス＝ハン（太祖〈元〉）　たいそ　1155/1161/1162/1167–1227）
世史語（テムジン　1162頃–1227）
世史語（チンギス＝ハン（成吉思汗）　1162頃–1227）
世帝（太祖　たいそ　1155/1162?–1227）
中人小（成吉思汗　1162–1227）
ポブ人（チンギス・ハン　1162?–1227）
学叢歴（成吉斯汗　?–1227）

Chiōn〈前5・4世紀〉
ギリシアの哲学者，政治家。プラトンの弟子。
⇒岩世人（キオン　?–前352）

Chiossone, Edoardo〈19世紀〉
イタリアの銅版彫刻家。1875年来日。紙幣や切手のデザインや制作，銅版彫刻の技術指導に従事。
⇒岩世人（キヨソーネ（キオッソーネ）　1832.1.21–1898.4.19）
広辞7（キヨソーネ　1832–1898）
芸13（キヨソーネ，エドアルド　1832–1898）

ポブ人（キヨソーネ，エドアルド　1833–1898）

Chipiez, Charles〈19・20世紀〉
フランスの建築家。アルマンティエールの国立学校を建築。
⇒岩世人（シピエ　1835–1901）

Chippendale, Thomas〈18世紀〉
イギリスの家具意匠家。チペンデール様式の創始者。1754年家具図集『家具総鑑』を出版。
⇒芸13（チッペンデール，トーマス　1718–1779）

Chirbury, Robert〈14世紀〉
イギリスの作曲家。
⇒バロ（チアベリー，ロバート　1360頃?–1400以降）

Chirhanga〈19世紀〉
中国，清末期の武将。姓は奇特拉，字は雨山。満州貴人。太平天国軍と戦い，包囲されて自殺。
⇒岩世人（吉爾杭阿　きつじこうあ　?–1856.6.1（咸豊6.4.29））

Chirino, Pedro〈16・17世紀〉
スペインの宣教師。フィリピン群島布教誌（04）を刊行。
⇒岩世人（キリーノ（チリーノ）　1557.8.15（受洗）–1636.5.26）
新カト（チリノ　1557–1635.9.16）

Chirol, Sir Ignatius Valentine〈19・20世紀〉
イギリスの新聞記者。『ロンドン・タイムズ』紙外交部主任。
⇒岩世人（チロル　1852.5.28–1929.10.22）

Chisholm, George Goudie〈19・20世紀〉
イギリスの地理学者。
⇒岩世人（チザム　1850.5.1–1930.2.9）

Chit Hlaing, U〈19・20世紀〉
英領期ビルマの政治家。
⇒岩世人（チッフライン　1879–1952.10.31）

Chiti, Girolamo〈17・18世紀〉
イタリアの音楽理論家，楽譜収集家。
⇒バロ（キーティ，ジロラモ　1679.1.19–1759.9.4）

Chittenden, Russel Henry〈19・20世紀〉
アメリカの生理化学者。アメリカ最初の生理化学教室を作った。栄養学を研究。
⇒岩世人（チッテンデン　1856.2.18–1943.12.26）

Chitty, Joseph〈18・19世紀〉
イギリスの法律家，法律著述家。
⇒岩世人（チティ　1796.2.22–1838.4.10）

Chladni, Ernst Florens Friedrich〈18・19世紀〉
ドイツの物理学者。絃，棒，板の振動を実験的に研究して，「クラードニの図形」を発見。

⇒岩世人（クラードニ　1756.11.30–1827.4.3）
　学叢思（クラドニ, エルンスト・フロレノ・フリードリヒ　1756–1827）

Chlodomer〈6世紀〉
フランク王国の統治者。
⇒世帝（クロドメール　495頃–524）

Chlodovech II〈7世紀〉
フランク王国の統治者。
⇒世帝（クロヴィス2世　634頃–657）

Chlodovech III〈7世紀〉
フランク王国の統治者。在位690～694。4世とも。
⇒世帝（クロヴィス4世　682頃–694）

Chlopicki, Józef〈18・19世紀〉
ポーランドの軍人。故国滅亡後ナポレオン軍で活躍。ポーランド革命（30）で革命軍指揮官となった。
⇒岩世人（フウォビツキ　1771.3.24–1854.9.30）

Chlothar I〈5・6世紀〉
メロビング朝フランク王国の第2代の王。在位511～61。
⇒世帝（クロタール1世　479頃–561）

Chlothar II〈6・7世紀〉
メロビング朝フランク王。在位584～629。
⇒新カト（クロタール2世　584–629.10.18）
　世帝（クロタール2世　584–629）

Chlothar III〈7世紀〉
フランク王国の統治者。
⇒世帝（クロタール3世　652–673）

Chlothar IV〈8世紀〉
フランク王国の統治者。
⇒世帝（クロタール4世　?–719）

Chmielowski, Alberto Adamo〈19・20世紀〉
ポーランドの聖人。祝日12月25日。修道会創立者。
⇒新カト（アルベルト・アダモ・フミェロフスキ　1845.8.20–1916.12.25）

Chocano, José Santos〈19・20世紀〉
ペルーの詩人。最初の「アメリカの詩人」を自称し、原住民の現状を告発。
⇒岩世人（チョカーノ　1875.5.14–1934.12.13）

Chodowiecki, Daniel〈18・19世紀〉
ドイツの画家・版画家・挿絵画家。
⇒岩世人（ホドヴィエツキー　1726.10.16–1801.2.7）
　芸13（コドヴィッキ, ダニエル　1726–1801）

Chodźko, Alexander〈19世紀〉
ポーランドの言語学者。コレジュ・ド・フランスでスラヴの言語、文学を講じた。

⇒岩世人（コズコ　1804.8.30–1891.12.27）

Choirilos of Samos〈前6・5世紀〉
ギリシアの叙事詩人。叙事詩『ペルシア戦争物語』を著した。
⇒岩世人（コイリロス（サモスの））

Choiseul, Étienne François, Duc de〈18世紀〉
フランスの外交家。スペインと「ブルボン家協約」を締結。
⇒岩世人（ショワズール　1719.6.28–1788.5.8）

Choisy, François Auguste〈19・20世紀〉
フランスの考古学者, 技師。土木橋梁学校建築学教授。
⇒岩世人（ショワジ　1841.2.7–1909.9.18）

Cholesky, André-Louis〈19・20世紀〉
フランスの砲兵隊司令官。
⇒世数（ショレスキ, アンドレ-ルイ　1875–1918）

Chollet, Jean-Arthur〈19・20世紀〉
フランスの司教, 神学者。
⇒新カト（ショレ　1862.4.8–1952.12.2）

Chone, Saya〈19・20世紀〉
ビルマの画家。
⇒岩世人（チョウン　1866（ビルマ暦1228）頃–1916（同1278））

Chopin, Frédéric François〈19世紀〉
ポーランドの作曲家。「ピアノの詩人」といわれる。
⇒岩世人（ショパン　1810.3.1–1849.10.17）
　バレエ（ショパン, フレデリック・フランソワ　1810.3.1–1849.10.17）
　エデ（ショパン, フレデリック（フランソワ）1810.2.22–1849.10.17）
　広辞7（ショパン　1810–1849）
　学叢思（ショパン, フランソア・フレデリク　1809–1849）
　実音大（ショパン, フリデリク　1810–1849）
　世人新（ショパン　1810–1849）
　世人装（ショパン　1810–1849）
　世史語（ショパン　1810–1849）
　ビ曲改（ショパン, フレデリック・フランソワ　1810–1849）
　ポブ人（ショパン, フレデリック　1810–1849）

Chopin, Kate〈19・20世紀〉
アメリカの女流小説家。代表作『バイユーの人々』（94）,『アカディーの夜』（97）。
⇒岩世人（ショパン　1850.2.8–1904.8.22）
　広辞7（ショパン　1851–1904）

Choquet, Victor〈19世紀〉
フランスの美術品コレクター。
⇒岩世人（ショケ　1821.12.19–1891.4.7）

Chorin, Aharon〈18・19世紀〉
ハンガリーのラビ。

⇒ユ著人（Chorin, Aharon　ホリン, アーロン　1766–1844）

chos kyi grags pa〈15・16世紀〉
チベットの学僧。
⇒岩世人（チューキ・タクパ　1453–1524）

chos kyi 'od zer
中国、元代のモンゴル語研究家, 翻訳家。
⇒岩世人（チューキ・ウーセル）

Chotek, Sophie〈19・20世紀〉
ドイツの貴族夫人。
⇒王妃（ゾフィー・ホテク　1868–1914）

Chouza
ヘロデ・アンティパスの家令。
⇒新カト（クザ）

Chrēmōnidēs〈前3世紀〉
アテナイの指導者。前3世紀中葉に活動した。
⇒岩世人（クレモニデス　（活動）前3世紀中葉）

Chrétien, Jean-Baptiste〈18世紀〉
フランスのチェロ奏者。
⇒バロ（クレティアン, ジャン・バティスト　1728–1730–1760.12.1）

Chrétien de Troyes〈12世紀〉
フランスの叙事詩人。
⇒バロ（トロワ, クレティアン・ド　1130頃?–1185）
　岩世人（クレティアン・ド・トロワ　1135頃–1190以前）
　広辞7（クレチアン・ド・トロワ　12世紀）
　新カト（クレティアン・ド・トロア　12世紀後半）

Christ, Don Pedro de〈16・17世紀〉
ポルトガルの作曲家。
⇒バロ（クリスト, ドン・ペドロ・デ　1560頃?–1618）

Christ, Jesus〈前1・後1世紀〉
キリスト教の最高のメシア、イエス。
⇒岩世人（キリスト）
　岩世人（イーサー）
　岩世人（イエス・キリスト　前4以前–後30頃）
　覚思（イエス　前4頃?–前30頃）
　覚思ス（イエス　前4頃?–後30頃）
　ネーム（イエス・キリスト）
　広辞7（イエス　前4頃–後28）
　学叢思（イエス, キリスト　前4年頃–後30/後35頃）
　新カト（イエス・キリスト）
　世人新（イエス（イエス＝キリスト）　前4頃–後30頃）
　世人装（イエス（イエス＝キリスト）　前4頃–後30頃）
　世史語（イエス　前7頃/前4頃–後30頃）
　ポプ人（イエス・キリスト　前4?–後30?）
　ユ人（イエス　前4頃–後30頃）
　学叢歴（キリスト　前4–後33）

Christ, Johann Friedrich〈17・18世紀〉
ドイツの美術史家。銅版画, 絵画, 宝石に関する研究がある。
⇒岩世人（クリスト　1700.4.26?–1756.3.9）

Christensen, Arthur〈19・20世紀〉
デンマークの言語学者。
⇒岩世人（クリステンセン　1875.1.9–1945.3.31）

Christian I〈15世紀〉
デンマーク王。在位1448～81。ノルウェー王。在位1450～81。スウェーデン王。在位1457～71。
⇒岩世人（クリスチャン1世　1426.2–1481.5.21）
　世帝（クリスチャン1世　1426–1481）

Christian I von Anhalt-Bernburg〈16・17世紀〉
アンハルト＝ベルンブルク公。在位1606～30。
⇒岩世人（クリスティアン1世　1568.5.11–1630.4.17）

Christian II〈15・16世紀〉
デンマーク王, ノルウェー王。在位1513～23。スウェーデン王。在位1520～21。
⇒岩世人（クリスチャン2世　1481.7.1–1559.1.25）
　世帝（クリスチャン2世　1481–1559）

Christian III〈16世紀〉
デンマーク, ノルウェー王。在位1534～59。フレデリク1世の子。
⇒岩世人（クリスチャン3世　1503.8.12/13–1559.1.1）
　世帝（クリスチャン3世　1503–1559）

Christian IV〈16・17世紀〉
デンマーク, ノルウェー王。在位1588～1648。フレデリク2世の子。
⇒岩世人（クリスチャン4世　1577.4.12–1648.2.28）
　新カト（クリスティアン4世　1577.4.12–1648.2.28）
　世人新（クリスティアン4世　1577–1648）
　世人装（クリスティアン4世　1577–1648）
　世帝（クリスチャン4世　1577–1648）
　皇国（クリスチャン4世　（在位）1588–1648）

Christian V〈17世紀〉
デンマーク, ノルウェー王。在位1670～99。フレデリク3世の子。
⇒世帝（クリスチャン5世　1646–1699）

Christian VI〈17・18世紀〉
デンマーク, ノルウェー王。在位1730～46。フレデリク4世の子。
⇒世帝（クリスチャン6世　1699–1746）

Christian VII〈18・19世紀〉
デンマーク, ノルウェー王。在位1766～1808。フレデリク5世の子。
⇒世帝（クリスチャン7世　1749–1808）

Christian VIII〈18・19世紀〉
デンマーク王。在位1839～48。

⇒岩世人（クリスチャン8世　1786.9.18–1848.1.20)
世帝（クリスチャン8世　1786–1848)

Christian IX〈19・20世紀〉
デンマーク王。在位1863～1906。
⇒岩世人（クリスチャン9世　1818.4.8–1906.1.29)
世帝（クリスチャン9世　1818–1906)

Christian X〈19・20世紀〉
デンマーク王。在位1912～47。アイスランド王。在位1918～44。
⇒岩世人（クリスチャン10世　1870.9.26–1947.4.19)
世帝（クリスチャン10世　1870–1947)

Christiana〈13・14世紀〉
女子修道会創立者。イタリア・アルノのサンタ・クローチェに生まれる。
⇒新カト（クリスティアナ〔ルッカの〕　1240–1310.1.4)

Christiansen, Broder〈19・20世紀〉
ドイツの哲学者,美学者。カント哲学および新カント学派を批判しつつ,一種の形而上学的人間学に到達。
⇒岩世人（クリスティアンゼン　1869.7.9–1958.6.6)

Christianus〈9世紀〉
ベネディクト会修道士,聖書解釈家。
⇒新カト（クリスティアヌス〔スタブロの〕　?–880以後)

Christie, Dugald〈19・20世紀〉
スコットランドの宣教師。中国に赴き（1883),伝道と医療と医学教育に従事。
⇒岩世人（クリスティ　1855–1936)

Christie, Emerson Brewer〈19・20世紀〉
アメリカの政府役人,人類学者。
⇒アア歴（Christie,Emerson B (rewer)　エマスン・ブルアー・クリスティー　1878.3.17–1967.11.29)

Christie, William〈19・20世紀〉
アメリカの宣教師。
⇒アア歴（Christie,William　ウイリアム・クリスティー　1870.4.28–1955.1.11)

Christie, *Sir* William Henry Mahoney〈19・20世紀〉
イギリスの天文学者。グニリジ天文台長（1881～1910)。
⇒岩世人（クリスティ　1845.10.1–1922.1.22)

Christina〈17世紀〉
スウェーデン女王。在位1644～54。グスタフ2世の娘。
⇒岩世人（クリスティーナ　1626.12.8–1689.4.19)
ネーム（クリスティナ　1626–1689)
広辞7（クリスティーナ　1626–1689)
新カト（クリスティーナ〔スウェーデンの〕　1626.12.8–1689.4.19)
世人新（クリスティーナ　1626–1689)

世人装（クリスティーナ　1626–1689)
世帝（クリスティーナ　1626–1689)
皇国（クリスティーナ　（在位)1632–1654)

Christina von Bolsena〈3・4世紀〉
処女,殉教者,聖人。
⇒図聖（クリスティナ（ボルセーナの）　?–304頃)

Christine de Danemark〈16世紀〉
ロレーヌ公フランソワ1世の妃。デンマーク王クリスチャン2世の娘。
⇒王妃（クリスティーヌ　1521–1590)

Christine de Pisan〈14・15世紀〉
フランスの女流詩人,小説家。
⇒岩世人（クリスティーヌ・ド・ピザン　1364–1430頃)
広辞7（クリスティーヌ・ド・ピザン　1364–1430)
新カト（クリスティーヌ・ド・ピザン　1364頃–1430頃)
ルネ（クリスティーヌ・ド・ピザン　1364頃–1430頃)

Christoffel, Elwin Bruno〈19世紀〉
ドイツの数学者。曲面論などを研究。
⇒岩世人（クリストッフェル　1829.11.10–1900.3.15)
世数（クリストッフェル,エルヴィン・ブルーノ　1829–1900)

Christoffer II〈13・14世紀〉
デンマーク王。在位1320～26,30～32。
⇒世帝（クリストファ2世　1276–1332)

Christoffer af Bayern〈15世紀〉
カルマル連合第2代の王。在位1442～48。デンマーク王。在位1440～48。スウェーデン王。1441～48。ノルウェー王。在位1442～48。
⇒世帝（クリストファ3世　1416–1448)

Christoforus de Monte〈14・15世紀〉
イタリアの作曲家。
⇒バロ（クリストフォルス・デ・モンテ　1370頃?–1423以降)
バロ（モンテ,クリストフォルス・デ　1370頃?–1423以降)

Christophe, Henry〈18・19世紀〉
北部ハイチの王。在位1806～20。
⇒岩世人（クリストフ　1767.10.6–1820.10.8)
広辞7（クリストフ　1767–1820)

Christophe, Jules〈19・20世紀〉
フランスのジャーナリスト。
⇒19仏（ジュール・クリストフとアナトール・セルベール　1840.5.21–1908)

Christopher I〈13世紀〉
デンマーク王国の統治者。在位1252～1259。
⇒世帝（クリストファ1世　1219–1259)

Christopherson, John〈16世紀〉
イギリスのカトリック聖職者,チチェスターの

司教、宗教改革の反対者。
　⇒新カト（クリストファーソン　?–1558.12.27頃）

Christophorus〈9世紀〉
コルドバの殉教者、修道士。聖人。祝日8月20日。
　⇒新カト（レオヴィギルドとクリストフォルス　?–852）

Christophorus, St.〈3世紀〉
デキウス帝のときの殉教者。14救難聖人の一人で旅人の保護聖人。
　⇒岩世人（クリストフォロス）
　　新カト（クリストフォロス　?–250頃）
　　図聖（クリストフォルス　?–250?）

Christus, Petrus〈15世紀〉
初期フランドルの画家。主要作品『聖エリギウス』(49)、『最後の審判』(52) など。
　⇒岩世人（クリストゥス　1410頃–1475/1476）
　　芸13（クリストゥス、ペトルス　1410–1472–1473）

Christy, Frederick Collier〈19・20世紀〉
イギリス人。来日し（1871）、工部省鉄道寮の汽車監察方となった。
　⇒岩世人（クリスティ）

Chrodegang (Metz)〈8世紀〉
ロートリンゲン（ロレーヌ地方）の首都メッツの大司教。
　⇒岩世人（クローデガング（メスの）　715頃–766.3.6）
　　新カト（クロデガング〔メッスの〕　712–766.3.6）

Chromatius〈4・5世紀〉
北イタリアのアキレイアの司教。聖人。祝日12月2日。
　⇒新カト（クロマティウス　?–407/408）

Chrysander, Karl Franz Friedlich〈19・20世紀〉
ドイツの音楽史家、ヘンデルの伝記作者、楽譜編集者。ドイツ・ヘンデル協会を設立（1856）。
　⇒岩世人（クリザンダー　1826.7.8–1901.9.3）

Chrysanthus〈3・4世紀〉
ローマ帝国治下の殉教者。
　⇒新カト（クリザントゥスとダリア　?–300頃）
　　図聖（クリサントゥスとダリア　?–304頃）

Chrysaphes, Manuel〈15世紀〉
ギリシアの音楽理論家。
　⇒バロ（クリサフェス、マヌエル　1410頃?–1463以降）

Chryseis
ギリシア神話、クリュセのアポロンの神官クリュセスの娘。
　⇒岩世人（クリュセイス）

Chrysippos〈前3世紀〉
ギリシアの哲学者。ストア第3代の学頭。
　⇒岩世人（クリュシッポス　前280頃–前207頃）
　　広辞7（クリュシッポス　前280頃–前207頃）
　　学叢思（クリュシッポス　前280–前209）
　　メル1（クリュシッポス　前281/前280?–前207/前205?）

Chrysippos〈5世紀〉
カッパドキア出身の教会著述家。
　⇒新カト（クリュシッポス　410頃–478頃）

Chrysler, Walther Percy〈19・20世紀〉
アメリカの自動車技術者。クライスラー・コーポレーションを創立。
　⇒岩世人（クライスラー　1875.4.2–1940.8.18）

Chrysogonus〈4世紀〉
殉教者。聖人。
　⇒新カト（クリソゴヌス　?–304頃）
　　図聖（クリソゴヌス　?–304頃）

Chrysoloras, Manuel〈14・15世紀〉
ビザンティンの貴族、人文学者。
　⇒岩世人（クリュソロラス　1350頃–1415.4.15）
　　ルネ（マニュエル・クリュソロラス　1350頃–1415）

Chrysostomos, Jōhannēs〈4・5世紀〉
コンスタンチノープルの大司教、説教家、聖書注釈家、聖人、教会博士。
　⇒岩世人（ヨハネス・クリュソストモス　347頃–407.9.14）
　　広辞7（ヨアンネス・クリュソストモス　344/349頃–407）
　　学叢思（クリソストモス、ヨハネス　345–407）
　　メル1（クリュソストモス（聖）　347頃–407）
　　ユ人（クリュソストモス、ヨハネス　345–407）

Chūlāmaṇivarman〈11世紀〉
三仏斉の王。在位11世紀初頭。
　⇒岩世人（チューラーマニヴァルマン）

Chun, Karl〈19・20世紀〉
ドイツの生物学者。浮遊生物、深海生物を研究。
　⇒岩世人（クーン　1852.10.1–1914.4.11）

Chuniald〈7・8世紀頃〉
聖人。祝日9月28日。
　⇒図聖（クニアルトとギスラル）

Chuquet, Nicolas〈15世紀〉
フランスの数学者。
　⇒岩世人（シュケ　1445頃–1500頃）
　　世数（シュケ、ニコラ　1445頃–1500頃）

Churberg, Fanny〈19世紀〉
フィンランドの画家。
　⇒岩世人（シュールベリ　1845.12.12–1892.5.10）

Church, Benjamin〈18世紀〉
イギリスのスパイ。アメリカ独立戦争で活躍した。
　⇒スパイ（チャーチ、ベンジャミン　1734–1777?）

Church, Frederick Edwin〈19世紀〉
アメリカの風景画家。主作品「ナイヤガラ瀑布」(57)。
⇒岩世人 (チャーチ　1826.5.4–1900.4.7)
芸13 (チャーチ, フレデリック　1826–1900)

Church, John Adams〈19・20世紀〉
アメリカの鉱山技師。
⇒アア歴 (Church, John Adams　ジョン・アダムズ・チャーチ　1843.4.5–1917.2.12)

Church, Richard William〈19世紀〉
イギリスの神学者。主著『オックスフォード運動』(91),『ダンテ論,その他』(88)。
⇒岩世人 (チャーチ　1815.4.25–1890.12.9)

Churchill, Charles Henry, Colonel〈19世紀〉
イギリスの軍人、非ユダヤ人のシオニスト、初代マールバラ公の兄弟チャールズ・チャーチル将軍の子孫(ウィストン・チャーチルの遠縁)。
⇒ユ人 (チャーチル, チャールズ・ヘンリー, 大佐　1808–1869)

Churchill, David Carroll〈19・20世紀〉
アメリカの機械技師。
⇒アア歴 (Churchill, (David) Carroll　デイヴィッド・キャロル・チャーチル　1873.3.17–1969.1.6)

Churchill, *Lord* Randolph Henry Spencer〈19世紀〉
イギリスの政治家。「トーリー民主主義」を主張、保守党勢力の挽回をはかった。インド相、蔵相を歴任。
⇒岩世人 (チャーチル　1849.2.12–1895.1.24)

Churchill, William〈19・20世紀〉
アメリカの民族学者。太平洋およびマレー多島海の諸民族の民族学的・言語学的研究を行った。
⇒岩世人 (チャーチル　1859.10.5–1920.6.9)

Churchill, *Sir* Winston Leonard Spencer〈19・20世紀〉
イギリスの政治家。1940年首相に就任、第2次世界大戦下、国際的に活躍した。
⇒岩世人 (チャーチル　1874.11.30–1965.1.24)
広辞7 (チャーチル　1874–1965)
世人新 (チャーチル　1874–1965)
世人装 (チャーチル　1874–1965)
世史語 (チャーチル　1874–1965)
世史語 (チャーチル　1874–1965)
ポプ人 (チャーチル, ウィンストン　1874–1965)
ユ人 (チャーチル, サー・ウィンストン・レナード・スペンサー　1874–1965)

Churchyard, Thomas〈16・17世紀〉
イギリスの軍人, 詩人。
⇒岩世人 (チャーチヤード　1523頃–1604.4.4 (埋葬))

Churriguerra, José Benito de〈17・18世紀〉
スペインの建築家,画家。「チュリゲリスム」と呼ばれる新様式を発展させた。
⇒新カト (チュリゲーラ　1665.3.21–1725.3.2)

Chu Van An〈14世紀〉
ベトナム陳朝の詩人,儒学者。チュー・アン(朱安)ともいう。号は樵隠。漢詩集『樵隠詩集』など。
⇒岩世人 (チュー・ヴァン・アン　?–1370)

Chydenius, Anders〈18・19世紀〉
スウェーデン,フィンランドの経済学者,政治家,宗教家。
⇒岩世人 (シュデーニウス　1729.2.26–1803.2.1)

Chyliński, Andrzej〈16・17世紀〉
ポーランドの作曲家。
⇒バロ (ヒリンスキ, アンジェイ　1590頃?–1640頃?)

Chyträus, David〈16世紀〉
ドイツの神学者。
⇒新カト (キトロイス　1531.2.26–1600.6.25)

Cialdini, Enrico〈19世紀〉
イタリアの軍人。イタリア独立戦争などに活躍。のち駐パリ大使。
⇒岩世人 (チャルディーニ　1811.8.10–1892.9.8)

Ciampi, Francesco〈17・18世紀〉
イタリアの作曲家。
⇒バロ (チャンピ, フランチェスコ　1690頃–1764以降)

Ciampi, Vincenzo Legrenzio〈18世紀〉
イタリアの作曲家。
⇒バロ (チャンピ, ヴィンチェンツォ・レグレンツィオ　1719頃–1762.3.30)

Ciaran (Clonmacnois)〈6世紀〉
アイルランドの修道院長、聖人。
⇒新カト (キエラン　510/520–549頃)

Cibber, Colley〈17・18世紀〉
イギリスの俳優、劇作家。イギリスのセンチメンタル・ドラマの発展に影響を与えた。
⇒岩世人 (シバー　1671.11.6–1757.12.12)

Cicart de Marvejols, Bernard〈12世紀〉
フランスの作曲家。
⇒バロ (シカール・ド・マルヴジョル, ベルナール　1120頃?–1170頃?)

Cicero, Marcus Tullius〈前2・1世紀〉
ローマの雄弁家,政治家,哲学者。ラテン散文の完成者。
⇒岩世人 (キケロ　前106.1.3–前43.12.7)
広辞7 (キケロ　前106–前43)
学叢思 (キケロ, マルクス・トゥリウス　前106–

前43)
新カト (キケロ 前106–前43)
世人新 (キケロ 前106–前43)
世人装 (キケロ 前106–前43)
世史語 (キケロ 前106–前43)
ポプ人 (キケロ,マルクス・トゥリウス 前106–前43)
学叢歴 (キケロ 前100–前43)

Ciconia, Johannes〈14・15世紀〉
フランドル出身、イタリアの音楽家。
⇒バロ (チコニア,ヨハネス・デ 1335頃–1411/1412)

Cid Campeador, El〈11世紀〉
中世スペインの名将ロドリーゴ・ディアス・デ・ビバールの通称。バレンシアを征服。スペインの国民的英雄。
⇒岩世人 (エル・シッド 1048頃–1099.7.10)
ネーム (エル・シッド ?–1099)
広辞7 (シッド 1043–1099)

Cieszkowski, August〈19世紀〉
ポーランドの哲学者。ヘーゲル主義的歴史哲学を説いた。
⇒岩世人 (チェスコフスキ 1814.9.12–1894.3.12)

Cieza de León, Pedro de〈16世紀〉
スペインの軍人,年代記作者。
⇒岩世人 (シエサ・デ・レオン 1520頃–1554.7.2)
ラテ新 (シエサ・デ・レオン 1518?–1554)

Cifra, Antonio〈16・17世紀〉
イタリアの作曲家。教会音楽の作曲家として活躍。
⇒バロ (チフラ,アントーニオ 1584–1629.10.2)

Cigoli, Lodovico Cardi da〈16・17世紀〉
イタリアの画家、建築家。フィレンツェ絵画におけるバロック様式の創始者の一人。
⇒岩世人 (チーゴリ 1559.9.12–1613.6.8)

Cilea, Francesco〈19・20世紀〉
イタリアの作曲家。『ティルダ』(92)、『アルルの女』(97)などのオペラを作曲。
⇒オペラ (チレーア,フランチェスコ 1866–1950)

Cima, Andrea〈16・17世紀〉
イタリアの作曲家。
⇒バロ (チーマ,アンドレア 1576頃–1627頃)

Cima, Giovanni Paolo〈16・17世紀〉
イタリアの作曲家、オルガン奏者。『教会コンチェルト集』(10,ミラノ)を発表。
⇒バロ (パオロチーマ,ジョヴァンニ 1560頃–1620頃)
バロ (チーマ,ジョヴァンニ・パオロ 1570頃–1622頃)

Cimabue, Giovanni〈13・14世紀〉
イタリア・ルネサンス最初の画家。ジョットの師ともいわれる。作品はピサ大聖堂の祭室の大モザイクなど。
⇒岩世人 (チマブーエ 1240/1250–1302/1303)
ネーム (チマブーエ 1240?–1302?)
広辞7 (チマブーエ 1240以後–1302)
新カト (チマブエ 1240/1250–1302)
芸13 (チマブエ,ジョヴァンニ 1240頃–1302頃)

Cimarosa, Domenico〈18・19世紀〉
イタリアの作曲家。ロシア宮廷作曲家ののちウィーン宮廷楽長。代表作オペラ『秘密結婚』など。
⇒バロ (チマローザ,ドメニーコ 1749.12.17–1801.1.11)
岩世人 (チマローザ 1749.12.17–1801.1.11)
オペラ (チマローザ,ドメニコ 1749–1805)
エデ (チマローザ,ドメニコ 1749.12.17–1801.1.11)
ネーム (チマローザ 1749–1801)
広辞7 (チマローザ 1749–1801)
新カト (チマローザ 1749.12.17–1801.1.11)
ピ曲改 (チマローザ,ドメニコ 1749–1801)

Cimatti, Vincenzo〈19・20世紀〉
イタリアの日本サレジオ会管区長。
⇒岩世人 (チマッティ 1879.7.15–1965.10.6)
新カト (チマッティ 1879.7.15–1965.10.6)

Cimello, Giovan Tommasso〈15・16世紀〉
イタリアの作曲家。
⇒バロ (チメッロ,ジョヴァン・トマッソ 1500頃–1579以降)

Cincinnatus, Titus Quinctius〈前6・5世紀〉
ローマの伝説的軍人。
⇒岩世人 (キンキンナトゥス)

Cincius Alimentus, Lucius〈前3世紀?〉
ローマの政治家,歴史家。『ファウィウス・ピクトル』の著者。
⇒岩世人 (キンキウス・アリメントゥス)

Činggünzab〈18世紀〉
外モンゴル(ハルハ)の貴族。
⇒岩世人 (チングンザブ 1710?–1757)

Činkim〈13世紀〉
中国、元の世祖フビライの次子。母はオンギラト氏チャブイ皇后。
⇒岩世人 (チンキム 1243–1285.1.5 (世祖至元21.11.29))

Cinna, Lucius Cornelius〈前1世紀〉
ローマの政治家。民衆派の指導者。前87〜84年コンスル。
⇒岩世人 (キンナ ?–前84)

Cinnamus〈1世紀〉
アルサケス朝パルティアの王。
⇒世帝 (キンナムス 12–38)

Cino da Pistoia〈13・14世紀〉
イタリアの詩人。ダンテとともに「清新体」派に属する。
⇒岩世人（チーノ・ダ・ピストイア　1270頃–1336/1337）

Cinq-Mars, Henri Coiffier de Ruzé d'Effiat, Marquis de〈17世紀〉
フランスの政治家。
⇒岩世人（サン＝マール　1620–1642.9.12）

Cinza〈18世紀〉
イタリアの作曲家。
⇒バロ（チンザー,?　1700頃?–1760頃?）

Cipriani, Amilcare〈19・20世紀〉
イタリアの革命的社会主義者。
⇒学叢思（チプリアーニ, アミルカーレ　1845–1918）

Circe
ギリシア神話, 太陽神ヘリオスと, オケアノスの娘ペルセイスとの娘。
⇒岩世人（キルケ）

Cirillo, Francesco〈17世紀〉
イタリアの作曲家。
⇒バロ（チリッロ, フランチェスコ　1623.2.4–1667以降）

Cirri, Giovanni Battista〈18・19世紀〉
イタリアの作曲家。
⇒バロ（チッリ, ジョヴァンニ・バティスタ　1724.10.1–1808.6.11）

Ciseri, Pierre〈18・19世紀〉
フランスのデザイナー, パリ・オペラ座の舞台装置主任。
⇒バレエ（シセリ, ピエール　1782.8.17/18–1868.8.22）

Cisneros, Francisco García de〈15・16世紀〉
スペインのモンセラートのベネディクト会修道院長。
⇒新カト（シスネーロス　1455/1456–1510.11.27）

Cistejahuda Bonsenyor〈14世紀〉
バルセロナの人。「賢哲の言葉」をカタルーニャ語で著した。
⇒ユ著人（Cistejahuda Bonsenyor　システヤフーダ・ボンセニョール　?–1331?）

Citroën, André Gustave〈19・20世紀〉
フランスのエンジニア, 自動車製造業者。
⇒岩世人（シトロエン　1878.2.5–1935.7.5）
　ユ人（シトロエン, アンドレ・ギュスタブ　1878–1935）
　ユ著人（Citroën,André Gustave　シトロエン, アンドレ・グスタフ　1878–1935）

Citters, Jan Willem Fredrik van〈18・19世紀〉
オランダの長崎商館長。
⇒岩世人（シッテルス　1785.7.5–1836.5.4）

Čiurlionis, Mikalojus Konstantinas〈19・20世紀〉
リトアニアの画家, 作曲家。
⇒岩世人（チュルリョーニス　1875.9.22–1911.4.10）
　広辞7（チュルリョーニス　1875–1911）

Cividale, Antonio da〈14・15世紀〉
イタリアの作曲家。
⇒バロ（チヴィダーレ, アントーニオ・ダ　1380頃?–1430頃?）

Civilius, Gaius Julius〈1世紀〉
古代ゲルマン民族バタヴィア人の首長。
⇒岩世人（キウィリス）

Civitali, Matteo〈15・16世紀〉
イタリアの建築家, 彫刻家。
⇒岩世人（チヴィターリ　1436.6.5–1501.10.8）

Ciwang Iwal〈19・20世紀〉
台湾のタロコ人牧師。
⇒岩世人（チワン　1872（同治11）–1946）

Cladel, Léon〈19世紀〉
フランスの小説家。代表作『乞食たち』など。
⇒岩世人（クラデル　1835.3.22–1892.7.21）
　19仏（レオン・クラデル　1834.3.22–1892.7.22）

Claesz., Pieter〈17世紀〉
ドイツ出身のオランダの画家。
⇒芸13（クラース, ピーテル　1590–1661）

Clairaut, Alexis Claude〈18世紀〉
フランスの数学者。『地球形状論』(1743)を著し, ポテンシャルの思想を開拓。
⇒岩世人（クレロー　1713.5.7–1765.5.17）
　学叢思（クレロー, アレキシー・クロード　1713–1765）
　世数（クレロー, アレクシス・クロード　1713–1765）

Claisen, Rainer Ludwig〈19・20世紀〉
ドイツの有機化学者。
⇒岩世人（クライゼン　1851.1.14–1930.1.5）

Clajus, Johannes〈16世紀〉
ドイツの牧師, 文法家。初めてラテン語のドイツ文法書(1578)を著した。
⇒岩世人（クラーユス　1535.6.24–1592.4.11）

Clam-Martinic, Jindřich Jaroslav〈19世紀〉
チェコの政治家。
⇒岩世人（クラム＝マルティニツ　1826.6.15–1887.6.5）

Claparède, Edouard〈19・20世紀〉
スイスの心理学者。ルソー研究所を設立（1912）。
⇒岩世人（クラパレード　1873.3.24–1940.9.29）

Clapeyron, Benoit Pierre Émile〈18・19世紀〉
フランスの物理学者。橋梁，鉄道の建設に貢献。クラペイロン＝クラウジウスの式を導いた。
⇒岩世人（クラペーロン　1799.2.26–1864.1.28）
広辞7（クラペイロン　1799–1864）

Clapham, John Harold〈19・20世紀〉
イギリスの経済史家。
⇒岩世人（クラバム　1873.9.13–1946.3.29）

Clapp, Frederick Gardner〈19・20世紀〉
アメリカの石油地質学者。
⇒アア歴（Clapp,Frederick Gardner　フレデリック・ガードナー・クラップ　1879.7.20–1944.2.18）

Clapp, *Sir* Harold Winthrop〈19・20世紀〉
オーストラリアの電気技術者。電気鉄道事業に従事。
⇒岩世人（クラップ　1875.5.7–1952.10.21）

Clapperton, Hugh〈18・19世紀〉
イギリスのアフリカ探検家。チャド湖，ニジェール川を探検。
⇒岩世人（クラッパートン　1788.5.18–1827.4.13）

Clara Assisiensis〈12・13世紀〉
イタリアの修道女。アッシジのフランシスコの最初の女弟子。
⇒岩世人（クララ（アッシジの）　1194.7.16–1253.8.11）
広辞7（クララ　1193頃–1253）
新カト（クララ〔アッシジの〕　1193/1194–1253.8.11）
図聖（クララ（アッシジの）　1194–1253）

Clara (Montefalco)〈13・14世紀〉
イタリアの修道女，聖人。
⇒新カト（クララ〔モンテファルコの〕　1268–1308.8.17）

Clare, John〈18・19世紀〉
イギリスの詩人。自称ノーサンプトンシャーの貧農詩人。
⇒岩世人（クレア　1793.7.13–1864.5.20）

Clare, Richard de, 2nd Earl of Pembroke and Striguil〈12世紀〉
アイルランドの支配者。
⇒岩世人（クレア　1130頃–1176.4.5）

Clarenbaldus Atrebatensis〈12世紀〉
シャルトル学派のスコラ哲学者，神学者。
⇒岩世人（クラレンバルドゥス（アラスの）　?–1187頃）

Clarence, George, 3rd Duke of York〈15世紀〉
イギリスの貴族。イギリス王エドワード4世の弟，リチャード3世の兄。
⇒岩世人（クラレンス　1449.10.21–1478.2.18）

Clarendon, Edward Hyde, 1st Earl of〈17世紀〉
イギリスの政治家。大法官。『大反乱史』の著述がある。
⇒岩世人（クラレンドン　1609.2.18–1674.12.9）

Clarendon, George William Frederick Villiers, 4th Earl of〈18・19世紀〉
イギリスの政治家。自由党内閣の外相を歴任。
⇒岩世人（クラレンドン　1800.1.12–1870.6.27）

Clarenus, Angelus〈13・14世紀〉
イタリアのフランシスコ会厳格派の分派集団クラレニの指導者。
⇒新カト（アンゲルス・クラレヌス　1245頃–1337.6.15）

Claretie, Jules〈19・20世紀〉
フランスのジャーナリスト，劇作家。コメディー・フランセーズ座の支配人。
⇒19仏（ジュール・クラルティ　1840.12.3–1913.12.23）

Claretie, Léo〈19・20世紀〉
フランスの作家。
⇒19仏（レオ・クラルティ　1862.6.2–1924.7.16）

Claret y Clara, Antonio María〈19世紀〉
スペインのカトリック聖職者。女王イサベル2世の聴罪司祭。
⇒岩世人（クラレー・イ・クララ　1807.12.24–1870.10.24）
新カト（アントニオ・マリア・クラレト・イ・クララ　1807.12.23–1870.10.24）

Clari, Giovanni Carlo Maria〈17・18世紀〉
イタリアの作曲家。二声および三声のマドリガルは特に有名。
⇒バロ（クラーリ，ジョヴァンニ・カルロ・マリーア　1667.9.27–1754.5.16）
岩世人（クラーリ　1677.9.27–1754.5.16）

Clark, Alden Hyde〈19・20世紀〉
アメリカの宣教師。
⇒アア歴（Clark,Alden Hyde　オールデン・ハイド・クラーク　1878.6.26–1960.5.27）

Clark, Alvan〈19世紀〉
アメリカの天文機械製造家。世界第一のヤーキース天文台の40インチの大レンズなどを製作。
⇒岩世人（クラーク　1804.3.8–1887.8.19）

Clark, Edward Waren〈19・20世紀〉
アメリカの教育家。静岡学校,開成学校で化学を教授。
⇒アア歴（Clark,Edward Warren　エドワード・ウォーレン・クラーク　1849.1.27–1907.6.5）
岩世人　（クラーク　1849.1.27–1907.6.5）

Clark, Edward Winter〈19・20世紀〉
アメリカの宣教師。
⇒アア歴（Clark,Edward W (inter)　エドワード・ウィンター・クラーク　1830.2.25–1913.5.13）

Clark, Francis Edward〈19・20世紀〉
アメリカのプロテスタント牧師,キリスト教青年運動の指導者。
⇒岩世人　（クラーク　1851.9.12–1927.5.26）

Clark, George Rogers〈18・19世紀〉
アメリカの測量技師,市民兵指揮官。
⇒岩世人　（クラーク　1752.11.19–1818.2.13）

Clark, John Bates〈19・20世紀〉
アメリカの経済学者。私有財産制と自由競争原理とを基礎として限界効用理論の体系を樹立。
⇒岩世人　（クラーク　1847.1.26–1938.3.21）
学叢思　（クラーク,ジョン・ベーツ　1847–?）

Clark, Josiah Latimor〈19世紀〉
イギリスの電気技術者。標準電池として用いられたクラーク電池を発明。
⇒岩世人　（クラーク　1822.3.10–1898.10.30）

Clark, Robert Sterling〈19・20世紀〉
アメリカの美術品収集家。
⇒アア歴（Clark,Robert Sterling　ロバート・スターリング・クラーク　1877.6.25–1956.12.29）

Clark, William〈18・19世紀〉
アメリカ開拓期の軍人,探検家,行政官。M.ルイスとミズーリ,コロンビア両川流域を調査。
⇒岩世人　（クラーク　1770.8.1–1838.9.1）

Clark, William Smith〈19世紀〉
アメリカの教育家,化学鉱物学者。1876年来日。札幌農学校で教頭として活躍。
⇒アメ新　（クラーク　1826–1886）
岩世人　（クラーク　1826.7.31–1886.3.9）
広辞7　（クラーク　1826–1886）
新カト　（クラーク　1826.7.31–1886.3.9）
ポプ人　（クラーク,ウィリアム　1826–1886）

Clarke, Adam〈18・19世紀〉
アイルランドの神学者。ブラッドフォードの牧師となり,ロンドンなどで説教。
⇒岩世人　（クラーク　1762頃–1832.8.16）

Clarke, *Sir* Andrew〈19・20世紀〉
英領マラヤの植民地行政官。
⇒岩世人　（クラーク　1824–1902）

Clarke, Charles Cowden〈18・19世紀〉
イギリスの文学者。主著『チョーサー物語』(1833),『シェークスピアの劇中人物』(63)など。
⇒岩世人　（クラーク　1787.12.15–1877.3.13）

Clarke, Edward Bramwell〈19・20世紀〉
イギリスの教育家。慶応義塾大学,第三高等学校,京都帝国大学で英文学を教授。
⇒岩世人　（クラーク　1874.1.31–1934.4.28）

Clarke, Frank Wigglesworth〈19・20世紀〉
アメリカの地球化学者。地殻の化学的組成を推定したクラーク数で有名。著書『地球化学のデータ』(08)。
⇒岩世人　（クラーク　1847.3.19–1931.5.23）

Clarke, Fred〈19・20世紀〉
イギリスの教育家。
⇒岩世人　（クラーク　1880–1952）

Clarke, Fred Clifford〈19・20世紀〉
アメリカの大リーグ選手（外野）。
⇒メジャ　（フレッド・クラーク　1872.10.3–1960.8.14）

Clarke, Henri Jacques Guillaume, Duc de Feltre〈18・19世紀〉
アイルランド系のフランスの軍人。ナポレオン1世の私設秘書。王政復古後ルイ18世に仕えた。
⇒岩世人　（クラーク　1765.10.17–1818.10.28）

Clarke, Jeremiah〈17・18世紀〉
イギリスの作曲家,オルガン奏者。チェンバロ曲『デンマーク王子の行進曲』が有名。
⇒バロ　（クラーク,ジェレマイア1世　1674–1707.12.1）
エデ　（クラーク,ジェレマイア（ジェレミア）　1673頃–1707.12.1）

Clarke, Mary Frances〈19世紀〉
アメリカの愛徳女子修道会設立者,クラーク・カレッジ創立者。
⇒新カト　（クラーク　1803.3.2–1887.12.4）

Clarke, Samuel〈17・18世紀〉
イギリスの神学者,哲学者。
⇒岩世人　（クラーク　1675.10.11–1729.5.17）
学叢思　（クラーク,サミュエル　1675–1729）
新カト　（クラーク　1675.10.11–1729.5.17）
メル2　（クラーク,サミュエル　1675–1729）

Clarke, William Newton〈19・20世紀〉
アメリカのバプテスト派牧師,神学者。
⇒岩世人　（クラーク　1841.12.2–1912.1.14）

Clarkson, John Gibson〈19・20世紀〉
アメリカの大リーグ選手（投手）。
⇒メジャ　（ジョン・クラークソン　1861.7.1–1909.2.4）

Clarkson, Thomas〈18・19世紀〉
イギリスの奴隷廃止論者。英領西インドの奴隷廃止(33)に貢献。
⇒岩世人（クラークソン　1760.3.28–1846.9.26)
新カト（クラークソン　1760.3.28–1846.9.26)

Clary, Marie Julie〈18・19世紀〉
ナポレオン1世の兄ジョゼフの妃。
⇒王妃（ジュリー・クラリー　1771–1845)

Class, Heinrich〈19・20世紀〉
ドイツの政治家。全ドイツ連盟総裁となり(1908)、全ドイツ運動を促進。
⇒岩世人（クラース　1868.2.29–1953.4.16)

Classen, Johannes〈19世紀〉
ドイツの古典学者。トゥキュディデスの註釈で有名。
⇒岩世人（クラッセン　1805.11.21–1891.8.31)

Clauberg, Johann Christoph〈17世紀〉
ドイツの哲学者、神学者。
⇒岩世人（クラウベルク　1622.2.24–1665.1.31)
メル2（クラウベルク、ヨハン　1622–1655〔1665〕)

Claude II〈16世紀〉
フランスの作曲家。
⇒バロ（クロード2世,?　1530頃?–1580頃?)

Claude de France〈15・16世紀〉
フランソワ1世の妃。ブルターニュ女公。
⇒王妃（クロード　1499–1524)

Claudel, Camille〈19・20世紀〉
フランスの彫刻家。
⇒岩世人（クローデル　1864.12.8–1943.10.19)
ポプ人（クローデル、カミーユ　1864–1943)

Claudel, Paul Louis Charles Marie〈19・20世紀〉
フランスの詩人、劇作家、外交官（駐日大使)。
⇒岩世人（クローデル　1868.8.6–1955.2.23)
ネーム（クローデル　1868–1955)
広辞7（クローデル　1868–1955)
学叢思（クローデル、ポール　1868–?)
新カト（クローデル　1868.8.6–1955.2.23)
ポプ人（クローデル、ポール　1868–1955)

Claudia
ローマのキリスト者婦人、解放奴隷。
⇒新カト（クラウディア）

Claudia Felizitas von Osterreich-Tirol〈17世紀〉
神聖ローマ皇帝レオポルト1世の2番目の妃。オーストリア大公フェルディナント・カールの娘。
⇒王妃（クラウディア　1653–1676)

Claudianus, Claudius〈4・5世紀〉
ローマ帝国末期の詩人。
⇒岩世人（クラウディアヌス）
新カト（クラウディウス・クラウディアヌス　375頃–404頃)

Claudianus Mamertus〈5世紀〉
フランスの神学者。ヴィエンヌの司祭。
⇒新カト（クラウディアヌス・マメルトゥス　420/430–473/474)

Claudia Octavia〈1世紀〉
ローマ皇帝ネロの最初の妃。
⇒王妃（クラウディア・オクタウィア　40–62)

Claudion, Claude Michel〈18・19世紀〉
フランスの彫刻家。テラコッタの小像、大理石像を制作。主作品は『ニンフとサテュロス』。
⇒岩世人（クロディヨン　1738.12.20–1814.3.28)
芸13（クロディオン、クロード　1738–1814)

Claudius〈3・4世紀〉
殉教者、聖人。
⇒図聖（戴冠聖人,4人の　?–305頃)

Claudius, Matthias〈18・19世紀〉
ドイツの詩人。詩『月は上りぬ』『死と乙女』など。雑誌『ワンツベクの使者』(1770–75)を発行。
⇒岩世人（クラウディウス　1740.8.15–1815.1.21)
新カト（クラウディウス　1740.8.15–1815.1.21)

Claudius II, Marcus Aurelius〈3世紀〉
ローマ皇帝。在位268〜270。
⇒岩世人（クラウディウス・ゴティクス　214頃–270)
新カト（クラウディウス・ゴティクス　213/214–270)
世帝（クラウディウス・ゴティクス　213/214–270)

Claudius Caecus, Appius〈前4・3世紀〉
古代ローマの政治家。アッピア街道の建設者。前307年コンスル。
⇒岩世人（アッピウス・クラウディウス　前340–前273)

Claudius Lysias〈1世紀頃〉
エルサレム駐屯のローマ軍の士卒長。
⇒岩世人（クラウディウス・リシア）

Claudius Nero Germanicus Tiberius〈前1・後1世紀〉
ローマ皇帝。在位41〜54。ブリタニアに植民。
⇒岩世人（クラウディウス　前10.8.1–後54.10.13)
新カト（クラウディウス　前10.8.1–後54.10.13)
世帝（クラウディウス　前10–後54)

Claudius Pulcher, Appius〈前2世紀〉
執政官。
⇒岩世人（アッピウス・クラウディウス　?–前130頃)

Claudius Quadrigarius, Quintus〈前1世紀〉
古代ローマの歴史家。ローマ史23巻を著す。
⇒岩世人（クラウディウス・クァドリガリウス　前1世紀）

Claudius (Turin)〈8・9世紀〉
スペインのテュリンの司教。
⇒新カト（クラウディウス〔トリノの〕　?–827頃）

Claus, Emile〈19・20世紀〉
ベルギーの画家。印象派の影響を受け、外光派絵画を描いた。
⇒岩世人（クラウス　1849.9.27–1924.6.5）

Claus, Karl Friedrich Wilhelm〈19世紀〉
ドイツの動物学者。淘汰説に反対して機能的適応を主張。
⇒岩世人（クラウス　1835.1.2–1899.1.18）
　学叢思（クラウス, カール・フリードリヒ・ヴィルヘルム　1835–1899）

Clausel, Bertrand, Comte〈18・19世紀〉
フランスの軍人。ナポレオン1世に重用された。七月革命(30)後、下院議員となり反政府派に属した。
⇒岩世人（クローゼル　1772.12.12–1842.4.21）

Clausen, Sir George〈19・20世紀〉
イギリスの画家。代表作は『戸口に立つ少女』(1889)。
⇒岩世人（クラウセン　1852.4.18–1944.11.22）
　芸13（クローゼン, ジョージ　1852–1944）

Clausen, Henrik Nikolai〈18・19世紀〉
デンマークのプロテスタント神学者。コペンハーゲン大学の神学教授(1822～74)。
⇒岩世人（クラウセン　1793.4.22–1877.3.28）

Clausewitz, Karl von〈18・19世紀〉
プロシアの軍人、戦史家。1818年少将、士官学校校長。著作に『戦争論』など。
⇒岩世人（クラウゼヴィッツ　1780.6.1–1831.11.16）
　ネーム（クラウゼヴィッツ　1780–1831）
　広辞7（クラウゼヴィッツ　1780–1831）
　ポプ人（クラウゼヴィッツ, カール・フォン　1780–1831）

Clausius, Rudolf Julius Emanuel〈19世紀〉
ドイツの物理学者。熱力学の第2法則を確立、エントロピーの概念を導入(65)。
⇒岩世人（クラウジウス　1822.1.2–1888.8.24）
　科史（クラウジウス　1822–1888）
　広辞7（クラウジウス　1822–1888）
　学叢思（クラウジウス, ルドルフ・ユリウス・エマヌエル　1822–1888）
　物理（クラウジウス, ルドルフ・ユリウス・エマニュエル　1822–1888）

Claussen, Sophus Niels Christen〈19・20世紀〉
デンマークの詩人。雑誌『塔』(1893～)を発行、デンマーク象徴主義運動を創始。
⇒岩世人（クラウセン　1865.9.12–1931.4.11）

Claver, Petrus〈16・17世紀〉
スペインの聖職者、聖人。南アメリカに渡り、40年間、黒人奴隷の困苦の緩和に努めた。
⇒岩世人（クラベル　1580–1654.9.8）
　図聖（クラベル, ペドロ　1580–1654）

Clavijero, Francisco Javier〈18世紀〉
メキシコの歴史家。伝道者としてメキシコ・インディアン族の中で生活。
⇒岩世人（クラビヘーロ　1731.9.9–1787.4.2）
　ラテ新（クラビヘロ　1731–1787）

Clavijo, Francisco〈17世紀〉
スペインのオルガン奏者。
⇒バロ（クラビーホ, フランシスコ　1600頃?–1660頃?）

Clavijo del Castillo, Bernardo〈16・17世紀〉
スペインのオルガン奏者、教育者。
⇒バロ（クラビーホ・デル・カスティーリョ, ベルナンド　1549頃–1626.2.1）

Clavius, Christopher〈16・17世紀〉
ドイツの数学者。イエズス会士。教皇グレゴリウス13世の行った改暦(1582)の提案者。
⇒岩世人（クラヴィウス　1538.3.25–1612.2.12）
　新カト（クラヴィウス　1538.3.25–1612.2.6）
　世数（クラヴィウス, クリストフォルス　1537–1612）

Clay, Frederic〈19世紀〉
イギリスの作曲家。劇場音楽および歌曲などを作曲。
⇒岩世人（クレイ　1838.8.3–1889.11.24）

Clay, Henry〈18・19世紀〉
アメリカの政治家。南部と北部の調停と政治的結合の保持のために努力。
⇒アメ新（クレー　1777–1852）
　岩世人（クレイ　1777.4.12–1852.6.29）

Clayton, Thomas〈17・18世紀〉
イギリスの歌手、ヴァイオリン奏者、興行主。
⇒バロ（クレイトン, トマス　1660-1670–1720-1730）

Clebsch, Rudolf Friedrich Alfred〈19世紀〉
ドイツの数学者、数理物理学者。代数学、幾何学の各方面を開拓。
⇒岩世人（クレーブシュ　1833.1.19–1872.11.7）
　世数（クレブシュ, ルドルフ・フリードリヒ・アルフレッド　1833–1872）

Cleland, John〈18世紀〉
イギリスの小説家。好色小説『ファニー・ヒル』(1748,49)の著者。
⇒岩世人（クレランド　1710.9.24（受洗）–1789.1.23）

Clemen, Carl〈19・20世紀〉
ドイツのプロテスタント神学者。宗教史の研究がある。
⇒岩世人（クレーメン　1865.3.30–1940.7.8）

Clemen, Paul〈19・20世紀〉
ドイツの芸術史家。ライン地方の中世壁画の研究に貢献。
⇒岩世人（クレーメン　1866.10.31–1947.7.8）

Clémenceau, Georges〈19・20世紀〉
フランスの政治家。1906～09,17～20年首相。
⇒岩世人（クレマンソー　1841.9.28–1929.11.24）
　19仏（ジョルジュ・クレマンソー　1841.9.28–1929.11.24）
　ネーム（クレマンソー　1841–1929）
　広辞7（クレマンソー　1841–1929）
　学叢思（クレマンソー，ジョルジュ　1841.9.28–?）
　世人新（クレマンソー　1841–1929）
　世人装（クレマンソー　1841–1929）
　世史語（クレマンソー　1841–1929）
　ポプ人（クレマンソー，ジョルジュ　1841–1929）

Clémencet, Charles〈18世紀〉
フランスのベネディクト会の歴史家。
⇒新カト（クレマンセ　1703–1778.4.4）

Clemens
パウロの宣教協力者の一人。
⇒新カト（クレメンス）

Clemens, Franz Jakob〈19世紀〉
ドイツのカトリック哲学者。同国における新スコラ哲学の創始者の一人。
⇒新カト（クレメンス　1815.10.4–1862.2.24）

Clemens I〈1・2世紀〉
教皇。在位88～97または92～101。「ローマのクレメンス」と呼ばれる。石工の保護聖人。
⇒岩世人（クレメンス1世　30頃–101頃）
　広辞7（クレメンス（ローマの）　30頃–101頃）
　新カト（クレメンス1世　?–101頃）
　図聖（クレメンス1世　30頃–101頃）

Clemens II〈11世紀〉
教皇。在位1046～47。47年ローマ教会会議で聖職売買を禁じた。
⇒岩世人（クレメンス2世　?–1047.10.9）
　新カト（クレメンス2世　?–1047.10.9）

Clemens III〈11世紀〉
ローマ教皇（対立教皇）。在位1080～1100。
⇒新カト（クレメンス3世〔対立教皇〕　1020/1030–1100.9.8）

Clemens III〈12世紀〉
教皇。在位1187～91。聖地奪還のため第3回十字軍を起こす。
⇒岩世人（クレメンス3世　?–1191.3.20）
　新カト（クレメンス3世　?–1191.3）

Clemens IV〈13世紀〉
教皇。在位1265～68。フランス人。
⇒岩世人（クレメンス4世　?–1268.11.29）
　新カト（クレメンス4世　1200–1268.11.29）

Clemens V〈13・14世紀〉
教皇。在位1305～14。最初のアビニョン教皇。
⇒岩世人（クレメンス5世　1264–1314.4.20）
　ネーム（クレメンス5世　1264–1314）
　新カト（クレメンス5世　1260–1314.4.20）
　世人新（クレメンス5世　1264–1314）
　世人装（クレメンス5世　1264–1314）

Clemens VI〈13・14世紀〉
教皇。在位1342～52。
⇒岩世人（クレメンス6世　1291–1352.12.6）
　新カト（クレメンス6世　1291頃–1352.12.6）

Clemens VII〈14世紀〉
対立教皇。在位1378～94。
⇒岩世人（クレメンス7世　1342–1394.9.16）

Clemens VII〈15・16世紀〉
教皇。在位1523～34。ヘンリー8世の離婚を認めず,1534年イギリス国教会は離教。
⇒岩世人（クレメンス7世　1478.5.26–1534.9.25）
　広辞7（クレメンス七世　（在位）1523–1534）
　新カト（クレメンス7世　1478.5.26–1534.9.25）

Clemens VIII〈14・15世紀〉
ローマ教皇（対立教皇）。在位1423～1429。
⇒新カト（クレメンス8世〔対立教皇〕　1369/1370–1446.12.28）

Clemens VIII〈16・17世紀〉
教皇。在位1592～1605。
⇒岩世人（クレメンス8世　1536.2.24–1605.3.5）
　新カト（クレメンス8世　1536.2.24–1605.3.5）

Clemens IX〈17世紀〉
ローマ教皇。在位1667～1669。
⇒新カト（クレメンス9世　1600.1.28–1669.12.9）

Clemens X〈17世紀〉
ローマ教皇。在位1670～1676。
⇒新カト（クレメンス10世　1590.7.13–1676.7.22）

Clemens XI〈17・18世紀〉
教皇。在位1700～21。
⇒岩世人（クレメンス11世　1649.7.23–1721.3.19）
　広辞7（クレメンス一一世　（在位）1700–1721）
　新カト（クレメンス11世　1649.7.22/23–1721.3.19）

Clemens XII〈17・18世紀〉
教皇。在位1730～40。

⇒岩世人（クレメンス12世　1652.4.7-1740.2.6）
新カト（クレメンス12世　1652.4.7-1740.2.6）

Clemens XIII〈17・18世紀〉
教皇。在位1758〜69。
⇒岩世人（クレメンス13世　1693.3.7-1769.2.2）
新カト（クレメンス13世　1693.3.7-1769.2.2）

Clemens XIV〈18世紀〉
教皇。在位1769〜74。コンベンツアル会士。
⇒岩世人（クレメンス14世　1705.10.31-1774.9.22）
広辞7（クレメンス一四世　（在位）1769-1774）
新カト（クレメンス14世　1705.10.31-1774.9.22）

Clemens Alexandrinus, Titus Flavius〈2・3世紀〉
アレクサンドリア派のキリスト教神学者。主著『ギリシア人への勧告』『教師』『雑録』『富者の救い』。
⇒岩世人（クレメンス（アレクサンドリアの）　150頃-211(-216)）
広辞7（クレメンス（アレクサンドリアの）　150頃-215頃）
学叢思（クレメンス, アレキサンドリアの　?-216）
新カト（クレメンス〔アレクサンドリアの〕　150頃-211/215頃）
メル1（クレメンス（アレクサンドリアの）　150頃-211/216?）

Clemens non Papa, Jacobus〈16世紀〉
フランドルの作曲家。
⇒バロ（クレメンス・ノン・パパ, ヤーコブ　1510頃-1515頃-1556頃）
岩世人（クレメンス　1510-1515頃-1555/1556）
新カト（クレメンス・ノン・パパ　1510/1515頃-1555/1556）

Clément, Charles-François〈18世紀〉
フランスの作曲家。
⇒バロ（クレマン, シャルル・フランソワ　1720頃-1782以降）

Clément, Edmond〈19・20世紀〉
フランスのテノール。レパートリーはドン・ホセ, デ・グリュー（マノン・レスコー）など。
⇒失声（エドモン・クレマン　1867-1928）
魅惑（Clément, Edmond　1867-1928）

Clement, Ernest Wilson〈19・20世紀〉
アメリカのバプテスト派教会宣教師。来日し, 第一高等学校で英語教育に寄与。
⇒アア歴（Clement, Ernest W(ilson)　アーネスト・ウィルソン・クレメント　1860.2.21-1941.3.11）
岩世人（クレメント　1860.2.21-1941.3.11）

Clement, J.B.〈19・20世紀〉
フランスの社会主義詩人。
⇒学叢思（クレマン　1837-1903）

Clement, Johann Georg〈18世紀〉
ドイツの作曲家。
⇒バロ（クレメント, ヨハン・ゲオルク　1710頃-1794.5.23）

Clemente de Diego y Gutiérrez, Felipe〈19・20世紀〉
スペインの法律家。
⇒岩世人（クレメント・デ・ディエゴ　1866-1945）

Clementi, Sir Cecil〈19・20世紀〉
イギリスの植民地行政官。香港総督（25〜30）, マレー植民地総督（30〜34）などを歴任。
⇒岩世人（クレメンティ　1875.9.1-1947.4.5）

Clementi, Muzio〈18・19世紀〉
イタリアのピアノ奏者, 教育家, 作曲家。
⇒バロ（クレメンティ, ムーツィオ　1752.1.23-1832.3.10）
岩世人（クレメンティ　1752.1.23-1832.3.10）
エデ（クレメンティ, ムツィオ　1752.1.23-1832.3.10）
ネーム（クレメンティ　1752-1832）
広辞7（クレメンティ　1752-1832）
ピ曲改（クレメンティ, ムツィオ　1752-1832）

Clements, Frederic Edward〈19・20世紀〉
アメリカの植物生態学者。植物群落の研究を進め遷移の学説を完成。
⇒岩世人（クレメンツ　1874.9.16-1945.7.26）

Clements, John J.〈19・20世紀〉
アメリカの大リーグ選手（捕手）。
⇒メジャ（ジャック・クレメンツ　1864.7.24-1941.5.23）

Cleombrotus II〈前3世紀〉
スパルタ連合王国の統治者。在位前242〜241。
⇒世帝（クレオンブロトス2世　（在位）前243-前240）

Cleopas〈1世紀〉
イエスの弟子。エルサレムからエマオに向う途上で復活のイエスに会ったとされる弟子の一人（ルカ福音）。
⇒岩世人（クレオパ）
新カト（クレオパ）
聖書（クレオパ）

Clérambault, Cézar François Nicolas〈18世紀〉
フランスの作曲家。
⇒バロ（クレランボー, セザール・フランソワ・ニコラ　1700頃?-1760.10.30）

Clérambault, Évrard Dominique〈18世紀〉
フランスのオルガン奏者。
⇒バロ（クレランボー, エヴラール, ドミニク　1710.12.23-1790.4.6）

Clérambault, Louis Nicholas〈17・18世紀〉
フランスのオルガン奏者, 作曲家。

⇒バロ（クレランボー, ルイ・ニコラ　1676.12.19–1749.10.26）

Clère, Jules〈19世紀〉
フランスのジャーナリスト。
⇒**19仏**（ジュール・クレール　1850.10.19–?）

Cléreau, Pierre〈16世紀〉
フランスの作曲家。
⇒バロ（クレロー, ピエール　1520頃?–1569頃）

Clericus, Johannes〈17・18世紀〉
オランダのプロテスタント神学者。アムステルダムのアルミニウス派神学校教授。
⇒岩世人（クレリクス　1657.3.14–1736.1.8）

Clérisseau, Charles Louis〈18・19世紀〉
フランスの画家、建築家。エカテリーナ2世に招かれ, ペテルブルグ博物館を建築。
⇒岩世人（クレリソー　1721.8.28–1820.1.9）

Clerk, Sir Dugald〈19・20世紀〉
スコットランドの土木技師。2サイクル機関を設計し（1877）, 改良した（78）。
⇒岩世人（クラーク　1854.3.31–1932.11.12）

Clermont-Ganneau, Charles〈19・20世紀〉
フランスの考古学者, 東洋学者。
⇒岩世人（クレルモン=ガノー　1846–1923）

Clermont-Tonnerre, Stanislas Marie Adélaïde, Comte de〈18世紀〉
フランスの政治家。
⇒岩世人（クレルモン=トネール　1757–1792.8.10）

Clésinger, Jean Baptiste〈19世紀〉
フランスの彫刻家。サンドやショパンの胸像を作った。
⇒岩世人（クレザンジェ　1814.10.20–1883.1.5）

Cleve, Johan van〈16世紀〉
フランドルの作曲家、歌手。フランドル楽派。
⇒バロ（クレーヴェ, ヨハン・ファン　1528/1529頃–1582.7.24）

Cleve, Joos van der Beke〈15・16世紀〉
オランダの画家。代表作『マリアの臨終』『キリストへの嘆き』。
⇒岩世人（ファン・クレーフェ　1485頃–1540/1541）
　芸13（クレーフ, ヨース・ヴァン（父）　?–1540頃）

Cleve, Per Teodor〈19・20世紀〉
スウェーデンの化学者, 博物学者。錯塩化学の研究, 無機化合物における異性現象の研究に寄与。
⇒岩世人（クレーヴェ　1840.2.10–1905.6.18）

Cleve d.J., Joose van〈16世紀〉
フランドルの画家。
⇒芸13（クレーフ, ヨース・ヴァン（子）　1520頃–

1554頃）

Cleveland, Stephen Grover〈19・20世紀〉
アメリカの政治家。第22,24代大統領（1885～89,93～97）。
⇒アメ新（クリーブランド　1837–1908）
　岩世人（クリーヴランド　1837.3.18–1908.6.24）

Cleyer, Andries〈17世紀〉
植物愛好家。1682年長崎にオランダ商館長として来日。
⇒岩世人（クライアー　?–1710頃）

Clifford, Sir Hugh Charles〈19・20世紀〉
英領マラヤの植民地行政官。
⇒岩世人（クリフォード　1866.3.5–1941.12.18）

Clifford, John〈19・20世紀〉
イギリスのバプテスト派牧師, 政治家。
⇒学叢思（クリッフォード, ジョン　1836–?）

Clifford, William Kingdon〈19世紀〉
イギリスの哲学者, 数学者。意識を精神資料から構成されたものとした。
⇒岩世人（クリフォード　1845.5.4–1879.3.3）
　学叢思（クリッフォード, ウィリアム・キングドン　1845–1879）
　世数（クリフォード, ウィリアム・キングドン　1845–1879）
　メル3（クリフォード, ウィリアム・キングドン　1845–1879）

Clifford of Chudleigh, Thomas Clifford, 1st Baron〈17世紀〉
イギリス王政復古期の政治家。大蔵総裁（1672～73）。
⇒岩世人（クリフォード　1630.8.1–1673.10.17）

Clinton, De Witt〈18・19世紀〉
アメリカの政治家。合衆国上院議員（1802～03）, ニューヨーク市長を務めた。
⇒岩世人（クリントン　1769.3.2–1828.2.11）

Clinton, George〈18・19世紀〉
アメリカの政治家。大陸会議の一員。18年間ニューヨーク州知事を務めた。
⇒岩世人（クリントン　1739.7.26–1812.4.20）

Clinton, Sir Henry〈18世紀〉
イギリスの軍人。アメリカ独立戦争時のイギリス軍総司令官。
⇒岩世人（クリントン　1730.4.16–1795.12.23）

Clive, Robert, Baron Clive of Plassey〈18世紀〉
イギリスの軍人, 政治家。1765年初代ベンガル知事, 東インド会社の統治組織を整備。
⇒岩世人（クライヴ　1725.9.29–1774.11.22）
　広辞7（クライヴ　1725–1774）
　世人新（クライヴ　1725–1774）

世人装　（クライヴ　1725-1774）
世史語　（クライヴ　1725-1774）
世史語　（クライヴ　1725-1774）
ポプ人　（クライブ, ロバート　1725-1774）
南ア新　（クライヴ　1725-1774）
学叢歴　（クライヴ　1725-1774）

Clodius Albinus, Decimus〈2世紀〉
ローマの軍人。ダキア, ゲルマニアを平定, ブリタニア総督となる。
⇒世帝　（クロディウス・アルビヌス　150-197）

Clodius Pulcher, Publius〈前1世紀〉
ローマの政治家。前58年護民官。キケロを追放。
⇒岩世人　（クロディウス　前93頃-前52.1.18）

Cloman, Sydney Amos〈19・20世紀〉
アメリカの陸軍将校。
⇒アア歴　（Cloman,Sydney Amos　シドニー・エイモス・クロウマン　1867.10.10-1923.5.12）

Cloots, Jean Baptiste du Val-de-Grâce, Baron de〈18世紀〉
プロシア生れの狂信的革命家。
⇒岩世人　（クローツ　1755.6.24-1794.3.24）

Clorivière, Pierre-Joseph Picot de〈18・19世紀〉
イエズス会司祭, マリアの御心子女会とイエズスの聖心司祭会の創立者。フランスのサン・マロ生れ。
⇒新カト　（クロリヴィエール　1735.6.29-1820.1.9）

Clot, Antoine Barthélemy〈18・19世紀〉
フランスの医師。
⇒岩世人　（クロット　1793.11.9-1868.8.28）

Clotilde, St.〈5・6世紀〉
フランク王妃, 聖女。ブルゴーニュ王シルペリクの娘。
⇒岩世人　（クロティルデ　475頃-545.6.3）
　新カト　（クロティルド　474頃-545.6.3）
　図聖　（クロティルディス　474頃-544/5）

Clouet, François〈16世紀〉
フランスの画家。J.クルーエの息子。
⇒岩世人　（クルーエ　1522以前-1572.9.22）
　芸13　（クルーエ, フランソア　1510頃-1572）

Clouet, Jean〈15・16世紀〉
フランスの画家。F.クルーエの父。
⇒岩世人　（クルーエ　1486頃-1540）
　芸13　（クルーエ, ジャン　1485頃-1541-1545）

Clough, Arthur Hugh〈19世紀〉
イギリスの詩人。
⇒岩世人　（クラフ　1819.1.1-1861.11.13）

Clough, John Everett〈19・20世紀〉
アメリカのバプテスト派宣教師。
⇒アア歴　（Clough,John E(verett)　ジョン・エヴェレット・クラフ　1836.7.16-1910.11.24）

Clout, Colin
イギリスの牧歌に登場する羊飼い。
⇒岩世人　（コリン・クラウト）

Clovio, Giorgio Giulio〈15・16世紀〉
イタリア・ルネサンス期の画家, ミニアテュリスト。クロアチア生れ。
⇒岩世人　（クロヴィオ　1498-1578.1.4）

Clovis I〈5・6世紀〉
メロビング朝フランク王国の初代の王。在職481～511。正統派キリスト教徒クロチルダと結婚。
⇒岩世人　（クロヴィス1世　465-511）
　ネーム　（クローヴィス　465-511）
　広辞7　（クロヴィス　466?-511）
　新カト　（クロヴィス　465-511）
　世人新　（クローヴィス1世　465/466-511）
　世人装　（クロヴィス1世　465/466-511）
　世史語　（クローヴィス　465頃-511）
　世帝　（クロヴィス1世　466頃-511）
　ポプ人　（クロービス　466?-511）
　皇国　（クロヴィス1世　（在位）509-511）

Cluni, Bernard〈14世紀〉
イギリスの作曲家。
⇒バロ　（クリュニー, ベルナールド　1300頃?-1350頃?）

Cluseret, Gustave Paul〈19世紀〉
フランスの軍人。イタリア統一戦争, 南北戦争に参加。のち反政府運動を続けた。
⇒岩世人　（クリュズレ　1823.6.13-1900.8.22）

Clustine, Ivan〈19・20世紀〉
ロシアのダンサー, バレエ・マスター, 振付家。
⇒バレエ　（クリュスティン（フリュスティン）, イワン　1862.8.10-1941.11.21）

Clüver, Phillipp〈16・17世紀〉
ドイツの地理学者, 古代学者。歴史地理学を創設。
⇒岩世人　（クルヴェリウス　1580-1622.12.31）

Clynes, John Robert〈19・20世紀〉
イギリスの政治家。労働党副委員長。国璽尚書（24）, 内相（29～31）を歴任。
⇒岩世人　（クラインズ　1869.3.27-1949.10.23）
　学叢思　（クラインズ, ジョン・ロバート　1869-?）

Cnut I〈10・11世紀〉
シャフツベリ＝イングランド王。在位1016/17～35。デンマーク王。在位1018～35。ノルウェー王。在位1028～35。
⇒岩世人　（クヌーズ（大王）　995頃-1035.11.12）
　ネーム　（カヌート　995?-1035）
　広辞7　（カヌート　995頃-1035）
　新カト　（クヌード1(2)世　995頃-1035.11.12）
　世人新　（クヌート（カヌート）1世（大王）　995頃-1035）
　世人装　（クヌート（カヌート）1世（大王）　995頃-

1035)
世史語　(クヌート(カヌート)　995頃–1035)
世帝　(クヌーズ　995–1035)
世帝　(クヌーズ　995–1035)
世帝　(クヌート1世　995–1035)
ポプ人　(クヌート　995?–1035)
皇国　(クヌーズ1世　(在位)1018–1035)

Coates, Happer Havelock 〈19・20世紀〉
カナダのメソジスト派教会宣教師。日本文化研究に従事。
⇒岩世人　(コーツ　1865.2.18–1934.10.22)

C

Čoban 〈13・14世紀〉
イル・ハン朝に仕えたモンゴル人ノヤン（アミール）。
⇒岩世人　(チョバン　?–1327)

Cobb, John Nathan 〈19・20世紀〉
アメリカの水産学者。ワシントン州立大学に水産学部を創設。
⇒岩世人　(コップ　1868.2.20–1930.1.13)

Cobbett, William 〈18・19世紀〉
イギリスの文筆家、政治家。農村疲弊の実情見聞録『農村騎行』(30)がある。
⇒岩世人　(コベット　1763.3.9–1835.6.18)

Cobbold, Robert Henry 〈19世紀〉
イギリスの宣教師。大英教会から中国に派遣された。
⇒岩世人　(コボルド(コッボウルド))

Cobbold, Thomas Spencer 〈19世紀〉
イギリスの生物学者。王立獣医学校教授。寄生虫の研究がある。
⇒岩世人　(コボルド　1828–1886.3.20)

Cobbold, William 〈16・17世紀〉
イギリスの作曲家。
⇒バロ　(コッボールド、ウィリアム　1560.1.5–1639.11.7)

Cobden, Richard 〈19世紀〉
イギリスの政治家。J.ブライトとともに自由貿易運動の代表者。
⇒岩世人　(コブデン　1804.6.3–1865.4.2)
ネーム　(コブデン　1804–1865)
広辞7　(コブデン　1804–1865)
学叢思　(コブデン, リチャード　1804–1865)
世人新　(コブデン　1804–1865)
世人装　(コブデン　1804–1865)
世史語　(コブデン　1804–1865)
ポプ人　(コブデン, リチャード　1804–1865)
学叢歴　(コブデン　1804–1865)

Cobden-Sanderson, Thomas James 〈19・20世紀〉
イギリスの製本家、装幀家。
⇒岩世人　(コブデン=サンダーソン　1840.12.2–1922.9.7)

Cobet, Carel Gabriel 〈19世紀〉
オランダの古典学者。古代著作の校訂、解釈を行った。
⇒岩世人　(コベット　1813.11.28–1889.10.28)

Cobo, Bernabé 〈16・17世紀〉
スペインの自然科学者。アメリカの自然や住民に関する記述を含む歴史を書いた。
⇒岩世人　(コボ　1580–1657.10.9)
新カト　(コボ　1580–1657.10.9)
ラテ新　(コボ　1580–1657)

Cobos, Francisco de los 〈15・16世紀〉
スペインの政治家。
⇒岩世人　(コボス　1477?–1547.5.10)

Cobos, Juan de 〈16世紀〉
スペインのドミニコ会宣教師。フィリピンに赴き(1586)伝道。
⇒岩世人　(コボス　1557頃–1592.11)
新カト　(コボ　1557頃–1592.11末頃)

Cocceius, Johannes 〈17世紀〉
ドイツの改革派神学者。契約神学の先駆者。
⇒岩世人　(コッツェーユス　1603.7.30–1669.11.5)
新カト　(コクツェーユス　1603.8.9–1669.11.5)

Cocceji, Heinrich von 〈17・18世紀〉
ドイツの法学者。ドイツにおける自然法、国家法、国際法の先駆者。
⇒学叢思　(コクツェイー、ハインリヒ・フライヘル・フォン　1644–1719)

Cocceji, Samuel von 〈17・18世紀〉
ドイツの大司法長官。主著『フリードリヒ法典』(49〜51)を立案し、新しい訴訟法を確立。
⇒岩世人　(コクツェーイ　1679.10.20–1755.10.4)

Cocchi, Angelo 〈16・17世紀〉
イタリアのドミニコ会宣教師。
⇒岩世人　(コッキ　1597–1633.11.18)

Cocchi, Gioacchino 〈18世紀〉
イタリアの作曲家。
⇒バロ　(コッキ、ジョアッキーノ　1720頃?–1788以降)

Cochereau, Jacques 〈17・18世紀〉
フランスの作曲家。
⇒バロ　(コシュロー、ジャック　1680頃–1734.7.17)

Cochery, Adolphe 〈19世紀〉
フランスの政治家。
⇒19仏　(アドルフ・コシュリ　1819.8.26–1900.10.13)

Cochin, Charles Nicolas, le Jeune 〈18世紀〉
フランスの銅版画家、評論家。古典主義を擁護してロココ様式を批判。
⇒岩世人　(コシャン　1715.2.22–1790.4.29)

Cochläus, Johannes〈15・16世紀〉
ドイツのカトリック神学者。
⇒バロ（コクレウス, ヨハンネス　1479–1552）
バロ（コッホレーウス, ヨハネス　1479.1.10–1552.1.10）
岩世人（コッホレウス　1479–1552.1.10/11）
新カト（コッホレウス　1479–1552.1.10/11）

Cochran, *Sir* Charles Blake〈19・20世紀〉
イギリスの興行師。M.ラインハルト演出の『奇跡』(1911)や,N.カワードの多くの作品を上演。
⇒岩世人（コクラン　1872.9.25–1951.1.31）

Cochran, George L.〈19・20世紀〉
カナダのメソジスト教会宣教師。東京英和学校を設立。
⇒岩世人（コクラン　1834.1.14–1901.5.24）

Cochrane, Thomas, 10th Earl of Dundonald〈18・19世紀〉
イギリスの海軍大将。
⇒岩世人（コクラン　1775.12.14–1860.10.31）

Cock, Symon〈15・16世紀〉
フランドルの作曲家。
⇒バロ（コック, シモン　1489–1562.8.17）

Cocker, Edward〈17世紀〉
イギリスの彫版工、習字、算術教師。算術書は1世紀間にわたって広く用いられた。
⇒岩世人（コッカー　1631–1676.8.22）

Cockerell, Charles Robert〈18・19世紀〉
イギリスの建築家、考古学者。サミュエル・ピープス・コカレルの息子。
⇒岩世人（コッカレル　1788.4.27–1863.9.17）

Cocks, Richard〈16・17世紀〉
平戸のイギリス商館長。
⇒岩世人（コックス　1566.1–1624.3.27）
広辞7（コックス　1566–1624）
新カト（コックス　1563–1624.4.6）

Coclico, Adrian Petit〈15・16世紀〉
フランドルの作曲家、音楽理論家。
⇒バロ（コクリコ, アドリアヌス・プティ　1499/1500頃–1562.9以降）

Codax, Martin〈12・13世紀〉
スペインの作曲家。
⇒バロ（コダシュ, マルティン　1190頃?–1240頃?）

Codazzi, Delfino〈19世紀〉
イタリアの数学者。
⇒世数（コダッチ, デルフィーノ　1824–1873）

Codde, Pieter〈17・18世紀〉
オランダ宣教区(ユトレヒト)代牧。アムステルダム生まれ。
⇒新カト（コッデ　1648.11.27–1710.12.18）

Codman, Ernest Amory〈19・20世紀〉
アメリカの外科医、整形外科医。
⇒岩世人（コッドマン　1869.12.30–1940.11.23）

Codrington, *Sir* Edward〈18・19世紀〉
イギリスの提督。トラファルガーの海戦に参加。
⇒岩世人（コドリントン　1770.4.27–1851.4.28）

Codrington, Robert Henry〈19・20世紀〉
イギリスの宣教師、人類学者。1863〜67年東メラネシアに宣教師として赴任。
⇒岩世人（コドリントン　1830.9.15–1922.9.11）
新カト（コドリントン　1830.9.15–1922.9.11）

Cody, William Frederick〈19・20世紀〉
アメリカの開拓者、ショー演出家。通称「野牛のビル」。1883年「荒野の西部」劇団を結成。
⇒岩世人（コーディ　1846.2.26–1917.1.10）

Coeckebacker, Nicolaes〈17世紀〉
オランダの植民地行政官。1633〜39年平戸のオランダ商館長。島原の乱では幕府に協力。
⇒岩世人（クーケバッケル）

Coecke van Aelst, Pieter〈16世紀〉
フランドルの画家、建築家。
⇒バロ（クック・ファン・アールスト　1502.8.14–1550.12.6）

Coëffeteau, Nicolas〈16・17世紀〉
フランスの神学者、説教師。国王アンリ4世付き司祭などを務める。主著『ローマ史』など。
⇒新カト（クフトー　1574–1623.4.21）

Coehoorn, Menno van〈17・18世紀〉
オランダの軍人、軍事技術者。築城技術の改革につとめた。
⇒岩世人（ファン・クーホールン　1641–1704.3.17）

Coelestinus I〈5世紀〉
第43代教皇。在位422〜432。
⇒新カト（ケレスティヌス1世　?–432.7.27）

Coelestinus II〈12世紀〉
ローマ教皇。
⇒新カト（ケレスティヌス2世　?–1144.3.8）

Coelestinus III〈12世紀〉
教皇。在位1191〜98。
⇒新カト（ケレスティヌス3世　1105/1106–1198.1.8）

Coelestinus IV〈13世紀〉
ローマ教皇。
⇒新カト（ケレスティヌス4世　?–1241.11.10）

Coelestinus V, St.〈13世紀〉
教皇。在位1294。
⇒岩世人（ケレスティヌス5世　1209/1210–1296.5.19）
新カト（ケレスティヌス5世　1215–1296.5.19）

図聖（ケレスティヌス5世　1215-1296）

Coelho, Francisco Adolfo〈19・20世紀〉
ポルトガルの言語学者。
⇒岩世人（コエーリョ　1847.1.15-1919.2.9）

Coelho, Gaspar〈16世紀〉
ポルトガル人のイエズス会士。1571年来日、布教に活躍。初代日本副管区長。
⇒岩世人（コエーリョ　1529/1530-1590.5.7）
　新カト（コエリョ　1529頃-1590.5.7）

Coelius Antipater, Lucius〈前2世紀〉
ローマの法律家、歴史家、修辞家。
⇒岩世人（コエリウス・アンティパテル　?-前121以降）

Coello, Claudio〈17世紀〉
スペイン、マドリード派最後の画家。代表作『聖体をあがめるカルロ2世』（85～90）。
⇒岩世人（コエーリョ　1642-1693.4.20）
　芸13（コエッリョ、クラウディオ　1630-1693）

Coen, Jan Pieterszoon〈16・17世紀〉
東インド会社の第4代および第6代総督。ジャカルタを獲得してオランダ植民地経営の基礎を築いた。
⇒岩世人（クーン　1587.1.8-1629.9.21）

Coeur, Jacques〈14・15世紀〉
フランスの大商人、実業家。
⇒岩世人（クール　1395頃-1456.11.25）
　世人新（クール（ジャック＝クール）　1395頃-1456）
　世人装（クール（ジャック＝クール）　1395頃-1456）

Cogan, Philip〈18・19世紀〉
アイルランドの作曲家。
⇒バロ（コーガン、フィリップ　1748-1833.2.3）

Cognetti de Martiis, Saolvatore〈19・20世紀〉
イタリアの社会学者、経済学者。
⇒学叢思（コグネッティ・ド・マルティイス、サルバトレ　1844-?）

Cohan, George Michael〈19・20世紀〉
アメリカの劇作家、劇場支配人。軽喜劇やミュージカルの作者として活躍。
⇒岩世人（コハン　1878.7.3-1942.11.5）
　エデ（コハン、ジョージ・M.［マイケル］　1878.7.3-1942.11.5）
　現アカ（Cohan,George M.　ジョージ・M・コーハン　1878-1942）

Cohen, Gustave〈19・20世紀〉
フランスの中世文学・演劇研究者。
⇒新カト（コエン　1879.12.24-1958.6.10）

Cohen, Hermann〈19・20世紀〉
ドイツの新カント派哲学者、マールブルク学派の創立者。
⇒岩世人（コーエン　1842.7.4-1918.4.4）
　広辞7（コーヘン　1842-1918）
　学叢思（コーエン・ヘルマン　1842-1918）
　新カト（コーエン　1842.7.4-1918.4.4）
　メル2（コーエン、ヘルマン　1842-1918）
　ユ人（コーヘン、ヘルマン　1842-1918）
　ユ著人（Cohen,Hermann　コーエン、ヘルマン　1842-1918）

Cohen, Julius Berend〈19・20世紀〉
イギリスの化学者。リーズ大学教授。
⇒ユ著人（Cohen,Julius Berend　コーエン、ユリュース・ベレンド　1859-1935）

Cohen, Morris Raphael〈19・20世紀〉
アメリカの哲学者、法哲学者。ロシア生れ。1938～41年シカゴ大学教授。
⇒岩世人（コーエン　1880.7.25-1947.1.28）
　ユ人（コーヘン、モリス・ラファエル　1880-1947）

Cohen, Sir Robert Waley〈19・20世紀〉
イギリスの実業家、石油専門家。
⇒ユ人（コーヘン、サー・ロバート・ウェリー　1877-1952）

Cohl, Émile〈19・20世紀〉
フランスのイラストレーター、アニメ作家。
⇒19仏（エミール・コール　1857.1.4-1938.1.20）

Cohn, Ferdinand Julius〈19世紀〉
ドイツの植物学者。細菌が植物であることを証明した最初の人で、近代細菌学の基礎をつくった。
⇒岩世人（コーン　1828.1.24-1898.6.25）
　学叢思（コーン、フェルディナント・ユリウス　1828-1898）

Cohn, Gustav〈19・20世紀〉
ドイツの経済学者。新歴史学派の一人。主著『国民経済学体系』（85～98）。
⇒岩世人（コーン　1840.12.12-1919.9.17）
　学叢思（コーン、グスタフ　1840-1919）

Cohn, Jonas〈19・20世紀〉
ドイツの哲学者、美学者。新ヘーゲル学派の立場に立ち、「批判的弁証法」を主張した。
⇒岩世人（コーン　1869.12.2-1947.1.12）
　ユ著人（Cohn,Jonas　コーン、ヨナス　1869-1947）

Cohn, Lassar〈19・20世紀〉
ドイツの化学者。
⇒ユ著人（Cohn,Lassar　コーン、ラッサール　1858-1922）

Cohnheim, Julius Friedrich〈19世紀〉
ドイツの病理学者。凍結切片作製法や鍍銀法を組織切片検査に採用し、「コーンハイムの迷芽説」でも有名。
⇒岩世人（コーンハイム　1839.7.20-1884.8.15）

ユ著人（Cohnheim, Julius　コーンハイム, ユリウス　1839–1884）

Coignet, Horace〈18・19世紀〉
フランスの作曲家。
⇒バロ（コワニェ, オラス　1735.5.13–1821.8.29）

Coit, Stanton〈19・20世紀〉
アメリカの倫理学者。哲学博士。
⇒学叢思（コイト, スタントン　1857–?）

Coja, Simone〈17世紀〉
イタリアの作曲家。
⇒バロ（コヤ, シモーネ　1630頃?–1690頃?）

Coke, Sir Edward〈16・17世紀〉
イギリスの法律家。主著『イギリス法提要』（1628～44）判例集（13巻）を編纂。
⇒岩世人（クック　1552.2.1–1634.9.3）
　広辞7（コーク　1552–1634）

Coke, Thomas〈18・19世紀〉
イギリスのメソジスト教会最初の主教。1782年アイルランド部会初代議長。
⇒岩世人（クック　1747.9.9–1814.5.2）
　新カト（コーク　1747.9.9–1814.5.2）

Coke, Thomas William, Earl of Leicester of Holkham〈18・19世紀〉
イギリスの農業改良家。
⇒岩世人（クック　1754.5.6–1842.6.30）

Coker, Ernest George〈19・20世紀〉
イギリスの工学者。弾性体の中に生ずる応力の分布を測定。
⇒岩世人（コーカー　1869.4.26–1946.4.9）

Coker, Francis William〈19・20世紀〉
アメリカの政治学者。オハイオ州立大学政治学教授（1914～29）。
⇒岩世人（コーカー　1878.11.1–1963.5.26）

Cola di Rienzo〈14世紀〉
イタリアの政治改革者。
⇒岩世人（リエンツォ　1313–1354.10.8）
　新カト（コーラ・ディ・リエンツォ　1313/1314–1354.10.8）

Colani, Madeleine〈19・20世紀〉
フランスの女流考古学者。インドシナ石器時代を研究。
⇒岩世人（コラーニ　1866–1943）

Colautti, Arturo〈19・20世紀〉
イタリアの台本作家, 詩人, 小説家, ジャーナリスト。
⇒オペラ（コラウッティ, アルトゥーロ　1851–1914）

Colbert, Jean Baptiste〈17世紀〉
フランスの政治家。重商主義理論を体系化し, 富国強兵策を進め, 政治面では王権の中央集権化を推進。
⇒岩世人（コルベール　1619.8.29–1683.7.6）
　ネーム（コルベール　1619–1683）
　広辞7（コルベール　1619–1683）
　学叢思（コルベール, ジャン・バプティスト　1616–1683）
　世人新（コルベール　1619–1683）
　世人装（コルベール　1619–1683）
　世史語（コルベール　1619–1683）
　ポプ人（コルベール, ジャン＝バティスト　1619–1683）
　学叢歴（コルベール　1619–1683）

Colbran, Isabella〈18・19世紀〉
スペインのソプラノ。
⇒オペラ（コルブラン, イザベッラ　1785–1845）

Cole, Sir Henry〈19世紀〉
イギリスの公官史, 産業美術運動の推進者。
⇒芸13（コール, ヘンリー　1808–1882）

Cole, Thomas〈19世紀〉
アメリカの風景画家。ハドソン・リバー派の創設者。
⇒岩世人（コール　1801.2.1–1848.2.11）
　芸13（コール, トマス　1801–1848）

Colebrooke, Henry Thomas〈18・19世紀〉
イギリスのインド学者。ベーダ学をはじめとするインド学全般にわたって研究。
⇒岩世人（コールブルック　1765.6.15–1837.3.10）

Coleman, Charles〈17世紀〉
イギリスの作曲家。
⇒バロ（コールマン, チャールズ　1605頃–1664.7.9以前）

Coleman, Edward〈17世紀〉
イギリスの作曲家。
⇒バロ（コールマン, エドワード　1630頃?–1669.8.29）

Colenso, John William〈19世紀〉
英国教会の南アフリカのナタール主教。聖書学者。モーセ五書の信憑性に疑義提出し, 主教職を免ぜられた。
⇒岩世人（コレンゾー　1814.1.24–1883.6.20）

Coleoni, Bartolomeo〈14・15世紀〉
イタリアの傭兵隊長。1454年にベネチア共和国の終身最高司令官に任ぜられた。
⇒岩世人（コッレオーニ　1400–1475）

Coleridge, Hartley〈18・19世紀〉
イギリスの詩人。詩とエッセーの『遺稿集』（51）がある。
⇒岩世人（コールリッジ　1796.9.19–1849.1.6）

Coleridge, Herbert〈19世紀〉
イギリスの法律家, 言語学者。裁判官の傍らサンスクリットや北欧語を研究。

⇒岩世人（コールリッジ　1830.10.7-1861.4.23）

Coleridge, Samuel Taylor〈18・19世紀〉
イギリスの詩人，批評家。代表作『老水夫の歌』(97)，『クーブラ汗』(97)など。
⇒岩世人（コールリッジ　1772.10.21-1834.7.25）
　ネーム（コールリジ　1772-1834）
　広辞7（コールリッジ　1772-1834）
　学叢思（コールリッジ，サミュエル・テーラー　1772-1834）
　新カト（コールリッジ　1772.10.21-1834.7.25）
　メル3（コールリッジ，サミュエル=テイラー　1772-1834）

Coleridge-Taylor, Samuel〈19・20世紀〉
イギリスの作曲家。作品に "A Tale of Old Japan"（11）など。
⇒岩世人（コールリッジ=テイラー　1875.8.15-1912.9.1）
　エデ（コールリッジ=テイラー，サミュエル　1875.8.15-1912.9.1）

Colet, John〈15・16世紀〉
イギリスの聖職者。人文主義者。
⇒岩世人（コレット　1466-1519.9.16）
　学叢思（コレット，ジョン　?-1591）
　新カト（コレット　1467.1-1519.9.16）

Colet, Louise〈19世紀〉
フランスの女流詩人，小説家。
⇒岩世人（コレ　1810.9.15-1876.3.9）

Colette〈14・15世紀〉
修道女。聖人。コルビー生まれ。
⇒新カト（コレット　1381.1.13-1447.3.6）

Colette, Sidonie-Gabrielle〈19・20世紀〉
フランスの女流小説家。
⇒岩世人（コレット　1873.1.28-1954.8.3）
　ネーム（コレット　1873-1954）
　広辞7（コレット　1873-1954）
　ポプ人（コレット，シドニー=ガブリエル　1873-1954）

Coletti, Filippo〈19世紀〉
イタリアのバリトン歌手。
⇒オペラ（コレッティ，フィリッポ　1811-1894）

Colfavru, Jean-Claude〈19世紀〉
フランスの弁護士，政治家。
⇒19仏（ジャン＝クロード・コルファヴリュ　1820.12.1-1891.5.18）

Colgate, William〈18・19世紀〉
アメリカの実業家，慈善家。石鹸などの化粧品を製造した。
⇒岩世人（コルゲート　1783.1.25-1857.3.25）

Coli, Domenico〈18世紀〉
イタリアの作曲家。
⇒バロ（コーリ，ドメニーコ　1735頃?-1800頃?）

Coligny, Gaspard de Châtillon, Comte de〈16世紀〉
フランスの提督。宗教戦争前半期におけるユグノー（新教徒）の指導者。
⇒岩世人（コリニー　1519.2.16-1572.8.24）
　新カト（コリニー　1519.2.16-1572.8.24）
　世人新（コリニー　1519-1572）
　世人装（コリニー　1519-1572）

Colijn, Hendrik〈19・20世紀〉
オランダの政治家。反革命党党首，首相（25～26）。
⇒岩世人（コレイン　1869.6.22-1944.9.18）

Colin, Francisco〈16・17世紀〉
スペインの宣教師。フィリピン・イエズス会布教史を編纂。
⇒岩世人（コリン　1592.7.15-1660.5.6）
　新カト（コリン　1592.7.15-1660.5.6）

Colin, Jean-Claude〈18・19世紀〉
フランスの聖職者，マリスト修道会創立者。
⇒新カト（コラン　1790.8.7-1875.11.15）

Colin, Pierre〈16世紀〉
フランスの作曲家。
⇒バロ（コラン，ピエール　1510頃?-1565頃）

Colin, Raphaël〈19・20世紀〉
フランスの画家。
⇒岩世人（コラン　1850.6.17-1916.10.21）
　広辞7（コラン　1850-1916）
　芸13（コラン，ラファエル　1850-1916）

Colini, Filippo〈19世紀〉
イタリアのバリトン歌手。
⇒オペラ（コリーニ，フィリッポ　1811-1863）

Colista, Lelio〈17世紀〉
イタリアの作曲家。
⇒バロ（コリスタ，レーリオ　1629.1.13-1680.10.13）

Colla, Giuseppe〈18・19世紀〉
イタリアの作曲家。
⇒バロ（コッラ，ジュゼッペ　1731.8.4-1806.3.16）

Collado, Diego〈16・17世紀〉
スペインの宣教師。1619年日本に伝道。『日本文典』『日本語辞典』を刊行し，日本事情を西洋に伝えた。
⇒岩世人（コリャード　1589頃-1641.8）
　広辞7（コリャード　1589頃-1641）
　新カト（コリャド　1589頃-1641）

Collard, Royer〈18・19世紀〉
フランスの哲学者。
⇒学叢思（コラール，ロワイエ　1763-1842）

Collasse, Pascal〈17・18世紀〉
フランスの作曲家。
⇒バロ（コラス，パスカル　1649.1.22-1709.7.17）

Collbran, Harry〈19・20世紀〉
アメリカの鉄道および鉱山技師。
⇒アア歴（Collbran, Harry　ハリー・コルブラン　1852.12.24–1925.2.15）

Collet, Pierre〈17・18世紀〉
フランスの神学者，ジャンセニスムの反論者。
⇒新カト（コレ　1693.8.31–1770.10.6）

Collett, Jacobine Camilla〈19・20世紀〉
ノルウェーの女流作家。代表作『知事の娘たち』(54～55) など。
⇒岩世人（コレット　1813.1.23–1895.3.6）

Collier, Arthur〈17・18世紀〉
イギリスの哲学者。
⇒岩世人（コリアー　1680.10.12–1732.9）
　メル2（コリアー，アーサー　1680–1732）

Collier, Jeremy〈17・18世紀〉
聖職者。
⇒岩世人（コリアー　1650.9.23–1726.4.26）

Collier, John〈19・20世紀〉
イギリスの画家。キップリング像(91)，ハクスリ教授像(91)等の作がある。
⇒岩世人（コリアー　1850.1.27–1934.4.11）

Collier, John Payne〈18・19世紀〉
イギリスの批評家，古文書研究家。シェークスピアの原稿の偽造で著名。
⇒岩世人（コリアー　1789.1.11–1883.9.17）

Collier, Peter Fenelon〈19・20世紀〉
アメリカの出版業者。予約分割支払方式で出版販売する出版社を創立。
⇒岩世人（コリアー　1849.12.12–1909.4.24）

Collignon, Albert〈19・20世紀〉
フランスの編集者，著述家。
⇒19仏（アルベール・コリニョン　1839.7.31–1922）

Collignon, Léon Maxime〈19・20世紀〉
フランスの考古学者。古典考古学に関する研究がある。
⇒岩世人（コリニョン　1849.11.9–1917.10.15）

Collin, Heinrich Josef von〈18・19世紀〉
オーストリアの抒情詩人，劇作家。
⇒岩世人（コリン　1771.12.26–1811.7.28）

Collings, Jesse〈19・20世紀〉
イギリスの政治家，農業改良家。
⇒岩世人（コリングズ　1831.1.9–1920.11.20）

Collingwood, Cuthbert Collingwood, Baron〈18・19世紀〉
イギリスの海将。1805年のトラファルガルの戦いで，ネルソン戦死後艦隊の指揮をとる。
⇒岩世人（コリングウッド　1748.9.26–1810.3.7）

Collins, James Joseph〈19・20世紀〉
アメリカの大リーグ選手（三塁）。
⇒メジャ（ジミー・コリンズ　1870.1.16–1943.3.6）

Collins, John Anthony〈17・18世紀〉
イギリスの理神論者，自由思想家。主著には，『自由思考について』(13) など。
⇒岩世人（コリンズ　1676.6.21–1729.12.13）
　新カト（コリンズ　1676.6.21–1729.12.13）
　メル2（コリンズ，〔ジョン・〕アンソニー　1676–1729）

Collins, Judson Dwight〈19世紀〉
アメリカの宣教師。
⇒アア歴（Collins, Judson Dwight　ジャドスン・ドワイト・コリンズ　1823.2.12–1852.5.13）

Collins, Perry McDonough〈19世紀〉
アメリカの探検家。
⇒アア歴（Collins, Perry McDonough　ペリー・マクダナ・コリンズ　1815–1900.1.18）

Collins, William〈18世紀〉
イギリスの詩人。18世紀後半の詩壇にロマン的な新風を吹込む。
⇒岩世人（コリンズ　1721.12.25–1759.6.12）
　広辞7（コリンズ　1721–1759）

Collins, William Wilkie〈19世紀〉
イギリスの小説家。推理小説の開拓者。
⇒岩世人（コリンズ　1824.1.8–1889.9.23）
　ネーム（コリンズ　1824–1889）
　広辞7（コリンズ　1824–1889）

Collns, Jean de〈18・19世紀〉
ベルギーの軍人，社会主義者。
⇒学叢思（コラーン，ジャン・ドゥ　1793–1859）

Collodi, Carlo〈19世紀〉
イタリアの児童文学者。主著『ピノッキオの冒険』(80) など。
⇒岩世人（コッローディ　1826.11.24–1890.10.26）
　ネーム（コローディ　1826–1890）
　新カト（コローディ　1826.11.24–1890.10.26）
　ポプ人（コッローディ，カルロ　1826–1890）

Colloredo-Waldsee, Hieronymus Graf von〈18・19世紀〉
オーストリアのカトリック司教。
⇒岩世人（コロレード　1732.5.31–1812.5.20）

Collot d'Herbois, Jean Marie〈18世紀〉
フランス，ジャコバン党の革命家。
⇒岩世人（コロー・デルボワ　1749.6.19–1796.6.8）

Coll y Guitart, Francisco〈19世紀〉
スペインの聖人。祝日4月2日。修道会創立者。
⇒新カト（フランシスコ・コル・イ・ギタール　1812.5.18–1875.4.2）
　新カト（フランシスコ・コリュ　1812.5.18–1875.

Colman, George〈18世紀〉
劇作家。
⇒岩世人（コールマン〔父〕 1732–1794.8.14）

Colman, George〈18・19世紀〉
イギリスの劇作家。多くの喜劇を書いた。
⇒岩世人（コールマン〔子〕 1762.10.21–1836.10.17）

Coloma, El Padre Luis〈19・20世紀〉
スペインの小説家。
⇒新カト（コローマ 1851.1.9–1915.6.10）

Coloman〈7世紀〉
聖人、司教。祝日8月8日、2月18日。
⇒新カト（コロマン〔リンディスファーンの〕 ?–676.8.8）

Colombe, Michael〈15・16世紀〉
フランスの彫刻家。作品は『聖ジョルジョ』の浮彫り(08)がある。
⇒岩世人（コロンブ 1430頃–1514?）
広辞7（コロンブ 1430頃–1512頃）

Colombi, Giuseppe〈17世紀〉
イタリアの作曲家。
⇒バロ（コロムビ、ジュゼッペ 1635–1694.9.27）

Colombière, Claude de la〈17世紀〉
イエズス会司祭、霊的著作家。聖人。祝日2月15日。
⇒新カト（クロード・ド・ラ・コロンビエール 1641.2.2–1682.2.15）

Colombini, Giovanni〈14世紀〉
イタリアのジェズアティ修道会の創始者、聖人。
⇒新カト（ジョヴァンニ・コロンビーニ 1304/1305–1367.7.31）

Colombo, Matteo Realdo〈16世紀〉
イタリアの解剖学者。肺循環を発見したといわれる。
⇒岩世人（コロンボ 1516頃–1559）

Colonia, Dominique de〈17・18世紀〉
フランスのイエズス会員、人文主義者。
⇒新カト（コロニア 1658.5.31–1741.9.12）

Colonna, Francesco〈15・16世紀〉
イタリアの文筆家。
⇒岩世人（コロンナ 1433?–1527）
新カト（コロンナ 1432/1433–1527）

Colonna, Giovanni Paolo〈17世紀〉
イタリアの作曲家。
⇒バロ（コロンナ、ジョヴァンニ・パオロ 1637.6.16–1695.11.28）

Colonna, Vittoria〈15・16世紀〉
イタリアの女流詩人。ペトラルカ風の宗教詩や恋愛詩を書いた。
⇒岩世人（コロンナ 1492–1547.2.25）
新カト（コロンナ 1490–1547.2.25）
ルネ（ヴィットリア・コロンナ 1490–1547）

Colt, Samuel〈19世紀〉
アメリカの兵器発明家。コルト拳銃によって名高い。
⇒アメ新（コルト 1814–1862）
岩世人（コルト 1814.7.19–1862.1.10）

Coltellini, Marco〈18世紀〉
イタリアの台本作家、詩人。
⇒オペラ（コルテッリーニ、マルコ 1719–1777）

Coltman, Robert, Jr.〈19・20世紀〉
アメリカの医療宣教師。
⇒アア歴（Coltman, Robert, Jr ロバート・コウルトマン・ジュニア 1862.8.19–1931.11.3）

Columbanus, St.〈6世紀〉
スコットランドの使徒。スコットランド、アイルランドに数百に及ぶ修道院を建てた。
⇒岩世人（コルンバヌス 521.12.7–597.6.9）
新カト（コルンバ 521頃–597.6.9）

Columbanus, St.〈6・7世紀〉
アイルランドの聖人、カトリック伝道者。
⇒バロ（セント・コルムバーヌス 543–615）
岩世人（コルンバヌス 543–615.11.23）
新カト（コルンバヌス 543–615.11.23）

Columbus, Christopher〈15・16世紀〉
イタリアの航海者。スペイン女王イサベルの後援を得て1492年出港。
⇒岩世人（コロンブス 1446頃–1506.5.20）
広辞7（コロンブス 1446頃–1506）
学叢思（コロンブス、クリストフ 1435–1506）
新カト（コロンブス 1451–1506.5.20）
世人新（コロンブス 1446/1451–1506）
世人装（コロンブス 1446/1451–1506）
世史語（コロンブス 1451–1506）
ポプ人（コロンブス、クリストファー 1451–1506）
ユ人（コロンブス、クリストファー 1451–1500）
ラテ新（コロン 1451頃–1506）
ルネ（クリストファー・コロンブス 1451–1506）
学叢歴（コロンブス 1438–1506）

Columella, Lucius Junius Moderatus〈1世紀〉
ローマの作家。スペイン出身。『農事論』の著者。
⇒岩世人（コルメッラ）

Colvin, *Sir* Sidney〈19・20世紀〉
イギリスの文学、美術批評家。1884〜1912年大英博物館の絵画部長。
⇒岩世人（コルヴィン 1845.6.18–1927.5.11）

Colwell, Stephen〈18・19世紀〉
アメリカの商人，経済学者。
⇒学叢思 (コルウェル，スティヴン　1800–1872)

Combarieu, Jules Leon Jean〈19・20世紀〉
フランスの音楽学者。
⇒岩世人 (コンバリュー　1859.2.5–1916.7.7)

Combaz, Gisbert〈19・20世紀〉
ベルギーのインド学者。インド文明と周辺の諸文化との関係を研究。
⇒岩世人 (コンバズ　1869.9.23–1941.1.18)

Combaz, Jean Claude〈19・20世紀〉
フランスのパリ外国会宣教師。
⇒岩世人 (コンバズ　1856.12.8–1926.8.18)
　新カト (コンバズ　1856.12.8–1926.8.18)

Combe, George〈18・19世紀〉
スコットランドの骨相学者。骨相学会を設立 (20)。
⇒岩世人 (クーム　1788.10.21–1858.2.14)

Combe, William〈18・19世紀〉
イギリスの著述家。『シンタクス博士絵本漫遊記』(1812) の著者。
⇒岩世人 (クーム　1741–1823.6.19)

Combefis, François〈17世紀〉
フランスの教父学者でドミニコ会士。
⇒新カト (コンブフィ　1605.11–1679.3.23)

Combes, Justin Louis Emile〈19・20世紀〉
フランスの政治家。1902年首相となる。
⇒岩世人 (コンブ　1835.9.6–1921.5.24)

Comboni, Daniele〈19世紀〉
アフリカで活動したイタリア出身のカトリック宣教師。
⇒新カト (ダニエレ・コンボーニ　1831.3.15–1881.10.10)

Comenius, Johann Amos〈16・17世紀〉
ボヘミアの教育思想家，教育改革者。「ボヘミア兄弟団」の指導者。
⇒岩世人 (コメニウス　1592.3.28–1670.11.15)
　ネーム (コメニウス　1592–1670)
　広辞7 (コメニウス　1592–1670)
　学叢思 (コメニウス，ヨハン・アモス　1592–1670)
　新カト (コメニウス　1592.3.28–1670.11.15)

Comensoli, Gertrude〈19・20世紀〉
イタリアの聖人。祝日2月18日。修道会創立者。
⇒新カト (ジェルトルーデ・コメンソーリ　1847.1.18–1903.2.18)

Comes, Juan Bautista〈16・17世紀〉
スペインの作家。
⇒バロ (コメス，フアン・バウティスタ　1582–1643.1.5)

Comgall, St.〈6・7世紀〉
北アイルランドのバンガー修道院の創設者，初代院長，聖人。
⇒新カト (コンガル　515/519–601/602)

Comines, Philippe de la Clite de, Sieur d'Argenton〈15・16世紀〉
フランスの政治家，歴史家。『回想録』(2巻，1489～98) を著した。
⇒岩世人 (コミーヌ　1445頃–1509.10.17)
　広辞7 (コミーヌ　1447頃–1511)

Comiskey, Charles Albert〈19・20世紀〉
アメリカの大リーグ選手 (一塁)。
⇒メジャ (チャールズ・コミスキー　1859.8.15–1931.10.26)

Commer, Ernst〈19・20世紀〉
ドイツの宗教哲学者。新スコラ学派の指導者。
⇒岩世人 (コンマー　1847.2.18–1928.4.24)
　新カト (コンマー　1847.2.18–1928.4.24)

Commodianus〈3～5世紀〉
古代ローマのキリスト教詩人。
⇒岩世人 (コンモディアヌス)
　新カト (コンモディアヌス　3–4世紀)

Commodus, Lucius Aelius Aurelius〈2世紀〉
ローマ皇帝。在位180～192。晩年は逸楽にふけり，愛人マリキアらの陰謀で絞殺された。
⇒岩世人 (コンモドゥス　161.8.31–192.12.31)
　ネーム (コンモドゥス　161–192)
　新カト (コンモドゥス　161.8.31–192.12.31)
　世帝 (コンモドゥス　161–192)

Commons, John Rogers〈19・20世紀〉
アメリカの経済学者。移民問題，労働問題等の調査に活躍。制度経済学を主張。
⇒岩世人 (コモンズ　1862.10.13–1945.5.11)
　ネーム (コモンズ　1862–1945)
　学叢思 (コモンス，ジョン・ロージャース　1862–?)

Comonfort, Ignacio〈19世紀〉
メキシコ大統領。在職1855～58。
⇒岩世人 (コモンフォルト　1812.3.12–1863.11.13)

Compagni, Dino〈13・14世紀〉
フィレンツェの年代記作者。同市の大商人。
⇒岩世人 (コンパーニ　1246/1247頃–1324.2.26)

Compan, Le Sieur〈18世紀〉
舞踊に関する最も古い著述家の一人。
⇒バレエ (コンパン氏)

Comparetti, Domenico〈19・20世紀〉
イタリアの言語学者。クレタ島ゴルテュン大碑文等の研究がある。

⇒岩世人（コンパレッティ　1835.6.27–1927.1.20）

Compayré, Jules Gabriel〈19・20世紀〉
フランスの教育行政家，教育学者。教職を経て代議士となり，のちリヨン大学総長，学士院会員などを歴任。
⇒岩世人（コンペレ　1843.1.2–1913.2.24）
19仏（ガブリエル・コンペレ　1843.1.2–1913.2.24）

Compenius, Esaias I〈16・17世紀〉
ドイツの作曲家。
⇒バロ（コンペニウス，エザイアス1世　1560.9–1617）

Compenius, Heinrich〈16・17世紀〉
ドイツの作曲家。
⇒バロ（コンペニウス，ハインリヒ　1550頃?–1611.5.2）

Compère, Loyset〈15・16世紀〉
フランドル楽派の作曲家。ミサ，モテト，シャンソンなどの作品がある。
⇒バロ（コンペール，ロワゼ　1445頃–1518.8.16）
岩世人（コンペール　1445頃–1518.8.16）

Compere-Morel, Constant Adolphe〈19・20世紀〉
フランスの社会主義者，下院議員。
⇒学叢思（コンプル・モーレル，コンスタン・アドルフ　1872–?）

Compton, Henry〈17・18世紀〉
イギリスの聖職者。英国教会に属した。名誉革命を指導。
⇒岩世人（コンプトン　1632–1713.7.7）

Comstock, Grover Smith〈19世紀〉
アメリカの宣教師。
⇒アア歴（Comstock,Grover Smith　グロウヴァー・スミス・カムストック　1809.3.24–1844.4.25）

Comstock, John Henry〈19・20世紀〉
アメリカの昆虫学者。主著『昆虫学入門』（24）。
⇒岩世人（コムストック　1849.2.24–1931.3.20）

Comte, Isidore Auguste Marie François Xavier〈18・19世紀〉
フランスの実証派哲学者。社会学の創始者。
⇒岩世人（コント　1798.1.19–1857.9.5）
　広辞7（コント　1798–1857）
　学叢思（コント，オーギュスト　1798–1857）
　新カト（コント　1798.1.19–1857.9.5）
　世人新（コント　1798–1857）
　世人装（コント　1798–1857）
　世史語（コント　1798–1857）
　ポプ人（コント，オーギュスト　1798–1857）
　メル3（コント，イジドール・オーギュスト・マリー・フランソワ・グザヴィエ　1798–1857）

Conall Cernach
アイルランドのケルト系のアルスター物語群の勇士。
⇒岩世人（コナル・ケルナハ）
　ネーム（コナル・ケルナハ）

Conán Maol
フィアナ騎士団の一人。
⇒ネーム（コナン・マウル）

Conant, Charles Arthur〈19・20世紀〉
アメリカのジャーナリスト，経済学者，銀行家。
⇒アア歴（Conant,Charles A(rthur)　チャールズ・アーサー・コウナント　1861.7.2–1915.7.4）

Conceição, Diego da〈17世紀〉
ポルトガルの作曲家。
⇒バロ（コンセイサン，ディエゴ・ダ　1630頃?–1695）

Concepción, Juan Bautista de la〈16・17世紀〉
跣足三位一体修道会創立者，神秘家。聖人。祝日2月14日。スペインのアルモドバル・デル・カンポ生まれ。
⇒新カト（フアン・バウティスタ・デ・ラ・コンセプシオン　1561.7.10–1613.2.14）

Concepcion, Juan Romero Lopez de la〈18世紀〉
スペインの宣教師。フィリピン群島に派遣された。
⇒岩世人（コンセプシオン　1724.6.26–1787/1786.3）

Conchobar mac Nessa
アイルランドのケルト神話の王。
⇒岩世人（コンホヴァル・マク・ネサ）
　ネーム（コンホヴァル）

Concina, Daniele〈17・18世紀〉
イタリアの神学者，ドミニコ会員。
⇒新カト（コンチナ　1687.10.2–1756.2.21）

Concone, Giuseppe〈19世紀〉
イタリアの作曲家，声楽教師。パリで声楽教室を開き，多くの教則本を作ったことで知られる。
⇒ネーム（コンコーネ　1810–1861）

Condé, Henri II de Bourbon〈16・17世紀〉
フランスの貴族，政治家。
⇒岩世人（コンデ公アンリ2世　1588.9.1–1646.12.26）

Condé, Louis I de Bourbon, Prince de〈16世紀〉
フランスの新教徒の政治的軍事的指導者。コンデ家の祖。
⇒岩世人（コンデ公ルイ1世　1530.5.7–1569.3.13）

Condé, Louis II de Bourbon〈17世紀〉
アンガン公。大コンデと呼ばれる。
⇒岩世人（コンデ公ルイ2世　1621.11.8–1686.11.11)
新カト（コンデ　1621.9.8–1686.12.11)

Condé, Louis Joseph de Bourbon, Duc de〈18・19世紀〉
フランスの軍人。フランス革命ではオーストリアに亡命して反革命運動を指導。
⇒岩世人（コンデ公ルイ・ジョゼフ　1736.8.9–1818.5.13)

Conder, Charles〈19・20世紀〉
イギリスの画家。
⇒岩世人（コンダー　1868.10.24–1909.2.9)

Conder, Claude Reignier〈19・20世紀〉
イギリスの技術者、探検家。技術将校としてパレスティナの測量を指揮。
⇒岩世人（コンダー　1848–1910)

Conder, Josiah〈19・20世紀〉
イギリスの建築家。1876年来日。
⇒岩世人（コンドル(コンダー)　1852.9.28–1920.6.21)
広辞7（コンドル　1852–1920)
ポプ人（コンドル, ジョサイア　1852–1920)

Condillac, Étienne Bonnot de〈18世紀〉
フランスの哲学者。百科全書派の一人。
⇒岩世人（コンディヤック　1714/1715.9.30–1780.8.3)
広辞7（コンディヤック　1715–1780)
学叢思（コンディヤック(コンジャック), エティエンヌ・ボンノー・ドゥ　1715–1780)
新カト（コンディヤック　1715.9.30–1780.8.3)
メル2（コンディヤック, エティエンヌ・ボノ・ド　1714–1780)

Condivi, Ascanio〈16世紀〉
イタリアの画家、彫刻家。ミケランジェロの伝記(1553)の著者。
⇒岩世人（コンディヴィ　1525頃–1574.12.10)

Condorcet, Marie Jean Antoine Nicolas de Caritat Marquis de〈18世紀〉
フランスの哲学者, 数学者, 革命家。
⇒岩世人（コンドルセ　1743.9.17–1794.3.29)
ネーム（コンドルセ　1743–1794)
広辞7（コンドルセ　1743–1794)
学叢思（コンドルセー, マリー・ジャン・アントアヌ・ニコラス・カリター　1743–1882)
新カト（コンドルセ　1743.9.17–1794.3.29)
世人新（コンドルセ　1743–1794)
世人装（コンドルセ　1743–1794)
世教（コンドルセ, マリー・ジャン・アントワーヌ・ニコラ・ド・カリタ　1743–1794)
メル3（コンドルセ(侯爵), マリー・ジャン・アントワーヌ・ニコラ・ド・カリタ　1743–1794)

Condren, Charles du Bois de〈16・17世紀〉
フランスのオラトリオ会第2代総会長。
⇒新カト（コンドラン　1588.12.15–1641.1.7)

Conegliano, Giovanni Battista da〈16世紀〉
イタリアの歴史画家。
⇒岩世人（チーマ・ダ・コネリアーノ　1459頃–1517頃)
新カト（チーマ・ダ・コネリャーノ　1459頃–1517頃)
芸13（コネリアノ, ダ　1459-1460–1517-1518)

Confalonieri, Celso〈16・17世紀〉
キリシタン時代のイエズス会宣教師。イタリアのミラノ生まれ。
⇒岩世人（コンファレネイロ　1557–1627.10.28)
新カト（コンファロニエーリ　1556–1627.10.28)

Confalonieri, Federico〈18・19世紀〉
イタリアの愛国者。ピエモンテの革命家達と通謀し, 逮捕された。
⇒岩世人（コンファロニエーリ　1785.10.6–1846.12.10)

Conforte, David〈17世紀〉
歴史家。
⇒ユ著人（Conforte,David　コンフォルテ, ダヴィド　1617/1618–1690?)

Conforti, Giovanni Battista〈16世紀〉
イタリアの作曲家。
⇒バロ（コンフォルティ, ジョヴァンニ・バッティスタ　1543頃–1570)

Conforti, Giovanni Luca〈16・17世紀〉
イタリアの作曲家。
⇒バロ（コンフォルティ, ジョヴァンニ・ルーカ　1560頃–1607以降)

Conforti, Guido Maria〈19・20世紀〉
イタリアの司教, ザベリオ宣教会創立者。聖人。祝日11月5日。
⇒新カト（グイド・マリア・コンフォルティ　1865.3.30–1931.11.5)

Conforto, Nicolo〈18世紀〉
イタリアの作曲家。
⇒バロ（コンフォルト, ニコロ　1718.9.25–1788以降)

Conger, Edwin Hurd〈19・20世紀〉
アメリカの外交官。
⇒アア歴（Conger,Edwin Hurd　エドウィン・ハード・コンガー　1843.3.7–1907.5.18)

Congreve, Richard〈19世紀〉
イギリスの哲学者。ロンドン実証主義者協会を設立(67)。
⇒岩世人（コングリーヴ　1818.9.4–1899.7.5)

Congreve, William〈17・18世紀〉
イギリスの劇作家。風習喜劇の作家。
⇒岩世人（コングリーヴ　1670.1.24-1729.1.19）
ネーム（コングリーヴ　1670-1729）
広辞7（コングリーヴ　1670-1729）
新カト（コングリーヴ　1670.1.24-1729.1.19）

Congreve, *Sir* **William Bart**〈18・19世紀〉
イギリスの技術者。実用ロケットを発明（1804）。
⇒岩世人（コングリーヴ　1772.5.20-1828.5.16）

Coninck, Giles de〈16・17世紀〉
フランスのイエズス会神学者。トマス・アクィナスの註解で有名。
⇒岩世人（コニンク　1571.12.20-1633.5.31）
新カト（コナンク　1571.12.20-1633.5.31）

Conington, John〈19世紀〉
イギリスの古典学者。ヴェルギリウスの校訂註釈本などがある。
⇒岩世人（コニントン　1825.8.10-1869.10.23）

Conklin, Edwin Grant〈19・20世紀〉
アメリカの動物学者。発生学について研究。
⇒岩世人（コンクリン　1863.11.24-1952.11.21）

Conkling, Roscoe〈19世紀〉
アメリカの法律家,政治家。南北戦争後の合衆国再建期の有力な共和党連邦下院議員。
⇒岩世人（コンクリング　1829.10.30-1888.4.18）

Connaught, Arthur William Patrick Albert, Duke of〈19・20世紀〉
イギリスの王子,陸軍軍人。
⇒岩世人（コノート　1850.5.1-1942.1.16）

Connie Mack〈19・20世紀〉
アメリカの野球監督。アメリカン・リーグに9回,ワールド・シリーズに5回優勝した名監督。
⇒岩世人（マック　1862.12.22-1956.2.8）
メジャ（コニー・マック　1862.12.22-1956.2.8）

Connolly, James〈19・20世紀〉
アイルランド独立運動の指導者。アイルランドに社会主義思想を導入。
⇒岩世人（コノリー　1868.6.5-1916.5.12）
ネーム（コノリー　1868-1916）

Connolly, Richard Hugh〈19・20世紀〉
教父学者,古代の典礼およびシリア教会研究の権威者。オーストラリアのウェラジェル生まれ。
⇒新カト（コノリ　1873.7.12-1948.3.16）

Connolly, Thomas Henry〈19・20世紀〉
アメリカ,大リーグの審判。
⇒メジャ（トム・コナリー　1870.12.31-1961.4.28）

Connor, Roger〈19・20世紀〉
アメリカの大リーグ選手（一塁,三塁）。

⇒メジャ（ロジャー・コナー　1857.7.1-1931.1.4）

Conon〈7世紀〉
ローマ教皇。在位686～687。
⇒新カト（コノン　?-687.9.21）

Conon de Béthune〈12・13世紀〉
フランス北方宮廷詩人。
⇒バロ（コノン・ド・ベチュヌ　1160頃-1219/1220.12.17）
バロ（ベチュヌ,コノン・ド　1160頃-1219/1220.12.17）
岩世人（コノン・ド・ベテューヌ　12世紀中頃-1220頃）

Conrad〈11世紀〉
下ロレーヌ〔下ロートリンゲン〕公国の統治者。
⇒世帝（コンラート　1074-1101）

Conrad, Johannes〈19・20世紀〉
ドイツの経済学者。主著『経済学研究の概念』（96～10）など。
⇒岩世人（コンラート　1839.2.28-1915.4.25）
学叢思（コンラッド,ヨハネス　1839-?）

Conrad, Joseph〈19・20世紀〉
イギリスの小説家。1886年にポーランドからイギリスに帰化。
⇒岩世人（コンラッド　1857.12.3-1924.8.3）
ネーム（コンラッド　1857-1924）
広辞7（コンラッド　1857-1924）
学叢思（コンラッド,ジョセフ　1857-1924）
新カト（コンラッド　1857.12.3-1924.8.3）
スパイ（コンラッド,ジョセフ　1857-1924）

Conrad, Michael Georg〈19・20世紀〉
ドイツの作家。
⇒岩世人（コンラート　1846.4.5-1927.12.20）

Conrad, Victor〈19・20世紀〉
オーストリアの地球物理学者。
⇒岩世人（コンラッド〔コンラート〕　1876.8.25-1962.4.25）

Conradi, Hermann〈19世紀〉
ドイツの自然主義詩人,小説家。
⇒岩世人（コンラーディ　1862.7.12-1890.3.8）

Conradi, Johann Georg〈17世紀〉
ドイツの作曲家。
⇒バロ（コンラーディ,ヨハン・ゲオルク　1640頃?-1699.5.22）

Conradin, Conrad the Younger〈13世紀〉
ドイツ皇帝フリードリヒ2世の孫。コンラート4世の息子。
⇒岩世人（コンラーディン　1252.3.25-1268.10.29）

Conradus〈14世紀〉
神学者,教会法学者。ドイツのゲルンハウゼン出身。ハイデルベルク大学初代大学学監。

⇒新カト（コンラドゥス〔ゲルンハウゼンの〕1320頃-1390.4.13）

Conrad von Hötzendorf, Franz, Graf〈19・20世紀〉
オーストリアの軍人。第1次世界大戦でオーストリア＝ハンガリー軍司令官。
⇒岩世人（コンラート・フォン・ヘッツェンドルフ 1852.11.11-1925.8.25）

Conrad von Megenberg〈14世紀〉
ドイツの科学者, 神学者, 歴史家。
⇒岩世人（コンラート（メーゲンベルクの）1309頃-1374.4.14）

Conrady, August〈19・20世紀〉
ドイツのシナ学者。インドシナ言語学を創唱。
⇒岩世人（コンラーディ 1864.4.28-1925.6.4）

Conring, Hermann〈17世紀〉
ドイツの学者。ドイツ法学史の開祖。
⇒岩世人（コーンリング 1606.11.9-1681.12.12）

Conroy, (Wid) William Edward〈19・20世紀〉
アメリカの大リーグ選手（三塁, 遊撃, 外野）。
⇒メジャ（ウィド・コンロイ 1877.4.5-1959.12.6）

Consalvi, Ercole〈18・19世紀〉
イタリアの枢機卿。教皇領首相。ウィーン会議で教皇領の復興を認めさせ, 教皇領の再建に努めた。
⇒岩世人（コンサルヴィ 1757.6.8-1824.1.24）
　新カト（コンサルヴィ 1757.6.8-1824.1.24）

Conscience, Hendrick〈19世紀〉
ベルギーの小説家。フラマン語で書く。
⇒岩世人（コンシャンス 1812.12.3-1883.9.10）

Conseil, Jean〈15・16世紀〉
フランスの作曲家。
⇒バロ（コンセーユ, ジャン 1498-1535.1）

Consentini, Francesco〈19・20世紀〉
イタリアの社会学者, 法律学者。著書『発生的社会学』（1905）。
⇒学叢思（コンセンティニ, エフ）

Considérant, Victor Prosper〈19世紀〉
フランスの社会主義者。
⇒岩世人（コンシデラン 1808.10.12-1893.12.27）
　学叢思（コンシデラン, プロスペー・ヴィクトル 1808-1893）
　メル3（コンシデラン, ヴィクトール 1808-1893）

Constable, Archibald〈18・19世紀〉
スコットランドの出版業者。Manchester Review誌を創刊（1802）。
⇒岩世人（カンスタブル 1774.2.24-1827.7.21）

Constable, John〈18・19世紀〉
イギリスの風景画家。ドラクロアやのちの印象派の画家達に多大の影響を与えた。
⇒岩世人（コンスタブル（カンスタブル）1776.6.11-1837.5.30）
　ネーム（コンスタブル 1776-1837）
　広辞7（コンスタブル 1776-1837）
　学叢思（コンステーブル, ジョン 1776-1837）
　芸13（カンスタブル, ジョン 1776-1837）
　ポプ人（コンスタブル, ジョン 1776-1837）

Constans, Flavius Julius〈4世紀〉
ローマ皇帝。在位337～350。兄のコンスタンチヌス2世のイタリア侵入を撃退, 西方を支配。
⇒岩世人（コンスタンス1世 320頃-350）
　新カト（コンスタンス1世 320頃-350.1.18）
　世帝（コンスタンス1世 323-350）

Constans II, Flavius Heraclius〈7世紀〉
東ローマ皇帝。在位641～668。
⇒岩世人（コンスタンス2世 630.11.7-668.7.15）
　新カト（コンスタンス2世 630-668.9.15）
　世帝（コンスタンス2世 630-668）

Constant, Benjamin Botelho de Magalhães〈19世紀〉
ブラジルの政治家, 思想家。1871年実証主義協会を設立。
⇒ラテ新（ベンジャミン・コンスタン 1833-1891）

Constant de Rebecque, Henri Benjamin〈18・19世紀〉
フランスの小説家, 政治家。ナポレオンの独裁政治に対抗して憲政主義を主張した。
⇒岩世人（コンスタン（ド・ルベック）1767.10.25-1830.12.8）
　ネーム（コンスタン, バンジャマン 1767-1830）
　広辞7（コンスタン 1767-1830）
　メル3（コンスタン・ド・ルベック, バンジャマン 1767-1830）

Constantin, Louis〈16・17世紀〉
フランスの作曲家。
⇒バロ（コンスタンタン, ルイ 1585頃-1657.10.25）

Constantine I〈9世紀〉
スコットランド王国の統治者。在位862～876。
⇒世帝（コンスタンティン1世 ?-877）

Constantine II〈10世紀〉
イギリスのアルバ王。
⇒岩世人（コンスタンティン2世 ?-952）
　世帝（コンスタンティン2世 874-952）

Constantine II〈14・15世紀〉
ブルガリア帝国の皇帝。
⇒世帝（コンスタンティン2世 1370頃-1422）

Constantine III〈7世紀〉
東ローマ帝国皇帝。
⇒世帝（コンスタンティノス3世 612-641）

Constantine III〈10世紀〉
スコットランド王国の統治者。在位995～997。
⇒世帝（コンスタンティン3世　?-997）

Constantine VI〈8世紀〉
東ローマ帝国の統治者。
⇒世帝（コンスタンティノス6世　771-797）

Constantine VIII〈11世紀〉
東ローマ帝国の統治者。
⇒世帝（コンスタンティノス8世　960-1028）

Constantine Tikh〈13世紀〉
中世ブルガリアの統治者。在位1257～1277。
⇒世帝（コンスタンティン・ティフ　?-1277）

Constantino, Florencio〈19・20世紀〉
スペインのテノール。マントヴァ公爵、アルフレード（椿姫）などをレパートリーとした。
⇒失声（フロレンツィオ・コンスタンティーノ　1869-1919）
　失声（フロレンツィオ・コンスタンティーノ　1869.4.9-1919.11.19）
　魅惑（Constantino,Florencio　1869-1919）

Constantinus〈8世紀〉
ローマ教皇。在位708～715。
⇒新カト（コンスタンティヌス1世　?-715.4.9）

Constantinus I, Flavius Valerius〈3・4世紀〉
ローマ皇帝。在位306～337。帝国の再建者。
⇒岩世人（コンスタンティヌス1世（大帝）　272頃-337.5.22）
　ネーム（コンスタンティヌス1世　274?-337）
　広辞7（コンスタンティヌス一世　280頃-337）
　世人新（コンスタンティヌス1世（大帝）　274-337）
　世人装（コンスタンティヌス1世（大帝）　274-337）
　世史語（コンスタンティヌス帝（在位）306-337）
　世帝（コンスタンティヌス1世　272-337）
　ポプ人（コンスタンティヌス帝　274?-337）
　ユ人（コンスタンティヌス1世（大帝）　288?-337）
　皇国（コンスタンティヌス1世（在位）306-337）
　学叢歴（コンスタンチヌス　274-337）

Constantinus II, Flavius Claudius〈4世紀〉
ローマ皇帝。在位337～340。弟のコンスタンスを攻めイタリアに侵入したがアキレイアで敗死。
⇒岩世人（コンスタンティヌス2世　316頃-340）
　新カト（コンスタンティヌス2世　316-340）
　世帝（コンスタンティヌス2世　316-340）

Constantinus IV Pogonatus〈7世紀〉
ビザンチン帝国の皇帝。在位668～685。
⇒新カト（コンスタンティヌス4世　650頃-685.7.10頃）
　世帝（コンスタンティノス4世　650-685）

Constantinus V Copronymus〈8世紀〉
東ローマ皇帝。在位741～75。レオ3世の子。
⇒岩世人（コンスタンティノス5世　718-775.9.14）
　新カト（コンスタンティヌス5世　718-775.9.14）
　世帝（コンスタンティノス5世　718-775）

Constantinus VII Porphyrogenetus〈10世紀〉
ビザンチン皇帝。在位913～959。著述家。マケドニア朝ルネサンスの立役者。
⇒岩世人（コンスタンティノス7世　906.5.17/18-959.11.9）
　新カト（コンスタンティヌス7世　905.5.17/18-959.11.9）
　世帝（コンスタンティノス7世　905?-959）

Constantinus IX Monomachus〈11世紀〉
東ローマ皇帝。在位1042～55。
⇒岩世人（コンスタンティノス9世モノマコス　1000頃-1055.1.7/8）
　新カト（コンスタンティヌス9世　1000頃-1055.1.7/8/11）
　世帝（コンスタンティノス9世　1000-1055）

Constantinus X Doukas〈11世紀〉
東ローマ皇帝。在位1059～67。
⇒世帝（コンスタンティノス10世　1006-1067）

Constantinus XI Palaeologus〈15世紀〉
東ローマ帝国最後の皇帝。在位1449～53。ムハマッド2世のオスマン軍の攻撃で首都が陥落し、戦死。
⇒新カト（コンスタンティヌス11世　1404.2.8-1453.5.29）
　世帝（コンスタンティノス11世　1405-1453）

Constantinus Africanus〈11世紀〉
中世の医師。アラビア医学の重要文献を初めてラテン語に訳した業績で知られる。
⇒岩世人（コンスタンティヌス・アフリカヌス　1020頃-1087頃）
　新カト（コンスタンティヌス・アフリカヌス　1010/1015-1087頃）

Constantius I Chlorus, Flavius Valerius〈3・4世紀〉
ローマ皇帝。在位305～306。ダルマチアの貧民の出。
⇒岩世人（コンスタンティウス・クロルス　250頃-306）
　新カト（コンスタンティウス・クロルス　250頃-306.7.25）
　世帝（コンスタンティウス1世　250頃-306）

Constantius II, Flavius Julius〈4世紀〉
ローマ皇帝。在位337～361。324年副帝,351年,単独帝となる。
⇒岩世人（コンスタンティウス2世　317-361）
　ネーム（コンスタンティウス2世　317-361）
　新カト（コンスタンティウス2世　317.8.7-361.11.3）
　世帝（コンスタンティウス2世　317-361）

Constantius III Flavius〈5世紀〉
ローマ皇帝。在位421。418年西ゴート人をガリ

ア南西部に定住させた。
⇒岩世人（コンスタンティウス3世　?–421）
　　世帝（コンスタンティウス3世　?–421）

Constanzi, G.B.〈17・18世紀〉
イタリアの作曲家。
⇒バロ（コンスタンツィ,G.B.　1690頃?–1750頃?）

Contant d'Ivry, Pierre〈17・18世紀〉
フランスの建築家。パリのパンテモン修道院（1747～56）などを建築。
⇒岩世人（コンタン・ディヴリ　1698.5.11–1777.10.1)

Contarini, Gasparo〈15・16世紀〉
イタリアの政治家, 学者, カトリック改革者。
⇒岩世人（コンタリーニ　1483.10.16–1542.8.24）
　　新カト（コンタリーニ　1483.10.16–1542.8.24）

Contenau, Georges〈19・20世紀〉
フランスの考古学者。ルーヴル博物館古代オリエント部長(37)。
⇒岩世人（コントノー　1877.4.9–1964.3.22）

Contenson, Guillaume-Vincent de〈17世紀〉
フランスの神学者, ドミニコ会員。
⇒新カト（コンタンソン　1641–1674.12.26）

Conti, Francesco Bartolomeo〈17・18世紀〉
イタリアのテオルボ奏者, 作曲家。
⇒バロ（コンティ, フランチェスコ・バルトロメオ　1682.1.20–1732.7.20）

Conti, Nicola〈17・18世紀〉
イタリアの作曲家。
⇒バロ（コンティ, ニコーラ　1690?–1754）

Conti, Nicolò de'〈14・15世紀〉
イタリアの旅行家。旅行記に『15世紀のインド』。
⇒岩世人（コンティ　1385/1395–1469）

Contino, Giovanni〈16世紀〉
イタリアの作曲家。
⇒バロ（コンティーノ, ジョヴァンニ　1513頃–1574頃）

Conti Rossini, Carlo〈19・20世紀〉
イタリアの行政官, 文化人類学者, 言語学者。
⇒岩世人（コンティ・ロッシーニ　1872.4.25–1949.8.21）

Convers, Clara A.〈19・20世紀〉
アメリカのバプテスト婦人伝道会宣教師。横浜捜真女学校を創立。
⇒岩世人（カンバルス(コンヴァース)　1857.4.18–1935.1.24）

Conversi, Girolamo〈16世紀〉
イタリアの作曲家。
⇒バロ（コンヴェルシ, ジローラモ　1520頃?–1575）

Conway, Robert Seymour〈19・20世紀〉
イギリスの古典学者。
⇒岩世人（コンウェイ　1864.9.20–1933.9.28）

Conway of Allington, *Sir* William Martin〈19・20世紀〉
イギリスの美術史家。登山家。ヨーロッパ各地を歴訪し, 10万枚に及ぶ美術品の写真と複製を収集。
⇒岩世人（コンウェイ　1856.4.12–1937.4.19）

Conwentz, Hugo〈19・20世紀〉
ドイツの植物学者。ベルリンの自然記念物保護庁長官。
⇒岩世人（コンヴェンツ　1855.1.20–1922.5.12）

Conybeare, Frederick Cornwallis〈19・20世紀〉
イギリスのオリエント学者。
⇒新カト（コニベア　1856.9.14–1924.1.9）

Conybeare, William John〈18世紀〉
イギリスの新約学者。
⇒新カト（コニベア　1815.8.1–1857.7.23）

Conz, Karl Philipp〈18・19世紀〉
ドイツの詩人。アイスキュロス等の翻訳によって知られた。
⇒岩世人（コンツ　1762.10.28–1827.6.20）

Conze, Alexander〈19・20世紀〉
ドイツの考古学者。サモトラケ, ペルガモンを発掘し, ドイツ考古学研究所総書記長(87～1905)。
⇒岩世人（コンツェ　1831.12.10–1914.7.19）

Cook, Albert Ruskin〈19・20世紀〉
イギリスの医学教育者。
⇒岩世人（クック　1870.3.2–1951.4.2）

Cook, Frederick Albert〈19・20世紀〉
アメリカの極地探検家, 医者。北極探検を試みた(1907～09)。
⇒岩世人（クック　1865.6.10–1940.8.5）

Cook, Herman Henry〈19・20世紀〉
アメリカの宣教師。
⇒アア歴（Cook,Herman H(enry)　ハーマン・ヘンリー・クック　1878.9.20–1916.4.7）

Cook, James〈18世紀〉
イギリスの探検家。通称キャプテン・クック。
⇒岩世人（クック　1728.10.27–1779.2.14）
　オセ新（クック　1728–1779）
　広辞7（クック　1728–1779）
　新カト（クック　1728.10.27–1779.2.14）
　世人新（クック〈ジェームス〉　1728–1779）
　世人装（クック〈ジェームス〉　1728–1779）

世史語（クック　1728–1779）
世史語（クック　1728–1779）
ポプ人（クック, ジェームズ　1728–1779）

Cook, *Sir* Joseph〈19・20世紀〉
オーストラリアの政治家。
⇒岩世人（クック　1860.12.7–1947.7.30）

Cook, Thomas〈19世紀〉
イギリスの旅行事務代理業者。世界各地への旅行団体を組織。
⇒岩世人（クック　1808.11.22–1892.7.18）
　世人新（クック〈トーマス〉　1808–1892）
　世人装（クック〈トーマス〉　1808–1892）

Cooke, Benjamin II〈18世紀〉
イギリスのオルガン奏者, 司書, 指揮者。
⇒バロ（クック, ベンジャミン2世　1734–1793.9.14）

Cooke, Henry〈17世紀〉
イギリスの作曲家, 歌手。
⇒バロ（クック, ヘンリー　1616頃–1672.7.13）

Cooke, Jay〈19・20世紀〉
アメリカの金融業者。
⇒岩世人（クック　1821.8.12–1905.2.16）

Cooke, John〈14・15世紀〉
イギリスの作曲家, 聖職者。ブルゴーニュ楽派。
⇒バロ（クック, ジョン　1370頃?–1419.7.25以前）

Cooke, John Esten〈19世紀〉
アメリカの長編作家, 伝記作家, 歴史家。フィリップ・ペンデルトン・クックの弟。
⇒岩世人（クック　1830.11.3–1886.9.27）

Cooke, *Sir* William Fothergill〈19世紀〉
イギリスの電気技術者。初めて実用的な電信機を作った（1937）。
⇒岩世人（クック　1806.5.4–1879.6.25）

Cooley, Charles Horton〈19・20世紀〉
アメリカの社会学者。社会や制度と個人との相互作用を研究。
⇒岩世人（クーリー　1864.8.17–1929.5.7）
　広辞7（クーリー　1864–1929）
　学叢思（クーレー, シー・エッチ　1864–?）
　20思（クーリー, チャールズ・ホートン　1864–1929）

Cooley, Duff Gordon〈19・20世紀〉
アメリカの大リーグ選手（外野, 一塁）。
⇒メジャ（ダフ・クーリー　1873.3.29–1937.8.9）

Coolidge, John Calvin〈19・20世紀〉
アメリカの政治家。第30代大統領。
⇒アメ新（クーリッジ　1872–1933）
　岩世人（クーリッジ　1872.7.4–1933.1.5）
　世人新（クーリッジ　1872–1933）
　世人装（クーリッジ　1872–1933）
　世史語（クーリッジ　1872–1933）

ポプ人（クーリッジ, カルビン　1872–1933）

Coolidge, William David〈19・20世紀〉
アメリカの物理学者。
⇒岩世人（クーリッジ　1873.10.23–1975.2.3）
　ネーム（クーリッジ　1873–1975）

Coomaraswamy, Ananda Kentish〈19・20世紀〉
インドの美術史家, 宗教学者, 神話学者。主著『中世シンハリ美術』など。
⇒岩世人（クマーラサーミ（クマーラスワーミー）, アーナンダ　1877.8.22–1947.9.9）

Coombs, Frank Leslie〈19・20世紀〉
アメリカの弁護士, 外交官。
⇒アア歴（Coombs, Frank L(eslie)　フランク・レスリー・クームズ　1853.12.27–1934.10.5）

Coombs-Strittmater, Lucinda L.〈19・20世紀〉
アメリカの医療宣教師。
⇒アア歴（Coombs-Strittmater, Lucinda L.　ルシンダ・L・クームズ＝ストリットメイター　1849–1919.4.23）

Cooper, *Sir* Astley Paston〈18・19世紀〉
イギリスの外科医, 解剖学者。動脈瘤治療を研究, 総頚動脈や腹部大動脈の結紮（けっさつ）に成功。
⇒岩世人（クーパー　1768.8.23–1841.2.12）

Cooper, James Fenimore〈18・19世紀〉
アメリカの小説家。
⇒アメ新（クーパー　1789–1851）
　岩世人（クーパー　1789.9.15–1851.9.14）
　広辞7（クーパー　1789–1851）
　学叢思（クーパー, ジェームス・フェニモア　1789–1851）
　新カト（クーパー　1789.9.15–1851.9.14）
　スパイ（クーパー, ジェイムズ・フェニモア　1789–1851）

Cooper, Kent〈19・20世紀〉
アメリカのジャーナリスト。1925年AP通信社支配人, 43年専務理事。著者『知る権利』（1956）。
⇒岩世人（クーパー　1880.2.22–1965.1.31）

Cooper, Peter〈18・19世紀〉
アメリカの工業家, 発明家, 慈善家。アメリカ最初の機関車を完成（30）。
⇒岩世人（クーパー　1791.2.12–1883.4.4）

Cooper, Thomas〈18・19世紀〉
アメリカの教育者, 化学者, 法律家, 政治哲学者。1821年サウスカロライナ・カレッジ学長。
⇒岩世人（クーパー　1759.10.22–1840/1839.5.11）

Cooper, Thomas〈19世紀〉
英国のチャーチスト, 詩人。
⇒学叢思（クーパー, トマス　1805–1892）

Cooper (Couper, Cowper), Thomas
〈16世紀〉
英国教会のウィンチェスター主教。
⇒新カト（クーパー　1520頃–1594）

Coops, Herman Hendrik Timotheus
〈18・19世紀〉
オランダの海軍士官。
⇒岩世人（コープス　1793.8.12–1865.7.24）

Coornhert, Dirck Volckertszoon〈16世紀〉
オランダの詩人,散文家,政治家,彫刻家,神学者,哲学者。
⇒岩世人（コールンヘールト　1522–1590.10.29）
　新カト（コールンヘルト　1522–1590.10.29）

Coote, *Sir* **Eyre**〈18世紀〉
イギリスの軍人。陸軍大尉としてインドに赴き(1754),ベンガルの征服やフランスとの戦に活躍。
⇒岩世人（クート　1726–1783.4.27）

Cop, Nikolaus〈16世紀〉
フランスの人文主義者。
⇒新カト（コップ　1501頃–1540）

Cope, *Sir* **Arthur Stockdale**〈19・20世紀〉
イギリスの画家。主として肖像画を描いた。
⇒岩世人（コープ　1857.11.2–1940.7.5）

Cope, Edward Drinker〈19世紀〉
アメリカの脊椎動物化石の研究家。アメリカ西部地域の脊椎動物化石の収集と研究に努め,進化学に貢献。
⇒岩世人（コープ　1840.7.28–1897.4.12）

Cope, Marianne〈19・20世紀〉
ドイツ出身アメリカの聖人。祝日1月23日。ハワイ宣教師。
⇒新カト（マリアンヌ・コープ　1838.1.23–1918.8.9）

Copeau, Jacques〈19・20世紀〉
フランスの演出家。
⇒岩世人（コポー　1879.2.4–1949.10.21）

Copeland, Edwin Bingham〈19・20世紀〉
アメリカの植物学者,農学者。
⇒アア歴（Copeland,Edwin Bingham　エドウィン・ビンガム・コウプランド　1873.9.30–1964.3.24）
　岩世人（コープランド　1873.9.20–1964.3.24）

Coperario (Coprario), Giovanni〈16・17世紀〉
イギリスの作曲家。
⇒バロ（クーパー,ジョン　1570頃–1626.6?）

バロ（コペラリオ,ジョヴァンニ　1570頃–1626.6?）

Copernicus, Nicolaus〈15・16世紀〉
ポーランドの天文学者。『天体の回転について』(43)を著し,地動説を唱えた。
⇒岩世人（コペルニクス　1473.2.19–1543.5.24）
　覚思（コペルニクス　1473.2.19–1543.5.24）
　覚思ス（コペルニクス　1473.2.19–1543.5.24）
　科史（コペルニクス　1473–1543）
　広辞7（コペルニクス　1473–1543）
　学叢思（コペルニクス,ニコラウス　1473–1543）
　新カト（コペルニクス　1473.2.19–1543.5.24）
　物理（コペルニクス,ニコラウス　1473–1543）
　世人新（コペルニクス　1473–1543）
　世人装（コペルニクス　1473–1543）
　世史語（コペルニクス　1473–1543）
　ポプ人（コペルニクス,ニコラウス　1473–1543）
　ルネ（ニコラウス・コペルニクス　1473–1543）

Copley, John Singleton〈18・19世紀〉
アメリカの画家。代表作『ピアソン少佐の死』(83)など。
⇒岩世人（コプリー　1737.7.3–1815.9.9）
　芸13（コプリー,ジョン・シングルトン　1738–1815）

Coppée, François〈19・20世紀〉
フランスの詩人,劇作家。
⇒岩世人（コペ　1842.1.12–1908.5.23）
　19仏（フランソワ・コペ　1842.1.12–1908.5.17）
　広辞7（コペ　1842–1908）
　新カト（コペー　1842.1.12–1908.5.23）

Coppini, Alessandro〈15・16世紀〉
イタリアの作曲家。
⇒バロ（コッピーニ,アレッサンドロ　1465頃–1527）

Coppo di Marcovaldo〈13世紀〉
イタリアの画家。
⇒岩世人（コッポ・ディ・マルコヴァルド　1225/1230–1280頃）

Coppola, Filippo〈17世紀〉
イタリアの作曲家。
⇒バロ（コッポラ,フィリッポ　1620頃?–1680頃?）

Coppola, Pietro Antonio〈18・19世紀〉
イタリアの作曲家。
⇒オペラ（コッポラ,ピエートロ・アントニオ　1793–1877）

Coquelin, Benoît Constant〈19・20世紀〉
フランスの俳優。通称「兄コクラン」。
⇒19仏（コンスタン・コクラン　1841.1.23–1909.1.27）
　ネーム（コクラン　1841–1909）

Coquelin, Charles〈19世紀〉
フランスの経済学者。時局評論家となり,新聞雑誌に多くの寄稿をした。

⇒岩世人（コクラン　1803-1853）

Coquelin, Ernest〈19・20世紀〉
フランスの俳優。演劇関係の著作が多い。兄ブノワ＝コンスタンとの共著『独白術』など。
⇒19仏（エルネスト・コクラン　1848.5.16-1909.2.8）

Coquerel, Athanase Laurent Charles〈18・19世紀〉
フランスの改革派神学者。経験的キリスト教を説いた。
⇒岩世人（コクレル　1795-1868.1.10）

Coques, Gonzales〈17世紀〉
オランダ（フランドル）の画家。家族群像や肖像を描いた。
⇒岩世人（コクス　1614.12.18-1684.4.18）

Cora, Jean de〈14世紀〉
イタリアのドミニコ会士。イルハーン朝のスルタニア大司教。
⇒新カト（コラ　生没年不詳）

Coralli, Jean〈18・19世紀〉
フランスの舞踊家、振付師。
⇒岩世人（コラーリ　1779.1.15-1854.5.1）
バレエ（コラーリ、ジャン　1779.1.15-1854.5.1）

Corbét〈15世紀〉
フランスの作曲家。
⇒バロ（コルベ,?　1450頃?-1500頃?）

Corbett, Hunter〈19・20世紀〉
アメリカの長老教会宣教師。中国に渡り(1863)、山東の中部、西部地方で伝道。
⇒アア歴（Corbett,Hunter　ハンター・コーベット　1835.12.8-1920.1.7）
岩世人（コーベット）

Corbett, James John〈19・20世紀〉
アメリカのプロボクサー。
⇒岩世人（コーベット　1866.9.1-1933.2.18）

Corbett, William〈17・18世紀〉
イギリスの作曲家。
⇒バロ（コーベット、ウィリアム　1675頃-1748.3.7）

Corbetta, Francisco〈17世紀〉
イタリアの作曲家。
⇒バロ（コルベッタ、フランシスコ　1620-1681）

Corbière, Tristan〈19世紀〉
フランスの詩人。1874年唯一の詩集『黄色の恋』出版。『呪われた詩人』(84)で、高い評価を得た。
⇒岩世人（コルビエール　1845.7.18-1875.3.1）
ネーム（コルビエール　1845-1875）
広série7（コルビエール　1845-1875）

Corbin, Arthur Linton〈19・20世紀〉
アメリカの法学者。

⇒岩世人（コービン　1874.10.17-1967）

Corbinianus〈7・8世紀〉
バイエルンの宣教師、司教。聖人。祝日9月8日。フランスのシャトル生まれ。
⇒新カト（コルビニアヌス　670-725.9.8）
図聖（コルビニアヌス（フライジングの）680-720/730）

Corbon, Claude-Anthime〈19世紀〉
フランスのジャーナリスト、政治家。
⇒19仏（クロード＝アンティーム・コルボン　1808.12.23-1891.2.26）

Corbulo, Gnaeus Domitius〈1世紀〉
ローマの将軍。アルメニア経略に尽す。
⇒岩世人（コルブロ　?-67）

Corcoran, Lawrence J.〈19世紀〉
アメリカの大リーグ選手（投手）。
⇒メジャ（ラリー・コーコラン　1859.8.10-1891.10.14）

Corcoran, Thomas William〈19・20世紀〉
アメリカの大リーグ選手（遊撃）。
⇒メジャ（トミー・コーコラン　1869.1.4-1960.6.25）

Cordan, Nataris〈17世紀〉
フランスの作曲家。
⇒バロ（コルダ、ナタリス　1624頃-1663.4.22）

Cordans, Bartolomeo〈18世紀〉
イタリアの作曲家。
⇒バロ（コルダンス、バルトロメーオ　1700頃-1757.5.14）

Cordeilles, Charles〈16世紀〉
フランスの作曲家。
⇒バロ（コルデーユ、シャルル　1500頃?-1548以降）

Cordella, Geronimo〈18世紀〉
イタリアの作曲家。
⇒バロ（コルデッラ、ジェローニモ　1730頃?-1790頃?）

Cordemoy, Géraud de〈17世紀〉
フランスの哲学者。偶因論の先駆者。主著『物体と魂の区別について』(66)。
⇒岩世人（コルドモワ　1620.10.6-1684.10.8）
新カト（コルドモア　1651.12.7-1722.2.9）
メル2（コルドモワ、ジェロー・ド　1620〔1626〕-1684）

Cordero Muñoz, Miguel Febres〈19・20世紀〉
ラ・サール会修道士。聖人。祝日2月9日。エクアドル南部クエンカ出身。手足の不自由な子どもたちの守護聖人。
⇒新カト（ミゲル・フェブレス・コルデロ　1854.11.7-1910.2.9）

Cordes, Simon de〈16世紀〉
オランダの貿易商, 航海家。東洋貿易のため副司令官として航海中, チリ沖でスペイン人に殺された。
⇒岩世人（コルデス　1559頃-1599.11）

Cordier, Baude〈14・15世紀〉
フランスの作曲家。
⇒バロ（コルディエ, ボード　1360頃?-1410頃?）

Cordier, Charles-Henri-Joseph〈19・20世紀〉
フランスの彫刻家。
⇒岩世人（コルディエ　1827.11.1-1905.4.30）

Cordier, Henri〈19・20世紀〉
フランスの東洋学者。雑誌『通報』の主幹。
⇒岩世人（コルディエ　1849.8.8-1925.3.16）
　広辞7（コルディエ　1849-1925）
　新カト（コルディエ　1849.8.8-1925.3.16）

Cordier, Jacques〈16・17世紀〉
フランスの作曲家。
⇒バロ（コルディエ, ジャック　1583-1653）
　バロ（ボカン, ?　1583-1653）

Cordoba, Antonio de〈15・16世紀〉
スペインの倫理神学者, 著述家。フランシスコ会会員。
⇒新カト（コルドバ　1485-1578）

Cordovero, Moses ben Jacob〈16世紀〉
ツファットの神秘主義者。
⇒ユ人（コルドベロ, モーゼス・ベン ヤコブ　1522-1570）
　ユ著人（Cordovero,Moses ben Jacob　コルドヴェロ, モーシェ・ベン・ヤコブ　1522-1570）

Cordula〈3・4世紀〉
処女, 殉教者, 聖人。
⇒図聖（コルドゥラ　?-304頃）

Cordus, Euricius〈15・16世紀〉
ドイツの人文主義者, 医者。ラテン語で書いたエピグラムは, ドイツ人文主義のすぐれた業績の一。
⇒岩世人（コルドゥス　1486-1535.12.24）

Corelli, Arcangelo〈17・18世紀〉
イタリアの作曲家, ヴァイオリン奏者。イタリア・バロックの作曲家。
⇒バロ（コレッリ, アルカンジェロ　1653.2.17-1713.1.8）
　岩世人（コレッリ　1653.2.17-1713.1.8）
　エデ（コレッリ（コレルリ）, アルカンジェロ　1653.2.17-1713.1.8）
　ネーム（コレッリ　1653-1713）
　広辞7（コレッリ　1653-1713）
　実音人（コレルリ, アルカンジェロ　1653-1713）
　ピ曲改（コレリ, アルカンジェロ　1653-1713）

Corelli, Marie〈19・20世紀〉
イギリスの小説家。大衆小説を多作。
⇒岩世人（コレリ　1855.5.1-1924.4.21）

Coressios, Georgios〈16・17世紀〉
ギリシアの論争神学者。
⇒新カト（コレッシオス　1554頃-1654以降）

Coretti, Agostino Bonaventura〈17・18世紀〉
イタリアの作曲家。
⇒バロ（コレッティ, アゴスティーノ・ボナヴェントゥーラ　1675頃-1752）

Corgier, Flavien Félix〈19・20世紀〉
パリ外国宣教会司祭, 来日宣教師。フランスのランシャル生まれ。
⇒新カト（コルジエ　1873.10.12-1945.5.30）

Corinth, Lovis〈19・20世紀〉
ドイツの画家。ドイツ印象派に属する。
⇒岩世人（コリント　1858.7.21-1925.7.17）
　芸13（コリント, ロヴィス　1858-1925）

Coriolanus, Gnaeus Marcius〈前6・5世紀〉
古代ローマの半伝説的貴族。
⇒岩世人（コリオラヌス）
　広辞7（コリオラヌス　前5世紀）

Coriolis, Gaspard Gustave de〈18・19世紀〉
フランスの物理学者。回転物体上の運動について研究し, 1828年「コリオリの力」を導き出した。
⇒岩世人（コリオリ　1792-1843.9.19）
　広辞7（コリオリ　1792-1843）
　物理（コリオリ, ガスパール＝ギュスターヴ　1792-1843）
　世数（コリオリ, ガスパール・ギュスタヴ・ド　1792-1843）

Corkhill, (Pop) John Stewart〈19・20世紀〉
アメリカの大リーグ選手(外野)。
⇒メジャ（ポップ・コークヒル　1858.4.11-1921.4.3）

Corkine, William〈16・17世紀〉
イギリスのリュート奏者, 作曲家。
⇒バロ（コーキン, ウィリアム　1570頃?-1612）

Corleone, Bernardo da〈17世紀〉
イタリアの聖人。祝日1月12日。カプチン・フランシスコ修道会の信徒修道士。
⇒新カト（ベルナルド・ダ・コルレオーネ　1605.2.6-1667.1.12）

Corliss, George Henry〈19世紀〉
アメリカの機械技術者。コーリス蒸気機関を発明(1850)。
⇒岩世人（コーリス　1817.6.2-1888.2.2）

Cornago, Johannes〈15世紀〉
スペインの作曲家。
⇒バロ（コルナーゴ, ヨハネス　1430頃?-1485頃）

Cornaro, Caterina〈15・16世紀〉
キプロスの女王。ベネチア共和国との闘争に敗れて、1498年退位をした。
⇒岩世人（コルナーロ　1454-1510.7.10）

Cornazzano, Antonio〈15世紀〉
イタリアの作曲家。
⇒バロ（コルナッザーノ, アントーニオ　1430頃?-1484.12）

Cornazzano, Phileno Agostino〈16・17世紀〉
オーストリアの作曲家。
⇒バロ（コルナッザーノ, フィレーノ・アゴスティーノ　1543-1545頃-1628.7）

Corneille, Pierre〈17世紀〉
フランスの劇作家。大コルネイユと称される。
⇒岩世人（コルネイユ　1606.6.6-1684.10.1）
オペラ（コルネイユ, ピエール　1606-1684）
ネーム（コルネーユ　1606-1684）
広辞7（コルネイユ　1606-1684）
学叢思（コルネイユ, ピエール　1606-1684）
新カト（コルネイユ　1606.6.6-1684.10.1）
世人新（コルネイユ　1606-1684）
世人装（コルネイユ　1606-1684）
世史語（コルネイユ　1606-1684）
ポプ人（コルネイユ, ピエール　1606-1684）

Corneille, Thomas〈17・18世紀〉
フランスの劇作家。P.コルネイユの弟。悲喜劇合せて43篇を残す。
⇒岩世人（コルネイユ　1625.8.20-1709.10.8）

Corneille de Lyon〈16世紀〉
フランスの画家。アンリ2世およびシャルル9世の御用画家で、主として小肖像画を制作。
⇒岩世人（コルネイユ・ド・リヨン　1510-1574頃）

Cornelia〈前2世紀〉
大スキピオの娘。グラックス兄弟の母。
⇒岩世人（コルネリア　前190頃-前100以前）

Cornelia〈17世紀〉
バタヴィアの富裕な日蘭混血女性商人。
⇒岩世人（コルネリア　1629-1692）

Cornelisz, Jacob（van Amsterdam）〈15・16世紀〉
ニーデルランドの画家。
⇒芸13（コルネリッス, ヤコブ　1470-1480-1533以後））

Cornelisz van Haarlem〈16・17世紀〉
オランダの画家、版画家。オランダ・マニエリスムを代表する一人。代表作は『嬰児虐殺』(91)。
⇒岩世人（コルネーリス　1562-1638.11.11）

芸13（コルネリッス, コルネリス　1562-1638）

Cornelius
カイサリアに駐屯するローマ軍の百人隊の長（使徒言行録）。
⇒岩世人（コルネリウス）
新カト（コルネリウス）
聖書（コルネリウス）

Cornelius, Carl Sebastian〈19世紀〉
ドイツの哲学者。ヘルバルト学派に属する。
⇒岩世人（コルネリウス　1819.11.14-1896.11.5）

Cornelius, Hans〈19・20世紀〉
ドイツの哲学者。哲学の基礎を心理学に求め、哲学が独断的観念を前提とすることを極力排した。
⇒岩世人（コルネリウス　1863.9.27-1947.8.23）
学叢思（コルネリウス, ハンス　1863-?）

Cornelius, Peter〈19世紀〉
ドイツの作曲家、詩人、著述家。オペラ（未完）や歌曲、合唱曲を作曲し、教師、文筆家としても活躍。
⇒岩世人（コルネリウス　1824.12.24-1874.10.26）
オペラ（コルネリウス, ペーター　1824-1874）
新カト（コルネリウス　1824.12.24-1874.10.26）

Cornelius, Peter〈19・20世紀〉
デンマークのテノール。
⇒魅惑（Cornelius,Peter　1865-1934）

Cornelius, Peter von〈18・19世紀〉
ドイツの画家。ルードビヒ聖堂に『最後の晩餐』ほかの大壁画を制作。
⇒岩世人（コルネリウス　1783.9.23-1867.3.6）
新カト（コルネリウス　1783.9.23-1867.3.6）
芸13（コルネリウス, ペーテル・フォン　1783-1867）

Cornelius, St.〈3世紀〉
ローマ教皇。在位251～253。
⇒新カト（コルネリウス　?-253.6）
図聖（コルネリウス　?-253）

Cornelius Cornelii a Lapide〈16・17世紀〉
オランダの聖書学者。イエズス会士。
⇒新カト（コルネリウス・ア・ラピデ　1567.12.18-1637.3.12）

Cornely, Rudolf〈19・20世紀〉
西ドイツの神学者。
⇒新カト（コルネリ　1830.4.19-1908.3.3）

Corner, David Gregor〈16・17世紀〉
ドイツの作曲家。
⇒バロ（ユルナー, ダーヴィト・グレゴール　1585-1648.1.9）

Cornet, Peeter〈16・17世紀〉
フランドルの作曲家。
⇒バロ（コルネット, ペーテル　1570-1580-1633.3.

27)
Cornet, Séverin〈16世紀〉
フランドルの作曲家。
⇒バロ（コルネ，セヴラン　1530頃-1582.3）

Cornford, Francis Macdonald〈19・20世紀〉
イギリスの古典学者，哲学者。
⇒岩世人（コーンフォード　1874.2.27-1943.1.3）

Cornier, Alexandre Mathieu〈19・20世紀〉
フランスのパリ外国宣教会宣教師。
⇒新カト（コルニエ　1876.8.19-1957.1.12）

Cornies, Johann〈18・19世紀〉
ドイツのロシア開拓者。南ロシアに移住し(1805)，ドイツ人やユダヤ人の移民地区を創設。
⇒岩世人（コルニース　1789.6.20-1848.3.13）

Cornoldi, Giovanni Maria〈19世紀〉
イタリアの新スコラ哲学者。イエズス会員。
⇒新カト（コルノルディ　1822.9.29-1892.1.18）

Cornu, Marie Alfred〈19・20世紀〉
フランスの物理学者。フレネルの回折現象をコルニュの螺旋によって説明。
⇒岩世人（コルニュ　1841.3.6-1902.4.12）
　世数（コルニュ，マリー・アルフレッド　1841-1902）

Cornubert, Pierre〈19・20世紀〉
テノール歌手。パリ音楽院教授。
⇒魅惑（Cornubert, Pierre　1863-1922）

Cornuel, Jean〈15世紀〉
フランスの作曲家。
⇒バロ（コルニュエル，ジャン　1435頃-1499.8）

Cornutus, Lucius Annaeus〈1世紀〉
ローマのストア派の哲学者。諷刺詩人ペルシウスの師。
⇒岩世人（コルヌトゥス　（活動）60頃）

Cornwallis, Charles, 1st Marquis〈18・19世紀〉
イギリスの軍人。植民地政治家。
⇒岩世人（コーンウォリス　1738.12.31-1805.10.5）
　南ア新（コーンウォリス　1738-1805）

Cornwallis, *Sir* William〈16・17世紀〉
イギリスの随筆家。
⇒岩世人（コーンウォリス　1579頃-1614.7.1（埋葬））

Cornysh, William I〈15・16世紀〉
イギリスの作曲家。
⇒バロ（コーニッシュ，ウィリアム1世　1440頃?-1502頃）

Cornysh, William II〈15・16世紀〉
イギリスの作曲家，詩人，劇作家，俳優。1493年以後王室で詩人，劇作家として活動。
⇒バロ（コーニッシュ，ウィリアム2世　1468頃-1523）

Corona〈2世紀〉
処女，殉教者，聖人。
⇒図聖（コロナ　?-177）

Coronado, Francisco Vásquez de〈16世紀〉
スペインの探検家，軍人。アメリカ西南部へ遠征(1540～42)。
⇒岩世人（バスケス・デ・コロナド　1510-1554.9.22）

Coronelli, Marco Vincenzo〈17・18世紀〉
ヴェネツィアの修道士，地理学者。
⇒岩世人（コロネッリ　1650.8.16-1718.12.9）
　新カト（コロネリ　1650.8.16-1718.12.9）

Corot, Jean-Baptiste Camille〈18・19世紀〉
フランスの画家。印象主義の先駆的役割を果した。
⇒岩世人（コロー　1796.7.17-1875.2.22）
　広辞7（コロー　1796-1875）
　学叢思（コロー，ジャン・カミーユ・バプティスト　1796-1875）
　芸13（コロー，カミーユ　1796-1875）
　世人新（コロー　1796-1875）
　世人裝（コロー　1796-1875）
　ポプ人（コロー，カミーユ　1796-1875）

Corra, Émile〈19・20世紀〉
フランスのジャーナリスト，教育者。
⇒19仏（エミール・コラ　1848.6.11-1934.6.23）

Corradini, Enrico〈19・20世紀〉
イタリアの政治家，評論家。上院議員(1923)，国務相(28)。ムッソリーニの政策を支援。
⇒岩世人（コッラディーニ　1865.7.20-1931.12.10）

Corradini, Francesco〈18世紀〉
イタリアの作曲家。
⇒バロ（コッラディーニ，フランチェスコ　1700頃-1749以降）

Corre, Jean Marie〈19・20世紀〉
フランスのパリ外国宣教会宣教師。来日して救癩活動に従事し，熊本待労院を創立。
⇒岩世人（コール　1850.6.28-1911.2.9）
　新カト（コール　1850.6.28-1911.2.9）

Correa, Balthasar〈16・17世紀〉
イエズス会員，来日宣教師。ポルトガル，サンティアゴ生まれ。
⇒新カト（コレア　1559-1624）

Correa, Duarte〈16・17世紀〉
ポルトガルの船長。しばしば日本に来り（1619～），宣教師の殉教を見聞。『島原の乱見聞記』を著す。
⇒新カト（コレア　?–1639.5.28）

Correa, Juan〈17・18世紀〉
植民地時代のメキシコの画家。
⇒岩世人（コレア　1646頃–1716）

Correa, Manuel〈16・17世紀〉
ポルトガルの作曲家。
⇒バロ（コレーア，マヌエウ　1590頃?–1653.7.31）

Correggio, Antonio Allegri〈15・16世紀〉
イタリアの画家。バロック絵画の先駆者。
⇒岩世人（コレッジョ　1489頃–1534.3.5）
　ネーム（コレッジョ　1489?–1534）
　広辞7（コレッジョ　1489頃–1534）
　新カト（コレッジョ　1489.8以前–1534.3.5）
　芸13（コレッジオ　1489頃–1534）
　ポプ人（コレッジョ　1489?–1534）

Correns, Karl Erich〈19・20世紀〉
ドイツの植物学者，遺伝学者。
⇒岩世人（コレンス　1864.9.19–1933.2.14）
　ネーム（コレンス　1864–1933）

Corrette, Gaspard〈17・18世紀〉
オランダの作曲家。
⇒バロ（コレット，ガスパール　1670頃?–1733以前）

Corrette, Michel〈18世紀〉
フランスのオルガン奏者，作曲家，教師。演奏法についての多数の著述が残っている。
⇒バロ（コレット，ミシェル　1709–1795.1.22）

Corri, Domenico〈18・19世紀〉
イタリアの作曲家。
⇒バロ（コッリ，ドメニーコ　1746.10.4–1825.5.22）

Corrigan, Dominic John〈19世紀〉
イギリスの医者。コリガンの脈発見で有名。
⇒岩世人（コリガン　1802.12.1–1880.2.1）

Corselli, Francesco〈18世紀〉
イタリアの作曲家。
⇒バロ（コルセッリ，フランチェスコ　1702頃?–1778.4.3）

Corsi, Jacopo〈16・17世紀〉
イタリアの貴族，作曲家。
⇒バロ（コルシ，ヤーコポ　1561.7.17–1602.12.29）
　オペラ（コルシ，ヤコポ　1561–1602）

Corsini, Andrea〈14世紀〉
フィレンツェの貴族。フィレンツェの修院長。聖人。
⇒新カト（アンドレア・コルシーニ　1302.11.30–1373.1.6）

Corso, Jacopo〈15世紀〉
イタリアの作曲家。
⇒バロ（コルソ，ヤーコポ　1450頃?–1500頃?）

Corssen, Wilhelm Paul〈19世紀〉
ドイツの言語学者。古代イタリア諸方言，ラテン語を研究。
⇒岩世人（コルセン　1820.1.20–1875.6.18）

Cort, Edwin Charles〈19・20世紀〉
アメリカの医療宣教師。
⇒アア歴（Cort, Edwin Charles　エドウィン・チャールズ・コート　1879.3.14–1950.1.12）

Cort, Henry〈18世紀〉
イギリスの製鉄業者。反射炉熔融法を発明（84）。
⇒岩世人（コート　1740–1800）

Corteccia, Francesco Bernardo di〈16世紀〉
イタリアの作曲家。
⇒バロ（コルテッチャ，フランチェスコ・ベルナンド・ディ　1502.7.27–1571.6.7）

Cortés, Hernán〈15・16世紀〉
スペインのメキシコ征服者。スペイン植民地の基礎を築いた。
⇒岩世人（コルテス　1485–1547.12.2）
　ネーム（コルテス　1485–1547）
　広辞7（コルテス　1485–1547）
　新カト（コルテス　1485–1547.12.2）
　世人新（コルテス　1485–1547）
　世人装（コルテス　1485–1547）
　世史語（コルテス　1485–1547）
　ポプ人（コルテス，エルナン　1485–1547）
　ラテ新（コルテス　1485?–1547）

Cortona, Pietro da〈16・17世紀〉
イタリアの画家，建築家。バロック様式の装飾画を描き，ローマの聖マルティナ聖堂を設計。
⇒岩世人（ピエトロ・ダ・コルトーナ　1596.11.1–1669.5.16）
　新カト（ピエトロ・ダ・コルトーナ　1596.11.1–1669.5.16）
　芸13（コルトナ，ピエトロ・ダ　1596–1669）
　芸13（ピエトロ・ダ・コルトーナ　1596–1669）

Cortot, Alfred〈19・20世紀〉
フランスのピアノ奏者，指揮者。
⇒岩世人（コルトー　1877.9.26–1962.6.15）
　広辞7（コルトー　1877–1962）
　実音人（コルトー，アルフレード　1877–1962）

Corvinus, Antonius〈16世紀〉
ドイツの宗教改革者。
⇒新カト（コルヴィヌス　1501.2.27–1553.4.5）

Corvisart des Marets, Jean Nicolas〈18・19世紀〉
フランスの医学者。心臓症候学の創始者。打診

法の改良,普及につとめる。
⇒岩世人（コルヴィザール・デ・マレ　1775.2.15–1821.9.18)

Cosa, Juan de la〈15・16世紀〉
スペインの航海者。
⇒岩世人（コサ　1460頃–1510.2.28)

Cosack, Konrad〈19・20世紀〉
ドイツの法学者。著作は商法の標準的教科書とされる。
⇒学叢思（コザック, コンラード　1855–?)

Cosgrave, William Thomas〈19・20世紀〉
アイルランドの政治家。
⇒岩世人（コズグレイヴ　1880.6.5–1965.11.16)

Cosmas〈4世紀〉
殉教者。聖人。「コスマスとダミアノス」と併称される。
⇒岩世人（コスマスとダミアヌス）
　新カト（コスマスとダミアヌス　4世紀）
　図聖（コスマスとダミアヌス　?–304頃）

Cossa, Francesco del〈15世紀〉
イタリアの画家。代表作『ピエタ』(56),『聖ヨハネ』『月々のアレゴリー』など。
⇒岩世人（コッサ　1435頃–1477)
　芸13（コッサ, フランチェスコ・デル　1436頃–1478)
　芸13（デル・コッサ, フランチェスコ　1435頃–1478頃)

Cossart, Gabriel〈17世紀〉
イエズス会員。ポントアーズ生まれ。
⇒新カト（コサール　1615.11.22–1674.9.18)

Cosset, François〈17世紀〉
フランスの作曲家。
⇒バロ（コセ, フランソワ　1610頃–1664以降)

Cossoni, Carlo Donato〈17世紀〉
イタリアの作曲家。
⇒バロ（コッソーニ, カルロ・ドナート　1630頃?–1700.2.8)

Cossus, Aulus Cornelius〈前5世紀〉
ローマの伝説的英雄。ラチウムの都市フィデナエと戦い,王を殺した。
⇒岩世人（コルネリウス・コッスス）

Costa, Afonso Augusto da〈19・20世紀〉
ポルトガルの政治家。
⇒岩世人（コスタ　1871.3.6–1937.5.11)

Costa, Andrea〈19・20世紀〉
イタリアの社会主義者。
⇒岩世人（コスタ　1851.11.30–1910.1.19)

Costa, Baltasar da〈16世紀〉
キリシタン時代のイエズス会宣教師。
⇒新カト（コスタ　1538–?)

Costa, Francesco Antonio〈16・17世紀〉
イタリアの作曲家。
⇒バロ（コスタ, フランチェスコ・アントーニオ　1580頃?–1626)

Costa, Isaäc da〈18・19世紀〉
オランダの文学者。
⇒岩世人（ダ・コスタ　1798.1.14–1860.4.28)

Costa, João da〈16・17世紀〉
キリシタン時代のイエズス会宣教師,殉教者。ポルトガルのアゼイタン生まれ。
⇒新カト（コスタ　1574–1633.10.8)

Costa, Lorenzo〈15・16世紀〉
イタリアの画家。マントバ公の宮廷画家。
⇒岩世人（コスタ　1460頃–1535.5.3)
　新カト（コスタ　1460–1535.3.5)
　芸13（コスタ, ロレンツォ　1460頃–1535)

Costa, Manuel de Oliveira Gomes da〈19・20世紀〉
ポルトガルの軍人,政治家。
⇒岩世人（コスタ　1863.1.14–1929.12.17)

Costa Cabral, Antônio Bernardo da〈19世紀〉
ポルトガルの政治家。伯爵。絶対主義復活をはかって反乱を指導し,独裁の首相となった。
⇒岩世人（コスタ・カブラル　1803.5.9–1889.9.1)

Costantini, Celso〈19・20世紀〉
イタリアの教会芸術の振興者。
⇒新カト（コスタンティーニ　1876.4.3–1958.10.17)

Costantini, Fabio〈16・17世紀〉
イタリアの作曲家。
⇒バロ（コスタンティーニ, ファビオ　1570–1575頃–1644.6.以降)

Costanzo, Camillo di〈16・17世紀〉
イタリアのイエズス会宣教師。来日して肥前に布教し,火刑に処せられた。
⇒岩世人（コスタンツォ　1572–1622.9.15)
　新カト（コスタンツォ　1571–1622.9.15)

Costa y Martínez, Joaquín〈19・20世紀〉
スペインの思想家,政治家。農業改革を基礎としたスペイン刷新運動の指導的人物。
⇒岩世人（コスタ　1846.9.14–1911.2.8)

Coste, Gabriel〈15・16世紀〉
フランスの作曲家。
⇒バロ（コスト, ガブリエル　1500頃?–1550頃?)

Coste, Jean Victor〈19世紀〉
フランスの生理学者。
⇒学叢思（コスト，ジャン・ヴィクトル　1807–1873）

Coste, Napoléon〈19世紀〉
フランスのギター奏者，作曲家。
⇒岩世人（コスト　1805.6.27–1883.2.17）

Costeley, Guillaume〈16・17世紀〉
フランスの作曲家。当時のパリ・シャンソン作曲の第一人者。
⇒バロ（コートレ，ギヨーム・ド　1530/1531頃–1606.1.28/2.1）
　広辞7（コストレ　1530頃–1606）

Coster, Laurens Janszoon〈14・15世紀〉
オランダの印刷業者。
⇒岩世人（コスター　1370頃–1440）

Cosway, Richard〈18・19世紀〉
イギリスの細密画家。1771年王立アカデミー会員。
⇒岩世人（コズウェイ　1742.11.5–1821.7.4）

Cotelier, Jean-Baptist〈17世紀〉
フランスの教父学者。
⇒新カト（コテリエ　1627.12–1686.8.12）

Cotes, Roger〈17・18世紀〉
イギリスの数学者。ニュートンの著『プリンキピア』に序文を載せている。
⇒岩世人（コーツ　1682.7.10–1716.6.5）
　世数（コーツ，ロジャー　1682–1716）

Cotman, John Sell〈18・19世紀〉
イギリスの風景画家。ノーリッジ派の画家。
⇒岩世人（コットマン　1782.5.16–1842.7.24）

Cotogni, Antonio〈19・20世紀〉
イタリアのバリトン。
⇒オペラ（コトーニ，アントニオ　1831–1918）

Cotta, Anthony〈19・20世紀〉
カトリックの中国宣教師。
⇒新カト（コッタ　1872–1957）

Cotta, Bernhard von〈19世紀〉
ドイツの地質学者，岩石学者，鉱床学者。岩石を火成岩，変成岩，堆積岩に三分。
⇒岩世人（コッタ　1808.10.24–1879.9.14）

Cotta, Heinrich von〈18・19世紀〉
ドイツの林学者。ザクセン国森林経理局長。
⇒岩世人（コッタ　1763.10.30–1844.10.25）

Cotta, Johann Friedrich, Freiherr, von Cottendorf〈18・19世紀〉
ドイツの出版業者。ゲーテ，シラーの著作を出版。
⇒岩世人（コッタ　1764.4.27–1832.12.29）

Cotte, Robert de〈17・18世紀〉
フランスの建築家。1708年王室付き主席建築家。
⇒岩世人（コット　1656–1735.7.15）

Cottet, Charles〈19・20世紀〉
フランスの画家。代表作は3部作『海の地方にて』(98)。
⇒芸13（コッテ，シャルル　1863–1925）

Cotton, Aimé Auguste〈19・20世紀〉
フランスの物理学者。ソルボンヌ大学教授，同物理学研究所長。
⇒岩世人（コトン　1869.10.9–1951.4.16）

Cotton, Charles〈17世紀〉
詩人・翻訳家。
⇒岩世人（コットン　1630.4.28–1687.2.16（埋葬））

Cotton, John〈16・17世紀〉
イギリスの牧師。マサチューセッツの植民地に移住し(33)，ニュー・イングランドの族長と呼ばれた。
⇒岩世人（コットン　1585.12.29–1652.12.23）
　新カト（コットン　1584.12.4–1652.12.23）

Cotton, Sir Robert Bruce, Bart〈16・17世紀〉
イギリスの政治家，古物収集家。
⇒岩世人（コットン　1571.1.22–1631.5.6）

Cottorau, Teodoro〈19世紀〉
イタリアの作曲家，出版業者。
⇒オペラ（コットラウ，テオドーロ　1827–1879）

Cottrell, Frederic Gardner〈19・20世紀〉
アメリカの化学者。高電圧を使ってガス中の微粒子を回収するコットレル収塵器で有名。
⇒岩世人（コットレル　1877.1.10–1948.11.16）

Cotugno, Domenico〈18・19世紀〉
イタリアの解剖学者。脳脊髄液の最初の記載者(64)。
⇒岩世人（コトゥーニョ　1736.1.29–1822.10.6）

Coty, François〈19・20世紀〉
フランスの香水・化粧品製造業者，新聞社主。「香水王」と呼ばれ，日刊紙「フィガロ」を所有。
⇒岩世人（コティ　1874–1934.7.25）

Coubertin, Pierre de, Baron〈19・20世紀〉
フランスの教育家。近代オリンピック競技の創始者。
⇒岩世人（クーベルタン　1863.1.1–1937.9.2）
　ネーム（クーベルタン　1863–1937）
　広辞7（クーベルタン　1863–1937）
　世人新（クーベルタン　1863–1937）
　世人装（クーベルタン　1863–1937）
　ポプ人（クーベルタン，ピエール・ド　1863–1937）

Couderc, Thérèse〈19世紀〉
フランスの修道女,セナクル修道女会の創立者。聖人。祝日9月26日。
⇒新カト (テレーズ・クデール　1805.2.1–1885.9.26)

Coudrin, Pierre-Marie-Joseph〈18・19世紀〉
フランスの聖職者,イエズス・マリアの聖心会創立者。
⇒新カト (クードラン　1768.3.1–1837.3.27)

Coué, Emile〈19・20世紀〉
フランスの自己暗示療法の創始者。
⇒岩世人 (クーエ　1857.2.26–1926.7.2)

Coues, Elliott〈19世紀〉
アメリカの鳥類学者。
⇒岩世人 (クーズ　1842.9.9–1899.12.25)

Couling, Samuel〈19・20世紀〉
イギリスのシナ学者。バプテスト教会宣教師。
⇒岩世人 (クーリング　1859–1922.6.9)

Coulomb, Charles Augustin de〈18・19世紀〉
フランスの物理学者。クーロンの法則を見出した(1785)。
⇒岩世人 (クーロン　1736.6.14–1806.8.23)
　広辞7 (クーロン　1736–1806)
　学叢思 (クーロン,シャルル・オーギュスタン・ドゥ　1736–1806)
　物理 (クーロン,シャルル・オーギュスタン　1736–1806)
　ポブ人 (クーロン,シャルル・オーギュスタン・ド　1736–1806)

Counon〈12世紀〉
フランスの詩人,トルバドゥール,外交官。
⇒バロ (クーノン,?　1100頃?–1150頃?)

Couperin, Antoinette Victoire〈18・19世紀〉
フランスの歌手・オルガン奏者,ハープ奏者。
⇒バロ (クープラン,アントワネット・ヴィクトワール　1760頃–1812)

Couperin, Armand Louis〈18世紀〉
フランスの音楽家。室内用小カンタータなどを作曲,のち宮廷付オルガン奏者。
⇒バロ (クープラン,アルマン・ルイ　1727.2.25–1789.2.2)

Couperin, Charles I〈16・17世紀〉
フランスの商人,オルガン奏者。
⇒バロ (クープラン,シャルル1世　1595頃–1654)

Couperin, Charles II〈17世紀〉
フランスの音楽家。サン・ジェルヴェー寺院のオルガン奏者。
⇒バロ (クープラン,シャルル2世　1638.4.9–1679.

1.15–2.26?)

Couperin, François〈17・18世紀〉
フランスの作曲家,オルガン奏者。通称大クープラン。教則本に『クラブサン奏法』(16)がある。
⇒バロ (クープラン,フランソワ2世　1668.11.10–1733.9.11)
　岩世人 (クープラン　1668.11.10–1733.9.11)
　エデ (クープラン,フランソワ　1668.11.10–1733.9.11)
　ネーム (クープラン　1688–1733)
　広辞7 (クープラン　1668–1733)
　実音人 (クープラン,フランソワ　1668–1733)
　新カト (クープラン　1668.11.10–1733.9.11)
　ピ曲改 (クープラン,フランソワ　1668–1733)
　ポブ人 (クープラン,フランソワ　1668–1733)

Couperin, François I〈17・18世紀〉
フランスの音楽教師,鍵盤楽器奏者。
⇒バロ (クープラン,フランソワ1世　1631–1708–1712)

Couperin, Gervais François〈18・19世紀〉
フランスの作曲家。フランス革命に参加。
⇒バロ (クープラン,ジェルヴェ・フランソワ　1759.5.22–1826.3.11)

Couperin, Louis〈17世紀〉
フランスの音楽家。サン・ジェルヴェー寺院のオルガン奏者で,作曲にすぐれていた。
⇒バロ (クープラン,ルイ　1626–1661.8.29)

Couperin, Marc-Roger Normand〈17・18世紀〉
フランスのオルガン奏者。
⇒バロ (クープラン,マルク・ロジェ・ノルマン　1663.12.30–1734.1.25)
　バロ (ノルマン,マルク・ロジェ　1663.12.30–1734.1.25)

Couperin, Marguerite Antoinette〈18世紀〉
フランスのクラヴサン奏者。ルイ15世の王妃および王女の音楽教師。
⇒バロ (クープラン,マルグリット・アントワネット　1705.9.19–1778)

Couperin, Marie-Madeleine〈17・18世紀〉
フランスのオルガン奏者,聖職者。
⇒バロ (クープラン,マリー・マドレーヌ　1690.3.11–1742.4.16)

Couperin, Nicolas〈17・18世紀〉
フランスの音楽家。サン・ジェルヴェー寺院のオルガン奏者。
⇒バロ (クープラン,ニコラ　1680.12.20–1748.7.25)

Couperin, Pierre Louis〈18世紀〉
フランスの音楽家。サン・ジェルヴェー寺院の

オルガン奏者。
⇒バロ（クープラン，ピエール・ルイ　1755.3.14–1789.10.10）

Couperus, Louis Marie Anne〈19・20世紀〉
オランダの小説家。
⇒岩世人（クペールス　1863.6.10–1923.7.16）

Couplet, Philippe〈17世紀〉
ベルギーのイエズス会士。中国に渡り（1659）布教に活躍。
⇒岩世人（クプレ　1624.5.31–1692.5.15）
　新カト（クプレ　1623.5.31–1693.5.16）

Courajod, Louis〈19世紀〉
フランスの美術史家。ルーヴル美術館彫刻部主任。
⇒岩世人（クラジョ　1841.2.22–1896.6.26）

Courbes〈16・17世紀〉
フランスの官吏，詩人，アマチュア作曲家。
⇒バロ（クルブ,?　1570頃?–1622以降）

Courbet, Amédée Anatole Prosper〈19世紀〉
フランスの提督。清仏戦争中，インドシナ方面艦隊司令官として活躍。
⇒岩世人（クールベ　1827.7.26–1885.6.11）
　19仏（アメデ・クールベ　1827.6.26–1885.6.12）

Courbet, Gustave〈19世紀〉
フランスの画家。写実主義。主作品『石割り』『オルナンの埋葬』（1849）。
⇒岩世人（クールベ　1819.6.10–1877.12.31）
　ネーム（クールベ　1819–1877）
　広辞7（クールベ　1819–1877）
　芸13（クルーベ, ギュスタヴ　1819–1877）
　世人新（クールベ　1819–1877）
　世人装（クールベ　1819–1877）
　世史語（クールベ　1819–1877）
　ポブ人（クールベ, ギュスターブ　1819–1877）

Courbois, Philippe〈17・18世紀〉
フランス初期のカンタータ作曲家の一人。
⇒バロ（クールボワ, フィリップ　1670頃?–1730頃）

Courcelle-Seneuil, Jean Gustav〈19世紀〉
フランスの経済学者。
⇒学叢思（クールセル・セヌイユ, ジャン・グスタヴ　1813–1892）

Courier, Paul Louis〈18・19世紀〉
フランスの政治諷刺作家，ギリシア研究者。
⇒岩世人（クーリエ　1772.1.4–1825.4.10）

Cournot, Antoine Augustin〈19世紀〉
フランスの数学者，経済学者，哲学者。
⇒岩世人（クールノー　1801.8.28–1877.3.31）
　広辞7（クールノー　1801–1877）

学叢思（クールノー, アントン・オーギュスタン　1801–1877）
新カト（クールノ　1801.8.28–1877.3.31）
世数（クールノー, アントワーヌ・オーギュスタン　1801–1877）
メル3（クールノ, アントワーヌ＝オーギュスタン　1801–1877）

Couros, Matheus de〈16・17世紀〉
ポルトガルのイエズス会宣教師。来日して（1602）布教に従事。
⇒岩世人（コウロス　1568–1632.7.12）
　新カト（コウロス　1568–1633.10.29）

Court, Antoine〈17・18世紀〉
フランス改革派教会の牧師。
⇒岩世人（クール　1696.3.27–1760.6.13）
　新カト（クール　1695.3.27–1760.6.13）

Court, Pieter de la〈17世紀〉
オランダの商人，経済学者。
⇒学叢思（クール, ピエター・ドゥ・ラ　1618–1685）

Courteline, Georges〈19・20世紀〉
フランスの小説家，劇作家。
⇒岩世人（クールトリーヌ　1858.6.25–1929.6.25）
　19仏（ジョルジュ・クルトリーヌ　1858.6.25–1929.6.25）
　ネーム（クルトリーヌ　1858–1929）

Courtet, Guillaume〈16・17世紀〉
フランスのドミニコ会宣教師。キリシタン弾圧のなか日本で獄死。
⇒新カト（ギヨーム・クルテ　1590頃–1637.9.29）

Courtois, Bernard〈18・19世紀〉
フランスの化学者。アヘンの研究をしてモルフィンを発見。
⇒岩世人（クールトワ　1777.2.8–1838.9.27）

Courtois, Jean〈16世紀〉
フランスの作曲家。
⇒バロ（クールトワ, ジャン　1500頃?–1545頃）

Courville, Joachim Thibaut de〈16世紀〉
フランスの作曲家，歌手，楽器奏者。
⇒バロ（クールヴィユ, ジョアシャン・ティボー・ド　1530頃?–1581.9.8）

Cousin, Jean〈15世紀〉
フランスのトランペット奏者。
⇒バロ（クザン, ジャン　1430頃?–1475）

Cousin, Jean〈16世紀〉
フランスの画家・彫刻家。
⇒芸13（クーザン, ジャン　1501頃–1589）

Cousin, Jean le Vieux〈15・16世紀〉
フランスの画家，彫刻家，版画家。フランス歴史画の祖。
⇒岩世人（クーザン（大）　1490頃–1560頃）

広辞7 (クーザン 1490–1560)
芸13 (クーザン, ジャン(父) 1490頃–1560頃)

Cousin, Jules Alphonse〈19・20世紀〉
フランスのパリ外国宣教会宣教師。
⇒岩世人 (クーザン 1842.4.21–1911.9.18)
　新カト (クーザン 1842.4.21–1911.9.18)

Cousin, Victor〈18・19世紀〉
フランスの哲学者。1840に教育相。主著『真美善について』(1837)。
⇒岩世人 (クーザン 1792.11.28–1867.1.14)
　広辞7 (クーザン 1792–1867)
　学叢思 (クーザン, ヴィクトル 1792–1867)
　新カト (クーザン 1792.11.28–1867.1.13)
　メル2 (クザン, ヴィクトール 1792–1867)

Cousineau, Jacques-Georges〈18・19世紀〉
フランスのハープの製作と奏者, 教師。
⇒バロ (クジノー, ジャック・ジョルジュ 1760.1.13–1824)

Cousin-Montauban, Charles Guillaume Marie Apollinaire Antoine, Comte de Palikao〈18・19世紀〉
フランスの軍人。中国派遣軍司令官として北京に侵入し, 北京条約を締結。
⇒岩世人 (クーザン・ド・モントーバン 1796.6.24–1878.1.8)

Coussemaker, Charles Edmond Henri de〈19世紀〉
フランスの音楽評論家, 音楽学者。
⇒岩世人 (クスマケール 1805.4.19–1876.1.10)

Coustant, Pierre〈17・18世紀〉
フランスのカトリック教父学者, ベネディクト修道会士。
⇒新カト (クスタン 1654.4.30–1721.10.18)

Coustou, Guillaume I〈17・18世紀〉
フランスの彫刻家。代表作『マルリーの馬』(1740)。
⇒岩世人 (クストゥ 1677.11.29–1746.2.22)

Coustou, Guillaume le Jeune〈18世紀〉
フランスの彫刻家。G.クストゥ1世の子。サン・スーシ宮などに作品がある。
⇒岩世人 (クストゥ 1716.3.19–1777.7.13)

Coustou, Nicolas〈17・18世紀〉
フランスの彫刻家。ルイ15世の大理石像などを制作。
⇒岩世人 (クストゥ 1658.1.9(受洗)–1733.5.1)

Cousturier, Lucie〈19・20世紀〉
フランスの画家。
⇒芸13 (クーテュリエ, ルシイ 1876–1925)

Couthon, Georges〈18世紀〉
フランス革命期の政治家。
⇒岩世人 (クートン 1755.12.22–1794.7.28)

Couto, Diogo de〈16・17世紀〉
ポルトガルの歴史家, 年代記作者。
⇒岩世人 (コウト 1542–1616)

Couturat, Louis〈19・20世紀〉
フランスの哲学者, 論理学者。主著『数学的無限』『形而上学叙説』(1901)。
⇒岩世人 (クテュラ 1868.1.17–1914.8.3)
　メル3 (クーチュラ, ルイ 1868–1914)

Couture, Thomas〈19世紀〉
フランスの歴史, 風俗画家。代表作『退廃のローマ人』(1847), 『ローマの祭』。
⇒岩世人 (クテュール 1815.12.21–1879.3.30)

Couvreur, Séraphin〈19・20世紀〉
フランスのイエズス会宣教師, 中国学者。中国の古典に精通し, 訳出。
⇒岩世人 (クヴルール 1835.1.14–1919)
　新カト (クーヴルール 1835.1.14–1919.11.19)

Covarrubias (Covarruvias) y Leyva, Diego de〈16世紀〉
スペインの司教, 法学者。
⇒岩世人 (コバルビアス 1512.7.25–1577.9.27)

Covel, John〈17・18世紀〉
イギリスのギリシア教会研究家。
⇒新カト (コヴル 1638.4.2–1722.12.19)

Coverdale, Miles〈15・16世紀〉
イギリスの聖職者。1535年に聖書を英訳。
⇒バロ (カヴァデール, マイルズ 1488–1568)
　岩世人 (カヴァデール 1488–1568.2.19)
　新カト (カヴァーデール 1488–1568.1.20)

Covilhão, Pedro de〈15・16世紀〉
ポルトガルの旅行家。
⇒岩世人 (コヴィリャン 1450(-1460)頃–1530頃)

Cowell, Edward Byles〈19・20世紀〉
イギリスのインド学者, サンスクリット学者。多くのサンスクリット原典の刊行, 翻訳の業績がある。
⇒岩世人 (カウエル 1826.1.23–1903.2.9)

Cowen, Sir Frederic Hymen〈19・20世紀〉
イギリス (ジャマイカ島生れ) の作曲家, 指揮者。
⇒岩世人 (コーウェン 1852.1.29–1935.10.6)

Cowen, Joseph〈19・20世紀〉
イギリスのシオニスト。
⇒ユ人 (カウエン, ジョセフ 1868–1932)

Cowie, William Clark〈19・20世紀〉
イギリス人の冒険家, 実業家。
⇒岩世人（カウイ　1849.4.8–1910.9.14）

Cowley, Abraham〈17世紀〉
イギリスの詩人。清教徒攻撃の喜劇『保護者』などを発表。
⇒岩世人（カウリー　1618–1667.7.28）
ネーム（カウリー　1618–1667）

Cowman, Charles E.〈19・20世紀〉
アメリカの宣教師。
⇒アア歴（Cowman,Charles E.and Cowman, Lettie（Burd）チャールズ・E・カウマン, レティ・バード・カウマン　1868.3.13–1924.9.25）

Cowman, Lettie Burd〈19・20世紀〉
アメリカの宣教師。
⇒アア歴（Cowman,Charles E.and Cowman, Lettie（Burd）チャールズ・E・カウマン, レティ・バード・カウマン　1870.3.3–1960.4.17）

Cowper, William〈17・18世紀〉
イギリスの外科医。クーパー氏腺（球状尿道腺）を発見（1697）。
⇒岩世人（クーパー　1666–1709）

Cowper, William〈18世紀〉
イギリスの詩人。
⇒岩世人（クーパー　1731.11.15–1800.4.25）
新カト（クーパー　1731.11.26–1800.4.25）

Cox, David〈18・19世紀〉
イギリスの風景画家。水彩画で知られる。技法書も多数残した。
⇒岩世人（コックス　1783.4.29–1859.6.7）

Cox, James Middleton〈19・20世紀〉
アメリカの政治家, 新聞業者。オハイオ州知事。
⇒岩世人（コックス　1870.3.31–1957.7.15）

Cox, Josiah〈19世紀〉
イギリスの宣教師。中国に渡り, 布教。
⇒岩世人（コックス）

Cox, Richard〈16世紀〉
イギリスの牧師, プロテスタントの改革者。
⇒新カト（コックス　1500頃–1581.7.22）

Coxe, Henry Octavius〈19世紀〉
イギリスの古文書学者, 司書。オクスフォード大学図書館ボドリアン文庫館長（1860～81）。
⇒岩世人（コックス　1811.9.20–1881.7.8）

Coxwell, Henry Tracey〈19世紀〉
イギリスの気球飛行家。7マイルの高度記録を作った（1862）。
⇒岩世人（コクスウェル　1819.3.2–1900.1.5）

Coyett, Frederik〈17世紀〉
オランダの出島商館長。後, 台湾長官。
⇒岩世人（コイエット　1620頃–1678頃）

Coypel, Antoine〈17・18世紀〉
フランスの画家。20歳でアカデミー会員。
⇒岩世人（コワペル　1661.4.11–1722.1.7）

Coypel, Charles Antoine〈17・18世紀〉
フランスの宮廷画家。歴史画, 風俗画, 肖像画を描いた。
⇒芸13（コアベル, シャルル・アントアーヌ　1694–1752）

Coysevox, Antoine〈17・18世紀〉
フランスの彫刻家。代表作『うずくまるビーナス』（86）,『貝をもつニンフ』（88）など。
⇒岩世人（コワズヴォ　1640.9.29–1720.10.10）
芸13（コアズヴォ, アントアーヌ　1640–1720）

Cozens, Alexander〈18世紀〉
イギリスの風景画家, 文筆家。ロシア生れ。
⇒岩世人（カズンズ　1717–1786）

Cozens, John Robert〈18世紀〉
イギリスの水彩風景画家。
⇒岩世人（カズンズ　1752–1797.12.14）

Cozza, Lorenzo〈17・18世紀〉
イタリアの神学者, 枢機卿, フランシスコ会総会長。
⇒新カト（コッツァ　1654.3.31–1729.1.18）

Crabbe, George〈18・19世紀〉
イギリスの詩人。牧師。
⇒岩世人（クラップ　1754.12.24–1832.2.3）

Crafts, James Mason〈19・20世紀〉
アメリカの化学者。フリーデル＝クラフツ反応を発見（1877）。マサチューセッツ工科大学学長（97～1900）。
⇒岩世人（クラフツ　1839.3.8–1917.6.20）

Craig, Austin〈19・20世紀〉
アメリカの教育者, 作家。
⇒アア歴（Craig,Austin　オースティン・クレイグ　1872.2.22–1949.2.11）

Craig, Edward Gordon〈19・20世紀〉
イギリスの俳優, 演出家, 舞台装置家, 演劇理論家。
⇒岩世人（クレイグ　1872.1.16–1966.7.29）
広辞7（クレイグ　1872–1966）

Craig, James, 1st Viscount Craigavon〈19・20世紀〉
イギリスの政治家。
⇒岩世人（クレイグ　1871.1.8–1940.11.24）

Craigie, Pearl Mary〈19・20世紀〉
イギリスの作家。
⇒新カト（クレイギー　1867.11.3–1906.8.13）

Craigie, *Sir* William Alexander〈19・

20世紀〉
イギリスの言語学者。『オックスフォード英語辞典』の編者。
⇒岩世人（クレイギー　1867.8.13-1957.9.2）

Craik, Dinah Maria〈19世紀〉
イギリスの作家。
⇒岩世人（クレイク　1826.4.20-1887.10.12）

Cramer, Gabriel〈18世紀〉
スイスの数学者。代数曲線の理論などを研究。
⇒岩世人（クラメール　1704.7.31-1752.1.4）
　世数（クラメール, ガブリエル　1704-1752）

Cramer, Johann Baptist〈18・19世紀〉
イギリスのピアノ奏者，教育家。ドイツ生れ。
⇒岩世人（クラーマー　1771.2.24-1858.4.16）
　エデ（クラーマー, ヨハン・バプティスト　1771.2.24-1858.4.16）

Cramer, Wilhelm〈18世紀〉
ドイツのヴァイオリン奏者。1761～72年マンハイム宮廷管弦楽団ヴァイオリン奏者。
⇒バロ（クラーマー, ヴィルヘルム　1746.6.2-1799.10.5）

Crampton, Henry Edward〈19・20世紀〉
アメリカの動物学者。進化，遺伝，発生などを研究。
⇒岩世人（クランプトン　1875.1.5-1956.2.26）

Crampton, Thomas Russell〈19世紀〉
イギリスの技術者。クランプトン式機関車を発明。
⇒岩世人（クランプトン　1816.8.6-1888.4.19）

Cranach, Lucas der Ältere〈15・16世紀〉
ドイツの画家。ザクセン選帝侯の宮廷画家（05～50）。代表作『キリスト磔刑』（1500頃）など。
⇒岩世人（クラーナハ（クラーナッハ）　1472.10.4-1553.10.16）
　ネーム（クラナッハ　1472-1553）
　広辞7（クラナッハ　1472-1553）
　新カト（クラーナハ　1472.10.4-1553.10.16）
　芸13（クラナハ, ルーカス（父）　1472-1553）
　ポブ人（クラナハ, ルーカス　1472-1553）
　ルネ（ルーカス・クラナッハ（父）　1472-1553）

Crane, Edward Nicholas〈19世紀〉
アメリカの大リーグ選手（投手，外野，捕手）。
⇒メジャ（エド・クレイン　1862.5.27-1896.9.20）

Crane, Stephen〈19世紀〉
アメリカの小説家。
⇒岩世人（クレイン　1871.11.1-1900.6.5）
　新カト（クレイン　1871.11.1-1900.6.5）

Crane, Walter〈19・20世紀〉
イギリスの画家，図案家，著述家。著書に『ある芸術家の回想』（1907）がある。
⇒岩世人（クレイン　1845.8.15-1915.3.14）
　学叢思（クレーン, ウォルター　1845-1915）

Cranmer, Thomas〈15・16世紀〉
イギリスの宗教改革者。1533年カンタベリー大主教。
⇒バロ（クランマー, トマス　1489-1556）
　岩世人（クランマー　1489.7.2-1556.3.21）
　ネーム（クランマー　1489-1556）
　新カト（クランマー　1489.7.2-1556.3.21）

Crans, Jan〈18世紀〉
オランダの長崎商館長。
⇒岩世人（クランス　1733.4-1780.5.3）

Crashaw, Richard〈17世紀〉
イギリスの形而上詩人。主著『聖堂への歩み』（46），『聖なる警句』（34）など。
⇒岩世人（クラショー　1613頃-1649.8.25以前）
　新カト（クラショー　1612/1613-1649.8.21）

Crasset, Jean〈17世紀〉
フランスのイエズス会士，修徳神学者。主著『念禱の方法』『日本カトリック教会史』（89）。
⇒岩世人（クラセ　1618.1.3-1692.1.4）
　新カト（クラッセ　1618.1.3-1692.1.4）

Crassot, Richard〈16世紀〉
フランスの作曲家。
⇒バロ（クラソ, リシャール　1530頃-1572.8）

Crassus, Marcus Licinius〈前2・1世紀〉
古代ローマ共和政末期の政治家，富豪。前73年プラエトル，スパルタクスの乱を鎮圧。
⇒岩世人（クラッスス　前115頃-前53.6.9）
　ネーム（クラッスス　前115-前53）
　広辞7（クラッスス　前115頃-前53）
　世人新（クラッスス　前114頃-前53）
　世人装（クラッスス　前114頃-前53）
　世史語（クラッスス　前115-前53）
　ポブ人（クラッスス, マルクス・リキニウス　前115?-前53）

Crasto, Gaspar de〈16・17世紀〉
ポルトガル人のイエズス会員。
⇒新カト（クラスト　1560頃-1626.5.7）

Crasto, João de〈16世紀〉
イエズス会員。ポルトガルのセトゥバル出身。
⇒新カト（クラスト　?-1594.6.29）

Crateros〈前5・4世紀〉
マケドニア王国の王。
⇒世帝（クラテロス　?-前399）

Crawford, Francis Marion〈19・20世紀〉
アメリカの小説家，歴史家。
⇒アア歴（Crawford,F(rancis) Marion　フランシス・マリオン・クローフォード　1854.8.2-1909.4.9）

新カト（クローフォード　1854.8.2–1909.4.9）

Crawford, Joseph U.〈19・20世紀〉
アメリカの鉄道技師。来日し、手宮～札幌間鉄道を創設。
⇒アア歴（Crawford,Joseph Ury　ジョセフ・ユアリ・クローフォード　1842.8.25–1924.11.21）
　岩世人（クローフォード　1842–1924.11.21）

Crawford, Samuel Earl〈19・20世紀〉
アメリカの大リーグ選手（外野、一塁）。
⇒メジャ（サム・クロフォード　1880.4.18–1968.6.15）

Crawford, Tarleton P.〈19・20世紀〉
アメリカのバプテスト会宣教師。漢名高等丕。
⇒アア歴（Crawford,Tarleton Perry　タールトン・ペリー・クローフォード　1821.5.8–1902.4）
　岩世人（クローフォード　?–1902.4.7）

Crawfurd, John〈18・19世紀〉
イギリスの医者、東洋学者。東南アジア諸国の言語民族について研究。
⇒岩世人（クローファード　1783.8.13–1868.5.11）

Crazy Horse〈19世紀〉
アメリカ・インディアン、オグララ・スー族の酋長。
⇒アメ新（クレージー・ホース　?–1877）

Crean, Nicolaes〈15・16世紀〉
フランドルの歌手。
⇒バロ（クラーン、ニコラウス　1460頃?–1510頃）

Creangă, Ion〈19世紀〉
ルーマニアの作家。
⇒岩世人（クリャンガ　1837.3.1–1889.12.31）

Crébillon, Claude Prosper Jolyot de〈18世紀〉
フランスの小説家。主著『心と精神の錯乱』(36)、『ソファ』(40)など。
⇒岩世人（クレビヨン　1707.2.14–1777.4.12）

Crébillon, Prosper Jolyot, Sieur de〈17・18世紀〉
フランスの悲劇作家。代表作『ラダミストとゼノビー』(11)。
⇒岩世人（クレビヨン　1674.1.13–1762.6.13）

Crecquillon, Thomas〈16世紀〉
フランドル楽派の作曲家。
⇒バロ（クレキヨン、トマ　1480–1500頃?–1557）

Credé, Carl〈19・20世紀〉
ドイツの劇作家、医者。
⇒岩世人（クレデ　1878.1.8–1952.12.27）

Credé, Karl Siegmund Franz〈19世紀〉
ドイツの産婦人科医。
⇒岩世人（クレデ　1819.12.23–1892.3.14）

Credi, Lorenzo di〈15・16世紀〉
イタリアの画家。
⇒岩世人（クレーディ　1459頃–1537.1.12）
　新カト（クレディ　1459頃–1537.1.12）
　芸13（クレディ・ロレンツォ・ディ　1459頃–1537）

Creighton, James Edwin〈19・20世紀〉
アメリカの論理学者。『哲学評論』を編集。
⇒岩世人（クレイトン　1861.4.8–1924.10.8）

Creighton, Mandell〈19・20世紀〉
イギリスの国教会聖職者、歴史家。1891年ピーターバラ主教、97年ロンドン主教。
⇒岩世人（クレイトン　1843.7.5–1901.1.14）

Crelle, August Leopold〈18・19世紀〉
ドイツの数学者。ドイツ最初の鉄道を設計。
⇒岩世人（クレレ　1780.3.11–1855.10.6）
　世数（クレレ、アウグスト・レオポルト　1780–1855）

Cremer, August Hermann〈19・20世紀〉
ドイツのプロテスタント神学者。グライフスヴァルト大学教授。
⇒岩世人（クレーマー　1834.10.18–1903.10.4）
　新カト（クレーマー　1834.10.18–1903.10.4）

Cremer, Sir William Randal〈19・20世紀〉
イギリスの労働組合指導者、平和運動家。下院議員（85～95,1900～08）。
⇒岩世人（クリーマー　1828.3.18–1908.7.22）
　広辞7（クリーマー　1838–1908）

Crémieux, Isaac Adolphe〈18・19世紀〉
フランスの法学者、政治家。1870年国防政府の法相。
⇒岩世人（クレミュー　1796.4.30–1880.2.10）
　ユ人（クレミュー、イサク・モイセ・アドルフ　1796–1880）
　ユ著人（Cremieux,Adolph　クレミュー、アドルフ　1796–1880）

Cremona, Antonio Luigi Gaudenzio Giuseppe〈19・20世紀〉
イタリアの数学者。文相も務めた。綜合幾何学を開拓。
⇒岩世人（クレモーナ　1830.12.7–1903.6.10）
　世数（クレモナ、アントニオ・ルイジ・ガウデンツィオ・ジュゼッペ　1830–1903）
　ユ著人（Cremona,Antonio Luigi Gaudenzio Giuseppe　クレモナ、アントニオ・ルイジ・ガウデンチオ・ジュゼッペ　1830–1903）

Cremonini, Cezare〈16・17世紀〉
イタリアのアリストテレス学者。
⇒岩世人（クレモニーニ　1550.12.22–1631.7.19）

Crescas, Hasdai Ben Abraham〈14・

15世紀〉
ユダヤ人,スペインのラビ,哲学者。主著『神の光』。
⇒岩世人(クレスカス　1340頃-1410(-1412))
新カト(クレスカス　1340頃-1410頃)
ユ人(クレスカス,ハスダイ　1340-1410)
ユ著人(Hasdai Crescas　ハスダイ・クレスカス　1340-1410)

Crescens〈1世紀〉
聖人,殉教者。祝日7月27,29,30日。トラヤヌス帝治下に殉教したという。
⇒新カト(クレスケンス　1世紀)

Crescentini, Girolamo〈18・19世紀〉
イタリアの歌手・作曲家。
⇒オペラ(クレシェンティーニ,ジローラモ　1762-1846)

Crescimbeni, Giovanni Mario〈17・18世紀〉
イタリアの詩人,歴史家。アルカディア運動の推進者。
⇒岩世人(クレシンベーニ　1663.10.9-1728.3.8)

Crespel, Jean〈16世紀〉
フランドルの作曲家。
⇒バロ(クレスペル,ジャン　1520頃?-1570頃?)

Crespi, Daniele〈16・17世紀〉
イタリアの画家。代表作は『聖カルロ・ボロメオ七旬節の食事』(1628頃)。
⇒岩世人(クレスピ　1590-1630)

Crespi, Giuseppe Maria〈17・18世紀〉
イタリアの風俗画家。通称ロ・スパニョーロ。代表作は連作『七秘跡』(1712～15頃)。
⇒岩世人(クレスピ　1665.3.16-1747.7.16)
芸13(クレスピ,ジュゼッペ・マリーア　1665-1747)

Cressent, Charles〈17・18世紀〉
フランスの家具職人,彫刻家,金工。
⇒芸13(クレッサン,シャルル　1685-1766)

Creswell, Archibald〈19・20世紀〉
イギリスのイスラム建築史学者。
⇒岩世人(クレスウェル　1879.9.13-1974.4.8)

Creuzer, Georg Friedrich〈18・19世紀〉
ドイツの文献学者。神話学を学問的に基礎づけた。
⇒岩世人(クロイツァー　1771.3.10-1858.2.16)

Crèvecoeur, Michel Guillaume Jean de〈18・19世紀〉
フランス系アメリカの著述家。
⇒アメ新(クレブクール　1735-1813)
岩世人(クレヴクール　1735.1.31-1813.11.12)

Crewe, Robert Offley Ashburton Crewe-Milnes, 1st Marquess of〈19・20世紀〉
イギリスの政治家。1885年上院議員。植民相(1908～10),インド相(10～15)として活躍。
⇒岩世人(クルー　1858.1.12-1945.6.20)

Crichton, James〈16世紀〉
イギリス,スコットランド出身の学者,体育家。
⇒岩世人(クライトン　1560-1582-1585頃)

Criger, Louis〈19・20世紀〉
アメリカの大リーグ選手(捕手)。
⇒メジャ(ルー・クリーガー　1872.2.3-1934.5.14)

Criminali, Antonio〈16世紀〉
イエズス会最初の殉教者。イタリアのシッサ生まれ。インドで宣教中,マドラス付近で先住民の襲撃を受け,殉教した。
⇒新カト(クリミナリ　1520.2.7-1549.6)

Crispi, Francesco〈19・20世紀〉
イタリアの政治家。87～91年,93～96年首相。
⇒岩世人(クリスピ　1818.10.4-1901.8.11)

Crispien, Arthur〈19・20世紀〉
ドイツの政治家。
⇒岩世人(クリスピーン　1875.11.4-1946.11.29)

Crispinianus〈3世紀〉
マクシミリアーヌス帝による迫害の殉教者。
⇒岩世人(クリスピヌスとクリスピニアヌス)
新カト(クリスピヌスとクリスピニアヌス　?-287)
図聖(クリスピヌスとクリスピニアヌス　?-303頃)

Crispino da Viterbo〈17・18世紀〉
イタリアの聖人。祝日5月19日。カプチン・フランシスコ修道会の信徒修道士。
⇒新カト(クリスピノ・ダ・ヴィテルボ　1668.11.13-1750.5.19)

Crispinus〈3世紀〉
マクシミリアーヌス帝による迫害の殉教者。
⇒岩世人(クリスピヌスとクリスピニアヌス)
新カト(クリスピヌスとクリスピニアヌス　?-287)
図聖(クリスピヌスとクリスピニアヌス　?-303頃)

Cristóbal Paullu Inca〈16世紀〉
インカ帝国の皇帝。
⇒世帝(クリストバル・パウリュ・インカ　?-1549)

Cristofori, Bartolommeo di Francesco〈17・18世紀〉
イタリアのハープシコード製作者。ピアノの発明者。
⇒岩世人(クリストフォリ　1655.5.4-1732.1.27)
ネーム(クリストーフォリ　1655-1731)

Critana, Antonio Francisco〈16・17世

紀〉
スペイン出身のイエズス会員，来日宣教師。
⇒新カト（クリタナ　1548頃-1614.12）

Critius〈前5世紀〉
ギリシアの彫刻家。前477年ネシオテスと『僭主殺害者ハルモディオスとアリストゲイトン』の群像を制作。
⇒芸13（クリティオス　前5世紀）

Crivelli, Carlo〈15世紀〉
イタリアの画家。代表作『聖母子』。
⇒岩世人（クリヴェッリ　1430-1435-1495頃）
　新カト（クリヴェリ　1435頃-1495頃）
　芸13（クリヴェリ，カルロ　1430-1435-1493-1500）

Crivelli, Giovanni Battista〈16・17世紀〉
イタリアのオルガン奏者。
⇒バロ（クリヴェルリ，ジョヴァンニ・バッティスタ　1590頃?-1652.3）

Croce, Benedetto〈19・20世紀〉
イタリアの哲学者，文芸評論家，政治家。主著『精神の哲学』(1902)。
⇒岩世人（クローチェ　1866.2.25-1952.11.20）
　広辞7（クローチェ　1866-1952）
　学叢思（クローチェ，ベネデット　1866-?）
　新カト（クローチェ　1866.2.25-1952.11.20）
　世人新（クローチェ　1866-1952）
　世人装（クローチェ　1866-1952）
　20思（クローチェ，ベネデット　1866-1952）
　メル3（クローチェ，ベネデット　1866-1952）

Croce, Giovanni〈16・17世紀〉
イタリアの作曲家。代表作はマドリガル・コメディ『音楽療法』。
⇒バロ（クローチェ，ジョヴァンニ・ダッラ　1557頃-1609.5.15）
　新カト（クローチェ　1557頃-1609.5.15）

Croci, Antonio〈17世紀〉
イタリアの作曲家。
⇒バロ（クローチ，アントーニオ　1600頃?-1650頃以降）

Crockett, David〈18・19世紀〉
アメリカの辺境開拓者，政治家。
⇒アメ新（クロケット　1786-1836）
　広辞7（クロケット　1786-1836）

Crocus, Cornelius〈16世紀〉
オランダの司祭，人文主義者。
⇒新カト（クロクス　15世紀末-1550）

Croes, Henri-Jacques de〈18世紀〉
ベルギーの作曲家。
⇒バロ（ド・クルース，アンリ・ジャック　1705.9.19-1786.8.16）
　バロ（クルース，アンリ・ジャック・ド　1705.9.19-1786.8.16）

Croft, Thomas Lebens〈16・17世紀〉
イギリスの作曲家。
⇒バロ（クロフト，トマス・レーベンス　1580頃?-1640頃?）

Croft, William〈17・18世紀〉
イギリスの作曲家，オルガン奏者。
⇒バロ（クロフト，ウィリアム　1678.12.30-1727.8.14）

Crofts, Freeman Wills〈19・20世紀〉
イギリスの推理作家。『クロイドン発一二時三〇分』は，倒叙推理小説の佳作。
⇒岩世人（クロフツ　1879.6.1-1957.4.11）
　ネーム（クロフツ　1879-1957）

Croiset, Jean〈17・18世紀〉
フランスの霊的著述家。
⇒新カト（クロアゼ　1656.10.28-1738.1.31）

Croizette〈19世紀〉
フランスの舞台女優。
⇒19仏（ソフィ・クロワゼット　1847.3.19-1901.3.19）

Croker, John Wilson〈18・19世紀〉
イギリスの政治家，文芸評論家。J.キーツの『エンディミオン』を酷評。
⇒岩世人（クローカー　1780.12.20-1857.8.10）

Croly, Herbert〈19・20世紀〉
アメリカのジャーナリスト，政治評論家。
⇒岩世人（クローリー　1869.1.23-1930.5.17）

Crome, John〈18・19世紀〉
イギリスのノリッジ風景画派の画家。
⇒岩世人（クローム　1768.12.22-1821.4.22）
　芸13（クローム，ジョーン　1768-1821）

Cromer, Evelyn Baring, 1st Earl of〈19・20世紀〉
イギリスの植民地政治家。1883〜1907年エジプト駐在総領事。
⇒岩世人（クローマー　1841.2.26-1917.1.29）

Crompton, Samuel〈18・19世紀〉
イギリスの発明家。ハーグリーヴズの紡績機の欠点を改良し，新しい紡績機を完成（1779）。
⇒岩世人（クロンプトン　1753.12.3-1827.6.26）
　ネーム（クロンプトン　1753-1827）
　世人新（クロンプトン　1753-1827）
　世人装（クロンプトン　1753-1827）
　世史語（クロンプトン　1753-1827）
　ポプ人（クロンプトン，サミュエル　1753-1827）

Cromwell, Oliver〈16・17世紀〉
イギリスの政治家。
⇒岩世人（クロムウェル　1599.4.25-1658.9.3）
　ネーム（クロムウェル　1599-1658）
　広辞7（クロムウェル　1599-1658）
　学叢思（クロムウェル，オリヴァ　1599-1658）

新カト（クロムウェル　1599.4.25-1658.9.3)
世人新（クロムウェル〈父;オリヴァー〉　1599-1658)
世人装（クロムウェル〈父;オリヴァー〉　1599-1658)
世史語（クロムウェル　1599-1658)
ポプ人（クロムウェル，オリバー　1599-1658)
ユ人（クロムウェル，オリバー　1599-1658)
学叢歴（オリヴァー・クロムウェル　1599-1658)

Cromwell, Richard〈17・18世紀〉

イギリスの政治家。O.クロムウェルの3男。父の指名で父の没後護国卿に就任 (1658)。
⇒岩世人（クロムウェル　1626.10.4-1712.7.12)
　広辞7（クロムウェル　1626-1712)
　世人新（クロムウェル〈子;リチャード〉　1626-1712)
　世人装（クロムウェル〈子;リチャード〉　1626-1712)

Cromwell, Thomas, Earl of Essex〈15・16世紀〉

イギリスの政治家。宗教改革の立案実行者。
⇒岩世人（クロムウェル　1485頃-1540.7.28)
　新カト（クロムウェル　1485頃-1540.7.28)

Cronaca, Il〈15・16世紀〉

イタリア，ルネサンス期の建築家。
⇒岩世人（クローナカ　1457.10.20-1508.9.22)

Cronegk, Johann Friedrich, Freiherr von〈18世紀〉

ドイツの詩人。
⇒岩世人（クローネック　1731.9.2-1759.1.1)

Croner, Danier〈17・18世紀〉

ハンガリーの作曲家。
⇒バロ（クローネル，ダニエル　1656.3.22-1740.4.23)

Cröner, Franz Carl Thomas〈18世紀〉

ドイツのヴァイオリン奏者，フラウト・トラヴェルソ奏者。
⇒バロ（グレーナー，フランツ・カール・トーマス　1724頃-1787.12.1)

Cronstedt, Axel Fredric, Baron〈18世紀〉

スェーデンの鉱物学者，化学者。初めてニッケルを分離。
⇒岩世人（クルーンステット　1722.12.23-1765.8.19)

Crooke, William〈19・20世紀〉

イギリスのインド行政官，民俗研究者。
⇒岩世人（クルック　1848.8.6-1923.10.25)

Crookes, *Sir* William〈19・20世紀〉

イギリスの化学者，物理学者。新元素タリウムを発見。
⇒岩世人（クルックス　1832.6.17-1919.4.4)
　学叢思（クルックス，ウィリアム　1832-1919)

Cros, Cézar Isidore Henri〈19・20世紀〉

フランスの彫刻家，画家，詩人。蠟，磁器，色ガラスなどによる新しい彫刻の技法を研究。
⇒岩世人（クロ　1840.11.16-1907.1.20)

Cros, Emile Hortensius Charles〈19世紀〉

フランスの詩人，科学者。自動電信機 (67)，蓄音機 (77) などの原理を発表。
⇒岩世人（クロ　1842.10.1-1888.8.9)
　19仏（シャルル・クロ　1842.10.10-1888.8.9)

Cros, Léonard Joseph Marie〈19・20世紀〉

フランシスコ・ザビエルの研究家，イエズス会司祭。フランスのヴァーブル生まれ。
⇒新カト（クロ　1831.10.31-1913.1.17)

Crosby, Frances Jane〈19・20世紀〉

アメリカの女流詩人，讃美歌作者。
⇒岩世人（クロズビー　1820-1915)

Cross, Charles Frederick〈19・20世紀〉

イギリスの有機化学者。ビスコース繊維の製法を発明 (1892)。
⇒岩世人（クロス　1855.12.11-1935.4.15)

Cross, Charles Whitman〈19・20世紀〉

アメリカの岩石学者。合衆国地質調査所に勤務。
⇒岩世人（クロス　1854.9.1-1949)

Cross, Henri Edmond〈19・20世紀〉

フランスの画家。点描主義絵画を制作。
⇒芸13（クロッス，アンリ・エドマン　1856-1910)

Cross, (Lave) Lafayette Napoleon〈19・20世紀〉

アメリカの大リーグ選手（三塁，捕手）。
⇒メジャ（ラヴ・クロス　1866.5.12-1927.9.6)

Cross, Montford Montgomery〈19・20世紀〉

アメリカの大リーグ選手（遊撃）。
⇒メジャ（モンティ・クロス　1869.8.31-1934.6.21)

Cross, Richard Asheton Cross, 1st Viscount of〈19・20世紀〉

イギリスの政治家。内務相，インド事務相を歴任。1886年子爵。95〜1900年国璽尚書。
⇒岩世人（クロス　1823.5.30-1914.1.8)

Crothers, Samuel McChord〈19・20世紀〉

アメリカの牧師，随筆家。
⇒岩世人（クロトゥス・ルビアヌス　1480頃-1540 (-1545)頃)
　新カト（クロトゥス・ルビアヌス　1480頃-1545頃)

Crowe, Eyre〈19・20世紀〉

イギリスの画家。風俗画を主とした。

⇒岩世人（クロー　1824.10.3–1910.12.12）

Crowe, Sir Eyre Alexander Barby Wichart〈19・20世紀〉
イギリスの外交官。パリ講和会議のイギリス全権（19）。
⇒岩世人（クロー　1864.7.30–1925.4.28）

Crüger, Johannes〈16・17世紀〉
ドイツの作曲家、音楽理論家、オルガン奏者。
⇒バロ（クリューガー，ヨハネス　1598.4.9–1662.2.23）
エデ（クリューガー，ヨハン　1598.4.9–1662.2.23）

Cruikshank, George〈18・19世紀〉
イギリスの諷刺画家、挿絵画家。雑誌『答』に諷刺画を掲載。
⇒岩世人（クルクシャンク　1792.9.27–1878.2.1）
芸13（クルークシャンク，ジョージ　1792–1878）

Cruikshank, William Cumberland〈18世紀〉
イギリスの外科医、解剖学者。皮膚からの炭酸ガスの排泄を発見（1779）。
⇒岩世人（クルクシャンク　1745–1800.6.27）

Crumpacker, Franklin Henry〈19・20世紀〉
アメリカの宣教師。
⇒アア歴（Crumpacker,Franklin Henry　フランクリン・ヘンリー・クラムパッカー　1876.5.13–1951.12.20）

Crusius, Christian August〈18世紀〉
ドイツの哲学者、神学者。ライプチヒ大学教授。
⇒岩世人（クルージウス　1715.6.10–1775.10.18）
学叢思（クルージウス，クリスティアン・アウグスト　1712–1776）
新カト（クルージウス　1715.1.10–1775.10.18）

Cruveilhier, Jean〈18・19世紀〉
フランスの病理学者。主著『人体病理解剖学』（1829～42）。
⇒岩世人（クリュヴェイエ　1791.2.9–1874.3.6）

Cruz, Gaspar da〈16世紀〉
ポルトガル出身のドミニコ会員。
⇒岩世人（ガスパール・ダ・クルス　1520頃–1570）
新カト（ガスパル・ダ・クルス　?–1570.2.5）

Cruz, Oswaldo Goncalves〈19・20世紀〉
ブラジルの細菌学者、衛生学者。リオデジャネイロの黄熱病を根絶。
⇒岩世人（クルス　1872.8.5–1917.2.11）
ラテ新（クルス　1872–1917）

Cruz, Pedro de la〈16・17世紀〉
スペイン人のイエズス会宣教師。
⇒岩世人（クルス　1560–1606.6.24）

Cruz, Ramón de la〈18世紀〉
スペインの劇作家。代表作は、悲劇『マノロ』（69）。
⇒岩世人（クルス　1731.3.28–1794.3.5）

Cruz, San Juan de la〈16世紀〉
スペインの詩人。カルメル会の修道士。代表作『カルメロ山への登攀』（78～83）。
⇒岩世人（フアン・デ・ラ・クルス　1542.6.24–1591.12.14）
広辞7（ヨハネ（十字架の）　1542–1591）
新カト（フアン・デ・ラ・クルス　1542.6.24–1591.12.14）
図聖（ヨハネ（十字架の）　1542–1591）
メル1（フアン・デ・ラ・クルス（聖）〔十字架のヨハネ〕　1542–1591）

Cruz, Sor Juana Inés de la〈17世紀〉
メキシコの女流詩人。作品は『霊泉』（89）をはじめ著作集全3巻に収録。
⇒ラテ新（クルス　1651–1695）

Csokonai Vitéz Mihály〈18・19世紀〉
ハンガリーの詩人。抒情詩『リラ』（05）が有名。
⇒岩世人（チョコナイ　1773.11.17–1805.1.28）

Cuauhtemoc〈15・16世紀〉
アステカ帝国最後の国王。
⇒岩世人（クアウテモク　1502頃–1525.2.28）
世帝（クアウテモック　1495–1525）
ラテ新（クアウテモック　1495頃–1525）

Cuauhtlatoatzin, Juan Diego〈15・16世紀〉
アメリカ先住民で初めての聖人。
⇒岩世人（クアウトラトアツィン　1474–1548）
新カト（フアン・ディエゴ・クアウトラトアツィ　1474–1548）

Cubberley, Ellwood Patterson〈19・20世紀〉
アメリカの教育学者、教育史家。
⇒岩世人（カバリー　1868.6.6–1941.9.14）

Čübei〈13世紀〉
モンゴル帝国時代のチャガタイ家の有力者。
⇒岩世人（チュベイ）

Cú Chulainn
アイルランドのケルト神話の英雄。
⇒岩世人（クー・フリン）
ネーム（クー・フーリン）

Cūdapantaka
釈尊の弟子。十六羅漢の一。摩訶槃特の弟。
⇒岩世人（チューダパンタカ）
広辞7（周利槃特　しゅりはんどく）

Cudworth, Ralph〈17世紀〉
イギリス、ケンブリッジ・プラトン学派の指導的哲学者。主著『宇宙の真の知的体系』など。
⇒岩世人（カドワース　1617–1688.6.26）
学叢思（カッドウァース，ラーフ　1617–1688）
新カト（カドワース　1617–1688.7.26）

メル2〈カドワース, ラルフ　1617-1688〉

Cuénot, Lucien Claude Jules Marie
〈19・20世紀〉
フランスの動物学者。ナンシ大学名誉教授。進化論, 遺伝学に業績がある。
⇒岩世人（キュエノ　1866.10.21-1951.1.7）

Cueva, Beatriz de la〈16世紀〉
グアテマラ総督。アルバラドの妻。植民地時代唯一の女性政治家。
⇒岩世人（クエバ　?-1541）

Cueva, Juan de la〈16・17世紀〉
スペインの劇作家, 詩人。作品に『中傷者』(1588)など。
⇒岩世人（クエバ　1543-1612）

Cugnot, Nicolas-Joseph〈18・19世紀〉
フランスの軍事技術者。1769年蒸気機関を使った世界最初の三輪自動車を製作。
⇒岩世人（キュニョ　1725.2.26-1804.10.2）
　ネーム（キュニョー　1725-1804）
　広辞7（キュニョー　1725-1804）
　ポプ人（キュニョー, ニコラ・ジョセフ　1725-1804）

Cuitlahuac〈16世紀〉
アステカ帝国の統治者。在位1520。
⇒世帝（クィトラワク　?-1520）

Cujacius〈16世紀〉
フランスの法学者。ローマ法の科学的研究を初めて試みた。
⇒岩世人（クヤキウス　1522-1590.10.4）

Culbertson, Matthew Simpson〈19世紀〉
アメリカの宣教師。
⇒アア歴（Culbertson, Matthew Simpson　マシュー・シンプスン・カルバートスン　1819.1.18-1862.8）

Culén〈10世紀〉
スコットランド王。
⇒世帝（カリン　?-971）

Culhwch
アーサー王の甥の一人。
⇒ネーム（キルッフ）

Culi, Jacob〈17・18世紀〉
ラビ, 編集者。ラディーノ語の重要な聖書注解書シリーズ「メアム・ロエズ」の製作主導者。
⇒ユ著人（Culi, Jacob　クリ, ヤコブ　1685-1732）

Culin, Robert Stewart〈19・20世紀〉
アメリカの文化人類学者。
⇒アア歴（Culin, [Robert] Stewart　ロバート・スチュアート・キューリン　1858.7.13-1929.4.8）

Cullen, Paul〈19世紀〉
アイルランドのローマ・カトリック教会枢機卿, ダブリン大司教。
⇒岩世人（カレン　1803.4.29-1878.10.24）
　新カト（カレン　1803.4.29-1878.10.24）

Cullen, William〈18世紀〉
スコットランドの医師。神経病理説を提唱。イギリスにおける臨床講義, 自国語による講義の実践者。
⇒岩世人（カレン　1710.4.15-1790.2.5）

Culmann, Karl〈19世紀〉
ドイツの橋梁技術者, 力学者。チューリヒの工業大学学長（72～75）。
⇒岩世人（クールマン　1821.7.10-1881.12.9）

Culp, Julia Bertha〈19・20世紀〉
オランダのアルト歌手。
⇒岩世人（クルプ　1880.10.6-1970.10.13）

Culpeper, Thomas〈17世紀〉
イギリスの貴族, ヴァージニア植民地総督。
⇒岩世人（カルペパー　1635.3.21（受洗）-1689.1.27）

Cumberland, Richard〈17・18世紀〉
イギリスの宗教家, 倫理学者。
⇒岩世人（カンバーランド　1631.7.15-1718.10.9）
　学叢思（カンバーランド, リチャード　1631-1718）
　新カト（カンバーランド　1632.7.15-1718.10.9）

Cumberland, Richard〈18・19世紀〉
イギリスの劇作家。代表作『西インド人』(70)。
⇒岩世人（カンバーランド　1732.2.19-1811.5.7）

Cumberland, William Augustus, Duke of〈18世紀〉
イギリスの軍人。
⇒岩世人（カンバーランド　1721.4.15-1765.10.31）

Cumming, *Sir* Mansfield〈19・20世紀〉
イギリス秘密情報部（MI6）の初代長官。
⇒スパイ（カミング, サー・マンスフィールド　1859-1923）

Cummings,（Candy）William Arthur〈19・20世紀〉
アメリカの大リーグ選手（投手）。
⇒メジャ（キャンディ・カミングス　1848.10.18-1924.5.16）

Cummins, Maria Susanna〈19世紀〉
アメリカの小説家。
⇒岩世人（カミンズ　1827.4.9-1866.10.1）

Cumont, Franz Valéry Marie〈19・20世紀〉
ベルギーの考古学者, 宗教史家。ブリュッセルの王立博物館館長（1899～1912）。ミトラ教を

研究。
⇒岩世人（キュモン 1868.1.3–1947.8.25）

Cumpston, John Howard Lidgett〈19・20世紀〉
オーストラリアの公衆衛生学者。
⇒岩世人（カンプストン 1880.6.9–1954.10.9）

Cunard, *Sir* **Samuel**〈18・19世紀〉
イギリスの船主。
⇒岩世人（キュナード 1787.11.21–1865.4.28）

Cunda-Kammāraputta〈前4世紀頃〉
インドの仏教徒。最晩年のブッダに食を捧げた。
⇒岩世人（チュンダ）

Cundrie
〈聖杯伝説〉に現れる聖杯の使者。
⇒岩世人（クンドリー）

Cunha, Euclides Rodrigues Pimenta da〈19・20世紀〉
ブラジルの小説家、ジャーナリスト。代表作『奥地』（1902）。
⇒岩世人（クーニャ 1866.1.20–1909.8.15）

Cunha, João Serrão da〈16・17世紀〉
ポルトガル領マカオ総督、遣日貿易船隊司令官。
⇒岩世人（クーニャ）

Cunha, Luís da〈17・18世紀〉
ポルトガルの政治家、開化論者。
⇒岩世人（クーニャ 1662.1.23–1749.10.9）

Cunha, Tristão da〈15・16世紀〉
ポルトガルの航海者。クーニャ諸島を発見（1506）。
⇒岩世人（クーニャ 1460頃–1540頃）

Cunningham, *Sir* **Alexander**〈19世紀〉
イギリスの軍人、インド史研究家。軍退役後、インド各地の遺跡、遺物の調査発掘を行った。
⇒岩世人（カニンガム 1814.1.23–1893.11.28）
南ア新（カニンガム 1814–1893）

Cunningham, Allan〈18・19世紀〉
スコットランドの詩人。
⇒岩世人（カニンガム 1784.12.7–1842.10.29）

Cunningham, (Bert) Ellsworth Elmer〈19・20世紀〉
アメリカの大リーグ選手（投手）。
⇒メジャ（バート・カニンガム 1865.11.25–1952.5.14）

Cunningham, Edward〈19世紀〉
アメリカの商人。
⇒アア歴（Cunningham,Edward エドワード・カニンガム 1823–1889）

Cunningham, Edwin Sheddan〈19・20世紀〉
アメリカの領事。
⇒アア歴（Cunningham,Edwin Sheddan エドウィン・シェダン・カニンガム 1868.7.6–1953.1.20）

Cunningham, William〈19・20世紀〉
イギリスの歴史学派の経済学者。主著『イギリス商工業の発達』(82)。
⇒岩世人（カニンガム 1849.12.29–1919.6.10）

Cunningham, William Dayton〈19・20世紀〉
アメリカの宣教師。
⇒岩世人（カニンガム 1864.7–1936.6.24）

Cuno, Wilhelm〈19・20世紀〉
ドイツの実業家、政治家。1922年首相となり、穏和な右翼内閣を組織したが、翌年辞職。
⇒岩世人（クーノ 1876.7.2–1933.1.3）

Cunow, Heinrich Wilhelm Carl〈19・20世紀〉
ドイツの経済史家、人類学者、社会学者。
⇒岩世人（クーノー 1862.4.11–1936.8.20）
学叢思（クノー、ハインリッヒ）

Cuntarar〈7・8世紀〉
インドのタミルのシヴァ派宗教詩人。『デーヴァーラム』第7品に約1000詩節が残る。
⇒南ア新（スンダラル）

Cuoco, Vincenzo〈18・19世紀〉
イタリアの歴史家、小説家。主著『イタリアのプラトン』(1806)。
⇒岩世人（クオーコ 1770.10.1–1823.12.14）

Cupis, François〈18・19世紀〉
フランスのチェロ奏者、教師。
⇒バロ（キュピ、フランソワ 1732.11.10–1808.10.13）

Cupis de Camargo, Jean-Baptiste〈18世紀〉
フランドルのヴァイオリン奏者、騎手、貴族。
⇒バロ（キュピ・ド・カマルゴ、ジャン・バティスト 1711.11.23–1788.4.30）

Cuppy, (Nig) George Joseph〈19・20世紀〉
アメリカの大リーグ選手（投手）。
⇒メジャ（ニグ・カッピー 1869.7.3–1922.7.27）

Curci, Carlo Maria〈19世紀〉
イタリアの作家。
⇒新カト（クルチ 1810.9.4–1891.6.19）

Curé, Jacques-Charles〈19世紀〉
フランスの政治家。
⇒19仏（ジャック=シャルル・キュレ 1836.7.3–1893.2.19）

Curel, François, Vicomte de ⟨19・20世紀⟩
フランスの劇作家。
⇒岩世人（キュレル　1854.6.10–1928.4.26）
新カト（キュレル　1854.6.10–1928.4.26）

Curie, Marie ⟨19・20世紀⟩
フランスの女流化学者。1898年ポロニウムおよびラジウムを発見。
⇒岩世人（キュリー　1867.11.7–1934.7.4）
科史（マリー・キュリー　1867–1934）
広辞7（キュリー　1867–1934）
学叢思（キュリー, マリー　1867–?）
新カト（キュリー　1867.11.7–1934.7.4）
物理（キュリー, マリー　1867–1934）
世人新（キュリー⟨妻;マリ⟩　1867–1934）
世人装（キュリー⟨妻;マリ⟩　1867–1934）
世史語（キュリー夫妻　1867–1934）
ノ物化（マリー・キュリー　1867–1934）
ノ物化（マリー・キュリー　1867–1934）
ポプ人（キュリー, マリー　1867–1934）

Curie, Pierre ⟨19・20世紀⟩
フランスの物理学者。1880年圧電気現象を発見。03年ノーベル物理学賞受賞。
⇒岩世人（キュリー　1859.5.15–1906.4.19）
広辞7（キュリー　1859–1906）
学叢思（キュリー, ピエール　1859–1906）
物理（キュリー, ピエール　1859–1906）
世人新（キュリー⟨夫;ピエール⟩　1859–1906）
世人装（キュリー⟨夫;ピエール⟩　1859–1906）
世史語（キュリー夫妻　1859–1906）
ノ物化（ピエール・キュリー　1859–1906）
ポプ人（キュリー, ピエール　1859–1906）

Curio, Gaius Scribonius ⟨前1世紀⟩
ローマの政治家。
⇒岩世人（クリオ　前84頃–前49）

Curme, George Oliver ⟨19・20世紀⟩
アメリカの文法家。
⇒岩世人（カーム　1860.1.14–1948.4.29）

Curnonsky ⟨19・20世紀⟩
フランスの食通、ジャーナリスト。
⇒岩世人（キュルノンスキー　1872.10.12–1956.7.22）

Curschmann, Heinrich ⟨19・20世紀⟩
ドイツの医者。クルシュマンの螺旋体を記載。
⇒岩世人（クルシュマン　1846.6.28–1910.5.6）

Curtis, Charles Goldon ⟨19・20世紀⟩
アメリカの発明家、実業家。〈カーティス蒸気タービン〉を発明した（1895）。
⇒岩世人（カーティス　1860.4.20–1953.3.10）

Curtiss, Glenn Hammond ⟨19・20世紀⟩
アメリカの発明家、飛行家、実業家。カーティス航空会社を創設した（23）。

⇒岩世人（カーティス　1878.5.21–1930.7.23）

Curtius, Ernst ⟨19世紀⟩
ドイツの考古学者、歴史家。オリュンピア発掘に従事。
⇒岩世人（クルティウス　1814.9.2–1896.7.11）
ネーム（クルティウス　1814–1896）

Curtius, Julius ⟨19・20世紀⟩
ドイツの政治家、弁護士。経済相（1926～29）、外相（29）。
⇒岩世人（クルティウス　1877.2.7–1948.11.10）

Curtius, Ludwig ⟨19・20世紀⟩
ドイツの考古学者。ローマのドイツ考古学研究所長（28～37）。
⇒岩世人（クルティウス　1874.12.13–1954.4.10）

Curtius, Marcus
ローマの青年騎士。フォルム・ロマヌム（ローマ広場）に古くあったクルティウス池の由来譚で語られる3人の伝説的人物の一人。
⇒岩世人（クルティウス）

Curtius, Met(t)ius
サビニ人の将。フォルム・ロマヌム（ローマ広場）に古くあったクルティウス池の由来譚で語られる3人の伝説的人物の一人。
⇒岩世人（クルティウス）

Curtius, Theodor ⟨19・20世紀⟩
ドイツの化学者。
⇒岩世人（クルティウス　1857.5.27–1928.2.8）

Curtius, Valentin ⟨15・16世紀⟩
ドイツの宗教改革者。
⇒新カト（クルティウス　1493.1.6–1567.11.27）

Curtius Philo, Gaius ⟨前5世紀⟩
前445年のコンスル。フォルム・ロマヌム（ローマ広場）に古くあったクルティウス池の由来譚で語られる3人の伝説的人物の一人。
⇒岩世人（クルティウス）

Curtius Rufus, Quintus ⟨1世紀頃⟩
ローマの歴史家。『アレクサンドロス大王の歴史』（10巻）の著者。
⇒岩世人（クルティウス・ルフス）

Curzon, George Nathaniel, 1st Marquis ⟨19・20世紀⟩
イギリスの政治家。著書に『中央アジアにおけるロシア』（89）。
⇒岩世人（カーゾン　1859.1.11–1925.3.20）
ネーム（カーゾン　1859–1925）
広辞7（カーゾン　1859–1925）
世人新（カーゾン　1859–1925）
世人装（カーゾン　1859–1925）
南ア新（カーゾン　1859–1925）

Curzon, Mary Leiter〈19・20世紀〉
イギリスの貴族夫人。
⇒アア歴（Curzon,Mary（Victoria Leiter） メアリー・ヴィクトリア・ライター・カーズン 1870.5.27–1906.7.18）

Cúscraid Mend
『アルスター物語群』に登場する戦士。
⇒ネーム（クースクリド・メン）

Cushing, Caleb〈18・19世紀〉
アメリカの法律家，政治家。1873年合衆国最高裁判所長官に就任。
⇒アア歴（Cushing,Caleb ケイレブ・クッシング 1800.1.17–1879.1.2）

Cushing, Harvey Williams〈19・20世紀〉
アメリカの外科医。脳神経外科医学の開拓者。
⇒岩世人（クッシング 1869.4.8–1939.10.7）

Cushing, John Perkins〈18・19世紀〉
アメリカの商人。
⇒アア歴（Cushing,John Perkins ジョン・パーキンズ・クッシング 1787.4.22–1862.4.22）

Cushing, Josiah Nelson〈19・20世紀〉
アメリカの宣教師。
⇒アア歴（Cushing,Josiah Nelson ジョサイア・ネルソン・クッシング 1840.5.4–1905.5.17）

Cushman, Charlotte Saunders〈19世紀〉
アメリカの女優。
⇒岩世人（クッシュマン 1816.7.23–1876.2.18）

Custer, George Armstrong〈19世紀〉
アメリカの軍人。西部開拓時代インディアン征服に活躍。
⇒アメ新（カスター 1839–1876）
　岩世人（カスター 1839.12.5–1876.6.25）

Custine, Adam Philippe, Comte de〈18世紀〉
フランスの将軍。全国三部会議員。1792年ドイツのマインツ地方を占領したが，撃退される。
⇒岩世人（キュスティーヌ 1740.2.4–1793.8.27）

Custodi, Pietro〈18・19世紀〉
イタリアの経済学者。19世紀以前のイタリア経済学者の主要著作を集めた。
⇒岩世人（クストーディ 1771–1842）
　学叢思（クストディ，ピエトロ 1771–1842）

Cuthbert〈8世紀〉
アングロ・サクソンの修道院長。ベダ・ヴェネラビリスの弟子。
⇒新カト（カスパート〔ウェアマスの〕 ?–775頃）

Cuthbert, St.〈7世紀〉
スコットランド，リンディスファーンの司教。航海者の守護聖人。
⇒岩世人（カスパート 635頃–687.3.20）
　新カト（カスパート〔リンディスファーンの〕 634頃–687）
　図聖（カスパート（リンディスファーンの） 635頃–687）

Cuthbert (Canterbury)〈8世紀〉
イギリスの大司教。
⇒新カト（カスパート〔カンタベリの〕 700頃–758）

Cutler, Timothy〈17・18世紀〉
アメリカの組合教会牧師。ボストンの〈キリスト教会〉の牧師（23〜）。
⇒岩世人（カトラー 1684.5.31–1765.8.17）

Cutting, Francis〈16・17世紀〉
イギリスの撥弦楽器奏者。
⇒バロ（カッティング，フランシス 1550頃?–1603頃）

Cuvelier, Johannes〈14世紀〉
フランスの詩人，著述家。
⇒バロ（キュヴリエ，ヨハネス 1350頃?–1387）

Cuvier, Georges Léopold Chrétien Frédéric Dagobert〈18・19世紀〉
フランスの博物学者。比較解剖学と古生物学の創始者。
⇒岩世人（キュヴィエ 1769.8.23–1832.5.13）
　ネーム（キュヴィエ 1769–1832）
　広辞7（キュヴィエ 1769–1832）
　学叢思（キューヴィエー，ジュオルジュ・ダゴベール 1769–1822）
　世人新（キュヴィエ 1769–1832）
　世人装（キュヴィエ 1769–1832）

Cuvilliés, Jean François de〈17・18世紀〉
ドイツの建築家，室内装飾家。
⇒岩世人（キュヴィエ 1695.10.23–1768.4.14）

Cuyeng〈16・17世紀〉
中国，明末清初の皇族，軍人。
⇒岩世人（チュエン 1580（万暦8）–1615（万暦43））

Cuyp, Albert Jacobsz〈17世紀〉
オランダの画家。父ヤコブ・ヘリッツ（1594〜1651）も画家。
⇒岩世人（カイプ 1620.10–1691.11.15）
　芸13（カイプ，アールベルト 1620–1691）
　芸13（クイプ，アールベルト 1620–1691）

Cuypers, Petrus Josephus Hubertus〈19・20世紀〉
オランダの建築家。アムステルダムの国立美術館や中央駅が代表作。
⇒岩世人（コイペルス（カイペルス） 1827.5.16–1921.3.3）

Cuza, Alexandru Ion〈19世紀〉
ルーマニア公。在位1859〜66。

⇒岩世人（クザ　1820.3.20–1873.5.15）

Cuzner, Harold〈19・20世紀〉
アメリカの森林学者。
⇒アア歴（Cuzner,Harold　ハロルド・カズナー　1878.3.19–1956.9.25）

Cuzzoni, Francesca〈17・18世紀〉
イタリアの女性歌手。
⇒オペラ（クッツォーニ，フランチェスカ　1696–1778）

Cvijić, Jovan〈19・20世紀〉
セルビアの地理学者。バルカン地方の地理学および民俗学について研究。
⇒岩世人（ツヴィイッチ　1865.10.12–1927.1.10）

Cynewulf〈8・9世紀〉
イギリスの宗教詩人。作品に『キリスト』『聖ジュリアーナ』『使徒の運命』『エレーネ』。
⇒岩世人（キネウルフ）
⇒新カト（キネウルフ　750–80頃活躍）

Cyon, Elie de〈19・20世紀〉
ロシアの生理学者。1866年血管運動反射を発見。
⇒ユ著人（Cyon,Elie de　シオン，エリー・デ　1843–1912）

Cyprianus〈5世紀〉
キリスト教ラテン詩人。
⇒新カト（キプリアヌス〔ガリアの〕　5世紀）

Cyprianus, Thascius Caecilius〈3世紀〉
カルタゴの司教。殉教聖人。教皇権に対する司教権の自主性を主張。
⇒岩世人（キュプリアヌス　200頃–258.9.14）
　広辞7（キュプリアヌス　200頃–258）
　学叢思（キプリアヌス，タスキウス・カエキリウス　210–258）
　新カト（キプリアヌス　?–258.9.14）

Cyprianus（Antiócheia）〈3・4世紀〉
アンティオキアの主教。
⇒図聖（キプリアヌス（アンティオキアの）　?–304頃）

Cyprianus（Toulon）〈5・6世紀〉
トゥーロンの司教。在職515～。聖人。祝日10月3日。
⇒新カト（キプリアヌス〔トゥーロンの〕　476頃–546頃）

Cyrano de Bergerac, Savinien〈17世紀〉
フランスの詩人，劇作家，小説家。
⇒岩世人（シラノ・ド・ベルジュラック　1619.3.6–1655.7.28）
　ネーム（シラノ・ド・ベルジュラック　1619–1655）
　広辞7（シラノ・ド・ベルジュラック　1619–1655）
　世人新（シラノ=ド=ベルジュラック　1619–1655）
　世人裝（シラノ=ド=ベルジュラック　1619–1655）
　ポプ人（シラノ・ド・ベルジュラック，サビニアン　1619–1655）

Cyriacus〈3・4世紀〉
ローマの殉教者，聖人。4世紀頃に活動。14救難聖人の一人。
⇒岩世人（キュリアクス）
　新カト（キリアクス　生没年不詳）
　図聖（キリアクス　?–4世紀初頭）

Cyriacus Ciriacus Anconitanus〈14・15世紀〉
イタリアの商人。古代遺跡の発掘者。ギリシア，エジプト，近東に旅し，碑文や彫刻を収集。
⇒岩世人（キリアクス（アンコナの）　1391–1449以後）

Cyricus
殉教者。聖人。「キュリコスとユリッタ」と併称される。
⇒新カト（ユリッタとキュリアコス　4世紀）

Cysat, Renward〈16・17世紀〉
スイスにおける最初の日本紹介者。
⇒岩世人（ツィザト　1545.10.11–1614.4.25）

Cysoing, Jacques de〈13世紀〉
フランスの作曲家。
⇒バロ（ジャック・ド・シゾワン　1250頃?–1300頃）

Czartoryski, Adam Jerzy〈18・19世紀〉
ポーランドの政治家。ロシア保護下のポーランド独立を建議し，ウィーン会議で活躍。
⇒岩世人（チャルトリスキ　1770.1.14–1861.7.15）

Czartoryski, Adam Kazimierz〈18・19世紀〉
ポーランドの貴族。国王ポニアトフスキの従弟。
⇒岩世人（チャルトリスキ　1734.12.1–1823.3.19）

Czepko, Daniel〈17世紀〉
シレジア出身のドイツ・バロック時代の代表的プロテスタント詩人。
⇒新カト（チェプコ　1605.9.23–1660.9.8）

Czernin von und zu Chudenitz, Ottokar, Graf〈19・20世紀〉
オーストリアの政治家。1917年ブレスト・リトフスク条約に調印。著書に『世界大戦論』(19)。
⇒岩世人（チェルニン　1872.9.26–1932.4.4）

Czerny, Adalbert〈19・20世紀〉
ドイツの小児科学者。滲出性体質の概念を導入。
⇒岩世人（チェルニー　1863.3.25–1942.10.3）

Czerny, Karl〈18・19世紀〉
オーストリアのピアノ奏者，教育家，作曲家。リストらの音楽家を育てた。

⇒岩世人（チェルニー　1791.2.21–1857.7.15）
　エデ（ツェルニー，カール　1791.2.20–1857.7.15）
　ネーム（チェルニー　1791–1857）
　広辞7（チェルニー　1791–1857）
　ポプ人（チェルニー，カール　1791–1857）

Czerny, Vincenz〈19・20世紀〉
ドイツの外科医。ハイデルベルク市実験癌研究所主任。
⇒岩世人（チェルニー　1842.11.19–1916.10.3）

Czolbe, Heinrich〈19世紀〉
ドイツの哲学者。感覚主義の立場に立った。
⇒岩世人（ショルベ　1819.12.30–1873.2.19）
　學叢思（チオルベ，ハインリヒ　1819–1837）
　學叢思（クツォールベ，ハインリヒ　1819–1873）

Czörnig, Karl〈19世紀〉
オーストリアの経済学者。
⇒學叢思（ツェルニッヒ，カール　1804–1889）

【 D 】

d'Aassoucy, Charles Coypeau〈17世紀〉
フランスの作曲家。
⇒バロ（ダスーシ，シャルル・コワポー　1605.10.16–1677.10.29）

D'Abbadie, Antoine〈19世紀〉
フランスの探検家，地理学者。
⇒岩世人（ダバディ　1810.1.3–1897.3.19）

D'Abbadie, Arnaud〈19世紀〉
フランスの探検家，地理学者。
⇒岩世人（ダバディ　1815.7.24–1893.11.13）

Dabīr, Mīrzā Salāmat Alī〈19世紀〉
インドのウルドゥー詩人。コーランの詩句を巧みに引用。
⇒岩世人（ダビール　1803–1875）

Dablon, Claude〈17世紀〉
カナダで活動したイエズス会宣教師。
⇒新カト（ダブロン　1619.1.21–1697.5.3）

Dabry de Thiersant, Claude Philibert〈19世紀〉
フランスの軍人，外交官。著書『中国および東トルキスタンのイスラム教』(78)。
⇒岩世人（ダブリ・ド・ティエルサン　1826.4.5–1898）

Dach, Simon〈17世紀〉
ドイツの詩人。多くの有名な讚美歌を作詩。詩集に『ブランデンブルク選帝侯国のバラ』(61)。

⇒岩世人（ダッハ　1605.7.29–1659.4.15）

Da Costa, Jacob Mendes〈19世紀〉
アメリカの外科医。呼吸器・循環器疾患の診療で有名。
⇒岩世人（ダ・コスタ　1833.2.7–1900.9.12）

Da Costa, Uriël〈16・17世紀〉
ユダヤ教異端思想家。
⇒ユ人（コスタ（アコスタ），ウリエル　1585–1640）
　ユуダヤ人（Costa,Uriel da　コスタ，ウリエル・ダ　1585–1640）

Dadd, Richard〈19世紀〉
イギリスの画家。
⇒岩世人（ダッド　1817.8.1–1886.1.7）
　芸13（ダッド，リチャード　1819–1886）

Daddi, Bernardo〈13・14世紀〉
イタリアの画家。B.ジョットの後継者。サンタ・クローチェ聖堂のフレスコの壁画が有名。
⇒岩世人（ダッディ　（活動）1312–1348）
　芸13（ダッディ，ベルナルド　1290頃–1355頃）

Daddi, Francesco〈19・20世紀〉
イタリアのテノール歌手。
⇒魅惑（Daddi,Francesco　1864–1945）

Dadhici
バラモン教の聖典『リグ・ヴェータ』に登場する聖仙。
⇒ネーム（ダディーチャ）

Daendels, Herman Willem〈18・19世紀〉
オランダの軍人，東インド総督。在職1808～11。
⇒岩世人（ダーンデルス　1762.10.21–1818.5.2）

Dāgh Dihlavī, Nawāb Mīrzā Khān〈19・20世紀〉
インドのウルドゥー詩人。
⇒岩世人（ダーグ・デヘルヴィー　1831–1905）

Dagi〈13・14世紀〉
中国，元朝皇帝武宗カイシャン，仁宗アユルバルワダの母。
⇒岩世人（ダギ　?–1322（至治2.9））

Dagincour (d'Agincour), François〈17・18世紀〉
フランスの作曲家，オルガン奏者。
⇒バロ（ダジャンクール，フランソワ　1684–1758.4.30）

d'Agliè, Filippo〈17世紀〉
イタリアの外交官，詩人，音楽家，振付家。
⇒バレエ（ダリエ，フィリッポ　1604.3.27–1667.7.19）

Dagobert I〈7世紀〉
メロビング朝フランク王。在位629～639。

⇒岩世人（ダゴベルト1世　600頃-639頃）
　世帝（ダゴベルト1世　605頃-639）

Dagobert II, St.〈7世紀〉
フランク王国の統治者。
⇒新カト（ダゴベルト2世　652頃-679.12.23）
　図聖（ダゴベルト2世　653頃-679）
　世帝（ダゴベルト2世　650頃-679）

Dagobertus III〈7・8世紀〉
ネストリア王。在位711〜715。
⇒世帝（ダゴベルト3世　699-715）

Dagohoy, Francisco〈18世紀〉
フィリピンの反スペイン闘争指導者。18世紀ボホール島での反乱指導者。
⇒岩世人（ダゴホイ　1724?-?）

Daguerre, Louis Jacques Mandé〈18・19世紀〉
フランスの画家。1839年銀板写真をダゲレオタイプの名で発表。
⇒岩世人（ダゲール　1787.11.18-1851.7.10）
　科史（ダゲール　1787-1851）
　ネーム（ダゲール　1787-1851）
　広辞7（ダゲール　1787-1851）
　芸13（ダゲール、ルイ・ジャック・マンデ　1787-1851）
　ポプ人（ダゲール、ルイ・ジャック　1787-1851）

Dahai〈17世紀〉
中国、清初期の官僚。諡は文成。満州文字を改良（有圏点字）、清朝下、長く正規の文字とされた。
⇒岩世人（ダハイ　1594（万暦22）-1632（天聡6.7））

Dahl, Antoine〈18世紀〉
フランスの作曲家。
⇒バロ（ダール、アントワーヌ　1730頃?-1790頃?）

Dahl, Johan Christian Clausen〈18・19世紀〉
ノルウェーの画家。風景を写実的に描いた。
⇒岩世人（ダール　1788.2.24-1857.10.14）
　芸13（ダール、ヨハン・クリスティアン　1788-1857）

Dahlan, Ahmad〈19・20世紀〉
インドネシアのイスラム教教師、社会運動家。1912年ムハマディア協会を設立。
⇒岩世人（ダフラン、アフマッド　1868.8.1-1923.2.23）

Dahlbergh, Erik〈17・18世紀〉
スウェーデンの軍人、技術者。
⇒岩世人（ダールベリ　1625.10.10-1703.1.16）

Dahlen, William Frederick〈19・20世紀〉
アメリカの大リーグ選手（遊撃、三塁）。
⇒メジャ（ビル・ダーレン　1870.1.5-1950.12.5）

Dahlmann, Friedrich Christoph〈18・19世紀〉
ドイツの歴史家、政治家。
⇒岩世人（ダールマン　1785.5.13-1860.12.5）

Dahlmann, Joseph〈19・20世紀〉
ドイツ人イエズス会司祭。インド学者。
⇒岩世人（ダールマン　1861.10.14-1930.6.23）
　新カト（ダールマン　1861.10.14-1930.6.23）

Dahn, Felix〈19・20世紀〉
ドイツの作家、法制史研究家。歴史小説『ローマ攻略戦』(76) などを著す。
⇒岩世人（ダーン　1834.2.9-1912.1.3）

Dahu Ali〈19・20世紀〉
台湾原住民の指導者。
⇒岩世人（ダフ・アリ　1869（同治8）頃-1941）

Daidalos〈前4世紀〉
ギリシア神話中の人物。工芸の名人。
⇒岩世人（ダイダロス）
　ネーム（ダイダロス）

Daillé, Jean〈16・17世紀〉
フランスの改革派神学者。
⇒新カト（ダイエ　1594.1.6-1670.4.15）

d'Ailly, Peter〈14・15世紀〉
フランスの僧職、スコラ学者。
⇒学叢思（エーイ、ピーター　1350-1426）

Daily, Hugh Ignatius〈19世紀〉
アメリカの大リーグ選手（投手）。
⇒メジャ（ヒュー・デイリー　1847.7.17-?）

Daimler, Gottlieb Wilhelm〈19世紀〉
ドイツの機械技術者、発明家。高速ガソリンエンジンの製作に成功。1886年4輪ガソリン自動車を完成。
⇒岩世人（ダイムラー　1834.3.17-1900.3.6）
　広辞7（ダイムラー　1834-1900）
　広辞7（ダイムラー　1834-1900）
　世人新（ダイムラー　1834-1900）
　世人装（ダイムラー　1834-1900）
　世民語（ダイムラー　1834-1900）
　ポプ人（ダイムラー、ゴットリープ　1834-1900）

Daišan〈17世紀〉
中国、清、ヌルハチの子。
⇒岩世人（ダイシャン　1583.8.19（万暦11.7.3）-1648.11.25（順治5.10.11））

Dakin, Henry Drysdale〈19・20世紀〉
イギリスの化学者。デーキン溶液と呼ばれる消毒液を発達させた。
⇒岩世人（デイキン　1880.3.12-1952.2.10）

Dal, Vladimir Ivanovich〈19世紀〉
ロシアの作家、辞書編纂者。『ロシア国民俚謡集』(62)、『現代大ロシア語辞典』(61〜68) で著名。
⇒岩世人（ダーリ　1801.11.10-1872.9.22）

広辞7（ダーリ　1801-1872）

Dalai Lama III, Bsod-nams rgya-mtsho〈16世紀〉
チベット・ラマ教の法王。黄帽派ラマ教（チベット仏教）弘通の基礎を築く。
⇒岩世人（ダライラマ3世　1543-1588）

Dalai Lama V, Nag-dbaṅ blo-bzaṅ rgya-mtsho〈17世紀〉
チベット・ラマ教の法王。全チベットを統一、ラサにポータラ宮殿を建立。
⇒岩世人（ダライラマ5世　1617-1682）
　世人新（ダライ＝ラマ5世　1617-1682）
　世人装（ダライ＝ラマ5世　1617-1682）

Dalai Lama XIII, Thubs-bstan rgya-mtsho〈19・20世紀〉
チベット・ラマ教の法王。中華民国成立後はチベット王国の主権回復のため活動。
⇒岩世人（ダライラマ13世　1876-1933）
　世人新（ダライ＝ラマ13世　1876-1933）
　世人装（ダライ＝ラマ13世　1876-1933）
　世史語（ダライ＝ラマ13世　1876-1933）

d'Alayrac, Nicolas-Marie〈18・19世紀〉
フランスの作曲家。
⇒バロ（ダレーラック、ニコラ・マリー　1753.6.8-1809.11.26）

Dal Barba, Daniel Pius〈18・19世紀〉
イタリアの作曲家。
⇒バロ（ダル・バルバ、ダニエル・ピウス　1715.5.5-1801.7.26）

Dalberg, Johann Friedrich Hugo van〈18・19世紀〉
ドイツの作曲家。
⇒バロ（ダールベルク、ヨハン・フリードリヒ・フーゴ・ファン　1760.5.17-1812.7.26）

Dalberg, Karl Theodor Anton Maria von〈18・19世紀〉
ドイツの貴族。プロシアを中心とする統一運動の支持者。
⇒岩世人（ダールベルク　1744.2.8-1817.2.10）
　新カト（ダールベルク　1744.2.8-1817.2.10）

D'Albert, Eugen〈19・20世紀〉
イギリス（フランス系）のピアノ奏者、作曲家。ヴァイマル宮廷指揮者（85）。
⇒岩世人（ダルベール　1864.4.10-1932.3.3）

D'Albret, Jeanne〈16世紀〉
ナヴァールの女王。
⇒岩世人（ジャンヌ・ダルブレ　1528.11.16-1572.6.9）
　王妃（ジャンヌ・ダルブレ　1528-1572）

d'Alcamo, Cielo〈13世紀〉
イタリアの詩人。

⇒岩世人（チェーロ・ダルカモ　13世紀）

Dalcroze, Émile〈19・20世紀〉
スイスの音楽教育家、作曲家。ユーリズミックの創始者。著書『リズム、音楽、教育』(22)。
⇒岩世人（ジャック＝ダルクローズ　1865.7.6-1950.7.1）
　バレエ（ジャック＝ダルクローズ、エミール　1865.7.6-1950.7.1）
　エデ（ダルクローズ、エミール・ジャック　1865.7.6-1950.7.1）
　ネーム（ジャック＝ダルクローズ　1865-1950）
　広辞7（ダルクローズ　1865-1950）

Dale, Sir Henry Hallett〈19・20世紀〉
イギリスの医学者、生化学者。
⇒岩世人（デイル　1875.6.9-1968.7.23）

Dale, Robert William〈19世紀〉
イギリスのプロテスタント神学者、牧師。非国教会派の指導者の一人。
⇒岩世人（デイル　1829.12.1-1895.3.13）
　新カト（デイル　1829.12.1-1895.3.13）

D'Alembert, Jean Le Rond〈18世紀〉
フランスの物理学者、数学者、哲学者。百科全書の編纂に参加した。
⇒岩世人（ダランベール　1717.11.16-1783.10.29）
　ネーム（ダランベール　1717-1783）
　広辞7（ダランベール　1717-1783）
　学叢思（ダランベール、ジャン・ル・ロン　1717-1783）
　新カト（ダランベール　1717.11.16-1783.10.29）
　物理（ダランベール、ジャン・ル・ロン　1717-1783）
　世人新（ダランベール　1717-1783）
　世人装（ダランベール　1717-1783）
　世史語（ダランベール　1717-1783）
　世数（ダランベール、ジャン・ル・ロン　1717-1783）
　ポプ人（ダランベール、ジャン・ル・ロン　1717-1783）
　メル2（ダランベール、ジャン・ル・ロン　1717-1783）

Dalén, Nils Gustaf〈19・20世紀〉
スウェーデンの技術者。1906年アセチレンガスの自動調節を行う燈台燈を発明。
⇒岩世人（ダレーン　1869.11.30-1937.12.9）
　学叢思（ダレン、ニルス・グスタフ　1869-?）
　ノ物化（ニルス・グスタフ・ダレーン　1869-1937）

Daleo, Hilaire〈15・16世紀〉
イタリアの作曲家。
⇒バロ（イレール・ダレオ　1470頃?-1520頃?）

Dalgado, Sebastião Rodolfo〈19・20世紀〉
インド出身の司祭、言語学者。
⇒新カト（ダルガード　1855.5.8-1922.4.4）

Dalgas, Enrico Mylius〈19世紀〉
デンマークの軍人。デンマーク・ヒース協会初代会長。
⇒岩世人（ダルガス　1828.7.16–1894.4.16）

Dalhousie, James Andrew Broun Ramsay, 1st Marquess of, and 10th Earl of〈19世紀〉
イギリスの政治家。1848～56年インド総督。パンジャブ地方、上ビルマ併合などの強硬策をすすめた。
⇒岩世人（ダルハウジー　1812.4.22–1860.12.19）
　南ア新（ダルハウジー　1812–1860）
　学叢歴（ダルフージー侯　1812–?）

Dalila
ソレクの女で、ペリシテびと。ダン族の英雄サムソンに愛された（旧約）。
⇒聖書（デリラ）

Dalin, Olof von〈18世紀〉
スウェーデンの詩人、評論家。平易な文体での詩作、神話の科学的考察などで注目された。
⇒岩世人（ダリーン　1708.8.29–1763.8.12）

Dall, Charles Henry Appleton〈19世紀〉
アメリカの牧師、宣教師。
⇒アア歴（Dall,Charles Henry Appleton チャールズ・ヘンリー・アップルトン・ドール　1816.2.12–1886.7.18）

Dall, William Healey〈19・20世紀〉
アメリカの博物学者、貝類学者。アラスカおよびアリューシャン群島の考古学的調査を行った。
⇒岩世人（ドール　1845.8.21–1927.3.27）

Dall'Abaco, Evaristo Felice〈17・18世紀〉
イタリアのヴァイオリン奏者、作曲家。
⇒バロ（ダッラバーコ、エヴァリスト・フェリーチェ　1675.7.12–1742.7.2）

dall'Abaco, Giuseppe Clemente Ferdinando〈18・19世紀〉
イタリアの作曲家。
⇒バロ（ダッラバーコ、ジュゼッペ・クレメンテ・フェルディナンド　1710.3.27–1805.8.31）

dalla Casa, Giovanni〈16・17世紀〉
イタリアの作曲家。
⇒バロ（ダッラ・カーサ、ジョヴァンニ　1550頃?–1607.4.15）

dalla Casa, Girolamo〈16・17世紀〉
イタリアの作曲家。
⇒バロ（ダッラ・カーサ、ジローラモ　1543頃–1601..8?）

dalla Casa, Nicol'o〈16・17世紀〉
イタリアの作曲家。
⇒バロ（ダッラ・カーサ、ニコロ　1555頃?–1617.2.8）

Dall'Aquila, Marco〈15・16世紀〉
イタリアの作曲家。
⇒バロ（ダッラクイラ、マルコ　1480頃–1538以降）

dall'Aquila, Serafino de'Ciminelli〈15世紀〉
イタリアの作曲家。
⇒バロ（ダッラクイラ、セラフィーノ・デ・チミネッリ　1466.1.6–1500.8.10）

dall'Arpa, Abramo〈16世紀〉
イタリアの作曲家。
⇒バロ（ダッラルパ、アブラモ　1510頃?–1566）

Dallet, Claude Charles〈19世紀〉
パリ外国宣教会所属のフランス人宣教師。詩人。『朝鮮教会史』(77)を著す。
⇒岩世人（ダレ　1829.10.18–1887.4.25）
　韓朝新（ダレー　1829–1878）

Dalling and Bulwer, William Henry Lytton Earle Bulwer, Baron〈19世紀〉
イギリスの外交官。1950年クレイトン＝ブルウァー条約を締結。クリミヤ戦争終結にも手腕をふるった。
⇒岩世人（ダリング・アンド・ブルワー　1801.2.13–1872.5.23）

Dall'Oglio, Domenico〈18世紀〉
イタリアの作曲家。
⇒バロ（ダッローリョ、ドメニーコ　1700頃–1764）

Dall'Ongaro, Francesco〈19世紀〉
イタリアの詩人、劇作家。リソルジメント（国家統一運動）に参加。主著『イタリア民謡集』(83)など。
⇒岩世人（ダッロンガロ　1808.6.19–1873.1.10）

Dalman, Gustav Hermann〈19・20世紀〉
ドイツのプロテスタント神学者。
⇒岩世人（ダルマン　1855.6.9–1941.8.19）

Dalmau, Luis〈15世紀〉
スペインの画家。初期カタロニア派の巨匠。作品、『聖母子の戴冠』(43～45)。
⇒芸13（ダルマウ、ルイス　1428–1481）

Dalmorès, Charles〈19・20世紀〉
フランスのテノール。05年フランコ・レオーニの「神話」世界初演。
⇒失声（シャルル・ダルモレ　1871–1939）

Dalou, Aimé-Jules〈19・20世紀〉
フランスの彫刻家。ロダンの師。代表作はパリの『共和制の勝利』。
⇒岩世人（ダルー　1838.12.31–1902.4.15）

広辞7（ダルー　1838–1902）
芸13（ダルー，ジュール　1838–1902）

Dal Pane, Domenico〈17世紀〉
イタリアの作曲家。
⇒バロ（ダル・パーネ，ドメーニコ　1630頃–1694.12.10）

Dalrymple, Abner Frank〈19・20世紀〉
アメリカの大リーグ選手（外野）。
⇒メジャ（エイブナー・ダルリンプル　1857.9.9–1939.1.25）

Dalton, John〈18・19世紀〉
イギリスの化学者，物理学者。
⇒岩世人（ドールトン　1766.9.6–1844.7.27）
　科史（ドールトン　1766–1844）
　ネーム（ドルトン　1766–1844）
　広辞7（ドルトン　1766–1844）
　学叢思（ダルトン，ジョン　1766–1844）
　物理（ドルトン，ジョン　1766–1844）
　ポプ人（ドルトン，ジョン　1766–1844）

Daly, John Augustin〈19世紀〉
アメリカの劇作家，劇場支配人。ニューヨーク，ロンドンにデーリー劇場を開設。
⇒岩世人（デイリー　1838.7.20–1899.6.7）

Daly, Reginald Aldworth〈19・20世紀〉
アメリカの地質学者。サンゴ礁の成因に関する氷河制約説などで著名。著書『大洋底』(42)など。
⇒岩世人（デイリー　1871.5.19–1957.9.19）

Daly, Thomas Peter〈19・20世紀〉
アメリカの大リーグ選手（二塁，捕手，三塁）。
⇒メジャ（トム・デイリー　1866.2.7–1938.10.29）

Dalza, Joan Ambrosio〈15・16世紀〉
スペインの作曲家。
⇒バロ（ダルツァ，ホアン・アンブロージョ　1460頃?–1508以降）

da Maiano, Benedetto〈15世紀〉
イタリアの彫刻家，建築家。
⇒新カト（ベネデット・ダ・マイアーノ　1442–1497）

Daman, William〈16世紀〉
フランドルの作曲家。
⇒バロ（ディマン，ウィリアム　1540頃–1591）

Dámaris
パウロがしたアテネのアレオパゴスでの説教を聞き，デオヌシオらと共にキリスト教徒となった女性（新約）。
⇒聖書（ダマリス）

Damaschke, Adolf〈19・20世紀〉
ドイツの土地改革運動家。大都市の住宅問題の解決を試みた。
⇒岩世人（ダマシュケ　1865.11.24–1935.7.30）

Damaskios〈5・6世紀〉
ダマスカス出身の新プラトン派の哲学者。神秘主義者。アカデメイア最後の学頭。
⇒岩世人（ダマスキオス　458頃–533以降）
　メル1（ダマスキオス　458頃–533頃）

Damasus I, St.〈4世紀〉
教皇。在位366～384。聖人。382年異端排斥「ダマススの信条」を発した。
⇒岩世人（ダマスス1世　304頃–384）
　新カト（ダマスス1世　305頃–384.12.11）
　図聖（ダマス1世　305頃–384）

Damasusu II〈11世紀〉
第150代目のローマ教皇。
⇒新カト（ダマス2世　?–1048.8.9）

Dambijangčan〈19・20世紀〉
西モンゴルの有力者，高僧。
⇒岩世人（ダムビジャンツァン　1860?–1922）

D'Ambruys, Honoré〈17・18世紀〉
フランスの作曲家。
⇒バロ（ダンブリュイ，オノレ　1650頃?–1710頃?）

Damdingsürüng〈19・20世紀〉
モンゴルの軍人，政治家。
⇒岩世人（ダムディンスレン　1871–1921）

Damett, Thomas〈14・15世紀〉
イギリスの作曲家。
⇒バロ（ダメット，トマス　1389/1390–1436.7.15–1437.4.14）

Damian〈4世紀〉
殉教者。聖人。「コスマスとダミアノス」と併称される。
⇒岩世人（コスマスとダミアヌス）
　新カト（コスマスとダミアヌス　4世紀）
　図聖（コスマスとダミアヌス　?–304頃）

Damiani, Petrus〈11世紀〉
イタリア出身のカトリックの隠修士，神学者。教会改革（グレゴリウス改革）を指導。
⇒岩世人（ダミアニ　1007頃–1072.2.22）
　新カト（ペトルス・ダミアニ　1007–1072.2.22）
　図聖（ペトルス・ダミアヌス　1007–1072）
　メル1（ダミアヌス，ペトルス　1007頃–1072）

Damianos〈6・7世紀〉
アレクサンドリアの総主教。在職578～606。シリアの出身。
⇒新カト（ダミアノス　?–606）

Damien de Veuster〈19世紀〉
ハワイへ渡ったベルギー人カトリック宣教師。モロカイの使徒と称される。
⇒岩世人（ダミアン　1840.1.3–1889.4.15）
　新カト（ダミアン　1840.1.3–1889.4.15）

d'Amiens, Guillaume〈13世紀〉
フランスの作曲家。

⇒バロ（ダミアン, ギヨーム　1250頃?–1300頃?）

Damiens, Robert François〈18世紀〉
　フランスの狂信者。ルイ15世の暗殺を試み、失敗。
　⇒岩世人（ダミアン　1715.1.9–1757.3.27）

al-Damīrī, Kamāl al-Dīn〈14・15世紀〉
　マムルーク朝期エジプトの博物学者、神学者、詩人。
　⇒岩世人（ダミーリー, カマールッディーン　1341–1405）

Damiron, Jean-Philibert〈18・19世紀〉
　フランスの哲学者。
　⇒岩世人（ダミロン　1794.1.10–1862.1.11）

Dammonis, Innocentius〈15・16世紀〉
　イタリアの作曲家。
　⇒バロ（ダモニス, インノチェンティウス　1460頃?–1510頃?）

Dāmodaragupta〈8・9世紀〉
　インドのサンスクリット詩人。
　⇒岩世人（ダーモーダラ・グプタ）

Damokles〈前4世紀〉
　シラクサの僭主ディオニュシオス1世の廷臣。
　⇒岩世人（ダモクレス）

Damophōn〈前3・2世紀〉
　ギリシアの彫刻家。
　⇒岩世人（ダモフォン）

dam pa〈13・14世紀〉
　チベットの仏教僧。中国の元朝に仕えた。
　⇒岩世人（タムパ（タンパ）　1230–1303.6.3（大徳7.5.18））

Dampier, Alfred〈19・20世紀〉
　オーストラリアの俳優、劇作家、興行師。
　⇒岩世人（ダンビア　1847/1843/1845/1848.2.28–1908.5.23）

Dampier, William〈17・18世紀〉
　イギリスの航海者。ダンピア諸島、ダンピアランドはその名にちなむ。
　⇒岩世人（ダンピア　1651.8–1715）
　オセ新（ダンピア　1652–1715）

Dampier, Sir William Cecil〈19・20世紀〉
　イギリスの科学史家。自然科学、農学、経済学、社会学などを研究。
　⇒岩世人（ダンピア　1867.12.27–1952.12.11）

Dampierre, Marc-Antoine de〈17・18世紀〉
　フランスの作曲家。
　⇒バロ（ダンピエール, マルカントワーヌ・ド　1676.12.24–1756.6.18）

Damrong, Rajanubhab〈19・20世紀〉
　タイの歴史・考古・民俗学者。『史料集』（100巻）は、タイ史研究上の重要資料。
　⇒岩世人（ダムロン　1862.6.21–1943.12.1）

Damrosch, Leopold〈19世紀〉
　ドイツの指揮者、ヴァイオリン奏者。
　⇒岩世人（ダムロッシュ　1832.10.22–1885.2.15）

Damrosch, Walter Johannes〈19・20世紀〉
　アメリカの指揮者。1903～27年ニューヨーク・フィルの常任指揮者。
　⇒岩世人（ダムロッシュ　1862.1.30–1950.12.22）
　エデ（ダムロッシュ, ウォルター・ヨハネス　1862.1.30–1950.12.22）

Dana, Charles Anderson〈19世紀〉
　アメリカの新聞編集者、社会改革者。1868年以降『ニューヨーク・サン』紙の主筆を務めた。
　⇒岩世人（デイナ　1819.8.8–1897.10.17）

Dana, Edward Salisbury〈19・20世紀〉
　アメリカの鉱物学者。J.D.デーナの子。
　⇒岩世人（デイナ　1849.11.16–1935.6.16）

d'Ana, Francesco〈15・16世紀〉
　イタリアの作曲家。
　⇒バロ（ダーナ, フランチェスコ　1460頃–1502.12-03.2.6以前）
　学叢思（フランチェスコ, アッシシの　1182–1226）

Dana, James Dwight〈19世紀〉
　アメリカの鉱物学者、地質学者。結晶面記号法を考案。また、地向斜の述語を提示。
　⇒岩世人（デイナ　1813.2.12–1895.4.14）

Danae
　ギリシア神話で、アルゴス王アクリシオスの娘。
　⇒岩世人（ダナエ）
　ネーム（ダナエ）

Danaos
　ギリシア神話、アイギュプトスとともにリビア王国の兄弟王。
　⇒岩世人（ダナオス）

Dance, George, the Younger〈18・19世紀〉
　イギリスの建築家。
　⇒岩世人（ダンス　1741.4.1–1825.1.14）

Dancla, Jean Baptiste Charles〈19・20世紀〉
　フランスのヴァイオリン奏者、作曲家。オペラ座で演奏。
　⇒岩世人（ダンクラ　1817.12.19–1907.11.10）

Dandelin, Germinal Pierre〈18・19世

紀〉
ベルギーの物理学者で数学者。
⇒世数（ダンドラン，ジェルミナル・ピエール　1794–1847）

Dandin〈6～8世紀頃〉
インドの詩人，小説家。
⇒岩世人（ダンディン）
南ア新（ダンディン　生没年不詳）

Dändliker, Karl〈19・20世紀〉
スイスの歴史家。
⇒岩世人（デントリカー　1849.5.6–1910.9.14）

Dandre, Victor E.〈19・20世紀〉
ロシアのバレエ興行師。パヴロワの実質上の夫。
⇒バレエ（ダンドレ，ヴィクトル　1870–1944）

d'Andrieu, Franciscus〈14世紀〉
フランスの作曲家。
⇒バロ（ダンドリュー，フランシスク　1340頃–1390頃?）

Dandrieu, Jean-François〈17・18世紀〉
フランスの作曲家。クープランとラモー以後の18世紀の最も知られたクラヴサン音楽の作曲家の一人。
⇒バロ（ダンドリュー，ジャン・フランソワ　1682–1738.1.17）
ヒ曲改（ダンドリュー，ジャン・フランソワ　1682–1738）

d'Andrieu, Pierre〈17・18世紀〉
フランスの作曲家，オルガン奏者。
⇒バロ（ダンドリュー，ピエール　1660頃–1733.10）

Danev, Stoyan〈19・20世紀〉
ブルガリアの政治家。第一次バルカン戦争直後に首相に就任(12)。
⇒岩世人（ダネフ　1858.1.28/2.9–1949.7.30）

d'Angicourt, Perrin〈13世紀〉
フランスの作曲家。
⇒バロ（ダンジクール，ペラン　1220頃?–1270頃?）

d'Anglebert, Jean-Baptiste Henri〈17・18世紀〉
フランスのクラヴサン奏者，オルガン奏者。
⇒バロ（ダングルベール，ジャン・バティスト・アンリ　1661.9.5–1747.3.9）

D'Anglebert, Jean-Henri〈17世紀〉
フランスの作曲家，クラヴサン奏者，オルガン奏者。
⇒バロ（ダングルベール，ジャン・アンリ　1635–1691.4.25）

Danhauser, Joseph〈19世紀〉
オーストリアの画家。歴史画，肖像画，風俗画を描いた。
⇒岩世人（ダンハウザー　1805.8.19–1845.5.4）

芸13（ダンハウザー，ヨゼフ　1805–1845）

Daničić, Đuro〈19世紀〉
セルビアの言語学者。
⇒岩世人（ダニチッチ　1825.4.4/6–1882.11.17/15）

Dāni'el〈前7・6世紀〉
ユダヤの預言者。ダニエル書の主人公。
⇒岩世人（ダニエル）
図聖（ダニエル）
聖書（ダニエル）

Daniel〈13世紀〉
聖人，殉教者。祝日10月10日。フランシスコ会員。
⇒新カト（ダニエル　?–1227.10.10）

Daniel, Antoine〈17世紀〉
フランスのイエズス会士。カナダで殉教。
⇒新カト（アントアーヌ・ダニエル　1601.5.27–1648.7.4）

Daniel, Arnaut〈12世紀〉
フランスのプロヴァンスの吟遊詩人。
⇒バロ（ダニエル，アルノー　1150–1160頃–1200頃）

Daniel, Gabriel〈17・18世紀〉
フランスの歴史家。イエズス会士。『フランス王国史』(13) など著す。
⇒新カト（ダニエル　1649.2.8–1728.6.23）

Daniel, John〈16・17世紀〉
イギリスの作曲家，リュート奏者。
⇒バロ（ダニエル，ジョン　1564.11.6–1626頃）

Daniel, Menachem Salih〈19・20世紀〉
バグダッドのユダヤ人社会の指導者。
⇒ユ人（ダニエル，メナヘム・サリー　1846–1940）

Daniel, Samuel〈16・17世紀〉
イギリスの詩人，劇作家。ソネット集『デリア』(92)，悲劇『クレオパトラ』(94) など。
⇒岩世人（ダニエル　1562–1619.10.14）

Daniel Agricola, Mayer〈16世紀〉
スイスで宗教改革に対抗したカトリック神学者。フランシスコ会会員。
⇒新カト（ダニエル・アグリコラ　生没年不詳）

Daniele da Volterra〈16世紀〉
イタリアの画家。
⇒岩世人（ダニエーレ・ダ・ヴォルテッラ　1509頃–1566.4.4）

Danielis, Daniel〈17世紀〉
フランドルの作曲家。
⇒バロ（ダニエリス，ダニエル　1635.5.1–1696.9.17）

Daniell, John Frederic〈18・19世紀〉
イギリスの化学者，物理学者。1820年露点湿度計，自記高温計を考案。36年ダニエル電池を完成。

⇒岩世人（ダニエル　1790.3.12-1845.3.13)
広辞7（ダニエル　1790-1845)
学叢思（ダニエル，ジョン・フレデリク　1790-1845)

Daniels, Josephus〈19・20世紀〉
アメリカのジャーナリスト，政治家，外交官。
⇒岩世人（ダニエルズ　1862.5.18-1948.1.15)

Daniel'son, Nikolai Frantsevich〈19・20世紀〉
ロシアの経済学者。『資本論』の最初のロシア語訳者。
⇒岩世人（ダニエリソーン　1844.1.26/2.7-1918.7.3)

Danielson-Kalmari, Johan Richard〈19・20世紀〉
フィンランドの歴史家，政治家。
⇒岩世人（ダニエルソン＝カルマリ　1853.5.7-1933.5.23)

Daniel (Stylites)〈5世紀〉
シリア生れの柱頭行者，聖人。
⇒新カト（ダニエル〔柱頭行者〕　409頃-493.12.11)

Danilevskii, Nikolai Iakovlevich〈19世紀〉
ロシアの思想家，社会学者。後期スラブ主義の理論的指導者。
⇒岩世人（ダニレーフスキー　1822.11.28-1885.11.7)
ネーム（ダニレフスキー　1822-1885)

Danilo I, Petrović Njegoš〈19世紀〉
モンテネグロの君主。在位1851～60。
⇒岩世人（ダニーロ1世　1826.6.6-1860.8.13)

Danilova, Maria〈18・19世紀〉
ロシアのダンサー。
⇒バレエ（ダニロワ，マリヤ　1793-1810.1.20)

Dānish, Aḥmad〈19世紀〉
ブハラ出身の博学のウラマー，歴史家。
⇒岩世人（ダーニシュ　1827-1897)

Danjindorji〈18世紀〉
外モンゴル（ハルハ）の貴族。
⇒岩世人（ダンジンドルジ　?-1738)

d'Ankerts, Ghiselin〈16世紀〉
フランドルの作曲家。
⇒バロ（ダンケルツ，ヒセリン　1515/1520頃-1565/1570頃)

Dankowski, Adalbert Wojciech〈18世紀〉
ポーランドの作曲家。
⇒バロ（ダンコフスキ，アダルベルト・ヴォイチェフ　1760頃-1800以降)

Dann, Christian Adam〈18・19世紀〉
ドイツのルター派牧師，讃美歌作詞者。
⇒新カト（ダン　1758.12.24-1837.3.19)

Dannecker, Johann Heinrich von〈18・19世紀〉
ドイツ新古典主義の彫刻家。代表作『豹に乗るアリアドネ』(03～14)。
⇒岩世人（ダンネッカー　1758.10.15-1841.12.8)
芸13（ダンネッカー，ヨハン・ハインリヒ・フォン　1758-1841)

Dannemann, Friedrich〈19・20世紀〉
ドイツの自然科学史家。主著『大自然科学史』(4巻，10～13)。
⇒岩世人（ダンネマン　1859.12.28-1936)
ネーム（ダンネマン　1859-1936)
広辞7（ダンネマン　1859-1936)

Dannenmayer, Matthias〈18・19世紀〉
ドイツの啓蒙期のカトリック教会史家。
⇒新カト（ダネンマイヤー　1744.2.13-1805.7.8)

Dannreuther, Edward George〈19・20世紀〉
ドイツのピアノ奏者，音楽学者。ロンドン・ヴァーグナー協会を設立(72)。
⇒岩世人（ダンロイター　1844.11.4-1905.2.12)

D'Annunzio, Gabriele〈19・20世紀〉
イタリアの詩人，小説家，劇作家。官能主義的作品を残す。
⇒岩世人（ダンヌンツィオ　1863.3.12-1938.3.1)
オペラ（ダンヌンツィオ，ガブリエーレ　1863-1938)
ネーム（ダンヌンツィオ　1863-1938)
広辞7（ダンヌンツィオ　1863-1938)
学叢思（ダヌンチオ，ガブリエレ　1864-?)
新カト（ダンヌンツィオ　1863.3.12-1938.3.1)
世人新（ダヌンツィオ　1863-1938)
世人装（ダンヌンツィオ　1863-1938)

Danon, Abraham〈19・20世紀〉
学者で作家，ユダヤ音楽の収集家。
⇒ユ著人（Danon, Abraham　ダノン，アブラハム　1857-1925)

Dante Alighieri〈13・14世紀〉
イタリア最大の詩人。作品に清新体派の代表作とされる抒情詩集『新生』大作『神曲』など。
⇒岩世人（ダンテ　1265.5.21 (-6.21)-1321.9.13/14)
広辞7（ダンテ　1265-1321)
学叢思（ダンテ・アリギーエリ　1265-1321)
新カト（ダンテ　1265.5.14-6.13-1321.9.13/14)
世人新（ダンテ　1265-1321)
世人装（ダンテ　1265-1321)
世史語（ダンテ　1265-1321)
ポブ人（ダンテ・アリギエリ　1265-1321)

Danti, Vincenzo〈16世紀〉
イタリアの彫刻家。
⇒岩世人（ダンティ　1530–1576.5.26）

Danton, Georges Jacques〈18世紀〉
フランス革命期における山岳党の指導者の一人。司法大臣として革命裁判所創設に尽力。
⇒岩世人（ダントン　1759.10.26–1794.4.5）
　ネーム（ダントン　1759–1794）
　広辞7（ダントン　1759–1794）
　学叢思（ダントン, ジョルジュ・ジャック　?–1794.4）
　世人新（ダントン　1759–1794）
　世人装（ダントン　1759–1794）
　世史語（ダントン　1759–1794）
　ポプ人（ダントン, ジョルジュ＝ジャック　1759–1794）
　学叢歴（ダントン　1759–1794）

D'Anville, Jean Baptiste Bourguignon〈17・18世紀〉
フランスの地理学者。
⇒岩世人（アンヴィル　1697.7.11–1782.1.28）

Danzan〈19・20世紀〉
モンゴルの政治家。
⇒岩世人（ダンザン　1875–1932）

Đào Duy Từ〈16・17世紀〉
ベトナム, 阮朝初期, 建国第一の功臣。
⇒岩世人（ダオ・ズイ・トゥー　1572–1634）

Daon, Roger-François〈17・18世紀〉
フランスのカトリック神学者。
⇒新カト（ダオン　1679–1749）

Daphne
ギリシア神話上の人物。
⇒岩世人（ダフネ）

Daphnis
ギリシア神話で, シチリアの美男の羊飼い。ニンフたちや神々に愛された。牧歌の創始者という。
⇒岩世人（ダフニス）

Daphnopates, Theodoros〈9・10世紀〉
ビザンティン帝国の高級官吏, 文章家。
⇒新カト（テオドロス・ダフノパテス　890/900–961/963）

Da Ponte, Lorenzo〈18・19世紀〉
イタリアの歌劇台本作者。『フィガロの結婚』『ドン・ジョヴァンニ』などを書いた。
⇒岩世人（ダ・ポンテ　1749.3.10–1838.8.17）
　オペラ（ダ・ポンテ, ロレンツォ　1749–1838）
　ユ著人（Da Ponte,Lorenzo　ダ・ポンテ, ロレンツォ　1749–1838）

Daqīqī, Abū Manṣūr Muḥammad〈7～10世紀頃〉
ペルシアの詩人。サーマーン朝の王に仕え, 『王書』の作詩に着手したが未完。
⇒岩世人（ダキーキー　?–976 (-981)）

Daquin, Louis Claude〈17・18世紀〉
フランスのオルガン奏者, 作曲家。『かっこう』は特に有名。
⇒バロ（ダカン, ルイ・クロード　1694.7.4–1772.6.15）
　新カト（ダカン　1694.7.4–1772.6.15）
　ビ曲改（ダカン, ルイ＝クロード　1694–1772）
　ユ著人（Daquin,Louis-Claude　ダカン, ルイ＝クロード　1694–1772）

d'Aquino, Rinaldo〈13世紀〉
イタリアの詩人。
⇒岩世人（リナルド・ダクィーノ　13世紀）

Daraisung Guden Khan〈16世紀〉
北元の皇帝。
⇒世帝（ダライスン・ゴデン・ハーン　（在位）1547–1557）

al-Dārānī, Abū Sulaymān〈8・9世紀〉
イスラーム神秘主義者の先駆者の一人。
⇒岩世人（ダーラーニー, アブー・スライマーン　757/758–830/831）

Dārā shikūh〈17世紀〉
インドのイスラム教徒の学者。アクバル王の曽孫。ウパニシャッドをペルシア語に翻訳。
⇒岩世人（ダーラー・シュコー　1615.3.20–1659.9/10）
　南ア新（ダーラー・シコー　1615–1659）

al-Darazī, Muḥammad bn Ismā'īl〈11世紀頃〉
シリアの新宗教ドゥルーズ教の開祖。
⇒岩世人（ダラズィー, ムハンマド）

Darboux, Jean Gaston〈19・20世紀〉
フランスの数学者。微分幾何学の分野でサイクロイドの理論を展開。
⇒岩世人（ダルブー　1842.8.14–1917.2.23）
　世数（ダルブー, ジャン・ガストン　1842–1917）

Darboy, Georges〈19世紀〉
フランスのカトリック聖職者, 著作家。
⇒新カト（ダルボア　1813.1.16–1871.5.24）

Darby, Abraham I〈17・18世紀〉
イギリスの製鉄業者。ダービー家の祖。石炭による製鉄法を最初に実施。
⇒岩世人（ダービー　1678–1717.3.8）
　広辞7（ダービー　1677–1717）
　世人新（ダービー〈父;エイブラハム〉　1677頃–1717）
　世人装（ダービー〈父;エイブラハム〉　1677頃–1717）
　世史語（ダービー　1677–1717）

Darby, Abraham II〈18世紀〉
イギリスの製鉄業者。石炭をコークス化して燃

料とする鉄鉱の熔鉱炉処理に成功 (35)。
⇒岩世人（ダービー　1711.3.12–1763.3.31）
世人新（ダービー〈子;エイブラハム〉　1711–1763）
世人装（ダービー〈子;エイブラハム〉　1711–1763）
世史語（ダービー　1711–1763）

Darby, Abraham III〈18世紀〉
イギリスの製鉄業者。同名の祖父、父の跡を継ぐ。1779年最初の鉄橋を建設。
⇒広辞7（ダービー　1750–1791）

Darby, John Nelson〈18・19世紀〉
イギリスの神学者。1830年頃、プリマス兄弟団を結成。
⇒岩世人（ダービー　1800.11.18–1882.4.28）
新カト（ダービ　1800.11.18–1882.4.29）

Darcis, François-Joseph〈18世紀〉
オーストリアの作曲家。
⇒バロ（ダルシス、フランソワ・ジョゼフ　1759-1760–1783頃）

Darcy, Henry〈19世紀〉
フランスの土木技術者。
⇒岩世人（ダルシー　1803.6.10–1858.1.2）

Dard〈18世紀〉
インドのウルドゥー語詩人。『ウルドゥー語詩集』が著名。
⇒岩世人（ダルド　1720/1721–1785）

Dardanos
ギリシア神話、ゼウスとエレクトラの子。
⇒岩世人（ダルダノス）

Dareios I〈前6・5世紀〉
アケメネス朝ペルシアの王。在位前522〜486。州総督（サトラップ）による中央集権機構を確立。
⇒岩世人（ダレイオス1世　（在位）前522–前486）
ネーム（ダレイオス1世）
広辞7（ダレイオス一世　（在位）前522–前486）
世人新（ダレイオス（ダリウス）1世〈大王〉　前558頃–前486）
世人装（ダレイオス（ダリウス）1世〈大王〉　前558頃–前486）
世史語（ダレイオス1世　（在位）前522–前486）
世帝（ダレイオス1世　前558?–前486）
ポプ人（ダレイオス1世　前550?–前486）

Dareios II〈前5世紀〉
ペルシア帝国の王。在位前423〜404。内乱のため、エジプトを失う。
⇒岩世人（ダレイオス2世　（在位）前424/前423–前405/前404）
世帝（ダレイオス2世　?–前404）
学叢歴（ダリオス　?–前405）

Dareios III〈前4世紀〉
ペルシア帝国最後の王。在位前336/335〜330。アレクサンドロス大王の遠征軍に敗れた。
⇒岩世人（ダレイオス3世　（在位）前336–前330）
世人新（ダレイオス（ダリウス）3世　?–前330）
世人装（ダレイオス（ダリウス）3世　?–前330）
世史語（ダレイオス3世　前380頃–前330）
世帝（ダレイオス3世　前380?–前330）
ポプ人（ダレイオス3世　前381?–前330）

Daremberg, Charles Victor〈19世紀〉
フランスの古典学者。古代ギリシア医学の研究家。
⇒岩世人（ダランベール　1817–1872）

D'Argens, Jean-Baptiste de Boyer marquis〈18世紀〉
フランスの文筆家。代表作は、書簡体風刺文『ユダヤ人の手紙』など。
⇒岩世人（ダルジャンス（ダルジャン）　1704.6.24–1771.1.11）

Dargomyzhski, Aleksandr Sergeevich〈19世紀〉
ロシアの作曲家、ピアノ奏者。ロシア国民楽派の開拓者。ロシア "5人組" に影響を与えた。
⇒岩世人（ダルゴムイシスキー　1813.2.2–1869.1.5）
オペラ（ダルガムィーシスキイ、アレクサーンドル・セルゲーエヴィチ　1813–1869）
ネーム（ダルゴムイジスキー　1813–1869）
広辞7（ダルゴムイシスキー　1813–1869）

Daria〈3・4世紀〉
ローマ帝国治下の殉教者。
⇒新カト（クリザントゥスとダリア　?–300頃）
図聖（クリサントゥスとダリア　?–304頃）

al-Dārimī, 'Abdullāh〈8・9世紀〉
イスラームのハディース学者。
⇒岩世人（ダーリミー　797–869）

Darío, Rubén〈19・20世紀〉
ニカラグアの詩人。チリ、アルゼンチン、スペイン、パリなど各地で活躍。
⇒岩世人（ダリオ　1867.1.18–1916.2.6）
ネーム（ダリーオ　1867–1916）
広辞7（ダリーオ　1867–1916）
ラテ新（ダリオ　1867–1916）

darma〈9世紀〉
吐蕃（とばん）最後の君主（賛普（ツェンポ））。在位836〜41。
⇒岩世人（ダルマ　809–841）

dar ma rin chen〈14・15世紀〉
チベット仏教ゲルク派の高僧。
⇒岩世人（タルマリンチェン　1364–1432）

Darmesteter, Arsène〈19世紀〉
フランスの言語学者。初期の意味論学者の一人。著書『フランス語辞典』など。
⇒岩世人（ダルメステール　1846.1.5–1888.11.16）

Darmesteter, James〈19世紀〉
フランスの東洋学者, イラン文献学・ゾロアスター教学者。
⇒岩世人（ダルメステテール　1849.3.12–1894.10.19）

Darnley, Henry Stewart, Lord〈16世紀〉
スコットランド女王メアリ・ステュアートの2度目の夫。
⇒岩世人（ダーンリ　1545/1546–1567.2.10）

Darolio, Domenico〈18世紀〉
イタリアの作曲家。
⇒バロ（ダロリオ, ドメーニコ　1710頃?–1770頃?）

Darragh, Lydia〈18世紀〉
アメリカ植民地時代の看護婦。
⇒スパイ（ダラー, リディア　1729–1789）

d'Arras, Monniot〈12・13世紀〉
フランスの作曲家。
⇒バロ（ダラース, モニオ　1190頃?–1239以降）

Darrow, Clarence Seward〈19・20世紀〉
アメリカの弁護士。主として社会主義者, 労働運動家達の公判における弁護に当った。
⇒岩世人（ダロー　1857.4.18–1938.3.13）
　現アカ（Darrow,Clarence　クラレンス・ダロウ　1857–1938）

D'Arturo, Guido Horn〈19・20世紀〉
イタリアの天文学者。
⇒ユ著人（D'Arturo,Guido Horn　ダアルトゥーロ, グィード・ホルン　1879–1967）

Daru, Pierre Antoine, Comte〈18・19世紀〉
フランスの軍事行政官。文学者としても名高く, 『ベニス共和国史』(19)などを著す。
⇒岩世人（ダリュ　1767.1.12–1829.9.5）

Darwin, Charles Robert〈19世紀〉
イギリスの博物学者。南半球を航海, 地質と動植物の観察をし39年『ビーグル号航海記』を刊行。
⇒岩世人（ダーウィン　1809.2.12–1882.4.19）
　覚思（ダーウィン　1809.2.12–1882.4.19）
　覚思ス（ダーウィン　1809.2.12–1882.4.19）
　科史（ダーウィン　1809–1882）
　広辞7（ダーウィン　1809–1882）
　学叢思（ダーウィン, チャールズ・ロバート　1809–1882）
　新カト（ダーウィン　1809.2.12–1882.4.19）
　世人新（ダーウィン　1809–1882）
　世人装（ダーウィン　1809–1882）
　世史語（ダーウィン　1809–1882）
　ポプ人（ダーウィン, チャールズ　1809–1882）
　メル3（ダーウィン, チャールズ　1809–1882）
　ラテ新（ダーウィン　1809–1882）

Darwin, Erasmus〈18・19世紀〉
イギリスの医師, 博物学者, 詩人。C.ダーウィンの祖父。著書に『ズーノミア』(94〜96)など。
⇒岩世人（ダーウィン　1731.12.12–1802.4.18）
　学叢思（ダーヴィン, エラスマス　1731–1802）

Darwin, Francis〈19・20世紀〉
イギリスの植物学者。進化論者C.ダーウィンの子。
⇒岩世人（ダーウィン　1848.8.16–1925.9.19）

Darwin, Sir George Howard〈19・20世紀〉
イギリスの天文学者。C.ダーウィンの2男。
⇒岩世人（ダーウィン　1845.7.9–1912.12.7）

Das, Chitta Ranjan〈19・20世紀〉
インド国民運動の指導者, スワラジ党首。国民会議派議長(22), カルカッタ市長となった(24)。
⇒岩世人（ダース　1870.11.5–1925.6.16）
　南ア新（ダース　1870–1925）

Das, Sarat Candra〈19・20世紀〉
インドのサンスクリット学者, チベット学者。古代チベット仏教史の研究の先駆者。
⇒岩世人（サラット・チャンドラ・ダース　1849–1917）

Das, Sarat Chandra〈19・20世紀〉
インドのサンスクリット学者, チベット学者。古代チベット仏教史の研究の先駆者。
⇒岩世人（ダース　1849–1917）

Daser, Ludwig〈16世紀〉
ドイツの作曲家。
⇒バロ（ダーゼル, ルートヴィヒ　1525頃–1589.3.27）

Dasharatha〈前3世紀〉
インド, マウリヤ朝の王。
⇒世帝（ダシャラタ　前252頃–前224頃）

Dashkova, Ekaterina Romanovna Vorontsova〈18・19世紀〉
ロシアの公爵夫人。1762年の宮廷クーデターに参画。83年ロシア・アカデミー初代総裁。
⇒岩世人（ダーシコヴァ　1744.3.17–1810.1.4）

Dasius〈3・4世紀〉
ローマの殉教者, 聖人。
⇒新カト（ダシウス　?–303頃）

Dasmariñas, Gómez Pérez〈16世紀〉
スペイン領フィリピン総督。在職1590〜93。
⇒岩世人（ダスマリニャス　1539頃–1593.10.25）

Dass, Petter〈17・18世紀〉
ノルウェーの詩人。代表作は詩集『ノルランのらっぱ』(39)。
⇒岩世人（ダス　1647–1707.8.17）

Daszyński, Ignacy〈19・20世紀〉
ポーランドの政治家。1892年ポーランド社会民主党の結成に参画。
⇒岩世人（ダシンスキ　1866.10.26–1936.10.31）

Dathenus, Petrus〈16世紀〉
オランダの改革派神学者。
⇒新カト（ダテヌス　1531/1532–1590.2.16/1588.3.17）

Datt, Michael Madhusūdan〈19世紀〉
インドのベンガル語詩人。
⇒南ア新（ダット　1824–1873）

Daub, Karl〈18・19世紀〉
ドイツのプロテスタント神学者。1795年ハイデルベルクの神学教授。
⇒岩世人（ダウブ　1765.3.20–1836.11.22）

Daube, Johann Friedrich〈18世紀〉
ドイツのテオルボ奏者, 理論家。
⇒バロ（ダウベ, ヨハン・フリードリヒ　1733頃–1797.9.19）

Daubenton, Louis Jean Marie〈18世紀〉
フランスの博物学者。頭骨の解剖学的面や線に名を残す。
⇒岩世人（ドーバントン　1716.5.29–1800.1.1/1799.12.31）

Dauberval, Jean〈18・19世紀〉
フランスの舞踊家。1781年パリ・オペラ座のバレエ・マスターとなる。
⇒岩世人（ドーベルヴァル　1742.8.19–1806.2.14）
　バレエ（ドーベルヴァル, ジャン　1742.8.19–1806.2.14）

D'Aubigné, Théodore Agrippa〈16・17世紀〉
フランスの詩人, 小説家。代表作『悲愴曲』(16)。
⇒岩世人（ドービニエ　1552.2.8–1630.5.15）
　新カト（ドービニエ　1552.2.8–1630.5.9）

Daubigny, Charles François〈19世紀〉
フランスの画家, 版画家。バルビゾン派の一人。作品『セーヌ風景』など。
⇒岩世人（ドービニー　1817.1.15–1878.2.21）
　芸13（ドービニー, シャルル・フランソワ　1817–1878）

Däubler, Theodor〈19・20世紀〉
ドイツの詩人。代表作に神秘的叙事詩『極光』(10)。
⇒岩世人（ドイブラー　1876.8.17–1934.6.13）
　学叢思（ドイブレル, テオドル　1876-?）

Daubray〈19世紀〉
フランスの俳優。
⇒19仏（ドーブレ　1837.5.7–1892.9.10）

Daubrée, Gabriel Auguste〈19世紀〉
フランスの地質学者, 鉱物学者。鉱物, 鉱床, 温泉等の研究がある。
⇒岩世人（ドブレ　1814.6.25–1896.5.29）

Daucher, Adolf〈15・16世紀〉
ドイツの彫刻家。アンナベルクのアレナ聖堂の大理石の祭壇(21)の作者。
⇒岩世人（ダウハー　1460頃–1524）
　新カト（ダウハー　1460/1465頃–1523/1524頃）
　芸13（ダウヒャー, アドルフ　1460-1465–1523-1524）

Daucher, Hans〈15・16世紀〉
ドイツの彫刻家。A.ダウハーの子。ドイツ・ルネサンス様式の作家。
⇒芸13（ダウヒャー, ハンス　1485頃–1538）

Daudet, Alphonse〈19世紀〉
フランスの小説家, 劇作家。主著戯曲『アルルの女』(72)。
⇒岩世人（ドーデ　1840.5.13–1897.12.16）
　19仏（アルフォンス・ドーデ　1840.5.13–1897.12.16）
　広辞7（ドーデ　1840–1897）
　学叢思（ドーデー, アルフォンス　1840–1897）
　ポプ人（ドーデ, アルフォンス　1840–1897）

Daudet, Léon〈19・20世紀〉
フランスの小説家, 評論家。A.ドーデの息子。文芸批評家としてプルースト, セリーヌなどを発見。
⇒岩世人（ドーデ　1867.11.16–1942.6.30）
　学叢思（ドーデー, レオン　1868-?）
　新カト（ドーデ　1867.11.16–1942.6.30）

Daud Syah, Sultan Muhammad〈19・20世紀〉
インドネシア, スマトラ島北部のアチェ王国の最後の王。在位1874～1903。
⇒岩世人（ダウド・シャー, ムハンマド　(在位)1874–1903）

Daumer, Georg Friedrich〈18・19世紀〉
ドイツの宗教哲学者, 詩人。詩はブラームスによって作曲された。
⇒岩世人（ダウマー　1800.3.5–1875.12.13）
　新カト（ダウマー　1800.3.5–1875.12.13）

Daumier, Honoré Victorin〈19世紀〉
フランスの画家, 版画家。諷刺的政治漫画, 風俗漫画を多数描いた。代表作『三等車』(油彩)など。
⇒岩世人（ドーミエ　1808.2.26–1879.2.10）
　ネーム（ドーミエ　1808–1879）
　広辞7（ドーミエ　1808–1879）
　学叢思（ドーミエル, オノレ　1808–1879）
　芸13（ドーミエ, オノレ　1808–1879）
　世人新（ドーミエ　1808–1879）
　世人装（ドーミエ　1808–1879）
　世史語（ドーミエ　1808–1879）

ポプ人（ドーミエ, オノレ　1808–1879）

Daun, Demang Lebar
インドネシア, スマトラ島東南部のパレンバンの支配者。
⇒岩世人（ダウン, ドゥマン・ルバル）

Daun, Leopold Joseph Maria, Graf von〈18世紀〉
オーストリアの軍人。プロシア軍と戦い, 軍制改革に尽力。
⇒岩世人（ダウン　1705.9.24–1766.2.5）

Daunou, Pierre Claude François〈18・19世紀〉
フランスの政治家, 歴史家。王政復古後, 自由主義派の代議士（18）。
⇒岩世人（ドヌー　1761.8.18–1840.6.20）

Daunt, William Joseph O'Neill〈19世紀〉
アイルランドの政治家。
⇒岩世人（ドーント　1807.4.28–1894.6.29）

Dauphin, Eugène〈19・20世紀〉
フランスの画家。
⇒19仏（ウジェーヌ・ドーファン　1857.11.30–1930）

D'aurevilly, Jules Barbey〈19世紀〉
フランスの作家。
⇒19仏（ジュール・バルベ・ドールヴィイ　1808.11.2–1889.4.23）

Dauthendey, Max〈19・20世紀〉
ドイツの小説家, 詩人。
⇒岩世人（ダウテンダイ　1867.7.25–1918.8.29）

d'Auvergne, Antoine〈18世紀〉
フランスのヴァイオリン奏者, 作曲家。
⇒バロ（ドーヴェルニュ, アントワーヌ　1713.10.3–1797.2.23）

Dauzat, Albert〈19・20世紀〉
フランスの言語学者。主著『言語地理学』（22）。
⇒岩世人（ドーザ　1877.7.4–1955.10.31）

Davānī, Jalāl al-Dīn〈15・16世紀〉
イランで活動した神学者, 哲学者, 詩人。
⇒岩世人（ダヴァーニー　?–1502）

Davaux, Jean-Baptiste〈18・19世紀〉
フランスの作曲家。
⇒バロ（ダヴォー, ジャン・バティスト　1742.7.19–1822.2.2）

Dave, Narmadāśaṅkara Lalaśankara〈19世紀〉
インドのグジャラートの文学者, 社会改革家。
⇒岩世人（ダヴェー, ナルマダーシャンカル・ラールシャンカル　1833.8.24–1886.2.26）

Daveluy, Marie Nicolas Antoine〈19世紀〉
フランスの宣教師。司祭（1841）。朝鮮に入り（45）, 布教の傍ら朝鮮の言語, 風俗, 歴史を研究。
⇒岩世人（ダヴリュイ　1818.3.16–1866.3.30）
　新カト（マリー・ニコラ・アントアーヌ・ダヴリュイ　1818.3.16–1866.3.30）

Davenant, Charles〈17・18世紀〉
イギリスの経済学者。輸出入総督（1705）。
⇒岩世人（ダヴェナント　1656–1714.11.6）

Davenant, *Sir* William〈17世紀〉
イギリスの劇作家, 劇場支配人。イギリスオペラの父と称された。作品に, 喜劇『才人』（33）など。
⇒岩世人（ダヴェナント　1606.3.3（受洗）–1668.4.7）

Davenport, Charles Benedict〈19・20世紀〉
アメリカの動物学者。カーネギー研究所遺伝学部長, 優生学記録所長を歴任。
⇒岩世人（ダヴェンポート　1866.6.1–1944.2.18）

Davenport, Christopher〈16・17世紀〉
イングランドのカトリック神学者。
⇒新カト（ダウンポート　1598–1680.5.31）

Davenport, Herbert Joseph〈19・20世紀〉
アメリカの経済学者。主著 "Value and distribution"（08）。
⇒岩世人（ダヴェンポート　1861.8.10–1931.6.15）

Davenport, John〈16・17世紀〉
イギリスの牧師, 清教徒。ニューヘーブンに新植民地を建設。
⇒新カト（ダヴンポート　1597.4.9–1670.3.15頃）

Davesne, Pierre Just〈18世紀〉
フランスの作曲家。
⇒バロ（ダヴェーヌ, ピエール・ジュスト　1720頃?–1784以降）

David〈前11・10世紀〉
イスラエル王国第2代目の王。エルサレムに都を移し, 広大な領土を誇った。
⇒岩世人（ダビデ　（在位）前1010–前971）
　岩世人（ダーウード）
　ネーム（ダヴィデ）
　広辞7（ダヴィデ　（在位）前1010頃–前970頃）
　学叢思（ダヴィデ）
　新カト（ダビデ）
　図聖（ダビデ）
　聖書（ダビデ）
　世人新（ダヴィデ（ダビデ）　?–前972頃/前960頃）
　世人装（ダヴィデ（ダビデ）　?–前972頃/前960頃）
　世史語（ダヴィデ王　（在位）前1000頃–前960頃）
　世帝（ダビデ　前1040?–前970?）
　ポプ人（ダビデ王　?–前960頃）

学叢歴（ダビデ）

David〈5・6世紀〉
ウェールズの司教，守護聖人。
⇒新カト（ダヴィド　?-588/589/601）

David, Armand〈19世紀〉
フランスのラザルス派宣教師，植物学者。中国に渡り（1862）莫大な植物，動物，鉱物を採集。
⇒岩世人（ダヴィッド　1826.9.27-1900.11.10）

David, ben-Zakkai〈10世紀〉
バビロニア・ユダヤ人社会の世襲支配者。在位917～40。
⇒ユ人（ダビッド，ベンザカイ　10世紀）

David, Christian〈17・18世紀〉
ドイツの宗教家。ヘルンフート兄弟団の設立者。
⇒岩世人（ダーヴィト　1690.12.21-1751.2.3）
　新カト（ダーヴィト　1690.12.21-1751.2.3）

David, Eduard〈19・20世紀〉
ドイツの社会主義経済学者，政治家。著『社会主義と農業』(03)。
⇒岩世人（ダーヴィト　1863.6.11-1930.12.24）

David, Gerard〈15・16世紀〉
フランドルの画家。ブリュージュ派最後の巨匠。作品は『キリストの洗礼』(08) など。
⇒岩世人（ダヴィト　1460年-1523.8.13）
　新カト（ダヴィト（ダーフィト）　1460頃-1523.8.13）
　芸13（ダヴィット，ヘラルト　1450-1460頃-1523）

David, Giovanni〈18・19世紀〉
イタリアのテノール歌手。
⇒オペラ（ダーヴィッド，ジョヴァンニ　1790-1864）

David, Jacques Louis〈18・19世紀〉
フランスの画家。新古典主義の創始者，指導者。大作『ホラティウス兄弟の誓い』(85) など。
⇒岩世人（ダヴィッド　1748.8.30-1825.12.29）
　広辞7（ダヴィッド　1748-1825）
　新カト（ダヴィド　1748.8.30-1825.12.29）
　芸13（ダヴィッド，ジャック・ルイ　1748-1825）
　世人新（ダヴィド　1748-1825）
　世人装（ダヴィド　1748-1825）
　世史語（ダヴィド　1748-1825）
　ポプ人（ダビッド，ジャック・ルイ　1748-1825）

David, Léon〈19・20世紀〉
フランスのテノール。1924～37年パリ音楽院の声楽科教授。
⇒失声（レオン・ダヴィド　1867-1962）
　魅惑（David,Léon　1867-1962）

David, Pierre〈17世紀〉
フランスの神学者，フランシスコ会の会員。
⇒新カト（ダヴィッド　17世紀）

David, Pierre Jean〈18・19世紀〉
フランスの彫刻家。別称David d'Angers。
⇒岩世人（ダヴィッド・ダンジェ　1788.3.12-1856.1.6）

David I〈11・12世紀〉
スコットランド王。在位1124～53。スコットランドに封建制度を導入，カトリック化を促進。
⇒岩世人（デイヴィド1世　1085頃-1153.5.24）
　世帝（デイヴィド1世　1080-1153）

David II〈14世紀〉
スコットランド王。在位1329～71。ロバート1世ブルースの子。
⇒岩世人（デイヴィド2世　1324.3.5-1371.2.22）
　世帝（デイヴィド2世　1324-1371）

David (Augsburg)〈13世紀〉
中世ドイツの優れた説教家。
⇒新カト（ダヴィド〔アウグスブルクの〕　1200/1210-1272.11.19）

David (Dinant)〈12・13世紀〉
ベルギー出身のスコラ学者，自然哲学者。
⇒岩世人（ダヴィッド・ド・ディナン　1160頃-1217頃）
　新カト（ダヴィド〔ディナンの〕　?-1206以後1210以前）

Davidov, Alexander〈19・20世紀〉
ウクライナのテノール歌手。
⇒魅惑（Davidov,Alexander　1872-1944）

Davids, Caloline Augusta〈19・20世紀〉
イギリスの女流仏教学者。T.W.R.に師事し，のち彼と結婚。
⇒岩世人（リース・デイヴィズ　1857.9.27-1942.6.26）

Davids, Thomas William Rhys〈19・20世紀〉
イギリスの仏教学者。多数のパーリ語聖典をローマ字化し，出版。
⇒岩世人（リース・デイヴィズ　1843.5.12-1922.12.27）

Davidson, James Wheeler〈19・20世紀〉
アメリカの領事，財務代行者。
⇒アア歴（Davidson,James Wheeler　ジェイムズ・ホイーラー・デイヴィッドスン　1872.6.14-1933.7.18）

Davidson, John〈19・20世紀〉
スコットランドの作家。未完の詩『神とマンモン』を残して自殺。
⇒岩世人（デイヴィドソン　1857.4.11-1909.4.23頃）

Davidson, Paul〈19・20世紀〉
ドイツ初期の映画制作者。劇場主。
⇒ユ著人（Davidson,Paul and Fellner,Hermann　ダヴィッドソン，パウルとフェルナー，ヘルマン）

Davidson, Randall Thomas〈19・20世紀〉
イギリスの聖職者。
⇒岩世人（デイヴィドソン 1848.4.7–1930.5.25）

Davidson (Movshovitz), Israel〈19・20世紀〉
アメリカのヘブライ学者。
⇒ユ人（デビドソン（モフショビッツ），イスラエル 1870–1939）

Daviel, Jacques〈17・18世紀〉
フランスの眼科医。白内障の水晶体摘出療法の創始者。
⇒岩世人（ダヴィエル 1696.8.11–1762.9.30）

Davies, Ben〈19・20世紀〉
イギリスのテノール。87年「ドロシー」,91年「アイヴァンホー」世界初演に主役で参加。
⇒魅惑（Davies, Ben 1858–1943）

Davies, Sir John〈16・17世紀〉
イギリスの詩人，法律家。作品，『オーケストラ』(96)，『汝自身を知れ』(99)など。
⇒岩世人（デイヴィス 1569.4.16（受洗）–1626.12.8）

Davies, Joseph Edward〈19・20世紀〉
アメリカの政治家。共和党所属。ポツダム会議に出席(45)。
⇒岩世人（デイヴィズ 1876.11.29–1958.5.9）

Davies, Norman de Garis〈19・20世紀〉
イギリスのエジプト学者。
⇒岩世人（デイヴィス 1865.9.14–1941.11.5）

Davies, William Henry〈19・20世紀〉
イギリスの詩人。『超浮浪者の自伝』(08)を書く。
⇒岩世人（デイヴィス 1870.4.20–1940.9.26）

Davignon, Henri〈19・20世紀〉
ベルギーの作家。子爵。小説 "Un Belge" (13)。
⇒岩世人（ダヴィニョン 1879.8.24–1964.11.14）

Davila, Enrico Caterino〈16・17世紀〉
イタリアの歴史家。『フランスの内乱史』(30)を著す。
⇒岩世人（ダヴィラ 1576.10.30–1631.5.25）

Daviller, Charles Augustin〈17世紀〉
フランスの建築家。南フランスの各地で制作。
⇒岩世人（ダヴィレ 1653–1700）

Davin de Caderousse〈15世紀〉
ヘブライ語の印刷を最初に手掛けたユダヤ人。
⇒ユ著人（Davin de Caderousse ダヴィン・ド・カデルッス 15世紀）

Davioud, Gabriel Jean Antoine〈19世紀〉
フランスの建築家。パリの諸公園の設計に当った。
⇒岩世人（ダヴィウ 1823.10.30–1881.4.6）

Davis, Dwight Filley〈19・20世紀〉
アメリカの政治家。英米庭球試合にデーヴィス・カップを寄贈。
⇒アア歴（Davis, Dwight F(illey) ドワイト・フィリー・デイヴィス 1879.7.5–1945.11.28）
岩世人（デイヴィス 1879.7.5–1945.11.28）

Davis, George Stacey〈19・20世紀〉
アメリカの大リーグ選手（遊撃，三塁，外野）。
⇒メジャ（ジョージ・デイヴィス 1870.8.23–1940.10.17）

Davis, George Whitefield〈19・20世紀〉
アメリカの陸軍将校，技師。
⇒アア歴（Davis, George Whitefield ジョージ・ホイットフィールド・デイヴィス 1839.7.26–1918.7.12）

Davis, Harry H〈19・20世紀〉
アメリカの大リーグ選手（一塁）。
⇒メジャ（ハリー・デイヴィス 1873.7.19–1947.8.11）

Davis, Jefferson〈19世紀〉
アメリカの政治家。アメリカ南部連合の一代限りの大統領。在職1861～1865。
⇒アメ新（デービス 1808–1889）
岩世人（デイヴィス 1808.6.3–1889.12.6）
世人新（デイヴィス（ジェファソン＝デイヴィス〈デーヴィス〉） 1808–1889）
世人装（デイヴィス（ジェファソン＝デイヴィス〈デーヴィス〉） 1808–1889）
世史語（ジェファソン＝デヴィス 1808–1889）
ポプ人（デービス，ジェファーソン 1808–1889）
学叢歴（デーヴィス，ジェファーソン 1808–1889）

Davis, Jerome Dean〈19・20世紀〉
アメリカのアメリカン・ボード宣教師。同志社の創立功労者。
⇒アア歴（Davis, Jerome Dean ジェロウム・ディーン・デイヴィス 1838.1.17–1910.11.4）
岩世人（デイヴィス 1838.1.17–1910.11.4）

Davis, John〈16・17世紀〉
イギリスの航海者。1591年フォークランド諸島を発見。
⇒岩世人（デイヴィス 1550頃–1605.12.29/30）

Davis, Sir John Francis〈18・19世紀〉
イギリスの外交官，植民地政治家。第2代香港総督として中国に渡った(44～48)。
⇒岩世人（デイヴィス 1795.7.16–1890.11.13）

Davis, Richard Harding〈19・20世紀〉
アメリカのジャーナリスト，小説家，劇作家。
⇒岩世人（デイヴィス 1864.4.18–1916.4.11）

Davis, Sam〈19世紀〉
第1テネシー連隊所属の2等兵。南北戦争中スパイとして処刑された。
⇒スパイ（デイヴィス，サム　1842–1883）

Davis, Thomas Osborne〈19世紀〉
アイルランドの詩人，政治家。国民運動を提唱し，「若きアイルランド人」運動を興した。
⇒岩世人（デイヴィス　1814.10.24–1845.9.16）

Davis, William Morris〈19・20世紀〉
アメリカの地理学者，地形学者。地形輪廻説の提唱者。
⇒岩世人（デイヴィス　1850.2.12–1934.2.5）
　広辞7（デーヴィス　1850–1934）

Davison, John Carrol〈19・20世紀〉
アメリカの宣教師。『基督教聖歌集』(84)等を出版。
⇒岩世人（デイヴィソン　1843–1928）

Davitt, Michael〈19・20世紀〉
アイルランドの農民運動指導者。1879年に土地同盟を創設して土地戦争を指導。
⇒岩世人（ダヴィット　1846.3.25–1906.5.31）
　学叢思（ダヴィット，マイケル　1846–1906）

Davout, Louis Nicolas〈18・19世紀〉
フランスの軍人。ナポレオン戦争で多くの戦功をたてた。
⇒岩世人（ダヴー　1770.5.10–1823.6.1）

Davy, Humphry〈18・19世紀〉
イギリスの化学者。塩素や弗素を発見。
⇒岩世人（デイヴィ　1778.12.17–1829.5.29）
　科史（デイヴィー　1778–1829）
　広辞7（デーヴィー　1778–1829）
　学叢思（デーヴィー，サー・ハンフリー　1778–1829）

Davy, Richard〈15・16世紀〉
イギリスの作曲家。
⇒バロ（ディヴィ，リチャード　1465頃–1516）

Davydov, Karl Yulievich〈19世紀〉
ロシアのチェロ奏者。ペテルブルグ音楽院院長(1876~87)。
⇒岩世人（ダヴィドフ　1838.3.3–1889.2.14）
　ユ著人（Davydov (Davidhof), Karl Yulyevich　ダヴィドフ，カール・イェリェヴィチ　1838–1889）

Dawači〈18世紀〉
ジュンガル（ジュンガル・ハン国）の君主。
⇒岩世人（ダワチ　?–1759）

Dawes, Charles Gates〈19・20世紀〉
アメリカの外交官，財政家。副大統領(1925~29)。
⇒岩世人（ドーズ　1865.8.27–1951.4.23）
　世人新（ドーズ　1865–1951）
　世人装（ドーズ　1865–1951）

Dawlat-Shāh Samarqandī〈15世紀〉
イランのペルシア語詩人，伝記作者。
⇒岩世人（ダウラトシャー　1438頃–1494頃）

Dawley, William Sanborn〈19・20世紀〉
アメリカの鉄道技師。
⇒アア歴（Dawley, William Sanborn　ウイリアム・サンボーン・ドーリー　1856.11.27–1927.5.18）

Dāwūd ibn 'Umar al-Anṭākī〈16世紀〉
ペルシアの医者，薬学者。
⇒岩世人（ダーウード・アンターキー　?–1599）

D'axa, Zo〈19・20世紀〉
フランスのジャーナリスト。
⇒19仏（ゾ・ダクサ　1864.5.24–1930.8.30）

Day, Arthur Louis〈19・20世紀〉
アメリカの地球物理学者。
⇒岩世人（デイ　1869.10.30–1960.3.2）

Day, Francis〈19世紀〉
イギリスの水産学者，魚類学者。インドの魚類に関する業績は有名。
⇒岩世人（デイ　1829.3.2–1889.7.10）

Dayānanda Sarasvatī〈19世紀〉
インドの宗教改革者。1875年アーリア・サマージを創設。「ベーダへ帰れ」を提唱。
⇒岩世人（ダヤーナンダ・サラスヴァティー　1824.2.12–1883.10.31）
　学叢思（サラスワーチスワーミ・ダヤ・ナンダ　1824–1883）
　南').新（ダヤーナンダ・サラスヴァティー　1824–1883）

Dayan Khan〈15・16世紀〉
モンゴルのハン。
⇒岩世人（ダヤン・ハーン　1464?–1524?）
　広辞7（ダヤン　1474?–1517?）
　世人新（ダヤン＝ハン　1464/1474–1517）
　世人装（ダヤン＝ハン　1464/1474–1517）
　世帝（ダヤン・ハーン　?–1524）
　学叢歴（達延　?–1543（嘉靖22））

Dayārām〈18・19世紀〉
インドのグジャラート語詩人。ヴァラバの教義に関する宗教的・哲学的作品を多く残した。
⇒岩世人（ダヤーラーム　1776–1852）

Dayton, Elias〈18・19世紀〉
アメリカの軍人。
⇒スパイ（デイトン，エリアス　1737–1807）

Daza, Esteban〈16世紀〉
スペインの作曲家。
⇒バロ（ダーサ，エステバン　1530頃?–1580頃?）

Daza, Eugenio Salazar〈19・20世紀〉
フィリピンの革命軍将校，政治家。

⇒岩世人（ダサ　1870.11.15-1954.12.16）
D'Azeglio, Massimo Taparelli〈18・19世紀〉
イタリアの小説家,政治家。1849～52年サルジニア王国首相。
⇒岩世人（ダゼッリオ　1798.10.24-1866.1.15）
dbus pa blo gsal〈14世紀頃〉
チベットの学僧。
⇒岩世人（ウーパ・ロセル　14世紀頃）
Deák Ferencz〈19世紀〉
ハンガリーの政治家。同国近代化の精神的指導者。オーストリア＝ハンガリー帝国の成立（1867）に活躍。
⇒岩世人（デアーク　1803.10.17-1876.1.29）
Deakin, Alfred〈19・20世紀〉
オーストラリアの政治家。
⇒オセ新（ディーキン　1856-1919）
Dealey, James Quayle〈19・20世紀〉
アメリカの社会学者。
⇒学叢思（ディーレー, ジェー・アール　1861-?）
De Ambris, Alceste〈19・20世紀〉
イタリアの労働運動家。
⇒岩世人（デ・アンブリス　1874.9.15-1934.12.9）
De Amicis, Edmondo〈19・20世紀〉
イタリアの小説家,児童文学者。主著『ロンドンの思い出』(74),『クオレ』(86)。
⇒岩世人（デ・アミーチス　1846.10.21-1908.3.11）
　ネーム（デ・アミーチス　1846-1908）
　新カト（デ・アミーチス　1846.10.21-1908.3.11）
　ポプ人（デ・アミーチス, エドモンド　1846-1908）
Dean, Bashford〈19・20世紀〉
アメリカの動物学者。アメリカ博物館爬虫類・魚類部主事（03～10）。
⇒岩世人（ディーン　1867.10.28-1928.12.6）
Dean, William〈19世紀〉
アメリカの宣教師。
⇒アア歴（Dean, William　ウイリアム・ディーン　1807.6.21-1895.8.21）
Deane, Silas〈18世紀〉
最初のアメリカ使節。大陸会議代表（1774～76）。フランスと通商,同盟条約を締結。
⇒岩世人（ディーン　1737.12.24-1789.9.23）
Dearing, John Lincoln〈19・20世紀〉
アメリカのバプテスト派教会宣教師。横浜バプテスト神学校で神学,倫理学を教授。
⇒アア歴（Dearing, John Lincoln　ジョン・リンカン・ディアリング　1858.12.10-1916.12.20）
De Bary, Heinrich Anton〈19世紀〉
ドイツの植物学者。菌類の寄生について生活史的な研究を行った。

⇒岩世人（ド・バリ　1831.1.26-1888.1.19）
De Bassini, Achille〈19世紀〉
イタリアのバリトン歌手。
⇒オペラ（デ・バッシーニ, アキッレ　1819-1881）
Debbōra
イスラエルの初期の小士師で,エフライムの山地で職務についていた（旧約）。
⇒岩世人（デボラ）
　新カト（デボラ）
　聖書（デボラ）
de Beaune, Florimond〈17世紀〉
フランスの数学者。デカルトの「幾何学」にたいする注釈を行った。
⇒世数（ボーヌ, フロリモン・ド　1601-1652）
de Bettignies, Louise〈19・20世紀〉
イギリスとフランスのスパイ。
⇒スパイ（ド・ベッティニー, ルイーズ　1880-1918）
Debleczeny, János〈17世紀〉
ハンガリーの作曲家。
⇒バロ（デブレツェニ, ヤーノシュ　1600頃?-1660頃?）
Dębołęcki, Wojciech〈16・17世紀〉
ポーランドの作曲家。
⇒バロ（デンボウェンツキ, ヴォイチェフ　1585.86-1645.9-47.2）
De Bono, Emilio〈19・20世紀〉
イタリアの軍人。1922年ファシストのローマ進軍を指揮した四天王の一人。
⇒岩世人（デ・ボーノ　1866.3.19-1944.1.11）
de Bonvouloir, Julien Achard〈18世紀〉
フランスのスパイ。
⇒スパイ（ド・ボンヴーロワール, ジュリアン・アシャール　1749-1783）
De Brito, Filipe〈16・17世紀〉
ビルマで活躍したポルトガルの冒険商人,傭兵隊長。
⇒岩世人（デ・ブリート　?-1613.4）
De Brosses, Charles〈18世紀〉
フランスの高等法院長,歴史家,言語学者,文人。
⇒新カト（ド・ブロス　1709.2.7-1777.5.7）
Debs, Eugene Victor〈19・20世紀〉
アメリカの労働運動指導者,社会主義者。1898年社会民主党（1901年社会党）を創設。
⇒アメ新（デブス　1855-1926）
　岩世人（デブス　1855.11.5-1926.10.20）
　学叢思（デブス, ユージン・ヴィクター　1855-?）
Debucourt, Philibert Louis〈18・19世紀〉
フランスの風俗画家,版画家。代表作『散策』。

⇒岩世人（デュクール　1755.2.13-1832.9.22）
芸13（ドビュクール，ルイ・フィリップ　1755-1832）

Deburau, Jean-Batiste Gaspard〈18・19世紀〉
フランスのパントマイムの俳優。抒情的なピエロ役で絶讃された。映画『天井桟敷の人々』(44)のモデル。
⇒岩世人（デビュロー　1796.7.31-1846.6.17）

De Bussy〈16世紀〉
フランスの作曲家。
⇒バロ（ド・ビュシイ,？　1530頃?-1583）

Debussy, Achille Claude〈19・20世紀〉
フランスの作曲家。全音音階，平行和音，などを自由に駆使し，印象主義の音楽を確立。
⇒岩世人（ドビュッシー　1862.8.22-1918.3.25）
バレエ（ドビュッシー, クロード　1862.8.22-1918.3.26）
オペラ（ドビュッシー, クロード　1862-1918）
エデ（ドビュッシー,（アシル）クロード　1862.8.22-1918.3.25）
広辞7（ドビュッシー　1862-1918）
学叢思（デビュッシイ, クロード　1862-1919）
実音人（ドビュッシー, クロード　1862-1918）
新カト（ドビュッシー　1862.8.22-1918.3.25）
世人新（ドビュッシー　1862-1918）
世人装（ドビュッシー　1862-1918）
世史語（ドビュッシー　1862-1918）
ビ曲改（ドビュッシー, クロード・アシル　1862-1918）
ポプ人（ドビュッシー, クロード　1862-1918）

de Bussy, François〈17・18世紀〉
フランスの外交官。イギリスのためにスパイ行為をした。
⇒スパイ（ド・ビュッシー, フランソワ　1699-1780）

Decaisne, Henri〈18・19世紀〉
ベルギー出身のパリで活躍した画家。
⇒芸13（ドゥケーヌ, アンリ　1799-1852）

Decaisne, Joseph〈19世紀〉
フランスの植物学者。国立博物館栽培学教授(48)。
⇒岩世人（ドケーヌ　1807.3.17-1882.2.8）

Decamps, Alexandre Gabriel〈19世紀〉
フランスの画家。作品『スミルナの夜警』など。
⇒岩世人（ドカン　1803.3.3-1860.8.22）
学叢思（ドカン, アレクサンドル・ガブリエル　1803-1860）
芸13（ドカン, アレキサンドル・ガブリエル　1803-1860）

Decarella〈16世紀〉
イタリアの作曲家。
⇒バロ（デカレッラ,？　1500頃?-1550頃?）

Decazes, Élie Duc〈18・19世紀〉
フランスの政治家。復古王政初期の1819年内閣を組織し，自由主義政策を遂行。
⇒岩世人（ドカーズ　1780.9.28-1860.10.24）

Decebalus〈1・2世紀〉
ローマ時代のダキア人の王。
⇒岩世人（デケバルス　?-106）

Dechamps, Etienne〈17・18世紀〉
フランスのカトリック神学者。反ジャンセニストの論争家。
⇒新カト（ドシャン　1613.9.2-1701.7.31）

Dechamps, Victor-Auguste-Isidore〈19世紀〉
ベルギーのカトリック神学者。
⇒新カト（ドシャン　1810.12.6-1883.9.29）

De Chancourtois, Alexandre-Émile Béguyer〈19世紀〉
フランスの地質鉱物学者。
⇒岩世人（ド・シャンクールトワ　1820.1.20-1886.11.14）

De Chandieu, Antoine〈16世紀〉
フランスの説教者。ユグノー派に属した。
⇒岩世人（ド・シャンデュー　1534頃-1591）

Déchelette, Joseph〈19・20世紀〉
フランスの考古学者。ケルト考古学, ゴール考古学を研究。
⇒岩世人（デシュレット　1862.1.8-1914.10.3）
新カト（デシュレット　1862.1.8-1914.10.4）

Decius, Gaius Messius Quintus Trajanus〈3世紀〉
ローマ皇帝。在位249～251。
⇒岩世人（デキウス　190頃-251）
ネーム（デキウス　201-251）
広辞7（デキウス　190頃-251）
新カト（デキウス　190頃/201-251.6）
世帝（デキウス　190/201-251）

Decius, Nikolaus〈15・16世紀〉
ドイツの宗教改革者, 讃美歌作者。
⇒バロ（デーツィウス, ニコラウス　1485頃-1546以降）

Decius Mus, Publius〈前4世紀〉
古代ローマの執政官（父）。
⇒岩世人（デキウス・ムス　?-前340）

Decker, Eberhard〈16・17世紀〉
ドイツの作曲家。
⇒バロ（デッカー, エーベルハルト　1540頃?-1605）

Decker, Joachim〈16・17世紀〉
ドイツの作曲家。
⇒バロ（デッカー, ヨアヒム　1575頃-1611.3.15）

Decker, Paul〈17・18世紀〉
ドイツの建築家, 版画家。ベルリン城の建設に参加。
⇒芸13（デッカー, パウル　1677–1713）

De Colmar, Charles Xavier Thomas〈18・19世紀〉
フランスの発明家, 企業家。
⇒岩世人（ド・コマ　1785.5.5–1870.3）

De Coster, Charles〈19世紀〉
ベルギーの作家。著『フランドルの伝説』『オイレンシュピーゲル, ならびにラム・フツザクの愉快にして輝かしき勲功と伝説』。
⇒岩世人（ド・コステール　1827.8.27–1879.5.7）

Décrochers〈17・18世紀〉
フランスの作曲家。
⇒バロ（デクロシェ, ?　1660頃?–1720頃?）

Decroly, Ovide〈19・20世紀〉
ベルギーの教育学者, 心理学者, 医学者。ドクロリー法の創始者。
⇒岩世人（ドクロリ　1871.7.23–1932.9.12）

Dedekind, Julius Wilhelm Richard〈19・20世紀〉
ドイツの数学者。「切断」の概念により, 無理数を定義。
⇒岩世人（デーデキント　1831.10.6–1916.2.12）
　広辞7（デデキント　1831–1916）
　世数（デデキント, ユリウス・ヴィルヘルム・リヒャルト　1831–1916）

Dedekind, Konstantin Christian〈17・18世紀〉
ドイツの作曲家。
⇒バロ（デーデキント, コンスタンティン・クリスティアン　1628.4.2–1715.9.2）

Dedes, Ken〈13世紀〉
東ジャワのシンガサリ王国の初代ラージャサ王の妃。
⇒岩世人（ドゥドゥス, ケン　13世紀前半）

Deere, John〈19世紀〉
アメリカの鋼鉄プラウ（鋤）の完成者, 製造家。この発明により中部平原の開拓を可能にした。
⇒岩世人（ディアー　1804.2.7–1886.5.17）

de Fesch, Willem〈17・18世紀〉
ネーデルラントのヴァイオリン奏者, オルガン奏者, 指揮者。
⇒バロ（ド・フェシュ, ヴィレム　1687.8.26–1757）
　バロ（フェシュ, ヴィレム・ド　1687.8.26–1757）

Deffand, Marie de Vichy-Chamrond〈17・18世紀〉
フランスの女流文学者, 侯爵夫人。サロンを主宰。
⇒岩世人（デファン　1697.12.25–1780.9.24）

Deffrennes, Jean-Baptiste〈19・20世紀〉
フランスのパリ外国宣教会宣教師。
⇒新カト（デフレヌ　1870.1.1–1958.11.7）

De Filippi, Filippo〈19・20世紀〉
イタリアの医者, 探検家。
⇒岩世人（デ・フィリッピ　1869.4.6–1938.9.23）

Defoe, Daniel〈17・18世紀〉
イギリスのジャーナリスト, 小説家。諷刺文『非国教徒処理捷径』(02)などで政府を攻撃。
⇒岩世人（デフォー　1660–1731.4.24）
　広辞7（デフォー　1660頃–1731）
　学叢思（デフォー, ダニエル　1660–1731）
　新カト（デフォー　1660–1731.4.24）
　スパイ（デフォー, ダニエル　1660–1731）
　世人新（デフォー　1660–1731）
　世人装（デフォー　1660–1731）
　世史語（デフォー　1660–1731）
　ポプ人（デフォー, ダニエル　1660–1731）

De Forest, Charlotte Burgio〈19・20世紀〉
アメリカのアメリカン・ボード宣教師。神戸女学院院長。
⇒アア歴（DeForest, Charlotte B (urgis)　シャーロット・バージズ・デフォレスト　1879.2.23–1973.7.2）

De Forest, John Kinn Hoyde〈19・20世紀〉
アメリカの組合教会宣教師。来日し(1874), 仙台に東華学校を創立。
⇒アア歴（DeForest, John (Kinne) H (yde)　ジョン・キン・ハイド・デフォレスト　1844.6.25–1911.5.8）
　岩世人（デフォレスト　1844.6.25–1911.5.8）

De Forest, Lee〈19・20世紀〉
アメリカの電気工学者。3極真空管を発明(1907)。
⇒岩世人（ド・フォレスト　1873.8.26–1961.6.30）
　広辞7（デ・フォレスト　1873–1961）

De Forest, Lockwood〈19・20世紀〉
アメリカの芸術家。
⇒アア歴（De Forest, Lockwood　ロックウッド・デフォレスト　1850.6.23–1932.4.3）

Deforis, Jean-Pierre〈18世紀〉
フランスのカトリック神学者, ベネディクト会会員。
⇒新カト（ドフォリ　1732–1794.6.25）

Defregger, Franz von〈19・20世紀〉
オーストリアの画家。歴史画および風俗画が多い。
⇒岩世人（デフレッガー　1835.4.30–1921.1.2）

De Gamerra, Giovanni〈18・19世紀〉
イタリアの劇作家, ウィーンの宮廷詩人。代表

作はモーツァルトの作曲による脚本『ルーチョ・シッラ』。
⇒オペラ〈デ・ガメルラ, ジョヴァンニ 1743–1803〉

De Garmo, Charles〈19・20世紀〉
アメリカの教育学者。〈国全ヘルバルト協会〉を創設 (92)。
⇒岩世人〈ド・ガーモ 1849.1.7–1934〉

Degas, Hilaire Germain Edgar〈19・20世紀〉
フランスの画家。近代的レアリスムの完成者の一人。代表作『アプサン』(76)。
⇒岩世人〈ドガ 1834.7.19–1917.9.26〉
バレエ〈ドガ, エドガール・イレール・ジェルマン 1834.7.19–1917.9.26〉
広辞7〈ドガ 1834–1917〉
学叢思〈ドガ, イレール・ジェルメーヌ・エドガール 1834–1917〉
芸13〈ドガ, エドガー 1834–1917〉
世人新〈ドガ 1834–1917〉
世人装〈ドガ 1834–1917〉
ポプ人〈ドガ, エドガー 1834–1917〉

De Gelder, Aert (Arent)〈17・18世紀〉
オランダの画家。
⇒岩世人〈デ・ヘルデル 1645.10.26–1727.8〉

Degli Antoni, Giovanni Battista〈17世紀〉
イタリアの作曲家。
⇒バロ〈デリ・アントーニ, ジョヴァンニ・バッティスタ 1660–1696以降〉

Degli Antoni, Pietro〈17・18世紀〉
イタリアの作曲家。
⇒バロ〈デリ・アントーニ, ピエトロ 1648–1720〉

de Goeje, Michael Jan〈19・20世紀〉
オランダの東洋学者。
⇒岩世人〈ド・フーイェ 1836.8.13–1909.5.17〉

de Gouy, Jacques〈17世紀〉
フランスの作曲家。
⇒バロ〈ド・グイ, ジャック 1600頃?–1660頃?〉

De Graaf, Reinier〈17世紀〉
オランダの医者, 解剖学者。
⇒岩世人〈デ・フラーフ 1641.7.30–1673.8.17〉

De Graaff, Simon〈19・20世紀〉
オランダの政治家。
⇒岩世人〈デ・フラーフ 1861.8.24–1953.1.22〉

De Graeff, Andries Cornelis Dirk〈19・20世紀〉
オランダの政治家。
⇒岩世人〈デ・フラーフ 1872.8.7–1957.4.24〉

De Gruyter, Walter〈19・20世紀〉
ドイツの出版業者。
⇒岩世人〈ド・グロイター 1862.5.10–1923.9.6〉

De Gua de Malves, Jean-Paul〈18世紀〉
フランスの数学者。
⇒世数〈グア・ド・マルヴ, ジャン・ポール・ド 1713–1785〉

D'Egville, James Harvey〈18・19世紀〉
イギリスのダンサー, 振付家。
⇒バレエ〈デグヴィル, ジェイムズ・ハーヴィ 1770頃–1836頃〉

De Haas, Wander Johannes〈19・20世紀〉
オランダの物理学者。
⇒岩世人〈ド・ハース 1878.3.2–1960.4.26〉
物理〈ド・ハース, ワンダー・ヨハン 1878–1960〉

Deharbe, Josef〈18・19世紀〉
ドイツのカトリック実践神学者, 公教要理著者。
⇒新カト〈デハルベ 1800.4.1–1871.11.8〉

de Heem, Jan Davidsz.〈17世紀〉
オランダの画家。
⇒岩世人〈デ・ヘーム 1606.4–1684.4.26〉
芸13〈デ・ヘーム, ヤン・ダーフィッツ 1606–1683–1684〉

De Hesse, Jean-Baptiste François〈18世紀〉
フランスのダンサー, 振付家, バレエ・マスター。
⇒バレエ〈ド・エー, ジャン=バティスト・フランソワ 1705.9–1779.5.22〉

Dehio, Georg〈19・20世紀〉
ドイツの美術史学者。主著『ドイツ美術史』(19～24)。
⇒岩世人〈デヒーオ 1850.11.22–1932.3.19〉

Dehmel, Richard〈19・20世紀〉
ドイツの抒情詩人。代表作『二人』(03)。
⇒岩世人〈デーメル 1863.11.18–1920.2.8〉
ネーム〈デーメル 1863–1920〉
広辞7〈デーメル 1863–1920〉
学叢思〈デーメル, リヒャルト 1863–1920〉

Dehn, Max〈19・20世紀〉
ドイツの数学者。
⇒岩世人〈デーン 1878.11.13–1952.6.27〉
世数〈デーン, マックス 1878–1952〉

Dehon, Léon-Gustave〈19・20世紀〉
イエズスの聖心司祭修道会の創立者。フランスのラ・カペル生まれ。
⇒新カト〈ドオン 1843.3.14–1925.8.12〉

De Houtman, Cornelis〈16世紀〉
オランダの航海者。
⇒岩世人〈デ・ハウトマン 1565頃–1599.9.11〉

Deicola〈6・7世紀〉
アイルランドの聖人。祝日1月18日。リュールに修道院を創設し、初代院長。
⇒新カト（デイコラ　?-625頃）

Deimel, Anton〈19・20世紀〉
ドイツのアッシリア学者。シュメール語の辞書編纂に功績があった。
⇒岩世人（ダイメル　1865.12.5-1954.8.7）
　新カト（ダイメル　1865.12.4-1954.8.7）

Deinarchos〈前4・3世紀〉
アテネの職業演説作者。
⇒岩世人（デイナルコス　前361頃-前290頃）

Deinokratēs〈前4世紀〉
ギリシア時代の建築家。アレクサンドロス大王の宮廷建築家として活躍。
⇒岩世人（デイノクラテス）

Deiphobos
ギリシア神話、トロイア戦争の勇敢な戦士。
⇒岩世人（デイフォボス）

Deirdre
アイルランドのケルト系悲恋物語のヒロイン。
⇒岩世人（デルドレ（ディアドラ；デアドラ））
　ネーム（デルドレ）

Dei Sečen〈12世紀〉
ボルテの父。
⇒岩世人（デイ・セチェン）

Deissmann, Adolf〈19・20世紀〉
ドイツのルター派新約学者。教会合同運動にも先駆的役割を果した。主著『光は東方より』(23)。
⇒岩世人（ダイスマン　1866.11.7-1937.4.5）
　新カト（ダイスマン　1866.11.7-1937.4.5）

Deiters, Otto Friedrich Karl〈19世紀〉
ドイツの医者、解剖学者。神経系の組織学的研究業績が多い。
⇒岩世人（ダイテルス　1834.11.15-1863.12.5）

Dejean, Louis〈19・20世紀〉
フランスの彫刻家。
⇒芸13（ドジャン, ルイ　1872-1941）

De Jonge, Bonifacius Cornelis〈19・20世紀〉
オランダの政治家。
⇒岩世人（デ・ヨンゲ　1875.1.22-1954.6.24）

De Jonge, Jan Karel Jacob〈19世紀〉
オランダの歴史家。
⇒岩世人（デ・ヨンゲ　1828.6.17-1880.9.11）

De Kempeneer, Peter〈16世紀〉
フランドルの画家、タピスリー下絵作家、彫刻家。
⇒岩世人（デ・ケンペネール　1503-1580）

De Keyser, Hendrik〈16・17世紀〉
オランダの建築家。
⇒岩世人（デ・ケイセル　1565.5.15-1621.5.15）

De Keyser, Jacob〈17世紀〉
オランダの遣清使節。
⇒岩世人（デ・ケイセル　?-1665）

de Keyser, Thomas〈16・17世紀〉
オランダの画家。
⇒岩世人（デ・ケイセル　1596/1597-1667.6.7（埋葬））

Dekhodā Qazvīnī〈19・20世紀〉
イランの詩人、文学者。
⇒岩世人（デホダー・カズヴィーニー　1879頃-1955）

Dekker, Thomas〈16・17世紀〉
イギリスの劇作家、散文家。伝奇劇『老フォーチュネイタス』など。
⇒岩世人（デッカー　1570頃-1632）

De Kolta, Buatier〈19・20世紀〉
フランスの奇術師。
⇒岩世人（ド・コルタ　1845-1903.10.7）

de La Barre, Germain Chabanceau〈16・17世紀〉
フランスのオルガン奏者。
⇒バロ（ド・ラ・バール, ジェルマン・シャバンソー　1579-1647）

de La Barre, Joseph Chabanceau〈17世紀〉
フランスのリュート奏者、オルガン奏者、歌手。
⇒バロ（ド・ラ・バール, ジョゼフ・シャバンソー　1633.5.21-1678.5.6以前）

de La Barre, Michel〈17・18世紀〉
フランスの楽器奏者、理論家。
⇒バロ（ド・ラ・バール, ミシェル　1675頃-1743.12）

de La Barre, Pierre I〈16世紀〉
フランスのオルガン奏者、歌手。
⇒バロ（ド・ラ・バール, ピエール1世　1550頃?-1600.1.12）

de La Barre, Pierre II Chabanceau〈16・17世紀〉
フランスのオルガン奏者、リュート奏者。
⇒バロ（ド・ラ・バール, ピエール2世・シャバンソー　1572-1626）

de La Barre, Pierre III Chabanceau〈16・17世紀〉
フランスの鍵盤楽器奏者、スピネット奏者、楽器改良者。
⇒バロ（ド・ラ・バール, ピエール3世・シャバンソー　1592.1.27-1656.3.31）

de La Barre, Pierre V Chabanceau
〈17・18世紀〉
フランスの鍵盤楽器奏者,歌手,貴族。
⇒バロ（ド・ラ・バール,ピエール5世・シャバンソー　1634.10.18-1710.4.18以前）

de la Bassée, Adam〈13世紀〉
フランスの詩人,聖職者,参事会員,編曲者。
⇒バロ（ド・ラ・バッセ,アダン　1240頃?-1286）

Delaborde, Henri, Vicomte de〈19世紀〉
フランスの画家。絵画理論家として著名。
⇒岩世人（ドラボルド　1811.5.2-1899.5.18）

Delabrousse, Lucien〈19・20世紀〉
フランスの政治家。
⇒19仏（リュシアン・ドゥラブルース　1846.8.9-1919）

de la Coupele, Pierrekin〈13世紀〉
フランスのトルヴェール。
⇒バロ（ド・ラ・クペル,ピエルカン　1210頃?-1260以降）

De la Court, Antoine〈16世紀〉
フランドルの歌手。
⇒バロ（ド・ラ・クール,アントワーヌ　1530-1535頃-1600.9.15）

De la Court, Henri〈16世紀〉
フランドルの歌手,教師。
⇒バロ（ド・ラ・クール,アンリ　1530頃?-1577.3.13）

Delacroix, Ferdinand Victor Eugène〈18・19世紀〉
フランス,ロマン派の画家。補色並置による独自な彩色技法を確立。作品『キオス島の虐殺』など。
⇒岩世人（ドラクロワ　1798.4.26-1863.8.13）
　ネーム（ドラクロワ　1798-1863）
　広辞7（ドラクロア　1798-1863）
　学叢思（ドラクロア,フェルディナン　1798-1863）
　新カト（ドラクロア　1798.4.26-1863.8.13）
　芸13（ドラクロワ,ウジェーヌ　1798-1863）
　世人新（ドラクロワ　1798-1863）
　世人装（ドラクロワ　1798-1863）
　世史語（ドラクロワ　1798-1863）
　ポプ人（ドラクロア,ウジェーヌ　1798-1863）

de la Croix, François〈17・18世紀〉
フランスの作曲家,聖職者。
⇒バロ（ド・ラ・クロワ,フランソワ　1683.1.6-1759.4.8）

Delacroix, Henri〈19・20世紀〉
フランスの心理学者。主著『芸術心理学』(27)。
⇒岩世人（ドラクロワ　1873.12.2-1937.12.3）
　メル3（ドラクロワ,アンリ　1873-1937）

Delacroix, Léon Frédéric Gustave
〈19・20世紀〉
ベルギーの政治家。
⇒岩世人（ドラクロワ　1867.12.27-1929.10.15）

De La Cruz, Apolinario〈19世紀〉
フィリピンの宗教指導者。
⇒岩世人（デ・ラ・クルス　1815.7.22-1841.11.4）

de La Farge, P.〈16世紀〉
フランスの作曲家。
⇒バロ（ラ・ファルジュ,P.ド　1500頃?-1550頃?）

de La Garde, Pierre〈18世紀〉
フランスの歌手,音楽教師,指揮者。
⇒バロ（ド・ラ・ガルト,ピエール　1717.2.10-1792頃）

De la Gardie, Magnus Gabriel〈17世紀〉
スウェーデンの貴族,政治家。
⇒岩世人（デ・ラ・ガルディ　1622.10.15-1686.4.26）

Delage, Yves〈19・20世紀〉
フランスの動物学者。動物の受精,発生,遺伝を研究。
⇒岩世人（ドラージュ　1854.5.13-1920.10.7）

de la Grotte, Nicolas〈16世紀〉
フランスの鍵盤楽器奏者,侍従。エール・ド・クールの先駆者。
⇒バロ（ド・ラ・グロット,ニコラ　1530頃-1600頃）

de la Gueree, Elizabeth-Claude Jacquet〈17・18世紀〉
フランスの鍵盤楽器奏者,教師。
⇒バロ（ド・ラ・ゲール,エリザベト・クロード・ジャケ　1666/1667-1729.6.27）

de La Guerre, Marin〈17・18世紀〉
フランスのオルガン奏者。
⇒バロ（ド・ラ・ゲール,マラン　1655頃-1704）

de La Guerre, Michel〈17世紀〉
フランスのオルガン奏者,庶務。フランス＝オペラの先駆者。
⇒バロ（ド・ラ・ゲール,ミシェル　1605-1679.11.13）

Delahanty, Edward James〈19・20世紀〉
アメリカの大リーグ選手（外野,一塁,二塁）。
⇒メジャ（エド・デラハンティ　1867.10.30-1903.7.2）

Delahanty, James Christopher〈19・20世紀〉
アメリカの大リーグ選手（二塁,三塁,外野）。
⇒メジャ（ジム・デラハンティ　1879.6.20-1953.10.17）

Delahaye, Jean〈15・16世紀〉
フランスの作曲家。
⇒バロ（ドゥラエ, ジャン　1460頃?-1510頃?）

de la Héle, George〈16世紀〉
フランドルの歌手, 聖職者。
⇒バロ（エール, ジョルジュ・ド・ラ　1547-1586.8.27）
バロ（ド・ラ・エール, ジョルジュ　1547-1586.8.27）
バロ（ド・ラ・エール, ジョルジュ　1547-1586.8.27）

de La Lande, Michel〈18・19世紀〉
フランスの歌手。
⇒バロ（ド・ラ・ランド, ミシェル　1739.8.27-1812.12.23）

De la Loubère, Simon〈17・18世紀〉
フランスの外交官。
⇒岩世人（ド・ラ・ルベール　1642.4.21-1729.3.26）

De La Mare, Walter John〈19・20世紀〉
イギリスの詩人, 小説家。代表作『耳すます者』(12)。
⇒岩世人（デ・ラ・メア　1873.4.25-1956.6.22）
ネーム（デ・ラ・メア　1873-1956）
広辞7（デ・ラ・メア　1873-1956）

de la Mare, William〈13世紀〉
フランシスコ会の神学者。
⇒岩世人（ウィリアム・デ・ラ・メア　1230頃?-1290頃?）

Delambre, Jean Baptiste Joseph〈18・19世紀〉
フランスの天文学者。ダンケルクからバルセロナに至る経緯度を測定（92～99）。
⇒岩世人（ドランブル　1749.9.19-1822.8.19）
世数（デランブル, ジャン-バプティスト・ジョゼフ　1749-1822）

de Lannoy, Collinet〈15・16世紀〉
フランスの作曲家。
⇒バロ（ド・ラノワ, コリネ　1470頃?-1520頃?）

Delano, Warren, Jr.〈19世紀〉
アメリカの商人。
⇒アア歴（Delano,Warren,Jr　ウォーレン・デラノウ・ジュニア　1809.7.13-1898.1.17）

Delanoue, Jeanne〈17・18世紀〉
フランスの聖人, アンナ修道女会の創立者。祝日8月17日。
⇒新カト（ジャンヌ・ドラヌー　1666.6.18-1736.8.17）

Delany, Martin R.〈19世紀〉
作家, 医師, 奴隷制廃止運動家, 軍人。
⇒岩世人（ディレイニー　1812.5.6-1885.1.24）

Delaporte, Louis Joseph〈19・20世紀〉
フランスの東洋学者。中東地域古代史に関する業績が多い。
⇒岩世人（ドラポルト　1874.10.22-1944.2）

de la Roca, Matheo Tollis〈18世紀〉
スペインの作曲家。
⇒バロ（デ・ラ・ローカ, マテーオ・トリス　1710頃-1781.9.5-18）

Delaroche, Paul〈18・19世紀〉
フランスの歴史画家。ロマン派の一人。
⇒岩世人（ドラロッシュ　1797.7.17-1856.11.2）
芸13（ドラローシュ, ポール　1797-1856）

de laTorre, Francisco〈15・16世紀〉
スペインの歌手, 聖職者。
⇒バロ（デ・ラ・トーレ, フランシスコ　1450頃?-1504.9以降）
バロ（ラ・トーレ, フランシスコ・デ　1450頃?-1504.9以降）

De la Tour, Georges Imbart.〈19・20世紀〉
フランスのテノール歌手。
⇒魅惑（De la Tour,Georges Imbart.　1865-1913）

De Latre, Peti Jean〈16世紀〉
フランドルの作曲家, 参事会員。
⇒バロ（ド・ラトル, プティ・ジャン　1510頃-1569.8.31）

Delattre, Eugène〈19世紀〉
フランスの弁護士, 政治家。
⇒19仏（ウジェーヌ・ドゥラットル　1830.1.3-1898.12.24）

Delattre, Louis-Alfred〈19・20世紀〉
フランスの考古学者, カトリック司祭。
⇒新カト（ドラットル　1850.6.26-1932.1.11）

Delaunay, Charles-Eugène〈19世紀〉
フランスの天文学者。主著『太陰運動の理論および潮汐論』(44)。
⇒岩世人（ドローネー　1816.4.9-1872.8.5）

Delaunay, Jules Elie〈19世紀〉
フランスの画家。おもに歴史画を描く。1856年ローマ賞受賞。
⇒岩世人（ドローネー　1828.6.12-1891.9.5）

De la Villehervé, Robert〈19・20世紀〉
フランスの作家。
⇒19仏（ロベール・ド・ラ・ヴィルエルヴェ　1849.11.15-1919.8.14）

Delbeg Khan〈15世紀〉
北元の皇帝。
⇒世帝（ダルバク・ハーン　（在位）1412-1425）

Delboe, Simon〈17世紀〉
イギリスの船長。チャールズ2世の国書を携え，長崎に入港した(73)。
⇒岩世人（デルボー　?-1675.1.31）

Delboeuf, Joseph Rémy Léopold〈19世紀〉
ベルギーの哲学者，心理学者。論理学の数学的処理，催眠術研究で有名。
⇒岩世人（デルブーフ　1831.9.30-1896.8.14）

Delbos, Etienne Marie Justin Victor〈19・20世紀〉
フランスの哲学者。スピノザ，および19世紀ドイツ哲学の研究者。
⇒岩世人（デルボス　1862.9.26-1916.6.16）
　メル3（デルボス，ヴィクトル　1862-1916）

Delbrück, Berthold〈19・20世紀〉
ドイツの言語学者。主著『統辞論研究』(共著，71〜88)。
⇒岩世人（デルブリュック　1842.7.26-1922.1.3）

Delbrück, Hans Gottlieb Leopold〈19・20世紀〉
ドイツの軍事史家，政治家。1889〜1919年『プロシア年鑑』の編集責任者。
⇒岩世人（デルブリュック　1848.11.11-1929.7.14）

Delbrück, Rudolf von〈19・20世紀〉
プロシアの政治家。ビスマルクのもとで，ドイツ統一，ドイツ行政制度の確立に尽した。
⇒岩世人（デルブリュック　1817.4.16-1903.2.1）

del Bufalo, Gaspare〈18・19世紀〉
御血宣教会創立者。聖人。祝日12月28日。
⇒新カト（ガスパーレ・デル・ブファロ　1786.1.6-1837.12.28）

del Buono, Gioanpietro〈16・17世紀〉
イタリアの作曲家。
⇒バロ（デル・ブオーノ，ジョアンピエトロ　1590頃?-1650頃?）
　バロ（ブオーノ，ジョアンピエトロ・デル　1590頃?-1650頃?）

Delcassé, Théophile〈19・20世紀〉
フランスの政治家。外相として1904年英仏協商を締結，1907年三国協商への道を開く。
⇒岩世人（デルカッセ　1852.3.1-1923.2.22）
　ネーム（デルカッセ　1852-1923）

Delčev, Goce〈19・20世紀〉
ユーゴスラビアの革命家。マケドニア人。
⇒岩世人（デルチェフ　1872.1.23-1903.4.21）

Deledda, Grazia〈19・20世紀〉
イタリアの女流小説家。1926年度ノーベル文学賞受賞。
⇒岩世人（デレッダ　1871.9.27-1936.8.15）
　ネーム（デレッダ　1871-1936）

広辞7（デレッダ　1871-1936）

De Lee, Josepf Bolivar〈19・20世紀〉
アメリカ産婦人科医。
⇒ユ著人（De Lee,Josepf Bolivar　ドリー，ヨセフ・ボリヴァー　1869-1942）

Delehaye, Hippolyte〈19・20世紀〉
ベルギーのカトリック歴史家，ボランディスト（聖人伝編者）。
⇒新カト（ドルエー　1859.8.19-1941.4.1）

Delentai〈18・19世紀〉
中国，清中期の満州人将軍。
⇒岩世人（デレンタイ　1745/1749（乾隆10/14）-1809（嘉慶14））
　近中（徳楞泰　とくろうたい　1745.12.2-1809.4.23）

De Leon, Daniel〈19・20世紀〉
アメリカの社会主義者，労働運動家。1905年世界産業労働者組合IWW結成に参加。
⇒岩世人（デ・レオン　1852.12.14-1914.5.11）

De Leon, Narcisa Buencamino, Vda〈19・20世紀〉
フィリピンの映画プロデューサー。
⇒岩世人（デ・レオン　1877.10.29-1966.2.6）

Delescluze, Louis Charles〈19世紀〉
フランスの共和派ジャーナリスト，政治家。パリ・コミューン(1871)の指導者の一人。
⇒学叢思（デレクリューズ，ルイ・シャルル　1809-1871）

Delesse, Achille Ernest〈19世紀〉
フランスの鉱物学者，地質学者。
⇒岩世人（ドレス　1817.2.3-1881.3.24）

Delestraint, Charles〈19・20世紀〉
フランスの軍人。
⇒ネーム（ドゥレストラン　1879-1945）

Delgado, Juan José〈17・18世紀〉
スペインのイエズス会宣教師。マニラに渡り(1718)伝道。フィリピン布教史を書いた。
⇒岩世人（デルガード　1697.6.23-1755.3.24）
　新カト（デルガド　1697.6.23-1755.3.24）

Delhomme, Léon〈19世紀〉
フランスの彫刻家。
⇒19仏（レオン・ドゥロム　1841.7.20-1895.3.16）

Delibes, Clément Philibert Leo〈19世紀〉
フランスの作曲家。作品はバレエ音楽『泉』(1866)など。
⇒岩世人（ドリーブ　1836.2.21-1891.1.16）
　バレエ（ドリーブ，クレマン フィリベール・レオ　1836.2.21-1891.1.16）
　オペラ（ドリーブ，レオ　1836-1891）
　エデ（ドリーブ，(クレマン・フィリベール)レオ

1836.2.21–1891.1.16）
広辞7（ドリーブ　1836–1891）

Delille, Jacques〈18・19世紀〉
フランスの詩人, 神父。1769年ウェルギリウスの『農耕詩』の韻文訳で有名に。
⇒岩世人（ドリール　1738.6.22–1813.5.1）
　新カト（リール　1738.6.22–1813.5.1）

De Lion, Daniel〈19・20世紀〉
アメリカの社会主義者。
⇒学叢思（ダニエル・デ・レオン　1852–?）
　学叢思（ドゥ・リオン, ダニエル　1852–?）

Delisle, Guillaume〈17・18世紀〉
フランスの地理学者, 地図学者。天球儀, 地球儀を製作。
⇒岩世人（ドリール　1675.2.28–1726.1.25）

Delisle, Léopold Victor〈19・20世紀〉
フランスの歴史家, 古文書学者。主著『中世ノルマンディーにおける農民と農業の実態』(51)。
⇒岩世人（ドリール　1826.10.24–1910.7.22）
　新カト（ドリル　1826.10.24–1910.7.22）

Delitzsch, Franz Julius〈19世紀〉
ドイツの旧約聖書学者, ユダヤ学者。新約聖書のヘブライ語訳を行う。
⇒岩世人（デーリッチ　1813.2.23–1890.3.4）
　新カト（デーリッチュ　1813.2.23–1890.3.4）

Delitzsch, Friedrich〈19・20世紀〉
ドイツのアッシリア学者。F.デリチの子。主著『バビロンと聖書』(02〜03)。
⇒岩世人（デーリッチ　1850.9.3–1922.12.19）

Delius, Frederick〈19・20世紀〉
イギリスの作曲家。作品にオペラ『コアンガ』(97), 交響詩『ブリック・フェアー』(07) など。
⇒岩世人（ディーリアス　1862.1.29–1934.6.10）
　エデ（ディーリアス,（フリッツ）フレデリック　1862.1.29–1934.6.10）
　新カト（ディーリアス　1862.1.29–1934.6.10）

Della Casa, Giovanni〈16世紀〉
イタリアの詩人, 思想家。主著『ガラテーオ』(50〜55)。
⇒岩世人（デッラ・カーサ　1503.6.28–1556.11.14）
　新カト（カーサ　1503.6.28–1556.11.14）

Della Ciaia, Azzolino Bernardino〈17・18世紀〉
イタリアの作曲家。
⇒バロ（チャイア, アッツォリーノ・ベルナルディーノ・デッラ　1671.5.21–1755.1.15）
　バロ（デッラ・チャイア, アッツォリーノ・ベルナルディーノ　1671.5.21–1755.1.15）

Della Corte, Matteo〈19・20世紀〉
イタリアの考古学者。ポンペイの発掘主任。
⇒岩世人（デッラ・コルテ　1875.10.13–1962.2.5）

della Croce, Giovanni Giuseppe〈17・18世紀〉
フランシスコ会司祭。聖人。祝日3月5日。イスキア島生まれ。
⇒新カト（ジョヴァンニ・ジュゼッペ・デラ・クローチェ　1654.8.15–1734.3.5）

del Lago, Giovanni〈15・16世紀〉
イタリアの聖職者, 音楽理論家。
⇒バロ（デル・ラーゴ, ジョヴァンニ　1490頃?–1543以降）
　バロ（ラーゴ, ジョヴァンニ・デル　1490頃?–1543以降）

Dellaquila, Marco〈16世紀〉
イタリアの作曲家。
⇒バロ（デッラクイラ, マルコ　1500頃?–1550頃?）

dell'Arca, Niccolò〈15世紀〉
イタリアの彫刻家。
⇒岩世人（ニッコロ・デッラルカ　1440頃–1494.3.2）

dell'Arpa, Gian Leonardo〈16世紀〉
イタリアの作曲家。
⇒バロ（デラルパ, ジャン・レオナルド　1540頃?–1590頃?）

Dell'-Arpa, Giovanni Leonardo〈16・17世紀〉
イタリアの作曲家。
⇒バロ（デッラルパ, ジョヴァンニ・レオナルド　1525頃–1602.1）
　バロ（レオナルド・デッラルパ, ジョヴァンニ　1525頃–1602.1）

della Sala, Galdino〈12世紀〉
ミラノの大司教, 枢機卿。聖人。祝日4月18日。
⇒新カト（ガルディーノ・デラ・サーラ　?–1176.4.18）

Deller, Florian〈18世紀〉
オーストリアのヴァイオリン奏者, 作曲家。
⇒バロ（デラー, フローリアン・ヨハン　1729.5.2–1773.4.19）
　バレエ（デラー, フロリアン　1729.5.2(受洗)–1773.4.19）

Delmedigo, Joseph Solomon〈16・17世紀〉
ラビ, 哲学者, 数学者, 天文学者。
⇒ユ著人（Delmedigo, Joseph Solomon　デルメディゴ, ヨセフ・ソロモン　1591–1655）

Delmet, Paul〈19・20世紀〉
フランスの作曲家, 歌手。
⇒19仏（ポール・デルメ　1862.6.17–1904.10.28）

De Long, Charles E.〈19世紀〉
アメリカの外交官。1869年来日。特命全権公使として鉄道建設をイギリスと争った。
⇒アア歴（De Long, Charles E.　チャールズ・E・ドロング　1832.8.13–1876.10.26）

岩世人（デロング　1832.8.13–1876.10.26）
De Long, George Washington〈19世紀〉
アメリカの北極探検家。ベーリング海を抜けて北極まで航海できることを証明しようとした。
⇒岩世人（デ・ロング　1844.8.22–1881.10.30）

Delorme, Marion〈17世紀〉
フランスの官女。サン・マールの情婦。
⇒岩世人（ドロルム　1611.10.3–1650.7.2）

Delorme, Philibert〈16世紀〉
フランス・ルネサンスの建築家，建築理論家。サン・モール城などを建設。
⇒岩世人（ドロルム　1515頃–1570）

De los Reyes, Isabelo〈19・20世紀〉
フィリピンの労働運動家。
⇒岩世人（デ・ロス・レイエス　1864–1938）

De los Santos, Juan〈16・17世紀〉
フィリピンの彫刻・銀細工師。
⇒岩世人（デ・ロス・サントス　1590頃–1660頃）

Deloustal, Raymond〈19・20世紀〉
フランスの学者。
⇒岩世人（ドゥルースタル　1872.11.20–1933）

del Pas, Ange〈16世紀〉
フランシスコ会員，霊性神学者。
⇒新カト（アンジュ・デル・パス　1540–1596.8.23）

Delpech, Jacques Mathieu〈18・19世紀〉
フランスの形成外科学の開拓者。1820年には陰嚢形成術を創始。
⇒岩世人（デルペシュ　1777–1832.10.29）

Delphin〈17世紀〉
ドイツの作曲家。
⇒バロ（デルフィン，?　1630頃?–1690頃?）

Del Pilar, Gregorio〈19世紀〉
フィリピン革命の軍事的指導者。
⇒岩世人（デル・ピラール　1875.11.14–1899.12.2）

Del Pilar, Marcelo Hilario〈19世紀〉
フィリピンの改革運動および反教団運動の指導者。風刺の利いた警句を駆使してカトリック教会を非難した。
⇒岩世人（デル・ピラール　1850.4.30–1896.7.4）

Delplace, Louis〈19・20世紀〉
ベルギーのイエズス会員。教会史を中心とする著述家。日本関係では，キリシタン史概説書『日本におけるカトリシズム』全2巻がある。
⇒新カト（デルプラス　1843.9.16–1928.10.3）

Del Rio, Andrés Manuel〈18・19世紀〉
スペインの化学者。パリでラヴォアジエと共に研究。
⇒岩世人（デル・リオ　1764.11.10–1849.3.23）

Del Rio, Martin Antoine〈16・17世紀〉
フランドル出身のイエズス会士，人文主義者，法学者。
⇒新カト（デル・リオ　1551.5.17–1608.10.19）

Delsarte, François〈19世紀〉
フランスの教育者。身振り表現の方法を分析し，ダンス，演劇界に影響を与えた。
⇒バレエ（デルサルト，フランソワ　1811.11.11–1871.7.20）

Del Turco, Giovanni〈16・17世紀〉
イタリアの作曲家。
⇒バロ（デル・トゥルコ，ジョヴァンニ　1577.6.21–1647.9.20）

De Luca, Giuseppe〈19・20世紀〉
イタリアの音楽家。
⇒オペラ（デ・ルーカ，ジュゼッペ　1876–1950）

De Lucia, Fernando〈19・20世紀〉
イタリアのテノール。
⇒失声（フェルナンド・デ・ルチア　1860–1925）
　オペラ（デ・ルチーア，フェルナンド　1860–1925）
　魅惑（De Lucia, Fernando　1860–1925）

de Lusse, Charles〈18世紀〉
フランスの作曲家。
⇒バロ（ド・リュス，シャルル　1720-1725–1774以降）

Del Vecchio, Giorgio〈19・20世紀〉
イタリアの法学者。自然法は絶対的正義の永遠の要求であり，歴史的現実的な法のうちに実証されると説く。
⇒岩世人（デル・ヴェッキオ　1878.8.26–1970.11.28）
　新カト（デル・ヴェッキョ　1878.8.26–1970.11.28）

De Machy〈17世紀〉
フランスのヴィオール奏者。
⇒バロ（ド・マシ，?　1630頃?–1692以降）

Demachy,（Léon）Robert〈19・20世紀〉
フランスの芸術写真家。
⇒岩世人（ドマシー　1859.7.7–1936.12.29）

Dēmadēs〈前4世紀〉
古代ギリシア，アテネの雄弁家，外交家。デモステネスの政敵。
⇒岩世人（デマデス　前380頃–前319）

Demange, Florian〈19・20世紀〉
フランスの宣教師。1898年から朝鮮で布教。主著『朝鮮代牧区創設百年記念』(31)。
⇒新カト（ドマンジュ　1875.4.25–1938.2.9）

Demangelle, Henri Anatole

Wilhelm〈19・20世紀〉
パリ外国宣教会司祭。来日宣教師。フランスのブザンソン生まれ。
⇒新カト（ドマンジェル　1868.4.24–1929.3.19）

Demangeon, Albert〈19・20世紀〉
フランスの地理学者。フランス学派の発展に寄与。
⇒岩世人（ドマンジョン　1872.6.13–1940.7.25）

Demantius, Johannes Christoph〈16・17世紀〉
ドイツの作曲家，著述家。
⇒バロ（デマンティウス，ヨハンネス・クリストフ　1567.12.15–1643.4.20）

Dēmaratos〈前6・5世紀〉
スパルタの王。在位前510頃〜491。
⇒世帝（デマラトス　（在位）前515–前489）

Demarçay, Eugène Anatole〈19・20世紀〉
フランスの化学者。分光器を使って稀土類元素ユーロピウムを発見（1901）。
⇒岩世人（ドマルセ　1852.1.1–1904.12）

De Marchi, Emilio〈19・20世紀〉
イタリアのテノール歌手。
⇒魅惑（De Marchi, Emilio　1861–1917）

Demare, Henri〈19世紀〉
フランスのイラストレーター。
⇒19仏（アンリ・ドゥマール　1846.5.3–1888）

De Marinis, Enrico〈19・20世紀〉
イタリアの政治家，社会学者。
⇒学叢思（デ・マリニス，エンリコ　1863–?）

Demars, Charles〈17・18世紀〉
フランスの作曲家。
⇒バロ（ドゥマール，シャルル　1670頃?–1735以降）

Dēmas
パウロの同労者（新約）。
⇒岩世人（デマス）
聖書（デマス）

Dembinski, Henryk〈18・19世紀〉
ポーランドの将軍。ポーランド革命（30），ハンガリーの革命（49）に参加。
⇒岩世人（デンビンスキ　1791.1.16–1864.6.13）

Demblon, Celestin〈19・20世紀〉
ベルギーのリュッティヒの大学教授。
⇒学叢思（デンブロン，セレスタン　1859–1924）

Dembowski, Edward〈19世紀〉
ポーランドの革命家，哲学者。クラクフ革命（1848）の実質的指導者。
⇒岩世人（デンボフスキ　1822.5.31–1846.2.27）

de'Medici, Cosimo I〈16世紀〉
フィレンツェ公。在位1537〜69。初代トスカーナ大公。在位1569〜74。
⇒新カト（コジモ1世　1519.6.11–1574.4.21）

De Méricourt, Théroigne〈18・19世紀〉
フランスの革命家。
⇒岩世人（テロワニュ・ド・メリクール　1762.8.13–1817.6.9）

Demetrakopoulos, Andronikos〈19世紀〉
ギリシアの神学者，古文書学者。
⇒新カト（デメトラコプロス　1826.3.1–1872.10.21）

Demetrianos〈9・10世紀〉
キプロスのキュトリの司教。聖人。祝日11月6日。
⇒新カト（デメトリアノス　830/835–910/915）

Demetrios
テサロニケの都市の守護聖人。祝日4月9日。
⇒岩世人（デメトリオス）
　新カト（デメトリオス〔テサロニケの〕）

Demetrios〈2・3世紀〉
アレクサンドリアの司教。在職189頃〜231。聖人。祝日10月9日。
⇒新カト（デメトリオス〔アレクサンドリアの〕?–231）

Dēmētrios I〈前4・3世紀〉
古代マケドニアの王。在位前294〜283。アレクサンドロス大王の後継者を争い，各地に転戦。
⇒岩世人（デメトリオス1世（攻城者）　前336–前283）
　世帝（デメトリオス1世　前337–前283）

Dēmētrios I Soter〈前2世紀〉
セレウコス朝シリアの王。在位前160〜150頃。
⇒新カト（デメトリオス　前187–前150）
　世帝（デメトリオス1世　前185–前150）

Demetrios II Nikator〈前2世紀〉
セレウコス朝シリアの王。在位前145〜139, 129〜125。
⇒新カト（デメトリオス　前161–前125）
　世帝（デメトリオス2世　（在位）前145–前139/前138；前129–前125）

Dēmētrios III〈前1世紀〉
セレウコス朝シリアの王。在位前95〜88。
⇒新カト（デメトリオス　（在位）前96–前88）
　世帝（デメトリオス3世　（在位）前95–前88）

Dēmētrios Phalēreus〈前4・3世紀〉
古代ギリシアの雄弁家，哲学者，政治家。アテネの僭主として10年間統治。
⇒岩世人（デメトリオス（ファレロンの）　前350頃–?）

Demetrius
エフェソの銀細工師（使徒言行録）。
⇒岩世人（デメテリオ）
新カト（デメトリオ）
聖書（デメトリオ）

Demetrius
新約聖書中の人物。3ヨハネ書12節で，推奨されているキリスト者。
⇒新カト（デメトリオ）

Demetrius〈1世紀〉
ギリシアの犬儒派の哲学者。
⇒岩世人（デメトリオス（キュニコス派の））

Demetrius II〈前3世紀〉
マケドニア王。
⇒世帝（デメトリオス2世　?–前229）

Demidov, Nikita Demidovich〈17・18世紀〉
ロシアの鉱山経営者。
⇒岩世人（デミードフ　1656.3.26–1725.11.17）

Dēmodokos
ホメロスの《オデュッセイア》に現れる盲目の吟遊詩人。
⇒岩世人（デモドコス）

Dēmodokos〈前6世紀〉
ギリシアの箴言詩人。
⇒岩世人（デモドコス）

Demohonte, Alessandro〈15・16世紀〉
イタリアの作曲家。
⇒バロ（デモフォンテ，アレッサンドロ　1490頃?–1540頃?）

De Moivre, Abraham〈17・18世紀〉
イギリスの数学者。3角法に関する「ド・モアーブルの定理」や確率論における正規確率曲線の発見者。
⇒岩世人（ド・モワーヴル　1667.5.26–1754.11.27）
ネーム（ド・モワブル　1667–1754）
世数（ド・モアヴル，アブラーム　1667–1754）

Dēmokritos〈前5・4世紀〉
古代ギリシア最大の自然哲学者。原子論を大成。
⇒岩世人（デモクリトス　前460頃–前370頃）
ネーム（デモクリトス　前460?–前370?）
広辞7（デモクリトス　前460頃–前370頃）
学叢思（デモクリトス　前460年頃–前360）
新カト（デモクリトス　前460頃–前370頃）
物理（デモクリトス　前460–前370）
図哲（デモクリトス　前460頃–前370頃）
世人新（デモクリトス　前460頃–前370頃）
世人装（デモクリトス　前460頃–前370頃）
世史語（デモクリトス　前460頃–前370頃）
世数（デモクリトス，アブデラの　前460–前379）
ポプ人（デモクリトス　前460?–前370?）
メル1（デモクリトス　前460頃–前370/前350?）
学叢歴（デモクリトス　前460–前360頃）

Demolins, Joseph Edmond〈19・20世紀〉
フランスの社会学者，教育家。急進的社会改良主義者。
⇒岩世人（ドモラン　1852.1.23–1907.7.27）

Dēmōnax ho Kyprios〈1・2世紀〉
ギリシアの哲学者。
⇒岩世人（デモナクス（キュプロスの）　80頃–180頃）

De Mont, Pol〈19・20世紀〉
ベルギー（オランダ語圏）の詩人，評論家。
⇒岩世人（デ・モント　1857.4.15–1931.6.30）

De Montero, Kol〈19・20世紀〉
カンボジアの閣僚。
⇒岩世人（デ・モンテイロ　1844–1905頃）

DeMontreville, Eugene Napoleon〈19・20世紀〉
アメリカの大リーグ選手（遊撃，二塁）。
⇒メジャ（ジーン・デモントレヴィル　1873.3.10–1935.2.18）

De Morgan, Augustus〈19世紀〉
イギリスの数学者，論理学者，書誌学者。数学協会を創設し，初代会長。
⇒岩世人（ド・モーガン　1806.6.27–1871.3.18）
ネーム（ド・モルガン　1806–1871）
広辞7（ド・モルガン　1806–1871）
世数（ド・モルガン，オーガスタス　1806–1871）

De Morgan, Mary Evelyn〈19・20世紀〉
イギリスの画家。
⇒岩世人（ド・モーガン　1855.8.30–1919.5.2）

De Morgan, William Frend〈19・20世紀〉
イギリスの陶芸家，小説家。小説『不名誉な出来事』(10) など。
⇒岩世人（ド・モーガン　1839.11.16–1917.1.15）

Dēmosthenēs〈前5世紀〉
古代ギリシア，アテネの将軍。ペロポネソス戦争で活躍。
⇒岩世人（デモステネス　?–前413）

Dēmosthenēs〈前4世紀〉
古代ギリシア最大の雄弁家。反マケドニア運動の先頭にたった。
⇒岩世人（デモステネス　前384–前322）
ネーム（デモステネス　前384–前322）
広辞7（デモステネス　前384–前322）
世人新（デモステネス　前384–前322）
世人装（デモステネス　前384–前322）
学叢歴（デモステネス）

Demoulins〈18世紀〉
フランスジャコバン党の巨魁。
⇒学叢歴（デムレン　1762–1794）

Dempwolff, Otto〈19・20世紀〉
ドイツの言語学者,民族学者。
⇒岩世人(デンプヴォルフ　1871.5.25–1938.11.27)

Denby, Charles〈19・20世紀〉
アメリカの法律家,外交官。日清戦争中の北京駐在アメリカ公使(85〜98)。
⇒アア歴(Denby,Charles　チャールズ・デンビー　1830.6.16–1904.1.13)

Denby, Charles, Jr.〈19・20世紀〉
アメリカの領事。
⇒アア歴(Denby,Charles,Jr　チャールズ・デンビー・ジュニア　1861.11.14–1938.2.4)

Dencke, Jeremiah〈18世紀〉
シレジアの作曲家。
⇒バロ(デンク,ジェレマイア　1725–1795)

De Negri, Giovanni〈19・20世紀〉
イタリアのテノール歌手。
⇒魅惑(De Negri,Giovanni　1850–1923)

Denham, *Sir* John〈17世紀〉
イギリスの詩人。代表作『クーパーの丘』(42)で18世紀叙景瞑想詩の先駆となる。
⇒岩世人(デナム　1615–1669.3.19)

De Nicola, Enrico〈19・20世紀〉
イタリアの政治家。イタリア解放後,臨時大統領に就任(46)。
⇒岩世人(デ・ニコーラ　1877.11.9–1959.10.1)

Denifle, Heinrich Seuse〈19・20世紀〉
オーストリアの歴史家,中世哲学史家。『中世の文学および教会史文庫』(1885〜1900)を創刊。
⇒岩世人(デニフレ　1844.1.16–1905.6.10)
　新カト(デニフレ　1844.1.16–1905.6.10)

Denikin, Anton Ivanovich〈19・20世紀〉
ロシアの陸軍軍人。1918年白衛軍最高司令官となる。
⇒岩世人(デニーキン　1872.12.4/16–1947.8.8)

Dening, Walter〈19・20世紀〉
イギリスのジャーナリスト,宣教師。東京高等師範学校,第二高等学校で英語を教授。
⇒岩世人(デニング　1846.7.23–1913.12.5)

Denis, Hector〈19・20世紀〉
ベルギーの社会主義者。
⇒学叢思(デニー,エクトル　1842–?)

Denis, Jean〈17世紀〉
フランスの作曲家。
⇒バロ(ドゥニ,ジャン　1610頃–1672)

Denis, Jean Baptiste〈17・18世紀〉
フランスの医師。最初の人体輸血者。
⇒岩世人(ドニ　?–1704)

Denis, Johann Nepomuk Cosmos Michael〈18世紀〉
オーストリアの宗教詩人。
⇒岩世人(デニス　1729.9.27–1800.9.29)
　新カト(デニス　1729.9.26–1800.9.29)

Denis, Maurice〈19・20世紀〉
フランスの画家。1919年パリに「アトリエ・ダール・サクレ」を創設,宗教芸術復興運動を起す。
⇒岩世人(ドニ　1870.11.25–1943.11.3)
　広辞7(ドニ　1870–1943)
　新カト(ドニ　1870.11.25–1943.11.13)
　芸13(ドニ,モーリス　1870–1943)

Denison, Henry Willard〈19・20世紀〉
アメリカの外交官。来日し,条約改正,日清・日露両戦の交渉に貢献。
⇒アア歴(Denison,Henry W(illard)　ヘンリー・ウィラード・デニスン　1846.5.11–1914.7.3)
　岩世人(デニソン　1846.5.11/9.11–1914.7.3)

De Nittis, Giuseppe〈19世紀〉
イタリアの画家。
⇒岩世人(デ・ニッティス　1846.2.22–1884.8.24)

Denk, Johannes〈15・16世紀〉
ドイツの人文主義者。主著"Von der wahren Liebe"(27)。
⇒岩世人(デンク　1495(-1500)頃–1527.11.15頃)
　新カト(デンク　1495頃–1527.11)

Denk, Joseph〈19・20世紀〉
ドイツのカトリック聖書学者,司祭。
⇒新カト(デンク　1849.8.9–1927.1.23)

Denke, Karl〈19・20世紀〉
ドイツの連続殺人鬼。
⇒ネーム(カール・デンケ　1870–1924)

Denner, Barthasar〈17・18世紀〉
ドイツの画家,細密画家。ヨーロッパ各地の宮廷で肖像を制作。
⇒芸13(デンナー,バルタザル　1685–1749)

Denney, James〈19・20世紀〉
スコットランド自由教会牧師,新約神学者。
⇒岩世人(デニー　1856.2.5–1917)
　新カト(デニ　1856.2.5–1917.6.12)

Dennie, Joseph〈18・19世紀〉
アメリカのジャーナリスト,作家。
⇒岩世人(デニー　1768.8.30–1812.1.7)

Dennis, John〈17・18世紀〉
イギリスの批評家。
⇒岩世人(デニス　1658.9.16–1734.1.6)

Denny, Jeremiah Dennis〈19・20世紀〉
アメリカの大リーグ選手(三塁)。
⇒メジャ(ジェリー・デニー　1859.3.16–1927.8.16)

Denny, Owen Nickerson〈19世紀〉
朝鮮、閔氏政権下のアメリカ人外交顧問。
⇒アア歴（Denny,Owen N(ickerson)　オウエン・ニッカースン・デニー　1838.9.4-1900）
　岩世人（デニー　1838.9.4-1900.6.30）

Denny, William〈19世紀〉
イギリスの造船家。デニー兄弟造船所をイギリス一流の造船所にした。
⇒岩世人（デニー　1847.5.25-1887.3.17）

Denon, Dominique Vivant de〈18・19世紀〉
フランスの画家、版画家、考古学者、外交官。石版画技術をフランスに紹介。
⇒岩世人（ドノン　1747.1.4-1825.4.27）

Dens, Pierre〈17・18世紀〉
ベルギーのカトリック神学者。
⇒新カト（ダン　1690.11.12-1775.2.15）

Dent, *Sir* **Alfred**〈19・20世紀〉
イギリス人実業家。
⇒岩世人（デント　1844.12.12-1927.11.23）

Dent, Edward Joseph〈19・20世紀〉
イギリスの音楽理論家、教育家。国際音楽学協会会長（32～49）。
⇒岩世人（デント　1876.7.16-1957.8.22）

Dentatus, Manius Curius〈前3世紀〉
ローマの名将。前290年サムニウム戦争を終結。
⇒岩世人（クリウス・デンタトゥス　?-前270）

Dentice, Scipione〈16・17世紀〉
イタリアの作曲家。
⇒バロ（デンティーチェ、シピオーネ　1560.1.19-1635.4.21/1635.4.21以前）

Denton, Mary Florence〈19・20世紀〉
アメリカのアメリカン・ボード宣教師。同志社女子大学で女子教育、看護教育に尽力。
⇒アア歴（Denton,Mary Florence　メアリー・フローレンス・デントン　1857.7.4-1947.12.24）

D'Entrecasteaux, Joseph-Antoine Raymond Bruny〈18世紀〉
フランスの海軍人。
⇒オセ新（ダントルカストー　1739-1793）

Denyes, John Russell〈19・20世紀〉
アメリカの宣教師。
⇒アア歴（Denyes,John R(ussell)　ジョン・ラッセル・デニーズ　1869.1.24-1936.1.22）

Denzinger, Franz Joseph〈19世紀〉
ドイツの建築家。レーゲンスブルクの聖堂を完成（1859～72）。
⇒岩世人（デンツィンガー　1821.2.24-1894.2.14）

Denzinger, Heinrich Joseph〈19世紀〉
ドイツのカトリック教理神学者。『使徒信経及び定義集』(54)を編む。
⇒岩世人（デンツィンガー　1819.10.10-1883.6.19）
　新カト（デンツィンガー　1819.10.10-1883.6.19）

Deogratias〈5世紀〉
カルタゴの司教。在職454～57。聖人。祝日1月5日。
⇒新カト（デオグラティアス〔カルタゴの〕　?-457頃）

Đèo Văn Trì〈19・20世紀〉
ベトナムの白タイ族の土侯。
⇒岩世人（デオ・ヴァン・チー　1849?-1909）

De Paepe, César〈19世紀〉
ベルギーの社会主義者、ベルギー労働党創立者の一人。
⇒学叢思（ドゥ・パエプ、セザール　1842-1890）

Depasse, Hector〈19・20世紀〉
フランスのジャーナリスト、政治家。
⇒19仏（エクトル・ドゥパッス　1842.12.14-1911.9.16）

Depelchin, Henri〈19世紀〉
ベルギー出身のイエズス会員、インドへの宣教師。
⇒新カト（ドゥペルシャン　1822.1.24-1900.5.26）

d'Épinal, Gaultier〈13世紀〉
フランスのトルヴェール。
⇒バロ（ゴーティエ・デピナール　1220以前-1272.7以前）
　バロ（デピナール、ゴーティエ　1220以前-1272.7以前）

D'Épinay, Louise-Florence-Pétronille de la Live, Madame〈18世紀〉
フランスのサロンの主宰者。教育論『息子への手紙』『エミリーの会話』などを著す。
⇒岩世人（デピネー　1726.3.11-1783.4.15）

Depretis, Agostino〈19世紀〉
イタリアの政治家。1976～87年首相に3選。三国同盟の結成、アフリカへの侵略などを行った。
⇒岩世人（デプレーティス　1813.1.31-1887.7.29）

De Quincey, Thomas〈18・19世紀〉
イギリスの批評家、随筆家。作品『マクベスの門番の場』(23)など。
⇒岩世人（ド・クィンシー　1785.8.15-1859.12.8）
　ネーム（ド・クイシン　1785-1859）
　広辞7（ド・クインシー　1785-1859）
　学叢思（デ・クィンシー、トマス　1785-1859）
　新カト（ド・クインシー　1785.8.15-1859.12.8）

Derain, André〈19・20世紀〉
フランスの画家。フォービスムの画家。大作

『アルルカンとピエロ』(24) など。
⇒岩世人（ドラン　1880.6.10–1954.9.10）
バレエ（ドラン, アンドレ　1880.6.10–1954.9.8）
広辞7（ドラン　1880–1954）
芸13（ドラン, アンドレ　1880–1954）

Deraismes, Maria〈19世紀〉
フランスの女性運動家。
⇒19仏（マリア・ドゥレーム　1828.8.17–1894.2.6）

Derby, Edward Geoffrey Smith Stanley, 14th Earl of〈18・19世紀〉
イギリスの保守党政治家。1852年から3度首相を務める。67年議会改革法を成立。
⇒岩世人（ダービー　1799.3.29–1869.10.23）
世人新（ダービー〈エドワード＝スタンリー〉　1799–1869）
世人装（ダービー〈エドワード＝スタンリー〉　1799–1869）

Derby, Edward George Villiers Stanley, 17th Earl of〈19・20世紀〉
イギリスの政治家。
⇒岩世人（ダービー　1865.4.4–1948.2.4）

Derby, Edward Henry Stanley, 15th Earl of〈19世紀〉
イギリスの政治家。保守党内閣下で要職を歴任。
⇒岩世人（ダービー　1826.7.21–1893.4.21）

Derby, Frederick Arthur Stanley, 16th Earl of〈19・20世紀〉
イギリスの政治家。E.G.S.S.ダービーの子。上院議員（86）, カナダ総督（88～93）を歴任。
⇒岩世人（ダービー　1841.1.15–1908.6.14）

Derby, George H.〈19・20世紀〉
アメリカの大リーグ選手（投手）。
⇒メジャ（ジョージ・ダービー　1857.7.6–1925.7.4）

Derbyshire, Charles E.〈19・20世紀〉
アメリカの教育者。
⇒アア歴（Derbyshire,Charles E.　チャールズ・E・ダービーシャー　1880.1.17–1933.4.10）

Derechkiĭ, Nikolaĭ〈16・17世紀〉
ウクライナ生まれの作曲家。
⇒バロ（デレツキ, ニコライ　1590頃?–1650頃?）

Derenbourg, Hartwig〈19・20世紀〉
フランスの東洋学者。J.ドランブールの子。アラビア語学に関する研究が多い。
⇒岩世人（ドランブール　1844.6.17–1908.4.12）

Derenbourg, Joseph〈19世紀〉
フランスの東洋学者。ヘブライ語, タルムードに通じた。
⇒岩世人（ドランブール　1811.8.21–1895.4.21）

Derenze, Simon〈19世紀〉
フランスの社会主義者。

⇒学叢思（デランズ, シモン　1838–1890）

De Reszke, Jean〈19・20世紀〉
ポーランドの歌劇テノール。マスネの『首領』をパリのオペラ座で初演（1885）。
⇒岩世人（レシュケ　1850.1.14–1925.4.3）
失声（ジャン・ド・レスケ　1850–1925）
魅惑（De Reszke,Jean　1850–1925）

De Rijke, Johannes〈19・20世紀〉
オランダの土木技師。来日して淀川治水工事, 大阪港築港, 我が国初の近代下水道工事などを手がけた。
⇒岩世人（ド・レイケ（デ・レーケ）　1842.12.4–1913.1.20）
ボプ人（デ・レーケ, ヨハネス　1842–1913）

Dering, Richard〈16・17世紀〉
イギリスのオルガン奏者, 作曲家。
⇒バロ（ディアリング, リチャード　1580頃–1630.3.22）

De Rivery, Aimée Dubucq〈18・19世紀〉
フランスの貴族夫人。
⇒姫全（エイメ・デュ・ビュク・ド・リヴェリ　1763–1817）

Dermot Mac Murrough〈12世紀〉
アイルランドのレンスター王。1126年即位。
⇒岩世人（ダーマット・マクモロ（マクムルクー）　1110頃–1171.5.1）

Dernburg, Bernhard〈19・20世紀〉
帝国大蔵大臣兼副総理。ドイツ民主党所属議員。
⇒ユ著人（Dernburg,Bernhard　デンブルク, ベルンハルト　1865–1937）

Dernburg, Heinrich〈19・20世紀〉
ドイツの法学者。施行直後のドイツ民法を体系化, 日本の民法学界にも影響を与えた。
⇒岩世人（デルンブルク　1829.3.3–1907.11.23）

De Roberto, Federico〈19・20世紀〉
イタリアの作家。
⇒岩世人（デ・ロベルト　1861.1.16–1927.7.26）

de Rosiers, Nicolas〈16・17世紀〉
フランスの作曲家。
⇒バロ（デ・ロジエ, ニコラ　1580頃?–1640頃?）

Derosne, Louis Charles〈18・19世紀〉
フランスの化学者。粗糖を精製する方法を発明（1808）。
⇒岩世人（ドローヌ　1780–1846.9）

De Rotz, Marc Marie〈19・20世紀〉
フランスの宣教師。日本に渡来（1868）し, 社会事業に貢献。
⇒岩世人（ド・ロ　1840.3.27–1914.11.7）
新カト（ド・ロ　1840.3.27–1914.11.7）
ボプ人（マルコ・マリー・ド・ロ　1840–1914）

Déroulède, Paul〈19・20世紀〉
フランスの詩人,政治家。普仏戦争とパリ・コミューンの鎮圧に参加。1882年「愛国者同盟」を創設。
⇒岩世人（デルレード 1846.9.2–1914.1.30）
　19仏（ポール・デルレード 1846.9.2–1914.1.30）

De Ruyter, Michiel Adriaanszoon〈17世紀〉
オランダの海軍提督。
⇒岩世人（デ・ライテル 1607.3.24–1676.4.29）

Derwentwater, James Radcliffe, 3rd Earl of〈17・18世紀〉
イギリスの貴族。ジャコバイトの乱（1715）を指導。
⇒岩世人（ダーウェントウォーター 1689.6.28–1716.2.24）

Derzhavin, Gavrila Romanovich〈18・19世紀〉
ロシアの詩人。のちのリアリズム詩の基盤を作る。代表作『皇子メシチェルスキーの死』（83）。
⇒岩世人（デルジャーヴィン 1743.7.3–1816.7.8）
　ネーム（デルジャーヴィン 1743–1816）
　広辞7（デルジャーヴィン 1743–1816）

Desaix, Louis Charles Antoine de Aix〈18世紀〉
フランスの軍人。
⇒岩世人（ドゼ 1768.8.17–1800.6.14）

De Sanctis, Francesco〈19世紀〉
イタリアの文学史家,評論家。独立期の文相（1861～62）として教育改革を行う。
⇒岩世人（デ・サンクティス 1817.3.28–1883.12.29）
　広辞7（デ・サンクティス 1817–1883）

De Sanctis, Gaetano〈19・20世紀〉
イタリアの歴史家。古典古代史の権威。
⇒岩世人（デ・サンクティス 1870.10.15–1957.4.9）

des Anges, Jeanne-Elisabeth Bichier〈18・19世紀〉
十字架姉妹会創立者。聖人。祝日8月26日。
⇒新カト（ジャンヌ・エリザベト・ビシエ・デザンジュ 1773.7.5–1838.8.26）

Desargues, Gérard〈16・17世紀〉
フランスの数学者。『透視画法論』（36）を著し,射影幾何学の基礎をつくった。
⇒岩世人（デザルグ 1591.2.21–1661.10）
　ネーム（デザルグ 1593–1662）
　世数（デザルグ,ジラール（またはジェラール）1591–1661）

Désaugiers, Marc-Antoine〈18世紀〉
フランスの作曲家。
⇒バロ（デゾジェ,マルカントワーヌ 1742–1793.9.10）

Desault, Pierre Joseph〈18世紀〉
フランスの外科医。鎖骨骨折にドソー包帯法を考案。
⇒岩世人（ドソー 1744.2.6–1795.1.1）

Desbordes-Valmore, Marceline〈18・19世紀〉
フランスの詩人,女優。
⇒岩世人（デボルド＝ヴァルモール 1785.6.20–1859.7.23）
　新カト（デボルド・ヴァルモール 1786.6.20–1859.7.23）

Descamps, Jean Baptiste〈18世紀〉
フランスの画家。ルイ15世の肖像,戴冠式の情景等を描いた。
⇒岩世人（デカン 1706.8.28–1791.7.30）

Descartes, René〈16・17世紀〉
フランスの哲学者。幾何学的方法による万学統一をめざす。
⇒岩世人（デカルト 1596.3.31–1650.2.11）
　覚思（デカルト 1596.3.31–1650.2.11）
　覚思ス（デカルト 1596.3.31–1650.2.11）
　科史（デカルト 1596–1650）
　広辞7（デカルト 1596–1650）
　学叢思（デカルト,ルネ 1596–1650）
　新カト（デカルト 1596.3.31–1650.2.11）
　物理（デカルト,ルネ 1596–1650）
　図哲（デカルト,ルネ 1596–1650）
　世人新（デカルト 1596–1650）
　世人装（デカルト 1596–1650）
　世史語（デカルト 1596–1650）
　世数（デカルト,ルネ 1596–1650）
　ポプ人（デカルト,ルネ 1596–1650）
　メル2（デカルト,ルネ 1596–1650）

Descaves, Lucian〈19・20世紀〉
フランスの小説家,劇作家。
⇒岩世人（デカーヴ 1861.3.19–1949.9.6）
　19仏（リュシアン・デカーヴ 1861.3.18–1949.9.6）

Desch, Cecil Henry〈19・20世紀〉
イギリスの化学者,冶金学者。著『金相学』（10～45）は金属学,金属材料の応用に大きく貢献。
⇒岩世人（デッシ 1874.9.7–1958.6.19）

Deschamps, Eustache〈14・15世紀〉
フランスの詩人。諷刺詩『結婚照魔鏡』（未完）が有名。
⇒岩世人（ウスタシュ・デシャン 1346頃–1406/1407）
　ネーム（デシャン 1346?–1406?）

Deschamps, Jean〈13世紀〉
フランスの建築長。
⇒岩世人（ジャン・デシャン）

Deschamps, Léger-Marie〈18世紀〉
フランスの哲学者、ベネディクト派の修道士。通称ドン・デシャン。独自の形而上学〈開明的無神論〉を確立。
⇒岩世人（デシャン　1716.1.10–1774.4.19）

Deschanel, Émile〈19・20世紀〉
フランスの作家、政治家。
⇒19仏（エミール・デシャネル　1819.11.19–1904.1.26）

Deschanel, Paul Eugène Louis〈19・20世紀〉
フランスの政治家。第三共和制第10代の大統領（1920）。
⇒岩世人（デシャネル　1855.2.13–1922.4.28）
19仏（ポール・デシャネル　1855.2.13–1922.4.28）

Des Cloizeaux, Alfred Louis Oliver Legrand〈19世紀〉
フランスの鉱物学者。フランス鉱物学会を設立（1870）。
⇒岩世人（デ・クロワゾー　1817.10.17–1897.5.8）

Descoqs, Pedro〈19・20世紀〉
フランスのカトリック神学者、哲学者。
⇒新カト（デコック　1877.6.2–1946.11.7/8）

Desfontaines, René Louiche〈18・19世紀〉
フランスの植物学者。大西洋岸、北アフリカ等で植物を採集、研究。
⇒岩世人（デフォンテーヌ　1750.2.14–1833.11.16）

Desgabets, Robert〈17世紀〉
フランスの哲学者。
⇒新カト（デガベ　1610–1678.3.19）

Deshayes, André Jean=Jacques〈18・19世紀〉
フランスのダンサー、振付家。
⇒バレエ（デエー、アンドレ・ジャン=ジャック　1777.1.24–1846.12.9）

Deshayes, Gérard Paul〈18・19世紀〉
フランスの古生物学者、貝化石研究者。
⇒岩世人（デエー　1795.5.13–1875.6.9）

Deshayes, Prosper-Didier〈18・19世紀〉
フランスの作曲家。
⇒バロ（デゼ、プロスペル・ディディエ　1745頃?–1815）

Desideri, Ippolito〈17・18世紀〉
イタリアのイエズス会士。チベットに行きチベット仏教を研究。
⇒新カト（デシデーリ　1684.12.21–1733.4.14）

Desiderio da Settignano〈15世紀〉
イタリアの彫刻家。初期ルネサンスのな彫刻家の一人。
⇒岩世人（デジデーリオ・ダ・セッティニャーノ　1430頃–1464.1.16）
芸13（セッティニャーノ、デジデリオ・ダ　1428–1464）

Desiderius〈8世紀〉
ランゴバルド王国の最後の国王。在位756～774。フランクに捕われ、獄死。
⇒岩世人（デシデリウス　?–774以降）

De Silva, Andreas〈15・16世紀〉
スペインの作曲家。
⇒バロ（デ・シルバ、アンドレーアス　1475–1480–1530頃?）

Désirée, Bernardine Eugénie〈18・19世紀〉
スウェーデン王妃。
⇒岩世人（デシレ　1777.11.8–1860.12.17）
王妃（デジレ・クラリー　1777–1860）

De Sitter, Willem〈19・20世紀〉
オランダの天文学者、宇宙学者。
⇒岩世人（デ・シッテル（ド・ジッター）　1872.5.6–1934.11.20）
ネーム（デ・シッテル　1872–1934）
物理（ド・ジッター、ウィレム　1872–1934）

Desjardins, Martin〈17世紀〉
オランダ生れのフランスの彫刻家。ベルサイユ宮殿、庭園の装飾に従事、『狩猟の女神ディアナ』などを制作。
⇒芸13（デジャルダン、マルタン　1640–1694）

Deslandres, Henri Alexandre〈19・20世紀〉
フランスの天体物理学者。太陽物理学、太陽のスペクトル分折を研究。
⇒岩世人（デランドル　1853.7.24–1948.1.15）

Desmarest, Henry〈17・18世紀〉
フランスの作曲家。マドリードのフェリペ5世の宮廷、ルネヴィルのロレーヌ公の宮廷で楽長を歴任。
⇒バロ（デマレ、アンリ　1661.2–1741.9.7）

Desmarest, Nicholas〈18・19世紀〉
フランスの火山地質学者。火山学の基礎を築いた。
⇒岩世人（デマレ　1725.9.16–1815.9.20）

Desmarets, Nicolas, Sieur de Maillebois〈17・18世紀〉
ルイ14世治世下のフランス大蔵大臣。在職1708～15。J.コルベールの甥。
⇒岩世人（デマレ　1648.9.10–1721.5.4）

Desmarets de Saint-Sorlin, Jean〈16・17世紀〉
フランスの詩人、劇作家、小説家。

⇒新カト（デマレ・ド・サン・ソルラン　1595–1676.10.28)

Desmazures, Laurent〈18世紀〉
フランスの作曲家。
⇒バロ（デマジュール，ロラン　1714.11.10–1778.4.29)

Desmons, Frédéric〈19・20世紀〉
フランスの政治家。
⇒19仏（フレデリック・デモン　1832.10.14–1910.1.4)

Desmoulins, Camille〈18世紀〉
フランス革命期のジャーナリスト。ダントンとともに穏和派として処刑された。
⇒岩世人（デムーラン　1760.3.12–1794.4.6)
ネーム（デムーラン　1760–1794)

Désormeaux〈18世紀〉
フランスの作曲家。
⇒バロ（デゾルモー, ? 1710頃?–1770頃?)

De Soto, Hernando〈15・16世紀〉
スペインの探険家。1541年ミシシッピ川を発見。インディアン文化を初めて見た。
⇒岩世人（ソト　1500頃–1542.5.21)

D'Espagnat, Georges〈19・20世紀〉
フランスの画家。1905年サロン・ドートンヌの設立に参加。
⇒芸13（デスパニャ，ジョルジュ　1870–1950)

Des Périers, Bonaventure〈16世紀〉
フランスのユマニスト，詩人，物語作家。『笑話集』(58)など。
⇒岩世人（デ・ペリエ　1500頃–1544頃)

Despiau, Charles〈19・20世紀〉
フランスの彫刻家。ロダンの助手として働く。代表作は『ドラン夫人』(23〜26)の連作など。
⇒岩世人（デスピオー　1874.11.4–1946.10.28/30)
広辞7（デスピオ　1874–1946)
芸13（デスピオ, シャルル　1874–1946)

Desportes, Alexandre François〈17・18世紀〉
フランスの画家。ルイ14世，ルイ15世の宮廷画家として動物画や静物画を描いた。
⇒芸13（デポルト，フランソア　1661–1743)

Desportes, Philippe〈16・17世紀〉
フランスの詩人。『詩篇』を翻訳。
⇒岩世人（デポルト　1546–1606.10.5)
新カト（デポルト　1546–1606.10.5)

Després, Armand〈19世紀〉
フランスの医師，政治家。
⇒19仏（アルマン・デプレ　1834.4.12–1896.7.22)

Dessalines, Jean Jacques〈18・19世紀〉
ハイチ独立運動の指導者，皇帝。在位1804〜06。

⇒岩世人（デサリーヌ　1758–1806.10.17)
広辞7（デサリーヌ　1758–1806)

Dessoir, Max〈19・20世紀〉
ドイツの美学者。一般芸術学の提唱者。主著『美学と一般芸術学』(06)。
⇒岩世人（デソワール　1867.2.8–1947.7.19)
学叢思（デソアール，マクス　1867–?)

D'Este, Isabella〈15・16世紀〉
イタリアの貴族夫人。
⇒王妃（イザベラ・デステ　1474–1539)
ルネ（イザベッラ・デステ　1474–1539)

Destinn, Emmy〈19・20世紀〉
チェコスロヴァキアのソプラノ。ベルリンでデビュー(1893)。
⇒岩世人（デスティン　1878.2.26–1930.1.28)

Destouches, André Cardinal〈17・18世紀〉
フランスの作曲家。作品，オペラ『イセ』(97)など。
⇒バロ（デトゥーシュ，アンドレ・カルディナル　1672.4.6–1749.2.7)

D'Estrée, Jean〈16世紀〉
フランスの作曲家。
⇒バロ（デストレ，ジャン　1510頃?–1576)

Destrée, Jules〈19・20世紀〉
ベルギーの政治家，文学者，美術史家。
⇒岩世人（デストレ　1863.8.21–1936.1.3)

Destrem, Jean〈19・20世紀〉
フランスのジャーナリスト，作家。
⇒19仏（ジャン・デストレム　1842.2.3–1929.3.11)

Destutt de Tracy, Antoine Louis Claude〈18・19世紀〉
フランスの哲学者。主著『観念学原理』(01〜15)。
⇒岩世人（デステュット・ド・トラシ　1754.7.20–1836.3.9)
学叢思（デステュット・ドゥ・トラシ, アントアヌ・ルイ・クロード　1754–1836)
メル2（デステュット・ド・トラシ(伯爵), アントワーヌ=ルイ=クロード　1754–1836)

Desvallières, Georges〈19・20世紀〉
フランスの画家。1919年M.ドニとアトリエ・ダール・サクレを創設，宗教美術復興運動をおこす。
⇒岩世人（デヴァリエール　1861.3.14–1950.10.4)
新カト（デヴァリエール　1861.3.14–1950.10.5)
芸13（デヴァリエール, ジョルジュ　1861–1950)

Des Vœux, *Sir* George William〈19・20世紀〉
イギリスの外交官。
⇒岩世人（デ・ヴォー　1834.9.22–1909.12.5?)

Detaille, Jean-Baptiste-Édouard
〈19・20世紀〉
フランスの画家。戦争画と歴史画を描く。『シャンピニの防衛』(79) など。
⇒芸13（デタイユ，エドゥアール　1848–1912）

Deterding, *Sir* **Henri Wilhelm August**〈19・20世紀〉
オランダの石油王。1907年ロイヤル・ダッチ・シェル社の設立を進め，国際石油業界の指導的存在となる。
⇒岩世人（デターディング　1866.4.19–1939.2.4）

Detring, Gustaf〈19・20世紀〉
清（中国）の御雇外国人。
⇒岩世人（デトリング　1842–1913）

De Troy, Jean-François〈17・18世紀〉
フランスの画家。
⇒岩世人（トロワ　1679.1.27（受洗）–1752.1.26）
　芸13（ド・トロワ，ジャン・フランソワ　1679–1752）

de Troyes, Doett〈13世紀〉
フランスの歌手，女吟遊詩人。
⇒バロ（ド・トロア，ドエット　1200頃?–1250頃?）

Deukaliōn
ギリシア神話，プロメテウスの子。
⇒岩世人（デウカリオン）
　ネーム（デウカウリオン）

Deusdeditus〈11世紀〉
フランス出身の教会法学者，枢機卿。
⇒新カト（デウスデディトゥス　?–1097/1100）

Deusdeditus (Adeodatus), St.〈7世紀〉
ローマ教皇。在位615～618。
⇒新カト（デウスデディトゥス1世　?–618.11.8）

Deussen, Paul〈19・20世紀〉
ドイツの哲学者，インド哲学研究家。西欧思想とインド思想の総合を試みた。
⇒岩世人（ドイセン　1845.1.7–1919.7.6）
　学叢思（ドイッセン，パウル　1845–1919）

Deutinger, Martin von〈19世紀〉
ドイツの哲学者。カトリック神学者，美学者。カトリックの教義と哲学との統合を試みた。
⇒岩世人（ドイティンガー　1815.3.24–1864.9.9）
　新カト（ドイティンガー　1815.3.24–1864.9.9）

Devadatta
インドの仏教徒。シャカの従兄弟の一人。
⇒岩世人（デーヴァダッタ）
　広辞7（提婆達多　だいばだった）

Devadhammiko
インドの思想家。
⇒学叢思（デヴダーンミコ）

Devānampiya Tissa〈前3世紀〉
セイロン王。在位前247～07頃。
⇒岩世人（デーヴァーナンピヤ・ティッサ　（在位）前247–前207）

Devavarman〈前3・2世紀〉
マウリア帝国の統治者。在位前202～195。
⇒世帝（デーヴァダルマン　（在位）前202/前199–前195/前192）

Devdatt〈17・18世紀〉
インドのヒンディー詩人。主著『生の歓喜』。
⇒岩世人（デーヴ　1673–1745?）

Deventer, Conrad Theodore van〈19・20世紀〉
オランダの法律家，下院・上院議員。インドネシアの〈倫理政策〉の代表的人物。
⇒岩世人（デーフェンテル　1857.9.29–1915.9.27）

Deventer, Hendrik van〈17・18世紀〉
オランダの医者。近世産科学に大きく貢献。
⇒岩世人（ファン・デーフェンテル　1651.3.16–1724.12.12）

de Vento, Ivo〈16世紀〉
フランドルの作曲家。
⇒バロ（フェント，イヴォ・デ　1543-1545頃–1575）

De Vere, Aubrey Thomas〈19・20世紀〉
アイルランドの詩人。アイルランド文芸復興の先駆者の一人。
⇒岩世人（デ・ヴィア　1814.1.10–1902.1.21）

Deveria, Achille Jacques Jean Marie〈18・19世紀〉
フランスの画家。素描，水彩画，特に石版画を得意とした。
⇒岩世人（ドヴェリア　1800.2.6–1857.12.23）

Devéria, Eugène François Marie Joseph〈19世紀〉
フランスの画家。
⇒岩世人（ドヴェリア　1808.4.22–1865.2.3）

Deveria, Jean Gabriel〈19世紀〉
フランスの外交官。中国と周辺諸国の言語，文学，歴史の研究家。
⇒岩世人（ドヴェリア　1844.2.7–1899.7.12）

Devienne, François〈18・19世紀〉
フランスのフルート奏者，ファゴット奏者，作曲家。95年に設立されたパリ国立音楽院のフルート科教授。
⇒バロ（ドゥヴィエンヌ，フランソワ　1759.1.31–1803.9.5）

De Ville, Antoine〈16・17世紀〉
フランスの建築家。
⇒岩世人（ド・ヴィル　1596–1656）

De Ville, Arnold〈17・18世紀〉
低地地方(現ベルギー)の企業家。
⇒岩世人(ド・ヴィル　1653.5.15-1722.2.22)

Deville, Gabriel〈19世紀〉
フランスの社会主義者。
⇒学叢思(デヴィル,ガブリエル　1854-?)

Devis, Arthur〈18世紀〉
イギリスの画家。
⇒岩世人(デーヴィス　1712.2.19-1787.7.25)

Devlin, Arthur McArthur〈19・20世紀〉
アメリカの大リーグ選手(三塁,一塁)。
⇒メジャ(アート・デヴリン　1879.10.16-1948.9.18)

Devlin, James Alexander〈19世紀〉
アメリカの大リーグ選手(投手)。
⇒メジャ(ジム・デヴリン　1849.6.6-1883.10.10)

Devonshire, Victor Christian William Cavendish, 9th Duke of〈19・20世紀〉
イギリスの政治家。
⇒岩世人(デヴォンシャー　1868.5.31-1938.5.6)

Devonshire, William Cavendish, 1st Duke of〈17・18世紀〉
イギリスの政治家。宮相としてウィリアム3世に奉仕(89)。
⇒岩世人(デヴォンシャー　1641.1.25-1707.8.18)

De Vos, Ma(a)rten(Maerten)〈16・17世紀〉
フランドルの画家,版画下絵作家。
⇒岩世人(デ・フォス　1532-1603.12.7(埋葬))

Devoy, John〈19・20世紀〉
アイルランドのジャーナリスト,民族主義者。
⇒岩世人(デヴォイ　1842.9.3-1928.9.30)

Devred, Emille Alexandre Joseph〈19・20世紀〉
ソウルの補佐司教,パリ外国宣教会会員。
⇒新カト(ドヴレ　1877.1.7-1926.1.18)

Devrient, Ludwig〈18・19世紀〉
ドイツの俳優。フォルスタッフを当り役とした。
⇒岩世人(デフリエント　1784.12.15-1832.12.30)

De Vries, Hugo〈19・20世紀〉
オランダの植物学者,遺伝学者。マツヨイグサの遺伝を研究。突然変異説を発表。
⇒岩世人(ド・フリース　1848.2.16-1935.5.21)
　ネーム(ド・フリース　1848-1935)
　広辞7(ド・フリース　1848-1935)
　学叢思(ドゥ・フリース　1848-?)
　ポプ人(ド・フリース,ユーゴ　1848-1935)

Dewar, Sir James〈19・20世紀〉
イギリスの化学者,物理学者。1895年空気液化に成功。デューア壜を発明(92)。
⇒岩世人(デューアー　1842.9.20-1923.3.27)
　科史(デュワー　1842-1923)
　ネーム(デュワー　1842-1923)
　学叢思(デュワー,ジェームズ　1842-1923)
　物理(デュワー,サー・ジェイムズ　1842-1923)

De Wette, Wilhelm Martin Leberecht〈18・19世紀〉
ドイツの神学者,聖書学者。
⇒新カト(デ・ヴェッテ　1780.1.12-1849.6.16)

Dewey, George〈19・20世紀〉
アメリカの海軍軍人。アメリカ海軍初の海軍元帥。
⇒アア歴(Dewey,George　ジョージ・デューイ　1837.12.26-1917.1.16)
　岩世人(デューイ　1837.12.26-1917.1.16)

Dewey, John〈19・20世紀〉
アメリカの哲学者,教育学者,心理学者。プラグマティズムの立場にたち,概念道具説を主張。
⇒アア歴(Dewey,John　ジョン・デューイ　1859.10.20-1952.6.1)
　アメ新(デューイ　1859-1952)
　岩世人(デューイ　1859.10.20-1952.6.1)
　覚思(デューイ　1859.10.20-1952.6.1)
　覚思ス(デューイ　1859.10.20-1952.6.1)
　ネーム(デューイ　1859-1952)
　広辞7(デューイ　1859-1952)
　学叢思(デュイー,ジョン　1859-?)
　新カト(デューイ　1859.10.20-1952.6.1)
　世人新(デューイ　1859-1952)
　世人装(デューイ　1859-1952)
　世史語(デューイ　1859-1952)
　20思(デューイ,ジョン　1859-1952)
　ポプ人(デューイ,ジョン　1859-1952)
　メル3(デューイ,ジョン　1859-1952)

De Wimpffen, Emmanuel-Félix〈19世紀〉
フランスの軍人。
⇒19仏(エマニュエル=フェリクス・ド・ウィンプフェン　1811.9.13-1884.2.26)

De Wit, Jan K.〈19世紀〉
幕末の駐日オランダ総領事。在任1860~63。
⇒岩世人(ウィット　1819-?)

Dewitt, Clyde Alton〈19・20世紀〉
アメリカの弁護士。
⇒アア歴(Dewitt,Clyde A(lton)　クライド・オールトン・ドウィット　1879.5.16-1956.11.3)

De Witt, Jan〈17世紀〉
オランダの政治家。国務長官(53~72)。
⇒岩世人(デ・ウィット　1625.9.24-1672.8.20)

Dexippos〈3世紀〉
歴史家, 政治家。
⇒岩世人（デクシッポス　3世紀）

de Yermo y Parres, José María〈19・20世紀〉
メキシコの聖人, 司祭, 修道会創立者。祝日9月20日。
⇒新カト（ホセ・マリア・デ・イェルモ・イ・パレス　1851.11.10–1904.9.20）

Deyssel, Lodewijk van〈19・20世紀〉
オランダの評論家, 小説家。主著は小説『愛』(89), 評論『ゾラからメーテルランクまで』(95) など。
⇒岩世人（ファン・デイセル　1864.9.22–1952.1.26）

Dez, Jean〈17・18世紀〉
フランスのイエズス会司祭。
⇒新カト（デ　1643.4.3–1712.9.12）

Dezède (Dezèdes, De Zaides), Nicolas〈18世紀〉
フランスの作曲家。
⇒バロ（ドゥゼード, ニコラ　1740-1745頃–1792.9.11）

Dezhnev, Semën Ivanovich〈17世紀〉
ロシアの探検家。ベーリング海峡を最初に航行。
⇒岩世人（デジニョフ　?–1673）

al-**Dhahabī, Shams al-Dīn al-Turkumānī**〈13・14世紀〉
シリアのトルコ系歴史家。
⇒岩世人（ザハビー　1274.10.7–1348.2.5）

Dhakā Ullāh, Maulvī Muḥammad〈19・20世紀〉
インドの教育家, 歴史家, 数学者。学生用の著書, 翻訳書を多く出版。主著『インド史』『女帝の法規』。
⇒岩世人（ザカーウッラー　1832.4.1–1910.11.7）

Dhalīlī〈17・18世紀〉
東トルキスタンの文人。
⇒岩世人（ザリーリー　1674–1759）

Dhammaloka〈19・20世紀〉
アイルランド出身の上座部仏教僧。
⇒岩世人（ダンマローカ　1856頃–1914頃）

Dhammapāla〈5・6世紀〉
インドの仏教徒。南方上座部マハーヴィハーラ派の註釈家。
⇒岩世人（ダンマパーラ）

Dhammazedi〈15世紀〉
ビルマ南部, ペグー朝の第16代王。在位1459～92。
⇒岩世人（ダンマゼーディー　1412–1492）

Dhanañjaya〈10世紀〉
インドの演劇理論家。
⇒岩世人（ダナンジャヤ　10世紀後半）

Dharanindravarman I〈11・12世紀〉
クメール王国（アンコール朝）の王。
⇒世帝（ダーラニンドラヴァルマン1世　?–1113）

Dharanindravarman II〈12世紀〉
クメール王国（アンコール朝）の王。
⇒世帝（ダーラニンドラヴァルマン2世　（在位）1150?–1160?）

Dharmakīrti〈7世紀頃〉
インドの仏教論理学者。漢訳仏典では法称。著書『論理学小論』『知識批判書』など。
⇒岩世人（ダルマキールティ　600–660頃）
　広辞7（法称　ほっしょう　600頃–660頃）

Dharmakīrti〈11世紀〉
スマトラのシュリーヴィジャヤの仏教高僧。11世紀前半に活動。
⇒岩世人（ダルマキールティ）

Dharmapāla〈6世紀〉
インド, 唯識学派の学匠。『大乗広百論釈論』『成唯識宝生論』『観所縁論釈』などの著作が漢訳として現存。
⇒岩世人（ダルマパーラ　530頃–560頃）
　広辞7（護法　ごほう　530–561）
　学叢思（ゴホー　護法＝Dharma-Pāla）

Dharmapāla, Anagarika〈19・20世紀〉
セイロンの宗教指導者。本名David Hawavitarane。民族意識の覚醒に努めた。
⇒岩世人（ダルマパーラ　1864–1933）
　南ア新（ダルマパーラ　1864–1933）

Dharmatrāta〈2世紀頃〉
インドの説一切有部学派の学者。
⇒岩世人（ダルマトラータ）

Dharmawaṅsa〈10・11世紀〉
東部ジャワのクディリ王国の王。在位991以前～1016。
⇒岩世人（ダルマワンシャ　（在位）991以前–1016）

Dharmottara〈8・9世紀〉
インドの仏教論理学者。
⇒岩世人（ダルモッタラ　740–800頃）

Dhauq〈18・19世紀〉
インドのウルドゥー語詩人。
⇒岩世人（ゾウク　1789.8.22–1854.11.16）

d'Herbain, Chevalier〈18世紀〉
フランスのヴァイオリン奏者, 作曲家。
⇒バロ（デルバン, シュヴァリエ　1730/1734頃–1769）

D'Hericourt, Jenny〈19世紀〉
フランスの女性解放論者。

⇒岩世人（デリクール　1809-1875）

D'Hervey de Saint-Denys, Marie Jean Léon, Marquis〈19世紀〉
フランスの中国学者。
⇒岩世人（デルヴェ・ド・サン=ドニ　1822.5.5-1892.11.2）

D'hervilly, Ernest〈19・20世紀〉
フランスのジャーナリスト, 詩人, 小説家, 劇作家。
⇒19仏（エルネスト・デルヴィイ　1839.5.26-1911.11.18）

d'Hesdin, Nicolle des Celliers〈15・16世紀〉
フランスの作曲家。
⇒バロ（デスダン, ニコル・デ・セリエ　1490頃?-1538）

D'Holbach, Paul Henri Thiry, Baron〈18世紀〉
フランスの哲学者。ドイツ生れ。『百科全書』を一部執筆。主著『自然の体系』(70)。
⇒岩世人（ドルバック　1723.12.8-1789.6.21）
広辞7（ドルバック　1723-1789）
学叢思（ドルバク, ポール・アンリ・テリ　1723-1789）
新カト（オルバック　1723.12.8-1789.1.21）
メル2（ドルバック（男爵, ヘッセンとランダウの）、ポール=アンリ・ディートリヒ　1723-1789）

Dhṛtarāṣṭra
インド古代叙事詩《マハーバーラタ》中の主要人物。
⇒岩世人（ドリタラーシュトラ）

Dhū al-Iṣbaʿ al-ʿAdwānī〈6世紀頃〉
アラビアの詩人。
⇒岩世人（ズル・イスバア・アドワーニー　6世紀頃）

Dhū al-Nūn al-Miṣrī, Abū al-Fāyḍ〈8・9世紀〉
イスラム教神秘派（スーフィー）の先駆者の一人。
⇒岩世人（ズンヌーン・ミスリー　796-861）

Dhū al-Qarnayn
クルアーンに登場する人名。
⇒岩世人（ズル・カルナイン）

Dhū al-Rumma, Ghaylān bn Uqba〈8世紀〉
アラビアのウマイヤ朝の詩人。
⇒岩世人（ズー・ルンマ　?-735/736）

Diabelli, Anton〈18・19世紀〉
オーストリアの作曲家, 出版業者。ベートーベンの『ディアベリのワルツによる33の変奏曲』で知られる。
⇒岩世人（ディアベッリ　1781.9.5-1858.4.7）
エデ（ディアベリ, アントン　1781.9.5-1858.4.8）

ピ曲改（ディアベリ, アントン　1781-1858）

Diadochos〈5世紀〉
東方教会の神秘家。ギリシアのフォティケの主教。
⇒新カト（ディアドコス　?-486以前）

Diadumenianus, Marcus Opellius Antoninus〈3世紀〉
古代ローマの副帝, 正帝。
⇒世帝（ディアドゥメニアヌス　208-218）

Diaghilev, Sergei Pavlovich〈19・20世紀〉
ロシアのバレエのプロデューサー, 舞台美術家。1909年バレエ団「バレエ・リュッス」をパリで結成。
⇒岩世人（ディアギレフ（ジャーギレフ）　1872.3.19/31-1929.8.19）
バレエ（ディアギレフ, セルゲイ　1872.3.31-1929.8.19）
ネーム（ディアギレフ　1872-1929）
広辞7（ディアギレフ　1872-1929）

Diagoras〈前5世紀〉
ギリシアの詩人。
⇒岩世人（ディアゴラス　（活動）前5世紀後半）

Dianeira
ギリシア神話上の人物。
⇒岩世人（デイアネイラ）

Diarmait
オイングスの義理の息子。
⇒ネーム（ディアルミド）

Diarmuid Ua Duibhne
フィアナ騎士団の騎士の一人。妖精王オイングスに育てられた。
⇒ネーム（ディルムッド・オディナ）

Dias, Alvaro〈16・17世紀〉
キリシタン時代の宣教師。ポルトガル領インドのコーチンの出身。
⇒新カト（ディアス　1555頃-1620.1.18）

Dias, Bartholomeu〈15世紀〉
ポルトガルの航海者。1487年喜望峰を発見。
⇒岩世人（ディアス　1450頃-1500.5.29）
ネーム（ディアス　1450?-1500）
広辞7（ディアス　1450頃-1500）
世人新（ディアス〈バルトロメウ〉　1450頃-1500）
世人装（ディアス〈バルトロメウ〉　1450頃-1500）
世史語（バルトロメウ=ディアス　1450頃-1500）
ポプ人（ディアス, バルトロメウ　1450?-1500）

Dias, Domingos〈16・17世紀〉
キリシタンの時代のイエズス会員。リスボン出身。
⇒新カト（ディアス　1563頃-1631.12.12）

Diaz, Armando〈19・20世紀〉
イタリアの軍人。第1次世界大戦で活躍。1922

年ムッソリーニ内閣の軍事相。24年元帥。
⇒岩世人（ディアツ　1861.12.5–1928.2.29）

Díaz, Porfirio〈19・20世紀〉
メキシコの軍人,独裁者,大統領。在職1877～80,84～1911。1876年クーデターで権力を握る。メキシコ革命により追放。
⇒岩世人（ディアス　1830.9.15–1915.7.2)
　広辞7（ディアス　1830–1915)
　世人新（ディアス〈ポルフィリオ〉　1830–1911)
　世人装（ディアス〈ポルフィリオ〉　1830–1911)
　世史語（ディアス　1830–1915)
　ポプ人（ディアス,ポルフィリオ　1830–1915)
　ラテ新（ディアス　1830–1915)

Diaz Bessón, Gabriel〈16・17世紀〉
スペインの作曲家。
⇒バロ（ディアス・ベソン,ガブリエル　1590以前–1638.11.6)
　バロ（ベソン,ガブリエル・ディアス　1590以前–1638.11.6)

Diaz de la Peña, Narcisse Virgile〈19世紀〉
フランスの画家。バルビゾン派に属する。
⇒岩世人（ディアズ・ド・ラ・ペーニャ　1807.8.20–1876.11.18)
　芸13（ディアズ・ド・ラ・ペナ　1807-1808/–1876)

Díaz del Castillo, Bernal〈15・16世紀〉
スペインの軍人,歴史家。コルテスのメキシコ遠征に参加。『ヌエバ・エスパーニャ征服の真相』を著す。
⇒岩世人（ディアス・デル・カスティーリョ　1492頃–1581頃)
　ラテ新（ディアス・デル・カスティリョ　1492?–1583?)

Diaz Jr., Emmanuel〈16・17世紀〉
ポルトガルの宣教師。
⇒新カト（ディアス　1574–1659.3.1/4)

Dibdin, Charles〈18・19世紀〉
イギリスの作曲家,作家,劇場支配人。
⇒バロ（ディブディン,チャールズ　1745.3.15–1814.7.25)

Dibelius, Friedrich Karl Otto〈19・20世紀〉
ドイツ福音主義教会の指導者,ベルリンの監督。
⇒岩世人（ディベリウス　1880.5.15–1967.1.31)

Dibich-Zabalkansky, Ivan Ivanovich〈18・19世紀〉
帝政ロシアの将軍。
⇒岩世人（ジービッチ　1785.5.2–1831.5.29)

Di'bil b.'Alī al-Khuzā'ī〈8・9世紀〉
アラビアの詩人。
⇒岩世人（ディウビル　765/766–860/861)

Dicey, Albert Venn〈19・20世紀〉
イギリスの憲法学者。
⇒岩世人（ダイシー　1835.2.4–1922.4.7)

Dick, Robert McCullough〈19・20世紀〉
アメリカのジャーナリスト。
⇒アア歴（Dick,R(obert) McCullough　ロバート・マカラック・ディック　1873.1.22–1960.9.14)

Dickens, Charles John Huffam〈19世紀〉
イギリスの小説家。
⇒岩世人（ディケンズ　1812.2.7–1870.6.9)
　広辞7（ディケンズ　1812–1870)
　学叢思（ディッケンズ,チャールズ　1812–1870)
　新カト（ディケンズ　1812.2.7–1870.6.9)
　世人新（ディケンズ　1812–1870)
　世人装（ディケンズ　1812–1870)
　世史語（ディケンズ　1812–1870)
　ポプ人（ディケンズ,チャールズ　1812–1870)

Dickinson, Emily Elizabeth〈19世紀〉
アメリカの女流詩人。1,775篇にのぼる斬新な作品を残した。
⇒アメ新（ディッキンソン　1830–1886)
　岩世人（ディキンソン　1830.12.10–1886.5.15)
　ネーム（ディキンソン　1830–1886)
　広辞7（ディキンソン　1830–1886)
　新カト（ディキンソン　1830.12.10–1886.5.15)

Dickinson, Goldsworthy Lowes〈19・20世紀〉
イギリスの著述家。ケンブリッジ大学の歴史学講師。
⇒岩世人（ディキンソン　1862.8.6–1932.8.3)

Dickson, Leonard Eugene〈19・20世紀〉
アメリカの数学者。
⇒世数（ディクソン,レオナード・ユージン　1874–1954)

Didelot, Charles Louis〈18・19世紀〉
フランスの舞踊家,振付師。ペテルブルグに招かれ,ロシア・バレーの基礎を築いた。
⇒岩世人（ディドロ　1767–1837.11.7)
　バレエ（ディドロ,シャルル・ルイ　1767–1837.11.7)

Diderot, Denis〈18世紀〉
フランスの哲学者,文学者。『百科全書』の編集者。芸術論にも業績を残す。
⇒岩世人（ディドロ　1713.10.5–1784.7.31)
　ネーム（ディドロ　1713–1784)
　広辞7（ディドロ　1713–1784)
　学叢思（ディドロー,ドニー　1713–1784)
　新カト（ディドロ　1713.10.5–1784.7.31)
　世人新（ディドロ　1713–1784)
　世人装（ディドロ　1713–1784)
　世史語（ディドロ　1713–1784)
　ポプ人（ディドロ,ドニ　1713–1784)

メル2（ディドロ, ドニ　1713–1784）

Didiot, Jules〈19・20世紀〉
フランスのカトリック神学者, 司祭。
⇒新カト（ディディオ　1840.8.14–1903.12.20）

Didius Julianus, Marcus〈2世紀〉
ローマ皇帝。在位193。
⇒岩世人（ディディウス・ユリアヌス　133–193）
　世帝（ディディウス・ユリアヌス　133–193）

Dido
ギリシア神話で, フェニキアの王女。カルタゴを創設。
⇒岩世人（ディド）

Didot, François〈17・18世紀〉
フランスの出版業者, 印刷業者。パリで出版業を創め（1713）, のち印刷業をも兼ねた（54～）。
⇒岩世人（ディドー　1689–1757/1759）

Didymos〈前1世紀〉
ギリシアの学者, 文法家。古代ギリシアの文献を収集, 編纂して現代に伝えた。
⇒岩世人（ディデュモス　前80/前63頃–前10頃）

Didymos〈4世紀〉
盲目の神学者。アレクサンドリア教校校長。主著『三位一体論』など。
⇒岩世人（ディデュモス　310/313–398）
　新カト（ディデュモス　313頃–398頃）

Dieckerhoff, Wilhelm〈19・20世紀〉
ドイツの獣医。獣医学に新しい薬剤を導入。
⇒岩世人（ディーカーホフ　1835.10.18–1903.12.14）

Diederichs, Eugen〈19・20世紀〉
ドイツの出版業者。文化哲学, 教育学に関する図書, 叢書等を出版。
⇒岩世人（ディーデリヒス　1867.6.22–1930.9.10）

Dieffenbach, Johann Friedrich〈18・19世紀〉
ドイツの外科医。造形的外科の大家。
⇒岩世人（ディーフェンバッハ　1792.2.1–1847.11.11）

Diego〈15世紀〉
フランシスコ会信徒修道士。聖人。セビリヤ近くの生まれ。
⇒新カト（ディエゴ〔アルカラの〕　1400頃–1463.11.12/13）
　図聖（ディエゴ（アルカラの）　1400頃–1463）

Diego de Estella〈16世紀〉
スペインの神秘・修道神学者。
⇒新カト（ディエゴ・デ・エステリヤ　1524.4.13–1578.8.1）

Diego de la Cruz〈16・17世紀〉
フランシスコ会員。来日宣教師。スペインのポラマレス・デル・カンポ出身。
⇒新カト（ディエゴ・デ・ラ・クルス　1587–?）

Diego de San Francisco〈16・17世紀〉
スペインのフランシスコ会宣教師。フィリピン, 日本で布教。
⇒岩世人（ディエゴ・デ・サン・フランシスコ　1575頃–1632以降）
　新カト（ディエゴ・デ・サン・フランシスコ　1575頃–1632以降）

Diego de Santa Catalina〈16・17世紀〉
日本人ドミニコ会員, 司祭。豊後の中田の出身。
⇒新カト（ディエゴ・デ・サンタ・カタリナ　1582–1629）

Diego de Santa Catalina〈17世紀〉
スペイン出身のフランシスコ会司祭。1615年来日するが謁見を許されず, 帰国。
⇒岩世人（ディエゴ・デ・サンタ・カタリナ　1577–1636）
　新カト（ディエゴ・デ・サンタ・カタリナ　1577–1636.6.1）

Diehl, Karl〈19・20世紀〉
ドイツの経済学者。主著『マルクス経済学における価値と価格の関係について』（98）。
⇒岩世人（ディール　1864.3.27–1943.5.12）
　学叢思（ディール, カール　1864–?）

Diehl, Michel Charles〈19・20世紀〉
フランスの美術史家。ビザンティン美術の解明に貢献。
⇒岩世人（ディール　1859.7.4–1944.11.1）

Diekamp, Franz〈19・20世紀〉
ドイツのトマス学派のカトリック神学者。
⇒岩世人（ディーカンプ　1864.11.8–1943.10.10）
　新カト（ディーカンプ　1864.11.8–1943.10.10）

Diels, Hermann〈19・20世紀〉
ドイツの古典文献学者, 哲学史家。主著『ソクラテス以前の哲学者断片集』（03）。
⇒岩世人（ディールス　1848.5.18–1922.6.4）

Diels, Otto Paul Hermann〈19・20世紀〉
ドイツの有機化学者。オレフィンなどの環化反応（ジェン合成またはディールス・アルダー反応）を研究。
⇒岩世人（ディールス　1876.1.23–1954.3.7）
　広辞7（ディールス　1876–1954）
　ノ物化（オットー・パウル・ヘルマン・ディールス　1876–1954）

Diemen, Anthony van〈16・17世紀〉
オランダの植民地経営者。
⇒岩世人（ディーメン　1593–1645.4.19）

Dien, Cut Nyak（Dhien, Tjoet Nja'）〈19・20世紀〉
インドネシアの国家英雄。

diene

⇒岩世人（ディン，チュット・ニャック　1848–1908.11.6）

Dienes, Valéria〈19・20世紀〉
ハンガリーの教師，振付家，舞踊理論家。
⇒バレエ（ディエネス，ヴァレリア　1879.5.25–1978.6.2）

Dientzenhofer, Christoph〈17・18世紀〉
ドイツの建築家。
⇒岩世人（ディーンツェンホーファー　1655.7.7–1722.6.20）

Dientzenhofer, Johann〈17・18世紀〉
ドイツの建築家。クリストフの弟。
⇒岩世人（ディーンツェンホーファー　1663.5.25–1726.7.20）
　新カト（ディーンツェンホーファー　1663–1726.7.20）

Dientzenhofer, Kilian Ignaz〈17・18世紀〉
ドイツの建築家。クリストフの息子。プラハで活躍。
⇒岩世人（ディーンツェンホーファー　1689.9.1–1751.12.18）

Diepenbeeck, Abraham van〈16・17世紀〉
ベルギー（フランドル）の歴史画家。作品は『ポセイドンとアンフィトリオン』等。
⇒岩世人（ファン・ディーペンベーク　1596.5.9（受洗）–1675.12.31）

Diepenbrock, Apolonia von〈18・19世紀〉
ドイツの社会福祉事業家。
⇒新カト（ディーペンブロック　1799.11.13–1880.7.4）

Diepenbrock, Melchior von〈18・19世紀〉
ドイツのカトリック司教。
⇒岩世人（ディーペンブロック　1798.1.10–1853.1.20）
　新カト（ディーペンブロック　1798.1.6–1853.1.20）

Diepgen, Paul Robert〈19・20世紀〉
ドイツの婦人科医，医学史家。主著 "Geschichte der Medizin"（49）。
⇒岩世人（ディープゲン　1878.11.24–1966.1.2）

Dierauer, Johannes〈19・20世紀〉
スイスの歴史家。
⇒岩世人（ディエラウアー　1842.3.20–1920.3.14）

Dierx, Léon〈19・20世紀〉
フランスの詩人。
⇒岩世人（ディエルクス　1838.10.20–1912.6.11）
　19仏（レオン・ディエルクス　1838.3.31–1912.6.12）

Diesbach, Heinrich〈17・18世紀〉
ドイツの画材顔料製造者。
⇒岩世人（ディースバッハ）

Diesel, Rudolf〈19・20世紀〉
ドイツの機械技術者。ディーゼル機関の発明者。
⇒岩世人（ディーゼル　1858.3.18–1913.9.29/30）
　広辞7（ディーゼル　1858–1913）
　世人新（ディーゼル　1858–1913）
　世人装（ディーゼル　1858–1913）
　世史語（ディーゼル　1858–1913）
　ポプ人（ディーゼル，ルドルフ　1858–1913）

Diesterweg, Friedrich Adolf Wilhelm〈18・19世紀〉
ドイツの教育家。プロシアのペスタロッチと称された。
⇒岩世人（ディースターヴェーク　1790.10.29–1866.7.7）

Dieter, Christian Ludwig〈18・19世紀〉
ドイツの作曲家。
⇒バロ（ディーター，クリスティアン・ルートヴィヒ　1757.6.13–1822.5.15）

Dieterich, Albrecht〈19・20世紀〉
ドイツの古典学者，宗教史家。ヘレニズム期宗教史を研究。
⇒岩世人（ディーテリヒ　1866.5.2–1908.5.6）

Dietrich, Sixtus〈15・16世紀〉
ドイツの作曲家。
⇒バロ（ディートリヒ，ジクストゥス　1492-1494頃–1548.10.21）

Dietrich von Bern
中世ドイツ伝説の英雄。
⇒岩世人（ディートリヒ（ベルンの））
　ネーム（ディートリッヒ・フォン・ベルン）

Dietrich von Freiberg〈13・14世紀〉
ドイツの哲学者，神秘思想家。
⇒岩世人（ディートリヒ（フライベルクの）　1250頃–1310以後）
　新カト（ディートリヒ〔フライベルク〕　1240頃–1318/1320頃）

Dietrich von Niem〈14・15世紀〉
ドイツの歴史編集者，教会政治論者，教区司祭。
⇒岩世人（ディートリヒ（ニームの；ニーハイムの）　1340頃–1418.3末）
　新カト（ディートリヒ〔ニームの〕　1340頃–1418.3）

Dietzel, Heinrich〈19・20世紀〉
ドイツの経済学者。新古典派の立場に立って自由貿易を主張。
⇒岩世人（ディーツェル　1857.1.19–1935.5.22）
　学叢思（ディーツェル，ハインリヒ　1857–?）

Dietzel, Karl August〈19世紀〉
ドイツの経済学者。財政学を研究。

⇒岩世人（ディーツェル　1829.1.7–1894.8.3）
Dietzgen, Joseph〈19世紀〉
ドイツの社会主義者。マルクス，エンゲルスとは独立に唯物史観に到達。
⇒岩世人（ディーツゲン　1828.12.9–1888.4.15）
広辞7（ディーツゲン　1828–1888）
学叢思（ディーツゲン，ヨゼフ　1828–?）
Dieulafoy, Marcel Auguste〈19・20世紀〉
フランスの考古学者。
⇒岩世人（デューラフォワ　1844.8.3–1920.2.24）
Dieulafoy, Paul Georges〈19・20世紀〉
フランスの医師。
⇒岩世人（デューラフォワ　1839.11.18–1911.8.16）
Dieupart, Charles François〈17・18世紀〉
フランスの作曲家。
⇒バロ（デュパール，シャルル・フランソワ　1667頃–1740）
Diez, Ernst〈19・20世紀〉
オーストリアの美術史家。アジアの美術を研究。
⇒岩世人（ディーツ　1878.7.27–1961.7.8）
Diez, Friedrich Christian〈18・19世紀〉
ドイツの言語学者。ロマンス諸言語研究の基礎を築く。
⇒岩世人（ディーツ　1794.3.15–1876.5.29）
Digby, *Sir* **Kenelm**〈17世紀〉
イギリスの廷臣。清教徒革命後，亡命。王政復古後，イギリス学士院の評議員となる。
⇒岩世人（ディグビー　1603.7.11–1665.6.11）
メル2（ディグビー（卿），ケネルム　1603–1665）
Digenēs Akritas
ビザンツ帝国での同名の叙事詩の主人公。
⇒岩世人（ディゲネス）
Di Giacomo, Salvatore〈19・20世紀〉
イタリアの詩人，小説家，劇作家。ナポリの庶民文学を確立。主著『ナポリ小話集』(14)。
⇒岩世人（ディ・ジャコモ　1860.3.12–1934.4.4）
オペラ（ディ・ジャコモ，サルヴァトーレ　1860–1934）
Dignāga〈5・6世紀〉
インドの仏教論理学の確立者。
⇒岩世人（ディグナーガ　480頃–540頃）
広辞7（陳那　480?–540?）
学叢思（ヂンナ　陳那=Ding-nāga）
Diguet, Charles〈19・20世紀〉
フランスの作家。
⇒19仏（シャルル・ディゲ　1836–1909）
Dìhuájiāluó〈10・11世紀〉
インド，三仏斉の王。
⇒岩世人（地華伽羅　ちかから　1000年代–1080頃）
Dijckman, Hendrick〈17・18世紀〉
オランダの長崎商館長。
⇒岩世人（デイクマン）
Dikaiarchos〈前4・3世紀〉
ギリシアのペリパトス派の哲学者。『ギリシアの生活』が代表的著作。
⇒岩世人（ディカイアルコス）
学叢思（ディカイアルコス）
Dīk al-Jinn, 'Abd al-Salām bn Raghbān〈8・9世紀〉
アッバース朝期のシリアの詩人。
⇒岩世人（ディーク・ジンヌ　777-778–849(-851)）
Diktys〈2世紀頃〉
古代ギリシアの作家。クレタ島の出身。『トロイア戦争日記』の著者。
⇒岩世人（ディクテュス（クレタの））
Diliyannis, Theodoros〈19・20世紀〉
ギリシアの政治家。
⇒岩世人（ズィリヤニス　1824–1905.5.31）
Dilke, *Sir* **Charles Wentworth**〈19・20世紀〉
イギリスの自由党政治家。労働組合運動の専門家として活躍。
⇒岩世人（ディルク　1843.9.4–1911.1.26）
Dilliger, Johann〈16・17世紀〉
ドイツの作曲家。
⇒バロ（ディリガー，ヨハン　1593.11.30–1647.8.28）
Dillis, Johann Georg von〈18・19世紀〉
ドイツの画家，素描家，学芸員。
⇒岩世人（ディリス　1759.12.26–1841.9.28）
Dillmann, Christian Friedrich August〈19世紀〉
ドイツの旧約聖書学者，東洋学者。エチオピア語・エチオピア文学を研究。
⇒岩世人（ディルマン　1823.4.25–1894.7.4）
Dillon, John〈19・20世紀〉
アイルランドの政治家。土地同盟の指導者。のち，イギリス議会で活躍。
⇒岩世人（ディロン　1851.9.4–1927.8.4）
Dillon, John Blake〈19世紀〉
アイルランドの政治家。青年アイルランド党を結成。民族独立運動を起した。
⇒岩世人（ディロン　1814.5.5–1866.9.15）
Dilthey, Wilhelm〈19・20世紀〉
ドイツの哲学者。生の哲学の創始者。
⇒岩世人（ディルタイ　1833.11.19–1911.10.1）
ネーム（ディルタイ　1833–1911）

広辞7（ディルタイ　1833–1911）
学叢思（ディルタイ，ヴィルヘルム　1833–1911）
新カト（ディルタイ　1833.11.19–1911.10.1）
世人新（ディルタイ　1833–1911）
世人装（ディルタイ　1833–1911）
メル3（ディルタイ，ヴィルヘルム　1833–1911）

Dimakaling〈19・20世紀〉
フィリピンのミンダナオ島の反乱者。
⇒岩世人（ディマカリン　?–1935）

al-Dimashqī, Shams al-Dīn Abū 'Abd Allāh Muḥammad〈13・14世紀〉
シリアのアラブ地理学者，博物学者。
⇒岩世人（ディマシュキー　1256–1327）

Dimier, Louis〈19・20世紀〉
フランスの作家，美術史家。
⇒新カト（ディミエ　1865.2.11–1943.11.21）

Dimitar Zvonimir〈11世紀〉
クロアティア王国の統治者。在位1075〜1088。
⇒世帝（ドミタル・ズヴォニミル　?–1089）

Dimitrii〈17・18世紀〉
ロストフの府主教。在職1701〜1709。ロシア正教会の聖人。祝日9月21日。
⇒新カト（ディミトリー［ロストフの］　1651.12–1709.10.28）

Dimitrijević, Dragutin〈19・20世紀〉
セルビアの軍人。
⇒岩世人（ディミトリイェヴィチ（・アピス）　1876.8.22–1917.6.26）

Dimmler, Frantz Anton〈18・19世紀〉
ドイツの作曲家。
⇒バロ（ディムラー，フランツ・アントン　1753.10.14–1827.2.7）

Dinadan
円卓の騎士の一人。
⇒ネーム（ディナダン）

Dinah
ヤコブの娘。シメオンとレビは兄弟（創世記）。
⇒聖書（ディナ）

al-Dīnawarī, Abū Ḥanīfa Aḥmad〈9世紀〉
南アジアの学者。
⇒岩世人（ディーナワリー　?–894(-903)）

D'India, Sigismondo〈16・17世紀〉
イタリアの作曲家。ジェズアルド，モンテヴェルディと伍して活躍した。
⇒バロ（ディンディア，ジギスモンド　1582頃–1629.4.19以前）

Dindorf, Karl Wilhelm〈19世紀〉
ドイツの古典学者。『ソフォクレス辞典』(70)，『アイスキュロス辞典』(73〜76)を刊行。

⇒岩世人（ディンドルフ　1802.1.2–1883.8.1）

D'Indy, Paul Marie Théodore Vincent〈19・20世紀〉
フランスの作曲家，指揮者，教育家。1894年「スコラ・カントールム」創設。
⇒岩世人（ダンディ　1851.3.27–1931.12.2）
オペラ（ダンディ，ヴァンサン　1851–1931）
学叢思（ダンディー，ヴンザン　1851–?）
新カト（ダンディ　1851.3.27–1931.12.2）

Dinek, Jiří Ignatz〈18世紀〉
ボヘミアの作曲家。
⇒バロ（ディネク，イルジー・イグナーツ　1725頃–1785頃）

Dines, William Henry〈19・20世紀〉
イギリスの気象学者。ダインズ自記風速計を発明。
⇒岩世人（ダインズ　1855.8.5–1927.12.24）

Dineson, Jacob〈19・20世紀〉
イディッシュ語小説家。
⇒ユ著人（Dineson, Jacob　ディネゾーン，ヤーコブ　1856?–1919）

Dingelstedt, Franz Freiherr von〈19世紀〉
ドイツの詩人，小説家。1848年の3月革命期の政治詩人。
⇒岩世人（ディンゲルシュテット　1814.6.30–1881.5.15）

Dinglinger, Johann Melchior〈17・18世紀〉
ドイツの工芸家。バロック様式の宮廷装飾品を多く制作。
⇒岩世人（ディングリンガー　1664.12.26–1731.3.6）
芸13（ディングリンガー，ヨハン　1664–1731）

Dinh Bo Linh〈10世紀〉
ベトナム最初の独立王朝丁朝の建設者。
⇒岩世人（ディン・ボ・リン　925–979）

Dini, Ulisse〈19・20世紀〉
イタリアの数学者。
⇒世数（ディニ，ウリッセ　1845–1918）

Dinis〈13・14世紀〉
ポルトガル国王。在位1279〜1325。
⇒岩世人（ディニス　1261.10.9–1325.1.7）
世帝（ディニス1世　1261–1325）

Dinneen, William Henry〈19・20世紀〉
アメリカの大リーグ選手（投手）。
⇒メジャ（ビル・ディニーン　1876.4.5–1955.1.13）

Dinostratos〈前4世紀〉
古代ギリシアの幾何学者。
⇒岩世人（デイノストラトス）
世数（ディノストラトゥス　前390頃–前320頃）

Dinsmore, Hugh Anderson〈19・20世紀〉
アメリカの弁護士,外交官.
⇒アア歴 (Dinsmore,Hugh Anderson ヒュー・アンダースン・ディンズモー 1850.12.24–1930.5.2)

Dinter, Gustav Friedrich〈18・19世紀〉
ドイツの牧師,教育家.
⇒新カト (ディンター 1760.2.29–1831.5.29)

Dio Cassius Cocceianus〈2・3世紀〉
ローマの政治家,歴史家.『ローマ史』(80巻)を著す.
⇒岩世人 (カッシウス・ディオ 164頃–229以降)

Diocles〈前2世紀〉
古代ギリシアの幾何学者.
⇒世数 (ディオクレス (カリスタスの) 前240頃–前180頃)

Diocletianus, Gaius Aurelius Valerius〈3・4世紀〉
ローマ皇帝.在位284〜305.最後のキリスト教大迫害を行う.
⇒岩世人 (ディオクレティアヌス 245頃–313頃)
ネーム (ディオクレティアヌス ?–311?)
広辞7 (ディオクレティアヌス 245頃–313)
新カト (ディオクレティアヌス 245頃–313頃)
世人新 (ディオクレティアヌス 240頃/245–313)
世人装 (ディオクレティアヌス 240頃/245–313)
世史語 (ディオクレティアヌス帝 (在位) 284–305)
世帝 (ディオクレティアヌス 244/245–311)
ポプ人 (ディオクレティアヌス帝 ?–311?)
学叢歴 (ヂオクレチアヌス (在位) 284–305)

Diodōros ho Sikeliōtēs〈前1世紀〉
古代ギリシアの歴史家.
⇒広辞7 (ディオドロス 前1世紀)
学叢思 (ディオドルス,シクールス)

Diodōros Kronos〈前4世紀〉
イタリア出身の哲学者.前4世紀頃に活動.メガラ派に属する.
⇒岩世人 (ディオドロス・クロノス (活動) 前300頃)

Diódōros (Tarsós)〈4世紀〉
タルソスの主教.
⇒岩世人 (ディオドロス (タルソスの))
新カト (ディオドロス [タルソスの] ?–394以前)

Diogenēs〈前3・2世紀〉
初期ストア派の哲学者.タルソスのゼノンを継いでストア派の学頭となる.文法学の発展に寄与.
⇒岩世人 (ディオゲネス (セレウケイアの) 前240頃–前152)
広辞7 (ディオゲネス (セレウケイアの) 前240頃–前152)

Diogenes, Apollonia〈前5世紀〉
ギリシアの哲学者,自然学者.万物の根源を空気とした.
⇒岩世人 (ディオゲネス (アポロニアの) (活躍) 前440頃)
学叢思 (ディオゲネス,アポロニアの)

Diogenēs ho Oinoandeus〈2・3世紀〉
ローマのエピクロス派の哲学者.2〜3世紀に活動した.
⇒岩世人 (ディオゲネス (オイノアンダの) (活動) 2–3世紀)

Diogenēs ho Sinopeus〈前4世紀〉
ギリシアの哲学者.キュニコス派の祖.著作に『国家』.
⇒岩世人 (ディオゲネス (シノペの) 前400頃–前325頃)
ネーム (ディオゲネス 前404?–前323?)
広辞7 (ディオゲネス (シノペの) 前400頃–前325頃)
学叢思 (ディオゲネス,シノペの 前412–前323)
世人新 (ディオゲネス 前410頃/前400頃–前325頃/前323頃)
世人装 (ディオゲネス 前410頃/前400頃–前325頃/前323頃)
メル1 (ディオゲネス (シノペの) 前413/前400?–前325/前323?)

Diogenēs Laërtios〈3世紀〉
ギリシアの哲学史家.『著名哲学者の生涯と教説』を著す.
⇒岩世人 (ディオゲネス・ラエルティオス)
広辞7 (ディオゲネス (ラエルティオスの) 3世紀)

Diomedes
ギリシア神話の英雄.
⇒岩世人 (ディオメデス)

Diōn〈前5・4世紀〉
シラクサの哲学者,政治家.ディオニュシオス1世の義弟.前357年〜354年,断続的に政権をとる.
⇒岩世人 (ディオン (シュラクサイの) 前408頃–前354/前353)

Diōn Chrysostomos〈1・2世紀〉
ギリシアの弁論家,哲学者."Euboikos"をはじめ多数の演説集が残存.あだ名は金の口.
⇒岩世人 (ディオン・クリュソストモス 40頃–112頃)

Dionigio da Mantova〈15・16世紀〉
イタリアの作曲家.
⇒バロ (ディオニジオ・ダ・マントヴァ 1490頃?–1540頃?)

Dionis, Pierre〈17・18世紀〉
フランスの外科医,解剖学者.

⇒岩世人（ディオニス　1643-1718.11.11）
Dionisii〈15・16世紀〉
ロシアのイコン画家。
⇒岩世人（ディオニーシー　1440頃-1502以降）
Dionisios o ek Fourna〈17・18世紀〉
ギリシアの画家。
⇒岩世人（ディオニシオス（フルナの）　1670頃-1744以降）
Dionysios〈2世紀〉
コリントの司教。在職170頃。聖人。祝日4月8日。
⇒新カト（ディオニュシオス〔コリントの〕　2世紀）
Dionysios〈14世紀〉
アトス山のディオニシウ修道院創設者。聖人。祝日6月25日。マケドニア生まれ。
⇒新カト（ディオニュシオス〔アトスの〕　1308/1316-1382/1389）
Dionysios I〈前5・4世紀〉
シラクーザの僭主。カルタゴの進出をくいとめ、南イタリアへも遠征。
⇒岩世人（ディオニュシオス1世　前430頃-前367）
ネーム（デュオニュシオス1世　前430-前367）
Dionysios II〈前4世紀〉
シラクサの僭主。在位前367～356、前354～343。ディオニュシオス1世の長男。
⇒岩世人（ディオニュシオス2世　前396頃-前343以後）
Dionysios bar Salibi〈12世紀〉
シリア・ヤコブ派教会の神学者、著作家。
⇒新カト（ディオニュシオス・バル・サリビ　?-1171.11.2）
Dionysios Halikarnasseus〈前1世紀〉
ギリシアの修辞学者、歴史家。著書に『語順論』『ツキジデス論』『ローマ古代研究』など。
⇒岩世人（ディオニュシオス・ハリカルナッセウス　?-前8頃）
Dionysios ho Alexandreia〈2・3世紀〉
アレクサンドリアの司教、聖人。三位一体をめぐるサベリウス派との論争で知られる。
⇒岩世人（ディオニュシオス（アレクサンドリアの）　190頃-264/5）
新カト（ディオニュシオス〔アレクサンドリアの〕　190頃-264頃）
Dionysios ho Areopagites〈1世紀〉
使徒パウロの弟子（使徒行伝）。5世紀頃その名をかたって「偽ディオニシウス文書」が書かれた。
⇒岩世人（ディオニュシオス（アレオパゴスの））
Dionysios ho Areopagitēs〈5・6世紀〉
500年頃の東方の偽書いわゆる〈ディオニュシオス文書〉の著者。

⇒岩世人（擬ディオニュシオス・アレオパギテス（活動）500頃）
広辞7（ディオニュシオス・アレオパギテース　500頃）
学叢思（ディオニュシース, アレオパギタ）
新カト（ディオニュシオス・アレオパギテース　5世紀-6世紀前半）
メル1（ディオニュシオス・アレオパギテス〔アレオパギタ〕　5世紀後半-6世紀前半）
Dionysios ho Thrax〈前2世紀〉
ギリシアの文法家。前2世紀中頃に活動。
⇒岩世人（ディオニュシオス・トラクス　前2世紀中頃）
Dionysios Periēgētes〈2世紀頃〉
ギリシアの詩人、地誌記述者。
⇒岩世人（ディオニュシオス・ペリエゲテス）
Dionysius〈4世紀〉
ミラノ司教。在職351頃。聖人。祝日5月25日。反アレイオス派の闘士。
⇒新カト（ディオニシウス〔ミラノの〕　?-355以降）
Dionysius, St.〈3世紀〉
ローマ教皇。在位259～268。260年ローマ教会会議を開催。教皇の首位権確立に貢献。
⇒新カト（ディオニシウス　?-268.12.26/27）
Dionysius Cartusianus〈15世紀〉
ドイツの神秘主義に属する神学者、哲学者。主著『観想について』ほか美学、宗教教育論の書など。
⇒岩世人（ディオニシウス・カルトゥシアヌス　1402/1403-1471.3.12）
新カト（ディオニシウス〔カルトゥジア会の〕　1402/1403-1471.3.12）
Dionysius Exiguus〈5・6世紀〉
ローマの司祭。使徒教令集に始まる401の教会法の集成に貢献。
⇒岩世人（ディオニュシウス・エクシグウス）
新カト（ディオニシウス・エクシグウス　470頃-550頃）
Dionysius（Paris）〈3世紀〉
パリの初代司教として知られる同市の守護聖人。
⇒岩世人（ディオニシウス（パリの）　?-258）
新カト（ディオニシウス〔パリの〕　?-258）
図聖（ディオニシウス（パリの）　?-250以降）
Dionysius Philocalus〈4世紀〉
ローマの年代記作者、能書家。
⇒新カト（ディオニシウス・フィロカルス　?-354以降）
Diophantos of Alexandria〈3・4世紀〉
ギリシアの数学者。整教論を研究。大著『算数論』を著す。
⇒岩世人（ディオファントス）
ネーム（ディオファントス）
広辞7（ディオファントス　（活動）250頃）
世数（ディオファントス（アレクサンドリアの））

150-350)
Diorruing mac Dobar
フィアナ騎士団の一人。
⇒ネーム（ディアリン・マクドバ）

Dioskoridēs〈前3世紀〉
エピグラム詩人。
⇒岩世人（ディオスコリデス）

Dioskoridēs, Pedanios〈1世紀〉
ギリシアの軍医,植物学者。著書『薬物集』は16世紀まで薬草学の権威書とされた。
⇒岩世人（ディオスコリデス）

Dióskoros（Alexándreia）〈5世紀〉
アレクサンドリア総主教。在職444～51。
⇒岩世人（ディオスコロス　?-454.9.4)
　新カト（ディオスコロス〔アレクサンドリアの〕?-454.9.4)

Diotima
古代ギリシアの聖職者。
⇒岩世人（ディオティマ）

Diotrephes
初代教会時代に地元の信者たちを支配しようとした人物。
⇒聖書（ディオトレフェス）

Dīphilos〈前4世紀〉
ギリシアの新喜劇作者。
⇒岩世人（ディフィロス　前340頃-前289以後)

Dipo Negoro〈18・19世紀〉
ジャワ戦争の指導者。
⇒岩世人（ディポヌゴロ　1785.11.11-1855.1.8)

Dippel, Andreas〈19・20世紀〉
ドイツのテノール。10～13年シカゴ・グランド・オペラ・カンパニーの芸術監督。
⇒魅惑（Dippel,Andreas　1866-1932)

Dippel, Johann Konrad〈17・18世紀〉
ドイツの錬金術師,化学者。薬剤ディッペル油などを発見。
⇒岩世人（ディッペル　1673.8.10-1734.4.25)
　新カト（ディッペル　1673.8.10-1734.4.25)

Dirichlet, Peter Gustav Lejeune〈19世紀〉
ドイツの数学者。整数論,解析学,ポテンシャルの理論に業績を残す。
⇒岩世人（ディリクレ　1805.2.13-1859.5.5)
　ネーム（ディリクレ　1805-1859)
　広辞7（ディリクレ　1805-1859)
　世数（ディリクレ,ペーター・グスタフ・ルジョヌ　1805-1859)

Dirkē
ギリシア神話,テバイ王リュコスの妻。
⇒岩世人（ディルケ）

Dirr, Adolf〈19・20世紀〉
ドイツの言語学者,民俗学者。カフカス語研究の先駆者。
⇒岩世人（ディル　1867.12.17-1930.4.9)

Diruta, Agostino〈16・17世紀〉
イタリアの作曲家。
⇒バロ（ディルータ,アゴスティーノ　1595頃-1647以降)

Diruta, Girolamo〈16・17世紀〉
イタリアの音楽理論家,オルガン奏者。
⇒バロ（ディルータ,ジローラモ　1554頃-1628)

Dismas, the Good Thief〈1世紀〉
キリストと共に処刑された盗賊のうち,罪を悔い教えを請うた人物。
⇒図聖（ディスマス）

Disquri, Juan〈13世紀〉
フランス?の作曲家。
⇒バロ（ディスクリ,ジュアン　1250頃?-1300頃?)

Disraeli, Benjamin, 1st Earl of Beaconsfield〈19世紀〉
イギリスの政治家。ダービー内閣の蔵相。
⇒岩世人（ディズレイリ　1804.12.21-1881.4.19)
　ネーム（ディズレーリ　1804-1881)
　広辞7（ディズレーリ　1804-1881)
　学叢思（ディスレーリ,ベンジャミン　1804-1881)
　世人新（ディズレーリ　1804-1881)
　世人装（ディズレーリ　1804-1881)
　世史語（ディズレーリ　1804-1881)
　世史語（ディズレーリ　1804-1881)
　ポプ人（ディズレーリ,ベンジャミン　1804-1881)
　ユ人（ディズレーリ,ベンジャミン　1804-1881)
　ユ著人（Disraeli,Benjamin　ディズレーリ,ベンジャミン　1804-1881)
　学叢歴（ヂスレーリ　1805-1881)

Disraeli, Isaac〈18・19世紀〉
イギリスの文人。
⇒学叢思（ディスレリー,アイザック　1766-1848)

Dissener, Gerhart〈17世紀〉
ドイツの作曲家。
⇒バロ（ディーセナー,ゲルハルト　1630頃?-1684頃)

Dittersdorf, Karl Ditters von〈18世紀〉
オーストリアの作曲家,ヴァイオリン奏者。1770年黄金拍車賞を受賞。
⇒バロ（ディッタースドルフ,カール・ディッタース・フォン　1739.11.2-1799.10.24)
　岩世人（ディッタースドルフ　1739.11.2-1799.10.24)
　エデ（ディッタースドルフ,カール・ディッタース・フォン　1739.11.2-1799.10.24)

Dittmann, Wilhelm〈19・20世紀〉
ドイツの社会主義者。
⇒岩世人（ディットマン　1874.11.13-1954.8.7）

Ditton, Humphry〈17・18世紀〉
イギリスの数学者。
⇒世数（ディットン, ハンフリー　1675-1715）

Divākara〈7世紀〉
インド出身の訳経者。中国に渡り『仏頂最勝陀羅尼経』『華厳経入法界品』などを翻訳。
⇒学叢思（ディヴーカラ）

Divākarapaṇḍita〈11・12世紀〉
カンボジア, アンコール時代の高官。
⇒岩世人（ディヴァーカラパンディタ　1040?-1120以降）

Divayas〈17世紀〉
スペインの作曲家。
⇒バロ（ディバヤス,?　1620頃?-1680頃?）

Divers, Edward〈19・20世紀〉
イギリスの化学者。1873年来日, 東京帝国大学教授となる。窒素化合物など無機化学の研究がある。
⇒岩世人（ダイヴァーズ　1837.11.27-1912.4.12）

Divitis, Antonius〈15・16世紀〉
フランドル楽派の作曲家。
⇒バロ（ディヴィティス, アントニウス　1470頃-1515-1534）

Dixon, Roland Burrage〈19・20世紀〉
アメリカの人類学者。カリフォルニア・インディアンを研究。
⇒岩世人（ディクソン　1875.11.6-1934.12.19）

Dixon, Thomas F., Jr.〈19・20世紀〉
アメリカの牧師, 作家。
⇒岩世人（ディクソン　1864.1.11-1946.4.3）

Dizengoft, Meir〈19・20世紀〉
初代テルアヴィヴ市長。
⇒ユ人（ディゼンゴフ, メイル　1861-1936）

Długoraj, Adalbert Wojciech〈16・17世紀〉
ポーランドのリュートの名手。
⇒バロ（ドゥゴライ, アダルベルト・ヴォイチェフ　1557/1558-1619以降）

Dmitriev, Ivan Ivanovich〈18・19世紀〉
ロシアの詩人。主著『当世風の妻』(92) など。
⇒岩世人（ドミートリエフ　1760.9.10-1837.10.3）

Dmitrii Donskoi〈14世紀〉
モスクワの公。正しくはディミトリー・イヴァノヴィチDimitrii Ivanovich。
⇒岩世人（ドミートリー・ドンスコイ　1350.10.12-1389.5.19）

Dmitrijewskij, Alexis-Athanasievitch〈19・20世紀〉
ロシアの典礼学者。
⇒新カト（ドミトリエフスキー　1856-1929）

Dmowski, Roman〈19・20世紀〉
ポーランドの政治家。1919年ベルサイユ会議代表としてポーランド共和国独立承認に尽力。
⇒岩世人（ドモフスキ　1864.8.9-1939.1.2）

Doan Thi Diêm〈18世紀〉
ベトナムの女流詩人。ダン・チャン・コンの漢文長詩『征婦吟』をチュノム（字喃）の七七, 六八体に訳した。
⇒岩世人（ドアン・ティ・ディエム　1705-1748.11.1）

Dobell, Sydney Thompson〈19世紀〉
イギリスの詩人, 批評家。いわゆる「痙攣派」の一人。詩劇『ローマ人』(50) など。
⇒岩世人（ドーベル　1824.4.5-1874.8.22）

Döbereiner, Johann Wolfgang〈18・19世紀〉
ドイツの化学者, 薬学者。カルシウムなどの原子量を決定, 周期表作成の先駆者となる。
⇒岩世人（デーベライナー　1780.12.15-1849.3.24）

Döblin, Alfred〈19・20世紀〉
ドイツのユダヤ系小説家。主著『ベルリン・アレクサンダー広場』(29) など。
⇒岩世人（デーブリン　1878.8.10-1957.6.28）
広辞7（デーブリーン　1878-1957）
新カト（デーブリン　1878.8.10-1957.6.26）
ユ業人（Döblin,Alfred　デーブリン, アルフレート　1878-1957）

Dobmayer, Marian〈18・19世紀〉
ドイツのカトリック神学者。ベネディクト会員。
⇒新カト（ドブマイアー　1753.10.24-1805.12.21）

Dobrizhoffer, Martin〈18世紀〉
パラグアイで活動したイエズス会宣教師。
⇒新カト（ドブリッツホッファー　1717/1718.9.7-1791.7.17）

Dobrogeanu-Gherea, Constantin〈19・20世紀〉
ルーマニアの政治・文学評論家, 社会主義運動指導者。ルーマニア社会民主労働者党を創設(93)。
⇒岩世人（ドブロジャーヌ＝ゲレア　1855.5.21-1920.5.7）

Dobroliubov, Nikolai Aleksandrovich〈19世紀〉
ロシアの評論家。革命的民主主義者。主著『オブローモフ気質とはなにか』(59)。
⇒岩世人（ドブロリューボフ　1836.1.24-1861.11.17）
広辞7（ドブロリューボフ　1836-1861）

Dobrovský, Josef〈18・19世紀〉
チェコの言語学者。スラブ諸言語の比較研究の基礎を築く、またチェック語の近代化に貢献。
⇒岩世人（ドブロフスキー　1753.8.17–1829.1.6）
　新カト（ドブロフスキー　1753.8.17–1829.1.6）

Dobruschka, Moses〈18世紀〉
「アジア兄弟団」設立者。
⇒ユ著人（Dobruschka,Moses　ドブルシュカ、モーゼス　1753–1794）

Dobson, Henry Austin〈19・20世紀〉
イギリスの詩人、官吏。主著『博愛主義の武侠家』（1899,1901）。
⇒岩世人（ドブソン　1840.1.18–1921.9.2）

Dobson, William〈17世紀〉
イギリスの画家。チャールズ1世の宮廷画家として多数の肖像を制作。
⇒芸13（ドブソン、ウィリアム　1610–1646）

Dodd, William Clifton〈19・20世紀〉
アメリカの宣教師。
⇒アア歴（Dodd,William Clifton　ウイリアム・クリフトン・ドッド　1857.10.15–1919.10.18）

Döderlein, Ludwig〈19・20世紀〉
ドイツの動物学者。東京大学医学部で植物学、動物学を教授。
⇒岩世人（デーデルライン　1855.3.3–1936.3.23）

Dodo〈17世紀〉
中国、清初期の皇族。太祖ヌルハチの第15子。朝鮮・中国侵入の戦争に参加。
⇒岩世人（ドド　1614（万暦42）–1649（順治6））

Dodonaeus, Rembertus〈16世紀〉
ベルギーの医学者、植物学者。
⇒岩世人（ドドネウス　1517.6.29–1585.3.10）

Dodsley, Robert〈18世紀〉
イギリスの出版業者。
⇒岩世人（ドズリー　1703.2.13–1764.9.23）

Dodun, Charles Gaspard〈17・18世紀〉
フランスの政治家。
⇒岩世人（ドダン　1679.7.7–1736.6.25）

Dodwell, Henry〈17・18世紀〉
アイルランドの神学者、歴史家。ウィリアム3世、メアリ2世への忠誠誓約を拒否。
⇒岩世人（ドッドウェル　1641–1711.6.7）
　新カト（ドッドウェル　1641.10–1711.6.7）

Dodwell, Henry Herbert〈19・20世紀〉
イギリスのインド近世史家。マドラス文書館長などを勤めた。
⇒岩世人（ドッドウェル　1879–1946.10.30）

Doeff, Hendrik Jr.〈18・19世紀〉
オランダの長崎出島商館長。蘭日辞書の編纂を

はじめ、蘭学の興隆に貢献。
⇒岩世人（ドゥーフ（慣ヅーフ；ドゥフ）　1777.12.2–1835.10.19）
　ネーム（ドゥーフ　1777–1835）
　広辞7（ズーフ　1777–1835）

Doeg
ノブの首長（サムエル記上）。
⇒聖書（ドエグ）

Doelter, Cornelio August〈19・20世紀〉
オーストリアの鉱物学者。鉱物の合成、融解等の実験の開拓者。
⇒岩世人（デルター　1850.9.16–1930.8.8）

Doflein, Franz〈19・20世紀〉
ドイツの動物学者。原生動物、甲殻類の研究や動物の生態研究を行った。
⇒岩世人（ドーフライン　1873.4.5–1924.8.24）

Dohm, Christian Wilhelm von〈18・19世紀〉
ドイツの著作家、外交官。
⇒岩世人（ドーム　1751.12.11–1820.5.29）

Dohnányi Ernö〈19・20世紀〉
ハンガリーの作曲家、ピアノ奏者、指揮者。ブダペスト音楽院長、ハンガリー放送総監督を歴任。
⇒岩世人（ドホナーニ　1877.7.27–1960.2.9）
　エデ（ドホナーニ、エルネー（エルンスト・フォン）　1877.7.27–1960.2.9）
　ネーム（ドホナーニ　1877–1960）
　ビ曲改（ドホナーニ、エルネー　1877–1960）

Dohrn, Anton〈19・20世紀〉
ドイツの動物学者。ナポリのドイツ臨海実験所の建設に努めた（1870〜）。
⇒岩世人（ドールン　1840.12.20–1909.9.26）

D'Ohsson, Abraham Constantine Mouradgea〈18・19世紀〉
スウェーデンの外交官、歴史家。通称『ドーソン蒙古史』（34〜35）を著す。
⇒広辞7（ドーソン　1779–1851）

Doizi de Velasco, Nicolás〈16・17世紀〉
ポルトガルの作曲家。
⇒バロ（ドイジ・デ・ヴェラスコ、ニコラス　1590頃–1659以降）

Dokuchaev, Vasily Vasilyevich〈19・20世紀〉
ロシアの土壌学者。近代土壌学の創設者。
⇒岩世人（ドクチャーエフ　1846.2.17–1903.10.26）

Dolabella, Publius Cornelius〈前1世紀〉
ローマの軍人。カエサルに仕えアドリア海の艦隊を率いた。
⇒岩世人（ドラベッラ　前69?–前43）

Dolce, Ludovico〈15・16世紀〉
イタリアの劇作家,評論家,注釈学者。主著『悲劇』(66)。
⇒岩世人（ドルチェ　1500-1568.1)

Dolci, Carlo〈17世紀〉
イタリアの画家。生涯フィレンツェで制作。
⇒岩世人（ドルチ　1616.5.25-1686.1.17)
　新カト（ドルチ　1616.5.25-1686.1.17)
　芸13（ドルチ, カルロ　1616-1686)

Dolci, Giovanni di Pietro de'〈15世紀〉
イタリアの建築家, 彫刻家。
⇒岩世人（ドルチ　?-1486.2.26)
　新カト（ドルチ　?-1486.2)

Dole, Sanford Ballard〈19・20世紀〉
ハワイの政治家。共和国大統領(1893～1900)。アメリカのハワイ准州の初代総督(1900～03)。
⇒オセ新（ドール　1844-1926)

Doles, Johann Friedrich〈18世紀〉
ドイツの作曲家, オルガン奏者, 指揮者。
⇒バロ（ドーレス, ヨハン・フリードリヒ　1715.4.23-1797.2.8)

Dölger, Franz Joseph〈19・20世紀〉
ドイツのカトリック教会史家。初期キリスト教時代の生活の研究で知られる。
⇒岩世人（デルガー　1879.10.18-1940.10.17)
　新カト（デルガー　1879.10.18-1940.10.17)

Dolgorukii, Vasilii Lukich〈17・18世紀〉
ロシアの外交官, 政治家。公爵。ピョートル2世のとき最高枢密院議員となった(1727頃)。
⇒岩世人（ドルゴルーキー　1672-1739.11.8)

Dolivo-Dobrowolski, Michail〈19・20世紀〉
ドイツの電気工学者。ドイツの電気会社AEGの技師長(1909～)。
⇒岩世人（ドリヴォ=ドブロヴォルスキー　1862.12.21/1.2-1919.11.15)

Dollé, Charles〈18世紀〉
フランスの作曲家。
⇒バロ（ドレ, シャルル　1700頃?-1755以降)

Döllinger, Johann Joseph Ignaz von〈18・19世紀〉
ドイツの教会史学者, 司祭。ドイツカトリックの指導的な神学者の一人。
⇒岩世人（デリンガー　1799.2.28-1890.1.10)
　ネーム（デリンガー　1799-1890)
　学叢思（デーリンゲル, ヨハン・ヨゼフ・イグナツ　1799-1890)
　新カト（デリンガー　1799.2.28-1890.1.10)

Dollo, Louis〈19・20世紀〉
ベルギーの古生物学者。生物進化における『逆行不能の法則』を唱えた。
⇒岩世人（ドロ　1857.12.7-1931.4.19)

Dollond, John〈18世紀〉
イギリスの光学者。望遠鏡レンズを進歩させた。
⇒岩世人（ドロンド　1706.6.10-1761.11.30)

Dolmetsch, Arnold〈19・20世紀〉
イギリスの音楽学者。古楽器の収集, 演奏に力を注いだ。主著『17,8世紀の演奏解釈』。
⇒岩世人（ドルメッチ　1858.2.24-1940.2.28)

Dolomieu, Déobat Guy Silvain Tancrède Gratet de〈18・19世紀〉
フランスの鉱物学者, 地質学者。地質鉱物学上の記載が多い。
⇒岩世人（ドロミュ　1750.6.23-1801.11.28)

dol phu pa shes rab rgyal mtshan〈13・14世紀〉
チベットの学僧。
⇒岩世人（ドゥルプパ・シェラブ・ゲルツェン　1292-1361)

Doltz, Paul〈19・20世紀〉
アメリカの宣教師。
⇒アア歴(Doltz,Paul　ポール・ドルツ　1875.9.23-1943.2.6)

Domat, Jean〈17世紀〉
フランスの法学者。
⇒岩世人（ドマ　1625.11.30-1696.3.14)

Dombasle, Christophe Joseph Alexandre Mathieu de〈18・19世紀〉
フランスの農学者。農業経営の技術教育を推進。
⇒岩世人（ドンバール　1777.2.26-1843.12.27)

Dombrowski, Jan Henryk〈18・19世紀〉
ポーランドの将軍。ワルシャワ公国の建国やモスクワの遠征で活躍。
⇒岩世人（ドンブロフスキ　1755.8.29-1818.6.6)

Domela Nieuwenhuis, Ferdinand〈19・20世紀〉
オランダの政治家。社会民主同盟を指導。のち, アナーキズム, 反軍国主義, 社会主義の宣伝に専念。
⇒岩世人（ドメラ・ニューウェンハイス　1846.12.31-1919.11.18)
　学叢思（ニューヴェンフイス, フェルディナント・ドメラ　1846-?)

Domenichino〈16・17世紀〉
イタリアの画家。ボローニャ派の画家。連作壁画『聖チェチリア』など。
⇒岩世人（ドメニキーノ　1581.10.21-1641.4.6)
　ネーム（ドメニキーノ　1581-1641)
　新カト（ドメニキーノ　1581.10.21-1641.4.6)
　芸13（ドメニキーノ　1581-1641)

Domenico〈10・11世紀〉
イタリアの修道院長。聖人。祝日1月22日。

⇒新カト（ドメニコ〔ソーラの〕 951–1031.1.22）

Domenico da Ferrara〈15世紀〉
イタリアの作曲家。
⇒バロ（ドメニコ・ダ・フェッラーラ 1420頃?–1470頃）

Domenico da Piacenza〈15世紀〉
イタリアのダンサー，教師。
⇒バロ（ピアチェンツァ，ドメニーコ・ダ 1390頃?–1470頃）
岩世人（ドメニコ・ダ・ピアチェンツァ 1400頃–1476頃）
バレエ（ドメニコ・ダ・ピアチェンツァ 1400頃–1476頃）

Domenico della Madre di Dio〈18・19世紀〉
御受難修道会司祭。イタリアのヴィテルボ近郊の生まれ。
⇒新カト（ドメニコ・デラ・マドレ・デ・ディオ 1792.6.22–1849.8.27）

Domingo, Damian〈18・19世紀〉
フィリピンの画家。
⇒岩世人（ドミンゴ 1796.2.12–1834.7.26）

Domingo de Guzmán〈12・13世紀〉
説教者兄弟修道会（ドミニコ会）の創立者，聖人。
⇒岩世人（ドミニクス 1170頃–1221.8.6）
ネーム（ドミニクス 1170?–1221）
広辞7（ドミニクス 1170頃–1221）
学叢思（ドミニクス 1170–1221）
新カト（ドミニクス 1170頃–1221.8.6）
図聖（ドミニクス 1170頃–1221）
世人新（ドミニクス（ドミニコ） 1170頃–1221）
世人装（ドミニクス（ドミニコ） 1170頃–1221）
世史語（ドミニコ 1170頃–1221）
ポプ人（ドミニクス 1170頃–1221）

Dominguez, Emiliano〈19・20世紀〉
ドミニコ会員。来日宣教師。スペインのタラコン生まれ。
⇒新カト（ドミンゲス 1879.11.12–1942.11.13）

Dominici, Maria Enrichetta〈19世紀〉
イタリアの修道女。
⇒新カト（ドミニチ 1829.10.10–1894.2.21）

Dominique de la Trinité〈17世紀〉
フランスの神学者，カルメル会員。フランス中部ヌヴェール生まれ。
⇒新カト（ドミニク・ド・ラ・トリニテ 1616.8.4–1687.4.6/7）

Dominis, Marcus Antonius de〈16・17世紀〉
クロアティア出身の神学者，著述家，教会政治家。
⇒新カト（ドミニス 1560–1624.9.8）

Domitianus, Titus Flavius〈1世紀〉
ローマ皇帝。在位81～96。ティツス帝の弟。陰謀を恐れて恐怖政治を行い，暗殺された。
⇒岩世人（ドミティアヌス 51.10.24–96.9.18）
ネーム（ドミティアヌス 51–96）
新カト（ドミティアヌス 51.10.24–96.9.18）
世帝（ドミティアヌス 51–96）

Domitilla〈2世紀〉
処女殉教者。祝日5月12日。フラウィア・ドミティラ。
⇒新カト（ドミティラ 2世紀）

Domitius Ahenobarbus, Gnaeus〈前1世紀〉
ローマの政治家。第2回三頭政治に対抗，のちアントニウスを支持。
⇒岩世人（ドミティウス・アヘノバルブス ?–前31）

Domitius Ahenobarbus, Lucius〈前1世紀〉
ローマの政治家。カエサルと対立しポンペイウス側についた。
⇒岩世人（ドミティウス・アヘノバルブス ?–前48）

Domnos I〈3世紀〉
オロンテス川のアンティオケイアの司教。在職268～71。
⇒新カト（ドムノス1世〔アンティオケイアの〕 ?–272頃）

Domnos II〈5世紀〉
オロンテス川のアンティオケイアの総主教。在職441～49。
⇒新カト（ドムノス2世〔アンティオケイアの〕 5世紀）

Donahue, (Red) Francis Rostell〈19・20世紀〉
アメリカの大リーグ選手（投手）。
⇒メジャ（レッド・ドナヒュー 1873.1.23–1913.8.25）

Donald I〈9世紀〉
スコットランド王国の統治者。在位858～862。
⇒世帝（ドナルド1世 ?–862）

Donald II〈9世紀〉
スコットランド王国の統治者。在位889～900。
⇒岩世人（ドナルド2世 ?–900）
世帝（ドナルド2世 ?–900）

Donald III Bane〈11世紀〉
スコットランド王。白皙王と呼ばれた。
⇒世帝（ドナルド3世 1033–1099）

Donaldo, Giovanni〈17世紀〉
イタリアの作曲家。
⇒バロ（ドナルド, ジョヴァンニ 1600頃–1660?）

Donatello〈14・15世紀〉
イタリアの彫刻家。初期のルネサンス彫刻の確立者。作品『ガッタメラータ騎馬像』など。
⇒岩世人（ドナテッロ 1386–1466.12.13）

ネーム（ドナテロ　1386?-1466）
広辞7（ドナテッロ　1386頃-1466）
学叢思（ドナテロ或はドナト　1386-1466）
新カト（ドナテロ　1386頃-1466.12.13）
芸13（ドナテロ　1386-1466頃）
世人新（ドナテッロ　1386頃-1466）
世人装（ドナテッロ　1386頃-1466）
世史語（ドナテルロ　1386頃-1466）
ポプ人（ドナテッロ　1386?-1466）
ルネ（ドナテッロ　1386/1387-1466）

Donati, Ignazio〈16・17世紀〉
イタリアの作曲家。
⇒バロ（ドナーティ, イグナツィオ　1575頃-1638.1.21）

Donatianus〈3・4世紀〉
聖人, 殉教者の兄弟。祝日5月24日。現フランスのナントに居住。
⇒新カト（ドナティアヌスとロガティアヌス　生没年不詳）

Donatian von Reims〈4世紀〉
司教, 聖人。
⇒図聖（ドナティアヌス（ランスの）　?-390頃）

Donato, Baldassare〈16・17世紀〉
イタリアの作曲家。ヴェネツィア楽長の作曲家として多くのモテトやマドリガーレ, ヴィラネラなどを書いた。
⇒バロ（ドナート, バルダッサーレ　1525-1230頃-1603.6?）

Donato da Firenze〈14世紀〉
イタリアの作曲家。
⇒バロ（カーシャ（カッシャ）, ドナート・ダ　1330頃-1380頃?）
バロ（ドナート・ダ・フィレンツェ　1330頃-1380頃?）
バロ（フィレンツェ, ドナート・ダ　1330頃-1380頃?）

Donatus〈4世紀〉
キリスト教の聖職者。カルタゴの司教。
⇒岩世人（ドナトゥス（カルタゴの））
新カト（ドナトゥス　?-355）

Donatus, Aelius〈4世紀〉
ローマの文法学者, 注釈家。
⇒岩世人（ドナトゥス）

Donatus (Besançon)〈7世紀〉
ブザンソンの司教, 修道規則書の著者。
⇒新カト（ドナトゥス〔ブザンソンの〕　?-660頃）

Donatus von Münstereifel〈1～3世紀頃〉
殉教者, 聖人。
⇒図聖（ドナトゥス（ミュンスターアイフェルの））

Don Carlos de Austria〈16世紀〉
スペイン王位継承者。誇大妄想狂。シラーの『ドン・カルロス』(1801)の題材。
⇒岩世人（ドン・カルロス・デ・アウストリア　1545.7.8-1568.7.24）

Donders, Frans Cornelis〈19世紀〉
オランダの眼科医。1864年屈折異常と調節作用異常について画期的な業績を発表。
⇒新カト（ドンデルス　1818.5.27-1889.3.24）
学叢思（ドンデルス　1847-?）

Donders, Petrus〈19世紀〉
オランダ人宣教師。
⇒新カト（ドンデルス　1809.10.27-1887.1.14）

Donfrid, Johann〈16・17世紀〉
ドイツの作曲家。
⇒バロ（ドンフリート, ヨハン　1585-1654）

Dongen, Kees van〈19・20世紀〉
フランスに帰化したオランダの画家。パリの花形肖像画家となる。
⇒岩世人（ヴァン・ドンゲン　1877.1.26-1968.5.28）
ネーム（キース・ヴァン・ドンゲン　1877-1968）
芸13（ヴァン・ドンゲン, キース　1877-1968）

Don Giovanni Bosco〈19世紀〉
イタリア生れのカトリック司祭。孤児の教育に献身し, サレジオ会を創立。
⇒岩世人（ボスコ　1815.8.15-1888.1.31）
広辞7（ドン・ボスコ　1815-1888）
新カト（ジョヴァンニ・ボスコ　1815.8.16-1888.1.31）
図聖（ボスコ, ジョヴァンニ　1815-1888）

Dōng Khánh〈19世紀〉
近代ベトナムの統治者。在位1885～1889。
⇒岩世人（ドンカイン帝　1864.2.19-1889.1.28）
世帝（同慶帝　どうけいてい　1864-1889）

Donin, Nicholas〈13世紀〉
ラ・ロシェルの背教者。
⇒ユ著人（Donin, Nicholas　ドニン, ニコラス　13世紀）

Donizetti, Gaetano〈18・19世紀〉
イタリアの作曲家。ロッシーニに続くイタリア・オペラの作曲家。作品『アンナ・ボレナ』(30) など。
⇒岩世人（ドニゼッティ　1797.11.29-1848.4.8）
バレエ（ドニゼッティ, ガエタノ　1797.11.29-1848.4.8）
オペラ（ドニゼッティ, ガエタノ　1797-1848）
エデ（ドニゼッティ, ガエターノ　1797.11.29-1848.4.1）
ネーム（ドニゼッティ　1797-1848）
広辞7（ドニゼッティ　1797-1848）
学叢思（ドニゼッティ, ガエタノ　1797-1848）

Don Juan
スペインの伝説上の人物。放蕩無頼の色事師。
⇒岩世人（ドン・ファン）

Don Juan de Austria〈16世紀〉
スペインの軍人。神聖ローマ皇帝カルル5世の

庶子。レパントの海戦でトルコ艦隊を撃破。
⇒岩世人（ドン・フアン・デ・アウストリア　1547.2.24–1578.10.1)
新カト（フアン・デ・アウストリア　1547.2.24–1578.10.1)

Don Juan José de Austria〈17世紀〉
スペインの将軍。
⇒岩世人（ドン・フアン・ホセ・デ・アウストリア　1629.4.7–1679.9.17)

Donker-Curtius, Jan Hendrik〈19世紀〉
オランダの長崎商館長，外交官。
⇒岩世人（ドンケル＝クルチウス（クルティウス）1813.4.21–1879.11.27)

Donlin, Michael Joseph〈19・20世紀〉
アメリカの大リーグ選手（外野）。
⇒メジャ（マイク・ドンリン　1878.5.30–1933.9.24)

Donnan, Frederick George〈19・20世紀〉
イギリス（アイルランド）の化学者。溶液の熱力学的研究を行った。
⇒岩世人（ドナン　1870.9.6–1956.12.16)

Donnay, Maurice Charles〈19・20世紀〉
フランスの劇作家。
⇒岩世人（ドネー　1859.10.12–1945.3.31)

Donne, John〈16・17世紀〉
イギリスの詩人，聖職者。形而上詩人の第一人者。『全詩集』(1912編)ほか。
⇒岩世人（ダン　1573–1631.3.31)
広辞7（ダン　1573–1631)
新カト（ダン　1572–1631.3.31)

Donner, Georg Raphael〈17・18世紀〉
オーストリアの彫刻家。代表作『聖マルティンの群像』(プレスブルク大聖堂)。
⇒芸13（ドンナー，ゲオルク・ラファエル　1693–1741)

Donnolo, Shabbetai〈10世紀〉
イタリアの医者。
⇒ユ人（ドンノロ，シャブダイ　913–982頃)

Donoso, José Ximenez〈17世紀〉
スペインの画家，建築家。
⇒芸13（ドノソ，ホセ・ヒメネス　1628–1690)

Donoso Cortés, Juan, Marquis de Valdegamas〈19世紀〉
スペインの外交官，哲学者。カトリック思想を信奉。
⇒岩世人（ドノソ・コルテス　1809.5.6–1853.5.3)
新カト（ドノソ・コルテス　1809.5.6–1853.5.3)

Donovan, Patrick Joseph〈19・20世紀〉
アメリカの大リーグ選手（外野）。

⇒メジャ（パッツィ・ドノヴァン　1863.3.16–1953.12.25)

Donovan, William Edward〈19・20世紀〉
アメリカの大リーグ選手（投手）。
⇒メジャ（ビル・ドノヴァン　1876.10.13–1923.12.9)

Donus〈7世紀〉
ローマ教皇。在位676〜678。
⇒新カト（ドヌス　?–678.4.11)

Donzelli, Domenico〈18・19世紀〉
イタリアのテノール歌手。
⇒オペラ（ドンゼッリ，ドメニコ　1790–1873)

Dooin, (Red) Charles Sebastian〈19・20世紀〉
アメリカの大リーグ選手（捕手）。
⇒メジャ（レッド・ドゥーイン　1879.6.12–1952.5.12)

Doolan, Michael Joseph〈19・20世紀〉
アメリカの大リーグ選手（遊撃）。
⇒メジャ（ミッキー・ドゥーラン　1880.5.7–1951.11.1)

Doolittle, Justus〈19世紀〉
アメリカの宣教師。中国に渡り，布教。
⇒アア歴（Doolittle,Justus　ジャスタス・ドゥーリトル　1823.6.23–1880.6.15)
岩世人（ドゥーリトル　1824.6.23–1880.6.15)

Doppler, Albert Franz〈19世紀〉
ポーランド出身のフルート奏者，指揮者，作曲家。
⇒ネーム（ドップラー　1821–1883)

Doppler, Johann Christian〈19世紀〉
オーストリアの物理学者。1842年音響および光学現象におけるドップラー効果を発見。
⇒岩世人（ドップラー　1803.11.30–1853.3.17)
広辞7（ドップラー　1803–1853)
物理（ドップラー，ヨハン・クリスチアン　1803–1853)
ポプ人（ドップラー，ヨハン・クリスチアン　1803–1853)

Dopsch, Alfons〈19・20世紀〉
オーストリアの経済史家。発展段階説を批判し，古代末期と中世初期の文化連続を主張した。
⇒岩世人（ドープシュ　1868.6.14–1953.9.1)

d'Orange, Guillaume〈8・9世紀〉
中世フランスの英雄。
⇒岩世人（ギヨーム・ドランジュ　?–812)

Dorat, Jean〈16世紀〉
フランスのユマニスト，詩人。ロンサールらの教え，プレイヤッド派の理論形成に影響を及ぼす。
⇒岩世人（ドラ　1508–1588.11.1)

Dorbay, François〈17世紀〉
フランスの建築家, 彫刻家。ヴェルサイユ, ルーブル宮などの諸工事に参加。
⇒岩世人（ドルベ　1634-1697）
新カト（ドルベー　1634-1697）

D'Orbigny, Alcide Dessalines〈19世紀〉
フランスの古生物学者, 層序学者。
⇒岩世人（オルビニ　1802.9.6-1857.6.30）

d'Ordoñez, Carlos〈18世紀〉
オーストリアの作曲家。
⇒バロ（ドルドニェス, カルロス　1734.4.19-1786.9.6）

Doré, Paul Gustave〈19世紀〉
フランスの版画家, 画家。1854年ラブレーの『ガルガンチュア物語』の木版の挿絵で名声を博す。
⇒岩世人（ドレ　1832.1.6-1883.1.23）
新カト（ドレ　1832.1.6-1883.1.23）
芸13（ドレ, ギュスターヴ　1832-1883）

Doria, Andrea〈15・16世紀〉
イタリアの傭兵隊長。フランス国王らに奉仕しながらジェノバの独立と自由を守り続けた。
⇒岩世人（ドリア　1466.11.30-1560.11.25）

Döring, Heinrich〈19・20世紀〉
ドイツ人のイエズス会司祭, インドのプーナ司教, 広島初代代牧。
⇒新カト（デーリング　1859.9.13-1951.12.17）

Dorisy, Jean〈16・17世紀〉
フランスのカトリック神学者, 著述家。
⇒新カト（ドリシ　1586.3.26-1657.3.12）

Dorjeff〈19世紀〉
モンゴル出身のチベットのラマ僧。13代ダライ・ラマの側近として親ロシア政策を進めた。
⇒岩世人（ドルジエフ　1854-1938.1.29）

Dorkás
ヨッパのキリスト教徒。数々のよい働きや施しをし評判のよい女性であった（新約）。
⇒新カト（ドルカス）
聖書（ドルカス）

d'Orléans, Hugh Primas〈11・12世紀〉
フランスの作曲家。
⇒バロ（ユーグ・プリマス・ドルレアン　1095頃-1160以降）

Dorn, Boris Andreevich〈19世紀〉
ロシアの東洋学者。ヨーロッパにおける最初のアフガン語, アフガン史の研究者。
⇒岩世人（ドルン　1805.4.29-1881.5.19）

Dornel, Louis-Antoine〈17・18世紀〉
フランスの作曲家。
⇒バロ（ドルネル, ルイ・アントワーヌ　1685-1765）

Dorner, August Johannes〈19・20世紀〉
ドイツのプロテスタント神学者。I.ドルナーの子。
⇒学叢思（ドルネル, アウグスト・ヨハネス　1846-?）

Dorner, Isaak August〈19世紀〉
ドイツのルター派の神学者。主著『キリストのペルソナに関する教義史』(35～39)。
⇒岩世人（ドルナー　1809.6.20-1884.7.8）
新カト（ドルナー　1809.6.20-1884.7.8）

Dorothea〈4世紀〉
聖女。ディオクレティアヌス帝の迫害で殉教。
⇒新カト（ドロテア　?-313）
図聖（ドロテア（カッパドキアの）　?-304頃）

Dorothea〈14世紀〉
女性神秘家。聖人。祝日6月25日。ダンツィヒの農家の生まれ。
⇒新カト（ドロテア〔モンタウの〕　1347.2.6-1394.6.25）
図聖（ドロテア（モンタウの）　1347-1394）

Dorotheos〈6世紀〉
アンティオケイア出身の修道者, 著作家。
⇒新カト（ドロテオス　?-560/580）

Dörpfeld, Friedrich Wilhelm〈19世紀〉
ドイツの教育家。ヘルバルト派に属する。
⇒岩世人（デルプフェルト　1824.3.8-1893.10.27）

Dörpfeld, Wilhelm〈19・20世紀〉
ドイツの建築家, 考古学者。シュリーマンの跡を継いでトロイを発掘。
⇒岩世人（デルプフェルト　1853.12.26-1940.4.25）
ネーム（デルプフェルト　1853-1940）

Dorr, Sullivan〈18・19世紀〉
アメリカの商人。
⇒アア歴（Dorr,Sullivan　サリヴァン・ドーア　1778.10.12-1858.3.3）

Dorsett, Palemon Howard〈19・20世紀〉
アメリカの植物探究者。
⇒アア歴（Dorsett,P(alemon) H(oward)　ペイルモン・ハワード・ドーセット　1862.4.21-1943.4.1）

Dorsey, James Owen〈19世紀〉
アメリカの人類学者。オマハ・インディアン族などを調査。
⇒岩世人（ドーシー　1848.10.31-1895.2.4）

Dortous de Mairan, Jean-Jacques〈17・18世紀〉
天文学者。
⇒メル2（ドルトゥス・ド・メラン, ジャン=ジャック　1678-1771）

Dorvault, François〈19世紀〉
フランスの薬剤師。薬剤事典を編纂。
⇒岩世人（ドルヴォー　1815-1879）

Dorville, Albert〈17世紀〉
ベルギー人イエズス会員, 中国とチベットへの宣教師。
⇒新カト（ドルヴィル　1621.8.12/20-1662.4.8）

Dorymedon〈3世紀〉
聖人, 殉教者。祝日9月19日。小アジアのシュンナダで殉教したとされる。
⇒新カト（トロフィモス, ドリュメドンとサッバティオス　?-277頃）

Dositheos〈4世紀〉
ギリシアの文法学者。
⇒岩世人（ドシテオス）

Dositheos of Jerusalem〈17・18世紀〉
エルサレムの総主教。近代東方教会における重要な教会政治家, 神学者。
⇒新カト（ドシテオス　1641.5.31-1707.2.7）
　新カト（ドシテオス [エルサレムの]　1641.5.31-1707.2.6/7）

Dossi, Carlo〈19・20世紀〉
イタリアの小説家。主著『2日前』(67)。
⇒岩世人（ドッシ　1849.3.27-1910.11.16）

Dossier, René〈19・20世紀〉
パリ外国宣教会員。来日宣教師。フランスのポールパイユ生まれ。
⇒新カト（ドシエ　1878.12.24-1949.3.10）

Dosso Dossi, Giovanni〈15・16世紀〉
イタリアの画家。フェララ派の代表者。
⇒岩世人（ドッソ　1489頃-1542.8.27頃）
　新カト（ドッシ　1490頃-1542.7.26）
　芸13（ドッソ, ドッシ　1479頃-1542）

Dōst Muhammad, Amir〈18・19世紀〉
アフガニスタンのバーラクザーイ朝の創始者。在位1826～63。
⇒学叢歴（ドスト・ムハメッド　?-1863）

Dostoevskii, Fëdor Mikhailovich〈19世紀〉
ロシアの作家。
⇒岩世人（ドストエフスキー　1821.10.30-1881.1.28）
　ネーム（ドストエフスキー　1821-1881）
　広辞7（ドストエフスキー　1821-1881）
　学叢思（ドストイエフスキー, フヨードル　1821-1881）
　新カト（ドストエフスキー　1821.11.11（ユリウス暦10.30）-1881.2.9（ユリウス暦1.28））
　世人新（ドストエフスキー　1821-1881）
　世人装（ドストエフスキー　1821-1881）
　世史語（ドストエフスキー　1821-1881）
　ポプ人（ドストエフスキー, フョードル　1821-1881）

Doty, Elihu〈19世紀〉
アメリカの宣教師。
⇒アア歴（Doty, Elihu　イライフ・ドウティ　1809.9.20-1864.11.30）

Dou, Gerard〈17世紀〉
オランダの画家。ガラス絵の画家ドウ・ヤンスの子。
⇒岩世人（ダウ　1613.4.7-1675.2.9（埋葬））
　芸13（ダウ, ヘラルト　1613-1675）

Douai, Adolf〈19世紀〉
アメリカの社会主義者。
⇒学叢思（ドウアイ, アドルフ　1819-1888）

Doucet, Camille〈19世紀〉
フランスの作家。
⇒19仏（カミーユ・ドゥーセ　1812.5.16-1895.4.1）

Doucin, Louis〈17・18世紀〉
フランスの反ジャンセニスム神学者。
⇒新カト（ドゥサン　1652.8.21-1726.9.21）

Dougherty, Dennis Joseph〈19・20世紀〉
アメリカの聖職者。
⇒アア歴（Dougherty, Dennis J(oseph)　デニス・ジョセフ・ドウアティー　1865.8.16-1951.5.31）

Dougherty, Patrick Henry〈19・20世紀〉
アメリカの大リーグ選手（外野）。
⇒メジャ（パッツィ・ドアティ　1876.10.27-1940.4.30）

Douglas, Frederick〈19世紀〉
アメリカの奴隷解放論者。1845年,『アメリカの一奴隷, フレデリック・ダグラスの半生』を出版。
⇒アメ新（ダグラス　1817-1895）
　岩世人（ダグラス　1817.2-1895.2.20）
　広辞7（ダグラス　1818-1895）
　世人新（ダグラス　1817-1895）
　世人装（ダグラス　1817-1895）

Douglas, George Norman〈19・20世紀〉
イギリスの小説家。小説『南風』(17), 紀行文『古きカラブリア』(15) など。
⇒岩世人（ダグラス　1868.12.8-1952.2.7）

Douglas, *Sir* James〈13・14世紀〉
スコットランドの貴族。
⇒岩世人（ダグラス　?-1330.8.25）

Douglas, *Sir* Robert Kennaway〈19・20世紀〉
イギリスの中国および日本研究家。中国の言語, 文学, 宗教, 歴史に関する研究がある。
⇒岩世人（ダグラス　1838.8.23-1913.5.20）

Douglas, Stephen Arnold〈19世紀〉
アメリカの政治家。1854年カンザス＝ネブラス

カ法案」をつくった。
⇒岩世人（ダグラス　1813.4.23-1861.6.3）

Doumer, Paul〈19・20世紀〉
フランスの政治家。第三共和国第13代大統領（1931～32）。
⇒岩世人（ドゥメール　1857.8.22-1932.5.7）

Doumergue, Emile〈19・20世紀〉
フランスのプロテスタント神学者。カルヴァンの研究で知られる。
⇒岩世人（ドゥメルグ　1844.11.25-1937.2.14）
　新カト（ドゥメルグ　1844.11.25-1937.2.14）

Doumergue, Gaston〈19・20世紀〉
フランスの政治家。1924年大統領。
⇒岩世人（ドゥメルグ　1863.8.1-1937.6.18）

Doumik, René〈19・20世紀〉
フランスの文学史家。"Revue des Deux Mondes"誌の刊行者（1916～）。
⇒新カト（ドゥーミック　1860.3.7-1937.12.2）

Dourado, Constantino〈16・17世紀〉
キリシタン時代のイエズス会の日本人司祭。肥前諫早の出身。
⇒新カト（ドーラード　1566-1620.7.3）

Douris〈前6・5世紀〉
アッチカの赤像式素画家（前500年頃から470年頃に活躍）。
⇒岩世人（ドゥリス　前510-前465頃）
　芸13（ドゥリス　前6世紀末）

Douvillier, Suzanne〈18・19世紀〉
フランス生まれのバレリーナ。
⇒バレエ（ドゥヴィリエ, スュザンヌ・テオドール　?-1826.8.30）

Dov Baer of Mezhirech〈18世紀〉
ハシディズム初期のもっとも重要な指導者の一人。
⇒ユ人（ドブ, ベーヤ（バエル）（メジレフのベーヤ, ザ・マジッド）　1710-1772）
　ユ著人（Dov Baer (The Maggid) of Mezhirech ミェンジュイジェチのドヴ・ベア　1710-1772）

Dove, Arthur Garfield〈19・20世紀〉
アメリカの画家。抽象画コラージュを制作。
⇒岩世人（ダヴ　1880.8.2-1946.11.23）
　芸13（ダヴ, アーサー　1880-1946）

Dove, Heinrich Wilhelm〈19世紀〉
ドイツの物理学者, 気象学者。著『暴風則』(57)で知られる。
⇒岩世人（ドーヴェ　1803.10.6-1879.4.4）
　学叢思（ドーフェ, ハインリヒ・ヴィルヘルム　1803-1879）

Dow, Herbert Henry〈19・20世紀〉
アメリカの工業化学者。ダウ・ケミカル社の創立者。1930年パーキン・メダルを授賞。

⇒岩世人（ダウ　1866.2.26-1930.10.15）

Dowd, Thomas Jefferson〈19・20世紀〉
アメリカの大リーグ選手（外野, 二塁）。
⇒メジャ（トミー・ダウド　1869.4.20-1933.7.2）

Dowden, Edward〈19・20世紀〉
アイルランドの批評家, 伝記作家。著作に『シェークスピア, その精神と手法』(75)など。
⇒岩世人（ダウデン　1843.5.3-1913.4.4）

Dowland, John〈16・17世紀〉
イギリスの作曲家, リュート奏者。
⇒バロ（ダウランド, ジョン　1563-1626.2.20）
　岩世人（ダウランド　1563頃-1626.2.20）
　エデ（ダウランド, ジョン　1562.12-1626.1.21）

Dowland, Robert〈16・17世紀〉
イギリスのリュート奏者。
⇒バロ（ダウランド, ロバート　1591頃-1641.7以降）

Downes, John〈18・19世紀〉
アメリカの海軍将校。
⇒アア歴（Downes, John　ジョン・ダウンズ　1784.12.23-1854.8.11）

Downing, Andrew Jackson〈19世紀〉
アメリカの庭園設計家, 建築批評家。『造園論』(41)は造園学の名著。
⇒岩世人（ダウニング　1815.10.31-1852.7.28）

Dowson, Ernest Christopher〈19世紀〉
イギリスの詩人, 短篇小説家。短篇集『ジレンマ』(95),『詩歌集』(96)など。
⇒岩世人（ダウソン　1867.8.2-1900.2.23）

Doyle, Sir Arthur Conan〈19・20世紀〉
イギリスの作家。
⇒岩世人（ドイル　1859.5.22-1930.7.7）
　ネーム（コナン・ドイル　1859-1930）
　広辞7（ドイル　1859-1930）
　新カト（ドイル　1859.5.22-1930.7.7）
　ポプ人（ドイル, コナン　1859-1930）

Doyle, John Joseph〈19・20世紀〉
アメリカの大リーグ選手（一塁, 捕手, 二塁）。
⇒メジャ（ジャック・ドイル　1869.10.25-1958.12.31）

Dozier, Charles Kelsey〈19・20世紀〉
アメリカの南バプテスト派教会宣教師。西南学院院長。
⇒アア歴（Dozier, Charles Kelsey　チャールズ・ケルシー・ドウジアー　1879.1.1-1933.5.31）
　岩世人（ドージア　1876.1.1-1933.5.31）

Dózsa György〈15・16世紀〉
ハンガリーの貴族出身の軍人。農民反乱を率い, 処刑された。
⇒岩世人（ドージャ　?-1514）

Dozy, Reinhart Pieter Anne〈19世紀〉
オランダのアラビア学者。記念碑的労作『スペインにおけるイスラムの歴史』(61) を著す。
⇒岩世人（ドージ　1820.2.21–1883.4.29）

Drachmann, Holger〈19・20世紀〉
デンマークの詩人。作品『ぶどうとばら』(79)，『歌の本』(89) など。
⇒岩世人（ドラクマン　1846.10.9–1908.1.14）

Dracontius, Blossius Aemilius〈5世紀〉
ローマのキリスト教詩人。詩集『ロムレア』など。
⇒新カト（ドラコンティウス　450頃–496以降）

Draghi, Antonio〈17世紀〉
イタリアの作曲家。1658年以降ウィーンの宮廷に仕え,82年宮廷楽長となった。
⇒バロ（ドラーギ, アントーニオ　1634/1635.1.17?–1700.1.16）

Draghi, Carlo Domenico〈17・18世紀〉
イタリアのオルガン奏者。
⇒バロ（ドラーギ, カルロ・ドメーニコ　1669.5.21–1711.5.2）

Draghi, Giovanni Battista〈17・18世紀〉
イタリアのハープシコード奏者, オルガン奏者。
⇒バロ（ドラーギ, ジョヴァンニ・バッティスタ　1640頃–1708）

Drago, Luis María〈19・20世紀〉
アルゼンチンの政治家, 法律家。ドラゴ主義で知られる。
⇒岩世人（ドラゴ　1859.5.6–1921.6.9）

Dragomanov, Mikhail Petrovich〈19世紀〉
ウクライナの政論家。ロシア革命運動に関する小冊子などを刊行。
⇒岩世人（ドラゴマーノフ　1841.9.18–1895.6.20）

Dragoni, Giovanni Andrea〈16世紀〉
イタリアの作曲家。
⇒バロ（ドラゴーニ, ジョヴァンニ・アンドレーア　1540–1598.12）

Dragoumis, Ion〈19・20世紀〉
ギリシアの外交官, 政治家, 著述家。
⇒岩世人（ゾラグミス　1878.9.2–1920.7.31）

Drais, Karl, Freiherr von Sauerbronn〈18・19世紀〉
ドイツの山林官。両脚で運転する四輪車『ドライジーネ』を発明 (1813)。
⇒岩世人（ドライス　1785.4.29–1851.12.10）

Drake, Daniel〈18・19世紀〉
アメリカの医者。病気の地誌に関する業績がある。
⇒岩世人（ドレイク　1785.10.20–1852.11.6）

Drake, Edwin Laurentine〈19世紀〉
アメリカの石油掘鑿者。綱掘式鑿井法に成功し, 石油工業発展の基礎をつくった。
⇒岩世人（ドレイク　1819.3.29–1881.11.9）

Drake, *Sir* Francis〈16世紀〉
イギリス最初の世界周航をした船乗り。ドレーク海峡を発見。1988年無敵艦隊撃破にも貢献。
⇒岩世人（ドレイク　1540.2頃–1596.1.27）
オセ新（ドレイク　1545?–1595）
ネーム（ドレーク　1540?–1596）
広辞7（ドレーク　1543?–1596）
世人新（ドレイク（ドレーク）　1540頃/1545頃–1596）
世人装（ドレイク（ドレーク）　1540頃/1545頃–1596）
世史語（ドレーク　1540頃–1596）
ポブ人（ドレーク, フランシス　1543–1596）
ラテ新（ドレーク　1543?–1596）

Drake, Noah Fields〈19・20世紀〉
アメリカの地質学者。
⇒アア歴（Drake,Noah Fields　ノア・フィールズ・ドレイク　1864.1.30–1945.5.4）

Drakōn〈前7世紀〉
アテネの伝説的立法家。アテネで最初の成文法の制定者とされる。
⇒岩世人（ドラコン）
世人新（ドラコン　生没年不詳）
世人装（ドラコン　生没年不詳）
世史語（ドラコン）
ポブ人（ドラコン　生没年不詳）

Draner〈19・20世紀〉
ベルギーのイラストレーター。
⇒19仏（ドラネル　1833.11.11–1926）

Draper, Gideon Frank〈19・20世紀〉
アメリカのメソジスト派宣教師。
⇒岩世人（ドレイパー　1858.7.20–1951.1.24）

Draper, Henry〈19世紀〉
アメリカの天体写真家。
⇒岩世人（ドレイパー　1837.3.7–1882.11.20）

Draper, John William〈19世紀〉
イギリス生れの化学者, 生理学者。文明史家。
⇒学叢思（ドレーパー, ジョン・ウィリアム　1811–1882）

Drapier, Guy〈17・18世紀〉
フランスのカトリック神学者, 司祭, 著述家。
⇒新カト（ドラピエ　?–1716.12.2）

Draupadi
叙事詩『マハーバーラタ』に登場するドルパタ王の娘。
⇒ネーム（ドラウパディー）

Drayton, Michael〈16・17世紀〉
イギリスの詩人。常に実験を重ね, 各種の作品

を試みた。牧歌詩集『イデア』(93) など。
⇒岩世人（ドレイトン　1563-1631.12.23）

Dreiser, Theodore Herman Albert
〈19・20世紀〉
アメリカの小説家。主著『アメリカの悲劇』(25)。アメリカ自然主義文学の代表者。
⇒アメ新（ドライサー　1871-1945）
　岩世人（ドライサー　1871.8.27-1945.12.28）
　ネーム（ドライサー　1871-1945）
　広辞7（ドライサー　1871-1945）
　新カト（ドライザー　1871.8.27-1945.12.28）

Dréo, Amaury〈19世紀〉
フランスの政治家。
⇒19仏（アモリ・ドレオ　1829.12.7-1882.9.11）

Drese, Adam〈17・18世紀〉
ドイツの作曲家。
⇒バロ（ドレーゼ、アーダム　1620頃-1701）

Drese, Johann Samuel〈17・18世紀〉
ドイツの作曲家。
⇒バロ（ドレーゼ、ヨハン・ザムエル　1644-1716.12）

Drese, Johann Wilhelm〈17・18世紀〉
ドイツの作曲家。
⇒バロ（ドレーゼ、ヨハン・ヴィルヘルム　1677頃-1745）

Dressler, Ernst Christoph〈18世紀〉
ドイツの作曲家。
⇒バロ（ドレスラー、エルンスト・クリストフ　1734-1779.4.6）

Dressler, Gallus〈16世紀〉
ドイツの作曲家。
⇒バロ（ドレスラー、ガルス　1533.10.16-1580-1590）

Dretzel, Cornelius Heinrich〈17・18世紀〉
ドイツの作曲家。
⇒バロ（ドレッツェル、コルネーリウス・ハインリヒ　1697.9.18-1775.5.7）

Dretzel, Valentin〈16・17世紀〉
ドイツの作曲家。
⇒バロ（ドレッツェル、ヴァレンティン　1578.5.30-1658.3.23）

Dreves, Guido Maria〈19・20世紀〉
ドイツのカトリック典礼学者、音楽学者。
⇒新カト（ドレーヴェス　1854.10.27-1909.6.1）

Drew, Edward Bangs〈19・20世紀〉
アメリカの政府役人。
⇒アア歴（Drew,E(dward) B(angs)　エドワード・バンズ・ドルー　1843.8.24-1924.8.16）

Drewnowski〈18世紀〉
ポーランドの作曲家。
⇒バロ（ドレヴノフスキ,?　1700頃?-1760頃?）

Drews, Arthur〈19・20世紀〉
ドイツの哲学者。汎神論の立場に立ち、具体的一元論を主張。
⇒岩世人（ドレヴス　1865.11.1-1935.7.19）

Drexel, Jeremias〈16・17世紀〉
ドイツの宮廷説教師、イエズス会の会員。
⇒新カト（ドレクセル　1581.8.15-1638.4.19）

Drexel, Katharine〈19・20世紀〉
アメリカのカトリック教会女子修道会創設者。
⇒新カト（ドレクセル　1858.11.26-1955.3.3）

Drey, Johann Sebastian von〈18・19世紀〉
ドイツのカトリック神学者, テュービンゲン学派の理論家。
⇒岩世人（ドライ　1777.10.16-1853.2.19）
　新カト（ドライ　1777.10.16-1853.2.19）

Dreyer, Benedikt〈15・16世紀〉
ドイツの彫刻家。木彫を制作。
⇒芸13（ドライアー、ベネディクト　?-1555以後）

Dreyer, John Louis Emil〈19・20世紀〉
アイルランドの天文学者。コペンハーゲン生れ。
⇒岩世人（ドライヤー　1852.2.13-1926.9.14）

Dreyfus, Alfred〈19・20世紀〉
ユダヤ系のフランス陸軍将校。1894年ドイツのスパイとされたが無罪を主張。
⇒岩世人（ドレフュス　1859.10.9-1935.7.12）
　ネーム（ドレフュス　1859-1935）
　スパイ（ドレフュス、アルフレド　1859-1935）
　世人新（ドレフュス　1859-1935）
　世人装（ドレフュス　1859-1935）
　ポブ人（ドレフュス、アルフレッド　1859-1935）
　ユ人（ドレフュス、アルフレッド　1859-1935）
　ユ著人（Dreyfus,Alfred　ドレフュス、アルフレッド　1859-1935）

Dreyfuss, Barney〈19・20世紀〉
アメリカのメジャーリーガー。オーナー。
⇒メジャ（バーニー・ドレイファス　1865.2.23-1932.2.5）

Dreyse, Johann Nikolaus von〈18・19世紀〉
ドイツの小銃製作者。前装銃、後装銃 (36) を発明。
⇒岩世人（ドライゼ　1787.11.20-1867.12.9）

Driedo, Johannes〈15・16世紀〉
宗教改革の時代のカトリック神学者。現ベルギーのダリスドンクの生まれ。
⇒新カト（ドリエド　1480頃-1535.8.4）

Driesch, Hans Adolf Eduard〈19・20世紀〉
ドイツの生物学者,生命哲学者。生命現象の根本に超自然的原理を設定し,新生気論を主張。
⇒岩世人（ドリーシュ 1867.10.28–1941.4.17)
ネーム（ドリーシュ 1867–1941)
学叢思（ドリーシュ,ハンス 1867–?)
新カト（ドリーシュ 1867.10.28–1941.4.16)
メル3（ドリーシュ,ハンス 1867–1941)

Drigo, Riccardo〈19・20世紀〉
イタリアの作曲家,指揮者。ロシアの宮廷歌劇場の指揮者として活動。革命後母国に戻る。
⇒バレエ（ドリゴ,リッカルド 1846.6.30–1930.10.1)
ネーム（ドリーゴ 1846–1930)

Drinov, Marin Stojanovič〈19・20世紀〉
ブルガリアの歴史家。主著『ブルガリア教会,始まりから今日までの史的概観』。
⇒岩世人（ドリノフ 1838.10.20–1906.2.28)

Driscoll, (Denny) John F.〈19世紀〉
アメリカの大リーグ選手（投手）。
⇒メジャ（デニー・ドリスコール 1855.11.19–1886.7.11)

Driver, Samuel Rolles〈19・20世紀〉
イギリスの聖書学者。
⇒岩世人（ドライヴァー 1846.10.2–1914.2.26)

Drivier, Léon-Ernest〈19・20世紀〉
フランスの彫刻家。
⇒芸13（ドゥリヴィエ,レオン 1878–1947)

Drobisch, Moritz Wilhelm〈19世紀〉
ドイツの哲学者,数学者。主著『数学的心理学』(50)。
⇒岩世人（ドロービッシュ 1802.8.16–1896.9.30)
学叢思（ドロービッシュ,モリッツ・ヴィルヘルム 1802–1896)

Droppers, Garrett〈19・20世紀〉
アメリカの経済学者。慶応義塾大学で経済学を教授。日本経済史研究の著作がある。
⇒岩世人（ドロッパーズ 1860.4.12–1927.7.7)

Dropsie, Moses Aaron〈19・20世紀〉
アメリカの実業家,弁護士。
⇒ユ人（ドロプシー,モーゼス・アロン 1821–1905)

Droste-Hülshoff, Annette Elisabeth, Freiin von〈18・19世紀〉
ドイツの女流詩人。宗教詩『聖なる年』(51)など。
⇒岩世人（ドロステ=ヒュルスホフ 1797.1.14–1848.5.24)
新カト（ドロステ・ヒュルスホフ 1797.1.10–1848.5.24)

Droste zu Vischering, Klemens August〈18・19世紀〉
ドイツのカトリック聖職者。雑婚法に関してプロイセン政府と抗争。
⇒岩世人（ドロステ・ツー・フィッシェリング 1773.1.21–1845.10.19)
新カト（ドロステ・ツ・フィッシェリング 1773.1.21–1845.10.19)

Droste zu Vischering, Maria vom göttlichen Herzen〈19世紀〉
ドイツのミュンスター出身の修道女。ポルトガルのポルトに移り,1894年から修道院長を務めた。
⇒新カト（ドロステ・ツ・フィッシェリング 1863.9.8–1899.6.8)

Drouart de Lézey, Lucien〈19・20世紀〉
フランスのカトリック司祭。1873年来日し,明治,大正のカトリック思想界に貢献。
⇒新カト（ドルアール・ド・ルゼー 1849.4.27–1930.11.3)

Drouin, René-Hyacinthe〈17・18世紀〉
フランスのカトリック神学者。
⇒新カト（ドルアン 1680頃–1740.9.30)

Drousilla〈1世紀〉
ヘロデス・アグリッパ1世の娘。
⇒岩世人（ドルシラ 38頃–?)

Drouyn de Lhuys, Edouard〈19世紀〉
フランスの政治家。ナポレオン3世の下で外相(50,52～55,62～66)となった。
⇒岩世人（ドルアン・ド・リュイ 1805.11.19–1881.3.1)

Droysen, Johann Gustav〈19世紀〉
ドイツの歴史家。いわゆるプロシア学派の中心人物。主著『プロシア政治史』(55～86)。
⇒岩世人（ドロイゼン 1808.7.6–1884.6.19)
ネーム（ドロイゼン 1808–1884)
広辞7（ドロイゼン 1808–1884)
世人新（ドロイゼン 1808–1884)
世人装（ドロイゼン 1808–1884)

Drude, Paul Karl Ludwig〈19・20世紀〉
ドイツの理論物理学者。光学現象の電磁理論を発展させ,カー効果を説明。
⇒岩世人（ドルーデ 1863.7.12–1906.7.5)
物理（ドルーデ,パウル・カール・ルートヴィヒ 1863–1906)

Drummond, Henry〈19世紀〉
スコットランド出身の福音教会派の文筆家,説教者,地質学者,探検家。
⇒岩世人（ドラモンド 1851.8.17–1897.3.11)

Drummond, *Sir* James Eric, 16th Earl of Perth〈19・20世紀〉
イギリスの外交家。国際連盟初代事務総長(19～33)。

⇒岩世人（ドラモンド 1876.8.17–1951.12.15）

Drummond of Hawthornden, William〈16・17世紀〉
スコットランドの詩人。『詩集』(16)によりスコットランドのペトラルカと呼ばれた。
⇒岩世人（ドラモンド 1585.12.13–1649.12.4）

Drumont, Édouard Adolphe〈19・20世紀〉
フランスのジャーナリスト、政治家。
⇒岩世人（ドリュモン 1844.5.3–1917.2.4）
19仏（エドゥアール・ドリュモン 1844.5.3–1917.2.3）
新カト（ドリュモン 1844.5.3–1917.2.3）

Drury, Alfred〈19・20世紀〉
イギリスの彫刻家。
⇒芸13（ドゥルーリー、アルフレッド 1857–1944）

Drusina, Benedict de〈16世紀〉
東プロイセンの作曲家。
⇒バロ（ドルジーナ、ベネディクト・デ 1520–1525–1573以降）

Drusus, Marcus Livius〈前2世紀〉
ローマの政治家。ガイウス・グラックスの改革に反対。
⇒岩世人（リウィウス・ドルスス（大） ?–前109）

Drusus, Marcus Livius〈前2・1世紀〉
ローマの政治家。騎士階級の元老院参加などの政策を進めた。
⇒岩世人（リウィウス・ドルスス（小） ?–前91）
ネーム（ドルスス ?–前91）

Drusus, Nero Claudius〈前1世紀〉
ローマの軍人。チベリウス帝の弟。ライン川～北海間にドルスス運河を開く。
⇒岩世人（ドルスス 前38–前9）

Dryden, John〈17世紀〉
イギリスの詩人、劇作家、批評家。1668年桂冠詩人。
⇒岩世人（ドライデン 1631.8.9–1700.5.1）
ネーム（ドライデン 1631–1700）
広辞7（ドライデン 1631–1700）
新カト（ドライデン 1631.8.9–1700.5.1）

Drygalski, Erich Dagobert von〈19・20世紀〉
ドイツの地理学者、極地探検家。
⇒岩世人（ドリガルスキー 1865.2.9–1949.1.10）

dśr〈前27世紀〉
エジプト第3王朝の第2代国王。在位前2665～45頃。
⇒岩世人（ジェセル （在位）前2665–前2645頃）

Duane, William〈18・19世紀〉
アメリカのジャーナリスト。

⇒アア歴（Duane, William ウイリアム・ドゥエイン 1760.5.17–1835.11.24）

Duane, William〈19・20世紀〉
アメリカの物理学者。放射能、レントゲン線、量子論を研究。
⇒岩世人（デュアン 1872.2.17–1935.3.7）

Duarte〈14・15世紀〉
ポルトガル王。在位1443～38。
⇒世帝（ドゥアルテ1世 1391–1438）

Duarte, Juan Pablo〈19世紀〉
ドミニカ独立運動の指導者。
⇒岩世人（ドゥアルテ 1813.1.26–1876.7.15）

Duban, Félix Louis Jacques〈18・19世紀〉
フランスの建築家。ルーヴル宮建築家。
⇒岩世人（デュバン 1797.10.14–1870.10.8）

Du Barry, Comtesse〈18世紀〉
ルイ15世の寵妾。
⇒岩世人（デュ・バリ 1743.8.19–1793.12.8）

Du Bartas, Guillaume de Salluste, Seigneur〈16世紀〉
フランスの詩人、外交官、軍人。作品に叙事詩『聖週間』(78)。
⇒岩世人（デュ・バルタス 1544–1590.7）
新カト（デュ・バルタス 1544頃–1590.8.28）

Du Bellay, Joachim〈16世紀〉
フランスの詩人。1549年プレイヤッド派の宣言『フランス語の擁護と顕揚』を発表。
⇒岩世人（デュ・ベレー 1522頃–1560.1.1）
ネーム（デュ・ベレ 1522–1560）
新カト（ベレー 1522頃–1560.1.1）

Düben, Anders III von〈17・18世紀〉
スウェーデンの作曲家。
⇒バロ（デューベン、アンデルス3世・フォン 1673.8.28–1738.8.23）

Düben, Andreas I〈16・17世紀〉
ドイツの作曲家。
⇒バロ（デューベン、アンドレアス1世 1558–1625）

Düben, Andreas II〈16・17世紀〉
ドイツの作曲家。
⇒バロ（デューベン、アンドレアス2世 1597頃–1662.7.7）

Düben, Gustaf I〈17世紀〉
スウェーデンの作曲家。
⇒バロ（デューベン、グスターフ1世 1628頃–1690.12.19）

Düben, Gustaf II von〈17・18世紀〉
スウェーデンの作曲家。
⇒バロ（デューベン、グスターフ2世・フォン 1660.5.5–1726.12.5）

Dublanchy, Edmond〈19・20世紀〉
フランスのカトリック神学者。
⇒新カト（デュブランシー　1858.1.21–1938.1.26）

Dubnow, Simon〈19・20世紀〉
ユダヤ人の歴史家，社会哲学者。ユダヤ自治論の主唱者。
⇒ユ人（ドブノウ，シモン　1860–1941）
　ユ著人（Dubnow,Simon　ドブノウ，シモン　1860–1941）

Dubois, François Clément Théodore〈19・20世紀〉
フランスの作曲家，オルガン奏者，音楽理論家。1861年ローマ大賞受賞。
⇒岩世人（デュボワ　1837.8.24–1924.6.11）

Dubois, Guillaume〈17・18世紀〉
フランスの枢機卿，政治家。1716年英仏同盟の立役者。
⇒岩世人（デュボワ　1656.9.6–1723.8.10）

Dubois, Jacques〈15・16世紀〉
フランスの解剖学者。
⇒岩世人（デュボワ　1478–1555.1.13）

Dubois, Jean Antoine〈18・19世紀〉
フランスのローマ・カトリック宣教師。1792～1823年南インドで布教。
⇒岩世人（デュボワ　1765–1848.2.17）
　新カト（デュボワ　1766.1.10–1848.2.17）
　南ア新（デュボワ　1765–1848）

Dubois, Louis〈19世紀〉
ベルギーの歴史画家，肖像画家。代表作『こうのとり』。
⇒芸13（デュボア，ルイ　1830–1880）

Dubois, Marie Eugène François Thomas〈19・20世紀〉
オランダの医学者，人類学者。1890～91年ジャワ原人（ピテカントロプス・エレクトゥス）の骨を発見。
⇒岩世人（デュボワ　1858.1.28–1940.12.16）
　ネーム（デュボワ　1858–1940）
　広辞7（デュボア　1858–1940）
　世人新（デュボア　1858–1940）
　世人装（デュボア　1858–1940）
　ポプ人（デュボワ，ユージェーヌ　1858–1940）

Dubois, Philippe〈16・17世紀〉
フランドルの作曲家。
⇒バロ（デュボワ，フィリップ　1575頃–1610.12）

Dubois, Urbain (François)〈19・20世紀〉
フランスの料理人。
⇒岩世人（デュボワ　1818–1901）

Du Bois, William Edward Burghardt〈19・20世紀〉
アメリカの著述家，編集者，黒人運動指導者。1909年全国有色人種協会NAACPの創設に参加。
⇒アフ新（デュ・ボイス　1868–1963）
　アメ新（デュ・ボイス　1868–1963）
　岩世人（デュ・ボイス　1868.2.23–1963.8.27）
　ネーム（デュ・ボイス　1868–1963）
　広辞7（デュ・ボイス　1868–1963）
　世人新（デュ＝ボイス　1868–1963）
　世人装（デュ＝ボイス　1868–1963）
　世史語（デュボイス　1868–1963）
　ポプ人（デュボイス，ウィリアム・エドワード・バーガート　1868–1963）
　メル別（デュ・ボイス，ウィリアム・エドワード・バーグハード〔バーガード〕　1868–1963）

Dubois-Pigalle, Paul〈19・20世紀〉
フランスの彫刻家，画家。代表作，ナントの聖堂の『ラモリシエール将軍の墓』（1876～78）。
⇒岩世人（デュボワ　1829.7.18–1905.5.23）
　芸13（デュボア・ピガル，ポール　1829–1905）

Dubois-Pillet, Albert〈19世紀〉
フランスの画家。
⇒19仏（アルベール・デュボワ＝ピエ　1846.10.28–1890.8.18）

Du Bois-Reymond, Emil Heinrich〈19世紀〉
ドイツの動物生理学者。主著『動物電気に関する研究』（48）。
⇒岩世人（デュ・ボワ＝レモン　1818.11.7–1896.12.26）
　広辞7（デュ・ボア・レーモン　1818–1896）
　学叢思（デュボアレーモン，エミール・ハインリヒ　1818–1896）

duBois-Reymond, Paul David Gustave〈19世紀〉
ドイツの数学者。
⇒世数（デュ・ボア・レイモン，ポール・ダヴィド・ギュスタヴ　1831–1889）

Dubos, Jean-Baptiste〈17・18世紀〉
フランスの史家，美学者，外交官。主著『詩と絵画についての批判的省察』（19）。
⇒岩世人（デュボス　1670.12–1742.3.23）

Dubose, H(ampden) C(oit)〈19・20世紀〉
アメリカの宣教師。
⇒アア歴（Dubose,H(ampden) C(oit)　ハンプデン・コイト・デュボウズ　1845.9.30–1910.3.22）

DuBose, William Porcher〈19・20世紀〉
アメリカの聖公会司祭，神学者。
⇒岩世人（ドゥボーズ　1836.4.11–1918.8.18）

Dubourg, Mathew〈18世紀〉
フランスの作曲家。
⇒バロ（デュブルグ，マシュー　1703–1767.7.3）

バロ（デュボーグ,マシュー 1703–1767）
Du Bousset〈17・18世紀〉
フランスの作曲家。
⇒バロ（デュ・ブーセ,? 1650頃?–1710頃?）
Dubs, Charles Newton〈19・20世紀〉
アメリカの宣教師。
⇒アア歴（Dubs,C(harles) Newton チャールズ・ニュートン・ドゥブス 1862.8–1936.7.9）
du Buisson, Jacques〈16世紀〉
フランスの作曲家。
⇒バロ（デュ・ビュイソン, ジャック 1520頃?–1570以降）
du Buisson, Michel-Charles〈16世紀〉
フランスの作曲家。
⇒バロ（デュ・ビュイソン, ミシェル・シャルル 1520頃?–1573以降）
du Buisson, Robert〈16・17世紀〉
フランスの作曲家。
⇒バロ（デュ・ビュイソン, ロベール 1570頃?–1629）
Du Buisson I〈17世紀〉
フランスの作曲家。
⇒バロ（デュ・ビュイソン1世 1630頃?–1688以前）
Du Buisson II de Boire〈17・18世紀〉
フランスの作曲家。
⇒バロ（デュ・ビュイソン2世・ド・ボワール 1650頃?–1710.5以降）
Du Buisson Fils〈17世紀〉
フランスの作曲家。
⇒バロ（デュ・ビュイソン・フィス 1600頃?–1653）
du But, Pear〈17世紀〉
フランスの作曲家。
⇒バロ（デュ・ビュ, ピエール 1600頃?–1660頃?）
Du Camp, Maxime〈19世紀〉
フランスのジャーナリスト, 小説家。旅行記『東洋の思い出と風景』(48)など。
⇒岩世人（デュ・カン 1822.2.8–1894.2.8）
Du Cange, Charles du Fresne Sieur〈17世紀〉
フランスの歴史家, 辞書編纂者。
⇒岩世人（デュ・カンジュ 1610.12.18–1688.10.23）
du Caurroy, François Eustache〈16・17世紀〉
フランスの作曲家。
⇒バロ（デュ・コーロワ, フランソワ・ウスターシュ 1549.2.4–1609.8.7）
Duccio, Agostino di〈15世紀〉
イタリアの彫刻家, 建築家。フィレンツェ派の主要な大理石彫刻家の一人。

⇒岩世人（アゴスティーノ・ディ・ドゥッチョ 1418–1481以降）
芸13（ドゥッチョ, アゴスティーノ 1418–1481以後）
Duccio di Buoninsegna〈13・14世紀〉
イタリアの画家。ビザンチン様式からゴシック様式への移行を果たしたシエナ派最初の大画家。
⇒岩世人（ドゥッチョ・ディ・ブオニンセーニャ 1255頃–1319頃）
広辞7（ドゥッチオ 1255頃–1319頃）
新カト（ドゥッチョ・ディ・ブオニンセーニャ 1278–1318/19活動）
芸13（ドゥッチオ・ディ・ブオニンセーニャ 1255頃–1319）
Duchamp-Villon, Raymond〈19・20世紀〉
フランスの彫刻家。キュビスムの分派, セクシオン・ドールの中心的存在として活躍。
⇒岩世人（デュシャン＝ヴィヨン 1876.11.5–1918.10.7/9）
広辞7（デュシャン・ヴィヨン 1876–1918）
芸13（デュシャン, ヴィヨン 1876–1918）
Duchange, Gaspard〈17・18世紀〉
フランスの版画家。
⇒芸13（デュシャンジュ, ガスパール 1662–1757）
Du Châtelet, Émilie〈18世紀〉
フランスの科学啓蒙家。
⇒物理（デュ・シャトレ, エミリー 1706–1749）
du Chemin, Nicolas〈16世紀〉
フランスの作曲家。
⇒バロ（デュ・シュマン, ニコラ 1515頃–1576）
Duchenne de Boulogne〈19世紀〉
フランスの神経病学者。電気診断法と電気治療法の創始者。
⇒岩世人（デュシェンヌ・ド・ブーローニュ 1806.9.17–1875.9.7）
Duchesne, André〈16・17世紀〉
フランスの歴史家。王室歴史編纂官。
⇒岩世人（デュシーヌ 1584–1640.5.30）
Duchesne, Antoine Nicolas〈18・19世紀〉
フランスの植物学者。ラマルクの友人。
⇒岩世人（デュシェーヌ 1747.10.7–1827.2.18）
Duchesne, Louis Marie Olivier〈19・20世紀〉
フランスのカトリック教会史家。ローマのフランス学院の校長などを歴任。
⇒岩世人（デュシェーヌ 1843.9.13–1922.4.21）
新カト（デュシェーヌ 1843.9.13–1922.4.21）
Duchesne, Rose Philippine〈18・19世紀〉
フランスの修道女, 福者。

⇒岩世人（デュシェーヌ 1769.8.29–1852.11.18)
新カト（ローズ・フィリピーヌ・デュシェーヌ 1769.8.29–1852.11.18)

Ducić, Jovan〈19・20世紀〉
セルビア（ユーゴスラビア）の詩人，外交官。『散文詩，青い伝説』(1908)など。
⇒岩世人（ドゥチッチ 1874.1.24/2.5–1943.4.7)

Ducis, Benedictus〈15・16世紀〉
ドイツの作曲家。
⇒バロ（ドゥーツィス，ベネディクトゥス 1490頃–1544)

Ducis, Jean François〈18・19世紀〉
フランスの劇作家。シェークスピア作品を翻案してフランスに紹介。
⇒岩世人（デュシス 1733.8.22–1816.3.31)

Duckworth-Ford, Robert Geoffrey Alexander〈19・20世紀〉
アメリカの陸軍将校。
⇒アア歴（Duckworth-Ford, Robert Geoffrey Alexander ロバート・ジェフリー・アレグザンダー・ダックワース＝フォード 1877.7.4–1949.4.19)

Ducommun, Elie〈19・20世紀〉
スイスの文学者。ベルンの国際平和局局長などを勤め，ノーベル平和賞受賞(1902)。
⇒岩世人（デュコマン 1833.2.19–1906.12.7)

Ducos, Pierre Roger〈18・19世紀〉
フランスの政治家。ブリュメールのクーデタ後，元老院副議長。
⇒岩世人（デュコ 1747.7.25–1816.3.17)

Ducos du Hauron, Louis〈19・20世紀〉
フランスの写真技術者。三色写真法および写真による三色版印刷を発明(68)。
⇒岩世人（デュコ・デュ・オーロン 1837.12.8–1920.8.31)
広辞7（デュコ・デュ・オーロン 1837–1920)

Ducquercy, Albert〈19・20世紀〉
フランスの社会主義者。
⇒学叢思（デュケルシー，アルベール）

Ducrot, Auguste Alexandre〈19世紀〉
フランスの軍人。1871年国民議会議員，1878年第8軍司令官。
⇒岩世人（デュクロ 1817.2.24–1882.8.16)

Duczyński〈17・18世紀〉
ポーランドの作曲家。
⇒バロ（ドゥチンスキ,? 1690頃?–1750頃?)

Duddell, William du Bois〈19・20世紀〉
イギリスの電気技術者。熱電流計を考案。
⇒岩世人（ダッデル 1872.7.1–1917.11.4)

Duden, Konrad〈19・20世紀〉
ドイツの言語学者。『ドイツ語および外来語の正書法』(52)を編纂。
⇒岩世人（ドゥーデン 1829.1.3–1911.8.1)

Dudley, Dud〈16・17世紀〉
イギリスの製鉄業者。石炭熔鉄法を工夫して特許を得た(1621)。
⇒岩世人（ダドリー 1599–1684.10.25)

Dudley, *Sir* Edmund〈15・16世紀〉
イギリスの法律家・財政家。
⇒岩世人（ダドリー 1462頃–1510.8.17)

Dudley, Julia E.〈19・20世紀〉
アメリカの宣教師。
⇒岩世人（ダドリー 1840.12.5–1906.7.12)

Dueball, Felix〈19・20世紀〉
ドイツ囲碁連盟の創設者。
⇒岩世人（デューバル 1880.3.20–1970.10.8)

Duf〈10世紀〉
スコットランド王国の統治者。在位962〜966。
⇒世帝（ダフ ?–967)

Du Fail, Noël〈16世紀〉
フランスの物語作家，法律家。『田園閑話』(47)などを発表。
⇒岩世人（デュ・ファイユ 1520頃–1591.7.7)

du Faulx, François〈17世紀〉
フランスの作曲家。
⇒バロ（デュ・フォー，フランソワ 1615頃?–1682-86以前)

Dufaure, Armand Jules Stanislas〈18・19世紀〉
フランスの政治家，弁護士。1871年国民議会議員。76年総理大臣。
⇒岩世人（デュフォール 1798.12.4–1881.6.27)

Du Fay, Charles François de Cisternay〈17・18世紀〉
フランスの物理学者。電気2流体説を唱え(1733)，今日の陽電気，陰電気の基礎づけとなった。
⇒岩世人（デュ・フェ 1698.9.14–1739.7.16)

Dufay, Guillaume〈15世紀〉
ブルゴーニュ楽派の作曲家。15・16世紀の古典的声楽ポリフォニーの基礎を確立。
⇒バロ（デュファイ，ギヨーム 1400頃–1474.11.24/27)
岩世人（デュファイ 1397–1474.11.27)
エデ（デュファイ，ギヨーム 1400頃–1474.11.27)
ネーム（デュファイ 1400頃?–1474)
広辞7（デュファイ 1397頃–1474)
新カト（デュファイ 1400頃–1474.11.24)

Duff, Alexander〈19世紀〉
スコットランド国教会の外国宣教師。1829年カルカッタに聖書学校を創設。
⇒岩世人（ダフ　1806.4.26–1878.11.12）

Duff, R.W.〈19・20世紀〉
イギリス人のマラヤの植民地行政官。
⇒岩世人（ダフ）

Dufferin and Ava, Frederick Temple Hamilton-Temple-Blackwood, 1st Marquess of〈19・20世紀〉
イギリスの政治家。外交官。1884～88年インド総督。85年ビルマを併合。
⇒岩世人（ダファリン・アンド・アーヴァ　1826.6.21–1902.2.12）

Duffy, Sir Charles Gavan〈19・20世紀〉
アイルランドの政治家。独立運動に献身。
⇒岩世人（ダフィ　1816.4.12–1903.2.9）

Duffy, Hugh〈19・20世紀〉
アメリカの大リーグ選手（外野）。
⇒メジャ（ヒュー・ダフィ　1866.11.26–1954.10.19）

Dufour〈18世紀〉
フランスの作曲家。
⇒バロ（デュフール,?　1730頃?–1786）

Dufour, Guillaume Henri〈18・19世紀〉
スイスの軍人。赤十字社の共同創立者（64）。
⇒岩世人（デュフール　1787.9.15–1875.7.14）
　ネーム（デュフール　1787–1875）

Dufraine, Charles〈19世紀〉
フランスの彫刻家。
⇒岩世人（デュフレヌ　1827.10.25–1900.2.2）

Dufrénoy, Georges Léon〈19・20世紀〉
フランスの画家。プロバンス地方やパリ、ウィーンなどの風景を描く。
⇒芸13（デュフレノア, ジョルジュ　1870–1943）

Dufrény〈17・18世紀〉
フランスの作曲家。
⇒バロ（デュフレニ,?　1650頃?–1710頃?）

Dufresne, Charles〈19・20世紀〉
フランスの画家。1923年サロン・デ・チュイルリー創設のメンバー。
⇒芸13（デュフレーヌ, シャルル　1876–1938）

Dufresse, Gabriel-Taurin〈18・19世紀〉
中国で殉教したパリ外国宣教会員。聖人。祝日9月14日。
⇒新カト（ガブリエル・トーラン・デュフレス　1750.12.8–1815.9.14）

Dufy, Raoul〈19・20世紀〉
フランスの画家, デザイナー。
⇒岩世人（デュフィ　1877.6.3–1953.3.23）
　広辞7（デュフィ　1877–1953）
　芸13（デュフィ, ラウール　1877–1953）
　ポプ人（デュフィ, ラウール　1877–1953）

Dughet, Gaspard〈17世紀〉
フランスの画家。主として風景画を描いた。
⇒岩世人（デュゲ　1615–1675.5.25）

Dugonics András〈18・19世紀〉
ハンガリーの小説家。ハンガリー国民文学の先駆者。
⇒岩世人（ドゥゴニチ　1740.10.18–1818.7.25）

du Grain, Jean〈18世紀〉
フランスの作曲家。
⇒バロ（デュ・グラン, ジャン　1700頃?–1756.1.19/1765以降）

Du Guesclin, Bertrand〈14世紀〉
百年戦争前半期のフランスの将軍。ブルターニュの領主。
⇒岩世人（デュ・ゲクラン　1320頃–1380.7.13）

Duguet, Jacques-Joseph〈17・18世紀〉
フランスのジャンセニスムの神学者。
⇒新カト（デュゲ　1649.12.9–1733.10.25）

Duguit, Léon〈19・20世紀〉
フランスの法学者。ボルドー大学法科学長（1919～28）。
⇒岩世人（デュギ　1859.2.4–1928.12.18）
　ネーム（デュギー　1859–1928）
　広辞7（デュギー　1859–1928）
　学叢思（デュギー　1859–1928）

Du Haillan, Bernard de Girard〈16・17世紀〉
フランスの歴史家。シャルル9世の歴史編纂官（1571）。
⇒岩世人（デュ・アイヤン　1535–1610）

Du Halde, Jean Baptiste〈17・18世紀〉
フランスの聖職者。『イエズス会士書簡集』中の第9～26巻をパリで編集, 発刊（1717～41）。
⇒岩世人（デュ・アルド　1674.2.1–1743.8.18）
　新カト（デュ・アルド　1674.2.1–1743.8.18）

Duhamel, Jean Marie Constant〈18・19世紀〉
フランスの数学者。
⇒世数（デュアメル, ジャン＝マリー・コンスタン　1797–1872）

Duhamel-Dumonceau, Henri Louis〈17・18世紀〉
フランスの農学者, 農業技術家。
⇒岩世人（デュアメル・デュ・モンソー　1700–1782.8.23）

Duhem, Pierre Maurice Marie〈19・

20世紀〉
フランスの理論物理学者,哲学者,科学史家。主著『レオナルド・ダ・ビンチ研究』(03)。
⇒岩世人（デュエム　1861.6.10-1916.9.14）
広辞7（デュエム　1861-1916）
メル3（デュエム,ピエール・モーリス・マリー　1861-1916）

Duhm, Bernhard〈19・20世紀〉
ドイツのプロテスタント神学者。イザヤ書,エレミヤ書,詩篇の註釈を書いた。
⇒新カト（ドゥーム　1847.10.10-1928.9.1）

Duhr, Bernhard〈19・20世紀〉
ドイツのカトリック神学者,イエズス会の歴史著述者。
⇒新カト（ドゥーア　1852.8.2-1930.9.21）

Dühring, Karl Eugen〈19・20世紀〉
ドイツの哲学者,経済学者。マルクスを批判。
⇒岩世人（デューリング　1833.1.12-1921.9.21）
ネーム（デューリング　1833-1921）
学叢思（デューリング,オイゲン・カール　1833-?）
メル3（デューリング,カール・オイゲン　1833-1921）

Duilhé de Saint-Projet〈19世紀〉
フランスのカトリック護教論者。
⇒新カト（デュイレ・ド・サン・プロジェ　1822.7.15-1897.5.15）

Duilius, Gaius〈前3世紀〉
ローマの将軍。前260年第1次ポエニ戦で,ローマに海戦での初勝利をもたらす。
⇒岩世人（ドゥイリウス　?-前231以降）

Duisberg, Carl〈19・20世紀〉
ドイツの化学者,工業家。新染料を製出。
⇒岩世人（デュイスベルク　1861.9.29-1935.3.19）

Dujardin, Édouard〈19・20世紀〉
フランスの詩人,小説家,評論家。象徴主義理論を展開。作品は小説『月桂樹は切られた』(1887)など。
⇒岩世人（デュジャルダン　1861.10.10-1949.10.31）
19仏（エドゥアール・デュジャルダン　1861.11.10-1949.10.31）

Dujardin, Félix〈19世紀〉
フランスの生物学者。細胞学の先駆者。「サルコード」(原形質)を命名。
⇒岩世人（デュジャルダン　1801.4.5-1860.4.8）

Dujardin, Karel〈17世紀〉
オランダの画家。農民や羊飼いなどを主題とした作品で有名。
⇒岩世人（デュ・ジャルダン　1626.9.27-1678.10.9以前）

Dujardin, Thomas〈17・18世紀〉
カトリック神学者,ドミニコ会員。オランダのハーグ生まれ。著作に『101命題の毒』等がある。
⇒新カト（デュジャルダン　1653-1733.6.15）

Dukas, Paul〈19・20世紀〉
フランスの作曲家,教師,評論家。フランス的な感性と斬新なアイディアで独自の音楽語法を創出。
⇒岩世人（デュカス　1865.10.1-1935.5.17）
バレエ（デュカス,ポール　1865.10.1-1935.5.17）
オペラ（デュカス,ポール　1865-1935）
エデ（デュカス,ポール　1865.10.1-1935.5.17）
広辞7（デュカ　1865-1935）
ピ曲改（デュカス,ポール　1865-1935）
ユ著人（Duckas,Paul　デュカ,ポール　1865-1935）

Dukát, Josef Leopold Václav〈17・18世紀〉
チェコの作曲家。
⇒バロ（ドゥカート,ヨーゼフ・レオポルト・ヴァーツラフ　1684.3.12-1717.6.4）

Dulaurier, Jean Paul Louis François Édouard〈19世紀〉
フランスの東洋学者。
⇒岩世人（デュロリエ　1807.1.29-1881.12.21）

Dülfer, Martin〈19・20世紀〉
ドイツの建築家。主作品,リューベクの劇場(08)など。
⇒岩世人（デュルファー　1859.1.1-1942.12.12）

Dulichius, Philippus〈16・17世紀〉
ドイツの作曲家。
⇒バロ（ドゥリヒウス,フィリップス　1562.12.18-1631.3.24）

Dulong, Pierre Louis〈18・19世紀〉
フランスの化学者,物理学者。三塩化窒素を発見(1811)。デュロン＝プティの法則でも知られる。
⇒岩世人（デュロン　1785.2.12-1838.7.18）
物理（デュロン,ピエール・ルイ　1785-1838）

Du Mage, Pierre〈17・18世紀〉
フランスのオルガン奏者,作曲家。
⇒バロ（デュ・マージュ,ピエール　1674.11.23-1751.10.2）

Dumaine〈19世紀〉
フランスの役者。
⇒19仏（デュメーヌ　1831-1893）

Dumanoir, Guillaume〈17世紀〉
フランスの作曲家。
⇒バロ（デュマノワール,ギヨーム　1615.11.16-1697）

Dumas, Georges〈19・20世紀〉
フランスの心理学者,生理学者。P.ジャネと"Journal de Psychologie"を創刊。
⇒岩世人（デュマ 1866.3.6–1946.2.12）
メル3（デュマ,ジョルジュ 1866–1946）

Dumas, Jean Baptiste André〈18・19世紀〉
フランスの化学者。蒸気密度の測定法を確立。
⇒岩世人（デュマ 1800.7.15–1884.4.11）
学叢思（デューマ,ジャン・バプティスト 1800–1884）

Dumas Fils, Alexandre〈19世紀〉
フランスの劇作家,小説家。デュマ・ペールの私生児。小説『椿姫』(48)など。
⇒岩世人（デュマ〈子〉 1824.7.27–1895.11.27）
オペラ（デュマ,アレクサンドル 1824–1895）
19仏（アレクサンドル・デュマ（・フィス） 1824.7.27–1895.11.27）
広辞7（デュマ〈小〉 1824–1895）
学叢思（デューマ,アレキサンドル 1827–1895）
世人新（デュマ〈子;アレクサンドル〉 1824–1895）
世人装（デュマ〈子;アレクサンドル〉 1824–1895）

Dumas père, Alexandre〈19世紀〉
フランスの小説家,劇作家。小説『三銃士』(44),『モンテ＝クリスト伯』(45)など。
⇒岩世人（デュマ〈父〉 1802.7.24–1870.12.5）
オペラ（デュマ,アレクサンドル 1802–1870）
広辞7（デュマ〈大〉 1802–1870）
学叢思（デューマ,アレキサンドル 1802–1870）
世人新（デュマ〈父;アレクサンドル〉 1802–1870）
世人装（デュマ〈父;アレクサンドル〉 1802–1870）
ポブ人（デュマ,アレクサンドル 1802–1870）

Du Maurier, George Louis Palmella Busson〈19世紀〉
イギリスの画家,小説家。
⇒岩世人（デュ・モーリエ 1834.3.6–1896.10.8）

Dumay, Jean〈19世紀〉
フランスの社会主義者。
⇒学叢思（デュメー,ジャン 1840–?）

Duméril, André Marie Constant〈18・19世紀〉
フランスの博物学者,医学者。寄生虫学,魚学に貢献。
⇒岩世人（デュメリル 1774.1.1–1860.8.14）

Du Mont, Henry〈17世紀〉
フランスの作曲家,オルガン奏者,クラヴサン奏者。
⇒バロ（デュ・モン,アンリ 1610–1684.5.8）
新カト（デュ・モン 1610–1684.5.8）

Dumont d'Urville, Jules Sébastien César〈18・19世紀〉
フランスの航海者。南極地方探検でフィリップ岬(37),アデリー海岸(40)などを発見。
⇒岩世人（デュモン・デュルヴィル 1790.5.23–1842.5.8）

Dumoulin, Charles〈15・16世紀〉
フランスの法学者。フランス各地の慣習法の研究で,フランス法学の発展に貢献。
⇒岩世人（デュムーラン 1500–1566.12.27）

Dumoulin, David〈18世紀〉
フランスのダンサー,有名なダンサー4人兄弟（長兄で異母兄のアンリ,フランソワ,ピエール）の末っ子。
⇒バレエ（デュムーラン,ダヴィッド 生没年不詳）

Dumoulin, Pierre〈16・17世紀〉
フランスの改革派神学者。英国教会と改革派教会の合同を図った。
⇒岩世人（デュ・ムーラン 1568.10.16–1658.5.10）

Dumouriez, Charles François du Périer〈18・19世紀〉
フランスの将軍,政治家。1792年ベルギー征服に成功。
⇒岩世人（デュムリエ 1739.1.25–1823.3.14）
学叢思（デュムリエー,シャルル・フランソア 1739–?）

Dun, Edwin〈19・20世紀〉
アメリカの教師,外交官。来日して酪農,土地改良技術などを伝える。のち駐日アメリカ公使。
⇒アア歴（Dun,Edwin エドウィン・ダン 1848.7.19–1931.5.16）
岩世人（ダン 1848.7.19–1931.5.15）
ポブ人（ダン,エドウィン 1848–1931）

Dunan, Charles-Stanislas〈19・20世紀〉
哲学者。
⇒メル2（デュナン,シャルル＝スタニスラス 1849–1931）

Dunand, Jean〈19・20世紀〉
スイスの彫刻家,金銀細工師。
⇒芸13（デュナン,ジャン 1877–1942）

Dunant, Jean Henri〈19・20世紀〉
スイスの人道主義者,国際赤十字の創始者。またYMCA創立者の一人。
⇒岩世人（デュナン 1828.5.8–1910.10.30）
ネーム（デュナン 1828–1910）
広辞7（デュナン 1828–1910）
世人新（デュナン 1828–1910）
世人装（デュナン 1828–1910）
世史語（デュナン 1828–1910）
ポブ人（デュナン,アンリ 1828–1910）

Dunash ben-Labrat〈10世紀〉
ヘブライ詩人,ラビ,言語学者。
⇒ユ人（デュナシ,ベンラブラト 920–990）

ユ著人（Dunash ibn (ben) Labrat　ダナシュ・イブン・ラブラト　10世紀）

Dunbar, Charles Franklin〈19世紀〉
アメリカの経済学者。リカード経済学を研究。
⇒岩世人（ダンバー　1830.7.28-1900.1.29）

Dunbar, Paul Laurence〈19・20世紀〉
アメリカの詩人, 小説家。主著, 詩集『愛と笑いの抒情詩』(03), 小説『狂信者』(01) など。
⇒岩世人（ダンバー　1872.6.27-1906.2.9）

Dunbar, William〈15・16世紀〉
スコットランド最大のチョーサー派詩人。政治的寓意詩『あざみとばら』(03) など。
⇒岩世人（ダンバー　1465頃-1530頃）
　新カト（ダンバー　1460頃-1513頃）

Duncan, Adam Duncan, 1st Viscount of〈18・19世紀〉
イギリスの海軍提督。対フランス戦, 対オランダ戦で活躍。
⇒岩世人（ダンカン　1731.7.1-1804.8.4）

Duncan, Isadora〈19・20世紀〉
アメリカの女流舞踊家。近代舞踊の祖といわれる。
⇒アメ新（ダンカン　1878-1927）
　岩世人（ダンカン　1877.5.26-1927.9.14）
　バレエ（ダンカン, イザドラ　1877.5.26-1927.9.14）
　ネーム（ダンカン, イサドラ　1877-1927）
　現アカ（Duncan, Isadora　イサドラ・ダンカン　1877-1927）
　広辞7（ダンカン　1878-1927）
　ポプ人（ダンカン, イサドラ　1878-1927）

Duncan I〈11世紀〉
スコットランド王。在位1034〜40。
⇒岩世人（ダンカン1世　?-1040.8.14）
　世帝（ダンカン1世　1001-1040）

Duncan II〈11世紀〉
スコットランド王国, ダンケルド家の統治者。在位1094。
⇒世帝（ダンカン2世　1060-1094）

Duncker, Karl〈18・19世紀〉
ドイツの出版業者。ベルリンにDuncker&Humboldt出版社を創立 (1809)。
⇒岩世人（ドゥンカー　1781.3.25-1869.7.15）

Duncker, Maximilian Wolfgang〈19世紀〉
ドイツの歴史家, 政治家。主著『古代史』(52〜86)。
⇒岩世人（ドゥンカー　1811.10.15-1886.7.21）

Dunér, Nils Christoffer〈19・20世紀〉
スウェーデンの天文学者。恒星・太陽の分光学的研究をした。
⇒岩世人（ドゥネール（デュネール）　1839.5.21-1914.11.10）

Dungalus〈8・9世紀〉
カロリング・ルネサンスの時代の神学者, 天文学者。
⇒新カト（ドゥンガルス　?-825以降）

Duni, Antonio〈18世紀〉
イタリアの作曲家。
⇒バロ（ドゥーニ, アントーニオ　1700頃-1768以降）

Duni, Egidio〈18世紀〉
イタリアの重要なコミック・オペラ作曲家。
⇒バロ（ドゥーニ, エジディオ・ロムアルド　1709.2.9-1775.6.11）

Dunin-Borkowski, Zbigniew Stanislaus Martin Graf von〈19・20世紀〉
オーストリアのカトリック聖職者, 思想史研究家。
⇒岩世人（ドゥニン=ボルコフスキー　1864.11.11-1934.5.1）
　新カト（ドゥニン・ボルコヴスキ　1864.11.11-1934.5.1）

Dunlap, Frederick C.〈19・20世紀〉
アメリカの大リーグ選手（二塁）。
⇒メジャ（フレッド・ダンラップ　1859.5.21-1902.12.1）

Dunlap, William〈18・19世紀〉
アメリカの画家, 劇作家, 歴史家。
⇒岩世人（ダンラップ　1776.2.1-1839.9.28）

Dunlop, John Boyd〈19・20世紀〉
イギリスの空気タイヤ発明家。ダンロップ・ゴム会社の基礎を築く。
⇒岩世人（ダンロップ　1840.2.5-1921.10.23）
　ポプ人（ダンロップ, ジョン・ボイド　1840-1921）

Dunn, John Joseph〈19・20世紀〉
アメリカの大リーグ選手（投手, 三塁）。
⇒メジャ（ジャック・ダン　1872.10.6-1928.10.22）

Dunn, Nathan〈18・19世紀〉
アメリカの商人。
⇒アア歴（Dunn, Nathan　ネイサン・ダン　1782.11.11-1844.9.19）

Dunning, William Archibald〈19・20世紀〉
アメリカの政治学者, 歴史学者。南北戦争後の再建期の研究がある。
⇒岩世人（ダニング　1857.5.12-1922.8.25）

Dunois, Jean, Comte de〈15世紀〉
フランスの軍人, 外交官。百年戦争で活躍。
⇒岩世人（デュノワ　1403頃-1468.11.24）

Dunoyer, Barthélemy Charles

Pierre Joseph〈18・19世紀〉
フランスの経済学者。コントと共に"Le Censeur"紙を創刊(1814)。
⇒岩世人（デュノワイエ　1786.5.20-1862.12.4）
　学叢思（デュノアイエ，シャール　1786-1862）

Dunsany, Edward John Moreton Drax Plunkett, 18th Baron〈19・20世紀〉
アイルランドの詩人，劇作家。作品『神々の笑い』(10)，『アドリアン卿』(33)など。
⇒岩世人（ダンセイニ　1878.7.24-1957.10.25）
　ネーム（ダンセーニ　1878-1957）
　広辞7（ダンセーニ　1878-1957）
　学叢思（ダンセニー卿　1878-?）

Duns Scotus, Johannes〈13・14世紀〉
イギリス中世最大の神学者，哲学者。フランシスコ会の指導的学者。
⇒岩世人（ドゥンス・スコトゥス　1265/1266-1308.11.8）
　ネーム（スコトゥス，ドゥンス　1266?-1308）
　広辞7（ドゥンス・スコトゥス　1265頃-1308頃）
　学叢思（ドゥンス・スコトゥス，ヨハネス　1265（又は1275）-1308）
　新カト（ドゥンス・スコトゥス　1265.12.23/1266.3.17-1308.11.8）
　世人新（ドゥンス＝スコトゥス　1265/1266/1274/1277-1308頃）
　世人装（ドゥンス＝スコトゥス　1265/1266/1274/1277-1308頃）
　メル1（ドゥンス・スコトゥス，ヨハネス　1265/1266?-1308）

Dunstable, John〈14・15世紀〉
イギリスの作曲家。天文学者，数学者でもあった。イタリア語歌曲『うるわしきバラ』などが有名。
⇒バロ（ダンスタブル，ジョン　1390頃-1453.12.24）
　岩世人（ダンスタブル　1390頃-1453.12.24）
　エデ（ダンスタブル，ジョン　1390頃-1453.12.24）
　ネーム（ダンスタブル　1390-1453）
　新カト（ダンスタブル　1390頃-1453.12.24）

Dunstan, St.〈10世紀〉
イギリスの聖職者，聖人。クリュニー修道院改革をイギリスに導入。
⇒岩世人（ダンスタン　910頃-988）
　新カト（ダンスタン　909-988.5.19）

Duong-Dien-Nghe〈9・10世紀〉
曲浩（クック・ハオ）交州節度使の属将。
⇒岩世人（ズオン・ディン・ゲ　?-937）

Du'o'ng thái hậu〈10世紀〉
ベトナム，ディン・ボ・リンとレー・ホアンの皇后。
⇒岩世人（ズオン太后　?-1000）

Dupanloup, Félix Antoine Philibert〈19世紀〉
フランスの聖職者。
⇒新カト（デュパンルー　1802.1.3-1878.10.11）

Du Parc, Mademoiselle〈17世紀〉
フランスの女優。
⇒岩世人（デュ・パルク　1633-1668.12.11）

Duparc, Marie Eugene Henri〈19・20世紀〉
フランスの作曲家。近代フランス音楽に貢献した「フランキスト」の一人。
⇒岩世人（デュパルク　1848.1.21-1933.2.12）
　ネーム（デュパルク　1848-1933）
　広辞7（デュパルク　1848-1933）

Duparquet, Charles〈19世紀〉
フランスの宣教師。中央アフリカ宣教に先鞭をつけた。
⇒新カト（デュパルケ　1830.10.31-1888.8.24）

Duperron, Jacques Davy〈16・17世紀〉
フランスの枢機卿。国王アンリ4世の対ローマ教皇政策を担当。
⇒新カト（デュ・ペロン　1556.11.25-1618.9.5）

Dupetit Thouars, Abel Aubert〈18・19世紀〉
フランスの海軍提督。
⇒オセ新（デュプティ・トゥアル　1793-1864）

Dupeyron, Ferdinand Hector〈19・20世紀〉
フランスのテノール歌手。
⇒魅惑（Dupeyron,Ferdinand Hector　1861-1911）

Du Phly, Jacques〈18世紀〉
フランスのオルガン奏者，クラウザン奏者，作曲家。
⇒バロ（デュ・フリ，ジャック　1715.1.12-1789.7.15）

Dupin, André Marie Jean Jacques〈18・19世紀〉
フランスの政治家，法律家。元老院に入り，ナポレオン3世の政策を支持。
⇒岩世人（デュパン　1783.2.1-1865.11.10）

Dupin, Charles Pierre Frandçois〈18・19世紀〉
フランスの幾何学者で天文学者。
⇒世数（デュパン，フランソワ・ピエール・シャルル　1784-1873）

Dupleix, Joseph François〈17・18世紀〉
フランスの植民地政治家。カルナータカ戦争で活躍。
⇒岩世人（デュプレクス　1697.1.1-1763.11.10）
　ネーム（デュプレックス　1697-1763）
　世人新（デュプレクス　1697-1763）
　世人装（デュプレクス　1697-1763）
　世史語（デュプレクス　1697-1763）
　ポプ人（デュプレクス，ジョゼフ・フランソワ

1697–1763)
南ア新（デュプレックス 1697–1763）
Duplessis, Joseph-Siffred〈18・19世紀〉
フランスの肖像画家。
⇒芸13（デュプレシス，ジョゼフ・シルフレード 1725–1802）
Du Plessys, Maurice〈19・20世紀〉
フランスの詩人。主著『オリンピア抒情詩集』(22)。
⇒19仏（モーリス・デュ・プレシ 1864.10.14–1924.1.22）
Dupont, Eugène〈19・20世紀〉
フランスの社会主義者。
⇒学叢思（デュポン，ワージェヌ）
Dupont, Léon-Papin〈18・19世紀〉
フランスのカトリック信者。
⇒新カト（デュポン 1797.1.24–1876.3.18）
Dupont, Nicolas〈16・17世紀〉
フランドルの作曲家。
⇒バロ（デュポン，ニコラ 1575頃–1623.9.25）
Dupont, Pierre〈19世紀〉
フランスの詩人。
⇒岩世人（デュポン 1821.4.23–1870.7.24）
Dupont de l'Eure, Jacques Charles〈18・19世紀〉
フランスの法律家，政治家。1848年二月革命後の臨時政府首相。
⇒岩世人（デュポン・ド・ルール 1767.2.27–1855.3.2）
Du Pont de Nemours, Eleuthère Irénée〈18・19世紀〉
アメリカの実業家。パリからアメリカに亡命(99)，デラウェア州に火薬工場を建設(1802)。
⇒岩世人（デュ・ポン・ド・ヌムール 1771.6.24–1834.10.31）
ポプ人（デュポン，エルテール・イレネー 1771–1834）
Du Pont de Nemours, Pierre Samuel〈18・19世紀〉
フランスの経済学者，政治家。一貫して重農主義を唱え，A.テュルゴーの経済改革に協力。
⇒岩世人（デュ・ポン・ド・ヌムール 1739.12.14–1817.8.6）
学叢思（デュポン・ドヌムール，ピエール・サミュエル 1739–1817）
Du Pont de Nemours, Thomas Coleman〈19・20世紀〉
アメリカの実業家。曾祖父の建設した火薬工場を発展させ，アメリカ最大の化学コンツェルンとした。
⇒岩世人（デュ・ポン・ド・ヌムール 1863.12.11–1930.11.11）

ネーム（デュポン・ドヌムール 1863–1930）
Du Pont de Nemours, Victor Marie〈18・19世紀〉
アメリカの実業家，外交家。フランスに生れ，アメリカに帰化。フィラデルフィアの合衆国銀行の重役となる。
⇒岩世人（デュ・ポン・ド・ヌムール 1767.10.1–1827.1.30）
Duport, Adrien Jean François〈18世紀〉
フランスの政治家。バルナーヴ・ラメットと共に三頭政治を形成，司法組織の報告により有名。
⇒岩世人（デュポール 1759.2.24–1798.7.6）
Duport, Jean Louis〈18・19世紀〉
フランスのチェロ奏者。
⇒バロ（デュポール，ジャン・ルイ 1749.10.4–1819.9.7）
岩世人（デュポール 1749.10.4–1819.9.7）
Duport, Jean-Pierre〈18・19世紀〉
フランスのチェロ奏者。
⇒バロ（デュポール，ジャン・ピエール 1741.11.27–1818.12.31）
Duport, Louis Antoine〈18・19世紀〉
フランスのダンサー，振付家，バレエ・マスター。
⇒バレエ（デュポール，ルイ・アントワーヌ 1781–1853.10.19）
Duprat, Guillaume Léonce〈19・20世紀〉
スイスの社会学者。G.リシャールとともに心理学的社会学派を代表する。
⇒学叢思（デュプラ 1874–?）
Dupré, Jules〈19世紀〉
フランスの風景画家。バルビゾン派に属す。代表作『嵐のあとで沈む太陽』(51)。
⇒岩世人（デュプレ 1811.4.5–1889.10.6）
芸13（デュプレ，ジュール 1812–1889）
Dupré, Louis〈17・18世紀〉
フランスのダンサー，振付家，バレエ・マスター。
⇒バレエ（デュプレ，ルイ 1690頃–1774.12）
Duprez, Girbert-Louis〈19世紀〉
フランスのテノール歌手。
⇒オペラ（デュプレ，ジルベル=ルイ 1806–1896）
Dupuis, Jean〈19・20世紀〉
フランスの貿易商。ソンコイ川の通商路をひらく。
⇒岩世人（デュピュイ 1829.12.8–1912.11.28）
Dupuis, Thomas Saunders〈18世紀〉
イギリスの作曲家。
⇒バロ（デュピュイ，トマス・サンダース 1733.11.5–1796.7.17）

Dupuit, Jule Juvénal〈19世紀〉
フランスの経済学者。限界革命の先駆者の一人。
⇒岩世人（デュピュイ　1804.5.18–1866.9.5）

Dupuits, Jean-Baptiste〈18世紀〉
フランスの作曲家。
⇒バロ（デュピュイ，ジャン・バティスト　1700頃?–1757）

Dupuy, Jean〈19・20世紀〉
フランスのジャーナリスト。
⇒岩世人（デュピュイ　1844.10.1–1919.12.31）

Dupuytren, Guillaume, Baron〈18・19世紀〉
フランスの外科医。病理学の先駆者。
⇒岩世人（デュピュイトラン　1777.10.5–1835.2.8）

Duquesne, Abraham, Marquis〈17世紀〉
フランスの海軍軍人。オランダ戦争（1672〜79）などで活躍。
⇒岩世人（デュケーヌ　1610–1688.2.2）

Duquesnoy, François〈16・17世紀〉
フランドル出身の彫刻家。代表作『聖アンデレ』（サン・ピエトロ大聖堂）。
⇒岩世人（デュケノワ　1597.1.12(受洗)–1643.7.12）

Duran, Emile Auguste Carolus〈19世紀〉
フランスの画家。
⇒学叢思（デュラン，エミール　1837–1814）

Durán, José〈18世紀〉
スペインの作曲家。
⇒バロ（ドゥラン，ホセ　1730頃?–1791以降）

Duran, Simeon ben-Zemah〈14・15世紀〉
スペインのラビ，哲学者。
⇒ユ人（デュラン，シメオン・ベンツェマフ　1361–1444）
　ユ著人（Duran, Simeon ben Zemah　ドゥラン，シモン・ベン・ツェマ　1361–1444）

Durand, Barthélemy d'Antibes〈17・18世紀〉
フランスのカトリック神学者。フランシスコ会の会員。
⇒新カト（デュラン　?–1720）

Durand, Jean Nicolas Louis〈18・19世紀〉
フランスの建築家，理論家，教育者。
⇒岩世人（デュラン　1760.9.18–1834.12.30）

Durand, Joseph Pierre〈19世紀〉
フランスの社会主義者。
⇒学叢思（デューラン，ジョゼフ・ピエール　1826–?）

Durand, Marguerite〈19・20世紀〉
フランスのジャーナリスト。
⇒岩世人（デュラン　1864.1.24–1936.3.16）

Durand de Gros〈19世紀〉
フランスの生理学者，哲学者。
⇒岩世人（デュラン・ド・グロ　1826–1900）

Durand de Saint-Pourçain, Guillaume〈13・14世紀〉
フランスのスコラ神学者。
⇒岩世人（デュラン・ド・サン＝プルサン　1275頃–1334.9.10）

Durand-Ruel, Paul-Marie-Joseph〈19・20世紀〉
フランスの画商。
⇒岩世人（デュラン＝リュエル　1831.8.31–1922.2.5）

Durandus〈11世紀〉
フランスのベネディクト会員。
⇒新カト（ドゥランドゥス〔トロアルンの〕　1005/1020–1088/1089.2.11）

Durandus〈13・14世紀〉
フランスの神学者，司教，ドミニコ会司祭。
⇒新カト（ドゥランドゥス〔サン・プルサンの〕　1275–1334.9.10）

Durandus, Guillelmus〈13世紀〉
フランスの教会法，典礼学者。主著は教会法便覧『法の鏡』。
⇒新カト（ドゥランドゥス〔マンドの〕　1230/1231–1296.11.7）

Durandus, Guillermus〈13・14世紀〉
教会法学者，マンドの司教。同名のドゥランドゥスの甥。
⇒新カト（ドゥランドゥス〔マンドの〕　1266頃–1330.7）

Durang, John〈18・19世紀〉
アメリカのダンサー，振付家，アメリカ生まれで世界的に有名になった最初のダンス・アーティスト。
⇒バレエ（デュラング，ジョン　1769.1.6–1822）

Durante, Francesco〈17・18世紀〉
イタリアの作曲家。ナポリ楽派の最も重要な一人。
⇒バロ（ドゥランテ，フランチェスコ　1684.3.31–1755.9.30）
　岩世人（ドゥランテ　1684.3.31–1755.9.30）
　オペラ（ドゥランテ，フランチェスコ　1684–1755）
　新カト（ドゥランテ　1684.3.31–1755.9.30）

Durante, Ottavio〈16・17世紀〉
イタリアの作曲家。
⇒バロ（ドゥランテ，オッターヴィオ　1560頃?–

1608)
Duranty, Louis Emile Edmond〈19世紀〉
フランスの小説家,美術評論家。
⇒岩世人（デュランティ 1833.6.5–1880.4.10）

Durazzo, Giacomo〈18世紀〉
イタリアの演出家。
⇒オペラ（ドゥラッツォ,ジャコモ 1717–1794）

Dürer, Albrecht〈15・16世紀〉
ドイツの画家,版画家,美術理論家。ドイツ・ルネサンス絵画の完成者。
⇒岩世人（デューラー 1471.5.21–1528.4.6）
　ネーム（デューラー 1471–1528）
　広辞7（デューラー 1471–1528）
　学叢思（デューレル,アルブレヒト 1471–1528）
　新カト（デューラー 1471.5.21–1528.4.6）
　芸13（デューラー,アルブレヒト 1471–1528）
　世人新（デューラー 1471–1528）
　世人装（デューラー 1471–1528）
　世史語（デューラー 1471–1528）
　世数（デューラー,アルブレヒト 1471–1528）
　ポブ人（デューラー,アルブレヒト 1471–1528）
　ルネ（アルブレヒト・デューラー 1471–1528）

Duret, Théodore〈19・20世紀〉
フランスの美術評論家。主著『印象派の画家達』(85)。
⇒岩世人（デュレ 1838.1.19–1927.1.16）

D'Urfé, Honoré〈16・17世紀〉
フランスの小説家,詩人。フォレの貴族出身。代表作『アストレ』(5巻)。
⇒岩世人（デュルフェ 1567.2.11（受洗）–1625.6.1）

Durham, John George Lambton, 1st Earl of〈18・19世紀〉
イギリスの政治家。1832年第1次選挙法改正法案の起草者の一人。
⇒岩世人（ダラム 1792.4.12–1840.7.28）

Duris〈前4・3世紀〉
古代ギリシアの歴史家,文芸批評家。エーゲ海東部のサモス島の僭主。テオプラトスの弟子。
⇒岩世人（ドゥリス 前340頃–前270頃）

Durkheim, Émile〈19・20世紀〉
フランス社会学の創設者。1897年『社会学年報』を創刊し,デュルケム学派を形成。
⇒岩世人（デュルケム 1858.4.15–1917.11.15）
　ネーム（デュルケム 1858–1917）
　広辞7（デュルケム 1858–1917）
　学叢思（デュルケーム,エミール 1858–1917）
　新カト（デュルケム 1858.4.15–1917.11.15）
　20思（デュルケーム,エミール 1858–1917）
　メル3（デュルケム,エミール 1858–1917）
　ユ人（デュルケーム,エミール 1858–1917）
　ユ著人（Durkheim,Émile デュルケーム,エミール 1858–1917）

Durnovo, Pëtr Nikolaevich〈19・20世紀〉
ロシアの政治家。
⇒岩世人（ドゥルノヴォー 1845?–1915.9.11）

Durocher, Marie-Rose〈19世紀〉
カナダの修道女。イエズス・マリア御名修道女会の創立者,初代総長。
⇒新カト（デュロシェ 1811.10.6–1849.10.6）

Durón, Sebastián〈17・18世紀〉
スペインの作曲家。
⇒バロ（ドゥローン,セバスティアン 1660.4.19–1716.8.3）

Duruy, Victor〈19世紀〉
フランスの歴史家。
⇒岩世人（デュリュイ 1811.9.11–1894.11.25）
　19仏（ヴィクトル・デュリュイ 1811.9.11–1894.11.25）

Dury, John〈16・17世紀〉
イギリスのプロテスタント神学者,教育者。
⇒新カト（デュリー 1596–1680.9.26）

Dury, Léon〈19世紀〉
フランスの長崎駐在フランス領事。京都外国語学校他でフランス語を教授。
⇒岩世人（デュリー 1822.5.12–1891.10.24）

Duryea, Charles Edgar〈19・20世紀〉
アメリカの発明家。アメリカ初の内燃機関を備えた自動車を製作(1892)。
⇒岩世人（ドゥリエイ 1861.12.15–1938.9.28）

Duryodhana
インド古代叙事詩《マハーバーラタ》の中心人物。
⇒岩世人（ドゥルヨーダナ）

Dusan, Stevan〈14世紀〉
セルビア王。在位1331～46,のち皇帝(46～55)。バルカンに覇権を確立。
⇒岩世人（ドゥシャン 1308–1355.12.20）

Duse, Eleonora〈19・20世紀〉
イタリアの女優。サラ・ベルナールとともに,当時の2大悲劇女優と称された。
⇒岩世人（ドゥーゼ 1858.10.3–1924.4.21）

Dušek, František Xaver〈18世紀〉
チェコのピアノ奏者,作曲家。
⇒バロ（ドゥシェーク,フランティシェク・クサヴァー 1731.12.8–1799.2.12）

Dušek, Jan Josef〈18・19世紀〉
ボヘミアの作曲家。
⇒バロ（ドゥシェーク,ヤン・ヨーゼフ 1738.8.16–1818.6.24）

Du Sommerard, Alexandre〈18・19世

紀〉
フランスの美術研究家，蒐集家。
⇒岩世人（デュ・ソムラール　1779.8.31–1842.8.19）

Dussart〈15世紀〉
フランスの作曲家。
⇒バロ（デュサール,?　1450頃?–1500頃?）

Dussek, Jan Ladislav〈18・19世紀〉
チェコの作曲家，ピアノ奏者。プロシアの宮廷音楽家を務めた。
⇒バロ（ドゥシェーク，ヤン・ラディスラフ　1760.2.12–1812.3.20）
エデ（ドゥシーク［ドゥセック］，ヤン［ヨハン］・ラディスラフ［ラディスラウス］　1760.2.12–1812.3.20）
ヒ曲改（デュセック，ヤン・ラディスラフ　1760–1812）

Dūst Muḥammad〈18・19世紀〉
アフガニスタンのバーラクザイ朝の創始者。在位1826～63。
⇒岩世人（ドゥースト・ムハンマド　1793–1863）

Dūst Muḥammad ibn Sulaymān Haravī〈16世紀〉
ペルシアの書家，芸術家論著者。
⇒岩世人（ドゥースト・ムハンマド）

Dūst Muḥammad Muṣavvir〈16世紀〉
ペルシアおよびインドで活躍した画家。
⇒岩世人（ドゥースト・ムハンマド・ムサッヴィル（活躍）16世紀）

du Tertre, Estienne〈16世紀〉
フランスの作曲家。
⇒バロ（デュ・テルトル，エティエンヌ　1520頃?–1570頃?）

Du Toit, Alexander Logie〈19・20世紀〉
南アフリカの地質学者。
⇒岩世人（デュ・トワ　1878.3.14–1948.2.25）

Dutreuil de Rhins, Jules Léon〈19世紀〉
フランスの探検家。チベットを探検中，殺害された。
⇒岩世人（デュトルイユ・ド・ラン　1846.1.2–1894.6.5）

Dutt, Romesh Chunder〈19・20世紀〉
インドの歴史家，文学者。英領インドの経済史は古典的名著とされる。
⇒岩世人（ダット　1848.8.13–1909.11.30）

Duṭṭhagāmaṇī〈前2世紀〉
スリランカ古代シンハラ王国の英雄王。
⇒岩世人（ドゥトゥギャムヌ　(在位)前161–前137）
学叢思（ヅッタガーミニ）

Dutton, Ira Barnes〈19・20世紀〉
モロカイ島で活動したアメリカ合衆国出身の信徒宣教者。
⇒新カト（ダットン　1843.4.27–1931.3.26）

Duun, Olav〈19・20世紀〉
ノルウェーの小説家。ノルウェーの第2の国語ランスモールを用いる。
⇒岩世人（ドゥーン　1876.11.21–1939.9.13）

Du Vair, Guillaume〈16・17世紀〉
フランスの哲学者，政治家。主著『ストア派の道徳哲学』（03頃）。
⇒岩世人（デュ・ヴェール　1556.3.7–1621.8.3）
メル1（デュ・ヴェール，ギヨーム　1556–1621）

Duval, André〈16・17世紀〉
フランスのカトリック神学者，教区司祭。
⇒新カト（デュヴァル　1564.1.15–1638.9.9）

Duval, François〈17・18世紀〉
フランスの作曲家。
⇒バロ（デュヴァル，フランソワ　1672/1673–1728.1.27）

Duval, Mathias〈19・20世紀〉
フランスの医師。
⇒19仏（マティアス・デュヴァル　1844.2.7–1907）

Duval, Victor Emile〈19世紀〉
フランスの社会主義者。
⇒学叢思（デュヴァル，ヴィクトル・エミール　1841–1871）

Duveen, Joseph〈19・20世紀〉
イギリスの美術商。
⇒ユ人（デューベーン，ジョセフ卿　1869–1939）
2著人（Duveen,Joseph,Lord　デューヴィン，ジョセフ　1869–1939）

Duvergier de Hauranne, Jean〈16・17世紀〉
フランスの神学者，ジャンセニスト。イエズス会の功利主義を攻撃。
⇒新カト（デュヴェルジエ・ド・オーランヌ　1581–1643.10.11）

Duvernay, Pauline〈19世紀〉
フランスのダンサー。
⇒バレエ（デュヴェルネ，ポーリーヌ　1813–1894）

Duvernoy, Georges Louis〈18・19世紀〉
フランスの解剖学者，動物学者。キュヴィエの『比較解剖学講義』の編集を助けた。
⇒岩世人（デュヴェルノワ　1777.8.6–1855.3.1）

Duwa〈13・14世紀〉
チャガタイ・ハン国第11代の王。在位1291頃～1306。
⇒岩世人（ドゥア　?–1306（大徳10））

dvags po lha rje bsod nams rin chen〈11・12世紀〉
チベット仏教タクポ・カギュ派の開祖。

⇒岩世人（タクポラジェ・ソナムリンチェン 1079–1153）

Dvivedī, Mahāvīrprasād〈19・20世紀〉
インドのヒンディー語編集者，評論家。標準ヒンディー散文体の確立のため，尽力。
⇒岩世人（ドヴィヴェーディー 1864.5.15–1938.12.21）
南ア新（ドゥヴィヴェーディー 1864–1938）

Dvořák, Antonin〈19・20世紀〉
チェコの作曲家。オーストリア終身上院議員。
⇒岩世人（ドヴォルザーク（ドヴォジャーク） 1841.9.8–1904.5.1）
バレエ（ドヴォルザーク, アントニン 1841.9.8–1904.5.1）
オペラ（ドヴォルジャーク, アントニーン・レオポルト 1841–1904）
エデ（ドヴォルジャーク, アントニーン（レオポルト） 1841.9.8–1904.5.1）
広辞7（ドヴォルジャーク 1841–1904）
学叢思（ドヴォルシャック, アントニン 1841–1904）
実音人（ドヴォルザーク, アントニン 1841–1904）
新カト（ドヴォルザーク 1841.9.8–1904.5.1）
世人新（ドヴォルザーク 1841–1904）
世人装（ドヴォルザーク 1841–1904）
世史語（ドヴォルザーク 1841–1904）
ピ曲改（ドヴォルザーク, アントニン 1841–1904）
ポプ人（ドボルザーク, アントニン 1841–1904）

Dvořák, Max〈19・20世紀〉
オーストリアの美術史学者。いわゆるウィーン学派に属し，美術史を精神史として探究。
⇒岩世人（ドヴォルザーク（ドヴォジャーク） 1874.6.24–1921.2.8）
広辞7（ドヴォルジャーク 1874–1921）

Dwight, Timothy〈18・19世紀〉
アメリカの教育家，神学者，詩人。1795年以後，エール大学総長兼神学教授。
⇒岩世人（ドワイト 1752.5.14–1817.1.11）
新カト（ドワイト 1752.5.14–1817.1.11）

Dwyer, John Francis〈19・20世紀〉
アメリカの大リーグ選手（投手）。
⇒メジャ（フランク・ドワイアー 1868.3.25–1943.2.4）

Dyck, Ernest van〈19・20世紀〉
ベルギーのテノール。ワーグナー歌手として欧米で活躍，アントワープでヌーヴォー・コンセールを創設。
⇒魅惑（Dyck,Ernest van 1861–1923）

Dyck, Walther Franz Anton von〈19・20世紀〉
ドイツの数学者。ミュンヘン工科大学教授。
⇒世数（ディック, ヴァルター・フォン 1856–1934）

Dye, William McEntyre〈19世紀〉
アメリカの陸軍将校。

⇒アア歴（Dye,William McEntyre ウイリアム・マッケンタイアー・ダイ 1831.2–1899.11.13）

Dyer, Henry〈19・20世紀〉
イギリスの工学者。工部大学校初代教頭。
⇒岩世人（ダイアー（ダイエル） 1848.8.16–1918.9.25）
科史（ダイアー 1848–1918）

Dyer, John〈17・18世紀〉
イギリスの詩人。主作品『グロンガー丘陵』（26）。
⇒岩世人（ダイアー 1700頃–1758.12.15）

Dyer, Samuel〈19世紀〉
イギリスの宣教師。ロンドン伝道会よりマラッカに派遣され，印刷活字鋳造に従事。澳門（マカオ）で客死。
⇒岩世人（ダイアー 1804.1.20–1843.10.21）

Dyletskiĭ, Nikolaĭ Pavlovich〈17世紀〉
ウクライナ生まれの指揮者，教育者，理論家。
⇒バロ（ディレーツキー, ニコライ・パヴロヴィチ 1630–1680-1690）

d'Youville, Marie-Marguerite〈18世紀〉
カナダ出身の最初の聖人，モントリオールの愛徳修道女会創立者。祝日12月23日。
⇒新カト（マリー・マルグリット・デューヴィル 1701.10.15–1771.12.23）

Dyroff, Adolf〈19・20世紀〉
ドイツの哲学者。
⇒岩世人（デュロフ 1866.2.2–1943.7.3）
新カト（デュロフ 1866.2.2–1943.7.3）

Dyson, Verne〈19・20世紀〉
アメリカの作家。
⇒アア歴（Dyson,Verne ヴァーン・ダイスン 1879.1.25–1971）

Dzerasse
ナルト叙事詩に登場する海神ドン・ベッチュルの娘。
⇒ネーム（ゼラセ）

Dzialkowski, Szymon〈18世紀〉
ポーランドの作曲家。
⇒バロ（ジャウコフスキ, シモン 1740頃–1800頃?）

Dzierzhnskii, Feliks Edmundovich〈19・20世紀〉
ソ連初期の党活動家，政治家。ポーランド，リトアニアの革命運動を指導。
⇒岩世人（ゼルジンスキー 1877.8.30/9.11–1926.7.20）
広辞7（ジェルジンスキー 1877–1926）
学叢思（ジェルジンスキー ?–1927）
スパイ（ジェルジンスキー, フェリクス・エドムンドヴィチ 1877–1926）

【 E 】

Eakin, John Anderson〈19・20世紀〉
アメリカの教育者。
⇒アア歴（Eakin,John Anderson ジョン・アンダースン・イーキン 1854.2.28–1929.1.21）

Eakins, Thomas〈19・20世紀〉
アメリカの画家。厳格な写実的方法で自然や人物を描いた。代表作『スカルに乗る人』(71)。
⇒岩世人（エイキンズ 1844.7.25–1916.6.25）
　芸13（イーキンズ, トーマス 1844–1916）
　芸13（エイキンズ, トマス 1844–1916）

Eannatum〈前25世紀〉
シュメール王朝時代初期のラガシュ市（バビロニア）の主。
⇒岩世人（エアンナトゥム）

Earle, Augustus〈18・19世紀〉
ロンドン生れの放浪画家。31年にはダーウィンらとビーグル号で航海。
⇒オセ新（アール 1793–1838）

Earle, John〈17世紀〉
イギリスの王党派聖職者。Worcester, Salisburyの主教。人間の種々相を赤裸々に描いた才気あふれる「小天地誌」(1628-30) の作者として知られる。
⇒新カト（アール 1601–1665.11.17）

Earl Haakon Sigurdsson〈10世紀〉
ノルウェー王国の統治者。在位974～994。
⇒世帝（ハーコン・シグルザルソン 935頃–995）

Earlom, Richard〈18・19世紀〉
イギリスの銅版彫刻家。レンブラントらの作品を銅版画にした。
⇒岩世人（アーロム 1743/1742–1822.10.9）

Earp, Wyatt Berry Stapp〈19・20世紀〉
アメリカ西部の賭博士、名挙銃使い、保安官。OK牧場の決闘の中心人物。
⇒アメ新（アープ 1848–1929）

East, Edward Murray〈19・20世紀〉
アメリカの育種家。トウモロコシの品種改良事業に携った。
⇒岩世人（イースト 1879.10.4–1938.11.9）

East, Michael〈16・17世紀〉
イギリスの作曲家、オルガン奏者。
⇒バロ（イースト, マイケル 1580頃–1648）

Eastlake, Sir Charles Lock〈18・19世紀〉
イギリスの画家。歴史画、宗教画などを描いた。
⇒岩世人（イーストレイク 1793.11.17–1865.12.24）

Eastlake, Frank Warrington〈19・20世紀〉
アメリカの言語学者、英語教育家。1884年来日、東京独立新聞（英文）を創刊。
⇒アア歴（Eastlake,F（rederick）Warrington フレデリック・ウォリントン・イーストレイク 1858–1905.2.18）
　岩世人（イーストレイク（イーストレーキ） 1858.1.22–1905.2.18）
　ネーム（イーストレーク 1858–1905）
　広辞7（イーストレーキ 1858–1905）

Eastlake, William Clarke〈19世紀〉
アメリカの歯医者。横浜で開業し、日本に初めて近代歯科医学を導入。
⇒岩世人（イーストレイク（イーストレーキ） 1834.3.25–1887.2.26）

Eastman, George〈19・20世紀〉
アメリカの発明家。乾板フィルムの製造に着手し、1888年に「コダック」を発明。
⇒アメ新（イーストマン 1854–1932）
　岩世人（イーストマン 1854.7.12–1932.3.14）
　ネーム（イーストマン 1854–1932）
　現アカ（Eastman,George ジョージ・イーストマン 1854–1932）
　広辞7（イーストマン 1854–1932）
　ポブ人（イーストマン, ジョージ 1854–1932）

Eastwick, Edward Backhouse〈19世紀〉
イギリスの外交官、東洋学者。
⇒岩世人（イーストウィック 1814.3.13–1883.7.16）

Ebba〈7世紀〉
サクソン族の王女。
⇒新カト（エッパ ?–683.8.25）

Ebba〈9世紀〉
イギリスの女子修道院長、殉教者。
⇒新カト（エッパ ?–870頃）

Ebbe Skammelsen
デンマークの中世歌謡フォルケヴィーセに登場する騎士。
⇒岩世人（エベ・スカメルセン）

Ebbinghaus, Hermann〈19・20世紀〉
ドイツの心理学者。高等精神作用の実験研究に着手。
⇒岩世人（エビングハウス 1850.1.24–1909.2.26）
　学叢思（エビングハウス, ヘルマン 1850–1908）

Ebbo〈8・9世紀〉
ランスの大司教。
⇒新カト（エッボ〔ランスの〕 775/778–851.3.21）

Ebediesus〈4世紀〉
聖人, 殉教者。祝日5月16日。
⇒新カト（エベドイエスス〔カシュカルの〕 ?–374/375）

Ebel, Eduard〈16・17世紀〉
ドイツの作曲家。
⇒バロ（エーベル, エドゥアルト 1590頃?–1650頃?）

Ebeling, Johann Georg〈17世紀〉
ドイツのプロテスタント教会音楽家。
⇒バロ（エーベリング, ヨハン・ゲオルグ 1637.7.8–1676.12.4）

Ebendorfer, Thomas〈14・15世紀〉
オーストリアの歴史学者。
⇒新カト（エベンドルファー 1388.8.10–1464.1.12）

Eberhard〈12世紀〉
ドイツのプレモントレ会会員。
⇒新カト（エベルハルト〔マルヒタールの〕 ?–1176/1183）

Eberhard, Christian August Gottlob〈18・19世紀〉
ヴュルッテンベルク伯。テュービンゲン大学の創設者。
⇒岩世人（エーバーハルト 1769.1.12–1845.5.13）

Eberhard, Johann August〈18・19世紀〉
ドイツの哲学者, 神学者。
⇒岩世人（エーバーハルト 1739.8.31–1809.1.6）
学叢思（エーベルハルト, ヨハン・アウグスト 1739–1809）

Eberhard I von Salzburg〈11・12世紀〉
ベネディクト会士, 大司教, 聖人。
⇒図聖（エーベルハルト1世（ザルツブルクの） 1085頃–1164）

Eberhard II〈14世紀〉
ヴュルテンベルク伯。在位1344～92。
⇒岩世人（エーバーハルト2世 1315–1392.3.15）

Eberhard V (I), the Bearded〈15世紀〉
ヴュルテンベルク家の統治者。
⇒岩世人（エーバーハルト5世（髭公） 1445.12.11–1496.2.24）

Eberhardus〈12・13世紀〉
フランスの文芸史家。
⇒新カト（エベルハルドゥス〔ベテュヌの〕 ?–1212）

Eberl, Anton〈18世紀〉
ドイツの作曲家。
⇒バロ（エベール, アントン 1730頃?–1790頃?）

Eberl, Anton Franz Joseph〈18・19世紀〉
オーストリアの作曲家, ピアノ奏者。

⇒ピ曲改（エベール, アントン・フランツ・ヨゼフ 1765–1807）

Eberlin, Daniel〈17・18世紀〉
ドイツの作曲家。
⇒バロ（エーベルリン, ダニエル 1647.12.4–1715.7.5）

Eberlin, Johann Ernst〈18世紀〉
ドイツの作曲家。1726年ザルツブルクのオルガン奏者。
⇒バロ（エーベルリン, ヨハン・エルンスト 1702.3.27–1762.6.19）
新カト（エーベルリン 1702.3.27–1762.6.21）

Eberlin von Günzburg, Johannes〈15・16世紀〉
ドイツの宗教改革者。ルターの同労者。
⇒岩世人（エーベルリン・フォン・ギュンツブルク 1465/1470–1533）

Ebers, Georg Moritz〈19世紀〉
ドイツのエジプト研究家, 小説家。エジプトに旅行し古文書〈Papyrus Ebers〉を発見。
⇒岩世人（エーベルス 1837.3.1–1898.8.7）

Ebert, Friedrich〈19・20世紀〉
ドイツの政治家, 社会民主主義者。
⇒岩世人（エーベルト 1871.2.4–1925.2.28）
ネーム（エーベルト 1871–1925）
広辞7（エーベルト 1871–1925）
学叢思（エーベルト, フリードリヒ 1861–1925）
世人新（エーベルト 1871–1925）
世人装（エーベルト 1871–1925）
世史語（エーベルト 1871–1925）
ポプ人（エーベルト, フリードリヒ 1871–1925）

Ebert, Max〈19・20世紀〉
ドイツの古代学者。『先史大事典』を編修した。
⇒岩世人（エーベルト 1879.9.4–1929.11.15）

Eberth, Karl Joseph〈19・20世紀〉
ドイツの病理学者, 解剖学者。細菌学の先駆者。コッホと同時に腸チフス菌を発見した（1880）。
⇒岩世人（エーベルト 1835.9.21–1926.12.2）

Eberwein, Karl〈18・19世紀〉
ドイツの音楽家。ゲーテの楽団を指揮し, この詩人の「Proserpina」や「ファウスト」等を作曲。
⇒岩世人（エーバーヴァイン 1786.11.10–1868.3.2）

Eberwein, Traugott Maximilian〈18・19世紀〉
ドイツの音楽家。ゲーテの「Claudine von Villa bella」（15）の作曲をした。
⇒岩世人（エーバーヴァイン 1775.10.27–1831.12.2）

Eberz, Joseph〈19・20世紀〉
ドイツの画家。教会芸術の革新者。主作品『ガブリエル教会』。

⇒芸13（エーベルツ, ヨゼフ　1880-1942）
Ebhardt, Bodo〈19・20世紀〉
ドイツの建築家。諸方の城の修復に従事。
⇒岩世人（エープハルト　1865.1.5-1945.2.13）
Ebilun〈17世紀〉
中国, 清の武将。清の太祖, 太宗及び康熙帝に仕えた。
⇒岩世人（エビルン　?-1674（康熙12.12））
Eble II de Ventadour〈11・12世紀〉
フランスの歌手, 貴族, トルバドゥール。
⇒バロ（エーブル2世・ド・ヴァンタドール　1096-1147）
Ebner, Christina〈13・14世紀〉
ドイツのドミニコ会修道女, 神秘家。
⇒岩世人（エーブナー　1277.3.26-1356.12.27）
　新カト（エーブナー　1277.3.26-1356.12.27）
Ebner, Margareta〈13・14世紀〉
ドイツのドミニコ会修道女, 神秘家。
⇒岩世人（エーブナー　1291頃-1351.6.20）
　新カト（エーブナー　1291-1351.6.20）
Ebner, Wolfgang〈17世紀〉
ドイツのオルガン奏者, 理論家。
⇒バロ（エーブナー, ウォルフガング　1612-1665.2.11/12）
Ebner-Eschenbach, Marie Freifrau von〈19・20世紀〉
オーストリアの女流作家。短篇集『村と城の物語』など。
⇒岩世人（エーブナー＝エッシェンバッハ　1830.9.13-1916.3.12）
Eboli, Ana de Mendoza de〈16世紀〉
スペインのフェリペ2世の寵妾。宮廷の陰謀に加担して追放された（1579）。
⇒岩世人（エボリ　1540.6.29-1592.2.2）
Ebreo da Pesaro, Guglielmo〈15世紀〉
イタリアの舞踊師範。
⇒バロ（アンブロージオ・ダ・ペーザロ, ジョヴァンニ　1425頃-1480以降）
　バロ（エブレーオ・ダ・ペーザロ, グリエルモ　1425頃-1480以降）
　岩世人（エブレオ　1420頃-1484.4.21）
　バレエ（エブレオ, グリエルモ　1420頃-1481頃）
Ebreo dé Somi, Leone〈16世紀〉
ユダヤ人劇作家。
⇒ユ著人（Ebreo dé Somi,Leone　エブレオ・デ・ソミ, レオン　1527-1592）
Ebstein, Wilhelm〈19・20世紀〉
ドイツの医者。エープシュタイン病の記述がある。
⇒岩世人（エブシュタイン　1836.11.27-1912.10.22）

Ebüssuut Efendi〈15・16世紀〉
オスマン・トルコ帝国のイスラム法学者。
⇒岩世人（エビュッスウード・エフェンディ　1490-1574）
Eby, Charles Samuel〈19・20世紀〉
カナダのメソジスト派教会宣教師。甲府英学校で英語を教授。
⇒岩世人（イービー　1845.11.4-1925.12.20）
Ebyngdon, Henry〈15世紀〉
イギリスの作曲家。
⇒バロ（エビングドン, ヘンリー　1440頃?-1490頃?）
Ecarius, Johann Georges〈19世紀〉
ドイツの社会主義者。
⇒学叢思（エカリウス, ヨハン・ゲオルゲス　1818-?）
Eccard, Johannes〈16・17世紀〉
ドイツの作曲家。ブランデンブルク選帝侯の宮廷楽長として活躍。
⇒バロ（エッカルド, ヨハネス　1553-1611.10）
　岩世人（エッカート　1553-1611）
Eccles, Henry II〈17・18世紀〉
イギリスのヴァイオリン奏者。
⇒バロ（エックルス, ヘンリー2世　1675-1685頃-1742）
Eccles, John〈17・18世紀〉
イギリスの作曲家。『ドン・キホーテ』（1694）ほか多くの舞台音楽を作曲。
⇒バロ（エックルス, ジョン　1668-1735.1.12）
Eccles, Solomon I〈17世紀〉
イギリスの音楽教師, 靴屋, 批評家。
⇒バロ（エックルス, ソロモン1世　1617頃-1682）
Eccles, Solomon II〈17・18世紀〉
イギリスのヴィオール奏者。
⇒バロ（エックルス, ソロモン2世　1640-1650頃-1710.12.1）
Echard, Jacques〈17・18世紀〉
ドミニコ会の書誌学者。
⇒新カト（エシャール　1644.9.22-1724.3.15）
Echegaray y Eizaguirre, José〈19・20世紀〉
スペインの劇作家, 数学者, 政治家。1904年度ノーベル文学賞受賞。
⇒岩世人（エチェガライ　1832.4.19-1916.9.27）
　広辞7（エチェガライ　1832-1916）
　学叢思（エチェガライ, ホセ・デ　1832-1916）
Echeverría, Esteban〈19世紀〉
アルゼンチンの作家, 詩人。代表作は短篇の『殺し屋』（40）。
⇒岩世人（エチェベリア　1805.9.2-1851.1.19）

Echtermeyer, Ernst Theodor〈19世紀〉
ドイツの著述家。"Deutsher Musenalmanach" を創刊（1840）。
⇒岩世人（エヒターマイアー　1805.8.12–1844.5.6）

Echter von Mespelbrunn, Julius〈16・17世紀〉
ドイツのカトリック領主司教。
⇒岩世人（エヒター（メスペルブルンの）　1545.3.18–1617.9.13）
新カト（エヒター　1545.3.18–1617.9.13）

Eck, Johannes Meier von〈15・16世紀〉
ドイツのカトリック論争家。ルターとのライプチヒ論争（1519）で有名。
⇒岩世人（エック　1486.11.13–1543.2.10）
学叢思（エック, ヨハン・マイル・フォン　1486–1543）
新カト（エック　1486.11.13–1543.2.10）

Eckard, James Read〈19世紀〉
アメリカの宣教師。
⇒アア歴（Eckard, James Read　ジェイムズ・リード・エカート　1805.11.22–1887.3.12）

Eckard, Johann Gottfried〈18・19世紀〉
ドイツのピアノ奏者, 作曲家。
⇒バロ（エッカルド, ヨハン・ゴットフリート　1735.1.21–1809.7.24）

Eckardstein, Hermann, Freiherr von〈19・20世紀〉
ドイツの外交官。英独同盟交渉に主動的役割を演じ, 日英同盟成立の機をつくった。
⇒岩世人（エッカルトシュタイン　1864.7.5–1933.11.21）

Eckel, Matthias〈16世紀〉
ドイツの官吏, 作曲家。
⇒バロ（エッケル, マティアス　1500頃?–1550頃?）

Eckener, Hugo〈19・20世紀〉
ドイツの飛行船設計者, 操縦者。
⇒岩世人（エッケナー　1868.8.10–1954.8.14）

Eckeren, Gerard van〈19・20世紀〉
オランダの小説家, 出版者。主著 "Ida Westerman"（08）。
⇒岩世人（ファン・エッケレン　1876.11.29–1951.10.22）

Eckermann, Johann Peter〈18・19世紀〉
ゲーテの晩年10年間の秘書。『ゲーテとの対話』（3巻, 36～48）をまとめた。
⇒岩世人（エッカーマン　1792.9.21–1854.12.3）
ネーム（エッカーマン　1792–1854）
広辞7（エッカーマン　1792–1854）

Eckersberg, Kristoffer Vilhelm〈18・19世紀〉
デンマークの画家。デンマーク画派を樹立。

⇒岩世人（エカスペア　1783.1.2–1853.7.22）
芸13（エッケルスベルグ　1783–1853）

Eckert, Franz von〈19・20世紀〉
ドイツ人の軍楽長。来日して海軍軍楽局に奉職。宮内省式部職雅楽部専任を兼ね, 吹奏楽に貢献。
⇒岩世人（エッケルト（エッカート）　1852.4.5–1916.8.6）
ネーム（エッケルト　1852–1916）
広辞7（エッケルト　1852–1916）

Eckert-Greifendorff, Max〈19・20世紀〉
ドイツの地理学者, 地図学者。
⇒岩世人（エッカート＝グライフェンドルフ　1868.4.10–1938.12.26）

Eckhardt, Johann Georg von〈17・18世紀〉
ドイツの歴史家。ライプニツの歴史に関する著作に協力。
⇒岩世人（エッカート　1674.9.7–1730.2.9）
新カト（エックハルト　1664.9.7–1730.2.9）

Eckhart, Meister Johannes〈13・14世紀〉
ドイツのドミニコ会士, 神秘思想家。14世紀ドイツ神秘主義の最高峰。
⇒岩世人（エックハルト　1260頃–1328頃）
ネーム（エックハルト　1260?–1327）
広辞7（エックハルト　1260頃–1328頃）
学叢思（エックハルト, マイステル　1260–1327）
新カト（エックハルト　1260頃–1327/1328）
メル1（エックハルト, マイスター　1260頃–1328頃）

Eckhel, Joseph Hilarius〈18世紀〉
オーストリアの古銭学者。
⇒岩世人（エックヘル　1737.1.13–1798.5.16）

Eckmann, Otto〈19・20世紀〉
ドイツの画家, 工芸家。
⇒岩世人（エックマン　1865.11.19–1902.6.11）

Eckstein, Ernst〈19世紀〉
ドイツの小説家。諧謔的な学校小説や文化史的歴史小説を書いた。
⇒岩世人（エックシュタイン　1845.2.6–1900.11.18）

Economo, Constantin, Freiherr von San〈19・20世紀〉
オーストリアの神経学者。嗜眠性脳炎についての記載を行い,〈エコノモ氏病〉の名が残った。
⇒岩世人（エコノモ　1876–1931）

Eddy, George Sherwood〈19・20世紀〉
アメリカの宣教師, 著作家。5カ年運動を提唱し（1930）, 中国におけるキリスト教運動を発展させた。
⇒アア歴（Eddy,（George）Sherwood　ジョージ・シャーウッド・エディ　1871.1.19–1963.3.3）
岩世人（エディ　1871.1.19–1963.3.3）

Eddy, Mary Morse〈19・20世紀〉
アメリカの宗教家。キリスト教団「クリスチャン・サイエンス」を創設。
⇒岩世人（エディ　1821.7.16–1910.12.3)
　新カト（ベイカー　1821.7.16–1910.12.3)

Edebohls, George Michael〈19・20世紀〉
アメリカの外科医。腎臓水腫の成形手術(1886)などを初めて行い，腎臓外科に寄与。
⇒岩世人（エーデボールズ　1853.5.8–1908.8.8)

Edelburga〈7世紀〉
ノーサンブリア王エドウィンの妃。ケント王エセルバートの娘。聖人。祝日4月5日。ケントのエデルブルガ。
⇒新カト（エデルブルガ（エセルブルガ）　?–647)

Edelburga〈7世紀〉
聖人。祝日10月11日。ロンドン司教エルコンワルドの姉妹。エルコンワルドがエセックス州バーキングに創設した女子修道院の初代院長。バーキングのエセルブルガ。
⇒新カト（エデルブルガ（エセルブルガ）　?–676頃)

Edelburga〈7世紀〉
エヴォリアクム（現ファールムーティエ）の修道院長。聖人。祝日7月7日。イースト・アングリア王アンナの娘，エセルドレダの姉妹。ファールムーティエのエデルブルガ。
⇒新カト（エデルブルガ（エセルブルガ）　?–695.7.7)

Edelfelt, Albert Gustav〈19・20世紀〉
フィンランドの画家。パリに赴き(1874)，フランス自然主義の影響をうけ，肖像画などを描いた。
⇒岩世人（エーデルフェルト　1854.7.21–1905.8.18)

Edelmann, Johann Christian〈17・18世紀〉
ドイツの自由思想家。彼の著は無神論の先駆者として再評価された。
⇒岩世人（エーデルマン　1698.7.9–1767.2.15)

Edelmann, Johann Friedrich〈18世紀〉
ドイツの鍵盤楽器奏者，教師，役人。
⇒バロ（エーデルマン，ヨハン・フリードリヒ　1749.5.5–1794.7.17)

Eden, *Sir* Frederick Morton〈18・19世紀〉
イギリスの経済学者。アダム・スミスの弟子。
⇒岩世人（イーデン　1766–1809)

Eden, William〈18・19世紀〉
イギリスの政治家。アメリカ独立戦争時諜報機関の長を務めた。
⇒スパイ（イーデン，ウィリアム　1744–1814)

Eder, Josef Maria〈19・20世紀〉
オーストリアの女流写真化学者。写真化学の基礎的研究，スペクトル分析を行った。
⇒岩世人（エーダー　1855.3.16–1944.10.18)

Eder, Montague David〈19・20世紀〉
イギリスのシオニスト。
⇒ユ人（エーデル，モンタギュ・ディビッド　1865–1936)

Edgar〈10世紀〉
アングロ・サクソン時代のイギリス王。在位959～75。「平和王」と称される。
⇒岩世人（エドガー（平和王）　944–975.7.8)
　新カト（エドガー　943頃–975.7.8)
　世帝（エドガー　952–975)

Edgar〈11・12世紀〉
スコットランド王国，ダンケルド家の統治者。在位1097～1107。
⇒世帝（エドガー　1074–1107)

Edgar the Ætheling〈11・12世紀〉
イギリスのアングロサクソンの王子，エドワード・ザ・アザリングの息子。エドマンド剛勇王の孫。
⇒世帝（エドガー・アシリング　1051?–1126?)

Edgeworth, Francis Ysidro〈19・20世紀〉
イギリスの経済学者。主な学問的業績は，確率論と統計理論，および経済学にある。
⇒岩世人（エッジワース　1845.2.8–1926.2.13)
　学叢思（エッジウォース，フランシス・イシードロ　1845–?)
　世数（エッジワース，フランシス・イシードロ　1845–1926)

Edgeworth, Maria〈18・19世紀〉
イギリスの女流作家。アイルランド人の生活を描く他，児童文学作者としても著名。
⇒岩世人（エッジワース　1767.1.1–1849.5.22)
　ネーム（エッジワース　1767–1849)

Edgeworth, Richard Lovell〈18・19世紀〉
イギリスの著述家，発明家。主著 "Practical education"(98)。
⇒岩世人（エッジワース　1744.5.31–1817.6.13)

Edigna〈11・12世紀〉
フランス王の娘。福者。祝日2月26日。
⇒図聖（エディグナ　?–1109)

Edinger, Ludwig〈19・20世紀〉
ドイツの神経解剖学者，神経科専門医。
⇒ユ人（Edinger,Ludwig　エディンガー，ルードヴィヒ　1855–1918)

Edinthonius, Johannes〈16世紀〉
ドイツの作曲家。

⇒バロ（エディントニウス, ヨハンネス　1540頃?–1590頃?）

Edison, Thomas Alva〈19・20世紀〉
アメリカの発明家。白熱電球, 活動写真など1,100を越す発明を達成。
⇒アメ新（エジソン　1847–1931）
　岩世人（エディソン（慣エジソン）　1847.2.11–1931.10.18）
　広辞7（エジソン　1847–1931）
　学叢思（エディソン, トーマス・アルヴァ　1874–?）
　物理（エディソン, トーマス・アルバ　1847–1931）
　世人新（エディソン　1847–1931）
　世人装（エディソン　1847–1931）
　世史語（エディソン　1847–1931）
　ポプ人（エジソン, トーマス・アルバ　1847–1931）

Edith of Wilton〈10世紀〉
修道女。聖人。ケンシング生まれ。
⇒新カト（エディト〔ウィルトンの〕　961–984.9.16）
　図聖（イーディス（ウィルトンの）　?–984）

Edkins, Joseph〈19・20世紀〉
イギリスのプロテスタント中国宣教師, シナ学者。初めて天津に開教（1861）。
⇒岩世人（エドキンズ　1823–1905）
　広辞7（エドキンズ　1823–1905）

Edlund, Erik〈19世紀〉
スウェーデンの物理学者。
⇒学叢思（エドルンド, エリク　1819–1888）

Edmonds, Sarah Emma〈19世紀〉
カナダ生まれの兵士。
⇒スパイ（エドモンズ, サラ・エマ　1841–1898）

Edmonds, Thomas Rowe〈19世紀〉
イギリスのリカード派社会主義者。
⇒学叢思（エドモンヅ, トーマス・ロー　1803–1889）

Edmund, St.〈9世紀〉
アングロ・サクソン時代の東アングリア王。在位855～70。聖人。
⇒岩世人（エドマンド（殉教王）　?–869.11.20）
　新カト（エドマンド　841–869.11.20）
　図聖（エドマンド（イースト・アングリアの）　840頃–870）

Edmund I〈10世紀〉
アングロ・サクソン時代のイングランド王。在位940～6。
⇒世帝（エドマンド1世　922–946）

Edmund II〈10・11世紀〉
アングロ・サクソン時代のイングランド王。在位1016。「剛勇王」と称された。
⇒岩世人（エドマンド2世（剛勇王）　?–1016.11.30）
　世帝（エドマンド2世　993–1016）

Edmund Rich〈12・13世紀〉
イギリスの高位聖職者, 神学者。1233年カンタベリー大司教。
⇒岩世人（エドマンド・リッチ　1180頃–1240.11.16）
　新カト（エドマンド・リッチ　1170頃–1240.11.16）
　図聖（エドマンド（アビンドンの）　1180頃–1240）

Edmunds, Charles Keyser〈19・20世紀〉
アメリカの教育者。
⇒アア歴（Edmunds, Charles K (eyser)　チャールズ・カイザー・エドマンズ　1876.9.21–1949.1.8）

Edred〈10世紀〉
イギリス, アングロサクソン時代のイングランド王。在位946～955。
⇒世帝（エドレッド　923–955）

Edsall, David Linn〈19・20世紀〉
アメリカの医学者, 産業医。
⇒岩世人（エドサル　1869.7.6–1945.8.12）

Edström, Johannes Sigfrid〈19・20世紀〉
スウェーデンの体育家, 実業家。国際オリンピック委員会会長（1946～52）。国際商業会議所名誉会長。
⇒岩世人（エードストレム　1870.11.21–1964.3.18）

Edward, the Black Prince〈14世紀〉
エドワード3世の長子。「黒太子」の異名がある。
⇒岩世人（エドワード（黒太子）　1330.6.15–1376.6.8）
　広辞7（エドワード（黒太子）　1330–1376）
　世人新（エドワード黒太子　1330–1376）
　世人装（エドワード黒太子　1330–1376）
　世史語（エドワード黒太子　1330–1376）
　ポプ人（エドワード黒太子　1330–1376）

Edward, the Elder〈9・10世紀〉
イングランド王。在位899/901～25。アルフレッド大王の長子。「長兄王」と呼ばれる。
⇒岩世人（エドワード（兄王）　870頃–924）
　世帝（エドワード長兄王　874?–924）

Edward I〈13・14世紀〉
イングランド王。在位1272～1307。「立法者」の異名を持つ。
⇒岩世人（エドワード1世　1239.6.17/18–1307.7.7）
　広辞7（エドワード一世　1239–1307）
　世人新（エドワード1世　1239–1307）
　世人装（エドワード1世　1239–1307）
　世史語（エドワード1世　1239–1307）
　世帝（エドワード1世　1239–1307）
　ポプ人（エドワード1世　1239–1307）
　ユ人（エドワード1世　1239–1307）

Edward II〈13・14世紀〉
イングランド王。在位1307～27。エドワード1世の第4子。
⇒岩世人（エドワード2世　1284.4.25–1327.9.21）
　世帝（エドワード2世　1284–1327）

皇国（エドワード2世 （在位）1307-1327）

Edward III〈14世紀〉
イングランド王。在位1327〜77。エドワード2世とフランスのイザベラの長子。
⇒岩世人（エドワード3世　1312.11.12-1377.6.21）
広辞7（エドワード三世　1312-1377）
世人新（エドワード3世　1312-1377）
世人装（エドワード3世　1312-1377）
世史語（エドワード3世　1312-1377）
世帝（エドワード3世　1312-1377）
ポプ人（エドワード3世　1312-1377）
皇国（エドワード3世　（在位）1327-1377）

Edward IV〈15世紀〉
イングランド王。在位1461〜83。ヨーク公爵リチャードの長男。フランスのルーアン生れ。
⇒岩世人（エドワード4世　1442.4.28-1483.4.9）
世帝（エドワード4世　1442-1483）

Edward V〈15世紀〉
イングランド王。在位1483.4.9〜6.25。王位継承後まもなく、幽閉され死亡。
⇒岩世人（エドワード5世　1470.11.2-1483）
世帝（エドワード5世　1470-1483?）

Edward VI〈16世紀〉
イングランド王。在位1547〜53。9歳で即位し、15歳で病死。
⇒岩世人（エドワード6世　1537.10.12-1553.7.6）
新カト（エドワード6世　1537.10.12-1553.7.6）
世人新（エドワード6世　1537-1553）
世人装（エドワード6世　1537-1553）
世史語（エドワード6世　1537-1553）
世帝（エドワード6世　1537-1553）

Edward VII〈19・20世紀〉
イギリス国王。在位1901〜10。ビクトリア女王の長男。
⇒岩世人（エドワード7世　1841.11.9-1910.5.6）
広辞7（エドワード七世　1841-1910）
世帝（エドワード7世　1841-1910）
皇国（エドワード7世　（在位）1901-1910）
学叢歴（エドワード7世　1841-1910）

Edwardes, Sir Herbert Benjamin〈19世紀〉
イギリスの軍人。士官候補性としてシク戦争に従軍。アフガニスタン政策や西北インド経営に当った。
⇒岩世人（エドワーズ　1819.11.12-1868.12.23）

Edwards, Amelia Ann Blanford〈19世紀〉
イギリスの女流文学者、ジャーナリスト、エジプト学者。
⇒岩世人（エドワーズ　1831.6.7-1892.4.15）

Edwards, Edward〈19世紀〉
イギリスの図書館司書。近代的な公衆図書館の開拓者。
⇒岩世人（エドワーズ　1812.12.14-1886.2.7?）

Edwards, Harry Taylor〈19・20世紀〉
アメリカの農学者。
⇒アア歴（Edwards,Harry T（aylor）　ハリー・テイラー・エドワーズ　1877.10.28-1949.5.6）

Edwards, Jonathan〈18世紀〉
アメリカの牧師、神学者。著書『贖罪における神の栄光』(31)など。
⇒アメ新（エドワーズ　1703-1758）
岩世人（エドワーズ　1703.10.5-1758.3.22）
学叢思（エドワーズ、ジョナザン　1703-1753）
新カト（エドワーズ　1703.10.5-1758.3.22）

Edwards, Richard〈16世紀〉
イギリスの劇作家。「チャペル・ロイヤル少年劇団」の指導者。
⇒バロ（エドワーズ, リチャード　1524-1566.10.31）

Edward the Confessor, St.〈11世紀〉
ウェセックス家最後のイングランド王。在位1042〜66。エセルレッド2世の子。
⇒岩世人（エドワード（証聖王）　1003/1005頃-1066.1.4/5）
広辞7（エドワード（懺悔王）　1003頃-1066）
新カト（エドワード〔証聖王〕　1003/1004-1066.1.5）
図聖（エドワード（証聖者）　1003頃-1066）
世人新（エドワード懺悔王（証聖王とも）　1003頃-1066）
世人装（エドワード懺悔王（証聖王とも）　1003頃-1066）
世帝（エドワード懺悔王　1004?-1066）

Edward the Martyr, St.〈10世紀〉
イングランド王, 殉教者, 聖人。
⇒新カト（エドワード〔殉教王〕　962/963-978.3.18）
図聖（エドワード（殉教者）　962-978）
世帝（エドワード殉教王　962-978）

Edwin, St.〈6・7世紀〉
イギリスのノーサンブリア王。在位616〜32。聖人。
⇒岩世人（エドウィン　586頃-633.10.12）
新カト（エドウィン　584-632/633.10.12）
図聖（エドウィン（ノーサンブリアの）　585頃-633）

Edwins, August William〈19・20世紀〉
アメリカの宣教師。
⇒アア歴（Edwins,August W（illiam）　オーガスト・ウイリアム・エドウィンズ　1871.8.12-1942.7.2）

Edwy〈10世紀〉
アングロ・サクソン時代のイギリス王。在位955〜59。エドマンド1世の子。
⇒世帝（エドウィ　941-959）

Eeden, Frederik Willem van〈19・20世紀〉
オランダの詩人, 小説家, 随筆家, 劇作家, 医師。

物語『小さなヨハンネス』(85) など。
⇒岩世人（ファン・エーデン　1860.4.3-1932.6.16）

Eekhoud, Georges〈19・20世紀〉
ベルギーの作家。主著 "La nouvelle Carthage" (1888)。
⇒岩世人（エコット　1854.5.27-1927.5.31）

Effler, Johann〈17・18世紀〉
ドイツのオルガン奏者。
⇒バロ（エフラー，ヨハン　1650頃?-1711）

Effner, Joseph〈17・18世紀〉
ドイツの建築家。バイエルンの宮廷建築家を勤めた。
⇒岩世人（エフナー　1687.2.4-1745.2.23）

Egan, Martin〈19・20世紀〉
アメリカのジャーナリスト，政治評論家。
⇒アア歴（Egan, Martin　マーティン・イーガン　1872.6.18-1938.12.7）

Egan, Pierce〈18・19世紀〉
イギリスの作家。
⇒岩世人（イーガン　1772-1849.8.3）

Egbert〈8・9世紀〉
アングロ・サクソン時代のウェセックス王。在位802〜39。ウェストサクソンの覇権を確立。
⇒岩世人（エグバート　775頃-839）
　ネーム（エグバート　775?-839）
　広辞7（エグバート　775頃-839）
　世人新（エグバート（エグベルト）　775頃-839）
　世人装（エグバート（エグベルト）　775頃-839）
　世史語（エグバート　775頃-839）
　ポプ人（エグバート　775?-839）

Egbert, Nelly Young〈19・20世紀〉
アメリカの司書。
⇒アア歴（Egbert, Nelly Young　ネリー・ヤング・エグバート　1843-1913.6.2）

Egbertus Eboracensis〈7・8世紀〉
ヨークの初代大司教。
⇒新カト（エグベルト　678-766.11.19）

Egede, Hans〈17・18世紀〉
ノルウェーの伝道家。グリーンランドで布教。
⇒岩世人（エーゲゼ　1686.1.31-1758.11.5）

Egell, Paul〈17・18世紀〉
ドイツの彫刻家。主要作品はマンハイム宮殿の装飾など。
⇒芸13（エゲル，パウル　1691-1752）

Egeria〈4・5世紀〉
スペインの有名な『巡礼記』を著わした修道女。
⇒岩世人（エゲリア）
　新カト（エゲリア　4-5世紀）

Egerton, *Sir* **Thomas, Baron Ellesmere, Viscount Brackley**〈16・17世紀〉
イギリスの法学者，政治家。普通法の代表者E.コークを破って(1616)，最高民事法を確立。
⇒岩世人（エジャトン　1540-1617）

Egger, Augustin〈19・20世紀〉
スイス，ザンクト・ガレンの司教。
⇒新カト（エッガー　1833.8.5-1906.3.12）

Eggersdorfer, Franz Xaver〈19・20世紀〉
ドイツの教育学者，教育行政家。
⇒新カト（エッガースドルファー　1879.2.22-1958.5.20）

Eggert, Udo〈19世紀〉
ドイツの経済学者。来日して(1887)，帝国大学法科大学講師，大蔵省顧問を兼ねた。
⇒岩世人（エッガート（エッゲルト）　1848.6.19-1893.2.28/3.1）

Eggleston, Edward〈19・20世紀〉
アメリカの作家。
⇒岩世人（エグルストン　1837.12.10-1902.9.3）
　ネーム（エグルストン　1837-1902）

Eggleston, *Sir* **Frederick William**〈19・20世紀〉
オーストラリアの政治家，外交官。オーストラリア最初の駐中国公使として重慶に駐在(1941〜4)。
⇒岩世人（エグルストン　1875.10.17-1954.11.12）

Egidio Maria di San Giuseppe〈18・19世紀〉
イタリアの聖人。祝日2月7日。フランシスコ会員。
⇒新カト（エジディオ・マリア・ディ・サン・ジュゼッペ　1729.11.16-1812.2.7）

Egidius〈14世紀〉
フランスの神学者，作曲家。
⇒バロ（エジディウス，?　1340頃-1400頃）

Egidius de Murino〈14世紀〉
フランスの音楽理論家。
⇒バロ（エジディウス・デ・ムリノ　1330頃?-1380頃?）
　バロ（ムリノ，エジディウス・デ　1330頃?-1380頃?）

Egidius de Pusiex〈14世紀〉
フランスの聖職者，作曲家。
⇒バロ（エジディウス・デ・ピュジュー　1300頃?-1348）
　バロ（ピュジュー，エジディウス・デ　1300頃?-1348）

Egill Skallagrímsson〈10世紀〉
古代アイスランド最大の詩人。スカルド詩の大成者。

⇒岩世人（エイイトル・スカトラ=グリムソン 910頃-990頃）

Egilsson, Sveinbjörn〈18・19世紀〉
アイスランドの言語学者，詩人。王立北欧好古協会（25）の創立に関与。
⇒岩世人（スヴェインビョルトン・エイイルソン 1791.2.24-1852.8.17）

Egmond, Lamoral, 4th Count of〈16世紀〉
フランドルの政治家，軍人。ゲーテの悲劇『エグモント』のモデル。
⇒岩世人（エフモント 1522.11.18-1568.6.5）
広辞7（エグモント 1522-1568）

Egorov, Dmitrii Fedorovich〈19・20世紀〉
ソビエトの数学者。
⇒世数（エゴロフ，ディミトリ・フェドロヴィッチ 1869-1931）

Egorova, Lubov〈19・20世紀〉
ロシアのダンサー，教師。
⇒バレエ（エゴロワ，リュボフィ 1880.8.8-1972.8.18）

Egwin〈8世紀〉
司教。聖人。
⇒新カト（エグウィン ?-717.12.30）
図聖（エグウィン（ウスターの） ?-717）

Eheberg, Karl Theodor von〈19・20世紀〉
ドイツの財政学者。
⇒学叢思（エーベルヒ，カール・テオドル・フォン 1855-?）

Ehrenberg, Christian Gottfried〈18・19世紀〉
ドイツの生物学者。原生動物類すべてを記載。
⇒岩世人（エーレンベルク 1795.4.19-1876.6.27）

Ehrenberg, Richard〈19・20世紀〉
ドイツの経済学者。ヨーロッパ経済史専門家。
⇒岩世人（エーレンベルク 1857.2.5-1921.12.17）
学叢思（エーレンベルヒ，リヒャルド 1857-?）

Ehrenberg, Viktor〈19・20世紀〉
ドイツの法学者。主著"Versicherungsrecht"（93）。
⇒岩世人（エーレンベルク 1851.8.22-1929.3.9）

Ehrenfels, Christian von〈19・20世紀〉
ドイツの哲学者。ブレンターノ学派に属した。
⇒岩世人（エーレンフェルス 1859.6.20-1932.9.7）
学叢思（エーレンフェルス，クリスティアン・フライヘル・フォン 1859-?）

Ehrenfest, Paul〈19・20世紀〉
オーストリアの理論物理学者。古典量子論の発展に寄与。
⇒岩世人（エーレンフェスト 1880.1.18-1933.9.25）
科史（エーレンフェスト 1880-1933）
ネーム（エーレンフェスト 1880-1933）
物理（エーレンフェスト，ポール 1880-1933）
ユ著人（Ehrenfest,Paul エレンフェスト，パウル 1880-1933）

Ehrenhaft, Felix〈19・20世紀〉
オーストリアの物理学者。実験によって電荷測定を行い，原子物理学に関する諸論文を書いた。
⇒岩世人（エーレンハフト 1879.4.24-1952.3.4）

Ehrenkranz, Benjamin Wolf Zeeb〈19世紀〉
ポピュラー・イディッシュ語，ヘブライ語作詞家，歌手。
⇒ユ著人（Ehrenkranz,Benjamin Wolf Zeeb エーレンクランツ，ベンジャミン・ヴォルフ・ゼーブ 1819-1888）

Ehrenstrahl, David Klöcker von〈17世紀〉
スウェーデンの画家。同国の絵画の父と呼ばれる。
⇒芸13（エーレンシュトラール 1629-1698）

Ehret, Georg Dionysius〈18世紀〉
ドイツ（ハイデルベルク）生まれの植物画家。
⇒岩世人（エーレット 1708.1.30-1770.9.9）

Ehret, (Red) Philip Sydney〈19・20世紀〉
アメリカの大リーグ選手（投手）。
⇒メジャ（レッド・アーレット 1868.8.31-1940.7.28）

Ehrhard, Albert〈19・20世紀〉
ドイツのカトリック教会史家。古代キリスト教文学，ビザンティン神学に通じていた。
⇒岩世人（エールハルト 1862.3.14-1940.9.23）
新カト（エールハルト 1862.3.14-1940.9.23）

Ehrle, Franz〈19・20世紀〉
ドイツの聖職者，枢機卿（1922）。ローマ教会図書館長兼文庫保管者。
⇒岩世人（エールレ 1845.10.17-1934.3.31）
新カト（エールレ 1845.10.17-1934.3.31）

Ehrlich, Eugen〈19・20世紀〉
オーストリアの法学者。自由法論の先駆者の一人。
⇒岩世人（エールリヒ 1862.9.14-1922.5.2）
広辞7（エールリッヒ 1862-1922）

Ehrlich, Johann Nepomuk〈19世紀〉
オーストリアのカトリック神学者。
⇒岩世人（エールリヒ 1810.2.21-1864.10.23）

Ehrlich, Paul〈19・20世紀〉
ドイツの細菌学者，化学者。免疫に関する研究で，1908年度のノーベル生理・医学賞を受賞。

⇒岩世人（エールリヒ　1854.3.14–1915.8.20）
　ネーム（エールリヒ　1854–1915）
　広辞7（エールリッヒ　1854–1915）
　学叢思（エールリッヒ，パウル　1851–?）
　ポプ人（エールリヒ，パウル　1854–1915）
　ユ人（エールリヒ，パウル　1854–1915）
　ユ著人（Ehrlich, Paul　エールリッヒ，パウル　1854–1915）

Ehses, Stephan〈19・20世紀〉
ドイツの教会史家。
⇒新カト（エーゼス　1855.12.9–1926.1.19）

Eichendorff, Joseph, Freiherr von〈18・19世紀〉
ドイツの詩人，小説家。自然と人生をうたったものが多い。
⇒岩世人（アイヒェンドルフ　1788.3.10–1857.11.26）
　ネーム（アイヘンドルフ　1788–1857）
　広辞7（アイヒェンドルフ　1788–1857）
　学叢思（アインヘンドルフ，ヨゼフ，フォン　1788–1857）
　新カト（アイヒェンドルフ　1788.3.10–1857.11.26）

Eichhorn, Johann Albrecht Friedrich〈18・19世紀〉
ドイツ（プロイセン）の政治家。外務省局長（1831），文相（40〜48）。
⇒岩世人（アイヒホルン　1779.3.2–1856.6.16）

Eichhorn, Johann Gottfried〈18・19世紀〉
ドイツのプロテスタント神学者。
⇒岩世人（アイヒホルン　1752.10.16–1827.6.27）
　新カト（アイヒホルン　1752.10.16–1827.6.25/27）

Eichhorn, Karl Friedrich〈18・19世紀〉
ドイツの法学者。ゲルマン法制史研究における歴史学派の祖。
⇒岩世人（アイヒホルン　1781.11.20–1854.7.4）
　ネーム（アイヒホルン　1781–1854）

Eichmann, Eduard〈19・20世紀〉
ドイツのカトリック神学者，教会法学者。
⇒新カト（アイヒマン　1870.2.14–1946.4.26）

Eichmann, Peter〈16・17世紀〉
ドイツの音楽理論家，教師。
⇒バロ（アイヒマン，ペーター　1561–1623.6.12）

Eichner, Ernst Dieterich Adolph〈18世紀〉
ドイツのファゴット奏者。
⇒バロ（アイヒナー，エルンスト・ディーテリヒ・アドール　1740.2.15–1777.1.9）

Eidlitz, Leopold〈19・20世紀〉
アメリカの建築家。
⇒ユ著人（Eidlitz, Leopold　エイドリッツ，レオポルド　1823–1908）

Eiffel, Alexandre Gustave〈19・20世紀〉
フランスの建築家。『エッフェル塔』やパナマ運河の水門を設計。
⇒岩世人（エッフェル　1832.12.15–1923.12.28）
　19仏（ギュスターヴ・エッフェル　1832.12.15–1923.12.27）
　世人新（エッフェル　1832–1923）
　世人装（エッフェル　1832–1923）
　世建（ギュスターヴ・エッフェル　1832–1923）
　ポプ人（エッフェル，ギュスターブ　1832–1923）

Eigenmann, Carl H.〈19・20世紀〉
ドイツ生まれのアメリカの魚類学者。
⇒岩世人（アイゲンマン　1863.3.9–1927.4.24）

Eigtved, Nicolai〈18世紀〉
デンマークの建築家。宮廷建築師（1735以後）。主作品『レベツァウ宮殿』（44）。
⇒岩世人（アイクトヴェズ　1701.6.12–1754.6.7）

Eijkman, Christiaan〈19・20世紀〉
オランダの生理学者。ビタミン欠乏症研究の先駆者，ノーベル生理学・医学賞受賞。
⇒岩世人（エイクマン　1858.8.11–1930.11.5）
　ネーム（エイクマン　1858–1930）
　広辞7（エイクマン　1858–1930）

Eike von Repkow〈12・13世紀〉
ドイツ・ザクセンの貴族，法学者。
⇒岩世人（アイケ　?–1233以後）

Eilhart von Oberge〈12・13世紀〉
ドイツ中世の叙事詩人。
⇒岩世人（アイルハルト（オーベルクの））

Eimer, Theodor〈19世紀〉
ドイツの動物学者。
⇒岩世人（アイマー　1843.6.22–1898.5.30）
　ネーム（アイマー　1843–1898）

Einaudi, Luigi〈19・20世紀〉
イタリアの政治家，経済学者。自由主義の立場からファシスト体制を批判。
⇒岩世人（エイナウディ　1874.3.24–1961.10.30）

Einhard〈8・9世紀〉
フランク王国の歴史家。主著『カルル大帝伝』。アーヘン大聖堂を建設。
⇒岩世人（アインハルト　770頃–840.3.14?）
　新カト（アインハルト　770頃–840.3.14）
　世人新（アインハルト　770頃–840）
　世人装（アインハルト　770頃–840）

Einhorn, David〈19世紀〉
アメリカのユダヤ律法学者。ユダヤ改革運動の指導者。
⇒ユ著人（Einhorn, David　アインホーン，ディビッド　1809–1897）

Einsiedel, Friedrich Hildebrand von

〈18・19世紀〉
ドイツの作家。ヴァイマル大公の宮廷劇場のために喜劇を書いた。
⇒岩世人（アインジーデル　1750.4.30-1828.7.9）

Einstein, Albert〈19・20世紀〉
ドイツ生れのアメリカの理論物理学者。一般相対性理論を発表し、ノーベル物理学賞を受賞する。
⇒アメ新（アインシュタイン　1879-1955）
　岩世人（アインシュタイン　1879.3.14-1955.4.18）
　科史（アインシュタイン　1879-1955）
　広辞7（アインシュタイン　1879-1955）
　学叢思（アインシュタイン，アルベルト　1879-?）
　新力ト（アインシュタイン　1879.3.14-1955.4.18）
　物理（アインシュタイン，アルバート　1879-1955）
　世人新（アインシュタイン　1879-1955）
　世人装（アインシュタイン　1879-1955）
　世史語（アインシュタイン　1879-1955）
　世史語（アインシュタイン　1879-1955）
　20思（アインシュタイン，アルバート　1879-1955）
　ノ物化（アルベルト・アインシュタイン　1879-1955）
　ポプ人（アインシュタイン，アルバート　1879-1955）
　メル3（アインシュタイン，アルベルト　1879-1955）
　ユ人（アインシュタイン，アルベルト　1879-1955）
　ユ著人（Einstein,Albert　アインシュタイン，アルベルト　1879-1955）

Einstein, Alfred〈19・20世紀〉
ドイツ生れのアメリカの音楽学者。物理学者アルベルト・アインシュタインのいとこ。
⇒岩世人（アインシュタイン　1880.12.30-1952.2.13）
　ユ著人（Einstein,Alfred　アインシュタイン，アルフレート　1880-1952）

Einthoven, Willem〈19・20世紀〉
オランダの生理学者。心電図法の発見、研究で1924年ノーベル生理・医学賞受賞。
⇒岩世人（アイントホーフェン　1860.5.21-1927.9.28）
　広辞7（エイントーフェン　1860-1927）

Einwald, Carl Joseph〈17・18世紀〉
オーストリアのオルガン奏者。
⇒バロ（アインヴァルト，カール・ヨーゼフ　1679頃-1753.11.5）

Eirēnē〈8・9世紀〉
ビザンティン帝国の女帝。在位797～802。
⇒岩世人（エイレネ　752-803.8.9）
　新力ト（エイレネ　752頃-803.8.9）
　世帝（エイレーネー　752-803）

Eirik II, the Priest-hater〈13世紀〉
ノルウェー王国の統治者。
⇒世帝（エイリーク2世　1268-1299）

Eiríkr〈10世紀〉
ノルウェー人のグリーンランド発見者。
⇒岩世人（エイリクル・ソルヴァルツソン　950頃-?）

Eiselen, Ernst Wilhelm Bernhard〈18・19世紀〉
ドイツの体育家。手具体操を創案。
⇒岩世人（アイゼレン　1793.9.27-1846.8.22）

Eiselsberg, Anton, Freiherr von〈19・20世紀〉
オーストリアの外科医。手術にすぐれ、甲状腺剔除、移植術、脳手術、脊髄手術に寄与。
⇒岩世人（アイゼルスベルク　1860.7.31-1939.10.25）

Eisenbart, Johann Andreas〈17・18世紀〉
ドイツの治療師。
⇒岩世人（アイゼンバルト　1663-1727.11.11）

Eisendecher, Karl J.G. von〈19・20世紀〉
ドイツの外交官。駐日弁理代理公使として来日し、条約改正交渉に関係した。
⇒岩世人（アイゼンデッヒャー　1841.6.23-1934.8.19）

Eisengrein, Martin〈16世紀〉
ドイツの神学者。
⇒新力ト（アイゼングライン　1535.12.28-1578.5.3）

Eisenhart, Hugo〈19世紀〉
ドイツの経済学者。ハルレ大学教授。
⇒学叢思（アイゼンハルト，フーゴー　1811-1893）

Eisenhofer, Ludwig Karl August〈19・20世紀〉
ドイツの典礼学者。
⇒新力ト（アイゼンホーファー　1871.4.1-1941.3.29）

Eisenhut, Thomas〈17・18世紀〉
ドイツの聖職者、教師、指揮者、参事会員、理論家。
⇒バロ（アイゼンフート，トーマス　1644.5.23-1702.11.6）

Eisenstein, Ferdinand Gotthold Max〈19世紀〉
ドイツの数学者。代数学、数論、函数論の分野に業績がある。
⇒岩世人（アイゼンシュタイン　1823.4.16-1852.10.11）
　世伝（アイゼンシュタイン，フェルディナンド・ゴットホルト・マックス　1823-1852）
　ユ著人（Eisenstein,Ferdinand Gotthold Max　アイゼンシュタイン，フェルディナンド・ゴットホルト・マックス　1823-1852）

Eisler, Rudolf〈19・20世紀〉
ドイツの哲学者。『カント辞典』の編者として有名。
⇒岩世人（アイスラー　1873.1.7-1926.12.13/14）
　新カト（アイスラー　1873.1.7-1926.12.14）

Eisner, Kurt〈19・20世紀〉
ドイツの社会主義者。1918年バイエルン首相、翌年暗殺された。
⇒岩世人（アイスナー　1867.5.14-1919.2.21）
　ネーム（アイスナー　1867-1919）
　学叢思（アイスネル，クルト　1867-1919.2.21）
　ユ人（アイスナー，クルト　1867-1919）
　ユ著人（Eisner,Kurt　アイスナー，クルト　1867-1919）

Eitel, Ernest Johann〈19・20世紀〉
ドイツの宣教師、中国学者。中国の言語、宗教を研究し、独、英両国語並に漢文の著書、論文が多数ある。
⇒岩世人（アイテル　?-1909）

Eitner, Robert〈19・20世紀〉
ドイツの音楽家。
⇒岩世人（アイトナー　1832.10.22-1905.2.2）

Eitz, Carl〈19・20世紀〉
ドイツの音楽教育家。アイツ階名を考案して、階名唱法に多大の寄与をした。
⇒岩世人（アイツ　1848.6.25-1924.4.18）

Ekaterina I, Alekseevna Romanova〈17・18世紀〉
ロシア女帝。在位1725〜27。リトアニア農民の娘で、ピョートル1世（大帝）の2度目の妃。
⇒岩世人（エカテリーナ1世　1684.4.5-1727.5.6）
　広辞7（エカテリーナ一世　1684-1727）
　世帝（エカチェリーナ1世　1684-1727）
　皇国（エカテリーナ1世　（在位）1725-1727）

Ekaterina II, Alekseevna Romanova〈18世紀〉
ロシアの女帝。在位1762〜96。農奴制を強化、「貴族帝国」を完成させて「大帝」の称号を得た。
⇒岩世人（エカテリーナ2世　1729.4.21-1796.11.6）
　姫全（エカテリーナ2世　1729-1796）
　ネーム（エカテリーナ2世　1729-1796）
　広辞7（エカテリーナ二世　1729-1796）
　新カト（エカテリーナ2世　1729.5.2-1796.11.17）
　世人新（エカチェリーナ（カザリン）2世　1729-1796）
　世人裝（エカチェリーナ（カザリン）2世　1729-1796）
　世史語（エカチェリーナ2世　1729-1796）
　世史語（エカチェリーナ2世　1729-1796）
　世帝（エカチェリーナ2世　1729-1796）
　ポプ人（エカチェリーナ2世　1729-1796）
　皇国（エカテリーナ2世　（在位）1762-1796）

Ekbert〈12世紀〉
ドイツの神学者、シェーナウのベネディクト会修道院長。

⇒新カト（エクベルト〔シェーナウの〕　1132以前-1184.3.28）

Ekeberg, Anders Gustaf〈18・19世紀〉
スウェーデンの化学者、鉱物学者。
⇒岩世人（エーケベリ　1767.1.16-1813.2.11）

Ekeblad, Eva〈18世紀〉
スウェーデンの学者。
⇒岩世人（エーケブラード　1724.7.10-1786.5.15）

Ekelund, Otto Vilhelm〈19・20世紀〉
スウェーデンの詩人。『春の微風』（1900）『酒神讃歌』（06）。
⇒岩世人（エーケルンド　1880.10.14-1949.9.3）

Ekhof, Hans Konrad Dieterich〈18世紀〉
ドイツの俳優。多くのレッシング作品に出演。写実的な演技により、ドイツ演劇の父と称される。
⇒岩世人（エクホーフ　1720.8.12-1778.6.19）

Ekkehard〈11・12世紀〉
修道院長、年代記作者。
⇒新カト（エッケハルト〔アウラの〕　?-1126/1130）

Ekkehard I〈10世紀〉
中世ドイツの聖ガレン修道院修道士。
⇒岩世人（エッケハルト1世　910頃-973.1.14）
　新カト（エッケハルト1世〔ザンクト・ガレンの〕　900/910頃-973）

Ekkehard II〈10世紀〉
中世ドイツの聖ガレン修道院修道士。エッケハルト1世の甥。
⇒岩世人（エッケハルト2世　?-990.4.23）

Ekkehard IV〈10・11世紀〉
中世ドイツの聖ガレン修道院修道士。
⇒岩世人（エッケハルト4世　980頃-1060頃.10.21）
　新カト（エッケハルト4世〔ザンクト・ガレンの〕　980頃-1060頃）

Ekman, Robert Wilhelm〈19世紀〉
フィンランドの画家。
⇒岩世人（エークマン　1808.8.13-1873.2.19）

Ekman, Vagn Walfrid〈19・20世紀〉
スウェーデンの海洋物理学者。海流理論の開拓者。
⇒岩世人（エークマン（エクマン）　1874.5.3-1954.3.9）

Eknāth〈16世紀〉
インド西部、マラーター地方の宗教家。バーガバタ派のバーヌダースの曾孫。
⇒南ア新（エークナート　1533-1599?）

Ekphantos ho Syrakūsios〈前4世紀〉
ギリシアの哲学者、数学者。

⇒岩世人（エクファントス（シュラクサイの） 前4世紀初め頃）

Elah〈前9世紀〉
ヘブライ諸王国の統治者。在位前886～885。
⇒世帝（エラ ?–前876?）

Elaine
中世イギリスの伝説上の女性。
⇒姫全（シャロットの姫）

Elbeg Qaγan〈14世紀〉
北元の皇帝。
⇒世帝（エルベク・ハーン （在位）1394–1399）

Elberfeld, (Kid) Norman Arthur〈19・20世紀〉
アメリカの大リーグ選手（遊撃、三塁）。
⇒メジャ（キッド・エルバーフェルド 1875.4.13–1944.1.13）

Eldad Ha-Dani〈9世紀〉
旅行家、探検家。
⇒ユ人（エルダッド、ベンマフディ（ダン族） 9世紀）

Eldemboo〈18・19世紀〉
中国、清中期の武将。
⇒岩世人（エルデンボー 1748（乾隆13）–1805（嘉慶10））
近中（額勒登保 がくろくとほ 1748–1805.10.13）

Eldon, John Scott, 1st Earl of〈18・19世紀〉
イギリスの政治家、大法官。在職1801～6,7～27。反動弾圧政策遂行の中心人物。
⇒岩世人（エルドン 1751.6.4–1838.1.13）

Eleanor of Castile〈13世紀〉
イギリス王エドワード1世の王妃。
⇒学叢思（イレナイオス 130–202頃）

Eleazar〈前2世紀〉
アロンの息子、祭司（民数記）。
⇒新カト（マカバイ兄弟 マカバイきょうだい）
聖書（エルアザル）

Eleazar, ben-Pedat (Lazar)〈3世紀〉
パレスチナのユダヤ教学者。
⇒ユ人（エレアザル、ベンペダッド（ラザル） 3世紀）

Eleazar ben Azariah〈1・2世紀〉
エルサレム神殿に奉仕した祭司出身のラビ。
⇒ユ著人（Eleazar ben Azariah エレアザル・ベン・アザリア 1世紀–2世紀）

Eleazar ben Judah of Worms〈12・13世紀〉
ドイツの法規学者。ユダヤ神秘主義者、タルムード学者、ドイツのウォルムスのラビ（1201）、ハシディズムの有力な指導者で、著作家。
⇒ユ著人（Eleazar ben Judah of Worms ウォルムスのエレアザル・ベン・ユダ 1160?–1238）

Eleazar ben Yair〈1世紀〉
第一次ユダヤの反乱におけるゼーロット（熱心党）の指導者。
⇒ユ人（エレアザル、ベンアナニアス 1世紀）
ユ人（エレアザル、ベンヤイル 1世紀）
ユ著人（Eleazar ben Yair (Jair) エレアザル・ベン・ヤイール ?–74）

Elektra
ギリシア悲劇に登場する女性。アガメムノンの娘。
⇒岩世人（エレクトラ）

El Empecinado〈18・19世紀〉
スペインの愛国者。反フェルナンド革命（1820）を指導。
⇒岩世人（エンペシナード 1775.9.5–1825.8.20）

Elena del Montenegro〈19・20世紀〉
イタリア王ヴィットーリオ・エマヌエーレ3世の妃、モンテネグロ王女。
⇒王妃（エレナ 1873–1952）

Eleonora di Toledo〈16世紀〉
トスカーナ大公妃。
⇒ルネ（エレオノーラ・ディ・トレド 1522–1562）

Elert, Piotr〈17世紀〉
ポーランドの弦楽器奏者、印刷業者。
⇒バロ（エレールト、ピヨトル 1600頃?–1653）

Eleusippos〈2・3世紀〉
聖人、殉教者。祝日1月17日。カッパドキアに生まれた三つ子の兄弟。
⇒新カト（スペウシッポス、エレウシッポスとメレウシッポス 2–3世紀）

Eleutherius, St.〈2世紀〉
ローマ教皇。在位175～189?。
⇒新カト（エレウテルス ?–189頃）

Eleutherius von Tournai〈5・6世紀〉
トゥールネの司教。聖人。祝日2月20日。
⇒新カト（エレウテリウス〔トゥールネの〕）
図聖（エレウテリウス（トゥールネの） 455頃–530頃）

Eleutheropulos, Abroteles〈19・20世紀〉
スイスの哲学者。純科学的な哲学の存立を主張。
⇒岩世人（エロイテロプロス 1873.5.24–1963.10.26）

Elfleda〈7・8世紀〉
聖人、修道院長。祝日2月8日。ノーサンブリア王オスウィとイアンフレドの娘。
⇒新カト（エルフレダ ?–714）

Elgar, Sir Edward William〈19・20世

紀〉

イギリスの作曲家。「イギリス音楽のルネサンス」と呼ばれる時期の代表的作曲家の一人。
⇒岩世人（エルガー　1857.6.2–1934.2.23）
　バレエ（エルガー，エドワード　1857.6.2–1934.2.23）
　エデ（エルガー，サー・エドワード（ウィリアム）　1857.6.2–1934.2.23）
　ネーム（エルガー　1857–1934）
　広辞7（エルガー　1857–1934）
　実音人（エルガー，エドワード　1857–1934）
　ポプ人（エルガー，エドワード　1857–1934）

Elgin, James Bruce, 8th Earl of, and 12th Earl of Kincardine〈19世紀〉

イギリスの外交官。57年アロー号事件後の清国に特派全権使節として派遣された。
⇒岩世人（ブルース　1811.7.20–1863.11.20）
　ネーム（エルギン　1811–1863）
　広辞7（エルギン　1811–1863）

Elhuyar, Fausto de〈18・19世紀〉

スペインの化学者。
⇒岩世人（エルヤル　1755.10.11–1833.2.6）

Eli〈前11世紀頃〉

イスラエルの士師（英雄）。シロの司祭。サムエルの教育者（旧約聖書）。
⇒聖書（エリ）

Elias, José〈17・18世紀〉

スペインの聖職者, オルガン奏者, 教師。
⇒バロ（エリーアス, ホセ　1690頃?–1751）

Elias, Ney〈19世紀〉

イギリスのアジア研究家, 旅行家。黄河の新河道の調査（1867～9）を始め, 8回の主要な調査行をした。
⇒岩世人（イライアス　1844.2.10–1897.5.31）

Elias, Samuel (Dutch Sam)〈18・19世紀〉

ボクシングのチャンピオン。
⇒ユ人（エリアス, サムエル（ダッチサム）　1775–1816）

Elias di Cortona〈12・13世紀〉

イタリアのフランシスコ会総会長。
⇒岩世人（エリアス（コルトーナの）　1180頃–1253.4.22）
　新カト（エリアス〔コルトーナの〕　1180頃–1253.4.22）

Eliezer

アブラハムの下僕で, ハランに派遣された人物（創世記）。
⇒聖書（エリエゼル）

Eliezer ben Arakh〈1・2世紀〉

ラバン・ヨハナンに最も愛された高弟の一人。
⇒ユ著人（Eliezer ben Arakh　エリエゼル・ベン・アラフ　1世紀–2世紀）

Eliezer ben Hyrcanus〈1・2世紀〉

タンナー。
⇒ユ人（エリエゼル, ベンヒルカネス　1–2世紀）
　ユ著人（Eliezer ben Hyrcanus　エリエゼル・ベン・ヒルカノス　1世紀末–2世紀初）

Eligius〈6・7世紀〉

北フランスのノアイヨンの司教, 金工家。鍛冶, 金工師の保護聖人。
⇒岩世人（エリギウス（ノワヨンの）　590頃–660.12.1）
　図聖（エリギウス（ノワヨンの）　588頃–660）
　芸13（エリギウス　588?–659）

Elijah〈前9世紀〉

ヘブライの預言者。ヤハウェ信仰を再確立。
⇒岩世人（エリヤ）
　広辞7（エリヤ　前9世紀）
　新カト（エリヤ）
　図聖（エリヤ）
　聖書（エリヤ）

Elijah Ben Solomon〈18世紀〉

リトアニアのユダヤ学者。原典批判の方法を樹立。
⇒ユ人（エリヤ, ベンソロモン・ザルマン（ビルナのガオン）　1720–1797）
　ユ著人（Elijah ben Solomon Zalman　エリヤ・ベン・ソロモン・ザルマン　1720–1797）

Elijah del Medico〈15世紀〉

クレタの医師。翻訳者。哲学者。パドウァ大学講師。
⇒ユ著人（Elijah del Medico　エリヤ・デル・メディコ　1460–1497）

Elimelech of Lyzhansk〈18世紀〉

ハシッドの指導者。
⇒ユ人（エリメレフ, リップマン（リゼンスクのエリメレフ）　1717–1787）

Elin Pelin〈19・20世紀〉

ブルガリアの作家。短篇作品が多い。
⇒岩世人（エリン・ペリン　1877.7.18/30–1949.12.3）

Eliot, Sir Charles Norton Edgcumbe〈19・20世紀〉

イギリスの外交官, 東洋学者。
⇒岩世人（エリオット　1862.1.8–1931.3.16）

Eliot, Charles William〈19・20世紀〉

アメリカのハーバード大学学長。教育改革者。初等教育6年, 中等教育6年の制度を推した。
⇒岩世人（エリオット　1834.3.20–1926.8.22）

Eliot, George〈19世紀〉

イギリスの女流作家。主作品『アダム・ビード』（59），『ミドルマーチ』（71～72）など。
⇒岩世人（エリオット　1819.11.22–1880.12.22）

広辞7（エリオット　1819–1880）
学叢思（エリオット・ジョージ　1819–1881）
新カト（エリオット　1819.11.22–1880.12.22）
ユ人（エリオット, ジョージ（マリー・アン・エバンズ）　1819–1880）

Eliot, Sir John〈16・17世紀〉
イギリスの政治家, 弁論家。チャールズ1世に対し議会派を指導し投獄された。
⇒岩世人（エリオット　1592.4.11–1632.11.27）

Eliot, John〈17世紀〉
北米インディアンへのイギリスの伝道者。
⇒岩世人（エリオット　1604.8.5?–1690.5.21）

Eliot, Sir John〈19・20世紀〉
イギリスの気象学者。インドの天文台総台長（1887～1903）。
⇒岩世人（エリオット　1839.5.25–1908.3.18）

Eliott, George Augustus 1st Baron Heathfield〈18世紀〉
スコットランドの軍人。アイルランド駐屯軍司令官（1774）, ジブラルタル総督（75～）。
⇒岩世人（エリオット　1717.12.25–1790.7.6）

Elipandus〈8世紀〉
トレドの大司教。在職754～800頃。スペインにおけるキリスト養子説主唱者とされる。
⇒新カト（エリパンドゥス　717.7.25–800頃）

Elisabet
祭司ザカリアの妻, 洗礼者ヨハネの母（ルカ1）。
⇒岩世人（エリサベト）
　新カト（エリサベト）
　図聖（エリサベト）
　聖書（エリサベト）

Elisabeth〈13世紀〉
フランス王ルイ9世の妹。
⇒新カト（エリザベト〔フランスの〕　1225–1270.2.23）

Elisabeth〈13・14世紀〉
ポルトガル王ディニス王妃, 聖女。
⇒新カト（イサベル〔ポルトガルの〕　1271–1336.7.4）
　図聖（イザベル（ポルトガルの）　1271–1336）

Elisabeth〈19・20世紀〉
ルーマニアの王妃, 女流作家。ルーマニアの民族文学を独, 英, 仏訳して紹介した功績は大きい。
⇒岩世人（エリザベート　1843.12.29–1916.3.2）
　王妃（エリザベタ　1843–1916）

Elisabeth, Sophie〈17世紀〉
ドイツの貴族, 作曲家。
⇒バロ（エリーザベト, ゾフィー　1613.8.20–1676.7.12）

Elisabeth Amalie Eugenie〈19世紀〉
オーストリア皇后, ハンガリー王妃。

⇒岩世人（エリーザベト　1837.12.24–1898.9.10）
　姫全（エリザベート　1837–1898）
　世帝（エリザベート　1837–1898）
　王妃（エリザベート　1837–1898）

Elisabeth D'autriche〈16世紀〉
シャルル9世の妃。神聖ローマ皇帝マクシミリアン2世の娘。
⇒王妃（エリザベート・ドートリッシュ　1554–1592）

Élisabeth de la Trinité〈19・20世紀〉
フランスのカトリック修道女。
⇒岩世人（エリザベート（三位一体の）　1880.7.18–1906.11.9）
　新カト（エリザベート〔三位一体の〕　1880.7.18–1906.11.9）

Elisabeth Gräfin von Nassau-Saarbrücken〈14・15世紀〉
ドイツの詩人。
⇒岩世人（エリーザベト（ナッサウ＝ザールブリュッケンの）　1395頃–1456.1.17）

Elisabeth Philippine Marie Helene de France〈18世紀〉
ルイ16世の妹。
⇒王妃（エリザベート　1764–1794.5.10）

Elisabeth (Schönau)〈12世紀〉
ドイツのベネディクト会修道女, 聖人, 神秘家。
⇒新カト（エリーザベト〔シェーナウの〕　1129–1164.6.18）

Elisabeth von Reute〈14・15世紀〉
フランシスコ会第三会修道女, 福者。
⇒図聖（エリーザベト（ロイテの）　1386–1420）

Elisabeth von Thüringen〈13世紀〉
ハンガリア王アンドレアス2世の娘, 聖女。従順, 清貧, 隣人愛により敬愛を集めている。
⇒岩世人（エリーザベト（テューリンゲンの）　1207–1231.11.16/17）
　ネーム（エルジェーベト　1207–1231）
　新カト（エリーザベト〔ハンガリーの〕　1207–1231.11.17）
　図聖（エリーザベト（テューリンゲンの）　1207–1231）

Elisabeth Wilhelmine Louise von Wurttemberg〈18世紀〉
神聖ローマ皇帝フランツ2世の1番目の妃。
⇒王妃（エリーザベト　1767–1790）

Elisaveta Alexeievna〈18・19世紀〉
アレクサンドル1世の妃。
⇒王妃（エリザヴェータ・アレクセーエヴナ　1779–1826）

Elišē Vardapet〈5世紀〉
アルメニアの著作家。メスロプの弟子。
⇒新カト（エリシェ・ヴァルダペト　5世紀）

Elisha〈前9世紀〉
預言者。聖人。「エリヤとエリシャ」と併称される。
⇒岩世人（エリシャ）
新カト（エリシャ）
聖書（エリシャ）

Elisha, ben-Avuyah〈2世紀〉
アヘル（他者）と呼ばれたタルムード学者。
⇒ユ人（エリシャ、ベンアブヤー 2世紀）
ユ著人（Elisha ben Avuyah エリシャ・ベン・アブヤ 2世紀初）

Eliyâ bar Šînayyâ〈10・11世紀〉
カルデア教会の府主教、修道者、著作家。
⇒新カト（エリヤ・バル・シナヤ 975.2.11–1056頃）

Elizabeth I〈16・17世紀〉
イギリス、チューダー朝の女王。在位1558～1603。スペインの無敵艦隊を撃滅した。
⇒岩世人（エリザベス1世 1533.9.7–1603.3.24）
姫全（エリザベス1世 1533–1603）
広辞7（エリザベス一世 1533–1603）
新カト（エリザベス1世 1533.9.7–1603.3.24）
世人新（エリザベス1世 1533–1603）
世人装（エリザベス1世 1533–1603）
世史語（エリザベス1世 1533–1603）
世史語（エリザベス1世 1533–1603）
世帝（エリザベス1世 1533–1603）
ポプ人（エリザベス1世 1533–1603）
皇川（エリザベス1世 （在位）1558–1603）
学叢歴（エリザベス 1533–1603）

Elizabeth Christine von Braunschweig-Wolfenbuttel〈17・18世紀〉
神聖ローマ皇帝カール6世の妃。後に女帝マリア・テレジアを産んだ。
⇒王妃（エリーザベト・クリスティーネ 1691–1750）

Elizabeth de Valois〈16世紀〉
スペイン国王フェリペ2世の王妃。
⇒王妃（エリザベート 1545–1568）

Elizabeth of York〈15・16世紀〉
イングランドの王妃。
⇒王妃（エリザベス 1466–1503）

Elizabeth Stuart〈16・17世紀〉
ボヘミアの王妃。
⇒王妃（エリザベス・ステュアート 1596–1662）

Elizabeth（Woodville）〈15世紀〉
イギリス王エドワード4世の王妃。
⇒王妃（エリザベス 1437–1492）

Elizaveta Petrovna Romanovna〈18世紀〉
ロシアの女帝。在位1741～62。ピョートル1世（大帝）とエカテリーナ1世との娘。
⇒岩世人（エリザヴェータ 1709.12.18–1761.12.25）
ネーム（エリザベータ 1709–1762）
新カト（エリザヴェータ 1709.12.18/29–1762.1.5）
世帝（エリザヴェータ 1709–1762）
王妃（エリザヴェータ 1709–1761）
学叢歴（エリザベス 1709–1762）

Elkins, Stephen Benton〈19・20世紀〉
アメリカの政治家、法律家、実業家。上院議員（1895～1911）、鉄道、鉱山、財政方面にも活動。
⇒岩世人（エルキンズ 1841.9.26–1911.1.4）

Ellenborough, Edward Law, 1st Earl of〈18・19世紀〉
イギリスの政治家。
⇒岩世人（エレンボロ 1790.9.8–1871.12.22）

Ellet, Charles, Jr.〈19世紀〉
アメリカの技術者。
⇒岩世人（エレット 1810.1.1–1862.6.21）

Elliot, Sir Charles〈19世紀〉
イギリスの外交官。アヘン戦争当時の清英交渉にあたる。
⇒岩世人（エリオット 1801–1875.9.9）

Elliot, Sir George〈18・19世紀〉
イギリスの提督。阿片戦争にはイギリスの首席全権委員として連合軍を指揮。
⇒岩世人（エリオット 1784.8.1–1863.6.24）

Elliot, Sir Henry Miers〈19世紀〉
イギリスの行政官、インド研究家。インド史等の基礎的研究に優れた業績を残した。
⇒岩世人（エリオット 1808.3.1–1853.12.20）

Elliot Smith, Sir Grafton〈19・20世紀〉
イギリスの解剖学者、人類学者。
⇒岩世人（エリオット・スミス 1871.8.15–1937.1.1）

Elliott, Charles Burke〈19・20世紀〉
アメリカの弁護士、植民地行政官。
⇒アア歴（Elliott,Charles B（urke） チャールズ・バーク・エリオット 1861.1.6–1935.9.18）

Elliott, Ebenezer〈18・19世紀〉
イギリスの詩人。
⇒岩世人（エリオット 1781.3.17–1849.12.1）

Elliott, Walter〈19・20世紀〉
アメリカ合衆国のカトリック宣教師、作家。
⇒新カト（エリオット 1842.1.6–1928.4.18）

Ellis, Alexander John〈19世紀〉
イギリスの数学者、音響学者、音楽理論家。イギリスにおける発音の科学的研究を創始。
⇒岩世人（エリス 1814.6.14–1890.10.28）

Ellis, Earl H.〈19・20世紀〉
アメリカ海兵隊士官。
⇒スパイ（エリス, アール・H 1880–1923）

Ellis, Henry Havelock〈19・20世紀〉
イギリスの思想家, 心理学者。性欲, 天才, 犯罪, 夢, 結婚に関する研究を発表。
⇒岩世人（エリス 1859.2.2–1939.7.8）
広辞7（エリス 1859–1939）
学叢思（エリス, ハヴロック 1859–?）

Ellis, William〈18・19世紀〉
イギリス出身の宣教師。
⇒岩世人（エリス 1794.8.29–1872.6.9）
オセ新（エリス 1794–1872）

Ellsworth, Oliver〈18・19世紀〉
アメリカ, コネティカットの法律家, 政治家。合衆国最高裁長官（1796～99）を勤めた。
⇒岩世人（エルズワース 1745.4.29–1807.11.26）

Ellwood, Charles Abram〈19・20世紀〉
アメリカの社会学者。社会心理学と心理学的社会学の綜合をはかった。
⇒学叢思（エルウッド, シー・エー 1873–?）

Elmer, Adolph Daniel Edward〈19・20世紀〉
アメリカの植物学者, 植物収集家。
⇒アア歴（Elmer,A(dolph) D(aniel) E(dward) アドルフ・ダニエル・エドワード・エルマー 1870.6.14–1942.4.17）

Eloenore Helena von Portugal〈15世紀〉
神聖ローマ皇帝フリードリヒ3世の妃。
⇒王妃（エレオノーレ 1436–1467）

Eloi〈6・7世紀〉
金細工師。聖人, 司教。祝日12月1日。
⇒新カト（エロイ〔ノアイヨンの〕 588頃–660.12.1）

Elpēnōr
ギリシア神話, オデュッセウスの部下の一人。
⇒岩世人（エルペノル）

Elphinstone, Mountstuart〈18・19世紀〉
イギリスのインド行政官, 歴史家。著書に『インド史』がある。
⇒岩世人（エルフィンストン 1779.10.6–1859.11.20）
南ア新（エルフィンストン 1779–1859）

Elselius, Johann Christoph〈18世紀〉
ドイツのオルガン奏者。
⇒バロ（エルゼーリウス, ヨハン・クリストフ 1710頃?–1772）

Elsenhans, Theodor〈19・20世紀〉
ドイツの哲学者, 心理学者。
⇒岩世人（エルゼンハンス 1862/1867/1868.7.3–1918.3.1）
学叢思（エルゼンハウス, テオドル 1862–?）

Elserack, Jan van〈17世紀〉
オランダの出島商館長。
⇒岩世人（ファン・エルセラック）

Elsheimer, Adam〈16・17世紀〉
ドイツの画家。主要作品は『人物のいる風景』など。
⇒岩世人（エルスハイマー 1578.3.18–1610.12.11）
芸13（エルスハイマー, アダム 1578–1610）

Elsmann, Heinrich〈16・17世紀〉
ドイツの作曲家, 教師, 理論家。
⇒バロ（エルスマン, ハインリヒ 1590頃?–1640頃?）

Elssler, Fanny〈19世紀〉
オーストリアのバレリーナ。ロマンチック・バレエ時代を代表。
⇒岩世人（エルスラー 1810.6.23–1884.11.27）
バレエ（エルスラー, ファニー 1810.6.23–1884.11.27）

Elster, John Phillip Ludwig Julius〈19・20世紀〉
ドイツの実験物理学者。大気イオンの発見, 鋭敏な光電池の作成によって知られている。
⇒岩世人（エルスター 1854.12.24–1920.4.8）

Elton, Sir Oliver〈19・20世紀〉
イギリスの学者, 文学史家。主著『イギリス文学概観』(6巻, 12～28)。
⇒岩世人（エルトン 1861.6.3–1945.6.4）

Elvey, George Job〈19世紀〉
イギリスのオルガン奏者, 作曲家。
⇒岩世人（エルヴィ 1816.3.27–1893.12.9）

Elwes, Gervase〈19・20世紀〉
イギリスのテノール。
⇒魅惑（Elwes,Gervase 1866–1921）

Ely, (Bones) William Frederick〈19・20世紀〉
アメリカの大リーグ選手（遊撃, 外野）。
⇒メジャ（ボーンズ・イーライ 1863.6.7–1952.1.10）

Ely, Richard Theodore〈19・20世紀〉
アメリカの経済学者, 社会改良家。
⇒岩世人（イーリー 1854.4.13–1943.10.4）
学叢思（イリー, リチャード・セオドル 1854–?）

Elymas
新約聖書, パウロと敵対した魔術師。
⇒岩世人（エリマ）
聖書（エリマ）

Elyot, Sir Thomas〈15・16世紀〉
イギリスの人文学者,外交官,散文作家。『為政者論』(1531)で王に認められた。
⇒岩世人 (エリオット　1490頃–1546.3.26)

Emants, Marcellus〈19・20世紀〉
オランダの文学者。〈De Nieuwe Gids〉誌運動の先駆者で,『旗』を創刊。
⇒岩世人 (エーマンツ　1848.8.12–1923.10.14)

Embla
最初に創造された人間の女。
⇒ネーム (エムブラ)

Emden, Jacob〈17・18世紀〉
ドイツのラビ,法規学者。
⇒ユ著人 (Emden,Jacob　エムデン,ヤコブ　1697–1776)

Emerentiana〈3世紀〉
聖人,乙女殉教者。祝日1月23日。
⇒新カト (エメレンティアーナ　3世紀末頃)

Emerita von Chur〈5・6世紀頃〉
処女,殉教者,聖人。
⇒図聖 (エメリータ (クールの))

Emerson, Peter Henry〈19・20世紀〉
イギリスの写真家。
⇒岩世人 (エマーソン　1856.5.3–1936.5.2)
芸13 (エマースン,ピーター・ヘンリー　1856–1936)

Emerson, Ralph Waldo〈19世紀〉
アメリカの詩人,哲学者。「コンコードの哲人」と呼ばれる。
⇒アメ新 (エマソン　1803–1882)
岩世人 (エマーソン　1803.5.25–1882.4.27)
ネーム (エマーソン　1803–1882)
広辞7 (エマーソン　1803–1882)
学叢思 (エマーソン,ラーフ・ウォルド　1803–1883)
新カト (エマソン　1803.5.25–1882.4.27)
世人新 (エマソン　1803–1882)
世人装 (エマソン　1803–1882)
メル2 (エマーソン,ラルフ　1803–1882)

Emery, Jacques André〈18・19世紀〉
フランスのサン・スュルピス修道院長。
⇒新カト (エムリ　1732.8.26–1811.4.28)

Emilie de Rodat〈18・19世紀〉
フランスの「聖家族の姉妹会」の創立者,聖人。
⇒新カト (エミリー・ド・ロダ　1787.9.6–1852.9.19)

Eminescu, Mihail〈19世紀〉
ルーマニアの詩人。代表作は『皇帝とプロレタリア』(74),『金星』(83)など。
⇒岩世人 (エミネスク　1850.1.15–1889.6.15)
ネーム (エミネスク　1850–1889)
広辞7 (エミネスク　1850–1889)

Emin Pasha, Mehmet〈19世紀〉
ドイツのアフリカ探検家。中央アフリカ探検を試み,ムハンマッド・アブドゥーの反乱で外界と5年間孤立。
⇒岩世人 (エミン・パシャ　1840.4.29–1892.10.28/20)
ユ人 (エミン,パシャ (エデュアルト・シュニッツァー)　1840–1892)

Emma〈10・11世紀〉
イングランドの女王。
⇒王妃 (エマ　985頃–1052)

Emmeram von Regensburg〈7・8世紀〉
司教,殉教者,聖人。
⇒図聖 (エメラム (レーゲンスブルクの)　?–715頃)

Emmeran〈7世紀〉
聖人,司教,殉教者。祝日9月22日。
⇒新カト (エンメラン　?–660頃)

Emmerich, Anna Katharina〈18・19世紀〉
ドイツの聖痕をもつ見神者,修道女。
⇒岩世人 (エンメリヒ　1774.9.8–1824.2.9)
新カト (エンメリック　1774.9.8–1824.2.9)

Emmet, Robert〈18・19世紀〉
アイルランドの愛国者。
⇒岩世人 (エメット　1778.3.4–1803.9.20)

Emmet, Thomas Addis〈18・19世紀〉
アイルランドの法律家。連合アイルランド人民党の指導者。
⇒岩世人 (エメット　1764.4.24–1827.11.15)

Emmet, Thomas Addis〈19・20世紀〉
アメリカの婦人科医。不妊症の調査(1865)で知られ,産後の子宮頸部処置術に名を残す。
⇒岩世人 (エメット　1828–1919)

Emminghaus, Karl Bernhard Arwed〈19・20世紀〉
ドイツの経済学者,実際家。
⇒学叢思 (エミングハウス,カール・ベルンハルト・アルヴェット　1831–?)

Emmons, Ebenezer〈18・19世紀〉
アメリカの地質学者。化石の研究で知られる。主著 "American geology" (55～7)。
⇒岩世人 (エモンズ　1799.5.16–1863.10.1)

Emmons, S.F.〈19・20世紀〉
アメリカの鉱床地質学者。分泌説を主張。
⇒岩世人 (エモンズ　1841.3.29–1911.3.28)

Empedoklēs〈前5世紀〉
ギリシアの哲学者,詩人,予言者。大著『自然について』『浄め』がある。
⇒岩世人 (エンペドクレス　前493頃–前433頃)
ネーム (エンペドクレス　前493?–?)

広辞7（エンペドクレス　前493頃-前433頃）
学叢思（エムペドクレス　前490-前430頃）
図哲（エンペドクレス　前493頃-前433頃）
世人新（エンペドクレス　前492/前490-前432/前430）
世人装（エンペドクレス　前492/前490-前432/前430）
メル1（エンペドクレス　前490/前493?-前435/前433?）

Emperger, Fritz von〈19・20世紀〉
オーストリアの土木技術者。
⇒岩世人（エンペルガー　1862.1.11-1942.2.7）

Empson, Sir Richard〈15・16世紀〉
イングランドの政治家。
⇒岩世人（エンプソン　1450頃-1510.8.17/18）

Emser, Hieronymus〈15・16世紀〉
ドイツの神学者、人文主義者。
⇒岩世人（エムザー　1478.3.16/26-1527.11.8）
新カト（エムザー　1478.3.26-1527.11.8）

Encina, Juan del〈15・16世紀〉
スペインの劇作家、詩人。スペイン演劇の父と言われる。
⇒バロ（エンシーナ, フアン・デル　1468.7.12-1529.8.29?）
岩世人（エンシーナ　1468-1529/1530）
新カト（エンシナ　1468.7.12-1529.8頃）

Encke, Johann Franz〈18・19世紀〉
ドイツの天文学者。短周期彗星の存在を発見し、エンケ彗星として知られている。
⇒岩世人（エンケ　1791.9.23-1865.8.26）
学叢思（エンケ, ヨハン・フランツ　1791-1865）

Enckell, Knut Magnus〈19・20世紀〉
フィンランドの画家。作品『目覚め』(94)。
⇒岩世人（エンケル　1870.11.9-1925.11.26）

Ende, Hermann〈19・20世紀〉
ドイツの建築家。
⇒岩世人（エンデ　1829.3.4-1907.8.10）

Endecott, John〈16・17世紀〉
イギリスのアメリカ植民地総督。
⇒岩世人（エンディコット　1589頃-1665.3.15）

Endemann, Wilhelm〈19世紀〉
ドイツの法学者。商法および民事訴訟法を体系的、歴史的、法政策的に取扱った。
⇒岩世人（エンデマン　1825.4.24-1899.6.13）
学叢思（エンデマン, ヴィルヘルム　1825-?）

Enderlein, Caspar〈16・17世紀〉
ドイツの銅工、しろめ製器工、マイスタージンガー。
⇒バロ（エンデルライン, カスパル　1570頃?-1630頃?）

Endicott, Charles Moses〈18・19世紀〉
アメリカの商船船長。
⇒アア歴（Endicott,Charles Moses　チャールズ・モウゼズ・エンディコット　1793.12.6-1863.12.14）

Endler, Johann Samuel〈17・18世紀〉
ドイツの指揮者、歌手、ヴァイオリン奏者。
⇒バロ（エンドラー, ヨハン・ザムエル　1694.7.26-1762.4.23）

Endlicher, Stephan Ladislaus〈19世紀〉
オーストリアの植物分類学者。
⇒岩世人（エントリヒャー　1804.6.24-1849.3.28）

Endres, Max〈19・20世紀〉
ドイツの林政学者。土地純収穫説の理論的構成を明らかにし、林政学の学問体系を築いた。
⇒岩世人（エンドレス　1860.4.3-1940.11.9）

Endymiōn
ギリシア神話で、羊飼いの美少年。
⇒岩世人（エンデュミオン）
ネーム（エンデュミオン）

Endzelīns, Jānis〈19・20世紀〉
ラトビアの言語学者。
⇒岩世人（エンゼリーンス　1873.2.10/22-1961.7.1）

Enfantin, Barthélemy Prosper〈18・19世紀〉
フランスの社会主義者。サン＝シモン派の頭領。主著『永遠, 現在, 将来の生』(61)。
⇒岩世人（アンファンタン　1796.2.8-1864.8.31）
学叢思（アンファンタン, バルテルミー・プロスペル　1796-1864）

Engbring, Francis Xavier〈19世紀〉
アメリカの聖職者。
⇒アア歴（Engbring,Francis Xavier　フランシス・ゼイヴィアー・エングブリング　1857.6.20-1895.7.31）

Engel, Christian Lorenz Ernst〈19世紀〉
ドイツの統計学者。〈エンゲル法則〉を見出した。
⇒岩世人（エンゲル　1821.3.26-1896.12.8）
ネーム（エンゲル　1821-1896）
広辞7（エンゲル　1821-1896）
学叢思（エンゲル, エルンスト　1821-1896）
ポプ人（エンゲル, エルンスト　1821-1896）

Engel, Joel〈19・20世紀〉
イスラエルの作曲家。
⇒ユ著人（Engel,Joel　エンゲル, ジョエル　1868-1927）

Engel, Johann Carl Ludwig〈18・19世紀〉
フィンランドの建築家。ヘルシンキの都市計画

の創案者。
⇒岩世人（エンゲル　1778.7.3–1840.5.14）

Engel, Johann Jacob Jan〈18世紀〉
ポーランドの作曲家。
⇒バロ（エンゲル，ヨハン・ヤーコブ・ヤン　1745頃–1795頃）

Engelbert I〈12・13世紀〉
ドイツのケルン大司教。在職1216～。聖人。
⇒岩世人（エンゲルベルト1世　1185頃–1225.11.7）
　新カト（エンゲルベルトゥス〔ケルンの〕　1185頃–1225.11.7）

Engelbertus〈13・14世紀〉
ベネディクト会のアドモントの大修道院院長。在職1297～1327。
⇒新カト（エンゲルベルトゥス〔アドモントの〕　1250頃–1331.5.12）

Engelbrekt, Engelbrektsson〈14・15世紀〉
スウェーデンの民衆反乱の指導者。カルマル同盟の支配に反対する農民，貴族の叛乱を指導。
⇒岩世人（エンゲルブレクト　1390–1436.4.27）

Engelhard, Maurice〈19世紀〉
フランスの弁護士，政治家。
⇒19仏（モーリス・アンジェラール　1819.3.21–1891.5.14）

Engelman, Godefroy〈18・19世紀〉
フランスの印刷技術者。
⇒岩世人（アンジェルマン　1788.8.17–1839.4.25）

Engelmann, Georg I〈16・17世紀〉
ドイツのオルガン奏者，著述家。
⇒バロ（エンゲルマン，ゲオルク1世　1575頃–1632.11.11）

Engels, Friedrich〈19世紀〉
ドイツの経済学者，哲学者，社会主義者。マルクスとともに並ぶマルクス主義創設者。
⇒岩世人（エンゲルス　1820.11.28–1895.8.5）
　広辞7（エンゲルス　1820–1895）
　学叢思（エンゲルス，フリードリヒ　1820–1895）
　新カト（エンゲルス　1820.11.28–1895.8.5）
　世人新（エンゲルス　1820–1895）
　世人装（エンゲルス　1820–1895）
　世史語（エンゲルス　1820–1895）
　ポプ人（エンゲルス，フリードリヒ　1820–1895）
　メル3（エンゲルス，フリードリヒ　1820–1895）

Engerth, Wilhelm, Freiherr von〈19世紀〉
オーストリアの技術者。ドナウ河の治水工事に成功し，連動装置〈エンゲルト・システム〉を創案。
⇒岩世人（エンゲルト　1814.5.26–1884.9.4）

Enghien, Louis Antoine Henri de Bourbon-Condé, Duc d'〈18・19世紀〉
フランスの貴族。革命勃発の年に亡命（1789），亡命貴族軍を指揮（92）。
⇒岩世人（アンギアン　1772.8.2–1804.3.21）

England, John〈18・19世紀〉
アメリカのカトリック教会司教。
⇒新カト（イングランド　1786.9.23–1842.4.11）

England, John〈19世紀〉
イギリスの鉄道技師。工部省鉄道局建築副長として，新橋～横浜間の鉄道敷設工事に従事。
⇒岩世人（イングランド　1824–1877.9.14）

Engler, Heinrich Gustav Adolf〈19・20世紀〉
ドイツの植物分類学者，植物地理学者。
⇒岩世人（エングラー　1844.3.25–1930.10.10）
　ネーム（エングラー　1844–1930）
　ポプ人（エングラー，アドルフ　1844–1930）

Enkh Khan〈14世紀〉
北元の皇帝。
⇒世帝（エンケ・ハーン　（在位）1391–1394）

Enkidu
古代メソポタミアで，英雄ギルガメッシュの盟友。
⇒ネーム（エンキドゥ）

Enlil-kudurri-usur〈前12世紀〉
アッシリアの統治者。在位前1196～1192。
⇒世帝（エンリル・クドゥリ・ウツル　（在位）前1187–前1182）

Enlil-nirari〈前14世紀〉
アッシリアの統治者。在位1327～1318。
⇒世帝（エンリル・ニラリ　（在位）前1330–前1319）

Enmebaragesi
シュメール初期王朝時代の都市国家キシュの王。
⇒岩世人（エンメバラゲシ）

Enmerkar
シュメールの都市国家ウルクの伝説上の王。
⇒岩世人（エンメルカル）

Enmetena〈前25世紀〉
前2400年頃のラガシュ・ウルナンシェ王朝第5代の王。
⇒岩世人（エンメテナ（エンテメナ）　前2400年頃）

Enneccerus, Ludwig〈19・20世紀〉
ドイツの法律学者，政治家。
⇒岩世人（エンネクツェルス　1843.4.1–1928.5.31）

Ennius, Quintus〈前3・2世紀〉
ローマの詩人。ラテン文学の父。
⇒岩世人（エンニウス　前239–前169）
　ネーム（エンニウス　前239–前169）
　広辞7（エンニウス　前239–前169）
　学叢歴（エンニウス　前239–前169）

Ennodius, Magnus Felix〈5・6世紀〉
中世のラテン文学者,聖職者。パヴィアの司教 (514)。
⇒新カト（エンノディウス　473/474–521.7.17）

Enoch
アダムから第7代の太祖。ヤレドの子,メトセラの父（創世記）。
⇒岩世人（エノク）
　新カト（エノク）
　聖書（エノク）

Enrique I〈13世紀〉
カスティリア王。在位1214～17。アルフォンソ8世の末子。
⇒世帝（エンリケ1世　1204頃–1217）

Enrique II〈14世紀〉
カスティリア王。在位1369～79。庶出のため王座を奪った。
⇒世帝（エンリケ2世　1333–1379）

Enrique III〈14・15世紀〉
カスティリア王。在位1390～1406。地中海でイギリスに勝った。
⇒世帝（エンリケ3世　1379–1406）

Enrique IV〈15世紀〉
カスティリア王。在位1454～74。「不能王」と呼ばれる。
⇒世帝（エンリケ4世　1425–1474）
　世帝（エンリケ4世　1425–1474）

Enrique de Paris〈15世紀〉
スペインの歌手。
⇒バロ（エンリケ・ド・パリ　1440頃?–1490頃）

Enriques, Federigo〈19・20世紀〉
イタリアの数学者,論理学者。主著 "Problemi della scienza"（08）。
⇒岩世人（エンリクェス　1871.1.5–1946.6.14）
　世数（エンリケス,アブラモ・ジィウリオ・ウンベルト・フェデリゴ　1871–1946）

Ensingen, Ulrich von〈14・15世紀〉
ドイツのゴシック建築家。
⇒岩世人（エンジンガー　1359頃–1419.2.10）
　新カト（エンジンゲン　1350頃–1419.2.10）

Ensor, James〈19・20世紀〉
ベルギーの画家。表現主義絵画の先駆者。主作品『キリストのブリュッセル入城』。
⇒岩世人（エンソル　1860.4.13–1949.12.18）
　ネーム（アンソール　1860–1949）
　広辞7（アンソール　1860–1949）
　芸17（アンソール,ジェームズ　1860–1949）

Entemür〈14世紀〉
中国,元の権臣。欽察（キプチャク）人,諡は忠武。1328年泰定帝没後,武宗の皇子文宗を擁立。
⇒岩世人（エル・テムル　?–1333（至順4））

Entrecolles, François Xavier d'〈17・18世紀〉
フランスのイエズス会士。
⇒岩世人（ダントルコル　1662.2.5–1741.7.2）

Enukidze, Abel Sofronovich〈19・20世紀〉
ロシアの革命家。
⇒学叢思（エヌキゼ　1877–?）

Enzo〈13世紀〉
神聖ローマ皇帝フリードリヒ2世の実子。サルジニア王。
⇒岩世人（エンツィオ　1224頃–1272.3.14）

Eoban〈8世紀〉
聖人,殉教者。祝日6月5日。
⇒新カト（エオバン　?–754.6.5）

Eocha〈9世紀〉
スコットランド王。
⇒世帝（ヨーカ（在位）878–889）

Eon de Beaumont, Charles Geneviève Louis Auguste André Timothée d'〈18・19世紀〉
フランスの外交官,著作家。女装の騎士として有名。著述は古代各国民の租税の比較論等が有名。
⇒岩世人（エオン・ド・ボーモン　1728.10.5–1810.5.21）
　スパイ（デオン,シュバリエ・シャルル・ジュヌヴィエーヴ・ルイ　1728–1810）

Eosander, Johann Friedrich von〈17・18世紀〉
ドイツの建築家。ベルリンの宮廷附建築師としてベルリン宮殿の増築に従事した（1707～13）。
⇒岩世人（エオザンダー　1669.8.23–1728.5.22）

Eötvös József〈19世紀〉
ハンガリーの作家。代表作『村の公証人』。
⇒岩世人（エトヴェシュ　1813.9.13–1871.2.2）

Eötvös Roland, Baron von〈19・20世紀〉
ハンガリーの実験物理学者。液体の表面張力に関する〈エトヴェシュの法則〉を見出した（1886）。
⇒岩世人（エトヴェシュ　1848.7.27–1919.4.8）
　広辞7（エトヴェシュ　1848–1919）
　物理（エトヴェシュ,ローランド　1848–1919）

Epalle, Jean-Baptiste〈19世紀〉
メラネシアとミクロネシアの初代代牧。マリア会員。
⇒新カト（エパル　1808.3.8–1845.12.19）

Epameinondas〈前5・4世紀〉
古代ギリシアのテーベの政治家,将軍。
⇒岩世人（エパメイノンダス　?–前362）
　ネーム（エパメイノンダス　前418?–前362）

広辞7 (エパメイノンダス 前418頃-前362)
学叢歴 (エパミノンダス 前418-前363)

Epaphras
コロサイの信徒 (新約)。
⇒岩世人 (エパフラス)
　新カト (エパフラス　1世紀)
　聖書 (エパフラス)

Epaphroditos
新約聖書の人名。獄中のパウロを慰問するため、ピリピの教会から派遣された使者。
⇒岩世人 (エパフロディト)
　新カト (エパフロディト　1世紀)
　聖書 (エパフロディト)

Ephialtēs〈前5世紀〉
古代ギリシア、アテネの民主派の政治家。
⇒岩世人 (エフィアルテス　?-前462 (前461))
　広辞7 (エフィアルテス)

Ephoros〈前5・4世紀〉
古代ギリシアの歴史家。『世界史』は有名。
⇒岩世人 (エフォロス　前405頃-前330)

Ephraem〈4世紀〉
シリア教会の神学者、説教家、著述家。
⇒岩世人 (エフライム (シリアの)　310-378.2.1)
　新カト (エフラエム [シリアの]　306頃-373.6.9)

Ephraim
旧約聖書の人名。イスラエルの族長ヤコブの子ヨセフがエジプトでもうけた子 (創世記)。
⇒岩世人 (エフライム)
　新カト (エフライム)

Ephraim, Veitl Heine〈18世紀〉
プロイセンの銀行家。
⇒ユ人 (エフライム, ファイテル・ハイネ　1703-1755)

Ephraimos〈6世紀〉
アンティオケイアの司教。在職526/27～45。カルケドン信条の擁護者。
⇒新カト (エフライモス [アンティオケイアの]　?-545)

Epicharmos〈前6・5世紀〉
ギリシアの喜劇作家。ドーリス系のシュラクサイ喜劇の創始者、代表的作家としてシチリアで活躍。
⇒岩世人 (エピカルモス)

Epikouros〈前4・3世紀〉
ギリシアの哲学者。前311年頃ミュティレネに学派を創始。魂の救済者の名声を得、人々の尊敬を集めた。
⇒岩世人 (エピクロス　前341-前270)
　ネーム (エピクロス　前341-前270)
　広辞7 (エピクロス　前341頃-前270頃)
　学叢思 (エピクロス　前341-前270)
　新カト (エピクロス　前341-前270)

図哲 (エピクロス　前341-前270)
世人新 (エピクロス (エピキュロス)　前342/前341-前271/前270)
世人装 (エピクロス (エピキュロス)　前342/前341-前271/前270)
世史語 (エピクロス　前342頃-前271頃)
ポプ人 (エピクロス　前341?-前270?)
メル1 (エピクロス　前341-前270)

Epiktētos〈前6世紀〉
ギリシアの陶工、陶画家。
⇒岩世人 (エピクテトス)

Epiktētos〈1・2世紀〉
ストア派の哲学者。
⇒岩世人 (エピクテトス (ヒエラポリスの)　55頃-135頃)
　ネーム (エピクテトス　55?-135?)
　広辞7 (エピクテトス　55頃-135頃)
　学叢思 (エピクテトス)
　新カト (エピクテトス　55頃-135頃)
　世人新 (エピクテトス　55頃-135頃)
　世人装 (エピクテトス　55頃-135頃)
　世史語 (エピクテトス　55頃-135頃)
　ポプ人 (エピクテトス　55?-135?)
　メル1 (エピクテトス　55頃-135頃)

Epimachus〈3・4世紀〉
殉教者、聖人。
⇒新カト (ゴルディアヌスとエピマクス　3/4世紀頃)
　図聖 (ゴルディアヌスとエピマクス)

Epimenidēs〈前6世紀〉
ギリシアの伝説的詩人、預言者。ギリシア七賢人の一人。
⇒岩世人 (エピメニデス)

Epiphanes〈2世紀〉
グノーシス主義的傾向を有する異端者。
⇒新カト (エピファネス　2世紀)

Epiphanios〈5・6世紀〉
コンスタンティノポリスの総主教。在位520～35。聖人。祝日8月25日。
⇒新カト (エピファニオス [コンスタンティノポリスの]　?-535.6.5)

Epiphanius〈4・5世紀〉
サラミスの司教。主著『全異端反駁書』。
⇒岩世人 (エピファニオス (サラミスの)　315頃-403.5.12)
　新カト (エピファニオス [サラミスの]　315頃-403.5.12)

Epiphanius of Pavia〈5世紀〉
イタリア、パヴィアの司教、聖人。祝日1月21日。
⇒新カト (エピファニウス [パヴィアの]　438-496)

Epiphanius Scholasticus〈5・6世紀〉
南イタリアの修道士。カッシオドルスに協力して、ソクラテス、ソゾメノス、キュロスのテオドレトスの『教会史』をラテン語に抄訳した『教

⇒新カト（エピファニウス・スコラスティクス　5-6世紀）

Episcopius, Simon〈16・17世紀〉
オランダのアルミニウス派神学者。
⇒岩世人（エピスコピウス　1583.1.1-1643.4.4）
　新カト（エピスコピウス　1583.1.8-1643.4.4）

Epp, Franz Xaver von〈19・20世紀〉
ドイツの軍人。ナチスの突撃隊の組織に当り（1919～33），バイエルンの長官に任じた（33～45）。
⇒岩世人（エップ　1868.10.16-1947）

Epstein, Sir Jacob〈19・20世紀〉
イギリスの彫刻家。人物像制作を主要なテーマとする。
⇒岩世人（エプスタイン　1880.11.10-1959.8.19）
　ネーム（エプスタイン　1880-1959）
　広辞7（エプスタイン　1880-1959）
　芸13（エプスタイン，ジャコブ　1880-1959）
　ユ人（エプシュタイン，サー・ジェイコブ　1880-1959）
　ユ著人（Epstain,Jacob,Sir　エプスタイン，ジェイコブ　1880-1959）

Eptadius〈5・6世紀〉
聖人。祝日8月23日，24日。
⇒新カト（エプタディウス　490頃-550頃）

Equiano, Olaudah〈18世紀〉
ベニンのエサカ（現ナイジェリア連邦共和国）に生まれる。
⇒岩世人（エクィアーノ　1745頃-1797.3.31）

Equitius〈5・6世紀〉
聖人，修道士。祝日8月11日。
⇒新カト（エクイティウス　480/490-571以前）

Erard, Sébastien〈18・19世紀〉
フランスの楽器製作者。フランスで初めて近代風のピアノを製作。
⇒岩世人（エラール　1752.4.5-1831.8.5）

Erart, Jehan〈13世紀〉
フランスのトルヴェール。
⇒バロ（エラール，ジャン　1200-1210-1258-1259）

Erasistratos (Keios)〈前4・3世紀〉
ギリシアの医学者。生理学の創始者とされる。
⇒岩世人（エラシストラトス　前315頃-前250（-前240））
　ネーム（エラシストラトス）

Erasmus, Desiderius〈15・16世紀〉
オランダの人文主義者。主著は『格言集』，『対話集』。
⇒岩世人（エラスムス　1466/1467.10.27-1536.7.12）
　ネーム（エラスムス　1466?-1536）
　広辞7（エラスムス　1466/1467-1536）
　学叢思（エラスムス，ロッテルダムの　1466-1536）
　新カト（エラスムス　1466/1467/1469.10.27/28-1536.7.12）
　図哲（エラスムス，デジデリウス　1466-1536）
　世人新（エラスムス　1465/1466/1469-1536）
　世人装（エラスムス　1466/1466/1469-1536）
　世史語（エラスムス　1469頃-1536）
　ポプ人（エラスムス，デシデリウス　1469?-1536）
　メル1（エラスムス　1464/1467?-1536）
　ルネ（デジデリウス・エラスムス　1466/1467-1536）

Erasmus (Elmo, Ermo, Rasmus)〈3・4世紀〉
ディオクレティアーヌス帝による迫害の殉教者。
⇒新カト（エラスムス〔フォルミアの〕　生没年不詳）
　図聖（エラスムス　?-305頃）

Erastus, Thomas〈16世紀〉
スイスの医学者，ツウィングリ派神学者。
⇒岩世人（エラストゥス　1524.9.7-1583.12.31）
　新カト（エラストゥス　1524.9.7-1583.12.31）

Eratosthenes of Cyrene〈前3・2世紀〉
ギリシアの天文学者，数学者，地理学者。
⇒岩世人（エラトステネス　前275頃-前194頃）
　ネーム（エラトステネス　前275-前194）
　広辞7（エラトステネス　前276頃-前195頃）
　学叢思（エラトステネス　前276-前196/前194）
　世人新（エラトステネス　前276頃-前194頃）
　世人装（エラトステネス　前276頃-前194頃）
　世史語（エラトステネス　前275頃-前194）
　世数（エラトステネス（キレーネの）　前276頃-前194）
　ポプ人（エラトステネス　前275-前194）

Erb, Karl〈19・20世紀〉
ドイツのテノール。バイエルン国立オペラに所属，モーツァルトの作品を得意とした。
⇒失声（カール・エルプ　1877-1958）
　魅惑（Erb,Karl　1877-1958）

Erb, Wilhelm Heinrich〈19・20世紀〉
ドイツの神経学者。神経病理学に電気診断法を導入し，また電気療法を行った。
⇒岩世人（エルブ　1840.11.30-1921.10.29）

Erba, Dionigi〈17・18世紀〉
イタリアの作曲家。
⇒バロ（エルバ，ディオーニジ　1670頃-1730頃?）

Erbach, Christian〈16・17世紀〉
ドイツのオルガン奏者，教師。
⇒バロ（エルバッハ，クリスティアン　1568-1573-1635.6.9-9.7）

Erben, Johann balthasar〈17世紀〉
ドイツのオルガン奏者。
⇒バロ（エルベン，ヨハン・バルタザル　1626-1686.10.3）

Erben, Karel Jaromir〈19世紀〉
チェコの詩人, 民俗学者, 歴史学者。
⇒岩世人 (エルベン　1811.11.7–1870.11.21)

Erbermann, Vitus〈16・17世紀〉
ドイツのカトリック神学者。
⇒岩世人 (エアバーマン　1597.5.25–1675.4.8)
新カト (エルベルマン　1597.5.25–1675.4.8)

Erbervelt, Pieter〈17・18世紀〉
バタヴィアでヨーロッパ人皆殺しを図った事件 (1721) の首謀者。
⇒岩世人 (エルベルフェルト　?–1722.4.22)

Ercilla y Zúñiga, Alonso de〈16世紀〉
スペインの詩人, 軍人。大叙事詩『アラウカーナ』(69～89) の作者。
⇒岩世人 (エルシーリャ・イ・スニガ　1533.8.7–1594.11.29)

Erckmann, Émile〈19世紀〉
フランス, アルザス地方出身の作家。シャトリアンとの共同筆名で活動。
⇒岩世人 (エルクマン＝シャトリアン)
19仏 (エルクマン＝シャトリアン　1822.5.20–1899.3.14)

Erconwald〈7世紀〉
司教。聖人。
⇒新カト (エルコンワルド [ロンドンの]　630頃–693.4.30)

Erdeni〈16・17世紀〉
中国, 後金 (清) の女真 (満洲) 人, 文臣。
⇒岩世人 (エルデニ　1581?–1623 (天命8))

Erdmann, Benno〈19・20世紀〉
ドイツの哲学者, 論理学者。主著『カントの批判主義』(78)。
⇒岩世人 (エルトマン　1851.5.30–1921.1.7)
学叢思 (エルドマン, ベノー　1851–1920)

Erdmann, Johann Eduard〈19世紀〉
ドイツの哲学者, 哲学史家。主著『哲学史綱要』(65～67)。
⇒岩世人 (エルトマン　1805.6.1/13–1892.6.12)
ネーム (エルトマン　1805–1892)
学叢思 (エルドマン, ヨハン・エドゥアルト　1805–1892)
新カト (エルトマン　1805.6.13–1892.6.12)

Erdmannsdorff, Friedrich Wilhelm von〈18世紀〉
ドイツの建築家。ドイツ初期古典主義様式の代表。
⇒岩世人 (エルトマンスドルフ　1736.5.18–1800.3.9)

Erechtheus
ギリシア神話の伝説上のアテナイ王。
⇒岩世人 (エレクテウス)

Erentrudis vom Nonnberg〈7・8世紀〉
ベネディクト会士, 女子大修道院長, 聖人。
⇒図聖 (エレントルディス (ノンベルクの)　?–718頃)

Erhardt, Franz〈19・20世紀〉
ドイツの哲学者。
⇒岩世人 (エアハルト　1864.11.4–1930.4.6)

Erhard von Regensburg〈8世紀頃〉
司教, 聖人。
⇒図聖 (エアハルト (レーゲンスブルクの))

Erhart, Gregor〈15・16世紀〉
ドイツの彫刻家。主作品『ブラウボイエルン聖堂の祭壇』。
⇒芸13 (エルハルト, グレゴール　?–1540頃)

Erhart, Michel〈15・16世紀〉
ドイツの彫刻家。
⇒岩世人 (エアハルト　1440頃–1522.12.8)

Eriba-Adad I〈前14世紀〉
アッシリアの統治者。在位前1390～1364。
⇒世帝 (エリバ・アダド1世　(在位) 前1392–前1366)

Eriba-Adad II〈前11世紀〉
アッシリアの統治者。在位前1055～1054。
⇒世帝 (エリバ・アダド2世　(在位) 前1056–前1054)

Erich, Daniel〈17・18世紀〉
ドイツのオルガン奏者。
⇒バロ (エーリヒ, ダニエル　1660頃–1730頃)

Erichsen, *Sir* John Eric〈19世紀〉
イギリスの外科医。鉄道事故による神経症の研究によって, 外傷性神経症の記載をした。
⇒岩世人 (エリクセン　1818.7.19–1896.9.23)

Erichthonios
ギリシア神話のアテーナイの王。
⇒岩世人 (エリクトニオス)
ネーム (エリクトニオス)

Erichthonios
ギリシア神話, ダルダノスの子。
⇒岩世人 (エリクトニオス)

Ericsson, John〈19世紀〉
アメリカの造船家, 発明家。螺旋推進器 (スクリュー) を実用化し, 特許を得た (1836)。
⇒岩世人 (エリクソン　1803.7.31–1889.3.8)

Ērigonē
ギリシア神話, イカリオスの娘。
⇒岩世人 (エリゴネ)

Erik〈10世紀〉
スウェーデン王。

⇒岩世人（エーリク（勝利王）　945頃-995頃）

Erik I, Ejegod〈11・12世紀〉
デンマーク王。在位1095～1103。
⇒世帝（エーリク1世　1150-1103）

Erik II, Emune〈12世紀〉
デンマーク王。在位1134～37。北欧に最初に騎士制度を導入。
⇒世帝（エーリク2世　1090-1137）

Erik III, the Lamb〈12世紀〉
デンマーク王国の統治者。在位1137～1146。
⇒世帝（エーリク3世　1120-1146）

Erik IV, Ploughpenny〈13世紀〉
デンマーク王国の統治者。
⇒世帝（エーリク4世　1216-1250）

Erik V, Klipping〈13世紀〉
デンマーク王国の統治者。在位1259～1286。
⇒世帝（エーリク5世　1249-1286）

Erik VI, Menved〈13・14世紀〉
デンマーク王国の統治者。在位1286～1319。
⇒世帝（エーリク6世　1274-1319）

Erik VII of Pomerania〈14・15世紀〉
デンマーク王国の統治者。在位1396～1439。
⇒岩世人（エーリク7世　1382頃-1459.6.6）
　世帝（エーリク7世　1382-1459）

Erik IX, Jedvardsson, St.〈12世紀〉
スウェーデン王。在位1150～60。フィンランドを征服（1155）。
⇒岩世人（エーリク9世　?-1160.5.18）
　新カト（エリク9世　?-1160頃）
　図聖（エーリク9世　1120-1160）

Erik XIV〈16世紀〉
スウェーデン王。在位1560～68。デンマークからの経済的自立と，バルト帝国の建設を目指す。
⇒岩世人（エーリク14世　1533.12.13-1577.2.26）
　世帝（エリク14世　1533-1577）

Erik（Bloodaxe）〈9・10世紀〉
ノルウェー王（940頃）。バイキングの首領。
⇒世帝（エイリーク1世　885-954）

Ērinna〈前4世紀〉
ギリシアの女流詩人。300行のヘクサメトロス詩『糸巻き』が残されている。
⇒岩世人（エリンナ）

Erišum I〈前20世紀〉
古アッシリア時代の都市国家アッシュルの支配者。在位前1974～35頃。
⇒岩世人（エリシュム1世　（在位）前1974-前1935頃）

Eriugena, Johannes Scotus〈9世紀〉
哲学者,神秘主義者。新プラトン主義的な色彩が強い。
⇒岩世人（エリウゲナ　810頃-877頃）
　ネーム（エリウゲナ　813?-880?）
　広辞7（エリウゲナ　810頃-877頃）
　学叢思（エリウゲナ,ヨハネス・スコトゥス　800-877）
　新カト（エリウゲナ　810頃-877頃）
　メル1（エリウゲナ,ヨハネス・スコトゥス　810頃-877/880頃?）

Erk, Ludwig Christian〈19世紀〉
ドイツの民謡収集家,合唱指揮者,教師。エルク男子唱歌協会,エルク混声合唱協会を創立。
⇒岩世人（エルク　1807.1.6-1883.11.25）

Erkel Franz〈19世紀〉
ハンガリーの作曲家,指揮者。〈ブダペスト・フィルハルモニー・コンツェルテ〉を創設した（1853）。
⇒岩世人（エルケル　1810.11.7-1893.6.15）

Erlanger, Joseph〈19・20世紀〉
アメリカの生理学者。
⇒岩世人（アーランガー　1874.1.5-1965.12.15）
　ネーム（アーランガー　1874-1965）
　ユ人（アーランガー,ジョセフ　1874-1965）
　ユ著人（Erlanger,Joseph　アーランガー,ジョセフ　1874-1965）

Erlebach, Philipp Heinrich〈17・18世紀〉
ドイツの作曲家,教師。
⇒バロ（エルレバッハ,フィリップ・ハインリヒ　1657.7.25-1714.4.17）

Erlenmeyer, Richard August Carl-Emil〈19・20世紀〉
ドイツの化学者。イソ酪酸を発見,チロシンを合成（83）。
⇒岩世人（エルレンマイアー　1825.6.28-1909.1.22）

Ermak, Timofeevich〈16世紀〉
西シベリアの征服者。ドン・コサックのアタマン（首領）。
⇒岩世人（エルマーク　?-1585.8.6）
　ネーム（エルマーク　?-1585）
　広辞7（イェルマック　?-1585）
　世人新（イェルマーク　?-1585）
　世人装（イェルマーク　?-1585）
　世史語（イェルマーク　?-1585）
　ポプ人（イェルマーク,チモフェービッチ　?-1585）
　学叢歴（エルマク　?-1584）

Erman, Adolf〈19・20世紀〉
ドイツのエジプト学者。『エジプト語辞典』（26～54）は,特に斯学に貢献。
⇒岩世人（エルマン　1854.10.31-1937.6.26）

Erman, Georg Adolf〈19世紀〉
ドイツの物理学者。

⇒学叢思（エルマン，ゲオルグ・アドルフ　1806–1877）

Ermatinger, Emil〈19・20世紀〉
スイスの文学史家。精神科学としての文学史や，抒情詩の研究，G.ケラー研究に功績ある。
⇒岩世人（エルマティンガー　1873.5.21–1953.9.17）

Ermenrich〈9世紀〉
司教，ベネディクト会員。
⇒新カト（エルメンリヒ〔パッサウの〕　814頃–874.12.26）

Erminold〈11・12世紀〉
福者。
⇒新カト（エルミノルド　?–1121.1.6）

Ermolova, Mariya Nikolaevna〈19・20世紀〉
ロシアの女優。共和国人民芸術家の称号を受け（1920），モスクワには彼女の名を冠した劇場がある。
⇒岩世人（エルモーロヴァ　1853.7.3/15–1928.3.12）
　ネーム（エルモーロヴァ　1853–1928）

Ernesti, Johann August〈18世紀〉
ドイツの神学者，文献学者。聖書の歴史的言語的解釈を提唱。
⇒岩世人（エルネスティ　1707.8.4–1781.9.11）
　新カト（エルネスティ　1707.8.4–1781.9.11）

Ernle, Rowland Edmund Prothero, 1st Baron〈19・20世紀〉
イギリスの農学者。〈Quarterly Review〉誌を編集（1894～99）。
⇒岩世人（アーンル　1851.9.6–1937.7.1）

Ernout, Alfred Georges〈19・20世紀〉
フランスのラテン語学者。ラテン文法，プラウトゥス，古ラテン語の研究に功績。
⇒岩世人（エルヌー　1879.10.30–1973.6.16）

Ernst, Hertzog〈15・16世紀〉
ドイツの作曲家。
⇒バロ（エルンスト，ヘルツォーク　1490頃?–1540頃?）

Ernst, Johann〈17・18世紀〉
ドイツの貴族，作曲家。
⇒バロ（エルンスト，ヨハン　1696–1715.8.1）

Ernst, Paul Carl Friedrich〈19・20世紀〉
ドイツの小説家，劇作家。
⇒岩世人（エルンスト　1866.3.7–1933.5.13）
　学叢思（エルンスト，パウル　1866–?）

Ernst I〈17世紀〉
ザクセン・ゴータ・アルテンブルク公。三十年戦争でグスタフ・アドルフの下で戦う。

⇒岩世人（エルンスト1世（敬虔公）　1601.12.25–1675.3.26）

Ernst II〈19世紀〉
ドイツのザクセン・コーブルク・ゴータ公。
⇒岩世人（エルンスト2世　1818.6.21–1893.8.22）

Ernst August〈17世紀〉
ハノーバー侯。92年選帝侯となる。
⇒岩世人（エルンスト・アウグスト　1629.11.20–1698.1.23）

Ernst August〈18・19世紀〉
ハノーバー王。在位1837～51。イギリス王ジョージ3世の五男。
⇒岩世人（アーネスト・オーガスタス　1771.6.5–1851.11.18）

Ernst von Bayern〈16・17世紀〉
ケルンの大司教，選帝侯。
⇒岩世人（エルンスト（バイエルン公）　1554.12.17–1612.2.17）

Ernst von Zwiefalten〈12世紀〉
ベネディクト会士，大修道院長，殉教者，聖人。
⇒図聖（エルンスト（ツヴィーファルテンの）　?–1148）

Erquicia, Domingo Ibáñez de〈16・17世紀〉
スペインのドミニコ会宣教師。太右衛門の変名して，長崎，大村の間で信徒の激励に努めた。
⇒岩世人（エルキシア　1589.2.8–1633.8.14）
　新カト（ドミンゴ・デ・エルキシア　1589.2.8–1633.8.14）

Errico, Gaetano〈18・19世紀〉
イタリアの聖人。祝日10月29日。修道会創立者。
⇒新カト（ガエターノ・エリコ　1791.10.19–1860.10.29）

Ersch, Johann Samuel〈18・19世紀〉
ドイツの書誌学者。
⇒岩世人（エルシュ　1766.6.23–1828.1.16）

Erschov, Ivan〈19・20世紀〉
テノール歌手。サンクトペテルブルク音楽院教授。
⇒魅惑（Erschov,Ivan　1867–1943）

Erskine, Ebenezer〈17・18世紀〉
スコットランドの分離派教会の創立者。
⇒岩世人（アースキン　1680.6.22–1754.6.2）
　新カト（アースキン　1680.6.22–1754.6.2）

Erskine, Thomas, 1st Baron, of Restormel〈18・19世紀〉
イギリスの法律家。下院議員（1783～84）。大法官（1806～7）。
⇒岩世人（アースキン　1750.1.10–1823.11.17）

Erskine, Thomas of Linlathen〈18・19

世紀〉
スコットランドの法学者, 神学者。
⇒岩世人（アースキン　1788.10.13–1870.3.20）

Erskine, William Hugh〈19・20世紀〉
アメリカの宣教師。
⇒アア歴（Erskine,W(illiam) H(ugh)　ウイリアム・ヒュー・アースキン　1879.2.2–1954.2.17）

Erslev, Kristian〈19・20世紀〉
デンマークの歴史家, 歴史教育者。
⇒岩世人（エアスリウ　1852.12.28–1930.6.20）

Ertuğrul Bey〈12・13世紀〉
オスマン・トルコ国家の創始者オスマン1世の父。オスマン国家形成の基盤をつくった。
⇒岩世人（エルトゥールル・ベイ）

Erwin von Steinbach〈13・14世紀〉
ドイツの建築家。
⇒岩世人（エルヴィン　1244頃–1318.1.17）

Erxleben, Drothea Christine〈18世紀〉
ドイツの最初の女医。
⇒岩世人（エルクスレーベン　1715.11.13–1762.6.13）

Erzberger, Matthias〈19・20世紀〉
ドイツ中央党の政治家。蔵相, 首相代理を歴任。
⇒岩世人（エルツベルガー　1875.9.20–1921.8.26）
　ネーム（エルツベルガー　1875–1921）

Esad Efendi〈17・18世紀〉
オスマン帝国時代の法官, 詩人, 学者。
⇒岩世人（エサト・エフェンディ　1685.10–1753.8.22）

Esarhaddon〈前7世紀〉
アッシリア王。在位前681～69。
⇒岩世人（エサルハドン　（在位）前680–前669）
　世帝（エサルハドン　（在位）前681–前669）

Es'at Pasha, Aḥmed〈19・20世紀〉
アルバニアの独裁者。バルカン戦争（1912–13）で, 独立を宣言し, 独裁制をしいた。
⇒岩世人（エサト・パシャ・トプタニ　1863–1920.6.13）

'Ēsāw
エドムびとの祖。イサクとリベカの長子（創世記）。
⇒岩世人　（エサウ）
　新カト　（エサウ）
　聖書　（エサウ）

Escalaïs, Léon〈19・20世紀〉
フランス・オペラのテノール。
⇒失声（レオン・エスカレ　1859–1940）
　魅惑（Escalaïs,Léonce-Antoine　1859–1940）

Eschenburg, Johann Joachim〈18・19世紀〉
ドイツの文学史家, 小説家, シェークスピア翻訳家。
⇒岩世人（エッシェンブルク　1743.12.7–1820.2.29）

Eschenmayer, Adam Karl August〈18・19世紀〉
ドイツの哲学者。一種の信仰哲学を説き, のちに神秘説および神霊学に傾いた。
⇒岩世人（エッシェンマイアー　1768.7.4–1852.11.17）

Eschenmayer, Karl Adolph〈18・19世紀〉
ドイツの哲学者。
⇒学叢思（エッシェンマイエル, カール・アドルフ　1770–1852）

Escher, Alfred〈19世紀〉
スイスの政治家, 銀行家, 鉄道業者。
⇒岩世人（エッシャー　1819.2.20–1882.12.6）

Escher, George Arnold〈19・20世紀〉
オランダの土木技術者。
⇒岩世人（エッセル（エッシャー；エッシェル）1843.5.10–1939.6.14）

Escherich, Karl〈19・20世紀〉
ドイツの森林昆虫学者。応用昆虫学会を創設した（1913）。主著 "Die Ameise"（06）。
⇒岩世人（エッシェリヒ　1871.11.18–1951.11.22）

Escherich, Theodor von〈19・20世紀〉
ドイツの小児科医, 細菌学者。腸内細菌およびジフリアに関する研究, また大腸菌の発見者。
⇒岩世人（エッシェリヒ　1857.11.29–1911.2.15）

Escher von der Linth, Arnold〈19世紀〉
スイスの地質学者。アルプス山脈に関するすぐれた研究がある。
⇒岩世人（エッシャー・フォン・デア・リント　1807.6.8–1872.7.12）

Escher von der Linth, Johann Konrad〈18・19世紀〉
スイスの自然科学者, 技術者。アルプス地質学の建設者。ヴァーレン湖とチューリヒ湖との間の土地を開発。
⇒岩世人（エッシャー・フォン・デア・リント　1767.8.24–1823.3.9）

Eschscholtz, Johann Friedrich〈18・19世紀〉
ドイツの博物学者, 旅行家。
⇒岩世人（エッシュショルツ　1793.11.12–1831.5.19）

Escobar, Pedro de〈15・16世紀〉
ポルトガルの歌手, 音楽教師。

⇒バロ（エスコバール，ペドロ・デ　1465頃-1535以降）

Escobar y Mendoza, Antonio〈16・17世紀〉
スペインの神学者。
⇒岩世人（エスコバル　1589-1669.7.4）

Escobedo, Bartolomé de〈16世紀〉
スペインの歌手，聖職者。
⇒バロ（エスコベド，バルトロメ・デ　1515頃-1563.3-8頃）

Escoffier, Auguste〈19・20世紀〉
フランスの料理人。フランス料理を改良し，新しい料理を創案。
⇒岩世人（エスコフィエ　1846.10.28-1935.2.12）
　ネーム（エスコフィエ　1846-1935）

Escoffier, Henri〈19世紀〉
フランスのジャーナリスト。
⇒19仏（アンリ・エスコフィエ　1837.3.11-1891.12.20）

Escribano, Juan〈15・16世紀〉
スペインの作曲家。
⇒バロ（エスクリバーノ，フアン　1478-1557.10）

Esen〈15世紀〉
オイラートの指導者。
⇒岩世人（エセン　?-1454）
　広辞7（エセン　?-1454）
　世人新（エセン＝ハン　?-1454）
　世人装（エセン＝ハン　?-1454）
　世史語（エセン＝ハン　?-1454）
　世帝（エセン・ハーン　（在位）1453-1454）
　ポプ人（エセン・ハン　?-1454）
　学叢歴（也先　?-1454）

Eṣfahānī, Moḥammad Esmā'īl〈19世紀〉
カージャール朝イランのラッカー彩画家。
⇒岩世人（エスファハーニー，モハンマド・エスマーイール）

Esfandiyar
イランの伝承上のカヤーニー朝の悲劇の英雄。
⇒岩世人（エスファンディヤール）
　ネーム（イスファンディヤール）

Eskil〈11世紀〉
聖人，司教，殉教者。祝日6月12日。
⇒新カト（エスキル〔ストレングネスの〕　?-1038頃）

Eskil〈12世紀頃〉
デンマーク，ルンドの初代大司教。在職1138～77。
⇒岩世人（エスキル　1100頃-1181.9.6/7）
　新カト（エスキル〔ルンドの〕　1100頃-1181.9.6）

Esmarch, Johannes Friedrich August von〈19・20世紀〉
ドイツの外科医。軍陣外科に貢献。
⇒岩世人（エスマルヒ　1823.1.9-1908.2.23）

Esmein, Adhémar〈19・20世紀〉
フランスの法学者。法律史の研究において，歴史的立場と体系的思想とを結合するに努めた。
⇒岩世人（エスマン　1848.2.1-1913.7.20）

Espartero, Baldomero〈18・19世紀〉
スペインの軍人，政治家。「スペインの平和回復者」と呼ばれた。
⇒岩世人（エスパルテーロ　1792.2.27-1879.1.8）

Espen, Zeger Bernhard van〈17・18世紀〉
ネーデルラントのカトリック教会法学者。
⇒新カト（エスペン　1646.7.9-1728.10.2）

Espence (Espense), Claude Togniel d'〈16世紀〉
フランスの神学者。
⇒新カト（エスパンス　1511-1571.10.4）

Esper, (Duke) Charles H.〈19・20世紀〉
アメリカの大リーグ選手（投手）。
⇒メジャ（デューク・エスパー　1868.7.28-1910.8.31）

Espina de la Serna, Concha〈19・20世紀〉
スペインの女流作家。スペイン伝統の写実主義を守る。
⇒岩世人（エスピーナ　1877.4.15-1955.5.19）
　新カト（エスピナ　1869/1877/1879.4.15-1955.5.19）

Espinar, Alonso de〈15・16世紀〉
アンティル諸島のフランシスコ会宣教師。
⇒新カト（エスピナル　?-1513）

Espinas, Alfred Victor〈19・20世紀〉
フランスの哲学者。社会構造を科学的に研究。
⇒岩世人（エスピナス　1844.5.23-1922.2.24）
　学叢思（エスピナス，アルフレド）
　メル3（エスピナス，アルフレド　1844-1922）

Espinel, Vicente Martínez de〈16・17世紀〉
スペインの小説家，詩人。
⇒岩世人（エスピネル　1550.12.28-1624.2.4）

Espinosa, Isidore Félix de〈17・18世紀〉
メキシコのフランシスコ会員，宣教師，歴史家。
⇒新カト（エスピノーサ　1679.11-1755.2）

Espinosa, Juan de〈15・16世紀〉
スペインのミンストレル，聖職者，参事会員，歌手，理論家。

⇒バロ（エスピノーサ, フアン・デ　1465頃?–1520）

Espinosa Medrano, Juan de〈17世紀〉
ペルーの文学者。
⇒岩世人（エスピノーサ・メドラーノ　1629?–1688.9.23）

Espoz y Mina, Francisco〈18・19世紀〉
スペインの軍人。
⇒岩世人（エスポス・イ・ミナ　1786.6.17–1836.12.26）

Espronceda, José de〈19世紀〉
スペインロマン主義の詩人。
⇒岩世人（エスプロンセダ　1808.3.25–1842.5.23）
　ネーム（エスプロンセダ　1808–1842）

Espy, James Pollard〈18・19世紀〉
アメリカの気象学者。暴風雨の対流説を提唱。主著 "Philosophy of storms"（41）。
⇒岩世人（エスピー　1785.5.9–1860.1.24）

Esquerra, Juan〈16・17世紀〉
スペインの太平洋定航船司令官。メキシコに向う途中, 上総国岩和田海岸に難破（1609）。
⇒岩世人（エスケーラ　1540頃–?）

Esquirol, Jean Étienne Dominique〈18・19世紀〉
フランスの精神科医。精神病患者の取扱いの改善に貢献。
⇒岩世人（エスキロル　1772.1.3–1840.12.12）

Esquiú, Mamerto de la Ascención〈19世紀〉
アルゼンチンのカトリック司教, 政治家。
⇒岩世人（エスキウ　1826.3.11–1883.1.10）

Esquivel, Jacinto de〈16・17世紀〉
スペインのドミニコ会宣教師,《日葡辞書》の編纂者。
⇒岩世人（エスキベル　1595.12.30–1633.8.9）

Esquivel Barahona, Juan de〈16・17世紀〉
スペインの指揮者, 理論家, 作曲家。
⇒バロ（エスキベル・バラオーナ, フアン・デ　1563頃–1613以降）
　バロ（バラオーナ, フアン・デ・エスキベル　1563頃–1613以降）

Eß, Johann Heinrich van〈18・19世紀〉
ドイツのカトリック神学者, 聖書翻訳者。
⇒岩世人（エス　1772.2.15–1847.10.13）

Essai
ダビデの父。ベツレヘムに住んだユダ族の家長（イザヤ書）。
⇒ネーム（エッサイ）
　新カト（エッサイ　前11世紀）
　聖書（エッサイ）

Essex, Robert Devereux, 2nd Earl of〈16・17世紀〉
イギリスの貴族。エリザベス1世の寵臣。
⇒岩世人（エセックス　1565.11.10–1601.2.25）

Essex, Robert Devereux, 3rd Earl of〈16・17世紀〉
イギリスの貴族, 軍人。議会軍司令官を務めた。
⇒岩世人（エセックス　1591.1.11–1646.9.14）

Esson, Louis〈19・20世紀〉
オーストラリアの劇作家。代表作『立ち枯れの木々』など。
⇒岩世人（エッソン　1879–1943）

Estaunié, Edouard〈19・20世紀〉
フランスの小説家。主著 "La vie secrète (08)"。
⇒岩世人（エストーニエ　1862.2.4–1942.4.2）
　新カト（エストーニエ　1862.2.4–1942.4.2）

Estcourt, Richard〈17・18世紀〉
イギリスの作曲家。
⇒バロ（エストコート, リチャード　1668–1712）

Estébanez Calderón, Serafín〈18・19世紀〉
スペインの抒情詩人, 作家, 学者。
⇒岩世人（エステバネス・カルデロン　1799.12.27–1867.2.5）

Estēr〈前5世紀〉
ユダヤの女。ペルシア王アハシュエロスの妃（旧約）。
⇒岩世人（エステル）
　聖書（エステル）

Esterházy, E.Pál Antal〈18・19世紀〉
ハンガリーの外交官。初代ハンガリー内閣の外相（1848）。
⇒岩世人（エステルハージ　1786.3.11–1866.5.21）

Esterhazy, Marie Charles Ferdinand Walsin〈19・20世紀〉
フランス（ハンガリー系）の軍人。ドレフュス事件に関し, ドレフュスに不利な証拠を捏造したことを告白。
⇒岩世人（エステルアジ　1847.12.16–1923.5.21）

Esterházy, Nikolaus, Fürst von〈18・19世紀〉
オーストリアの元帥。ナポレオン1世からハンガリーの王位を提供されたが（1809）拒否。
⇒岩世人（エステルハージ　1765.12.12–1833.11.25）

Esterházy, Nikolaus Joseph, Fürst von〈18世紀〉
オーストリアの将軍。コリーンの会戦でプロイセン軍を破り（1757）, のち元帥となる（68）。
⇒岩世人（エステルハージ　1714.12.18–1790.9.28）

Esteves, Joañ Rodrigues〈18世紀〉
ポルトガルの作曲家,教師。
⇒バロ（エステーヴェス，ジョアン・ロドリーゲス 1700頃–1751以降）

Esteve y Grimau, Pablo〈18世紀〉
スペインの詩人。
⇒バロ（エステーベ・イ・グリマウ，パブロ 1734頃–1794.6.4）

Esther Chiera〈16世紀〉
トルコ・オスマン皇帝のハーレムで人望を得た女性。
⇒ユ著人（Esther Chiera（Kiera） エステル・チェラ ?–1592）

Estienne, Henri〈16世紀〉
フランスの古典学者,出版業者。"Thesaurus linguae graecae"(72)編。
⇒岩世人（エティエンヌ 1531/1528–1598.3）
広辞7（エティエンヌ 1531頃–1598）

Estienne, Robert〈16世紀〉
フランスの出版業者。"Thesaurus linguae latinae"(32)編。
⇒岩世人（エティエンヌ 1503–1559.9.7）
広辞7（エティエンヌ 1503–1559）

Estius〈16・17世紀〉
オランダのカトリック聖書学,神学,聖人伝研究家。
⇒新カト（エスティウス 1542–1613.9.20）

Estlander, Jacob August〈19世紀〉
フィンランドの外科医。現在の肺結核治療の胸郭成形術の先駆者。また上唇整形手術も考案。
⇒岩世人（エストランデル 1831.12.24–1881.3.4）

Estori, Isaac ben-Moses, ha-Parchi〈13・14世紀〉
パレスチナの地誌学者。
⇒ユ人（エストリ，イサク・ベンモーゼス，ハ・パルヒ 1280頃–1355）

Estournelles de Constant, Paul Henri Benjamin Balluat, Baron de Constan de Rebecque d'〈19・20世紀〉
フランスの外交官,政治家。ハーグの平和会議にはフランス代表として出席。
⇒岩世人（エストゥルネル・ド・コンスタン 1852.11.22–1924.5.15）

Estrada Cabrera, Manuel〈19・20世紀〉
グアテマラの政治家。
⇒岩世人（エストラーダ・カブレーラ 1857.11.21–1924.9.24）
ラテ新（エストラーダ・カブレラ 1857–1924）

Estrada Palma, Tomás〈19・20世紀〉
キューバ大統領。在職1902～06。独立運動の指導者として活躍,初代大統領に就任。
⇒岩世人（エストラーダ・パルマ 1835.7.9–1908.11.8）

Estrup, Jacob Brønnum Scavenius〈19・20世紀〉
デンマークの政治家。
⇒岩世人（エストロプ 1825.4.16–1913.12.24）

Eszterházy, Paul〈17・18世紀〉
ハンガリーの貴族,政治家,軍人,詩人,音楽マニア。エステルハージ公爵。
⇒バロ（エステルハージ，パウル 1635.9.7–1713.3.26）

Étaín
アイルランドのケルト神話群に登場する女性。
⇒岩世人（エーダイン（エーディン））

Etana
メソポタミアの《エタナ物語》の主人公。
⇒岩世人（エタナ）

E'temād al-Salṭane, Moḥammad Ḥasan Khān〈19世紀〉
イランの官僚,地理学者,歴史家。
⇒岩世人（エーテマードゥッサルタネ 1843–1896）

Eteoklēs
ギリシアの伝説上の英雄。
⇒岩世人（エテオクレス）

Eteraldi, Jean Francesco〈18世紀〉
イタリアの作曲家。
⇒バロ（エテラルディ，ジャン・フランチェスコ 1720頃?–1780頃?）

Etex, Antoine〈19世紀〉
フランスの彫刻家,画家,建築家。作品中にナポレオン1世の墓,革命(1848)記念碑などがある。
⇒岩世人（エテックス 1808.3.20–1888.7.14）

Ethbaal〈前9世紀〉
フェニキアの都市国家ティルスの王。在位前9世紀前半。
⇒岩世人（エトバアル1世 （在位）前9世紀前半）

Ethelbert〈8世紀〉
イギリスの東アングル人王,殉教者,聖人。祝日5月20日。
⇒新カト（エセルバート ?–794）

Ethelbert I〈6・7世紀〉
アングロ・サクソン期,ケントの王。
⇒岩世人（エセルバート1世 ?–616.2.24?）
新カト（エセルバート〔ケントの〕 550頃–616.2.24）

Etheldreda, or Audery〈7世紀〉
女子修道院長。聖人。エクスニング生まれ。
⇒新カト（エセルドレダ 630頃–679.6.23）
図聖（エセルドリーダ（イリーの） 630頃–679）

Ethelred〈12世紀〉
イギリスの聖職者,説教家,歴史家,聖人。
⇒岩世人 (エセルレッド　1109頃-1167.1.12)
　新カト (アエルレド〔リーヴォーの〕　1109-1167.1.12)

Ethelred I〈9世紀〉
アングロ・サクソン期ウェセックス王。在位865〜71。
⇒岩世人 (エセルレッド1世　?-871)

Ethelred II (the Unready)〈10・11世紀〉
イングランド王。在位978〜1016。愚鈍王とあだ名される。
⇒岩世人 (エセルレッド2世 (無策王)　966/968頃-1016)
　世帝 (エゼルレッド2世　968-1016)

Ethelwold〈10世紀〉
修道士また司教。聖人。ウィンチェスター生まれ。
⇒岩世人 (エセルウォルド　904/909-984.8.1)
　新カト (エセルウォルド〔ウィンチェスターの〕　908頃-984.8.1)

Etherege, *Sir* **George**〈17世紀〉
イギリスの劇作家。作品に『滑稽な復讐』(66)など。Sirの称号を受ける。外交官としても活躍。
⇒岩世人 (エサリッジ　1635頃-1692頃)

Etherianus, Hugo〈12世紀〉
東方ギリシア教会と西方ラテン教会の交流に寄与した神学者。イタリアのピサに生まれる。
⇒新カト (フーゴ・エテリアヌス　1110/1120-1182)

Etienne〈12・13世紀〉
聖人,司教。祝日9月7日。カルトゥジア修道会会員。
⇒新カト (エティエンヌ〔ディーまたはシャティヨンの〕　1150-1208.9.7)

Étienne, Eugène〈19・20世紀〉
フランスの政治家。
⇒岩世人 (エティエンヌ　1844.12.15-1921.5.13)

Ettinger, Akiva Jacob〈19・20世紀〉
パレスチナの農業経済学者,開拓計画者。
⇒ユ人 (エッティンガー,アキバ・ヤコブ　1872-1945)

Etty, William〈18・19世紀〉
イギリスの画家。裸体画家として有名。
⇒岩世人 (エティ　1787.3.10-1849.11.13)
　芸13 (エッティ,ウィリアム　1787-1849)

Etzen, Hermann〈15世紀〉
ドイツ生まれのコンベンツアル聖フランシスコ修道会員,哲学者,神学者。
⇒新カト (エッツェン　?-1465以降)

Euagrios〈4世紀〉
アンティオケイアの司教。
⇒新カト (エウァグリオス〔アンティオケイアの〕　320頃-394頃)

Euagrios〈4世紀〉
東方の神秘主義的神学者。
⇒新カト (エウァグリオス〔ポントスの〕　345頃-399)

Euagrios Scholastikos〈6世紀〉
ビザンティンの教会史家。
⇒岩世人 (エウアグリオス　536頃-600頃)
　新カト (エウァグリオス・スコラスティコス　536頃-600頃)

Euandros, (or Evander)
ローマ神話の人物。後年ローマとなる地の王。
⇒岩世人 (エウアンドロス)

Eubel, Konrad〈19・20世紀〉
ドイツのフランシスコ会修道士,教会史家。
⇒新カト (オイベル　1842.1.19-1923.2.5)

Euboulides〈前4・3世紀頃〉
古代ギリシアの哲学者。
⇒岩世人 (エウブリデス)

Eubulos〈前5・4世紀〉
古代アテネの政治家,演説家。
⇒岩世人 (エウブロス　前405頃-前330以前)

Eucharius von Trier〈3世紀〉
司教,聖人。
⇒図聖 (エウカリウス (トリーアの))

Eucherius〈6世紀〉
フランスのヴィヴィエの司教。
⇒新カト (エウケリウス〔ヴィヴィエの〕　6世紀後半)

Eucherius〈7・8世紀〉
聖人,司教。祝日2月20日。
⇒新カト (エウケリウス〔オルレアンの〕　?-738)

Eucherius (Lyon)〈5世紀〉
リヨンの司教。中世のラテン神学に影響を与えた。
⇒新カト (エウケリウス〔リヨンの〕　?-449/450)

Eucken, Rudolf Christoph〈19・20世紀〉
ドイツの哲学者。1908年ノーベル文学賞受賞。
⇒岩世人 (オイケン　1846.1.5-1926.9.15)
　ネーム (オイケン　1846-1926)
　広辞7 (オイケン　1846-1926)
　学叢思 (オイケン,ルドルフ　1846-1926)
　新カト (オイケン　1846.1.5-1926.9.15)

Eucleidas〈前3世紀〉
スパルタ連合王国の統治者。
⇒世帝（エウクレイダス　（在位）前227–前222）

Eudamidas I〈前4世紀〉
スパルタ連合王国の統治者。在位前331〜305。
⇒世帝（エウダミダス1世　（在位）前330–前300）

Eudamidas II〈前3世紀〉
スパルタ連合王国の統治者。在位前275〜250。
⇒世帝（エウダミダス2世　（在位）前275–前245）

Eudamidas III〈前3世紀〉
スパルタ連合王国の統治者。在位前241〜227。
⇒世帝（エウダミダス3世　（在位）前241–前228）

Eude〈9世紀〉
西フランク王。在位887〜898。
⇒世帝（ウード　860頃–898）

Eudēmos〈前4世紀〉
ギリシアの哲学者。
⇒岩世人（エウデモス（キュプロスの）　?–前354（前353））

Eudēmos of Rhodes〈前4世紀〉
ギリシア，ペリパトス派の哲学者。算術，天文学などの科学史を書く。
⇒岩世人（エウデモス（ロドスの））
　学叢思（エウデモス）
　メル1（エウデモス（ロドスの）　?–前354/353?）

Eudes, Emile〈19世紀〉
フランスの社会主義者，パリー・コムミュンの一員。
⇒学叢思（ユード，エミール　1844–1888）

Eudes, St. Jean〈17世紀〉
フランスのカトリック聖職者，聖人。
⇒図聖（ユード，ジャン　1601–1680）

Eudes de Montreuil〈13世紀〉
フランスの建築家，彫刻家。
⇒岩世人（ウード・ド・モントルイユ　1220頃–1289）

Eudocia〈4・5世紀〉
東ローマ皇帝アルカディウスの妃。
⇒岩世人（エウドクシア　?–404.10.6）
　新カト（エウドクシア　?–404.10.6）

Eudocia Macrembolitissa〈11世紀〉
東ローマ帝国の統治者。在位1067〜1068,1071。
⇒世帝（エウドキア・マクレンボリティサ　1021–1096）
　王妃（エウドキア・マクレンボリティサ　1021–1096）

Eudōros ho Alexandreios〈前1世紀〉
ギリシアの哲学者。
⇒岩世人（エウドロス（アレクサンドリアの）　（活動）前25頃）

Eudóxios〈4世紀〉
アリウス派のコンスタンティノポリス主教。
⇒新カト（エウドクシオス　300頃–370）

Eudoxos ho Knidios〈前5・4世紀〉
古代ギリシアの科学者，数学者，天文学者，地理学者。
⇒岩世人（エウドクソス　前408頃–前355頃）
　世数（エウドクソス（クニドスの）　前408頃–前355頃）

Eudoxos of Cyzicus〈前2世紀〉
古代ギリシアの航海家。
⇒岩世人（エウドクソス（キュジコスの））

Eugen, Franz, Prinz von Savoyen〈17・18世紀〉
オーストリアの将軍，政治家。
⇒岩世人（オイゲン　1663.10.18–1736.4.21）

Eugen, Karl〈18世紀〉
ヴュルテンベルク公。在位1737〜93。
⇒岩世人（カール・オイゲン　1728.2.11–1793.10.24）

Eugen, Printz〈19・20世紀〉
スウェーデンの画家。
⇒岩世人（エウシェーン　1865.8.1–1947.8.17）

Eugène de Mazenod, Charles-Joseph-〈18・19世紀〉
フランスの聖人，オブレート会創立者，マルセイユ司教。祝日5月21日。
⇒新カト（ユージェーヌ・ド・マズノ　1782.8.1–1861.5.21）

Eugeni, Francesco〈16・17世紀〉
キリシタン時代のイタリア人イエズス会宣教師。
⇒新カト（エウジェーニ　1578–1621.7.31）

Eugénie Marie de Montijo de Guzman〈19・20世紀〉
ナポレオン3世の皇后。在位1853〜70。皇帝に対して大きな影響力をもった。
⇒岩世人（ウジェニー　1826.5.5–1920.7.11）
　王妃（ウジェニー・ド・モンティジョ　1826–1920）

Eugenios〈4世紀〉
アンティオケイアの司祭。聖人。祝日12月20日ほか。
⇒新カト（マカリオスとエウゲニオス　4世紀）

Eugenius〈7世紀〉
聖人，大司教。祝日11月13日。
⇒新カト（エウゲニウス〔トレドの〕　?–657.11.13）

Eugenius, Flavius〈4世紀〉
ローマ帝国の帝位簒奪者。
⇒岩世人（エウゲニウス　?–394）

Eugenius I, St. 〈7世紀〉
ローマ教皇。在位654～657。
⇒新カト（エウゲニウス1世　?-657.6.2）

Eugenius II 〈9世紀〉
教皇。在位824～7。ローマの政情を安定させ、教会内の指導権を回復。
⇒新カト（エウゲニウス2世　?-827.8.27頃）

Eugenius III 〈12世紀〉
教皇。在位1145～53。福者。シトー会士。教会会議を開いて聖職者と修院を改革。
⇒岩世人（エウゲニウス3世　?-1153.7.8）
広辞7（エウゲニウス三世　（在位）1145–1153）
新カト（エウゲニウス3世　1095頃–1153.7.8）

Eugenius IV 〈14・15世紀〉
教皇。在位1431～47。アウグスチノ隠修士会士。1439年東西教会の合同を達成。
⇒岩世人（エウゲニウス4世　1383–1447.2.23）
広辞7（エウゲニウス四世　（在位）1431–1447）
新カト（エウゲニウス4世　1383頃–1447.2.23）

Eugenius (Carthago) 〈5・6世紀〉
アフリカのカルタゴの司教。聖人。祝日7月13日。
⇒新カト（エウゲニウス〔カルタゴの〕　?–505）

Eugippius 〈5・6世紀〉
イタリアのルクラヌムの修道院長。
⇒新カト（エウギッピウス　465/467頃–533以降）

Euhēmeros 〈前4・3世紀〉
ギリシアの作家。神々の人間的解釈で有名。著者『聖記』。
⇒岩世人（エウヘメロス（エウエメロス）　前300頃–?）
学叢思（エウエメロス）

Eukleidēs 〈前4世紀〉
ギリシアの彫刻家。
⇒岩世人（エウクレイデス）

Eukleidēs of Alexandria 〈前4・3世紀〉
アレクサンドリアの数学者。ユークリッド幾何学を大成。
⇒岩世人（エウクレイデス）
ネーム（エウクレイデス）
広辞7（ユークリッド　前300頃）
学叢思（エウクレイデス、アレクサンドリアの）
物理（ユークリッド　前330–前260）
世人新（エウクレイデス（ユークリッド）　生没年不詳）
世人装（エウクレイデス（ユークリッド）　生没年不詳）
世史語（エウクレイデス　前300頃）
世数（ユークリッド（エウクレイデス）　前330–前275頃）
ポプ人（ユークリッド　生没年不詳）

Eukleidēs of Megara 〈前5・4世紀〉
ギリシアの哲学者。ソクラテスの弟子，メガラ派の創始者。
⇒岩世人（エウクレイデス（メガラの）　前450頃–前380頃）
広辞7（エウクレイデス（メガラの））
学叢思（エウクレイデス，メガラ）
メル1（エウクレイデス（メガラの）　前450頃–前380頃）

Eulalia 〈3・4世紀〉
スペインの聖女。
⇒岩世人（エウラリア（メリダの）　291頃–304）
新カト（エウラリア）
図聖（エウラリア（メリダの）　?–304）

Eulalia 〈3・4世紀〉
スペインの聖女。
⇒岩世人（エウラリア（バルセロナの）　?–304.12.2）
新カト（エウラリア）

Eulalius 〈5世紀〉
対立教皇。在位418.12.27～419.4.29。ローマからカンパニアへ追放された。
⇒新カト（エウラリウス　?–423）

Eulenberg, Herbert 〈19・20世紀〉
ドイツの劇作家。演出家。
⇒岩世人（オイレンベルク　1876.1.25–1949.9.4）
学叢思（オイレンベルク，ヘルベルト　1876–?）

Eulenburg, Botho 〈19・20世紀〉
ドイツの政治家。L.カプリビの後任首相。
⇒岩世人（オイレンブルク　1831.7.31–1912.11.5）

Eulenburg, Friedrich Albert 〈19世紀〉
プロイセン（ドイツ）の政治家。遣日使節。1861年日普修好通商航海条約を締結。
⇒岩世人（オイレンブルク　1815.6.29–1881.4.2）
ネーム（オイレンブルク　1815–1881）

Eulenburg und Hertefeld, Philip, Prinz zu 〈19・20世紀〉
ドイツの外交官。ウィルヘルム2世の側近。
⇒岩世人（オイレンブルク　1847.2.12–1921.9.17）

Eulenspiegel, Till 〈14世紀〉
伝説的な農民出身の道化師。15世紀以来劇の道化役となり，多くの作品に主人公として活躍
⇒岩世人（オイレンシュピーゲル）
ネーム（ティル・オイレンシュピーゲル）

Euler, Carl 〈19・20世紀〉
ドイツの体操家。器械体操，女子体育，水泳に貢献。
⇒岩世人（オイラー　1828.2.8–1901.9.15）

Euler, Leonhard 〈18世紀〉
スイスの数学者。主著『微分学原理』（55），『積分学原理』（68～70）。
⇒岩世人（オイラー　1707.4.15–1783.9.7）
科史（オイラー　1707–1783）
ネーム（オイラー　1707–1783）
広辞7（オイラー　1707–1783）

学叢思（オイレル，レオンハルト　1707–1783）
物理（オイラー，レオンハルト　1707–1783）
世数（オイラー，レオンハルト　1707–1783）
ポプ人（オイラー，レオンハルト　1707–1783）

Euler-Chelpin, Hans Karl August Simon von〈19・20世紀〉
ドイツ系スウェーデンの生化学者。酵素および発酵の研究でノーベル化学賞受章（1929）。
⇒岩世人（オイラー＝ケルピン　1873.2.15–1964.11.6）
　　ネーム（オイラー＝ケルピン　1873–1964）
　　ノ物化（ハンス・フォン・オイラー-ケルビン　1873–1964）

Eulógios (Alexándreia)〈6・7世紀〉
シリア生れの神学者，聖人。
⇒新カト（エウロギオス〔アレクサンドリアの〕　?–607/608）

Eulogius (Córdoba)〈9世紀〉
スペインの殉教者。
⇒新カト（エウロギウス〔コルドバの〕　800–859）

Eumaios
ギリシア神話，ホメロスの《オデュッセイア》中のオデュッセウスの忠実な豚飼。
⇒岩世人（エウマイオス）

Eumenēs〈前4世紀〉
古代マケドニアの将軍。アレクサンドロス大王の第一書記。
⇒岩世人（エウメネス　前361–前316）

Eumenēs II〈前3・2世紀〉
ペルガモンの王。在位前197〜160/159。アッタロス1世の子。
⇒岩世人（エウメネス2世（救済者）　?–前159）

Eumolpos
ポセイドンとボレアスの娘キオネの息子。
⇒岩世人（エウモルポス）

Eumorfopoulos, George〈19・20世紀〉
イギリス人美術収集家。
⇒岩世人（ユーモルフォプロス　1863.4.18–1939.12.19）

Eunapios〈4・5世紀〉
サルディス出身の弁論家，史家。反キリスト教的新プラトン主義者で，『哲学者伝』の著者。
⇒岩世人（エウナピオス　345頃–420頃）

Eunice
パウロの弟子テモテの母。
⇒聖書（エウニケとロイス）

Eunomios〈4世紀〉
カトリック聖職者。キュジコスの司教（360）。
⇒岩世人（エウノミオス　335以降–395頃）
　　新カト（エウノミオス　335–392/395）

Euodia
フィリピの教会の信徒。
⇒聖書（エボディアとシンティケ）

Euodios〈1・2世紀〉
聖人。
⇒新カト（エウオディオス〔アンティオケイアの〕　1–2世紀）

Eupalinos〈前6世紀〉
ギリシアの建築家。
⇒岩世人（エウパリノス　前6世紀中頃）

Euphēmía〈3・4世紀〉
カルケドンの処女殉教者。
⇒新カト（エウフェミア〔カルケドンの〕　?–303頃）
　　図聖（エウフェミア　?–303）

Euphemios〈5・6世紀〉
コンスタンティノポリスの総主教。在職489〜95。
⇒新カト（エウフェミオス　?–515）

Euphoriōn
ギリシア神話の女性。アキレスとヘレネの娘。
⇒岩世人（エウフォリオン）

Euphoriōn〈前3世紀〉
ギリシアのエピュリオン詩人。
⇒岩世人（エウフォリオン　前275頃–前220頃）

Euphranōr〈前4世紀〉
ギリシアの画家，彫刻家，美術理論家。
⇒岩世人（エウフラノル　（活躍）前370–前330頃）
　　芸13（エウフラノル）

Euphrasia〈4・5世紀〉
修道女。聖人。コンスタンティノープル生まれ。
⇒新カト（エウフラシア　380–410）

Euphronios〈前6・5世紀〉
ギリシアの陶工，陶画家。作品『ヘラクレスとアンタイオス』。
⇒岩世人（エウフロニオス）
　　芸13（エウフロニオス　前510–前470）

Eupolis〈前5世紀〉
ギリシアの喜劇作家。著書『バプタイ』（前415?）。
⇒岩世人（エウポリス　前445頃–前412頃）

Eurīpidēs〈前5世紀〉
ギリシアの三大悲劇詩人の一人。主要作品『アルケスチス』（前438年上演），『メデイア』（前431）。
⇒岩世人（エウリピデス　前485頃–前406頃）
　　オペラ（エウリピーデース　前484頃–前406）
　　ネーム（エウリピデス　前485?–前406?）
　　広辞7（エウリピデス　前485頃–前406）
　　学叢思（エウリピデス　前480–前406）
　　新カト（エウリピデス　前485/前484/前480頃–

前406頃）
世人新（エウリピデス　前485頃–前406頃）
世人装（エウリピデス　前485頃–前406頃）
世史語（エウリピデス　前485頃–前406頃）
ポプ人（エウリピデス　前484?–前406?）
学叢歴（ユーリピデス　前480–前406）

Eurōpē
ギリシア神話の女性。テュロス王の娘。のちクレタ王妃。
⇒岩世人（エウロペ）
ネーム（エウロペ）

Eurudikē
ギリシア神話，樹木のニンフの一人。
⇒岩世人（エウリュディケ）

Euryclea
ギリシア神話，オデュッセウスの乳母。
⇒岩世人（エウリュクレイア）

Eurystheus
ギリシア神話，ペルセウスの孫で，ミュケナイの王。
⇒岩世人（エウリュステウス）

Eusebios〈5・6世紀?〉
キリスト教講話の著者。5世紀末から6世紀初頭に書かれた講話の著者とされる。
⇒新カト（エウセビオス〔アレクサンドリアの〕）

Eusebios of Caesarea〈3・4世紀〉
神学者。キリスト教最初の教会史家，「教会史の父」。主著『年代記』『教会史』『コンスタンチヌス伝』。
⇒岩世人（エウセビオス（カイサリアの）　260頃–339.5.30）
広ская7（エウセビオス　260頃–339）
学叢思（エウセビウス，カイザリアの　264–340）
新カト（エウセビオス〔カイサレイアの〕　263/265–339.5.30頃）
世人新（エウセビオス　260頃–339頃）
世人装（エウセビオス　260頃–339頃）
世史語（エウセビオス　260頃–339）
ポプ人（エウセビオス　260頃–339）
メル1（エウセビオス（カイサリアの）　260/265?–333/339?）

Eusebios of Dorylaeum〈5世紀〉
フリギアのドルラエウムの司教，神学者。
⇒新カト（エウセビオス〔ドリュライオンの〕　?–5世紀後半）

Eusebios of Emesa〈3・4世紀〉
東方教会シリアのエメサの司教。博識，多弁で多くの著作を残す。
⇒岩世人（エウセビオス（エメサの）　295頃–359頃）
新カト（エウセビオス〔エメサの〕　300頃–359頃）

Eusebios of Nicomedia〈4世紀〉
アリウス派の神学者，教会政治家。ニコメディアの司教，コンスタンチノーブルの総司教。

⇒岩世人（エウセビオス（ニコメディアの）　?–341/342）
新カト（エウセビオス〔ニコメディアの〕　280頃–341/342）

Eusebios of Samosata〈4世紀〉
神学者，サモサタの司教。聖人。
⇒岩世人（エウセビオス（サモサタの）　?–380/379.6.22）
新カト（エウセビオス〔サモサタの〕　310頃–379/380）

Eusebios of Vercelli〈3・4世紀〉
ウェルツェリの最初の司教，聖人。反アリウス主義者。西方に修道院生活を導入。
⇒岩世人（エウセビウス（ヴェルチェッリの）　283–371）
新カト（エウセビウス〔ヴェルチェリの〕　283頃–371.8.1）

Eusebius〈5世紀〉
聖人。祝日3月5日。
⇒新カト（エウセビウス〔クレモナの〕　?–420頃）

Eusebius, St.〈4世紀〉
ローマ教皇。在位309?～310?。
⇒新カト（エウセビウス　?–309/310）

Eustachio, Bartolommeo〈16世紀〉
イタリアの解剖学者。オイスタヒー管（耳管）などを発見。
⇒岩世人（エウスターキ　1510頃–1574.8）
学叢思（エウスタキオ，バルトロメス　?–1574）

Eustachius〈1・2世紀〉
トラヤヌス帝時代のローマの将軍。十四救難聖人の一人。
⇒岩世人（エウスタキウス　?–118）
新カト（エウスタキウス　生没年不詳）
図聖（エウスタキウス　?–130頃）

Eustachius〈13世紀〉
フランスのスコラ神学者，フランシスコ会員，司教。
⇒新カト（エウスタキウス〔アラスの〕　1225–1291.8.7）

Eustathios〈4世紀〉
小アジアの司教，共住修道生活の促進者。
⇒新カト（エウスタティオス〔セバステの〕　300頃–380頃）

Eustathios〈4世紀〉
アンティオケイアの総大司教，聖人。ニカイア公会議における正統派の代表者の一人。
⇒岩世人（エウスタティオス（アンティオキアの）　?–359頃）
新カト（エウスタティオス〔アンティオケイアの〕　?–337頃）

Eustathios〈12世紀〉
ビザンチン時代の神学者，文献学者。ホメロスなどの作品の注釈，説教集などの著作がある。

⇒岩世人（エウスタティオス（テサロニケの） ?–1194頃）
新カト（エウスタティオス〔テサロニケの〕1115頃–1195/1196）

Eustochium, Julia〈4・5世紀〉
ローマ貴族の娘，聖人。
⇒新カト（エウストキウム 370頃–419頃）

Eustratios〈11・12世紀〉
ニカイアの主教，ビザンティンの唯名論的神学，哲学者。ヨアンネス・イタロスの弟子。
⇒新カト（エウストラティオス〔ニカイアの〕 ?–1117以後）

Eustratos〈11世紀〉
コンスタンティノポリスの総主教。在職1081〜84。
⇒新カト（エウストラトス 11世紀後半）

Euthalios〈4世紀〉
聖書写本校訂者。助祭であったと思われるが，生涯については不詳。
⇒新カト（エウタリオス 4世紀）

Eutherios〈4・5世紀〉
カッパドキアのテュアナの司教。
⇒新カト（エウテリオス〔テュアナの〕 4–5世紀）

Euthydēmos〈前5世紀頃〉
ギリシアの哲学者。
⇒岩世人（エウテュデモス（キオスの））

Euthymidēs〈前6・5世紀〉
ギリシアの壺絵画家。
⇒岩世人（エウテュミデス）

Euthýmios I〈9・10世紀〉
コンスタンティノポリス総主教。
⇒新カト（エウテュミオス1世〔コンスタンティノポリスの〕 834頃–917.8.5）

Euthymios Zigabenos〈11・12世紀〉
ビザンティンの哲学者，聖書解釈者。
⇒新カト（エウテュミオス・ジガベノス 11–12世紀）

Euthymius The Great〈4・5世紀〉
大修道院長。聖人。メリテネ生まれ。
⇒新カト（エウテュミオス〔メリテネの〕 377–473.1.20）

Euthymius The Younger〈9世紀〉
大修道院長。聖人。アンカラ近くの生まれ。
⇒新カト（エウテュミオス〔テサロニケの〕 823/824–898.10.15）

Eutropius〈4世紀〉
ローマの歴史家。"Breviarium ab urbe condita"を著す。
⇒岩世人（エウトロピウス）

Eutropius〈5世紀〉
スペインの司祭，著作家。
⇒新カト（エウトロピウス ?–430頃）

Eutropius (Valencia)〈6・7世紀〉
スペインのバレンシアの司教，聖人。
⇒新カト（エウトロピウス〔バレンシアの〕 ?–610頃）

Eutyches〈3・4世紀?〉
聖人，イタリアの殉教者。祝日5月15日。
⇒新カト（マロ，エウティケスとウィクトリヌス）

Eutychēs〈4・5世紀〉
コンスタンチノープルの修道院長。
⇒岩世人（エウテュケス 378–451以後）
新カト（エウテュケス 378頃–454頃）

Eutychianus, St.〈3世紀〉
ローマ教皇。在位275〜283。
⇒新カト（エウティキアヌス ?–283.12.7）

Eutychides〈前4世紀〉
ギリシアの彫刻家。
⇒岩世人（エウテュキデス （活躍）前300頃）
芸13（エウティキデス）

Eutychios〈6世紀〉
コンスタンティノポリスの総主教。聖人。祝日4月6日。
⇒新カト（エウテュキオス〔コンスタンティノポリスの〕 512–582.4.6）

Eutýchios〈9・10世紀〉
アレクサンドリア総主教，メルキタイ派の歴史家，神学者。
⇒新カト（エウテュキオス〔アレクサンドリアの〕 877–940.5.11）

Eutychius〈3・4世紀?〉
聖人，ローマの殉教者。祝日2月4日。
⇒新カト（エウティキウス 生没年不詳）

Eutychus
パウロによって蘇生させられたトロアスの青年（使徒言行録）。
⇒新カト（エウティコ 1世紀）
聖書（エウティコ）

Euzoios〈4世紀〉
アレイオス派のアンティオケイアの司教。
⇒新カト（エウゾイオス 305頃–376）

Evagrius〈5世紀〉
南ガリアの司祭，『シモンとテオフィルスの問答』の著者とされる。
⇒新カト（エウァグリウス 5世紀前半）

Evans, *Sir* Arthur John〈19・20世紀〉
イギリスの考古学者。クレタ文明の解明に貢献。
⇒岩世人（エヴァンズ 1851.7.8–1941.7.11）

広辞7（エヴァンズ　1851–1941）
世人新（エヴァンズ　1851–1941）
世人装（エヴァンズ　1851–1941）
世史語（エヴァンズ　1851–1941）
ポプ人（エバンズ，アーサー　1851–1941）

Evans, Edward Ratcliffe Garth Russell, 1st Baron Mountevans〈19・20世紀〉
イギリスの軍人。
⇒岩世人（エヴァンズ　1880.10.28–1957.8.20）

Evans, *Sir* George de Lacy〈18・19世紀〉
イギリスの軍人。
⇒岩世人（エヴァンズ　1787.10.7–1870.1.9）

Evans, George Henry〈19世紀〉
アメリカの労働評論家，土地改革論者。
⇒岩世人（エヴァンズ　1805.3.25–1856.2.2）

Evans, *Sir* John〈19・20世紀〉
イギリスの考古学者。
⇒岩世人（エヴァンズ　1823.11.17–1908.3.31）

Evans, Oliver〈18・19世紀〉
アメリカの発明家。蒸気しゅんせつ船などを開発。
⇒岩世人（エヴァンズ　1755.9.13–1819.4.15）

Evanson, Edward〈18・19世紀〉
英国教会の神学者。
⇒新カト（エヴァンソン　1731.4.21–1805.9.25）

Evans-Wentz, Walter Yeeling〈19・20世紀〉
アメリカの宗教研究者。
⇒アア歴（Evans-Wentz,W (alter) Y (eeling) ウォルター・イーリング・エヴァンズ＝ウェンツ　1878.2.2–1965.7.17）

Evaristus, St.〈1・2世紀〉
ローマ教皇。在位97～105。
⇒新カト（エヴァリストゥス　?–108頃）

Evarts, William Maxwell〈19・20世紀〉
アメリカの政治家，法律家。国務長官（1877–81），のち上院議員（85～91）。
⇒岩世人（エヴァーツ　1818.2.6–1901.2.28）

Evdokiia Fedorovna〈17・18世紀〉
ロシアの女帝。
⇒岩世人（エヴドキヤ　1669.6.30–1731.8.27）
王妃（エヴドキヤ・ロプーヒナ　1669–1731）

Eve
人類の始祖アダムの妻。カイン，アベル，セトの母（創世記）。
⇒岩世人（ハウワー）
岩世人（エバ）
ネーム（イヴ）

新カト（エバ）
図聖（エバ）
聖書（アダムとエバ）

Evelyn, John〈17・18世紀〉
イギリスの芸術愛好家。『彫刻論』(62)，『林学研究』(64) などを著す。
⇒岩世人（イーヴリン　1620.10.31–1706.2.27）

Eventius〈2世紀〉
殉教者，聖人。
⇒図聖（エウェンティウスとテオドルス　?–130頃）

Everdingen, Allaert van〈17世紀〉
オランダの画家。
⇒岩世人（ファン・エーフェルディンゲン　1621.6.18 (受洗) –1675.11.8 (埋葬)）
芸13（エヴルディンゲン，アラルト・ヴァン　1621–1675）

Everest, *Sir* George〈18・19世紀〉
イギリスの数学者，測地学者。世界の最高峰エベレストは彼の名にちなむ。
⇒岩世人（エヴェレスト　1790.7.4–1866.12.1）

Everett, Alexander Hill〈18・19世紀〉
アメリカの著述家，外交官。『ノース・アメリカン・レビュー』誌の編集者。
⇒岩世人（エヴァレット　1790.3.19–1847.6.29）

Everett, Edward〈18・19世紀〉
アメリカのユニテリアン派の牧師，教育者。熱心な連邦主義者。
⇒岩世人（エヴァレット　1794.4.11–1865.1.15）

Evermod〈12世紀〉
聖人。祝日2月17日。ベルギー出身のプレモントレ会員。
⇒新カト（エヴェルモド　?–1178.2.17）

Evliya Chelebi〈17世紀〉
オスマン・トルコ帝国の旅行家。紀行文『セメトヤハーナ』(1898～1939) を著す。
⇒岩世人（エヴリヤ・チェレビー　1611–1685以降）
広辞7（エヴリヤ・チェレビー　1611–1685以降）

Evodius〈4・5世紀〉
北アフリカのウザリスの司教。
⇒新カト（エウォディウス〔ウザリスの〕　?–424.10.16）

Evrard, Félix〈19・20世紀〉
フランスのパリ外国宣教会宣教師。
⇒新カト（エヴラール　1844.2.25–1919.5.4）

Evreinov, Nikolai Nikolayevich〈19・20世紀〉
ソ連の劇作家。代表的作品『魂の劇場』(12)。
⇒岩世人（エヴレーイノフ　1879.2.13/25–1953.9.7）

Ewald〈7世紀〉
アングロ・サクソン人宣教師。ザクセンで殉教。

聖人。兄弟で同じ名だったので,髪の毛の色で区別され,「「白の」エーヴァルト」と呼ばれた。
⇒新カト（エワルド兄弟　エワルドきょうだい　?-695頃）
　図聖（エーヴァルト（2人の）　?-695頃）

Ewald〈7世紀〉
アングロ・サクソン人宣教師。ザクセンで殉教。聖人。兄弟で同じ名だったので,髪の毛の色で区別され,「「黒の」エーヴァルト」と呼ばれた。
⇒新カト（エワルド兄弟　エワルドきょうだい　?-695頃）
　図聖（エーヴァルト（2人の）　?-695頃）

Ewald, Carl Anton〈19・20世紀〉
ドイツの医者。消化障害と胃の分泌の研究で有名。
⇒岩世人（エーヴァルト　1845.10.30-1915.9.20）

Ewald, Johannes〈18世紀〉
デンマークの詩人。大作『漁夫たち』がある。
⇒岩世人（エーヴァル　1743.11.18-1781.3.17）

Ewers, Hans Heinz〈19・20世紀〉
ドイツの怪奇小説家。主著,『吸血鬼』(20)。
⇒岩世人（エーヴェルス　1871.11.3-1943.6.12）

Ewing, Arthur Henry〈19・20世紀〉
アメリカの宣教師。
⇒アア歴（Ewing,Arthur Henry　アーサー・ヘンリー・ユーイング　1864.10.18-1912.9.13）

Ewing, (Bob) George Lemuel〈19・20世紀〉
アメリカの大リーグ選手（投手）。
⇒メジャ（ボブ・ユーイング　1873.4.24-1947.6.20）

Ewing, (Buck) William〈19・20世紀〉
アメリカの大リーグ選手（捕手,三塁,一塁,外野）。
⇒メジャ（バック・ユーイング　1859.10.17-1906.10.20）

Ewing, James〈19・20世紀〉
アメリカの病理学者。腫瘍の分類と鑑別について多くの業績を残す。
⇒岩世人（ユーイング　1866.12.25-1943.5.16）

Ewing, *Sir* James Alfred〈19・20世紀〉
スコットランドの物理学者。1878年東京大学教授。
⇒岩世人（ユーイング　1855.3.27-1935.1.7）
　広辞7（ユーイング　1855-1935）
　スパイ（ユーイング,サー・アルフレッド（ジェイムズ）　1855-1935）

Ewing, James Caruthers Rhea〈19・20世紀〉
アメリカの宣教師。
⇒アア歴（Ewing,James Caruthers Rhea　ジェイムズ・カラザーズ・リーア・ユーイング　1854.6.23-1925.8.20）

Ewing, John〈19世紀〉
アメリカの大リーグ選手（投手,外野）。
⇒メジャ（ジョン・ユーイング　1863.6.1-1895.4.23）

Ewing, Juliana Horatia〈19世紀〉
イギリスの女流児童文学者。作品『風車小屋のジャン』(84),『短い生涯の物語』(85)など。
⇒岩世人（ユーイング　1841.8.3-1885.5.13）

Exaudet, André-Joseph〈18世紀〉
フランスのヴァイオリン奏者。
⇒バロ（エグゾーデ,アンドレ-ジョゼフ　1710-1762）

Excetre, John〈14・15世紀〉
イギリスの作曲家。
⇒バロ（エクセター,ジョン　1360頃?-1410頃）

Exēkias〈前6世紀〉
ギリシアの陶工,陶画家。主作品『将棋をさすアキレウスとアイアス』。
⇒岩世人（エクセキアス）

Exelmans, Remi Joseph Isidore, Comte〈18・19世紀〉
フランスの軍人。王政復古後亡命（1815〜19）。ナポレオン3世により元帥に叙せられた(51)。
⇒岩世人（エグゼルマンス　1775.11.12-1852.7.10）

Exner, Felix Maria〈19・20世紀〉
オーストリアの気象学者。主研究は,低気圧の発生と進行および発達と衰滅。
⇒岩世人（エクスナー　1876.8.23-1930.2.7）

Exner, Franz〈19世紀〉
オーストリアの哲学者。文部省参事官(48)。オーストリアにおけるヘルバルトの教育学の代表者。
⇒岩世人（エクスナー　1802.8.28-1853.6.21）

Exner, Franz Serafin〈19・20世紀〉
オーストリアの物理学者。
⇒岩世人（エクスナー　1849.3.24-1926.10.15）

Exner, Sigmund〈19・20世紀〉
オーストリアの生理学者。神経系の生理学,嗅覚生理学,聴器生理学領域に多くの研究を行った。
⇒岩世人（エクスナー　1846.4.5-1926.2.5）

Expilly, Gabriel〈17世紀〉
フランスのヴィオール奏者。
⇒バロ（エクスピイ,ガブリエル　1630頃-1690頃）

Exter, Julius〈19・20世紀〉
ドイツの画家。
⇒岩世人（エクスター　1863.9.20-1939.10.16）

Exuperantius〈3・4世紀〉
殉教者,聖人。
⇒図聖（フェリクス,レグラとエクスペランティウス

?–4世紀初頃)

Exuperantius〈5世紀〉
イタリア、アンコーナの近くのチンゴリの司教。聖人。祝日1月24日。
⇒新カト（エクスペランティウス〔チンゴリの〕 5世紀)

Eyb, Albrecht von〈15世紀〉
ドイツの人文主義者。
⇒岩世人（アイプ 1420.8.24–1475.7.24)

Eybechütz, Jonathan〈18世紀〉
タルムード学者、カバリスト。
⇒ユ著人（Eybechütz,Jonathan アイベシュッツ、ヨナタン 1690/1695–1764)

Eyck, Erich〈19・20世紀〉
ドイツの歴史家。主著『ヴァイマル共和国史』『ビスマルク』。
⇒岩世人（アイク 1878.2.7–1964.6.23)

Eyick, Jan Jacob van〈16・17世紀〉
ネーデルランドの町楽師、ブロック・フレーテ奏者。盲目の音楽家。
⇒バロ（エイク、ヤン・ヤーコプ・ファン 1589/1590–1657.3.26)

Eymard, Pierre-Julien〈19世紀〉
聖体修道会、聖体礼拝女子修道会創立者。聖人。祝日8月1日。
⇒新カト（ピエール・ジュリアン・エマール 1811.2.4–1868.8.1)

Eymericus, Nicolaus〈14世紀〉
スペインのドミニコ会の会員、司祭。生没地ヘローナ。異端審問官として著名。
⇒新カト（ニコラウス・エイメリクス 1320頃–1399.1.4)

Eymieu, Antonin〈19・20世紀〉
フランスの説教者、イエズス会員。
⇒新カト（エイミュ 1861.11.21–1933.10.9)

Eyre, Edward John〈19・20世紀〉
イギリスの近代の探険家。オーストラリアに移住して、同大陸を探検。
⇒岩世人（エア 1815.8.5–1901.11.30)
オセ新（エア 1815–1901)

Eystein, Erlendssøn〈12世紀〉
ノルウェー、ニダロス（トロニエム）大司教。
⇒新カト（エイステイン ?–1188.1.26)

Eystein I〈12世紀〉
ノルウェー王国の統治者。在位1103～1123。
⇒世帝（エイステイン1世 1088–1123)

Eystein II〈12世紀〉
ノルウェー王国の統治者。在位1142～1157。
⇒世帝（エイステイン2世 1125–1157)

Eytelwein, Heinrich〈15・16世紀〉
ドイツの作曲家。
⇒バロ（アイテルヴァイン、ハインリヒ 1460頃?–1510頃?)

Eyth, Max von〈19・20世紀〉
ドイツの工業技術者、農業組織者。「ドイツ農事協会」を組織し、農事改良に貢献。
⇒岩世人（アイト 1836.5.6–1906.8.25)

Ezechias
旧約聖書の人物。新共同訳聖書では「ヒズキヤ」。
⇒新カト（ヒゼキヤ)

Ezekiel〈前6世紀〉
バビロン捕囚時代の預言者。
⇒岩世人（エゼキエル （活動）前6世紀初)
学叢思（エゼキエル)
図聖（エゼキエル)
聖書（エゼキエル)
世人新（エゼキエル 生没年不詳)
世人裝（エゼキエル 生没年不詳)

Ezheï Khan〈17世紀〉
北元の皇帝。
⇒世帝（エジェイ・ハーン ?–1641)

Eznariaga, C.〈16世紀〉
スペインのオルガン奏者。
⇒バロ（エズナリアーガ,C. 1540頃?–1590頃?)

Eznik〈4・5世紀〉
アルメニアのバグレヴァンドの主教、著述家。
⇒新カト（エズニク〔コルブの〕 4世紀後半–5世紀前半)

Ezra〈前5・4世紀〉
捕囚地バビロン生れの律法学者。律法的ユダヤ教の基礎を確立（ネヘミヤ記,エズラ記)。
⇒岩世人（エズラ)
広辞7（エズラ)
新カト（エズラ)
聖書（エズラ)

【 F 】

Faber, Ernst〈19世紀〉
ドイツの宣教師、植物学者。
⇒岩世人（ファーバー 1839.4.25–1899.9.26)

Faber, Frederick William〈19世紀〉
イギリスのカトリック聖職者、著述家。神秘神学に通じ、また讃美歌を作った。
⇒岩世人（フェイバー 1814.6.28–1863.9.26)
新カト（フェイバー 1814.6.28–1863.9.26)

Faber, Heinrich〈15・16世紀〉
ドイツの作曲家。
⇒バロ（ファーバー, ハインリヒ　1500以前-1552.2.26）

Faber, Johann Christoph〈17・18世紀〉
ドイツの作曲家。
⇒バロ（ファーバー, ヨハン・クリストフ　1600頃?-1720頃?）

Faber, Petrus〈16世紀〉
フランス生れのイエズス会創立者のひとり。
⇒新カト（ファーヴル　1506.4.13-1546.8.1）

Faber du Faur, Friedrich von〈18・19世紀〉
ドイツの鉱山技師。熔鉱炉, 平炉等を改良して製鉄事業を促進。
⇒岩世人（ファベル・デュ・フォール　1786.12.2-1855.3.22）

Fabian〈16・17世紀〉
イエズス会イルマン。
⇒新カト（ファビアン　1565頃-1621）

Fabianus〈3世紀〉
第20代のローマ教皇, 聖人。
⇒新カト（ファビアヌス　?-250.1.20）
　図聖（ファビアヌス　?-250）

Fabiola〈4世紀〉
キリスト教の聖女。N.ワイズマンの小説『ファビオラ』(54)の主人公。
⇒岩世人（ファビオラ　?-399/400）
　新カト（ファビオラ　?-399/400）

Fabios〈3世紀〉
アンティオケイアの司教。
⇒新カト（ファビオス〔アンティオケイアの〕　?-251）

Fabius, Gerhardes〈19世紀〉
オランダの海軍軍人。長崎海軍伝習所教官。
⇒岩世人（ファビウス　1806.12.13-1888.3.24）

Fabius, Pictor〈前3世紀〉
ローマの画家。
⇒岩世人（ファビウス・ピクトル）
　芸13（ファビウス, ピクトル　前300頃）

Fabius Maximus Rullianus, Quintus〈前4・3世紀〉
ローマの軍人, 政治家。5度コンスルとなる。
⇒岩世人（ファビウス・マクシムス　?-前290頃）

Fabius Maximus Verrucosus, Quintus, Cunctator〈前3世紀〉
ローマの政治家, 軍人。
⇒岩世人（ファビウス・クンクタトル　?-前203）
　広辞7（ファビウス　?-前203）

Fabre, Ferdinand〈19世紀〉
フランスの小説家。
⇒新カト（ファーブル　1827.6.9-1898.2.11）

Fabre, Jean-Claude〈17・18世紀〉
教会史家, オラトリオ会員。パリ出身。
⇒新カト（ファーブル　1668.4.25-1753.10.22）

Fabre, Jean Henri〈19・20世紀〉
フランスの自然科学者, 詩人。『昆虫記』で有名。
⇒岩世人（ファーブル　1823.12.23-1915.10.11）
　広辞7（ファーブル　1823-1915）
　学叢思（ファーブル, ジャン・アンリ　1823-1915）
　世人新（ファーブル　1823-1915）
　世人装（ファーブル　1823-1915）
　ポプ人（ファーブル, ジャン・アンリ　1823-1915）

Fabre d'Eglantine, Philippe Francois Nazaire〈18世紀〉
フランスの劇作家, 革命家。国民公会議員となり, ギロチンで処刑。
⇒岩世人（ファーブル・デグランティーヌ　1750.7.20-1794.4.5）

Fabri, Annibale Pio〈17・18世紀〉
イタリアの作曲家。
⇒バロ（ファブリ, アンニーバレ・ピーオ　1697-1760.8.12）
　オペラ（ファブリ, アンニーバレ・ピーオ　1697-1760）

Fabri, Felix〈15・16世紀〉
チューリヒ出身の博学なドミニコ会士。
⇒ルネ（フェリックス・ファブリ　1441頃-1502）

Fabri, Johannes〈15・16世紀〉
ドイツ生まれのカトリック司教, 人文主義者。
⇒岩世人（ファブリ　1478-1541.5.21）
　新カト（ファブリ　1478-1541.5.21）

Fabricius, Andreas〈16世紀〉
宗教改革時代のカトリック神学者。リエージュ司教領のオデージュ生まれ。
⇒新カト（ファブリキウス　1520頃-1581）

Fabricius, David〈16・17世紀〉
ドイツの神学者, 天文学者。
⇒岩世人（ファブリツィウス　1564.3.9-1617.5.7）

Fabricius, Johann Albert〈17・18世紀〉
ドイツの古典学者。『ラテン文庫』(97), 『ギリシア文庫』(05〜28)を著す。
⇒新カト（ファブリキウス　1668.11.11-1736.4.30）

Fabricius, Werner〈17世紀〉
ドイツの作曲家, オルガン奏者。
⇒バロ（ファブリツィウス, ヴェルナー　1633.4.10-1679.1.9）

Fabricius ab Aquapendente,

Hieronymus〈16・17世紀〉
イタリアの解剖学者。外科医で近代発生学の創始者。
⇒岩世人（ファブリキウス（アクアペンデンテの） 1533-1619.5.21）

Fabricius Hildanus〈16・17世紀〉
ドイツの外科医。ドイツ外科学の父と呼ばれた。
⇒岩世人（ファブリキウス（ヒルデンの） 1560.6.25-1634.2.15）

Fabricius Luscinus, Gaius〈前4・3世紀〉
ローマの軍人。古代ローマ市民の典型と称讃された。
⇒岩世人（ファブリキウス・ルスキヌス）

Fabricy, Gabriel〈18世紀〉
書誌学者,神学者,ドミニコ会会員。フランスのサン・マクシマン生まれ。
⇒新カト（ファブリシー 1725頃-1800）

Fabritius, Carel〈17世紀〉
オランダの画家。代表作『ひわ』(54)。
⇒岩世人（ファブリティウス 1622.2.27-1654.10.12）
　芸13（ファブリティウス,カレル 1620頃-1654）

Fabry, Charles〈19・20世紀〉
フランスの物理学者。ファブリー＝ペローの干渉計を考案。
⇒岩世人（ファブリ 1867.6.11-1945.12.11）

Fabrycy z Żywca〈17世紀〉
ポーランドの作曲家。
⇒バロ（ファブルィツィ・ズ・ジヴィエツ 1620頃?-1680頃?）

Faccio, Franco〈19世紀〉
イタリアの指揮者。
⇒オペラ（ファッチョ,フランコ 1840-1891）

Facco, Giacomo〈17・18世紀〉
イタリアの作曲家。
⇒バロ（ファッコ,ジャーコモ 1676.2.24-1753.2.16）

Facoli, Marco〈16世紀〉
イタリアの作曲家。
⇒バロ（ファコーリ,マルコ 1550頃?-1600頃?）

Factor, Max〈19・20世紀〉
マックスファクターのブランド名で知られる化粧品メーカーの創業者。
⇒ユ人（ファクター,マックス 1877-1938）

Facundus〈6世紀〉
アフリカのヘルミアネの司教。
⇒新カト（ファクンドゥス ?-571以降）

Faḍl al-Shā'ira al-Yamāmīya al-'Abdīya〈9世紀〉
アッバース朝時代のアラブの女性詩人,歌手。
⇒岩世人（ファドル・シャーイラ ?-873/874/870/871）

Faḍlu'llāh Astarābādī〈14・15世紀〉
イランの宗教家。フルーフィー教の創始者,宣伝者。
⇒岩世人（ファズルッラー・アスタラーバーディー 1339/1340-1394/1395）

Fagen, David〈19・20世紀〉
アメリカのゲリラ将校。
⇒アア歴（Fagen,David デイヴィッド・フェイガン 1875-1901.12.1）

Fagnano, dei Toschi Giulio Carlo〈17・18世紀〉
イタリアの数学者。
⇒世数（ファニャーノ（トスキの）,ジュリオ・カルロ 1682-1766）

Fago, Francesco Nicola〈17・18世紀〉
イタリアの作曲家。
⇒バロ（ファーゴ,フランチェスコ・ニコラ 1677.2.26-1745.2.18）

Fago, Haime〈17・18世紀〉
イタリアの作曲家。
⇒バロ（ファーゴ,ハイメ 1680頃?-1740頃?）

Fago, Lorenzo〈18世紀〉
イタリアの作曲家。
⇒バロ（ファーゴ,ロレンツォ 1704.8.13-1793.4.30）

Fago, Pasquale〈18世紀〉
イタリアの作曲家。
⇒バロ（ファーゴ,パスクァーレ 1740-1794.11.10以前）

Faguet, Auguste Émile〈19・20世紀〉
フランスの評論家。アカデミーフランセーズ会員。
⇒岩世人（ファゲ 1847.12.17-1916.6.7）
　新カト（ファゲ 1847.9.17-1916.6.7）

Fagus〈19・20世紀〉
フランスの詩人。
⇒新カト（ファギュス 1872.1.22-1933.11.9）

Fahlcrantz, Carl Johan〈18・19世紀〉
スウェーデンの画家。
⇒岩世人（ファールクランツ 1774.11.29-1861.1.9）

Fahmī, 'Abd al-'Azīz〈19・20世紀〉
エジプトの法律家,政治家。
⇒岩世人（ファフミー 1870.12.23-1951.3.3）

Fahrenheit, Gabriel Daniel〈17・18世

紀〉
ドイツの物理学者。初めてアルコールの代りに水銀を用いた寒暖計(華氏寒暖計)を製作した(1720)。
⇒岩世人(ファーレンハイト　1686.5.24-1736.9.16)
ネーム(ファーレンファイト　1686-1736)
学叢思(ファーレンハイト,ガブリエル・ダニエル　1686-1736)
ポプ人(ファーレンハイト,ガブリエル　1686-1736)

Faidherbe, Louis Léon César〈19世紀〉
フランスの軍人。セネガルの総督(1854～61,63～65)。
⇒岩世人(フェデルブ　1818.6.3-1889.9.28)
19仏(ルイ・フェデルブ　1818.6.3-1889.9.28)

Faid'herbe, Lucas〈17世紀〉
フランドルの彫刻家。
⇒芸13(ファイデルベ,ルカス　1617-1697)

Faidit, Gaucelm〈12・13世紀〉
フランスの作曲家。
⇒バロ(ファイディト,ガウセルム　1150頃-1220頃)

Faignient, Noë〈16世紀〉
フランスの作曲家。
⇒バロ(ファイニャン,ノエ　1540頃-1598頃)

Fairbairn, Andrew Martin〈19・20世紀〉
イギリス組合教会の神学者。
⇒岩世人(フェアベアン　1838.11.4-1912.2.9)

Fairbairn, *Sir* William〈18・19世紀〉
イギリスの技術家。錬鉄,鋳鉄を造船,橋梁建築に応用。
⇒岩世人(フェアベアン　1789.2.19-1874.8.18)

Fairbank, Samuel Bacon〈19世紀〉
アメリカの宣教師。
⇒アア歴(Fairbank,Samuel Bacon　サミュエル・ベーコン・フェアバンク　1822.12.14-1898.5.31)

Fairchild, David Grandison〈19・20世紀〉
アメリカの植物探究者。
⇒アア歴(Fairchild,David Grandison　デイヴィッド・グランディスン・フェアチャイルド　1869.4.7-1954.8.2)

Fairfax of Cameron, Thomas Fairfax, 3rd Baron〈17世紀〉
イギリス清教徒革命の議会軍総司令官。
⇒岩世人(フェアファックス　1612.1.17-1671.11.12)

Al-Fā'iz〈12世紀〉
イスラム・エジプトの統治者。在位1154～1160。

⇒世帝(ファーイズ　1149-1160)

Faizī〈16世紀〉
インドのペルシア語詩人。ムガル朝の王アクバルの宮廷における桂冠詩人。
⇒岩世人(ファイズィー　1547.9.24-1595.10.5)

Fakhr al-Turk, Aydamur al-Muḥyawī〈13世紀〉
アイユーブ朝期のトルコ系アラブ詩人。
⇒岩世人(ファフルットゥルク　?-1249以降)

Falatehan〈15・16世紀〉
ジャワのドゥマック王国の家臣,チルボンの王。
⇒岩世人(ファラテハン　1490-1570)

Falck, Georg〈17世紀〉
ドイツの作曲家。
⇒バロ(フォルク,ゲオルク　1630頃-1689.4.11)

Falckenberg, Richard〈19・20世紀〉
ドイツの哲学史家。叢書『フロンマン哲学古典家』の編集者(96～)。
⇒岩世人(ファルケンベルク　1851.12.23-1920.9.28)

Falco, Michele〈17・18世紀〉
イタリアの作曲家。
⇒バロ(ファルコ,ミケーレ　1688頃-1732以降)

Falcone, Achille〈16世紀〉
イタリアの作曲家。
⇒バロ(ファルコーネ,アキルレ　1570-1575頃-1600.11.9)

Falconer, Hugh〈19世紀〉
スコットランドの古生物学者,植物学者。大英博物館でインド産の化石を整理(44)。
⇒岩世人(フォークナー　1808.2.29-1865.1.31)

Falconet, Étienne-Maurice〈18世紀〉
フランスの彫刻家。セーブル王立陶器製作所監督として,繊細で優雅な作風を確立。
⇒岩世人(ファルコネ　1716.12.1-1791.1.24)
芸13(ファルコネ,エティエンヌ・モーリス　1716-1791)

Falconi, Phillipo〈17・18世紀〉
イタリアの作曲家。
⇒バロ(ファルコーニ,フィリッポ　1680頃?-1740頃?)

Falconieri, Andrea〈16・17世紀〉
イタリアの作曲家,リュート奏者。
⇒バロ(ファルコニエーリ,アンドレア　1585/1586-1656.7.19/29)

Falguière, Jean Alexandre Joseph〈19世紀〉
フランスの彫刻家。ローマ大賞を受賞。主作品はパリの凱旋門の『共和国の勝利』(1881～86)。

⇒岩世人（ファルギエール　1831.9.7–1900.4.19）
芸13（ファルギエル，ジャン・アレキサンドル　1831–1900）

Falieri, Marino〈13・14世紀〉
ヴェネツィアの統領。在職1354～。
⇒岩世人（ファリエーリ　1285頃–1355.4.17）

Falk, Johannes Daniel〈18・19世紀〉
ドイツの博愛家，著述家。
⇒岩世人（ファルク　1768.10.26–1826.2.14）

Falk, Samuel Jacob Chaim〈18世紀〉
ロンドンのカバリストで錬金術師。
⇒ユ人（フォーク，サムエル・ジェイコブ・ハイム　1710頃–1782）

Falkberget, Johan〈19・20世紀〉
ノルウェーの小説家。代表作は「夜のパン」(40～59)。
⇒岩世人（ファルクベルゲ　1879.9.30–1967.4.5）

Falke, Gustav〈19・20世紀〉
ドイツの小説家，詩人。主著，詩集『死神メネール』(92) など。
⇒岩世人（ファルケ　1853.1.11–1916.2.8）

Falkenberg, (Cy) Frederick Peter〈19・20世紀〉
アメリカの大リーグ選手（投手）。
⇒メジャ（サイ・ファルケンバーグ　1879.12.17–1961.4.15）

Falkenhayn, Erich von〈19・20世紀〉
ドイツの軍人。マルヌの会戦後，ドイツの戦争指導の責任者となった。
⇒岩世人（ファルケンハイン　1861.9.11–1922.4.8）

Falkland, Lucius Cary, 2nd Viscount〈17世紀〉
イギリスの政治家。立憲的国王派の中心として内乱阻止に務めた。
⇒岩世人（フォークランド　1609/1610–1643.9.20）

Falkner, Roland Post〈19・20世紀〉
アメリカの教育家。
⇒学叢思（フォークナー，ローランド・ポスト　1860–?）

Falkner, Thomas〈18世紀〉
イギリス出身のイエズス会員。アルゼンチンで宣教。
⇒新カト（フォークナー　1707.10.6–1784.1.30）

Fall, Albert Bacon〈19・20世紀〉
アメリカの政治家。
⇒岩世人（フォール　1861.11.26–1944.11.30）

Fall, Leo〈19・20世紀〉
オーストリアのオペレッタ作曲家。
⇒岩世人（ファル　1873.2.2–1925.9.16）
ユ著人（Fall,Leopold　ファル，レオポルド

1873–1925）

Falla, Manuel de〈19・20世紀〉
スペインの作曲家。主作品はオペラ『三角帽子』(19)。
⇒岩世人（ファリャ　1876.11.23–1946.11.14）
バレエ（ファリャ，マヌエル・デ　1876.11.23–1946.11.14）
オペラ（ファリャ，マヌエル・デ　1876–1946）
エデ（ファリャ（イ・マテウ），マヌエル（マリア）・デ　1876.11.23–1946.11.14）
ネーム（ファリャ　1876–1946）
広辞7（ファリャ　1876–1946）
実音人（ファリャ，マヌエル・デ　1876–1946）
ピ曲改（ファリャ，マニュエル・デ　1876–1946）

Fallamero, Gabriele〈16世紀〉
イタリアの作曲家。
⇒バロ（ファッラメーロ，ガブリエーレ　1540頃?–1590頃?）

Fallières, Clément Armand〈19・20世紀〉
フランスの政治家。共和国第8代大統領（1906～13）。穏和な共和主義者。
⇒岩世人（ファリエール　1841.11.6–1931.6.22）

Fallmerayer, Jakob Philipp〈18・19世紀〉
ドイツの歴史家。しばしば近東諸国を旅行し，旅行記を書いた。
⇒岩世人（ファルメライアー　1790.12.10–1861.4.26）

Fallopius, Gabriel〈16世紀〉
イタリアの解剖学者。ファロピオ管（卵管）の名の由来となった。
⇒岩世人（ファロピウス　1523–1562.10.9）

Fallou, Friedrich Albert〈18・19世紀〉
ドイツ（プロイセン）の土壌学者。
⇒岩世人（ファロウ　1794.11.11–1877.9.6）

Falloux, Frédéric Alfred Pierre, Comte de〈19世紀〉
フランスの政治家。ブルボン正統主義の指揮者の一人。
⇒岩世人（ファルー　1811.5.7–1886.1.6）
新カト（ファルー　1811.5.11–1886.1.6）

Faludi Ferenc〈18世紀〉
ハンガリーの詩人，イエズス会員。
⇒新カト（ファルディ　1704.3.25–1779.12.18）

Fancelli, Luca〈15世紀〉
イタリア初期ルネサンスの建築家，彫刻家，技術家。
⇒岩世人（ファンチェッリ　1430–1495）
新カト（ファンチェリ　1430–1495）

Fa Ngum〈14世紀〉
ラーンサーン王国の王。在位1353～73/93。ラ

オス最初の統一民族国家の創始者。
⇒岩世人（ファーグム　1316-1375/1376）

Fannie Merritt Farmer〈19・20世紀〉
アメリカで最も有名な料理教科書《ボストン料理学校クック・ブック》(1896)の編者。
⇒アメ新（ファーマー　1857-1915）

Fanshawe, *Sir* Richard, 1st Baronet〈17世紀〉
イギリスの詩人，翻訳者，外交官。
⇒岩世人（ファンショー　1608.6.12（受洗）-1666.6.26）

Fanta, Berta〈19・20世紀〉
女性解放運動の先駆者となったドイツ語系ユダヤ人。
⇒岩世人（ファンタ　1866.5.18-1918.12.28）

Fanti, Manfredo〈19世紀〉
イタリアの軍人。サルジニアの参謀長として南部統一に成功。
⇒岩世人（ファンティ　1808.2.26-1865.4.5）

Fantini, Girolamo〈17世紀〉
イタリアの作曲家。
⇒バロ（ファンティーニ，ジローラモ　1600頃-1638以降）

Fantin-Latour, Ignace Henri Joseph Théodore〈19・20世紀〉
フランスの肖像，静物画家。音楽から想を得た幻想的な作品を制作。
⇒岩世人（ファンタン=ラトゥール　1836.1.14-1904.8.25）
　ネーム（ファンタン=ラトゥール　1836-1904）
　芸13（ファンタン・ラトゥール，アンリ　1836-1904）

Fantinus〈3・4世紀〉
聖人。祝日7月24日。カラブリアのタウリアナの出身。ファンティヌス・セニオル。
⇒新カト（ファンティヌス　4世紀初め）

Fantinus〈10世紀〉
カラブリア出身の隠修士。聖人。祝日8月30日。ファンティヌス・ユニオル。
⇒新カト（ファンティヌス　10世紀）

Fantoni, Giovanni〈18・19世紀〉
イタリアの抒情詩人。レオパルディ風の詩『厭世』が知られている。
⇒岩世人（ファントーニ　1755.1.28-1807.11.1）

Fanzago, Cosimo〈16・17世紀〉
イタリアの建築家，彫刻家。
⇒岩世人（ファンザーゴ（ファンサーガ）　1591.10.12-1678.2.13（埋葬））

*al-***Fārābī, Abū Naṣr Muḥammad ibn Tarkhān ibn Uzalāgh**〈9・10世紀〉
中央アジア生まれのイスラム哲学者。主著『理想国家論』『学問の分類』など。
⇒岩世人（ファーラービー　870頃-950）
　広辞7（ファーラービー　870頃-950）
　新カト（ファーラービー　870頃-950）
　メル1（ファーラービー〔ラテン名アルファラビウス〕　870頃-950）

Faraday, Michael〈18・19世紀〉
イギリスの化学者，物理学者。電気分解に関するファラデーの法則で著名。
⇒岩世人（ファラデー　1791.9.22-1867.8.25）
　科史（ファラデー　1791-1867）
　ネーム（ファラデー　1791-1867）
　広辞7（ファラデー　1791-1867）
　学叢思（ファラデー，マイケル　1791-1867）
　物理（ファラデー，マイケル　1791-1867）
　世人新（ファラデー　1791-1867）
　世人装（ファラデー　1791-1867）
　世史語（ファラデー　1791-1867）
　ポプ人（ファラデー，マイケル　1791-1867）

Farajben Solomon da Agrigento〈13世紀〉
シチリア生まれの医師，翻訳家。
⇒ユ著人（Faraj (Moses) ben Solomon da Agrigento (Girgenti)　ファライ・ベン・ソロモン・ダ・アグリジェント　13世紀）

*al-***Farazdaq Hammām b. Ghālib**〈7・8世紀〉
イスラム初期のアラブ詩人。ウマイヤ朝時代を代表する三大詩人の一人。
⇒岩世人（ファラズダク　641頃-728(-733)頃）

Farcy, Eugène〈19・20世紀〉
フランスの軍人，政治家。
⇒19仏（ウジェーヌ・ファルシ　1830.3.19-1910.2.26）

Fardy, Ferenc〈17世紀〉
ハンガリーの作曲家。
⇒バロ（ファルディ，フェレンツ　1600頃?-1660頃?）

Farel, Guillaume〈15・16世紀〉
フランスの宗教改革者。ジュネーブ，ローザンヌの改革に活躍。
⇒岩世人（ファレル　1489-1565.9.13）
　学叢思（ファーレル，ギョーム　1489-1565）
　新カト（ファレル　1489-1565.9.13）

*al-***Farghānī, Abū al-ʻAbbās Aḥmad ibn Muḥammad ibn Kathīr**〈9世紀〉
イスラム教徒の天文学者。カリフの命でナイル川水位測定機を建設。
⇒岩世人（ファルガーニー）

*al-***Farghānī, Saʻīd al-Dīn**〈13世紀〉
イスラームの神秘主義者。
⇒岩世人（ファルガーニー，サイードゥッディーン　?-1300.8）

Fargue, Léon Paul〈19・20世紀〉
フランスの詩人, 評論家。
⇒岩世人（ファルグ　1876.3.4–1947.11.24）

Farhat, Gabriel〈17・18世紀〉
マロン教会の主教, 修道会創立者, 著作家。
⇒新カト（ファルハート　1670.11.20–1732.7.9）

Farina, Carlo〈17世紀〉
イタリアのヴァイオリン奏者, 作曲家。
⇒バロ（ファリーナ, カルロ　1600頃–1640頃）

Farinel, Jean Baptiste（Giovanni Battista）〈17・18世紀〉
フランスの奏者一族。
⇒バロ（ファリネル, ジャン・バティスト　1655.1.15–1720頃）

Farinel, Michel〈17世紀〉
フランスの奏者一族。
⇒バロ（ファリネル, ミッシェル　1649.5.23–1700頃？）

Farinelli〈18世紀〉
イタリアの歌手。ヨーロッパ随一の美声とコロラトゥーラ技法の持主と称された。
⇒バロ（ファリネッリ, カルロ　1705.1.24–1782.7.15）
　バロ（ブロスキ, カルロ　1705.1.24–1782.7.15）
　オペラ（ファリネッリ　1705–1782）

Farini, Luigi Carlo〈19世紀〉
イタリアの政治家, 歴史家, 医師。イタリア統一の基礎をつくり, 内相, ナポリ総督, 首相を務めた。
⇒岩世人（ファリーニ　1812.10.22–1866.8.1）

Farissol, Jacob ben Hayyim〈15世紀〉
聖書注解学者, ラビ。
⇒ユ著人（Farissol, Jacob ben Hayyim　ファリスゾール, ヤコブ・ベン・ハイム　1405?–?）

Farkas, András〈16世紀〉
ハンガリーの作曲家。
⇒バロ（ファルカシュ, アンドラーシュ　1510頃?–1560頃?）

Farman, Henri〈19・20世紀〉
フランスの飛行家, 飛行機製造家。
⇒岩世人（ファルマン　1874.5.26–1958.7.18）

Farmer, Harry〈19・20世紀〉
アメリカの宣教師。
⇒アア歴（Farmer, Harry　ハリー・ファーマー　1872.4.18–1932.9.27）

Farmer, John〈16・17世紀〉
イギリスの作曲家。
⇒バロ（ファーマー, ジョン1世　1571頃–1601–1605）

Farmer, Martha Ada Beeson〈19・20世紀〉
アメリカの宣教師。
⇒アア歴（Farmer, (Martha) Ada Beeson　マーサ・エイダ・ビースン・ファーマー　1871.12.30–1911.3.14）

Farmer, Thomas〈17世紀〉
イギリスの作曲家。
⇒バロ（ファーマー, トマス　1660頃?–1688.12.8以前）

Farnaby, Giles〈16・17世紀〉
イギリスの作曲家。4声のための一連のカンツォネッタを出版。
⇒バロ（ファーナビー, ジャイルズ　1563頃–1640.11.25）

Farnaby, Richard〈16・17世紀〉
イギリスの作曲家。
⇒バロ（ファーナビー, リチャード　1594頃–1650頃?）

Farnaby, Thomas〈16世紀〉
イギリスの作曲家。
⇒バロ（ファーナビー, トマス　1530頃?–1588）

Farnese, Alessandro〈16世紀〉
イタリア人枢機卿。
⇒新カト（ファルネーゼ　1520.10.7–1589.3.4）

Farnese, Alessandro〈16世紀〉
パルマ公。在位1586～92。独立派との戦いに中心的人物として活躍。
⇒岩世人（ファルネーゼ　1545.8.27–1592.12.3）
　新カト（ファルネーゼ　1545.8.27–1592.12.3）

Farnese, Elisabetta〈17・18世紀〉
スペイン王妃。スペイン王フェリペ5世と結婚（1714）。
⇒岩世人（ファルネーゼ　1692.10.25–1766.7.10）
　王妃（エリザベッタ・ファルネーゼ　1692–1766）

Faro〈7世紀〉
司教。聖人。
⇒新カト（ファロ〔モー〕　596以後–673頃）

Farquhar, George〈17・18世紀〉
イギリスの劇作家。『募兵士官』(07) などの作品がある。
⇒バロ（ファーカー, ジョージ　1678–1707）
　岩世人（ファーカー　1677頃–1707.4.29）

Farr, William〈19世紀〉
イギリスの医学統計家。伝染病の推移に関するファールの法則を発見。
⇒岩世人（ファー　1807.11.30–1883.4.14）
　学叢思（ファー, ウィリアム　1807–1883）

al-Farrā', Abū Zakariyā Yaḥyā bn Ziyād〈8・9世紀〉
クーファ派のアラビア語学者。

⇒岩世人（ファッラー 761-762頃-822-823）

Farrant, John I〈16世紀〉
イギリスの作曲家。
⇒バロ（ファラント, ジョン1世 1540頃?-1595頃?）

Farrant, John II〈16・17世紀〉
イギリスの作曲家。
⇒バロ（ファラント, ジョン2世 1575.9.28-1618）

Farrant, Richard〈16世紀〉
イギリスの作曲家。主作品は『思い出』など。
⇒バロ（ファラント, リチャード 1530頃-1580.11.30）

Farrar, Cynthia〈18・19世紀〉
アメリカの宣教師。
⇒アア歴（Farrar,Cynthia シンシア・ファラー 1795.4.20-1862.1.25）

Farrar, Frederic William〈19・20世紀〉
イギリスのプロテスタント神学者, 文学者。
⇒岩世人（ファラー 1831.8.7-1903.3.22）

Farre, Jean-Joseph〈19世紀〉
フランスの軍人。
⇒19仏（ジャン＝ジョゼフ・ファール 1816.5.5-1887.3.24）

Farrell, (Duke) Charles Andrew〈19・20世紀〉
アメリカの大リーグ選手（捕手, 三塁）。
⇒メジャ（デューク・ファーレル 1866.8.31-1925.2.15）

Farrer, William James〈19・20世紀〉
オーストラリアの育種家。
⇒岩世人（ファラー 1845.4.3-1906.4.16）

Farrère, Claude〈19・20世紀〉
フランスの小説家。
⇒岩世人（ファレール 1876.4.27-1957.6.21）

Farrukh Beg〈16・17世紀〉
インドのムガル朝時代の画家。
⇒岩世人（ファルルク・ベーグ 1545頃-1619以降）

Farrukhī Sītānī, Abū al-Ḥasan Aliibn Julugh〈11世紀〉
イランの詩人。代表作『馬の烙印場の賦』など。
⇒岩世人（ファッルヒー・スィースターニー ?-1037頃）

Farrukhsiyar〈18世紀〉
ムガル帝国の統治者。
⇒世帝（ファッルフ・シャル 1685-1719）

Farrukhzad Khosrow〈7世紀〉
ササン朝ペルシアのシャー。
⇒世帝（ファッロフザード・ホスロー ?-631）

Farvaques, François〈17世紀〉
フランスのカトリック神学者, アウグスチノ会の隠修士。
⇒新カト（ファルヴァク 1622-1689.7.30）

Fasani, Francesco Antonio〈17・18世紀〉
イタリアの聖人。祝日11月29日。コンベンツアル聖フランシスコ修道会員。
⇒新カト（フランチェスコ・アントニオ・ファザーニ 1681.8.6-1742.11.29）

Fasch, Johann Friedrich〈17・18世紀〉
ドイツの作曲家。作品は教会カンタータなど多数。
⇒バロ（ファッシュ, ヨハン・フリードリヒ 1688.4.15-1758.12.5）

Fasch, Karl Friedrich Christian〈18世紀〉
ドイツの作曲家。
⇒バロ（ファッシュ, カール・フリードリヒ・クリスティアン 1736.11.18-1800.8.3）

Faṣīḥ al-Khwāfī〈14・15世紀〉
イランの歴史家, 詩人。
⇒岩世人（ファスィーフ・ハーフィー 1375頃-1442以後）

Faṣīḥī Jurjānī〈11世紀〉
イランの詩人。11世紀中頃に活動。
⇒岩世人（ファスィーヒー）

Fasolo, Giovanni Battista〈17世紀〉
イタリアの作曲家。
⇒バロ（ファゾーロ, ジョヴァンニ・バッティスタ 1600頃-1659以降）

Fastidius〈5世紀〉
ブリタニア（イギリス）の教会著述家。
⇒新カト（ファスティディウス 5世紀前半）

Fastolf, Sir John〈14・15世紀〉
イギリスの軍人。百年戦争などに活躍。
⇒岩世人（ファストルフ 1380-1459.11.5）

Fatḥ ʿAlī Shāh〈18・19世紀〉
イランのカージャール朝第2代の王。在位1797～1835。初代アガ・ムハンマドの甥にあたる。
⇒岩世人（ファトフ・アリー・シャー 1771頃-1834）

Fāṭimah, bint Muḥammad〈7世紀〉
イスラムの始祖マホメットの娘。第4代カリフ・アリーの妻, ハサンとフサインの母。
⇒岩世人（ファーティマ 606頃-633）

Fatima, Tun
マレー半島西岸のマラッカ王国の王妃。
⇒岩世人（ファティマ, トゥン）

Fāṭimah al-Ma'sūmah〈8・9世紀〉
イランのイスラム教シーア派教長の娘。
⇒岩世人（ファーティマ　?-817-818）

Fatou, Pierre Joseph Louis〈19・20世紀〉
フランスの数学者で天文学者。
⇒世数（ファートゥー, ピエール・ジョセフ・ルイ　1878-1929）

Fattori, Giovanni〈19・20世紀〉
イタリアの画家。主作品『騎兵』(59)。
⇒岩世人（ファットーリ　1825.10.25-1908.8.30）
芸13（ファットーリ, ジョヴァンニ　1825-1908）

Fauchard, Pierre〈17・18世紀〉
フランスの歯科医師。矯正歯科学の創始者。
⇒岩世人（フォシャール　1678-1761.3.22）

Faucher, Julius〈19世紀〉
ドイツの経済学者。
⇒学叢思（フォーシェル, ユリウス　1820-1878）

Faucher, Léon Léonarl François〈19世紀〉
フランスの政治家, 経済学者。
⇒学叢思（フォーシェー, レオン・レオナール・フランソア　1803-1854）

Fauchet, Claude〈18世紀〉
フランスのキリスト教社会主義者。
⇒学叢思（フォーシェー, クロード　1744-1793）

Faugues, Guillaume〈15世紀〉
フランドルの作曲家。
⇒バロ（フォーグ, ギヨーム　1410頃?-1460頃）

Faulds, Henry〈19・20世紀〉
イギリスの長老派教会医療宣教師。1874年に来日し築地病院を設立。
⇒岩世人（フォールズ　1843.6.1-1930.3.19）

Faulhaber, Michael von〈19・20世紀〉
ドイツのカトリック聖職者。枢機卿となる(1921)。
⇒岩世人（ファウルハーバー　1869.3.5-1952.6.12）
新カト（ファウルハーバー　1869.3.5-1952.6.12）

Faure, Élie〈19・20世紀〉
フランスの美術史家, 批評家。
⇒岩世人（フォール　1873.4.4-1937.10.29）

Faure, Felix〈19世紀〉
フランス第3共和制の第6代大統領。右翼と隠健派の支持を得て国家元首となった。
⇒岩世人（フォール　1841.1.30-1899.2.16）

Fauré, Gabriel Urbain〈19・20世紀〉
フランスの作曲家。パリ音楽院長として, M.ラベルなどすぐれた作曲家を育成。
⇒岩世人（フォーレ　1845.5.12-1924.11.4）
バレエ（フォーレ, ガブリエル　1845.5.12-1924.11.4）
エデ（フォーレ, ガブリエル（ユルバン）　1845.5.12-1924.11.4）
ネーム（フォーレ　1845-1924）
広辞7（フォーレ　1845-1924）
学叢思（フォーレ, ガブリエル・ユルベーン　1845-1905）
実音人（フォーレ, ガブリエル　1845-1924）
新カト（フォーレ　1845.5.12-1924.11.4）
ビ曲改（フォーレ, ガブリエル（-ウルバイン）　1845-1924）
ポプ人（フォーレ, ガブリエル　1845-1924）

Faure, Maurice〈19・20世紀〉
フランスの政治家。
⇒19仏（モーリス・フォール　1850.1.7-1919.12.8）

Faurie, Urbanus〈19・20世紀〉
フランスのパリ外国宣教会宣教師。布教のかたわら日本産植物を採集, ヨーロッパの博物館に送り続けた。
⇒岩世人（フォリー　1847.1.1-1915.7.4）
新カト（フォーリー　1847.1.1-1915.7.4）

Fauriel, Claude Charles〈18・19世紀〉
フランスの歴史家。主著『プロバンス詩史』(46)。
⇒岩世人（フォリエル　1772.10.21-1844.7.15）

Fausbøll, Michael Viggo〈19・20世紀〉
デンマークのインド学者。インド古典, 特に当時未開拓であったパーリ語聖典を研究, パーリ学の建設に寄与。
⇒岩世人（ファウスベル　1821.9.22-1908.6.3）

Faust, Allen Klein〈19・20世紀〉
アメリカの教育者。
⇒アア歴（Faust,Allen Klein　アレン・クライン・ファウスト　1869.8.20-1953.9.13）

Faust, Charles Victor〈19・20世紀〉
アメリカの大リーグ選手（投手）。
⇒メジャ（チャーリー・ファウスト　1880.10.9-1915.6.18）

Faust, Johann〈15・16世紀〉
ドイツの魔術師, 占星術師。
⇒岩世人（ファウスト）

Faustina, Annia Galeria〈2世紀〉
アントニヌス・ピウス帝の妻。死後神格化され, 彼女の名をとって貧民救済が行われた。
⇒岩世人（ファウスティナ（大）　105頃-141）

Faustina, Annia Galeria〈2世紀〉
マルクス・アウレリウス帝の妻。死後神格化された。
⇒岩世人（ファウスティナ（小）　130頃-176頃）

Faustini, Giovanni〈17世紀〉
イタリアの台本作家。オペラ興行主。

⇒オペラ（ファウスティーニ, ジョヴァンニ 1615–1651）

Faustinus〈3・4世紀〉
殉教者, 聖人。
⇒図聖（シンプリキウス, ファウスティヌスとベアトリクス ?–304頃）

Faustinus〈4世紀〉
ローマの司祭, リベリウス支持者, 特にダマスス1世と対立した司教ウルシヌスの同調者。
⇒新カト（ファウスティヌス 4世紀）

Faustos〈4世紀〉
アルメニアの歴史家。
⇒新カト（ファウストス〔ビザンティンの〕 生没年不詳）

Faustulus
ローマ神話, アルバの王家に仕える牧夫。
⇒岩世人（ファウストゥルス）

Faustus〈4世紀〉
北アフリカのミレヴェ出身のマニ教の教師。
⇒新カト（ファウストゥス〔ミレヴェの〕 ?–400頃）

Faustus〈5世紀〉
修道者, リエの司教。聖人。祝日9月28日。
⇒新カト（ファウストゥス〔リエの〕 410頃–495頃）

Fauvel, Louis-François-Sébastien〈18・19世紀〉
フランスの画家, 好古家, 外交官。
⇒岩世人（フォーヴェル 1753–1838.3.12）

Favart, Charles Simon〈18世紀〉
フランスの劇作家。
⇒岩世人（ファヴァール 1710.11.13–1792.5.12）

Favier, Pierre-Marie-Alphonse〈19・20世紀〉
ヴィンセンシオの宣教会員, 中国宣教師, 北直隷（北京）の代牧。フランスのマルサネ・ラ・コート生まれ。
⇒新カト（ファヴィエ 1837.9.22–1905.4.4）

Favorinus Arelatensis〈1・2世紀〉
ヘレニズム期の哲学者。
⇒岩世人（ファウォリヌス（アレラテの） 80頃–160頃）

Favre, Antoine〈17・18世紀〉
フランスの作曲家。
⇒バロ（ファーヴル, アントワーヌ 1670頃–1737.11以降）

Favre, Joseph〈19・20世紀〉
スイス生まれの料理人。
⇒岩世人（ファーヴル 1849–1903）

Favre, Jules Gabriel Claude〈19世紀〉
フランスの政治家, 弁護士。1870年国防政府の副首相, 外相としてベルサイユ休戦条約を締結。

⇒岩世人（ファーヴル 1809.3.21–1880.1.19）

Fawcett, Henry〈19世紀〉
イギリスの経済学者, 政治家。グラッドストン内閣の逓相となり(80), 小包郵便制度を設けた(82)。
⇒岩世人（フォーセット 1833.8.26–1884.11.6）
学叢思（フォーセット, ヘンリー 1833–1884）

Fawcett, *Dame* Millicent Garrett〈19・20世紀〉
イギリスの婦人参政権運動の指導者。Dameの尊称を送られた。
⇒岩世人（フォーセット 1847.6.11–1929.8.5）

Fawkes, Guy〈16・17世紀〉
イギリスの「火薬陰謀事件」の実行担当者。
⇒岩世人（フォークス 1570.4.16–1606.1.31）

Fay, Lydia Mary〈19世紀〉
アメリカの女性宣教師。中国古典に通じ, 老子『道徳経』の訳等がある。
⇒アア歴（Fay,Lydia Mary リディア・メアリー・フェイ 1802頃–1878.10.5）
岩世人（フェイ ?–1878）

Fayol, Henri〈19・20世紀〉
フランスの経営学者。経営者としての経験に基づき管理の原理を研究。
⇒岩世人（ファヨール 1841.7.29–1925.11.19）

Fayolle, Marie Emile〈19・20世紀〉
フランスの軍人。第一次大戦（14〜18）には第6軍を指揮, ドイツ占領軍司令官(19), 元帥(21)。
⇒岩世人（ファイヨル 1852.5.14–1928.8.27）

Fayrfax, Robert〈15・16世紀〉
イギリスの作曲家。音楽で学位を受けた最初の一人。
⇒バロ（フェアファックス, ロバート 1464.4.23–1521.10.24?）

*al-***Fazārī, Muḥammad bn Ibrāhīm**〈8世紀〉
アラビアのアッバース朝の天文学者。
⇒岩世人（ファザーリー, ムハンマド ?–796–806）

Fazekas Mihály〈18・19世紀〉
ハンガリーの詩人, 植物学者。『ハンガリー植物誌』(1807)を発表。
⇒岩世人（ファゼカシュ 1766.1.6–1828.2.23）

Fâzıl Ahmed Paşa, Köprülüzâde〈17世紀〉
オスマン帝国の軍人, 政治家。
⇒岩世人（ファズル・アフメト・パシャ, キョプリュリュザーデ 1635–1676.10.30）

Fâzıl Mustafa Paşa, Köprülüzâde〈17世紀〉
オスマン帝国の軍人, 政治家。

⇒岩世人（ファズル・ムスタファ・パシャ, キョプリュリュザーデ　1637–1691.9.19）

Fearn, Anne Walter〈19・20世紀〉
アメリカの宣教師。
⇒アア歴（Fearn,Anne Walter　アン・ウォルター・ファーン　1865.5.21–1939.4.28）

Féau, Paul〈19世紀〉
フランスの弁護士, 政治家。
⇒19仏（ポール・フェオ　1852.6.7–?）

Febronius, Justinus〈18世紀〉
ドイツのカトリック聖職者。
⇒岩世人（ホントハイム　1701.1.27–1790.9.2）

Febvre, Lucien〈19・20世紀〉
フランスの歴史家。コレージュ・ド・フランスの文明史教授を務めた。
⇒岩世人（フェーヴル　1878.7.22–1956.9.25）
広辞7（フェーヴル　1878–1956）
20思（フェーヴル, リュシアン（ポール・ヴィクトール）　1878–1956）
メル3（フェーヴル, リュシアン　1878–1956）

Fechner, Gustav Theodor〈19世紀〉
ドイツの科学者, 哲学者, 心理学者。精神物理学の創始者として知られる。
⇒岩世人（フェヒナー　1801.4.19–1887.11.18）
ネーム（フェヒナー　1801–1887）
広辞7（フェヒナー　1801–1887）
学叢思（フェヒネル, グスタフ・テオドル　1801–1887）
新カト（フェヒナー　1801.4.19–1887.11.18）
メル3（フェヒナー, グスタフ=テオドール　1801–1887）

Feckler, Joseph Paris〈17・18世紀〉
ドイツの作曲家。
⇒バロ（フェックラー, ヨーゼフ・パリス　1666頃–1735）

Fedchenko, Aleksei Pavlovich〈19世紀〉
ロシアの動物学者, 探検家。
⇒岩世人（フェードチェンコ　1844.2.7–1873.9.3）

Fédé, René〈17・18世紀〉
マルブランシュ派の哲学者。
⇒メル2（フェデ, ルネ　1645–1716）

Feder, Johann Georg Heinrich〈18・19世紀〉
ドイツの哲学者。功利主義の立場にたつ折衷家, カントの哲学への反対者。
⇒岩世人（フェーダー　1740.5.15–1821.5.22）

Federe, D.T.〈17・18世紀〉
イタリアの作曲家。
⇒バロ（フェデーレ,D.T.　1690頃?–1750頃?）

Federer, Heinrich〈19・20世紀〉
スイスの小説家。主著『山と人』(11) など。
⇒新カト（フェーデラー　1866.10.7–1928.4.29）

Federi, Carlo〈17世紀〉
イタリアの作曲家。
⇒バロ（フェデーリ, カルロ　1622頃–1685.12.19）

Federi, Ruggiero〈17・18世紀〉
イタリアの作曲家。
⇒バロ（フェデーリ, ルッジェーロ　1655頃–1722.1)

Federici, Cesare〈16・17世紀〉
ヴェネツィアの商人。
⇒岩世人（フェデリーチ　1521頃–1602頃）

Federici, Francesco〈17・18世紀〉
イタリアの作曲家。
⇒バロ（フェデリーチ, フランチェスコ　1650頃–1710頃）

Federico, Gennaro Antonio〈18世紀〉
イタリアの台本作家。
⇒オペラ（フェデリーコ, ジェンナーロ・アントニオ）

Federico da Montefeltro〈15世紀〉
イタリアの傭兵隊長。
⇒ルネ（フェデリコ・ダ・モンテフェルトロ　1422–1482）

Federn, Paul〈19・20世紀〉
オーストリアのユダヤ人精神分析学者。
⇒ユ著人（Federn,Paul　フェーデルン, パウル　1871–1950）

Federzoni, Luigi〈19・20世紀〉
イタリアの政治家。ナショナリスト協会の創立メンバー。
⇒岩世人（フェデルゾーニ　1878.9.27–1967.1.24）

Fedi, Pio〈19世紀〉
イタリアの彫刻家。代表作に『ポリクセナの掠奪』(65)。
⇒芸13（フェディ, ピオ　1815–1892）

Fëdor I Ivanovich〈16世紀〉
ロシアの皇帝。在位1584～98。
⇒岩世人（フョードル1世　1557.5.11–1598.1.7)
世帝（フョードル1世　1557–1598）

Fëdor II〈16・17世紀〉
ロシアの皇帝。在位1605.4～。即位後まもなく殺害された。
⇒世帝（フョードル2世　1589–1605）

Fëdor III Alekseevich〈17世紀〉
ロシアの皇帝。在位1676～82。
⇒岩世人（フョードル3世　1661.5.30–1682.4.27)
世帝（フョードル3世　1661–1682）

Fëdorov, Nikolay Fëdorovich〈19・20

世紀〉
ロシアの宗教思想家。
⇒岩世人（フョードロフ　1829.5.26（受洗）-1903.12.15）
広辞7（フョードロフ　1828-1903）

Fedorova, Sophia〈19・20世紀〉
ロシアのダンサー。
⇒バレエ（フョードロワ, ソフィヤ　1879.9.28-1963.1.3）

Fëdorovna, Elizaveta〈19・20世紀〉
ロシアの大公妃。
⇒ネーム（フョードロヴナ　1864-1918）

Fedoseev, Nikolai Evgrafovich〈19世紀〉
ロシアの革命的マルクス主義者。
⇒岩世人（フェドセーエフ　1871.4.27-1898.6.22）

Fedotov, Pavel Andreevich〈19世紀〉
ロシアの画家。ロシア諷刺画の創始者。
⇒岩世人（フェドートフ　1815.6.22-1852.11.14）
芸13（フェドートフ, パーヴェル・アンドレーヴィッチ　1816-1852）

Fee, William Thomas〈19・20世紀〉
アメリカの領事。姓は「マクフィー」とも。
⇒アア歴（Fee［Macfee］,William T（homas）　ウイリアム・トマス・フィー　1854.5.6-1919.4.1）

Feer, Henri Léon〈19・20世紀〉
フランスの仏教学者, 言語学者。
⇒岩世人（フェール　1830.11.22-1902.3.10）

Fegueux〈16世紀〉
フランスの作曲家。
⇒バロ（フグー,?　1550頃?-1600頃?）

Fehling, Hermann Christian von〈19世紀〉
ドイツの化学者。糖の検出と定量に用いるフェーリング液を発明し, またメタアルデヒド等の研究がある。
⇒岩世人（フェーリング　1812.6.9-1885.7.1）

Fehrenbach, Konstantin〈19・20世紀〉
ドイツの政治家。首相（1920～21）。スパ会議（20）およびロンドン会議（21）に出席。
⇒岩世人（フェーレンバッハ　1852.1.11-1926.3.26）

Feijóo y Montenegro, Fray Benito Jerónimo〈17・18世紀〉
スペインの神学者, 文明批評家。
⇒岩世人（フェイホー　1676.10.8-1764.9.26）

Feilke, Johannes Fredericus〈18・19世紀〉
オランダの長崎オランダ商館付医師。
⇒岩世人（フェイルケ　1779-1814.7.28）

Feininger, Lyonel〈19・20世紀〉
アメリカの画家。39年ニューヨーク万国博覧会の壁画を制作。
⇒岩世人（ファイニンガー　1871.7.17-1956.1.13）
芸13（ファイニンガー, ライオネル　1871-1956）

Feith, Arend Willem〈18世紀〉
オランダの出島商館長。初め商館の次席館員を務め, のち商館長となり, 5期駐在した（71～81）。
⇒岩世人（フェイト　1747頃-1781）

Feith, Rhijnvis〈18・19世紀〉
オランダの詩人, 劇作家。ズウォレの市長（1780～）。
⇒岩世人（フェイト　1753.2.7-1824.2.8）

Feiwel, Berthold〈19・20世紀〉
オーストリアのシオニスト。
⇒ユ人（ファイヴェル, ベルトルト　1875-1937）
ユ著人（Feiwel,Berthold　ファイベル, ベルルード　1875-1937）

Fejér, Lipót (Leopold)〈19・20世紀〉
ハンガリーの数学者。
⇒世数（フェイエール, リポット　1880-1959）
ユ著人（Fejér,Lipót　フェイェール, リポート　1880-1959）

Felbiger, Johann Ignaz von〈18世紀〉
ドイツのカトリック聖職者, 学制改革者。
⇒新カト（フェルビガー　1724.1.6-1788.5.17）

Felgenhauer, Paul〈16・17世紀〉
ドイツの神智学者。汎神論的神秘主義を唱えた。
⇒新カト（フェルゲンハウアー　1593.11.16-1677頃）

Félibien, André〈17世紀〉
フランスの美術批評家。建築アカデミーの書記官。
⇒岩世人（フェリビアン　1619-1695.5.11）

Felice (Cantalice)〈16世紀〉
イタリアのカプチン修道会初の聖人。
⇒新カト（フェリーチェ［カンタリーチェの］　1515頃-1587.5.18）
図聖（フェリーチェ（カンタリーチェの）　1515-1587）

Felice da Nicosia〈18世紀〉
イタリアの聖人。祝日5月31日。信徒修道士。
⇒新カト（フェリーチェ・ダ・ニコージア　1715.11.5-1787.5.31）

Felicianus〈2・3世紀〉
ウンブリアの伝道師, フォリーニョの初代司教。聖人, 殉教者。祝日1月24日。地震のときの守護聖人として知られる。
⇒新カト（フェリキアヌス［フォリーニョの］　2-3世紀）

Felicianus〈3世紀〉
ローマ時代の殉教者。
⇒新カト（プリムスとフェリキアヌス　3-4世紀）

Felicitas, St.〈2・3世紀〉
アフリカの殉教者、聖女。祝日3月7日。
⇒新カト（ペルペトゥアとフェリキタス　?-202/203）

Felicity〈2世紀〉
殉教者。聖人。
⇒新カト（フェリキタス　2世紀）
　図聖（フェリキタス　?-162頃）

Felipe I el Hermoso〈15・16世紀〉
カスティリア王。在位1504〜06。オーストリア大公。
⇒岩世人（フェリーペ1世（端麗王）　1478.6.22-1506.9.25）
　世帝（フェリペ1世　1478-1506）
　皇国（フェリペ1世　（在位）1504-1506）

Felipe II el Prudente〈16世紀〉
スペイン王。在位1556〜98。イングランド女王メアリー・チューダーと結婚。
⇒岩世人（フェリーペ2世　1527.5.21-1598.9.13）
　広辞7（フェリペ二世　1527.5.21-1598.9.13）
　新カト（フェリペ2世　1527.5.21-1598.9.13）
　世人新（フェリペ2世　1527-1598）
　世人装（フェリペ2世　1527-1598）
　世史語（フェリペ2世　1527-1598）
　世帝（フェリペ2世　1527-1598）
　世帝（フィリップ　1527-1598）
　ポプ人（フェリペ2世　1527-1598）
　皇国（フェリペ2世　（在位）1556-1598）
　学叢歴（フィリップ2世　1527-1598）

Felipe III〈16・17世紀〉
スペイン王。在位1598〜1621。フェリペ2世の子。
⇒岩世人（フェリーペ3世　1578.4.14-1621.3.31）
　世帝（フェリペ3世　1578-1621）

Felipe IV〈17世紀〉
スペイン王。在位1621〜65。寵人政治を続け、ネーデルラントの独立スペイン帝国を衰退に導いた。
⇒岩世人（フェリーペ4世　1605.4.8-1665.9.17）
　世帝（フェリペ4世　1605-1665）
　皇国（フェリペ4世　（在位）1621-1665）

Felipe V〈17・18世紀〉
スペイン王。在位1700〜24,24〜46。
⇒岩世人（フェリーペ5世　1683.12.19-1746.7.9）
　ネーム（フェリペ5世　1683-1746）
　世人新（フェリペ5世　1683-1746）
　世人装（フェリペ5世　1683-1746）
　世史語（フェリペ5世　1683-1746）
　世帝（フェリペ5世　1683-1746）
　ポプ人（フェリペ5世　1683-1746）
　皇国（フェリペ5世　（在位）1700-1746）
　学叢歴（フィリップ5世　1683-1746）

Felipe de Jesús〈16世紀〉
スペインのフランシスコ会士。
⇒岩世人（フェリーペ・デ・ヘスス　1572-1597.2.5）
　新カト（フェリペ・デ・ヘスス　1572頃-1597.2.5）

Felix〈3・4世紀〉
スイスの都市チューリヒの守護聖人、殉教者。
⇒図聖（フェリクス、レグラとエクスペランティウス　?-4世紀初頃）

Felix〈3・4世紀〉
殉教者、聖人。
⇒新カト（ナボルとフェリクス　?-303.7.12）
　図聖（ナボルとフェリクス　?-304頃）

Felix〈3・4世紀〉
殉教者。聖人。
⇒新カト（フェリクスとアダウクトゥス　?-304頃）
　図聖（フェリクスとアダウクトゥス　?-305頃）

Félix, Joseph〈19世紀〉
フランスのイエズス会司祭、説教家。
⇒新カト（フェリクス　1810.6.28-1891.7.6）

Felix, Marcus Antonius〈1世紀〉
古代ローマのユダヤの元首属吏。
⇒岩世人（フェリクス）
　新カト（フェリクス　生没年不詳）
　聖書（フェリクス）

Felix I, St.〈3世紀〉
ローマ教皇。在位269〜274。
⇒新カト（フェリクス1世　?-274.12.30）

Felix II〈4世紀〉
ローマ教皇（対立教皇）。在位355〜365。
⇒新カト（フェリクス2世　?-365.11.11）

Felix III, St.〈5世紀〉
ローマ教皇。在位483〜492。
⇒岩世人（フェリクス2(3)世　（在位）483-492）
　新カト（フェリクス3(2)世　?-492.3.1）

Felix IV (III), St.〈6世紀〉
ローマ教皇。在位526〜530。
⇒新カト（フェリクス4(3)世　?-530.9.22）

Felix V〈14・15世紀〉
最後の対立教皇。在位1439〜49。フェリクス5世に対立。
⇒岩世人（アメデーオ8世　1383.9.4-1451.1.6）
　新カト（フェリクス5世　1383.9.4-1451.1.7）

Felix de Valois〈12・13世紀〉
フランスのキリスト教聖職者、聖人。
⇒岩世人（フェリクス・ド・ヴァロワ　1127.4.19-1212.11.4）
　新カト（フェリクス〔ヴァロアの〕　1127.4.9-1212.11.4）

図聖（フェリクス（ヴァロアの） 1127-1212）

Felix-Faure Goyau, Lucie〈19・20世紀〉
フランスの女性作家。
⇒新カト（フェリクス・フォール・ゴヨー 1866.5.4-1913.6.24）

Felix of Dunwich〈7世紀〉
宣教師。聖人。ブルゴーニュ生まれ。
⇒新カト（フェリクス〔ダンウィチの〕 ?-647/648.3.8）

Felix of Nola〈3世紀〉
司祭。聖人。ノラ生まれ。
⇒新カト（フェリクス〔ノラの〕 ?-260頃）

Felix（Urgel）〈8・9世紀〉
スペインのウルヘルの司教。
⇒新カト（フェリクス〔ウルヘルの〕 ?-818）

Fellenberg, Philipp Emanuel von〈18・19世紀〉
スイスの教育家。手技的訓練と農業教育，普通教育を結合した学校を設立。
⇒岩世人（フェレンベルク 1771.6.27-1844.11.21）

Fellner, Ferdinand〈19・20世紀〉
ドイツの建築家。ハンブルクのドイツ劇場（1900）など多くの劇場を建築。
⇒岩世人（フェルナー 1847.4.19-1916.3.22）

Fellner, Hermann〈19・20世紀〉
ドイツ初期の映画制作者。劇場主。
⇒ユ著人（Davidson,Paul and Fellner,Hermann ダヴィッドソン，パウルとフェルナー，ヘルマン）

Felsenthal, Bernhard〈19・20世紀〉
アメリカのラビ。
⇒ユ著人（Felsenthal,Bernhard フェルゼンタール，ベルンハルト 1822-1908）

Felsztyna, Sebastian z〈15・16世紀〉
ポーランドの神学者，作曲家。
⇒バロ（セバスティアン・ス・フェルシュティナ 1480-1490頃-1544）
バロ（フェルシティン，セバスティアン・ズ 1490頃-1544以降）

Felton, William〈18世紀〉
イギリスの作曲家。
⇒バロ（フェルトン，ウィリアム 1715-1769.12.6）

Feltre, Cristóforo da〈14・15世紀〉
イタリアの作曲家。
⇒バロ（フェルトレ，クリストーフォロ・ダ 1380頃?-1430頃）

Fenaroli, Fedele〈18・19世紀〉
イタリアの作曲家。
⇒バロ（フェナローリ，フェデーレ 1730.4.25-1818.1.1）

Fénelon, François de Salignac de la Mothe〈17・18世紀〉
フランスの宗教家，神秘的神学者。静寂主義をめぐる論争に活躍。
⇒岩世人（フェヌロン 1651.8.6-1715.1.7）
ネーム（フェヌロン 1651-1715）
広辞7（フェヌロン 1651-1715）
学叢思（フェヌロン，フランソア・ドゥ・サリニャック・ドゥ・ラ・モートゥ 1651-1715）
新カト（フェヌロン 1651.8.6-1715.1.7）

Fénéon, Félix〈19・20世紀〉
フランスの文学批評家，美術批評家。
⇒岩世人（フェネオン 1861.6.22-1944.2.29）

Fenis-Neuenburug, Rudolf von〈12世紀〉
ドイツの作曲家。
⇒バロ（フェニス・ノイエンブルク，ルードルフ・フォン 1150頃?-1196.8.30以前）

Fenn, Courtenay Hughes〈19・20世紀〉
アメリカの宣教師。
⇒アア歴（Fenn,Courtenay H（ughes） コートニー・ヒューズ・フェン 1866.4.11-1953.9.17）

Fennelly, Francis John〈19・20世紀〉
アメリカの大リーグ選手（遊撃）。
⇒メジヤ（フランク・フェネリー 1860.2.18-1920.8.4）

Fenollosa, Ernest Francisco〈19・20世紀〉
アメリカの哲学者，日本美術研究家。日本古美術の研究や，伝統的な日本画の復興に努力。
⇒アア歴（Fenollosa,Ernest（Francisco） アーネスト・フランシスコ・フェノロサ 1853.2.18-1908.9.21）
アメ新（フェノロサ 1853-1908）
岩世人（フェノロサ 1853.2.18-1908.9.21）
ネーム（フェノロサ 1853-1908）
広辞7（フェノロサ 1853-1908）
ポプ人（フェノロサ，アーネスト 1853-1908）
学叢歴（フェノロサアーネスト・エフ 1852-1908）

Fenton, John William〈19世紀〉
イギリス出身の軍楽隊長。初代「君が代」の作曲者。
⇒岩世人（フェントン 1831.3.12-1890.4.28）

Feo, Francesco〈17・18世紀〉
イタリアの作曲家。
⇒バロ（フェーオ，フランチェスコ 1691-1761.1.28）
新カト（フェオ 1691-1761.1.28）

Feodor〈10世紀〉
ロシア初の殉教者。聖人。祝日7月12日。
⇒新カト（フェオドールとイオアン ?-983）

Feofan Grek〈14・15世紀〉
ギリシア人の聖画像画家。ビザンティンからロ

シアへ移住した。
⇒岩世人（フェオファーン・グレーク　1330以降-1405以降）
Feofan Zatvornik〈19世紀〉
ロシアの主教，神学者。
⇒岩世人（フェオファーン・ザトヴォールニク　1815.1.10-1894.1.6）
Feragut, Beltrame〈14・15世紀〉
フランスの作曲家。
⇒バロ（フェラギュ，ベルトラーメ　1385頃-1450頃）
Ferber, Nicolaus〈15・16世紀〉
宗教改革時代のデンマークでカトリックを擁護した論争神学者，フランシスコ会の会員。
⇒新カト（フェルバー　1483頃-1535.4.15）
Ferdiad
クー・フーリンの友人。
⇒ネーム（フェルジア）
Ferdinand I〈14世紀〉
ポルトガル王。
⇒世帝（フェルナンド1世　1345-1383）
Ferdinand I〈15世紀〉
ナポリ・シチリア王国の統治者。在位1458～1494。
⇒岩世人（フェルディナンド1世　1424頃-1494.1.25）
Ferdinand I〈16世紀〉
ハプスブルク家出身の神聖ローマ皇帝。在位1558～64。
⇒岩世人（フェルディナント1世　1503.3.10-1564.7.25）
　新カト（フェルディナント1世　1503.3.10-1564.7.25）
　世人新（フェルディナント1世　1503-1564）
　世人装（フェルディナント1世　1503-1564）
　世帝（フェルディナント1世　1503-1564）
　皇国（フェルディナント1世　（在位）1556-1564）
Ferdinand I〈18・19世紀〉
オーストリア皇帝。在位3～48。メッテルニヒが活躍した当時の皇帝。
⇒世帝（フェルディナント1世　1793-1875）
　皇国（フェルディナント1世　（在位）1835-1848）
Ferdinand I〈19・20世紀〉
ブルガリア王。在位1908～18。トルコに対し独立を宣し，戦った。
⇒岩世人（フェルディナント1世　1861.2.26-1948.9.9）
Ferdinand I〈19・20世紀〉
ルーマニア王。在位1914～27。第1次大戦では連合国側について領土を拡大。
⇒岩世人（フェルディナンド1世　1865.8.12-1927.7.20）

Ferdinand II〈16・17世紀〉
神聖ローマ皇帝。在位1619～37。ボヘミア王，ハンガリー王を経て皇帝に選出された。
⇒岩世人（フェルディナント2世　1578.7.9-1637.2.15）
　ネーム（フェルディナント2世　1578-1637）
　新カト（フェルディナント2世　1578.7.9-1637.2.15）
　世人新（フェルディナント2世　1578-1637）
　世人装（フェルディナント2世　1578-1637）
　世帝（フェルディナント2世　1578-1637）
Ferdinand III〈17世紀〉
ドイツ皇帝。在位1637～57。三十年戦争の終結のため努力。
⇒バロ（フェルディナント3世　1608.7.13-1657.4.2）
　岩世人（フェルディナント3世　1608.7.13-1657.4.2）
　世帝（フェルディナント3世　1608-1657）
　皇国（フェルディナント3世　（在位）1637-1657）
Ferdinand IV〈17世紀〉
ハンガリー王，ローマ王。ハンガリー王在位1647～1654。
⇒世帝（フェルディナント4世　1633-1654）
Ferdinand Maria〈17世紀〉
バイエルン選帝侯。在位1651～1679。
⇒岩世人（フェルディナント・マリア　1636.10.31-1679.5.26）
Ferdinando I〈18・19世紀〉
両シチリア国王。在位1816～25。
⇒岩世人（フェルディナンド1世　1751.1.12-1825.1.4）
Ferdinando II〈19世紀〉
両シチリア国王。在位1830～59。自由主義運動を抑圧して専政主義をとった。
⇒岩世人（フェルディナンド2世　1810.1.12-1859.5.22）
Ferdinando III〈18・19世紀〉
トスカナ大公。ナポレオン体制により，一時，トスカナを没収された。
⇒岩世人（フェルディナンド3世　1769.5.6-1824.6.17）
Ferdinand von Olivier〈18・19世紀〉
ドイツの画家。
⇒岩世人（オリヴィア　1785.4.1-1841.2.11）
　芸13（オリヴィアー，フェルディナント・フォン　1785-1841）
Fereira（Herrera）, Abraham Kohen de〈16・17世紀〉
宗教哲学者，カバリスト。
⇒ユ著人（Fereira（Herrera），Abraham Kohen de ヘレーラ，アブラハム・コーエン・デ　1570?-1635/1639）
Ferenczi, Sandor〈19・20世紀〉
ハンガリーの神経科・精神科医。

⇒岩世人（フェレンツィ　1873.7.7–1933.5.22）

Fereydun
ゾロアスター教に登場する英雄の一人。
⇒ネーム（フェリドゥーン）

Fergus mac Róich
『アルスター物語群』に登場する騎士。
⇒ネーム（フェルグス・マク・ロイヒ）

Ferguson, Adam〈18・19世紀〉
イギリスの哲学者,歴史学者。エディンバラ学派の一人。
⇒岩世人（ファーガソン　1723.6.20–1816.2.22）
学叢思（ファーガソン,アダム　1723–1816）

Ferguson, John Calvin〈19・20世紀〉
アメリカの宣教師教育者,政府役人,冒険家,東洋美術研究者。
⇒アア歴（Ferguson,John C (alvin) ジョン・カルヴィン・ファーガソン　1866.3.1–1945.8.3）
岩世人（ファーガソン　1866.3.1–1945.8.3）

Ferguson, Robert Vavasour〈19世紀〉
アメリカの大リーグ選手（二塁,三塁）。
⇒メジャ（ボブ・ファーガソン　1845.1.31–1894.5.3）

Fergusson, Arthur Walsh（"Art"）〈19・20世紀〉
アメリカの植民地行政官。
⇒アア歴（Fergusson,Arthur Walsh（"Art"） アーサー・ウォルシュ・ファーガスン　1859.12.4–1908.1.30）

Fergusson, James〈19世紀〉
スコットランドの建築史家。
⇒岩世人（ファーガソン　1808.1.22–1886.1.9）

Fergusson, Robert〈18世紀〉
スコットランドの詩人。
⇒岩世人（ファーガソン　1750.9.5–1774.10.16）

Fergusson, Sir William〈19世紀〉
スコットランドの解剖学者,外科医。保存外科学の祖と言われる。
⇒岩世人（ファーガソン　1808.3.20–1877.2.10）

Ferit Pasha〈19・20世紀〉
オスマン・トルコ帝国末期の政治家。
⇒岩世人（フェリト・パシャ,ダーマート　1853–1923.10.6）

Ferlendis, Giuseppe〈18・19世紀〉
イタリアのオーボエ奏者。
⇒バロ（フェルレンディス,ジュゼッペ　1755–1802）

Fermat, Pierre de〈17世紀〉
フランスの数学者。解析幾何学,微分積分学の発見に貢献。
⇒岩世人（フェルマ　1601.8.20/17–1665.1.12）
科史（フェルマ　1601–1665）

ネーム（フェルマー　1601–1655）
広辞7（フェルマ　1601–1665）
世数（フェルマ,ピエール・ド　1601–1665）
ポブ人（フェルマー,ピエール・ド　1601–1665）

Fern, Fanny Sara Payson Willis Parton〈19世紀〉
初の女性コラムニスト。
⇒岩世人（ファーン　1811.7.9–1872.10.10）

Fernandes, Ambrósio〈16・17世紀〉
キリシタン時代のイエズス会員,日本205福者の一人。ポルトガルのシスト生まれ。
⇒新カト（フェルナンデス　1551–1620.1.7）

Fernandes, Antonio〈16・17世紀〉
キリシタン時代のポルトガル出身の来日宣教師。
⇒新カト（フェルナンデス　1554/1555頃–1630.10.13）

Fernandes, Francisco Hermenegildo〈19・20世紀〉
ポルトガル人（マカオ生まれ）の実業家,印刷業者で新聞社主。
⇒岩世人（フェルナンデス　1863.2.2–1923）

Fernandes Tomás, Manuel〈18・19世紀〉
ポルトガルの政治家。
⇒岩世人（フェルナンデス・トマス　1771.6.30–1822.11.19）

Fernandez, Bento〈16・17世紀〉
ポルトガルのイエズス会宣教師。来日（06）,以来27年間伝道し,自ら日本人と称した。
⇒岩世人（フェルナンデス　1579頃–1633.10.2）
新カト（フェルナンデス　1579頃–1633.10.2）

Fernández, Gaspar〈16・17世紀〉
ポルトガルの作曲家。
⇒バロ（フェルナンデス,ガスパル　1570頃–1629.9.18以前）

Fernandez, João〈16世紀〉
ポルトガルの人。イエズス会士。F.ザビエルに随行して1549年来日。
⇒岩世人（フェルナンデス　1526–1567.6.26）
新カト（フェルナンデス　1526–1567.6.26）

Fernández, Lucas〈15・16世紀〉
スペイン・ルネサンスの劇作家。
⇒新カト（フェルナンデス　1474頃–1542）

Fernández de Castilleja, Pedro〈15・16世紀〉
スペインの作曲家。
⇒バロ（フェルナンデス・デ・カスティリェーハ,ペドロ　1485頃–1574.3.5）

Fernández de Córdoba, Gonzalo〈15・16世紀〉
スペインの軍人。グラン・カピタンの通称で知

られる。
⇒岩世人（フェルナンデス・デ・コルドバ 1453.9.1-1515.12.2）

Fernández de Huete, Diego〈17・18世紀〉
スペインの作曲家。
⇒バロ（フェルナンデス・デ・ウエテ,ディエゴ 1650頃?-1710頃?）

Fernández de Lizardi, José Joaquín〈18・19世紀〉
メキシコのジャーナリスト,小説家。悪漢を主題とした作品は世界に紹介されている。
⇒岩世人（フェルナンデス・デ・リサルディ 1776.11.15-1827.6.27）

Fernández de Moratín, Nicolás〈18世紀〉
スペインの詩人,劇作家。
⇒岩世人（フェルナンデス・デ・モラティン 1737.7.20-1780.5.11）

Fernández de Navarrete, Martín〈18・19世紀〉
スペインの海軍人,歴史家。
⇒岩世人（フェルナンデス・デ・ナバレーテ 1765.11.8-1844.10.8）

Fernández Hidalgo, Gutierre〈16・17世紀〉
スペインの作曲家。
⇒バロ（フェルナンデス・イダルゴ,グティエーレ 1553-1620以降）

Fernández Palero, Francisco〈16世紀〉
スペインの作曲家。
⇒バロ（パレーロ,フランシスコ・フェルナンデス 1540頃?-1597.9.26）
バロ（フェルナンデス・パレーロ,フランシスコ 1540頃?-1597.9.26）

Fernando I, de Antequera〈14・15世紀〉
アラゴン王。在位1412～16。甥カスティリア王ファン2世の摂政を務めた。
⇒世帝（フェルナンド1世 1380-1416）

Fernando I el Grande〈11世紀〉
カスティリア王。在位1035～65。レオン王。在位1037～65。国土回復運動の口火を切った。
⇒岩世人（フェルナンド1世 ?-1065.12.27）
世帝（フェルナンド1世 1017頃-1065）

Fernando II〈19世紀〉
ポルトガルの政治家,王配・国王。在位1837～53。
⇒岩世人（フェルナンド2世 1816.10.29-1885.12.15）
世帝（フェルナンド2世 1816-1885）

Fernando III〈12・13世紀〉
カスティリア王。在位1217～52。レオン王。在位1230～52。

⇒岩世人（フェルナンド3世（聖王） 1199-1252.5.30）
新カト（フェルナンド3世〔レオンとカスティリャの〕 1198/1199.6.24-1252.5.30）
図聖（フェルナンド3世 1199-1252）
世帝（フェルナンド3世 1180-1252）

Fernando IV el Emplazado〈13・14世紀〉
カスティリア=レオン王。在位1295～1312。6歳で父サンチョ4世の跡を継ぎ王位についた。
⇒世帝（フェルナンド4世 1285-1312）

Fernando V el Catolico〈15・16世紀〉
スペイン統一を実現した王。アラゴン王となり,1492年グラナダを征服して国土回復運動を終結。
⇒岩世人（フェルナンド2世（カトリック王） 1452.3.10-1516.1.23）
ネーム（フェルナンド5世 1452-1516）
新カト（フェルナンド5世〔カトリック王〕 1452.3.10-1516.1.23）
世人新（フェルナンド5世（カトリック王） 1452-1516）
世人装（フェルナンド5世（カトリック王） 1452-1516）
世史語（フェルナンド 1452-1516）
世帝（フェルナンデ2世 1409頃-1480（在位）1479-1516）
ポプ人（フェルナンド 1452-1516）
ユ人（フェルナンド（アラゴンの王）とイサベラ（カスティリヤの女王） 1452-1516）
皇国（フェルナンド2世 （在位）1479-1516）

Fernando VI〈18世紀〉
スペイン王。在位1746～59。フェリペ5世とサボイのマリア・ルイサとの子。
⇒岩世人（フェルナンド6世 1713.9.23-1759.8.10）
世帝（フェルナンド6世 1713-1759）

Fernando VII〈18・19世紀〉
スペイン王。在位1808,14～33。民主的憲法を廃止し,反動政治を行った。
⇒岩世人（フェルナンド7世 1784.10.14-1833.9.29）
世帝（フェルナンド7世 1784-1833）
皇国（フェルナンド7世 （在位）1808/1813-1833）

Fernel, Jean François〈15・16世紀〉
フランスの病理解剖学者。アンリ2世の侍医をつとめた。著書『医学汎論』は有名。
⇒岩世人（フェルネル 1497-1558.4.26）

Fernow, Bernhard Eduard〈19・20世紀〉
アメリカ（ドイツ生れ）の林学者。
⇒岩世人（ファーノウ 1851.1.7-1923.2.6）

Fernow, Karl Ludwig〈18・19世紀〉
ドイツの美学者。ヴァイマル公妃アマーリアの司書となり（1804）,ゲーテと交った。
⇒岩世人（フェルノー 1763.11.19-1808.12.3/4）

Férotin, Marius〈19・20世紀〉
フランスのベネディクト会典礼史家。
⇒新カト（フェロタン　1855.11.18–1914.9.15）

Ferrabosco, Alfonso I〈16世紀〉
イタリアの作曲家。
⇒バロ（フェッラボスコ，アルフォンソ1世　1543.1.18–1588.8.12）

Ferrabosco, Domenico Maria〈16世紀〉
イタリアの作曲家。
⇒バロ（フェッラボスコ，ドメニーコ・マリア　1513.2.14–1574.2）

Ferrabosco, John〈17世紀〉
イタリアの作曲家。イギリスで活躍。
⇒バロ（フェッラボスコ，ジョン　1626.10.9–1682.10.15）

Ferrabosco (II), Alfonso〈16・17世紀〉
イギリスの音楽家。
⇒バロ（フェッラボスコ，アルフォンソ2世　1575–1628.3.11）

Ferradini, Antonio〈18世紀〉
イタリアの作曲家。
⇒バロ（フェッラディーニ，アントーニオ　1718頃–1779）

Ferrand, Claudius Philippe〈19・20世紀〉
パリ外国宣教会会員。来日宣教師。フランスのクレミュー生まれ。
⇒新カト（フェラン　1868.6.19–1930.10.5）

Ferrandière, Fernando〈18・19世紀〉
スペインの作曲家。
⇒バロ（フェッランディエーレ，フェルナンド　1750頃?–1817頃）

Ferrandini, Giovanni Battista〈18世紀〉
イタリアの作曲家。
⇒バロ（フェッランディーニ，ジョヴァンニ・バティスタ　1710頃–1791.9.25）

Ferrandus〈6世紀〉
カルタゴの助祭，ルスペのフルゲンティウスの弟子。
⇒新カト（フェランドゥス　?–547頃）

Ferranti, Sebastian Ziani de〈19・20世紀〉
イギリスの電気技術者。
⇒岩世人（フェランティ　1864.4.6–1930.1.13）

Ferrán y Clúa, Jaime〈19・20世紀〉
スペインの細菌学者。
⇒岩世人（フェラン　1851.2.2–1929.11.22）

Ferrar, Nicholas〈16・17世紀〉
英国教会の聖職，神秘主義者。リトル・ギディング共同生活団の創始者。
⇒新カト（フェラー　1592.2.22–1637.12.4）

Ferrara, Francesco〈19世紀〉
イタリアの経済学者。
⇒学叢思（フェララ，フランチェスコ　1810–1900）

Ferrarese (Del Bene), Adriana〈18世紀〉
イタリアのソプラノ歌手。
⇒オペラ（フェルラレーゼ(・デル・ベーネ)，アドリアーナ　1755頃–1799以降）

Ferrari, Andrea Carlo〈19・20世紀〉
イタリアの神学者，枢機卿。
⇒新カト（フェラーリ　1850.8.13–1921.2.2）

Ferrari, Benedetto〈17世紀〉
イタリアの台本作者，作曲家，テオルボ奏者。
⇒バロ（ティオルバ，ベネデット・フェッラーリ・デッラ　1603-1604頃–1681.10.22）
　バロ（フェッラーリ，ベネデット　1603-1604頃–1681.10.22）
　オペラ（フェルラーリ，ベネデット　1603/1604–1681）

Ferrari, Domenico〈18世紀〉
イタリアのヴァイオリン奏者，作曲家。
⇒バロ（フェッラーリ，ドメニーコ　1722–1780）

Ferrari, Gaudenzio〈15・16世紀〉
イタリアの画家，彫刻家。ノバーラの聖ガウデンツィオ聖堂の祭壇画(14)が有名。
⇒岩世人（フェッラーリ　1484頃–1546.1.31）
　新カト（フェラーリ　1475頃–1546）

Ferrari, Giuseppe〈19世紀〉
イタリアの哲学者，政治家。イタリアの国家統一を連邦制で実現すべきことを強く主張。
⇒岩世人（フェッラーリ　1811/1812.3.7–1876.7.2）

Ferrari, Ludovico〈16世紀〉
イタリアの代数学者。カルダーノに師事。四次方程式の解法の発見者として知られる。
⇒世数（フェッラーリ，ロドヴィコ（またはルイジ）　1522–1560）

Ferrari, Tommaso Maria〈17・18世紀〉
イタリアの枢機卿。
⇒新カト（フェラーリ　1647.11.20–1716.8.20）

Ferraris, Galileo〈19世紀〉
イタリアの電気技術者。
⇒岩世人（フェラーリス　1847.10.31–1897.2.7）

Ferraris, Lucius〈18世紀〉
イタリアのフランシスコ会原会則派会員，教会法学者。
⇒新カト（フェラーリス　?–1763頃）

Ferraro, Marco〈16・17世紀〉
キリシタン時代のイエズス会員。イタリアのカ

タンザーロ生まれ。
⇒新カト（フェラーロ　1554–1628.10.18）

Ferrata, Domenico〈19・20世紀〉
イタリアの枢機卿。
⇒新カト（フェラータ　1847.3.4–1914.10.10）

Ferrein, Antoine Aesculape〈17・18世紀〉
フランスの解剖学者。腎臓の微細構造についての発見や涙腺の研究に名を残している。
⇒岩世人（フェラン　1693.10.25–1769.2.28）

Ferreira, Christóvão〈16・17世紀〉
ポルトガルのイエズス会司祭。1600年来日して布教にあたるがのちに転向。
⇒岩世人（フェレイラ　1580頃–1650.11.4）
　ネーム（フェレイラ　1580–1652）
　広辞7（フェレイラ　1580–1650）
　新カト（フェレイラ　1580頃–1650.11.4）

Ferreira, Manuel〈18世紀〉
スペインの作曲家。
⇒バロ（フェッレイラ, マヌエル　1725頃?–1797）

Ferrel, William〈19世紀〉
アメリカの気象学者。
⇒岩世人（フェレル　1817.1.29–1891.9.18）

Ferréol, Jean-Joseph〈19世紀〉
第3代朝鮮代牧, パリ外国宣教会員。フランスのキュキュロン生まれ。
⇒新カト（フェレオール　1808.12.27–1853.2.3）

Ferreolus〈3・4世紀〉
殉教者, 聖人。
⇒図聖（フェレオルス　?–306）

Ferrer Guardia, Francisco〈19・20世紀〉
スペインの革命家, 教育者。
⇒岩世人（フェレール　1859.1.10–1909.10.13）

Ferretti, Giovanni〈16・17世紀〉
イタリアの作曲家。
⇒バロ（フェッレッティ, ジョヴァンニ　1540頃–1609以降）

Ferretti, Jacopo〈18・19世紀〉
イタリアの台本作家。
⇒オペラ（フェルレッティ, ヤコボ　1784–1852）

Ferri, Baldassarre〈17世紀〉
イタリアのカストラート歌手。
⇒オペラ（フェルリ, バルダッサルレ　1610–1680）

Ferri, Enrico〈19・20世紀〉
イタリアの刑法学者, 政治家。『イタリア刑法草案』の作成者。
⇒岩世人（フェッリ　1856.2.25–1929.4.12）
　学叢思（フェルリ, エンリコ　1856–?）

Ferri, Luigi〈19世紀〉
イタリアの哲学者。
⇒岩世人（フェッリ　1826.6.15–1895.3.17）

Ferrier, James Frederick〈19世紀〉
スコットランドの哲学者。主著 "Institutes of metaphysics"（54）。
⇒岩世人（フェリアー　1808.6.16–1864.6.11）

Ferrier, Jean〈17世紀〉
フランスの神学者, イエズス会員。
⇒新カト（フェリエ　1614.1.20–1674.10.29）

Ferrier, Joseph-Bernard〈19・20世紀〉
フランスの宣教師。
⇒岩世人（フェリエ　1856.8.10–1919.1.26）

Ferrier, Susan Edmonstone〈18・19世紀〉
イギリスの女性作家。小説『結婚』『遺産相続』などが代表作。
⇒岩世人（フェリアー　1782.9.7–1854.11.5）

Ferrière, Adolphe〈19・20世紀〉
スイスの教育家。子供の自発活動を重んじ, 自由な「活動学校」を提唱。
⇒岩世人（フェリエール　1879.8.30–1960.6.16）

Ferrini, Contardo〈19・20世紀〉
イタリアの法学者。ビザンティン法および中世の法学を専攻し, イタリア法学に新生面を開いた。
⇒新カト（フェリーニ　1859.4.4–1902.10.17）

Ferris, Albert Sayles〈19・20世紀〉
アメリカのメジャーリーガー。
⇒メジャ（ホービー・フェリス　1874.12.7–1938.3.18）

Ferrizuel, Joseph ha-Nasi〈12世紀〉
レオン・カスティーリャ王国アルフォンソVI世の主治医兼宮廷相談役。
⇒ユ著人（Ferrizuel, Joseph ha-Nasi　フェリスエル, ヨセフ・ハ＝ナスィー　?–1145?）

Ferro, Marc-Antonio〈17世紀〉
イタリアの作曲家。
⇒バロ（フェッロ, マルク・アントーニオ　1600頃–1662）

Ferro, Scipione Dal〈15・16世紀〉
イタリアの数学者。
⇒世数（フェッロ, シピオーネ・ダル　1465–1526）

Ferronati, Lodovico〈18世紀〉
イタリアの作曲家。
⇒バロ（フェッロナーティ, ロドヴィーコ　1700頃–1760頃?）

Ferry, Jules François Camille〈19世紀〉
フランスの政治家, 弁護士。文相, 首相, 外相な

どを歴任。
⇒岩世人（フェリー　1832.4.5-1893.3.17）
19仏（ジュール・フェリー　1832.4.5-1893.3.17）
Ferry, Paul〈16・17世紀〉
フランスのプロテスタント神学者。
⇒新カト（フェリー　1591.2.24-1669.12.28）
Fersen, Fredrik Axel von〈18世紀〉
スウェーデンの貴族、軍人。
⇒岩世人（フェシェン　1719.4.5-1794.4.24）
Fesca, Max〈19・20世紀〉
ドイツの農学者。
⇒岩世人（フェスカ　1846.3.31-1917.10.31）
Fesch, Joseph〈18・19世紀〉
フランスの枢機卿。ナポレオン皇帝の聖別のため教皇ピウス7世のパリ招聘に尽力。
⇒新カト（フェシュ　1763.1.3-1839.5.13）
Fessenden, Reginald Aubrey〈19・20世紀〉
アメリカの物理学者、無線工学者。高周波交流発電機・電解検波器・ヘテロダイン受信方式を発明。
⇒岩世人（フェッセンデン　1866.10.6-1932.7.22）
Fessler, Joseph〈19世紀〉
オーストリアの神学者、教父学者。
⇒新カト（フェスラー　1813.12.2-1872.4.25）
Festa, Costanzo〈15・16世紀〉
イタリアの作曲家、歌手。17年から死まで聖ピエトロの教皇礼拝堂歌手をつとめた。
⇒バロ（フェスタ、コスタンツォ　1490-1545.4.10）
Festa, Sebastiano〈15・16世紀〉
イタリアの作曲家。
⇒バロ（フェスタ、セバスティアーノ　1485頃-1524.7.3）
Festing, Michael Christian〈18世紀〉
イギリスのヴァイオリン奏者、作曲家。
⇒バロ（フェスティング、マイケル・クリスティアン　1700頃?-1752.7.24）
Festus〈1世紀〉
ポルキウス・フェストゥス、紀元60〜62年のユダヤ総督（知事）（使徒言行録）。
⇒岩世人（フェストゥス）
新カト（フェストゥス）
Festus, Sextus Pompeius〈2世紀頃〉
ローマの文法学者。
⇒岩世人（フェストゥス）
Fet, Afanasii Afanas'evich〈19世紀〉
ロシアの詩人。代表作に『抒情的パンテオン』（40）がある。
⇒岩世人（フェート　1820.11.23-1892.11.21）

広辞7（フェート　1820-1892）
Fétis, François Joseph〈18・19世紀〉
ベルギーの作曲家、音楽学者。
⇒岩世人（フェティス（フェティ）　1784.3.25-1871.3.26）
新カト（フェティス　1784.3.25-1871.3.26）
Fetter, Frank Albert〈19・20世紀〉
アメリカの経済学者。主意心理学の立場から限界理論を批判。
⇒岩世人（フェッター　1863.3.8-1949.3.21）
学叢思（フェッター、フランク・アルバート　1863-?）
Fetti, Domenico〈16・17世紀〉
イタリアの画家。マントバの宮廷画家であった。
⇒岩世人（フェッティ　1589-1624.4.16）
芸13（フェティ、ドメニコ　1589頃-1624）
Feuardent, François〈16・17世紀〉
フランスの教父学者、フランシスコ会原始会則派修道士。
⇒新カト（フアルダン　1539-1610.1.7）
Feuchtersleben, Ernst, Freiherr von〈19世紀〉
オーストリアの医師。精神身体医学の始祖の一人とされる。
⇒岩世人（フォイヒテルスレーベン　1806.4.29-1849.9.3）
Feuchtmayer, Johann Michael〈18世紀〉
ドイツの彫刻家。各地の教会のスタッコ天井に彫刻を施した。
⇒岩世人（フォイヒトマイアー　1709-1772.6.4）
Feuerbach, Anselm Friedrich〈19世紀〉
ドイツの画家。ドイツ後期古典主義の代表。
⇒岩世人（フォイエルバッハ　1829.9.12-1880.1.4）
広辞7（フォイエルバッハ　1829-1880）
Feuerbach, Karl Wilhelm〈19世紀〉
ドイツの数学者。
⇒世数（フォイエルバッハ、カール・ヴィルヘルム　1800-1834）
Feuerbach, Ludwig Andreas〈19世紀〉
ドイツの唯物論哲学者。キリスト教批判で知られる。ヘーゲル哲学左派に属する。
⇒岩世人（フォイエルバッハ　1804.7.28-1872.9.13）
覚思（フォイエルバッハ　1804.7.28-1872.9.13）
覚思ス（フォイエルバッハ　1804.7.28-1872.9.13）
ネーム（フォイエルバッハ　1804-1872）
広辞7（フォイエルバッハ　1804-1872）
学叢思（フォイエルバッハ、ルドヴィヒ・アンドレアス　1804-1872）
新カト（フォイエルバハ　1804.7.28-1872.9.13）
図哲（フォイエルバッハ、ルートヴィヒ・A.　1804-1872）

世人新（フォイエルバッハ　1804–1872）
世人裝（フォイエルバッハ　1804–1872）
ポプ人（フォイエルバッハ, ルートウィヒ　1804–1872）
メル3（フォイエルバッハ, ルートヴィヒ＝アンドレアス　1804–1872）

Feuerbach, Paul Johann Anselm von〈18・19世紀〉
ドイツの刑法学者。罪刑法定主義の原則を明らかにし,『心理的強制・威嚇説』なる新刑法説をたてた。
⇒岩世人（フォイエルバッハ　1775.11.14–1833.5.29）
広辞7（フォイエルバッハ　1775–1833）
学叢思（フォイエルバッハ, ポール・ヨハン・アンゼルム・フォン　1775–1833）
新カト（フォイエルバハ　1775.11.14–1833.5.29）

Feuillade, Louis〈19・20世紀〉
フランスの映画監督。トリック映画・連続映画・シネ-ロマン等を確立。
⇒岩世人（フイヤード　1873.2.19–1925.2.26）

Feuillet, Octave〈19世紀〉
フランスの小説家, 劇作家。『貧しい青年の物語』(57)。
⇒岩世人（フイエ　1821.8.11–1890.12.29）
新カト（フイエ　1821.8.11–1890.12.29）

Feuillet, Raoul-Auger〈17・18世紀〉
フランスの舞踏教師, 振付家, 著述家。
⇒岩世人（フイエ　1660頃–1710.6.14）
バレエ（フイエ, ラウール＝オージェ　1660頃–1710.6.14）

Féval, Paul Henri-Corentin〈19世紀〉
フランスの小説家, 劇作家。
⇒岩世人（フェヴァル　1816.9.29–1887.3.7）
新カト（フェヴァル　1816.9.29–1887.3.8）

Févin, Antoine de〈15・16世紀〉
フランスの作曲家。晩年はルイ12世に歌手として仕えていた。
⇒バロ（フェヴァン, アントワーヌ・ド　1473–1511.12/1512.1）

Févin, Robert de〈15・16世紀〉
フランスの作曲家。
⇒バロ（フェヴァン, ロベール・ド　1470頃?–1520頃?）

Février, Pierre II〈17・18世紀〉
フランスの作曲家。
⇒バロ（フェヴリエ, ピエール2世　1696.3.21–1762–1779）

Fey, Klara〈19世紀〉
ドイツの「貧しき子イエス女子修道会」の創設者。
⇒新カト（ファイ　1815.4.11–1894.5.8）

Feydeau, Georges〈19・20世紀〉
フランスの劇作家。小説家E.フェドーの子。『婦人服仕立屋』(87)が評判となった。
⇒岩世人（フェドー　1862.12.8–1921.6.5）

Feydeau, Mathieu〈17世紀〉
フランスの司祭。
⇒新カト（フェドー　1616.7.29–1694.7.24）

Fiacre〈7世紀〉
隠世修道士。聖人。
⇒新カト（フィアクリウス　?–670頃）
図聖（フィアクリウス　610–670）

Fiala, Joseph〈18・19世紀〉
チェコの作曲家。
⇒バロ（フィアラ, ヨーゼフ　1748.2.3?–1816.7.31）

Fibich, Zdeněk〈19世紀〉
チェコスロヴァキアの作曲家。プラーハ市ベーメン（ボヘミア）国民劇場歌劇顧問(99〜)。
⇒岩世人（フィービヒ　1850.12.21–1900.10.15）

Fibiger, Johannes Andreas Grib〈19・20世紀〉
デンマークの病理学者。人工的に胃癌をつくることに成功し,1926年ノーベル生理・医学賞を受けた。
⇒岩世人（フィービガ(慣フィービゲル)　1867.4.23–1928.1.30）

Fibiger, Mathilde〈19世紀〉
デンマークの作家。
⇒新カト（フィービガ　1830.12.13–1872.6.17）

Fibonacci, Leonardo〈12・13世紀〉
イタリアの数学者。
⇒岩世人（レオナルド・ピサーノ　1180頃–1250頃）
ネーム（フィボナッチ　1180?–1250?）
広辞7（フィボナッチ　1170頃–1250頃）
世数（フィボナッチ（またはピサのレオナルド）　1180頃–1250頃）

Fichte, Immanuel Hermann〈18・19世紀〉
ドイツの哲学者。ヘーゲル哲学と唯物論とに反対して唯心論的実在論, 有神論, 霊魂学としての人間論を主張。
⇒岩世人（フィヒテ　1796.7.18–1879.8.8）
学叢思（フィヒテ, インマヌエル・ヘルマン　1797–1879）
新カト（フィヒテ　1798.7.18–1879.8.8）

Fichte, Johann Gottlieb〈18・19世紀〉
ドイツの哲学者。ドイツ観念論の代表者の一人。
⇒岩世人（フィヒテ　1762.5.19–1814.1.27/29）
ネーム（フィヒテ　1762–1814）
広辞7（フィヒテ　1762–1814）
学叢思（フィヒテ, ヨハン・ゴットリープ　1762–1814）
新カト（フィヒテ　1762.5.19–1814.1.27）

図哲（フィヒテ, ヨハン・ゴットリープ 1762–1814）
世人新（フィヒテ 1762–1814）
世人裝（フィヒテ 1762–1814）
世史語（フィヒテ 1762–1814）
世史語（フィヒテ 1762–1814）
ポプ人（フィヒテ, ヨハン・ゴットリープ 1762–1814）
メル2（フィヒテ, ヨハン・ゴットリープ 1762–1814）

Ficino, Marsilio〈15世紀〉
イタリアのプラトン主義哲学者。フィレンツェ・アカデミーの中心人物。
⇒バロ（フィチーノ, マルシリオ 1433–1499）
岩世人（フィチーノ 1433.10.19–1499.10.1）
広辞7（フィチーノ 1433–1499）
学叢思（フィチーノ, マルシリオ 1433–1499）
新カト（フィチーノ 1433.10.19–1499.10.1）
メル1（フィチーノ, マルシリオ 1433–1499）

Fick, Adolf Eugen〈19・20世紀〉
ドイツの生理学者。筋動作と熱発生, 視覚生理, 血液循環などに関する業績が多い。
⇒岩世人（フィック 1829.9.3–1901.8.21）

Fick, August〈19・20世紀〉
ドイツの言語学者。インド=ヨーロッパ諸言語の語源学研究に従事。
⇒岩世人（フィック 1833.5.5–1916.3.24）

Ficker, Julius von〈19・20世紀〉
ドイツの歴史家, 法律家。中世のカトリック的, 大ドイツ主義的皇帝政策を擁護したことで有名。
⇒岩世人（フィッカー 1826.4.30–1902.7.10）

Fidelis〈16・17世紀〉
聖人, 殉教者, 説教者, 修道院長。祝日4月24日。カプチン・フランシスコ修道会会員。ジークマリンゲン生まれ。
⇒新カト（フィデリス〔ジークマリンゲンの〕1578.9/10–1622.4.24）
図聖（フィデリス（ジークマリンゲンの） 1578–1622）

Fidelis〈19世紀〉
イタリアの神学者, フランシスコ会員。
⇒新カト（フィデリス〔ファンナの〕 1838.12.24–1881.8.17）

Fides〈2世紀〉
殉教者の女性。聖人。祝日8月1日, ギリシア正教会では9月17日。東方教会ではギリシア語でピスティスと呼ばれる。
⇒新カト（フィデス, スペスとカリタス）
図聖（ソフィアと3人の娘 ?–130頃）

Fiedler, Konrad Adolf〈19世紀〉
ドイツの芸術学者。主著『芸術的活動の起源について』(87)。
⇒岩世人（フィードラー 1841.9.23–1895.6.13）
広辞7（フィードラー 1841–1895）

学叢思（フィードレル, コンラッド・アドルフ 1841–1895）

Field, David Dudly〈19世紀〉
アメリカの法律家。
⇒岩世人（フィールド 1805.2.13–1894.4.13）

Field, John〈18・19世紀〉
アイルランドのピアノ奏者, 作曲家。
⇒岩世人（フィールド 1782.7.26?–1837.1.23）
エデ（フィールド, ジョン 1782.7.26–1837.1.23）
ピ曲改（フィールド, ジョン 1782–1837）

Field, Joshua〈18・19世紀〉
イギリスの土木技術者。
⇒岩世人（フィールド 1786–1863.8.11）

Fielde, Adele Marion〈19・20世紀〉
アメリカの宣教師。
⇒アア歴（Fielde, Adele M(arion) アデル・マリオン・フィールド 1839.3.30–1916.2.3）

Fielding, Anthony Vandyke Copley〈18・19世紀〉
イギリスの水彩画家。特に海景画に長じ, 空間表現の効果に功みであった。
⇒岩世人（フィールディング 1787.11.22–1855.3.3）

Fielding, Henry〈18世紀〉
イギリスの小説家, 劇作家。代表作『捨児トム・ジョーンズの物語』(49)などの作品がある。
⇒岩世人（フィールディング 1707.4.22–1754.10.8）
広辞7（フィールディング 1707–1754）
新カト（フィールディング 1707.4.22–1754.10.8）

Fielding, Sarah〈18世紀〉
イギリスの女流小説家。H.フィールディングの妹。
⇒岩世人（フィールディング 1710.11.8–1768.4.9）

Fields, James Thomas〈19世紀〉
アメリカの出版業者, 伝記作家, 詩人。
⇒岩世人（フィールズ 1817.12.31–1881.4.24）

Fields, John Charles〈19・20世紀〉
カナダの数学者, 教育家。
⇒世数（フィールズ, ジョン・チャールズ 1863–1932）

Fields, W.C.〈19・20世紀〉
アメリカの映画俳優。30年代の代表的なコメディアンとして主演作は多い。
⇒現アカ（Fields, W.C. W.C.フィールズ 1880–1946）

Fighānī Shīrāzī, Bābā〈15・16世紀〉
イランにおけるサファヴィー朝初期の古典派詩人。
⇒岩世人（フィガーニー・シーラーズィー ?–1519）

Figner, Nikolaj〈19・20世紀〉
テノール歌手。ペテルブルク人民オペラ芸術監督。教師。
⇒魅惑（Figner,Nikolaj　1857–1918）

Figner, Vera Nikolayevna〈19・20世紀〉
ロシアの女性革命家。
⇒岩世人（フィグネル　1852.6.25/7.7–1942.6.15）

Figueiredo, Melchior de〈16世紀〉
ポルトガルのイエズス会宣教師。来日し(64)、口ノ津、島原、豊後府内で布教した。
⇒岩世人（フィゲイレド　1528頃–1597.7.3）
　新カト（フィゲイレド　1530–1597.7.3）

Figueiredo, Thomas de〈16・17世紀〉
イエズス会の日本人修道士（イルマン）。平戸近くの生月島出身。
⇒新カト（フィゲイレド　?–1621/1624頃）

Figueras i de Moragas, Estanislau〈19世紀〉
スペイン、カタルーニャ地方の政治家。
⇒岩世人（フィゲラス　1819.11.13–1882.11.11）

Figuier, Louis〈19世紀〉
フランスの作家。
⇒19仏（ルイ・フィギエ　1819.2.15–1894.11.8）

Figulus, Wolfgang〈16世紀〉
ドイツの作曲家。
⇒バロ（フィーグルス、ウォルフガング　1525頃–1589.9頃?）

Figurey, Ernest〈19・20世紀〉
フランスのジャーナリスト、作家。
⇒19仏（エルネスト・フィギュレ　1836.8.19–1903）

Filangieri, Carlo〈18・19世紀〉
ナポリの軍人、政治家。両シチリア王国の首相となるがナポリの革命により亡命。
⇒岩世人（フィランジェーリ　1784.5.10–1867.10.14）

Filangieri, Gaetano〈18世紀〉
イタリアの法学者。
⇒岩世人（フィランジェーリ　1752.8.18–1788.7.21）

Filaret〈16・17世紀〉
ロシア皇帝ミハイルの父、モスクワ総主教。皇帝を助け、租税体系の整備、などを推進。
⇒岩世人（フィラレート　1553頃–1633.10.1）
　新カト（フィラレート　1553/1554–1633.10.1）

Filaret〈18・19世紀〉
ロシアの聖職者。
⇒岩世人（フィラレート　1783.12.26–1867.11.19）
　新カト（フィラレート　1783.1.6–1867.12.1）

Filarete, Antonio〈15世紀〉
イタリアのルネサンスの彫刻家、建築家。ローマの聖ペテロ聖堂の青銅扉の浮彫りを製作。
⇒岩世人（フィラレーテ　1400頃–1469頃）
　芸13（フィラレテ　1400頃–1469）

Filastrius〈4世紀〉
教会著述家、イタリア北部ブレッシアの司教。在職381頃～397頃。聖人。祝日7月18日。
⇒新カト（フィラストリウス〔ブレッシアの〕　?–397頃）

Filatov, Nil Fëdorovich〈19・20世紀〉
ロシアの小児科医。著書『小児伝染病講義』はドイツ語をはじめ数カ国語に訳され著名。
⇒岩世人（フィラートフ　1847.4.4–1902.1.26）

Filatov, Vladimir Petrovich〈19・20世紀〉
ソ連の眼科医。角膜移植法を完成。
⇒岩世人（フィラートフ　1875.2.15/27–1956.2.28）

Filchner, Wilhelm〈19・20世紀〉
ドイツの探検家。南極大陸を探検し、フィルヒナー棚氷を発見。
⇒岩世人（フィルヒナー　1877.9.13–1957.5.7）

Filelfo, Francesco〈14・15世紀〉
イタリアの詩人。メディチ家のコジモとの対立で有名。
⇒岩世人（フィレルフォ　1398.7.25–1481.7.31）

Filesac, Jean〈16・17世紀〉
フランスのカトリック神学者。
⇒新カト（フィルサック　1556–1638.5.27）

Filippi, Filippo〈19世紀〉
イタリアの批評家。
⇒オペラ（フィリッピ、フィリッポ　1830–1887）

Filippi, Gaspare〈17世紀〉
イタリアの作曲家。
⇒バロ（フィリッピ、ガスパーレ　1600頃?–1655.7.23）

Filippini, Lucia〈17・18世紀〉
イタリアの聖人、フィリッピーニ教職修道女会の創立者。祝日3月25日。
⇒新カト（ルチア・フィリッピーニ　1672.1.13–1732.3.25）

Filippo Neri〈16世紀〉
オラトリオ会の創立者。聖人。祝日5月26日。「ローマの使徒」と称される。
⇒新カト（フィリッポ・ネリ　1515.7.21–1595.5.26）

Fillmore, Millard〈18・19世紀〉
アメリカ合衆国第13代大統領。東部と西部の調和と統一に力を注いだ。
⇒アメ新（フィルモア　1800–1874）
　岩世人（フィルモア　1800.1.7–1874.3.8）

ネーム（フィルモア 1800–1874）

Fillol, Théoxène Roque de〈19世紀〉
フランスの政治家。
⇒19仏（テオクセーヌ・ロック・ド・フィヨル 1824.4.11–1889.9.10）

Filmer, Edward〈16・17世紀〉
イギリスの作曲家。
⇒バロ（フィルマー, エドワード 1589/1590–1650）

Filmer, Sir Robert〈16・17世紀〉
イギリスの政治思想家。熱烈な国王至上主義者としてナイトの称号を授けられた。
⇒岩世人（フィルマー 1588–1653.5.26）
学叢思（フィルマー, サー・ロバート 1604–1653）
世人新（フィルマー 1588頃–1653）
世人装（フィルマー 1588頃–1653）

Filofei〈16世紀〉
ロシアの修道者。
⇒岩世人（フィロフェイ 16世紀）

Filon, Louis Napoleon George〈19・20世紀〉
イギリスの応用数学者, 工学者。数学, 弾性学, 流体力学を研究。
⇒岩世人（ファイロン 1875.11.22–1937.12.29）

Filtz, Johann Anton〈18世紀〉
ドイツの作曲家, チェロ奏者。交響曲, 協奏曲, 室内楽曲など多くを残した。
⇒バロ（フィルツ, ヨハン・アントーン 1733.9.22–1760.3.14）

Fina〈13世紀〉
聖人。祝日3月12日。サン・ジミニャーノの守護聖人。
⇒新カト（フィナ 1238–1253.3.12）

Finan〈7世紀〉
イギリスのリンディスファーンの司教, 聖人。
⇒新カト（フィナン〔リンディスファーンの〕 ?–661.8.31）

Finan Cam〈6世紀〉
アイルランドの聖人, 修道院長。祝日4月7日。
⇒新カト（フィナン・カム 6世紀）

Finazzi, Filippo〈18世紀〉
イタリアの作曲家。
⇒バロ（フィナッツィ, フィリッポ 1706頃–1776.4.21）

Finch, Alfred William〈19・20世紀〉
ベルギー出身の画家, 陶芸家。
⇒岩世人（フィンチ 1854.11.28–1930.4.28）

Finck, Franz Nikolaus〈19・20世紀〉
ドイツの言語学者。言語類型学の研究で著名。主著『言語構造の主要類型』(10) がある。
⇒岩世人（フィンク 1867.6.26–1910.5.4）

Finck, Heinrich〈15・16世紀〉
ドイツの作曲家。
⇒バロ（フィンク, ハインリヒ 1444/1445–1527.6.9）
新カト（フィンク 1444/1445–1527.6.9）

Finck, Hermann〈16世紀〉
ドイツの作曲家, オルガン奏者, 著述家。主著『実践的音楽』(56) がある。
⇒バロ（フィンク, ヘルマン 1527.3.21–1558.12.28）

Finck, Wolfgang〈15・16世紀〉
ドイツの作曲家。
⇒バロ（フィンク, ウォルフガング 1490頃?–1540頃?）

Findlay, Joseph John〈19・20世紀〉
イギリスの社会学者。
⇒学叢思（フィンドレー, ジョセフ・ジョン 1860–?）

Finetti, Giacomo〈16・17世紀〉
イタリアの作曲家。
⇒バロ（フィネッティ, ジャーコモ 1570頃?–1631）

Fingal
スコットランドのケルト系伝承の主人公。
⇒岩世人（フィンガル）

Finger, Gottfried〈17・18世紀〉
モラヴィアの作曲家。
⇒バロ（フィンガー, ゴットフリート 1660頃?–1730.8.31）

Fink, Mike〈18・19世紀〉
アメリカの伝説的英雄。豪放で腕力が強く射撃の名手として知られ,「ほら話」の主人公となった。
⇒アメ新（フィンク 1770頃–1822頃）
岩世人（フィンク 1770-1780–1823頃）

Finke, Heinrich〈19・20世紀〉
ドイツの歴史家。中世後期の歴史に精しく, 研究には特にスペインの古文書を新史料として用いた。
⇒岩世人（フィンケ 1855.6.13–1938.12.19）
新カト（フィンケ 1855.6.14–1938.12.19）

Finkel, Nathan Tzevi ben Moses〈19・20世紀〉
ユダヤ教学者。
⇒ユ著人（Finkel,Nathan Tzevi ben Moses フィンケル, ナタン・ツヴィ・ベン・モーゼス 1849–1927）

Finlay, Carlos Juan〈19・20世紀頃〉
キューバの医師, 伝染病学者。
⇒岩世人（フィンレイ 1833.12.3–1915.8.21）

Finlay, George〈18・19世紀〉
イギリスの歴史家。アッティカに住んで, ギリ

シア史を研究。
⇒岩世人（フィンレイ　1799.12.21–1875.1.26）

Finley, James〈18・19世紀〉
アメリカの土木技師。
⇒岩世人（フィンリー　1762–1828）

Finley, Martha〈19・20世紀〉
アメリカの児童文学作家。
⇒岩世人（フィンリー　1828.4.26–1909.1.30）

Finney, Charles Grandison〈18・19世紀〉
アメリカの神学者，教育家。都市化した東部に西部開拓地の宗教を持ち込んだ福音主義者。
⇒岩世人（フィニー　1792.8.29–1875.8.16）

Finnian (Clonard)〈6世紀〉
アイルランドの修道院長。
⇒新カト（フィニアン〔クロナードの〕　?–549頃）

Finot, Louis〈19・20世紀〉
フランスの東洋学者。
⇒岩世人（フィノー　1864.7.20–1935.5.16）

Finsen, Niels Ryberg〈19・20世紀〉
デンマークの医師。1903年痘瘡の光線療法の功績によりノーベル生理・医学賞を受賞。
⇒岩世人（フィンセン　1860.12.15–1904.9.24）

Finsterwalder, Sebastian〈19・20世紀〉
ドイツの数学者，測地学者。写真測量に関し幅射三角測量法の創始，氷河の測量等がある。
⇒岩世人（フィンスターヴァルダー　1862.10.4–1951.12.2）

Fintan
アイルランドで，大洪水の後，ただ一人生き残った人間。
⇒ネーム（フィンタン）

Fintan〈6・7世紀〉
アイルランド出身の聖人。タグモンのフィンタンと呼ばれる。祝日10月21日。599年ウェックスフォード州タグモンに修道院を設立した。
⇒新カト（フィンタン　?–635）

Fintan〈9世紀〉
アイルランド出身の聖人。レイナウのフィンタンと呼ばれる。祝日11月15日。レンスター生まれ。
⇒新カト（フィンタン　?–879頃）

Fintan (Cloneenagh)〈6・7世紀〉
アイルランドの修道院長，聖人。
⇒新カト（フィンタン　?–603）

Fiocco, Jean-Joseph〈17・18世紀〉
イタリア系のベルギーの作曲家。
⇒バロ（フィオッコ，ジャン・ジョゼフ　1686.12.15–1746.3.30）

Fiocco, Joseph-Hector〈18世紀〉
イタリア系のベルギーの作曲家，ヴァイオリン奏者。
⇒バロ（フィオッコ，ジョゼフ・エクトール　1703.1.20–1741.6.22）

Fiocco, Pierre-Antoine〈17・18世紀〉
イタリア系のベルギーの作曲家。
⇒バロ（フィオッコ，ピエトロ・アントーニオ　1654–1714.9.3）

Fiocre, Eugénie〈19・20世紀〉
フランスのダンサー。
⇒バレエ（フィオクル，ウージェニー　1845.7.2–1908）

Fionn McCool
アイルランドのケルト系伝承の英雄。
⇒岩世人（フィン・マク・クウィル）
　ネーム（フィン・マックール）

Fiorè, Andrea Stefano〈17・18世紀〉
イタリアの作曲家。
⇒バロ（フィオレ，アンドレーア・ステファノ　1686–1732.10.6）

Fiorentino, Perino〈16世紀〉
イタリアの作曲家。
⇒バロ（フィオレンティーノ，ペリーノ　1523–1552）

Fiorenza, Nicola〈18世紀〉
イタリアの作曲家。
⇒バロ（フィオレンツァ，ニコラ　1700頃?–1764.4.13）

Fiorillo, Fedeligo〈18・19世紀〉
イタリアのヴァイオリン奏者，作曲家。
⇒バロ（フィオリッロ，フェデリーゴ　1755.6.1–1823以降）

Fiorillo, Ignazio〈18世紀〉
イタリアの作曲家。
⇒バロ（フィオリッロ，イニャツィオ　1715.5.11–1787.6?）

Fiorino, Gasparo〈16世紀〉
イタリアの作曲家。
⇒バロ（フィオリーノ，ガスパロ　1530頃?–1574以降）

Fioroni, Giovannni Andrea〈18世紀〉
イタリアの作曲家。
⇒バロ（フィオローニ，ジョヴァンニ・アンドレーア　1704頃–1778.12.14/19）

Firdausī, Abū al-Qāsim〈10・11世紀〉
ペルシアの民族叙事詩人。6万句の大民族叙事詩『王書』を書いた。
⇒岩世人（フィルダウスィー　934/932-941-1025-1026）
　ネーム（フィルダウシー　934–1025）
　広辞7（フィルダウシー　934頃–1025頃）

世人新（フィルドゥシー 934頃–1020/1025）
世人装（フィルドゥシー 934頃–1020/1025）
世史語（フィルドゥシー 940頃–1025）
ポプ人（フィルドゥーシー 934?–1025?）

Firenzuola, Agnolo〈15・16世紀〉
イタリアの文学者。洗練された文体で有名。
⇒岩世人（フィレンツオーラ 1493.9.18–1543.6.17）

Firishtah, Qāsim Hindū Shāh〈16・17世紀〉
インドの宮廷史家。『フィリシタの歴史』を著した。
⇒南ア新（フィリシュタ 1570?–1612）

Firkovitsch, Abraham Even Reshef〈18・19世紀〉
カライム派のリーダー。
⇒ユ著人（Firkovitsch,Abraham Even Reshef フィルコビッチ，アブラハム・エブン・ラシェフ 1786–1874）

Firmicus Maternus, Julius〈4世紀〉
シラクサ出身のローマの著述家。天文学の教科書『学習』で有名。
⇒岩世人（フィルミクス・マテルヌス・ユリウス（小） ?–350以降）
　新カト（フィルミクス・マテルヌス ?–350頃）

Firmilianos〈3世紀〉
カッパドキアのカイサレイアの司教。在職230頃～268。
⇒新カト（フィルミリアノス ?–268）

Firminus von Amiens〈3世紀〉
司教，殉教者，聖人。
⇒図聖（フィルミヌス（アミアンの） ?–290/300）

Fīrūz Shāh〈14世紀〉
インドのトゥグルク朝第3代王。在位1351～88。
⇒岩世人（フィールーズ・シャー・トゥグルク 1307/1308–1388.9.20）
　広辞7（フィローズ・シャー （在位）1351–1388）
　南ア新（フィーローズ・シャー・トゥグルク ?–1388）

Fischart, Johann〈16世紀〉
ドイツの作家。F.ラブレーの『ガルガンチュア』を翻案した『奇想天外記』(75)が代表作。
⇒岩世人（フィッシャルト 1547頃–1590頃）

Fischer, Alois〈19・20世紀〉
ドイツの教育学者。心理学および社会学にも通じ，教育の事実を記述的立場から解明。
⇒岩世人（フィッシャー 1880.4.10–1937.11.23）

Fischer, Antonius Hubert〈19・20世紀〉
ケルン大司教，枢機卿。
⇒新カト（フィッシャー 1840.5.30–1912.7.30）

Fischer, Emil Hermann〈19・20世紀〉
ドイツの有機化学者。糖類およびプリンの合成でノーベル化学賞受賞（1902）。
⇒岩世人（フィッシャー 1852.10.9–1919.7.15）
　広辞7（フィッシャー 1852–1919）
　学叢思（フィッシャー，エミール 1852–1919）
　ノ物化（ヘルマン・エミール・フィッシャー 1852–1919）

Fischer, Emil Sigmund〈19・20世紀〉
アメリカの銀行家，旅行家。
⇒アア歴（Fischer,Emil S(igmund) エミール・シグマンド・フィッシャー 1865–1945.2.21）

Fischer, Engelbert Lorenz〈19・20世紀〉
ドイツの哲学者。
⇒岩世人（フィッシャー 1845.10.12–1923.1.17）
　学叢思（フィッシャー，エンゲルベルト・ローレンツ 1845–?）

Fischer, Ernst Sigismund〈19・20世紀〉
ドイツの数学者。
⇒世数（フィッシャー，エルンスト・シギスムント 1875–1954）

Fischer, Franz〈19・20世紀〉
ドイツの化学者。
⇒岩世人（フィッシャー 1877.3.19–1947.12.1）

Fischer, Hermann von〈19・20世紀〉
ドイツのゲルマン学者。
⇒岩世人（フィッシャー 1851.10.12–1920.10.30）

Fischer, Johann〈17・18世紀〉
ドイツの作曲家。
⇒バロ（フィッシャー，ヨハン 1646.9.25–1716/1717）

Fischer, Johann Caspar Ferdinand〈17・18世紀〉
ドイツの作曲家。
⇒バロ（フィッシャー，ヨハン・カルパル・フェルディナンド 1665頃–1746.8.27）
　岩世人（フィッシャー 1656.9.6–1746.8.27）
　新カト（フィッシャー 1656.9.6–1746.8.27）

Fischer, Johann Christian〈18世紀〉
ドイツのオーボエ奏者，作曲家。
⇒バロ（フィッシャー，ヨハン・クリスティアン 1733–1800.4.29）

Fischer, Johann Michael〈17・18世紀〉
ドイツのバロック建築家。教会建築家として（1724～66），32の教会堂，23の修道院を建立。
⇒岩世人（フィッシャー 1692.2.18–1766.5.6）
　新カト（フィッシャー 1692.2.18–1766.5.6）

Fischer, Karl Philipp〈19世紀〉
ドイツの哲学者。ヘーゲル主義者。
⇒岩世人（フィッシャー 1807.3.5–1885.2.25）
　新カト（フィッシャー 1807.3.5–1885.2.25）

Fischer, Kuno〈19・20世紀〉
ドイツの哲学者, 哲学史家。ヘーゲル学派の中央派に属する。
⇒岩世人（フィッシャー　1824.7.23–1907.7.5）
　学叢思（フィッシャー, クーノー　1824–1908）
　新カト（フィッシャー　1824.7.23–1907.7.5）

Fischer, Samuel von〈19・20世紀〉
ドイツの出版業者。フランクフルト（マイン河畔）にフィッシャー書店を設けた（1886）。
⇒岩世人（フィッシャー　1859.12.24–1934.10.15）
　ユ著人（Fischer,Samuel　フィッシャー, ザームエル　1859–1934）

Fischer, Theodor〈19・20世紀〉
ドイツの建築家。
⇒岩世人（フィッシャー　1862.5.28–1938.12.25）

Fischer von Erlach, Johann Bernhard〈17・18世紀〉
オーストリアの建築家。ウィーンの貴族や皇帝などのために制作。
⇒岩世人（フィッシャー・フォン・エルラッハ　1656.7.20–1723.4.5）
　新カト（フィッシャー・フォン・エルラハ　1656.7.20–1723.4.5）

Fischer von Erlach, Joseph Emanuel〈17・18世紀〉
オーストリアの建築家。広くヨーロッパを旅行し, 父の死後, 仕事を引継いだ。
⇒岩世人（フィッシャー・フォン・エルラッハ　1693.9.13–1742.6.29）

Fischietti, Domenico〈18・19世紀〉
イタリアの作曲家。
⇒バロ（フィスキエッティ, ドメニーコ　1725頃–1810以降）

Fischietti, Giovanni〈17・18世紀〉
イタリアの作曲家。
⇒バロ（フィスキエッティ, ジョヴァンニ　1692–1743）

Fish, Hamilton〈19世紀〉
アメリカの政治家。南北戦争後の米英関係の調整などに努めた。
⇒岩世人（フィッシュ　1808.8.3–1893.9.6）

Fisher, Galen M.〈19・20世紀〉
アメリカ出身の日本YMCA名誉主事。
⇒アア歴（Fisher,Galen Merriam　ゲイラン・メリアム・フィッシャー　1873.4.12–1955.1.2）
　岩世人（フィッシャー　1873.4.12–1955.1.2）

Fisher, Herbert Albert Laurens〈19・20世紀〉
イギリスの歴史家, 政治家。文相や国際連盟総会のイギリス代表を務めた。
⇒岩世人（フィッシャー　1865.3.21–1940.4.18）

Fisher, Irving〈19・20世紀〉
アメリカの経済学者, 統計学者。主著『価値と価格の理論の数学的研究』（92）。
⇒岩世人（フィッシャー　1867.2.27–1947.4.29）
　学叢思（フィッシャー, アーヴィング　1867–?）
　20思（フィッシャー, アーヴィング　1867–1947）

Fisher, John Abraham〈18・19世紀〉
イギリスの作曲家。
⇒バロ（フィッシャー, ジョン・エイブラハム　1744–1806）

Fisher, John Arbuthnot, 1st Baron〈19・20世紀〉
イギリスの軍人, 政治家。第1次世界大戦中海軍の積極的な攻撃を指導。
⇒岩世人（フィッシャー　1841.1.25–1920.7.10）

Fisher, Saint John〈15・16世紀〉
イギリスのカトリック司教, 枢機卿, 聖人。ルター派に反対し, 論戦に活躍。
⇒岩世人（フィッシャー　1459頃–1535.6.22）

Fisher, Welthy (Blakeslee) Honsinger〈19・20世紀〉
アメリカの宣教師教育者。
⇒アア歴（Fisher,Welthy (Blakeslee) Honsinger　ウェルシー・ブレイクスリー・ホンシンジャー・フィッシャー　1879.9.18–1980.12.17）

Fishta, Gjergj〈19・20世紀〉
アルバニアの詩人。フランシスコ会の神父で, 抒情詩人, 諷刺詩人, 劇作家として知られ『光の星』誌の刊行者。
⇒岩世人（フィシュタ　1871.10.23/11.5–1940.12.30）
　新カト（フィシュタ　1871.10.23–1940.12.30）

Fisk, James〈19世紀〉
アメリカの金融業者, 投機業者。
⇒岩世人（フィスク　1834.4.1–1872.1.7）

Fiske, John〈19・20世紀〉
アメリカの歴史家。科学と宗教の両立を説いた。
⇒岩世人（フィスク　1842.3.30–1901.7.4）
　メル3（フィスク, ジョン　1842–1901）

Fiske, Minnie Maddern〈19・20世紀〉
アメリカの女優。ハーディの『テス』（97）などを夫の演出によって演じた。
⇒岩世人（フィスク　1865.12.19–1932.2.15）

Fisscher, Johan Frederik Overmeer〈19世紀〉
オランダ出身の長崎商館筆者頭。
⇒岩世人（フィッセル（オーフルメール＝フィッセル）　1800.2.18–1848.10.23）

Fitch, Ralph〈16・17世紀〉
イギリスの商人, 旅行家。インド, ビルマ, シャムなどを旅行。

⇒岩世人（フィッチ　1550?-1611.10）

Fittig, Rudolf〈19・20世紀〉
ドイツの化学者。フィティヒ反応を発見。
⇒岩世人（フィッティヒ　1835.12.6-1910.11.19）

Fitting, Hermann Heinrich〈19・20世紀〉
ドイツの訴訟法学者。
⇒学叢思（フィッティング,ヘルマン・ハインリヒ　1831-?）

Fitting, Johannes〈19・20世紀〉
ドイツの植物学者。植物生理学を研究し,初めて植物ホルモンを発見した（1908）。
⇒岩世人（フィッティング　1877.4.23-1970.7.6）

Fitz, Reginald Heber〈19・20世紀〉
アメリカの医者。虫垂炎の病理および症候を記載し（1886）,虫垂炎の命名者であると言われる。
⇒岩世人（フィッツ　1843.5.5-1913.9.30）

Fitzgerald, *Lord* Edward〈18世紀〉
アイルランドの革命家。
⇒岩世人（フィッツジェラルド　1763.10.15-1798.6.4）

Fitzgerald, Edward〈19世紀〉
イギリスの詩人,翻訳家。『ルバイヤート』の翻訳で有名。
⇒岩世人（フィッツジェラルド　1809.3.31-1883.6.14）

Fitzgerald, George Francis〈19・20世紀〉
イギリスの物理学者。
⇒岩世人（フィッツジェラルド　1851.8.3-1901.2.22）

Fitzherbert, *Sir* Anthony〈15・16世紀〉
イギリスの法律家。
⇒岩世人（フィッツハーバート　1470-1538）

Fitzherbert, John〈16世紀〉
イギリスの農学者。『農書』（1523）を著す。
⇒岩世人（フィッツハーバート　?-1531）

Fitzjames, Louise〈19世紀〉
フランスのダンサー姉妹。
⇒バレエ（フィッツジャム姉妹　1809.12.10-?）

Fitzjames, Nathalie〈19世紀〉
フランスのダンサー姉妹。歌手,俳優。
⇒バレエ（フィッツジャム姉妹　1819-?）

Fitzralph, Richard〈13・14世紀〉
アイルランドのアーマー大司教,神学者。
⇒新カト（リカルドゥス・フィッツラルフ　1295頃-1360.11.16）

Fitzwilliam, William Wentworth,

2nd Earl〈18・19世紀〉
イギリスの政治家。ホイッグ主義のため反政府の立場にあった。
⇒岩世人（フィッツウィリアム　1748.5.30-1833.2.8）

Fiyanggū〈17・18世紀〉
中国,清初の武将。満州正白旗の人。三藩の乱に際して呉三桂の平定に活躍。
⇒岩世人（フィヤング　1645（順治2）-1701（康熙40））

Fizeau, Armand Hippolyte Louis〈19世紀〉
フランスの物理学者。光に関するドップラー効果について考察。
⇒岩世人（フィゾー　1819.9.23-1896.9.18）
　科史（フィゾー　1819-1896）
　物理（フィゾー,アルマン・イッポリート・ルイ　1819-1896）

Fjölnir〈前1・後1世紀〉
伝説的なスウェーデン王。
⇒ネーム（フィヨルニル　前1世紀-1世紀初頭）

Flacius Illyricus, Matthias〈16世紀〉
ドイツのルター派宗教改革者,教会史の開拓者。人間の自由意志の存在を否定。
⇒岩世人（フラキウス・イリリクス　1520.3.3-1575.3.11）
　新カト（フラキウス・イリリクス　1520.3.3-1575.3.11）

Flacton, William〈18世紀〉
イギリスの作曲家。
⇒バロ（フラクトン,ウィリアム　1709.3-1798.1.5）

Flajolet〈12世紀〉
フランスの作曲家。
⇒バロ（フラジョレ,?　1150頃?-1200頃?）

Flake, Otto〈19・20世紀〉
ドイツの小説家。『幸運の子』（46～48）や,30冊に及ぶ社会小説を著した。
⇒岩世人（フラーケ　1880.10.29-1963.11.10）

Flamininus, Titus Quinctius〈前3・2世紀〉
ローマの軍人,政治家。ギリシア人の自由を宣言,ギリシア人から救世主とたたえられた。
⇒岩世人（フラミニヌス　前229頃-前174）

Flaminius, Gaius〈前3世紀〉
ローマの政治家。ハンニバルに敗れて戦死。
⇒岩世人（フラミニウス　?-前217）

Flammarion, Ernest〈19・20世紀〉
フランスの出版者。
⇒19仏（エルネスト・フラマリオン　1846-1936）

Flammarion, Nicolas Camille〈19・20

世紀〉
フランスの天文学者。通俗的な天文学書を書き天文学を普及させた。
⇒岩世人（フラマリオン 1842.2.28-1925.6.7）
19仏（カミーユ・フラマリオン 1842.2.26-1925.6.3）

Flamsteed, John〈17・18世紀〉
イギリスの天文学者。ニュートンの月の運動理論の研究に資料を供給した。
⇒岩世人（フラムスティード 1646.8.19-1719.12.31）
ネーム（フラムスティード 1646-1719）

Flandrin, Hippolyte〈19世紀〉
フランスの画家。アカデミーの教授を勤め、各聖堂の壁画を制作。
⇒岩世人（フランドラン 1809.3.23-1864.3.21）
新カト（フランドラン 1809.3.23-1864.3.21）
芸13（フランドラン, イポリット 1809-1864）

Flandrus, Arnoldus〈16・17世紀〉
フランドルの作曲家。
⇒バロ（フィアメンゴ, アルノルド 1560頃?-1608以降）
バロ（フランドルス, アルノルドゥス 1560頃?-1608以降）

Flatt, Johann Friedrich von〈18・19世紀〉
ドイツのルター派神学者、哲学者。
⇒岩世人（フラット 1759.2.20-1821.11.24）

Flatt, Karl Christian von〈18・19世紀〉
ドイツのルター派神学者。
⇒岩世人（フラット 1772.8.18-1843.11.20）

Flattich, Johann Friedrich〈18世紀〉
ドイツの福音派の牧師、教育学者。宗教的な博愛主義思想から治療教育学の発展に尽力。
⇒岩世人（フラッティヒ 1713.10.3-1797.7.1）

Flaubert, Gustave〈19世紀〉
フランスの小説家。
⇒岩世人（フロベール 1821.12.12-1880.5.8）
ネーム（フロベール 1821-1880）
広辞7（フローベール 1821-1880）
学叢思（フロベル, ギュスターフ 1821-1880）
新カト（フロベール 1821.12.12-1880.5.8）
世人新（フロベール 1821-1880）
世人装（フロベール 1821-1880）
世史語（フロベール 1821-1880）
ポプ人（フローベール, ギュスターブ 1821-1880）

Flavianus〈3世紀〉
カルタゴで殉教した助祭。聖人。祝日2月24日。司教キプリアヌスに仕えていた。
⇒新カト（フラウィアヌス ?-259.5.25）

Flavianus〈6世紀〉
オータンの司教。聖人（500年頃, 祝日8月23日）。
⇒新カト（フラウィアヌス 500頃）

Flavianus, Virius Nicomachus〈4世紀〉
古代ローマの親衛隊長官。
⇒岩世人（ニコマクス・フラウィアヌス 334-394）

Flavio Biondo〈14・15世紀〉
イタリアの考古学者、歴史家。
⇒岩世人（フラヴィオ・ビオンド 1392-1463.6.4）
新カト（ブロンドゥス 1392.11/12-1463.6.4）
ルネ（フラヴィオ・ビオンド 1392-1463）

Flaxman, John〈18・19世紀〉
イギリスの彫刻家。イギリス古典主義彫刻の代表者の一人。
⇒岩世人（フラクスマン 1755.7.6-1826.12.7）
芸13（フラックスマン, ジョン 1755-1826）

Flecha, Fray Mateo, el Joven〈16・17世紀〉
スペインの詩人, 作曲家。
⇒バロ（フレーチャ, フライ・マテオ 1530-1604.2.20）

Flecha, Juan Mateo, el Viejo〈15・16世紀〉
スペインの作曲家。
⇒バロ（フレーチャ, フアン・マテオ 1481-1553）

Fléchier, Valentin Esprit〈17・18世紀〉
フランスの聖職者。説教者。
⇒岩世人（フレシエ 1632.6.10-1710.2.16）
新カト（フレシエ 1632.6.10-1710.1.16）

Flechsig, Paul Emil〈19・20世紀〉
ドイツの精神病医。
⇒岩世人（フレヒジヒ 1847.6.29-1929.7.22）

Fleckno, Richard〈17世紀〉
イギリスの作家。
⇒バロ（フレックノー, リチャード 1620頃?-1678頃）

Fleet, John Faithful〈19・20世紀〉
イギリスのインド学者。政府古文書係となり(83), インド史, 特に碑文研究に従事。
⇒岩世人（フリート 1847-1917.2.21）

Fleg (Flegenheimer), Edmond〈19・20世紀〉
フランスの作家。
⇒ユ人（フレッグ（フレゲンハイマー）, エドモン 1874-1963）
ユ著人（Fleg, Edmond フレグ, エドモン 1874-1963）

Fleischer, Friedrich Gottlob〈18・19世紀〉
ドイツの作曲家。
⇒バロ（フライシャー, フリードリヒ・ゴットロープ 1722.1.14-1806.4.4）

Flémal, Bertholet〈17世紀〉
フランドルの歴史画家。
⇒岩世人（フレマール　1614.5.23（受洗）-1675.7.10/18）

Fleming, Daniel Johnson〈19・20世紀〉
アメリカの宣教師教育者。
⇒アア歴（Fleming,Daniel Johnson　ダニエル・ジョンスン・フレミング　1877.1.30-1969.4.19）

Fleming, Sir John Ambrose〈19・20世紀〉
イギリスの電気技術者。1885年電磁現象におけるフレミングの法則を発見。1904年2極真空管を発明。
⇒岩世人（フレミング　1849.11.29-1945.4.18）
　広辞7（フレミング　1849-1945）
　物理（フレミング, サー・ジョン・アンブローズ　1849-1945）
　ポプ人（フレミング, ジョン・アンブローズ　1849-1945）

Fleming, Paul〈17世紀〉
ドイツの抒情詩人。『ドイツ詩集』(42)，『宗教および世俗詩集』(51)などがある。
⇒岩世人（フレミング　1609.10.5-1640.4.2）
　新カト（フレミング　1609.10.5-1640.4.2）

Fleming, Williamina Paton Stevens〈19・20世紀〉
スコットランド・アメリカの天文学者。
⇒科史（フレミング　1857-1911）
　物理（フレミング, ウィリアミーナ　1857-1911）

Flemming, Walther〈19・20世紀〉
ドイツの生物学者，解剖学者，細胞学者。
⇒岩世人（フレミング　1843.4.21-1905.8.4）

Flesch, Carl〈19・20世紀〉
ハンガリーのヴァイオリン奏者。欧米各国を巡演。
⇒岩世人（フレッシュ　1873.10.5-1944.11.15）
　ユ著人（Flesch,Carl　フレッシュ, カール　1873-1944）

Fletcher, John〈16・17世紀〉
イギリスの劇作家。1608年頃から国王一座の専属作者。
⇒岩世人（フレッチャー　1579.12-1625.8.29（埋葬））

Fletcher, John William〈18世紀〉
イギリスのプロテスタント神学者。メードリの貧しい教会の牧師となり，終生この地位に留った。
⇒岩世人（フレッチャー　1729.9.12-1785.8.14）
　新カト（フレッチャー　1729.9.11-1785.8.14）

Fleury, André Hercule de〈17・18世紀〉
フランスの枢機卿，政治家。首相兼枢機卿として財政の再建や平和の維持に努めた。

⇒岩世人（フルリ　1653.6.26-1743.1.29）
　新カト（フルーリ　1653.6.22-1743.1.29）

Fleury, Claude〈17・18世紀〉
フランスの教会史家。主著『教会史』(20巻，1691〜1720)。
⇒新カト（フルーリ　1640.12.6-1723.7.14）

Flexner, Abraham〈19・20世紀〉
アメリカの医学教育家。
⇒岩世人（フレクスナー　1866.11.13-1959.9.21）

Flexner, Bernard〈19・20世紀〉
アメリカのソシアルワーカー，シオニスト。
⇒ユ人（フレックスナー, バーナード　1865-1945）

Flexner, Simon〈19・20世紀〉
アメリカの病理学者。赤痢菌の一種のフレクスナー菌の発見などで知られる。
⇒岩世人（フレクスナー　1863.3.25-1946.5.2）

Flick, Elmer Harrison〈19・20世紀〉
アメリカの大リーグ選手（外野）。
⇒メジャ（エルマー・フリック　1876.1.11-1971.1.9）

Flinders, Matthew〈18・19世紀〉
イギリスの探検家。オーストラリアを探検し，これに「オーストラリア」なる名を附することを提案。
⇒岩世人（フリンダーズ　1774.3.16-1814.7.19）

Flint, Austin〈19世紀〉
アメリカの医師。心臓の雑音について初めて記載。
⇒岩世人（フリント　1812.10.20-1886.3.13）

Flint, Robert〈19・20世紀〉
スコットランドのプロテスタント神学者，哲学者。
⇒岩世人（フリント　1838.3.14-1910.11.25）
　学叢思（フリント, ロバート　1834-1910）

Flint, Timothy〈18・19世紀〉
アメリカの牧師，小説家，歴史家。西部文学の開拓者。
⇒岩世人（フリント　1780-1840）

Flügel, Gustav Lebrecht〈19世紀〉
ドイツの東洋学者。コーラン原典の編纂と索引作成で有名。
⇒岩世人（フリューゲル　1802.2.18-1870.7.5）

Flocon, Ferdinand〈18・19世紀〉
フランスのジャーナリスト，政治家。
⇒岩世人（フロコン　1800.11.1-1866.3.15）

Flodoard〈9・10世紀〉
フランスの歴史家。
⇒岩世人（フロドアール　894-966）
　新カト（フロドアルドゥス〔ランスの〕　894頃-966.3.28）

Floquet, Charles Thomas〈19世紀〉
フランスの政治家,弁護士。1888年首相。
⇒岩世人（フロケ　1828.10.2-1896.1.18)
　19仏（シャルル・フロケ　1828.10.5-1896.1.19)

Floquet, Étienne Joseph〈18世紀〉
フランスの作曲家。
⇒バロ（フロケ,エティエンヌ・ジョセフ　1748.11.23-1785.5.10)

Flor, Christian〈17世紀〉
ドイツの作曲家。
⇒バロ（フロール,クリスティアン　1626-1697.9.28)

Flora〈3世紀〉
古代ローマの殉教者。
⇒新カト（ルキラ,フローラとその仲間　3世紀半ば)

Flora〈9世紀〉
スペインの殉教者。聖人。「フロラとマリア」と併称される。
⇒新カト（フローラとマリア　?-851.11.24)

Florentia, Bartholus de〈14世紀〉
イタリアの作曲家。
⇒バロ（バルトルス・デ・フロレンツィア　1310頃?-1360以降)

Florentini, Anton Krispin〈19世紀〉
スイスのカトリック教育・福祉事業の指導的人物。カプチン・フランシスコ修道会員,修道会創立者。
⇒新カト（フロレンティーニ　1808.5.23-1865.2.15)

Florentius von Straßburg〈7世紀〉
司教,聖人。
⇒新カト（フロレンティウス〔ストラスブールの〕　?-6世紀末頃)
　図聖（フロレンティウス（シュトラースブルクの）　?-677)

Florenz, Karl〈19・20世紀〉
ドイツの日本学者。東京帝国大学,文化大学で独語独文学を教授。著『日本文学史』など。
⇒岩世人（フローレンツ　1865.1.10-1939.4.1)
　広辞7（フローレンツ　1865-1939)

Flores, Juan José〈18・19世紀〉
ベネズエラ生れの軍人,エクアドルの政治家。
⇒岩世人（フロレス　1800.7.19-1864.10.1)

Flores, Luis〈17世紀〉
スペインのドミニコ会宣教師。来日の途中,台湾海峡でイギリス船に拿捕され,平戸に曳航,密訴された。
⇒岩世人（フロレス　1563-1622.8.19)
　新カト（フロレス　1563-1622.8.19)

Flores, Venancio〈19世紀〉
ウルグアイの政治家,軍人。
⇒岩世人（フロレス　1808.5.18-1868.2.19)

Flores Magón, Ricardo〈19・20世紀〉
メキシコの革命的ジャーナリスト,アナーキスト。
⇒ラテ新（フローレス・マゴン　1873-1922)

Florez, Enrique〈18世紀〉
スペインのアウグスチヌス派の僧,歴史家,古銭学者。主著『聖なるスペイン』（29巻,47～55）。
⇒新カト（フロレス　1702.7.21-1773.5.5)

Flori, Jacobus〈16世紀〉
ネーデルラントの作曲家。
⇒バロ（フローリ,ヤコブス　1550頃?-1600頃?)

Florian〈4世紀〉
殉教者。聖人。
⇒新カト（フロリアヌス〔ノリクムの〕　?-304頃)
　図聖（フロリアヌス　?-303/4)

Florian, Jean Pierre Claris de〈18世紀〉
フランスの寓話作家,小説家。
⇒岩世人（フロリアン　1755.3.6-1794.9.13)

Florianus, Marcus Annius〈3世紀〉
ローマの帝位簒奪者。
⇒世帝（フロリアヌス　216?-276)

Floridablanca, José Moñino y Redondo, Conde de〈18・19世紀〉
スペインの宰相。在職1777～92。カルロス3世に仕えた。
⇒岩世人（フロリダブランカ　1728.10.21-1808.12.30)

Florinus〈7世紀頃〉
司祭,聖人。
⇒図聖（フロリヌス）

Florio, John〈16・17世紀〉
イギリスの辞典編纂者,翻訳者。アン王女のイタリア語の教師。
⇒岩世人（フローリオ　1553頃-1625)

Floris de Vriendt, Cornelis〈16世紀〉
フランドルの建築家,彫刻家。グロテスク装飾をフランドルにもたらした。
⇒岩世人（フローリス　1514-1575.10.20)
　芸13（フロリス,コルネリス　1514-1575)

Floris de Vriendt, Frans〈16世紀〉
フランドルの画家。代表作『最後の審判』(65)。
⇒岩世人（フローリス　1519/1520-1570.10.1)
　芸13（フロリス,フランス　1516頃-1570)

Florus〈8・9世紀〉
フランスのスコラ学者,論争家。
⇒新カト（フロルス〔リヨンの〕　8世紀末-860頃)

Florus, Lucius Annaeus〈1・2世紀〉
ローマの歴史家, 詩人。北アフリカ出身。
⇒岩世人(フロルス)

Flötner, Peter〈15・16世紀〉
ドイツの彫刻家・工芸家。
⇒芸13(フロエトナー, ペーター 1490-1495-1546)

Flotow, Friedrich von〈19世紀〉
ドイツのオペラ作曲家。1837年抒情劇『アレッサンドロ・ストラデラ』でデビュー。
⇒岩世人(フロトー 1812.4.27-1883.1.24)
オペラ(フロトウ, フリードリヒ・フォン 1812-1883)

Flourens, Marie Jean Pierre〈18・19世紀〉
フランスの生理学者。コレジュ・ド・フランスの博物学教授など勤めた。
⇒岩世人(フルーランス 1794.4.13-1867.12.6)

Flournoy, Théodore〈19・20世紀〉
スイスの心理学者。心霊現象の研究家。
⇒岩世人(フルールノワ 1854.8.15-1920.11.5)

Flowtow, Friedrich von〈19世紀〉
ドイツの作曲家。
⇒エデ(フロトウ, フリードリヒ(アドルフ・フェルディナント)フォン 1813.4.27-1883.1.24)

Flückiger, Friedrich August〈19世紀〉
スイスの薬学者。化学, 植物学, 物理学を薬学に取りいれて, これを独立の科学とした。
⇒岩世人(フリュッキガー 1828.5.15-1894.12.13)

Fludd, Robert〈16・17世紀〉
イギリスの医者, 神秘思想家。汎神論的世界観を主張。
⇒岩世人(フラッド 1574-1637.9.8)
新カト(フラッド 1574-1637.9.8)

Flügel, Otto〈19・20世紀〉
ドイツの哲学者。ヘルバルトの多元論を支持。
⇒岩世人(フリューゲル 1842.6.16-1914.7.9)

Flürscheim, Michael〈19・20世紀〉
ドイツの経済学者, 土地改革論者。
⇒岩世人(フリュールシャイム 1844.1.27-1912.4.26)
学叢思(フリュールシャイム, ミカエル 1844-?)

Foakes-Jackson, Frederick John〈19・20世紀〉
イギリスの神学者。ケンブリッジ大学校長(1895～1916)。
⇒岩世人(フォークス=ジャクソン 1855.8.10-1941.12.1)

Foch, Ferdinand〈19・20世紀〉
フランスの軍人。1920年の休戦交渉の連合軍委員会長を務めた。
⇒岩世人(フォッシュ 1851.10.2-1929.3.20)
広辞7(フォッシュ 1851-1929)
学叢歴(フォッシュ)

Focher, Juan〈16世紀〉
メキシコで活動したフランシスコ会宣教師, 法学者。
⇒新カト(フォシェ ?-1572.9.30)

Fock, Dirk〈19・20世紀〉
オランダの政治家。
⇒岩世人(フォック 1858.6.19-1941.10.17)

Focking, Hendrick〈18世紀〉
ネーデルラントの作曲家。
⇒バロ(フォッキング, ヘンドリック 1740頃-1800?)

Foerster, Friedrich Wilhelm〈19・20世紀〉
ドイツの教育学者。
⇒岩世人(フェルスター 1869.6.2-1966.1.9)

Foerster, Josef Bohuslav〈19・20世紀〉
チェコの作曲家。45年には国民芸術家の称号を得た。交響曲第4番(1905)などが知られる。
⇒岩世人(フェルスター 1859.12.30-1951.5.29)

Foerster, Otfried〈19・20世紀〉
ドイツの精神病学者, 神経学者。精神外科の始祖の一人といわれる。
⇒岩世人(フェルスター 1873.11.9-1941.6.15)

Fofanov, Konstantin Mikhailovich〈19・20世紀〉
ロシアの詩人。抒情の純粋性と音楽性においてすぐれている。
⇒岩世人(フォーファノフ 1862.5.18-1911.5.17)

Fogazzaro, Antonio〈19・20世紀〉
イタリアの小説家。理想主義文学を提唱。『聖徒』(06)により法王庁の忌諱にふれた。
⇒岩世人(フォガッツァーロ 1842.3.25-1911.3.7)
ネーム(フォガッツァーロ 1842-1911)
学叢思(フォガッツァロ, アントニオ 1842-1911)
新カト(フォガッツァロ 1842.3.25-1911.3.7)

Foggia, Francesco〈17世紀〉
イタリアの作曲家。
⇒バロ(フォッジャ, フランチェスコ 1604-1688.1.8)

Fogliano, Giacomo〈15・16世紀〉
イタリアの作曲家。
⇒バロ(フォリアーノ, ジャーコモ 1468-1548.4.10)

Fohl, Leo Alexander〈19・20世紀〉
アメリカの大リーグ選手(捕手)。
⇒メジャ(リー・フォール 1876.11.28-1965.10.30)

Fohr, Carl Philipp〈18・19世紀〉
ドイツの画家。風景画家としてすぐれ,当時の古典的風景画に清新で自由な表現を与えた。
⇒芸13（フォール，カルル・フィリップ　1795–1818）

Fokine, Michel〈19・20世紀〉
ロシアの舞踊家。振付師として活躍。
⇒岩世人（フォーキン　1880.4.11/23–1942.8.22）
　バレエ（フォーキン，ミハイル　1880.5.5–1942.8.22）
　ネーム（フォーキン　1880–1942）
　広辞7（フォーキン　1880–1942）

Folcwin〈9世紀〉
テルアンヌの司教。在職816～55。聖人。祝日12月14日。
⇒新カト（フォルクウィン〔テルアンヌの〕　8世紀後半–855.12.14）

Folengo, Teofilo〈15・16世紀〉
イタリアの詩人。雅俗混淆体の詩を作る。主著『バルドゥス』(17)。
⇒岩世人（フォレンゴ　1491.11.8–1544.12.9）
　新カト（フォレンゴ　1491.11.8–1544.12.9）

Folgore da San Gimignano〈13・14世紀〉
イタリアの詩人。連作ソネット『十二カ月』『曜日』など。
⇒岩世人（フォルゴーレ・ダ・サン・ジミニャーノ　13世紀–1332以前）

Follen, Karl〈18・19世紀〉
ドイツの詩人,政治家。秘密結社「絶対派」を結成。
⇒岩世人（フォレン　1795.9.4–1840.1.13）

Follett, Mary Parker〈19・20世紀〉
アメリカの政治学者,行政学者,経営学者。
⇒岩世人（フォレット　1868.9.3–1933.12.18）

Folz, Hans〈15・16世紀〉
ドイツの職匠歌人（マイスタージンガー）。
⇒バロ（フォルツ，ハンス　1435-1440–1513.1）

Fonck, Johann Christoph Leopold〈19・20世紀〉
ドイツのカトリック聖書学者,イエズス会司祭。
⇒新カト（フォンク　1865.1.14–1930.10.19）

Fonconstanz〈16世紀〉
スペインの作曲家。
⇒バロ（フォンコンスタンツ,?　1540頃?–1590頃?）

Fonseca, João da〈16・17世紀〉
キリシタン時代のポルトガル人司祭。
⇒新カト（フォンセカ　1570頃?–1620/1621頃）

Fonseca, Manuel Deodoro da〈19世紀〉
ブラジルの軍人,政治家。1889年無血クーデターを起して帝制を倒し,臨時大統領に就任（89～91）。
⇒岩世人（フォンセカ　1827.8.5–1892.8.23）
　ラテ新（フォンセカ　1827–1892）

Fonseca, Pedro da〈16世紀〉
ポルトガルの哲学者,イエズス会員。
⇒新カト（フォンセカ　1528–1599.11.4）

Fontaine, G.〈14・15世紀〉
フランスの作曲家。
⇒バロ（フォンテーヌ,G　1370頃?–1420頃?）

Fontaine, Pierre〈14・15世紀〉
フランスの作曲家。
⇒バロ（フォンテーヌ,ピエール　1390-1395頃–1450頃）

Fontaine, Pierre François Léonard〈18・19世紀〉
フランスの建築家。ナポレオン・ルイ18世らに仕えた。カルーセル凱旋門(06)などを製作。
⇒岩世人（フォンテーヌ　1762.9.20–1853.10.10）

Fontana, Carlo〈17・18世紀〉
イタリアの建築家。後期バロックのローマ派建築の指導者。
⇒岩世人（フォンターナ　1638.4.22–1714.2.5）
　新カト（フォンターナ　1634–1714.2.5）

Fontana, Domenico〈16・17世紀〉
イタリアの建築家。
⇒岩世人（フォンターナ　1543–1607.6.28）

Fontana, Fabrizio〈17世紀〉
イタリアの作曲家。
⇒バロ（フォンターナ,ファブリツィオ　1630頃?–1695.12.28）

Fontana, Ferdinando〈19・20世紀〉
イタリアの詩人。劇作家。
⇒オペラ（フォンターナ,フェルディナンド　1850–1919）

Fontana, Giovanni Battista〈16・17世紀〉
イタリアの作曲家,ヴァイオリン奏者。死後1641年に曲集が出版された。
⇒バロ（フォンターナ,ジョヴァンニ・バッティスタ　1570頃?–1630頃）

Fontana, Vincenzo〈16世紀〉
イタリアの作曲家。
⇒バロ（フォンターナ,ヴィンチェンツォ　1500頃?–1550頃?）

Fontane, Marius〈19・20世紀〉
フランスのジャーナリスト,歴史家。
⇒19仏（マリユス・フォンターヌ　1838.9.4–1914）

Fontane, Theodor〈19世紀〉
ドイツの詩人,小説家,劇評家。長篇小説『嵐の

前』(78)などの作品がある。
⇒岩世人（フォンターネ　1819.12.30-1898.9.20）
広辞7（フォンターネ　1819-1898）
新カト（フォンターネ　1819.12.30-1898.9.20）

Fontanelli, Alfonso〈16・17世紀〉
イタリアの作曲家。
⇒バロ（フォンタネッリ, アルフォンソ　1557.2.15-1622.2.11）

Fontanes, Louis, Marquis de〈18・19世紀〉
フランスの政治家, 作家。第1帝政時代のカトリック的, 保守的思想の代表。
⇒新カト（フォンターヌ　1757.3.6-1821.3.17）

Fontanesi, Antonio〈19世紀〉
イタリアの風景画家。1876年日本政府の招きで来日し, 日本最初の西洋画教授となった。
⇒岩世人（フォンタネージ　1818.2.23-1882.4.17）
ネーム（フォンタネージ　1818-1882）
広辞7（フォンタネージ　1818-1882）
芸13（フォンタネージ, アントニオ　1818-1882）
ポプ人（フォンタネージ, アントニオ　1818-1882）

Fontaney, Jean de〈17・18世紀〉
フランスのイエズス会士。
⇒岩世人（フォンタネ　1643.2.17-1710.1.16）
新カト（フォンタネ　1643.2.17-1710.1.16）

Fontei, Nicolo〈16・17世紀〉
イタリアの作曲家。
⇒バロ（フォンテーイ, ニコロ　1590頃?-1647以降）

Fontenelle, Bernard le Bovier de〈17・18世紀〉
フランスの劇作家, 思想家。『新・死者の対話』(83)や, 『世界多数問答』(86)などを発表。
⇒バロ（フォントネル, ベルナール・ル・ボヴィエ・ド　1697頃-1757）
岩世人（フォントネル　1657.2.11-1757.1.9）
ネーム（フォントネル　1657-1757）
広辞7（フォントネル　1657-1757）
新カト（フォントネル　1657.2.11-1757.1.9）
メル2（フォントネル, ベルナール・ル・ボヴィエ・ド　1657-1757）

Fontes Pereira de Melo, António Maria de〈19世紀〉
ポルトガルの政治家。
⇒岩世人（フォンテス・ペレイラ・デ・メロ　1819.9.8-1887.1.22）

Fonteyns〈14・15世紀〉
イギリスの作曲家。
⇒バロ（フォンティーンズ, ?　1360頃?-1410頃?）

Fonvizin, Denis Ivanovich〈18世紀〉
ロシアの作家。喜劇『旅団長』(69)や『未成年』(82)で貴族社会を皮肉った。

⇒岩世人（フォンヴィージン　1745.4.3-1792.12.1）
ネーム（フォンヴィージン　1745-1792）
広辞7（フォンヴィージン　1745-1792）

Foote, Andrew Hull〈19世紀〉
アメリカの海軍軍人。
⇒アア歴（Foote, Andrew Hull　アンドルー・ハル・フット　1806.9.12-1863.6.26）

Foote, Arthur Burling〈19・20世紀〉
アメリカの鉱山技師。
⇒アア歴（Foote, Arthur B (urling)　アーサー・バーリング・フット　1877.4.29-1964.7.1）

Foote, Lucius Harwood〈19・20世紀〉
アメリカの外交官。
⇒アア歴（Foote, Lucius H (arwood)　ルーシアス・ハーウッド・フット　1826.4.10-1913.6.4）

Foppa, Ambrogio〈15・16世紀〉
イタリアの彫刻家。
⇒芸13（フォッパ, アムブロジオ　1446-1530）

Foppa, Giuseppe〈18・19世紀〉
イタリアの台本作家。
⇒オペラ（フォッパ, ジュゼッペ　1760-1845）

Foppa, Vincenzo〈15・16世紀〉
イタリアの画家。1456～90年ミラノ公の宮廷画家。
⇒岩世人（フォッパ　1427-1515頃）
芸13（フォッパ, ヴィンチェンツォ　1430頃-1515頃）

Föppl, August〈19・20世紀〉
ドイツの工学者。橋梁理論, 材料試験法, 材料力学の分野で優れた業績がある。
⇒岩世人（フェップル　1854.1.25-1924.10.12）

Forain, Jean Louis〈19・20世紀〉
フランスの画家。強烈な批評精神による諷刺画を描いた。
⇒岩世人（フォラン　1852.10.23-1931.7.11）
芸13（フォラン, ジャン・ルイ　1853-1931）

Forberg, Friedrich Karl〈18・19世紀〉
ドイツの哲学者。J.G.フィヒテの弟子。
⇒岩世人（フォルベルク　1770.8.30-1848.1.1）
学叢思（フォルベルク, フリードリヒ・カール　1770-1848）

Forbes, David〈19世紀〉
スコットランドの地質学者。南太平洋の火山現象を研究したほか, 初めて顕微鏡を岩石研究に適用。
⇒岩世人（フォーブズ　1828.9.6-1876.12.5）

Forbes, Stanhope Alexander〈19・20世紀〉
イギリスの画家。
⇒岩世人（フォーブズ　1857.11.18-1947.3.2）

Forbes, William Cameron〈19・20世紀〉
アメリカの実業家,外交官。
⇒アア歴(Forbes,W(illiam) Cameron ウイリアム・キャメロン・フォーブズ 1870.5.21–1959.12.24)

Forbin-Janson, Charles de〈18・19世紀〉
フランスの司教,「幼きイエス事業団」の創立者。
⇒新カト(フォルバン・ジャンソン 1785.11.3–1844.7.11)

Forcade, Théodore Augustin〈19世紀〉
フランスのカトリック司祭,司教。布教のため日本,香港へも渡る。
⇒岩世人(フォルカード 1816.3.2–1885.9.12)
　新カト(フォルカード 1816.3.2–1885.9.12)

Forcellini, Egidio〈17・18世紀〉
イタリアの古典学者。ラテン語大辞典を著した。
⇒岩世人(フォルチェッリーニ 1688.8.26–1768.4.5)

Ford, Ford Madox〈19・20世紀〉
イギリスの小説家,詩人。『最後の陣地』(28)など一連の戦争小説を執筆。
⇒岩世人(フォード 1873.12.17–1939.6.26)

Ford, Henry〈19・20世紀〉
アメリカの実業家。フォード・モーターの設立者。
⇒アメ新(フォード 1863–1947)
　岩世人(フォード 1863.7.30–1947.4.7)
　現アカ(Ford,Henry ヘンリー・フォード 1863–1947)
　広辞7(フォード 1863–1947)
　世人新(フォード〈ヘンリ〉 1863–1947)
　世人装(フォード〈ヘンリ〉 1863–1947)
　世史語(フォード 1863–1947)
　ポプ人(フォード,ヘンリー 1863–1947)

Ford, John〈16・17世紀〉
イギリスの劇作家。主著『あわれ,彼女は娼婦』(33)。
⇒岩世人(フォード 1586.4.17(受洗)–1639以後)

Ford, Thomas〈16・17世紀〉
イギリスのリュート奏者,作曲家。
⇒バロ(フォード,トマス 1590頃–1648.11.17)

Forel, August Henri〈19・20世紀〉
スイスの精神病学者,昆虫学者。
⇒岩世人(フォレル 1848.9.1–1931.7.27)

Forel, François Alphonse〈19・20世紀〉
スイスの湖沼学者。レマン湖の湖沼誌で有名。
⇒岩世人(フォレル 1841.2.2–1912.8.8)

Foreman, Francis Isaiah〈19・20世紀〉
アメリカの大リーグ選手(投手)。
⇒メジャ(フランク・フォアマン 1863.5.1–1957.11.19)

Forest, John〈14・15世紀〉
イギリスの作曲家。
⇒バロ(フォレスト,ジョン 1365-1370–1446.3.25)

Forest, John〈15・16世紀〉
フランシスコ会員。ヘンリ8世の王妃アラゴンのキャサリンの聴罪司祭。
⇒新カト(フォレスト 1471–1538.5.22)

Forey, Louis Elie Frédéric〈19世紀〉
フランスの軍人。ルイ・ナポレオン(のちのナポレオン3世)のクーデタ(1852)を援助。
⇒岩世人(フォレ 1804.1.10–1872.6.20)

Forge, Anatole de la〈19世紀〉
フランスの政治家。
⇒19仏(アナトール・ド・ラ・フォルジュ 1821.4.1–1892.6.6)

Forke, Alfred〈19・20世紀〉
ドイツのシナ学者。中国哲学,中国古代史に詳しい。
⇒岩世人(フォルケ 1867.1.12–1944.7.9)

Forkel, Johann Nikolaus〈18・19世紀〉
ドイツの音楽史家。ゲッティンゲン大学の音楽監督を勤め『音楽文献解題』(78～9)などを著した。
⇒バロ(フォルケル,ヨハン・ニコラウス 1749.2.22–1818.3.20)
　岩世人(フォルケル 1749.2.22–1818.3.20)

Forlanetti, Giuseppe〈16世紀〉
キリシタン時代のイタリア出身の来日宣教師。
⇒新カト(フォルラネッティ 1546頃–1593.4)

Forlanini, Carlo〈19・20世紀〉
イタリアの医師。1882年人工気胸術を創始。
⇒岩世人(フォルラニーニ 1847.6.11–1918.5.25)

Forman, Charles William〈19世紀〉
アメリカの長老派教会のインドへの宣教師,教育者。
⇒アア歴(Forman,Charles W(illiam) チャールズ・ウイリアム・フォーマン 1821.3.3–1894.8.27)

Formé, Nicolas〈16・17世紀〉
フランスの作曲家,歌手・僧侶。
⇒バロ(フォルメ,ニコラ 1567.4.26–1638.5.27)

Formosus〈9世紀〉
教皇。在位891～896。864年ポルト枢機卿。ローマをスポレト家の圧力から解放するため努力。
⇒岩世人(フォルモスス 816頃–896)
　新カト(フォルモスス 816頃–896.4.4)

Formstecher, Salomon〈19世紀〉
ドイツの哲学者。

⇒ユ著人（Formstecher,Salomon　フォルムステッヒャー，ザーロモン　1808–1889）

Forné, Jean〈19世紀〉
フランスの医師，政治家。
⇒**19仏**（ジャン・フォルネ　1829.2.13–?）

Forqueray, Antoine〈17・18世紀〉
フランスの作曲家，ヴィオール奏者。約300曲のヴィオール曲を残した。
⇒バロ（フォルクレー，アントワーヌ　1671/1672–1745.6.28）

Forqueray, Jean-Baptiste Antoine〈17・18世紀〉
フランスのヴィオラ・ダ・ガンバ奏者。
⇒バロ（フォルクレー，ジャン・バティスト・アントワーヌ　1699.4.3–1782.8.15）

Forqueray, Michel〈17・18世紀〉
フランスのオルガン奏者。
⇒バロ（フォルクレー，ミシェル　1681.2.15–1757.5.30）

Forqueray, Nicolas Gilles〈18世紀〉
フランスのオルガン奏者。
⇒バロ（フォルクレー，ニコラ・ジル　1703.2.15–1761.10.22）

Forrest, Edwin〈19世紀〉
アメリカの俳優。マクベスなど悲劇を得意とした。
⇒岩世人（フォレスト　1806.3.9–1872.12.12）

Förster, Christoph Heinrich〈17・18世紀〉
ドイツの作曲家。
⇒バロ（フェルスター，クリストフ・ハインリヒ　1693.11.30–1745.12.5/6）

Forster, Edward Morgan〈19・20世紀〉
イギリスの小説家，批評家。代表作『インドへの道』(24)，『小説の諸相』(27)。
⇒岩世人（フォースター　1879.1.1–1970.6.7）
　ネーム（フォースター　1879–1970）
　広辞7（フォースター　1879–1970）

Förster, Emanuel Aloys〈18・19世紀〉
オーストリアの作曲家。
⇒バロ（フェルスター，エマヌエル・アーロイス　1748.1.26–1823.11.12）

Forster, Frobenius〈18世紀〉
ドイツのベネディクト会神学者。
⇒新カト（フォルスター　1709.8.30–1791.10.11）

Forster, Georg〈16世紀〉
ドイツの医者，作曲家，出版者。
⇒バロ（フォルシュター，ゲオルク　1510頃–1568.11.12）

Forster, Johann Georg Adam〈18世紀〉
ドイツの自然科学者。クックの第2次世界周航に参加し，1777年『世界周航記』を著した。
⇒岩世人（フォルスター　1754.11.27–1794.1.12）

Forster, John〈19世紀〉
イギリスの伝記作家。『ディケンズ伝』(72～74)の著者として有名。
⇒岩世人（フォースター　1812.4.2–1876.2.1）

Förster, Kasper II〈17世紀〉
ドイツの作曲家。
⇒バロ（フェルスター，カスパール2世　1616.2.28–1673.3.2）

Förster, Ludwig von〈18・19世紀〉
ドイツの建築家。イタリア・ルネサンス風の建築で知られている。
⇒岩世人（フェルスター　1797.10.8–1863.6.16）

Forster, William Edward〈19世紀〉
イギリスの政治家。
⇒岩世人（フォースター　1818.7.11–1886.4.5）

Förster-Nietzsche, Elisabeth〈19・20世紀〉
ドイツの女性。ニーチェの妹。
⇒岩世人（フェルスター＝ニーチェ　1846.7.10–1935.11.8）

Forstmeier〈17・18世紀〉
ドイツの作曲家。
⇒バロ（フォルシュトマイヤー，?　1670頃?–1730頃?）

Forsyth, Alexander John〈18・19世紀〉
スコットランドの聖職者，発明家。
⇒岩世人（フォーサイス　1769.12.28–1843.6.11）

Forsyth, Peter Taylor〈19・20世紀〉
スコットランド会衆派の代表的神学者。宗教改革期の信仰の精神を現代の言葉で説いた。
⇒岩世人（フォーサイス　1848–1921.11.11）
　新カト（フォーサイス　1848.5.12–1921.11.11）

Fort, Paul〈19・20世紀〉
フランスの詩人，劇作家。象徴主義運動の推進役として活躍。
⇒岩世人（フォール　1872.2.1–1960.4.21）
　広辞7（フォール　1872–1960）

Fortescue, Adrian〈19・20世紀〉
イギリスの司祭，典礼学者。
⇒新カト（フォーテスキュ　1874.1.14–1923.2.11）

Fortescue, Frances Elizabeth Anne Parkinson-〈19世紀〉
イギリスの貴族夫人，社交家。
⇒岩世人（フォーテスキュー　1821.1.4–1879.7.5）

Fortescue, Sir John〈14・15世紀〉
イギリスの法律家。ランカスター派に属し、バラ戦争後ヘンリー6世らとともに亡命。
⇒岩世人（フォーテスキュー　1390年代-1470年代後半）

Fortlage, Carl〈19世紀〉
ドイツの哲学者。音楽美学の領域で功績が大きい。
⇒岩世人（フォルトラーゲ　1806.6.12-1881.11.8）

Förtsch, Johann Philipp〈17・18世紀〉
ドイツの作曲家。
⇒バロ（フェルチュ, ヨハン・フィリップ　1652.5.14-1732.12.14）

Fortunatov, Filip Fëdorovich〈19・20世紀〉
ロシアの言語学者。ロシア語の統辞論の研究などで知られる。
⇒岩世人（フォルトゥナートフ　1848.1.2-1914.9.20）

Fortunatus〈3世紀〉
カルタゴの対立司教。カルタゴのフォルトゥナトゥス。
⇒新カト（フォルトゥナトゥス　3世紀）

Fortunatus〈3世紀〉
ヴェナンティウス・フォルトゥナトゥスの詩集に出てくるアクイレイアの実在の殉教者。聖人。祝日7月12日。
⇒新カト（ヘルマゴラスとフォルトゥナトゥス　3世紀頃）

Fortunatus〈4世紀〉
ヒッポ・レギウスで活動したマニ教の長老、伝道者。マニ教徒のフォルトゥナトゥス。
⇒新カト（フォルトゥナトゥス　4世紀末）

Fortuny, Mariano〈19・20世紀〉
スペイン出身の服飾デザイナー。
⇒岩世人（フォルチュニー　1871.5.11-1949.5.3）

Fortuny y Carbó, Mariano〈19世紀〉
スペインの画家。主として歴史画を描いた。
⇒芸13（フォルテュニー, マリアノ　1838-1874）

Forūghī, Moḥammad Ḥoseyn Khān〈19・20世紀〉
近代イランの文人、歴史家。
⇒岩世人（フォルーギー　1839.6.27-1907.10.19）

Foscari, Francesco〈14・15世紀〉
ヴェネツィアの統領。在職1423～57。
⇒岩世人（フォスカリ　1373-1457.10.31）

Foscolo, Ugo〈18・19世紀〉
イタリアの詩人、小説家。イタリアの自由と独立の願いを主題にした悲劇『ティエステ』(1797)で著名。

⇒岩世人（フォスコロ　1778.2.6-1827.9.10）
ネーム（フォスコロ　1778-1827）
広辞7（フォスコロ　1778-1827）
新カト（フォスコロ　1778.2.6-1827.9.10）

Fosdick, Harry Emerson〈19・20世紀〉
アメリカのプロテスタント神学者。説教に長じ、特に学生に大きな感化を与えた。
⇒岩世人（フォズディック　1878.5.24-1969.10.5）

Fossa, Johannes de〈16・17世紀〉
フランドルの作曲家。
⇒バロ（フォッサ, ヨハンネス・デ　1540頃-1603）

Fossato, Giovanni Battista〈17世紀〉
イタリアの作曲家。
⇒バロ（フォッサート, ジョヴァンニ・バッティスタ　1610頃?-1670頃?）

Fossis, Pietro de〈15・16世紀〉
フランドルの作曲家。
⇒バロ（フォッシス, ピエトロ・デ　1470頃?-1527後半頃）

Foster, Sir Michael〈19・20世紀〉
イギリスの生理学者。生理学雑誌"The Journal of Physiology"を創刊。
⇒岩世人（フォスター　1836.3.8-1907.1.28）

Foster, Myles Birket〈19世紀〉
イギリスの挿絵画家、木版画家。
⇒岩世人（フォスター　1825.2.4-1899.3.27）

Foster, (Rube) Andrew〈19・20世紀〉
アメリカの大リーグ選手（投手）。
⇒メジャ（ルーブ・フォスター　1879.9.17-1930.12.9）

Foster, Stephen Collins〈19世紀〉
アメリカの作曲家、作詞家。『ケンタッキーのわが家』などで有名。
⇒アメ新（フォスター　1826-1864）
岩世人（フォスター　1826.7.4-1864.1.13）
エデ（フォスター, スティーブン・コリンズ　1826.7.4-1864.1.13）
広辞7（フォスター　1826-1864）
実音人（フォスター, スティーヴン・コリンズ　1826-1864）
世人新（フォスター　1826-1864）
世人装（フォスター　1826-1864）
ポブ（フォスター, スティーブン　1826-1864）

Foster, Sir William〈19・20世紀〉
イギリスのインド史研究家。東インド会社関係の古記録を編集、刊行し、また史約研究を発表。
⇒岩世人（フォスター　1863.11.19-1951.5.11）

Fothergill, John〈18世紀〉
イギリスの医師。三叉神経痛などの研究で有名。
⇒岩世人（フォザギル　1712.3.8-1780.12.26）

Foucauld, Charles Eugène, Vicomte

de〈19・20世紀〉
フランスの軍人, 聖職者。軍人としてアルジェリアに渡り, のち各地で修道生活を送った。
⇒岩世人（フーコー　1858.9.15–1916.12.1）
　広辞7（フーコー　1858–1916）
　新カト（フーコー　1858.9.15–1916.12.1）

Foucault, Jean Bernard Léon〈19世紀〉
フランスの物理学者。1851年フーコーの振子により地球の自転を実証。
⇒岩世人（フーコー　1819.9.18–1868.2.11）
　科史（フーコー　1819–1868）
　広辞7（フーコー　1819–1868）
　学叢思（フーコー, ジャン・ベルナール・レオン　1819–1868）
　物理（フーコー, レオン　1819–1868）
　ポプ人（フーコー, ジャン・ベルナール　1819–1868）

Fouché, Joseph, Duc d'Otrante〈18・19世紀〉
フランスの政治家。国民公会議員だったが, のちナポレオン・ボナパルトに味方。
⇒岩世人（フーシェ　1759.5.21–1820.12.26）
　ネーム（フーシェ　1759–1820）
　広辞7（フーシェ　1759–1820）
　新カト（フーシェ　1759.5.21–1820.12.26）
　世人新（フーシェ　1759–1820）
　世人装（フーシェ　1759–1820）

Foucher, Alfred〈19・20世紀〉
フランスの東洋学者。インド美術をギリシア美術と関係づけた。
⇒岩世人（フーシェ　1865.11.21–1952.10.30）

Foucquet, Antoine I〈17・18世紀〉
フランスの作曲家。
⇒バロ（フーケ, アントワーヌ1世　1640頃–1708）

Foucquet, Antoine II〈17・18世紀〉
フランスの作曲家。
⇒バロ（フーケ, アントワーヌ2世　1680頃?–1740以前）

Foucquet, François Pierre Charles〈18世紀〉
フランスの作曲家。
⇒バロ（フーケ, フランソワ・ピエール・シャルル　1726–1765）

Foucquet, Gilles〈16・17世紀〉
フランスの作曲家。
⇒バロ（フーケ, ジル　1590頃?–1646）

Foucquet, Jean-François〈17・18世紀〉
中国で活動したイエズス会宣教師。
⇒新カト（フーケ　1665.3.12–1741.3.14）

Foucquet, Louis Marc〈18世紀〉
フランスの作曲家。
⇒バロ（フーケ, ルイ・マルク　1730頃?–1790以降）

Foucquet, Marie Louis〈18世紀〉
フランスの作曲家。
⇒バロ（フーケ, マリー・ルイ　1740頃?–1800頃?）

Foucquet, Pierre〈17・18世紀〉
フランスの作曲家。
⇒バロ（フーケ, ピエール　1670頃?–1735）

Foucquet, Pierre Claude〈17・18世紀〉
フランスの作曲家。
⇒バロ（フーケ, ピエール・クロード　1694–1772.2.13）

Fouillée, Alfred〈19・20世紀〉
フランスの哲学者。J.ギュイヨーの継父。主著『観念力の進化論』(90)。
⇒岩世人（フイエ　1838.10.18–1912.7.16）
　学叢思（フイエ, アルフレド　1838–1912）
　新カト（フイエ　1838.10.18–1912.7.16）
　メル2（フイエ, アルフレッド　1838–1912）

Fouillou, Jacques〈17・18世紀〉
フランスのジャンセニスムの神学者。
⇒新カト（フイユー　1670–1736.9.21）

Fould, Achille〈18・19世紀〉
フランスの政治家。ユダヤ人銀行家。保守派としてルイ・ナポレオンのクーデタを歓迎。
⇒岩世人（フルド　1800.11.17–1867.10.5）
　ユ人（フルド, アシル（アシェル）　1800–1867）

Foulk, George Clayton〈19世紀〉
アメリカの教育者。同志社の教師。
⇒アア歴（Foulk, George Clayton　ジョージ・クレイトン・フォーク　1856.10.30–1893.8.6）

Fouqué, Ferdinand André〈19・20世紀〉
フランスの岩石学者, 鉱物学者。フランスにおける顕微鏡岩石学の開拓者。
⇒岩世人（フーケ　1828.6.21–1904.3.7）

Fouqué, Friedrich Heinrich Karl de la Motte〈18・19世紀〉
フランス系ドイツの作家。独立戦争時代の愛国詩人。
⇒岩世人（フーケ　1777.2.12–1843.1.23）

Fouquet, Jean〈15世紀〉
フランスの画家。1475年ルイ11世から「王室画家」の称号を受けた。
⇒岩世人（フーケ　1420頃–1477–1481）
　広辞7（フーケ　1420頃–1480頃）
　新カト（フーケ　1420頃–1480頃）
　芸13（フーケ, ジャン　1425–1481?）

Fouquet, Nicolas〈17世紀〉
フランス, ルイ14世期の財務卿。コルベールとの権力闘争に巻込まれ獄死。
⇒岩世人（フーケ　1615.1.27–1680.3.23）

Fouquet de Marseille〈12・13世紀〉
プロヴァンス地方のトルバドゥール。
⇒バロ（フーケ, ド・マルセーユ　1155–1231.12.25）

Fouquier-Tinville, Antoine Quentin〈18世紀〉
フランスの政治家。
⇒岩世人（フキエ＝タンヴィル　1747–1795.5.6）

Fourcroy, Antoine François, Comte de〈18・19世紀〉
フランスの化学者。新しい化学命名法を定めたほか、多くの著書によって化学の普及に寄与。
⇒岩世人（フルクロワ　1755.6.15–1809.12.16）

Fourier, François Marie Charles〈18・19世紀〉
フランスの空想的社会主義者。二月革命期のフランスなどで彼の理論の実現が企てられた。
⇒岩世人（フーリエ　1772.4.7–1837.10.10）
　ネーム（フーリエ　1772–1837）
　広辞7（フーリエ　1772–1837）
　学叢思（フーリエ, フランソア・マリー・シャール　1772–1837）
　新カト（フーリエ　1772.4.7–1837.10.10）
　世人新（フーリエ　1772–1837）
　世人装（フーリエ　1772–1837）
　世史語（フーリエ　1772–1837）
　ポプ人（フーリエ, シャルル　1772–1837）
　メル3（フーリエ, シャルル　1772–1837）

Fourier, Jean Baptiste Joseph, Baron de〈18・19世紀〉
フランスの数学者、物理学者。熱伝導論を研究し、フーリエ級数を使った（07）。
⇒岩世人（フーリエ　1768.3.21–1830.5.16）
　広辞7（フーリエ　1768–1830）
　学叢思（フーリエ, ジャン・バプティスト・ジョセフ　1768–1830）
　物理（フーリエ, ジョゼフ　1768–1830）
　世数（フーリエ, ジャン-バプティスト・ジョゼフ　1768–1830）
　ポプ人（フーリエ, ジャン・バプティスト　1768–1830）

Fourier, Pierre〈16・17世紀〉
フランスの司祭、聖人。祝日12月9日。
⇒新カト（ピエール・フーリエ　1565.11.30–1640.12.9）

Fourmont, Etienne〈17・18世紀〉
フランスの東洋学者。
⇒岩世人（フールモン　1683.6.23–1745.12.18）

Fournet, Joseph Jean Baptiste Xavier〈19世紀〉
フランスの鉱床学者。金属鉱床は岩漿の注入によって生ずるという説をたてた。
⇒岩世人（フルネ　1801.5.1–1869.1.8）

Fournier, François Ernest〈19・20世紀〉
フランスの軍人。
⇒岩世人（フルニエ　1842–1934）

Fournier, Jean Alfred〈19・20世紀〉
フランスの医師、梅毒の研究家。1880〜1905年パリ大学教授。
⇒岩世人（フルニエ　1832.5.12–1914.12.23）

Fournier, Paul-Eugène-Louis〈19・20世紀〉
フランスの法・歴史学者、教会法収集史家。
⇒新カト（フルニエ　1853.11.26–1935.5.14）

Fournier, Pierre Simon〈18世紀〉
フランスの印刷家。
⇒岩世人（フルニエ　1712.9.15–1768.10.8）

Fournière, Joseph Eugène〈19・20世紀〉
フランスの社会主義者、教授。
⇒学叢思（フールニエール, ジョゼフ・ウジェーヌ　1857–?）

Foutz, David Luther〈19世紀〉
アメリカの大リーグ選手（投手、一塁、外野）。
⇒メジャ（デイヴ・ファウツ　1856.9.7–1897.3.5）

Fowler, Henry Watson〈19・20世紀〉
イギリスの言語学者、辞典編集者。主著 "The King's English" (06)。
⇒岩世人（ファウラー　1858.3.10–1933.12.26）

Fowler, Sir John〈19世紀〉
イギリスの土木技術者。鉄道建設に活躍。准男爵に叙せられた。
⇒岩世人（ファウラー　1817.7.15–1898.11.20）
　世建（ジョン・ファウラー　1817–1898）

Fowler, John〈19世紀〉
イギリスの技術者。蒸気機械の生産工場を設立。
⇒岩世人（ファウラー　1826.7.8–1864.12.4）

Fowler, Thomas〈19・20世紀〉
イギリスの哲学者。功利主義の立場にたち、J.S.ミルの影響をうけた。
⇒岩世人（ファウラー　1832.9.1–1904.11.20）

Fox, Charles James〈18・19世紀〉
イギリスの政治家。王の下命による組閣に抵抗し、連立内閣をつくった。
⇒岩世人（フォックス　1749.1.24–1806.9.13）

Fox, George〈17世紀〉
イギリスの宗教家。フレンド派（クエーカー派）の創設者。
⇒岩世人（フォックス　1624.7–1691.1.13）
　学叢思（フォックス, ジョージ　1624–1690）
　新カト（フォックス　1624.7–1691.1.13）
　世人新（フォックス　1624–1691）
　世人装（フォックス　1624–1691）

Fox, Richard〈15・16世紀〉
イギリスの司教, 政治家。ヘンリー7世の国璽尚書兼エクセターの司教として活躍。
⇒岩世人（フォックス　1447/1448–1528.10.5）

Fox, William〈19・20世紀〉
アメリカの映画制作者。「フォックス・フィルム」を設立。
⇒岩世人（フォックス　1879–1952.5.8）

Foxe, John〈16世紀〉
イギリスの宗教家。プロテスタント迫害の歴史『殉教者伝』の著者として有名。
⇒岩世人（フォックス　1516–1587.4.18）
　新カト（フォックス　1516–1587.4.18）

Foxwell, Herbert Somerton〈19・20世紀〉
イギリスの経済学者。
⇒学叢思（フォクスウェル, ハーバート・ソマートン　1849–?）

Foxworthy, Fred William〈19・20世紀〉
アメリカの森林学者。
⇒アア歴（Foxworthy,Fred William　フレッド・ウイリアム・フォックスワージー　1877.7.7–1950.2.4）

Fra Angelico〈14・15世紀〉
イタリアの画家。1420年代フィレンツェの新絵画運動を取り入れ, 新宗教画様式を確立。
⇒岩世人（フラ・アンジェリコ　1400頃–1455.2.18/10）
　ネーム（フラ・アンジェリコ　1387?–1455）
　広辞7（フラ・アンジェリコ　1387–1455）
　新カト（アンジェリコ　1400頃–1455.2.18）
　芸13（アンジェリコ, ベアト　1387–1455）
　芸13（フラ・アンジェリコ　1387–1400–1455）
　世人新（フラ=アンジェリコ　1400頃–1455）
　世人装（フラ=アンジェリコ　1400頃–1455）
　ポプ人（フラ・アンジェリコ　1400?–1455）

Fracastoro, Girolamo〈15・16世紀〉
イタリアの医者, 詩人。『接触と伝染病』(46) を発表。
⇒岩世人（フラカストーロ　1476頃–1553.8.6）

Fra Diavolo〈18・19世紀〉
イタリアの山賊, ゲリラ指導者。
⇒岩世人（フラ・ディアヴォロ　1771.4.7–1806.11.11）

Fráech
『アルスター物語群』に登場する, コナハトの女王の娘に求婚し, 多くの試練を課せられる男。
⇒ネーム（フロイヒ）

Fra Giocondo, Giovanni〈15・16世紀〉
イタリアの建築家, 技術家, 人文学者。
⇒岩世人（フラ・ジョコンド　1433頃–1515.7.1）

Fragonard, Jean-Honoré〈18・19世紀〉
フランスの画家。ルイ王朝末期の享楽的な宮廷風俗を描いた。主要作品は『音楽のレッスン』など。
⇒岩世人（フラゴナール　1732.4.5–1806.8.22）
　ネーム（フラゴナール　1732–1806）
　広辞7（フラゴナール　1732–1806）
　芸13（フラゴナール, ジャン・オノレ　1732–1806）
　世人新（フラゴナール　1732–1806）
　世人装（フラゴナール　1732–1806）
　ポプ人（フラゴナール, ジャン　1732–1806）

Frahm, Hermann〈19・20世紀〉
ドイツの造船家。船舶の機関, 船体の構造等に関する研究を行い, 多数の艦船を建造。
⇒岩世人（フラーム　1867.12.8–1939.12.28）

Fraineau, Pierre-Theodore〈19・20世紀〉
フランスのパリ外国宣教会宣教師。九州で布教活動を行う。
⇒新カト（フレノー　1847.10.10–1911.1.24）

Frame, Alice Seymour〈19・20世紀〉
アメリカの宣教師。
⇒アア歴（Frame,Alice Seymour Browne　アリス・シーモア・ブラウン・フレイム　1878.10.29–1941.8.16）

Framery, Nicolas Étienne〈18・19世紀〉
フランスの台本作者, 作曲家, 批評家。
⇒バロ（フラムリ, ニコラ・エティエンヌ　1745.3.25–1810.11.26）

Frampton, *Sir* George James〈19・20世紀〉
イギリスの彫刻家。
⇒芸13（フラムプトン, ジョージ　1860–1928）

Franc, Guillaume〈16世紀〉
フランスの作曲家。
⇒バロ（フラン, ギヨーム　1510頃?–1560頃?）

France, Anatole〈19・20世紀〉
フランスの小説家, 評論家。主著, 小説『シルベストル・ボナールの罪』(81)。
⇒岩世人（フランス　1844.4.16–1924.10.12）
　19仏（アナトール・フランス　1844.4.16–1924.10.12）
　広辞7（アナトール・フランス　1844–1924）
　学叢思（フランス, アナトール　1844–1924）
　新カト（フランス　1844.4.16–1924.10.12）
　世人新（フランス（フランス＝フランス）　1844–1924）
　世人装（フランス（フランス＝フランス）　1844–1924）
　ポプ人（フランス, アナトール　1844–1924）

France, Hector〈19・20世紀〉
フランスの軍人, 作家。

⇒19仏（エクトル・フランス 1837.7.5–1908.8.19）

Francesca da Rimini〈13世紀〉
イタリアのラヴェンナの城主グイド・ミノーレ・ポレンタの娘。
⇒岩世人（フランチェスカ・ダ・リミニ ?–1283/1284）

Francesca Romana, St.〈14・15世紀〉
ベネディクト献身修女会の創始者,聖女。
⇒新カト（フランチェスカ[ローマの] 1384–1440.3.9）
図聖（フランチェスカ（ローマの） 1384–1440）

Francesco II〈19世紀〉
両シチリア国王,最後のナポリ王。在位1859～61。
⇒岩世人（フランチェスコ2世 1836.1.16–1894.12.27）

Francesco Canova de Milano〈15・16世紀〉
イタリアの作曲家。
⇒バロ（フランチェスコ・カノーヴァ・ダ・ミラーノ 1497.8.18–1543.4.15）

Francesco da Barberino〈13・14世紀〉
イタリアの詩人。
⇒岩世人（フランチェスコ・ダ・バルベリーノ 1264–1348）

Francesco da Firenze〈14世紀〉
イタリアの作曲家。
⇒バロ（フランチェスコ・ダ・フィレンツェ 1310頃?–1360頃?）

Francesco d'Assisi, St.〈12・13世紀〉
フランシスコ修道会の創立者。イタリアの守護聖人。
⇒バロ（アッシージ,サント・フランチェスコ・ダ 1181/1182–1226）
バロ（フランチェスコ・ダッシジ 1182–1226.10.3）
岩世人（フランチェスコ（アッシジの） 1181/1182–1226.10.3）
ネーム（フランチェスコ 1182?–1226）
広辞7（フランチェスコ 1181/1182–1226）
新カト（フランチェスコ[アッシジの] 1182/1181–1226.10.3）
図聖（フランチェスコ（アッシジの） 1181–1226）
世人新（フランチェスコ（アッシジの） 1181/1182–1226）
世人装（フランチェスコ（アッシジの） 1181/1182–1226）
世史語（フランチェスコ 1181頃–1226）
ポプ人（フランチェスコ 1182?–1226）

Francesco di Giorgio Martini〈15・16世紀〉
イタリアの画家,彫刻家,建築家。建築学書や啓蒙書も著した。
⇒岩世人（フランチェスコ・ディ・ジョルジョ・マルティーニ 1439.9.23–1501.11.29）

Francesco of Paola, St.〈15・16世紀〉
イタリアのフランシスコ会士,聖人。
⇒岩世人（フランチェスコ（パオラの） 1416–1507.4.2）
新カト（フランチェスコ[パオラの] 1416/1436.3.27–1507.4.2）
図聖（フランチェスコ（パオラの） 1436頃–1507）

Franceskini, Petronio〈17世紀〉
イタリアの作曲家。
⇒バロ（フランチェスキーニ,ペトローニオ 1650–1680.12.18?）

Franchet, Adrien René〈19世紀〉
フランスの植物学者。
⇒岩世人（フランシェ 1834–1900）

Franchet, Claude〈19・20世紀〉
フランスの女性カトリック作家。
⇒新カト（フランシェ 1878–1971）

Franchetti, Alberto〈19・20世紀〉
イタリアの作曲家。
⇒オペラ（フランケッティ,アルベルト 1860–1942）

Francheville, Pierre〈16・17世紀〉
フランスの彫刻家,画家。ルイ13世の宮廷彫刻家となり,「アンリ4世像」（ルーヴル）等を制作。
⇒岩世人（フランシュヴィル 1548–1615.8.25）

Franchi de' Cavalieri, Pio〈19・20世紀〉
イタリアの文献学者,聖人伝著作家。
⇒新カト（フランキ・デ・カヴァリエーリ 1869.8.31–1960.8.6）

Franchois de Gemblaco, Johannes〈14・15世紀〉
フランドルの作曲家。
⇒バロ（フランショワ・ド・ヘンブラーコ,ヨハネス 1360頃?–1415.12以降）
バロ（ヘンブラーコ,ヨハネス・フランショワ・ド 1360頃?–1415.12以降）

Francia, Annibale Maria di〈19・20世紀〉
イタリアの聖人。祝日6月1日。修道会創立者。
⇒新カト（アンニバレ・マリア・ディ・フランチア 1851.7.5–1927.6.1）

Francia, Francesco〈15・16世紀〉
イタリアの画家,金工家。作品には『フェリチニの聖母子』（94）など。
⇒岩世人（フランチャ 1460頃–1517.1.5）
芸13（フランチャ 1450頃–1517頃）

Francia, José Gaspar Rodríguez〈18・19世紀〉
パラグアイの独裁者。
⇒岩世人（フランシア 1766.1.6–1840.9.20）
ラテ新（フランシア 1766–1840）

Franciabigio〈15・16世紀〉
イタリアの画家。フィレンツェ派の画家として，メディチ宮の装飾壁画(19)などに従事。
⇒岩世人（フランチャビージョ　1483頃-1525.1.24）
　芸13（フランチアビジオ　1482-1525）

Francis, *Sir* **Philip**〈18・19世紀〉
イギリスの政治家，文筆家。「人民の友協会」の創立者の一人となった(93)。
⇒岩世人（フランシス　1740.10.22-1818.12.23）

Francisco〈15・16世紀〉
スペインの神秘主義思想家，フランシスコ会員。
⇒新カト（フランシスコ［オスナの］　1497頃-1542以前）

Francisco〈16世紀〉
京都生まれの医者，日本26聖人の一人。大友義鎮の侍医。
⇒新カト（フランシスコ　?-1597.2.5）

Francisco〈16世紀〉
京都の大工，日本26聖人の一人。
⇒新カト（フランシスコ　?-1597.2.5）

Francisco de Borja, San〈16世紀〉
第3代イエズス会総会長，聖人。
⇒バロ（ボルハ，サン・フランシスコ・デ　1510.10.28-1572.9.30）
　新カト（フランシスコ・デ・ボルハ　1510.10.28-1572.9.30）
　図聖（フランシスコ（ボルジアの）　1510-1572）

Francisco de Jesús〈16・17世紀〉
スペインのアウグスティノ会宣教師。
⇒岩世人（フランシスコ・デ・ヘスス　1590.6.2-1632.9.3）
　新カト（フランシスコ・デ・ヘスス　1590.6.2-1632.9.3）

Franciscus〈13・14世紀〉
スコトゥス学派の神学者。「照明博士」，「抽象の教師」などと呼ばれる。現フランスのメーロンヌの出身。
⇒新カト（フランシスクス［メーロンヌの］　1288-1328頃）

Franciscus〈14世紀〉
フランスの音楽家。
⇒バロ（フランチスクス，マジステル　1330頃?-1380頃以降）
　バロ（フランチスクス，マギステル　1340頃?-1390頃?）

Franciscus de Marchia〈13・14世紀〉
イタリアのフランシスコ会神学者。
⇒新カト（フランシスクス［マルカの］　1290頃-1344以後）

Francisque, Antoine〈16・17世紀〉
フランスのリュート奏者，作曲家。
⇒バロ（フランシスク，アントワーヌ　1575頃-1605.10.5）

Franck, Adolphe〈19世紀〉
フランスの哲学者。
⇒岩世人（フランク　1809.10.9-1893.4.11）
　ユ著人（Franck, Adolphe　フランク，アドルフ　1809-1893）

Franck, César Auguste Jean Guillaume Hubert〈19世紀〉
フランスのベルギー生まれの作曲家，オルガン奏者。
⇒岩世人（フランク　1822.12.10-1890.11.8）
　バレエ（フランク，セザール　1822.12.10-1890.11.8）
　エデ（フランク，セザール（=オーギュスト=ジャン=ギヨーム=ユベール）　1822.12.10-1890.11.8）
　広辞7（フランク　1822-1890）
　学叢思（フランク，セザール・オーギュスト　1822-1890）
　実音人（フランク，セザール　1822-1890）
　新カト（フランク　1822.12.10-1890.11.8）
　ビ曲改（フランク，セザール　1822-1890）

Franck, Hans〈19・20世紀〉
ドイツの作家。短篇や童話風の物語を書いた。
⇒岩世人（フランク　1879.7.30-1964.4.11）

Franck, Johann Wolfgang〈17・18世紀〉
ドイツの作曲家。
⇒バロ（フランク，ヨハン・ウォルフガング　1644.6.17-1710）

Franck, Melchior〈16・17世紀〉
ドイツの作曲家。コーブルク宮廷楽長。
⇒バロ（フランク，メルヒオール　1579頃-1639.6.1）

Franck, Sebastian〈15・16世紀〉
ドイツの人文主義者，心霊論者。
⇒岩世人（フランク　1499.1.20-1542/1543）

Francke, August Hermann〈17・18世紀〉
ドイツの敬虔主義者，教育者。ハレ大学教授，牧師として東洋語や神学を講じた。
⇒岩世人（フランケ　1663.3.22-1727.6.8）
　広辞7（フランケ　1663-1727）
　学叢思（フランケ，アウグスト・ヘルマン　1663-1727）
　新カト（フランケ　1663.3.22-1727.6.8）

Francke, Meister〈14・15世紀〉
ドイツの画家。以後の北ドイツの祭壇画に影響を与えた。
⇒岩世人（マイスター・フランケ）
　芸13（フランケ）

Franckenberg, Johann Heinrich Ferdinand von〈18・19世紀〉
ベルギーのカトリック教会政治家，枢機卿。
⇒新カト（フランケンベルク　1726.9.18-1804.6.11）

Franckenstein, Georg Arbogast,

Freiherr von und zu〈19世紀〉
ドイツの政治家。中央党党首としてビスマルク
と争う。
⇒岩世人（フランケンシュタイン 1825.7.2–1890.
1.22）

Franco, Apolinar〈16・17世紀〉
フランシスコ会員，日本205福者の一人。スペイ
ンのカスティリヤ地方出身。
⇒新カト（フランコ 1570頃–1622.9.12）

Franco, Hernando〈16世紀〉
スペインの作曲家。
⇒バロ（フランコ, エルナンド 1532–1585.11.28）

Franco, João〈19・20世紀〉
ポルトガルの政治家。
⇒岩世人（フランコ 1855.2.14–1929.4.4）

Franco, Veronica〈16世紀〉
イタリアの女性詩人。
⇒岩世人（フランコ 1546–1591）
ルネ（ヴェロニカ・フランコ 1546–1591）

Franco de Colonia〈13世紀〉
ドイツの音楽理論家。〈コロニア（ケルン）のフラ
ンコ〉とも〈パリのフランコ〉とも呼ばれている。
⇒バロ（コローニュ, フランコ・ド 1230頃?–
1280頃）
バロ（フランコ・フォン・ケルン 1230頃?–1280）
新カト（フランコ・デ・コロニア 13世紀中葉）

Francœur, François〈17・18世紀〉
フランスの作曲家，ヴァイオリン奏者。『王の24
のヴァイオリン』のひとり。
⇒バロ（フランクール, フランソワ 1698.9.21–
1787.8.5）

Francœur, Joseph〈17・18世紀〉
フランスのヴァイオリン奏者。
⇒バロ（フランクール, ジョゼフ 1662頃–1741頃）

Francœur, Louis〈17・18世紀〉
フランスのヴァイオリン奏者。
⇒バロ（フランクール, ルイ 1692–1745.9）

Francœur, Louis-Joseph〈18・19世紀〉
フランスの作曲家，指揮者。
⇒バロ（フランクール, ルイ・ジョゼフ 1738.10.8–
1804.3.10）

François, Luise von〈19世紀〉
ドイツの女流作家。写実的な力づよい作品を書
いた。
⇒岩世人（フランソワ 1817.6.27–1893.9.25）

François I〈15・16世紀〉
フランス王。在位1515～47。神聖ローマ皇帝と
2度抗争。
⇒岩世人（フランソワ1世 1494.9.12–1547.3.31）
広辞7（フランソワー世 1494–1547）

新カト（フランソア1世 1494.9.12–1547.3.31）
世人新（フランソワ1世 1494–1547）
世人装（フランソワ1世 1494–1547）
世史語（フランソワ1世 1494–1547）
世史語（フランソワ1世 1494–1547）
世帝（フランソワ1世 1494–1547）
ポプ人（フランソワ1世 1494–1547）
皇国（フランソワ1世 (在位)1515–1547）

François II〈16世紀〉
フランス王。在位1559～60。王妃の伯父ギーズ
公派のかいらいであった。
⇒岩世人（フランソワ2世 1544.1.19–1560.12.5）
新カト（フランソア2世 1544.1.19–1560.12.5）
世帝（フランソワ2世 1544–1560）

François de Montmorency Laval〈17・
18世紀〉
ケベックの宣教に尽力したフランス人司教。
⇒新カト（フランソア・ド・モンモランシー・ラ
ヴァル 1623.4.30–1708.5.6）

Franco-Mendès, Jacques〈19世紀〉
チェリスト。
⇒ユ著人（Franco-Mendès,Jacques フランコ＝メ
ンデス, ジャック 1816–1860）

Francqui, Lucien Joseph Émile〈19・
20世紀〉
ベルギーの銀行家，政治家。
⇒岩世人（フランキ 1863.6.25–1935.11.1）

Frank, Franz Hermann Reinhold〈19
世紀〉
ドイツのルター派神学者。
⇒岩世人（フランク 1827.5.2–1894.2.7）
新カト（フランク 1827.3.25–1894.2.7）

Frank, Jacob〈18世紀〉
フランク教の教祖。
⇒ユ人（フランク, ヤコブ 1726–1791）
ユ著人（Frank,Jacob フランク, ヤーコブ
1726–1791）

Frank, Johann Peter〈18・19世紀〉
ドイツの医師。近代公衆衛生学の先駆者。
⇒岩世人（フランク 1745.3.19–1821.4.24）

Frank, Semen Ljudovigovič〈19・20世
紀〉
ロシアの宗教哲学者。
⇒岩世人（フランク 1877.1.16/28–1950.12.10）

Franke, Otto〈19・20世紀〉
ドイツの東洋史学者。主著『中華帝国史』（30～
52）。
⇒岩世人（フランケ 1863.9.27–1946.8.5）

Frankel, Zacharias〈19世紀〉
ボヘミアのラビ, 学者。
⇒ユ人（フランケル, ザカリアス 1801–1875）

ユ著人（Frankel,Zechariah（Zacharias） フランケル, ツェハリア（ゼカリアス） 1801–1875）

Frankel Leó〈19世紀〉
ハンガリーの国際労働運動活動家。金属加工職人出身。
⇒学叢思（フランケル, レオ 1844–1896）

Frankl, Paul〈19・20世紀〉
ドイツの建築史家, 美術批評家。
⇒岩世人（フランクル 1878.4.22–1962.1.30）

Frankland, Sir Edward〈19世紀〉
イギリスの化学者。有機金属化合物の合成と反応について研究。
⇒岩世人（フランクランド 1825.1.18–1899.8.9）

Franklin, Benjamin〈18世紀〉
アメリカの政治家, 科学者。1752年凧を揚げて雷雲の荷電を調べたことで有名。
⇒アメ新（フランクリン 1706–1790）
　岩世人（フランクリン 1706.1.17–1790.4.17）
　科史（フランクリン 1706–1790）
　広辞7（フランクリン 1706–1790）
　学叢思（フランクリン, ベンジャミン 1706–1790）
　新カト（フランクリン 1706.1.17–1790.4.17）
　物理（フランクリン, ベンジャミン 1706–1790）
　スパイ（フランクリン, ベンジャミン 1706–1790）
　世人新（フランクリン 1706–1790）
　世人装（フランクリン 1706–1790）
　世史語（フランクリン 1706–1790）
　ボブ人（フランクリン, ベンジャミン 1706–1790）

Franklin, Sir John〈18・19世紀〉
イギリスの北極探検家。1825年第2回北極探検に出発し, 海岸を調査。
⇒岩世人（フランクリン 1786.4.16–1847.6.11）
　広辞7（フランクリン 1786–1847）

Franklin, Selim〈19世紀〉
ブリティッシュコロンビアのパイオニア。
⇒ユ人（フランクリン, セリム 1814–1884）

Franko, Ivan Iakovlevich〈19・20世紀〉
ウクライナの作家, 社会評論家, 言語学者, 社会運動家。
⇒岩世人（フランコ 1856.8.15–1916.5.15）

Franks, Jacob〈17・18世紀〉
ニューヨーク市の商人で, 優れた商人一族の元祖。
⇒ユ著人（Franks,Jacob フランクス, ヤーコブ 1688–1769）

Frantz, Konstantin〈19世紀〉
ドイツの国家学者, 政治評論家。プロシア主義の政策を批判。
⇒岩世人（フランツ 1817.9.12–1891.5.3/2）

Franz, Adolph〈19・20世紀〉
典礼史学者。シレジアのランゲビーラウ生まれ。
⇒新カト（フランツ 1842.12.21–1916.11.6）

Franz, Paul〈19・20世紀〉
フランスのテノール。ワーグナー歌手として知られるほか, ヴェルディの諸役も得意とした。
⇒失声（ポール・フランツ 1876–1950）

Franz, Robert〈19世紀〉
ドイツの作曲家。歌集『12の歌』がシューマン, リストに好まれた。
⇒岩世人（フランツ 1815.6.28–1892.10.24）

Franz I〈18世紀〉
神聖ローマ皇帝。マリア・テレジアの夫, ロートリンゲン公。のち, トスカナ大公となった。
⇒岩世人（フランツ1世 1708.12.8–1765.8.18）
　世人新（フランツ1世 1708–1765）
　世人装（フランツ1世 1708–1765）
　世史語（フランツ1世 1708–1765）
　世帝（フランツ1世 1708–1765）
　ボブ人（フランツ1世 1708–1765）

Franz II〈18・19世紀〉
神聖ローマ帝国の最後の皇帝。在位1792〜1806。
⇒岩世人（フランツ2世 1768.2.12–1835.3.2）
　広辞7（フランツ二世 1768–1835）
　新カト（フランツ1世 1768.2.12–1835.3.2）
　世人新（フランツ2世 1768–1835）
　世人装（フランツ2世 1768–1835）
　世帝（フランツ1世 1768–1835）
　皇国（フランツ2世 （在位）1792–1806）

Franzelin, Johannes Baptist〈19世紀〉
オーストリアのカトリック神学者, 枢機卿。
⇒岩世人（フランツェリン 1816.4.15–1886.12.11）
　新カト（フランツェリン 1816.4.15–1886.12.11）

Franz Ferdinand〈19・20世紀〉
オーストリアの大公。サラエボ事件で暗殺され, 第1次世界大戦の導火線となった。
⇒岩世人（フランツ・フェルディナント 1863.12.18–1914.6.28）
　ネーム（フランツ・フェルディナント 1863–1914）
　世人新（フランツ＝フェルディナント 1863–1914）
　世人装（フランツ＝フェルディナント 1863–1914）
　世帝（フランツ・フェルディナント 1863–1914）
　ボブ人（フランツ・フェルディナント 1863–1914）

Franz Joseph I〈19・20世紀〉
オーストリア皇帝。在位1848〜1916。
⇒岩世人（フランツ・ヨーゼフ1世 1830.8.18–1916.11.21）
　ネーム（フランツ・ヨーゼフ1世 1830–1916）
　広辞7（フランツ 1830–1916）
　新カト（フランツ・ヨゼフ1世 1830.8.18–1916.

11.21)
世人新（フランツ＝ヨーゼフ1世　1830–1916）
世人装（フランツ＝ヨーゼフ1世　1830–1916）
世史語（フランツ＝ヨーゼフ1世　1830–1916）
世帝　（フランツ・ヨーゼフ1世　1830–1916）
ポプ人（フランツ・ヨーゼフ1世　1830–1916）
皇氏　（フランツ・ヨーゼフ1世　(在位) 1848–1916）

Fränzl, Ignaz Franz Joseph〈18・19世紀〉
ドイツのヴァイオリン奏者、作曲家。
⇒バロ（フレンツル、イグナーツ・フランツ・ヨーゼフ　1736.6.4–1811.9.3）

Franzos, Karl Emil〈19・20世紀〉
オーストリアの小説家、ジャーナリスト。
⇒岩世人（フランツォース　1848.10.25–1904.1.28）
ユ百人（Franzos,Karl Emil　フランツォース、カール・エーミール　1848–1904）

Fraschini, Gaetano〈19世紀〉
イタリアのテノール歌手。
⇒オペラ（フラスキーニ、ガエターノ　1816–1887）

Fraser, Alexander Campbell〈19・20世紀〉
スコットランドの哲学者。
⇒岩世人（フレイザー　1819.9.3–1914.12.2）

Fraser, (Chick) Charles Carrolton〈19・20世紀〉
アメリカの大リーグ選手（投手）。
⇒メジャ（チック・フレイザー　1873.8.26–1940.5.8）

Fraser, Hugh〈19世紀〉
イギリスの外交官。駐日イギリス公使。
⇒岩世人（フレイザー　1837.2.22–1894.6.4）

Fraser, John Andrew Mary〈19・20世紀〉
カナダ出身のカトリック宣教師、スカボロ外国宣教会の創立者。
⇒新カト（フレイザー　1877.6.28–1962.9.3）

Frash, Hermann〈19・20世紀〉
ドイツの化学者。深層の硫黄鉱床から容易に純粋な硫黄を採取する「フラッシュ法」を発明(90)。
⇒岩世人（フラッシュ　1851.12.25–1914.5.1）

Frashëri, Naim〈19世紀〉
アルバニアの詩人。『スカンデルベウの物語』(98)がある。
⇒新カト（フラシャリ　1846.5.25–1900.10.20）

Frassen, Claude〈17・18世紀〉
フランスのフランシスコ会の神学者、哲学者。
⇒新カト（フラッサン　1620–1711.2.26）

Frassinello, Benedetta Cambiagio〈18・19世紀〉
イタリアの聖人。祝日3月21日。修道会創立者。
⇒新カト（ベネデッタ・カンビアジョ・フラッシネッロ　1791.10.2–1858.3.21）

Frassinetti, Giuseppe〈19世紀〉
イタリアの司牧者、著述家、「無原罪のマリアの息子修道会」の創立者。
⇒新カト（フラッシネッティ　1804.12.15–1868.1.2）

Frauenstädt, Julius〈19世紀〉
ドイツの哲学者。ショーペンハウアーの弟子で友人。
⇒岩世人（フラウエンシュテット　1813.4.17–1879.1.13）

Fraunhofer, Joseph von〈18・19世紀〉
ドイツの物理学者、光学機器技術者。太陽スペクトル中の黒線を見出し、それらの波長を測定。
⇒岩世人（フラウンホーファー　1787.3.6–1826.6.7）
学叢思（フラウンホーフェル、ジョセフ　1787–1826）
物理（フラウンホーファー、ジョセフ・フォン　1787–1826）

Frazar, Everett〈19・20世紀〉
アメリカの商人。
⇒アア歴（Frazar,Everett　エヴェレット・フレイザー　1834.10.5–1901.1.3）

Frazar, Everett Welles〈19・20世紀〉
アメリカの商人。
⇒アア歴（Frazar,Everett W (elles)　エヴェレット・ウェルズ・フレイザー　1867.8.17–1951.10.14）

Frazer, Sir James George〈19・20世紀〉
イギリスの人類学者、民俗学者、古典文献学者。
⇒岩世人（フレイザー　1854.1.1–1941.5.7）
広辞7（フレーザー　1854–1941）
新カト（フレイザー　1854.1.1–1941.5.7）

Frébault, Charles〈19・20世紀〉
フランスの医師、政治家。
⇒19仏（シャルル・フレボー　1825.3.7–1902.10.29）

Freber, Gottlob〈18世紀〉
ドイツの作曲家。
⇒バロ（フレーバー、ゴットロープ　1704–1759）

Fréchet, René Maurice〈19・20世紀〉
フランスの数学者。抽象空間論の創始者の一人。
⇒岩世人（フレシェ　1878.9.2–1973.6.4）
世数（フレッシェ、ルネ・モーリス　1878–1973）

Frecht, Martin〈15・16世紀〉
ドイツの宗教改革者。
⇒新カト（フレヒト　1494頃–1556.9.14）

Fredegar〈6・7世紀〉
　フランクの年代記の編者と見なされている人。
　⇒岩世人（フレデガール）

Fredegisus (Fridugis)〈9世紀〉
　イギリス出身のフランスの中世神学者。
　⇒新カト（フレデギスス　?-834）

Fredegunde〈6世紀〉
　フランク王妃。
　⇒岩世人（フレデグンデ　?-597）

Frédéric, Léon〈19・20世紀〉
　ベルギーの画家。
　⇒芸13（フレデリック，レオン　1856-1911）

Frederick I〈18世紀〉
　スウェーデン王国の統治者。
　⇒世帝（フレドリク1世　1676-1751）

Frederick Louis, Prince of Wales〈18世紀〉
　イギリス王ジョージ2世の長男，ジョージ3世の父。
　⇒岩世人（フレデリック・ルイス　1707.1.20-1751.3.20）

Frederik I〈15・16世紀〉
　デンマーク王。在位1523～33。ノルウェー王。在位1525～33。
　⇒世帝（フレゼリク1世　1471-1533）

Frederik II〈16世紀〉
　デンマーク，ノルウェー王。在位1559～88。スカンジナビア海域の制圧をはかり，海賊を一掃した。
　⇒世帝（フレゼリク2世　1534-1588）

Frederik III〈17世紀〉
　デンマーク，ノルウェー王。在位1648～70。クリスティアン4世の子。
　⇒岩世人（フレゼリク3世　1609.3.18-1670.2.9）
　　世帝（フレゼリク3世　1609-1670）

Frederik IV〈17・18世紀〉
　デンマーク，ノルウェー王。在位1699～1730。北方戦争の当事者。
　⇒岩世人（フレゼリク4世　1671.10.11-1730.10.12）
　　世帝（フレゼリク4世　1671-1730）

Frederik V〈18世紀〉
　デンマーク，ノルウェー王。在位1746～66。農法改善に努力。芸術アカデミーを創設（56）。
　⇒岩世人（フレゼリク5世　1723.3.31-1766.1.14）
　　世帝（フレゼリク5世　1723-1766）

Frederik VI〈18・19世紀〉
　デンマーク王。在位1808～39。ノルウェー王。在位1808～14。
　⇒岩世人（フレゼリク6世　1768.1.28-1839.12.3）
　　世帝（フレゼリク6世　1768-1839）
　　皇国（フレゼリク6世　（在位）1808-1839）

Frederik VII〈19世紀〉
　デンマーク王。在位1848～63。立憲君主制と男子普通選挙による国会優位の憲法を制定（49）。
　⇒岩世人（フレゼリク7世　1808.10.6-1863.11.15）
　　世帝（フレゼリク7世　1808-1863）

Frederik VIII〈19・20世紀〉
　デンマーク王。在位1906～12。クリスティアン9世の子。
　⇒岩世人（フレゼリク8世　1843.6.3-1912.5.14）
　　世帝（フレゼリク8世　1843-1912）

Frederik Hendrik〈16・17世紀〉
　オランニェ＝ナッソウ公, ネーデルラント総督。在位1625～47。
　⇒岩世人（フレデリック・ヘンドリック　1584.1.29-1647.3.14）

Fredholm, Erik Ivar〈19・20世紀〉
　スウェーデンの数学者。線型性の見地から積分方程式の研究を行った（1900～）。
　⇒岩世人（フレードホルム　1866.4.7-1927.8.17）
　　世数（フレドホルム，エリック・イーヴァル　1866-1927）

Fredro, Aleksander〈18・19世紀〉
　ポーランドの劇作家，詩人。ポーランド喜劇の創始者。代表作『夫と妻』（22），『復讐』（34）など。
　⇒岩世人（フレドロ　1793.6.20-1876.7.15）

Freeman, (Buck) John Frank〈19・20世紀〉
　アメリカの大リーグ選手（外野，一塁）。
　⇒メジャ（バック・フリーマン　1871.10.30-1949.6.25）

Freeman, Edward Augustus〈19世紀〉
　イギリスの歴史学者。主著『建築史』（49），『シシリー島史』（91～94）など。
　⇒岩世人（フリーマン　1823.8.2-1892.3.16）

Freeman, Frank Nugent〈19・20世紀〉
　アメリカの心理学者。教育心理学，知能検査，遺伝と環境との知能に及ぼす影響の研究で著名。
　⇒岩世人（フリーマン　1880.4.17-1961.10.17）

Freeman, John Edgar〈19世紀〉
　アメリカの宣教師。
　⇒アア歴（Freeman,John Edgar　ジョン・エドガー・フリーマン　1809.12.27-1857.6.13）

Freeman, John Ripley〈19・20世紀〉
　アメリカの技師。
　⇒アア歴（Freeman,John Ripley　ジョン・リプリー・フリーマン　1855.7.27-1932.10.6）

Freeman, Mary Eleanor Wilkins〈19・20世紀〉
　アメリカの女流小説家。主著『ニューイングランドの修道女』（91）など。1925年ハウエルズ賞を受賞。

⇒岩世人（フリーマン　1852.10.31-1930.3.13)
Freeman, Sir Ralph〈19・20世紀〉
イギリスの土木技師。
⇒岩世人（フリーマン　1880.11.27-1950.3.11)
Freeman, Richard Austin〈19・20世紀〉
イギリスの推理作家。
⇒岩世人（フリーマン　1862.4.11-1943.9.28)
Freer, Paul Caspar〈19・20世紀〉
アメリカの化学者。
　⇒アア歴（Freer,Paul Caspar　ポール・キャスパー・フリーア　1862.3.27-1912.4.17)
Frege, Gottlob〈19・20世紀〉
ドイツの数学者,論理学者,哲学者。命題論理の公理の体系化を試みた。
⇒岩世人（フレーゲ　1848.11.8-1925.7.26)
　広辞7（フレーゲ　1848-1925)
　新カト（フレーゲ　1848.11.8-1925.7.26)
　世человек（フレーゲ、フリードリヒ・ルドヴィッヒ・ゴットロープ　1848-1925)
　メル別（フレーゲ、フリードリヒ・ルートヴィヒ・ゴットロープ　1848-1925)
Freidank〈12・13世紀〉
中世高地ドイツ語時代の格言詩人。
⇒バロ（フライダンク,?　1180頃?-1233頃)
岩世人（フライダンク　1170頃/1180頃-1233頃)
Freiligrath, Ferdinand〈19世紀〉
ドイツの詩人。「3月前期」の抒情詩人,政治詩もつくる。
⇒岩世人（フライリヒラート　1810.6.17-1876.3.18)
　広辞7（フライリヒラート　1810-1876)
　学叢思（フライリヒラート、フェルディナント　1810-1876)
Freiman, Aleksandr Arnoldovich
〈19・20世紀〉
ソ連邦のイラン語学者。オセット・ロシア・ドイツ語対訳辞書の編纂（共編）等は特に名高い。
⇒岩世人（フレイマン　1879.8.10/22-1968.1.19)
Freinademetz, Joseph〈19・20世紀〉
中国宣教師,神言修道会会員。聖人。祝日1月28日。南チロルの村ヴァイラー・オイースの農家に生まれる。
⇒新カト（ヨゼフ・フライナデメッツ　1852.4.15-1908.1.28)
Freinsnerg, Jean Adam Guillaume
〈17・18世紀〉
ドイツの作曲家。
⇒バロ（ギラン・フランベール、ジャン・アーダム　1690頃?-1739)
　バロ（フランベール、ジャン・アーダム・ギヨーム　1690頃?-1739)
Frémart, Henri〈16・17世紀〉
フランスの作曲家。

⇒バロ（フレマール，アンリ　1595頃-1646頃以降)
Frémiet, Emmanuel〈19・20世紀〉
フランスの彫刻家。
⇒岩世人（フレミエ　1824.12.6-1910.9.10)
　芸13（フレミエ，エマニュエル　1824-1901)
Frémont, Georges〈19・20世紀〉
フランスのカトリック護教家,説教師,文筆家。
⇒新カト（フレモン　1852.2.29-1912.7.31)
Fremont, John Charles〈19世紀〉
アメリカの探検家,軍人,政治家。アメリカ陸軍測量部の将校として西部探検に従事。
⇒岩世人（フレモント　1813.1.21-1890.7.13)
Frémy, Edmond〈19世紀〉
フランスの化学者。人造ルビーを作り,またモアサンに先んじて弗素ガスを遊離。
⇒岩世人（フレミ　1814.2.28-1894.2.3)
　19仏（エドモン・フレミ　1814.2.28-1894.2.2)
French, John Denton Pinkstone, 1st Earl of Ypres〈19・20世紀〉
イギリスの軍人。1913年元帥。
⇒岩世人（フレンチ　1852.9.28-1925.5.22)
Freneau, Philip Morin〈18・19世紀〉
アメリカの詩人。
⇒岩世人（フリノー　1752.1.2-1832.12.18)
Frenet, Jean-Frédéric〈19世紀〉
フランスの数学者。
⇒世数（フルネ，フレデリック・ジャン　1816-1900)
Frénicle de Bessy, Bernard〈17世紀〉
フランスの数学者。
⇒世数（フレニクル（ベッシーの），ベルナール　1605-1675)
Frenssen, Gustav〈19・20世紀〉
ドイツの小説家,新教の牧師。
⇒岩世人（フレンセン　1863.10.19-1945.4.11)
Freppel, Charles Emile〈19世紀〉
フランスのカトリック神学者,聖徒伝研究家。社会問題に対する国家の干渉に反対。
⇒岩世人（フレペル　1827.6.1-1891.12.22)
　新カト（フレッペル　1827.6.1-1891.12.22)
Frere, Sir Henry Bartle Edward〈19世紀〉
イギリスの植民地行政官。ケープ植民地知事兼南アフリカ高等弁務官。
⇒岩世人（フリアー　1815.3.29-1884.5.29)
Frère-Orban, Hubert Joseph Walther〈19世紀〉
ベルギーの自由主義的政治家。公共事業相,財務相を歴任ののち,首相（68~70,78~84外相兼任)。

⇒岩世人（フレール＝オルバン 1812.4.24–1896.1.1）

Frerichs, Friedrich Theodor von〈19世紀〉
ドイツの病理学者。1859～85年ベルリン大学教授。肝臓病の研究で業績が多い。
⇒岩世人（フレリヒス 1819.3.24–1885.3.14）

Fréron, Élie Catherine〈18世紀〉
フランスの政治経済学者，評論家。主著『今日のいくつかの作品に関する書簡』（49～54）。
⇒岩世人（フレロン 1718.1.20–1776.3.10）

Freschi, Giovanni Domenico〈17・18世紀〉
イタリアの作曲家。
⇒バロ（フレスキ，ジョヴァンニ・ドメーニコ 1630頃–1710.7.2）

Frescobaldi, Girolamo〈16・17世紀〉
イタリアのオルガン奏者，作曲家。
⇒バロ（フレスコバルディ，ジロラモ 1583.9.9–1643.3.1）
　岩世人（フレスコバルディ 1583–1643.3.1）
　エデ（フレスコバルディ，ジローラモ 1583.9.9–1643.3.1）
　新カト（フレスコバルディ 1583.9–1643.3.1）
　ピ composit 改（フレスコバルディ，ジローラモ 1583–1643）

Fresenius, Carl Remigius〈19世紀〉
ドイツの化学者。主著『定性分析教科書』(41)，『定量分析教科書』(46)。
⇒岩世人（フレゼーニウス 1818.12.28–1897.6.11）

Freshfield, Douglas William〈19・20世紀〉
イギリスの登山家，地理学者。
⇒岩世人（フレッシュフィールド 1845.4.27–1934.2.9）

Fresneau, Henry〈16世紀〉
フランスの作曲家。
⇒バロ（フレノー，アンリ 1500頃?–1554）

Fresnel, Augustin Jean〈18・19世紀〉
フランスの物理学者。1818年光の波動説を唱え，不動エーテル仮説と随伴係数を導入。
⇒岩世人（フレネル 1788.5.10–1827.7.14）
　物理（フレネル，オーギュスタン・ジャン 1788–1827）
　世数（フレネル，オーギュスタン・ジャン 1788–1827）

Freud, Sigmund〈19・20世紀〉
オーストリアの神経科医。精神分析学の創始者。
⇒岩世人（フロイト 1856.5.6–1939.9.23）
　覚思（フロイト 1856.5.6–1939.9.23）
　覚思ス（フロイト 1856.5.6–1939.9.23）
　広辞7（フロイト 1856–1939）
　学叢思（フロイド，ジクムント 1856–?）
　新カト（フロイト 1856.5.6–1939.9.23）
　図哲（フロイト，ジグムント 1856–1939）
　世人新（フロイト 1856–1939）
　世人装（フロイト 1856–1939）
　世史語（フロイト 1856–1939）
　20思（フロイト，ジグムント 1856–1939）
　ボブ人（フロイト，ジグムント 1856–1939）
　メル3（フロイト，ジークムント 1856–1939）
　ユ人（フロイト，ジグムント 1856–1939）
　ユ著人（Freud,Sigmund フロイト，ジークムント 1856–1936）

Freudenthal, Jacob〈19・20世紀〉
ドイツの哲学史家。スピノザの研究によって知られる。
⇒岩世人（フロイデンタール 1839.6.20–1907.6.1）

Freundlich, Herbert Max Finlay〈19・20世紀〉
ドイツの化学者。コロイド化学，表面化学の分野に多くの業績がある。
⇒岩世人（フロイントリヒ 1880.1.28–1941.3.30）

Freycinet, Charles Louis de Saulces de〈19・20世紀〉
フランスの政治家。1877年土木相。
⇒岩世人（フレシネ 1828.11.14–1923.5.14）
　19仏（シャルル・ド・フレシネ 1828.11.14–1923.5.14）

Freycinet, Louis Claude de Saulces de〈18・19世紀〉
フランスの海軍軍人，探検家。オーストラリア周辺を探検し（1800～04），のちマルティニク島総督。
⇒岩世人（フレシネ 1779.8.7–1842.8.18）

Freylinghausen, Johannes Anastasius〈17・18世紀〉
ドイツの敬虔主義の神学者，賛美歌作者。
⇒新カト（フライリングハウゼン 1670.12.2–1739.2.12）

Freyssinet, Eugène〈19・20世紀〉
フランスの建築技師。オルリーの飛行船格納庫の制作者として有名。
⇒岩世人（フレシネ 1879.7.13–1962）

Freytag, Gustav〈19世紀〉
ドイツの批評家，劇作家。喜劇や風俗社会劇を書いた。
⇒岩世人（フライターク 1816.7.13–1895.4.30）
　広辞7（フライターク 1816–1895）
　学叢思（フライターク，グスタフ 1816–1895）

Frezzolini, Erminia〈19世紀〉
イタリアのソプラノ歌手。
⇒オペラ（フレッツォリーニ，エルミニア 1818–1884）

Frick, Henry Clay〈19・20世紀〉
アメリカの実業家。

⇒岩世人（フリック　1849.12.19–1919.12.2）
Frick, Wilhelm〈19・20世紀〉
ナチス・ドイツのファシスト政治家、法律家。35年人種法を制定してユダヤ人排斥を国法化した責任者。
⇒岩世人（フリック　1877.3.12–1946.10.16）

Fridelli, Xaver-Ehrenbert〈17・18世紀〉
オーストリアのイエズス会員、中国宣教師。
⇒新カト（フリデリ　1673.3.11–1743.6.4）

Friderici, Daniel〈16・17世紀〉
ドイツの作曲家。
⇒バロ（フリデリーツィ、ダニエル　1584–1638.9.23）

Fridolin〈7世紀〉
アイルランド出身の宣教師。聖人。祝日3月6日。ライン川の島ゼッキンゲンに修道院を創設した。アイルランド、ドイツ、スイスで「ライン上流の使徒」として崇敬される。
⇒新カト（フリドリン　7世紀）
　図聖（フリードリン（ゼッキンゲンの）　?–7世紀）

Fridzeri, Alessandro Mario Antonio〈18・19世紀〉
イタリアの作曲家。
⇒バロ（フリッゼーリ、アレッサンドロ・マリオ・アントーニオ　1741.1.15?–1825.10.26）

Frieberth, Johann Joseph〈18世紀〉
オーストリアの作曲家。
⇒バロ（フリーベルト、ヨハン・ヨーゼフ　1724.12.5–1799.8.6）

Frieberth, Karl〈18・19世紀〉
オーストリアの作曲家。
⇒バロ（フリーベルト、カール　1736.6.7–1816.8.6）

Fried, Alfred Hermann〈19・20世紀〉
オーストリアの平和主義者。1892年ドイツ平和協会を創設し、1911年ノーベル平和賞を受賞。
⇒岩世人（フリート　1864.11.11–1921.5.5）
　ユ人（フリート、アルフレッド・ヘルマン　1864–1921）
　ユ著人（Fried,Alfred Hermann　フリート、アルフレッド・ヘルマン　1864–1921）

Friedel, Charles〈19世紀〉
フランスの化学者、鉱物学者。乳酸などを合成。
⇒岩世人（フリデル（慣フリーデル）　1832.3.12–1899.4.20）

Friedel, Georges〈19・20世紀〉
フランスの結晶学者。鉱物の合成、加熱実験、液晶やダイヤモンドの研究等がある。
⇒岩世人（フリデル（慣フリーデル）　1865.7.19–1933.12.11）

Friedell, Egon〈19・20世紀〉
オーストリアの劇作家、文化史家。
⇒岩世人（フリーデル　1878.1.21–1938.3.16）
　ユ著人（Friedell,Egon　フリーデル、エゴン　1878–1938）

Friederici, Georg〈19・20世紀〉
ドイツの民族学者、植民史家。南洋に研究旅行を試みた（1908～10）。
⇒岩世人（フリーデリーツィ　1866.1.28–1947.4.15）

Friederike Katharina Sophie Dorothea Von Wurttermberk〈18・19世紀〉
ナポレオン1世の末弟ジェロームの2番目の妃。
⇒王妃（カタリーナ・フォン・ヴュルテンベルク　1783–1835）

Friedhofen, Peter〈19世紀〉
扶助者マリアの憐れみの兄弟会の創立者。ヴァイタースブルク生まれ。
⇒新カト（フリートホーフェン　1819.2.25–1860.12.21）

Friedländer, David〈18・19世紀〉
ドイツ生れのユダヤ人著作家。ユダヤ人として初めて、ベルリン市参事会員に選ばれた（1799）。
⇒岩世人（フリートレンダー　1750.12.16–1834.12.25）
　ユ人（フリートレンダー、ダビッド　1750–1834）
　ユ著人（Friedländer,David　フリートレンダー、ダーフィット　1750–1834）

Friedländer, Max〈19・20世紀〉
ドイツの音楽学者。ドイツ歌曲を研究し、特にシューベルトの作品で未知のもの100篇以上を発見、公刊。
⇒岩世人（フリートレンダー　1852.10.12–1934.5.2）

Friedländer, Max Jakob〈19・20世紀〉
ドイツの美術史家。1896年からベルリン国立美術館で研究を続け、1929年館長に就任。
⇒岩世人（フリートレンダー　1867.6.5–1958.10.11）

Friedländer, Moritz〈19・20世紀〉
ボズナン生まれのオリエント学者、作家、教育者。
⇒ユ著人（Friedländer,Moritz　フリートレンダー、モーリッツ　1844–1919）

Friedländer, Walter〈19・20世紀〉
ドイツの美術史家。
⇒岩世人（フリートレンダー　1873.3.10–1966.9.6）

Friedmann, Hermann〈19・20世紀〉
ドイツの哲学者。触覚的（物質的）世界観に対し視覚的世界観の形態学的観念論を建設しようとした。
⇒岩世人（フリートマン　1873.4.11–1957.5.25）

Friedreich, Nikolaus〈19世紀〉
ドイツの神経病学者。初めて遺伝性脊髄硬化症

を報告(63)。
⇒岩世人（フリートライヒ　1825.7.31–1882.7.6）

Friedrich, Caspar David〈18・19世紀〉
ドイツの画家。代表作『海辺の修道士』(08～09)など。
⇒岩世人（フリードリヒ　1774.9.5–1840.5.7）
　芸13（フリードリヒ，カスパル・ダーヴィト　1774–1840）

Friedrich I〈17・18世紀〉
プロイセン国王。在位1701～13。ブランデンブルク選挙侯としては、フリードリヒ3世。
⇒岩世人（フリードリヒ1世　1657.7.11–1713.2.25）
　世人新（フリードリヒ1世〈プロイセン〉　1657–1713）
　世人装（フリードリヒ1世〈プロイセン〉　1657–1713）
　世帝（フリードリヒ1世　1657–1713）
　皇国（フリードリヒ1世　（在位）1701–1713）

Friedrich I〈19・20世紀〉
バーデン大公。在位1852～1907。普墺戦争敗戦後はビスマルクと結んでドイツ帝国の建設に尽力。
⇒岩世人（フリードリヒ1世　1826.9.9–1907.9.28）

Friedrich I, Barbarossa〈12世紀〉
ドイツ皇帝。在位1155～90。イタリア、ポーランドなどに勢力を拡大。
⇒岩世人（フリードリヒ1世（バルバロッサ；赤髯）1122以降–1190.6.10）
　新カト（フリードリヒ1世　1122頃–1190.6.10）
　世人新（フリードリヒ1世（赤髭王）〈神聖ローマ〉1123頃–1190）
　世人装（フリードリヒ1世（赤髭王）〈神聖ローマ〉1123頃–1190）
　世史語（フリードリヒ1世（バルバロッサ）1122–1190）
　世帝（フリードリヒ1世　1122–1190）
　ポプ人（フリードリヒ1世　1122–1190）
　皇国（フリードリヒ1世バルバロッサ　?–1189.6）

Friedrich II〈12・13世紀〉
ドイツ王。在位1212～50。神聖ローマ皇帝。在位1220～50。
⇒岩世人（フリードリヒ2世　1194.12.26–1250.12.13）
　新カト（フリードリヒ2世　1194.12.26–1250.12.13）
　世史語（フリードリヒ2世　1194–1250）
　世帝（フリードリヒ2世　1194–1250）
　ポプ人（フリードリヒ2世（神聖ローマ帝国皇帝）1194–1250）
　皇国（フリードリヒ2世　（在位）1220–1250）

Friedrich II, der Grosse〈18世紀〉
プロシア王。在位1740～86。プロシアをヨーロッパ一流の強国に高めた。
⇒バロ（フリードリヒ2世，ヴィルヘルム　1712.1.24–1786.8.17）
　岩世人（フリードリヒ2世（大王）　1712.1.24–1786.8.17）
　広辞7（フリードリヒ大王　1712–1786）
　学叢思（フリードリヒ大王　1712–1786）
　新カト（フリードリヒ2世〔プロイセン王国〕1712.1.24–1786.8.17）
　世人新（フリードリヒ2世（大王）　1712–1786）
　世人装（フリードリヒ2世（大王）　1712–1786）
　世史語（フリードリヒ2世（大王）　1712–1786）
　世帝（フリードリヒ2世　1712–1786）
　ポプ人（フリードリヒ2世（プロイセン王）1712–1786）
　皇国（フリードリヒ2世　?–1786）
　学叢歴（フリードリッヒ大王　1712–1786）

Friedrich III〈15世紀〉
神聖ローマ皇帝。在位1440～93。ドイツの国制改革を企て、失敗。ハプスブルク家出身。
⇒岩世人（フリードリヒ（美王）　1289–1330.1.13）
　岩世人（フリードリヒ3世　1415.9.21–1493.8.19）
　新カト（フリードリヒ3世　1415.9.21–1493.8.19）
　世帝（フリードリヒ3世　1289–1330）
　世帝（フリードリヒ3世　1415–1493）
　皇国（フリードリヒ3世　（在位）1452–1493）

Friedrich III〈19世紀〉
プロシア王、ドイツ皇帝。在位1888。在位99日で死去。
⇒岩世人（フリードリヒ3世　1831.10.18–1888.6.15）
　19仏（フリードリヒ3世　1831.10.18–1888.6.15）
　世帝（フリードリヒ3世　1831–1888）

Friedrich III Pfalzgraf〈16世紀〉
ファルツ選定伯。カルバン派に属した。
⇒岩世人（フリードリヒ3世（敬虔公）　1515.2.14–1576.10.26）
　新カト（フリードリヒ3世〔プファルツ侯〕1515.2.14–1576.10.26）

Friedrich V〈16・17世紀〉
ライン・ファルツ選定侯兼ボヘミア王。三十年戦争時代の新教派諸侯の一人として知られる。
⇒岩世人（フリードリヒ5世（冬王）　1596.8.16–1632.11.29）

Friedrich August I〈17・18世紀〉
ザクセン選帝侯。在位1694～1733。ポーランド分割を企てた。
⇒岩世人（フリードリヒ・アウグスト1世（強健王）1670.5.12–1733.2.1）
　世帝（アウグスト2世　1670–1733）

Friedrich August II〈17・18世紀〉
ザクセン選帝侯。ポーランド王との間に，1733～35年王位継承戦を引起した。
⇒岩世人（フリードリヒ・アウグスト2世　1696.10.7–1763.10.5）
　世帝（アウグスト3世　1696–1763）

Friedrich der Weise〈15・16世紀〉
ザクセン選定侯。
⇒岩世人（フリードリヒ（賢公）　1463.1.17–1525.5.5）
　広辞7（フリードリヒ三世　1463–1525）
　新カト（フリードリヒ3世〔ザクセン侯〕1463.1.17–1525.5.5）

世人新（フリードリヒ3世（賢明公） 1463-1525）
世人裳（フリードリヒ3世（賢明公） 1463-1525）
世史語（ザクセン選帝侯フリードリヒ （在位）1486-1525）
ポプ人（フリードリヒ3世 1463-1525）

Friedrich von Hausen〈12世紀〉
ドイツのシュタウフェン王朝前期の宮廷歌人。皇帝フリードリヒ1世の側近。
⇒バロ（ハウゼン, フリードリヒ・フォン 1150頃-1190.5.6）
バロ（フリードリヒ・フォン・ハウゼン 1150頃-1190.5.6）

Friedrich von Utrecht〈9世紀〉
司教, 殉教者, 聖人。
⇒図聖（フレデリクス（ユトレヒトの） ?-838）

Friedrich Wilhelm〈17世紀〉
ブランデンブルク選帝侯。在位1640～88。プロシア絶対王制の基礎を築いた。
⇒岩世人（フリードリヒ・ヴィルヘルム（大選帝侯） 1620.2.16-1688.5.9）
世人新（フリードリヒ＝ヴィルヘルム（大選挙侯） 1620-1688）
世人裳（フリードリヒ＝ヴィルヘルム（大選挙侯） 1620-1688）

Friedrich Wilhelm I〈17・18世紀〉
プロシア王。在位1713～40。フリードリヒ1世の子。富国強兵の実をあげた。
⇒岩世人（フリードリヒ・ヴィルヘルム1世（軍人王） 1688.8.15-1740.5.31）
広辞7（フリードリヒ・ウィルヘルム一世 1688-1740）
世人新（フリードリヒ・ウィルヘルム1世 1688-1740）
世人裳（フリードリヒ＝ウィルヘルム1世 1688-1740）
世史語（フリードリヒ＝ウィルヘルム1世 1688-1740）
世帝（フリードリヒ・ウィルヘルム1世 1688-1740）
ポプ人（フリードリヒ・ウィルヘルム1世 1688-1740）
皇国（フリードリヒ・ウィルヘルム1世 （在位）1713-1740）

Friedrich Wilhelm II〈18世紀〉
プロシア王。在位1786～97。プロシア王国崩壊の因をつくった。
⇒岩世人（フリードリヒ・ヴィルヘルム2世 1744.9.25-1797.11.26）
世帝（フリードリヒ・ウィルヘルム2世 1744-1797）

Friedrich Wilhelm III〈18・19世紀〉
プロシア王。在位1797～1840。イェナの敗戦で国家の崩壊を招いた。
⇒岩世人（フリードリヒ・ヴィルヘルム3世 1770.8.3-1840.6.7）
世帝（フリードリヒ・ウィルヘルム3世 1770-1840）

Friedrich Wilhelm IV〈18・19世紀〉
プロシア王。在位1840～61。政治的手腕を欠き,「王座のロマン主義者」と呼ばれた。
⇒岩世人（フリードリヒ・ヴィルヘルム4世 1795.10.15-1861.1.2）
世人新（フリードリヒ＝ヴィルヘルム4世 1795-1861）
世人裳（フリードリヒ＝ヴィルヘルム4世 1795-1861）
世帝（フリードリヒ・ヴィルヘルム4世 1795-1861）
皇国（フリードリヒ・ヴィルヘルム4世 （在位）1840-1861）

Fries, Jakob Friedrich〈18・19世紀〉
ドイツの新カント派に属する哲学者。政治的には立憲政治を要求し, ドイツ統一を唱えた。
⇒岩世人（フリース 1773.8.23-1843.8.10）
学叢思（フリース, ヤコブ・フリードリヒ 1773-1843）
新カト（フリース 1773.8.23-1843.8.10）
メル2（フリース, ヤーコプ・フリードリヒ 1773-1843）

Friesz, Emile Othon〈19・20世紀〉
フランスの画家。主作品は『春』(09),『水浴』(48)。
⇒岩世人（フリエス 1879.2.6-1949.1.10）
芸13（フリエス, エミール・オトン 1879-1949）

Frieze, Heinrich〈17・18世紀〉
ドイツの作曲家。
⇒バロ（フリーゼ, ハインリヒ 1660頃?-1720.9）

Friis, Aage〈19・20世紀〉
デンマークの歴史家。主著"Bernstorfferne og Danmark"（03～19）。
⇒岩世人（フリース 1870.8.16-1949.10.5）

Friml, Charles Rudolf〈19・20世紀〉
チェコ生れのアメリカの作曲家, ピアノ奏者。オペレッタ「ローズ・マリー」(24) で有名。
⇒エデ（フリムル,（チャールズ）ルドルフ 1879.12.2-1972.11.12）

Frint, Jakob〈18・19世紀〉
オーストリアの司教。
⇒新カト（フリント 1766.12.7-1834.10.11）

Frischeisen-Köhler, Max〈19・20世紀〉
ドイツの哲学者, 教育学者。
⇒岩世人（フリッシュアイゼン＝ケーラー 1878.7.19-1923.10.22）

Frischlin, Philipp Nikodemus〈16世紀〉
ドイツの詩人, 文献学者。代表作, 戯曲『レベッカ』(75) など。
⇒岩世人（フリッシュリン 1547.9.22-1590.11.29）

Frischman, David Ben Saul〈19・20世紀〉
ロシア系ユダヤ人のヘブライ文学作家, 詩人, 評論家。主著, 短篇『贖罪の日に』(81) など。
⇒ユ人（フリッシュマン, ダビッド 1859-1922）

ユ著人（Frischmann,David フリッシュマン,ダーフィット 1859-1922）

Frisius, Andries〈17世紀〉
オランダの遣日使節。
⇒岩世人（フリシウス）

Frith, John〈16世紀〉
イギリスのプロテスタントの宗教改革者, 殉教者。
⇒岩世人（フリス 1503頃-1533.7.4）
新カト（フリス 1503-1533.7.4）

Frith, William Powell〈19・20世紀〉
イギリスの画家。
⇒岩世人（フリス 1819.1.19-1909.11.9）

Fritsch, Gustav Theodor〈19・20世紀〉
ドイツの解剖学者, 人類学者。
⇒岩世人（フリッチュ 1838.3.5-1927.6.12）

Fritsch, Werner von〈19・20世紀〉
ドイツの軍人。ドイツ軍最高司令官として(1935)陸軍の建設に当った。
⇒岩世人（フリッチュ 1880.8.4-1939.9.22）

Fritz, Gaspard〈18世紀〉
スイスの作曲家。
⇒バロ（フリッツ, ガスパール 1716.2.18-1783.3.23）

Fritz, Haarmann〈19・20世紀〉
ドイツの連続殺人鬼。
⇒ネーム（フリッツ, ハールマン 1879-1925）

Fritz, Samuel〈17・18世紀〉
アマゾン地方へのイエズス会宣教師。
⇒新カト（フリッツ 1651.6.5-1725.3.20）

Fröbel, Friedrich Wilhelm August〈18・19世紀〉
ドイツの教育家, 幼稚園の創立者。主著『人間の教育』(26),『母の歌と愛撫の歌』(44)。
⇒岩世人（フレーベル 1782.4.21-1852.6.21）
覚思（フレーベル 1782.4.21-1852.6.21）
覚思ス（フレーベル 1782.4.21-1852.6.21）
ネーム（フレーベル 1782-1852）
広辞7（フレーベル 1782-1852）
学叢思（フレーベル, フリードリヒ 1782-1852）
新カト（フレーベル 1782.4.21-1852.6.21）
世人新（フレーベル 1782-1852）
世人装（フレーベル 1782-1852）
ポプ人（フレーベル, フリードリヒ 1782-1852）

Fröbel, Julius〈19世紀〉
ドイツの政治家。オーストリアの大ドイツ主義に基づくドイツ連邦政策に尽力。
⇒岩世人（フレーベル 1805.7.16-1893.11.6）

Froben, Johann〈15・16世紀〉
ドイツの印刷業者, 書籍出版者。

⇒岩世人（フローベン 1460頃-1527.10）
新カト（フローベン 1460頃-1527.10.26）

Frobenius, Georg Ferdinand〈19・20世紀〉
ドイツの数学者。
⇒岩世人（フロベーニウス 1849.10.26-1917.8.3）
世数（フロベニウス, フェルディナンド・ゲオルク 1849-1917）

Frobenius, Leo〈19・20世紀〉
ドイツの民族学者。先史時代の芸術を研究, 文化圏説の概念を提唱。
⇒岩世人（フロベーニウス 1873.6.29-1938.8.9）
新カト（フロベニウス 1873.6.29-1938.8.9）

Froberger, Johann Jakob〈17世紀〉
ドイツのオルガン奏者, 作曲家。
⇒バロ（フローベルガー, ヨハン・ヤーコプ 1616.5.19-1667.5.6/7）
岩世人（フローベルガー 1616.5.19-1667.5.6/7）
新カト（フローベルガー 1616.5.19-1667.5.6/7）
ピ曲改（フローベルガー, ヨハン・ヤーコプ 1616-1667）

Frobisher, Sir Martin〈16世紀〉
イギリスの航海者。1553～54年ギニア探検に参加。
⇒岩世人（フロービッシャー 1535頃-1594.11.22）

Fröding, Gustaf〈19・20世紀〉
スウェーデンの詩人。『ギターと手風琴』(91),『聖杯のしずく』(98) などを発表。
⇒岩世人（フレーディング 1860.8.22-1911.2.8）

Froget, Auguste〈19・20世紀〉
フランスのカトリック神学者, ドミニコ会員。
⇒新カト（フロジェ 1843.1.28-1905.5.4）

Fröhlich, Alfred〈19・20世紀〉
アメリカの薬理学者。
⇒ユ著人（Fröhlich,Alfred フローリッヒ, アルフレッド 1871-1953）

Fröhlich, Katharina〈18・19世紀〉
ドイツの女性。
⇒岩世人（フレーリヒ 1800.6.10-1879.3.3）

Frohman, Charles〈19・20世紀〉
アメリカの劇場経営者。
⇒ユ著人（Frohman,Charles フローマン, チャールス 1860-1915）

Frois, Luis〈16世紀〉
ポルトガルの宣教師。1563年来日, 布教活動を行う。
⇒岩世人（フロイス 1532頃-1597.7.8）
ネーム（フロイス 1532-1597）
広辞7（フロイス 1532-1597）
新カト（フロイス 1532-1597.7.8）
ポプ人（フロイス, ルイス 1532-1597）

Froissart, Jean〈14・15世紀〉
フランスの年代記作者, 詩人。『年代記』を残した。
⇒岩世人（フロワサール　1337頃-1410頃）
広辞7（フロアサール　1337頃-1404）

Froment, Antoine〈16世紀〉
フランスの宗教改革者。スイス西部の教会改革運動を行った。
⇒新カト（フロマン　1508頃-1581.11.6）

Froment, Nicolas〈15世紀〉
フランスの画家。主作品は『燃える茨』。
⇒岩世人（フロマン　1425頃-1483-1486）
芸13（フロマン, ニコラ　1430頃-1485頃）

Fromentin, Eugène〈19世紀〉
フランスの画家, 小説家, 美術批評家。
⇒岩世人（フロマンタン　1820.10.24-1876.8.27）
ネーム（フロマンタン　1820-1876）
広辞7（フロマンタン　1820-1876）
芸13（フロマンタン, ウージェー　1820-1876）

Fromm, Andreas〈17世紀〉
ドイツの作曲家。
⇒バロ（フロム, アンドレーアス　1621-1683.10.16）

Frommann, Karl Friedrich Ernst〈18・19世紀〉
ドイツの出版業者。イェナで印刷業, 出版業を創めた（1798）。
⇒岩世人（フロンマン　1765.9.14-1839.6.12）

Frontenac et Palluau, Louis de Buade, Comte de〈17世紀〉
フランスの軍人。カナダのニューフランス総督。
⇒岩世人（フロントナック　1620-1698.11.28）

Frontinus, Sextus Julius〈1・2世紀〉
ローマの政治家, 著述家。執政官, ブリタニア総督, 水道長官などを歴任。
⇒岩世人（フロンティヌス　30頃-104）

Fronto, Marcus Cornelius〈2世紀〉
ローマの雄弁家。マルクス・アウレリウス帝の修辞学教師。143年執政官。
⇒岩世人（フロント　100頃-166/170）

Froschammer, Jakob〈19世紀〉
ドイツの哲学者。神学に対する哲学の独立性を説いた。
⇒岩世人（フローシャンマー　1821.1.6-1893.6.14）
学叢思（フローシャンメル, ヤコブ　1821-1893）
新カト（フロッシャンマー　1821.1.6-1893.6.14）

Frost, John〈19世紀〉
イギリスのチャーティスト。36年にはニューポート市長。
⇒世人新（フロスト　1784-1877）
世人装（フロスト　1784-1877）

Frost, Robert Lee〈19・20世紀〉
アメリカの詩人。
⇒アメ新（フロスト　1874-1963）
岩世人（フロスト　1874.3.26-1963.1.29）
広辞7（フロスト　1874-1963）
新カト（フロスト　1874.3.26-1963.1.29）

Froude, James Anthony〈19世紀〉
イギリスの歴史家。『イギリス史—ウルジーの失脚より無敵艦隊の敗北まで』（56〜70）を執筆。
⇒岩世人（フルード　1818.4.23-1894.10.20）

Froude, Richard Hurrell〈19世紀〉
イギリスの牧師。オックスフォード運動の指導者。
⇒岩世人（フルード　1803.3.25-1836.2.28）
新カト（フルード　1803.3.25-1836.2.28）

Froude, William〈19世紀〉
イギリスの造船技術者。
⇒岩世人（フルード　1810.11.28-1879.5.4）

Fructuosus〈6・7世紀〉
西ゴート時代のスペインの修道士, 司教。聖人。祝日4月16日。
⇒新カト（フルクトゥオスス〔ブラガの〕　600/610頃-665/675頃）

Fructuosus (Tarragona)〈3世紀〉
タラゴーナの司教, 殉教者, 聖人。
⇒新カト（フルクトゥオスス〔タラゴナの〕　?-259）

Frueauf, Rueland der Ältere〈15・16世紀〉
ドイツの画家。代表作は『受難図』。
⇒岩世人（フリューアウフ父子　1440-1450頃-1507）

Frueauf, Rueland der Jünger〈15・16世紀〉
ドイツの画家。代表作『聖レオポルド伝説』。
⇒岩世人（フリューアウフ父子　1470/1475-1545）

Frug, Shimon Shmuel〈19・20世紀〉
ロシアの詩人。
⇒ユ事人（Frug,Shimon Shmuel　フルグ, シモン・シュムエル　1860-1916）

Frugoni, Carlo Innocente〈17・18世紀〉
イタリアの詩人。パルマの宮廷詩人となる（1725）。
⇒岩世人（フルゴーニ　1692.11.21-1768.12.20）

Fruin, Robert Jacobus〈19世紀〉
オランダの歴史家。
⇒岩世人（フライン　1823.11.14-1899.1.29）

Frumentius, St.〈4世紀〉
エチオピアのキリスト教会創立者, シリア人。
⇒岩世人（フルメンティオス　?-383頃）
新カト（フルメンティオス　300頃-380頃）

Frumkina, Mariia Iakovlevna〈19・20世紀〉
ロシアの革命家。
⇒学叢思（フルームキン　1878–?）

Frundsberg, Georg von〈15・16世紀〉
ハプスブルク家に仕えたドイツの軍人。皇帝マクシミリアン1世の軍制問題顧問。
⇒岩世人（フルンツベルク　1473.9.24–1528.8.20）

Frutolf〈11・12世紀〉
ドイツの歴史叙述者。
⇒岩世人（フルトルフ　?–1103頃）

Fruwirth, Carl〈19・20世紀〉
オーストリアの植物学者、育種学者。
⇒岩世人（フルーヴィルト　1862.8.31–1930.7.21）

Fry, Elizabeth〈18・19世紀〉
イギリスの女性博愛家。刑務所改善運動を推進。
⇒岩世人（フライ　1780.5.21–1845.10.13）
　新カト（フライ　1780.5.21–1845.10.12）

Fry, Roger Eliot〈19・20世紀〉
イギリスの画家、美術評論家。後期印象派のイギリスへの紹介に努めた。
⇒岩世人（フライ　1866.12.14–1934.9.9）
　広辞7（フライ　1866–1934）
　芸13（フライ，ロジャー・エリオット　1866–1934）
　20思（フライ，ロジャー（エリオット）　1866–1934）

Frye, Walter〈15世紀〉
イギリスの音楽家。
⇒バロ（フライ，ウォルター　1435頃–1475）

Fryer, John〈19・20世紀〉
イギリスの中国学者。中国における洋学の普及に寄与。
⇒岩世人（フライヤー　1839.8.6–1928.7.2）

Fu'ād I〈19・20世紀〉
メフメット・アリー朝第10代君主。在位1917～22,22～36。
⇒岩世人（フアード1世　1868.3.26–1936.4.28）

Fu'ād Pasha, Mehmet〈19世紀〉
オスマン・トルコ帝国の政治家。宰相となり（61～66）、改革審議会長として法制の近代化に努めた。
⇒岩世人（フアト・パシャ　1815–1869）

Fubini, Guido〈19・20世紀〉
イタリアの数学者。
⇒岩世人（フビニ　1879.1.19–1943.6.6）
　世数（フビニ，ギド　1879–1943）

Fuchs, Ernst〈19・20世紀〉
オーストリアの眼科学者。
⇒岩世人（フックス　1851.6.14–1930.11.21）

Fuchs, Georg〈19・20世紀〉
ドイツの演出家、演劇理論家。
⇒岩世人（フックス　1868.6.15–1949.6.16）

Fuchs, Immanuel Lazarus〈19・20世紀〉
ドイツの数学者。幾何学、数論、解析学を研究。
⇒岩世人（フックス　1833.5.5–1902.4.26）
　世数（フックス，ラザルス・イマヌエル　1833–1902）

Fuchs, Karl Johannes〈19・20世紀〉
ドイツの経済学者。農業経済学および商業政策を講じた。
⇒岩世人（フックス　1865.8.7–1934.12.4）
　学叢思（フックス，カール・ヨハネス　1865–?）

Fuchs, Leonhart〈16世紀〉
ドイツの植物学者。
⇒岩世人（フックス　1501.1.17–1566.5.10）

Fucqual, Jacques〈16・17世紀〉
フランスの作曲家。
⇒バロ（フカール，ジャック　1580頃?–1640）

Fuenllana, Miguel de〈16世紀〉
スペインの作曲家。ビウエラ曲集『オルペウスの竪琴』をスペイン王に捧げて出版。
⇒バロ（フェンリャーナ，ミゲル・デ　1510頃–1579）

Fuente, Vicente de la〈19世紀〉
スペインの歴史家、教会法学者。
⇒新カト（フエンテ　1817.1.21–1889.12.25）

Fuentes, Pascual〈18世紀〉
スペインの作曲家。
⇒バロ（フエンテス，パスクアル　1722頃–1768.4.26）

Füetrer, Ulrich〈15世紀〉
ドイツの詩人、画家。
⇒岩世人（フュエトラー　1450頃–1500頃）

Fuga, Ferdinando〈17・18世紀〉
イタリアの建築家。
⇒岩世人（フーガ　1699–1782）

Füger, G.C.〈18・19世紀〉
ドイツの作曲家。
⇒バロ（フューガー,G.C.　1750頃?–1810頃?）

Füger, Heinrich Friedrich〈18・19世紀〉
ドイツの画家。ウィーンの宮廷画家としてイギリス風の細密画を描いた。
⇒岩世人（フューガー　1751.12.8–1818.11.5）
　芸13（フューガー，ハインリヒ・フリードリヒ　1751–1818）

Fugger, Jacob II〈15・16世紀〉
ドイツ、アウクスブルクの大商人。カトリック教会と深く関係。
⇒世人新（ヤコブ＝フッガー（ヤコブ2世）　1459–

1525)
世人装（ヤコブ=フッガー（ヤコプ2世） 1459–1525)
ルネ（ヤコブ・フッガー 1459–1525)

Führich, Josef von〈18・19世紀〉
オーストリアの画家、版画家。主作品は『十字架の道行』(44〜46)。
⇒岩世人（フューリヒ 1800.2.9–1876.3.13)
新カト（フューリヒ 1800.2.9–1876.3.13)

Fuhrmann, Georg Leopold〈16・17世紀〉
ドイツの作曲家。
⇒バロ（フールマン、ゲオルク・レーオポルト 1570頃?–1620頃?)

Fuhrmann, Martin Heinrich〈17・18世紀〉
ドイツの作曲家。
⇒バロ（フールマン、マルティン・ハインリヒ 1669.12.29–1745.6.25)

Fukangga〈18世紀〉
中国、清中期の満州人武将。
⇒岩世人（福康安 ふくこうあん 1754（乾隆19)–1796（嘉慶1))

Fularton, John〈18・19世紀〉
イギリスの経済学者。
⇒岩世人（フラートン 1780–1849.10.24)

Fulbert de Chartres〈10・11世紀〉
フランスの聖職者。シャルトル学派の開祖、聖人。
⇒岩世人（フュルベール（シャルトルの） 960頃–1028)
新カト（フルベルトゥス〔シャルトルの〕 970頃–1028.4.10)

Fulda, Ludwig〈19・20世紀〉
ドイツの劇作家。主として喜劇に才筆を揮った。
⇒岩世人（フルダ 1862.7.15–1939.3.30)

Fulgentius〈6・7世紀〉
スペインの聖人、アスティヒの司教。祝日1月14日。
⇒新カト（フルゲンティウス〔アスティヒの〕 540/550–620頃)

Fulgentius, Fabius Claudius Gordianus〈5・6世紀〉
キリスト教教父。アウグスチヌス説を信奉した神学者。
⇒岩世人（フルゲンティウス 468頃–533)
新カト（フルゲンティウス〔ルスペの〕 467/468/462–532/533/527)

Fulhame, Elizabeth〈18・19世紀〉
イギリスの化学者。
⇒物理（フラム、エリザベス 18世紀後半–19世紀前半)

Fulk of Anjou〈12世紀〉
イェルサレム王国の統治者。
⇒皇国（フーク1世 （在位)1131–1143)

Fuller, Loie〈19・20世紀〉
アメリカの舞踊家。コスチューム・ダンスで知られる。
⇒岩世人（フラー 1862.1.22–1928.1.21)
バレエ（フラー、ロイ 1862.1.22–1928.1.21)

Fuller, Sarah Margaret〈19世紀〉
アメリカの女流評論家、女権論者。
⇒岩世人（フラー 1810.5.23–1850.7.19)

Fuller, Thomas〈17世紀〉
イギリスの聖職者、歴史家。『イギリスの名士列伝』(62)などを著した。
⇒岩世人（フラー 1608.6.19–1661.8.16)

Fulrad〈8世紀〉
サン・ドニ大修道院長。聖人。祝日7月16日。アルザス出身。
⇒新カト（フルラド ?–784.7.16)

Fulton, Mary〈19・20世紀〉
アメリカの宣教師。
⇒アア歴（Fulton,Mary Hannah メアリー・ハナ・フルトン 1854.5.31–1927.1.7)

Fulton, Robert〈18・19世紀〉
アメリカの技術者。汽船の発明者とされる。
⇒アメ新（フルトン 1765–1815)
岩世人（フルトン 1765.11.14–1815.2.24)
広辞7（フルトン 1765–1815)
学叢思（フルトン、ロバート 1765–1815)
世人新（フルトン 1765–1815)
世人装（フルトン 1765–1815)
世史語（フルトン 1765–1815)
ポプ（フルトン、ロバート 1765–1815)

Fulton, Samuel Peter〈19・20世紀〉
アメリカの長老教会宣教師。
⇒岩世人（フルトン 1865.8.17–1938.9.15)

Fulton, Thomas Alexander Wemyss〈19・20世紀〉
スコットランドの水産学者。水産動物学、統計学、漁業制度等に関する多くの論文がある。
⇒岩世人（フルトン 1855–1929.10.7)

Fultz, David Lewis〈19・20世紀〉
アメリカの大リーグ選手（外野)。
⇒メジャ（デイヴ・ファルツ 1875.5.29–1959.10.2)

Fumasoni Biondi, Pietro〈19・20世紀〉
イタリアの司教、初代駐日教皇使節。
⇒岩世人（フマゾーニ・ビオンディ 1872.9.4–1960.7.12)
新カト（フマゾーニ・ビオンディ 1872.9.4–1960.7.12)

Funck, David〈17世紀〉
ボヘミアの作曲家。
⇒バロ（フンク, ダーヴィト　1630頃-1690以降）

Funck-Brentano, Jacques Chrétien Frantz〈19・20世紀〉
フランスの歴史家。
⇒岩世人（フンク＝ブレンタノ　1862.6.15-1947.11.5）

Funcke, Friedrich〈17世紀〉
ドイツの作曲家。
⇒バロ（フンケ, フリードリヒ　1642-1699.10.20）

Funk, Franz Xaver von〈19・20世紀〉
ドイツのカトリック教会史家, 神学者。テュービンゲン学派の中心人物。
⇒岩世人（フンク　1840.10.12-1907.2.24）
　新カト（フンク　1840.10.12-1907.2.24）

Funston, Frederick〈19・20世紀〉
アメリカの軍人。アメリカ＝スペイン戦争で活躍。
⇒アア歴（Funston,Frederick　フレデリック・ファンストン　1865.11.9-1917.2.19）

Fuoco, Sofia〈19・20世紀〉
イタリアのダンサー。
⇒バレエ（フオーコ, ソフィア　1830.1.16-1916.6.4）

Furchheim, Johann Wilhelm〈17世紀〉
ドイツの作曲家。
⇒バロ（フルヒハイム, ヨハン・ヴィルヘルム　1635-1640頃-1682.11.22）

Furet, Louis-Théodore〈19世紀〉
フランスのパリ外国宣教会宣教師。
⇒新カト（フュレ　1816.11.25-1900.1.15）

Furetière, Antoine〈17世紀〉
フランスの小説家, 辞書編纂者。主著, 小説『町人物語』(66) など。
⇒岩世人（フュルティエール　1619.12.28-1688.5.14）

Furlanetto, Bonaventura〈18・19世紀〉
イタリアの作曲家。
⇒バロ（フルラネット, ボナヴェントゥーラ　1738.5.27-1817.4.6）

Furlong, Leonard〈19・20世紀〉
アメリカの陸軍将校。
⇒アア歴（Furlong,Leonard　レナード・ファーロング　1877.11.3-1911.7.9）

Furness, William Henry, 3rd〈19・20世紀〉
アメリカの旅行家。
⇒アア歴（Furness,William Henry,3rd　ウイリアム・ヘンリー・ファーネス3世　1866.8.18-1920.9.9）

Furnival, John Sydenham〈19・20世紀〉
イギリスの植民地経済学者。ヨーロッパ人・東洋外国人（華僑・印僑）・土着原住民の「混在すれど融合しない」複合社会論を唱えた。
⇒岩世人（ファーニヴァル　1878.2.14-1960.7.7）

Furphy, Joseph〈19・20世紀〉
オーストラリアの作家。『人生かくの如し』(03)。
⇒岩世人（ファーフィ　1843.9.26-1912.9.13）
　オセ新（ファーフィ　1843-1912）

Fursey〈7世紀〉
大修道院長。聖人。アイルランド生まれ。
⇒新カト（フルサ　?-648/649）

Fürstenberg, Franz Friedrich Wilhelm Frhr v.〈18・19世紀〉
ドイツのカトリック聖職者, 政治家。
⇒岩世人（フュルステンベルク　1729.8.7-1810.9.16）
　新カト（フュルステンベルク　1729.8.7-1810.9.16）

Furtado, Francisco〈16・17世紀〉
ポルトガルの来中国イエズス会士。
⇒新カト（フルタド　1589-1653.11.21）

Furttenbach, Joseph〈16・17世紀〉
ドイツの建築家, 建築理論家。
⇒岩世人（フルテンバッハ　1591.12.30-1667.1.17）

Furtwängler, Adolf〈19・20世紀〉
ドイツの考古学者。ベルリン博物館長, ミュンヘン大学考古学教授など勤めた。
⇒岩世人（フルトヴェングラー　1853.6.30-1907.10.11）

Fusati, Nicola〈19・20世紀〉
イタリア・オペラのテノール。
⇒失声（ニコラ・フザーティ　1876-1956）

Füssli, Johann Heinrich〈18・19世紀〉
スイスの画家。文学的主題の作品を制作。
⇒岩世人（フースリ　1741.2.7-1825.4.16）
　芸13（フースリ, ヨハン・ハインリヒ　1741-1825）

Fust, Johann〈15世紀〉
ドイツの印刷業者。1457年旧約聖書詩編などのインキュナビュラを出版。
⇒岩世人（フスト　?-1466）

Fustel de Coulanges, Numa Denis〈19世紀〉
フランスの歴史家。事実を重んじる客観的方法により『古代都市』などを著した。
⇒岩世人（フュステル・ド・クランジュ　1830.3.18-1889.9.12）
　広辞7（フュステル・ド・クーランジュ　1830-1889）
　学叢思（クラーンジュ, ヌマ・デニー・フステル・

ドゥ 1830–1889〉

Fuster, Charles〈19・20世紀〉
スイスの作家。
⇒**19仏**(シャルル・フュステール 1866.4.22–1929.1.10)

Fux, Johann Joseph〈17・18世紀〉
オーストリアの作曲家,音楽理論家。ウィーンの宮廷作曲家などを務めた。
⇒**バロ**(フックス,ヨハン・ヨーゼフ 1660–1741.2.13)
　岩世人(フックス 1660–1741.2.13)
　エデ(フックス,ヨハン・ヨーゼフ 1660–1741.2.13)
　新カト(フックス 1660–1741.2.13)

Fuzelier, Louis〈17・18世紀〉
フランスの作家。
⇒**バレエ**(フュズリエ,ルイ 1677–1752)

Fuzûlî, Mehmed ibn Süleyman〈15・16世紀〉
オスマン朝期の詩人。
⇒**岩世人**(フズーリー 1480/1495–1556/1566)

Fyodorov, Evgraf Stepanovich〈19・20世紀〉
ロシアの結晶学者,鉱物学者。結晶学を研究し,230の空間群を導き(1890),結晶測定用器具を考案。
⇒**岩世人**(フョードロフ 1853.12.10/22–1919.5.21)

【G】

Gabelentz, Hans Conon von der〈19世紀〉
ドイツの言語学者,民族学者。マレー＝ポリネシア諸言語やウラル＝アルタイ諸言語の研究が有名。
⇒**岩世人**(ガベレンツ 1807.10.13–1874.9.3)

Gabelentz, Hans Georg Conon von der〈19世紀〉
ドイツの言語学者。個別言語の研究によって一般言語理論を見出そうとした。
⇒**岩世人**(ガベレンツ 1840.3.16–1893.12.11)

Gabellone, Gaspare〈18世紀〉
イタリアの作曲家。ナポリ楽派。
⇒**バロ**(ガベッローネ,ガスパーレ 1727.4.12–1796.3.22)

Gabelsberger, Franz Xaver〈18・19世紀〉
ドイツの速記術考案者。彼の方法は,速記記号を出来る限り語のアルファベットに相応させようとするもの。
⇒**岩世人**(ガーベルスベルガー 1789.2.9–1849.1.4)

Gabet, Joseph〈19世紀〉
フランスの宣教師,旅行家。
⇒**岩世人**(ガベー 1808.12.4–1853.3.3)
　新カト(ガベ 1808.12.6–1853.3.3)

Gabler, Georg Andreas〈18・19世紀〉
ドイツの哲学者。ヘーゲル右派。
⇒**岩世人**(ガブラー 1786.7.30–1853.9.13)

Gaboriau, Émile〈19世紀〉
フランス推理小説の先駆的作家。
⇒**岩世人**(ガボリオ 1832.11.9–1873.9.28)

Gabra Mikā'ēl〈18・19世紀〉
エチオピアの殉教者,カトリック神学者。
⇒**新カト**(ガブラ・ミカーエール 1790頃–1855.8.28)

Gabriel〈15・16世紀〉
スペインの歌手。
⇒**バロ**(ガブリエル,? 1470頃?–1520頃?)

Gabriel〈16世紀〉
日本26聖人の一人。祝日2月5日。伊勢出身。
⇒**新カト**(ガブリエル 1578–1597.2.5)

Gabriel, Jacques Ange〈17・18世紀〉
フランスの建築家。
⇒**岩世人**(ガブリエル 1698.10.23–1782.1.4)

Gabriel de la Magdalena〈16・17世紀〉
スペインのフランシスコ会宣教師。1612年来日し,長崎奉行の医者として救療事業にも従った。
⇒**新カト**(ガブリエル・デ・ラ・マグダレナ 1580頃–1632.9.3)

Gabriele dell'-Addolorata〈19世紀〉
聖人。祝日2月27日。御受難修道会会員。
⇒**新カト**(ガブリエーレ〔悲しみの聖母の〕1838.3.1–1862.2.27)

Gabrieli, Andrea〈16世紀〉
イタリア,サン・マルコ大聖堂のオルガン奏者,作曲家。作品はマドリガル,モテト,ミサ,器楽曲など多数。
⇒**バロ**(ガブリエーリ,アンドレア 1510-1520–1586.12)
　岩世人(ガブリエーリ 1532/1533–1585.8.30)
　エデ(ガブリエーリ,アンドレーア 1510頃–1586)
　新カト(ガブリエーリ 1510頃–1586)

Gabrieli, Giovanni〈16・17世紀〉
イタリアのオルガン奏者,作曲家。
⇒**バロ**(ガブリエーリ,ジョヴァンニ 1553-1556–1612.3.12)
　岩世人(ガブリエーリ 1554/1557–1612.8.12)
　エデ(ガブリエーリ,ジョヴァンニ 1554-1557–1612.8.12)

実音人〈ガブリエリ, ジョヴァンニ 1553/1556–1612〉
新カト〈ガブリエーリ 1553/1557–1612/1613〉

Gabriel Lalemant〈17世紀〉
殉教者。聖人。パリ生まれ。
⇒新カト〈ガブリエル・ラルマン 1610.10.3–1649.3.17〉

Gabrielli, Caterina〈18世紀〉
イタリアのソプラノ歌手。
⇒オペラ〈ガブリエッリ, カテリーナ 1730–1796〉

Gabrielli, Domenico〈17世紀〉
イタリアのチェロ奏者, 作曲家。最初期のチェロ独奏曲を作曲。
⇒バロ〈ガブリエッリ, ドメニーコ 1651.4.15–1690.7.10〉

Gabrielli (Gabrieli), Giovanni Maria〈17・18世紀〉
イタリア人の枢機卿, 神学者, シトー会改革派総会長, 教皇庁布教聖省長官。
⇒新カト〈ガブリエーリ 1654.1.12–1711.9.17〉

Gabriel Radomir〈11世紀〉
中世ブルガリアの統治者。在位1014～1015。
⇒世帝〈ガヴリル・ラドミール ?–1015〉

Gachard, Louis Prosper〈18・19世紀〉
ベルギーの歴史家, 建築家。ベルギー史の史料を出版。
⇒岩世人〈ガシャール 1800.3.12–1885.12.24〉

Gaches, Samuel Francis〈19・20世紀〉
アメリカの実業家。
⇒アア歴〈Gaches,Samuel Francis サミュエル・フランシス・ガッチーズ 1878.9.30–1946.1.6〉

Gaddi, Agnolo di Taddeo〈14世紀〉
イタリアの画家。T.ガッディの息子。主作品はサンタ・クローチェ聖堂の連作壁画。
⇒岩世人〈ガッディ 1333頃–1396.10.16〉

Gaddi, Taddeo di Gaddo〈14世紀〉
イタリアの画家。
⇒岩世人〈ガッディ 1290頃–1366〉
　新カト〈ガッディ 1300頃–1366〉
　芸13〈ガッディ, タッデオ 1300頃–1366〉

Gade, Niels Wilhelm〈19世紀〉
デンマークの作曲家。序曲「オシアンの遺響」(1840)で認められた。
⇒岩世人〈ゲーゼ 1817.2.22–1890.12.21〉
　エデ〈ゲーゼ[ガーデ], ニルス(ウィルヘルム) 1817.2.22–1890.12.21〉

Gadjah Mada〈14世紀〉
ジャワ, マジャパヒト王国の宰相(1331就任)。
⇒岩世人〈ガジャマダ 1300年代–1364〉
　世人新〈ガジャ=マダ ?–1364〉
　世人装〈ガジャ=マダ ?–1364〉

Gadolin, Johan〈18・19世紀〉
フィンランドの化学者。稀土族元素イットリウム(ガドリン石)を発見。
⇒岩世人〈ガドリン 1760.6.5–1852.8.15〉

Gaede, Wolfgang〈19・20世紀〉
ドイツの実験物理学者。回転ポンプ(1905), 分子ポンプ(12), 拡散ポンプ(15)などを発明。
⇒岩世人〈ゲーデ 1878.5.25–1945.6.24〉

Gaetano〈18世紀〉
ポーランドのヴァイオリン奏者, 指揮者。
⇒バロ〈ガエタノ,? 1730頃?–1792頃〉

Gaetano da Thiene〈15・16世紀〉
聖人。祝日8月7日。
⇒新カト〈ガエターノ[ティエネの] 1480.10–1547.8.7〉

Gaffky, Georg Theodor August〈19・20世紀〉
ドイツの細菌学者。開放性結核を区分したガフキ度表を発表。
⇒岩世人〈ガフキー 1850.2.17–1918.9.23〉

Gafori, Franchino (Gaffurius, Franchius)〈15・16世紀〉
イタリアの音楽理論家, 作曲家。
⇒バロ〈ガフォーリ, フランキーノ 1451.1.14–1522.6.24〉
　バロ〈ガッフリウス, フランキヌス 1451.1.14–1522.6.25〉

Gagarin, Ivan Sergeevich〈19世紀〉
ロシア出身のイエズス会員, 著述家。
⇒新カト〈ガガーリン 1814.8.1–1882.7.19〉

Gagarin, Matvei Petrovich〈17・18世紀〉
ロシアの貴族, 行政官。
⇒岩世人〈ガガーリン 1659頃–1721.3.16〉

Gage, Brownell〈19・20世紀〉
アメリカの教育者。
⇒アア歴〈Gage,Brownell ブラウネル・ゲイジ 1874.4.14–1945.2.3〉

Gage, Thomas〈17世紀〉
イギリスの宣教師, 旅行家。
⇒ラテ新〈ゲージ 1603?–1656〉

Gage, Thomas〈18世紀〉
イギリス陸軍将軍。1963年北アメリカ植民地駐屯イギリス軍総司令官。74年マサチューセッツ総督。
⇒岩世人〈ゲイジ 1719/1720–1787.4.2〉

Gagern, Hans Christoph, Freiherr von〈18・19世紀〉
ドイツの政治家。ハインリヒの父。
⇒岩世人〈ガーゲルン 1766.1.25–1852.10.22〉

Gagern, Heinrich Wilhelm, Freiherr von〈18・19世紀〉
ドイツの政治家。三月革命後,臨時中央政府を組織。
⇒岩世人（ガーゲルン 1799.8.20–1880.5.22）

Gagliano, Alessandro〈18世紀〉
イタリアのヴァイオリン製作家。名匠ストラディヴァーリの弟子。
⇒岩世人（ガリアーノ 1700頃–1735頃）

Gagliano, Giovanni Battista da〈16・17世紀〉
イタリアの教師,歌手,ティオルバ奏者。
⇒バロ（ガリャーノ,ジョヴァンニ・バティスタ・ダ 1594.12.20–1651.1.8）

Gagliano, Marco da〈16・17世紀〉
イタリアのオペラ作曲家。初期のモノディー作者。主要作品はオペラ『ダフネ』(08) など。
⇒バロ（ガリャーノ,マルコ・ダ 1582.5.1–1643.2.25）

Gagliardi, Achille〈16・17世紀〉
イタリアのイエズス会士。
⇒新カト（ガリアルディ 1537/1538–1607.7.6）

Gagneur, Marie-Louise〈19・20世紀〉
フランスの作家。
⇒19仏（マリ＝ルイーズ・ガニュール 1832.5.25–1902.2.17）

Gagneur, Wladimir〈19世紀〉
フランスのジャーナリスト,政治家。
⇒19仏（ヴラディミール・ガニュール 1807.8.9–1889.8.10）

Gago, Balthazar〈16世紀〉
ポルトガルのイエズス会士。1552年来日。
⇒岩世人（ガゴ 1515頃–1583.1.9）
　新カト（ガゴ 1518–1583.1.9）

Gaguin, Robert〈15・16世紀〉
フランスの人文主義者,聖職者。
⇒新カト（ガガン 1433頃–1501.5.22）

Gaheris
円卓の騎士の一人。
⇒ネーム（ガヘリス）

Gahn, Johann Gottlieb〈18・19世紀〉
スウェーデンの化学者,鉱物学者。マンガンを発見 (1774)。
⇒岩世人（ガーン 1745.8.19–1818.12.8）

Gaidoz, Henri〈19・20世紀〉
フランスの言語学者。フランスにおけるケルト言語学の開拓者。
⇒岩世人（ゲド 1842.7.28–1932.4.1）

Gailey, Robert Reed〈19・20世紀〉
アメリカの団体理事。
⇒アア歴（Gailey,Robert R (eed) ロバート・リード・ゲイリー 1869.11.26–1950.1.18）

Gaillard, Ferdinand〈19世紀〉
フランスの画家。
⇒芸13（ゲイヤール,フェルディナン 1834–1887）

Gainas〈4世紀〉
西ゴート人でローマの将軍。
⇒岩世人（ガイナス ?–401）

Gaines, Ann Elizabeth〈19・20世紀〉
アメリカの教育家。広島女学院を創立。
⇒アア歴（Gaines,Nannie B (ett)［Ann Elizabeth］ナニー・ベット・ゲインズ 1860.4.23–1932.2.26）

Gainsborough, Thomas〈18世紀〉
イギリスの画家。
⇒岩世人（ゲインズバラ 1727.5.14–1788.8.2）
　ネーム（ゲーンズバラ 1727–1788）
　広辞7（ゲーンズバラ 1727–1788）
　学叢思（ゲーンズボロー,トマス 1727–1788）
　芸13（ゲーンズボロ,トマス 1727–1788）

Gaios
ヨハネ第三書の名宛人。ヨハネの弟子（新約）。
⇒岩世人（ガイオ）
　新カト（ガイオ）
　聖書（ガイオ）

Gairdner, James〈19・20世紀〉
イギリスの歴史家。
⇒岩世人（ゲアドナー 1828.3.22–1912.11.4）

Gaisford, Thomas〈18・19世紀〉
イギリスの古典学者。ギリシア語の多くの写本校合と古典の校訂本で有名。
⇒岩世人（ゲイズフォード 1779.12.22–1855.6.2）

Gaius〈2世紀〉
ローマの法学者。主著『法学提要』は今日伝えられる最古の法学入門書。
⇒岩世人（ガイウス）
　広辞7（ガイウス 110頃–180頃）
　学叢思（ガイウス）

Gaj, Ljudevit〈19世紀〉
クロアチア（ユーゴスラビア）の民族詩人。
⇒岩世人（ガーイ 1809.7.8–1872.4.20）

Gajayāna〈8世紀〉
東ジャワの王。在位760頃。
⇒岩世人（ガジャヤーナ （在位）760頃）

Galahad, Sir
アーサー王伝説の登場人物。サー・ラーンスロットの息子。
⇒ネーム（ガラハド）

Galán, Cristóbal〈17世紀〉
スペインの歌手, 指揮者。
⇒バロ（ガラン, クリストバル　1630頃?-1684.9.24）

Galano, Clemente〈17世紀〉
テアティニ修道会宣教師, 神学者, オリエント学者。
⇒新カト（ガラーノ　17世紀初頭-1666.5.14）

Galba, Servius Sulpicius〈前1・後1世紀〉
ローマ皇帝。在位68～69。
⇒岩世人（ガルバ　前3頃-後69.1.15）
　世帝（ガルバ　前3-後69）

Galcia, Gonçalo〈16世紀〉
フランシスコ会員, 日本26聖人の一人。インドのバセイン生まれ。
⇒新カト（ゴンサロ・ガルシア　?-1597.2.5）

Galdan〈17世紀〉
ジュンガル王国のハン。在位1671～97。東トルキスタンを征服, 88年外モンゴルに侵入して占領。
⇒岩世人（ガルダン　1644-1697）
　広辞7（ガルダン　1644-1697）
　世史語（ガルダン　1644-1697）
　学叢歴（噶爾丹　?-1697（康熙36））

Galdan Tseleng〈18世紀〉
モンゴルのオイラートのジュンガル部の長。在位1727～45。
⇒岩世人（ガルダンツェリン　?-1745）
　学叢歴（噶爾丹策零　?-1745（乾隆10））

Gale, James Scrath〈19・20世紀〉
カナダのプロテスタント宣教師。聖書翻訳委員として朝鮮語聖書を完成。
⇒岩世人（ゲイル　?-1937.1.31）

Gale, Theophilius〈17世紀〉
イギリスの哲学者。
⇒学叢思（ゲール, セオフィリウス　1628-1677）

Galeazzi, Francesco〈18・19世紀〉
イタリアのヴァイオリン奏者, 教師, 理論家。
⇒バロ（ガレアッツイ, フランチェスコ　1758-1819.1）

Galen, Clemens August von〈19・20世紀〉
ナチに抵抗したドイツのカトリック司教, 枢機卿。
⇒新カト（ガーレン　1878.3.16-1946.3.22）

Galēnos, Claudius〈2世紀〉
古代ギリシアの医学者, 解剖学者, 哲学者。
⇒岩世人（ガレノス　129頃-199）
　ネーム（ガレノス　129?-199?）
　広辞7（ガレノス　129頃-199）
　学叢思（ガレヌス, クラウディウス　130-201）
　世人新（ガレノス　129頃-200頃）
　世人装（ガレノス　129頃-200頃）
　メル1（ガレノス　129-199頃）

Galeota, Francesco〈15世紀〉
イタリアの詩人。
⇒バロ（ガレオータ, フランチェスコ　1450頃?-1500頃?）

Galeotti, Vincenzo〈18・19世紀〉
イタリア出身のダンサー, 振付家。
⇒岩世人（ガレオッティ　1733.3.5-1816.12.16）
　バレエ（ガレオッティ, ヴィンチェンツォ　1733.3.5-1816.12.16）

Galerius, Valerius Maximianus〈3・4世紀〉
ローマ皇帝。在位305～311。キリスト教を迫害, 死の床で寛容令を出した。
⇒岩世人（ガレリウス　260頃-311）
　新カト（ガレリウス　250頃-311.5）
　世帝（ガレリウス　260-311）

Galfridus de Anglia〈15世紀〉
イギリスの作曲家。
⇒バロ（ガルフリドゥス・デ・アングリア　1410頃?-1459/1460）

Galiani, Ferdinando〈18世紀〉
イタリアの文筆家, 経済学者。『貨幣』(50),『商業に関する会話』(70) などの論文を発表。
⇒岩世人（ガリアーニ　1728.12.2-1787.10.30）
　学叢思（ガリアニ, フェルディナンド　1728-1787）
　新カト（ガリアーニ　1728.12.2-1787.10.30）

Galigo, La
インドネシアのスラウェシ島に広く伝わる神話的叙事詩に登場する主人公の一人。
⇒岩世人（ガリゴ, ラ）

Galilei, Galileo〈16・17世紀〉
イタリアの物理学者, 天文学者。振子の等時性を発見。
⇒岩世人（ガリレイ　1564.2.15-1642.1.8）
　覚思（ガリレイ, ガリレオ　1564.2.15-1642.1.8）
　覚思ス（ガリレイ, ガリレオ　1564.2.15-1642.1.8）
　科史（ガリレオ　1564-1642）
　広辞7（ガリレイ　1564-1642）
　学叢思（ガリレイ・ガリレオ　1564-1641）
　新カト（ガリレイ　1564.2.15-1642.1.8）
　物理（ガリレイ, ガリレオ　1564-1642）
　世人新（ガリレイ　1564-1642）
　世人装（ガリレイ　1564-1642）
　世史語（ガリレイ（ガリレオ＝ガリレイ）　1564-1642）
　世史語（ガリレイ（ガリレオ＝ガリレイ）　1564-1642）
　世数（ガリレイ, ガリレオ　1564-1642）
　ポプ人（ガリレイ, ガリレオ　1564-1642）
　メル2（ガリレイ, ガリレオ　1564-1642）

Galilei, Michelangelo〈16・17世紀〉
イタリアのリュート奏者。
⇒バロ（ガリレイ, ミケランジェロ　1575.12.18-1630頃?）

Galilei, Vincenzo〈16世紀〉
イタリアの作曲家, 音楽理論家, リュート奏者。モノディー様式の創始者の一人。
⇒バロ（ガリレイ, ヴィンチェンツォ　1527頃-1591.6.2)

Galiot, Johannes〈14世紀〉
フランスの作曲家。
⇒バロ（ガリオ, ジョアンヌ　1350頃?-1395）

Galka, Jędrzej〈15世紀〉
ポーランドの作曲家, 教育者。
⇒バロ（ガウカ, イェンジェイ　1400頃?-1447）

Gall, Franz Joseph〈18・19世紀〉
ドイツの解剖学者, 生理学者。骨相学の創始者。
⇒岩世人（ガル　1758.3.9-1828.8.22)
　学叢思（ガル, フランツ・ヨセフ　1758-1828)

Gall, Heinrich Ludwig Lampert〈18・19世紀〉
最初のドイツ社会主義者。
⇒学叢思（ガール, ハインリヒ・ルドウィヒ・ランペルト　1790-1883）

Gallaher, David〈19・20世紀〉
ニュージーランドのラグビー選手。
⇒岩世人（ギャラハー　1873.10.30-1917.10.4)

Galland, Antoine〈17・18世紀〉
フランスの東洋学者。『コーラン』や『千夜一夜物語』を仏訳。
⇒岩世人（ガラン　1646.4.4-1715.2.17)

Gallandi, Andrea〈18世紀〉
イタリアのオラトリオ会司祭, 教父学者。
⇒新カト（ガランディ　1709.12.7-1779.1.12)

Galla Placidia〈4・5世紀〉
西ゴート王妃, 西ローマ帝国の皇后。ローマ皇帝テオドシウス2世の娘。
⇒岩世人（ガッラ・プラキディア　388頃-450.11.27)
　新カト（ガラ・プラキディア　388/392-450.11.27)

Gallatin, Abraham Alfonse Albert〈18・19世紀〉
アメリカの政治家, 外交官。1801〜14年財務長官。ガン条約締結(14)に活躍。
⇒アメ新（ギャラティン　1761-1849)
　岩世人（ガラティン　1761.1.29-1849.8.12)

Gallaudet, Thomas Hopkins〈18・19世紀〉
アメリカの聾唖学校創設者。

⇒岩世人（ギャローデット　1787.12.10-1851.9.10)

Gallé, Emile〈19・20世紀〉
フランスの工芸家。アール・ヌーボーの代表的作家。
⇒岩世人（ガレ　1846.5.4-1904.9.23)
　ネーム（ガレ, エミール　1846-1904)
　広辞7（ガレ　1846-1904)
　芸13（ガレ, エミール　1846-1904)
　ポプ人（ガレ, エミール　1846-1904)

Galle, Johann Gottfried〈19・20世紀〉
ドイツの天文学者。ブレスラウ天文台長(51)。
⇒岩世人（ガレ　1812.6.9-1910.7.10)

Gallen, Otmar von St.〈7・8世紀〉
ベネディクト会士, 大修道院長, 聖人。
⇒新カト（オトマル　689頃-759)
　図聖（オトマール(ザンクト・ガレンの)　689-759)

Gallen-Kallela, Akseli Valdemar〈19・20世紀〉
フィンランドの画家。民族詩『カレワラ』を絵画化した最初の画家。
⇒岩世人（ガッレン＝カッレラ　1865.4.26-1931.3.7)

Gallès, José〈18・19世紀〉
スペインのオルガン奏者, 聖職者。
⇒バロ（ガリエス, ホセ　1761-1836)

Galley, Johann Michael〈17世紀〉
ドイツの作曲家。
⇒バロ（ガライ, ヨハン・ミヒャエル　1650頃-1696.1.16)

Galli, Amintore〈19・20世紀〉
イタリアの評論家。
⇒オペラ（ガッリ, アミントレ　1845-1919)

Galli, Filippo〈18・19世紀〉
イタリアのバス歌手。
⇒オペラ（ガッリ, フィリッポ　1783-1853)

Galliard, Johann Ernst〈17・18世紀〉
ドイツのオーボエ奏者, オルガン奏者, 指揮者。
⇒バロ（ガリアルド, ヨハン・エルンスト　1687-1749)

Galliculus, Johannes〈15・16世紀〉
ドイツの音楽理論家。
⇒バロ（ガリクルス, ヨハネス　1480頃?-1550頃?)

Gallicus, Theobaldus〈12世紀〉
イタリアの作曲家。
⇒バロ（ガリクス, テオバルドゥス　1150頃?-1200頃?)

Gallieni, Joseph Simon〈19・20世紀〉
フランスの軍人。普仏戦争に参加。1896〜1905年マダガスカル総督ののち, 14年パリ司令官。

⇒岩世人 (ガリエニ 1849.4.24–1916.5.27)

Gallienus, Publius Licinius Egnatius〈3世紀〉
ローマ皇帝 (存位253～268)。ローマ帝国の再建に尽力。
⇒岩世人 (ガッリエヌス 213頃–268)
新カト (ガリエヌス 218–268)
世帝 (ガッリエヌス 213頃–268)

Galliffet, Gaston Alexandre Auguste〈19・20世紀〉
フランスの将軍。パリ・コンミューンを鎮圧。
⇒岩世人 (ガリフェ 1830.1.23–1909.7.9)
19仏 (ガストン・ド・ガリフェ 1830.1.23–1909.7.9)

Gallilei, Vincenzo〈16世紀〉
イタリアの人文主義者,作曲家,音楽理論家。ガリレーオ・ガリレーイの父親。
⇒オペラ (ガッリレーイ, ヴィンチェンツォ 1525?–1591)

Gallio, Lucius Annaeus Novatus〈1世紀頃〉
ローマの政治家。コリントで,ユダヤ人のパウロ告発を却下 (使徒行伝)。
⇒岩世人 (ガリオン)

Gallio, Lucius Iunius Annaeus〈前1・後1世紀〉
哲学者セネカの兄。パウロの年代記確定の根拠となるガリオン碑文で著名。
⇒新カト (ガリオン 前3頃–後65/後66)

Gallitzin, Amalie〈18・19世紀〉
ロシアの貴族夫人。
⇒新カト (ガリツィン 1748.8.28–1806.4.27)

Gallman, Jefferson D (avis) ("Jeff")〈19・20世紀〉
アメリカの陸軍少将。
⇒アア歴 (Gallman, Jefferson D (avis) ("Jeff") ジェファソン・デイヴィス・ゴールマン 1876–1945)

Gallo, Domenico〈18世紀〉
イタリアのヴァイオリン奏者。
⇒バロ (ガッロ, ドメニーコ 1730頃–1790頃?)

Gallois, Lucien〈19・20世紀〉
フランスの人文地理学者。地誌の研究で名高い。主著『自然領域と地方名』(08)。
⇒岩世人 (ガロワ 1857–1941)

Gallot, Jacques〈17世紀〉
フランスのリュート奏者。
⇒バロ (ガロ, ジャック 1621頃–1685頃)

Galloway, George〈19・20世紀〉
神学教授。

⇒メル3 (ギャロウェイ, ジョージ 1861–1933)

Galluppi, Pasquale〈18・19世紀〉
イタリアの哲学者。経験哲学への道を開いた。
⇒岩世人 (ガッルッピ 1770.4.2–1846.12.13)
新カト (ガルッピ 1770.4.2–1846.12.13)

Gallus〈5・6世紀〉
聖人,司教。祝日5月14日。
⇒新カト (ガルス〔クレルモンの〕 486頃–551.5.14)

Gallus〈6・7世紀〉
アイルランドの聖人。大陸のゲルマン人に布教。
⇒岩世人 (ガルス 550頃–645.10.16)
新カト (ガルス〔アイルランドの〕 550/555–630/645.10.16)
図聖 (ガルス 550頃–645頃)

Gallus, Flavius Claudius Constantius〈4世紀〉
ローマの副帝。在位351～354。ユリアーヌスの異母兄。
⇒岩世人 (ガッルス 325?–354)

Gallus, Gaius Cornelius〈前1世紀〉
ローマのエレゲイア詩人,政治家。
⇒岩世人 (ガッルス 前70/前69頃–前26)

Gallus, Gaius Vibius Trebonianus〈3世紀〉
ローマ皇帝。在位251～253。エトルリア貴族の末裔。
⇒世帝 (トレボニアヌス・ガッルス 206–253)

Gallus, Joannes〈16世紀〉
フランドルの作曲家。
⇒バロ (ガルス, ヨアネス 1510頃?–1560以降)
バロ (ルコック, ジャン 1510頃?–1560頃以降)

Galois, Évariste〈19世紀〉
フランスの数学者。群の概念を初めて考案,「ガロアの理論」で知られる。
⇒岩世人 (ガロワ 1811.10.25–1832.5.31)
科史 (ガロワ 1811–1832)
広辞7 (ガロア 1811–1832)
世数 (ガロア, エヴァリスト 1811–1832)
ポプ人 (ガロア, エバリスト 1811–1832)

Galsworthy, John〈19・20世紀〉
イギリスの劇作家,小説家。1922年3部作『フォーサイト・サガ』を完成。
⇒岩世人 (ゴールズワージ 1867.8.14–1933.1.31)
ネーム (ゴールズワージー 1867–1933)
広辞7 (ゴールズワージー 1867–1933)

Gálszécsi, István〈15・16世紀〉
ハンガリーの作曲家。
⇒バロ (ガールセーチ, イストヴァーン 1490頃?–1540頃?)

Galt, Howard Spilman〈19・20世紀〉
アメリカの宣教師。
⇒アア歴（Galt,Howard Spilman　ハワード・スピルマン・ゴールト　1872.9.15–1948.11.7）

Galt, John〈18・19世紀〉
スコットランド生まれの小説家・随筆家。
⇒岩世人（ゴールト　1779.5.2–1839.4.11）

Galterus〈12世紀〉
イングランド出身のアウグスチノ修道祭式者会員。
⇒新カト（グアルテルス〔サン・ヴィクトルの〕?–1180頃）

Galtier, Paul〈19・20世紀〉
フランスのカトリック神学者。
⇒新カト（ガルティエ　1872.2.9–1961.1.30）

Galton, Sir Francis〈19・20世紀〉
イギリスの遺伝学者。優生学の創始者で、遺伝法則を人類の改良に応用する優生学を提唱。
⇒岩世人（ゴルトン　1822.2.16–1911.1.17）
　ネーム（ゴールトン　1822–1911）
　広辞7（ゴールトン　1822–1911）
　学叢現（ゴールトン、フランシス　1822–1911）
　世数（ゴルトン、フランシス　1822–1911）

Galuppi, Baldassare〈18世紀〉
イタリアの作曲家、チェンバロ奏者。『ドリンダ』(29)などオペラを多数作曲。
⇒バロ（ガルッピ、バルダッサーレ　1706.10.18–1785.1.3）
　岩世人（ガルッピ　1706.10.18–1785.1.3）
　オペラ（ガルッピ、バルダッサーレ　1706–1785）
　ピ曲改（ガルッピ、バルダッサーレ　1706–1785）

Galura, Bernhard〈18・19世紀〉
ドイツのカトリック神学者、司教。
⇒新カト（ガルラ　1764.8.21–1856.5.7）

Galván, Ventura〈18世紀〉
スペインの作曲家、俳優。
⇒バロ（ガルバン、ベントゥーラ　1720頃?–1773）

Galvani, Luigi〈18世紀〉
イタリアの生理学者。動物電気の存在を主張。電池の発見に貢献。
⇒岩世人（ガルヴァーニ　1737.9.9–1798.12.4）
　広辞7（ガルヴァーニ　1737–1798）
　物理（ガルヴァーニ、ルイージ　1737–1798）

Galvão, António〈16世紀〉
ポルトガルの軍人、史家。
⇒岩世人（ガルヴァン　1505頃–1557）

Gálvez, Francisco〈16・17世紀〉
スペインのフランシスコ会宣教師。
⇒岩世人（ガルベス　1577.5/6–1623.12.4）
　新カト（ガルベス　1575頃–1623.12.4）

Gálvez, José de〈18世紀〉
スペインの植民地官僚。
⇒岩世人（ガルベス　1720.1.2–1787.6.17）

Galvin, (Pud) James Francis〈19・20世紀〉
アメリカの大リーグ選手（投手）。
⇒メジャ（パド・ガルヴィン　1856.12.25–1902.3.7）

Gama, Duarte da〈16世紀〉
ポルトガルの東亜貿易船長。
⇒岩世人（ガマ　?–1555以後）

Gama, Gaspar da〈15・16世紀〉
ユダヤ人の航海家。
⇒ユ人（ガマ、ガスパール・ダ　1440頃–1510）

Gama, Vasco da〈15・16世紀〉
ポルトガルの航海者。1497年インド航路開拓のためリスボンを出航。24年インド総督。
⇒岩世人（ガマ　1469頃–1524.12.24）
　広辞7（ヴァスコ・ダ・ガマ　1469頃–1524）
　新カト（ガマ　1468/1469–1524.12.24）
　世人新（ガマ（ヴァスコ＝ダ＝ガマ）　1469頃–1524）
　世人装（ガマ（ヴァスコ＝ダ＝ガマ）　1469頃–1524）
　世史語（ヴァスコ＝ダ＝ガマ　1469頃–1524）
　ポプ人（バスコ・ダ・ガマ　1469?–1524）
　南ア新（ガマ　1469–1524）

Gamache (Gammaché, Gamaches), Philippe de〈16・17世紀〉
フランスの神学者。
⇒新カト（ガマシュ　1568–1625.7.21）

Gamaliēl〈1世紀〉
パリサイ人の律法学者。パウロの師（使徒行伝）。
⇒岩世人（ガマリエル）
　新カト（ガマリエル　1世紀）
　聖書（ガマリエル）
　ユ著人（Gamaliel ha-Zaken (the Elder)　ガマリエル、ラバン（老）　?–50?）

Gamaliēl II〈1・2世紀〉
ユダヤ教のラビ。
⇒新カト（ガマリエル　1・2世紀）
　ユ人（ガマリエル2世　1世紀）

Gamaliēl III〈3世紀〉
パレスチナのナシ。
⇒ユ人（ガマリエル3世　3世紀）
　ユ著人（Gamaliel 3rd.　ガマリエルIII世　3世紀初）

Gambacorta, Pietro〈14・15世紀〉
福者、隠修士。
⇒新カト（ガンバコルタ　1355.2.16–1435.7.17）

Gambara, Veronica〈15・16世紀〉
イタリアの女流詩人。ベンボ風の詩を創作,いずれも夫への愛情を歌ったものである。
⇒岩世人（ガンバラ　1485.11.30-1550.6.13）

Gambetta, Léon〈19世紀〉
フランスの政治家。ベルビル綱領を定めて議員となり,下院議長を経て首相（1881〜2）。
⇒岩世人（ガンベッタ　1838.4.2-1882.12.31）
19仏（レオン・ガンベッタ　1838.4.2-1882.12.31）
ネーム（ガンベッタ　1838-1882）
学叢思（ガンベッター, レオン　1838-1882）
学叢歴（ガンベッタ　1838-1882）

Gamble, William〈19世紀〉
アメリカの長老派教会宣教師。上海美華書館技師,長崎で本木昌造に印刷技術を伝授。
⇒岩世人（ギャンブル　?-1886）

Gamboa, João Caiado〈16・17世紀〉
ポルトガルの遣日貿易船隊司令官。
⇒岩世人（ガンボア　?-1619）

Gambon, Charles Ferdinand〈19世紀〉
フランスの社会主義者。
⇒学叢思（ガンボン, シャルル・フェルヂナン　1820-1887）

Gamelin, Maurice Gustave〈19・20世紀〉
フランスの将軍。1938年全国参謀総長。
⇒岩世人（ガムラン　1872.9.20-1958.4.18）

Gamewell, Frank Dunlap〈19・20世紀〉
アメリカの宣教師。
⇒アア歴（Gamewell,Frank[Francis] D(unlap)　フランク・ダンラップ・ゲイムウェル　1857.8.31-1950.8.7）

Gams, Bonifatius〈19世紀〉
ドイツの教会史学者。
⇒新カト（ガムス　1816.1.23-1892.5.11）

Ganassi dal Fontego, Sylvestro di〈15・16世紀〉
イタリアのブロック・フレーテ,ヴィオラ・ダ・ガンバの奏者・理論家。
⇒バロ（ガナッシ・ダル・フォンテーゴ, シルヴェストロ・ディ　1492-1550頃）

Gandhi, Mohandas Karamchand〈19・20世紀〉
インドの政治家。通称マハトマ（大聖）。
⇒岩世人（ガンディー（ガーンディー）　1869.10.2-1948.1.30）
覚思（ガンジー　1869.10.2-1948.1.30）
覚思ス（ガンジー　1869.10.2-1948.1.30）
広辞7（ガンディー　1869-1948）
学叢思（ガンジー, モハンダス・カラムチャンド　1869.10.2-?）
新カト（ガンディー　1869.10.2-1948.1.30）
世人新（ガンディー（マハトマ）　1869-1948）
世人装（ガンディー（マハトマ）　1869-1948）
世史語（ガンディー　1869-1948）
20思（ガンディー, モハンダス（カラムチャンド）, マハトマ　1869-1948）
ポプ人（ガンディー　1869-1948）
南ア新（ガーンディー　1869-1948）

Gandring〈13世紀〉
ジャワのクディリ王国の伝説的な刀工。
⇒岩世人（ガンドリン　13世紀前半）

Ganeberg, Fritz〈19・20世紀〉
ドイツの教育学者。ブレーメン学校改革運動を創始。
⇒岩世人（ガンスベルク　1871.4.9-1950.2.12）

Gaṅgeśa〈13・14世紀頃〉
インドの論理学者。『タットバチンターマニ』を著し,新ニヤーヤ学派の基を開いた。
⇒岩世人（ガンゲーシャ）

Ganghofer, Ludwig〈19・20世紀〉
ドイツの小説家,劇作家。『森の沈黙』（1899）ほか小説,戯曲多数。
⇒岩世人（ガングホーファー　1855.7.7-1920.7.24）

Gangolfus〈8世紀〉
殉教者, 聖人。
⇒図聖（ガンゴルフス　?-760頃）

Ganivet Garcia, Ángel〈19世紀〉
スペインの小説家,随筆家。代表作は『ピオ・シード』（98）。
⇒岩世人（ガニベー　1865.12.13-1898.11.29）

Ganja'ī, Qivāmī Muṭarrizī〈12世紀〉
イランの詩人。
⇒岩世人（ガンジャイー, キヴァーミー・ムタッリズィー　12世紀後半）

Gans, David ben Solomon〈16・17世紀〉
天文学者, 暦学者, 数学者。
⇒ユ著人（Gans,David ben Solomon　ガンス, ダヴィド・ベン・ソロモン　1541-1613）

Gans, Eduard〈18・19世紀〉
ドイツの法学者,法哲学者。ドイツにおける比較法学の建設者として知られる。
⇒岩世人（ガンス　1798/1797.3.22-1839.5.5）
ユ著人（Gans,Eduard　ガンス, エドゥアルド　1798-1839）

Gantez, Annibal〈16・17世紀〉
フランスの作曲家, 聖職者, 参事会員, 著述家。
⇒バロ（ガンテーズ, アニバル　1600頃-1668頃）

Gantimur, Pyotr〈17世紀〉
ツングース（エヴェンキ）の首長。
⇒岩世人（ガンティムール　?-1684?）

Ganymēdēs
ギリシア神話中の美少年。トロイ王トロスの子。地上より連れ去られたゼウスの侍童とされた。
⇒岩世人（ガニュメデス）
ネーム（ガニメデス）

Gapençois, Albert de〈12世紀〉
フランスの詩人。
⇒バロ（ガパンソワ、アルベール・ド　1150頃?–1200頃?）

Gapon, Georgii Apollonovich〈19・20世紀〉
ロシア正教会の神父、労働組合運動家。
⇒岩世人（ガポン　1870.2.5–1906.3.28）
世人新（ガポン　1870–1906）
世人装（ガポン　1870–1906）
世史語（ガポン　1870–1906）
ポブ人（ガポン、ゲオルギー　1870–1906）

Garamond, Claude〈16世紀〉
フランスの活字彫刻者。従来のゴシック活字の代りにローマン・タイプを流通させた。
⇒岩世人（ガラモン　1500頃?–1561.11.18）

Garampi, Giuseppe〈18世紀〉
イタリアの枢機卿、歴史家、外交官。
⇒新カト（ガランピ　1725.10.29–1792.5.4）

Garaschanin, Ilija〈19世紀〉
セルビアの政治家。セルビア国家の近代化に努めた。
⇒岩世人（ガラシャニン　1812.1.28–1874.6.22）

Garasse, François〈16・17世紀〉
フランスのイエズス会説教者。
⇒新カト（ガラース　1585–1631.6.14）

Gárate, Francisco〈19・20世紀〉
スペインのイエズス会信徒修道士。
⇒新カト（ガラテ　1857.2.3–1929.9.9）

Garay, Juan de〈16世紀〉
スペインの南アメリカ征服者。ブエノス・アイレスに恒久的な植民地をつくった（80）。
⇒岩世人（ガライ　1528頃–1583.3.20）

Garbe, Richard von〈19・20世紀〉
ドイツのインド学者。専らインド正統哲学思想を講じ、ヴェーダ学、六派哲学の大家であった。
⇒岩世人（ガルベ　1857.3.9–1927.9.2）
南ア新（ガルベ　1857–1927）

Garbin, Edoardo〈19・20世紀〉
イタリアのテノール。19世紀のイタリア・オペラを中心に幅広いレパートリーをもつ。
⇒失声（エドアルド・ガルビン　1865–1943）
魅惑（Garbin, Edoardo　1865–1943）

Garbo, Raffaellino del〈15・16世紀〉
イタリアの画家。
⇒芸13（ガルボ、ラファエルリノ・デル　1466–1524）

Garborg, Arne〈19・20世紀〉
ノルウェーの小説家、劇作家。
⇒岩世人（ガルボルグ　1851.1.25–1924.1.14）

Garcés, García〈16・17世紀〉
スペインのイエズス会宣教師。来日して長崎、志岐等の各地に伝道。
⇒新カト（ガルセス　1560頃–1628.11.6）

Garcés, Julián〈15・16世紀〉
メキシコのトラスカラの初代司教、ドミニコ会会員。
⇒新カト（ガルセス　1447/1452–1542.12）

Garcia, Eulogio Velarde〈19・20世紀〉
フィリピンの彫刻師、画家。
⇒岩世人（ガルシア　1871.3.11–1936.2.21）

García, Manuel〈19・20世紀〉
スペインの歌手。喉頭鏡の発明もある（55）。
⇒岩世人（ガルシア　1805.3.7–1906.7.1）
オペラ（ガルシア、マヌエル・パトリシオ・ロドリゲス　1805–1906）

García, Manuel I〈18・19世紀〉
スペインの聖職者、ギター奏者、楽器考案者、教師、オルガン奏者。
⇒バロ（ガルシーア、マヌエル1世　1760頃?–1820頃?）

García, Manuel del Popolo Vicente〈18・19世紀〉
スペインの歌手、作曲家。1825年オペラ団を組織し、ニューヨーク、メキシコで興行。
⇒岩世人（ガルシア　1775.1.21–1832.6.9）
オペラ（ガルシア、マヌエル・デル・ポプロ・ビンセント　1775–1832）

García de Basurto, Juan〈15・16世紀〉
スペインの作曲家、聖職者。
⇒バロ（ガルシーア・デ・バスルト、フアン　1477頃–1547.10?）
バロ（バスルト、フアン・ガルシーア・デ　1477頃–1547.10?）

García Fajer, Francisco Javier〈18・19世紀〉
スペインの指揮者。
⇒バロ（ガルシーア・ファヘール、フランシスコ・ハビエル　1731–1809.2.26）

García Gutiérrez, Antonio〈19世紀〉
スペインの劇作家。代表作『吟遊詩人』（36）。
⇒岩世人（ガルシア・グティエレス　1813.7.5–1884.8.26）
オペラ（ガルシア＝グティエレス、アントニオ　1813–1884）

García Icazbalceta, Joaquín〈19世紀〉
メキシコの文献学者,歴史家。多くのメキシコ初期の文献を編集。
⇒岩世人（ガルシア・イカスバルセタ　1825.8.21–1894.11.26）
　新カト（イカスバルセタ　1825.8.21–1894.11.26）

García Moreno, Gabriel〈19世紀〉
エクアドルの政治家。
⇒岩世人（ガルシア・モレーノ　1821.12.24–1875.8.6）
　新カト（ガルシア・モレーノ　1821.12.24–1875.8.6）
　ラテ新（ガルシア・モレーノ　1821–1875）

García Pacheco, Fabián〈18・19世紀〉
スペインの歌手。
⇒バロ（ガルシーア・パチェーコ,ファビアン　1725頃–1808頃）
　バロ（パチェーコ,ファビアン・ガルシーア　1725頃–1808頃）

García y Íñigues, Calixto〈19世紀〉
キューバの革命家。スペインに対する反乱の指導者となる。
⇒岩世人（ガルシア　1839.8.4–1898.12.11）

Garcilaso de la Vega〈16世紀〉
スペインの詩人,軍人。
⇒岩世人（ガルシラーソ・デ・ラ・ベガ　1501頃–1536.10.14）

Garcilaso de la Vega, El Inca〈16・17世紀〉
ペルーの歴史家。ペルー征服およびインカの生活,物語などを主題とした歴史を著した。
⇒岩世人（ガルシラーソ・デ・ラ・ベガ　1539.4.12–1616.4.23）
　ラテ新（ガルシラソ・デ・ラ・ベガ　1539–1616）

Garcimignus〈15・16世紀〉
スペインの作曲家。
⇒バロ（ガルシミニュス,?　1480頃?–1530頃?）

Gardano, Antonio〈16世紀〉
イタリアの楽譜出版業者,作曲家。
⇒バロ（ガルダーノ,アントーニオ　1509–1569.10.28）

Gardeil, Ambroise〈19・20世紀〉
フランスのドミニコ会神学者。
⇒新カト（ガルデイユ　1859.3.29–1931.10.2）

Gardel, Maximilien〈18世紀〉
フランスの舞踊家。パリのオペラ座の振付師として数々の新作を上演。
⇒岩世人（ガルデル　1741.12.18–1787.3.11）
　バレエ（ガルデル,マクシミリアン　1741.12.18–1787.3.11）

Gardel, Pierre〈18・19世紀〉
フランスのダンサー,振付家,教師,バレエ・マスター。
⇒バレエ（ガルデル,ピエール　1758.2.4–1840.10.18）

Gardiner, Alan Henderson〈19・20世紀〉
イギリスのエジプト学者,言語学者。シナイ文字を解読。著書に『言語活動と言語の理論』(32)。
⇒岩世人（ガードナー　1879.3.29–1963.12.19）
　新カト（ガーディナー　1879.3.29–1963.12.19）

Gardiner, Alfred George〈19・20世紀〉
イギリスのジャーナリスト,随筆家。1902年～19年ロンドンの『デーリー・ニューズ』紙の主筆。
⇒岩世人（ガードナー　1865.6.2–1946）

Gardiner, Samuel Rawson〈19・20世紀〉
イギリスの歴史家。主著『イギリス史1603～42』(63～82)。
⇒岩世人（ガードナー　1829.3.4–1902.2.23）

Gardiner, Stephen〈15・16世紀〉
イギリスのウインチェスターの主教,大法官。1540年ケンブリッジ大学総長。
⇒岩世人（ガードナー　1483/1493頃–1555.11.12）
　新カト（ガーディナー　1483/1493–1555.11.12）

Gardner, Cornelius〈19・20世紀〉
アメリカの陸軍将校。
⇒アア歴（Gardner,Cornelius　コーニーリアス・ガードナー　1849.9.4–1921.1.2）

Gardner, Ernest Arthur〈19・20世紀〉
イギリスの考古学者。メガロポリスとナウクラティスの発掘に従事。
⇒岩世人（ガードナー　1862.3.16–1939.11.27）

Gárdonyi Géza〈19・20世紀〉
ハンガリーの作家。代表作は歴史小説『エゲルの星々』(01)。
⇒岩世人（ガールドニ　1863.8.3–1922.10.30）
　新カト（ガールドニ　1863.8.3–1922.10.30）

Gareis, Karl〈19世紀〉
ドイツの法学者。
⇒学叢思（ガーライス,カール　1844–?）

Gareth
円卓の騎士の一人。
⇒ネーム（ガレス）

Gareth, Benedetto〈15・16世紀〉
スペインの詩人,歌手,リュート,リラ・ダ・ブラッチョ奏者,書記官,大臣。1467頃にナポリに移住,生涯の殆どを同地のアラゴン王家の歴代ナポリ王に仕えた。
⇒バロ（ガレート,ベネデット　1450頃–1514）

Garfield, James Abram〈19世紀〉
第20代アメリカ大統領。南北戦争では北軍将軍

として活躍。
⇒アメ新（ガーフィールド　1831–1881）
岩世人（ガーフィールド　1831.11.19–1881.9.19）

Garibaldi, Giuseppe〈19世紀〉
イタリアの愛国者, ゲリラ戦指導者。国家統一運動を推進。
⇒岩世人（ガリバルディ　1807.7.4–1882.6.2）
19仏（ジュゼッペ・ガリバルディ　1807.7.4–1882.6.2）
ネーム（ガリバルディ　1807–1882）
広辞7（ガリバルディ　1807–1882）
学叢思（ガリバルディ, ジウセッペ　1807–1882）
新カト（ガリバルディ　1807.7.4–1882.6.2）
世人新（ガリバルディ　1807–1882）
世人装（ガリバルディ　1807–1882）
世史語（ガリバルディ　1807–1882）
ポプ人（ガリバルディ, ジュゼッペ　1807–1882）
学叢歴（ガリバルヂ　1807–1882）

Garicoïts, Michel〈18・19世紀〉
フランスの聖人, ベタラム修道会の創設者。祝日5月14日。
⇒新カト（ミシェル・ガリコイ　1797.4.17–1863.5.14）

Garin Mikhailovskii〈19・20世紀〉
ロシアの作家。
⇒岩世人（ガーリン＝ミハイロフスキー　1852.2.8–1906.11.27）

Garland, Hamlin〈19・20世紀〉
アメリカの作家。『中部辺境の娘』(21)でピュリッツァー賞受賞。
⇒岩世人（ガーランド　1860.9.14–1940.3.4）

Garner, James Wilford〈19・20世紀〉
アメリカの政治学者。
⇒岩世人（ガーナー　1871.11.22–1938.12.9）

Garner, Wightman Wells〈19・20世紀〉
アメリカの化学者, 植物生理学者。植物の光周期を明かにした。
⇒岩世人（ガーナー　1875.7.15–1956）

Garnerius〈12・13世紀〉
フランスのクレルヴォーの大修道院長, ラングルの司教。
⇒新カト（ガルネリウス〔ロシュフォールの〕　1140頃?–1225/1226）

Garnet, Henry〈16・17世紀〉
イングランドのイエズス会員。
⇒新カト（ガーネット　1555–1606.5.3）

Garnett, Richard〈19・20世紀〉
イギリスの文学者, 書誌学者。
⇒岩世人（ガーネット　1835.2.27–1906.4.13）

Garnier, Charles〈17世紀〉
フランスのカナダへの宣教師。
⇒新カト（シャルル・ガルニエ　1606.3.25–1649.12.7）

Garnier, Gabriel〈17・18世紀〉
フランスのオルガン奏者。
⇒バロ（ガルニエ, ガブリエル　1670頃?–1730）

Garnier, Germain, Marquis〈18・19世紀〉
フランスの経済学者。A.スミスの『国富論』の仏語翻訳者として著名。
⇒岩世人（ガルニエ　1754.11.8–1821.10.4）

Garnier, Jean Louis Charles〈19世紀〉
フランスの建築家。パリのオペラ座(61～75)の設計者。
⇒岩世人（ガルニエ　1825.11.6–1898.8.3）
19仏（シャルル・ガルニエ　1825.11.6–1898.8.3）

Garnier, Joseph Clément〈19世紀〉
フランスの経済学者。
⇒学叢思（ガルニエー, ジョセフ・クレマン　1813–1881）

Garnier, Louis Frederic〈19・20世紀〉
フランスのパリ外国宣教会宣教師。1885年来日し, 京都や長崎で布教活動を行った。
⇒岩世人（ガルニエ　1860.11.20–1941.1.19）

Garnier, Marie Joseph François〈19世紀〉
フランスの海軍士官, 探検家。メコン川の上流からシナの雲南地方を探検・調査。
⇒岩世人（ガルニエ　1839.7.25–1873.12.21）

Garnier, Robert〈16世紀〉
フランスの悲劇作家。古典悲劇の様式を創造。
⇒岩世人（ガルニエ　1545–1590.9.20）
新カト（ガルニエ　1544–1590.9.20）

Garnier, Tony〈19・20世紀〉
フランスの建築家。20世紀フランス近代建築の先駆者。
⇒岩世人（ガルニエ　1869.8.13–1948）

Garnier (Grenier, Guarnier)〈15・16世紀〉
フランスの作曲家。
⇒バロ（ガルニエ,?　1490頃?–1542頃）

Garnier-Pagès, Etienne Joseph Louis〈19世紀〉
フランスの政治家, 弁護士。七月革命(1830)に参加し, 共和制を支持。
⇒岩世人（ガルニエ＝パジェス　1801.12.27–1841.6.23）

Garnier-Pagès, Louis Antoine〈19世紀〉
フランスの政治家。1848年臨時政府蔵相。
⇒岩世人（ガルニエ＝パジェス　1803.7.10–1878.10.31）

Garofalo, Raffaele〈19・20世紀〉
イタリアの刑法学者。自然犯説を主張。著書『刑事学』(85)。
⇒岩世人（ガロファロ　1851.11.18–1934.4.18）
学叢思（ガロファロ, ラファエレ）

Garrett, João Baptista da Silva Leitão de Almeida〈18・19世紀〉
ポルトガルの小説家, 詩人, 劇作家, 政治家。
⇒岩世人（ガレット　1799.2.4–1854.12.9）

Garrick, David〈18世紀〉
イギリスの俳優。シェークスピア劇を復興し, ドゥルーリー・レーンの全盛期を築いた。
⇒岩世人（ギャリック　1717.2.19–1779.1.20）

Garrido Tortosa, Fernando〈19世紀〉
スペインの政治家, 著述家。
⇒岩世人（ガリード　1821.1.6–1883.6.3）

Garrigou-Lagrange, Marie Aubin Gontran〈19・20世紀〉
フランスの神学者, 哲学者。ドミニコ会士。主著『神, その存在と本性』(15)など。
⇒岩世人（ガリグー＝ラグランジュ　1877.2.21–1964.2.15）
新カト（ガリグー・ラグランジュ　1877.2.21–1964.2.15）

Garrison, William Lloyd〈19世紀〉
アメリカの奴隷制廃止論者。奴隷の即時無条件解放を要求しアメリカ奴隷制反対協会(33)の設立に参加。
⇒アメ新（ギャリソン　1805–1879）
岩世人（ギャリソン　1804.12.12–1879.5.24）
広辞7（ギャリソン　1805–1879）
世人新（ギャリソン（ガリソン）　1804/1805–1879）
世人装（ギャリソン（ガリソン）　1804/1805–1879）

Garrod, Archibald Edwald〈19・20世紀〉
イギリスの小児科医, 生化学者。
⇒岩世人（ギャロッド　1857.11.25–1936.3.28）

Garrucci, Raffaele〈19世紀〉
イタリアの考古学者, イエズス会員。
⇒新カト（ガルッチ　1812.1.23–1885.5.5）

Garshasp
ゾロアスター教で, 神格化されている英雄。
⇒ネーム（ガルシャースプ）

Garshin, Vsevolod Mikhailovich〈19世紀〉
ロシアの小説家。代表作『赤い花』(83)。
⇒岩世人（ガールシン　1855.2.2–1888.3.24）
広辞7（ガルシン　1855–1888）
学叢思（ガルシン, ヴセウォロド　1855–1888）
ポプ人（ガルシン, フセボロド　1855–1888）

Garsi da Palma, Santino〈16・17世紀〉
イタリアのリュート奏者, 教師。
⇒バロ（ガルシ・ダ・パルマ, サンティーノ　1542.2.22–1604.1.17?）
バロ（パルマ, サンティーノ・ガルシ・ダ　1542.2.22–1604.1.17?）

Garst, Charles Elias〈19世紀〉
アメリカのデサイプル派教会宣教師。単税論を主唱し, 単税太郎と呼ばれた。
⇒アア歴（Garst,Charles E(lias)　チャールズ・イライアス・ガースト　1853.8.23–1898.12.28）
岩世人（ガルスト　1853.8.23–1898.12.28）

Garstang, John〈19・20世紀〉
イギリスの考古学者。中東の先史・原始文化の解明に功績を残した。
⇒岩世人（ガースタング　1876.5.5–1956.9.12）

Gärtner, Friedrich von〈18・19世紀〉
ドイツの建築家。1820年ミュンヘン美術学校建築科教授, 42年同校長。
⇒岩世人（ゲルトナー　1792.12.10–1847.4.21）

Gärtner, Joseph〈18世紀〉
ドイツの植物学者。果実や種子の形態学について研究。
⇒岩世人（ゲルトナー　1732.3.12–1791.6.14）

Garvan, John M.〈19・20世紀〉
アメリカの民俗学者。
⇒アア歴（Garvan,John M.　ジョン・M・ガーヴァン　1875.11.19–1938-1941）

Garve, Christian〈18世紀〉
ドイツの哲学者。カントの『純粋理性批判』の批判者。
⇒岩世人（ガルヴェ　1742.1.7–1798.12.1）
学叢思（ガルヴェ, クリスティアン　1742–1798）

Garvie, Alfred Ernest〈19・20世紀〉
イギリスのプロテスタント神学者。教会合同運動に努力。
⇒岩世人（ガーヴィ　1861.8.29–1945.3.7）

Garvin, James Louis〈19・20世紀〉
イギリスのジャーナリスト。1908年〜42年『オブザーバー』紙の編集長。
⇒岩世人（ガーヴィン　1868.4.12–1947.1.23）

Garweh, Ignatios Michael〈18世紀〉
シリア人のカトリック総主教。
⇒新カト（ガルヴェー　1731.1.3–1800.9.14）

Gascoigne, George〈16世紀〉
イギリスの政治家, 軍人, 文人。
⇒岩世人（ギャスコイン　1525頃–1577.10.7）

Gascoing, Johannes〈15・16世紀〉
フランドルの作曲家。
⇒バロ（ハスコイング, ヨハンネス　1470頃?–

1520頃?）

Gascongne, Mathieu〈15・16世紀〉
フランスの作曲家,教師,聖職者。
⇒バロ（ガスコーニュ,マテュー　1490頃?-1571頃）

Gąsiorowski, Adam〈18世紀〉
ポーランドの作曲家。
⇒バロ（ゴンショロフスキ,アーダム　1740頃?-1800頃?）

Gaskell, Elizabeth Cleghorn〈19世紀〉
イギリスの女流作家。
⇒岩世人（ギャスケル　1810.9.29-1865.11.12）
　広辞7（ギャスケル　1810-1865）

Gaskell, Walter Holbrook〈19・20世紀〉
イギリスの生理学者。心臓神経支配および心臓のリズム調節の研究に重要な業績を残した。
⇒岩世人（ギャスケル　1847.11.1-1914.9.7）

Gaspar, Manuel〈16・17世紀〉
ポルトガル人のイエズス会員。
⇒新カト（ガスパル　1554?-1633/1639）

Gasparin, Etienne Pierre, Comte de〈18・19世紀〉
フランスの農学者,経済学者。
⇒岩世人（ガスパラン　1783.6.29-1862.9.7）

Gasparini, Francesco〈17・18世紀〉
イタリアの作曲家。ミサ曲,オラトリオ,モテトなどの宗教音楽が数多く残されている。
⇒バロ（ガスパリーニ,フランチェスコ　1668.3.5-1727.3.22）
　オペラ（ガスパリーニ,フランチェスコ　1668-1727）

Gasparini, Quirino〈18世紀〉
イタリアの歌手,教師,聖職者。
⇒バロ（ガスパリーニ,クイリーノ　1721-1778.9.30）

Gasparri, Pietro〈19・20世紀〉
イタリアのカトリック教理学者,教会政治家。
⇒岩世人（ガスパッリ　1852.5.5-1934.11.18）
　新カト（ガスパリ　1852.5.5-1934.11.18）

Gaspiral, Ismail〈19・20世紀〉
クリミア出身のジャーナリスト,トルコ民族運動の知的指導者。
⇒岩世人（ガスプリンスキー　1851.3.8-1914.9.11）

Gasquet, Francis Neil Aidan〈19・20世紀〉
イギリスの聖職者,歴史家。イギリスにおける宗教改革史および中世教会史の権威。
⇒岩世人（ガスクェット　1846.10.5-1929.4.5）
　新カト（ガスケ　1846.10.5-1929.4.4）

Gasquet, Marie〈19・20世紀〉
フランスの作家。詩人ジョアシャン・ガスケの妻。
⇒新カト（ガスケ　1872.8.15-1960）

Gassendi, Pierre〈16・17世紀〉
フランスの哲学者,科学者,司祭。主著『哲学体系論』(1658)。
⇒岩世人（ガッサンディ　1592.1.22-1655.10.24）
　広辞7（ガッサンディ　1592-1655）
　学叢思（ガッサンディ,ピエール　1592-1655）
　新カト（ガッサンディ　1592.1.22-1655.10.24）
　メル2（ガッサンディ,ピエール　1592-1655）

Gasser, Vinzenz Ferrer〈19世紀〉
ブリクセンの司教,神学者。
⇒新カト（ガッサー　1809.10.30-1879.4.6）

Gassmann, Florian Leopold〈18世紀〉
ボヘミアの作曲家。ハイドン,モーツァルト以前のウィーン音楽界の中心人物。
⇒バロ（ガスマン,フローリアン・レオポールド　1729.5.3-1774.1.20）

Gaster, Moses〈19・20世紀〉
ルーマニアの言語学者,ヘブライ学者。
⇒岩世人（ガスター　1856.9.17-1939.3.5）
　ユ人（ガスター,モーゼス　1856-1939）

Gastoldi, Giovanni Giacomo〈16・17世紀〉
イタリアの音楽家。
⇒バロ（ガストルディ,ジョヴァンニ・ジャーコモ　1555頃-1622）

Gastoué, Amédée〈19・20世紀〉
フランスの音楽学者。グレゴリオ聖歌研究の権威。
⇒新カト（ガストゥエ　1873.3.13-1943.6.1）

Gaszyński, Konstanty〈19世紀〉
ポーランドの詩人。反乱に関与してフランスに逃れた(1833)。
⇒岩世人（ガシンスキ　1809.3.10-1866.10.8）

Gates, Bernard〈17・18世紀〉
イギリスの作曲家。
⇒バロ（ゲイツ,バーナード　1685-1773.11.15）

Gattamelata, Erasmo de'〈14・15世紀〉
ヴェネツィアの傭兵隊長。
⇒岩世人（ガッタメラータ　1370頃-1443.1.16）

Gatterer, Johann Christoph〈18世紀〉
ドイツの歴史家。ゲッティンゲン大学に史学研究所を設立し,所長となる(67)。
⇒岩世人（ガッテラー　1727.7.13-1799.4.5）

Gattermann, Ludwig〈19・20世紀〉
ドイツの化学者。芳香族アルデヒド合成法などを研究。『有機化学実験』(94)でも有名。
⇒岩世人（ガッターマン　1860.4.20-1920.6.20）

Gatti, Antoine〈19世紀〉
フランスの画家。
⇒**19仏**（アントワーヌ・ガティ　1852.11.20–?）

Gatti, Luigi Maria Baldassare〈18・19世紀〉
イタリアのオルガン奏者、聖職者、歌手、指揮者、教師。
⇒**バロ**（ガッティ、ルイージ・マリーア・バルダッサーレ　1740.6.11–1817.3.1）

Gatti, Theobaldo di〈17・18世紀〉
イタリア生れのフランスの作曲家。
⇒**バロ**（ガッティ、テオバルド・ディ　1650頃–1727）

Gatti Casazza, Giulio〈19・20世紀〉
イタリアの劇場監督。
⇒**オペラ**（ガッティ＝カザッツァ、ジュリオ　1869–1940）

Gatto, Simone〈16世紀〉
イタリアのトランペット奏者、トロンボーン奏者。
⇒**バロ**（ガット、シモーネ　1535–1591.2.1以前）

Gau, Franz Christian〈18・19世紀〉
フランスの建築家、考古学者。代表建築『聖クロティルド教会堂』（46～57）。
⇒**岩世人**（ゴー　1790.6.15–1853.12.31）

Gaubil, Antoine〈17・18世紀〉
フランスのイエズス会士。中国に赴き（1722）、中国語、満州語を研究。
⇒**岩世人**（ゴービル　1689.7.14–1759.7.24）
　新カト（ゴービル　1689.7.14–1759.7.24）

Gaucher〈11・12世紀〉
聖人、大修道院長。祝日4月9日。パリ北西のジュジエの生まれ。
⇒**新カト**（ゴーシェ　1060頃–1140.4.9）

Gaucquier, Alard du〈16世紀〉
フランドルの作曲家。
⇒**バロ**（ゴキエ、アラール・デュ　1534頃–1582頃）

Gaudapāda〈7世紀〉
インドのバラモン教の学者。『マーンズーキヤ頌』の編集修成者。
⇒**岩世人**（ガウダパーダ）
　南ア新（ガウダパーダ）

Gaudel, Auguste-Joseph〈19・20世紀〉
フランスの神学者、司教。
⇒**新カト**（ゴーデル　1880.5.21–1968.8.8）

Gaudentius〈4・5世紀〉
ブレスキアの司教、聖人。
⇒**新カト**（ガウデンティウス〔ブレッシアの〕　?–410頃）

Gaudentius (Gniezno)〈10・11世紀〉
ポーランドのグニエズノの初代首都大司教。
⇒**新カト**（ガウデンティウス〔グニエズノの〕　960/970–1011頃）

Gauderichus〈9世紀〉
イタリア中部、ヴェレトリの司教。
⇒**新カト**（ガウデリクス〔ヴェレトリの〕　?–879以後）

Gaudig, Hugo〈19・20世紀〉
ドイツの教育家。精神的労作教育の実践で名声を博す。
⇒**岩世人**（ガウディヒ　1860.12.5–1923.8.2）

Gaudí y Cornet, Antonio〈19・20世紀〉
スペインの建築家。代表作はグエル公園（1900～02）、カサ・ミラ（05～10）など。
⇒**岩世人**（ガウディ　1852.6.25–1926.6.10）
　ネーム（ガウディ　1852–1926）
　広辞7（ガウディ　1852–1926）
　新カト（ガウディ　1852.6.26–1926.6.10）
　世人新（ガウディ　1852–1926）
　世人装（ガウディ　1852–1926）
　世建（アントニ・ガウディ　1852–1926）
　ポプ人（ガウディ、アントニ　1852–1926）

Gaudry, Albert〈19・20世紀〉
フランスの古生物学者。主に古脊椎動物学を研究。
⇒**岩世人**（ゴードリー　1827.9.16–1908.11.27）

Gaufridus〈12世紀〉
シトー会大修道院長。
⇒**新カト**（ガウフリドゥス〔クレルヴォーの〕　1120頃–1188頃）

Gauguin, Eugène Henri Paul〈19・20世紀〉
フランスの画家。1888年V.ゴッホと共同生活。
⇒**岩世人**（ゴーガン　1848.6.7–1903.5.8）
　オセ新（ゴーギャン　1848–1903）
　19仏（ポール・ゴーギャン　1848.6.7–1903.5.8）
　ネーム（ゴーギャン　1848–1903）
　広辞7（ゴーガン　1848–1903）
　学叢思（ゴーガン、ポール　1848–1903）
　新カト（ゴーギャン　1848.6.7–1903.5.8）
　芸13（ゴーガン、ポール　1848–1903）
　世人新（ゴーガン（ゴーギャン）　1848–1903）
　世人装（ゴーガン（ゴーギャン）　1848–1903）
　世史語（ゴーガン　1848–1903）
　ポプ人（ゴーガン、ポール　1848–1903）

Gaul, August〈19・20世紀〉
ドイツの彫刻家。動物の彫刻に秀れ、「牡獅子と牝獅子」等の作がある。
⇒**芸13**（ガウル、アウグスト　1869–1921）

Gaultie, Ennemond〈16・17世紀〉
フランスの作曲家。
⇒**バロ**（ゴーティエ、アンヌモン　1575頃–1651.12.

11)

Gaultier, Denys〈17世紀〉
フランスのリュート奏者,作曲家。作曲は『神々の物語』ほか。
⇒バロ（ゴーティエ，ドニ　1603–1672.1）

Gaultier, Jacques〈17世紀〉
フランスのリュート奏者,音楽家。
⇒バロ（ゴーティエ，ジャック　1595頃?–1660以前）

Gaultier, Jules de〈19・20世紀〉
哲学者,文筆家。
⇒メル3（ゴーティエ，ジュール・ド　1858–1942）

Gaultier, Pierre I〈16・17世紀〉
フランスの作曲家。
⇒バロ（ゴーティエ，ピエール1世　1590頃?–1638以降）

Gaultier, Pierre II〈17世紀〉
フランスの作曲家。
⇒バロ（ゴーティエ，ピエール2世　1642頃–1696）

Gaume, Jean-Joseph〈19世紀〉
フランスの聖職者,神学者。
⇒新カト（ゴーム　1802.6.5–1879.11.19）

Gaumont, Léon Ernest〈19・20世紀〉
フランスの映画企業家,製作者。フランス・レアリスム,喜劇映画の形成・確立に貢献。
⇒岩世人（ゴーモン　1864.5.10–1946.8.9）

Gaunilo de Marmoutier〈11世紀〉
フランスの修道僧。
⇒学叢思（ガウニロ）

Gaupp, Robert Eugen〈19・20世紀〉
ドイツの精神病学者。児童心理,自殺,集団殺人等に関する研究がある。
⇒岩世人（ガウプ　1870.10.3–1953.8.30）

Gauss, Carl Friedrich〈18・19世紀〉
ドイツの数学者。主著『整数論考究』(1801)。
⇒岩世人（ガウス　1777.4.30–1855.2.23）
広辞7（ガウス　1777–1855）
学叢思（ガウス，カール・フリードリヒ　1777–1885）
物理（ガウス，カール・フリードリッヒ　1777–1855）
世数（ガウス，カール・フリードリヒ　1777–1855）
ポプ人（ガウス，カール・フリードリッヒ　1777–1855）

Gautama
聖仙。
⇒ネーム（ガウタマ）

Gautama〈1・2世紀〉
インド六派哲学の一つ,ニヤーヤ学派の開祖。足目。
⇒岩世人（ガウタマ）

広辞7（瞿曇　くどん）
学叢思（ゴータマ）

Gautamīputra Sātakarṇi〈1世紀〉
南インド・デカンのサータヴァーハナ朝の王。
⇒岩世人（ガウタミープトラ・サータカルニ　1世紀後半）

Gauthiot, Robert〈19・20世紀〉
フランスの比較言語学者,イラン語学者。サマルカンド東方に残るイラン系諸語を調査。
⇒岩世人（ゴーティオ　1876.6.13–1916.9.11）

Gautier, Emile Jean Marie〈19・20世紀〉
フランスの無政府主義者。
⇒学叢思（ゴーティエー，エミル・ジャン・マリー　1853–?）

Gautier, Théophile〈19世紀〉
フランスの詩人,小説家。
⇒岩世人（ゴーティエ　1811.8.30–1872.10.23）
バレエ（ゴーチエ，テオフィル　1811.8.30/31–1872.10.23）
広辞7（ゴーチエ　1811–1872）
学叢思（ゴーティエ，テーツィル　1811–1872）
ポプ人（ゴーチエ，テオフィル　1811–1872）

Gautier de Châtillon〈12・13世紀〉
フランスの詩人。『アレクサンドロス物語あるいはアレクサンドロス大王の事績』など。
⇒バロ（ゴーティエ・ド・シャティヨン　1135頃–1190頃）
バロ（シャティオン，ウォルター・オブ　1135頃–1190頃）
岩世人（ゴーティエ（シャティヨンの）　1135頃–1200頃）

Gautier de Coincy〈12・13世紀〉
フランスの吟遊詩人。代表作『ノートルダムの奇跡』。
⇒バロ（ゴーティエ・ド・コワンシ　1177/1178–1236.9.25）

Gautier de Dargies〈12・13世紀〉
フランスのトルヴェール。
⇒バロ（ゴーティエ・ド・ダルジー　1165頃–1236以降）

Gavanti, Bartolomeo〈16・17世紀〉
イタリアの典礼学者。
⇒新カト（ガヴァンティ　1569–1638.8.14）

Gavardi, Federico Nicola〈17・18世紀〉
アウグスチノ会員,神学者。
⇒新カト（ガヴァルディ　1640.2.15–1715.6.12）

Gavarni, Paul〈19世紀〉
フランスの画家。
⇒岩世人（ガヴァルニ　1804.1.13–1866.11.24）
芸13（カヴァルニ，パウル　1804–1866）

Gaveaux, Pierre ⟨18・19世紀⟩
フランスの歌手,作曲家。
⇒バロ (ガヴォー, ピエール　1760.10.9–1825.2.5)

Gaviniès, Pierre ⟨18世紀⟩
フランスのヴァイオリン奏者,指揮者,作曲家。
⇒バロ (ガーヴィニエ, ピエール　1728.5.11–1800.9.8)

Gawaine, Sir
アーサー王の騎士の一人。
⇒岩世人 (ガウェイン)
ネーム (ガウェイン)

Gawara, Walentyn ⟨16世紀⟩
ポーランドの指揮者,オルガン奏者。
⇒バロ (ガヴァラ, ヴァレンティン　1550頃?–1600頃?)

Gay, Charles-Louis ⟨19世紀⟩
フランスの司教,霊的著作家。
⇒新カト (ゲイ　1815.10.1–1892.1.19)

Gay, John ⟨17・18世紀⟩
イギリスの劇作家,詩人。代表的戯曲『乞食のオペラ』(28),『ポリー』(29)。
⇒岩世人 (ゲイ　1685.9.16(受洗)–1732.12.4)
オペラ (ゲイ, ジョン　1685–1732)
広辞7 (ゲイ　1685–1732)

Gay, Jules ⟨19世紀⟩
フランスの社会主義者。
⇒学叢思 (ゲー, ジュール　1807–?)

Gay, Winckworth Allan ⟨19・20世紀⟩
アメリカの画家。
⇒アア歴 (Gay,W(inckworth) Allan　ウィンクワース・アラン・ゲイ　1821.8.18–1910.2.23)

Gayarre, Julián ⟨19世紀⟩
スペインのテノール歌手。
⇒オペラ (ガヤレ, フリアン　1844–1890)

Gayer, Johann Karl ⟨19・20世紀⟩
ドイツの山林学者。バイエルンの林務官(1843)。
⇒岩世人 (ガイアー　1822.10.15–1907.3.1)

Gay-Lussac, Joseph Louis ⟨18・19世紀⟩
フランスの化学者,物理学者。
⇒岩世人 (ゲー=リュサック　1778.12.6–1850.5.9)
ネーム (ゲー=リュサック　1778–1850)
広辞7 (ゲー・リュサック　1778–1850)
学叢思 (ゲー・リサック, ジョセフ・ルイ　1778–1850)
物理 (ゲイ=リュサック, ジョセフ・ルイ　1778–1850)

Gayomart
イラン神話で最初の人間。
⇒ネーム (ガヨーマルト)

Gayraud, Hippolyte ⟨19・20世紀⟩
フランスの神学者,政治家。
⇒新カト (ゲロ　1856.8.13–1911.12.17)

Gazēs, Theodōros ⟨15世紀⟩
ビザンツの古典学者。
⇒岩世人 (ガゼース　1400頃–1475/1476)

Gazzaniga, Giuseppe ⟨18・19世紀⟩
イタリアの作曲家。
⇒バロ (ガッザニーガ, ジュゼッペ　1743.10.5–1818.2.1)
オペラ (ガッツァニーガ, ジュゼッペ　1743–1818)

Gazzaniga, Pietro-Maria ⟨18世紀⟩
ドミニコ会員,神学者。
⇒新カト (ガッツァニーガ　1722.3.3–1799.12.11)

Ge, Nikolai Nikolaevich ⟨19世紀⟩
ロシア移動派の画家,肖像彫刻家。
⇒岩世人 (ゲー　1831.2.15–1894.6.1)
芸13 (ゲー, ニコライ・ニコラエーヴィッチ　1831–1894)

Gebauer, Jan ⟨19・20世紀⟩
チェコスロヴァキアの言語学者。主著『チェコ語歴史文典』(1894〜1929)。
⇒岩世人 (ゲバウエル　1838.10.8–1907.5.25)

Gebhard II von Konstanz ⟨10世紀⟩
司教,聖人。
⇒図聖 (ゲープハルト2世(コンスタンツの)　949–995)

Gebhardt, Eduard von ⟨19・20世紀⟩
エストニア生れのドイツの画家。
⇒岩世人 (ゲープハルト　1838.6.13–1925.2.3)

Geddes, Sir Auckland Campbell ⟨19・20世紀⟩
イギリスの政治家。商務院総裁(1919〜20),駐米大使(20〜24)などを歴任。
⇒岩世人 (ゲッデス　1879.6.21–1954.6.8)

Geddes, Sir Eric Campbell ⟨19・20世紀⟩
イギリスの政治家,実業家。中央鉄道委員会議長(1914),海相(17〜19),運輸相(19〜21)。
⇒岩世人 (ゲッデス　1875.9.26–1937.6.22)

Gedeōn
大士師のひとり。オフラに住んでいたマナセの氏族で,アビエゼルびと(旧約)。
⇒岩世人 (ギデオン)
新カト (ギデオン)
聖書 (ギデオン)

Gedik Aḥmet Pasha ⟨15世紀⟩
オスマン・トルコ帝国の武将,政治家。
⇒岩世人 (ゲディク・アフメト・パシャ　?–1482.

Gee, Nathaniel Gist〈19・20世紀〉
アメリカの生物学者。
⇒アア歴（Gee,Nathaniel Gist　ナサニエル・ギースト・ジー　1876.4.20-1937.12.18）

Geer, Gerard de〈19・20世紀〉
スウェーデンの地質学者。ストックホルム地質年代学（地編年学）研究所を設立。
⇒岩世人（イェール　1858.10.2-1943.7.23）

Geer, Louis Gerard De〈19世紀〉
スウェーデンの政治家。身分制議会を二院制の近代的議会に改める憲法改正（66）を実現。
⇒岩世人（イェール　1818.7.18-1896.9.24）

Geertgen tot sint Jans〈15世紀〉
オランダの画家。ハルレムの聖ヨハネ修道院の祭壇画の制作で有名。
⇒芸13（ゲールトヒェン・ヤンス　1465頃-1493）
　芸13（ヘールトヘン・トット・シント・ヤンス　1460頃-1485-1495）

Geffroy, Gustave〈19・20世紀〉
フランスのジャーナリスト、美術評論家、小説家。
⇒岩世人（ジェフロワ　1855.6.1-1926.4.4）

Gegenbauer, Leopold Bernhard〈19・20世紀〉
オーストリアの数学者。
⇒世数（ゲーゲンバウアー、レオポルト・ベルンハード　1849-1903）

Gegenbaur, Karl〈19・20世紀〉
ドイツの比較解剖学者。下等動物、脊椎動物を研究し、進化の系統を追究。
⇒岩世人（ゲーゲンバウル　1826.8.21-1903.6.14）

Gehazi
預言者エリシャの従者（列王記下）。
⇒聖書（ゲハジ）

Geibel, Franz Emanuel〈19世紀〉
ドイツの詩人、評論家。
⇒岩世人（ガイベル　1815.10.17-1884.4.6）

Geiger, Abraham〈19世紀〉
ドイツのユダヤ神学者。ユダヤ教の宗教的改革に努めた。
⇒岩世人（ガイガー　1810.5.24-1874.10.23）
　ユ人（ガイガー、アブラハム　1810-1874）
　ユ著人（Geiger,Abraham　ガイガー、アブラハム　1804-1874）

Geiger, Franz〈18・19世紀〉
ドイツのカトリック神学者、フランシスコ会員。
⇒新カト（ガイガー　1755.5.16-1843.5.8）

Geiger, Ludwig〈19・20世紀〉
ドイツ文学者。
⇒ユ著人（Geiger,Ludwig　ガイガー、ルードヴィヒ　1848-1919）

Geiger, Moritz〈19・20世紀〉
ドイツの哲学者、美学者。
⇒岩世人（ガイガー　1880.6.26-1937.9.9）

Geiger, Wilhelm〈19・20世紀〉
ドイツのインド学者。特にパーリ学に造詣深く、研究、翻訳ならびに校訂出版が多い。
⇒岩世人（ガイガー　1856.7.21-1943.9.2）

Geijer, Erik Gustaf〈18・19世紀〉
スウェーデンの詩人、歴史家。ロマン派詩人詩の黄金時代をつくったが、のちロマン主義攻撃に転じる。
⇒岩世人（イェイエル　1783.1.12-1847.4.23）
　学叢思（イェイエル、エリク・グスタフ　1783-1847）
　新カト（イェイエル　1783.1.12-1847.4.23）

Geijerstam, Gustaf〈19・20世紀〉
スウェーデンの作家。ストリンドベリの影響を強く受けた急進的リアリズム作家。
⇒岩世人（イェイエシュタム　1858.1.5-1909.3.6）

Geikie, Sir Archibald〈19・20世紀〉
イギリスの地質学者。氷河堆積物や火山活動の研究で知られる。
⇒岩世人（ゲイキ　1835.12.28-1924.11.10）

Geil, William Edgar〈19・20世紀〉
アメリカの探検家、作家。
⇒アア歴（Geil,William Edgar　ウイリアム・エドガー・ガイル　1865-1925.4.12）

Geiler von Kayserberg, Johann〈15・16世紀〉
ドイツの民衆の説教者。
⇒岩世人（ガイラー（カイザースベルクの）　1445.3.16-1510.3.10）
　新カト（ガイラー・フォン・カイザースベルク　1445.3.16-1510.3.10）

Geiseric〈4・5世紀〉
バンダル族の王。在位428～477。北アフリカに侵入し、バンダル国を建設（439）。
⇒岩セリック　389頃-477.1.25）
　新カト（ゲイセリック　389頃-477.1.25）

Geissel, Johannes von〈18・19世紀〉
ケルン大司教、枢機卿。
⇒新カト（ガイセル　1796.2.5-1864.9.8）

Geissler, Heinrich〈19世紀〉
ドイツの機械技師。ガイスラー放電管を作った。
⇒岩世人（ガイスラー　1815.5.26-1879.1.24）
　学叢思（ガイスレル、ハインリヒ　1814-1879）
　物理（ガイスラー、ヨハン・ハインリッヒ・ウィルヘルム　1814-1879）

Geitel, Hans Friedrich〈19・20世紀〉
ドイツの物理学者。光電効果に関する多くの研

究を行った。
⇒岩世人（ガイテル　1855.7.16–1923.8.15）

Gelásios〈4世紀〉
カイサリア（パレスティナ）の主教，教会史家。
⇒新カト（ゲラシオス〔カイサレイアの〕　335頃–395頃）

Gelasios〈5世紀〉
小アジアのキュジコス出身の教会史著作家。
⇒新カト（ゲラシオス〔キュジコスの〕　?–475以降）

Gelasius I, St.〈5世紀〉
教皇。在位492～496。教皇の首位権を強く主張した。
⇒岩世人（ゲラシウス1世　?–496頃）
新カト（ゲラシウス1世　?–496.11.21）

Gelasius II〈11・12世紀〉
ローマ教皇。在位1118～19。先名ガエタのヨハネス。
⇒新カト（ゲラシウス2世　1058頃–1119.1.29）

Geldner, Karl Friedrich〈19・20世紀〉
ドイツのインド学者，東洋学者。ベーダ，アベスタの研究に生涯を捧げ，『リグ・ベーダ』を独訳。
⇒岩世人（ゲルトナー　1852.12.17–1929.2.5）

Gelinek, Josef〈18・19世紀〉
ボヘミアの作曲家。
⇒バロ（ゲリネク，ヨーゼフ　1758.12.3–1825.4.13）

Gellert, Christian Fürchtegott〈18世紀〉
ドイツの詩人。ブレーメン寄与派の代表。主著『宗教の頌歌』(57)。
⇒岩世人（ゲレルト　1715.7.4–1769.12.13）
新カト（ゲレルト　1715.7.4–1769.12.13）

Gelli, Giovanni Battista〈15・16世紀〉
イタリアの文学者。『神曲』の注釈者として知られる。
⇒岩世人（ジェッリ　1498.8.12–1563.7.24）

Gellius, Aulus〈2世紀〉
ローマの随筆家。論集『アッチカ夜話』がある。
⇒岩世人（ゲッリウス　123頃–180以降）
ネーム（ゲリウス　123?–165?）
広辞7（ゲリウス　2世紀）

Gelon〈前6・5世紀〉
シチリア島のゲラ（前491～485），シラクサ（前485～478）の僭主。
⇒岩世人（ゲロン　前540頃–前478/前477）

Gel'tser, Ekaterina Vasil'evna〈19・20世紀〉
ロシアのバレリーナ。
⇒岩世人（ゲリツェル　1876.11.2/14–1962.12.12）
バレエ（ゲリツェル，エカテリーナ　1876.11.14–1962.12.12）

Gemelli, Agostino Edoard〈19・20世紀〉
イタリアの心理学者。ミラノにサクロ・クオレのカトリック大学を創設。
⇒岩世人（ジェメッリ　1878.1.18–1959.7.15）
新カト（ジェメリ　1878.1.18–1959.7.15）

Gémier, Firmin〈19・20世紀〉
フランスの俳優，演出家。『ベニスの商人』などを演じ大当りをとる。1920年に国立民衆劇場を設立。
⇒岩世人（ジェミエ　1869.2.21–1933.11.26）

Geminiani, Francesco Saverio〈17・18世紀〉
イタリアのヴァイオリン奏者，作曲家。コレリより受継いだヴァイオリン奏法をイギリスに伝えた。
⇒バロ（ジェミニアーニ，フランチェスコ・サヴェーリオ　1687.12.5–1762.9.17）

Gemma Galgani〈19・20世紀〉
女性信徒。聖人。カミグリアーノ生まれ。
⇒新カト（ジェンマ・ガルガーニ　1878.3.12–1903.4.11）

Genähr, Ferdinand〈19世紀〉
ドイツのプロテスタント宣教師。
⇒岩世人（ゲネール　?–1864.8.6）

Génébrard, Gilbert〈16世紀〉
フランスの大司教，神学者，ベネディクト会員。
⇒新カト（ジェネブラール　1537頃–1597.3.14）

Genee, *Dame* Adeline〈19・20世紀〉
デンマーク生れのイギリスのバレリーナ。最も有名な役は『コッペリア』のスワニルダであった。
⇒岩世人（ジェニー　1878.1.6–1970.4.23）
バレエ（ジェニー，アデリン　1878.1.6–1970.4.23）

Genelli, Bonaventura〈18・19世紀〉
ドイツの画家。
⇒芸13（ゲネルリ，ボナベントゥラ　1798–1868）

Genesius
ローマ帝国時代の伝説的殉教者。
⇒新カト（ゲネシウス）

Genesius (Arles)〈3世紀〉
ローマ帝国治下のゴールの殉教者。
⇒新カト（ゲネシウス）

Genet, Elzéar〈15・16世紀〉
フランスの作曲家。
⇒バロ（カルパントラス，エルゼアール・ジュネ・ド　1470頃–1548.6.14）
バロ（ジュネ，エルゼアール　1470頃–1548.6.14）

Geneviève, St.〈5・6世紀〉
パリの守護聖女。フン族の侵入を預言し，451年のアッチラのパリ攻撃に際して市民を鼓舞。

⇒岩世人（ジュヌヴィエーヴ　423頃-500 (-512)）
新カト（ジュヌヴィエーヴ　422頃-502頃）
図聖（ジュヌヴィエーブ（パリの）　422-502）

Génicot, Édouard〈19世紀〉
ベルギーのカトリック倫理神学者。
⇒新カト（ジェニコ　1856.6.18-1900.2.21）

Gennadii〈15・16世紀〉
ロシア正教会の聖人，府主教，修道院長。
⇒新カト（ゲンナディー〔ノヴゴロドの〕　?-1505/1506.12.4）

Gennadios〈5世紀〉
コンスタンティノポリスの総主教。在職458～71。聖人。祝日11月20日, 8月25日。
⇒新カト（ゲンナディオス〔コンスタンティノポリスの〕　400頃-471.11.20）

Gennadios II〈15世紀〉
ギリシアの学者，コンスタンティノポリス総主教。在職1453～56, 58～63。
⇒岩世人（ゲンナディオス2世　1400頃-1470頃）

Gennadius〈5世紀〉
マルセイユの司祭，著作家。ギリシアもしくはシリアの出身とも。
⇒新カト（ゲンナディウス〔マルセイユの〕　?-500頃）

Gennadius〈10世紀〉
聖人，司教。祝日5月25日。スペインのベネディクト会会員。
⇒新カト（ゲンナディウス〔アストルガの〕　?-936）

Gennaro, Alessandro〈18世紀〉
イタリアの作曲家。
⇒バロ（ジェンナーロ，アレッサンドロ　1700頃?-1760頃?）

Genovesi, Antonio〈18世紀〉
イタリアの哲学者，経済学者。『商業，すなわち市民経済講義』(65)など多方面にわたる著作がある。
⇒岩世人（ジェノヴェージ　1712.11.1-1769.9.22）
学叢思（ジェノヴェジ，アントニオ　1712-1769）
新カト（ジェノヴェーシ　1712.11.1-1769.9.22）

Genoveva
北欧神話，ブラバント（現ベルギー）の公女。
⇒岩世人（ゲノフェーファ）

Gensonné, Armand (Arnaud)〈18世紀〉
フランスの政治家。
⇒岩世人（ジャンソネ　1758.8.10/19?-1793.10.31）

Gentian (Gentien, Gentiam)〈16世紀〉
フランスの作曲家。
⇒バロ（ジャンティアン,?　1510頃?-1559）

Gentile, Giovanni〈19・20世紀〉
イタリアの哲学者，政治家。一元論的観念論を説く。
⇒岩世人（ジェンティーレ　1875.5.30-1944.4.15）
ネーム（ジェンティーレ　1875-1944）
広辞7（ジェンティーレ　1875-1944）
新カト（ジェンティーレ　1875.5.30-1944.4.15）
20思（ジェンティーレ，ジョヴァンニ　1875-1944）
メル3（ジェンティーレ，ジョヴァンニ　1875-1944）

Gentile da Fabriano〈14・15世紀〉
イタリアの画家。国際ゴシック様式の代表的画家。代表作は『東方三博士の礼拝』『キリストの誕生』など。
⇒岩世人（ジェンティーレ・ダ・ファブリアーノ　1360 (-1370)-1427）
新カト（ジェンティーレ・ダ・ファブリアーノ　1370頃-1427）
芸13（ジェンティーレ・ダ・ファブリアーノ　1360-1370-1427）
芸13（ファブリアーノ，ジェンティーレ・ダ　1370以前-1427）

Gentileschi, Artemisia〈16・17世紀〉
イタリアの女流画家。主作品は『聖カルロ・ボロメオの奇跡』『洗礼者ヨハネの誕生』など。
⇒岩世人（ジェンティレスキ　1593.7.8-1652/1653）

Gentileschi, Orazio〈16・17世紀〉
イタリアの画家。主作品は『聖チェチリアと天使』(06頃)，『エジプト逃避行途上の休息』(26頃)。
⇒岩世人（ジェンティレスキ　1563-1639.2.7）
芸13（ジェンティレスキ父娘　1563-1638）
芸13（ジェンティレスキ父娘　1563-1638）

Gentilis, Albericus〈16・17世紀〉
国際法の創始者。
⇒岩世人（ジェンティーリ　1552.1.14-1608.6.19）

Gentz, Friedrich von〈18・19世紀〉
ドイツの政治評論家，政治家。反ナポレオン政策を主張。
⇒岩世人（ゲンツ　1764.5.2-1832.6.9）

Gény, François〈19・20世紀〉
フランスの法学者。フランスにおける「科学学派」の代表者。
⇒岩世人（ジェニー　1861.12.17-1959.12.16）

Geoffrey of Monmouth〈12世紀〉
イギリス中世の年代記作者。『ブリテン列王史』の編者。
⇒岩世人（ジェフリー（モンマスの）　1100頃-1154/1155）
新カト（ジェフリ〔マンマスの〕　1100頃-1154）

Geoffrin, Marie Thérèse〈17・18世紀〉
フランスの名流。文芸の保護発展に寄与。
⇒岩世人（ジョフラン　1699.6.26-1777.10.6）

Geoffroy, Jean-Nicolas〈17世紀〉
フランスの作曲家。
⇒バロ（ジョフロワ, ジャン・ニコラ　1630頃?–1694.3.11）

Geoffroy Saint-Hilaire, Étienne〈18・19世紀〉
フランスの動物学者,奇形学者。奇形分類の原型をつくり,フランス奇形学の開祖となった。
⇒岩世人（ジョフロワ・サンティレール　1772.4.15–1844.6.12）
　学叢思（サン・チレール, エティアンヌ　1772–1844）

Geoffroy Saint-Hilaire, Isidore〈19世紀〉
フランスの動物学者。Étienneの子。奇形学に関する研究がある。
⇒岩世人（ジョフロワ・サンティレール　1805.12.16–1861.11.10）

Georg II, Duke of Saxe-Meiningen〈19・20世紀〉
ザクセン＝マイニンゲン公。
⇒岩世人（ゲオルク2世　1826.4.2–1914.6.25）

George, Henry〈19世紀〉
アメリカの社会改革論者。
⇒アメ新（ジョージ　1839–1897）
　岩世人（ジョージ　1839.9.2–1897.10.29）
　学叢思（ジョージ, ヘンリー　1839–1897）

George, Stefan〈19・20世紀〉
ドイツの詩人。
⇒岩世人（ゲオルゲ　1868.7.12–1933.12.4）
　ネーム（ゲオルゲ　1868–1933）
　広辞7（ゲオルゲ　1868–1933）
　学叢思（ゲオルゲ, シュテファン　1866–?）
　新カト（ゲオルゲ　1868.7.12–1933.12.4）

George I〈17・18世紀〉
イギリス,ハノーバー朝初代国王。在位1714～27。
⇒岩世人（ジョージ1世　1660.5.28–1727.6.11）
　広辞7（ジョージ一世　1660–1727）
　世人新（ジョージ1世　1660–1727）
　世人装（ジョージ1世　1660–1727）
　世史語（ジョージ1世　1660–1727）
　世帝（ジョージ1世　1660–1727）
　ポプ人（ジョージ1世　1660–1727）
　皇国（ジョージ1世　（在位）1714–1727）

George I Terter〈13世紀〉
中世ブルガリアの統治者。在位1280～1292。
⇒世帝（ゲオルギ1世　?–1308/1309）

George II〈14世紀〉
中世ブルガリアの統治者。在位1322～1323。
⇒世帝（ゲオルギ2世　?–1322）

George II〈17・18世紀〉
イギリス,ハノーバー朝第2代国王。在位1727～60。
⇒岩世人（ジョージ2世　1683.11.10–1760.10.25）
　世帝（ジョージ2世　1683–1760）

George III〈18・19世紀〉
イギリス,ハノーバー朝第3代国王。在位1760～1820。
⇒岩世人（ジョージ3世　1738.5.24–1820.1.29）
　広辞7（ジョージ三世　1738–1820）
　世人新（ジョージ3世　1738–1820）
　世人装（ジョージ3世　1738–1820）
　世帝（ジョージ3世　1738–1820）
　皇国（ジョージ3世　（在位）1760–1820）

George IV〈18・19世紀〉
イギリス,ハノーバー朝第4代国王。在位1820～30。
⇒岩世人（ジョージ4世　1762.8.12–1830.6.26）
　広辞7（ジョージ四世　1762–1830）
　世帝（ジョージ4世　1762–1830）

George V〈19・20世紀〉
イギリス国王。在位1910～36。インド皇帝。
⇒岩世人（ジョージ5世　1865.6.3–1936.1.20）
　広辞7（ジョージ五世　1865–1936）
　世帝（ジョージ5世　1865–1936）
　ポプ人（ジョージ5世　1865–1936）
　皇国（ジョージ5世　（在位）1910–1936）

Georges, Karl Ernst〈19世紀〉
ドイツの辞典編集者。ゴータの実科ギムナジウム教授（1839～56）。
⇒岩世人（ゲオルゲス　1806.12.26–1895.8.25）

Georg Friedrich Graf zu Waldeck〈17世紀〉
ヴァルデック伯。在位1645～92。
⇒岩世人（ゲオルク・フリードリヒ（ヴァルデック伯）　1620.1.31–1692.11.19）

Georgi, Johann Gottlieb〈18・19世紀〉
民族学者,博物学者。
⇒岩世人（ゲオルギ　1729.12.31–1802.10.27）

Georgios〈4世紀〉
アレイオス主義をめぐる論争において,ホモイウシオス説を支持した司教。アレクサンドリア出身。
⇒新カト（ゲオルギオス〔ラオディケイアの〕　?–360頃）

Georgios〈7世紀〉
詩人,伝記著作者。小アジア,ピシディア州出身。
⇒新カト（ゲオルギオス〔ピシディアの〕　7世紀前半）

Georgios〈7・8世紀〉
「アラビア人の主教」と呼ばれる,傑出したヤコブ派著作家。

⇒新カト（ゲオルギオス〔アラビア人の主教〕 640頃-724）

Georgios I〈19・20世紀〉
ギリシアの王。在位1863～1913。デンマークのグリュックスベルク家の出身。
⇒岩世人（イェオルイオス1世 1845.12.24-1913.3.5）

Georgios Metochites〈13・14世紀〉
ビザンティン教会の神学者、コンスタンティノポリスのハギア・ソフィア大聖堂の助祭長。
⇒新カト（ゲオルギオス・メトキテス 1250頃-1328頃）

Geōrgios Monachos〈9世紀頃〉
ビザンチン時代の歴史家。『年代記』を著した。
⇒新カト（ゲオルギオス・ハマルトロス 9世紀）

Georgios Scholarios〈15世紀〉
ビザンティン神学者、コンスタンティノポリスの総主教ゲンナディオス2世。在位1454～56, 1462～63, 1464～65。
⇒新カト（ゲオルギオス・スコラリオス 1405頃-1472以降）

Geōrgios Trapezuntios〈14・15世紀〉
ギリシアの学者。
⇒岩世人（ゲオルギオス・トラペズンティオス 1395/1396.4.4-1484/1485.8.12以前）
新カト（ゲオルギオス〔トラベズスの〕 1395.4.3-1486）

Georgius, St.〈3・4世紀〉
ローマの軍人、14救難聖人の一人。ディオクレティアヌス帝の迫害で殉教。イギリスの守護聖人。
⇒岩辞7（ゲオルギウス 270頃-303頃）
広辞7（ゲオルギウス 270頃-303頃）
新カト（ゲオルギオス ?-303頃）
図聖（ゲオルギウス（カッパドキアの） ?-303頃）

Georg Wilhelm〈16・17世紀〉
ブランデンブルク選帝侯。在位1619～40。
⇒岩世人（ゲオルク・ヴィルヘルム 1595.11.13-1640.12.1）

Gerald Majella〈18世紀〉
レデンプトール会信徒修道士。聖人。イタリアのムロ・ルカーノ生まれ。
⇒新カト（ジェラルド・マイエラ 1726.4.6-1755.10.16）

Geraldus〈7・8世紀〉
聖人、修道院長。祝日3月13日。イングランドのノーサンブリア生まれ。
⇒新カト（ゲラルドゥス〔メイヨーの〕 ?-732.3.12/13）

Gérando, Baron Joseph Marie de〈18・19世紀〉
フランスの政治家、哲学者。論理学および哲学史の著作を残した。

⇒岩世人（ジェランドー 1772.2.29-1842.11.9）

Gerard〈10世紀〉
トゥールの司教。聖人。祝日4月23日。ケルン生まれ。
⇒新カト（ジェラール〔トゥールの〕 935頃-994.4.23）

Gerard, Alexander〈18世紀〉
イギリス（スコットランド）の哲学者、美学者。
⇒岩世人（ジェラード 1728.2.22-1795.2.22）

Gérard, Auguste〈19・20世紀〉
フランスの外交官。駐日フランス大使。
⇒岩世人（ジェラール 1852.3.28-1922）

Gérard, Etienne Maurice, Comte〈18・19世紀〉
フランスの軍人。七月革命後陸相（1830,34），元帥。
⇒岩世人（ジェラール 1773.4.4-1852.4.17）

Gérard, François Pascal Simon, Baron〈18・19世紀〉
フランスの画家。ブルボン家の宮廷画家。代表作『プシケとキューピット』(97)など。
⇒岩世人（ジェラール 1770.5.4-1837.1.11）
芸13（ジェラール、フランソア・パスカ 1770-1837）

Gérard, Joseph Valencia〈19・20世紀〉
南アフリカ共和国におけるオブレート会宣教師。聖モニカ宣教会創立者。フランスのブシエール・オー・シェーヌ生まれ。
⇒新カト（ジェラール 1831.3.12-1914.5.29）

Gérard de Brogne〈9・10世紀〉
ロレーヌ地方の修道院長、貴族。
⇒新カト（ジェラール〔ブローニュの〕 880頃-959.10.3）

Gerarde, Derick〈16世紀〉
フランドルの作曲家。
⇒バロ（ヘラルデ、デリック 1530頃?-1580頃?）

Gerardin, Charles〈19・20世紀〉
フランスの社会主義者。
⇒学叢思（ジェラルダン、シャルル）

Gerardo〈12世紀〉
イタリアの文献校訂家。アラビア語からラテン語への翻訳家。
⇒岩世人（ヘラルド（クレモナの） 1114頃-1187）

Gerardus〈13世紀〉
イタリアのフランシスコ会員。ボルゴ・サン・ドンニーノ出身。
⇒新カト（ゲラルドゥス〔ボルゴ・サン・ドンニーノの〕 ?-1276頃）

Gerardus de Abbatisvilla〈13世紀〉
フランスの神学教師。

⇒新カト（ゲラルドゥス〔アブヴィルの〕 1220/1225-1272.11.8)

Gerásimos〈5世紀〉
パレスティナの隠修士，修道院長。
⇒新カト（ゲラシモス ?-475.3.5)

Gerber, Ernst Ludwig〈18・19世紀〉
ドイツの音楽学者，オルガン奏者，作曲家。『歴史的・伝記的音楽家辞典』(全2巻，90～92)で有名。
⇒バロ（ゲルバー，エルンスト・ルートヴィヒ 1746.9.29-1819.6.30)

Gerber, Heinrich Nikolaus〈18世紀〉
ドイツのオルガン奏者，作曲家。
⇒バロ（ゲルバー，ハインリヒ・ニコラウス 1702.9.6-1775.8.6)

Gerber, Karl Friedrich Wilhelm von〈19世紀〉
ドイツの法学者，政治家。イェーリングと新歴史学派を創始。
⇒岩世人（ゲルバー 1823.4.11-1891.12.23)

Gerberon, Gabriel〈17・18世紀〉
フランスのカトリック神学者。
⇒新カト（ジェルブロン 1628.8.12-1711.3.29)

Gerbert, Martin〈18世紀〉
ドイツの聖職者。ザンクト・ブラージエンの修道院長(1764～93)。教会史，音楽史の研究がある。
バロ（ゲルベルト，マルティン 1720.8.12-1793.5.13)
岩世人（ゲルベルト 1720.8.11-1793.5.13)
新カト（ゲルベルト 1720.8.11/12-1793.5.13)

Gerbert d'Aurillac〈10・11世紀〉
教皇，在位999～1003。最初のフランス人教皇。
⇒岩世人（シルヴェステル2世 940/945-1003.5.12)
新カト（シルヴェステル2世 940/950-1003.5.12)
世数（ジェルベール（オーリヤックの） 945頃-1003)

Gerbet, Philippe-Olympe〈18・19世紀〉
フランスの神学者。
⇒新カト（ジェルベ 1798.2.5-1864.8.7)

Gerbillon, Jean-François〈17・18世紀〉
フランス出身のイエズス会士，医学者。康熙帝に近侍して西洋数学などを教え信任を得た。
⇒岩世人（ジェルビヨン 1654.6.11-1703.3.22)
新カト（ジェルビヨン 1654.6.11-1707.3.22)

Gerdil, Hyacinthe-Sigismond〈18・19世紀〉
枢機卿，哲学者，神学者。フランスのサモアン生まれ。
⇒新カト（ジェルディル 1718.6.23-1802.8.12)

Gerdt, Pavel〈19・20世紀〉
ロシアのダンサー，教師。
⇒岩世人（ゲルト 1844.11.22-1917.7.30)
バレエ（ゲルト，パーヴェル（本名Paul Friedrich Gerdt) 1844.12.4-1917.8.12)

Gere, Vladimir Ivanovich〈19・20世紀〉
ロシアの歴史家。
⇒岩世人（ゲリエ 1837.5.17/29-1919.6.30)

Gereon〈3・4世紀〉
殉教者。聖人。
⇒新カト（ゲレオン ?-286/305)
図聖（ゲレオン（ケルンの） ?-304頃)

Gergonne, Joseph Diez〈18・19世紀〉
フランスの数学者。幾何学における双対原理を定立。『純粋及び応用数学年誌』を刊行(1810～31)。
⇒岩世人（ジェルゴンヌ 1771.6.19-1859.5.4)
世数（ジェルゴンヌ，ジョゼフ・ディアス 1771-1859)

Gerhaert van Leyden, Nicolaus〈15世紀〉
ドイツのゴシック彫刻家。
⇒岩世人（ゲルハールト・フォン・ライデン 1420-1430-1473)

Gerhard, Hubert〈16・17世紀〉
オランダの彫刻家。
⇒岩世人（ゲルハルト 1540/1550頃-1621以前)
芸13（ゲルハルト，フーベルト 1550頃-1620)

Gerhard, Johann〈16・17世紀〉
ドイツのルター派神学者。
⇒岩世人（ゲルハルト 1582.10.17-1637.8.17)
新カト（ゲルハルト 1582.10.17-1637.8.17)

Gerhardinger, Theresa〈18・19世紀〉
ノートルダム教育修道女会の創立者。バイエルンのシュタッタムホーフ生まれ。
⇒新カト（ゲルハルディンガー 1797.6.20-1879.5.9)

Gerhardt, Charles Frédéric〈19世紀〉
フランスの化学者。有機化合物の基の概念を唱えた。
⇒岩世人（ジェラール 1816.8.21-1856.8.19)
ユ著人（Gerhardt,Charles Frédéric ジェラール，シャルル・フレデリック 1816-1856)

Gerhardt, Karl Christian Adolf Jacob〈19・20世紀〉
ドイツの医学者。内科学，小児科学，咽喉科学の大家。
⇒岩世人（ゲルハルト 1833.5.5-1902.7.21)

Gerhardt, Paul〈17世紀〉
ドイツの宗教家。多数のコラール用の歌詞を作った。

⇒バロ（ゲルハルト，パウル　1607.3.12–1676.5.27）
　岩世人（ゲルハルト　1607.3.12–1676.5.27）
　学叢思（ゲルハルト，パウル　1607–1676）
　新カト（ゲルハルト　1607.3.12–1676.5.27）

Gerhardus〈10・11世紀〉
ハンガリー南部チャナードの初代司教。聖人，殉教者。祝日9月24日。イタリア出身。
⇒新カト（ゲルハルドゥス〔チャナードの〕　980頃–1046.9.24）
　図聖（ゲレールト〔チャナードの〕　?–1046）

Gerhardus〈14世紀〉
オランダの共同生活兄弟会，デヴォティオ・モデルナの指導者の一人。ジュトフェン生まれ。
⇒新カト（ゲルハルドゥス〔ジュトフェンの〕　1367–1398.12.4）

Gerhoh〈11・12世紀〉
グレゴリウス改革のドイツにおける活動家，歴史神学者。
⇒新カト（ゲルホー〔ライヒャースベルクの〕　1093/1094–1169.6.27）

Géricault, Jean Louis André Théodore〈18・19世紀〉
フランスの画家。ロマン主義絵画の創始者。代表作『メデューズ号の筏』。
⇒岩世人（ジェリコー　1791.9.26–1824.1.18）
　ネーム（ジェリコー　1791–1824）
　広辞7（ジェリコー　1791–1824）
　芸13（ジェリコー，テオドール　1791–1824）
　世人新（ジェリコー　1791–1824）
　世人装（ジェリコー　1791–1824）
　ポプ人（ジェリコー，テオドール　1791–1824）

Gericke, Wilhelm〈19・20世紀〉
オーストリアの指揮者，作曲家。
⇒岩世人（ゲーリッケ　1845.4.18–1925.10.27）

Gerlach, Andreas Christian〈19世紀〉
ドイツの獣医。伝染病，寄生虫病の研究がある。
⇒岩世人（ゲルラッハ　1811.5.15–1877.8.29）

Gerlach, Carl Gotthelf〈18世紀〉
ドイツの作曲家。
⇒バロ（ゲルラッハ，カール・ゴッドヘルフ　1704–1761）

Gerlach, E.〈16・17世紀〉
ドイツの作曲家。
⇒バロ（ゲルラッハ，E.　1580頃?–1640頃?）

Gerlach, Ernst Ludwig von〈18・19世紀〉
ドイツの法律家，政治家。
⇒岩世人（ゲルラッハ　1795.3.7–1877.2.18）

Gerlach, Hellmuth von〈19・20世紀〉
ドイツの政治家。絶対的平和主義を唱えてナチスに反対。
⇒岩世人（ゲルラッハ　1866.2.2–1935.8.2）

Gerlach, Petersz〈14・15世紀〉
オランダ出身で，ドイツに移住した共同生活兄弟団の神秘的神学者。
⇒新カト（ゲルラハ　1378–1411.11.18）

Gerlach, Philipp〈17・18世紀〉
ドイツの建築家。代表作はポツダムの守備隊教会（30～35）。
⇒岩世人（ゲルラッハ　1679.7.24–1748.9.17）

Gerlache de Gomery, Adrien Victor Joseph, Baron de〈19・20世紀〉
ベルギーの探検家，海軍司令官。
⇒岩世人（ジェルラシュ・ド・ゴムリ　1866.8.2–1934.12.4）

Gerlach von Houthem〈12世紀〉
隠修士，聖人。
⇒図聖（ゲルラッハ〔ハウテムの〕　1100頃–1172）

Gerle, Hans〈15・16世紀〉
ドイツのリュート奏者，リュート製造者。
⇒バロ（ゲルレ，ハンス　1500頃–1570）

Gerlier, Pierre-Marie〈19・20世紀〉
フランスの枢機卿，リヨン大司教。
⇒新カト（ジェルリエ　1880.1.14–1965.1.17）

Gerloff, Wilhelm〈19・20世紀〉
ドイツの財政学者，社会学者。貨幣論の研究がある。
⇒岩世人（ゲルロフ　1880.6.24–1954.7.23）

Germain, Antoine Marie Henri〈19・20世紀〉
フランスの実業家，政治家。
⇒岩世人（ジェルマン　1824.2.19–1905.2.2）

Germain, Sophie Marie〈18・19世紀〉
フランスの女性数学者。
⇒岩世人（ジェルマン　1776.4.1–1831.6.17）
　物理（ジェルマン，ソフィー・マリー　1776–1831）
　世数（ジェルマン，マリー-ソフィー　1776–1831）

German, Sir Edward〈19・20世紀〉
イギリスの作曲家。地球座の音楽監督となり（1888），シェークスピア劇を作曲。
⇒岩世人（ジャーマン　1862.2.17–1936.11.11）

Germanicus Julius Caesar〈前1・後1世紀〉
ローマの軍人，政治家。チベリウス帝の養子。12,18年コンスル。
⇒岩世人（ゲルマニクス　前15.5.24–後19.10.10）

Germanos〈7・8世紀〉
東方教会の聖人，コンスタンチノープルの総大主教。
⇒新カト（ゲルマノス1世〔コンスタンティノポリスの〕　631/649–733頃）

Germanós II〈12・13世紀〉
ニカイア王国のコンスタンティノポリス総主教。
⇒新カト（ゲルマノス2世〔コンスタンティノポリスの〕 1175頃–1240）

Germanus〈3・4世紀〉
聖人，殉教者。祝日10月23日。カディスの守護聖人。
⇒新カト（セルヴァンドゥスとゲルマヌス ?–4世紀初頭）

Germanus, St.〈4・5世紀〉
ペラギウス派から正統信仰を護るためブリタニアに赴いたオセールの司教，聖人。
⇒新カト（ゲルマヌス〔オセールの〕 378頃–448.7.31）
　図聖（ゲルマヌス（オセールの） 378頃–448）

Germanus von Münster-Granfelden〈7世紀〉
ベネディクト会士，大修道院長，殉教者，聖人。
⇒図聖（ゲルマヌス（ミュンスター＝グランフェルデンの） ?–677頃）

Germar, Ernst Friedrich〈18・19世紀〉
ドイツの鉱物学者，昆虫学者。
⇒学叢思（ゲルマル，エルンスト・フリードリヒ 1786–1853）

Germi〈15世紀〉
イタリアの作曲家。
⇒バロ（ジェルミ,? 1440頃?–1490頃）

Gernet, Mikhail Nikolaevich〈19・20世紀〉
ソ連邦の刑法学者。『帝政時代監獄史』（41～48）を著しスターリン賞受賞。
⇒岩世人（ゲルネート 1874.7.12/24–1953.1.16）

Gero〈10世紀〉
ケルン大司教。聖人。祝日6月28日。
⇒新カト（ゲロ〔ケルンの〕 ?–976.6.28）

Gero, Jhan〈16世紀〉
フランドルの作曲家。
⇒バロ（ジェロ,ヤン 1500頃?–1550以降）

Gerold〈10世紀〉
隠修士，聖人。
⇒図聖（ゲーロルト ?–978）

Gérome, Jean Léon〈19・20世紀〉
フランスの画家，彫刻家。代表作は絵画『闘鶏』（47），彫刻『ベローヌ』など。
⇒岩世人（ジェローム 1824.5.11–1904.1.10）
　芸13（ジェローム，ジャン・レオン 1824–1904）
　ユ著人（Gérôme,Jean-Léon ジェローム，ジャン＝レオン 1824–1904）

Geronimo〈19・20世紀〉
アメリカインディアンのチリカワ族の酋長。アリゾナ，ニューメキシコで襲撃，殺戮を行った。
⇒アメ新（ジェロニモ 1829–1909）
　岩世人（ジェロニモ 1829.6.16.–1909.2.17）
　広辞7（ジェロニモ 1829–1909）
　世人新（ジェロニモ 1829–1909）
　世人装（ジェロニモ 1829–1909）

Geronimo, Francesco di〈17・18世紀〉
イタリアの聖人，イエズス会員。祝日5月11日。
⇒新カト（フランチェスコ・ディ・ジェロニモ 1642.12.17–1716.5.11）

Geronimo of Santa Fé〈15世紀〉
対立教皇ベネディクトゥス13世の侍医。
⇒ユ著人（Geronimo of Santa Fé サンタフェのジェロニモ 15世紀）

Gerontios〈4・5世紀〉
エルサレムの修道士，キリスト単性説の信奉者。
⇒新カト（ゲロンティオス 395頃–480頃）

Gerov, Najden〈19・20世紀〉
ブルガリアの辞書編纂者，民族学者。
⇒岩世人（ゲーロフ 1823.2.23–1900.10.9）

Gerritsz Pomp, Dirck〈16・17世紀〉
初めて日本，中国を訪れたオランダ船員。
⇒岩世人（ポンプ 1545頃–1608頃）

Gershenzon, Mihail Osipovich〈19・20世紀〉
ロシアの文学史家，思想史家。
⇒岩世人（ゲルシェンゾーン 1869.7.1/13–1925.2.19）

Gershom, Ben Judah〈10・11世紀〉
ドイツのラビ学校の教師。ドイツ，フランスのユダヤ人の精神的指導者。タルムード評注を多く残している。
⇒ユ人（ゲルショム，ベンユダ 960頃–1208）
　ユ著人（Gershon ben Judah Me'or ha-Golah ゲルショム・ベン・ユダ・メイオル・ハ＝ゴラー 960?–1028）

Gershuni, Grigorii Andreevich〈19・20世紀〉
ソ連（ロシア）の革命家。
⇒ユ人（ゲルシュニ，グリゴリ・アンドレエヴィチ 1870–1908）
　ユ著人（Gershuni,Grigorii Andreevich ゲルシュニー，グリゴリー・アンドレーヴィッチ 1870–1908）

Gerson, Jean Charlier de〈14・15世紀〉
フランスの神学者。「最もキリスト教的なる博士」といわれる。
⇒バロ（ジェルソン，ジャン・シャルリエ・ド 1363.12.14–1429.7.12）
　岩世人（ジェルソン 1363.12.14–1429.7.12）
　学叢思（ゼールソン，ジャン・シャルリエー・ドゥ 1363–1429）
　新カト（ジェルソン 1363.12.14–1429.7.12）

Gerstenberg, Heinrich Wilhelm von

〈18・19世紀〉
ドイツの詩人, 評論家。
⇒岩世人（ゲルステンベルク 1737.1.3–1823.11.1）

Gerstenbüttel, Joachim〈17・18世紀〉
ドイツの作曲家。
⇒バロ（ゲルステンビュッテル, ヨアヒム 1650頃–1721.4.10）

Gertrudis, Magna〈13・14世紀〉
ドイツ, ヘルフタのベネディクト修女。聖女, 神秘思想家。
⇒岩世人（ゲルトルーディス（大） 1256.1.6–1302.11.17）
新カト（ゲルトルーディス〔ヘルフタの〕 1256.1.6–1301/1302.11.17）
図聖（ゲルトルーディス（大ヘルフタ） 1256–1302）

Gertrudis, St.〈7世紀〉
ニヴェルの女子修道院長, 聖人。
⇒新カト（ジェルトルード〔ニヴェルの〕 626頃–659.3.17）
図聖（ゲルトルーディス（ニヴェルの） 626–659）

Gertsen, Aleksandr Ivanovich〈19世紀〉
ロシアの思想家, 作家。
⇒岩世人（ゲルツェン 1812.3.25–1870.1.9）
ネーム（ゲルツェン 1812–1870）
広辞7（ゲルツェン 1812–1870）
世人新（ゲルツェン 1812–1870）
世人装（ゲルツェン 1812–1870）
ポプ人（ゲルツェン, アレクサンドル 1812–1870）

Gervais, Charles-Hubert〈17・18世紀〉
フランスの作曲家。
⇒バロ（ジェルヴェ, シャルル・ユベール 1671.2.19–1744.1.15）

Gervais, Laurent〈17・18世紀〉
フランスの作曲家。
⇒バロ（ジェルヴェ, ロラン 1680頃?–1745）

Gervaise, Claude〈16世紀〉
フランスの編集者, 作曲家。
⇒バロ（ジェルヴェーズ, クロード 1510頃?–1560頃）

Gervasius〈1世紀〉
ミラーノの保護聖人。皇帝ネロの治世下に殉教したとみられる。
⇒新カト（ゲルウァシウスとプロタシウス 1世紀）
図聖（ゲルウァシウスとプロタシウス）

Gervinus, Georg Gottfried〈19世紀〉
ドイツの歴史家。主著『ドイツ詩史』(71～74),『ウィーン条約以後の19世紀史』。
⇒岩世人（ゲルヴィーヌス 1805.5.20–1871.3.18）

Gesar
チベットとモンゴルの伝説の王。
⇒ネーム（ケサル）

Gesell, Arnold Lucius〈19・20世紀〉
アメリカの児童心理学者。乳児より青年にわたる行動の発達を研究。
⇒岩世人（ゲゼル 1880.6.21–1961.5.29）
20思（ゲゼル, アーノルド（ルシアス） 1880–1961）

Gesell, Silvio〈19・20世紀〉
ドイツの商人, 経済学者。貨幣問題を研究。主著『貨幣の国有化』(91)。
⇒岩世人（ゲゼル 1862.3.17–1930.3.11）

Gesenius, Heinrich Friedrich Wilhelm〈18・19世紀〉
ドイツのプロテスタント神学者, ヘブライ語学者。
⇒新カト（ゲゼニウス 1786.2.3–1842.10.23）

Gesius, Bartholomäus〈16・17世紀〉
ドイツの作曲家, 教会音楽家。
⇒バロ（ゲーシウス, バルトロメーウス 1562.2?–1613.8）

Geslin de Kersolon, Paul-Alexandre de〈19世紀〉
フランスの聖職者, 著述家。
⇒新カト（ジェスラン・ド・ケルソロン 1817–1888.11.30）

Gesner, Johann Matthias〈17・18世紀〉
ドイツの言語学者。ドイツ新人文主義教育の興隆に貢献。
⇒岩世人（ゲスナー 1691.4.9–1761.8.3）

Gesner, Konrad von〈16世紀〉
スイスの博物学者, 医者。『動物誌』を著す。
⇒岩世人（ゲスナー 1516.3.26–1565.3.13）
学叢思（ゲスネル, コンラード 1516–1565）

Gessler, (Doc) Harry Homer〈19・20世紀〉
アメリカの大リーグ選手（外野, 一塁）。
⇒メジャ（ドク・ゲスラー 1880.12.23–1924.12.24）

Gessler, Otto Karl〈19・20世紀〉
ドイツの政治家。ドイツ民主党の結成に参加。
⇒岩世人（ゲスラー 1875.2.6–1955.3.24）

Gessner, Salomon〈18世紀〉
スイスの詩人, 風景画家。牧歌 "Daphnis" (54), "Idyllen" (56) などがある。
⇒岩世人（ゲスナー 1730.4.1–1788.3.2）
芸13（ゲッスナー, ザロモン 1730–1788）

Gesualdo, Don Carlo, Principe di

Venosa〈16・17世紀〉
イタリアの作曲家。マドリガルの作曲家として名高い。
⇒バロ（ジェズアルド，ドン・カルロ　1561頃–1613.9.8）
　岩世人（ジェズアルド　1561頃–1613.9.8）
　エデ（ジェズアルド，ドン・カルロ，ヴェノーザ公　1560頃–1613.9.8）

Geta, Publius Lucius Septimius〈2・3世紀〉
ローマ皇帝。在位209～212。セプティミウス・セウェルス帝の子。兄カラカラによって殺された。
⇒岩世人（ゲタ　189–211.12）
　世帝（ゲタ　189–211）

Getzien, Charles H.〈19・20世紀〉
アメリカの大リーグ選手（投手）。
⇒メジャ（チャーリー・ゲッツェン　1864.2.14–1932.6.19）

Geulincx, Arnold〈17世紀〉
オランダのデカルト派哲学者。偶因論で知られる。
⇒岩世人（ゲーリンクス　1624.1.30–1669.11）
　ネーム（ゲーリンクス　1624–1669）
　広辞7（ゲーリンクス　1624–1669）
　学叢思（ジューランクス，アーノルド　1625–1669）
　新カト（ゲーリンクス　1624.1.30–1669.11）
　メル2（ゲーリンクス，アルノルト　1624–1669）

Gevaert, François Auguste〈19・20世紀〉
ベルギーの作曲家，音楽理論家。
⇒岩世人（ジュヴァール　1828.7.31–1908.12.24）

Geyer, Bernhard〈19・20世紀〉
ドイツのカトリック神学者。
⇒新カト（ガイヤー　1880.2.3–1974.4.4）

Geyer, Franz Xaver〈19・20世紀〉
ドイツ出身の宣教師。
⇒新カト（ガイヤー　1859.12.3–1943.4.2）

Geymüller, Heinrich, Freiherr von〈19・20世紀〉
オーストリアの建築史家。イタリアおよびフランスのルネサンスを専攻。
⇒岩世人（ガイミュラー　1839.5.12–1909.12.19）

Geyser, Joseph〈19・20世紀〉
ドイツの哲学者。
⇒岩世人（ガイザー　1869.3.16–1948.4.11）
　新カト（ガイザー　1869.3.16–1948.4.11）

Géza I〈11世紀〉
ハンガリー王国の統治者。
⇒世帝（ゲーザ1世　1040–1077）

Géza II〈12世紀〉
ハンガリー王国の統治者。在位1141～1162。
⇒世帝（ゲーザ2世　1130–1162）

Gezelle, Guido〈19世紀〉
ベルギーの詩人。ブリュージュの修道院長。
⇒岩世人（ヘゼレ　1830.5.1–1899.11.27）
　新カト（ヘゼレ　1830.5.1–1899.11.27）

Gfrörer, August Friedrich〈19世紀〉
ドイツの神学者，歴史家。フライブルク大学教授（1846）。
⇒岩世人（グフレーラー　1803.3.5–1861.7.6）

al-Ghāfiqī〈12世紀〉
アンダルス（現スペイン）におけるアラブ系医学者，本草学者。
⇒岩世人（ガーフィキー　?–1165）

Ghālib, Mīrzā Asadullāh Khān〈18・19世紀〉
インドのウルドゥー語，ペルシア語詩人。詩集のほか書簡集『気高きウルドゥー』(69)がある。
⇒岩世人（ガーリブ　1797.12.27–1869.2.15）
　南ア新（ガーリブ　1797–1869）

Ghardīzī, Abū Sa'īd 'Abd al-Hayy〈11世紀〉
ペルシアの歴史家。
⇒岩世人（ガルディーズィー　11世紀中葉）

al-Gharīd, 'Abdu'l-Malik〈8世紀〉
アラビアの音楽家。
⇒岩世人（ガリード）

Ghawwāsī〈17世紀〉
インドのダキニー詩人。『アラビアン・ナイト』に取材した恋愛詩を発表。
⇒岩世人（ガッワースィー　1616頃–1639頃）

al-Ghazālī, Abū Hāmid Muhammad〈11・12世紀〉
アシュアリー派のイスラム神学者。主著は『宗教学の再興』『哲学者の矛盾』など。
⇒岩世人（ガザーリー，アブー・ハーミド　1059–1111.12.19）
　ネーム（ガザーリー　1058?–1111）
　広辞7（ガザーリー　1058–1111）
　新カト（ガザーリー　1058–1111.12.19）
　世人新（ガザーリー（ガッザーリー）　1058–1111）
　世人装（ガザーリー（ガッザーリー）　1058–1111）
　世史語（ガザーリー　1058–1111）
　ポプ人（アブー・ハーミド・ガザーリー　1058–1111）
　メル1（ガザーリー，アブー・ハーミド　1059–1111）

al-Ghazālī, Aḥmad〈12世紀〉
イスラームの説教師，神秘主義者。
⇒岩世人（ガザーリー，アフマド　?–1126）

Ghāzān Khān〈13・14世紀〉
イル・ハン国の第7代ハン。在位1295～1304。同国の最盛期を現出。

⇒岩世人（ガザン　1271-1304）
広辞7（ガーザーン　1271-1304）
世人新（ガザン＝ハン　1271-1304）
世人装（ガザン＝ハン　1271-1304）
世史語（ガザン＝ハン　1271-1304）
ポプ人（ガザン・ハン　1271-1304）

Ghazāyerī Rāzī〈11世紀〉
イランの詩人。ブワイフ朝に仕え, ガズニー朝君主スルターン・マフムードにも頌詩を献じた。
⇒岩世人（ガザイィリー・ラーズィー　?-1034/1035）

Gheeraerts, Marcus〈16・17世紀〉
イギリスの画家。
⇒岩世人（ゲラールツ　1561頃-1636.1.19）

Ghellinck, Joseph de〈19・20世紀〉
ベルギーの教父学者, 教理史家。
⇒新カト（ヘリンク　1872.10.30-1950.1.4）

Ghent, William James〈19・20世紀〉
アメリカの社会主義者。
⇒学叢思（ゲント, ウィリアム・ジェームス　1866-?）

Ghéon, Henri〈19・20世紀〉
フランスの詩人, 劇作家, 小説家。
⇒岩世人（ゲオン　1875.3.15-1944.6.13）
新カト（ゲオン　1875.3.15-1944.6.13）

Gherardello de Firenze, Ser〈14世紀〉
イタリアの書記, 聖職者, 作曲家。
⇒バロ（ギラルデッロ・ダ・フィレンツェ, セル　1320頃-1362頃）
バロ（ゲラルデッロ・ダ・フィレンツェ, セール　1320-1325頃-1362頃-1362/1363）

Gherardesca, Ugolino della, Conte di Donoratico〈13世紀〉
イタリア（ピサ）の貴族, 伯爵。
⇒岩世人（ゲラルデスカ　1200頃-1288.7）

Ghersem, Géry de〈16・17世紀〉
フランドルの作曲家。
⇒バロ（ゲルサン, ジュリ・ド　1573-1575頃-1630.5.25）

Ghiberti, Lorenzo〈14・15世紀〉
イタリアの彫刻家, 画家, 建築家, 文筆家。
⇒岩世人（ギベルティ　1378-1455.12.1）
ネーム（ギベルティ　1378-1455）
広辞7（ギベルティ　1378-1455）
新カト（ギベルティ　1378/1381頃-1455.12.1）
芸13（ギベルティ, ロレンツォ　1378-1455）
世人新（ギベルティ　1378-1455）
世人装（ギベルティ　1378-1455）
ポプ人（ギベルティ, ロレンツォ　1378-1455）

Ghika, Vladimir〈19・20世紀〉
ルーマニア貴族出身のカトリック司祭。
⇒新カト（ギカ　1873.12.25-1954.5.19）

Ghil, René〈19・20世紀〉
ベルギー生れのフランスの詩人。科学を基調とする科学詩の提唱者。
⇒岩世人（ギル　1862.9.27-1925.9.15）
19仏（ルネ・ギル　1862.9.27-1925.9.15）

Ghiretti, Gaspare〈18世紀〉
イタリアの音楽教師。
⇒バロ（ギレッティ, ガスパール　1747-1797）

Ghirlandajo, Domenico di Jommaso Bigordi〈15世紀〉
イタリアのフィレンツェ派画家。
⇒岩世人（ギルランダイオ　1449-1494.1.11）
ネーム（ギルランダイヨ　1449-1494）
広辞7（ギルランダイオ　1449-1494）
新カト（ギルランダイオ　1449-1494.1.11）
芸13（ギルランダイオ, ドメニコ　1449-1494）

Ghiselin, Johannes Jean〈15・16世紀〉
フランドルの歌手。
⇒バロ（ヴェルボンネ, ジャン　1485頃-1535頃）
バロ（ギズラン, ジョアンヌ・ジャン　1485頃-1535頃）

Ghislandi, Giuseppe, Fra Vittore del Galgario〈17・18世紀〉
イタリアの肖像画家。
⇒芸13（ギスラーンディ, ヴィットーレ　1655-1743）

Ghislanzoni, Antonio〈19世紀〉
イタリアの脚本家, ジャーナリスト。主著『アイーダ』など。
⇒オペラ（ギズランツォーニ, アントニオ　1824-1893）

Ghiyās al-Dīn A'zam Shāh〈14・15世紀〉
インド, ベンガルのイルヤース・シャーヒー朝第3代の王。在位1389頃～1410頃。
⇒岩世人（ギヤースッディーン・アザム・シャー　?-1410頃）

Ghiyās al-Dīn Naqqāsh〈15世紀〉
ティムール朝期の人。
⇒岩世人（ギヤースッディーン・ナッカーシュ　15世紀前半）

Ghiyās al-Dīn Tughluq〈13・14世紀〉
インドのトゥグルク朝創始者。在位1320～24。
⇒岩世人（ギヤースッディーン・トゥグルク　?-1324.12）

Ghiyās al-Dīn ibn Rashīd al-Dīn〈14世紀〉
イランのイル・ハン朝の政治家, 宰相。
⇒岩世人（ギヤースッディーン　?-1336）

Ghiyāth al-Dīn Muḥammad〈12・13世

紀〉
アフガニスタンのグール（ゴール）朝の統治者。
在位1162～1202頃。
⇒岩世人（ギヤースッディーン・ムハンマド　?–1203）

Ghizzolo, Giovanni〈16・17世紀〉
イタリアの作曲家、フランシスコ会の修道士。
⇒バロ（ギッツォーロ、ジョヴァンニ　1580頃?–1625頃）

Ghose, Aurobindo〈19・20世紀〉
インドの英語詩人、哲学者。
⇒岩世人（ゴーシュ　1872.8.15–1950.12.5）
学叢思（ゴオス、アラビンダ　1872–?）
新カト（オーロビンド　1872.8.15–1950.12.5）
南ア新（オーロビンゴ・ゴーシュ　1872–1950）

Ghrykus, Iōannēs〈13・14世紀〉
ギリシアの作曲家。
⇒バロ（グリュキュス、イオアンネス　1270頃?–1320頃?）

Ghulām Aḥmad, Mirzā〈19・20世紀〉
南アジアの宗教家。
⇒岩世人（グラーム・アフマド、ミルザー　1835–1908.5.26）

Giacobbi, Girolamo〈16・17世紀〉
イタリアの作曲家。
⇒バロ（ジャコッビ、ジローラモ　1567.8.10–1629.2.13）

Giacobetti, Pietro Amico〈16・17世紀〉
イタリアの作曲家、聖職者。
⇒バロ（ジャコベッティ、ピエトロ・アミーコ　1560頃?–1616以降）
バロ（ヤコベッティ、ピエトロ・アミーコ　1560頃?–1616以降）

Giacomelli, Geminiano〈17・18世紀〉
イタリアの作曲家。
⇒バロ（ジャコメルリ、ジェミニアーノ　1672-1692頃–1740.1.25）

Giacomelli, Hector〈19・20世紀〉
フランスの画家。
⇒19仏（エクトル・ジャコメリ　1822.4.1–1904.12.1）

Giacomo (della Marca)〈14・15世紀〉
イタリアのフランシスコ会修道士、巡回説教者、聖人。
⇒新カト（ジャコモ［マルカの］　1393–1476.11.28）

Giacosa, Giuseppe〈19・20世紀〉
イタリアの劇作家。主著『チェス大会』(73)。
⇒岩世人（ジャコーザ　1847.10.21–1906.9.1）
オペラ（ジャコーザ、ジュゼッペ　1847–1906）

Giambono, Michele〈15世紀〉
イタリアの画家。国際ゴシック様式の最後の画家の一人。主作品は『王座のミカエル』など。
⇒岩世人（ジャンボーノ　1400頃–1462頃）

Gianelli, Antonio Maria〈18・19世紀〉
イタリア北部ボッビオの司教、修道会創立者。聖人。祝日6月7日。
⇒新カト（アントニオ・マリア・ジャネリ　1789.4.12–1846.6.7）

Gianettini, Antonio〈17・18世紀〉
イタリアの作曲家。
⇒バロ（ジャネッティーニ、アントーニオ　1648頃–1721.7.14）
バロ（ジャンネッティーニ、アントーニオ　1648–1721.7.14）

Giannecchini, Doroteo〈19世紀〉
イタリア出身のフランシスコ会員、ボリビアへの宣教師、言語学者。
⇒新カト（ジャネッキーニ　1837.12.9–1900.4.9）

Giannini, Ferruccio〈19・20世紀〉
イタリア・オペラのテノール。
⇒失声（フェルッチョ・ジャンニーニ　1868–1948）

Giannone, Jacob Antonio〈16・17世紀〉
イタリア出身のイエズス会宣教師。1609年来日し、長崎で布教活動を行った。
⇒新カト（ジャノネ　1577.9.7–1633.8.28）

Giannone, Pietro〈17・18世紀〉
イタリアの歴史家、法律家。自然法思想の代表的理論家。主著『ナポリ王国市民史』(23)。
⇒岩世人（ジャンノーネ　1676.5.7–1748.3.7）

Gianoncelli, Bernardo〈17世紀〉
イタリアの作曲家。
⇒バロ（ジャノンチェッリ、ベルナルド　1600頃?–1660頃?）

Giard, Alfred Mathieu〈19・20世紀〉
フランスの動物学者。海産動物に関する研究がある。
⇒岩世人（ジアール　1846.8.8–1908.8.8）

Giardini, Felice〈18世紀〉
イタリアのヴァイオリン奏者、作曲家。ヴァイオリンのソナタや室内楽作品、オペラを残した。
⇒バロ（ジャルディーニ、フェリーチェ・デ　1716.4.12–1796.6.8）

Giardini, Mario〈19・20世紀〉
イタリアのカトリック聖職者。第2代駐日教皇使節として来日(1922)。
⇒岩世人（ジャルディーニ　1877.12.4–1947.8.30）
新カト（ジャルディーニ　1877.12.4–1947.8.30）

Gibbon, Edward〈18世紀〉
イギリスの歴史家。主著『ローマ帝国衰亡史』(76～88)、『自叙伝』(96)。
⇒岩世人（ギボン　1737.5.8–1794.1.16）
広辞7（ギボン　1737–1794）

新カト （ギボン　1737.4.27–1794.1.16）
世人新 （ギボン　1737–1794）
世人装 （ギボン　1737–1794）

Gibbons, Christopher〈17世紀〉
イギリスのオルガン奏者。
⇒バロ （ギボンズ, クリストファー　1615.8.22–1676.10.20）

Gibbons, Edward〈16・17世紀〉
イギリスの作曲家。
⇒バロ （ギボンズ, エドワード　1567/1568.3.21–1650頃）

Gibbons, Ellis〈16・17世紀〉
イギリスの作曲家。
⇒バロ （ギボンズ, エリス　1573.11.30–1603.5）

Gibbons, Grinling〈17・18世紀〉
イギリスの彫刻家。
⇒岩世人 （ギボンズ　1648.4.4–1721.8.3）
　芸13 （ギボンズ, グリンリング　1648–1721）

Gibbons, James〈19・20世紀〉
アメリカの枢機卿。ワシントン・カトリック大学初代総長。
⇒岩世人 （ギボンズ　1834.7.23–1921.3.24）
　新カト （ギボンズ　1834.7.23–1921.3.24）

Gibbons, Orlando〈16・17世紀〉
イギリスの作曲家, オルガン奏者。
⇒バロ （ギボンズ, オーランド　1583.12.25–1625.6.5）
　岩世人 （ギボンズ　1583–1625.6.5）
　エデ （ギボンズ, オーランド　1583.12.25–1625.6.5）
　新カト （ギボンズ　1583–1625.6.5）

Gibbons, Richard〈17世紀〉
イギリスのオルガン奏者。
⇒バロ （ギボンズ, リチャード　1600頃?–1660頃?）

Gibbs, James〈17・18世紀〉
イギリスの建築家。
⇒岩世人 （ギブズ　1682.12.23–1754.8.5）

Gibbs, Josiah Willard〈19・20世紀〉
アメリカの物理学者, 理論化学者。『統計力学の基礎原理』(02)を発表, 量子統計力学への道を開いた。
⇒岩世人 （ギブズ　1839.2.11–1903.4.28）
　科史 （ギブズ　1839–1903）
　広辞7 （ギブズ　1839–1903）
　物理 （ギブズ, ジョサイア・ウィラード　1839–1903）
　世数 （ギブズ（またはギブス）, ジョサイア・ウィラード　1839–1903）

Gibbs, Thomas〈17世紀〉
イギリスの作曲家。
⇒バロ （ギブズ, トマス　1620頃?–1680頃?）

Gibert, Paul-César〈18世紀〉
フランスの作曲家。
⇒バロ （ジベール, ポール・セザール　1717–1787）

Gibson, Edmund〈17・18世紀〉
イギリスの神学者。英国教会法の大家。
⇒岩世人 （ギブソン　1669–1748.9.6）
　新カト （ギブソン　1669–1748.9.6）

Gibson, George C.〈19・20世紀〉
アメリカの大リーグ選手（捕手）。
⇒メジャ （ジョージ・ギブソン　1880.7.22–1967.1.25）

Gibson, John〈18・19世紀〉
イギリスの彫刻家。
⇒岩世人 （ギブソン　1790.6.19–1866.1.27）

Gibson, Richard〈17世紀〉
イギリスの細密画家。
⇒岩世人 （ギブソン　1615?–1690.7.20）

Gibson, Thomas Milner〈19世紀〉
イギリスの政治家。1859～66年商務院総裁。
⇒岩世人 （ギブソン　1806.9.3–1884.2.25）

Gibson, Walter Murray〈19世紀〉
アメリカの冒険家。
⇒アア歴 （Gibson, Walter Murray　ウォルター・マリー・ギブスン　1823–1888.1.21）

Gibson, Wilfred (Wilson)〈19・20世紀〉
イギリスの詩人。
⇒岩世人 （ギブソン　1878.10.2–1962.5.26）

Gichtel, Johann Georg〈17・18世紀〉
ドイツのプロテスタント神秘主義者。主著『実践的神智論』(01)。
⇒岩世人 （ギヒテル　1638.3.4/14–1710.1.21）

Giddings, Franklin Henry〈19・20世紀〉
アメリカの社会学者。「複数行動」から社会を説明し, 統計的方法の重要性を指摘。数理学派の祖。
⇒岩世人 （ギディングズ　1855.3.23–1931.6.11）
　学叢思 （ギディグンス, フランクリン・ヘンリー　1855–?）

Gide, André Paul Guillaume〈19・20世紀〉
フランスの小説家, 評論家。1947年ノーベル文学賞受賞。
⇒岩世人 （ジッド　1869.11.22–1951.2.19）
　広辞7 （ジッド　1869–1951）
　新カト （ジッド　1869.11.22–1951.2.19）
　世人新 （ジッド（アンドレ＝ジード）　1869–1951）
　世人装 （ジード（アンドレ＝ジード）　1869–1951）
　ポプ人 （ジッド, アンドレ　1869–1951）

Gide, Charles〈19・20世紀〉
フランスの経済学者,消費協同組合の理論的指導者。主著『経済学原理』(83) など。
⇒岩世人（ジッド　1847.6.29–1932.3.13)
学叢思（ジード,シャール　1847–?)

Gielniowa, Ładysław z〈15世紀〉
ポーランドの作曲家。
⇒バロ（ギェルニュフ,ワディスワフ・ズ　1450頃?–1500頃?)

Gierke, Otto Friedrich von〈19・20世紀〉
ドイツの法学者。
⇒岩世人（ギールケ　1841.1.11–1921.10.10)
　ネーム（ギールケ　1841–1921)
　広辞7（ギールケ　1841–1921)
　学叢思（ギールケ,オットー・フリードリヒ　1841–?)

Giers, Nikolai Karlovich〈19世紀〉
スウェーデン系ロシアの政治家。
⇒岩世人（ギールス　1820.5.9–1895.1.14)

Giesebrecht, Wilhelm von〈19世紀〉
ドイツの歴史家。中世史の研究で著名。
⇒岩世人（ギーゼブレヒト　1814.3.5–1889.12.18)

Giffard, Henri Jacques〈19世紀〉
フランスの技術者。3馬力蒸汽機関での半硬式飛行船推進に成功（1852）。
⇒岩世人（ジファール　1825.1.8–1882.4.14)

Giffen, Robert〈19・20世紀〉
イギリスの経済学者,統計学者。
⇒岩世人（ギッフェン　1837.7.21–1910.4.12)

Gifford, Daniel Lyman〈19世紀〉
アメリカの宣教師。
⇒アア歴（Gifford,Daniel L（yman)　ダニエル・ライマン・ギフォード　1861.1.9–1900.4.10)

Gifford, William〈18・19世紀〉
イギリスの批評家。『アンチ・ジャコビン』誌,『クォータリー・レビュー』誌の編集者。
⇒岩世人（ギフォード　1756–1826.12.31)

Gigault, Anne-Joachin〈17・18世紀〉
フランスの作曲家。
⇒バロ（ジゴー,アンヌ・ジョアシャン　1676–1765)

Gigault, Anne-Joseph〈17・18世紀〉
フランスの作曲家。
⇒バロ（ジゴー,アンヌ・ジョゼフ　1660頃?–1720頃以前)

Gigault, Nicolas〈17・18世紀〉
フランスのオルガン奏者,作曲家。
⇒バロ（ジゴー,ニコラ　1625頃–1707.8.20)

Gihr, Nicolaus〈19・20世紀〉
ドイツの典礼著作家。
⇒新カト（ギール　1839.12.5–1924.6.25)

Gijón, Juan Perez de〈15・16世紀〉
スペインの作曲家。
⇒バロ（ヒホン,フアン・ペレス・デ　1470頃?–1520頃?)

Gikatilea (Chiquatillia), Joseph ben Abraham〈13・14世紀〉
作家。
⇒ユ著人（Gikatilea (Chiquatillia),Joseph ben Abraham　ギカティラ,ヨセフ・ベン・アブラハム　1248–1325?)

Gilamo, Pietro Antonio〈16・17世紀〉
イタリアの作曲家。
⇒バロ（ジラーモ,ピエトロ・アントーニオ　1580頃?–1640頃?)

Gilbert, Henry Franklin Belknap〈19・20世紀〉
アメリカの作曲家。
⇒岩世人（ギルバート　1868.9.26–1928.5.19)

Gilbert, Sir Humphrey〈16世紀〉
イギリスの軍人,航海者。1583年ニューファンドランドに到着,女王の植民地を建設。
⇒岩世人（ギルバート　1539頃–1583.9.9)

Gilbert, Jacques〈17・18世紀〉
フランスの神学者,ジャンセニスムの支持者。
⇒新カト（ジルベール　?–1712)

Gilbert, James William〈18・19世紀〉
イギリスの銀行家,銀行問題の著述家。1833年ロンドン・ウェストミンスター銀行の総支配人。
⇒学叢思（ギルバート,ジェームズ・ウィリアム　1741–1863)

Gilbert, Sir Joseph Henry〈19・20世紀〉
イギリスの農芸化学者。植物の栄養,施肥,輪作,家畜飼養など農業上の問題を研究し,農業化学を確立。
⇒岩世人（ギルバート　1817.8.1–1901.12.23)

Gilbert, Newton Whiting〈19・20世紀〉
アメリカの弁護士。
⇒アア歴（Gilbert,Newton Whiting　ニュートン・ホワイティング・ギルバート　1862.5.24–1939.7.5)

Gilbert, Philéas〈19・20世紀〉
フランスの料理人。
⇒岩世人（ジルベール　1857.9.11–1942.6.5)

Gilbert, William〈16・17世紀〉
イギリスの医者,物理学者。1601年エリザベス1世の侍医。磁気および摩擦電気について研究。
⇒岩世人（ギルバート　1544–1603.11.30)

科史（ギルバート 1544–1603）
広辞7（ギルバート 1544–1603）
学叢思（ギルバート, ウィリアム 1540–1603）
ポプ人（ギルバート, ウィリアム 1544–1603）

Gilbert, *Sir* William Schwenck〈19・20世紀〉
イギリスの劇作家。多くのコミック・オペラの台本を執筆。
⇒岩世人（ギルバート 1836.11.18–1911.5.29）

Gilbert de la Porrée〈11・12世紀〉
フランスのスコラ哲学者, 神学者。シャルトル学院第2代総長。
⇒岩世人（ギルベルトゥス・ポレタヌス 1075頃–1154.9.4）
新カト（ギルベルトゥス・ポレターヌス 1076頃–1154.9.4）

Gilbert-Martin, Charles〈19・20世紀〉
フランスの風刺画家。
⇒19仏（シャルル・ジルベール＝マルタン 1839.8.26–1905.7.21）

Gilbert of Sempringham, St.〈11・12世紀〉
イングランドの聖職者, 聖人。ギルバート修道会の創始者。
⇒岩世人（ギルバート（センプリンガムの） 1083頃–1190.2.4）
新カト（ギルバート〔センプリンガムの〕 1083頃–1189.2.4）

Gilbertus〈11・12世紀〉
ブリタニアの神学者。
⇒新カト（ギルベルトゥス〔オセールの〕 ?–1134.8.8/10）

Gildas, St.〈6世紀〉
イギリスの修道士, 史家, 聖人。
⇒岩世人（ギルダス（賢者） ?–570頃）
新カト（ギルダス 500頃–570頃）

Gildersleeve, Basil Lanneau〈19・20世紀〉
アメリカの古典学者。
⇒岩世人（ギルダースリーヴ 1831.10.23–1924.1.9）

Giles, Herbert Allen〈19・20世紀〉
イギリスのシナ学者。
⇒岩世人（ジャイルズ 1845.12.8–1933.2.13）

Giles, Lionel〈19・20世紀〉
イギリスのシナ学者。大英博物館東洋図書写本部主任（1900～40）。敦煌出土文書の整理に尽力。
⇒岩世人（ジャイルズ 1875.12.29–1958.1.22）

Giles, Nathanier〈16・17世紀〉
イギリスの作曲家。
⇒バロ（ジャイルズ, ナサニエル 1558頃–1634.1.24）

Gilgameš
メソポタミアの《ギルガメシュ叙事詩》の主人公。
⇒岩世人（ギルガメシュ）
ネーム（ギルガメッシュ）

Gill, André〈19世紀〉
フランスの画家, イラストレーター。
⇒19仏（アンドレ・ジル 1840.10.17–1885.5.1）

Gill, *Sir* David〈19・20世紀〉
スコットランドの天文学者。喜望峰天文台長（1879～1906）。
⇒岩世人（ギル 1843.6.12–1914.1.24）

Gill, William John〈19世紀〉
イギリスの探検家。北ペルシア, 中国南部, 東チベット等を旅行。
⇒岩世人（ギル 1843.9.10–1882.8.11）

Gille, Philippe〈19・20世紀〉
フランスのジャーナリスト, 台本作家。
⇒19仏（フィリップ・ジル 1831.12.10–1901.3.19）

Gillebert de Berneville〈13世紀〉
フランスの作曲家。
⇒バロ（ジルベール・ド・ベルヌヴィル 1230頃?–1280以降）
バロ（ベルヌヴィル, ジルベール・ド 1230頃?–1280以降）

Gilles, Jean〈17・18世紀〉
フランスの作曲家。
⇒バロ（ジル, ジャン 1668.1.8–1705.2.5）

Gilles de Corbeil〈12・13世紀〉
フランスの医学者。
⇒岩世人（ジル 1140頃–1224頃）

Gillespie, George〈17世紀〉
スコットランド長老制維持同盟の指導的牧師の一人。同盟の大会議長。
⇒岩世人（ギレスピー 1613.1.21–1648.12.17）

Gillespie, Thomas〈18世紀〉
スコットランドの長老教会牧師。レリーフ・チャーチを組織（1761）。
⇒岩世人（ギレスピー 1708.1–1774.1.19）

Gillet, Stanislas Martin〈19・20世紀〉
フランスの神学者, ドミニコ会士。ドミニコ会総会長（1929～46）, 聖庁の検邪聖省顧問。
⇒岩世人（ジレ 1875.12.14–1951.9.4）
新カト（ジレ 1875.12.14–1951.9.3）

Gillette, John Morris〈19・20世紀〉
アメリカの農村社会学者。20世紀初頭のアメリカ農村社会学の草分け。主著『農村社会学』（22）。
⇒学叢思（ジレット, ジョン・モーリス 1866–?）

Gillette, King Camp〈19・20世紀〉
アメリカの発明家,企業家。1901年安全かみそりを発明,ジレット安全かみそり会社を設立。
⇒岩世人（ジレット　1855.1.5–1932.7.9）

Gillier, Jean-Claude〈17・18世紀〉
フランスの作曲家。
⇒バロ（ジリエ,ジャン・クロード　1667–1737.5.31）

Galliéron, Jules〈19・20世紀〉
スイス生れのフランスの言語地理学者。フランス方言学会を創立。
⇒岩世人（ジリエロン　1854.12.21–1926.4.26）

Gillies, John〈18・19世紀〉
スコットランドの歴史家。スコットランド歴史編修官（1793）。
⇒岩世人（ギリス　1747.1.18–1836.2.15）

Gillin, John Lew's〈19・20世紀〉
アメリカの社会学者。
⇒学叢思（ギリン,ジョン・リユイス　1871–?）

Gillion, Mario〈19・20世紀〉
イタリア・オペラのテノール。
⇒失声（マリオ・ギリオン　1870–1914）

Gillot, Claude〈17・18世紀〉
フランスの画家,装飾美術家。アカデミー会員。ロココ時代の代表的画家の一人。代表作『二輪車』。
⇒岩世人（ジロー　1673.4.27–1722.5.4）
　芸13（ジロー,クロード　1673–1722）

Gillray, James〈18・19世紀〉
イギリスの諷刺漫画家。代表作『百姓のジョージとその女房』。
⇒岩世人（ギルレー　1757.8.13–1815.6.1）

Gilly, David〈18・19世紀〉
ドイツの建築家。ベルリンに高等建築学校を創設。
⇒岩世人（ギリ　1748.1.7–1808.5.5）

Gilly, Friedrich〈18世紀〉
ドイツの建築家。1800年プロシア国立劇場をベルリンに建造。
⇒岩世人（ギリ　1772.2.16–1800.8.3）

Gilman, Alfred Alonzo〈19・20世紀〉
アメリカの宣教師。
⇒アア歴（Gilman,Alfred A(lonzo)　アルフレッド・アロンゾウ・ギルマン　1878.8.23–1966.9.13）

Gilman, Charlotte Anna Perkins Stetson〈19・20世紀〉
アメリカのフェミニスト,作家。
⇒岩世人（ギルマン　1860.7.3–1935.8.17）
　学叢思（ギルマン,シャロット・パーキンス　1860–?）

Gilman, Daniel Coit〈19・20世紀〉
アメリカの教育家。カリフォルニア大学学長（1872～75）,ジョンズ・ホプキンズ大学総長（75～1901）。カーネギー財団初代理事長。
⇒岩世人（ギルマン　1831.7.6–1908.10.13）

Gilman, Harold〈19・20世紀〉
イギリスの画家。
⇒芸13（ギルマン,ハロルド　1878–1919）

Gilmore, Eugene Allen〈19・20世紀〉
アメリカの弁護士,植民地行政官。
⇒アア歴（Gilmore,Eugene Allen　ユージーン・アレン・ギルモア　1871.7.4–1953.11.4）

Gilmore, George William〈19・20世紀〉
アメリカの宣教師。
⇒アア歴（Gilmore,George W(illiam)　ジョージ・ウイリアム・ギルモア　1858.5.12–1933.8.22）

Gilmore, John Washington〈19・20世紀〉
アメリカの農学者。
⇒アア歴（Gilmore,John W(ashington)　ジョン・ワシントン・ギルモア　1872.5.9–1942.6.25）

Gilpin, Bernard〈16世紀〉
イギリス国教会の司祭。
⇒岩世人（ギルピン　1517–1583.5.4）

Gil Robles Quiñones, José María〈17・18世紀〉
スペインのアウグスチノ会会員。
⇒新カト（ヒル・ロブレス・キニョネス　?–1706）

Gimbel, Adam〈19世紀〉
アメリカの小売商人。
⇒ユ人（ギンベル,アダム　1817–1896）

Gindron, François〈15・16世紀〉
スイスの作曲家。
⇒バロ（ジャンドロン,フランソワ　1491頃–1564）

Gingalain
円卓の騎士の一人。
⇒ネーム（ガングラン）

Ginguené, Pierre Louis〈18・19世紀〉
フランスの作曲家。
⇒バロ（ガンギュネ,ピエール・ルイ　1748.4.25–1816.11.16）

Ginisty, Paul〈19・20世紀〉
フランスの作家。
⇒19仏（ポール・ジニスティ　1855.4.4–1932.3.5）

Ginneken, Jacobus van〈19・20世紀〉
オランダの言語学者。
⇒岩世人（ファン・ヒネケン　1877.4.21–1945.10）

Ginoulhiac, Jacques-Marie-Achille〈19世紀〉
フランスの司教,神学者。
⇒新カト（ジヌイアック　1806.12.3-1875.11.17）

Ginsburg, Saul〈19・20世紀〉
アメリカのロシア系作家,歴史学者。
⇒ユ著人（Ginsburg,Saul　ギンスブルク,サウル　1866-1940）

Gintzler, Simon〈16世紀〉
ドイツのリュート奏者。
⇒バロ（ギンツラー,ジーモン　1500頃-1548以降）

Ginzberg, Louis〈19・20世紀〉
リトアニア出身のタルムード,ラビ文学史の研究者。
⇒ユ人（ギンツベルグ,ルイス　1873-1953）
　ユ著人（Ginzberg,Luois　ギンスバーグ,ルイス　1873-1953）

Ginzkey, Franz Karl〈19・20世紀〉
オーストリアの作家。小説『Prinz Tunora』(34)などがある。
⇒岩世人（ギンツカイ　1871.9.8-1963.4.11）

Gioberti, Vincenzo〈19世紀〉
イタリアの哲学者,政治家。カトリックを土台にしたヨーロッパ統一を主張。政策上の失敗などで,2度亡命。
⇒岩世人（ジョベルティ　1801.4.5-1852.10.26）
　ネーム（ジョベルティ　1801-1852）
　学叢思（ジオベルティ,ヴィンツェンツォ　1801-1852）
　新カト（ジョベルティ　1801.4.5-1852.10.26）
　メル2（ジョベルティ,ヴィンチェンツォ　1801-1852）

Gioia, Melchiorre〈18・19世紀〉
イタリアの哲学者,経済学者。主著『経済学の新しい展望』(15～19)。
⇒岩世人（ジョーヤ　1767.9.20-1828.1.2）

Giolitti, Giovanni〈19・20世紀〉
イタリアの自由主義政治家。5度首相となり,20世紀初頭のイタリアにジョリッティ時代を築いた。
⇒岩世人（ジョリッティ　1842.10.27-1928.7.17）
　世人新（ジョリッティ　1842-1928）
　世人装（ジョリッティ　1842-1928）

Giordani, Giuseppe〈18世紀〉
イタリアの作曲家。歌曲『カロ・ミオ・ベン』の作曲者。
⇒バロ（ジョルダーニ,ジュゼッペ　1743.12.9-1798.1.2）

Giordani, Pietro〈18・19世紀〉
イタリアの評論家。『イタリア文庫』誌創刊に参加。
⇒岩世人（ジョルダーニ　1774.1.1-1848.9.2）

Giordani, Tommaso〈18・19世紀〉
イタリア生れの作曲家。イギリスで活躍,王室劇場などのために英語とイタリア語によるオペラを作曲。
⇒バロ（ジョルダーニ,トマッソ　1730-1806.2.23）

Giordano, Luca〈17・18世紀〉
イタリアの画家。
⇒岩世人（ジョルダーノ　1634-1705.1.12）
　芸13（ジョルダーノ,ルカ　1632-1705）

Giordano, Umberto〈19・20世紀〉
イタリアの作曲家。オペラを多く書いた。作品『マラ・ピタ』など。
⇒岩世人（ジョルダーノ　1867.8.28-1948.11.12）
　オペラ（ジョルダーノ,ウンベルト　1867-1948）
　ネーム（ジョルダーノ　1867-1948）

Giorgini, Aristodemo〈19・20世紀〉
イタリア・オペラのテノール。
⇒失声（アリストデモ・ジョルジーニ　1879-1937）

Giorgione da Castelfranco〈15・16世紀〉
イタリアの画家。ベネチアにおける盛期ルネサンス様式の創始者。
⇒岩世人（ジョルジョーネ　1476/1478-1510.10）
　ネーム（ジョルジョーネ　1478?-1510）
　広辞7（ジョルジョーネ　1478頃-1510）
　学叢思（ジオルジオネ　1478-1511）
　新カト（ジョルジョーネ　1476/1478-1510）
　芸13（ジョルジョーネ　1478/6-1510）
　芸13（ジョルジョーネ　1476-1478頃-1510）

Giornovichi, Giovanni Mane〈18・19世紀〉
イタリアの音楽家。
⇒バロ（ジョルノヴィーキ,ジョヴァンニ・マーネ　1735-1740-1804.1.23）

Giottino〈14世紀〉
イタリアの画家。
⇒岩世人（ジョッティーノ　(活動)1324-1369）

Giotto di Bondone〈13・14世紀〉
イタリアの画家,美術史上重要な巨匠。
⇒岩世人（ジョット　1266頃-1337.1.8）
　ネーム（ジョット　1266?-1337）
　広辞7（ジョット　1266頃-1337）
　学叢思（ジョットー,ディ・ボンドーヌ　1276-?）
　新カト（ジョット　1267頃-1337.1.8）
　芸13（ジオット・ディ・ボンドーネ　1266頃-1337）
　世人新（ジョット(ジオット)　1266頃-1337）
　世人装（ジョット(ジオット)　1266頃-1337）
　世史語（ジョット　1266頃-1337）
　ポプ人（ジョット・ディ・ボンドーネ　1266?-1337）

Giovanna I〈14世紀〉
ナポリ・シチリア王国の統治者。

⇒王妃（ジョヴァンナ1世　1328–1382）
Giovanna II〈14・15世紀〉
ナポリの女王。
⇒王妃（ジョヴァンナ2世　1373–1435）
Giovannelli, Ruggiero〈16・17世紀〉
イタリアの作曲家。
⇒バロ（ジョヴァンネッリ，ルッジェーロ　1560頃–1625.1.7)
Giovanni〈11・12世紀〉
聖人，修道院設立者。祝日6月20日。イタリア南部マテラの生まれ。
⇒新カト（ジョヴァンニ〔マテラの〕　1070頃–1139.6.20)
Giovanni〈12世紀〉
修道会創立者。コモ湖に近いメダの生まれ。
⇒新カト（ジョヴァンニ〔メダの〕　11世紀末–1159.9.26)
Giovanni〈12・13世紀〉
説教師，ドミニコ会会員。サレルノ生まれ。
⇒新カト（ジョヴァンニ〔サレルノの〕　1190–1242.8.9/9.10)
Giovanni〈14世紀〉
教会法学者。ミラノ生まれ。
⇒新カト（ジョヴァンニ〔ミラノの〕　1320頃–1383.2.16)
Giovanni da Cascia〈14世紀〉
イタリアのオルガン奏者。
⇒バロ（カーシャ(カッシャ)，ジョヴァンニ・ダ　1310頃?–1360)
　　バロ（ジョヴァンニ・ダ・カーシャ(カッシャ)　1310頃?–1360)
　　バロ（ヨハンネス・デ・フロレンティア　1310頃?–1360頃?)
Giovanni da Firenze〈14世紀〉
イタリアの作曲家。
⇒バロ（ジョヴァンニ・ダ・フィレンツェ　1310頃?–1360)
Giovanni Dalmata〈15・16世紀〉
イタリアの彫刻家。
⇒芸13（ジョヴァンニ・ダルマタ　1440頃–1509以後)
Giovanni da Milano〈14世紀〉
イタリアの画家。1346–69年にフィレンツェで活動。
⇒岩世人（ジョヴァンニ・ダ・ミラノ　（活動) 1346–1369)
　　芸13（ジョヴァンニ・ダ・ミラーノ）
　　芸13（ジョヴァンニ・ダ・ミラノ）
Giovanni di Paolo〈15世紀〉
イタリアの画家。主作品は『磔刑図』(40)，『最後の審判』など。
⇒岩世人（ジョヴァンニ・ディ・パオロ　1399頃–1482)

芸13（ジョヴァンニ・ディ・パオロ　1403?–1483?)
Giovanni Lantrua da Triora〈18・19世紀〉
イタリアの聖人。祝日7月9日および2月7日。中国の殉教者，フランシスコ会員。
⇒新カト（ジョヴァンニ・ラントルア・ダ・トリオラ　1760.3.15–1816.2.7)
Giovanni Maria〈15・16世紀〉
ドイツ生まれのルネッサンス期のイタリアのリュート演奏家。
⇒ユ著人（Giovanni Maria　ジョバンニ・マリア　1470?–1530?)
Gippius, Zinaida Nikolaevna〈19・20世紀〉
ロシアの女流詩人。評論家メレジコフスキーの妻。詩集『光明』(38)ほか。
⇒岩世人（ギッピウス　1869.11.8/20–1945.9.9)
　　ネーム（ギッピウス　1869–1945)
Giquel, Prosper Marie〈19世紀〉
フランスの提督。寧波(ニンポー)海関税務司となり，太平天国軍討伐に参加。
⇒岩世人（ジケル　1835–1886)
Girál, José〈19・20世紀〉
スペインの政治家。
⇒岩世人（ヒラル　1879.10.22–1962.12.23)
Giraldi, Giambattista〈16世紀〉
イタリアの劇作家，詩人。主著悲劇『オルベッケ』(41)。
⇒岩世人（ジラルディ　1504.11–1573.12.30)
Giraldus Cambrensis〈12・13世紀〉
イギリス，ウェールズの歴史家。
⇒岩世人（ギラルドゥス　1146–1223)
Girard, Albert〈16・17世紀〉
フランスの数学者。
⇒岩世人（ジラール　1595–1632.12.8/9)
　　世数（ジラール，アルベール　1565–1632)
Girard, Philippe Henri de〈18・19世紀〉
フランスの発明家。
⇒岩世人（ジラール　1775.2.9–1845.8.26)
Girard, Prudence Séraphin Barthélemy〈19世紀〉
フランスのパリ外国宣教会宣教師。
⇒岩世人（ジラール　1821.4.5–1867.12.9)
　　新カト（ジラール　1821.4.5–1867.12.9)
Girardin, Émile de〈19世紀〉
フランスの新聞経営者，政治家。1836年『ラ・プレス』を創刊。
⇒岩世人（ジラルダン　1806.6.22–1881.4.27)
　　19仏（エミール・ド・ジラルダン　1806.6.21–

1881.4.27)

Girardon, François〈17・18世紀〉
フランスの彫刻家。ベルサイユなどの宮殿の装飾に従事した。主要作品『ニンフの水浴』など。
⇒岩世人（ジラルドン　1628.3.10–1715.9.1）
　ネーム（ジラルドン　1628–1715）
　芸13（ジラルドン，フランソア　1628–1715）

Girart de Roussillon
シャルルマーニュ伝説に登場するブルゴーニュの族長。
⇒ネーム（ジラール・ド・ルシヨン）

Giraud, Albert〈19・20世紀〉
ベルギーの詩人。
⇒岩世人（ジロー　1860.6.23–1929.12.26）

Giraud, Fiorello〈19・20世紀〉
イタリアのテノール。
⇒魅惑（Giraud, Fiorello　1868–1928）

Giraud, François-Joseph〈18世紀〉
フランスの作曲家。
⇒バロ（ジロー，フランソワ・ジョゼフ　1730頃?–1790頃?）

Giraud, Giovanni〈18・19世紀〉
イタリアの喜劇作家。伯爵。イタリア諸劇場総監(1809～14)。
⇒岩世人（ジラウド　1776.10.28–1834.10.1）

Giraud, Henri Honoré〈19・20世紀〉
フランスの軍人。1943年ド・ゴールとともに国民解放フランス委員会議長。
⇒岩世人（ジロー　1879.1.18–1949.3.13）

Giraud, Jean-Joseph〈18世紀〉
フランスのドミニコ会員。
⇒新カト（ジロー　1720/1721–1790以降）

Giri, Sunan〈16世紀〉
1500年頃のジャワの伝説的な9人のイスラーム布教者〈ワリ・ソンゴ〉の一人。
⇒岩世人（ギリ，スナン　1500頃）

Giric〈9世紀〉
スコットランド王国の統治者。在位878～889。
⇒世帝（ギリク　832–?）

Girindrawardhana〈15世紀〉
ジャワ，マジャパイト王国の王。
⇒世帝（グリンドラワルダ　(在位)1474–?）

Giriśawardhana〈15世紀〉
ジャワ，マジャパイト王国の王。
⇒世帝（キリーシャワルダナ　?–1466）

Girodet, Émile〈19世紀〉
フランスの政治家。
⇒19仏（エミール・ジロデ　1849.3.23–1898.4.16）

Girodet de Roucy-Trioson, Anne Louis〈18・19世紀〉
フランスの画家。1789年ローマ賞受賞。
⇒岩世人（ジロデ＝トリオゾン　1767.1.29–1824.12.8）
　芸13（ジロデ，アンヌ・ルイ・ド・ルウシイ・トリオゾン　1767–1824）

Giroust, François〈18世紀〉
フランスの作曲家。
⇒バロ（ジルースト，フランソワ　1738.4.10–1799.4.28）

Girtin, Thomas〈18・19世紀〉
イギリスの水彩風景画家。抒情性に富む作風を展開。
⇒岩世人（ガーティン　1775.2.18–1802.9.9）

Gise, Friedrich Carl〈19・20世紀〉
ドイツのトルコ学者。
⇒岩世人（ギーゼ　1870.12.11–1944.10.19）

Gisela〈10・11世紀〉
ハンガリー女王。ハンガリー王ステファヌス1世と結婚し，夫とともにキリスト教化に尽くした。
⇒新カト（ギゼラ　985頃–1060頃）
　図聖（ギーゼラ　?–1060頃）

Gislar〈7・8世紀頃〉
聖人。祝日9月28日。
⇒図聖（クニアルトとギスラル）

Gissing, George Robert〈19・20世紀〉
イギリスの小説家，随筆家。
⇒岩世人（ギッシング　1857.11.22–1903.12.28）
　広辞7（ギッシング　1857–1903）

Gittard, Daniel〈17世紀〉
フランスの宮廷建築家。
⇒岩世人（ジタール　1625–1686）

Giuggiola, Guglielmo il〈16世紀〉
イタリアの作曲家。
⇒バロ（ジュッジョーラ，グリエルモ・イル　1530頃?–1580頃?）

Giuliani, Girolamo〈16世紀〉
イタリアの作曲家。
⇒バロ（ジュリアーニ，ジローラモ　1540頃?–1590頃?）

Giuliano, Giuseppe〈18世紀〉
イタリアの作曲家。
⇒バロ（ジュリアーノ，ジュゼッペ　1720頃?–1780頃?）

Giulio da Modena〈15・16世紀〉
イタリアの作曲家。
⇒バロ（ジューリオ・ダ・モデナ　1498–1561.7.23）
　バロ（セーニ，ユリオ　1498–1561.7.23）

Giuseppe〈16・17世紀〉
カプチン・フランシスコ会司祭, 説教師。聖人。祝日2月4日。ローマの北東レオネッサの生まれ。
⇒新カト（ジュゼッペ〔レオネッサの〕 1556.1.8–1612.2.4）

Giuseppe Moscati〈19・20世紀〉
医学博士。聖人。ベネベント生まれ。
⇒新カト（ジュゼッペ・モスカーティ 1880.7.25–1927.4.12）

Giusti, Giuseppe〈19世紀〉
イタリアの詩人。権威への諷刺と方言の使用に特色。主著『聖アンブロージオ』(47)。
⇒岩世人（ジュスティ 1809.5.12–1850.3.31）

Giustini, Lodovico Maria〈17・18世紀〉
イタリアの作曲家。
⇒バロ（ジュスティーニ, ロドヴィーコ・マリア 1685.12.12–1743.2.7）

Giustiniani, Lorenzo〈14・15世紀〉
ヴェネツィアの初代総大司教, 神秘家。聖人。祝日1月8日。
⇒新カト（ロレンツォ・ジュスティニアーニ 1381.7.1–1456.1.8）

Giustiniani, Paolo〈15・16世紀〉
厳格な隠遁生活を目指すカマルドリ修道会のモンテ・コローナ修族の創始者。ヴェネツィア生まれ。
⇒新カト（ジュスティニアーニ 1476.6.15–1528.6.28）

Gizycki, Georg von〈19世紀〉
ドイツの哲学者。ベルリン大学教授。
⇒岩世人（ギシュツキ 1851.4.14–1895.3.2）
　学叢思（ギヂッキ, ゲオルグ・フォン 1851–1895）

Gizziello〈18世紀〉
イタリアのカストラート歌手。
⇒オペラ（ジッツェッロ 1714–1761）

Gjellerup, Karl Adolph〈19・20世紀〉
デンマークの小説家。1917年ノーベル文学賞受賞。
⇒岩世人（ゲレロプ 1857.6.2–1919.10.11）

Gladden, Washington〈19・20世紀〉
アメリカの牧師, 著述家。キリスト教の立場からの社会改革に関する著述がある。
⇒岩世人（グラッデン 1836.2.11–1918.7.2）

Gladstone, William Ewart〈19世紀〉
イギリスの政治家, 自由党内閣首相。
⇒岩世人（グラッドストン 1809.12.29–1898.5.19）
　ネーム（グラッドストン 1809–1898）
　広辞7（グラッドストン 1809–1898）
　学叢思（グラッドストン, ウィリアム・エワート 1809–1898）
　新カト（グラッドストン 1809.12.29–1897.5.19）
　世人新（グラッドストン 1809–1898）
　世人装（グラッドストン 1809–1898）
　世史語（グラッドストン 1809–1898）
　ボプ人（グラッドストン, ウィリアム 1809–1898）
　学叢歴（グラッドストン 1809–1898）

Glaisher, James〈19・20世紀〉
イギリスの気象学者。自由気球に乗って高層気象を観測。
⇒岩世人（グレイシャー 1809.4.7–1903.2.7）

Glanvill, Joseph〈17世紀〉
イギリスの哲学者, 王立学会会員。チャールズ2世の宮廷牧師。
⇒岩世人（グランヴィル 1636–1680.11.4）
　学叢思（グランヴィル, ジョゼフ 1636–1680）

Glanvill, Ranulf de〈12世紀〉
イギリスの裁判官。国王裁判所首席判事（1180～89）。
⇒岩世人（グランヴィル 1130頃–1190頃）

Glareanus, Henricus〈15・16世紀〉
スイスの音楽理論家。主著『ドデカコルドン（12弦）』(1547)。
⇒岩世人（グラレアヌス 1488.6–1563.3.28）

Glaser, Curt〈19・20世紀〉
ドイツの美術史家。国立美術図書館長 (24)。
⇒岩世人（グラーザー 1879.5.29–1943.11.23）

Glasgow, Ellen Anderson Gholson〈19・20世紀〉
アメリカの女流小説家。
⇒岩世人（グラスゴー 1874.4.22–1945.11.12）
　新カト（グラスゴー 1873.4.22–1945.11.21）

Glasier, J. Bruce〈19・20世紀〉
スコットランドの社会主義者。
⇒学叢思（グレージア, ジェー・ブルース 1859–?）

Glass, Carter〈19・20世紀〉
アメリカの政治家。合衆国上院議員（20～46）として大恐慌の克服に努力。
⇒岩世人（グラス 1858.1.4–1946.5.28）

Glasscock, John Wesley〈19・20世紀〉
アメリカの大リーグ選手（遊撃）。
⇒メジャ（ジャック・グラスコック 1857.7.22–1947.2.24）

Glauber, Johann Rudolf〈17世紀〉
ドイツの化学者。硫酸ナトリウムを発見。
⇒岩世人（グラウバー 1604?–1670.3.10）

Glaukos
ギリシア神話, ボイオティアのアンテドンの漁夫。
⇒岩世人（グラウコス）

Glaukos
ギリシア神話, クレタ王ミノスの子。

⇒岩世人（グラウコス）
Glaukos
ギリシア神話，ボイオティアのポトニアイの出身，シシュフォスの子，コリントス王。
⇒岩世人（グラウコス）
Glaukos
ギリシア神話，ベレロフォンの子ヒッポロコスの子。
⇒岩世人（グラウコス）
Glaukos〈前6世紀頃〉
キオス島（またはサモス島）の技術者。
⇒岩世人（グラウコス）
Glaukos〈前5世紀〉
ギリシアの著述家。
⇒岩世人（グラウコス）
Glazunov, Aleksandr Konstantinovich〈19・20世紀〉
ロシアの作曲家。
⇒岩世人（グラズノーフ 1865.7.29/8.10–1936.3.21）
　バレエ（グラズノフ，アレクサンドル 1865.8.10–1936.3.21）
　エデ（グラズノフ，アレクサンドル（コンスタンティノヴィチ）1865.8.10–1936.3.21）
　ネーム（グラズノフ 1865–1936）
　広辞7（グラズノフ 1865–1936）
　実音人（グラズノフ，アレクサンドル・コンスタンティノヴィチ 1865–1936）
　ピ曲改（グラズノフ，アレクサンドル・コンスタンティノヴィチ 1865–1936）
Gleason, (Kid) William J.〈19・20世紀〉
アメリカの大リーグ選手（投手，二塁）。
⇒メジャ（キッド・グリーソン 1866.10.26–1933.1.2）
Gleb〈11世紀〉
ロシアの聖人。ウラジーミル1世の子。
⇒岩世人（ボリスとグレーブ ?–1015）
　新カト（ボリスとグレーブ ?–1015）
Gleim, Johann Wilhelm Ludwig〈18・19世紀〉
ドイツの詩人。アナクレオン派の代表。
⇒岩世人（グライム 1719.4.2–1803.2.18）
Gletle, Johann Melchior〈17世紀〉
スイスのオルガン奏者。
⇒バロ（グレートレ，ヨハン・メルヒオール 1626.7–1683.9.2?）
Gleyre, Marc Gabriel Charles〈19世紀〉
フランスの歴史画家。
⇒岩世人（グレール 1806.5.2–1874.5.5）
Gleysteen, William Henry〈19・20世紀〉
アメリカの宣教師教育者。
⇒アア歴（Gleysteen, William H (enry) ウイリアム・ヘンリー・グレイスティーン 1876.7.17–1948.1.17）
Glier, Reingol'd Moritsevich〈19・20世紀〉
ソ連邦の作曲家。バレー『赤いけし』(27)で成功。
⇒岩世人（グリエール 1874.12.30/1875.1.11–1956.6.23）
　バレエ（グリエール，レインホリド（レインゴリド）1875.1.11–1956.6.23）
　エデ（グリエール，レインゴリト（モリツォヴィチ）1875.1.11–1956.6.23）
　ネーム（グリエール 1875–1956）
Glinka, Konstantin Dimitrievich〈19・20世紀〉
ロシアの土壌学者。土壌型と地理的分布に関する研究で有名。
⇒岩世人（グリンカ 1867.6.23/7.5–1927.11.2）
Glinka, Mikhail Ivanovich〈19世紀〉
ロシアの作曲家。
⇒岩世人（グリンカ 1804.5.20–1857.2.3）
　オペラ（グリーンカ，ミハイール・イヴァノヴィチ 1804–1857）
　エデ（グリンカ，ミハイル（イヴァノヴィチ）1804.6.1–1857.2.15）
　ネーム（グリンカ 1804–1857）
　広辞7（グリンカ 1804–1857）
　学叢思（グリンカ，ミカエル・イヴァノヴィッチ 1803–1857）
　実音人（グリンカ，ミハイル 1804–1857）
　世人新（グリンカ 1804–1857）
　世人装（グリンカ 1804–1857）
　ポプ人（グリンカ，ミハイル 1804–1857）
Glinskaia, Elena Vasil'evna〈16世紀〉
モスクワ公国王妃。
⇒岩世人（グリンスカヤ ?–1538.4.4）
Glisson, Francis〈16・17世紀〉
イギリスの医学者。クル病についての記載を行った。
⇒岩世人（グリッソン 1599–1677.10.14）
Glossner, Michael〈19・20世紀〉
ドイツの新スコラ哲学者，教理神学者。
⇒新カト（グロスナー 1837.10.19–1909.4.3）
Glotz, Gustave〈19・20世紀〉
フランスの歴史家。
⇒岩世人（グロッツ 1862.2.17–1935.4.16）
Gloucester, Humphrey, Duke of〈14・15世紀〉
イギリスの公爵。ヘンリー6世の幼少時代の摂政（1422～29）で，書籍収集家として知られる。
⇒岩世人（ハンフリー（グロスター公）1390–

1447.2.23)

Glover, Robert Hall〈19・20世紀〉
アメリカの宣教師。
⇒アア歴 (Glover,Robert H (all)　ロバート・ホール・グラヴァー　1871.10.17–1947.3.23)

Glover, Thomas Blake〈19・20世紀〉
イギリス商人。1859年長崎に渡来。大浦にグラバー商会を設立し、海産物や武器を扱った。
⇒岩世人　(グラヴァー　1838.6.6–1911.12.16)
ポプ人　(グラバー、トーマス　1838–1911)

Gluck, Christoph Willibald Ritter von〈18世紀〉
ドイツの作曲家。
⇒バロ　(グルック、クリストフ・ヴィリバルト・フォン　1714.7.2–1787.11.15)
岩世人　(グルック　1714.7.2–1787.11.15)
バレエ　(グルック、クリストフ・ヴィリバルト・フォン　1714.7.2–1787.11.15)
オペラ　(グルック、クリストフ・ヴィリバルト　1714–1787)
エデ　(グルック、クリストフ・ヴィリバルト (フォン)　1714.7.2–1787.11.15)
広辞7　(グルック　1714–1787)
実音人　(グルック、クリストフ・ヴィリバルト　1714–1787)

Glückel von Hameln〈17・18世紀〉
ドイツのユダヤ人商人の妻、イディッシュ語の回想録作者。
⇒岩世人　(グリュッケル　1645–1724)

Glushkovsky, Adam〈18・19世紀〉
ロシアのダンサー、教師、振付家。
⇒バレエ　(グルシュコフスキー、アダム　1793–1870.10)

Gluskap
アメリカ先住民の英雄。
⇒ネーム　(グルスキャップ)

Glykas, Michael〈12世紀〉
ビザンティン帝国の文官、修道士。イオニア海のケルキラ島の出身か。
⇒新カト　(ミカエル・グリュカス　12世紀)

Glyndŵr, Owain〈14・15世紀〉
ウェールズの反乱指導者。
⇒岩世人　(グリンドゥル　1359頃–1416頃)

Glynn, James〈19世紀〉
アメリカの軍人。1849年、日本に抑留されたマクドナルドらを引取るため、長崎に入港。
⇒アア歴 (Glynn,James　ジェイムズ・グリン　1801.6.28–1871.5.25)
岩世人　(グリン　1800–1871)

Gmelin, Johann Georg〈18世紀〉
ドイツの博物学者、旅行家。シベリアのレナ川まで探検して (33〜43)、植物学上の調査を行った。
⇒岩世人　(グメーリン　1709.8.10–1755.5.20)

Gmelin, Leopold〈18・19世紀〉
ドイツの化学者。主著『無機化学全書』(17〜19) は無機化学の貴重な基準的文献。
⇒岩世人　(グメーリン　1788.8.2–1853.4.13)

Gnedich, Nikolai Ivanovich〈18・19世紀〉
ロシアの詩人、翻訳家。
⇒岩世人　(グネージチ　1784.2.2–1833.2.3)

Gneisenau, August Wilhelm Anton Graf Neidhardt von〈18・19世紀〉
プロシアの軍人。プロシア軍の軍制改革に尽力。1825年元帥。
⇒岩世人　(グナイゼナウ　1760.10.27–1831.8.23)
ネーム　(グナイゼナウ　1760–1831)

Gneist, Rudolf von〈19世紀〉
ドイツの法学者、政治家。1868年ドイツ帝国議会議員、75年最高裁判所判事。
⇒岩世人　(グナイスト　1816.8.13–1895.7.22)
ネーム　(グナイスト　1816–1895)
広辞7　(グナイスト　1816–1895)
学叢思　(グナイスト、ルドルフ・フォン　1816–1895)
ポプ人　(グナイスト、ルドルフ・フォン　1816–1895)

Gnocchi-Viani, Osvaldo〈19・20世紀〉
イタリアの社会主義者、文筆家。
⇒岩世人　(ニョッキ・ヴィアーニ　1837.8.26–1917.1.8)

gnya' khri btsan po
古代チベット王朝初代の王。
⇒岩世人　(ニャーティーツェンポ)

Goar〈6世紀〉
古代の伝道者。
⇒図聖　(ゴアール　?–500頃)

Goar, Jacques〈17世紀〉
フランスの東方典礼学者。
⇒新カト　(ゴアール　1601–1653.9.23)

Gobat, Charles Albert〈19・20世紀〉
スイスの政治家。ノーベル平和賞受賞 (1902)。
⇒岩世人　(ゴバ　1843.5.21–1914.3.16)

Gobel, Jean-Baptiste Joseph〈18世紀〉
フランスのカトリック司教、政治家。
⇒岩世人　(ゴベル　1727.9.1–1794.4.13)

Gobelin〈15世紀〉
フランスの染色業者。
⇒岩世人　(ゴブラン)

Gobert, Thomas〈17世紀〉
フランスの作曲家。
⇒バロ　(ゴベール、トマ　1610頃?–1672.9.26)

Gobertus〈12・13世紀〉
詩人。ジャンブルー近郊の生まれ。
⇒新カト〔ゴベルトゥス〔ランの〕　1150頃−1220頃〕

Gobineau, Joseph Arthur, Comte de〈19世紀〉
フランスの東洋学者，人類学者，外交官，小説家。
⇒岩世人　（ゴビノー　1816.7.14–1882.10.13）
　ネーム　（ゴビノー　1816–1882）
　広辞7　（ゴビノー　1816–1882）
　学叢思　（ゴビノー，ジョセフ・アルツゥル，コント・ドゥ　1816–1882）
　メル3　（ゴビノー，アルチュール・ド　1816–1882）

Goble, Jonathan〈19世紀〉
アメリカのバプテスト派宣教師。ペリー提督と来日。
⇒アア歴　（Goble,Jonathan　ジョナサン・ゴウブル　1827.3.4–1896.5.1）
　岩世人　（ゴーブル　1827.3.4–1898.5）

Goble, René Marie〈19・20世紀〉
フランスの社会主義者。
⇒学叢思　（ゴブレ，ルネ・マリア　1828–1905）

Goblet d'Alviella, Eugène〈19・20世紀〉
ベルギーの宗教史家，考古学者，政治家。自由党の指導的地位にあった。
⇒岩世人　（ゴブレ・ダルヴィエラ　1846.8.10–1925.9.9）

Goblot, Edmond〈19・20世紀〉
フランスの哲学者，論理学者。主著『論理学概論』(18)。
⇒岩世人　（ゴブロ　1858–1935）

Göchhausen, Luise von〈18・19世紀〉
ザクセン・ヴァイマル公妃アマーリアの侍女，ゲーテの女友達。
⇒岩世人　（ゲヒハウゼン　1752.2.13–1807.9.7）

Goclenius, Rudolf〈16・17世紀〉
ドイツの論理学者。マルブルク大学教授。
⇒岩世人　（ゴクレニウス　1547.3.1–1628.6.3）

Godard, André〈19・20世紀〉
フランスの著述家。
⇒新カト　（ゴダール　1865.1.13–1941.9.10）

Godard, Benjamin Louis Paul〈19世紀〉
フランスのビオラ奏者，作曲家。
⇒岩世人　（ゴダール　1849.8.18–1895.1.10）

Goddard, Henry Herbert〈19・20世紀〉
アメリカの心理学者。知能検査，精神欠陥の研究家。
⇒岩世人　（ゴダード　1866.8.14–1957.6.18）

Goddard, Josiah〈19世紀〉
アメリカの宣教師。
⇒アア歴　（Goddard,Josiah　ジョサイア・ゴダード　1813.10.17–1854.9.4）

Godeberta von Noyon〈7世紀〉
女子大修道院長，聖人。
⇒新カト　（ゴーデベルタ　640頃–678頃）
　図聖　（ゴデベルタ〔ノワヨンの〕　?–700頃）

Godeffroy, Johan Cesar〈19世紀〉
ドイツの商人。ハンブルクに博物館を設立(61)。
⇒岩世人　（ゴドフロワ　1813.7.1–1885.2.10）

Godefridus〈12世紀〉
アウグスチノ修道祭式者会の会員。パリのサン・ヴィクトルの大修道院で，ヒューマニズムに基づく活動を行った。
⇒新カト　（ゴデフリドゥス〔サン・ヴィクトルの〕　1125/1130–1185以降）

Godefroy de Bouillon〈11世紀〉
バスロレーヌ公。在位1089~95。第1次十字軍のリーダーとしてエルサレム奪取。
⇒岩世人　（ゴドフロワ・ド・ブイヨン　1060頃–1100.7.18）
　新カト　（ゴドフロア・ド・ブイヨン　1060頃–1100.7.18）
　図聖　（ゴドフロワ〔ブイヨンの〕　?–1100）

Godefroy de Fontaines〈13・14世紀〉
スコラ哲学者，神学者，教区司祭。
⇒岩世人　（ゴドフロワ〔フォンテーヌの〕　1250以前–1306以降）
　新カト　（ゴデフリドゥス〔フォンテーヌの〕　1250以前–1306/1309.10.29）

Godefroy de Huy de Claire〈12世紀〉
東ベルギーの金工師。
⇒新カト　（ゴドフロア・ド・ユイ　?–1174頃）

Godehard〈10・11世紀〉
ドイツの聖職者，聖人。
⇒岩世人　（ゴーデハルト　960頃–1038.5.5）
　新カト　（ゴーデハルト　960頃–1038.5.5）
　図聖　（ゴデハルト〔ヒルデスハイムの〕　961–1038）

Godelive〈11世紀〉
女性信徒。聖人。ブローニュ近くの生まれ。
⇒新カト　（ゴーデレーヴァ　1040/1050–1070頃）

Goderich, Frederick John Robinson, Viscount, and 1st Earl of Ripon〈18・19世紀〉
イギリスの政治家，首相。在職1827~28。
⇒岩世人　（ゴドリッジ　1782.11.1–1859.1.28）

Godet, Frédéric〈19世紀〉
スイスのプロテスタント神学者。国教会から脱して自由教会に属した。

⇒学叢思（ゴデー，フレデリク　1812-1900）

Godin, Jean Baptiste André〈19世紀〉
フランスの工業家，社会改革家。空想的社会主義を産業的基礎の上に実現。
⇒岩世人（ゴダン　1817.1.26-1888.1.14）
　19仏（ジャン=バティスト=アンドレ・ゴダン　1817.1.26-1888.1.15）
　学叢思（ゴーダン，ジャン・バプティスト・アンドレ　1817-1888）

Godkin, Edwin Lawrence〈19・20世紀〉
アイルランド生れのジャーナリスト。1856年渡米。
⇒岩世人（ゴドキン　1831.10.2-1901.5.21）

Godolphin, Sidney, 1st Earl of〈17・18世紀〉
イギリスの政治家。
⇒岩世人（ゴドルフィン　1645.6.15-1712.9.15）

Godono, Giuseppe〈19・20世紀〉
イタリア・オペラのテノール。
⇒失声（ジュゼッペ・ゴドーノ　1876-1963）

Godowski, Leopold〈19・20世紀〉
アメリカのピアノ奏者，作曲家。ポーランド生れ。ウィーンのピアノ学校校長などを務めた。
⇒岩世人（ゴドフスキー（ゴドウスキー）　1870.2.13-1938.11.21）
　ユ著人（Godowski,Leopold　ゴドフスキー，レオポルド　1870-1938）

Godoy, Armand〈19・20世紀〉
キューバ出身の詩人。
⇒新カト（ゴドア　1880-1964）

Godoy y Álvarez de Faria, Manuel de〈18・19世紀〉
スペインの政治家。1792年首相。
⇒岩世人（ゴドイ　1767.5.12-1851.10.4）

Godwin, Earl of Wessex〈11世紀〉
ウェセックス伯。
⇒岩世人（ゴドウィン　?-1053.4.16）

Godwin, William〈18・19世紀〉
イギリスの思想家。主著『政治的正義』(93)，小説『ケイレブ・ウィリアムズ』(94)など。
⇒岩世人（ゴドウィン　1756.3.3-1836.4.7）
　広辞7（ゴドウィン　1756-1836）
　学叢思（ゴドヴィン，ウィリアム　1756-1836）

Goebel, Karl Eberhard von〈19・20世紀〉
ドイツの植物学者。植物形態学に関する近代的研究の基礎を作った。
⇒岩世人（ゲーベル　1855.3.8-1932.10.9）

Goedeke, Karl〈19世紀〉
ドイツの文学史家。ドイツ文学の資料集成に努力。主著『ドイツ文学史大綱』(59〜81)。

⇒岩世人（ゲーデケ　1814.4.15-1887.10.27）

Goes, Bento de〈16・17世紀〉
ポルトガルの軍人，イエズス会士。中国に旅行して，キタイが現実の中国であることを実証。
⇒岩世人（ゴエス　1562頃-1607.4.11）
　新カト（ゴエス　1562-1607.4.10）

Goes, Hugo van der〈15世紀〉
フランドルの画家。
⇒岩世人（ファン・デル・フース　1440頃-1482）
　新カト（フース　1440頃-1482）
　芸13（ヴァン・デル・グース，ヒューホ　1440-1482）
　芸13（グース，フーゴー・ヴァン・デル　1440頃-1482）

Goethe, Johann Wolfgang von〈18・19世紀〉
ドイツ最大の詩人。ドイツ古典主義文学を確立。
⇒岩世人（ゲーテ　1749.8.28-1832.3.22）
　オペラ（ゲーテ，ヨーハン・ヴォルフガング・フォン　1749-1832）
　覚思（ゲーテ　1749.8.28-1832.3.22）
　覚思ス（ゲーテ　1749.8.28-1832.3.22）
　広辞7（ゲーテ　1749-1832）
　学叢思（ゲーテ，ヨハン・ヴォルフガンク・フォン　1749-1832）
　新カト（ゲーテ　1749.8.28-1832.3.22）
　世人新（ゲーテ　1749-1832）
　世人装（ゲーテ　1749-1832）
　世史語（ゲーテ　1749-1832）
　ポブ人（ゲーテ，ヨハン・ウォルフガング・フォン　1749-1832）
　メル2（ゲーテ，ヨハン・ヴォルフガング・フォン　1749-1832）

Goette, Athanasius〈19・20世紀〉
アメリカの宣教師。
⇒アア歴（Goette,Remy,Goette,Athanasius,and Goette,John Capistran　レミー・ゲティ，アサネイシアス・ゲティ，ジョン・キャピストラン・ゲティ　1857.4.11-1908.3.29）

Goette, John Capistran〈19・20世紀〉
アメリカの宣教師。
⇒アア歴（Goette,Remy,Goette,Athanasius,and Goette,John Capistran　レミー・ゲティ，アサネイシアス・ゲティ，ジョン・キャピストラン・ゲティ　1859.3.2-1919.8.1）

Goette, Remy〈19・20世紀〉
アメリカの宣教師。
⇒アア歴（Goette,Remy,Goette,Athanasius,and Goette,John Capistran　レミー・ゲティ，アサネイシアス・ゲティ，ジョン・キャピストラン・ゲティ　1856.4.27-1920.7.31）

Goetz, Hermann〈19世紀〉
ドイツの作曲家，オルガン奏者。
⇒岩世人（ゲッツ　1840.12.7-1876.12.3）

Goeze, Johann Melchior〈18世紀〉
ドイツのルーテル派神学者。

goffi

⇒新カト (ゲーツェ　1717.10.16-1786.5.19)

Goffiné, Leonhard〈17・18世紀〉
ドイツのプレモンストラント派著述家。
⇒新カト (ゴフィネ　1648.12.6-1719.8.11)

Gog
北の果てに住む正体不明の悪魔的存在(創世記)。
⇒新カト (ゴグとマゴグ)

Gogh, Vincent Willem van〈19世紀〉
オランダの画家。
⇒岩世人 (ゴッホ　1853.3.30-1890.7.29)
　19仏 (フィンセント・ファン・ゴッホ　1853.3.30-1890.7.29)
　広辞7 (ゴッホ　1853-1890)
　学叢思 (ゴーホ, ヴァンサン・ヴァン　1853-1890)
　新カト (ゴッホ　1853.3.30-1890.7.29)
　芸13 (ゴッホ, ヴィンセント・ファン　1853-1890)
　世人新 (ゴッホ　1853-1890)
　世人装 (ゴッホ　1853-1890)
　世史語 (ゴッホ　1853-1890)
　ポプ人 (ゴッホ, ビンセント・ファン　1853-1890)

Gogol, Nikolai Vasilievich〈19世紀〉
ロシアの小説家, 劇作家。ロシア・リアリズム文学の創始者。
⇒岩世人 (ゴーゴリ　1809.3.20-1852.2.21)
　広辞7 (ゴーゴリ　1809-1852)
　学叢思 (ゴーゴリ, ニコライ　1809-1852)
　新カト (ゴーゴリ　1809.3.20-1852.2.21)
　世人新 (ゴーゴリ　1809-1852)
　世人装 (ゴーゴリ　1809-1852)
　ポプ人 (ゴーゴリ, ニコライ　1809-1852)

Göhre, Paul〈19・20世紀〉
ドイツのキリスト教社会主義者, 牧師, のちに社会民主党政治家。
⇒学叢思 (ゲーレ, パウル　1864-?)

Góis, Damião de〈16世紀〉
ポルトガルの人文主義者。
⇒バロ (ゴイス, ダミアン・デ　1502.2-1574.1.30)

Gojislav〈10・11世紀〉
クロアティア王国の統治者。在位1000～1020。
⇒世帝 (ゴイスラヴ　?-1020)

Gokhale, Gopal Krishna〈19・20世紀〉
インドの政治家。1905年国民会議派議長, 穏健派の指導者として活躍。
⇒岩世人 (ゴーカレー　1866.5/6.9-1915.2.19)
　学叢思 (ゴクヘール, ゴパラ・クリシナ　1866-1915)
　南ア新 (ゴーカレー　1866-1915)

Gołąbek, Jakub〈18世紀〉
ポーランドの作曲家。
⇒バロ (ゴウォンベク, ヤコブ　1739-1789.3.30)

Goldbach, Christian〈17・18世紀〉
プロイセンの数学者。
⇒岩世人 (ゴルトバッハ (ゴールドバッハ)　1690.3.18-1764.11.20)
　世数 (ゴールドバッハ, クリスチャン　1690-1764)

Goldberg, Johann Gottlieb Theophilus〈18世紀〉
ドイツのチェンバロ奏者, 作曲家。J.S.バッハのレッスンを受けた。
⇒バロ (ゴールトベルク, ヨハン・ゴットリープ　1727.3.14-1756.4.13)

Goldberger, Joseph〈19・20世紀〉
アメリカの病理学者。ペラグラ病に有効なニコチン酸を発見。
⇒岩世人 (ゴールドバーガー　1874.7.16-1929.1.17)

Goldenweiser, Alexander〈19・20世紀〉
アメリカの人類学者。ロシアに生れ, 1900年アメリカに移住。
⇒岩世人 (ゴールデンワイザー　1880.1.29-1940.7.6)
　ネーム (ゴールデンワイザー　1880-1940)

Goldfaden, Abraham〈19・20世紀〉
ユダヤ系の劇作家。イディッシュ (ユダヤ) 演劇の創始者。
⇒ユ人 (ゴールドファーデン, アブラハム　1840-1908)
　ユ著人 (Goldfaden, Abraham　ゴルトファーデン, アブラハム　1840-1908)

Goldie, Charles Frederick〈19・20世紀〉
ニュージーランドの画家。
⇒岩世人 (ゴールディ　1870.10.20-1947.7.11)

Goldin, Horace〈19・20世紀〉
アメリカで活躍した奇術師。
⇒岩世人 (ゴールディン　1873.12.17-1939.4.22)

Golding, Arthur〈16・17世紀〉
イギリスの翻訳家。
⇒岩世人 (ゴールディング　1536頃-1605頃)

Goldman, Edwin Franko〈19・20世紀〉
アメリカの指揮者。アメリカ・バンドマスター協会を設立。
⇒ユ著人 (Goldman, Edwin Franko　ゴールドマン, エドウィン・フランコ　1878-1950)

Goldman, Emma〈19・20世紀〉
アメリカの女性無政府主義者。著書に『ロシアでの幻滅』(23) がある。
⇒岩世人 (ゴールドマン　1869.6.27-1940.5.14)
　学叢思 (ゴールドマン, エンマ　1869-?)
　ユ人 (ゴールドマン, エマ　1869-1940)
　ユ著人 (Goldman, Emma　ゴールドマン, エマ　1869-1940)

Goldman, Marcus〈19・20世紀〉
ユダヤ系ドイツ人で,アメリカ合衆国に移住した実業家。
⇒ボブ人 (ゴールドマン,マーカス 1821-1904)

Goldmark, Karl〈19・20世紀〉
ハンガリーの作曲家。オペラ『シバの女王』(75),交響曲『いなかの婚礼』(76)などが有名。
⇒岩世人 (ゴルトマルク 1830.5.18-1915.1.2)
　オペラ (ゴルトマルク,カーロイ 1830-1915)
　ユ著人 (Goldmark,Károly[Karl] ゴルドマルク,カーロイ[カール：ドイツ名] 1830-1915)

Goldoni, Carlo〈18世紀〉
イタリアの劇作家。イタリアの近代劇を成立させた。代表作『狡猾な寡婦』(48)など。
⇒岩世人 (ゴルドーニ 1707.2.25-1793.2.6)
　オペラ (ゴルドーニ,カルロ 1707-1793)
　ネーム (ゴルドーニ 1707-1793)
　広辞7 (ゴルドーニ 1707-1793)
　新カト (ゴルドーニ 1707.2.25-1793.2.6)

Goldschmidt, Adolph〈19・20世紀〉
ドイツの美術史学者。1939年スイスへ移住。中世美術史の権威として知られる。
⇒岩世人 (ゴルトシュミット 1863.1.15-1944.1.5)

Goldschmidt, Hans〈19・20世紀〉
ドイツの化学者。金属酸化物の還元を行うテルミット法を発明。
⇒岩世人 (ゴルトシュミット 1861.1.18-1923.5.21)
　ユ著人 (Goldschmidt,Hans ゴールドシュミット,ハンス 1861-1923)

Goldschmidt, Lazarus〈19・20世紀〉
リトアニアのタルムード学者。
⇒ユ人 (ゴールドシュミット,ラザルス 1871-1950)

Goldschmidt, Levin〈19世紀〉
ドイツの商法学者。商法の理論的研究ならびに商法史の研究を行う。
⇒岩世人 (ゴルトシュミット 1829.5.30-1897.7.16)
　学叢思 (ゴールドシュミッド,レヴィン 1829-1897)
　ユ著人 (Goldschmidt,Levin ゴールドシュミット,レヴィン 1829-1997)

Goldschmidt, Meïr Aron〈19世紀〉
ユダヤ系デンマークの作家。キルケゴールの生涯に大きな役割を演じた諷刺雑誌『海賊』の発行者。
⇒岩世人 (ゴルスミト 1819.10.26-1887.8.15)

Goldschmidt, Richard Benedict〈19・20世紀〉
アメリカの動物学者,遺伝学者。
⇒岩世人 (ゴルトシュミット 1878.4.12-1958.4.24)

Goldschmidt, Rudolf〈19・20世紀〉
ドイツの技術家。高周波発電機を製作し無線電信に応用。
⇒岩世人 (ゴルトシュミット 1876.3.19-1950)

Goldschmidt, Victor〈19・20世紀〉
ドイツの結晶学者。ウィーン大学で鉱物の形態を研究。
⇒岩世人 (ゴルトシュミット 1853.2.10-1933.5.8)

Goldsmid, Albert Edward Williamson〈19・20世紀〉
イギリスの軍人,シオニスト。
⇒ユ人 (ゴールドスミッド,アルバート・エドワード・ウィリアムソン 1846-1904)

Goldsmith, Frederick Ernest〈19・20世紀〉
アメリカの大リーグ選手(投手)。
⇒メジャ (フレッド・ゴールドスミス 1856.5.15-1939.3.28)

Goldsmith, Oliver〈18世紀〉
イギリスの詩人,劇作家,小説家。
⇒岩世人 (ゴールドスミス 1728?.11.10-1774.4.4)
　ネーム (ゴールドスミス 1728-1774)
　広辞7 (ゴールドスミス 1730?-1774)
　新カト (ゴールドスミス 1730.11.10-1774.4.4)

Goldstein, Eugen〈19・20世紀〉
ドイツの物理学者。真空放電管内の放射線やオーロラや蛍光の研究がある。
⇒岩世人 (ゴルトシュタイン 1850.9.5-1930.12.25)
　ネーム (ゴルトシュタイン 1850-1930)

Goldstein, Kurt〈19・20世紀〉
ドイツ,アメリカの神経学者,精神医学者。ナチ政権に追われ,渡米。
⇒岩世人 (ゴルトシュタイン 1878.11.6-1965.9.19)
　20思 (ゴールドシュタイン,クルト 1878-1965)
　メル3 (ゴールドシュタイン,クルト 1878-1965)

Goldstücker, Theodor〈19世紀〉
イギリス(ドイツ生れ)のサンスクリット学者。サンスクリット辞典を編集。
⇒岩世人 (ゴルトシュテッカー 1821.1.18-1872.3.6)

Goldwyn, Samuel〈19・20世紀〉
アメリカの映画製作者。
⇒岩世人 (ゴールドウィン 1879.8.17-1974.1.31)

Goldziher Ignácz〈19・20世紀〉
ハンガリーの東洋学者。イスラム法学,ハディース,教義,詩文などに精通。
⇒岩世人 (ゴルトツィーハー(ゴルトツィーエル) 1850.6.22-1921.11.9)
　ユ著人 (Ignácz,Goldziher イグナツ,ゴルツィアー 1850-1921)

Golgi, Camillo〈19・20世紀〉
イタリアの医師,神経学者。神経系の構造を明らかにした業績で,1906年のノーベル生理・医学賞を受賞。
⇒岩世人（ゴルジ　1844.7.7-1926.1.21）
広辞7（ゴルジ　1844-1926）

Goliath〈前11世紀〉
ペリシテ人の巨人（旧約）。
⇒岩世人（ゴリアト）
聖書（ゴリアト）

Golitsyn, Boris Borisovich〈19・20世紀〉
ロシアの地震学者。ゴリーツイン地震計を製作。
⇒岩世人（ゴリーツィン　1862.2.18-1916.5.4）

Golitsyn, Dmitry Mikhailovich〈17・18世紀〉
帝政ロシアの政治家。
⇒岩世人（ゴリーツィン　1665-1737）

Golitsyn, Vasily Vasilevich〈17・18世紀〉
帝政ロシアの政治家。
⇒岩世人（ゴリーツィン　1643-1714.4.21）

Goll, Friedrich〈19・20世紀〉
スイスの医学者。脊髄の研究で知られる。
⇒岩世人（ゴル　1829.3.1-1903.11.12）

Goller, Vinzenz〈19・20世紀〉
オーストリアの教会音楽家。
⇒新カト（ゴラー　1873.3.9-1953.9.11）

Goll mac Morna
フィアナ騎士団の一人。
⇒ネーム（ゴル・マック・モーナ）

Goloubew, Victor〈19・20世紀〉
ロシア生れの考古学者。インド,ジャヴァに研究と蒐集の旅行をした。
⇒岩世人（ゴールベフ　1878.2.12-1945.4.19）

Golovin, Aleksandr Iakovlevich〈19・20世紀〉
ロシアの画家,素描家,舞台美術家。
⇒バレエ（ゴロヴィン,アレクサンドル　1863.3.1-1930.4.17）

Golovin, Fëdor Alekseevich〈17・18世紀〉
ロシアの政治家。ロシア海軍建設に活躍。
⇒岩世人（ゴロヴィーン　1650-1706.7.30）

Golovkin, Yury Aleksandrovich〈18・19世紀〉
ロシアの外交官。
⇒岩世人（ゴローフキン　1762.12.4-1846.1.21）

Golovnin, Vasilii Mikhailovich〈18・19世紀〉
ロシアの海軍将官。
⇒岩世人（ゴロヴニーン　1776.4.8-1831.6.29）
ネーム（ゴローニン　1776-1831）
広辞7（ゴロウニン　1776-1831）
ポプ人（ゴロブニン,バシリイ　1776-1831）

Goltermann, Georg Eduard〈19世紀〉
ドイツのチェロ奏者,作曲家。
⇒岩世人（ゴルターマン　1824.8.19-1898.12.29）

Goltz, Friedrich Leopold〈19・20世紀〉
ドイツの生理学者。心臓や中枢神経系の生理に関する研究がある。
⇒岩世人（ゴルツ　1834.8.14-1902.5.5）

Goltz, Rüdiger, Graf von der〈19・20世紀〉
ドイツの軍人。第一次大戦に活躍。のち統一祖国同盟を結成。
⇒岩世人（ゴルツ　1865.12.8-1946.11.4）

Goltz, Theodor Baron von der〈19・20世紀〉
ドイツの農政学者。主著『農業経営学便覧』(86),『ドイツ農業史』(2巻,1902～03) など。
⇒岩世人（ゴルツ　1836.7.10-1905.11.6）

Goltzius, Hendrik〈16・17世紀〉
オランダの画家,彫刻家,銅版画家。彫刻学校を設立（1582）。
⇒岩世人（ホルツィウス　1558-1617.1.1）
芸13（ゴルツィウス,ヘンドリク　1558-1617）

Gomarus, Franciscus〈16・17世紀〉
オランダのカルバン派神学者。
⇒岩世人（ゴマルス　1563.1.30-1641.1.11）
新カト（ゴマルス　1563.1.30-1641.1.11）

Gomberg, Moses〈19・20世紀〉
アメリカの化学者。ロシアを追放され,アメリカに亡命。初めて有機化合物の安定した遊離基を発見。
⇒岩世人（ゴンベルグ（ゴンバーグ）　1866.2.8-1947.2.12）
ユ著人（Gomberg,Moses　ゴールドベルク,モーゼ　1866-1847）

Gombert, Nicolas〈15・16世紀〉
フランドル楽派の作曲家。ジョスカンのために6声の追悼曲を書いた。ミサ,モテトなどを多数作曲。
⇒バロ（ゴンベール,ニコラ　1495頃-1560頃）
岩世人（ゴンベール　1495頃-1560頃）
新カト（ゴンベール　1495頃-1560頃）

Gomberville, Marin Le Roy de〈16・17世紀〉
フランスの作家。17世紀前半に流行した恋愛冒険小説の代表者の一人。
⇒岩世人（ゴンベルヴィル　1600?-1674.6.14）

Gombocz Zoltán〈19・20世紀〉
ハンガリーの言語学者。ウラル語、アルタイ語、一般言語学を研究。
⇒岩世人（ゴンボッツ　1877.6.18–1935.5.1）

Gomer
預言者ホセアの妻（ホセア書）。
⇒聖書（ゴメル）

Gomes, Antônio Carlos〈19世紀〉
ブラジルの作曲家。南米最大の作曲家と見なされた。
⇒岩世人（ゴメス　1836.7.11–1896.9.16）
　オペラ（ゴメス、アントニオ・カルロス　1836–1896）

Gomes, Bartholomeu〈16・17世紀〉
ポルトガル人イエズス会宣教師。
⇒新カト（ゴメス　1565頃–1606.8.13）

Gomes, Luis Palomino〈16・17世紀〉
ポルトガルのフランシスコ会宣教師。来日して伝道したが、捕えられ、穴つるしの刑に処せられた。
⇒岩世人（ゴメス　1554頃–1634.6.6）

Gómez, José Miguel〈19・20世紀〉
キューバの軍人、大統領。在職1909〜13。キューバ独立戦争で活躍。
⇒岩世人（ゴメス　1858.6.8–1921.6.13）

Gómez, Juan Vicente〈19・20世紀〉
ベネズエラの政治家、大統領。1902年副大統領、08年にカストロを打倒して政権を掌握。
⇒岩世人（ゴメス　1857.7.24–1935.12.17）
　ラテ新（ゴメス　1857–1935）

Gómez, Pedro〈16世紀〉
スペイン生れのイエズス会宣教師。
⇒岩世人（ゴメス　1535–1600.2.21）
　新カト（ゴメス　1535–1600.2.21）

Gómez de Avellaneda, Gertrudis〈19世紀〉
スペインの女性詩人、劇作家、小説家。主著『詩集』など。
⇒岩世人（ゴメス・デ・アベジャネーダ　1814.3.23–1873.2.1）

Gómez-Moreno Martínez, Manuel〈19・20世紀〉
スペインの美術史学者。
⇒岩世人（ゴメス＝モレーノ　1870.2.21–1970.6.7）

Gomez Palomino, Luis〈16・17世紀〉
スペイン出身の日本宣教師、フランシスコ会員、殉教者。
⇒新カト（ゴメス・パロミノ　1567–1634.6.6）

Gómez y Báez, Máximo〈19・20世紀〉
キューバ独立運動の指導者。
⇒岩世人（ゴメス　1836.11.18–1905.6.17）

Gomółka, Mikołaj〈16・17世紀〉
ポーランドの作曲家。『ポーランド詩編唱』（1580）が現存。
⇒バロ（ゴムウカ、ミコワイ　1535頃–1609.3.5?）

Gompers, Samuel〈19・20世紀〉
アメリカの労働運動指導者。
⇒アメ新（ゴンパーズ　1850–1924）
　岩世人（ゴンパーズ　1850.1.27–1924.12.13）
　広辞7（ゴンパーズ　1850–1924）
　学叢思（ゴンパース、サムユエル　1850–1924）
　世人新（ゴンパーズ　1850–1924）
　世人装（ゴンパーズ　1850–1924）
　ユ人（ゴンパーズ、サムエル　1850–1924）
　ユ著人（Gompers,Samuel　ゴンパース、サムエル　1850–1924）

Gomperz, Heinrich〈19・20世紀〉
オーストリアの哲学者。1920〜34年ウィーン大学教授、36年ロサンゼルス大学教授。
⇒岩世人（ゴンペルツ　1873.1.18–1942.12.27）

Gomperz, Theodor〈19・20世紀〉
オーストリアの哲学者、古典学者。1873〜1901年ウィーン大学教授。
⇒岩世人（ゴンペルツ　1832.3.29–1912.8.29）
　学叢思（ゴンペルツ、テオドル　1832–1912）

Goncález, Alfonso〈16・17世紀〉
スペインの宣教師。来日し（76）、主として天草で伝道。
⇒新カト（ゴンサレス　1547頃–1601.2.23）

Gonçalves, Jacome〈16世紀〉
キリシタン時代のインド人イエズス会員。
⇒新カト（ゴンサルヴェス　生没年不詳）

Gonçalves, Joaquim Afonso〈18・19世紀〉
ポルトガルのラザルス会宣教師、シナ学者。終生、マカオの聖ヨハネ学院で教えた。
⇒岩世人（ゴンサルヴェス　1780–1844.10.3）

Gonçalves, Manuel〈16・17世紀〉
キリシタン時代のイエズス会員。ポルトガルのエスポセンデ出身。
⇒新カト（ゴンサルヴェス　1580–1602）

Gonçálves, Nuno〈15世紀〉
ポルトガルの画家。活躍期が1450〜72年頃。
⇒岩世人（ゴンサルヴェス）
　芸13（ゴンサルヴェス、ヌーノ）

Gonçalves, Sebastião〈16世紀〉
キリシタン時代のイエズス会宣教師。ポルトガルのシャヴェス生まれ。
⇒新カト（ゴンサルヴェス　1533–1597.4.8/9）

Goncharov, Ivan Aleksandrovich〈19

世紀〉
ロシアの小説家。代表作『オブローモフ』(59),
『断崖』(69)。
⇒岩世人（ゴンチャローフ　1812.6.6-1891.9.15）
ネーム（ゴンチャロフ　1812-1891）
広辞7（ゴンチャローフ　1812-1891）
学叢思（ゴンチャロフ，イワン　1813-1901）

Goncourt, Edmond Louis Antoine Huot de〈19世紀〉
フランスの作家。弟との協力のもとに多くの自然主義的小説を著した。
⇒岩世人（ゴンクール兄弟）
19仏（エドモン・ド・ゴンクール　1822.5.26-1896.7.16）
19仏（エドモン・ゴンディネ　1828.3.7-1888.11.19）
広辞7（ゴンクール　1822-1896）
学叢思（ゴンクール兄弟　1822-1896）
世人新（ゴンクール兄弟　1822-1896）
世人装（ゴンクール兄弟　1822-1896）
ポプ人（ゴンクール兄弟　1822-1896）

Goncourt, Jules Alfred Huot de〈19世紀〉
フランスの作家。
⇒岩世人（ゴンクール兄弟）
広辞7（ゴンクール　1830-1870）
学叢思（ゴンクール兄弟　1830-1870）
世人新（ゴンクール兄弟　1830-1870）
世人装（ゴンクール兄弟　1830-1870）
ポプ人（ゴンクール兄弟　1830-1870）

Gonet, Jean-Baptiste〈17世紀〉
フランスの神学者，ドミニコ会員。
⇒新カト（ゴネ　1616頃-1681.1.24）

Góngora y Argote, Luis de〈16・17世紀〉
スペインの詩人。
⇒岩世人（ゴンゴラ　1561.7.11-1627.5.23）
広辞7（ゴンゴラ　1561-1627）
新カト（ゴンゴラ　1561.7.11-1627.5.23）
ユ著人（Luis de Góngora y Argote　ルイース・デ・ゴンゴーラ・イ・アルゴーテ　1561-1627）

Gontard, Karl Philipp Christian von〈18世紀〉
ドイツの建築家。フリードリヒ2世に仕えた。
⇒岩世人（ゴンタルト　1731.1.13-1791.9.23）

Gontery, Jehan〈16・17世紀〉
論争神学者，イエズス会員。イタリアのトリノ生まれ。
⇒新カト（ゴンテリ　1562-1616.11.11）

Gontier de Soignies〈12・13世紀〉
フランドルの作曲家。
⇒バロ（ゴンティエ・ド・ソワニエ　1170頃?-1220以降）

Gonzaga, Francesco〈16・17世紀〉
イタリアの作曲家。
⇒バロ（ゴンザーガ，フランチェスコ　1590.11.8-1628.8.1）

Gonzaga, Guglielmo〈16世紀〉
イタリアの作曲家。
⇒バロ（ゴンザーガ，グリエルモ　1538.4.24-1587.8.14）

Gonzalès, Emmanuel〈19世紀〉
フランスの作家。
⇒19仏（エマニュエル・ゴンザレス　1815.10.25-1887.10.17）

Gonzalès, Eva〈19世紀〉
フランスの女流画家。
⇒芸13（ゴンザレス，エヴァ　1832-1883）

González, Antonio〈16・17世紀〉
スペイン出身の宣教師，ドミニコ会司祭。聖人。祝日9月28日。トマス西と15殉教者の一人。
⇒新カト（アントニオ・ゴンサレス　1593頃-1637.9.24）

González, Julio〈19・20世紀〉
スペインの彫刻家。キュビスム的彫刻の一形式を生んだ。
⇒岩世人（ゴンサレス　1876.9.21-1942.3.27）
広辞7（ゴンサレス　1876-1942）
芸13（ゴンザレス，ジュリオ　1876-1942）

González de Clavijo, Ruy〈14・15世紀〉
スペインの外交官，旅行家。王命により，サマルカンドに使節としておもむく。
⇒岩世人（ゴンサレス・デ・クラビーホ　?-1412.4.2）
広辞7（クラビホ　?-1412）

González Prada, Manuel〈19・20世紀〉
ペルーの詩人，随筆家。19世紀後半のイスパノ・アメリカで最も優れた論客の一人。
⇒岩世人（ゴンサレス・プラダ　1844.1.5-1918.7.22）
ラテ新（ゴンサレス・プラダ　1848-1918）

González y Díaz Tuñón, Ceferino〈19世紀〉
スペインの新スコラ哲学者，枢機卿。
⇒新カト（ゴンサレス・イ・ディアス・トゥニョン　1831.1.28-1894.11.29）

Gonzalo de Berceo〈12・13世紀〉
スペインの詩人，司祭。
⇒岩世人（ゴンサーロ・デ・ベルセオ　1190頃-1264以後）
新カト（ベルセオ　12世紀末-1264以後）

Gooch, George Peabody〈19・20世紀〉
イギリスの歴史家。
⇒岩世人（グーチ　1873.10.21-1968.8.31）

Goodnow, Frank Johnson〈19・20世紀〉
アメリカの行政法学者。
⇒アア歴（Goodnow,Frank J (ohnson)　フランク・ジョンスン・グッドナウ　1859.1.18–1939.11.15）
岩世人（グッドナウ　1859.1.18–1939.11.15）

Goodrich, Chauncey〈19・20世紀〉
アメリカの宣教師。
⇒アア歴（Goodrich,Chauncey　チョーンシー・グッドリッチ　1836.6.4–1925.9.25）

Goodrich, Chauncy Allen〈18・19世紀〉
アメリカの辞典編集者。N.ウエブスターは彼の義理の父。
⇒岩世人（グッドリッチ　1793.8.19–1860.5.9）

Goodrich, Joseph King〈19・20世紀〉
アメリカの作家。
⇒アア歴（Goodrich,Joseph King　ジョゼフ・キング・グッドリッチ　1850.1.13–1921.8.13）

Goodspeed, Edgar Johnson〈19・20世紀〉
アメリカのギリシア学者，新約学者。シカゴ大学教授 (1914～37)。
⇒岩世人（グッドスピード　1871.10.23–1962.1.13）
新カト（グッドスピード　1871.10.23–1962.1.13）

Goodwin, S.〈18世紀〉
イギリスの作曲家。
⇒バロ（グッドウィン,S.　1740頃?–1790頃?）

Goodwin, William Watson〈19・20世紀〉
アメリカのギリシア語学者。
⇒岩世人（グッドウィン　1831.5.9–1912.6.16）

Goodyear, Charles〈18・19世紀〉
アメリカの発明家。彼の名のついたタイヤがある。
⇒岩世人（グッドイヤー　1800.12.29–1860.7.1）
ポプ人（グッドイヤー，チャールズ　1800–1860）

Gorakhnāth〈9～13世紀頃〉
ハタヨーガの創始者。ゴーラクシャナータとも呼ばれる。
⇒南ア新（ゴーラクナート）

go ram pa bsod nams sen ge〈15世紀〉
チベットの学僧。
⇒岩世人（コラムパ・ソナム・センゲ　1429–1489）

Gorchakov, Aleksandr Mikhailovich〈18・19世紀〉
ロシアの政治家。1856年外務大臣となる。
⇒岩世人（ゴルチャコーフ　1798.6.4–1883.2.27）
ネーム（ゴルチャコフ　1798–1883）

Gorchakov, Mikhail Dmitrievich〈18・19世紀〉
ロシアの貴族，軍人。
⇒岩世人（ゴルチャコーフ　1793–1861.5.18）

Gorczycki, Grzegorz Gerwazy〈17・18世紀〉
ポーランドの作曲家。
⇒バロ（ゴルチツキ，グジェゴシュ・ゲルヴァーズィ　1665-1667頃–1734.4.30）

Gordan, Paul Albert〈19・20世紀〉
ドイツの数学者。代数形式論に寄与。
⇒岩世人（ゴルダン　1837.4.27–1912.12.21）
世数（ゴルダン，パウル・アルベルト　1837–1932）

Gordianus〈3・4世紀〉
殉教者，聖人。
⇒新カト（ゴルディアヌスとエピマクス　3–4世紀頃）
図聖（ゴルディアヌスとエピマクス）

Gordianus I, Marcus Antonius〈2・3世紀〉
ローマ皇帝。在位238。アレクサンデル・セウェルス帝のときアフリカのプロコンスル。
⇒岩世人（ゴルディアヌス1世　158頃–238）
世帝（ゴルディアヌス1世　158/159–238）

Gordianus II, Antonius〈2・3世紀〉
ローマ皇帝。在位238。皇帝位について3週間後に戦死。
⇒世帝（ゴルディアヌス2世　192–238）

Gordianus III, Marcus Antonius〈3世紀〉
ローマ皇帝。在位238～244。ゴルディアヌス1世の孫。
⇒岩世人（ゴルディアヌス3世　225?–244）
世帝（ゴルディアヌス3世　225–244）

Gordias
ギリシア神話で，古代フリギュアの王。
⇒岩世人（ゴルディオス）
ネーム（ゴルディアス）

Gordin, Jacob〈19・20世紀〉
イギリスの劇作家。
⇒岩世人（ゴルディン　1853.5.1–1909.6.11）
ユ人（ゴルディン，ジェイコブ　1853–1909）
ユ著人（Gordin,Jacob　ゴルディン，ヤコブ　1853–1909）

Gordlevsky, Vladimir Aleksandrovich〈19・20世紀〉
ロシア（ソ連）の東洋学者。
⇒岩世人（ゴルドレフスキー　1876.9.25/10.7–1956.9.10）

Gordon, Aharon David〈19・20世紀〉
ロシア生れの社会主義シオニズムの指導者。
⇒ユ人（ゴルドン，アハロン・ダビド　1856–1922）

ユ著人（Gordon, Aaron David　ゴルドン、アーロン・ダビッド　1856–1922）
Gordon, Andrew〈19世紀〉
アメリカの宣教師。
⇒アア歴（Gordon, Andrew　アンドルー・ゴードン　1828.9.17–1887.8.13）
Gordon, Charles George〈19世紀〉
イギリスの軍人。1955年クリミヤ戦争に従軍。
⇒岩世人（ゴードン　1833.1.28–1885.1.26）
　広辞7（ゴードン　1833–1885）
　世人新（ゴードン　1833–1885）
　世人装（ゴードン　1833–1885）
　世史語（ゴードン　1833–1885）
　世史語（ゴードン　1833–1885）
　ポプ人（ゴードン、チャールズ・ジョージ　1833–1885）
　学叢歴（ゴルドン）
Gordon, Lord George〈18世紀〉
イギリスの反カトリック運動指導者。「ゴードンの暴動」の主謀者。
⇒岩世人（ゴードン　1751.12.26–1793.11.1）
Gordon, Judah Leib〈19世紀〉
リトアニアのヴィルナ生まれのヘブライ語詩人、作家、批評家、寓話作家。
⇒ユ人（ゴルドン、ユダ・ライブ〔レオン〕　1831–1892）
　ユ著人（Gordon, Judah Leib　ゴルドン、ユダ・ライブ　1830–1892）
Gordon, Marquis Lafayette〈19世紀〉
アメリカのアメリカン・ボード宣教師。
⇒アア歴（Gordon, Marquis Lafayette　マークィス・ラファイエット・ゴードン　1843.7.18–1900.11.4）
　岩世人（ゴードン　1843.7.18–1900.11.4）
Gordon, Patrick〈17世紀〉
スコットランド兵士。数奇な運命をたどりロシアの将軍となった。
⇒岩世人（ゴルドン　1635.3/5.31–1699.11.29）
Gordon, Peter〈19世紀〉
イギリスの東洋貿易船の船長。日本貿易開始のため、1818年浦賀に来航。
⇒岩世人（ゴードン〔慣ゴルドン〕）
Gore, Charles〈19・20世紀〉
英国教会の神学者、主教。主著『信仰の再建』（3巻, 24）。
⇒岩世人（ゴア　1853.1.22–1932.1.17）
　新カト（ゴア　1853.1.22–1932.1.17）
Gore, George F.〈19・20世紀〉
アメリカの大リーグ選手（外野）。
⇒メジャ（ジョージ・ゴア　1854.5.3–1933.9.16）
Goreh, Nehemiah Nilakantha〈19世紀〉
インドの聖公会司祭。

⇒新カト（ゴーレー　1825.2.8–1895.10.29）
Goremykin, Ivan Logginovich〈19・20世紀〉
ロシアの政治家。内相（1895～99）を経て首相（1906,14～16年）。
⇒岩世人（ゴレムイキン　1839.10.27–1917.12.11）
Goren〈16世紀〉
フランスの作曲家。
⇒バロ（ゴルーン,?　1500頃?–1550頃?）
Gorgas, William Crawford〈19・20世紀〉
アメリカの軍医。黄熱病とマラリア治療に取組む。後年エクアドル、グァテマラ、ペルーの衛生計画に尽力。
⇒岩世人（ゴーガス　1854.10.3–1920.7.4）
Görges, Johannes〈19・20世紀〉
ドイツの電気学者。ドレスデン工業大学教授（1901～30）。
⇒岩世人（ゲルゲス　1859.9.21–1946.10.7）
Görgey Arthur〈19・20世紀〉
ハンガリーの軍人。1848～49年のハンガリー独立戦争の総司令官。
⇒岩世人（ゲルゲイ　1818.1.30–1916.5.21）
Gorgias〈前5・4世紀〉
ギリシアの代表的ソフィスト、弁論家。現存する弁論術の著書に『ヘレネ論』『パラメデス論』がある。
⇒岩世人（ゴルギアス　前500/前484–前391/前375頃）
　ネーム（ゴルギアス　前483?–前375?）
　広辞7（ゴルギアス　前484頃–前375頃）
　学叢思（ゴルギアス　前490–前480頃）
　図哲（ゴルギアス　前487頃–前376頃）
Gorgonios〈3・4世紀〉
聖人, 殉教者。祝日3月12日。
⇒新カト（ゴルゴニオス〔ニコメデアの〕　?–303）
Gorgonius〈3世紀〉
聖人, 殉教者。祝日9月9日。
⇒新カト（ゴルゴニウス〔ローマの〕　?–284/305）
Göring, Carl〈19世紀〉
ドイツの哲学者。ライプチヒ大学教授。実証主義者。
⇒岩世人（ゲーリング　1841.4.28–1879.4.2）
　学叢思（ゲーリング、カール　1841–1879）
Gorini, Jean-Marie-Sauveur〈19世紀〉
フランスの教会史家。
⇒新カト（ゴリニ　1803.11.30–1859.10.25）
Gorjanović-Kramberger, Dragutin Karl〈19・20世紀〉
クロアチアの古生物学者, 人類学者。

⇒岩世人（ゴルヤノヴィチ＝クランベルガー　1856.
10.25–1936.12.24）

Gor'kii, Maksim〈19・20世紀〉
ロシア、ソ連の小説家、劇作家。社会主義リアリズムの創始者。
⇒岩世人（ゴーリキー　1868.3.16/28–1936.6.18）
広辞7（ゴーリキー　1868–1936）
学叢思（ゴーリキー、マキシム　1868–?）
世人新（ゴーリキー（ゴルキー）　1868–1936）
世人装（ゴーリキー（ゴルキー）　1868–1936）
ポプ人（ゴーリキー、マクシム　1868–1936）

Görland, Albert〈19・20世紀〉
ドイツの哲学者。ハンブルク大学教授（1923〜35）。新カント主義者。
⇒岩世人（ゲルラント　1869.7.6–1952.11.18）

Gorlier, Simon〈16世紀〉
フランスの作曲家。
⇒バロ（ゴルリエ、シモン　1530頃?–1584.6以降）

Gorm〈10世紀〉
デンマークの半伝説的な国王。
⇒ネーム（ゴルモ）
世帝（ゴーム老王　?–958）

Görner, Johann Gottlieb〈17・18世紀〉
ドイツの作曲家。
⇒バロ（ゲルナー、ヨハン・ゴットリープ　1697.4.16–1778.2.15?）

Görner, Johann Valentin〈18世紀〉
ドイツの作曲家。
⇒バロ（ゲルナー、ヨハン・ヴァレンティン　1702.2.27–1762.7.E）

Görres, Joseph von〈18・19世紀〉
ドイツの学者、思想家。
⇒岩世人（ゲレス　1776.1.25–1848.1.29）
新カト（ゲレス　1776.1.25–1848.1.29）

Gorskii, Aleksandr Alekseev〈19・20世紀〉
ロシアの振付師、舞踊家。『眠れる森の美女』を初めてモスクワで上演したことで有名。
⇒岩世人（ゴルスキー　1871.8.6/18–1924.10.20）
バレエ（ゴルスキー、アレクサンドル　1871.8.18–1924.10.20）

Gorter, Herman〈19・20世紀〉
オランダの詩人。『5月』(89)を著す。
⇒岩世人（ホルテル　1864.11.26–1927.9.15）

Gorzanis, Giacomo〈16世紀〉
イタリアの作曲家。
⇒バロ（ゴルザニス、ジャーコモ　1525頃–1575–1579）

Göschel, Karl Friedrich〈18・19世紀〉
ドイツの法学者、哲学者、神学者。
⇒岩世人（ゲッシェル　1781.10.7–1861.9.22）

学叢思（ゲッシェル、カール・フリードリヒ　1781–1862）

Goschen, George Joachim Goschen, 1st Viscount〈19・20世紀〉
イギリスの政治家。1886年自由統一党に加わり、蔵相（86〜92）、海相（95〜1900）。
⇒岩世人（ゴーシェン　1831.8.10–1907.2.7）
学叢思（ゴッシェン、ジョージ・ヨアヒム　1831–1907）

Göschen, Georg Joachim〈18・19世紀〉
ドイツの出版業者。ゲーテ、シラー、クロプシュトック等の著作を出版。ゲッシェン叢書を刊行。
⇒岩世人（ゲッシェン　1752.4.22–1828.4.5）

Goschen, *Sir* William Edward〈19・20世紀〉
イギリスの外交官。G.J.ゴーシェンの弟。
⇒岩世人（ゴーシェン　1847.7.18–1924.5.20）

Goshtāsp
イランの伝説上のカヤーニー王朝の王、ゾロアスターの庇護者。
⇒岩世人（ゴシュタースプ）

Goskevich, Iosif Antonovich〈19世紀〉
ロシアの外交官。初代ロシア函館領事。
⇒岩世人（ゴシケーヴィチ　1814–1875.10.5）

'gos lo gzhon nu dpal〈14・15世紀〉
チベットの仏典翻訳家。
⇒岩世人（グーロツァワ・ションヌペ　1392–1481）

Gossaert, Jan〈15・16世紀〉
フランドルの画家。
⇒岩世人（ホッサールト　1478頃–1532.10.1）

Gosse, *Sir* Edmund William〈19・20世紀〉
イギリスの批評家、文学史家。
⇒岩世人（ゴッス　1849.9.21–1928.5.16）

Gosse, Philip Henry〈19世紀〉
イギリスのブレズレン派牧師。
⇒学叢思（ゴッス、フィリップ・ヘンリー　1810–1888）

Gossec, François Joseph〈18・19世紀〉
ベルギー生れのフランスの作曲家、教育家。
⇒バロ（ゴセック、フランソワ・ジョゼフ　1734.1.17–1829.2.16）
岩世人（ゴセック　1734.1.17–1829.2.16）
エデ（ゴセック、フランソワ・ジョゼフ　1734.1.17–1829.2.16）
ネーム（ゴセック　1734–1829）

Gossen, Hermann Heinrich〈19世紀〉
ドイツの経済学者。著書『人類交通の法則ならびにそれより生ずる人間行為の標準の研究』(54)。
⇒岩世人（ゴッセン　1810.9.7–1858.2.13）

学叢思（ゴッセン，ヘルマン・ハインリヒ　1810-1850）

Gosset, William Sealy〈19・20世紀〉
イギリスの醸造技術者，数理統計学者。筆名Student。
⇒世数（ゴセット，ウィリアム・シーリー　1876-1937）

Gossner, Johannes Evangelista〈18・19世紀〉
ドイツのプロテスタント神学者。学校やエリザベト病院を設立。
⇒岩世人（ゴスナー　1773.12.14-1858.3.30）
　新カト（ゴスナー　1773.12.14-1858.3.30）

Gosson, Stephen〈16・17世紀〉
イギリスの作家，牧師。諷刺文『悪弊の学校』（79）を出版。
⇒岩世人（ゴッソン　1554.4.17（受洗）-1624.2.13）

Gosswin, Anton〈16世紀〉
フランドルの作曲家。
⇒バロ（ゴスヴィン，アントン　1546頃-1597.6.2-1598.10.28）

Gotarzes I〈前1世紀〉
パルティア帝国の統治者。在位前90〜80。
⇒世帝（ゴタルゼス1世　?-前87?）

Gotarzes II〈前1世紀〉
パルティア帝国の統治者。在位前38〜51。
⇒世帝（ゴタルゼス2世　?-51）

Gotch, Frank〈19・20世紀〉
アメリカのプロレスラー。
⇒岩世人（フランク・ゴッチ　1878.4.26-1917.12.16）

Gothein, Eberhard〈19・20世紀〉
ドイツ近代の文化史家・経済史家。
⇒岩世人（ゴータイン　1853.10.29-1923.11.13）

Gotie de Swanier〈12・13世紀〉
フランスの作曲家。
⇒バロ（ゴチエ・ド・スワニ　1160頃?-1210頃?）

Gottfried von Cappenberg〈11・12世紀〉
プレモントレ会士，聖人。
⇒図聖（ゴットフリート（カッペンベルクの）1097-1127）

Gottfried von Straßburg〈13世紀頃〉
ドイツ中世の叙事詩人。1210年頃未完の長篇叙事詩『トリスタン』を書いた。
⇒バロ（ゴットフリート・フォン・シュトラースブルク　1160頃?-1210頃?）
　岩世人（ゴットフリート（シュトラースブルクの）?-1215頃）
　ネーム（ゴットフリート）
　広辞7（ゴットフリート・フォン・シュトラースブルク　1170頃-1210頃）

新カト（ゴットフリート・フォン・シュトラースブルク　1170頃-1210頃）

Gotthelf, Jeremias〈18・19世紀〉
スイスの小説家。写実主義の代表的存在。
⇒岩世人（ゴットヘルフ　1797.10.4-1854.10.22）
　新カト（ゴットヘルフ　1797.10.4-1854.10.22）

Gotti, Vincente Ludovico〈17・18世紀〉
司祭枢機卿，エルサレム名義大司教，神学者，ドミニコ会員。ボローニャ生まれ。
⇒新カト（ゴッティ　1664.9.5-1742.9.18）

Gottlieb, Hirsch Leib〈19・20世紀〉
ジャーナリスト。
⇒ユ著人（Gottlieb,Hirsch Leib　ゴットリーブ，ヒルシュ・レイブ　1829-1930）

Gottlieb, Maurycy〈19世紀〉
ポーランドの画家。
⇒ユ著人（Gottlieb,Maurycy　ゴットリーブ，モーリシー　1856-1879）

Gottlober, Abraham Baer〈19世紀〉
ヘブライ語，イディッシュ語の作家，詩人。
⇒ユ著人（Gottlober,Abraham Baer　ゴットローバー，アブラハム・ベーア　1810-1899）

Gottl-Ottlilienfeld, Friedrich von〈19・20世紀〉
ドイツの経済学者。主著『経済の本質および根本概念』（33），『民衆，国家，経済，法律』（36）。
⇒岩世人（ゴットル＝オットリーエンフェルト　1868.11.13-1958.10.19）

Gottschalk〈11世紀〉
オボトリート族の王子。聖人，殉教者。祝日6月7日。
⇒新カト（ゴットシャルク　?-1066.6.7）

Gottschalk, Alfred〈19・20世紀〉
スイス生まれの医者。
⇒岩世人（ゴットシャルク　1873-1954）

Gottschalk, Louis Moreau〈19世紀〉
アメリカのピアノ奏者，作曲家。
⇒エデ（ゴットシャルク，ルイス・モロー　1829.5.8-1869.12.18）

Gottschalk, von Orbais〈9世紀〉
ドイツの神学者，詩人。
⇒岩世人（ゴットシャルク（オルベの）803頃-869頃）
　新カト（ゴットシャルク〔オルベの〕803/804-868/869）

Gottschalk von Limburg〈11世紀〉
ドイツの作曲家。
⇒バロ（ゴットシャルク・フォン・リンブルク　1050頃?-1098.11.24）

Gottsched, Johann Christoph〈17・18

世紀〉
ドイツの文学理論家, 評論家。「ドイツ学会」を創立, 国語浄化運動に尽力。
⇒岩世人（ゴットシェト　1700.2.2–1766.12.12）
　広辞7（ゴットシェート　1700–1766）
　新カト（ゴットシェート　1700.2.2–1766.12.12）

Götze, Alfred〈19・20世紀〉
ドイツのゲルマン学者。
⇒岩世人（ゲッツェ　1876.5.17–1946.11.27）

Goudeau, Émile〈19・20世紀〉
フランスの作家。
⇒19仏（エミール・グドー　1849.8.29–1906.9.17）

Goudimel, Claude〈16世紀〉
フランスの作曲家。『詩篇頌』。ほかミサ曲, マニフィカト, モテト, シャンソンを作曲。
⇒バロ（グディメル, クロード　1510–1572.8.28）
　岩世人（グディメル　1514頃–1572.8）

Gouffé, Jules〈19世紀〉
フランスの料理人, 菓子職人。
⇒岩世人（グーフェ　1807–1877）

Gouge, Marie-Olympe de〈18世紀〉
フランスの女性劇作家, 政治パンフレット作家。
⇒岩世人（グージュ　1748.5.7–1793.11.3）
　広辞7（グージュ　1748–1793）

Gougenot des Mousseaux, Henri Roger〈19世紀〉
フランスの宗教史研究家。
⇒新カト（グジュノー・デ・ムソー　1805.4.22–1876.11.5）

Gough, Hugh, 1st Viscount〈18・19世紀〉
イギリスの軍人。アヘン戦争で南京条約を締結（1842）。
⇒岩世人（ゴフ　1779.11.3–1869.3.2）

Goujon, Jean〈16世紀〉
フランスの彫刻家, 建築家。
⇒岩世人（グージョン　1510頃–1565頃）

Gould, Benjamin Apthorp〈19世紀〉
アメリカの天文学者。1866年海底電信によりアメリカ, ヨーロッパ間の経度差を決定。
⇒岩世人（グールド　1824.9.27–1896.11.26）

Gould, Jay〈19世紀〉
アメリカの企業家。
⇒岩世人（グールド　1836.5.27–1892.12.2）

Gould, John〈19世紀〉
イギリスの鳥類学者。
⇒岩世人（グールド　1804.9.14–1881.2.3）

Gounaris, Dimitrios〈19・20世紀〉
ギリシアの政治家, 王党派の指導者。国王コンスタンティノス1世の信任篤く, 首相を務めた。
⇒岩世人（グナリス　1867.1.5–1922.11.15）

Gounod, Charles François〈19世紀〉
フランスの作曲家。ローマ大賞受賞。
⇒岩世人（グノー　1818.6.17–1893.10.18）
　オペ（グノー, シャルル　1818–1893）
　エデ（グノー, シャルル（フランソワ）　1818.6.17–1893.10.18）
　19仏（シャルル・グノー　1818.6.17–1893.10.18）
　広辞7（グノー　1818–1893）
　学叢思（グーノー, シャール・フランソア　1818–1893）
　実音人（グノー, シャルル　1818–1893）
　新カト（グノー　1818.6.17–1893.10.17/18）
　ポプ人（グノー, シャルル　1818–1893）

Goupil, René〈17世紀〉
フランス出身の北アメリカの殉教者。
⇒新カト（ルネ・グービル　1608.5.13–1642.9.29）

Goupillet, Nicolas〈17・18世紀〉
フランスの歌手。
⇒バロ（グピレ, ニコラ　1650以前–1713以後）

Gourd, Jean-Jacques〈19・20世紀〉
スイスの哲学者。
⇒岩世人（グール　1850.9.13–1909.5.25）

Gourmont, Remy de〈19・20世紀〉
フランスの評論家, 小説家。文芸雑誌『メルキュール・ド・フランス』（1890年創刊）を創刊。
⇒岩世人（グールモン　1858.4.4–1915.9.27）
　ネーム（グールモン　1858–1915）
　学叢思（グールモン, ルミ・ド　1858–1914）

Gournay, Jean Claude Marie Vincent de〈18世紀〉
フランスの経済学者。商相（1757）。自由貿易の主唱者で, 重商主義の先駆者。
⇒岩世人（グルネー　1712.5.28–1759.6.27）
　学叢思（グールネー, ジャン・クロード・マリー・ヴァンサン・ド　1712–1759）

Gournay, Marie le Jars de〈16・17世紀〉
フランスの女流文学者。師モンテーニュの死後『随想録』の校訂版12種（1595～1635）を公刊。
⇒岩世人（グルネー　1565.10.6–1645.7.13）

Goursat, Edouard Jean Baptiste〈19・20世紀〉
フランスの数学者。不変式論, 曲面論などに貢献。
⇒岩世人（グルサ　1858.5.21–1936.11.25）
　世数（グルサ, エデュアルト・ジャン-バプディスト　1858–1936）

Gousset, Thomas-Marie-Joseph〈18・

19世紀〉
フランスの枢機卿、ランス大司教、神学者。
⇒新カト（グセ　1792.5.1-1866.12.22）

Govardhana〈12世紀〉
インドのサンスクリット詩人。
⇒岩世人（ゴーヴァルダナ　12世紀）

Govea, Alexandre de〈18・19世紀〉
ポルトガルのフランシスコ会士。北京教区代理司祭。北京で没。
⇒岩世人（ゴヴェア　1751.8.2-1808.7.6）
⇒新カト（グヴェア　1731.8.2-1808.7.6）

Govind Simh, Guru〈17・18世紀〉
インドのシク教第10祖。在位1675～1708。
⇒岩世人（ゴービンド・スィング（ゴーヴィンド・スィンフ）1666-1708）
南ア新（ゴービンド・シング　1666-1708）

Gow, Nathaniel〈18・19世紀〉
スコットランドの作曲家。ネアンの作詞による"Callar Herrin"（98）を作曲。
⇒岩世人（ガウ　1763.5.28-1831.1.19）

Gowdy, John〈19・20世紀〉
アメリカの宣教師。
⇒アア歴（Gowdy, John　ジョン・ガウディ　1869.12.7-1963.9.9）

Gower, John〈14・15世紀〉
イギリスの詩人。主著は、『瞑想者の鏡』『呼ばわる者の声』『恋人の告解』（90,93）など。
⇒岩世人（ガウアー　1330頃-1408.10頃（埋葬））
広辞7（ガワー　1330頃-1408）
新カト（ガワー　1330頃-1408）

Gowers, Sir William Richard〈19・20世紀〉
イギリスの神経学者。ロンドン大学教授（1870）。
⇒岩世人（ガワーズ　1845.3.20-1915.5.4）

Gowland, William〈19・20世紀〉
イギリスの工芸技師。大阪造幣局技師として来日、古墳の研究を行い「日本考古学の父」と呼ばれる。
⇒岩世人（ガウランド（慣ゴーランド）1842-1922.6.10）

Goyau, Pierre Louis Théophile Georges〈19・20世紀〉
フランスの宗教史家。"Revue des Deux Mondes"誌の編集に従事（94～）。
⇒岩世人（ゴヨー　1869.5.31-1939.10.25）
新カト（ゴヨー　1869.5.31-1939.10.25）

Goya y Lucientes, Francisco José de〈18・19世紀〉
スペインの画家、版画家。
⇒岩世人（ゴヤ　1746.3.30-1828.4.16）
広辞7（ゴヤ　1746-1828）
学叢思（ゴヤ、イ・ルチェンテス　1746-1828）
新カト（ゴヤ　1746.3.30-1828.4.16）
芸13（ゴヤ、フランシスコ・デ　1746-1828）
世人新（ゴヤ　1746-1828）
世人装（ゴヤ　1746-1828）
世史語（ゴヤ　1746-1828）
ポプ人（ゴヤ、フランシス・ホセ・デ　1746-1828）

Goyen, Jan Josephszoon van〈16・17世紀〉
オランダの画家。主作品は『ハーグの風景』(51)ほか1,000点以上の風景画。
⇒岩世人（ファン・ホイエン　1596.1.13-1656.4.27）
芸13（ホイエン、ヤン・ファン　1596-1656）
芸13（ゴイエン、ヤン・ヴァン　1596-1656）
芸13（ファン・ホイエン、ヤン　1596-1656）

Goyer, Pieter van〈17世紀〉
オランダの遣清使節。カイセルと共に広東から陸路北京に到り(56)、順治帝の広東貿易許可の勅書を得た。
⇒岩世人（ホイエル　?-1662）

Gozzi, Carlo〈18・19世紀〉
イタリアの劇作家。代表作『美しい緑の小鳥』(65)。
⇒岩世人（ゴッツィ　1720.12.13-1806.4.4）
広辞7（ゴッツィ　1720-1806）

Gozzi, Gaspare〈18世紀〉
イタリアの詩人。伯爵。
⇒岩世人（ゴッツィ　1713.12.4-1786.12.26）

Gozzoli, Benozzo〈15世紀〉
イタリア画家。フィレンツェのメディチ宮内の礼拝堂壁画で知られる。他に『聖母被昇天』(50)など。
⇒岩世人（ゴッツォリ　1420-1497.10.4）
新カト（ゴッツォリ　1421頃-1497）
芸13（ゴッツォリ、ベノッツォ　1421頃-1497）

Grabar, Igor Emmanuilovich〈19・20世紀〉
ソ連邦の画家、芸術史家。『九月の雪』『白い冬』などを制作。
⇒岩世人（グラバーリ　1871.3.13/25-1960.5.16）

Grabau, Amadeus William〈19・20世紀〉
アメリカの地質学者。中国の古生層の地層、古生物を研究し、脈動説を提唱。
⇒アア歴（Grabau, Amadeus William　アマディーアス・ウイリアム・グレイボウ　1870.1.9-1946.3.20）
岩世人（グレイボー　1870.1.9-1946.3.20）

Grabbe, Christian Dietrich〈19世紀〉
ドイツの劇作家。
⇒岩世人（グラッベ　1801.12.11-1836.9.12）

Grabe, Johann Ernst〈17・18世紀〉
ドイツ生まれのイングランド国教会の聖職者。
⇒新カト（グラーベ　1666.7.10–1711.11.3）

Grabmann, Martin〈19・20世紀〉
ドイツのカトリック神学者, 中世哲学史家。
⇒岩世人（グラープマン　1875.1.5–1949.1.9）
　新カト（グラープマン　1875.1.5–1949.1.9）
　メル別（グラープマン, マルティン　1875–1949）

Gräbner, Fritz〈19・20世紀〉
ドイツの民族学者。文化圏学派の研究法を確立。
⇒岩世人（グレーブナー　1877.3.4–1934.7.13）
　オセ新（グレーブナー　1877–1934）

Grabowski〈17・18世紀〉
ポーランドのチェロ奏者, 教師。
⇒バロ（グラボフスキ, ?　1690頃?–1750頃?）

Grabu, Louis〈17世紀〉
フランスの作曲家。
⇒バロ（グラビュ, ルイ　1645頃–1694）

Gracchus, Gaius Sempronius〈前2世紀〉
古代のローマの政治家。護民官。
⇒岩世人（ガイウス・グラックス　前154–前121）
　広辞7（グラックス　前153–前121）
　学叢思（カイウス・グラッカス　?–前121）
　世人新（グラックス〈弟；ガイウス〉　前153–前121）
　世人装（グラックス〈弟；ガイウス〉　前153–前121）
　世史語（グラックス兄弟　前153–前121）
　ポプ人（グラックス兄弟　前153–前121）
　学叢歴（グラックス　?–前123）

Gracchus, Tiberius Sempronius〈前2世紀〉
古代ローマの政治家。護民官。農地法を制定, 国有地占有制限を実施。反対派に撲殺された。
⇒岩世人（ティベリウス・グラックス　前162–前133）
　ネーム（グラックス　前163–前133）
　広辞7（グラックス　前162頃–前133）
　学叢思（ティベリウス・グラックス　?–前132）
　世人新（グラックス〈兄；ティベリウス〉　前162頃–前132）
　世人装（グラックス〈兄；ティベリウス〉　前162頃–前132）
　世史語（グラックス兄弟　前162–前132）
　ポプ人（グラックス兄弟　前162–前133）
　学叢歴（グラックス　?–前133）

Gracian, Paltasar〈17世紀〉
スペインの思想家。
⇒学叢思（グラチアン, パルタザール　1603–1658）

Gracián y Morales, Baltasar〈17世紀〉
スペインの作家。主著に芸術論『繊細と天才の芸術』(48), 小説『クリティコン』(51,53,57)。
⇒岩世人（グラシアン　1601.1.8–1658.12.6）

　　新カト（グラシアン　1601.1.8–1658.12.6）

Gradenthaler, Hieronymus〈17世紀〉
ドイツのオルガン奏者, 判事, 著述家。
⇒バロ（グラーデンターラー, ヒエローニムス　1637.9.27–1700.7.19）

Gradmann, Robert〈19・20世紀〉
ドイツの地理学者。南ドイツの景観発達史および集落発達史を研究。
⇒岩世人（グラートマン　1865.7.18–1950.9.16）

Graebe, Karl〈19・20世紀〉
ドイツの化学者。芳香族化合物を研究。
⇒岩世人（グレーベ　1841.2.24–1927.1.19）

Graefe, Friedrich Wilhelm Ernst Albrecht von〈19世紀〉
ドイツの眼科学者。虹彩切除の採用, 斜視手術の考案などの業績がある。
⇒岩世人（グレーフェ　1828.5.22–1870.7.20）

Graefe, Karl Ferdinand von〈18・19世紀〉
ポーランド生れのドイツの外科医, 軍医。
⇒岩世人（グレーフェ　1787.3.8–1840.7.4）

Graetz, Heinrich〈19世紀〉
ユダヤ系ドイツの歴史家。主著『ユダヤ史』(11巻, 1853〜74）。
⇒岩世人（グレーツ　1817.10.31–1891.9.7）
　ユ人（グレーツ, ハインリヒ〈ヒルシュ〉　1817–1891）
　ユ著人（Graetz,Heinrich　グレーツ, ハインリヒ　1817–1891）

Graf, Georg〈19・20世紀〉
ドイツのカトリック司祭。
⇒新カト（グラーフ　1875.3.15–1955.9.18）

Graf, Johann〈17・18世紀〉
ドイツのヴァイオリン・オーボエの奏者・教師。
⇒バロ（グラーフ, ヨハン　1684.3.26–1750.2.2）

Graf, Karl Heinrich〈19世紀〉
ドイツの旧約学者。
⇒新カト（グラーフ　1815.2.28–1869.7.16）

Graf, Urs〈15・16世紀〉
スイスの画家, 版画家, 金工家。『戦争』(1515)は油彩画の傑作。
⇒岩世人（グラーフ　1485頃–1529以降）

Gräfe, Johann Friedrich〈18世紀〉
ドイツの作曲家。
⇒バロ（グレーフェ, ヨハン・フリードリヒ　1711.5.7?–1787.2.5）

Graff, Anton〈18・19世紀〉
ドイツの肖像画家。G.レッシング, F.シラーらの肖像画を描いた。
⇒岩世人（グラフ　1736.11.18–1813.6.22）

芸13（グラッフ，アントン　1736–1813）

Graffigny, Françoise de〈17・18世紀〉
フランスの作家。
⇒岩世人（グラフィニー　1695.2.11–1758.12.12）

Graffin, René〈19・20世紀〉
フランスの聖職者，オリエント学者。
⇒新カト（グラファン　1858.3.22–1941.1.3）

Grafton, Augustus Henry Fitzroy, 3rd Duke of〈18・19世紀〉
イギリスの政治家。ピット（大）と共に内閣を組織して首相に就任（66）。
⇒岩世人（グラフトン　1735.9.28–1811.3.14）

Graham, *Sir* James Robert George, Bart〈18・19世紀〉
イギリスの政治家。
⇒岩世人（グレアム　1792.6.1–1861.10.25）

Graham, Thomas〈19世紀〉
イギリスの化学者。気体の拡散を研究，1831年グレアムの法則を発表。
⇒岩世人（グレアム　1805.12.21–1869.9.16）
　ネーム（グレアム　1805–1869）
　広辞7（グレアム　1805–1869）
　学叢思（グラハム，トマス　1805–1869）

Graham, Thomas, 1st Baron Lynedoch〈18・19世紀〉
イギリスの軍人。ホイッグ党下院議員（1794～1807）。
⇒岩世人（グレアム　1748.10.19–1843.12.18）

Grahame, Kenneth〈19・20世紀〉
イギリスの銀行家。児童文学の古典『楽しい川べ』(1908) の作者。
⇒岩世人（グレアム　1859.3.8–1932.7.6）
　ポプ人（グレアム，ケネス　1859–1932）

Grahame-White, Claude〈19・20世紀〉
イギリスの飛行家。飛行機製造家。多くの飛行機競技に参加。
⇒岩世人（グレアム＝ホワイト　1879.8.21–1959.8.19）

Graham of Claverhouse, John, 1st Viscount Dundee〈17世紀〉
スコットランドの軍人，政治家。長老派盟約者を苛酷に抑圧。
⇒岩世人（グレアム　1648頃–1689.7.27）

Grahn, Lucile〈19・20世紀〉
デンマークのバレリーナ。
⇒バレエ（グラーン，ルシール　1819.6.30–1907.4.4）

Gráinne
フィアナ騎士団の隊長フィン・マックールの婚約者。

⇒ネーム（グラーニャ）

Gram, Hans〈18・19世紀〉
デンマークの官吏，教師，著述家，オルガン奏者。
⇒バロ（グラム，ハンス　1754.5.20–1804.4.28）

Gram, Jørgan Pedersen〈19・20世紀〉
デンマークの数学者。
⇒世数（グラム，ヨルゲン　1850–1916）

Gramann (Poliander), Johann〈15・16世紀〉
宗教改革時代のドイツの牧師。
⇒新カト（グラマン　1486/1487–1541.4.29）

Gramme, Zénobe Théophile〈19・20世紀〉
ベルギーの電気学者。発電機の回転子を作った（1870）。
⇒岩世人（グラム　1826.4.4–1901.1.20）
　学叢思（グラム，ゼナーブ・セォフィル　1826–1901）

Grammont, Maurice〈19・20世紀〉
フランスの言語学者。比較言語学，音声学，韻律論を研究。
⇒岩世人（グラモン　1866.4.15–1946.10.17）

Gramont, Antoine Agénor Alfred, Duc de〈19世紀〉
フランスの政治家。1870年外相。
⇒岩世人（グラモン　1819.8.14–1880.1.17）

Gran, Daniel〈17・18世紀〉
オーストリアの画家。
⇒岩世人（グラン　1694.5.22（受洗）–1757.4.16（埋葬））

Granacci, Francesco〈15・16世紀〉
イタリアの画家。
⇒岩世人（グラナッチ　1477.7.23–1543.11.30）
　新カト（グラナッチ　1469.7.23–1543.11.30）

Granada, Luis de〈16世紀〉
スペインの宗教家。ドミニコ会の修道士。
⇒岩世人（グラナダ　1505–1588.12.31）
　広辞7（グラナダ　1504–1588）
　新カト（ルイス・デ・グラナダ　1504–1588.12.31）

Granados y Campina, Enrique〈19・20世紀〉
スペインの作曲家，ピアノ奏者。
⇒岩世人（グラナドス　1867.7.27–1916.3.24）
　オペラ（グラナドス，エンリケ　1867–1916）
　エデ（グラナドス（イ・カンピニャ），エンリケ　1867.7.27–1916.3.24）
　ネーム（グラナドス　1867–1916）
　広辞7（グラナドス　1867–1916）
　ピ曲改（グラナドス，エンリケ　1867–1916）

Granata, Giovanni Battista〈17世紀〉
イタリアのギター奏者、理論家、作曲家。
⇒バロ（グラナータ、ジョヴァンニ・バッティスタ　1630頃?-1684以降）

Granby, John Manners, Marquess of〈18世紀〉
イギリスの軍人。1758年イギリス軍司令官。66～70年最高司令官。
⇒岩世人（グランビー　1721.1.2-1770.10.18）

Grancini, Michel'Angelo〈17世紀〉
イタリアのオルガン奏者。
⇒バロ（グランチーニ、ミケランジェロ　1605-1669）

Grancolas, Jean〈17・18世紀〉
フランスの聖職者、神学・典礼学者。
⇒新カト（グランコラ　1660頃-1732.8.1）

Grand-Carteret, John〈19・20世紀〉
フランスのジャーナリスト。
⇒19仏（ジョン・グラン＝カルトレ　1850.5.6-1927.8.31）

Granderath, Theodor〈19・20世紀〉
ドイツ生まれのイエズス会神学者。
⇒新カト（グランデラート　1839.6.19-1902.3.19）

Grandi, Alessandro〈16・17世紀〉
イタリアの作曲家。初期バロックの最大の作曲家。
⇒バロ（グランディ、アレスサンドロ1世・デ　1575/1580頃-1630.6以降）
バロ（グランディ、オッタヴィオ・マリーア　1580頃?-1630）

Grandin, Vital-Justin〈19・20世紀〉
カナダの宣教師、司教。
⇒新カト（グランダン　1829.2.8-1902.6.3）

Grandis, Vincenzo I de〈16・17世紀〉
イタリアの作曲家。
⇒バロ（グランディス、ヴィンチェンツォ1世・デ　1577-1646.3.18）
バロ（デ・グランディス、ヴィンチェンツォ1世　1577-1646.3.18）

Grandis, Vincenzo II de〈17・18世紀〉
イタリアの作曲家。
⇒バロ（グランディス、ヴィンチェンツォ2世・デ　1631.4.6-1708.8.4）
バロ（デ・グランディス、ヴィンチェンツォ2世　1631.4.6-1708.8.4）

Grandisson, Edouard〈18・19世紀〉
オランダの長崎商館長。
⇒岩世人（フランディソン　1798.9.11-?）

Grandmaison, Léonce Loizeau de〈19・20世紀〉
フランスの神学者、イエズス会員。

⇒新カト（グランメゾン　1868.12.31-1927.6.15）

Grandval, Nicolas Racot de〈17・18世紀〉
フランスの鍵盤楽器奏者、劇作家。
⇒バロ（グランヴァル、ニコラ・ラコ・ド　1676-1753.11.16）

Grandville〈19世紀〉
フランスの版画家。
⇒岩世人（グランヴィル　1803.9.15-1847.3.17）
芸13（グランヴィル　1803-1847）

Granger, Ernest Henri〈19・20世紀〉
フランスの社会主義者。
⇒学叢思（グランジェ、エルネ・アンリ　1844-?）

Granger, Walter Willis〈19・20世紀〉
アメリカの古生物学者。
⇒アア歴（Granger, Walter（Willis）　ウォルター・ウィリス・グレインジャー　1872.11.7-1941.9.6）

Granjon, Robert〈16世紀〉
フランスの活字制作者。
⇒岩世人（グランジョン　1512/1513-1590.11.16）

Granovskii, Timofei Nikolaevich〈19世紀〉
ロシアの歴史学者。
⇒岩世人（グラノフスキー　1813.3.9-1855.10.4）

Grant, Sir James Hope〈19世紀〉
イギリスの軍人。1860年、天津、北京などを攻略し、北京条約を締結させた（61）。
⇒岩世人（グラント　1808.7.22-1875.3.7）

Grant, Madison〈19・20世紀〉
アメリカの環境保護、反移民運動家。
⇒岩世人（グラント　1865.11.19-1937.5.30）

Grant, Robert Edmund〈18・19世紀〉
イギリスの動物学者。ダーウィンの事実上の指導者。
⇒岩世人（グラント　1793.11.11-1874.8.23）

Grant, Ulysses Franklin〈19・20世紀〉
アメリカのメジャーリーガー。黒人選手。インターナショナル・リーグ。
⇒メジャ（フランク・グラント　1865.8.1-1937.5.27）

Grant, Ulysses Simpson〈19世紀〉
アメリカの南北戦争時の連邦軍総司令官、政治家。第18代大統領（1869～77）。
⇒アメ新（グラント　1822-1885）
　岩世人（グラント　1822.4.27-1885.7.23）
　ネーム（グラント　1822-1885）
　広辞7（グラント　1822-1885）
　世人新（グラント　1822-1885）
　世人装（グラント　1822-1885）
　世史語（グラント　1822-1885）

ボブ人（グラント，ユリシーズ 1822-1885）
学叢歴（グラント 1822-1885）

Granvelle, Antoine Perrenot de〈16世紀〉
スペイン皇帝フェリペ2世時代の枢機卿。聖ローマ皇帝カルル5世の宰相N.グランベルの息子。
⇒岩世人（グランヴェル 1517.8.20-1586.9.21）
新カト（グランヴェル 1517.8.20-1586.9.21）

Granville, George Leveson-Gower, 2nd Earl of〈19世紀〉
イギリスの政治家。外相，植民相を歴任し，グラッドストンの対外政策実施に当った。
⇒岩世人（グランヴィル 1815.5.11-1891.3.31）

Granville, John Carteret, Earl of〈17・18世紀〉
イギリスの政治家。国務大臣（21～24,42～44），アイルランド総督（24～30）。
⇒岩世人（グランヴィル 1690.4.22-1763.1.2）

Granville-Barker, Harley〈19・20世紀〉
イギリスの演出家，俳優，劇作家。戯曲の代表作は『ボイシーの遺産』（1905）。
⇒岩世人（グランヴィル＝バーカー 1877.11.25-1946.8.31）

Graser, Johann Baptist〈18・19世紀〉
ドイツの教育家。綜合的生活カリキュラムを唱道。
⇒岩世人（グラーザー 1766.7.11-1841.2.28）

Grässel, Hans〈19・20世紀〉
ドイツの建築家。墓地および墓碑の現代的改革を試みた。
⇒岩世人（グレッセル 1860.8.8-1939.3.11）

Grasser, Erasmus〈15・16世紀〉
ドイツの彫刻家。
⇒岩世人（グラッサー 1450頃-1518）

Grasset, Eugène〈19・20世紀〉
スイスの画家，版画家，装飾家。
⇒19仏（ウジェーヌ・グラッセ 1841.5.25-1917.10.23）

Grassi, Francesco〈18世紀〉
ピアチェンツァにおける新トマス学派の創始者。
⇒新カト（グラッシ 1715.10.26-1773.1.11）

Grassi, Giovanni Battista〈19・20世紀〉
イタリアの動物学者。マラリア病原虫のハマダラカ体内における生活史を明らかにした（99）。
⇒岩世人（グラッシ 1854.3.27-1925.5.4）

Grassi, Giovannino de'〈14世紀〉
イタリアの画家，写本装飾画家，建築家。
⇒岩世人（ジョヴァンニーノ・デ・グラッシ ?-1398.7.5）

Grassini, Giuseppina〈18・19世紀〉
イタリアの女性歌手。
⇒オペラ（グラッシーニ，ジュゼッピーナ 1773-1850）

Grassmann, Hermann Günther〈19世紀〉
ドイツの数学者，言語学者。ベクトル・テンソル計算の基礎を築く一方，グラスマンの法則を発見。
⇒岩世人（グラースマン 1809.4.15-1877.9.26）
世数（グラスマン，ヘルマン・ギュンター 1809-1877）

Graswinckel, Dirck Janson〈16・17世紀〉
オランダの政治経済の著述家。
⇒学叢思（グラスヴィンケル，ディルク・ヤンソン 1600-1660）

Gratama, Koenraad Wouter〈19世紀〉
オランダの化学者，陸軍軍医。66年来日，長崎養生所の分析窮理所の指導に当り,67年開成所に赴任。
⇒岩世人（ハラタマ（フラタマ） 1831.4.25-1888.1.19）

Gratianus, Flavius Augustus〈4世紀〉
ローマ皇帝。在位367～383。ウァレンティニアヌス1世の息子。
⇒岩世人（グラティアヌス 359.4.18-383.8.25）
新カト（グラティアヌス 359-383.8.25）
世帝（グラティアヌス 359-383）

Gratianus, Franciscus〈12世紀〉
イタリアの教会法学の祖。ベネディクト会修道士。
⇒岩世人（グラティアヌス ?-1158）
新カト（グラティアヌス 12世紀）

Gratiolet, Louis Pierre〈19世紀〉
フランスの解剖学者，動物学者。脳の比較解剖学的研究で知られる。
⇒岩世人（グラシオレ 1815.7.8-1865.2.16）

Gratius〈前1世紀〉
アウグストゥス期の詩人。
⇒岩世人（グラティウス 前1世紀）

Gratry, Auguste Alphonse〈19世紀〉
フランスの哲学者。主著『哲学概論』（1855～57）。
⇒新カト（グラトリ 1805.3.30-1872.2.7）
メル2（グラトリー（神父） 1805-1872）

Grattan, Henry〈18・19世紀〉
アイルランドの政治家。アイルランド議会のイギリスからの独立に尽力。
⇒岩世人（グラタン 1746.7.3頃-1820.6.4）
世人新（グラタン 1746-1820）
世人装（グラタン 1746-1820）

Grauert, Hermann von〈19・20世紀〉
ドイツの歴史家。
⇒新カト（グラウエルト　1850.9.7–1924.3.12）

Graul, Karl〈19世紀〉
ドイツのルター派神学者, ドラヴィダ学者。
⇒新カト（グラウル　1814.2.6–1864.11.10）

Graun, August Friedrich〈17・18世紀〉
ドイツの作曲家。
⇒バロ（グラウン, アウグスト・フリードリヒ　1698/1699?–1765.5.5）

Graun, Carl Heinrich〈18世紀〉
ドイツの作曲家, 歌手。
⇒バロ（グラウン, カール・ハインリヒ　1703/1704–1759.8.8）
　岩世人（グラウン　1703/1704–1759.8.8）
　オペラ（グラウン, カール・ハインリヒ　1704頃–1759）

Graun, Johann Gottlieb〈18世紀〉
ドイツのヴァイオリン奏者, 作曲家。フリードリヒ大王の王室合奏団の楽長。
⇒バロ（グラウン, ヨハン・ゴットリープ　1702/1703–1771.10.27）

Graunt, John〈17世紀〉
イギリスの統計学者, 商人。人口統計学を開拓。
⇒岩世人（グラント　1620.4.24–1674.4.18）
　学叢人（グローント, ジョン　1620–1674）

Graupner, Christoph〈17・18世紀〉
ドイツの作曲家。作品は, 教会作品1,300, オペラ11, 交響曲116, 協奏曲50など。
⇒バロ（グラウブナー, ヨハン・クリストフ　1683.1.13–1760.5.10）

Graves, Alfred Perceval〈19・20世紀〉
アイルランドの詩人。アイルランド文芸復興運動に寄与。
⇒岩世人（グレイヴズ　1846.7.22–1931.12.27）

Graves, Frederick Rogers〈19・20世紀〉
アメリカの宣教師。
⇒アア歴（Graves,Frederick R (ogers)　フレデリック・ロジャーズ・グレイヴズ　1858.10.24–1940.5.17）

Graves, Robert James〈18・19世紀〉
アイルランドの医者。初めてバゼドー氏病を完全に記載 (35)。
⇒岩世人（グレイヴズ　1797.3.27–1853.3.20）

Graves, Rosewell Hobart〈19・20世紀〉
アメリカの宣教師。広東に赴任。聖書の中国訳に功がある。
⇒アア歴（Graves,Rosewell H (obart)　ローズウェル・ホウバート・グレイヴズ　1833.5.29–1912.6.3）
　岩世人（グレイヴズ　1833.5.29–1912.6.3）

Graves, William Sydney〈19・20世紀〉
アメリカの陸軍将校。
⇒アア歴（Graves,William Sydney　ウイリアム・シドニー・グレイヴズ　1865.3.27–1940.2.27）

Gravière, Edmond Jurien de la〈19世紀〉
フランスの軍人, 文筆家。
⇒19仏（エドモン・ジュリアン・ド・ラ・グラヴィエール　1812.11.19–1892.3.5）

Gravina, Domenico〈16・17世紀〉
神学者, 説教家, ドミニコ会員。ナポリの名家の生まれ。
⇒新カト（グラヴィーナ　1574頃–1643.8.26）

Gravina, Gian Vincenzo〈17・18世紀〉
イタリアの評論家。クイリーニ・アカデミアを創設。主著『詩論』『市民法の起源』(08) など。
⇒岩世人（グラヴィーナ　1664.1.20–1718.1.6）

Gravius, Daniel〈17世紀〉
オランダの改革派教会宣教師。台湾に赴き4年間土民の教化に努めた。
⇒岩世人（グラヴィウス　1616–1681.3）

Grävius, Johann Georg〈17・18世紀〉
ドイツの古代語学者。ギリシア, ローマの古典作家の著書を校訂, 出版。
⇒岩世人（グレーヴィウス　1632.1.29–1703.1.11）

Grawitz, Paul Albert〈19・20世紀〉
ドイツの病理学者。1883年, のちにグラウィッツ腫瘍と呼ばれる副腎腫を記載。
⇒岩世人（グラーヴィッツ　1850.10.1–1932.6.27）

Gray, Asa〈19世紀〉
アメリカの植物分類学者。北アメリカの高等植物のフローラに関する著書, 植物学の教科書など著書多数。
⇒岩世人（グレイ　1810.11.18–1888.1.30）
　学叢思（グレー, アサ　1810–1888）

Gray, Elisha〈19・20世紀〉
アメリカの発明家。電信および電話に関する多くの発明がある。
⇒岩世人（グレイ　1835.8.2–1901.1.21）

Gray, John〈18・19世紀〉
イギリスの社会主義者。リカード派。
⇒学叢思（グレー, ジョン　1799–1850頃）

Gray, John Edward〈18・19世紀〉
イギリスの博物学者。
⇒学叢思（グレー, ジョン・エドワード　1800–1875）

Gray, Louis Herbert〈19・20世紀〉
アメリカの比較言語学者, 東洋学者。コロンビア大学比較言語学および東洋語名誉教授 (44〜)。
⇒岩世人（グレイ　1875.4.10–1955.8.18）

Gray, Stephen〈17・18世紀〉
イギリスの物理学者。電気の導体と不導体の区別を明らかにし、人体も導体であることを示した(1730)。
⇒岩世人 (グレイ 1670頃-1736.2.7)

Gray, Thomas〈18世紀〉
イギリスの詩人。
⇒岩世人 (グレイ 1716.12.26-1771.7.30)
広辞7 (グレイ 1716-1771)

Graziani, Bonifazio〈17世紀〉
イタリアの作曲家、司祭。カリッシミと並んで17世紀ローマ楽派の代表者。
⇒バロ (グラツィアーニ、ボニファツィオ 1604-1605-1664.6.15)
新カト (グラツィアーニ 1604/605.5-1664.6.15)

Graziani, Tomaso〈16・17世紀〉
イタリアの作曲家。ポルタの弟子。
⇒バロ (グラツィアーニ、トマゾ 1550頃-1634.3)
新カト (グラツィアーニ 1553頃-1634.3)

Grazioli, Giovanni Battista Ignazio〈18・19世紀〉
イタリアの鍵盤楽器奏者。
⇒バロ (グラツィオーリ、ジョヴァンニ・バッティスタ・イニャツィオ 1746.7.6-1820頃)

Grazioso da Padova〈14世紀〉
イタリアの作曲家。
⇒バロ (グラツィオーソ、ダ・パドヴァ 1350頃?-1400頃)

Greathouse, Clarence Ridgley〈19世紀〉
アメリカの法律顧問。
⇒アア歴 (Greathouse,Clarence R (idgley) クラレンス・リドグリー・グレイトハウス 1846.9.17-1899.10.21)

Gréban, Arnoul〈15世紀〉
フランスの劇詩人、神学者。パリのノートルダム聖堂オルガン奏者、合唱指揮者。
⇒バロ (グルバン、アルヌル 1420頃-1471頃)
岩世人 (グレバン 1420頃-1470頃)
新カト (グレバン 1420頃-1471以前)

Grebel, Conrad〈15・16世紀〉
スイスの宗教改革者。スイスの再洗礼派(アナバプテスト)教会の創設者。
⇒岩世人 (グレーベル 1498頃-1526)
新カト (グレーベル 1498頃-1526.5/4)

Greber, Jakob〈17・18世紀〉
ドイツの作曲家。
⇒バロ (グレーバー、ヤーコブ 1670頃?-1731.7.5)

Grechaninov, Aleksandr Tikhonovich〈19・20世紀〉
ロシアの作曲家。オペラ『ドブルィニヤ・ニキーティチ』などの作品がある。1946年アメリカに帰化。
⇒岩世人 (グレチャニーノフ 1864.10.13/25-1956.1.4)
新カト (グレチャニーノフ 1864.10.25-1956.1.4)

Greco, El〈16・17世紀〉
スペインの画家。
⇒岩世人 (グレコ 1541-1614.4.7)
ネーム (エル・グレコ 1541-1614)
広辞7 (グレコ 1541-1614)
学叢思 (テオトコプリ、ドメニコ 1547頃-1614)
新カト (グレコ 1541-1614.4.7)
芸13 (エル・グレコ 1541-1614)
世人新 (エル=グレコ 1541-1614)
世人装 (エル=グレコ 1541-1614)
世史語 (エル=グレコ 1541頃-1614)
ポプ人 (エル・グレコ 1541-1614)

Greco, Gaetano〈17・18世紀〉
イタリアの音楽教育者。
⇒バロ (グレーコ、ガエターノ 1657-1728)

Greeley, Horace〈19世紀〉
アメリカの新聞編集者、政治指導者。1834年文学雑誌『ニュヨーカー』の編集主幹。
⇒アメ新 (グリーリー 1811-1872)
岩世人 (グリーリー 1811.2.3-1872.11.29)

Greely, Adolphus Washington〈19・20世紀〉
アメリカの陸軍士官、極地探検家。
⇒岩世人 (グリーリー 1844.3.24-1935.10.20)

Green, (Danny) Edward〈19・20世紀〉
アメリカの大リーグ選手(外野)。
⇒メジャ (ダニー・グリーン 1876.11.6-1914.11.9)

Green, George〈18・19世紀〉
イギリスの数学者。ポテンシャル論の『グリーンの定理』を発表。
⇒岩世人 (グリーン 1793.7.14 (受洗)-1841.3.31)
物理 (グリーン、ジョージ 1793-1841)
世数 (グリーン、ジョージ 1793-1841)

Green, John Cleve〈18・19世紀〉
アメリカの商人。
⇒アア歴 (Green,John C (leve) ジョン・クリーヴ・グリーン 1800.4.4-1875.4.29)

Green, John Richard〈19世紀〉
イギリスの歴史家。主著『イギリス国民小史』(1874)。
⇒岩世人 (グリーン 1837.12.12-1883.3.7)

Green, Samuel Fisk〈19世紀〉
アメリカの医療宣教師。
⇒アア歴 (Green,Samuel Fisk サミュエル・フィスク・グリーン 1822.10.10-1884.5.28)

Green, Thomas Hill〈19世紀〉
イギリスの哲学者。新カント学派,新ヘーゲル学派の立場から,いわゆる自我実現論を提唱。
　⇒岩世人（グリーン　1836.4.7–1882.3.26）
　　広辞7（グリーン　1836–1882）
　　学叢思（グリーン,トマス・ヒル　1836–1882）

Green, William〈19世紀〉
アメリカの労働運動指導者。
　⇒岩世人（グリーン　1873.3.3–1952.11.21）

Greenaway, Kate〈19・20世紀〉
イギリスの女流画家,絵本作家。代表作は『窓の下』(79)。
　⇒岩世人（グリーナウェイ　1846.3.17–1901.11.6）

Greenberg, Leopold Jacob〈19・20世紀〉
イギリスのシオニスト,新聞編集者。
　⇒ユ人（グリーンベルグ,レオポルド・ジェイコブ　1861–1931）

Greene, *Sir* **Cunyngham**〈19・20世紀〉
イギリスの外交官。駐日イギリス大使。
　⇒岩世人（グリーン　1854.10.29–1934.6.30）

Greene, Daniel Crosby〈19・20世紀〉
アメリカの組合派教会宣教師。明治2(1869)年11月来日,1913年まで神戸で伝道。
　⇒アア歴（Greene,Daniel Crosby　ダニエル・クロズビー・グリーン　1843.2.11–1913.9.15）
　　アメ新（グリーン　1843–1913）
　　岩世人（グリーン　1843.2.11–1913.9.15）

Greene, Maurice〈17・18世紀〉
イギリスの作曲家,オルガン奏者,音楽学者。1735年王室楽団長,音楽家協会を創立。
　⇒バロ（グリーン,モーリス　1696.8.12–1755.12.1）

Greene, Nathanael〈18世紀〉
アメリカ独立戦争期の将軍。
　⇒岩世人（グリーン　1742.8.7–1786.6.19）

Greene, Robert〈16世紀〉
イギリスの劇作家,物語作家,詩人,パンフレット作家。「大学才人」。
　⇒岩世人（グリーン　1558.7.11（受洗）–1592.9.3）
　　新カト（グリーン　1558.7.11–1592.9.3）

Greene, Warwick〈19・20世紀〉
アメリカの植民地行政官。
　⇒アア歴（Greene,Warwick　ウォリック・グリーン　1879.12.18–1929.11.18）

Greenwood, Arthur〈19・20世紀〉
イギリスの政治家。労働党の副党首(39～40)。
　⇒岩世人（グリーンウッド　1880.2.8–1954.6.9）

Greenwood, John〈16世紀〉
イギリスの非国教徒の牧師。分離派。
　⇒岩世人（グリーンウッド　?–1593.4.6）

　　新カト（グリーンウッド　1560頃–1593.4.6）

Grefinger, Wolfgang〈15・16世紀〉
ドイツの作曲家。
　⇒バロ（グレーフィンガー,ヴォルフガング　1470-1480–1516以降）

Gregh, Fernand〈19・20世紀〉
フランスの詩人。詩集『少年の家』(1896)でアカデミー文学大賞受賞。
　⇒岩世人（グレーグ　1873.10.14–1960.1.5）

Grégoire, Henri Baptiste〈18・19世紀〉
フランスの聖職者。ブロアの司教。
　⇒新カト（グレゴアール　1750.12.4–1831.5.28）
　　ユ人（グレゴワール,アンリ・バティスト　1750–1831）

Gregor, Christian Friedrich〈18・19世紀〉
ドイツの作曲家,讃美歌編集者。
　⇒バロ（グレゴル,クリスティアン・フリードリヒ　1723.1.1–1801.11.6）

Gregoras, Nikephoros ho〈13・14世紀〉
ビザンチン時代の歴史家,神学者。主著『ローマ史』。
　⇒岩世人（グレゴラス　1290/1294–1358/1361）
　　新カト（ニケフォロス・グレゴラス　1293頃–1359/1361）

Gregori, Giovanni Lorenzo〈17・18世紀〉
イタリアのヴァイオリン奏者,教師,理論家。
　⇒バロ（グレゴーリ,ジョヴァンニ・ロレンツォ　1663–1745.1）

Gregorios〈4世紀〉
アレクサンドリアの対立司教。カッパドキア出身。
　⇒新カト（グレゴリオス〔アレクサンドリアの〕　?–345.6.25）

Gregorios〈6世紀〉
アンティオケイアの司教,著作家,説教家。カルケドン公会議の宣言の擁護者。シリア生まれ。
　⇒新カト（グレゴリオス〔アンティオケイアの〕　6世紀初頭–592/593）

Gregorios〈6・7世紀〉
アグリジェントの司教。聖人。祝日,ローマ教会11月23日,ギリシア教会11月24日。
　⇒新カト（グレゴリオス〔アグリジェントの〕　6-7世紀）

Gregorios〈8・9世紀〉
聖人,修道者。祝日11月20日。イサウリアのエイレノポリス生まれ。
　⇒新カト（グレゴリオス〔デカポリスの〕　762頃–862.11.20）

Gregorios〈10・11世紀〉
ニコポリスの司教, 隠修士. 聖人. 祝日3月16日. アルメニア生まれ.
⇒新カト（グレゴリオス〔ニコポリスの〕　10世紀後半-11世紀初頭）

Grēgorios〈13・14世紀〉
ギリシア正教会の聖人, 静寂主義の神秘家.
⇒新カト（グレゴリオス〔シナイの〕　13世紀末-1346.11.27）

Gregorios, Mar〈17世紀〉
シリア教会（シリア正教会）のエルサレム府主教.
⇒新カト（グレゴリオス　?-1681.4.27）

Gregorios II〈13世紀〉
コンスタンティノポリスの総主教. キプロス島生まれ.
⇒新カト（グレゴリオス2世〔コンスタンティノポリスの〕　1241-1290）

Gregorios Akindynos〈14世紀〉
ヘシュカスモス（静寂主義）論争で活躍したビザンティン期の神学者.
⇒新カト（グレゴリオス・アキンデュノス　1300頃-1348/1350）

Gregorius〈4世紀〉
エルビラの司教. 聖人. 祝日4月24日. スペインのバエティカ地方の生まれ. 反アレイオス派の指導的立場にあった.
⇒新カト（グレゴリウス〔エルビラの〕　320頃-392以降）

Gregorius〈5・6世紀〉
ラングルの司教, オータン伯. 聖人. 祝日1月4日.
⇒新カト（グレゴリウス〔ラングルの〕　450/451-539/540）

Gregorius, Saint, Illuminator〈3・4世紀〉
アルメニアの使徒啓蒙者. 国王チリダテスを改宗させ, 303年頃アルメニアをキリスト教国とした.
⇒岩世人（グレゴリウス・イッルミナトル　240頃-322頃）
　新カト（グレゴリオス〔照明の〕　240頃-330頃）

Gregorius I, St.〈6・7世紀〉
教皇. 在位590~604. 西方四大教父の一人で教会博士.
⇒バロ（グレゴリウス1世, 教皇　540頃-604.3.12）
　岩世人（グレゴリウス1世（大）　540頃-604.3.13）
　ネーム（グレゴリウス1世　540?-604）
　広辞7（グレゴリウス一世　（在位）590-604）
　新カト（グレゴリウス1世　540頃-604.3.12）
　図聖（グレゴリウス1世（大グレゴリウス）　540頃-604）
　世人新（グレゴリウス1世　540頃-604）
　世人装（グレゴリウス1世　540頃-604）
　世史語（グレゴリウス1世　540頃-604）
　ポプ人（グレゴリウス1世　540頃-604）
　ユ人（グレゴリウス1世　540頃-604）

Gregorius II〈7・8世紀〉
教皇. 在位715~731. ドイツ布教を推進した.
⇒岩世人（グレゴリウス2世　669-731.2.11）
　新カト（グレゴリウス2世　669-731.2.11）

Gregorius III〈8世紀〉
教皇. 在位731~741.
⇒岩世人（グレゴリウス3世　?-741.11.28）
　新カト（グレゴリウス3世　?-741.11.28）

Gregorius IV〈9世紀〉
教皇. 在位827~844. 諸聖人の祝日を制定.
⇒新カト（グレゴリウス4世　?-844.1.25）

Gregorius V〈10世紀〉
教皇. 在位996~999. オットー1世の孫で, 最初のドイツ人教皇.
⇒新カト（グレゴリウス5世　972-999.2.18頃）

Gregorius VI〈11世紀〉
対立教皇. 在位1012前後. ベネディクトゥス8世に対立.
⇒新カト（グレゴリウス6世　?-1047/1048）

Gregorius VII, St.〈11世紀〉
教皇. 在位1073~85. 27条からなる『教皇令』が残っている.
⇒岩世人（グレゴリウス7世　1020頃-1085.5.25）
　広辞7（グレゴリウス七世　（在位）1073-1085）
　学叢思（グレゴリー7世　?-1085）
　新カト（グレゴリウス7世　1020頃-1085.5.25）
　世人新（グレゴリウス7世　1020頃-1085）
　世人装（グレゴリウス7世　1020頃-1085）
　世史語（グレゴリウス7世　1020頃-1085）
　ポプ人（グレゴリウス7世　1020?-1085）

Gregorius VIII〈12世紀〉
皇帝ハインリヒ5世にたてられた対立教皇.
⇒新カト（グレゴリウス8世〔対立教皇〕　?-1140）

Gregorius VIII〈12世紀〉
ローマ教皇.
⇒新カト（グレゴリウス8世　?-1187.12.17）

Gregorius IX〈12・13世紀〉
教皇. 在位1227~41. 神聖ローマ皇帝フリードリヒ2世と死闘を展開した.
⇒岩世人（グレゴリウス9世　1145-1241.8.22）
　新カト（グレゴリウス9世　1170頃-1241.8.22）

Gregorius X〈13世紀〉
教皇. 在位1271~76. 皇帝ルドルフ1世の選出を助け, 大空位時代を終らせた.
⇒岩世人（グレゴリウス10世　1210-1276.1.10）
　新カト（グレゴリウス10世　1210-1276.1.10）

Gregorius XI〈14世紀〉
教皇. 在位1370~78. 最後のアビニョン教皇.

1377年教皇座のローマ帰還を達成.
⇒岩世人（グレゴリウス11世　1329頃-1378.3.27）
　新カト（グレゴリウス11世　1330頃-1378.3.27）

Gregorius XII〈14・15世紀〉
教皇．在位1406～15．西方教会大分裂期の最後のローマ教皇．
⇒岩世人（グレゴリウス12世　1327頃-1417.10.18）
　新カト（グレゴリウス12世　1325頃-1417.10.18）

Gregorius XIII〈16世紀〉
教皇．在位1572～85．教会改革と対抗宗教改革，東洋布教にも尽力．
⇒岩世人（グレゴリウス13世　1502.1.1-1585.4.10）
　広辞7（グレゴリウス一三世　（在位）1572-1585）
　新カト（グレゴリウス13世　1502.1.1-1585.4.10）
　世人新（グレゴリウス13世　1502頃-1585）
　世人装（グレゴリウス13世　1502頃-1585）
　ポプ人（グレゴリウス13世　1502-1585）

Gregorius XIV〈16世紀〉
ローマ教皇．
⇒新カト（グレゴリウス14世　1535.2.11-1591.10.16）

Gregorius XV〈16・17世紀〉
教皇．在位1621～23．ドイツでの対抗宗教改革を推進．
⇒新カト（グレゴリウス15世　1554.1.9-1623.7.8）

Gregorius XVI〈18・19世紀〉
教皇．在位1831-46．カマルドリ会士．1799年の『教皇庁の勝利』で教皇不可謬論を展開．
⇒新カト（グレゴリウス16世　1765.9.18-1846.6.1）

Gregorius Ariminensis〈14世紀〉
イタリア生まれの哲学者，神学者．
⇒岩世人（グレゴリウス（リミニの）　1305頃-1358.11末）
　新カト（グレゴリウス〔リミニの〕　1300頃-1358.11）

Gregorius Nazianzus〈4世紀〉
東方の四大博士，カッパドキアの三教父の一人，聖人．
⇒岩世人（グレゴリオス（ナジアンゾスの）　329頃-389）
　広辞7（グレゴリオス（ナジアンゾスの）　329頃-389頃）
　新カト（グレゴリオス〔ナジアンゾスの〕　300/325/330-390）
　メル1（グレゴリオス（ナジアンゾスの）　329頃-389）

Gregorius Nyssenus〈4世紀〉
カッパドキア三教父の一人，聖人．バジリウスの弟．371年ニッサの司教．
⇒岩世人（グレゴリオス（ニュッサの）　330頃-394）
　広辞7（グレゴリオス（ニュッサの）　330頃-394）
　学叢思（グレゴリオス，ニッサの　331-394）
　新カト（グレゴリオス〔ニュッサの〕　330頃-395頃）

Gregorius Thaumaturgus〈3世紀〉
ローマ領アジアの使徒，聖人．
⇒岩世人（グレゴリオス・タウマトゥルゴス　213頃-270頃）
　新カト（グレゴリオス・タウマトゥルゴス　213頃-270頃）

Gregorius Turonensis〈6世紀〉
フランクの歴史家，聖職者，聖人．537年ツールの司教．
⇒岩世人（グレゴリウス（トゥールの）　538/539-594.11.17）
　新カト（グレゴリウス〔トゥールの〕　538頃-594）

Gregorius（Utrecht）〈8世紀〉
ドイツ生まれのフリースラントへの宣教師，聖人．
⇒新カト（グレゴリウス〔ユトレヒトの〕　707頃-776.8.25）

Gregory, Isabella Augusta, Lady〈19・20世紀〉
アイルランドの劇作家．国民劇場の創設に参加．
⇒岩世人（グレゴリー　1852.3.15-1932.5.22）
　ネーム（グレゴリー　1852-1932）
　広辞7（グレゴリー　1852-1932）

Gregory, James〈17世紀〉
スコットランドの数学者，発明家．反射望遠鏡を発明．
⇒岩世人（グレゴリー　1638.11-1675.10）
　世数（グレゴリー，ジェイムズ　1638-1675）

Gregory, John Walter〈19・20世紀〉
イギリスの地学者，探検家．
⇒岩世人（グレゴリー　1864.1.27-1932.6.2）

Gregory, William II〈17世紀〉
イギリスの歌手，ヴィオール奏者，教師．
⇒バロ（グレゴリー，ウィリアム2世　1630頃?-1668頃）

Gregory, William King〈19・20世紀〉
アメリカの古生物学者．
⇒岩世人（グレゴリー　1876.5.19-1970.12.29）

Grégr, Eduard〈19・20世紀〉
チェコスロヴァキアの政治家．青年チュコ党を組織してボヘミアに対するドイツの干渉に反対．
⇒岩世人（グレーグル　1827.3.4-1907.4.1）

Greiffenberg, Catharina Regina von〈17世紀〉
ドイツの女性詩人．神秘思想家．
⇒新カト（グライフェンベルク　1633.9.7-1694.4.8）

Greitter, Matthäus〈15・16世紀〉
ドイツの歌手，聖職者，教師，詩人．
⇒バロ（グライター，マテウス　1495頃-1550.12.20）

Grenerin, Henri〈17世紀〉
フランスのギター奏者。
⇒バロ（グルヌラン，アンリ　1640頃?-1700頃?）

Grenet, François Lupien〈17・18世紀〉
フランスの歌手，教師，行政官。
⇒バロ（グルネ，フランソワ・リュピアン　1690頃-1753.2.25）

Grenet-Dancourt, Ernest〈19・20世紀〉
フランスの劇作家。
⇒19仏（エルネスト・グルネ＝ダンクール　1854.2.21-1913.2.10）

Grenier, Albert〈19・20世紀〉
フランスの考古学者。ガリア考古学の権威。
⇒岩世人（グルニエ　1878.4.3-1961.6.23）

Grenon, Nicolas〈14・15世紀〉
フランスの作曲家。
⇒バロ（グルノン，ニコラ　1380頃-1456）

Grentrup, Theodor〈19・20世紀〉
ドイツの宣教学者。
⇒新カト（グレントゥルプ　1878.5.25-1967.10.11）

G

Grenville, George〈18世紀〉
イギリスの政治家。1763〜65年首相。
⇒岩世人（グレンヴィル　1712.10.14-1770.11.13）

Grenville, *Sir* Richard〈16世紀〉
イギリスの提督。
⇒岩世人（グレンヴィル　1542.5/6-1591.9.2）

Grenville, William Wyndham Grenville, Baron of〈18・19世紀〉
イギリスの政治家。
⇒岩世人（グレンヴィル　1759.10.24-1834.1.12）

Greppo, Louis〈19世紀〉
フランスの社会運動家，政治家。
⇒19仏（ルイ・グレポ　1810.1.8-1888.8.27）

Gresham, *Sir* Thomas〈16世紀〉
イギリスの商人，王室財務官。ロンドン王立取引所の設立者。
⇒岩世人（グレシャム　1518頃-1579.11.21）
　ネーム（グレシャム　1519?-1579）
　広辞7（グレシャム　1519-1579）
　学叢思（グレシャム，トマス　1519-1579）
　世人新（グレシャム　1519頃-1579）
　世人装（グレシャム　1519頃-1579）
　ポプ人（グレシャム，トーマス　1519?-1579）

Gresnick, Antoine-Frédéric〈18世紀〉
フランドルの指揮者。
⇒バロ（グレスニック，アントワーヌ・フレデリック　1755.3.2-1799.10.16）
　バロ（フレスニック，アントワーヌ・フレデリック　1755.3.2-1799.10.16）

Gressmann, Hugo〈19・20世紀〉
ドイツの旧約聖書学者，宗教史学派の代表者の一人。ベルリン大学教授（1907〜）。
⇒岩世人（グレスマン　1877.3.21-1927.4.6）
　新カト（グレスマン　1877.3.21-1927.4.6）

Grétry, André Ernest Modeste〈18・19世紀〉
ベルギーのオペラ作曲家。
⇒バロ（グレトリー，アンドレ・エルネスト・モデスト　1741.2.8-1813.9.24）
　岩世人（グレトリ　1741.2.8-1813.9.24）

Gretser, Jacob〈16・17世紀〉
神学者，反宗教改革論争家，ギリシア語学者，劇作家，イエズス会員。バーデン州マルクドルフ生まれ。
⇒新カト（グレッツァー　1562.3.27-1625.1.29）

Greuze, Jean Baptiste〈18・19世紀〉
フランスの画家。
⇒岩世人（グルーズ　1725.8.21-1805.3.21）
　ネーム（グルーズ　1725-1805）
　広辞7（グルーズ　1725-1805）
　芸13（グルーズ，ジャン・バティスト　1725-1805）

Greville, *Sir* Fulke, 1st Baron Brooke〈16・17世紀〉
イギリスの詩人，劇作家，政治家。エリザベス女王の寵臣でP.シドニーの親友。
⇒岩世人（グレヴィル　1554.10.3-1628.9.30）

Grévin, Alfred〈19世紀〉
フランスの素描家。
⇒19仏（アルフレッド・グレヴァン　1827.1.28-1892.5.5）

Grévy, François Paul Jules〈19世紀〉
フランスの政治家。第3共和制の第3代大統領（1879〜87）。
⇒岩世人（グレヴィ　1807.8.15-1891.9.9）
　19仏（ジュール・グレヴィ　1807.8.15-1891.9.9）

Grew, Joseph Clark〈19・20世紀〉
アメリカの外交官。駐デンマーク公使，駐スイス公使，駐トルコ大使などを歴任。
⇒アア歴（Grew,Joseph Clark　ジョセフ・クラーク・グルー　1880.5.27-1965.5.25）
　アメ新（グルー　1880-1965）
　岩世人（グルー　1880.5.27-1965.5.25）
　広辞7（グルー　1880-1965）

Grew, Nehemiah〈17・18世紀〉
イギリスの植物学者。
⇒岩世人（グルー　1641.9.26（受洗）-1712.3.25）

Grey, Charles Grey, 2nd Earl of〈18・19世紀〉
イギリスの政治家。第2代グレー伯。
⇒岩世人（グレイ　1764.3.13-1845.7.17）

世人新（グレイ（グレー） 1764–1845）
世人装（グレイ（グレー） 1764–1845）
学叢歴（グレイ，チャールズ 1764–1845）

Grey, Edward〈19・20世紀〉
イギリスの政治家。1905年外相。英露協商や英仏海軍協定の締結に尽力。
⇒岩世人（グレイ 1862.4.25–1933.9.7）

Grey, George〈19世紀〉
イギリスの探検家，行政官。
⇒オセ新（グレー 1812–1898）

Grey, Henry George, 3rd Earl〈19世紀〉
イギリスの政治家。
⇒岩世人（グレイ 1802.12.28–1894.10.9）

Grey, *Lady* **Jane**〈16世紀〉
イングランド女王。ヘンリー7世の曽孫。
⇒岩世人（グレイ 1537.10–1554.2.12）
　世帝（ジェーン・グレイ 1537–1554）

Grey, Zane〈19・20世紀〉
アメリカの小説家。
⇒岩世人（グレイ 1872.1.31–1939.10.23）

Griboedov, Aleksandr Sergeevich〈18・19世紀〉
ロシアの劇作家，外交官。戯曲『知恵の悲しみ』(1822～24)が代表作。
⇒岩世人（グリボエードフ 1795.1.4–1829.1.30）
　ネーム（グリボエードフ 1795–1829）
　広辞7（グリボエードフ 1795–1829）

Grieg, Edvard Hagerup〈19・20世紀〉
ノルウェーの作曲家，ピアノ奏者。
⇒岩世人（グリーグ 1843.6.15–1907.9.4）
　エデ（グリーグ，エドヴァルド・ハーゲルップ 1843.6.15–1907.9.4）
　ネーム（グリーグ 1843–1907）
　広辞7（グリーグ 1843–1907）
　学叢思（グリーク，エドワード 1843–1907）
　実音人（グリーグ，エドヴァルド・ハーゲルプ 1843–1907）
　世人新（グリーグ 1843–1907）
　世人装（グリーグ 1843–1907）
　ビ曲改（グリーグ，エドヴァルド・ハーゲループ 1843–1907）
　ポプ人（グリーグ，エドバルド 1843–1907）

Grierson, *Sir* **George Abraham**〈19・20世紀〉
イギリスのインド言語学者。インド言語調査会長として179種の言語，544種の方言を精密に蒐集整理した(1898～1902)。
⇒岩世人（グリアソン 1851.1.7–1941.3.9）
　南ア新（グリアソン 1851–1941）

Grierson, *Sir* **Herbert John Clifford**〈19・20世紀〉
イギリスの文芸批評家。17世紀英文学の権威で，

ダンの研究家。
⇒岩世人（グリアソン 1866–1960.2.19）

Griesbach, Johann Jakob〈18・19世紀〉
ドイツの神学者。新約聖書の本文批評の先駆者。
⇒岩世人（グリースバッハ 1745.1.4–1812.3.24）
　新カト（グリースバハ 1745.1.4–1812.3.24）

Griesbacher, Peter〈19・20世紀〉
ドイツの教会音楽家。
⇒新カト（グリースバハー 1864.3.25–1933.1.28）

Griesinger, Jakob〈15世紀〉
ドミニコ会士，福者。
⇒図聖（グリージンガー，ヤーコプ 1407–1491）

Griess, Johann Peter〈19世紀〉
ドイツの有機化学者。ジアゾニウム塩と，芳香族アミンやフェノールのカップリング反応を発見。
⇒岩世人（グリース 1829.9.6–1888.8.30）

Griesser, Hans〈16・17世紀〉
ドイツの写本の彩飾師，マイスタージンガー，塔見張り人。
⇒バロ（グリーサー，ハンス 1580頃?–1630頃?）

Griffin, Lawrence Edmonds〈19・20世紀〉
アメリカの動物学者。
⇒アア歴（Griffin,Lawrence Edmonds ローレンス・エドモンズ・グリフィン 1874.9.10–1949.9.12）

Griffin, Michael Joseph〈19・20世紀〉
アメリカの大リーグ選手（外野）。
⇒メジャ（マイク・グリフィン 1865.3.20–1908.4.10）

Griffin, Susan Elizabeth Cilley〈19・20世紀〉
アメリカの宣教師。
⇒アア歴（Griffin,Susan Elizabeth Cilley スーザン・エリザベス・シリー・グリフィン 1851.2.28–1926）

Griffis, William Elliot〈19・20世紀〉
アメリカの科学者，教育者。1870年来日，福井藩，大学南校で理化学を教授。
⇒アア歴（Griffis,William Elliot ウイリアム・エリオット・グリフィス 1843.9.17–1928.2.5）
　アメ新（グリフィス 1843–1928）
　岩世人（グリフィス 1843.9.17–1928.2.5）
　広辞7（グリフィス 1843–1928）

Griffith, Arthur〈19・20世紀〉
アイルランド独立運動の指導者。非合法アイルランド共和国政府首相(1919～20)。
⇒岩世人（グリフィス 1871.3.31–1922.8.12）

Griffith, Clark Calvin〈19・20世紀〉
アメリカの大リーグ選手（投手）。
⇒メジャ（クラーク・グリフィス 1869.11.20–

1955.10.27)

Griffith, David Lewelyn Wark〈19・20世紀〉
アメリカの映画監督。映画草創期の一大開拓者。
⇒アメ新（グリフィス　1875–1948）
　岩世人（グリフィス　1875.1.22–1948.7.23）
　ネーム（グリフィス　1875–1948）
　広辞7（グリフィス　1875–1948）

Griffith, Francis Llewellyn〈19・20世紀〉
イギリスのエジプト学者。オクスフォード大学教授となり同大学のヌビア探検（10～13）を監督。
⇒岩世人（グリフィス　1862.5.27–1934.3.14）

Griflet
円卓の騎士の一人。
⇒ネーム（グリフレット）

Grigault, Nicolas〈17・18世紀〉
フランスのオルガン奏者。
⇒バロ（グリゴー、ニコラス　1624/1625–1707）

Grignard, François Auguste Victor〈19・20世紀〉
フランスの化学者。マグネシウムを用いる縮合反応の研究を行い、グリニャール試薬を発見（1901）。
⇒岩世人（グリニャール　1871.5.6–1935.12.25）
　ネーム（グリニャール　1871–1935）
　広辞7（グリニャール　1871–1935）
　ノ物化（フランソワ・オーギュスト・ヴィクトル・グリニャール　1871–1935）

Grigny, Nicolas de〈17・18世紀〉
フランスのオルガン奏者、作曲家。故郷やパリの教会でオルガン奏者をつとめた。
⇒バロ（グリニー、ニコラ・ド　1672.9.8–1703.11.30）
　新カト（グリニ　1672頃–1703.11.30）

Grigorescu, Nicolaie〈19・20世紀〉
ルーマニアの画家。
⇒岩世人（グリゴレスク　1838.5.15–1907.7.21）

Grigoriev, Apollon Aleksandrovich〈19世紀〉
ロシアの評論家、詩人。
⇒岩世人（グリゴーリエフ　1822.7.16–1864.9.25）

Grigorovich, Dmitrii Vasil'evich〈19世紀〉
ロシアの作家。
⇒岩世人（グリゴローヴィチ　1822.3.19–1899.12.22）
　ネーム（グリゴローヴィチ　1822–1900）

Grillo, Giovanni Battista〈16・17世紀〉
イタリアのオルガン奏者。
⇒バロ（グリッロ、ジョヴァンニ・バティスタ

1590頃?–1622.11?)

Grillparzer, Franz〈18・19世紀〉
オーストリアの劇作家。『祖先の女』(1817)、『サッフォー』(18) が出世作。
⇒岩世人（グリルパルツァー　1791.1.15–1872.1.21）
　ネーム（グリルパルツァー　1791–1872）
　広辞7（グリルパルツァー　1791–1872）
　学叢思（グリルパルツェル、フランツ　1791–1872）
　新カト（グリルパルツァー　1791.1.15–1872.1.21）
　ポプ人（グリルパルツァー、フランツ　1791–1872）

Grimace, Magister〈14世紀〉
フランスの作曲家。
⇒バロ（グリマス、マジスタ　1330頃?–1380頃?）

Grimaldi, Filippo Maria〈17・18世紀〉
イタリアのイエズス会士。康熙帝の招命を受けて北京に至り、宮廷天文学者として奉仕。
⇒岩世人（グリマルディ　1639–1712.11.8）
　新カト（グリマルディ　1639.9.27–1712.11.8/9）

Grimaldi, Francesco Maria〈17世紀〉
イタリアの数学者。
⇒岩世人（グリマルディ　1618.4.2–1663.12.28）

Grimbald〈9・10世紀〉
聖人、修道院長。祝日7月8日。フランドルのテルアンヌ生まれ。
⇒新カト（グリンバルド　820/830–901.7.8）

Grimke, Angelina Emily〈19世紀〉
アメリカの奴隷解放論者。S.M.グリムケの妹。
⇒岩世人（グリムケ姉妹　1805–1879）

Grimké, Sarah Moore〈18・19世紀〉
アメリカの奴隷廃止運動家。女権主張者。
⇒岩世人（グリムケ姉妹　1792–1873）

Grimm, Friedrich Melchior von〈18・19世紀〉
ドイツ生れの文芸評論家。1753年ヨーロッパ各地の諸侯にパリの文化動静を知らせる『文芸通信』を創刊。
⇒岩世人（グリム　1723.12.26–1807.12.19）

Grimm, Hans〈19・20世紀〉
ドイツの国粋主義的作家。主著『土地なき民』(1926) は当時のベストセラー。
⇒岩世人（グリム　1875.3.22–1959.9.27）

Grimm, Heinrich〈16・17世紀〉
ドイツの作曲家。
⇒バロ（グリム、ハインリヒ　1592-1593–1637.7.10）

Grimm, Herman〈19・20世紀〉
ドイツの美術史・文学史家。
⇒岩世人（グリム　1828.1.6–1901.6.19）

Grimm, Jacob Ludwig Carl〈18・19世紀〉
ドイツの言語学者。ヨーロッパ諸語間における音韻法則「グリムの法則」を発見。
⇒広辞7（グリム　1785–1863）
学叢思（グリム兄弟　1785–1863）
新カト（グリム兄弟　グリムきょうだい　1785.1.4–1863.9.20）
世人（グリム〈兄;ヤコブ〉　1785–1863）
世人装（グリム〈兄;ヤコブ〉　1785–1863）
世史語（グリム兄弟　1785–1863）
ポプ人（グリム兄弟　1785–1863）

Grimm, Wilhelm Carl〈18・19世紀〉
ドイツの言語学者。
⇒岩世人（グリム　1786.2.24–1859.12.16）
広辞7（グリム　1786–1859）
学叢思（グリム兄弟　1786–1859）
新カト（グリム兄弟　グリムきょうだい　1786.2.24–1859.12.16）
世人新（グリム〈弟;ヴィルヘルム〉　1786–1859）
世人装（グリム〈弟;ヴィルヘルム〉　1786–1859）
世史語（グリム兄弟　1786–1859）
ポプ人（グリム兄弟　1786–1859）

Grimmelshausen, Hans Jakob Christoffel von〈17世紀〉
ドイツの小説家。代表作『阿呆物語』(1669)。
⇒岩世人（グリンメルスハウゼン　1621頃–1676.8.17）
ネーム（グリンメルスハウゼン　1622?–1676）
広辞7（グリンメルスハウゼン　1622頃–1676）

Grimod de la Reynière, Alexandre Balthazar Laurent〈18・19世紀〉
フランスのジャーナリスト、美食家、文筆家。
⇒岩世人（グリモ・ド・ラ・レニエール　1758.11.20–1837.12.25）

Grimpeck〈15世紀〉
ドイツの作曲家。
⇒バロ（グリンペック,?　1400頃?–1450頃?）

Grimshaw, Atkinson〈19世紀〉
イギリスの風景画家。
⇒芸13（グリムショー, アトキンソン　1836–1893）

Grin, Aleksandr Stepanovich〈19・20世紀〉
ソ連の作家。ユートピア小説のジャンルを開き、作品に『赤い帆船』(23)がある。
⇒岩世人（グリーン　1880.8.11/23–1932.7.8）
広辞7（グリーン　1880–1932）

Grindal, Edmund〈16世紀〉
カンタベリーの大主教。エリザベス女王と対立、王権が教会の事柄に介入することを制限。
⇒新カト（グリンダル　1519頃–1583.7.6）

Gringore, Pierre〈15・16世紀〉
フランスの劇作家、詩人。代表作、戯曲『ベネチア占領』(1509)、『あほうの王様』(12)。
⇒岩世人（グランゴール　1475頃–1538頃）

Grinnan, Randolph Bryan〈19・20世紀〉
アメリカの宣教師。
⇒アア歴（Grinnan,R(andolph) Bryan　ランドルフ・ブライアン・グリナン　1860.4.21–1942.7.21）

Grinnell, Henry Walton〈19・20世紀〉
アメリカの海軍将校。
⇒アア歴（Grinnell,Henry Walton　ヘンリー・ウォルトン・グリネル　1843.11.19–1920.9.2）

Grisar, Hartmann〈19・20世紀〉
ドイツのイエズス会宗教史家。主著『中世のローマと教皇の歴史』(1901)。
⇒岩世人（グリザル　1845.9.22–1932.2.25）
新カト（グリザル　1845.9.22–1932.2.25）

Griscom, Lloyd Carpenter〈19・20世紀〉
アメリカの外交官。駐日アメリカ公使。
⇒岩世人（グリスコム　1872.11.4–1959）

Grisebach, August Heinrich Rudolf〈19世紀〉
ドイツの植物学者。植物地理学の発達に貢献した。
⇒岩世人（グリーゼバッハ　1814.4.17–1879.5.9）

Grisebach, Eberhard〈19・20世紀〉
ドイツの教育哲学者。
⇒新カト（グリーゼバハ　1880.2.27–1945.7.16）

Grisi, Carlotta〈19世紀〉
イタリアのバレリーナ。『エスメラルダ』などを踊り、ロマンチック・バレエ時代を代表する舞姫。
⇒岩世人（グリジ　1819.6.28–1899.5.20）
バレエ（グリジ, カルロッタ　1819.6–1899.5.20）

Grisi, Giulia〈19世紀〉
イタリアのソプラノ歌手。
⇒オペラ（グリージ, ジュリア　1811–1869）

Griswold, Hervey Dewitt〈19・20世紀〉
アメリカの宣教師。
⇒アア歴（Griswold,Hervey Dewitt　ハーヴィー・ドウィット・グリズウォルド　1860.5.24–1945.5.25）

Gröber, Gustav〈19・20世紀〉
ドイツのロマン語学者。ロマン語原典を集めた"Bibliotheca romania"を刊行。
⇒岩世人（グレーバー　1844.5.4–1911.11.6）

Gröber, Konrad〈19・20世紀〉
ドイツ、フライブルクの大司教。
⇒岩世人（グレーバー　1872.4.1–1948.2.14）

Groeneveldt, Willem Pieter〈19・20世紀〉
オランダの東洋学者。
⇒岩世人（フルーネフェルト　1841.5.28–1915.8.18）

Groenewegen, Jacques〈16・17世紀〉
オランダ東インド会社の職員。
⇒岩世人（フルーネヴェーヘン　?–1609.5.22）

Groen van Prinsterer, Guillaume〈19世紀〉
オランダの歴史家, 政治家。
⇒岩世人（グルン・ファン・プリンステレル　1801.8.21–1876.5.19）

Groethuysen, Bernhard〈19・20世紀〉
ドイツの哲学者。主著 "Entstehung der bürgerlichen Welt und Lebensanschauung in Frankreich"（2巻, 1927～30）。
⇒メル別（グレトゥイゼン, ベルンハルト　1880–1946）

Grogau, Gustav〈19世紀〉
ドイツの宗教哲学者。有神論的形而上学の立場をとった。
⇒岩世人（グローガウ　1844.6.6–1895.3.22）

Groh, Johann〈16・17世紀〉
ドイツの作曲家。
⇒バロ（グロー, ヨハン　1575–1627）

Groicki, Bartołomiej〈16世紀〉
ポーランドの作曲家。
⇒バロ（グロイツキ, バルトロミェイ　1520頃?–1570頃?）

Grolleau, Charles〈19・20世紀〉
フランスの詩人。
⇒新カト（グロロー　1867.6.28–1940.6.15）

Grolman, Karl Wilhelm Georg von〈18・19世紀〉
ドイツ（プロイセン）の軍人。ナポレオン1世と対抗した（13）。
⇒岩世人（グロールマン　1777.7.30–1843.9.15）

Gronau, Danier Magnus〈18世紀〉
ドイツの作曲家。
⇒バロ（グローナウ, ダニエル・マグヌス　1700頃–1747.2.2）

Grönland, Lawrence〈19世紀〉
アメリカの社会主義者。
⇒学叢思（グレーンランド, ローレンス　1848–1898）

Gronov, Johann Friedrich〈17世紀〉
ドイツの古典文献学者, ラテン語学者。ローマの多くの古典作品を校訂出版。
⇒岩世人（グロノフ　1611.9.8–1671.12.28）

Grönwall, Thomas Hakon〈19・20世紀〉
スウェーデンの数学者。
⇒世数（グレンウォール, トーマス・ハコン　1873–1932）

Groos, Karl〈19・20世紀〉
ドイツの美学者, 哲学者。
⇒岩世人（グロース　1861.12.10–1946.3.27）
学叢思（グロース, カール　1861–?）

Groot, Ferdinand de〈17・18世紀〉
オランダの長崎商館長。
⇒岩世人（フロート　?–1718頃）

Groot, Johann Jakob Maria de〈19・20世紀〉
オランダのシナ学者。中国の宗教思想と風俗を専攻。
⇒岩世人（フロート　1854.2.18–1921.9.24）

Groote, Gerhard〈14世紀〉
オランダの神秘家, 修道会「共同生活の兄弟団」の創設者。近代敬虔（デボチオ・モデルナ）運動の父。
⇒岩世人（フローテ　1340.10–1384.8.20）
新カト（フローテ　1340.10–1384.8.20）

Groppari, Alessandro〈19・20世紀〉
イタリアの社会学者。モデナ大学法理学教授。著書『社会学』（08）。
⇒学叢思（グロッパリ, アレッサンドロ　1874–?）

Gropper, Johann〈16世紀〉
ドイツのローマ・カトリック神学者, 教会政治家。
⇒岩世人（グロッパー　1503.2.24–1559.3.13）
新カト（グロッパー　1503.2.24–1559.3.13）

Gros, Antoine Jean, Baron〈18・19世紀〉
フランスの画家。ナポレオンの従軍画家として『アルコラ橋のナポレオン』（1796）などを制作。
⇒岩世人（グロ　1771.3.16–1835.6.26）
広辞7（グロ　1771–1835）
芸13（グロ, アントアーヌ・ジャン　1771–1835）

Gros, Jean Baptiste Louis, Baron〈18・19世紀〉
フランスの外交官。男爵。
⇒岩世人（グロ　1793.2.8–1870.8.17）

Gross〈18世紀〉
フランスの作曲家。
⇒バロ（グロス, ?　1730頃?–1790頃?）

Gross, Otto Hans Adolf〈19・20世紀〉
オーストリアの精神医学者。
⇒岩世人（グロース　1877.3.17–1920.2.13）

Gross, Samuel David〈19世紀〉
アメリカの外科医, 病理学者。腸管創傷の治療

の特性を研究。
⇒岩世人（グロス　1805.7.8–1884.2.14）

Grosse, Ernst〈19・20世紀〉
ドイツの民族学者,芸術学者。1908～13年ドイツ公使館付書記官として滞日,日本文化研究に従事。
⇒岩世人（グロッセ　1862.7.29–1927.1.26）
　学叢思（グローセ,エルンスト　1862–?）

Großer〈17・18世紀〉
ドイツの作曲家。
⇒バロ（グロッサー,?　1690頃?–1750頃?）

Grosseteste, Robert〈12・13世紀〉
イギリスの聖職者,スコラ学者。
⇒岩世人（グローステスト　1175頃–1253.10.9）
　広辞7（グロステスト　1175頃–1253）
　新カト（グローステスト　1170頃–1253.10.9）
　メル1（グローステスト,ロバート　1175頃–1253）

Grossi, Andrea〈17世紀〉
イタリアの作曲家。
⇒バロ（グロッシ,アンドレア　1640頃?–1700頃?）

Grossi, Carlo〈17世紀〉
イタリアの作曲家。
⇒バロ（グロッシ,カルロ　1634頃–1688.5.14）

Grossi, Tommaso〈18・19世紀〉
イタリアの詩人,小説家。詩に『第1回十字軍のロンバルディアびと』(1826)がある。
⇒岩世人（グロッシ　1790.1.23–1853.12.10）

Grossi, Vincenzo〈19・20世紀〉
教区司祭。ヴィコベリニャーノの主任司祭,クレモナの司教。
⇒新カト（グロッシ　1845.3.9–1917.11.7）

Grossin, Estienne〈14・15世紀〉
フランスの作曲家。
⇒バロ（グロッサン,エティエンヌ　1390頃?–1440頃?）

Grosz, Hans〈19・20世紀〉
ドイツの刑法学者。実証科学としての刑事学の樹立者。
⇒岩世人（グロース　1847.12.26–1915.12.9）
　学叢思（グロース,ハンス　1847–1915）

Grote, George〈18・19世紀〉
イギリスの歴史家。ロンドン大学設立に尽力。主著『ギリシア史』(8巻,46～56)を著す。
⇒岩世人（グロート　1794.11.17–1871.6.18）
　学叢思（グロート,ジョージ　1794–1871）

Grotefend, Georg Friedrich〈18・19世紀〉
ドイツの言語学者。ペルセポリス出土のアケメネス朝ペルシアの碑文を,楔形文字を解読。
⇒岩世人（グローテフェント　1775.6.9–1853.12.15）
　ネーム（グローテフェント　1775–1853）
　世人新（グローテフェント　1775–1853）
　世人装（グローテフェント　1775–1853）
　ポプ人（グローテフェント,ゲオルク　1775–1853）

Groth, Klaus〈19世紀〉
ドイツの詩人。詩集『清泉』(1852)など低地ドイツ語による作品がある。
⇒岩世人（グロート　1819.4.24–1899.6.1）

Groth, Paul Heinrich von〈19・20世紀〉
ドイツの鉱物学者,結晶学者。
⇒岩世人（グロート　1843.6.23–1927.12.2）
　学叢思（グロート,パウル　1843–?）

Grothuss, Christian Theodor, Freiherr von〈18・19世紀〉
ドイツの自然科学者。電流による水の電気分解を実験した(1805)。
⇒岩世人（グロートゥス　1785.1.20–1822.3.26）

Grotius, Hugo〈16・17世紀〉
オランダの政治家,法律家,神学者,詩人。M.カペルラの百科全書『サティリコン』を編集。
⇒岩世人（グロティウス　1583.4.10–1645.8.28）
　広辞7（グロティウス　1583–1645）
　学叢思（グロティウス,フーゴ　1583–1645）
　新カト（グロティウス　1583.4.10–1645.8.28）
　世人新（グロティウス　1583–1645）
　世人装（グロティウス　1583–1645）
　世史語（グロティウス　1583–1645）
　ポプ人（グロティウス,フーゴ　1583–1645）

Grou, Jean-Nicolas〈18・19世紀〉
フランスのイエズス会司祭。
⇒新カト（グルー　1731.11.23–1803.12.13）

Grouchy, Emmanuel, Marquis de〈18・19世紀〉
フランスの軍人。
⇒岩世人（グルシ　1766.10.23–1847.5.29）

Grove, *Sir* George〈19世紀〉
イギリスの音楽学者。『グローブ音楽辞典』(1879～89)初版の編纂者。
⇒岩世人（グローヴ　1820.8.13–1900.5.28）

Grove, *Sir* William Robert〈19世紀〉
イギリスの法律家,物理学者。王室弁護人,高等民事裁判所判事。
⇒岩世人（グローヴ　1811.7.14–1896.8.2）
　学叢思（グローヴ,ウィリアム・ロバート　1811–1896）

Grua, Carlo Luigi Pietro〈17・18世紀〉
イタリアの歌手。
⇒バロ（グルーア,カイロ・ルイージ・ピエトロ　1665頃–1725頃?）

Grua, Pietro〈18世紀〉
イタリアの指揮者。
⇒バロ（グルーア，ピエトロ　1700頃?-1760頃?）

Grube, Wilhelm〈19・20世紀〉
ドイツの言語学者，シナ学者。中国を旅行し(97～98)，主として北京に留まり，文学，民族を研究。
⇒岩世人（グルーベ　1855.8.17-1908.7.2）

Grubenmann, Ulrich〈19・20世紀〉
スイスの岩石学者。主著『結晶片岩』(1904～06)は当時の最高水準を示す包括的記載書。
⇒岩世人（グルーベンマン　1850.4.15-1924.3.16）

Gruber, Franz Xaver〈18・19世紀〉
オーストリアの作曲家。「きよしこの夜」(1818)を作曲。
⇒新カト（グルーバー　1787.11.25-1863.6.7）
　ポプ人（グルーバー，フランツ・クサーファー　1787-1863）

Grüber, Johannes〈17世紀〉
オーストリアの言語学者，イエズス会士。中国を経てチベットに入り(61)，伝道に従事。
⇒岩世人（グリューバー　1623.10.28-1680.9.30）
　新カト（グリューバー　1623.10.28-1680.9.30）

Gruber, Johann Gottfried〈18・19世紀〉
ドイツの美学者，文学史家。ヴィーラントの全集出版に尽力し，これにヴィーラント伝を添えた。
⇒岩世人（グルーバー　1774.11.29-1851.8.7）

Gruby, David〈19世紀〉
フランスの皮膚科学者。真菌が皮膚病の病原となり得ることを初めて記述(1841)。
⇒岩世人（グリュビー　1810.8.20-1898.11.14）

Grudziłdz, Petrus de〈15世紀〉
ポーランドの作曲家。
⇒バロ（グルジオンジ，ペトルス・デ　1400頃-1465頃）

Gruffydd ap Llywelyn〈11世紀〉
ウェールズ王。
⇒岩世人（グリフィズ・アプ・ルウェリン　?-1063.8）

Gruhle, Hans〈19・20世紀〉
ドイツの精神医学者。主著 "Grundriss der Psychiatrie" (37)。
⇒岩世人（グルーレ　1880.11.7-1958.10.3）

Grün, Karl Theodor Ferdinand〈19世紀〉
ドイツのジャーナリスト，哲学者。真正社会主義者として著述活動に入った(1844～)。
⇒岩世人（グリューン　1813.9.30-1887.2.18）
　学叢思（グリューン，カール　1813-?）

Grünberg, Carl〈19・20世紀〉
ドイツのマルクス主義者。
⇒岩世人（グリューンベルク　1861.2.10-1940.2.10）

Gründ, Christian〈18世紀〉
ボヘミアのハープ奏者。
⇒バロ（グリュント，クリスティアン　1723-1784）

Gründ, Eustach〈18世紀〉
ボヘミアのハープ奏者。
⇒バロ（グリュント，オイスタッハ　1725頃-1780頃?）

Grundtvig, Nikolai Frederik Severin〈18・19世紀〉
デンマークの宗教家，詩人。主著『北欧神話』(1808)。国教会の改革や，国民高等学校運動で活躍。
⇒岩世人（グルントヴィ（グロントヴィ）　1783.9.8-1872.9.2）
　新カト（グルントウィー　1783.9.8-1872.9.2）

Grünewald, Matthias〈15・16世紀〉
ドイツの画家。代表作「イーゼンハイムの祭壇画」(1512～15)。
⇒岩世人（グリューネヴァルト　1470(-1480)頃-1528.9.1以前）
　ネーム（グリューネバルト　1470?-1528?）
　広辞7（グリューネヴァルト　1470頃-1528）
　新カト（グリューネヴァルト　1480頃-1528）
　芸13（グリューネヴァルト，マティアス　1470-1475-1528）
　ポプ人（グリューネルワルト，マティアス　1470頃-1528）

Grüning, Wilhelm〈19・20世紀〉
ドイツのテノール。1895年ウィルヘルム・キーンツルの「福音伝道者」世界初演でマティーアスを歌った。
⇒魅惑（Grüning,Wilhelm　1858-1942）

Grunwald, Max〈19・20世紀〉
ラビ，歴史家，民族学者。
⇒ユ著人（Grunwald,Max　グルンヴァルト，マックス　1871-1953）

Grünwedel, Albert〈19・20世紀〉
ドイツの人類学者。中央アジアの探検家としても著名。
⇒岩世人（グリューンヴェーデル　1856.7.31-1935.10.28）

Gruppe, Otto Friedrich〈19世紀〉
ドイツの哲学者，古代研究家，詩人。ベルリン大学教授(1844～63)。
⇒岩世人（グルッペ　1804.4.15-1876.1.7）

Grusenberg, Oscar Osipovich〈19・20世紀〉
ロシアの弁護士。
⇒ユ人（グルーセンベルク，オスカー・オシポヴィチ

1866–1940）

Grushevsky, Mikhail Sergeevich〈19・20世紀〉
ウクライナの歴史家, 社会活動家。
⇒岩世人（グルシェフスキー　1866.9.17/29–1934.11.25）

Gruson, Hermann August Jacques〈19世紀〉
ドイツの発明家, 企業家。
⇒岩世人（グルーゾン　1821.3.13–1895.1.30）

Grützner, Eduard〈19・20世紀〉
ドイツの画家。ユーモラスな風俗画を多く描く。
⇒岩世人（グリュッツナー　1846.5.26–1925.4.3）

Gryphius, Andreas〈17世紀〉
ドイツの詩人, 劇作家。
⇒岩世人（グリュフィウス　1616.10.2–1664.7.16）
　広辞7（グリュフィウス　1616–1664）
　新カト（グリュフィウス　1616.10.2–1664.7.16）

Gsell, Francis Xavier〈19・20世紀〉
ドイツ出身のイエズス会の聖心布教会員, オーストラリアへの宣教師, 司教。
⇒新カト（グゼル　1872.10.30–1960.7.12）

gTer bdag gling pa〈17・18世紀〉
チベットのニンマ派仏教者。5世ダライ・ラマの師。
⇒岩世人（テルダクリンパ　1646–1714）

Guadagni, Gaetano〈18世紀〉
イタリアのカストラート・コントラルト歌手。
⇒オペラ（グワダーニ, ガエターノ　1725/1729–1792）

Guadet, Marguerite-Élie〈18世紀〉
フランスの政治家。
⇒岩世人（ガデ　1750.7.20–1794.6.20）

Gual, Pedro〈19世紀〉
スペイン生れのフランシスコ会宣教師。
⇒新カト（グアル　1813.2.27–1890.9.3）

Gualterus〈11・12世紀〉
初期スコラ学の神学者, ランの司教。
⇒新カト（グアルテルス〔モルターニュの〕　1090頃–1174.7.14/16）

Gualterus〈12・13世紀〉
ラテン詩人。12世紀最高のラテン詩人の一人と言われる。
⇒新カト（グアルテルス〔シャティヨンの〕　1135頃–1202/1203）

Gualtieri, Guido〈16世紀〉
イタリアの教育家。
⇒岩世人（グァルティエーリ　1560–1635）
　新カト（グァルティエリ　1540頃–?）

Guami, Francesco〈16・17世紀〉
イタリアの作曲家。
⇒バロ（グアーミ, フランチェスコ　1544頃–1602.1.30）

Guami, Gioseffo〈16・17世紀〉
イタリアのオルガン奏者, 作曲家。
⇒バロ（グアーミ, ジョゼッフォ　1540頃–1611）

Guanella, Luigi〈19・20世紀〉
聖人, 修道会創立者。祝日10月24日。イタリアのフランチシオ・ディ・カンポドルチーノ生まれ。
⇒新カト（ルイジ・グアネラ　1842.12.19–1915.10.24）

Guardasoni, Domenico〈18・19世紀〉
イタリアのテノール歌手, 興行主。
⇒オペラ（グワルダゾーニ, ドメニコ　1731頃–1806）

Guardi, Francesco〈18世紀〉
イタリアの風景画家。
⇒岩世人（グァルディ　1712.10.3–1793.1.1）
　ネーム（グァルディ　1712–1793）
　広辞7（グァルディ　1712–1793）
　新カト（グァルディ　1712.10.3–1793.1.1）
　芸13（グァルディ, フランチェスコ　1712–1793）

Guardia, Tomás〈19世紀〉
コスタリカの軍人, 政治家。1870年クーデターに成功, 大統領に就任（1870～76）。
⇒岩世人（グアルディア　1831.12.16–1882.7.6）

Guarini, Giovanni Battista〈16・17世紀〉
イタリアの詩人。主著『忠実な牧者』(1590)。
⇒岩世人（グァリーニ　1538.12.10–1612.10.7）
　オペラ（グワリーニ, ジョヴァンニ・バッティスタ　1538–1612）

Guarini, Guarino〈17世紀〉
イタリア・バロックの代表的建築家。数学者, 神学者, テアト教団神父。
⇒岩世人（グァリーニ　1624.1.17–1683.3.6）
　新カト（グァリーニ　1624.1.17–1683.3.6）

Guarino dei Guarini, da Verona〈14・15世紀〉
初期人文主義の学者, 教育者。
⇒岩世人（グァリーノ・ダ・ヴェローナ　1374.12.14–1460）

Guarneri, Andrea〈17世紀〉
イタリアのヴァイオリン製作者。アマーティの弟子。
⇒岩世人（グァルネーリ　1623.7.13–1698.12.7）

Guarnerius, Guillelmus〈15世紀〉
イタリアの音楽理論家, 教師。
⇒バロ（グアルネリウス, グイッレルムス　1450

頃?-1500頃〉

Guchkov, Aleksandr Ivanovich〈19・20世紀〉
ロシアの政治家。1910年国会議長。二月革命後、臨時政府の陸海軍大臣。
⇒岩世人（グチコーフ　1862.10.14/26–1936.2.14)

Gudden, Bernhard Aloys von〈19世紀〉
ドイツの神経病学者。脳の解剖に功績があった。
⇒岩世人（グッデン　1824.6.7–1886.6.13)

Gude, Hans Frederik〈19・20世紀〉
ノルウェーの風景画家。
⇒岩世人（グーデ　1825.3.13–1903.8.17)

Gude, Nils〈19・20世紀〉
ノルウェーの画家。H.F.グーデの子。
⇒岩世人（グーデ　1859.4.4–1908.12.24)

Gudea〈前22・21世紀頃〉
バビロニアのラガシの支配者。
⇒岩世人（グデア）

Gudermann, Christoph〈18・19世紀〉
ドイツの数学者。
⇒世数（グーデルマン、クリストフ　1798–1852)

Gudula (Gudila)〈7・8世紀〉
ベルギーのブリュッセル市守護聖人。
⇒新カト（グドゥラ　7世紀中葉–712頃）
　図聖（グドゥラ　?–712?)

Gudwal〈7世紀〉
イングランドの福音宣教師、隠修士。聖人。祝日6月6日。
⇒新カト（グドワル　?–640頃)

Guébriant, Jean-Baptiste Budes de〈19・20世紀〉
フランスの中国宣教師。パリ外国宣教会総会長。在職1921～35。
⇒新カト（ゲブリアン　1860.12.11–1935.3.6)

Guédron, Pierre〈16・17世紀〉
フランスの作曲家、歌手。フランス宮廷の指導的な音楽家。
⇒バロ（ゲドロン、ピエール　1570/1575頃–1619/1620)

Guénée, Antoine〈18・19世紀〉
フランスの司祭、護教家。
⇒新カト（ゲネー　1717.11.23–1803.11.27)

Guénin, Marie-Alexandre〈18・19世紀〉
フランスのヴァイオリン奏者、作曲家。
⇒バロ（ゲナン、マリー・アレクサンドル　1744.2.20–1835.1.22)

Guéranger, Prosper Louis Pascal〈19世紀〉
フランスの典礼学者。ソレーム修院長としてフランスにベネディクト会を再興。
⇒岩世人（ゲランジェ　1805.4.4–1875.1.30）
　新カト（ゲランジェ　1805.4.4–1875.1.30)

Guerau, Francisco〈17・18世紀〉
スペインの作曲家。
⇒バロ（ゲラウ、フランシスコ　1645頃?–1705頃?)

Guercino, Il〈16・17世紀〉
イタリアの画家。
⇒岩世人（グェルチーノ　1591.2.8–1666.12.22）
　新カト（グェルチーノ　1591.2.2/8–1666.12.22）
　芸13（グェルチーノ　1591–1666)

Guericke, Otto von〈17世紀〉
ドイツの政治家，物理学者。1646～81年マグデブルク自由市の市長。
⇒岩世人（ゲーリッケ　1602.11.20–1686.5.11）
　科史（ゲーリケ　1602–1686）
　ネーム（ゲーリケ　1602–1686）
　学genus思（ゲーリケ、オットー・フォン　1602–1686）
　ボブ人（ゲーリケ、オットー・フォン　1602–1686)

Guérin, Charles〈19・20世紀〉
フランスの詩人。主著『雪の花』（93），『内部の人』（05)。
⇒岩世人（ゲラン　1873.12.29–1907.3.17）
　新カト（ゲラン　1873.12.29–1907.3.17)

Guérin, Charles〈19・20世紀〉
フランスの画家。
⇒芸13（ゲラン、シャルル　1875–1939)

Guérin, Engénie de〈19世紀〉
フランスの女流文学者。詩人モーリス・ド・ゲランの姉。
⇒岩世人（ゲラン　1805.1.29–1848.5.31)

Guérin, Georges Maurice de〈19世紀〉
フランスの詩人。
⇒岩世人（ゲラン　1810.8.4–1839.7.19）
　新カト（ゲラン　1810.8.4/5–1839.6.19)

Guérin, Pierre Narcisse, Baron〈18・19世紀〉
フランスの画家。
⇒岩世人（ゲラン　1774.3.13–1833.7.16）
　芸13（ゲラン、ピエル・ナルシッス　1774–1833)

Guerino〈11・12世紀〉
パレストリーナの司教、枢機卿。聖人。祝日2月6日。ボローニャ生まれ。
⇒新カト（グエリノ〔パレストリーナの〕　1080頃–1159.2.6)

Guerlain, Pierre Francois Pascal〈18・19世紀〉
フランスの調香師，実業家。

⇒岩世人（ゲラン（ゲルラン） 1798-1864）

Guerrazzi, Francesco Domenico〈19世紀〉
イタリアの小説家。主著『フィレンツェ包囲戦』(1836)。
⇒岩世人（ゲラッツィ 1804.8.12-1873.9.25）

Guerreiro, Fernão〈16・17世紀〉
ポルトガルのイエズス会宣教師。東洋における同会伝道発展史に関する著作を出した。
⇒岩世人（ゲレイロ 1550-1617.9.28）
新カト（ゲレイロ 1550-1617.9.28）

Guerrero, Antonio〈18世紀〉
スペインの作曲家, ギター奏者。
⇒バロ（ゲレーロ, アントーニオ 1700頃-1776）

Guerrero, Francisco〈16世紀〉
スペインの作曲家。
⇒バロ（ゲレーロ, フランシスコ 1528.10.4?-1599.11.8）
岩世人（ゲレーロ 1528.10-1599.11.8）

Guerrero, Pedro〈16世紀〉
スペインの作曲家。
⇒バロ（ゲレーロ, ペドロ 1525頃-1580頃?）

Guerrero, Vicente〈18・19世紀〉
メキシコ独立運動の指導者。1922年共和革命を指導, 29年大統領に選ばれたが内乱で殺された。
⇒岩世人（ゲレーロ 1782.8.10-1831.2.14）

Guesde, Jules〈19・20世紀〉
フランスの社会主義者。フランス社会党を設立し, 第2インターナショナルを指導。
⇒岩世人（ゲド 1845.11.11-1922.7.28）
学叢思（ゲード, ジュール 1845-1919）

Guetfreund, Peter〈16・17世紀〉
ドイツの歌手, 指揮者。ザルツブルクの初期バロック音楽の重要な人物。
⇒バロ（ギュートフロイント, ペーター 1570頃-1625）
バロ（グエトフロイント, ペーター 1570頃-1625）

Guettard, Jacques Etienne〈18世紀〉
フランスの地質学者。鉱物図を製作。オーヴェルニュ地方の死火山群を発見(1852)。
⇒岩世人（ゲタール 1715.9.22-1786.1.7）

Guevara, Diego de〈16・17世紀〉
スペイン人のアウグスチノ会宣教師。フィリピン, 日本で伝道。
⇒岩世人（ゲバラ 1550-1621）
新カト（ゲバラ 1550-1621）

Guevara y de Noroña, Antonio de〈15・16世紀〉
スペインの神学者, 作家。
⇒岩世人（ゲバラ 1481頃-1545.4.3）

新カト（ゲバラ 1480/1481-1545.4.3）

Guggenheim, Meyer〈19・20世紀〉
アメリカの実業家。01年には一大トラストであるアメリカ精錬会社を設立。
⇒アメ新（グッゲンハイム 1828-1905）
岩世人（グッゲンハイム 1828.2.1-1905.3.15）
ユ人（グッゲンハイム, メイヤー 1828-1905）
ユ著人（Guggenheim,Meyer グッゲンハイム, メイヤー 1828-1905）

Gugl, Matthäus〈17・18世紀〉
オーストリアのオルガン奏者, 理論家。
⇒バロ（グーグル, マテウス 1683頃-1721.4.19）

Guglielemi, Pietro Alessandro〈18・19世紀〉
イタリアの作曲家。
⇒バロ（グリエルミ, ピエトロ・アレスサンドロ 1728.12.9-1804.11.19）

Guglielmi, Pietro Carlo〈18・19世紀〉
イタリアのオペラの作曲家。
⇒バロ（グリエルミ, ピエトロ・カルロ 1763頃-1817.2.21）

Guglielmo〈11・12世紀〉
聖人, 大修道院長。祝日6月25日。イタリアのヴェルチェリの生まれ。
⇒新カト（グリエルモ〔ヴェルチェリ〕 1085頃-1142.6.24）

Guglielmo〈12世紀〉
グリエルモ隠遁者会創始者。聖人。祝日2月10日。
⇒新カト（グリエルモ〔マラヴァレの〕 ?-1157.2.10）
図聖（グリエルモ（マラヴァレの） ?-1157）

Guglielmo da Pesaro〈15世紀〉
イタリアのダンスの師匠。
⇒ユ著人（Guglielmo da Pesaro グリエルモ・ダ・ペサロ 15世紀）

Guglielmus〈15世紀〉
イタリアの作曲家。
⇒バロ（グリエルムス,? 1430頃?-1480頃?）

Guiardus〈12・13世紀〉
ガンブレの司教, 神学者。
⇒新カト（グイアルドゥス〔ランの〕 1170頃-1248.9.16）

Guibert, Joseph de〈19・20世紀〉
霊性神学・神秘神学者, イエズス会会員。
⇒新カト（ギベール 1877.9.14-1942.3.23）

Guibert de Nogent〈11・12世紀〉
フランスの神学者, 歴史家。
⇒岩世人（ギベール（ノジャンの） 1053-1124頃）
新カト（グイベルトゥス〔ノジャンの〕 1053-1124）

Guibertus〈13世紀〉
トゥールネ出身の神学者,説教家,フランシスコ会員。
⇒新カト（グイベルトゥス〔トゥールネの〕 1200/1210頃-1284.10.7頃）

Guicciardini, Francesco〈15・16世紀〉
イタリアの歴史家,政治家。主著『イタリア史』(1537～40),『回想録』(76)。
⇒岩世人（グィッチャルディーニ 1483.3.6-1540.5.22）
　学叢思（グィッチアルディニー,フランチェスコ 1483-1540）

Guichard, Victor〈19世紀〉
フランスの政治家。
⇒19仏（ヴィクトル・ギシャール 1803.8.18-1884.11.11）

Gui de Lusignan〈12世紀〉
エルサレム王。在位1186～87。キュプロス王。在位1192～94。
⇒岩世人（ギー・ド・リュジニャン 1140-1194）
　新カト（ギ・ド・リュズィニャン ?-1194）

Guido, Antonio di〈15世紀〉
イタリアの詩人,辻歌謡師。
⇒バロ（グイード,アントーニオ・ディ 1430頃?-1480頃?）

Guido, Giovanni Antonio〈17・18世紀〉
イタリアのヴァイオリン奏者。
⇒バロ（グイード,ジョヴァンニ・アントーニオ 1670頃?-1728降以）

Guido d'Arezzo〈10・11世紀〉
イタリアの音楽理論家。主著『ミクロロゴス』。
⇒バロ（ダレッツォ,グイード 991-992頃?-1050頃）
　岩世人（グイード・ダレッツォ 992頃-1033降以）
　新カト（グイド〔アレッツォの〕 991/992頃-1033降以）

Guido Da Siena〈13世紀〉
イタリアの画家。シエナ派の創始者。1250～70年頃活動。
⇒岩世人（グイード・ダ・シエナ（活動）1260-1280頃）

Guido delle Colonne〈13世紀〉
イタリアの詩人。
⇒岩世人（グイード・デッレ・コロンネ 1210頃-1287頃）

Guido von Pomposa〈11世紀〉
ベネディクト会士,大修道院長,聖人。
⇒新カト（グイド〔ポンポーザの〕 ?-1046.3.31）
　図聖（グイド〔ポンポーザの〕 1010頃?-1046）

Guifré I〈9世紀〉
バルセロナ伯。在位878～97。
⇒岩世人（ギフレ1世（多毛伯） ?-897）

Guignes, Joseph de〈18世紀〉
フランスの中国学者,東洋学者。ルーヴル古美術品管理官。
⇒岩世人（ギーニュ 1721.10.19-1800.3.19）

Guignon, Jean-Pierre〈18世紀〉
イタリア生れのフランスのヴァイオリン奏者,作曲家。
⇒バロ（ギニョン,ジャン・ピエール 1702.2.10-1774.1.30）

Guigo〈11・12世紀〉
バレンシア地方出身の著述家,法制家。カルトゥジオ会士。
⇒新カト（グイゴ 1083-1136.7.27）

Guilbert, Aimé-Victor-François〈19世紀〉
司教,枢機卿。
⇒新カト（ギルベール 1812.11.15-1889.8.15）

Guilbert, Yvette〈19・20世紀〉
フランスの歌手。自伝『わが人生の歌』(1928)がある。
⇒岩世人（ギルベール 1867.1.20-1944.2.4）

Guilelmus〈11世紀〉
ヒルザウの大修道院長。バイエルン生まれ。
⇒新カト（グイレルムス〔ヒルザウの〕 ?-1091.7.4）

Guilelmus〈11・12世紀〉
イングランドのベネディクト会員,歴史家。
⇒新カト（グイレルムス〔マームズベリの〕 1080/1090-1143）

Guilelmus〈12世紀〉
ティルスの大司教,歴史家。エルサレム在住のフランス系商人の子。
⇒新カト（グイレルムス〔ティルスの〕 1130頃-1186/1187）

Guilelmus〈12・13世紀〉
フランスの聖人,大修道院長。祝日4月6日。
⇒新カト（グイレルムス〔エーベルホルトの〕 1127頃-1203.4.6）

Guilelmus〈13世紀〉
イングランド中部リンカーンの司教座聖堂宝庫管理役。13世紀中葉の論理学の発展に寄与した。
⇒新カト（グイレルムス〔シャイアスウッドの〕 1200/1210-1267/1271）

Guilelmus〈13世紀〉
イングランドのフランシスコ会員,神学者。
⇒新カト（グイレルムス〔ウェアの〕 1255/1260-?）

Guilelmus〈13世紀〉
神学者,フランシスコ会会員。おそらくイングランドのミドルトン出身。

⇒新カト（グイレルムス［ミドルトンの］　?–1257/1260）

Guilelmus〈13世紀〉
イングランド生まれのフランシスコ会神学者。
⇒新カト（グイレルムス［ラ・マールの］　?–1290頃）

Guilelmus〈13・14世紀〉
司教，哲学者，神学者，フランシスコ会員。ノーサンブリアのアニック生まれ。
⇒新カト（グイレルムス［アニックの］　1270頃–1333.5）

Guilelmus〈13・14世紀〉
イングランドの神学者，ドミニコ会員。イングランドのマックルズフィールド生まれ。
⇒新カト（グイレルムス［マックルズフィールドの］　?–1303）

Guilelmus〈14世紀〉
オックスフォード大学総長。イングランドのヘイツベリ生まれ。
⇒新カト（グイレルムス［ヘイツベリの］　1313頃–1372/1373）

Guilelmus〈14・15世紀〉
哲学・神学者，フランシスコ会員。ヴォールイヨン生まれ。
⇒新カト（グイレルムス［ヴォールイヨンの］　1390/1394–1463.1.22）

Guiliaud, Maximilian〈16世紀〉
フランスの教師，理論家，参事会員，歌手，聖職者。
⇒バロ（ギリオー，マクシミリアン　1522–1597.8）

Guilio de Modena〈15・16世紀〉
イタリアのオルガン奏者。
⇒バロ（ギリオ・ダ・モデナ　1490頃?–1540頃?）

Guillaum de Poitiers〈11・12世紀〉
フランスの最古のトルバドゥール宮廷抒情詩人。
⇒バロ（ギヨーム9世　1071.10.22–1126.2.10）
　バロ（ポワティエ，ギヨーム・ド　1070–1127）
　岩世人（ギヨーム9世［アキテーヌ公］　1071.10.22–1126.2.10）

Guillaume〈9世紀〉
ジェロヌの修道院設立者，修道者，トゥールーズ公。聖人。祝日5月28日。アキテーヌ王ルイ（後のルートヴィヒ1世）の筆頭顧問。
⇒新カト（ギヨーム［ジェロヌの］　8世紀中頃–812.5.28）
　図聖（ギヨーム［アキテースの］　750頃–812）

Guillaume〈12・13世紀〉
聖人，大司教。祝日1月10日。
⇒新カト（ギヨーム［ブールジュの］　1150–1209.1.10）

Guillaume〈13世紀〉
モンゴル帝国に派遣されたフランシスコ会宣教師。

⇒新カト（ギヨーム［リュブリュキの］　1220頃–1293頃）

Guillaume, Albert〈19・20世紀〉
フランスのイラストレーター，画家。
⇒19仏（アルベール・ギヨーム　1873.2.14–1942.8.10）

Guillaume, Charles Edouard〈19・20世紀〉
フランスの実験物理学者。
⇒岩世人（ギヨーム　1861.2.15–1938.6.13）
　ノ物化（シャルル・エドゥアール・ギヨーム　1861–1938）

Guillaume, Paul〈19・20世紀〉
フランスの心理学者。児童心理学，動物心理学の研究を行い，フランスにゲシュタルト心理学を紹介。
⇒岩世人（ギヨーム　1878–1962）
　メル3（ギヨーム，ポール　1878–1962）

Guillaume d'Auvergne〈12・13世紀〉
フランスの哲学者，神学者。1228年パリ司教。
⇒岩世人（ギヨーム・ドーヴェルニュ　1190–1249.3.30）
　新カト（グイレルムス［オーヴェルニュの］　1180頃–1249）
　メル1（ギヨーム・ドーヴェルニュ　1180/1190?–1249）

Guillaume d'Auxerre〈12・13世紀〉
フランスの神学者，哲学者。パリ大学教授。ポーベの助祭長。主著"Summa aurea"。
⇒岩世人（ギヨーム・ドーセール　1150頃–1231.11.3）
　新カト（グイレルムス［オセールの］　1150頃–1231.11.3頃）

Guillaume de Champeaux〈11・12世紀〉
フランスの哲学者，神学者。1113年シャロンシュルマルヌ司教。P.アベラールとの普遍論争を展開。
⇒岩世人（ギヨーム・ド・シャンボー　1070頃–1121.1.18）
　学叢思（ギヨーム，シャンボーの　1070–1121）
　新カト（グイレルムス［シャンボーの］　1070頃–1121頃）

Guillaume de Conches〈11・12世紀〉
シャルトル学派の哲学者。
⇒岩世人（ギヨーム・ド・コンシュ（コンシ）　1080頃–1154頃）
　新カト（グイレルムス［コンシュの］　1090頃–1154/1160頃）
　メル1（ギヨーム・ド・コンシュ［ラテン名グイレルムス］　1080頃–1145/1154?）

Guillaume de Lorris〈13・14世紀〉
フランスの詩人。『ばら物語』前篇の作者。
⇒岩世人（ギヨーム・ド・ロリス）

Guillaume de Machaut〈14世紀〉
フランスの詩人、音楽家。
- ⇒バロ（マショー、ギヨーム・ド　1300-1305–1377.4.13）
- 岩世人（ギヨーム・ド・マショー　1300頃–1377）
- エデ（マショー、ギヨーム・ド　1300頃–1377.4）
- 広辞7（マショー　1300頃–1377）
- 実音人（マショー、ギヨーム・ド　1300?–1377）
- 新カト（マショー　1300頃–1377）

Guillaume de Morbeka〈13世紀〉
ドミニコ会士。1278年コリント大司教。アリストテレスを初めてギリシア語より翻訳。
- ⇒岩世人（ギヨーム・ド・ムルベック　1215頃–1286以前）
- 新カト（グイレルムス〔ムールベケの〕　1215/1235–1286頃）

Guillaume de Poitiers〈11世紀〉
ノルマンの年代記作者。
- ⇒岩世人（ギヨーム・ド・ポワティエ）

Guillaume de Saint-Amour〈13世紀〉
フランスの神学者、托鉢修道会の反対者。
- ⇒岩世人（ギヨーム（サンタムールの）　1200頃–1272.9.13）
- 新カト（グイレルムス〔サンタムールの〕　1200頃–1272.9.13）

Guillaume de Saint-Bénigne de Dijon〈10・11世紀〉
クリュニー改革運動の推進者、聖人。
- ⇒新カト（ギヨーム〔サン・ベニーニュの〕　962–1031.1.1）

Guillaume de Saint-Thierry〈11・12世紀〉
フランスの哲学者、神学者。1119～35年のサンチエリのベネディクト会修院長。
- ⇒岩世人（ギヨーム・ド・サン＝ティエリ　1080頃–1149.9.8）
- 新カト（グイレルムス〔サン・ティエリの〕　1085–1148.9.8）

Guillaume de Sens〈12世紀〉
フランス中世の工匠、建築家。12世紀後半活躍。
- ⇒岩世人（ギヨーム・ド・サンス）
- 新カト（ギヨーム〔サンスの〕　?–1180.8.11）

Guillaume Firmat〈11世紀〉
フランス北西部出身の聖人、隠修士。祝日4月24日。
- ⇒新カト（ギヨーム・フィルマ　?–1095頃）

Guillaume li Vinier〈12・13世紀〉
フランスのトルヴェール、聖職者。
- ⇒バロ（ギヨーム・リ・ヴィニエ　1190頃?–1245）

Guillaume Pinchon〈12・13世紀〉
聖人、司教。祝日7月29日。
- ⇒新カト（ギヨーム・パンション　1175頃–1234）

Guillaumin, Jean Baptiste Armand〈19・20世紀〉
フランスの印象派画家。
- ⇒岩世人（ギヨーマン　1841.2.16–1927.6.26）
- 芸13（ギヨーマン、アルマン　1841–1927）

Guillemain, Gabriel〈18世紀〉
フランスのヴァイオリン奏者。
- ⇒バロ（ギイマン、ガブリエル　1705?–1753）

Guillemain, Louis-Gabriel〈18世紀〉
フランスのヴァイオリン奏者。フランス・ヴァイオリン楽派。フランスの実質的サンフォニーの始祖。
- ⇒バロ（ギュマン、ルイ・ガブリエル　1705.11.15–1770.10.1）

Guillemard, Sir Laurence Nunns〈19・20世紀〉
英領マラヤの海峡植民地の総督、マレー諸州の高等弁務官。在職1920～27。
- ⇒岩世人（ギルマード　1862–1951）

Guillemet, Antoine〈19・20世紀〉
フランスの画家。
- ⇒19仏（アントワーヌ・ギュメ　1843.9.6–1918.5.25）

Guilleragues, Gabriel-Joseph de Lavergne, comte de〈17世紀〉
フランスの作家、駐トルコ大使。書簡体小説『ポルトガル文』の作者。
- ⇒岩世人（ギュラーグ　1628.11.18–1685.3.15）

Guillet, Charles〈16・17世紀〉
フランドルのオルガン奏者、官吏、代議士、参事会員、著述家。
- ⇒バロ（ギエ、シャルル　1590頃?–1654.5.1）

Guillotin, Joseph Ignace〈18・19世紀〉
フランスの医者、政治家。斬首刑実施にギロチンの使用を提案。
- ⇒岩世人（ギヨタン　1738.5.28–1814.3.26）
- 世人新（ギヨタン　1738–1814）
- 世人装（ギヨタン　1738–1814）

Guilmant, Félix Alexandre〈19・20世紀〉
フランスのオルガン奏者、作曲家。ノートルダム大聖堂などでオルガン奏者を務めた。
- ⇒エデ（ギルマン、フェリックス・アレクサンドル　1837.3.12–1911.3.29）
- 新カト（ギルマン　1837.3.12–1911.3.29）

Guimard, Hector〈19・20世紀〉
フランスの建築家、デザイナー。
- ⇒岩世人（ギマール　1867.3.10–1942.5.20）
- ネーム（ギマール　1867–1942）

Guimard, Maire Madeleine〈18・19世紀〉
フランスの女流舞踊家。オペラ座で活躍。

⇒岩世人（ギマール　1743.12.27（受洗）-1816.5.4）
バレエ（ギマール，マリー＝マドレーヌ　1743.12.27（受洗）-1816.5.4）

Guimet, Émile Etienne〈19・20世紀〉
フランスの実業家，美術工芸品収集家。ギメ博物館を創立。
⇒岩世人（ギメ　1836.6.2-1918.10.12）

Guinivere
アーサー王の妃。
⇒岩世人（グィネヴィア）
姫全（グィネヴィア）
ネーム（グィネヴィア）

Guinizelli, Guido〈13世紀〉
イタリアの詩人。代表作『高貴なる心に常に愛は宿る』。
⇒岩世人（グィニッツェリ　1230/1240-1276）

Guiot de Dijon〈12・13世紀〉
フランスのトルヴェール。
⇒バロ（ギオ・ド・ディジョン　1170頃?-1225）

Guiot de Provins〈12・13世紀〉
フランスの詩人。代表作『ギヨの聖書（真実の書）』など。
⇒バロ（ギョー・ド・プロヴァン　1145頃-1209以降）

Guiraud, Ernest〈19世紀〉
フランスの作曲家。ビゼーの『アルルの女』の第2組曲の編曲で知られる。
⇒オペラ（ギロー，エルネスト　1837-1892）

Guiraud, Pierre-Marie-Thérèse-Alexandre〈18・19世紀〉
フランスの詩人，劇作家。『煙突掃除の少年』は各種詞華集に採録される。
⇒新カト（ギロー　1788.12.25-1847.2.24）

Guiraut de Borneil（Giraut de Bornelh）〈12・13世紀〉
リムーザン出身のトルバドゥール。
⇒バロ（ギラウト・デ・ボルネーユ　1138-1215）
バロ（ボルネーユ，ギロー・ド　1138-1220）

Guisan, Henri〈19・20世紀〉
スイスの軍人。
⇒岩世人（ギザン　1874.10.21-1960.4.7）

Guise, Charles de Lorraine〈16世紀〉
フランスの司教。ランスの大司教。
⇒岩世人（ギーズ　1524.2.17-1574.12.26）

Guise, Claude de Lorraine, Duc d'Aumale〈15・16世紀〉
フランスの武人。ギーズ公家の祖。1527年公爵。
⇒岩世人（ギーズ　1496.10.20-1550.4.12）

Guise, François, 2e Duc de〈16世紀〉
フランスの将軍。

⇒岩世人（ギーズ　1519.2.17-1563.2.24）

Guise, Henri de Lorraine, 3e Duc de〈16世紀〉
フランスの将軍。
⇒岩世人（ギーズ　1550.12.30-1588.12.23）
新カト（ギーズ　1550.12.30-1588.12.24）
世人新（アンリ〈ギーズ公〉　1550-1588）
世人装（アンリ〈ギーズ公〉　1550-1588）

Guitmundus〈11世紀〉
アヴェルサの司教，枢機卿。ノルマンディー出身。
⇒新カト（グイトムンドゥス〔アヴェルサの〕　11世紀初頭-1095以前）

Guittone d'Arezzo〈13世紀〉
イタリアの俗語詩人。トスカーナ派。
⇒岩世人（グィットーネ・ダレッツォ　1230頃-1294.8.21）

Guízar y Valencia, Rafael〈19・20世紀〉
メキシコの司教，聖人。祝日6月6日。
⇒新カト（ラファエル・ギサル・イ・バレンシア　1878.4.26-1938.6.6）

Guizot, François Pierre Guillaume〈18・19世紀〉
フランスの政治家，歴史家。文相として初等教育法令（1833）を打出し，フランス史協会を設立。
⇒岩世人（ギゾー　1787.10.4-1874.9.12）
広辞7（ギゾー　1787-1874）
学叢思（ギゾー，フランソア・ピエール・ギョーム　1787-?）
世人新（ギゾー　1787-1874）
世人装（ギゾー　1787-1874）
学叢歴（ギゾー　1787-1874）

Gul-Andām, Muḥammad〈14世紀〉
イランの詩人。
⇒岩世人（グルアンダーム　14世紀）

Guldberg, Cato Maximilian〈19・20世紀〉
ノルウェーの化学者，数学者。熱力学から化学平衡の問題を研究。
⇒岩世人（グルベルグ　1836.8.11-1902.1.14）

Guldin, Paul〈16・17世紀〉
スイスの数学者。
⇒世数（ギュルダン，ポール　1577-1643）

Gulick, John Thomas〈19・20世紀〉
アメリカのアメリカン・ボード宣教師。
⇒アア歴（Gulick, John Thomas　ジョン・トマス・ギューリック　1832.3.13-1923.4.16）
岩世人（ギューリック　1832.3.13-1923.4.14）

Gulick, Luther Halsey〈19世紀〉
アメリカの宣教師。米国聖書会社の日本主幹，中国主幹として伝道に努めた。
⇒アア歴（Gulick, Luther Halsey　ルーサー・ホー

ルジー・ギューリック　1828.6.10–1891.4.8）
岩世人（ギューリック　1828.6.10–1891.4.8）

Gulick, Luther Halsey〈19・20世紀〉
アメリカの体育家。アメリカ体育協会（現AAHPER）会長（1904〜06）。
⇒岩世人（ギューリック　1865.12.4–1918.8.13）

Gulick, Orramel Hinckley〈19・20世紀〉
アメリカのプロテスタント宣教師。1871年来日、主として西日本で伝道。
⇒アア歴（Gulick,Orramel H（inckley）　オーラメル・ヒンクリー・ギューリック　1830.10.7–1923.9.23）
　岩世人（ギューリック　1830.10.7–1923.9.18）

Gulick, Sidney Lewis〈19・20世紀〉
アメリカのアメリカン・ボード宣教師。同志社で神学、大阪梅花女学校で英語を教授。
⇒アア歴（Gulick,Sidney L（ewis）　シドニー・ルイス・ギューリック　1860.4.10–1945.12.20）
　アメ新（ギューリック　1860–1945）

Gull, Sir William Withey〈19世紀〉
イギリスの医師。粘液水腫の原因が甲状腺であることを記載している。
⇒岩世人（ガル　1816.12.31–1890.1.29）

Gullstrand, Allvar〈19・20世紀〉
スウェーデンの眼科医。グルストランド眼鏡、細隙燈を発明。
⇒岩世人（グルストランド　1862.6.5–1930.7.28）

Gumbert, Addison Courtney〈19・20世紀〉
アメリカの大リーグ選手（投手）。
⇒メジャ（アド・ガンバート　1868.10.10–1925.4.23）

Gumpeltzhaimer, Adam〈16・17世紀〉
ドイツの歌手、教師、理論家。
⇒バロ（グムペルツハイマー、アーダム　1559–1625.11.3）

Gumplowicz, Ludwig〈19・20世紀〉
オーストリアの社会学者。
⇒岩世人（グンプロヴィチ　1838.3.9–1909.8.19/20）
　広辞7（グンプロヴィチ　1838–1909）
　学叢思（グンプロヴィチ, ルドヴィヒ　1838–1910）

Guṇāḍhya〈3世紀〉
インドの詩人。
⇒岩世人（グナーディヤ）

Günderode, Karoline von〈18・19世紀〉
ドイツロマン主義の女流詩人。
⇒岩世人（ギュンダーローデ　1780.2.11–1806.7.26）

Gundissalinus, Dominicus〈12世紀〉
スペインの聖職者、「トレドの翻訳学校」の一人。

⇒岩世人（ドミニクス・グンディッサリヌス　1110頃–1181以降）
　新カト（ドミニクス・グンディッサリヌス　（活躍）1150頃）
　メル1（グンディッサリヌス　1110頃–1181頃）

Gundobad〈5・6世紀〉
ブルゴーニュ王。在位473〜516。『ブルゴーニュ法典』を編集。
⇒岩世人（グンドバッド　?–516）

Gundolf, Friedrich〈19・20世紀〉
ドイツの文学家。主著『ゲーテ』(16)、『ゲオルゲ』(20)、『ロマン主義者たち』(30〜31)。
⇒岩世人（グンドルフ　1880.6.20–1931.7.12）
　ネーム（グンドルフ　1880–1931）
　ユ著思（Gundolf,Friedrich　グンドルフ, フリードリッヒ　1880–1931）

Gundulic, Ivan〈16・17世紀〉
中世のドブロブニーク（ユーゴスラビア）の劇詩人。
⇒岩世人（グンドゥリッチ　1589.1.8–1638.12.8）

Güngsangnorbu〈19・20世紀〉
内モンゴルのモンゴル人王侯。
⇒岩世人（グンサンノルブ　1871–1931）

Gunkel, Hermann〈19・20世紀〉
ドイツの旧約学者。主著『原始と終末における創造と混沌』(85)。
⇒岩世人（グンケル　1862.5.23–1932.3.11）
　学叢思（グンケル, ヨハネス・フリードリヒ・ヘルマン　1862–?）
　新カト（グンケル　1862.5.23–1932.3.11）

Gunnar
シグルズの妻グズルーンの兄。
⇒岩世人（グンナー）
　ネーム（グンナル）

Gunnlaugr Ormstunga〈10・11世紀〉
アイスランドの詩人。
⇒岩世人（グンラウグル・オルムストゥンガ　983頃–1008）

Gunter, Edmund〈16・17世紀〉
イギリスの天文学者、数学者、物理学者、技術者。正弦、正切の毎分区切りの常用対数表を初めて出版。
⇒岩世人（ガンター　1581–1626.12.10）
　学叢思（ガンター, エドマンド　1581–1626）

Günther, Anton〈18・19世紀〉
オーストリアの哲学者, カトリック神学者, 司祭。
⇒岩世人（ギュンター　1783.11.17–1863.2.24）
　新カト（ギュンター　1783.11.17–1863.2.24）

Günther, Franz Ignaz〈18世紀〉
ドイツ, ババリアの彫刻家。代表作はロット・アム・イン聖堂の祭壇（60〜62）。
⇒岩世人（ギュンター　1725.11.22–1775.6.26）
　芸13（ギュンター, イグナス　1725–1775）

Günther, Johann Christian〈17・18世紀〉
ドイツの詩人。個人的体験に基づく恋愛詩,酒歌,学生歌がある。
⇒岩世人（ギュンター　1695.4.8–1723.3.15）

Günther, Matthäus〈18世紀〉
ドイツの画家。代表作はウィルテン修道院付属教会堂の壁画（54）。
⇒岩世人（ギュンター　1705.9.7–1788.9.30）

Günther of Schwarzburg〈14世紀〉
神聖ローマ帝国の統治者。
⇒世帝（ギュンター　1304–1349）

Günther von Niederaltaich〈10・11世紀〉
ベネディクト会士,隠修士,聖人。
⇒図聖（ギュンター（ニーダーアルタイヒの）　955頃–1045）

Gunthildis von Suffersheim〈11世紀〉
処女,聖人。
⇒図聖（グンティルディス（ズファースハイムの）　?–1057以前）

Guntram〈6世紀〉
メロビング朝のフランク王。在位561～93。ブルグント王国を支配。
⇒世帝（グントラム　525頃–593）

Gunungjati, Sunan〈16世紀〉
1560年頃のジャワの伝説的な9人のイスラーム布教者（ワリ・ソンゴ）の一人。
⇒岩世人（グヌンジャティ,スナン　1560年頃）

Gupta, Īśvaracandra〈19世紀〉
インドのベンガル語詩人,作家,編集者。
⇒岩世人（イーシュヴァルチャンドル・グプト　1812.3–1859.1.23）

Gurgānī, Fakhr al-Dīn Asʻad〈11世紀〉
ペルシアのロマンス詩人。代表作『ビースとラーミーン』(1048)。
⇒岩世人（グルガーニー）
広辞7（グルガーニー　?–1073以後）

Gurko, Iosif Vladimirovich〈19・20世紀〉
ロシアの将軍。露土戦争（1877～78）で軍司令官として活躍。
⇒岩世人（グールコ　1828.7.16–1901.1.15）

Gurlitt, Cornelius〈19・20世紀〉
ドイツの建築史家。バロック様式の意義を認めたことは重要。
⇒岩世人（グルリット　1850.1.1–1938.3.25）

Guro, Elena Genrikhovna〈19・20世紀〉
ロシアの女性詩人,作家。代表作『天の駱駝』など。
⇒岩世人（グロー　1877.5.18–1913.5.6）

Gurvich, Aleksandr Gavrilovich〈19・20世紀〉
ソ連邦の生物学者。組織学を専攻。
⇒岩世人（グールヴィチ　1874–1954.7.27）

Gury, Jean Pierre〈19世紀〉
フランスのカトリック神学者。
⇒新カト（ギュリ　1801.1.23–1866.4.18）

Gushi-khan〈17世紀〉
オイラート四部の一つ,ホショト部の長。
⇒岩世人（グシ・ハーン　1582–1654）

al-**Gushtūlī, ibn ʻAbd al-Raḥmān**〈18世紀〉
アルジェリアのイスラーム神秘主義教団の創設者。
⇒岩世人（グシュトゥーリー,アブドゥッラフマーン　?–1793/1794）

Gusikow, Joseph Michael〈19世紀〉
シロフォン奏者。
⇒ユ著人（Gusikow,Joseph Michael　グシコフ,ジョセフ・ミカエル　1802–1837）

Gusmão, Alexandre de〈17・18世紀〉
ポルトガルの政治家,開化論者。
⇒岩世人（グスマン　1695–1753.12）

Gussago, Cesario〈16・17世紀〉
イタリアの聖職者,オルガン奏者。
⇒バロ（グッサーゴ,チェザリオ　1560頃?–1612）

Gustav I Vasa〈15・16世紀〉
スウェーデン王。在位1523～60。バーサ王朝の祖。
⇒岩世人（グスタヴ1世　1495/1496–1560.9.20）
ネーム（グスタフ・ヴァーサ　1496–1560）
広辞7（グスタフー世　1496?–1560）
新カト（グスターヴ1世　1496.5.12頃–1560.9.29）
世帝（グスタフ1世　1495–1560）
皇国（グスタフ1世（在位）1523–1560）

Gustav II Adolf〈16・17世紀〉
スウェーデン王。在位1611～32。カルル9世の子。
⇒岩世人（グスタヴ2世　1594.12.19–1632.11.16）
広辞7（グスタフ二世　1594–1632）
新カト（グスターヴ2世　1594.12.19–1632.11.16）
世人新（グスタフ2世（グスタフ＝アドルフ）　1594–1632）
世人装（グスタフ2世（グスタフ＝アドルフ）　1594–1632）
世史語（グスタフ＝アドルフ　1594–1632）
世帝（グスタフ2世　1594–1632）
ポプ人（グスタフ2世　1594–1632）
皇国（グスタフ2世アドルフ（在位）1611–1632）
学叢歴（グスターフ・アドルフ　1594–1632）

Gustav III〈18世紀〉
スウェーデン王。在位1771～92。「グスタフ時代」と呼ばれる全盛時代を築く。
⇒岩世人（グスタヴ3世　1746.1.24-1792.3.29）
世帝（グスタフ3世　1746-1792）
皇国（グスタフ3世　?-1792）

Gustav IV Adolf〈18・19世紀〉
スウェーデン王。在位1792～1809。グスタフ3世の子。
⇒岩世人（グスタヴ4世　1778.11.1-1832.2.7）
世帝（グスタフ4世　1778-1837）

Gustav V Adolf〈19・20世紀〉
スウェーデン王。在位1907～50。スカンジナビア協議会の提唱者。
⇒岩世人（グスタヴ5世　1858.6.16-1950.10.29）
広辞7（グスタフ五世　1858-1950）
世帝（グスタフ5世　1858-1950）

Gutberlet, Konstantin〈19・20世紀〉
ドイツの神学者, 哲学者。
⇒岩世人（グートベルレト　1837.1.10-1928.4.27）
新カト（グートベルレット　1837.1.10-1928.4.27）

Gutenberg, Johannes Gensfleisch〈15世紀〉
ドイツの活字印刷術創始者。1434年頃活字印刷機を作った。
⇒岩世人（グーテンベルク　1394(-1399)-1468.2.3）
ネーム（グーテンベルク　1400?-1468?）
広辞7（グーテンベルク　1400頃-1468）
学叢思（グーテンベルヒ, ヨハネス　1394/1397-1468）
新カト（グーテンベルク　1397/1400-1468.2.3）
世人新（グーテンベルク　1394/1399-1468）
世人装（グーテンベルク　1394/1399-1468）
世史語（グーテンベルク　1400頃-1468）
ポプ人（グーテンベルク, ヨハネス　1400?-1468）
学叢歴（グーテンベルク　1397-1468）

Guthlac〈7・8世紀〉
隠世修道士。聖人。マーシア生まれ。
⇒新カト（グスラク　674頃-714.4.11）

Guthrie, Alexander〈18・19世紀〉
スコットランド出身の企業家。
⇒岩世人（ガスリー　1796-1865.3.12）

Guthrie, George Wilkins〈19・20世紀〉
アメリカの法律家, 外交官（駐日アメリカ大使）。1906～09年ピッツバーグ市長。
⇒アア歴（Guthrie,George W (ilkins)　ジョージ・ウィルキンズ・ガスリー　1848.9.5-1917.3.8）
岩世人（ガスリー　1848.9.5-1917.3.8）

Gutiérrez, Bartholomé〈16・17世紀〉
スペインのアウグスティノ会宣教師。来日して長崎附近に潜伏布教し, 捕われて火刑に処せられた。
⇒岩世人（グティエレス　1580.8.24/28-1632.9.13）
新カト（グティエレス　1580.8.24/28-1632.9.3）

Gutiérrez Nájera, Manuel〈19世紀〉
メキシコの詩人。モデルニスモ派の中心的存在で, 『青』(1894～) を創刊。
⇒岩世人（グティエレス・ナヘラ　1859.12.22-1895.2.3）

Guts Muths, Johann Christoph Friedrich〈18・19世紀〉
ドイツの教育家。
⇒岩世人（グーツムーツ　1759.8.9-1839.5.21）
広辞7（グーツムーツ　1759-1839）

Guttorm〈13世紀〉
ノルウェー王国の統治者。在位1204。
⇒世帝（グットルム　1199-1204）

Gutzkow, Karl Ferdinand〈19世紀〉
ドイツの小説家, 劇作家。青年ドイツ派の指導的人物。
⇒岩世人（グツコー　1811.3.17-1878.12.16）

Gützlaff, Karl Friedrich August〈19世紀〉
ドイツのルター派の牧師。中国で布教活動。
⇒岩世人（ギュツラフ　1803.7.8-1851.8.9）
新カト（ギュツラフ　1803.7.8-1851.8.9）

Guy (Anderlecht)〈10・11世紀〉
ベルギーの信徒聖人。
⇒新カト（ガイド〔アンデルレヒトの〕　?-1012.9.12）
図聖（ガイド（アンデルレヒトの）　?-1012）

Guyau, Marie Jean〈19世紀〉
フランスの道徳宗教哲学者, 詩人。19歳で道徳政治科学アカデミー賞受賞。
⇒岩世人（ギュヨー　1854.10.28-1888.3.31）
ネーム（ギュイヨー　1854-1888）
広辞7（ギュイヨー　1854-1888）
学叢思（ギヨー, ジャン・マリー　1854-1888）
メル3（ギュイヨー, ジャン=マリー　1854-1888）

Guyon, Jean Casimir〈19・20世紀〉
フランスの医者。泌尿器科学創設者の一人。パリ医科大学泌尿器科学教授。
⇒岩世人（ギュイヨン　1831.7.21-1920.8.2）

Guyon, Jeanne Marie Bouvier de la Motte〈17・18世紀〉
フランスの女性神秘思想家。
⇒岩世人（ギュイヨン　1648.4.13-1717.6.9）
新カト（ギュイヨン　1648.4.13-1717.6.9）

Guyon, Richard Debaufre〈19世紀〉
イギリス人でハンガリー革命軍・トルコ軍の軍人。ハンガリー国民軍の指揮をとった。
⇒岩世人（ガイヨン　1803.3.1-1856.10.12）

Guyot, Arnold Henry〈19世紀〉
スイスの地理,地質学者。氷河の調査や気象観測に業績を残し,気象台の設置に尽力。
⇒岩世人（ギヨ 1807.9.28–1884.2.8）
学叢思（ギヨー,アルノール 1807–1884）

Guyot, Yves〈19・20世紀〉
フランスの経済学者,政治家。公共相（1889～92）。
⇒岩世人（ギュイヨー 1843.9.6–1928.2.22）
19仏（イヴ・ギュイヨ 1843.9.6–1928.2.22）

Guyot de Châtelet, Jean〈16世紀〉
フランドルの作曲家,聖職者。
⇒バロ（ギュイヨ・ド・シャートレ,ジャン 1512–1588.3.11）

Guys, Ernest Adolphe Hyacinthe Constantin〈19世紀〉
フランスの画家。第二帝政時代の社交界の流行や風俗を描いた。
⇒岩世人（ギース 1802.12.3–1892.3.13）
芸13（ギース,コンスタンタン 1805–1892）

Güyük Khan〈13世紀〉
モンゴル帝国第3代のハン。チンギス・ハンの孫,オゴタイの子。
⇒岩世人 1206–1248.3-4）
世人新（グユク＝ハン〈定宗〈元〉〉 ていそう 1206–1248）
世人裝（グユク＝ハン〈定宗〈元〉〉 ていそう 1206–1248）
世帝（定宗 ていそう 1206–1248）

Guzmán, Francisco Tello de〈16・17世紀〉
スペイン人行政官。日本におけるサン・フェリペ号積荷没収と宣教師磔刑とに関して,秀吉に抗議。
⇒岩世人（グスマン ?–1603.4）

Guzmán, Luis de〈16・17世紀〉
スペインのイエズス会宣教師。『耶蘇会東方伝道史』（1601）を著した。
⇒岩世人（グスマン 1544–1605.1.10）
新カト（グスマン 1544–1605.1.10）

Guzmán, Nuño Beltrán de〈16世紀〉
スペイン人コンキスタドール。パヌコ地方の統治官,メキシコ市第1次アウディエンシア長官を歴任。
⇒ラテ新（グスマン ?–1550?）

Guzman Blanco, Antonio〈19世紀〉
ベネズエラの大統領。
⇒岩世人（グスマン・ブランコ 1829.2.28–1899.7.28）

Gwatkin, Henry Melvill〈19・20世紀〉
イギリスの神学者。ケンブリッジ大学教会史教授（91）。

⇒新カト（グウォートキン 1844.7.30–1916.11.14）

Gwyneseth, John〈15・16世紀〉
イギリスの作曲家,聖職者,理論家。
⇒バロ（グイネス,ジョン 1495頃–1562頃?）

Gwynn, Nell〈17世紀〉
イギリスの女優。その後チャールズ2世の寵妃。
⇒岩世人（グウィン 1650.2.2–1687.11.14）

Gyarmathi Sámuel〈18・19世紀〉
ハンガリーにおける比較言語学の先駆者。ハンガリー語とフィン＝ウゴル系諸言語との親縁関係を認めた。
⇒岩世人（ジャルマティ 1751.7.15–1830.3.4）

Gyges〈前7世紀〉
リュディア王。在位前685頃～657頃。メルムナド朝を開いた。
⇒岩世人（ギュゲス （在位）前687頃–前651）

Gyllenborg, Gustav Fredrik〈18・19世紀〉
スウェーデンの詩人。荘重華麗な頌歌が最も有名。『四季』はその一である。
⇒岩世人（イュッレンボリ 1731.11.25/12.24/12.6–1808.3.30）

Gyöngyösi István〈17・18世紀〉
ハンガリーの詩人。主著『マルスと交わるムラーニのヴィーナス』（64）。
⇒岩世人（ジェンジェシ 1629–1704.7.24）

Gyulai Pál〈19・20世紀〉
ハンガリーの文芸評論家,詩人。主著『ヴェレシュマルティの生涯』（1866）。
⇒岩世人（ジュライ 1826.1.25–1909.11.9）

gyu-thog rnying-ma yon-tan mgon-po〈8世紀〉
チベットの医家。
⇒岩世人（ユトク・ニンマ・ユンテングンポ）

gzims khang gong ma
チベットの活仏。
⇒岩世人（シムカンゴンマ）

【 H 】

Haakon I den Gode〈10世紀頃〉
ノルウェー王。在位935～61頃。行政組織の整備,キリスト教化を試みたが,農民の抵抗で失敗。
⇒世帝（ホーコン1世 920–961）

Haakon II, the Broad-shouldered〈12

世紀〉
ノルウェー王国の統治者。
⇒世帝（ホーコン2世　1147–1162）

Haakon III〈13世紀〉
ノルウェー王国の統治者。在位1202～1204。
⇒世帝（ホーコン3世　1182–1204）

Haakon IV Haakonsson〈13世紀〉
ノルウェー王。在位1217～63。旧貴族を廃し、農民上層を基礎に内政を確立、法慣習を成文化。
⇒岩世人（ホーコン4世ホーコンソン　1204–1263.12.16）
　世帝（ホーコン4世　1204–1263）

Haakon V Magnusson〈13・14世紀〉
ノルウェー王。在位1299～1319。ハンザの圧力でノルウェー王権は衰えた。
⇒世帝（ホーコン・マグヌソン　1068–1095）
　世帝（ホーコン5世　1270–1319）

Haakon VI Magnusson〈14世紀〉
ノルウェー王。在位1355～80。カルマル同盟への道を開く。
⇒岩世人（ホーコン6世マグヌソン　1340–1380）
　世帝（ホーコン6世　1340–1380）

Haakon VII〈19・20世紀〉
ノルウェー王。在位1905～57。ロンドンに亡命政権を組織、ノルウェーの反独レジスタンスを支援。
⇒岩世人（ホーコン7世　1872.8.3–1957.9.21）

Haas, Charles〈19・20世紀〉
株式仲買人の息子。「パリ社交界に受け入れられた唯一のユダヤ人」と自称していた。
⇒ユ著人（Haas,Charles　アース、シャルル　18??–1902）

Haas, Hans〈19・20世紀〉
ドイツのドイツ普及福音派教会宣教師。第一高等学校でドイツ語を教授。
⇒岩世人（ハース　1868.12.3–1935.9.10）

Haas, Jacob de〈19・20世紀〉
シオニスト指導者、作家。
⇒ユ人（ハース、ジェイコブ・デ　1872–1937）

Haase, Hugo〈19・20世紀〉
ドイツの政治家、社会主義者。社会民主党を去って1917年独立社会民主党を創設。
⇒岩世人（ハーゼ　1863.9.29–1919.11.7）
　学叢思（ハーゼ、フーゴー　1863–1919.11.7）
　ユ著人（Hasse,Hugo　ハーゼ、ヒューゴ　1863–1919）

Ḥabaqqūg〈前6世紀〉
小預言者の一人。前600年頃に活動したらしい（旧約）。
⇒聖書人（ハバクク）
　聖書（ハバクク　（活躍）前6世紀前半）

Habel, Antoni〈18・19世紀〉
ポーランドの作曲家。
⇒バロ（ハベル、アントニ　1760–1831.10.6）

Habeneck, François Antoine〈18・19世紀〉
フランスの指揮者、ヴァイオリン奏者、作曲家。
⇒岩世人（アブネック　1781.1.22–1849.2.8）

Haber, Fritz〈19・20世紀〉
ドイツの化学者。1918年アンモニアの成分元素からの合成に対してノーベル化学賞を受賞。
⇒岩世人（ハーバー　1868.12.9–1934.1.29）
　ネーム（ハーバー　1868–1934）
　広辞7（ハーバー　1868–1934）
　ノ物化（フリッツ・ハーバー　1868–1934）
　ユ人（ハーバー，フリッツ　1868–1934）
　ユ著人（Haber,Fritz　ハーバー、フリッツ　1868–1934）

Haberl, Franz Xaver〈19・20世紀〉
ドイツの音楽学者。『合唱指揮者』(64)、『音楽史の基礎』(85～88) などの著作がある。
⇒新カト（ハーバル　1840.4.12–1910.9.5）

Haberlandt, Gottlieb〈19・20世紀〉
ドイツの植物学者。ベルリン大学植物生理学研究所長（10～23）。
⇒岩世人（ハーバーラント　1854.11.28–1945.1.30）

Haberlandt, Michael〈19・20世紀〉
オーストリアのインド学者、民俗学者。ウィーンの民俗博物館長（1912～）。
⇒岩世人（ハーバーラント　1860.9.29–1940.6.14）

Habermann, František Václav〈18世紀〉
ボヘミアの作曲家。
⇒バロ（ハーバーマン、フランチシェク・ヴァーツラフ　1706.9.20–1783.4.8）

Habermann, Jan Piot〈17・18世紀〉
ポーランドの作曲家。
⇒バロ（ハベルマン、ヤン・ピョトル　1690頃?–1750頃?）

Habermann (Avenarius), Johann〈16世紀〉
ドイツのルター派神学者。
⇒新カト（アヴェナリウス　1516.8.10–1590.12.5）

Habersham, Alexander Wylly〈19世紀〉
アメリカの海軍将校。
⇒アア歴（Habersham,Alexander Wylly　アレグザンダー・ワイリー・ハバーシャム　1826.3.24–1883.3.26）

Habert, Isaac〈17世紀〉
フランスの神学者、司教。
⇒新カト（アベール　1600頃–1668.9.15）

Habert, Louis〈17・18世紀〉
フランスの神学者,司祭。
⇒新カト(アベール 1635頃-1718.4.7)

Habert-Dys, Jules〈19世紀〉
フランスのイラストレーター。
⇒19仏(ジュール・アベール=ディス 1850.9.23-?)

Ḥabīb Allāh〈19世紀〉
新疆ホータンにおけるムスリム反乱の指導者。
⇒岩世人(ハビーブッラー ?-1866)

Ḥabīb Allāh〈19・20世紀〉
アフガニスタンのバーラクザーイー朝第5代の王。在位1901～19。
⇒岩世人(ハビーブッラー 1872-1919.2.19)

Habshush, Chaim〈19世紀〉
イエメンの歴史家。
⇒ユ人(ハブシュシ,ハイム ?-1899)

Hacha, Emil〈19・20世紀〉
チェコスロヴァキアの政治家,法学者。大統領(1838～39)。
⇒岩世人(ハーハ 1872.7.12-1945.6.27)

'Hachette', Jeanne Laisné (Fourquet)〈15世紀〉
中世フランスの愛国者。1472年女性部隊を率いてボーヴェ防御戦に参加した。
⇒岩世人(アシェット 1454/1456-?)

Hachette, Jean Nicola Pierre〈18・19世紀〉
フランスの数学者。
⇒世数(アシェット,ジャン ニコラ・ピエール 1769-1834)

Hachette, Louis Christophe François〈19世紀〉
フランスの出版業者。アシェット出版社をパリに設立(1826)。
⇒岩世人(アシェット 1800.5.5-1864.7.31)

Hackaert, Jan〈17世紀〉
オランダの風景画家。作品にはすぐれた大気遠近法が示され,また森林風景が多い。
⇒岩世人(ハッカールト 1628.2-1685以降)

Hackeborn, Gertrud von〈13世紀〉
大修道院長。在職1251～92。貴族ハッケボルン家出身,メヒティルト・フォン・ハッケボルンの実姉。
⇒新カト(ゲルトルート・フォン・ハッケボルン 1231/1232-1291/1292)

Hackenschmidt, George〈19・20世紀〉
プロレスラー,ボディービルダー,評論家。
⇒岩世人(ハッケンシュミット 1878.7.20/8.1-1968.2.19)

Hackert, Jakob Phillip〈18・19世紀〉
ドイツの画家。ナポリの宮廷画家となり(86),古典主義的なイタリア風景を描いた。
⇒岩世人(ハッケルト 1737.9.15-1807.4.28)

Hackländer, Friedrich Wilhelm, Ritter von〈19世紀〉
ドイツの作家。明朗な軍人小説や風俗小説を書いて当時広く愛読された。
⇒岩世人(ハックレンダー 1816.11.1-1877.7.6)

Hacohen, Mordecai ben-Hillel〈19・20世紀〉
ヘブライ作家,初期のシオニスト。
⇒ユ人(ハコーヘン,モルデハイ・ベンヒレル 1856-1936)

Hacquart, Carolus〈17・18世紀〉
フランドルの作曲家。
⇒バロ(ハカルト,カロルス 1640頃-1701頃)

Haczewski, A.〈18世紀〉
ポーランドの作曲家。
⇒バロ(ハチェフスキ,A. 1740頃?-1800頃?)

Hadamard, Jacques Salomon〈19・20世紀〉
フランスの数学者。特に偏微分方程式論,函数論,解析的数論に貢献。
⇒岩世人(アダマール 1865.12.8-1963.10.17)
　ネーム(アダマール 1865-1963)
　世数(アダマール,ジャック・サロモン 1865-1963)
　ユ著人(Hadamard,Jacques Solomon アダマール,ジャック・ソロモン 1865-1963)

Haddon, Alfred Cort〈19・20世紀〉
イギリスの人類学者。野外調査の先駆とされるトレス海峡の人類学的総合調査を行った。
⇒岩世人(ハッドン 1855.5.24-1940.4.20)

Hadewych〈13世紀頃〉
フランドルの女流詩人。神秘主義的な詩を作った。
⇒岩世人(ハーデヴィヒ ?-1248?)
　広辞7(ハデヴェイヒ 生没年不詳)
　新カト(ハデヴェイヒ 13世紀前半)

Al-Hādī〈8世紀〉
カリフ王朝の統治者。在位785～786。
⇒世帝(ハーディー ?-786)

al-Hādī ilā al-Ḥaqq〈9・10世紀〉
イエメンのイスラーム・ザイド派初代イマーム。
⇒岩世人(ハーディー・イラー・ハック 859-911)

Hadlaub, Johannes〈13・14世紀〉
スイスの吟遊詩人。
⇒バロ(ハートラウブ,ヨハンネス. 1290頃?-1340以前.3.16頃)

Hadley, John〈17・18世紀〉
イギリスの数学者，天文学者。
⇒岩世人（ハドリー　1682.4.16–1744.2.14）

Hadrianos〈5世紀〉
アンティオケイアの聖書釈義学者。
⇒新カト（ハドリアノス〔アンティオケイアの〕　5世紀前半）

Hadrianus, Publius Aelius〈1・2世紀〉
ローマ皇帝。在位117〜138。五賢帝の一人。すぐれた政治的手腕をもち，死後神格化された。
⇒岩世人（ハドリアヌス　76.1.24–138.7.10）
ネーム（ハドリアヌス　76–138）
新カト（ハドリアヌス　76.1.24–138.7.10）
世人新（ハドリアヌス　76–138）
世人装（ハドリアヌス　76–138）
世史語（ハドリアヌス帝　（在位）117–138）
世帝（ハドリアヌス　76–138）
ポプ人（ハドリアヌス帝　76–138）
ユ人（ハドリアヌス（ププリウス・アエリウス・ハドリアヌス）　76–138）
学叢歴（ハドリアヌス　76–138）

Hadrianus, St.〈3・4世紀頃〉
ニコメディアの聖人。ディオクレチアヌス帝のとき殉教。妻ナタリアも聖女。
⇒図聖（ハドリアヌス　?–290頃）

Hadrianus I〈8世紀〉
教皇。在位772〜795。フランク王国と同盟を結び，教会と国家の連合という中世的理想を実現。
⇒新カト（ハドリアヌス1世　?–795.12.25）

Hadrianus II〈8・9世紀〉
教皇。在位867〜872。教皇権を維持するために努力。
⇒新カト（ハドリアヌス2世　792–872.12.14）

Hadrianus III, St.〈9世紀〉
ローマ教皇。在位884〜885。
⇒新カト（ハドリアヌス3世　?–885.9）

Hadrianus IV〈12世紀〉
唯一のイギリス人教皇。在位1154〜59。1155年教皇としてフリードリヒ1世に帝冠。
⇒新カト（ハドリアヌス4世　1110/1120–1159.9.1）

Hadrianus V〈13世紀〉
教皇。在位1276.7〜8。グレゴリウス10世の定めた厳格な教皇選挙令を廃止。
⇒新カト（ハドリアヌス5世　1205頃–1276.8.18）

Hadrianus VI〈15・16世紀〉
唯一のオランダ人教皇。在位1522〜23。教皇庁をはじめ教会改革に尽力。
⇒新カト（ハドリアヌス6世　1459.3.2–1523.9.14）

Hadrianus (Canterbury)〈7・8世紀〉
北アフリカ出身のベネディクト会修道士。
⇒新カト（ハドリアヌス〔カンタベリの〕　?–709/710.1.9）

Haeckel, Ernst Heinrich〈19・20世紀〉
ドイツの生物学者。個体発生は系統発生を繰返すとの反復説をたてた。
⇒岩世人（ヘッケル　1834.2.16–1919.8.9）
広辞7（ヘッケル　1834–1919）
学叢思（ヘッケル，エルンスト　1834–1919）
新カト（ヘッケル　1834.2.16–1919.8.9）
メル3（ヘッケル，エルンスト　1834–1919）

Haecker, Theodor〈19・20世紀〉
ドイツの哲学的著述家。主著『キルケゴールと内面性の哲学』（13）。
⇒岩世人（ヘッカー　1879.6.4–1945.4.9）
新カト（ヘッカー　1879.6.4–1945.4.9）

Hæffner, Johann Christian Friedrich〈18・19世紀〉
ドイツの作曲家。
⇒バロ（ヘフネル，ヨハン・クリスチャン・フリードリヒ　1759.3.2–1833.5.28）

Haesler, Otto〈19・20世紀〉
ドイツの建築家。ツェレ，ラーテノーで活動。
⇒岩世人（ヘースラー　1880.6.13–1962.4.2）

Hafenreffer, Matthias〈16・17世紀〉
ドイツのルター派神学者。
⇒新カト（ハーフェンレッファー　1561.6.24–1619.10.22）

Haffkine, Waldemar Mordecai Wolff〈19・20世紀〉
ロシア生れのイギリスの細菌学者。
⇒岩世人（ハーフキン　1860.3.2/15–1930.10.26）
ユ人（ハフキン，ワルデマル・モルデハイ　1860–1930）
ユ著人（Haffkine,Mordecai Waldemar　ハフキン，モルデカイ・ワルデマール　1860–1930）

Haffner, Paul Leopold〈19世紀〉
マインツ司教。
⇒新カト（ハフナー　1829.1.21–1899.11.2）

Al-Ḥāfiẓ〈12世紀〉
イスラム・エジプトの統治者。
⇒世帝（ハーフィズ　1076–1149）

Ḥafiẓ, Shams al-Dīn Muḥammad〈14世紀〉
ペルシアの抒情詩人。抒情詩を主体とした『ハーフィズ詩集』を残した。
⇒岩世人（ハーフィズ・シーラーズィー　1326–1390）
ネーム（ハーフィズ　1326?–1399）
広辞7（ハーフィズ　1326–1390）

Ḥāfiẓ Ābrū, Nūr al-Dīn Luṭf Allāh〈15世紀〉
イランの歴史家。
⇒岩世人（ハーフィズ・アブルー　?–1430）

Ḥāfiẓ Ibrāhīm〈19・20世紀〉
エジプトの詩人。ナショナリストとして政治的・社会的詩作を多くした。
⇒岩世人（ハーフィズ・イブラーヒーム　1872頃–1932.7.21）
広辞7（ハーフィズ・イブラーヒーム　1872頃–1932）

Hafiz Osman〈17世紀〉
オスマン朝の書家。
⇒岩世人（ハーフズ・オスマン　1642–1698）

Hafner, Philipp〈18世紀〉
オーストリアの劇作家。
⇒岩世人（ハーフナー　1735.9.27–1764.7.30）

Ḥafṣa bint 'Umar〈7世紀〉
預言者ムハンマドの妻、第2代正統カリフのウマル・イブン・ハッターブの娘。
⇒岩世人（ハフサ　605頃–665）

Hagar
アブラハムの妻、サライに仕えていたエジプト女（旧約）。
⇒岩世人（ハージャル）
新カト（ハガル）
聖書（ハガル）

Hagedorn, Friedrich von〈18世紀〉
ドイツの詩人。主著『韻文による寓話および物語の試作』(38) など。
⇒岩世人（ハーゲドルン　1708.4.23–1754.10.28）

Hagemann, Georg〈19・20世紀〉
ドイツの新スコラ哲学者。
⇒新カト（ハーゲマン　1832.11.17–1903.12.6）

Hagen, Friedrich Heinrich von der〈18・19世紀〉
ドイツのゲルマン学者。
⇒岩世人（ハーゲン　1780.2.19–1856.6.11）

Hagen, Johann Georg〈19・20世紀〉
ドイツのイエズス会士、天文学者。ヴァティカン天文台長（1906～）。
⇒新カト（ハーゲン　1847.3.6–1930.9.5）

Hagenbeck, Karl〈19・20世紀〉
ドイツの動物園経営者。1907年ハンブルクに新しい構想の動物園を開設。
⇒岩世人（ハーゲンベック　1844.6.10–1913.4.14）
ネーム（ハーゲンベック　1844–1913）
広辞7（ハーゲンベック　1844–1913）

Hagenstein, August〈19・20世紀〉
アメリカの宣教師。
⇒アア歴（Hagenstein, August　オーガスト・ヘイゲンスティーン　1858.8.11–1921.5.30）

Hagen von Tronje
北欧神話、ゲルマン英雄伝説中の重要人物。
⇒岩世人（ハーゲン（トロニェの））

Hager, Christoph〈16・17世紀〉
ドイツの作曲家。
⇒バロ（ハーガー、クリストフ　1590頃?–1660頃?）

Hager, Georg I〈16世紀〉
ドイツの作曲家。
⇒バロ（ハーガー、ゲオルク1世　1520頃?–1570頃?）

Hager, Georg II〈16・17世紀〉
ドイツの作曲家。
⇒バロ（ハーガー、ゲオルク2世　1552.11.26–1634.10.23）

Hager, Hans〈16・17世紀〉
ドイツの作曲家。
⇒バロ（ハーガー、ハンス　1580頃?–1640頃?）

Hager, Hermann〈19世紀〉
ドイツの薬学書著者。すぐれた薬学文献を著して、薬学の発展に貢献。
⇒岩世人（ハーガー　1816.1.3–1897.1.24）

Hager, Phillip〈16・17世紀〉
ドイツの作曲家。
⇒バロ（ハーガー、フィリップ　1585頃?–1660頃?）

Hägerström, Axel〈19・20世紀〉
スウェーデンの哲学者。ウプサラ大学教授。
⇒20思（ヘーゲルストレーム、アクセル（アンデルス・テオドール）　1868–1939）
メル3（ヘーガーシュトレーム〔ヘーゲルストレム〕、アクセル　1868–1939）

Hagerup, Francis〈19・20世紀〉
ノルウェーの法学者、政治家。
⇒岩世人（ハーゲルップ　1853.1.22–1921.2.8）

Hagēsandros〈前1世紀〉
ギリシアの彫刻家。前42～21年に地中海のロードス島で活躍。
⇒岩世人（ハゲサンドロス）
芸13（(H)アゲサンドロス　前1世紀）

Ḥaggaj
小預言者の一人（旧約）。
⇒岩世人（ハガイ）
聖書（ハガイ）

Haggard, Sir Henry Rider〈19・20世紀〉
イギリスの小説家。『ソロモン王の宝庫』(85)や『彼女』(87) が有名。
⇒岩世人（ハガード　1856.6.22–1925.5.14）
広辞7（ハガード　1856–1925）

Hagius, Konrad〈16・17世紀〉
ドイツの作曲家。
⇒バロ（ハーギウス、コンラート　1550–1616.9.23以前）

Hahl, Albert〈19・20世紀〉
ドイツの植民地行政官。
⇒岩世人（ハール　1868.9.10–1945.12.25）

Hahn, Friedrich〈19世紀〉
ドイツの商法学者。
⇒学叢思（ハーン, フリードリヒ　1823–1897）

Hahn, Georg Joachim Joseph〈17・18世紀〉
ドイツの作曲家。
⇒バロ（ハーン, ゲオルク・ヨアヒム・ヨーゼフ　1690頃–1769以降）

Hahn, Hans〈19・20世紀〉
オーストリアの数学者。
⇒岩世人（ハーン　1879.9.27–1934.7.24）
　世数（ハーン, ハンス　1879–1934）

Hahn, Heinrich〈18・19世紀〉
ドイツのカトリック信徒, 医師, 政治家。
⇒新カト（ハーン　1800.8.29–1882.3.11）

Hahn, Johann Michael〈18・19世紀〉
ドイツの神智学者。
⇒岩世人（ハーン　1758.2.2–1819.1.20）

Hahn, (Noodles) Frank George〈19・20世紀〉
アメリカの大リーグ選手（投手）。
⇒メジャ（ヌードルズ・ハーン　1879.4.29–1960.2.6）

Hahn, Otto〈19・20世紀〉
ドイツの化学者。ウランの核分裂の実証（38–39）などによりノーベル化学賞受賞（44）。
⇒岩世人（ハーン　1879.3.8–1968.7.28）
　広辞7（ハーン　1879–1968）
　ノ物化（オットー・ハーン　1879–1968）

Hahn, Reynaldo〈19・20世紀〉
ヴェネズエラの作曲家。専らフランスで活動した。
⇒岩世人（アーン　1875.8.9–1947.1.28）

Hahnemann, Samuel Friedrich Christian〈18・19世紀〉
ドイツの医師。ホメオパシーの創始者。
⇒岩世人（ハーネマン　1755.4.10–1843.7.2）

Hahn-Hahn, Ida, Gräfin von〈19世紀〉
ドイツの女流作家。主著『バビロンからエルサレムへ』（51）。
⇒岩世人（ハーン＝ハーン　1805.6.22–1880.1.12）

Hai ben Sherira〈10・11世紀〉
バビロニアのユダヤ教学者。神人同性説を比喩と説明。
⇒ユ人（ハイ, ベンシェリラ　939–1038）

Haidar ʻAlī〈18世紀〉
南インド, マイソール王国の支配者（存位1759–82）。イギリス植民地支配権力に対抗。
⇒岩世人（ハイダル・アリー　1722–1782.12.7）
　南ア新（ハイダル・アリー　1722–1782）

Haider, Karl〈19・20世紀〉
ドイツの画家。風景画には精緻な描写と詩的内容, またのちにはやや憂鬱な気分との結合が見られる。
⇒芸13（ハイダー, カルル　1846–1912）

Haidinger, Wilhelm Karl, Ritter von〈18・19世紀〉
オーストリアの地学者。〈ハイディンガー拡大鏡〉を発明し, 鉱石特に宝石の多色性の確定を便にした。
⇒岩世人（ハイディンガー　1795.2.5–1871.3.19）

Haig, Douglas Haig, 1st Earl of〈19・20世紀〉
イギリスの軍人。1917年元帥, 19～21年イギリス本国軍総司令官。19年伯爵。
⇒岩世人（ヘイグ　1861.6.19–1928.1.29）

Haig, Sir Thomas Wolseley〈19・20世紀〉
イギリスのイスラム教インド史家。
⇒岩世人（ヘイグ　1865.8.7–1938.5.4/4.28）

Hail, John Baxter〈19・20世紀〉
アメリカのカンバーランド・プレスビテリアン・ボード宣教師。
⇒岩世人（ヘイル　1846.10.1–1928.12.20）

Haimo〈9世紀〉
フランスのベネディクト会修道士, 聖書学者。
⇒新カト（ハイモ〔オセールの〕　?–865頃）

Haimo〈11世紀〉
ドイツの神学者。
⇒新カト（ハイモ〔ヒルザウの〕　11世紀）

Haimōn
ギリシア神話, クレオンの子。
⇒岩世人（ハイモン）

Haines, Jackson〈19世紀〉
アメリカのバレエ教師, フィギュアスケーター。
⇒岩世人（ヘインズ　1840–1875）

Hainlein, Paul〈17世紀〉
ドイツの作曲家。
⇒バロ（ハインライン, パウル　1626.4.12–1686.8.6）

Haji, Sultan〈17世紀〉
インドネシア, ジャワ島のバンテン王国の第7代王。在位1682～87。
⇒岩世人（ハジ, スルタン　（在位）1682–1687）

al-Hājirī, Husām al-Dīn ʻĪsā al-Irbilī

〈12・13世紀〉
イルビル(現イラク)出身のトルコ系アラブ詩人。
⇒岩世人 (ハージリー　?–1235.6.20)

al-Ḥajjāj al-Ḥāsib〈8・9世紀〉
アッバース朝の翻訳家。
⇒岩世人 (ハッジャージュ・ハースィブ　8–9世紀)

al-Ḥajjāj ibn Yūsuf, al-Thaqafī〈7・8世紀〉
ウマイヤ朝の軍人，行政官。イラクの総督として帝国の半分を支配。
⇒岩世人 (ハッジャージュ・イブン・ユースフ　661–714.6)

al-Ḥakam II al-Mustanṣir〈10世紀〉
スペインのウマイヤ朝第9代の王。在位961～76。
⇒岩世人 (ハカム2世　(在位)961–976)

Hakenberger, Andreas〈16・17世紀〉
ドイツの作曲家。
⇒バロ (ハーケンベルガー，アンドレーアス　1574頃–1627.6.5)

al-Ḥākim, Abū 'Alī Manṣūr〈10・11世紀〉
エジプト，ファーティマ朝の第6代カリフ。在位996～1021。
⇒岩世人 (ハーキム　985–1021)
世帝 (ハーキム　985–1021)

Hakluyt, Richard〈16・17世紀〉
イギリスの地理学者，化学者。
⇒岩世人 (ハクルート　1552頃–1616.11.23)

Hāla〈1・2世紀頃〉
南インドのアンドラ王国第17代の王。抒情詩集『サッタサイー』(700詩集)の作者。
⇒岩世人 (ハーラ)

Halbe, Max〈19・20世紀〉
ドイツの劇作家。戯曲『青春』(1893)で名声を得た。
⇒岩世人 (ハルベ　1865.10.4–1944.11.30)
学叢思 (ハルベ，マクス　1865–?)

Halberstaedter, Ludwig〈19・20世紀〉
イスラエルの放射線科医。
⇒ユ著人 (Halberstaedter, Ludwig　ハルベールシュテッター，ルードヴィヒ　1876–1949)

Halbout, Augustin-Adolphe〈19・20世紀〉
パリ外国宣教会司祭，日本宣教師。
⇒新カト (アルブー　1864.11.21–1945.1.14)

Halbwachs, Maurice〈19・20世紀〉
フランスの社会学者。社会学と心理学を研究し社会心理学研究への道を開いた。

⇒岩世人 (アルヴァクス(アルブヴァクス)　1877.3.11–1945.3.16)
ネーム (アルプワックス　1877–1945)
メル3 (アルヴァックス，モーリス　1877–1945)

Haldane, James Alexander〈18・19世紀〉
イギリス(スコットランド)の牧師。スコットランドに第一組合教会を確立(1799)。
⇒岩世人 (ホールデン　1768.7.14–1851.2.8)

Haldane, John Scott〈19・20世紀〉
イギリスの生理学者。潜函病の研究ですぐれた業績を残した。
⇒岩世人 (ホールデン　1860.5.3–1936.3.14)
ネーム (ホールデン　1860–1936)

Haldane, Richard Burdon, Viscount Haldane of Cloan〈19・20世紀〉
イギリスの政治家。下院議員で自由党に属し，1911年子爵。
⇒岩世人 (ホールデン　1856.7.30–1928.8.19)

Halderman, John Acoming〈19・20世紀〉
アメリカの外交官。
⇒アア歴 (Halderman, John A (coming)　ジョン・アカミング・ハルダーマン　1833.4.15–1908.9.21)

Hale, George Ellery〈19・20世紀〉
アメリカの天文学者。ウィルソン山天文台など(04)を新設。分光太陽写真儀なども発明(90)。
⇒岩世人 (ヘイル　1868.6.29–1938.2.21)
広辞7 (ヘール　1868–1938)

Hale, Horatio Emmons〈19世紀〉
アメリカの民族学者，言語学者。ポリネシアの民族学的研究の基礎を築いた。
⇒岩世人 (ヘイル　1817.3.3–1896.12.28)

Hale, Nathan〈18世紀〉
アメリカ独立戦争の将校，英雄。
⇒スパイ (ヘイル，ネイサン　1755–1776)

Hale, Sarah Josepha〈18・19世紀〉
アメリカの著述家，最初の女性編集者。
⇒岩世人 (ヘイル　1788.10.24–1879.4.30)

Hale, Walter Franklin ("Sapao")〈19・20世紀〉
アメリカの植民地行政官。
⇒アア歴 (Hale, Walter Franklin ("Sapao")　ウォルター・フランクリン・ヘイル　1874.7.27–1952.7.28)

Hálek, Vitězslav〈19世紀〉
チェコの詩人。
⇒岩世人 (ハーレク　1835.4.5–1874.10.8)

Hales, John〈16・17世紀〉
英国教会の神学者。

⇒新カト（ヘイルズ　1584.4.19–1656.5.19）

Hales, Stephen〈17・18世紀〉
イギリスの生理・化学・植物学者，牧師。血圧計の原型をつくった。
⇒岩世人（ヘイルズ　1677.9.7–1761.1.4）

Halevi, Judah ben Samuel〈11・12世紀〉
ユダヤ人の哲学者，詩人，医師。スペインにおけるヘブライ語詩人として活躍。
⇒岩世人（ハレヴィ　1075頃–1141）
　新カト（ハレヴィ　1075頃–1141頃）
　ユ人（ハレビ，ユダ　1075頃–1141頃）
　ユ著人（Judah (ben Samuel) ha-Levi　ユダ・ハ＝レヴィ　1075–1141）

Halévy, Daniel〈19・20世紀〉
フランスの歴史家，随筆家。主著『フランス労働運動試論』(01)。
⇒岩世人（アレヴィ　1872.12.12–1962.2.4）
　ユ著人（Halévy,Daniel　アレヴィー，ダニエル　1872–1962）

Halévy, Élie〈19・20世紀〉
フランスのイギリス史家。
⇒20思（アレヴィ，エリー　1870–1937）
　ユ著人（Halévy,Élie　アレヴィー，エリー　1870–1937）

Halévy, Jacques François Fromental Élie〈18・19世紀〉
フランスの作曲家。1819年カンタータ"Herminie"でローマ大賞受賞。
⇒岩世人（アレヴィ　1799.5.27–1862.3.17）
　オペラ（アレヴィ，ジャック・フロマンタル　1799–1862）
　広辞7（アレヴィー　1799–1862）
　ユ著人（Halévy,Jacques François Fromental Élie　アレヴィー，ジャキシュ・フランソワ・フロメンタル・エリー　1799–1862）

Halévy, Joseph〈19・20世紀〉
フランス（ユダヤ系）の東洋学者。
⇒岩世人（アレヴィ　1827.12.15–1917.2.7）
　ユ人（ハレヴィ，ヨセフ　1827–1917）

Halévy, Ludovic〈19・20世紀〉
フランスの小説家，オペレッタ作者。
⇒19仏（リュドヴィック・アレヴィ　1834.1.1–1908.5.7）
　ユ著人（Halévy,Ludovic　アレヴィー，リュドヴィック　1834–1908）

Ḥālī, Alṭāf Ḥusain〈19・20世紀〉
インドのウルドゥー語詩人，散文家，批評家。
⇒岩世人（ハーリー　1837–1914.12.31）

Halifax, Charles, Lord〈19・20世紀〉
イギリスの幽霊実話録の著者。
⇒新カト（ハリファックス　1839.6.7–1934.1.19）

Halifax, Charles Montague, Earl of〈17・18世紀〉
イギリスの政治家。ハノーバー朝の実現に努めた。
⇒岩世人（ハリファックス　1661.4.16–1715.5.19）

Halifax, *Sir* Charles Wood, 1st Viscount〈18・19世紀〉
イギリスの政治家。
⇒岩世人（ハリファックス　1800.12.20–1885.8.8）

Halifax, George Savile, 1st Marquess of〈17世紀〉
イギリスの政治家。上院議長としてウィリアムとメアリーに王冠を捧呈。
⇒岩世人（ハリファックス　1633.11.11–1695.4.5）

Halitgarus〈8・9世紀〉
カンブレの司教。
⇒新カト（ハリトガルス〔カンブレの〕　?–831頃）

Hall, Asaph〈19・20世紀〉
アメリカの天文学者。火星の2衛星を発見し，軌道を計算。
⇒岩世人（ホール　1829.10.15–1907.11.22）

Hall, Charles〈18・19世紀〉
イギリスの社会改革者，医者。
⇒学叢思（ホール，チャールス　1747–1825頃）

Hall, Charles Martin〈19・20世紀〉
アメリカの化学者，冶金学者。1886年アルミニウムの電解冶金法を発明し，アルミニウム工業を企業化。
⇒岩世人（ホール　1863.12.6–1914.12.27）
　広辞7（ホール　1863–1914）

Hall, Edwin Herbert〈19・20世紀〉
アメリカの物理学者。1879年電流磁気効果の一つホール効果を発見。
⇒岩世人（ホール　1855.11.7–1938.11.20）
　物理（ホール，エドウィン・ハーバート　1855–1938）

Hall, Fitzedward〈19・20世紀〉
アメリカのインド研究者。
⇒アア歴（Hall,Fitzedward　フィッツエドワード・ホール　1825.3.21–1901.2.1）

Hall, George Rogers〈19世紀〉
アメリカの商人，植物収集家。
⇒アア歴（Hall,George Rogers　ジョージ・ロジャーズ・ホール　1820.3–1899.12.24）

Hall, George William〈19・20世紀〉
アメリカの大リーグ選手（外野）。
⇒メジャ（ジョージ・ホール　1849.3.29–1923.6.11）

Hall, Gordon〈18・19世紀〉
アメリカの宣教師。
⇒アア歴（Hall,Gordon　ゴードン・ホール　1784.

4.8–1826.3.20)

Hall, Granville Stanley〈19・20世紀〉
アメリカの心理学者。ジョンズ・ホプキンズ大学にアメリカ最初の心理学実験室を設立（1883）。
⇒岩世人（ホール　1844.2.1–1924.4.24）
　学叢思（ホール, グランヴィル・スタンレー　1846–1924）

Hall, Harry Reginald Holland〈19・20世紀〉
イギリスの考古学者。1924年大英博物館エジプト・アッシリア部の部長。
⇒岩世人（ホール　1873.9.30–1930.10.13）

Hall, Henry I〈17・18世紀〉
イギリスの作曲家。
⇒バロ（ホール, ヘンリー1世　1650頃–1707.3.30）

Hall, *Sir* **James**〈18・19世紀〉
スコットランドの地質学者。火成論の代表者の一人。
⇒岩世人（ホール　1761.1.17–1832.6.23）

Hall, James〈19世紀〉
アメリカの地質学者。地向斜の概念の基礎をつくる。主著『ニューヨークの古生物学』（47～94）。
⇒岩世人（ホール　1811.9.12–1898.8.7）

Hall, Joseph〈16・17世紀〉
聖職者・諷刺詩人。
⇒岩世人（ホール　1574.7.1–1656.9.8）
　新カト（ホール　1574.7.1–1656.9.8）

Hall, Marshall〈18・19世紀〉
イギリスの生理学者。反射運動理論の創始者。
⇒岩世人（ホール　1790.2.18–1857.8.11）

Hall, Radclyffe〈19・20世紀〉
イギリスの小説家, 詩人。
⇒岩世人（ホール　1880.8.12–1943.10.7）

Hall, Rosetta Sherwood〈19・20世紀〉
アメリカの宣教師。
⇒アア歴（Hall,Rosetta Sherwood　ロゼッタ・シャーウッド・ホール　1865.9.19–1951.4.5）

Hall, William Edward〈19世紀〉
イギリスの国際公法学者。
⇒学叢思（ホール, ウィリアム・エドワード　1835–1894）

Hall, *Sir* **William Reginald**〈19・20世紀〉
イギリス海軍情報長官。ルーム40の創設者。
⇒スパイ（ホール, サー・ウィリアム・レジナルド　1870–1943）

*al-*Hallāj, Abū al-Mughīth al- Ḥusayn ibn Mansūr〈9・10世紀〉
イスラムの神秘主義者。「われは真理（神）なり」と宣言し, 火あぶりの刑になった。
⇒岩世人（ハッラージュ　857/859–922.3）
　新カト（ハッラージュ　858–922.3.27）

Hallam, Henry〈18・19世紀〉
イギリスの歴史家。『中世ヨーロッパ観』（18）, 『イギリス国制史』（27）などの著書がある。
⇒岩世人（ハラム　1777.7.9–1859.1.21）

Haller, Albrecht von〈18世紀〉
スイスの解剖学者, 生理学者, 詩人。スイスの植物を分類。
⇒岩世人（ハラー　1708.10.16–1777.12.12）

Haller, Berchtold〈15・16世紀〉
スイスのベルンの宗教改革者。
⇒新カト（ハラー　1492–1536.2.25）

Haller, Hermann〈19・20世紀〉
スイスの彫刻家。女性像を主要なテーマとした。
⇒岩世人（ハラー　1880.12.24–1950.11.23）

Haller, Johannes〈19・20世紀〉
ドイツの歴史家。
⇒岩世人（ハラー　1865.10.16–1947.12.24）

Haller, József〈19・20世紀〉
ポーランドの軍人。
⇒岩世人（ハレル　1873.8.13–1960.6.4）

Haller, Karl Ludwig von〈18・19世紀〉
スイスの政治学者。1830年七月革命後官職についた。
⇒岩世人（ハラー　1768.8.1–1854.5.20）
　学叢思（ハラー, カール・ルドヴィヒ・フォン　1768–1854）
　新カト（ハラー　1768.8.1–1854.5.21）

Halley, Edmund〈17・18世紀〉
イギリスの天文学者。ハレー彗星の予言で有名。
⇒岩世人（ハリー（ハレー）　1656.10.29–1742.1.14）
　科史（ハレー　1656–1742）
　広辞7（ハレー　1656–1742）
　世人新（ハリー　1656–1742）
　世人装（ハリー　1656–1742）
　ポブ人（ハレー, エドマンド　1656–1742）

Hallman, William Wilson〈19・20世紀〉
アメリカの大リーグ選手（二塁, 遊撃, 三塁）。
⇒メジャ（ビル・ホールマン　1867.3.31–1920.9.11）

Hallmann, Paul〈16・17世紀〉
ドイツの作曲家。
⇒バロ（ハルマン, パウル　1600.8.11–1650.1.11）

Hallock, Henry Galloway Comingo〈19・20世紀〉
アメリカの宣教師。
⇒アア歴（Hallock,Henry Galloway Comingo　ヘ

ンリー・ギャロウェー・カミンゴウ・ハロック
1870.3.31–1951.1.24〉

Hallwachs, Wilhelm Ludwig Franz
〈19・20世紀〉
ドイツの物理学者。
⇒岩世人（ハルヴァックス　1859.7.9–1922.6.20）

Halm, August Otto〈19・20世紀〉
ドイツの音楽学者。青年音楽運動の指導者。
⇒岩世人（ハルム　1869.10.26–1929.2.1）

Halm, Friedrich〈19世紀〉
オーストリアの劇作家。グリルパルツァー流の悲劇を書き、当代の人気を博した。
⇒岩世人（ハルム　1806.4.2–1871.5.22）

Halma, François〈17・18世紀〉
オランダの書籍商、出版業者。
⇒岩世人（ハルマ　1653.1.3–1722.1.13）

Halonen, Pekka〈19・20世紀〉
フィンランドの画家。
⇒岩世人（ハロネン　1865.9.23–1933.12.1）

Halphen, Georges Henri〈19世紀〉
フランスの数学者。代数曲線,曲面,微分不変式等の研究がある。
⇒岩世人（アルファン　1844.10.30–1889.5.23）
ネーム（アルファン　1844–1889）
世数（アルファン, ジョルジュ・アンリ　1844–1889）

Halphen, Louis〈19・20世紀〉
フランスの歴史家。中世史を専攻。
⇒岩世人（アルファン（アルフェン）　1880.2.4–1950.10.7）

Hals, Frans〈16・17世紀〉
オランダの画家。肖像、群像を得意とした。
⇒岩世人（ハルス　1581-1585–1666.8.29）
広辞7（ハルス　1582頃–1666）
芸13（ハルス, フランス　1581-1585–1666）
ポプ人（ハルス, フランス　1585?–1666）

Halsbury, Hardinge Stanley Giffard, 1st Earl of〈19・20世紀〉
イギリスの法律家、政治家、裁判官。
⇒岩世人（ホールズベリ　1823.9.3–1921.12.11）

Hälschner, Hugo Philip Egment〈19世紀〉
ドイツの刑法学者。
⇒学叢思（ヘルシュネル, フーゴー・フィリップ・エグモント　1817–1889）

Halske, Georg〈19世紀〉
ドイツの機械学者。ジーメンスと共に電信機製作会社を設けた（1847）。
⇒岩世人（ハルスケ　1814.7.30–1890.3.18）

Halsted, William Stewart〈19・20世紀〉
アメリカの外科医。
⇒岩世人（ハルステッド　1852.9.23–1922.9.7）
広辞7（ハルステッド　1852–1922）

Ḥām
ノアの三子の一人（旧約）。
⇒岩世人（ハム）
新カト（ハム）

Hamadānī, 'Ayn al-Quzāt〈11・12世紀〉
中世期イランのイスラーム神秘主義思想家。
⇒岩世人（ハマダーニー, アイヌル・クザート　1097–1131.5）

Hamal, Jean-Nöel〈18世紀〉
ベルギーの作曲家。
⇒バロ（アマル, ジャン・ノエル　1709.12.23–1778.11.26）
バロ（ハマル, ジャン・ノエル　1709.12.23–1778.11.26）

Haman
エステルの時代にペルシアのクセルクセス王の寵臣だった人物。
⇒聖書（ハマン）

Hamann, Johann Georg〈18世紀〉
ドイツの哲学者。カントの純粋悟性認識に反対し、独特の哲学を築いた。
⇒岩世人（ハーマン　1730.8.27–1788.6.21）
ネーム（ハーマン　1730–1788）
広辞7（ハーマン　1730–1788）
学叢思（ハマン, ヨハン・ゲオルク　1730–1788）
新カト（ハーマン　1730.8.27–1788.6.21）

Hamann, Richard〈19・20世紀〉
ドイツの美学者, 美術史学者。マルブルク大学教授（1913～）。
⇒岩世人（ハーマン　1879.5.29–1961.1.9）

Hambro, Joseph〈18・19世紀〉
デンマークの財政家。
⇒ユ人（ハンブロ, ヨセフ　1780–1848）

Hambroech, Antonio〈17世紀〉
オランダの改革派教会の宣教師。
⇒岩世人（ハンブルーヒ　1607–1661.10.23）

Ḥamd Allāh al-Amāsī〈15・16世紀〉
オスマン帝国時代の書道家。
⇒岩世人（ハムドゥッラー・アマースィー　1429–1520）

al-Hamdānī, Abū Muḥammad al-Ḥasan ibn Aḥmad〈9・10世紀〉
南アラビアの地理学者, 考古学者。『アラビア半島誌』を記した。
⇒岩世人（ハムダーニー　893–945?）

Ḥamdān Qarmat, Ibn al-Ash'ath〈9・

10世紀〉
中世イスラムのカルマト派の創設者。
⇒岩世人（ハムダーン・カルマト）

Hamdi Bey, 'Othman〈19・20世紀〉
トルコの画家，考古学者。シドンの発掘を指導した（87〜88）。
⇒岩世人（ハムディ・ベイ　1842.12.31-1910.2.24）

Hamel, Ernest〈19世紀〉
フランスの政治家，著述家。
⇒19仏（エルネスト・アメル　1826.7.2-1898.1.6）

Hamel, George Carl Wilhelm〈19・20世紀〉
ドイツの力学者で数学者。
⇒世数（ハメル，ゲオルク・カール・ヴィルヘルム　1877-1954）

Hamel, Hendric〈17世紀〉
オランダの船員で西洋世界に初めて朝鮮を紹介した『蘭船済州島難波記』の著書。
⇒岩世人（ハメル　1630-1692.2.12）
　韓朝新（ハメル　?-1692）

Hamelin, Octave〈19・20世紀〉
フランスの哲学者。
⇒岩世人（アムラン　1856.7.22-1907.9.11）
　ネーム（アムラン　1856-1907）
　新カト（アムラン　1856.7.22-1907.9.11）
　メル2（アムラン，オクターヴ〔＝オーギュスト〕1856-1907）

Hamengku Buwono I〈18世紀〉
インドネシア，ジャワのジョクジャカルタ王国建国者。
⇒岩世人（ハムンク・ブウォノ1世　1717.8.4-1792.3.24）

Hamengku Buwono II〈18・19世紀〉
インドネシア，ジョクジャカルタ王国第2代王。在位1792〜1810,11〜12,26〜28。
⇒岩世人（ハムンク・ブウォノ2世　1750.3.7-1828.1.3）

Hamer, Ferdinand〈19世紀〉
オランダ人宣教師。
⇒新カト（ハマー　1840.8.21-1900.7.24）

Hamerling, Robert〈19世紀〉
オーストリアの詩人。16巻の全集がある。
⇒岩世人（ハーマーリング　1830.3.24-1889.7.13）

Ḥamīdu'd-Dīn Abū Bakr Balkhī〈12世紀〉
イランの法官，散文作者。
⇒岩世人（ハミードゥッディーン　?-1160）

Hamilcar Barcas〈前3世紀〉
カルタゴの将軍。第1次ポエニ戦争でカルタゴ軍を指揮してローマを苦しめた。
⇒岩世人（ハミルカル・バルカス　?-前229）

Hamilton, Alexander〈18・19世紀〉
アメリカの政治家。独立戦争に参加。終結後，大陸会議に出席，ワシントン政権の財務長官などを勤めた。
⇒アメ新（ハミルトン　1757-1804）
　岩世人（ハミルトン　1757.1.11-1804.7.12）
　ネーム（ハミルトン　1757-1804）
　学叢思（ハミルトン，アレキサンダー　1757-1804）
　世人新（ハミルトン　1757-1804）
　世人装（ハミルトン　1757-1804）
　世史語（ハミルトン　1757-1804）
　ポブ人（ハミルトン，アレグザンダー　1757?-1804）

Hamilton, Charles Robert〈19・20世紀〉
アメリカの宣教師，教育者。
⇒アア歴（Hamilton, Charles R (obert)　チャールズ・ロバート・ハミルトン　1872.6.18-1954.4.4）

Hamilton, Emma, Lady〈18・19世紀〉
イギリスの外交官サー・ウィリアム・ハミルトンの夫人。
⇒岩世人（ハミルトン　1761頃-1815.1.15）

Hamilton, James, 1st Duke of〈17世紀〉
スコットランドの政治家。プレストンの戦いで敗れ，捕われて処刑された。
⇒岩世人（ハミルトン　1606.6.19-1649.3.9）

Hamilton, John〈16世紀〉
スコットランド，セント・アンドルーズ大主教。宗教改革に反対したため，投獄された。
⇒新カト（ハミルトン　1511-1571.4.7）

Hamilton, Patrick〈16世紀〉
スコットランド宗教改革の最初の説教者，殉教者。
⇒岩世人（ハミルトン　1504頃-1528.2.29）
　新カト（ハミルトン　1504頃-1528.2.29）

Hamilton, Robert〈18・19世紀〉
イギリスの自然科学者，経済学者。
⇒学叢思（ハミルトン，ロバート　1743-1829）

Hamilton, Sir William〈18・19世紀〉
イギリスの外交官，考古学者。火山活動の研究，古物収集で知られる。
⇒岩世人（ハミルトン　1730.12.13-1803.4.6）

Hamilton, Sir William〈18・19世紀〉
イギリスの哲学者。主著『形而上学，論理学講義』（59〜60）。
⇒岩世人（ハミルトン　1788.3.8-1856.5.6）
　学叢思（ハミルトン，ウィリアム　1788-?）
　メル2（ハミルトン（卿），ウィリアム　1788-1856）

Hamilton, William Robert〈19・20世紀〉
アメリカの大リーグ選手(外野)。
⇒メジャ(ビリー・ハミルトン　1866.2.15-1940.12.15)

Hamilton, *Sir* William Rowan〈19世紀〉
イギリスの数学者,物理学者,天文学者。幾何光学の基礎理論を築いた。
⇒岩世人(ハミルトン　1805.8.3-1865.9.2)
　科史(ハミルトン　1805-1865)
　広辞7(ハミルトン　1805-1865)
　物理(ハミルトン,ウィリアム・ローワン　1805-1865)
　世数(ハミルトン,ウィリアム・ローワン　1805-1865)

Hamlin, George〈19・20世紀〉
アメリカのテノール歌手。
⇒魅惑(Hamlin,George　1869-1923)

Hammād al-Rāwiya〈7・8世紀〉
イラン系の詩人。
⇒岩世人(ハンマード・ラーウィヤ　694-695・771-774)

Hammer-Purgstall, Joseph Freiherr von〈18・19世紀〉
オーストリアの東洋学者,外交官。主著『オスマン帝国の歴史』(27〜34)。
⇒岩世人(ハンマー＝プルクシュタル　1774.6.9-1856.11.23)

Hammerschmidt, Andreas〈17世紀〉
ボヘミア生れのオーストリアのオルガン奏者,作曲家。ルター派の教会音楽における主要人物。
⇒バロ(ハンマーシュミット,アンドレアス　1611/1612-1675.10.29)

Hammershaimb, Venceslaus Ulricus〈19・20世紀〉
デンマークのルター派牧師,言語学者。
⇒岩世人(ハマスハイム　1819.3.25-1909.4.8)

Hammershoi, Vilhelm〈19・20世紀〉
デンマークの画家。主作品『妹の肖像』『アルミテス』。
⇒岩世人(ハマスホイ　1864.5.15-1916.2.13)
　芸13(ハンマーショイ,ヴィルヘルム　1864-1916)

Hammerstein, Ludwig von〈19・20世紀〉
ドイツのカトリック教会法学者,著述家。
⇒新カト(ハンマーシュタイン　1832.9.1-1905.8.15)

Hammerstein-Equord, Kurt Freiherr von〈19・20世紀〉
ドイツの軍人。

⇒岩世人(ハンマーシュタイン　1878.9.26-1943.4.25)

Hammond, John Lawrence Le Breton〈19・20世紀〉
イギリスのジャーナリスト,経済史家。
⇒岩世人(ハモンド　1872.7.18-1949.4.7)

Hammond, William Alexander〈19世紀〉
アメリカの神経科学者。
⇒岩世人(ハモンド　1828.8.28-1900.1.5)

Hammurabi〈前18世紀〉
バビロン第1王朝6代の王。在位前18世紀頃。ハンムラビ法典で有名。
⇒岩世人(ハンムラビ　(在位)前1792-前1750)
　広辞7(ハンムラビ　(在位)前1792-前1750)
　新カト(ハンムラビ)
　世人新(ハンムラビ　?-前1750頃)
　世人装(ハンムラビ　?-前1750頃)
　世史語(ハンムラビ王　(在位)前1792頃-前1750頃)
　世帝(ハンムラビ　前1810-前1750)
　ポプ人(ハンムラビ王　生没年不詳)

Ham-nghi〈19・20世紀〉
ベトナム,阮朝の第8代皇帝。
⇒岩世人(ハムギー帝　1871.8.3-1943.1.4)
　世帝(咸宜帝　かんぎてい　1872-1943)

Hamon, Augustin〈19・20世紀〉
フランスの思想家。
⇒19仏(オーギュスタン・アモン　1862.1.20-1945.12.3)

Hampden, John〈16・17世紀〉
イギリスの下院議員,愛国者。
⇒岩世人(ハンプデン(ハムデン)　1595.6頃-1643.6.24)
　ネーム(ハムデン　1594-1643)
　学叢歴(ハムデン　1594-1643)

Hampel, Anton Joseph〈18世紀〉
ボヘミアの作曲家。
⇒バロ(ハンベル,アントン・ヨーゼフ　1710頃-1771.3.30)

Hampton, Mary〈19・20世紀〉
アメリカのメソジスト監督教会婦人宣教師。
⇒岩世人(ハンプトン　1853.5.6-1930.7.1)

Hamsun, Knut〈19・20世紀〉
ノルウェーの作家。小説『飢え』(90),『牧神』(94)などの作品がある。
⇒岩世人(ハムスン　1859.8.4-1952.2.19)
　ネーム(ハムスン　1859-1952)
　広辞7(ハムスン　1859-1952)
　学叢思(ハムズン,クヌート　1860-?)

Hamzah bn 'Ali bn Aḥmad〈11世紀〉
イスラム教のシーア派,ドゥルーズ派の創始者。

⇒岩世人（ハムザ・イブン・アリー ?–1021以降）

Ḥamza ibn 'Abd al-Muṭṭalib〈6・7世紀〉
イスラームの預言者ムハンマドの叔父。
⇒岩世人（ハムザ ?–625）

Hanani
南王国ユダの王アサに対して異を唱えた預言者。
⇒聖書（ハナニ）

Hananiah
エレミヤの預言を否定した偽預言者。
⇒聖書（ハナンヤ）

Hananiah ben-Teradyyon〈2世紀〉
パレスチナのタンナ（師）。
⇒ユ人（ハナニア、ベンテラディオン 2世紀）

Hanan the Egyptian〈2世紀〉
タンナー。ヤブネにいた賢者たちの面前で議論した勇気ある賢人。
⇒ユ著人（Hanan the Egyptian エジプト人ハナン 2世紀）

Hance, Henry Fletcher〈19世紀〉
イギリスの外交官、植物学者。広東領事（81, 83）、厦門（アモイ）領事（86）を歴任。
⇒岩世人（ハンス 1827.8.4–1886.6.22）

Hancock, John〈18世紀〉
アメリカ独立戦争の指導者。『独立宣言書』の最初の署名者。
⇒アメ新（ハンコック 1737–1793）
　岩世人（ハンコック 1737.1.12–1793.10.8）

Hand, Billings Learned〈19・20世紀〉
アメリカの法律家。連邦巡回控訴裁判所判事。
⇒岩世人（ハンド 1872.1.27–1961.8.18）

Händel, Georg Friedrich〈17・18世紀〉
ドイツ生れのイギリスの作曲家。英王室のために管弦楽『水上の音楽』(17頃)などを作曲。
⇒バロ（ヘンデル、ゲオルク・フリードリヒ 1685.2.23–1759.4.14）
　岩世人（ヘンデル 1685.2.23–1759.4.14）
　バレエ（ヘンデル、ゲオルク・フリードリッヒ 1685.2.23–1759.4.14）
　エデ（ヘンデル、ゲオルク・フリードリッヒ 1685.2.23–1759.4.14）
　広辞7（ヘンデル 1685–1759）
　学叢思（ヘンデル、ゲオルク・フレデリク 1685–1759）
　実音人（ヘンデル、ゲオルク・フリードリッヒ 1685–1759）
　新カト（ヘンデル 1685.2.23–1759.4.14）
　世人新（ヘンデル 1685–1759）
　世人装（ヘンデル 1685–1759）
　世史語（ヘンデル 1685–1759）
　ピ曲改（ヘンデル、ゲオルク・フリードリヒ 1685–1759）
　ポブ人（ヘンデル、ゲオルク 1685–1759）

Handel-Mazzetti, Enrica, Freiin von〈19・20世紀〉
オーストリアの女流作家。主著に『マインラート・ヘルムベルガー』(1900)。
⇒岩世人（ハンデル＝マツェッティ 1871.1.10–1955.4.8）
　学叢思（ハンデル・マツェッティ、エンリカ・フォン 1871–?）
　新カト（ハンデル・マツェッティ 1871.1.10–1955.4.8）

Handl, Jacob〈16世紀〉
スロヴェニアの音楽家。
⇒バロ（ガルス、ヤコブス 1550.4.15?–1591.7.18）
　バロ（ヘンドゥル、ヤーコブ 1550.4.15–7.31–1591.7.18）
　新カト（ハンドル 1550.4.15/7.31–1591.7.18）

Handy, William Christopher〈19・20世紀〉
アメリカの黒人作曲家、コルネット奏者。『メンフィス・ブルース』(11)など作曲。
⇒岩世人（ハンディ 1873.11.16–1958.3.28）
　エデ（ハンディ、W.C.［ウィリアム・クリストファー］ 1873.11.16–1958.3.28）

Haneberg, Daniel Bonifatius von〈19世紀〉
ドイツのカトリック聖書学者、オリエント学者、修道院長、司教。
⇒新カト（ハーネベルク 1816.6.16–1876.5.31）

Hanff, Johann Nicolaus〈17・18世紀〉
ドイツのオルガン奏者、作曲家。
⇒バロ（ハンフ、ヨハン・ニコラウス 1665–1712.1)

Hanford, Ben〈19・20世紀〉
アメリカの社会主義者。
⇒学叢思（ハンフォード、ベン 1859–?）

Hang Tuah〈15世紀〉
マラッカ王国の武将。
⇒岩世人（ハン・トゥア）

Hanina, ben-Hama〈3世紀〉
パレスチナの律法学者。
⇒ユ人（ハニナ、ベンハマ 3世紀初期）

Hanke, Karl〈18・19世紀〉
ボヘミアの作曲家。
⇒バロ（ハンケ、カール 1750–1803.6.10）

Hankel, Hermann〈19世紀〉
ドイツの数学者。演算の〈形式不易の原理〉を確立。
⇒岩世人（ハンケル 1839.2.14–1873.8.29）
　世数（ハンケル、ヘルマン 1839–1873）

Hankey, Maurice Pascal, 1st Baron Hankey〈19・20世紀〉
イギリスの海軍軍人・政治家。
⇒スパイ（ハンキー、モーリス 1877–1963）

Hankin, Yehoshua〈19・20世紀〉
パレスチナのパイオニア。
⇒ユ人（ハンキン，エホシュア 1864–1945）

Hanlon, Henry〈19・20世紀〉
イギリス出身のミル・ヒル宣教会員，ウガンダへの宣教師，司教。
⇒新カト（ハンロン 1862.1.7–1937.8.18）

Hanlon, (Ned) Edward Hugh〈19・20世紀〉
アメリカの大リーグ選手（外野）。
⇒メジャ（ネッド・ハンロン 1857.8.22–1937.4.14）

Hann, Julius Ferdinand von〈19・20世紀〉
オーストリアの気象学者，気候学者。大気の力学と熱力学などを研究。
⇒岩世人（ハン 1839.3.23–1921.10.1）

Hanna, Marcus Alonzo〈19・20世紀〉
アメリカの資本家，政治家。W.マッキンリー大統領の後援者。
⇒岩世人（ハナ 1837.9.24–1904.2.15）

Hánnas〈1世紀〉
イエスを裁判にかけたユダヤの大祭司（新約）。
⇒岩世人（アンナス）

Hannequin, Arthur〈19・20世紀〉
フランスの哲学者，科学史家。理論の内面を掘下げて科学史と哲学史を一体化した。
⇒岩世人（アヌカン 1856.10.29–1905.7.5）
メル3（アヌカン〔ハンキン〕，アルテュール・エドゥアール 1856–1905）

Hannibal〈前3・2世紀〉
カルタゴの名将。生涯ローマと戦い続けた。
⇒岩世人（ハンニバル 前247–前183）
ネーム（ハンニバル 前247?–前183）
広辞7（ハンニバル 前247–前183）
世人新（ハンニバル 前247–前183/前182）
世人装（ハンニバル 前247–前183/前182）
世史語（ハンニバル 前247–前183）
ポプ人（ハンニバル 前247?–前183）
学叢歴（ハンニバル 前247–前183）

Hanno〈前3世紀〉
カルタゴの政治家。
⇒岩世人（ハンノ）

Hanno〈5・6世紀〉
カルタゴの航海者。
⇒岩世人（ハンノ）

Hannover, Adolf〈19世紀〉
オランダの科学者，医師。
⇒ユ著人（Hannover, Adolf ハノーバー，アドルフ 1814–1894）

Hanon, Charles Louis〈19世紀〉
フランスのピアノ奏者，オルガン奏者，教育家。『ハノン・ピアノ教本』で有名。
⇒エデ（アノン（ハノン），シャルル＝ルイ 1819.7.2–1900.3.19）
広辞7（ハノン 1819–1900）

Hanotaux, Albert Auguste Gabriel〈19・20世紀〉
フランスの歴史家，政治家。
⇒岩世人（アノトー 1853.11.19–1944.4.11）
19仏（ガブリエル・アノトー 1853.11.19–1944.4.11）

Hans〈15・16世紀〉
デンマーク王。
⇒世帝（ハンス 1455–1513）

Hansard, Albert W.〈19世紀〉
イギリスのジャーナリスト。
⇒岩世人（ハンサード 1821.1.22–1866.5.5）

Hansemann, David〈18・19世紀〉
ドイツの政治家。プロシア国家生活の自由主義化と中央集権化運動を推進。
⇒岩世人（ハンゼマン 1790.7.12–1864.8.4）

Hansen, Armauer Gerhard Henrik〈19・20世紀〉
ノルウェーの医学者，癩菌の発見者。
⇒岩世人（ハンセン 1841.7.29–1912.2.12）

Hansen, Christian Frederik〈18・19世紀〉
デンマークの建築家。古典主義様式の建築をした。
⇒岩世人（ハンセン 1756.2.29–1845.7.10）

Hansen, Emil〈19・20世紀〉
デンマークのダンサー，バレエ・マスター。
⇒バレエ（ハンセン，エミル 1843–1927）

Hansen, Emil Christian〈19・20世紀〉
デンマークの植物学者。酵母菌の研究を行い，酵母菌の作用が酸素によることを証明。
⇒岩世人（ハンセン 1842.5.8–1909.8.29）

Hansen, Georg〈19世紀〉
ドイツの経済学者，統計学者。
⇒学叢思（ハンセン，ゲオルク 1809–1894）

Hansen, Maurits Christoffer〈18・19世紀〉
ノルウェーの詩人，小説家。ノルウェーがデンマークから独立した後，最初に自国の文学を開拓した人。
⇒岩世人（ハンセン 1794.7.5–1842.3.16）

Hansen, Peter Andreas〈18・19世紀〉
デンマークの天文学者。太陽の新しい運行表を発表。

⇒岩世人（ハンセン　1795.12.8-1874.3.28）

Hansjakob, Heinrich〈19・20世紀〉
ドイツの聖職者，宗教的著作家。
⇒岩世人（ハンスヤーコプ　1837.8.19-1916.6.23）
　新カト（ハンスヤーコプ　1837.8.19-1916.6.23）

Hanslick, Eduard〈19・20世紀〉
ドイツの音楽美学者。主著『音楽美について』(54)。
⇒岩世人（ハンスリック　1825.9.11-1904.8.6）
　ネーム（ハンスリック　1825-1904）
　ユ著人（Hanslick, Eduard　ハンスリック，エドゥアルド　1825-1904）

Hanson, Ola〈19・20世紀〉
アメリカの宣教師。
⇒アア歴（Hanson, Ola　ウーラー・ハンスン　1864-1929.10.17）

Hansson, Ola〈19・20世紀〉
スウェーデンの作家。代表作『多感なアモローサ』(1887)。
⇒岩世人（ハーンソン　1860.11.12-1925.9.26）

Hansteen, Christopher〈18・19世紀〉
ノルウェーの天文学者。クリスティアニア（現在のオスロ）大学教授（1814～61）。
⇒岩世人（ハンステーン　1784.9.26-1873.4.15）

Hans von Tübingen〈15世紀〉
オーストリアの画家。
⇒芸13（ハンス・フォン・テュービンゲン　1400-1450頃-1462）

Hans von Würzburg〈16世紀〉
ドイツの作曲家。
⇒バロ（ハンス・フォン・ヴュルツブルク　1500頃?-1550頃?）

Han Thuyen〈13世紀〉
ベトナム，陳朝の官吏，文人。初め阮詮と称し，のち韓詮と改む。著書に『披砂集』1巻がある。
⇒岩世人（ハン・トゥエン）

Hantzsch, Arthur Rudolf〈19・20世紀〉
ドイツの化学者。
⇒岩世人（ハンチ　1857.3.7-1935.3.14）

Hanway, Jonas〈18世紀〉
イギリスの旅行家・慈善家。
⇒岩世人（ハンウェイ　1712.8.2-1786.9.5）

Happart, Gilbert〈17世紀〉
オランダの改革派教会の宣教師。台湾南部で土人の教化に努め，布教のために土語辞典を編纂。
⇒岩世人（ハッパールト　?-1653.8.8）

Happer, Andrew Patton〈19世紀〉
アメリカの長老派宣教師。中国に渡り（1844），澳門（マカオ），広東で医療伝道に従事。
⇒アア歴（Happer, Andrew P(atton)　アンド

ルー・パットン・ハッパー　1818.10.20-1894.10.27）
　岩世人（ハッパー　1818.10.20-1894.10.27）

Harald I Blåstand〈10世紀〉
デンマーク王。在位940頃～985。息子スウェイン1世のクーデターにあった。
⇒岩世人（ハーラル1世（青歯王）　?-986/987頃）
　世帝（ハーラル1世　?-987）
　世帝（ハーラル1世　?-987）

Harald II〈11世紀〉
デンマーク王国の統治者。
⇒世帝（ハーラル2世　989頃-1018）

Harald II Graafeld〈10世紀〉
ノルウェー王。在位961頃～976。ホーコン1世を倒し，王位についた。
⇒世帝（ハーラル2世　930頃-970）

Harald III, Haardraade〈11世紀〉
ノルウェー王。在位1045～66。イングランドに侵入し，敗死。「苛烈王」とも呼ばれた。
⇒岩世人（ハーラル3世シグルソン（苛烈王）　1015?-1066.9.25）
　世帝（ハーラル3世　1015-1066）

Harald III, Hén〈11世紀〉
デンマーク王国の統治者。在位1074～1080。
⇒世帝（ハーラル3世　1040-1080）

Harald IV Gille〈12世紀〉
ノルウェー王。在位1130～36。
⇒世帝（ハーラル4世　1102頃-1136）

Harant z Polžic a Bezdružic, Kryštof〈16・17世紀〉
ボヘミアの作曲家。
⇒バロ（ハラント・ス・ポルジツ・ア・ベズドルジツ・クリシュトフ　1564-1621.6.21）

Harcourt, *Sir* **William George Granville Venables Vernon**〈19・20世紀〉
イギリスの政治家。自由党に属し，内相，蔵相を歴任。
⇒岩世人（ハーコート　1827.10.14-1904.10.1）

Hardeknud〈11世紀〉
デンマーク王。在位1035～42。イングランド王。在位1040～42。
⇒岩世人（ハーデクヌーズ　1019頃-1042.6.8）
　世帝（ハーデクヌーズ　1018/1019-1042）
　世帝（ハーデクヌーズ　1018?-1042）

Hardel, Jacques〈17世紀〉
フランスのクラヴサン奏者。
⇒バロ（アルデル，ジャック　1630頃?-1690頃?）

Harden, *Sir* **Arthur**〈19・20世紀〉
イギリスの生化学者。アルコール醗酵の研究などで有名。1929年ノーベル化学賞を受賞。

⇒岩世人（ハーデン　1865.10.12–1940.6.17）
ノ物化（アーサー・ハーデン　1865–1940）

Harden, Maximilian〈19・20世紀〉
ドイツのユダヤ系ジャーナリスト、評論家。ウィルヘルム2世の政治を批判。
⇒岩世人（ハルデン　1861.10.20–1927.10.30）
ユ著人（Harden, Maximillian　ハルデン, マクシミリアーン　1861–1927）

Hardenberg, Albert〈16世紀〉
ドイツのルター派神学者。
⇒新カト（ハルデンベルク　1510頃–1574.5.18）

Hardenberg, Karl August, Fürst von〈18・19世紀〉
プロシアの政治家。フランスとの解放戦争を指導。
⇒岩世人（ハルデンベルク　1750.5.31–1822.11.26）
ネーム（ハルデンベルク　1750–1822）
広辞7（ハルデンベルク　1750–1822）
世人新（ハルデンベルク　1750–1822）
世人装（ハルデンベルク　1750–1822）
ポプ人（ハルデンベルク、カール・アウグスト　1750–1822）
学叢歴（ハルデルベルク　1750–1822）

Hardes, Hendrik〈19世紀〉
オランダの海軍士官。
⇒岩世人（ハルデス　1815.1.10–1871.4.10）

Hardie, James Keir〈19・20世紀〉
イギリス労働党の指導者。『レイバーリーダー』紙の編集に努力した。1906年下院の労働党首領。
⇒岩世人（ハーディ　1856.8.15–1915.9.26）
学叢思（ハーディー、ジェームズ・ケア　1856–1915）

Harding, James〈16・17世紀〉
フランドル?の作曲家。
⇒バロ（ハーディング、ジェイムズ　1560頃?–1626.1.28）

Harding, Warren Gamaliel〈19・20世紀〉
アメリカの政治家、第29代大統領。1921年対ドイツ単独講和を結び、ワシントン海軍縮会議を召集。
⇒アメ新（ハーディング　1865–1923）
岩世人（ハーディング　1865.11.2–1923.8.2）
ネーム（ハーディング　1865–1923）
世人新（ハーディング　1865–1923）
世人装（ハーディング　1865–1923）
世史語（ハーディング　1865–1923）
ポプ人（ハーディング、ウォレン　1865–1923）

Hardinge, Charles, 1st Baron H. of Penshurst〈19・20世紀〉
イギリスの外交官、政治家。インド総督（1910～16）、フランス駐在大使（1920～23）。
⇒岩世人（ハーディング　1858.6.20–1944.8.2）

Hardinge, Sir Henry, 1st Viscount H. of Lahore〈18・19世紀〉
イギリスの将軍、政治家。
⇒岩世人（ハーディング　1785.3.30–1856.9.24）

Hardouin, Henri〈18・19世紀〉
フランスの歌手、聖職者、参事会員、指揮者。
⇒バロ（アルドゥアン、アンリ　1727.4.7–1808.8.13）

Hardt, Ernst〈19・20世紀〉
ドイツの作家。新ロマン主義の作家。
⇒岩世人（ハルト　1876.5.9–1947.1.3）

Hardwicke, Philip Yorke, 1st Earl of〈17・18世紀〉
イギリスの裁判官、政治家。
⇒岩世人（ハードウィック　1690.12.1–1764.3.6）

Hardy, Alexandre〈16・17世紀〉
フランスの劇詩人。古典悲劇様式の確立に貢献。
⇒岩世人（アルディ　1570頃–1632頃）

Hardy, Godfrey Harold〈19・20世紀〉
イギリスの数学者。
⇒岩世人（ハーディ　1877.2.7–1947.12.1）
世数（ハーディ, ゴッドフリー・ハロルド　1877–1947）
20思（ハーディ, G（ゴッドフリー）H（ハロルド）　1877–1947）

Hardy, Thomas〈18・19世紀〉
イギリスの急進的政治家。1792年議会改革運動を推進するために「ロンドン通信協会」を創立。
⇒岩世人（ハーディ　1752.3.3–1832.10.19）

Hardy, Thomas〈19・20世紀〉
イギリスの小説家、詩人。『帰郷』(78)『テス』(91)などの小説が有名。
⇒岩世人（ハーディ　1840.6.2–1928.1.11）
広辞7（ハーディー　1840–1928）
学叢思（ハーディー、トマス　1840–1928）
新カト（ハーディー　1840.6.2–1928.1.11）
世人新（ハーディー　1840–1928）
世人装（ハーディー　1840–1928）
ポプ人（ハーディ、トマス　1840–1928）

Hargobind, Guru〈16・17世紀〉
インドのシク教第6祖。在位1606～45。
⇒岩世人（ハルゴービンド　1595–1644/1645）

Hargrave, Lawrence〈19・20世紀〉
オーストラリアの航空界の先駆者。箱型凧とフラップ翼を発明。
⇒岩世人（ハーグレイヴ　1850.1.29–1915.7.6）

Hargraves, Edward Hammond〈19世紀〉
オーストラリア最初の金発見者とされた人物。
⇒オセ新（ハーグレーブズ　1816–1891）

Hargreaves, James〈18世紀〉
　イギリスの発明家。複式手動紡糸機を発明。靴下・下着用の紡糸工場をつくった。
　⇒岩世人　（ハーグリーヴズ　?–1778）
　　ネーム　（ハーグリーブズ　?–1778）
　　広辞7　（ハーグリーヴズ　1720–1778）
　　世人新　（ハーグリーヴズ　1720頃–1778）
　　世人装　（ハーグリーヴズ　1720頃–1778）
　　世史語　（ハーグリーヴズ　1720頃–1778）
　　ポプ人　（ハーグリーブス，ジェームズ　1720?–1778）

Haribhadra〈8・9世紀〉
　インドのジャイナ教白衣派の学僧。
　⇒岩世人　（ハリバドラ）
　　学叢思　（ハリバドラ　?–528）

Haribhadra〈9世紀〉
　インドの仏教徒。後期中観派の思想家、『現観荘厳論』の註釈者。
　⇒岩世人　（ハリバドラ）

Harington, *Sir* John〈16・17世紀〉
　イギリスの詩人。
　⇒岩世人　（ハリントン　1560.8.4（受洗）–1612.11.20）

Hariri〈11・12世紀〉
　アラビアの文学者。アラビア文学の一形式（マカーマート）の作家。
　⇒岩世人　（ハリーリー　1054-1055–1122.9.10）

Harishchandra〈19世紀〉
　ヒンディー語文学の作家。散文学、戯曲にすぐれた作品がある。
　⇒岩世人　（ハリシュチャンドラ　1850.9.9–1885.1.6）
　　南ア新　（ハリシュチャンドラ　1850–1885）

al-Ḥārith bin Kaladah〈7世紀〉
　アラビアの医者。
　⇒岩世人　（ハーリス・イブン・カラダ　?–634頃）

Harivarman〈3・4世紀〉
　インドの小乗仏教学者。
　⇒岩世人　（ハリヴァルマン　250頃–350頃）
　　学叢思　（カリバツマ　訶梨跋摩＝Harivarman　前400–?）

Harivarman I〈9世紀〉
　中部ベトナムにあったチャンパーの王。在位803以後～817以前。
　⇒岩世人　（ハリヴァルマン1世　（在位）803以後–817以前）

Harivarman IV〈11世紀〉
　中部ベトナムにあったチャンパーの王。在位1074～81頃。
　⇒岩世人　（ハリヴァルマン4世　（在位）1074–1081）

al-Harizi, Judah Ben Solomon〈12・13世紀〉
　スペインの詩人。散文詩『タッケモーニ』のほかに翻訳もした。
　⇒ユ人　（アル・ハリジ（アルハリシ），ユダ・ベンソロモン　1170–1235）
　　ユ著人　（Al-Harizi,Judah ben Solomon　アル＝ハリジ，ユダ・ベン・シュロモー　1170–1235）

Harkavy, Albert（Abraham Elijah）〈19・20世紀〉
　ロシアのオリエント研究者。
　⇒ユ人　（ハルカビ，アルベルト（アブラハム，エリヤ）　1835–1919）

Harker, Alfred〈19・20世紀〉
　イギリスの岩石学者、地質学者。火成岩成因論、変成論に貢献。
　⇒岩世人　（ハーカー　1859.2.19–1939.7.28）

Harkins, William Draper〈19・20世紀〉
　アメリカの化学者。
　⇒岩世人　（ハーキンズ　1873.12.28–1951.3.7）

Harkort, Friedrich Wilhelm〈18・19世紀〉
　ドイツの事業家、政治家。ライン自由主義の指導者として活躍。
　⇒岩世人　（ハルコルト　1793.2.25–1887.3.6）

Harlan, Josiah〈18・19世紀〉
　アメリカの冒険家。
　⇒アア歴　（Harlan,Josiah　ジョサイア・ハーラン　1799.6.12–1871.10）

Harmel, Léon〈19・20世紀〉
　フランスの実業家、カトリック社会事業家。
　⇒新カト　（アルメル　1829.2.17–1915.11.25）

Harmodios〈前6世紀〉
　古代アテネの貴族。僭主を暗殺し、圧制から解放しようと企てた。
　⇒岩世人　（ハルモディオス　?–前514）

Harms, Claus〈18・19世紀〉
　ドイツのプロテスタント聖職者。
　⇒岩世人　（ハルムス　1778.5.25–1855.2.1）
　　学叢思　（ハルムス，クラウス　1778–1855）

Harnack, Adolf von〈19・20世紀〉
　ドイツの神学者、教会史家。主著『古代キリスト教文献史』（1893～1904）。
　⇒岩世人　（ハルナック　1851.5.7–1930.6.10）
　　学叢思　（ハルナック，アドルフ　1851–?）
　　新カト　（ハルナック　1851.5.7–1930.6.10）
　　20思　（ハルナック，（カール・グスタフ）アドルフ・フォン　1851–1930）

Harnack, Hans〈19世紀〉
　エストニア生まれドイツの数学者、ドレスデン大学教授。
　⇒世数　（ハルナック，ハンス　1851–1888）

Harnisch, Christian Wilhelm〈18・19

harol

世紀〉
ドイツの教育家。ディーステルヴェークと共にドイツにおけるペスタロッチ主義運動の支持者。
⇒岩世人（ハルニッシュ　1787.8.28–1864.8.15）

Harold I, Harefoot〈11世紀〉
デーン王朝第2代のイングランド王。在位1035～40。クヌートとノーサンプトンのイールギフの次男。
⇒岩世人（ハロルド1世（兎足王）　1016頃–1040.3.17）
　世帝　（ハロルド1世　1015?–1040）

Harold I, Harfager〈9・10世紀〉
ノルウェーを統一した王。各地の王を破り、ハフルスフィヨルドの海戦（伝説では872）でほぼ全土を統一。
⇒岩世人（ハーラル1世（美髪王）　?–931頃）
　世帝　（ハーラル1世　850頃–930頃）

Harold II〈11世紀〉
アングロ・サクソン時代最後のイングランド王。在位1066。
⇒岩世人（ハロルド2世　1022頃–1066.10.14）
　世帝　（ハロルド2世　1022–1066）

Haroq Nawi〈19・20世紀〉
台湾原住民タロコ族総頭目。
⇒岩世人（ハロク・ナウイ　?–1915.2.20）

H

Harpalos〈前4世紀〉
古代マケドニアの貴族。
⇒岩世人（ハルパロス　?–前324）

Harper, Frances Ellen Watkins〈19・20世紀〉
アメリカの詩人、奴隷制廃止運動家、教育者。
⇒岩世人（ハーパー　1825.9.24–1911.2.22）

Harper, James〈18・19世紀〉
アメリカの出版者。弟と共に出版業を創め（1817）、文学、伝記、医書、工学書等を刊行。
⇒岩世人（ハーパー　1795.4.13–1869.3.27）

Harper, William Rainy〈19・20世紀〉
アメリカの神学者、ヘブライ語学の権威。シカゴ大学初代総長。
⇒岩世人（ハーパー　1856.7.26–1906.1.10）

Harphius van Erp〈15世紀〉
オランダの神秘主義的著述家。
⇒新カト（ハルピウス・ファン・エルプ　1400頃–1477頃）

Harpignies, Henri Joseph〈19・20世紀〉
フランスの風景画家。
⇒岩世人（アルピニー　1819.7.28–1916.8.28）

Harpster, John Henry〈19・20世紀〉
アメリカの宣教師。
⇒アア歴（Harpster,John Henry　ジョン・ヘンリー・ハープスター　1844.4.27–1911.2.1）

Harrer, Johann Gottlob〈18世紀〉
ドイツの作曲家。
⇒バロ（ハラー、ヨハン・ゴットロープ　1703.5.8–1755.7.9）

Harries, Carl Dietrich〈19・20世紀〉
ドイツの化学者。不飽和有機化合物にオゾンを作用させてオゾン化物を作ることを発明。
⇒岩世人（ハリエス　1866.8.5–1923.11.3）

Harriman, Edward Henry〈19・20世紀〉
アメリカの実業家。1901年の経済不況の原因をつくった。
⇒アメ新（ハリマン　1848–1909）
　岩世人（ハリマン　1848.2.20–1909.9.9）
　ネーム（ハリマン　1848–1909）
　世人新（ハリマン　1848–1909）
　世人装（ハリマン　1848–1909）

Harrington, Charles Kendall〈19・20世紀〉
アメリカのバプテスト派教会宣教師、神学教育。
⇒アア歴（Harrington,Charles Kendall　チャールズ・ケンダル・ハリントン　1858.3.14–1920.5.13）
　岩世人（ハリントン　1858.3.14–1920）

Harrington, James〈17世紀〉
イギリスのユートピア思想家。
⇒岩世人（ハリントン　1611.1.3–1677.9.11）
　学叢思（ハリントン、ジェームズ　1611–1677）

Harriot, Thomas〈16・17世紀〉
イギリスの数学者、天文学者、測量家。
⇒岩世人（ハリオット　1560頃–1621.7.2）
　世数（ハリオット、トーマス　1560–1621）

Harris, Edward Norman〈19・20世紀〉
アメリカの宣教師。
⇒アア歴（Harris,Edward Norman　エドワード・ノーマン・ハリス　1860.4.27–1947.8.9）

Harris, James Rendel〈19・20世紀〉
イギリスの神学者。古写本発見に関する功績が多い。
⇒岩世人（ハリス　1852.1.27–1941.3.1）
　新カト（ハリス　1852.1.27–1941.3.1）

Harris, Joel Chandler〈19・20世紀〉
アメリカの小説家。『リーマス小父さん―その歌とお話』（80）シリーズで人気を呼んだ。
⇒岩世人（ハリス　1845.12.9–1908.7.3）

Harris, Joseph〈18世紀〉
イギリスの造幣局検査官。貨幣論で有名。
⇒学叢思（ハリス、ジョセフ　1702–?）

Harris, Merriman Colbert〈19・20世紀〉
アメリカのメソジスト監督教会日本・朝鮮監督。

⇒アア歴（Harris,Merriman,Colbert　メリマン・コルバート・ハリス　1846.7.9-1921.5.8）
新カト（ハリス　1846.7.9-1921.5.8）

Harris, Rollin Arthur〈19・20世紀〉
アメリカの潮汐学者。沿岸陸地測量部に勤務して潮汐推算器を設計、また定常波潮汐論を唱えた（1900）。
⇒岩世人（ハリス　1863-1918）

Harris, Thomas Bradley〈19世紀〉
アメリカの商人。
⇒アア歴（Harris,Thomas Bradley　トマス・ブラッドリー・ハリス　1826.10.29-1866.5.22）

Harris, Townsend〈19世紀〉
アメリカの外交官。幕末の駐日公使。
⇒アア歴（Harris,Townsend　タウンゼンド・ハリス　1804.10.3-1878.2.25）
アメ新（ハリス　1804-1878）
岩世人（ハリス　1804.10.3-1878.2.25）
広辞7（ハリス　1804-1878）
ポプ人（ハリス、タウンゼント　1804-1878）

Harris, William Torrey〈19・20世紀〉
アメリカの教育家。公立学校行政官、哲学者。
⇒岩世人（ハリス　1835.9.10-1909.11.5）

Harrison, Alfred Craven, Jr.〈19・20世紀〉
アメリカの探検家。
⇒アア歴（Harrison,Alfred C (raven),Jr　アルフレッド・クレイヴン・ハリソン・ジュニア　1876-1925.7.7）

Harrison, Benjamin〈19・20世紀〉
第23代アメリカ大統領。曽祖父はアメリカ独立宣言署名者、祖父は第9代大統領。
⇒アメ新（ハリソン　1833-1901）
岩世人（ハリソン　1833.8.20-1901.3.13）

Harrison, Francis Burton〈19・20世紀〉
アメリカの法律家、政治家。36年アメリカ人で最初のフィリピン市民。
⇒アア歴（Harrison,Francis Burton　フランシス・バートン・ハリソン　1873.12.18-1957.11.21）
岩世人（ハリソン　1873.12.18-1957.11.21）

Harrison, Frederic〈19・20世紀〉
イギリスの哲学者、伝記作家、法律家。
⇒学叢思（ハリソン、フレデリク　1831-?）

Harrison, Jane Ellen〈19・20世紀〉
イギリスの古典考古学者、古典宗教学者。ギリシア宗教および神話の研究とその推進に大きな貢献をした。
⇒岩世人（ハリソン　1850.9.9-1928.4.15）

Harrison, John〈17・18世紀〉
イギリスの時計師。正確な船舶用時計をつくり、イギリス政府から賞金を獲得。
⇒岩世人（ハリソン　1693.3.24-1776.3.24）

科史（ハリソン　1693-1776）

Harrison, Ross Granville〈19・20世紀〉
アメリカの生物学者。
⇒岩世人（ハリソン　1870.1.13-1959.9.30）
広辞7（ハリソン　1870-1959）

Harrison, Thomas〈17世紀〉
イギリス内乱の議会側の指導者。
⇒岩世人（ハリソン　1601.7.16頃-1660.10.13）

Harrison, William Henry〈18・19世紀〉
第9代アメリカ大統領。41年3月4日就任し、1ヵ月後に死去。
⇒岩世人（ハリソン　1773.2.9-1841.4.4）

Harṣa-vardhana〈7世紀〉
北インドの王。在位606～647。
⇒岩世人（ハルシャ・ヴァルダナ　?-647）
ネーム（ハルシャヴァルダナ）
広辞7（ハルシャ・ヴァルダナ　（在位）606頃-647頃）
世人新（ハルシャ＝ヴァルダナ（戒日王）　かいじつおう　?-647）
世人装（ハルシャ＝ヴァルダナ（戒日王）　かいじつおう　?-647）
世史語（ハルシャ王（在位）606-647）
ポプ人（ハルシャ・バルダナ　590?-647）
南アメ新（ハルシャ・ヴァルダナ　?-646/647）

Harsdörffer, Georg Philipp〈17世紀〉
ドイツの詩人、学者。
⇒岩世人（ハルスデルファー　1607.11.1-1658.9.17）

Harshavarman I〈10世紀〉
クメール王国（アンコール朝）の王。在位910～922。
⇒世帝（ハルシャーヴァルマン1世　?-923）

Harshavarman II〈10世紀〉
クメール王国（アンコール朝）の王。在位941～944。
⇒世帝（ハルシャーヴァルマン2世　?-944）

Harshavarman III〈11世紀〉
クメール王国（アンコール朝）の王。
⇒世帝（ハルシャーヴァルマン3世　?-1080?）

Harst, Coelestin〈17・18世紀〉
フランスの聖職者、教師、クラヴサン奏者、オルガンの鑑定師。
⇒バロ（アルスト、セレスタン　1698-1776）

Hart, Aaron〈18世紀〉
カナダの開拓者。
⇒ユ人（ハート、アロン　1724-1800）

Hart, Abraham〈19世紀〉
アメリカの出版業者。
⇒ユ人（ハート、アブラハム　1810-1885）

Hart, Heinrich〈19・20世紀〉
ドイツの評論家,小説家。弟と協力して雑誌「批判的征伐」(1882〜84)を創刊。
⇒岩世人（ハルト　1855.12.30–1906.6.12)

Hart, James〈17・18世紀〉
イギリスの作曲家。
⇒バロ（ハート,ジェイムズ　1647–1718.5.8）

Hart, Philip〈17・18世紀〉
イギリスの作曲家。
⇒バロ（ハート,フィリップ　1674頃–1749.7.17）

Hart, *Sir* Robert〈19・20世紀〉
イギリスの外交官。中国,清代の税関行政の最高責任者。清朝の外交,財政,通商にも大きな発言力をもった。
⇒岩世人（ハート　1835.2.20–1911.9.20）

Hart, Solomon Alexander〈19世紀〉
イギリスの歴史画家。
⇒ユ人（ハート,ソロモン・アレキサンダー　1806–1881）
ユ著人（Hart,Solomon Alexander　ハート,ソロモン・アレキサンダー　1806–1881）

Hart, Virgil Chittenden〈19・20世紀〉
アメリカの宣教師。
⇒アア歴（Hart,Virgil Chittenden　ヴァージル・チッテンデン・ハート　1840.1.2–1904.2.24）

Harte, Francis Bret〈19・20世紀〉
アメリカの小説家,外交官。
⇒岩世人（ハート　1836.8.25–1902.5.5）
新カト（ハート　1836.8.25–1902.5.5）
ユ著人（Harte,Bret　ハルテ,ベレット　1836–1902）

Hartenstein, Gustav〈19世紀〉
ドイツの哲学者。ライプチヒ大学教授（1836〜59）。
⇒岩世人（ハルテンシュタイン　1808.3.18–1890.2.2）

Hartig, Georg Ludwig〈18・19世紀〉
ドイツの林学者。
⇒岩世人（ハルティヒ　1764.9.2–1837.2.2）

Hartig, Michael〈19・20世紀〉
ドイツのカトリック教会美術史家。
⇒新カト（ハルティヒ　1878.9.28–1960.4.12）

Hartingh, Nicolaas〈18世紀〉
オランダ東インド会社の上級社員。
⇒岩世人（ハルティング）

Hartleben, Otto Erich〈19・20世紀〉
ドイツの劇作家,詩人。主著,悲劇『熱狂のカーニバル』（1900）。
⇒学叢思（ハルトレーベン,オットー・フリッヒ　1864–1905）

Hartley, *Sir* Charles Augustus〈19・20世紀〉
イギリスの技術者。
⇒岩世人（ハートリー　1825.2.3–1915.2.20）

Hartley, David〈18世紀〉
イギリスの医者,心理学者。主著『人間の考察』(49)，『人間精神の理論』(75) など。
⇒岩世人（ハートリー　1705.8.30–1757.8.28）
学叢思（ハートレー,ダヴィッド　1704–1757）
メル2（ハートリー,デイヴィッド　1705–1757）

Hartley, Marsden〈19・20世紀〉
アメリカの画家,作家。アメリカ現代美術の先駆者の一人。
⇒岩世人（ハートリー　1877.1.4–1943.9.2）

Hartmann, Anastasius〈19世紀〉
インド宣教師,カプチン・フランシスコ修道会員,司教。スイスのルツェルン州出身。
⇒新カト（ハルトマン　1803.2.24–1866.4.24）

Hartmann, Carl Sadakichi〈19・20世紀〉
アメリカの芸術家。
⇒アメ新（ハルトマン　1867–1944）

Hartmann, Johann Ernst〈18世紀〉
デンマークの作曲家,ヴァイオリン奏者。
⇒バロ（ハルトマン,ヨハン・エルンスト　1726–1793）
バロ（ハートマン,ヨハン・エルンスト　1726.12.24–1793.10.21）

Hartmann, Karl Robert Eduard von〈19・20世紀〉
ドイツの哲学者。無意識の哲学の提唱者。
⇒岩世人（ハルトマン　1842.2.23–1906.6.5）
広辞7（ハルトマン　1842–1906）
学叢思（ハルトマン,カール・ロベルト・エデュアルト・フォン　1842–1906）
新カト（ハルトマン　1842.2.23–1906.6.5）
メル3（ハルトマン,エドゥアルト・フォン　1842–1906）

Hartmann, Martin〈19・20世紀〉
ドイツのイスラム学者。〈ドイツ・イスラム学会〉を創立,機関誌『イスラム世界』を発行。
⇒岩世人（ハルトマン　1851.12.9–1919.12.5）

Hartmann, Max〈19・20世紀〉
ドイツの動物学者。カイザー・ヴィルヘルム研究所生物学部長（14〜）。
⇒岩世人（ハルトマン　1876.7.7–1962.10.11）

Hartmann, Moritz〈19世紀〉
オーストリアの詩人。作品に教会と国家批判する詩集『杯と剣』,『僧マウリーツィウス』など。
⇒ユ著人（Hartmann,Moritz　ハルトマン,モーリッツ　1821–1872）

Hartmann von Aue ⟨12・13世紀⟩
ドイツの詩人。ホーエンシュタウフェン王朝時代の宮廷叙事詩人の一人。
⇒バロ（アウエ, ハルトマン・フォン　1165頃–1215）
　バロ（ハルトマン・フォン・アウエ　1160-1165頃–1215）
　岩世人（ハルトマン（アウエの）　1165頃–1215頃）
　広辞7（ハルトマン・フォン・アウエ　1165頃–1215頃）
　新カト（ハルトマン〔アウエの〕　1165頃–1215頃）

Hartog, Dirck ⟨17世紀⟩
オランダの航海者。
⇒オセ新（ハルトフ　1580–1621）

Hartsel,（Topsy）Tully Frederick ⟨19・20世紀⟩
アメリカの大リーグ選手（外野）。
⇒メジャ（トプシー・ハーツェル　1874.6.26–1944.10.14）

Hartsinck, Carel ⟨17世紀⟩
オランダの東インド総督府政務総監。
⇒岩世人（ハルチンク　1611–1667.9.24）

Hartung, Adolf ⟨19・20世紀⟩
ドイツの建築家。エンデ・ベックマンの指導下に東京裁判所およびブリュンのドイツ館の設計計画に参与。
⇒岩世人（ハルトゥング　1850.5.29–1910.3.30）

Hartwell, Jesse Boardman, Jr. ⟨19・20世紀⟩
アメリカの宣教師。
⇒アア歴（Hartwell, Jesse Boardman, Jr　ジェシー・ボードマン・ハートウェル・ジュニア　1835.10.17–1912.1.3）

Harty, Sir Herbert Hamilton ⟨19・20世紀⟩
アイルランドの作曲家, 指揮者。
⇒岩世人（ハーティ　1879.12.4–1941.2.19）

Hārūn al-Rashīd ⟨8・9世紀⟩
アッバース朝第5代のカリフ。在位786～809。『千夜一夜物語』の主人公。
⇒岩世人（ハールーン・ラシード　763.3/766.2–809.3.24）
　広辞7（ハールーン・アッラシード　766/763–809）
　世人新（ハールーン＝アッラシード　763/766–809）
　世人装（ハールーン＝アッラシード　763/766–809）
　世史語（ハールーン＝アッラシード　766–809）
　世帝（ハールーン・アッラシード　766–809）
　ポプ人（ハールーン・アッラシード　766–809）

Harvard, John ⟨17世紀⟩
ハーバード大学基金寄贈者。
⇒岩世人（ハーヴァード　1607–1638.9.14）

広辞7（ハーヴァード　1607–1638）

Harvey, Gabriel ⟨16・17世紀⟩
詩人・古典学者。
⇒岩世人（ハーヴィ　1552/1553–1631.2.11）

Harvey, Sir William ⟨16・17世紀⟩
イギリスの医学者, 生理学者。28年に血液循環論を発表。
⇒岩世人（ハーヴィ　1578.4.1–1657.6.3）
　科史（ハーヴィ　1578–1657）
　広辞7（ハーヴェー　1578–1657）
　学叢思（ハーヴェー, ウィリアム　1578–1657）
　新カト（ハーヴィ　1578.4.1–1657.6.3）
　世人新（ハーヴェー　1578–1657）
　世人装（ハーヴェー　1578–1657）
　世史語（ハーヴェー　1578–1657）
　ポプ人（ハーベー, ウィリアム　1578–1657）

Ḥasan al-Baṣrī ⟨7・8世紀⟩
西アジア, イスラム初期のバスラの思想家。周囲に多くの文人, 思想家が集まり, 一種の思想のサロンを形成。
⇒岩世人（ハサン・バスリー　642–728）
　新カト（ハサン・アル・バスリー　642–728）

Ḥasan Bahman Shāh ⟨14世紀⟩
デカンのバフマニー王国の統治者。在位1347～1358。
⇒岩世人（アラーウッディーン・バフマン・シャー　1292頃–1358.2.11）

Hasan Beyzâde Ahmed Paşa ⟨17世紀⟩
オスマン帝国の財務官僚, 歴史家。
⇒岩世人（ハサン・ベイザーデ・アフメト・パシャ　?–1636/1637）

al-Ḥasan bn 'Alī bn Abī Ṭalib ⟨7世紀⟩
アラビアのシーア派第2代教主。イスラム国家第4代カリフ・アリーの長男。
⇒岩世人（ハサン・イブン・アリー　624/625–669頃）

Hasan ibn al-Sabbāh ⟨12世紀⟩
イスラム教イスマイル派のニザール派の指導者。
⇒岩世人（ハサネ・サッバーフ　?–1124.5.23）

Ḥasan ibn Zayd ⟨9世紀⟩
カスピ海南岸のアリー朝の創始者。在位864～84。
⇒岩世人（ハサン・イブン・ザイド　?–884）

Hasanuddin, Maulana ⟨16世紀⟩
インドネシア, ジャワ島のバンテン王国の第2代王。在位1552～70。
⇒岩世人（ハサヌッディン, マウラナ　?–1570）

Hasanuddin, Sultan ⟨17世紀⟩
インドネシア, スラウェシ島南部の連合王国マカッサルの第16代ゴワ王。在位1653～69。
⇒岩世人（ハサヌッディン　1631–1670）

Ḥasanwayh ibn Ḥusayn Barzikānī〈10世紀〉
イラン西部、イラク北部を支配したクルド人のハサンワイヒ朝の創始者。
⇒岩世人（ハサンワイヒ　?–959）

Hasbach, Wilhelm〈19・20世紀〉
ドイツの経済学者。
⇒岩世人（ハースバッハ　1849.8.25–1920.4.30）

Hascall, William Hosmer Shailer〈19・20世紀〉
アメリカの宣教師。
⇒アア歴（Hascall,William Hosmer Shailer　ウイリアム・ホズマー・シェイラー・ハスカル　1850.12.30–1927.3.24）

Hasdrubal〈前3世紀〉
カルタゴの将軍。スペインを支配（前229～228）、新首都「新カルタゴ」を建設。
⇒岩世人（ハスドルバル　?–前221）

Hasdrubal〈前2世紀〉
カルタゴの将軍。第3次ポエニ戦争でカルタゴを守ったが、降服（前146）。
⇒岩世人（ハスドルバル　?–前146）

Hasdrubal Barka〈前3世紀〉
カルタゴの将軍。スキピオ兄弟と戦ったのち（前218～208）、メタウルス川の戦いに敗れて殺された。
⇒岩世人（ハスドルバル　?–前207）

Hase, Karl August von〈18・19世紀〉
ドイツのプロテスタント神学者。イェナ大学教会史教授（1830～83）。
⇒岩世人（ハーゼ　1800.8.25–1890.1.3）
学叢思（ハーゼ、カール・アウグスト・フォン　1800–1890）

Haselwander, Friedrich August〈19・20世紀〉
ドイツの技術者。
⇒岩世人（ハーゼルヴァンダー　1859.10.18–1932.3.14）

Hasenclever, Wilhelm〈19世紀〉
ドイツの政治家。〈全ドイツ労働者同盟〉に加わり、総裁（71）。
⇒学叢思（ハーゼンクレーフェル、ヴィルヘルム　1837–?）

Häser, Heinrich〈19世紀〉
ドイツの医学史家。グライフスヴァルト、ブレスラウの各大学教授。
⇒岩世人（ヘーザー　1811.10.15–1885.9.13）

Hāshim
アラブのクライシュ族の支族ハーシム家の祖。
⇒岩世人（ハーシム）

Hashim, Rajah Muda〈19世紀〉
ブルネイの王族。
⇒岩世人（ハシム、ムダ　?–1845.12.21）

Haslam, James〈19・20世紀〉
イギリスの社会主義者、労働指導者。
⇒学叢思（ハスラム、ジェームス　1842–?）

Haspinger, Joachim〈18・19世紀〉
オーストリアの聖職者、愛国者。
⇒岩世人（ハースピンガー　1776.10.28–1858.1.12）
新カト（ハースピンガー　1776.10.27–1858.1.12）

Hasprois, Johannes Symonis〈14・15世紀〉
フランスの歌手、聖職者、公証人。
⇒バロ（アスプロア、ヨハネス・シモニス　1370頃?–1428）

Hassam, Frederick Childe〈19・20世紀〉
アメリカの画家。印象主義画家グループ「ザ・テン」の一員。主作品は、『夏の日光』(92) など。
⇒岩世人（ハッサム　1859.10.17–1935.8.27）
芸13（ハッサム、チャイルド　1859–1935）

Hassan〈19・20世紀〉
南部フィリピンで対米武装抵抗を率いたムスリムの指導者。
⇒岩世人（ハサン　?–1904）

Ḥassān bn al-Nu'mān al-Ghassānī〈7世紀〉
アラビアのウマイヤ朝の武将。
⇒岩世人（ハッサーン・イブン・ヌウマーン　?–699）

Ḥassān ibn Thābit〈6・7世紀〉
アラビアの詩人。マホメットの擁護者。
⇒岩世人（ハッサーン・イブン・サービト　590頃–659–673頃）

Hasse, Johann Adolph〈17・18世紀〉
ドイツの歌劇作曲家。音楽史的功績としてはドイツに生粋のイタリア歌劇を紹介したことにある。
⇒バロ（ハッセ、ヨハン・アドルフ　1699.3.23/24–1783.12.16）
岩世人（ハッセ　1699.3.25–1783.12.16）
オペラ（ハッセ、ヨーハン・アドルフ　1699–1783）
新カト（ハッセ　1699.3.15–1783.12.16）

Hasse, Peter III〈17・18世紀〉
ドイツの作曲家。
⇒バロ（ハッセ、ペーター3世　1659.2.18–1708.10.16）

Hasselriis, Louis〈19・20世紀〉
デンマークの彫刻家。主としてローマで制作（1869～）。主作品、ハイネの墓碑（1901）（パリ）。
⇒岩世人（ハセリース　1844.1.12–1912.5.20）

Hassenpflug, Hans Daniel〈18・19世紀〉
　ドイツ(ヘッセン)の政治家。
　⇒岩世人（ハッセンプフルーク　1794.2.26–1862.10.10）

Hassert, Kurt〈19・20世紀〉
　ドイツの地理学者。
　⇒岩世人（ハッセルト　1868.3.15–1947.11.5）

Hassinger, Hugo〈19・20世紀〉
　オーストリアの地理学者。人文地理学を専攻。
　⇒岩世人（ハッシンガー　1877.11.8–1952.3.13）

Hassler, Hans Leo〈16・17世紀〉
　ドイツの作曲家、オルガン奏者。教会音楽や世俗合唱音楽を作曲。
　⇒バロ（ハスラー，カスパル　1562.8.17–1618.8.21）
　　バロ（ハスラー，ハンス・レオ　1564.10.26–1612.6.8）
　　岩世人（ハスラー　1564.10.26–1612.6.8）
　　エデ（ハスラー，ハンス・レオ　1564.10.26–1612.6.8）
　　新カ（ハスラー　1562.8.17–1612.6.8）

Hassler, Isaak〈16世紀〉
　ドイツの作曲家。
　⇒バロ（ハスラー，イザーク　1530頃–1591.7.14）

Hassler, Jakob〈16・17世紀〉
　ドイツの作曲家。
　⇒バロ（ハスラー，ヤーコプ　1569.12.18–1622.4-9）

Hässler, Johann Wilhelm〈18・19世紀〉
　ドイツの作曲家。
　⇒バロ（ヘスラー，ヨハン・ヴィルヘルム　1747.3.29–1822.3.29）

Hassreiter, Joseph〈19・20世紀〉
　オーストリアのダンサー、振付家、教師、バレエ・マスター。
　⇒バレエ（ハスライター，ヨゼフ　1845.12.30–1940.2.8）

Hastings, Eurotas Parmelee〈19世紀〉
　アメリカの宣教師。
　⇒アア歴（Hastings,Eurotas Parmelee　ユロウタス・パームリー・ヘイスティングズ　1821.4.17–1890.7.31）

Hastings, Francis Rawdon-Hastings, 1st Marquess of〈18・19世紀〉
　イギリスの軍人、植民地行政官。
　⇒岩世人（ヘイスティングズ　1754.12.9–1826.11.28）
　　南ア新（ヘースティングズ　1754–1826）

Hastings, James〈19・20世紀〉
　スコットランドの神学者。キリスト教関係の辞書を編纂。
　⇒岩世人（ヘイスティングズ　1852–1922）

Hastings, Warren〈18・19世紀〉
　イギリスの初代インド総督。
　⇒岩世人（ヘイスティングズ　1732.12.6–1818.8.22）
　　広辞7（ヘースティングズ　1732–1818）
　　南ア新（ヘースティングズ　1732–1818）

Hatchett, Charles〈18・19世紀〉
　イギリスの化学者。鉱物の分析に業績をあげた。
　⇒岩世人（ハチェット　1765.1.2–1847.3.10）

Hātifī, 'Abdullāh〈15・16世紀〉
　イランの詩人。
　⇒岩世人（ハーティフィー　?–1520-1521）

Ḥātim, Shaikh Ẓuhūruddīn〈17・18世紀〉
　インドのウルドゥー語詩人。
　⇒岩世人（ハーティム　1699–1784）

Ḥātim al-Ṭā'ī ibn 'Abdullāh〈6・7世紀〉
　アラビアの詩人。
　⇒岩世人（ハーティム・ターイー　6世紀末–7世紀初）

Hatry, Jeremiah James〈19・20世紀〉
　アメリカの聖職者。
　⇒アア歴（Hatry,Jeremiah J(ames)　ジェレマイア・ジェイムズ・ハーティー　1853.11.7–1927.10.30）

Hatshepsut〈前16・15世紀〉
　エジプト第18王朝の女王。在位前1503頃〜1482頃。紅海を下ってプントとの交易を開いた。
　⇒岩世人（ハトシェプスト　　（在位）前1479/前1473–前1458/前1457）
　　姫全（ハトシェプスト）
　　世帝（ハトシェプスト　　（在位）前1498–前1483頃）

Hatto〈8・9世紀〉
　カロリング・ルネサンスの時代に活躍したドイツの司教、神学者。
　⇒新カト（ハットー〔バーゼルの〕　762/763–836.3.17）

Hatto I〈9・10世紀〉
　ドイツ中世の聖職者。マインツ大司教(891〜913)。政治権力をあやつり、教会領を拡大。
　⇒岩世人（ハットー1世　850頃–913.5.5）
　　新カト（ハットー1世〔マインツの〕　850頃–913.5.15）

Hatto II〈10世紀〉
　マインツの大司教。在職968〜70。
　⇒岩世人（ハットー2世　?–970.1.17/18）
　　新カト（ハットー2世〔マインツの〕　?–970.1.18）

Hatton, Sir Christopher〈16世紀〉
　イギリスの大法官。エリザベス1世の寵臣。政府のスポークスマンとして活躍。
　⇒岩世人（ハットン　1540頃–1591.11.20）

Hattushili II〈前14世紀〉
ヒッタイト王国の統治者。
⇒岩世人（ハットゥシリ2世）

Hattušiliš I〈前17世紀〉
ハッティ（ヒッタイト）国王。在位前1650頃。
⇒岩世人（ハットゥシリ1世　（在位）前16世紀前半−中頃）

Hattušiliš III〈前13世紀〉
ヒッタイト国王。在位前1283頃〜50頃。
⇒岩世人（ハットゥシリ3世）
世帝　（ハットゥシリ3世　（在位）前1266−前1236）

Hatzimihail, Theophilos〈19・20世紀〉
ギリシアの画家。
⇒岩世人（ハツィミハイル　1867/70−1934.3.22）

Hauch, Johannes Carsten〈18・19世紀〉
デンマークの詩人、劇作家、小説家。
⇒岩世人（ハウク　1790.5.12−1872.3.4）

Hauck, Albert〈19・20世紀〉
ドイツのプロテスタント神学者。エルランゲン（1778）、ライプチヒ（89）の各大学教授。
⇒岩世人（ハウク　1845.12.9−1918.4.7）

Haucourt, Johannes〈14・15世紀〉
フランスの歌手、聖職者。
⇒バロ（アルト・キュリー、ジョアンヌ・ド　1360頃?−1410以降）
　バロ（オークール、ジョアンヌ　1360頃?−1410以降）

Haudek, Carl〈18世紀〉
ボヘミアの作曲家。
⇒バロ（ハウデク、カール　1721−1800以降）

Hauff, Wilhelm〈19世紀〉
ドイツの詩人、小説家。『隊商』（26）など東洋方面から取材した14篇の童話が有名。
⇒岩世人（ハウフ　1802.11.29−1827.11.18）
広辞7（ハウフ　1802−1827）
ポブ人（ハウフ、ウィルヘルム　1802−1827）

Hauge, Hans Nielsen〈18・19世紀〉
ノルウェーの説教者、敬虔派の創始者。懺悔の必要を説いて全国を行脚。
⇒岩世人（ハウゲ　1771.4.3−1824.3.29）

Haugwitz, Friedrich Wilhelm Graf von〈18世紀〉
オーストリアの政治家。
⇒岩世人（ハウクヴィッツ　1702.12.11−1765.9.11）

Hauke, Maurycy〈18・19世紀〉
ポーランドの将軍。コシューシコの下に軍隊に入り（1794）、ナポレオン戦争時代に活躍。
⇒岩世人（ハウケ　1775−1830.11.29）

Haupt, Albrecht〈19・20世紀〉
ドイツの建築家、美術史家。ハノーヴァーの工業大学教授。
⇒岩世人（ハウプト　1852.3.18−1932.10.27）

Haupt, Moritz〈19世紀〉
ドイツの古典語学者、ゲルマン学者。
⇒岩世人（ハウプト　1808.7.27−1874.2.5）

Haupt, Paul〈19・20世紀〉
ドイツのアッシリア学者、セム語学者。
⇒岩世人（ハウプト　1858.11.25−1926.12.15）

Hauptmann, Carl〈19・20世紀〉
ドイツの小説家、劇作家。小説『マチルデ』（02）、『ほほえむアインハルト』（07）など。
⇒岩世人（ハウプトマン　1858.5.11−1921.2.4）

Hauptmann, Gerhart Johann Robert〈19・20世紀〉
ドイツの劇作家、小説家、詩人。1889年処女戯曲『日の出前』により自然主義文学の旗手となった。
⇒岩世人（ハウプトマン　1862.11.15−1946.6.6）
広辞7（ハウプトマン　1862−1946）
学叢思（ハウプトマン、ゲルハルト　1862−?）
新カト（ハウプトマン　1862.11.15−1946.6.6）
世人新（ハウプトマン　1862−1946）
世人装（ハウプトマン　1862−1946）
ポブ人（ハウプトマン、ゲルハルト　1862−1946）

Hauptmann, Moritz〈18・19世紀〉
ドイツの作曲家、音楽理論家。
⇒岩世人（ハウプトマン　1792.10.13−1868.1.3）

Hauriou, Maurice〈19・20世紀〉
フランスの公法学者、社会学者。著書『憲法要論』（23）、『行政判例』（29）など。
⇒岩世人（オーリウ　1856.8.17−1929.3.11）

Hausbuchmeister〈15世紀〉
ドイツの逸名の画家、版画家。
⇒岩世人（ハウスブーフの画家　（活動）1470頃−1490頃）

Hausdorff, Felix〈19・20世紀〉
ドイツの数学者。
⇒岩世人（ハウスドルフ　1868.11.8−1942.1.26）
世数（ハウスドルフ、フェリックス　1868−1942）
ユ著人（Housdorff,Felix　ハウスドルフ、フェリックス　1868−1942）

Hauser, Henri〈19・20世紀〉
フランスの経済学者。ソルボンヌ大学歴史学教授（19〜36）。
⇒岩世人（オゼル　1866.7.19−1946.5.27）

Hauser, Kaspar〈19世紀〉
ドイツ人の捨て子、"野生児"。
⇒岩世人（ハウザー　1812.4.30−1833.12.17）

Hauser, Otto〈19・20世紀〉
スイスの先史学者。
⇒岩世人 （ハウザー　1874.4.27–1932.6.19）

Haushofer, Karl Ernst Nikolas〈19・20世紀〉
ドイツの政治地理学者。1924年『地政学報』を創刊。ヒトラーの外交顧問も。
⇒岩世人 （ハウスホーファー　1869.8.27–1946.3.10）
　ネーム （ハウスホーファー　1869–1946）

Haushofer, Max〈19・20世紀〉
ドイツの経済学者。
⇒学叢思 （ハウスホーフェル，マクス　1840–1907）

Hausknecht, Emil〈19・20世紀〉
ドイツの教育家。東京帝国大学でドイツ語、教育学を教授。
⇒岩世人 （ハウスクネヒト　1853.5.23–1927.12.19）

Hausrath, Adolf〈19・20世紀〉
ドイツのプロテスタント神学者。
⇒学叢思 （ハウスラート，アドルフ　1837–1909）

Haussermann, John William〈19・20世紀〉
アメリカの弁護士、鉱山会社重役。
⇒アア歴 （Haussermann, John W (illiam) ジョン・ウイリアム・ハウサーマン　1867.12.14–1965.7.11）

Haussmann, Georges Eugéne〈19世紀〉
フランスの政治家。セーヌ県知事（1853〜70）。
⇒岩世人 （オースマン　1809.3.27–1891.1.12）
　世史語 （オスマン　1809–1891）
　ポプ人 （オスマン，ジョルジュ＝ユージェーヌ　1809–1891）

Haussmann, Valentin〈16・17世紀〉
ドイツの作曲家、詩人、編集者。世俗音楽の分野にすぐれた。
⇒バロ （ハウスマン，ヴァレンティーン　1573–1614以降）

Haüy, René Just〈18・19世紀〉
フランスの鉱物学者、結晶学の建設者。
⇒岩世人 （アユイ　1743.2.28–1822.6.3）

Haüy, Valentin〈18・19世紀〉
フランスの聾唖教育者。1784年世界最初の盲学校を設立、凸字プリントを発明。
⇒岩世人 （アユイ　1745.11.13–1822.3.18）

Havas, Charles Louis〈18・19世紀〉
フランスのジャーナリスト。
⇒岩世人 （アヴァス　1783.7.5–1858.5.21）

Havelock, Sir Henry〈18・19世紀〉
イギリスの将軍。
⇒岩世人 （ハヴロック　1795.4.5–1857.11.24）

Havers, Wilhelm〈19・20世紀〉
ドイツの言語学者。ウィーン大学教授（37）。
⇒岩世人 （ハーフェルス　1879.1.5–1961.3.2）

Havet, Pierre Louis〈19・20世紀〉
フランスの古典学者。特にラテン語の研究に寄与。
⇒岩世人 （アヴェ　1849.1.6–1925.1.26）

Havingha, Gerhardus〈17・18世紀〉
ネーデルラントの作曲家。
⇒バロ （ハヴィンハ，ヘラルドゥス　1696.11.15–1753.3.6）

Havlíček Borovskii, Karel〈19世紀〉
チェコスロヴァキアのジャーナリスト。チェコ文学におけるジャーナリスティックな文体を創始。
⇒岩世人 （ハヴリーチェク　1821.10.31–1856.7.29）

Havret, Henri〈19・20世紀〉
フランスの宣教師、シナ学者。
⇒岩世人 （アヴレ　1848.11.15–1901.9.29）
　新カト （アヴレ　1848.11.15–1901.9.29）

Haw, George〈19・20世紀〉
イギリスの著述家、社会思想家。
⇒学叢思 （ホー，ジョージ　1871–?）

Hawker, Robert Stephen〈19世紀〉
イギリスの詩人、牧師。コーンウォール地方を歌った作品で有名。
⇒岩世人 （ホーカー　1803.12.3–1875.8.15）

Hawkins, Sir Anthony Hope〈19・20世紀〉
イギリスの小説家。筆名アントニー・ホープ。
⇒岩世人 （ホーキンズ　1863.2.9–1933.7.8）

Hawkins, James〈17・18世紀〉
イギリスの作曲家。
⇒バロ （ホーキンズ，ジェイムズ　1662-1663–1729.10.18）

Hawkins, Sir John〈16世紀〉
イギリスの軍人。海軍の改良に貢献、病院を建設。1588年ナイト爵。
⇒岩世人 （ホーキンズ　1532–1595.11.12）
　世人新 （ホーキンズ〈父；ジョン〉　1532–1595）
　世人装 （ホーキンズ〈父；ジョン〉　1532–1595）
　世史語 （ホーキンズ　1532–1595）
　ポプ人 （ホーキンズ，ジョン　1532–1595）
　ラテ新 （ホーキンズ　1532–1595）

Hawkins, Williams〈16・17世紀〉
イギリスの航海者、商人。インドのムガル王廷に寵を得て3年間滞留。
⇒岩世人 （ホーキンズ　1585頃–1613.4）

Hawkshaw, Sir John〈19世紀〉
イギリスの鉄道技術者。セバーン・トンネルの

開掘で知られる。
⇒岩世人（ホークショー　1811.4.9-1891.6.2）

Hawksmoor, Nicholas〈17・18世紀〉
イギリスの建築家。代表作はスピタルフィールズのクライスト聖堂（23～29）。
⇒岩世人（ホークスムア　1661頃-1736.3.25）

Hawkyns, Richard〈16・17世紀〉
イギリスの海軍提督。
⇒世人新（ホーキンズ〈子;リチャード〉　1562頃-1622）
　世人装（ホーキンズ〈子;リチャード〉　1562頃-1622）

Hawley, (Pink) Emerson P.〈19・20世紀〉
アメリカの大リーグ選手（投手）。
⇒メジャ（ピンク・ホーリー　1872.12.5-1938.9.19）

Hawthorne, Julian〈19・20世紀〉
アメリカの小説家。
⇒岩世人（ホーソーン　1846.6.22-1934.7.21）

Hawthorne, Nathaniel〈19世紀〉
アメリカの小説家。『緋文字』(50)などを出版。1853年リバプールの領事に任命。
⇒アメ新（ホーソーン　1804-1864）
　岩世人（ホーソーン　1804.7.4-1864.5.18）
　広辞7（ホーソーン　1804-1864）
　学叢思（ホーソン, ナザニエル　1804-1864）
　新カト（ホーソーン　1804.7.4-1864.5.18）
　世人新（ホーソン　1804-1864）
　世人装（ホーソン　1804-1864）
　ポプ人（ホーソーン, ナサニエル　1804-1864）

Hawtrey, Ralph George〈19・20世紀〉
イギリスの経済学者。主著 "Currency and credit"(19)。
⇒岩世人（ホートリー　1879.11.22-1975.3.21）

Hay, John Milton〈19・20世紀〉
アメリカの政治家。1879～81年国務次官,97年駐英大使,98年国務長官。
⇒アメ新（ヘイ　1838-1905）
　岩世人（ヘイ　1838.10.8-1905.7.1）
　世人新（ヘイ〈ジョン＝ヘイ〉　1838-1905）
　世人装（ヘイ〈ジョン＝ヘイ〉　1838-1905）
　世史語（ジョン＝ヘイ　1838-1905）
　世史語（ジョン＝ヘイ　1838-1905）
　ポプ人（ヘイ, ジョン　1838-1905）

Hayam Wuruk〈14世紀〉
インドネシア、マジャパイト大国の第3代王。在位1350～89。本名ラージャサナガラ。
⇒岩世人（ラージャサナガラ　1334頃-1389?）
　世人新（ハヤム＝ウルク　1334-1389）
　世人装（ハヤム＝ウルク　1334-1389）
　世帝（ラージャサナガラ　1334-1389）

Haydn, Franz Joseph〈18・19世紀〉
オーストリアの作曲家。ウィーン古典派の代表。ソナタ形式の確立に貢献。
⇒バロ（ハイドン, フランツ・ヨーゼフ　1732.3.31-1809.5.31）
　岩世人（ハイドン　1732.3.31-1809.5.31）
　バレエ（ハイドン, フランツ・ヨーゼフ　1732.3.31-1809.5.31）
　オペラ（ハイドン, フランツ・ヨーゼフ　1732-1809）
　エデ（ハイドン, フランツ・ヨーゼフ　1732.3.31-1809.5.31）
　広辞7（ハイドン　1732-1809）
　学叢思（ハイドン, フランツ・ヨゼフ　1732-1809）
　実音人（ハイドン, フランツ・ヨーゼフ　1732-1809）
　新カト（ハイドン　1732.3.31-1809.5.31）
　世人新（ハイドン　1732-1809）
　世人装（ハイドン　1732-1809）
　世史語（ハイドン　1732-1809）
　世史語（ハイドン　1732-1809）
　ピ曲改（ハイドン, フランツ・ヨーゼフ　1732-1809）
　ポプ人（ハイドン, フランツ・ヨーゼフ　1732-1809）

Haydn, Johann Michael
オーストリアの作曲家。F.ハイドンの弟。約360曲にのぼる教会音楽を作曲。
⇒バロ（ハイドン, ヨハン・ミヒャエル　1737.9.14-1806.8.10）
　岩世人（ハイドン　1737.9.14-1806.8.10）
　エデ（ハイドン,（ヨハン）ミヒャエル　1737.9.14-1806.8.10）

Hayem, Georges〈19・20世紀〉
フランスの医者。血液学を専攻し,血球母細胞の名付け親である。
⇒岩世人（アイエム　1841.11.24-1933.8.27）

Hayer, Merquiole〈16世紀〉
フランドル?の作曲家。
⇒バロ（ハイエル, メルキオール　1520頃?-1570頃?）

Hayes, Edward Carey〈19・20世紀〉
アメリカの社会学者。
⇒学叢思（ヘーズ, イー・シー　1868-?）

Hayes, Max〈19・20世紀〉
アメリカの社会主義者。
⇒学叢思（ヘーズ, マクス）

Hayes, Rutherford Birchard〈19世紀〉
アメリカ第19代大統領。
⇒アメ新（ヘーズ　1822-1893）
　岩世人（ヘイズ　1822.10.4-1893.1.17）

Hayes, Watson M.〈19・20世紀〉
アメリカの宣教師。
⇒アア歴（Hayes, Watson M (acMillan)　ワトソン・マクミラン・ヘイズ　1857.11.23-1944.8.2）

Hayes, William I〈18世紀〉
イギリスの作曲家。
⇒バロ（ヘイズ, ウィリアム1世　1708.1.26–1777.7.27）

Hayez, Francesco〈18・19世紀〉
イタリアの画家。
⇒芸13（アイエツ, フランチェスコ　1791–1882）

Haygood, Laura Askew〈19世紀〉
アメリカの宣教師。
⇒アア歴（Haygood,Laura A (skew)　ローラ・アスキュー・ヘイグッド　1845.10.14–1900.4.29）

Haym, Nicola Francesco〈17・18世紀〉
イタリアのコントラバス・ヴィオローネ奏者, 劇作家, 古物研究家, 秘書。
⇒バロ（アイム, ニコラ・フランチェスコ　1678.7.6–1729.8.11）
　バロ（ハイム, ニコラ・フランチェスコ　1678.7.6–1729.8.11）

Haymo (Halberstadt)〈8・9世紀〉
ハルバシュタットの司教, 神学者。
⇒新カト（ハイモ［ハルバーシュタットの］　778頃–853.3.28）

Hayne, Gottlieb〈17・18世紀〉
ドイツの作曲家。
⇒バロ（ハイネ, ゴットリープ　1690頃?–1750頃?）

Hayne, Robert Young〈18・19世紀〉
アメリカの政治家。サウス・カロライナ州知事（32～34）となり,『無効宣言』運動を推進。
⇒岩世人（ヘイン　1791.11.10–1839.9.24）

Haynes, Elwood〈19・20世紀〉
アメリカの発明家。一種の自動車を設計, 製作（1893～94）。
⇒岩世人（ヘインズ　1857.10.14–1925.4.13）

Hayne van Ghizeghem〈15世紀〉
フランドルの作曲家。
⇒バロ（ヒゼヘム, ハイネ・ファン　1440頃?–1490頃?）
　バロ（ハイネ・ファン・ヒーゼヘム　1445頃–1472–1492）

Hayon, Nehemiah Hiya ben-Moses〈17・18世紀〉
ツファットのカバリスト。
⇒ユ人（ハヨン, ネヘミア・ヒヤ・ベンモーセ　1655頃–1730頃）

Haywood, Eliza〈17・18世紀〉
イギリスの小説家。
⇒岩世人（ヘイウッド　1693.10.14（受洗）?–1756.2.25）

Haywood, William Dudley〈19・20世紀〉
アメリカの労働運動家。世界産業労働者団を結成（05）。
⇒岩世人（ヘイウッド　1869.2.4–1928.5.18）

Ḥayyūj Judāh ben-David〈10・11世紀〉
スペインのユダヤ系言語学者。
⇒岩世人（ハイユージュ・ユダー・ベン・ダヴィッド　945?–1000?）

Ḥaza ilu〈前9世紀〉
ダマスコの王。在位前842～06。ベネハダデ2世の将軍であったが, 彼を殺して王になった（旧約）。
⇒岩世人（ハザエル）

Hazard, Paul Gustave Marie Camille〈19・20世紀〉
フランスの評論家。イタリア文学に造詣が深い比較文学者。
⇒岩世人（アザール　1878.4.30–1944.4.12）
　ネーム（アザール　1878–1944）

Hazelius, Artur〈19・20世紀〉
スウェーデンの民族学者。
⇒岩世人（ハセーリウス　1833.11.30–1901.5.27）

Hazen, Hervey Crosby〈19・20世紀〉
アメリカの宣教師。
⇒アア歴（Hazen,Hervey Crosby　ハーヴィー・クロズビー・ヘイゼン　1841.6.26–1914.7.20）

Hazeu, Godard Arend Johannes〈19・20世紀〉
オランダのジャワ学者, 植民地官僚。
⇒岩世人（ハズー　1870.8.22–1929.12.1）

Ḥazīn, ʻAlī〈17・18世紀〉
イランの詩人, 学者。
⇒岩世人（ハズィーン　1692–1766）

Hazlitt, William〈18・19世紀〉
イギリスの批評家, 随筆家。『シェークスピア劇の登場人物』（17～18）などの著書がある。
⇒岩世人（ハズリット　1778.4.10–1830.9.18）
　広辞7（ハズリット　1778–1830）
　新カト（ハズリット　1778.4.10–1830.9.18）

Head, Barclay Vincent〈19・20世紀〉
イギリスの古銭学者。大英博物館古貨幣部長（1893～1906）。
⇒岩世人（ヘッド　1844.1.2–1914.6.12）

Head, *Sir* Henry〈19・20世紀〉
イギリスの神経病学者。内臓異常の特異過敏帯（ヘッド帯）を指摘。
⇒岩世人（ヘッド　1861.8.4–1940.10.8）

Heade, Martin Johnson〈19・20世紀〉
アメリカの画家。
⇒岩世人（ヒード　1819.8.11–1904.9.4）

Headland, Isaac Taylor〈19・20世紀〉
アメリカの宣教師。
⇒アア歴（Headland,Isaac Taylor　アイザック・テイラー・ヘッドランド　1859.8.16–1942.8.2）

Heard, Augustine〈18・19世紀〉
アメリカの商船船長, 商人。
⇒アア歴（Heard,Augustine　オーガスティン・ハード　1785.3.30–1868.9.14）

Heard, Augustine〈19・20世紀〉
アメリカの商人, 外交官。
⇒アア歴（Heard,Augustine　オーガスティン・ハード　1827.12.7–1905.12.12）

Hearn, Lafcadio〈19・20世紀〉
イギリスの文学者, 随筆家。日本名小泉八雲。東京大学, 早稲田大学講師。主著『怪談』など。
⇒アア歴（Hearn,Lafcadio　ラフカディオ・ハーン　1850.6.27–1904.9.26）
　アメ新（ハーン　1850–1904）
　岩世人（ハーン(慣ヘルン)　1850.6.27–1904.9.26）
　学叢思（コイズミ・ヤクモ　小泉八雲　?–1904(明治37)）
　ポプ人（小泉八雲　こいずみやくも　1850–1904）

Hearst, William Randolph〈19・20世紀〉
アメリカの新聞経営者。独特の経営法で巨大な「ハースト・チェーン」を築いた。
⇒アメ新（ハースト　1863–1951）
　岩世人（ハースト　1863.4.29–1951.8.14）
　現アカ（Hearst,William Randolph　ウィリアム・ランドルフ・ハースト　1863–1951）
　広辞7（ハースト　1863–1951）
　ポプ人（ハースト, ウィリアム・ランドルフ　1863–1951）

Heath, Sir Thomas Little〈19・20世紀〉
イギリスのギリシア数学史家。
⇒岩世人（ヒース　1861.10.5–1940.3.16）

Heaviside, Oliver〈19・20世紀〉
イギリスの電気工学者, 物理学者。
⇒岩世人（ヘヴィサイド　1850.5.18–1925.2.3）
　物理（ヘヴィサイド, オリヴァー　1850–1925）
　世数（ヘヴィサイド, オリヴァー　1850–1925）

Hebbel, Christian Friedrich〈19世紀〉
ドイツの詩人, 劇作家。
⇒岩世人（ヘッベル　1813.3.18–1863.12.13）
　ネーム（ヘッベル　1813–1863）
　広辞7（ヘッベル　1813–1863）
　学叢思（ヘッベル, フリードリヒ　1813–1863）
　世人装（ヘッベル　1813.3.18–1863.12.13）

Hebel, Johann Peter〈18・19世紀〉
ドイツの詩人, 小説家。アラマン方言文学の創始者。
⇒岩世人（ヘーベル　1760.5.10–1826.9.22）
　新カト（ヘーベル　1760.5.10–1826.9.22）

Hebenstreit, Pantaleon〈17・18世紀〉
ドイツの作曲家。
⇒バロ（ヘーベンシュトライト, パンターレオン　1667–1750.11.15）

Heberden, William〈18・19世紀〉
イギリスの医師。初めて天然痘と水痘を区別し, 狭心症を正確に記載。
⇒岩世人（ヘバーデン　1710.8.13–1801.5.17）

Hebern, Edward H.〈19・20世紀〉
アメリカの暗号機製作者。ランダムな暗号化のため暗号機にローターを用いた。
⇒スパイ（ヘバーン, エドワード・H　1869–1952）

Hébert, Jacques René〈18世紀〉
フランスの政治家。
⇒岩世人（エベール　1757.11.15–1794.3.24）
　ネーム（エベール　1757–1794）
　学叢思（エベール, ジャック・ルネ　1755–1794）
　世人新（エベール　1757–1794）
　世人装（エベール　1757–1794）
　世史語（エベール　1757–1794）
　ポプ人（エベール, ジャック＝ルネ　1757–1794）

Hebra, Ferdinand, Ritter von〈19世紀〉
オーストリアの皮膚科医。皮膚科学の基礎を築いた新ウィーン学派の創始者。
⇒岩世人（ヘーブラ　1816.9.7–1880.8.5）

Hébrard, Adrien François Marie〈19・20世紀〉
フランスのジャーナリスト。
⇒岩世人（エブラール　1833.7.1–1914.7.29）

Hechler, William Henry〈19・20世紀〉
イギリスの聖職者, シオニスト。
⇒ユ人（ヘフラー, ウィリアム・ヘンリー　1845–1931）

Heck, Emile〈19・20世紀〉
フランスのマリア会司祭。東大仏文科を創設。暁星中学校長を勤めた。
⇒新カト（エック　1868.2.16–1943.6.27）

Heck, Ludwig〈19・20世紀〉
ドイツの動物学者。ベルリン動物園長(1888～1932)として, 同園を世界最大の動物園の一つにした。
⇒岩世人（ヘック　1860.8.11–1951.7.17）

Heck, Philipp von〈19・20世紀〉
ドイツの法学者。利益法学の創唱者。主著"Interessenjurisprudenz"(23)。
⇒岩世人（ヘック　1858.7.12–1943.6.28）

Heckel, Wolf〈16世紀〉
ドイツのリュート奏者, 作曲家。
⇒バロ（ヘッケル, ウォルフ　1515頃–1562以降）

Hecker, Friedrich〈19世紀〉
ドイツの政治家。1848年ドイツ共和国の建設を宣言して武力蜂起に失敗。
⇒岩世人（ヘッカー　1811.9.28–1881.3.24）

Hecker, Guy Jackson〈19・20世紀〉
アメリカの大リーグ選手（投手，一塁）。
⇒メジャ（ガイ・ヘッカー　1856.4.3–1938.12.3）

Hecker, Isaac Thomas〈19世紀〉
アメリカのカトリック司祭。ニューヨークの伝道活動機構，パウロ会の創立者。
⇒新カト（ヘッカー　1819.12.18–1888.12.22）

Heckscher, Eli Filip〈19・20世紀〉
スウェーデンの経済史家。スウェーデンにおける経済史学の自立に努力。
⇒岩世人（ヘクシャー（ヘクシェル）　1879–1952.12.22）

Hector de Maris
円卓の騎士の一人。
⇒ネーム（エクター・ド・マリス）

Heda, Willem Claesz〈16・17世紀〉
オランダの画家。主作品は『虚飾の静物と頭蓋骨』(21)，『静物』(37)。
⇒岩世人（ヘーダ　1594–1680.8.24）

Hedāyat〈19世紀〉
イランの政治家，詩人，詩人伝作者。
⇒岩世人（ヘダーヤト　?–1871）

Hedda〈7・8世紀〉
アングロ・サクソン時代のブリテン島の第5代ウェセックス司教，聖人。祝日7月7日。
⇒新カト（ヘッダ　?–705.7.9）

Hedda〈9世紀〉
ブリテン島の殉教者，聖人。祝日4月9日。ベネディクト会のピーターバラ修道院長でデーン人襲来の際，84名の会員とともに殺害された。
⇒新カト（ヘッダ　?–870頃）

Hedemann, Justus Wilhelm〈19・20世紀〉
ドイツの法学者。土地法研究所長（09～13）。
⇒岩世人（ヘーデマン　1878.4.24–1963.3.13）

Hedin, Sven Anders von〈19・20世紀〉
スウェーデンの地理学者，探検家。1893～97年アジア大陸を横断，古代都市楼蘭の遺跡を発見。
⇒岩世人（ヘディン　1865.2.19–1952.11.26）
　広辞7（ヘディン　1865–1952）
　世人新（ヘディン　1865–1952）
　世人装（ヘディン　1865–1952）
　世史語（ヘディン　1865–1952）
　ポブ人（ヘディン，スベン　1865–1952）

Hedinger, Johann Reinhard〈17・18世紀〉
ドイツの敬虔主義著作家。
⇒新カト（ヘーディンガー　1664.9.7–1704.12.28）

Hedinn
フレイヤに魔法をかけられた王。
⇒ネーム（ヘジン）

Hedio, Kaspar〈15・16世紀〉
ドイツの人文主義者，宗教改革者。福音主義を説いた。
⇒岩世人（ヘーディオ　1494–1552.10.17）
　新カト（ヘーディオ　1494–1552.10.17）

Hedwig〈12・13世紀〉
中世ドイツの女子修道者。シレジアの保護聖人。
⇒岩世人（ヘートヴィヒ　1174–1243.10.15）
　図聖（ヘートヴィヒ　1174–1243）

Heegaard, Poul〈19・20世紀〉
ノルウェーの数学者。
⇒世数（ヘーガード，ポール　1871–1948）

Heemskerck, Johan van〈16・17世紀〉
オランダの文学者。小説 "Batavische Arcadia" (37) を書いた。
⇒岩世人（ファン・ヘームスケルク　1597–1656.2.27）

Heemskerck, Marten van〈15・16世紀〉
オランダの画家。主作品『聖母を描く聖ルカ』(32)。
⇒岩世人（ファン・ヘームスケルク　1498–1574.10.1）

Heer, Oswald〈19世紀〉
スイスの古植物学者。新生代の化石植物および化石昆虫学を研究。
⇒岩世人（ヘール　1809.8.31–1883.9.27）

Heermann, Johann〈16・17世紀〉
ドイツの作曲家。
⇒バロ（ヘールマン，ヨハン　1585.10.11–1647.2.17）

Hefele, Karl Joseph von〈19世紀〉
ドイツのカトリック神学者，教会史家。主著『宗教会議史』(55～90)。
⇒岩世人（ヘーフェレ　1809.3.15–1893.6.5）
　新カト（ヘーフェレ　1809.3.15–1893.6.5）

Hefner-Alteneck, Friedrich von〈19・20世紀〉
ドイツの電気技術者。『ヘーフナー・ランプ』を製作。
⇒岩世人（ヘーフナー＝アルテネック　1845.4.27–1904.1.7）

Hegar, Alfred〈19・20世紀〉
ドイツの婦人科医。『ヘーガルの徴候』に名を残す。
⇒岩世人（ヘーガル　1830.1.6–1914.8.6）

Hegel, Georg Wilhelm Friedrich〈18・19世紀〉
ドイツの哲学者。ドイツ観念論を大成。
⇒岩世人（ヘーゲル　1770.8.27–1831.11.14）
覚思（ヘーゲル　1770.8.27–1831.11.14）
覚思ス（ヘーゲル　1770.8.27–1831.11.14）
広辞7（ヘーゲル　1770–1831）
学叢思（ヘーゲル，ゲオルク・ヴィルヘルム・フリードリヒ　1770–1831）
新カト（ヘーゲル　1770.8.27–1831.11.14）
図哲（ヘーゲル，ゲオルク　1770–1831）
世人新（ヘーゲル　1770–1831）
世人装（ヘーゲル　1770–1831）
世史語（ヘーゲル　1770–1831）
ポプ人（ヘーゲル，ゲオルク・ウィルヘルム　1770–1831）
メル3（ヘーゲル，ゲオルク・ヴィルヘルム・フリードリヒ　1770–1831）

Hegemonios〈4世紀〉
キリスト教著作家。
⇒新カト（ヘゲモニオス　4世紀）

Hegenwalt, Erhart〈15・16世紀〉
ドイツの作曲家。
⇒バロ（ヘーゲンヴァルト，エアハルト　1490頃?–1540頃?）

Heger, Melchior〈16世紀〉
フランドルの作曲家。
⇒バロ（ヘーガー，メルヒオル　1530頃?–1580頃?）

Hēgēsias〈前3世紀〉
ギリシアの弁論家，歴史家。
⇒岩世人（ヘゲシアス）
メル1（ヘゲシアス　前3世紀）

Hegesippus〈2世紀〉
ユダヤ人教会著述家。
⇒岩世人（ヘゲシッポス　?–180）
新カト（ヘゲシッポス　2世紀）

Heiberg, Gunnar〈19・20世紀〉
ノルウェーの劇作家。戯曲『ウルリケおばさん』(84)，『バルコニー』(94)など。
⇒岩世人（ヘイベルグ　1857.11.18–1929.2.22）

Heiberg, Johan Ludvig〈18・19世紀〉
デンマークの評論家，劇作家。代表作に『妖精の丘』(28)，『死後の魂』(41)など。
⇒岩世人（ハイベア　1791.12.14–1860.8.25）

Heiberg, Johan Ludvig〈19・20世紀〉
デンマークの古典語学者，科学史家。
⇒岩世人（ハイベア（慣ハイベルグ）　1854.11.7–1928.1.2）

Heidegger, Johann Heinrich〈17世紀〉
スイスの神学者。『スイス一致信条』(75)の主著者。
⇒岩世人（ハイデッガー　1633.7.1–1698.1.18）

Heidenhain, Martin〈19・20世紀〉
ドイツの細胞学者。テュービンゲン大学教授(1917)。
⇒岩世人（ハイデンハイン　1864.12.7–1949.12.14）

Heidenhain, Rudolf〈19世紀〉
ドイツの生理学者。
⇒ユ著人（Heidenhain, Rudolf　ハイデンハイン，ルドルフ　1834–1897）

Heidenstam, Karl Gustaf Verner von〈19・20世紀〉
スウェーデンの詩人，小説家。1916年ノーベル文学賞受賞。詩集『巡礼と放浪の歳月』(88)，歴史小説『カール王の軍兵』(2巻, 97～98)，『フォルクング族』(05～07)などを書いた。
⇒岩世人（ハイデンスタム　1859.7.6–1940.5.20）

Heidorn, Peter〈17・18世紀〉
ドイツの作曲家。
⇒バロ（ハイドルン，ペーター　1660頃?–1720頃?）

Heighington, Musgrave〈17・18世紀〉
イギリスの作曲家。
⇒バロ（ヘーイントン，マズグレイヴ　1679–1764.6.T）

Heijermans, Herman〈19・20世紀〉
ユダヤ系オランダ人の劇作家，小説家。
⇒岩世人（ヘイエルマンス　1864.12.3–1924.11.23）
ネーム（ヘイエルマンス　1864–1924）
ユ著人（Heijermans, Herman　ハイジェルマン，ヘルマン　1864–1924）

Heilbronner, Johann Christoph〈18世紀〉
ドイツの数学史家，神学者。
⇒岩世人（ハイルブロンナー　1706.3.13–1745/1747?.1.17）

Heilprin, Jehiel ben Solomon〈17・18世紀〉
リトアニアのタルムード学者，歴史家。
⇒ユ著人（Heilprin, Jehiel ben Solomon　ハイルプリン，イェヒエル・ベン・ソロモン　1660–1746）

Heim, Albert〈19・20世紀〉
スイスの地質学者。アルプス山脈の地質学を研究。
⇒岩世人（ハイム　1849.4.12–1937.8.31）

Heim, Karl〈19・20世紀〉
ドイツの福音主義的神学者。主著『世界の未来像』(04)，など。
⇒岩世人（ハイム　1874.1.20–1958.8.30）
新カト（ハイム　1874.1.20–1958.8.30）

Heime
中世ドイツ伝説の英雄。
⇒ネーム（ハイメ）

Heimerad〈10・11世紀〉
ドイツ出身の司祭、隠修士。聖人。祝日6月28日。
⇒新カト（ハイメラート　?–1019.6.28）

Hein, Piet〈16・17世紀〉
オランダの提督。
⇒岩世人（ヘイン　1577.11.15–1629.6.18）
　ラテ新（ヘイン　1577?–1629）

Heincke, Johann Friedrich〈19・20世紀〉
ドイツの水産学者。
⇒岩世人（ハインケ　1852.1.6–1929.6.5）

Heine, Heinrich〈18・19世紀〉
ドイツの詩人。詩集『歌の本』(27)、紀行文集『旅の絵』(26〜31)などの作品で有名。
⇒岩世人（ハイネ　1797.12.13–1856.2.17）
　バレエ（ハイネ, ハインリッヒ　1797.12.13–1856.2.17）
　広辞7（ハイネ　1797–1856）
　学叢思（ハイネ, ハインリヒ　1797–1856）
　新カト（ハイネ　1797.12.13–1856.2.17）
　世人新（ハイネ　1797–1856）
　世人装（ハイネ　1797–1856）
　世史語（ハイネ　1797–1856）
　ポブ人（ハイネ, ハインリヒ　1797–1856）
　ユ人（ハイネ, ハインリヒ（ハリー・ハイム）1797–1856）
　ユ著人（Heine, Heinrich　ハイネ, ハインリッヒ　1797–1856）

Heine, Heinrich Eduard〈19世紀〉
ドイツの数学者。
⇒岩世人（ハイネ　1821.3.15–1881.10.21）
　世数（ハイネ, ハインリッヒ・エデュアルト　1821–1881）

Heine, Thomas Theodor〈19・20世紀〉
ドイツの画家、挿絵画家。
⇒ユ著人（Heine, Thomas Theodor　ハイネ, トーマス・テオドール　1867–1948）

Heine, Wilhelm Peter Bernhard〈19世紀〉
ペリー艦隊の乗り組み画家。ドイツ出身。
⇒アア歴（Heine, Peter Bernard Wilhelm　ピーテル・ベルナルト・ヴィルヘルム・ハイネ　1827.1.30–1885.10.5）

Heineccius, Johann Gottlieb〈17・18世紀〉
ドイツの法律家。
⇒岩世人（ハイネクツィウス　1681.9.11–1741.8.31）

Heinel, Anna Fredrike〈18・19世紀〉
ドイツのダンサー。
⇒バレエ（ハイネル, アンナ・フレデリケ　1753.10.4–1808.3.17）

Heinichen, Johann David〈17・18世紀〉
ドイツの作曲家、理論家。オペラや教会音楽を作曲。主著『通奏低音への新しい根本的指針』(11)。
⇒バロ（ハイニヘン, ヨハン・ダヴィット　1683.4.17–1729.7.16）

Heinicke, Samuel〈18世紀〉
ドイツの聾唖教育家。
⇒岩世人（ハイニッケ　1727.4.10–1790.4.30）

Heinrich〈12世紀〉
ウプサラの司教。聖人、殉教者。祝日1月20日。フィンランドの教会の守護聖人。イングランド生まれ。
⇒新カト（ハインリヒ〔ウプサラの〕　?–1155/1156頃）

Heinrich, Johann Baptist〈19世紀〉
ドイツのカトリック神学者。
⇒新カト（ハインリヒ　1816.4.15–1891.2.9）

Heinrich I der Vogler〈9・10世紀〉
ドイツ王。在位919〜936。ザクセン家の始祖。ドイツ帝権の基礎を固めた。
⇒岩世人（ハインリヒ1世　876頃–936.7.2）
　広辞7（ハインリヒ一世　875?–936）
　新カト（ハインリヒ1世　876頃–936.7.2）
　世人新（ハインリヒ1世（捕鳥王・都市建設王）876–936）
　世人装（ハインリヒ1世（捕鳥王・都市建設王）876–936）
　世帝（ハインリヒ1世　875頃–936）

Heinrich II der Heilige〈10・11世紀〉
ザクセン朝最後のドイツ王、神聖ローマ皇帝。在位1002〜24。ポーランド、イタリアと戦った。
⇒岩世人（ハインリヒ2世（聖王）973.5.6–1024.7.13）
　新カト（ハインリヒ2世　973.5.6–1024.7.13）
　図聖（ハインリヒ2世　973–1024）
　世人新（ハインリヒ2世（聖王）973–1024）
　世人装（ハインリヒ2世（聖王）973–1024）
　世帝（ハインリヒ2世　973–1024）

Heinrich III der Schwarze〈11世紀〉
ドイツ王。在位1028〜56。神聖ローマ皇帝。在位1039〜56。帝国東境を安泰にした。
⇒岩世人（ハインリヒ3世　1017.10.28–1056.10.5）
　新カト（ハインリヒ3世　1017.10.28–1056.10.5）
　世人新（ハインリヒ3世（黒王）1017–1056）
　世人装（ハインリヒ3世（黒王）1017–1056）
　世帝（ハインリヒ3世　1017–1056）

Heinrich IV〈11・12世紀〉
叙任権論争時代のドイツ王。在位1054〜77、神聖ローマ皇帝（56〜1106）。
⇒岩世人（ハインリヒ4世　1050.11.11–1106.8.7）
　広辞7（ハインリヒ四世　1050–1106）
　学叢思（ヘンリー四世　1056–1106）
　新カト（ハインリヒ4世　1050.11.11–1106.8.7）
　世人新（ハインリヒ4世　1050–1106）

世人装（ハインリヒ4世　1050–1106）
世史語（ハインリヒ4世　1050–1106）
世帝　（ハインリヒ4世　1050–1106）
ポプ人（ハインリヒ4世　1050–1106）

Heinrich V〈11・12世紀〉
ドイツ王。在位1098〜1125。神聖ローマ皇帝。在位1106〜25。
⇒岩世人（ハインリヒ5世　1086.8.11–1125.5.23）
　新カト（ハインリヒ5世　1086.8.11–1125.5.23）
　世人新（ハインリヒ5世　1081–1125）
　世人装（ハインリヒ5世　1081–1125）
　世帝　（ハインリヒ5世　1086–1125）

Heinrich VI〈12世紀〉
ホーエンシュタウフェン家の王。在位1169〜97。神聖ローマ皇帝。在位1190〜97。
⇒岩世人（ハインリヒ6世　1165–1197.9.28）
　新カト（ハインリヒ6世　1165–1197.9.28）
　世人新（ハインリヒ6世　1165–1197）
　世人装（ハインリヒ6世　1165–1197）
　世帝　（ハインリヒ6世　1165–1197）

Heinrich VII〈13世紀〉
シュタウフェン朝のドイツ王。在位1222〜35。
⇒岩世人（ハインリヒ(7世)　1211.1/6–1242.2.12?）

Heinrich VII〈13・14世紀〉
ルクセンブルク家のドイツ王。在位1308〜13。神聖ローマ皇帝。在位1308〜13。
⇒岩世人（ハインリヒ7世　1278/1279–1313.8.24）
　新カト（ハインリヒ7世　1278/1279–1313.8.24）
　世帝　（ハインリヒ7世　1211頃–1242）
　世帝　（ハインリヒ7世　1274–1313）

Heinrich der Löwe〈12世紀〉
ザクセン大公。バイエルン大公も兼ねた。東部植民を強力に推進した。後に失脚。
⇒岩世人（ハインリヒ(獅子公)　1129頃/1130頃–1195.8.6）
　世人新（ハインリヒ(獅子公)　1129–1195）
　世人装（ハインリヒ(獅子公)　1129–1195）

Heinrich Heinbuche〈14世紀〉
ドイツの神学者, 説教家, 教会政治家。ウィーン大学学長。「良心博士」あるいは「ヘッセンの長老ハインリヒ」とも呼ばれる。
⇒新カト（ハインリヒ・ハインブーヘ〔ランゲンシュタインの〕　1325–1397.2.11）

Heinrichs, Jacob〈19・20世紀〉
アメリカの宣教師。
⇒アア歴（Heinrichs,Jacob　ジェイコブ・ハインリクス　1860.3.2–1947.8.30）

Heinrich von Bozen〈13・14世紀〉
福者。
⇒図聖（ハインリヒ(ボーツェンの)　1250頃–1315）

Heinrich von Langenstein〈14世紀〉
ドイツのプロテスタント神学者。パリ大学教授（1363）。

⇒岩世人（ハインリヒ(ランゲンシュタインの)　1325頃–1397.2.11）

Heinrich von Meißen〈13・14世紀〉
中世高地ドイツ語時代の詩人。吟遊詩人として各地の宮廷を遍歴。
⇒バロ（ハインリヒ・フォン・マイセン　1250-1260頃–1318.11.29）
　バロ（フラウエンロープ, ハインリヒ　1250-1260頃–1318.11.29）
　バロ（マイセン, ハインリヒ・フォン　1250-1260頃–1318.11.29）
　岩世人（ハインリヒ(マイセンの)　1250頃–1318.11.29）

Heinrich von Morungen〈12・13世紀〉
中世高地ドイツ語時代の詩人。33篇に及ぶ恋歌の作者。
⇒バロ（ハインリヒ・フォン・モールンゲン　1170頃?–1222）
　岩世人（ハインリヒ(モールンゲンの)　?–1220頃）

Heinrich von Mügelin〈14世紀〉
ドイツのミンネゼンガー。
⇒バロ（ハインリヒ・フォン・ミューゲルン　1310頃?–1371以降）
　バロ（ミューゲルン, ハインリヒ・フォン　1310頃?–1371以降）

Heinrich von Ofterdingen〈12・13世紀頃〉
中世ドイツの伝説的詩人。
⇒バロ（ハインリヒ・フォン・オフターディンゲン　1170頃?–1220頃?）

Heinrich von Veldeke〈12世紀〉
中世高地ドイツ語時代の詩人。代表的作品に韻文物語『エネイト』, 叙事詩『セルバティウス』。
⇒バロ（ハインリヒ・フォン・フェルデケ　1140-1150–1210以前）
　バロ（ヘンドリク・ファン・フェルデケ　1140-1150–1210以前）
　岩世人（ハインリヒ(フェルデケの)　1150頃–1200頃）

Heinrich von Zütphen〈15・16世紀〉
オランダの最初のプロテスタント殉教者。
⇒岩世人（ハインリヒ(チュトフェンの)　1488–1524.12.10）

Heinschius, Michaël Ernst〈18世紀〉
ドイツの作曲家。
⇒バロ（ハインシウス, ミハイル・エルンスト　1720頃?–1780頃?）

Heinse, Johann Jakob Wilhelm〈18・19世紀〉
ドイツの小説家。長篇小説『アルディンゲロと喜びに満ちた島々』(87)がある。
⇒岩世人（ハインゼ　1746.2.15–1803.6.22）

Heinsius, Nikolaas〈17世紀〉
オランダの外交官, 校訂者。

⇒岩世人（ハインシウス　1620–1681）

Heintz, Wolff〈15・16世紀〉
ドイツのオルガン奏者,作曲家。
⇒バロ（ハインツ, ヴォルフ　1490頃–1552）

Heinze, Max〈19・20世紀〉
ドイツの哲学者。哲学史研究で知られる。
⇒岩世人（ハインツェ　1835.12.13–1909.9.17）

Heinze, Richard〈19・20世紀〉
ドイツの古典学者。ルクレティウスの物象詩第3巻の評釈（1897）などがある。
⇒岩世人（ハインツェ　1867.8.11–1929.8.22）

Heiricus〈9世紀〉
神学者,古典学者,ベネディクト会修道者。著『聖ゲルマヌスの生涯』と『聖ゲルマヌスの奇跡』は広く知られた。
⇒新カト（ヘイリクス〔オセールの〕　841–876/877）

Heiseler, Henry von〈19・20世紀〉
ドイツの作家,詩人。H.v.ハイゼラーの子。福音主義的キリスト教を基調とするドイツ国民性を描いた。
⇒岩世人（ハイゼラー　1875.12.23–1928.11.25）

Heiser, Victor George〈19・20世紀〉
アメリカの公衆衛生医師。
⇒アア歴（Heiser, Victor George　ヴィクター・ジョージ・ハイザー　1873.2.5–1972.2.27）

Heitmann, Joahim〈17・18世紀〉
ドイツの作曲家。
⇒バロ（ハイトマン, ヨアヒム　1680頃?–1740頃?）

Hekabe
ギリシア神話。トロイア戦争当時のトロイア王プリアモスの王妃。
⇒岩世人（ヘカベ）

Hekataios〈前6・5世紀〉
ミレトス生れの歴史家,地理学者。『世界案内記』や『系譜』を著した。
⇒岩世人（ヘカタイオス　　前560頃–前480頃）
　ネーム（ヘカタイオス）
　広辞7（ヘカタイオス　前6世紀）
　世人新（ヘカタイオス　前550頃–前475頃）
　世人装（ヘカタイオス　前550頃–前475頃）

Hekataios〈前4・3世紀〉
ギリシアの歴史家。
⇒新カト（ヘカタイオス〔アブデラの〕　前3世紀頃）

Hektor
ギリシア神話の英雄。トロヤ戦争で活躍した。
⇒岩世人（ヘクトル）
　ネーム（ヘクトル）

Helen〈14世紀〉
ボスニア王国の統治者。在位1395〜1398。

⇒世帝（イェレナ　1345–1399以降）

Helena〈12世紀〉
聖人。祝日7月31日。スウェーデン貴族の出身。
⇒新カト（ヘレナ〔シェーヴダの〕　?–1160頃）

Helena, Flavia Julia〈3・4世紀〉
コンスタンチウス・クロルスの妃,聖女。
⇒岩世人（ヘレナ　250頃–330頃）
　新カト（ヘレナ　255頃–330頃）
　図聖（ヘレナ　?–330）

Helene
ギリシア神話の絶世の美女。ゼウスとレダとの娘。スパルタ王妃。
⇒岩世人（ヘレネ）
　ネーム（ヘレネ）

Helenos
ギリシア神話,トロイア王プリアモスとヘカベの息子。
⇒岩世人（ヘレノス）

Helfferich, Karl〈19・20世紀〉
ドイツの政治家,資本家。1915年蔵相となり戦時公債による財政政策を推進。
⇒岩世人（ヘルフェリヒ　1872.7.22–1924.4.23）

Helgi
シグムンド王の息子の一人。
⇒ネーム（ヘルギ）

Hēliodōros〈3世紀〉
ギリシアの恋愛物語作者。
⇒岩世人（ヘリオドロス）
　ネーム（ヘリオドロス）
　広辞7（ヘリオドロス　3・4世紀）

Heliodorus〈4世紀〉
テッサリアのトリッカの司教。エメサ（現ホムス）出身。
⇒新カト（ヘリオドロス　4世紀後半）

Heliogabalus, Marcus Aurelius Antonius〈3世紀〉
ローマ皇帝。在位218〜222。近衛軍に殺された。
⇒岩世人（エラガバルス　203頃–222.3.11）
　新カト（ヘリオガバルス　204頃–222）
　世帝（エラガバルス　203/204–222）

Helland-Hansen, Bjørn〈19・20世紀〉
ノルウェーの海洋学者。
⇒岩世人（ヘラン=ハンセン　1877.10.15–1957.9.7）

Hellanikos〈前5世紀〉
ギリシアの歴史家。『アッチカ記』を書いた。
⇒岩世人（ヘラニコス）

Hellawes
ランスロットを誘惑しようとする魔女。
⇒ネーム（ヘラヴィーサ）

Hellē
ギリシア神話,テバイ王アタマスとネフェレの娘,フリクソスの姉妹。
⇒岩世人(ヘレ)

Hellēn
ギリシア神話,ギリシア人の祖。
⇒岩世人(ヘレン)

Hellendaar, Pieter〈18世紀〉
オランダのオルガン奏者,作曲家。
⇒バロ(ヘレンダール,ピーテル 1721.4.1–1799.4.19)

Hellinck, Lupus〈15・16世紀〉
ドイツの司祭,教会音楽作曲家。
⇒バロ(ヘリンク,ルーブス 1496頃–1541.1.14?)

Hellmann, Gustav〈19・20世紀〉
ドイツの気象学者。プロイセン気象台台長兼ベルリン大学教授。
⇒岩世人(ヘルマン 1854.7.3–1939.2.21)

Hellmann, Maximilian Joseph〈18世紀〉
オーストリアの作曲家。
⇒バロ(ヘルマン,マクシミリアン・ヨーゼフ 1703頃–1763.3.20)

Hello, Ernest〈19世紀〉
フランスのカトリック作家。
⇒新カト(エロ 1828.11.4–1885.7.14)

Hellriegel, Hermann〈19世紀〉
ドイツの農芸化学者。甜菜の改良・栽培を研究。
⇒岩世人(ヘルリーゲル 1831.10.21–1895.9.24)

Hellwig, Konrad〈19・20世紀〉
ドイツの法学者。エルランゲン(89),ベルリン(1902)などの各大学教授。
⇒岩世人(ヘルヴィヒ 1856.9.27–1913.9.7)

Helmholtz, Hermann Ludwig Ferdinand von〈19世紀〉
ドイツの生理学者,物理学者。エネルギー保存則の提唱者。生理学的業績のほかに電気化学など多彩に活躍。
⇒岩世人(ヘルムホルツ 1821.8.31–1894.9.8)
　科史(ヘルムホルツ 1821–1894)
　ネーム(ヘルムホルツ 1821–1894)
　広辞7(ヘルムホルツ 1821–1894)
　学叢思(ヘルムホルツ,ヘルマン・ルドヴィヒ・フェルディナント 1821–1894)
　物理(ヘルムホルツ,ヘルマン・フォン 1821–1894)
　世人新(ヘルムホルツ 1821–1894)
　世人装(ヘルムホルツ 1821–1894)
　世史語(ヘルムホルツ 1821–1894)
　世数(ヘルムホルツ,ヘルマン・ルドヴィッヒ・フェルディナンド・フォン 1821–1894)
　ポブ人(ヘルムホルツ,ヘルマン・フォン 1821–1894)

Helmont, Charles-Joseph van〈18世紀〉
フランドルの作曲家。
⇒バロ(ファン・ヘルモント,シャルル・ジョゼフ 1715.3.19–1790.6.8)
　バロ(ヘルモント,シャルル・ジョゼフ・フアン 1715.3.19–1790.6.8)

Helmont, Franciscus Mercurius〈17世紀〉
オランダの自然哲学者。J.B.ヘルモントの子。
⇒岩世人(ヘルモント 1614.10.20–1699)

Helmont, Jan Baptista van〈16・17世紀〉
オランダの生理学者,化学者,医師。二酸化炭素を発見,ガスという名称を与えた。
⇒岩世人(ヘルモント 1579.1.12–1644.12.30)
　学叢思(ヘルモント,ジャン・バプティスタ・ヴァン 1557–1644)

Helmtrud〈10世紀〉
パーダーボルン近郊ノイエンハアーゼの隠修女。聖人。
⇒新カト(ヘルムトルート ?–950頃)

Héloïse〈12世紀〉
パラクレトゥス修道院長。中世の弁証神学者アベラールとの恋を引裂かれ修道院に入る。
⇒ネーム(エロイーズ 1101–1164)
　新カト(エロイサ 1101頃–1164.5.15)
　世人新(エロイーズ 1101–1164)
　世人装(エロイーズ 1101–1164)

Helpidius Rusticus〈5・6世紀〉
キリスト教ラテン語詩人。
⇒新カト(ヘルピディウス 5世紀末–6世紀前半)

Helst, Bartholomeus van der〈17世紀〉
オランダの画家。主作品『平和条約締結を祝うアムステルダム自警市民』(48)。
⇒岩世人(ファン・デル・ヘルスト 1613頃–1670.12.16(埋葬))

Heltai Jenő〈19・20世紀〉
ハンガリーの劇作家,小説家。喜劇『エジプトの真珠』(99),小説『夏物語』(07)が代表作。
⇒岩世人(ヘルタイ 1871.8.11–1957.9.3)
　ユ著人(Heltai,Jenö ヘルタイ,イェネー 1871–1957)

Helvétius, Claude Adrien〈18世紀〉
フランスの哲学者。フランス革命の思想上の先駆者の一人。
⇒岩世人(エルヴェシウス 1715.1.26–1771.12.26)
　ネーム(エルヴェシウス 1715–1771)
　広辞7(エルヴェシウス 1715–1771)
　学叢思(エルヴェシウス,クロード・アドリアン 1715–1771)
　メル2(エルヴェシウス,クロード=アドリアン 1715–1771)

Helwys, Thomas〈16・17世紀〉
イギリスの「普遍バプテスト教会」の創設者。
⇒新カト（ヘルウィス　1550頃–1616頃）

Hemacandra〈11・12世紀〉
インドのジャイナ教の宗教詩人, 学者。主著『行為論』。
⇒岩世人（ヘーマチャンドラ　1089–1172）
　南ア新（ヘーマチャンドラ　1089–1172）

Hemans, Felicia Dorothea〈18・19世紀〉
イギリスの女流詩人。短詩『カサビアンカ』『ふるさとイングランド』などの作者。
⇒岩世人（ヘマンズ　1793.9.25–1835.5.16）
　広辞7（ヘマンズ　1793–1835）

Hemart〈15世紀〉
フランスの作曲家。
⇒バロ（エマール, ?　1450頃?–1500頃?）

Hemenway, Asa〈19世紀〉
アメリカの宣教師。
⇒アア歴（Hemenway, Asa　エイサ・ヒーメンウェイ　1810.7.6–1892.2.26）

Hemessen, Jan Sanders van〈16世紀〉
オランダの画家。17世紀のオランダ絵画の先駆をなした。
⇒岩世人（ファン・ヘメッセン　（活動）1519–1556）

Hemma von Gurk〈10・11世紀〉
ベネディクト会のグルク女子修道院・アトモント修道院の創設者。聖人。祝日6月27日。
⇒図聖（ヘマ（グルクの）　980頃–1045）

Hemmel, Sigmund〈16世紀〉
ドイツの作曲家。
⇒バロ（ヘンメル, ジークムント　1520頃?–1564.12.E）

Hemmij, Gijsbert〈18世紀〉
長崎出島のオランダ商館長。在職1792〜98。
⇒岩世人（ヘンミ（ヘンメイ）　1747.6.16–1798.6.8）

Hémon, Louis〈19・20世紀〉
フランスの作家。カナダの大自然に生きる人々を題材にした『白き処女地』が知られる。
⇒岩世人（エモン　1880.10.12–1913.7.8）

Hémont〈17世紀〉
フランスのリュート奏者。
⇒バロ（エモン, ?　1600頃?–1660頃?）

Hemphill, Charles Judson〈19・20世紀〉
アメリカの大リーグ選手（外野）。
⇒メジャ（チャーリー・ヘンプヒル　1876.4.20–1953.6.22）

Hemsterhuis, Frans〈18世紀〉
オランダの哲学者。主著『彫刻論』(69),『人間とその関係』(72),『シモン』(90)。

⇒岩世人（ヘムステルホイス　1721.12.27–1790.7.7）
　メル2（ヘムステルホイス, フランツ　1721–1790）

Hēmū〈16世紀〉
スール朝のアーディル・シャーの宰相。
⇒岩世人（ヘームー　?–1556.11.5）

Henana〈6・7世紀〉
シリアの神学者。
⇒新カト（ヘナーナー　?–610頃）

Henao, Gabriel de〈17・18世紀〉
スペインの神学者, イエズス会員。
⇒新カト（エナオ　1611.7.20–1704.2.11）

Hendel, Henriette〈18・19世紀〉
ドイツのダンサー, マイム, 俳優。
⇒バレエ（ヘンデル, ヘンリエッテ　1772.2.13–1849.3.4）

Henderson, Albert Haley〈19・20世紀〉
アメリカの医療宣教師。
⇒アア歴（Henderson, Albert Haley　アルバート・ヘイリー・ヘンダースン　1866.2.27–1937.2.21）

Henderson, Arthur〈19・20世紀〉
イギリスの政治家。マクドナルド労働党内閣の内相, 外相。
⇒岩世人（ヘンダーソン　1863.9.20–1935.10.20）
　学叢思（ヘンダーソン, アーサー　1863–?）

Henderson, Charles Richmond〈19・20世紀〉
アメリカの社会学者。
⇒学叢思（ヘンダーソン, チャールズ・リッチモンド　1848–?）

Henderson, Thomas〈18・19世紀〉
スコットランドの天文学者。恒星視差の測定を行った(1832)。
⇒岩世人（ヘンダーソン　1798.12.28–1844.11.23）

Hendrick, Thomas Augustine〈19・20世紀〉
アメリカの聖職者。
⇒アア歴（Hendrick, Thomas A(ugustine)　トマス・オーガスティン・ヘンドリック　1849.10.29–1909.11.29）

Hendricks, John Charles〈19・20世紀〉
アメリカの大リーグ選手（外野）。
⇒メジャ（ジャック・ヘンドリックス　1875.4.9–1943.5.13）

Hengest〈5世紀〉
アングロ・サクソンの伝説的な首長。イギリスへの最初の渡来者。
⇒岩世人（ヘンギスト（ヘンゲスト）とホーサ）

Hengstenberg, Ernst Wilhelm〈19世

ドイツのルター派神学者。1827年『福音派教会誌』を創刊。
⇒岩世人（ヘングステンベルク　1802.10.20–1869.5.28）

Henke, Frederick Goodrich〈19・20世紀〉
アメリカの教育者。
⇒アア歴（Henke,Frederick G (oodrich)　フレデリック・グッドリッチ・ヘンケ　1876.8.2–1963.10.27）

Henke, Waldemar〈19・20世紀〉
ドイツのテノール。
⇒魅惑（Henke,Waldemar　1876–1945）

Henle, Friedrich Gustav Jakob〈19世紀〉
ドイツの解剖学者，病理学者。医学を自然科学的に組織した基礎医学の開拓者の一人。
⇒岩世人（ヘンレ　1809.7.19–1885.5.13）
ユ著人（Henle,Jacob Friedrich Gustav　ヘンレ，ヤコブ・フレデリック・グスタフ　1809–1885）

Henley, Walter of〈13世紀頃〉
イギリスの農学者。
⇒岩世人（ヘンリー）

Hennebique, François〈19・20世紀〉
フランスの建築家。
⇒岩世人（エヌビク　1842.4.25–1921.3.20）
世建（フランソワ・アネビク　1842–1921）

Hennecke, Edgar〈19・20世紀〉
ドイツの牧師，新約聖書学者。
⇒新カト（ヘンネケ　1865.4.13–1951.3.25）

Hennepin, Louis〈17・18世紀〉
ベルギー生れの神父。
⇒新カト（エネパン　1626.5.12–1701以後）

Hennequin, Jacques〈16・17世紀〉
フランスの神学者，法学者。
⇒新カト（エネカン　1575.9.7–1660）

Henner, Jean Jacques〈19・20世紀〉
フランスの画家。
⇒岩世人（エンネル　1829.5.3–1905.7.23）
芸13（エンネル，ジャン・ジャック　1829–1905）

Hennessy, Sir John Pope〈19世紀〉
イギリスの外交官。
⇒岩世人（ヘネシー　1834.4.5–1891.6.3）

Hennique, Léon〈19・20世紀〉
フランスの小説家。モーパッサンをふくむ若い自然主義作家の作品集『メダンの夕』の参加者の一人。
⇒19仏（レオン・エニック　1851.11.4–1935.12.25）

Henoch, Eduard Heinrich〈19・20世紀〉
ドイツの小児科医。ヘーノホ紫斑病，ヘーノホ・アンギーナなどに名を残す。
⇒岩世人（ヘノッホ　1820.7.16–1910.8.26）

Henri, Jehan〈16・17世紀〉
フランスのヴァイオリン奏者。ミシェル・アンリの弟。
⇒バロ（アンリ，ジャン　1560.8–1635.1）

Henri, Michel〈16・17世紀〉
フランスのヴァイオン奏者。ジャン・アンリの兄。
⇒バロ（アンリ，ミシェル　1554–1635）

Henri, Robert〈19・20世紀〉
アメリカの画家。無審査，無賞の独立美術家展開催に尽力(10)。
⇒岩世人（ヘンライ　1856.6.24–1929.7.12）

Henri I〈11世紀〉
フランス王。在位1031～60。ユーグ・カペーの孫。
⇒世帝（アンリ1世　1008–1060）

Henri II〈16世紀〉
フランス国王。在位1547～59。イギリスと戦い，ブーローニュ(50)，カレー(59)を奪還。
⇒岩世人（アンリ2世　1519.3.31–1559.7.10）
新カト（アンリ2世　1519.3.31–1559.7.10）
世人（アンリ2世　1519–1559）
皇国（アンリ2世　(在位)1547–1559）

Henri III〈16世紀〉
バロア朝最後のフランス国王。在位1574～89。ユグノー戦争の渦中に即位。
⇒岩世人（アンリ3世　1551.9.19–1589.8.1）
新カト（アンリ3世　1551.9.19–1589.8.2）
世人新（アンリ3世　1551–1589）
世人装（アンリ3世　1551–1589）
世帝（ヘンリク・ヴァレズ　1551–1589）
世帝（アンリ3世　1551–1589）
皇国（アンリ3世　(在位)1574–1589）

Henri IV〈16・17世紀〉
フランス国王。在位1589～1610。ブルボン朝の創始者。
⇒岩世人（アンリ4世　1553.12.13–1610.5.14）
ネーム（アンリ4世　1553–1610）
広辞7（アンリ四世　1553–1610）
新カト（アンリ4世　1553.12.14–1610.8.1）
世人新（アンリ4世　1553–1610）
世人装（アンリ4世　1553–1610）
世史語（アンリ4世　1553–1610）
世帝（アンリ4世　1553–1610）
ポプ人（アンリ4世　1553–1610）
皇国（アンリ4世　(在位)1589–1610）

Henrich, Alphonse〈19・20世紀〉
フランスのマリア会宣教師。暁星学校，長崎海星学校，横浜セント・ジョセフ学院等を創立。

⇒新カト （ヘンリック　1860.9.9–1939.12.28）

Henricus〈13世紀〉
スコラ学者。13世紀中頃の盛期スコラ学と14世紀前半の後期スコラ学との中間の時代を代表する。
⇒新カト （ヘンリクス〔ヘントの〕　1217頃–1293）

Henricus〈13・14世紀〉
イングランドのスコラ神学者、フランシスコ会会員。
⇒新カト （ヘンリクス〔コッシの〕　1270頃–1336）

Henricus〈15世紀〉
スコトゥス学派の神学者、フランシスコ会のケルン管区長。ドルトムント近郊ヴェルルの生まれ。
⇒新カト （ヘンリクス〔ヴェルルの〕　1400頃–1463.4.10）

Henricus de Segusio〈13世紀〉
中世イタリアの司教、教会法学者。
⇒岩世人 （ヘンリクス・デ・セグーシオ　1200頃–1271.11.6/7）

Henri de Gand〈13世紀〉
フランスのスコラ哲学者。プラトン主義とアリストテレス主義を折衷。
⇒岩世人 （アンリ・ド・ガン　1213頃–1293.6.29）
　メル1 （ヘンリクス（ガンの）　1213頃–1293）

Henrietta Anne〈17世紀〉
イギリスの王女。
⇒王妃 （ヘンリエッタ・アン・ステュアート　1644–1670）

Henrietta Maria〈17世紀〉
イギリス王チャールズ1世の王妃。清教徒革命によりフランスへ亡命。
⇒岩世人 （アンリエッタ・マリア　1609.11.26–1669.9.10）
　王妃 （ヘンリエッタ・マリア　1609–1669）

Henri (Lausanne)〈12世紀〉
フランスの修道士。
⇒新カト （アンリ〔ローザンヌの〕　?–1145頃）

Henrique I〈16世紀〉
ポルトガル王。在位1578〜80。ポルトガル異端審問所長官、エボラ大司教などを務める。
⇒世帝 （エンリケ1世　1512–1580）

Henrique o Navegador〈14・15世紀〉
ポルトガルの王子。大西洋やアフリカ西海岸に多くの探検隊を派遣。
⇒岩世人 （エンリケ（航海者）　1394.3.4–1460.11.13）
　ネーム （エンリケ　1394–1460）
　広辞7 （エンリケ　1394–1460）
　世人新 （エンリケ航海王子　1394–1460）
　世人装 （エンリケ航海王子　1394–1460）
　世史語 （「航海王子」エンリケ　1394–1460）
　ポプ人 （エンリケ航海王子　1394–1460）

Henriques, Henrique〈16世紀〉
ポルトガルのイエズス会員、インド宣教師。
⇒新カト （エンリケ　1520–1600.2.6）

Henry, Augustine〈19世紀〉
イギリスの医者、植物学者。中国に渡り活躍。
⇒岩世人 （ヘンリー　1857.7.2–1930.3.23）

Henry, James McClure〈19・20世紀〉
アメリカの宣教師教育者。
⇒アア歴 （Henry,James McClure　ジェイムズ・マクルーア・ヘンリー　1880.12.2–1958.12.18）

Henry, Joseph〈18・19世紀〉
アメリカの物理学者。電磁式電信機を発明。そのほか広くアメリカの科学向上に尽力。
⇒岩世人 （ヘンリー　1797.12.17–1878.5.13）
　物理 （ヘンリー、ジョセフ　1797–1878）
　ポプ人 （ヘンリー、ジョセフ　1797–1878）

Henry, Louis-Xavier-Stanislas〈18・19世紀〉
フランスのダンサー、振付家。
⇒バレエ （アンリ、ルイ=グザヴィエ=スタニスラス　1784.3.7–1836.11.4）

Henry, Matthew〈17・18世紀〉
イギリスの聖書学者。非国教主義者。
⇒新カト （ヘンリ　1662.10.18–1714.6.22）

Henry, Patrick〈18世紀〉
アメリカの政治家。独立闘争の先鋒。大陸会議代表、バージニア州初代知事などで活躍。
⇒アメ新 （ヘンリー　1736–1799）
　岩世人 （ヘンリー　1736.5.29–1799.6.6）
　広辞7 （ヘンリー　1736–1799）
　世人新 （ヘンリ　1736–1799）
　世人装 （ヘンリ　1736–1799）

Henry, Philip Walter〈19・20世紀〉
アメリカの技師。
⇒アア歴 （Henry,Philip Walter　フィリップ・ウォルター・ヘンリー　1864.3.24–1947.11.7）

Henry, Victor〈19・20世紀〉
フランスの言語学者、印欧語比較文法学者。パリ大学のサンスクリットおよび比較文法教授（1888〜）。
⇒岩世人 （アンリ　1850.8.17–1907.2.6）

Henry, William〈18・19世紀〉
イギリスの化学者。1803年液体に対する気体の溶解度についてヘンリーの法則を発見。
⇒岩世人 （ヘンリー　1775.12.12–1836.9.2）

Henry I, Beauclerc〈11・12世紀〉
イングランド王。在位1100〜35。「自由の憲章」の発布で知られる。
⇒岩世人 （ヘンリー1世　1068/1069–1135.12.1）
　世帝 （ヘンリー1世　1068–1135）
　皇国 （ヘンリー1世　?–1135）

Henry I, the Bearded〈13世紀〉
ポーランド王国の統治者。在位1228～29,1232～38(復位)。
⇒世帝（ヘンリク1世　1163–1238）

Henry II, Curtmantle〈12世紀〉
イングランド王。在位1154～89。
⇒岩世人（ヘンリー2世　1133.3.5–1189.7.6）
広辞7（ヘンリー二世　1133–1189）
新カト（ヘンリ2世　1133.3.5–1189.7.6）
世人新（ヘンリー2世　1133–1189）
世人装（ヘンリー2世　1133–1189）
世史語（ヘンリー2世　1133–1189）
世帝（ヘンリー2世　1133–1189）
ポプ人（ヘンリー2世　1133–1189）
皇国（ヘンリー2世　(在位)1154–1189）

Henry II, the Pious〈13世紀〉
ポーランド王国の統治者。在位1238～1241。
⇒世帝（ヘンリク2世　1196頃–1241）
皇国（ヘンリク2世　?–1241.4）

Henry III〈13世紀〉
イングランド王。在位1216～72。貴族の反感を招き、バロン戦争が起った。
⇒岩世人（ヘンリー3世　1207.10.1–1272.11.16）
世人新（ヘンリー3世　1207–1272）
世人装（ヘンリー3世　1207–1272）
世史語（ヘンリー3世　1207–1272）
世帝（ヘンリー3世　1206–1272）
ポプ人（ヘンリー3世　1207–1272）

Henry III, Probus〈13世紀〉
ポーランド王国の統治者。在位1288～1290。
⇒世帝（ヘンリ4世　1258頃–1290）

Henry IV, Boldingbroke〈14・15世紀〉
ランカスター家出身の初のイングランド王。在位1399～1413。
⇒バロ（ヘンリー4世　1367.4.3–1413.3.20）
岩世人（ヘンリー4世　1367.4.15?–1413.3.20）
世人新（ヘンリー4世　1366/1367–1413）
世人装（ヘンリー4世　1366/1367–1413）
世帝（ヘンリー4世　1367–1413）
皇国（ヘンリー4世　(在位)1399–1413）

Henry V〈14・15世紀〉
イングランド王。在位1413～22。百年戦争を再開し、大勝を得た。
⇒バロ（ヘンリー5世　1387.8.19–1422.8.3）
岩世人（ヘンリー5世　1386.9.16–1422.8.31）
世帝（ヘンリー5世　1387–1422）
皇国（ヘンリー5世　?–1422）

Henry VI〈15世紀〉
イングランド王。在位1422～61,70～71。トロア条約に従いフランス王を兼ねた。
⇒岩世人（ヘンリー6世　1421.12.6–1471.5.21）
新カト（ヘンリ6世　1421.12.6–1471.5.21/22）
世帝（ヘンリー6世　1421–1471）
皇国（ヘンリー6世　(在位)1422–1461,1470–1471）

Henry VII〈15・16世紀〉
チューダー朝初代のイングランド王。在位1485～1509。チューダー朝絶対主義体制の基礎を固めた。
⇒岩世人（ヘンリー7世　1457.1.28–1509.4.21）
新カト（ヘンリ7世　1457.1.28–1509.4.21）
世人新（ヘンリー7世　1457–1509）
世人装（ヘンリー7世　1457–1509）
世史語（ヘンリー7世　1457–1509）
世帝（ヘンリー7世　1457–1509）
ポプ人（ヘンリー7世　1457–1509）

Henry VIII〈15・16世紀〉
チューダー朝第2代のイングランド王。在位1509～47。
⇒バロ（ヘンリー8世　1491.6.28–1547.1.28）
岩世人（ヘンリー8世　1491.6.28–1547.1.28）
ネーム（ヘンリー8世　1491–1547）
広辞7（ヘンリー八世　1491–1547）
学叢思（ヘンリー八世）
新カト（ヘンリ8世　1491.6.28–1547.1.28）
世人新（ヘンリー8世　1491–1547）
世人装（ヘンリー8世　1491–1547）
世史語（ヘンリー8世　1491–1547）
世帝（ヘンリー8世　1491–1547）
ポプ人（ヘンリー8世　1491–1547）
皇国（ヘンリー8世　(在位)1509–1547）

Henry of Huntingdon〈11・12世紀〉
イギリスの歴史家。
⇒岩世人（ヘンリー・オヴ・ハンティンドン　1084頃–1155）

Henry Raspe of Thuringia〈13世紀〉
神聖ローマ帝国の統治者。
⇒岩世人（ハインリヒ・ラスペ　1204頃–1247.2.16）
世帝（ハインリヒ・ラスペ　1204頃–1247）

Henryson, Robert〈15・16世紀〉
スコットランドのチョーサー派詩人。『オルフェウスとエウリュディケ』(08)などがある。
⇒ヘンリソン（1430頃–1506）

Henry the Minstrel〈15世紀〉
イギリスの盲目の吟遊詩人。長篇詩『ウォリス』の作者とされる。
⇒岩世人（ヘンリー　(活動)15世紀後半）

Henry the Young King〈12世紀〉
イングランド王国、プランタジネット家の統治者。在位1170～1183（共治）。
⇒世帝（若ヘンリー　1155–1183）

Hensel, Heinrich〈19・20世紀〉
ドイツのテノール。バイロイト音楽祭でローゲ、パルシファルなどを歌ってワーグナー歌手として注目された。
⇒魅惑（Hensel,Heinrich　1874–1935）

Hensel, Kurt〈19・20世紀〉
ドイツの数学者。マルブルク大学教授(1902)。
⇒岩世人（ヘンゼル　1861.12.29–1941.6.1)
　世数（ヘンゼル, クルト　1861–1941)

Hensel, Louise Maria〈18・19世紀〉
ドイツの女流詩人。画家W.ヘンゼルの妹。
⇒岩世人（ヘンゼル　1798.3.30–1876.12.18)

Hensel, Paul〈19・20世紀〉
ドイツの哲学者,倫理学者。画家W.ヘンゼルの孫。
⇒岩世人（ヘンゼル　1860.5.17–1930.11.11/8)
　学叢思（ヘンゼル, パウル　1860–?)

Henselt, Adolf von〈19世紀〉
ドイツのピアノ奏者,作曲家。ペテルブルクの宮廷で活躍。
⇒岩世人（ヘンゼルト　1814.5.9–1889.10.10)

Hensen, Victor〈19・20世紀〉
ドイツの生理学者,水産学者。海洋の生産力測定に貢献。
⇒岩世人（ヘンゼン　1835.2.10–1924.4.5)

Henslow, John Stevens〈18・19世紀〉
イギリスの植物学者,地質学者。ダーウィンの師。
⇒岩世人（ヘンズロー　1796.2.6–1861.5.16)

Henslowe, Philip〈16・17世紀〉
イギリスの劇場経営者。記録『ヘンズローの日記』は,エリザベス朝演劇を解明する重要資料。
⇒岩世人（ヘンズロー　1550頃–1616.1.6)

Henson, Josiah〈18・19世紀〉
逃亡奴隷。
⇒岩世人（ヘンソン　1789.6.15–1883.5.5)

Hentsch, Oberstleutnant Richard〈19・20世紀〉
ドイツ軍の情報士官。第1次世界大戦中の1914年,フランス北部での進撃中止を決断させた。
⇒スパイ（ヘンチュ, オーバーシュトロイトナント・リヒャルト　1869–1918)

Hepburn, James Curtis〈19・20世紀〉
アメリカ長老派の医療宣教師。日本名,平文。
⇒アア歴(Hepburn,J(ames) C(urtis)　ジェイムズ・カーティス・ヘプバーン　1815.3.13–1911.9.21)
　アメ新（ヘボン　1815–1911)
　岩世人（ヘボン（ヘプバーン）　1815.3.13–1911.9.21)
　広辞7（ヘボン　1815–1911)
　新カト（ヘボン　1815.3.13–1911.9.21)
　ポプ人（ヘボン, ジェームス　1815–1911)

Hēphaistiōn〈前4世紀〉
マケドニアの将軍。
⇒岩世人（ヘファイスティオン　前356頃–前324)

Hēphaistiōn〈2世紀頃〉
ギリシアの韻律研究家。『韻律論』を著した。
⇒岩世人（ヘファイスティオン）

Hepplewhite, George〈18世紀〉
イギリスの家具デザイナー。家具デザイン集『家具製造家と室内装飾家のための手引』(88)がある。
⇒芸13（ヘップルホワイト, ジョージ　?–1786)

Heqamare Ramesses IV〈前12世紀〉
古代エジプトの統治者。在位前1151～1145。
⇒世帝（ラメセス4世　(在位)前1151–前1145頃)

Heracleonas〈7世紀〉
東ローマ皇帝。在位641.2～9。ロードスに追放された。
⇒世帝（ヘラクロナス　626–641)

Heraclius〈6・7世紀〉
ビザンチン皇帝。在位610～641。ヘラクリウス朝を創始。
⇒岩世人（ヘラクレイオス　575頃–641.2)
　ネーム（ヘラクレイオス1世　575?–641)
　広辞7（ヘラクリウス一世　575頃–641)
　新カト（ヘラクリウス　575頃–641.2.11)
　世人新（ヘラクレイオス1世　575頃–641)
　世人装（ヘラクレイオス1世　575頃–641)
　世史語（ヘラクレイオス1世　575頃–641)
　世帝（ヘラクレイオス1世　575–641)
　ポプ人（ヘラクレイオス1世　575?–641)

Heraklas〈2・3世紀〉
アレクサンドリアの司教。在職232/33～247/48。聖人。祝日12月4日。
⇒新カト（ヘラクラス　180頃–248)

Hērakleidēs Lembos〈前2世紀〉
ギリシアの哲学者,歴史家。
⇒岩世人（ヘラクレイデス・レンボス)

Hērakleidēs Pontikos〈前4世紀〉
古代ギリシアの哲学者。地球自転説を述べた。
⇒岩世人（ヘラクレイデス（ポントスの）　前390頃–前310頃)

Hērakleitos〈前6・5世紀〉
古代ギリシアの哲学者。万物流転（パンタ・レイ）説や火の原理で知られる。
⇒岩世人（ヘラクレイトス　前540頃–前480頃)
　ネーム（ヘラクレイトス　前540頃–前480頃)
　広辞7（ヘラクレイトス　前540頃–前480頃)
　学叢思（ヘラクレイトス　前535頃–前475頃)
　新カト（ヘラクレイトス　前540頃–前480頃)
　図哲（ヘラクレイトス　前535頃–前475頃)
　世人新（ヘラクレイトス　前550頃–前480頃)
　世人装（ヘラクレイトス　前550頃–前480頃)
　世史語（ヘラクレイトス　前540頃–?)
　ポプ人（ヘラクレイトス　前540頃–?)
　メル1（ヘラクレイトス　前576/前540?–前480頃)

Herakleon〈2世紀〉
グノーシス主義者。ヴァレンティノスの弟子。ヨハネによる福音書の注解を初めて著した。
⇒新カト（ヘラクレオン　2世紀半ば）

Herakles
ギリシア神話中の英雄。ゼウスとアルクメネとの子。ハーキュリーズ。ヘルクレス。
⇒岩世人（ヘラクレス）
　ネーム（ヘラクレス）

Hérault de Séchelles, Marie Jean〈18世紀〉
フランスの政治家。
⇒岩世人（エロー・ド・セシェル　1760-1794.4.5）

Herbart, Johann Friedrich〈18・19世紀〉
ドイツの哲学者, 心理学者。教育学の体系化に功績をあげた。
⇒岩世人（ヘルバルト　1776.5.4-1841.8.14）
　ネーム（ヘルバルト　1776-1841）
　広辞7（ヘルバルト　1776-1841）
　学叢思（ヘルバルト, ヨハン・フリードリヒ　1776-1841）
　新カト（ヘルバルト　1776.5.4-1841.8.14）
　メル2（ヘルバルト, ヨハン・フリードリヒ　1776-1841）

Herbelot de Molainville, Barthélemy d'〈17世紀〉
フランスの東洋学者。
⇒岩世人（エルブロ・ド・モランヴィル　1625.12.14-1695.12.8）

Herbert, George〈16・17世紀〉
イギリスの詩人, 聖職者。詩集『聖堂』(33)が有名。
⇒岩世人（ハーバート　1593.4.3-1633.3.1）
　新カト（ハーバート　1593.4.3-1633.3.1）

Herbert, Victor〈19・20世紀〉
アイルランド生れのアメリカの作曲家。主作品は、オペレッタ『占い師』(98)など。
⇒岩世人（ハーバート　1859.2.1-1924.5.26）
　エデ（ハーバート, ヴィクター（オーガスト）　1859.2.1-1924.5.26）

Herbert of Cherbury, Edward Herbert, 1st Baron〈16・17世紀〉
イギリスの哲学者, 軍人, 外交官, 詩人, 歴史家。イギリスの理神論の始祖。
⇒岩世人（ハーバート　1582?-1648.8.20）
　学叢思（ハーバート, エドワード　1581-1648）
　新カト（ハーバート〔チャーベリの〕　1583.3.3-1648.8.20）

Herbig, Christoph〈17世紀〉
ドイツの作曲家。
⇒バロ（ヘルビヒ, クリストフ　1610頃?-1670頃?）

Herbing, August Bernhard Valentin〈18世紀〉
ドイツの作曲家。
⇒バロ（ヘルビング, アウグスト・ベルンハルト・ヴァレンティン　1735.3.9-1766.2.26）

Herbst, Johann Andreas〈16・17世紀〉
ドイツの音楽理論家, 作曲家。
⇒バロ（ヘルプスト, ヨハン・アンドレアス　1588.6.9-1666.1.24）

Herculano de Carvalho e Araújo, Alexandre〈19世紀〉
ポルトガルの小説家, 詩人, 歴史家。『ポルトガルにおける宗教裁判の起源と設立の歴史』(54〜59)。
⇒岩世人（エルクラーノ　1810.3.28-1877.9.13）

Herculanus〈6世紀〉
ペルージアの司教。聖人, 殉教者。祝日11月7日。
⇒新カト（ヘルクラヌス　?-547）

Herdegen, Linhart〈16・17世紀〉
ドイツの作曲家。
⇒バロ（ヘルデゲン, リンハルト　1590頃?-1650頃?）

Herder, Bartholomä〈18・19世紀〉
ドイツの出版業者。フライブルクで出版社を経営。
⇒岩世人（ヘルダー　1774.8.22-1839.3.11）

Herder, Johann Gottfried von〈18・19世紀〉
ドイツの哲学者, 美学者, 批評家, 言語学者。近代キリスト教的ヒューマニズムの立場を確立。
⇒岩世人（ヘルダー　1744.8.25-1803.12.18）
　広辞7（ヘルダー　1744-1803）
　学叢思（ヘルデル, ヨハン・ゴットフリート　1744-1803）
　新カト（ヘルダー　1744.8.25-1803.12.18）
　メル2（ヘルダー, ヨハン・ゴットフリート・フォン　1744-1803）

Héré de Corny, Emmanuel〈18世紀〉
フランスの建築家。スタニスラフ1世の建築長(1740)、ナンシー市の美化・整理をした。
⇒岩世人（エレ　1705.10.12-1763.2.2）

Heredia, José María〈19世紀〉
キューバの詩人。代表作『チョルーラの神殿における瞑想』など。
⇒岩世人（エレディア　1803.12.31-1839.5.7）

Hérédia, José Maria de〈19・20世紀〉
フランスの詩人。雑誌に数篇ずつ詩を発表するだけで多作せず, 詩集は『トロフィー』(93)のみ。
⇒岩世人（エレディア　1842.11.22-1905.10.2）
　19仏（ジョゼ＝マリア・ド・エレディア　1842.11.22-1905.10.2）

Heredia, Severiano de〈19・20世紀〉
フランスの政治家。

⇒19仏（セベリアーノ・ド・エレディア　1836.11.8–1901.2.9）

Heremans, Jacob Frans Johan〈19世紀〉
ベルギーのオランダ語学者。フランドル語協会を創立。
⇒岩世人（ヘーレマンス　1825.1.27–1884.3.13）

Herennius Etruscus Messius Decius, Quintus〈3世紀〉
古代ローマの副帝。在位250頃。正帝。在位250～251。
⇒世帝（ヘレンニウス・エトルスクス　227頃–251）

Herennius Pontius
サムニウム人の政治家。
⇒岩世人（ヘレンニウス・ポンティウス）

Hergenröther, Joseph Adam Gustav〈19世紀〉
ドイツのカトリック神学者, 教会史家。教皇権強化論者。
⇒岩世人（ヘルゲンレーター　1824.9.15–1890.10.3）
⇒新カト（ヘルゲンレーター　1824.9.15–1890.10.3）

Hergesell, Hugo〈19・20世紀〉
ドイツの気象学者。航空測候, 高層気象観測などを行った。
⇒岩世人（ヘルゲゼル　1859.5.29–1938.6.6）

Heribert〈10・11世紀〉
ケルンの大司教。在職999～1021。聖人。祝日3月16日。
⇒新カト（ヘリベルト［ケルンの］　970頃–1021.3.16）

Hérier, Thomas〈13世紀〉
フランスのトルヴェール。
⇒バロ（エリエ, トマ　1220頃?–1270）

Herigone, Pierre〈17世紀〉
フランスの数学者。
⇒世数（エリゴン, ピエール　1580頃–1643）

Herincx, Willem〈17世紀〉
ネーデルラントの倫理神学者, フランシスコ会会員。
⇒新カト（ヘリンクス　1621.10.3–1678.8.17）

Hering, Karl Ewald Konstantin〈19・20世紀〉
ドイツの生理学者, 心理学者。電気生理学, 知覚生理学, 生理光学を確立。
⇒岩世人（ヘーリング　1834.8.5–1918.1.26）
学叢思（ヘーリング, エヴァルト　1834–?）

Hering, Loy〈15・16世紀〉
ドイツの彫刻家。
⇒芸13（ヘリング, ロイ　1484-1485頃–1554以降）

Hérisson, Charles〈19世紀〉
フランスの政治家。
⇒19仏（シャルル・エリソン　1831.10.12–1893.11.23）

Herkner, Heinrich〈19・20世紀〉
ドイツの経済学者。社会政策, 労働問題を専攻。
⇒岩世人（ヘルクナー　1863.6.27–1932.5.27）
学叢思（ヘルクナー, ハインリヒ　1863–?）

Herkomer, Sir Hubert von〈19・20世紀〉
ドイツ生れのイギリスの画家。1890年ロイヤル・アカデミー会員。主作品は『最後の招集』(75)。
⇒芸13（ハーコマー, フーベルト　1849–1914）

Herlin, Friedrich〈15世紀〉
ドイツの画家。フランドルの画風をもつ。
⇒岩世人（ヘルリン　1425-1430頃–1500）

Herma
ローマ在住のキリスト者。
⇒新カト（ヘルマス）

Hermagoras〈前2世紀〉
ギリシアの修辞家。
⇒岩世人（ヘルマゴラス　(活動)150頃）

Hermagoras〈3世紀頃〉
聖人, 殉教者。祝日7月12日。アクイレイアの初代司教ともされる。
⇒新カト（ヘルマゴラスとフォルトゥナトゥス　3世紀頃）

Herman, Emanuel〈19・20世紀〉
オーストリアの経済学者。
⇒学叢思（ヘルマン, エマヌエル　1839–1902）

Hermann, Amandus〈17世紀〉
シレジア出身の哲学者, 神学者, フランシスコ会会員。
⇒新カト（ヘルマン　?–1700.11.26）

Hermann, Friedrich Benedikt Wilhelm von〈18・19世紀〉
ドイツの経済学者。政治的には大ドイツ主義の立場をとった。
⇒岩世人（ヘルマン　1795.12.5–1868.11.23）
学叢思（ヘルマン, フリードリヒ・ベネディクト・ヴィルヘルム・フォン　1795–1868）

Hermann, Georg〈17・18世紀〉
ドイツの哲学者, 神学者, イエズス会会員。
⇒新カト（ヘルマン　1693.1.6–1766.11.12）

Hermann, Georg〈19・20世紀〉
ドイツの小説家, 随筆家, 美術史家。
⇒ユ著人（Hermann,Georg　ヘルマン, ゲオルグ　1871–1943）

Hermann, Ludimar〈19・20世紀〉
ドイツの生理学者。筋肉の代謝, 生物電気の発生などを研究。
⇒岩世人（ヘルマン　1838.10.21–1914.6.5）

Hermann, Nicolaus〈15・16世紀〉
ドイツの作曲家。
⇒バロ（ヘルマン, ニコラウス　1500–1561.5.15）

Hermann Joseph〈12・13世紀〉
ドイツのプレモントレ会の神秘家, 著述家, 聖人。
⇒新カト（ヘルマン・ヨーゼフ〔シュタインフェルトの〕　1160頃–1225以降）
　図聖（ヘルマン・ヨーゼフ　?–1241/1252）

Hermannus〈11・12世紀〉
教会史家, ベネディクト会員。トゥールネのベネディクト会サン・マルタン修道院長。
⇒新カト（ヘルマンヌス〔トゥールネの〕　1090頃–1147頃）

Hermannus〈13・14世紀〉
ドイツの神学者, アウグスチノ会会員。
⇒新カト（ヘルマンヌス〔シルデシェの〕　1290頃–1357.7.8）

Hermannus Contractus〈11世紀〉
中世ドイツの年代記作者。ライヒェナウで修道僧, 教師として活動。
⇒バロ（コントラクトゥス, ヘルマンヌス　1013.7.18–1053.9.24）
　バロ（ヘルマン・フォン・ライヒェナウ　1013.7.18–1053.9.24）
　岩世人（ヘルマン（ライヒェナウの）　1013.7.18–1054.9.24）
　新カト（ヘルマンヌス・コントラクトゥス　1013.7.18–1054.9.24）

Hermann von Salza〈12・13世紀〉
ドイツ騎士団の創設者。東欧の布教活動に活躍。
⇒岩世人（ヘルマン（ザルツァの）　1170頃–1239.3.20）
　新カト（ヘルマン〔ザルツァの〕　1170/1180–1239.3.20）

Herman of Salm〈11世紀〉
神聖ローマ帝国の統治者。在位1081〜1088（対立ドイツ王）。
⇒世帝（ヘルマン・フォン・ザルム　1035頃–1088）

Hermas〈2世紀〉
使徒時代の教父（ロマ書16章14節のヘルマスとは別人）。140年頃活動。
⇒岩世人（ヘルマス　（活動）140頃）

Hermenegildus〈6世紀〉
聖人。祝日4月13日。西ゴート国王レオヴィギルドの子。
⇒新カト（ヘルメネギルドゥス　?–585）

Hermes, Georg〈18・19世紀〉
ドイツのカトリック神学者。「ヘルメス主義」の提唱者。教皇グレゴリウス16世により排斥。

⇒岩世人（ヘルメス　1775.4.22–1831.5.26）
　新カト（ヘルメス　1775.4.22–1831.5.26）

Hermès, Thierry〈19世紀〉
フランスの馬具職人。
⇒ポプ人（エルメス, ティエリー　1801–1878）

Hermēsianax〈前4・3世紀〉
ギリシアのエレゲイア詩人。『レオンチオン』で有名。
⇒岩世人（ヘルメシアナクス）

Hermias
キリスト教哲学者。古代ギリシア思想や異教の教えを揶揄する書物を著す。
⇒新カト（ヘルミアス　200頃）

Hermionē
ギリシア神話, メネラオスとヘレネの娘。
⇒岩世人（ヘルミオネ）

Hermippos〈前5世紀〉
ギリシアの初期喜劇詩人。
⇒岩世人（ヘルミッポス）

Hermite, Charles〈19・20世紀〉
フランスの数学者。2次形式の整数論的研究などの業績を残した。
⇒岩世人（エルミート　1822.12.24–1901.1.14）
　広辞7（エルミート　1822–1901）
　物理（エルミート, シャルル　1822–1901）
　世数（エルミート, シャルル　1822–1901）

Hermogenes〈前3・2世紀〉
ギリシアの建築家。
⇒岩世人（ヘルモゲネス）

Hermogenes〈2・3世紀〉
アンティオキアのグノーシス主義者。180頃に活動。
⇒新カト（ヘルモゲネス　（活躍）175–205頃）

Hermogenēs〈2・3世紀〉
ギリシアの弁論家。
⇒岩世人（ヘルモゲネス）

Hermokratēs〈前5世紀〉
シラクサの政治家, 将軍。シチリア諸都市を大同団結させ, アテネを退却させた。
⇒岩世人（ヘルモクラテス　?–前407）

Hernández, Daniel〈19・20世紀〉
ペルーの画家。
⇒岩世人（エルナンデス　1856.8.1–1932.10.23）

Hernández, Francisco〈16世紀〉
スペインの博物学者, 医者。新大陸の植物研究に初の足跡を残した。
⇒岩世人（エルナンデス　1517頃–1587.1.28）
　ラテ新（エルナンデス　1517?–1587）

Hernandez, Gregorio〈16・17世紀〉
スペインの彫刻家。バロック的自然主義の最初の彫刻家とされる。
⇒岩世人（フェルナンデス　1576–1636.1.22）
　新カト（フェルナンデス　1576頃–1636）

Hernández, José〈19世紀〉
アルゼンチンの詩人、政治家。代表作『ガウチョ、マルティン・フィエロ』(72)。
⇒岩世人（エルナンデス　1834.11.10–1886.10.21）
　ネーム（エルナンデス　1834–1886）

Hernando de S.José Ayala〈16・17世紀〉
スペインのアウグスティノ会宣教師。
⇒岩世人（アヤーラ　1575.10–1617.6.1）
　新カト（アヤラ　1575–1617.6.1）

Hērō
ギリシア神話、女神アフロディテの女司祭。
⇒岩世人（ヘロ）

Herodes〈前1世紀〉
ユダヤ王。在位前37～4。イエス誕生時のユダヤ支配者。
⇒岩世人（ヘロデ　前74頃–前4）
　広辞7（ヘロデ　前73頃–前4）
　新カト（ヘロデ　前73–前4）
　聖書（ヘロデ大王）
　世人新（ヘロデス（ヘロデ）　前73/前74–前4）
　世人装（ヘロデス（ヘロデ）　前73/前74–前4）
　ポブ人（ヘロデ王　前73?–前4）
　ユ著人（Herod the Great（Herod's Great）　ヘデロ, ヘロデ大王　?–前4）

Hērōdēs Agrippas I〈前1・後1世紀〉
ユダヤの王。在位41～44。ヘロデ大王の孫。キリスト教徒を迫害し、ペテロを逮捕。
⇒岩世人（ヘロデ・アグリッパ1世　前10頃–後44）
　ネーム（ヘロデ・アグリッパ1世）
　新カト（ヘロデ・アグリッパ1世　前10–後44）
　聖書（ヘロデ・アグリッパ一世）
　ユ人（アグリッパ1世　前10–後44）

Hērōdēs Agrippas II〈1世紀〉
ユダヤの王。在位48～?。1世の子。使徒パウロを審問し有名。
⇒岩世人（ヘロデ・アグリッパ2世　27–100）
　新カト（ヘロデ・アグリッパ2世　28–92頃）
　聖書（ヘロデ・アグリッパ二世）
　ユ人（アグリッパ2世（マルクス・ユリウス、またはヘロデ・アグリッパ2世）　28–92）

Hērōdēs Antipas〈前1・後1世紀〉
ヘロデ大王の子。ガリラヤ、ペレア領主。在位前4～後39。
⇒岩世人（ヘロデ・アンティパス　?–37以後）
　ネーム（ヘロデ・アンティパス）
　新カト（ヘロデ・アンティパス　前20–?）
　聖書（ヘロデ・アンティパス）
　世人新（ヘロデス＝アンティパス　?–後39）
　世人装（ヘロデス＝アンティパス　?–後39）
　ユ人（アンティパス, ヘロデ　前20–後39?）

Herodes Atticus〈2世紀〉
古代ギリシアの弁論家。代表的な復古主義者。元老院議員。コンスルも勤めた。
⇒岩世人（ヘロデス・アッティコス　101–177）

Hērōdianos〈2・3世紀〉
ギリシア系の歴史家。
⇒岩世人（ヘロディアヌス）

Hērōdianos, Ailios〈2世紀〉
ギリシア文法家。2世紀中頃に活動。
⇒岩世人（ヘロディアノス　2世紀中頃）

Hērōdias〈前1・後1世紀〉
ヘロデ・アンティパスの姪で後妻。
⇒岩世人（ヘロディア　前14頃–後40以後）
　新カト（ヘロディア　1世紀）
　聖書（ヘロディア）

Hērodotos〈前5世紀〉
ギリシアの歴史家。『歴史』(9巻)の著者として有名。
⇒岩世人（ヘロドトス　前484頃–前425頃）
　ネーム（ヘロドトス　前485?–前425?）
　広辞7（ヘロドトス　前5世紀）
　学叢思（ヘロドトゥス　前484–前425）
　世人新（ヘロドトス　前485/前484–前425頃）
　世人装（ヘロドトス　前485/前484–前425頃）
　世史語（ヘロドトス　前484頃–前425頃）
　ポブ人（ヘロドトス　前484?–前425?）
　学叢歴（ヘロドトス　前484–前408）

Hérol, François Joseph〈18・19世紀〉
フランスの音楽教師、ハープ奏者。
⇒バロ（エロール, フランソワ・ジョゼフ　1755.3.18–1802.10.1）

Hérold, Ferdinand〈19世紀〉
フランスの政治家。
⇒19仏（フェルディナン・エロルド　1828.10.16–1882.1.1）

Hérold, Louis Joseph Ferdinand〈18・19世紀〉
フランスの作曲家。1812年ローマ大賞を獲得。
⇒岩世人（エロール　1791.1.28–1833.1.19）
　バレエ（エロール, ルイ＝ジョゼフ・フェルディナン　1791.1.28–1833.1.19）
　オペラ（エロール, フェルディナン　1791–1833）

Herold, Vilhelm Kristoffer〈19・20世紀〉
デンマークのテノール。22～24年コペンハーゲン王立劇場オペラ監督を務めた。
⇒失声（ヴィルヘルム・ヘロルド　1865–1937）
　魅惑（Herold, Vilhelm Kristoffer　1865–1937）

Heron, John William〈19世紀〉
アメリカの医療宣教師。

⇒アア歴（Heron, John W (illiam) ジョン・ウイリアム・ヒーロン 1856.6.15-1890.7.26）

Hērōndās〈前3世紀〉
ギリシアのミムス劇の作者。
⇒岩世人（ヘロンダス）
ネーム（ヘロンダス）

Heron of Alexandria〈前2・1世紀〉
アレキサンドリア時代のギリシアの数学者。前100年頃活躍。ヘロンの公式で有名。
⇒岩世人（ヘロン（アレクサンドリアの））
広辞7（ヘロン　（活躍）1世紀）
世数（ヘロン（アレクサンドリアの）　前1世紀末）
ポブ人（ヘロン　生没年不詳）

Herophilos ho chalkedonios〈前3世紀〉
ギリシアの外科医、解剖学者。アレクサンドリアに住んだ。
⇒岩世人（ヘロフィロス）
ネーム（ヘロフィロス）
世人新（ヘロフィロス　前335頃/前340頃-前280頃/前260頃）
世人装（ヘロフィロス　前335頃/前340頃-前280頃/前260頃）

Héroult, Paul Louis Toussaint〈19・20世紀〉
フランスの冶金技術者。
⇒岩世人（エルー　1863.4.10-1914.5.9）
広辞7（エルー　1863-1914）

Herpol, Homer〈16世紀〉
フランドルの作曲家。
⇒バロ（ヘルポール、ホーマー　1520頃-1573.12.12-74.1.8）

Herr, Lucien〈19・20世紀〉
フランスの哲学者、碩学。社会党の活動家でもあった。
⇒メル3（エール、リュシアン　1869-1926）

Herrando, José〈18世紀〉
スペインのヴァイオリン奏者、理論家。
⇒バロ（エランド、ホセ　1700頃-1765頃）

Herre, Albert William Christian Theodore〈19・20世紀〉
アメリカの博物学者。
⇒アア歴（Herre, Albert W (illiam) C (hristian) T (heodore)　アルバート・ウイリアム・クリスチャン・シオドア・ヘア　1868.9.16-1962.1.16）

Herrera, Bartolomé〈19世紀〉
ペルーの司教。
⇒新カト（エレラ　1808.8.24-1864.8.10）

Herrera, Fernando de〈16世紀〉
スペインの抒情詩人。主著に『ガルシラーソ・デ・ラ・ベーガ注釈』(80)。
⇒岩世人（エレーラ　1534-1597）

Herrera, Francisco de el Joven〈17世紀〉
スペインの画家。多年ローマに住み、特に魚の絵を描いた。
⇒岩世人（エレーラ　1622-1685.8.25）
新カト（エレラ（子）　1622-1685.8.25）

Herrera, Francisco de el Viejo〈16・17世紀〉
スペインの画家。スペインのバロック様式初期の画家で、スペイン画壇で初めて裸体を描いた。
⇒新カト（エレラ（父）　1576頃-1656）

Herrera, José Joaquín〈18・19世紀〉
メキシコの政治家。大統領在任中（1844〜45）に米墨戦争が起ったが、これに反対して辞職。
⇒岩世人（エレーラ　1792.2.23-1854.2.10）

Herrera, Juan de〈16世紀〉
スペイン・ルネサンスの建築家。フェリペ2世に仕えた。
⇒岩世人（エレーラ　1530頃-1597.1.15）
新カト（エレラ　1530頃-1597.1.15）

Herrera, Luis Alberto de〈19・20世紀〉
ウルグアイの政治家、歴史家。
⇒ラテ新（エレラ　1873-1959）

Herrera y Reissig, Julio〈19・20世紀〉
ウルグアイの詩人。同国の「近代派」詩人のリーダー。
⇒岩世人（エレーラ・イ・レイシグ　1875.1.9-1910.3.18）

Herrera y Tordesillas, Antonio de〈16・17世紀〉
スペインの歴史家。フェリペ2世に仕え、西インド史を編纂。
⇒岩世人（エレーラ・イ・トルデシリャス　1549-1626.3.28）

Herrero, Andrés〈18・19世紀〉
スペイン生れのフランシスコ会宣教師。
⇒新カト（エレーロ　1782-1838）

Herrick, James〈19世紀〉
アメリカの宣教師。
⇒アア歴（Herrick, James　ジェイムズ・ヘリック　1814.3.19-1891.11.30）

Herrick, James Bryan〈19・20世紀〉
アメリカの心臓病学者。
⇒岩世人（ヘリック　1861.8.11-1954.3.7）

Herrick, Robert〈16・17世紀〉
イギリスの詩人。詩集『ヘスペリスの娘達』(48)がある。
⇒岩世人（ヘリック　1591.8.24（受洗）-1674.10.15（埋葬））
広辞7（ヘリック　1591頃-1674）
新カト（ヘリック　1591.8.24-1674.10.15）

Herriot, Edouard〈19・20世紀〉
フランスの政治家。急進社会党党首として左派連合内閣を組織（1924〜25）。
⇒岩世人（エリオ 1872.7.5-1957.3.26）

Herrmann, Wilhelm Johann Georg〈19・20世紀〉
ドイツのルター派神学者。主著『キリスト者の神との交わり』(86)。
⇒岩世人（ヘルマン 1846.12.6-1922.1.2）
学叢思（ヘルマン, ヴィルヘルム 1846-1922）
新カト（ヘルマン 1846.12.6-1922.1.2）

Herron, George Davis〈19・20世紀〉
アメリカの会衆派教会牧師、社会運動家。
⇒学叢思（ヘロン, ジョージ・デーヴス 1862-?）

Herschel, Caroline Lucretia〈18・19世紀〉
ドイツ生れのイギリスの女流天文学者。
⇒物理（ハーシェル, カロライン・ルクレツィア 1750-1848）

Herschel, *Sir* Frederick William〈18・19世紀〉
ドイツ生れのイギリスの天文学者。惑星の自転、恒星間の距離などを研究。
⇒バロ（ハーシェル, ウィリアム 1738.11.15-1822.8.25）
岩世人（ハーシェル 1738.11.15-1822.8.25）
科史（ハーシェル 1738-1822）
ネーム（ハーシェル 1738-1822）
広辞7（ハーシェル 1738-1822）
学叢思（ハーシェル, ウィリアム 1738-1822）
ポプ人（ハーシェル, ウィリアム 1738-1822）
ユ人（ハーシェル, サー・F・ウィリアム 1738-1822）
ユ著人（Hershel,Frederick William,Sir ハーシェル, フレデリック・ウイリアム 1738-1822）

Herschel, *Sir* John Frederick William〈18・19世紀〉
イギリスの天文学者。父ウィリアムの跡を継ぎ天体の観測と星雲の発見に活躍。
⇒岩世人（ハーシェル 1792.3.7-1871.5.11）
広辞7（ハーシェル 1792-1871）
学叢思（ハーシェル, ジョン・フレデリック・ウィリアム 1792-1871）
ユ著人（Hershel,John Frederick William ハーシェル, ジョン・フレデリック・ウイリアム 1792-1871）

Hersent, Charles〈17世紀〉
フランスの聖職者。
⇒新カト（エルサン ?-1660/1662）

Hertel, Johann Christian〈17・18世紀〉
ドイツの作曲家。
⇒バロ（ヘルテル, ヨハン・クリスティアン 1699-1754.10）

Hertel, Johann Wilhelm〈18世紀〉
ドイツの作曲家。
⇒バロ（ヘルテル, ヨハン・ヴィルヘルム 1727-1789）

Hertling, Georg, Graf von〈19・20世紀〉
ドイツの政治家,哲学者。帝国首相兼プロシア首相として軍の独裁に抵抗。
⇒岩世人（ヘルトリング 1843.8.31-1919.1.4）
新カト（ヘルトリンク 1843.8.31-1919.1.4）

Hertum, Christoph〈17・18世紀〉
ドイツの作曲家。
⇒バロ（ヘルトゥム, クリストフ 1651-1710）

Hertwig, Oskar〈19・20世紀〉
ドイツの動物学者。胚葉説を唱えた。ベルリン大学解剖学教授。
⇒岩世人（ヘルトヴィヒ 1849.4.21-1922.10.26）

Hertwig, Richard〈19・20世紀〉
ドイツの動物学者。兄のO.ヘルトウィヒとともに胚葉説を提唱。
⇒岩世人（ヘルトヴィヒ 1850.9.23-1937.10.3）

Hertz, Heinrich Rudolph〈19世紀〉
ドイツの物理学者。電気力学の研究で功績をあげた。
⇒岩世人（ヘルツ 1857.2.22-1894.1.1）
広辞7（ヘルツ 1857-1894）
学叢思（ヘルツ, ハインリヒ 1857-1894）
物理（ヘルツ, ハインリヒ・ルドルフ 1857-1894）
ポプ人（ヘルツ, ハインリヒ・ルドルフ 1857-1894）
ユ著人（Hertz,Heinrich Rudolph ヘルツ, ハインリッヒ・ルドルフ 1857-1894）

Hertz, Henrik〈18・19世紀〉
ユダヤ系デンマークの詩人,劇作家,小説家。軽妙な諷刺的作風で知られる。
⇒岩世人（ヘアツ 1798.8.25-1870.2.25）

Hertz, Joseph Hermen〈19・20世紀〉
イギリスの首席ラビ。
⇒ユ人（ハーツ, ジョセフ・ハーマン 1872-1946）

Hertzog, James Barry Munnik〈19・20世紀〉
南アフリカの政治家,1924年首相に就任。現地オランダ人民族主義者。
⇒アフ新（ヘルツォーク 1866-1942）
岩世人（ヘルツォーク 1866.4.3-1942.11.21）

Hertzsprung, Ejnar〈19・20世紀〉
デンマークの天文学者。恒星の光度と色の関係を研究。
⇒岩世人（ヘルツスプルング 1873.10.8-1967.10.21）

Hervaeus〈11・12世紀〉
フランスの聖書学者,典礼学者。

⇒新カト（ヘルヴァエウス〔ブール・デューの〕 1080頃-1150.4.23）

Hervé, Édouard〈19世紀〉
フランスのジャーナリスト。
⇒**19仏**（エドゥアール・エルヴェ 1835.5.28-1899.1.4）

Hervé, Gustave〈19・20世紀〉
フランスの政治家。
⇒岩世人（エルヴェ 1871.1.2-1944.10）
学叢思（エルヴェ, ギュスターヴ 1871-？）

Hervetus, Gentianus〈15・16世紀〉
フランスのカトリック神学者。
⇒新カト（ヘルヴェトゥス 1499-1584.9.12）

Hervieu, Paul Ernest〈19・20世紀〉
フランスの小説家、劇作家。
⇒岩世人（エルヴュー 1857.9.2-1915.10.25）

Herwegen, Ildefons Peter〈19・20世紀〉
ドイツの聖職者。ベネディクト会司祭（1901）。
⇒岩世人（ヘルヴェーゲン 1874.11.27-1946.9.2）
新カト（ヘルヴェーゲン 1874.11.27-1946.9.2）

Herwegh, Georg〈19世紀〉
ドイツの詩人。政治詩集『ある生者の詩』（41）で知られる。
⇒岩世人（ヘルヴェーク 1817.5.31-1875.4.7）

Herwig, Franz〈19・20世紀〉
ドイツの小説家。
⇒岩世人（ヘルヴィヒ 1880.3.20-1931.8.15）

Herz, Henri〈19世紀〉
オーストリア生れの作曲家、ピアノ奏者、ピアノ製作者。
⇒岩世人（エルツ 1803.1.6-1888.1.5）

Herz, Henriette Julie〈18・19世紀〉
ドイツのM.ヘルツの妻。彼女のサロンには、文人、学者が集合した。
⇒岩世人（ヘルツ 1764.9.5-1847.10.22）
ユ著人（Herz,Henriette ヘルツ, ヘンリエッテ 1764-1847）

Herz, Marcus〈18・19世紀〉
ドイツの哲学者、医者。カントとの文通によって知られる。
⇒岩世人（ヘルツ 1747.1.17-1803.1.19）
ユ人（ヘルツ, マルクス 1747-1803）
ユ著人（Herz,Marcus ヘルツ, マルクス 1747-1803）

Herzen, Alexander Ivanovitsh〈19世紀〉
ロシアの革命家、著述家。
⇒学叢思（ヘルツェン, アレキサンデル・イヴァノーウィッチ 1812-1870）
メル3（ヘルツェン, アレクサンドル 1812-1870）

Herzfeld, Ernst〈19・20世紀〉
ドイツの考古学者。ペルセポリス、ヴァーンの発掘に参加。
⇒岩世人（ヘルツフェルト 1879.7.23-1948.1.20）

Herzl, Theodor〈19・20世紀〉
オーストリアのユダヤ人作家。1896年『ユダヤ人国家』を著し、シオニズム運動を推進。
⇒岩世人（ヘルツル 1860.5.2-1904.7.3）
ネーム（ヘルツル 1860-1904）
広辞7（ヘルツル 1860-1904）
学叢思（ヘルツカ, テオドル 1845-？）
新カト（ヘルツル 1860.5.2-1904.7.3）
世人新（ヘルツル 1860-1904）
世人装（ヘルツル 1860-1904）
世史語（ヘルツル 1860-1904）
ポブ人（ヘルツル, テオドール 1860-1904）
ユ人（ヘルツェル, テオドル 1860-1904）
ユ著人（Herzl,Theodor ヘルツル, テオドール 1860-1904）

Herzlieb, Minna〈18・19世紀〉
ドイツの女性。ゲーテの小説『親和力』中の人物オッティーリエのモデル。
⇒岩世人（ヘルツリープ 1789.5.22-1865.7.10）

Herzmanovsky-Orlando, Fritz Ritter von〈19・20世紀〉
オーストリアの作家。パロディーやコミックを得意とする。
⇒岩世人（ヘルツマノフスキー＝オルランド 1877.4.30-1954.5.27）

Herzog, Johann Jakob〈19世紀〉
スイスの神学者。バートラント派の教会について研究。
⇒新カト（ヘルツォーク 1805.9.12-1882.9.30）

Hesdin, Nicolle des Celiers de〈16世紀〉
フランスの作曲家。
⇒バロ（エダン, ニコル・デ・セリエ・ド 1500頃？-1538.8.21）

Hé-shēn〈18世紀〉
中国、清の乾隆帝時代の権臣。満州正紅旗の出身。字は致斎。乾隆帝の寵愛を受けて高位高官にのぼり専横をきわめた。
⇒岩世人（和珅 わしん 1750.5.28（乾隆15.4.23）-1799.2.22（嘉慶4.1.18））
中史（ヘシェン 1750-1799）
広辞7（和珅 わしん 1750-1799）
世人新（和珅 わしん 1750-1799）
世人装（和珅 わしん 1750頃-1799）

Hesilrig, Sir Arthur Bart〈17世紀〉
イギリスの政治家。清教徒革命で議会派として活躍。
⇒岩世人（ヘージリグ（ヘーゼルリグ） 1601-1661.1.7）

Hesiodos〈前8世紀〉
ギリシアの叙事詩人。『仕事と日々』『神統紀』がある。
　⇒岩世人（ヘシオドス）
　　ネーム（ヘシオドス）
　　広辞7（ヘシオドス　前8世紀）
　　学叢思（ヘシオドス　前8世紀後半頃–?）
　　新カト（ヘシオドス　前700頃）
　　世人新（ヘシオドス　生没年不詳）
　　世人装（ヘシオドス　生没年不詳）
　　世史語（ヘシオドス）
　　ポプ人（ヘシオドス　生没年不詳）

Hēsionē
ギリシア神話、トロイア王ラオメドンの娘。
　⇒岩世人（ヘシオネ）

Hess, Alfred〈19・20世紀〉
アメリカの小児科医。
　⇒ユ著人（Hess, Alfred　ヘス, アルフレッド　1875–1933）

Hess, Germain Henri〈19世紀〉
スイスの化学者。「ヘスの法則」で有名。
　⇒岩世人（ヘス　1802.8.7–1850.11.30）

Hess, Joachim〈18・19世紀〉
ネーデルラントの作曲家。
　⇒バロ（ヘス, ヨアヒム　1732.9.24–1819.12.27）

Heß, Johann〈15・16世紀〉
ドイツのルター派神学者。
　⇒新カト（ヘス　1490.9.23–1547.1.5）

Hess, Ludwig〈19・20世紀〉
ドイツのテノール。26年からはバリトンとしても活動。
　⇒魅惑（Hess, Ludwig　1877–1944）

Hess, Moses〈19世紀〉
ユダヤ系ドイツ人の社会主義者。『ライン新聞』(1841) を創設。
　⇒岩世人（ヘス　1812.1.21–1875.4.6）
　　学叢思（ヘス, モーゼス　1812–?）
　　メル3（ヘス, モーゼス　1812–1875）
　　ユ人（ヘス, モーゼス　1812–1875）
　　ユ著人（Hess, Moses　ヘス, モーゼス　1812–1875）

Hesse, Ernst Christian〈17・18世紀〉
ドイツの作曲家。
　⇒バロ（ヘッセ, エルンスト・クリスティアン　1676.4.14–1762.5.16）

Hesse, Hermann〈19・20世紀〉
ドイツの詩人, 小説家。主著『デミアン』(19),『荒野の狼』(27)。
　⇒岩世人（ヘッセ　1877.7.2–1962.8.9）
　　広辞7（ヘッセ　1877–1962）
　　学叢思（ヘッセ, ヘルマン　1877–?）
　　新カト（ヘッセ　1877.7.2–1962.8.9）
　　世人新（ヘッセ（ヘルマン＝ヘッセ）　1877–1962）
　　世人装（ヘッセ（ヘルマン＝ヘッセ）　1877–1962）
　　ポプ人（ヘッセ, ヘルマン　1877–1962）

Hesse, Ludwig Christian〈18世紀〉
ドイツの作曲家。
　⇒バロ（ヘッセ, ルートヴィッヒ・クリスティアン　1716.11.8–1772.9.15）

Hesse, Ludwig Otto〈19世紀〉
ドイツの数学者。曲面論, 消去法等の研究がある。
　⇒岩世人（ヘッセ　1811.4.22–1874.8.4）
　　世数（ヘッセ, ルドヴィッヒ・オットー　1811–1874）

Hessels, Jan〈16世紀〉
宗教改革期のカトリック神学者。
　⇒新カト（ヘッセルス　1522–1566.11.7）

Heßhus (Heßhusen), Tilemann〈16世紀〉
ドイツのルター派正統主義神学者。
　⇒新カト（ヘスフス　1527.11.3–1588.9.25）

Hessing, Friedrich von〈19・20世紀〉
ドイツの整形外科医。骨折, 関節炎等の治療法を発表 (68)。
　⇒岩世人（ヘッシング　1838.6.19–1918.3.6）

Hessus, Helius Eobanus〈15・16世紀〉
ドイツの人文主義者, 詩人。ルターの宗教改革に賛成。詩集 "Sylvae" (39) など。
　⇒岩世人（ヘッスス　1488.1.6–1540.11.4）

Hesychios〈3・4世紀〉
アレクサンドリアの聖書学者。
　⇒新カト（ヘシュキオス〔アレクサンドリアの〕3–4世紀頃）

Hesychios〈5世紀〉
エルサレムで活動した司祭, 聖書釈義家。
　⇒岩世人（ヘシュキオス　?–451以降）
　　新カト（ヘシュキオス〔エルサレムの〕　?–450/451以後）

Hēsychios〈5世紀〉
ギリシアの辞典作者。アレクサンドリアで活躍。
　⇒岩世人（ヘシュキオス）

Hesychios〈8世紀〉
ビテュニアの苦行者。別名「奇跡を行う人」。
　⇒新カト（ヘシュキオス〔ビテュニアの〕　?–788–797）

Hethum〈13・14世紀〉
小アルメニアの貴族, 歴史家。
　⇒岩世人（ヘトゥム　?–1314頃）

Hethum I〈13世紀〉
小アルメニア（キリキア）の王。在位1224〜69。
　⇒岩世人（ヘトゥム1世　1201–1272）

Hettinger, Franz〈19世紀〉
ドイツのカトリック神学者。
⇒新カト（ヘッティンガー　1819.1.13-1890.1.26）

Hettner, Alfred〈19・20世紀〉
ドイツの地理学者。1913年来日、日本アルプスを調査し、ヘットナー石を発見。
⇒岩世人（ヘットナー　1859.8.6-1941.8.31）

Hettner, Hermann〈19世紀〉
ドイツの文学史家、美術史家。美学的歴史的文学研究の代表者。
⇒岩世人（ヘットナー　1821.3.12-1882.5.29）

Hetzel, Pierre-Jules〈19世紀〉
フランスの児童文学指導者。1864年、友人のジャン・マセと協同して『教育雑誌』を創刊。
⇒岩世人（エッツェル　1814.6.15-1886.3.17）
19仏（ピエール＝ジュール・エッツェル　1814.1.18-1886.3.25）

Heudelinne, Louis〈17・18世紀〉
フランスのヴィオール奏者。
⇒バロ（ウドゥリーヌ、ルイ　1650頃?-1710）

Heugel, Johannes〈16世紀〉
ドイツの作曲家。
⇒バロ（ホイゲル、ヨハンネス　1500-1510頃-1585.1.31以前）

Heureaux, Ulises〈19世紀〉
ドミニカの独裁者、大統領。在職1882～84,87～99。対米従属政策をとった。
⇒岩世人（ウロー　1845.10.21-1899.7.26）

Heusken, Henry C.J.〈19世紀〉
オランダ人の駐日アメリカ公使館通訳官。
⇒アア歴（Heusken,Henry　ヘンリー・ヒュースケン　1832.1.20-1861.1.16）
　岩世人（ヒュースケン　1832.1.20-1861.1.16）
　ネーム（ヒュースケン　1832-1861）
　ポプ人（ヒュースケン、ヘンリー　1832-1861）

Heusler, Andreas〈19・20世紀〉
スイスの法学者。スイスの諸方律の起草に当った。
⇒岩世人（ホイスラー　1834.3.30-1921.11.2）

Heusler, Andreas〈19・20世紀〉
スイスのゲルマン学者。法学者A.ホイスラーの子。
⇒岩世人（ホイスラー　1865.8.10-1940.2.28）

Hevelius, Johannes〈17世紀〉
ドイツの天文学者。自作の望遠鏡で月面を観測。
⇒岩世人（ヘヴェリウス　1611.1.28-1687.1.28）

Hewitt, Peter Cooper〈19・20世紀〉
アメリカの電気技術者。水銀整流器を発明(1904)。その他ラジオ用の真空管増幅器の基礎原理を発見。
⇒岩世人（ヒューイット　1861.5.5-1921.8.25）

Hewlett, Maurice Henry〈19・20世紀〉
イギリスの小説家、随筆家、詩人。
⇒岩世人（ヒューレット　1861.1.22-1923.6.15）

Hewson, William〈18世紀〉
イギリスの外科医。繊維素原が凝血機能に果す役割を証明。
⇒岩世人（ヒューソン　1739.11.14-1774.5.1）

Heyde, Henning von der〈15・16世紀〉
ドイツの彫刻家。主作品はリュベック聖堂の『キリスト聖体祭壇』(96)。
⇒芸13（ハイデ、ヘンニング・フォン）

Heyden, Hans Christoph〈16・17世紀〉
ドイツの作曲家。
⇒バロ（ハイデン、ハンス・クリストリフ　1572.2.14-1617.2.9）

Heyden, Jan van der〈17・18世紀〉
オランダの画家。都市景観を描く画家の先駆者。
⇒岩世人（ファン・デル・ヘイデン　1637.3.5-1712.3.28）

Heyden (Heiden, Haiden), Hans〈16・17世紀〉
ドイツの商人、楽器考案者、オルガン奏者、著述家。
⇒バロ（ハイデン、ハンス　1536.1.19-1613.10.2）

Heyden (Heiden, Haiden), Sebald〈15・16世紀〉
ドイツの音楽理論家、教育者。
⇒バロ（ハイデン、ゼーバルト　1499.12.8-1561.7.9）

Heydon, Bridget〈19・20世紀〉
アイルランドの聖心会修道女。東京聖心女子学院初代院長。
⇒新カト（ヘイドン　1862.5.3-1916.11.25）

Heyer, John Christian Frederick〈18・19世紀〉
アメリカの宣教師。
⇒アア歴（Heyer,John [Johann] Christian Frederick　ジョン・クリスチャン・フレデリック・ヘイアー　1793.7.10-1873.11.7）

Heyerdahl, Hans〈19・20世紀〉
ノルウェーの画家。
⇒芸13（ヘイエルダール、ハンス　1857-1913）

Heymann, Ernst〈19・20世紀〉
ドイツの法学者。マルブルク(04)、ベルリン(1899,1914)の各大学教授。
⇒岩世人（ハイマン　1870.4.6-1946.5.2）

Heyne, Christian Gottlob〈18・19世紀〉
ドイツの古典学者。ホメロスの『イリアス』やローマのウェルギリウスの作品を翻訳。

⇒岩世人（ハイネ　1729.9.25–1812.7.14）

Heyne, Moritz〈19・20世紀〉
ドイツのゲルマン語学者。『ドイツ語辞典』（3巻，1890～95）は引例の豊富さで知られている。
⇒岩世人（ハイネ　1837.6.8–1906.3.1）

Heyns, Cornelius〈15世紀〉
フランドルの作曲家。
⇒バロ（ヘインズ，コルネリウス　1420頃–1465以降）

Heyse, Paul Johann Ludwig von〈19・20世紀〉
ドイツの小説家，劇作家，詩人，翻訳家。1910年ノーベル文学賞受賞。
⇒岩世人（ハイゼ　1830.3.15–1914.4.2）
広辞7（ハイゼ　1830–1914）
学叢思（ハイゼ，パウル　1830–1914）
ユ人（ハイゼ，パウル　1830–1914）
ユ著人（Heyse,Paul Johann von　ハイゼ，パウル・ヨハーン・フォン　1830–1914）

Heywood, Thomas〈16・17世紀〉
イギリスの劇作家，著述家。代表作『親切で殺された女』（03），『俳優の弁護』（12）。
⇒岩世人（ヘイウッド　1574頃–1641.8.16）

Hezekías〈前8・7世紀〉
ユダ王国第13代の王。在位前715～前687。前王アハズの後継者（旧約）。
⇒新カト（ヒゼキヤ　（在位）前729–前687/前686）
聖書（ヒゼキヤ）
世帝（ヒゼキヤ　前740?–前687?）

Hibbard, David Sutherland〈19・20世紀〉
アメリカの宣教師，教育者。
⇒アア歴（Hibbard,David S（utherland）　デイヴィッド・サザランド・ヒバード　1868.10.31–1967.1）

Hickey, Antony〈16・17世紀〉
アイルランド出身の神学者，歴史家。
⇒新カト（ヒッキ　1586–1641.6.26）

Hickman, Charles Taylor〈19・20世紀〉
アメリカの大リーグ選手（一塁，外野，三塁，投手）。
⇒メジャ（チャーリー・ヒックマン　1876.5.4–1934.4.19）

Hickok, Laurens Perseus〈18・19世紀〉
アメリカの哲学者。実在論を説いたが，カントやロッツェからも影響された。
⇒岩世人（ヒコック　1798.12.29–1886.5.6）

Hicks, Edward〈18・19世紀〉
アメリカの大衆画家。イザヤ書に基づいて多くの作品を描いた。
⇒芸13（ヒックス，エドワード　1780–1849）

Hicks, George Dawes〈19・20世紀〉
イギリスの哲学者。新実在論の立場に立つ。
⇒岩世人（ヒックス　1862.9.14–1941.2.16）
新カト（ヒックス　1862.9.14–1941.2.16）

Hicks, John Braxton〈19世紀〉
イギリスの産科医。王立施療院医。
⇒岩世人（ヒックス　1823.2.23–1897.8.28）

Hicks, William Joynson-, 1st Viscount Brentford〈19・20世紀〉
イギリスの政治家。
⇒岩世人（ヒックス　1865.6.23–1932.6.8）

Hidalgo, Félix Resurrección〈19・20世紀〉
フィリピンの画家。
⇒岩世人（イダルゴ　1855.2.21–1913.3.13）

Hidalgo, Juan〈17世紀〉
スペインの歌手，チェンバロ奏者，クラヴィ・ハープ奏者（名人），クラヴィ・ハープの考案者，異端審問所用人，公証人。
⇒バロ（イダルゴ，フアン　1612-1616–1685.3.30）

Hidalgo y Costilla, Miguel〈18・19世紀〉
メキシコの牧師，革命家。
⇒岩世人（イダルゴ　1753.5.8–1811.7.30）
ネーム（イダルゴ，ミゲル　1753–1811）
世人新（イダルゴ＝イ＝コスティリャ　1753–1811）
世人装（イダルゴ＝イ＝コスティリャ　1753–1811）
世史語（イダルゴ　1753–1811）
ポプ人（イダルゴ，ミゲル　1753–1811）
ラテ新（イダルゴ　1753–1811）

Hidulf〈7・8世紀〉
聖人。祝日6月23日。フランク王国の西方分国ネウストリアの貴族。
⇒新カト（ヒドゥルフ〔ロップの〕　?–707頃）

Hidulf（Hidulphe, Hydulfe, Hildulphe）〈7・8世紀〉
モアイヤンムーティエの修道院創立者。聖人。祝日7月11日。
⇒新カト（ヒドゥルフ　?–707.7.11）

Hieracas〈3・4世紀〉
エジプトの禁欲主義者。
⇒新カト（ヒエラカス　生没年不詳）

Hieremias II〈16世紀〉
コンスタンティノポリス総主教。在職1572～79,1580～84,1586～95。
⇒新カト（ヒエレミアス2世〔コンスタンティノポリスの〕　1536–1595）

Hieroklēs〈1・2世紀〉
ギリシアの哲学者。
⇒岩世人（ヒエロクレス）

Hieroklēs〈5世紀〉
新プラトン派の哲学者。
⇒岩世人（ヒエロクレス（アレクサンドリアの））
　新カト（ヒエロクレス〔アレクサンドリアの〕　5世紀前半）

Hierokles, Sossianos〈3・4世紀〉
キリスト教徒を迫害したローマ帝国の長官。
⇒新カト（ヒエロクレス　?-308年以後）

Hierōn〈前5世紀〉
ギリシアの陶工。前5世紀前半頃に活動。
⇒岩世人（ヒエロン）

Hieron〈9世紀〉
聖人、司祭、殉教者。祝日8月17日。紛失物回復の守護聖人。
⇒新カト（ヒエロン　?-856頃）

Hieron I〈前5世紀〉
古代シチリアのシラクサの僭主。在位前478～467/6。
⇒岩世人（ヒエロン1世　?-前467/466）

Hieron II〈前4・3世紀〉
シラクサの王。在位前270頃～216/5。物理学者アルキメデスを用いた。
⇒岩世人（ヒエロン2世　前307頃/前306頃-前215）

Hieronymus〈9世紀〉
ヌヴェールの司教。聖人。祝日10月5日。
⇒新カト（ヒエロニムス〔ヌヴェールの〕　?-816/817.2.5）

Hieronymus, Eusebius Sofronius〈4・5世紀〉
アンチオキアの司教。初代ラテン教父。聖書のラテン語訳を完成。
⇒岩世人（ヒエロニムス　340-350-419/420.9.30）
　広辞7（ヒエロニムス　340頃-420頃）
　学叢思（ヒエロニムス　331/345-420）
　新カト（ヒエロニムス　347頃-420.9.30）
　図聖（ヒエロニムス　347頃-420）
　世人新（ヒエロニムス　347/348/350-419/420）
　世人装（ヒエロニムス　347/348/350-419/420）
　ユ人（ジェローム（ヒエロニムス）　342-420）

Hieronymus Pragensis〈14・15世紀〉
ボヘミアの哲学者J.フスの弟子。フス支持により火刑に処せられた。
⇒岩世人（ヒエロニムス（プラハの）　1370頃-1416.5.30）
　学叢思（ヒエロニムス、プラーグの　1360/1370-1416）
　新カト（ヒエロニムス〔プラハの〕　1370頃-1416.5.30）

Hierotheos〈13世紀〉
東方教会の修道者。

⇒新カト（ヒエロテオス　生没年不詳）

Higginbottom, Sam〈19・20世紀〉
アメリカの農業指導宣教師。
⇒アア歴（Higginbottom,Sam　サム・ヒギンボトム　1874.10.27-1958.6.11）

Higginson, Nathaniel〈17・18世紀〉
イギリスの軍人。1684年よりインド司政官。
⇒アア歴（Higginson,Nathaniel　ナサニエル・ヒギンスン　1652.10.11-1708.10.31）

Higginson, Thomas Wentworth Storrow〈19・20世紀〉
アメリカの改革家、軍人、著述家。逃亡奴隷法の制定に努力。
⇒岩世人（ヒギンソン　1823.12.22-1911.5.9）

Higgs, Henry〈19・20世紀〉
イギリスの経済学者。経済学文献学者、特に重農主義経済学に精しい。
⇒岩世人（ヒッグズ　1864.3.4-1940.5.21）
　学叢思（ヒッグス、ヘンリー　1864-?）

Highmore, Nathaniel〈17世紀〉
イギリスの医師、解剖学者。51年上顎洞を発見。
⇒岩世人（ハイモア　1613.2.6-1685.3.21）

Hilaria
伝承上の殉教者。
⇒新カト（ヒラリア〔アウグスブルクの〕）

Hilarianus, Quintus Iulius〈4世紀〉
北アフリカの司教。
⇒新カト（ヒラリアヌス　4世紀後半）

Hilarion〈3・4世紀〉
ガザ出身の隠修士。
⇒新カト（ヒラリオン〔ガザの〕　291頃-371頃）

Hilarion〈9世紀〉
グルジアの東部イベリアの修道士。
⇒新カト（ヒラリオン〔イベリアの〕　822/829-870/875）

Hilarius〈3世紀〉
アクイレイアの司教。聖人、殉教者。祝日3月16日。ゴリツィアの守護聖人。
⇒新カト（ヒラリウス〔アクイレイアの〕　?-285.3.16）

Hilarius〈4世紀〉
ラテン教父、聖人。正統派の先頭に立ってアリウス派と奮戦。
⇒バロ（イラリウス・ピクタヴェンシス　315頃-367頃）
　バロ（サン・イラリウス・ド・ポワティエ　315頃-367頃）
　バロ（ヒラリウス・ピクタヴェンシス　315頃-367頃）
　岩世人（ヒラリウス（ポワティエの）　310頃-367.11.1）
　新カト（ヒラリウス〔ポアティエの〕　315頃-

367頃)
図聖 (ヒラリウス (ポワティエの) 315頃-367)

Hilarius〈18・19世紀〉
ポーランドの作曲家。
⇒バロ (ヒラリウス,? 1750頃以前-1810頃?)

Hilarius (Hilarus), St.〈5世紀〉
ローマ教皇。在位461～468。
⇒新カト (ヒラルス ?-468.2.29)

Hilbert, David〈19・20世紀〉
ドイツの数学者,論理学者。幾何学の公理化,無矛盾性の証明問題に取組んだ。
⇒岩世人 (ヒルベルト 1862.1.23-1943.2.14)
ネーム (ヒルベルト 1862-1943)
広辞7 (ヒルベルト 1862-1943)
新カト (ヒルベルト 1862.1.23-1943.2.14)
物理 (ヒルベルト, ダヴィッド 1862-1943)
世数 (ヒルベルト, ダフィット 1862-1943)
20思 (ヒルベルト, ダーヴィト 1862-1943)

Hilda, St.〈7世紀〉
イギリスの女子修道院院長。
⇒新カト (ヒルダ 614-680)

Hildebert de Lavardin〈11・12世紀〉
トゥールの大司教,ラテン語詩人,教会法学者。
⇒新カト (ヒルデベルトゥス〔ラヴァルダンの〕 1056-1133.12.18)

Hildebrand
ゲルマン英雄伝説中の人物。
⇒岩世人 (ヒルデブラント)
ネーム (ヒルデブラント)

Hildebrand, Adolf von〈19・20世紀〉
ドイツの彫刻家。経済学者B.ヒルデブラントの子。
⇒岩世人 (ヒルデブラント 1847.10.6-1921.1.18)
ネーム (ヒルデブラント 1847-1921)
学叢思 (ヒルデブランド, アドルフ 1847-1921)
芸13 (ヒルデブラント, アドルフ・フォン 1847-1921)

Hildebrand, Bruno〈19世紀〉
ドイツの経済学者,統計学者。経済発展段階説を唱えた。初期ドイツ歴史学派の創立者の一人。
⇒岩世人 (ヒルデブラント 1812.3.6-1878.1.29)
学叢思 (ヒルデブランド, ブルーノ 1812-1878)

Hildebrand, Johann〈17世紀〉
ドイツの作曲家。
⇒バロ (ヒルデブラント, ヨハン 1614.6-1684.7.5)

Hildebrand, Johann Heinrich〈17世紀〉
ドイツの作曲家。
⇒バロ (ヒルデブラント, ヨハン・ハインリヒ 1640頃?-1700頃?)

Hildebrand, Richard〈19・20世紀〉
ドイツの経済学者。
⇒学叢思 (ヒルデブランド, リヒャルト 1840-?)

Hildebrand, Rudolf〈19世紀〉
ドイツのゲルマン語学者。ライプチヒ大学教授 (1869～)。
⇒岩世人 (ヒルデブラント 1824.3.13-1894.10.28)

Hildebrand-Hildebrandson, Hugo〈19・20世紀〉
スウェーデンの気象学者。
⇒岩世人 (ヒルデブランド=ヒルデブランドソン 1838.8.19-1925.7.29)

Hildebrandt, Johann Lucas von〈17・18世紀〉
オーストリアの建築家。宮廷建築家として聖堂,小礼拝堂などを建築。
⇒岩世人 (ヒルデブラント 1668.11.14-1745.11.16)
新カト (ヒルデブラント 1668.11.14-1745.11.16)

Hildegard von Bingen, St.〈11・12世紀〉
ドイツのベネディクト会修道女。
⇒バロ (ビンゲン, ヒルデガルト・フォン 1098-1179.9.17)
岩世人 (ヒルデガルト (ビンゲンの) 1098-1179.9.17)
広辞7 (ヒルデガルト 1098-1179)
新カト (ヒルデガルト〔ビンゲンの〕 1098-1179.9.17)
図聖 (ヒルデガルト (ビンゲンの) 1098頃-1179)

Hildegundis〈12世紀〉
プレモントレ会女子修道院長。
⇒新カト (ヒルデグンディス 1110/1115-1186.2.6)

Hilferding, Rudolf〈19・20世紀〉
ドイツ (ユダヤ系) の医者,経済学者,政治家。主著『金融資本論』(10)で知られる。
⇒岩世人 (ヒルファーディング 1877.8.10-1941.2)
ネーム (ヒルファーディング 1877-1941)
広辞7 (ヒルファーディング 1877-1941)
学叢思 (ヒルファーディング, ルドルフ 1878-?)
世人思 (ヒルファーディング 1877-1941)
世人装 (ヒルファーディング 1877-1941)
ユ著人 (Hilferding,Rudolf フィルフェルディンク,ルドルフ 1877-1941)

Hilgard, Eugene Woldemar〈19・20世紀〉
アメリカ (ドイツ生れ) の地質学者,土壌学者。
⇒岩世人 (ヒルガード 1833.1.5-1916.1.8)

Hilgendorf, Franz Martin〈19・20世紀〉
ドイツの動物学者。
⇒岩世人 (ヒルゲンドルフ 1839.12.5-1904.7.1)

Hilgers, Joseph〈19・20世紀〉
ドイツの神学者。

⇒新カト（ヒルガース　1858.9.9–1918.1.25）

Hilkiah〈前7世紀〉
ヨシヤ王治下のエルサレムの祭司（列王記下）。
⇒聖書（ヒルキヤ　活躍）前7世紀後半）

Hill, Carl Fredrik〈19・20世紀〉
スウェーデンの画家。
⇒岩世人（ヒル　1849.5.31–1911.2.22）
芸13（ヒル，カール　1849–1911）

Hill, David〈19世紀〉
イギリスの宣教師。
⇒岩世人（ヒル　1840.12.18–1896.4.18）

Hill, David Octavius〈19世紀〉
イギリスの風景画家，写真家。多くの肖像写真を撮影。
⇒岩世人（ヒル　1802–1870）
芸13（ヒル，デーヴィッド・オクタヴィアス　1802–1870）

Hill, George William〈19・20世紀〉
アメリカの数理天文学者。
⇒岩世人（ヒル　1838.3.3–1914.4.16）
世数（ヒル，ジョージ・ウィリアム　1838–1914）

Hill, James Jerome〈19・20世紀〉
アメリカの鉄道業者。大北鉄道会社を設立（90）。
⇒岩世人（ヒル　1838.9.16–1916.5.29）

Hill, Joe〈19・20世紀〉
アメリカ（スウェーデン生まれ）の労働運動家，詩人。
⇒岩世人（ヒル　1879.10.7–1915.11.19）

Hill, Octavcia〈19・20世紀〉
イギリスの住宅改革者，ナショナル・トラストの創設者。
⇒岩世人（ヒル　1838.12.3–1912.8.13）

Hill, Percy A.〈19・20世紀〉
アメリカの農夫。
⇒アア歴（Hill,Percy A.　パーシー・A・ヒル　?–1937）

Hill, Sir Rowland〈18・19世紀〉
イギリスの教育家，改革者。均一郵便料金制度の創始者。
⇒学叢思（ヒル，サー・ローランド　1795–1833）

Hill, Rowland Hill, 1st Viscount〈18・19世紀〉
イギリスの軍人。ウェリントン幕下の勇将として知られる。
⇒岩世人（ヒル　1772.8.11–1842.12.10）

Hillebrand, Joseph〈18・19世紀〉
ドイツの哲学者，文学史家。ヘーゲル哲学とヘルバルトの心理主義との調和を試みた。
⇒岩世人（ヒレブラント　1788.8.24–1871.1.25）

Hillebrand, William Francis〈19・20世紀〉
アメリカの地球化学者。国立薬学大学教授（1892～1910）。
⇒岩世人（ヒレブランド　1853.12.12–1925.2.7）

Hillebrandt, Alfred〈19・20世紀〉
ドイツのインド学者。ブレスラウ大学教授（1888～1923）。
⇒岩世人（ヒレブラント　1853.3.15–1927.10.18）

Hillel〈前1世紀〉
ユダヤのラビ。進歩的倫理主義の立場に立った。
⇒ユ人（ヒレル，ハ・ザケン　　前1世紀–後1世紀）
ユ著人（Hillel 1st. (the Elder)　老ヒレルI世，またはヒルレル，ヒッレル　前60–後9）

Hillel ben Samuel〈13世紀〉
イタリアで活躍したユダヤ教哲学者。
⇒新カト（ヒレル・ベン・サムエル　1220頃–1295頃）
ユ著人（Hillel ben Samuel of Verona　ヴェローナのヒレル・ベン・サムエル　1220–1291/1295）

Hiller, Ferdinand von〈19世紀〉
ドイツのピアノ奏者，指揮者，作曲家。
⇒岩世人（ヒラー　1811.10.24–1885.5.10/11）
ユ著人（Hiller,Ferdinand von　ヒラー，フェルディナンド・フォン　1811–1885）

Hiller, Hiram Milliken〈19・20世紀〉
アメリカの医師，旅行家。
⇒アア歴（Hiller,Hiram M(illiken)　ハイラム・ミリケン・ヒラー　1867.3.8–1921.8.7）

Hiller, Johann Adam〈18・19世紀〉
ドイツの作曲家，指揮者。主作品は『狩』(70)。
⇒バロ（ヒラー，ヨハン・アーダム　1728.12.25–1804.6.16）
岩世人（ヒラー　1728.12.25–1804.6.16）

Hillhouse, Percy Archibald〈19・20世紀〉
イギリスの造船学者。東京帝国大学工科大学で造船学を教授。
⇒岩世人（ヒルハウス　1869.3.4–1942.9.28）

al-Ḥillī, 'Allāma〈13・14世紀〉
イル・ハン朝期の十二イマーム・シーア派の学者。
⇒岩世人（ヒッリー，アッラーマ　1250.12–1325.12）

al-Ḥillī, al-Muḥaqqiq〈13世紀〉
イスラーム・シーア派の法学者。
⇒岩世人（ヒッリー，ムハッキク　1205/1206–1277）

Hilliard, Nicholas〈16・17世紀〉
イギリスの細密肖像画家。エリザベス1世の宮廷で肖像画を描いた。
⇒岩世人（ヒリアード　1547–1619.1.7）
芸13（ヒリヤード，ニコラス　1547頃–1619）

Hillier, Sir Walter Caine ⟨19・20世紀⟩
イギリスの外交官。見習通訳として中国に渡り(1867)、朝鮮総領事(89〜96)となる。
⇒岩世人 (ヒリアー 1849.10.11–1927.11.9)

Hillquit, Morris ⟨19・20世紀⟩
アメリカ(ラトヴィア生れ)の法律家、社会民主主義者。
⇒岩世人 (ヒルクィット 1869.8.1–1933.10.7)
　学叢思 (ヒルキット、モリス 1869–?)

Hilprecht, Hermann Volrath ⟨19・20世紀⟩
アメリカ(ドイツ生れ)のアッシリア学者。ニップール探検に4回参加(1888〜1914)。
⇒岩世人 (ヒルプレヒト 1859.7.28–1925.3.19)

Hilton, John I ⟨16・17世紀⟩
イギリスの作曲家。
⇒バロ (ヒルトン、ジョン1世 1550頃?–1608.3.8以前)

Hilton, John II ⟨16・17世紀⟩
イギリスの作曲家。
⇒バロ (ヒルトン、ジョン2世 1599–1657.3.21)

Hilton, Walter ⟨14世紀⟩
Nottinghamshireのアウグスチノ派修道士。
⇒岩世人 (ヒルトン 1330頃–1396.3.24)
　新カト (ヒルトン 1340頃–1396.3.24)

Hilty, Carl ⟨19・20世紀⟩
スイスの法学者、哲学者。
⇒岩世人 (ヒルティ 1833.2.28–1909.10.12)
　広辞7 (ヒルティ 1833–1909)
　新カト (ヒルティ 1833.2.28–1909.10.12)
　ポプ人 (ヒルティ、カール 1833–1909)

Hilverding, Franz ⟨18世紀⟩
オーストリアのダンサー、振付家、バレエ・マスター、教師。
⇒バレエ (ヒルファーディング(ファン・ヴェーヴェン)、フランツ 1710.11.17(受洗)–1768.5.29)

Himerius ⟨4〜6世紀⟩
ブルティウム出身の苦行者、ウンブリア地方のアメリアの司教。聖人。祝日6月17日。
⇒新カト (ヒメリウス 4–6世紀)

Himerius ⟨6・7世紀⟩
聖人、隠修士。祝日11月13日。現スイスのベルン地方シューズ河岸に住んだとされる。
⇒新カト (ヒメリウス 6–7世紀)

Hincmar de Reims ⟨9世紀⟩
ランスの大司教。フランク王国の宮廷に仕えた。
⇒岩世人 (ヒンクマル 806頃–882.12.21)
　新カト (ヒンクマルス〔ランスの〕 806頃–882.12.21/23)

Hind, Arthur Mayger ⟨19・20世紀⟩
イギリスの美術史家。とくに西洋版画史家として著名。
⇒岩世人 (ハインド 1880.8.26–1957.5.22)

Hindenburg, Paul Ludwig Hans Anton von Beneckendorff und von ⟨19・20世紀⟩
ドイツの軍人、政治家。ワイマール共和国第2代大統領になったが、ヒトラーの台頭を許した。
⇒岩世人 (ヒンデンブルク 1847.10.2–1934.8.2)
　ネーム (ヒンデンブルク 1847–1934)
　広辞7 (ヒンデンブルク 1847–1934)
　世人新 (ヒンデンブルク 1847–1934)
　世人装 (ヒンデンブルク 1847–1934)
　世史語 (ヒンデンブルク 1847–1934)
　世史語 (ヒンデンブルク 1847–1934)
　ポプ人 (ヒンデンブルク、パウル・フォン 1847–1934)
　学叢歴 (ヒンデルブルグ 1847–現存)

Hindūshāh ibn Sanjar ⟨14世紀⟩
イランのロレスターンのアタベグ政権ハザーラースプ朝の詩人、歴史家。
⇒岩世人 (ヒンドゥーシャー 14世紀前半頃)

Hine, Lewis Wickes ⟨19・20世紀⟩
アメリカの写真家。
⇒アメ新 (ハイン 1874–1940)
　岩世人 (ハイン 1874.9.26–1940.11.4)

Hines, Paul Aloysius ⟨19・20世紀⟩
アメリカのメジャーリーガー。
⇒メジャ (ポール・ハインズ 1855.3.1–1935.7.10)

Hingston, James ⟨19・20世紀⟩
オーストラリアの紀行作家。
⇒オセ新 (ヒングストン 1830–1902)

Hingston, John ⟨17世紀⟩
イギリスの作曲家。
⇒バロ (ヒングストン、ジョン 1610頃?–1688.12.17)

Hinner, Philippe-Joseph ⟨18・19世紀⟩
ドイツの作曲家。
⇒バロ (ヒンナー、フィリップ・ヨーゼフ 1754–1805以降)

Hinojosa y Naveros, Eduardo de ⟨19・20世紀⟩
スペインの法制史家、政治家。
⇒岩世人 (イノホーサ・イ・ナベロス 1852.11.25–1919.5.19)

Hinrichs, Hermann Friedrich Wilhelm ⟨18・19世紀⟩
ドイツの哲学者。ハレ大学教授(25)、ヘーゲル右派に所属。
⇒岩世人 (ヒンリヒス 1794/1797.4.22–1861.9.17)

Hinschius, Paul〈19世紀〉
ドイツの法学者。
⇒岩世人（ヒンシウス　1835.12.25–1898.12.13）
新カト（ヒンシウス　1835.12.25–1898.12.13）

Hinsley, Arthur〈19・20世紀〉
イギリスのウェストミンスター大司教, 枢機卿。
⇒新カト（ヒンズリー　1865.8.25–1943.3.17）

Hinterleitner, F.Ignaz〈17・18世紀〉
ドイツの作曲家。
⇒バロ（ヒンタライトナー, F.イグナーツ　1650頃?–1710頃?）

Hinton, Charles Howard〈19・20世紀〉
イギリスの数学者, 作家。
⇒岩世人（ヒントン　1853–1907.4.30）

Hinton, James〈19世紀〉
イギリスの哲学者, 医者。
⇒岩世人（ヒントン　1822.11.26–1875.12.16）

Hintze, Otto〈19・20世紀〉
ドイツの歴史家。ベルリン大学教授（1899～1920）。
⇒岩世人（ヒンツェ　1861.8.27–1940.4.25）

Hintze, Paul von〈19・20世紀〉
ドイツの外交官。
⇒岩世人（ヒンツェ　1864.2.13–1941.8.19）

Hintze Ribeiro, Ernesto Rodolfo〈19・20世紀〉
ポルトガルの政治家。
⇒岩世人（ヒンツェ・リベイロ　1849.11.7–1907.8.1）

Hipler, Wendel〈15・16世紀〉
ドイツ農民戦争の農民層指導者の一人。
⇒岩世人（ヒプラー　1465頃–1526）

Hipparchos〈前6世紀頃〉
アテナイの政治家。ペイシストラトスの子。
⇒岩世人（ヒッパルコス　?–前514）

Hipparchos〈前2世紀〉
ギリシアの天文学者。月運動の不均等性などの業績を残した。
⇒岩世人（ヒッパルコス　前190頃–前125頃）
ネーム（ヒッパルコス　前190?–前125?）
広辞7（ヒッパルコス　前190頃–前125頃）
学叢思（ヒッパルコス　前190–前125）
世人新（ヒッパルコス　前190頃–前125頃）
世人装（ヒッパルコス　前190–前125）
世数（ヒッパルコス（ニカエアの）　前180頃–前125）

Hippasos〈前5世紀頃〉
古代ギリシアの哲学者。
⇒岩世人（ヒッパソス　（活動）前5世紀前半）
世数（ヒッパソス（メタポンタムの）　前5世紀中頃）

Hippel, Theodor Gottlieb von〈18世紀〉
ドイツの作家。喜劇『きちょうめんな男』(65),エッセー『結婚について』(74) などがある。
⇒岩世人（ヒッペル　1741.1.31–1796.4.23）

Hipper, Franz Ritter von〈19・20世紀〉
ドイツの軍人。
⇒岩世人（ヒッパー　1863.9.13–1932.5.25）

Hippias〈前6・5世紀〉
アテネの僭主。在位前527～510。アテネから追放され, ペルシアのダレイオス1世のもとに逃れた。
⇒岩世人（ヒッピアス　前560頃–前490）

Hippias of Elis〈前5世紀〉
ギリシアのソフィスト。数学, 天文学, 文法など多くの学芸に長じていた。
⇒岩世人（ヒッピアス（エリスの））
広辞7（ヒッピアス）
世数（ヒッピアス（エリスの）　前460頃）

Hippodameia
ギリシア神話, オイノマオスの娘, ペロプスの妻。
⇒岩世人（ヒッポダメイア）

Hippodameia
ギリシア神話, ラピテス族の王ペイリトオスの妻。
⇒岩世人（ヒッポダメイア）

Hippodamos of Miletus〈前5世紀〉
ギリシアの哲学者, 建築家。
⇒岩世人（ヒッポダモス）
学叢思（ヒッポダモス, ミレトスの）

Hippokratēs〈前5・4世紀〉
古代ギリシアの医師。名著『空気と水と住所について』を残した。
⇒岩世人（ヒッポクラテス　前460頃–前375頃）
広辞7（ヒポクラテス　前460頃–前375頃）
世人新（ヒッポクラテス　前460頃–前375頃）
世人装（ヒッポクラテス　前460–前370頃）
世史語（ヒッポクラテス　前460頃–前375頃）
ポブ人（ヒポクラテス　前460?–前375?）
メル1（ヒッポクラテス〔ヒポクラテス〕（コスの）　前460/前450?–前375/前356?）

Hippokratēs of Chios〈前5世紀〉
ギリシアの数学者。著書『幾何学原論』。
⇒岩世人（ヒッポクラテス（キオスの）　前470–前400頃）
世数（ヒッポクラテス（キオスの）　前470頃–前410頃）

Hippolytē
ギリシア神話, アマゾン族の女王。
⇒岩世人（ヒッポリュテ）

Hippolytē
ギリシア神話、アカストスの妻。
⇒岩世人（ヒッポリュテ）

Hippolytos
ギリシア神話で、アテナイ王テセウスの子。
⇒岩世人（ヒッポリュトス）

Hippolytos〈2・3世紀〉
対立教皇。在位217～235。聖人。
⇒岩世人（ヒッポリュトス（ローマの）　160頃/170頃-235）
　新カト（ヒッポリュトス〔ローマの〕　170頃-235）

Hippolytos〈7・8世紀?〉
650年から750年の間に書かれた通俗的な年代記の著者と推定される。
⇒新カト（ヒッポリュトス〔テーベの〕　生没年不詳）

Hippolytus〈2世紀〉
初代キリスト教教父。
⇒学叢思（ヒッポリトゥス）

Hippolytus〈8世紀〉
サントワヨン・ド・ジューの大修道院の院長、ベレーの司教。聖人。祝日11月20日。
⇒新カト（ヒッポリトゥス〔サン・クロードの〕?-776/777）

Hippolytus der Soldat〈3世紀〉
殉教者、聖人。
⇒図聖（ヒッポリトゥス　?-3世紀）

Hippōn〈前5世紀〉
ギリシアの自然哲学者。前5世紀後半に活動。
⇒岩世人（ヒッポン（ヒッポナクス））

Hiralius, Saint, of Arles〈5世紀〉
キリスト教聖職者、聖人。教会会議を開いて改革を強力に推進。
⇒新カト（ヒラリウス〔アルルの〕　401-449）

Hiram
ティルスの青銅工芸の職人。ソロモンに呼ばれ、エルサレム神殿の備品製作に携わった。
⇒新カト（ヒラム）

Hiram I〈前10世紀〉
ティルス王国の統治者。在位前980～946。
⇒岩世人（ヒラム1世）
　新カト（ヒラム　（在位）前969頃-前936頃）
　聖書（ヒラム）

Hirsch, August〈19世紀〉
ドイツの伝染病学者、医学史家。疾病の歴史的、地理的観察を行った。
⇒岩世人（ヒルシュ　1817.10.4-1894.1.28）

Hirsch, Emil Gustave〈19・20世紀〉
アメリカのラビ・教育者、市民指導者。
⇒ユ著人（Hirsch,Emil Gustave　ヒルシュ、エミール・グスタフ　1851-1923）

Hirsch, Maurice de, Baron〈19世紀〉
バイエルン生まれの銀行家。
⇒ユ人（ヒルシュ、バロン・モーリス・ド　1831-1896）
　ユ著人（Hirsch,Maurice de,Baron　ヒルシュ男爵、モーリス・ド　1831-1896）

Hirsch, Samson Raphael〈19世紀〉
ドイツのユダヤ教ラビ。ユダヤ教の新正統主義指導者。
⇒ユ人（ヒルシュ、サムソン・ラファエル　1808-1888）
　ユ著人（Hirsch,Samson Raphael　ヒルシュ、ザムソン・ラファエル　1808-1888）

Hirschberg, Julius〈19・20世紀〉
ドイツの眼科医。
⇒ユ著人（Hirschberg,Julius　ヒルシュバーグ、ユリウス　1843-1925）

Hirscher, Johann Baptist von〈18・19世紀〉
ドイツにおけるカトリックの倫理神学・実践神学者。
⇒岩世人（ヒルシャー　1788.1.20-1865.9.4）
　新カト（ヒルシャー　1788.1.20-1865.9.4）

Hirschfeld, Ephraim Joseph〈18・19世紀〉
活動的なフリー・メーソン。
⇒ユ著人（Hirschfeld,Ephraim Joseph　ヒルシュフェルト、エフライム・ヨセフ　1755-1820）

Hirschfeld, Magnus〈19・20世紀〉
ドイツの性科学者。ベルリンの性科学研究所長。性本能の障害、特に同性愛の研究がある。
⇒岩世人（ヒルシュフェルト　1868.5.14-1935.5.14）

Hirschvogel, Augustin〈16世紀〉
ドイツのガラス絵画家、銅版画家、メダル彫刻家。
⇒新カト（ヒルシュフォーゲル　1503-1553）
　芸13（ヒルシュフォーゲル、アウグスティン　1503-1553）

Hirsh, Samuel〈19世紀〉
アメリカの聖職者、神学者。
⇒ユ著人（Hirsh,Samuel　ヒルシュ、シュムエル　1815-1889）

Hirshbein, Peretz〈19・20世紀〉
ポーランドの劇作家。『片田舎』『緑野』が代表作。
⇒ユ著人（Hirshbein,Peretz　ヒルシュバイン、ペレツ　1880-1948）

Hirst, Jesse Watson〈19・20世紀〉
アメリカの医療宣教師。
⇒アア歴（Hirst,Jesse Watson　ジェシー・ワトソン・ハースト　1864.3.30-1952.4.28）

Hirt, Hermann〈19・20世紀〉
ドイツの言語学者。インド＝ヨーロッパ語族の比較文法に功績が大きい。
⇒岩世人（ヒルト　1865.12.19–1936.9.12）

Hirth, Friedrich〈19・20世紀〉
ドイツの東洋史学者。中国の文献により東西交渉史、絵画、陶器などを研究。
⇒岩世人（ヒルト　1845.4.16–1927.1.10）
広辞7（ヒルト　1845–1927）

Hirtius, Aulus〈前1世紀〉
ローマの軍人、著述家。カエサルの『ガリア戦記』第8巻の著者。
⇒岩世人（ヒルティウス　?–前43）

His, *Sir* Wilhelm〈19・20世紀〉
スイス系のドイツの解剖学者、発生学者。人体発生学を創始。
⇒岩世人（ヒス　1831.7.9–1904.5.1）

His, Wilhelm Jr.〈19・20世紀〉
ドイツの解剖学者。W.ヒスの子。心臓生理、病理学に貢献。
⇒岩世人（ヒス　1863.12.29–1934.11.10）

Hisda〈3・4世紀〉
「バビロニアの敬虔な人」と呼ばれたラビ。
⇒ユ著人（Hisda　ヒスダ　217?–309）

Hisdai ben-Isaac ibun-Shaprut〈10世紀〉
スペインの医師、外交官。
⇒ユ人（ヒスダイ（ハスダイ）、ベンイサク・イブン・シャプルート　915–970頃）
ユ著人（Hasdai (Hisdai) ibn Shapout (Shaprut) ハスダイ・イブン・シャプート　915?–970）

Hishām bn 'Abd al-Malik〈7・8世紀〉
西アジア、ウマイヤ朝第10代カリフ。在位724～743。同朝最大の版図を確保。
⇒岩世人（ヒシャーム　691–743）
世帝（ヒシャーム　691–743）

Hitchcock, Edward〈18・19世紀〉
アメリカの地質学者。アマースト大学学長（44～54）。
⇒岩世人（ヒッチコック　1793.5.24–1864.2.27）

Hitchcock, Edward〈19・20世紀〉
アメリカの教育者、体育家。アマースト大学体育主任（1861～）。
⇒岩世人（ヒッチコック　1828.5.23–1911）

Hitchcock, Romyn〈19世紀〉
アメリカの英語教師。
⇒アア歴（Hitchcock,Romyn　ロミン・ヒッチコック　1851.12.1–1923.11.30）
岩世人（ヒッチコック　1851.12.1–1923.11.30）

Hittorf, Johann Wilhelm〈19・20世紀〉
ドイツの物理学者、物理化学者。イオンの移動速度などを研究。
⇒岩世人（ヒットルフ　1824.3.27–1914.11.28）

Hittorff, Jacques Ignace〈18・19世紀〉
フランスの建築家、考古学者。パリのコンコルド広場と噴水（1833～40）などを設計。
⇒岩世人（イトルフ　1792.8.20–1867.3.25）

Hittorp, Melchior〈16世紀〉
ドイツの典礼学者。
⇒新カト（ヒットルプ　1525頃–1584）

Hitze, Franz〈19・20世紀〉
ドイツのカトリック神学者。
⇒岩世人（ヒッツェ　1851.3.16–1921.7.20）
新カト（ヒッツェ　1851.3.16–1921.7.20）

Hitzig, Georg Heinrich Friedrich〈19世紀〉
ドイツの建築家。ベルリンの〈新取引所〉（1859～64）は、ルネサンス様式を示している。
⇒岩世人（ヒッツィヒ　1811.11.8–1881.10.11）

Hiya〈2・3世紀〉
パレスチナのタンナ（師）。
⇒ユ人（ヒヤ（大ラッバー）　2–3世紀）

Hjärne, Harald Gabriel〈19・20世紀〉
スウェーデンの歴史学者。
⇒岩世人（イァーネ　1848.5.2–1922.1.6）

Hjelm, Peter Jacob〈18・19世紀〉
スウェーデンの化学者。モリブデンを発見（82）。
⇒岩世人（イェルム　1746.10.2–1813.10.7）

Hjort, Johan〈19・20世紀〉
ノルウェーの海洋生物学者。オスロ大学教授。北大西洋の海洋生物学的調査に多くの業績を残した。
⇒岩世人（ヨルト（ヨット）　1869.2.18–1948.10.7）

Hlaing Hteikkhaungtin〈19世紀〉
ビルマの詩人。
⇒岩世人（フラインテイックカウンティン　1833–1876）

Hlinka, Andrej〈19・20世紀〉
スロヴァキアの聖職者、愛国者。
⇒岩世人（フリンカ　1864.9.27–1938.8.16）
新カト（フリンカ　1864.9.27–1938.8.16）

ẖ'-m-wśt〈前13世紀〉
エジプト第19王朝の王子。
⇒岩世人（カエムウアセト　前1279–前1225頃）

Hoadly, Benjamin〈17・18世紀〉
英国教会主教。
⇒新カト（ホードリ　1676.11.14–1761.4.17）

Hoang Hoa Tham〈19・20世紀〉
ベトナムの初期抗仏ゲリラ戦指導者。イエンテ山岳地帯に強力なゲリラ活動を展開。
⇒岩世人（ホアン・ホア・タム　1858?–1913.3.18?）
世人新（ホアン＝ホア・タム　1846–1913）

世人装（ホアン＝ホア＝タム　1846–1913）

Hobbema, Meindert〈17・18世紀〉
オランダの画家。イギリスの風景画に影響を与えた。主作品『ミッデルハルニスの並木道』(89)。
⇒岩世人（ホッベマ　1638.10.31（受洗）–1709.12.7）
　ネーム（ホッベマ　1638–1709）
　広辞7（ホッベマ　1638–1709）
　芸13（ホッベマ，マインデルト　1638–1709）

Hobbes, Thomas〈16・17世紀〉
イギリスの哲学者，政治思想家。1651年『リバイアサン』刊行。主著『哲学綱要』(42～58)。
⇒岩世人（ホッブズ　1588.4.5–1679.12.4）
　覚思（ホッブズ　1588.4.5–1679.12.4）
　覚思ス（ホッブズ　1588.4.5–1679.12.4）
　広辞7（ホッブズ　1588–1679）
　学叢思（ホッブズ，トマス　1588–?）
　新カト（ホッブズ　1588.4.5–1679.12.4）
　図哲（ホッブズ，トマス　1588–1679）
　世人新（ホッブズ　1588–1679）
　世人装（ホッブズ　1588–1679）
　世史語（ホッブズ　1588–1679）
　ポプ人（ホッブズ，トーマス　1588–1679）
　メル2（ホッブズ，トマス　1588–1679）

Hobbs, William Herbert〈19・20世紀〉
アメリカの地質学者。構造地質学，氷河等を研究。
⇒岩世人（ホッブズ　1864.7.2–1952）

Hobhouse, John Cam, Baron Broughton de Gyfford〈18・19世紀〉
イギリスの政治家。陸相(32～33)，インド監督局総裁(35～41,46～52)などを歴任。
⇒岩世人（ホブハウス　1786.6.27–1869.6.3）

Hobhouse, Leonard Trelawney〈19・20世紀〉
イギリスの哲学者，社会学者。1907年ロンドン大学社会学教授。主著『社会進化と政治理論』(11)。
⇒岩世人（ホブハウス　1864.9.8–1929.6.21）
　学叢思（ホブハウス，レオナード・トレローニー　1864–?）
　メル3（ホブハウス，レオナルドトレローニー　1864–1929）

Hobson, Benjamin〈19世紀〉
イギリスの医療宣教師。主著『全体新論』(51)は，初めて中国に解剖学を伝えたといわれる。
⇒岩世人（ホブソン　1816.1.2–1893.2.16）

Hobson, John Atkinson〈19・20世紀〉
イギリスの改良主義的経済学者。
⇒岩世人（ホブソン　1858.7.6–1940.4.1）
　学叢思（ホブソン，ジョン・アトキンソン　1858–?）

Hobson, Robert Lockhart〈19・20世紀〉
イギリスの考古学者。中国の陶磁器を研究。

⇒岩世人（ホブソン　1872.7.26–1941.6.5）

Hobson, William〈18・19世紀〉
イギリス海軍人，ニュージーランド初代総督。在職1840～43。
⇒オセ新（ホブソン　1793–1842）

Hoca, Nasreddin〈13世紀〉
トルコ系民族に伝わる笑話の主人公。
⇒岩世人（ナスレッディン・ホジャ　1208–1284頃）

Hoccleve, Thomas〈14・15世紀〉
イギリスの詩人，法律家。
⇒岩世人（ホクリーヴ　1368–1450頃）

Hocedez, Edgar〈19・20世紀〉
ベルギーの神学者。
⇒新カト（オセデ　1877.7.1–1948.9.5）

Hochbrücker, Christian〈18世紀〉
ドイツの作曲家。
⇒バロ（ホーホブリュッカー，クリスティアン　1733.5.17–1800以降）

Hoche, Alfred Erich〈19・20世紀〉
ドイツの精神病学者。フロイトの精神分析学に反対。
⇒岩世人（ホッヘ　1865.8.1–1943.5.16）

Hoche, Louis Lazare〈18世紀〉
革命期のフランスの将軍。陸軍大臣(1797)。
⇒岩世人（オッシュ　1768.6.25–1797.9.19）

Hocking, William Ernest〈19・20世紀〉
アメリカの哲学者。主著 "Types of philosophy" (32)。
⇒岩世人（ホッキング　1873.8.10–1966.6.12）
　メル3（ホッキング，ウィリアム・アーネスト　1873–1966）

Hocquard, Bonaventure〈17世紀〉
フランスの神学者，フランシスコ会員。
⇒新カト（オカール　17世紀）

Hodéllinne, Louis〈17・18世紀〉
フランスのヴィオール奏者。
⇒バロ（オデリンヌ，ルイ　1660頃?–1720頃?）

Hodge, Charles〈18・19世紀〉
アメリカの長老派神学者。
⇒岩世人（ホッジ　1797.12.27–1878.6.19）
　学叢思（ホッジ，チャールス　1797–1878）
　新カト（ホッジ　1797.12.28–1878.6.19）

Hodge, John〈19・20世紀〉
イギリスの労働指導者，社会主義者。
⇒学叢思（ホッジ，ジョン　1855–?）

Hodges, Olive Ireland〈19・20世紀〉
アメリカのメソジスト監督派教会宣教師。横浜成美学園校長。

⇒岩世人（ハジズ（ホッジズ）　1877.1.21-1964.1.25）

Hodges, William〈18世紀〉
イギリスの画家。
⇒岩世人（ホッジズ　1744.10.29-1797.3.6）

Hodgkin, Thomas〈18・19世紀〉
イギリスの医師。1732年リンパ節の悪性腫瘍を記載し、後にホジキン病と名づけられた。
⇒岩世人（ホジキン　1798.8.17-1866.4.5）

Hodgkins, Frances Mary〈19・20世紀〉
ニュージーランドの画家。
⇒岩世人（ホジキンズ　1869.4.28-1947.5.13）

Hodgkinson, Eaton〈18・19世紀〉
イギリスの機械学者。ブリタニア橋を完成。
⇒岩世人（ホジキンソン　1789.2.26-1861.6.18）

Hodgskin, Thomas〈18・19世紀〉
イギリスの社会思想家、評論家。一切の富が労働の産物であり、労働しない資本家の利潤要求権を否認。
⇒岩世人（ホジスキン　1787.12.12-1869.8.21）
学叢思（ホッジスキン，トマス　1783-1869）

Hodgson, Brian Houghton〈18・19世紀〉
イギリスの東洋学者、外交官。ヒマラヤ山麓ダージリンで、動物学、地理学、人種学を研究。
⇒岩世人（ホジソン　1800.2.1-1894.5.23）

Hodgson, Christopher Pemberton〈19世紀〉
イギリスの外交官。駐日イギリス函館・長崎領事。日本産植物研究にも従事。
⇒岩世人（ホジソン　1821-1865）

Hodgson, Ralph Edwin〈19・20世紀〉
イギリスの詩人。『牡牛』(13)、『栄光の歌』(13)で認められた。
⇒岩世人（ホジソン　1871.9.9-1962.11.3）

Hodgson, Shadworth Hollway〈19・20世紀〉
イギリスの哲学者。主著 "Time and space" (65)。
⇒岩世人（ホジソン　1832.12.25-1912.6.13）
学叢思（ホッジソン，シャドワース・ホルウェー　1832-1912）
メル3（ホジソン，シャドワース・ホロウェイ　1832-1912）

Hodler, Ferdinand〈19・20世紀〉
スイスの画家。表現主義の先駆者の一人。主作品『マドリードの風景』(79)。
⇒岩世人（ホードラー　1853.3.14-1918.5.19）
広辞7（ホドラー　1853-1918）
芸13（ホドラー，フェルディナント　1853-1918）

Hodous, Lewis〈19・20世紀〉
アメリカの教育者。
⇒アア歴（Hodous,Lewis　ルイス・ホウダス　1872.12.31-1949.8.9）

Hodža, Milan〈19・20世紀〉
チェコスロヴァキアの政治家。
⇒岩世人（ホジャ　1878.2.1-1944.6.27）

Hoe, Richard March〈19世紀〉
アメリカの発明家、産業資本家。
⇒岩世人（ホー　1812.9.12-1886.6.7）

Hoecken, Christian〈19世紀〉
オランダ出身のイエズス会員、アメリカ先住民への宣教師。
⇒新カト（ヘーケン　1808.2.28-1851.1.19）

Hoedemaker, Philippus Jacobus〈19・20世紀〉
オランダのプロテスタント神学者、教会政治家。
⇒岩世人（フーデマーケル　1839.7.15-1909.7.26）

Høgni
デンマーク王。
⇒ネーム（ホグニ）

Hoernes, Moritz〈19・20世紀〉
オーストリアの考古学者。ウィーン学派の基礎を築いた。
⇒岩世人（ヘルネス　1852-1917.7.10）

Hoernlé, Reinhold Friedrich Alfred〈19・20世紀〉
イギリスの哲学者。主著 "Matter,life,mind and God" (23)。
⇒岩世人（ヘルンレ　1880.11.27-1943.7.21）

Hoernle, Rudolf〈19・20世紀〉
イギリスのインド学者、言語学者。
⇒岩世人（ハーンリ　1841.10.19-1918.11.12）

Hørup, Viggo〈19・20世紀〉
デンマークの政治家、ジャーナリスト。
⇒岩世人（フーロブ（ヘーロブ）　1841.5.22-1902.2.15）

Hoetzsch, Otto〈19・20世紀〉
ドイツの歴史家、政治家。ロシアおよび近東の歴史を研究。
⇒岩世人（ヘッチ　1876.2.14-1946.8.27）

Hoëvell, Wolter Robert, Baron van〈19世紀〉
オランダの宣教師。バタヴィアに渡り(1837)、土民の生活向上に努力。
⇒岩世人（ファン・ホエーフェル　1812.7.15-1879.2.10）

Hofacker, Ludwig〈18・19世紀〉
ドイツのプロテスタント神学者。

⇒岩世人（ホーファッカー　1798.4.15–1828.11.18）
新カト（ホーファッカー　1798.4.15–1828.11.18）

Hofacker, Wilhelm〈19世紀〉
ドイツの説教者。
⇒新カト（ホーファッカー　1805.2.16–1848.8.10）

Hofbauer, Klemens Maria〈18・19世紀〉
ドイツのカトリック社会事業家, 聖人。ワルシャワに修道院を建てた。
⇒岩世人（ホーフバウアー　1751.12.26–1820.3.15）
新カト（クレメンス・マリア・ホーフバウアー　1751.12.26–1820.3.15）

Hofer, Andreas〈17世紀〉
オーストリアの作曲家。
⇒バロ（ホーファー, アンドレーアス　1629–1684.2.25）

Hofer, Andreas〈18・19世紀〉
チロルの愛国者。
⇒岩世人（ホーファー　1767.11.22–1810.2.20）

Hofer, Karl〈19・20世紀〉
ドイツの画家。1845年ベルリン高等造形美術学校校長。単純な形態と色彩による表現主義的画風が特徴。
⇒岩世人（ホーファー　1878.10.11–1955.4.3）
芸13（ホーファー, カルル　1878–1955）

Hoffa, Albert〈19・20世紀〉
ドイツの整形外科医。先天性股関節脱臼の整復手術を考案（1889）。
⇒岩世人（ホッファ　1859.5.31–1907.12.31）

Höffding, Harald〈19・20世紀〉
デンマークの哲学者。1883～1915年コペンハーゲン大学教授。
⇒岩世人（ヘフディング　1843.1.11–1931.7.2）
学叢思（ヘフディング, ハーラルト　1843–?）
新カト（ヘフディング　1843.1.11–1931.7.2）
メル2（ヘフディング, ハラルド　1843–1931）

Höffler, Konrad〈17・18世紀〉
ドイツの作曲家。
⇒バロ（ヘフラー, コンラート　1647.1.30–1705）

Hoffman, Daniel John〈19・20世紀〉
アメリカの大リーグ選手（外野）。
⇒メジャ（ダニー・ホフマン　1880.3.2–1922.3.14）

Hoffman, Leopold〈18世紀〉
オーストリアの作曲家。
⇒バロ（ホフマン, レーオポルド　1738.8.14–1793.3.17）

Hoffmann, Christoph〈19世紀〉
ドイツの独立伝道者。
⇒新カト（ホフマン　1815.12.2–1885.12.8）

Hoffmann, Daniel〈16・17世紀〉
ドイツのルター派神学者。

⇒新カト（ホフマン　1538頃–1611.11.30）

Hoffmann, Ernst Theodor Amadeus〈18・19世紀〉
ドイツの小説家, 作曲家, 音楽評論家, 画家, 法律家。
⇒岩世人（ホフマン　1776.1.24–1822.6.25）
バレエ（ホフマン, エルンスト・テオドール・アマデウス　1776.1.24–1822.6.25）
オペラ（ホフマン, エルンスト・テオドール・アマデーウス　1776–1822）
広辞7（ホフマン　1776–1822）
新カト（ホフマン　1776.1.24–1822.6.25）

Hoffmann, Eucharius〈16世紀〉
ドイツの作曲家。
⇒バロ（ホフマン, オイヒャリウス　1540頃?–1588.5.10）

Hoffmann, Friedrich〈17・18世紀〉
ドイツの医学者。医学の体系学派の一人。
⇒岩世人（ホフマン　1660.2.19–1742.11.12）

Hoffmann, Georg Melchior〈17・18世紀〉
ドイツの作曲家。
⇒バロ（ホフマン, ゲオルク・メルヒオール　1685頃–1715.10.6）

Hoffmann, Gottlieb Wilhelm〈18・19世紀〉
ドイツの政治家。
⇒新カト（ホフマン　1771.12.19–1846.1.29）

Hoffmann, Heinrich〈19世紀〉
ドイツの挿絵画家。
⇒岩世人（ホフマン　1809.6.13–1894.9.20）

Hoffmann, Hermann〈19・20世紀〉
ドイツ生まれのイエズス会士。1912年上智学院を設立, 28年上智大学を創立し, 37年まで初代学長。
⇒岩世人（ホフマン　1864.6.23–1937.7.1）
新カト（ホフマン　1864.6.23–1937.6.1）

Hoffmann, Johannes Baptist〈19・20世紀〉
ドイツの宣教師, 言語学者, イエズス会会員。
⇒新カト（ホフマン　1857.6.21–1928.11.19）

Hoffmann, Johann Gottfried〈18・19世紀〉
ドイツの統計学者, 政治家, 経済学者。
⇒学叢思（ホフマン, ヨハン・ゴットフリード　1765–1847）

Hoffmann, Johann Joseph〈19世紀〉
ドイツの日本学者。
⇒岩世人（ホフマン　1805.2.16–1878.1.23）
広辞7（ホフマン　1805–1878）

Hoffmann, Josef Franz Maria〈19・20

世紀〉
オーストリアの建築家。1903年ウィーン工房の建築運動を起した。
⇒岩世人（ホフマン　1870.12.15–1956.5.7）
芸13（ホフマン，ヨゼフ　1870–1956）

Hoffmann, Ludwig〈19・20世紀〉
ドイツの建築家。主作品，ドイツ大審院（1886〜95, ライプチヒ）。
⇒岩世人（ホフマン　1852.7.30–1932.11.11）

Hoffmann, Ludwig Friedrich Wilhelm〈19世紀〉
ドイツの牧師。G.W.ホフマンの子。C.ホフマンの兄。
⇒新カト（ホフマン　1806.10.30–1873.8.28）

Hoffmann, Paul Erich〈19・20世紀〉
ドイツの皮膚科医。F.シャウディンと梅毒の病原体を発見。
⇒岩世人（ホフマン　1868.4.25–1959.5.8）

Hoffmann, Theodor Eduard〈19世紀〉
ドイツの海軍軍医。1871年招かれて来日，大学東校で内科学を教授（〜74）。
⇒岩世人（ホフマン　1837.10.17–1894.4.1）
ポプ人（ホフマン，テオドール・エドゥアルト　1837–1894）

Hoffmannswaldau, Christian Hofmann von〈17世紀〉
ドイツの詩人。
⇒岩世人（ホフマンスヴァルダウ　1616.12.25–1679.4.18）

Hoffmann von Fallersleben, August Heinrich〈18・19世紀〉
ドイツの詩人，文学者。ドイツ国歌の作者。
⇒岩世人（ホフマン・フォン・ファラースレーベン　1798.4.2–1874.1.19）

Hoffmeister, Franz Anton〈18・19世紀〉
ドイツの作曲家，出版者。『イタカの王子』（95）を含む9つのオペラ，66の交響曲などを作曲。
⇒バロ（ホフマイスター，フランツ・アントン　1754.5.12–1812.2.9）
ビ曲改（ホフマイスター，フランツ・アントン　1754–1812）

Hoffmeister, Johann〈16世紀〉
ドイツのカトリック教会法学者，アウグスティヌス会隠修士。
⇒新カト（ホフマイスター　1509/1510–1547.8.21）

Hoffstetter, Johann Urban Alois〈18・19世紀〉
ドイツの作曲家。
⇒バロ（ホーフシュテッター，ヨハン・ウルバン・アーロイス　1742.4.24–1808以降）

Hoffstetter, Roman〈18・19世紀〉
ドイツの作曲家。
⇒バロ（ホーフシュテッター，ローマン　1742.4.24–1815.5.21）

Hofhaimer, Paul von〈15・16世紀〉
オーストリアの作曲家。
⇒バロ（ホーフハイマー，パウル・フォン　1459.1.25–1537）

Höfler, Alois〈19・20世紀〉
オーストリアの哲学者。主著 "Logik"（90）ほか。
⇒岩世人（ヘーフラー　1853.4.6–1922.2.26）

Hofmann, August Wilhelm von〈19世紀〉
ドイツの有機化学者。1868年ドイツ化学会を創設。ホーフマン反応（81）の発見で有名。
⇒岩世人（ホーフマン　1818.4.8–1892.5.5）
広辞7（ホーフマン　1818–1892）

Hofmann, Hans〈19・20世紀〉
ドイツ生れのアメリカの画家。アメリカの抽象絵画の指導者。
⇒岩世人（ホフマン　1880.3.21–1966.2.17）
芸13（ホフマン，ハンス　1880–1966）

Hofmann, Johann Christian Konrad von〈19世紀〉
ドイツのルター派神学者，歴史家。神学上のいわゆるエルランゲン学派の創始者。
⇒学叢思（ホフマン，ヨハン・クリストフ・コンラード・フォン　1810–1877）
新カト（ホフマン　1810.12.21–1877.12.20）

Hofmann, Josef Casimir〈19・20世紀〉
アメリカ（ポーランド生れ）のピアノ奏者，作曲家。ルビンシテインに師事。
⇒岩世人（ホフマン　1876.1.20–1957.2.16）

Hofmann, Karl Andreas〈19・20世紀〉
ドイツの化学者。
⇒岩世人（ホーフマン　1870.4.2–1940.10.15）

Hofmann, Melchior〈15・16世紀〉
ドイツの再洗礼派。俗人宣教師として北部ドイツや北欧，東欧で活躍。
⇒岩世人（ホーフマン　1500頃–1543）
新カト（ホーフマン　1500頃–1543）

Hofmannsthal, Hugo von〈19・20世紀〉
オーストリアの詩人，劇作家，小説家，随筆家。
⇒岩世人（ホーフマンスタール　1874.2.1–1929.7.15）
オペラ（ホフマンスタール，フーゴ・フォン　1874–1929）
ネーム（ホフマンスタール　1874–1929）
広辞7（ホフマンスタール　1874–1929）
学叢思（ホフマンスタール，フーゴ・フォン　1874–?）
新カト（ホフマンスタール　1874.2.1–1929.7.15）
ユ人（ホフマンスタール，フーゴ・フォン　1874–1929）

ユ著人（Hofmannsthal, Hugo von　ホーフマンスタール, フーゴ・フォン　1874-1929）

Hofmeister, Wilhelm Friedrich Benedict〈19世紀〉
ドイツの植物学者。植物についての比較発生学的研究の創始者。
⇒岩世人（ホーフマイスター　1824.5.18–1877.1.12）
　ネーム（ホフマイスター　1824–1877）

Hofstätter, Heinrich von〈19世紀〉
ドイツの司教。
⇒新カト（ホフシュテッター　1805.2.16–1875.5.12）

Hofstede de Groot, Cornelis〈19・20世紀〉
オランダの美術史家。特に17世紀オランダ絵画について研究。
⇒岩世人（ホフステーデ・デ・フロート　1863.11.9–1930.4.14）

Hofstede de Groot, Petrus〈19世紀〉
オランダの神学者。
⇒新カト（ホフステーデ・デ・フロート　1802.10.8–1886.12.5）

Hogarth, David George〈19・20世紀〉
イギリスの考古学者。エジプト、シリア、ギリシアなどで発掘に従事。
⇒岩世人（ホーガース　1862.5.23–1927.11.6）

Hogarth, William〈17・18世紀〉
イギリスの画家、著作者。1746年、イギリス最初の公共の展覧会を開催。
⇒岩世人（ホーガース　1697.11.10–1764.10.25）
　ネーム（ホガース　1697–1764）
　広辞7（ホガース　1697–1764）
　学叢思（ホガース, ウィリアム　1697–1764）
　芸13（ホガース, ウィリアム　1697–1764）
　世人新（ホガース　1697–1764）
　世人装（ホガース　1697–1764）

Hogendorp, Dirk van〈18・19世紀〉
オランダの植民行政官。
⇒岩世人（ファン・ホーヘンドルプ　1761.10.13–1822.10.29）

Höger, Fritz〈19・20世紀〉
ドイツの建築家。
⇒岩世人（ヘーガー　1877.6.12–1949.6.21）

Hogg, James〈18・19世紀〉
イギリスの詩人、小説家。『王宮の徹夜祭』(13)で広く世に知られた。
⇒岩世人（ホッグ　1770.12.9–1835.11.21）

Hohenlohe-Schillingsfürst, Chlodwig Karl Viktor, Fürst zu〈19・20世紀〉
ドイツの政治家。1894年10月首相。1900年10月皇帝と意見が合わず辞職。
⇒岩世人（ホーエンローエ　1819.3.31–1901.7.6）

Hohenlohe-Schillingsfürst, Gustav Adolf, Furst zu〈19世紀〉
ドイツの枢機官。ヴァチカン宗教会議で教皇無謬説に強硬に反対。
⇒新カト（ホーエンローエ　1823.2.26–1896.10.30）

Hohfeld, Wesley Newcomb〈19・20世紀〉
アメリカの法学者。
⇒岩世人（ホーフェルド　1879.8.8–1918.10.12）
　20思（ホーフェルド, ウェズリー N（ニューカム　1879–1918）

Höijer, Benjamin Karl Henrik〈18・19世紀〉
スイスの哲学者。
⇒学叢思（ヘーイエル, ベンジャミン・カール・ヘンリク　1767–1812）

Hoisington, Henry Richard〈19世紀〉
アメリカの宣教師。
⇒アア歴（Hoisington, Henry R (ichard)　ヘンリー・リチャード・ホイジントン　1801.8.23–1858.5.16）

Hojeda, Diego de〈16・17世紀〉
スペインの詩人、聖職者。
⇒新カト（ディエゴ・デ・オヘダ　1570頃–1615）

Holbein, Ambrosius〈15・16世紀〉
ドイツの画家。肖像画のほか、木版画にユニークな作品を残した。
⇒岩世人（ホルバイン父子　1490頃–1519-1520）
　芸13（ホルバイン, アムブロジウス　1494?–1519以後）

Holbein, Hans der Ältere〈15・16世紀〉
ドイツの画家。
⇒岩世人（ホルバイン父子　1465頃–1524）
　新カト（ホルバイン（父）　1460/1465–1524）

Holbein, Hans der Jüngere〈15・16世紀〉
ドイツの画家。ヘンリー8世の宮廷画家。
⇒岩世人（ホルバイン父子　1497/1498–1543.11.29以前）
　ネーム（ホルバイン　1497?–1543）
　広辞7（ホルバイン　1497/1498–1543）
　学叢思（ホルバイン, ハンス　1498–1554）
　新カト（ホルバイン（子）　1497/1498–1543）
　芸13（ホルバイン,（子）ハンス　1497/1498–1543）
　世人新（ホルバイン　1497/1498–1543）
　世人装（ホルバイン　1497/1498–1543）
　世史語（ホルバイン　1497/1498–1543）
　ポプ人（ホルバイン, ハンス　1497?–1543）
　ルネ（ハンス・ホルバイン（子）　1497/1498–1543）

Holberg, Johan Ludvig〈17・18世紀〉
デンマークの劇作家, 歴史家。
⇒岩世人（ホルベア　1684.12.3–1754.1.28）
広辞7（ホルベア　1684–1754）

Holborne, Anthony〈16・17世紀〉
イギリスの作曲家。
⇒バロ（ホルボーン, アンソニー　1545頃–1602.11.29-12.1）

Holborne, William〈16世紀〉
イギリスの作曲家。
⇒バロ（ホルボーン, ウィリアム　1550頃?–1597頃?）

Holbrook, Josiah〈18・19世紀〉
アメリカの教育改革家。
⇒岩世人（ホルブルック　1788–1854）

Holcombe, Chester〈19・20世紀〉
アメリカの宣教師, 外交官。
⇒アア歴（Holcombe,Chester　チェスター・ホルコム　1844.10.16–1912.4.25）

Holcot, Robert〈13・14世紀〉
イギリスのドミニコ会のスコラ神学者で聖書注解者。
⇒新カト（ホルコット　1290頃–1349）

Holcroft, Thomas〈18・19世紀〉
イギリスの劇作家, 著作家。『破滅への道』(91) が知られている。
⇒岩世人（ホルクロフト　1745.12.10–1809.3.23）

Hölderlin, Friedrich〈18・19世紀〉
ドイツの詩人。
⇒学叢思（ヘルデルリン, フリードリヒ　1770–1843）

Holden, Edward Singleton〈19・20世紀〉
アメリカの天文学者。カロリン群島で日食を観測。
⇒岩世人（ホールデン　1846.11.5–1914.3.16）

Hölder, Otto Ludwig〈19・20世紀〉
ドイツの数学者。
⇒世数（ヘルダー, ルドヴィッヒ・オットー　1859–1937）

Hölderlin, Johann Christian Friedrich〈18・19世紀〉
ドイツ最大の詩人の一人。
⇒岩世人（ヘルダーリン　1770.3.20–1843.6.7）
ネーム（ヘルダーリン　1770–1843）
広辞7（ヘルダーリン　1770–1843）
新カト（ヘルダーリン　1770.3.20–1843.6.7）
世人新（ヘルダーリン　1770–1848）
世人装（ヘルダーリン　1770–1848）
ポブ人（ヘルダーリン, フリードリヒ　1770–1843）
メル3（ヘルダーリン, フリードリヒ　1770–1843）

Holdheim, Samuel〈19世紀〉
ドイツ人神学者。ドイツ改革派の創設者であり, 指導者。
⇒ユ著人（Holdheim,Samuel　ホルドハイム, ザムエール　1806–1860）

Holdsworth, *Sir* William Searle〈19・20世紀〉
イギリスの法制史学者。
⇒岩世人（ホールズワース　1871.5.7–1944.1.2）

Holguín, Melchor Pérez〈17・18世紀〉
植民地時代のボリビアの画家。
⇒岩世人（オルギン　1665頃–1732頃）

Holitscher, Arthur〈19・20世紀〉
ドイツ語の作家。
⇒ユ著人（Holitscher,Arthur　ホリッチャー, アルトゥール　1869–1941）

Holl, Elias〈16・17世紀〉
ドイツの建築家。1602年以来多数の公共建築を建てた。代表作アウクスブルク市役所（1615〜20）。
⇒岩世人（ホル　1573.2.28–1646.1.6）

Holl, Karl〈19・20世紀〉
ドイツの神学者。ギリシア正教会, 宗教改革の研究家。
⇒岩世人（ホル　1866.5.15–1926.5.23）
新カト（ホル　1866.5.15–1926.5.23）

Holland, Henry Richard Vassall Fox, 3rd Baron〈18・19世紀〉
イギリスの政治家。ホイッグ党の名門に生れ, 上院に入り(1798)活躍。
⇒岩世人（ホランド　1773.11.21–1840.10.22）

Holland, Henry Scott〈19・20世紀〉
英国教会の聖職, 神学者。
⇒岩世人（ホランド　1847.1.27–1918.3.17）

Holland, Jan David〈18・19世紀〉
ドイツの作曲家。
⇒バロ（ホランド, ヤン・ダヴィド　1746.3.17–1827.12.26）

Hollander, Christian〈16世紀〉
フランドルの作曲家。
⇒バロ（ホランダー, クリスティアン　1510-1515–1568.7?–1569.7?）

Hollar, Wenzel〈17世紀〉
ボヘミアの銅版画家。主作品『ロンドン風景』。
⇒岩世人（ホラー　1607.7.13–1677.3.28）

Hollaz (Hollatius), David〈17・18世紀〉
ドイツのルター派正統主義神学者。
⇒岩世人（ホラッツ　1648–1713.4.17）

Holleben, Theodor von〈19・20世紀〉
ドイツの外交官。駐日公使として(85)、条約改正のため尽力。
⇒岩世人（ホルレーベン　1838.9.16–1913.1.31）

Hollerith, Herman〈19・20世紀〉
アメリカの機械技術者。タビュレイティング・マシン社(後のIBM社)を設立。
⇒岩世人（ホレリス　1860.2.29–1929.11.17）
広辞7（ホレリス　1860–1929）

Holles, Denzil Holles, Baron〈16・17世紀〉
イギリスの政治家。改革を支持し国王の5議員逮捕事件の対象となる。王政復古に尽力。
⇒岩世人（ホリス　1599.10.31–1680.2.17）

Holliday, (Bug) James Wear〈19・20世紀〉
アメリカの大リーグ選手(外野)。
⇒メジャ（バグ・ホリデイ　1867.2.8–1910.2.15）

Hollingworth, Harry Levi〈19・20世紀〉
アメリカの心理学者。コロンビア大学教授(1921〜)。
⇒岩世人（ホリングワース　1880.5.26–1959）

Holmes, (Ducky) James William〈19・20世紀〉
アメリカの大リーグ選手(外野)。
⇒メジャ（ダッキー・ホームズ　1869.1.28–1932.8.6）

Holmes, John〈16・17世紀〉
イギリスの作曲家。
⇒バロ（ホームズ, ジョン　1580頃?–1629.1.30）

Holmes, Oliver Wendell〈19世紀〉
アメリカの医師、詩人、ユーモア作家。
⇒岩世人（ホームズ　1809.8.29–1894.10.7）
新カト（ホームズ　1809.8.29–1894.10.7）

Holmes, Oliver Wendell, Jr.〈19・20世紀〉
アメリカの法律家。1902年連邦最高裁判所判事。
⇒アメ新（ホームズ　1841–1935）
岩世人（ホームズ　1841.3.8–1935.3.5）
20思（ホームズ, オリバー・ウェンデル, ジュニア　1841–1935）

Holmes, William Henry〈19・20世紀〉
アメリカの人類学者、考古学者。1920〜32年国立美術館長。主著『古代アメリカ入門』。
⇒岩世人（ホームズ　1846.12.1–1933.4.20）

Holst, Gustav Theodore〈19・20世紀〉
イギリス(スウェーデン系)の作曲家。
⇒岩世人（ホルスト　1874.9.21–1934.5.25）
エデ（ホルスト, グスターヴ・セオドア　1874.9.21–1934.5.25）
広辞7（ホルスト　1874–1934）

実音人（ホルスト, グスターヴ　1874–1934）
ポプ人（ホルスト, グスタブ　1874–1934）

Holstein, Friedrich August von〈19・20世紀〉
ドイツの外交官。1878年外務参事官、ビスマルクの失脚後、ドイツ外交の影の中心人物となった。
⇒岩世人（ホルシュタイン　1837.4.24–1909.5.8）

Holt, Edwin Bissel〈19・20世紀〉
アメリカの心理学者、哲学者。
⇒岩世人（ホールト　1873.8.21–1946.1.25）

Holtei, Karl von〈18・19世紀〉
ドイツの詩人、劇作家、小説家、俳優。
⇒岩世人（ホルタイ　1798.1.24–1880.2.12）

Hölty, Ludwig Heinrich Christoph〈18世紀〉
ドイツの詩人。民謡調の自然抒情詩を書いた。
⇒岩世人（ヘルティ　1748.12.21–1776.9.1）

Holtzendorff, Franz von〈19世紀〉
ドイツの法学者。死刑の廃止と刑罰制度、刑務所の改革を主唱。
⇒岩世人（ホルツェンドルフ　1829.10.14–1889.2.4）

Holtzmann, Heinrich Julius〈19・20世紀〉
ドイツのプロテスタント神学者。
⇒学叢思（ホルツマン, ハインリヒ・ユリウス）
新カト（ホルツマン　1832.5.17–1910.8.4）

Holyoake, George Jacob〈19・20世紀〉
イギリスの協同組合運動指導者、ジャーナリスト。
⇒岩世人（ホリオーク　1817.4.13–1906.1.22）

Holz, Arno〈19・20世紀〉
ドイツの詩人、劇作家。『芸術、その本質と法則』(90〜2)により「徹底自然主義」を提唱。
⇒岩世人（ホルツ　1863.4.26–1929.10.26）
学叢思（ホルツ, アルノー　1863–?）

Holz, Krunp〈18世紀〉
ドイツの作曲家。
⇒バロ（ホルツ, クルンプ　1730頃?–1790頃?）

Holzapfel, Rudolf Maria〈19・20世紀〉
オーストリアの心理学者、哲学者。
⇒岩世人（ホルツアプフェル　1874.4.26–1930.2.8）

Holzbauer, Ignaz Jakob〈18世紀〉
オーストリアの作曲家。
⇒バロ（ホルツバウアー, イグナーツ・ヤーコプ　1711.9.17–1783.4.7）

Holzbogen, Johann Georg〈18世紀〉
ドイツの作曲家。
⇒バロ（ホルツボーゲン, ヨハン・ゲオルク　1727.

8.15–1775.9.7)

Holzhauser, Bartholomäus〈17世紀〉
バルトロマイ修道会の創立者。ドイツのラオクナ生まれ。
⇒新カト（ホルツハウザー　1613.8.24–1658.5.20）

Holzknecht, Guido〈19・20世紀〉
オーストリアのレントゲン学者。レントゲンの適用を研究。
⇒岩世人（ホルツクネヒト　1872.12.3–1931.10.30）

Holzmann, Johann Philipp〈19世紀〉
ドイツの建築業者。ドイツ最大の建築会社をつくりあげた。
⇒岩世人（ホルツマン　1805.4.22–1870.2.15）

Holzschuher, Berthold〈16世紀〉
ドイツの政治思想家。
⇒学叢思（ホルッシューアー, ベルトールト　1510–1582）

Homberger, Paul〈16・17世紀〉
ドイツの作曲家。
⇒バロ（ホンベルガー, パウル　1570頃–1634.12.19）

Home, Daniel Dunglas〈19世紀〉
イギリス（スコットランド）の霊媒者。諸国で心霊実験を行った。
⇒岩世人（ホーム（ヒューム）　1833.3.20–1886.6.21）

Home, Henry, Lord Kames〈17・18世紀〉
スコットランドの美学者, 文芸批評家。主著『批評の要義』(1762～5)。
⇒岩世人（ホーム　1696–1782.12.27）

Homer, Winslow〈19・20世紀〉
アメリカの画家。主作品『狩人たちと犬』(1891)。
⇒アメ新（ホーマー　1836–1910）
　岩世人（ホーマー　1836.2.24–1910.9.29）
　芸13（ホーマー, ウインズロウ　1836–1920）

Homēros〈前9・8世紀〉
ギリシアの詩人。ヨーロッパ最古の詩人で『イリアス』『オデュッセイア』の作者。
⇒岩世人（ホメロス）
　広辞7（ホメロス　前8世紀頃）
　学叢思（ホメロス又はホーマー）
　新カト（ホメロス　前8世紀頃）
　世人新（ホメロス　生没年不詳）
　世人装（ホメロス　生没年不詳）
　世史語（ホメロス）
　ポブ人（ホメロス　生没年不詳）
　学叢歴（ホメロス）

Homilius, Gottfried August〈18世紀〉
ドイツのオルガン奏者, 作曲家。
⇒バロ（ホミリウス, ゴットフリード・アウグスト　1714.2.2–1785.6.2）

Hommel, Fritz〈19・20世紀〉
ドイツの東洋学者。ミュンヘン大学教授としてセム語, オリエント古代史を講じた。
⇒岩世人（ホンメル　1854.7.31–1936.4.17）

Homobonus〈12世紀〉
カトリックの聖人。既婚男性信徒。
⇒新カト（ホモボヌス　1150頃–1197.11.13）
　図聖（ホモボヌス（クレモナの）　1150頃–1197）

Homoet, Hendrick van〈18世紀〉
オランダの長崎商館長。
⇒岩世人（ホムート）

Homolle, Théophile〈19・20世紀〉
フランスの考古学者。デルフォイの神域の発掘に着手（93～）, 遺跡の大体の様相を明らかにした（97）。
⇒岩世人（オモル　1848.12.19–1925.6.13）

Honauer, Leontzi〈18世紀〉
ドイツの作曲家。
⇒バロ（ホーナウアー, レオンツィ　1730頃–1790頃）

Hondecoeter, Melchior d'〈17世紀〉
オランダの画家。
⇒岩世人（ホンデクーテル　1636–1695.4.3）

Honeyman, John〈18・19世紀〉
ジョージ・ワシントンの下でスパイ活動を行ったアメリカ人。ニュージャージー在住。
⇒スパイ（ハニーマン, ジョン　1729–1822）

Hongi, Hika〈18・19世紀〉
ニュージーランドのマリオ族の指揮者。
⇒オセ新（ホンギ・ヒカ　1777頃–1828）

Hönigswald, Richard〈19・20世紀〉
ドイツの哲学者, 心理学者, 教育学者。『思考心理学』を唱えた。
⇒岩世人（ヘーニヒスヴァルト　1875.7.18–1947.6.11）

Honoratus〈5世紀〉
マルセイユの司教。聖人。祝日8月31日。アルルのヒラリウスの弟子。
⇒新カト（ホノラトゥス〔マルセイユの〕　?–492以降）

Honoratus〈6世紀〉
アミアンの司教。聖人。祝日5月16日。パン菓子職人の守護聖人。
⇒新カト（ホノラトゥス〔アミアンの〕　6世紀）

Honoratus (Arles)〈4・5世紀〉
アルルの司教。
⇒新カト（ホノラトゥス〔アルルの〕　350頃–429/430）

Honoré de Sainte-Marie〈17・18世紀〉
フランスの神学者, 歴史家, 跣足カルメル会員。

⇒新カト（オノレ・ド・サント・マリー　1651.7.4-1729.11.3）

Honorius, Flavius〈4・5世紀〉
西ローマ皇帝。在位393～423。
⇒岩世人（ホノリウス　384.9.9-423.8.15）
　新カト（ホノリウス　384.9.9-423.8.15）
　世人新（ホノリウス　384-423）
　世人装（ホノリウス　384-423）
　世帝（ホノリウス　384-423）

Honorius I〈7世紀〉
教皇。在位625～38。アングロ・サクソンの布教を促進。
⇒岩世人（ホノリウス1世　?-638.10.12）
　新カト（ホノリウス1世　?-638.10.12）

Honorius II〈11世紀〉
対立教皇。在位1061～72。1045年頃パルマ司教。
⇒新カト（ホノリウス2世　1009/1010-1071/1072）

Honorius II〈12世紀〉
教皇。在位1124～30。1117年オスチア司教枢機卿。
⇒新カト（ホノリウス2世　?-1130.2.13）

Honorius III〈13世紀〉
教皇。在位1216～27。1193年枢機卿。教皇としてドミニコ，フランシスコ，カルメル会を公認。
⇒新カト（ホノリウス3世　1160以前-1227.3.18）

Honorius IV〈13世紀〉
教皇。在位1285～87。枢機卿（1261）。
⇒新カト（ホノリウス4世　1210-1287.4.3）

Honorius Augustodunensis〈11・12世紀〉
スコラ神学者，修道士。
⇒岩世人（ホノリウス・アウグストドゥネンシス　1080以前-1150-1160）
　新カト（ホノリウス　1080頃-1157頃）

Honorius (Canterbury)〈7世紀〉
イギリスの第5代カンタベリ大司教，聖人。
⇒新カト（ホノリウス〔カンタベリの〕　?-653.9.30）

Hont, Gierkinde〈16世紀〉
フランドルの作曲家。
⇒バロ（ホント，ギールキンデ　1500頃?-1560頃?）

Honter, Johannes〈15・16世紀〉
オーストリアの宗教改革者。
⇒岩世人（ホンター（ホンテルス）　1498-1549.1.23）

Hontheim, Johann Nikolaus von〈18世紀〉
ドイツの聖職者，神学者，歴史学者。フェブローニウス主義の創始者。
⇒新カト（ホントハイム　1701.1.27-1790.9.2）

Honthorst, Gerard van〈16・17世紀〉
オランダの画家。作風は「夜のヘラルト」と呼ばれ，大胆な写実と明暗の対比が特徴。
⇒岩世人（ファン・ホントホルスト　1592.11.4-1656.4.27）
　芸13（ホントホルスト，ヘリト・ファン　1590-1656）

Hooch, Pieter de〈17世紀〉
オランダの画家。居酒屋の兵士やカード遊びなどを主題にした作品を描いた。
⇒岩世人（デ・ホーホ　1629.12.20（受洗）-1684.3.24（埋葬））
　芸13（デ・ホーホ，ピーテル　1629-1677）
　芸13（ホーホ，ピーテル・デ　1629-1684）

Hood, Thomas〈18・19世紀〉
イギリスの詩人，ジャーナリスト。滑稽詩で人気を集めた。
⇒岩世人（フッド　1799.5.23-1845.5.3）

Hooft, Pieter Corneliszoon〈16・17世紀〉
オランダの詩人，劇作家，歴史家。モイデンとホーイの司法官。主著，詩劇『グラニダ』（05）。
⇒岩世人（ホーフト　1581.3.16-1647.5.21）

Hooge〈17世紀〉
中国，清初期の皇族。太宗ホンタイジの長子。
⇒岩世人（ホーゲ　1609（万暦37）-1648（順治5））

Hoogstraeten, Jakob van〈15・16世紀〉
ドミニコ会の神学者，異端審問官。アントヴェルペン近くのホーホストラーテン出身。
⇒新カト（ホーホストラーテン　1460頃-1527.1.27）

Hook, James〈18・19世紀〉
イギリスの作曲家，オルガン奏者。2,000曲以上の歌曲を作曲。
⇒バロ（フック，ジェームズ　1746.6.3?-1827）

Hooke, Luke Joseph〈18世紀〉
アイルランド出身のカトリック神学者。
⇒新カト（フック　1716-1796.4.12）

Hooke, Robert〈17・18世紀〉
イギリスの物理学者。光の波動説を唱えてニュートンと論争。
⇒岩世人（フック　1635.7.18-1703.3.3）
　科史（フック　1635-1703）
　広辞7（フック　1635-1703）
　学叢思（フック，ロバート　1635-1703）
　物理（フック，ロバート　1635-1703）
　ポプ人（フック，ロバート　1635-1703）

Hooker, *Sir* Joseph Dalton〈19・20世紀〉
イギリスの植物学者。王立学会会長（1872～77）。
⇒岩世人（フッカー　1817.6.30-1911.12.10）
　学叢思（フッカー，ジョセフ・ダルトン　1817-

1911)

Hooker, Richard〈16世紀〉
アングリカン・チャーチの神学者。『教会組織の法』の著者として有名。
⇒岩世人（フッカー　1553/1554–1600.11.2）
　学叢思（フッカー,リチャード　1553–1600）
　新カト（フッカー　1553/1554–1600.11.2）

Hooker, Thomas〈16・17世紀〉
アメリカの組合教会牧師。
⇒岩世人（フッカー　1586.7.5–1647.7.7）

Hooker, Sir William Jackson〈18・19世紀〉
イギリスの植物学者。
⇒岩世人（フッカー　1785.7.6–1865.8.12）
　学叢思（フッカー,ウィリアム・ジャクソン　1785–1865）

Hooper, Edmund〈16・17世紀〉
イギリスの作曲家。
⇒バロ（フーパー,エドムンド　1553頃–1621.7.14）

Hoorn, Nicolaas Joan van〈17・18世紀〉
オランダの長崎商館長。
⇒岩世人（ホールン　1685.3.25–1746.8.12）

Hoorn, Pieter van〈17世紀〉
オランダの対清特派使節。康熙帝に謁し、自由貿易を交渉（67）。
⇒岩世人（ホールン　1619–1682.1.17）

Hoose, Ellison van〈19・20世紀〉
アメリカのテノール歌手。
⇒魅惑（Hoose,Ellison van　1868–1936）

Hoover, Herbert Clark〈19・20世紀〉
アメリカの政治家。第31代大統領（1929〜33）。経済恐慌への対策に尽力。
⇒アア歴（Hoover,Herbert Clark　ハーバート・クラーク・フーヴァー　1874.8.10–1964.10.20）
　アメ新（フーバー　1874–1964）
　岩世人（フーヴァー　1874.8.10–1964.10.20）
　広辞7（フーヴァー　1874–1964）
　世人新（フーヴァー〈クラーク〉　1874–1964）
　世人装（フーヴァー〈クラーク〉　1874–1964）
　世史語（フーヴァー　1874–1964）
　世史語（フーヴァー　1874–1964）
　ポプ人（フーバー,ハーバート　1874–1964）

Hoover, James Matthews〈19・20世紀〉
アメリカの宣教師。
⇒アア歴（Hoover,James Matthews　ジェイムズ・マシューズ・フーヴァー　1872.8.26–1935.2.11）

Hope, Sir James〈19世紀〉
イギリスの提督。中国派遣艦隊司令官として活躍。
⇒岩世人（ホープ　1808.3.3–1881.6.9）

Hopkins, Arthur Melancthon〈19・20世紀〉
アメリカの演出家。ジョーンズの装置によるシェークスピアの演出は有名。
⇒岩世人（ホプキンズ　1878.10.4–1950.3.22）

Hopkins, Edward Washburn〈19・20世紀〉
アメリカのインド学者。
⇒岩世人（ホプキンズ　1857.9.8–1932.7.16）

Hopkins, Sir Frederick Gowland〈19・20世紀〉
イギリスの生化学者。ビタミン研究により、ノーベル生理・医学賞を受けた（29）。
⇒岩世人（ホプキンズ　1861.6.20–1947.3.16）

Hopkins, Gerard Manley〈19世紀〉
イギリスの聖職者、詩人。特異な詩人聖職者で、『ドイッチュラント号の難破』（75）は、代表作。
⇒岩世人（ホプキンズ　1844.6.11–1889.6.8）
　広辞7（ホプキンズ　1844–1889）
　新カト（ホプキンズ　1844.7.28–1889.6.8）

Hopkins, John〈16世紀〉
イギリスの作曲家。
⇒バロ（ホプキンス,ジョン　1520頃?–1570）

Hopkins, Johns〈18・19世紀〉
アメリカ、ボルティモアの実業家。ジョンズ・ホプキンズ大学と同病院の創立者。
⇒岩世人（ホプキンズ　1795.5.19–1873.12.24）

Hopkins, Lionel Charles〈19・20世紀〉
イギリスの外交官、東洋学者。甲骨文の研究で著名。
⇒岩世人（ホプキンズ　1854.3.20–1952.3.11）

Hopkins, Pauline E.〈19・20世紀〉
女性小説家。
⇒岩世人（ホプキンズ　1859–1930.8.13）

Hopkins, Samuel〈18・19世紀〉
アメリカの神学者。
⇒岩世人（ホプキンズ　1721.9.17–1803.12.20）
　新カト（ホプキンズ　1721.9.17–1803.12.20）

Hopkins, Stephen〈18世紀〉
アメリカの政治家。大陸会議代表（74〜6）で、連合規約起草委員。独立宣言署名者の一人。
⇒岩世人（ホプキンズ　1707.3.7–1785.7.13）

Hopkinson, Francis〈18世紀〉
アメリカの著述家、音楽家、政治家。最初のアメリカ生れの作曲家で、アメリカ国旗の図案家。
⇒バロ（ホプキンソン,フランシス　1737.9.21–1791.5.9）

Hopkinson, John〈19世紀〉
イギリスの電気技術者。〈ホプキンソン効果〉を発見。
⇒岩世人（ホプキンソン　1849.7.27–1898.8.27）

Hoppe-Seyler, Ernst Felix〈19世紀〉
ドイツの医師,生化学者。今日の生化学,当時の生理化学の先駆者。
⇒岩世人（ホッペ＝ザイラー　1825.12.26–1895.8.10)

Hoppner, John〈18・19世紀〉
イギリスの肖像画家。1778年リヤ王を描き，アカデミー最優秀賞を受賞。
⇒岩世人（ホップナー　1758.4.4–1810.1.23）
芸13（ホップナー,ジョーン　1758–1810）

Hopton, Ralph, Baron〈16・17世紀〉
イギリス清教徒革命における国王軍の将軍。
⇒岩世人（ホプトン　1598.3.13頃–1652.9.28）

Horatius Cocles
古代ローマの片目の伝説的英雄。
⇒岩世人（ホラティウス・コクレス）

Horatius Flaccus, Quintus〈前1世紀〉
古代ローマの詩人。前17年「世紀の祭典」には奉納歌の作者となる。
⇒岩世人（ホラティウス　前65.12.8–前8.11.27）
ネーム（ホラティウス　前65–前8）
広辞7（ホラティウス　前65–前8）
新カト（ホラティウス　前65.12.8–前8.11.27）
世人新（ホラティウス　前65–前8）
世人装（ホラティウス　前65–前8）
世史語（ホラティウス　前65–前8）
ポブ人（ホラティウス　前65–前8）
学叢歴（ホラティウス　前65–前8）

Horb, Johann, Heinrich〈17世紀〉
ドイツの牧師。シュペーナーの敬虔主義を継承した。
⇒新カト（ホルプ　1645.6.11–1695.1.26）

Horeau, Hector〈19世紀〉
フランスの建築家。鉄骨建築の主唱者。
⇒岩世人（オロー　1801–1872）

Hormayr, Joseph von〈18・19世紀〉
オーストリアの歴史家。
⇒岩世人（ホールマイアー　1782.1.20–1848.11.5）

Hormisdas (Hormidas), St.〈6世紀〉
ローマ教皇。在位514～523。
⇒新カト（ホルミスダス　?–523.8.6）

Hormizd I〈3世紀〉
ササン朝ペルシアの統治者。在位272～273。
⇒世帝（ホルミズド1世　?–273）

Hormizd II〈4世紀〉
ササン朝ペルシアの統治者。在位302～309。
⇒世帝（ホルミズド2世　?–309）

Hormizd III〈5世紀〉
ササン朝ペルシアの統治者。在位457～459。
⇒世帝（ホルミズド3世　（在位）457–459）

Hormizd IV〈6世紀〉
ササン朝ペルシアの統治者。在位579～590。
⇒世帝（ホルミズド4世　540–590）

Hormizd V〈7世紀〉
ササン朝ペルシアのシャー。
⇒世帝（ホルミズド5世　?–631）

Hormizd VI〈7世紀〉
ササン朝ペルシアのシャー。
⇒世帝（ホルミズド6世　（在位）630–631）

Horn, Arvid Bernhard, Greve av〈17・18世紀〉
スウェーデンの政治家。ナット・メッサ党を率い「自由の時代」の初期国政を掌握。
⇒岩世人（ホーン　1664.4.6–1742.4.17）

Horn, Eduard〈19世紀〉
ハンガリーの政治家,財政家。
⇒学叢思（ホルン,エデュアルト　1825–1875）

Horn, Georg〈17世紀〉
ドイツの歴史家。
⇒岩世人（ホルン　1620–1670.11.10）

Horn, Johann Kaspar〈17世紀〉
オーストリアの作曲家。
⇒バロ（ホルン,ヨハン・カスパル　1630頃–1682頃）

Hornblower, Jonathan Carter〈18・19世紀〉
イギリスの技術者。回転式蒸気機関について特許を得たほか,蒸気機関の改良に寄与。
⇒岩世人（ホーンブローアー　1753.7.5–1815.2.23）

Hornbostel, Erich Moritz von〈19・20世紀〉
オーストリアの心理学者。音楽心理学,東洋音楽の研究者。
⇒岩世人（ホルンボステル　1877.2.25–1935.6.13）
ユ著人（Hornbostel,Erich Moritz von　ホルンボステル,エーリッヒ・モーリッツ・フォン　1877–1935）

Horne, George〈18世紀〉
英国教会のノーリジ主教。
⇒新カト（ホーン　1730.11.1–1792.1.17）

Horneck, Anthony〈17世紀〉
英国教会の聖職。
⇒新カト（ホーネック　1641–1697.1.31）

Hornemann, Friedrich〈18・19世紀〉
ドイツの探検家。ヨーロッパ人として初めてサハラ砂漠を横断。
⇒岩世人（ホルネマン　1772.9.15–1801?）

Horner, Johann Kaspar〈18・19世紀〉
スイスの天文学者,物理学者。
⇒岩世人（ホルナー　1774.3.12–1834.11.3）

Horner, William Edmonds〈18・19世紀〉
アメリカの解剖学者。コレラの病理解剖学的研究を行った。
⇒岩世人（ホーナー　1793.6.3–1853.3.12）

Horner, William George〈18・19世紀〉
イギリスの数学者。王立協会で高次数字方程式の数値解法（ホーナーの方法）について報告（1819）。
⇒岩世人（ホーナー　1786–1837.9.22）
　世数（ホーナー、ウィリアム・ジョージ　1787–1837）

Hornick, Friedrich Wilhelm von〈17・18世紀〉
オーストリアの経済学者。
⇒学叢思（ホルニック、フリードリヒ・ヴィルヘルム・フォン　1638–1713）

Hornigk, Philipp Wilhelm von〈17・18世紀〉
ドイツの官房学者。パッサウの領主司教に仕えた。
⇒岩世人（ホルニック　1640.1.23–1714.10.23）

Hornung, Michael Joseph〈19・20世紀〉
アメリカの大リーグ選手（外野）。
⇒メジャ（ジョー・ホーナング　1857.6.12–1931.10.30）

Horodezky, Samuel Abba〈19・20世紀〉
ウクライナ生まれのユダヤ教神秘主義者。ハスィディズムの学者。歴史家。
⇒ユ著人（Horodezky,Samuel Abba　ホロデツキー、サムエル・アッバ　1871–1957）

Höroldt, Johann Gregor〈17・18世紀〉
ドイツの陶画家。マイセンで陶画を指導（1720～65）。
⇒岩世人（ヘロルト　1696.8.6–1775.1.26）

Horowitz, Isaiah ben Abraham ha-Levi〈16・17世紀〉
ユダヤ聖職者、神秘家。エルサレムのアシュケナージー系ラビ。
⇒ユ著人（Horowitz,Isaiah ben Abraham ha-Levi　ホロヴィッツ、イザヤ・ベン・アブラハム・ハ＝レヴィ　1565?–1630）

Horrocks, Jeremiah〈17世紀〉
イギリスの天文学者、聖職者。
⇒岩世人（ホロックス　1619頃–1641.1.3）

Horsa〈5世紀〉
アングロサクソン族の指導者。イギリスに最初に定住した。
⇒岩世人（ヘンギスト（ヘンゲスト）とホーサ　5世紀中頃）

Horschelt, Friedrich〈18・19世紀〉
ドイツのダンサー、振付家、バレエ・マスター。
⇒バレ（ホルシェルト、フリードリッヒ　1793.4.13–1876.12.9）

Horsfield, Thomas〈18・19世紀〉
アメリカの探検家、博物学者。
⇒アア歴（Horsfield,Thomas　トマス・ホースフィールド　1773.5.12–1859.7.24）

Horsiesi〈4世紀〉
上エジプトの禁欲主義者、タベンニシの修道院長。聖人。祝日6月15日。
⇒新カト（ホルシエシ　?–380/390頃）

Horsley, Samuel〈18・19世紀〉
英国教会主教。
⇒新カト（ホーズリ　1733.9.15–1806.10.4）

Horsley, *Sir* Victor Alexander Haden〈19・20世紀〉
イギリスの外科医、生理学者。1887年6月9日に史上初の脊髄腫瘍の剔出に成功。1902年受爵。
⇒岩世人（ホーズリー　1857.4.14–1916.7.16）

Hort, Fenton John Anthony〈19世紀〉
イギリスの聖書学者。『ギリシア語新約聖書の原典研究』(81)で知られる。
⇒岩世人（ホート　1828.4.23–1892.11.30）
　新カト（ホート　1828.4.23–1892.11.30）

Horta, Victor Pierre〈19・20世紀〉
ベルギーの建築家。アール・ヌーボーの先駆者。
⇒岩世人（オルタ　1861.1.6–1947.9.8）

Hortensius, Quintus〈前4・3世紀〉
ローマ共和政期の政治家。「ホルテンシウス法」を制定して有名。
⇒岩世人（ホルテンシウス）
　ネーム（ホルテンシウス）
　世人新（ホルテンシウス　生没年不詳）
　世人装（ホルテンシウス　生没年不詳）

Horthy Miklós〈19・20世紀〉
ハンガリーの政治家、軍人。第一次大戦に参加、オーストリア・ハンガリー艦隊の司令長官（1918）。
⇒岩世人（ホルティ　1868.6.18–1957.2.9）
　広辞7（ホルティ　1868–1957）
　世人新（ホルティ　1868–1957）
　世人装（ホルティ　1868–1957）
　世史語（ホルティ　1868–1959）
　ポブ人（ホルティ・ミクローシュ　1868–1957）

Horus-and-SethKhasekhemwy (Hetep-netjerwiimef)〈前28世紀〉
古代エジプトの統治者。在位前2782頃～2755頃。
⇒岩世人（カセケムウイ　（在位）前2709–前2682頃）

Horváth, Szukhálos〈17世紀〉
ハンガリーの作曲家。
⇒バロ（ホルバート、スクハーロシュ　1600頃?–1660頃）

Horváth Mihály〈19世紀〉
ハンガリーの歴史学者,政治家,宗教家。主著『ハンガリー族の歴史』(60〜63)。
⇒岩世人（ホルヴァート　1809.10.20–1878.8.19）

Horwood, William〈15世紀〉
イギリスの作曲家。
⇒バロ（ホーウッド,ウィリアム　1430頃?–1484.7）

Hoschedé, Ernest〈19世紀〉
フランスの実業家,コレクター,美術批評家。
⇒岩世人（オシュデ　1837.12.18–1891.3.18）

Hosea〈前8世紀〉
旧約聖書中の預言者。主の命により淫行の女デブライムの娘ゴメルを妻とした。
⇒岩世人（ホセア　前750頃–前735頃）
　学叢思（ホセア　前750–前708）
　聖書（ホセア）

Hōsēē〈前8世紀〉
イスラエル王国最後の王。在位前732〜前724。エラの子で,前王ペカを殺して王位に即した（旧約）。
⇒新カト（ホシェア）
　世帝（ホシェア　?–前721?）

Hosemann, Theodor〈19世紀〉
ドイツの画家。主作品は『ホフマン全集』(44)の挿絵。
⇒芸13（ホーゼマン,テオドール　1807–1875）

Hosie, *Sir* Alexander〈19・20世紀〉
イギリスの外交官。駐中国商務官（05〜08）,天津総領事（08〜12）等を歴任。
⇒岩世人（ホージー　1853.1.16–1925.3.10）

Hosius〈3・4世紀〉
コルドバの司教。第1回ニカイア公会議(325)を召集,座長を勤めた。
⇒岩世人（ホシウス　256頃–358頃）
　新カト（ホシウス〔コルドバの〕　256頃–358頃）

Hosius, Stanislaus〈16世紀〉
ポーランドのカトリック神学者,聖職者。宗教改革に烈しく反対。
⇒岩世人（ホシウス　1504.5.5–1579.8.5）
　新カト（ホシウス　1504.5.5–1579.8.5）

Höss, Crescentia〈17・18世紀〉
フランシスコ第三会の会員,神秘家。聖人。祝日4月5日。ドイツのカウフボイレンの毛織工の娘。
⇒新カト（クレセンティア・ヘス　1682.10.20–1744.4.5）

Hoste da Reggio〈16世紀〉
フランドルの音楽教師。
⇒バロ（オステ・ダ・レッジョ　1510頃?–1560以降）
　バロ（レッジョ,オステ・ダ　1510頃?–1560以降）

Hostilianus Messius Quintus, Gaius Valens〈3世紀〉
ローマ皇帝。在位251。ガルスの養子。
⇒世帝（ホスティリアヌス　230?–251）

Hostos, Eugenio María de〈19・20世紀〉
プエルト・リコの哲学者,教育家。生涯をキューバとプエルト・リコの独立運動に捧げた。
⇒岩世人（オストス　1839.1.11–1903.8.11）

Hotchkiss, Henry Stuart〈19・20世紀〉
アメリカの技師。
⇒アア歴（Hotchkiss,H(enry) Stuart　ヘンリー・スチュアート・ホチキス　1878.10.1–1947.9.16）

Hothby, John〈15世紀〉
イギリスの理論家,作曲家。
⇒バロ（ホズビー,ジョン　1410頃?–1487）

Hotho, Heinrich Gustav〈19世紀〉
ドイツの美術史家。主としてドイツ,オランダの絵画を研究。
⇒岩世人（ホート　1802.5.22–1873.12.24）

Hotman, François〈16世紀〉
フランスの法律学者。『フランコ・ガリア』(73)の著者。
⇒岩世人（オトマン　1524.8.24–1590.2.12）

Hotteterre, Jacques-Martin〈17・18世紀〉
フランスの作曲家,フルート奏者。教則本『フルート,たて笛,オーボエの原理』は大反響を巻き起した。
⇒バロ（オットテール,ジャック・マルタン　1674.9.29–1763.7.16）

Hotteterre, Jean III〈17・18世紀〉
フランスの木管楽器奏者。
⇒バロ（オットテール,ジャン3世　1670頃–1720.2.20）

Hotteterre, Martin〈17・18世紀〉
フランスのポワトゥ・ミュゼット製作者。
⇒バロ（オットテール,マルタン　1640頃?–1712）

Hottinger, Johann Heinrich〈17世紀〉
スイスの言語学者,プロテスタント教会史家,神学者。
⇒岩世人（ホッティンガー　1620.3.10–1667.6.5）

Hottman, Nicholas〈17世紀〉
フランスのヴィオール,リュートの奏者。フランヴィオール楽派の始祖。
⇒バロ（オトマン,ニコラ　1600頃?–1663.4）

Houbigant, Jean-François〈18・19世紀〉
フランスの調香師,実業家。
⇒岩世人（ウビガン　1752–1807）

Houbraken, Arnold〈17・18世紀〉
オランダの画家。著書『ネーデルラント画家大

鑑』(21)がある。
⇒岩世人（ハウブラーケン　1660.5.28–1719.10.14)

Houdar de La Motte, Antoine〈17・18世紀〉
フランスの台本作者。
⇒岩世人（ウダール・ド・ラ・モット　1672.1.17–1731.12.26)

Houdas, Octave〈19・20世紀〉
フランスの東洋学者。
⇒岩世人（ウダ　1840–1916)

Houdini, Harry〈19・20世紀〉
アメリカの魔術師。水中、空中からの箱抜けで有名。
⇒アメ新（フーディニ　1874–1926)
　岩世人（ウーディニ　1874.3.24–1926.10.31)
　現アカ（Houdini,Harry　ハリー・フーディーニ　1874–1926)
　ユ人（フーディーニ、ハリー（エリク・ワイス）　1874–1926)

Houdon, Jean Antoine〈18・19世紀〉
フランスの彫刻家。主要作品は、コメディ・フランセーズの『ボルテール座像』など。
⇒岩世人（ウードン　1741.3.25–1828.7.15)
　広辞7（ウードン　1741–1828)
　芸13（ウードン、ジャン・アントワーヌ　1741–1828)

Houghton, Henry Spencer〈19・20世紀〉
アメリカの医師,教育者。
⇒アア歴（Houghton,Henry Spencer　ヘンリー・スペンサー・ホートン　1880.3.27–1975.3.21)

Houghton, William, Addison〈19・20世紀〉
アメリカの教育者。
⇒アア歴（Houghton,William,Addison　ウイリアム・アディスン・ホートン　1852.3.10–1917.10.24)

House, Edward Howard〈19・20世紀〉
アメリカのジャーナリスト。トーキョー・タイムズを創刊。大学南校で英文学を教授。
⇒アア歴（House,Edward Howard　エドワード・ハワード・ハウス　1836.9.5–1901.12.17)
　岩世人（ハウス　1836.9.5–1901.12.17)

House, Edward Mandell〈19・20世紀〉
アメリカの外交官,政治家。ウィルソン大統領のもとで活躍。
⇒岩世人（ハウス　1858.7.26–1938.3.28)

House, Samuel Reynolds〈19世紀〉
アメリカの医療宣教師。
⇒アア歴（House,Samuel Reynolds　サミュエル・レノルズ・ハウス　1817.10.16–1899.8.13)

Housman, Alfred Edward〈19・20世紀〉
イギリスの古典学者,詩人。ラテン文学教授としてロンドン大学などに奉職。
⇒岩世人（ハウスマン　1859.3.26–1936.4.30)
　新カト（ハウスマン　1859.3.26–1936.4.30)

Housman, Laurence〈19・20世紀〉
イギリスの作家,劇作家,挿絵画家。『あるイギリス婦人の恋文』(1900)。
⇒岩世人（ハウスマン　1865.7.18–1959.2.20)

Houssaye, Arsène〈19世紀〉
フランスの詩人,批評家,小説家。評論『アカデミー四十一番目の椅子の歴史』など。
⇒19仏（アルセーヌ・ウーセ　1815.3.28–1896.2.27)

Houssaye, Henry〈19・20世紀〉
フランスの歴史家。
⇒19仏（アンリ・ウーセ　1848.2.24–1911.9.23)

Houston, Samuel〈18・19世紀〉
アメリカの軍人,政治家。テキサス独立運動の指導者。テキサス共和国初代大統領(36～44)を務めた。
⇒岩世人（ヒューストン　1793.3.2–1863.7.26)

Houtin, Albert〈19・20世紀〉
フランスのカトリック神学者。モデルニスムの歴史家,聖書批評家。
⇒新カト（ウータン　1867.10.4–1926.7.28)

Houtsma, Martijn Theodoor〈19・20世紀〉
オランダの東洋学者。
⇒岩世人（ハウツマ　1851.1.15–1943.2.9)

Houtteville, Alexandre-Claude-François〈17・18世紀〉
フランスのオラトリオ会司祭,護教論者。
⇒新カト（ウートヴィル　1686–1742.11.8)

Hove, Joachim van den〈16・17世紀〉
フランドルの作曲家。
⇒バロ（ファン・デン・ホーフェ、ヨアヒム　1567–1620.12)
　バロ（ホーフェ、ヨアヒム・ファン・デン　1567–1620.12)

Hovelaque, Alexandre Abel〈19世紀〉
フランスの言語学者,人類学者。
⇒岩世人（オヴラク　1843.11.14–1896.2.22)
　19仏（アベル・オヴラック　1843.11.14–1896.2.22)

Hovgaard, William〈19・20世紀〉
アメリカ（デンマーク生れ）の造船学者。軍艦の設計,研究に従事。
⇒岩世人（ホーヴガード　1857.11.28–1950.1.5)

Howard, Bronson Crocker〈19・20世

紀〉
アメリカの劇作家。作品に風刺喜劇『サラトガ』, 社会問題をとりあげた『シェナンドア』など。
⇒岩世人 (ハワード 1842.10.7–1908.8.4)

Howard, Charles, 1st Earl of Carlisle〈17世紀〉
イギリスの軍人, 政治家。内乱に際しては議会側に投じ, ウスターの戦に大功をたてた(1651)。
⇒岩世人 (ハワード (カーライル伯) 1628.2.4–1685.2.21)

Howard, *Sir* **Ebenezer**〈19・20世紀〉
イギリスの田園都市運動の創始者。20年ウェルウィンガーデンシティーを創立。
⇒岩世人 (ハワード 1850.1.29–1928.5.1)
広辞7 (ハワード 1850–1928)

Howard, G.E.〈19・20世紀〉
アメリカの社会学者。
⇒学叢思 (ホワード, ジー・イー 1849–?)

Howard, Harvey James〈19・20世紀〉
アメリカの医師。
⇒アア歴 (Howard,Harvey James ハーヴィー・ジェイムズ・ハワード 1880.1.30–1956.11.6)

Howard, Henry, Earl of Surrey〈16世紀〉
イギリスの詩人, 軍人。
⇒岩世人 (ハワード (サリー伯) 1517頃–1547.1.21)

Howard, John〈18世紀〉
イギリスの監獄改革の先駆者。
⇒岩世人 (ハワード 1726.9.2?–1790.1.20)

Howard, John, 1st Duke of Norfolk〈15世紀〉
イングランドの名門。初代ノーファク公。
⇒岩世人 (ハワード (ノーフォーク公) 1430頃–1485.8.22)

Howard, Luke〈18・19世紀〉
イギリスの気象学者。巻雲, 積雲, 乱雲等の名称は彼による。
⇒岩世人 (ハワード 1772.11.28–1864.3.21)

Howard, Samuel〈18世紀〉
イギリスの作曲家。
⇒バロ (ハワード, サミュエル 1710–1782.7.13)

Howard, Thomas I, 2nd Duke of Norfolk〈15・16世紀〉
イギリスの軍人, 政治家。
⇒岩世人 (ハワード (ノーフォーク公) 1443–1524.5.21)

Howard, Thomas II, 3rd Duke of Norfolk〈15・16世紀〉
イギリスの軍人, 政治家。
⇒岩世人 (ハワード (ノーフォーク公) 1473–1554.8.25)

Howard, Thomas III, 4th Duke of Norfolk〈16世紀〉
イギリスの政治家。
⇒岩世人 (ハワード (ノーフォーク公) 1538.3.10–1572.6.2)

Howe, Annie Lion〈19・20世紀〉
アメリカの教育家。神戸頌栄保母伝習所を創立, 日本の幼稚園教育に尽力。
⇒岩世人 (ハウ 1852.1.12–1943.10.25)

Howe, Elias〈19世紀〉
アメリカの発明家。ミシンを開発。
⇒岩世人 (ハワード 1819.7.9–1867.10.3)
広辞7 (ハウ 1819–1867)
ポプ人 (ハウ, エリアス 1819–1867)

Howe, John〈17・18世紀〉
イギリスの非国教会派牧師, ピューリタン。
⇒新カト (ハウ 1630.5.17–1705.4.2)

Howe, Julia Ward〈19・20世紀〉
アメリカの作家, 社会運動家。「リパブリック賛歌」の作詩者として知られる。
⇒岩世人 (ハウ 1819.5.27–1910.10.17)

Howe, Richard Howe, Earl〈18世紀〉
イギリスの軍人。フランス革命戦争ではイギリス海峡司令官として活躍。
⇒岩世人 (ハウ 1726.3.8–1799.8.5)

Howe, Samuel Gridley〈19世紀〉
アメリカの社会改革者。
⇒岩世人 (ハウ 1801.11.10–1876.1.9)

Howell, Henry Harry〈19・20世紀〉
アメリカの大リーグ選手 (投手, 外野, 内野)。
⇒メジャ (ハリー・ハウエル 1876.11.14–1956.5.22)

Howells, William Dean〈19・20世紀〉
アメリカの小説家, 評論家。作品に『サイラス・ラパムの出世』(85) など。
⇒アメ新 (ハウエルズ 1837–1920)
岩世人 (ハウエルズ 1837.3.10–1920.5.1)
ネーム (ハウエルズ 1837–1920)
広辞7 (ハウエルズ 1837–1920)
新カト (ハウエルズ 1837.3.1–1920.5.11)

Howison, George Holmes〈19・20世紀〉
アメリカの哲学者。カリフォルニア大学教授 (1884〜)。カント主義の立場から人格主義の哲学を説いた。
⇒岩世人 (ハウイソン 1834.11.24–1916.12.31)
メル3 (ハウイソン, ジョージ・ホームズ 1834–1916)

Howitt, Alfred William〈19・20世紀〉
イギリスの民族学者。
⇒岩世人（ハウイット　1830.4.17–1908.3.7）

Howland, William Ware〈19世紀〉
アメリカの宣教師。
⇒アア歴（Howland,William Ware　ウイリアム・ウェア・ハウランド　1817.2.25–1892.8.26）

Ho Xuân Huong〈18・19世紀〉
ベトナムの女流詩人。『征婦吟』の訳者ドアン・ティ・ディエムと並称される天才的女流詩人。
⇒岩世人（ホー・スアン・フオン　18世紀後半?–19世紀前半?）

Hoy,（Dummy）William Elsworth〈19・20世紀〉
アメリカの大リーグ選手（外野）。
⇒メジャ（ダミー・ホイ　1862.5.23–1961.12.15）

Hoy, William Edwin〈19・20世紀〉
アメリカの改革派教会宣教師。1885年来日し、仙台神学校（のちの東北学院）を創立。
⇒アア歴（Hoy,William E(dwin)　ウイリアム・エドウィン・ホイ　1858.6.4–1927.3.3）
　岩世人（ホーイ　1858.6.4–1927.3.3）

Ḥphags-pa〈13世紀〉
チベットのサキヤ派の法王。フビライ・ハンより国師の称号を授けられた。パスパ文字を考案。
⇒岩世人（パスパ　1239.3.6/1.29–1280.11.22（世祖至元17.10.29）
　中史（パスパ　1235–1280）
　広辞7（パスパ　1235–1280）
　世人新（パスパ　1235/1239–1280）
　世人装（パスパ　1235/1239–1280）
　世史語（パスパ　1235/1239–1280）
　ポプ人（パスパ　1235–1280）

Hrabanus Maurus〈8・9世紀〉
ドイツのカトリック聖職者、神学者。ドイツ人文学教育の確立者で、「ドイツの教師」と呼ばれる。
⇒岩世人（ラバヌス・マウルス　780頃–856.2.4）
　新カト（フラバヌス・マウルス　780頃–856.2.4）

Hrdlička, Aleš〈19・20世紀〉
アメリカの自然人類学者。アメリカ自然人類学会を創設し、初代会長となった。
⇒岩世人（ヘリチカ〔ハードリチカ〕　1869.3.30–1943.9.5）

ḥr-m-ḥb〈前14・13世紀〉
エジプト第18王朝の第14代王。在位前1319～1292。
⇒岩世人（ホルエムヘブ　（在位）前1319–前1292）
　世帝（ホルエムヘブ　（在位）前1321–前1293頃）

Hroswitha von Gandersheim〈10・11世紀〉
ドイツ中世の女流ラテン語詩人。ガンデルスハイム尼僧院の修道女。

⇒岩世人（ロスヴィータ（ガンデルスハイムの）935頃–973頃）
　新カト（フロスヴィタ　935頃–975頃）

Hrozný, Bedřich〈19・20世紀〉
チェコスロバキアの言語学者。プラハ大学教授。
⇒岩世人（フロズニー　1879.5.6–1952.12.12）

ḥry-ḥr〈前11世紀〉
古代エジプト新王国末期に南部エジプトを支配した実力者。
⇒岩世人（ヘリホル）

Hsinbyushin〈18世紀〉
ビルマ、コンバウン朝の王。在位1763～1776。
⇒岩世人（シンビューシン　1736.9.12–1776.6.10）
　世帝（シンビューシン　1736–1776）

Huai-xin-ke-han〈8・9世紀〉
ウイグル帝国第7代カガン。在位795～808。
⇒岩世人（懐信可汗　かいしんかがん　?–808）

Huamán Poma de Ayala, Felipe〈16・17世紀〉
ペルーのインディヘナの年代記作者。
⇒ラテ新（ポマ・デ・アヤラ　1534?–1615）

Huart, Camille Clément Imbault-〈19世紀〉
フランスの中国学者。広州領事となり中国の言語、文学、歴史を研究。
⇒岩世人（ユアール　1857–1897）

Huart, Clément Imbault-〈19・20世紀〉
フランスの東洋学者。外交官としてアジア各国に勤務。死後彼の蔵書は台北帝国大学に贈られた。
⇒岩世人（ユアール　1854.2.16–1926.12.30）

Huáscar〈16世紀〉
インカ王。在位1525?～32。
⇒岩世人（ワスカル　?–1532/1533）
　世帝（ワスカル　1503–1532）

Huayna Cápac〈16世紀〉
インカ帝国第11代の皇帝。在位1493～1525。帝国の最盛期を現出。
⇒岩世人（ワイナ・カパック　?–1525–1527?）
　世帝（ワイナ・カパック　?–1527）

Hubay Jenő〈19・20世紀〉
ハンガリーのヴァイオリン奏者、作曲家。
⇒岩世人（フバイ　1858.9.15–1937.3.12）

Hubbard, Gustave〈19世紀〉
フランスの経済学者、歴史家。
⇒19仏（ギュスターヴ・ユバール　1828–1888.2.21）

Hubbard, Richard Bennett〈19・20世紀〉
アメリカの弁護士、外交官。

⇒アア歴（Hubbard, Richard B（ennett）　リチャード・ベネット・ハバード　1832.11.1–1901.7.12）

Huber, Alfons〈19世紀〉
オーストリアの歴史家。主著 "Geschichte Österreichs"（85～96）。
⇒岩世人（フーバー　1834.10.14–1898.11.23）

Huber, Edouard〈19・20世紀〉
スイスのインド学者,インドシナ学者。言語の天才で30カ国語に通じ,のちハノイの極東学院教授となった。
⇒岩世人（ユベール　1879.8.12–1914.1.6）

Huber, Eugen〈19・20世紀〉
スイスの法律学者。
⇒岩世人（フーバー　1849.7.13–1923.4.23）

Huber, Johann Nepomuk〈19世紀〉
ドイツのカトリック神学者,哲学者,歴史家。
⇒新カト（フーバー　1830.8.18–1879.3.20）

Huber, Ludwig Ferdinand〈18・19世紀〉
ドイツの文学者。「アルゲマイネ・ツァイトゥング」紙主筆（1798～1803）。
⇒岩世人（フーバー　1764.12.14–1804.12.24）

Huber, Marie〈17・18世紀〉
哲学者。教育学者。
⇒メル2（ユベール, マリ　1694–1753）

Huber, Samuel〈16・17世紀〉
スイスのプロテスタント神学者。
⇒新カト（フーバー　1547頃–1624.3.23）

Huber, Ulrik〈17世紀〉
オランダの法学者。
⇒岩世人（フーバー　1636.3.13–1694.11.8）

Huber, Victor Aimé〈18・19世紀〉
ドイツの協同組合運動者。
⇒岩世人（フーバー　1800.3.10–1869.7.19）
　学叢思（フーバー, ヴィクトル・エーメ　1800–1869）

Huber, Wolf〈15・16世紀〉
ドイツの画家。ドナウ派を形成。
⇒岩世人（フーバー　1485頃–1553.6.3）
　芸13（フーバー, ヴォルフ　1485頃–1553）

Hubert, Henri〈19・20世紀〉
フランスの社会学者。宗教社会学に貢献。
⇒新カト（ユベール　1872.6.23–1927.5.25）

Hubert, Lucien〈19・20世紀〉
フランスの作家,政治家。
⇒19仏（リュシアン・ユベール　1868.8.17–1938.5.18）

Hubertus〈7・8世紀〉
マーストリヒトおよびリエージュの司教,聖人。
⇒岩世人（フベルトゥス（マーストリヒトの）　?–727.5.30）
　新カト（フベルトゥス〔トンヘレンの〕　655頃–727.5.30）
　図聖（フベルトゥス　655頃–727）

Hubmayer, Balthasar〈15・16世紀〉
ドイツの宗教改革時代の急進思想家,再洗礼派。
⇒岩世人（フーブマイアー　1485頃–1528.3.10）
　新カト（フブマイアー　1485頃–1528.3.10）

Hübner, Johann〈17・18世紀〉
ドイツの教育者。聖書,歴史および地理の教科書の著作者として有名である。
⇒岩世人（ヒューブナー　1668.4.15–1731.5.21）

Hübschmann, Heinrich〈19・20世紀〉
ドイツの印欧語比較文法学者。印欧語族の母音組織およびアルメニア語を研究。
⇒岩世人（ヒューブシュマン　1848.7.1–1908.1.20）

Huc, Evariste Régis〈19世紀〉
フランスの宣教師,旅行家。澳門で執筆した『チベット旅行記』は各国語に翻訳された。
⇒岩世人（ユク　1813.6.1–1860.3.25）
　新カト（ユク　1813.6.1–1860.3.26）

Hucbald〈9・10世紀〉
フランス中世の音楽理論家。音階と八旋法を論じた著書がある。
⇒バロ（フクバルト・ド・サンタマン　840頃–930.6.20）
　新カト（フクバルド　840頃–930.6.20）

Huch, Ricarda Octavia〈19・20世紀〉
ドイツの新ロマン主義を代表する女流作家,歴史家。ゲーテ賞を受賞。
⇒岩世人（フーフ　1864.7.18–1947.11.17）
　広辞7（フーフ　1864–1947）

Hūd
古代アラビアの預言者。
⇒岩世人（フード）

Hudde, Jan〈17・18世紀〉
オランダの数学者。
⇒世数（フッデ, ヤン　1630頃–1704）

Hudson, George〈17世紀〉
イギリスの作曲家。
⇒バロ（ハドソン, ジョージ　1615–1620–1672.12.15?）

Hudson, Henry〈16・17世紀〉
イギリスの航海者,探検家。北極海経由の中国航路を求め4回の航海を行う。
⇒岩世人（ハドソン　?–1611）
　広辞7（ハドソン　1550頃–1611）
　世人新（ハドソン　1550頃–1611）
　世人装（ハドソン　1550頃–1611）

Hudson, Walter〈19・20世紀〉
イギリスの労働指導者,社会主義者。

⇒学叢思（ハドソン, ウォルター 1852–?）

Hudson, William Henry〈19・20世紀〉
イギリスの文筆家, 博物学者。作品に『緑の館』(04)『遠い国はるかな昔』(18) など。
⇒岩世人（ハドソン　1841.8.4–1922.8.18）
　広辞7（ハドソン　1841–1922）

Hue, Otto〈19・20世紀〉
ドイツの組合運動指導者。社会民主党所属国会議員 (1920～22)。
⇒岩世人（フエ　1868.11.2–1922.4.18）

Huene, Friedrich von〈19・20世紀〉
ドイツの古生物学者。テュービンゲン大学名誉教授 (48)。
⇒岩世人（ヒューネ　1875.3.22–1969.4.4）

Huerta, Victoriano〈19・20世紀〉
メキシコの軍人, 大統領。在職1913～14。反革命政府を樹立したが, 革命軍に圧迫され, 亡命。
⇒岩世人（ウエルタ　1854.12.23–1916.1.13）

Huet, François〈19世紀〉
ベルギーのキリスト教社会主義者。
⇒学叢思（ユーエー, フランソア　1814–1869）

Huet, Paul〈19世紀〉
フランスの画家。ロマン主義的な風景画を描いて印象主義の先駆的存在となった。
⇒岩世人（ユエ　1803.10.3–1869.1.8）
　芸13（ユエ, ポール　1803–1869）

Huet, Pierre Daniel〈17・18世紀〉
フランスの哲学者, 科学者。著書はデカルトの合理主義に反対した『デカルト哲学批判』(89) ほか多数。
⇒岩世人（ユエ　1630.2.8–1721.1.26）
　新カト（ユエ　1630.2.8–1721.1.26）
　メル2（ユエ,〔ピエール=〕ダニエル　1630–1721）

Hufeland, Christoph Wilhelm〈18・19世紀〉
ドイツの医師。1810年のベルリン大学創立に努力し, 初代内科学教授。
⇒岩世人（フーフェラント　1762.8.12–1836.8.25）

Huffnagle, Charles〈19世紀〉
アメリカの領事。
⇒アア歴（Huffnagle, Charles　チャールズ・ハフナグル　1808–1860.12.8）

Hugbaldus〈9・10世紀〉
フランドルのドミニコ会修道士, 聖歌隊指導者, 音楽理論家。
⇒岩世人（フグバルドゥス　850頃–930.6.20）

Hügel, Friedrich von〈19・20世紀〉
イギリスのカトリック神学者, 哲学者。
⇒岩世人（ヒューゲル　1852.5.5–1925.1.27）
　新カト（ヒューゲル　1852.5.5–1925.1.27）
　20思（フォン・ヒューゲル, フリードリヒ　1852–1925）

Hugenberg, Alfred〈19・20世紀〉
ドイツの実業家, 政治家。フーゲンベルク・コンツェルンを形成。
⇒岩世人（フーゲンベルク　1865.6.19–1951.3.12）

Huggins, Miller James〈19・20世紀〉
アメリカの大リーグ選手（二塁）。
⇒メジャ（ミラー・ハギンズ　1878.3.27–1929.9.25）

Huggins, Sir William〈19・20世紀〉
イギリスの天文学者。1856年天体の化学的構成分析法を発見。97年ナイトに叙せられた。
⇒岩世人（ハギンズ　1824.2.7–1910.5.12）
　ネーム（ハギンズ　1824–1910）

Hughes, Arthur〈19・20世紀〉
イギリスの画家。幻想作家ジョージ・マクドナルドのファンタジーに付した挿絵が知られている。
⇒岩世人（ヒューズ　1832.1.27–1915.12.22）

Hughes, Charles Evans〈19・20世紀〉
アメリカの法律家, 政治家。1921～22年ワシントン海軍軍縮会議の議長として活躍。
⇒アメ新（ヒューズ　1862–1948）
　岩世人（ヒューズ　1862.4.11–1948.8.27）

Hughes, Clovis〈19・20世紀〉
フランスの政治家, 政論家。
⇒19仏（クロヴィス・ユーグ　1851.11.3–1907.6.11）
　学叢思（ユーグ, クロヴィ　1851–1907）

Hughes, David Edward〈19世紀〉
イギリス生れのアメリカの発明家, 物理学者。1855年印刷電信機を発明。
⇒岩世人（ヒューズ　1831.5.16–1900.1.22）

Hughes, James Jay〈19・20世紀〉
アメリカの大リーグ選手（投手）。
⇒メジャ（ジェイ・ヒューズ　1874.1.22–1924.6.2）

Hughes, John Joseph〈18・19世紀〉
アメリカのカトリック大司教。
⇒新カト（ヒューズ　1797.6.24–1864.1.3）

Hughes, Thomas〈19世紀〉
イギリスの小説家, 思想家。『トム・ブラウンの学校生活』(57) が有名。
⇒岩世人（ヒューズ　1822.10.20–1896.3.22）
　学叢思（ヒューズ, トマス　1823–1896）

Hughes, Thomas James〈19・20世紀〉
アメリカの大リーグ選手（投手）。
⇒メジャ（トム・ヒューズ　1878.11.29–1956.2.8）

Hughes, William Morris〈19・20世紀〉
イギリス生れのオーストラリアの政治家。
⇒岩世人（ヒューズ　1862.9.25–1952.10.28）

オセ新（ヒューズ　1864–1952）
Hugh of Lincoln〈12世紀〉
イギリスの聖職者，聖人。
⇒岩世人（ヒュー（リンカンの）　1135頃–1200）
　新カト（フーゴ〔リンカーンの〕　1140–1200.11.16）
　図聖（フーゴ（リンカンの）　1140–1200）

Hugh of Lincoln〈13世紀〉
血の中傷事件に使われたキリスト教徒の少年。
⇒ユ人（ヒュー（リンカーンのヒュー）　1247–1255）

Hugo〈11世紀〉
神学者，ベネディクト会会員。ブルトゥイユ伯の子。ラングル司教。
⇒新カト（フーゴ〔ブルトゥイユの〕　?–1051）

Hugo〈11・12世紀〉
スコラ哲学者，神学者。百科全書『学習論』などを発表。
⇒岩世人（フーゴ（サン＝ヴィクトールの）　1096–1141.2.11）
　新カト（フーゴ〔サン・ヴィクトールの〕　11世紀末–1141.2.11）
　メル1（フーゴ（サン＝ヴィクトールの）　1096–1141）

Hugo〈12世紀〉
ボンヌヴォーの大修道院長。聖人。祝日4月1日。多くの修道院を創設。教皇アレクサンデル3世と皇帝フリードリヒ1世との和睦を仲介(1177)。
⇒新カト（フーゴ〔ボンヌヴォーの〕　1120頃–1194.4.1）

Hugo, Gustav〈18・19世紀〉
ドイツの法学者。歴史法学派に属し，厳密な原典研究を主張。
⇒岩世人（フーゴー　1764.11.23–1844.9.15）

Hugo, Victor-Marie〈19世紀〉
フランスの詩人，小説家，劇作家。ロマン派の総帥，国民的大詩人として，フランス文学史上不朽の足跡を残した。
⇒岩世人（ユゴー　1802.2.26–1885.5.22）
　オペラ（ユゴー，ヴィクトル　1802–1885）
　19仏（ヴィクトル・ユゴー　1802.2.26–1885.5.22）
　広辞7（ユゴー　1802–1885）
　学叢思（ユーゴー，ヴィクトール　1802–1885）
　新カト（ユゴー　1802.2.26–1885.5.22）
　世人新（ユゴー　1802–1885）
　世人装（ユゴー　1802–1885）
　世史語（ヴィクトル＝ユゴー　1802–1885）
　ポブ人（ユゴー，ビクトール　1802–1885）

Hugo a St.Caro〈13世紀〉
フランスの聖職者，神学者。ラテン語聖書の最初のコンコルダンスを作成。
⇒岩世人（フーゴ（サン＝シェールの）　1190頃–1263.3.24）
　新カト（フーゴ〔サン・シェルの〕　1190頃–1263.3.19）

Hugo (Balma)〈13・14世紀〉
カルトゥジオ会の神秘主義的著述家。
⇒新カト（フーゴ〔バルマの〕　?–1304頃）

Hugo (Barzelle)〈12・13世紀〉
フランスのシトー会修道士。
⇒バロ（ユーグ・ド・ベルゼ　1150-1155頃–1220頃）

Hugo Candidus (Remiremont)〈11世紀〉
枢機卿。グレゴリウスの改革の推進者であったが，のちにこれに反対する。
⇒新カト（フーゴ〔ルミールモンの〕　1020頃–1099.10.18以降）

Hugo Cluniensis, St.〈11・12世紀〉
クリュニー大修道院第6代院長。1120年列聖。
⇒新カト（フーゴ〔クリュニーの〕　1024–1109.4.28/29）

Hugo (Fleury)〈11・12世紀〉
フランスの歴史家，伝記作者。
⇒新カト（フーゴ〔フルーリの〕　?–1120頃）

Hugo (Grenoble)〈11・12世紀〉
フランスのグルノーブル司教，聖人。
⇒新カト（フーゴ〔グルノーブルの〕　1052/1053–1132.4.1）
　図聖（フーゴ（グルノーブルの）　1053–1132）

Hugolinus〈13世紀〉
アウグスチノ隠修士会員，福者。祝日1月1日。ウンブリアのグアルド・カッタネオ生まれ。
⇒新カト（フゴリヌス〔グアルド・カッタネオの〕　1200頃–1260.1.1頃）

Hugon, Édouard〈19・20世紀〉
フランスのドミニコ会司祭，神学者。
⇒新カト（ユゴン　1867.8.25–1929.2.7）

Hugo (Newcastle, Novocastro)〈13・14世紀〉
フランシスコ会の神学者。
⇒新カト（フーゴ〔ニューカッスルの〕　1280頃–1322以降）

Hugo (Rouen)〈7・8世紀〉
フランスのベネディクト会士。
⇒新カト（フーゴ〔ルーアンの〕　680頃–730.4.8）

Hugo von Montfort〈14・15世紀〉
オーストリアの詩人。ブレーゲンツの伯爵，政治家として活躍。
⇒バロ（フーゴ・フォン・モントフォルト　1357–1423.4.4）
　バロ（モントフォルト，フーゴ・フォン　1357–1423.4.4）

Huguccio〈13世紀〉
イタリアの司教，神学者，教会法学者，文法学者。

⇒岩世人（フグッキオ　1140頃-1210）
　新カト（ウグッチョ　12世紀前半-1210.4.30）

Hugueny, François-Henri〈19・20世紀〉
フランスの神学者、ドミニコ会員。
⇒新カト（ユグニー　1868.11.4-1942.1.2）

Hugues Capet〈10世紀〉
フランス国王。在位987〜96。フランス王に擁立されカペー朝を開く。
⇒岩世人（ユーグ・カペー　938頃-996.10.24）
　新カト（フーゴ　938/941頃-996.10.24）
　世人新（ユーグ＝カペー　938頃-996）
　世人装（ユーグ・カペー　938頃-996）
　世史語（ユーグ＝カペー　938頃-996）
　世帝（ユーグ・カペー　938頃-996）
　ポプ人（ユーグ・カペー　938?-996）
　皇国（ユーグ・カペー　(在位) 987-996）
　学叢歴（カペー　940-996）

Hugues de Payens〈11・12世紀〉
テンプル（神殿）騎士団の創立者。
⇒岩世人（ユーグ・ド・パイヤン　1070頃-1136）

Hugues de Provence〈10世紀〉
アルル伯。在位898〜947。イタリア王。在位926〜46。神聖ローマ皇帝の地位をねらったが失敗。
⇒岩世人（ユーグ（プロヴァンスの）　880頃-948）

Hugues d'Oisy〈12・13世紀〉
フランスの作曲家。
⇒バロ（ユーグ・ドワジー　1180頃?-1230頃?）

Huitzilihuitl〈14・15世紀〉
アステカ帝国の統治者。在位1391〜1416。
⇒世帝（ウィツィリウィトル　?-1417）

Huizinga, Johan〈19・20世紀〉
オランダの歴史家。ライデン大学教授（1915〜41）。主著『中世の秋』(19) が著名。
⇒アア歴（Huizinga,Henry　ヘンリー・ホイジンガ　1873.1.8-1945.12.3）
　岩世人（ホイジンガ（ハイジンガ）　1872.12.7-1945.2.1）
　ネーム（ホイジンガ　1872-1945）
　広辞7（ホイジンガ　1872-1945）
　新カト（ホイジンガ　1872.12.7-1945.2.1）
　世人新（ホイジンガ　1872-1945）
　世人装（ホイジンガ　1872-1945）
　20思（ホイジンハ，ヨハン　1872-1945）

Hujwīrī, Abū al-Ḥasan 'Alī al-Jullābī al-Ghaznawī〈11世紀〉
イスラーム神秘家（スーフィー）、ペルシア語による神秘主義教義書の作者。
⇒岩世人（フジュウィーリー　?-1072）

Hūlāgū Khān〈13世紀〉
イル・ハン国の建設者。在位1258〜65。モンケ・ハンの弟。ペルシアに統一国家を建てた。
⇒岩世人（フレグ（フラグ）　1217-1265）
　広辞7（旭烈兀　フレグ　1218-1265）
　世人新（フラグ　1218-1265）
　世人装（フラグ　1218-1265）
　世史語（フラグ　1218-1265）
　世史語（フラグ　1218-1265）
　ポプ人（フラグ　1218-1265）

Hulbert, Homer Bazaleel〈19・20世紀〉
アメリカの宣教師、言語学者、歴史家。
⇒アア歴（Hulbert,Homer B (ezalee)　ホウマー・ビザリール・ハルバート　1863.1.26-1949.8.5）
　岩世人（ハルバート　1863.1.26-1948.8.5）
　韓朝新（ハルバート　1863-1949）

Hulbert, William Ambrose〈19世紀〉
ナショナル・リーグ設立者。
⇒メジャ（ウィリアム・ハルバート　1832.10.23-1882.4.10）

Huldah
ヨシヤ王の治世に南王国ユダのエルサレムに住んでいた女預言者。
⇒聖書（フルダ）

Hull, Cordell〈19・20世紀〉
アメリカの政治家。国際連合の創設に活躍。45年ノーベル平和賞を受賞。
⇒岩世人（ハル　1871.10.2-1955.7.23）
　広辞7（ハル　1871-1955）
　世人新（ハル　1871-1955）
　世人装（ハル　1871-1955）

Hull, John Adley〈19・20世紀〉
アメリカの陸軍将校、植民地行政官。
⇒アア歴（Hull,John A (dley)　ジョン・アドリー・ハル　1874.8.7-1944.4.17）

Hullmandel, Nicolas-Joseph〈18・19世紀〉
フランスのピアノ奏者、作曲家。
⇒バロ（ユルマンデル，ニコラ・ジョゼフ　1756.5.23-1823.12.19）
　バロ（ヒュルマンデル，ニコラス・ヨーゼフ　1756.5.23-1823.12.19）

Hulst, Maurice Le Sage d'Hauteroche d'〈19世紀〉
フランスのカトリック神学者、著述家。
⇒新カト（ユルスト　1841.10.10-1896.11.6）

Hultzsch, Eugen Julius Theodor〈19・20世紀〉
ドイツのインド学者。碑文、貨幣の歴史資料としての意義を強調。
⇒岩世人（フルチ　1857.3.29-1927.1.16）

Humann, Carl〈19世紀〉
ドイツの考古学者。
⇒岩世人（フーマン　1839.1.4-1896.4.12）

Humayūn, Nāṣir al-Dīn

Muḥammad〈16世紀〉
インド, ムガル帝国第2代皇帝。在位1530～56。
⇒岩世人（フマーユーン　1508.3.6–1556.1.26/27）
　広辞7（フマーユーン　1508–1556）
　世人新（フマーユーン　1508–1556）
　世人装（フマーユーン　1508–1556）
　世帝（フマユーン　1508–1556）
　南ア新（フマーユーン　1508–1556）

Humberclaude, Henri〈19・20世紀〉
フランスのマリア会宣教師。東京帝国大学, 暁星学校でフランス語を教授。
⇒新カト（アンベルクロード　1878.10.3–1955.8.9）

Humbert, Aimé〈19世紀〉
スイスの外交官。スイス遣日使節。
⇒岩世人（アンベール　1819.6.29–1900.9.19）

Humbert, Alphonse〈19・20世紀〉
フランスの政治家。
⇒19仏（アルフォンス・アンベール　1844.2.21–1922.12.27）

Humbert, Georges Louis〈19・20世紀〉
フランスの軍人。
⇒岩世人（アンベール　1862.4.8–1921.11.9）

Humbertus〈11世紀〉
シルヴァ・カンディダの司教枢機卿, ベネディクト会会員。フランスのロレーヌ地方出身。
⇒新カト（フンベルトゥス〔シルヴァ・カンディダの〕　10世紀末–1061.5.5）

Humbertus〈13世紀〉
ドミニコ会の神学者。ドミニコ会総長。
⇒岩世人（フンベルトゥス・デ・ロマニス　1200頃–1277.7.14）
　新カト（フンベルトゥス〔ロマンの〕　1200頃–1277.7.14）

Humboldt, Alexander, Freiherr von〈18・19世紀〉
ドイツの博物学者, 旅行家, 地理学者。W.フンボルトの弟。
⇒岩世人（フンボルト　1769.9.14–1859.5.6）
　広辞7（フンボルト　1769–1859）
　学叢思（フンボルト, フリードリヒ・ハインリヒ・アレキサンデル　1769–1859）
　新カト（フンボルト　1769.9.14–1859.5.6）
　ポプ人（フンボルト, アレクサンダー・フォン　1769–1859）
　ラテ新（フンボルト　1769–1859）

Humboldt, Karl Wilhelm Freiherr von〈18・19世紀〉
ドイツの言語学者, 外交官。A.フンボルトの兄。
⇒岩世人（フンボルト　1767.6.22–1835.4.8）
　ネーム（フンボルト　1767–1835）
　広辞7（フンボルト　1767–1835）
　学叢思（フンボルト, カール・ヴィルヘルム・フォン　1767–1835）
　新カト（フンボルト　1767.6.22–1835.4.8）
　世人新（フンボルト　1767–1835）
　世人装（フンボルト　1767–1835）
　メル3（フンボルト, ヴィルヘルム・フォン　1767–1835）

Hume, Allan Octavian〈19・20世紀〉
イギリスのインド行政官。「国民会議派」を結成。
⇒岩世人（ヒューム　1829.6.6–1912.7.31）
　南ア新（ヒューム　1829–1912）

Hume, David〈18世紀〉
スコットランドの外交官, 歴史家, 哲学者。イギリス経験論を徹底化した。主著『人間悟性論』(58)。
⇒岩世人（ヒューム　1711.4.26–1776.8.25）
　覚思（ヒューム　1711.4.26–1776.8.25）
　覚思文（ヒューム　1711.4.26–1776.8.25）
　広辞7（ヒューム　1711–1776）
　学叢思（ヒューム, ダヴィッド　1711–1776）
　新カト（ヒューム　1711.4.26–1776.8.25）
　図哲（ヒューム, デヴィッド　1711–1776）
　世人新（ヒューム　1711–1776）
　世人装（ヒューム　1711–1776）
　世史語（ヒューム　1711–1776）
　ポプ人（ヒューム, デビッド　1711–1776）
　メル2（ヒューム, デイヴィッド　1711–1776）

Hume, Edward Hicks〈19・20世紀〉
アメリカの医師, 教育者。
⇒アア歴（Hume,Edward H (icks)　エドワード・ヒックス・ヒューム　1876.5.13–1957.2.9）

Hume, Joseph〈18・19世紀〉
イギリスの政治家, 社会改革家。下院議員。燈台や港湾施設の改良に貢献。
⇒岩世人（ヒューム　1777.1.22–1855.2.20）

Hume, Robert Allen〈19・20世紀〉
アメリカの組合教会派の宣教師。
⇒アア歴（Hume,Robert Allen　ロバート・アレン・ヒューム　1847.3.8–1929.6.24）

Hume, Robert Ernest〈19・20世紀〉
アメリカの宣教師。
⇒アア歴（Hume,Robert Ernest　ロバート・アーネスト・ヒューム　1877.3.20–1948.1.4）

Hume, Robert Wilson〈19世紀〉
アメリカの宣教師。
⇒アア歴（Hume,Robert Wilson　ロバート・ウィルソン・ヒューム　1809.11.8–1854.11.26）

Hume, Tobias〈16・17世紀〉
イギリスのヴァイオル奏者, 作曲家。
⇒バロ（ヒューム, トバイアス　1569頃–1645.4.16）

Humfrey, Pelham〈17世紀〉
イギリスの作曲家。劇場音楽『テンペスト』などを作曲。
⇒バロ（ハンフリー, ペラム　1647–1674.7.14）

Humilitas〈13・14世紀〉
イタリアの女子修道院長。聖人。祝日5月22日。
⇒新カト（フミリタス　1226–1310.5.22）

Hummel, Johann Nepomuk〈18・19世紀〉
オーストリアのピアノ奏者, 作曲家。ウィーンのほかシュトゥットガルト, ヴァイマルで楽長を務めた。
⇒岩世人（フンメル　1778.11.14–1837.10.17）
エデ（フンメル, ヨハン・ネポムク　1778.11.14–1837.10.17）
ネーム（フンメル　1778–1837）
ピ曲改（フンメル, ヨハン・ネーポムク　1778–1837）

Hummelauer, Franz von〈19・20世紀〉
オーストリアの聖書釈義家, イエズス会士。
⇒新カト（フンメルアウアー　1842.8.14–1914.4.12）

Humperdinck, Engelbert〈19・20世紀〉
ドイツの作曲家。1879年メンデルスゾーン賞受賞。
⇒岩世人（フンパーディンク　1854.9.1–1921.9.27）
オペラ（フンパーディンク, エンゲルベルト　1854–1921）
エデ（フンパーディンク, エンゲルベルト　1854.9.1–1921.9.27）
ネーム（フンパーディンク　1864–1921）

Humphrey, Lawrence〈16世紀〉
イギリスのプロテスタント神学者。
⇒岩世人（ハンフリー　1527頃–1591.2.1）

Huna〈3世紀〉
バビロニアのユダヤ教学者。
⇒ユ人（フナ（ホナ）　3世紀）
ユ著人（Huna　フナ　4世紀）

Ḥunain ibn Isḥāq, Abū Zaid al-'Ibādī〈9世紀〉
アラビアの学者。
⇒岩世人（フナイン・イブン・イスハーク　809/810–877）
広辞7（フナイン・イブン・イスハーク　809/810–877）
新カト（フナイン・イブン・イスハーク　808–873）

Hundeshagen, Johan Christian〈18・19世紀〉
ドイツの林学者。
⇒岩世人（フンデスハーゲン　1783.8.10–1834.2.10）

Huneker, James Gibbons〈19・20世紀〉
アメリカの評論家。主著『ショパン一人と音楽』(1900)『偶像破壊者たち』(05) など。
⇒岩世人（ハネカー　1857.1.31–1921.2.9）

Hunfalvy János〈19世紀〉
ハンガリーの地理学者, 歴史家。主著『一般史』(1850～51)。
⇒岩世人（フンファルヴィ　1820.1.21–1888.12.6）

Hunfalvy Pál〈19世紀〉
ハンガリーの言語学者。
⇒岩世人（フンファルヴィ　1810.3.12–1891.11.30）

Hunfried〈9世紀〉
現フランス北部のテルアンヌの司教。在職856～70。サン・ベルタン大修道院院長。在職864～66。聖人。祝日3月8日。
⇒新カト（フンフリート　?–870.3.8）

Hung-Vuong
越（ヴィエット）族の始祖。
⇒岩世人（フンヴオン）

Hun Hunahpu
マヤ神話で, イシュムカネーとイシュピヤコックの息子で英雄。
⇒ネーム（フン・フンアフプー）

Hunnius, Ägidius〈16・17世紀〉
ドイツのルター派神学者, 論争家。
⇒新カト（フンニウス　1550.12.21–1603.4.4）

Hunnius, Nikolaus〈16・17世紀〉
ドイツのルター派神学者。
⇒新カト（フンニウス　1585.7.11–1643.4.12）

Hunt, Henry〈18・19世紀〉
イギリスの急進的政治家。
⇒岩世人（ハント　1773.11.6–1835.2.13）

Hunt, James Henry Leigh〈18・19世紀〉
イギリスの詩人, 批評家, ジャーナリスト。キーツなど詩人の支持者としても有名。
⇒岩世人（ハント　1784.10.19–1859.8.28）

Hunt, Leigh S.J.〈19・20世紀〉
アメリカの実業家。
⇒アア歴（Hunt, Leigh S.J.　リー・S・J・ハント　1855.8.11–1933.10.5）

Hunt, Phineas R.〈19世紀〉
アメリカの宣教師。
⇒アア歴（Hunt, Phineas R.　フィニアス・R・ハント　1816.1.30–1878.5.29）

Hunt, Thomas Sterry〈19世紀〉
アメリカの化学者, 地質学者。
⇒岩世人（ハント　1826.9.5–1892.2.12）

Hunt, William〈19・20世紀〉
イギリスの歴史家, 教会史家, 牧師。
⇒岩世人（ハント　1842.3.3–1931.6.14）

Hunt, William Henry〈18・19世紀〉
イギリスの水彩画家。ユーモラスな風物や静物画を描いた。
⇒岩世人（ハント　1790.3.28–1864.2.10）

Hunt, William Holman〈19・20世紀〉
イギリスの画家。宗教的題材を好んで取上げた。主作品は『働く羊飼い』(51)。
⇒岩世人（ハント　1827.4.2-1910.9.7）
　学叢思（ハント, ウィリアム・ホルマン　1827-1910）
　新カト（ハント　1827.4.2-1910.9.7）
　芸13（ハント, ウィリアム・ホルマン　1827-1910）
　ポプ人（ハント, ウィリアム・ホルマン　1827-1910）

Hunter, George〈19・20世紀〉
イギリス（スコットランド出身）の中国内地会宣教師。
⇒岩世人（ハンター　1862.7.31-1946.12.20）

Hunter, John〈18世紀〉
スコットランドの外科医, 解剖学者。実験病理学の祖。
⇒岩世人（ハンター　1728.2.14-1793.10.16）
　広辞7（ハンター　1728-1793）
　学叢思（ハンター, ジョン　1728-1793）

Hunter, Robert〈19・20世紀〉
アメリカの社会改良論者。
⇒学叢思（ハンター, ロバート　1874-?）

Hunter, William〈18世紀〉
スコットランドの医者。シャーロット王妃の侍医, イギリス医師会長。動静脈瘤の記載で知られている。
⇒岩世人（ハンター　1718.5.23-1783.3.30）

Hunter, William C.〈19世紀〉
アメリカの商人, 作家。
⇒アア歴（Hunter,William C.　ウイリアム・C・ハンター　1812-1891.6.25）

Hunter, Sir William Wilson〈19世紀〉
イギリスのインド史家。
⇒岩世人（ハンター　1840.7.15-1900.2.6）

Huntingdon, Selina Hastings, Countess of〈18世紀〉
イギリスの伯爵夫人。18世紀の福音主義復興の中心人物。
⇒岩世人（ハンティンドン　1707.8.24-1791.6.17）
　新カト（ハンティンドン　1707.8.24-1791.6.17）

Huntington, Collis Potter〈19世紀〉
アメリカの実業家。大陸横断鉄道を計画し, セントラル・パシフィック鉄道を完成（61～69）。
⇒岩世人（ハンティントン　1821.10.22-1900.8.13）

Huntington, Daniel Trumbull〈19・20世紀〉
アメリカの宣教師。
⇒アア歴（Huntington,Daniel Trumbull　ダニエル・トラムブル・ハンティントン　1868.8.4-1950.5.1）

Huntington, Ellsworth〈19・20世紀〉
アメリカの地理学者。気候と文明の関係を調査。
⇒アア歴（Huntington,Ellsworth　エルズワース・ハンティントン　1876.9.16-1947.10.17）
　岩世人（ハンティントン　1876.9.16-1947.10.17）

Huntington, Henry E.〈19・20世紀〉
アメリカの鉄道業者, 不動産業者。
⇒岩世人（ハンティントン　1850.2.27-1927.5.23）

Huntsman, Benjamin〈18世紀〉
イギリスのるつぼ製鋼法の発明者。
⇒岩世人（ハンツマン　1704-1776.6.20/21）

Huntziger, Charles〈19・20世紀〉
フランスの軍人・政治家。
⇒ネーム（アンツィジェール　1880-1941）

Hunyadi János〈14・15世紀〉
ハンガリーの軍人, 政治家。1456年トルコ軍を大破して, ハンガリーの独立を確保。
⇒岩世人（フニャディ　1407頃-1456.8.11）
　新カト（フニャディ　1407頃-1456.8.11）

Huon de Bordeaux〈13世紀〉
フランスの作曲家。
⇒バロ（ユオン・ド・ボルドー　1200頃?-1250頃?）

Huonder, Anton〈19・20世紀〉
ドイツの宣教史研究家, イエズス会員。雑誌『カトリック宣教』の編集責任者（1902～12, 1916～18）。
⇒新カト（フオンダー　1858.12.25-1926.8.23）

Hupfeld, Bernhard〈18世紀〉
ドイツの作曲家。
⇒バロ（フープフェルト, ベルンハルト　1717.2.24-1796.1.22）

Hurlebusch, Conrad Friedrich〈17・18世紀〉
ドイツのオルガン奏者, 作曲家。
⇒バロ（フールレブッシュ, コンラート・フリードリヒ　1691.12.30-1765.12.17）

Hurlebush, Heinrich Lorenz〈17・18世紀〉
ドイツの作曲家。
⇒バロ（フールレブッシュ, ハインリヒ・ローレンツ　1670頃?-1730頃?）

Hurtad de Xeres〈15世紀〉
スペインの作曲家。
⇒バロ（ウルタード・デ・ヘレス　1450頃?-1500以降）
　バロ（ヘレス, ウルタード・デ　1450頃?-1500以降）

Hurtado, Gaspar〈16・17世紀〉
スペインの神学者, イエズス会員。
⇒新カト（ウルタド　1575-1646.8.5）

Hurtado, Tomás〈16・17世紀〉
スペインの神学者、カラッチョロ修道会会員。
⇒新カト（ウルタド　1589–1659）

Hurtado de Mendoza, Diego〈16世紀〉
スペインの外交官、詩人、歴史家。
⇒岩世人（ウルタード・デ・メンドーサ　1503–1575.8.24）

Hurter, Friedrich Emanuel von〈18・19世紀〉
神学者、歴史家。スイスのシャフハウゼン生まれ。
⇒新カト（フルター　1787.3.19–1865.8.27）

Hurter, Hugo〈19・20世紀〉
スイスの神学者、イエズス会員。神学者F.E.フォン・フルターの子。主著『カトリック神学文献目録』全5巻。
⇒新カト（フルター　1832.1.11–1914.12.10）

Hurth, Peter Joseph〈19・20世紀〉
アメリカの聖職者。
⇒アア歴（Hurth,Peter Joseph　ピーター・ジョゼフ・ハース　1857.3.30–1935.8.1）

Hurvits, Moyshe Ish Halevi〈19・20世紀〉
イディッシュ演劇の作家、俳優、演出家。
⇒ユ著人（Hurvits,Moyshe Ish Halevi　フルヴィッツ、モイシェ・イシュ・ハレヴィ　1844–1910）

Hurwitz, Adolf〈19・20世紀〉
ドイツの数学者。連分数論における「フルビッツの定理」を始め、函数論、幾何学に関する研究がある。
⇒岩世人（フルヴィッツ　1859.3.26–1919.11.18）
　世数（フルヴィッツ、アドルフ　1859–1948）

Hurwitz, Shai Ish〈19・20世紀〉
ロシア生まれのヘブライ語作家。
⇒ユ著人（Hurwitz,Shai Ish　フルヴィッツ、シャイ・イシュ　1861–1922）

Hus, Jan〈14・15世紀〉
ボヘミアの神学者、宗教改革家。
⇒岩世人（フス　1370頃–1415.7.6）
　広辞7（フス　1370頃–1415）
　学叢思（フス、ヨハン或はジョン　1369–1414）
　新カト（フス　1371–1415.7.6）
　世人新（フス　1370頃/1371頃–1415）
　世人装（フス　1370頃/1371頃–1415）
　世史語（フス　1370頃–1415）
　ポプ人（フス、ヤン　1370頃–1415）
　ルネ（ヤン・フス　1370頃–1415）

Ḥusain Bāiqarā〈15・16世紀〉
チムール朝最後のイランの支配者。在位1466～1506。
⇒岩世人（フサイン・バイカラ　1438頃–1506.5.5）
　世帝（フサイン・バイカラ　1438–1506）

Ḥusayn I〈16世紀〉
アフマドナガル王国の統治者。在位1553～1565。
⇒岩世人（フサイン・ニザーム・シャー1世　?–1565.6.6）

al-Ḥusayn ibn 'Alī〈7世紀〉
イスラム教シーア派第3代目のイマーム。反ウマイヤ家運動の途中で敗死。
⇒岩世人（フサイン　626.1–680.10）
　世人新（フサイン（フセイン）〈ブン＝アビー＝ターリブ〉　626–680）
　世人装（フサイン（フセイン）〈ブン＝アビー＝ターリブ〉　626–680）

Ḥusayn ibn 'Alī〈19・20世紀〉
ヒジャーズ王。在位1916～24。ハーシム家の創始者。ファイサル1世の父。
⇒岩世人（フサイン（ヒジャーズ王）　1853–1931.6.4）
　広辞7（フセイン　1853–1931）
　世人新（フサイン（フセイン）〈ブン＝アリー〉　1852/1853/1854–1931）
　世人装（フサイン（フセイン）〈ブン＝アリー〉　1852/1853/1854–1931）
　世史語（フセイン（フサイン）　1853頃–1931）
　ポプ人（フセイン・ブン・アリー　1852?–1931）

Ḥusayn Kāmil〈19・20世紀〉
イギリス保護国下のエジプト君主。在位1914～17。
⇒岩世人（フサイン・カーミル　1853.11.21–1917.10.9）

Ḥusein Avni Pasha〈19世紀〉
トルコの将軍、政治家。
⇒岩世人（ヒュセイン・アヴニ・パシャ　1820–1876.6.16）

Hushai
アルキ人、ダビデの友（サムエル記下）。
⇒聖書（フシャイ）

Huskisson, William〈18・19世紀〉
イギリスの政治家、財政家。1823～27年商務院総裁自由貿易主義の立場から関税改革などに取組んだ。
⇒岩世人（ハスキソン　1770.3.11–1830.9.15）

Huss, Bernhard〈19・20世紀〉
マリアンヒル宣教会の宣教師。南アフリカにおけるキリスト教社会運動の指導者。
⇒新カト（フス　1876.2.24–1948.8.5）

Husserl, Edmund〈19・20世紀〉
ドイツの哲学者。
⇒岩世人（フッサール　1859.4.8–1938.4.27）
　ネーム（フッサール　1859–1938）
　広辞7（フッサール　1859–1938）
　学叢思（フッサール、エドムンド　1859–?）
　新カト（フッサール　1859.4.8–1938.4.27）
　図哲（フッサール、エドムント　1859–1938）

世人新〈フッサール 1859–1938〉
世人装〈フッサール 1859–1938〉
20思〈フッサール, エドムント 1859–1938〉
ポプ人〈フッサール, エドムント 1859–1938〉
メル3〈フッサール, エトムント・グスタフ・アルブレヒト 1859–1938〉
メル3〈フッサール, エトムント 1859–1938〉
ユ人〈フッサール, エドムント 1859–1938〉
ユ著人〈Husserl,Edmund フッサール, エドムンド 1859–1938〉

Hut, Hans〈15・16世紀〉
ドイツの再洗礼派の信者。
⇒岩世人〈フート 1490頃–1527.12.6〉

al-Ḥuṭay'a〈7世紀〉
アラビアの詩人。
⇒岩世人〈フタイア ?–661以後〉

Hutcheson, Francis〈17・18世紀〉
イギリスの哲学者。倫理における道徳感覚の理論の提唱者。
⇒岩世人〈ハチソン 1694.8.8–1746.8.8〉
広辞7〈ハチソン 1694–1746〉
学叢思〈ハッチソン, フランシス 1694–1747〉
新カト〈ハチソン 1694.8.8–1746.8.8〉
メル2〈ハチソン, フランシス 1694–1746〉

Hutchinson, Anne〈16・17世紀〉
アメリカの宗教家。信教自由のため奮闘した女性。
⇒岩世人〈ハチンソン 1591.7.20?–1643.8.20〉

Hutchinson, John〈17世紀〉
イギリスの清教徒, 軍人。
⇒岩世人〈ハチンソン 1615.9.18頃–1664.9.11〉

Hutchinson, Sir Jonathan〈19・20世紀〉
イギリスの外科医, 病理学者。梅毒の研究に功績をあげた。
⇒岩世人〈ハチンソン 1828.7.23–1913.6.23〉

Hutchison, William Forrest〈19・20世紀〉
アメリカの大リーグ選手(投手)。
⇒メジャ〈ビル・ハッチソン 1859.12.17–1926.3.19〉

Hutten, Philipp von〈16世紀〉
ドイツのベネズエラ征服者。
⇒岩世人〈フッテン 1505.12.18–1546.5.17〉

Hutten, Ulrich von〈15・16世紀〉
ドイツの人文主義者, 諷刺詩人, 騎士。聖俗権威に抗する文筆と闘争の生活を送った。
⇒岩世人〈フッテン 1488.4.21–1523.8.29〉
広辞7〈フッテン 1488–1523〉
学叢思〈フッテン, ウルリヒ・フォン 1488–1523〉
新カト〈フッテン 1488.4.21–1523.8.29〉

Hutter, Leonhard〈16・17世紀〉
ドイツの神学者。ルター正統主義を強く主張。

⇒岩世人〈フッター 1563.1–1616.10.23〉
新カト〈ヒュッター 1563.1–1616.10.23〉

Hutton, James〈18世紀〉
イギリスの化学, 地質学者。1795年『地球の理論』を著した。近代地質学, 科学的自然観の祖とされる。
⇒岩世人〈ハットン 1726.6.3–1797.3.26〉
ネーム〈ハットン 1726–1797〉
広辞7〈ハットン 1726–1797〉

Hutton, Richard Holt〈19世紀〉
イギリスのジャーナリスト, 信徒神学者。
⇒新カト〈ハットン 1826.6.2–1897.9.9〉

Hutyra Ferenc〈19・20世紀〉
ハンガリー(チェコスロヴァキア生れ)の獣医学者。家畜の結核や豚コレラの研究を行った。
⇒岩世人〈フチラ 1860.9.6–1934.12.20〉

Huvelin, Henri〈19・20世紀〉
フランスのカトリック司祭, 霊性指導者。
⇒新カト〈ユヴラン 1838.10.7–1910.7.10〉

Huvishka〈2世紀〉
インド, クシャナ朝の王。
⇒世帝〈フヴィシカ (在位)160–190〉

Huxley, Thomas Henry〈19世紀〉
イギリスの生物学者, 哲学者。進化論の普及と擁護に努めた。
⇒岩世人〈ハクスリー 1825.5.4–1895.6.29〉
ネーム〈ハクスリー 1825–1895〉
広辞7〈ハックスリ 1825–1895〉
学叢思〈ハックスレー, トーマス・ヘンリー 1825–1895〉
新カト〈ハクスリ 1825.5.4–1895.6.29〉
世人新〈ハクスリー〈トマス〉 1825–1895〉
世人装〈ハクスリー〈トマス〉 1825–1895〉
メル3〈ハクスリー, トーマス=ヘンリー 1825–1895〉

Huygens, Christiaan〈17世紀〉
オランダの物理学者, 天文学者, 数学者。ホイヘンスの原理を含む光の波動論を発表。
⇒岩世人〈ホイヘンス(ハウヘンス) 1629.4.14–1695.7.8〉
ネーム〈ホイヘンス 1629–1695〉
広辞7〈ホイヘンス 1629–1695〉
学叢思〈ハイゲンズ, クリスティアン 1629–1695〉
学叢思〈ホイヘンス, クリスティアン 1629–1695〉
物理〈ホイヘンス, クリスティアーン 1629–1695〉
世人新〈ホイヘンス 1629–1695〉
世人装〈ホイヘンス 1629–1695〉
世数〈ホイヘンス, クリスティアーン 1629–1695〉
ポプ人〈ホイヘンス, クリスティアーン 1629–1695〉

Huygens, Constantijn〈16・17世紀〉
オランダの詩人。主著, 詩集『矢車菊』(1658, 72)など。

⇒バロ（ホイヘンス，コンスタンティン　1596.9.4–1687.3.28）
　岩世人（ホイヘンス（ハウヘンス）　1596.9.4–1687.3.28）

Huygens, Gommaire〈17・18世紀〉
ベルギーのジャンセニスムの神学者。
⇒新カト（ホイヘンス　1631.2.26–1702.10.27）

Huynh Thuc Khang〈19・20世紀〉
ベトナムの文人。抗仏民族運動を指導した人物。著『時代と詩文』など。
⇒岩世人（フイン・トゥック・カン　1876–1947.4.21）

Huynh-Tinh-Cua〈19・20世紀〉
ベトナムの学者，文筆家。別称パウロ・クア。
⇒岩世人（フイン・ティン・クア　1834–1907）

Huysmans, Camille〈19・20世紀〉
ベルギーの政治家。社会党の指導者。
⇒岩世人（ハイスマンス　1871.5.26–1968.2.25）

Huysmans, Joris Karl〈19・20世紀〉
フランスの小説家。病的に鋭い感覚と退廃趣味にあふれた傑作『さかしま』（84）を著した。
⇒岩世人（ユイスマンス　1848.2.5–1907.5.12）
　19仏（ジョリス＝カルル・ユイスマンス　1848.2.5–1907.5.12）
　ネーム（ユイスマンス　1848–1907）
　広辞7（ユイスマンス　1848–1907）
　学叢思（ホイズマン，ジョリス・カール　1848–1909）
　新カト（ユイスマンス　1848.2.5–1907.5.12）

Huysum, Jan van〈17・18世紀〉
オランダの画家。写実的な花の絵で知られた。
⇒岩世人（ファン・ハイスム　1682.4.15–1749.2.8）

Hviezdoslav, Pavol〈19・20世紀〉
スロバキアの代表的詩人。『血にまみれたソネット』（1914）など。
⇒岩世人（フヴィエズドスラウ　1849.2.2–1921.11.8）

Hyacinthus〈3世紀〉
ローマ時代の殉教者。
⇒新カト（プロトゥスとヒアキントゥス　3世紀）

Hyacinthus, St.〈12・13世紀〉
シュレジア出身のカトリック聖職者，聖人。
⇒新カト（ヒアキントゥス〔ポーランドの〕　1185頃–1257.8.15）
　図聖（ヒアキントゥス（ポーランドの）　12世紀末–1257）

Hyakinthos
ギリシア神話に登場する美少年。
⇒岩世人（ヒュアキントス）
　ネーム（ヒュアキントス）

Hyatt, Alpheus〈19・20世紀〉
アメリカの古生物学者。頭足類化石の分類で著名。主著『獲得形質の系統発生』（94）。
⇒岩世人（ハイアット　1838.4.5–1902.1.15）

Hydatius〈5世紀〉
古代ローマのヒスパニアの司祭，年代記作家。
⇒岩世人（ヒュダティウス）
　新カト（ヒダティウス　394頃–470頃）

Hyde, Anne〈17世紀〉
イギリスの貴族夫人。
⇒王妃（アン・ハイド　1637–1671）

Hyde, Douglas〈19・20世紀〉
アイルランドのナショナリスト，作家。独立運動に活躍，初代大統領に。
⇒岩世人（ハイド　1860.1.17–1949.7.12）

Hyde, Helen〈19・20世紀〉
アメリカの芸術家。
⇒アア歴（Hyde,Helen　ヘレン・ハイド　1868.4.6–1919.5.13）

Hyde, John Nelson〈19・20世紀〉
アメリカの宣教師。
⇒アア歴（Hyde,John Nelson　ジョン・ネスルン・ハイド　1865.11.9–1912.2.17）

Hyde, Laurence, 1st Earl of Rochester〈17・18世紀〉
イギリスの政治家，行政官。
⇒岩世人（ハイド　1642.3.15–1711.5.2）

Hyginus〈2世紀頃〉
ローマの神話作家。
⇒岩世人（ヒュギヌス　2世紀頃）

Hyginus, Gaius Julius〈前1・後1世紀〉
ローマの学者。
⇒岩世人（ヒュギヌス）

Hyginus, St.〈2世紀頃〉
教皇。在位136頃〜140頃。聖人。
⇒新カト（ヒギヌス　生没年不詳）

Hygons, Richard〈15・16世紀〉
イギリスの作曲家。
⇒バロ（ヒゴンズ，リチャード　1435頃–1509頃）

Hylas
ギリシア神話，ヘラクレスの愛した少年。
⇒岩世人（ヒュラス）

Hyllos
ギリシア神話の英雄。
⇒岩世人（ヒュロス）

Hymans, Paul〈19・20世紀〉
ベルギーの政治家。
⇒岩世人（ヘイマンス　1865.3.23–1941.3.9）
　ユ著（Hymans,Paul　ハイマンズ，ポール　1865–1941）

Hyndman, Henry Mayers〈19・20世紀〉
イギリスの社会民主主義者。イギリスにおけるマルクス主義の最初の紹介者。
⇒岩世人（ハインドマン　1842.3.7–1921.11.22）
　学叢思（ハイドマン，ヘンリー・メーヤーズ　1842–1922）

Hypatia〈4・5世紀〉
新プラトン派の哲学者。アレクサンドリアで活動。
⇒岩世人（ヒュパティア　370?–415）
　学叢思（ヒパティア　4世紀後半–415）
　新カト（ヒュパティア　370頃–415）
　物理（ヒュパティア　370–415）
　世数（ヒュパティア（アレクサンドリアの）　370–415）

Hypatios〈6世紀〉
エフェソスの主教，神学者。主教在職531～37/38。ビザンティン皇帝ユスティニアヌス1世の顧問（531～36）。
⇒新カト（ヒュパティオス〔エフェソスの〕　?–537-538以後/552以前）

Hypereides〈前4世紀〉
古代アテネの演説家。デモステネス弾劾演説の断片などが残る。
⇒岩世人（ヒュペレイデス　前389–前322）

Hyperius, Andreas〈16世紀〉
ドイツのルター派神学者，説教者。
⇒新カト（ヒペリウス　1511.5.16–1564.2.1）

Hypsiklēs〈前2世紀〉
ギリシアの数学者。
⇒岩世人（ヒュプシクレス）

Hypsipyle
ギリシア神話，エーゲ海北東部のレムノス島の王女。
⇒岩世人（ヒュプシピュレ）

Hyrcanus I, John〈前2世紀〉
ハスモニア朝の司祭長で行政長官（前135～104）。
⇒ユ人（ヒルカネス1世，ヨハナン　?–前104）

Hyrcanus II, John〈前2・1世紀〉
ジュディアのハスモニア朝の司祭長（前103～30）。
⇒ユ人（ヒルカネス2世，ヨハナン　前103–前30）

Hyrkanos I, Iōannēs〈前2世紀〉
イスラエルの大祭司，シリア傀儡王（前134頃～前104）。大祭司シモンの息子。
⇒新カト（ヒルカノス1世）

Hyrkanos II〈前1世紀〉
ハスモン家の王・大祭司。
⇒新カト（ヒルカノス2世）

Hyrtl, Joseph〈19世紀〉
オーストリアの解剖学者。肉眼的解剖学，局所解剖学を研究し，血管系，骨系を得意とした。
⇒岩世人（ヒルトル　1810.12.7–1894.7.17）

【 I 】

Ia〈4世紀〉
聖人，殉教者。祝日8月4日。
⇒新カト（イア　?–4世紀後半）

Iablochkov, Pavel Nikolaevich〈19世紀〉
ロシアの電気技術者。アーク灯を発明し，特別の交流発電機を考案し，工場で作製。
⇒岩世人（ヤーブロチコフ　1847.9.2–1894.3.19）

Iacobus〈13世紀〉
ドミニコ会員，司教。『黄金伝説』の著者。ジェノヴァ近郊のヴァラッツェに生まれる。
⇒新カト（ヤコブス〔ヴァラッツェの〕　1228/1229–1298.7.14）

Iacobus〈13世紀〉
イタリアのフランシスコ会会員，神秘家。
⇒新カト（ヤコブス〔ミラノの〕　13世紀末）

Iacobus〈13・14世紀〉
イタリアの神学者，アウグスチノ会会員。
⇒新カト（ヤコブス〔ヴィテルボの〕　1250頃–1307/1308）

Iacobus〈13・14世紀〉
イタリアのフランシスコ会神学者。
⇒新カト（ヤコブス〔ローザンヌの〕　1270頃–1321.11.17）

Iacobus〈14世紀〉
ドミニコ会の神学者。14世紀初めに活躍した。
⇒新カト（ヤコブス〔メッスの〕　生没年不詳）

Iacobus〈14・15世紀〉
ドイツの神学者，ドミニコ会員。
⇒新カト（ヤコブス〔ゾーストの〕　1360頃–1438頃）

Iáeiros, Iairos
カペナウムの会堂司（新約）。
⇒岩世人（ヤイロ）
　新カト（ヤイロ）
　聖書（ヤイロ）

Iaēl
ケニびとヘベルの妻（旧約）。
⇒聖書（ヤエル）

Iakōb〈1世紀〉
イエス・キリストの十二使徒の一人（新約）。
⇒岩世人（ヤコブ（小））
　ネーム（小ヤコブ）
　広辞7（ヤコブ）
　新カト（ヤコブ）
　図聖（ヤコブ（小，使徒））

Iakōb〈1世紀〉
イエスの3人の弟の一人。
⇒広辞7（ヤコブ　?–62頃）
　新カト（ヤコブ）
　聖書（ヤコブ（イエスの兄弟））

Iakōb〈1世紀〉
イエス・キリストの十二使徒の一人。特に側近三人の一人（新約）。
⇒岩世人（ヤコブ（大））
　ネーム（ヤコブ）
　広辞7（ヤコブ）
　新カト（ヤコブ）
　新カト（ボアネルゲス）
　図聖（ヤコブ（大，使徒））
　聖書（ヤコブ（イエスの弟子））

Iakōb Barádaios〈6世紀〉
シリアのヤコブ派の組織者。
⇒岩世人（ヤコブ・バラダイオス　500頃–578）
　新カト（ヤコブ・バラダイオス　490/500–578.7.30）

Iákōbos (Édessa)〈7・8世紀〉
シリアのエデッサの主教。単性論者。
⇒新カト（ヤコブ〔エデッサの〕　633頃–708.6.5）

Iamblichos〈2世紀〉
ギリシアの物語作者。
⇒岩世人（イアンブリコス　（活動）165–180頃）

Iamblichos〈3・4世紀〉
新プラトン派の哲学者。シリア派の創始者。主著『ピタゴラス派の生活について』。
⇒岩世人（イアンブリコス　250頃–325頃）
　学叢思（ヤンブリコス　?–333頃）
　メル1（イアンブリコス　250頃–325/330頃?）

Iamboulos〈前3・2世紀〉
古代のユートピア作家。
⇒岩世人（イアンブロス　（活動）前3世紀頃）

Iambres (Mambres)
モーセとアロンと争ったエジプトの魔術師。
⇒新カト（ヤンネとヤンブレ）

Iamos
ギリシア神話、アポロンとエウアドネとの子。
⇒岩世人（イアモス）

Iannes
モーセとアロンと争ったエジプトの魔術師。
⇒新カト（ヤンネとヤンブレ）

Iaroshenko, Nikolai Alexandrovich〈19世紀〉
ロシアの画家。当時のロシアの労働者の日常生活や、革命家の肖像などを力強い写実的な筆致で描いた。
⇒芸13（ヤロシェンコ，ニコライ・アレクサンドロヴィッチ　1846–1898）

Iaroslav I, Mudryi〈10・11世紀〉
ロシア、キエフ大公。1019年キエフ大公。古代ロシアの最初の法典「ルースカヤ・プラウダ」を編纂。
⇒岩世人（ヤロスラーフ1世　978–1054.2.2）

Iaroslavskii, Emelian Mikhailovich〈19・20世紀〉
ソ連邦の政治家、ロシア労働運動の古い指導者。ロシア共産党中央委員。
⇒岩世人（ヤロスラフスキー　1878.2.19/3.3–1943.12.4）
　学叢思（ヤロスラフスキー　1878–?）

Iasōn
ギリシア神話中の英雄。五〇人余りの英雄を率いてアルゴ号で遠征。女魔法使いメデイアの助けでコルキス王から金の羊皮を手に入れて凱旋（がいせん）した。
⇒岩世人（イアソン）
　ネーム（イアソン）

Iason〈前4世紀〉
古代北ギリシアのフェライの僭主。在位前380頃～前378。
⇒岩世人（イアソン　?–前370）

Iavlenskii, Alexej Georgievich〈19・20世紀〉
ロシアの画家。マティスを知り、その色彩、構図の影響を受けた。
⇒岩世人（ヤヴレンスキー　1864.3.13/25–1941.3.15）
　芸13（ヤウレンスキー，アレクセイ・フォン　1864–1941）

Ibáñez, Juan Buenaventura〈17世紀〉
スペインのフランシスコ会宣教師。
⇒岩世人（イバニェス　1607–1691.10.11）

Ibáñez del Campo, Carlos〈19・20世紀〉
チリの政治家。1952年再度国民党から大統領に当選（～58）。
⇒ラテ新（イバニエス　1877–1960）

Ibas〈5世紀〉
エデッサの司教、アンティオケイア学派の代表者。
⇒新カト（イバス〔エデッサの〕　?–457.10.28）

Ibbi-Sîn〈前21世紀〉
ウル第3王朝最後（第5代）の王。
⇒岩世人（イッビ・シン　（在位）前2028–前2004）

Ibkowski〈17・18世紀〉
ポーランドの作曲家。
⇒バロ（イブコフスキ,? 1690頃?–1750頃?）

Ibn 'Abd al-Ḥakam, 'Abd al-Raḥmān〈8・9世紀〉
エジプトの歴史家。
⇒岩世人（イブン・アブドゥルハカム ?–871）

Ibn 'Abd Rabbihi〈9・10世紀〉
スペインのアラブ系文学者。名文選『たぐいなき首飾り』を編む。
⇒岩世人（イブン・アブドゥ・ラッビヒ 860.11.28–940.3.1）

ibn 'Ābidīn, Muḥammad Amīn〈18・19世紀〉
イスラーム法学者。
⇒岩世人（イブン・アービディーン 1784–1836）

Ibn Abī Uṣaibi'ah〈12・13世紀〉
イスラム教徒の医学史家, 医者。伝記集『医師に関する情報の泉』を著す(68)。
⇒岩世人（イブン・アビー・ウサイビア 1194以降–1270）

ibn Abī Zayd al-Qayrawānī〈10世紀〉
イスラーム法学者。
⇒岩世人（イブン・アビー・ザイド 922–996）
　岩世人（カイラワーニー 922–996）

Ibn al-Abbār, Abū 'Abd Allāh Muḥammad〈12・13世紀〉
西方のムスリム歴史家, 伝承学者, 詩人。
⇒岩世人（イブン・アッバール 1199–1260.1.6）

ibn al-'Abbās, 'Abdullāh〈7世紀〉
預言者ムハンマドの教友。
⇒岩世人（イブン・アッバース, アブドゥッラー 620頃–687/688）

ibn al-A'rābī, Abū 'Abdullah Muḥammad〈8・9世紀〉
クーファ派のアラブ言語学者。
⇒岩世人（イブン・アアラービー 767.8–846.4.14/15）

ibn al-'Arabī, Abū Bakr Muḥammad〈11・12世紀〉
アンダルスのクルアーン解釈学者, マーリク学派の法学者。
⇒岩世人（イブン・アラビー, アブー・バクル 1076–1148.8）

Ibn al-'Assāl al-Ṣafī〈13世紀〉
エジプトの教会法学者, コプト教会総主教キュリロス3世・イブン・ラクラクの教会法顧問。
⇒新カト（イブン・アル・アッサール・アル・サフィ 13世紀前半）

Ibn al-Athīr, 'Izz al-Dīn Abū al-Ḥasan 'Alī〈12・13世紀〉
アラブの歴史家。主著はザンギー朝の歴史を書いた『完史』。
⇒岩世人（イブン・アスィール 1160.5.13–1234.5.4）

Ibn al-'Awwān, Abū Zakarīya Yaḥyā ibn Muḥammad〈12・13世紀〉
イスラム教徒の農学者。大著『農学の書』を著す。
⇒岩世人（イブン・アウワーム）

Ibn al-Bawwāb, 'Alī〈11世紀〉
アラブの書道家。
⇒岩世人（イブン・バウワーブ ?–1022/1032）

ibn al-Bayṭār〈12・13世紀〉
アラブ系の植物学者。
⇒岩世人（イブン・バイタール 1197–1248）

Ibn al-Faqīh, Abū Bakr Aḥmad al-Hamadhānī〈10世紀〉
ムスリム地理学者, 伝承学者。
⇒岩世人（イブン・ファキーフ）

Ibn al-Fāriḍ, Umar〈12・13世紀〉
イスラム教徒の神秘主義詩人。『ディーワーン』(詩集)は独創的なアラブ文学として名高い。
⇒岩世人（イブン・ファーリド 1181.3.22–1235.1.23）

ibn al-Habbārīya al-'Abbāsī〈12世紀〉
アラブ系の詩人。
⇒岩世人（イブン・ハッバーリーヤ ?–1115/1116/1110/1111）

ibn al-Ḥajjāj, Abū 'Abdullāh al-Ḥusayn〈10・11世紀〉
アラブ系のシーア派詩人。
⇒岩世人（イブン・ハッジャージュ 941/942頃–1001.4.25）

ibn al-Jawzī, Abū al-Faraj〈12・13世紀〉
イスラーム法学者, 説教師, 歴史家。
⇒岩世人（イブン・ジャウズィー 1116–1201）

ibn al-Khaṭīb, Abū 'Abdullāh Muḥammad〈14世紀〉
アンダルスのナスル朝の政治家, 文人。
⇒岩世人（イブン・ハティーブ 1313.11.15–1374）

ibn al-Khayyāṭ al-Taghlibī〈11・12世紀〉
シリアのダマスカス出身のアラブ詩人。
⇒岩世人（イブン・ハイヤート 1058/1059–1123.11.2/8）

ibn al-Mu'allim al-Ḥurthī al-Wāsiṭī

〈12世紀〉
アッバース朝期のアラブ詩人。
⇒岩世人（イブン・ムアッリム 1108.2.2–1196.7.4）

Ibn al-Muqaffa' 'Abd Allāh〈8世紀〉
アラビア語文学者。アラブ散文文学の創建者。『アダブの書』など著す。
⇒岩世人（イブン・ムカッファア 720頃–756頃）

Ibn al-Mu'tazz, Abū al-'Abbās 'Abd Allah〈9・10世紀〉
アッバース朝の王子、詩人。
⇒岩世人（イブン・ムウタッズ 861.11.1/860.11.12–908.12.29）

ibn al-Nabīh, Abū al-Ḥasan 'Alī ibn Muḥammad〈12・13世紀〉
エジプト出身のアラブ詩人。
⇒岩世人（イブン・ナビーフ 1164頃–1222/1223）

Ibn al-Nadīm al-Warrāq〈10世紀〉
イスラム教徒の書誌学者。当時のアラビア語書籍の網羅的索引『フィフリスト』(998)を著す。
⇒新カト（イブン・ナディーム 936頃–995/998）

Ibn al-Nafīs, Abū al-Ḥasan 'Alī〈13世紀〉
マムルーク朝時代の医師。
⇒岩世人（イブン・ナフィース、アブー・ハサン ?–1288/1289）
新カト（イブン・アル・ナフィース ?–1288.12.17）

I ibn al-Qāsim, 'Abd al-Raḥmān〈8・9世紀〉
イスラーム法学者。
⇒岩世人（イブン・カースィム、アブドゥッラフマーン 749–806）

Ibn al-Qūtīya〈10世紀〉
イスラム教徒の文法学者、歴史学者。著書、『動詞論』『アンダルシア征服史』など。
⇒岩世人（イブン・クーティーヤ ?–977.11.8）

ibn al-Rāhib, Abu Shākin ibn Buṭrus〈13世紀〉
エジプトのコプト教会聖職者、行政官僚、学識者。
⇒岩世人（イブン・ラーヒブ）

Ibn al-Rūmī, 'Alī bn al-'Abbās〈9世紀〉
アッバース朝の詩人。
⇒岩世人（イブン・ルーミー 836.6.21–896.5.28/897.7.3）

ibn al-Sā'ātī, Bahā' al-Dīn Abū al-Ḥasan 'Alī〈12・13世紀〉
シリア生まれのペルシア系アラブ詩人。
⇒岩世人（イブン・サーアーティー 1158/1161–1208.4.11）

Ibn al-Shāṭir, 'Alā' al-dīn 'Alī ibn Ibrāhīm〈14世紀〉
アラビアの天文学者。
⇒新カト（イブン・アッ・シャーティル 1305頃–1375頃）

ibn al-Sikkīt, Abū Yūsuf Ya'qūb〈9世紀〉
クーファ派のアラブ文法学者。
⇒岩世人（イブン・スィッキート ?–858.10.17/857.10.28/860.9.25）

ibn al-Ta'āwīdhī, Abū al-Fatḥ Muḥammad〈12世紀〉
アッバース朝のアラブ詩人。
⇒岩世人（イブン・タアーウィーズィー 1125.8.12–1187.12.5/1188.10.2）

Ibn al-Ṭayyb, Abu al-Faraj〈11世紀〉
アラブ系キリスト教徒。
⇒新カト（イブン・タイイブ ?–1043）

Ibn al-Wardī, Zayd al-Dīn 'Umar〈13・14世紀〉
シリアのムスリム学者、詩人。アレッポの法官代理を辞任して著述に専念。
⇒岩世人（イブン・ワルディー 1290(-1292)–1349.3.18）

ibn al-Wazīr, Muḥammad〈14・15世紀〉
イエメンの法学者、ハディース学者。
⇒岩世人（ワズィール, ムハンマド 1373–1436）

Ibn al-Zarqāla〈11世紀〉
スペインのアラブ系天文学者。
⇒岩世人（イブン・ザルカーラ 1029頃–1100/1087頃）

Ibn al-Zubayr〈7世紀〉
メッカの僭称カリフ。
⇒岩世人（イブン・ズバイル、アブドゥッラー 622/624–692.10.4）

ibn 'Aqīl al-Hāshimī〈13・14世紀〉
アラビア語文法学者。
⇒岩世人（イブン・アキール 1294?–1367）

Ibn 'Arabi, Muhyi al-Dīn〈12・13世紀〉
スペインのアラブ系神秘派思想家、詩人。詩集『憧れを解くもの』が有名。
⇒岩世人（イブン・アラビー、ムフイッディーン 1165.8.7–1240.11.16）
広辞7（イブン・アラビー 1165–1240）
新カト（イブン・アラビー 1165.8.7–1240.11.16）

Ibn 'Asākir 'Ali bn al-Ḥasan〈12世紀〉
アラブの歴史家。主著は『ダマスカス史』。
⇒岩世人（イブン・アサーキル 1105–1176）

ibn 'Āshūr, Muḥammad al-Ṭāhir

〈19・20世紀〉
チュニジアのイスラーム学者, 改革思想家。
⇒岩世人 (イブン・アーシュール 1879–1973)

ibn 'Aṭā' Allāh al-Iskandarī〈13・14世紀〉
エジプトのイスラーム神秘家 (スーフィー)。
⇒岩世人 (イブン・アターウッラー・イスカンダリー 1259/1260?–1309)

Ibn 'Aṭṭāsh Aḥmad〈11・12世紀〉
イランのイスラーム教シーア派のイスマーイール派宣教者。
⇒岩世人 (イブン・アッターシュ ?–1107)

Ibn Bābawaih, Muḥammad〈10世紀〉
イスラム教シーア派神学創始者の一人。
⇒岩世人 (イブン・バーバワイヒ 923–991)

Ibn Bājjah, Abū Bakr Muḥammad〈11・12世紀〉
イスラム時代スペインの哲学者, 政治家。西方イスラム世界でのアリストテレス研究を確立。
⇒岩世人 (イブン・バージャ ?–1138)
　新カト (アヴェンパケ 11世紀末–1139)

Ibn Bal'aam, Judah ben Samuel〈11世紀〉
聖書注解者, ヘブライ語文法学者。
⇒ユ著人 (Ibn Bal'aam,Judah ben Samuel イブン・バラーム, ユダ・ベン・サムエル 11世紀末)

ibn Bassām al-Shantarīnī〈11・12世紀〉
アンダルスの詩人。
⇒岩世人 (イブン・バッサーム 1084–1147)

Ibn Baṭṭūṭah, Abū 'Abdullāh Muḥammad〈14世紀〉
アラブ化したベルベル系の旅行家。1325–49年, アフリカ, インド, 中国等への大旅行を果たす。
⇒岩世人 (イブン・バットゥータ 1304.2.24–1368/1369/1377)
　ネーム (イブン・バットゥータ 1304–1377)
　広辞7 (イブン・バットゥータ 1304–1377)
　新カト (イブン・バットゥータ 1304.2.24–1377)
　世人新 (イブン＝バットゥータ 1304–1368/1369/1377)
　世人装 (イブン・バットゥータ 1304–1368/1369/1377)
　世史語 (イブン・バットゥータ 1304–1368/1369/1377)
　世史語 (イブン＝バットゥータ 1304–1368/1369/1377)
　ポプ人 (イブン・バットゥータ 1304–1368?)
　南ア新 (イブン・バットゥータ 1304–1368-1369)

ibn Durayd al-Azdī〈9・10世紀〉
アラビア語学者, 詩人。
⇒岩世人 (イブン・ドゥライド 837–933.8.12)

Ibn Ezra, Abraham Ben Meïr〈11・12世紀〉
スペイン生れのユダヤ教学者, 聖書注釈者。
⇒岩世人 (イブン・エズラ 1089–1164)
　新カト (イブン・エズラ 1089–1164)
　世数 (ベン・エズラ, アブラハム・マイール・イブン 1097–1167)
　ユ人 (イブン・エズラ, アブラハム・ベンメイル (ベンメイヤー) 1089頃–1164頃)
　ユ著人 (Ibn Ezra,Abraham (ben Meir) イブン・エズラ, アブラハム・(ベン・メイール) 1089/1092–1164/1167)

Ibn Ezra, Moses ben Jacob〈11・12世紀〉
スペインの哲学者。
⇒ユ人 (イブン・エズラ, モーゼス 1055頃–1138)
　ユ著人 (Ibn Ezra,Moses ben Jacob イブン・エズラ, モーシェ・ベン・ヤコブ 1055?–1135?)

Ibn Fadlān, Aḥmad〈10世紀頃〉
旅行記の著者。ホラズム, ルスなどの民族についての最古の記録を残す。
⇒岩世人 (イブン・ファドラーン)
　世人新 (イブン＝ファドラーン 生没年不詳)
　世人装 (イブン＝ファドラーン 生没年不詳)

Ibn Falaquera, Shem Tov ben Joseph〈13世紀〉
アリストテレス哲学の学殖。
⇒ユ著人 (Ibn Falaquera,Shem Tov ben Joseph イブン・ファラケラ, シェム・トブ・ベン・ヨセフ 1225?–1295?)

ibn Fāris al-Rāzī al-Lughawī〈10・11世紀〉
イラン生まれのアラビア語学者。
⇒岩世人 (イブン・ファーリス ?–1004頃/985/1000)

ibn Firnās, Abū al-Qāsim 'Abbās〈9世紀〉
ベルベル系のアラブ・アンダルス音楽家, 発明家。
⇒岩世人 (イブン・フィルナース 810–887)

ibn Funduq al-Bayhaqī〈12世紀〉
イランの学者, 歴史家。
⇒岩世人 (イブン・フンドゥク 1097/1100–1170)

Ibn Gabbai, Meir〈15・16世紀〉
カバリスト。
⇒ユ著人 (Ibn Gabbai,Meir イブン・ガバイ, メイア 1480–1540?)

Ibn Gabirol, Solomon ben Judah〈11世紀〉
ユダヤ人の詩人, 哲学者。
⇒岩世人 (イブン・ガビーロール 1021/1022–1058-1080/1090頃)
　ネーム (アヴィセブロン 1021?–1070?)
　新カト (アヴィケブロン 1020頃–1057頃)

メル1（イブン・ガビーロール　1021/1022?-1058/1090?）
ユ人（イブン・ガビロル，ソロモン・ベンユダ　1020頃-1057頃）
ユ著人（Ibn Gabirol,Solomon ben Judah　イブン・ガビロール，ソロモン・ベン・ユダ　1021/1022-1058/1070）

Ibn Gaon, Shem Tov ben Abraham 〈13・14世紀〉
カバリスト，ハラキスト。
⇒ユ著人（Ibn Gaon,Shem Tov ben Abraham　イブン・ガオン，シェーム・トブ・ベン・アブラハム　1282-1330）

Ibn Ḥabīb, 'Abd al-Malik 〈8・9世紀〉
スペインのアラブ系歴史家。
⇒岩世人（イブン・ハビーブ　790頃-853.2.18）

Ibn Habib, Jacob ben Solomon 〈15・16世紀〉
スペイン最大のサラマンカユダヤ神学校の学者の一人。
⇒ユ著人（Ibn Habib,Jacob ben Solomon　イブン・ハビブ，ヤアコブ・ベン・ソロモン　1445?-1515/1516）

ibn Ḥajar al-'Asqalānī 〈14・15世紀〉
ハディース学者。
⇒岩世人（イブン・ハジャル・アスカラーニー　1372-1448）

ibn Ḥamdīs, al-Azdī al-Ṣiqillī 〈11・12世紀〉
シチリア出身のアラブ詩人。
⇒岩世人（イブン・ハムディース　1055-1133.7）

Ibn Ḥanbal, Aḥmad 〈8・9世紀〉
イスラムの神学者，法学者。イスラム法の4大派の1つ，ハンバリー学派の祖。
⇒岩世人（イブン・ハンバル，アフマド　780.12-855.7）
広辞7（イブン・ハンバル　780-855）
新カト（イブン・ハンバル　780-855）

ibn Hāni' al-Andalusī al-Azdī 〈10世紀〉
アラブ詩人。
⇒岩世人（イブン・ハーニウ　934(-938)頃-973.4.29）

Ibn Ḥawqal, Abū al-Qāsim al-Nāṣibī 〈10世紀〉
イスラム教徒旅行家。『諸道路と諸国に関する書』を著す。
⇒岩世人（イブン・ハウカル）

Ibn Ḥazm, Abū Muḥammad 'alī 〈10・11世紀〉
アラブ系のスペインの小説家，神学者。主著，『鳩の首輪』(27)，『宗教および哲学の諸派の書』。
⇒岩世人（イブン・ハズム　993.11.18-1064.8.16）
広辞7（イブン・ハズム　994-1064）
新カト（イブン・ハズム　994.11.18-1064.8.16）
世人新（イブン＝ハズム　993-1064）
世人裝（イブン＝ハズム　993-1064）

ibn Idrīs, Aḥmad 〈18・19世紀〉
イスラームの改革的な学者，神秘家。
⇒岩世人（イブン・イドリース，アフマド　1750/1760-1837）

Ibn Isfandiyār 〈13世紀〉
イランの歴史家。
⇒岩世人（イブン・イスファンディヤール）

Ibn Isḥāq, Muḥammad 〈8世紀〉
イスラムの伝承学者。預言者マホメットに関する伝承を集大成し，伝記を著す。
⇒岩世人（イブン・イスハーク　?-767）

Ibn Iyās 〈15・16世紀〉
エジプトの歴史家。
⇒岩世人（イブン・イヤース　1448?-1524?）

Ibn Janah, Jonah 〈10・11世紀〉
スペインのユダヤ文法学者。
⇒ユ著人（Ibn Janah,Jonah　イブン・ヤナー，ヨナ　990?-1050）

Ibn Jazlah, Abū 'Alī Yaḥyā 〈11世紀〉
アラビアの医学者。
⇒岩世人（イブン・ジャズラ　?-1100.6）

Ibn Jinnī al-Mawṣilī 〈10・11世紀〉
アラビアの言語学者。
⇒岩世人（イブン・ジンニー　941以前-1002.1.15）

Ibn Jubayr, Abū al-Ḥusayn Muḥammad ibn Aḥmad 〈12・13世紀〉
スペインのアラブ系旅行家，文筆家。旅行記『リフラ』を著す。
⇒岩世人（イブン・ジュバイル　1145.9.1-1217.11.13/30）
広辞7（イブン・ジュバイル　1145-1217）

ibn Kākwayh, Muḥammad 〈11世紀〉
イランのダイラム系のカークワイヒ朝の創始者。在位1007～41。
⇒岩世人（イブン・カークワイヒ　(在位)1007-1041）

ibn Kathīr al-Dimashqī 〈14世紀〉
マムルーク朝期の歴史家。
⇒岩世人（イブン・カスィール　1300頃-1373）

ibn Khafāja, Abū Isḥāq Ibrāhīm 〈11・12世紀〉
アンダルスのアラブ詩人。
⇒岩世人（イブン・ハファージャ　1058-1139.6.25）

Ibn Khaldūn, 'Abd al-Raḥmān 〈14・

15世紀〉
アラビアの歴史学者。歴史的事象の内面を掘下げ,歴史哲学の祖といわれる。主著『実例の書』。
⇒岩世人（イブン・ハルドゥーン　1332.5.27–1406.3.17)
　　ネーム（イブン・ハルドゥーン　1332–1406)
　　広辞7（イブン・ハルドゥーン　1332–1406)
　　学叢思（カルドゥン,イブン　1332–1406)
　　新カト（イブン・ハルドゥーン　1332.5.27–1406.3.16)
　　世人新（イブン＝ハルドゥーン　1332–1406)
　　世人装（イブン＝ハルドゥーン　1332–1406)
　　世史語（イブン＝ハルドゥーン　1332–1406)
　　ポプ人（イブン・ハルドゥーン　1332–1406)

Ibn Khallikān, Aḥmad ibn Muḥammad ibn Ibrāhīm〈13世紀〉
アラブの伝記作者。
⇒岩世人（イブン・ハッリカーン　1211–1282.10.30)

ibn Khurdādhbih〈9世紀〉
イラン出身のアッバース朝の地理学者。
⇒岩世人（イブン・フルダーズビヒ　?–880頃)

Ibn Māja al-Qazwīnī〈9世紀〉
イスラム教徒の伝承学者。
⇒岩世人（イブン・マージャ・カズウィーニー　824–887)

Ibn Mājid, Shihāb al-Dīn Aḥmad〈15世紀〉
アラブの航海家。1498年喜望峰を回航したバスコ・ダ・ガマの水先案内人。
⇒岩世人（イブン・マージド　1436頃–1500頃)
　　世人新（イブン＝マージド　1430頃–?)
　　世人装（イブン＝マージド　1430頃–?)

ibn Manẓūr al-Ifrīqī〈13・14世紀〉
アラビア語辞典の編纂者。
⇒岩世人（イブン・マンズール　1233–1311/1312)

Ibn Masarra〈9・10世紀〉
スペインのイスラムの苦行者,神秘家。
⇒新カト（イブン・マサッラ　883–931.10.20)

Ibn Māsawayh, Yūḥannā〈8・9世紀〉
サラセンのアッバース朝の医学者。
⇒岩世人（イブン・マーサワイヒ　777–857)

ibn Masʿūd, ʿAbdullāh〈7世紀〉
預言者ムハンマドの教友。
⇒岩世人（イブン・マスウード,アブドゥッラー　?–652(–654))

ibn Maṭrūḥ, Jamāl al-Dīn Abū al-Ḥasan Yaḥyā〈12・13世紀〉
エジプトのアスユート出身のアラブ詩人。
⇒岩世人（イブン・マトルーフ　1196.6.7–1251.10.19)

Ibn Misjaḥ, Abū ʿUthmān Saʿīd〈7・8世紀〉
イスラム初期のアラブ音楽家。
⇒岩世人（イブン・ミスジャフ,サイード　?–714頃)

Ibn Muḥriz, Abū al-Khaṭṭāb Muslim〈7・8世紀〉
イラン系のアラビアの音楽家。
⇒岩世人（イブン・ムフリズ　?–715頃)

ibn Munīr al-Ṭarābulusī al-Raffāʾ〈11・12世紀〉
シリアのアラブ系シーア派詩人。
⇒岩世人（イブン・ムニール・タラーブルスィー　1080–1153)

Ibn-Muqla〈9・10世紀〉
アラビア書道の大家。
⇒岩世人（イブン・ムクラ　886–940)

ibn Nishāṭī〈17世紀〉
インドのウルドゥー語詩人。17世紀半ば頃に活動。
⇒岩世人（イブン・ニシャーティー　17世紀半ば頃)

Ibn Nubāta, Abū Yaḥyā ʿAbd al-Raḥīm〈10世紀〉
イスラム教の説教者。
⇒岩世人（イブン・ヌバータ　946?–984)

Ibn Qalāqis〈12世紀〉
エジプトのアラビア語詩人。
⇒岩世人（イブン・カラーキス　1137.12.20–1172.5.29)

Ibn Qays al-Ruqayyāt, ʿUbayd Allāh〈7世紀〉
ウマイヤ朝期のガザル詩人。
⇒岩世人（イブン・カイス・ルカイヤート）

Ibn Qayyim al-Jawīyya〈13・14世紀〉
シリアの法学者。
⇒岩世人（イブン・カイイム・ジャウズィーヤ　1292–1350)

ibn Qudāma al-Maqdisī, Muwaffaq al-Dīn〈12・13世紀〉
イスラーム法学者。
⇒岩世人（イブン・クダーマ　1147–1223)

Ibn Qutaiba〈9世紀〉
イラン系のアラビア語文学者。ジャーヒズと並ぶアラビア語散文の大家。
⇒岩世人（イブン・クタイバ　828–889)

Ibn Quzmān〈11・12世紀〉
アラブ系詩人。
⇒岩世人（イブン・クズマーン　?–1160.10.2)

ibn Rusta, Abū ʿAlī Aḥmad〈10世紀〉
イラン出身のアッバース朝の地理学者。10世紀初めに活動した。

⇒岩世人（イブン・ルスタ （活動）10世紀初）

ibn Rustam, ʻAbd al-Raḥmān〈8世紀〉
ルスタム朝の創始者。
⇒岩世人（イブン・ルスタム，アブドゥッラフマーン ?–788）

Ibn Rūzbihān〈16世紀〉
シャーフィイー派ウラマー。15〜16世紀にかけてイラン次いで中央アジアで活動した。
⇒岩世人（イブン・ルーズビハーン 1455–1521）

Ibn Sabʻīn, Abū Muḥammad ʻAbd al-Ḥaqq〈13世紀〉
スペインにおけるアラブ系哲学者。
⇒岩世人（イブン・サブイーン 1217/1218–1270）

Ibn Saʻd〈8・9世紀〉
アッバース朝の史家。
⇒岩世人（イブン・サアド ?–845.2.16）

Ibn Sahl Rab-ban〈9世紀〉
アッバース朝の名医。
⇒岩世人（イブン・サフル・ラッバン 808頃/838頃–855以後/870頃）

ibn Sanāʼ al-Mulk, ʻIzz al-Dīn Abū al-Qāsim〈12・13世紀〉
アイユーブ朝のアラブ詩人。
⇒岩世人（イブン・サナールムルク 1153(-1156)–1212.9.4頃）

Ibn Saʻūd, ʻAbd al-ʻAzīz〈19・20世紀〉
サウジアラビア王国の建設者。在位1932〜53。欧米の石油会社に採掘権を与え、国家の財源とした。
⇒岩世人（アブドゥルアズィーズ・イブン・サウード 1880–1953.11.9）
　ネーム（イブン・サウード 1880–1953）
　広辞7（イブン・サウード 1880–1953）
　世人新（イブン＝サウード（アブド＝アルアジーズ＝ブン＝サウード） 1880–1953）
　世人装（イブン＝サウード（アブド＝アルアジーズ＝ブン＝サウード） 1880–1953）
　世史語（イブン＝サウード（アブド＝アルアジーズ） 1880–1953）
　ポプ人（イブン・サウード 1880–1953）

ibn Shaddād, Bahāʼ al-Dīn〈12・13世紀〉
シリアのイスラーム伝記作家、法学者。
⇒岩世人（イブン・シャッダード 1145.3.6–1234）

Ibn Sīnā, Abū ʻAlī al-Ḥusayn bn ʻAbd Allāh〈10・11世紀〉
ペルシアの哲学者、医者。中世ラテン世界にも医学の権威としてきこえた。
⇒岩世人（イブン・スィーナー 980.8–1037）
　ネーム（イブン・シーナ 980–1037）
　広辞7（イブン・シーナー 980–1037）
　学叢思（アヴィセンナ 980–1037）
　新カト（アヴィケンナ 980–1037）

　世人新（イブン＝シーナー（アヴィケンナ） 980頃–1037）
　世人装（イブン＝シーナー（アヴィケンナ） 980頃–1037）
　世史語（イブン＝シーナー（アヴィケンナ） 980–1037）
　ポプ人（イブン・シーナー 980–1037）
　メル1（イブン・シーナー 980–1037）

ibn Šuhayd Abū ʻĀmir ʼAḥmad ibn ʻAbd al-Malik〈10・11世紀〉
中世イスラーム時代スペインのアラブ系詩人、著述家。散文の作品『精霊と魔神』など。
⇒岩世人（イブン・シュハイド 992–1035.4.11）

Ibn Suraij〈7・8世紀〉
アラビアの音楽家。
⇒岩世人（イブン・スライジュ 640–726）

ibn Surayj, Aḥmad ibn ʻUmar〈9・10世紀〉
イスラーム法学者。
⇒岩世人（イブン・スライジュ 863–918）

Ibn Taghrībirdī, Abū al-Maḥāsin〈15世紀〉
エジプトのブルジ・マムルーク朝の歴史家。
⇒岩世人（イブン・タグリービルディー 1409/1410–1470）

Ibn Taimīyah, Abūʼl-ʻAbbās Aḥmad〈13・14世紀〉
ハンバル派のイスラーム神学者、法学者。イスラム法を理想とし、のちのワッハーブ派の運動に影響を与えた。
⇒岩世人（イブン・タイミーヤ 1263.1.22–1328.9.26）
　広辞7（イブン・タイミーヤ 1263–1328）
　新カト（イブン・タイミーヤ 1263–1328）

Ibn Tibbon, Samuel ben Judah〈12・13世紀〉
ユダヤ人の学者、翻訳家。
⇒新カト（ティッボン 1150/1160頃–1230頃）

Ibn Tufail, Abū Bakr Muḥammad ibn Aʻbd al Malik〈12世紀〉
スペインのアラビア哲学者。百科全書的な学者。主著『ヤクザーンの子ハイイ』は哲学小説。
⇒岩世人（イブン・トゥファイル ?–1185–1186）
　広辞7（イブン・トゥファイル 1105頃–1185）
　新カト（イブン・トゥファイル 1110頃–1185）

Ibn Ṭūlūn, Aḥmad〈9世紀〉
トゥールーン朝の建設者。
⇒岩世人（イブン・トゥールーン，アフマド 835.9.2–884.5.10）

Ibn Ṭūmart, Abū ʻAbdullāh Muḥammad〈11・12世紀〉
モロッコのイスラーム教の革新者。

⇒岩世人（イブン・トゥーマルト　1077-1088-1130/1128）
　新カト（イブン・トゥーマルト　1091頃-1130）

ibn 'Uqba, Mūsā〈8世紀〉
アラブ系のイスラーム歴史伝承学者。
⇒岩世人（イブン・ウクバ，ムーサー　?-758）

Ibn Verga, Shlomo〈15・16世紀〉
トルコのスペインユダヤ人の歴史資料編修者。
⇒ユ著人（Ibn Verga,Shlomo　イブン・ヴェルガ，シュロモ　15世紀-16世紀）

ibn Wahab〈9世紀〉
アラブの旅行家。
⇒岩世人（イブン・ワハブ　9世紀後半）

Ibn Waḥshīyah an-Nabaṭī〈9・10世紀〉
アラブ系科学者。著書『ナバタイ人の農業』。
⇒岩世人（イブン・ワフシーヤ　9世紀末-10世紀初期）

Ibn Yahya, Gedaliah ben Joseph〈16世紀〉
「シャルシェレト・ハ＝カバラー（伝承の連鎖）」の著者。
⇒ユ著人（Ibn Yahya,Gedaliah ben Joseph　イブン・ヤクヤ，ゲダリア・ベン・ヨセフ　1515-1587）

Ibn Yamīn, Amīr Maḥmūd〈13・14世紀〉
イランの詩人。
⇒岩世人（イブン・ヤミーン　?-1368）

Ibn Yāsīn〈11世紀〉
ムラービト朝を興したイスラム教の宗教運動指導者。
⇒岩世人（イブン・ヤースィーン　?-1058/1059）

Ibn Yūnus〈10・11世紀〉
イスラム教徒の天文学者。『偉大なるハーキムの天文表』を作成。
⇒岩世人（アリー・イブン・ユーヌス　?-1009）
　学叢思（イブン，ジュニス）

Ibn-Zaddik, Joseph ben Jacob〈12世紀〉
ユダヤ人の新プラトン主義哲学者，詩人，法学者。
⇒ユ著人（Zaddik,Joseph ben Jacob ibn　ツァディーク，ヨセフ・ベン・ヤコブ・イブン　?-1149）

Ibn Zafar al-Siqillī, Ḥujja al-Dīn〈12世紀〉
アラビアの文学者。
⇒岩世人（イブン・ザファル　1103/1104-1169/1170/1171/1172）

Ibn Zaidūn, Abū'l-Walīd Aḥmad〈11世紀〉
イスラム教徒の詩人。
⇒岩世人（イブン・ザイドゥーン　1003-1071.4.4）

ibn Zamrak〈14世紀〉
アンダルスの詩人。
⇒岩世人（イブン・ザムラク　1333-1393以降）

Ibrāhīm〈8世紀〉
カリフ王朝の統治者。在位744。
⇒世帝（イブラーヒーム　（在位）744）

Ibrahim〈18世紀〉
インド，ムガール帝国の皇帝。
⇒世帝（イブラーヒム　1703-1746）

Ibrāhīm, Malik〈14・15世紀〉
歴史に残る最初のジャワのイスラム聖者。
⇒岩世人（イブラヒム，マウラナ・マリク　?-1419）

Ibrahim, Sultan〈19・20世紀〉
マレー半島南端のジョホール王国の第2代スルタン。在位1895～1959。
⇒岩世人（イブラヒム　1873.9.17-1959.5.8）

Ibrahim, Tuanku〈19世紀〉
アチェ王国の支配者。在位1857～70。
⇒岩世人（イブラヒム　?-1870）

Ibrahim I〈17世紀〉
オスマン・トルコ帝国第18代のスルタン。在位1640-48。アフメット1世の子。
⇒岩世人（イブラヒム　1615.12.4-1648）
　世帝（イブラヒム　1615-1648）

Ibrāhīm Lōdī〈16世紀〉
インドのローディー朝第3代の王。在位1517～26。
⇒岩世人（イブラーヒーム・ローディー　?-1526.4.20）

Ibrāhīm Mīrzā〈16世紀〉
イランのサファヴィー朝の王子。同期第2代タハマースプ1世の子。
⇒岩世人（イブラーヒーム・ミールザー　1540-1577.2.23）

İbrahim Pasha〈18・19世紀〉
エジプトの将軍。ムハンマド・アリーの息子。
⇒岩世人（イブラーヒーム・パシャ　1789-1848.11.20）
　学叢歴（イブラヒム　1789-1848）

İbrahim Pasha, Damad〈15・16世紀〉
オスマン・トルコ帝国の宰相，寵臣。スュレイマン1世時代に活動。
⇒岩世人（イブラヒム・パシャ　1493-1536.3.15/14）

İbrahim Şinâsî Efendi〈19世紀〉
トルコの詩人，文学評論家，劇作家。
⇒岩世人（イブラヒム・シナースィー・エフェンディ　1826/1827-1871.9.13）

Ibsen, Henrik Johan〈19・20世紀〉
ノルウェーの劇作家。社会劇『人形の家』(79)『民衆の敵』(82)などによって近代劇を確立。
⇒岩世人（イプセン　1828.3.20–1906.5.23）
　広辞7（イプセン　1828–1906）
　学叢思（イプセン・ヘンリック　1828–1906）
　新カト（イプセン　1828.3.20–1906.5.23）
　世人新（イプセン　1828–1906）
　世人装（イプセン　1828–1906）
　世史語（イプセン　1828–1906）
　ポプ人（イプセン，ヘンリク　1828–1906）

Ibykos〈前6世紀〉
ギリシアの抒情詩人。
⇒岩世人（イビュコス）

Icānavarman〈7世紀〉
クメール族真臘王国の王。在位616/7以前〜635頃。
⇒岩世人（イーシャーナヴァルマン1世　?–637?）

Ickelsamer, Valentin〈16世紀〉
ドイツの文法家。
⇒岩世人（イッケルザーマー　1500頃–1547）

Ickes, Harold LeClair〈19・20世紀〉
アメリカの政治家。ルーズヴェルト大統領の内務長官（1933〜46）。
⇒岩世人（イッキス　1874.3.15–1952.2.3）

Ida〈8・9世紀〉
聖人。祝日9月4日。シャルル・マルテルの孫。
⇒新カト（イダ〔ヘルツフェルトの〕　766頃–813/825.9.4）
　図聖（イーダ（ハルツフェルトの）　775頃–825/813?）

Ida〈12・13世紀〉
スイスの聖女。
⇒岩世人（イダ（トッゲンブルクの）　1140頃–1226頃）
　新カト（イダ〔トッゲンブルクの〕　12–14世紀）
　図聖（イーダ（トッゲンブルクの）　?–1226頃）

Iddings, Joseph Paxson〈19・20世紀〉
アメリカの岩石学者。火成岩の研究で有名であった。
⇒岩世人（イディングズ　1857.1.21–1920.9.8）

Ide, Henry Clay〈19・20世紀〉
アメリカの法律家，外交官。フィリピン総督，スペイン大使。
⇒アア歴（Ide,Henry Clay　ヘンリー・クレイ・アイド　1844.9.18–1921.6.13）

Idenburg, Alexander Willem Frederik〈19・20世紀〉
オランダの植民地大臣，オランダ領東インド（現インドネシア）総督。
⇒岩世人（イデンブルフ　1861.7.23–1935.2.28）

Ides, Eberhard Izbrand〈17・18世紀〉
ロシアの遣中国使節。ドイツのシュレースヴィヒ＝ホルシュタイン生まれ，オランダ系。
⇒岩世人（イデス　1657–1708）

Idesbald〈11・12世紀〉
福者，シトー会修道院長。
⇒新カト（イデスバルド　1090頃–1167.7.22）

Idomeneus
ギリシア神話，クレタ島のデウカリオン王の息子。
⇒岩世人（イドメネウス）

***al*-Idrīsī, Abū ʿAbdullāh Muḥammad**〈11・12世紀〉
アラブ系の地理学者。
⇒岩世人（イドリースィー　1099–1166）
　ネーム（イドリーシー　1100–1166）
　広辞7（イドリーシー　1099–1166）
　世人新（イドリーシー　1100?–1165/1166）
　世人装（イドリーシー　1100?–1165/1166）

Idrīs ibn ʿAbdullāh〈8世紀〉
イドリース朝の建国者。
⇒岩世人（イドリース1世　?–793）

Ieremías〈前7・6世紀〉
エルサレムの預言者。ユダ王国の末期（前626〜前580年頃）に活動した（旧約）。
⇒岩世人（エレミヤ　活動時期前7世紀）
　世人新（エレミヤ　生没年不詳）
　世人装（エレミヤ　生没年不詳）

l'Escurel, Jehannot de〈13・14世紀〉
フランスの作曲家。
⇒バロ（レスキュレル，ジャンノ・ド　1280頃?–1304.5.23）

Iffland, August Wilhelm〈18・19世紀〉
ドイツの俳優，劇作家。当り役は，シラーの『群盗』のフランツなど。
⇒岩世人（イフラント　1759.4.19–1814.9.22）

Iglehart, Edwin Taylor〈19・20世紀〉
アメリカのメソジスト監督派教会宣教師。青山学院神学部で神学を教授。
⇒アア歴（Iglehart,Edwin T（aylor）　エドウィン・テイラー・アイグルハート　1878.11.29–1964.1.31）

Iglesias, Miguel〈19・20世紀〉
ペルーの政治家。チリの支持で大統領となり（83〜86），平和条約を結んだ（83）。
⇒岩世人（イグレシアス　1830.6.11–1909.11.7）

Iglesias Posse, Pablo〈19・20世紀〉
スペインの政治家。スペイン労働運動の機関紙"El Socialista"の編集者。
⇒岩世人（イグレシアス　1850.10.18–1925.12.9）

Ignacia del Espíritu Santo〈17・18世紀〉
フィリピンの宗教指導者。
⇒岩世人（イグナシア・デル・エスピリトゥ・サント　1663.3.4（受洗）-1748.9.10）

Ignatiev, Nikolai Pavlovich〈19・20世紀〉
ロシアの外交官, 政治家。1860年清国と北京条約を締結し, ウスリー江以東のロシア領有に成功。
⇒岩世人（イグナーチエフ　1832.1.17-1908.6.20）
学叢歴（イグナチェフ　1832-?）

Ignátios〈8・9世紀〉
コンスタンティノープル総主教。在位847～858, 867～877。
⇒新カト（イグナティオス〔コンスタンティノポリスの〕　798頃-877.10.23）

Ignatius Antiochenus〈1・2世紀〉
使徒時代の教父, アンチオキア主教。ローマで殉教。
⇒岩世人（イグナティオス（アンティオキアの）　35頃-110以降）
新カト（イグナティオス〔アンティオケイアの〕　?-110/118）

Ignatius de Loyola〈15・16世紀〉
カトリックの聖人。イエズス会創立者。反宗教改革の闘士として活動。主著『心霊修業』。
⇒岩世人（イグナティウス・デ・ロヨラ　1491頃-1556.7.31）
ネーム（イグナティウス・デ・ロヨラ　1491-1556）
広辞7（イグナティウス・デ・ロヨラ　1491-1556）
学叢思（ロヨラ, イグナティウス・デ　1491-1556）
新カト（イグナティウス・デ・ロヨラ　1491-1556.7.31）
図聖（イグナティウス（ロヨラの）　1491-1556）
世人新（ロヨラ（イグナティウス＝デ＝ロヨラ）　1491頃-1556）
世人装（ロヨラ（イグナティウス＝デ＝ロヨラ）　1491頃-1556）
世史語（イグナティウス＝ロヨラ　1491頃-1556）
ポプ人（ロヨラ, イグナティウス・デ　1491-1556）

Ignaty, Bryanchaninov〈19世紀〉
ロシアの隠修者, 聖人。
⇒岩世人（イグナーチー（ブリャンチャニーノフ）　1807.2.7-1867.4.30）

Ignazio〈18世紀〉
聖人, 修道士。祝日5月11日。カプチン・フランシスコ修道会の信徒。
⇒新カト（イニャツィオ〔ラコニの〕　1701.12.10-1781.5.11）

Ignazio da Santhià〈17・18世紀〉
イタリアの聖人。祝日9月22日。カプチン・フランシスコ修道会員。
⇒新カト（イグナツィオ・ダ・サンティア　1686.6.5-1770.9.22）

Ignotus, Hugó〈19・20世紀〉
ハンガリーの作家, ジャーナリスト, 評論家。
⇒ユ著人（Ignotus, Hugó　イグノシュシュ, ヒューゴ　1869-1949）

Igor I Ryurikovich〈9・10世紀〉
キエフ大公。在位912～945。944年ビザンツ帝国へ遠征, 通商条約を結ぶ。
⇒岩世人（イーゴリ1世　877-945）
ネーム（イーゴリ1世）

Igor II〈12世紀〉
キエフ公国の統治者。在位1146。
⇒新カト（イーゴリ・オリゴヴィッチ　1080以降-1147.9.19）

Igor II Svyatoslavich〈12・13世紀〉
ロシアのノヴゴロド公。英雄叙事詩「イーゴリ軍譚」の主人公。
⇒岩世人（イーゴリ2世　1150-1202）

Igraine
ユーサー・ペンドラゴンの妻, アーサー王の母。
⇒ネーム（イグレイン）

Ihne, Ernst von〈19・20世紀〉
ドイツの建築家。主作品, カイザー・フリードリヒ博物館（1904）。
⇒岩世人（イーネ　1848.5.23-1917.4.21）

I'jāz Husain〈19世紀〉
イスラーム・シーア派関係著書目録の編纂者。
⇒岩世人（イウジャーズ・フサイン　1825-1870）

al-Ījī 'Aḍud al-Dīn 'Abd al-Raḥmān〈13・14世紀〉
イスラーム神学者, 法学者。
⇒岩世人（イージー　1281-1356）

Ikarios
ギリシア神話, エリゴネの父。
⇒岩世人（イカリオス）

Ikarios
ギリシア神話, オデュッセウスの妻ペネロペの父。
⇒岩世人（イカリオス）

Ikaros
ギリシア神話中の人物。ダイダロスの子。
⇒岩世人（イカロス）
ネーム（イカロス）

Ik'in Chan K'awiil〈8世紀〉
マヤ文明ティカル王国の27代王。在位734～。
⇒岩世人（イキン・チャン・カウィール）

Iktinos〈前5世紀〉
ギリシアの建築家。ペリクレス時代にアテネで活躍, パルテノンの設計者。
⇒岩世人（イクティノス）

広辞7（イクティノス　前5世紀）
学叢歴（イクチノス）

Ilagan, Hermogenes Espinosa〈19・20世紀〉
フィリピンのタガログ語の劇作家。
⇒岩世人（イラガン　1873.4.19–1943.2.27）

Iḷaṅkō Aṭikaḷ〈5世紀頃〉
南インドのドラヴィダ系タミル文学の詩人。
⇒岩世人（イランゴー・アディハル（ヴァディハル））

Ilbert, *Sir* Courtenay Peregrine〈19・20世紀〉
イギリスの法律学者。
⇒岩世人（イルバート　1841.6.12–1924.5.14）

Ildefonsus〈7世紀〉
スペインのトレドの大司教、聖人。『聖マリアの処女性について』を著す。
⇒岩世人（イルデフォンスス　607–667）
新カト（イルデフォンスス〔トレドの〕　607頃?–667.1.23）
図聖（イルデフォンスス（トレドの）　605–667）

Ildegiz, Shamsu'd-Dīn〈12世紀〉
イランのアターベク朝の創始者。在位1136～72。
⇒岩世人（イルディギュズ）

Ileborgh, Adam〈15世紀〉
ドイツの聖職者、教育者、オルガン奏者。
⇒バロ（イーレボルク、アダム　1420頃?–1470頃?）

Ilg, Alfred〈19・20世紀〉
スイスの技術家。
⇒岩世人（イルク　1854.3.30–1916.1.7）

Ilgen, Karl David〈18・19世紀〉
ドイツの旧約学者。
⇒新カト（イルゲン　1763.2.26–1834.9.17）

Ilig Qaghan〈6世紀〉
突厥の初代カガン。在位552～53。
⇒岩世人（ブミン・カガン　?–553）

Illah, Sultan Tamjid〈19世紀〉
インドネシア、ボルネオ島南東部のバンジャルマシン王国の最後の王。在位1857～59。
⇒岩世人（イッラー、タムジッド　（在位）1857–1859）

Illica, Luigi〈19・20世紀〉
イタリアの劇作家、脚本家。オペラの脚本『アンドレーア・シェニエ』などは著名。
⇒オペラ（イッリカ、ルイジ　1857–1919）

Illyés, István〈17・18世紀〉
ハンガリーの作曲家。
⇒バロ（イルエーシュ、イストヴァーン　1650頃?–1710頃?）

Ilmarinen
フィンランドの叙事詩『カレワラ』に登場する鍛冶屋。
⇒ネーム（イルマリネン）

Il'minskii, Nikolai Ivanovich〈19世紀〉
ロシアの東洋学者、宣教活動家。
⇒岩世人（イリミンスキー　1822.4.23–1891.12.27）

Iltäriš Qaghan〈7世紀〉
阿史那氏の骨咄禄。
⇒岩世人（阿史那骨咄禄　あしなこつとろく　?–691）

Iltut〈5・6世紀〉
聖人、修道院長。祝日11月6日。
⇒新カト（イルトゥート　450頃–530/535）

Íltūtmish Shams al-Dīn〈13世紀〉
インド、奴隷王朝第3代王。在位1210–36。インドにおけるムスリム政権を安定化。
⇒岩世人（イルトゥトゥミシュ　?–1236.4.29）

Ilu-shuma〈前20世紀〉
アッシリアの統治者。
⇒岩世人（イル・シュマ）

'Imād al-Dawla, 'Alī ibn Buwayh〈9・10世紀〉
西アジアのブワイフ朝ファールス政権の祖。在位932～49。
⇒岩世人（イマードゥッダウラ　894/895頃–949.11.11）

'Imād al-Dīn, al-Kātibu al-Isfahanī〈12・13世紀〉
イランの著作家。
⇒岩世人（イマードゥッディーン（イスファハーニー）　1125.7.6/9.6–1201.6.5）

'Imād al-Ḥasanī〈16・17世紀〉
サファヴィー朝期ペルシアの書道家。
⇒岩世人（イマード・ハサニー　1554–1615）

'Imād al-Mulk〈18世紀〉
インドのムガル朝末期の武将、宮廷政治家。
⇒岩世人（イマードゥル・ムルク　1734(-1736)頃/1746頃–1800頃）

'Imād Kirmānī〈14世紀〉
イル汗朝期のペルシア抒情詩人、神学者。
⇒岩世人（イマード・キルマーニー　?–1371/1372）

Imāmī Haravī, Abū 'Abdullāh Muḥammad〈13世紀〉
イランの詩人。
⇒岩世人（イマーミー・ハラヴィー　?–1268/1269/1277/1278/1287）

Imbart de La Tour, Pierre-Gilbert-

Jean-Marie〈19・20世紀〉
フランスの歴史家。
⇒新カト（アンバール・ド・ラ・トゥール　1860.8.22–1925.12.4）

Imber, Naphtali Herz〈19・20世紀〉
ヘブライ詩人、イスラエル国歌の作詞者。
⇒ユ人（インバル，ナフタリ・ヘルツ　1856–1909）
　ユ著人（Imber,Naphtali Herz　インバル，ナフタリ・ヘルツ　1856–1909）

Imbert, Laurent Joseph Marie〈18・19世紀〉
フランスの宣教師。パリ外国伝道協会に所属。第2代朝鮮司教に選ばれ(37)，翌年京城着。
⇒岩世人（アンベール　1797.3.23–1839.9.21）
　韓朝新（アンベール　1797–1839）
　新カト（ロラン・ジョゼフ・マリー・アンベール　1796.3.23–1839.9.21）

Imbriani, Matteo Renato〈19・20世紀〉
イタリアの政治家。統一国家成立後はイレデンティズモ（未回収地回復運動）の中心人物。
⇒岩世人（インブリアーニ　1843.11.28–1901.9.12）

Imbrie, William〈19・20世紀〉
アメリカの長老派教会宣教師。東京一致神学校、明治学院で神学を教授。
⇒岩世人（インブリー　1845.1.1–1928.8.4）

Imhoff, Gustaaf Willem van〈18世紀〉
オランダの東インド会社総督。在職1743～50。
⇒岩世人（ファン・イムホフ　1705.8.8–1750.11.6）

Imhotep〈前27世紀〉
エジプト第3王朝期の書記、医者の守護者、建築家。
⇒岩世人（イムヘテプ）

Imīn Khwāja〈18世紀〉
東トルキスタン、トゥルファン地方の有力者。
⇒岩世人（イミン・ホージャ　?–1777）

Immanuel Ben Solomon〈13・14世紀〉
ローマに居住したユダヤの詩人。数学、天文学、歴史、哲学にも精通。
⇒ユ人（インマヌエル、ベンソロモン（ローマのインマヌエル）　1261頃–1328）

Immermann, Karl Leberecht〈18・19世紀〉
ドイツの作家。諷刺小説『ミュンヒハウゼン』(38～39)などがある。詩的リアリズムへの道を開く。
⇒岩世人（インマーマン　1796.4.24–1840.8.25）

Immisch, Otto〈19・20世紀〉
ドイツの古典学者。広くギリシア、ラテンの古典の研究に従事。
⇒岩世人（インミッシュ　1862.6.18–1936.10.29）

Impey, *Sir* Elijah〈18・19世紀〉
イギリスの裁判官。
⇒岩世人（インピー　1732.6.13–1809.10.1）

Imre I〈12・13世紀〉
ハンガリー王国の統治者。
⇒世帝（イムレ1世　1174–1204）

Imre (Hungary)〈11世紀〉
ハンガリーの皇太子、聖人。
⇒新カト（イムレ［ハンガリーの］　1007–1031.9.2）
　図聖（イムレ（ハンガリーの）　1007頃–1031）

Imru'ul-Qais〈6世紀〉
古代アラビアの詩人。中央アラビアのキンダ王国の王子。
⇒岩世人（イムルウルカイス　?–550頃）

In〈19世紀〉
タイの結合双生児。「シャム双生児」の語源となった兄弟。
⇒岩世人（インとチャン　1811.5.11–1874.1.17）

Inama-Sternegg, Karl Theodor Ferdinand Michael von〈19・20世紀〉
ドイツ歴史学派の経済学者。
⇒岩世人（イナーマ＝シュテルネック　1843.1.20–1908.11.28）
　学叢思（イナマ・ステルネック，カール・テオドル・フォン　1843–?）

Incerto, Antonio〈16世紀〉
イタリアの作曲家。
⇒バロ（インチェルト、アントーニオ　1550頃?–1600頃?）

Inchbald, Elizabeth〈18・19世紀〉
イギリスの小説家、劇作家、女優。代表作は小説"Nature and Art"(96)。
⇒岩世人（インチボールド　1753.10.15–1821.8.1）

Ind, Oknha Suttantaprija〈19・20世紀〉
カンボジアの文筆家。
⇒岩世人（アン、オクニャー・ソットン・プライチア　1859.7.22–1924.11.8）

Indrajayavarman〈14世紀〉
クメール王国（アンコール朝）の王。在位1307～1327。
⇒世帝（インドラジャヤーヴァルマン　(在位)1307–1327）

Indravarman I〈9世紀〉
クメール王国（アンコール朝）の王。在位877～89。バコンに最初のピラミッドを建立。
⇒岩世人（インドラヴァルマン1世　?–889?）
　世帝（インドラヴァルマン1世　?–889）

Indravarman II〈9世紀〉
チャムパ第6王朝の始祖。在位860～?。アマラヴァティー（広南地方）の出身。
⇒岩世人（インドラヴァルマン2世　(在位)875?–

889?)

Indravarman II〈13世紀〉
クメール王国(アンコール朝)の王。
⇒世帝(インドラヴァルマン2世　?-1243)

Indravarman III〈13・14世紀〉
クメール王国(アンコール朝)の王。在位1295～1307。
⇒世帝(インドラヴァルマン3世　(在位)1295-1308)

Indulf〈10世紀〉
スコットランド王国の統治者。在位954～962。
⇒世帝(インダルフ　?-962)

Indy, Vincent d'〈19・20世紀〉
フランスの作曲家。パリの音楽院スコラ・カントルムの共同設立者。
⇒エデ(アンディ(ダンディ),(ポール・マリ・テオドール)・ヴァンサン・ド　1851.3.27-1931.12.2)

Ines de Castro〈14世紀〉
ペドロ1世の妃。
⇒王妃(イネス　1325-1355)

Infantas, Fernando de las〈16・17世紀〉
スペインの歌手、神学者、外交官、聖職者。
⇒バロ(インファンタス、フェルナンド・デ・ラス　1534-1607頃)
バロ(ラス・インファンタス、フェルナンド・デ　1534-1607頃)

Ing, John〈19・20世紀〉
アメリカのメソジスト監督派教会宣教師。1874年来日し、東奥義塾で英語教育他に寄与。
⇒岩世人(イング　1840.8.22-1920.6.4)

Ingalls, Marilla Baker〈19・20世紀〉
アメリカの宣教師。
⇒アア歴(Ingalls,Marilla Baker　マリラ・ベイカー・インガルズ　1828.11.25-1902.12.17)

Inge, William Ralph〈19・20世紀〉
イギリスの神学者、聖ポール寺院の司祭長。在職1911～34。神学の著作多数。
⇒岩世人(イング　1860.6.6-1954.2.26)
20思(イング、ウィリアム・ラルフ　1860-1954)

Inge I, the Hunchback〈12世紀〉
ノルウェー王国の統治者。在位1136～1161。
⇒世帝(インゲ1世　1135-1161)

Inge II〈13世紀〉
ノルウェー王国の統治者。在位1204～1217。
⇒世帝(インゲ2世　1185-1217)

Ingegneri, Marc'Antonio〈16世紀〉
イタリアの作曲家。クレモナ聖堂の楽長をつとめた。
⇒バロ(インジェニエーリ、マルコ・アントニオ　1547頃-1592.7.1)

新カト(インジェニエーリ　1547頃-1592.7.1)

Ingelow, Jean〈19世紀〉
イギリスの女流詩人。詩集と子供の読物などを出している。
⇒岩世人(インジェロー　1820.3.17-1897.7.20)

Ingemann, Bernhard Severin〈18・19世紀〉
デンマークの詩人。のち歴史小説を書く。代表作『エリク・メンベド王の少年時代』(28)。
⇒岩世人(インゲマン　1789.5.28-1862.2.24)

Ingenhousz, Jan〈18世紀〉
オランダの医者。植物生理学者。
⇒岩世人(インヘンハウス　1730.12.8-1799.9.7)
ネーム(インゲンハウス　1730-1799)

Ingenieros, José〈19・20世紀〉
アルゼンチンの心理学者、精神病理学者、社会学者。H.スペンサーの影響のもとに実証主義の立場をとった。
⇒岩世人(インヘニエロス　1877.4.24-1925.10.31)

Ingersoll, Frank Bassett〈19・20世紀〉
アメリカの弁護士。
⇒アア歴(Ingersoll,Frank B(assett)　フランク・バセット・インガソル　1866.11.29-1944.4.25)

Inggūldai〈16・17世紀〉
中国、後金(清)の大臣。
⇒岩世人(イングルダイ　?-1648.2.24(順治5.2.2))

Inghirami, Tommaso〈15・16世紀〉
イタリアの人文主義者、役者。
⇒ルネ(トンマーゾ・インギラーミ　1470/1471-1516)

Ingle, James Addison〈19・20世紀〉
アメリカの宣教師。
⇒アア歴(Ingle,James Addison　ジェイムズ・アディスン・イングル　1867.3.11-1903.12.7)

Inglott, William〈16・17世紀〉
イギリスのオルガン奏者。
⇒バロ(イングロット、ウィリアム　1554-1621)

Ingman, Lauri〈19・20世紀〉
フィンランドのルター派神学者、政治家。
⇒岩世人(イングマン　1868.6.30-1934.10.25)

Ingólfr Arnarson〈9世紀〉
アイスランド最初の北欧からの植民者。
⇒岩世人(インゴウルヴル・アルトナルソン)

Ingoli, Francesco〈16・17世紀〉
イタリアの聖職者、教皇庁の布教聖省創設時の書記官。
⇒新カト(インゴリ　1578.11.21-1649.4.24)

Ingram, John Kells〈19・20世紀〉
アイルランドの経済学者。

⇒岩世人（イングラム　1823.7.7-1907.5.1）
学叢思（イングラム，ジョン・ケルス　1828-?）

Ingrassia, Giovanni Filippo〈16世紀〉
イタリアの解剖学者。骨学に精通し，また疫学上の貢献も多い。
⇒岩世人（イングラッシャ　1510-1580.11.6）

Ingres, Jean Auguste Dominique〈18・19世紀〉
フランスの画家。ロマン主義に対抗した古典派の指導者。作品『オダリスク』（14）など。
⇒岩世人（アングル　1780.8.29-1867.1.14）
ネーム（アングル　1780-1867）
広辞7（アングル　1780-1867）
新カト（アングル　1780.8.29-1867.1.14）
芸13（アングル，ドミニク　1780-1867）
世人新（アングル　1780-1867）
世人装（アングル　1780-1867）
ポプ人（アングル，ジャン・オーギュスト　1780-1867）

Inguimbert, Malachie d'〈17・18世紀〉
フランスのシトー会員，カルパントラの司教。
⇒新カト（アンガンベール　1683.8.26-1757.9.6）

Iñigo〈11世紀〉
聖人。祝日6月1日。
⇒新カト（イニゴ〔オニャの〕　?-1068.6.1）

Injannasi〈19世紀〉
モンゴルの作家。漢名は宝衡山，字は潤亭。代表作に2部作『一層楼』『泣紅亭』など。
⇒岩世人（インジャンナシ　1837.5.15-1892.2.25）

Innes, Thomas〈17・18世紀〉
スコットランドのカトリック系の歴史家。
⇒新カト（イニス　1662-1744.1.28）

Inness, George〈19世紀〉
アメリカの風景画家。
⇒岩世人（イネス　1825.5.1-1894.8.3）

Innitzer, Theodor〈19・20世紀〉
オーストリアのカトリック教会行政家，枢機卿，新約学者。
⇒新カト（インニツァー　1875.12.25-1955.10.9）

Innocentius〈4・5世紀頃〉
北イタリアのトルトーナの司教。聖人。祝日4月17日。
⇒新カト（インノケンティウス〔トルトーナの〕4-5世紀頃）

Innocentius I, St.〈4・5世紀〉
ローマ教皇。在位401～417。
⇒新カト（インノケンティウス1世　?-417）

Innocentius II〈12世紀〉
教皇。在位1130～43。39年ラテラノ公会議で離教を完全に除去。
⇒新カト（インノケンティウス2世　?-1143.9.24）

Innocentius III〈12・13世紀〉
教皇。在位1198～1216。史上最大の教皇の一人。
⇒岩世人（インノケンティウス3世　1160-1216.7.16）
ネーム（インノケンティウス3世　1160-1216）
広辞7（インノケンティウス三世　（在位)1198-1216）
学叢思（インノセント3世　1198-1216）
新カト（インノケンティウス3世　1160/1161-1216.7.16）
世人新（インノケンティウス（イノセント）3世　1160頃-1216）
世人装（インノケンティウス（イノセント）3世　1160頃-1216）
世史語（インノケンティウス3世　1160頃-1216）
世史語（インノケンティウス3世　（在位)1198-1216）
ポプ人（インノケンティウス3世　1161-1216）
学叢歴（インノセント3世　（在位)1198-1216）

Innocentius IV〈12・13世紀〉
教皇。在位1243～54。フリードリヒ2世と対立し，1245年公会議で皇帝を罷免。
⇒岩世人（インノケンティウス4世　1195頃-1254.12.7）
新カト（インノケンティウス4世　12世紀末-1254.12.7）

Innocentius V〈13世紀〉
ローマ教皇。
⇒新カト（インノケンティウス5世　1224頃-1276.6.22）

Innocentius VI〈14世紀〉
教皇。在位1352～62。54年リエンツィの反乱鎮圧によりカール4世にローマで戴冠。
⇒新カト（インノケンティウス6世　?-1362.9.12）

Innocentius VII〈14・15世紀〉
大分裂期のローマ教皇。在位1404～06。
⇒新カト（インノケンティウス7世　1336頃-1406.11.6）

Innocentius VIII〈15世紀〉
教皇。在位1484～92。84年悪名高い魔女大勅書を発す。
⇒新カト（インノケンティウス8世　1432-1492.7.25）

Innocentius IX〈16世紀〉
ローマ教皇。
⇒新カト（インノケンティウス9世　1519.7.20-1591.12.30）

Innocentius X〈16・17世紀〉
教皇。在位1644～55。
⇒広辞7（インノケンティウス一〇世　（在位)1644-1655）
新カト（インノケンティウス10世　1574.5.6-1655.1.7）

Innocentius XI〈17世紀〉
教皇。在位1676～89。福者。1679年イエズス会の道徳的弛緩主義を排斥，蓋然論に反対。

⇒広辞7（インノケンティウス一一世　（在位）1676–1689）
新カト（インノケンティウス11世　1611.5.19–1689.8.12）

Innocentius XII〈17世紀〉
教皇。在位1691～1700。1692年門閥主義否認の大勅書を出す。
⇒新カト（インノケンティウス12世　1615.3.13–1700.9.27）

Innocentius XIII〈17・18世紀〉
教皇。在位1721～24。病弱で平和を愛した。
⇒新カト（インノケンティウス13世　1655.5.13–1724.3.7）

Innokentii Fyodorovich Annenskii
〈19・20世紀〉
詩人，批評家。
⇒岩世人（アンネンスキー　1855.8.20–1909.11.30）

Inō
ギリシア神話中の人物。カドモスとヘルモニアの娘，アタマスの後妻。
⇒岩世人（イノ）

Insanguine, Giacomo Antonio Francesco Paolo Michele〈18世紀〉
イタリアの音楽教育者，オルガン奏者。
⇒バロ（インサングイーネ，ジャコモ・アントーニオ・フランチェスコ・パオロ・ミケーレ　1728.3.22–1795.2.1）

Inshāh Allāh Khān〈18・19世紀〉
インドのウルドゥー詩人，語学者。
⇒岩世人（インシャー　1756頃–1817）
南ア新（インシャー　1756頃–1818）

Inslee, Elias B.〈19世紀〉
中国に伝道したアメリカ人宣教師。
⇒岩世人（インスリー）

Instantius〈4世紀〉
スペインの司教。
⇒新カト（インスタンティウス　4世紀）

Intharacha I〈14・15世紀〉
タイ，アユタヤ朝の王。
⇒世帝（インタララーチャー1世　?–1424）

Intharacha II〈15世紀〉
タイ，アユタヤ朝の王。
⇒世帝（インタララーチャー2世　?–1491）

Intorcetta, Prospero〈17世紀〉
イタリアのイエズス会士。M.マルティーニとともに中国に渡り（1657），江西省の建昌に居住して伝道。
⇒岩世人（イントルチェッタ　1625–1696.10.3）
新カト（イントルチェッタ　1625.8.28–1696.10.3）

Iō
ギリシア神話の女性。アルゴスのヘライオンの神官。
⇒岩世人（イオ）
ネーム（イオ）

Ioab
ゼルヤの子でダビデの「軍の長」（旧約）。
⇒新カト（ヨアブ）

Ioachim III〈19・20世紀〉
コンスタンティノポリスの総主教。在職1878～84，1901～12。
⇒新カト（ヨアキム3世［コンスタンティノポリスの］　1834.1.30–1912.11.26）

Ioan〈10世紀〉
ロシア初の殉教者。聖人。祝日7月12日。
⇒新カト（フェオドールとイオアン　?–983）

Ioann〈19・20世紀〉
ロシア正教会の霊的指導者で著述家。
⇒岩世人（イオアン・クロンシュタツキー　1829.10.19–1908.12.20）
新カト（イオアン［クロンシュタットの］　1829.10.19–1908.12.20）

Ioannes〈3・4世紀〉
アレクサンドリアの殉教者。聖人。祝日1月31日。
⇒新カト（キュロスとヨアンネス　?–303頃）

Ioannes〈4世紀〉
エジプトの隠修士。聖人。祝日3月27日。コプト教会の聖人。
⇒新カト（ヨアンネス［リュコポリスの］　300頃–394）

Ioannes〈4世紀〉
イラク北部のアルベラの司教。聖人。祝日11月1日。
⇒新カト（ヨアンネス［アルベラの］　?–344）

Ioannes〈4・5世紀〉
アンティオケイアの総主教。在職429～41/42。モプスエスティアのテオドロスの弟子。
⇒新カト（ヨアンネス［アンティオケイアの］　?–441/442）

Ioannes〈5～7世紀頃〉
カルパトス島の主教，霊的著作家。
⇒新カト（ヨアンネス［カルパトスの］　5世紀–7世紀頃）

Ioannes〈6世紀〉
キリスト単性説の論者，教会史家。アミダ生まれ。
⇒新カト（ヨアンネス［エフェソスの］　507頃–586）

Ioannes〈6世紀〉
ビザンティンの神学者。パレスチナのスキュトポリスの主教。在職536頃～48頃。

⇒岩世人（ヨハネス（スキュトポリスの）　6世紀）
　　新カト（ヨアンネス〔スキュトポリスの〕　生没年不詳）

Ioannes〈6・7世紀〉
アレクサンドリアのカルケドン派総主教。聖人。祝日11月11日。
　⇒新カト（ヨアンネス〔慈善家〕　555-617/618.11.11/12）

Ioannes〈6・7世紀〉
テサロニケの大主教。在職7世紀初頭。
　⇒新カト（ヨアンネス〔テサロニケの〕　?-620頃）

Ioannes〈7世紀〉
エジプトのニキウの主教，歴史家。
　⇒新カト（ヨアンネス〔ニキウの〕　?-700頃）

Ioannes〈9世紀〉
ヤコブ教会の神学者，ダラの主教。
　⇒新カト（ヨアンネス〔ダラの〕　800頃-860）

Ioannes〈10・11世紀〉
霊的著作家，ベネディクト会員。ラヴェンナ生まれ。
　⇒新カト（ヨアンネス〔フェカンの〕　990頃-1078.2.22）

Ioannes〈12世紀〉
キリスト教人文主義者，教会行政家。イングランドのソールズベリ生まれ。
　⇒新カト（ヨアンネス〔ソールズベリの〕　1115/1120-1180.10.25）

Ioannes〈12世紀〉
イングランドの神学者。
　⇒新カト（ヨアンネス〔コーンウォールの〕　1125/1130頃-1199/1200）

Ioannes〈12・13世紀〉
フランスのフランシスコ会の神学者。ヘールスのアレクサンデルの弟子。
　⇒新カト（ヨアンネス〔ラ・ロシェルの〕　1190/1200-1245.2.8）

Ioannes〈13世紀〉
フランシスコ会総長。福者。パルマ生まれ。
　⇒新カト（ヨアンネス〔パルマの〕　1208頃-1289.3.19）

Ioannes〈13世紀〉
神学者，フランシスコ会員。ウェールズ出身。
　⇒新カト（ヨアンネス〔ウェールズの〕　1210/1230-1285）

Ioannes〈13世紀〉
イングランドの神学者，フランシスコ会員。
　⇒新カト（ヨアンネス〔レディングの〕　1272頃-?）

Ioannes〈13世紀〉
イタリアの神学者。
　⇒新カト（ヨアンネス〔ジェノヴァの〕　?-1298頃）

Ioannes〈13・14世紀〉
フランシスコ会員，教会法学者。エルフルト生まれ。
　⇒新カト（ヨアンネス〔エルフルトの〕　1250頃-1320頃）

Ioannes〈13・14世紀〉
フランスの神学者，哲学者，ドミニコ会員。
　⇒新カト（ヨアンネス〔パリの〕　1255頃-1306.9.22）

Ioannes〈13・14世紀〉
代表的なアヴェロエス主義者。フランスのジャンダン生まれ。
　⇒新カト（ヨアンネス〔ジャンダンの〕　1275頃-1328）

Ioannes〈13・14世紀〉
神学者，ドミニコ会会員（入会 1308）。アルザス地方のダンバハ生まれ。
　⇒新カト（ヨアンネス〔ダンバハの〕　1288-1372.10.10）

Ioannes〈13・14世紀〉
イングランドのカルメル会の神学者。「決断博士」と呼ばれた。
　⇒新カト（ヨアンネス〔ベーコンソルプの〕　1290頃-1348頃）

Ioannes〈13・14世紀〉
フランシスコ会の神学者，枢機卿。イタリアのアンコーナ地方の出身。
　⇒新カト（ヨアンネス〔ムロヴァレの〕　?-1312/1313）

Ioannes〈14世紀〉
フランスの神学者。現ヴォージュ県ミルクール出身の厳律シトー会会員。
　⇒新カト（ヨアンネス〔ミルクールの〕　1310頃-?）

Ioannes〈14世紀〉
ドミニコ会の神学者，説教師。イングランドのブロミャード生まれ。
　⇒新カト（ヨアンネス〔ブロミャードの〕　?-1352以後）

Ioannes〈14世紀〉
ビザンティンの神学者。生没年不詳。ペロポネソス半島西岸のキュパリッシアの出身。
　⇒新カト（ヨアンネス〔キュパリッシアの〕　14世紀）

Ioannes〈14世紀〉
イタリアのフランシスコ会会員，神学者。リパまたはマルキアのヨアンネスと称し，「晦渋博士」，「繊細博士」として知られる。
　⇒新カト（ヨアンネス〔リパの〕　14世紀）

Ioannes〈14・15世紀〉
ドミニコ会の神学者。ラグーザ出身。
　⇒新カト（ヨアンネス〔ラグーザの〕　1390/1395-1443）

Ioannes〈14・15世紀〉
セゴビア出身の神学者。
⇒新カト（ヨアンネス［セゴビアの］ 1393頃-1458.5.24）

Ioannes〈15世紀〉
イタリアのドミニコ会の神学者。
⇒新カト（ヨアンネス［モンテネグロの］ 15世紀）

Iōánnēs, St.〈前1・後1世紀〉
十二使徒の一人、聖人。使徒ヨハネともいう（マタイ福音書、ガラテア書）。
⇒岩世人（ヨハネ）
ネーム（ヨハネ）
広辞7（ヨハネ）
新カト（ボアネルゲス）
新カト（ヨハネ）
図聖（ヨハネ（使徒））
聖書（ヨハネ（イエスの弟子））
世人新（ヨハネ〈使徒〉 生没年不詳）
世人装（ヨハネ〈使徒〉 生没年不詳）

Ioannes II〈4・5世紀〉
エルサレムの司教。在職386〜417。
⇒新カト（ヨアンネス2世［エルサレムの］ 356頃-417.1.17）

Ioannes II〈5・6世紀〉
コンスタンティノポリスの総主教。在職518〜20。
⇒新カト（ヨアンネス2世 ?-520）

Ioannes III Scholastikos〈6世紀〉
コンスタンティノポリスの総主教、教会法学者。総主教在職565〜77。アンティオケイア近郊シリミス出身の法律家。
⇒新カト（ヨアンネス3世・スコラスティコス 6世紀初頭-577.8.31）

Ioannes IV Nēsteutēs〈6世紀〉
コンスタンティノポリスの総主教。在職582〜95。禁欲的な生活を送り、在世中から「断食者」と呼ばれた。
⇒新カト（ヨアンネス4世・ネーステウテース ?-595.9.2）

Ioannes VIII〈11・12世紀〉
エルサレムの総主教。在職1098〜1106/1107頃。
⇒新カト（ヨアンネス8世［エルサレムの］ ?-1106/1107以後）

Ioannes VIII Xiphilinos〈11世紀〉
コンスタンティノポリスの総主教。在職1064〜75。トラペズス出身。
⇒岩世人（クシフィリノス 1010頃-1075.8.2）
新カト（ヨアンネス8世・クシフィリノス 1010頃-1075.8.2）

Ioannes IX Agapetos〈11・12世紀〉
コンスタンティノポリスの総主教。在職1111〜34。
⇒新カト（ヨアンネス9世・アガペトス 生没年不詳）

Ioannes X Kamateros〈12・13世紀〉
コンスタンティノポリスの総主教。在職1198〜1206.2。
⇒新カト（ヨアンネス10世・カマテロス ?-1206.6）

Ioannes XI Bekkos〈13世紀〉
コンスタンティノポリスの総主教。在職1275〜82。
⇒新カト（ヨアンネス11世・ベッコス 1235頃-1293/1297）

Ioannes XII Kosmas〈13・14世紀〉
コンスタンティノポリスの総主教。在職1294〜1303。トラキアのソゾポリス出身。
⇒新カト（ヨアンネス12世・コスマス ?-1307以降）

Ioannes XIII Glykys〈13・14世紀〉
コンスタンティノポリスの総主教。在職1315〜19。
⇒新カト（ヨアンネス13世・グリュキュス 1260頃-1319頃）

Iōánnēs XIV Kalékas〈13・14世紀〉
コンスタンティノポリス総主教。
⇒新カト（ヨアンネス14世・カレカス 1283頃-1347.12.29）

Ioannes Argyropoulos〈14・15世紀〉
ビザンティンの人文学者。コンスタンティノポリス生まれ。
⇒新カト（ヨアンネス・アルギュロプロス 1393/1394/1415-1487.6.26）

Ioannes a Sancto Thoma〈16・17世紀〉
スペインで活躍したカトリック神学者、ドミニコ会員。トマス・アクィナスの研究者。
⇒新カト（ヨアンネス［聖トマスの］ 1589.7.9-1644.6.17）

Ioannes Buridanus〈13・14世紀〉
中世フランスの哲学者、論理学者。
⇒新カト（ヨアンネス・ブリダヌス 1295/1300-1358以降）

Ioannes Chrysostomos〈4・5世紀〉
ギリシアの教父。
⇒新カト（ヨアンネス・クリュソストモス ?-407.9.14）

Ioannes de Bassolis〈14世紀〉
フランシスコ会の哲学者、神学者。ドゥンス・スコトゥスの弟子。
⇒新カト（ヨアンネス・デ・バッソリス ?-1347）

Ioannes de Caulibus〈12・13世紀〉
フランシスコ会会員。『イエスの生涯の観想』の著者とされてきたが、近年では否定的見解が強い。
⇒新カト（ヨアンネス・デ・カウリブス 12-13世紀）

Ioannes de Muris〈14世紀〉
フランスのアルス・ノーヴァ時代の音楽理論家、

数学者, 天文学者。
⇒新カト（ヨアンネス・デ・ムリス　1300頃-1350頃）

Ioannes Grammatikos〈6世紀〉
ビザンティンの神学者。カイサレイアの出身。生没年不詳。
⇒新カト（ヨアンネス・グラマティコス〔カイサレイアの〕　6世紀初）

Iōannēs ho Italos〈11世紀〉
ビザンツ帝国の哲学者。
⇒岩世人（ヨハネス（イタロス）　1025頃-1082以降）
　　新カト（ヨアンネス・イタロス　1025頃-1082）

Iōannēs ho Orphanotrophos〈11世紀〉
ビザンツ帝国の政治家, 宦官。
⇒岩世人（ヨハネス（オルファノトロフォス）　?-1043.5.13）

Ioannes Kalybites〈5世紀〉
コンスタンティノポリスの聖人。祝日1月15日。
⇒新カト（ヨアンネス〔庵住まいの〕　5世紀）

Ioannes Kolobos〈4・5世紀〉
聖人, 隠修士。祝日9月15日。エジプトのテーベ地方の生まれ。
⇒新カト（ヨアンネス・コロボス　339/340-409）

Ioannes Mandakuni〈5世紀〉
アルメニア教会のカトリコス。在職478～90。古アルメニア語による古典的著作家の一人。
⇒新カト（ヨアンネス・マンダクニ　5世紀後半）

Ioannes Maxentius〈6世紀〉
スキタイ人修道士。518年頃コンスタンティノポリスでカルケドン信条を擁護した中心人物。
⇒新カト（ヨアンネス・マクセンティウス　6世紀前半）

Iōannēs Moschos〈6・7世紀〉
ビザンツの修道士, 霊的著作家。
⇒岩世人（ヨハネス・モスコス　540(-550)-619(-634)頃）
　　新カト（ヨアンネス・モスコス　540/550頃-619/634）

Ioannes Pecham〈13世紀〉
イギリスのカンタベリ大司教, フランシスコ会員の神学者。「天才的博士」と呼ばれた。
⇒新カト（ヨアンネス・ペッカム　1230頃-1292.12.8）

Ioannes Philoponos〈5・6世紀〉
アレクサンドリアで活躍した哲学者, 神学者。
⇒新カト（ヨアンネス・フィロポノス　490頃-575頃）

Ioannes Picardi〈14世紀〉
ドイツのカトリック神学者, ドミニコ会員。ドイツにおけるトマス学派の最初期の一人。リヒテンベルク出身とされるが, 生没年不詳。

⇒新カト（ヨアンネス〔リヒテンベルクの〕　14世紀前半）

Ioannes Sarracenus〈12世紀〉
フランスで活動した神学者。ソールズベリのヨアンネスとの親交からイングランド出身ともいわれる。生没年不詳。
⇒新カト（ヨアンネス・サラケヌス　12世紀）

Ioannikios I〈16世紀〉
コンスタンティノポリスの総主教。在職1526。
⇒新カト（ヨアンニキオス1世　16世紀）

Ioannikios II〈16・17世紀〉
コンスタンティノポリスの総主教。在職1646～48, 1651～52, 1653～54, 1655～56。
⇒新カト（ヨアンニキオス2世　16世紀末-1659/1660）

Ioannikios III〈18世紀〉
コンスタンティノポリスの総主教。在職1761～63。同地の名家の出身。
⇒新カト（ヨアンニキオス3世　1700頃-1793）

Iōas〈前9・8世紀〉
イスラエル王国第12代の王。在位前801～786。平和と繁栄を誇ったヤラベアム2世の父（旧約）。
⇒新カト（ヨアシュ　（在位）前798-前782/前781）
　　世帝（ヨアシュ　?-前786?）

Iōas〈9世紀〉
ユダ王国第8代の王。在位前837～800。アハジヤの子で母はベエルシバ出身のヂビア。
⇒新カト（ヨアシュ　（在位）前835-前796）
　　聖書（ヨアシュ）
　　世帝（ヨアシュ　前844?-前800?）

Ioasaph I Kokkas〈15世紀〉
コンスタンティノポリスの総主教。在職1465～66。
⇒新カト（ヨアサフ1世　15世紀）

Ioasaph II Megaloprepēs〈16世紀〉
コンスタンティノポリスの総主教。在職1555～65。ギリシア北西部出身。
⇒新カト（ヨアサフ2世　1500頃-1565以降）

Iōátham〈前8世紀〉
ユダ王国第11代の王。在位前742～前735。ウジヤの息子で後継者（旧約）。
⇒新カト（ヨタム）
　　世帝（ヨタム　前767?-前735?）

Iōb
エドムの人で,『ヨブ記』の主人公（旧約）。
⇒岩世人（ヨブ）
　　ネーム（ヨブ）
　　聖書（ヨブ）

Iocundus〈5・6世紀?〉
ボローニャの司教。聖人。祝日11月14日。
⇒新カト（ヨクンドゥス　5-6世紀?）

Iōel
ペトエルの子で預言者。『ヨエル書』は彼の預言(旧約)。
⇒岩世人（ヨエル）
聖書（ヨエル）

Ioffe, Abram Fëdorovich〈19・20世紀〉
ソ連邦の物理学者。結晶の物性論的実験研究の分野で業績がある。
⇒岩世人（ヨッフェ　1880.10.17/29-1960.10.14）
ユ著人（Joffe, Abraham Feodorovich　ヨッフェ、アブラハム・フィヨドロヴィッチ　1880-1960）

Iohannes〈11・12世紀〉
ベネディクト会隠修士、グッビオの司教。聖人。祝日9月7日。ミラノ南東のローディの生まれ。
⇒新カト（ヨアンネス〔ローディの〕　1025頃-1105.9.7）

Iokastē
ギリシア神話中のテーベ王ライオスの后。オイディプスの母、のち妻。
⇒岩世人（イオカステ）
ネーム（イオカステ）

Ion
ギリシア神話、イオニア人に名を与えた祖先。
⇒岩世人（イオン）

Iōn〈前5世紀〉
ギリシアの悲劇詩人、抒情詩人。
⇒岩世人（イオン（キオスの）　前480頃-前423頃/前422頃）

Iordanus〈13世紀〉
スコラ哲学者。ドイツ北西部オスナブリュックの参事会員(1251〜83)で、1258/59年には首席司祭。
⇒新カト（ヨルダヌス〔オスナブリュックの〕　1200頃-1284.4.15）

Iorga, Nicolaie〈19・20世紀〉
ルーマニアの歴史家、ジャーナリスト、政治家。31〜32年首相兼文相を歴任。
⇒岩世人（ヨルガ　1871.6.5/17-1940.11.28）

Iosaphat
ダビデの補佐官。
⇒新カト（ヨシャファト）

Iosaphat
ソロモンの任命したイサカル地方の知事。
⇒新カト（ヨシャファト）

Iosephos〈4世紀〉
キリスト教に改宗したユダヤ人。
⇒新カト（ヨセフォス〔スキュトポリスの〕　?-355以降）

Iosephos I〈13世紀〉
コンスタンティノポリスの総主教。在職1266〜75, 1282〜83。小アジア出身。
⇒新カト（ヨセフォス1世〔コンスタンティノポリスの〕　1200頃-1283.3）

Iosephos II〈14・15世紀〉
コンスタンティノポリスの総主教。在職1416〜39。ブルガリア王の子であったというが、定かではない。
⇒新カト（ヨセフォス2世〔コンスタンティノポリスの〕　1360頃-1439.6.10）

Iosephos Bryennios〈14・15世紀〉
ビザンティンの神学者、説教家。正確な出生地は不明だが、おそらくはコンスタンティノポリスの出身。
⇒新カト（ヨセフォス・ブリュエンニオス　1350頃-1431頃）

Iosephos Hymnographos〈9世紀〉
聖人。祝日4月3日。シチリア出身。
⇒新カト（ヨセフォス〔賛美歌作者〕　816頃-886.4.3）

Iosephos Kalothetos〈14世紀〉
ビザンティン帝国の修道者、著述家。ヘシュカスモスの推進者。
⇒新カト（ヨセフォス・カロテトス　?-1355/1356以後）

Iosephos Philagres〈14世紀〉
クレタ島の修道者、哲学者、神学者。
⇒新カト（ヨセフォス・フィラグレス　1340頃-15世紀初めの頃）

Iōsías〈前7世紀〉
ユダ王国第16代の王。在位前640〜前609。アモンの長男(旧約)。
⇒岩世人（ヨシヤ　（在位）前636-前605）
新カト（ヨシヤ）
世帝（ヨシヤ　前648-前609）

Iosif Volockij〈15・16世紀〉
ロシア正教の聖人(克肖者)、教会改革者。
⇒岩世人（イオーシフ・ヴォロツキー　1439頃-1515）
新カト（イオーシフ〔ヴォロコラムスクの〕　1439/1440-1515.9.7）

Iothor
ミデヤンの祭司、モーセの義父。ホバブ、リウエルとも言われる(旧約)。
⇒聖書（エトロ）

Ioudas〈1世紀〉
十二使徒の一人、聖人。ヤコブの子。
⇒新カト（ユダ〔ヤコブの子〕）
図聖（ユダ・タダイ）

Ioudas〈1世紀〉
イエスの3人の弟の一人(新約)。
⇒岩世人（ユダ）
聖書（ユダ（イエスの兄弟））

Iounia
ローマ在住のユダヤ人キリスト者。
⇒新カト（ユニアス）

Ioustinos〈2世紀〉
グノーシス主義の異端者。
⇒新カト（ユスティノス〔グノーシス主義者〕 2世紀）

Ioûstos
コリントの信者。テテオ・ユスト（新約）。
⇒新カト（ユスト）

Iov〈16・17世紀〉
ロシア正教会の初代モスクワ総主教。在職1589～1605。
⇒新カト（イオーヴ〔モスクワの〕 1540頃-1607.6.19）

Iovinianus〈4・5世紀〉
古代教会の異端者。
⇒新カト（ヨウィニアヌス ?-406頃）

Ipatieff, Vladimir Nikolaevich〈19・20世紀〉
アメリカ（ロシア生れ）の工業化学者。
⇒岩世人（イパーチエフ 1867.11.9/21-1952.11.29）

Īphigeneia
ギリシア神話中のアガメムノンの娘。
⇒岩世人（イフィゲネイア）
ネーム（イピゲネイア）

Iphikratēs〈前5・4世紀〉
古代ギリシア、アテネの将軍。
⇒岩世人（イフィクラテス 前415頃-前353頃）

Ippolitov-Ivanov, Mikhail Mikhailovich〈19・20世紀〉
ロシアの作曲家。革命後はソ連音楽文化の建設に貢献。作品、『カフカズの風景』など。
⇒岩世人（イッポリートフ＝イヴァーノフ 1859.11.7/19-1935.1.28）
エデ（イッポリトフ＝イヴァノフ，ミハイル（ミハイロヴィチ） 1859.11.19-1935.1.28）
ネーム（イッポリトフ・イワーノフ 1859-1935）

Iqbāl, Muḥammad〈19・20世紀〉
インドの詩人、哲学者。イスラム再生の立場に立ち、パキスタン建国を主張。
⇒岩世人（イクバール 1877.11.9-1938.4.21）
広辞7（イクバール 1877-1938）
新カト（イクバール 1873.77-1938.4.21）
南ア新（イクバール 1877-1938）

Iraj Mīrzā〈19・20世紀〉
イランの詩人。〈国々の栄誉Jalālu'l-Mamālik〉とよばれる。
⇒岩世人（イーラジュ・ミールザー 1874-1925・1926）

Irala, Domingo Marúnez de〈16世紀〉
スペインのベルガラに生れ，1535年ペドロ・デ・メンドサに従ってラ・プラタ川からパラグアイ川の探検と植民地建設に赴く。
⇒ラテ新（イララ 1509-1556）

'Irāqī Ḥamadānī, Fakhr al-Dīn Ibrāhīm〈13世紀〉
ペルシアの神秘主義詩人。
⇒岩世人（イラーキー・ハマダーニー 1211-1213-1289）

Ireland, Alleyne〈19・20世紀〉
イギリス生れの熱帯植民地学者。
⇒アア歴（Ireland,Alleyne アリン・アイアランド 1871.1.19-1951.12.23）

Ireland, Francis〈18世紀〉
アイルランドのアマチュア音楽家，ヴァイオリン奏者，教育者，医学者。
⇒バロ（アイアランド，フランシス 1721.8.13-1780）

Ireland, John〈19・20世紀〉
アイルランド生れのアメリカの宗教家。ミネソタ州セントポールの大司教。
⇒新カト（アイアランド 1838.9.11-1918.9.25）

Ireland, John Nicholson〈19・20世紀〉
イギリスの作曲家。王立音楽院1908年にコベット賞を獲得。
⇒岩世人（アイアランド 1879.8.13-1962.6.12）
エデ（アイアランド，ジョン（ニコルソン） 1879.8.13-1962.6.12）

Irenaeus〈2・3世紀〉
聖人，反異端的教父。『異端反論』を著し，初期キリスト教会の重要な証言となる。
⇒岩世人（エイレナイオス）
新カト（エイレナイオス 130/140頃-202頃）
メル1（エイレナイオス（聖） 130頃-202/208?）

Irene〈6世紀〉
聖人，殉教者。祝日10月20日。
⇒新カト（イレネ〔ポルトガルの〕）

Ireton, Henry〈17世紀〉
イギリスのピューリタン革命期の軍人，政治家。独立派のスポークスマンとなり，国王処刑に賛成。
⇒岩世人（アイアトン 1611.11.3頃-1651.11.26）

Iriarte y Oropesa, Tomás de〈18世紀〉
スペインの詩人。博学多識の寓話詩人として知られる。
⇒バロ（イリアルテ，トマス・デ 1750.9.18-1791.9.17）
岩世人（イリアルテ 1750.9.18-1791.9.17）

Irigoyen, Hipólito〈19・20世紀〉
アルゼンチンの政治家。大統領（1916～22,28～30）。

⇒岩世人（イリゴイェン　1850.7.13–1933.7.3）
　ラテ新（イリゴージェン　1852–1933）

Irmgard〈11世紀〉
聖人。祝日9月4日。アスベル伯爵の娘。
⇒新カト（イルムガルト〔ケルンの〕　?–1089頃）

Irmgard, dt.Kaiserin〈9世紀〉
皇帝ロタール1世の妃。聖人。祝日3月20日。
⇒図聖（イルムガルト（帝妃）　?–851）

Irmgard von Buchau u. Frauenchiemsee〈9世紀〉
ベネディクト会士、女子大修道院長、福者。
⇒図聖（イルムガルト（キムゼーの）　831頃–866）

Irmina〈7・8世紀〉
フランク王国王女。エーレンのベネディクト会女子修道院長。
⇒新カト（イルミナ　?–708頃）
　図聖（イルミナ（エーレンの）　?–708頃）

Irnerius〈11・12世紀〉
イタリアの法学者。『ローマ法大全』を学問的に再発見。ヨーロッパ法学の創設者とされる。
⇒岩世人（イルネリウス　?–1125以後）

Irvine, Sir James Colquhoun〈19・20世紀〉
イギリスの化学者。糖類の研究に貢献。
⇒岩世人（アーヴィン　1877.5.9–1952.6.12）

Irving, Aman Edward〈18・19世紀〉
スコットランド教会の牧師、説教者。アービング派の中心人物。
⇒岩世人（アーヴィング　1792.8.4–1834.12.7）
　学叢思（アーヴィング, エドワード　1792–1834）
　新カト（アーヴィング　1792.8.4–1834.12.7）

Irving, Sir Henry〈19・20世紀〉
イギリスの俳優。
⇒岩世人（アーヴィング　1838.2.6–1905.10.13）

Irving, Washington〈18・19世紀〉
アメリカの作家。
⇒アメ新（アービング　1783–1859）
　岩世人（アーヴィング　1783.4.3–1859.11.28）
　ネーム（アーヴィング　1783–1859）
　広辞7（アーヴィング　1783–1859）
　新カト（アーヴィング　1783.4.3–1859.11.28）
　世人新（アーヴィング　1783–1859）
　世人装（アーヴィング　1783–1859）
　ポプ人（アービング, ワシントン　1783–1859）

Irwin, Arthur Albert〈19・20世紀〉
アメリカの大リーグ選手（遊撃）。
⇒メジャ（アーサー・アーウィン　1858.2.14–1921.7.16(?)）

Irwin, Robert Walker〈19・20世紀〉
アメリカの貿易商。三井物産、台湾製糖創立功労者。のち日本駐剳ハワイ公使として移民事業にも尽力。
⇒アア歴（Irwin,Robert W（alker）　ロバート・ウォーカー・アーウィン　1844.1.7–1925.1.5）

Irwin, Wallace〈19・20世紀〉
アメリカの作家。
⇒岩世人（アーウィン　1875.3.15–1959.2.14）

Irzykowski, Karol〈19・20世紀〉
ポーランドの批評家。
⇒岩世人（イジコフスキ　1873.1.23–1944.11.2）

Isaac
アブラハムとサラの子（創世記）。
⇒岩世人（イサク）
　新カト（イサク）
　聖書（イサク）

Isaac〈4世紀〉
ローマのユダヤ人キリスト者。
⇒新カト（イサク〔ユダヤ人〕　4世紀）

Isaac〈9世紀〉
ラングルの司教。在職859～80。聖人。祝日7月18日。
⇒新カト（イサク〔ラングルの〕　?–880）

Isaac, ben-Samuel of Acre〈13・14世紀〉
アッコ出身のカバリスト。
⇒ユ人（イサク, ベンサムエル　1250–1340）

Isaac, Heinrich〈15・16世紀〉
フランドル楽派の作曲家。
⇒バロ（イザーク, ハインリヒ　1450頃–1517.3.26）
　岩世人（イザーク　1450頃–1517.3.26）
　新カト（イザーク　1450頃–1517.3.26）

Isaac, Jules Marx〈19・20世紀〉
フランスの歴史家。
⇒ユ著人（Isaac,Jules Marx　イザック, ジュール・マルクス　1877–1963）

Isaac ben Solomon Israeli〈9・10世紀〉
医師、哲学者。
⇒新カト（イスラエリ　855頃–955頃）
　メル1（イスラエリ, イサアク　855–955）
　ユ人（イスラエリ, イサク・ベンソロモン　855頃–955頃）
　ユ著人（Isaac ben Solomon Israeli　イサク・ベン・ソロモン・イスラエリ　832?–955?）

Isaacius I Comnenus〈11世紀〉
東ローマ皇帝。在位1057～59。コムネヌス朝の祖。
⇒岩世人（イサキオス1世コムネノス　1007頃–1060頃）
　世帝（イサキオス1世　1005–1061）

Isaacius II Angelos〈12・13世紀〉
東ローマ皇帝。在位1185～95, 1203～04。アンゲルス王家の祖。
⇒岩世人（イサキオス2世アンゲロス　1156頃–1204.1.28/29）

新カト（イサキウス2世　1156頃–1204.1.28/29）
世帝（イサキオス2世　1156–1204）

Isaac Jogues〈17世紀〉
殉教者。聖人。オルレアン生まれ。
⇒新カト（イザク・ジョーグ　1607.1.10–1646.10.18）

Isaack, B.〈17・18世紀〉
イギリスの書記，写譜家。
⇒バロ（アイザック，B.　1640頃?–1703）

Isaac of Aachen〈8・9世紀〉
シャルルマーニュ（カール大帝）のユダヤ人特使。ドイツの記録文書に名前で呼ばれた最初のユダヤ人。
⇒ユ人（イサク（アーヘンのイサク）　8–9世紀）

Isaacs, Sir Isaac Alfred〈19・20世紀〉
オーストラリアの総督，首席裁判官。
⇒ユ人（アイザックス，サー・アイザック・アルフレッド　1855–1948）

Isaacs, Jorge〈19世紀〉
コロンビアの詩人，小説家。自伝的恋愛小説『マリア』(67)は，ロマン主義の代表作とされる。
⇒岩世人（イサークス　1837.4.1–1895.4.17）

Isaacs, Nathaniel〈19世紀〉
南アフリカの探検家。
⇒ユ人（アイザックス, ナサニエル　1808–1860頃）

Isaac (Stella, Étoile)〈12世紀〉
フランスのシトー会士，哲学者，神学者。
⇒岩世人（イザアク・デ・ステラ　1110頃–1167(–1169)）
新カト（イサク〔ステラの〕　1110頃–1169頃）

Isaac the Blind〈12・13世紀〉
アブラハム・ベン・ダヴィドの息子。全生涯をユダヤ教神秘主義に捧げた最初のカバリスト。
⇒ユ著人（Isaac the Blind (Sagi Nahor)　盲目のイツハク　1160–1235）

Isaak〈4世紀〉
コンスタンティノポリスの大修道院長。聖人。祝日5月30日。シリア出身。
⇒新カト（イサク〔コンスタンティノポリスの〕　?–400頃）

Isaak〈4・5世紀〉
アルメニア教会の首座主教。在職387～428。後のカトリコス公主教。聖人。祝日9月8日，ギリシア正教会では9月9日。
⇒新カト（イサク〔アルメニアの〕　350頃–439.9.7）

Isaak〈5世紀〉
シリアのキリスト教徒。大部の説教集の著者。
⇒新カト（イサク〔アンティオケイアの〕　5世紀後半）

Isaak ho Nineyitēs〈7・8世紀〉
ニネヴェのネストリオス派の主教。修道的著述家。
⇒岩世人（イサク（ニネヴェの））
新カト（イサク〔ニネヴェの〕　7世紀）

Isabeau de Bavière〈14・15世紀〉
フランス王シャルル6世の妃。百年戦争中，イギリス王ヘンリー5世とトロアの和約を結ぶ。
⇒岩世人（イザボー　1371–1435.9.24）
王妃（イザボー・ド・バヴィエール　1370頃–1435）

Isabel I, la Católica〈15・16世紀〉
カスティリア女王。在位1474～1504。
⇒岩世人（イサベル1世　1451.4.22–1504.11.26）
ネーム（イサベル1世　1451–1504）
広辞7（イサベル　1451–1504）
新カト（イサベル1世〔カトリック王〕　1451.4.22–1504.11.26）
世人新（イサベル1世　1451–1504）
世人装（イサベル1世　1451–1504）
世史語（イサベル　1451–1504）
世史語（イサベル　1451–1504）
世帝（イサベル1世　1425–1504）
ポプ人（イサベル1世　1451–1504）
ユ人（フェルナンド（アラゴンの王）とイサベラ（カスティリヤの女王）　1451–1504）
皇国（イサベル1世　(在位)1474–1504）

Isabel II, María Luisa〈19・20世紀〉
スペインの女王。在位1833～68。
⇒岩世人（イサベル2世　1830.10.10–1904.4.9）
新カト（イサベル2世　1830.10.10–1904.4.9）
皇国（イサベル2世　(在位)1833–1868）

Isabel de Borbon〈17世紀〉
フェリペ4世妃。フランス王アンリ4世とマリー・ド・メディシスの長女。
⇒王妃（イサベル　1602–1644）

Isabella of France〈13・14世紀〉
イギリスのイングランド王妃，エドワード2世の妃，フランス王フィリップ4世の娘。
⇒王妃（イザベラ　1292–1358）

Isabelle Claire de Habsburg〈16・17世紀〉
スペインの王女・オランダ公女。
⇒王妃（イサベル　1566–1633）

Isabelle de Portugal〈16世紀〉
スペインの女王。
⇒王妃（イサベル　1503–1539）

Isabey, Eugène〈19世紀〉
フランスの画家，石版画家。
⇒岩世人（イザベイ　1803.7.22–1886.4.25）
芸13（イザベイ, ウージェーヌ　1804–1886）

Isaiah〈前8・7世紀〉
『イザヤ書』を残した預言者。旧約聖書の記述

預言者中最大の人物とされる。
⇒岩世人（イザヤ（活動）前8世紀）
　広辞7（イザヤ　前8世紀）
　学叢思（イザヤ）
　図聖（イザヤ）
　聖書（イザヤ）
　世人新（イザヤ　生没年不詳）
　世人装（イザヤ　生没年不詳）

Isaias〈13・14世紀〉
コンスタンティノポリスの総主教。
⇒新カト（イサイアス〔コンスタンティノポリスの〕1250頃-1332.5.13）

Isaios〈前5・4世紀〉
ギリシアの雄弁家。アッチカ十大雄弁家の一人。
⇒岩世人（イサイオス　前420頃-前340頃）

Isakson, Karl Oskar〈19・20世紀〉
スウェーデンの画家。
⇒芸13（イサクソン、カール　1878-1922）

Isambert, Gustave〈19・20世紀〉
フランスのジャーナリスト、政治家。
⇒19仏（ギュスターヴ・イザンベール　1841.10.20-1902.4.24）

Īśānavarman II〈10世紀〉
クメール王国（アンコール朝）の王。
⇒世帝（イシャーナヴァルマン2世　?-928）

'Īsā Tarsā〈13・14世紀〉
中国、元朝に仕えたネストリオス派キリスト教徒。
⇒岩世人（イーサー・タルサー　?-1308）

Išbara Qaγan〈6世紀〉
東突厥の第6代君主。在位581～87。
⇒岩世人（沙鉢略可汗　さはつりゃくかがん　?-587）

Isbell, William Frank〈19・20世紀〉
アメリカの大リーグ選手（一塁、二塁）。
⇒メジャ（フランク・イスベル　1875.8.21-1941.7.15）

Iselin, Isaak〈18世紀〉
スイスの神学者、哲学者。主著『人類の歴史』（2巻,1764～70）はヘルダーに影響を与えた。
⇒岩世人（イーゼリン　1728.3.7-1782.7.15）
　学叢思（イゼリン、イザック　1728-1782）

al-Iṣfahānī, Ḥamza〈9・10世紀〉
イラン系の言語学者、歴史家。
⇒岩世人（イスファハーニー、ハムザ　893-961頃（971以前））

Iṣfahānī, Hātif〈18世紀〉
ペルシアの詩人。
⇒岩世人（イスファハーニー、ハーティフ　?-1783）

Iṣfahānī, Kamāl al-Dīn Ismā'īl〈12・13世紀〉
イランの詩人。
⇒岩世人（イスファハーニー、カマール・イスマーイール　1172/1173頃-1237/1238）

Isḥāq ibn Ḥunayn〈9・10世紀〉
アッバース朝期の翻訳家、科学者。
⇒岩世人（イスハーク・イブン・フナイン　830頃-910/911）

Isḥāq ibn 'Imrān〈9・10世紀〉
アッバース朝の医学者。
⇒岩世人（イスハーク・イブン・イムラーン　?-907）

Ish-bosheth〈前11世紀〉
サウルの息子（サムエル記下）。
⇒聖書（イシュ・ボシェト）
　世帝（イシュ・ボシェテ　前1047?-前1005?）

Isherwood, *Sir* Joseph William〈19・20世紀〉
イギリスの造船家、発明家。〈イシャウッド縦肋骨構造方式〉を発明した（06）。
⇒岩世人（イシャウッド　1870.5.22-1937.10.24）

Ishmael
アブラハムの息子。ベドウィン族の祖（旧約）。
⇒岩世人（イスマーイール）
　岩世人（イシュマエル）
　新カト（イシュマエル）
　聖書（イシュマエル）

Ishmael, ben-Elisha〈2世紀〉
タンナ。ミシュナの聖賢のひとり。
⇒ユ人（イシマエル、ベンエリシャ　2世紀初め）
　ユ著人（Ishmael ben Elisha　イシュマエル・ベン・エリシャ　?-135?）

Isidor〈19・20世紀〉
ロシアの隠修者。
⇒岩世人（イシードル　1814-1908.2.4）

Isidor da Sevilla, St.〈6・7世紀〉
聖人、教会博士、神学者、歴史家、ヨーロッパ最後の教父。633年トレドのスペイン教会会議を主宰。
⇒岩世人（イシドルス（セビーリャの）　560頃-636.4.4）
　ネーム（イシドルス　560?-636）
　新カト（イシドルス〔セビーリャの〕　560頃-636.4.4）
　図聖（イシドルス（セビリャの）　560頃-636）

Isidoro〈11・12世紀〉
スペインのマドリード市の守護聖人。
⇒図聖（イシドルス（マドリードの）　1070頃-1130）

Isidoros〈3世紀〉
聖人、殉教者。祝日5月14日。
⇒新カト（イシドロス〔キオスの〕　?-250頃）

Isidōros〈14・15世紀〉
ビザンツ帝国の文人,聖職者。
⇒新カト（イシドール〔キエフの〕 1380/1390–1463.4.23）

Isidōros of Miletus〈6世紀頃〉
ギリシアの建築家。聖ソフィア教会をコンスタンチノープルに築造。
⇒岩世人（イシドロス（ミレトスの））

Isídōros (Pelusium, Peloúsion)〈4・5世紀〉
アレクサンドリア出身の修徳家,釈義家。
⇒新カト（イシドロス〔ペルシオンの〕 360/370–440頃）

Isidro〈11・12世紀〉
聖人。祝日5月15日。マドリード市および農民の守護聖人。
⇒新カト（イシドロ〔マドリードの〕 1070.80–1130.5.15）

Isikha〈14・15世紀〉
女真族出身の明の宦官。
⇒岩世人（イシハ）

Iskandar Muda〈16・17世紀〉
アチェ王国最盛期のスルタン。在位1607～36。
⇒岩世人（イスカンダル・ムダ 1590?–1636）

Iskandar Munshī〈16・17世紀〉
イランのサファヴィー朝中期の歴史家。
⇒岩世人（イスカンダル・ムンシー 1561頃–1634頃）

Iskandar Syah, Megat〈15世紀〉
マレー半島西岸のマラッカ王国の第2代王。在位1414～23(24)。
⇒岩世人（イスカンダル・シャー,ムガット ?–1423/24）
　世帝（ムガト・イスカンダル・シャー（在位）1414–1419頃/1423/1424）

Iskander, Willem〈19世紀〉
インドネシア,北スマトラのマンダイリンの詩人。
⇒岩世人（イスカンデル,ウィレム 1838–1877）

Iskhakïy, Gayäz〈19・20世紀〉
タタール民族運動の指導者,作家。
⇒岩世人（イスハキー 1878.2.10/22–1954.7.22）

Isla y Rojo, José Francisco de〈18世紀〉
スペインの作家。イエズス会神父。
⇒岩世人（イスラ 1703.4.24–1781.11.2）
　新カト（イスラ 1703.3.24–1781.11.2）

Ismā'il〈13世紀〉
イランの砲術家。中国元朝に回回砲(投石機)を伝えた。別馬里斯丹の人。
⇒岩世人（イスマーイール ?–1274（世祖至元11））

Ismā'īl〈19世紀〉
イスラム・エジプトの統治者。
⇒岩世人（イスマーイール（ヘディーヴの） 1830.12.31–1895.3.2）

Ismail, Syaikh
インドネシア,スマトラ島北部のサムドゥラ・パサイ王国に来航した船長。
⇒岩世人（イスマイル,シャイフ）

Ismā'īl I〈15・16世紀〉
イランのサファビー朝の創始者。在位1501～24。イランの大部分を支配,強力な統一国家を建設。
⇒岩世人（イスマーイール1世 1487.6.27–1524.5.23）
　ネーム（イスマーイール1世 1487–1524）
　世人新（イスマーイール1世 1487–1524）
　世人装（イスマーイール1世 1487–1524）
　世史語（イスマーイール 1487–1524）
　世帝（イスマーイール1世 1487–1524）
　ポプ人（イスマーイール 1487–1524）

Ismā'īl II〈16世紀〉
イランのサファヴィー朝第3代君主。在位1576～77。タハマスプ1世の子。
⇒世帝（イスマーイール2世 1533/1534–1577）

İsmail Âsım Efendi〈17・18世紀〉
オスマン帝国のウラマー（イスラーム学者）,歴史家。
⇒岩世人（イスマイル・アースム・エフェンディ 1685?–1760）

Ismā'īl ibn Yasār al-Nisā'ī〈7世紀〉
ウマイヤ朝期のイラン系アラブ詩人。7世紀の前半にマディーナ（メディナ）で活動した。
⇒岩世人（イスマーイール・イブン・ヤサール（活動）7世紀前半）

Ismail Qemali〈19・20世紀〉
アルバニアの政治家。
⇒岩世人（イスマイル・ケマリ 1844.1.16/24–1919.1.24）

Ismā'īl Sāmānī〈9・10世紀〉
サーマーン朝において最大版図を築いた支配者。
⇒岩世人（イスマーイール・サーマーニー 849–907）

Ismēnē
ギリシア神話,オイディプスの娘。
⇒岩世人（イスメネ）

Iso, Pierre〈17・18世紀〉
フランスの音楽教育者。
⇒バロ（イソ,ピエール 1700頃?–1760頃?）

Išô'dad〈9世紀〉
ヘダタのカルデア教会の主教。
⇒新カト（イショダード〔メルヴの〕 9世紀）

Isokratēs〈前5・4世紀〉
ギリシアの著述家, 雄弁家, 教育者。十大雄弁家の一人で, アッチカ散文の完成者。
⇒岩世人（イソクラテス　前436–前338）
広辞7（イソクラテス　前436–前338）

Isolani, Isidoro〈15・16世紀〉
ドミニコ会会員, 神学者。
⇒新カト（イソラーニ　1480頃–1528.5/6）

Isolde
ケルト族の伝承を淵源とし, 中世ヨーロッパに流布した伝説的恋愛物語の主人公。
⇒岩世人（トリスタンとイゾルデ）
姫全（イゾルデ）
ネーム（イゾルデ）

Israel ben Eliezer〈18世紀〉
石灰掘り, 教師, 宗教指導者でポーランドにおけるHasidismの指導者。
⇒岩世人（バアル・シェム・トヴ　1700–1760頃）
新カト（イスラエル・ベン・エリエゼル　1700頃–1760）
ユ人（イスラエル, ベンエリエゼル・バール・シェムトブ（ベシト）　1700頃–1760）
ユ著人（Israel ben Eliezer　イスラエル・ベン・エリエゼル（バアル・シェム・トブ）　1698/1700–1760）

Israels, Isaäc〈19・20世紀〉
オランダ印象派の代表的画家。
⇒ユ著人（Israels,Isaäc　イスラエルス, イツハク　1865–1934）

Israels, Jozef〈19・20世紀〉
オランダの画家。
⇒岩世人（イスラエルス　1824.1.27–1911.8.12）
芸13（イスラエル, ヨセフ　1824–1911）
ユ人（イスラエルス, ヨゼフ　1824–1911）
ユ著人（Israels,Jos(z)ef　イスラエルス, ヨゼフ　1824–1911）

Isserles, Moses ben Israel〈16世紀〉
ポーランド・クラコウのラビ。
⇒ユ人（イッサレス, モーゼス・ベンイスラエル　1525/1530–1572）
ユ著人（Isserles,Moses ben Israel　イッセルレス, モーシェ・ベン・イスラエル　1520/1525/1530–1572）

al-Iṣṭakhrī, Abū Isḥāq Ibrāhīm〈10世紀〉
イスラム教徒の地理学者。地理書『諸国の諸道』の著者。
⇒岩世人（イスタフリー）

Istämi Qaghan〈6世紀〉
突厥のカガン（可汗）。
⇒岩世人（イステミ・カガン　?–576）

Istomina, Avdot'ia Il'inichna〈18・19世紀〉
ロシアのバレリーナ。
⇒バレエ（イストーミナ, アヴドーチヤ　1799.1.17–1848.7.8）

István I, St.〈10・11世紀〉
ハンガリー王。在位997～1038。聖王。
⇒岩世人（イシュトヴァーン1世　975頃–1038.8.15）
新カト（ステファヌス1世〔ハンガリーの〕　975頃–1038.8.15）
図聖（イシュトヴァン1世　969頃–1038）
世帝（イシュトヴァーン1世　969/975–1038）

Īsvarakrsna〈4・5世紀〉
「自在黒（じざいこく）」と漢訳される。『サーンキヤ・カーリカー』の著者。
⇒岩世人（イーシュヴァルクリシュナ　350–450頃）
学叢思（イシュワラクリシュナ）

Itard, Jean Marie Gaspard〈18・19世紀〉
フランスの医学者。『耳および聴覚の疾患』(1821) を著す。
⇒岩世人（イタール　1775–1838）

Ithamar, Eadmer〈7世紀〉
最初のアングロ・サクソン人の司教。聖人。祝日6月10日。
⇒新カト（イタマル〔ロチェスターの〕　?–664頃）

Iturbide, Agustín de〈18・19世紀〉
メキシコの軍人, 皇帝。在位1822～23。
⇒岩世人（イトゥルビデ　1783.9.27–1824.7.19）
ネーム（イトゥルビデ　1783–1824）
新カト（イトゥルビデ　1773.9.27–1824.7.19）
ラテ新（イトゥルビデ　1783–1824）

Itzcóatl〈15世紀〉
アステカ王。在位1428～40。
⇒世帝（イツコアトル　?–1440）

Itzig, Daniel〈18世紀〉
ドイツの財政家。
⇒ユ人（イチク, ダニエル　1723–1799）

Iudenich, Nikolai Nikolaevich〈19・20世紀〉
ロシアの陸軍軍人。
⇒岩世人（ユデーニチ　1862.7.18/30–1933.10.5）

Iulia〈3・4世紀?〉
聖人, 処女殉教者。祝日12月10日。フランス南部エルヌ司教区の聖人暦でこの日に記念される。
⇒新カト（ユリア〔エルヌの〕　3–4世紀?）

Iulianos〈3世紀〉
聖人。祝日2月27日。デキウス帝の迫害により殉教。
⇒新カト（ユリアノス〔アレクサンドリアの〕　?–251）

Iulianos〈3・4世紀〉
聖人。祝日3月16日。小アジアの殉教者。
⇒新カト（ユリアノス〔アンティオケイアの〕 ?-303/305頃）

Iulianos〈5・6世紀〉
小アジア南西部のハリカルナッソスの主教。
⇒新カト（ユリアノス〔ハリカルナッソスの〕 ?-527以後）

Iulianos Sabas〈4世紀〉
シリアの隠修士, 奇跡行者。聖人。祝日10月18日。
⇒新カト（ユリアノス・サバス ?-366/367）

Iulianus
北イタリアの宣教師。聖人。祝日1月31日。
⇒新カト（ユリウスとユリアヌス 生没年不詳）

Iulianus〈3・4世紀〉
エジプトの聖人, 殉教者。祝日1月6日。
⇒新カト（ユリアヌスとバシリッサ ?-304頃）

Iulianus〈4世紀〉
フランスのル・マンの初代司教。聖人。祝日1月27日。
⇒新カト（ユリアヌス〔ル・マンの〕 4世紀末頃）

Iulitta〈3・4世紀〉
聖人, 殉教者。祝日7月30日。ディオクレティアヌス帝時代の女性。カッパドキアのカイサレイア出身。
⇒新カト（ユリッタ〔カイサレイアの〕 ?-303頃）

Iulius
北イタリアの宣教師。聖人。祝日1月31日。
⇒新カト（ユリウスとユリアヌス 生没年不詳）

Iunilius Africanus〈6世紀〉
ビザンティン皇帝ユスティニアヌス1世の高官, 聖書学者, 教理学者。
⇒新カト（ユニリウス・アフリカヌス ?-550）

Iurii Dolgorukii〈12世紀〉
古代ロシアの公。キエフ大公ウラジーミル・モノマフの息子, 1125年ロストフ・スーズダリ公。
⇒岩世人（ユーリー・ドルゴルーキー 1090-1157.5.15/10）

Iusta〈3世紀〉
聖人, 殉教者。祝日7月17日または19日。セビリャの守護聖人。
⇒新カト（ユスタとルフィーナ ?-297頃）
　図聖（ユスタとルフィナ ?-300頃）

Iustina〈3・4世紀〉
聖人, パドヴァの殉教者。祝日10月7日。ヴェネツィアの守護聖人。
⇒新カト（ユスティナ〔パドヴァの〕 ?-304頃）
　図聖（ユスティナ〔パドヴァの〕 ?-304頃）

Iustus
ユダヤ人キリスト者イエスの異名。パウロから協力者の一人として称えられる。
⇒新カト（ユスト）

Iustus
聖人, スペイン人殉教者。祝日12月14日。
⇒新カト（ユストゥスとアブンドゥス 生没年不詳）

Iustus〈3・4世紀〉
聖人, スペインの子どもの殉教者。祝日8月6日。
⇒新カト（ユストゥスとパストール ?-303/305）

Iustus〈4世紀〉
サン・アリールの司教代理。聖人。祝日10月21日。
⇒新カト（ユストゥス〔クレルモンの〕 ?-4世紀末）

Iustus〈4世紀〉
リヨンの司教。聖人。祝日9月2日。
⇒新カト（ユストゥス〔リヨンの〕 ?-390頃）

Iustus〈6世紀〉
スペインのウルヘルの司教。聖人。祝日5月28日。
⇒新カト（ユストゥス〔ウルヘルの〕 ?-550頃）

Iustus〈6・7世紀〉
第4代カンタベリ大司教。聖人。祝日11月10日。
⇒新カト（ユストゥス〔カンタベリの〕 ?-627.11.10）

Iuvenalis〈4世紀〉
アフリカ出身の証聖者。聖人。祝日5月3日。イタリアのナルニの初代司教とされる。
⇒新カト（ユウェナリス〔ナルニの〕 ?-376?）

Iuventinus〈4世紀〉
聖人, 殉教者。祝日1月29日。
⇒新カト（ユウェンティヌスとマクシムス ?-363）

Ivailo〈13世紀〉
ブルガリアの農民蜂起の指導者。
⇒世帝（イヴァイロ ?-1280/1281）

Ivan I, Danilovich Kalita〈14世紀〉
モスクワ大公。在位1325～41。モスクワ公国によるロシア統一の基礎を築く。
⇒岩世人（イヴァン1世（カリタ） ?-1340.3.31）
　世人新（イヴァン1世 ?-1340/1341）
　世人装（イヴァン1世 ?-1340/1341）

Ivan II〈14世紀〉
ブルガリア帝国の皇帝。
⇒世帝（イヴァン2世 ?-1330）

Ivan III, Vasilievich〈15・16世紀〉
モスクワ大公。在位1462～1505。
⇒岩世人（イヴァン3世 1440.1.22-1505.10.27）
　広辞7（イワン三世 1440-1505）
　新カト（イヴァン3世 1440.1.22-1505.10.27）
　世人新（イヴァン3世 1440-1505）
　世人装（イヴァン3世 1440-1505）
　世史語（イヴァン3世 1440-1505）

ポプ人（イワン3世　1440–1505）
皇国（イヴァン3世　（在位）1462–1505）
学叢歴（イヴァン3世）

Ivan IV, Vasilievich〈16世紀〉
モスクワ大公。在位1533～84。ロシアのツァーリ。在位1547～84。
⇒岩世人（イヴァン4世（雷帝）　1530.8.25–1584.3.18）
ネーム（イヴァン4世　1530–1584）
広辞7（イワン四世　1530–1584）
新カト（イヴァン4世（雷帝）　1530.8.25–1584.3.18）
世人新（イヴァン4世雷帝　1530–1584）
世人装（イヴァン4世雷帝　1530–1584）
世史語（イヴァン4世　1530–1584）
世史語（イヴァン4世　1530–1584）
世帝（イヴァン4世　1530–1584）
ポプ人（イワン4世　1530–1584）
皇国（イヴァン4世　（在位）1533–1574;1576–1584）

Ivan V, Alekseevich〈17世紀〉
ロシア皇帝。在位1682～96。ピョートル1世と帝位を共有。
⇒世帝（イヴァン5世　1666–1696）

Ivan VI, Antonovich〈18世紀〉
ロシア皇帝。在位1740～41。生後3ヵ月で即位。1741年クーデターにより終身幽閉となる。
⇒世帝（イヴァン6世　1740–1764）

Ivan Aleksandâr〈14世紀〉
第2次ブルガリア帝国の皇帝。在位1331～71。
⇒世帝（イヴァン・アレクサンダル　?–1371）

Ivan Asen II〈13世紀〉
ブルガリアのツァーリ。在位1218～41。武将、政治家として卓越し、王国最大の版図を築く。
⇒岩世人（イヴァン・アセン2世　?–1241）
世帝（イヴァン・アセン2世　?–1241）

Ivan Asen III〈13世紀〉
中世ブルガリアの第2ブルガリア帝国アセン家の統治者。在位1279～1280。
⇒世帝（イヴァン・アセン3世　1259/1260–1303）

Ivanko〈12世紀〉
ブルガリア帝国の皇帝。
⇒世帝（イヴァンコ　（在位）1196）

Ivanov, Aleksandr Andreevich〈19世紀〉
ロシアの画家。神話、宗教に取材した絵が多い。
⇒岩世人（イヴァーノフ　1806.7.16–1858.7.3）
芸13（イヴァーノフ, アレクサンドル　1806–1858）

Ivanov, Lev Ivanovich〈19・20世紀〉
舞踊家、振付師。
⇒岩世人（イワノフ（イヴァーノフ）　1834.2.18–1901.12.11）
バレエ（イワーノフ, レフ　1834.3.2–1901.12.11）

Ivanov, Nikolai Iudovich〈19・20世紀〉
ロシアの将軍。
⇒岩世人（イヴァーノフ　1851.7.22/8.3–1919.1.27）

Ivanov, Viacheslav Ivanovich〈19・20世紀〉
ロシア象徴派の詩人、神学者、古典学者。
⇒岩世人（イヴァーノフ　1866.2.16/28–1949.7.16）
広辞7（イヴァーノフ　1866–1949）
新カト（イヴァーノフ　1866.2.28–1949.7.16）

Ivanov, Yordan〈19・20世紀〉
ブルガリアの文学史家、考古学者、民俗学者。
⇒岩世人（イヴァノフ　1872.1.6/18–1947.7.29）

Ivanov-Razumnik〈19・20世紀〉
ロシアの文芸批評家。
⇒岩世人（イヴァーノフ＝ラズムニク　1878.11.30/12.12–1946.7.9）

Ivanovskii, Aleksei Osipovich〈19・20世紀〉
ロシアの東洋学者。中国、満州、蒙古、チベット等の言語に通じ、ペテルブルグ大学教授となる。
⇒岩世人（イヴァノフスキー　1863–1903）

Ivan Šišman〈14世紀〉
第2次ブルガリア帝国最後の皇帝。在位1371～93。
⇒世帝（イヴァン・シシュマン　1350/1351–1395）

Ivan Sratsimir〈14世紀〉
中世ブルガリアの統治者。
⇒世帝（イヴァン・スラツィミル　1324/1325–1397）

Ivan Stephen〈14世紀〉
中世ブルガリアの統治者。在位1330～1331。
⇒世帝（イヴァン・ステファン　1300/1301–1373?）

Ivan Vladislav〈11世紀〉
中世ブルガリアの統治者。在位1015～1018。
⇒世帝（イヴァン・ヴラディスラフ　?–1018）

Iványi-Grünwald, Bela〈19・20世紀〉
ハンガリーの画家。
⇒ユ著人（Iványi-Grünwald,Bela　イヴァーニ＝グリュンヴァルド, ベーラ　1874–1940）

Ives, Charles Edward〈19・20世紀〉
アメリカの作曲家。47年ピュリッツァー賞受賞。
⇒アメ新（アイブズ　1874–1954）
岩世人（アイヴズ　1874.10.20–1954.3.19）
バレエ（アイヴズ, チャールズ　1874.10.20–1954.5.19）
エデ（アイヴズ, チャールズ（エドワード）　1874.10.20–1954.5.19）
広辞7（アイヴズ　1874–1954）
ビ曲改（アイヴズ, チャールズ・エドワード　1874–1954）

I

Ives, Levi Silliman〈18・19世紀〉
アメリカの元聖公会司祭、カトリック教会慈善運動家。
⇒新カト（アイヴズ　1797.9.16–1867.10.13）

Ives, Simon I〈16・17世紀〉
イギリスの歌手、オルガン奏者、教師。
⇒バロ（アイヴス、サイモン1世　1600.7.20–1662.7.1）

Ives, Simon II〈17世紀〉
イギリスの作曲家。
⇒バロ（アイヴス、サイモン2世　1626頃–1662以前?）

Ivo Carnotensis〈11・12世紀〉
神学者、教会法学者、シャルトル司教。聖人。『教令原論』『万法論』を著す。
⇒新カト（イヴォ〔シャルトルの〕　1040頃–1115.12.23）

Ivo Hélory〈13・14世紀〉
聖人、司祭、法律家。祝日5月19日。
⇒図聖（イーヴ・エロリ　1253–1303）

Ivory, Sir James〈18・19世紀〉
スコットランドの数学者。イギリス数学界で解析的方法における大陸学風に精通した第一人者。
⇒岩世人（アイヴォリー　1765.2.17–1842.9.21）

Ixīōn
ギリシア神話に登場するラピテス族の王。
⇒岩世人（イクシオン）
　ネーム（イクシオン）

Ixtlilxóchtl, Fernando Alva〈16・17世紀〉
植民地期メキシコの歴史家。テスココ王家の末裔。著『チチメカ史』（1648頃）。
⇒ラテ新（イシュトリルショチトル　1575?–1650?）

Izdebski〈18世紀〉
ポーランドの作曲家。
⇒バロ（イズデブスキ,?　1700頃?–1760頃?）

Izmailov, Lev Vasilevich〈17・18世紀〉
帝政ロシアの軍人。
⇒岩世人（イズマーイロフ　1685–1738）

Izvol'skii, Aleksandr Petrovich〈19・20世紀〉
ロシアの外交官、政治家。英露協商を締結して三国協商を完成させ、以後その強化に努めた。
⇒岩世人（イズヴォリスキー　1856.3.6/18–1919.8.16）

【 J 】

Ja'afar, Long〈19世紀〉
マレー半島西岸のペラック王国で発生した内乱の当事者。
⇒岩世人（ジャアファル, ロン　?–1858）

al-Jabartī, 'Abdu'r-Raḥmān〈18・19世紀〉
エジプトの歴史家。エジプト近代史やフランス軍占領時代のカイロの年代記などの著作がある。
⇒岩世人（ジャバルティー　1753/1756–1825/1822/1826）

Jaberg, Karl〈19・20世紀〉
スイスの言語学者。
⇒岩世人（ヤーベルク　1877.4.24–1958.5.30）

Jabir ibn Hayyan〈8世紀〉
アッバース朝時代の化学者、錬金術師。硝酸の製法を初めて記載し、酢を蒸溜して酢酸をつくる方法を考案。
⇒岩世人（ジャービル・イブン・ハイヤーン　8世紀–9世紀初）
　新カト（ジャービル・イブン・ハイヤーン　721頃/8世紀後半–815頃）

Jabłonowski, Jósef Aleksander Prus〈18世紀〉
ポーランドの貴族。
⇒岩世人（ヤブウォノフスキ　1712.2.4–1777.3.1）

Jablonski, Daniel Ernst〈17・18世紀〉
ドイツのプロテスタント神学者。
⇒岩世人（ヤブロンスキー　1660.11.20–1741.5.25）
　新カト（ヤブロンスキー　1660.11.20–1741.5.25）

Jabotinsky, Vladimir Evegenevich〈19・20世紀〉
イギリスの政治家。シオニズム（パレスチナ故国回復運動）を指導し、新シオニスト協会を設立。
⇒岩世人（ヤボティンスキー　1880.10.6/18–1940.8.4）
　ユ人（ヤボチンスキー（ジャボチンスキー）, ウラジミール（ゼーブ）　1880–1940）
　ユ著人（Zhabotinskii（Jabotinsky）, Vladimir　ジャボチンスキー, ウラジミール　1880–1940）

Jaca, Francisco José de〈17世紀〉
スペイン出身のカリブ海地域への宣教師。
⇒新カト（ハカ　1645頃–1689.10頃）

Jacchini, Giuseppe Maria〈17・18世紀〉
イタリアの作曲家。
⇒バロ（ジャッキーニ, ジュゼッペ・マリア　1663

頃–1727.4.2)
バロ（ヤッキーニ, ジュゼッペ・マリーア　1663頃–1727.5.2)

Jachet da Mantova〈15・16世紀〉
フランスの作曲家。
⇒バロ（ジャケット・ダ・マントヴァ　1483–1559.10.2)
　バロ（ヤケット・ダ・マントヴァ　1483–1559.10.2)

Jacini, Stefano〈19世紀〉
イタリアの政治家。イタリアで最初の大農業調査を主宰。
⇒岩世人（ヤチーニ　1826.6.20–1891.3.25)

Jacinto, Emilio〈19世紀〉
フィリピンのタガログ語の政治・社会評論家。著作『光と闇』は啓蒙的な政治エッセイ。
⇒岩世人（ハシント　1875.12.15–1899.4.16/6/9)

Jacinto, Frei〈17・18世紀〉
ポルトガルの作曲家。
⇒バロ（ジャシント, フレイ　1680頃?–1740頃?)

Jacinto Valledor y la Calle〈18・19世紀〉
スペインの作曲家。
⇒バロ（バリェドール・イ・ラ・カリェ, ハシント　1744–1809)

Jackson, Abraham Valentine Williams〈19・20世紀〉
アメリカの言語学者。ゾロアスター教の聖典に使われているアベスタ語の世界的権威。
⇒岩世人（ジャクソン　1862.2.9–1937.8.8)

Jackson, Andrew〈18・19世紀〉
アメリカの政治家。第7代大統領（1829～37）。
⇒アメ新（ジャクソン　1767–1845)
　岩世人（ジャクソン　1767.3.15–1845.6.8)
　広辞7（ジャクソン　1767–1845)
　世人新（ジャクソン　1767–1845)
　世人装（ジャクソン　1767–1845)
　世史語（ジャクソン　1767–1845)
　ポブ人（ジャクソン, アンドリュー　1767–1845)

Jackson, Sir Barry Vincent〈19・20世紀〉
イギリスの演出家。バーミンガム・レパートリー劇場を創設。著書に『演劇と市民生活』(22)がある。
⇒岩世人（ジャクソン　1879.9.6–1961.4.3)

Jackson, Helen MariaHunt〈19世紀〉
アメリカの詩人, 小説家。インディアンの受けた不当な扱いを描いた小説『ラモナ』(84)で知られる。
⇒岩世人（ジャクソン　1830.10.18–1885.8.12)

Jackson, John Hughlings〈19・20世紀〉
イギリスの神経病学者。

⇒岩世人（ジャクソン　1835.4.4–1911.10.7)

Jackson, Thomas Jonathan〈19世紀〉
アメリカの陸軍軍人。別名ストンウォール・ジャクソン。
⇒岩世人（ジャクソン　1824.1.21–1863.5.10)

Jackson, William〈18・19世紀〉
イギリスの音楽家。2つのオペラを残し,『12の歌』(55)を含む多くの声楽曲を発表。
⇒バロ（ジャクソン, ウィリアム1世　1730.5.29–1803.7.5)
　岩世人（ジャクソン　1730.5.29–1803.7.5)

Jacob〈前14世紀〉
イスラエル民族の祖。イサクとラバンの妹リベカの子（創世記）。
⇒岩世人（ヤコブ）
　岩世人（ヤアクーブ）
　岩世人（イスラエル）
　広辞7（ヤコブ）
　新カト（ヤコブ）
　図聖（ヤコブ（族長））
　聖書（ヤコブ（イスラエルの父祖・族長））

Jacob, Georges〈18・19世紀〉
フランスの家具製造業者。
⇒岩世人（ジャコブ　1739.7.6–1814.7.5)

Jacob, Gunther Wenceslaus〈17・18世紀〉
ボヘミアの作曲家。
⇒バロ（ヤーコブ, グンター・ヴェンツェスラウス　1685.9.30–1734.3.21)

Jacob, Henry〈16・17世紀〉
イギリスの清教徒。牧師。イギリス最初の組合教会を建設。
⇒岩世人（ジェイコブ　1562頃–1626頃)

Jacob, Max〈19・20世紀〉
ユダヤ系フランスの詩人, 画家。ピカソらとともにキュビスム運動に参加する一方, 詩, 小説, 評論, 戯曲を数多く残す。主著, 神秘劇『聖マトレル』(1936)など。
⇒岩世人（ジャコブ　1876.7.11–1944.3.5)
　新カト（ジャコブ　1876.7.12–1944.3.5)
　ユ著人（Jacob,Max　ジャコブ, マックス　1876–1944)

Jacob ben Asher〈13・14世紀〉
ハラハーの権威者。
⇒ユ著人（Jacob ben Asher　ヤコブ・ベン・アシェル　1270?–1340)

Jacob ben Hayyim ben Isaac ibn Adonijah〈15・16世紀〉
ヘブライ語学者。「第二ラビ聖書」に本文を提供した。
⇒ユ著人（Jacob ben Hayyim ben Isaac ibn Adonijah　ヤコブ・ベン・ハイーム・ベン・イサク・イブン・アドニア　1470?–1538?)

Jacob de Senleches〈14・15世紀〉
アラゴン出身という説もある作曲家。
⇒バロ（サンルーシュ，ジャコブ・ド　1345頃-1395）
　バロ（ジャコブ・ド・サンルーシュ　1345頃-1395）
　バロ（ヤコブ・ド・サンルーシュ　1345頃-1395）

Jacobi, Abraham〈19・20世紀〉
ドイツ生れのアメリカの小児科医。アメリカで初めての小児科専門病院を開設。
⇒岩世人（ヤコービ　1830.5.6-1919.7.10）

Jacobi, Friedrich Heinrich〈18・19世紀〉
ドイツ啓蒙主義後期の哲学者。信仰哲学，感情哲学の大成者。
⇒岩世人（ヤコービ　1743.1.25-1819.3.10）
　広辞7（ヤコービ　1743-1819）
　新カト（ヤコービ　1743.1.25-1819.3.10）
　メル2（ヤコービ，フリードリヒ＝ハインリヒ　1743-1819）

Jacobi, Hermann Georg〈19・20世紀〉
ドイツのインド学者，言語学者。特にジャイナ教聖典の翻訳が知られている。
⇒岩世人（ヤコービ　1850.2.11-1937.10.19）

Jacobi, Johann Georg〈18・19世紀〉
ドイツの詩人。アナクレオン派の作風で詩作を行った。
⇒岩世人（ヤコービ　1740.9.2-1814.1.4）

Jacobi, Karl Gustav Jacob〈19世紀〉
ドイツの数学者。アーベルとともに，楕円関数論の創始者として有名である。
⇒岩世人（ヤコービ　1804.12.10-1851.2.18）
　広辞7（ヤコービ　1804-1851）
　世数（ヤコビ，カール・グスタフ・ヤーコプ　1804-1851）
　ユ著人（Jacobi, Carl Gustav Jacob　ヤコビ，カール・グスタフ・ヤコブ　1804-1851）

Jacobi, Michael〈17世紀〉
ドイツの作曲家。
⇒バロ（ヤコービ，ミヒャエル　1618-1663.10.19）

Jacobi, Moritz Hermann〈19世紀〉
ロシアの物理学，電気工学者。電動モーターを設計。
⇒ユ著人（Jacobi, Moritz Hermann von　ヤコビ，モーリッツ・ヘルマン・フォン　1801-1874）

Jacobis, Giustino de〈18・19世紀〉
聖人，司教，宣教師。祝日7月31日。ナポリ王国のサン・フェレ生まれ。
⇒新カト（ジュスティーノ・デ・ヤコビス　1800.10.9-1860.7.31）

Jacobo de Santa María〈16・17世紀〉
日本人ドミニコ会司祭。長崎16聖人の一人。祝日9月28日。
⇒新カト（ヤコボ・デ・サンタ・マリア　1582-1633.8.17）

Jacobs〈3世紀〉
殉教者。聖人。「マリアヌスとヤコブス」と併称される。
⇒新カト（マリアヌスとヤコブス　?-259.5.6）

Jacobs, Aletta〈19・20世紀〉
オランダの医師，産児調整運動家。
⇒ユ著人（Jacobs, Aletta Henriette　ヤコブス，アレッタ・ヘンリエッテ　1854-1929）

Jacobs, Harriet〈19世紀〉
アメリカの奴隷解放運動家。
⇒岩世人（ジェイコブズ　1813.2.11-1897.3.7）

Jacobs, Monty〈19・20世紀〉
作家。演劇評論家。
⇒ユ著人（Jacobs, Monty　ヤコブス，モンティ　1875-1945）

Jacobsen, Jacob Christian〈19世紀〉
デンマークのビール醸造家。
⇒岩世人（ヤコブセン　1811.9.2-1887.4.30）

Jacobsen, Jens Peter〈19世紀〉
デンマークの小説家。
⇒岩世人（ヤコブセン　1847.4.7-1885.4.30）
　ネーム（ヤコブセン　1847-1885）
　広辞7（ヤコブセン　1847-1885）
　新カト（ヤコブセン　1847.4.7-1885.4.30）

Jacobson, Israel〈18・19世紀〉
ドイツの博愛家。ユダヤ人の社会的精神的向上に尽し，宗教的慣習の改善に努めた。
⇒ユ人（ヤコブソン，イスラエル　1768-1828）
　ユ著人（Jacobson, Israel　ヤコブソン，イスラエル　1768-1828）

Jacobson, Ludvig Levin〈18・19世紀〉
デンマークの解剖学者，博物学者。
⇒ユ著人（Jacobson, Ludvig Levin　ヤコブソン，ルードイッヒ・レビィン　1783-1843）

Jacobson, Victor〈19・20世紀〉
ロシアのシオニスト指導者。
⇒ユ人（ヤコブソン，ビクトル　1869-1935）

Jacobus de Aesculo〈13・14世紀〉
イタリアのフランシスコ会神学者。
⇒新カト（ヤコブス〔アスコリの〕　1270頃-?）

Jacoby, Felix〈19・20世紀〉
ドイツの古典学者。古代ギリシアを研究した。"Atthis"（49）を著す。
⇒岩世人（ヤコービ　1876.3.19-1959.11.10）

Jacoby, Johann〈19世紀〉
プロイセンの政治家。ユダヤ人商人の子。
⇒ユ著人（Jacoby, Johann　ヤーコビィ，ヨハン　1805-1877）

Jacocks, William Picard〈19・20世紀〉
アメリカの公衆衛生医師。

⇒アア歴（Jacocks,William P（icard）　ウイリアム・ピカード・ジェイコックス　1877.12.9–1965.2.17）

Jacopo Bassano〈16世紀〉
イタリアの画家。
⇒芸13（バッサーノ, ヤコポ　1517-1518–1592）

Jacopo da Bologna〈14世紀〉
イタリアの作曲家, 理論家, 詩人。1340〜60ごろ活躍。
⇒バロ（ヤーコポ, ダ・ボローニャ　1310頃?–1360-1370）

Jacopo da Lentini〈13世紀〉
イタリアの詩人。ソネット形式を発明。代表作『かの君と天国』。
⇒岩世人（ジャコモ・ダ・レンティーニ　1210頃?–1260頃）

Jacopone da Todi〈13・14世紀〉
イタリアの宗教詩人。13世紀最大の宗教詩人と言われる。主作品『悲しみの御母は立ちませり』。
⇒バロ（ヤーコポ, ダ・トーディ　1228-1236–1306.12.25）
　岩世人（ヤコポーネ・ダ・トーディ　1230/1240–1306.12.25）
　広辞7（ヤコポーネ・ダ・トーディ　1230頃–1306）
　新カト（ヤコポーネ・ダ・トディ　1230頃–1306.12.25）

Jacovacci, Vincenzo〈19世紀〉
イタリアの興行主。
⇒オペラ（ヤコヴァッチ, ヴィンツェンツォ　1811–1881）

Jacquard, Joseph Marie〈18・19世紀〉
フランスの発明家, ジャカード織機の発明者。
⇒岩世人（ジャカール（ジャカード）　1752.7.7–1834.8.7）

Jacques〈17世紀〉
フランスの論争神学者, カプチン会員。
⇒新カト（ジャック〔オータンの〕　1624.1.18–1678）

Jacques, Rémy〈19・20世紀〉
フランスの政治家。
⇒19仏（レミ・ジャック　1817.1.1–1905）

Jacques de Cruz, Henri〈18世紀〉
フランドルの作曲家。
⇒バロ（ジャック・ド・クルス, アンリ　1700頃?–1760頃?）

Jacques de Hesdin〈12・13世紀〉
フランスのトルヴェール。
⇒バロ（ジャック・ド・エダン　1180頃?–1230頃?）

Jacquet, Claude II〈17・18世紀〉
フランスの作曲家。
⇒バロ（ジャケ, クロード2世　1640頃?–1702.11.5）

Jacquet, Pierre〈17・18世紀〉
フランスの鍵盤楽器奏者。
⇒バロ（ジャケ, ピエール　1666頃–1729.6.28）

Jadassohn, Joseph〈19・20世紀〉
ドイツの皮膚科学者。皮膚科学および性病学の諸領域に業績があった。
⇒岩世人（ヤーダスゾーン　1863.9.10–1936.3.24）
　ユ著人（Jadassohn,Josef　ヤーダスゾーン, ヨゼフ　1863–1936）

Jadassohn, Salomon〈19・20世紀〉
ドイツの音楽理論家, 作曲家。
⇒岩世人（ヤーダスゾーン　1831.8.13–1902.2.1）
　ユ著人（Jadassohn,Salomon　ヤーダスゾーン, ザロモン　1831–1902）

Jadin, Jean Baptiste〈18世紀〉
フランドルの作曲家。
⇒バロ（ジャダン, ジャン・バティスト　1744.9.9–1789-1790）

Jadlowker, Herman〈19・20世紀〉
ドイツ・オペラのテノール。
⇒失声（ヘルマン・ヤドロウカー　1877–1953）

Jadwiga〈12・13世紀〉
ポーランドの聖人。祝日10月16日。シレジア大公妃。
⇒新カト（ヤドヴィガ　1179頃–1243.10.14/15）

Jadwiga〈14世紀〉
ポーランド女王。在位1384〜99。ヤギェロ王朝の基礎を固める。
⇒岩世人（ヤドヴィガ　1374–1399.7.17）
　新カト（ヤドヴィガ　1374.2.18–1399.7.17）
　世帝（ヤドヴィガ・アンデガヴェンスカ　1373–1399）

Ja'far al-Ṣādiq〈8世紀〉
イスラム教シーア派第6代イマーム。
⇒岩世人（ジャアファル・サーディク　699/702–765）

Ja'far bn Yaḥyā al-Barmakī〈8・9世紀〉
サラセンのアッバース朝の重臣。
⇒岩世人（ジャアファル・イブン・ヤフヤー　?–803.1.29）

Ja'far Khvāja〈13・14世紀〉
モンゴル帝国に仕えたムスリム。
⇒岩世人（ジャアファル・ハージャ）

Jaffé, Philippe〈19世紀〉
ドイツの歴史学者。
⇒新カト（ヤッフェ　1819.2.17–1870.4.3）

Jagannātha Dāsa〈15・16世紀〉
インドのオディア（オリヤー）語詩人。
⇒岩世人（ジャガンナート・ダース　1487–1547頃）

Jäger, Johann Wolfgang〈17・18世紀〉
ドイツのルター派神学者。
⇒新カト（イェーガー　1647.3.17–1720.4.20）

Jäger, Rudolf〈19・20世紀〉
ドイツのテノール。「サロメ」世界初演にナラボートを歌って出演。
⇒魅惑（Jäger,Rudolf　1875–1948）

Jaggar, Thomas Augustus, Jr.〈19・20世紀〉
アメリカの火山学者。
⇒岩世人（ジャガー　1871.1.24–1953.1.17）

Jagič, Vatroslav〈19・20世紀〉
クロアティアのスラヴ語学者。
⇒岩世人（ヤギッチ　1838.7.6–1923.8.5）

Jagiełło〈14・15世紀〉
リトアニア大公国の統治者。
⇒新カト（ヤギエロ　1350/1351–1434.6.1）

Jagjī Vandā〈18世紀〉
1750年ころのインドの宗教家。
⇒南ア新（ジャグジーヴァンダース　生没年不詳）

Jahāndār Shāh〈18世紀〉
ムガル帝国の統治者。在位1712～1713。
⇒世帝（ジャハーンダール・シャー　1661–1713）

Jahāngīr〈16・17世紀〉
インド,ムガル帝国第4代皇帝。在位1605～27。ムガル帝国の全盛時代を実現した。
⇒岩世人（ジャハーンギール　1569.8.30–1627.11.7）
　ネーム（ジャハーンギール　1569–1627）
　世帝（ジャハーンギール　1569–1627）
　南ア新（ジャハーンギール　1569–1627）
　学叢歴（ジェハンギール　?–1627）

Jahān Shāh〈15世紀〉
イランの黒羊朝第4代の主。在位1437～67。
⇒岩世人（ジャハーン・シャー　?–1467）
　世帝（ジャハーン・シャー　1749–1790）

*al-***Jāhiz, Abū Uthmān 'Amr ibn Bahr al-Kinānī**〈8・9世紀〉
アラブの文学者,思想家。アラビア文学史上第一級の散文作家。
⇒岩世人（ジャーヒズ　767頃–869）
　ネーム（ジャーヒズ　767?–869）
　広辞7（ジャーヒズ　767頃–869）
　新カト（ジャーヒズ　767/775–868/869）
　世人新（ジャーヒズ　775/776/777–868/869）
　世人装（ジャーヒズ　775/776/777–868/869）

Jahn, Friedrich Ludwig〈18・19世紀〉
ドイツの教育者,愛国者。体操の指導者で「ドイツ体操の父」と呼ばれる。
⇒岩世人（ヤーン　1778.8.11–1852.10.15）

Jahn, Martin〈17世紀〉
ドイツの作曲家。
⇒バロ（ヤーン,マルティン　1620頃–1682頃）

Jahn, Otto〈19世紀〉
ドイツの考古学,古典学者。
⇒岩世人（ヤーン　1813.6.16–1869.9.9）

*al-***Jahshiyārī, Abū 'Abd Allāh Muḥammad bn 'Abdūs**〈10世紀〉
アッバース朝の文人官僚。ペルシア語の『千物語』からの翻訳で知られる。
⇒岩世人（ジャフシヤーリー　?–942/943）

Jaime I, El Conquistador〈13世紀〉
アラゴン王。在位1213～76。スペイン国土回復運動を合一。
⇒岩世人（ハイメ1世（征服王）　1208–1276）
　世帝（ハイメ1世　1208–1276）

Jaime II〈13・14世紀〉
アラゴン王。在位1291～1327。レリダ総合大学を設立。
⇒岩世人（ハイメ2世（公正王）　1267–1327）
　世帝（ハイメ2世　1267–1327）

Jaime Barius y Vila〈18・19世紀〉
スペインの作曲家。
⇒バロ（バリウス・イ・ビラ,ハイメ　1760頃?–1822.11.3）

Jaimes Freyre, Ricardo〈19・20世紀〉
ボリビアの詩人。初期モデルニスモ（近代主義）を代表する詩人の一人。
⇒岩世人（ハイメス・フレイレ　1868.5.12–1933.4.24）

Jaimini〈前2・1世紀〉
ミーマーンサー学派の確立者。ベーダ聖典に規定されている祭祀儀礼の実行の意義に統一解釈を与えた。
⇒岩世人（ジャイミニ　前200–前100頃）
　南ア新（ジャイミニ　前200頃–前100頃）

Jais, Aegidius〈18・19世紀〉
ドイツの教育家,司牧神学者。ベネディクト会会員。
⇒新カト（ヤイス　1750.3.17–1822.12.4）

Jājarmī, Muḥammad ibn Badr〈14世紀〉
ペルシア詩の選集の編者,詩人。
⇒岩世人（ジャージャルミー,ムハンマド・イブン・バドル）

Jajus（Jay, Le Jay）, Claudius〈16世紀〉
最初期のイエズス会員の一人,神学者。フランス生まれ。
⇒新カト（ヤユス　1504–1552.8.6）

Jakob〈5・6世紀〉
シリアの教会著述家、主教。
⇒新カト（ヤコブ〔サルグの〕　451頃–521.11.29）

Jakob, Ludwig Heinrich von〈18・19世紀〉
ドイツの経済学者。
⇒学叢思（ヤコブ、ルドヴィヒ・ハインリヒ・フォオン　1759–1827）

Jakobi, Friedrich Heinrich〈18・19世紀〉
ドイツの哲学者。
⇒学叢思（ヤコビ、フリードリヒ・ハインリヒ　1743–1817）

Jalabert, Louis〈19・20世紀〉
フランス・カトリックの碑文学者、イエズス会司祭。
⇒新カト（ジャラベール　1877.3.30–1943.5.12）

Jalāl al-Dīn Muḥammad〈15世紀〉
マムルーク朝や明朝と交流したベンガルの王。在位1418～31。
⇒岩世人（ジャラールッディーン・ムハンマド　?–1431頃）

Jalāl-ud-Din Khiljī〈13世紀〉
インド、デリー諸王朝のハルジー朝の創始者。在位1290～96。
⇒岩世人（ジャラールッディーン・フィールーズ　?–1296）
　広辞7（フィローズ・シャー　　(在位)1290–1296）

Jalāl-ud-Dīn Mankubirnī〈13世紀〉
ホラズム王朝最後の王。在位1220～31。モンゴル軍に敗れて山中で土民に殺害された。
⇒岩世人（ジャラールッディーン・マングビルティー　?–1231.8.15）

Jalangga〈18世紀〉
中国、清中期の武人。字は松荘。1727年チベット反乱を平定。40年太子太保となった。
⇒岩世人（ジャランガ　?–1747(乾隆12)）

Jaloux, Edmond〈19・20世紀〉
フランスの小説家。主著、小説『あとは沈黙』(09)、評論『ゲーテの生涯』(33)など。
⇒岩世人（ジャルー　1878.6.19–1949.8.22）

Jamāl al-Dīn〈13・14世紀〉
ペルシア人の天文学者、暦学者、地理学者。
⇒岩世人（ジャマールッディーン　?–1301（大徳5））

Jamal ul-Kiram II〈19・20世紀〉
フィリピン諸島南部のスールー王国の第32代スルタン。在位1884～1936。
⇒岩世人（ジャマルウル＝キラム2世　1869頃–1936）

Jambe de Fer, Philibert〈16世紀〉
フランスの作曲家。
⇒バロ（ジャンブ・ド・フェール、フィリベール

1515頃–1566頃）

'jam dbyangs bzhad pa〈17・18世紀〉
チベットの学僧。
⇒岩世人（ジャムヤン・シェーパ　1648–1721/1722）

'jam dbyangs mkhyen brtse dbang po I〈19世紀〉
チベットの無宗派運動の祖。
⇒岩世人（ジャムヤン・ケンツェワンボ1世　1820–1892）

James, Eldon Revare〈19・20世紀〉
アメリカの弁護士、外交顧問。
⇒アア歴（James,Eldon R(evare)　エルドン・レヴェア・ジェイムズ　1875.11.21–1949.1.2）

James, Henry, Jr.〈19・20世紀〉
アメリカの小説家、批評家。
⇒アメ新（ジェームズ　1843–1916）
　岩世人（ジェイムズ　1843.4.15–1916.2.28）
　広辞7（ジェームズ　1843–1916）
　学叢思（ジェームズ、ヘンリー　1843–1916）
　新カト（ジェイムズ　1843.4.15–1916.2.28）

James, Henry, Sr.〈19世紀〉
アメリカの哲学者、著述家。
⇒岩世人（ジェイムズ　1811.6.3–1882.12.18）

James, *Sir* Henry Evan Murchison〈19・20世紀〉
イギリスの官吏。
⇒岩世人（ジェイムズ　1846.1.20–1923.8.20）

James, Jesse Woodson〈19世紀〉
アメリカの犯罪者。「ジェームズ団」を組織して銀行襲撃、列車強盗を働き、仲間の裏切りにより殺された。
⇒アメ新（ジェームズ　1847–1882）
　岩世人（ジェイムズ　1847.9.5–1882.4.3）

James, John〈17・18世紀〉
イギリスのオルガン奏者。
⇒バロ（ジェイムズ、ジョン　1690頃?–1745頃）

James, Montague Rhodes〈19・20世紀〉
イギリスの怪奇小説家。20世紀初めの四大怪奇小説家の一人。
⇒新カト（ジェイムズ　1862.8.1–1936.6.12）

James, William〈19・20世紀〉
アメリカの哲学者、心理学者。プラグマチズムの指導者。
⇒アメ新（ジェームズ　1842–1910）
　岩世人（ジェイムズ　1842.1.11–1910.8.26）
　広辞7（ジェームズ　1842–1910）
　学叢思（ジェームズ、ウィリアム　1842–1910）
　新カト（ジェイムズ　1842.1.11–1910.8.26）
　世人新（ジェームズ　1842–1910）
　世人装（ジェームズ　1842–1910）

20思（ジェームズ，ウィリアム　1842–1910）
ポプ人（ジェームズ，ウィリアム　1842–1910）
メル3（ジェームズ，ウィリアム　1842–1910）

James I〈14・15世紀〉
スコットランド王。在位1406～37。
⇒岩世人（ジェイムズ1世　1394.7–1437.2.20）
　世帝（ジェイムズ1世　1394–1437）

James I〈16・17世紀〉
イギリス，スチュアート朝初代の国王。在位1603～25。スコットランド王としてはジェームズ6世。在位1567～1625。
⇒岩世人（ジェイムズ1世　1566.6.19–1625.3.27）
　広辞7（ジェームズ一世　1566–1625）
　学叢思（ジェイムズ1世　1566–1625）
　新カト（ジェイムズ1世　1566.6.19–1625.3.27）
　世人新（ジェイムズ1世（6世）　1566–1625）
　世人装（ジェイムズ1世（6世）　1566–1625）
　世史語（ジェイムズ1世　1566–1625）
　世帝（ジェイムズ1世　1566–1625）
　ポプ人（ジェイムズ1世　1566–1625）
　皇国（ジェイムズ1世　（在位）1603–1625）

James II〈15世紀〉
スコットランド国王。在位1437～60。ジェイムズ1世の息子。
⇒岩世人（ジェイムズ2世　1430.10.16–1460.8.3）
　世帝（ジェイムズ2世　1430–1460）

James II〈17・18世紀〉
イギリス，スチュアート朝の国王。在位1685～88。
⇒岩世人（ジェイムズ2世　1633.10.14–1701.9.5）
　広辞7（ジェームズ二世　1633–1701）
　新カト（ジェイムズ2世　1633.10.14–1701.9.16）
　世人新（ジェイムズ2世　1633–1701）
　世人装（ジェイムズ2世　1633–1701）
　世史語（ジェイムズ2世　1633–1701）
　世帝（ジェイムズ2世　1633–1701）
　ポプ人（ジェイムズ2世　1633–1701）
　皇国（ジェームズ2世　（在位）1685–1688）

James III〈15世紀〉
スコットランド王。在位1460～88。イギリス王と和約を結んだが貴族反乱軍と戦って敗死。
⇒岩世人（ジェイムズ3世　1452.5–1488.6.11）
　世帝（ジェイムズ3世　1452–1488）

James IV〈15・16世紀〉
スコットランド王。在位1488～1513。
⇒岩世人（ジェイムズ4世　1473.3.17–1513）
　世帝（ジェイムズ4世　1473–1513）

James V〈16世紀〉
スコットランド王。在位1513～42。
⇒岩世人（ジェイムズ5世　1512.4.10–1542.12.14）
　世帝（ジェイムズ5世　1512–1542）

James Busby〈18・19世紀〉
ニュージーランドへ派遣されたイギリス政府の現地代理。
⇒オセ新（バズビー　1800–1871）

James Francis Edward Stuart〈17・18世紀〉
イギリスの王位僭称者。ジェームズ2世の子。
⇒岩世人（ジェイムズ・フランシス・エドワード　1688.6.10–1766.1.1）

Jameson, Charles Davis〈19・20世紀〉
アメリカの技師。
⇒アア歴（Jameson, C（harles） D（avis）　チャールズ・デイヴィス・ジェイムスン　1855.7.2–1927.2.13）

Jameson, John Franklin〈19・20世紀〉
アメリカの歴史家。
⇒岩世人（ジェイムソン　1859.9.19–1937.9.28）

Jamesone, George〈16・17世紀〉
イギリスの画家。騎士肖像画で，チャールズ1世の賞讃を得た。
⇒岩世人（ジェイミソン　1586–1644.2.8）

James The Nisibis〈4世紀〉
主教。聖人。
⇒新カト（ヤコブ〔ニシビスの〕　?–338）

Jāmī, Maulānā Nūr al-dīn 'Abd al-Raḥmān〈15世紀〉
ペルシアの神秘主義詩人，学者。ペルシア文学古典・黄金時代の最後の大詩人。
⇒岩世人（ジャーミー　1414–1492）
　広辞7（ジャーミー　1414–1492）

Jamieson, John〈18・19世紀〉
イギリスの牧師，辞典編集者。
⇒岩世人（ジェイミソン　1759.3.3–1838.7.12）

Jamīla〈8世紀〉
アラビアの女流歌手。メディナの解放奴隷。
⇒岩世人（ジャミーラ　?–720頃）

Jamīl bn 'Abd Allāh al-'Udhrī〈7・8世紀〉
ウマイヤ朝期のアラブ詩人。
⇒岩世人（ジャミール　?–701）

Jamil Jambek, Syekh Muhammad〈19・20世紀〉
インドネシア，西スマトラのイスラーム近代派指導者。
⇒岩世人（ジャミル・ジャンベック　1860–1947.12.30）

Jamin, Jules Célestin〈19世紀〉
フランスの物理学者。ジャーマンの干渉計の考案その他光学の研究を行った。
⇒岩世人（ジャマン　1818.5.30–1886.2.12）

Jammes, Francis〈19・20世紀〉
フランスの詩人。敬虔な宗教的雰囲気に満ちた詩集『空のすきま』（06）などを著した。

⇒岩世人（ジャム　1868.12.2-1938.11.1）
広辞7（ジャム　1868-1938）
新カト（ジャム　1868.12.2-1938.11.1）

'jam mgon kong sprul I〈19世紀〉
チベットの高僧。
⇒岩世人（ジャムゴン・コントゥル1世　1813-1899）

Jamnitzer, Wenzel〈16世紀〉
オーストリアの金工。ルネサンス時代を代表する鋳金家の一人，ウィーンで制作した。
⇒岩世人（ヤムニッツァー　1508-1585.12.19）

Jamshīd
イラン文化圏最大の文化英雄。
⇒岩世人（ジャムシード）

Jamukha〈12・13世紀〉
モンゴルのジャダラン氏族の族長。
⇒岩世人（ジャムカ　?-1204?）

Jan〈15世紀〉
ポーランドの聖人。祝日9月29日。
⇒新カト（ヤン〔ドゥクラの〕　1414頃-1484.9.29）

Jan II Kazimierz〈17世紀〉
ポーランド王。在位1648〜68。ジグムント3世の末子。
⇒岩世人（ヤン2世　1609.3.22-1672.12.16）
新カト（ヤン2世　1609.3.21-1672.12.16）
世帝（ヤン2世　1609-1672）

Jan III Sobieski〈17世紀〉
ポーランド国王。在位1674〜96。73年の対トルコ戦で戦功をたて，74年国王に選出された。
⇒岩世人（ヤン3世　1629.8.17-1696.6.17）
新カト（ヤン3世　1629.8.17-1696.6.17）
世帝（ヤン3世　1629-1696）

Janáček, Leoš〈19・20世紀〉
チェコスロバキアの作曲家。
⇒岩世人（ヤナーチェク　1854.7.3-1928.8.12）
バレエ（ヤナーチェク，レオシュ　1854.7.3-1928.8.12）
オペラ（ヤナーチェク，レオシュ　1854-1928）
エデ（ヤナーチェク，レオシュ　1854.7.3-1928.8.12）
ネーム（ヤナーチェク　1854-1928）
広辞7（ヤナーチェク　1854-1928）
実音人（ヤナーチェク，レオシュ　1854-1928）
新カト（ヤナーチェク　1854.7.3-1928.8.12）
ピ曲改（ヤナーチェク，レオシュ　1854-1928）

Janaka
インドのヴィデハ国王，釈迦出現以前の自由思想家。
⇒学叢思（ジャナカ）

Janczewski〈17世紀〉
ポーランドの作曲家。
⇒バロ（ヤンチェフスキ,?　1640頃?-1700頃?）

Jandel, Vincent-Alexandre〈19世紀〉
第73代ドミニコ会総会長。ロレーヌ地方ジェルベヴィエの生まれ。
⇒新カト（ジャンデル　1810.7.10-1872.12.11）

al-Jandī, Mu'ayyad al-Dīn〈13世紀〉
イスラームの神秘主義者（スーフィー）。
⇒岩世人（ジャンディー，ムアイヤドゥッディーン　?-1291頃）

Jane〈16世紀〉
イングランド王国の統治者。在位1553。
⇒皇国（ジェーン・グレイ　?-1554.2）

Janequin, Clément〈15・16世紀〉
フランスの作曲家。16世紀フランスの新しい多声シャンソンの代表的作曲者。
⇒バロ（ジャヌカン，クレマン　1485頃-1558）
岩世人（ジャヌカン　1485頃-1558以降）

Janes, Leroy Lansing〈19・20世紀〉
アメリカの宣教師。熊本洋学校での教えは「熊本バンド」として結実。
⇒アア歴（Janes,L(eroy)　L(ansing)　リーロイ・ランシング・ジェインズ　1837.3.27-1909.3.12）
アメ新（ジェーンズ　1838-1909）
岩世人（ジェインズ　1837.3.27-1909.3.27）
広辞7（ジェーンズ　1838-1909）
新カト（ジェインズ　1837.3.27-1909.3.27）
ポプ人（ジェーンズ，リロイ　1838-1909）

Jane Seymour〈16世紀〉
イングランド王ヘンリー8世の第3の妃。エドワード（6世）の母。
⇒岩世人（ジェイン・シーモア　1508/1509-1537.10.24）
王妃（ジェーン・シーモア　1509頃-1537）

Janet, Paul〈19世紀〉
フランスの哲学者。内省に基づく唯心論の立場で心理学的形而上学を展開。
⇒岩世人（ジャネ　1823.4.30-1899.10.4）
学叢思（ジャネー，ポール　1823-1899）
メル2（ジャネ，ポール　1823-1899）

Janet, Pierre Marie Félix〈19・20世紀〉
フランスの心理学者，精神病理学者。心理療法に科学的な心理学的基礎を与えた最初の学者の一人。
⇒岩世人（ジャネ　1859.5.28-1947.2.24）
広辞7（ジャネ　1859-1947）
学叢思（ジャネー，ピエール　1859-?）
メル3（ジャネ，ピエール　1859-1947）

Janggut, To'〈19・20世紀〉
マレー半島東岸のクランタン王国で発生した反乱の中心的人物。
⇒岩世人（ジャングット，トッ　1853頃-1915.5.24）

Janitsch, Johann Gottlieb〈18世紀〉
シュレジェンの作曲家。

⇒バロ（ヤニチュ，ヨハン・ゴットリープ　1708.6.19–1763頃）

Jannaconi, Giuseppe〈18・19世紀〉
イタリアの作曲家。
⇒バロ（ヤンナコーニ，ジュゼッペ　1741–1816.3.16）

János, Kájoni〈17世紀〉
ハンガリーの作曲家。
⇒バロ（ヤーノシュ，カーヨニ　1629/1630–1687.4.25）

Janósek, Jan〈17・18世紀〉
ボヘミアの作曲家。
⇒バロ（ヤノーシェク，ヤン　1650頃?–1710頃?）

Jánošík, Juraj〈17・18世紀〉
スロバキアの山賊。
⇒岩世人（ヤーノシーク　1688–1713.3.18）

Jansen, Cornelis Otto〈16・17世紀〉
カトリック神学者，司教。大著『アウグスチヌス』(40)がある。
⇒岩世人（ヤンセン　1585.10.28–1638.5.6）
　広辞7（ヤンセン　1585–1638）
　学叢思（ヤンセニウス（ジャンセン），コルネリウス　1585–1638）
　新カト（ヤンセン　1585.11.3–1638.5.6）

Janson, Jean-Baptiste-Aimé Joseph〈18・19世紀〉
フランスの作曲家。
⇒バロ（ジャンソン，ジャン・バティスト・エメ・ジョゼフ　1742頃–1803.9.2）

Janson, Paul-Emile〈19・20世紀〉
ベルギーの政治家。国防相，法相を歴任し，連立内閣の首相に就任（1937～38）。
⇒岩世人（ジャンソン　1872.5.30–1944.3.31）

Janssen, Arnold〈19・20世紀〉
ドイツの神言会創立者。
⇒新カト（アルノルト・ヤンセン　1837.11.5–1909.1.15）

Janssen, Johannes〈19世紀〉
ドイツの歴史家。主著『近代ドイツ国民史』(8巻，76～94)。
⇒岩世人（ヤンセン　1829.4.10–1891.12.24）
　新カト（ヤンセン　1829.4.10–1891.12.24）

Janssen, Peter Johann Theodor〈19・20世紀〉
ドイツの画家。風景画，歴史画，肖像画のほか，公共建物の壁画や室内装飾も担当。
⇒芸13（ヤンセン，ペーター　1844–1908）

Janssen, Pierre Jules César〈19・20世紀〉
フランスの天体物理学者。ムドン天文台初代台長として終生活動。日食時以外の太陽紅焔観測に成功。
⇒岩世人（ジャンサン（ヤンセン）　1824.2.22–1907.12.23）

Janssens, Abraham〈16・17世紀〉
フランドルの画家。カラバッジョ風の歴史画を描いた。
⇒岩世人（ヤンセンス　1575頃–1632.1.25）

Janssens, Jan Willem〈18・19世紀〉
オランダ領東インドの総督。在職1811。
⇒岩世人（ヤンセンス　1762.10.12–1838.5.23）

Jansson, Eugène Fredrik〈19・20世紀〉
スウェーデンの画家。幻想的な風景画を得意としてストックホルムで活躍。
⇒岩世人（ヤンソン　1862.3.18–1915.6.15）
　芸13（ヤンソン，ウージェーヌ　1862–1915）

Jansz, Willem〈16・17世紀〉
オランダの航海者。
⇒オセ新（ヤンス　生没年不詳）

Janszoon, Willem〈17世紀〉
オランダ人。遣日特派使節。
⇒岩世人（ヤンスゾーン）

Januarius, St.〈3・4世紀〉
イタリアの殉教者。
⇒岩世人（ヤヌアリウス　?–305）
　新カト（ヤヌアリウス　4世紀?）
　図聖（ヤヌアリウス（ベネヴェントの）　?–305）

Janvier, Levi〈19世紀〉
アメリカの宣教師。
⇒アア歴（Janvier, Levi　リーヴァイ・ジャンヴィア　1816.4.25–1864.3.24）

Janzé, Charles-Alfred de〈19世紀〉
フランスの政治家。
⇒19仏（シャルル＝アルフレッド・ド・ジャンゼ　1822.8.15–1892.4.26）

Jan z Lublina〈16世紀〉
ポーランドのオルガン奏者。
⇒バロ（ヤン・ス・ルブリナ　1500頃?–1548）
　バロ（ルブリナ，ヤン・ス　1500頃?–1548）

Japart, Jean〈15・16世紀〉
フランドルの歌手。
⇒バロ（ジャパール，ジャン　1460頃–1507）
　バロ（ヤパルト，ヨハンネス　1460頃?–1507）

Japelli, Giuseppe〈18・19世紀〉
イタリアの建築家。
⇒岩世人（ヤッペッリ　1783.5.14–1852.5.8）

Japheth
ノアの末子（創世記）。
⇒岩世人（ヤフェト）
　新カト（ヤフェト）

Jarcke, Karl Ernst〈19世紀〉
ドイツの法学者,著作家.
⇒新カト（ヤルケ　1801.11.10–1852.12.27）

Jardin, Nicolas〈18世紀〉
フランスの建築家。コペンハーゲンおよびヘルシンキ附近に教会や宮殿の作品がある。
⇒岩世人（ジャルダン　1720.3.22/23–1799.8.31）

Jardine, Doctor William〈18・19世紀〉
イギリスの貿易商。アヘン密貿易に従事,アヘン戦争開戦の急先鋒となる。
⇒岩世人（ジャーディン　1784.2.24–1843.2.27）

Jardine, William Marion〈19・20世紀〉
アメリカの農学者,教育家。
⇒岩世人（ジャーディン　1879.1.16–1955.1.17）

Jaricot, Marie-Pauline〈18・19世紀〉
信仰弘布会創設者。リヨン生まれ。
⇒新カト（ジャリコ　1799.7.22–1862.1.9）

Jarīr B.'Aṭīya, B.Hudhayfa, Abū, Hazra〈7・8世紀〉
アラブ,ウマイヤ朝三大詩人の一人。ファラズダクとの詩の論争合戦は有名。『ジャリール詩集』など。
⇒岩世人（ジャリール　?–728(–730)頃）

Jarlin, Stanislas-François〈19・20世紀〉
北京（北直隸）代牧を務めたフランス出身の宣教師。
⇒新カト（ジャルラン　1856.1.20–1932.1.27）

al-Jarmī, Abū 'Umar Ṣāliḥ〈9世紀〉
バスラ派のアラビア語学者。
⇒岩世人（ジャルミー　?–839）

Järnefelt, Arvid〈19・20世紀〉
ソ連生れのフィンランドの小説家。強烈なトルストイ主義者となり,進んで農民作家となった。
⇒岩世人（ヤーネフェルト　1861.11.16–1932.12.27）

Järnefelt, Eero Nikolai〈19・20世紀〉
フィンランドの画家。
⇒岩世人（ヤーネフェルト　1863.11.8–1937.11.15）

Jarnowick, Giovanni Mane〈18・19世紀〉
ボヘミアのヴァイオリン奏者。
⇒バロ（ジャルノヴィク,ジョヴァンニ・マーネ　1740頃–1804）
　バロ（ヤルノヴィク,ジョヴァンニ・マーネ　1740頃–1804）

Jarry, Alfred〈19・20世紀〉
フランスの劇作家,詩人。
⇒岩世人（ジャリ　1873.9.8–1907.11.1）
　新カト（ジャリ　1873.9.8–1907.11.1）

Jartoux, Pierre〈17・18世紀〉
フランスのイエズス会宣教師。康熙帝に仕え,中国辺境を踏破測量して,「皇輿全覧図」(18)を完成。
⇒岩世人（ジャルトゥー　1668–1720.11.30）
　新カト（ジャルトゥー　1669.8.2–1720.11.30）

Jarzębski, Adam〈16・17世紀〉
ポーランドの作曲家。
⇒バロ（ヤジェンブスキ,アーダム　1590頃–1648.12–1649.1）

Jasavanta Singha〈17世紀〉
インドのラージプーターナー（現ラージャスターン）のマールワールの王。
⇒岩世人（ジャスワント・スィング　1625–1678.12.20）

Jasieński, Feliks〈19・20世紀〉
ポーランドの美術コレクター,批評家。
⇒岩世人（ヤシェンスキ　1861.7.8–1929.4.6）

Jason
テサロニケのキリスト者（使徒言行録）。
⇒聖書（ヤソン）

Jaspar, Henri〈19・20世紀〉
ベルギーの政治家。外相（1920～24）としてベルギーの国際連盟加入を実現。
⇒岩世人（ジャスパール　1870.7.28–1939.2.15）

Jaszi Oszkar〈19・20世紀〉
ハンガリーの政治家,歴史家,社会学者。「国家急進党」のち「ブルジョア急進党」党首。
⇒岩世人（ヤーシ　1875.3.2–1957.2.13）
　ユ著人（Jászi,Oszkár　ヤーシ,オスカル　1875–1957）

Jatho, Karl〈19・20世紀〉
ドイツのプロテスタント神学者。
⇒岩世人（ヤトー　1851.9.25–1913.9.1）

Jatho, Karl〈19・20世紀〉
ドイツの飛行機製造家。ライト兄弟よりも4カ月前に動力つき三葉飛行機による飛行に成功。
⇒岩世人（ヤトー　1873.2.3–1933.12.8）

Jatilaka
インドの思想家。
⇒学叢思（ジャティラカ）

Jaubert, Pierre Amédée Emilien Probe〈18・19世紀〉
フランスの東洋学者。エジプト探検隊（1789～1802）に通訳として参加。
⇒岩世人（ジョベール　1774.6.3–1847.1.27）

al-Jauharī, Abū Naṣr Ismā'īl〈10・11世紀〉
中央アジア生れのトルコ系のアラビア言語学者。
⇒岩世人（ジャウハリー　?–1002-1010頃）

Jaurès, Jean Léon〈19・20世紀〉
フランスの政治家。フランス社会党を結成。
- ⇒岩世人（ジョレス　1859.9.3–1914.7.31）
- ネーム（ジョレス　1859–1914）
- 広辞7（ジョレス　1859–1914）
- 学叢思（ジョーレス, ジャン　1859–?）
- 世人新（ジョレス（ジャン=ジョレス）　1859–1914）
- 世人装（ジョレス（ジャン=ジョレス）　1859–1914）
- メル3（ジョレス, ジャン　1859–1914）

Javouhey, Anne-Marie〈18・19世紀〉
クリュニーの聖ヨゼフ女子修道会の創立者。
- ⇒新カト（ジャヴエー　1779.11.10–1851.7.15）

Jay, John〈18・19世紀〉
アメリカの政治家、外交官、裁判官。連邦最高裁判所初代長官。
- ⇒アメ新（ジェー　1745–1829）
- 岩世人（ジェイ　1745.12.12–1829.5.17）

Jayabhaya〈12世紀〉
東ジャワにあったクディリ王国の王。在位1130(35)頃〜59(57)頃。
- ⇒岩世人（ジャヤバヤ（ジョヨボヨ）　（在位）1130/1135頃–1159/1157頃）

Jayadeva〈12世紀頃〉
インドのサンスクリット詩人。詩篇『牛飼いの歌』を著した。
- ⇒岩世人（ジャヤデーヴァ　?–1120頃）
- 南ア新（ジャヤデーヴァ）

Jayadiningrat（Djajadiningrat）, Pangeran Aria Achmad〈19・20世紀〉
植民地期インドネシアの県知事。
- ⇒岩世人（ジャヤディニングラット, アフマッド　1877.8.16–1943）

Jayakatwan〈13世紀頃〉
ジャワ中部クディリ地方の代官。シンガサリ王朝最後の王クルタナガラを暗殺したが、元の遠征軍に敗れた。
- ⇒岩世人（ジャヤカトワン　（在位）1271頃–1293）

Jayanagara〈14世紀〉
ジャワ、マジャパヒト王国の第2代王。在位1309〜28。
- ⇒岩世人（ジャヤナガラ　（在位）1309–1328）
- 世帝（ジャヤナガラ　?–1328）

Jayanāśa, Dharpunta Hyang〈7・8世紀〉
シュリーヴィジャヤ王国の王。在位682頃〜701頃。
- ⇒岩世人（ジャヤナーシャ　（在位）682頃–701頃）

Jāyasī, Malik Muḥammad〈15・16世紀〉
インドのヒンディー語詩人。叙事詩"Padmāvat"がある。
- ⇒岩世人（ジャーエスィー　1477–1540頃）

Jayavarman II〈9世紀〉
クメール王国（アンコール朝）を開いた王。在位802〜850。
- ⇒岩世人（ジャヤヴァルマン2世　?–834?）
- 世帝（ジャヤヴァルマン2世　770?–850?）

Jayavarman III〈9世紀〉
クメール王国（アンコール朝）の王。在位834〜877。
- ⇒世帝（ジャヤーヴァルマン3世　?–877）

Jayavarman IV〈10世紀〉
クメール王国（アンコール朝）の王。在位928〜941。
- ⇒岩世人（ジャヤヴァルマン4世　?–942）
- 世帝（ジャヤーヴァルマン4世　?–941）

Jayavarman V〈10世紀〉
クメール王国（アンコール朝）の王。在位968〜1001。
- ⇒岩世人（ジャヤヴァルマン5世　?–1000?）
- 世帝（ジャヤーヴァルマン5世　958?–1001）

Jayavarman VI〈11・12世紀〉
クメール王国（アンコール朝）の王。在位1080〜1107。
- ⇒岩世人（ジャヤヴァルマン6世　?–1107）
- 世帝（ジャヤーヴァルマン6世　?–1107）

Jayavarman VII〈12・13世紀〉
クメール王国（アンコール朝）最盛時代を形成した王。在位1181〜1220頃。熱心な大乗仏教徒。
- ⇒岩世人（ジャヤヴァルマン7世　1125?–1219?）
- 世帝（ジャヤーヴァルマン7世　1125–1218/1220）

Jayavarman VIII〈13世紀〉
クメール王国（アンコール朝）の王。在位1243〜1295。
- ⇒岩世人（ジャヤヴァルマン8世　?–1295）
- 世帝（ジャヤーヴァルマン8世　?–1295）

Jayavarman IX〈14世紀〉
クメール王国（アンコール朝）の王。
- ⇒世帝（ジャヤーヴァルマパラメーシュヴァラ　（在位）1327–1353）

Jayaviravarman〈10・11世紀〉
クメール王国（アンコール朝）の王。
- ⇒世帝（ジャヤヴィラヴァルマン　?–1010）

jāysī, Malik Muḥammad〈16世紀〉
北インドのスーフィー詩人。
- ⇒南ア新（ジャーイシー　?–1542頃）

Jean〈12世紀〉
ヴァランスの司教。聖人。祝日3月21日。リヨン生まれ。
- ⇒新カト（ジャン〔ヴァランスの〕　?–1145.3.21）

Jean II le Bon〈14世紀〉
フランス王。在位1350～64。百年戦争の混乱のなかで即位。
⇒岩世人（ジャン2世〈善王〉 1319.4.26–1364.4.8）
世帝（ジャン2世 1319–1364）
皇国（ジャン2世 ?–1364）

Jean de Brienne〈12・13世紀〉
エルサレム王。在位1210～25。ラテン帝国皇帝。在位1231～37。
⇒皇国（ジャン・ド・ブリエンヌ （在位）1210–1212）

Jean de Meung〈13・14世紀〉
フランスの詩人。中世最も愛された『哲学の慰め』（80頃）が有名。
⇒岩世人（ジャン・ド・マン ?–1305頃）
新カト（ジャン・ド・マン 1240頃–1305）

Jean de Rouen〈16世紀〉
フランス・ルネサンス期の彫刻家。
⇒岩世人（ジャン・ド・ルアン 1500頃–1580）

Jeanne d'Arc, St.〈15世紀〉
フランスの聖女。百年戦争末期、フランスの危機を救った少女。オルレアンの少女と呼ばれる。
⇒岩世人（ジャンヌ・ダルク 1412.1.6–1431.5.30）
広辞7（ジャンヌ・ダルク 1412–1431）
新カト（ジャンヌ・ダルク 1412.1頃–1431.5.30）
図聖（ジャンヌ・ダルク 1412–1431）
世人新（ジャンヌ＝ダルク 1412–1431）
世人装（ジャンヌ＝ダルク 1412–1431）
世史語（ジャンヌ・ダルク 1412–1431）
ポプ人（ジャンヌ・ダルク 1412–1431）
学叢歴（ジャンヌ・ダルク 1412–1431）

Jeanne (France, Valois)〈15・16世紀〉
フランス王妃、聖人。祝日2月4日。「お告げのマリア修道女会」の創立者。
⇒新カト（ジャンヌ・ド・ヴァロア 1464.4.23–1505.2.4）

Jean Paul〈18・19世紀〉
ドイツの作家。主著の一つ『巨人』（1800～03）はドイツ教養小説の系譜に属する大長篇。
⇒岩世人（ジャン・パウル 1763.3.21–1825.11.14）
ネーム（ジャン・パウル 1763–1825）
広辞7（ジャン・パウル 1763–1825）

Jeans, *Sir* James Hopwood〈19・20世紀〉
イギリスの数学者、天文学者。
⇒岩世人（ジーンズ 1877.9.11–1946.9.16）
広辞7（ジーンズ 1877–1946）
20思（ジーンズ、ジェームズ（ホップウッド） 1877–1946）

Jean sans Peur, Duc de Bourgogne〈14・15世紀〉
フランスの百年戦争中のブルゴーニュ公。在位1404～19。
⇒岩世人（ジャン〈無畏公〉 1371.5.28–1419.9.10）

Jeanštein, Jan von〈14世紀〉
ボヘミアの聖職者、作曲家。
⇒バロ（イエンシュテイン、ヤン・フォン 1350頃?–1400頃?）

Jebb, *Sir* Richard Claverhouse〈19・20世紀〉
イギリスの古典学者。ソフォクレス劇の翻訳や研究で著名。
⇒岩世人（ジェブ 1841.8.27–1905.12.9）

Jebe〈13世紀〉
モンゴルの武将。
⇒岩世人（ジェベ ?–1225?）

Jebzundamba qutuγtu I〈17・18世紀〉
外モンゴル（ハルハ）の高僧（活仏）。
⇒岩世人（ジェブツンダンバ・ホトクト1世 1635.11.4–1723.2.18）

Jebzundamba qutuγtu II〈18世紀〉
モンゴルの高僧（活仏）。
⇒岩世人（ジェブツンダンバ・ホトクト2世 1724–1758.2.5）

Jeep, Johannes〈16・17世紀〉
ドイツの歌手、オルガン奏者、教師、指揮者。
⇒バロ（イェープ、ヨハネス 1581/1582–1644.11.19）

Jefferies, John Richard〈19世紀〉
イギリスの小説家、随筆家。エッセー集『野外の生活』（1884）など。
⇒岩世人（ジェフリーズ 1848.11.6–1887.8.14）

Jefferson, Joseph〈19・20世紀〉
イギリス系のアメリカの俳優。ブーシコーの脚色による『リップ・バン・ウィンクル』は最大の当り役。
⇒岩世人（ジェファソン 1829.2.20–1905.4.23）

Jefferson, Thomas〈18・19世紀〉
アメリカの政治家。第3代大統領（1801～09）。
⇒アメ新（ジェファソン 1743–1826）
岩世人（ジェファソン 1743.4.2–1826.7.4）
ネーム（ジェファソン 1743–1826）
広辞7（ジェファソン 1743–1826）
新カト（ジェファソン 1743.4.2–1826.7.4）
世人新（ジェファソン 1743–1826）
世人装（ジェファソン 1743–1826）
世史語（トマス＝ジェファソン 1743–1826）
世史語（トマス＝ジェファソン 1743–1826）
ポプ人（ジェファーソン、トマス 1743–1826）

Jeffrey, Francis, Lord〈18・19世紀〉
スコットランドの裁判官・政治家・批評家。
⇒岩世人（ジェフリー 1773.10.23–1850.1.26）

Jeffreys, George〈17世紀〉
ポーランドの作曲家。
⇒バロ（ジェフリーズ, ジョージ　1610頃-1685.7.1）

Jeffreys, George, 1st Baron〈17世紀〉
イギリスの裁判官。王座裁判所長としてA.シドニ,オーツらを裁判。
⇒岩世人（ジェフリーズ　1648.5.15-1689.4.18/19）

Jeffries, John〈18・19世紀〉
アメリカの医者,軽気球搭乗者。ブランシャールと軽気球で英仏海峡を横断（1785）。
⇒岩世人（ジェフリーズ　1744-1819）

Jehan de Braine〈13世紀〉
フランスの作曲家。
⇒バロ（ジャン・ド・ブレーヌ　1200頃-1239）
　バロ（ブレーヌ, ジャン・ド　1200頃-1239）

Jehan le Carlier〈15世紀〉
フランスの作曲家。
⇒バロ（カルリエ, ジャン・ル　1400頃?-1449.11.14）
　バロ（ジャン・ル・カルリエ　1400頃?-1449.11.14）

Jehoahaz〈前9・8世紀〉
ヘブライ諸王国の統治者。
⇒世帝（ヨアハズ　?-前801?）

Jehoahaz〈前7世紀〉
ユダの王。在位前608/7。
⇒世帝（ヨアハズ　前632?-?）

Jehoiakim〈前7・6世紀〉
ユダの王ヨシアの2男。
⇒新カト（ヨヤキム　（在位）前609-前597）
　世帝（エホヤキム　前635-前598）

Jehoiakin〈前7・6世紀〉
ユダ王国の王。エホヤキム王の子。在位前598。
⇒新カト（ヨヤキン　（在位）前597）
　世帝（エホヤキン　前605?-?）

Jehoram〈前9世紀〉
イスラエル王国第10代の王。在位前852〜842。
⇒新カト（ヨラム　（在位）前852-前841）
　世帝（ヨラム　?-前842?）

Jehoram〈前9世紀〉
ユダ王国第5代の王。在位前848〜842。
⇒新カト（ヨラム　（在位）前853-前841）
　世帝（ヨラム　前881?-前842?）

Jehoshaphat〈前9世紀〉
分離王国時代のユダの王。在位前874頃〜850。
⇒新カト（ヨシャファト　（在位）前873-前848）
　世帝（ヨシャファト　前909?-前849?）

Jehōsū'a〈前13世紀〉
エフライムの部族,ヌンの子。モーセの死後にイスラエルの指導者（ヨシュア記）。
⇒岩世人（ヨシュア）
　新カト（ヨシュア）
　聖書（ヨシュア）

Jehu〈前9世紀〉
ハナニの息子,預言者の一人（列王記上）。
⇒岩世人（イエフ　（在位）前842-前814）

Jehu〈前9世紀〉
イスラエル王。在位前842〜15。イスラエルの第4王朝を開いた。
⇒新カト（イエフ）
　世帝（イエフ　?-前815?）

Jehūdīt
経外書ユディト書の女主人公（旧約）。
⇒岩世人（ユディト）
　ネーム（ユディト）

Jelić, Vincenz〈16・17世紀〉
クロアチアの歌手,器楽奏者,聖職者,参事会員。
⇒バロ（イェリッチ, ヴィンツェンズ　1596-1636）

Jellicoe, John Rushworth, 1st Earl〈19・20世紀〉
イギリスの海軍人。1919年に元帥となり,20年にニュージーランド総督となった。25年に伯爵。
⇒岩世人（ジェリコー　1859.12.5-1935.11.19）

Jellinek, Georg〈19・20世紀〉
ドイツの公法学者。新カント派的,2元論的な方法を用いてドイツ公法学理論を体系化。
⇒岩世人（イェリネク　1851.6.16-1911.1.12）
　ネーム（イェリネック　1851-1911）
　広辞7（イェリネク　1851-1911）
　学叢思（エリネック, ゲオルグ　1851-?）
　ユ著人（Jellinek,Georg　イェリネック, ゲオルグ　1851-1911）

Jellinek, Siehe Adolf〈19世紀〉
自由主義時代のウィーンの主席ラビ。
⇒ユ著人（Jellinek,Siehe Adolf　イェリネック, ジーエ・アードルフ　1820-1893）

Jelome, Henri〈19世紀〉
フランスのテノール歌手。
⇒魅惑（Jelome,Henri　1860-?）

Jélyotte, Pierre de〈18世紀〉
フランスのテノール歌手。
⇒バロ（ジェリヨット, ピエール・ド　1713.4.13-1787.9.11）

Jemal Pasha, Ahmet〈19・20世紀〉
トルコの軍人,政治家。第1次世界大戦中,政府三巨頭の一人。敗戦によりドイツに逃亡。
⇒岩世人（ジェマル・パシャ　1872.5.6-1922.7.21）
　ユ人（ジャマル・パシャ, アフメッド　1872-1922）

Jemison, Mary〈18・19世紀〉
アメリカ・インディアンの主婦。
⇒岩世人（ジェミソン　1743-1833.9.19）

Jenkin, Henry Charles Fleming〈19世紀〉
イギリスの電気工学者。
⇒学叢思（ジェンキン，ヘンリー・チャールズ・フレスミング　1833-1885）

Jenkins, John〈16・17世紀〉
イギリスの作曲家。とくにヴィオール合奏曲作家として知られている。
⇒バロ（ジェンキンズ，ジョン　1592-1678.10.27）

Jenkins, John〈19・20世紀〉
イギリスの労働者，代議士。
⇒学叢思（ジェンキンズ，ジョン　1852-?）

Jenks, Albert Ernest〈19・20世紀〉
アメリカの人類学者。
⇒アア歴（Jenks, Albert E (rnest)　アルバート・アーネスト・ジェンクス　1869.11.28-1953.6.6）

Jenks, Jeremiah Whipple〈19・20世紀〉
アメリカの経済学者。
⇒アア歴（Jenks, Jeremiah Whipple　ジェレマイア・ウィプル・ジェンクス　1856.9.2-1929.8.24）

Jenner, Edward〈18・19世紀〉
イギリスの臨床医。種痘法の発見者。
⇒岩世人（ジェンナー　1749.5.17-1823.1.26）
　ネーム（ジェンナー　1749-1823）
　広辞7（ジェンナー　1749-1823）
　学叢思（ジェンナー，エドワード　1749-1823）
　世人新（ジェンナー　1749-1823）
　世人装（ジェンナー　1749-1823）
　世史語（ジェンナー　1749-1823）
　ポプ人（ジェンナー，エドワード　1749-1823）

Jenney, William Le Baron〈19・20世紀〉
アメリカの建築家。鉄骨とガラスを用いて斬新なオフィス・ビルディングの様式を創造。
⇒岩世人（ジェニー　1832-1907）
　世建（ウィリアム・ル・バロン・ジェニー　1832-1907）

Jennings, Herbert Spencer〈19・20世紀〉
アメリカの動物学者。慶応義塾大学で動物学を教授。
⇒岩世人（ジェニングズ　1868.4.8-1947.4.14）

Jennings, Hugh Ambrose〈19・20世紀〉
アメリカの大リーグ選手（遊撃，一塁）。
⇒メジャ（ヒューイー・ジェニングス　1869.4.2-1928.2.1）

Jensen, Adolf〈19世紀〉
ドイツのピアノ奏者，作曲家。歌曲・ピアノ曲を作曲。
⇒岩世人（イェンゼン　1837.1.12-1879.1.23）

Jensen, Georg Arthur〈19・20世紀〉
デンマークの銀細工師，彫刻家。
⇒岩世人（イェンセン　1866.8.31-1935.10.2）

Jensen, Johannes Vilhelm〈19・20世紀〉
デンマークの小説家。大作『長い旅』（08～22）で世界的名声を得，1944年度ノーベル文学賞受賞。
⇒岩世人（イェンセン　1873.1.20-1950.11.25）
　広辞7（イェンセン　1873-1950）

Jensen, Wilhelm〈19・20世紀〉
ドイツの作家。小説 "Nirwana"（1877）など。
⇒岩世人（イェンゼン　1837.2.15-1911.11.24）

Jenson, Nicolaus〈15世紀〉
フランスの印刷者，活字彫刻者。
⇒岩世人（ジャンソン　1420頃-1480）

Jenyns, Soame〈18世紀〉
イギリスの著述家，政治家。商務院委員（1755～80）。
⇒岩世人（ジェニンズ　1704.1.1-1787.12.18）

Jeremiah〈前7・6世紀頃〉
旧約聖書中の大預言者。
⇒ネーム（エレミヤ　前640?-前570?）
　広辞7（エレミヤ）
　学叢思（エレミヤ）
　聖書（エレミヤ）

Jeremiah, Ben-Abba〈4世紀〉
パレスチナのユダヤ教学者。
⇒ユ人（エレミヤ，ベンアバ　4世紀後半）

Jernigan, Thomas Roberts〈19・20世紀〉
アメリカの領事。
⇒アア歴（Jernigan, Thomas R (oberts)　トマス・ロバーツ・ジャーニガン　1847.2.24-1920.11.1）

Jeroboam I〈前10世紀〉
北王国イスラエルの創始者。在位前933頃～912頃。
⇒新カト（ヤロブアム1世）
　世帝（ヤロブアム1世　(在位)前931?-?）

Jeroboam II〈前8世紀〉
ヘブライ諸王国の統治者。
⇒新カト（ヤロブアム2世）
　世帝（ヤロブアム2世　?-前746?）

Jerome, Jerome Klapka〈19・20世紀〉
イギリスのユーモア作家。作品に『無精者のむだ話』（89）など。
⇒岩世人（ジェローム　1859.5.2-1927.6.14）

Jeronimo de Jesus〈16・17世紀〉
ポルトガル人。フランシスコ会士。1594年来日。日本＝フィリピン通商交渉の仲介者。
⇒岩世人（ヘロニモ・デ・ヘスス　?-1601.10.6）

新カト（ジェロニモ・デ・ジェスース・デ・カストロ　?–1601.10.6）

Jerónimo de la Madre de Dios〈16・17世紀〉
スペインのカルメル会修道者。
⇒新カト（ヘロニモ〔神の母の〕　1545.6.6–1614.9.21）

Jerónimo Hermosilla〈18・19世紀〉
スペインのドミニコ会宣教師，司教。ベトナムの殉教者の一人。聖人。祝日11月24日。
⇒新カト（ヘロニモ・エルモシーヤ　1800.9.30–1861.11.1）

Jerusalem, Ignacio de〈18世紀〉
イタリアの作曲家。
⇒バロ（ヘルサレム，イグナシオ・デ　1710頃–1769）

Jerusalem, Karl Wilhelm〈18世紀〉
ドイツの法律家。ヴェツラウで失恋自殺し，ゲーテはこの事件をもとに『ヴェルテル』を書いた。
⇒岩世人（イェルーザレム　1747.3.21–1772.10.30）

Jerusalem, Wilhelm〈19・20世紀〉
オーストリアの哲学者。主著 "Einleitung in die Philosophie"（99）。
⇒岩世人（イェルーザレム　1854.10.11–1923.7.15）
　学叢思（イエルサレム，ウィルヘルム　1854–?）

Jervis, *Sir* **John, Earl of St.Vincent**
〈18・19世紀〉
イギリスの軍人。
⇒岩世人（ジャーヴィス　1735.1.20–1823.3.13）

Jesenský, Janko〈19・20世紀〉
チェコスロバキアの詩人，散文作家。
⇒岩世人（イェセンスキー　1874.12.30–1945.12.27）

Jespersen, Jens Otto Harry〈19・20世紀〉
デンマークの言語学者，英語学者。言語退化説に反対し，『言語の発達』（1894）を著わす他に『音声学教本』（1904），『言語，その本質，発達と起源』（22）など。
⇒岩世人（イェスペルセン（イェスパセン）　1860.7.16–1943.4.30）
　ネーム（イェスペルセン　1860–1943）
　広辞7（イェスペルセン　1860–1943）
　20思（イェスペルセン，（イェンス）オットー（ハリー）　1860–1943）

Jessel, *Sir* **George**〈19世紀〉
イギリスの裁判官。
⇒ユ人（ジェッセル，サー・ジョージ　1824–1883）

Jessner, Leopold〈19・20世紀〉
ドイツの表現主義の代表的演出家。多くの革新的な演出を行った。
⇒岩世人（イェスナー　1878.3.3–1945.12.13）
　ユ著人（Jessner,Leopold　イェスナー，レオポルド　1878–1945）

Jessop, William〈18・19世紀〉
イギリスの土木技師。
⇒岩世人（ジェソップ　1745.1.23–1814.11.18）

Jesús, Ana de〈16・17世紀〉
スペインの跣足カルメル会修道女。
⇒新カト（アナ・デ・ヘスス　1545.11.25–1621.3.4）

Jesús María, José de〈16・17世紀〉
スペインの跣足カルメル会司祭。
⇒新カト（ホセ・デ・ヘスス・マリア　1562–1628.12.31）

Jeta
コーサラ国王プラセーナジットの太子ジェータ。
⇒広辞7（祇陀太子　ぎだたいし）

Jevons, William Stanley〈19世紀〉
イギリスの経済学者，論理学者。限界効用理論を樹立した。主著『経済学理論』（71）。
⇒岩世人（ジェヴォンズ　1835.9.1–1882.8.13）
　広辞7（ジェヴォンズ　1835–1882）
　学叢思（ジェヴォンス，ウィリアム・スタンレー　1835–1882）

Jewel, John〈16世紀〉
英国教会の聖職，ソールズベリ主教。
⇒新カト（ジュウェル　1522.5.24–1571.9.23）

Jewess of Toledo〈12世紀〉
トレドの麗人。多くの文学作品のテーマになった人物。
⇒ユ人（ジュイス（トレドのジュイス）　12世紀）

Jewett, Frank Baldwin〈19・20世紀〉
アメリカの物理学者，電気技術者。
⇒岩世人（ジュウェット　1879.9.5–1949.11.18）

Jewett, Randolph〈17世紀〉
イギリスの作曲家。
⇒バロ（ジューイット，ランドルフ　1603頃–1675.7.3）

Jewett, Sarah Orne〈19・20世紀〉
アメリカの女流小説家，詩人。19世紀後半に始まる地方主義文学運動の最も重要な作家の一人。
⇒岩世人（ジュウェット　1849.9.3–1909.6.24）

Jèze, Gaston〈19・20世紀〉
フランスの法学者，財政学者。パリ大学名誉教授。国際公法図書館および国際財政学図書館長。
⇒岩世人（ジェーズ　1869.3.2–1953.8.6）

Jezebel〈前9世紀〉
ツロの王エテバールの娘。イスラエル王アハブの妃。
⇒岩世人（イゼベル　?–前841）
　聖書（イゼベル）

Jezierski, Kazimierz〈17・18世紀〉
ポーランドの聖職者,作曲家。
⇒バロ (イェジェルスキ,カジミェシュ　1680頃?–1730頃?)

Jhering, Rudolf von〈19世紀〉
ドイツの法学者。ローマ法を研究。
⇒岩世人 (イェーリング　1818.8.22–1892.9.17)
広辞7 (イェーリング　1818–1892)
学叢思 (イェーリング,ルドルフ・フォン　1818–1892)

'jigs med gling pa〈18世紀〉
ニンマ派の教義ロンチェン・ニンティクの伝統の創始者。
⇒岩世人 (ジクメリンパ　1729/1730–1798)

Jihāngīr, Khōja〈18・19世紀〉
中国,清代の反乱者。
⇒岩世人 (ジハーンギール　1790–1828)

al-Jīlānī, 'Abd al-Qādir〈11・12世紀〉
イブン・ハンバル派の神学者,法学者,神秘主義者。イスラム世界最古の神秘主義教団カーディリーヤの祖。
⇒岩世人 (ジーラーニー,アブドゥルカーディル　1077/1078–1166)

Jiménez, José〈17世紀〉
スペインの作曲家。
⇒バロ (ヒメーネス,ホセ　1601.2.25–1672.8.9)

Jiménez de Quesada, Gonzalo〈16世紀〉
スペインの探検家,征服者。コロンビア北部を調査し,チブチャ族の首都ボゴダを占領。
⇒ラテ新 (ヒメネス・デ・ケサダ　1500?–1579)

Jindřich Korutanský〈13・14世紀〉
ボヘミア王。
⇒世帝 (インジフ　1265頃–1335)

Jinnah, Mohammed Ali〈19・20世紀〉
パキスタン建国の祖,初代総督。在職1947～48。
⇒岩世人 (ジンナー　1876.12.25–1948.9.11)
広辞7 (ジンナー　1876–1948)
世人新 (ジンナー　1876–1948)
世人装 (ジンナー　1876–1948)
世史語 (ジンナー　1876–1948)
世世語 (ジンナー　1876–1948)
ポプ人 (ジンナー,ムハンマド・アリー　1876–1948)
南ア新 (ジンナー　1876–1948)

Jiránek, Anton〈18世紀〉
ボヘミアの作曲家。
⇒バロ (イラーネク,アントーン　1712頃?–1761)

Jirásek, Alois〈19・20世紀〉
チェコスロバキアの歴史小説家,劇作家。代表作『古いチェコの伝説』(94)。

⇒岩世人 (イラーセク　1851.8.23–1930.3.12)
ネーム (イラーセク　1851–1930)

Jireček, Josef Konstantin〈19・20世紀〉
チェコスロヴァキアの歴史家。バルカン学者。
⇒岩世人 (イレチェク　1854.7.24–1918.1.10)

Jirgalang〈16・17世紀〉
中国,清の武将。謚は献。
⇒岩世人 (ジルガラン　1599.11.19 (万暦27.10.2)–1655.6.11 (順治12.5.8))

Jirjīs ibn Jibrīl ibn Bokhtyeshū'〈9世紀〉
アッバース朝期の医者。
⇒岩世人 (ジルジース・バフティーシューウ　?–828 (-829) 頃)

Jīvaka〈前5・4世紀〉
ゴータマ・ブッダと同時代の医師。
⇒広辞7 (耆婆　ぎば)

Jñānagarbha〈8世紀〉
インドの仏教者。瑜伽行中観派の論師。著作に『二諦分別論』。
⇒岩世人 (ジュニャーナガルバ　700–760頃)

Jñānaśrīmitra〈10・11世紀〉
インドの後期唯識派の思想家,論理学者。形象真実唯識派。
⇒岩世人 (ジュニャーナシュリーミトラ　980–1050頃)

Jñāneśvara〈13・14世紀頃〉
インド,マラーラーシトラの聖詩人。
⇒岩世人 (ジュニャーネーシュワル　1275–1296頃)
南ア新 (ジュニャーネーシュワル　1275–1296頃)

Joachim〈前1・後1世紀〉
聖母マリアの父,聖人。
⇒新カト (ヨアキム)
図聖 (ヨアキム)

Joachim, Harold Henry〈19・20世紀〉
イギリスの観念論哲学者。
⇒メル3 (ヨアヒム,ハロルド・ヘンリー　1868–1938)

Joachim, Joseph〈19・20世紀〉
ハンガリーのヴァイオリン奏者。
⇒岩世人 (ヨアヒム　1831.6.28–1907.8.15)
ネーム (ヨアヒム　1831–1907)
広辞7 (ヨアヒム　1831–1907)
ユ人 (ヨアヒム,ヨゼフ　1831–1907)
ユ著人 (Joachim, Joseph　ヨアヒム,ヨゼフ　1831–1907)

Joachim I, Nestor〈15・16世紀〉
ホーエンツォレルン家の統治者。在位1499～1535。
⇒岩世人 (ヨアヒム1世ネストル　1484.2.21–1535.7.11)

Joachim II, Hector 〈16世紀〉
ホーエンツォレルン家の統治者。
⇒岩世人（ヨアヒム2世ヘクトル　1505.1.13–1571.1.3）

Joachim Floris 〈12・13世紀〉
イタリアの文献学者,歴史哲学者。主著『新約,旧約聖書の一致』(19)。
⇒岩世人（ヨアキム〔フィオーレの〕　1135頃–1202）
　広辞7（ヨアキム　1135頃–1202）
　新カト（ヨアキム〔フィオーレの〕　1135頃–1202.3.30）
　メル1（ヨアキム（フィオーレの）　1135/1145?–1202）

Joachim Napoleon 〈19世紀〉
ナポリ・シチリア王国の統治者。
⇒皇国（ジョアシャン・ミュラ　(在位)1808–1815）

Joan, San 〈18世紀〉
スペインの作曲家。
⇒バロ（ホアン,サン　1720頃?–1780頃?）

Joana 〈15世紀〉
ポルトガルのアフォンソ5世の長女。
⇒新カト（ジョアナ〔ポルトガルの〕　1452.2.6/16–1490.5.12）

Joanna
ヘロデ・アンティパスの家令クザの妻。イエスに癒やされ,財産を提供して彼に従い奉仕した女性たちの一人。
⇒新カト（ヨハナ）
　聖書（ヨハナ）

Joannes 〈4・5世紀〉
ローマ皇帝。
⇒世帝（ヨハネス　?–425）

Joannes I Zimisces 〈10世紀〉
ビザンチン皇帝。在位969～76。ニケフォルス2世の妃と通じ王を暗殺して即位。
⇒岩世人（ヨハネス1世ツィミスケス　925頃–976.1.10）
　世帝（ヨハネス1世　925–976）

Joannes a Deo 〈15・16世紀〉
ポルトガルの宗教家。聖ヨハネ病院修道会創立者。
⇒岩世人（フアン・デ・ディオス　1495.3.8–1550.3.8）
　新カト（フアン・デ・ディオス　1495–1550.3.8）
　図聖（ヨハネ（神の）　1495–1550）

Joannes Gualbertus, St. 〈10・11世紀〉
バロンブローサ修道院の創設者。聖人。
⇒新カト（ジョヴァンニ・グアルベルト　995頃–1073.7.12）
　図聖（ヨハネス・グアルベルトゥス　995頃–1073）

João I 〈14・15世紀〉
ポルトガル王。在位1385～1433。アビシュ王朝の祖。イスラムからセウタを奪回。
⇒岩世人（ジョアン1世（大王）　1357.4.11–1433.8.14）
　ネーム（ジョアン1世　1357–1433）
　新カト（ジョアン1世　1357.4.11–1433.8.14）
　世人新（ジョアン1世（大王）　1357–1433）
　世人装（ジョアン1世（大王）　1357–1433）
　世帝（ジョアン1世　1357–1433）
　皇国（ジョアン1世　(在位)1385–1433）

João II 〈15世紀〉
ポルトガル王。在位1481～95。「無欠王」といわれた。
⇒岩世人（ジョアン2世（無欠王）　1455.5.3–1495.10.25）
　新カト（ジョアン2世　1455.3.3–1495.10.25）
　世人新（ジョアン2世（無欠王）　1455–1495）
　世人装（ジョアン2世（無欠王）　1455–1495）
　世史語（ジョアン2世　1455–1495）
　世史語（ジョアン2世　1455–1495）
　世帝（ジョアン2世　1455–1495）
　ポブ人（ジョアン2世　1455–1495）
　皇国（ジョアン2世　?–1495）
　ルネ（ジョアン2世　1455–1495）

João III 〈16世紀〉
ポルトガル王。在位1521～57。カトリック政策をとった。
⇒岩世人（ジョアン3世　1502.6.6–1557.6.1）
　新カト（ジョアン3世　1502.6.6–1557.6.11）
　世帝（ジョアン3世　1502–1557）

João IV 〈17世紀〉
ポルトガル王。在位1640～56。「幸運王」とも呼ばれる。
⇒バロ（ジョアン4世　1604.3.19–1656.11.6）
　岩世人（ジョアン4世　1604.3.19–1656.11.6）
　世帝（ジョアン4世　1603–1656）

João V 〈17・18世紀〉
ポルトガル王。在位1706～50。ユトレヒト条約でスペイン,フランスと講和。
⇒岩世人（ジョアン5世　1689.10.22–1750.7.31）
　世帝（ジョアン5世　1689–1750）

João VI 〈18・19世紀〉
ポルトガル王。在位1816～26。立憲君主制の政治改革を進めた。
⇒岩世人（ジョアン6世　1767.5.13–1826.3.10）
　世帝（ジョアン6世　1767–1826）

João da Nova 〈15・16世紀〉
ガリシア生まれの貴族,ポルトガル王に仕えた航海者。
⇒岩世人（ジョアン・ダ・ノヴァ　1460頃–1509.7）

Joasaph (Josaphat) 〈8世紀〉
中世の聖者伝説の主人公。
⇒新カト（バルラアムとヨアサフ（ヨサファト））

Jobbé-Duval, Félix 〈19世紀〉
フランスの画家,政治家。
⇒19仏（フェリックス・ジョベ＝デュヴァル　1821.

Jobin, Bernhard〈16世紀〉
スイスの作曲家。
⇒バロ(ヨービン, ベルンハルト　1540頃?-1594頃)

Jobst of Moravia〈15世紀〉
神聖ローマ帝国の統治者。
⇒世帝(ヨープスト　1354-1411)

Joči Qasar〈12・13世紀〉
チンギス・カンの弟。
⇒岩世人(ジョチ・カサル)

Jodelle, Etienne〈16世紀〉
フランスの劇作家, 詩人。
⇒岩世人(ジョデル　1532頃-1573)

Jodl, Friedrich〈19・20世紀〉
ドイツの哲学者, 倫理学者。"Geschichte der Ethik" 2巻。
⇒岩世人(ヨードル　1849.8.23-1914.1.26)
　学叢思(ヨードル, フリードリヒ　1849-?)

Jodok〈7世紀〉
聖人, 隠修士, 司祭。祝日12月13日。
⇒図聖(ヨドクス　?-669頃)

Joel, David Heymann〈19世紀〉
ポズナン生まれのラビ, 聖書学者。
⇒ユ著人(Joel, David Heymann　ジョエル, ダーフィット・ハイマン　1815-1882)

Joel, Karl〈19・20世紀〉
ドイツの哲学者。
⇒岩世人(ヨエル(ジョエル)　1864.3.27-1934.7.23)

Joel, Solomon Barnato〈19・20世紀〉
南アフリカの鉱山王。
⇒ユ人(ヨエル, ソロモン・バルナト　1865-1931)

Jørgensen, Alfred Theodor〈19・20世紀〉
デンマークのルター派神学者, 社会福祉事業家, ジャーナリスト。
⇒岩世人(ヨーアンセン　1874.9.6-1953.9.12)

Joest, Ernst〈19・20世紀〉
ドイツの獣医学者。馬の〈ボルナ病〉診断の根拠となる〈ヨースト・デーゲン小体〉を発見。
⇒岩世人(ヨースト　1873.2.14-1926.7.7)

Joffre, Joseph Jacques Césaire〈19・20世紀〉
フランスの将軍。
⇒岩世人(ジョフル　1852.1.12-1931.1.3)
　広辞7(ジョッフル　1852-1931)

Joffrin, Jules〈19世紀〉
フランスの社会主義者。
⇒学叢思(ジョフラン, ジュール　?-1890)

Jogiches-Tyszka, Leon〈19・20世紀〉
ポーランド人の革命家。
⇒ユ著人(Jogiches-Tyszko, Leo　ヨギヘス=トゥシコ, レオ　1867-1919)

Johan III〈16世紀〉
スウェーデン王。在位1568～92。ジグムント3世の父。
⇒岩世人(ユーハン3世　1537.12.21-1592.11.27)
　世帝(ヨハン3世　1537-1592)

Johanan, the Cobbler〈2世紀〉
靴直しのヨハナン。
⇒ユ著人(Johanan, the Cobbler　ヨハナン, コブラー　2世紀)

Johanan ben Nappaha〈2・3世紀〉
パレスチナのユダヤ教学者。エルサレム・タルムードの主要部を構成する教えを集成した。
⇒ユ人(ヨハナン, ベンナッパハ　180頃-279頃)
　ユ著人(Johanan ben Nappaha　ヨハナン・ベン・ナッパハ　180?-279?)

Johanan ben Zakkai〈1世紀〉
ユダヤ教の律法学者。イエスの使徒たちと同時代に, ユダヤ民族宗教の保存に活躍。
⇒新カト(ヨハナン・ベン・ザッカイ　1世紀)
　ユ人(ヨハナン, ベンザカイ　1世紀)
　ユ著人(Johanan ben Zakkai　ヨハナン・ベン・ザッカイ　?-80?)

Johanna〈9世紀〉
伝説上の女教皇。9世紀中頃2年半在位したとされる。
⇒岩世人(ヨハンナ)
　新カト(女教皇ヨアンナ　おんなきょうこうヨアンナ)

Johannard, Jules〈19世紀〉
フランスの社会主義者。
⇒学叢思(ジョアンナール, ジュール　?-1888)

Johanna von Pfirt〈13・14世紀〉
オーストリア公アルブレヒト2世の妃。フェレット伯ウルリシュ3世の娘。
⇒王妃(ヨハンナ　1300-1351)

Johann Baptist Joseph Fabian Sebastian, Erzherzog von Österreich〈18・19世紀〉
オーストリア大公, オーストリアの軍人。皇帝レオポルト2世の末子。
⇒岩世人(ヨハン　1782.1.20-1859.5.11)

Johann der Bestandige〈15・16世紀〉
ザクセン選帝侯。在位1525～32。
⇒岩世人(ヨハン(堅忍公)　1468.6.30-1532.8.16)

Johannes〈4世紀〉
ローマの殉教者, 聖人。

⇒新カト（ヨアンネスとパウルス　4世紀）
　図聖（ヨハネスとパウルス　?-4世紀頃）

Johannes I, St.〈5・6世紀〉
教皇。在位523～6。聖人。東西教会合同を達成。
⇒新カト（ヨアンネス1世　?-526.5.18）

Johannes II〈6世紀〉
教皇。在位533～5。登位に際し名を変えた最初の教皇。
⇒新カト（ヨアンネス2世　?-535.5.8）

Johannes II Comnenus〈11・12世紀〉
ビザンチン皇帝。在位1118～43。アレクシウス1世の子。コムネノス王朝で最も有能な王。
⇒岩世人（ヨハネス2世コムネノス　1087.9.13-1143.4.8）
　世帝（ヨハネス2世　1087-1143）

Johannes III〈6世紀〉
ローマ教皇。
⇒新カト（ヨアンネス3世　?-574.7.13）

Johannes III Doucus Vatatzes〈12・13世紀〉
ビザンチン帝国皇帝。在位1222～54。効果的な経済政策を推進、領土の多くを回復した。
⇒岩世人（ヨハネス3世ヴァタツェス　1192頃-1254.11.3）
　世帝（ヨハネス3世　1193-1254）

Johannes IV〈7世紀〉
ローマ教皇。在位640～642。
⇒新カト（ヨアンネス4世　?-642.10.12）

Johannes V〈7世紀〉
ローマ教皇。在位685～686。
⇒新カト（ヨアンネス5世　?-686.8.2）

Johannes V〈14世紀〉
パラエオログス朝のビザンティン皇帝。在位1341～76,1379～91。
⇒新カト（ヨアンネス5世・パライオロゴス　1332.6.18-1391.2.16）
　世帝（ヨハネス5世　1332-1391）

Johannes VI〈8世紀〉
ローマ教皇。在位701.10.30～705.1.10。
⇒新カト（ヨアンネス6世　?-705.1.11）

Johannes VI Cantacuzenus〈13・14世紀〉
東ローマ皇帝。在位1347～55。退位後は修道院に隠棲、著作活動に専念した。
⇒岩世人（ヨハネス6世カンタクゼノス　1295頃-1383）
　新カト（ヨアンネス6世・カンタクゼノス　1295頃-1383.6.15）
　世帝（ヨハネス6世　1295-1383）

Johannes VII〈8世紀〉
ギリシア生れの教皇。在位705～7。博学で芸術を愛した。
⇒新カト（ヨアンネス7世　?-707.10.18）

Johannes VIII〈9世紀〉
教皇。在位872～82。ギリシア教会との対立を収拾。
⇒岩世人（ヨハネス8世　?-882.12.16）
　新カト（ヨアンネス8世　?-882.12.16）

Johannes VIII Palaeologus〈14・15世紀〉
東ローマ皇帝。在位1425～48。特に政治面で力を発揮した。
⇒岩世人（ヨハネス8世パライオロゴス　1392.12.17/18-1448.10.31）
　新カト（ヨアンネス8世〔ビザンティン皇帝〕1392.12.17/18-1448.10.31）
　世帝（ヨハネス8世　1392-1448）

Johannes IX〈9世紀〉
教皇。在位898～900。
⇒新カト（ヨアンネス9世　?-900.1）

Johannes X〈9・10世紀〉
教皇。在位914～28。915年ガリリアーノで戦勝。
⇒新カト（ヨアンネス10世　?-929）

Johannes XI〈10世紀〉
教皇。在位931～5頃。マロツィアの子。
⇒新カト（ヨアンネス11世　?-935/936）

Johannes XII〈10世紀〉
教皇。在位955～64。アルベリコ2世の子。
⇒新カト（ヨアンネス12世　936頃-964.5.14）
　世人新（ヨハネス12世　936頃-964）
　世人装（ヨハネス12世　936頃-964）

Johannes XIII〈10世紀〉
ローマ教皇。在位965～72。ローマ人で, 女元老院議員マロッツィアの甥。
⇒新カト（ヨアンネス13世　?-972.9.6）

Johannes XIV〈10世紀〉
教皇。在位983～4。神聖ローマ皇帝オットー2世の支持により教皇位に就く。
⇒新カト（ヨアンネス14世　?-984.8.20）

Johannes XV〈10世紀〉
教皇。在位985～96。993年史上初の教皇による列聖を行った。
⇒新カト（ヨアンネス15世　?-996.3）

Johannes XVI〈10・11世紀〉
対立教皇。在位997～8。皇帝オットー2世, 皇妃テオドラの宮廷で重きをなした聖職者。
⇒新カト（ヨアンネス16世　?-1001.8.26）

Johannes XVII〈11世紀〉
ローマ教皇。在位1003.5.16～1003.11.6。前名シッコ（Sicco）。
⇒新カト（ヨアンネス17世　?-1003.11.6）

Johannes XVIII〈11世紀〉
ローマ教皇。在位1003.12.25～1009.6。前名ヨハネス・ファサーヌス。
 ⇒新カト（ヨアンネス18世　？-1009.6）

Johannes XIX〈11世紀〉
トゥスクルム伯家出身の教皇。在位1024～32。ベネディクツス7世の弟。
 ⇒新カト（ヨアンネス19世　？-1032）

Johannes XXI〈13世紀〉
ローマ教皇。在位1276～7。史上最も学殖豊かな教皇の一人。
 ⇒新カト（ヨアンネス21世　1210/1215-1277.5.20）

Johannes XXII〈13・14世紀〉
教皇。在位1316～34。教皇庁の財政を再建し、全司教の任命権を掌握。
 ⇒岩世人（ヨハネス22世　1249-1334.12.4）
 　新カト（ヨアンネス22世　1244頃-1334.12.4）

Johannes XXIII〈14・15世紀〉
三教皇鼎立期の対立教皇。在位1410～5。1419年トゥスクルム司教枢機卿。
 ⇒新カト（ヨアンネス23世　1360頃-1419.12.27）

Johannes Baptista〈前1・後1世紀〉
ユダのヘブロンの人、聖人。イエス・キリストの先駆者とされる（マルコ福音書）。
 ⇒岩世人（ヨハネ（洗礼者））
 　岩世人（ヤフヤー）
 　ネーム（ヨハネ）
 　広辞7（ヨハネ（バプテスマの））
 　新カト（ヨハネ〔洗礼者〕）
 　図聖（ヨハネ（洗礼者））
 　聖書（ヨハネ（洗礼者ヨハネ））
 　世人材（ヨハネ（洗礼者の）　生没年不詳）
 　世人装（ヨハネ〈洗礼者の〉　生没年不詳）
 　ポプ人（ヨハネ　前6頃-後36頃）

Johannes Climacus, St.〈6・7世紀〉
聖カテリナ修道院長、聖人。著作『天国への楷梯』。
 ⇒岩世人（ヨハネス・クリマコス　579頃-649頃）
 　新カト（ヨアンネス・クリマコス　575頃-650頃）
 　メル1（ヨアンネス・クリマクス（聖）　579頃-649頃）

Johannes Damascenus〈7・8世紀〉
ダマスカス出身の東方教会の神学者、聖人。
 ⇒岩世人（ヨアンネス（ダマスコの）　650頃-750頃）
 　新カト（ヨアンネス〔ダマスコ〕　650頃-750頃）

Johannes de Capestrano〈14・15世紀〉
イタリアの厳律フランシスコ会士、説教家、聖人。
 ⇒岩世人（ヨハネス（カペストラーノの）　1386.6.24-1456.10.23）
 　新カト（ジョヴァンニ〔カペストラーノの〕　1386.6.24-1456.10.23）
 　図聖（ジョヴァンニ（カペストラーノの）　1386-1456）

Johannes de Garlandia〈12・13世紀〉
フランスの音楽理論家。
 ⇒岩世人（ヨハネス（ガルランディアの）　1195頃-1258以降）

Johannes de Grocheo〈13・14世紀〉
アルス・アンティカ時代の音楽評論家で、聖職者。
 ⇒バロ（グロケオ、ヨハネス・デ　1250頃?-1300以降）
 　バロ（ヨハネス・デ・グロケオ　1250頃?-1300以降）

Johannes de Quadris〈15世紀〉
イタリアの作曲家。
 ⇒バロ（ヨハネス・デ・クァドリス　1410頃?-1460頃?）

Johannes de Sarto〈14・15世紀〉
フランドルの作曲家。
 ⇒バロ（サルト、ヨハネス・デ　1380頃-1440頃以降）
 　バロ（ヨハネス・デ・サルト　1380頃?-1440頃以降）

Johannes Grammatikos〈9世紀〉
コンスタンティノープル総主教。在位837?～843。
 ⇒岩世人（ヨハネス（文法家）　？-867以前）
 　新カト（ヨアンネス7世・グラマティコス　？-863以前）

Johannes Hormizd〈18・19世紀〉
カルデア・カトリック教会の総主教。
 ⇒新カト（ヨハネ・ホルミズ　1760-1838.8.14）

Johannes le Fauconer〈13世紀〉
フランスの作曲家。
 ⇒バロ（フォーコネル、ヨハネス・ル　1200頃?-1250頃?）
 　バロ（ヨハネス・ル・フォーコネル　1200頃?-1250頃?）

Johannes Magnus〈15・16世紀〉
スウェーデンの司教、歴史家。
 ⇒岩世人（ユハンネス・マグヌス　1488.3.19-1544.3.22）

Johannes Teutonicus〈12・13世紀〉
ドイツ出身の教会法学者。
 ⇒岩世人（ヨハンネス・テウトニクス　1180頃-1252.11.4）

Johannes von Tepl〈14・15世紀〉
ドイツの詩人。人文主義の先駆者。『ベーメンの農夫』はドイツの初期人文主義の初めての文学作品。
 ⇒岩世人（ヨハネス（テーブルの）　1350頃-1414）
 　新カト（ヨハンネス・フォン・テーブル　1350頃-1414/1415）

Johann Friedrich〈16世紀〉
ザクセン選帝侯。在位1532～47。ザクセン公。在位1547～54。
 ⇒岩世人（ヨハン・フリードリヒ（1世）　1503.6.

30–1554.3.3)

Johann Georg I〈16・17世紀〉
ザクセン選帝侯。在位1611〜56。
⇒岩世人（ヨハン・ゲオルク1世　1585.3.5–1656.10.8）

Johann Philipp von Schönborn〈17世紀〉
マインツ大司教・選帝侯。在位1647〜73。
⇒岩世人（ヨハン・フィリップ（シェーンボルンの）1605.8.6–1673.2.12）

Johann Schweikard von Cronberg〈16・17世紀〉
マインツ大司教・選帝侯。在位1604〜26。
⇒岩世人（ヨハン・シュヴァイカルト　1553.7.15–1626.9.17）

Johannsen, Wilhelm Ludwig〈19・20世紀〉
デンマークの植物学者。
⇒岩世人（ヨハンセン　1857.2.3–1927.11.11）

Johann Sigismund〈16・17世紀〉
ドイツのブランデンブルク選帝侯。
⇒岩世人（ヨハン・ジギスムント　1572.11.8–1619.12.23）

Johann von Luxemburg, der Blinde〈13・14世紀〉
ベーメン王。在位1310〜46。盲目王の異名がある。
⇒岩世人（ヨハン（ルクセンブルクの）1296.8.10–1346.8.26）
　世帝（ヤン　1296–1346）

Johann von Wesel〈15世紀〉
ドイツの神学者。
⇒岩世人（ヨハン（ヴェーゼルの）1420頃–1481頃）
　新カト（ヨハネス〔ヴェーゼルの〕1425頃–1481）

Johansson, Christian〈19・20世紀〉
スウェーデンのダンサー、教師。
⇒バレエ（ヨハンソン,クリスチャン　1817.5.20–1903.12.25）

Johansson, Gustaf〈19・20世紀〉
フィンランドのルター派神学者、総監督。
⇒岩世人（ユーハンソン　1844.1.10–1930.7.24）

John〈前2世紀〉
モデイン村の祭司のマタティアの息子。
⇒新カト（マカバイ兄弟　マカバイきょうだい）

John, *Sir* Augustus Edwin〈19・20世紀〉
イギリスの画家。
⇒岩世人（ジョン　1878.1.4–1961.10.31）
　芸13（ジョーン, オーガスタス　1879–1961）

John, Griffith〈19・20世紀〉
イギリスの宣教師。中国内部伝道の開拓者。聖書を諸方言に翻訳し、漢口に博学書院を創立（1908）。
⇒岩世人（ジョン　1831.12.14–1912.7.25）

John, Gwen〈19・20世紀〉
ウェールズの女流画家。カトリックに改宗したとき、自らの手で作品の多くを灰にした。
⇒岩世人（ジョン　1876.6.22–1939.9.18）
　芸13（ジョン, グウェン　1876–1939）

John, Lackland〈12・13世紀〉
イングランド王。在位1199〜1216。失地王ともいわれる。
⇒岩世人（ジョン（欠地王）1167.12.24–1216.10.18/19）
　広辞7（ジョン　1167–1216）
　新カト（ジョン〔欠地王〕1167.12.24–1216.10.19）
　世人新（ジョン（欠地王）1167–1216）
　世人装（ジョン（欠地王）1167–1216）
　世史語（ジョン王　1167–1216）
　世帝（ジョン　1167–1216）
　ポプ人（ジョン王　1167–1216）
　皇国（ジョン　（在位）1199–1216）

John, *Sir* William Goscombe〈19・20世紀〉
イギリスの彫刻家。
⇒芸13（ジョーン, ガスコム　1860–1953）

John I〈14世紀〉
フランス王国の統治者。在位1316。
⇒世帝（ジャン1世　1316–1316）

John I, the Hunter〈14世紀〉
アラゴン王国の統治者。在位1387〜1396。
⇒世帝（フアン1世　1350–1396）

John I Albert〈15世紀〉
ポーランド王国の統治者。在位1492〜1501。
⇒世帝（ヤン1世　1459–1501）

John IV〈13世紀〉
東ローマ帝国の統治者。在位1258〜1261。
⇒世帝（ヨハネス4世　1250–1305）

John VII〈14世紀〉
東ローマ帝国の統治者。在位1390,1399〜1408（復位）。
⇒世帝（ヨハネス7世　1370–1408）

John De Britto〈17世紀〉
殉教者。聖人。リスボン生まれ。
⇒新カト（ジョアン・デ・ブリット　1647.3.1–1693.2.4）

Johne, Heinrich Albert〈19・20世紀〉
ドイツの獣医学者。
⇒岩世人（ヨーネ　1839.12.10–1910.12.5）

Johnes, John〈18世紀〉
　イギリスの作曲家。
　⇒バロ（ジョーンズ, ジョン　1728–1796.2.17）

Johnes, Robert I〈15・16世紀〉
　イギリスの作曲家。
　⇒バロ（ジョーンズ, ロバート1世　1490頃?–1540頃?）

Johnes, Robert II〈16・17世紀〉
　イギリスの作曲家。
　⇒バロ（ジョーンズ, ロバート2世　1583頃–1633）

John Eudes〈17世紀〉
　創設者。聖人。ノルマンディーのリー生まれ。
　⇒新カト（ジャン・ユード　1601.11.14–1680.8.19）

John Fisher〈15・16世紀〉
　司教また殉教者。聖人。ベヴァリー生まれ。
　⇒新カト（ジョン・フィッシャー　1469–1535.6.22）

John Mark
　バルナバの従兄弟。パウロとバルナバの助手（使徒言行録）。
　⇒聖書（ヨハネ（マルコと呼ばれるヨハネ））

John Nepomucene Neumann〈19世紀〉
　司教また創設者。聖人。ボヘミアのプラハティッツ生まれ。
　⇒新カト（ジョン・ネポマシーン・ニューマン　1811.3.28–1860.1.5）

John of Brienne〈12・13世紀〉
　フランスの作曲家。
　⇒バロ（ジョン・オブ・ブリエンヌ　1148–1237）

John of Fornsete〈13・14世紀〉
　イギリスの作曲家。
　⇒バロ（フォーンセット, ジョン・オブ　1293–1350頃?）

John of Gaunt, Duke of Lancaster〈14世紀〉
　ランカスター公。1369年春フランス, イギリス間に戦争が再開されるとイギリス軍を指揮。
　⇒岩世人（ジョン（ゴーントの）　1340.3–1399.2.3）

John of Giscala〈1世紀〉
　対ローマ反乱の指導者。
　⇒ユ人（ヨハネ（ギスカラのヨハネ）　1世紀中頃）

John of Matha〈13世紀〉
　創設者。聖人。プロヴァンス生まれ。
　⇒新カト（ジャン〔マタの〕　1160.6.23–1213.12.17）
　　図聖（ヨハネス（マタの）　1160–1213）

John of Nepomuk〈14世紀〉
　殉教者。聖人。ボヘミアのネポムク生まれ。
　⇒新カト（ヤン〔ネポムクの〕　1345頃–1393.3.20）
　　図聖（ヨハネス・ネポムク　1350頃–1393）

John of Salisbury〈12世紀〉
　イギリスのスコラ哲学者。シャルトル司教。
　⇒岩世人（ヨアンネス（ソールズベリーの）　1120頃–1180.10.25）
　　メル1（ヨハネス（ソールズベリーの）　1110/1120?–1180）

John Ogilvie〈16・17世紀〉
　殉教者。聖人。スコットランドのバンフシャーのドラム・ナ・キース生まれ。
　⇒新カト（ジョン・オジルヴィ　1579–1615.3.10）

Johnsen, Hinrich Philip〈18世紀〉
　ドイツの作曲家。
　⇒バロ（ヨーンセン, ヒンリヒ・フィリップ　1717–1779.2.12）

Johnson, Andrew〈19世紀〉
　アメリカの政治家。第17代合衆国大統領。南北戦争後, 副大統領, リンカーンの暗殺により大統領に就任。
　⇒アメ新（ジョンソン　1808–1875）
　　岩世人（ジョンソン　1808.12.29–1875.7.31）
　　広辞7（ジョンソン　1808–1875）
　　世人新（ジョンソン〈アンドリュー〉　1808–1875）
　　世人装（ジョンソン〈アンドルー〉　1808–1875）

Johnson, Byron Bancroft〈19・20世紀〉
　アメリカン・リーグ創設者。
　⇒メジャ（バン・ジョンソン　1864.1.5–1931.3.28）

Johnson, Edward〈19・20世紀〉
　イタリア・オペラのテノール。
　⇒失声（エドワード・ジョンソン　1878–1959）

Johnson, Edward I〈16・17世紀〉
　イギリスの作曲家。
　⇒バロ（ジョンソン, エドワード1世　1550頃?–1601）

Johnson, Elias Finley〈19・20世紀〉
　アメリカの弁護士, 判事。
　⇒アア歴（Johnson, Elias Finley　イライアス・フィンリー・ジョンスン　1861.6.24–1933.8.1）

Johnson, Emory Richard〈19・20世紀〉
　アメリカの経済学者。ホウォートン財政経済専門学校学部長（1919～33）。
　⇒岩世人（ジョンソン　1864.3.22–1950.3.6）

Johnson, Francis〈19・20世紀〉
　イギリスの政治家。
　⇒学叢思（ジョンソン, フランシス　1878–?）

Johnson, Herbert Buell〈19・20世紀〉
　アメリカの宣教師教育者。
　⇒アア歴（Johnson, Herbert Buell　ハーバート・ビューエル・ジョンスン　1858.4.30–1925.11.24）

Johnson, Hewlett〈19・20世紀〉
　イギリス国教会聖職者, 司祭者。平和運動家。

⇒岩世人（ジョンソン　1874.1.25–1966.10.22）

Johnson, Hiram Warren〈19・20世紀〉
アメリカの政治家。共和党進歩派の上院議員（1817〜45）。
⇒岩世人（ジョンソン　1866.9.2–1945.8.6）

Johnson, Jack〈19・20世紀〉
アメリカのプロ・ボクサー。
⇒岩世人（ジョンソン　1878.3.31–1946.6.10）

Johnson, James Weldon〈19・20世紀〉
アメリカの著述家。国立有色人種開発協会主事（1916〜30）として、特にアメリカの黒人を研究。
⇒岩世人（ジョンソン　1871.6.17–1938.6.26）

Johnson, John〈16世紀〉
イギリスの作曲家。
⇒バロ（ジョンソン, ジョン　1540頃?–1594.7?）

Johnson, Lionel Pigot〈19・20世紀〉
イギリスの詩人、批評家。
⇒岩世人（ジョンソン　1867.3.15–1902.10.4）

Johnson, Robert I〈16世紀〉
スコットランドの作曲家。
⇒バロ（ジョンソン, ロバート1世　1500頃–1560頃）

Johnson, Robert II〈16・17世紀〉
イギリスの作曲家。
⇒バロ（ジョンソン, ロバート2世　1585頃–1633.11.26以前）

Johnson, Samuel〈18世紀〉
イギリスの批評家、詩人。
⇒岩世人（ジョンソン　1709.9.18–1784.12.13）
　広辞7（ジョンソン　1709–1784）
　新カト（ジョンソン　1709.9.18–1784.12.13）

Johnson, (Spud) John Ralph〈19世紀〉
アメリカの大リーグ選手（外野）。
⇒メジャ（スパッド・ジョンソン　1856.12–?）

Johnson, Sir William〈18世紀〉
アメリカインディアン監督官。インディアン女性と結婚、部族と親交があった為に就任。
⇒岩世人（ジョンソン　1715頃–1774.7.11）

Johnston, Sir Harry Hamilton〈19・20世紀〉
イギリスの探検家。ポルトガル領西アフリカ、コンゴ河流域を探検、調査。
⇒岩世人（ジョンストン　1858.6.12–1927.7.31）

Johnston, Joseph Eggleston〈19世紀〉
アメリカ南北戦争時代の南部連合の将軍。シェナンドアの南軍指揮官。
⇒岩世人（ジョンストン　1807.2.3–1891.3.21）

Johnston, Sir Reginald Fleming〈19・20世紀〉
イギリス人の中国お雇い教師。
⇒岩世人（ジョンストン　1874–1938）

Joinville, François Ferdinand Philippe d'Orléans, Prince de〈19世紀〉
フランスの軍人。
⇒岩世人（ジョワンヴィル　1818.8.14–1900.6.16）

Joinville, Jean de〈13・14世紀〉
フランス, ジョアンビルの領主、年代記作者。
⇒岩世人（ジョワンヴィル　1224頃–1317.12.24）
　広辞7（ジョワンヴィル　1224頃–1317）
　新カト（ジョアンヴィル　1224/1225–1317.12.24）

Jókai Mór〈19・20世紀〉
ハンガリーの小説家。ロマンチシズムにあふれた長篇小説を本領とする。
⇒岩世人（ヨーカイ　1825.2.18–1904.5.5）
　学叢思（ヨーカイ, マウルス　1825–1904）

Jolly, Julius〈19・20世紀〉
ドイツのサンスクリット学者、ヒンドゥー法学者。古代インドの法制文献を専攻し、インド固有法の権威。
⇒岩世人（ヨリ　1849.12.28–1932.4.25）

Joly, Eugene〈19・20世紀〉
フランスのパリ外国宣教会宣教師。旧制福岡高等学校でフランス語を教授。
⇒岩世人（ジョリー　1871.1.28–1966.3.6）

Joly, John〈19・20世紀〉
アイルランドの地質学者。1924年に地殻変動の熱的輪廻説を発表。
⇒岩世人（ジョリー　1857.11.1–1933.12.8）

Joly, Simon〈16世紀〉
フランスの作曲家。
⇒バロ（ジョリ, シモン　1524–1559以降）

Jomini, Antoine Henri, Baron de〈18・19世紀〉
フランス, のちにロシアの将軍、軍事作家。ニコライ1世の軍事顧問として対トルコ戦でロシア軍を指揮。
⇒岩世人（ジョミニ　1779.3.6–1869.3.24）
　ネーム（ジョミニ　1779–1869）

Jommelli, Niccolò〈18世紀〉
イタリアの作曲家。死の直前に有名な『ミゼレーレ』を作曲。
⇒バロ（ヨメッリ, ニッコロ　1714.9.10–1774.8.25）
　岩世人（ヨンメッリ　1714.9.10–1774.8.25）
　オペラ（ヨンメッリ, ニッコロ　1714–1774）

Jōnā〈前8世紀〉
ヨナ記の主人公、小予言者の一人（旧約）。
⇒岩世人（ヨナ）

岩世人（ユーヌス）
聖書（ヨナ）

Jonah of Gerona〈13世紀〉
スペインのゲローナ生まれのラビ、モラリスト。
⇒ユ著人（Jonah of Gerona　ゲローナのヨナ　1200–1263）

Jonak, Eberhard〈19世紀〉
オーストリアの統計学者。
⇒学叢思（ヨーナック、エーベルハルト　1820–1876）

Jonas, Justus〈15・16世紀〉
ドイツのプロテスタント。
⇒岩世人（ヨーナス　1493.6.5–1555.10.9）
新カト（ヨーナス　1493.6.5–1555.10.9）

Jonas Aurealianensis〈8・9世紀〉
カロリング期の司教、神学者。
⇒岩世人（ヨナス（オルレアンの）　780以前–843）
新カト（ヨナス〔オルレアンの〕　780以前–843）

Jonathan〈前11・10世紀〉
サウルの長子。ダビデの親友（サムエル記上）。
⇒岩世人（ヨナタン）
聖書（ヨナタン）

Jonathan〈前2世紀〉
ハスモン家の大祭司。反シリア運動の指導者。
⇒新カト（マカバイ兄弟　マカバイきょうだい）

Jones, Charles Wesley〈19世紀〉
アメリカの大リーグ選手（外野）。
⇒メジャ（チャーリー・ジョーンズ　1852.4.30–1911.6.6）

Jones, David Jefferson〈19・20世紀〉
アメリカの大リーグ選手（外野）。
⇒メジャ（デイヴィー・ジョーンズ　1880.6.30–1972.3.30）

Jones, Ebenezer〈19世紀〉
イギリスの詩人。
⇒岩世人（ジョーンズ　1820–1860）

Jones, Edward〈18・19世紀〉
ウェールズのハープ奏者。
⇒バロ（ジョーンズ、エドワード　1752.3.29–1824.4.18）

Jones, Ernest〈19・20世紀〉
イギリスの精神分析医。イギリス精神分析学会会長（1920～40）。
⇒岩世人（ジョーンズ　1879.1.11–1958.2.11）

Jones, Ernest Charles〈19世紀〉
イギリスのチャーティスト運動の指導者、詩人、小説家。
⇒岩世人（ジョーンズ　1819.1.25–1869.1.26）

Jones, Fielder Allison〈19・20世紀〉
アメリカの大リーグ選手（外野）。
⇒メジャ（フィールダー・ジョーンズ　1871.8.13–1934.3.13）

Jones, George Heber〈19・20世紀〉
アメリカの宣教師。1887年メソジスト教会から派遣されて朝鮮で教育に従事。
⇒アア歴（Jones,George Heber　ジョージ・ヒーバー・ジョーンズ　1867.8.14–1919.5.11）
岩世人（ジョーンズ　1867.8.14–1919.5.10）

Jones, Henry Arthur〈19・20世紀〉
イギリスの劇作家。代表作は『デイン夫人の擁護』（1900）。
⇒岩世人（ジョーンズ　1851.9.20–1929.1.7）

Jones, Inigo〈16・17世紀〉
イギリスの建築家、舞台美術家。
⇒岩世人（ジョーンズ　1573.7.15–1652.6.21）

Jones, John Peter〈19・20世紀〉
アメリカの宣教師。
⇒アア歴（Jones,John Peter　ジョン・ピーター・ジョーンズ　1847.9.4–1916.10.3）

Jones, John Taylor〈19世紀〉
アメリカの宣教師。
⇒アア歴（Jones,John Taylor　ジョン・テイラー・ジョーンズ　1802.7.16–1851.9.13）

Jones, Richard〈18・19世紀〉
イギリスの経済学者。
⇒岩世人（ジョーンズ　1790–1855.1.20）
学叢思（ジョーンズ、リチャード　1790–1855）

Jones, Samuel Milton〈19・20世紀〉
イギリス生れのアメリカの政治家、社会改革者。石油採掘機を発明しトレドに製造工場を建設。
⇒岩世人（ジョーンズ　1846.8.8–1904.7.12）

Jones, Thomas〈19・20世紀〉
アメリカの大リーグ選手（一塁）。
⇒メジャ（トム・ジョーンズ　1877.1.22–1923.6.19）

Jones, William〈17・18世紀〉
イギリスの数学者。I.ニュートンの後継者。
⇒世数（ジョーンズ、ウィリアムズ　1675–1749）

Jones, Sir William〈18世紀〉
イギリスの法学者、インド学者。インド＝ヨーロッパ比較言語学上における母語の仮説を樹立。
⇒岩世人（ジョーンズ　1746.9.28–1794.4.27）
広辞7（ジョーンズ　1746–1794）
南ア新（ジョーンズ　1746–1794）

Jones, William〈19・20世紀〉
アメリカの民俗学者。
⇒アア歴（Jones,William　ウイリアム・ジョーンズ　1871.3.28–1909.3.29）

Jones, William I〈18世紀〉
イギリスの作曲家。
⇒バロ（ジョーンズ、ウィリアム1世　1726.7.20–

1800.1.6)

Jones, William Atkinson〈19・20世紀〉
アメリカの政治家。
⇒世人新 (ジョーンズ　1849–1918)
　世人装 (ジョーンズ　1849–1918)

Jones, William Patterson〈19世紀〉
アメリカの領事。
⇒アア歴 (Jones, William Patterson　ウイリアム・パタースン・ジョーンズ　1831.4.23–1886.8.3)

Jonescu, Take〈19・20世紀〉
ルーマニアの政治家。文相、法相、内相を歴任。
⇒岩世人 (ヨネスク　1858.10.13–1922.6.21)

Jongen, Joseph〈19・20世紀〉
ベルギーの作曲家。
⇒岩世人 (ジョンゲン (ヨンゲン)　1873.12.14–1953.7.12)

Jonggrang, Loro (Roro)
中部ジャワのヒンドゥー教遺跡チャンディ・プランバナン寺院の石像にまつわる伝説の王女。
⇒岩世人 (ジョングラン、ロロ)

Jongkind, Johan Barthold〈19世紀〉
オランダの画家、銅板画家。
⇒岩世人 (ヨンキント　1819.6.3–1891.2.9)
　ネーム (ヨンキント　1819–1891)
　芸13 (ヨンキンド、ヨーハン　1819–1891)

Jonnart, Célestin Auguste Charles
〈19・20世紀〉
フランスの政治家。
⇒岩世人 (ジョナール　1857.12.27–1927.9.30)

Jonson, Ben〈16・17世紀〉
イギリスの劇作家、詩人、批評家。
⇒岩世人 (ジョンソン　1572–1637.8.6)
　広辞7 (ジョンソン　1572–1637)
　新カト (ジョンソン　1573頃–1637.8.6)

Jonsson, Einar〈19・20世紀〉
アイスランドの彫刻家。アイスランドの歴史や伝承に取材した寓意的彫刻を作った。
⇒岩世人 (ヨウンソン　1874.5.11–1954.10.18)

Jónsson, Finnur〈19・20世紀〉
アイスランドの言語学者。コペンハーゲン大学教授。
⇒岩世人 (フィンヌル・ヨウンソン　1858.5.29–1934.3.10)

Jonstons, Johannes〈17世紀〉
オランダの動物学者。『動物図説』(60)は、長崎出島の商館長インダイクにより幕府に献じられた。
⇒岩世人 (ヨンストン　1603–1675)

Joohūi〈18世紀〉
中国、清中期の武将。

⇒岩世人 (兆恵　ちょうけい　1708 (康煕47)–1764 (乾隆29))
　学叢歴 (兆恵)

Joplin, Scott〈19・20世紀〉
アメリカの黒人作曲家、ピアノ奏者。〈ラグタイムの王者〉と呼ばれた。
⇒バレエ (ジョプリン、スコット　1868.11.24–1917.4.1)
　エデ (ジョプリン、スコット　1868頃–1917.4.1)

Jordaens, Jacob〈16・17世紀〉
フランドルの画家。ローマ・カトリック教会の祭壇画を多く制作。
⇒岩世人 (ヨルダーンス　1593.5.20 (受洗)–1678.10.18)
　新カト (ヨルダーンス　1593.5.19–1678.10.18)
　芸13 (ヨルダーンス、ヤコブ　1593–1678)

Jordan, Johannes〈19・20世紀〉
ドイツのサルヴァトール修道会創立者。
⇒新カト (ヨルダン　1848.6.16–1918.9.8)

Jordan, Sir John Newell〈19・20世紀〉
イギリスの外交官。北京外交界を牛耳り、辛亥革命の際には、袁世凱の政権掌握に尽力。
⇒岩世人 (ジョーダン　1852.9.5–1925.9.14)

Jordan, Marie Ennemond Camille
〈19・20世紀〉
フランスの数学者。コレジュ・ド・フランスの数学教授。主著『置換論』(70)。
⇒岩世人 (ジョルダン　1838.1.5–1922.1.22)
　世数 (ジョルダン、マリ・エネモン・カミーユ　1838–1922)

Jordan, Timothy Joseph〈19・20世紀〉
アメリカの大リーグ選手(一塁)。
⇒メジャ (ティム・ジョーダン　1879.2.14–1949.9.13)

Jordan de San Esteban Ansalone
〈16・17世紀〉
イタリア人ドミニコ会司祭。長崎16聖人の一人。祝日9月28日。シチリアの貴族の生まれ。
⇒新カト (ホルダン・デ・サン・エステバン　1598–1634.11.17)

Jordanes〈6世紀〉
東ローマ帝国の歴史家。主著『ゲチカ』は、ゴート人フン人の歴史に関する貴重な史料。
⇒岩世人 (ヨルダネス　?–552頃)

Jordanus〈13世紀〉
ドミニコ会の第2代総長。聖人。祝日2月13日。ザクセンのボルクベルゲ生まれ。
⇒岩世人 (ヨルダヌス (サクソニアの)　?–1237.2.13)
　新カト (ヨルダヌス〔ザクセンの〕　12世紀末–1237.2.13)

Jordanus Nemorarius〈13世紀〉
中世の数学者。

⇒岩世人（ヨルダヌス・ネモラリウス　1225–1260）
世数（ヨルダヌス・ネモラリウス　12世紀末–1237）

Jörg, Joseph Edmund〈19・20世紀〉
バイエルンの政治家、歴史家。ドイツ帝国政府に対する反対派。
⇒新カト（ヨェルク　1819.12.23–1901.11.18）

Jörgensen, Jens Johannes〈19・20世紀〉
デンマークの詩人。
⇒岩世人（ヨーアンセン　1866.11.6–1956.5.29）
新カト（ヨアンセン　1866.11.6–1956.5.29）

Jorioz〈10・11世紀〉
修道者、タロアール修道院初代院長。聖人。祝日10月29日。ルクセンブルク出身。
⇒新カト（ヨリオズ〔タロアールの〕　10–11世紀）

Joris, David〈16世紀〉
ベルギーの再洗礼派教徒。カトリックを攻撃して追放され、偽名でバーゼルに落着き、ダビド派を創始。
⇒岩世人（ヨーリス　1501頃–1556）
新カト（ヨーリス　1501/1502–1556.8.25）

Jörn, Karl〈19・20世紀〉
ソビエト、のちアメリカのテノール。
⇒魅惑（Jörn, Karl　1872–1947）

José I, Manuel〈18世紀〉
ポルトガル王。在位1750～77。その治世はポンバル侯の独裁に終始。
⇒世帝（ジョゼ1世　1714–1777）

Joselewicz, Berek〈18・19世紀〉
ポーランド陸軍の連隊長。
⇒ユ著人（Joselewicz, Berek　ヨセレヴィチ、ベレク　1770–1809）

Jose of Pumbedita〈5・6世紀〉
バビロニア・タルムードの最後の編集者。
⇒ユ著人（Jose of Pumbedita　プンベディタのヨスィ　5世紀–6世紀）

Joseph〈前17・16世紀頃〉
ヤコブの第11子。8年後の大飢饉を予告、エジプト全国の司となった（創世記）。
⇒岩世人（ヨセフ）
岩世人（ユースフ）
新カト（ヨセフ）
聖書（ヨセフ〔族長ヤコブの息子〕）

Joseph〈前1・後1世紀〉
カトリックの聖人。マリアの夫。イエス・キリストの養父。ナザレの大工、木工職人（マタイ福音書、ルカ福音書）。
⇒岩世人（ヨセフ）
ネーム（ヨセフ）
新カト（ヨセフ）
図聖（ヨセフ）
聖書（ヨセフ〔イエスの母マリアの夫〕）

Joseph〈10世紀〉
ハザールの王。
⇒ユ人（ヨセフ　10世紀）

Joseph, Père〈16・17世紀〉
フランスの外交使節、神秘家。
⇒新カト（ジョゼフ〔パリの〕　1577.11.4–1638.12.18）

Joseph I〈17・18世紀〉
神聖ローマ皇帝。在位1705～11。ハプスブルク家出身の皇帝レオポルト1世の長子。
⇒バロ（ヨーゼフ1世　1678.7.26–1711.4.17）
岩世人（ヨーゼフ1世　1678.7.26–1711.4.17）
新カト（ヨーゼフ1世　1678.7.26–1711.4.17）
世帝（ヨーゼフ1世　1678–1711）
皇国（ヨーゼフ1世　?–1711）

Joseph II〈18世紀〉
神聖ローマ皇帝。在位1765～90。マリア・テレジアの長男。
⇒岩世人（ヨーゼフ2世　1741.3.13–1790.2.20）
広辞7（ヨーゼフ二世　1741–1790）
新カト（ヨーゼフ2世　1741.3.13–1790.2.20）
世人新（ヨーゼフ2世　1741–1790）
世人装（ヨーゼフ2世　1741–1790）
世史語（ヨーゼフ2世　1741–1790）
世帝（ヨーゼフ2世　1741–1790）
ポプ人（ヨーゼフ2世　1741–1790）
皇国（ヨーゼフ2世　(在位)1765–1790）

Joseph bar Hiyya〈9世紀〉
プンベディタの神学院長。
⇒ユ著人（Joseph bar Hiyya　ヨセフ・バル・ヒア　9世紀）

Joseph Barsabas
イスカリオテのユダの後任候補者の一人（使徒言行録）。
⇒新カト（バルサバ）

Joseph ben Judah of Ceuta〈12・13世紀〉
マイモニデスの愛弟子の一人。
⇒ユ著人（Joseph ben Judah of Ceuta　モロッコのセウタのヨセフ・ベン・ユダ　?–1226）

Joseph Clemens von Bayern〈17・18世紀〉
ケルン大司教・選帝侯。在位1688～1723。
⇒岩世人（ヨーゼフ・クレメンス　1671.12.5–1723.11.12）

Joseph Cottolengo〈18・19世紀〉
創設者。聖人。ピエモンテのブラ生まれ。
⇒新カト（ジュゼッペ・ベネデット・コットレンゴ　1786.5.3–1842.4.30）

Joseph ha-Kohen〈15・16世紀〉
イタリアで活躍した年代記作家、医師、言語学者。
⇒ユ著人（Joseph ha-Kohen　ヨセフ・ハ＝コーヘ

ン 1496–1578)

Joseph ha-Zarfati〈14世紀〉
スペインの画家。
⇒ユ人 (ヨセフ, ハ・ツアルファティ (フランス人) 14世紀)

Joseph ibn Tabul〈16世紀〉
カバリスト。
⇒ユ著人 (Joseph ibn Tabul ヨセフ・イブン・タブール 1545?–17世紀初)

Joséphine de Beauharnais〈18・19世紀〉
フランス皇帝ナポレオン1世の妃。ナポレオンの激しい情愛を受けたが、跡継ぎに恵まれず離婚。
⇒岩世人 (ジョゼフィーヌ 1763.6.23–1814.5.29)
姫全 (ジョゼフィーヌ 1763–1814)
ネーム (ジョゼフィーヌ 1763–1814)
世人新 (ジョゼフィーヌ (ジョゼフィーヌ=ボーアルネ) 1763–1814)
世人装 (ジョゼフィーヌ (ジョゼフィーヌ=ボーアルネ) 1763–1814)
世史語 (ジョゼフィーヌ 1763–1814)
ポプ人 (ジョゼフィーヌ, マリー・ローズ 1763–1814)
王妃 (ジョゼフィーヌ・ド・ボアルネ 1763–1814)

Joseph (Josel, Joselman), ben-Gershom of Rosheim〈15・16世紀〉
ドイツ・ユダヤ人社会の代表者 (シュタットラン)。
⇒ユ人 (ヨゼフ (ヨゼル, ヨーゼルマン), ロシュハイムのベンゲルショム 1478頃–1554)
ユ著人 (Joselmann ヨーゼルマン 1478?–1554)

Joseph of Arimathea〈1世紀〉
イエスの弟子。アリマタヤの金持。イエスの屍体を新しい墓に納めた (マタイ福音書)。
⇒岩世人 (ヨセフ (アリマタヤの))
新カト (ヨセフ [アリマタヤの])
聖書 (ヨセフ (アリマタヤのヨセフ))

Joseph of Cupertino〈17世紀〉
恍惚家。聖人。クペルティノ生まれ。
⇒新カト (ジュゼッペ [コペルティーノの] 1603.6.17–1663.9.18)
図聖 (ジュゼッペ (コペルティーノの) 1603–1663)

Josephson, Ernest Abraham〈19・20世紀〉
スウェーデンの画家。
⇒岩世人 (ユーセフソン 1851.4.16–1906.11.22)
ユ著人 (Josephson, Ernest Abraham ヨーセフソン, エルネスト・アブラハム 1851–1906)

Josephus, Flavius〈1世紀〉
ユダヤの歴史家。
⇒岩世人 (ヨセフス 37–100頃)
ネーム (ヨセフス 37–100?)
広辞7 (ヨセフス 37頃–100頃)
新カト (ヨセフス 37/38頃–100頃)
ユ人 (ヨセフス, フラビウス 38頃–100頃)
ユ著人 (Josephus Flavius ヨセフス・フラヴィウス 37/38–100?)

Josephus Calasanctius, St.〈16・17世紀〉
カトリックの聖人。1597年ヨーロッパ初の貧しい子弟のための無料学校をローマに創立。
⇒新カト (ホセ・デ・カラサンス 1557.7.31–1648.8.25)
図聖 (ホセ (カラサンスの) 1556–1648)

Joshua, ben-Levy〈3世紀〉
パレスチナのユダヤ教学者。
⇒ユ人 (ヨシュア, ベンレヴィ 3世紀前半)

Joshua ben-Hananiah〈1・2世紀〉
パレスチナのタンナ。ヨハナン・ベンザカイの弟子で、第二神殿破壊時サンヘドリン (最高法院) のメンバー。
⇒ユ人 (ヨシュア, ベンハナニア 35頃–125頃)
ユ著人 (Joshua ben Hananiah ヨシュア・ベン・ハナニア 1世紀–2世紀)

Josquin des Prés〈15・16世紀〉
フランドル楽派最大の作曲家。同時代者に〈音楽の君主〉と呼ばれるほどの名声を誇っていた。
⇒バロ (デ・プレ, ジョスカン 1440頃–1521.8.27)
岩世人 (ジョスカン・デ・プレ 1450/1455頃–1521.8.27)
エデ (デ・プレ, ジョスカン 1440頃–1521.8.27)
広辞7 (ジョスカン・デ・プレ 1440頃–1521)
新カト (ジョスカン・デプレ 1440頃–1521.8.27)
ルネ (ジョスカン・デ・プレ 1450頃–1521)

Joss, Adrian〈19・20世紀〉
アメリカの大リーグ選手 (投手)。
⇒メジャ (アディー・ジョス 1880.4.12–1911.4.14)

Josseline, François〈16世紀〉
フランスの作曲家。
⇒バロ (ジョスリーヌ, フランソワ 1540頃?–1588)

Jost, Isaak Markus〈18・19世紀〉
ドイツの歴史家。
⇒ユ著人 (Jost, Isaak Markus ヨスト, イザーク・マルクス 1793–1860)

Jotuni, Marj Gustava〈19・20世紀〉
フィンランドの女流小説家。社会問題、家庭問題をテーマに、フィンランド文芸復興の先頭を切った。
⇒岩世人 (ヨトゥニ 1880.4.9–1943.9.30)

Joubert, Barthélemy Catherine〈18世紀〉
フランスの軍人。ナポレオンの下に転戦。イタリア軍総司令官 (1798) となり、イヴィの戦闘で戦死。
⇒岩世人 (ジュベール 1769.4.14–1799.8.15)

Joubert, Joseph〈18・19世紀〉
フランスのモラリスト。
⇒岩世人（ジュベール 1754.5.7–1824.5.4）

Joubin, Louis〈19・20世紀〉
フランスの海洋学者。1903年パリの自然博物館教授。深海魚の研究をした。
⇒岩世人（ジュバン 1861.1.27–1935.4.24）

Jouffroy, Théodore Simon〈18・19世紀〉
フランスの哲学者。
⇒岩世人（ジュフロワ 1796.7.7–1842.2.4）
メル2（ジュフロワ，テオドール 1796–1842）

Jouhaux, Léon〈19・20世紀〉
フランスの労働運動家。反共的新組織「労働者の力」FOを結成。
⇒岩世人（ジュオー 1879.7.1–1954.4.28）
広辞7（ジュオー 1879–1954）

Joule, James Prescott〈19世紀〉
イギリスの物理学者。「ジュール熱の法則」を発見。
⇒岩世人（ジュール 1818.12.24–1889.10.11）
科史（ジュール 1818–1889）
広辞7（ジュール 1818–1889）
学叢思（ジュール，ジェームズ・プレスコット 1818–1889）
物理（ジュール，ジェームス 1818–1889）
世人新（ジュール 1818–1889）
世人装（ジュール 1818–1889）
ポプ人（ジュール，ジェームズ 1818–1889）

Jourdain, John〈16・17世紀〉
イギリスの東インド会社重役，航海家。
⇒岩世人（ジュールダン 1572頃–1619.7.17）

Jourdan, Jean Baptiste, Comte de〈18・19世紀〉
フランスの軍人。フランス革命戦争およびナポレオン戦争で活躍。徴兵令の成立に寄与。
⇒岩世人（ジュルダン 1762.4.29–1833.11.23）

Jourde, François〈19世紀〉
フランスの社会主義者。
⇒学叢思（ジュールド，フランソア 1843–1893）

Jouvenet, Jean-Baptiste〈17・18世紀〉
フランスの画家。1672年ローマ賞を獲得。
⇒芸13（ジューヴネ，ジャン 1644–1717）

Jouy, Jules〈19世紀〉
フランスのシャンソニエ。
⇒19仏（ジュール・ジュイ 1855.4.12–1897.3.17）

Jovanović, Paja〈19・20世紀〉
ユーゴスラヴィアの画家。
⇒岩世人（ヨヴァノヴィチ 1859.6.16–1957.11.30）

Jovanović, Slobodan〈19・20世紀〉
ユーゴスラビア，セルビアの法律家，歴史家，政治家。
⇒岩世人（ヨヴァノヴィチ 1869.11.21/12.3–1958.12.12）

Jovellanos, Gaspar Melchor de〈18・19世紀〉
スペインの政治家，詩人。
⇒岩世人（ホベリャノス 1744.1.5–1811.11.27）
学叢思（ジョヴェラノス，ドン・ガスパール・メルチョル・デ 1744–1811）

Jovernardi, Bartolomé〈17世紀〉
イタリアの作曲家。
⇒バロ（ヨヴェルナルディ，バルトロメ 1600頃–1668.7.22）

Jovianus, Flavius Claudius〈4世紀〉
ローマ皇帝。在位363～4。メソポタミア軍から皇帝に指名される。
⇒岩世人（ヨウィアヌス 331–364.2.17）
世帝（ヨウィアヌス 331–364）

Jovkov, Jordan Stefanov〈19・20世紀〉
ブルガリアの短篇小説家，劇作家。代表作，小説集『物語集』(3巻,17,18,32)。
⇒岩世人（ヨフコフ 1880.11.9/21–1937.10.15）

Jowett, Benjamin〈19世紀〉
イギリスの古典学者，神学者，教育者。著書にツキジデスの『歴史』(81) など。
⇒岩世人（ジョウェット 1817.4.15–1893.10.1）

Joy, Benjamin〈18・19世紀〉
アメリカの商人。
⇒アア歴（Joy,Benjamin ベンジャミン・ジョイ 1758.12.9–1830.3.21）

Joyce, William Michael〈19・20世紀〉
アメリカの大リーグ選手(三塁，一塁)。
⇒メジャ（ビル・ジョイス 1867.9.22–1941.5.8）

Joye, Gilles〈15世紀〉
フランスの作曲家。
⇒バロ（ジョワ，ジル 1424/1425–1483.12.31）

Joyeuse, Jean de〈17世紀〉
フランスのオルガン製作者。
⇒バロ（ジョワーズ，ジャン・ド 1638–1698）

Juan〈15・16世紀〉
スペインの霊家，説教者。聖人。祝日5月10日。
⇒新カト（フアン〔アビラの〕 1499/1500.1.6–1569.5.10）

Juan I〈14世紀〉
カスティーリャ王。
⇒世帝（フアン1世 1358–1390）

Juan II〈14・15世紀〉
アラゴンのフェルナンド1世の次男。"アラゴンの王子たち"の一人。
⇒世帝（フアン2世 1397–1479）

Juan II〈15世紀〉
カスティリャ王。在位1407~54。後のカトリック女王イサベル1世の父。
⇒世帝（フアン2世　1405-1454）

Juana de Portugal〈15世紀〉
スペインのカスティリャ女王。在位1455~74。
⇒岩世人（フアナ・デ・ポルトゥガル　1439-1475）

Juana Iñes de la Cruz〈17世紀〉
メキシコの詩人。
⇒岩世人（フアナ・イネス・デ・ラ・クルス　1648.11.12-1695.4.17）
　新カト（フアナ・イネス・デ・ラ・クルス　1651.11.12-1695.4.17）

Juana la Beltraneja〈15・16世紀〉
カスティーリャ王エンリケ4世の娘。
⇒王妃（フアナ　1462-1530）

Juana la Loca〈15・16世紀〉
スペインのカスティリャ女王。在位1504~55。
⇒岩世人（フアナ　1479.11.6-1555.4.11）
　世帝（フアナ　1479-1555）
　皇国（フアナ　（在位）1504-1555）

Juan de Jesús María〈16・17世紀〉
スペイン出身の神学者，教育者，神秘主義的著述家。カルメル会に属した。
⇒新カト（フアン・デ・ヘスス・マリア　1564.1.27-1615.5.28/29）

Juan de San Agustín〈17世紀〉
フアン庄三郎。日本人アウグスチノ会士，B.グティエレスの同宿。
⇒新カト（フアン・デ・サン・アグスティン　1612頃-1630.10.28）

Juanes, Juan de〈16世紀〉
スペインの画家。
⇒岩世人（フアネス　1510頃-1579）

Juan Gonzáles〈15世紀〉
アウグスチノ会修道士，説教師。聖人。祝日6月11日。サラマンカの町と教区の守護聖人。
⇒新カト（フアン〔サアグンの〕　1430頃-1479.6.11）

Juan Manuel, Don〈13・14世紀〉
スペインの政治家，著作家。フェルナンド聖王の孫。
⇒岩世人（マヌエル　1282-1348）

Juanmartí y Espot, Jacinto〈19世紀〉
スペイン人イエズス会員，フィリピンへの宣教師。
⇒新カト（フアンマルティ・イ・エスポ　1833.2.5-1897.4.7）

Juárez, Benito Pablo〈19世紀〉
メキシコの政治家。「改革の父」と敬称される。
⇒岩世人（フアレス　1806.3.21-1872.7.18）
　ネーム（フアレス　1806-1872）
　広辞7（フアレス　1806-1872）
　世人新（フアレス　1806-1872）
　世人装（フアレス　1806-1872）
　世史語（フアレス　1806-1872）
　ポプ人（フアレス，ベニト　1806-1872）
　ラテ新（フアレス　1806-1872）

Juba II〈前1・後1世紀〉
ヌミディア王。在位前29~5。マウレタニア王。在位前25~4。1世の子。
⇒岩世人（ユバ2世　前50頃-後23頃）

al-Jubbā'ī Abū Alī Muḥammad bn 'Abd al-Wahhāb〈9・10世紀〉
イスラム神学者。
⇒岩世人（ジュッバーイー　?-915）

Jubé, Jacques〈17・18世紀〉
フランスのカトリック司祭，ジャンセニスムの熱心な信奉者。
⇒新カト（ジュベ　1674.5.27-1745.12.20）

Jubi, Juan〈16世紀〉
宗教改革時代のスペインの神学者，コンベンツアル聖フランシスコ修道会会員。
⇒新カト（フビ　16世紀初め-1571/1572）

Juchi〈12・13世紀〉
モンゴルの武将。チンギス・ハンの長子。
⇒岩世人（ジョチ　1172-1224/1225）
　世人新（ジュチ　1172頃-1224/1225）
　世人装（ジュチ　1172頃-1224/1225）

Judah, bar-Ilai〈2世紀〉
パレスチナのタンナ。バルコフバの反乱後の代表的聖賢。
⇒ユ人（ユダ・バル・イライ　2世紀）

Judah bar Ezekiel〈3世紀〉
バビロニアのユダヤ教学者。プンベディタの創設者。
⇒ユ著人（Judah bar Ezekiel　ユダ・バール・エゼキエル　?-299）

Judah ben Barjillai Al-Bargeloni〈11・12世紀〉
バルセロナのラビ。
⇒ユ著人（Judah ben Barjillai ("ha-Nasi") Al-Bargeloni　ユダ・ベン・バルズィライ "ハ=ナシ" アル=バルヘロニ　11世紀末-12世紀初）

Judah ben-Bava〈2世紀〉
パレスチナのタンナ，殉教者。
⇒ユ人（ユダ・ベンババ　2世紀）
　ユ著人（Judah ben Bava　ユダ・ベン・ババ　1世紀末-2世紀初）

Judah ben Bezalel〈16・17世紀〉
プラハのユダヤ人ラビ。
⇒ユ著人（Judah ben Bezalel　ユダ・ベン・ベッァレル　1512-1609）

Judah ben Samuel he-Hasid〈12・13世紀〉
当代随一のドイツのユダヤ神秘主義者。
⇒ユ著人（Judah ben Samuel he-Hasid　ユダ・ベン・サムエルヘ＝ハシッド　1150?–1217?）

Judah Ha-Nasi〈2・3世紀〉
パレスティナ・ユダヤ人の指導者, ミシュナー編集者。
⇒ユ人（ユダ, ハ・ナシ　135頃–220頃）
　ユ著人（Judah ha-Nasi　ユダ・ハ＝ナスィ　135–220）

Judah Ibn Shabbetai〈12・13世紀〉
スペインの作家。
⇒ユ著人（Judah Ibn Shabbetai　ユダ・イブン・シャベタイ　12世紀–13世紀）

Judah Loew ben-Bezalel〈16・17世紀〉
プラハのタルムード学者, 人造人間ゴーレムにまつわる人。
⇒ユ人（ユダ・レーブ・ベンベツァレル（通称マハラル）　1525頃–1609）

Judas
ヤコブの4男（創世記）。
⇒岩世人（ユダ）
　新カト（ユダ）
　聖書（ユダ（族長ヤコブの息子））

Judas, Iscariotes〈1世紀〉
イエス・キリストの十二使徒の一人（新約）。
⇒岩世人（ユダ（イスカリオテの））
　ネーム（ユダ）
　広辞7（ユダ）
　新カト（ユダ・イスカリオテ）
　聖書（ユダ（イスカリオテのユダ））
　世人新（ユダ〈イスタリオテの〉　生没年不詳）
　世人装（ユダ〈イスタリオテの〉　生没年不詳）

Judas Barsabas
パウロとバルナバに同行しアンティオキアに行った人物（使徒言行録）。
⇒新カト（バルサバ）

Judas Makkabaios〈前2世紀〉
ユダヤの英雄（反乱指導者）。旧約聖書外典『マカベア第2書』に記されている。
⇒岩世人（ユダ・マカバイオス　?–前160頃）
　新カト（マカバイ兄弟　マカバイきょうだい）

Juday, Chancey〈19・20世紀〉
アメリカの湖沼学者, 湖沼生物学者。
⇒岩世人（ジュデイ　1871.5.5–1944.3.29）

Judd, Charles Hubbard〈19・20世紀〉
インド生れのアメリカの心理学者, 教育学者。主著『科学的教育研究入門』(18)など。
⇒岩世人（ジャッド　1873.2.23–1946.7.19）

Judd, Gerrit Parmel〈19世紀〉
ニューヨーク生れのアメリカ人で, ハワイ王国の政治家。
⇒岩世人（ジャッド　1803.4.23–1873.7.12）
　オセ新（ジャッド　1803–1873）

Judd, John Wesley〈19・20世紀〉
イギリスの地質学者, 岩石学者。王立鉱山学校教授（1876～1905）。
⇒岩世人（ジャッド　1840.2.18–1916.3.3）

Judd, Orange〈19世紀〉
アメリカの農業雑誌刊行者。
⇒岩世人（ジャッド　1822.7.26–1892.12.27）

Judeich, Johann Friedrich〈19世紀〉
ドイツの林学者。
⇒岩世人（ユーダイヒ　1828.1.27–1894.3.28）

Judenkünig, Hans〈15・16世紀〉
ウィーンで活躍したリュート奏者, 教師。ドイツ出身。
⇒バロ（ユーデンキューニヒ, ハンス　1450頃–1526.3.4）

Judith
エサウの妻の一人。
⇒聖書（ユディト）

Judith von Niederaltaich〈11世紀〉
福者。イングランドの王女。
⇒図聖（ザロメとユーディット（ニーダーアルタイヒの）　?–11世紀末）

Judson, Adoniram〈18・19世紀〉
アメリカのバプテスト派の宣教師。聖書のビルマ語訳のほか, ビルマ語文典などを残した。
⇒アア歴（Judson,Adoniram　アドウナイラム・ジャドソン　1788.8.9–1850.4.12）
　岩世人（ジャドソン　1788.8.9–1850.4.12）

Judson, Ann Hasseltine〈18・19世紀〉
アメリカの宣教師。
⇒アア歴（Judson,Ann Hasseltine　アン・ハッセルタイン・ジャドソン　1789.12.22–1826.10.24）

Judson, Emily Chubbuck〈19世紀〉
アメリカの作家。
⇒アア歴（Judson,Emily Chubbuck　エミリー・チャバック・ジャドソン　1817.8.22–1854.6.1）

Judson, Sarah Hall Boardman〈19世紀〉
アメリカの宣教師。
⇒アア歴（Judson,Sarah Hall Boardman　サラ・ホール・ボードマン・ジャドソン　1803.11.4–1845.9.1）

Juel, Jens〈18・19世紀〉
デンマークの画家。1765年頃宮廷画家として活躍。
⇒芸13（ユエル, イェンス　1745–1802）

Juénin, Gaspard〈17・18世紀〉
フランスの神学者、オラトリオ会員。
⇒新カト（ジェナン　1650–1713.12.16）

Jugan, Jeanne〈18・19世紀〉
フランスの修道会総長。「貧しき者の小さき姉妹女子修道会」の創立者。
⇒新カト（ジャンヌ・ジュガン　1792.10.25–1879.8.29）

Jugie, Martin〈19・20世紀〉
フランスのカトリック神学者。オリエント学者、東方教会史家。
⇒新カト（ジュジー　1878.5.3–1954.11.29）

Juglar, Joséph Clément〈19・20世紀〉
フランスの経済学者。景気循環の理論的実証的研究を行った。
⇒岩世人（ジュグラー　1819.10.15–1905.2.28）

Jugurtha〈前2世紀〉
北アフリカ、ヌミディアの王。在位前118～05。
⇒岩世人（ユグルタ　?–前104）

Juhā
アラブの笑話、滑稽譚の主人公。
⇒岩世人（ジュハー）

Jukes, Joseph Beete〈19世紀〉
イギリスの地学者。ニューファウンドランド、アイルランドなどの測量を行った。
⇒岩世人（ジュークス　1811.10.10–1869.7.29）

Julia〈前1・後1世紀〉
古代ローマの貴族夫人。
⇒岩世人（ユリア　前39–後14）

Julia Domna〈2・3世紀〉
ローマ皇帝セプティミウス・セウェルスの妻。
⇒岩世人（ユリア・ドムナ　170頃–217）
　王妃（ユリア・ドムナ　170–217）

Julia Maesa〈3世紀〉
古代ローマのアウグスタ。
⇒岩世人（ユリア・マエサ　?–224）

Juliana Falconieri〈13・14世紀〉
イタリアの聖女。
⇒新カト（ジュリアーナ・ファルコニエーリ　1270頃–1341.6.19）
　図聖（ファルコニエーリ、ジュリアーナ・デイ　1267頃–1341）

Juliana of Norwich〈14・15世紀〉
イギリスの神秘家。
⇒岩世人（ジュリアン〔ノリッジの〕）
　新カト（ジュリアナ〔ノリッジの〕　1342–1420頃）

Juliana von Nikomedien〈3・4世紀頃〉
処女、殉教者、聖人。
⇒新カト（ユリアナ〔ニコメディアの〕　?–299/305頃）
　図聖（ユリアナ〔ニコメディアの〕　?–4世紀頃）

Juliane Marie von Braunschweig-Wolfenbuttel〈18世紀〉
デンマーク・ノルウェー王フレデリク5世の2番目の妃。
⇒王妃（ユリアーネ・マリー　1724–1796）

Julianus〈4世紀〉
伝説的な聖人。
⇒新カト（ユリアヌス〔看護人〕　生没年不詳）

Julianus, Flavius Claudius, Aposta〈4世紀〉
ローマ皇帝。在位361～3。「背教者ユリアヌス」として知られるコンスタンチヌス大帝の甥。
⇒岩世人（ユリアヌス　331–363）
　ネーム（ユリアヌス　331–363）
　広辞7（ユリアヌス　332–363）
　学叢思（ユリアヌス〔ジュリアン〕、フラヴィウス・クラウディウス）
　新カト（ユリアヌス〔背教者〕　332.5/6–363.7.26/27）
　世人新（ユリアヌス（背教者）　332–363）
　世人装（ユリアヌス（背教者）　332–363）
　世史語（ユリアヌス帝　（在位）361–363）
　世帝（ユリアヌス　331/332–363）
　ポプ人（ユリアヌス帝　332–363）
　ユ人（ユリアヌス（背教者ユリアヌス）　331–363）
　皇国（ユリアヌス　?–363）

Julianus, Pullius Salvius〈2世紀〉
古典盛期のローマ法学者。『永久告示録』の編纂、高位官職を歴任。主著『学説彙纂』。
⇒岩世人（サルヴィウス・ユリアヌス　100頃–170頃）
　岩世人（ユリアヌス・アエミリアヌス　2世紀）

Julianus (Eclanum)〈4・5世紀〉
イタリアの神学者、エクラーヌムの司教。在職416～。ペラギウス派に属する。
⇒岩世人（ユリアヌス〔エクラヌムの〕　380–386頃–454頃）
　新カト（ユリアヌス〔エクラヌムの〕　380/386–454頃）

Julianus (Toledo)〈7世紀〉
スペインの大司教、神学者、聖人。
⇒新カト（ユリアヌス〔トレドの〕　642頃–690.3.6）

Julia Ota (Vota)〈17世紀〉
近世初期の朝鮮人キリシタン婦人。
⇒岩世人（ジュリアおたあ）
　韓朝新（ジュリアおたあ　生没年不詳）
　新カト（おたあジュリア　?–1620以後）

Julia von Korsika〈5世紀〉
処女、殉教者、聖人。
⇒図聖（ユリア〔コルシカの〕　?–5世紀）

Jülicher, Adolf〈19・20世紀〉
ドイツのプロテスタント神学者。新約聖書の歴史的批評的研究をした。
⇒新カト（ユーリヒャー　1857.1.26–1938.8.2）

Julien, Pierre〈18・19世紀〉
フランスの彫刻家。
⇒芸13（ジュリアン, ピエル　1731–1804）

Julien, Stanislas Aignan〈18・19世紀〉
フランスの東洋学者。
⇒岩世人（ジュリアン　1799.9.20–1873.2.14）

Julienne〈12・13世紀〉
リエージュ出身の修道女、修道院長。聖人。祝日4月5日。聖体の祝日制定に功績があった。
⇒新カト（ジュリエンヌ〔リエージュの〕　1192–1258.4.5）
　　図聖（ユリアナ（リエージュの）　1192頃–1259）

Julitta
殉教者。聖人。「キュリコスとユリッタ」と併称される。
⇒新カト（ユリッタとキュリアコス　4世紀）

Julius I, St.〈4世紀〉
教皇。在位337～52。聖人。ローマに十二使徒聖堂、聖マリア聖堂を建設。
⇒新カト（ユリウス1世　?–352.4.12）

Julius II, Giuliano Della Rovere〈15・16世紀〉
教皇。在位1503～13。フランシスコ会士。教皇領再建に尽力。ミケランジェロらを登用。
⇒岩世人（ユリウス2世　1443–1513.2.21）
　新カト（ユリウス2世　1443.12.5–1513.2.21）
　世人新（ユリウス2世　1443–1513）
　世人装（ユリウス2世　1443–1513）

Julius III〈15・16世紀〉
教皇。在位1550～55。51年トリエント公会議を再開。
⇒新カト（ユリウス3世　1487.9.10–1555.3.23）

Julius Valerius Alexander Polemius〈3・4世紀〉
ローマの著述家。
⇒岩世人（ユリウス・ヴァレリウス　4世紀頃）

Jullian, Camille〈19・20世紀〉
フランスの古代学者。主著『ゴール史』(07～28)。
⇒岩世人（ジュリアン　1859.3.15–1933.12.12）

Jullien, Émile〈19・20世紀〉
フランスの政治家。
⇒19仏（エミール・ジュリアン　1845.7.10–1912.7.24）

Jullien, Gilles〈17・18世紀〉
フランスのオルガン奏者、作曲家。
⇒バロ（ジュリアン, ジル　1650-1653–1703.9.14）

Jullien, Guillaume〈18・19世紀〉
フランスの作曲家。
⇒バロ（ジュリアン, ギヨーム　1745–1811）

al-Junayd, Abū al-Qāsim ibn Muhammad al-Khazzāz〈9・10世紀〉
イスラム神秘主義の古典理論の完成者。「宗派の主」、また「師のなかの師」と呼ばれた。
⇒岩世人（ジュナイド　?–910）
　新カト（ジュナイド　?–910）

Junayd Baghdādī〈14世紀〉
ペルシアの画家。
⇒岩世人（ジュナイド・バグダーディー　14世紀末）

Junca, Francisco〈18世紀〉
スペインの作曲家。
⇒バロ（フンカ, フランシスコ　1740頃?–1800頃）

Jung, Carl Gustav〈19・20世紀〉
スイスの心理学者、精神病学者。
⇒岩世人（ユング　1875.7.26–1961.6.6）
　覚思（ユング　1875.7.26–1961.6.6）
　覚思ス（ユング　1875.7.26–1961.6.6）
　広辞7（ユング　1875–1961）
　新カト（ユング　1875.7.26–1961.6.6）
　世人新（ユング　1875–1961）
　世人装（ユング　1875–1961）
　20思（ユング, C（カール）G（グスタフ）　1875–1961）
　ポプ（ユング, カール・グスタフ　1875–1961）
　メル別（ユング, カール・グスタフ　1875–1961）

Jung, Théodore〈19世紀〉
フランスの軍人、政治家。
⇒19仏（テオドール・ユン　1833.3.12–1896.10.3）

Jünger, Wolfgang〈16世紀〉
ドイツの作曲家。
⇒バロ（ユンゲル, ヴォルフガング　1500頃–1550頃）

Junghuhn, Franz Wilhelm〈19世紀〉
ドイツの探検家。"Die Battaländer auf Sumatra" 2巻 (47)。
⇒岩世人（ユングフーン　1809.10.26–1864.4.24）

Jungius, Joachim〈16・17世紀〉
ドイツの哲学者、自然科学者。ロストクに数学および自然科学を振興するための学術協会を設立 (22)。
⇒岩世人（ユンギウス　1587.10.22–1657.9.23）

Jungk, Anton〈16・17世紀〉
ハンガリーの作曲家。
⇒バロ（ユング, アントン　1570–1630頃?）

Jungmann, Bernard〈19世紀〉
ベルギーで活躍したドイツ出身のカトリック神

学者。
⇒新カト（ユングマン　1833.3.1–1895.1.12）

Jungmann, Josef〈18・19世紀〉
チェコスロヴァキアの言語学者，文学者。
⇒岩世人（ユングマン　1773.7.16–1847.11.14）

Jung-Stilling, Johann Heinrich〈18・19世紀〉
ドイツの作家。『ハインリヒ・シュティリングの青春時代』(77)に始まる一連の自伝的作品ほか。
⇒岩世人（ユング　1740.9.12–1817.4.2）
　新カト（ユング・シュティリング　1740.9.12–1817.4.2）

Juní, Juan de〈16世紀〉
スペインの彫刻家。フランス出身。
⇒岩世人（フニ　1507頃–1577.4.9-17）

Junius, Franciscus〈16・17世紀〉
フランス生まれの改革派の神学者。
⇒新カト（ユニウス　1545.5.1–1602.10.13）

Junius, Franciscus〈16・17世紀〉
イギリスのゲルマン学者，言語学者。ドイツ生れ。
⇒岩世人（ユニウス　1591.1.29–1677.11.19）

Junius, Robertus〈17世紀〉
オランダの改革教会の宣教師。
⇒岩世人（ユニウス　1606–1655.8.28）

Junker, Karl Ludwig〈18世紀〉
ドイツの作曲家。
⇒バロ（ユンカー，カール・ルードヴィヒ　1748.8.3–1797.5.30）

Junkers, Hugo〈19・20世紀〉
ドイツの工業技術家，飛行機設計・製造家。アーヘン工科大学熱工学教授。
⇒岩世人（ユンカース（ユンケルス）　1859.2.3–1935.2.3）

Junqueiro, Abílio Manuel Guerra〈19・20世紀〉
ポルトガルの詩人。リアリズム時代の最大の詩人。
⇒岩世人（ジュンケイロ　1850.9.15–1923.7.7）

Jurieu, Pierre〈17・18世紀〉
フランスのカルバン主義神学者。啓蒙思想の先駆者。
⇒岩世人（ジュリュー　1637.12.24–1713.1.11）
　新カト（ジュリュー　1637.12.24–1713.1.11）

***al*-Jurjānī al-Sayyid al-Sharīf**〈14・15世紀〉
イスラーム神学者。
⇒岩世人（ジュルジャーニー　1339–1413）

Jussieu, Antoine de〈17・18世紀〉
フランスの植物学者。パリの植物園教授。
⇒岩世人（ジュシュー　1686.7.6–1758.4.22）

Jussieu, Antoine Laurent de〈18・19世紀〉
フランスの植物学者。植物分類学の著書を書いた。
⇒岩世人（ジュシュー　1748.4.12–1836.9.17）

Jussieu, Bernard de〈17・18世紀〉
フランスの植物学者。トリアノン王立植物監督として植物の自然分類法を試みた。
⇒岩世人（ジュシュー　1699.8.17–1777.11.6）

Just, Johann August〈18世紀〉
ドイツの作曲家。
⇒バロ（ユスト，ヨハン・アウグスト　1750頃–1791.12）

Justi, Carl〈19・20世紀〉
ドイツの美術史家。美術史の文化史的記述を行い，また芸術家の伝記を書いた。
⇒岩世人（ユスティ　1832.8.2–1912.12.9）

Justi, Ferdinand〈19・20世紀〉
ドイツの東洋学者，イラン学者，ゲルマン学者。
⇒岩世人（ユスティ　1837.6.2–1907.2.17）

Justi, Johann Heinrich Gottlieb von〈18世紀〉
ドイツの経済学者，官房学の集大成者。
⇒岩世人（ユスティ　1717/1705/1720–1771.7.21）
　学叢思（ユスティ，ヨハン・ハインリヒ・ゴットロープ・フォン　1705–1771）

Justi, Ludwig〈19・20世紀〉
ドイツの美術史家。ベルリン国立美術館長(1909～33)，ベルリン博物館長(46)。
⇒岩世人（ユスティ　1876.3.14–1957.10.19）

Justina〈4世紀〉
イタリアの聖女。
⇒図聖（ユスティナ（ニコメディアの）　?–304頃）

Justinianus I, Flavius Anicius〈5・6世紀〉
ビザンチン皇帝。在位527～65。532年恒久的和約を結ぶ。
⇒岩世人（ユスティニアヌス1世　482頃–565.11.14）
　ネーム（ユスティニアヌス1世　483–565）
　広辞7（ユスティニアヌス一世　483頃–565）
　学叢思（ユスティニアヌス　?–565）
　新カト（ユスティニアヌス1世　482頃–565.11.14）
　世人新（ユスティニアヌス1世（大帝）　483–565）
　世人装（ユスティニアヌス1世（大帝）　483–565）
　世史語（ユスティニアヌス1世（大帝）　482頃–565）
　世史語（ユスティニアヌス大帝　482頃–565）
　世帝（ユスティニアヌス1世　438–565）
　ポプ人（ユスティニアヌス帝　483–565）

ユ人 (ユスティニアヌス1世　483–565)
皇国 (ユスティニアヌス1世　(在位) 527–565)

Justinianus II, Rhinometus〈7・8世紀〉
ビザンチン皇帝。在位685～95, 705～11。ヘラクリウス王朝最後の皇帝。
⇒岩世人 (ユスティニアノス2世　668頃–711.11.7)
　新カト (ユスティニアヌス2世　668頃–711.11.7)
　世帝 (ユスティニアノス2世　668?–711)

Justinus〈2世紀〉
キリスト教の護教家, 聖人。
⇒岩世人 (ユスティノス (殉教者)　100頃–165頃)
　学叢思 (ユスティノス　2世紀頃–163/166頃)
　新カト (ユスティノス (殉教者)　100頃–165頃)
　メル1 (ユスティノス (殉教者)　100頃–165頃)
　ユ人 (ユスティヌス (ユスティン)　?–165)

Justinus I〈5・6世紀〉
ビザンチン皇帝。在位518～27。ローマ教皇との34年間の対立を518年終息させた。
⇒岩世人 (ユスティヌス1世　450頃–527.8.1)
　新カト (ユスティヌス1世　450頃–527.8.1)
　世帝 (ユスティヌス1世　450–527)

Justinus II〈6世紀〉
ビザンチン皇帝。在位565～78。ユスチニアヌス1世の甥で後継者。
⇒岩世人 (ユスティヌス2世　?–578.10.4/5)
　新カト (ユスティヌス2世　520頃–578.10.5)
　世帝 (ユスティヌス2世　520–578)

Justinus Marcus Junianus〈3世紀?〉
ローマの歴史家。『フィリッポス世界史』の抄録を編む。
⇒岩世人 (ユスティヌス)

Justo, Agustin Pedro〈19・20世紀〉
アルゼンチンの軍人, 政治家。32～38年大統領。
⇒岩世人 (フスト　1876.2.26–1943.1.11)

Justo, Juan Bautista〈19・20世紀〉
アルゼンチンの政治家。社会主義者でアルゼンチン社会党の創始者。
⇒ラテ新 (フスト　1865–1928)

Justus of Tiberias〈1世紀〉
ティベリア出身の歴史家。
⇒ユ人 (ユストゥス (ティベリアのユストゥス)　1世紀)

Jutta〈11・12世紀〉
ドイツの隠修女。
⇒新カト (ユッタ〔ディジボーデンベルクの〕　1084–1136.12.22)

Juvarra, Filippo〈17・18世紀〉
イタリアの建築家, 舞台装置家。
⇒岩世人 (ユヴァーラ　1678.3.7–1736.1.31)

Juvenalis〈5世紀〉
イェルサレムの主教, 総主教。主教在職422頃～58, 総主教在職451～。
⇒新カト (ユウェナリス〔エルサレムの〕　?–458.7)

Juvenalis〈17・18世紀〉
オーストリアのカトリック神学者。
⇒新カト (ユヴェナリス〔ノンスベルクの〕　1635.3.25–1713.4.18)

Juvenalis, Decimus Junius〈1・2世紀〉
ローマの諷刺詩人。『諷刺詩』。
⇒岩世人 (ユウェナリス　50頃–130頃)
　広辞7 (ユウェナリス　60頃–130頃)

Juvencus, Gaius Vettius Aquilinus〈4世紀〉
中世スペインの司祭。
⇒岩世人 (ユウェンクス　330頃)
　新カト (ユウェンクス　(活躍) 330頃)

Juwainī, 'Alā'u'd-Dīn 'Aṭa Malik〈13世紀〉
イランの政治家, 歴史家。著書『世界征服者の歴史』(60) はモンゴル史研究の史料としてきわめて重要。
⇒岩世人 (ジュヴァイニー　?–1284.10.16/17)
　岩世人 (ジュヴァイニー　1226–1283)

Juwainī, Sharafu'd-Dīn Hārūn〈13世紀〉
イランの詩人, また詩人の保護者。
⇒岩世人 (ジュヴァイニー　?–1284)

Juwaynī, Bahā' al-Dīn〈13世紀〉
イランの政治家。
⇒岩世人 (ジュヴァイニー　1249–1279)

al-Juwaynī, Imām al-Ḥaramayn Abū al-Ma'ālī〈11世紀〉
イスラムのアシュアリー派神学者。
⇒岩世人 (ジュワイニー, イマーム・アル=ハラマイン　1028.2.12–1085.8.20)
　新カト (ジュワイニー　1028–1085)

Juwaynī, Shams al-Dīn Buzurg〈11・12世紀〉
ホラズムシャー朝の宰相。
⇒岩世人 (ジュヴァイニー)

【 K 】

Ka'b al-Aḥbār, Abū Isḥāq Ka'b bn Māti'〈7世紀〉
イスラム神学者。

⇒岩世人（カアブ・アフバール　?–652-653/654-655/655-656）

Kabarega〈19・20世紀〉
ウガンダのブンヨロ王国の王。在位1869～99。反英闘争の伝統を築いた。
⇒岩世人（カバレガ　1853–1923）

Kabasilas, Neilos〈14世紀〉
ビザンチン帝国テサロニケの大主教。
⇒新カト（ネイロス・カバシラス　1298頃–1361）

Kabasilas, Nikolaos〈14世紀〉
東方正教会の聖人，ビザンティン神学者，神秘思想家。祝日6月20日。
⇒岩世人（カバシラス　1320頃–1391頃）
　ネーム（カヴァシラス）
　新カト（ニコラオス・カバシラス　1320頃–1391以前）

Kabayan
インドネシアのジャワ島スンダ地方から生まれた架空の人物。
⇒岩世人（カバヤン）

Ka'b ibn Zuhayr〈7世紀〉
アラビアの詩人。
⇒岩世人（カアブ・イブン・ズハイル）

Kabīr〈15・16世紀〉
中世インドの宗教改革家。織工。
⇒岩世人（カビール　1440頃/1398頃–1518頃/1448頃）
　広辞7（カビール　1440頃–1518頃）
　学叢思（カビール）
　世人新（カビール　1425/1440–1492/1518）
　世人装（カビール　1425/1440–1492/1518）
　世史語（カビール　1440–1518頃）
　ポプ人（カビール　1440頃–1518頃）
　南ア新（カビール　1440–1518頃）

Kabungsuwan〈16世紀〉
ミンダナオ島のイスラーム伝道者。
⇒岩世人（カブンスワン）

Kachalov, Vasilii Ivanovich〈19・20世紀〉
ソ連の俳優。ジュリアス・シーザー，イワン・カラマーゾフ役などで評判を得た。
⇒岩世人（カチャーロフ　1875.1.30/2.11–1948.9.30）
　ネーム（カチャーロフ　1875–1948）

Al-Kachi, Jamshid ibn Mas'ud〈14・15世紀〉
ペルシア出身の天文学者で数学者。
⇒世people（アル・カシ，ジャムシド・イブン・マスード　1390–1430頃）

Kačić-Miošić, Andrija〈18世紀〉
クロアチアの詩人。
⇒新カト（カチチ・ミオシチ　1704.4.17–1760.12.14）

Kaczkowski, Zygmunt〈19世紀〉
ポーランドの小説家。当時のポーランドの貴族階級を活写。
⇒岩世人（カチュコフスキ　1825.5.2–1896.9.7）

Kadłubek, Vincentius〈12・13世紀〉
ポーランドの年代史作者。クラカウの司教（1208–18）。
⇒岩世人（カドゥベク　1150?–1223.3.8）

Kadmos
ギリシア神話で，フェニキアの王子。竜を退治して，テーベを創建。ギリシア人に文字を伝えたとされる。
⇒岩世人（カドモス）
　ネーム（カドモス）

Kadoorie, Sir Ellis〈19・20世紀〉
バグダッド出身の実業家。
⇒ユ人（カドーリ，サー・エリス（エリー）　1865–1992）

Kadphises I, Kujūla〈前1・後1世紀〉
古代インド，クシャナ朝の創設者。大月氏を倒して中央アジアを支配。
⇒岩世人（クジューラ・カドフィセース）
　世帝（クジュラ・カドフィセス　(在位)30–80/91）

Kadphises II, Wema〈1世紀〉
古代インド，クシャナ朝の王。クジュラの子。領土をインダス川上流まで広げた。
⇒岩世人（ウィマ・カドフィセース）
　ネーム（カドフィセース2世）
　世帝（ヴィマ・カドフィセス　(在位)95–127）

Kaffka Margit〈19・20世紀〉
ハンガリーの女性作家，詩人。代表作『マーリアの年月』など。
⇒岩世人（カフカ　1880.6.10–1918.12.1）

Kāfūr, Abū'l-Misk〈10世紀〉
エジプトのイフシード朝第4代のスルタン。在位966～68。
⇒岩世人（カーフール　904頃–968.4.23）

*al-***Kāhina**〈7世紀〉
アラブの征服に抵抗したベルベル人女王。
⇒岩世人（カーヒナ　?–698以後）

K'ahk' Tiliw Chan Yopaat〈8世紀〉
マヤ文明キリグア王国の王。在位724～85。
⇒岩世人（カック・ティリウ・チャン・ヨパート　?–785.7.27）

Kahlbaum, Karl Ludwig〈19世紀〉
ドイツの精神病学者。ゲルリッツの私立精神病院長として種々の精神病を分類，命名。
⇒岩世人（カールバウム　1828.12.28–1899.4.15）

Kahle, Paul Ernst〈19・20世紀〉
ドイツのセム系諸語学者,イスラム教学者。キルフェルと協力して叢書を編集刊行した(32～38)。
⇒岩世人(カーレ　1875.1.25-1964.9.24)

Kahler, Otto〈19世紀〉
オーストリアの医師。多発性骨髄腫を記載(1889)。
⇒岩世人(カーラー　1849.1.8-1893.1.24)

Kahn, Albert〈19・20世紀〉
ドイツ生れのアメリカの建築家。鉄筋コンクリート建築を研究して工場建築に応用。
⇒岩世人(カーン　1869.3.21-1942.12.8)

Kahn, Gustave〈19・20世紀〉
フランスの象徴派の詩人,小説家。自由詩の理論的提唱者。
⇒岩世人(カーン　1859.12.21-1936.9.5)
19仏(ギュスターヴ・カーン　1859.12.21-1936.9.5)

Kahn, Otto Hermann〈19・20世紀〉
アメリカの銀行家。ドイツ生れ。
⇒岩世人(カーン　1867.2.21-1934.3.29)
ユ人(カーン,オットー・ハーマン　1867-1934)

Kahn, Zadoc〈19・20世紀〉
フランスの首席ラビ。
⇒ユ人(カーン,ザドク(ツァドク)　1839-1905)

Kahnis, Karl Friedrich August〈19世紀〉
ドイツのプロテスタント神学者。論争を引き起して古ルター派と分離し,新ルター派を形成。
⇒岩世人(カーニス　1814.12.22-1888.6.20)

Kahr, Gustav Ritter von〈19・20世紀〉
ドイツの政治家。バイエルン首相(1920～21)。
⇒岩世人(カール　1862.11.29-1934.6.30)

Kaiaphas〈1世紀〉
ユダヤの大祭司。キリストの処刑に参与した(新約)。
⇒岩世人(カイアファ)
新カト(カイアファ)

Kaibel, Georg〈19・20世紀〉
ドイツの古典学者。特にギリシア碑文学とギリシア喜劇断片の蒐集に努力。
⇒岩世人(カイベル　1849.10.30-1901.10.12)

Kai Kā'ūs ibn-Iskandar ibn-Qābus ibn-Washmgīr〈11世紀〉
ペルシアのズィヤール朝の君主。『カーブースの書』(83)を著す。
⇒岩世人(カイ・カーウース　(在位)1049-1087頃)

Kaikilios〈前1・後1世紀〉
シチリア島のギリシア語作家,修辞学者。

⇒岩世人(カイキリオス(カレアクテの))

Kainz, Josef〈19・20世紀〉
ドイツの俳優。
⇒岩世人(カインツ　1858.1.2-1910.9.20)

Kaisarios〈4世紀〉
聖人,医師。祝日,ローマ教会2月25日,ギリシア教会3月9日。
⇒新カト(カイサリオス〔ナジアンゾスの〕　330頃-369)

Kaiser, Georg〈19・20世紀〉
ドイツ表現主義の代表的劇作家。作品に『カレーの市民』(14),『朝から夜中まで』(1916)など。
⇒岩世人(カイザー　1878.11.25-1945.6.4)
広辞7(カイザー　1878-1945)
学叢思(カイゼル,ゲオルグ　1878-?)

Kajanus, Robert〈19・20世紀〉
フィンランドの作曲家,指揮者。
⇒岩世人(カヤーヌス　1856.12.2-1933.7.6)

Kájoni, János〈17世紀〉
ハンガリーの人文主義者,音楽家。
⇒バロ(カーヨニ,ヤーノシュ　1627.3.8-1687.4.25)

Kakhovskii, Pëtr Grigorievich〈18・19世紀〉
ロシアの革命家。デカブリストの一人として反乱(1825.12.14)のときには勇敢に闘った。
⇒岩世人(カホーフスキー　1797-1826.7.13)

Kalais
ギリシア神話,北風神ボレアスの子,ゼテスの兄弟。
⇒岩世人(カライス)

Kalakaua I, David〈19世紀〉
ハワイ諸島国王。在位1874～91。諸改革に着手したが,反発を買い,革命にいたる(1887)。
⇒岩世人(カラカウア　1836.11.16-1891.1.20)
オセ新(カラカウア　1836-1891)

Kalamis〈前5世紀〉
ギリシアの彫刻家。
⇒岩世人(カラミス　(活躍)前480-前450頃)

Kalb, Charlotte von〈18・19世紀〉
ドイツの女性。シラー(1784),パウル(96)と恋愛関係をもったがいずれも不幸に終った。
⇒岩世人(カルプ　1761.7.25-1843.5.12)

al-Kalbī, Abū'l-Mundhir Hishām〈8・9世紀〉
アラビアの歴史家。
⇒岩世人(イブン・カルビー　?-819/821)

Kalchas
ギリシア神話,トロイア戦争においてギリシア軍に従軍した予言者。

⇒岩世人（カルカス）

Kalckbrenner, Gerhard〈15・16世紀〉
カルトゥジア修道会修道院長。ブラバント公国のハモントの生まれ。
⇒新カト（カルクブレンナー　1494/1495–1566.8.2）

kaldenbach, Christoph〈17世紀〉
ドイツの歌手、詩人、著述家、教師、教育者、理論家。
⇒バロ（カルデンバハ, クリストフ　1613.8.11–1698.7.16）

Kalekas, Manuel〈14・15世紀〉
カトリックに改宗したビザンティン神学者。コンスタンティノポリス生まれ。
⇒新カト（マヌエル・カレカス　1360頃–1410）

Kalf, Willem〈17世紀〉
オランダの画家。
⇒岩世人（カルフ　1619–1693.7.31）
　芸13（カルフ, ウィレム　1622–1693）

Kalhaṇa〈12世紀〉
インドの歴史家。サンスクリット語の歴史的叙事詩『王統の流れ』を著した。
⇒岩世人（カルハナ）
　南ア新（カルハナ　生没年不詳）

Kālidāsa〈4・5世紀〉
インドの詩人、劇作家。
⇒岩世人（カーリダーサ）
　ネーム（カーリダーサ）
　広辞7（カーリダーサ　4・5世紀）
　学叢思（カーリダーサ）
　世人新（カーリダーサ　生没年不詳）
　世人装（カーリダーサ　生没年不詳）
　世史語（カーリダーサ）
　ポブ人（カーリダーサ　生没年不詳）
　南ア新（カーリダーサ　生没年不詳）

Kalijaga, Sunan〈16世紀〉
1500年頃のジャワの伝説的な9人のイスラーム布教者〈ワリ・ソンゴ〉の一人。
⇒岩世人（カリジャガ, スナン　1500年頃）

Kalīm〈16・17世紀〉
イランの詩人。インドに赴き、ムガール朝のシャー・ジャハーンの桂冠詩人となる。
⇒岩世人（カリーム　?–1651）

Kalinin, Mikhail Ivanovich〈19・20世紀〉
ソ連の政治家。1938年〜46年ソ連最高会議幹部会議長。社会主義労働英雄の称号を受けた。
⇒岩世人（カリーニン　1875.11.7/19–1946.6.3）
　広辞7（カリーニン　1875–1946）
　学叢思（カリニン, ミハエル　1875–?）

Kalinka, Walerian〈19世紀〉
ポーランドの歴史家。18世紀末のポーランド史を研究し、クラクフ学派を創始。

⇒岩世人（カリンカ　1826.11.20–1886.12.16）

Kalinnikov, Vasilii Sergeevich〈19・20世紀〉
ロシアの作曲家。主作品「交響曲2」交響詩曲：「妖精」「杉と椰子」。
⇒岩世人（カリーンニコフ　1866.1.1–1900.12.29）

Kalinowski, Rafał〈19・20世紀〉
聖人。祝日11月15日。跣足カルメル会員。リトアニアのヴィリニュス生まれ。
⇒新カト（ラファエル・カリノフスキ　1835.9.1–1907.11.15）

Kalinyamat, Ratu〈16世紀〉
インドネシア, ジャワ中部ジュパラ最盛期の女王。
⇒岩世人（カリニャマット, ラトゥ）

Kalisch, Paul〈19・20世紀〉
ドイツのテノール。「トロヴァトーレ」,「ノルマ」など数多くのオペラで妻のリリー・レーマンと共演。
⇒魅惑（Kalisch,Paul　1855–1946）

Kalischer, Zevi Hirsch〈18・19世紀〉
東プロイセンのタルムード学者。ドイツにおけるシオニズムの先駆者。
⇒ユ人（カリシャー, ゼービ（ツビ）ヒルシュ　1795–1874）
　ユ著人（Kalischer,Zevi Hirsch　カリシヤ, ツヴィ・ヒルシュ　1795–1874）

Kalki
ヒンドゥー教で, ヴィシュヌの化身の一つ。
⇒ネーム（カルキ）

Kallas, Aino〈19・20世紀〉
フィンランドの作家。主著 "The Wolf's Bride"（1930）。
⇒岩世人（カッラス　1878.8.2–1956.11.9）

Kallenbach, Józef〈19・20世紀〉
ポーランドの文学史家。
⇒岩世人（カレンバッハ　1861.11.24–1929.9.12）

Kallias〈前5世紀〉
古代ギリシアのアテナイの政治指導者。
⇒岩世人（カリアス）

Kalliklēs〈前5・4世紀〉
ギリシアの哲学者。後期ソフィストの一人。
⇒岩世人（カリクレス）

Kallikratēs〈前5世紀〉
ギリシアの建築家。パルテノン神殿やアテナ・ニケ神殿（前425頃）の造営にあたった。
⇒岩世人（カリクラテス）
　ネーム（カリクラテス）

Kallimachos〈前4・3世紀〉
ギリシアの詩人, 文献学者。120巻の文献史を編纂。代表作はエレゲイアによる『アイチア』。

⇒岩世人（カリマコス　前305頃–前240頃）
広辞7（カリマコス　前305年頃–前240年頃）

Kallimachos ho Athenaios ⟨前5・4世紀⟩
ギリシアの彫刻家。
⇒岩世人（カリマコス　（活躍）前5世紀）
芸13（カリマコス）

Kallinikos ⟨3世紀⟩
聖人，殉教者。祝日7月29日。
⇒新カト（カリニコス〔ガングラの〕　?–250.7.29）

Kallinos ⟨前7世紀⟩
ギリシアのエレゲイア詩人。
⇒岩世人（カリノス）

Kallio, Kyösti ⟨19・20世紀⟩
フィンランドの政治家。首相（1922～24），大統領（37～40）。
⇒岩世人（カッリオ　1873.4.10–1940.12.19）

Kalliopios ⟨3・4世紀⟩
聖人，殉教者。祝日4月7日。
⇒新カト（カリオピオス　?–303/304）

Kallir, Eleazar ⟨7世紀⟩
パレスチナの宗教詩人。
⇒ユ人（カリル，エラザル〔エレアザル〕　6・7世紀?）
ユ著人（Kallir, Eleazar　カリール，エリエゼル　7世紀?）

Kallirroē
ギリシア神話上の人物。
⇒岩世人（カリロエ）

Kallisthenēs ⟨前4世紀⟩
ギリシアの歴史家。アリストテレスの甥で弟子。
⇒岩世人（カリステネス　前370頃–前327）

Kallistō
ギリシア神話上の人物。
⇒岩世人（カリスト）

Kállistos I ⟨14世紀⟩
コンスタンティノポリス総主教。在職1350～54, 55～63。説教家，聖者伝作者。
⇒新カト（カリストス1世〔コンスタンティノポリスの〕　?–1363）

Kallistratos ⟨前4世紀⟩
アテナイの政治家，将軍。
⇒岩世人（カリストラトス　?–前355）

Kallistratos ⟨3・4世紀⟩
聖人，殉教者。祝日，ローマ教会9月27日，ギリシア教会9月26日。
⇒新カト（カリストラトス　?–303/305）

Kalm, Pehr ⟨18世紀⟩
スウェーデンの博物学者，経済学者。
⇒岩世人（カルム　1716.3–1779.11.16）

Kalning, Otto Ivanovich ⟨19世紀⟩
ロシアの獣医。細菌学，殊に鼻疽について研究。
⇒岩世人（カリニング　1856.2.13–1891.3.25）

Kalonymus ben Kalonymus ⟨13世紀⟩
プロバンス地方の作家・翻訳家。
⇒ユ著人（Kalonymus ben Kalonymus　カロニムス・ベン・カロニムス　13世紀）

Kaloyan ⟨12・13世紀⟩
第2ブルガリア王国の王。在位1197～1207。サロニカ攻囲中に没した。
⇒世帝（カロヤン・アセン　1168/1169–1207）

Kaltenborn, Hans von ⟨19・20世紀⟩
アメリカのラジオ・ニュース解説者。
⇒岩世人（カルテンボーン　1878.7.9–1965.6.14）

Kalvos, Andreas Ioannides ⟨18・19世紀⟩
ギリシアの詩人。作品は『リラ』（24）『リリカ』（26）など。
⇒岩世人（カルヴォス　1792.3–1869.11.3）

Kalyānamalla ⟨15・16世紀⟩
インドの著作者。性愛秘義を説く『アナンガ・ランガ』を著した。
⇒岩世人（カルヤーナマッラ）

Kāma, K.R. ⟨19・20世紀⟩
インドのゾロアスター教改革者。
⇒南ア新（カーマ　1831–1909）

Kamalaśīla ⟨8・9世紀⟩
インドの蓮華戒。ナーランダー寺の密教の学僧。瑜伽行中観派の論師。
⇒岩世人（カマラシーラ　740頃–797頃）
広辞7（カマラシーラ　740頃–797頃）

Kamāl Khujandī ⟨14世紀⟩
ティムール朝期のペルシア詩人。
⇒岩世人（カマール・フジャンディー　?–1400/1401）

Kamboja, Daeng ⟨18世紀⟩
インドネシア，リアウ・リンガ諸島のジョホール・リアウ王国の第3代ブギス人副王。在位1745～77。
⇒岩世人（カンボジャ，ダエン　?–1777）

Kambyses II ⟨前6世紀⟩
ペルシア国王。在位前530～522。前525年エジプトを征服。
⇒岩世人（カンビュセス2世　（在位）前530–前522）
ネーム（カンビュセス2世）
世人新（カンビュセス2世　?–前522）
世人装（カンビュセス2世　?–前522）
世帝（カンビュセス2世　?–前522）
学叢歴（カンビセス　?–前522）

Kamehameha I〈18・19世紀〉
ハワイ諸島最初の国王。在位1795〜1819。
⇒岩世人（カメハメハ　1758頃–1819.5.8）
　オセ新（カメハメハ[大王]　1758–1819）
　ネーム（カメハメハ1世　1758?–1819）
　広辞7（カメハメハ一世　1758?–1819）
　世人新（カメハメハ1世　1758頃–1819）
　世人装（カメハメハ1世　1758頃–1819）

Kamehameha III〈19世紀〉
ハワイの国王。在位1825〜54。ハワイを専制君主国から立憲君主国とした。
⇒オセ新（カメハメハ[3世]　1814–1854）

Kamerlingh Onnes, Heike〈19・20世紀〉
オランダの物理学者。1911年超電気伝導現象を発見，低温物理学の開拓者となった。
⇒岩世人（カーメルリング・オンネス　1853.9.21–1926.2.21）
　広辞7（カマリング・オネス　1853–1926）
　物理（カマリング=オネス，ヘイケ　1853–1924）
　ノ物化（ヘイケ・カメルリング・オンネス　1853–1926）
　ポブ人（カーメルリング・オンネス，ヘイケ　1853–1926）

Kamieński, Maciej〈18・19世紀〉
ポーランドの作曲家，指揮者。スロヴァキア生れ。
⇒バロ（カミュニスキ，マチェイ　1734.10.13–1821.1.25）

Al-Kāmil Muḥammad II〈13世紀〉
イスラム・エジプトの統治者。在位1218〜1238。
⇒世帝（アル・カーミル　1180–1238）

Kammel, Antonín〈18世紀〉
ボヘミアのヴァイオリン奏者，ヴィオラ奏者。
⇒バロ（カメル，アントニーン　1730.4.21–1787以前）

Kammerer, Paul〈19・20世紀〉
オーストリアの生物学者。獲得形質の遺伝を研究。
⇒岩世人（カンメラー　1880.8.17–1926.9.23）
　科史（カンメラー　1880–1926）

Kampan〈9〜12世紀頃〉
タミルの叙事詩の作者。『カンバラーマーヤナ』をまとめる。
⇒南ア新（カンバン　生没年不詳）

Kampen, Jakob van〈16・17世紀〉
オランダの建築家，画家。アムステルダムの旧市庁舎(55)，ハーグのマウリッツホイスを設計。
⇒岩世人（ファン・カンペン　1595.2.2–1657.9.13）

Kämpfer, Engelbelt〈17・18世紀〉
ドイツの医者，博物学者。
⇒岩世人（ケンプファー（慣ケンペル）　1651.9.16–1716.11.2）
　ネーム（ケンペル　1651–1716）
　広辞7（ケンペル　1651–1716）
　新カト（ケンプファー　1651.9.16–1716.11.2）
　ポブ人（ケンペル，エンゲルベルト　1651–1716）

Kanāda〈前2・1世紀〉
インド六派哲学の一つ，バイシェーシカ学派の開祖。
⇒岩世人（カナーダ）
　学叢思（ウルーカ）
　南ア新（カナーダ　前150頃–前50頃）

Kanaris, Konstantinos〈18・19世紀〉
ギリシアの提督，政治家。独立戦争後，政治に関与し摂政(61〜3)，4回首相をつとめた。
⇒岩世人（カナリス　1793–1877.9.2）

Kandake〈1世紀頃〉
古代エチオピアの女王（使徒行伝）。
⇒岩世人（カンダケ）

Kandinskii, Vassili〈19・20世紀〉
ロシア出身の画家。抽象絵画の創始者。主著『芸術における精神的なもの』(12)。
⇒岩世人（カンディンスキー　1866.12.4/16–1944.12.13）
　ネーム（カンディンスキー，ワシリー　1866–1944）
　広辞7（カンディンスキー　1866–1944）
　芸13（カンディンスキー，ヴァシリィ　1866–1944）
　世人新（カンディンスキー　1866–1944）
　世人装（カンディンスキー　1866–1944）
　20思（カンディンスキー，ワシーリー　1866–1944）
　ポブ人（カンディンスキー，ワシリー　1866–1944）

Kändler, Johann Joachim〈18世紀〉
ドイツの工芸家。1733年マイセン王位磁器工場の磁器彫刻の首席原型作者，40年美術総監。
⇒岩世人（ケンドラー　1706–1775.5.18）
　芸13（ケンドラー，ヨハン・ヨアヒム　1706–1775）

Kane, Elisha Kent〈19世紀〉
アメリカの北極探検家，医者。
⇒岩世人（ケイン　1820.2.3–1857.2.16）

Kane, John〈19・20世紀〉
アメリカの画家。
⇒芸13（ケイン，ジョン　1859–1934）

Kane, Pandurang Vaman〈19・20世紀〉
インドの法学者，サンスクリット学者。
⇒岩世人（カーネー　1880.5.7–1972.4.18）

Kane, Samuel E.〈19・20世紀〉
アメリカの植民地行政官，実業家。
⇒アア歴（Kane,Samuel E.　サミュエル・E・ケイン　?–1933.5.31）

Kaniska〈2世紀〉
古代インド,クシャナ朝の第3代の国王。130年頃即位。
⇒岩世人（カニシュカ1世　(在位)127–150頃）
　ネーム（カニシカ）
　広辞7（カニシカ　2世紀）
　世人新（カニシカ王　生没年不詳）
　世人装（カニシカ王　生没年不詳）
　世史語（カニシカ王　(在位)130頃–170頃）
　世帝（カニシカ1世　(在位)127–140）
　ポプ人（カニシカ王　生没年不詳）
　南ア新（カニシカ　生没年不詳）
　学叢歴（迦膩色迦王）

Kaniska II〈3世紀〉
インド,クシャナ朝の王。
⇒世帝（カニシカ2世　(在位)230頃–240頃）

Kaniska III〈3世紀〉
インド,クシャナ朝の王。
⇒世帝（カニシカ3世　(在位)250頃–275頃）

Kankrin, Egor Frantsevich〈18・19世紀〉
ロシアの財政家,政治家。1823～44年蔵相。保護関税を擁護し,幣制改革を断行。
⇒岩世人（カンクリーン　1774.11.16–1845.9.9）
　学叢思（カンクリン,ゲオルグ　1774–1845）

Kann, Eduard〈19・20世紀〉
中国の貨幣・金融研究者。
⇒岩世人（カン　1880–1962.6.30）

Kann, Jacobus Henricus〈19・20世紀〉
オランダの銀行家,シオニスト。
⇒ユ人（カン,ヤコブス・ヘンリクス　1872–1944/5）

Kant, Immanuel〈18・19世紀〉
ドイツの哲学者。批判的(形式的)観念論,先験的観念論の創始者。
⇒岩世人（カント　1724.4.22–1804.2.12）
　覚思（カント　1724.4.22–1804.2.12）
　覚思S（カント　1724.4.22–1804.2.12）
　広辞7（カント　1724–1804）
　学叢思（カント,イムマヌエル　1724–1804）
　新カト（カント　1724.4.22–1804.2.12）
　図哲（カント,イヌマエル　1724–1804）
　世人新（カント　1724–1804）
　世人装（カント　1724–1804）
　世史語（カント　1724–1804）
　世史語（カント　1724–1804）
　ポプ人（カント,インマヌエル　1724–1804）
　メル2（カント,イマヌエル　1724–1804）

Kantemir, Antiokh Dmitrievich〈18世紀〉
ロシアの詩人,外交官。ロシアの古典主義文学の創始者の一人。主著『諷刺詩I-IX』(62)。
⇒岩世人（カンテミール　1708.9.10–1744.3.31）
　ネーム（カンテミール　1708–1774）

Kantemir, Dimitrie〈17・18世紀〉
ルーマニアの文学者,政治家。代表作は『オスマン帝国盛衰史』(16),『モルドバ地誌』など。
⇒岩世人（カンテミール　1673.10.26–1723.8.21）

Kantorowicz, Hermann〈19・20世紀〉
ドイツの法学者。ドイツにおける自由法運動の先駆者。
⇒岩世人（カントロヴィチ　1877.11.18–1940.2.12）

Kanty, Jan〈14・15世紀〉
ポーランドの神学者。聖人。祝日12月23日。ポーランドとリトアニアの守護聖人。
⇒新カト（ヤン・カンティ　1390.6.23–1473.12.24）
　図聖（ヨハネス(カンティの)　1390–1473）

Kaṇwa, Mpu〈11世紀〉
ジャワのクディリ王国の宮廷詩人。
⇒岩世人（カンワ　11世紀前半）

Kapaneus
ギリシア神話,テバイを攻めたアルゴス七将軍の一人。
⇒岩世人（カパネウス）

Kapi Gábor〈17・18世紀〉
ハンガリーの神学者,イエズス会会員。
⇒新カト（カピ　1658.8.28–1728.3.24）

Kapila〈前4・3世紀〉
インド六派哲学,サーンキヤ学派の開祖。
⇒岩世人（カピラ）
　南ア新（カピラ　生没年不詳）

Kapodistrias, Ioannis〈18・19世紀〉
ギリシアの政治家。
⇒岩世人（カポズィストリアス　1776.1.31–1831.9.27）

Kaposi Moritz〈19・20世紀〉
ハンガリーの皮膚科学者。多発特発出血性肉腫(1872)や色素性乾皮症(82)に名を残している。
⇒岩世人（カポジ(カポシ)　1837.10.23–1902.3.6）
　ユ著人（Kaposi(Kohn),Moritz　カポジ,モーリッツ　1837–1902）

Kapp, Christian〈18・19世紀〉
ドイツの哲学者。フィヒテおよびヘーゲルの影響をうけ,シェリングに反対。
⇒岩世人（カップ　1798.3.18–1874.12.31）

Kapp, Wolfgang〈19・20世紀〉
ドイツの政治家。共和国政府に対して反乱(カップ暴動)を起した(20.3)。
⇒岩世人（カップ　1858.7.24–1922.7.12）
　世人新（カップ　1858–1922）
　世人装（カップ　1858–1922）

Kapsberger, Johannes Hieronymus von〈16・17世紀〉
ドイツの貴族,器楽奏者,理論家。ドイツ陸軍大

佐の息子。
⇒バロ（カプスベルガー，ヨハネス・ヒエロニムス・フォン　1575頃-1651）

Kapteyn, Jacobus Cornelius〈19・20世紀〉
オランダの天文学者。南天星表を完成。恒星の固有運動の研究にも力を注ぎ，恒星間の二大星流を発見。
⇒岩世人（カプタイン（カプテイン）　1851.1.19-1922.6.18）
広辞7（カプタイン　1851-1922）

Kara, Joseph〈11・12世紀〉
北フランスの聖書注解者。
⇒ユ著人（Kara, Joseph　カラ，ヨセフ　1060/1070-?）

Kara, Simeon〈11世紀〉
フランクフルトのドイツ系作家。
⇒ユ著人（Kara, Simeon　カラ，シメオン　11世紀初）

Karadjordje〈18・19世紀〉
セルビア国家の創建者。1804年トルコ軍を破ってベオグラードを占領。
⇒岩世人（カラジョルジェ　1768.11.3-1817.7.24）

Karadžić, Vuk Stefanović〈18・19世紀〉
セルビアの文学者，民俗学者。1814年『小スラブ・セルビア民謡集』刊行。
⇒岩世人（カラジッチ　1787.10.26-1864.1.26）

Karahisarī, Ahmed Şemseddin〈15・16世紀〉
オスマン帝国時代の書道家。
⇒岩世人（カラヒサリー　1470以前-1556）

*al-*Karakī, Nūr al-Dīn ʿAlī al-ʿĀmilī〈15・16世紀〉
十二イマーム・シーア派の法学者。
⇒岩世人（カラキー　1466?-1534.7）

Karakozov, Dmitrii Vladimirovich〈19世紀〉
ロシアのテロリスト，革命家。1866年4月4日皇帝アレクサンドル2世を暗殺未遂で絞首刑。
⇒岩世人（カラコーゾフ　1840.10.23-1866.9.3）

Kara Memi〈16世紀〉
オスマン朝の写本彩飾家。
⇒岩世人（カラ・メミ　?-1566?）

Kara Mustafa Paşa, Merzifonlu〈17世紀〉
オスマン帝国の軍人，政治家。
⇒岩世人（カラ・ムスタファ・パシャ，メルズィフォンル　1634.7.27-1683.12.25）

Karamzin, Nikolai Mikhailovich〈18・19世紀〉
ロシアの作家，歴史家，ジャーナリスト。

⇒岩世人（カラムジーン　1766.12.1-1826.5.22）
ネーム（カラムジーン　1766-1826）
広辞7（カラムジーン　1766-1826）

Karásek ze Lvovic, Jiří〈19・20世紀〉
チェコスロヴァキアの詩人，小説家，評論家。主著：詩集『死との対話』。
⇒岩世人（カラーセク　1871.1.24-1951.3.5）

Karavelov, Liuben〈19世紀〉
ブルガリアの作家，革命家。
⇒岩世人（カラヴェロフ　1834-1879.1.21）

Kareev, Nikolai Ivanovich〈19・20世紀〉
ロシアの歴史家，哲学者。主著『18世紀最後の四半期における農民と農民問題』(79)。
⇒岩世人（カレーエフ　1850.11.24/12.6-1931.2.18）

Karelitz, Avraham Yeshahu (Chazon Ish)〈19・20世紀〉
イスラエルのタルムード研究者。
⇒ユ人（カレリッツ，アブラハム・エシャヤフ（ハゾン・イシ）　1878-1953）

Karel van Sint Andries〈19世紀〉
オランダ出身の聖人。祝日1月5日。御受難修道会員。
⇒新カト（カレレ〔聖アンデレの〕　1812.12.11-1893.1.5）

Karīm Khān〈17・18世紀〉
イランのゼンド朝の創始者。在位1750～79。シーラーズを本拠に南部イランを支配。
⇒岩世人（キャリーム・ハーン・ザンド　1701/1702-1779）

*al-*Karkhī, Abū Bakr Muhammad ibn al-Hasan al-hāsib〈10・11世紀〉
アラブの数学者。
⇒世数（アル・カラジー（またはアル・カルヒ），アブー・バクル・イブン・ムハンマド・イブン・アル・フサイン　?-1029）

Karl I der Grosse〈8・9世紀〉
フランク王。在位768～814。神聖ローマ皇帝。在位800～814。
⇒岩世人（カール1世（大帝）　748.4.2?-814.1.28）
ネーム（シャルルマーニュ　742-814）
ネーム（シャルルマーニュ　742-814）
広辞7（シャルルマーニュ　742-814）
新カト（シャルルマーニュ　742頃-814.1.28）
図聖（カール大帝　742-814）
世人新（カール1世（大帝；シャルルマーニュ　742/743-814）
世人装（カール1世（大帝；シャルルマーニュ　742/743-814）
世史語（カール大帝（シャルルマーニュ）　742-814）
世帝（カール大帝　742-814）
ボブ人（カール大帝　742-814）
ユ人（シャルルマーニュ　742-814）
皇国（シャルルマーニュ　（在位）768-814）

Karl I Louis〈17世紀〉
プファルツ〔ファルツ〕選帝侯家のヴィッテルスバッハ家の統治者。在位1648〜1680。
- ⇒岩世人（カール1世ルートヴィヒ 1617.12.22–1680.8.28)

Karl II der Kahle〈9世紀〉
西フランク王。在位843〜877。ルートビヒ1世（敬虔王）の末子。
- ⇒岩世人（シャルル2世（禿頭王） 823.6.13–877.10.6)
- 新カト（カール2世 823.6.13–877.10.6)
- 世人新（シャルル2世（禿頭王） 823–877)
- 世人装（シャルル2世（禿頭王） 823–877)
- 世史語（シャルル2世 （在位）840–877)
- ポブ人（シャルル2世 823–877)
- 皇国（シャルル2世 （在位）843–877)

Karl III der Dicke〈9世紀〉
東フランクの王。在位876〜887。
- ⇒岩世人（カール3世（肥満王） 839–888.1.13)
- 新カト（カール3世 839–888.1.13)
- 世帝（シャルル3世 839–888)
- 世帝（カール3世 839–888)

Karl IV〈14世紀〉
神聖ローマ皇帝。在位1347〜78。1348年プラハ大学を創立。
- ⇒岩世人（カール4世 1316.5.14–1378.11.29)
- 新カト（カール4世 1316.5.14–1378.11.29)
- 世人新（カール4世 1316–1378)
- 世人装（カール4世 1316–1378)
- 世史語（カール4世 1316–1378)
- 世帝（カール4世 1316–1378)
- 世帝（カレル1世 1316–1378)
- ポブ人（カール4世 1316–1378)

Karl V〈15・16世紀〉
神聖ローマ皇帝。在位1519〜56。スペイン国王カルロス1世。在位1516〜56。
- ⇒岩世人（カール5世 1500.2.24–1558.9.21)
- 広辞7（カール五世 1500–1558)
- 新カト（カール5世 1500.2.24–1558.9.21)
- 世人新（カール5世（カルロス1世） 1500–1558)
- 世人装（カール5世（カルロス1世） 1500–1558)
- 世史語（カール5世 1500–1558)
- 世史語（カルロス1世 1500–1558)
- 世帝（カール5世 1500–1558)
- 世帝（カルロス1世 1500–1556)
- ポブ人（カルロス1世 1500–1556)
- 皇国（カルロス1世 （在位）1516–1556)
- ルネ（皇帝カール5世 1500–1558)

Karl VI〈17・18世紀〉
神聖ローマ皇帝。在位1711〜40。スペインの王位継承者に指定されたが継承戦争勃発。
- ⇒バロ（カール6世 1685.10.1–1740.10.20)
- 岩世人（カール6世 1685.10.1–1740.10.20)
- 新カト（カール6世 1685.10.1–1740.10.20)
- 世人新（カール6世 1685–1740)
- 世人装（カール6世 1685–1740)
- 世帝（カール6世 1685–1740)
- 皇国（カール6世 （在位）1711–1740)

Karl VII〈17・18世紀〉
バイエルン選帝侯。
- ⇒岩世人（カール7世 1697.8.6–1745.1.20)
- 世帝（カール7世 1697–1745)

Karl IX〈16・17世紀〉
スウェーデン王。在位1604〜11。野心家、扇動家。グスタフ1世の末子。
- ⇒世帝（カール9世 1550–1611)

Karl X Gustav〈17世紀〉
スウェーデン王。在位1654〜60。バルト帝国を維持すべくポーランドに遠征、ワルシャワを占領する。
- ⇒世人新（カール10世 1622–1660)
- 世人装（カール10世 1622–1660)
- 世帝（カール10世 1622–1660)

Karl XI〈17世紀〉
スウェーデン王。在位1660〜97。1672年より親政。
- ⇒岩世人（カール11世 1655.11.24–1697.4.5)
- 世帝（カール11世 1655–1697)

Karl XII〈17・18世紀〉
スウェーデン王。在位1697〜1718。北方戦争でロシアへ進軍。
- ⇒岩世人（カール12世 1682.6.17–1718.11.30)
- 広辞7（カール一二世 1682–1718)
- 世人新（カール12世 1682–1718)
- 世人装（カール12世 1682–1718)
- 世史語（カール12世 1682–1718)
- 世帝（カール12世 1682–1718)
- ポブ人（カール12世 1682–1718)
- 皇国（カール12世 （在位）1697–1718)
- 学叢歴（カルル12世 1682–1718)
- 学叢歴（チャールズ12世 ?–1718.12.12)

Karl XIII〈19世紀〉
スウェーデン王国の統治者。在位1809〜1818。
- ⇒世帝（カール13世 1748–1818)

Karl XIV〈18・19世紀〉
スウェーデン、ノルウェー王。在位1818〜44。もとフランスの将軍。
- ⇒岩世人（カール14世 1763.1.26–1844.3.8)
- 世帝（カール14世 1763–1844)
- 皇国（カール14世ヨハン （在位）1818–1844)

Karl XV〈19世紀〉
スウェーデン王国の統治者。在位1859〜1872。
- ⇒岩世人（カール4世)
- 岩世人（カール15世 1826.5.3–1872.9.18)
- 世帝（カール15世 1826–1872)

Karl August, Herzog von Sachen-Weimar-Eisenach〈18・19世紀〉
ザクセン＝ワイマール＝アイゼナハ公、ウィーン会議後大公。イエナ大学を創設。1716年憲法を制定。

⇒岩世人（カール・アウグスト　1757.9.3–1828.6.14）

Karlfeldt, Erik Axel〈19・20世紀〉
スウェーデンの詩人。郷土中心主義の新ロマン主義詩人。作品は『フリードリンの歌』(1898)、『フリードリンの楽園』(1901)など。1931年、生前辞退のノーベル賞を死後贈られた。
⇒岩世人（カールフェルト　1864.7.20–1931.4.8）

Karl Filip〈17世紀〉
ロシア帝国のツァーリ僣称者。
⇒世帝（カール・フィリップ　1601–1622）

Karl Friedrich〈18・19世紀〉
バーデン公。
⇒岩世人（カール・フリードリヒ　1728.11.22–1811.6.10）

Karl Knutsson〈15世紀〉
スウェーデン王。在位1448～57,64～65,67～70。
⇒岩世人（カール・クヌートソン　1408.10.1–1470.5.15）

Karl Ludwig Johann, Erzherzog von Österreich〈18・19世紀〉
オーストリアの将軍。神聖ローマ皇帝レオポルド2世の第3子。
⇒岩世人（カール（大公）　1771.9.5–1847.4.30）

Karl Martell〈7・8世紀〉
フランク王国の宮宰。在職714～741。次いで全フランクの宮宰となる(720)。
⇒岩世人（カール・マルテル　688/689–741.10.22）
　ネーム　（カール・マルテル　688?–741）
　広辞7　（カール・マルテル　688?–741）
　新カト　（シャルル・マルテル　688頃–741.10.22）
　世人新　（カール＝マルテル　689頃–741）
　世人装　（カール＝マルテル　688頃–741）
　世史語　（カール＝マルテル　688頃–741）
　ポブ人　（カール・マルテル　688?–741）

Karlstadt〈15・16世紀〉
ドイツのピューリタニズムの先駆者。
⇒岩世人（カールシュタット　1480/1482/1486–1541.12.24）
　新カト　（カールシュタット　1477/1480頃–1541.12.24）

Karl Wilhelm Ferdinand〈18・19世紀〉
ブラウンシュヴァイク公。在位1780～1806。プロイセンの将軍も務めた。
⇒岩世人（カール・ヴィルヘルム・フェルディナント　1735.10.9–1806.11.10）

Karma bstan-skyoṅ〈17世紀〉
西部チベットの統率者。
⇒岩世人（カルマ・テンキョン・ワンポ　1606–1642）

Karna
インドの英雄で、ヒンドゥー教の聖典である叙事詩『マハーバーラタ』に登場する不死身の戦士。
⇒ネーム　（カルナ）

Karneadēs〈前3・2世紀〉
ギリシア、キュレネ出身の哲学者。第3次新アカデミアを創設。
⇒岩世人　（カルネアデス　前214–前129/前128）
　広辞7　（カルネアデス　前214–前129）
　学叢思　（カルネアデス　前241–前129）
　図哲　（カルネアデス　前214頃–前129頃）
　メル1　（カルネアデス　前215/前214?–前129/前128?）

Karnkowski, Stanisław〈16・17世紀〉
ポーランドの大司教。
⇒新カト（カーンコフスキ　1520.5.10–1603.6.8）

Karo, Joseph ben Ephraim〈15・16世紀〉
法規学者。カバリスト。サフェドの霊的指導者。
⇒ユ人　（カロ, ヨセフ・ベンエフライム　1488–1575）
　ユ著人（Karo,Joseph ben Ephraim　カロ, ヨセフ・ベン・エフライム　1488–1575）

Karoline von Hessen-Darmstadt〈18世紀〉
方伯ルードヴィヒ9世の妃。聡明、仁慈な女性でゲーテ等と文通し、また当時の有名な人々と交った。
⇒岩世人（カロリーネ（ヘッセン＝ダルムシュタットの）　1721.3.9–1774.3.30）

Károly I〈13・14世紀〉
ハンガリー王国の統治者。在位1307～1342。
⇒世帝（カーロイ1世　1288–1342）

Károlyi Mihály〈19・20世紀〉
ハンガリーの政治家。伯爵。革命(18)で首相となり、共和国大統領に選ばれた(19.1)。
⇒岩世人（カーロイ　1875.3.4–1955.3.19）

Karpiński, Franciszek〈18・19世紀〉
ポーランドの詩人。
⇒岩世人（カルピンスキ　1741.10.4–1825.9.16）

Karpinski, W.A.〈19・20世紀〉
ソ連の政治家。
⇒学叢思（カルピンスキー　1880–?）

Karpinskii, Aleksandr Petrovich〈19・20世紀〉
ソ連の地質学者。ソ連科学アカデミー総裁(1917～36)。構造運動論および古地理学を研究。
⇒岩世人（カルピンスキー　1846.12.26/1.7–1936.7.15）

Karpinskii, Hyacinthus〈18世紀〉
ロシア正教会の神学者。
⇒新カト（カルピンスキー　1723頃–1798.11.29）

Karpokratēs〈2世紀〉
アレクサンドリアのグノーシス派の学者。
⇒岩世人（カルポクラテス　2世紀前半）

Karpos〈2・3世紀?〉
聖人,殉教者。祝日4月13日。
⇒新カト（カルポス,パピュロスとアガトニケ　?-150頃/250頃）

Karr, Jean Baptiste Alphonse〈19世紀〉
フランスの作家。
⇒岩世人（カール　1808.11.24-1890.9.30）
　19仏（アルフォンス・カール　1808.11.24-1890.9.30）

Karsch, Anna Luise〈18世紀〉
ドイツの女流詩人。〈ドイツのサッフォ〉などと云われベルリンのサロンの代表的人物であった。
⇒岩世人（カルシュ　1722.12.1-1791.10.12）

Karsten, Karl Johann Bernhard〈18・19世紀〉
ドイツの冶金学者。鉱山最高枢機官として（21～）、プロイセンにおける製鉄製塩業を統率。
⇒岩世人（カルステン　1782.11.26-1853.8.22）

Kartashyov, Anton Vladimirovich〈19・20世紀〉
ロシアの教会・社会活動家,宗教政治家。
⇒岩世人（カルタショフ　1875.7.11/23-1960.9.10）

Karterios〈3・4世紀〉
聖人,殉教者。祝日1月8日,15日,4月6日。
⇒新カト（カルテリオス　?-303/305）

Kartini, Raden Adjeng〈19・20世紀〉
ジャワ上級貴族の娘。西欧的教育を受け、ジャワ人の民族意識の高揚と教育の普及に貢献。
⇒岩世人（カルティニ　1879.4.21-1904.9.17）
　広辞7（カルティニ　1879-1904）
　世人新（カルティニ　1879-1904）
　世人装（カルティニ　1879-1904）
　世史語（カルティニ　1879-1904）
　世史語（カルティニ　1879-1904）
　ポプ人（カルティニ,ラデン・アジェン　1879-1904）

Karyophylles, Ioannes Matthaios〈16・17世紀〉
カトリック神学者。
⇒新カト（カリュオフュレス　1565頃-1635）

Kasatkin, Nikolai Alekseevich〈19・20世紀〉
ソヴェトの画家。ロシアのプロレタリアの生活と革命闘争を初めて正しく描きだした一人。
⇒芸13（カサートキン,ニコライ・アレクセエヴィチ　1859-1930）

Kāshānī, Maqṣūd〈16世紀〉
ペルシア宮廷絨毯制作者。
⇒岩世人（カーシャーニー,マクスード　16世紀前半）

Kāshgharī, Muḥammad Ṣādiq〈18・19世紀〉
東トルキスタンの歴史家,文人。
⇒岩世人（カーシュガリー　1725?-1849?）

Kaspar〈前1世紀〉
東方の三博士の一人。
⇒図聖（三王（カスパル,メルキオル,バルタサル））

Kasper, Katharina〈19世紀〉
ドイツの修道会設立者。「イエズス・キリストの貧しき侍女修道会」を創立。
⇒新カト（カスパー　1820.5.26-1898.2.2）

Kaspi, Joseph ben Abba Mari ibn (En Bonafoux del'Angentière)〈13・14世紀〉
哲学を取り入れた思想家。聖書注解者。文法学者。マイモニデスの研究家。
⇒ユ著人（Kaspi,Joseph ben Abba Mari ibn (En Bonafoux del'Angentière)　カスピ,ヨセフ・ベン・アッバ・マリ・イブン　1279-1340）

Kasprowicz, Jan〈19・20世紀〉
ポーランドの象徴主義詩人。
⇒岩世人（カスプローヴィチ　1860.12.12-1926.8.1）
　新カト（カスプロヴィチ　1860.12.12-1926.8.1）

Kas(s)andrā
ギリシア神話で,トロイア王女。トロイアの滅亡を予言するが、だれもその言葉を信じなかった。
⇒岩世人（カッサンドラ）
　ネーム（カサンドラ）

Kassandros〈前4・3世紀〉
マケドニア王（前316～297）。アンティパトロスの子。
⇒岩世人（カッサンドロス　前350年代-前297）
　世帝（カッサンドロス　前350-前297）

Kassia〈9世紀〉
ビザンツの詩人,修道女。
⇒岩世人（カッシア　800/805-867以前）

Kassiopeia
ギリシア神話で,エチオピア王ケフェウスの妃。アンドロメダの母。
⇒岩世人（カッシオペイア）
　ネーム（カシオペイア）

Kassner, Rudolf〈19・20世紀〉
オーストリアの思想家,評論家。主著『観想学』(32)。
⇒岩世人（カスナー　1873.9.11-1959.4.1）

Kastil, Alfred〈19・20世紀〉
ドイツの哲学者。F.ブレンターノの学派に属した。
⇒岩世人（カースティル　1874.5.12–1950.7.20）

Kästner, Abraham Gotthelf〈18世紀〉
ドイツの数学者，箴言詩作者。
⇒岩世人（ケストナー　1719.9.27–1800.6.20）

Kaszczeński〈17世紀〉
ポーランドの作曲家。
⇒バロ（カシュチェンスキ，?　1640頃?–1700頃?）

Katarina Kosača-Kotromanić〈15世紀〉
ボスニア大公ステファン・ヴクチチ・コサチャの娘。ボスニア王妃。
⇒世帝（カタリナ・コサチャ＝コトロマニッチ　1425–1478）

Kater, Henry〈18・19世紀〉
イギリスの物理学者。
⇒学叢思（ケーター，ヘンリー　1777–1835）

Katerkamp, Johann Theodor Hermann〈18・19世紀〉
ドイツのカトリック神学者，教会史家。
⇒新カト（カータカンプ　1764.1.17–1834.6.9）

Katharina von Schweden〈14世紀〉
ビルギッタ会修道女，聖人。
⇒新カト（カタリナ〔スウェーデンの〕　1331/1332–1381.3.24）
　図聖（カタリナ（スウェーデンの）　1331/1332–1381）

Kātibī Nīshābūrī〈15世紀〉
イランにおけるティムール朝期のペルシア詩人。
⇒岩世人（カーティビー・ニーシャーブーリー　?–1434/1435）

Kâtip Çelebi〈17世紀〉
オスマン・トルコの思想家，歴史家。『歴史の暦』『世界の鏡』など著書多数。
⇒岩世人（キャーティプ・チェレビー　1609–1657.9.24）
　広辞7（キャーティプ・チェレビー　1609–1657）

Katkov, Mikhail Nikiforovich〈19世紀〉
ロシアの政治評論家。『モスクワ報知』(50～55, 63～87)，『ロシア通報』(56)を創刊。
⇒岩世人（カトコーフ　1818.11.1–1887.7.20）

Katona József〈18・19世紀〉
ハンガリーの劇作家。史劇『バーンク・バーン』(21)の作者。
⇒岩世人（カトナ　1791.11.11–1830.4.16）

Kattabomman, Vira Pandya〈18世紀〉
南インド，タミル・ナードゥ州ティルネルヴェーリ県のポリガールの一人で,1799年イギリストとの戦いで捕らえられ，処刑された。
⇒南ア新（カッタボンマン　1761–1799）

Kattendijke, Willem Johan Cornelis, Ridder Huijssen van〈19世紀〉
オランダの海軍士官，海軍大臣。
⇒岩世人（カッテンデイク（カッテンディーケ）　1816.1.22–1866.2.6）
　広辞7（カッテンディーケ　1816–1866）

Kātyāyana
釈尊十大弟子の一人。論議第一と称される。
⇒岩世人（マハーカッチャーヤナ）
　広辞7（迦旃延　かせんねん）

Kātyāyana〈前3・2世紀〉
古代インドの文法学者。サンスクリット文法を検討し，『バールティカ』を著した。
⇒岩世人（カーティヤーヤナ　前250頃–前200頃）

Kātyāyanīputra〈前2・1世紀〉
インドの学僧。サンスクリット名はカートヤーヤニープトラ。迦多衍那，迦旃延とも音訳される。
⇒岩世人（カーティヤーヤニープトラ）
　学叢思（カタエンニシ　迦多衍尼子＝Katyāyani-Putra　前3世紀–?）

Kauer, Ferdinand〈18・19世紀〉
モラヴィアのオルガン奏者，ヴァイオリン奏者，校正係，指揮者，教育者。
⇒バロ（カウアー，フェルディナンド　1751.1.18–1831.4.13）

Kauffmann, Angelika〈18・19世紀〉
スイスの女流画家。主作品『ミランダとフェルディナント』。
⇒岩世人（カウフマン　1741.10.30–1807.11.5）
　芸13（カウフマン，アンジェリカ　1741–1807）

Kauffmann, Georg Friedrich〈17・18世紀〉
ドイツのオルガン奏者。
⇒バロ（カウフマン，ゲオルク・フリードリヒ　1679.2.14–1735.2.24）

Kaufmann, Karl Maria〈19・20世紀〉
ドイツの牧師，考古学者。1905年メナス市の遺跡を発見。
⇒新カト（カウフマン　1872.3.2–1951.2.6）

Kaufmann, Konstantin Petrovich〈19世紀〉
ロシアの軍人。初代トルキスタン総督として，ロシアの領土を中央アジアに拡大。
⇒岩世人（カウフマン　1818.2.19–1882.5.4）
　学叢歴（カウフマン　1818–1882）

Kaufmann, Oskar〈19・20世紀〉
ドイツの建築家。劇場建築設計の権威。

⇒岩世人（カウフマン　1873.2.2-1956.9.8）

Kaufmann, Walter〈19・20世紀〉
ドイツの物理学者。電子が光速度に近い速度で運動する際に，その質量が急激に増大することを実験。
⇒岩世人（カウフマン　1871.6.5-1947.1.1）

Kaulbach, Wilhelm von〈19世紀〉
ドイツの画家。ルートビヒ1世の宮廷画家を務めた。
⇒岩世人（カウルバッハ　1804.10.15-1874.4.7）
　芸13（カウルバッハ，ヴィルヘルム・フォン　1805-1874）

Kauṇḍinya
カンボジアにおける伝説上の建国の祖。
⇒岩世人（カウンディニヤ）

Kaunitz, Wenzel Anton, Graf von Kaunitz-Rietberg〈18世紀〉
オーストリアの政治家。
⇒岩世人（カウニッツ　1711.2.2-1794.6.27）

Kautilya〈前4・3世紀〉
インド，マウリヤ朝創始者チャンドラグプタの宰相。在職前4世紀末～3世紀初め。
⇒岩世人（カウティリヤ）
　南ア新（カウティリヤ　生没年不詳）

Kautsky, Karl Johann〈19・20世紀〉
ドイツのマルクス主義経済学者，政治家。著書『唯物史観』(27) ほか多数。
⇒岩世人（カウツキー　1854.10.16-1938.10.17）
　ネーム（カウツキー　1854-1938）
　広辞7（カウツキー　1854-1938）
　学叢思（カウツキー，カール・ヨハン　1854-?）
　世人新（カウツキー　1854-1938）
　世人装（カウツキー　1854-1938）
　20思（カウツキー，カール（ヨハン）　1854-1938）
　ポプ人（カウツキー，カール　1854-1938）

Kautzsch, Emil〈19・20世紀〉
ドイツの旧約聖書学者。
⇒岩世人（カウチ　1841.9.4-1910.5.7）

Kavād II, Shīroe〈7世紀〉
ササン朝ペルシアの統治者。在位628。
⇒世帝（カワード2世　590-628）

Kavafis, Konstantinos〈19・20世紀〉
ギリシアの詩人。1904年，10年に『詩集』を刊行。
⇒岩世人（カヴァフィス　1863.4.17/29-1933.4.29）

Kavirāja〈12世紀〉
インドの古典サンスクリット詩人。
⇒岩世人（カヴィラージャ）

Kawādh I〈5・6世紀〉
ササン朝ペルシアの王。在位488～531。ゾロアスター教を退けてマズダク教を保護。

⇒世帝（カワード1世　473-531）

al-Kawākibī〈19・20世紀〉
イスラム近代の思想家。民族主義者。汎アラブ主義を唱えた。
⇒岩世人（カワーキビー，アブドゥッラフマーン　1854-1902）

Kawerau, Gustav〈19・20世紀〉
ドイツの教会史家実践神学者。
⇒新カト（カーヴェラウ　1847.2.25-1918.12.1）

Kawila〈18・19世紀〉
タイのチェンマイの王。在位1782～1813。
⇒岩世人（カーウィラ　1742-1813）

Kay, John〈18世紀〉
イギリスの飛杼（とびひ）発明家。自動飛杼を発明し(1733)，織布工程の能率増進に貢献。
⇒岩世人（ケイ　1704-1764）
　広辞7（ケイ　1704-1764）
　世人新（ケイ　1704-1764）
　世人装（ケイ　1704-1764）
　世史語（ジョン＝ケイ　1704-1764頃）
　ポプ人（ケイ，ジョン　1704-1764）

Kay, Sir
アーサー王の乳兄弟。
⇒岩世人（ケイ）
　ネーム（ケイ）

Kaye, Sir John William〈19世紀〉
イギリスの歴史家。英領インド史に関する多くの著述を公刊。
⇒岩世人（ケイ　1814-1876.7.24）

Kayqubād I, 'Alā' al-Dīn〈12・13世紀〉
小アジアのルーム・セルジューク朝第11代スルタン。在位1219～37。
⇒岩世人（カイクバード1世　?-1237）

Kayser, Emanuel〈19・20世紀〉
ドイツの地質学者，古生物学者。
⇒岩世人（カイザー　1845.3.26-1927.11.29）

Kayser, Heinrich Gustav Johannes〈19・20世紀〉
ドイツの物理学者。元素の線スペクトルを研究，カイザー＝ルンゲの公式を作った(1890)。
⇒岩世人（カイザー　1853.3.16-1940.10.14）

Kayser, Philipp Christoph〈18・19世紀〉
ドイツの作曲家。
⇒バロ（カイザー，フィリップ・クリストフ　1755.3.10-1823.12.24）

Kay-Shuttleworth, Sir James Phillips, 1st Baronet〈19世紀〉
イギリス民衆教育の創設者，内科医。
⇒岩世人（ケイ＝シャトルワース　1804.7.20-1877.

Kayuwangi, Rakai〈9世紀〉
中部ジャワの古マタラム王国の王。在位855～85頃。
⇒岩世人（カユワンギ　（在位）855-885頃）

Kazakov, Matvei Fëdorovich〈18・19世紀〉
ロシアの建築家。教会および宮殿を建築。
⇒岩世人（カザコーフ　1738-1812.11.7）

al-Kāẓim, Mūsā〈8世紀〉
イスラーム・シーア派の指導者。十二イマーム・シーア派の第7代イマーム。
⇒岩世人（カーズィム, ムーサー　745頃-799）

Kazimierz I, Odnowiciel〈11世紀〉
ポーランド国王。在位1038～58。内政改革と教会復興に貢献し、ピアスト朝の発展につくした。
⇒岩世人（カジミエシ1世（復興公）　1016-1058）
　世帝（カジミエシュ1世　1016-1058）

Kazimierz II〈12世紀〉
ポーランド王。
⇒世帝（カジミエシュ2世　1138-1194）

Kazimierz III, Wielki〈14世紀〉
ポーランド国王。在位1333～70。46～47年『カジーミエシュ大王法典』を編纂。
⇒岩世人（カジミエシ3世（大王）　1310.4.22-1370.10.28）
　世人新（カジミエシュ3世（カシミール大王）　1310-1370）
　世人装（カジミエシュ3世（カシミール大王）　1310-1370）
　世史語（カジミエシュ（カシミール）大王　1310-1370）
　世帝（カジミエシュ3世　1310-1370）
　ポプ人（カジミエシュ大王　1310-1370）

Kazimierz IV, Jagielloñczyk〈15世紀〉
ポーランド国王。在位1447～92。ドイツ騎士団と13年戦争（1454～66）を遂行。
⇒岩世人（カジミエシ4世　1427.11.30-1492.6.7）
　世帝（カジミエシュ4世　1427-1492）

Kazinczy Ferenc〈18・19世紀〉
ハンガリーの作家。ハンガリー語の改革にも役割を果した。
⇒岩世人（カジンツィ　1759.10.27-1831.8.23）

Kchessinska, Mathilde〈19・20世紀〉
ロシアのバレリーナ。
⇒岩世人（クシェシンスカヤ　1872.8.19/31-1971.12.6）
　バレエ（クシェシンスカ, マティルダ（クシェシンスカヤ, マチルダ）　1872.8.31-1971.12.6）

Kean, Charles John〈19世紀〉
イギリスの俳優。名優エドモンド・キーンの子。
⇒岩世人（キーン　1811.1.18-1868.1.22）

Kean, Edmund〈18・19世紀〉
イギリスの俳優。サルトルの戯曲『キーン』(1953) は、彼の生活を題材にしたもの。
⇒岩世人（キーン　1787.11.4-1833.5.15）

Kearny, Lawrence〈18・19世紀〉
アメリカの海軍将校。
⇒アア歴（Kearny, Lawrence　ローレンス・カーニー　1789.11.30-1868.11.29）

Keats, John〈18・19世紀〉
イギリス・ロマン派の詩人。『詩集』(17), 『エンディミオン』(18), の他『書簡集』がある。
⇒岩世人（キーツ　1795.10.31-1821.2.23）
　科史（キーツ　1795-1821）
　広辞7（キーツ　1795-1821）
　学叢思（キーツ, ジョン　1795-?）
　新カト（キーツ　1795.10.31-1821.2.23）
　世人新（キーツ　1795-1821）
　世人装（キーツ　1795-1821）
　ポプ人（キーツ, ジョン　1795-1821）

Keble, John〈18・19世紀〉
イギリスの説教者, 神学者, 詩人。オックスフォード運動の指導者。
⇒岩世人（キーブル　1792.4.25-1866.3.29）
　学叢思（キーブル　1792-1866）
　新カト（キーブル　1792.4.25-1866.3.29）

Kecil, Raja〈17・18世紀〉
インドネシア, スマトラ島中部にシアック王国を創始したミナンカバウ人王族, シアック王。在位1725～46。
⇒岩世人（クチル, ラジャ　1699?-1746）

Kedd, Josse〈16・17世紀〉
ドイツのイエズス会員, 北欧と東欧の宣教師。
⇒新カト（ケド　1597.3.1-1657.3.27）

Kedrov, Mikhail Sergeyevich〈19・20世紀〉
ソ連のインテリジェンス・オフィサー。ラブレンチー・ベリヤの違法行為を報告して息子共々処刑された。
⇒スパイ（ケドロフ, ミハイル・セルゲイエヴィチ　1878-1941）

Keeble, John〈18世紀〉
イギリスの歌手, オルガン奏者, 理論家。
⇒バロ（キーブル, ジョン　1711頃-1786.12.24）

Keefe, Timothy John〈19・20世紀〉
アメリカの大リーグ選手（投手）。
⇒メジャ（ティム・キーフ　1857.1.1-1933.4.23）

Keel, Robert〈19・20世紀〉
イエズス会司祭, スイスのザンクト・ガレン州出身。1913年（大正2）来日, 上智大学で経済学と語学を教えた。
⇒新カト（ケール　1876.4.29-1956.5.28）

Keeler, William Henry〈19・20世紀〉
アメリカの大リーグ選手(外野)。
⇒メジャ (ウィリー・キーラー 1872.3.3–1923.1.1)

Keesom, Willem Hendrik〈19・20世紀〉
オランダの実験物理学者。ライデン大学物理学教授(1923〜45)。低温物理学の研究者として著名。
⇒岩世人 (ケーソム 1876.6.21–1956.3.24)

Kehr, Paul Fridolin〈19・20世紀〉
ドイツの歴史家。
⇒岩世人 (ケーア 1860.12.28–1944.11.9)
　新カト (ケール 1860.12.28–1944.11.9)

Keill, John〈17・18世紀〉
スコットランドの数学者。微分法の発明者たることを主張。
⇒岩世人 (キール 1671.12.1–1721.9.1)

Keim, Theodor〈19世紀〉
ドイツ、プロテスタントの神学者。
⇒学叢思 (カイム、テオドル 1825–1878)

Keiser, Gottfried〈17・18世紀〉
ドイツのオルガン奏者。
⇒バロ (カイザー、ゴットフリート 1650頃?–1712頃)

Keiser, Isfrid〈18世紀〉
ドイツの作曲家、聖職者。
⇒バロ (カイザー、イスフリート 1712.3.13–1771.3.1)

Keiser, Reinhard〈17・18世紀〉
ドイツの作曲家。ハンブルク・オペラの中心人物として活躍。
⇒バロ (カイザー、ラインハルト 1674.1.9–1739.9.12)
　岩世人 (カイザー 1674.1.12–1739.9.12)
　オペラ (カイザー、ラインハルト 1674–1739)

Keith, Sir Arthur〈19・20世紀〉
イギリスの解剖学者、人類学者。主著"Ancient Types of Man" (11) など。
⇒岩世人 (キース 1866.2.5–1955.1.7)

Keith, Arthur Berriedale〈19・20世紀〉
イギリスの法曹、東洋学者。
⇒岩世人 (キース 1879.4.5–1944)

Kekaumenos〈11世紀頃〉
ビザンチン時代の作家。主著『軍事提要』。
⇒岩世人 (ケカウメノス ?–1075/1078以降)

Kekrops
ギリシアの伝説上の初代アテーナイ王。
⇒岩世人 (ケクロプス)
　ネーム (ケクロプス)

Kekulé von Stradonitz, Friedrich August〈19世紀〉
ドイツの化学者。芳香族化合物の化学の基礎を築いた。主著『有機化学教科書』(59〜87)。
⇒岩世人 (ケケレ 1829.9.7–1896.7.13)
　科史 (ケクレ 1829–1896)
　広辞7 (ケクレ 1829–1896)
　学叢思 (ケクレー、アウグスト 1829–1896)

Keleos
ギリシア神話、エレウシスの王。
⇒岩世人 (ケレオス)

Kell, Sir Vernon〈19・20世紀〉
MI5の創設者、初代長官。
⇒スパイ (ケル、サー・ヴァーノン 1873–1942)

Kellar, Harry〈19・20世紀〉
アメリカの奇術師。
⇒岩世人 (ケラー 1849.7.11–1922.3.10)

Keller, Christoph〈17・18世紀〉
ドイツの歴史家。
⇒岩世人 (ケラー 1638.11.22–1707.6.4)

Keller, Gottfried〈19世紀〉
ドイツ系スイスの小説家。
⇒岩世人 (ケラー 1819.7.19–1890.7.15)
　広辞7 (ケラー 1819–1890)
　学叢思 (ケルレル、ゴットフリート 1819–1889)

Keller, Helen Adams〈19・20世紀〉
アメリカの女流教育家。
⇒アメ新 (ケラー 1880–1968)
　岩世人 (ケラー 1880.6.27–1968.6.1)
　現アカ (Keller, Helen ヘレン・ケラー 1880–1968)
　広辞7 (ケラー 1880–1968)
　学叢思 (ヘレン・ケラー 1880–?)
　世人新 (ケラー(ヘレン＝ケラー) 1880–1968)
　世人装 (ケラー(ヘレン＝ケラー) 1880–1968)
　ポプ人 (ケラー、ヘレン 1880–1968)

Keller, Jakob〈16・17世紀〉
神学者、イエズス会員。ゼッキンゲン生まれ。
⇒新カト (ケラー 1568–1631.2.23)

Kellermann, Bernhard〈19・20世紀〉
東ドイツの小説家。主著『トンネル』(1913)。
⇒岩世人 (ケラーマン 1879.3.4–1951.10.17)

Kellermann, François Christophe, Duc de Valmy〈18・19世紀〉
フランスの将軍。
⇒岩世人 (ケレルマン 1735.5.30–1820.9.23)

Kelley, Francis Clement〈19・20世紀〉
アメリカのローマ・カトリック教会司教。カトリック拡大協会設立者。
⇒新カト (ケリー 1870.11.24–1948.2.1)

Kelley, Joseph James〈19・20世紀〉
アメリカの大リーグ選手(外野, 一塁)。
⇒メジャ (ジョー・ケリー 1871.12.9–1943.8.14)

Kelley, Oliver Hudson〈19・20世紀〉
アメリカの農民組織者。アメリカ最初の農民組合グランジを結成(1867)。
⇒岩世人 (ケリー 1826.1.7–1913.1.20)

Kellgren, Johan Henric〈18世紀〉
スウェーデンの詩人, 評論家。『私の笑い』(78)で文名を確立。
⇒岩世人 (シェルグレーン 1751.12.1–1795.4.20)

Kellison, Matthew〈16・17世紀〉
イングランドのカトリック神学者。
⇒新カト (ケリソン 1560頃–1642.1.21)

Kellner, David〈17・18世紀〉
ドイツの作曲家。
⇒バロ (ケルナー, ダーヴィット 1670頃?–1748.4.6)

Kellner, Johann Christoph〈18・19世紀〉
ドイツのオルガン奏者, カントル, 教授。
⇒バロ (ケルナー, ヨハン・クリストフ 1736.8.15–1803)

Kellner, Johann Peter〈18世紀〉
ドイツのオルガン奏者, 作曲家。
⇒バロ (ケルナー, ヨハン・ペーター 1705.9.28–1772.4.19)

Kellner, Leon〈19・20世紀〉
旧オーストリアの英語学者。『英語統語法の史的概観』のほか, シェークスピアに関する研究などがある。
⇒ユ著人 (Kellner, Leon ケルナー, レオン 1859–1928)

Kellner, Oskar Johann〈19・20世紀〉
ドイツの農芸化学者。東京帝国大学農科大学で農芸化学を教授。
⇒岩世人 (ケルナー (慣ケルネル) 1851.5.13–1911.9.22)

Kellogg, Frank Billings〈19・20世紀〉
アメリカの政治家。駐イギリス大使(1824～28), 国務長官(25～29)。
⇒岩世人 (ケロッグ 1856.12.22–1937.12.21)
　ネーム (ケロッグ 1856–1937)
　広辞7 (ケロッグ 1856–1937)
　世人新 (ケロッグ 1856–1937)
　世人装 (ケロッグ 1856–1937)
　世史語 (ケロッグ 1856–1937)
　ポプ人 (ケロッグ, フランク 1856–1937)

Kellogg, Samuel Henry〈19世紀〉
アメリカの宣教師。
⇒アア歴 (Kellogg, Samuel Henry サミュエル・ヘンリー・ケロッグ 1839.9.6–1899.5.3)

Kellogg, Will Keith〈19・20世紀〉
アメリカの実業家。
⇒ポプ人 (ケロッグ, ウィル・キース 1860–1951)

Kelly, (King) Michael Joseph〈19世紀〉
アメリカの大リーグ選手(外野, 捕手, 内野)。
⇒メジャ (キング・ケリー 1857.12.31–1894.11.8)

Kelly, Ned〈19世紀〉
オーストラリアのギャング。
⇒オセ新 (ケリー 1855–1880)

Kelly, Thomas Alexander Erskine〈18世紀〉
スコットランドの作曲家。
⇒バロ (ケリー, トマス・アレクサンダー・アースキン 1732.9.1–1781.10.9)

Kelly, William〈19世紀〉
アメリカの発明家。ベッセマー法と同一原理の熱風炉を発明。
⇒岩世人 (ケリー 1811.8.21–1888.2.11)

Kelsos〈2世紀〉
プラトン主義(エピクロス学派)の哲学者。最初のキリスト教駁論『真理の教え』の著者。
⇒新カト (ケルソス 2世紀後半)

Keltie, *Sir* John Scott〈19・20世紀〉
イギリスの地理学者。
⇒岩世人 (ケルティ 1840.3.29–1927.6.10)

Kelvin, William Thomson, Baron〈19・20世紀〉
イギリスの物理学者。誘電体のヒステレシス現象を発見。熱力学第2法則を導き, 高周波電流を研究。
⇒岩世人 (ケルヴィン 1824.6.26–1907.12.17)
　科史 (ケルヴィン 1824–1907)
　ネーム (ケルヴィン 1824–1907)
　広辞7 (ケルヴィン 1824–1907)
　学叢思 (ケルヴィン, ロード 1824–1907)
　物理 (ケルヴィン卿 (トムソン, ウィリアム) 1824–1907)
　世数 (トムソン, ウィリアム (またはケルヴィン卿) 1824–1907)
　ポプ人 (ケルビン 1824–1907)

Kelway, Joseph〈18世紀〉
イギリスの作曲家。
⇒バロ (ケルウィ, ジョーゼフ 1702頃–1782.5?)

Kelz, Matthias II〈17世紀〉
ドイツの作曲家。
⇒バロ (ケルツ, マティーアス2世 1635頃–1695.3.20)

Kemal, Namık〈19世紀〉
トルコの民族主義思想家, 詩人, 小説家。トルコ

文学に近代ヨーロッパ文学の思潮を導入。
⇒岩世人（ナームク・ケマル　1840.12.21–1888.12.2）

Kemalpaşazâde Ahmed〈15・16世紀〉
オスマン朝のシェイヒュルイスラーム（最高法官），歴史家。
⇒岩世人（ケマルパシャザーデ・アフメト　1469–1535）

Kemble, John Mitchell〈19世紀〉
イギリスの言語学者，歴史家。
⇒岩世人（ケンブル　1807.4.2–1857.3.26）

Kemble, John Philip〈18・19世紀〉
イギリスの俳優。俳優ロジャー・ケンブルの息子，女優サラ・シドンズの弟。朗詠調せりふの創始者。
⇒岩世人（ケンブル　1757.2.1–1823.2.26）

Kemény Zsigmond〈19世紀〉
ハンガリーの小説家。多数の歴史小説を残す。
⇒岩世人（ケメーニュ　1814.6.12–1875.12.22）

Kemmerer, Edwin Walter〈19・20世紀〉
アメリカの経済学者。14の政府の金融顧問を歴任して各国の通貨制度の改革に貢献。
⇒岩世人（ケメラー　1875.6.29–1945.12.16）

Kemp, James Furman〈19・20世紀〉
アメリカの岩石学者，鉱床学者。
⇒岩世人（ケンプ　1859.8.14–1926.11.17）

Kemp, William〈16・17世紀〉
イギリスの喜劇俳優。
⇒岩世人（ケンプ　?–1610頃）

Kempf, Konstantin〈19・20世紀〉
ドイツのイエズス会員。
⇒新カト（ケンプフ　1873.1.28–1944.12.10）

Kempis, Jean Florent a〈16・17世紀〉
フランスの作曲家。
⇒バロ（カンピ，ジャン・フロラン・ア　1590頃?–1650頃?）

Kempner, Friedrike〈19・20世紀〉
ドイツの女性詩人。
⇒ユ著人（Kempner,Friedrike　ケンプナー，フレーデリケ　1836–1904）

Ken Angrok〈13世紀〉
ジャワ中部，シンガサリ王朝の創始者。在位1222〜27。
⇒岩世人（アロック（アンロック），ケン　（在位）1222–1227）
　世帝（ケン・アンロク　?–1227）

Kendall, Henry〈19世紀〉
オーストラリアの詩人。『オーストラリアの森から』(69)，『山の歌』(80)などの作品がある。
⇒オセ新（ケンドル　1839–1882）

Kendrick, John〈18世紀〉
アメリカの船長。
⇒アア歴（Kendrick,John　ジョン・ケンドリック　1740頃–1794.12.12）

Kennan, George〈19・20世紀〉
アメリカのジャーナリスト。
⇒アア歴（Kennan,George　ジョージ・ケナン　1845.2.16–1924.5.10）

Kennedy, Sir Arthur Edward〈19世紀〉
イギリスの外交官。
⇒岩世人（ケネディ　1809.4.5–1883.6.3）

Kennedy,（Brickyard）William Park〈19・20世紀〉
アメリカの大リーグ選手（投手）。
⇒メジャ（ブリックヤード・ケネディ　1867.10.7–1915.9.23）

Kennedy, Sir John Gordon〈19・20世紀〉
イギリスの外交官。東京領事館書記官(1878)として日本との条約改正問題について交渉。
⇒岩世人（ケネディ　1836.7.18–1912.12.3）

Kennedy, John Pendleton〈18・19世紀〉
アメリカの小説家，政治家。海軍長官。
⇒岩世人（ケネディ　1795.10.25–1870.8.18）

Kennedy, John Russell〈19・20世紀〉
イギリスの新聞記者。渡米後，AP通信社日本駐在員として1907年来日。
⇒岩世人（ケネディ　1861.11.5–1928.1.16）

Kennedy, Quintin〈16世紀〉
スコットランドのカトリック神学者。
⇒新カト（ケネディ　1520–1564.8.22）

Kennelly, Arthur Edwin〈19・20世紀〉
イギリス系アメリカの電気技師。エジソンの助手，その後ハーバード大学教授。
⇒岩世人（ケネリー　1861.12.17–1939.6.18）

Kenneth I〈9世紀〉
スコットランド王。スコット族の小国ダル・リアタ王，843年頃からピクト族の国を併合。
⇒世帝（ケニス1世　?–858）

Kenneth II〈10世紀〉
スコットランド王。
⇒世帝（ケネス2世　?–995）

Kenneth III〈11世紀〉
スコットランド王。
⇒世帝（ケネス3世　?–1005）

Kensett, John Frederick〈19世紀〉
アメリカの画家。
⇒岩世人（ケンセット　1816.3.22–1872.12.14）

Kent, Edward Augustus Duke of

〈18・19世紀〉
イギリスの軍人。ジョージ3世の第4子。ヴィクトリア女王の父。
⇒岩世人（ケント　1767.11.2-1820.1.23）

Kent, James〈18・19世紀〉
アメリカの法学者。ニューヨーク衡平法裁判所所長。
⇒岩世人（ケント　1763.7.31-1847.12.12）
　学叢思（ケント，ジェームス　1763-1847）

Kent, William〈17・18世紀〉
イギリスの画家，建築家，室内装飾家。1735年王室付工匠頭。
⇒岩世人（ケント　1685頃-1748.4.12）

Kentigern (Mungo), St.〈6・7世紀〉
スコットランドの宣教者，使徒，聖人。
⇒岩世人（ケンティガーン　518頃-603.1.13）
　新カト（ケンティガーン　?-612頃）

Kephalos
ギリシア神話，アッティカの狩人。
⇒岩世人（ケファロス）

Kēpheus
ギリシア神話で，ケフェネス人の王。カシオペイアの夫。アンドロメダの父。
⇒ネーム（ケフェウス）

Kephisodotos〈前4・3世紀〉
ギリシアの彫刻家。アテネの人。前300年頃活躍。
⇒岩世人（ケフィソドトス）

Kepler, Johannes〈16・17世紀〉
ドイツの天文学者。新星（ケプラー星）を発見（04）。
⇒岩世人（ケプラー　1571.12.27-1630.11.15）
　科史（ケプラー　1571-1630）
　ネーム（ケプラー　1571-1630）
　広辞7（ケプラー　1571-1630）
　学叢思（ケプレル，ヨハネス　1571-1630）
　新カト（ケプラー　1571.12.27-1630.11.15）
　物理（ケプラー，ヨハネス　1571-1630）
　世人新（ケプラー　1571-1630）
　世人装（ケプラー　1571-1630）
　世史語（ケプラー　1571-1630）
　世史語（ケプラー　1571-1630）
　世数（ケプラー，ヨハネス　1571-1630）
　ポプ人（ケプラー，ヨハネス　1571-1630）

Keppler, Paul Wilhelm von〈19・20世紀〉
ドイツのカトリック聖職者，ロッテンブルクの司教。在職1898～1926。
⇒岩世人（ケップラー　1852.9.28-1926.7.16）
　新カト（ケップラー　1852.9.28-1926.7.16）

Ker, William Paton〈19・20世紀〉
イギリスの文学者。ロンドン大学教授（1889～1922）。
⇒岩世人（ケア　1855.8.30-1923.7.17）

Kerby, William Joseph〈19・20世紀〉
アメリカのカトリック司祭，社会学者。
⇒新カト（カービ　1870.2.20-1936.7.27）

Kerckhoven, Abraham van den〈17・18世紀〉
フランドルの作曲家。
⇒バロ（ケルクホーフェン，アブラハム・ファン・デン　1618頃-1701.12.E）

Kerdōn〈2世紀〉
シリア出身のグノーシス主義者。
⇒岩世人（ケルドン　2世紀）
　新カト（ケルドン　2世紀）

Kērinthos〈1・2世紀〉
グノーシス主義者。
⇒岩世人（ケリントス　1-2世紀）
　新カト（ケリントス　1世紀後半-2世紀初頭）

Kerkōps
ギリシア神話，山賊の2人組。
⇒岩世人（ケルコプス）

Kerle, Jacobus de〈16世紀〉
フランドル楽派の作曲家。『プレチェス・スペツィアレス』などを作曲。
⇒バロ（ケルレ，ヤコブス・ド　1531/1532-1591.1.7）
　新カト（ケルレ　1531/1532-1591.1.7）

Kerll, Johann kaspar〈17世紀〉
オランダの作曲家，オルガン奏者。
⇒バロ（ケルル，ヨハン・カスパル・フォン　1627.4.9-1693.2.13）
　岩世人（ケルル　1627.4.9-1693.2.13）
　新カト（ケルル　1627.4.9-1693.2.13）

Kermānī, Nāẓem al-Eslām〈19・20世紀〉
イランの歴史家。
⇒岩世人（ケルマーニー，ナーゼモルエスラーム　1863/1864-1918.12）

Kern, Edward Meyer〈19世紀〉
アメリカの画家。
⇒アア歴（Kern, Edward M(eyer)　エドワード・マイアー・カーン　1823.10.26-1863.11.25）

Kern, Johan Hendrik Caspar〈19・20世紀〉
オランダのインド学者，仏教学者。
⇒岩世人（ケルン　1833.4.6-1917.7.3）

Kern, Joseph〈19・20世紀〉
オーストリアの神学者，イエズス会員。
⇒新カト（ケルン　1856.3.5-1907.9.21）

Kern, Otto〈19・20世紀〉
ドイツの古典言語学者。ハレ大学教授(1907～31)。ギリシア宗教史を専攻。
⇒岩世人（ケルン　1863.2.14–1942.1.31）

Kerner, Justinus Andreas Christian〈18・19世紀〉
ドイツの詩人,医者。
⇒岩世人（ケルナー　1786.9.18–1862.2.21）

Kerr, Alfred〈19・20世紀〉
ドイツの評論家。主に演劇理論で活躍。主著『演劇における世界』(5巻,1904～17)。
⇒岩世人（ケル　1867.12.25–1948.10.12）
ユ著人（Kerr, Alfred　ケル,アルフレート　1867–1948）

Kerr, John〈19・20世紀〉
イギリスの物理学者。1875～77年カー効果を発見。
⇒岩世人（カー　1824.12.17–1907.8.18）
物理（カー,ジョン　1824–1907）

Kerr, John Glasgow〈19・20世紀〉
アメリカの中国在留長老教会宣教医師。
⇒アア歴（Kerr, John G (lasgow)　ジョン・グラスゴウ・カー　1824.11.30–1901.8.10）
岩世人（カー　1824–1901）

Kerr, John Stuart〈18・19世紀〉
アメリカの商人,領事。
⇒アア歴（Kerr, John Stuart　ジョン・ステュアート・カー　(活躍)1796–1815）

Kerschensteiner, Georg Michael〈19・20世紀〉
ドイツの教育学者,教育改革家。
⇒岩世人（ケルシェンシュタイナー　1854.7.29–1932.1.15）
広辞7（ケルシェンシュタイナー　1854–1932）

Kershner, Bruce Lesher〈19・20世紀〉
アメリカの教育者,宣教師。
⇒アア歴（Kershner, Bruce (Lesher)　ブルース・レッシャー・カーシュナー　1871–1949.7.12）

Kertabhumi〈15世紀〉
ジャワ,マジャパイト王国の王。
⇒世帝（クルタブミ　(在位)1468–1478）

Kertanagara〈13世紀〉
ジャワ,シンガサリ王朝第6代(最後)の王。在位1268～92。
⇒岩世人（クルタナガラ　?–1292）
世帝（クルタナガラ　?–1292）

Kertawijaya〈15世紀〉
ジャワ,マジャパイト王国の王。
⇒世帝（クルタウィジャヤ　(在位)1447–1451）

Kērulários, Michaēl〈11世紀〉
東方教会コンスタンティノポリス総主教。在職1043～58。
⇒岩世人（ケルラリオス）
新カト（ミカエル・ケルラリオス　1005/1010頃–1059.1.21）

Kervyn de Lettenhove, Baron Joseph Constantin Marie Bruno〈19世紀〉
ベルギーの歴史家,政治家。
⇒岩世人（ケルフェイン・デ・レッテンホーフェ　1817.8.17–1891.4.2）

Keśavdās Sanādhya Miśra〈16・17世紀〉
インドのヒンディー語詩人。
⇒岩世人（ケーシャヴダース　1555頃–1617頃）

Keshab Chandra Sen〈19世紀〉
インドの宗教改革家。ブラーフマ・サマージの指導者として,世界的宗教教会の設立を目指した。
⇒岩世人（ケーシャブチャンドラ・セーン　1838.11.19–1884.1.8）
学叢思（セン,ケシャブ・チャンドラ　1838–1884）
新カト（ケーシャブ・チャンドラ・セーン　1838.11.19–1884.1.8）
南ア新（ケーシャブ・チャンドラ・セーン　1838–1884）

Kessels, Matthieu〈18・19世紀〉
ベルギーの彫刻家。代表作『円盤投げする人』。
⇒岩世人（ケッセルス　1784.5.20–1836.3.3）

Kessler, Johannes〈16世紀〉
スイスの年代記者,宗教改革者。
⇒新カト（ケスラー　1502/1503–1574.2.24）

Kessler, Karl Fyodorovich〈19世紀〉
ロシア(ドイツ生まれ)の動物学者。
⇒岩世人（ケスレル　1815.11.19–1881.5.3）

Ket, Robert〈16世紀〉
イギリスノーフォークの農民反乱の指導者。牧羊のためのエンクロージャーに反対。
⇒岩世人（ケット　1492頃–1549.12.7）

Ketelbey, Albert Willam〈19・20世紀〉
イギリスの作曲家,指揮者。ロンドンで劇場指揮者,コロンビア・グラモフォンの音楽監督などを務めた。
⇒ネーム（ケテルビー　1875–1959）

Ketteler, Clement August von〈19世紀〉
ドイツの外交官。1899年駐中国公使。義和団事件に際し暴徒を拘禁し,董福祥の兵に暗殺された。
⇒岩世人（ケッテラー　1853.11.22–1900.6.20）

Ketteler, Wilhelm Emmanuel

Freiherr von〈19世紀〉
ドイツのマインツの司教。キリスト教的社会政策を指導。
⇒岩世人（ケッテラー　1811.12.25–1877.7.13)
学叢思（ケッテラー，ヴィルヘルム・エンマヌエル・フォン　1811–1877)
新カト（ケッテラー　1811.12.25–1877.7.13)

Keturah
サラの死後のアブラハムの妻（創世記）。
⇒聖書（ケトラ）

Kevin〈7世紀〉
大修道院長。聖人。レンスター生まれ。
⇒新カト（ケヴィン　498頃–618.6.3)

Kevin, Mother〈19・20世紀〉
アイルランド出身の宣教師。アフリカのためのフランシスコ宣教修道女会創立者。
⇒新カト（ケヴィン　1875.4.27–1957.10.17)

Key, Ellen Karolina Sofia〈19・20世紀〉
スウェーデンの女流小説家，思想家。男女同権，自由な性道徳，自由精神作業による児童教育などを主唱。
⇒岩世人（ケイ　1849.12.11–1926.4.25)
広辞7（ケー　1849–1926)
学叢思（ケー，エレン　1849–1926)

Key, Francis Scott〈18・19世紀〉
アメリカの法律家，弁護士。アメリカ国歌『星条旗』の作者。
⇒岩世人（キー　1779.8.1–1843.1.11)

Key, Thomas Hewitt〈18・19世紀〉
イギリスの文法学者。主著 "Latin grammar, 1846"。
⇒岩世人（キー　1799.3.20–1875.11.29)

Key, Willem〈16世紀〉
フランドルの画家。
⇒芸13（ケイ，ウイレム　1519頃–1568)

Keynes, John Neville〈19・20世紀〉
イギリスの論理学者，経済学者。主著『政治経済学の範囲と方法』(1890)。
⇒岩世人（ケインズ　1852.8.31–1949.11.15)

Keyserling, Eduard Graf von〈19・20世紀〉
ドイツの作家。代表作『侯爵夫人』(17)。
⇒岩世人（カイザーリング　1855.5.14–1918.9.28)

Keyserling, Hans Jurgen〈17・18世紀〉
オランダ人調馬師。3度来日し，洋式馬術を教授。
⇒岩世人（ケイゼル（ケイゼルリング）　1696頃–1736.1)

Keyserling, Hermann, Graf von〈19・20世紀〉
ドイツの哲学者，社会学者。

⇒岩世人（カイザーリング　1880.7.20–1946.4.26)
新カト（カイザーリング　1880.7.20–1946.4.26)
メル3（カイザーリンク（伯爵），ヘルマン　1880–1946)

Khabarov, Erofei Pavlovich〈17世紀〉
ロシアの探検家。1649～52年アムール川の流域を調査。
⇒岩世人（ハバーロフ　1610頃–1667以降)

Khadīja bint Khuwaylid〈7世紀〉
マホメットの最初の妻。マホメットに，精神的，物質的な安定を与え，預言者としての活動の基盤となった。
⇒岩世人（ハディージャ・ビント・フワイリド　?–619)

Khafra〈前26・25世紀〉
エジプト第4王朝第4代の王。在位前2540～14頃。クフの子で，ギゼー第2のピラミッドを建設。
⇒岩世人（カフラー　(在位)前2547–前2521頃)
世人新（カフラ　生没年不詳)
世人装（カフラ　生没年不詳)

Khaidu〈13・14世紀〉
オゴタイ・ハン国の長。モンゴル帝国の大ハンの継承争いから，フビライと対立。みずから大ハンを唱えた。
⇒岩世人（カイドゥ　?–1301（大徳5))
ネーム（ハイドゥ　?–1301)
広辞7（ハイドゥ　?–1301)
世人新（ハイドゥ　?–1301)
世人装（ハイドゥ　?–1301)
世史語（ハイドゥ　?–1301)
ポプ人（ハイドゥ　1235?–1301)
学叢歴（海都　?–1301（大徳5))

Khakaure Senwosret III〈前19世紀〉
古代エジプトの統治者。在位前1873～1854。
⇒岩世人（センウセレト3世　(在位)前1872–前1853/前1852頃)

Khālid ibnu'l-Walīd〈7世紀〉
初期イスラム時代のアラブの部将。ビザンチン軍に大勝したが，ウマルの即位と同時に失脚。
⇒岩世人（ハーリド・イブン・ワリード　?–642)

Khalīl, Mawlānā〈14・15世紀〉
ティムール朝期の画家。
⇒岩世人（ハリール　14–15世紀)

al-Khalīl ibn Aḥmad al-Farāhīdī al-Azdī〈8世紀〉
オマーン出身のバスラ学派のアラビア語学者。
⇒岩世人（ハリール・イブン・アフマド　718/719頃–776/777/786/787/791/792)

Khalil Sultan〈14・15世紀〉
ティムール朝の君主。
⇒世帝（ハリール・スルタン　1384–1411)

Khalturin, Stepan Nikolaevich〈19世

紀〉
ロシアの革命家。オブノールスキーと協力して〈ロシア労働者北部同盟〉を組織。
⇒岩世人（ハルトゥーリン　1856.12.21–1882.3.22）

Khan, *Sir* Syed Ahmad〈19世紀〉
インドの回教異端者。
⇒学叢思（カーン，サー・サイイド・アーマド　1817–1893）

Khandoshkin, Ivan Evstaf'evich〈18・19世紀〉
ロシアのヴァイオリン奏者，作曲家，指揮者。
⇒バロ（ハンドシキン，イワン・エフスタフェビッチ　1747–1804.3.30）

khang chen nas〈17・18世紀〉
チベットの軍人，政治家。
⇒岩世人（カンチェンネー　?–1727）

al-Khansā, Tumādir bint 'Amr bn al-Sharīd〈6・7世紀〉
アラビアの女流詩人。
⇒岩世人（ハンサー　575頃–644以後）

Khanti (Khandi), U〈19・20世紀〉
ビルマの修行者。
⇒岩世人（カンティ　1868–1949.1.14）

Khāqānī Shirvānī, Afḍal al-Dīn Ibrāhīm〈12世紀〉
イランの詩人。
⇒岩世人（ハーカーニー・シルヴァーニー　1121/1122–1199）

Khāravela, Mahā Meghavāhana〈前2世紀〉
インドのカリンガ国のチェーチ王朝第3代帝王。ジャイナ教を保護。
⇒南ア新（カーラヴェーラ）

al-Khaṣṣāf, Aḥmad〈8・9世紀〉
アッバース朝期のイスラーム法学者。
⇒岩世人（ハッサーフ　797?–874）

Khayr al-Dīn Bāshā〈19世紀〉
チュニジア近代の改革主義者，政治家。
⇒岩世人（ハイルッディーン　1822/1823–1890.1.30）

Kheperkare Senwosret I〈前20世紀〉
古代エジプトの統治者。在位前1961～1916。
⇒岩世人（センウセレト1世　（在位）前1956–前1911/1910頃）

Khepermare Ramesses X〈前12・11世紀〉
古代エジプトの統治者。在位前1105～1101。
⇒世帝（ラメセス10世　（在位）前1108–前1098頃）

Kheraskov, Mikhail Matveevich〈18・19世紀〉
ロシアの詩人，小説家。代表作，叙事詩『ロシアーダ』(79)，『カドムとガルモニヤ』(86)。
⇒岩世人（ヘラースコフ　1733.10.25–1807.9.27）

Khiḍr
イスラームにおける伝説的人物で，不思議な力を持つとされる。
⇒岩世人（ヒドル）

al-Khiḍr Ḥusayn〈19・20世紀〉
イスラームの改革派ウラマー（学者）。
⇒岩世人（ヒドル・フサイン　1873–1958.2.28）

Khirqitī〈17・18世紀〉
東トルキスタンの文人。
⇒岩世人（ヒルキティ　1634–1724）

Khlesl, Melchior〈16・17世紀〉
オーストリアの聖職者。ウィーンの司教(1598)として反宗教改革を促進。
⇒岩世人（クレースル　1552.2.19–1630.9.18）
　新カト（クレースル　1552.2.19–1630.9.18）

Khmel'nitskii, Bogdan Mikhailovich〈16・17世紀〉
ウクライナの農民運動指導者。ポーランド支配への抗争の指導者となり，コサック統治。
⇒岩世人（フメリニツキー　1595頃–1657.8.4）
　ユ人（フメリニツキー，ボフダン　1595–1657）

Khnemibre Ahmose II〈前6世紀〉
古代エジプトの統治者。在位前570～526。
⇒岩世人（イアフメス2世　（在位）前570–前526）
　ネーム（アマシス）

Khnopff, Fernand〈19・20世紀〉
ベルギーの画家，彫刻家，版画家。
⇒芸13（クノップフ，フェルナン　1858–1921）

Khomiakov, Aleksei Stepanovich〈19世紀〉
帝政ロシアの哲学者，神学者，スラブ主義者。
⇒岩世人（ホミャコーフ　1804.5.1–1860.9.23）
　新カト（ホミャコーフ　1804.5.13–1860.10.5）

Khosravī Kermānshāhī〈19・20世紀〉
イランの歴史小説家，詩人。
⇒岩世人（ホスラヴィー・ケルマーンシャーヒー　1850–1919）

Khoun Bourom
ラオス神話中の王。
⇒岩世人（クンブロム）

Khoun Lo
ラオス神話中の王。
⇒岩世人（クンロー）

Khrapovitsky, Antony〈19・20世紀〉
ロシアの正教会主教，神学者，哲学者。

⇒岩世人（アントーニー・フラボヴィーツキー 1863/1864.3.17/29–1936.8.11）

Khri-gtsug-1de-brtsan〈9世紀〉
チベットの王。
⇒岩世人（ティ・レルパチェン （在位）815–841）

khri lde srong btsan〈8・9世紀〉
チベットの王。
⇒岩世人（ティデ・ソンツェン　777–815）

Khri-sron ide-brtsan〈8世紀〉
古代チベット王国（吐蕃）の王。在位754～797。
⇒岩世人（ティソンデツェン　（在位）754?–777）
広辞7（ティソンデツェン　742–797）

Khristianin, Fëdor〈16世紀〉
ロシアの聖歌隊員、作曲家。
⇒バロ（フリスチアーニン、フョードル　1530頃–1580頃?）

Khru, Thep〈19・20世紀〉
タイの詩人。
⇒岩世人（クルーテープ　1877.1.1–1943.2.1）

Khruuliam〈19・20世紀〉
タイの小説家、ジャーナリスト。代表作『復讐はせずに』など。
⇒岩世人（クルーリアム　1879.8.23–1963.3.16）

Khubilai Khan〈13世紀〉
中国、元朝の初代皇帝。在位1260～94。廟号、世祖。南宋を討滅し中国を統一、高麗を属国化し、ジャワなど南方諸国や日本に遠征。
⇒岩世人（クビライ（フビライ）　1215.9.23–1294.2.18（世祖至元31.1.22））
中史（クビライ・カアン　1215–1294）
広辞7（フビライ　1215–1294）
世人新（フビライ＝ハン（世祖〈元〉）　せいそ　1215–1294）
世人装（フビライ＝ハン（世祖〈元〉）　せいそ　1215–1294）
世史語（フビライ　1215–1294）
世帝（世宗　せいそ　1215–1294）
中人小（忽必烈　1215–1294）
ポプ人（フビライ・ハン　1215–1294）
学叢歴（世祖　1260（景定1）–1294（至元31））
学叢歴（忽必烈　?–1294（至元31））

Khuc-Thua-My〈10世紀〉
曲顥王の嫡男。
⇒岩世人（クック・トゥア・ミー）

Khudāyār Khān〈19世紀〉
コーカンド・ハン国の実質上最後のハン（君主）。在位1845～58、1862～63、1865～75。
⇒岩世人（フダーヤール・ハン　1830頃–1879）

Khuen-Hédervàry Kàroly〈19・20世紀〉
ハンガリーの政治家。
⇒岩世人（クーエン＝ヘーデルヴァーリ　1849.5.23–1918.2.16）

Khufu〈前26世紀〉
古代エジプトの第4王朝第2代の王。在位前2590頃～67頃。ギリシア名ケオプス。
⇒岩世人（クフ　（在位）前2579–前2556頃）
広辞7（クフ）
世人新（クフ　生没年不詳）
世人装（クフ　生没年不詳）
世史語（クフ王）
ポプ人（クフ王　生没年不詳）

Khunefertemre Taharqa〈前7世紀〉
古代エジプトの統治者。在位前690～664。
⇒岩世人（タハルカ　（在位）前690–前664頃）

Khurtluk Boila〈8世紀〉
ウイグルの初代カガン。護輸の子。
⇒岩世人（懐仁可汗　かいじんかがん　?–747）

Khusrō〈5世紀〉
ササン朝ペルシアのシャー。
⇒世帝（ホスロー　（在位）420）

Khusrō I〈6世紀〉
ササン朝ペルシアの王。在位531～79。
⇒岩世人（ホスロー1世　?–579）
ネーム（ホスロー1世）
広辞7（ホスロー一世　（在位）531–579）
世人新（ホスロー1世　?–579）
世人装（ホスロー1世　?–579）
世史語（ホスロー1世　（在位）531–579）
世帝（ホスロー1世　496–579）
ポプ人（ホスロー1世　?–579）

Khusrō II〈6・7世紀〉
ササン朝ペルシアの王。在位590,1～628。パルビズ（勝利者）と号し、華美を好んだ。
⇒岩世人（ホスロー2世　?–628）
世帝（ホスロー2世　570–628）

Khusrō III〈7世紀〉
ササン朝ペルシアのシャー。
⇒世帝（ホスロー3世　?–629）

Khusrō IV〈7世紀〉
ササン朝ペルシアのシャー。
⇒世帝（ホスロー4世　?–631）

Khvāndamīr, Ghiyas al-Dīn〈15・16世紀〉
西アジアの歴史家、伝記作者。
⇒岩世人（ホンダミール　?–1535頃）

Khvostov, Nikolai Aleksandrovich〈18・19世紀〉
ロシアの外交官。樺太来航。
⇒岩世人（フヴォストーフ　1776.7.28–1809.10.4）

Khwāja Āfāq〈17世紀〉
東トルキスタンの宗教指導者、聖者。
⇒岩世人（ホージャ・アーファーク　1625–1694）
世人新（ホージャ＝アーファーク　1625–1694）

世人装（ホージャ＝アーファーク　1625-1694）

Khwāja Aḥrār, 'Ubaydallāh〈15世紀〉
ティムール朝後期の中央アジア社会で卓越した影響力をふるったナクシュバンディー教団の導師。
⇒岩世人（ホージャ・アフラール　1404.3-1490.2）

Khwāja Burhān al-Dīn〈18世紀〉
東トルキスタンの貴族。有力宗教貴族カシュガル・ホージャ家の末裔。
⇒岩世人（ホージャ・ブルハーヌッディーン　?-1759）

Khwāja Jihān〈18世紀〉
東トルキスタンの有力宗教貴族カシュガル・ホージャ家の末裔。
⇒岩世人（ホージャ・ジハーン　?-1759）

Khwāja Muḥammad Yūsuf〈17世紀〉
東トルキスタンで活動したスーフィー。
⇒岩世人（ホージャ・ムハンマド・ユースフ）

Khwājū Kirmānī〈13・14世紀〉
イランの詩人。
⇒岩世人（ハージュー・キルマーニー　1281-1352-1361頃）

al-Khwārizmī, Abū 'Abdullāh Muḥammad b.Mūsā〈8・9世紀〉
アラビアの数学者。著書"al-jabr"(820)。
⇒岩世人（フワーリズミー，アブー・アブドゥッラー　780頃-850/846頃）
ネーム（アル・クワリズミ）
広辞7（アル・フワリズミー　780頃-850頃）
世人装（フワーリズミー　780頃-850頃）
世人装（フワーリズミー　780頃-850頃）
世史語（フワーリズミー　780頃-850頃）
世数（アル・フワーリーズミー, アブ・ジャフール・ムハンマド・イブン・ムサ　788-850）
ポプ人（フワーリズミー　780頃-850頃）

Khwārizmī, Kamāl al-Dīn Ḥusayn〈15世紀〉
ペルシア語散文作者，翻訳者，注釈者。
⇒岩世人（フワーリズミー，カマールッディーン　?-1432/1437）

Kidd, Benjamin〈19・20世紀〉
イギリスの社会哲学者。主著『社会進化論』(94)，『西洋文明の諸原理』(02)。
⇒学叢思（キッド, ベンジャミン　1858-?）

Kidd, William〈17・18世紀〉
イギリスの私掠船船長，のちに海賊。通称キャプテン・キッド。
⇒岩世人（キッド　1645頃-1701.5.23）

Kidder, Mary Eddy〈19・20世紀〉
アメリカの改革派教会女性宣教師。フェリス和英女学校を創立。

⇒アア歴（Kidder,Mary E.　メアリー・E・キダー　1834.1.31-1910.6.25）
岩世人（キダー　1834-1910.6.25）

Kiderlen-Wächter, Alfred von〈19・20世紀〉
ドイツの外交官。
⇒岩世人（キーダーレン＝ヴェヒター　1852.7.10-1912.12.30）

Kidul, Kanjeng Ratu
ジャワの伝説上の女王。
⇒岩世人（キドゥル, カンジェン・ラトゥ）

Kielc, Wincenty z〈13世紀〉
ポーランド作曲家の始祖。
⇒バロ（キェルツェ, ヴィンツェンティ・ズ　1200頃-1250頃?）

Kielhorn, Franz〈19・20世紀〉
ドイツのインド学者。
⇒岩世人（キールホルン　1840.5.31-1908.3.19）

Kielland, Alexander Lange〈19・20世紀〉
ノルウェーの小説家。
⇒岩世人（ヒェラン　1849.2.18-1906.4.6）

Kielmeyer, Karl Friedrich〈18・19世紀〉
ドイツの比較解剖学者。
⇒岩世人（キールマイアー　1765.10.22-1844.9.24）

Kienzl, Wilhelm〈19・20世紀〉
オーストリアの作曲家，音楽学者。
⇒岩世人（キーンツル　1857.1.17-1941.10.3）

Kiepert, Heinrich〈19世紀〉
ドイツの地理学者，地図学者。近東および東部地中海方面の地理学の権威であった。
⇒岩世人（キーペルト　1818.7.31-1899.4.21）

Kierkegaard, Sören Aabye〈19世紀〉
デンマークの哲学者，神学者。
⇒岩世人（キルケゴール（キァケゴー）　1813.5.5-1855.11.11）
覚思（キルケゴール　1813.5.5-1855.11.11）
覚思ス（キルケゴール　1813.5.5-1855.11.11）
ネーム（キルケゴール　1813-1855）
広辞7（キルケゴール　1813-1855）
学叢思（キェルケゴール, ゼーレン　?-1813）
新カト（キルケゴール　1813.5.5-1855.11.11）
図哲（キルケゴール, セーレン　1813-1855）
世人新（キェルケゴール（キルケゴール）　1813-1855）
世人装（キェルケゴール（キルケゴール）　1813-1855）
世史語（キェルケゴール　1813-1855）
ポプ人（キルケゴール, セーレン　1813-1855）
メル2（キルケゴール, セーレン　1813-1855）

Kilber, Heinrich〈18世紀〉
ドイツの神学者，イエズス会員。

⇒新カト（キルバー　1710–1783.10.25）

Kilborne, Earnest Albert〈19・20世紀〉
アメリカのバプテスト派教会宣教師。
⇒アア歴（Kilbourne, Ernest (Albert)　アーネスト・アルバート・キルボーン　1865.3.13–1928.4.13）

Kilian〈7世紀〉
聖人，隠修士。祝日3月26日，11月13日。アイルランドの王族出身。
⇒新カト（キリアン〔オービニの〕　?–670頃）

Kilianus〈7世紀〉
アイルランド生れの聖職者，聖人。
⇒岩世人（キリアヌス　640頃–689頃）
　新カト（キリアン〔ヴュルツブルクの〕　640頃–689頃）
　図聖（キリアン　?–689頃）

Killen, Frank Bissell〈19・20世紀〉
アメリカの大リーグ選手（投手）。
⇒メジャ（フランク・キーレン　1870.11.30–1939.12.3）

Killian, Edwin Henry〈19・20世紀〉
アメリカの大リーグ選手（投手）。
⇒メジャ（エド・キリアン　1876.11.12–1928.7.18）

Killian, Gustav〈19・20世紀〉
ドイツの耳鼻咽喉科学者。気管支直達検査法（1898）等を創始。
⇒岩世人（キリアン　1860.6.2–1921.2.24）

Killigrew, Thomas〈17世紀〉
イギリスの劇場経営者，劇作家。ドルアリー・レーンの支配人として活躍。
⇒岩世人（キリグルー　1612.2.7–1683.3.19）

Killing, Wilhelm Karl Joseph〈19・20世紀〉
ドイツの数学者。
⇒世数（キリング，ヴィルヘルム・カール・ヨゼフ　1847–1923）

Kilpatrick, William Heard〈19・20世紀〉
アメリカの教育学者。教育哲学，教育方法の理論に独自の分野を開拓。プロジェクト・メソッドで著名。
⇒岩世人（キルパトリック　1871.11.20–1965.2.13）

Kilroy, Matthew Aloysius〈19・20世紀〉
アメリカの大リーグ選手（投手）。
⇒メジャ（マット・キルロイ　1866.6.21–1940.3.2）

Kilwardby, Robert〈13世紀〉
イギリスの神学者。ドミニコ会士，カンタベリーの大司教（1272～78），枢機卿（78）。
⇒岩世人（キルウォードビ　?–1279.9.12）
　新カト（ロバート・キルウォードビ　1210頃–1279.9.11）

メル1（キルウォードビ, ロバート　1200頃–1279）

Kimberley, John Wodehouse, 1st Earl of〈19・20世紀〉
イギリスの政治家，外交官。グラッドストン，ローズベリ内閣に外相（94～95）等を歴任。
⇒岩世人（キンバリー　1826.1.7–1902.4.8）

Kimchi, David〈12・13世紀〉
ユダヤ人のヘブライ語学者，聖書学者。
⇒岩世人（キムヒ　1160?–1235?）
　新カト（キムヒ　1160頃–1235頃）

Kimōn〈前6・5世紀〉
古代アテネの将軍，政治家。
⇒岩世人（キモン　前512頃–前449）
　広辞7（キモン　前512頃–前449）

Kim Tae-gun, Andreas〈19世紀〉
最初の韓国人司祭。聖人，殉教者。祝日9月20日。
⇒新カト（アンドレア・キム・デゴン　アンドレア金大建　1821.8.21–1846.9.16）

Kincaid, Eugenio〈18・19世紀〉
アメリカの宣教師。
⇒アア歴（Kincaid, Eugenio　ユージェイニオウ・キンケイド　1798–1883.4.3）

Kincaid, Trevor〈19・20世紀〉
アメリカの昆虫学者，水産学者。
⇒岩世人（キンケイド　1872.12.21–1970）

Kinck, Hans Ernst〈19・20世紀〉
ノルウェーの小説家。代表作は『なだれ』（1918～19），『ヘルマン・エク』（23）。
⇒岩世人（キンク　1865.10.11–1926.10.13）

Kindermann, Johann Erasmus〈17世紀〉
ドイツの作曲家，オルガン奏者。多数の宗教歌曲や劇音楽，器楽曲を出版。
⇒バロ（キンダーマン，ヨハン・エラスムス　1616.3.29–1655.4.14）
　ピ曲改（キンデルマン，ヨハン・エラスムス　1616–1655）

al-Kindī, Abū Yūsuf Yaʻqūb〈9世紀〉
東方イスラムのアラブ系哲学者。
⇒岩世人（キンディー　801頃–866頃）
　広辞7（キンディー　801頃–866頃）
　新カト（キンディー　801頃–866頃）
　メル1（キンディー　801頃–866/872?）

Kinēsias〈前5・4世紀〉
アテナイに生れたディオニュソス讃歌の詩人。
⇒岩世人（キネシアス　前450頃–前390頃）

King, Charles William〈19世紀〉
アメリカの商人。
⇒アア歴（King, Charles William　チャールズ・ウイリアム・キング　1809頃–1845.9.27）

King, Franklin Hiram〈19・20世紀〉
アメリカの農芸化学者。
⇒岩世人（キング　1848.6.8–1911.8.4）

King, Frederic Truby〈19・20世紀〉
ニュージーランドの小児科医、精神医学者。
⇒岩世人（キング　1858.4.1–1938.2.10）

King, Gregory〈17・18世紀〉
イギリスの統計家、系譜紋章学者。ランカスター紋章官。主著『イングランドの状態』(96)。
⇒岩世人（キング　1648.12.15–1712.8.29）

King, Hamilton〈19・20世紀〉
アメリカの教育者、外交官。
⇒アア歴（King,Hamilton　ハミルトン・キング　1852–1912.9.1）

King, James Foster〈19・20世紀〉
イギリスの造船家。英国海事協会副検査長として非常に進歩的な造船規則を作る。
⇒岩世人（キング　1863–1947.8.11）

King, Leonard William〈19・20世紀〉
イギリスのアッシリア学者。大英博物館の継続事業たるニネヴェ発掘を指揮（03～04）。
⇒岩世人（キング　1869.12.8–1919.8.20）

King, Robert〈17・18世紀〉
イギリスのヴァイオリン奏者、興行主。
⇒バロ（キング, ロバート　1676–1728）

King, (Silver) Charles Frederick〈19・20世紀〉
アメリカの大リーグ選手（投手）。
⇒メジャ（シルヴァー・キング　1868.1.11–1938.5.21）

King, William Lyon Mackenzie〈19・20世紀〉
カナダの政治家。首相（1921～30,35～48）。
⇒岩世人（キング　1874.12.17–1950.7.22）

Kinga〈13世紀〉
聖人。祝日7月24日。ハンガリー王ベーラ4世の三女。
⇒新カト（キンガ　1234.3.5–1292.7.24）

King Kitsarath〈18世紀〉
ラオスのルアンプラバーン王国の創始者。
⇒岩世人（キンキッサラート　?–1713）

Kingo, Thomas Hansen〈17・18世紀〉
デンマークの詩人。作品は『心霊歌』(1674,84)に収集。『讃美歌集』を編集。
⇒岩世人（キンゴ　1634.12.15–1703.10.14）

King Pellinore
円卓の騎士の一人。
⇒ネーム（ペリノア王）

Kingsbury, Albert〈19・20世紀〉
アメリカの技術者。
⇒岩世人（キングズベリ　1862.12.23–1943.7.28）

Kingsley, Charles〈19世紀〉
イギリスの牧師、小説家。1848年キリスト教社会主義運動を創始。
⇒岩世人（キングズリー　1819.6.12–1875.1.23）
　ネーム（キングズリー　1819–1875）
　広辞7（キングスリー　1819–1875）
　学叢思（キングスレー, チャールス　1819–1875）
　新カト（キングズリ　1819.6.12–1875.1.23）

Kingsley, Henry〈19世紀〉
イギリスの小説家。C.キングズリーの弟。
⇒岩世人（キングズリー　1830.1.2–1876.5.24）

K'inich Janaab Pacal I〈7世紀〉
マヤ文明パレンケ王国の王。在位615～83。
⇒岩世人（キニチ・ハナーブ・パカル1世　603.3.23–683.8.28）

K'inich Yax-K'uk' Mo〈5世紀〉
マヤ文明コパン王国の初代王。
⇒岩世人（キニチ・ヤシュ・クック・モ　?–437頃）

Kinjikitile〈19・20世紀〉
アフリカ、マジマジ運動の組織者、宗教的指導者。
⇒岩世人（キンジキティレ　1870?–1905.8.5）

Kinkel, Gottfried Johann〈19世紀〉
ドイツの詩人。抒情性の濃い繊細な筆緻の叙事詩人。
⇒岩世人（キンケル　1815.8.11–1882.11.13）

Kinkel, Walter〈19・20世紀〉
ドイツの哲学者。新カント派。
⇒岩世人（キンケル　1871.12.23–1938）

Kino, Eusebio Francisco〈17・18世紀〉
北メキシコ、アメリカ南西部の開拓者。イエズス会員。インディオの教化と地域開発に努めた。
⇒新カト（キーノ　1645.8.10–1711.3.15）

Kinold, Wenceslaus〈19・20世紀〉
札幌司教区の初代司教、フランシスコ会員。
⇒新カト（キノルト　1871.7.7–1952.5.22）

Kinsman, Nathaniel〈18・19世紀〉
アメリカの商船船長、商人。
⇒アア歴（Kinsman,Nathaniel　ナサニエル・キンズマン　1798–1847.5.1）

Kintu
ウガンダのガンダ族の伝説で、最初の人間。
⇒ネーム（キンツ）

Kinwun Mingyi〈19・20世紀〉
ビルマ、コンバウン朝末期の政治家、作家。ミンドン王・ティーボー王に仕える。著書『ロンドン日記』。

⇒岩世人（キンウンミンジー 1822.2.3-1908.6.30）

Kinyras
ギリシア神話，アポロンの子。
⇒岩世人（キニュラス）

Kipling, Joseph Rudyard〈19・20世紀〉
インド生れのイギリスの小説家，詩人。
⇒岩世人（キプリング 1865.12.30-1936.1.18）
広辞7（キップリング 1865-1936）
学叢思（キップリング，ラッドヤード 1865-?）
新カト（キプリング 1865.12.30-1936.1.18）
ポプ人（キップリング，ラドヤード 1865-1936）
南ア新（キップリング 1865-1936）

Kipping, Frederic Stanley〈19・20世紀〉
イギリスの化学者。珪素化合物の研究に貢献があった。
⇒岩世人（キッピング 1863.8.16-1949.5.1）

Kiprensky, Orest Adamovich〈18・19世紀〉
ロシアの画家。代表作『隊長ダビドフ像』（09），『プーシキン像』（27）。
⇒岩世人（キプレンスキー 1782.3.13-1836.10.17）
芸13（キプレンスキー，オレスト・アダモヴィッチ 1783-1836）

Kipunada〈4世紀〉
インド，クシャナ朝の王。
⇒世帝（キプナーダ　（在位）345頃-375頃）

Kirbye, George〈16・17世紀〉
イギリスの作曲家。
⇒バロ（カービー，ジョージ 1570頃?-1634.10.6）

Kircher, Athanasius〈17世紀〉
スイスの自然科学者，数学者，考古学者。イエズス会士。
⇒岩世人（キルヒャー 1601.5.2-1680.11.27）
新カト（キルヒャー 1601.5.2-1680.11.27）

Kirchhoff, Alfred〈19・20世紀〉
ドイツの地理学者。地誌の研究に進み，地理学の内容並びに方法の深化に努力。
⇒岩世人（キルヒホフ 1838.5.23-1907.2.8）

Kirchhoff, Gottfried〈17・18世紀〉
ドイツのオルガン奏者，指揮者。ドイツの町楽師一族。
⇒バロ（キルヒホフ，ゴットフリート 1685.9.15-1746.1.21）

Kirchhoff, Gustav Robert〈19世紀〉
ドイツの物理学者。1849年定常電流に関する法則，59年黒体放射に関する法則を発見。
⇒岩世人（キルヒホフ 1824.3.12-1887.10.17）
科史（キルヒホフ 1824-1887）
ネーム（キルヒホフ 1824-1887）
広辞7（キルヒホッフ 1824-1887）
学叢思（キルヒホッフ，グスタフ・ローベルト 1824-1887）
物理（キルヒホッフ，グスタフ・ローベルト 1824-1887）

Kirchhoff, Johann Wilhelm Adolf〈19・20世紀〉
ドイツの古典文献学者。主著 "Euripides"（1855），"Plotinus"（56）。
⇒岩世人（キルヒホフ 1826.1.6-1908.2.27）

Kirchmann, Julius Hermann von〈19世紀〉
ドイツの法律家，哲学者，政治家。『哲学叢書』の創刊者。
⇒岩世人（キルヒマン 1802.11.5-1884.10.20）
学叢思（キルヒマン，ユリウス・フォン 1802-1884）

Kirchner, Ernst Ludwig〈19・20世紀〉
ドイツ表現主義の画家。『街路の5人の婦人』『街』（13）などの作品がある。
⇒岩世人（キルヒナー 1880.5.6-1938.6.15）
ネーム（キルヒナー 1880-1938）
広辞7（キルヒナー 1880-1938）
芸13（キルヒナー，エルンスト・ルートヴィヒ 1880-1938）

Kirchner, Friedrich〈19世紀〉
ドイツの哲学者。哲学辞典（1886）の著書。
⇒岩世人（キルヒナー 1848.5.1-1900.3.5/6）

Kirchner, Johann Gottlob〈18世紀〉
ドイツの彫刻家，陶芸家。
⇒芸13（キルヒナー，ヨハン・ゴットロープ 1706頃-1768以前）

Kirckman, Jacob〈18世紀〉
ドイツの鍵盤楽器奏者，ハープシコード奏者。
⇒バロ（カークマン，ヤーコブ 1710-1792.6.9）

Kirdīr〈3世紀〉
ササン朝ペルシア帝国初期に最も権勢を振るったゾロアスター教の大神官。
⇒岩世人（キルディール）

Kirdorf, Emil〈19・20世紀〉
ドイツの企業家。ライン～ウエストファーレン石炭シンジケートの創設者。
⇒岩世人（キルドルフ 1847.4.8-1938.7.13）

Kireevskii, Ivan Vasilievich〈19世紀〉
ロシアの哲学者，ジャーナリスト。スラブ派の理論的指導者として活躍。
⇒岩世人（キレーエフスキー 1806.3.22-1856.6.11）
新カト（キレエフスキー 1806.4.3-1856.6.23）

Kirkisani, Jacob al-（Abu Yosuf Yakub）〈10世紀〉
バビロニアのカライ派学者。
⇒ユ人（キルキサニ，ヤコブ（アブユスフ・ヤクブ）10世紀）

Kirkpatrick, William〈18・19世紀〉
　イギリスの軍人、東洋学者。ペルシア語に通じ、多数のペルシア文献の訳稿は大英博物館に蔵せられている。
　⇒岩世人（カークパトリック　1754-1812.8.22）

Kirnberger, Johann Philipp〈18世紀〉
　ドイツの音楽理論家、作曲家。パレストリーナをはじめ昔の大家たちの作品を収集ないし出版に尽力。
　⇒バロ（キルンベルガー, ヨハン・フィリップ　1721.4.24-1783.7.26/27）
　　ピ曲改（キルンベルガー, ヨハン・フィリップ　1721-1783）

Kirsch, Johann Peter〈19・20世紀〉
　リュクサンブールの教会史家。
　⇒岩世人（キルシュ　1861.11.3-1941.2.4）
　　新カト（キルシュ　1861.11.3-1941.2.4）

Kirti Sri Rajasimha〈18世紀〉
　スリランカ（セイロン）のキャンディ（ウダラタとも）王国末期の王。在位1747～82。
　⇒岩世人（キールティ・スリー・ラージャシンハ　1731-1782?）

Kirwan, Richard〈18・19世紀〉
　アイルランドの化学者。フロジストン（燃素が）水素と同一物であるという説を立てた。
　⇒岩世人（カーワン　1733.8.1-1812.6.22）

Kisāʾī, Abū al-Ḥasan〈10・11世紀〉
　サーマーン朝時代のメルヴの詩人。
　⇒岩世人（キサーイー　953-?）

Kiselyov, Aleksei Semenovich〈19・20世紀〉
　ソ連の政治家。白ロシア共和国首相兼外相、およびソ連邦最高会議議員。
　⇒学叢思（キセリヨフ　1879-?）

Kiselyov, Pavel Dmitrievich〈18・19世紀〉
　ロシアの軍人、外交官、政治家。1838年国有財産省大臣に就任。
　⇒岩世人（キセリョーフ　1788.1.8-1872.11.14）

Kisfaludy Károly〈18・19世紀〉
　ハンガリーの劇作家、小説家。作品に『ハンガリーのタタール人』(19)、『失望』(28)など。
　⇒岩世人（キシュファルディ　1788.2.5-1830.11.21）

Kisfaludy Sándor〈18・19世紀〉
　ハンガリーの詩人。抒情詩『ヒムフィの恋』(1801～07)を発表して名声を博した。
　⇒岩世人（キシュファルディ　1772.9.27-1844.10.28）

Kiss József〈19・20世紀〉
　ハンガリーの詩人。

　⇒ユ著人（Kiss,József　キシュ, ヨージェフ　1843-1921）

Kitaev, Sergei Nikolaevich〈19・20世紀〉
　ロシアの美術コレクター。
　⇒岩世人（キターエフ　1864.6.10/22-1927.4.14）

Kitaibel Pál〈18・19世紀〉
　ハンガリーの化学者、植物学者、医者。新元素〈テルル〉を発見(89)。
　⇒岩世人（キタイベル　1757.2.3-1817.12.13）

Kitchener, Horatio Herbert, 1st Earl of Khartoum〈19・20世紀〉
　イギリスの軍人、政治家。第1次世界大戦で陸相として陸軍の大拡張や軍需産業の動員に努めた。
　⇒岩世人（キッチナー　1850.6.24-1916.6.5）
　　広辞7（キッチナー　1850-1916）
　　世人新（キッチナー　1850-1916）
　　世人装（キッチナー　1850-1916）

Kitson, Frank R.〈19・20世紀〉
　アメリカの大リーグ選手（投手）。
　⇒メジャ（フランク・キットソン　1869.9.11-1930.4.14）

Kittel, Caspar〈17世紀〉
　ドイツの歌手。
　⇒バロ（キッテル, カスパル　1603-1639.10.9）

Kittel, Christoph〈17世紀〉
　ドイツのオルガン奏者。
　⇒バロ（キッテル, クリストフ　1620頃?-1680）

Kittel, Johann Christian〈18・19世紀〉
　ドイツのオルガン奏者、作曲家。
　⇒バロ（キッテル, ヨハン・クリスティアン　1732.2.18-1809.4.17）

Kittel, Rudolf〈19・20世紀〉
　ドイツの旧約聖書学者。ヘブライ語聖書の校訂出版者として知られる。
　⇒新カト（キッテル　1853.3.28-1929.10.20）

Kittridge, Malachi Jeddidah〈19・20世紀〉
　アメリカの大リーグ選手（捕手）。
　⇒メジャ（マラチ・キットリッジ　1869.10.12-1928.6.23）

Kiukhelbeker Vilgelm Karlovich〈18・19世紀〉
　ロシアの詩人。
　⇒岩世人（キュヘリベーケル　1797.6.10-1846.8.11）

Kivi, Aleksis〈19世紀〉
　フィンランドの小説家、劇作家。戯曲『クッレルボ』(60)でフィンランド文学協会賞受賞。
　⇒岩世人（キヴィ　1834.10.10-1872.12.31）

Kizevetter, Aleksandr Aleksandrovich〈19・20世紀〉
ロシアの歴史家。
⇒岩世人（キゼヴェッテル　1866.5.10/22–1933.1.9）

Kjeldahl, Johan Gustav Christoffer Thorsager〈19世紀〉
デンマークの化学者。有機物中の窒素の定量法（ケルダール法）を発明。
⇒岩世人（ケルダール　1849.8.16–1900.7.18）

Kjellén, Rudolf〈19・20世紀〉
スウェーデンの政治学者, 地政学者。主著『生活形式としての国家』(16)。
⇒岩世人（チェレン　1864.6.13–1922.11.14）

Kjerulf, Halfdan Charles〈19世紀〉
ノルウェーの作曲家。ノルウェー国民音楽の代表者。
⇒岩世人（シェルルフ　1815.9.17–1868.8.11）

Klaatsch, Hermann〈19・20世紀〉
ドイツの人類学者。
⇒岩世人（クラーチ　1863.3.10–1916.6.5）

Klabin, Mauricio〈19・20世紀〉
ブラジルの実業家, ユダヤ人社会の指導者。
⇒ユ人（クラビン, モーリシオ　1860–1923）

Klabon, Krzysztof〈16・17世紀〉
ドイツの歌手, 器楽奏者。
⇒バロ（クラボン, クシシュトフ　1550頃–1616以降）

Klages, Ludwig〈19・20世紀〉
ドイツの哲学者, 心理学者。1919年チューリヒに表現学研究所を設立。
⇒岩世人（クラーゲス　1872.12.10–1956.7.29）
　新カト（クラーゲス　1872.12.10–1956.7.29）
　メル3（クラーゲス, ルートヴィッヒ　1872–1956）

Klapka György〈19世紀〉
ハンガリーの将軍。独立戦争(1848～49), プロイセン・オーストリア戦争に活躍。
⇒岩世人（クラプカ　1820.4.6–1892.5.17）

Klaproth, Heinrich Julius〈18・19世紀〉
ドイツの東洋学者, シナ学者。M.H.クラプロートの子。ペテルブルグ, パリで活躍。
⇒岩世人（クラプロート　1783.10.11–1835.8.28）
　広辞7（クラプロート　1783–1835）

Klaproth, Martin Heinrich〈18・19世紀〉
ドイツの化学者, 薬剤師。
⇒岩世人（クラプロート　1743.12.1–1817.1.1）
　広辞7（クラプロート　1743–1817）
　学叢思（クラプロート, マルティン・ハインリヒ　1743–1817）

Klatzkin, Jacob〈19・20世紀〉
ヘブライ語の著述家。シオニスト哲学者。
⇒ユ著人（Klatzkin, Jacob　クラッキン, ヤコブ　1822–1948）

Klaus, Karl Karlovich〈18・19世紀〉
ロシアの化学者。白金属元素を研究。
⇒岩世人（クラウス　1796.1.23–1864.3.24）

Klausner, Joseph Gedaliah〈19・20世紀〉
ユダヤ人の宗教学者。ユダヤ人の立場からキリスト教研究をヘブライ語の著作で行った。
⇒岩世人（クラウスナー　1874.8.15–1958.10.27）
　ユ人（クラウスナー, ヨセフ・ゲダリア　1874–1958）
　ユ著人（Klausner, Joseph Gedaliah　クラウスナー, ヨセフ・ゲダリア　1874–1958）

Kleanthēs〈前4・3世紀〉
ストア派の哲学者。著書『ゼウスの讃歌』が現存。
⇒岩世人（クレアンテス　前331–前232）
　学叢思（クレアンテス　前331–前231）
　メル1（クレアンテス　前331–前232）

Klearchos〈前4・3世紀〉
キュプロス島の学者。
⇒岩世人（クレアルコス（ソロイの）　前340頃–前250頃）

Kléber, Jean Baptiste〈18世紀〉
フランス革命期の将軍。バンデーの反乱を鎮圧, エジプト遠征で功績をあげた。
⇒岩世人（クレベール　1753.3.9–1800.6.14）

Kleber, Leonhard〈15・16世紀〉
ドイツの作曲家。
⇒バロ（クレーバー, レオンハルト　1495頃–1556.3.4）

Klebs, Theodor Albrecht Edwin〈19・20世紀〉
ドイツの細菌学者, 病理学者。1878年, サルの梅毒接種に成功, 83年にはジフテリア菌発見。
⇒岩世人（クレープス　1834.2.6–1913.10.23）

Kleczyński, Jan〈18・19世紀〉
ポーランドのヴァイオリン奏者。
⇒バロ（クレチンスキ, ヤン　1756–1828）

Klee, Heinrich〈18・19世紀〉
ドイツのカトリック神学者。
⇒岩世人（クレー　1800.4.20–1840.7.28）
　新カト（クレー　1800.4.20–1840.7.28）

Klee, Paul〈19・20世紀〉
スイスの画家。代表作『鳥の島』『港』など。著書『造形思考』(1956),『日記』(57)。
⇒岩世人（クレー　1879.12.18–1940.6.29）
　広辞7（クレー　1879–1940）

新カト〈クレー　1879.12.18–1940.6.29〉
芸13〈クレー，パウル　1879–1940〉
ポブ人〈クレー，パウル　1879–1940〉

Klein, Felix〈19・20世紀〉
ドイツの数学者。『エルランゲン目録』を発表。
⇒岩世人〈クライン　1849.4.25–1925.6.22〉
広辞7〈クライン　1849–1925〉
学叢思〈クライン，フェリックス　1849–?〉
世数〈クライン，フェリックス・クリスチャン　1849–1925〉

Klein, Frederick Charles〈19・20世紀〉
アメリカの宣教師。来日し(1883)，横浜英和学校の校長を務めた。のち名古屋英和学校を創立。
⇒アア歴〈Klein,Frederick C.　フレデリック・C・クライン　1857.5.17–1926.12.27〉
岩世人〈クライン　1857.5.17–1926.12.27〉

Klein, Georg Michael〈18・19世紀〉
ドイツの哲学者。
⇒岩世人〈クライン　1776.4.9–1820.3.19〉

Kleinknecht, Jacob Friedrich〈18世紀〉
ドイツのフラウト・トラヴェルソ奏者，ヴァイオリン奏者。
⇒バロ〈クラインクネヒト，ヤーコブ・フリードリヒ　1722.6.8–1794.8.11〉

Kleinwächter, Friedrich〈19・20世紀〉
オーストリアの経済学者。
⇒学叢思〈クラインヴェヒター，フリードリヒ　1838–?〉

Kleist, Ewald Christian von〈18世紀〉
ドイツの詩人。抒情詩『春』によって知られる。
⇒岩世人〈クライスト　1715.3.7–1759.8.24〉

Kleist, Heinrich von〈18・19世紀〉
ドイツの劇作家。
⇒岩世人〈クライスト　1777.10.10–1811.11.21〉
広辞7〈クライスト　1777–1811〉
学叢思〈クライスド，ハインリヒ・フォン　1777–1811〉
新カト〈クライスト　1777.10.18–1811.11.21〉

Kleisthenes〈前6世紀頃〉
アテネの政治家。陶片追放制度を設けた。
⇒岩世人〈クレイステネス〉
ネーム〈クレイステネス〉
広辞7〈クレイステネス　前6世紀〉
世人新〈クレイステネス　生没年不詳〉
世人装〈クレイステネス　生没年不詳〉
世史語〈クレイステネス〉
ポブ人〈クレイステネス　生没年不詳〉
学叢歴〈クリステネス〉

Kleitarchos〈前4・3世紀〉
コロフォン出身のアレクサンドロス史家。歴史家ディノンの息子。
⇒岩世人〈クレイタルコス〉

Kleitias〈前6世紀〉
ギリシアの陶画家。
⇒岩世人〈クレイティアス〉

Kleitomachos〈前2世紀〉
ギリシアの哲学者。カルタゴ出身。中期アカデメイアの学頭(前127〜126)。
⇒岩世人〈クレイトマコス　前187/前186–前110/前109〉
メル1〈クレイトマコス　前187/前180?–前110/前109?〉

Kleitos〈前4世紀〉
マケドニアの貴族，騎兵親衛隊長。
⇒岩世人〈クレイトス　前360年代–前328〉

Klem, William Joseph〈19・20世紀〉
アメリカの大リーグ審判。
⇒岩世人〈クレム　1874.2.22–1951.9.16〉
メジャ〈ビル・クレム　1874.2.22–1951.9.16〉

Klemens〈3・4世紀〉
アンキュラの司教。聖人，殉教者。祝日1月23日。
⇒新カト〈クレメンス〔アンキュラの〕　258頃–304/309〉

Klemens〈9・10世紀〉
ヴェリツァの司教。聖人。祝日7月27日。マケドニアに生まれたスラヴ人。
⇒新カト〈クレメンス〔ブルガリアの〕　840頃–916.7.27〉

Klements, Dmitrii Aleksandrovich〈19・20世紀〉
ロシアの探検家。シベリア各地および蒙古を数回旅行。
⇒岩世人〈クレメンツ　1848.12.15–1914.1.8〉

Klemm, Johann〈16・17世紀〉
ドイツの作曲家。
⇒バロ〈クレム，ヨハン　1595頃–1651以降〉

Klengel, Julius〈19・20世紀〉
ドイツのチェロ奏者，作曲家。
⇒岩世人〈クレンゲル　1859.9.24–1933.10.27〉

Klenze, Leo von〈18・19世紀〉
ドイツの建築家，考古学者。アテネの古代遺品を研究してドイツの考古学を創始。
⇒岩世人〈クレンツェ　1784.2.29–1864.1.27〉

Kleobis
ギリシア神話，ヘラの巫女キュディッペの子。
⇒岩世人〈クレオビス〉

Kleombrotos〈前4世紀〉
古代ギリシアのスパルタのアギス家の王。
⇒世帝〈クレオンブロトス1世　?–前371〉

Kleomedēs〈2世紀〉
後期ストア派の哲学者，天文学者。
⇒岩世人〈クレオメデス　150頃–200頃〉

Kleomenes I〈前6・5世紀〉
スパルタ王。在位前520以後〜490頃。
⇒岩世人（クレオメネス1世　?-前487）
　世帝（クレオメネス1世　?-前489）

Kleomenes II〈前4世紀〉
スパルタ王。在位370〜309。
⇒世帝（クレオメネス2世　?-前309）

Kleomenes III〈前3世紀〉
スパルタ王。在位前235〜222。前229年以後アカイア同盟と戦った。
⇒岩世人（クレオメネス3世　?-前220（前219））
　世帝（クレオメネス3世　前260-前219）

Kleōn〈前5世紀〉
アテナイの煽動政治家。
⇒岩世人（クレオン　?-前422）

Kleopatra〈前4世紀〉
アレクサンドロス3世（大王）の妹。
⇒岩世人（クレオパトラ　前355頃-前308）

Kleopatra I〈前3・2世紀〉
エジプト王妃。
⇒世帝（クレオパトラ1世　前204頃-前176）

Kleopatra II〈前2世紀〉
エジプト王妃。
⇒世帝（クレオパトラ2世　前185頃-前116）

Kleopatra III〈前2世紀〉
エジプトの王妃。
⇒世帝（クレオパトラ3世　前161-前101）

Kleopatra IV〈前2世紀〉
プトレマイオス朝エジプトの女王。プトレマイオス8世の子。
⇒世帝（クレオパトラ4世　?-前112）

Kleopatra V〈前2世紀〉
プトレマイオス朝エジプトの女王。プトレマイオス8世の子。
⇒世帝（クレオパトラ5世　(在位)前115-前107）

Kleopatra VI〈前1世紀〉
プトレマイオス朝エジプトの女王。プトレマイオス9世の婚外子。
⇒世帝（クレオパトラ6世　前95頃-前57?）

Kleopatra VII〈前1世紀〉
プトレマイオス朝エジプトの最後の女王。在位前51〜30。
⇒岩世人（クレオパトラ7世　前70.12/前69.1-前30.8.12）
　姫全（クレオパトラ　前69-前30）
　広辞7（クレオパトラ　前69-前30）
　世人新（クレオパトラ7世　前69-前30）
　世人装（クレオパトラ7世　前69-前30）
　世史語（クレオパトラ　前69-前30）
　世帝（クレオパトラ7世　前70/前69-前30）
　ポプ人（クレオパトラ　前69-前30）
　ユ人（クレオパトラ7世　前69-前30）
　学叢歴（クレオパトラ　前69-前30）

Kleopatra Thea〈前2世紀〉
エジプト王プトレマイオス6世とクレオパトラ2世の娘。
⇒世帝（クレオパトラ・テア　前164?-前121）

Kleophrades〈前5世紀〉
ギリシアの陶工。前500〜480頃に活躍。
⇒岩世人（クレオフラデス　（活躍）前500-前480頃）

Klettenberg, Susanna Katharina von〈18世紀〉
ドイツのヘルンフート派の女性。
⇒岩世人（クレッテンベルク　1723.12.19-1777.12.13）

Kleutgen, Joseph〈19世紀〉
ドイツのカトリック神学者。スコラ哲学および神学の復興に寄与。
⇒岩世人（クロイトゲン　1811.4.9-1883.1.13）
　新カト（クロイトゲン　1811.4.9-1883.1.13）

Kley, Eduard Israel〈18・19世紀〉
ドイツの教育者、ユダヤ教改革派の説教者。
⇒ユ著人（Kley, Eduard Israel　クレイ、エドゥアルド・イスラエル　1789-1867）

Klíč, Karel〈19・20世紀〉
グラビア印刷の発明者。
⇒岩世人（クリーチュ　1841.5.30-1926.11.16）

Kliefoth, Theodor〈19世紀〉
ドイツのプロテスタント神学者。ルター派の教会制度に関する権威。
⇒岩世人（クリーフォート　1810.1.18-1895.1.26）

Kliment Ohridski〈9・10世紀〉
ブルガリアの宣教師、主教、聖人。
⇒岩世人（クリメント・オフリドスキ　838?-916）

Klimt, Gustav〈19・20世紀〉
オーストラリアの画家。
⇒岩世人（クリムト　1862.7.14-1918.2.6）
　ネーム（クリムト　1862-1918）
　広辞7（クリムト　1862-1918）
　芸13（クリムト、グスタフ　1862-1918）
　ポプ人（クリムト、グスタフ　1862-1918）

Klindworth, Karl〈19・20世紀〉
ドイツのヴァイオリン、ピアノ奏者、指揮者。リストの弟子。
⇒岩世人（クリントヴォルト　1830.9.25-1916.7.27）

Kling, John〈19・20世紀〉
アメリカの大リーグ選手（捕手）。
⇒メジャ（ジョニー・クリング　1875.11.13-1947.1.31）

Klinge, Konrad〈15・16世紀〉
論争神学者,説教家,フランシスコ会員。
⇒新カト (クリンゲ 1483/1484–1556.3.10)

Klingemann, Ernst August Friedrich〈18・19世紀〉
ドイツの戯曲家,舞台監督。
⇒岩世人 (クリンゲマン 1777.8.31–1831.1.25)

Klingenstein, Bernhard〈16・17世紀〉
ドイツの歌手,聖職者。
⇒バロ (クリンゲンシュタイン,ベルンハルト 1545.3.2–1546.3.1–1614.3.1)

Klinger, Friedrich Maximilian von〈18・19世紀〉
ドイツの小説家,劇作家。戯曲『シュトルム・ウント・ドラング』(1777) などがある。
⇒岩世人 (クリンガー 1752.2.17–1831.3.9)
ネーム (クリンガー 1752–1831)

Klinger, Max〈19・20世紀〉
ドイツの版画家,画家,彫刻家。1878年『手袋』連作がその怪異性ゆえに物議をかもした。
⇒岩世人 (クリンガー 1857.2.18–1920.7.4)
広辞7 (クリンガー 1857–1920)
芸13 (クリンガー,マックス 1857–1920)

Klingsor
中世ドイツの伝説上の人物。
⇒岩世人 (クリングゾール)

Klinkert, Hillebrandus Cornelius〈19・20世紀〉
オランダ人宣教師。ジャヴァに渡り (1856),伝道の傍ら,新約旧約聖書のマレー語訳を完成。
⇒岩世人 (クリンケルト 1829.6.11–1913.11.20)

Kliuchevskii, Vasilii Osipovich〈19・20世紀〉
ロシア帝政期の代表的歴史家。主著『ロシア史講義』(4巻,1904〜10)。
⇒岩世人 (クリュチェフスキー 1841.1.16–1911.5.12)

Klodt, Peter Kanlovich〈19世紀〉
ロシアの彫刻家。写実主義的作風で馬を多く制作。
⇒芸13 (クロット,ピョートル・カルロヴィッチ 1805–1867)

klong chen rab 'byams pa〈14世紀〉
チベット仏教ニンマ派の学僧。
⇒岩世人 (ロンチェン・ラブジャムパ 1308–1363)

Kloos, Willem Johan Theodor〈19・20世紀〉
オランダの詩人,評論家。
⇒岩世人 (クロース 1859.5.6–1938.3.31)

Klopfgans, Johann〈18世紀〉
ドイツの作曲家。
⇒バロ (クロプフガンス,ヨハン 1700頃?–1760頃?)

Klopstock, Friedrich Gottlieb〈18・19世紀〉
ドイツの詩人。
⇒岩世人 (クロプシュトック 1724.7.2–1803.3.14)
ネーム (クロプシュトック 1724–1803)
広辞7 (クロプシュトック 1724–1803)
学叢思 (クロップシュトック,フリードリヒ・ゴットリーブ 1724–1803)
新カト (クロプシュトック 1724.7.2–1803.3.14)

Klotz, Christian Adolf〈18世紀〉
ドイツの哲学者,文学者。"Acta literaria"誌 (64〜72) などの雑誌を刊行。
⇒岩世人 (クロッツ 1738.11.13–1771.12.31)

Klotz, Matthias〈17・18世紀〉
ドイツのヴァイオリン製作者。ミッテンヴァルトでヴァイオリン製造業を確立 (83〜)。
⇒岩世人 (クロッツ 1653.6.11–1743.8.16)

Kluge, Friedrich〈19・20世紀〉
ドイツのゲルマン語学者。『ドイツ語語源辞典』(81) を著す。
⇒岩世人 (クルーゲ 1856.6.21–1926.5.21)

Klüpfel, Engelbert〈18・19世紀〉
オーストリアのカトリック神学者。
⇒岩世人 (クリュプフェル 1733.1.18–1811.7.8)
新カト (クリュプフェル 1733.1.18–1811.7.8)

Klytaimnestra
ギリシア神話で,アガメムノンの妻。
⇒岩世人 (クリュタイムネストラ)
ネーム (クリュタイムネストラ)

Knabenbauer, Joseph〈19・20世紀〉
西ドイツの聖書学者。
⇒新カト (クナーベンバウアー 1839.3.19–1911.11.12)

Knapp, Arthur May〈19・20世紀〉
アメリカの宣教師,編集者。
⇒アア歴 (Knapp,Arthur May アーサー・メイ・ナップ 1841.5.29–1921.1.29)

Knapp, Georg Friedrich〈19・20世紀〉
ドイツの経済学者。貨幣国定学説を提唱。
⇒岩世人 (クナップ 1842.3.7–1926.2.20)
学叢思 (クナップ,ゲオルグ・フリードリヒ 1842–?)

Knapp, Seaman Asahel〈19・20世紀〉
アメリカの農学者。ルイジアナ州開発会社の顧問となり (86),アイオワ州近辺の稲作を成功させた。
⇒岩世人 (ナップ 1833.12.10–1911.4.1)

Knaus, Ludwig〈19・20世紀〉
ドイツの肖像,風俗画家。1865年ベルリン・アカデミーの教授。
⇒芸13（クナウス,ルドルヴィヒ 1829–1910）

Knebel, Karl Ludwig von〈18・19世紀〉
ドイツの詩人,翻訳家。
⇒岩世人（クネーベル 1744.11.30–1834.2.23）

Knecht, Justin Heinrich〈18・19世紀〉
ドイツのオルガン奏者,作曲家,理論家。
⇒バロ（クネヒト,ユースティン・ハインリヒ 1752.9.30–1817.12.1）

Kneipp, Sebastian〈19世紀〉
ドイツの聖職者,水治療法の組織者。
⇒岩世人（クナイプ 1821.5.17–1897.6.17）
　新カト（クナイプ 1821.5.17–1897.6.17）

Kneller, Andreas〈17・18世紀〉
ドイツのオルガン奏者,鑑定師,試験官。
⇒バロ（クネラー,アンドレーアス 1649.4.23–1724.8.24）

Kneller, *Sir* Godfrey〈17・18世紀〉
ドイツ生れのイギリスの肖像画家。1711年にネラー・アカデミーを創設。
⇒岩世人（ネラー 1646.8.8–1723.10.19）
　芸13（ネラー,ゴッドフリー 1646–1723）

Knies, Karl Gustav Adolf〈19世紀〉
ドイツの経済学者。歴史学派の創設者。
⇒岩世人（クニース 1821.3.29–1898.8.3）
　学叢思（クニーズ カール・グスタウ・アドルフ 1821–1898）

Knigge, Adolf Franz Friedrich〈18世紀〉
ドイツの宮廷哲学者,作家。主著『わが人生の物語』(1781～87),『人間交際について』(88)。
⇒岩世人（クニッゲ 1752.10.16–1796.5.6）

Knight, Alonzo P.〈19・20世紀〉
アメリカの大リーグ選手（外野,投手）。
⇒メジャ（ロン・ナイト 1853.6.16–1932.4.23）

Knight, Sarah Kemble〈17・18世紀〉
女性による初めての紀行文学『ナイト夫人の日記』の作者。
⇒岩世人（ナイト 1666.4.19–1727.9.25）

Knight, Thomas Andrew〈18・19世紀〉
イギリスの植物学者,園芸学者。植物の根の向地性,向水性,向日性をも確定。
⇒岩世人（ナイト 1758.10.10–1838.5.11）

Knipovich, Nikolai Mikhailovich〈19・20世紀〉
ソ連邦の海洋学者,動物学者。白海,バレンツ海を調査 (1887～1901)。
⇒岩世人（クニポーヴィチ 1862.3.25/4.6–1939.2.23）

Knipper-Chekhova, Olga Leonardovna〈19・20世紀〉
ソ連の女優。A.チェーホフの妻。モスクワ芸術座の創立に参加。
⇒岩世人（クニッペル＝チェーホヴァ 1868.9.9/21–1959.3.22）

Knipping, Erwin〈19・20世紀〉
ドイツの気象学者。来日して日本初の天気図を作成,暴風雨警報事業を創設。
⇒岩世人（クニッピング 1844.4.27–1922.11.22）

Knipstro, Johannes〈15・16世紀〉
ポンメルンの福音主義教会の基礎を置いた一人。シュトラールズントの牧師,グライフスヴァルトの宗教改革者,ポンメルンの教会会議の創設者の一人としても知られる。
⇒新カト（クニプストロ 1497.5.1–1556.10.4）

Knobelsdorf, Georg Wenzeslaus von〈17・18世紀〉
ドイツの画家,建築家。ベルリンのオペラ座,サンスシー宮の広間などを設計ののち,1730年画家に転向。
⇒岩世人（クノーベルスドルフ 1699.2.17–1753.9.16）

Knoblecher, Ignaz〈19世紀〉
スーダンで活動した宣教師。オーストリア領シュコツィアン出身。
⇒新カト（クノブレヒャー 1819.7.6–1858.4.13）

Knöfel, Johann〈16・17世紀〉
ドイツのオルガン奏者。
⇒バロ（クネーフェル,ヨハン 1525-1530–1617.4.21以降）

Knöpfler, Alois〈19・20世紀〉
ドイツの教会史家。
⇒新カト（クネプフラー 1847.8.29–1921.7.14）

Knote, Heinrich〈19・20世紀〉
ドイツのテノール。ワーグナーのヘルデンテノールとして知られた。
⇒失声（ハインリッヒ・クノーテ 1870–1953）
　魅惑（Knote,Heinrich 1870–1953）

Knott, Cargill Gilston〈19・20世紀〉
イギリスの地震学者。東京帝国大学理学部で物理学を教授。
⇒岩世人（ノット 1856.6.30–1922.10.26）

Knowles, Lilian Charlotte Anne〈19・20世紀〉
イギリスの女流経済史家。
⇒岩世人（ノールズ 1870–1926.4.25）

Knox, George William〈19・20世紀〉
アメリカの長老派教会宣教師,神学者。東京帝

国大学文科大学で哲学,審美学を教授,明治学院理事長。
⇒アア歴（Knox, George W(illiams) ジョージ・ウイリアムズ・ノックス 1853.8.11-1912.4.25）
岩世人（ノックス 1853.8.11-1912.4.25）

Knox, John〈16世紀〉
スコットランドにおける宗教改革の指導者,歴史家。
⇒岩世人（ノックス 1513頃-1572.11.24）
広辞7（ノックス 1514頃-1572）
学叢思（ノックス,ジョン 1505-1572）
新カト（ノックス 1514頃-1572.11.24）
世史語（ノックス 1513/1515-1572）

Knox, Philander Chase〈19・20世紀〉
アメリカの法律家,政治家。
⇒岩世人（ノックス 1853.5.6-1921.10.12）

Knox, Robert〈17・18世紀〉
イギリスの商人。
⇒岩世人（ノックス 1641.2.8-1720.6.19）

Knox, Robert〈18・19世紀〉
イギリスの解剖学者。
⇒岩世人（ノックス 1791.9.4-1862.12.20）

Knox, Thomas Wallace〈19世紀〉
アメリカの旅行物語作家。
⇒アア歴（Knox, Thomas Wallace トマス・ウォレス・ノックス 1835.6.26-1896.1.6）

Knox, William Franklin〈19・20世紀〉
アメリカのジャーナリスト。1931年シカゴ・デイリー・ニュース社社長。
⇒岩世人（ノックス 1874.1.1-1944.4.28）

Knud II, St.〈11世紀〉
デンマーク王国の統治者。在位1080～1086。
⇒世帝（クヌーズ2世 1042-1086）

Knud III〈12世紀〉
デンマーク王国の統治者。在位1146～1157（対立王）。
⇒世帝（クヌーズ3世 1129-1157）

Knud IV〈12・13世紀〉
デンマーク王国の統治者。
⇒岩世人（クヌーズ4世（聖王） 1040頃-1086.7.10）
新カト（クヌード4世 1043頃-1086.7.10）
図聖（クヌード4世 ?-1086）

Knud IV〈12・13世紀〉
デンマーク王。
⇒世帝（クヌーズ4世 1163-1202）

Knudsen, Jakob Christian Lindberg〈19・20世紀〉
デンマークの小説家。
⇒岩世人（クヌセン 1858.9.14-1917.1.21）

Knudsen, Knud Anton〈19・20世紀〉
デンマークの体育家。スウェーデン式体操の普及に尽した。
⇒岩世人（クヌセン 1864.8.21-1949.11.19）

Knudsen, Martin Hans Christian〈19・20世紀〉
デンマークの海洋学者。標準海水を作製。
⇒岩世人（クヌセン 1871.2.15-1949.5.27）

Knudsen, William Signius〈19・20世紀〉
アメリカの実業家。デンマーク生れ。
⇒岩世人（ヌードセン 1879.3.25-1948.4.27）

Knüpfer, Sebastian〈17世紀〉
ドイツの作曲家。
⇒バロ（クニュップファー,セバスティアン 1633.9.6-1676.10.10）

Knutzen, Martin〈18世紀〉
ドイツの哲学者。カントの師。
⇒岩世人（クヌッツェン 1713.12.14-1751.1.29）

Köbel, Jakob〈15・16世紀〉
ドイツの算数教師。
⇒岩世人（ケーベル 1462/1470-1533.1.31）

Kobelius, Johann Augustin〈17・18世紀〉
ドイツの作曲家。
⇒バロ（コーベリウス,ヨハン・アウグスティーン 1674.2.21-1731.8.17）

Kobell, Ferdinand〈18世紀〉
ドイツの画家。1793年ミュンヘン美術館長。
⇒芸13（コベル,フェルディナント 1740-1799）

Kobell, Wilhelm Alexander Wolfgang von〈18・19世紀〉
ドイツの画家。1808年ミュンヘン美術アカデミー教授。風景画,戦争画のほか銅版画で知られる。
⇒芸13（コベル,ヴィルヘルム・フォン 1766-1853）

Koberger, Anton〈15・16世紀〉
ドイツの印刷者。
⇒岩世人（コーベルガー 1440頃-1513.10.3）

Kobès, Aloyse〈19世紀〉
フランス出身の宣教師,セネガンビアの代牧。
⇒新カト（コベス 1820.4.17-1872.10.11）

Kobierkowicz, Józef〈17・18世紀〉
ポーランドの作曲家。
⇒バロ（コビュルコヴィチ,ユゼフ 1690頃?-1751頃）

Kobrin, Leon〈19・20世紀〉
イディッシュ語小説家,劇作家。
⇒ユ著人（Kobrin, Leon コブリン,レオン 1872-

Koca Ragıb Paşa〈17・18世紀〉
オスマン帝国の大宰相,文人。
⇒岩世人（コジャ・ラーグブ・パシャ　1699–1763.4.8）

Koch, Heinrich Christoph〈18・19世紀〉
ドイツの音楽理論家,ヴァイオリン奏者。
⇒バロ（コッホ,ハインリヒ・クリストフ　1749.10.10–1816.3.19）

Koch, Hugo Alexander〈19・20世紀〉
オランダ人技師。1919年,暗号機の特許を申請した。
⇒スパイ（コッホ,ヒューゴ・アレキサンダー　1870–1928）

Koch, Joseph Anton〈18・19世紀〉
ドイツ浪漫派の風景画家。
⇒岩世人（コッホ　1768.7.27–1839.1.12）
　芸13（コッホ,ヨーゼフ・アントン　1768–1839）

Koch, Robert〈19・20世紀〉
ドイツの医師。近世細菌学の開祖。結核研究の業績で1905年ノーベル生理・医学賞受賞。
⇒岩世人（コッホ　1843.12.11–1910.5.27）
　広辞7（コッホ　1843–1910）
　学叢思（コッホ,ロベルト　1843–1910）
　世人新（コッホ　1843–1910）
　世人装（コッホ　1843–1910）
　世史語（コッホ　1843–1910）
　ポプ人（コッホ,ロベルト　1843–1910）

Kochanowski, Jan〈16世紀〉
ポーランドの詩人。
⇒岩世人（コハノフスキ　1530–1584.8.22）
　新カト（コハノフスキ　1530–1584.8.22）

Köchel, Ludwig von〈18・19世紀〉
オーストリアの音楽史家。植物学者,鉱物学者。
⇒岩世人（ケッヘル（ケッヒェル）　1800.1.14–1877.6.3）
　ネーム（ケッヘル　1800–1877）

Kocher, Emil Theodor〈19・20世紀〉
スイスの外科医。甲状腺の生理学的,病理学的研究と切除手術で,1909年ノーベル生理・医学賞受賞。
⇒岩世人（コッハー（コッヘル）　1841.8.25–1917.7.27）

Kochesperger〈15世紀〉
ドイツの作曲家。
⇒バロ（コッヘスペルガー,?　1450頃?–1500頃?）

Koch-Grünberg, Theodor〈19・20世紀〉
ドイツの民俗学者,南アメリカ探検家。ブラジルのインディアン族研究者として知られる。
⇒岩世人（コッホ＝グリューンベルク　1872.4.9–1924.10.8）

Kock, Charles-Paul de〈18・19世紀〉
フランスの作家。主著『ジョルジェット』など。
⇒岩世人（コック　1794.5.21–1871.8.29）

Kock, Theodor〈19世紀〉
ドイツの古典学者。『アッティカ喜劇作者伝存断片集』(80～88)の編者。
⇒岩世人（コック　1820–1891）

Koczwara, František〈18世紀〉
ボヘミアの作曲家。
⇒バロ（コチュヴァラ,フランチシェク　1750頃–1791.9.2）

Köden〈13世紀〉
モンゴルの王族。
⇒岩世人（コデン（クデン））

Kodros
アテナイの最後の王。
⇒岩世人（コドロス）

Koeber, Raphael von〈19・20世紀〉
ロシア生れのドイツの哲学者。1893年来日,1914年まで東京大学の教官。
⇒岩世人（ケーベル　1848.1.15–1923.6.14）
　ネーム（ケーベル　1848–1923）
　広辞7（ケーベル　1848–1923）
　学叢思（ケーベル,ラファエル　1848–1923）
　新カ人（ケーベル　1848.1.15–1923.6.14）
　ポプ人（ケーベル,ラファエル　1848–1923）

Købke, Christen Schellerup〈19世紀〉
デンマークの画家。
⇒岩世人（クブケ（ケブケ）　1810.5.26–1848.2.7）

Koechlin, Charles〈19・20世紀〉
フランスの作曲家。1908年ラベルらと「独立音楽協会」を創立。
⇒岩世人（ケクラン　1867.11.27–1950.12.31）

Koechlin-Schwartz, Alfred〈19世紀〉
フランスの実業家,政治家。
⇒19仏（アルフレッド・ケクラン＝シュヴァルツ　1829.9.15–1895.2.5）

Koelreuter, Joseph Gottlieb〈18・19世紀〉
ドイツの植物学者。
⇒岩世人（ケールロイター　1733.4.27–1806.11.12）

Koenen, Mathias〈19・20世紀〉
ドイツの建築家。鉄筋コンクリート構造の設計理論を実験研究。
⇒岩世人（ケーネン　1849.3.3–1924.12.26）

Koffler, Andreas Xavier〈17世紀〉
中国宣教師,イエズス会員。クレムス生まれ。
⇒新カト（コフラー　1603頃–1651.12.12）

Kofoid, Charles Atwood〈19・20世紀〉
アメリカの動物学者。浮游生物,寄生原虫等を研究。
⇒岩世人（コフォイド　1865.10.11–1947.5.30）

Kögel, Johannes Theodor Rudolf〈19世紀〉
ドイツのプロテスタント牧師。ヴィルヘルム1世に宗教的影響を与えた。
⇒岩世人（ケーゲル　1829.2.18–1896.7.2）

Kögler, Ignaz〈17・18世紀〉
ドイツのイエズス会司祭。中国名,戴進賢。
⇒岩世人（ケーグラー　1680.5.11–1746.3.30）
　新カト（ケーグラー　1680.5.11–1746.3.30）

Kohaut, Karl〈18世紀〉
オーストリアの作曲家。
⇒バロ（コハウト,カール　1726.8.26–1784.8.6）

Kohlbrügge, Hermann Friedlich〈19世紀〉
オランダの牧師。オランダ改革派教会の牧師を30年間勤めた。
⇒岩世人（コールブルッヘ　1803.8.15–1875.3.5）
　新カト（コールブリュッゲ　1803.8.15–1875.3.5）

Kohler, Josef〈19・20世紀〉
ドイツの法学者。無体財産法学や民族比較法学などを開拓。主著に『民族法学の基礎』(18)など。
⇒岩世人（コーラー　1849.3.9–1919.8.3）
　広辞7（コーラー　1849–1919）
　学叢思（コーレル,ヨゼフ　1849–?）

Kohler, Kaufmann〈19・20世紀〉
ユダヤ教の指導者,神学者。アメリカ合衆国へ移住し,改革派のラビとして活躍。
⇒岩世人（コーラー　1843.5.10–1926.1.28）
　ユ著人（Kohler,Kaufmann　コーラー,カウフマン　1843–1926）

Köhler, Louis Heinrich〈19世紀〉
ドイツのピアノ教師,作曲家。ペダル使用に関する組織的研究者。
⇒岩世人（ケーラー　1820.9.5–1886.2.16）
　エデ（ケーラー,ルイ　1820.9.5–1886.2.16）

Köhler, Martin〈19・20世紀〉
ドイツのプロテスタント神学者。
⇒岩世人（ケーラー　1835.1.6–1912.9.7）
　新カト（ケーラー　1835.1.6–1912.9.7）

Kohlhase, Hans〈16世紀〉
ブランデンブルク,ケルンの商人。
⇒岩世人（コールハーゼ　1500頃–1540.3.22）

Kohlrausch, Eduard〈19・20世紀〉
ドイツの刑法学者。刑法の改正に努力。
⇒岩世人（コールラウシュ　1874.2.4–1948.1.22）

Kohlrausch, Ernst〈19・20世紀〉
ドイツの医学者。スポーツ医学的研究の開拓者の一人。
⇒岩世人（コールラウシュ　1850.11.26–1923.5.16）

Kohlrausch, Friedrich Wilhelm Georg〈19・20世紀〉
ドイツの物理学者。1973年電解質の抵抗測定に使う交流ブリッジを考案。
⇒岩世人（コールラウシュ　1840.10.14–1910.1.17）
　学叢思（コールラウシュ,フリードリヒ　1840–1909）

Koht, Halvdan〈19・20世紀〉
ノルウェーのヨーロッパ近代史家,政治家。外相(1935～41)。
⇒岩世人（コート　1873.7.7–1965.12.12）

Koidonover (Kaidanover), Zevihirsch〈17・18世紀〉
ラビ。倫理的な作家。
⇒ユ著人（Koidonover (Kaidanover),Zevihirsch　コイドノヴェル,ツヴィヒルシュ　?–1712）

Kointos〈3・4世紀〉
ギリシアの叙事詩人。『ホメロス以後』14巻を書いた。
⇒岩世人（コイントス（スミュルナの）　3–4世紀）

Köke Temür〈14世紀〉
中国,元末の軍人,政治家。
⇒岩世人（コケ・テムル（ココ・テムル）　?–1375（洪武8））

Kokkoka〈13世紀?〉
インドの文学者。
⇒岩世人（コーッコーカ）

Kokovtsov, Vladimir Nikolaevich〈19・20世紀〉
ロシアの政治家。ストルイピン暗殺(11)の後首相。ニコライ2世によって罷免。
⇒岩世人（ココーフツォフ　1853.4.18/30–1943.1.29）

Kolb, Carlmann〈18世紀〉
ドイツの作曲家。
⇒バロ（コルブ,カールマン　1703.1.29–1765.1.15）

Kolbe, Adolf Wilhelm Hermann〈19世紀〉
ドイツの有機化学者。第2,第3アルコールの発見者。
⇒岩世人（コルベ　1818.9.27–1884.11.25）

Kolbe, Georg〈19・20世紀〉
ドイツの彫刻家。
⇒岩世人（コルベ　1877.4.15–1947.11.20）
　広辞7（コルベ　1877–1947）
　芸13（コルベ,ゲオルク　1877–1947）

Kolbenheyer, Erwin Guido〈19・20世紀〉
ドイツの小説家。主著は,『神を愛す』(08),3部作『パラツェルズス』(17〜26)。
⇒岩世人（コルベンハイアー　1878.12.30-1962.4.12）

Kolchak, Aleksandr Vasilievich〈19・20世紀〉
ロシア帝政の提督。1916年黒海艦隊司令官。十月革命以後,反革命軍の指導者として活動。
⇒岩世人（コルチャーク　1874.11.4/16-1920.2.7）
世人新（コルチャーク　1874-1920）
世人装（コルチャーク　1874-1920）

Kölcsey Ferencz〈18・19世紀〉
ハンガリーの詩人,評論家。ハンガリー国歌の作者。
⇒岩世人（ケルチェイ　1790.8.8-1838.8.24）

Koldewey, Robert Johann〈19・20世紀〉
ドイツの古代学者。バビロニア,ヒッタイトなどで発掘。
⇒岩世人（コルデヴァイ　1855.9.10-1925.2.4）

Köler, David〈16世紀〉
ドイツの作曲家。
⇒バロ（ケラー,ダヴィッド　1532頃-1565.7.13/25）

Köler, Gottfried〈17・18世紀〉
ドイツの作曲家。
⇒バロ（ケラー,ゴットフライ　1670頃?-1704.11.25）

Köler, Martin〈17・18世紀〉
ドイツの作曲家。
⇒バロ（ケラー,マルティン　1620頃-1703/1704）

Koléttis, Ioánnis〈18・19世紀〉
ギリシアの軍人,政治家。
⇒岩世人（コレティス　1773/1774?-1847.8.31）

Kollár, Jan〈18・19世紀〉
スロバキアの詩人,スラブ古代史家。
⇒岩世人（コラール　1793.7.29-1852.1.24）

Kołłataj, Hugo〈18・19世紀〉
ポーランドの思想家,政治家。コシューシコ反乱 (94) の〈ポワニェツ宣言〉の執筆者。
⇒岩世人（コウォンタイ　1750.4.1-1812.2.28）

Kolle, Wilhelm〈19・20世紀〉
ドイツの細菌学者,衛生学者。コレラ,牛疫,チフスの接種などについて研究。
⇒岩世人（コレ　1868.11.2-1935.5.10）

Koller, Jeremias〈17世紀〉
ドイツの作曲家。
⇒バロ（コラー,イェレミアス　1600頃?-1660頃?）

Kölliker, Rudolf Albert von〈19・20世紀〉
スイスの動物学者,解剖学者。
⇒岩世人（ケリカー　1817.7.6-1905.11.2）
学叢思（ケーリケル,アルベルト,フォン　1817-1905）

Köllin, Konrad〈15・16世紀〉
ドイツの神学者,ドミニコ会員。
⇒新カト（ケリン　1476頃-1536.8.26）

Kollman, Julius〈19・20世紀〉
ドイツの解剖学者,人類学者。上顎指数を人種分類に適用,類人猿から人種が生じたとした。
⇒岩世人（コルマン　1834.2.24-1918.6.24）

Kollontai, Aleksandra Mikhailovna〈19・20世紀〉
ソ連の女性革命家,外交官。
⇒岩世人（コロンタイ　1872.3.19/31-1952.3.9）
ネーム（コロンタイ　1872-1952）
広辞7（コロンタイ　1872-1952）
学叢思（コロンタイ　1872-?）

Kolluthos〈5・6世紀〉
ギリシアの叙事詩人。
⇒岩世人（コルトス　（活動）5-6世紀）

Kollwitz, Käthe〈19・20世紀〉
ドイツの女流画家,版画家,彫刻家。20世紀ドイツの代表的な版画家。作風は表現主義的。
⇒岩世人（コルヴィッツ　1867.7.8-1945.4.22）
ネーム（コルヴィッツ　1867-1945）
広辞7（コルヴィッツ　1867-1945）
芸13（コルヴィッツ,ケーテ　1867-1945）

Kolokotronis, Theodor〈18・19世紀〉
ギリシアの愛国者。独立運動を指導。のち,臨時政府委員の一人となる (31)。
⇒岩世人（コロコトロニス　1770.4.5-1843.2.4）

Koloman〈10・11世紀〉
殉教者,聖人。
⇒図聖（コロマン　?-1012）

Koloman〈11・12世紀〉
ハンガリー王。在位1095〜1116。
⇒岩世人（カールマーン　1070-1116.2.3）
世帝（カールマーン1世　1070頃-1116）

Koloman I〈13世紀〉
中世ブルガリアの統治者。在位1241〜1246。
⇒世帝（カリマン1世　1234頃-1246）

Koloman II〈13世紀〉
中世ブルガリアの統治者。在位1256〜1257。
⇒世帝（カリマン2世　?-1256）

Kolosova, Evgenia〈18・19世紀〉
ロシアのダンサー,教師。
⇒バレエ（コロソワ,エヴゲニヤ　1780.12.15-1869.3.30）

Kolping, Adolf〈19世紀〉
ドイツの徒弟組合創設者。徒弟の社会的向上の為の機関として家族的徒弟組合を創設。
⇒岩世人（コルピング　1813.12.8-1865.12.4）
　新カト（コルピング　1813.12.8-1865.12.4）

Koltsov, Aleksei Vasilievich〈19世紀〉
ロシアの詩人。ロシア文学に新しいテーマと民衆の形象を持込んだ。
⇒岩世人（コリツォーフ　1809.10.3-1842.10.29）
　ネーム（コリツォーフ　1809-1842）

Koltsov, Nikolai Konstantinovich〈19・20世紀〉
ソ連の動物学者。比較解剖学等に業績がある。
⇒岩世人（コリツォーフ　1872.7.3/15-1940.12.20）

Kolumba von Sens〈3世紀〉
処女、殉教者、聖人。
⇒図聖（コルンバ（サンスの）　?-273）

Komander, Johann〈15・16世紀〉
スイスの宗教改革者。
⇒新カト（コマンダー　1482頃-1557.2.15/21）

Komarov, Vladimir Leontievich〈19・20世紀〉
ソ連邦の植物学者。極東地方の植物相を調査。
⇒岩世人（コマローフ　1869.10.1/13-1945.12.5）

Komissarzhevskaia, Vera Fëdorovna〈19・20世紀〉
ロシアの女優。
⇒岩世人（コミサルジェフスカヤ　1864.10.27-1910.2.13）

Kommadam〈19・20世紀〉
ラオスの少数民族反乱指導者。
⇒岩世人（コムマダム　?-1936.9.23）

Kompert, Leopold〈19世紀〉
ドイツの作家。
⇒ユ著人（Kompert, Leopold　コンペルト, レオポルド　1822-1886）

Konarski, Stanisław〈17・18世紀〉
ポーランドの作家、教育改革者。カリキュラム、組織、教育法の分野で学校制度全体の近代化を推進。
⇒岩世人（コナルスキ　1700.9.30-1773.8.3）

Konchalovskii, Pëtr Petrovich〈19・20世紀〉
ソ連、ロシア共和国の人民画家。
⇒岩世人（コンチャロフスキー　1876.2.9/21-1956.2.2）
　芸13（コンチャロフスキー, ピョートル・ペトローヴィチ　1876-1956）

Kondakov, Nikodim Pavlovich〈19・20世紀〉
ロシアの美術史学者。ビザンティン美術、キリスト教考古学の権威。
⇒岩世人（コンダコーフ　1844.11.1/13-1925.2.17）
　新カト（コンダコーフ　1844.11.13-1925.2.17）

Kondratenko, Roman Isidorovich〈19・20世紀〉
ロシアの軍人。日露戦争の旅順要塞司令官。日本軍の砲火によって戦死。
⇒岩世人（コンドラテンコ　1857.9.30-1904.12.2）

Kondylis, Georgios〈19・20世紀〉
ギリシアの軍人、政治家。
⇒岩世人（コンズィリス　1879-1936.2.1）

Konenkov, Sergei Timofeevich〈19・20世紀〉
ロシアの彫刻家。代表作『パガニーニの胸像』『ステパン・ラージン』など。
⇒芸13（コネンコフ, セルゲイ・ティモフェーヴィチ　1874-1943）

König, Friedrich〈18・19世紀〉
ドイツの印刷技術者。1811年シリンダ（円筒式）輪転印刷機を開発。
⇒岩世人（ケーニヒ　1774.4.17-1833.1.17）
　ネーム（ケーニヒ　1774-1833）
　広辞7（ケーニッヒ　1774-1833）

König, Johann Balthasar〈17・18世紀〉
ドイツの作曲家。
⇒バロ（ケーニヒ, ヨハン・バルタザール　1691.1.28-1758.4.2）

König, Johann Friedrich〈17世紀〉
ドイツの神学者。
⇒岩世人（ケーニヒ　1619.10.16-1664.9.15）

Königsperger, Marianus〈18世紀〉
ドイツの作曲家。
⇒バロ（ケーニヒスペルガー, マリアーヌス　1708.12.4-1769.10.9）

Koninck, Philips de〈17世紀〉
オランダの画家。
⇒ユ著人（Koninck, Philips　コーニック, フィリップ　1619-1688）

Koninck, Solomon〈17世紀〉
画家。
⇒ユ著人（Koninck, Solomon　コーニック, ソロモン　1609-1656）

Konon〈前5・4世紀〉
古代ギリシア、アテネの海軍司令官。
⇒岩世人（コノン　前444頃-前392）

Konon〈3世紀〉
聖人。殉教者。祝日、ローマ教会5月29日、ギリシア教会3月5日または6日。

⇒新カト（コノン〔イコニオンの〕　?-270/275）
Konon〈3世紀〉
聖人,殉教者。祝日3月5日。デキウス帝下の迫害でキプロスで殉教。
⇒新カト（コノン〔マギュドスの〕　?-249/251）
Konopnicka, Maria〈19・20世紀〉
ポーランドの女流児童文学者,詩人。
⇒岩世人（コノプニツカ　1842.5.23-1910.10.8）
Konow, Sten〈19・20世紀〉
ノルウェーのインド,イラン学者。
⇒岩世人（コノウ　1867.4.17-1948.6.29）
Konrad〈12・13世紀〉
ドイツ初の異端審問官。マールブルク生まれ。
⇒新カト（コンラート〔マールブルクの〕　1180頃-1233.7.30）
Konrad〈19世紀〉
カプチン・フランシスコ修道会信徒修道士。聖人。祝日4月21日。シュヴァーベン地方の小村パルツハムの生まれ。
⇒新カト（コンラート〔パルツハムの〕　1818.12.22-1894.4.21）
Konrad, G.〈18世紀〉
ドイツの作曲家。
⇒バロ（コンラート,G.　1700頃?-1760頃?）
Konrad I〈10世紀〉
ドイツ国王。在位911～918。911年マインツ大司教の推挙を受けて国王に選ばれる。
⇒岩世人（コンラート1世　?-918.12.13）
　新カト（コンラート1世　?-918.12.23）
　世帝（コンラート1世　?-918）
　皇国（コンラート1世　（在位）911-918）
　学叢歴（コンラド1世　?-918）
Konrad I Mazowiecki〈12・13世紀〉
ポーランド王。
⇒世帝（コンラト1世　1187?-1247）
Konrad II〈10・11世紀〉
ザリエル朝初代の神聖ローマ皇帝。在位1024～39。
⇒岩世人（コンラート2世　990頃-1039.6.4）
　新カト（コンラート2世　990頃-1039.6.4）
　世帝（コンラート2世　990頃-1039）
Konrad III〈11・12世紀〉
ドイツ,ホーエンシュタウフェン朝初代の神聖ローマ皇帝。在位1138～52。
⇒岩世人（コンラート3世　1093-1152.2.15）
　新カト（コンラート3世　1093/1094-1152.2.15）
　世帝（コンラート3世　1093-1152）
　皇国（コンラート3世　（在位）1138-1152）
Konrad IV〈13世紀〉
ドイツ国王。在位1237～54。1251年シチリアの世襲領を救援するため遠征し,帰途ラベロで病没。

⇒岩世人（コンラート4世　1228.4.25-1254.5.21）
　新カト（コンラート4世　1228.4.25-1254.5.25）
　世帝（コンラート4世　1228-1254）
Konrad von Konstanz〈9・10世紀〉
司教,聖人。
⇒新カト（コンラート〔コンスタンツの〕　900頃-975.11.26）
　図聖（コンラート（コンスタンツの）　900-975）
Konrad von Soest〈14・15世紀〉
ドイツの画家。
⇒岩世人（コンラート・フォン・ゾースト　1360(-1370)頃-1420(-1430)）
　新カト（コンラート〔ゾーストの〕　1370頃-1422以降）
　芸13（コンラッド・フォン・ゾエスト）
Konrad von Würzburg〈13世紀〉
ドイツの中世の詩人。
⇒バロ（コンラート・フォン・ヴュルツブルク　1220-1230頃-1287.8.31）
　岩世人（コンラート（ヴュルツブルクの）　1225頃-1287.8.31）
Konstandinos XI〈15世紀〉
ビザンツ帝国最後の皇帝。在位1449～53。
⇒岩世人（コンスタンティノス11世パライオロゴス（ドラガセス）　1405-1453.5.29）
　皇国（コンスタンティノス11世　?-1453.5.29）
Konstantin, Nikolaevich〈19世紀〉
ロシアの大公。アレクサンドル2世の弟。自由主義者で漸進的改革を行おうとした。
⇒岩世人（コンスタンチン　1827.9.9-1892.1.13）
Konstantinos I〈19・20世紀〉
第3代ギリシア国王。在位1913～17,20～22。
⇒岩世人（コンスタンディノス1世　1868.7.21-1922.12.29）
Kōnstantinos Laskarēs〈12・13世紀〉
ビザンツ帝国の皇帝。
⇒世帝（コンスタンティノス・ラスカリス　?-1211）
Konstantin Pavlovich〈18・19世紀〉
ロシアの大公。帝位継承法に基づき即位するはずであったが,継承権を辞退し,弟のニコライが帝位についた。
⇒岩世人（コンスタンチン　1779.4.27-1831.6.15）
Kook(Kuk), Abraham Isaac〈19・20世紀〉
ヘブライ語の権威で思想家。
⇒ユ人（クック(クク),アブラハム・イサク　1865-1935）
　ユ著人（Kook(Kuk),Abraham Isaac　クック,アブラハム・イサク　1865-1935）
Kopisch, August〈18・19世紀〉
ドイツの画家,詩人。主著"Gedichte"(36)。
⇒岩世人（コーピッシュ　1799.5.26-1853.2.3）

Kopitar, Jernej Bartel〈18・19世紀〉
スロヴェニアの言語学者。スラヴ文化をドイツ，オーストリアに紹介。
⇒岩世人（コピタル　1780.8.21/23–1844.8.11）

Koplik, Henry〈19・20世紀〉
アメリカの小児科医。
⇒ユ著人（Koplik, Henry　コプリック，ヘンリー　1858–1927）

Kopp, Georg von〈19・20世紀〉
ドイツの枢機卿。
⇒新カト（コップ　1837.7.25–1914.3.4）

Kopp, Hermann Franz Moritz〈19世紀〉
ドイツの化学者。分子熱に関するノイマン・コップの法則が知られる。
⇒岩世人（コップ　1817.10.30–1892.2.20）

Kopp, Joseph Eutych〈18・19世紀〉
スイスの歴史家。スイスの科学的歴史学の基礎を築いた。
⇒岩世人（コップ　1793.4.25–1866.10.25）

Kopp, Viktor Leontievich〈19・20世紀〉
ソ連邦の外交官。日本駐在特命全権大使として来日（25）。
⇒岩世人（コップ　1880.9.16/29–1930.5.24）

Köppen, Friedrich〈18・19世紀〉
ドイツの哲学者。
⇒岩世人（ケッペン　1775.4.24–1858.9.5/4）

Köppen, Karl〈19・20世紀〉
ドイツの軍人。1869年に和歌山藩の軍事教官になった。
⇒岩世人（コッペン（ケッペン）　1803–1907.6.28）

Köppen, Karl Friedrich〈19世紀〉
ドイツの学者。フリードリヒ・ギムナジウム教頭（1853）。
⇒岩世人（ケッペン　1808.4.26–1863.7.19）

Köppen, Wladimir Peter〈19・20世紀〉
ロシア生れのドイツの気候学者。ドイツ初の印刷天気図の作成，観測法の確立，観測網の整備などに貢献。
⇒岩世人（ケッペン　1846.9.25/10.8–1940.6.22）
　ネーム（ケッペン　1846–1940）
　ポプ人（ケッペン，ウラディミール　1846–1940）

Kopřiva, Karel Blažej〈18世紀〉
ボヘミアの作曲家。
⇒バロ（コプシヴァ，カレル・ブラジェイ　1756.2.9–1785.5.15）

Kopřiva, Václav jan〈18世紀〉
ボヘミアの作曲家。
⇒バロ（コプシヴァ，ヴァーツラフ・ヤン　1708.2.8–1789.6.7）

Köprülü Meḥmet Pasha〈16・17世紀〉
メフメット4世の宰相。在職1651～61。内政改革と，国運の振興に努めた。
⇒岩世人（キョプリュリュ・メフメト・パシャ　1575/1578/1583–1661.11.1）

Koprzywnicy, Hieronim z〈16・17世紀〉
ポーランドの作曲家。
⇒バロ（コプシヴニッツァ，ヒェロニム・ズ　1590頃?–1650頃?）

Kopystenskii, Zakhariya〈16・17世紀〉
ロシアの神学者。
⇒新カト（コピステンスキー　1585以前–1627.3.21）

Korais, Adamantios〈18・19世紀〉
ギリシアの文学者。祖国の独立運動を援助。
⇒岩世人（コライス　1748.4.27–1833.4.6）

Korax〈前5世紀〉
ギリシアの修辞学者。前5世紀頃シチリアで活動。
⇒岩世人（コラクス　（活動）前5世紀頃）

Korczak, Janusz〈19・20世紀〉
ポーランドの教育者，児童文学者。代表作『マチウシ王1世』。
⇒ポプ人（コルチャック，ヤヌシュ　1878–1942）
　ユ人（コルチャク，ヤヌーシュ（ヘンリク・ゴールドシュミット）　1878/1879–1942）
　ユ著人（Korczak, Janusz　コルチャク，ヤヌス　1878–1942）

Korinna〈前6～2世紀頃〉
ギリシアの女流詩人。伝説によれば，ピンダロスに詩の作り方を教えた。
⇒岩世人（コリンナ）

Korkunov, Nikolai Mikhailovich〈19・20世紀〉
ロシアの法学者，社会学者。主著『法の一般理論』（82）など。
⇒岩世人（コルクノーフ　1853.3.14–1904.11.27）

Korkut
中央アジアのテュルク系遊牧民オグズ族に伝わる賢者。
⇒ネーム（コルクト）

Korn, Arthur〈19・20世紀〉
ドイツの物理学者。ローマとアメリカのバーハーバー間の無線写真電送（23）に成功。
⇒岩世人（コルン　1870.5.20–1945.12.21/22）

Körner, Christian Gottfried〈18・19世紀〉
ドイツの官吏。プロイセン政府枢密参政官。シラーの友人で，彼との往復書簡集（74）がある。
⇒岩世人（ケルナー　1756.7.2–1831.5.13）

Körner, Karl Theodor〈18・19世紀〉
ドイツの詩人。戯曲『ツリニー』により文壇的

地位を獲得。死後,詩集『七絃琴と剣』(14)が編纂された。
⇒岩世人（ケルナー　1791.9.23-1813.8.26）

Körner, Theodor〈19・20世紀〉
オーストリアの軍人,政治家。下院議長,ウィーン市長(45～51)ののち大統領(51)。
⇒岩世人（ケルナー　1873.4.24-1957.1.4）

Kornfeld, Joseph Saul〈19・20世紀〉
アメリカの改革派ラビ,外交官。
⇒ユ人（コーンフェルド,ジョセフ・サウル　1876-1943）

Korngold, Julius〈19・20世紀〉
オーストリアの批評家。
⇒ユ著人（Korngold,Jurius　コルンゴルト,ユリウス　1860-1945）

Kornilov, Lavr Georgievich〈19・20世紀〉
ロシアの軍人。アレクセーエフやデニーキンらと反革命義勇軍を組織して戦い,1918年戦死。
⇒岩世人（コルニーロフ　1870.8.18/30-1918.4.13）
　ネーム（コルニーロフ　1870-1918）
　世人新（コルニーロフ　1870-1918）
　世人装（コルニーロフ　1870-1918）

Kornilov, Vladimir Alekseevich〈19世紀〉
ロシアの提督。黒海艦隊の参謀長(1849～52)をつとめた。
⇒岩世人（コルニーロフ　1806.2.1-1854.10.5）

Köroğlu
中世のアゼルバイジャンの民族的英雄。テッケ部族のトルコマン人。
⇒岩世人（キョル・オグル）

Korolenko, Vladimir Galaktionovich〈19・20世紀〉
ロシアの小説家。深い人間愛に貫かれた作品を多く残す。代表作『マカールの夢』(85)。
⇒岩世人（コロレンコ　1853.7.15/27-1921.12.25）
　ネーム（コロレンコ　1853-1921）
　広辞7（コロレンコ　1853-1921）
　学叢思（コロレンコ,ウラジーミル　1853-1920）

Korostovets, Ivan Yakovlevich〈19・20世紀〉
帝政ロシア(ウクライナ)の外交官。
⇒岩世人（コロストヴェツ　1862.8.25/9.6-1933）

Korovin, Konstantin Alekseevich〈19・20世紀〉
ロシアの画家,舞台美術家。芸術のための芸術を主張した巨匠。
⇒岩世人（コローヴィン　1861.11.23/12.5-1939.9.11）
　芸13（コローヴィン,コンスタンティン・アレクセエヴィッチ　1861-1939）

Korsakov, Sergei Sergeevich〈19世紀〉
ロシアの精神病理学者。「コルサコフ症候群」を発見。
⇒岩世人（コールサコフ　1854.1.22-1900.5.1）
　広辞7（コルサコフ　1854-1900）

Korschelt, Eugen〈19・20世紀〉
ドイツの動物学者。再生と移植等について研究。
⇒岩世人（コルシェルト　1858.9.28-1946.12.22）

Korteweg, Diederik Johannes〈19・20世紀〉
オランダの数学者で力学者。
⇒岩世人（コルテヴェーク　1848.3.31-1941.5.10）

Kortum, Karl Arnold〈18・19世紀〉
ドイツの詩人。怪奇滑稽な英雄詩を作った。
⇒岩世人（コルトゥム　1745.7.5-1824.8.15）

Korum, Michael Felix〈19・20世紀〉
ドイツの司教。
⇒新カト（コルム　1840.11.2-1921.12.4）

Kościuszko, Tadeusz Andrzej Bonawentura〈18・19世紀〉
ポーランドの軍人,政治家。1974年国民防衛最高指揮官に就任し,ワルシャワ防衛戦を指揮したが敗北。
⇒岩世人（コシチューシコ　1746.2.4-1817.10.15）
　ネーム（コシチューシコ　1746-1817）
　広辞7（コシチューシコ　1746-1817）
　世人新（コシチューシコ（コシューシコ）　1746-1817）
　世人装（コシチューシコ（コシューシコ）　1746-1817）
　世史語（コシューシコ（コシチューシコ）　1746-1817）
　世史語（コシューシコ（コシチューシコ）　1746-1817）
　ポプ人（コシチューシコ,タデウシュ　1746-1817）

Koser, Reinhold〈19・20世紀〉
ドイツの歴史家。主著『フリードリヒ大王伝』。
⇒岩世人（コーザー　1852.2.7-1914.8.25）

Kosmas〈6世紀頃〉
アレクサンドリアの探検家,神学者,地理学者。『キリスト教地誌学』を著した。
⇒岩世人（コスマス（アレクサンドリアの））
　新カト（コスマス［アレクサンドリアの］　生没年不詳）

Kosmas〈8世紀〉
讃美歌作家。
⇒岩世人（コスマス（エルサレムの）　?-787頃）
　新カト（コスマス［エルサレムの］　706頃-760/770頃）

Kosmas, von Prag〈11・12世紀〉
ボヘミアの年代記作家。
⇒岩世人（コスマス（プラハの）　1045頃-1125.10.

新カト（コスマス［プラハの］　1045頃–1125.10.21）

Kosmas Bestētōr〈8・9世紀〉
ギリシアの説教家。
⇒新カト（コスマス・ベステートール　740頃–850頃）

Kosmas Indikopleustēs〈6世紀?〉
アレクサンドリアの探検家, 神学者, 地理学者。『キリスト教地誌学』を著した。
⇒南ア新（コスマス・インディコプレウステス　生没年不詳）

Kossel, Albrecht〈19・20世紀〉
ドイツの生化学者。細胞, 核, 蛋白質を研究し, 蛋白体の塩基核を発見。
⇒岩世人（コッセル　1853.9.16–1927.7.5）

Kossinna, Gustaf〈19・20世紀〉
ドイツの考古学者。遺物や人骨によるゲルマン民族遠古史の研究を唱道。
⇒岩世人（コッシナ　1858.9.28–1931.12.20）

Kossman, Bernhard〈19・20世紀〉
チェリスト。
⇒ユ著人（Kossman, Bernhard　コスマン, ベルンハルト　1822–1910）

Kossowski, Adalbert〈18世紀〉
ポーランドの作曲家。
⇒バロ（コッソフスキ, アダルベルト　1750以前–1800頃）

Kossuth Ferenc〈19・20世紀〉
ハンガリーの政治家。独立党を組織し, 商相となった（06〜09）。
⇒岩世人（コシュート　1841.11.16–1914.5.25）

Kossuth Lajos〈19世紀〉
ハンガリーの政治家。オーストリアからの独立と自由主義的改革のために活動。
⇒岩世人（コシュート　1802.9.19–1894.3.20）
　ネーム（コシュート　1802–1894）
　世人新（コシュート　1802–1894）
　世人装（コシュート　1802–1894）
　世史語（コシュート　1802–1894）
　ボブ人（コシュート・ラヨシュ　1802–1894）
　学叢歴（コッシュート, ルイス　1802–1894）

Köstlin, Heinrich Adolf〈19・20世紀〉
ドイツの神学者, 牧師, 音楽学者。
⇒新カト（ケストリン　1846.9.4–1907.6.4）

Köstlin, Julius〈19世紀〉
ドイツのプロテスタント神学者。組織神学と教会史, 特に宗教改革史の研究がある。
⇒新カト（ケストリン　1826.5.17–1902.5.12）

Kostomarov, Nikolai Ivanovich〈19世紀〉
ロシアの歴史家。ウクライナ『連邦』学派の一人。
⇒岩世人（コストマーロフ　1817.5.4–1885.4.7）

Kotěra, Jan〈19・20世紀〉
チェコスロヴァキアの建築家。
⇒岩世人（コチェラ　1871.12.18–1923.4.17）

Kotliarevskii, Ivan Petrovich〈18・19世紀〉
ウクライナの作家。近代ウクライナ文学の創始者。
⇒岩世人（コトリャレフスキー　1769.8.29–1838.10.29）

Kotoshikhin, Grigorii Karpovich〈17世紀〉
ロシアの外交官。著『アレクセイ・ミハイロヴィチ帝治下のロシアについて』。
⇒岩世人（コトシーヒン　1630–1667.11）

Kotowicz〈18世紀〉
ポーランドの作曲家。
⇒バロ（コトヴィチ,?　1720頃?–1780頃?）

Kotter, Hans (Johannes)〈15・16世紀〉
ドイツのオルガン奏者, 作曲家。
⇒バロ（コッター, ハンス　1485–1541）

Kotzebue, August Friedrich Ferdinand von〈18・19世紀〉
ドイツの劇作家。
⇒岩世人（コッツェブー　1761.5.3–1819.3.23）

Kotzebue, Otto von〈18・19世紀〉
ドイツの探検家。2回の世界周航をし, その間アラスカ北西海岸を探検して1816年コッツェブ湾を発見。
⇒岩世人（コッツェブー　1787.12.30–1846.2.15）
　オセ新（コツェブー　1787–1846）

Kotziubinskii, Mikhail Mikhailovich〈19・20世紀〉
ウクライナの作家。農民の革命運動を描いた『蜃気楼』（04〜10）など。
⇒岩世人（コツュビンスキー　1864.9.5–1913.4.12）

Kötzschke, Rudolf〈19・20世紀〉
ドイツの経済史家。
⇒岩世人（ケチュケ　1867.7.8–1949.8.3）

Koundouriotis, Paulos〈19・20世紀〉
ギリシアの提督, 政治家。ギリシア共和制の成立（24.3）とともに初代大統領（1924〜29）。
⇒岩世人（クンドゥリオティス　1855.4.9–1935.8.21）

Koussevitzky, Sergei〈19・20世紀〉
ロシア生れのアメリカの指揮者, コントラバス奏者。多くのロシア歌劇, 現代音楽を初演。

⇒岩世人（クーセヴィツキー 1874.7.26–1951.6.4）
ネーム（クーゼヴィツキー 1874–1951）
ユ人（クーセビツキー，セルゲイ（サージ） 1874–1951）
ユ著人（Koussevitzky,Sergei Alexandrovich クーゼヴィツキー，セルゲイ・アレクサンドロヴィチ 1874–1951）

Kovalevskaia, Sofiia Vasilievna ⟨19世紀⟩

ロシアの女性数学者，作家。
⇒岩世人（コヴァレフスカヤ 1850.1.3–1891.1.29）
科史（コヴァレフスカヤ 1850–1891）
広辞7（コワレフスカヤ 1850–1891）
学叢思（コワレフスカヤ，ソフィア・ヴァシーレヴナ 1850–1891）
物理（コワレフスカヤ，ソフィア 1850–1891）
世数（コワレフスカヤ，ソフィア・ヴァシリエヴナ 1850–1891）

Kovalevskii, Aleksandr Onufrievich ⟨19・20世紀⟩

ロシアの動物学者。海産動物の比較発生学に業績をあげた。
⇒岩世人（コヴァレフスキー 1840.11.19–1901.11.22）

Kovalevskii, Maksim Maksimovich ⟨19・20世紀⟩

ロシアの歴史家。
⇒岩世人（コヴァレフスキー 1851.8.27–1916.3.23）

Kovner, Abraham Uri ⟨19・20世紀⟩

ヘブライ語作家。現代ヘブライ語文芸評論の先駆者。
⇒ユ著人（Kovner,Abraham Uri コウナー，アブラハム・ウリ 1842–1909）

Kowarz, Agnellus ⟨19・20世紀⟩

ドイツ人宣教師，フランシスコ会員。シレジア地方の出身。
⇒新カト（コヴァルツ 1880.9.4–1937.6.22）

Koželuch, Jan Antonín ⟨18・19世紀⟩

チェコの作曲家，教育者。
⇒バロ（コジェルフ，ヤン・アントニーン 1738.12.14–1814.2.3）

Koželuch, Leopold ⟨18・19世紀⟩

ボヘミアの作曲家，ピアノ奏者。
⇒バロ（コジェルフ，レオポルド・ヤン・アントン 1747.6.26–1818.5.7）

Kozlov, Ivan Ivanovich ⟨18・19世紀⟩

ロシアの詩人。バラードやロマン的な詩を書いた。
⇒岩世人（コズローフ 1779.4.11–1840.1.30）

Kozlov, Pëtr Kuzimich ⟨19・20世紀⟩

ソ連の軍人，探検家。匈奴の文化の解明に貢献。
⇒岩世人（コズローフ 1863.10.3/15–1935.10.26）

広辞7（コズロフ 1863–1935）
世人新（コズロフ 1863–1935）
世人装（コズロフ 1863–1935）

Kozlovsky, M.Mikhail Ivanovich ⟨18・19世紀⟩

ロシアの彫刻家。代表作は『スーボルフ元帥記念碑』『ヘラクレスと馬』。
⇒芸13（コズロフスキー 1753–1802）

Kozlowski, Józef ⟨18・19世紀⟩

ポーランドの作曲家。
⇒バロ（コズウォフスキ，ユゼフ 1757–1831.2.27）
バロ（コズロフスキー，オーシプ・アントーノヴィチ 1757–1831.2.27）

Kozyrevskii, Ivan Petrovich ⟨17世紀⟩

ロシアの探検家。千島列島の北部を探検し(11,13)，全列島の地図を作製。
⇒岩世人（コズィレフスキー 1680–1734.12.2）

Krabbe, H. ⟨19・20世紀⟩

オランダの公法学者。
⇒学叢思（クラッペ，ハー）

Kraemer, Adolf ⟨19・20世紀⟩

スイスの農学者，農民組織者。ドイツ生れ。農業経営学を主とした。
⇒岩世人（クレーマー 1832.5.25–1910.12.2）

Kraepelin, Emil ⟨19・20世紀⟩

ドイツの精神医学者。精神病の系統的分類に貢献，作業による性格検査を考案。
⇒岩世人（クレペリン 1856.2.15–1926.10.7）
ネーム（クレペリン 1856–1926）
広辞7（クレペリン 1856–1926）
ポプ人（クレペリン，エミール 1856–1926）

Krafft, Guido ⟨19・20世紀⟩

オーストリアの農学者。ウィーンの工業大学教授(1884)。
⇒岩世人（クラフト 1844.12.15–1907.2.21）

Krafft-Ebing, Baron Richard ⟨19・20世紀⟩

ドイツの精神病学者。振戦せん妄，片頭痛，梅毒と麻痺の関係，催眠術などを研究。
⇒岩世人（クラフト＝エービング 1840.8.14–1902.12.22）

Kraft, Adam ⟨15・16世紀⟩

ドイツの彫刻家。ニュルンベルク派の創立者。
⇒岩世人（クラフト 1460頃–1508/1509）
新カト（クラフト 1460頃–1508/1509）
芸13（クラフト，アダム 1455–1508–1509）

Kraft, Anton ⟨18・19世紀⟩

オーストリアのチェロ奏者，作曲家。
⇒バロ（クラフト，アントン 1749.12.30–1820.8.28）

Kraiński, Krzysztof〈16世紀〉
ポーランドの作曲家。
⇒バロ（クラインスキ, クシシュトフ　1530頃?–1580頃?）

Kralik, Richard Ritter von Meyrswalden〈19・20世紀〉
オーストリアの作家, 哲学者。
⇒新カト（クラーリク　1852.10.1–1934.2.4）

Kramář, Karel〈19・20世紀〉
チェコスロバキアの政治家。1918～19年チェコスロバキア共和国の首相。34年ファシスト党結成。
⇒岩世人（クラマーシュ　1860.12.27–1937.5.26）

Kramer, Heinrich〈15・16世紀〉
アルザス出身, ドメニコ会修道士, 異端審問官。
⇒ルネ（ハインリヒ・クラマー　1430頃–1505）

Kramskoi, Ivan Nikolaevich〈19世紀〉
ロシアの画家。移動派を結成し, 絵画におけるレアリスムを主張。
⇒岩世人（クラムスコイ　1837.5.27–1887.3.24）
　広辞7（クラムスコイ　1837–1887）
　芸13（クラムスコイ, イヴァン・ニコラエヴィッチ　1837–1887）

Krantōr〈前4・3世紀〉
ギリシアの哲学者。主著『悲しみについて』。
⇒岩世人（クラントル　前335頃–前275頃）

Krapf, Johann Ludwig〈19世紀〉
ドイツの探検家。タンガニーカの内陸を探検し, 1848年キリマンジャロ山を発見。
⇒岩世人（クラプ　1810.1.11–1881.11.26）

Krapka-Náchodský, Josef〈19・20世紀〉
チェコの社会民主主義の労働運動家。
⇒岩世人（クラプカ　1862.7.22–1909.4.13）

Krapyak, Seda ing〈16・17世紀〉
インドネシア, ジャワのマタラム王国第3代王。在位1601～13。
⇒岩世人（クラプヤック, スダ・イン　?–1613）

Krasheninnikov, Stepan Petrovich〈18世紀〉
ロシアの探検家。カムチャツカ, 千島を探検。
⇒岩世人（クラシェニーンニコフ　1711.10.31–1755.2.25）

Krasicki, Ignacy〈18・19世紀〉
ポーランドの詩人。
⇒岩世人（クラシツキ　1735.2.3–1801.3.14）

Krasin, Leonid Borisovich〈19・20世紀〉
ソ連邦の政治家。新経済政策（ネップ）の時代に手腕を発揮。
⇒岩世人（クラーシン　1870.7.3/15–1926.11.24）
　学叢思（クラシン　1870–?）

Krasiński, Zygmunt〈19世紀〉
ポーランドのロマン主義文学者。三大国民詩人の一人。
⇒岩世人（クラシンスキ　1812.2.19–1859.2.23）
　新カト（クラシンスキ　1812.2.19–1859.2.23）

Kraszewski, Jozef Ignacy〈19世紀〉
ポーランドの小説家, 文芸評論家, 歴史家, 社会活動家。代表作『ウラナ』（1843）のほか歴史小説多数。
⇒岩世人（クラシェフスキ　1812.7.28–1887.3.19）

Krateros〈前4世紀〉
マケドニアの武将。
⇒岩世人（クラテロス　前360年代初め–前321）

Kratēs〈前5世紀〉
アテネの古喜劇の作者。
⇒岩世人（クラテス）

Kratēs of Mallus〈前2世紀〉
ストア派の哲学者。前2世紀初期に活動。ホメロスについての注釈を書いた。
⇒岩世人（クラテス（マロスの））

Kratēs of Thebes〈前4・3世紀〉
古代ギリシアの哲学者。キュニコス派（犬儒派）に属する。
⇒岩世人（クラテス（テバイの）　前365頃–前285）

Kratinos〈前5世紀〉
ギリシアの喜劇詩人。三大喜劇詩人の一人。
⇒岩世人（クラティノス）

Kratylos〈前5・4世紀〉
ギリシアの哲学者。
⇒岩世人（クラテュロス）

Kratzer, Nicholas〈15・16世紀〉
ドイツの王家の時計職人, 占星術師。
⇒ルネ（ニコラウス・クラッツァー　1486/1487–1550以後）

Kraus, Christian Jakob〈18・19世紀〉
ドイツの官房学者。A.スミスを初めてドイツに紹介。
⇒学叢思（クラウス, クリスティアン・ヤコブ　1753–1807）

Kraus, Edward Henry〈19・20世紀〉
アメリカの鉱物学者。鉱物の記載, 光学定数の測定等の業績がある。
⇒岩世人（クラウス　1875.12.1–1973.2.3）

Kraus, Ernst〈19・20世紀〉
ドイツのテノール。ドイツをはじめ, ヨーロッパ各地の歌劇場で活動, ワーグナーを得意とした。
⇒魅惑（Kraus,Ernst　1863–1941）

Kraus, Franz Xaver〈19・20世紀〉
ドイツのカトリック教会史家, 芸術史家, 考古学者。教会政策上では自由主義者。

⇒岩世人（クラウス　1840.9.18-1901.12.28）
新カト（クラウス　1840.9.18-1901.12.28）

Kraus, Joseph Martin〈18世紀〉
ドイツの作曲家。
⇒バロ（クラウス, ヨーゼフ・マルティン　1756.6.20-1792.12.15）
岩世人（クラウス　1756.6.20-1792.12.15）

Kraus, Karl〈19・20世紀〉
オーストリアの詩人, 劇作家, 評論家。1899年に雑誌『たいまつ』を発刊。
⇒岩世人（クラウス　1874.4.25-1936.6.12）
広辞7（クラウス　1874-1936）
20思（クラウス, カール　1874-1936）
ユ著人（Kraus, Karl　クラウス, カール　1874-1936）

Kraus, Oskar〈19・20世紀〉
チェコスロバキアの哲学者。1816〜38年プラハ大学教授。
⇒岩世人（クラウス　1872.7.24-1942.9.26）

Krause, Christian Gottfried〈18世紀〉
ドイツの作曲家。
⇒バロ（クラウゼ, クリスティアン・ゴットフリード　1719.4.17-1770.5.4）

Krause, Karl Christian Friedrich〈18・19世紀〉
ドイツの哲学者。「万有在神論」を主張。
⇒岩世人（クラウゼ　1781.5.6-1832.9.27）
学叢思（クラウゼ, カール・クリスティアン・フリードリヒ　1781-1832）
新カト（クラウゼ　1781.5.6-1832.9.27）
メル3（クラウゼ, カール・クリスチャン・フリードリヒ　1781-1832）

Krauss, Samuel〈19・20世紀〉
歴史家, 哲学者, タルムード学者。
⇒ユ著人（Krauss, Samuel　クラウス, ザームエル　1866-1948）

Krauth, Charles Porterfield〈19世紀〉
アメリカ・ルター派の牧師, 神学者。
⇒岩世人（クラウス　1823.3.17-1883.1.2）

Kravchinskii, Sergei Mikhailovich〈19世紀〉
ロシアの作家, 革命家。筆名ステプニャーク Stepnyak。
⇒岩世人（クラフチンスキー　1851.7.1-1895.12.11）

Krebs, Johann Gottfried〈18・19世紀〉
ドイツの作曲家。
⇒バロ（クレープス, ヨハン・ゴットフリート　1741.5.29-1814.1.5）

Krebs, Johann Ludwig〈18世紀〉
ドイツのオルガン奏者, 作曲家。
⇒バロ（クレープス, ヨハン・ルートヴィヒ　1713.10.10-1780.1.1）

Krebs, Johann Tobias〈17・18世紀〉
ドイツのオルガン奏者。
⇒バロ（クレープス, ヨハン・トービアス　1690.7.7-1762.2.11）

Kreibig, Josef Klemens〈19・20世紀〉
オーストリアの哲学者。ブレンターノの学派に属した。
⇒岩世人（クライビヒ　1863.12.18-1917.11.15）

Kreis, Wilhelm〈19・20世紀〉
ドイツの建築家。主作品ヴィルヘルム・マルクス館（24）（デュッセルドルフ）。
⇒岩世人（クライス　1873.3.17-1955.8.13）

Kreisler, Fritz〈19・20世紀〉
オーストリアのヴァイオリン奏者, 作曲家。1943年アメリカに帰化。
⇒岩世人（クライスラー　1875.2.2-1962.1.29）
エデ（クライスラー, フリッツ（フリードリヒ）　1875.2.2-1962.1.29）
広辞7（クライスラー　1875-1962）
実音人（クライスラー, フリッツ　1875-1962）

Kreittmayr, Wigulaeus Xaverius Aloys von〈18世紀〉
ドイツの官僚, 法律家。
⇒岩世人（クライットマイアー　1705.12.14-1790.10.27）

Kremberg, Jakob〈17・18世紀〉
ポーランドの作曲家。
⇒バロ（クレンベルク, ヤーコプ　1650頃-1718以降）

Kremer, Józef〈19世紀〉
ポーランドの哲学者。主著『哲学の体系的叙述』（49〜52）。
⇒岩世人（クレメル　1806.2.22-1875.6.2）

Kreōn
ギリシア神話, アンフィトリュオンの罪を浄め, 彼を助けたテバイ王。
⇒岩世人（クレオン）

Kreōn
ギリシア神話, メデイアの毒薬によって殺されたコリントス王。
⇒岩世人（クレオン）

Kreon
ギリシア神話で, オイディプスが目をつぶして去った後, テバイを支配した王。
⇒岩世人（クレオン）
ネーム（クレオン）

Kresilas〈前5世紀〉
古代ギリシアの彫刻家。前450〜425年頃アテネで制作。
⇒岩世人（クレシラス）
芸13（クレシラス　前5世紀末）

Krešimir I〈10世紀〉
クロアティア王国の統治者。在位935〜945。
⇒世帝（クレシミル1世　?–945）

Krešimir II〈10世紀〉
クロアティア王国の統治者。在位949〜969。
⇒世帝（ミハイロ・クレシミル2世　?–969）

Krešimir III〈10・11世紀〉
クロアティア王国の統治者。在位1000〜1030。
⇒世帝（クレシミル3世　?–1030）

Kress, Georg Philipp〈18世紀〉
ドイツのヴァイオリン奏者。
⇒バロ（クレス、ゲオルク・フィリップ　1719.11.10–1779.2.2）

Kressler, Oscar〈19・20世紀〉
ドイツの日本学者。
⇒岩世人（クレスラー　1876.4.16–1955）

Kretschmer, Paul〈19・20世紀〉
ドイツの言語学者。ギリシア語の先史、方言などを研究。
⇒岩世人（クレッチュマー　1866.5.2–1956.3.9）

Kretzmer〈17世紀〉
ポーランドの作曲家。
⇒バロ（クレッツメル,?　1640頃?–1700頃?）

Kretzschmar, Hermann〈19・20世紀〉
ドイツの音楽史家、音楽家。ベルリン大学音楽講座の最初の教授（1904〜）。
⇒岩世人（クレッチュマー　1848.1.19–1924.5.10）

Kreūsa
ギリシア神話、アテナイの王エレクテウスの娘。
⇒岩世人（クレウサ）

Kreūsa
ギリシア神話、ローマの祖アイネイアスの妻。
⇒岩世人（クレウサ）

Kreūsa
ギリシア神話、コリントの王クレオンの娘。
⇒岩世人（クレウサ）

Kreusser, Georg Anton〈18・19世紀〉
ドイツの作曲家。
⇒バロ（クロイサー、ゲオルク・アントン　1746.10.27–1810.11.1）

Kreutzer, Rodolphe〈18・19世紀〉
フランス（ドイツ系）のヴァイオリン奏者、教師。
⇒岩世人（クロイツェル　1766.11.16–1831.1.6）

Krieger, Adam〈17世紀〉
ドイツの作曲家、オルガン奏者。
⇒バロ（クリーガー、アダム　1634.1.7–1666.6.30）

Krieger, Johann〈17・18世紀〉
ドイツの作曲家、オルガン奏者。
⇒バロ（クリーガー、ヨハン　1652.1.1–1735.7.18）

Krieger, Johann Gotthilf〈17・18世紀〉
ドイツの作曲家。
⇒バロ（クリーガー、ヨハン・ゴットヒルフ　1680頃?–1740頃?）

Krieger, Johann Philipp〈17・18世紀〉
ドイツの作曲家。ハレの宮廷楽長兼オルガン奏者。
⇒バロ（クリーガー、ヨハン・フィリップ　1649.2.26–1725.2.7）

Kriemhild
ドイツ・北欧伝説の女性。ジークフリートの妻。
⇒岩世人（クリームヒルト）
　姫全（クリームヒルト）

Kries, Johannes von〈19・20世紀〉
ドイツの生理学者、論理学者。ライブチヒ大学生理学教授（1883〜1923）。
⇒岩世人（クリース　1853.10.6–1928.12.30）

Krinagoras〈前1・後1世紀〉
ギリシアの挽歌詩人。
⇒岩世人（クリナゴラス　前70頃–?）

Krishna Pillai, Henry Alfred〈19世紀〉
インドのキリスト教タミル語詩人。
⇒新カト（クリシュナ・ピライ　1827–1900）

Krisna
ヒンドゥー教で、ヴィシュヌの化身の一つ。
⇒岩世人（クリシュナ）
　ネーム（クリシュナ）
　新カト（クリシュナ）

Krisper, Crescent〈17・18世紀〉
オーストリアの神学者、フランシスコ会員。
⇒新カト（クリスパー　1679.11.20–1749.1.15）

Kríspos
使徒行伝によると、コリントのユダヤ教会堂つかさ（新約）。
⇒新カト（クリスポ）

Kristensen, William Brede〈19・20世紀〉
ノルウェーの宗教現象学者。
⇒新カト（クリステンセン　1867.6.21–1953.9.25）

Kritias〈前5世紀〉
古代ギリシア、アテネの極端寡頭派の政治家、修辞家、詩人、哲学者。
⇒岩世人（クリティアス　前460頃–前403）

Kritios〈前5世紀〉
ギリシアの彫刻家。
⇒岩世人（クリティオス）

Kritolaos〈前2世紀〉
ギリシアの哲学者。

⇒岩世人（クリトラオス　（活動）前2世紀）
メル1（クリトラオス　前2世紀）

Križanić, Juraj〈17世紀〉
クロアティアのカトリック神父。汎スラヴ主義の父と呼ばれる。
⇒岩世人（クリジャニッチ　1618–1683.9.12）

Krochmal, Nachman〈18・19世紀〉
ポーランド出身のユダヤ教の哲学者、歴史家。主著『現代知識人への手引き』（1851）。
⇒ユ人（クロフマル、ナフマン　1785–1840）
　ユ著人（Krochmal,Nachman　クロホマル、ナフマン　1785–1840）

Krocki〈17・18世紀〉
ポーランドの作曲家。
⇒バロ（クロツキ,?　1690頃?–1750頃?）

Kroeber, Alfred Louis〈19・20世紀〉
アメリカの文化人類学者。カリフォルニアのインディアンの宗教儀礼の研究が有名。
⇒アメ新（クローバー　1876–1960）
　岩世人（クローバー　1876.6.11–1960.10.5）
　新カト（クローバー　1876.6.11–1960.10.5）
　20思（クローバー、アルフレッド L（ルイス）1876–1960）
　メル3（クローバー、アルフレッド＝ルイス　1876–1960）

Krøyer, Peder Severin Søren〈19・20世紀〉
デンマークの画家、彫刻家、素描家。
⇒岩世人（クロイアー　1851.7.23–1909.11.21）

Krogh, Schack August Steenberg〈19・20世紀〉
デンマークの生理学者。
⇒岩世人（クローグ（クローウ）　1874.11.15–1949.9.13）

Krohg, Christian〈19・20世紀〉
ノルウェーの画家。
⇒岩世人（クローグ　1852.8.13–1925.10.16）
　芸13（クローグ、クリスティアン　1852–1925）

Kroisos〈前6世紀〉
リュディア最後の王。在位前560頃〜546/540頃。
⇒岩世人（クロイソス　（在位）前560–前546）
　学叢歴（クロイソス）

Kroll, Wilhelm〈19・20世紀〉
ドイツの古典学者。ローマ文学および社会の研究で知られる。
⇒岩世人（クロル　1869.10.7–1939.4.21）

Kröller, Heinrich〈19・20世紀〉
ドイツのダンサー、振付家、教師。
⇒バレエ（クレラー、ハインリヒ　1880.7.25–1930.7.15）

Kroman, Kristian〈19・20世紀〉
デンマークの哲学者。コペンハーゲン大学教授。
⇒岩世人（クローマン　1846.3.29–1925.7.27）

Krommer, Franz Vincenz〈18・19世紀〉
チェコの作曲家。
⇒バロ（クロンマー、フランツ・ヴィンセンス　1759.11.27–1831.1.8）

Krom Ngoy〈19・20世紀〉
カンボジアの詩人。
⇒岩世人（クロム・ゴイ　1865–1936）

Kronacher, Carl〈19・20世紀〉
ドイツの畜産学者。ベルリン大学畜産および家畜発生学研究所長（29〜36）。
⇒岩世人（クローナッハー　1871.3.8–1938.4.9）

Kröncke, Klaus〈18・19世紀〉
ドイツの財政学者。
⇒学叢思（クレンケ、クラウス　1771–1843）

Kronecker, Karl Hugo〈19・20世紀〉
スイスの生理学者。筋肉疲労や心臓生理の研究で業績を残した。
⇒岩世人（クローネッカー　1839.1.27–1914.6.6）
　ユ著人（Kronecker,Karl Hugo　クロネッカー、カール・ヒューゴ　1839–1914）

Kronecker, Leopold〈19世紀〉
ドイツの数学者。楕円関数論、代数方程式論、代数体の整数論などの分野で多くの業績を残した。
⇒岩世人（クローネッカー　1823.12.7–1891.12.29）
　世数（クロネッカー、レオポルト　1823–1891）
　ユ著人（Kronecker,Leopold　クロネッカー、レオポルド　1823–1891）

Kronenberg, Leopold〈19世紀〉
ポーランドのユダヤ系ブルジョアジー。
⇒ユ著人（Kronenberg,Leopold　クローネンベルク、レオポルド　1812–1878）

Kröner, Adolf von〈19・20世紀〉
ドイツの出版業者。シラー、ゲーテの記念出版をした。
⇒岩世人（クレーナー　1836.5.26–1911.1.29）

Kropotkin, Pëtr Alekseevich〈19・20世紀〉
ロシアの地理学者、無政府主義の革命家。
⇒岩世人（クロポートキン　1842.11.27/12.9–1921.2.8）
　ネーム（クロポトキン　1842–1921）
　広辞7（クロポトキン　1842–1921）
　学叢思（クロポトキン、ピーター　1842–1919）
　世人新（クロポトキン　1842–1921）
　世人装（クロポトキン　1842–1921）
　メル3（クロポトキン、ピョートル＝アレクセイヴィチ　1842–1921）

Kṛṣṇadevarāya〈15・16世紀〉
インド,ビジャヤナガル帝国の王。在位1509～29。
⇒岩世人（クリシュナデーヴァラーヤ ?–1529）
南ア新（クリシュナーデーヴァラーヤ（在位）1509–1529）

Kṛṣṇamiśra〈11・12世紀〉
チャンデッラの宮廷詩人。戯曲『悟りの月の出』の著者。
⇒岩世人（クリシュナミシュラ）

Krúdy, Gyula〈19・20世紀〉
ハンガリーの小説家。
⇒岩世人（クルーディ 1878.10.21–1933.5.12）

Krueger, Felix Emil〈19・20世紀〉
ドイツの心理学者。全体性心理学の主唱者。
⇒岩世人（クリューガー 1874.8.10–1948.2.25）

Krug, Johann Leopold〈18・19世紀〉
ドイツの経済学者。
⇒学叢思（クルッグ,ヨハン・レオポルト 1770–1843）

Krug, Wilhelm Traugott〈18・19世紀〉
ドイツの哲学者。先験的綜合主義を主張。
⇒岩世人（クルーク 1770.6.22–1842.1.12）
学叢思（クルーグ,ヴィルヘルム・トラウゴット 1770–1842）

Krüger, Franz〈18・19世紀〉
ドイツの画家。代表作は『オーペルン広場のパレード』(29)。
⇒芸13（クリューガー,フランツ 1797–1857）

Kruger, Stephanus Johannes Paulus〈19・20世紀〉
南アフリカの政治家。トランスバール共和国大統領で,ボーア人の指導者。
⇒アフ新（クリューガー 1825–1904）
岩世人（クルーガー 1825.10.10–1904.7.14）
ネーム（クリューガー 1825–1904）
広辞7（クリューガー 1825–1904）
学叢歴（クリューゲル 1825–1903）

Kruisinga, Etsko〈19・20世紀〉
オランダの英語学者。
⇒岩世人（クロイシンハ 1875.12.8–1944.2.15）

Krum〈9世紀〉
ブルガリアのハーン（汗）。在位803～814。
⇒世帝（クルム 755–814）

Krumbacher, Karl〈19・20世紀〉
ドイツのビザンチン学者。1892年『ビザンチン年鑑』を発刊し,ビザンチン学を樹立。
⇒新カト（クルムバハー 1856.9.23–1909.12.12）

Krummacher, Friedrich Wilhelm〈18・19世紀〉
ドイツの説教者。F.A.クルマッハーの子。彼の説教はゲーテに麻酔的と評された。
⇒新カト（クルムマハー 1796.1.28–1868.12.10）

Krümmel, Otto〈19・20世紀〉
ドイツの海洋学者,地理学者。海水の定圧比熱,粘性,波などの多くの研究がある。
⇒岩世人（クリュンメル 1854.7.8–1912.10.12）

Krumpholtz, Johann Baptist〈18世紀〉
チェコの作曲家,ハープ奏者,楽器製作者。
⇒バロ（クルムフォルツ,ヨハン・バプティスト 1742.5.8–1790.2.19）

Krumpter (Krumper), Hans〈16・17世紀〉
ドイツの彫刻家。
⇒芸13（クルムパー,ハンス 1570頃–1634）

Krupensky, Vasily Nikolaevich〈19・20世紀〉
ロシアの外交官。
⇒岩世人（クルペンスキー 1869.8.22–1945.4.5）

Krupp, Alfred〈19世紀〉
ドイツの製鋼業者,兵器工場の経営者。F.クルップの子。
⇒岩世人（クルップ 1812.4.26–1887.7.14）
世人新（クルップ 1812–1887）
世人装（クルップ 1812–1887）
ポブ人（クルップ,アルフレート 1812–1887）

Krupp, Friedrich〈18・19世紀〉
ドイツの製鋼業者。兵器工場主として著名なクルップ家の祖。
⇒岩世人（クルップ 1787.7.17–1826.10.8）

Krupp von Bohen und Halbach, Gustav〈19・20世紀〉
ドイツの実業家。
⇒岩世人（クルップ 1870.8.7–1950.1.16）

Krupskaia, Nadezhda Konstantinovna〈19・20世紀〉
ソ連の教育家,教育学者。レーニン夫人。
⇒岩世人（クルプスカヤ 1869.2.14/26–1939.2.27）
ネーム（クループスカヤ 1869–1939）
広辞7（クループスカヤ 1869–1939）
学叢思（クルプスカヤ,ナデジュダ・コンスタンチノウナ 1869–?）
世人新（クルプスカヤ 1869–1939）
世人装（クルプスカヤ 1869–1939）

Kruyt, Albertus Christiaan〈19・20世紀〉
オランダの人類学者。主著『中央セレベスにおける西部トラジア族』(38)。
⇒岩世人（クライト 1869.10.10–1949.1.19）

Kruzenshtern, Ivan Fëdorovich〈18・

19世紀〉
ロシアの探検家, 海軍士官。1803〜06年ロシアで初めて世界を周航。
⇒岩世人 (クルゼンシテルン　1770.11.8–1846.8.12)
ネーム (クルゼンシテルン　1770–1846)

Krylov, Ivan Andreevich〈18・19世紀〉
ロシアの寓話作家, 劇作家。1789年諷刺雑誌『精霊通信』, 92年『見物人』などを編集刊行。
⇒岩世人 (クルィローフ　1769.2.2–1844.11.9)
広辞7 (クルイローフ　1769–1844)

Krymsky, Agatangel Yukhymovych〈19・20世紀〉
ソ連・ウクライナの詩人, 東洋学者。
⇒岩世人 (クリムスキー　1871.1.3/15–1942.1.15)

Krøyer, Peder Severin〈19世紀〉
デンマークの画家。
⇒芸13 (クルイエル, ペーテル・セヴェリン　1851–1900)

Krzenwdzieński, Paweł〈17・18世紀〉
ポーランドの作曲家。
⇒バロ (クシェヴジェンスキ, パヴェウ　1690頃–1750頃?)

Krzhizhanovskii, Gleb Maksimilianovich〈19・20世紀〉
ソ連邦の工学者, 政治家。国家計画委員会議長(21〜30)などの要職に就いた。レーニン勲章受章。
⇒岩世人 (クルジジャノフスキー　1872.1.12/24–1959.3.31)
学叢思 (クルジャノフスキー　1872–?)

Krzymowski, Richard〈19・20世紀〉
ドイツ (スイス生まれ) の農学者。
⇒岩世人 (クルチモウスキー　1875.9.5–1960.8.26)

Kṣemendra〈11世紀〉
インドのサンスクリット詩人。
⇒岩世人 (クシェーメーンドラ)

Kṣemīśvara〈10世紀〉
900年頃のインドの劇作家。
⇒岩世人 (クシェーミーシュヴァラ　900頃)

kšt〈前8世紀〉
エジプト第25王朝の第2代 (あるいは初代) 国王。在位前746頃。
⇒岩世人 (カシュタ　(在位)前746頃)

Ktēsiās〈前5・4世紀〉
ギリシアの歴史家。『ペルシア史』の作者。
⇒岩世人 (クテシアス)

Ktēsibios〈前3・2世紀〉
ギリシアの数学者。
⇒岩世人 (クテシビオス)

Kubelík, Jan〈19・20世紀〉
ハンガリーのヴァイオリン奏者, 作曲家。チェコスロヴァキア出身。
⇒岩世人 (クベリーク　1880.7.5–1940.12.5)

Kubin, Alfred〈19・20世紀〉
オーストリアの画家。小説『対極』(1908), 自叙伝『わが生涯より』, 画帳『ザンザラ』がある。
⇒岩世人 (クビーン　1877.4.10–1959.8.20)

Kūchek Khān Jangalī, Mīrzā〈19・20世紀〉
イランの革命家。
⇒岩世人 (クーチェク・ハーン　1880–1921.12.2)

Küçük Husein Pasha〈18・19世紀〉
オスマン・トルコ帝国の政治家。オスマン海軍を再建し,〈オスマン海軍近代化の父〉と称せられた。
⇒岩世人 (キュチュク・ヒュセイン・パシャ　1758–1803.12.23)

Küçük Saîd Paşa〈19・20世紀〉
オスマン帝国のトルコの政治家。
⇒岩世人 (キュチュク・サイト・パシャ　1840–1914.3.1)

Kuczynski, Robert René〈19・20世紀〉
ポーランド生まれの経済学者。観念的共産主義者。ソビエトのスパイ, ユルゲン・クチンスキーとウルスラ・クチンスキーの父。
⇒スパイ (クチンスキー, ロベルト・ルネ　1876–1947)

Kudarat〈16・17世紀〉
ミンダナオ島にあったマギンダナオ王国のイスラーム支配者。在位1616〜71。
⇒岩世人 (クダラト　1580?–1671)

Kudin, Tengku〈19・20世紀〉
マレー半島西岸のスランゴール王国の内乱に介入したクダ王国のムラユ人王族。
⇒岩世人 (クディン, トゥンク　?–1909)

Kudler, Josef Ritter von〈18・19世紀〉
オーストリアの経済学, 法律学, 政治学の学者。
⇒学叢思 (クードラー, ヨゼフ・リッター・フォン　1786–1853)

Kudrun
ゲルマン神話に登場するネーデルラントの王女。
⇒ネーム (クードルーン)

Kudus, Sunan〈16世紀〉
1500年頃のジャワの伝説的な9人のイスラーム布教者〈ワリ・ソンゴ〉の一人。
⇒岩世人 (クドゥス, スナン　?–1550頃)

Kuehne, William J.〈19・20世紀〉
アメリカの大リーグ選手 (三塁, 遊撃, 外野)。
⇒メジャ (ビル・キーン　1858.10.24–1921.10.27)

Kuena〈14世紀〉
タイのランナー王国の第6代王。在位1355〜85。
⇒岩世人（クーナー　1339–1385）

Kuenen, Abraham〈19世紀〉
オランダのプロテスタント神学者。オランダの〈近代学派〉の指導者。
⇒岩世人（キューネン　1828.9.16–1891.12.10）
　新カト（キューネン　1828.9.16–1891.12.10）

Kügelgen, Gerhard〈18・19世紀〉
ドイツの古典派画家。神話に取材した作品や宗教画のほか、ゲーテ等の肖像を描いた。
⇒岩世人（キューゲルゲン父子　1772–1820）

Kügelgen, Karl von〈18・19世紀〉
ドイツの画家。
⇒岩世人（キューゲルゲン父子　1772–1832）

Kügelgen, Wilhelm von〈19世紀〉
ドイツの後期ロマン派画家。宗教画およびゲーテ等の肖像を描いた。
⇒岩世人（キューゲルゲン父子　1802–1867）

Kugelman, Ludwig〈19・20世紀〉
ドイツの婦人科医。マルクス、エンゲルスの親友で、第一インタナショナルの一員。
⇒岩世人（クーゲルマン　1828.2.19–1902.1.9）

Kugelmann, Johann〈15・16世紀〉
ドイツのトランペット奏者。
⇒バロ（クーゲルマン, ヨハン　1495頃–1542.7/8）

Kugelmann, Paul〈16世紀〉
ドイツのトランペット奏者。
⇒バロ（クーゲルマン, パウル　1530頃?–1580）

Kugler, Anna Sarah〈19・20世紀〉
アメリカの医療宣教師。
⇒アア歴（Kugler, Anna Sarah　アナ・サラ・クーグラー　1856.4.19–1930.7.26）

Kugler, Franz Theodor〈18・19世紀〉
ドイツの美術史家、詩人。科学的基礎に立つ美術研究を行った。
⇒岩世人（クーグラー　1800.1.19–1858.3.18）

Kugler, Franz Xaver〈19・20世紀〉
ドイツのイエズス会員、天文学者、アッシリア学者。
⇒新カト（クーグラー　1862.11.27–1929.1.25）

Kugler, Johann〈17・18世紀〉
神学者、イエズス会員。ボヘミアのタホフ生まれ。
⇒新カト（クーグラー　1654.4.23–1721.2.22）

Kuhlau, Daniel Friedrich Rudolph〈18・19世紀〉
ドイツの作曲家。歌劇、ピアノ曲を多く作曲。
⇒岩世人（クーラウ　1786.9.11–1832.3.12）

エデ（クーラウ,（ダニエル）フリードリヒ（ルドルフ）　1786.9.11–1832.3.12）
ピ曲改（クーラウ, フリードリヒ　1786–1832）

Kühlmann, Richard von〈19・20世紀〉
ドイツの政治家、外交官。外務次官となり（1917〜18）、ソ連邦、ルーマニアと講和条約を結んだ。
⇒岩世人（キュールマン　1873.5.3–1948.2.16）

Kuhn, Adalbert〈19世紀〉
ドイツのインド・ゲルマン語学者、神話学者。
⇒岩世人（クーン　1812.11.19–1881.5.5）

Kuhn, Ernst〈19・20世紀〉
ドイツのインド学者。A.クーンの子。
⇒岩世人（クーン　1846.2.7–1920.8.21）

Kuhn, Johann Evangelist von〈19世紀〉
カトリック司祭、テュービンゲン大学の教理神学教授。在職1839〜82。
⇒岩世人（クーン　1806.2.19–1887.5.8）
　新カト（クーン　1806.2.19–1887.5.8）

Kühn, Julius〈19・20世紀〉
ドイツの農学者。
⇒岩世人（キューン　1825.10.23–1910.4.15）

Kuhnau, Johann〈17・18世紀〉
ドイツのオルガン奏者、作曲家、著述家。作品に教会カンタータのほか、『聖書ソナタ』など。
⇒バロ（クーナウ, ヨハン　1660.4.6–1772.6.5）
　岩世人（クーナウ　1660.4.6–1722.6.5）
　エデ（クーナウ, ヨハン　1660.4.6–1722.6.5）
　ネーム（クーナウ　1660–1722）
　ピ曲改（クーナウ, ヨハン　1660–1722）

Kühne, Gustav〈19世紀〉
ドイツの作家。
⇒岩世人（キューネ　1806.12.27–1888.4.22）

Kühne, Max Hans〈19・20世紀〉
ドイツの建築家。
⇒岩世人（キューネ　1874.6.3–1942.7.9）

Kühne, Wilhelm Friedrich〈19世紀〉
ドイツの生理学者、組織学者。
⇒岩世人（キューネ　1837.3.28–1900.6.10）

Kühnel, August〈17世紀〉
ドイツのヴィオラ・ダ・ガンバ奏者、バス・サキソルン奏者。
⇒バロ（キューネル, アウグスト　1645.8.3–1700頃?）

Kühnemann, Eugen〈19・20世紀〉
ドイツの哲学者、文学史家。
⇒岩世人（キューネマン　1868.7.28–1946.5.12）

Kühner, Raphael〈19世紀〉
ドイツの古典学者。ギリシア語およびラテン語

の詳細な文法書の著者。
⇒岩世人（キューナー　1802.3.22–1878.4.16）

Kühnhild
中世ドイツ伝説に登場する乙女。
⇒ネーム（キューンヒルト）

Kühnig, Hans Juden〈16世紀〉
ドイツの作曲家。
⇒バロ（キューニヒ，ハンス・ユーデン　1510頃?–1560頃?）

Kuilichi〈14・15世紀〉
モンゴルの可汗。
⇒世帝（オルク・テムル・ハーン　（在位）1402–1408）

Kukučín, Martin〈19・20世紀〉
スロバキアの散文作家。
⇒岩世人（ククチーン　1860.5.17–1928.5.21）

Kula, U〈18世紀〉
ビルマの歴史家。
⇒岩世人（カラー）

al-**Kulainī, Muḥammad b.Yaʻqūb**〈10世紀〉
イランの神学者。
⇒岩世人（クライニー　?–941）

Kulap, K.S.R.〈19・20世紀〉
タイの思想家。
⇒岩世人（コー・ソー・ロー・クラープ　1835.3.23–1922.3.24）

Kulas Mahengheng〈19・20世紀〉
台湾原住民の指導者。
⇒岩世人（クラス・マホンホン　1852（咸豊2）–1911）

Kulischer, Joseph〈19・20世紀〉
ロシア生れの経済史家。主著『中世・近代経済史概説』（2巻，1928～29）。
⇒岩世人（クーリシェル　1878.8.1–1934.11.17）

Kulisciov, Anna〈19・20世紀〉
イタリアの社会主義者。
⇒岩世人（クリショフ　1845.1.9–1925.12.29）

Kullak, Theodor〈19世紀〉
ドイツの音楽家。
⇒岩世人（クラック　1818.9.12–1882.3.1）
　ピ曲改（クラック，セオドル　1818–1882）

Kullervo
フィンランドの民族的叙事詩《カレワラ》の悲劇の英雄。
⇒岩世人（クッレルヴォ）

Kulmbach, Hans Süß von〈15・16世紀〉
ドイツの画家。
⇒岩世人（クルムバッハ　1480頃–1522）

芸13（クルムバッハ，ハンス・フォン　1480頃–1522）

Kulmus, Johann Adam〈17・18世紀〉
ドイツの医学者。彼の『解剖書』(32)はオランダ語に訳された後，日本で『解体新書』として出版された。
⇒岩世人（クルムス　1687.3.15–1745.5.29）

Külpe, Oswald〈19・20世紀〉
ドイツの心理学者，哲学者。ビュルツブルク学派の創始者。哲学的立場は批判的実在論，実験美学を提唱。
⇒岩世人（キュルペ　1862.8.3–1915.12.30）
　学叢思（キュルペ，オスヴァルト　1862–1915）
　新カト（キュルペ　1862.7.22–1915.12.30）

Kül-Tägin〈7・8世紀〉
東突厥のビルゲ・カガン（毗伽可汗）の弟。兄の即位に協力し軍事権を握り功績をたてた。
⇒岩世人（キョル・テギン　685–731）

Kumāragupta I〈5世紀〉
インド，グプタ朝第4代の王。在位414～455頃。チャンドラグプタ2世の子。
⇒世帝（クマーラグプタ1世　（在位）414頃–455頃）

Kumāragupta II〈5世紀〉
グプタ帝国の統治者。在位470～475。
⇒世帝（クマーラグプタ2世　（在位）473頃–476頃）

Kumāragupta III〈6世紀〉
グプタ帝国の統治者。在位530～540。
⇒世帝（クマーラグプタ3世　（在位）510頃–543頃）

Kumárila bhaṭṭa〈7・8世紀〉
インド六派哲学ミーマーンサー学派の学匠。バーッタ派の祖。
⇒岩世人（クマーリラ・バッタ）
　学叢思（クマーリラ・バッタ）

al-**Kumayt bn Zayd al-Asadī, Abū Mustahill**〈7・8世紀〉
ウマイヤ朝期のアラビア詩人。
⇒岩世人（クマイト　678(-680)–743/744）

Kümmel, Otto〈19・20世紀〉
ドイツの東洋美術研究家。
⇒岩世人（キュンメル　1874.8.22–1952.2.8）

Kummer, Ernst Eduard〈19世紀〉
ドイツの数学者。K.ガウスの発見した超幾何級数を発展させた。
⇒岩世人（クンマー　1810.1.29–1893.5.14）
　広辞7（クンマー　1810–1893）
　世数（クンマー，エルンスト・エドゥアルト　1810–1893）

Kunāla〈前3世紀〉
インドの仏教徒。アショーカ王の王子。
⇒世帝（クナーラ　（在位)?–前229頃）

Kundakunda〈1～8世紀?〉
インドのジャイナ教空衣派の学僧。
⇒岩世人（クンダクンダ）

Kundt, August Adolph Eduard Eberhard〈19世紀〉
ドイツの物理学者。音響学,光学を研究。レントゲンの師。
⇒岩世人（クント　1839.11.18-1894.5.21）
　物理（クント,アウグスト　1839-1894）

Kunera〈7・8世紀〉
フリジアの一領主の奴隷。聖人,殉教者。祝日6月12日。
⇒新カト（クネラ　7世紀-8世紀初頭）

Kunibert〈6・7世紀〉
ケルンの司教。聖人。祝日11月12日。フランスのモーゼル地方の生まれ。
⇒新カト（クニベルト　590/600-663頃）
　図聖（クニベルト（ケルンの）　600頃-663頃）

Kunigunde〈10・11世紀〉
ドイツ皇帝ハインリヒ2世の妃,聖女。
⇒新カト（クニグンデ　978頃-1033.3.3）
　図聖（クニグンデ　?-1033）
　王妃（クニグンデ　975頃-1040）

Kunigunde〈13世紀〉
ポーランドおよびリトアニアの守護聖人。
⇒岩世人（クニグンデ　1224-1292）

Kuning, Sunan〈18世紀〉
インドネシア,マタラム王国の反乱側の王。
⇒岩世人（クニン,スナン）

Kunschak, Leopold〈19・20世紀〉
オーストリアのカトリック政治家,国民党の創立者。
⇒新カト（クンシャク　1871.11.11-1953.3.13）

Kün Temür Khan〈14・15世紀〉
北元の皇帝。
⇒世帝（クン・テムル・ハーン　(在位)1399-1402）

Kuntī
インド古代叙事詩《マハーバーラタ》中の主要人物。
⇒岩世人（クンティー）

Kuntsevich, Iosafat〈16・17世紀〉
カトリック東方教会ウクライナ教会のポーロツク大主教。聖人。祝日11月12日。ヴラジーミル・ヴォルインスキー出身。
⇒新カト（ヨサファト・クンツェヴィチ　1580-1623.11.12）

Kunzen, Adolph Carl〈18世紀〉
ドイツの作曲家。
⇒バロ（クンツェン,アードルフ・カール　1720.9.22-1781.7.25）

Kunzen, Johann Paul〈17・18世紀〉
ドイツの作曲家。
⇒バロ（クンツェン,ヨハン・パウル　1696.8.31-1757.3.20）

Kuper, *Sir* Augustus Leopold〈19世紀〉
イギリスの提督。阿片戦争などに参加。下関事件連合艦隊総司令官。
⇒岩世人（クーパー　1809.8.16-1885.10.29）

Küpher, Wolfgang〈15世紀〉
ドイツの作曲家。
⇒バロ（キュッファー,ウォルフガング　1450頃?-1500頃）

Kupka, František〈19・20世紀〉
チェコの画家。
⇒岩世人（クプカ　1871.9.23-1957.6.24）
　広辞7（クプカ　1871-1957）
　芸13（クプカ,フランティシェク　1871-1957）

Kuprin, Aleksandr Ivanovich〈19・20世紀〉
ロシアの小説家。
⇒岩世人（クプリーン　1870.8.26/9.7-1938.8.25）
　ネーム（クプリーン　1870-1938）
　広辞7（クプリーン　1870-1938）
　学叢思（クープリン,アレキサンダー　1870-?）

Kurbskii, Andrei Mikhailovich〈16世紀〉
ロシアの公爵,作家,政治家。主著『モスクワ大公の歴史』(1573)など。
⇒岩世人（クルプスキー　1528-1583）

Kurd 'Alī, Muḥanmmad〈19・20世紀〉
シリアの政治家,知識人。
⇒岩世人（クルド・アリー　1876-1953.4.2）

Kürenberg, der von〈12世紀〉
ドイツの騎士,詩人。
⇒バロ（キューレンベルク,デア・フォン　1130頃-1180頃）
　岩世人（キューレンベルク（の人）　12世紀後半）

Kūrēs
ギリシア神話,クレタ島最古の住民。
⇒岩世人（クレス）

Kurlbaum, Ferdinand〈19・20世紀〉
ドイツの物理学者。熱輻射の測定を行った。
⇒岩世人（クルルバウム　1857.10.4-1927.7.29）

Kurochkin, Vasilii Stepanovich〈19世紀〉
ロシアの詩人,ジャーナリスト。諷刺雑誌『火花』を編集。ロシアにおける政治諷刺詩のジャンルを開拓。
⇒岩世人（クーロチキン　1831.7.28-1875.8.15）

Kuropatkin, Aleksei Nikolaevich

〈19・20世紀〉
ロシア軍人。日露戦争中満州のロシア軍総司令官。
⇒岩世人（クロパートキン　1848.3.17/29–1925.1.16）
　広辞7（クロパトキン　1848–1925）

Kurski, D.I. 〈19・20世紀〉
ソ連の政治家。
⇒学叢思（クールスキー　1878–?）

Kurth, Godefroid 〈19・20世紀〉
ベルギーの歴史家。近代実証主義的ベルギー史学の建設者。
⇒岩世人（キュルト　1847.5.11–1916.1.4）

Kurunta 〈前13世紀〉
ヒッタイト新王国の王。
⇒世帝（クルンタ　（在位）前13世紀後半）

Kurz, Hermann 〈19世紀〉
ドイツの小説家。
⇒岩世人（クルツ　1813.11.30–1873.10.10）

Kurz, Isolde 〈19・20世紀〉
ドイツの女流小説家，詩人。H.クルツの娘。代表作『フィレンツェ短篇集』（1890）。
⇒岩世人（クルツ　1853.12.21–1944.4.5）

Kurz, Selma 〈19・20世紀〉
オーストリアのソプラノ。ジルダ，ヴィオレッタ，ルチアなどをレパートリーとした。
⇒ユ著人（Kurz, Selma　クルツ，ゼルマ　1874–1933）

Kushājim 〈10世紀〉
シリアのハムダーン朝の詩人。
⇒岩世人（クシャージム　?–970/971頃）

Kusser, Johann 〈16・17世紀〉
ドイツの作曲家。
⇒バロ（クッサー，ヨハン　1580頃?–1640頃?）

Kusser, Johann Sigismund 〈17・18世紀〉
ドイツの作曲家，指揮者。
⇒バロ（クッサー，ヨハン・ジギスムント　1660.2.13–1727.11）

Kussmaul, Adolf 〈19・20世紀〉
ドイツの医学者。血管の疾患(66)，糖尿病(74)，言語障害(77)等に関する研究がある。
⇒岩世人（クスマウル　1822.2.22–1902.5.22）

Küster, Ernst 〈19・20世紀〉
ドイツの植物学者。ボン大学教授。
⇒岩世人（キュスター　1874.6.18–1953.7.6）

Küstner, Karl Friedrich 〈19・20世紀〉
ドイツの天文学者。ボン天文台長（1891～1926）。恒星の子午線観測を行い，恒星表を

刊行。
⇒岩世人（キュストナー　1856.8.22–1936.10.15）

Kuthayyir, ibn 'Abd al-Raḥmān al-Mulaḥī 〈7・8世紀〉
ウマイヤ朝の詩人。
⇒岩世人（クサイイル　643頃–723頃）

Kutscher, Arthur 〈19・20世紀〉
ドイツの演劇学者。主著『演劇学綱要』(2巻，1932～36)。
⇒岩世人（クッチャー　1878.7.17–1960.8.29）

Kutta, Wilhelm Martin 〈19・20世紀〉
ドイツの数学者で物理学者。
⇒世数（クッタ，マルティン・ヴィルヘルム　1867–1944）

Kutter, Hermann 〈19・20世紀〉
スイスのプロテスタント神学者。チューリヒの牧師（1898～1926）。
⇒岩世人（クッター　1863.9.12–1931.3.22）
　新カト（クッター　1863.9.12–1931.3.22）

Kutuzov, Mikhail Illarionovich Golenishchev- 〈18・19世紀〉
ロシアの将軍。公爵。ロシア軍総司令官（1805, 12）。
⇒岩世人（クトゥーゾフ　1745.9.5–1813.4.16）
　ネーム（クトゥーゾフ　1745–1813）
　世人新（クトゥーゾフ　1745–1813）
　世人装（クトゥーゾフ　1745–1813）

Kuyper, Abraham 〈19・20世紀〉
オランダの改革派神学者，政治家。1880年アムステルダム自由大学創設，神学教育に尽力。
⇒岩世人（カイペル（カイパー）　1837.10.29–1920.11.8）
　新カト（カイパー　1837.10.29–1920.11.8）

Kuzmin, Mikhail Alekseevich 〈19・20世紀〉
ロシアの詩人，小説家。詩集『アレクサンドリアの歌』（1906）ほか。
⇒岩世人（クズミーン　1875.10.6/18–1936.3.1）

Kuznetsov, Pavel Varfolomeevich 〈19・20世紀〉
ロシアの画家。
⇒岩世人（クズネツォーフ　1878.11.5/17–1968.2.21）

Kvasir
北欧の伝説中の人物。優れた知と詩心を持つ人間で，北欧人は詩を「クヴァジルの血」と呼ぶ。
⇒ネーム（クヴァシル）

Kyansittha 〈11・12世紀〉
ビルマ，パガン朝の第3代王。在位1084～1112。アノーヤター王の子。
⇒岩世人（チャンズィッター　1041–1112/1113）

世帝（チャンシッター　1041-1113）

Kyaswa〈12・13世紀〉
ビルマ，パガン朝の王。
⇒世帝（チャゾワー　1193-1249）

Kyawswa〈13世紀〉
ビルマ，パガン朝の王。
⇒世帝（チョウスワー　1260-1299）

Kyaxares〈前6世紀〉
メディア王。在位前625～585頃。アッシリアを滅ぼし、王国を最盛期に導いた。
⇒岩世人（キュアクサレス　（在位）前625-前585）

Kyd, Thomas〈16世紀〉
イギリスの劇作家。代表作『スペインの悲劇』(87～88頃)でラテン劇をイギリス化することに成功。
⇒岩世人（キッド　1558.11.6（受洗）-1594.8.15（埋葬））
　広辞7（キッド　1558-1594）
　新カト（キッド　1558.11.6（受洗）-1594.12）

Kydōnēs, Dēmētrios〈14世紀〉
ビザンツの政治家，哲学者，神学者。
⇒岩世人（キュドネス　1324頃-1397/1398）

Kylōn〈前7世紀〉
アテネの貴族。前632頃アテネの僭主になろうと反乱を起したが失敗。
⇒岩世人（キュロン）
　世人新（キュロン　生没年不詳）
　世人装（キュロン　生没年不詳）

Kymenites, Sebastos (Sevastos)〈17・18世紀〉
ギリシア正教会の神学者。
⇒新カト（キュメニテス　1630-1702.9.6）

Kyprianos〈3世紀〉
聖人，殉教者。祝日，ローマ教会9月26日，ギリシア教会10月2または4日。アンティオケイアの司教とされる。
⇒新カト（キュプリアノス〔アンティオケイアの〕　?-300前後）

Kyriakos〈5・6世紀〉
パレスチナの隠修士。聖人。祝日9月29日。
⇒新カト（キュリアコス　449.1.9-557）

Kyrillona〈5世紀〉
シリアの詩人。
⇒新カト（キュリロナ　（活動）400頃）

Kyrillos〈9世紀〉
ギリシアの神学者，言語学者，聖人。「スラブの使徒」と称せられる。
⇒岩世人（キュリロス　827頃-869.2.14）
　ネーム（キュリロス　827-869）
　広辞7（キュリロス　826頃-869）
　新カト（キュリロスとメトディオス　827頃-869）
　図聖（キリルスとメトディオス　?-869）
　世人新（キュリロス　827-869）
　世人装（キュリロス　827-869）
　世史語（キュリロス　827-869）
　ポプ人（キュリロス　827頃-869）

Kyrillos〈12・13世紀〉
カルメル会総会長。
⇒新カト（キュリロス〔コンスタンティノポリスの〕　1138頃-1234.5.7）

Kyrillos VI Tanas〈17・18世紀〉
アンティオケイアのカトリック・メルキト教会総主教。
⇒新カト（キュリロス6世・タナス　1680-1760）

Kyrillos Kontarēs〈17世紀〉
コンスタンティノポリスの総主教。
⇒新カト（キュリロス・コンタレス　?-1640）

Kyrillos of Alexandria〈4・5世紀〉
教会博士，聖人，アレクサンドリアの司教。神学者であると同時に教会政治家。
⇒岩世人（キュリロス（アレクサンドリアの）　376-444.6.27）
　新カト（キュリロス〔アレクサンドリアの〕　?-444.6.27）

Kyrillos of Jerusalem〈4世紀〉
エルサレムの司教，教会博士。
⇒岩世人（キュリロス（エルサレムの）　315頃-387）
　新カト（キュリロス〔エルサレムの〕　315頃-387）

Kyrillos of Scythopolis〈6世紀〉
ギリシアの修道士。7人のパレスチナ大修道院長の伝記を書く。
⇒新カト（キュリロス〔スキュトポリスの〕　524頃-556以降）

Kyros〈前5世紀〉
ペルシアの王子，ダレイオス2世の末子。
⇒岩世人（キュロス　前423頃-前401）

Kyros〈3・4世紀〉
アレクサンドリアの殉教者。聖人。祝日1月31日。
⇒新カト（キュロスとヨアンネス　?-303頃）

Kyros II〈前6世紀〉
古代アケメネス朝ペルシアの王。在位前559～530。有史以来最大の帝国を築いた。
⇒岩世人（キュロス2世（大王）　前599頃-前530）
　ネーム（キュロス大王）
　ネーム（キュロス2世）
　広辞7（キュロス　?-前530）
　新カト（キュロス　?-前530）
　世人新（キュロス2世（大王）　前600頃-前530）
　世人装（キュロス2世（大王）　前600頃-前530）
　世史語（キュロス2世　（在位）前559-前530）
　世帝（キュロス2世　前600?-前530）

ポブ人（キュロス2世　?–前529）
学叢歴（キロス　前560–前529）

Kyui Tsezar' Antonovich〈19・20世紀〉

フランス系のロシアの作曲家。ロシア国民学派の「五人組」の一人として活躍。主要作品はオペラ『ウィリアム・ラトクリフ』(1861～68)。

⇒**岩世人**（キュイ　1835.1.6/18–1918.3.26）
　エデ（キュイ, セザール［ツェーザリ］（アントノヴィチ）　1835.1.18–1918.3.26）
　ポブ人（キュイ, ツェザーリ　1835–1918）

外国人物レファレンス事典
古代−19世紀 Ⅲ(2010-2018) 1 欧文名 [A-K]

2019年1月25日　第1刷発行

発 行 者／大高利夫
編集・発行／日外アソシエーツ株式会社
　　　　　〒140-0013 東京都品川区南大井6-16-16 鈴中ビル大森アネックス
　　　　　電話 (03)3763-5241（代表）FAX(03)3764-0845
　　　　　URL http://www.nichigai.co.jp/
発 売 元／株式会社紀伊國屋書店
　　　　　〒163-8636 東京都新宿区新宿 3-17-7
　　　　　電話 (03)3354-0131（代表）
　　　　　ホールセール部（営業）電話 (03)6910-0519

電算漢字処理／日外アソシエーツ株式会社
印刷・製本／株式会社平河工業社

不許複製・禁無断転載　　　　　　　《中性紙三菱クリームエレガ使用》
＜落丁・乱丁本はお取り替えいたします＞
ISBN978-4-8169-2751-5　　Printed in Japan, 2019

本書はディジタルデータでご利用いただくことができます。詳細はお問い合わせください。

外国人物レファレンス事典
古代-19世紀Ⅱ（1999-2009）

古代～19世紀の外国人が、どの事典にどのような見出しで収録されているかを一覧できる総索引。国内の主要な人名事典、歴史事典、百科事典など65種82冊から、28,000人の人名見出しを収録。各人物には掲載事典名と表記・よみ、生没年・国名・職業・簡潔な経歴等を記載。

1-2 欧文名
A5・2分冊　セット定価（本体57,000円＋税）　2009.12刊

3 漢字名
A5・490頁　定価（本体21,500円＋税）　2010.1刊

4 索引
A5・790頁　定価（本体28,500円＋税）　2010.1刊

外国人物レファレンス事典
20世紀 第Ⅱ期（2002-2010）

20世紀に活躍した世界史上に登場する外国人が、どの事典にどんな表記で載っているかを一覧できる総索引。人名事典・歴史事典・専門事典など83種118冊の事典から、54,000人の人名見出しを収録。

1-2 欧文名
A5・2分冊　セット定価（本体74,000円＋税）　2011.12刊

3 漢字名
A5・310頁　定価（本体23,500円＋税）　2012.1刊

4 索引
A5・950頁　定価（本体37,000円＋税）　2012.1刊

美術作品レファレンス事典 日本の風景篇
B5・930頁　定価（本体37,000円＋税）　2017.10刊

日本の自然や風景、名所・旧跡を主題として描かれた絵画・版画作品を探すための図版索引。風景・名所には所在地・特徴などを簡潔に記載。

データベースカンパニー
日外アソシエーツ

〒140-0013　東京都品川区南大井6-16-16
TEL.(03)3763-5241　FAX.(03)3764-0845　http://www.nichigai.co.jp/